[개정판]

사건유형별

행정소송 이론 및 실무

법학박사
행정사 　김 동 근

변호사 　김 요 한 　공저

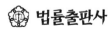 법률출판사

개정판 머 리 말

금번 개정판은 초판에서 미처 다루지 못하였지만 실제 우리 실무에서 다수의 분쟁유형으로 다루고 있는 사건 및 일부 개정된 법률을 반영하는데 주안점을 두었습니다.

이에 따라 본서는 행정소송의 분쟁유형 중 요즘 빈번히 발생하고 있는 사건 중 하나인 청소년 관련 분쟁으로써 학교폭력, 청소년주류제공, 편의점 주류·담배판매 등으로 인한 영업정지와 관련된 이론적 내용 및 관련 서식(소장 등), 핵심판례들을 모두 개관하여 정리함은 물론 특히 운전면허취소청구 소송과 관련 된 사아의 경우 도로교통법 등 관련 법률의 개정 따른 중요 사항 및 주요 쟁점들을 모두 정리함으로써 누구라도 이 한권의 책으로 현실에서 발생할 수 있거나 또는 직접 당사자가 될 수도 있는 대부분의 사건들에서 손쉽게 행정소송의 준비 및 진행을 할 수 있도록 하는 실무서를 만드는 데 주안점을 두었습니다.

아무쪼록 본서가 뜻하지 아니하게 여러 행정 분쟁의 상황에 놓이게 되어 고민이나 고통의 시간을 보내고 계신 소송당사자나 관련 행정심판 등을 직접 수행하는 실무종사자 그 외 행정소송에 관심이 있는 여러 분들에게 편안한 안내자 역할 및 지식전달의 창구 역할을 충분히 해낼 수 있기를 소망합니다.

끝으로 어려운 여건 속에서도 본서가 출간될 수 있도록 늘 용기와 응원을 아끼지 않으신 법률사무소 로앤어스 최나리 대표변호사님께 본서를 통해 깊은 감사를 표하고, 나아가 불철주야 본서의 출간을 위하여 노력하신 법률출판사 김용성 사장님을 비롯하여 편집자 및 여러 임직원들에게도 깊은 감사를 드리는 바입니다.

2021. 11.

저자 김동근 씀

차 례

제1편 행정소송제도

제2편 행정소송의 기초서식

제3편 행정소송의 유형별 소장사례

[서식차례]

제1편 행정소송제도

제1장 행정쟁송제도의 개관

I. 행정쟁송의 의의

행정쟁송이란 "행정상의 법률관계에 관한 분쟁을 당사자의 쟁송제기에 의하여 일정한 기관이 심리·판정하는 심판절차"를 말한다. 이러한 행정쟁송은 광의와 협의의 개념으로 구분될 수 있는 바, ① 광의의 행정쟁송은 심리·판정하는 기관이 행정청이든가 법원이든가를 불문하고 행정상의 분쟁에 관한 판정 절차를 의미한다. 이에는 행정소송과 행정심판이 모두 포함된다. ② 협의의 행정쟁송은 일반법원과는 계통을 달리하는 행정조직내의 특별기관이 행정상의 법률관계에 관한 분쟁을 판정하는 절차를 말한다. 이에는 이의신청 및 행정심판이 있다.

II. 행정쟁송제도의 발전

종래의 독일·프랑스 등 대륙식 행정국가주의 체제하에서는 행정부 내에 행정재판소를 설치하여 행정 사건을 처리하였다. 그러나 독일은 제2차 세계대전 이후 행정부 소속의 행정재판소가 그 조직 및 기능에 있어 사법부소속으로 탈바꿈하였다. 프랑스도 19세기 말 이래의 행정부 소속의 행정재판소가 소속은 그대로 유지하면서 완전한 사법기관으로 독립성을 가지게 됨으로써 실질적인 권리구제에 기여하고 있다. 반면, 영·미식 사법국가주의하의 영국·미국 등은 행정쟁송도 일반 민·형사사건과 마찬가지 로 일반 법원의 관할 하에 두고 있었다. 그러나 19세기 말 이후 영미법계의 국가들도 행정권의 기능확대 와 전문적·기술적 사안을 처리하기 위하여 일반 행정청의 권한으로부터 독립한 행정위원회·행정심 판소 등을 설치하여 이들 기관으로 하여금 관장케 하는 경향이 있게 되었다.

한편, 우리 헌법은 제107조 제2항에 "명령·규칙·처분이 헌법이나 법률에 위반되는 여부가 재판의 전제가 된 경우에는 대법원은 이를 최종적으로 관할·심판할 권한을 가진다"고 규정하고 있다. 이는 행정사건도 일반 사법법원이 관할·심판하도록 하여 영미법 국가에서와 같이 행정사건도 일반법원의 관할로 하고 있다. 그러나 헌법은 행정사건의 특수성을 고려하여 재판의 전심절차로 행정심판을 할 수 있게 규정하고 있으며, 행정소송법도 취소소송의 제기요건으로서 행정심판전치주의를 채택하고 있다. 또한 행정소송절차에 있어서도 행정사건에 대하여는 민사소송절차에 대한 여러 가지 특례가 인정되고 있다.

Ⅲ. 행정쟁송의 기능

1. 국민의 권리구제기능

행정쟁송제도는 기본적으로는 위법·부당한 행정처분의 취소·변경을 통하여 침해된 국민의 권익을 구제하기 위하여 존재하는 것이다. 이에 대한 구제방법으로는 행정심판위원회에 의한 행정심판과 법원에 의한 행정소송에 의하여 수행되지만, 독립된 제3기관인 법원에 의한 행정소송이 국민의 권익구제에 보다 효율적이다. 그럼에도 불구하고 행정심판제도는 신속성·경제성·간편성 등의 장점으로 말미암아 국민의 권익구제에 있어 적지 않은 비중을 차지하고 있다.

2. 행정의 통제기능

행정쟁송은 국민의 권리구제의 기능뿐만 아니라 행정의 합법성 및 합목적성을 보장하기 위한 행정통제제도로서의 기능도 가진다. 이는 행정심판위원회에서 행하는 행정심판제도에 의하여 특히 발휘되는 기능으로서, 위법·부당한 행정작용에 대한 국민의 쟁송제기를 통하여 행정작용의 적법성 및 합목적성을 기할 수 있기 때문이다.

Ⅳ. 행정쟁송의 종류

행정쟁송은 그 기준에 따라 여러 가지로 분류될 수 있는 바, 그 주요한 내용을 살펴보면 다음과 같다.

1. 분쟁의 존재여부에 의한 분류

(1) 실질적 쟁송

이는 분쟁이 실질적으로 존재하는 경우에 이를 해결하기 위한 절차이다(행정심판, 행정소송).

(2) 형식적 쟁송

이는 분쟁이 실질적으로 존재하지 않는 경우에 분쟁이 발생하지 않도록 사전에 예방하기 위한 절차이다(예, 행정절차).

2. 성질에 의한 분류

(1) 주관적 쟁송과 객관적 쟁송

주관적 쟁송은 쟁송제기자의 권리·이익이 침해된 경우에 그 구제를 직접목적으로 하는 것을 말한다. 주관적 쟁송은 당사자가 쟁송제기를 통하여 다툴만한 개별적·직접적인 이해관계가 있어야 하며,

일반적으로 행정쟁송이라 함은 이것을 말한다. 당사자쟁송이나 항고쟁송 등 대부분의 행정쟁송이 이에 해당한다.

객관적 쟁송은 특정 개인의 권익구제를 목적으로 하는 것이 아니라 행정작용의 객관적인 적법성·공익의 보호를 직접 목적으로 하는 쟁송을 말한다. 객관적 쟁송은 개인의 권리나 이익을 보호하기 위한 것이 아니므로 그 제기를 위하여 개별적·직접적인 이해관계를 갖는 당사자일 필요가 없다. 민중쟁송과 기관쟁송이 이에 해당한다.

(2) 항고쟁송과 당사자쟁송

항고쟁송이란 이미 행하여진 위법·부당한 행정처분에 대하여 그 취소나 변경을 구하는 쟁송을 말한다. 행정쟁송은 보통 자기의 권리·이익을 침해한 행정처분의 취소·변경을 구하는 것이기 때문에 항고쟁송의 성질을 띠는 것이 대부분이다. 이의신청·행정심판·항고소송이 이에 속한다.

당사자쟁송이란 상호 대립하는 대등한 당사자 간에 법률상의 다툼(법률관계의 형성·존부를 다툼)이 있는 경우에 일방당사자가 타방당사자를 상대로 하는 쟁송을 말한다. 예컨대 행정상 손해배상청구소송·손실보상청구소송, 공무원봉급·연금지급청구소송 등 행정처분 등이 원인이 되어 파생된 권리·의무관계에 대한 분쟁을 말한다.

(3) 민중쟁송과 기관쟁송

민중쟁송이라 함은 행정법규의 적법·타당한 적용을 보장하기 위하여 널리 일반민중 또는 선거인에 의하여 제기되는 쟁송이다. 현행법상 ① 선거법에서 대통령·국회의원의 선거 또는 당선의 효력에 관하여 선거인이 대법원에 제기하는 선거소송(공직선거법 제222조·제223조), ② 지방의회의원·지방자치단체의 장의 선거 또는 당선의 효력에 관하여 선거인인 주민이 선거관리위원회에 제기하는 선거소청(동법 제219조) 등이 이에 해당한다.

기관쟁송이란 행정법규의 적정한 적용을 보장하기 위하여 국가 또는 공공단체의 기관상호간의 분쟁을 해결하기 위하여 인정되는 경우를 말한다. 이에는 ① 지방자치단체의 장 또는 교육감이 지방의회·교육위원회의 의결의 위법을 이유로 지방의회 또는 교육위원회를 피고로 하여 대법원에 제소하는 것(지방자치법 제159조)과, ② 주무부장관 또는 시·도지사의 위법·부당한 시정명령 또는 취소·정지 처분에 대한 지방자치단체의 장의 대법원에의 제소(지방자치법 제157조) 등이 있다.

3. 행정쟁송의 절차에 의한 구분

(1) 정식쟁송

정식쟁송이란 쟁송에 대한 공정한 심판을 기하기 위하여 ① 판단기관이 쟁송당사자와 이해관계가 없는 완전히 독립된 지위를 가지고 있고, ② 심리절차에 있어 상호 대립하는 양당사자에게 구술변론의 기회가 보장되는 등 쟁송의 공정한 해결을 위한 절차상의 요건을 갖춘 경우의 쟁송을 말한다.

(2) 약식쟁송

약식쟁송이란 위의 두 요건 중 어느 하나를 결여한 쟁송을 말한다. 따라서 행정소송은 정식쟁송에 해당하고 행정심판은 약식쟁송에 해당한다.

4. 행정쟁송의 단계에 의한 구분

(1) 시심적 쟁송

시심적 쟁송이란 행정법관계의 형성 또는 존부에 관한 제1차적 행정작용 그 자체가 쟁송의 형식을 거쳐 행하여지는 경우의 절차를 말한다. 즉 처음부터 행정법관계에 관한 원고·피고의 다툼이 있게 된다.

(2) 복심적 쟁송

복심적 쟁송이란 이미 행하여진 행정청의 처분의 하자(위법·부당)를 주장하여 그에 대한 재심사를 구하는 경우의 쟁송을 말한다. 당사자쟁송은 시심적 쟁송에 해당하고 항고쟁송은 복심적 쟁송에 해당한다.

5. 행정쟁송의 심사기관에 의한 구분

이에는 행정기관과 법원에 의한 것이 있는바, 행정기관에 의하여 심리·재결되는 행정쟁송을 행정심판이라 하고, 법원에 의하여 심리·판결되는 행정쟁송을 행정소송이라 한다. 양자는 심판사항·심판기관에 있어 차이가 있지만 행정심판이 행정소송의 전심절차를 형성하고 있으므로 양자는 밀접한 관계를 가지고 있다.

제2장 행정소송제도 일반

제1절 행정소송의 개관

I. 행정소송의 의의

행정소송이라 함은 법원이 공법상의 법률관계에 관한 분쟁에 대하여 행하는 재판절차를 말한다. 공법상의 법률관계에 관한 소송이라는 점에서 국가 형벌권의 발동에 관한 소송인 형사소송이나, 사법상의 법률관계에 관한 다툼을 심판하는 민사소송과 구별되고, 독립된 재판기관인 법원에 의한 재판이라는 점에서 행정기관이 하는 행정심판과는 구별된다. 이를 분설하면 다음과 같다.

1. '법원'이 사법의 일환으로 행하는 '재판'이다.

행정소송은 재판인 점에서 사법작용이지 행정작용은 아니다. 행정소송은 사법작용인 점에서 일반 행정작용과는 본질적으로 성격을 달리한다. 그러나 행정소송도 재판작용이므로, 이런 의미의 소송인 점에서는 민사소송이나 형사소송과 그 본질을 달리하는 것은 아니다.

2. '행정사건'에 관한 재판이다.

행정사건이란 민사사건에 대한 개념으로서 행정법규, 즉 공법법규의 적용에 관한 소송사건을 의미한다. 민사소송은 사법상의 권리관계에 관한 분쟁을 해결하기 위한 소송절차이고, 형사소송은 국가의 형벌권의 발동을 위한 소송절차이다. 다만 행정사건과 민사사건의 구별 및 한계가 분명치 않은 경우가 있는데, 이것은 공법과 사법의 구별 및 한계가 불명료한 데에 기인하는 것으로 구체적으로 소송물의 성질에 의해 판단하는 수밖에 없다.

3. '정식소송절차'에 의한 재판이다.

정식의 소송절차로서의 행정소송의 특색은, ① 소송당사자 또는 이해관계인의 권익보호를 위하여 대심구조를 취하는 점, ② 심리절차의 원칙적인 공개, ③ 당사자 등에게 구술변론의 권리가 보장되는 점, ④ 법정절차에 의한 증거조사, ⑤ 판결에 대한 특별한 효력이 인정되는 점 등에 나타난다.

소 장

원고   1. ○○○(주민등록번호)
                서울시 영등포구 ○○동 ○-○
                (전화 000-000, 팩스 000-000)
        2. ○○○(주민등록번호)
                서울시 영등포구 ○○동 ○-○
                (전화 000-000, 팩스 000-000)
피고   서울특별시 영등포구청장

영업보상금 지급청구

청구취지

1. 피고는 원고 ○○○에게 영업보상금 0,000,000원, 원고 ○○○에게 건물보상금 0,000만원, 원고 ○○○에게 건물보상금 0,000만원 및 위 각 금원에 대하여 이 사건 소장 부본 송달 다음날로부터 이 사건 판결 선고일까지는 연 5%, 그 다음 날로부터 다 갚은 날까지는 연 20%의 각 비율로 계산한 각 돈을 지급하라.

2. 소송비용은 모두 피고의 부담으로 한다.
3. 제1항은 가집행 할 수 있다.
라는 판결을 구합니다.

청구원인

1. 이 사건 수용의 경위

가. 실시계획의 인가 및 고시

- 도시계획사업(경부 제0철도변 녹지조성공사)

- 0000년 0월 00일 동작구 고시 제0000-000호

나. 원고들의 건물 및 영업보상에 대한 피고의 수용거부에 대해 0000년 0월 00일 인원제기

- 질의회신 : 재수용 거부(0000년 0월 00일)

- 피고의 건물보상 거부 및 영업보상 거부에 대한 이의신청서 접수거부

- 근거법령 : 공익사업을 위한 토지등의취득및보상에관한법률 제58조, 제33조 내지 제35조, 제47조

2. 당사자들의 관계

가. 원고 ○○○과 원고 ○○○은 부부지간입니다.

나. 원고들이 0000년 0월 00일경 피고에게 건물 및 영업보상을 해달라는 작위의무의 이행을 구하는 취지의 질의를 하였으나 피고는 보상을 할 수 없다는 회신을 하여 원고가 이의신청서를 제출하려 하자 접수조차 거절하였습니다. 위와 같이 원고들의 위 신청에 대한 피고의 부작위(건물 및 영업보상)가 계속되고 있는 한 위 부작위에 대한 소송은 시효가 중단되었다 할 것입니다(대판 1990.5.25., 89누5768).

3. 불복의 사유 및 범위

가. 원고 ○○○의 건물보상범위

피고가 원고 ○○○ 소유의 별지 건물이 무허가라 하여 수용을 거절하는 것은 합리적인 행정행위가 아니어서 위법·부당하다 할 것이고, 재량권을 일탈한 행위라 할 것입니다. 원고 ○○○은 이 사건 건물(0000년 0월 초 -0000년 0월 말까지 신축공사)을 000년 0월 00일 매수하였으므로 이에 대하여 감정을 통하여 그 보상금액을 확정하도록 하고, 우선 0,000 만원을 청구하도록 하겠습니다.

나. 원고 ○○○ 영업보상범위

원고 ○○○은 이 사건 건물신축기간 중인 0000년 0월 초부터 0000년 0월 말까지 이 사건 건물 안에서 프레스 금형작업을 계속 해왔음에도 피고는 원고 ○○○이 건물공사 당시 이사 갔다 왔다는 핑계를 대며 영업보상의 지급을 거절하고 있으나 이은 사실이 아닙니다. 이 사건 건물은 구 건물을 그대로 둔 채 외부골조 및 외벽공사를 한 후 구 건물을 조금씩 철거하는 방식을 채택하였기 때문에 불편하기는 하였어도 구 건물 안에서 작업을 할 수 있었는데 피고는 이러한 사실을 부인하였습니다. 따라서 원고 ○○○은 이에 대하여 증인을

세워 입증하도록 하겠습니다.

원고 ○○○의 영업보상금은 별지 계산과 같이 금 00,000,000원(000년 수익계산 000,000,000원 ÷ 12 × 3)이므로 피고는 이를 영업보상금으로 지급하여야 할 것입니다.

다. 피고가 원고 ○○○ 소유의 별지 건물을 무허가라고 하여 수용을 거절하는 것은 합리적인 행정행위가 아니어서, 위법, 부당하다 할 것이고, 재량권을 일탈한 행위라 할 것입니다. 원고 ○○○은 000년 이 사건 건물을 0,000만원 정도에 신축비용이 들었으므로 이에 대하여 감정을 통하여 그 보상금액을 확정하도록 하고, 우선 0,000만원을 청구하도록 하겠습니다.

4. 결론

위와 같은 사유로 원고들은 청구취지와 같은 판결을 받기 위하여 본 소송을 제기하기에 이른 것입니다.

<h2 style="text-align:center">입증방법</h2>

1. 갑 제1호증의 1   재결서(원고 ○○○ 명의)
1. 갑 제1호증의 2   이의재결서(원고 ○○○ 명의)
1. 갑 제2호증의 1   질의서
1. 갑 제2호증의 2   질의회신

<h2 style="text-align:center">첨부서류</h2>

1. 위 각 입증방법   각 1부
2. 송달료 납부서
3. 소장부본

2 ○○○. ○○. ○○.

위 원고 ○○○ (인)

서울행정법원   귀중

Ⅱ. 행정소송(항고소송)의 특수성

행정소송은 일반 사인 간의 권리의무관계를 심판대상으로 하는 민사소송과 달리 기본적으로 공익 실현을 목적으로 하는 공권력행사를 심판대상으로 하고 있다는 점에서 일반 민사소송에 대하여 약간의 특수성이 인정되고 있다.

우리 행정소송법(제8조)도 "① 행정소송에 대하여는 다른 법률에 특별한 규정이 있는 경우를 제외하고는 이 법이 정하는 바에 의한다. ② 행정소송에 관하여 이 법에 특별한 규정이 없는 사항에 대하여는 법원조직법과 민사소송법의 규정을 준용한다"고 함으로써 동법이 민사소송법에 대한 특별법임을 선언하고 있다.

1. 예외적·임의적 행정심판전치주의

행정심판전치주의란 행정소송을 제기하기 전에 원칙적으로 행정심판을 먼저 제기하고 그 재결을 거친 후에 행정소송을 제기하도록 하는 제도를 말한다. 행정소송법은 "취소소송은 법령의 규정에 의하여 당해 처분에 대한 행정심판을 제기할 수 있는 경우에도 이를 거치지 아니할 수 있다. 다만, 다른 법률에 당해 처분에 대한 행정심판의 재결을 거치지 아니하면 취소소송을 제기할 수 없다는 규정이 있는 때에는 그러하지 아니하다(제18조)라고 규정하여 과거의 필요적 행정심판전치주의를 대폭 완화하여 다른 법률에 전치주의를 규정하고 있을 때에만 예외적으로 행정심판전치주의를 적용한다는 의미에서 예외적·임의적 행정심판전치주의로 변경하였다.

2. 심급제도

종래 행정소송의 제1심 관할법원은 고등법원이었으나 신설된 지방법원급의 행정법원이 제1심 관할법원이 되었다. 이로써 행정사건의 제1심을 합의 관할로 하는 행정법원(서울지방행정법원 또는 서울 이외의 지역은 지방법원 본원)−고등법원−대법원의 3심제이다.

3. 단기제소기간

행정소송은 행정법상 법률관계의 신속한 안정을 위하여 일정한 제소기간의 제한을 두고 있는데, 특히 취소소송에 대해서는 원칙적으로 처분 등이 있음을 안 날로부터 90일 이내에 제기하거나 처분이 있은 날로부터 1년 이내에 제기하여야 한다는 단기의 제소기간을 두고 있다(제20조).

Q 저는 위법한 행정처분을 받았기에 이를 취소하는 취소소송을 제기하려고 합니다. 행정소송은 민사소송과는 달리 취소소송을 제기할 수 있는 제소기간이 제한되어 있다고 하는데, 그렇다면 취소소송의 제소기간은 얼마나 되는지요?

A 취소소송의 제소기간에 관하여 행정소송법은 처분 등이 있음을 안 날로부터 90일, 처분 등이 있은 날부터 1년 이내로 하면서, 행정심판청구를 한 경우에 있어서는 위 각 기간의 기산일을 재결서정본을 송달 받은 날을 기준으로 하도록 함으로써 행정심판청구를 한 경우와 하지 않은 경우의 두 가지로 나누어 정하고 있습니다. 각 개별법에 제소기간에 관하여 특별규정을 두는 때가 있고, 이러한 때에는 각 개별법이 행정소송법에 앞서 적용됩니다. 여기서는 「행정소송법」이 정한 일반제소기간에 관하여만 살펴보겠습니다.

(1) 먼저 행정심판청구를 하지 않은 경우를 살펴보면, 행정심판을 거침이 없이 바로 취소소송을 제기하는 경우에는 취소소송은 처분 등이 있음을 안 날로부터 90일, 처분이 있은 날로부터 1년 내에 제기하여야 합니다. 위 두 기간 중 어느 것이나 먼저 도래한 기간 내에 제기하여야 하고, 어느 하나의 기간이라도 경과하게 되면 부적법한 소가 됩니다. 기간의 계산은 「행정소송법」에 특별한 규정이 없으므로 「민법」의 규정에 따라 초일을 산입하지 않습니다.

① '처분 등이 있음을 안 날'이란 통지·공고 기타의 방법에 의하여 당해 처분이 있은 것을 현실적, 구체적으로 안 날을 말하고, 추상적으로 알 수 있었던 날을 말하는 것이 아닙니다. 그러나 행정처분이 있음을 앎으로써 족하고 그 구체적 내용이나 위법여부까지 알아야 하는 것은 아닙니다(대법원 1991. 6. 28. 선고 90누6521 판결).

처분이 있음을 알았다고 하기 위해서는 단순히 행정처분이 유효하게 송달되어 상대방이 알 수 있는 상태에 놓인 것만으로는 부족하나, 적법한 송달이 있게 되면 특별한 사정이 없는 한 그 때 처분이 있음을 알았다고 사실상 추정됩니다. 따라서 특별한 사정이 있어 당시 알지 못하였다는 사정은 원고가 입증하여야 할 것입니다. 특히 처분의 상대방이나 정당한 수령권자가 합리적 이유없이 처분서의 수령을 거절하거나 수령 후 처분서를 반환한 경우에는 적법하게 송달된 것으로 보고 특별한 사정이 없는 이상 그때부터 제소기간이 기산되어야 한다고 봅니다.

그러나 행정처분의 상대방이 아닌 제3자는 일반적으로 처분이 있는 것을 바로 알 수 없으므로, 처분 등이 있음을 안 날로부터 진행되는 제소기간의 제한은 받지 않음이 원칙입니다. 그러나 제3자가 어떤 경로로든 행정처분이 있음을 알았을 때는 그 때부터 90일 내에 소를 제기하여야 합니다.

관보, 신문에의 고시 또는 게시판에의 공고의 방법으로 외부에 그 의사를 표시함으로써 그 효력이 발생하는 처분에 대하여는 공고 등이 있음을 현실로 알았는지 여부를 불문하고, 근거법규가 정한 처분의 효력발생일(대통령령 13390호 사무관리규정 제8조는 공고 후 5일이 경과됨으로써 효력이 발생하도록 되어 있음)에 처분이 있음을 알았다고 보아야 하고, 그 때부터 제소기간이 기산됩니다(대법원 1995. 8. 22. 선고 94누5694 판결).

그러나 이러한 제소기간은 불변기간이므로 당사자가 책임질 수 없는 사유로 기간을 준수할 수 없었을 때는 추후 보완이 허용되어 그 사유가 없어진 날부터 2주 이내에 게을리 한 소송행위를 보완할 수 있고, 다만 그 사유가 없어질 당시 외국에 있던 당사자에 대하여는 이 기간을 30일로 합니다(민사소송법 제173조).

② '처분이 있은 날로부터 1년'에서 처분이 있은 날이란 처분이 효력을 발생한 날을 의미합니다. 즉 처분이 행정청의 외부에 표시되어 상대방 있는 처분의 경우에는 상대방에게 도달되는 것을 뜻하나, 여기서의 도달이란 상대방이 현실적으로 그 내용을 인식할 필요는 없고 상대방이 알 수 있는 상태에 놓여짐으로써 충분합니다.

다만, 처분이 있은 날로부터 1년이 경과하였더라도 정당한 사유가 있는 경우는 제소할 수 있습니다. 정당한 사유란 불확정개념으로서 그 존부는 사안에 따라 개별적, 구체적으로 판단하여야 할 것이나, 불변기간에 관한 「민사소송법」제173조의 '당사자가 책임질 수 없는 사유'나 행정심판법 제18조 제2항 소정의 '천재, 지변, 전쟁, 사변 그밖에 불가항력적인 사유'보다 넓은 개념으로, 제소기간도과의 원인 등 여러 사정을 종합하여 지연된 제소를 허용하는 것이 사회통념상 상당하다고 할 수 있는가에 의하여 판단됩니다(대법원 1991. 6. 28. 선고 90누6521 판결).

(2)다음으로 행정심판청구를 한 경우에는 행정심판 재결서정본을 송달 받은 날부터 90일, 재결이 있은 날로부터 1년 내에 소를 제기하여야 합니다(행정소송법 제20조 제1항 단서, 제2항). 이 두 기간 중 어느 하나의 기간이라도 경과하게 되면, 제소기간이 지난 뒤의 제소가 되어 부적법한 점, 재결서정본을 받은 날로부터 90일의 기간은 불변기간이고, 재결이 있은 날로부터 1년의 기간은 정당한 사유가 있을 때는 연장되는 점 등은 위 행정심판을 청구하지 않은 경우의 제소기간에 관한 설명과 같습니다.

여기서 행정심판청구를 한 경우란, 필요적으로 행정심판절차를 거쳐야 하는 처분(행정소송법 제18조 제1항 단서에 해당하는 처분)뿐만 아니라 임의적으로 행정심판절차를 거칠 수 있는 처분(행정소송법 제18조 제1항 본문에 해당하는 처분) 또는 비록 법령상은 행정심판청구가 금지되어 있으나 행정청이 행정심판청구를 할 수 있다고 잘못 알린 처분에 대하여 행정심판청구를 한 모든 경우를 포함합니다.

그리고 '재결이 있은 날'이란, 재결이 내부적으로 성립한 날을 말하는 것이 아니라 '재결의 효력이 발생한 날'을 말합니다(처분이 있은 날에 관한 대법원 1990. 7. 13. 선고 90누2284 판결). 그런데 행정심판재결은 심판청구인에게 재결서의 정본이 송달된 때에 그 효력이 발생하는 것이므로(행정심판법 제38조), 재결이 있은 날이란 결국 재결서정본이 송달된 날을 의미하게 됩니다. 결국 재결이 있은 날과 재결서정본을 송달 받은 날은 동일하고, 재결서정본을 송달받은 날로부터 90일이 경과하면 제소기간은 도과하게 되므로, 재결이 있은 날로부터 1년 내라는 제소기간은 거의 무의미하다 할 것입니다.

요컨대 현행법상 행정심판을 거친 경우는 행정심판 재결서 정본을 받은 날로부터 90일 이내에 행정소송을 제기해야 합니다. 그러나 위와 같이 취소소송 제기기간을 처분기준시가 아니라 재결서를 송달 받은 날을 기준으로 기산하기 위하여는 행정심판의 청구가 적법하여야 하고, 행정심판청구 자체가 행정심판청구기간을 지나 청구되는 등 부적법한 경우는 재결을 기준으로 하여 제소기간을 기산할 수 없음에 주의해야 합니다.

4. 피고

민사소송상으로는 권리·의무의 주체인 국가·지방자치단체 등이 피고가 되지만, 행정소송에 있어서는 재판의 편리·신속·정확을 위하여 행정소송의 대상인 처분 등을 직접 행한 행정청이 피고가 되도록 하고 있다(제13조). 다만, 행정청이 없게 된 때에는 그 처분 등에 관한 사무가 귀속되는 국가 또는 공공단체를 피고로 한다(제13조 제2항).

5. 집행부정지

행정소송에 있어서도 행정심판에서 본 바와 같이 행정의 부당한 중단을 막기 위하여 집행부정지의 원칙을 채택하고 있고 극히 예외적으로만 집행정지를 인정하고 있다. 이는 민사소송에서의 가처분제도보다 원고의 피해구제에 불리하게 되어 있다(제23조).

6. 관련청구소송의 병합

행정소송(취소소송)의 대상인 처분과 원인·결과의 관계에 있는 손해배상·손실보상·부당이득반환·결과제거 등의 관련청구소송이 일반 민사소송 등에 계속되어 있는 경우에는 이들을 그 원인행위인 처분 등의 취소소송이 계속된 법원에 이송·병합심리하여 재판의 승복과 판결의 저촉을 방지하도록 배려하였다(제10조).

7. 직권심리주의

민사소송의 심리는 엄격한 당사자주의와 불고불리의 원칙이 적용된다. 그러나 행정소송은 그 공익성 때문에 예외적으로 다소의 직권심리주의를 도입하여 법원은 필요하다고 인정되면 직권으로 증거조사를 할 수 있고, 당사자가 주장하지 아니한 사실에 대하여도 판단할 수 있도록 하였다(제26조).

8. 사정판결

행정심판에서와 같이 원고의 주장이 이유 있음에도 불구하고 보다 큰 공익의 보호를 위하여 기각판결을 하는 사정판결제도가 인정되고 있다(제28조), 이는 당사자간의 사익보호만을 목적으로 하는 민사소송에서는 인정되지 않는 특수한 제도이다. 사정판결은 행정처분이 위법함에도 불구하고 취소를 허용하지 않는 것이므로 이는 극히 엄격한 요건에 해당하는 경우에만 예외적으로 적용하여야 한다.

【판례】 그 요건이 현저히 공공복리에 적합하지 아니한가의 여부를 판단함에 있어서는 위법·부당한 행정처분을 취소·변경하여야 할 필요와 그 취소·변경으로 인하여 발생할 수 있는 공공복리에 반하는 사태 등을 비교·교량하여 그 적용 여부를 판단하여야 한다(대판 1999.3.9, 98두18565).

9. 판결의 효력과 소송의 종류

민사소송의 판결은 소송당사자인 원·피고에게만 그 효력이 있는 반면, 판결내용의 강제집행에는 별 문제가 없다. 그러나 행정소송의 판결은 행정법관계의 획일적 확정을 위하여 제3자에게도 미치는 대세적 효력이 인정되는 반면에, 국가에 대한 강제집행에는 권력분립상 한계가 있어 의무이행소송은 인정되지 아니한다. 그러나 이보다 약한 형태인 부작위위법확인소송만 인정되고 있을 뿐이며, 행정소송 중 거부처분의 취소판결 또는 부작위위법확인판결의 강제집행을 위하여서는 성질상 직접강제가 아닌 간접강제제도(상당한 기간 내에 판결의 취지에 따른 행정처분을 하지 않으면 일정한 손해배상을 명하는 제도)를 택하고 있다(제34조 제1항).

10. 당사자소송의 특수성

행정소송법이 인정하고 있는 "행정청의 처분 등을 원인으로 하는 법률관계에 관한 소송, 그 밖에 공법상의 법률관계에 관한 소송"인 당사자소송(손해배상·손실보상·부당이득반환·결과제거청구소송 등)에 있어서는 그 특성상 취소소송의 특수성인 ① 임의적 행정심판전치주의, ② 단기제소기간, ③ 피고, ④ 집행부정지, ⑤ 사정판결, ⑥ 판결의 대세적 효력 등은 적용되지 아니한다(제44조).

11. 민중소송과 기관소송의 인정

사인의 권리구제를 기본목적으로 하는 민사소송과는 달리, 사익의 구제와 함께 행정법규의 적정한 적용으로 공익을 도모한다는 행정소송의 목적상 민중소송과 기관소송이라는 특수한 소송형태를 인정하고 있다. 민중소송은 국가 또는 공공단체의 기관이 법률에 위반되는 행위를 한 때에는 직접 자기의 법률상의 이익과 관계없이 그 시정을 구하기 위해서 제기하는 소송이다(제3조 제3항). 기관소송은 국가 또는 공공단체 기관 상호간에 있어서 권한의 존부 또는 그 행사에 관한 다툼이 있을 때 제기하는 소송을 말한다.

Ⅲ. 행정심판과 행정소송

1. 행정심판과 행정소송의 차이점

행정심판은 처분 등을 행한 행정청에 대하여 이의를 제기하여 처분청의 상급기관으로 하여금 다시한 번 심리하도록 하여 법원의 간섭 없이 행정청 스스로 행정의 능률성과 동일성을 확보하기 위하여 마련된 행정청에 마련된 제도이며, 이에 반하여 행정소송은 행정청의 위법한 처분 그 밖의 공권력의행사, 불행사의 등으로 인한 국민의 권리 또는 이익의 침해를 구제하고 공법상의 권리관계 또는 법적용에 관한 분쟁해결을 도모하는 법원의 재판절차로서 양자가 구별된다.

(1) 행정심판과 이의신청의 비교

구분	행정심판	이의신청
청구기관	주로 상급행정청 소속 행정심판위원회	주로 처분청
대상	원칙적으로 모든 위법, 부당한 처분	개별법에 정하고 있는 처분

(2) 행정심판과 행정소송의 비교

구분	행정심판	행정소송
판정기관	행정심판위원회	법원
성질	약식쟁송	정식쟁송
종류	취소심판 무효확인심판 의무이행심판	취소소송 무효등확인소송 부작위위법확인소송
대상	위법, 부당한 처분 또는 부작위	위법한 처분 또는 부작위
거부처분	취소심판, 무효확인심판, 의무이행심판	취소소송, 무효등확인소송

의무이행쟁송인 정여부	긍정	부정
적극적 변경여부	가능	불가능
기간	처분이 있음을 안날 90일 처분이 있었던날 180일	처분이 있음을 안날 90일 처분이 있은날 1년
심리	구술심리 또는 서면심리 비공개원칙	구술심리 공개원칙
의무이행확보수단	행정심판위원회의 직접 처분권인정	간접강제제도
오고지,불고지에 관한규정	O	×
공통점	국민의 권리구제수단, 대심구조주의, 불고불리의 원칙, 집행부정지의 원칙 신청을 전제로 한 절차개시, 직권심리주의 가미, 불이익변경금지의 원칙	

2. 행정심판전치주의

(1) 의의

행정심판전치주의란 법에 의하여 행정심판이 인정되고 있는 경우에는 행정소송을 제기하기 전에 행정심판을 먼저 거치게 하는 제도를 말한다. 특히 위법한 처분으로 인하여 권리 이익을 침해받은 자는 상급 행정기관 등에 행정심판을 청구할 수 있는바 소제기 전에 반드시 행정심판을 거치도록 하는 경우를 '필요적 전치주의'라고 하는데 이에 해당하는지는 개별법에서 규정하고 있다.

(2) 임의적 전치주의의 채택

구 행정소송법(1998. 3. 1. 시행 전 법률)에서는 행정소송을 제기하려면 반드시 먼저 행정심판을 거치도록 하는 필요적 전치주의를 택하고 있었으나, 행정심판전치주의의 장점을 살리지 못한 채 국민에게 불필요한 절차를 요구함으로써 권리구제의 신속성을 저해하는 장애요인으로 작용하고 있다는 비판에 따라 개정 행정소송법 제18조 제1항에서는 '임의적 전치주의'를 명문으로 규정하고 있다. 즉, '취소소송은 법령의 규정에 의하여 당해 처분에 대한 행정심판을 제기할 수 있는 경우에도 이를 거치지 아니하고 제기할 수 있다'라고 하여 임의적 전치주의를 채택하고 있다.

(3) 행정심판청구의 실익

임의적 행정심판전치주의하에서는 행정심판을 거칠 것인지 여부는 원고의 선택에 맡겨져 있으나 행정심판을 먼저 제기하면 다음과 같은 장점이 있다.

첫째, 행정심판에서는 행정소송과는 달리 심판의 범위가 확대된다. 즉 행정심판은 행정소송과 달리 행정처분이 위법한 경우뿐만 아니라 부당한 경우도 인용재결을 할 수 있으므로, 청구인의 권리구제 범위가 넓다.

둘째, 청구인의 출석 없이 비교적 단기간에 보다 저렴한 비용으로 권리구제를 받을 수 있다는 장점이 있다.

셋째, 설사 행정심판에서 권리구제를 받지 못하였다 하더라도 이후 행정소송절차에서 '행정심판기록 제출명령제도'에 의해 비교적 간편하게 소송자료를 얻을 수 있다(행정소송법 제25조).

(4) 필요적 전치사건

개정 행정소송법이 임의적 전치주의를 채택하고 있지만, 다음과 같은 경우에는 반드시 행정심판을 거쳐야 한다.

1) 공무원에 대한 징계 기타 불이익처분
2) 국세기본법과 관세법상의 처분. 단, 지방세는 제외됨.
3) 노동위원회의 결정
4) 부당해고, 부당노동행위등
5) 도로교통법에 의한 처분
6) 운전면허 취소 · 정지등

한 가지 유의할 것은 위와 같은 필요적 전치를 요하는 처분 중 '처분의 취소소송'과 '부작위위법확인소 송'의 제기시에는 반드시 행정심판을 거쳐야 하지만, '무효확인소송'의 제기에는 행정심판을 거칠 필요가 없다는 것이다.

(5) 필요적 전치사건에서 행정심판을 제기함이 없이 바로 행정소송을 제기할 수 있는 경우

그러나 다음과 같은 경우에는 비록 필요적 전치사건에 해당한다고 하더라도 행정심판을 거치지 않고 바로 행정소송을 제기할 수 있다.

1) 동종사건에 대하여 이미 행정심판의 기각재결이 있는 경우
2) 서로 내용상 관련되는 처분 또는 같은 목적을 위하여 단계적으로 진행되는 처분 중 어느 하나가 이미 행정심판의 재결을 거친 때 선행처분과 후행처분이 서로 내용상 관련된 경우(원칙적으로 피고 가 동일해야 한다)
3) 소송계속 중이거나 또는 변론종결 후에 행정청이 당해 항고소송의 대상인 처분을 변경하여 그 변경된 처분에 대한 항고소송을 제기하는 때
4) 처분청이 행정심판을 거칠 필요가 없다고 잘못 알릴 때(고지의무 : 행정절차법 제26조)

Ⅳ. 현행 행정소송법의 문제점

1. 의무이행소송의 불인정

행정청의 부작위에 대하여는 권력분립의 정신을 고려하여 단순히 부작위위법확인소송의 형태만 인정하고 행정청의 재처분의무와 간접강제제도로 그 한계를 보완하고 있으나, 현대 행정은 소극적 규제행정보다 국가의 수익적 기능과 적극적 생활배려기능이 훨씬 큰 비중을 차지하고 있음을 감안하면, 영·미의 직무집행명령이나 독일의 의무이행소송을 인정하는 것이 권리구제의 실효성을 높이는 길이 된다고 하겠다.

2. 가구제 제도의 문제점

행정소송이 제기되더라도 문제의 행정처분은 집행부정지됨이 원칙이고 예외적으로 극히 엄격한 요건 하에서만 집행정지의 결정을 할 수 있도록 한 현행 제도는 ① 행정처분은 공정력·집행력 때문에 비교적 단시간 내에 집행이 종료되어 버리는 경우가 많고, 또한 집행이 종료되어 버리면 원칙적으로 취소를 구할 법률상 이익이 소멸되어 본안에서 기각될 수밖에 없다는 법리적 문제와, ② 행정소송의 제1심 판결선고까지는 평균 8개월이나 소요된다는 현실적 문제가 서로 결합·작용한 결과 실효성 있는 권리구제에는 미흡하다는 비판[1]을 받고 있다. 따라서 예외적으로만 허용되는 집행정지제도에만 의존할 것이 아니라, 좀더 다양한 임시적 구제수단인 민사소송법상의 가처분제도의 인정여부가 논란이 되고 있다.

3. 증거자료 확보의 곤란성

행정소송사건에 있어서는 문제의 행정처분에 관계되는 증거자료가 대부분 피고인 행정청과 그 상·하급 행정청의 수중에 있는 것이 보통임에도 불구하고 원고에 대하여는 문제의 행정처분에 관계되는 모든 자료의 열람 및 복사청구권이 폭넓게 인정되지 않고, 위원회가 보관하는 행정심판기록만을 법원에 제출할 것을 신청할 권리만이 인정되고 있어 권익구제에 미흡하다는 비판을 받고 있다(제25조).

---

1) 이상규, 개정 행정소송제도의 내용과 문제점, 한국공법학회 제47회 학술발표회 1994.10.22, p.24.

제2절 행정소송의 한계

Ⅰ. 사법의 본질에서 오는 한계

행정소송은 구체적인 법률상의 분쟁이 있는 것을 전제로 하여, 당사자의 소의 제기에 의해 법원이 법령을 적용하여 분쟁을 해결하는 판단작용인 점에서 민·형사소송과 마찬가지로 사법작용으로서의 성질을 가진다고 할 수 있다. 법원조직법 제2조 제1항도 "법원은 헌법에 특별한 규정이 있는 경우를 제외한 일체의 법률상의 쟁송을 심판하고, 이 법과 다른 법률에 속하는 권한을 가진다"고 하여, 행정사건에 있어서도 민사사건의 경우와 마찬가지로 법률에 특별한 규정이 없으면 원칙적으로 법률적 쟁송일 것을 규정하고 있다. 법률적 쟁송이란 법령의 해석·적용에 의하여 해결할 수 있는 당사자 사이의 구체적인 권리·의무에 관한 법률적용상의 분쟁을 의미한다. 따라서 법률적 쟁송에 해당하지 않는 경우에는 행정소송의 대상이 되지 않는다. 이는 사법권의 본질에 속하는 것이므로 행정소송은 당사자 간의 구체적 권리·의무관계에 관한 분쟁이어야 함은 물론 법령을 해석·적용함으로써 해결할 수 있는 쟁송이어야 하고, 처분권주의가 지배하는 등의 한계가 있는 것이다.

1. 구체적 사건성

사법심사의 대상이 되기 위해서는 당사자간의 구체적인 권리·의무에 관한 분쟁이 있어야 한다. 이를 구체적 사건성이라 한다. 이러한 구체적 사건성을 결여하면 행정소송의 대상이 되지 않는 바, 예를 들면 법령의 효력 및 해석, 반사적 이익, 객관적 소송 등이 있다.

(1) 법령의 효력·해석에 관한 문제

우리 헌법(제107조 제2항)은 명령·규칙의 위헌·위법 여부는 '재판의 전제가 된 경우에만' 대법원이 최종심사권을 갖는다고 선언하고 있다. 이는 명령·규칙은 일반적·추상적 규정이므로 이에 근거하여 행정청이 특정인에 대하여 구체적 처분을 한 경우에 비로소 국민의 권리·의무가 발생되기 때문에, 구체적 처분이 있기도 전에 미리부터 추상적인 법령의 효력·해석 문제를 소송으로 제기할 수는 없다. 다만, 예외적으로 법령에 의한 구체적 처분이 있기 전에 법령 그 자체가 직접 국민의 권리 또는 의무의 발생·변경·소멸을 가져오는 법령, 즉 '처분법령'인 경우에는 그 자체가 구체적 사건성을 가지므로 행정소송의 대상이 된다.

【판례】법령 자체의 취소를 구하는 소송은 부적법하다는 판례
취소소송의 대상은 구체적인 권리·의무에 관한 분쟁이어야 하고, 일반적·추상적인 법령이나 규칙 등은 그 자체로서 국민의 구체적인 권리·의무에 직접적 변동을 초래케 하는 것이 아니므로 그 대상

이 될 수 없다고 할 것인바, 교통부령 제938호로 개정된 자동차관리법시행규칙의 취소를 구하는 소는 행정소송의 대상이 될 수 없는 부적법한 소이다(대판 1992.3.10, 91누12639).

(2) 반사적 이익에 관한 문제

행정소송은 처분의 취소 등을 구할 '법률상 이익'이 있는 자에 대하여만 원고적격을 인정하고 있다. 법률상 이익의 개념에 관하여는 견해의 대립이 있다. 통설 및 판례가 지지하는 '법률상이익구제설'에 의하면 법률이 개인의 이익을 보호하기 위하여 설정한 제도에 의하여 받는 이익은 법률상 이익이지만, 법률은 오직 질서유지·공공복리 등의 공익보호를 목적으로 할 뿐이며 당사자가 받는 이익이 단순히 그 반사적인 효과로서 사실상의 이익에 불과한 경우에는 이를 반사적 이익으로 보아 행정소송으로 구제를 청구할 수 없다고 한다.

(3) 객관적 소송

민중소송이나 기관소송과 같은 객관적 소송은 특정 개인의 권리침해 여부와는 관계없이 단순히 행정법규의 적법한 적용을 감시하거나 국가기관 간의 이견을 해결하기 위하여 법률이 특별히 인정한 소송형태이기 때문에 아무나 제기할 수 있는 것이 아니고 법률이 정한 경우에 법률이 정한 자만이 제기할 수 있다.

(4) 단순한 사실행위

행정청의 행위 중 단순한 사실행위(주의, 권고, 희망의 표시, 지도 등)는 사인의 권리·의무를 형성하는 것이 아니므로 아무런 법적 효과가 발생할 수 없다.

2. 법령의 적용으로 해결할 수 있는 분쟁

비록 당사자 간의 구체적 권리·의무 관계에 관한 분쟁이라 하더라도 법령을 적용하여 해결할 수 없는 분쟁은 사법심사의 대상이 될 수 없다. 따라서 학술·예술적 평가, 정치·경제적인 정책의 타당성 등은 제외된다.

(1) 학술·예술상의 문제

학술·예술의 우월성 논쟁 등은 비록 구체적 권리·의무에 관한 것이라도 법령을 적용하여 판정할 수 있는 성질의 것이 아니므로 행정소송의 대상이 되지 않는다.

(2) 재량행위

행정작용 가운데는 엄격히 법령이 규정한 요건과 효과에 기속되어 행하여질 것이 요구되는 기속행위가 있는 반면에, 무엇이 공익에 합당한지에 관하여 행정청의 자유로운 판단에 맡기는 재량행위도 있다. 행정소송법(제27조)은 "행정청의 재량에 속하는 처분이라도 재량권의 한계를 넘거나 그 남용이 있는 때에는 법원은 이를 취소할 수 있다"라고 규정하여 재량행위도 원칙적으로 사법심사의 대상이 됨을 전제로 하고 있다.

> **【판례】** 어떤 행정처분이 재량권의 남용이나 일탈에 해당하는 경우에는 그 재량권이 기속재량이거나 자유재량이거나를 막론하고 사법심사의 대상이 된다(대판 1990. 8. 28, 89누8255).

(3) 특별권력관계 내부적 행위

과거의 특별권력관계이론에 따르면 특별권력관계 내에서의 행위는 일반사회의 법질서유지를 목적으로 하는 사법권에 의한 재판의 대상이 될 수 없다고 보았다. 그러나 현재는 전적으로 또는 제한된 범위 내에서 사법심사가 가능하다는 것이 일반적 견해이다.

Ⅱ. 권력분립에서 오는 한계

1. 통치행위

고도의 정치성을 띤 행위는 법률을 적용한 적법·위법성만으로 평가하기에는 부적절하다는 입장에서, 각국은 인정근거와 범위의 차이는 있지만 사법심사에서 제외되는 통치행위의 개념을 인정한다. 우리 대법원의 판례도 권력분립설과 사법부자제설에 근거하여 통치행위를 긍정하고 있다. 즉, 대법원은 1964년 한·일 국교정상화를 반대하는 소위 6·3사태를 수습하기 위하여 행한 대통령의 비상계엄선포 행위를 "고도의 정치적·군사적 성격을 지니고 있는 행위로서, 계엄선포의 당·부당을 판단할 권한 같은 것은 오로지 정치기관인 국회에만 있다"(대판 1964. 7. 21, 64초6)고 하여 권력분립설을 취하고 있으며, 1979년 10·26사태를 수습하기 위하여 선포한 비상계엄에 대하여, "사법기관인 법원이 계엄 선포의 요건의 구비 여부나 선포의 당·부당을 심사하는 것은 사법권의 내재적인 본질적 한계를 넘어서는 것이 되어 적절한 바가 못된다"(대판 1979. 12. 7, 79초70)고 판시하여 사법부자제설을 취하고 있기도 하다.

2. 의무이행소송

의무이행소송이란 행정청이 사인의 신청에 대하여 법령상 일정한 작위의무가 존재함에도 불구하고 부작위로 방치하고 있을 경우에 ① 신청에 따른 행정처분을 법원이 직접 행하는 판결(적극적 형성판결)

을 구하는 소송, 또는 ② 일정한 행정처분을 할 것을 행정청에 명하는 판결(이행판결)을 구하는 소송을 말한다. 의무이행소송은 독일에서 인정되고 있으며, 영·미에서는 직무집행명령의 형태로 인정되고 있고, 일본에서는 아직 도입하지 않고 우리와 같이 부작위위법확인소송까지만 인정하고 있다.

3. 예방적 부작위청구소송

예방적 부작위청구소송이란 일정한 행정작용이 행하여질 경우에는 손해를 입을 가능성이 명백히 예견되는 침해적 처분의 경우에 사전 예방적 수단으로서 어떤 행정행위 또는 사실행위를 하지 아니할 것을 미리 구하는 소송을 말하며, 금지소송이라고 하기도 한다. 이에 관하여 학설이 대립하는바, 소극설은 행정소송법(제4조)의 행정소송의 종류를 열거적인 것으로 해석하여 이를 부인한다.[2] 그러나 적극설은 헌법상 국민의 재판청구권을 근거로 하여 법률상 이익의 침해가 명백히 예견되는 경우에는 일종의 무명항고소송으로서의 부작위청구소송을 인정하여야 한다고 하며 행정소송법(제4조)상의 행정소송의 종류를 일종의 예시적인 규정으로 본다.[3]

4. 작위의무확인소송

행정청에 대하여 일정한 처분(작위)을 할 법적 의무가 있다는 확인을 구하는 소송을 말한다. 의무이행소송은 법원이 직접 일정한 처분을 하거나 행정청에 대하여 이를 할 것을 명하는 판결임에 반하여, 작위의무확인소송은 일정한 처분을 할 의무가 있음을 확인·선언하는 데 그치는 소송이다. 그러나 이 역시 판결의 기속력의 효과로 인하여 실질적으로는 의무이행소송을 인정하는 것과 같이 될 우려가 있다는 이유로 우리 행정소송법상 명문으로 인정하고 있지 않으며, 판례 또한 같다.

> 【판례】 작위의무확인소송을 허용하지 아니한 판례
> 국가보훈청장에게 독립운동가들에 대한 서훈추천권의 행사가 적정하지 아니하였으니 이를 바로잡아 다시 추천하고 독립운동사 등의 책자를 다시 편찬·보급하고, 독립기념관 전시관의 해설문·전시물 중 잘못된 부분을 고쳐서 다시 전시할 의무가 있음의 확인을 구하는 청구는 작위의무확인소송으로서 항고소송의 대상이 되지 아니한다(대판 1990. 11. 23, 90누3553).

---

2) 류지태·박종수(신), p.612.
3) 김도창(상), p.738; 석종현·송동수(상), p.845~846; 홍준형(구), p.328.

제3절 행정소송의 종류

행정소송은 여러 가지 기준에 의하여 분류될 수 있지만, ① 그 성질에 따라 형성소송, 이행소송, 확인소송으로 분류할 수 있으며, ② 그 내용에 따라 항고소송, 당사자소송, 민중소송, 기관소송으로 분류할 수 있다.

Ⅰ. 성질에 의한 분류

1. 형성의 소

형성의 소라 함은 행정법상의 법률관계의 변동을 일으키는 일정한 법률요건의 존재를 주장하여, 그 변동을 선언하는 판결을 구하는 소이다. 따라서 형성판결은 형성요건의 존재를 확정하는 동시에, 새로운 행정법상의 법률관계를 발생하게 하고 기존의 행정법상의 법률관계를 변경·소멸하게 하는 판결이다. 항고소송 중 취소소송은 행정청의 위법한 처분 등의 취소·변경을 구하는 소송이므로 형성의 소의 대표적 예에 속한다.

2. 이행의 소

이행의 소라 함은 피고에 대한 특정한 이행청구권의 존재를 주장하여, 그 확정과 이에 기한 이행을 명하는 판결을 구하는 소이다. 따라서 이 소송은 원고가 주장하는 이행청구권의 강제적 실현에 이바지하는 소로서, 이행청구권의 확정과 피고에 대한 이행명령의 두 가지를 목적으로 한다. 행정청의 위법한 부작위에 대한 의무이행소송이라든가 일정한 이행명령을 목적으로 하는 당사자소송은 이행의 소에 속한다.

3. 확인의 소

확인의 소라 함은 특정한 권리 또는 법률관계의 존재 또는 부존재를 주장하여 이를 확인하는 판결을 구하는 소이다. 따라서 원칙적으로 권리 또는 법률관계만이 확인의 소의 대상이 된다. 항고소송 중에서 무효등확인소송 및 부작위위법확인소송과 공법상의 법률관계의 존부의 확인을 구하는 당사자소송은 확인의 소에 속한다.

Ⅱ. 내용에 의한 분류

행정소송법은 행정소송을 내용에 따라 항고소송·당사자소송·민중소송·기관소송으로 대별하고, 항고소송을 다시 취소소송·무효등확인소송 및 부작위위법확인소송으로 세분하고 있다.

항고소송과 당사자소송은 개인의 주관적 이익의 보호를 직접 목적으로 하는 주관적 소송이고, 민중소송과 기관소송은 공익실현 혹은 행정의 적법성보장을 직접 목적으로 하는 객관적 소송이다.

1. 항고소송

항고소송이란 행정청의 처분 등이나 부작위에 대하여 제기하는 소송을 말한다. 즉, 행정청의 위법한 처분, 재결 또는 부작위에 의하여 법률상 이익을 침해당한 자가 그 위법을 다투기 위하여 제기하는 소익을 의미한다.

※ 당사자소송과 항고소송의 비교

구분	당사자 소송	항고소송
소의 대상	처분등을 원인으로 하는 법률관계 공법상의 법률관계	행정청의 처분등과 부작위
종류	실질적 당사자소송 형식적 당사자소송	취소소송 무효등확인소송 부작위위법확인소송
원고적격	행정소송법에 규정 없음	법률상 이익이 있는 자
피고적격	국가, 공공단체 그 밖의 권리 주체	처분청등
제소기간	원칙적으로 세소기간의 제한 없음	처분 등이 있음을 안날로부터 90일, 처분 등이 있은 날로부터 1년 이내
행정심판전치	행정심판전치주의가 적용되지 않음	원칙적으로 행정심판임의주의 적용됨
판결의 종류	기본적으로 취소소송과 동일 다만 사정판결제도 없음	소송판결, 본안판결

(1) 법정항고소송

1) 취소소송

가) 의의

취소소송이란 행정청의 위법한 처분 또는 재결 등을 취소 또는 변경하는 소송을 말한다(동법 제4조 1호). 행정처분은 행정법관계의 안정과 행정의 원활한 운영을 도모하려는 필요에서 그것이 비록 위법하다 하더라도 당연 무효가 아닌 이상, 정당한 권한을 가진 기관에 의하여 취소되기 전까지는 일응 유효한 것으로 취급되는 특수한 효력을 가지는바, 취소소송은 이러한 공정력을 배제하여 처분의 효력을 실효시키기 위한 소송이다. 소송의 성질도 형성의 소로 보는 것이 통설·판례이고, 소송물은 처분 등의 실체적·절차적 위법성일반이다.

나) 행정소송법 제4조 제1호의 위법한 처분 등을 취소 또는 변경하는 소송에서, 변경의 의미
  행정소송법 제4조 제1호의 위법한 처분 등을 취소 또는 변경하는 소송에서, 변경의 의미에 관하여, 적극적 변경까지 포함된다는 견해도 있으나, 일부취소의 의미로 이해하여 처분을 적극적으로 변경하는 형성소송은 허용되지 않는다는 것이 판례의 태도이다.

다) 무효를 선언하는 의미의 취소소송
취소소송은 엄밀한 의미에서는 하자가 있으나 일단 유효한 행정처분의 효력을 판결에 의하여 배제하는 소로서 당초부터 무효인 행정처분에 대하여 그 무효확인을 구하는 무효확인의 소와 구분되나, 취소사유인 하자와 무효사유인 하자의 구분은 상대적인데다 그 구분이 쉽지 아니하고, 소를 제기하는 당사자의 의도는 취소든 무효든, 그 행정처분의 부인을 구하는데 중점이 있는 것이며, 위법한 행정처분으로 말미암아 권리·이익을 침해받은 자는 설령 그 행정처분에 취소사유를 넘은 무효사유의 하자가 있더라도 행정처분 무효확인의 소가 아닌 취소의 소를 제기할 수 있다. 이러한 경우의 취소소송을 통상 무효를 선언하는 의미의 취소소송이라 한다. 이 소송도 형식상 취소소송에 속하는 이상, 제소기간 등 취소소송으로서 갖추어야 할 소송요건을 갖추어야 한다.[4]

2) 무효등확인소송

가) 의의
무효등확인소송이란 행정청의 처분 또는 재결의 효력유무 또는 존재여부를 확인하는 소송을 말한다(동법 제4조). 행정소송법이 '무효등확인소송'이라고 규정한 것은 처분이나 재결의 무효확인소송·유효확인소송·존재확인소송·부존재확인소송 및 실효확인소송이 포함된다. 그러나 행정청에게 일정한 의무없음의 확인을 구하는 소송은 여기에 속하지 않는다.

나) 기능
무효 또는 부존재인 행정처분은 처음부터 당연히 법률상 효력이 없거나 부존재하나, 처분 등이 외형상 존재함으로써 행정청이 유효한 처분으로 오인하여 집행할 우려 등이 있다. 이러한 경우 무효 또는

---

4) 대법원 1990. 8. 28. 선고 90누1892 판결.

부존재인 처분 등의 상대방이나 이해관계인은 그 무효 또는 부존재임을 공적으로 선언받은 필요가 적지 아니하다. 여기에 무효등확인소송의 존재 의의가 있다.

반대로, 유효하게 존재하는 처분 등을 관계 행정청이 마치 무효 또는 부존재인 것처럼 주장하고, 그러한 주장을 바탕으로 후속 처분을 함으로써 개인의 권익을 침해하게 되는 예도 있을 수 있다. 그러한 경우에는 당해 처분 또는 재결이 유효하게 존재하는 것임을 확인받을 실익이 있다. 그 소송물은 처분 등의 유 · 무효, 존재 · 부존재이고 청구취지만으로 소송물의 동일성이 특정된다.[5]

3) 부작위위법확인소송

가) 의의

부작위위법확인소송이란 행정청의 부작위가 위법하다는 것을 확인하는 소송을 말한다(제4조 제3호). 즉, 행정청이 당사자의 신청에 대하여 상당한 기간내에 일정한 처분을 할 법률상의 의무가 있음에도 불구하고 이를 행사하지 아니한 경우, 이 부작위에 대한 위법확인을 구하는 소송이다. 주의할 것은 부작위위법확인의 소는 행정청이 아무런 응답을 하지 않는 것이 위법하다는 확인을 구하는 것이지, 원고의 신청을 인용하지 않는 것이 위법하다는 확인을 구하는 소송이 아니라는 것이다.

나) 기능

행정청의 위법한 부작위에 대한 가장 직접적이고 바람직한 구제수단은 적극적인 의무이행소송일 것이지만 행정소송법은 행정권과 사법권의 조화를 도모하면서, 권리구제의 목적달성을 위하여 적극적 의무이행소송을 인정하지 않는 대신 우회적인 권리구제수단으로 부작위위법확인소송을 인정하고 있는 것이다.

다) 행정청의 직접처분권

부작위위법확인판결이 있음에도 불구하고 행정청이 아무런 처분을 하지 아니할 경우 법원이 당사자의 신청에 의하여 상당한 기간을 정하여 행정청이 그 기간 내에도 처분을 하지 아니할 때에는 그 지연기간에 따라 일정한 배상을 명하거나 즉시 손해배상을 명할 수 있는 점에서, 일종의 간접강제수단인 소송형식이라 할 수 있다.

(2) 무명항고소송

1) 문제의 제기

행정소송법 제4조에 규정된 위 세 종류의 항고소송(법정항고소송) 이외에 무명항고소송(법정외항고소

---

5) 대법원 1992. 2. 25. 선고 91누6108 판결.

송)이 허용될 수 있는지에 대하여 다툼이 있다. 행정소송법 제4조의 항고소송의 구분에 관하여 다수설은 동조를 예시적인 것으로 보고 있으며, 부작위청구소송이 대표적 무명항고소송으로 예시되고 있다.

2) 허용성 - 예방적 작위, 부작위소송

전통적인 행정쟁송수단인 취소소송 등은 침익적 행정행위로부터 국민의 권익을 보호하는 데는 적절한 수단이지만, 현대 복리국가에 있어서 행정청이 국민에 대하여 일정한 생활보장적 급부를 하여야 할 의무가 있음에도 불구하고 이를 이행하지 아니할 경우 등 행정청의 부작위에 대한 구제수단으로는 충분하지 못하므로, 다른 구제수단이 필요하다는 현실적 필요성에 바탕을 두고, 법원이 행정청에 갈음하여 일정한 행위를 결정하고 그것을 하도록 명한다는 것이 결코 사법권의 범위를 벗어나거나 권력분립의 원칙에 반하는 것이 아니어서 이론상 이행소송 등이 불가능하지 않으며, 현행법상으로도 행정소송법 제4조에 규정된 종류 이외의 행정소송을 금하는 명시적 규정이 없으므로, 이행소송 등 법정외항고소송이 인정된다는 것이 대다수 학자들의 견해이다.

그러나 이론상 이행소송 등을 금할 이유가 없다 하더라도 어떤 종류의 소송을 어느 범위까지 허용할 것인지는 결국 입법정책적으로 결정될 문제로서, 행정심판법 제4조가 의무이행소송을 규정하는 대신 부작위법확인소송을 인정하고 있는 점 등에 비추어 보면, 현행 행정소송법 제4조는 동 조문에 규정된 이외의 소송형태인 의무이행소송 등은 허용되지 않음을 간접적으로 나타내고 있다고 보아야 한다는 것이 현재 확인된 우리 판례의 태도이다. 따라서 행정청의 부작위에 대하여는 부작위위법확인소송이 가능할 뿐, 나아가 적극적으로 일정한 행위를 요구하는 의무이행소송은 허용되지 아니하며,[6] 행정청이 일정한 적극적인 처분을 하지 못하도록 그 금지를 구하는 예방소송인 이른바 금지소송이나 부작위의무확인소송, 행정청에게 일정한 적극적인 처분을 하여야할 의무가 있음의 확인을 구하는 작위의무확인소송은 부적법하다고 보고있다.[7]

2. 당사자소송

(1) 의의

당사자소송이란 행정청의 처분 등을 원인으로 하는 법률관계에 관한 소송 그밖에 공법상의 법률관계에 관한 소송으로서 그 법률관계의 한 쪽 당사자를 피고로 하는 소송을 말한다(제3조 제2호). 즉, 당사자소송이란 서로 대립되는 대등한 당사자 사이에 있어서의 행정법관계의 형성·존부에 관한 소송이다.

---

6) 대법원 1989. 9. 12. 선고 87누868 판결, 대법원 1989. 5. 23. 선고 88누8135 판결, 대법원 1992. 12. 22. 선고 92누13929 판결, 대법원 1995. 3. 10. 선고 94누14018 판결 등.
7) 대법원 1987. 3. 24. 선고 86누182 판결, 대법원 1989. 1. 24. 선고 88누3314 판결, 대법원 1992. 11. 10. 선고 92누1629 판결.

(2) 종류

1) 형식적 당사자소송

형식적 당사자소송이란 처분이나 재결을 원인으로 하는 법률관계에 관한 소송으로서 그 원인이 되는 처분 등에 불복하여 소송을 제기함에 있어 처분청을 피고로 하는 것이 아니라 그 법률관계의 한쪽 당사자를 피고로 하는 소송을 말한다.

일반적으로 인정되지는 아니하고, 개별법에서 특별한 규정이 있는 경우에만 허용된다는 것이 통설이다. 현행법상 인정되는 형식적 당사자소송의 예로는 특허무효심판 등 각종 지적재산권에 관한 소송, 통신위원회의 재정에 관한 소송 등을 들 수 있다.

2) 실질적 당사자소송

실질적 당사자소송은 대립하는 당사자간의 공법상의 권리 또는 법률관계 그 자체를 소송물로 하는 소송을 말한다. '행정청의 처분 등을 원인으로 하는 법률관계'에 관한 소송도 형식적 당사자소송으로 인정되는 것을 제외하고는 실질적 당사자소송에 속한다. 여기에 해당하는 것으로 공법상의 신분이나 지위의 확인에 관한 소송, 공법상의 사무관리나 계약에 관한 소송 및 금전지급청구에 관한 소송 등을 들 수 있다.

3. 민중소송

(1) 의의

민중소송이란 국가 또는 공공단체의 기관이 법률에 위법한 행위를 한 때에 직접 자기의 법률상 이익과 관계없이 그 시정을 구하기 위하여 제기하는 소송을 말한다(제3조 제3호). 민중소송은 행정법규의 적정한 적용을 보장하기 위하여 제소자의 권익침해의 요건을 완화하여, 널리 일반대중에게 소송의 제기를 인정하는 예외적인 행정소송이다.

(2) 구체적인 예

현행법상 인정되는 민중소송의 예로는, 국민투표법이 정한 국민투표무효소송, 공직선거및선거부정방지법이 정하 선거무효소송, 당선무효소송 등이 있다.

4. 기관소송

(1) 의의

기관소송이란 국가 또는 공공단체의 기관상호간에 있어서의 권한의 존부 또는 그 행사에 관한 다툼이 있을 때에 이에 대하여 제기하는 소송을 말한다(제3조 제4호). 다만 헌법재판소법 제2조에 의하여 헌법재판소의 관장사항으로 되어 있는 소송 즉 국가기관 상호간, 국가기관과 지방자치단체간 및 지방자치단체 상호간의 권한쟁의에 관한 것은 기관소송에서 제외하고 있다(제3조 제4호 단서).

(2) 구체적인 예

현행법상 인정되는 기관소송은, 크게 지방의회나 교육위원회의 의결무효소송과 주무부장관이나 상급지방자치단체장의 감독처분에 대한 이의소송으로 나눌 수 있다. 주무부장관이나 상급지방자치단체장의 감독처분에 대한 이의소송에 관하여는 동일 법인격 내부의 소송이 아니라는 이유로 기관소송에 속하지 않고 항고소송으로 보아야 한다는 견해도 있다.

제4절 항고소송

제1항 취소소송

Ⅰ. 재판관할

1. 사물관할

사물관할이란 사건의 성질을 기준으로 재판권을 분배하는 것을 말한다. 행정소송에서 취소소송의 제1심 관할법원은 지방법원급의 행정법원이다(행정소송법 제9조 제1항). 행정법원의 심판권은 판사 3인으로 구성된 합의부에서 행한다. 아직 행정법원이 설치되지 않은 지역에서 지방법원 본원이 행정사건을 담당하는 경우에도 역시 합의부의 관장사항이다.

2. 토지관할

(1) 보통재판적

토지관할이란 소재지를 달리하는 제1심 사건의 동종의 법원 사이에 재판권의 분담관계를 정하여 놓은 것을 말한다. 토지관할은 원칙적으로 피고의 주소나 거소에 의하여 정하여지는 일반관할과, 기타 소송사건의 내용에 의하여 정하여지는 특별관할이 있다. 일반관할에 의하면 취소소송의 제1심 관할법원은 피고의 소재지를 관할하는 행정법원이다. 그런데 행정법원이 설치되지 아니한 지역에 있어서의 행정법원의 권한에 속하는 사건은 행정법원이 설치될 때까지 해당 지방법원의 본원이 관할하도록 되어 있다.

(2) 특별재판적

토지의 수용 기타 부동산 또는 특정의 장소에 관계되는 처분 등에 대한 취소소송은 특별관할에 따라 그 부동산 또는 장소의 소재지를 관할하는 행정법원에 제기하여야 한다(제9조). 2개 이상의 관할구역에 걸쳐있는 때는 어느 구역을 관할하는 법원도 관할을 가진다.

1) 토지의 수용에 관계되는 처분

토지의 수용에 관계되는 처분이라 함은 토지수용법에 의한 토지수용, 사용, 사업인정, 수용위원회의 재결, 이의재결 등의 처분을 말한다.

2) 기타 부동산에 관계되는 처분

기타 부동산에 관계되는 처분이라 함은 부동산에 관한 권리의 설정, 변경을 목적으로 하는 처분, 또는 부동산에 관한 권리행사의 강제, 제한, 금지를 명하거나 직접 실현하는 처분을 말한다. 광업권, 채광권, 어업권에 관한 처분, 농지 및 산림의 보전·개발을 위한 각종 규제 및 해제에 관한 처분, 토지거래허가에 관한 처분 등이 이에 속한다.

3) 특정의 장소에 관한 처분

특정의 장소에 관한 처분이라 함은 특정구역에 일정한 행위를 할 수 있는 권리, 자유를 부여하는 처분, 또는 특정구역을 정하여 일정 행위를 제한·금지하는 처분 등을 말한다. 그 예로는 도시계획, 자동차운수사업면허 및 취소, 택지조성사업, 공용재산의 사용허가에 관한 처분 등을 들 수 있다.

3. 관할법원에의 이송

(1) 의의

취소소송에 있어서도 민사소송의 경우와 같이 사건의 이송을 인정하고 있다. 즉, 법원은 소송의 전부 또는 일부가 그 관할에 속하지 않는다고 인정할 때에는 결정으로 관할법원에 이송한다(행소법 제8조 2항, 민소법 제31조 1항). 또한 원고의 고의 또는 중대한 과실 없이 행정소송이 심급을 달리하는 법원(지방법원이나 그 지원 등)에 잘못 제기된 경우에는 관할권 있는 관할법원에 이송하여야 한다(행소법 제7조·제8조 제2항 및 민사소송법 제31조 제1항).

(2) 이송할 경우

1) 관할위반으로 인한 이송

행정소송의 경우는 그 소송의 특수성으로 말미암아 관할을 위반하여 소송이 제기될 가능성이 일반 민사소송의 경우보다 많다고 할 수 있다. 그런데 행정소송에 있어서 관할위반의 제소에 대하여 이를 부적법 각하한다면 제소기간의 경과 등으로 다시 제소할 수 없는 경우가 많을 것이어서 국민의 권리구제에 중대한 장애가 될 것이다. 그리하여 행정소송의 경우는 관할위반사건을 부적법 각하하지 아니하고, 관할법원으로 이송하여 줄 필요성이 민사소송의 경우보다 훨씬 높다고 할 수 있다.

> 행정사건을 민사사건으로 오인하여 일반 지방법원에 제소한 경우(대법원 1997. 5. 30. 선고 95다28960 판결)
> 행정사건을 민사사건으로 오인하여 일반 지방법원에 제소한 경우에도 고의 또는 중대한 과실이 있거나 행정소송으로서의 소송요건을 결하였음이 명백한 경우를 제외하고는 각하할 것이 아니라, 관할 행정법원으로 이송하여야 한다.

2) 편의에 의한 이송

행정소송에서도 민사소송법 제32조가 준용되어 법원은 그 관할에 속한소송에 관하여 현저한 손해 또는 지연을 피하기 위하기 위한 필요가 있는 때에는 직권 또는 당사자의 신청에 의하여 소송의 전부나 일부를 관할법원에 이송할 수 있다. 행정소송의 경우 관할법원이 여럿 있는 경우가 드물어 이 규정에 따른 이송을 할 경우가 흔하지 않을 것이다.

4. 관련청구소송의 이송과 병합

(1) 제도의 취지

취소소송의 경우에는 처분의 취소만으로 해결할 수 없는 여러 청구가 수반되는 경우가 많이 있다. 따라서 취소소송과 이와 관련되는 수 개의 청구를 하나의 소송절차에 병합하여 통일적으로 심판함으로써 당사자나 법원의 부담을 덜며, 심리의 중복과 저촉을 피하면서 동일한 처분에 관한 분쟁을 한꺼번에 해결할 수 있는 이점이 있다. 이러한 이유로 소송법에서는 관련청구병합소송제도가 널리 인정되고 있다.

(2) 관련청구소송의 범위

취소소송에 대한 관련청구사건의 범위는 다음의 두 가지 경우에만 인정된다.

1) 당해 처분 등과 관련되는 손해배상 · 부당이득반환 · 원상회복 등 청구소송(제10조 제1항 제1호)

여기에서 당해 처분 등과 관련된다고 함은 ① 그 처분이나 재결이 원인이 되어 발생한 청구, 또는 ② 그 처분이나 재결의 취소나 변경을 선결문제로 하는 청구 등을 의미한다.

2) 당해 처분 등과 관련되는 취소소송(제10조 제1항 제2호)

여기에는 ① 그 처분과 함께 하나의 절차를 구성하는 다른 처분의 취소를 구하는 소송, ② 그 처분에 관한 재결의 취소를 구하는 소송, ③ 그 재결의 대상인 처분의 취소소송, ④ 그 처분이나 재결의 취소 · 변경을 구하는 다른 사람(제3자)의 취소소송 등이 포함된다.

(3) 관련청구소송의 이송

1) 의의

취소소송과 관련청구소송이 각각 다른 법원에 계속되고 있는 경우에 관련청구소송이 계속된 법원이 상당하다고 인정하는 때에는 당사자의 신청 또는 직권에 의하여 이를 취소소송이 계속된 법원으로 이송할 수 있다(제10조 제1항). 본 조항은 다른 항고소송은 물론 당사자소송 · 민중소송 · 기관소송에도 준용된다(제38조 · 제44조 · 제46조).

2) 이송의 요건

(가) 취소소송과 관련청구소송이 각각 다른 법원에 계속 중일 것

취소소송과 관련청구소송은 당사자와 관할법원이 다른 경우가 많다. 이러한 경우 법원은 상당하다고 인정하는 때에는 당사자의 신청 또는 직권에 의하여 이송할 수 있다. 다만, 주된 사건이 1심법원에 계속중일 때, 항소심에 계속중인 관련사건을 1심법원으로 이송함은 허용되지 않는다고 보아야 할 것이다.

(나) 이송함이 상당하다고 인정될 것

관련청구소송이 계속된 법원이 당해 소송을 취소소송이 계속된 법원에 이송시킴이 상당하다고 인정하는 때에만 가능하다. 즉 법원이 병합심리의 필요성을 인정하는 경우에만 이송이 가능하고 모든 관련청구소송이 당연히 이송되는 것은 아니다. 이를테면, 주된 청구가 이미 변론 종결될 무렵에 이른 반면, 관련청구소송은 상당한 심리를 요한다고 판단되는 경우 등에 있어서는 이송함이 상당하다고 할 수 없을 것이다.

(다) 관련청구소송을 주된 청구소송 계속법원에 이송할 것

관련민사사건 등을 행정사건 계속법원에 이송하여야지 그 반대로 행정사건을 민사사건 계속법원에 이송하여서는 아니 된다. 그런데 관련청구소송의 이송에 관한 규정은 취소소송, 무효등확인소송, 부작위위법확인소송 및 당사자 소송에도 준용되는바, 항고소송 간 또는 항고소송과 당사자소송이 관련청구일 때 어느 소송을 주된 청구로 보아야 할 것인지가 문제되나, 이를 일률적으로 말할 수 없고, 처분의 내용과 위법사유, 심리정도 등을 종합하여 판단할 수 밖에 없을 것이다.

(라) 이송받을 법원에 관련청구소송의 관할이 있을 필요는 없다

원래 행정법원에 관할이 없는 민사사건까지 관련청구소송으로 행정법원에 이송할 수 있음에 비추어, 이송받을 법원에 관련청구소송의 관할이 있어야 되는 것이 아니라고 봄이 상당하다. 물론 전속관할에 위반하여서는 아니된다.

(마) 당사자의 신청 등

관련청구소송의 이송은 당사자의 신청에 의하거나 또는 그것이 없더라도 법원의 직권으로 행해질 수 있나.

3) 이송결정

관련청구소송을 취소소송이 계속된 법원에 이송하는 재판에 관하여는 민사소송법이 준용된다.

4) 이송결정에 대한 불복

이송결정 및 이송신청 각하결정에 대하여는 즉시항고로 불복할 수 있다. 다만, 관할위반을 이유로 한 이송신청에 대하여는 이는 당사자에게 신청권이 없고 단지 직권발동을 촉구하는 의미밖에 없는 것이므로, 비록 그에 대하여 법원의 기각결정이 있더라도 이에 대하여 불복할 수 없다.[8]

[서식] 이송신청서

이 송 신 청 서

사　　건　　2000구단 0000호　교통사고처리특례법위반 등

피 고 인　　O　　O　　O

피고인은 현재 서울동부지방법원 2000고단 2345호 폭력행위등처벌에관한법률위반 등으로 형사 1단독에서 공판 계류중이므로, 위 사건을 본 사건과 병합하여 재판을 받을 수 있도록 피고인의 주소지를 관할하는 서울동부지방법원 형사 1단독으로 이송하여 주시기 바랍니다.

20　 . 　.　 .

위 피고인의 형사보조인　O　O　O　　(인)

OO지방법원 OO지원 형사O단독　귀중

(4) 관련청구소송의 병합

1) 의의

관련청구소송의 병합이란 원고가 같은 피고에 대하여 하나의 소송절차에서 수 개의 청구를 하는 경우를 말하며, 이는 소의 객관적 병합이라고도 한다.

---

8) 대법원 1993. 12. 6. 선고 93마 524 결정.

2) 병합의 종류와 형태

행정소송법은 취소소송과 관련하여 ① 관련청구소송의 병합인 객관적 병합(제10조 2항 전단), ② 피고 외의 자를 상대로 한 관련청구소송을 병합하는 것으로서의 주관적 병합(제10조 2항 후단), ③ 공동소송으로서의 주관적 병합(제15조) 등을 인정하고 있다. 이러한 소의 병합은 다시 병합의 시점에 따라 ① 제소시에 행하는 시원적 병합과, ② 소송의 계속 중에 행하는 후발적(추가적) 병합으로 나뉘어진다.

(가) 취소소송과 무효확인소송간의 관계

취소소송과 무효확인소송은 보충의 관계에 있는 것이 아니라 서로 병렬관계에 있다. 그러므로 행정청의 처분 등에 불복하는 자는 소송요건을 충족하는 한, 바라는 목적을 가장 효과적으로 달성할 수 있는 항고소송을 택할 수 있다. 취소소송과 무효확인소송을 예비적으로 병합하여 제기할 수도 있다. 다만 취소소송의 소송물을 처분 등의 위법성일반으로 보는 이상 취소소송의 기각판결의 기판력은 무효확인소송에도 미친다.[9]

(나) 취소소송과 당사자소송과의 관계

행정처분은 비록 하자가 있더라도 당연무효의 흠이 아닌 한, 공적기관에 의하여 취소될 때까지는 일응 유효한 것으로 취급되는 것이므로, 행정처분에 취소사유의 흠이 있는 경우, 처분취소송 이외의 방법으로 그 효력을 부인할 수 없다. 그러므로 파면처분을 당한 공무원은 그 처분에 비록 흠이 있더라도 무효사유가 아닌 취소사유에 해당하는 흠인 경우 파면처분 취소소송을 제기하여야 하고, 바로 당사자소송으로 공무원지위확인소송을 제기할 수 없다.

(다) 무효확인소송과 당사자소송의 관계

처분이 무효인 경우는 이른바 공정력이 없고 누구나 어떠한 방법으로나 그 효력을 부인할 수 있는 것이므로, 예를 들면, 공무원 파면처분이 무효인 경우 항고소송으로서의 파면처분무효확의 소가 가능할 뿐만 아니라 당사자소송으로서 그 파면처분무효임을 전제로 한 공무원지위확인소송도 가능하고, 과세처분이 무효이면 항고소송으로서 과제처분무효확인의 소와 당사자소송으로서의 조세채무부존재확인의 소도 가능하다고 보아야 한다.

3) 병합의 요건
(가) 소송요건의 구비

관련청구의 병합은 그 청구를 병합한 본체인 취소소송을 전제로 하는 것이므로, 관련청구소송이 병합

---

9) 대법원 1992. 12. 8. 선고 91누6891 판결, 대법원 1993. 4. 27. 선고 92누9777 판결.

될 본체인 취소소송은 그 자체로서 소송요건(당사자적격·전심절차·제소기간·소익 등)을 구비하여 적법하지 않으면 안 된다. 다만, 본체인 취소소송이 병합 전에 계속되어 있어야 하는 것은 아니므로, 처음부터 관련청구를 병합하여 제기하는 것은 가능하다.

(나) 관련청구의 범위
취소소송에 병합할 수 있는 청구는 ① 취소소송의 대상인 처분 등과 관련되는 손해배상·부당이득반환·원상회복 등 청구소송과, ② 본체인 취소소송의 대상인 처분 등과 관련되는 취소소송이다(제10조 제1항).

(다) 병합의 시기
관련청구의 병합은 사실심의 변론종결 이전에 하여야 한다(제10조 제2항). 그러나 사실심의 변론종결 이전이면 원시적 병합이든 후발적 병합이든 상관없다.

(라) 관할법원
병합되는 소송의 관할법원은 취소소송이 계속된 법원이다. 병합대상인 관련청구소송은 같은 법원에 계속된 경우도 있고 다른 법원으로부터 이송되어 온 경우도 있을 수 있다. 이송받은 법원은 이송된 사건에 대하여 독립된 사건번호와 표지를 부여하여 표지는 종전절차의 기록표지 앞에 철하고, 그 후의 당해 사건서류는 종전기록에 가철한다.

4) 병합심리
취소소송에 병합되는 관련청구소송이 민사소송인 경우에 그 병합심리에 행정소송법의 규정이 적용될 것인가 하는 것이 문제가 된다. 즉, 행정소송에서는 민사소송의 경우와 달리 동종의 소송절차만이 아니고, 이종의 소송절차도 관련청구소송으로 인정하는 결과, 민사소송사건이 관련청구소송으로 병합되었을 경우에 행정소송법의 절차에 따라 그에 대한 심리를 하여야 한다는 견해와 병합된다고 해서 소송의 본질이 달라지는 것은 아니므로 본래의 민사사건을 행정소송의 절차로서 심리해서는 안 된다는 견해로 대립되어 있다.

[서식] 소병합신청서

소병합신청서

사 건   2016구단0000호 소득세부과처분취소

원 고   김ㅇㅇ

피 고   서초세무서장

위 사건은 현재 귀원에 계류 중인 2016구단0000호 부가가치세부과처분 청구사건과 관련사건
이오니 양 사건을 병합하여 심하여 주실 것을 신청합니다.

2016. 0. 0.

위 원고 0 0 0 (인)

서울행정법원   귀중

Ⅱ. 당사자

1. 개설

취소소송에 있어서 당사자란 원고와 피고를 말한다. ① 원고는 행정청의 위법한 처분 등으로 권리·이
익이 침해되었음을 이유로 그 처분의 취소·변경을 주장하는 자이고, ② 피고는 공익을 대표해 행정법
규의 적용에 위법이 없음을 주장하는 자이다. 취소소송에 있어 당사자가 될 수 있는 능력은 민사소송과
마찬가지로 자연인·법인뿐만 아니라 법인격 없는 사단·재단도 대표자 또는 관리인이 있으면 그 단체
의 이름으로 당사자가 될 수 있다.

2. 당사자적격

(1) 의의

당사자적격이란 특정한 소송사건에서 당사자로서 소송을 수행하고 본안판결을 받기에 적합한 자격을
말한다. 당사자적격은 본안판단을 구하는 것을 정당화시킬 수 있는 이익 내지 필요, 즉 넓은 의미에서의
소의 이익 개념에 포함되는 것으로, 당사자의 측면에서 본 주관적 이익이라는 점에서 좁은 의미의

소의 이익인 권리보호의 자격과 권리보호의 필요 내지 이익과 관념상 구별된다. 그러나 양자는 서로 밀접하게 관계되어 있어 그 한계가 분명하지 아니하고, 특히 확인의 소에 있어서의 당사자적격과 권리보호의 이익이 불가분의 관계에 있다.

(2) 원고적격(소익)

행정소송법(제12조 전단)은 "취소소송은 처분의 취소를 구할 법률상의 이익이 있는 자가 제기할 수 있다"라고 규정하고 있다. 여기서 법률상의 이익은 불확정 개념이어서 어느 범위까지가 이에 해당하는지에 대해서는 학설상 견해가 나누어진다. 원고적격이 인정되기 위해서는 법률상의 이익이 현실적으로 침해되어야 하는지 아니면 침해의 가능성 내지 주장하는 것만으로 족한지에 대한 상세한 내용은 다음 항목에서 설명하고자 한다.

(3) 피고적격

1) 처분청

행정소송법은 "다른 법률에 특별한 규정이 없는 한 그 처분 등을 명한 행정청을 피고로 한다"(제13조 제1항)고 규정하고 있다. 원래 권리주체인 국가 · 공공단체 등이 직접 피고가 되어야 겠지만 현실적인 소송수행의 편의를 위하여 처분을 행한 행정청을 피고로 한 것이다. 여기서 행정청은 국가 또는 지방자치단체의 행정에 관한 의사를 결정해 외부에 표시할 수 있는 권한을 직접 가지는 행정기관을 말한다. 권한의 위임 또는 위탁이 있는 경우에는 위임 또는 위탁을 받은 행정기관, 공공단체 및 그 기관 또는 사인이 피고가 된다(제2조 제2항). 다른 법률에서 특별히 처분청 아닌 행정청을 피고로 한 예는 대통령이 행한 공무원 징계 기타 불이익처분의 피고를 소속장관으로(국가공무원법 제16조 · 경찰공무원법 제28 등), 대법원장의 처분에 대한 피고를 법원행정처장으로 한 것(법원조직법 제70조) 등이 있다.

2) 권한승계 또는 기관폐지의 경우

처분이 있은 후에 그 권한이 다른 행정기관에 승계된 경우에는 승계한 행정청이 피고가 된다(제13조 제1항 단서). 승계기관이 없는 경우에는 처분 등에 관한 사무가 귀속되는 국가 또는 공공단체가 직접 피고가 된다(제13조 제2항).

3) 피고의 경정

피고를 잘못 지정한 때에는 법원은 원고의 신청에 의하여 결정으로 피고의 경정을 허가할 수 있다(제14조 제1항). 이 경우에는 종전의 피고에 대한 소송은 취하된 것으로 보고, 처음 소를 제기한 시점에 새로운 피고에 대한 소송이 제기된 것으로 본다(제14조 제4항 · 제5항).

[서식] 피고경정신청서

피 고 경 정 신 청

사　건　　　　　20ㅇㅇ구 1234　해임처분취소
원　고　　　　　ㅇㅇㅇ
피　고　　　　　경찰청장

위 사건에 관하여 원고는 다음과 같이 피고 경정을 신청합니다.

다　　　　　음

경정전 피고의 표시 : 경찰청장
경정후 피고의 표시 : ㅇㅇ지방경찰청장

신 청 이 유

원고는 위 사건의 처분청을 상대로 본건 해임처분취소 청구의 소를 제기하면서 법률지식의 부족으로 인하여 처분청의 표시를 경찰청장으로 하였으나 이는 고의 또는 중과실 없이 피고를 잘못 지정한 것으로서 정당한 피고로 경정을 원하여 본건 신청에 이르렀습니다.

20ㅇㅇ. ㅇ. .
원고 소송대리인 변호사 ㅇ ㅇ ㅇ (인)

ㅇㅇ행정법원　귀중

3. 공동소송(관련청구의 주관적 병합)

행정소송법은 "수인의 청구 또는 수인에 대한 청구가 처분등의 취소청구와 관련되는 청구인 경우에 한하여 그 수인은 공동소송인이 될 수 있다"(제15조)고 함으로써, 관련청구소송의 주관적 병합을 인정하였다.

4. 소송참가

(1) 제3자의 소송참가

예컨대, 체납처분에 따른 압류재산 공매에서의 경락자는 당해 공매처분취소소송이 인용되어 버리는 경우 취소판결의 대세적 효력(제29조 제1항)에 의거하여 경락취소의 효과가 자기에게도 미친다. 따라서 자기의 부당한 권익침해를 방지하기 위하여 '소송의 결과에 따라 권리 또는 이익의 침해를 받게 되는 제3자'로서, 본인의 신청 또는 법원의 직권에 의한 결정에 따라 소송참가를 하여 자기에게 유리한 공격방어자료를 제출할 기회를 부여받고 있다(제16조 제1항).

(2) 행정청의 소송참가

법원은 처분청이 아닌 다른 행정청을 소송에 참가시킬 필요가 있다고 인정할 때에는 당사자 또는 당해 행정청의 신청이나 직권에 의한 결정으로 그 행정청을 소송에 참가시킬 수 있다(제17조 제1항). 이 경우 참가행정청은 민사소송법에 의한 보조참가인의 지위에 서게 되므로, 공격·방어 등의 소송행위를 할 수는 있으나 처분행정청의 소송행위와 저촉되는 행위는 할 수 없다(제17조 제3항).

[서식] 소송참가신청서

공 동 소 송 참 가 신 청 서

사   건   20ㅇㅇ가합ㅇㅇ 주주총회결의취소

원   고   ㅇㅇㅇ

              ㅇㅇ시 ㅇㅇ구 ㅇㅇ길 ㅇㅇ(우편번호 ㅇㅇㅇ-ㅇㅇㅇ)

원고공동소송참가인   ◎◎◎ (주민등록번호)

              ㅇㅇ시 ㅇㅇ구 ㅇㅇ길 ㅇㅇ(우편번호 ㅇㅇㅇ-ㅇㅇㅇ)

              전화·휴대폰번호:

              팩스번호, 전자우편(e-mail)주소:

피   고   ◇◇◇ 주식회사

              ㅇㅇ시 ㅇㅇ구 ㅇㅇ길 ㅇㅇ(우편번호 ㅇㅇㅇ-ㅇㅇㅇ)

              대표이사 ㅇㅇㅇ

위 사건에 관하여 원고공동소송참가인은 다음과 같이 원고의 공동소송인으로 소송에 참가합니다.

<h1>청 구 취 지</h1>

1. 피고의 20○○. ○. ○. 자 정기주주총회에서 한 감사 ◇◇◇의 선임 결의를 취소한다.
2. 소송비용은 피고가 부담한다.
라는 판결을 구합니다.

<h2>참가이유 및 청구원인</h2>

1. 원고공동소송참가인은 피고회사의 주주인바, 청구취지 기재 총회의 소집절차가 법령에 위반한 것임은 이 사건 소장 기재 청구원인과 같습니다.
2. 그렇다면, 위 총회에서 한 감사 ◇◇◇의 선임 결의는 취소되어야 할 것인바, 이 사건 판결의 효력은 원고공동소송참가인에게도 미치는 것이어서(상법 제376조 제2항, 제190조 본문), 이 사건의 소송목적은 원고와 원고공동소송참가인에게 합일적으로 확정되어야 하므로, 원고공동소송참가인은 이 신청에 이른 것입니다.

<h2>첨 부 서 류</h2>

1. 공동소송참가신청서 부본	2통
1. 송달료납부서	1통

20○○. ○. ○.

위 원고공동소송참가인   ◎◎◎ (서명 또는 날인)

○○지방법원 제○○민사부 귀중

5. 소송대리인

원고·피고는 모두 민사소송에서와 같이 변호사 등 소송대리인을 선임하여 소송을 수행하게 할 수 있다(제8조). 다만, 국가를 당사자로 하는 공법상 당사자소송인 경우에는 '국가를당사자로하는소송에 관한법률'(제2조 · 제3조)에 의거하여 법무부장관이 국가를 대표한다. 검사를 소송수행자로 지정하여 소송을 수행하거나 필요할 경우 변호사를 소송대리인으로 선임하여 소송을 수행하게 할 수 있다.

Ⅲ. 취소소송의 소익(원고적격)

1. 소익의 의의

소익이란 "원고의 청구가 국가의 재판제도를 이용하여 해결될 만한 가치 또는 필요성"을 말한다. 원래 민사소송에서 '이익 없으면 소권 없다'고 하는 바와 같이 행정소송도 이와 같이 분쟁은 소송을 통해 해결할 권리보호의 필요성이 있는 경우에 한하여 소의 제기가 허용된다. 소익이란 이와 같이 본안판결을 구할 정당한 이익 내지 필요성이다. 행정소송의 소익의 개념은 다음과 같이 나누어진다.

(1) 최광의

① 취소를 구하는 처분 · 부작위 등의 존재(소송의 대상적격),

② 원고에게 소송으로 처분 등의 취소를 구할 법률상의 이익의 존재(원고적격),

③ 소송을 통하여 현실적으로 권리구제를 받을 수 있는 가능성 또는 실익의 존재(협의의 소익)를 모두 포함하는 개념이다.

(2) 광의

위의 내용 중 ②의 원고적격과 ③의 협의의 소익을 의미한다.

(3) 협의

위의 내용 중 ③의 협의의 소익을 의미한다.

2. 원고적격

(1) 개설

행정소송법(제12조)은 처분 등의 취소를 구할 '법률상의 이익'이 있는 자에게 원고적격을 인정하고 있다. 여기서 말하는 법률상의 이익에 관하여는 취소소송의 목적과 기능을 무엇으로 보는가에 따라 다음의 4가지 학설이 대립되고 있다.

(2) 법률상 이익의 개념에 관한 학설

1) 권리회복설

과거의 전통적 견해로서, 취소소송의 목적을 위법한 처분으로 인하여 침해된 개인의 권리회복에 있다고 보고, 권리(자유권·수익권 등의 공권과 재산권·어업권·광업권 등의 사권)가 침해된 자만이 원고적격이 있다고 함으로써 원고적격을 매우 한정하고 있다.

2) 법률상 이익구제설

권리침해뿐만 아니라, 어떤 법률이 공익의 보호와 동시에 개인의 이익도 보호함을 목적으로 하는 경우(사익보호성)에 그 '법률에 의하여 보호되는 이익'을 침해한 경우에도 원고적격을 인정한다(예, 건축제한법규·특허제도로 인한 인근주민, 특허기업자의 이익). 그러나 법률이 질서유지·공공복리 등 순수한 공익보호만을 목적으로 한 경우에 상대방이 얻게 되는 단순한 반사적 이익(예, 공중위생이라는 공공복리를 목적으로 설정된 공중목욕장허가제도로 인하여 기존 허가업자가 얻는 이익)의 침해는 여전히 제외된다고 하며, 우리의 통설·판례[10]의 입장이다.

【판례】 법률상이익구제설에 입각하여 관련법률에 의하여 보호되는 이익에 대하여도 사익보호성을 인정한 판례
행정처분의 직접 상대방이 아닌 제3자라도 당해 행정처분의 취소를 구할 법률상 이익이 있는 경우에는 원고적격이 인정되는데, 여기서 말하는 법률상 이익이란 당해 처분의 근거 법률에 의하여 보호되는 직접적이고 구체적인 이익이 있는 경우를 말하고, 다만 공익보호의 결과로 국민 일반이 공통적으로 가지는 추상적·평균적·일반적 이익과 같이 간접적이거나 사실적·경제적 이해관계를 가지는 데 불과한 경우에는 여기에 포함되지 않는다. (중략)
도시계획의 내용이 화장장의 설치에 관한 것일 때에는 도시계획법 외에 매장및묘지등에관한법률도 그 근거법률이 된다고 보아야 할 것이고, 동법시행령상 20호 이상의 인가가 밀집한 지역, 학교 등으로부터 1,000m 이상 떨어질 것 등의 규정에 의하여 보호되는 부근 주민들의 이익은 부산시립영락공원 내의 공설화장장의 설치를 내용으로 하는 도시계획시설결정처분의 취소를 구할 법률상 이익으로 보아야 한다(대판 1995. 9. 26, 94누14544).

3) 보호가치 있는 이익구제설

실체법이 보호하고 있는 권리 또는 이익이 침해된 경우뿐만 아니라, 소송을 통하여 개인의 실생활상의 이익에 관한 구체적 분쟁이 해결될 수 있다면, 그것이 법률상의 이익이든 사실상의 이익이든 불문하고 널리 '소송법상으로 보호할 가치가 있는 이익'이라 하여 소익을 인정하는 견해이다.

---

10) 대법원이 1969년에 이미 선박운항사업면허를 받은 사업자가 다른 자에 대한 새로운 선박운항사업면허의 취소청구소송을 제기한 사건에 있어, 기존 면허사업자의 이익을 단순한 시설상의 이익이 아니라 법에 의하여 보호되는 이익이라 하여 원고적격을 인정한 이래 계속 이 견해를 취하고 있다(대판 1969. 12. 30, 69누106 등).

4) 적법성보장설

취소소송의 목적을 개인의 이익보호에 두지 아니하고 행정처분의 적법성 보장에 두는 견해로서, 자기의 권리·이익의 침해 여부와는 관계없이 처분을 다투기에 적합한 상태에 있는 자에 대하여 널리 소익을 인정하는 견해이다.

5) 결어

소익의 개념은 종래의 권리회복설에서 법률상이익구제설로 확대되어 지금에 이르고 있다. 일부에서 보호가치 있는 이익구제설, 나아가 적법성보장설로까지 확대·발전할 것이라는 견해도 있다. 그러나 실체법이 보호하고 있는 이익을 떠난 소송법상의 이익의 개념을 창설하여 법원의 법창조 기능을 인정하게 됨은 무리가 있다. 따라서 실체법상 보호되는 이익을 점차 확대하여 권익구제의 길을 넓혀 가는 법률상이익구제설의 견해가 타당하다고 생각된다.

(3) 제3자의 원고적격

법률상이익구제설의 입장에서 복효적 행정행위의 제3자인 기존영업자 또는 인근주민 등에게도 원고적격이 인정되어 소위 경업자소송과 인인소송 및 환경소송과 소비자소송 등의 쟁송형태가 등장하게 된다.

1) 경업자소송

판례는 특허기업자가 받는 이익은 법률상 이익이므로 원고적격이 인정되고, 허가영업자가 받는 이익은 단순한 반사적 이익 내지 사실상의 이익이라 하여 원고적격을 부정하고 있다. 원고적격이 인정된 예로서는 기존영업자의 신규영업자에 대한 ① 선박운항사업면허취소소송(대판 1969.12.30, 69누106), ② 자동차운송사업의 노선연장허가취소소송(대판 1975.7.22, 73누173), ③ 자동차(시외버스)정류장 설치허가취소소송(대판 1975.7.22, 75누12), ④ 광구의 증구허가취소소송(대판 1982.7.27, 81누271), ⑤ 약종상영업소이전허가취소소송(대판 1988.6.14, 87누873), ⑥ 화물자동차증차인가취소소송(대판 1992.7.10, 91누9107), ⑦ 하천부지점용허가취소소송(대판 1993.10.8, 93누5017) 등이 있다. 원고적격이 부정된 예로는 기존영업자의 신규영업자에 대한 ① 공중목욕장영업허가취소소송(대판 1963.8.22, 63누97 등), ② 석탄가공업허가취소소송(대판 1980.7.22, 80누33·34), ③ 양곡가공업 허가취소소송(대판 1981.1.27, 79누433)과 함께, ④ 도로점용허가 없이 도로부지에 무허가건물을 건축·사용 중인 자가 같은 부지에 대하여 행정청이 행한 타인의 도로점용허가의 취소를 구한 소송(대판 1991.11.26, 91누1219), ⑤ 약사들에게 한약조제권을 인정한 데 대하여 한의사들이 제기한 취소소송(대판 1998.3.10, 97누4289)을 들 수 있다.

【판례】기존 화물자동차운송사업자의 이익을 법률상 이익으로 본 판례
자동차운수사업법에서 동 사업면허의 기준으로 '당해 노선 또는 사업구역의 수송수요와 수송력공급에 적합할 것'을 정한 것은 동 사업에 관한 질서를 확립하고 동 사업의 종합적인 발달을 도모하여 공공의 복리를 증진함과 동시에(즉, 공익의 보호를 목적으로 함과 동시에), 업자 간의 경쟁으로 인한 경영의 불합리를 미리 방지하는 데 그 목적이 있다 할 것이므로(즉, 사익의 보호도 목적으로 하고 있으므로), 개별화물 자동차운수사업면허를 받아 이를 영위하고 있는 기존의 업자인 원고로서는 동일한 사업구역 내의 동종의 사업용화물자동차면허대수를 늘리는 이 사건 인가처분에 대하여 그 취소를 구할 이익이 있다(대판 1992. 7. 10. 91누9107).

2) 인인(隣人)소송

복효적 행정행위로 인하여 불이익을 받은 인근주민에 대하여 원고적격을 인정한 예로서, 주거지역 내의 위법한 연탄공장건축허가취소소송에서 건축법 등에 의하여 주거지역 내의 주민이 받는 주거의 안정과 생활환경을 보호받는 이익은 단순한 반사적 이익 또는 사실상의 이익이 아니라 법률에 의하여 보호되는 이익이라고 한 판례가 있으며(대판 1975. 5. 13. 73누96 및 97), 이후 자동차LPG충전소 설치허가취소소송에서도 동일한 판결을 내린 바 있다(판례 참조).
그러나 인근 공장주들이 제기한 고압가스충전 및 주입시설 설치허가취소소송에서는 원고적격을 부인하였다.

【판례】① 인근 주민에게 자동차LPG충전소 설치허가취소소송의 원고적격을 인정한 판례
자동차LPG충전소 설치허가장소에 인접하여 거주하는 주민들이 설치허가처분이 고압가스관리안전법에 규정된 공공의 안전을 위한 설치허가기준에 미달한 위법한 처분임을 이유로 동 처분의 취소를 구한 소송에서, 대법원은 "행정처분의 상대방이 아닌 제3자도 그 처분으로 인하여 법률상 보호되는 이익이 침해당한 경우에는 그 처분의 취소·변경을 구하는 행정소송을 제기할 법률상 자격이 있다"고 판시하였다(대판 1983. 7. 12. 83누59).
② 인근 공장주인에게 고압가스충전 및 주입시설 설치허가취소소송의 원고적격을 부정한 판례
준공업지역 내의 인근 공장주들은 갑이 허가받은 고압가스충전 및 주입시설이 언제 폭발하여 원고들의 공장에 위해를 가할지 모르므로 안전한 조업을 할 법률상 이익을 침해당하였다고 주장하지만 … 가까운 장래에 이 시설이 폭발할 위험이 있다고 인정되지 아니하므로 원고들의 법률상 이익이 침해되었다고 할 수 없으므로, 이 사건 제소는 당사자적격이 없는 부적법한 소임을 이유로 이를 각하한 조치는 정당하다(대판 1981. 9. 22. 80누449).

3) 환경소송

인인소송보다 폭넓게 쾌적한 생활환경의 유지를 위하여 주민 일반에게 인정되는 소송형태로서, 우리나라에서는 논의 중에 있으나, 미국은 집단소송, 독일은 단체소송, 일본은 민중소송의 형태로 인정하고 있다(일본은 나리타공항건설용지수용을 위한 사업인정처분에 대한 취소소송에 있어서 지역주민에게

원고적격을 인정하였다). 우리나라에서도 근래 환경소송에서 지역주민의 원고적격은 점차 확대되고 있다.

【판례】 환경영향평가대상지역 안의 주민에 대하여 원고적격을 인정한 판례
① 속리산국립공원 내의 용화온천지구에 대한 공원사업시행허가에 있어 환경영향평가대상지역안의 그 하류지역주민들이 갖는 식수원 등 환경적 이익은 단순히 환경공익보호의 결과로 국민일반이 갖는 추상적·평균적·일반적 이익이 아니라, 주민 개개인이 갖는 개별적·직접적·구체적 이익이다(대판 1998. 4. 24, 97누3286).
② 강원도 인제군과 양양군에 행한 양수발전소건설을 위한 '전원개발사업실시계획승인'처분에 대하여 환경영향평가대상지역 안에 거주하는 주민들은 원고적격이 있으나, 동지역 밖의 주민·산악인·생태연구가·사진가·환경보호단체 등의 이익은 전원개발에관한특별법·환경영향평가법 등이 이를 개별적·직접적·구체적으로 보호하려는 취지의 규정을 두고 있지 아니하므로 이들은 그 취소를 구할 원고적격이 없다(대판 1998. 9. 22, 97누19571).

4) 소비자소송

사인에 의한 소비자의 피해는 한국소비자보호원 소비자분쟁조정위원회에의 조정신청과 법원에의 민사소송으로 구제받게 되지만, 행정처분으로 인한 소비자의 피해에 대한 별도의 소비자소송제도는 실정법상 따로 인정되지 않고 있으며 관련 판례도 아직 없다.

5) 대물적 처분에 대한 지역주민의 소송

예컨대, 보안림·문화재·주차금지구역 등의 지정 또는 해제와 같은 대물적 처분(특정 상대방에 대하여만 효력을 가지는 통상의 행정처분에 대한 반대개념)에 대하여 지역주민에게 원고적격을 인정할 것인가의 문제이다. 이러한 처분의 직접적인 규율대상은 물건이지만 이로 인하여 사람도 직·간접으로 규율을 받는 것이라 볼 수 있기 때문에 이로써 권리·이익이 침해된 지역주민도 원고적격이 인정된다고 하겠다(일본에서는 보안림지정해제처분에 대하여 지역주민에게 원고적격이 인정된 바 있다(일최고재 1989. 6. 20)).

(4) 집단소송

1) 개설

행정처분에 의하여 널리 지역주민이나 소비자 일반의 집단적 이익이 침해된 경우에 피해자 개개인이 일일이 소송을 제기하고 이를 병합심리하는 통상의 소송형태가 아니라, 이들 전체의 주민대표나 소비자단체 등에 대하여 취소소송의 원고적격을 인정하고 그 판결의 효력을 전체 주민과 소비자에게 미치도록 하는 새로운 형태의 소송을 말한다.

2) 필요성

집단소송은 당사자가 너무 많은 데 따른 소송의 번잡과 혼란을 방지하고, 일관성 있는 심리로 시간이 대폭 절약되며, 통일된 판결을 내리게 되므로 당사자 간에 개별적 판결에 따른 법률관계의 불일치를 방지할 수 있다는 점에서 필요성이 인정된다.

3) 외국의 예

미국에서는 집단소송(class action)이라 하여 당사자가 너무 많고, 구성원 전원에게 공통되는 법률상 또는 사실상의 문제이다. 전체 구성원의 이해관계를 적절히 대표할 수 있는 경우, 집단의 1인 또는 수인이 그 전체를 위하여 제소하거나 피소될 수 있도록 하고 있다. 독일에서는 단체소송(Verbandsklage)이라 하여 소비자단체 등 단체 자체에 대하여 원고적격을 인정하고 있다.

4) 우리의 경우

현행 행정소송법을 제정할 때에 정부가 제출한 법안에서는 원고가 될 자가 다수인인 경우에는 그들의 일부 또는 그들이 소속하는 단체에게 원고적격을 인정하였지만, 국회에서 먼저 민사소송법부터 이 제도를 도입하여야 한다는 이유로 삭제된 바 있으나,[11] 최근 도입이 다시 추진되고 있다.

3. 협의의 소익

(1) 개설

소송제도를 인정한 취지는 당사자에게 단순한 관념적 만족을 주기 위한 것이 아니고 현실적인 권익구제에 있다. 따라서 현실적인 권익구제의 가능성 내지는 실익이 없으면 소송을 구할 소익이 인정되지 않는다.

종전의 통설·판례에 의하면 취소판결에 의하여 '취소대상인 원처분 자체가 부활될 가능성'이 존재하지 않으면 소익이 인정되지 아니한다고 하여 소익의 범위를 좁게 해석하였다.

그러나 오늘날의 통설·판례는 비록 취소대상인 원처분이 기간의 경과, 처분의 집행종료 기타의 사유로 더 이상 부활될 가능성이 없더라도 그 처분이 취소됨으로 인하여 '회복되는 법률상 이익'이 있는 경우에는 소익을 인정하고 있으며, 행정소송법(제12조 후단)도 이를 명문으로 규정하고 있다.

(2) 취소소송에 있어서의 소의 이익

1) 원칙

취소소송은 위법한 처분 등에 의하여 발생한 위법상태를 배제하여 원상으로 회복시키고, 그 처분으로

---

11) 박윤흔(상), p.905.

침해되거나 방해받은 권리와 이익을 구제하고자 하는 소송이므로, 처분 등의 효력이 존속하고 있어야 하고, 그 취소로서 원상회복이 가능하여야 한다.

행정소송법은 처분의 효과가 ① 기간의 경과(1개월의 운전면허나 영업정지처분시 그 1개월이 모두 경과한 경우), ② 처분의 집행(불법체류 외국인의 강제퇴거조치가 집행되어 강제 출국되어 버린 경우), 또는 ③ 그 밖의 사유로 인하여 소멸된 뒤에는 당해 처분에 위법한 하자가 있다 하더라도 취소판결을 받을 필요성이 없기 때문에 소의 이익이 부정됨이 원칙이다. 따라서 이러한 경우에는 취소소송이 아니라 손해배상 청구나 원상회복 청구(공법상 결과제거 청구) 등을 통하여 권리를 구제받아야 할 것이다.

2) 예외

그러나 처분 등의 효과가 소멸하였다 하더라도 예외적으로 그 처분의 취소로 인하여 '회복되는 법률상 이익'이 있는 경우에는 원고적격을 인정하고 있다(제12조 후단).

여기서 말하는 법률상 이익에는 ① 원고의 부수적 이익이 회복될 수 있는 경우(예, 공무원파면취소소송 도중에 공무원 정년이 넘게 되어 승소하더라도 공무원으로는 더 이상 복귀가 불가능하게 된 경우에도, 파면이 취소되면 정년까지의 보수 및 연금은 청구할 수 있게 된다)와, ② 당해 처분이 존재하고 있다는 사실 자체가 원고에게 장래 어떤 불이익처분을 함에 있어서의 요건사실로 작용할 경우 등이 있다(예, 출입국관리법 제12조에 의거하여 한번 강제 퇴거된 자는 5년 내에 재입국이 금지되고, 도로교통법상 1년간의 운전면허정지기간을 모두 합산하여 120일이 넘으면 면허가 취소되게 되며, 음식점영업이나 건축사 업무 등을 규제하는 많은 행정법규는 한번 영업정지처분을 받으면 두 번째부터는 가중 처분하도록 되어 있다).

【판례】: ① 기간의 경과 후에는 소의 이익이 없다는 판례
행정처분이 법령이나 처분 자체에 의하여 효력기간이 정하여져 있는 경우에는 그 기간의 경과로 효력이 상실되므로 그 기간 경과 후에는 처분이 외형상 잔존함으로 인하여 어떠한 법률상의 이익이 침해되고 있다고 볼 만한 별다른 사정이 없는 한 그 처분의 취소 또는 무효확인을 구할 법률상의 이익은 없다(대판 2000. 11. 10. 99두486).
② 기간도과 후에도 소의 이익이 있다는 판례
건축사에 대한 제재적인 행정처분인 업무정지명령을 보다 무거운 제재처분인 사무소등록취소처분의 기준요건으로 규정하고 있는 이상, 건축사업무정지처분을 받은 건축사로서는 위 처분에서 정한 기간이 도과되었다 하더라도 위 처분을 그대로 방치하여 둠으로써 장래 건축사사무소 등록취소라는 가중된 제재처분을 받게 될 우려가 있는 것이므로 건축사로서의 업무를 행할 수 있는 법률상 지위에 대한 위험이나 불안을 제거하기 위하여 건축사업무정지처분의 취소를 구할 이익이 있다(대판 1991. 3. 27. 91누3512).

(3) 무효등확인소송의 소의 이익

무효등확인소송에 있어서는 취소소송에서 일반적으로 요구되는 소의 이익 외에, 확인소송의 보충성으로 말미암아 그 확인의 소가 원고의 법적 지위의 불안 또는 위험을 제거하기 위하여 가장 유효적절한 수단일 경우에만 허용되고, 보다 더 발본색원적인 수인이 있는 경우에는 권리보호의 필요가 부정된다고 보는 것이 판례의 태도이다.

따라서 세금이나 부과금 등을 이미 납부한 이후나 체납처분절차등에 의하여 납부된 효과가 발생한 이유에 있어서는 그 부과처분절차 등에 의하여 납부된 효과가 발생한 이후에 있어서는 그 부과처분의 무효나 부존재확인을 구하는 것보다 납부세금에 대하여 부당이득반환을 구하는 것이 보다 유효적절한 수단이므로, 과세처분무효확인이나 부존재확인을 구할 소의 이익이 없다.[12]

4. 피고적격

(1) 항고소송의 피고적격

항고소송은 다른 법률에 특별한 규정이 없는 한 그 처분 등을 행한 행정청을 피고로 한다.

(2) 행정청

1) 의의

행정청이란 국가 또는 공공단체의 기관으로서 국가나 공공단체의 의견을 결정하여 외부에 나타내는 기관을 말한다. 의사결정 표시기관이라는 점에서 행정조직법상의 행정청과 반드시 일치하는 것은 아니다. 입법·사법기관은 물론 법령에 의하여 행정처분을 할 권한을 위임받은 공공단체 및 그 기관을 포함하는 개념이며 행정부의 기관만을 말하는 것도 아니다. 외부적 의사표시기관이 아닌 내부기관은 실질적인 의사가 그 기관에 의하여 결정되더라도 피고적격을 갖지 못한다.

2) 합의제 기관일 경우

공정거래위원회, 토지수용위원회, 방송위원회 등 각종 합의제 행정기관이 한 처분에 대하여는 그 합의체의 대표가 아닌 합의체 행정청 자체가 피고가 되는 것이 원칙이다. 그러나 중앙노동위원회의 처분에 대한 소는 중앙노동위원회위원장을 피고로 하고, 중앙해난심판원의 재결에 대하여는 중앙심판원장을 피고로 하도록 특별규정을 두고 있으므로, 이들 처분에 대한 소는 중앙노동위원회나 중앙심판원이 아닌 중앙노동위원회 위원장, 중앙심판원장이 긱 피고기 되어야 한다.

---

12) 대법원 1976. 2. 10. 선고 74누159 판결, 대법원 1991. 9. 10. 선고 91누3840 판결 등.

3) 공법인 등

공법인이나 개인도 국가나 지방자치단체의 사무를 위임받아 행하는 범위 내에서 '행정청'에 속하며 항고소송의 피고적격을 갖는다. 공무원연금관리공단, 국민연금관리공단 등이 그 예이며, 이 경우 행정권한을 위임받은 것은 공공단체 그 자체이고 그 대표가 아니므로 처분이 공법인의 이름으로 행하여지고 있고, 그에 대한 항고소송의 피고도 공공단체가 되어야 하고 그 대표자가 되는 것은 아니다.

4) 지방의회

지방의회는 지방자치단체 내부의 의결기관이지 지방자치단체의 의사를 외부로 표시하는 기관이 아니다. 그러므로 지방의회가 의결한 조례가 그 자체로서 직접 국민의 권리·의무에 영향을 미쳐 항고소송의 대상이 되는 경우에도 그 피고는 조례를 공포한 지방자치단체의 장이 되어야 하고, 지방의회가 될 수 없다.[13]

(3) 처분을 한 행정청
1) 개설

항고소송의 대상인 행정처분 등을 외부적으로 그의 명의로 행한 행정청이 피고가 된다. 따라서 행정처분을 하게 된 연유가 상급 행정청이나 타행정청의 지시나 통보에 의한 것이다 하더라도 처분을 행한 행정청이 피고가 된다.

2) 권한이 위임, 위탁된 경우

권한의 위임이나 위탁이 있으면 위임청은 위임사항 처리에 관한 권한을 잃고 그 사항은 수임청의 권한이 되는 것이므로, 수임행정청이 위임받은 권한에 기하여 수임행정청명의로 한 처분에 대하여는 당연히 수임행정청이 정당한 피고가 된다. 반면에 권한의 대리나 내부위임의 경우에는 처분권한이 이관되는 것이 아니므로, 그 처분권한을 가진 원행정청의 이름으로 처분 등을 하여야 하고, 이 경우 원행정청이 피고적격을 갖는다.[14]

3) 정당한 권한 있는 자여야 하는지 여부

외부적으로 그의 이름으로 행위를 한 자가 피고적격을 갖고, 그에게 실체법상 정당한 권한이 있었는지 여부는 본안판단사항일 뿐 피고적격을 정함에 있어 고려할 사항이 아니다. 따라서 내부위임이나 대리권을 수여받는데 불과하여 원행정청명의나 대리관계를 밝히지 아니하고는 그의 명의로 처분 등을 할 권한이 없음에도 불구하고 행정청이 착오 등으로 권한 없이 그의 명의로 처분을 한 경우, 그 처분은

---

13) 대법원 1996. 9. 20. 선고 95누8003 판결.
14) 대법원 1991. 10. 28. 선고 91누520 판결.

권한이 없는 자가 한 위법한 처분이 될 터이나, 이 경우 피고는 그 처분을 한 행정청이 되어야 한다.[15]

4) 특별법에 의한 예외

국가공무원에 대하여 행한 징계 기타 불이익한 처분의 취소 · 무효확인을 구하는 소에 있어서, 대통령이 행한 처분의 경우에는 소속장관을, 국회의장이 행한 처분의 경우에는 국회규칙으로 정하는 소속기관의 장을, 중앙선거관리위원장이 행한 처분의 경우에는 중앙선거관리위원회 사무총장을 피고가 하여야 한다. 또한 대법원장이 행한 처분에 대한 행정소송의 피고는 법원행정처장이, 헌법재판소장이 행한 처분에 대한 행정소송의 피고는 헌법재판소 사무처장이 된다.

5) 피고적격자 변경

처분 등이 행하여진 뒤에 당해 처분 등에 관계되는 권한이 다른 행정청에 승계된 때에는 이를 승계한 새로운 행정청이 피고적격을 가진다. 또한 소송 계속중에 권한이 이관된 경우에는 권한을 양수한 행정청으로 피고를 경정함으로써 소송을 승계한다. 그 외 처분 또는 재결을 한 행정청이 권한을 잃거나 폐지되고 그 권한을 승계할 행정청도 없는 경우에는, 당해 처분 등에 관한 사무가 귀속되는 국가 또는 공공단체를 피고로 한다(행소법 제13조 제2항).

(3) 당사자소송의 피고적격

당사자소송은 국가 · 공공단체 그 밖의 권리주체를 피고로 한다. 그러므로 항고소송의 경우와는 달리 권리 · 의무의 귀속주체인 국가 또는 지방자치단체 기타 공공단체가 피고가 되어야 한다(예, 조세채무부존재확인의 소의 피고는 세무서장이 아닌 국가가 되고, 지방공무원지위확인의 소의 피고가 지방자치단체가 된다). 그 외 피고를 잘못 지정한 때에는 법원은 원고의 신청에 의하여 결정으로 피고의 경정을 허가할 수 있다. 행정청을 피고로 하였다가 국가나 지방자치단체로 피고를 경정하는 것도 허용된다.

(4) 민중소송과 기관소송의 피고적격

객관적 소송인 민중소송 및 기관소송의 피고는 원고와 마찬가지로 민중소송이나 기관소송을 인정하는 당해 법률이 정한 바에 따른다.

---

15) 대법원 1991. 2. 22. 선고 90누5641 판결, 대법원 1994. 6. 14. 선고 94누1197 판결.

Ⅳ. 취소소송의 대상

1. 개설

취소소송의 대상은 '처분 등'이며, 구체적으로는 "행정청이 행하는 구체적 사실에 관한 법집행으로서의 공권력의 행사 또는 그 거부와 그 밖에 이에 준하는 행정작용 및 행정심판에 대한 재결"을 말한다(제2조 제1항 제1호). 행정소송의 대상을 '처분 등'이라고 한 이유는 행정처분 외에 행정처분에 대한 재결도 포함시켰기 때문이다(재결도 재결 자체에 고유한 위법이 있는 경우에는 취소소송의 대상이 됨). 취소소송의 대상적격과 관련하여 문제가 되는 점들은 취소소송의 대상이 되는 처분의 구체적 개념이 무엇인지와, 재결은 재결 자체에 고유한 위법이 있는 경우에 한하여 소의 대상이 된다는 원처분주의를 규정하고 있는 바, 이 때 재결 자체의 고유한 위법이 무엇인지 등이다. 아래에서는 이러한 점들을 구체적으로 살펴본다.

2. 소송요건

행정청이란 국가 또는 지방자치단체의 의사를 결정 · 표시할 수 있는 권한을 가진 모든 행정기관, 즉 학문상의 행정관청으로서, 행정심판에서 말하는 행정청과 같은 개념이다. 행정청의 처분의 인정 여부는 소송요건이므로 직권조사사항이고, 자백의 대상이 될 수 없으며, 설사 그 존부를 당사자들이 다투지 아니하더라도 그 존부에 의심이 있을 때는 이를 직권으로 밝혀야 하며[16], 처분성이 부정되면 그 소는 부적법하여 각하된다.

3. 처분

(1) 개념

1) 실체법적 개념설

전통적 견해는 처분을 실체법상의 행정행위의 개념과 동일시하였다. 즉, 실체법적으로 공정력이 인정되는 행정행위의 효력을 제거하기 위하여 인정된 개념이므로 실체법상의 행정행위와 같은 개념이라는 것이다. 다만, 이 견해에 의하더라도 예외적으로 행정행위는 아니지만 공권력적 사실행위(강제격리 · 강제수거 등)도 강제성 · 계속성이 있는 한 권익구제의 가능성이 있다는 측면에서 예외적으로 행정행위에 준하여 처분의 개념에 포함시키고 있다.

2) 쟁송법적 개념설

오늘날 행정계획, 행정지도, 공공시설의 설치, 기타의 사실행위 등 행정의 행위형식이 매우 다양화되어

---

16) 대법원 1993. 7. 23. 선고 92누15499 판결.

종래의 권력행정으로부터 비권력행정으로 행정의 중심이 이동됨에 따라, 종전의 행정행위 중심의 처분개념으로는 국민의 권익구제에 한계가 있게 되어, 실체법적인 행정행위 외에 "행정기관의 행위로서 공권력행사에 해당되지는 않지만, 국민의 법익에 대하여 계속적으로 사실상의 영향력을 미치는 행위"를 일종의 '형식적 행정행위'라고 하여 이들을 절차법적으로 취소소송의 대상인 처분의 개념에 포함시키는 견해이다.

3) 결어
현대행정의 다양화 추세에 부응하여 국민의 권익구제의 대상을 확대하려는 절차법적 개념설의 취지는 긍정적인 면이 있다. 그러나 실체법적으로 발전해 온 전통적인 행정행위의 개념 자체를 형식적인 개념으로 확대하려는 방법보다는, 행정작용의 다양성을 그대로 인정하되 실체법상의 행정행위가 아닌 행정작용도 취소소송의 성질에 반하지 아니하는 한 취소소송의 대상에 포함시키는 방법이 국민의 권익구제에 도리어 유리하며 행정법 이론체계의 혼란을 방지하는 데에도 도움이 된다고 하겠다. 특히 행정소송법(제2조 제1항)도 행정처분의 개념을 "공권력의 행사 또는 그 거부와 그 밖에 이에 준하는 행정작용"이라고 명시하고 있기 때문에 굳이 절차법적 행정행위의 개념을 별도로 인정할 필요는 없다고 하겠다.

(2) 구체적 검토
우리 판례에 의하면, "행정소송의 대상이 되는 처분이라 함은 공법상의 행위로서 특정사항에 대하여 법규에 의한 권리의 설정 또는 의무의 부담을 명하거나 기타 법률상 효과를 발생케 하는 등 국민의 권리의무에 직접 관계가 있는 행위"를 말한다(대판 1992. 2. 11, 91누4126). 이를 분석하면 ① 공법적 행위, ② 공권력행사작용, ③ 구체적 사건성을 골자로 하고 있다.

1) 공법적 행위
우선 공법적 행위에 한정되기 때문에 사법행위(국유잡종재산매각·물품구입·공사계약 등)는 제외되며 이들은 민사소송의 대상이 된다. 또한 법적행위에 한정되므로 순수한 사실행위는 제외되고, 준법률행위적 행정행위로서의 대집행의 계고와 같은 통지행위나 감사원의 변상판정에 대한 재검판정과 같은 확인행위에 대해서도 처분성을 인정하고 있다. 그러나 준법률행위적 행정행위로서의 공증행위에 대하여는 세한적으로만 처분성을 인정하고 있다. 예컨대, 대법원은 특허청장의 상표사용등록행위(대판 1991. 8. 13, 90누9419)에 대해서는 처분성을 인정하고 있나.

(가) 공권력적 사실행위
국민의 신체·재산에 물리력을 행사하는 공권력적 사실행위(강제격리·강제수거·단수조치 등)는 그것이 계속성을 띠는 한 소송으로 구제될 가능성이 있는 것이다. 그 근거로서는 이들 사실행위는 수인하명(수인의무라는 공법적 효과를 발생하는)과 집행행위(사실행위)의 합성행위라고 보는 합성행위설[17]이 있다.

(나) 공공시설의 설치행위

오늘날의 쓰레기매립장·고무소각장시설 등 많은 급부행정 분야의 공공시설 설치행위의 중단이나 이전을 위하여서는 법적 효과의 소멸을 구하는 형성의 소인 취소소송이 아니라, 다른 장소에의 이전을 구하는 이행의 소인 공법상 당사자소송(재판실무에서는 민사소송)과 함께 공사중지의 가처분을 신청할 수밖에 없다.

(다) 준법률행위적 행정행위

직접 법률의 규정에 의하여 공법적 효과를 발생하는 한 당연히 취소소송의 대상이 된다. 그러나 판례는 ① 토지대장에의 등재(대판 1992.12.8, 92누7547), ② 가옥대장에의 등재·말소(대판 1982.10.26, 82누411), ③ 임야도에의 등록(대판 1991.11.26, 91누5150) 등과 같은 공증행위는 조세부과 등의 행정편의와 토지·임야 등에 관한 사실상태의 파악을 목적으로 작성된 데 불과하고, 당해 토지 등에 대한 실체상의 권리관계에 변동을 초래하는 것은 아니므로 행정소송의 대상이 되지 않는다고 판시하였다.

2) 공권력행사 작용

행정청이 우월한 의사의 주체로서 명령·강제하는 공권력행사 작용에 한정되므로 공법상 계약이나 합동행위는 취소소송의 대상이 될 수 없다. 판례는 행정청이 국가나 지방자치단체와의 계약을 위반한 사업자에 대해 '국가를당사자로하는계약에관한법률'(구 예산회계법)에 기하여 내린 입찰참가자격 제한조치는 항고소송의 대상이 되지만(대판 1994.8.23, 94누3568), 한국전력공사 등 공법인이 계약위반 사업자에 대하여 자체 규정에 의거하여 당해 공사가 실시하는 입찰에 참가할 수 없도록 제한하는 조치는 사법상의 효력을 가지는 행위에 불과하고 행정처분이 아니라는 이유로 항고소송의 대상이 되지 않는다고 보았다(대판 1999.11.26, 93부3).

3) 구체적 사건성

상대방의 권리·의무에 구체적으로 변경을 가하는 행정작용이 아닌 한 처분성이 인정되지 아니하며, 이와 관련하여 입법행위·행정규칙·행정계획·행정지도·행정내부적 행위 등이 문제가 된다.

---

17) 김남진(Ⅰ), p.776.

(가) 입법행위

법령의 제정 자체만으로는 국민의 권리·의무에 직접 변동을 초래하지 못하므로 법령 자체를 취소소송의 대상으로 할 수는 없다. 다만 '처분법령'은 그 자체로서 권리·의무에 변동을 가져오므로 취소소송의 대상이 된다(분교를 폐지하는 조례에 관한 판례, 대판 1996.9.20, 95누8003).

(나) 행정규칙

행정규칙에 의거한 구체적 행정처분이 있어야 권리·의무에 변동이 초래되는 것이므로 행정규칙 그 자체를 취소소송의 대상으로 할 수는 없다. 그러나 행정규칙 그 자체의 취소를 구하지 않고는 권리구제가 어려운 경우에는 이를 허용하여야 한다는 견해도 있다.

(다) 행정계획

종전에는 일률적으로 처분성이 부인되었으나, 도시계획결정과 같이 국민의 권리·의무를 구체적으로 규제하는 효과를 발생하는 구속적 계획에 대하여는 처분성을 인정하였다(당해 계획구역 내의 토지소유자에 대하여 토지형질의 변경, 건축물의 신·증축 등이 금지되는 법적 효과가 발생한다(대판 1982.3.9, 80누105; 대판 1988.5.24., 87누388)).

(라) 행정지도

주의·권고·알선·중재·희망의 표시 등 행정지도는 권리·의무를 구체적으로 변동시키는 효과가 없으므로 처분성이 부인된다. 다만, 행정지도에의 불응이 다음에 행하여질 허가취소·영업정지·시정명령 등의 행정처분의 전제조건으로 작용할 경우에는 취소소송의 대상이 된다고 하겠다.

(마) 일반처분

특정 일자·시간대에 특정 번호차량의 도심 진입을 금지하거나, 특정 교량의 통행금지, 특정 장소에서의 집회금지를 명하는 불특정 다수인에 대한 처분을 일반처분이라 한다. 독일 행정절차법(제35조 제2항)은 명문으로 행정행위의 일종으로 보고 있으며, 우리의 경우에도 이를 취소소송의 대상인 행정처분으로 볼 수 있다고 하겠다.

(바) 대물적 처분

보안림·문화재·주차금지구역 등의 지정 또는 해제와 같은 대물적 처분도 직접적으로는 물건을 규율대상으로 하지만, 이로 인하여 권리·이익이 침해되는 소유자 또는 지역주민들은 취소를 구할 수 있다고 할 수 있다.

(사) 법령해석

행정청이 국민의 질의에 대하여 행한 법령해석은 법원을 구속하지 못함은 물론, 그 상대방이나 기타 관계자들의 법률상의 지위에 직접적인 변동을 초래하는 것이 아니므로 취소소송의 대상이 아니다(대판 1992.10.13, 91누2441).

(아) 중간단계의 행위

최종단계의 행위를 위한 일련의 절차 중 중간단계의 행위는 그 행위 자체만으로 직접 국민의 권리·의무에 변동을 초래하는 경우이다. 예를 들면, 지가공시및토지등의평가에관한법률에 의한 표준공시지가 또는 개별공시지가 결정행위도 각종 부담금 및 조세산정의 기준이 되어 국민의 권리·의무나 법률상 이익에 직접 영향을 미친다(대판 1993.1.15, 92누12407). 이러한 경우에는 취소소송의 대상이 되지만, 그렇지 아니한 경우에는 최종단계의 행정처분을 기다려 이를 대상으로 취소소송을 제기하여야 한다 (예, 군의관의 신체등위판정행위는 중간단계의 행위에 불과하므로, 최종단계의 행위인 지방병무청장의 병역처분을 대상으로 하여야 한다(대판 1993.8.27, 93누3356)).

(자) 자족적 공법행위로서의 신고행위

건축법상 소규모건축물 등은 허가대상건축물이 아니라 단순한 신고만 하면 건축할 수 있는 소위 신고대상건축물이다. 이 경우에 행하는 신고는 행정청에 도달된 때에 당연히 그 효력이 발생되며, 행정청에 의한 별도의 수리행위를 요하지 아니한다고 한다. 만약 행정청이 수리를 거부하거나 반려하더라도 상대방인 국민은 아무 제약없이 적법하게 건축행위를 할 수 있기 때문에 이는 신고인의 권리나 지위에 아무런 변동을 초래하지 아니한다는 의미에서 행정처분으로 볼 수 없다. 따라서 이에 대하여 제기된 수리거부취소소송 또는 반려(처분)취소소송은 이를 각하하여야 한다는 것이 우리 판례의 태도이다.

4. 재결

취소소송의 대상은 처분 외에 '행정심판에 대한 재결'도 포함된다. 여기서 말하는 행정심판에는 반드시 행정심판법에 의한 것만이 아니라, 이의신청·국세심판 등 모든 항고쟁송에 대한 결정행위가 포함된다 (토지수용에 대한 재결 등과 같이 당사자쟁송인 학문상의 재결신청에 대한 재결은 재결이 아니라 '처분'에 해당한다고 하여야 "재결은 재결 자체에 고유한 위법이 있는 경우에만 행정소송의 대상이 된다"는 행정소송법 제19조 단서를 제대로 설명할 수 있게 된다).

Ⅴ. 취소소송의 제기요건

1. 제기요건

소송의 제기요건은 법원에 본안판결을 구하기 위한 요건을 말한다. 즉, 취소소송은 다음의 요건을 갖추어야 한다.

① 행정청의,

② 처분 등이 존재하고,

③ 그것의 위법성을 이유로,

④ 원고적격을 가진 자가,

⑤ 피고적격을 가진 행정청을 상대로,

⑥ 일정한 제소기간 내에,

⑦ 일정한 소장에 의하여,

⑧ 예외적으로 또는 임의적으로 행정심판을 거쳐,

⑨ 관할 지방법원에,

⑩ 처분 등의 취소·변경을 구하는 것이다.

따라서 이상의 모든 요건을 갖추어야 적법하고 그렇지 못하면 부적법한 것으로서 본안심리에 들어가지 않고 각하된다. 이상의 요건 중 ①·②·④·⑤·⑨·⑩은 이미 설명하였으므로, 이하에서는 나머지 항목인 ③·⑥·⑦·⑧에 관하여 설명하고자 한다.

(1) 처분 등의 위법성

처분의 부당성은 행정심판의 대상은 되지만 행정소송의 대상은 되지 않는다. 따라서 재량행위에 있어서의 재량권 행사를 그르친 경우에는 재량권의 일탈·남용에 이르지 않는 한 취소소송의 대상이 되지 않는다. 행정규칙은 법규가 아니므로 이에 위반한 처분이라도 위법의 문제가 발생하지 아니한다는 것이 종래의 통설이었으나, 오늘날은 행정규칙이 재량준칙으로 작용하는 경우 이에 위반한 처분은 헌법상의 평등원칙을 매개로 하여 위법이 된다고 한다.

(2) 제소기간

1) 개설

취소소송의 제소기간에 관하여 행정소송법은 처분 등이 있음을 안날부터 90일, 처분이 있는 날부터 1년 이내로 하면서, 행정심판청구를 한 경우에 있어서는 위 각 기간의 기산일을 재결서정본을 송달받은 날을 기준으로 하도록 함으로써 행정심판청구를 한 경와 하지 않는 경우의 두 가지로 나누어 정하고 있다.

(가) 행정심판청구를 하지 않는 경우

가) 제소기간

취소소송은 처분 등이 있음을 안 날로부터 90일, 처분이 있은 날로부터 1년 내에 제기하여야 한다. 위 두 기간 중 어느 것이나 먼저 도래한 기간 내에 제기하여야 하고, 어느 기간이라도 경과하게 되면 부적법한 소가 된다.

나) 처분 등이 있음을 안 날부터 90일 이내

① 처분 등이 있음을 안날

'처분 등이 있음을 안날'이란 통지·공고 기타의 방법에 의하여 당해 처분이 있은 것을 현실적으로, 구체적으로 안 날을 말하고, 추상적으로 알 수 있었던 날을 의미하는 것이 아니다. 현실적인 인식이 필요하다는 점에서 뒤에서 보는 처분이 있은 날인 '처분을 알 수 있는 상태에 놓여진 날'과는 구별된다. 그러나 행정처분이 있음을 앎으로써 족하고 그 구체적인 내용이나 위법여부까지 알아야 하는 것은 아니다.[18] 또한 처분이 있음을 알았다고 하기 위해서는 유효한 처분의 존재가 전제되어야 하므로, 아직 외부적으로 성립되지 않은 처분이나, 상대방 있는 행정처분이 상대방에게 통지되지 않는 경우 등은 비록 원고가 그 내용을 어떠한 경로를 통하여 알게 되었다 하더라도 제소기간이 진행될 수 없다.[19]

② 앎의 추정

처분이 있음을 알았다고 하기 위해서는 단순히 행정처분이 유효하게 송달되어 상대방이 알 수 있는 상태에 놓은 것만으로는 부족하나, 적법한 송달이 있게 되면 특별한 사정이 없는 이상 그 때 처분이 있을 알았다고 사실상 추정된다. 특별한 사정이 있어 당시 알지 못하였다는 사정은 원고가 입증하여야 한다.[20]

③ 수령 거절

처분의 상대방이나 정당한 수령권자가 합리적 이유 없이 처분서의 수령을 거절하거나 수령 후 처분서를 반환한 경우는, 적법히 송달된 것으로 보아야 하고, 특별한 사정이 없는 이상 그 때부터 제소기간이 기산되어야 한다.

---

18) 대법원 1991. 9. 28. 선고 90누6521 판결.
19) 대법원 1977. 11. 22. 선고 77누195 판결.
20) 그러한 특별한 사정이 있는 예로, 가족이 처분서를 수령하였으나, 그 날은 야근을 하였기 때문에 집에 들어오지 아니하여 그 다음날에야 본인이 처분 있음을 알게 된 경우 등을 들 수 있다.

④ 대리인이 안 경우

처분에 대한 처리권한을 명시적으로 제3자에게 위임하였을 때는 물론이고, 장기간의 여행 등으로 그 권한을 묵시적으로 가족 등에게 위임하였다고 볼 수 있을 때에는 그 수임인의 수령시부터 제소기간이 개시된다고 봄이 상당하다.

⑤ 처분의 상대방이 아닌 제3자의 경우

행정처분이 상방이 아닌 제3자는 일반적으로 처분이 있는 것을 바로 알 수 없으므로, 처분 등이 있음을 안 날로부터 진행되는 제소기간의 제한을 받지 않음이 원칙이다. 그러나 제3자가 어떤 경로로든 행정처분이 있음을 알았을 때는 그때부터 90일 내에 소를 제기하여야 한다.

⑥ 공고 · 고시 등에 의하여 효력이 발생하는 처분

관보, 신문에의 고시 또는 게시판에의 공고의 방법으로 외부에 그 의사를 표시함으로써 그 효력이 발생하는 처분에 대하여는 공고 등이 있음을 현실로 알았는지 여부를 불문하고, 근거법규가 정한 정분의 효력발생 일에 처분이 있음을 알았다고 보아야 하고, 그 때부터 제소기간이 기간된다.[21]

공고 등에 의하여 효력이 발생하도록 되어 있는 행정처분은 그 효력이 불특정 다수인에게 동시에 발생하고, 제소기간을 일률적으로 정함이 상당하기 때문이다.[22]

⑦ 예외 – 불가항력 등

전쟁, 사변, 천재지변 등의 불가항력적인 사유로 인하여 90일 이내에 행정소송을 제기치 못하였을 경우에는 그 사유가 소멸한 날부터 국내 14일 내, 국외 30일 내에 행정소송을 제기할 수 있다.

> **Q** 저는 위법한 행정처분을 받았으나, 주민등록사항이 말소되는 바람에 위 처분이 있은 지 6개월이 지나서야 위 처분을 받은 사실을 알게 되었습니다. 그런데 그 사이 처분청에서는 위 처분내용을 관보에 공고하여 이미 행정소송법상의 제소기간인 '처분등이 있음을 안 날로부터 90일'을 경과한 상태입니다. 이러한 경우에도 위 처분의 위법성을 다투기 위해 행정소송법에 규정된 취소소송을 제기할 수 있는지요?
>
> **A** 「행정소송법」에서는 민사소송과는 달리 취소소송을 제기할 수 있는 제소기간이 제한되

---

21) 대법원 1995. 8. 22. 선고 94누5694 판결.
22) 대법원 1993. 12. 24. 선고 92누17204 판결.

어 있는데, 「행정소송법」제20조 제1항은 "취소소송은 처분등이 있음을 안 날부터 90일 이내에 제기하여야 한다."라고 규정하고 있고, 같은 조 제2항은 "취소소송은 처분등이 있은 날부터 1년(제1항 단서의 경우는 재결이 있은 날부터 1년)을 경과하면 이를 제기하지 못한다. 다만, 정당한 사유가 있는 때에는 그러하지 아니하다."라고 규정하고 있습니다.

위 제소기간의 기산점과 관련하여 판례는 "행정소송법 제20조 제1항 소정의 제소기간 기산점인 '처분이 있음을 안 날'이라 함은 당사자가 통지, 공고 기타의 방법에 의하여 당해 처분이 있었다는 사실을 현실적으로 안 날을 의미하고(대법원 1991. 6. 28. 선고 90누6521 판결, 1995. 11. 24. 선고 95누11535 판결 등 참조), 특정인에 대한 행정처분을 주소불명 등의 이유로 송달할 수 없어 관보·공보·게시판·일간신문 등에 공고한 경우에는, 공고가 효력을 발생하는 날에 상대방이 그 행정처분이 있음을 알았다고 볼 수는 없고, 상대방이 당해 처분이 있었다는 사실을 현실적으로 안 날에 그 처분이 있음을 알았다고 보아야 할 것이다."라고 하였습니다(대법원 2006. 4. 28. 선고 2005 두14851 판결).

따라서 귀하는 위 처분이 있었음을 실제로 알게 된 날로부터 90일 이내에 위 처분에 대한 취소소송을 제기하면 될 것이고, 이 사건 공고의 효력이 발생한 날로부터 90일이 경과하였더라도 귀하가 위 처분이 있었음을 실제로 알게 된 날로부터 90일이 경과되지 않은 이상 취소소송의 제소기간 규정에 저촉되지는 않는 것으로 보입니다.

다) 처분이 있은 날로부터 1년

① 처분이 있은 날

'처분이 있은 날'이란 처분의 효력이 발생한 날을 의미한다. 처분이 단순히 행정기관 내부적으로 결정된 것만으로는 부족하고, 외부에 표시되어 상대방 있는 처분의 경우에는 상대방에게 도달됨을 요한다.[23]

② 도달

상대방이 있는 처분에서의 효력발생요건 및 행정쟁송제기의 기간점으로서의 도달이란 상대방이 현실적으로 그 내용을 인식할 필요는 없고, 상대방이 알 수 있는 상태 또는 양지할 수 있는 상태에 놓여짐으로써 충분하다.

---

23) 대법원 1990. 7. 13. 선고 90누2284 판결.

> **동거친족 등에의 송달의 효력(대법원 1993. 11. 26. 선고 93누17478 판결)**
> 처분서가 본인에게 직접 전달되지 않더라도 우편함에 투입되거나, 동거의 친족, 가족, 고용원 등에게 수교되어, 본인의 세력 범위 내 또는 생활지배권범위 내에 들어간 경우에는 도달되었다고 보아야 한다. 우편법상 배달과는 다른 개념으로 우편법 제31조에 따른 적법한 배달이 있었다 하여 도달되었다고 할 수 없다.

㉠ 송달장소

일반적으로 당사자의 주소, 거소, 영업소 또는 사무소 등을 말하고, 송달받을 장소가 아닌 곳에서의 송달은 가족 혹은 친척 등이라 하더라도 본인으로부터 수령권한을 위임받지 아니하는 한 그 효력이 인정되지 아니한다. 그러나 본인 또는 그로부터 수령권한을 위임받은 자에 대하여는 법정의 송달장소가 아니더라도 그가 거부하지 않는 한 유효한 교부를 할 수 있다.[24]

㉡ 수송달자

본인 및 대리인 뿐만 아니라 동거하는 가족이나 고용원이 수령한 경우 적법한 송달로 보아야 한다. 가족이라 하더라도 별거하는 경우 적법한 수령인이 될 수 없는 반면, 비록 친척이 아니더라도 생계를 같이 하여 동거하는 경우는 수령인이 될 수 있다고 보아야 한다.[25] 또한, 수령인은 성년일 필요는 없고 사리를 변별할 지능이 있으면 된다. 그 외 문서에 의할 필요가 없는 불요식행위는 구술에 의한 통지도 무방하나, 일정한 서면에 의한 요식행위는 그 서면이 상대방에게 도달되어야 효력이 발생함이 원칙이고, 상대방이 객관적으로 행정처분의 존재를 인식할 수 있었다거나, 그 처분에 따른 행위를 한 바 있다 하더라도 부적법한 송달의 하자가 치유되지 아니한다.[26] 또한 상망자를 송달받을 자로 하여 행하여진 송달은 상속인들에 대한 송달로서의 효력이 없다.[27]

③ 예외 – 정당한 사유가 있는 때

처분이 있는 날부터 1년이 경과하였더라도 정당한 사유가 있는 경우에는 제소할 수 있다. 또한 행정처분의 상대방이 아닌 제3자는 처분 있음을 알았다고 볼 수 있는 특별한 사정이 없는 한, 원칙적으로 제소기간을 지키지 못한데 정당한 사유가 있다고 볼 것이다.

---

[24] 대법원 1990. 12. 21. 선고 90누4334 판결.
[25] 대법원 1990. 12. 21. 선고 90누4334판결, 대법원 1984. 10. 10. 선고 84누195 판결, 대법원 1994. 1. 11. 선고 93누16864 판결, 대법원 1992. 9. 1. 선고 92누7443 판결 등.
[26] 대법원 1988. 3. 22. 선고 87누986 판결, 대법원 1992. 7. 28. 선고 91누12905 판결.
[27] 대법원 1994. 4. 26. 선고 93누13360 판결.

정당한 사유의 의미와 그 판단기준(대법원 1991.06.28. 선고 90누6521 판결)

행정소송법 제20조 제2항 소정의 "정당한 사유"란 불확정 개념으로서 그 존부는 사안에 따라 개별적, 구체적으로 판단하여야 하나 민사소송법 제160조의 "당사자가 그 책임을 질 수 없는 사유"나 행정심판법 제18조 제2항 소정의 "천재, 지변, 전재, 사변 그 밖에 불가항력적인 사유"보다는 넓은 개념이라고 풀이되므로, 제소기간도과의 원인 등 여러 사정을 종합하여 지연된 제소를 허용하는 것이 사회통념상 상당하다고 할 수 있는가에 의하여 판단하여야 한다.

(나) 행정심판청구를 한 경우

가) 제소기간

행정심판청구를 한 경우에는 행정심판재결서정본을 송달받은 날부터 90일, 재결이 있은 날로부터 1년 내에 소를 제기하여야 한다. 이 두 기간 중 어느 하나의 기간이라도 경과 하게 되면, 제소기간이 지난 뒤에 제소가 되어 부적법한 점, 재결서정본을 받은 날부터 90일의 불변기간이고, 재결이 있는 날부터 1년의 기간은 정당한 사유가 있을 때는 연장되는 점 등은 위 행정심판을 청구하지 않는 경우의 제소기간에 관한 설명과 같다.

나) 재결서의 정본을 송달받은 날 등의 의미

재결서의 정본을 송달받은 날이란, 재결서정본을 본인이 직접 수령한 경우에 한하는 것이 아니라, 보충송달, 유치송달, 공시송달 등 민사소송법이 정한 바에 따라 적법히 송달된 모든 경우를 포함한다. 재결이 있는 날이란 재결이 내부적으로 성립한 날을 말하는 것이 재결의 효력이 발생한 날을 말한다.[28]

> **Q** 저는 위법한 행정처분을 받았으나, 주민등록사항이 말소되는 바람에 위 처분이 있은 지 6개월이 지나서야 위 처분을 받은 사실을 알게 되었습니다. 그런데 그 사이 처분청에서는 위 처분내용을 관보에 공고하여 이미 행정소송법상의 제소기간인 '처분등이 있음을 안 날로부터 90일'을 경과한 상태입니다. 이러한 경우에도 위 처분의 위법성을 다투기 위해 행정소송법에 규정된 취소소송을 제기할 수 있는지요?
>
> **A** 「행정소송법」에서는 민사소송과는 달리 취소소송을 제기할 수 있는 제소기간이 제한되어 있는데, 「행정소송법」제20조 제1항은 "취소소송은 처분등이 있음을 안 날부터 90일

---

28) 대법원 1990. 7. 13. 선고 90누2284 판결.

이내에 제기하여야 한다."라고 규정하고 있고, 같은 조 제2항은 "취소소송은 처분등이 있은 날부터 1년(제1항 단서의 경우는 재결이 있은 날부터 1년)을 경과하면 이를 제기하지 못한다. 다만, 정당한 사유가 있는 때에는 그러하지 아니하다."라고 규정하고 있습니다.

위 제소기간의 기산점과 관련하여 판례는 "행정소송법 제20조 제1항 소정의 제소기간 기산점인 '처분이 있음을 안 날'이라 함은 당사자가 통지, 공고 기타의 방법에 의하여 당해 처분이 있었다는 사실을 현실적으로 안 날을 의미하고(대법원 1991. 6. 28. 선고 90누6521 판결, 1995. 11. 24. 선고 95누11535 판결 등 참조), 특정인에 대한 행정처분을 주소불명 등의 이유로 송달할 수 없어 관보·공보·게시판·일간신문 등에 공고한 경우에는, 공고가 효력을 발생하는 날에 상대방이 그 행정처분이 있음을 알았다고 볼 수는 없고, 상대방이 당해 처분이 있었다는 사실을 현실적으로 안 날에 그 처분이 있음을 알았다고 보아야 할 것이다."라고 하였습니다(대법원 2006. 4. 28. 선고 2005두14851 판결).

따라서 귀하는 위 처분이 있었음을 실제로 알게 된 날로부터 90일 이내에 위 처분에 대한 취소소송을 제기하면 될 것이고, 이 사건 공고의 효력이 발생한 날로부터 90일이 경과하였더라도 귀하가 위 처분이 있었음을 실제로 알게 된 날로부터 90일이 경과되지 않은 이상 취소소송의 제소기간 규정에 저촉되지는 않는 것으로 보입니다.

다) 적법한 행정심판

취소소송 제기기간을 처분기준시가 아니라 재결서를 송달받은 날을 기준으로 기산하기 위하여는 행정심판의 청구가 적법하여야 한다. 행정심판청구 자체가 청구기간을 지나 청구되는 등 부적법한 경우는 재결을 기분으로 하여 제소기간을 기산할 수 없다. 행정심판청구의 적법여부는 재결청의 의사에 구애받음이 없이 법원이 판단하여야 한다.

① 행정심판 청구의 형식, 절차

행정심판은 행정심판법에서 규정하고 있는 사항을 서면으로 기재하여 처분청 등에 제출하여야 한다. 그러나 행정심판청구가 서면행위이기는 하나 엄격한 형식을 요한다고 볼 수는 없고, 또 심판청구인들이 법에 무지한 것이 보통이므로, 위법·부당한 행정처분으로 말미암아 권리·이익이 침해되었음을 주장하면서 그 처분의 취소 또는 변경을 구하는 취지의 서면이 처분청 등에 제출되면 그 표제가 진정서, 청원서, 이의신청서 등 형식 여하를 불문하고 이를 행정심판청구로 보아야 한다.[29]

---

29) 대법원 1990. 6. 8. 선고 89누851 판결, 대법원 1995. 9. 5. 선고 94누16250 판결 등.

② 행정심판 청구기간

행정심판청구는 원칙적으로 처분이 있음을 안 날로부터 90일, 처분이 있은 날로부터 180일 내에 제기하여야 한다. 다만, 행정청이 처분을 하면서 심판청구기간을 위 기간 보다 길게 잘못 알려 준 경우에는 그 잘못 알린 기간 내에 제기하면 되고, 심판청구기간을 고지하지 아니하였을 때에는 180일 내에 청구하여야 한다.

2) 제소기간과 관련된 특수한 문제

(가) 소 제기 전 처분의 변경과 제소기간

처분의 단순한 정정은 당초처분을 기분으로 하고 처분의 내용을 변경한 경우에는 동일성이 유지되는가의 여부에 따라 원처분 또는 변경된 처분을 대상으로 제소기간의 준수여부를 판단하여야 할 것이다. 다만, 감액경정처분의 경우는 당초처분의 일부취소에 해당하고 소송의 대상이 되는 것은 당초처분이므로, 당초처분을 기준으로 제소기간의 준수여부를 따져야 한다.

(나) 소의 변경과 제소기간

가) 원칙

소송 계속 중 소를 변경하는 경우, 원칙적으로 제소기간 내에 소 변경이 이루어져야 한다. 행정소송법 제22조 2항은 소송 계속 중 소송의 대상인 처분이 변경됨으로 말미암아 소를 변경하여야 할 때는 변경이 있음을 안 날로부터 60일 내에 소변경신청을 하여야 한다고 규정하고 있는 것도 이러한 취지에 따른 것이다.

> **특별행정법규상 제소기간을 둔 경우(대법원 1993. 3. 12. 선고 92누11039 판결)**
> 제소기간에 관하여 행정소송법과 다른 특별규정을 둔 특별행정법규상의 처분에 대하여는 각 해당 법률이 정한 제소기간 내에 소변경 절차를 밟아야 함이 원칙이다.

나) 예외

행정처분 등으로 말미암아 불이익을 받은 자가 그에 불복할 의사를 나타내어 소까지 제기하였음에도 법의 무지로 말미암아 소송형식 등을 잘못 택하였다거나 청구취지변경 등을 늦게 하였다는 이유로 제소기간이 도과한 부적법한 소라고 보는 것은 당사자에게 가혹한 경우가 적지 아니하므로, 행정소송법은 제소기간의 소급을 인정하는 몇 가지 구제규정을 두고 있고, 또한 해석상 제소기간이 소급을 인정하여야 할 경우가 있다.

① 피고의 경정

피고를 잘못 지정한 소에 관하여는 당사자의 신청으로 피고를 경정할 수 있는데, 이와 같이 피고를 경정할 때에 있어서 새로운 피고에 대한 소는 처음에 소를 제기한 때에 제기한 것으로 보므로, 제소기간도 처음의 피고를 상대로 한 제소시를 기준으로 한다.

Q 저는 행정소송을 제기하면서 구청장을 피고로 하여야 하는데, 이를 잘못 알고 시장을 상대로 소송을 제기하였습니다. 이 경우 먼저 제기한 소송을 취하하고 다시 구청장을 상대로 소송을 제기하여야 하는지요?

A 행정소송의 경우에는 소송의 형태에 따라 피고적격자가 다를 뿐만 아니라, 항고소송의 경우 권리의무의 주체가 아닌 행정청을 피고로 하기 때문에 피고를 잘못 지정하는 경우가 민사소송의 경우보다 빈번히 발생합니다.

또한, 행정소송의 경우는 제소기간 등에 제한이 있어 피고경정을 허용하지 않을 경우 국민의 권리구제에 중대한 장애를 가져오기 때문에 행정소송법은 민사소송법에 피고경정에 관한 규정이 신설되기 전부터 일정한 요건 아래에서 피고경정을 허용하여 왔습니다(행정소송법 제14조).

위 법률에 따르면, 행정소송의 원고가 피고를 잘못 지정한 때에는 법원은 원고의 신청에 의하여 결정으로써 피고의 경정을 허가할 수 있고, 법원은 위 결정정본을 새로운 피고에게 송달하며, 원고의 신청이 각하된 경우에는 이에 대해 즉시항고를 할 수 있도록 되어 있습니다. 피고의 경정결정이 있는 때에는 새로운 피고에 대한 소송은 처음에 소를 제기한 때에 제기된 것으로 보아 제소기간의 제약을 받지 않도록 하고, 종전의 피고에 대한 소송은 취하된 것으로 보도록 하였습니다.

민사소송과 행정소송의 주된 차이점은 민사소송의 경우에는 피고가 본안(本案)에서 준비서면을 진술하거나 준비절차에서 진술하거나 변론을 한 후에는 그의 동의가 있는 경우에 한하여 피고경정이 가능한 반면, 행정소송의 경우에는 그러한 제한이 없이 피고경정이 가능하다는 점과 민사소송의 경우에는 서면에 의한 신청을 요하나, 행정소송에 있어서는 구두신청도 가능하다는 점입니다(민사소송법 제260조).

따라서 귀하께서는 시장을 상대로 먼저 제기한 소송을 취하할 필요 없이 피고를 구청장으로 경정해달라는 것을 법원에 신청하면 피고를 구청장으로 경정하여 결정을 받을 수 있을 것입니다.

참고로 판례는 "행정소송법 제14조 제1항 소정의 피고경정은 사실심 변론종결시까지만 가능하고 상고심에서는 허용되지 않는다."라고 하였습니다(대법원 2006. 2. 23.자

2005부4 결정). 여기서 '사실심'이라함은 1심과 2심까지를 의미하므로 1심 판결 선고 후 항소를 하였다면 항소심 변론이 종결될 때까지만 피고를 경정할 수 있습니다.

② 소송 종류의 변경

무효등확인소송이나 부작위위법확인소송을 취소소송으로 변경하거나, 당사자소송을 취소소송으로 변경하는 경우, 항고소송을 당사자소송으로 변경하는 경우는 모두 변경전 소 제기 당시를 기준으로 제소기간 준수 여부를 판단한다. 위와 같이 소의 종류의 변경까지 이르지 않는 소의 변경, 즉, 착오로 잘못 기재하였다거나 불명확한 청구취지나 청구원인을 변경하여 정확히 하거나 명확히 한 경우도 제소 기간은 당소의 소제기시를 기준으로 함이 타당하다.[30]

③ 감액경정처분

감액경정처분은 당초처분의 일부 취소의 성질을 가지는데 지나지 않고, 소의 대상은 감액처분으로 감액된 당초의 처분이므로, 당초의 처분에 대한 소가 적법한 제소기가 내에 이루어진 이상, 경정처분에 따른 소의 변경시기는 문제될 것이 없다.

④ 변경 전후의 청구가 밀접한 관계가 있는 경우

변경 후의 청구가 변경 전의 청구와 소송물이 실질적으로 동일하거나 아니면 밀접한 관계가 있어 변경 전의 청구에 이미 변경 후의 청구까지 포함되어 있다고 볼 수 있는 등 특별한 사정이 있는 때에는, 당초의 소 제기시를 기준으로 제소기간의 준수 여부를 살핌이 상당하다.

3) 특별법상 제소기간

(가) 조세소송

각종 세법상의 처분에 대한 소송에는 원칙적으로 국세기본법, 관세법, 지방세법이 정한 특수한 행정심판절차를 거쳐야 하고, 행정소송은 최종 행정심판결정을 받은 때로부터 90일 이내에 제기하여야 한다. 감사원법상의 심사청구를 거쳐 바로 소를 제기할 수도 있는데, 이 경우 심사청구에 대한 결정 통지를 받은 날부터 90일 이내에 행정소송을 제기하여야 한다. 위 90일의 기간은 불변기간이다.

(나) 수용, 사용재결네 대한 소

토지수용법에 의한 지방토지수용위원회나 중앙토지수용위원회의 수용·사용재결에 대하여 불복이

---

30) 대법원 1989. 8. 8. 선고 88누10251 판결.

있으면 그 재결서의 송달이 있는 날부터 30일 이내에 중앙토지수용위원회에 이의신청을 하여야 하고, 이의신청을 거친 경우에는 이의재결서를 받은 날부터 30일 이내에, 그렇지 아니한 경우에는 수용·사용재결서를 받은 날부터 60일 이내에 각 수용·사용재결의 취소를 구하는 행정소송을 제기하여야 한다.

(다) 중앙노동위원회의 재심판정 및 재심결정에 대한 소
중앙노동위원회가 한 처분이나 재심판정에 대한 소는 처분 또는 재심판정서의 송달을 받은 날부터 15일 이내에 소를 제기하여야 한다.

(라) 교원징계에 관한 소
교원징계재심위원회의 결정에 대한 소는 그 결정서를 송달받은 날부터 90일 이내에 소를 제기하여야 한다.

(마) 해난심판재결에 대한 소
중앙해난심판원의 재결에 대한 소는 재결서정본을 송달받은 날로부터 30일 이내에 대법원에 제기하여야 한다.

(3) 소장

소장의 형식에 관하여는 특별한 규정이 없고 민사소송법이 준용된다(제8조 제2항). 따라서 필요적 기재사항인 ① 당사자 및 법정대리인의 표시, ② 청구의 취지("ㅇㅇ처분의 취소를 구함" 등), ③ 청구의 원인(청구의 옳음을 입증할 수 있는 법률적·사실적 논거)만 기재하면 되며, 기타 임의적 기재사항도 기재할 수 있다(예, 증거서류 등).

소 장

원 고   ○ ○ ○(주민등록번호)
　　　　○○시 ○○구 ○○길 ○○ (우편번호 ○○○-○○○)

피 고   △△지방경찰청장
　　　　○○시 ○○구 ○○길 ○○ (우편번호 ○○○-○○○)

자동차운전면허취소처분 취소청구의 소

청 구 취 지

1. 피고가 20○○. ○. ○. 원고에 대하여 한 자동차운전면허취소처분을 취소한다.
2. 소송비용은 피고가 부담한다.
라는 판결을 구합니다.

청 구 원 인

1. 피고의 운전면허취소처분 경위
　　원고는 19○○. ○. ○. 제2종 원동기장치자전거 운전면허를, 19○○. ○. ○. 제1종 보통 면허를, 19○○. ○. ○. 제1종 대형면허를, 19○○. ○. ○. 제1종 특수(추레라)면허를 각 취득하였습니다.
　　원고가 20○○. ○. ○. 06:10경 소외 전국화물자동차운수주식회사 소유의 인천 ○○사○ ○○○호 18톤 화물차를 운전하다가 ○○시 ○○구 ○○길 ○○ 소재 하색철교 앞 노상에서 중앙선 침범에 의한 교통사고(사망 1인, 중상 4인 등)를 일으켜 이로 인한 벌점 초과를 이유로, 피고는 20○○. ○. ○. 원고가 소지한 위 4종의 운전면허를 모두 취소하였습니다.
2. 전심절차 경유
　　원고는 20○○. ○. ○. 행정심판을 청구하였고, 20○○. ○. ○. 경찰청 재결로 원고의 심판청구는 기각되었습니다.

3. 피고 처분의 위법성

도로교통법시행규칙 제53조 [별표 18]에 의하면, 원고가 운전한 18톤 화물차는 제1종 대형면허로는 운전이 가능하나, 제1종 특수(추레라)면허나 제1종 보통면허, 제2종 원동기장치자전거 운전면허로는 운전할 수 없는 것이므로 원고는 자신이 가지고 있는 면허 중 제1종 대형면허만으로 위 18톤의 화물차를 운전한 것이 되고, 제1종 특수면허나 제1종 보통면허, 제2종 원동기장치자전거 운전면허는 아무런 관계가 없다 할 것입니다.

한 사람이 여러 종류의 자동차 운전면허를 취득하는 경우뿐만 아니라 이를 취소 또는 정지함에 있어서도 서로 별개의 것으로 취급하여야 할 것입니다. 따라서 원고의 위 운전행위에 의한 사고로 인한 벌점초과는 원고가 가지고 있는 면허 중 제1종 대형면허에 대한 취소 사유가 될 수 있을 뿐 제1종 특수면허나 보통면허, 제2종 원동기장치자전거 운전면허에 대한 취소사유는 되지 않는다고 보아야 할 것입니다.

4. 예비적 주장

가사 자동차운전면허가 대인적인 것으로 서로 관련이 있으므로 사고로 인한 벌점 초과로 인해 원고가 소지한 운전면허를 모두 취소할 수 있다고 하더라도, 이 사건 처분의 근거가 된 사고가, 당시 원고가 커브길에서 감속을 하였음에도 철근의 무게로 인해 빗길에서 미끄러져 불가항력에 의하여 발생한 것이며, 원고가 지체장애 5급의 장애인으로서 운전이 유일한 생계의 수단으로 처와 딸아이를 부양해야 하며, 신장병으로 혈액 투석을 받는 2급의 장애인인 형의 가족까지 부양해야 하는 등 사고경위나 원고의 가정 환경 등 여러 사정을 참작해 보면, 피고의 이 사건 처분은 그에 의하여 달성하려고 하는 공익상의 필요에 비하여 원고에게 미치는 불이익이 지나치게 큰 것으로서 재량권의 범위를 벗어난 위법한 처분이라 할 것입니다.

5. 결론

그러므로 피고의 원고에 대한 자동차운전면허취소처분 중 제1종 대형면허이외에 제1종 특수면허나 보통면허, 제2종 원동기장치자전거 운전면허에 대한 취소처분은 위법하다고 할 것이므로 이 사건 청구에 이르게 되었습니다.

입 증 방 법

1. 갑 제1호증	자동차운전면허대장
1. 갑 제2호증	교통사고사실확인원
1. 갑 제3호증	자동차운전면허취소통지서
1. 갑 제4호증	경찰청 재결

첨 부 서 류

1. 위 입증방법   각1통
1. 소장부본   1통
1. 납부서   1통

20○○년 ○월 ○일

원 고 ○ ○ ○ (인)

○ ○ 행 정 법 원 귀중

[서식] 준비서면

준 비 서 면

사 건   ○○가합○○○○호 손해배상(기)
원 고   ○○○외 3인
피 고   대한민국외 1인

위 사건에 관하여 피고 대한민국 소송수행자는 다음과 같이 변론을 준비합니다.

다 음

1. 피고 대한민국의 면책

가. 사건 발생당시 담당교도관은 취사장에서 수용자 30여명을 4개조로 나뉘어 취사조리 등의 작업을 하도록 하고(을제1호증의 1-사건당시 취사장약도 참조), 이들을 순회 감시감독하며 부식창고 앞에서 작업하는 수용자를 지켜보며 계호근무에 임하고 있던 중 담당근무자의 시선밖의 장소에서 순간적 우발적으로 본건 사고가 발생하였습니다.

나. 사고 당시 상황을 목격한 소외 ○○○과 ○○○의 진술에서도 순간적으로 본건 사고가 발생되었음을 말하고 있고(을제2호증-참고인 진술서 참조) 가해자인 피고 ○○○도 순

간적으로 말릴 수 없는 상황이었음을 진술하고 있습니다. (을제3호증-가해자진술서 참조)

다. 교도관은 수용자의 자살, 난동 등의 교정사고를 미연에 방지하기 위하여 수용자에게 준수사항을 교육하고 있으며 작업의 시작전, 작업중, 작업종료후의 수시 신체검사를 통해 사고유발요인을 사전 적발키 위해 최선을 다하고 있으나, 본건 사고는 전혀 예기치 못한 순간적이고 우발적인 개인감정에 의한 사고로서 이를 교도관이 감시감독 등의 주의의무를 게을리 하였다고 볼만한 아무런 증거가 없습니다.

2. 결론
위와 같은 사실을 종합하여 보면, 본건 사고는 전적으로 사고 당사자에게 그 책임이 돌려져야 하고, 피고 대한민국에 대한 원고의 청구는 기각되어야 할 것입니다.

200○. ○. ○○
피고 대한민국 소송수행자
공익법무관 ○ ○ ○
○○교도소 교위 ○○○

○○지방법원 ○○지원 제1민사부 귀중

을 호 증 제 출

사 건   ○○가합○○○○호 손해배상(기)
원 고   ○○○외 3인
피 고   대한민국외 1인

위 사건과 관련하여 피고 대한민국 소송수행자는 원고에 대한 수사기록일체를 을제6호증으로 제출합니다.

첨부: 1. 을제6호증의 1 - 기록표지
        1. 을제6호증의 2 - 기록목록

1. 을제6호증의 3 - 의견서

20○○. ○. ○○
피고 대한민국 소송수행자
공익법무관 ○○○
지방행정주사 ○○○

○○지방법원 ○○지원 제1민사부 귀중

2. 소의 변경

(1) 개념

소의 변경이란 소송의 계속 중에 원고가 소송의 대상인 청구의 취지를 변경하는 것을 말하며, 행정소송법은 ① 소의 종류의 변경과 ② 원처분의 변경으로 인한 소의 변경의 두 종류를 인정하고 있다.

(2) 소의 종류의 변경

법원은 취소소송을 당해 처분 등에 관계되는 사무가 귀속되는 국가 또는 공공단체를 피고로 하는 당사자소송(예, 세무서장에 대한 조세부과취소소송을 제기한 후 세금을 납부해 버린 경우에, 위법인 과세처분을 이유로 국가에 대한 부당이득반환청구소송으로 변경) 또는 취소소송 외의 다른 항고소송(예, 무효등확인소송 또는 부작위위법확인소송)으로 변경하는 것이 상당하다고 인정할 때에는, '청구의 기초'에 변경이 없는 한 사실심의 변론 종결시까지, 원고의 신청에 의하여 결정으로써 소의 변경을 허가할 수 있다(제21조 제1항).

반대로 당사자소송을 취소소송으로 변경하거나(제42조), 무효등확인소송·부작위위법확인소송을 취소소송으로 변경하는 것(제37조)도 같은 요건 하에서 허가할 수 있다. 여기서 '청구의 기초'에 변경이 없어야 한다는 것은 원고가 소송에 의하여 구제받고자 하는 '법률상 이익'의 동일성이 유지되어야 한다는 의미이다.

(3) 원처분의 변경으로 인한 소의 변경

취소소송의 계속 중에 피고인 행정청이 스스로 소송의 대상인 처분을 변경한 경우(예, 의사면허취소를 면허정지처분으로 변경)에는, 원고의 신청이 있으면 법원의 결정으로 청구의 취지 또는 청구의 원인의 변경을 허가할 수 있도록 하였다(제22조 제1항·제2항). 또한 원처분의 변경으로 인한 소의 변경의 경우에는 필요적 행정심판전치주의의 적용을 받는 사건이라 하더라도 행정심판절차를 거칠 필요가 없도록 함으로써 원고의 불편이 없도록 배려하고 있다(제22조 제3항).

3. 처분이유의 추가·변경

소의 변경은 원고가 행하는 것이지만, 피고도 취소소송의 진행중에 당초의 행정처분사유를 추가하거나 변경할 수 있는가의 문제가 제기될 수 있다.

학설은 ① 행정소송에 있어서 양 당사자는 자기에게 유리한 모든 주장을 할 수 있으므로 가능하다는 긍정설과, ② 당초의 처분이유를 변경하는 것은 별개의 새로운 행정처분에 의하여 행하여져야 할 것이라는 이유로 이를 불허하는 부정설 등이 있다. 우리 판례는 중간적 입장에서 당초의 처분이유와 '기본적 사실관계에 있어서 동일성'을 해치지 아니하는 범위안에만 이를 허용하고 있으며, 그 근거로 들고 있는 것이 바로 신뢰보호의 원칙이다(대판 1992. 8. 18, 91누3659 참조).

[서식] 소변경신청서

소변경신청서

사　　건　　○○○○가합1222　채권양도계약무효확인

원　　고　　○　○　○
　　　　　　인천광역시 부평구 십정2동 514-26

피　　고　　○　○　○
　　　　　　인천광역시 부평구 부평동 370-36

원고는 아래와 같이 소변경하면서 그 청구취지 및 원인을 정정합니다.

아　　　래
변경하는 청구취지

1. 피고 ○○○은 원고에게 금 2,400만원 및 이에 대하여 이 사건 소변경신청서 접수 다음날부

터 다 갚는 날까지 연 20%의 비율에 의한 금원을 지급하라.

2. 소송비용은 피고의 부담으로 한다.

라는 판결 및 가집행선고를 구함.

변경하는 청구원인

1. 피고 ○○○은 ○○○○. 3. 경 소외 ○○○에게 인천 ○구 ○○동 ○○번지 대 162평 지상에 주택 3동을 짓도록 의뢰하였습니다.

2. 이어 ○○○○. 5. 10.경 위 ○○○은 원고와 위 공사계약에 관하여 동업계약을 체결하였으나, ○○○○. 5. 19. 위 ○○○이 원고에게 모든 권한을 위임하면서 위 공사에 대한 모든 권리를 포기하였다.

3. 그리하여 원고는 그 이후 위 공사를 완공하였는바, ○○○○. 12. 26. 원고와 피고사이에 위 공사에 대한 건축공사 잔대금을 2,400만원으로 정하였던 것이다.

4. 따라서 피고는 원고에게 위 공사잔대금 상당액을 지급할 의무가 있다할 것입니다.

○○○○. 1. 22.

원고 소송 대리인

변호사 ○ ○ ○

○○ 지방법원 제○민사부 귀중

Ⅵ. 취소소송의 제기효과 - 집행부정지

1. 취소소송의 제기효과

(1) 법원 등에 대한 효과(주관적 효과)

취소소송의 제기로 사건은 법원에 계속되어 법원은 이를 심리·판결해야 할 의무를 지게 되며, 당사자는 동일사건에 대하여 다시 소를 제기하지 못하게 된다.

(2) 처분에 대한 효과(객관적 효과)

취소소송이 제기되었다고 하여 소송의 대상인 처분의 집행을 정지시키면 행정의 계속성이 저해되어 공공복리에 영향을 끼치며(예, 퇴폐유흥음식점의 영업행위 계속, 마약중독자의 운전행위의 계속 등), 소송제기를 남용할 우려도 있으므로 행정심판의 경우와 마찬가지로 집행부정지를 원칙으로 하고 예외적으로 집행정지의 결정을 할 수 있도록 하였다(제23조).

2. 집행부정지의 원칙

집행부정지의 이론적 근거를 종전에는 행정행위의 공정력 내지는 자력집행력에서 논리필연적으로 도출되는 것으로 보았다. 그러나 오늘날은 행정의 계속성의 보장 등의 입법정책적인 배려에서 나온 원칙이라고 한다. 현행 행정소송법은 집행부정지를 원칙으로 하고 예외적으로 집행정지를 인정하여 (제23조 제1항), 행정작용의 계속적인 수행을 보장하고 있다.[31]

> **Q** 乙국립대학교 4학년생인 甲은 중간고사 중 부정행위를 하였음을 이유로 乙국립대학교 총장으로부터 징계(무기정학)처분을 당하였습니다. 甲은 그러한 행위를 한 적이 없음에도 잘못된 사실을 기초로 위와 같은 처분을 받은 것에 불복하여, 법원에 취소소송을 제기하려고 합니다. 그런데, 甲은 이러한 징계(무기정학)처분으로 인하여 당해 학기에 등록을 하지 않으면 군대에 입대해야 할 상황입니다. 甲은 학교를 모두 마친 후 학사 장교로 군대에 입대할 계획을 세워두고 군입대 시기를 연기하여 왔습니다. 법원의 판결이 나오려면 상당한 시간이 소요되는데, 그전에 징계처분의 효력을 임시적으로 정지시켜서 부득이하게 군대에 입대하게 되는 불이익을 피할 수 있는 방법은 없는지요?

---

31) 그러나 독일의 경우에는 행정기관의 처분에 대한 소송이 제기되면 이에 대한 잠정적인 집행정지의 효력을 인정하는 것이 권리보호의 기본적인 요소가 되는 것이므로 이를 통해서 비로소 소송제도도 그 효율성을 보장할 수 있다는 점에서 집행정지의 원칙을 취하고 있다.

A 원칙적으로 甲이 법원에 취소소송을 제기하더라도 乙국립대학교 총장이 한 징계처분의 효력이나 그 집행 또는 절차의 속행에 영향을 주지 않습니다.(행정소송법 제23조 제1항)

따라서 甲이 징계처분의 위법을 이유로 취소소송을 제기한다 하더라도 판결이 확정되려면 상당한 기간이 소요되므로 승소판결을 받더라도 甲에게 실질적인 권리구제가 못 되는 사태가 발생할 수 있게 됩니다.

이러한 경우를 대비하여 「행정소송법」은 처분 등의 집행 또는 절차의 속행으로 인하여 생길 회복하기 어려운 손해를 예방하기 위하여 긴급한 필요가 인정될 때 당해 처분의 집행을 정지시키는 집행정지제도를 두고 있습니다(같은 법 제23조 제2항).

집행정지의 요건으로 우선 그 적극적 요건은 ①집행정지 대상인 처분 등이 존재하여야 하고, ②본안소송이 법원에 계속 중이어야 하며, ③회복하기 어려운 손해발생의 우려와 이러한 손해를 예방하기 위한 긴급한 필요가 있어야 하며, 이상의 요건이 충족된 경우에도 소극적 요건으로서 ① 공공복리에 중대한 영향이 미칠 우려가 없어야 하며, ② 본안소송에 관하여 승소가능성이 전혀 없지 않아야 합니다.

따라서 甲은 乙국립대학교 총장의 징계(무기정학)처분에 대하여 법원에 취소소송을 제기함과 동시에 집행정지신청을 하면 됩니다.

甲에 대한 징계(무기정학)처분의 효력이 정지되지 아니하면, 甲은 곧 군대에 입대하여야 하고, 그에 따라 甲이 대학에 입학하면서 계획한 학사장교 입학계획과 졸업계획이 무산되므로 이러한 손해는 회복하기 어려운 손해에 해당한다고 볼 가능성이 있습니다. 또한, 이러한 甲에 대한 무기정학 처분이 공공복리에 중대한 영향을 미친다고 볼만한 사정이 존재하지 않으며, 甲이 부정행위를 하지 않았다는 객관적 자료가 충분하여 승소가능성이 전혀 없는 것으로 보이지 않는다면 이러한 집행정지제도를 통하여 권리구제가 가능할 것으로 보입니다.

3. 집행정지의 결정

(1) 집행정지의 의의

취소소송이 제기된 경우에 처분 등이나 그 집행 또는 절차의 속행으로 인하여 생길 회복하기 어려운 손해를 예방하기 위하여 긴급한 필요가 있다고 인정할 때에는, 본안에 관한 소송이 계속되어 있는 법원은 당사자의 신청 또는 직권에 의하여, 처분 등의 효력이나 그 집행 또는 절차의 속행의 전부 또는 일부의 정지를 결정할 수 있다(제23조 제2항). 집행정지의 결정은 무효등확인소송에 있어서도 준용된다(제38조 제1항).

(2) 집행정지결정의 요건

행정소송법은 집행정지결정의 요건으로서 "당해 처분이나 그 집행 또는 절차의 속행으로 인하여 당사자에게 생길 수 있는 회복하기 어려운 손해를 예방하기 위하여 긴급한 필요가 있다고 인정되는 경우"에 법원의 결정에 의해 처분의 효력을 정지할 수 있도록 하고 있다

1) 적극적 요건

(가) 집행정지 대상인 처분의 존재

이는 이 제도가 행정소송제도와 연계하여 잠정적으로 행정기관의 처분 또는 그 효과로부터 당사자를 보호하기 위해서 존재하는 것이기 때문이다. 따라서 이미 집행이 완료되거나 처분의 목적이 달성된 경우에는 집행정지는 인정되지 않는다. 또한 부작위는 집행정지의 대상이 존재하지 아니하므로 부작위위법확인소송에서는 집행정지가 인정되지 아니하며, 취소소송 중에서도 거부처분에 대한 취소소송 역시 집행정지로 인하여 회복될 그 무엇이 존재하지 아니하므로 인정되지 아니한다고 하겠다(대결 1995.6.21, 95두26).

(나) 본안소송의 계속

이는 행정소송제기가 적법하게 이루어져 있을 것을 요구하는 것이며, 행정소송제기의 형식적 요건을 그르친 경우에는 본안소송이 계속되지 않는 것으로 본다.

(다) 회복하기 어려운 손해발생의 우려

회복하기 어려운 손해발생에 관한 판례는 다음과 같다. 즉, ① 형사피고인이 안양교도소에서 진주교도소로 이송되면 서울 거주 변호인과 가족들의 접견권 행사에 지장을 초래하게 되어 회복하기 어려운 손해가 발생할 염려가 있다고 볼 것이다(대결 1992.8.7, 92두30). ② 과세처분으로 인하여 입게 되는 손해는 후에 국가에 대하여 금전배상청구가 가능한 것이므로 회복할 수 없는 손해가 발생할 염려가 있다고 볼 수 없다(대결 1971.1.28, 70두7).

(라) 본안판결을 기다릴 여유가 없는 긴급한 필요

시간적인 긴급성의 판단은 '회복하기 어려운 손해발생의 우려'와 연계하여 판단되어야 하며, 대체로 이 요건이 충족되면 시간적으로도 긴급한 것으로 인정되어야 할 것이다.

2) 소극적 요건

집행정지는 공공복리에 중대한 영향을 미칠 우려가 있을 때에는 허용되지 아니한다.

(3) 집행정지결정의 대상

집행정지결정은 처분의 효력, 처분의 집행 및 절차의 속행정지를 그 내용으로 하며, 그 전부에 대해서 또는 일부에 대해서 행할 수 있다(제23조 제2항).

1) 처분의 효력정지

처분의 내용에 따르는 구속력, 공정력, 집행력 등의 효력을 정지함으로써 당사자에 대한 효과에 있어서 당해 처분이 잠정적으로 존재하지 아니한 상태로 두는 것을 말한다.

그러나 행정심판에 있어서의 집행정지제도와 마찬가지로 후술하는 처분의 집행정지 또는 절차의 속행 정지만으로 집행정지의 목적을 달성할 수 있을 경우에는 처분의 효력정지는 허용되지 아니한다고 함으로써(제23조 제2항 단서), 행정의 계속성을 최대한 보장하도록 하였다.

2) 처분의 집행정지

처분의 효력은 유지하되 이를 실현하기 위한 집행력의 행사만을 정지하는 것을 말한다.

3) 절차의 속행정지

처분의 효력은 유지하면서 당해 처분의 후속절차를 잠정적으로 정지하게 하는 것을 말한다.

(4) 집행정지결정의 절차

당사자의 신청에 의하거나 직권에 의하여 법원의 결정으로 행하며, 당사자가 신청할 경우에는 그 이유에 대한 소명이 있어야 한다(제23조 제4항). 여기서 법원은 상술한 집행정지 요건의 구비 여부만을 판단대상으로 하여야 하며, 본안에서의 인용가능성은 판단대상이 되어서는 아니 됨은 행정심판에서 설명한 바와 같다(대결 1990.6.22, 90두6; 대결 1990.12.6, 90두13).

(5) 집행정지결정의 효력

집행정지결정은 그 결정내용에 따라 처분의 효력, 처분의 집행 또는 절차의 속행의 전부 또는 일부를 정지시키는 효력을 발생한다. 법원에 의해 집행정지결정이 내려지면 당해 처분의 당사자와 관계행정기관은 이에 구속을 받게 되어 기속력이 발생하며, 처분 이전의 상태를 유지하는 형성력도 발생한다.

(6) 집행정지결정에 대한 불복

집행정지결정 또는 그 기각결정에 대하여는 법원에 즉시항고를 할 수 있으나, 이 즉시항고에는 결정의 집행을 정지하는 효력이 없다(제23조 제5항).

(7) 집행정지결정의 취소

집행정지결정 후에도 그것이 공공복리에 중대한 영향을 미치거나 또는 집행정지의 사유가 소멸한 때에는 법원은 당사자의 신청 또는 직권에 의한 결정으로 집행정지결정을 취소할 수 있다(제24조 제1항). 여기서 당사자에는 행정청과 복효적 행정행위의 수익자인 상대방(소송상으로는 제3자)도 포함된다. 집행정지결정의 취소에 대하여도 즉시항고를 할 수 있다.

[서식] 숙박업영업정지처분 집행정지신청서

행정처분효력집행정지신청

신 청 인 홍 길 동 (OOOOOO-OOOOOOO)

　　　　　OO시 OO구 OO동 OOO

　　　　　신청대리인 변호사 O O O

　　　　　OO시 OO구 OO동 OOO (우 :　　　)

　　　　　(전화 :　　　　,팩스 :　　　　)

피신청인　OO구청장

숙박업영업정지처분 집행정지신청

신 청 취 지

피신청인이 2010. 6. 5. 신청인에 대하여 한 OO시 OO구 OO동 123-1 소재 "루비모텔"에 관한 영업정지(2010. 6. 6.부터 2010. 8. 5.까지) 처분은 귀원 2010구 2345호 숙박업 영업정지처분취소 청구사건의 본안판결 확정시까지 그 효력을 정지한다.

라는 결정을 구합니다.

신 청 원 인

1. 신청인은 OO시 OO구 OO동 123-1 소재 루비모텔에 관하여 2007. 1. 20. 자신의 명의

로 숙박업허가 명의변경을 하고 이래 위 여관을 경영하여 왔습니다.

다만 신청인은 현재 건축사로 일하고 있는 관계로 위 모텔을 직접 경영할 수 없어 신청외 김ㅇ영으로 하여금 경영하게 하다가 2009. 9. 15.부터는 신청외 문ㅇ귀로 하여금 경영하게 하고 있습니다.

그런데 피신청인은 신청인이 윤락행위알선 및 장소제공을 하였다는 이유로 2010. 6. 5. 공중위생관리법 제11조 제1항의 규정에 의하여 같은 해 6. 6.부터 2개월간 위 숙박업소에 대한 영업정지처분을 하였습니다.

2. 피신청인의 행정처분이나 명령서만으로는 구체적인 위반사항이 무엇인지 확실히는 알 수 없으나 그긴 있었던 형사사건 등으로 미루어 볼 때 위 김ㅇ영이 경영하고 있을 당시인 2009. 3. 말부터 같은 해 6. 초순경 사이에 정ㅇ지와 김ㅇ진에 대하여 윤락행위를 알선하였다는 취지인 듯 합니다.

그렇게 오래된 일이 어떻게 하여 뒤늦게 문제로 되었는지 모르겠습니다만, 신청인은 물론 단시 영영자인 위 김ㅇ영조차도 그런 일이 있는 줄은 전혀 알지 못했고 지금도 마찬가지입니다.

3. 혹시 만에 하나 당시 있던 종업원이 몰래 그런 짓을 하였는지 모르겠습니다. 가사 그렇다고 하더라도 신청인이 2007. 1.부터 오랫동안 숙박업을 해오면서도 한 번도 법에 어긋나는 짓을 하여 무슨 행정처분을 받은 적이 없는 점, 이미 상당히 오래된 일이라는 점, 알선했다는 사람도 두 사람 뿐인 점 등을 고려할 때 돌연 2개월이나 되는 영업정지 처분을 하는 것은 지나치게 가혹한 처분이라고 생각됩니다.

없는 돈에 여기 저기 끌어 모아 위 모텔을 경영하고 있는 문ㅇ귀나 그 종업원들의 입장까지 고려하면 더욱 그러합니다.

위와 같이 본건 처분은 처분의 근거가 없거나 재량권의 일탈 내지는 남용에 의한 것으로 위법부당하다 할 것이어서 마땅히 취소되어야 할 것인바, 만약 위 처분이 그대로 집행된다면 신청인이 후일 본안 소송에서 승소한다고 하더라도 이로 인하여 회복하기 어려운 손해를 입게 될 것임이 명백하므로 그 집행을 정지하여야 할 긴급할 필요가 있다고 사료되어 이 신청에 이른 것입니다.

소 명 방 법

| 1. 소갑 제1호증의 1 | 공중위생업소 행정처분 |
| 1. 소갑 제1호증의 2 | 영업정지명령서 |

1. 소갑 제2호증   숙박업 허가증
1. 소갑 제3호증의 1, 2   각 사업자등록증
1. 소갑 제4호증   행정심판청구접수증

첨 부 서 류

1. 주민등록초본   1통
1. 위임장   1통

20○○. ○. .
신청인 대리인 변호사 ○ ○ ○ (인)

○○행정법원   귀중

[서식] 자동차운전면허취소처분 집행정지신청서

행정처분집행정지신청

신 청 인   ○   ○   ○ (○○○○○○-○○○○○○○)
　　　　　　○○시 ○○구 ○○동 ○○
　　　　　　신청대리인 변호사 ○ ○ ○   (전화 :   )
　　　　　　○○시 ○○구 ○○동 ○○   (우 :   )

피신청인   ○○지방경찰청장
　　　　　　○○시 ○○구 ○○동 ○○   (우 :   )

　자동차운전면허취소처분 집행정지신청

신 청 취 지

피신청인이 20○○. ○. ○자로 신청인에 대하여 한 자동차운전면허취소처분은 신청인과 피신청인 사이의 귀원 20○○구 1234호 자동차운전면허취소처분취소 청구사건의 본안판결 확정시까지 이를 정지한다.

라는 재판을 구합니다.

신 청 원 인

1. 신청인은 20○○년도 ○○도지사로부터 면허번호 2345-32호로 운전면허를 취득하여 ○년여 동안 오직 운전만을 하여 왔습니다.

2. 운전면허가 없으면 생계의 공란 등 기타 적절한 내용을 기재

   – 생 략–

3. 이 사건 처분의 경위

   가. 신청인은 20○○. 6. 24. 제1종 보통, 20○○. 6. 22. 제1종 대형, 같은 해 11. 29. 제2종 소형, 20○○. 12. 13. 제1종 특수의 각 자동차운전면허(면허면호 : 경기 ○○-○○○○○-○○)를 취득하여 차량을 운전하여 오던 중 20○○. 7. 26. 21:40경 ○○시 ○○구 ○○동 ○○○ 소재 농협중앙회 ○○지점 앞 편도 1차선 도로 상에서 신청인 소유의 경기 3고○○○○ 그랜져 승용차를 운전하여 ○○쪽에서 ○○광장 쪽으로 가다가 교차로에서 신호를 받기 위하여 서행중이던 신청외 이○○ 운전의 경기 3가○○○○호 소나타 승용차와 신청외 김○○ 운전의 경기 3가○○○○ 세피아 승용자를 연쇄충돌하여 위 이○○과 김○○ 및 위 이○○의 차량에 동승하고 있던 신청외 홍○○으로 하여금 각 2주간의 치료를 상해를 입게 하였고, 위 사고 후 3시간 각 2주간의 치료를 요하는 상해를 입게 하였고, 위 사고 후 3시간가량이 지난 다음 날 00:50경 음주측정 결과 혈중알코올농도가 0.1%로 측정되어 여기에 시간의 경과에 따른 감소량을 합산하면 사고 당시의 혈중알코올농도는 0.14%로 추정되었습니다.

   나. 피신청인은 신청인의 주취 정도가 0.1%인 상태에서 운전하여 고의 또는 과실로 교통사고를 일으켰음을 이유로 20○○. 8. 8. 도로교통법 제44조 제1항, 제4항, 제93조 제1항 제1호의 규정 등을 적용하여 청구인에 대하여 위 각 자동차운전면허를 취소하는 처분(그 중 제1종 특수면허를 취소하는 처분만을 "이 사건 처분"이라 한다)을 하였습니다.

4. 이 사건 처분의 적법 여부

   피신청인은 이 사건 처분은 위 처분사유와 관계 법령에 따라 이루어진 것으로서 적법하다고 주장함에 대하여, 신청인은 첫째 신청인이 제1종 특수 자동차운전면허를 취득한 것은 20○

○. 12. 13.로서 당시 위 면허로 운전할 수 있는 트레일러 및 레커뿐이었으므로 승용자동차를 음주운전한 행위는 제1종 대형 및 보통, 제2종 보통면허의 취소사유에 해당할 뿐 제1종 제1종 특수면허의 취소사유는 아님에도 불구하고 피신청인이 20○○. 7. 1. 제2종 보통면허로 운전할 수 있는 차량도 제1종 특수면허로 운행할 수 있도록 개정한 도로교통법시행규칙 제26조 및 [별표 14]의 규정을 잘못 적용하여 신청인의 제1종 특수면허까지 취소한 것은 위법하고, 둘째 가사 그렇지 않더라도 이 사건 사건의 발생 및 음주운전을 하게 된 경위, 그 위반 정도, 청구인의 직업과 이 사건 처분으로 인하여 신청인이 입게될 불이익 및 그 동안 아무런 사고 없이 모범적으로 운전업무에 종사해온 점 등에 비추어 보면 피신청인의 이 사건 처분은 재량권을 남용하거나 재량권의 한계를 일탈한 것으로서 위법한 처분이므로 이 건 청구에 이른 것입니다.

입 증 방 법

1. 소갑 제1호증   접수증(행정심판청구서)
1. 소갑 제2호증   자동차운전면허취소통지서 사본
1. 소갑 제3호증   자동차등록증 사본
1. 소갑 제4호증   표창장

첨 부 서 류

1. 위 입증서류   각1통
1. 주민등록초본   1통
1. 소송위임장   1통

20○○. ○. ○.

신청인 대리인 변호사 ○ ○ ○ (인)

○○행정법원 귀중

4. 가처분

집행정지결정은 어디까지나 이미 행하여진 침해적 행위에 대한 소극적·현상유지적 보전처분의 성격을 가질 뿐이며, 수익적 행정처분의 신청에 대한 부작위 또는 거부처분에 대하여 적극적으로 잠정적인 수익적 처분을 할 것을 명하거나, 장래 행하여질 침해적 처분의 금지를 명하는 작용은 아니다. 따라서 이러한 경우에 민사소송법상의 가처분제도(제714조)를 준용하여 원고의 권리구제에 기여할 수 있는가에 관하여 논란이 있게 되었다. 즉, 가처분이란 금전채권 외의 계쟁물에 관한 청구권의 집행을 보전하거나 임시적인 지위를 정해, 후일 법률관계가 확정될 때까지 잠정적인 법률관계를 정하는 절차이다. 따라서 우리 행정소송법(제8조 제2항)상의 민사소송법 준용규정에 근거하여 민사소송상의 가처분규정의 준용가능성에 관하여 소극설 및 적극설의 견해가 대립되고 있다.

[서식] 제명처분효력정지 가처분신청서

집 행 정 지 신 청

신 청 인   홍   길   동 (OOOOOO-OOOOOOO)
　　　　　　OO시 OO구 OO동 OOO
　　　　　　신청대리인 변호사 O O O
　　　　　　OO시 OO구 OO동 OOO (우 :　　　　)
　　　　　　(전화 :　　　　　,팩스 :　　　　)

피신청인　　OO대학교 총장 OOO
　　　　　　OO시 OO구 OO동 OOO (우 :　　　　)

　제명처분 효력정지 가처분신청

신 청 취 지

1. 피신청인이 2010. 6. 29.자로 신청인에 대하여 한 제명처분은 신청인과 피신청인 사이의 귀원 2010구 1234 제명처분취소 청구사건의 판결선고시까지 그 효력을 정지한다.
2. 신청비용은 피신청인이 부담한다.
라는 결정을 구합니다.

신 청 원 인

1. 당 사 자

신청인은 2008. 3. 2. ○○대학교 사회과학대학 행정학과에 입학하여 재학 중이던 학생으로서 2010. 5. 20.부터는 ○○대학교 총학생회 선전국장으로 선임되어 활동하기로 한 사람이고, 피신청인은 신청인 소속 대학교 총장입니다.

2. 피신청인의 처분 및 전치 절차

피신청인은 2010. 6. 29. ○○대학교 학칙 80조를 위반하였다는 사유로 신청인에 대한 징계로서 제명처분을 하였는바, 신청인은 그 처분이 있음을 안 날로부터 60일 이내인 2010. 8. 26. 위 처분의 위법함을 들어 교육과학기술부장관에게 행정심판을 제기하였고, 아직 그 재결을 거치지 아니하였으나 아래에서 보는 바와 같이 위 처분의 집행으로 생길 중대한 손해를 예방하여야 할 긴급한 필요가 있으므로 귀원에 행정소송을 제기한 다음 오늘 이 사건 신청을 하게 되었습니다.

3. 사안의 개요

– 생   략 –

4. 긴급한 사정

신청인은 위 징계로 말미암아 당장 학적 변동자로서 신체검사 통보를 받고 2010. 8. 5. 신체검사를 받기로 되었으나 1차 연기하여 같은 달 24. 신체검사를 받는 즉시 징집될 운명에 있는바, 부당한 징계로 인하여 학업 중에 입영함으로서 신청인이 입을 타격은 다대하여 만약 이 사건 징계가 지속된다면 신청인으로는 회복할 수 없는 손해를 입을 수밖에 없게 되어 있으므로 이를 예방하기 위한 긴급한 필요가 있다고 인정하여야 할 것입니다.

5. 그렇다면 이 사건 징계처분은 마땅히 취소되어야 할 것이므로 그 처분의 효력정지를 구하기 위하여 이 건 신청에 이르렀습니다.

소 명 방 법

– 생   략 –

200○. ○.   .

신청인 대리인 변호사 ○ ○ ○ (인)

○○행정법원   귀중

집 행 정 지 신 청

신 청 인   홍   길   동 (OOOOOO-OOOOOO)

　　　　　　 ○○시 ○○구 ○○동 ○○○

　　　　　　 신청대리인 변호사 ○ ○ ○

　　　　　　 ○○시 ○○구 ○○동 ○○○　　　　　　　　　(우 :　　　　)

　　　　　　 (전화 :　　　　 .팩스 :　　　　)

피신청인   ○○대학교 총장 ○○○

　　　　　　 ○○시 ○○구 ○○동 ○○○　　　　　　　　　(우 :　　　　)

제명처분 효력정지 가처분신청

신 청 취 지

1. 피신청인이 2010. 6. 29.자로 신청인에 대하여 한 제명처분은 신청인과 피신청인 사이의 귀 원 2010구 1234 제명처분취소 청구사건의 판결선고시까지 그 효력을 정지한다.
2. 신청비용은 피신청인이 부담한다.

라는 결정을 구합니다.

신 청 원 인

1. 당 사 자

　　신청인은 2008. 3. 2. ○○대학교 사회과학대학 행정학과에 입학하여 재학 중이던 학생으로서 2010. 5. 20.부터는 ○○대학교 총학생회 선전국장으로 선임되어 활동하기로 한 사람이고, 피신청인은 신청인 소속 대학교 총장입니다.

2. 피신청인의 처분 및 전치 절차

　　피신청인은 2010. 6. 29. ○○대학교 학칙 80조를 위반하였다는 사유로 신청인에 대한 징계로서 제명처분을 하였는바, 신청인은 그 처분이 있음을 안 날로부터 60일 이내인 2010.

8. 26. 위 처분의 위법함을 들어 교육과학기술부장관에게 행정심판을 제기하였고, 아직 그 재결을 거치지 아니하였으나 아래에서 보는 바와 같이 위 처분의 집행으로 생길 중대한 손해를 예방하여야 할 긴급한 필요가 있으므로 귀원에 행정소송을 제기한 다음 오늘 이 사건 신청을 하게 되었습니다.

3. 사안의 개요

　　－ 생　략 －

4. 긴급한 사정

신청인은 위 징계로 말미암아 당장 학적 변동자로서 신체검사 통보를 받고 2010. 8. 5. 신체검사를 받기로 되었으나 1차 연기하여 같은 달 24. 신체검사를 받는 즉시 징집될 운명에 있는바, 부당한 징계로 인하여 학업 중에 입영함으로서 신청인이 입을 타격은 다대하여 만약 이 사건 징계가 지속된다면 신청인으로는 회복할 수 없는 손해를 입을 수밖에 없게 되어 있으므로 이를 예방하기 위한 긴급한 필요가 있다고 인정하여야 할 것입니다.

5. 그렇다면 이 사건 징계처분은 마땅히 취소되어야 할 것이므로 그 처분의 효력정지를 구하기 위하여 이 건 신청에 이르렀습니다.

소　명　방　법

－ 생　략 －

20○○.　○.　．

신청인 대리인 변호사　○ ○ ○ (인)

○○행정법원　귀중

건설업면허취소효력정지 가처분신청

신 청 인   영신개발주식회사 (000000-0000000)

OO시 OO구 OO로 12(OO동)

대표이사 홍 길 동

신청대리인 변호사 O O O

OO시 OO구 OO로 23(OO동)   (우 : 000-000)

(전화 : 000-0000, 팩스 : 000-0000)

피신청인   국토해양부장관

신 청 취 지

피신청인이 2000. 8. 25. 신청인에 대하여 한 건설업면허(토목건축공사업 제345호)취소처분은 이를 OO고등법원 2000구 1234호 사건의 본안판결 선고시까지 그 효력을 정지한다. 라는 결정을 구합니다.

신 청 원 인

1. 이 사건 면허취소 처분내용

피신청인은 2000. 8. 25. 신청인에 대하여 신청취지 기재와 같은 면허취소처분을 내렸으며, 그 적용법조는 건설산업기본법 제21조(건설업등록증 등의 대여금지)이었고, "2000. 1. 10. 면허취소된 성진건설 주식회사가 시공하던 OO공동직업훈련원 신축공사를(신청인회사가 연대보증인으로서) 보증시공함에 있어 회사에서 봉급을 지급받지 아니하고 등기부상에만 이사로 등기된 김O길에게 영신개발 주식회사(신청인 회사) 명의를 사용하여 시공토록 하였음"이었습니다.

2. 이 사건 공사계약의 경위

이 사건 한국산업인력관리공단의 OO공동직업훈련원 신축공사를 조달청이 공개경쟁으로 발주하여 성진건설 주식회사 및 우성토건 주식회사가 공동으로 낙찰하여 2000. 7. 21. 조달청과 위 2 건설회사간에 장기 계속 건설공사계약이 체결된 것이고, 총 공사금액은 금 4,668,077,180원(설계변경 및 증축공사로 총공사대금 4,951,123,190원임)으로 1차년도 계약도급금액은 금 1,362,865,000원이었습니다. 위 공사계약에 대한 시공연대보증인은 신청인 회사를 비롯하여 유진공영 주식회사, 주식회사 대성기공이었습니다.

그런데 위 공동수급업체인 주식회사 성진건설 주식회사는 2000. 7. 24. 착공하여 시공하던 중 같은 해 12. 15. 당좌거래정지처분(부도)이 되었고, 다른 공동 수급업체인 OO토건 주식회사 역시 같은 해 7. 28. 부도되어 모두 면허취소가 되고 시공능력을 상실하게 된 것입니다.

그런데 당시 시공 연대보증인 3개사 중 유진공영 주식회사는 부도위기에 처해있어 경영이 악화된 상태이고(2000. 10. 2. 결국 부도, 주식회사 대성기공은 설비전문업체로서 시공능력이 부족한 실정이므로 발주기관인 조달청의 요청에 의하여 부득이 시공 연대보증업체 3사 중 신청인 회사가 보증승계 시공자로 선정되었습니다.

그 결과 신청인 회사는 2000. 3. 11. 종전 수급업체인 기성고를 제1차년도 계약금액 1,362,865,000원의 27.3%에 해당하는 금 371,789,000원으로 타결한 후 나머지 공사금 991,076,000원 상당을 신청인 회사가 보증시공하기로 약정을 하고, 공사현장을 인수하여 그 이후 공사를 진행하여 준공하고, 다시 계속하여 2000. 5. 12. 2차 계약분 금 3,415,698,000원 상당의 공사계약을 체결하고 현재 전공정의 98%를 진척하고 있는 상황입니다.

3. 이 사건 처분의 위법성

가. 피신청인의 사실오인

이 사건 공사는 신청인 회사가 직영하는 공사이며(단, 일부 전문건설업체에 부분하도급을 준 것 제외), 신청외 김O길을 신청한 회사의 비상근 임원일 뿐이고 신청인 회사가 위 김O길에게 신청인 회사 명의를 사용하여 건설공사를 시공토록 한 사실(면허대여 사실)은 전혀 없습니다.

나. 이 사건 공사현장의 직원은 모두 신청인 회사에서 채용하고 급료를 지급하는 신청인 회사의 직원들입니다.

신청인 회사는 이 사건 공사의 현장소장으로 건축기사 2급 자격증을 소지한 박O영을 2000. 3. 4.자로 채용(내부채용결정 2000. 2. 10)하여 그곳에서 상주하며 공사를 지휘 감독하도록 하였으며, 신청인 회사가 2000. 3.부터 현재까지 월급여와 수당을 합하여 월 250만원을 지급하고 그에 대한 갑종근로소득세를 원천징수하여 납부하고 있습니다.

그 외 공사현장에서 근무하는 직원도 모두 신청인 회사에 소속된 직원입니다.

다. 이 사건 공사는 신청인 회사의 자급과 계산으로 이루어진 것입니다.

즉, 이 사건 공사의 기성청구와 공사대금은 신청인 회사가 직접 수요기관(OO공동직업훈련원)에 청구하여 신청인 회사 거래은행인 신한은행 OO지점과 우리은행 OO지점을 통하여 신청인 회사 통장에 합계 3,789,601,901원이 입금되었습니다.

그리고 현장에서의 공사비 집행방법으로 신청인 회사는 현장 소장 박O영의 전도자금 청구에 의해 동인이나 현장 경리 정O선 등에게는 무통장입금 등 송금의 방법으로 공사비를 송금 지출하였습니다.

뿐만 아니라 이 사건 공사 중 공사지연으로 인한 배상금 58,932,482원 역시 신청인 회사가 직접 수원 대전공동직업훈련원장(권O돈)에게 2000. 8. 12. 지급한 사실이 있습니다.

따라서 위 김O기가 면허를 대여받아 동인의 자금과 계산으로 공사를 진행하였다는 것은 전혀 사실이 아니며 그런 근거도 있을 수 없습니다.

라. 신청인 회사는 대규모건설회사는 아니지만 건설인력을 배양하여 사회에 기여한다는 목적 아래 OO도 OO군 OO면 OO리 산 216 대지(임야 도로 포함) 9,313㎡ 지상에 경량철골조 교육시설 740m의 직업훈련원을 설치하고 2000년부터 매년 약 130명을 6개월 과정 조적공 등을 훈련 양성하고 있습니다.

신청인 회사는 OO시 OO구 OO로 45(OO동)-20 및 24 대지 817㎡ 지상 철근콘크리트 4층 연건평 2,711m 60의 자체건물을 소유하고 있으며, OO도 OO지구에 신사옥건축을 위한 토지를 매입하고 있습니다.

4. 결 론

따라서 피신청인의 이 사건 면허취소처분은 분명한 근거없이 단지 위 김O길이 비상근 이사로 아무런 보수 없이 간혹 이 사건 공사에 기술자문을 한다는 사실만으로 사실을 오인하고 그 오인된 사실을 기초로 신청인에게 말할 수 없는 막대한 피해를 초래하게 되었다 할 것입니다.

뿐만 아니라 현재 진행 중인 공사현장이 관급공사 및 민간공사를 합하여 98 곳이며 그 공사 금액만도 합계 75,108,193,000원에 이르고 있으며, 신청인 회사직원 167명과 그 가족들의 생계가 걸려 있는 마당에 이 처분으로 그 사회적 공익적인 손실도 막대할 뿐만 아니라 신청인 회사의 도산도 명백하다 할 것입니다.

이와 같이 사정을 도외시 한 면허취소처분은 사실오인에 기하여 그것도 재량권을 남용한 위법이 있으므로 취소되어야 할 것입니다.

다만 본안판결이 선고될 때까지 이 처분의 효력을 정지시키지 않는다면 신청인 회사는 곧 도산되고 회복할 수 없는 손해를 입게 되는 절박한 형편이므로 본안판결 선고시까지 이 처분의 효력을 정지시켜 신청인 주장의 당부를 본안에서 다툴 수 있도록 하여 주시기 바랍니다.

소 명 방 법

1. 소갑 제1호증	건설면허취소통지
1. 소갑 제2호증의 1, 2	각 시설공사도급계약서
1. 소갑 제3호증	승계시공자선정촉구

첨 부 서 류

1. 행정심판청구접수증	1통
1. 소장접수증명원	1통
1. 법인등기부등본	1통
1. 위임장	1통

20 . . .

신청인 대리인 변호사 ○ ○ ○ (인)

○○행정법원 귀중

Ⅶ. 예외적 행정심판전치주의

1. 개설

현행 행정소송법은 "취소소송은 법령의 규정에 의하여 당해 처분에 대한 행정심판을 제기할 수 있는 경우에도 이를 거치지 아니하고 제기할 수 있다. 다만 다른 법률에 당해 처분에 대한 행정심판의 재결을 거치지 아니하면 취소소송을 제기할 수 없다는 규정이 있는 때에는 그러하지 아니하다"(제18조 제1항)라고 규정하고 있다. 따라서 원칙적으로 행정심판임의주의를 채택하고 있으며, 예외적으로 각 개별 법률이 규정하고 있는 경우에만 행정심판전치주의를 채택하고 있다. 예컨대 국가공무원법(제16조) 및 지방공무원법(제20조의2) 상의 공무원징계처분, 국세기본법(제56조) · 관세법(제38조의2) 상의 조세부과처분, 도로교통법(제101조의3) 상의 운전면허취소 · 정지처분 등 각 개별법률이 행정심판의 재결을 거치지 아니하면 행정소송을 제기할 수 없다는 특례를 규정하고 있는 경우에만 행정심판전치주의를 채택하고 있다.

2. 적용범위

(1) 적용대상인 행정소송

원래 행정심판은 행정청의 처분 등이 있고 나서 이에 대하여 제기하는 것이므로 성질상 항고소송에만 적용되며, 공법상 당사자소송에는 적용될 여지가 없다.

그러나 항고소송 중에서도 이론상 취소소송과 부작위위법확인소송에는 당연히 적용된다(제18조 제1항 및 제38조 제2항). 그러나 무효등확인소송은 처음부터 아무런 효력이 발생치 않거나 존재 자체가 의심스러운 행위를 대상으로 하여 단지 무효 등임을 공적으로 확인받기 위한 것에 불과하므로 굳이 행정심판전치주의를 적용할 이유가 없으며 행정소송법(제38조 제1항)도 이를 명백히 하고 있다.

(2) 무효선언을 구하는 취소소송

형식적으로는 처분의 취소를 구하는 소송이지만 그 청구원인을 살펴보면 무효선언을 구하는 내용인 경우에, ① 판례는 무효사유와 취소사유의 구별의 상대성, 형식이 취소소송이면 취소소송에 요구되는 소송요건이 구비되어야 한다는 점 등을 들어 행정심판전치주의가 적용된다는 적극설[32]을 취하고 있는 반면, ② 다수설은 소송은 형식보다는 내용을 중심으로 판단하여야 한다는 전제하에 이러한 경우도 무효확인소송으로 볼 것이므로 행정심판전치주의가 적용되지 않는다고 하는 소극설[33]을 취하고 있다.

---

32) 대판 1987. 9. 22, 87누842 참조.
33) 김동희(Ⅰ), p.717; 박윤흔(상), p.948; 변재옥(Ⅰ), p.647; 이상규(상), p.782.

(3) 복효적 행정행위의 제3자

행정소송법(제18조)은 ① 행정심판은 제기하되 그 재결은 거칠 필요가 없는 경우와, ② 처음부터 행정심판의 제기 자체가 필요 없는 경우를 구분하여 상세히 규정하고 있으며, 전자의 경우에는 '그 밖의 정당한 사유'라는 규정을 두었으나, 후자의 경우에는 이를 두지 아니한 것으로 보아, 실정법의 형식적 해석론이라는 비판은 있겠지만 적어도 행정심판의 제기는 필요하다고 하겠다.[34] 다만, 제3자의 출소권을 최대한 보장하기 위하여 행정심판청구기간을 '처분이 있은 날로부터 1년'을 적용하되, 이 경우에도 '정당한 사유'에 의한 적용배제조항을 활용하여 구제하여야 할 것이며, 판례도 현 행정소송법하에서는 같은 입장을 취하고 있다(대판 1989. 5. 9, 88누5150).

3. 내용

(1) 행정심판의 의의

행정심판전치주의에서 말하는 행정심판에는 이의신청과 특별행정심판 등 광의의 행정심판을 모두 포함한다.

(2) 2개 이상의 행정심판절차

하나의 처분에 대하여 이의신청과 행정심판 등 2개 이상의 행정심판절차가 인정되어 있는 경우에는 이들 모두를 거쳐야 한다는 명문의 규정이 없는 한, 행정청에게는 1회의 반성기회만 부여하면 충분하며 모든 절차를 거치게 하면 상대방에게 너무 큰 부담을 주게 된다는 점에서 어느 한 절차만 거치면 되는 것으로 해석하여야 할 것이다[35](예, 시장·군수의 생활보호결정에 대한 도지사 등에의 이의신청 및 도지사 등의 결정에 대한 보건복지부장관에의 재이의신청. 국민기초생활보장법 제38조~제41조).

(3) 행정심판과 행정소송의 관련

1) 인적 관련

공동소송의 경우에 그 중 1인이 행정심판을 거쳤으면 다른 공동소송인들은 바로 행정소송을 제기할 수 있다고 함이 절차의 중복을 피할 수 있어 합리적이라고 생각된다(대판 1958. 4. 29, 4291행상6·7).

2) 물적 관련

행정심판에서 주장했던 청구원인과 행정소송의 청구원인 간에는 기본적인 점에서 동일성이 유지되면 족하다. 따라서 내용이 완전히 일치할 필요는 없으며, 원고는 행정심판에서 제출하지 아니하였던 새로운 청구원인을 주장할 수도 있다(대판 1999. 11. 26, 99두9407 ; 대판 1982. 9. 28, 81누106).

---

34) 박윤흔(상), p.949; 이상규(상), p.783.
35) 박윤흔(상), p.952; 이상규(상), p.786.

(4) 행정심판전치에 관한 하자의 치유

1) 행정심판 제기기간의 경과 등 보정이 불가능하여 부적법한 행정심판에 대하여는 위원회가 각하하여야 하며, 각하된 경우에는 행정심판전치의 요건을 충족치 못하게 되어 행정소송을 제기하여도 역시 각하된다. 그러나 만일 이를 간과하고 위원회가 재결을 해 버린 경우에는 행정심판전치의 요건이 충족된다는 판례(대판 1960. 12. 12, 4294행상104)와, 반대로 충족치 못한 것이라는 판례(대판 1982. 6. 22, 81누368; 대판 1991. 6. 25, 90누6091)가 있으나, 현행 행정심판기간의 단기성으로 인한 실기의 가능성 등을 고려하건대 이러한 경우까지 굳이 권리구제의 길을 봉쇄할 필요는 없는 것으로 생각된다.

2) 반대로 적법한 행정심판임에도 불구하고 착오로 위원회가 각하해 버린 경우에는 당연히 행정심판전치의 요건이 충족된 것으로 보아야 할 것이다(대판 1960. 11. 28, 4291행상96).

3) 행정심판만 제기하고 그 재결이 있기 전에 제기된 행정소송은 원칙적으로 부적법하므로 각하되어 마땅하지만, 실제로 사실심의변론종결 전까지 재결이 있기만 하면 불필요한 절차의 반복을 피한다는 점에서 그 하자는 치유된 것으로 보고 있다(대판 1965. 6. 29, 65누57). 나아가서 행정심판과 행정소송을 동시에 제기하거나, 행정소송만 먼저 제기한 경우에도 그 후 행정심판 제기기간 내에 행정심판을 제기하고 사실심의 변론 종결시까지 재결이 있을 때에는 하자가 치유된 것으로 보고 적법한 소로서 인정하고 있다(대판 1987. 4. 28, 86누29).

4. 전치주의에 대한 예외

행정소송법은 종전의 법보다 예외사유를 더욱 상세히, 그리고 해석상 의문의 여지없이 명백히 규정하고 있다. 다만 이들 사유가 있다는 것은 원고가 이를 소명하여야 한다(제18조).

(1) 행정심판은 제기하되, 그 재결은 없어도 되는 경우

다음의 경우는 일단 행정심판의 제기는 필요하지만, 이에 대한 재결을 기다리게 할 이유는 없기 때문에 그 재결 없이도 행정소송을 제기할 수 있도록 하였다.

① 행정심판 청구가 있은 날로부터 60일이 지나도 재결이 없는 때 : 재결의 부당한 지연으로 인한 원고의 불이익을 방지하고 위원회로 하여금 60일(예외적 90일)이라는 재결기간(행정심판법 제34조)을 지키도록 강제하는 규정이다. 따라서 60일이 지난 경우 원고는 곧바로 행정소송을 제기하거나, 좀더 기다려서 재결이 있은 후에 행정소송을 제기할 수도 있다.

② 처분의 집행 또는 절차의 속행으로 생길 중대한 손해를 예방하여야 할 긴급한 필요가 있는 때 :

예컨대, 피서철을 앞둔 해수욕장의 건물철거 계고처분과 같이 회복하기 어려운 손해가 발생할 우려가 있는 경우를 말한다(대판 1969. 6. 10, 69누28).

③ 행정심판기관이 의결 또는 재결을 하지 못할 사유가 있는 때 : 행정심판위원회가 구성되어 있지 않거나, 과반수 이상이 결원이며 단시일 내에 충원될 가능성이 없는 경우 등을 의미한다.

④ 기타 정당한 사유가 있는 때 : 60일 이내에 재결을 할 가능성이 전혀 없거나, 기타 행정심판을 제기는 하였지만 그 재결을 거치지 않은 것이 원고에게 아무 책임이 없을 경우를 말한다.

(2) 행정심판 자체를 제기하지 않아도 되는 경우

행정심판을 제기하더라도 권리구제의 가능성이 없는 경우까지 굳이 행정심판의 제기를 강요할 이유는 없기 때문에 다음의 경우는 행정심판의 제기 자체가 필요 없다.

1) 동종사건에 관하여 이미 행정심판의 기각재결이 있은 때

동일한 사실에 대하여 동일한 법적 근거에 행하여진 처분에 대하여 이미 기각재결이 있은 경우에는, 다른 사람이 제기해도 기각될 것이 명백하므로 행정청과 원고의 양측에 불필요한 시간적·경제적 낭비를 초래하기 때문에 인정된 것이다.

> **【판례】: 동종사건에 관한 기각재결의 의미에 관한 판례**
> 행정소송법 제18조 제3항 제1호 소정의 동종사건은 당해 사건은 물론이고 당해 사건과 기본적인 점에서 동질성이 인정되는 다른 사건도 포함되므로, A주택조합이 무주택요건을 갖추지 못한 조합원을 교체하지 아니하고 제출한 아파트 준공검사신청을 거부한 처분에 대하여 행정심판이 제기되고 이것이 기각된 경우에 이와 동일한 사정에 있는 B주택조합은 이에 대한 행정심판을 제기하지 아니하고도 행정소송을 제기할 수 있다(대판 1993. 9. 28, 93누9131).

2) 내용상 관련되는 처분 또는 같은 목적을 위하여 단계적으로 진행되는 처분 중 어느 하나가 이미 행정심판의 재결을 거친 때

① 우선 '내용상 관련되는 처분'이라 함은 각각 별개의 처분이지만, 그 내용에 있어서는 서로 관련이 있는 것으로서, 국세의 부과처분과 그 불이행에 따른 가산금 및 중가산금 부과처분의 예(대판 1986. 7. 22, 85누297)와, 이에 대한 증액과세처분이 있는 경우 등을 들 수 있으며, ② 같은 목적을 위하여 단계적으로 진행되는 처분이라 함은 대집행에 있어서의 계고처분과 대집행영장에 의한 통지처분, 조세체납절차에 있어서의 독촉·재산압류 및 공매처분 등 일련의 단계적 절차를 들 수 있으며, 이들 중 어느 하나의 처분에 대하여 행정청에게 재고의 기회를 부여한 것으로도 충분하다고 보기 때문이다.

【판례】: 농지전용신고수리 거부처분에 대한 행정심판청구가 있었으면 전용농지에 대한 원상회복 대집 행계고처분에 대하여는 행정심판청구가 필요 없다는 판례

농지전용신고에 대한 거부처분에 대하여 적법한 행정심판을 제기하였다면, 후일에 전용한 농지의 원 상회복을 위한 대집행 계고처분에 대하여는 별도로 행정심판을 제기하지 아니하고도 행정소송을 제 기할 수 있다(대판 1993. 6. 29, 92누19194).

3) 행정청의 처분의 변경으로 인하여 새로운 소를 제기할 때

① 사실심의 변론종결 전에 행정청이 처분을 변경하면(예, 운전면허취소를 3월의 면허정지로 변경) 원고는 당연히 소변경제도에 의하여 바뀐 처분을 소송의 대상으로 할 수 있다. 그러나 이 경우 변경된 처분에 대하여 새로이 행정심판을 거치게 함은 너무 가혹하며, 또한 그렇게 할 경우에는 행정청이 고의로 소송을 지연시키는 데에 악용될 우려가 있다. ② 또한 사실심의 변론종결 후에 처분을 변경하면 법률심인 대법원에서는 소변경이 불가능하므로, 처음의 처분에 대하여 승소판결을 얻더라도 원고는 결국 아무 소득 없이 끝나게 되고 만다(운전면허취소처분을 취소하라는 승소판결을 얻어도 이미 3월의 면허정지로 바뀌어 버렸으므로).

따라서 원고는 결국 변경된 처분을 대상으로 새로운 소를 제기하지 않을 수 없는바(이것만으로도 벌써 원고에게는 가혹하다), 이 경우 다시 변경된 처분에 대하여 행정심판까지 거치게 하는 것은 2중으로 가혹하게 되므로 이를 방지하기 위한 것이다.

4) 행정청이 행정심판을 거칠 필요가 없다고 잘못 알린 때

행정심판청구의 고지제도에 의거, 행정청이 행정심판을 거칠 필요가 없다고 잘못 고지한 경우에는 상대방의 신뢰를 보호할 필요가 있기 때문에, 상대방이 잘못된 고지임을 알고 있었는가의 여부에 관계 없이 행정심판을 거치지 아니하고 행정소송을 제기할 수 있다.

5. 전치주의의 충족 여부의 판단

행정심판전치를 거쳤는가의 여부는 다른 소송요건과 마찬가지로 당사자의 인정 여부와 관계없이 법원 의 직권조사사항이며, 거치지 않았다고 판단되면 부적법한 소로써 각하하여야 한다(대판 1982. 12. 28, 82누7). 그러나 행정소송 제기 후에도 사실심의 변론 종결시까지만 행정심판전치의 요건을 충족하 면 하자가 치유되어 적법한 소송으로 인정하고 있다.

Ⅷ. 취소소송의 심리

1. 심리의 내용

소송의 심리란 소에 대한 판결을 하기 위해 그 기초가 되는 소송자료를 수집하는 절차를 말하는데, 요건심리와 본안심리가 있다.

(1) 요건심리

요건심리는 소송이 소송요건을 갖추었는지의 여부를 심리하는 것이며, 제소기간과 예외적 행정심판전치 여부 및 관할권 등 형식적 요건을 심사하여 부적법하다고 판단되면 본안심리에 들어가지 않고 각하한다. 요건심리는 법원의 직권조사사항이며, 사실심의 변론 종결시까지 요건을 갖추면 적법하게 된다.

(2) 본안심리

요건심리 후 원고의 청구를 인용할 것인지 기각할 것인지를 심리하는 것을 말한다.

2. 심리의 범위

(1) 불고불리의 원칙과 그 예외

행정소송에서도 민사소송과 같이 원고의 청구의 범위를 넘어서 심리·재판할 수 없음이 원칙이다. 그러나 행정심판과 마찬가지로 "법원은 필요하다고 인정할 때에는 당사자가 주장하지 아니한 사항에 대하여도 판단할 수 있다"고 하여 예외를 인정하고 있는 바(제26조 후단), 그 이유는 행정사건은 민사사건과는 달리 공익의 실현과 밀접한 관련이 있기 때문에 실체적 진실의 발견을 단순히 당사자의 주장에만 맡겨 둘 수 없기 때문이다.

그러나 원고의 청구범위를 넘어서 그 이상의 청구의 인용까지 허용되는 것은 아니며, 어디까지나 청구의 범위 내에서 주장한 사실 이외의 사실에 대하여도 심리·판단할 수 있다는 의미에 불과하다고 하겠다(대판 1992. 3. 10, 91누6030).

(2) 재량행위의 심리

재량행위라 할지라도 재량권의 일탈·남용이 있는 때에는 법원은 이를 취소할 수 있다고 행정소송법(제27조)이 명문으로 인정하고 있다. 따라서 재량행위라고 하여 본안심리를 거부하여서는 아니되며 일탈·남용 여부를 판단키 위하여서는 모두 본안심리를 하여야 한다.

Q 저는 경찰공무원으로 재직하던 중 은행 등으로부터 12회에 걸쳐 금원을 대출 받거나 차용하여 기존의 채무변제에 사용하고 상당부분은 자녀의 교육비와 생활비 등으로 소비하는 한편, 친구 및 친지들의 부탁으로 채무보증을 하여 총 1억 6천만원의 채무를 부담하게 되어 15명의 채권자로부터 월급이 가압류되었고, 또한 제가 은행대출을 받을 때 저를 위하여 보증을 하였던 동료경찰관인 4명의 월급까지 가압류되어, 결국 저는 지방경찰청장으로부터 「국가공무원법상」의 품위유지의무위반으로 인한 해임처분을 받았습니다. 이와 같은 처분은 재량권의 범위를 일탈·남용한 것은 아닌지요?

A 공무원에게 징계사유가 있어서 징계처분을 하는 경우, 어떠한 처분을 할 것인가는 징계권자의 재량에 맡겨진 것이고 징계처분이 재량권의 범위를 벗어난 경우에만 위법한 처분으로서 그 취소를 구할 수 있습니다.

그리고 재량권의 범위 내인가를 판단하는 기준에 관하여 판례는 "공무원인 피징계자에게 징계사유가 있어서 징계처분을 하는 경우 어떠한 처분을 할 것인가는 징계권자의 재량에 맡겨진 것이고, 다만 징계권자가 재량권의 행사로서 한 징계처분이 사회통념상 현저하게 타당성을 잃어 징계권자에게 맡겨진 재량권을 남용한 것이라고 인정되는 경우에 한하여 그 처분을 위법하다고 할 수 있고, 공무원에 대한 징계처분이 사회통념상 현저하게 타당성을 잃었다고 하려면 구체적인 사례에 따라 징계의 원인이 된 비위사실의 내용과 성질, 징계에 의하여 달성하려고 하는 행정목적, 징계양정의 기준 등 여러 요소를 종합하여 판단할 때에 그 징계 내용이 객관적으로 명백히 부당하다고 인정할 수 있는 경우라야 하고, 징계권의 행사가 임용권자의 재량에 맡겨진 것이라고 하여도 공익적 목적을 위하여 징계권을 행사하여야 할 공익의 원칙에 반하거나 일반적으로 징계사유로 삼은 비행의 정도에 비하여 균형을 잃은 과중한 징계처분을 선택함으로써 비례의 원칙에 위반하거나 또는 합리적인 사유 없이 같은 정도의 비행에 대하여 일반적으로 적용하여 온 기준과 어긋나게 공평을 잃은 징계처분을 선택함으로써 평등의 원칙에 위반한 경우에 이러한 징계처분은 재량권의 한계를 벗어난 처분으로서 위법하다 할 것이다."라고 하였습니다(대법원 1997. 11. 25. 선고 97누14637 판결, 1999. 11. 26. 선고 98두6951 판결, 2001. 8. 24. 선고 2000두7704 판결).

그리고 위 사안과 유사한 경우에 관하여 판례는 "아무런 변제대책도 없이 과다한 채무를 부담하였고, 대출금의 상당부분을 자녀의 해외 어학연수비 등 교육비와 생활비 등에 무절제하게 소비하였으며, 동료경찰관에게 위와 같은 채무부담사실을 알리지도 않고 대출보증을 하도록 하거나 대출을 받아 자신에게 대출금을 빌려주도록 하여 그들의 월급이 압류되게 하는 등 피해를 입히고 있고, 원고가 위 채무에 대한 변제능력이 없으며, 기타 경찰관의 공익적 지위와 위와 같은 과다채무를 부담한 상태에서는 정상적인 복무를 기대하기 어려운 점 등 제반 사정을 종합하여 볼 때, 원고가 22년간 경찰관으로 근무하면서 수회 표창을 받았고, 형사처벌이나 징계처분을 받은 사실이 없이 근무하여 온 점과 채무의 일부를 변제한 사정 등 원고 주장의 제반정상을 참작하더라도, 이 사건 해임처분이 원고의 직무의 특성과 비위의 내용 및 성질, 징계의 목적 등에 비추어 객관적으로 명백하게 부당한 것으로 사회통념상 현저하게 타당성을 잃어 징계 재량권의 범위를 일탈하였거나 남용한 것이라고 할 수 없다.”라고 하였습니다(대법원 1999. 4. 27. 선고 99두1458 판결).

이러한 위 판결례에 비추어 보면, 귀하의 경우 경찰청장의 해임처분이 재량권의 일탈·남용에 해당한다고 보기는 어렵습니다.

(3) 법률문제와 사실문제

우리 법원은 소송의 대상인 처분에 관련되는 모든 법률문제와 사실문제를 심리대상으로 하고 있다. 그러나 미국과 같이 판례로 실질적 증거의 법칙이 확립되어 법률문제만을 법원이 심리하고 사실문제에 대한 조사는 행정청에 맡긴다.

법원은 단지 행정청의 사실인정이 실질적 증거에 의하여 뒷받침되었는지만을 심사할 수 있도록 역할을 분담시킨 국가도 있다(동 법칙은 미국 행정절차법 제766조 제2항 E에 명문화되어 있다).

3. 심리절차

(1) 일반원칙

행정소송의 심리는 원칙적으로 민사소송법이 준용되는 결과 공개심리주의·구술심리주의·변론주의 등의 원칙이 적용된다. 그러나 행정소송법은 판결의 객관적인 공정·타당성을 보장하기 위해서, 변론주의에 대한 예외로서 직권증거조사주의(제26조)와 법원의 행정심판기록제출명령(제25조) 등에 관해 규정하고 있다.

(2) 행정소송의 특유한 원칙

1) 직권증거조사주의

행정소송은 공익의 실현과 밀접한 관련이 있으므로, "법원은 필요하다고 인정할 때에는 직권으로 증거조사를 할 수 있다"고 하여(제26조 전단) 당사자가 제시한 증거에만 의존하는 변론주의의 한계를 극복하고 적극적으로 실체적 진실의 발견에 임할 수 있는 근거를 마련하고 있다. 직권증거조사의 방법은 증인심문·감정·검증 등 모든 방법이 가능하다.

2) 행정심판기록제출명령권

법원은 당사자의 신청이 있는 때에는 결정으로써 위원회에 대하여 행정심판청구서·답변서·위원회
회의록·재결서 기타 원고 및 관계 행정청이 제출한 바 있는 행정심판에 관한 기록의 제출을 명할
수 있으며, 제출명령을 받은 위원회는 지체 없이 이를 제출하여야 한다(제25조 제1항·제2항). 그러나
행정심판관련기록뿐만 아니라 '처분과 관련하여 행정청이 보유하고 있는 모든 문서'에 대한 열람 및
복사청구권은 아직 인정되지 않고 있다.

4. 주장책임과 입증책임

(1) 주장책임

변론주의하에서는 법원은 당사자가 주장하지 아니한 사실에 대하여는 판결의 기초로 할 수 없으므로
당사자는 자기의 이익을 위하여 적극적으로 어떤 사실에 대한 주장을 할 필요가 있다. 따라서 주장하지
아니하면 그 사실이 존재하지 않는 것으로 다루어져서 불리한 재판을 받게 된다. 그러나 직권탐지주의
를 취하고 있는 행정소송에 있어서는 법원은 당사자가 주장하지 아니한 사실에 대하여도 판단할 수
있기 때문에 주장책임은 크게 문제가 되지 아니하며 입증책임만이 문제가 된다.

(2) 입증책임

1) 의의

법원은 당사자 간의 다툼이 있는 사실의 존부를 변론의 전 취지와 증거조사의 결과를 참작하여 자유심증
으로 판단하지만(민사소송법 제187조), 어떤 사실의 존부에 관하여 끝까지 심증형성에 이르지 못하게
되면 결국 존재 또는 부존재 간에 택일하여 어느 일방 당사자에게 불리한 사실판단을 내리지 않을
수 없게 된다. 이 경우를 대비하여 미리 어느 일방에게 입증책임을 지워 둘 필요가 있으며 이를 입증책임
의 분배라고 한다.

2) 학설

(가) 원고책임설

행정행위에는 공정력이 있어 일응 적법성이 추정되므로 행정행위의 위법임을 주장하는 원고에게 항상
입증책임이 있다고 한다.
그러나 공정력은 행정의 계속성 및 국민의 신뢰보호상 인정되는 절차상·사실상의 통용력일 뿐, 실체
법상의 적법성의 추정을 의미하는 것은 아니므로 이 견해는 행정권을 부당하게 보호하는 것으로서

타당치 아니하다.

(나) 피고책임설

법치주의의 견지에서 행정청은 행정행위의 적법성을 스스로 담보하여야 하므로 언제나 행정청이 당해 처분의 적법성을 입증하여야 한다는 견해이다. 그러나 원고책임설과 마찬가지로 어느 일방에게만 전적으로 책임을 부과하는 것은 공평의 이념에 반한다는 비판이 있다.

(다) 민소법상의 입증책임분배설

행정소송에 있어서도 민사소송법상의 입증책임분배의 원칙이 그대로 적용된다는 견해[36]이다. 따라서 행정청의 권한발생의 요건사실(예, 과세표준·세율 등)은 피고인 행정청이, 권한발생을 저지하는 요건 사실(예, 비과세대상자라는 사실; 대판 1985.7.9, 84누780)은 원고가 각각 입증책임을 부담하게 된다. 판례 중에는 "입증책임은 원칙적으로 민사소송의 일반원칙에 따라 분배되고, 당해 처분의 적법을 주장하는 피고에게 그 적법사유에 대한 입증책임이 있다 할 것이므로, 당해 처분의 적법성이 합리적으로 수긍될 수 있는 일응의 입증이 있는 경우에는 그 처분은 정당하다고 할 것이며, 그와 같이 합리적으로 수긍할 수 있는 증거와 상반되는 주장과 입증은 상대방인 원고에게 그 책임이 돌아간다"고 하여 이 견해를 취하고 있는 것이 많다(대판 1984. 7. 24, 84누124 등).

(라) 행정법독자분배설(특수성인정설)

대립되는 사익 간의 이해조정을 목적으로 하는 민사소송과 달리 행정소송은 공익과 사익 간의 조정을 목적으로 하므로 민소법상의 입증책임분배의 원칙이 그대로 적용될 수 없다. 따라서 행정행위의 성질·입증의 난이도·공평성 등을 종합적으로 고려하여 독자적인 분배원칙을 확립하여야 한다는 견해[37]이다.

이 견해에 의하면, 첫째, 국민의 권익을 제한하거나 의무를 과하는 행정행위의 취소를 구하는 소송은 피고인 행정청이 그 적법성에 대하여(예, 과세처분의 실체적·절차적 적법요건의 구비사실의 입증; 대판 1986. 2. 11, 85누604), 둘째 국민이 자기의 권익의 확장을 구하는 소송(거부처분의 취소소송, 부작위위법확인소송 등. 예, 공무상 질병을 원인으로 한 공무원요양급여신처에 대한 거부처분에 대하여는 원고가 공무와 질병 사이의 인과관계를 입증하여야 한다(대판 1997.2.28, 96누14883))은 원고가 그 청구의 정당성에 대하여, 셋째 무효확인소송의 무효사유는 원고(납세고지서에 법정기재사항이 기재되어 있지 않아 무효라는 사실은 원고가 주장하여야 한다(대판 1992.3.10, 91누6030))가, 넷째 재량행위에 있어서 재량권 일탈·남용 사실은 원고(대판 1987.12.8, 87누861)가 각각 입증책임을

---

36) 김남진(Ⅰ), p.805; 김도창(상), p.805; 이상규(상), p.873.
37) 박윤흔(상), p.968; 석종현·송동수(상), p.935.

진다고 하며, 다섯째 소송요건의 존재사실도 비록 직권조사사항이기는 하지만 그 존부가 불명확한 경우 최종적으로 원고에게 불이익이 돌아간다는 점에서 역시 원고에게 입증책임이 있다고 하겠다.

3) 결어

우리 판례의 입장을 놓고도 민소법상의 입증책임분배설의 입장이라는 견해[38]와 행소법독자분배설의 입장이라는 견해[39]로 나누어지고 있다. 생각건대 헌법상의 기본권 보장의 정신, 행정행위의 성질, 입증의 난이도, 증거와의 접근정도 등을 고려하여 행정소송법에 특유한 입증책임분배원칙의 정립을 주장하는 행소법독자분배설이 타당하다고 생각된다.

IX. 취소소송의 판결

1. 판결의 의의

판결이란 법원이 소송의 대상인 구체적 쟁송을 해결하기 위하여 변론을 거쳐 무엇이 법인가를 판단하여 선언하는 행위를 말한다.

2. 판결의 종류

판결은 여러 기준에 따라 분류할 수 있으며, 대표적인 것은 다음과 같다.

(1) 중간판결과 종국판결

중간판결이란 소송의 진행 중에 발생한 쟁점을 해결하기 위한 확인적 성질의 판결을 말하며(예, 원고적격이 없다는 피고의 항변을 이유 없다고 판결하는 것), 종국판결이란 사건의 전부 또는 일부를 종료시키는 판결을 말한다. 종국판결에는 본안판결과 소각하판결이 있다. 종국판결은 소의 적법요건에 관한 판단인가 혹은 청구의 당부에 관한 판단인가에 따라 소송판결과 본안판결로 구별된다.

(2) 소송판결과 본안판결

소송판결은 원고적격·필요적 행정심판전치·제소기간 등 형식적 소송요건의 하자를 이유로 소를 각하하는 판결(각하판결)이며, 본안판결은 청구내용의 당부에 대한 판결로서, 청구의 인용 여부에 따라 청구인용판결·청구기각판결 및 사정판결로 나누어진다.

(3) 인용판결

원고의 청구가 이유 있다고 하여 청구의 전부 또는 일부를 인용하는 판결로서, 그 내용 및 효력에 따라

---

38) 이상규(상), p.873.
39) 박윤흔(상), p.969.

확인판결·형성판결 및 이행판결로 구분된다. 항고소송 중 취소소송의 판결은 '형성판결'에 해당하며, 항고소송 중 부작위위법확인소송 및 무효등확인소송, 당사자소송 중 공법상 법률관계의 존부만을 확인하는 소송(예, 봉급지급청구권 존재의 확인)의 판결은 모두 '확인판결'에 해당한다. 그러나 현행 소송법상 항고소송에 있어서는 적극적인 의무이행소송이 인정되지 않기 때문에 '이행판결'은 있을 수 없다. 다만 당사자소송 중에서만 이행판결을 찾을 수 있다(예, 손해배상청구·손실보상청구·공무원봉급·연금청구·부당이득반환청구 기타 결과제거청구소송 등).

한편, 취소소송의 인용판결에 의하여 원처분을 '취소 또는 변경'할 수 있으나, 여기서 말하는 변경은 행정심판의 재결과 달리 소극적 변경, 즉 일부취소만을 의미하고, 적극적 변경은 불가능하다는 것이 통설·판례의 입장이다.

(4) 기각판결

원고의 청구가 이유 없다고 하여 이를 배척하는 판결이다. 그러나 기각판결이 있더라도 행정청이 직권으로 원처분을 취소·변경할 수 있음은 물론이다.

(5) 사정판결

행정심판의 사정재결과 같은 취지로 사정판결을 할 수 있다(제28조).

1) 의의

원고의 청구가 이유 있어 청구인용 판결을 하여야 할 것이지만, 원처분을 취소·변경하는 것이 현저히 공공복리에 적합하지 아니하다고 인정하는 때에는 법원은 원고의 청구를 기각할 수 있다(예, 위법한 토지수용으로 이미 고속철도·공업단지·항만시설·댐과 발전소 등이 이미 건설되어 버린 경우 등). 사정판결은 그 취지면에서 행정에 우월적 가치를 부여하는 제도이기 때문에 헌법상 국민의 재판청구권을 침해할 소지가 크다.

그러므로 공익을 위하여 특별히 희생을 강요당하는 원고를 위하여 법원은 반드시 손해배상 기타 적절한 구제조치를 취하도록 함으로써 공익과 사익의 조화를 꾀하고 있다.

2) 근거

처분이 위법하여 취소되어야 함에도 불구하고 그대로 효력을 유시하게 함은 분명히 법치주의에 반하는 것임에도 불구하고 이를 인정한 것은, 처분의 효력을 취소함으로써 보호하고자 하는 사익보다 처분의 효력을 유지함으로써 보호하고자 하는 공익이 현저히 크기 때문이라 하겠다.

3) 요건

첫째, 취소하는 것이 현저히 공공복리에 적합하지 아니한 경우, 즉 사익보다 현저히 큰 공익을 보호하기 위하여서만 인정된다(대판 1999. 3. 9, 98두18565).

둘째, 따라서 공·사익 간의 이익형량을 위한 구체적 자료를 마련케 하기 위하여 원고가 입게 될 손해의 정도와 배상방법 그 밖의 사정을 조사하여야 한다(사정조사 제28조 제2항).

4) 심리

(가) 위법성판단의 기준시

처분의 위법성에 대한 판단은 일반원칙대로 처분시의 법령을 기준으로 하는 것이지만, 사정판결은 처분 이후의 사정변경을 고려하는 취지에서 인정된 것이므로 사정판결하여야 할 '현저히 공공복리에 적합하지 아니하는 경우'에의 해당 여부의 판단은 성질상 판결시를 기준으로 한다고 하겠다. 판례도 건축불허가처분당시에는 위법한 처분이었으나, 구두변론 종결시에는 이미 도시계획이 변경되어 녹지지역으로 지정·고시된 만큼 건축불허가처분을 취소하는 것은 현저히 공공복리에 적합하지 아니한다고 판시한 바 있다(대판 1970. 3. 24, 69누29).

(나) 직권탐지의 가능성

사정판결을 하여야 할 사유의 존재는 피고인 행정청이 주장·입증하여야 할 것이지만, 우리 판례는 피고 행정청의 주장이 없더라도 법원의 직권탐지에 의하여 사정판결을 할 수 있다고 한다(대판 1993. 9. 28, 93누9132).

5) 판결

(가) 판결주문에 위법성의 명시

법원은 사정판결의 주문에서 그 처분 등이 위법함을 명시하여야 한다(제28조 후단). 따라서 처분의 위법성에 대하여는 기판력과 제3자에 대한 대세적 효력이 인정된다.

(나) 소송비용

원고의 청구가 기각되는 원고패소 판결임에도 불구하고 원래 패소자가 부담하도록 되어 있는 소송비용을 피고인 행정청이 부담하도록 하였다(제32조).

6) 원고의 권익구제

원고가 피고인 행정청이 속하는 국가 또는 공공단체를 상대로 손해배상, 제해시설의 설치 기타 적당한 구제의 청구를 용이하게 할 수 있도록 하기 위하여 이들 청구소송을 당해 취소소송이 계속된 법원에 병합하여 제기할 수 있도록 하였다(제28조 제3항 관련청구의 병합)

7) 적용범위

사정판결은 취소소송에만 적용된다(제28조). 즉 처음부터 무효인 처분에 대하여는 그 효력을 유지시킨 다는 것이 논리적으로 불가능하다는 의미에서 무효등확인소송에는 적용될 여지가 없으며(대판 1992. 11. 10, 91누8227), 부작위에도 효력을 유지시킬 근거를 찾을 수 없으므로 부작위위법확인소송 역시 사정판결에 친하지 아니하다고 하겠다.

> 【판례】① 사정판결을 인정한 판례
> 도시재개발조합의 설립 및 그 사업시행에 대한 인가처분은 법정요건인 토지 및 건축물소유자 총수의 3분의 2 이상의 동의를 얻지 못하여 위법하였지만, 그 후 90% 이상의 토지 및 건축물 소유자가 재개발사업의 속행을 바라고 있어 새로이 위 인가처분이 행해질 경우에는 그 법정요건을 갖출 것으로 충분히 예상되므로, 위 인가처분이 애당초 법정요건을 갖추지 못해 위법한 것이라 하더라도 이를 이유로 위 인가처분을 취소하는 것은 오히려 현저히 공공복리에 적합하지 아니하다(대판 1995. 7. 28, 95누4629).
> ② 사정판결을 부인한 판례
> 시외버스운송사업자가 제출한 시외버스운송사업계획변경인가처분을 취소하면 연장될 노선을 이용할 승객들의 불편이 예상되지만 그러한 불편은 피고가 여러 대응조치들을 취함으로써 일시적인 현상에 그칠 것으로 예상되는 점에서 사정판결의 요건을 갖추지 못하고 있다(대판 1991. 5. 28, 90누1359).

3. 위법성판단의 기준시

행정소송 중 항고소송의 본질을 어떻게 파악하는가에 따라 견해가 대립되고 있다.

(1) 처분시설

통설과 판례가 취하고 있는 처분시설은 항고소송의 성격을 처분에 대한 사법적 사후심사로 보아 처분시의 법령과 사실상태를 기준으로 위법 여부를 판단하여야 한다고 주장한다(대판 1993. 5. 27, 92누19033).

(2) 판결시설

일부 견해가 취하고 있는 판결시설은 항고소송의 목적이 행정청의 책임을 묻는 것만이 아니고, 판결시의 현행법에 비추어 처분의 효력을 유지케 할 것인가를 판단함에 있다고 보아 판결시(정확하게는 구두변론 종결시)를 기준으로 판단하여야 한다는 견해이다.

(3) 결어

판결시를 기준으로 하면 당초 적법했던 처분이 법령의 변경으로 위법하게 되는 경우에 원고에게 유리하게 작용하여 권익구제에 이바지하게 된다.

그 반대의 경우는 원고의 권익이 침해되며, 또한 재판의 지연 정도에 따라 재판결과가 달라질 수 있고,

경우에 따라서는 사법권의 본질을 넘어서 행정적 감독의 기능까지 수행하게 될 우려가 있으므로 처분시
설이 타당하다고 생각된다.

4. 판결의 효력

(1) 기속력

1) 의의

기속력이란 판결이 그 내용에 따라 소송 당사자인 행정청과 기타 관계행정청을 기속하는 효력을 말한다
(제30조 제1항).

판결이 행정처분을 취소하였음에도 불구하고 처분청이 동일한 행위 또는 판결의 취지와 배치되는 행위
를 할 수 없도록 하기 위하여 인정된 효력이다.

이러한 취소판결의 기속력은 무효등확인소송과 부작위위법확인소송에 준용된다(제38조 제1항 · 제2항).

2) 성질

모든 민 · 형사판결의 주문은 그 후의 모든 재판을 구속하여 이와 모순되는 재판을 금지하는 효력,
즉 기판력의 내용에 따른 결과로서 인정되는 것이라는 '기판력설'도 있으나, 취소소송의 실효성을 확보
하기 위하여 기판력보다 널리 직접 행정청을 구속하는 효력이라는 '특수효력설'이 통설이다.

3) 내용

(가) 반복금지효 및 원상회복의무

취소판결이 있으면 행정청은 동일한 사정 하에서 동일한 당사자에게 동일한 내용의 처분을 반복하여서
는 아니되며(반복금지효), 이에 위반하면 그 자체가 중대하고 명백한 하자로 되어 무효사유에 해당한다
(대판 1982. 5. 11, 80누104).

한편, 이러한 소극적 반복금지효에서 한걸음 더 나아가 행정청은 취소된 처분에 의하여 초래된 위법상
태를 원상으로 회복할 적극적인 의무까지도 진다(예, 과세처분의 취소판결이 있으면 나아가 압류 · 공
매 등의 체납처분까지도 취소하는 것).

(나) 재처분의무

거부처분에 대한 취소판결 또는 부작위위법확인판결이 있으면 행정청은 판결의 취지에 따라 종전의
원고의 청구에 대하여 재처분의무를 지게 된다(제30조 제2항).

이 경우 원고는 처분에 대한 신청을 다시 할 필요가 없다. 피고인 행정청은 반드시 원고의 신청대로
재처분할 의무는 없으며, 판결내용에 적시되지 않은 다른 적법한 거부사유가 있으면 이를 이유로 다시
거부처분을 할 수 있다.

4) 범위

기속력은 당사자인 행정청뿐만 아니라 모든 관계행정청까지 미치며(주관적 범위), 판결의 주문뿐만 아니라 이유에 명시된 사실인정과 법률문제에 대한 판단에까지 미친다(객관적 범위).

(2) 형성력

1) 의의

취소판결이 확정되면 처분청의 별도의 취소처분 없이 당해 처분은 당연히 효력이 상실된다. 이에 따라 처분 등에 기하여 형성된 기존의 법률관계나 법률상태에 변동을 가지고 오는 효력을 형성력이라 한다.

2) 범위

취소판결의 형성력이 당사자 간에만 미치는지 아니면 제3자에도 미치는지에 관하여 논란이 있었으나, 행정소송법(제29조 제1항)은 행정상 법률관계의 획일적 확정을 위하여 "처분 등을 취소하는 확정판결은 제3자에 대하여도 효력이 있다"고 함으로써 '대세적 효력'을 명문으로 인정하였다.

(3) 기판력

1) 의의

기판력이란 취소판결이 확정되면 후일에 동일한 소송물에 관한 동일한 당사자간의 분쟁에 있어서 당사자와 법원은 이에 구속되어 이와 모순되는 주장과 판단을 할 수 없게 하는 효력을 말한다.

2) 범위

(가) 주관적 범위

기판력은 당사자와 그 승계인(상속인 · 매수인 · 권한인수관청 등)에게 미치며, 특히 피고인 행정청이 소속된 국가 또는 공공단체에게도 미친다고 볼 것이다. 따라서 처분의 취소소송에서 위법임이 확정된 이상 그 위법한 처분으로 인한 손해배상청구소송에서 국가는 위법이 아님을 주장할 수 없다[40].

(나) 객관적 범위

민사소송에서의 판결과 같이 판결의 주문(즉 판단의 결론부분)에만 기판력이 미치며, 판결이유에 적시된 위법사유에 관한 판단에 대하여는 미치지 아니한다(대판 1987. 6. 9, 86다카2756).

---

40) 박윤흔(상), p.983. 서원우 교수는, 취소소송의 청구인용판결의 기판력은 손해배상청구소송에 미치지만, 청구기간판결의 기판력은 그에 미치지 않는다고 하는 기판력 일부긍정설을 취하고 있다. 서원우, 취소소송판결의 국가배상소송에 대한 기판력, 고시계 1987.11, p.164 이하.

(다) 시간적 범위

기판력은 사실심(고등법원까지만을 의미)의 변론종결시를 표준으로 하여 발생한다. 따라서 확정된 종국판결은 그 기판력으로서 당사자가 사실심의 변론종결시를 기준으로 그 때까지 제출하지 않은 공격방어방법은 그 뒤 다시 동일한 소송을 제기하여 이를 주장할 수 없다(대판 1992. 2. 25, 91누6108).

(4) 집행력

민사소송에서는 이행소송(예, 전세금의 반환청구소송 등)이 일반적인 형태이므로 이행소송에는 강제집행을 할 수 있는 효력, 즉 집행력이 인정된다.

그러나 행정소송 중 항고소송에서는 아직 의무이행소송이 인정되지 아니하기 때문에 집행력이 인정되지 아니한다. 다만, 행정소송 중 당사자소송은 이행소송의 성격을 띠는 한(예, 국가에 대하여 단순히 공무원봉급청구권만을 확인하는 확인소송이 아니라, 봉급지급청구소송을 제기한 경우) 그 판결에 집행력이 인정된다.

(5) 간접강제

의무이행소송 대신에 인정되는 부작위위법확인판결과 거부처분에 대한 취소판결의 실효성을 담보하기 위하여 행정소송법은 단순히 판결의 기속력에 따른 처분청의 재처분의무를 규정함에 그치지 아니하고, 재처분의무를 이행치 아니할 경우에 대비하여 당사자의 신청에 의하여 법원의 결정으로 상당한 재처분기간을 정하고 그 기간 내에 처분치 아니할 경우에는 그 지연기간에 따라 일정한 손해배상을 할 것을 명하거나, 즉시 배상을 할 것을 명할 수 있도록 하였다(제34조 제1항). 이 손해배상명령은 피고 행정청이 소속하는 국가 또는 공공단체에게도 그 효력이 미친다(제34조 제2항). 이러한 간접강제 제도는 부작위위법확인소송에도 준용된다(제38조 제2항).

5. 제3자의 재심청구

취소판결의 효력은 제3자에게도 미치게 되어(제29조 제1항), 제3자가 예측하지 못한 손해를 입을 우려가 있으므로 제3자의 소송참가제도를 인정함과 동시에(제16조), 나아가서 자기에게 책임 없는 사유로 인하여 소송에 참가하지 못함으로써 판결의 결과에 영향을 미칠 수 있는 공격·방어방법을 제출하지 못한 제3자에 대하여는 확정판결에 대한 재심청구권을 예외적으로 인정하였다. 재심청구는 확정판결이 있음을 안 날로부터 30일, 확정판결이 있은 날로부터 1년 이내에 제기하여야 한다(제31조).

6. 명령·규칙에 대한 위헌·위법 판결의 공고

각급 법원은 명령(법규명령)·규칙(행정규칙)의 위헌 또는 위법 여부에 대하여 심사권을 갖는다(헌법 제107조 제2항). 그러나 그것은 어디까지나 특정 소송사건에서 재판의 전제로 된 경우에 한하여 인정된 심사권이므로 위헌·위법임을 판단한 경우에도 법원으로서는 당해 사건에 한하여 적용하지 아니함에 그치고, 당해 명령·규칙의 일반적 효력까지를 소멸케 하지는 못한다. 그러나 대법원의 판결에 의하여 위헌·위법임이 확정된 경우에는 대법원은 지체 없이 판결내용을 관보발행업무를 관장하는 행정안전부장관에게 통보하여야 하며, 행정안전부장관은 지체 없이 이를 관보에 게재하도록 함으로써(제6조 제1항·제2항), 최소한 관계행정청에 의한 더 이상의 적용을 막고 일반 국민들의 피해를 방지하기 위하여 널리 주지시키도록 배려하였다.

제2항 무효등확인소송

I. 개설

1. 의의

행정청의 처분 또는 재결의 효력 유무 또는 존재 여부를 확인하는 소송을 말한다(제4조 제1항 제2호). 따라서 구체적으로는 처분 또는 재결의 무효확인소송, 유효확인소송, 존재확인소송, 부존재확인소송, 실효확인소송으로 구분될 수 있다.

2. 성질

(1) 항고소송

무효등확인소송도 행정청의 공권력행사가 먼저 있고 이에 대한 효력 유무를 다투어 그 효력의 배제를 목적으로 한다는 점에서 당사자소송이 아닌 항고소송의 성격을 가진다.

(2) 준형성소송

무효등확인소송은 처음부터 당연무효인 행위에 대하여 무효임을 단지 확인·선언함에 그치는 확인소송이라는 측면도 있으나, 한편 행정주체가 우월한 지위에서 행한 행정처분의 효력을 다툰다는 점에서는 형성소송이라는 측면도 있다. 따라서 두 가지 성격을 모두 가지고 있다는 의미에서 이를 준형성소송이라고 한다.

II. 재판관할

취소소송에 관한 규정이 준용되어 제1심은 피고 행정청의 소재지를 관할하는 행정법원에 있다. 무효등확인소송이 관할권 없는 법원에 잘못 제기된 경우에 그것이 원고의 고의·과실에 기인한 것이 아니라면 수소법원은 정당한 관할법원에 이송하여야 한다(제8조 제2항).

Ⅲ. 당사자

1. 원고적격

(1) 법률상 이익

무효등확인소송에서의 원고적격은 처분 또는 재결의 효력 유무 또는 존재 여부의 '확인을 구할 법률상 이익이 있는 자'가 된다(제35조). 여기서 법률상 이익이란 취소소송에서의 그것과 같은 개념이라는 것이 통설[41]이다. 그러나 취소소송에서는 회복시켜 줄 법률상 이익이 있는지가 쟁점인 데 반하여, 무효등확인소송에서는 성격상 "무효 등을 확인받음으로써 원고의 권리 또는 법률상 지위의 불안·위험이 제거될 수 있을 것"(즉, 권리보호의 필요)이 요청되며, 바로 이것이 법률상 이익에 해당한다고 해석하는 것이 타당하다.[42]

> **【판례】: 무효확인소송의 법률상 이익에 관한 판례**
> 무효확인소송에 관한 행정소송법(제35조)상의 '확인을 구할 법률상 이익'은 그 대상인 현재의 권리 또는 법률관계에 관하여 당사자 사이에 분쟁이 있고, 그로 인하여 원고의 권리 또는 법률상의 지위에 불안·위험이 있어, 판결로써 그 법률관계의 존부를 확정하는 것이 불안·위험을 제거하는 데 필요하고도 적절한 경우에 인정된다(대판 1992. 7. 28, 92누4352).

(2) 무효등확인소송의 보충성 문제

우리 판례는 종전부터 계속하여 무효는 누구든지 어떤 소송절차에서도 자유로이 주장하여 권익의 침해를 방지할 수 있다는 점에 근거하여, 민사상 손해배상청구소송 등 실질적으로 권익을 구제받고자 하는 다른 소송을 제기하여 그 소송에서 행정처분의 무효를 주장하여 구제받을 수 있는 이상, 처분의 무효등확인소송을 독립된 소로써 제기할 수 없다고 함으로써, 다른 소송으로 구제받을 수 없는 경우에만 '보충적'으로 무효등확인소송의 제기가 허용된다고 하고 있다.

> **【판례】: 무효등확인소송의 보충성에 관한 판례**
> ① 공무원면직처분무효확인소송의 원고가 이미 공무원법상의 정년을 초과하거나 사망한 경우 원고가 비록 면직처분의 무효확인을 받더라도 공무원의 신분을 다시 회복할 수는 없고, 단지 정년 때까지 받지 못한 봉급·퇴직금지급청구소송 및 명예침해 등의 민사상 손해배상청구소송에서 그 전제로서 면직처분의 무효를 주장하여 구제받을 수 있는 것이므로, 독립된 소로서 면직처분의 무효확인을 받는 것이 원고의 권리 또는 법률상 지위에 현존하는 불안·위험을 제거하는 데 필요하고도 적절한 것이라고 할 수 없어 무효확인의 이익이 없다(대판 1991. 6. 28, 90누9346)(같은 취지의 판례: 대판 1992. 3. 13. 91누5105 등).
> ② 무효라고 주장하는 과세처분에 따라 세금을 납부하여 그 처분이 이미 집행이 종료되어 버렸다면

---

41) 박윤흔(상), p.988; 석종현·송동수(상), p.954.
42) 김남진, 무효 등 확인소송과 법률상 이익, 고시연구 1991.3, p.19.

그 과세처분이 존재하는 것과 같은 외관이 남아 있음으로써 장차 다가올 법률상의 불안이나 위험은 없다할 것이고, 다만 남아있는 것은 이미 납부한 세금의 반환을 구하는 문제일 뿐이라 할 것인바, 이 경우 과세처분의 무효확인을 구하는 방법은 과세관청이 무효확인판결의 구속력을 존중하여 세금을 환급하여 줄 것을 기대하는 간접적인 방법에 불과할 것이므로, 민사소송으로 부당이득반환청구의 길이 열려있는 이상 과세처분 무효확인의 소는 분쟁해결에 직접적이고도 유효적절한 해결방법이라 할 수 없어 무효확인을 구할 법률상 이익이 없다(대판 1991. 9. 10, 91누3840).

2. 피고적격

취소소송과 같이 처분청(부존재확인소송의 경우는 처분권한을 가진 행정청)이 피고가 된다(제13조·제38조 제1항). 피고의 경정에 관하여도 취소소송의 관계규정이 준용된다(제14조·제38조 제1항).

3. 소송참가

취소소송에서와 같은 취지로 제3자의 소송참가(제16조), 행정청의 소송참가(제17조)가 인정된다(제38조 제1항).

Ⅳ. 소송제기

1. 소송의 대상

취소소송과 마찬가지로 행정청의 처분 또는 재결 등의 무효성·유효성 또는 존재·부존재 등에 관한 다툼이다. 처분 및 재결의 개념은 취소소송에서 설명한 것과 같다(제19조 및 제38조 제1항).

2. 행정심판전치주의 및 제소기간의 적용배제

무효인 처분은 처음부터 당연히 아무 효력이 없는 것이므로 굳이 행정청에게 반성·시정의 기회를 부여할 필요가 없고, 또한 언제든지 무효임을 주장할 수 있는 것이므로 행정심판전치주의와 제소기간이 적용되지 아니한다. 다만 무효선언을 구하는 의미에서의 취소소송의 형태로 제기하는 경우에 이들 규정의 적용 여부에 관하여는 견해가 대립되어 있으나, 적용되지 않는다고 보아야 할 것으로 생각된다.

3. 집행부정지의 원칙 및 가처분의 문제

(1) 집행부정지의 원칙과 집행정지의 결정

무효인 처분은 처음부터 아무런 효력이 없음에도 불구하고 집행부정지의 원칙이 적용되고 예외적으로 집행정지의 결정을 할 수 있다고 한다면 논리적으로 모순이라 하겠다.

그러나 무효원인과 취소원인인 하자는 상대적인 차이밖에 없음에도 불구하고 무효확인소송의 형태로 제기되면 항상 집행이 정지된다고 하는 것도 행정의 계속성을 저해할 우려가 크기 때문에 취소소송과 구별치 않고 일단 집행부정지를 원칙으로 하고 예외적으로 집행정지의 결정을 하도록 하였다(제23조 · 제24조 및 제38조 제1항).

(2) 가처분

집행정지에 관한 규정을 민사소송법상의 가처분제도에 대한 특별규정으로 보는가에 따라 가처분의 가능성에 대한 견해가 대립되고 있으나, 소극적으로 해석하여야 할 것이다.

4. 관련청구의 이송 · 병합 및 소의 변경

무효등확인소송도 취소소송에서 설명한 것과 같은 취지로 관련 청구소송의 이송 · 병합을 인정하고 있고(제10조 및 제38조 제1항. 예, 항고소송인 공무원파면무효확인소송에 당사자소송인 공무원 보수 · 연금지급청구소송을 이송 또는 병합), 취소소송이나 당사자소송으로의 소변경(제37조) 또는 원처분의 변경으로 인한 소변경도 인정된다(다만, 취소소송으로 변경함에는 행정심판전치주의와 제소기간의 요건이 갖추어져야 한다. 예, 과세처분무효확인소송을 과세처분취소소송으로 변경할 경우. 제21조 · 제22조 및 제38조 제1항).

V. 심리

1. 직권증거조사주의

심리에 있어서 법원이 필요하다고 인정하면 직권으로 증거조사를 할 수 있으며, 당사자가 주장하지 않은 사실에 대해서도 심판할 수 있다(제26조 · 제38조 제1항).

2. 입증책임

입증책임에 관하여는 ① 취소소송의 입증책임과 같다고 하여 처분의 권한발생은 이를 주장하는 피고 행정청이, 반대로 처분의 권한발생의 저지는 이를 주장하는 원고가 진다는 견해(민소법상 입증책임분배설)와,[43] ② 무효등확인소송은 취소소송과 달리 중대하고 명백한 하자가 있음을 이유로 하므로 누구나 쉽게 입증할 수 있다는 점 등을 들어 원고에게 입증책임이 있다는 견해(행소법 독자분배설)[44]로 나누어지는바, 취소소송에서 설명한 것과 같은 이유로 행소법 독자분배설에 찬동하고자 하며 판례의 입장도 이와 같다.

---

43) 이상규(상), p.874.
44) 박윤흔(상), p.992; 서원우(상), p.851.

> **【판례】: 무효확인소송의 입증책임에 관한 판례**
> 행정처분의 무효확인을 구하는 행정소송에 있어서는 원고에게 그 행정처분이 무효인 사유를 주장·
> 입증할 책임이 있다(대판 1992. 3. 10, 91누6030).

Ⅵ. 판결

1. 위법성판단의 기준시

통설과 판례는 항고소송을 처분에 대한 사법적 사후심사로 보아 처분시의 법령과 사실상태를 기준으로 위법 여부를 판단하여야 한다고 한다.

2. 사정판결의 적용배제

무효 또는 부존재인 처분은 존속시켜 줄 효력이 처음부터 없기 때문에 사정판결을 할 수 없으며(제38조 제1항), 판례도 같은 견해를 취하고 있다. 우리 대법원은 "자동차운송사업의 면허를 얻고자 하는 자의 면허신청과 주무관청의 그 면허기준에 대한 심사는 자동차운송사업 면허처분의 중요하고도 불가결한 전제조건이라 할 것이므로 위 신청과 기준심사 없이 내린 위 사업면허는 무효이고, 이와 같이 당연무효의 행정처분을 소송목적물로 하는 행정소송에서는 사정판결을 할 수 없다"라고 판시하여 그 적용을 배제하고 있다(대판 1985. 5. 26, 84누380).

3. 판결의 효력

무효등확인소송도 준형성소송이므로 형성력과 대세적 효력이 인정되며, 기속력과 기판력이 인정됨은 물론이다. 따라서 제3자의 소송참가와 재심청구도 인정되며, 당사자인 행정청과 그 밖의 행정청을 구속하므로 관계행정청은 반복금지효와 재처분의무가 있다(제16조·제29조·제30조·제31조 및 제38조 제1항).

Ⅶ. 선결문제

1. 의의

민사소송 또는 공법상 당사자소송에서 본안에 대한 판단을 하기 위하여 반드시 행정처분의 무효 또는 부존재 여부가 먼저 결정되어야 할 경우에 이 문제를 선결문제라고 한다(예, 특허취소처분·과세처분·토지수용처분·파면처분의 무효를 이유로 민사소송 또는 공법상 당사자소송인 손해배상청구소송·부당이득반환청구소송·토지소유권확인소송·공무원신분확인 및 보수지급청구소송을 제기하는 경우 – 선결문제는 공법상 당사자소송 또는 형사소송에서도 제기될 수 있으며, 행정소송법은 민사소송에서의 선결문제에 관하여만 명문의 규정을 두고 있다 : 제11조 제1항).

2. 선결문제의 심판권의 소재

민사소송 또는 공법상 당사자소송절차에서 행정처분의 효력문제를 직접 심리 · 판단할 수 있는가, 아니면 별도의 행정소송에서 이를 심리 · 판단하여야 하는가에 관하여 통설은 행정처분의 하자의 정도를 기준으로 구분하여 논하고 있다.

(1) 취소사유가 있는 경우

행정처분이 단순한 위법에 그쳐 취소사유가 있음에 그치는 경우에는 행정행위의 공정력으로 말미암아 정당한 권한이 있는 기관에 의하여 취소되기 전까지는 누구도(법원을 포함하여) 그 효력을 부인할 수 없기 때문에 별도의 취소소송에 의하여 취소되기 전에는 그 효력을 부인할 수 없다.

다만, 손해배상소송과 같이 행정처분을 직접 취소하는 것이 아니고 단순히 그 위법성을 인정함에 그치는 것은 가능하다고 한다(대판 1974. 3. 12, 73다228).

(2) 무효 · 부존재 사유가 있는 경우

이 경우에는 처분의 공정력이 인정되지 않고 누구든지 어떤 절차에 있어서도 무효임을 주장할 수 있으므로 민사법원도 당연히 무효 또는 부존재를 스스로 판단 · 결정할 수 있다.

> 【판례】 선결문제에 대한 민사소송의 심판권에 관한 판례
> 국세부과 및 징수처분과 같은 행정처분의 당연무효를 전제로 하여 민사소송을 제기한 때에는 법원은 그 행정처분의 하자가 중대하고 명백하여 당연무효라고 인정될 경우에는 이를 전제로 하여 판단할 수 있으나, 그 하자가 단순한 취소사유에 그칠 때에는 법원은 그 효력을 부인할 수 없다(대판 1973. 7. 10, 70다1439).

3. 심리절차

민사법원이 행정처분의 무효 또는 부존재를 선결문제로서 심리하고자 하는 경우에 이는 성격상 무효등확인소송과 유사하기 때문에 무효등확인소송에 관한 조항을 준용하도록 함과 동시에(제11조 제1항), 처분청에게 소송참가의 기회를 부여하기 위하여 선결문제로 된 사실을 통지하도록 하고(제11조 제2항), 처분청의 소송참가를 인정하고 있다. 선결문제의 심리에 있어 준용되는 조항은 직권증거조사주의(제11조 제1항 및 제26조) 및 행정심판기록제출명령제도(제11조 제1항 및 제25조) 등이다.

그러나 처분의 무효 · 부존재 확인에는 행정심판전치주의가 적용되지 아니하기 때문에 이를 거치지 아니할 것이므로 행정심판기록제출명령제도가 실제로 적용될 여지는 없다고 하겠다.

제3항 부작위위법확인소송

Ⅰ. 개설

1. 의의

부작위위법확인소송은 행정청의 부작위가 위법하다는 것을 확인하는 소송이다.

즉, 행정청이 당사자의 신청에 대하여 상당한 기간 내에 신청을 받아들여 적극적인 처분을 하거나 신청을 거부하는 내용의 소극적 거부처분을 하여야 할 법률상 응답의무가 있음에도 불구하고 이를 하지 아니하는 경우에 그 부작위가 위법하다는 것을 확인함으로써 행정청의 응답을 신속하게 하여 부작위 또는 무응답이라고 하는 소극적 위법상태를 제거하는 것을 목적으로 하는 소송이다(대판 1993. 4. 23, 92누17099).

위법한 처분에 대하여는 취소소송으로 구제받을 수 있고, 거부처분 역시 처분의 일종이므로 취소소송의 대상이 된다(단, 거부처분은 행정심판에 있어서는 소극적인 취소심판의 대상이 아니라 부작위와 함께 적극적인 의무이행심판의 대상이 된다).

2. 성질

(1) 항고소송

부작위란 행정청이 일정한 기간 내에 처분을 하여야 할 의무가 있음에도 불구하고 가부간에 아무런 처분을 하지 않고 있는 일종의 소극적 의사표시이므로 이에 대한 불복이라는 의미에서 항고소송의 성격을 가진다고 하겠으며, 행정소송법도 이를 항고소송으로 규정하면서 취소소송에 관한 대부분의 규정을 준용시키고 있다. 다만, 성질상 제소기간·집행정지·사정판결·처분변경으로 인한 소변경 등에 관한 규정은 제외하고 있다(제38조 제1항).

(2) 확인소송

부작위상태 자체가 위법임을 확인하는 데 그치는 것이므로 확인소송의 일종이다. 따라서 행정청에게 적극적으로 어떤 처분을 할 것을 명하는 이행소송 및 법률관계를 직접 형성·변경·소멸시키는 형성소송과 구별된다.

Ⅱ. 재판관할

취소소송에 관한 규정이 준용되어 제1심은 피고 행정청의 소재지를 관할하는 행정법원이 관할한다.

Ⅲ. 당사자

1. 원고적격

처분의 신청을 한 자로서, 부작위의 위법확인을 구할 법률상 이익이 있는 자만이 소송을 제기할 수 있다(제36조). 구체적으로는 행정청에 대하여 처분을 구할 수 있는 권리가 있는 자만이 원고적격이 인정된다. 여기서 말하는 '법률상 이익'은 취소소송에서의 그것과 같은 개념이다.

> 【판례】 부작위위법확인소송의 소익에 관한 판례
> 시장 인근의 공터에 설치된 위법 가설점포건물로 인하여 시장영업에 장애가 있다는 사실만으로는 직접적이고 구체적인 불이익을 받았다고 볼 수 없을 뿐만 아니라, 위법 건축물 철거의 근거법령인 건축법(5 · 7의3 · 42 등)의 규정도 원고의 영업상 이익을 보호하기 위한 규정이라고는 할 수 없다(대판 1989. 5. 23, 88누8135).

2. 피고적격

취소소송과 같이 신청에 대한 처분권한을 가지고 있으나 이를 방치하고 있는 행정청(부작위청)이 피고가 된다(제13조 및 제38조 제2항).

3. 소송참가

취소소송에서와 같은 취지로 제3자의 소송참가(제16조), 행정청의 소송참가(제17조)에 관한 규정이 준용된다(제38조 제2항).

Ⅳ. 소송제기

1. 소송의 대상

소송의 대상은 '부작위'이다. 부작위란 "행정청이 ① 당사자의 신청에 의하여, ② 상당한 기간 내에, ③ 일정한 처분을 하여야 할 법률상 의무가 있음에도 불구하고, ④ 이를 하지 아니하는 것"을 말한다(제2조 제1항 제2호). 이 소송은 행정청이 신청에 대해 상당기간 내에 어떤 처분을 하여야 할 의무를 위반하고 있는 상태를 위법한 상태가 외부에 현실화된 것으로 보아 법원이 위법임을 확인하는 것이다.

2. 예외적 행정심판전치주의

부작위에 대하여도 행정청에 반성 · 시정의 기회를 주기 위하여 예외적 행정심판전치주의의 적용을 받도록 하였다(제18조 · 제38조 제2항). 이 때의 행정심판은 취소심판이 아닌 의무이행심판임에 유의하여야 한다.

의무이행심판은 이행의 쟁송이고 부작위위법확인소송은 확인의 쟁송이라는 점에서 부자연스러운 점이 있으나, 이는 행정소송에서는 의무이행소송이 인정되지 않기 때문에 초래되는 현상이다.

3. 제소기간

예외적으로 행정심판전치주의가 적용되는 경우에 있어서는 행정심판재결서의 정본의 송달을 받은 날로부터 90일 이내에 제기하여야 한다(제20조 제1항·제38조 제2항). 그리고 처분이 있을 것을 전제로 한 제소기간 제한규정, 즉 '처분이 있음을 안 날로부터 90일, 처분이 있은 날로부터 1년'이라는 제소기간 제한규정은 부작위가 계속될 것을 요건으로 하는 부작위위법확인소송에서는 적용될 여지가 없다.

4. 집행정지 및 가처분의 문제

(1) 집행정지

행정청의 부작위가 계속되는 한 처분의 존재를 전제로 하는 집행부정지의 원칙과 집행정지결정제도는 적용될 여지가 없다.

(2) 가처분

취소소송에서와 마찬가지로 가처분의 가능성에 대하여 견해가 대립되고 있으나, 소극적으로 해석하여야 할 것이다.

5. 관련청구의 이송·병합 및 소의 변경

부작위위법확인소송도 취소소송에서 설명한 것과 같은 취지로 관련청구소송의 이송·병합을 허용하고 있다(제10조 및 제38조 제2항 — 체육시설의설치·이용에관한법률에 의거하여 도지사로부터 골프장 사업계획의 승인을 얻은 자가 막대한 투자를 하여 법정시설을 갖춘 후 골프장업의 등록을 신청하였음에도 불구하고 상당기간 동안 이를 방치함으로써 손해를 입은 경우에 부작위위법확인소송에 당사자소송인 손해배상청구소송을 이송·병합).

또한 부작위위법확인소송을 취소소송(예, 소송계속 중에 행정청이 일정한 처분을 한 경우에 그 처분에 대한 취소소송으로 변경하는 경우로서 실제로 그 예가 많다) 또는 당사자소송(위 경우에 부작위위법확인소송을 손해배상청구소송으로 변경하는 것)으로 변경할 수 있다(제37조). 그러나 원처분의 변경으로 인한 소변경제도(제22조)는 준용될 여지가 없다(원처분 자체가 존재하지 않으므로).

Ⅴ. 심리

1. 직권증거조사주의

부작위위법확인소송도 소송의 결과가 공공복리와 밀접한 관련이 있으므로 취소소송에서와 마찬가지로 직권증거조사에 관한 규정이 준용된다(제38조 제2항·제26조).

2. 행정심판기록의 제출명령

취소소송에서와 마찬가지로 이를 인정하고 있다(제38조 제2항·제25조).

3. 심리권의 범위

부작위위법확인소송의 심리권이 신청의 실체적 내용에까지 미치는가에 관하여는 학설이 대립되어 있다.

(1) 소극설

부작위위법확인소송의 목적은 방치된 신청에 대하여 어떤 내용의 처분이든간에 내려 주어야 한다는 응답의무가 있음을 확인하는 데 그치고 신청한 대로의 처분을 하여야 한다는 확인을 구하는 것이 아니기 때문에 신청의 실체적 내용은 심리할 수 없다는 견해이다.45)

(2) 적극설

부작위가 위법함을 단순히 확인함에 그치지 아니하고 나아가서 신청의 실체적 내용이 타당한 것인가도 심리하여 판결이유에 행정청이 행하여야 할 처분의 방향을 시사할 수 있다고 하는 견해이다.46)

(3) 결어

적극설은 의무이행소송이 인정되지 아니하는 현행 소송제도하에서 부작위위법확인소송을 의무이행소송에 가깝게 운영함으로써 국민의 권리구제에 도움을 준다는 긍정적 측면이 있다. 그러나 입법으로 해결할 일을 법운영의 묘로써 해결하는 것은 무리가 있다고 할 것이므로 소극설이 타당하다고 생각된다. 판례도 또한 소극적 입장을 취하고 있다.

> 【판례】: 부작위위법확인소송의 심리권의 범위에 관한 판례
> 부작위위법확인소송은 그 부작위의 위법함을 확인함으로써 행정청의 응답을 신속하게 하여 부작위

---

45) 김동희(Ⅰ), p.776; 박윤흔(상), p.1003; 석종현·송동수(상), p.970.
46) 김도창(상), p.836; 이상규, 신행정쟁송법, p.421.

내지 무응답이라는 소극적인 위법상태의 제거를 목적으로 하는 것이고, 나아가 당해 판결에 기하여 행정청이 처분을 하게 하고 다시 당해 처분에 불복이 있는 때에는 그 처분을 다투게 함으로써 최종적으로는 국민의 권익을 보호하려는 제도이다(대판 1992. 7. 28. 91누7361).

Ⅵ. 판결

1. 위법성판단의 기준시

취소소송은 처분시를 기준으로 하지만, 부작위위법확인소송은 엄격한 의미의 처분이 존재하지 않으므로 논리상 처분시를 기준으로 할 수 없고, 작위의무의 위반상태가 위법이라는 확인을 구하는 것이므로 성질상 판결시까지 부작위상태가 계속되어야 한다. 따라서 소 제기 후 판결시까지 어떤 형태든 작위(처분)가 있으면 소의 이익이 없게 된다.

2. 사정판결의 적용배제

사정판결제도는 행정청의 처분이 있을 것을 전제로 하므로 아무 처분이 없는 부작위에 대한 위법확인소송에는 적용될 여지가 없다(제38조 제2항ㆍ제28조).

3. 판결의 효력

부작위위법확인소송의 판결은 처분 행정청에 대한 기속력과 제3자에 대한 대세적 효력이 인정되며, 그 외에 판결의 일반적 효력인 기판력이 인정됨은 물론이다. 그러나 형성소송이 아니므로 형성력은 없다. 판결의 기속력에는 취소판결과 같이 반복금지효와 재처분의무가 인정되며, 나아가서 간접강제제도에 의하여 이행소송이 인정되지 아니한 데 대한 결함을 보완하도록 하였다(제30조 제2항ㆍ제34조 및 제38조 제2항).

Q 저는 행정소송을 제기하였으나 패소하였습니다. 이에 불복하여 상소를 제기하려고 하는데 그 불복절차가 어떻게 되는지요?

A 행정소송의 불복절차도 민사소송의 경우와 별다른 차이점이 없습니다. 즉, 행정법원의 판결에 대하여는 항소제기 후 상고를 제기할 수 있습니다. 상고에 관하여는 「상고심절차에 관한특례법」에 의한 심리불속행규정이 적용됩니다(같은 법 제2조).
항소나 상고의 제기는 판결서가 송달된 날부터 2주 이내에 하여야 합니다(행정소송법 제8조 제2항, 민사소송법 제396조 제1항 본문, 제425조).

행정법원의 결정·명령에 대하여는 고등법원에 항고할 수 있고, 고등법원의 결정·명령에 대하여는 대법원에 재항고할 수 있습니다. 또한, 법률의 규정이 있는 경우에는 민사소송법에 따른 즉시항고를 할 수 있습니다. 즉시항고는 재판이 고지된 날부터 1주 이내에 하여야 합니다(행정소송법 제8조 제2항, 민사소송법 제444조 제1항).

특별항고도 민사소송의 경우와 같습니다. 재항고와 특별항고에 대하여는 「상고심절차에관한특례법」에 의한 심리불속행규정이 준용됩니다(같은 법 제7조).

재심에 관하여도 행정소송에 민사소송법에 따른 재심 또는 준재심규정이 일반적으로 적용됩니다. 다만, 행정소송에서는 제3자에 의한 재심청구가 가능합니다.

즉, 처분 등을 취소하는 판결 또는 무효등확인판결이나 부작위위법확인판결에 의하여 권리 또는 이익을 침해받은 제3자가 자기에게 책임 없는 사유로 소송에 참가하지 못함으로써 판결의 결과에 영향을 미칠 공격 또는 방어방법을 제출하지 못한 때에는 이를 이유로 확정된 종국판결에 대하여 재심을 청구할 수 있습니다(행정소송법 제31조 제1항, 제38조 제1항 및 제2항).

항고소송(취소소송, 무효등확인소송, 부작위위법확인소송을 가리켜 항고소송이라고 함)의 인용판결은 소송당사자 이외의 제3자에게도 미치는데(행정소송법 제29조, 제38조 제1항 및 제2항), 소송당사자 외의 제3자 또는 행정청은 불측의 손해를 당하지 않기 위하여 소송참가를 할 수도 있겠으나(행정소송법 제16조 및 제17조, 제38조 제1항 및 제2항) 제3자로서 자기에게 귀책사유 없이 소송에 참가하지 못하는 경우도 있으므로 위와 같은 제3자에 의한 재심청구제도를 인정한 것입니다.

제3자에 의한 재심청구는 확정판결이 있음을 안 날로부터 30일 이내(국외에서 제기하는 경우는 60일 이내), 판결이 확정된 날로부터 1년 이내에 제기하여야 합니다(행정소송법 제31조 제2항, 제5조).

제5절 당사자소송

Ⅰ. 개설

1. 의의

행정소송법(제3조 제2항)에서 공법상 당사자소송이란 "행정청의 처분 등을 원인으로 하는 법률관계에 관한 소송 기타 공법상의 법률관계에 관한 소송으로서 그 법률관계의 한쪽 당사자를 피고로 하는 소송"을 말한다. 당사자소송은 대등 당사자 간의 공법상의 권리 또는 공법상의 법률관계 그 자체를 소송물로 하는 실질적 당사소송과 처분이나 재결을 원인으로 하는 법률관계에 관한 소송으로서 법률관계의 원인이 되는 처분 등에 불복하여 소송을 제기하면서 처분청을 피고로 하는 것이 아니라 그 법률관계의 한쪽 당사자를 피고로 하는 형식적 당사자소송이 있다. 공법상의 신분·지위 등의 확인소송이 전형적인 실질적 당사자소송이며(대판 1996. 2. 15, 94다31235), 토지보상법상 보상금 증감청구소송은 전형적인 형식적 당사자소송이다(대판 1991. 11. 26, 91누285).

2. 필요성

행정소송에서 항고소송 외에 당사자소송을 인정하고 있는 것은 우리 실정법체계가 공법과 사법의 구별을 전제로 하고 있음을 보여 주는 것이라 하겠다. 그런데 행정소송은 그 성격상 행정청의 처분이 먼저 있고 나서 사후에 그 위법성을 이유로 이에 불복하는 의미를 가지는 항고소송이 중심이 될 수밖에 없는 것이기는 하지만, ① 처분 등이 원인이 되어 발생한 새로운 공법상의 법률관계(예, 불법행위로 인한 손해배상청구권) 또는 처분 등의 존재를 전제로 하지 아니하는 공법상의 법률관계(예, 공법상 계약에 관한 소송)가 있을 수 있으며, 이들 법률관계야말로 직접 대등한 지위에서 당사자 간에(공법상 당사자소송으로) 다투게 하면 될 일을 굳이 항고소송으로 다루기 위하여 먼저 행정청의 처분을 행하게 한 후(예, 손해배상금결정 및 통지처분 등) 이에 불복하도록 하는 우회적 절차를 거치게 한다면 국민의 권리구제에 너무나 우회적·소극적이라는 비난을 면할 수 없을 것이다. ② 또한 우리 실정법이 공·사법의 구별을 인정하고 있는데, 상기 예는 어디까지나 사법관계(국고관계)가 아닌 권력관계·관리관계 등 공법상의 법률관계인 만큼, 사법상의 법률관계를 대상으로 하는 민사소송으로 다루기에도 적합치 못하다는 이유 때문에 항고소송에 대립되는 당사자소송을 민사소송 아닌 행정소송의 한 유형으로서 인정할 필요가 있는 것이다.

3. 대상

공법상의 당사자소송의 대상은 '공법상의 법률관계(권리의무관계) 그 자체'이다. 그러나 무엇을 기준으로 공법관계와 사법관계를 구별할 것인지에 대해서는 ① 소송물을 기준으로 한다는 견해(판례도 이 견해를 취하고 있다)와 ② 소송물의 발생원인이 되는 법률관계를 기준으로 한다는 통설의 견해로 나누어진다. 즉, 당사자소송 중에서 공무원의 지위확인소송은 행정사건이고 소유권확인이나 부당이득반환청구사건은 민사사건이라는 것이 소송물을 기준으로 하는 견해이며, 동일한 소유권확인소송이라도 그 소송물의 발생원인이 되는 법률관계를 기준으로 하여 행정처분의 무효등을 원인으로 할 때에는 행정사건이지만 매매계약의 무효를 원인으로 할 때에는 민사사건이라는 것이 법률관계를 기준으로 하는 견해이다. 예컨대, 판례의 견해에 의하면 과세처분의 무효임을 이유로 제기한 과오납금반환청구소송은 그 소송물이 민법상의 부당이득반환청구권인 사권이므로 민사사건으로 보겠지만, 통설의 견해에 의하면 그 권리의 발생원인이 되는 법률관계는 사법관계가 아니라 세법상의 과세처분이라는 공법관계이기 때문에 당사자소송으로 보아야 할 것이다.

4. 성질

당사자소송은 행정청의 처분 등이 있고 사후에 이에 불복하는 항고쟁송이 아니라, 분쟁에 관하여 처음으로 다투는 시심적 쟁송에 해당한다.

II. 종류

1. 실질적 당사자소송

행정소송법이 말하는 공법상의 법률관계에 관한 소송은 실질적 당사자소송을 의미하며, 이는 처분을 원인으로 하는가의 여부에 따라 다음의 2종류로 구분된다.

(1) 처분 등을 원인으로 하는 법률관계에 관한 소송

예컨대, ① 과세처분 등의 무효 또는 취소를 원인으로 하는 공법상의 부당이득반환청구소송, ② 공무원의 직무상 불법행위 또는 영조물설치·관리의 하자를 원인으로 하는 손해배상청구소송, ③ 공무원 면직처분의 무효를 원인으로 하는 공무원보수·연금청구소송, ④ 토지수용 등 적법한 공권력 행사를 원인으로 하는 손실보상청구소송 등이 있다.

(2) 기타 공법상의 법률관계에 관한 소송

처분 등을 원인으로 하지 아니하고도 발생할 수 있는 공법상의 법률관계에 관한 소송으로서, ① 공법상 계약에 관한 소송, ② 공법상 금전지급청구소송(후술하는 형식적 당사자소송에 의한 경우를 제외한 공법상 손실보상청구소송, 공법상 사무관리비용지급청구소송, 파면 등 행정처분이 없이 공무원보수·연금의 지급을 받지 못한 경우의 그 청구소송 등), ③ 공법상 결과제거청구소송(토지수용이 취소되었음에도 계속 점유하는 토지에 대한 반환청구), ④ 공무원 등 공법상의 신분·지위 등의 확인소송 등이 있다.

2. 형식적 당사자소송

(1) 의의

토지수용의 재결 내용에는 수용재결과 보상재결의 두 가지가 포함되어 있는 바, 대부분의 토지소유자는 보상금에만 불복하여 소송을 제기하기 마련이다. 이 경우 토지수용위원회가 행한 수용처분 자체의 취소를 구하는 항고소송의 형식에 의하지 아니하고 바로 법률관계의 다른 쪽 당사자인 사업시행자를 상대로 보상금의 증액(또는 감액)청구소송만을 제기할 수 있으며, 이를 형식적 당사자소송이라고 한다(토지보상법 제85조 제2항).

(2) 성질

형식적 당사자소송은 형식적으로 보면 법률관계의 당사자인 토지소유자와 사업시행자 간의 당사자소송에 해당되지만, 실질적으로 보면 토지수용위원회의 재결의 위법을 다투는 항고소송으로서의 성질을 함께 가지고 있다(이러한 의미에서 이를 형식적 당사자소송이라고 부른다).

(3) 필요성

토지수용 자체에는 승복하지만 보상금액에만 불복하고자 하는 경우에까지 먼저, ① 토지수용위원회를 피고로 하여 재결내용 전체에 대한 취소소송을 제기하게 한 후, ② 실질적 이해관계자인 사업시행자를 그 소송에 참가케 하고, ③ 재결취소소송의 관련청구소송으로서 별도의 공법상 손실보상청구소송(당사자소송)을 제기하여 이를 병합심리케 하는 복잡하고 우회적인 절차보다는, ① 직접 보상금 증액(감액)만을 소송대상으로 하여, ② 사업시행자를 피고로 하여 제기할 수 있도록 허용하는 것이 권리구제에 훨씬 간편하고 신속하다는 장점이 있기 때문에 2003. 1. 1부터 시행된 토지보상법(제85조)에서 이를 인정하고 있다.

Ⅲ. 특수성

항고소송에 대한 특수성으로서 다음의 것이 있다.

1. 당사자적격

원고는 공법상의 법률관계에 관하여 권리보호의 이익이 있는 자가 되며(제8조 제2항에 의거 민사소송법이 준용되는 관계로), 피고는 위 법률관계의 한쪽 당사자인 국가 · 공공단체 기타의 권리주체(예, 조세원천징수권자 등)가 된다(제39조. 행정청이 아니라는 점에서 항고소송과 구별된다). 피고가 국가인 경우에는 '국가를당사자로하는소송에관한법률'(제1조)에 의거하여 법무부장관이, 지방자치단체인 경우에는 지방자치법(제92조)에 의거하여 당해 지방자치단체의 장이 각각 이를 대표하며, 소속공무원 또는 변호사를 지정하여 구체적으로 소송을 수행케 한다. 한편, 이해관계 있는 제3자 또는 법률관계의 원인이 되는 처분 등을 행한 행정청도 각각 소송에 참가하는 소송참가제도도 인정되고 있다(제16조 · 제17조 및 제44조).

2. 재판관할

제1심은 항고소송과 같이 피고의 소재지를 관할하는 행정법원이 된다. 다만, 피고가 국가 또는 공공단체인 경우 원활한 심리를 위하여 관계 행정청의 소재지를 피고의 소재지로 본다(제40조). 여기서 행정청은 본래의 의미의 행정청 이외에 관서 또는 관사의 뜻을 아울러 포함하는 것으로 새겨진다.[47]

3. 제소기간

취소소송의 제소기간에 관한 규정은 준용되지 아니한다. 따라서 당사자소송의 제소기간의 제한은 원칙적으로 없다. 다만, 다른 법령에서 제소기간이 정하여져 있는 때에는 그에 따른 제한을 받게 되며, 이 경우의 제소기간은 불변기간으로 한다(행소41).

4. 행정심판전치주의의 적용 배제

당사자소송은 처분 등에 대한 불복이 아닌 시심적 쟁송이기 때문에 행정심판전치주의가 적용되지 않는다.

5. 관련청구소송의 이송 · 병합

당사자소송에는 관련청구소송(예, 처분 등의 취소 또는 무효확인소송 등)을 병합심리(다른 법원에 계속되어 있는 경우에는 이를 이송받아 병합심리)할 수 있다(제10조 제2항 · 제44조 제2항).

---

47) 김남진(I), p.849.

6. 소의 변경

법원은 항고소송을 당사자소송으로 변경하는 것을 허가할 수 있는 것과 마찬가지로, 당사자소송을 항고소송으로 변경함을 허가할 수도 있으며(제21조 및 제42조), 당사자소송의 원인이 되는 처분 등을 행정청이 변경한 때에도 항고소송에서와 마찬가지로 처분변경으로 인한 당사자소송의 소변경이 허용된다(제22조 및 제44조 제1항).

7. 행정심판기록의 제출명령

항고소송에서와 같다(제25조 및 제44조 제1항).

[서식] 행정심판기록 제출명령신청서[기재례]

> 1. ㅇㅇㅇ(재결청)은 2016. 11. 19. 10:00 이 사건 변론기일까지(또는 이 결정 송달일로부터 ㅇ일 이내에) 원고와 피고 사이의 ㅇㅇㅇ처분취소심판기록(또는 위 기록 중 ㅇㅇㅇ 부분)을 이 법원에 제출하라.
> 2. 소송비용은 피고의 부담으로 한다.

8. 입증책임

행정소송법독자분배설이 적용되는 항고소송과는 달리, 대등한 당사자 간의 관계이므로 민사소송법상의 입증책임분배원칙이 적용된다고 하겠다.[48] 즉, 권리를 주장하는 자는 권리근거규정의 요건사실(권리발생사실)에 대하여 입증책임을 지며, 권리주장의 상대방은 반대규정의 요건사실, 즉 ① 불공정한 법률행위와 같은 권리장애규정의 요건사실, ② 변제 · 공탁같은 권리감각규정의 요건사실, ③ 정지조건의 존재, 기한의 유예와 같은 권리행사저지규정의 요건사실에 대하여 입증책임을 진다.[49]

9. 직권증거조사

원칙적으로 변론주의가 적용되지만, 당사자소송도 항고소송에서와 같은 공익성이 있으므로 직권증거조사주의에 의하여 보충할 수 있도록 하였다(제26조 및 제44조).

---

48) 석종현 · 송동수(상), p.983.
49) 오석락, 입증책임론, 1996, p.89.

10. 판결의 효력

취소판결의 효력 중 기속력(제30조 제1항 및 제44조)·기판력은 인정되지만, 형성력과 대세적 효력, 행정청의 재처분의무 및 간접강제는 성질상 항고소송의 판결에만 고유한 효력이므로 인정될 수 없다. 그러나 당사자소송 중 ① 이행소송의 성격을 띤 것(부당이득반환·손해배상·손실보상·연금지급청구소송 등 대부분이 이에 해당)은 의무이행소송이 인정되지 않는 항고소송과 달리 형성력 대신 집행력이 인정되며, ② 공법상 법률관계의 존부의 확인만을 구하는 확인소송의 성격을 띤 것은 문제의 법률관계의 존부를 공적으로 확인·선언하는 효력밖에 없다(예, 연금지급청구권·공무원신분 등의 존재확인청구소송).

11. 가집행선고

이행소송형태의 당사자소송에 있어서의 인용판결의 효력으로서 집행력이 인정되는바, 집행력을 담보하기 위하여 민사소송에서 널리 인정되는 가집행선고제도는 무한한 변제능력이 있는 국가에 대하여는 적용할 필요가 없다는 이유로 행정소송법(제43조)은 "국가를 상대로 하는 당사자소송에는 가집행선고를 할 수 없다"고 하고 있다. 그러나 동조는 같은 내용을 규정한 '소송촉진등에관한특례법' 제6조 단서의 규정이 합리적 이유없이 국가를 우대하여 헌법 제11조 제1항의 평등원칙에 위배된다는 이유로 위헌으로 결정50)됨에 따라 위헌의 소지가 있다.

---

50) 헌재결 1989. 1. 25. 88헌가7.

제6절 객관적 소송

Ⅰ. 개설

원래 행정소송은 주관적 소송이라 하여 개인의 권익이 침해된 경우에 이를 구제하기 위하여 인정되는 제도이며, 개인의 권익보호와 전혀 관계없이 오직 '행정법규의 적정한 적용'만을 보장하기 위한 소송은 허용되지 않는 것이 원칙이다(소익의 존재). 그럼에도 불구하고 개인의 권익침해 여부와는 관계없이 오직 행정의 적법성 보장이라는 공익만을 위하여 일반국민·선거인 또는 행정기관에 대하여 특수한 형태의 행정소송의 제기를 특별히 인정하는 경우가 있다. 이를 보통의 소송인 주관적 소송에 대하여 객관적 소송이라 하는바, 현행제도상 민중소송과 기관소송이 이에 해당한다.

Ⅱ. 민중소송

1. 의의

민중소송이란 "국가 또는 공공단체의 기관이 법률에 위반되는 행위를 한 때에 직접 자기의 법률상 이익과 관계없이 그 시정을 구하기 위하여 제기하는 소송"으로서(제3조 제3호), 선거행정 등에 대한 국민의 감시 및 참정의 수단으로서 기능하고 있다. 이는 개인의 권리구제가 아니라 행정법규의 적정한 집행을 보장하기 위하여 일반인이 소송을 제기할 수 있도록 하는 예외적인 행정소송으로서, 법률이 정한 경우에 법률이 정한 자만이 제기할 수 있는 특수한 소송이다(제45조).

2. 종류

(1) 선거법상의 민중소송

'공직선거법'에 의하면, 대통령선거·국회의원선거의 효력에 이의가 있는 선거인은 대법원에 선거소송을 제기할 수 있으며(제222조 제1항), 지방자치단체의 장 및 지방의회의원 선거의 효력에 관하여 이의가 있는 선거인은 시·도 선거관리위원회 또는 중앙선거관리위원회(시·도지사 선거의 경우)에 선거소청을 제기한 후 그 결정에 불복할 경우에 고등법원 또는 대법원(시·도지사 선거의 경우)에 선거소송을 제기할 수 있으며(제219조·제222조 제2항), 국민투표의 효력에 관하여 이의가 있는 투표인은 투표자 10만인 이상의 찬성을 얻어 대법원에 국민투표무효의 소송을 제기할 수 있다(국민투표법 제92조). 즉, 현행법상 인정되고 있는 민중소송으로는 선거소송(선거무효소송 및 당선무효소송)과 국민투표무효소송이 있다.

(2) 지방자치법상의 민중소송

종전의 지방자치법에서는 주민 100인 이상이 조례 또는 지방자치단체의 장의 명령·처분이 위헌·위법임을 이유로 도지사·국무총리에게 소청을 할 수 있고, 그 소청결정에 이의가 있으면 다시 대법원에 제소할 수 있도록 하였으나(구 지방자치법 제153조), 1988. 4. 6의 개정된 지방자치법에서는 이 제도를 폐지하였다.

3. 특수성

(1) 원고적격

법률이 특별히 정한 자가 된다. 즉 선거인·후보자·정당 또는 투표인(국민투표의 경우)이 된다.

(2) 피고적격

역시 법률에 의하여 중앙선거관리위원회위원장 또는 선거구선거관리위원회위원장이 된다.

(3) 재판관할

대법원이 되며, 기초자치단체의 장 또는 지방의회의원선거의 경우는 고등법원이 된다.

(4) 제소기간

선거법상의 제소기간은 10일(국민투표는 20일) 등으로 법정되어 있다.

(5) 행정심판전치주의

시심적 쟁송이므로 행정심판전치주의가 적용될 여지가 없다.

(6) 심리

민중소송의 심리에 관하여는 각 개별법의 규정에 따르되, 규정이 없는 경우에는 ① 처분 등의 취소를 구하는 것이면 그 성질에 반하지 아니하는 한 취소소송의 규정을, ② 처분 등의 무효·부존재 여부나 부작위의 위법확인을 구하는 것이면 그 성질에 반하지 아니하는 한 각각 무효등확인소송 또는 부작위위법확인소송의 규정을, ③ 기타의 경우에는 그 성질에 반하지 아니하는 한 당사자소송에 관한 규정을 각각 준용하도록 하였다(행정소송법 제46조).

(7) 입증책임

민중소송이 항고소송의 성격이면 행정소송법독자분배의 원칙이, 당사자소송의 성격이면 민소법상의 입증책임분배의 원칙이 각각 적용된다고 볼 수도 있다. 그러나 민중소송의 특수성에 비추어 볼 때 각 민중소송 제도의 취지·입증의 난이도·증거에의 접근가능성 등을 종합적으로 고려하여 개별적으로 판단하여 합리적으로 책임을 분배함이 타당하다고 하겠다.

Ⅲ. 기관소송

1. 의의

기관소송이란 "국가 또는 공공단체의 기관 상호간의 권한의 존부 또는 그 행사에 관한 다툼이 있을 때에 이에 대하여 제기하는 소송"을 말한다(제3조 제4항). 기관소송은 국가면 국가, 공공단체면 공공단체라는 '동일한 행정주체에 소속하는 기관 상호간'의 권한쟁의에 관한 소송만을 의미한다. 따라서 상이한 행정주체간(예, 국가와 지방자치단체 간) 또는 상이한 행정주체에 소속하는 기관 간의 소송은 제외되며, 특히 헌법(제111조 제1항 제4호)과 헌법재판소법(제62조)은 ① 국회·정부·법원 및 중앙선거관리위원회 상호간, ② 국가기관과 지방자치단체 간, ③ 지방자치단체 상호간의 권한쟁의에 관하여는 헌법재판소의 권한쟁의심판의 대상으로 하고 있기 때문에 이에 대한 사항은 법원의 관할대상이 아니다.

2. 필요성

원래 동일한 행정주체 내부의 소속 기관 간의 권한쟁의는 기관 상호간의 협의에 의하며, 협의가 성립되지 않으면 상급기관의 감독권에 의하여 내부적으로 처리함이 원칙이지만, 상급감독기관이 없는 경우 등 특별한 경우에 한하여 제3자인 법원의 공정한 판단에 맡기기 위하여 인정되는 제도이다.

3. 종류

(1) 지방자치법상의 기관소송

① 지방의회의 의결이 법령에 위반하거나 공익을 현저히 해한다고 판단될 때에 지방자치단체의 장이 지방의회에 재의를 요구하고, 재의결된 내용 역시 법령에 위반(공익위반은 제외됨에 유의)된다고 판단될 때에는 재의결일로부터 20일 이내에 대법원에 제소할 수 있으며, 이 경우 재의결의 집행을 정지하게 하는 집행정지결정을 신청할 수 있다(제159조).

② 지방자치단체의 장은 자치사무에 관한 명령·처분에 대하여 감독청(각 업무를 주관하는 중앙행정기관의 장)이 행한 취소 또는 정지에 대하여 이의가 있는 경우에 그 취소 또는 정지처분의 통보를 받은 날로부터 15일 이내에 대법원에 제소할 수 있다(제157조). 그러나 이는 상이한 행정주체에 속하는 기관 간의 쟁송이므로 기관소송에 해당하지 않고 오히려 감독청의 취소·정지처분의 위법성을 다투는 항고소송에 해당한다고 보아야 할 것이다.[51]

(2) 지방교육자치에관한법률상의 기관소송

시·도의회 또는 교육위원회의 의결이 법령에 위반하거나 공익을 현저히 해한다고 판단될 때에는 교육

---

51) 김남진(Ⅰ), p.854; 석종현·송동수(상), p.990.

감은 재의를 요구하고, 재의결된 내용 역시 법령에 위반(공익위반은 제외)된다고 판단될 때에는 교육과
학기술부장관에게 이를 보고하고 재의결일로부터 20일 이내에 대법원에 제소할 수 있으며, 이 경우
재의결의 집행을 정지하게 하는 집행정지결정을 신청할 수 있다(동법 제31조).

4. 특수성

(1) 원고적격

지방자치단체의 장 또는 교육감이 된다.

(2) 피고적격

지방의회 또는 교육위원회가 된다.

(3) 재판관할

대법원이 제1심이며 최종심이 된다.

(4) 제소기간

각 법률이 재의결일 등으로부터 20일 등으로 하여 분쟁의 신속한 해결을 도모하고 있다.

(5) 심리

상술한 민중소송의 경우와 같다(제46조).

(6) 입증책임

기관소송은 고도의 공익적 요구에 따라 인정되는 객관적 소송이기 때문에 주관적 소송인 항고소송에
관한 입증책임이 그대로 적용될 수는 없다. 그러나 현행 행정소송법은 기관소송에 대하여 그 성질에
반하지 않는 한 ① 취소소송에 관한 규정, ② 무효등확인소송 또는 부작위위법확인소송에 관한 규정,
③ 당사자소송에 관한 규정을 준용한다고(제46조 제1항~제3항) 규정하고 있기 때문에, 그 입증책임의
문제는 제기되는 기관소송의 성질에 따라 종합적으로 판단하여 적용하여야 할 것이다.

제3장 행정소송의 제기

I. 행정소송 소장작성 및 접수

▶ **사건관리 개요도**

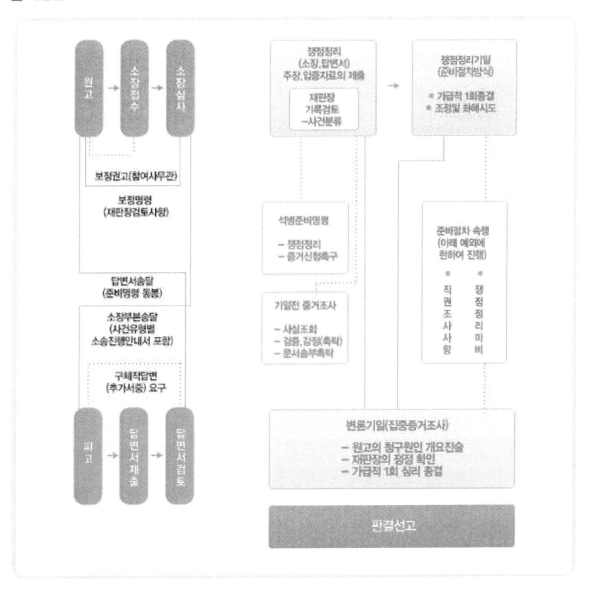

1. 행정소송절차의 개요

행정소송에서도 '소 없으면 재판 없다'는 원칙이 적용됨은 민사소송에서와 다를 바 없다. 제소의 방식에 관하여는 행정소송법에서 특별히 정한 바가 없으므로 민사소송법에 의한다. 따라서 소의 제기는 소장을 작성하여 접수담당 법원사무관 등에게 제출하는 방법이 원칙이다. 소장작성 및 용지에 관하여는 민사소장과 같다.

(1) 소장의 필요적 기재사항

원고의 표시방법에 관하여는 원칙적으로 민사소송과 같다. 다만, 행정소송에 있어서는 행정청이나 국가 또는 공공단체이므로, 피고의 표시에 관하여 다음과 같은 주의를 요한다.

가) 처분행정청이 피고인 경우의 일반적 표시방법
행정소송의 피고가 처분행정청 등일 경우에는 당해 행정청만 표시하면 족하고, 행정처분을 담당한 자연인의 성명이나 주소는 표시하지 않는 것이 관례이다(예 : 피고 서울특별시장, 피고 법무부장관, 피고 서초세무서장 등).

나) 보통지방행정기관의 경우
실무상 구청자의 경우에는 소속 시의 명칭을 기재하는 예가 더 많고(예 : 서울특별시 서초구청장), 군수나 시장의 경우는 소속 시·도 명을 기재하지 않는 예가 많다(예 : 충주시장, 예천군수. 그러나 고성군 처럼 어느 도에 소재하는지를 밝혀야 하는 경우에는 소속 도명을 기재하여야 할 것이다). 면의 경우에도 소속 시·군명을 기재하지 않는 예가 있으나, 면이나 동의 경우에는 일반인에 잘 알려져 있지 아니하므로 소속 시·군명을 기재하는 것이 바람직하다(예 : 영암군 미암면장).

다) 특별지방행정기관의 경우
세무서의 경우에는 세무서장만 표시하고 상급기관은 표시하지 않음이 관례이며, 기타의 지방행정기관은 그 고유 명칭이 있으므로 이를 기재하면 될 것이다(예 : 예산세무서장, 동해경찰서장, 서울남부보훈지청장, 용인교육청 교육장, 강릉영림서 양양관리소장).

라) 공·사법인이 처분청인 경우
민사소송에서와 같이 대표자 또는 그 대리인을 기재함이 관례이다(예 : 대한주택공사 사장 ○○○).

마) 합의제 기관의 경우
중앙토지수용위원회, 공정거래위원회, 교원징계재심위원회, 방송위원회 등의 경우에는 위원회가 피고가 되나 대표자 또는 그 대리인을 표기하여야 할 것이다.

노동위원회법에 의한 중앙노동위원회의 처분에 대한 소송에 있어서는 중앙노동위원회 위원장을, 해난심판법에 의한 중앙심판원의 재결에 대한 소송에 있어서는 중앙심판원장을, 공직선거및선거부정방지법에 의한 선거의 효력을 다투는 소송이나 당선인의 결정·공고·통지에 관한 결정의 위법을 다투는 소송에 있어서는 당해 선거관리위원회 위원장 또는 위원장이 궐위된 때에는 당해 선거구 선거관리위원 전원을 피고로 하여야 하며, 합의제 기관이라 하여도 어떤 처분을 그 위원장의 이름으로 한 경우에는 위원장이 피고가 되어야 할 것이다.

바) 의회의 경우
국회를 비롯한 각종 의결기구가 예외적으로 처분청이 되는 경우(의원의 징계 등의 경우)에도 의회의 표시 다음에 의회의장을 대표자로 표기함이 바람직할 것이다(대전광역시 대덕구의회 의장 ○ ○ ○).

사) 소송참가의 경우
당사자의 호칭도 민사소송에서와 같으나 이 경우 구별의 편의상 '제3자 참가인'으로 칭함이 좋을 것이다.

(2) 소장 접수
1) 소장 접수
행정소송을 제기하기 위해서는 우선 소장을 접수하게 되는데 이러한 소장접수 및 답변서 제출 단계에서는 당사자나 소송대리인이 소장을 종합접수실에서 접수한 후, 접수담당 사무관 및 참여사무관이 사건 유형별 참여사무관 검토사항에 의거해 소장을 심사하게 된다.

소장의 청구취지에는 소의 결론(예 : 피고가 2000. 10. 1. 원고에 대하여 한 요양불승인처분을 취소한다)을 기재하고, 청구원인에는 원고가 구하는 소의 결론을 이끌어내는 근거가 되는 사실관계와 법률관계를 기재한다. 또한 행정소송의 경우 대개 행정청의 처분이 위법한지 여부가 쟁점이므로 행정청의 처분이 어떠한 점에서 위법한지를 구체적으로 기재해야 한다.

▶ 참고 : 행정소송을 제기하려면 다음 사항을 먼저 챙겨야 한다.
• 행정소송 중에서 어떤 종류의 소송을 할 것인가
• 필요한 전심절차를 거쳐야 하는 사건은 아닌가
• 누구를 상대로 할 것인가
• 언제까지 어느 법원에 행정소송을 제기할 것인가

2) 청구취지 및 청구원인

가) 청구취지

청구취지는 원고의 청구가 인용될 경우에 판결의 주문에 해당하는 것으로서 청구원인에 기한 청구의 결론 부분이다. 특히 소송의 대상이 되는 행정처분의 당사자, 일시, 내용을 간결하게 기재하여 특정시켜야 한다. 또한, 취소소송은 형성의 소이므로 이행의 소에서와 같이 '..... 하라'로 표시하여서는 아니된다. 또한, 행정소송에 있어서도 소송비용에 관한 재판을 구하는 취지를 기재함이 실무례이나, 이는 법원에 대하여 직권발동을 촉구하는 의미에 지나지 않는다.

[청구취지 기재례]

– 청구취지 –

「피고가 2021. 1. 10. 원고의 유흥주점 000에 대하여 같은 해 1. 11.부터 같은 해 2. 10.까지의 영업정지를 명한 처분을 취소한다」

「피고가 2021. 7. 10. 원고에 대하여 한 의사자불인정처분을 취소한다」

「피고가 2021. 1. 10. 원고에 대하여 한 약사면허취소처분을 취소한다」

「피고가 2021. 1. 10. 원고에 대하여 한 자동차운전면허취소처분을 취소한다」

「피고가 2021. 1. 10. 원고에 대하여 한 건설업면허취소처분을 취소한다」

1. 피고가 2021. 11. 19. 원고에 대하여 한 서울 관악구 000로 000번지 소재 000 노래방에 대한 영업정지처분을 취소한다.
2. 소송비용은 피고의 부담으로 한다.

1. 피고가 원고에 대하여 2021. 00. 00.자 제0000-0000호로서 한 한의사(면허번호 00호) 말소처분은 이를 취소한다.
2. 소송비용은 피고의 부담으로 한다.

1. 피고들은 별지목록 기재 각 식품을 제조함에 있어 별지목록 기재 정보를 사용하여서는 아니
   된다.
2. 피고들은 별지목록 기재 정보를 제3자에게 제공하여서는 아니 된다.
3. 소송비용은 피고들의 부담으로 한다.

1. 피신청인이 2021. 00. 00.자로 신청인에 대하여 한 영업정지 2개월의 집행은 귀원 2021구합
   000호 영업정지취소처분 청구사건의 본안판결 확정시까지 그 집행을 정지한다.
2. 소송비용은 피고들의 부담으로 한다.

1. 피고가 2021. 00. 00. 원고에 대하여 한 건축허가거부처분을 취소한다.
2. 소송비용은 피고의 부담으로 한다.

1. 피고가 2021. 00. 00.자로 원고에 대하여 한 공사중지명령처분을 취소한다.
2. 소송비용은 피고의 부담으로 한다.

1. 피고는 2021. 00. 00.자로 원고에 대하여 한 금 0000원의 도로수익자 부담금처분은 이를
   취소한다.
2. 소송비용은 피고의 부담으로 한다.

1. 피고는 서울 관악구 000로 000-00호 건축주 김00의 증가면적 30㎡ 설계변경(증축신고서)
   반려처분을 취소한다.
2. 소송비용은 피고의 부담으로 한다.

1. 피고가 원고들에 대하여 한 2021. 00. 00.자 서울시 관악구 00지구 이주 및 생활대책 등
   실시거부 처분을 이를 각 취소한다.
2. 소송비용은 피고의 부담으로 한다.

1. 피고가 2021. 00. 00. 원고에 대하여 한 서울시 관악구 000로 000 지상 00구역 제00지구
   재개발사업시행 건축물사용승인신청에 대한 반려처분은 이를 취소한다.
2. 소송비용은 피고의 부담으로 한다.

– 영업방해금지 –

1. 피고는 서울시 관악구 000로 000-0 지상 별지목록 기재 건물 중 별지 도면 표시 영업장 000㎡에 출입하여 원고의 영업행위를 방해하여서는 아니 된다.
2. 소송비용은 피고의 부담으로 한다.

– 사건의 이송 –

1. 이 법원 2021구합0000호 사건을 00법원으로 이송한다.
2. 소송비용은 피고의 부담으로 한다.

– 당사자 변경 –

1. 이 사건의 피고를 0000으로 경정한다.
2. 소송비용은 피고의 부담으로 한다.

– 참가인 신청 –

1. 신청인을 이 사건 피고를 위한 참가인으로 허가한다.
2. 소송비용은 피고의 부담으로 한다.

– 집행정지 –

1. 피고들은 별지목록 기재 각 식품을 제조함에 있어 별지목록 기재 정보를 자용하여서는 아니 된다.
2. 피고들은 별지목록 기재 정보를 제3자에게 제공하여서는 아니 된다.
3. 소송비용은 피고들의 부담으로 한다.

1. 피고가 2021. 00. 00.자로 원고에 대하여 한 공사중지명령해제요청에 대한 거부처분을 취소한다.
2. 소송비용은 피고의 부담으로 한다.

- 행정심판기록 제출명령 -

1. 0000(재결청)은 2021. 00. 00. 13 : 00 이 사건 변론기일까지(또는 이 결정 송달일로부터 00일 이내에) 원, 피고 사이의 000처분취소심판기록(또는 위 기록 중 000부분)을 이 법원에 제출하라.
2. 소송비용은 피고의 부담으로 한다.

- 경영금지 등 -

1. 피고는 별지목록 기재 서울 관악구 000로 000동, 000동, 000동 등에서 2022. 00. 00까지 식당영업을 금지한다.
2. 피고는 별지목록 기재 점포에서 경영하는 00식당의 영업을 폐지하라.
3. 소송비용은 피고의 부담으로 한다.

- 영업허가명의변경 -

1. 피고는 원고에게 별지목록 기재 0000 영업허가에 관한 명의변경 절차를 이행하라.
2. 소송비용은 피고의 부담으로 한다.

- 운송사업 -

피청구인은 2021. 00. 00. 청구인이 개인택시운송사업 면허 발급신청서를 면허대상에서 제외한 처분을 취소한다.

나) 청구원인

청구원인의 기재는 소송상의 청구를 다른 청구와 구별할 수 있을 정도로 주장책임의 범위 내에서 간결·
명료하게 기재하여야 한다.

[서식] 청구취지 및 청구원인변경신고

청구취지 및 청구원인변경신청

사　건　　20○○구 1234　법인세등부과처분취소

원　고　　한성주택개발주식회사

피　고　　○○세무서장

　위 사건에 관하여 원고 소송대리인은 다음과 같이 청구취지를 변경하고 청구원인을 보충합니다.

변경된 청구취지

1. 피고가 2011. 1. 15.자로 원고에게 한 법인세 금 48,620,980원 및 농어촌특별세 금 9,087,5
   30원의 부과처분(당초처분 : 2009. 4. 17.자 법인세 금 38,879,000원 및 농어촌특별세 금
   6,553,210원)은 이를 취소한다.
2. 소송비용은 피고의 부담으로 한다.

라는 판결을 구합니다.

청구원인의 보충

1. 원고는 2008. 1. 1.부터 같은 해 12. 31.까지의 사업연도 중에 ○○시 ○○구 ○○동 ○○○
   에 아파트 180세대를 설설하면서 신흥골재 대표인 소외 이○태와 동일전기 대표인 소외 정○
   호 및 경성건재 대표인 소외 최○복으로부터 합계 금 91,016,860원의 매입세금계산서를 교부
   받아 부가가치세 매입세액과 함께 당해 공사원가로 계상한 사실이 있는데, 피고는 당초 위 매
   입세금계산서가 허위로서 가공원가에 해당한다고 하여 2010. 4. 17.자로 원고에게 2010년도
   수시분 법인세 38,879,000원 및 농어촌특별세 금 6,553,210원을 부과(당초처분)하였습니다.
2. 그런데 피고는 위 정○호의 매입세금계산서 공급가액 금 11,098,500원과 부가가치세 1,109,
   850원 및 당 초 처분시 위 가공원가 부인에서 누락된 부가가치세 매입세액 금 9,101,686원을
   손금부인하여 2011. 1. 15.자로 원고에게 당해 사업연도분 법인세 금 9,741,980원 및 농어촌
   특별세 금 1,534,320원을 증액하여 동일한 과세목적물에 대하여 당초의 부과처분을 갱정결

정한 것입니다.

3. 그러나 원고는 부가가치세 면세에 해당하는 국민주택규모의 아파트를 건설함에 따라 원고에게 부가가치세는 부과되지 아니하고 법인세만 부과되었는바, 소장의 청구취지기재와 같이 이 사건 매입세금계산서 합계 금 91,016,860원은 공사원가에 해당하는 것이므로 이를 가공원가로 보아 손금불산입한 피고의 당초처분은 위법부당한 뿐만 아니라 피고가 증액갱정결정의 근거로 삼은 위 정○호의 매입세금계산서 공급가액 금 11,098,500원은 위 아파트의 전기공사 재료 및 인건비로서 이 또한 공사원가에 해당하는 것이고 결코 가공원가가 아닌 것입니다.

4. 따라서 피고의 이 사건 과세처분(당초처분 및 증액갱정처분)은 어느 모로 보나 위법부당한 것이므로 마땅히 취소되어야 할 것입니다.

20○○. ○. .

위 원고 소송대리인 변호사 ○ ○ ○ (인)

○○행정법원 귀중

청구취지변경신청서

사　　건　2016구합0000 개별토지가격결정처분취소
원　　고　박ㅇㅇ
피　　고　서초구청장

위 사건에 관하여 원고의 소송대리인은 다음과 같이 청구취지를 변경합니다.

다　음

변경전 청구취지

1. 피고가 원고에게 2016. 0. 0. 자로 결정 고지한 2016. 0. 0. 개별토지가격결정취소처분을 취소한다.
2. 소송비용은 피고의 부담으로 한다.
라는 판결을 구합니다.

변경후 청구취지

1. 피고가 원고에게 2016. 0. 0. 자로 결정 고지한 2016. 0. 0. 개별토지가격결정취소처분 중 00,000원 부분을 취소한다.
2. 소송비용은 피고의 부담으로 한다.
라는 판결을 구합니다.

2016. 0. 0.
원고 박ㅇㅇ

서울행정법원　귀중

3) 첨부서류

가) 소가산정에 필요한 자료

나) 소송수행권을 증명하는 서면

소송대리인이 있는 경우에는 위임장 1통을 제출하고 그 밖에 당사자 또는 대리권을 증명할 각종 서류를 첨부한다(법인인 경우에는 등기사항전부증명원, 미성년자인 경우 가족관계증명원, 국가가 당사자인 경우에는 국가를 대표하는 법무부장관이 소송수행자로 지정한 내용의 지정서).

다) 인지 및 송달료 예납을 증명하는 서류

소장 제출시 소가에 따른 소정의 인지를 첨부하고 송달료를 예납하여야 한다.

라) 소장의 부본

소장 제출시에는 송달을 위하여 피고의 수에 상응하는 소장부본을 첨부하여야 한다.

마) 사건부호

행정사건에 관한 사건별 부호문자는 다음과 같다

사건별	부호문자	사건별	부호문자
행정1심 사건	구	행정신청사건	아
행정항소사건	누	선거소송사건	수
행정상고사건	두	선거항고(재항고등)사건	우
행정항고사건	루	선거신청사건	주
행정재항고사건	무	특별소송사건	추
행정특별항고사건	부	특별신청사건	쿠
행정준항고사건	사		

(3) 답변서 제출 등

1) 답변서 제출

피고가 원고의 청구를 다투는 때에는 소장부본을 송달받은 날로부터 30일 안에 답변서를 제출하여야 한다. 이 때 소장부본과 함께 동봉되어 온 절차안내서가 있을 경우 답변서 제출기간, 기재사항, 첨부서류 등의 사항에 관하여 안내서를 참조하여 작성하게 된다.

- 청구취지에 대한 답변 : '원고의 청구를 기각한다.'
- 청구원인에 대한 구체적인 답변
  원고가 주장하는 사실 중 인정하는 부분과 인정하지 아니하는 부분, 인정하지 아니하는 사실에 대하여는 그 사유.
- 증거관계
  답변서에 기재된 주장을 증명하기 위한 증거방법(서류, 증인, 감정, 사실조회 등)과 상대방이 제출한 서류 등에 관한 의견.
- 피고가 행정청인 경우
  - 처분사유, 처분의 근거 법률과 시행령, 시행규칙, 조례, 고시 등의 해당조문 내용을 구체적으로 기재
  - 처분의 근거가 되는 법률과 시행령, 시행규칙, 조례, 고시 등은 수시로 개정되기 때문에 당해 처분에 적용되는 법령에 유의할 것
- 첨부서류
  소송의 대상이 된 처분을 한 서면, 원고의 신청서, 신청서 제출 후 처분 과정에서 작성된 서류 등 당해 행정처분과 관련된 서류를 함께 제출

2) 답변서 제출 이후의 절차

가) 변론기일을 지정하는 경우

재판장은 답변서가 제출된 후 관련사건과의 관계상 신속한 기일지정이 필요하거나, 사건의 성질상 신속한 처리가 요청되는 경우 또는 법리문제만 쟁점이 되어 변론준비절차에 부칠 필요가 없는 사건의 경우 등에는 즉시 변론기일을 지정한다.

[서식] 변론기일지정신청서

변론기일지정신청

사　　건　　2016구합 0000 부가가치세부과처분취소.

원　　고　　０００

피　　고　　○○구청장

위 사건에 관하여 2016. 4. 12. 10:00 제1회 변론기일에 당사자 쌍방의 불출석으로 인하여 다음 기일이 추후로 지정되었으나, 아직 2회 변론기일이 지정되지 않고 있어 다시 기일을 지정하여

재판을 신속히 진행하여 줄 것을 신청합니다.

2016. 4. .
원고 ○ ○ ○ (인)

서울행정법원   귀중

나) 서면공방을 진행하는 경우

재판장이 당사자 간 서면공방을 진행하기로 결정한 사건에 대하여는, 참여사무관은 원고에게 발송일로부터 3주 정도로 기한을 정하여 피고의 답변에 대한 반박 준비서면 및 입증자료를 제출하도록 최고한다. 참여사무관은 원고의 반박 준비서면이 제출되면 이를 피고에게 송달한 후(다만, 피고에게 다시 반박서면의 제출을 최고하지는 아니한다), 곧바로 기록을 정리하여 재판장에게 인계하게 된다.

다) 변론준비기일(쟁점정리기일)을 지정하는 경우

재판장은 답변서 제출 후(조기에 변론기일을 지정하거나 서면공방을 진행하기로 결정하는 경우에는 그와 같은 절차로 이행합니다), 또는 서면공방 종료 후에 쟁점정리를 위한 변론준비기일을 지정한다.

(4) 변론준비기일의 진행

1) 의의

① 변론준비기일은 재판장이 그 진행을 담당하지만, 합의사건의 경우 재판장이 합의부원을 수명법관으로 지정하여 그 진행을 담당하게 할 수도 있다.

② 변론준비기일은 일반적으로 준비실이나 심문실, 조정실 등에서 진행되지만, 법정에서 진행되기도 하며, 쟁점정리기일은 1회 진행하는 것이 원칙이다. 단, 부득이한 경우에는 기일을 속행할 수 있다.

③ 쟁점정리를 위한 준비기일에는 소장, 답변서, 준비서면 진술, 쟁점 정리, 출석한 당사자본인 진술 청취, 입증계획을 수립하는 등의 절차가 이루어진다.

변론기일변경신청서

사　　건　　2021구합 0000 부가가치세부과처분취소

원　　고　　ㅇㅇㅇ

피　　고　　ㅇㅇ구청장

위 사건에 관하여 2021. 4. 12. 10:00로 지정되었으나, 원고는 최근에 있었던 교통사고 인하여 현재 병원에 입원치료 중인바, 위 치료가 종료되는 2016. 00.　00.경까지 위 기일을 변경하여 주실 것을 신청합니다.

2021.　1.　　.

원고　ㅇㅇㅇ (인)

　서울행정법원　　　귀중

---

2) 쟁점정리

원고가 청구의 근거로 삼고 있는 사실관계와 피고가 항변하는 사실관계를 정리하고, 쌍방이 주장하는 사실관계 중에서 서로 다툼이 없는 부분과 다툼이 있는 부분을 구분하며, 다툼이 있는 사실 가운데 증인신문 등에 의한 입증이 필요한 사항을 정리하는 등의 절차가 진행된다.

3) 증거조사

① 변론준비기일 이전에 있었던 증거신청 중에서 아직 채택 여부를 결정하지 않았거나, 변론준비기일에 추가로 제기된 증거신청에 대하여 채택 여부를 결정한다.

② 기존에 채택하여 실시된 검증, 사실조회, 감정촉탁 등의 결과에 대하여 고지하고 그 내용을 확인하며, 서증에 대한 조사를 시행하는 등 증거조사도 시행한다. 단, 이러한 증거조사는 반드시 변론준비기일에 해야 하는 것은 아니지만, 증인신문과 당사자본인신문은 변론기일에 시행해야 한다.

4) 변론준비기일 종결

변론준비기일에 제출하지 아니한 공격방어방법은 다음 가운데 어느 하나에 해당하여야만 변론에서 제출할 수 있음을 유의해야 한다.

① 그 제출로 인하여 소송을 현저히 지연시키지 아니하는 때
② 중대한 과실 없이 변론준비절차에서 제출하지 못하였다는 것을 소명한 때
③ 법원이 직권으로 조사할 사항인 때

(5) 변론기일 - 집중증거조사

1) 의의

변론준비기일을 통해 주장과 증거관계의 정리가 완료되면 집중증거조사를 위한 변론기일이 지정된다. 집중증거조사기일의 지정은 사건번호와 관계없이 주장과 증거관계의 정리가 완료된 순서대로 지정하게 되며, 사건의 성질상 신속한 처리가 요청되는 경우, 법리문제만 쟁점이 되어 변론준비절차에 부칠 필요가 없는 경우 등에는 답변서 제출 후에 바로 변론기일이 지정되기도 한다.

2) 변론기일의 운영

변론기일은 재판장이 진행을 담당하고, 공개법정에서 진행된다.

변론준비기일이 선행된 경우 변론기일에서는 증인 및 당사자에 대한 신문을 한 기일에 집중하여 실시하는 것이 원칙이다(집중증거조사기일).

집중증거조사기일에는 준비기일 결과의 변론상정, 증인조사 및 당사자신문이 이루어지는데, 변론준비기일을 거친 경우에도 변론준비기일에 주장진술, 서증 등 조사가 이루어지지 않은 경우에는 변론기일에 그 절차가 진행된다.

변론준비기일을 거치지 않았던 사건의 경우에는 주장의 진술, 증거신청, 증거조사 등의 모든 과정이 변론기일에 이루어진다.

3) 준비기일 결과의 변론상정, 증인조사 등

① 준비기일 결과의 변론상정

변론준비기일을 거쳤던 사건의 경우, 준비기일에서 정리되었던 당사자의 주장, 쟁점에 관한 사항, 증서조사의 결과 등을 설명·확인하는 과정(변론상정)을 거치게 된다.

② 증인조사

증인진술서 제출 방식, 증인신문사항 제출 방식, 서면에 의한 증언방식이 있다.

가. 증인진술서 제출방식

재판장의 명령이 있는 경우 당사자가 증인으로부터 증언할 내용을 시간적 경과에 따라 기재한 진술서(증인진술서)를 제출받아 미리 법원에 제출하고, 법정에서는 주로 반대신문에 집중하는 방법을 말한다. 이 경우 주신문은 핵심 쟁점사항 및 증인진술서의 진정성립을 확인하는 정도로 이루어진다.

나. 증인신문사항 제출방식

증인을 신청한 당사자가 재판장이 정한 기한 내에 미리 증인신문사항을 적은 서면을 제출하고, 법원에서는 이를 상대편 당사자에게 송달하여 반대신문을 준비하게 한 후, 법정에서 증인에 대해 주신문 및 반대신문을 시행하는 방식이다.

다. 서면에 의한 증언

법정에서의 출석·증언에 갈음하여 증언할 내용을 사건 진행의 시간적 경과에 따라 기재하고, 서명날인한 서면을 제출하는 방법이다.

법원은 증인진술서가 제출된 후 상대방의 이의가 있거나 필요하다고 인정되는 때에는 증인으로 하여금 출석하여 증언하게 할 수 있다. 이 방식은 공시송달사건이나 피고가 형식적인 답변서만 제출하고 출석하지 아니하는 등의 경우에 활용된다.

(6) 변론종결 및 판결선고

1) 변론종결

재판장은 주장의 진술, 증거신청, 증거조사 등의 모든 과정이 종결되고 나면 변론을 종결하고 선고기일을 지정한다.

변론종결 이후에는 당사자가 준비서면을 제출하거나 서류에 번호를 매겨 제출하더라도 이는 변론에 현출되지 아니한 것이기 때문에 재판결과에 반영하지 못한다. 따라서 그러한 자료를 재판결과에 반영시키기 위해서는 변론 재개를 신청하는 방법으로 변론기일에 진술하거나 제출해야 한다.

2) 판결선고

판결은 재판장이 판결원본에 따라 주문을 읽는 방식으로 선고하고, 필요한 때에는 이유를 간략히 설명할 수도 있다.

법원은 판결이 선고된 후 그 정본을 당사자에게 송달하는데, 판결에 불복이 있는 당사자는 판결서가 송달된 날부터 2주 이내에 항소장을 1심 법원에 제출하는 방식으로 항소할 수 있다.

2. 소장제출법원

제1심의 관할 법원은 피고의 소재지를 관할하는 행정법원이다. 다만 피고가 중앙행정기관 또는 그 장인 경우에는 서울행정법원이 관할함이 원칙이다(행정소송법 제9조 제1항). 다만, 토지의 수용, 기타 부동산 또는 특정의 장소에 관계되는 처분 등에 대한 취소소송은 그 부동산 또는 장소의 소재지를 관할하는 행정법원에도 이를 제기할 수 있다(같은 법 제9조 제2항).

(1) 항고소송, 당사자소송

1) 보통재판적, 특별재판적의 소장 제출법원

① 보통재판적 : 피고의 소재지를 관할하는 행정법원. 다만, 중앙 행정기관 또는 그 장이 피고인 경우에는 대법원 소재지의 행정법원.

② 특별재판적 : 토지의 수용 기타 부동산 또는 특정의 장소에 관계되는 처분 등에 대한 취소소송은 그 부동산 또는 장소의 소재지를 관할하는 행정법원에도 이를 제기할 수 있다.

2) 행정법원이 설치되지 않은 지역

행정법원이 설치되지 아니한 지역에 있어서의 행정법원의 권한에 속하는 사건은 행정법원이 설치될 때까지 해당 지방법원의 본원이 관할하도록 되어 있으므로, 현재 서울을 제외하고는 피고의 소재지를 관할하는 지방법원 본원이 항고소송의 제1심 관할법원이 된다.

(2) 민중소송, 기관소송

① 대법원

- 대통령, 국회의원, 도지사(특별시장, 광역시장 포함)에 대한 선거무효, 당선무효 소송
- 국민투표무효소송, 지방의회의결무효소송, 지방자치단체장·교육감의 주무부장관이나 상급지방 자치단체장의 감독처분에 대한 이의소송

② 고등법원

지방의회의원, 자치구·시·군의 장에 대한 선거무효, 당선무효 소송

▶ 소장제출법원
[항고소송, 당사자 소송]

보통재판적	피고의 소재지를 관할하는 행정법원. 다만 중앙 행정기관 또는 그 장이 피고인 경우에는 대법원 소재지의 행정법원이 관할이다.
특별재판적	토지의 수용 기타 부동산 또는 특정의 장소에 관계되는 처분 등에 대한 취소소송은 그 부동산 또는 장소의 소재지를 관할하는 행정법원에도 이를 제기할 수 있다

* 행정법원이 설치되지 아니한 지역에 있어서의 행정법원의 관할에 속하는 사건은 행정법원이 설치될 때까지 해당 지방법원의 본원이 관할하도록 되어 있으므로, 서울을 제외하고는 피고의 소재지를 관할하는 지방법원 본원이 항고소송의 제1심 관할법원이다.

[민중소송, 기관소송]

대법원	– 대통령, 국회의원, 도지사(특별시장, 광역시장 포함)에 대한 선거무효, 당선무효 소송 – 국민투표무효소송, 지방의회의 결의무효소송, 지방자치단체장·교육감의 주무부장관이나 상급지방자치단체장의 감독처분에 대한 이의소송
고등법원	지방의회의원, 자치구·시·군의 장에 대한 선고무효, 당선무효 소송

3. 소송의 종료

(1) 소의 취하

종래 원고의 소취하에 대한 동의 여부는 관할 검찰청의 사전 지휘 대상이었으나, 최근 서울고등검찰청은 소송수행자가 사전 지휘 없이 스스로의 판단에 따라 소취하에 대한 동의 여부를 결정하고 이를 관할 검찰청에 사후 보고토록 하였다.[52]

(2) 판결

1) 각하판결과 기각판결

각하판결은 소송요건이 구비되지 않았다는 이유로 본안에 대하여 판단하지 않고 소를 각하하는 것이며, 기각판결은 본안에 대하여 판단한 후 원고의 청구가 이유 없다고 하여 이를 배척하는 판결을 말한다. 논리적으로는 소송요건 구비 여부를 먼저 판단하고 본안에 대하여 판단하는 것이 순서이나, 실제 소송에서는 소송요건과 본안에 대한 심리가 동시에 진행될 수도 있다.

---

[52] 서울고등검찰청 2008. 7. 1.자. 행정소송 소취하동의 여부 지휘제도 수정내용 안내(소송사무제2과–7981) 참조

2) 인용판결과 기속력

심리한 결과 소송요건이 모두 갖추어져 있고 원고의 주장이 타당하다면 법원은 원고의 청구를 인용하는 판결을 한다.

처분 등을 취소하는 내용의 인용판결은 확정되면 그 사건에 관하여 당사자인 행정청과 그 밖의 관계행정청을 기속하는 '기속력'이 발생한다. 이러한 인용판결은 크게 처분의 권한 · 절차 · 대상 등에 흠결이 있는 경우와 재량권을 일탈 · 남용한 경우로 나눌 수 있다.

행정처분의 절차 또는 형식의 위법으로 인한 취소판결이 확정되면 그 확정판결의 기속력은 거기에 적시된 절차 및 형식의 위법사유에 한하여 미치는 것이므로 행정청은 그 위법사유를 보완하여 다시 새로운 행정처분을 할 수도 있다.

한편, 처분이 원고에게 지나치게 가혹한 제재이므로 재량권을 일탈하였다는 이유로 피고 패소 판결이 선고 · 확정된 경우에는, 제재의 정도를 낮추어 다시 처분을 할 수 있다.

또한 판결로써 취소된 처분이 당사자의 신청을 거부하는 내용일 때에는, 행정청은 판결의 취지에 따라 다시 이전의 신청에 대한 처분을 하여야 한다(행정소송법 제30조 제2항).

4. 집행정지 결정

(1) 의의

1) 처분 등이나 그 집행 또는 절차의 속행으로 인하여 생길 회복하기 어려운 손해를 예방하기 위하여 긴급한 필요가 있다고 인정되는 경우, 본안 소송이 계속되고 있는 법원이 처분 등의 효력이나 그 집행 또는 절차의 속행을 일시적으로 정지하는 것이다(행정소송법 제23조 제2항).

2) 일반적으로 원고가 소제기와 동시에 문제되는 처분의 집행정지를 신청하고, 법원이 이를 받아들이는 경우 '본안 판결 선고시까지' 집행정지 결정을 하며, 본안을 심리한 결과 원고의 청구를 인용하는 판결을 선고할 때에는 법원의 직권으로 '판결 확정시까지' 집행정지를 하게 된다.

(2) 집행정지의 요건

1) 본안소송이 적법하게 계속중일 것

2) 집행정지의 이익이 있을 것

집행이 완료되어 회복이 불가능한 경우에는 신청의 이익이 없다. 즉, 행정대집행법상 철거가 집행된 후에는 계고처분에 대한 집행정지 신청은 아무런 이익이 없게 되므로 기각되게 된다.

3) 본안청구가 이유 없음이 명백하지 아니할 것

집행정지는 본안에 대한 판결시까지 잠정적인 조치를 취하는 것이므로, 본안소송에서 원고의 승소여부는 고려되지 않는 것이 원칙이지만, 본안소송에서 원고의 청구가 기각될 것이 명백하다면 이를 이유로 집행정지 신청을 기각할 수 있다는 것이 판례의 태도이다.[53]

4) 회복하기 어려운 손해를 예방할 긴급한 필요

위법한 행정처분으로 인한 손해가 비재산적인 것이라고 하여도, 원칙적으로 그 배상은 금전에 의할 수밖에 없다(국가배상법 제8조, 민법 제763조, 제394조 참조). 그러나 사회통념상 이러한 방법으로는 손해를 충분히 회복하기 어려운 경우가 많은바, 그러한 손해를 예방할 긴급한 필요가 있는 경우에 한하여 집행정지를 신청할 수 있다.

5) 공공복리에 중대한 영향을 미칠 우려가 없을 것

공공복리에 중대한 영향을 미칠 우려가 있을 때에는 집행정지는 허용되지 않는다.

우리 판례는 공설화장장이전설치처분에 대한 집행정지 신청,[54] 시외버스운송사업면허내인가처분에 대한 집행정지 신청[55] 등에 대하여 공공복리에 중대한 영향을 미칠 우려가 있다는 이유로 기각결정을 한 바 있다.

(3) 집행정지결정에 대한 불복

1) 집행정지 결정에 불복할 경우에는 그 결정서를 송달받은 날로부터 1주일의 불변기간 이내에 즉시항고를 하여야 한다(민사소송법 제444조).

2) 즉시항고를 제기하였으나 기각된 경우, 이에 불복할 때에는 재항고할 수 있으며, 재항고기간 역시 1주일의 불변기간이다.

Ⅱ. 송달료 · 소가 · 인지액의 납부

1. 송달료 납부

(1) 의의

소장을 제출할 때에는 당사자 수에 따른 계산방식에 의한 송달료를 송달료수납은행 (대부분 법원구내 은행)에 납부하고 그 은행으로부터 교부받은 송달료납부서를 소장에 첨부하여야 한다.

---

53) 허가없이 토지의 형질을 변경하여 차고지를 조성하고 그 일부에 건축물을 설치하여 사용한 신청인이 건물철거대집행계고 처분의 효력정지를 신청한 사안에서, 대법원은 신청인의 본안청구가 이유없음이 명백하다는 이유로 원심의 효력정지 결정을 파기하고 신청인의 효력정지신청을 기각하였다(대결 1992.6.8.자 92두14).

54) 대결 1971.3.5.자 71두2.

55) 대결 1991.5.6.자 91두13.

(2) 송달료의 계산

사 건	송달료 계산법(송달료 1회분=5,100원, 2021. 3. 1. 시행)
행정제1심사건(구단, 구합)	당사자수 X 송달료 10회분
행정항소사건(누)	당사자수 X 송달료 10회분
행정상고사건(두)	당사자수 X 송달료 8회분
행정항고사건(루)	당사자수 X 송달료 3회분
행정재항고사건(무)	당사자수 X 송달료 5회분
행정특별항고사건(부)	당사자수 X 송달료 3회분
행정준항고사건(사)	당사자수 X 송달료 3회분
행정신청사건(아)	당사자수 X 송달료 2회분

〈예시〉 행정 제1심사건 당사자수 2명인 경우 : 2명 × 5,100원 × 10회분 = 102,000원

(3) 현금지급기 등을 이용한 송달료 납부 방법

1) 현금지급기(CD)나 현금입·출금기(ATM)를 이용하여 납부하는 경우

그 이용명세표로 송달료납부서에 갈음할 수 있도록 한다(제3조 제1항 단서).

2) 인터넷뱅킹, 자동응답전화기(ARS) 또는 현금지급기나 현금입·출금기를 이용한 납부

송달료 잔액 환급은 별도의 계좌입금신청이 없더라도 출금계좌에 이체하는 방법으로 하도록 한다(제9조 제 2항 단서).

3) 송달료 잔액 환급 전 출금계좌가 폐쇄된 경우

인터넷뱅킹, 자동응답전화기(ARS) 또는 현급지급기나 현금입·출금기를 이용하여 송달료를 납부하였으나, 송달료 잔액 환급 전에 출금계좌가 폐쇄된 경우에는 잔액환급 통지를 하고, 환급청구를 받아 환급히도록 한다(제9조 제3항).

2. 소가의 산정기준 및 계산

민사소송 등 인지규칙

제17조(행정소송)

행정소송의 소가는 다음 각호에 규정된 가액 또는 기준에 의한다.

1. 조세 기타 공법상의 금전·유가증권 또는 물건의 납부를 명한 처분의 무효확인 또는 취소를 구하는 소송에 있어서는, 그 청구가 인용됨으로써 원고가 납부의무를 면하게 되거나 환급받게 될 금전, 유가증권 또는 물건의 가액의 3분의 1. 다만, 그 금전·유가증권 또는 물건의 가액이 30억원을 초과하는 경우에는 이를 30억원으로 본다.

2. 체납처분취소의 소에 있어서는 체납처분의 근거가 된 세액을 한도로 한 목적물건의 가액의 3분의 1. 다만, 그 세액 또는 목적물건의 가액이 30억원을 초과하는 경우에는 이를 30억원으로 본다.

3. 금전지급청구의 소에 있어서는 청구금액

4. 제1호 내지 제3호에 규정된 것 이외의 소송은 비재산권을 목적으로 하는 소송으로 본다.

제18조의2(소가를 산출할 수 없는 재산권상의 소 등)

재산권상의 소로서 그 소가를 산출할 수 없는 것과 비재산권을 목적으로 하는 소송의 소가는 5천만 원으로 한다. 다만, 제15조제1항 내지 제3항, 제15조의2, 제17조의2, 제18조에 정한 소송의 소가는 1억 원으로 한다.

---

(1) 소가의 산정기준의 원칙 및 계산식

민사소송등인지규칙 제17조는 행정소송의 인지액을 정함에 있어서 기준이 되는 소각에 대하여 다음과 같이 규정하고 있다.

1) 조세 기타 공법상의 금전·유가증권 또는 물건의 납부를 명한 처분의 무효확인 또는 취소를 구하는 소송

그 청구가 인용됨으로써 원고가 납부의무를 면하게 되거나 환급받게 될 금전, 유가증권 또는 물건의 가액의 3분의 1을 소가로 본다. 단, 그 금전·유가증권 또는 물건의 가액이 30억원을 초과하는 경우에는 이를 30억 원으로 본다.

▶ 법인세 등 부과처분취소

[예제 – 청구취지]

피고가 2015. 7. 1. 원고에 대하여한 2014사업년도 분 법인세 금 5억원과 2015사업년도분 농어촌특별세 4억원의 부과처분 중 2014사업연도분 법인세 2억 5,000만원과 2015사업연도분 농어촌특별세 2억 5,000만원을 초과하는 부분을 각 취소한다.

▶ 소가산정 방법

　가. 2014사업연도분 법인세 : 5억원 – 2억5,000만원=2억5,000만원×1/3 = 가액

　나. 2015사업연도분 법인세 : 4억원 – 2억5,000만원 = 1억5,000만원×1/3 = 가액

▶ 소가 : 위 가액을 합산한 금액이 소가가 된다.

▶ 증여세부과처분취소

[예제–청구취지]

피고 금천세무서장이 2013년 7. 15. 원고 000에게 대하여 한 2010. 귀속분 금 5,000만원, 금 4,000만원, 금 3000만원의 각 증여세부과처분을 취소한다.

▶ 소가산정 방법

금 5,000만원 + 금 4,000만원 + 금 3,000만원 = 억 2,000만원 × 1/3 = 소가

▶ 건물에 대한 과태료부과처분무효

[예제–청구취지]

피고가 원고에 대하여 한 서울시 관악구 봉천동 000-00 지상 건물에 관한 5,000만원의 과태료부과처분은 무효임을 확인하고, 피고는 원고에게 5,000만원과 이중 3,000만원에 대하여는 2015. 9. 16.부터 원심판결 선고 일까지는 연 5%의, 그 다음날부터 다 갚는 날까지는 연 15%의 각 비율로 계산한 돈을 각 지급하라.

▶ 소가산정 방법

　가. 과태료부과처분무효청구 : 금 5,000만원×1/3 = 소가

　나. 금전지급청구 : 금 5,000만원×1/3 = 소가

▶ 소가 : 흡수의 원칙에 따라 위 금액 중 다액을 소가로 한다.

▶ 경정청구거부처분에 대한 취소소송

> [예제]
> – 국세기본법 제45조의2 규정에 의한 경정청구거부처분에 대한 취소의 소
> – 지방세법상의 수정신고납부제도의 경우 경정청구거부처분에 대한 취소의 소 : 납부를 면
>   하거나 환급할 금액 : 3억원
> ▶ 소가
> 소가는 1억원이다.

2) 체납처분취소의 소

> [예제]
> 체납세액이 13억 원이고, 체납처분된 목적물이 가액이 15억 원인 경우
> ▶ 소가산정 방법
> 목적물의 가액 15억원 × 1/3 = 5억원

체납처분의 근거가 된 세액을 한도로 한 목적물건의 가액의 3분의 1을 소가로 본다. 다만, 그 세액
또는 목적물건의 가액이 30억원을 초과하는 경우에는 이를 30억원으로 본다.

3) 기타

가) 금전지급청구의 소

금전지급청구의 소에 있어서는 그 청구금액을 소가로 한다.

▶ 손실보상금감액소송에서의 소송목적의 값

> [예제]
> 중앙토지수용위원회에서 재결한 보상금이 14억 원임에도 기업자가 5억원만을 지급하게 다
> 는 취지로 '원고의 피고에 대한 서울 관악구 봉천동 000-0 소재 부동산에 대한 수용에 관
> 한 손실보상금 5억원을 초과해서는 존재하지 아니함을 확인한다'는 소를 제기하였다.
> ▶ 소가산정 방법
> 14억원 – 5억원 = 9억원 × 1/3 = 3억 원

나) 제1호 내지 제3호에 규정된 것 이외의 소송

비재산권을 목적으로 하는 소송으로 본다. 비재산권을 목적으로 하는 소송의 소가는 2,000만 100원으
로 한다(민사소송 등 인지규칙 제18조의 2 전단).

▸ 주택건설사업계획승인취소처분취소의 소

> [예제]
>
> 피고가 2016. 1. 1. 원고에 대하여 한 주택건설사업계획승인취소 및 주택건설사업계획변경
> 승인신청서반려처분을 취소한다.
>
> ▸ 소가산정 방법
>
> 가. 주택건설사업계획승인취소의 경우 : 5,000만원
>
> 나. 주택건설사업계획변경승인신청서반려처분취소의 경우 : 5,000만원
>
> ▸ 소가 : 흡수의 원칙에 따라 5,000만원

▸ 도시계획결정취소의 소

> [예제]
>
> 피고가 2015. 4. 15. 한 도시계획변경결정 중 서울시 관악구 보라매동 000-0 560㎡를 소
> 로 3류 182호 도로부지로 정한 부분을 취소한다.
>
> ▸ 소가산정 방법
>
> 비재산권에 관한 소이므로 : 5,000만원

▸ 환지예정지지정처분취소

> [예제]
>
> 피고가 2015. 4. 15. 원고에 대하여 한 별지기재 환정예정지지정처분을 취소한다.
>
> ▸ 소가산정 방법
>
> 비재산권에 관한 소이므로 : 5,000만원

▸ 토지형질불허가처분취소

> [예제]
>
> 피고가 2015. 4. 15. 한 별지목록기재 토지에 과한 토지형질변경 불허가처분을 취소한다.
>
> ▸ 소가산정 방법
>
> 비재산권에 관한 소이므로 : 5,000만원

▶ 부당노동행위구제재심판정취소

> **[예제]**
>
> 피고가 2015. 4. 15. 원고와 피고 보조참가인 사이의 2015부노300 부당노동행위구제 재심
> 신청사건에 관하여 한 재심판정을 취소한다.
>
> ▶ 소가산정 방법
>
> 비재산권에 관한 소이므로 : 5,000만원

그 외 교사임용후보자 선정경쟁시험시험불합격처분취소, 임원취임승인취소처분 등 취소, 공동어업권
면허면적 조정신청서 반려처분취소, 조례무효확인, 공매처분취소, 체육시설업신고수리거부처분취
소, 옥외광고물철거대집행 영장발부통보 처분취소, 장애물에 대한 철거거부처분취소, 주택건설업영
업정지 처분취소, 건축허가 및 준공검사취소 등에 대한 거부처분취소, 농지취득자격증명 발급거부처
분취소, 택지개발예정지구지정처분 무효확인, 자동차운전면허취소처분 취소, 자동차운행정지처분
취소 등, 노동재의중재회부결정 취소, 일반목욕장업 허가처분취소, 주택개량재개발조합설립 및 사업
시행인가처분무효, 토지등급수정결정처분취소, 현역병 입영처분취소, 사업계획변경승인신청거부처
분 및 준공검사신청거부처분취소, 액화석유가스충전사업 변경허가처분취소, 국세체납처분에 의한
압류처분취소 등도 모두 비재산권에 관한 소로서 그 소가를 5,000만원으로 한다.

(2) 부동산에 관한 처분

환지예정지처분이나 토지수용에 관한 사업인정처분과 같은 부동산에 관련한 처분의 소송에 관하여는
목적물의 가액을 기준으로 소가를 산정하여야 할 것인가의 문제가 있으나, 위 민사소송등인지규칙
제17조의 1호의 물건의 납부를 명한 처분에 해당한다고 볼 수 없으므로 위 규칙 제17조의 4호 비재산권
을 목적으로 하는 소송으로 보아야 할 것이다.

(3) 특수한 소송

부작위위법확인을 구하는 소도 비재산권상의 소일 것이다. 민중소송과 기관소송의 경우에는 처분
등의 취소를 구하거나 처분 등의 효력 유무 또는 존재 여부나 부작위의 위법확인을 구하는 소송에서는
취소소송, 무효등확인소송, 부작위위법확인소송에 준하여, 그 외의 소송에는 그 성질에 반하지 아니하
는 한 당사자소송에 준하여 산정하면 될 것이다.

(4) 병합의 경우

1개의 소로써 수개의 청구를 병합하는 경우, 그 수개의 청구를 주장이익이 독립한 별개의 것인 때에는

합산하여 소가를 산정한다. 다만 1개의 소로써 주장하는 수개의 청구의 주장 이익이 동일 또는 중복되는 때(재결취소소송과 과세처분취소소송이 병합하여 제기된 경우)에는 중복되는 범위 내에서 흡수되고 그 중 가장 다액의 청구가액을 소가로 한다.

과실, 손해배상, 위약금 또는 비용의 청구가 소송의 부대목적이 되는 때에는 그 가액은 소송의 목적물 가액에 산입하지 아니한다. 그러나 이들 청구만을 독립하여 청구하는 경우에는 그 자체만을 별도의 소가로서 정하여야 하며 수단인 청구의 가액이 주된 청구의 가액보다 다액인 경우에는 그 다액을 소가로 한다.

조세부과처분의 취소소송에 병합하여 각종 가산세의 부과처분취소청구를 하는 경우에 관하여는, 가산세는 제재세로서 별도의 확장절차를 요하고 본세의 과세처분과는 별개의 처분이라는 이유 등으로 소가를 합산하는 것이 실무례이다.

1개의 소로써 수개의 비재산권상의 청구를 병합하는 경우에는 각 청구의 소가를 합산한다. 다만 청구의 목적이 1개의 법률관계인 때에는 1개의 소로 본다. 따라서 다투는 행정처분의 건수가 수개인 경우에는 그 소가를 합산하여야 하나, 다수인이 원고가 되어 동일한 소장으로 행정처분에 관하여 소를 제기하는 때에는 1개의 소로 보아 소가를 산정한다.

1개의 소로써 재산권상의 청구와 비재산권상의 청구를 병합하는 경우는 소가는 합산함을 원칙으로 한다. 그러나 비재산권상의 청구와 그로 인하여 생길 재산권을 목적으로 하는 청구를 병합하는 때에는 다액인 소가에 의하여 인지를 첩부한다. 수개의 비재산권상의 청구와 그 원인된 사실로부터 생기는 재산권상의 청구를 1개의 소로써 병합제기하는 때에는 그 수개의 비재산권상의 청구의 소가의 합산액과 재산권상의 소가 중 다액에 의한다.

민사소송등인지규칙 제17조 제1호 단서에는 '금전 · 유가증권 또는 물건의 가액이 30억원을 초과하는 경우에는 이를 30억 원으로 본다는 규정은 청구가 병합된 경우에는 각 청구별로 그로써 원고가 얻은 가액이 30억원을 넘을 경우 이를 30억원으로 본다는 것이지, 수개의 청구를 병합하여 1개의 소로 제기한 경우의 그 합산액에 대하여까지 적용되는 것은 아니다. 따라서 각 청구별로 먼저 위 민사소송등 인지규칙 제17조 제1호 단서를 적용하여 가액을 산정하되, 그 후 각 청구의 가액을 합산한 액에 대하여는 그것이 30억원을 넘더라도 그 액을 기준으로 하여 소가를 산정하여야 할 것이다.

이와 같이 병합청구의 소가산정의 제 원칙은 원고가 1개의 소장에 원시적으로 청구를 병합제기한 경우에 적용되고 별개의 소장으로 제소하는 경우에는 각기 별개로 산정하여야 한다. 제소 후 소송 계속중에 관련청구 등의 이송 등으로 병합결정이 있는 경우에도 이미 결정된 소가 및 첩부인지에 관하여는 아무런 영향을 미치지 아니한다. 다만, 관련청구를 추가적으로 병합제기하는 경우에는 위와 같은 병합청구의 소가산정의 제 원칙에 따라 총소가를 산정하고 이미 산출하였던 전소가와의 차액을 산출하여 인지를 추가로 더 첩부하는 등의 조치를 하게 된다. 국가는 행정소송에서 민사소송인지법의 규정에 의한 소정인지를 첨부하지 아니한다. 항소심에는 1심에 관한 규정액의 1.5배의 인지를 상고장에는 1심에 관한 규정액의 2배의 인지를 첨부한다.

▶ 비재산권상의 청구 병합에서의 소송목적의 값

[예제]

피고는 제1종, 제2종 운전면허 보유자인데, 음주운전을 이유로 두 종류의 운전면허를 모두 취소당한 경우, 운전면허취소처분취소소송 제기시 소가 ?

▶ 소가산정 방법

비재산권에 관한 소이므로 : 5,000만원

▶ 실질적으로 성격이 다른 두 개의 소

[예제]

피고들은 공동으로 뇌물을 수수하여 파면처분을 당사자 각자 소청심사를 거쳐 1개의 소장으로 징계처분취소소송을 제기한 경우 소가 ?

▶ 소가산정 방법

비재산권에 관한 소이므로 : 5,000만원, 다만, 실질적으로 두 개의 소송이므로, 5,000만원 × 2 = 1억원

3. 인지액

(1) 인지액 계산법

소 가	인지액 계산법
1,000만원 미만	소송목적의 값 X 10,000분의 50
1,000만원 이상 ~ 1억원 미만	소송목적의 값 X 10,000분의 45 + 5,000원
1억원 이상 ~ 10억원 미만	소송 목적의 값 X 10,000분의 40 + 55,000원
10억원 이상	소송목적의 값 X 10,000분의 35 + 555,000원

※ 산출된 인지액이 1,000원 미만인 때에는 이를 1,000원으로 하고, 1,000원 이상인 경우에 100원 미만의 단수가 있는 때에는 그 단수는 계산하지 않음.

[행정사건의 접수서류에 첨부할 인지액]

행정접수서류의 종류	법 조 문	첨부할 인지액	등재할 부책	편철 방법
사건의 이송신청서	행소7	인지불첨부	문서건명부	가철
소장	행소 20①, 35, 38②, 39, 45, 46	민소인지법 2조 소정액	행정사건부	별책
관련청구소송의 이송신청서	행소 10①, 38①, ②, 44②, 46	1,000원	행정신청사건부	별책
관련청구소송의 병합제기	행소 10②, 23③, 38①②, 44②, 46②	민소인지법 5조 소정액(다만, 주관적 병합인 경우 6조, 10조 소정액)	문서건명부	가철
선결문제통지신청서	행소 11②, 46①	인지불첨부	문서건명부	가철
피고경정신청서	행소 14①, 38①②, 44①, 46	500원	문서건명부	가철
	행소 14⑥, 38①, 44①, 46	인지불첨부	문서건명부	가철
소송참가신청서	행소 16, 38①, ②, 44①, 46	500원	문서건명부	가철
	행소 17, 38①, ②, 44①, 46, 11①			
의결진술서	행소 16②, 38①, ②, 44, 46	인지불첨부	문서건명부	가철
	행소 17②, 38①, ②, 44①, 46, 11①			
소의 변경신청서	행소 21①, 37, 46①	민소인지법 5조 소정액(다만, 주관적 병합인 경우 6조, 10조 소정액)	문서건명부	가철
	행소 22①, 38①, 44①, 46			
집행정지신청서	행소 23②, 38①, 46①, ②	2,000원	행정신청사건부	별책
집행정지 취소신청서	행소 24①, 38①, 46①, ②	1,000원	문서건명부	가철
행정심판기록 제출명령신청서	행소 25①, 38①, ②, 44①, 46, 11①	500원	문서건명부	가철
제3자에 의한 재심청구서	행소 31①, 38①, ②, 46①, ②	민소인지법 8조 소정액	행정재심사건부	첨철
거부처분취소판결의 간접강제신청서	행소 34①, 38②, 46①, ②	1,000원	행정신청사건부	별책

(2) 기타

1) 값을 산출할 수 없는 경우와 비재산권을 목적으로 하는 소송의 경우

재산권상의 소로서 그 소송목적의 값을 산출할 수 없는 것과 비재산권을 목적으로 하는 소송의 소송목적의 값은 2,000만 100원으로 한다. 다만, 민사소송등인지규칙 제15조 제1항 내지 제3항(회사등 관계 소송 등), 제17조의2(특허소송), 제18조(무체재산권에 관한 소)에 정한 소송의 소송목적의 값은 5,000만원으로 한다.

2) 항소장, 상고장의 인지액

항소장에는 위 규정액의 1.5배, 상고장에는 2배의 인지를 붙여야 한다.

3) 유의사항

① 소장 등에 첨부하거나 보정할 인지액이 1만원을 초과하는 때에는 전액을 현금(또는 카드)으로 납부하여야 한다.

② 인지액이 1만원을 초과하지 않는 경우에도 현금(또는 카드)으로 납부할 수 있다.

③ 현금(또는 카드)수납 기관은 송달료수납은행에 납부하며 대부분 법원구내에 위치하고 있다.

④ 인지액 상당의 금액을 현금(또는 카드)으로 납부한 후 과오납금이 있음을 발견한 때에는 수입징수관에게 반환을 청구할 수 있다.

(3) 인지액의 납부방법

이미 납부한 인지액이 있는 경우에는 그 합산액이 1만원 초과하는 경우에는 전액 현금(또는 카드)으로 납부하여야 하고, 1만원 이하인 경우에는 현금(또는 카드) 또는 수입인지로 납부할 수 있다.

1) 인지액의 현금납부

① 수납은행에 가서 직접 납부하거나 해당은행의 인터넷뱅킹을 이용한 계좌이체의 방식으로 납부할 수 있다.

② 직접납부하는 경우에는 수납은행에 비치된 소송등인지의 현금납부서류에 소정사항을 기재(제출법원란에는 소장 등을 실제로 제출하였거나 제출할 법원을 기재)하여 납부한 후 영수필확인서 및 영수필통지서를, 인터넷뱅킹을 이용한 계좌이체의 방법으로 납부하는 경우에는 계좌이체 후 영수필확인서 및 영수필통지서를 출력하여 소장 등에 첨부하여야 한다.

2) 인지액의 카드납부

① 수납은행(신한은행)에 직접 방문하거나 또는 인지납부대행기관(금융결제원)이 운영하는 인터넷홈페이지 (www.cardrotax.or.kr)에서 납부할 수 있다.

② 카드납부시에는 인지금액의 1.2%에 해당하는 수수료를 납부하여야하며, 그 수수료는 전액 소송비용에 산입된다. 결제취소는 수납은행에서 납부한 경우에 한하여 가능하고, 그 수납은행의 당해 영업일의 수납마감시간이전에 한하여, 수납은행으로부터 교부받은 서류의 원본을 첨부하여 수납은행에 청구할 수 있다.

③ 납부인과 카드결제인이 상이한 경우에도 가능하나 카드결제인은 반드시 본인 소유의 카드만 가능하다(예: 납부인은 사건당사자이나, 대리인이 결제할 때에는 대리인의 카드만 가능).

(4) 과오납금의 반환 청구

1) 납부 당일의 수납마감 이전

인지액 상당의 금액을 현금으로 납부한 후 납부 당일의 수납마감 전에 과오납이 있음을 발견한 때에는 수납은행으로부터 교부받거나 인터넷으로 출력한 서류의 원본을 수납은행에 반환하고 과오납금의 반환을 청구할 수 있다.

2) 납부 당일의 수납마감 이후

납부 당일의 수납마감 이후에는 당해사건의 담당 법원사무관등이 과오납을 확인한 서면 또는 수납은행으로부터 교부받은 서류의 원본을 첨부하여 소장 등을 제출한 법원에 서면으로 과오납금의 반환을 청구할 수 있다.

(5) 사건의 종결에 따른 인지액의 환급 청구

1) 의의

본안 사건의 소장·항소장·상고장각하, 제1심 또는 항소심 변론종결 전까지의 소·항소취하(취하간주 포함), 상고이유서 제출기간 경과 전의 상고취하, 제1심 또는 항소심에서의 조정·화해 또는 청구의 포기·인낙 등으로 종결된 때에는 당해 심급에 납부한 인지액의 1/2에 해당하는 금액(인지액의 1/2에 해당하는 금액이 10만원 미만인 경우에는 인지액에서 10만원을 공제하고 남은 금액)의 환급을 소장 등을 제출한 법원에 서면으로 청구할 수 있다(단, 소장 등에 붙인 인지액이 10만원 이하인 경우에는 환급되지 않는다).

2) 절차

① 환급청구하는 경우에는 당해사건의 담당 법원사무관등이 환급사유 및 환급금액을 확인한 서면을 첨부하여야 한다.

② 환급청구는 환급사유가 발생한 날부터 3년 내에 청구하여야 하고, 환급받을 예금계좌번호를 기재한 환급청구서를 담당 재판부에 제출해야 한다.

[서식] 소송등인지의 과오납금 반환신청서

소송등인지의 과오납금 반환신청서

사건번호 및 사건명	2013구합(구단)○○○○○, 요양급여불승인처분취소
납부인 성명	김 길 동
주민등록번호	○○○○○○ - ○○○○○○○
주 소	서울시 은평구 불광동 ○번지
납 부 일 자	2013. ○○. ○○
수 납 은 행	□ 현금납부(은행 지점) □ 인지첩부
납 부 금 액	원
반환청구금액	원
반환받을 예금계좌	

예금 계좌	금융기관명	점포명	예금종류	계좌번호	예금주성명

위 납부인이 인지액으로 납부한 금액 중 아래와 같은 사유로 과오납금이 있으므로 이의 반환을 청구합니다.

사   유 : 소가의 계산착오

첨부서류 :   ① 소송등인지의 과오납확인서 1부

　　　　　 ② 소송등인지의 현금영수증 또는 현금영수필확인서 사본 1부.

　　　　　 ③ 납부자 명의의 계좌입금 가능한 통장 사본 1부

　　　　　 ④ 주민등록증 앞·뒷면 사본 1부

　　　　　　　　　　20 .   .   .

　　　　　　　　　　청구인   (날인 또는 서명)

　　　　　　　　　　(연락가능한 전화번호 :   )

서울행정법원   귀중

소송등인지의 환급청구서

사건번호 및 사건명 2013구합(구단)○○○○○, 요양급여불승인처분취소
납부인 성명 김 길 동
주민등록번호 ○○○○○○ − ○○○○○○○
주   소 서울시 은평구 불광동 ○번지
납 부 일 자 2013. ○○. ○○
수 납 은 행 □ 현금납부(은행   지점) □ 인지첩부
납 부 금 액   원
반환청구금액   원
반환받을 예금계좌

예금 계좌	금융기관명	점포명	예금종류	계좌번호	예금주성명

위 납부인이 인지액으로 납부한 금액 중 아래와 같은 사유로 환급금이 있으므로 이의 반환을 청구합니다.

▶사   유 : 소취하, 조정성립, 각하등

▶첨부서류 :   ① 소송등인지의 환급확인서 1부.(반드시 원본)

② 소송등인지의 현금영수증 또는 현금영수필확인서 사본 1부

③ 납부자 명의의 계좌입금 가능한 통장 사본 1부

④ 주민등록증 앞면 사본 1부

20   .   .   .

청구인   (날인 또는 서명)

(연락가능한 전화번호 :   )

서울행정법원   귀중

※ 대리인이 신청할 경우에는 납부인의 위임장 및 인감증명서와 대리인의 주민등록증 앞뒷면 사본을 제출하여야 하며, 법인인 경우에는 법인등기부등본, 위임장 및 법인인감증명서, 사업자등록증 사본, 청구인의 주민등록증 앞뒷면 사본 등을 추가로 제출하여 주시기 바랍니다.

Ⅲ. 증거제출

1. 서증의 제출

(1) 의의

서증을 제출할 때에는 반드시 서증에 서증번호(갑제1호증, 갑제2호증의 1, 갑제2호증의 2 등)를 붙여야 하며, 이를 토대로 서증명을 기재한 서증목록을 작성하여 제출해야 한다.

서증명은 서증내용을 쉽게 알 수 있도록 간단명료하게 정리하는 것이 필요하다. 또한 서증번호가 붙어 있지 않거나 서증목록이 제출되지 않으면 당해 증거는 제출의 효력이 인정되지 않을 수 있으므로 특히 주의를 요한다. 서증의 번호는 서증이 작성된 시간 순서대로 붙이는 것이 일반적이다.

(2) 서증번호

1) 체계적 번호 정리

서증번호를 붙일 때에는 서증의 면수마다 증제번호를 매기는 것을 피하도록 하고, 1개의 서증이 작성자가 다른 문서 또는 성질이 다른 문서 등으로 이루어진 경우와 서로 밀접한 관련이 있어서 그 연관성을 나타내게 할 때는 가지번호를 매겨서 제출하는 것이 바람직하다. (증제번호는 당해 문서의 첫장 우측여백에 기재하면 족하고, 가지번호는 갑제1호증의 1, 갑제1호증의 2 등으로 적는다.)

만약 서증번호를 제대로 매기지 않고, 매 페이지마다 번호를 매기거나, 여러 문서에 하나의 번호만 매겨서 제출하면, 재판부에서 그 정리를 하는 데에 많은 시간이 소요되고, 준비절차기일에서 시간도 들어, 실질적인 심리를 하는 데에 제약요인으로 작용하게 된다.

또한 서증을 여러 차례에 나누어 제출할 때에는 종전에 제출한 서증번호에 이어서 연속하여 서증번호를 매겨야 한다. 예를 들어, 소장에 갑제3호증까지 첨부하여 제출하고, 그 이후 준비서면에 추가 서증을 첨부하는 경우라면 갑제4호증부터 번호를 매겨야 한다는 것을 유념해야 한다. 따라서 종전에 제출한 서증번호가 몇 번까지였는지를 항상 메모하여 다음에 서증을 제출할 때에 번호가 중복되거나 틀리는 일이 없도록 해야 할 것이다.

2) 공동원고 또는 참가인이 있는 경우

원고가 공동당사자로 되거나 혹은 참가인이 있는 행정소송의 경우에는, 다른 소송당사자와 서증번호가 중복되지 않도록 상호 협조하여 번호의 연속성이 유지될 수 있도록 유의하여야 한다. 재판장에 따라서는 이러한 경우 민사소송규칙에 따라 갑 가, 갑 나호증 등으로 서증번호를 부여하기도 하는데, 이러한 경우에는 반드시 갑호증이 아니라 갑 가 혹은 갑 나 호증 등으로 명확히 표시해야 한다.

3) 법령, 판례 등

법령이나 시행규칙 또는 참고가 되는 다른 사건의 판례(판결문)는 서증이 아닌 참고자료일 뿐이므로 서증번호를 매기지 않고, '참고자료'라고 표시하여 제출하면 족하다.

4) 외국어로 된 서증

서증 중 국문이 아닌 외국어로 되어 있는 것(의사의 진료기록 등)은 번역문을 첨부하여 제출해야 한다. 또한 서적 등을 발췌 복사하여 서증으로 제출할 때에는 필요한 내용이 있는 부분뿐만 아니라 책의 표지와 발행연도, 저자 등이 나타나는 부분도 함께 제출하고, 인터넷에서 수집한 자료를 제출할 때에는 누가 작성한 자료인지가 나타나도록 출력하여 제출해야 한다.

2. 증인신청

(1) 의의

증인은 필요한 서증 등 다른 증거가 대부분 제출되고 이미 제출된 증거로도 충분히 입증이 되지 않는 것으로 보이거나 당해 증인의 증언이 사건에 결정적인 중요성을 가지는 것으로 보일 경우에 증인신청서를 법원에 제출하여 신청하게 되는데, 이때 증인신청서에는 증인의 이름, 주소, 직업 이외에 전화번호 등을 기재하여 기일 전에 출석 여부를 재판부에서 확인할 수 있도록 해야 한다.

(2) 증인여비의 예납

증인이 채택된 때에는 법원이 지정하는 기한까지 증인여비를 예납하고 증인신문사항을 적은 서면을 제출하여야 한다. 증인여비는 대략 같은 시·도의 경우 3~5만원 선에서 결정되는데, 만약 증인이 원고와 친밀한 관계일 경우 '증인여비포기서'를 증인신청서와 함께 제출하면 증인여비를 예납하지 않아도 된다.

이러한 증인 신청은 사전에 서면으로 하는 것이 원칙이나 부득이하여 준비절차기일이나 변론기일에 구두로 신청을 하여 채택된 경우에는 곧바로 증인신청서를 제출하면서 동시에 증인여비를 예납하여야 한다.

(3) 증인신문사항 서면의 제출

원고측의 주신문(主訊問)일 경우, 피고측이 반대신문사항을 준비할 수 있도록 늦어도 증인신문기일의 10일(법원이 지정한 기한이 있으면 그 기한) 이전에는 증인신문사항을 적은 서면을 법원에 제출해야 한다.

증인신문사항을 적은 서면은 원본 1부, 부본 5부(재판장, 주심판사, 사무관, 속기사, 상대방 용)로 총 6부(다만, 재정단독사건은 원본 1부, 부본 4부 총 5부)를 제출한다. 이런 조치들을 취하지 않으면,

반대신문이 준비되지 않았음을 이유로 기일이 공전되는 수가 있으므로 주의를 요한다.

(4) 반대신문의 범위

반대신문은 주신문의 범위 내에서 하여야 한다. 즉 반대신문은 주신문에서 나온 사항에 대하여 탄핵하는 범위 안에서 하여야 하고, 주신문의 범위를 넘어서서 신문할 필요가 있을 때에는 같은 증인에 대하여 별도로 증인신청을 하여 주신문을 하여야 한다.

(5) 증인신문사항의 작성

증인신문사항을 만들 때에는 증인이 경험한 사실을 물어 보는 내용으로 만들어야 하며, 증인에게 의견을 물어보는 내용은 증인신문사항으로서 부적절하다.

이 경우 재판장에 따라 이와 같은 내용을 삭제하도록 할 수 있다.

또한 "…는 …입니다. 그런데 증인 …한 일이 있나요?"와 같은 증인신문사항의 경우, 이는 앞 문장이 증인에게 경험한 사실을 물어보는 내용이 아니므로 부적절하다. 그와 같이 증인신문의 전제가 되는 사실로서 증언 이외의 다른 증거방법(서증 등)에 의하여 이미 입증이 되어 있거나, 다툼이 없는 사실 등은 증인신문사항에 포함시키지 않는 것이 원칙이다. 따라서 이러한 부분은 증거에 대한 의견을 진술하는 데에 포함시켜야 한다.

(6) 감정료 예납절차의 준수 등

신체감정촉탁 등 신청한 감정신청이 채택된 경우에는 감정시행 전에 미리 소정의 감정료를 예납해야 하며, 진료기록감정촉탁신청의 경우에는 감정대상인 필름이나 첨부서류(원본 1부 및 부본 1부 총 2부)를 제출해야 한다.

3. 서증의 인부(認否)

(1) 의의

'서증의 인부'란 상대방이 제출한 증거서류에 대해서는 그 서류의 위조여부에 대한 견해를 표명하는 것을 말하는데, 다음과 같은 방법으로 행하게 된다.

(2) 종류

1) 성립 인정

당해 서증이 위조된 것이 아니고 그 작성명의자에 의하여 작성된 것이라고 인정하는 경우

2) 성립인정, 입증취지 부인

서증의 성립은 인정하되 그 내용은 납득할 수 없다고 하는 경우

3) 부지(不知)

당해 서증 자체가 작성명의자에 의해 작성된 것인지 아닌지 모르는 문서인 경우 '부지(不知)',

4) 부인

당해 서증이 위조되는 등 작성명의자에 의해 작성된 것이 아닐 경우

이러한 서증의 인부는 모든 서증에 대하여 인부할 필요는 없고, 당해 서류의 위조여부가 쟁점이 될만한 경우에만 인부를 하게 된다.

또한 인부할 서증이 많거나 인부내용이 복잡한 경우에는 미리 서증인부서(준비서면에 기재하여도 좋음)를 작성하여 제출하는 것이 바람직한 방법이다.

Ⅳ. 재판부의 조정권고

1. 의의

조정권고란 법원이 행정소송의 신속·원만한 해결을 위하여 피고에 대하여는 문제된 처분을 변경하고, 원고에 대하여는 소를 취하할 것을 권고하는 것이다. 이러한 조정권고는 말 그대로 '권고'에 불과하며, 법령에 근거가 있는 제도가 아니므로 법률적인 효력이 있는 것도 아닌 사실행위에 불과하다.

2. 조정권고제도의 배경

(1) 행정청의 재량행위

법원은 행정처분이 원고에게 지나치게 가혹하여 재량권을 일탈·남용한 것으로 판단될 때에는 그 처분 전체를 취소하는 데 그치기 때문에 행정청이 다시 재량권을 행사할 여지를 남겨둔다. 즉, 제재처분에 대하여 재량권 일탈을 이유로 이를 취소하는 판결이 선고·확정되면, 행정청은 그 취지에 따라 제재의 수위를 낮추어 다시 처분을 발령할 수 있다.

자동차 운전면허 취소 처분을 일정한 기간의 정지처분으로 변경하거나, 영업정지 처분의 정지기간을 감경하여 새로운 처분을 발령하는 것이 이에 속한다.

(2) 동일 소송의 반복 우려

그러나 원고의 입장에서는 새로이 발령된 처분에 대하여 여전히 지나치게 가혹하다고 느낄 경우 또 다시 새로운 행정처분에 대해 취소소송을 제기할 수 있으며, 이는 사실상 동일한 소송이 반복될 우려가 있는 것도 현실이다. 따라서 분쟁을 신속하고도 일회적으로 원만하게 해결하기 위해 법원은 적절하다고 생각하는 제재처분의 수위를 제시하는 조정권고를 활용하고 있다.

3. 절차

법원의 조정권고를 원고와 피고가 모두 받아들일 경우 피고 행정청이 먼저 처분을 직권으로 변경하고, 이후 원고가 제기했던 소송을 취하하는 절차를 따라야 한다. 이 때 주의할 것은 피고 행정청의 처분변경을 반드시 서면으로 확인해야 한다는 것이다. 단지 구두로 확인만 하고 소를 취하할 경우, 원고에게 불이익할 수도 있으므로 각별한 주의를 요한다.

제4장 행정소송절차에 따른
서식작성례

행정소송의 절대 다수를 차지하는 것은 '항고소송'인데 그 절차의 대략적인 흐름은 다음과 같다.

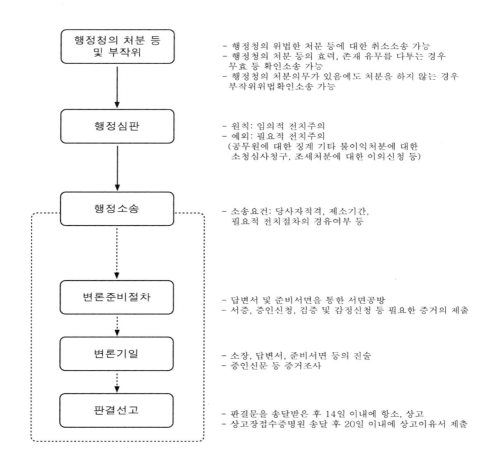

이하에서는 이러한 항고소송의 실제 사례에서 사용되는 소장과 피고측의 답변서, 준비서면 등 각종 서식들을 이해하기 쉽게 사례중심으로 구성하였다.

Ⅰ. 정보공개관련 소송

1. 정보공개청구권

국민의 알 권리, 특히 국가정보에의 접근의 권리는 우리 헌법상 기본적으로 표현의 자유와 관련하여 인정되는 것으로 그 권리의 내용에는 일반 국민 누구나 국가에 대하여 보유·관리하고 있는 정보의 공개를 청구할 수 있는 이른바 일반적인 정보공개청구권이 포함되고, 이 청구권은 공공기관의정보공개에관한법률(1996. 12. 31. 법률 제5242호)이 1998. 1. 1. 시행되기 전에는 사무관리규정(1991. 6. 19. 대통령령 제13390호로 제정되어 1997. 10. 21. 대통령령 제15498호로 개정되기 전의 것) 제33조 제2항과 행정정보공개운영지침(1994. 3. 2. 국무총리 훈령 제288호)에서 구체화되어 있었다. 한편 행정정보공개운영지침은 공개대상에서 제외되는 정보의 범위를 규정하고 있으나, 국민의 자유와 권리는 법률로써만 제한할 수 있으므로, 이는 법률에 의하지 아니하고 국민의 기본권을 제한한 것이 되어 대외적으로 구속력이 없다.[56]

2. 정보공개청구권자

공공기관의 정보공개에 관한 법률 제5조에는 '모든 국민은 정보의 공개를 청구할 권리를 가다고 규정하고 있고, 같은 법 시행령 제3조에서는 외국인이라도 국내에 일정한 주소를 두고 거주하거나 학술외인의 정보공개 청구에 관하여는 대통령령으로 정한다'고 규정하고 있다.

3. 정보공개대상기관

정보공개법에서는 정보공개대상기관으로 공공기관을 규정하고 있다. 여기서 말하는 공공기관이란 다음의 기관을 말한다(정보공개법 제2조).

(1) 국가기관

국회, 법원, 헌법재판소, 중앙선거관리위원회, 2) 중앙행정기관(대통령 소속 기관과 국무총리 소속 기관을 포함한다) 및 그 소속 기관, 3)「행정기관 소속 위원회의 설치·운영에 관한 법률」에 따른 위원회

(2) 지방자치단체

(3)「공공기관의 운영에 관한 법률」제2조에 따른 공공기관

(4) 그 밖에 대통령령으로 정하는 기관, "대통령령으로 정하는 기관"이란 다음의 기관 또는 단체를 말한다(정보공개법 시행령 제2조).

1)「유아교육법」,「초·중등교육법」,「고등교육법」에 따른 각급 학교 또는 그 밖의 다른 법률에

---

56) 대법원 1999.09.21. 선고 97누5114 판결, 헌법재판소 1991. 5. 13. 서고 90헌마133 결정.

따라 설치된 학교

2) 「지방공기업법」에 따른 지방공사 및 지방공단

3) 다음 각 목의 어느 하나에 해당하는 기관 중 지방자치단체의 조례로 정하는 기관

　　가) 지방자치단체의 조례에 따라 설립되고 해당 지방자치단체가 출연한 기관

　　나) 지방자치단체의 지원액(조례 또는 규칙에 따라 직접 지방자치단체의 업무를 위탁받거나 독점적 사업권을 부여받은 기관의 경우에는 그 위탁업무나 독점적 사업으로 인한 수입액을 포함한다)이 총수입액의 2분의 1을 초과하는 기관

　　다) 지방자치단체가 100분의 50 이상의 지분을 가지고 있거나 100분의 30 이상의 지분을 가지고 임원 임명권한 행사 등을 통하여 해당 기관의 정책 결정에 사실상 지배력을 확보하고 있는 기관

　　라) 지방자치단체와 가목부터 다목까지의 어느 하나에 해당하는 기관이 합하여 100분의 50 이상의 지분을 가지고 있거나 100분의 30 이상의 지분을 가지고 임원 임명권한 행사 등을 통하여 해당 기관의 정책 결정에 사실상 지배력을 확보하고 있는 기관

　　마) 가목부터 라목까지의 어느 하나에 해당하는 기관이 단독으로 또는 두 개 이상의 기관이 합하여 100분의 50 이상의 지분을 가지고 있거나 100분의 30 이상의 지분을 가지고 임원 임명권한 행사 등을 통하여 해당 기관의 정책 결정에 사실상 지배력을 확보하고 있는 기관

　　바) 가목부터 라목까지의 어느 하나에 해당하는 기관이 설립하고, 지방자치단체 또는 해당 설립 기관이 출연한 기관

4) 특별법에 따라 설립된 특수법인

5) 「사회복지사업법」 제42조제1항에 따라 국가나 지방자치단체로부터 보조금을 받는 사회복지법인과 사회복지사업을 하는 비영리법인

6) 제5호 외에 「보조금 관리에 관한 법률」 제9조 또는 「지방재정법」 제17조제1항 각 호 외의 부분 단서에 따라 국가나 지방자치단체로부터 연간 5천만원 이상의 보조금을 받는 기관 또는 단체. 다만, 정보공개 대상 정보는 해당 연도에 보조를 받은 사업으로 한정한다.

4. 공개대상정보

정보공개의 대상이 되는 정보는 공공기관이 보유, 관리하고 있는 정보이다. 문서는 반드시 원본일 필요는 없고, 사본도 공개대상정보에 해당하며,[57] 정보는 공공기관이 직무상 작성 또는 취득하여 현재 보유, 관리하고 있는 정보에 한한다.[58]

---

57) 대법원 2006. 5. 25 선고 2006두3049 판결.
58) 대법원 2006. 5. 25 선고 2006두3049 판결.

5. 비공개 대상 정보

공공기관이 보유·관리하는 정보는 공개 대상이 된다. 다만, 다음의 어느 하나에 해당하는 정보는 공개하지 아니할 수 있다(정보공개법 제9조).

1) 다른 법률 또는 법률에서 위임한 명령(국회규칙·대법원규칙·헌법재판소규칙·중앙선거관리위원회규칙·대통령령 및 조례로 한정한다)에 따라 비밀이나 비공개 사항으로 규정된 정보

2) 국가안전보장·국방·통일·외교관계 등에 관한 사항으로서 공개될 경우 국가의 중대한 이익을 현저히 해칠 우려가 있다고 인정되는 정보

3) 공개될 경우 국민의 생명·신체 및 재산의 보호에 현저한 지장을 초래할 우려가 있다고 인정되는 정보

4) 진행 중인 재판에 관련된 정보와 범죄의 예방, 수사, 공소의 제기 및 유지, 형의 집행, 교정(矯正), 보안처분에 관한 사항으로서 공개될 경우 그 직무수행을 현저히 곤란하게 하거나 형사피고인의 공정한 재판을 받을 권리를 침해한다고 인정할 만한 상당한 이유가 있는 정보

5) 감사·감독·검사·시험·규제·입찰계약·기술개발·인사관리에 관한 사항이나 의사결정 과정 또는 내부검토 과정에 있는 사항 등으로서 공개될 경우 업무의 공정한 수행이나 연구·개발에 현저한 지장을 초래한다고 인정할 만한 상당한 이유가 있는 정보. 다만, 의사결정 과정 또는 내부검토 과정을 이유로 비공개할 경우에는 의사결정 과정 및 내부검토 과정이 종료되면 제10조에 따른 청구인에게 이를 통지하여야 한다.

6) 해당 정보에 포함되어 있는 성명·주민등록번호 등 개인에 관한 사항으로서 공개될 경우 사생활의 비밀 또는 자유를 침해할 우려가 있다고 인정되는 정보. 다만, 다음 각 목에 열거한 개인에 관한 정보는 제외한다.

　가) 법령에서 정하는 바에 따라 열람할 수 있는 정보

　나) 공공기관이 공표를 목적으로 작성하거나 취득한 정보로서 사생활의 비밀 또는 자유를 부당하게 침해하지 아니하는 정보

　다) 공공기관이 작성하거나 취득한 정보로서 공개하는 것이 공익이나 개인의 권리 구제를 위하여 필요하다고 인정되는 정보

　라) 직무를 수행한 공무원의 성명·직위

　마) 공개하는 것이 공익을 위하여 필요한 경우로서 법령에 따라 국가 또는 지방자치단체가 업무의 일부를 위탁 또는 위촉한 개인의 성명·직업

7) 법인·단체 또는 개인(이하 "법인등"이라 한다)의 경영상·영업상 비밀에 관한 사항으로서 공개될 경우 법인등의 정당한 이익을 현저히 해칠 우려가 있다고 인정되는 정보. 다만, 다음 각 목에 열거한 정보는 제외한다.

가) 사업활동에 의하여 발생하는 위해(危害)로부터 사람의 생명·신체 또는 건강을 보호하기 위하여 공개할 필요가 있는 정보

나) 위법·부당한 사업활동으로부터 국민의 재산 또는 생활을 보호하기 위하여 공개할 필요가 있는 정보

8) 공개될 경우 부동산 투기, 매점매석 등으로 특정인에게 이익 또는 불이익을 줄 우려가 있다고 인정되는 정보

6. 정보공개의 청구방법

정보의 공개를 청구하는 자(이하 "청구인"이라 한다)는 해당 정보를 보유하거나 관리하고 있는 공공기관에 다음 각 호의 사항을 적은 정보공개 청구서를 제출하거나 말로써 정보의 공개를 청구할 수 있다.

1. 청구인의 성명·주민등록번호·주소 및 연락처(전화번호·전자우편주소 등을 말한다)
2. 공개를 청구하는 정보의 내용 및 공개방법

7. 정보공개 여부의 결정 및 통지 등

(1) 정보공개 여부의 결정, 제3자의 의견청취, 이송

공공기관은 정보공개의 청구를 받으면 그 청구를 받은 날부터 10일 이내에 공개 여부를 결정하여야 한다. 만일, 부득이한 사유로 위 기간 이내에 공개 여부를 결정할 수 없을 때에는 그 기간이 끝나는 날의 다음 날부터 기산(起算)하여 10일의 범위에서 공개 여부 결정기간을 연장할 수 있다.

또한, 공공기관은 공개 청구된 공개 대상 정보의 전부 또는 일부가 제3자와 관련이 있다고 인정할 때에는 그 사실을 제3자에게 지체 없이 통지하여야 하며, 필요한 경우에는 그의 의견을 들을 수 있고, 다른 공공기관이 보유·관리하는 정보의 공개 청구를 받았을 때에는 지체 없이 이를 소관 기관으로 이송하여야 하며, 이송한 후에는 지체 없이 소관 기관 및 이송 사유 등을 분명히 밝혀 청구인에게 문서로 통지하여야 한다(정보공개법 제11조).

(2) 정보공개 여부 결정의 통지

공공기관은 정보의 공개를 결정한 경우에는 공개의 일시 및 장소 등을 분명히 밝혀 청구인에게 통지하여야 하며, 청구인이 사본 또는 복제물의 교부를 원하는 경우에는 이를 교부하여야 한다. 다만, 공개 대상 정보의 양이 너무 많아 정상적인 업무수행에 현저한 지장을 초래할 우려가 있는 경우에는 정보의 사본·복제물을 일정 기간별로 나누어 제공하거나 열람과 병행하여 제공할 수 있다. 이 경우 공공기관은 정보를 공개하는 경우에 그 정보의 원본이 더럽혀지거나 파손될 우려가 있거나 그 밖에 상당한 이유가 있다고 인정할 때에는 그 정보의 사본·복제물을 공개할 수 있다.

만일, 공공기관이 정보의 비공개 결정을 한 경우에는 그 사실을 청구인에게 지체 없이 문서로 통지하여

야 한다. 이 경우 비공개 이유와 불복(不服)의 방법 및 절차를 구체적으로 밝혀야 한다(정보공개법 제13조).

8. 정보의 전자적 공개 및 즉시 처리가 가능한 정보의 공개

(1) 정보의 전자적 공개

공공기관은 전자적 형태로 보유·관리하는 정보에 대하여 청구인이 전자적 형태로 공개하여 줄 것을 요청하는 경우에는 그 정보의 성질상 현저히 곤란한 경우를 제외하고는 청구인의 요청에 따라야 한다. 다만, 전자적 형태로 보유·관리하지 아니하는 정보에 대하여 청구인이 전자적 형태로 공개하여 줄 것을 요청한 경우에는 정상적인 업무수행에 현저한 지장을 초래하거나 그 정보의 성질이 훼손될 우려가 없으면 그 정보를 전자적 형태로 변환하여 공개할 수 있다(정보공개법 제15조).

(2) 즉시 처리가 가능한 정보의 공개

다음의 어느 하나에 해당하는 정보로서 즉시 또는 말로 처리가 가능한 정보에 대해서는 제11조에 따른 절차를 거치지 아니하고 공개하여야 한다(정보공개법 제16조).
1) 법령 등에 따라 공개를 목적으로 작성된 정보
2) 일반국민에게 알리기 위하여 작성된 각종 홍보자료
3) 공개하기로 결정된 정보로서 공개에 오랜 시간이 걸리지 아니하는 정보
4) 그 밖에 공공기관의 장이 정하는 정보

9. 비용 부담

정보의 공개 및 우송 등에 드는 비용은 실비(實費)의 범위에서 청구인이 부담한다. 다만, 공개를 청구하는 정보의 사용 목적이 공공복리의 유지·증진을 위하여 필요하다고 인정되는 경우에는 제1항에 따른 비용을 감면할 수 있다(정보공개법 제17조).

10. 불복 구제 절차

(1) 이의신청

청구인이 정보공개와 관련한 공공기관의 비공개 결정 또는 부분 공개 결정에 대하여 불복이 있거나 정보공개 청구 후 20일이 경과하도록 정보공개 결정이 없는 때에는 공공기관으로부터 정보공개 여부의 결정 통지를 받은 날 또는 정보공개 청구 후 20일이 경과한 날부터 30일 이내에 해당 공공기관에 문서로 이의신청을 할 수 있고(정보공개법 제18조). 국가기관등은 이의신청이 있는 경우에는 심의회를 개최하여야 한다.[59] 이 경우 공공기관은 이의신청을 받은 날부터 7일 이내에 그 이의신청에 대하여 결정하고 그 결과를 청구인에게 지체 없이 문서로 통지하여야 한다. 다만, 부득이한 사유로 정하여진 기간 이내에

결정할 수 없을 때에는 그 기간이 끝나는 날의 다음 날부터 기산하여 7일의 범위에서 연장할 수 있으며, 연장 사유를 청구인에게 통지하여야 한다.

그러나 만일, 공공기관이 이의신청을 각하(却下) 또는 기각(棄却)하는 결정을 한 경우에는 청구인에게 행정심판 또는 행정소송을 제기할 수 있다는 사실을 제3항에 따른 결과 통지와 함께 알려야 한다.

(2) 행정심판

청구인이 정보공개와 관련한 공공기관의 결정에 대하여 불복이 있거나 정보공개 청구 후 20일이 경과하도록 정보공개 결정이 없는 때에는「행정심판법」에서 정하는 바에 따라 행정심판을 청구할 수 있다. 이 경우 국가기관 및 지방자치단체 외의 공공기관의 결정에 대한 감독행정기관은 관계 중앙행정기관의 장 또는 지방자치단체의 장으로 한다. 청구인은 이의신청 절차를 거치지 아니하고 행정심판을 청구할 수 있다(정보공개법 제19조).

(3) 행정소송

1) 원칙

청구인이 정보공개와 관련한 공공기관의 결정에 대하여 불복이 있거나 정보공개 청구 후 20일이 경과하도록 정보공개 결정이 없는 때에는「행정소송법」에서 정하는 바에 따라 행정소송을 제기할 수 있다. 다만, 재판장은 필요하다고 인정하면 당사자를 참여시키지 아니하고 제출된 공개 청구 정보를 비공개로 열람·심사할 수 있다.

2) 예외

재판장은 행정소송의 대상이 정보 중 국가안전보장·국방 또는 외교관계에 관한 정보의 비공개 또는 부분 공개 결정처분인 경우에 공공기관이 그 정보에 대한 비밀 지정의 절차, 비밀의 등급·종류 및 성질과 이를 비밀로 취급하게 된 실질적인 이유 및 공개를 하지 아니하는 사유 등을 입증하면 해당 정보를 제출하지 아니하게 할 수 있다(정보공개법 제20조).

---

59) 다만, 심의회의 심의를 이미 거친 사항, 단순·반복적인 청구, 법령에 따라 비밀로 규정된 정보에 대한 청구중 어느 하나에 해당하는 경우에는 개최하지 아니할 수 있다.

소　장

원고　　　한겨레신문사
　　　　　서울시 ○○구 ○○동 ○○번지
　　　　　(전화 000-000, 팩스 000-000)
피고　　　국세청장

정보공개거부처분취소

청구취지

1. 피고가 원고에 대하여 2011. 3. 31. 한 정보공개거부처분 중 별지 1 목록 기재 부분에 관한
정보공개거부처분을 취소한다.
2. 소송비용은 피고의 부담으로 한다.
라는 판결을 구합니다.

청구원인

1. 처분의 경위
(1) 원고의 정보공개청구
원고는 신문사로서 종교의 사회적 책임 및 종교인의 소득세 납부에 관한 언론취재를 통해 공적
여론을 형성하기 위하여 2011. 3. 21. 피고에게 아래 정보에 대한 공개청구를 하였습니다.

> ① 종교인의 최근 10년간 소득세 납부현황 · 이름, 교회나 절 등 소속 단체 및 종교법인명,
> 　신고소득, 납부세액, 세율 등의 정보
> ② 최근 10년간 전국 국세청에서 종교인에게 소득세를 납부할 것을 요구하고 알린 사례,
> 　사례가 있다면 어느 국세청에서 언제 누구에게 최고하였는지에 관한 정보
> ③ 최근 10년간 국세청이 종교법인에게 소득세를 납부할 것을 요구하고 알린 사례, 사례가
> 　있다면 어느 국세청에서 언제 어느 법인에게 최고하였는지에 관한 정보
> ④ 최근 10년간 전국 국세청에서 자진하여 소득세를 납부하러 온 종교인의 납부 의사를
> 　거부하고 돌려보낸 사례에 관한 정보

⑤ 최근 10년간 국세청에 소득신고한 종교인 가운데 연소득을 1억 원 이상으로 신고한 종교인이 있는지, 해당 종교인이 있다면 이름, 소속 종교법인, 구체적 소득신고액, 세율, 납부세액의 정보

⑥ ○○ ○○교회 +++ 목사 및 소속 직원과 목사들이 현재 소득세를 신고해 납부하고 있는지 확인을 요청. 만약 납부하고 있다면 신고한 소득액, 납부세액의 정보

⑦ 만약 +++ 목사 및 소속 직원과 목사들이 소득세를 내고 있다면, 최초로 소득세를 납부한 시점이 몇 년 몇 월이고 납부세액이 얼마인지의 정보

(2) 피고의 정보공개거부처분

피고는 2011. 3. 31. 공공기관의 정보공개에 관한 법률(이하 '정보공개법'이라 한다) 제9조 및 국세기본법 제81조의13에서는 납세자가 세법이 정한 납세의무를 이행하기 위하여 제출한 자료나 국세의 부과징수를 목적으로 업무상 취득한 자료 등에 대해 특정인을 식별할 수 있는 개인에 관한 정보 또는 납세자의 과세정보는 타인에게 제공할 수 없도록 엄격히 제한하고 있고, 직무상 작성 또는 취득하여 관리하고 있지 아니한문서는 정보공개법상 정보에 해당하지 않는다는 이유 (구체적으로는 위 ① ~ ⑤ 정보는 비보유정보이고, ⑥, ⑦은 과세정보라는 이유)를 들어 정보공개거부처분(이하 '이 사건 처분'이라 한다)을 하였습니다.

(3) 전심절차의 경유

한편, 원고는 2011. 4. 20. 중앙행정심판위원회에 이 사건 처분의 취소를 구하는 행정심판을 제기하였으나 2011. 8. 23. 기각되었습니다.

2. 처분의 위법성

(1) 이 사건 비보유정보에 관하여

원고가 취재한 바에 따르면 종교단체 중 카톨릭 10여개 교구, 일부 교회 등에서는 소속 종교인에 대한 근로소득세를 원천징수하여 납부하고 있는 점, 2006. 4.경 피고는 당시 재정경제부에 종교인 소득세 부과에 관한 질의를 보내어 유권해석을 요청하였던 점, 피고는 종교법인(이하 국세기본법 제13소 제1항에서 법인으로 보는 단체를 포함하여 '종교법인'으로 통칭한다)의 비업무용 부동산 현황을 파악하기도 하였던 점, 종교법인은 사업자등록시 업태, 종목, 주업종코드 등을 기재하여야 하고 이 때 한국표준산업분류에 따른 업종코드가 불교(94911), 기독교(94912), 천주교(94913), 민족종교(94914), 기타종교(94919)로 분류되어 있고, 단체 고유번호 부여시에

도 구분되는 '89' 코드를 부여받는 점, 고유번호 신청시 단체의 정관이나 법인등기부등본 등 관련서류를 피고에게 제출하여야 하는 점, 피고는 국세통계연보를 발간하면서 지역별로 구체적 업종을 분류하여 통계를 작성하고 있는 점 등에 비추어 볼 때 이 사건 비보유정보는 피고가 보유 관리하고 있을 상당한 개연성이 존재합니다.

(2) 이 사건 과세정보에 관하여 이 사건 과세정보는 과세관청이 직접 작성한 자료로서 국세기본법 제81조의13에서 규정하는 '납세의무를 이행하기 위하여 제출한 자료나 국세의 부과징수를 위하여 업무상 취득한 자료'에 해당하지 아니하며, 설령 그러한 내용이 포함되어 있다고 하더라도 비공개대상 정보를 제외한 나머지만 공개하는 것이 가능합니다.

3. 결론
이상과 같이 피고의 이 사건 처분은 위법하므로 이의 취소를 구하는 행정소송을 제기하기에 이르렀습니다.

입증방법

    1. 갑 제1호증
    2. 갑 제2호증

첨부서류

    1. 위 각 입증방법   각 1부
    2. 송달료 납부서
    3. 소장부본

20 . . .
위 원고   (날인 또는 서명)

서울행정법원 귀중

별지 〈청구취지 대상 정보〉

---

① 종교인의 최근 2년간 소득세 납부현황 · 이름(교회나 절 등 소속 단체 및 종교법인명), 신고소득, 납부세액, 세율 등에 관한 정보

② 최근 2년간 국세청이 종교인에게 소득세를 납부를 최고한 사례, 사례가 있다면 어느 국세청에서 언제 누구에게 최고하였는지에 관한 정보

③ 최근 2년간 국세청이 종교법인에게 소득세의 납부를 최고한 사례, 사례가 있다면 어느 국세청에서 언제 어느 법인에게 최고하였는지에 관한 정보

④ 최근 2년간 전국 국세청에서 자진하여 소득세를 납부하러 온 종교인의 납부의사를 거부하고 돌려보낸 사례에 관한 정보

⑤ 최근 2년간 국세청에 소득신고한 종교인 가운데 연소득을 1억 원 이상으로 신고한 종교인이 있는지, 해당 종교인이 있다면 이름, 소속 종교법인, 구체적 소득신고액, 세율, 납부세액 등에 관한 정보

⑥ ○○ ○○교회 +++ 목사 및 소속 직원과 목사들이 현재 소득세를 신고해 납부하고 있는지 확인을 요청. 만약 납부하고 있다면 신고한 소득액, 납부세액의 정보

⑦ 만약 +++ 목사 및 소속 직원과 목사들이 소득세를 내고 있다면, 최초로 소득세를 납부한시점이 몇 년 몇 월이고 납부세액이 얼마인지의 정보

[서식] 정보공개거부처분의소 - 변론재개 신청서

변론재개 신청서

사건   2011구합 36838 정보공개거부처분취소
원고   한겨레신문사

피고   국세청장

위 사건에 관하여 20 . . . 변론을 종결하고 20 . . . : 로 판결선고기일을 지정하였으나 원고는 다음과 같은 사유로 변론의 재개를 신청합니다.

다 음

1. 변론종결 후 다음과 같은 새로운 증거를 발견하였으므로 이를 제출하고자 합니다.

새로운 증거 목록

1. 피고 행정청 실무자 녹취록

20 .   .   .

위 원고   (날인 또는 서명)

서울행정법원   귀중

◇유의사항◇
연락처란에는 언제든지 연락 가능한 전화번호나 휴대전화번호를 기재하고, 그 밖에 팩스번호, 이메일 주소 등이
있으면 함께 기재하기 바랍니다.

11. 보건행정 - 의사면허자격정지처분취소

(1) 의료인의 개념

"의료인"이란 보건복지부장관의 면허를 받은 의사 · 치과의사 · 한의사 · 조산사 및 간호사를 말한다
(의료법 제2호 제1항).

(2) 의료인의 자격과 면허

의사 · 치과의사 또는 한의사가 되려는 자는 다음의 어느 하나에 해당하는 자격을 가진 자로서 의사 · 치
과의사 또는 한의사 국가시험에 합격한 후 보건복지부장관의 면허를 받아야 한다(법 제5조).

1) 「고등교육법」 제11조의2에 따른 인정기관의 인증을 받은 의학 · 치의학 또는 한의학을 전공하는
대학을 졸업하고 의학사 · 치의학사 또는 한의학사 학위를 받은 자

2) 평가인증기구의 인증을 받은 의학 · 치의학 또는 한의학을 전공하는 전문대학원을 졸업하고 석사학

위 또는 박사학위를 받은 자

3) 보건복지부장관이 인정하는 외국의 제1이나 제2에 해당하는 학교를 졸업하고 외국의 의사·치과의사 또는 한의사 면허를 받은 자로서 예비시험에 합격한 자

(3) 결격사유

다음의 어느 하나에 해당하는 자는 의료인이 될 수 없다(법 제8조).

1) 「정신보건법」 제3조제1호에 따른 정신질환자. 다만, 전문의가 의료인으로서 적합하다고 인정하는 사람은 그러하지 아니하다.

2) 마약·대마·향정신성의약품 중독자

3) 금치산자·한정치산자

4) 이 법 또는 「형법」 제233조, 제234조, 제269조, 제270조, 제317조제1항 및 제347조(허위로 진료비를 청구하여 환자나 진료비를 지급하는 기관이나 단체를 속인 경우만을 말한다), 「보건범죄단속에 관한 특별조치법」, 「지역보건법」, 「후천성면역결핍증 예방법」, 「응급의료에 관한 법률」, 「농어촌 등 보건의료를 위한 특별 조치법」, 「시체해부 및 보존에 관한 법률」, 「혈액관리법」, 「마약류관리에 관한 법률」, 「약사법」, 「모자보건법」, 그 밖에 대통령령으로 정하는 의료 관련 법령을 위반하여 금고 이상의 형을 선고받고 그 형의 집행이 종료되지 아니하였거나 집행을 받지 아니하기로 확정되지 아니한 자

(4) 진단서, 처방전 등의 작성·교부

의료업에 종사하고 직접 진찰하거나 검안(檢案)한 의사, 치과의사, 한의사가 아니면 진단서·검안서·증명서 또는 처방전을 작성하여 환자 또는 검시(檢屍)를 하는 지방검찰청검사에게 교부하거나 발송하지 못한다. 다만, 진료 중이던 환자가 최종 진료 시부터 48시간 이내에 사망한 경우에는 다시 진료하지 아니하더라도 진단서나 증명서를 내줄 수 있으며, 환자 또는 사망자를 직접 진찰하거나 검안한 의사·치과의사 또는 한의사가 부득이한 사유로 진단서·검안서 또는 증명서를 내줄 수 없으면 같은 의료기관에 종사하는 다른 의사·치과의사 또는 한의사가 환자의 진료기록부 등에 따라 내줄 수 있다(법 제17조). 또한, 의사나 치과의사는 환자에게 의약품을 투여할 필요가 있다고 인정하면 「약사법」에 따라 자신이 직접 의약품을 조제할 수 있는 경우가 아니면 처방전을 작성하여 환자에게 내주거나 발송(전자처방전만 해당된다)하여야 한다(법 제8조).

(5) 정보누설 금지

의료인이나 의료기관 종사자는 이 법이나 다른 법령에 특별히 규정된 경우 외에는 의료·조산 또는 간호업무나 진단서·검안서·증명서 작성·교부 업무, 처방전 작성·교부 업무, 진료기록 열람·사

본 교부 업무, 진료기록부등 보존 업무 및 전자의무기록 작성·보관·관리 업무를 하면서 알게 된 다른 사람의 정보를 누설하거나 발표하지 못한다(법 제19조).

(6) 기록열람 등

의료인이나 의료기관 종사자는 환자가 아닌 다른 사람에게 환자에 관한 기록을 열람하게 하거나 그 사본을 내주는 등 내용을 확인할 수 있게 하여서는 아니 된다. 이에도 불구하고 의료인이나 의료기관 종사자는 다음의 어느 하나에 해당하면 그 기록을 열람하게 하거나 그 사본을 교부하는 등 그 내용을 확인할 수 있게 하여야 한다. 다만, 의사·치과의사 또는 한의사가 환자의 진료를 위하여 불가피하다고 인정한 경우에는 그러하지 아니하다(법 제21조).

1) 환자의 배우자, 직계 존속·비속 또는 배우자의 직계 존속이 환자 본인의 동의서와 친족관계임을 나타내는 증명서 등을 첨부하는 등 보건복지부령으로 정하는 요건을 갖추어 요청한 경우

2) 환자가 지정하는 대리인이 환자 본인의 동의서와 대리권이 있음을 증명하는 서류를 첨부하는 등 보건복지부령으로 정하는 요건을 갖추어 요청한 경우

3) 환자가 사망하거나 의식이 없는 등 환자의 동의를 받을 수 없어 환자의 배우자, 직계 존속·비속 또는 배우자의 직계 존속이 친족관계임을 나타내는 증명서 등을 첨부하는 등 보건복지부령으로 정하는 요건을 갖추어 요청한 경우

4) 「국민건강보험법」 제14조, 제47조, 제48조 및 제63조에 따라 급여비용 심사·지급·대상여부 확인·사후관리 및 요양급여의 적정성 평가·가감지급 등을 위하여 국민건강보험공단 또는 건강보험심사평가원에 제공하는 경우

5) 「의료급여법」 제5조, 제11조, 제11조의3 및 제33조에 따라 의료급여 수급권자 확인, 급여비용의 심사·지급, 사후관리 등 의료급여 업무를 위하여 보장기관(시·군·구), 국민건강보험공단, 건강보험심사평가원에 제공하는 경우

6) 「형사소송법」 제106조, 제215조 또는 제218조에 따른 경우

7) 「민사소송법」 제347조에 따라 문서제출을 명한 경우

8) 「산업재해보상보험법」 제118조에 따라 근로복지공단이 보험급여를 받는 근로자를 진료한 산재보험 의료기관(의사를 포함한다)에 대하여 그 근로자의 진료에 관한 보고 또는 서류 등 제출을 요구하거나 조사하는 경우

9) 「자동차손해배상 보장법」 제12조제2항 및 제14조에 따라 의료기관으로부터 자동차보험진료수가를 청구받은 보험회사등이 그 의료기관에 대하여 관계 진료기록의 열람을 청구한 경우

10) 「병역법」 제11조의2에 따라 지방병무청장이 병역판정검사와 관련하여 질병 또는 심신장애의 확인을 위하여 필요하다고 인정하여 의료기관의 장에게 병역판정검사대상자의 진료기록·치료 관련

기록의 제출을 요구한 경우

11) 「학교안전사고 예방 및 보상에 관한 법률」 제42조에 따라 공제회가 공제급여의 지급 여부를 결정하기 위하여 필요하다고 인정하여 「국민건강보험법」 제42조에 따른 요양기관에 대하여 관계 진료기록의 열람 또는 필요한 자료의 제출을 요청하는 경우

12) 「고엽제후유의증 등 환자지원 및 단체설립에 관한 법률」 제7조제3항에 따라 의료기관의 장이 진료기록 및 임상소견서를 보훈병원장에게 보내는 경우

13) 「의료사고 피해구제 및 의료분쟁 조정 등에 관한 법률」 제28조제1항 또는 제3항에 따른 경우

14) 「국민연금법」 제123조에 따라 국민연금공단이 부양가족연금, 장애연금 및 유족연금 급여의 지급심사와 관련하여 가입자 또는 가입자였던 사람을 진료한 의료기관에 해당 진료에 관한 사항의 열람 또는 사본 교부를 요청하는 경우

15) 「장애인복지법」 제32조제7항에 따라 대통령령으로 정하는 공공기관의 장이 장애 정도에 관한 심사와 관련하여 장애인 등록을 신청한 사람 및 장애인으로 등록한 사람을 진료한 의료기관에 해당 진료에 관한 사항의 열람 또는 사본 교부를 요청하는 경우

16) 「감염병의 예방 및 관리에 관한 법률」 제18조의4 및 제29조에 따라 보건복지부장관, 질병관리본부장, 시·도지사 또는 시장·군수·구청장이 감염병의 역학조사 및 예방접종에 관한 역학조사를 위하여 필요하다고 인정하여 의료기관의 장에게 감염병환자등의 진료기록 및 예방접종을 받은 사람의 예방접종 후 이상반응에 관한 진료기록의 제출을 요청하는 경우

(7) 진료기록부 등 작성 · 보관의무

1) 진료기록부 등 작성 · 보관

의료인은 각각 진료기록부, 조산기록부, 간호기록부, 그 밖의 진료에 관한 기록을 갖추어 두고 환자의 주된 증상, 진단 및 치료 내용 등 보건복지부령으로 정하는 의료행위에 관한 사항과 의견을 상세히 기록하고 서명하여야 하며, 진료기록부등[전자의무기록(電子醫務記錄)을 포함한다.]을 보존하여야 한다(법 제22조).

이와 같이 의료인에게 진료기록부 등을 작성하도록 한 취지는 진료를 담당하는 의사 자신으로 하여금 환자의 상태와 치료의 경과에 관한 정보를 빠뜨리지 않고 정확하게 기록하여 이를 그 이후 계속되는 환자치료에 이용하도록 함과 아울러 다른 의료기관 종사자들에게도 그 정보를 제공하여 환자로 하여금 적정한 의료를 제공받을 수 있도록 하고, 의료행위가 종료된 이후에는 그 의료행위의 적정성을 판단하는 자료로 사용할 수 있도록 하고자 함이므로, 의사는 진료기록부에 환자의 상태와 치료의 경과 등 의료행위에 관한 사항과 그 소견을 환자의 계속적인 치료에 이용할 수 있고 다른 의료인들에게 적절한 정보를 제공할 수 있으며, 의료행위가 종료된 이후에는 그 의료행위의 적정성 여부를 판단하기에 충분

할 정도로 상세하게 기록해야 한다. 우리나라의 개인병원들이 진료기록부를 작성하면서 중요사항이나 특이사항이 있을 때만 그 진료 결과를 기재하고 진료 결과가 정상인 경우에는 기재를 소홀히 하는 것이 관행처럼 되어 있다고 하더라도 이러한 부실기재 행태는 잘못된 것임이 분명하므로, 이를 가지고 바로 의료과실을 추정할 수는 없다고 하더라도, 의료법 제21조 에 의하여 환자 등의 진료기록에 대한 열람권 등이 인정되기까지 한 이상, 의사 측이 진료기록을 성실히 작성하지 않음으로 인하여 진료경과가 불분명하게 된 데 따른 불이익을 환자 측에게 부담시키고 그와 같은 상황을 초래한 의사 측이 유리한 취급을 받아서는 안 된다.[60]

2) 전자의무기록

의료인이나 의료기관 개설자는 제22조의 규정에도 불구하고 진료기록부등을 「전자서명법」에 따른 전자서명이 기재된 전자문서로 작성·보관할 수 있으며, 이를 안전하게 관리·보존하는 데에 필요한 시설과 장비를 갖추어야 한다(법 제23조).

3) 의료법 제23조 제3항 의 적용 대상이 되는 전자의무기록에 저장된 '개인정보'의 범위

법령 자체에 법령에서 사용하는 용어의 정의나 포섭의 구체적인 범위가 명확히 규정되어 있지 아니한 경우, 그 용어가 사용된 법령 조항의 해석은 그 법령의 전반적인 체계와 취지·목적, 당해 조항의 규정 형식과 내용 및 관련 법령을 종합적으로 고려하여 해석하여야 한다. 이러한 법리를 의료법의 개정 연혁, 내용 및 취지, 의료법 제22조 제1항, 제3항 , 제23조 제1항, 제3항 , 구 의료법(2011. 4. 7. 법률 제10565호로 개정되기 전의 것)제66조 제1항 제3호 , 의료법 시행규칙 제14조 제1항 제1호, 제3호 의 규정, 의무기록에 기재된 정보와 사생활의 비밀 및 자유와의 관계 등에 비추어 보면, 의료법 제23조 제3항 의 적용 대상이 되는 전자의무기록에 저장된 '개인정보'에는 환자의 이름·주소·주민등록번호 등과 같은 '개인식별정보'뿐만 아니라 환자에 대한 진단·치료·처방 등과 같이 공개로 인하여 개인의 건강과 관련된 내밀한 사항 등이 알려지게 되고, 그 결과 인격적·정신적 내면생활에 지장을 초래하거나 자유로운 사생활을 영위할 수 없게 될 위험성이 있는 의료내용에 관한 정보도 포함된다고 새기는 것이 타당하다.

(8) 진료기록부 등의 보존

의료인이나 의료기관 개설자는 법 제22조제2항에 따른 진료기록부등을 다음 각 호에 정하는 기간 동안 보존하여야 한다. 다만, 계속적인 진료를 위하여 필요한 경우에는 1회에 한정하여 다음 각 호에 정하는 기간의 범위에서 그 기간을 연장하여 보존할 수 있다(의료법 시행규칙 제15조).

---

60) 서울고등법원 2011. 3. 8. 선고 2010나17040 판결.

1) 환자 명부 : 5년, 2) 진료기록부 : 10년, 3) 처방전 : 2년, 4) 수술기록 : 10년, 5) 검사소견기록 : 5년, 6) 방사선 사진(영상물을 포함한다) 및 그 소견서 : 5년, 7) 간호기록부 : 5년, 8) 조산기록부: 5년, 9) 진단서 등의 부본(진단서·사망진단서 및 시체검안서 등을 따로 구분하여 보존할 것) : 3년

(9) 법칙 및 행정처분 기준

1) 벌칙

제16조제1항·제2항, 제17조제3항·제4항, 제18조제4항, 제21조제3항·제5항, 제22조제1항·제2항, 제26조, 제27조제2항, 제33조제1항·제3항(제82조제3항에서 준용하는 경우를 포함한다)·제5항(허가의 경우만을 말한다), 제35조제1항 본문, 제41조, 제42조제1항, 제48조제3항·제4항, 제77조제2항을 위반한 자나 제63조에 따른 명령을 위반한 자와 의료기관 개설자가 될 수 없는 자에게 고용되어 의료행위를 한 자는 300만원 이하의 벌금에 처한다(법 제90조).

2) 행정처분기준

「의료법」 제68조와 「의료기사 등에 관한 법률」 제25조에 따른 행정처분기준은 별표와 같다.

[별표] 행정처분기준

1. 공통기준

다. 행정처분기관은 의료관계법령의 위반행위가 다음 각호의 1에 해당하는 때에는 이 규칙이 정하는 행정처분기준에 불구하고 그 정상을 참작하여 해당처분의 감경기준 범위 안에서 감경하여 처분할 수 있다.

감경대상	감경기준
	자격·업무 또는 영업정지
(1) 해당사건에 관하여 검사로부터 기소유예의 처분을 받은 때	해당처분기준의 2분의 1의 범위 안에서 감경

2. 개별기준

가. 의료인이 「의료법」 및 「의료법 시행령」을 위반한 경우

위반사항	근거법령	행정처분기준
(15) 법 제22조를 위반하여 진료기록부등을 거짓으로 작성하거나 보존하지 아니한 경우	법 제66조 제1항 제3호 및 제8호	자격정지 1개월

(10) 요양기관, 의료급여기관 업무정지처분

보건복지부장관은 요양기관이 속임수 기타 부정한 방법으로 공단, 가입자 또는 피부양자에게 요양급여비용을 부담하게 한 때 당해 요양기관 업무정지를 명할 수 있는바, 무엇이 속임수 기타 부정한 방법에 해당하느지 여부가 문제된다.

1) 속임수 기타 부정한 방법

(가) 종류

허위청구(요양급여비용의 청구원인이 되는 실제 존재하지 않는 사실을 허위로 존재한 것으로 하여 진료비를 청구하는 경우)와 부당청구(사실관계는 실제 존재하나, 요양급여가 관계 법령을 위반하여 부정하게 이루어지는 등 허위청구 외 부정하게 이루어진 진료비 청구행우 등)로 구별할 수 있고, 후자에 있어 과연 부당하지 여부가 문제된다.

(나) 인정사례

가) 약제 및 치료재료 상한 범위 내에서 실제 구입한 가격으로 청구토록 되어 있음에도 요양기관들이 납품업체로부터 낮은 가격으로 구매하고 공단에는 상한가로 청구한 경우

나) 방사건 촬영이 자격 있는 자에 의하여 행하여지지 아니한 경우 그 진단료는 요양금여비용으로서 청구할 수 없다고 할 것이고, 이 경우 진단료 속에 촬영료 외에 재료비 등 실제 소용된 이용이나 의사의 판독료가 포함되어 있다고 하여 촬영료를 제외한 나머지 부분에 대하여 따로 청구할 수 있는 것은 아니다.

다) 검사미필 장비를 사용하여 검진한 행위

용양급여장비가 법령상의 신고검사를 마치지 않은 채 의료장비로 사용되는 경우 그 의료행위는 위법한 것이므로 그 진찰검사료는 요양금여비용으로 청구할 수 없는 것이고, 사후에 위 요양급여장비를 검사하여 적법판정을 받았다고 하여 그 이전에 행한 의료행위가 소급하여 적법하게 되는 것은 아니다.

라) 검진대상자들에게 지정된 검사항목 외의 종합검진을 유도한 행위

마) 약사가 처방전 없이 의약품을 조제, 투약한 후 사후적으로 처방전을 발급받아 실시한 요양급여비용

의 청구

약사가 의사의 처방전 없이 의약품을 조제, 투약하였다면 이는 그 자체로 위법한 것이므로 그 약제비는 요양급여비용으로서 청구할 수 없고, 사후에 의사로부터 추인을 받아 처방전을 발급받았다고 하여 그 이전에 행한 의료행위가 소급하여 적법하게 되는 것도 아니다.

바) 의사가 의료기관의 개설자가 될 수 없는 자에게 고용되어 진료행위를 한 경우 의사가 의료기관의 개설자가 될 수 없는 자에게 고용되어 의료행위를 한 때에 그 의료행위는 위법하고 그 의료행위에 따른 요양급여비용을 청구할 수 없다.

사) 의료인이 의료기간이 아닌 곳에서 행한 진료행위

의료인이 의료기관 외에서 진료한 경우 그 이유가 환자나 환자 보호자의 요청에 따른 것이라 할지라도 의료기관이 아닌 곳에서 진료하여야 할 부득이한 사유가 존재하는 등의 특별한 사정이 없는 한 보험자 등에게 요양급여비용을 부담하게 할 수는 없다고 봄이 상당하다.

아) 합의하에 임의 비급여 진료행위

요양기관이 의료보험 요양급여기준과 의료보험 진료수가기준에서 정한 기준과 절차에 따르지 않고 임의로 비급여 진료행위를 하고 수진자 본인과 사이에 보험비급여로 하기로 상호 합의하여 그 진료비용 등을 수진자 본인으로부터 지급받은 경우에도 부당청구에 해당하고, 그 과정에서 기망행위가 없더라도 마찬가지이다.

2) 부당청구의 성립

속임수 기타 부정한 방법으로 보장기관 또는 보험자 등에게 급여비용을 부담하게 하면 부당청구가 되는 것이고, 그 금액을 직접 수령한 경우에만 부정청구가 되는 것은 아니다.[61]

3) 면허자격청지처분 – 의료법 제66조 제1항

가) 진료기록부 등의 허위기재(제3호)

국민건강보험법 제85조에서 정한 사위 기타 부정한 방법으로 보험자에게 요양급여비용을 부담하게 한 때와 중복되는 경우가 많은데, 국민건강보험보상의 요양기관업무정지처분과 의료법상의 자격정지처분은 그 적용법률과 보호법익 및 제재대상을 달리하는 것이어서 양처분이 병과될 수 있다.[62]

---

61) 서울행정법원 2009. 10. 15. 선고 2008구합48282, 49537 판결.
62) 서울행정법원 2008. 5. 20. 선고 2008구합372 판결.

의료법 제66조(자격정지 등)

① 보건복지부장관은 의료인이 다음 각 호의 어느 하나에 해당하면 1년의 범위에서 면허자격을 정지시킬 수 있다. 이 경우 의료기술과 관련한 판단이 필요한 사항에 관하여는 관계 전문가의 의견을 들어 결정할 수 있다.

1. 의료인의 품위를 심하게 손상시키는 행위를 한 때

2. 의료기관 개설자가 될 수 없는 자에게 고용되어 의료행위를 한 때

2의2. 제4조제6항을 위반한 때

3. 제17조제1항 및 제2항에 따른 진단서·검안서 또는 증명서를 거짓으로 작성하여 내주거나 제22조제1항에 따른 진료기록부등을 거짓으로 작성하거나 고의로 사실과 다르게 추가기재·수정한 때

4. 제20조를 위반한 경우

5. 제27조제5항을 위반하여 의료인이 아닌 자로 하여금 의료행위를 하게 한 때

6. 의료기사가 아닌 자에게 의료기사의 업무를 하게 하거나 의료기사에게 그 업무 범위를 벗어나게 한 때

7. 관련 서류를 위조·변조하거나 속임수 등 부정한 방법으로 진료비를 거짓 청구한 때

8. 삭제 [2011.8.4] [[시행일 2012.2.5]]

9. 제23조의3을 위반하여 경제적 이익등을 제공받은 때

10. 그 밖에 이 법 또는 이 법에 따른 명령을 위반한 때

나) 의료인이 아닌 자로 하여금 의료행위를 하게 하는 경우(제5호)

의료행위라 함은 의학적 전문지식을 기초로 하는 경험과 기능으로 진료, 검안, 처방, 투약 또는 외과적 시술을 시행하여 하는 질병의 예방 또는 치료행위 및 그밖에 의료인이 행하지 아니하면 보건위생상 위해가 생길 우려가 있는 행위이고,[63] 진료보조행위인지 여부는 보조행위의 유형에 따라 일률적으로 결정할 수 없고 구체적인 경우에 그 행위의 객관적인 특성상 위험이 따르거나 부작용 혹인 후유증이 있을 수 있는지, 당시의 환자 상태가 어떠한지, 간호조무사의 자질과 숙련도는 어느 정도인지 등의

---

63) 대법원 2004. 10. 28. 선고 2004도3405 판결.

여러 사정을 참작하여 개별적으로 결정하여야 한다.[64]

다) 의료인이 의료법령에 위반하였을 경우(제10호)

진료기록부 등의 작성, 보존의무를 제대로 하지 않은 경우가 주로 문제된다. 의료법 시행규칙 제15조 제1항 각호의 규정은 한정적, 열거적인 것으로 보아야 하는데, 위 규정에서 초음파 검사 사진을 보존하여야 할 진료에 관한 기록이 하나로 명시하지 아니한 이상 산부인과 의사인 원고가 초음파 사진을 보조하지 아니하였다고 하여 의료법 제22조 제2항에 따른 보존의무를 위반하였다고 볼 수 없다.[65]

(11) 소위 사무장 병원의 환수처분 대상자

의료인이 아닌 자가 의료인을 고용하여 의료인 명의로 의료기관을 개설한 경우, 명의대여자인 의료인에 대한 부당이득금 환수처분은 실질적으로 요양급여비용이 의료인이 아닌 자에게 귀속되었다 하더라도, 건강공단에 대한 관계에서 요양급여비용을 청구하여 지급받은 자는 개설명의의인 의료인이므로, 그 반환의 성격을 띤 부당이득금징수의 상대방인 요양기관 역시 그 개설명의인인 의료인이라고 볼 수밖에 없다는 이유로 명의대여인에 대한 부당이득환수처분은 적당하다.[66]

그런데 명의차용자에 대한 부당이득 징수와 관련하여서는 국민건강보험법이 2013. 5. 22. 법률 제11787호로 개정되기 전에는 명의차용자에 대한 부당이득 징수의 근거규정이 없어 국민건강보험공단이 명의차용자를 상대로 한 부당이득금 환수통보는 처분이 아니라는 이유로 각하된 바 있다.[67] 그러나 국민건강보험법이 2013. 5. 22. 법률 제11787호로 개정되어 명의차용자에 대하여도 명의대여자와 연대하여 부당이득을 징수할 수 있는 근거규정이 마련됨으로써 명의차용자에 대한 부당이득징수 환수의 처분성이 더 이상 문제가 되지 않게 정리되었다.

---

64) 대법원 2005. 12. 7. 선고 2005도674 판결.
65) 서울행정법원 2009. 10. 8. 선고 2009구합28766 판결(확정).
66) 서울행정법원 2010. 4. 30. 선고 2010구합2531 판결.
67) 서울행정법원 2014. 4. 17. 선고 2013구합28169 판결(확정).

소 장

원고   김 길 동(주민등록번호)
              서울시 서초구 서초2동 ○○번지
              (전화 000-000, 팩스 000-000)
피고   보건복지부장관
의사면허자격정지처분취소

청구취지

1. 피고가 2009. 7. 14. 원고에 대하여 한 의사면허자격정지처분을 취소한다.
2. 소송비용은 피고의 부담으로 한다.
라는 판결을 구합니다.

청구원인

1. 처분의 경위

(1) 원고는 2007. 3.경부터 서울 ○○구 ○○동 ○○에 위치한 ○○병원에서 산부인과 레지던트로 근무하고 있는 의사입니다.

(2) 피고는 2009. 7. 14. 원고에 대하여, 원고가 의료법 제22조를 위반하여 환자 ○○○의 초음파사진을 보존하지 아니하였다고 하여 의료법 제66조 제1항 제8호(행정처분서상의 '제3호'는 오기로 보인다) 및 의료관계행정처분규칙 제4조 [별표] 행정처분기준 1. 공통기준 라. (1), 2. 개별기준 가. (15)의 규정을 적용하여 2009. 8. 1.부터 2009. 8. 15.까지 15일간 원고의 의사면허를 정지하는 처분을 하였습니다(이하 '이 사건 처분'이라 한다).

2. 처분의 위법성

(1) 초음파 검사 사진은 의료법 제22조 제2항 및 의료법 시행규칙 제15조 제1항에서 보존의무를 지우고 있는 진료기록부 등에 해당하지 않으므로, 초음파 검사 사진이 위 규정상의 진료기록부 등에 해당하여 보존의무가 있음을 전제로 한 이 사건 처분은 위법합니다.

(2) 원고는 2008. 12. 8. 원고가 근무하는 ○○병원 분만실에 내원한 ○○○에 대하여 분만 전

태아의 상태를 확인하는 과정에서 당시 산모가 극심한 고통을 호소하고 있었기 때문에 병원 중앙컴퓨터시스템에 연결되어 검사 결과가 자동으로 저장되는 외래 진료실 초음파기기 대신에 검사 결과가 저장되지 않는 분만실 이동식 초음파기기를 사용하여 초음파 검사를 실시하고 대신 검사 결과를 기록해 두었던 바(갑제3호증의 1, 2), 이와 같이 초음파사진 보존을 위해 분만이 임박한 산모를 외래진료실로 데리고 가검사를 하여야한다는 것은 부당한 점, 이동식 초음파기기까지 모두 병원 중앙컴퓨터시스템에 연결하는 것은 현실적으로 거의 불가능한 점 등에 비추어 보면, 이 사건 처분은 재량권을 일탈·남용한 것으로서 위법합니다.

3. 결론
이상과 같이 피고의 처분은 위법한 행정처분이므로, 이의 취소를 구하는 행정소송에 이르게 되었습니다.

입증방법

    1. 갑 제1호증
    2. 갑 제2호증
    3. 갑 제3호증의1
    4. 갑 제3호증의2

첨부서류

    1. 위 각 입증방법   각 1부
    2. 송달료 납부서
    3. 소장부본

20 . . .
위 원고   (날인 또는 서명)

서울행정법원   **귀중**

준비서면

사 건   2009구합 28766
              의사면허자격정지처분취소

원 고   김 길 동(주민등록번호)
              서울시 은평구 불광동 ○번지

피 고   보건복지부장관

위 사건에 관하여 원고는 다음과 같이 변론을 준비합니다.

다 음

1. 초음파 검사 사진은 의료법 제22조 제2항 및 의료법 시행규칙 제15조 제1항에서 보존의무를 지우고 있는 진료기록부 등에 해당하지 않습니다.

2. 원고가 근무하는 ○○병원 분만실에 내원한 ○○○에 대하여 분만 전 태아의 상태를 확인하는 과정에서 당시 산모가 극심한 고통을 호소하고 있었기 때문에 병원 중앙컴퓨터시스템에 연결되어 검사 결과가 자동으로 저장되는 외래 진료실 초음파기기 대신에 검사 결과가 저장되지 않는 분만실 이동식 초음파기기를 사용하여 초음파 검사를 실시하고 대신 검사 결과를 기록해 두었던 바(갑제3호증의 1, 2), 이와 같이 초음파사진 보존을 위해 분만이 임박한 산모를 외래진료실로 데리고 가검사를 하여야한다는 것은 부당합니다.

3. 이동식 초음파기기까지 모두 병원 중앙컴퓨터시스템에 연결하는 것은 현실적으로 거의 불가능합니다.

4. 결론
  위와 같은 사정을 참작하시어 원고가 의사로서 환자들과 지역 주민들에게 천추의 죄인으로 남지 않도록 진료를 계속할 수 있도록 하여주시기 바랍니다.

입증방법

1. 갑 제4호증 진료기록 사본
2. 갑 제5호증 입원환자 현황(2008.12.8. 기준)
3. 갑 제6호증 병원설비 설치 현황
4. 갑 제7호증 소외 본원 산부인과 과장 진술서

20 . . .

원(피)고   (날인 또는 서명)

서울행정법원 제 부(단독) 귀중

기일변경(연기) 신청서

사 건

2009구합 28766 의사면허자격정지처분취소

원 고   김 길 동(주민등록번호)
서울시 은평구 불광동 ○번지

피 고   보건복지부장관

위 사건에 관하여 2009. . . : 　　　 로 변론(준비)기일이 지정되었으나 원고는 다음과 같은 사유로 출석할 수 없으므로 변론준비기일을 변경(연기)하여 주시기 바랍니다.

다 음

연기(변경)신청사유 : 원고는 지난 2013. 7. 14. 에 교통사고를 당하여 현재 백병원(중구 명동 소재)에 입원중에 있습니다.

첨 부 서 류

1. 진단서   1부.
1. 의사 소견서   1부.

20 . . .

위 원(피)고   (날인 또는 서명)

서울행정법원   귀중

소 장

원 고   ○   ○   ○ (○○○○○○-○○○○○○○)

○○시 ○○구 ○○동 ○○○

소송대리인 변호사 ○ ○ ○

○○시 ○○구 ○○동 ○○○   (우 :   )

(전화 :   ,팩스 :   )

피 고   보건복지부장관

의사면허자격정지처분취소 청구의 소

청 구 취 지

1. 피고가 20○○. 11. 7. 원고에 대하여 한 20○○. 11. 28.부터 20○○. 12. 27.까지 의사면허자격정지처분을 취소한다.
2. 소송비용은 피고의 부담으로 한다.

라는 판결을 구합니다.

청 구 원 인

1. **처분의 경위**

   가. 원고는 피고로부터 의사면허(면허번호 제○○○호)를 받고, 20○○. 11. 27.경부터 ○○시 ○○구 ○○동 123에서 제일의원을 개설하여 의료업에 종사하고 있습니다.

   나. 원고는 20○○. 11. 19. ○○시 ○○구 ○○동 234 소재 ○○도자기 회사에 전화로 건강검진을 무료로 해준다고 하여 위 회사 측에서 이에 응하자, 같은 달 23. 위 회사에 현지출장을 하여 위 회사 직원인 소외 박○일 외 4명의 채혈을 하면서, 간염과 혈액검사는 무료이나 그 외에 혈액종합검사는 검진료가 60,000원이라고 하고는 그 검진료는 나중에 결과가 나오는 대로 받기로 하고 검사를 하였다는 혐의로 형사입건되어 20○○. 6. 8. ○○지방법원으로부터 의료법위반죄로 벌금 1,000,000원의 선고유예판결을 받고, 위 판결은 그 무렵 확정되었습니다.

   다. 피고는 원고가 의료기관을 개설운영하면서 위와 같이 영리를 목적으로 환자를 알선유인한 의료법 제17조 제3항 위반사실로 ○○지방법원으로부터 선고유예의 판결을 받았다는 이유로 20○○. 11. 7. 원고에 대하여 20○○. 11. 28.부터 20○○. 1. 27.까지 2개월간 위 의사면허자격을 정지하는 처분을 하였다가 원고가 같은 해 11. 16. 불복 청구한 행정심판에서 20○○. 2. 22. 중앙행정심판위원회의 의결에 따라 위 처분내용이 20○○. 11. 28. 20○○. 12. 27.까 지 1개월간으로 경정되었습니다.

2. 처분의 위법

위 처분은 다음과 같은 점에서 위법합니다.

첫째, 원고가 지역주민에 대한 의료서비스 및 홍보차원에서 위 ○○도자기 회사에 위 회사측의 사전동의를 받고 무료건강진단차 출장을 나갔다가 위 회사직원들로부터 자신들의 비용부담하에 혈액종합검사를 하여 달라는 간청을 받고 시중가보다 대폭 저렴한 가격으로서 필요경비에 해당하는 금 60,000원씩으로 약정을 하고 위 검사를 하여, 주게 된 것으로서 원고에게는 처음부터 영리목적이 없었음에도 피고는 고의적으로 명백히 영리를 목적으로 환자를 소개, 알선 유인하거나 이를 사주하는 행위를 한 때에 적용되는 위 규칙에 따라 이 사건 처분을 한 위법이 있습니다.

둘째, 원고는 15년 이상 전문의로 종사해 온 의사로서 지역사회에 끼친 봉사 등으로 유관기관의 표창과 감사장을 수차에 걸쳐 받아 왔으며, 원고는 십수억원을 투자하여 15명의 직원을 고용하여 매달 평균 약 2,000여명의 고객에 대한 건강진단을 하여 왔으므로 이 사건으로 인하여 1개월간 병원을 운영하지 못하게 될 경우 원고는 막대한 경제적 손실을 입고 직원들의 생계는 물론 위 근로자 등의 건강측면에서도 엄청난 피해가 예상되며, 영업상의 신용훼손으로 병원을 폐쇄할 수밖에 없는 처지에 놓이게 되는 등 위 의료법의 취지, 위 규칙상의 행정처분의 기준, 이 사건 위반행위의 동기, 경위 정도 등에 비추어 보면 이 사건 처분에는 재량권의 범위를 일탈하거나 남용한 위법이 있다할 것입니다.

따라서 위 처분은 위법하여 취소를 구하기 위하여 본 소 청구에 이른 것입니다.

입 증 방 법

변론시 제출하겠습니다.

첨 부 서 류

1. 주민등록초본	1통
1. 소장부본	1통
1. 위임장	1통

20○○. ○. .

위 원고 소송대리인 변호사 ○ ○ ○ (인)

○○행정법원   귀중

12. 부당해고의 구제절차

(1) 해고의 개념

근로계약의 종료사유는 근로자의 의사나 동의에 의하여 이루어지는 퇴직, 근로자의 의사에 반하여 사용자의 일방적 의사에 의하여 이루어지는 해고, 근로자나 사용자의 의사와는 관계없이 이루어지는 자동소멸 등으로 나눌 수 있으며 근로기준법 제27조에서 말하는 해고란 실제 사업장에서 불리우는 명칭이나 그 절차에 관계없이 위의 두번째에 해당하는 모든 근로계약관계의 종료를 의미한다.[68] 그 유형으로는 해고의 원인을 기준으로 근로자의 기업질서위반 등 근로자의 귀책사유를 이유로 하는 징계해고, 기업의 경영상 필요에 따른 정리해고, 그 밖에 부득이한 사유가 있어 근로계약을 유지하기 어려움을 이유로 하는 통상해고가 있다.

(2) 해고 등의 제한

사용자는 근로자에게 정당한 이유 없이 해고, 휴직, 정직, 전직, 감봉, 그 밖의 징벌(懲罰)을 하지 못한다(근로기준법 제23조). 또한 사용자가 경영상 이유에 의하여 근로자를 해고하려면 긴박한 경영상의 필요가 있어야 한다. 이 경우 사용자는 해고를 피하기 위한 노력을 다하여야 하며, 합리적이고 공정한 해고의 기준을 정하고 이에 따라 그 대상자를 선정하여야 하고, 남녀의 성을 이유로 차별하여서는 아니 된다(법 제24조). 그리고 해고를 피하기 위한 방법과 해고의 기준 등에 관하여 그 사업 또는 사업장에 근로자의 과반수로 조직된 노동조합이 있는 경우에는 그 노동조합에 해고를 하려는 날의 50일 전까지 통보하고 성실하게 협의하여야 한다.

---

68) 대법원 1993.10.26. 선고 92다54210 판결.

(3) 해고통지의 방법 등

1) 통지방법

근로기준법 제27조는 사용자가 근로자를 해고하려면 해고사유와 해고시기를 서면으로 통지하여야 효력이 있다고 규정하고 있는데, 이는 해고사유 등의 서면통지를 통해 사용자로 하여금 근로자를 해고하는 데 신중을 기하게 함과 아울러, 해고의 존부 및 시기와 그 사유를 명확하게 하여 사후에 이를 둘러싼 분쟁이 적정하고 용이하게 해결될 수 있도록 하고, 근로자에게도 해고에 적절히 대응할 수 있게 하기 위한 취지이다. 따라서 사용자가 해고사유 등을 서면으로 통지할 때는 근로자의 처지에서 해고사유가 무엇인지를 구체적으로 알 수 있어야 하고, 특히 징계해고의 경우에는 해고의 실질적 사유가 되는 구체적 사실 또는 비위내용을 기재하여야 하며 징계대상자가 위반한 단체협약이나 취업규칙의 조문만 나열하는 것으로는 충분하다고 볼 수 없다.[69]

2) 해고의 예고

사용자는 근로자를 해고(경영상 이유에 의한 해고를 포함한다)하려면 적어도 30일 전에 예고를 하여야 하고, 30일 전에 예고를 하지 아니하였을 때에는 30일분 이상의 통상임금을 지급하여야 한다. 다만, 천재·사변, 그 밖의 부득이한 사유로 사업을 계속하는 것이 불가능한 경우 또는 근로자가 고의로 사업에 막대한 지장을 초래하거나 재산상 손해를 끼친 경우에는 그러하지 아니하다(법 제26조).

(4) 부당해고의 구제신청

1) 구제신청권자

가) 신청권자

해고등을 당한 근로자는 노동위원회에 부당해고 등 구제신청을 할 수 있다. 근로기준법 제28조에 의한 부당해고 등에 개한 구제신청제도는 불이익처분을 받은 당해 근로자가 더 간이하고 신숙하게 저렴한 비용으로 구제를 받을 수 있도록 하자는 취지가 있고, 위 조항은 근로자들이 조직한 노동조하브이 존재 및 활동을 전제하고 있는 것이 아니므로, 신청인이 될 수 있는 자는 바로 해고 등의 불익처분을 받은 당해 근로자에 한하며, 노동조합은 이에 해당되지 않는다.[70]

---

69) 대법원 2011.10.27. 선고 2011다42324 판결.
70) 대법원 1993. 5. 25. 선고 92누12542 판결, 대법원 1992. 11. 13. 선고 92누11114 판결.

나) 상대방

구제신청의 상대방은 구제명령에 따라 사업주로서 이를 시정할 주체인 사용자가 되어야 한다. 그러므로 구제명령이 사업주인 사용자의 일부 조직이나 업무집행기관 또는 업무담당자에 대한 것인 경우 그 구제명령은 실질적으로 사업주인 사용자에게 한 것으로 보아야 한다. 따라서 이에 대한 중앙노동위원회에의 재심신청이나 그 재심심판 취소소송 역시 당사자능력이 있는 당해 사업주만 원고적격자로서의 소송을 제기할 수 있다.[71]

2) 구제신청기간

사용자가 근로자에게 부당해고등을 하면 근로자는 노동위원회에 구제를 신청할 수 있다. 이에 따른 구제신청은 부당해고등이 있었던 날부터 3개월 이내에 하여야 한다(법 제28조).「노동위원회법」에 따른 지방노동위원회의 구제명령이나 기각결정에 불복하는 사용자나 근로자는 구제명령서나 기각결정서를 통지받은 날부터 10일 이내에 중앙노동위원회에 재심을 신청할 수 있다(법 제31조 제1항).

3) 제소기간

중앙노동위원회의 재심판정에 대하여 사용자나 근로자는 재심판정서를 송달받은 날부터 15일 이내에 「행정소송법」의 규정에 따라 소(訴)를 제기할 수 있다(법 제32조 제2항). 만약 이에 따른 기간 이내에 재심을 신청하지 아니하거나 행정소송을 제기하지 아니하면 그 구제명령, 기각결정 또는 재심판정은 확정된다.

4) 인지대

노동관계 행정소송은 항고소송으로서 비재산권상의 소이다. 따라서 그 소송목적의 값은 5,000만원이다.

(5) 부당노동행위 구제절차

1) 부당노동행위의 개념

부당노동행위란 사용자가 노동조합이 활동을 위축시키기 위하여 하는 부당한 행위를 부당노동행위라 한다. 예를 들어, 근로자가 노동조합에 가입한 것을 이유로, 또는 가입하려고 시도하는 것을 이유로 근로자를 해고하거나 불이익을 주는 행위, 어떤 노동조합에 가입하지 않거나 탈퇴한 것을 고용조건으로 하거나 특정 노동조합의 조합원이 될 것을 고용조건으로 하는 행위, 노동조합 대표자 등과의 단체교섭을 정당한 이유없이 거부하거나 게을리 하는 행위, 노동조합의 조직, 운영에 개입하는 행위와 노동조합의 운영비를 원조하는 행위, 근로자가 정당한 단체활동에 참가한 것을 이유로, 또는 노동위원회나

---

71) 대법원 2006. 2. 24. 선고 2005두5673 판결, 대법원 1999. 4. 9. 선고 97누19731 판결.

행정관청에 신고, 증언하거나 증거를 제출한 것을 이유로 해고하거나 불이익을 주는 행위 등을 말한다.

2) 구제신청절차

구제신청절차는 아래 도표와 같다.

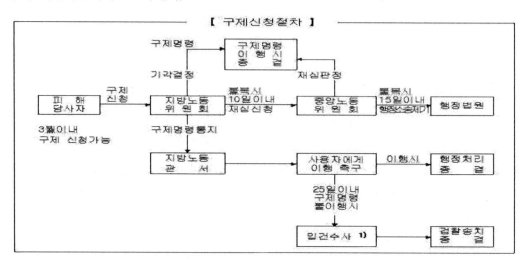

3) 구제신청의 주체

구제신청은 권리를 침해당한 근로자 또는 노조법에 의해 설립된 노동조합이 신청할 수 있다. 다만 일시적인 집단이나 근로단체는 법상 노동조합이 아니므로 구제신청의 주체가 될 수 없다. 그러나 노동조합 설립 도중 조합설립을 막는 등의 부당노동행위가 일어난 경우에 한해 나중에 설립된 노동조합에도 구제신청을 할 수 있다.

4) 구제신청기간

구제신청은 부당노동행위가 있는 날을 기준으로 3개월 이내에 신청하여야 한다. 구제신청을 한 뒤 지방노동위원회의 구제명령 혹은 기각 결정에 이의가 있는 당사자는 10일 이내 중앙노동위원회에 재심을 신청할 수 있다. 또한 그 결과에 불복할 경우 15일 이내에 행정소송을 제기할 수 있다.

5) 지방노동관서에의 고발 등

가) 신고주체

부당노동행위로 피해를 입은 근로자 또는 노동조합은 지방노동관서에 진정, 고소, 고발 등 사용자의 처벌을 요구할 수 있다.

나) 신고기간

지방노동관서에 진정 등의 신고사건 제기는 노조법 제81조 및 제90조 위반에 대한 공소시효는 5년이며, 이외 부당노동행위 관련 진정 등은 사용자의 부당노동행위로부터 3년 이내에 해야한다.

다) 절차

지방노동관서에의 고발 등의 절차는 아래 도표와 같다.

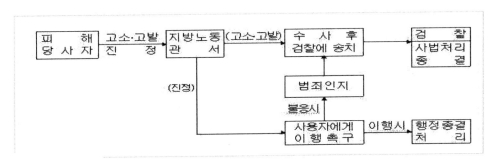

소　장

원고	유한회사 ○○○ 서울시 강남구 ○○동 ○○번지 (전화 000-000, 팩스 000-000)
피고	중앙노동위원회 위원장
피고보조참가인	1. 김 ○○ 경기도 과천시 ○○동 2. 양 ○○ 서울시 은평구 ○○동

부당해고구제재심판정취소

청구취지

1. 중앙노동위원회가 2011. 7. 22. 원고와 피고보조참가인들 사이의 중앙2011부해450, 457호 부당해고구제 재심신청 사건에 관하여 한 재심판정을 취소한다.
2. 소송비용 중 보조참가로 인한 부분은 피고보조참가인들이, 나머지는 피고가 각 부담 한다.
라는 판결을 구합니다.

청구원인

1. 재심판정의 경위

(1) 원고는 위 소재지에서 상시 390여 명의 근로자를 사용하여 여객운송업을 하는 법인이다. 피고보조참가인(이하 '참가인'이라 한다) 김○○는 2003. 4. 2.에, 참가인 양□□는 2006. 12. 2.에 각 원고에 입사하여 운전기사로 근무하다가 참가인 김○○는 운송수입금 2,900 원을, 참가인 양□□는 5,200원을 각 착복하였다는 이유로 2010. 10.29. 징계해고(이하 '이 사건 각 징계해고'라 한다)된 사람들입니다.

(2) 참가인들은 이 사건 각 징계해고가 부당하다고 주장하면서 2011. 1. 27. 전북지방노동위원 회에 구제신청을 하였다. 위 노동위원회는 이 사건 각 징계해고의 징계사유는 인정되나 참 가인 김○○에 대한 해고는 징계양정이 과하다고 보아 부당해고로, 참가인 양□□에 대한 해고는 징계양정이 적정하다고 보아 정당해고로 판정하였습니다.

(3) 원고와 참가인 양□□는 전항 기재 초심판정 중 자신에게 불리한 부분에 관하여 중앙노동
위원회에 각 재심을 신청하였고, 중앙노동위원회는 2011. 7. 22. 다음과 같은 사유를 들어
이 사건 각 징계해고를 모두 부당해고로 보아 원고의 재심신청은 기각하고 양□□의 재심
신청은 인용하였습니다.

참가인들이 원고에게 납부하지 아니한 운송수입금은 현금 탑승 승객으로부터 받은 현금 요
금 중 잔돈이어서 그 금액이 소액이라는 점, 참가인들이 현금 요금 중 잔돈을 회사에 납부하
지 아니한 것은 이를 묵인되는 관행으로 오인하였다고 볼 여지가 있는 점, 참가인들이 제출
한 운행일보에 현금 승차금액과 현금 수입금액이 다르게 기재되어 있어 현금 요금 잔돈을 납
부하지 아니한 행위가 고의적이거나 계획적이었다고 보이지 않는 점, 원고가 동일한 유형의
운송수입금 잔돈 미납을 이유로 징계를 한 전례가 없는 점, 원고는 단체협약 및 취업규칙 등
에 운송수입금 착복시 중징계한다는 규정을 두는 한편 CCTV를 시외버스에 설치하였으나 그
외 현금 요금 잔돈 미납에 관하여 근로자들을 대상으로 교육을 실시하거나 특별히 지시 및
당부를 하였다고 볼 자료가 없는 점, 참가인들이 수년간 승무사원으로 재직해 오는 동안 징
계처분을 받은 전력이 없어 이를 참작할 필요가 있다고 보이는 점 등을 종합해 보면, 참가인
들이 운송수입금 잔돈 일부를 미납한 비위행위는 사회통념상 근로계약관계를 계속 유지하기
어려울 정도의 중대한 귀책사유에 해당한다고 보기는 어렵다.

2. 재심판정의 적법여부

운송수입금 중 잔돈을 납부하지 않는 관행은 없고, 참가인들의 운송수입금 횡령은 노사간의 신
뢰를 근원적으로 훼손하는 행위로서 버스요금은 요금 자체가 원래 소액이라 횡령액 또한 소액
일 수밖에 없으므로 횡령액의 다과를 불문하고 해임이 가능합니다. 특히 참가인들은 2회씩 운
송수입금을 횡령하여 비위의 정도가 중하고, 노사합의서, 참가인들이 입사당시 작성한 각서, 단
체협약, 종업원징계규정상 징계처분기준에 비추어 보면 이 사건 각 징계해고는 양정이 적정한
것입니다.

3. 결론

이와 같이 피고의 이 사건 재심판정은 위법하므로 그 취소를 구하는 행정소송을 제기하게 되었
습니다.

입증방법

1. 갑 제1호증
2. 갑 제2호증
3. 갑 제3호증
4. 갑 제4호증

첨부서류

1. 위 각 입증방법   각 1부
2. 송달료 납부서
3. 소장부본

20   .   .   .
위 원고   (날인 또는 서명)

서울행정법원   귀중

소송고지 신청서

사 건   2013구합(구단) ○○○○○
원 고   유한회사 ○○○
         서울시 은평구 불광동 ○번지
피 고   중앙노동위원회위원장
         대표자 이사장 ○○○

위 사건에 관하여 원고는 다음과 같이 소송의 고지를 신청합니다.

다 음

고지인(원고) :   유한회사 ○○○
피고지인   성 명 : 김 ○○
                  주 소 : 경기도 과천시 ○○동 ○번지
                  성 명 : 양 ○○
                  주 소 : 서울시 은평구 ○○동 ○번지

1. 고지할 소송의 표시

사 건   2013구합(구단) ○○○○○
원 고   김 길 동
피 고   근로복지공단(대표자 이사장 ○○○)

2. 고지 이유

피고지인은 원고가 운영하는 회사의 직원으로서 원고가 제기한 본 건 소송의 기초사실이 되는 징계처분을 받았습니다. 이에 소송고지를 신청합니다.

첨부서류

1. 재직증명서   1부

20 .   .   .

위 신청인   (날인 또는 서명)

서울행정법원   귀중

보조참가 신청서

사 건   2013구합(구단) ○○○○○
원 고   유한회사 ○○○
          서울시 은평구 불광동 ○번지
피 고   중앙노동위원회위원장
          대표자 이사장 ○○○
보조참가인 김 ○○(주민등록번호)
          경기도 과천시 ○○동

위 당사자간 귀원   구합(단)   호   청구사건에 관하여 피고를 보조하기 위하여 위 소송에 참가하고자 하오니 허가하여 주시기 바랍니다.

참가이유

위 피고보조참가인은 원고가 운영하는 회사의 직원으로서, 원고의 본 건 소송에 법률적 이해관계가 있으므로 위 소송에 피고를 보조하여 참가하고자 합니다.

20 .   .   .

위 피고보조참가인   (날인 또는 서명)

서울행정법원   귀중

소　　장

원고　　　최 ○ ○
　　　　　경기도 구리시 ○번지
피고　　　국가인권위원회

인권교육수강등 권고결정취소

청구취지

1. 주위적 청구취지 : 피고가 2006. 8. 29. 원고와 최○○ 사이의 06진차266 성희롱 사건에 관하여 원고에 대하여 한 인권교육수강 및 ○○ 주식회사 대표이사에 대하여 한 인사조치 권고결정을 취소한다.

2. 예비적 청구취지 : 주문 제2항 및 피고가 2006. 9. 14. 원고와 최○○ 사이의 06진 차266 성희롱 사건에 관하여 원고에 대하여 한 인권교육수강권고처분을 취소한다.

3. 소송비용은 피고의 부담으로 한다.

라는 판결을 구합니다.

청구원인

1. 기초사실

(1) 원고와 최○○은 ○○ 주식회사(이하 '이 사건 회사'라고 한다) 구리지점 영업사원이고, 모두 ○○ 노동조합(이하 '이 사건 노조'라고 한다)의 조합원입니다.

(2) 최○○은 2004. 7. 7. 구리지점 직원 강○○, 윤○○, 문○○ 3명을 성희롱가해자라고 주장하면서 남녀차별개선위원회에 04성희롱62, 63, 64호로 시정신청을 하였습니다.
　　위 위원회는 2004. 11. 8. 문○○가 2004. 6. 17. 회식자리에서 최○○에게 한 언동과 윤○○이 2004. 6. 21. 최○○의 핸드폰으로 문자메시지를 보낸 언동을 성희롱으로 결정하면서 이 사건 회사에게 성희롱예방교육 및 재발방지대책을 수립할 것을 권고하였으나, 강○○가 "직원들이 사귄다"는 취지의 말을 한 것에 대하여는 그것만으로는 성희롱이라고 보기 어렵다는 이유로 최○○의 신청을 기각하였습니다. 위 결정에 따라 이 사건 회사는 강○○, 윤○○, 문○○를 다른 지점으로 전보조치하였습니다.

(3) 강○○는 2006. 1. 26. 최○○과 전○○이 구리시 수택동 소재 뉴캐슬호텔에 들어가는 것을 보고 김○○과 원고에게 전화를 걸어 위 호텔 앞으로 오라고 한 후 다른 곳으로 떠났다고 주장하고, 김○○은 나중에 도착하여 최○○과 전○○이 위 호텔에서 나오는 것을 보았다고 주장하고 있으나, 원고는 그 후에 위 호텔 앞에 도착하였기 때문에 위와 같은 장면을 보지는 못하였습니다.

(4) 원고는 이 사건 회사 구리지점 직원들에게 "최○○과 전○○이 모텔에 들어간 것을 본 사람이 있고, 그 장면을 찍은 사진도 있다"는 취지의 말을 하였다. 이를 들은 구리지점 직원 15명(원고는 이에 포함되지 아니한다)은 2006. 2. 2. 최○○과 전○○이 구리지점의 명예를 훼손하고 직원들을 농락하였기 때문에 두 사람과 같이 근무할 수 없다는 취지의 탄원서를 작성하여 이 사건 회사에 제출하였다. 최○○은 2006. 2. 28. 이 사건 회사의 요구로 전○○과 모텔에 간 사실이 없다는 취지의 사실확인서를 작성하여 제출하였다.

(5) 원고와 최○○은 2006. 1. 이 사건 노조 서울북부지부 여성대의원 선거에 출마하였고, 선거 결과 원고가 대의원에 선출되었습니다. 원고는 2006. 2. 17. 이 사건 노조 정기 대의원대회와 2006. 3. 24. 이 사건 노조 여성위원회 월례회의에 참석하여 다른 대의원들에게 "2004년 성희롱 사건 가해자들도 억울한 것이 많다. 최○○이 지점내 유부남과 모텔에 들어가는 것을 본 사람이 있다"는 취지의 말을 하였습니다.

(6) 최○○은 2006. 3. 9.부터 5. 4.까지 경희대학교 의과대학 부속병원에서 '직장 내 심한 스트레스 이후 두통, 가슴 답답함, 집중력 저하, 불안, 수면장애, 경도 우울증, 자율신경계 흥분 신체증상' 등으로 통원치료를 받았습니다.

(7) 최○○은 2006. 5. 23. 06진차266호로 피고에게 원고를 피진정인으로 하는 진정을 제기하였고, 피고 산하 차별시정위원회는 위 진정사건을 조사한 결과 2006. 8. 29. 원고의 성희롱적 언동으로 인하여 최○○에게 적대적이고 모욕적인 근무환경이 조성되었으므로, 원고에 대하여 인권교육수강 및 ○○ 주식회사 대표이사에 대하여 인사조치 권고처분의 결정을 하였습니다(이하 '이 사건 결정'이라고 한다).

(8) 피고는 2006. 9. 14. 원고에게 피고가 주최하는 인권교육수강을 권고하는 결정을, ○○ 주

식회사 대표이사에게 최○○이 원고와 같은 공간에서 근무하지 않도록 조치할 것을 권고하는 결정을 각 통지하였습니다(이하 '이 사건 처분'이라고 한다).

2. 처분의 위법성

원고의 행위는 객관적 사실만을 오로지 공적인 이익을 위하여 진술한 것일 뿐, 최○○으로 하여금 성적 굴욕감을 유발한다거나 최○○에게 적대적이고 모욕적인 근무환경을 조성할 목적으로 행해진 것이 아님에도, 피고가 위와 같은 처분을 한 것은 사실 관계를 오인하였거나 법리를 오해한 위법이 있습니다.

3. 결론

이상과 같이 피고의 이 사건 처분은 위법하므로 이의 취소를 구하는 본 건 소송에 이르게 되었습니다.

입증방법

1. 갑 제1호증
2. 갑 제2호증

첨부서류

1. 위 각 입증방법   각 1부
2. 송달료 납부서
3. 소장부본

20 . . .

위 원고   (날인 또는 서명)

서울행정법원   귀중

당해판례

2006구합 461521

1. 주위적 청구의 적법 여부에 관하여

구 남녀차별금지 및 구제에 관한 법률(2005. 3. 24. 법률 제7422호로 폐지되기 전의 것) 제28조 제1항은 "남녀차별개선위원회는 조사의 결과 남녀차별사항에 해당한다고 인정할 만한 상당한 이유가 있을 때에는 남녀차별임을 결정하고 당해 공공기관의 장 또는 사용자에게 시정을 위하여 필요한 조치를 권고하여야 한다."라고 규정하여 성희롱결정과 이에 따른 시정조치의 권고가 불가분의 일체로 행해지는 것이므로 시정조치의 권고뿐 아니라 성희롱결정도 행정처분에 해당한다고 보아야 할 것이나(대법원 2005. 7. 8. 선고 2005두487 판결 등 참조), 국가인권위원회법 제44조(구제조치 등의 권고) 제1항은 "위원회가 진정을 조사한 결과 인권침해나 차별행위가 일어났다고 판단하는 때에는 피진정인, 그 소속기관·단체 또는 감독기관의 장에게 다음 각 호의 사항을 권고할 수 있다."라고 하여 시정조치의 권고에 관하여만 규정하고 피고 위원회의 권고조치를 위한 결정에 관하여는 별도의 근거 규정을 두고 있지 않은바, 그렇다면 피고 산하 차별시정위원회가 2006. 8. 29. 심의의결을 거쳐 행한 이 사건 결정은 합의제 행정기관인 피고가 그 의사를 내부적으로 형성하고, 그 결과에 따라 원고 및 이 사건 회사 대표이사에게 이 사건 권고처분을 하기 위한 중간단계의 과정에 불과하고, 이 사건 결정 자체로서 국민의 권리의무에 어떠한 변동도 가져오는 것이 아니므로 행정처분이 아니어서 항고소송의 대상이 될 수 없다 할 것이고, 따라서 원고의 주위적 청구에 대한 소는 부적법하다.

2. 피고의 원고에 대한 인권교육수강권고처분취소청구의 적법 여부에 관하여

항고소송의 대상은 행정청의 처분이고(행정소송법 제19조), 행정처분이란 행정청이 행하는 구체적 사실에 관한 법집행으로서의 공권력의 행사 또는 그 거부와 그밖에 이에 준하는 행정작용을 말한다(행정소송법 제2조 제1항 제1호).

국가인권위원회법에 의하면, 국가인권위원회가 진정을 조사한 결과 인권침해나 차별행위가 일어났다고 판단하는 때에는 피진정인에게 제42조 제4항 각 호에 정한 구제조치의 이행, 법령·제도·정책·관행의 시정 또는 개선을 권고할 수 있을 뿐(제44조 제1항), 피진정인이 위와 같은 권고를 이행하지 아니하였을 때 어떠한 불이익한 제재를 가할 수도 없고, 위와 같은 권고가 피진정인의 권리를 제약하거나 의무를 부과하는 것이 아니며, 피진정인의 법률상 이익을 개별적·구체적으로 규제하는 효과가 있는 것도 아니므로, 피고가 2006. 9. 14. 원고에 대하여 한 인권교육수강권고는 행정소송의 대상이 되는 행정처분에 해당하지 아니한다.

따라서, 원고의 예비적 청구 중 피고가 원고에 대하여 한 인권교육수강권고처분취소의 소는 부적법하다.

3. 피고의 이 사건 회사 대표이사에 대한 인사조치권고처분취소청구에 관하여

(1) 원고적격

행정소송법 제12조에서 말하는 법률상 이익이란 당해 행정처분의 근거 법률에 의하여 보호되는 직접적이고 구체적인 이익을 말하고 당해 행정처분과 관련하여 간접적이거나 사실적·경제적 이해관계를 가지는 데 불과한 경우는 여기에 포함되지 아니하나, 행정처분의 직접 상대방이 아닌 제3자라 하더라도 당해 행정처분으로 인하여 법률상 보호되는 이익을 침해당한 경우에는 취소소송을 제기하여 그 당부의 판단을 받을 자격이 있다(대법원 2007. 1. 25. 선고 2006두12289 판결 참조).

국가인권위원회법은 국가인권위원회가 진정을 조사한 결과 인권침해나 차별행위가 일어났다고 판단하는 때에는 소속기관의 장에게 제42조 제4항 각 호에 정한 구제조치의 이행, 법령·제도·정책·관행의 시정 또는 개선을 권고할 수 있도록 규정하고 있고(제44조 제1항), 이 사건에서 피고는 이 사건 회사 대표이사에게 원고와 최○○이 같은 공간에서 근무하지 않도록 조치할 것을 권고하였고, 뒤에서 보는 바와 같이 위 권고는 이 사건 회사 대표이사에게 일정한 법률상의 의무를 부담시키는 것이며, 위와 같은 권고에 따라 위 회사 대표이사가 원고에게 전보조치를 한다면 원고로서는 이에 따라야 할 근로계약상 의무가 발생한다.

그렇다면, 원고로서는 피고의 이 사건 대표이사에 대한 권고에 관하여 법률상 보호되는 직접적이고 구체적인 이익을 향유하므로 위 처분의 취소소송을 제기할 원고적격이 있다.

(2) 행정처분인지 여부

국가인권위원회법은 시정권고를 받은 기관의 장은 그 권고사항을 존중하고 이행하기 위하여 노력하여야 하고(제25조 제2항), 권고를 받은 기관의 장이 그 권고내용을 이행하지 않을 경우 그 이유를 위원회에 문서로 설명하여야 하며(제3항), 위원회는 필요하다고 인정하는 경우 위원회의 권고와 의견표명 및 권고를 받은 기관의 장이 설명한 내용을 공표할 수 있도록 규정하고 있다(제4항).

이에 의하면 국가인권위회의 시정권고는 사용자에게 일정한 법률상의 의무를 부담시키는 것이므로, 피고가 2006. 9. 14. 이 사건 회사 대표이사에 대하여 한 시정조치 권고는 행정소송의 대상이 되는 행정처분에 해당한다.

(3) 차별행위인지 여부

국가인권위원회법 제2조 제4호는 '평등권침해의 차별행위'라 함은 합리적인 이유없이 성별 등을 이유로 한 다음 각 목의 어느 하나에 해당하는 행위를 말한다고 규정하고, 라.목에서는 차별행위의 한 유형으로서 성희롱행위를 규정하고 있는바, 이 사건에서 문제가 된 원고의 행위가 과연 위 규정상 차별행위인지 여부에 관하여 본다.

구 남녀차별금지 및 구제에 관한 법률(2005. 3. 24. 법률 제7422호로 폐지되기 전의 것) 제7조 제4항은 "성희롱은 남녀차별로 본다"고 규정하였으나, 위 규정은 2005. 3. 24. 법률 제7422호로 폐지되었고, 위 폐지법률 부칙 제1항은 제2조 제2호 내지 제4호, 제7조 제2항은 계속 효력을 가진다고 규정하면서도 제7조 제4항에 대하여는 위와 같은 규정을 두지 않았다. 따라서 2005. 3. 24. 이전에는 모든 성희롱행위는 곧바로 남녀차별행위로 간주되었으나, 2005. 3. 25.부터는 모든 성희롱행위가 곧바로 남녀차별행위로서 평등권침해의 차별행위가 되는 것이 아니고, 합리적인 이유 없는 성별(피고는 이 사건 성희롱행위가 성별에 의한 차별행위라고 주장한다)에 의한 차별행위에 해당하는 경우에만 평등권침해의 차별행위가 되어 국가인권위원회법에 의한 권고를 할 수 있고, 그 점에 대한 입증책임은 피고가 부담한다. 그러나, 피고 제출의 증거만으로는 원고의 행위가 최○○을 합리적인 이유 없이 성별에 의하여 차별한 것이라는 점을 인정하기에 부족하고, 달리 이를 인정할 증거가 없으므로, 이를 전제로 한 피고의 이 사건 회사 대표이사에 대한 인사조치권고처분은 나머지 점에 관하여 더 나아가 살펴볼 필요 없이 위법하다.

[서식] 부당노동행위구제 재심판정 취소청구의 소

소 장

원고   김 길 동(주민등록번호)
                 서울 종로구 ○○동 ○-○
                 (전화 000-000, 팩스 000-000)
피고   중앙노동위원회위원장
부당노동행위구제재심판정 취소

청구취지

1. 중앙노동위원회가 2005. 10. 26. 원고들과 피고보조참가인 전국금속노동조합 사이의 2005 부노74호 부당노동행위구제재심신청사건에 관하여 한 재심판정을 취소한다.

2. 소송비용 중 보조참가로 인한 비용은 보조참가인들이, 나머지는 피고가 각 부담한다.

라는 판결을 구합니다.

청구원인

1. 재심판정의 경위

(1) 원고 김○○은 상시근로자 119명을 두고 현대자동차 주식회사(이하 '현대자동차'라 한다)와 도급계약을 체결한 다음 현대자동차의 아산공장 내 의장부문에서 화이날 6반·8반의 부품장착공정의 조립업무를 수행하는 사내협력업체(상호 : A기업, 이하 원고 김길동 운영의 업체를 지칭할 때는 'A기업'이라 한다)를 운영하고 있고, 원고 배△△은 상시근로자 90명을 두고 현대자동차와 도급계약을 체결한 다음 현대자동차의 아산공장 내 의장부문에서 화이날 및 품질관리공정의 업무를 수행하는 사내협력업체(상호 : B기업, 이하 원고 배△△ 운영의 업체를 지칭할 때는 'B기업'이라 한다)를 운영하고 있습니다.

피고보조참가인 전국금속노동조합(이하 '참가인 조합'이라 한다)은 금속산업 및 금속관련산업에 종사하는 근로자를 조직대상으로 하여 2001. 2.경 설립된 전국 규모의 산업별 단위노동조합으로서, 산하에 지부를, 지부 산하에 지회의 조직을 두고 있는데, 그지회의 하나로 충남지부 산하에 2003. 3. 28. 현대자동차 아산공장 내 협력업체들 소속 근로자를 조직대상으로 하여 설립된 현대자동차 아산공장 사내하청지회(이하 '사내하청 지회'라 한다)가 있습니다. 피고보조참가인 오▽▽은 사내하청지회의 법규부장입니다.

(2) 참가인 조합은 원고들이 사내하청지회의 쟁의행위 기간 중인 2004. 11. 19.부터 2004. 12. 12.까지 사이에 쟁의행위로 인하여 중단된 업무를 수행하기 위하여 근로자를 신규채용함으로써 참가인 조합의 단체행동권을 침해하는 부당노동행위를 저질렀다고 주장하면서 2005. 1. 13. 충남지방노동위원회에 부당노동행위구제신청을 제기하였고, 위 지방노동위원회는 2005. 3. 11. 위 신규채용에 대하여 노동조합을 조직 또는 운영하는 것을 지배하거나 이에 개입하려는 의도하에서 이루어진 부당노동행위라고 인정하고, 원고들에 대하여 '향후 노동조합의 쟁의행위기간 중 노동조합을 조직 또는 운영하는 것을 지배하거나 개입하려는 의도로 쟁의행위로 인하여 중단된 업무를 수행하기 위하여 근로자를 신규채용하는 행위를 하여서는 아니되며, 노동조합에 이러한 행위의 재발방지를 약속하는 문서를 발송하여야 한다'는 내용의 구제명령을 하였습니다.

(3) 원고들은 이에 불복하여 2005. 4. 15. 중앙노동위원회에 2005부노74호로 재심을 신청하였

고, 중앙노동위원회는 2005. 10. 26. 원고들의 재심신청을 기각한다는 이 사건 재심판정을 하였습니다.

2. 처분의 위법 · 부당성

(1) 쟁의행위 목적의 부적법

쟁의행위가 정당성을 갖추기 위해서는 우선 단체교섭과 관련하여 근로조건의 유지 · 개선 등을 목적으로 하는 것으로서 그 목적이 정당하여야 하므로, ① 실질적인 단체교섭이 실시되었어야 하고, ② 쟁의행위에 의하여 달성하려는 요구사항이 단체교섭 사항이 될 수 있는 것이어야 하는데, 참가인 조합의 쟁의행위는 다음과 같은 점에서 위 ①, ②의 요건을 갖추지 못하였습니다.

1) 원고들과 참가인 조합 사이에 참가인 조합의 쟁의행위 찬반투표 전까지는 2004년 단체협약 체결을 위한 단체교섭이 진행되고 단체교섭이 결렬된 듯한 외관이 있을 뿐, 다음과 같은 사정에 비추어 보면 실제 근로조건의 유지 · 개선을 위한 단체교섭은 진행되지 아니하였습니다.

① 원고들이 원고들로부터 해고된 근로자로 구성된 사내하청지회로부 교섭요청을 받았고, 원고들이 소속 근로자 중 조합원을 파악하기 위하여 참가인 조합에 조합원 명단을 요청하였으나 조합원 명단을 통보받지 못하였는데, 해고된 근로자들과의 교섭이나 소속 근로자 중 조합원이 얼마나 있는지 알 수 없는 상태에서의 교섭은 상호 신뢰를 필요로 하는 단체교섭을 어렵게 하였습니다.

② 사내하청지회가 단체협약 요구안에서 해고자들의 복직을 쟁의행위 찬반투표 전까지 계속적으로 요구하면서 해고자 복직 문제만을 거론하였으며, 현대자동차 임단협 체결 후에는 원고들의 교섭요구에 응하지 아니하였습니다.

2) 사내하청지회는 쟁의행위에 들어가기까지 불법파견 정규직화, 사내하청 직접 고용, 비정규 개악안 저지, 권리보장 입법쟁취 등을 비롯하여 다음과 같이 해고자 복직문제, C기업의 여유 인원 축소문제, 징계처분의 불만 등을 단체교섭사항으로 내세웠을 뿐 적법한 단체교섭사항을 주장하지 아니하였습니다.

① B기업에서 2004. 11. 19. 이후 진행된 쟁의행위는 사내하청지회의 조합원이 B 기업 관리자의 카풀 주선행위를 집회를 방해하기 위한 부당노동행위라고 주장 · 선동하여 시작된 것으로 근로조건의 향상을 위한 것이 아닙니다.

② 사내하청지회 조합원이 속한 협력업체(이하 '협력업체'라 한다)들에서 2005. 1. 3. 이후 진행된 쟁의행위는 C기업의 여유인력 축소문제를 내세워 시작한 것으로 여유 인력 운영은 C기업

의 경영권에 속하는 사항으로 정당한 쟁의행위의 목적이 될 수 없습니다.

③ 더구나 사내하청지회는 B기업 문제로 2004. 11. 30. A기업 소속 조합원으로 하여금 잔업거부를 하게 하였고, C기업 문제로 2005. 1. 이후 A기업, B기업 등 협력업체 소속 조합원들로 하여금 잔업거부를 하게 하였는 바, 이는 B기업이나 C기업 내부 현안을 해결하기 위하여 다른 기업에 속한 조합원이 파업에 참가한 것으로서 현행법상 금지된 동정파업이어서 정당성이 없습니다.

(2) 쟁의행위 절차의 위법

쟁의행위찬반투표가 다음과 같이 법령의 규정에 따르지 아니하여 쟁의행위는 절차상 정당하다고 볼 수 없습니다.

1) 협력업체들은 참가인 조합과 각각 개별교섭을 진행하여 왔으므로 사내하청지회는 개별기업별로 쟁의행위찬반투표를 실시하여야 하나, 사내하청지회는 전체 지회 조합원을 대상으로 쟁의행위찬반투표를 실시하였으므로 위 찬반투표는 위법합니다.

2) 사내하청지회는 쟁의행위 찬반투표에 재적 조합원 102명 중 63명이 투표하여 53명이 찬성하였다고 하나, 사내하청지회의 규약에 의하면 해고된 근로자는 위 지회의 조합원 자격이 없으므로 투표자격이 없고, 이와 같이 투표자격이 없는 해고된 근로자 15명이 참석한 위 투표는 쟁의행위를 조합원 과반수의 찬성으로 결정하여야 한다는 법규정을 위반하였습니다.

(3) 쟁의행위 기간 중 대체근로 여부 및 부당노동행위 해당 여부

1) A기업은 근로자 3명이 퇴사하고, 출장자 대치인원 4명 및 직영 한시공정 추가투입인원 3명이 새로 필요하여 근로자 10명의 인력부족이 있었고, B기업은 근로자 6명이 퇴사하고, 근로자 5명이 장기휴직을 신청하여 11명의 인력부족이 있었으며, 현대자동차와 각 비상업무도급계약을 체결하여 추가로 업무를 도급받았는데, 원고들의 신규채용은 추가도급계약 및 결원발생으로 부득이하게 이루어진 것이고, 기존 조합원들의 담당직무에 투입된 것도 아니므로 쟁의행위의 저지 또는 방해와 관련이 없어 대체근로금지 규정에 저촉되지 않습니다.

2) 더구나 대체근로금지와 부당노동행위의 조항은 그 입법취지가 다르고 그 위반에 대한 벌칙이 각기 정해져 있으므로 대체근로금지규정에 위반하였다고 하여 부당노동행위에 해당한다고 할 수는 없고, 대체근로금지가 정당한 쟁의행위를 전제로 하는 이상 신규채용이 대체근로에 해

당한다 하더라도 쟁의행위가 부적법하면 부당노동행위에는 해당할 여지는 없습니다.

3. 결론
이와 같이 피고의 처분은 위법한 행정처분이 아닐 수 없으므로, 상기와 같이 원고의 행정처분의 취소를 구하는 행정소송에 이르게 되었습니다.

입증방법

1. 갑 제1호증
2. 갑 제2호증
3. 갑 제3호증
4. 갑 제4호증
5. 갑 제5호증

첨부서류

1. 위 각 입증방법   각 1부
2. 송달료 납부서
3. 소장부본

20 . . .

위 원고   (날인 또는 서명)

서울행정법원   귀중

당해판례

2005구합 35902

(1) 쟁의행위 절차의 정당성에 관하여

(가) 해고자의 투표권 유무

1) 노동조합및노동관계조정법(이하 '법'이라 한다) 제2조 제1호는 '근로자라 함은 직업의 종류를 불문하고 임금.급료 기타 이에 준하는 수입에 의하여 생활하는 자를 말한다'고 하고, 제4호는 '노동조합이라 함은 근로자가 주체가 되어 자주적으로 단결하여 근로조건의 유지ㆍ개선 기타 근로자의 경제적.사회적 지위의 향상을 도모함을 목적으로 조직하는 단체 또는 그 연합단체를 말한다. 다만, 다음 각목의 1에 해당하는 경우에는 노동조합으로 보지 아니한다'고 하며, 라.목은 '근로자가 아닌 자의 가입을 허용하는 경우. 다만, 해고된 자가 노동위원회에 부당노동행위의 구제신청을 한 경우에는 중앙노동위원회의 재심판정이 있을 때까지는 근로자가 아닌 자로 해석하여서는 아니된다'고 하고 있는바, 위 라.목 단서는 '기업별 노동조합'의 조합원이 사용자로부터 해고됨으로써 근로자성이 부인될 경우에 대비하여 마련된 규정으로서, 이와 같은 경우에만 한정적으로 적용되고, 원래부터 일정한 사용자에의 종속관계를 필요로 하지 않는 산업별ㆍ직종별ㆍ지역별 노동조합 등의 경우에까지 적용되는 것은 아니므로, 법 제2조 제1호 및 제4호 라.목 본문에서 말하는 '근로자'에는 특정한 사용자에게 고용되어 현실적으로 취업하고 있는 자뿐만 아니라, 일시적으로 실업 상태에 있는 자나 구직중인 자도 노동 3권을 보장할 필요성이 있는 한 그 범위에 포함된다고 보아야 할 것인데(대법원 2004. 2. 27. 선고 2001두8568 판결 참조), 참가인 조합 규약 제2조 제1호가 '조합활동과 관련하여 해고된 자에게도 조합원의 자격을 부여'하고 있으므로 앞서 본 바와 같이 사내하청지회에서 2003년 단체협약의 체결을 위한 조합활동과 관련하여 해고된 근로자들은 참가인 조합의 조합원이 될 수 있다.

2) 한편, 참가인 조합의 규약 제41조 제3, 4항은 '조합 규약 범위 내에서 중앙위원회에서 제정한 지부규정에 근거해 지부의 자율적이고 합리적인 운영을 위해 지부운영 규칙을 별도로 제정. 시행할 수 있으며, 지부의 운영규칙 중에서 규약과 규정의 취지에 반하는 부분은 무효로 하고, 규약과 규정에 따른다'고 규정하고 있고, 지회에 관하여서는 제44조 제3, 5항에서 '조합 규약과 지부 규정, 지부운영규칙의 범위 내에서 지회의 자율적이고 합리적인 운영을 위해 지회운영규칙을 별도로 제정ㆍ시행할 수 있으며, 지회의 운영규칙 중에서 규약과 지부규성, 지부운영규칙의 취지에 반하는 부분은 무효로 하고, 규약과 지부운영규정, 지부운영규칙, 지회운영규칙의 순서에 따라 적용한다'고 규정하고 있다.

3) 따라서 사내하청지회가 앞서 본 바와 같이 개개의 협력업체 소속 근로자들만을 조직대상으로 하여 설립된 기업별 지회가 아닌 이상 지회규칙에서 해고자는 조합원 자격이 없는 것으로 규정하고 있다고 하더라도, 지회규칙 중 이와 같은 해고자의 조합원 자격제한 규정은 참가인 조합의 규약 제2조 제1호에 반하는 것으로서 규약 제44조 제5항에 따라 무효이어서, 해고자도 사내하청지회의 조합원이 될 수 있다고 할 것이므로 해고자인 조합원은 당연히 쟁의행위찬반투표를 할 수 있는 권한이 있다.

(나) 개별교섭에 이은 지회 단위의 쟁의행위찬반투표의 적법성

법 제41조 제1항은 '노동조합의 쟁의행위는 그 조합원의 직접·비밀·무기명투표에 의한 조합원 과반수의 찬성으로 결정하지 않으면 이를 행할 수 없다'고 하고 있는 바, 위 규정은 노동조합의 자주적이고 민주적인 운영을 도모함과 아울러 쟁의행위에 참가한 근로자들이 사후에 그 쟁의행위의 정당성 유무와 관련하여 어떠한 불이익을 당하지 않도록 그 개시에 관한 조합의사의 결정에 보다 신중을 기하기 위하여 마련된 규정이므로 위의 절차를 위반한 쟁의행위는 그 절차를 따를 수 없는 객관적인 사정이 인정되지 아니하는 한 정당성이 상실된다(대법원 2001. 10. 25. 선고 99도4837 판결 등 참조).

한편, 산업별 노동조합 체제에서 단체교섭은 집단교섭, 대각선교섭(노동조합이 개별사용자와 교섭을 행하는 형태), 지부교섭 등의 방식이 있을 수 있는데, 산업별 노동조합이 개별기업의 사용자와 대각선교섭을 진행하거나 다수의 사용자가 동시에 같은 장소에서 교섭을 진행할 뿐 사실상 대각선교섭을 진행하는 경우에는 노동조합이 개별 사용자 단위 사업장에 적용될 단체협약 체결을 위해 교섭을 하는 것이기 때문에 쟁의행위는 해당 사업장에 소속된 조합원들이 주체가 되므로 법 제41조 제1항에 따른 찬반 투표는 개별기업별로 당해 기업의 조합원들에 한하여 실시하여야 한다(그와 같이 보지 않을 경우에는 당해 사업장 소속 조합원들은 과반수가 쟁의행위에 반대하고 있음에도 불구하고 다른 사업장 소속 조합원들 대다수가 쟁의행위에 찬성함으로써 쟁의행위가 개시되는 결과가 발생할 수 있는데, 이것이 위 규정의 취지에 반하는 것은 명백하다).

그런데 앞서 본 바와 같이 참가인 조합은 당초 집단교섭을 추진하다가 협력업체의 요청으로 2004. 5. 21.에 이르러 3차 교섭부터는 협력업체별로 개별교섭(대각선 교섭)을 진행하여 왔으므로 쟁의행위찬반투표도 협력업체별로 당해 업체 소속의 조합원들에 한하여 실시하였어야 함에도, 2004. 11. 19.의 쟁의행위찬반투표는 사내하청지회에 속한 모든 협력업체의 조합원을 대상으로 한 것이어서 무효이다.

(다) 소결

위와 같이 무효인 쟁의행위찬반투표에 기하여 이루어진 쟁의행위는 법 제41조 제1항의 절차에 위반한 것이라고 할 것인데, 그 절차를 따를 수 없는 객관적인 사정이 있다는 점에 대하여는 이를 인정할 아무런 증거가 없으므로 A기업과 B기업에서 진행된 일련의 쟁의행위는 모두 이와 같은 절차를 거치지 아니한 것이어서 정당성이 있다고 할 수 없다.

(2) 쟁의행위 목적의 정당성 여부

(가) B기업에서 진행된 2004. 11. 19.부터 같은 해 12. 3.까지의 쟁의행위 하나의 쟁의행위에서 추구되는 목적이 여러 가지이고 그중 일부가 정당하지 못한 경우에는 주된 목적 내지 진정한 목적의 당부에 의하여 그 쟁의목적의 당부를 판단하여야 할 것이고, 부당한 요구사항을 뺐더라면 쟁의행위를 하지 않았을 것이라고 인정되는 경우에는 그 쟁의행위 전체가 정당성을 갖지 못한다고 보아야 할 것이다(대법원 1992. 1. 21. 선고 91누5204 판결 등 참조).

그런데 이 사건에서 참가인 조합은 B기업과 단체교섭을 진행하는 과정에서, B기업 관리책임자 중의 1인이 근로자에 대한 퇴근 차편을 마련해 주려고 한 행위가 실질적으로는 근로자의 집회참석을 방해하려는 의도에서 한 것이라고 주장하여 집회참석을 방해한 책임자의 처벌과 인격 모독에 대한 대표자의 사과 및 재발방지약속 등을 요구하였고, 원고 배△△이 위 요구를 거부하여 이를 둘러싼 갈등이 있었으며, 그 상태에서 참가인 조합이 위 쟁의행위에 들어간 사실을 인정할 수 있으나, 앞서 본 바와 같이 참가인 조합은 B기업을 비롯한 협력업체들에 대하여 '2004년 임금 및 단체협약 요구안'을 제시하여 근로조건의 유지·개선을 위한 요구를 계속하여 왔고, 또 그에 관하여 노사간에 여러 차례에 걸쳐 교섭을 진행시켜 오다가 합의에 난항을 겪자 노동쟁의조정을 신청하여 조정절차를 거친 후에도 교섭을 계속 진행시켜 온 점에 비추어 보면, 원고들이 제출한 증거만으로는 참가인 조합의 집회참가방해에 대한 책임자 처벌 및 근로자의 인격모독에 대한 대표자의 사과, 재발방지의 요구가 위 쟁의행위의 유일한 또는 주된 목적이라고 인정하기에 부족하다 할 것이고, 한편 참가인 조합이 B기업에 단체교섭을 요구하면서 제시한 2004년 단체협약 요구안의 부칙 제2조에 '해고자 복직 요구 조항' 등이 포함되어 있고, 그 밖에도 사용자의 처분권한에 속하지 않는 사항 등을 비롯하여 일부 단체교섭사항이 될 수 없는 내용을 요구하고 있다고 하더라도 이는 단체교섭의 단계에서 조정할 문제이지 노동조합 측으로부터 다소 과다한 요구가 있었다고 하여 곧바로 그 쟁의행위의 목적이 부당한 것이라고 해석할 수는 없으며, 위 쟁의행위의 주된 목적은 근로조건의 유지·개선이라고 할 것이다(또한, 참가인 조합이 사용자 측으로부터 소속 조합원에 대한 명단제출을 요청받고도 그 명단 전부를 공개하지 아니하였다고 하더라도, 구체적인 조합원의 명단을 공개하여야 할 필요는 없고 참가인 조합으로서는 조합원이 당해 기업 내에 존재한다는 사실 및 그 규모만을 알리면 족하다고 할 것인데, 앞서 본 바와 같이 쟁의

행위 중에 참가인 조합원들이 조합원의 표지가 되는 조끼 등을 착용한 점 등에 비추어 보면, 참가인 조합의 조합원들이 B기업에 존재한다는 사실 및 그 규모는 사용자 측에서도 알고 있었던 것으로 보인다).

따라서 위 기간의 B기업에서의 쟁의행위는 그 목적이 정당하다고 할 것이다.

(나) B기업에서 진행된 2005. 1. 3. 이후의 쟁의행위 및 A기업에서 진행된 쟁의행위

산업별 노동조합이 개별기업의 사용자와 대각선교섭을 진행하였는데 그 교섭의 결렬로 개별사용자의 사업장 단위로 쟁의행위가 실시되는 경우에는 대각선교섭이 기업별 교섭구조와 다를 바 없는 점에 비추어 보면, 같은 산업별 노동조합에 속하는 다른 사용자의 사업장 내지 지부.지회 소속 조합원들이라고 하더라도, 처분권한이 없는 사용자를 상대방으로 하여 다른 기업의 쟁의행위에 영향력을 행사하려는 목적이 있는 쟁의행위는 허용되지 않으므로, 쟁의업체의 대각선교섭의 결과에 직접적인 관련이 있는 경우를 제외하고는 쟁의행위를 할 수 없다고 보아야 한다.

그런데 앞서 본 바와 같이 사내하청지회 소속 8개 협력업체가 대각선교섭을 진행하여 왔고, A기업에서 진행된 2004. 11. 30. 쟁의행위는 B기업의 쟁의행위에 영향력을 행사하거나 그 쟁의행위를 지원하기 위하여 이루어졌으며, B기업과 A기업에서 진행된 2005. 1. 3. 이후의 쟁의행위 역시 C기업의 쟁의행위에 영향력을 행사하거나 그 쟁의행위를 지원하기 위하여 이루어졌는데, A기업이 B기업의 교섭결과나 A기업 및 B기업이 C기업의 교섭결과에 관하여 각각 직접적인 관련이 있다는 점에 대하여는 이를 인정할 만한 아무런 자료가 없으므로 A기업과 B기업에서의 위 각 쟁의행위는 다른 기업의 쟁의행위에 영향을 행사하려는 동정파업이어서 그 목적이 정당하다고 할 수 없다.

(다) 소결

따라서 A기업과 B기업에서 진행된 쟁의행위는 B기업에서 진행된 2004. 11. 19.부터 2004. 12. 13.까지의 쟁의행위를 제외하고는 그 목적이 정당하다고 할 수 없다.

(3) 신규채용이 부당노동행위에 해당하는지 여부

법 제43조 제1항의 대체근로금지규정은 쟁의행위가 정당함을 전제로 한다 할 것인데, 앞서 본 바와 같이 A기업과 B기업에서의 쟁의행위가 그 절차 또는 목적에 있어서 법령에 위반하여 정당성을 갖추지 못한 이상, 원고들이 쟁의행위기간 중에 근로자를 신규채용한 행위가 대체근로금지에 위반한 것인지 여부나, 대체근로금지 규정 위반이 부당노동행위에 해당하는 것인지 여부에 관하여 더 나아가 살펴볼 필요 없이 원고들의 근로자의 신규채용이 부당노동행위에 해당할 여지는 없다고 할 것이다.

소　장

원고　　김 ○ ○
　　　　경상남도 ○○군 ○-○번지
　　　　(전화 000-000, 팩스 000-000)
피고　　중앙노동위원회 위원장
차별시정재심판정취소

청구취지

1. 중앙노동위원회가 2012. 4. 12. 원고와 경상남도 사이의 2012차별1 차별시정 재심신청 사건에 관하여 한 재심판정 중 방학기간을 계약기간에서 제외한 것에 관한 판정부분을 취소한다.
2. 소송비용은 피고가 부담한다.
라는 판결을 구합니다.

청구원인

1. 처분의 경위

(1) 원고는 1973. 3. 10.부터 2003. 3. 10.까지 교사로 재직하다 퇴직한 후 2009. 3. 1.부터 경상남도가 설립·경영하는 거제 S초등학교(이하 'S초교'라고 한다)에서 기간제 교원으로 근무하고 있다.

(2) 원고는 'S초교의 교장(이하 '교장'이라고만 한다)이 원고를 2011년도 1학기 담임교사로 임용하면서 정규직 담임교사와 달리 방학기간을 계약기간에서 제외하고 방학기간 중 급여를 지급하지 않은 것(이하 '제1처우'라고 한다)과 원고에 대한 호봉을 14호봉으로 제한하면서 계약기간 중 호봉승급대상에서 배제한 것(이하 '제2처우'라고 한다)은 차별적 처우에 해당한다'고 주장하면서 2011. 10. 18. 경남지방노동위원회에 시정신청을 하였습니다.

(3) 경남지방노동위원회는 2011. 12. 27. '제1처우는 차별적 처우가 금지되는 영역에 해당하지 않고, 제2처우는 불리한 처우에는 해당하나 합리적인 이유가 있다'는 이유로 위 시정신청을 기각하였습니다.

(4) 이에 원고가 중앙노동위원회에 재심을 신청하였으나, 중앙노동위원회는 2012. 4. 12. 아래

와 같은 이유를 들어 위 재심신청을 기각하였습니다(갑 2호증 참조, 이하 '이 사건 재심판정'이라고 함).

〈이 사건 재심판정의 요지〉

○ 제1처우에 관한 판정 계약기간에서 방학기간을 제외한 것은 불리한 처우에 해당하나, 사용자에게 기간제 교원과 방학기간을 포함하여 계약을 체결해야 할 의무가 있다고 보기 어렵고, 여름방학기간에 S초교에서는 교실 바닥 공사등의 특수한 사정 때문에 교육 프로그램을 거의 운영하지 않았던 사정 등에 비추어 위 방학기간 중 원고를 기간제 교원으로 채용하지 않은 것에 합리적인 이유가 있음
○ 제2처우에 관한 판정 교원으로서의 경력에도 불구하고 원고의 호봉을 승급 없이 14호봉으로 제한한 것은 불리한 처우에 해당하나, 이는 사용자의 자의에 의한 결정이 아니라 국가공무원법, 교육공무원법, 공무원 보수규정 등 관계 법령에 근거한 결정으로서 위 처우에 합리적인 이유가 있음

2. 처분의 위법성

원고가 2011학년도 1학기 학급담임 업무를 부여받은 이상 여름방학기간을 포함한 1학기 전체 기간을 계약기간으로 보아야 할 뿐만 아니라, 원고가 2011학년도 여름방학기간 동안 학급담임으로서의 업무를 성실히 수행하였음에도 위 기간 동안 급여를 지급받지 못하였는바, 이는 원고와 동일하게 학급담임을 맡은 정규교원과 비교하여 합리적이유 없는 차별적 처우에 해당함에도 이와 다른 전제에서 이루어진 이 사건 재심판정중 제1처우에 관한 판정 부분은 위법합니다.

3. 결론

이와 같이 피고의 처분은 위법한 행정처분이 아닐 수 없으므로, 상기와 같이 원고의 행정처분의 취소를 구하는 행정소송에 이르게 되었습니다.

입증방법

　1. 갑 제1호증

2. 갑 제2호증

첨부서류

1. 위 각 입증방법   각 1부
2. 송달료 납부서
3. 소장부본

20 .   .   .

위 원고   (날인 또는 서명)

서울행정법원   귀중

당해판례

2012구합 16220

1) 비교 대상 근로자의 존부

기간제근로자보호법 제8조 제1항은 '사용자는 기간제근로자임을 이유로 당해 사업 또는 사업장에서 동종 또는 유사한 업무에 종사하는 기간의 정함이 없는 근로계약을 체결한 근로자에 비하여 차별적 처우를 하여서는 아니 된다'고 규정하고 있다. 여기에서 '당해 사업 또는 사업장에서 동종 또는 유사한 업무에 종사하는 기간의 정함이 없는 근로계약을 체결한 근로자'(이하 '비교 대상 근로자'라고 한다)의 업무가 기간제근로자의 업무와 동종 또는 유사한 업무에 해당하는지 여부는 취업규칙이나 근로계약 등에서 정한 업무 내용이 아니라 근로자가 실제 수행하여 온 업무를 기준으로 판단하되, 이들이 수행하는 업무가 서로 완전히 일치하지 않고 업무의 범위나 책임과 권한 등에서 다소 차이가 있더라도 주된 업무의 내용에 본질적인 차이가 없다면, 특별한 사정이 없는 한 이들은 동종 또는 유사한 업무에 종사한다고 보아야 한다.

그런데 원고는 S초교에서 학급담임 업무를 수행하였고 경상남도의 계약직 교원 운영지침 3. '기간제 교원 종류별 운영지침' 가.의 8)항은 기간제 교원의 경우 정규교원과 동일하게 복무하도록 규정하고 있으므로 S초교에서 학급담임 업무를 수행하는 정규교원이 원고의 비교 대상 근로자에 해당한다고 할 것이다.

2) 차별적 처우의 존부

기간제근로자보호법 제2조 제3호는 '차별적 처우'를 '임금 그 밖의 근로조건 등에서 합리적인 이유 없이 불리하게 처우하는 것'으로 정의하고 있다. 여기에서 불리한 처우란 사용자가 임금 그 밖의 근로조건 등에서 기간제근로자와 비교 대상 근로자를 다르게 처우함으로써 기간제근로자에게 발생하는 불이익 전반을 의미하고, 합리적인 이유가 없는 경우란 기간제근로자를 다르게 처우할 필요성이 인정되지 않거나 다르게 처우할 필요성이 인정되는 경우에도 그 방법·정도 등이 적정하지 않은 경우를 의미한다. 그리고 합리적인 이유가 있는지 여부는 개별 사안에서 문제된 불리한 처우의 내용과 사용자가 불리한 처우의 사유로 삼은 사정을 기준으로 기간제근로자의 고용형태, 업무의 내용과 범위, 권한과 책임, 임금 그 밖의 근로조건 등의 결정요소 등을 종합적으로 고려하여 판단하여야 한다(대법원 2012. 3. 29. 선고 2011두2132 판결 참조).

그런데 위 인정 사실에 변론 전체의 취지를 더하여 알 수 있는 다음과 같은 사정 즉, ① S초교에서 학급담임 업무를 수행하는 정규교원과 달리 원고의 경우 계약기간에서 방학기간이 제외됨으로써 방학기간 동안 급여를 지급받지 못하는 등의 불리한 처우를 받은 점, ② 원고는 2011학년도 1학기뿐만 아니라 2학기에도 3학년 3반의 학급담임을 맡았을 뿐만 아니라 여름방학기간에 , 학급담임으로서 학생 및 학부모에 대한 생활지도업무를 수행한 것으로 보이는 점, ③ 피고는 S초교가 2011학년도 여름방학기간 중 교사(校舍) 2 ~ 3층 복도와 교실 마룻바닥 교체작업으로 방학 중 교육활동 프로그램의 대부분을 운영하지 않음으로써 기간제 교원이 특별히 필요하지 않았다고 주장하나, 정규교원의 경우에도 기간제 교원과 마찬가지로 여름방학기간에 특별한 업무수행의 필요성이 없었던 것으로 보이는바 이러한 사정으로 인해 차별적 처우가 정당화될 수 있다고 볼 수 없는 점, ④ 학급담임교사의 경우 방학기간에도 학생들의 생활안전 지도와 다음 학기를 위한 교재 연구, 학생 지도 준비 등의 업무를 수행할 필요성이 있고, 이는 기간제 교원이라고 하여 다르지 않은 점(특히 원고의 경우 특별한 사정이 없는 한 2011년 이후에도 S초교에서 계속 근무할 것으로 예상되었다), ⑤ 원고는 2009년 1학기부터 현재까지 S초교에서 근무해 왔는데 2011학년도 여름방학 외에는 방학기간이 모두 계약기간에 포함된 점 등을 종합하여 볼 때, 제1처우는 합리적인 이유가 없는 차별적 처우에 해당한다고 봄이 타당하다. 따라서 이와 다른 전제에서 이루어진 이 부분재심판정은 위법하고, 원고의 주장은 이유 있다.

소 장

원고	민주○○○ 노동조합
	서울시 ○○구 ○○동 ○-○번지
	(전화 000-000, 팩스 000-000)
	전국금속노동조합
원고보조참가인	서울시 ○○구 ○○동 ○-○번지
	(전화 000-000, 팩스 000-000)
피고	중앙노동위원회위원장
	○○ 주식회사
피고보조참가인	서울시 ○○구 ○○동 ○-○번지
	(전화 000-000, 팩스 000-000)

과반수노동조합에대한이의결정재심결정취소

청구취지

1. 중앙노동위원회가 2012. 7. 9. 원고와 피고보조참가인 사이의 2012교섭7 과반수노동조합
   에 대한 이의결정 재심신청 사건에 관하여 한 재심결정을 취소한다.
2. 소송비용은 원고보조참가로 인한 부분을 포함하여 피고보조참가로 인한 부분은 피고보조참
   가인이, 나머지는 피고가 각 부담한다.

라는 판결을 구합니다.

청구원인

1. 재심결정의 경위

(1) 피고보조참가인은 1999. 7. 16. 설립되어 △△에서 상시 근로자 785명을 고용하여 자동차
   부품제조업을 운영하는 법인이고, 원고는 피고보조참가인 회사에서 근무하는 근로자를 조
   직대상으로 2012. 1. 25. 설립된 기업별 노동조합이며, 원고보조참가인은 2001. 4월경 금
   속 노동자의 근로조건 향상 등을 목적으로 하여 설립된 전국단위 사업별 노동조합이고, 피
   고보조참가인 회사에 경주지부 산하 ○○○○○○지회(이하 '원고보조 참가인 ○○지회'라
   한다)를 두고 있습니다.

(2) 피고보조참가인은 2012. 4월경부터 노동조합 및 노동관계조정법(이하 '노조법'이라 한다)

제29조의2 소정의 교섭창구 단일화 절차를 진행하였는데, 2012. 5. 3. 교섭요구 노동조합이 원고 노조, 원고보조참가인 노조, ○○○전장 노동조합(이하 '전장 노조'라 한다)임을 확정하고, 그로부터 5일 동안 이를 공고한 후, 같은 달 23. 전장 노조가 과반수 노동조합임을 사업장 내 게시판에 5일 동안 공고하였습니다.

(3) 원고 노조는 2012. 5. 29. 경북지방노동위원회에 전장 노조가 노동조합으로서의 지위를 상실하였다는 등의 이유로 과반수노동조합에 대한 이의결정 신청을 하였는데, 경북지방노동위원회는 같은 해 6. 7. 전장 노조가 피고보조참가인 회사의 과반수 노동조합에 해당한다고 보아 원고 노조의 신청을 기각하였습니다.

(4) 원고 노조는 초심판정에 불복하여 2012. 6. 20. 중앙노동위원회에 과반수노동조합에 대한 이의결정 재심신청을 하였는데, 중앙노동위원회는 같은 해 7. 9. 초심과 유사한 이유로 원고 노조의 재심신청을 기각하였습니다(이하 '이 사건 재심결정'이라 한다).

2. 처분의 위법성

다음과 같은 이유에서 전장 노조는 노동조합으로서의 실체를 갖추고 있다고 볼 수 없고, 노동조합으로서의 자주성도 흠결한 것으로 보이는바, 이와 다른 전제에선 이 사건 재심결정은 위법합니다.

(1) 조직형태 변경 등 결의 무효

1) 전장 노조는 원고보조참가인 ⑪⑪지회의 2010. 5. 19.자 및 2010. 6. 4.자 조직형태 변경, 규약제정, 임원선출 결의에 그 성립 근거를 두고 있는데, 노동조합의 조직형태 변경은 조직변경의 주체가 독립된 노동조합임을 전제로 조직형태 변경에 관한 총회의 결의를 거쳐야 하는 것이다. 그런데 원고보조참가인 ⑪⑪지회는 원고보조참가인 노조로부터 독립된 규약 및 집행기관을 가지고 독립된 단체로서 활동을 하면서 독자적인 단체교섭 및 단체협약 체결 능력을 가지고 있는 독립된 노동조합이라고 볼 수 없습니다. 따라서 위 조직형태 변경 등 결의는 무효이므로 전장 노조는 조직 근거가 없는 것으로 보아야 합니다.

2) 위 각 조직형태 변경 등 결의는 권한 없는 자에 의하여 소집된 총회이고, 총회공고기간 등에 관한 규정을 위반하는 등 절차상 위법이 있고, 자의적 기준에 의하여 조합원의 참여를 배제하고 총회 과정에서 비밀·자유투표의 원칙 등 민주주의 원칙에 대한 심각한 침해가 있었는바, 조직형태 변경 등 결의는 무효입니다.

(2) 행정관청으로부터 설립신고증을 교부받았다거나, 조합원 523명이 원고보조참가인 노조에

탈퇴 재확인 통지서 내용증명을 송부하였다는 사정만으로 전장 노조의 실체가 인정된다고 볼 수 없습니다.

(3) 전장 노조는 피고보조참가인과 노무법인 창조컨설팅이 협의하여 진행한 프로그램에 따라 설립된 것이어서 노동조합으로서의 자주성을 보유하고 있다고 볼 수 없습니다.

3. 결론

이와 같이 피고의 처분은 위법한 행정처분이 아닐 수 없으므로, 상기와 같이 원고의 행정처분의 취소를 구하는 행정소송에 이르게 되었습니다.

입증방법

1. 갑 제1호증
2. 갑 제2호증

첨부서류

1. 위 각 입증방법   각 1부
2. 송달료 납부서
3. 소장부본

20 .   .   .
위 원고   (날인 또는 서명)

서울행정법원   귀중

당해판례

2012구합 25040
1) 노조법 제29조의2 제3항은 교섭창구 단일화 절차에 참여한 노동조합들이 자율적으로 교섭대표노동조합을 결정하지 못한 경우에는 교섭창구 단일화 절차에 참여한 노동조합의 전체 조합

원 과반수로 조직된 노동조합이 교섭대표노동조합이 되는 것으로 규정하고 있는데, 설령 노동조합이라고 주장하는 단체가 교섭창구 단일화 절차에 참여한 노동조합의 전체 조합원 과반수에 해당하는 인원으로 구성된 단체라고 하더라도 해당 단체가 노조법 제2조 제4호에서 정하고 있는 노동조합으로서의 실질적 요건을 갖추고 있지 않다면, 이를 두고 노조법 제29조의2 제3항 소정의 전체 조합원 과반수로 조직된 '노동조합'이라고 할 수 없는바, 위 규정에 따른 교섭대표노동조합이 될 수도 없다.

2) 위 인정사실에 의하면, 전장 노조의 설립근거는 원고보조참가인 ○○지회의 1, 2차 총회에서 이루어진 이 사건 조직변경결의, 규약제정결의, 임원선출결의임을 알 수 있는데, 위 각 결의에 중대한 하자가 있어 그 효력을 인정할 수 없다면, 전장 노조를 노조법 제2조 제4호 및 제29조의2 제3항에서 정하고 있는 노동조합이라고 할 수 없다.

아래에서는 1, 2차 총회에서 이루어진 각 결의의 효력에 관하여 살펴본다.

3) 우선 이 사건 조직변경 결의의 효력에 관하여 본다.

가) 살피건대, 노동조합의 조직변경에 관하여 노조법 제16조는 조직변경의 주체가 노동조합임을 전제로 조직형태 변경에 관한 사항은 총회의 의결을 거쳐야 하고 재적조합원 과반수의 출석과 출석조합원 2/3 이상의 찬성에 의하여야 하는 것으로 규정하고 있는 점, 노동조합이 존속하는 중에 그 조합원의 범위를 변경하는 조직변경은 변경 후의 조합이 변경 전의 조합의 재산관계 및 단체협약의 주체로서의 지위를 그대로 승계한다는 조직변경의 효과에 비추어 볼 때 변경 전후 조합의 실질적 동일성이 인정되는범위 내에서만 허용되어야 하는 점(대법원 2000. 4. 11. 선고 98두1734 판결 참조), 독립한 근로조건의 결정권이 있는 하나의 사업 또는 사업장 소속 근로자를 조직대상으로 한 초기업적인 산업별·직종별·지역별 단위노동조합의 지부 또는 분회는 독자적인 규약 및 집행기관을 가지고 독립한 단체로서 활동을 하면서 당해 조직이나 그 조합원에 고유한 사항에 대하여는 독자적으로 단체교섭 및 단체협약체결 능력을 가지고 있어 기업별 단위노동조합에 준하여 볼 수 있는 경우가 아닌 이상 노조법에서 금지(2011. 6.30.까지)하던 복수노조에 해당하지 않는 점(대법원 2008. 12. 24. 선고 2006두15400 판결 참조) 등을 종합해 보면, 초기업적인 산업별·직종별·지역별 단위노동조합의 지부 또는 지회는 독자적인 단체교섭 및 단체협약체결 능력을 가지고 있어 독립된 노동조합으로 볼 수 있는 경우에만 조직변경의 주체가 될 수 있다고 할 것이다.

나) 살피건대, 앞서 본 사실에다가 갑가 제3호증, 갑나 제2, 8, 9 내지 11, 15호증의 각 기재와 변론 전체의 취지를 종합하여 인정할 수 있는 다음과 같은 사실 또는 사정을 종합해보면, 원고보조참가인 ○○지회가 독자적인 규약 및 집행기관을 가지고 독립한 단체로서 활동을 하

면서 그 조직이나 조합원에 고유한 사항에 대하여는 독자적인 단체교섭 및 단체협약체결 능력을 가지고 있는 독립된 노동조합이라고 할 수 없으므로, 결국 원고보조참가인 ◯◯지회는 조직변경의 주체가 될 수 없다.

① 원고보조참가인 ◯◯지회 규칙은 원고보조참가인 노조 규약 제50조에 따라 그 규약 범위 내에서 지회 내부의 운영을 위하여 제정된 것으로서 그 대부분의 조항들이 원고보조참가인 노조 지회 규칙(모범)의 조항들과 완전히 동일하거나 일부 표현상의 차이만 있을 뿐 내용적으로는 동일할 뿐만 아니라, 원고보조참가인 ◯◯지회 규칙 부칙 제4조에 의하면 "원고보조참가인 노조 중앙위원회 의결사항이 있을 시 의결사항에 준하여 시행하며, 지회는 지회 총회 또는 대의원대회에 보고하고 지회 규칙을 자동 개정한다"고 규정되어 있다.

② 원고보조참가인 ◯◯지회 규칙에 의하면, 원고보조참가인 ◯◯지회는 원고보조참가인 노조와 지부의 사업과 목적을 위해 활동하는 것이고(제4조), 원고보조참가인 ◯◯지회 소속 조합원은 원고보조참가인 노조 규약에 따라 가입승인을 얻으며(제5조), 원고보조참가인 ◯◯지회 조합원의 가입과 탈퇴 및 자격상실도 원고보조참가인 노조규약 및 지부 규정에 의거하여 원고보조참가인 노조의 전결 처리 규정에 따르며(제6조), 원고보조참가인 ◯◯지회의 총회라도 원고보조참가인 노조 및 지부의 의결사항에 반하는 결정을 할 수 없고(제13조), 원고보조참가인 ◯◯지회의 단체교섭은 원고보조참가인 노조 및 지부의 방침에 따르고(제36조), 단체협약은 원고보조참가인 노조 위원장의 위임에 의하여 체결할 수 있되, 노사의 의견이 일치된 안의 경우에도 지부운영위원 회의 심의를 거쳐 원고보조참가인 노조 위원장에게 보고하고 그 승인을 거쳐 원고보조참가인 ◯◯지회 총회를 거친 다음 최종적으로 원고보조참가인 노조 위원장이 체결하며(제37조), 원고보조참가인 ◯◯지회의 해산은 가입 조합원 전체가 탈퇴하였을 경우 또는 원고보조참가인 노조 중앙위원회의 의결이나 방침이 있을 경우에 한한다(제49조)고 규정하고 있다.

③ 원고보조참가인 노조 규약 제10조에 근거한 '조합원 가입절차 전결규정' 제4조 제1항은 '해당 단위 총회를 통한 집단탈퇴는 불가하며, 조합원 탈퇴 절차는 지회장, 지부장, 위원장의 결재를 거쳐 탈퇴처리한다.'고 규정함으로써 명시적으로 해당 단위 총회를 통한 집단탈퇴를 금지하고 있고, ◯◯◯◯◯노동조합에서 원고보조참가인 ◯◯지회로 변경되면서 원고보조참가인 ◯◯지회 규칙에서 조직형태 변경사항이 삭제되었다.④ 제66조에 의하면, 단체교섭권은 원고보조참가인노조에 있고 조합 내 모든 단체교섭의 대표자는 위원장이 되며(제1항), 위원장은 산하조직의 교섭단위에 교섭위원회를 구성하여 교섭권을 위임할 수 있고(제2항), 기업 교섭단위에 교섭권을 위임할 수 없다(제3항)고 규정하고 있다.

⑤ 원고보조참가인 ◯◯지회는 그 규칙에 따라 총회, 대의원회, 상무집행위원회 등의 기구를 두

고(제10조), 조합의 임원으로 지회장, 부지회장, 사무장, 감사위원을 두고(제24조) 활동해오
기는 하였으나 이는 모두 원고보조참가인 노조의 지회 규칙(모범)에서 정하고 있는 것들이다.

⑥ 앞에서 본 원고보조참가인 ◎◎지회의 2010. 2. 5.자 쟁의행위도 원고보조참가인 노조 지부
규정 및 원고보조참가인 ◎◎지회 규칙에 따라 원고보조참가인 ◎◎지회 지회장 丙이 원고
보조참가인 노조 경주지부에 원고보조참가인 ◎◎지회의 쟁의행위찬반투표의 실시에 대하여
조기승인을 해줄 것을 요청하고, 같은 날 개최된 원고보조참가인 노조의 경주지부 비상운영
위원회 승인을 얻은 다음 이에 따라 원고보조참가인 ◎◎지회 총회에서 찬반투표를 실시한
후 행해진 것인바, 원고보조참가인 ◎◎지회는 쟁의행위에 관하여 원고보조참가인 노조의 내
부결정절차를 거쳐 왔던 것으로 보이고, 원고보조참가인 ◎◎지회와 피고보조참가인 회사 사
이의 보충교섭이 노사간의 이견으로 성사되지 않아 쟁의행위에 이르게 되는 경우에도 원고보
조참가인 노조의 위원장이 노동위원회에 쟁의조정신청을 하였다.

⑦ 원고보조참가인 ◎◎지회의 임금교섭은 원고보조참가인 노조의 경주지부가 피고보조참가인
을 포함한 금속산업 사용자 단체 사이와의 집단교섭을 통해서만 진행하고, 위 지부단위 집단
교섭에는 원고보조참가인 노조의 경주지부 지부장이 원고보조참가인 노조의 위원장으로부터
위임을 받아 교섭대표 및 교섭권자로서 교섭을 하고 원고보조참가인 노조의 위원장 명의로
단체협약을 체결하였다.

⑧ 지회 단위 보충교섭의 경우에도 원고보조참가인 노조의 위원장 위임을 받은 경주지부장의 주
관하에 교섭이 이루어지고, 보충협약의 내용에 대해서도 원고보조참가인 노조의 경주지부에
서 반영하여야 할 요구안을 내려주는 등 상당한 관여를 하고 있으며, 보충교섭에 지회장 등이
실무적인 교섭위원으로 참여하기는 하나 어디까지나 최종적인 보충협약의 체결권자는 원고
보조참가인 노조의 위원장 또는 그의 위임을 받은 경주지부장이었다.

다) 따라서 1, 2차 총회 결의 중 원고보조참가인 ◎◎지회를 기업별 노동조합인 전장 노조로 조
직형태를 변경한다는 이 사건 조직변경결의는 이 결의의 주체가 될 수 없는 단체인 원고보조
참가인 ◎◎지회에 의하여 이루어진 것으로서 중대한 하자가 있다고 할 것인바, 나머지 점
에 관하여 더 나아가 살펴볼 필요 없이 무효이다.

4) 다음으로, 이 사건 규약제정결의 및 임원선출결의의 효력에 관하여 살펴 본다.

앞서 본 바와 같이 이 사건 조직변경결의가 무효인 이상 전장 노조가 자체의 규약을 제정한
이 사건 규약제정결의 및 甲을 위원장, 戊를 사무국장으로 선출하는 내용의 이 사건 임원선출
결의 또한 위와 같은 조직형태의 변경을 전제로 한 것으로서 무효이다.

5) 원고보조참가인 노조 조합원이었던 근등 523명이 원고보조참가인에게 '금속노조 탈퇴 재확인
통지서'를 발송하기는 하였으나, 위 통지서의 내용은 이 사건 조직변경 결의가 유효함을 전제

로 한 것으로 보이는 점, 설령 위 통지서의 발송을 원고보조참가인 노조 탈퇴의 의사표시로 본다고 하더라도 이러한 사정만으로 무효인 이 사건 조직변경결의 규약제정결의 임원선출결의가 , , 유효하게 된다고 볼 수 없는 점, 기록을 살펴보아도 1, 2차 총회 외에 전장 노조의 실체를 인정할 만한 별도의 조합설립 결의가 있거나 유효한 규약이 제정되고 정당한 절차를 거쳐 임원을 선출하였다고 볼 만한 자료가 없고, 전장 노조 스스로도 조직변경결의가 유효함을 전제로 하고 있을 뿐 별도의 조직행위를 주장하고 있지도 아니한 점 등에 비추어 볼 때, 위와 같은 사정만으로 전장 노조가 노동조합으로서의 실체를 갖추게 되었다고 볼 수도 없다.

6) 경주시장이 전장 노조의 노동조합 설립신고를 수리하기는 하였으나, 노조법이 노동조합의 설립에 관하여 노동조합 설립의 자유를 보장하면서 신고주의를 채택하고 있는 것은 소관 행정관청으로 하여금 노동조합에 대한 효율적인 조직체계의 정비·관리를 통하여 노동조합이 자주성과 민주성을 갖춘 조직으로 존속할 수 있도록 노동조합을 보호·육성하고 그 지도·감독을 철저히 하기 위한 노동정책적인 고려에 의한 것인 바, 노동조합의 설립신고를 마쳐 설립신고증을 교부받았다고 하더라도 그것만으로 노동조합이 적법하게 성립한 것으로 추정되는 것은 아니고 노동조합으로서의 실질적 요건을 갖추지 못하고 있다면 적법한 노동조합으로 인정되지 아니한다. 그렇다면 교섭대표노동조합에 대한 이의결정 신청사건에 있어 교섭대표노동조합으로 정해진 노동조합이 노조법 제2조 제4호 소정의 노동조합인지 여부가 문제된다면, 노동위원회는 설령 해당 단체가 관할관청으로부터 설립신고증을 교부받았다고 하더라도 노동조합으로서의 실체적 요건을 조사하여 과반수노동조합으로 공고된 해당 단체가 노동조합으로서의 실체적 요건이 인정되지 아니하는 경우라면 교섭대표노동조합에 대한 이의결정 신청을 받아들였어야 한다.

7) 결국, 전장 노조의 성립 근거가 되는 이 사건 조직변경결의, 규약제정결의, 임원선출결의가 무효이고, 별도로 전장 노조가 노동조합으로서의 실체를 갖추었다고 볼만한 자료가 없는 이상, 전장 노조는 더 나아가 살펴볼 필요 없이 노조법 제2조 제4호 및 제29조의2 제3항 소정의 노동조합이라고 볼 수 없다. 이와 다른 전제에 선 이 사건재심결정은 위법하다.

소　장

원고　　　　　　김 길 동(주민등록번호)
　　　　　　　　서울시 강남구 개포동 ○번지
　　　　　　　　(전화 000-000, 팩스 000-000)
피고　　　　　　서울지방노동청 서울강남지청장
거부처분취소및실업급여수급지위확인

청구취지

1. 피고가 원고에 대하여 한, 2009. 1. 5.자 근로감독청구 거부처분과 2009. 1. 22.자 피보험자
　격상실 확인처분(자격상실일을 "2008. 5. 19."로, 상실사유를 "23. 부당해고"로, 이직 전 3월
　간의 평균임금을 82,159.18원으로 각 처리한 부분)을 각 취소하고, 피고가 원고의 청구에 따
　라 근로감독을 하여야 할 지위에 있음 및 원고가 피고로부터 실업급여 수급을 받을 수 있는
　지위에 있음을 확인한다.

2. 소송비용은 피고가 부담한다.

라는 판결을 구합니다.

청구원인

1. 처분의 경위와 기초 사실

(1) 원고는 2007. 12. 30. 주식회사 ○○○(이하 '소외 회사'라 한다)와 사이에, 월 급여 250만
　　원을 받고 연구원 겸 강사로 근무하기로 하는 내용의 근로계약을 체결하고, 2008. 1. 2.부터
　　근무하였습니다.

(2) 소외 회사는 2008. 5. 19. 원고에 대하여 업무소홀과 결근 등을 이유로 해고하였다(이하 '이
　　사건 해고'라 한다).

(3) 원고는 2008. 8. 18. 서울지방노동위원회에 2008부해1705호로 부당해고 구제신청을 하였
　　습니다. 서울지방노동위원회는 2008. 10. 14. 이 사건 해고가 부당해고임을 인정함과 동시
　　에, 소외 회사에 대하여 원직 복직 및 임금상당액의 지급을 명하는 구제명령(이하 '이 사건

구제명령'이라 한다)을 하였고, 이 사건 구제명령은 그 무렵 확정되었습니다.

(4) 한편, 소외 회사는 2008. 12. 16. 원고를 복직시키지 않은 채 폐업하였습니다.

(5) 원고는 2008. 12. 23. 피고에 대하여 소외 회사가 임금상당액을 지급하고 있지 않다는 이유로 소외 회사에 대한 근로감독과 형사처벌을 요구하는 내용의 진정을 제기하는 한편, 2008. 12. 26. 피고에 대하여 고용보험법 제17조 제1항, 같은 법 시행령 제11조 제1항에 따라 피보험자격의 상실일을 '2008. 5. 19.'에서 '2008. 12. 16.'로, 피보험자격의 상실사유를 '개인사정'에서 '폐업'으로 정정하고, 이를 기준으로 이직확인을 하여 달라는 내용의 피보험자격상실 확인청구를 하였습니다.

(6) 피고는 원고에 대하여, ① 원고의 2008. 12. 23.자 진정에 대하여는, 원고가 주장하는 임금상당액이 근로기준법 제2조에 정한 임금이 아니어서 근로기준법의 적용을 받지 않을 뿐만 아니라, 근로기준법 제111조, 제112조에 의하면, 위 진정사건은 서울지방노동위원회의 고발이 있어야 공소를 제기할 수 있는 사건이라는 이유로, 2009. 1. 5. 위 진정 사건을 서울지방노동위원회로 이송한다는 내용의 통보(이하 '2009. 1. 5.자 통보'라 한다)를 하는 한편, ② 원고의 2008. 12. 26.자 피보험자격상실 확인청구에 대하여는, 구제명령이 확정되었다고 하더라도 소외 회사가 원고를 복직시키지 않은 이상 원고의 이직일이 2008. 5. 19.'이라는 이유로, 2009. 1. 22. 원고의 피보험자격상실일을 소외 회사가 폐업 한 다음날(고용보험법 제14조 제3호)인 '2008. 12. 17.'로 정정하지 않고, 상실사유만을 '개인사정으로 퇴사'에서 '부당해고'로 정정함과 동시에, 이직확인서와 관련된 사항에 관하여 이직 전 3월 간 평균임금을 82,159.18원으로 처리하는 피보험자격상실 확인처분(이하 '이 사건 확인처분'이라 한다)을 통보하였습니다.

2. 처분의 위법성
(1) 2009. 1. 5.자 근로감독청구 거부처분 취소청구부분
1) 피고가 이 사건 구제명령에서 명한 임금상당액이 근로기준법 제2조에 정한 임금에 해당함에도 소외 회사에 대한 근로감독을 거부한 2009. 1. 5.자 통보는 위법합니다.

(2) 확인청구부분
1) 피고의 확인을 구할 이익
  피고는 원고의 청구에 따라 근로감독을 하여야 할 의무가 있고, 또한 피고가 원고에 대하여

실업급여를 지급할 의무가 있습니다. 따라서 피고가 원고의 청구에 따라 근로감독을 하여야 할 지위에 있음 및 원고가 피고로부터 실업급여 수급을 받을 수 있는 지위에 있음의 확인을 구할 이익이 있습니다.

2) 확인처분의 위법성

이 사건 해고는 서울지방노동위원회의 확정된 이 사건 구제명령에 의하여 부당해고로 판명되었으므로, 원고의 피보험자격 상실일은 소외 회사가 폐업한 "2009. 12. 16."이고, 상실사유는 "폐업"이라 할 것입니다. 따라서 원고의 피보험자격 상실일과 상실사유를 정정하지 않은 이 사건 확인처분은 위법합니다.

3. 결론

위와 같이 피고의 처분은 위법한 행정처분에 해당하므로 이의 취소를 구하는 본 건 행정소송에 이르게 되었습니다.

입증방법

    1. 갑 제1호증
    2. 갑 제2호증
    3. 갑 제3호증

첨부서류

    1. 위 각 입증방법   각 1부
    2. 송달료 납부서
    3. 소장부본

20 . . .

위 원고   (날인 또는 서명)

서울행정법원   귀중

당해판례

2009구합 13887

아래와 같은 사정을 종합하면, 원고가 소외 회사를 상대로 하여 임금상당액의 지급을 구하는 민사소송을 제기하여 이 사건 해고가 무효임을 판단 받아 이를 토대로 피보험자격상실 확인청구를 하는 것은 별론으로 하고, 비록 원고가 서울지방노동위원회에서 원직복직을 명하는 구제명령을 받았다고 하더라도, 소외 회사가 원고를 복직시키지 못한 상태에서 폐업하였다면, 원고와 소외 회사의 근로관계는 이 사건 해고 당시 해소되었다고 할 것이므로, 이 사건 확인처분은 적법하고, 이와 반대의 견해를 전제로 한 원고의 주장은 받아들일 수 없다.

1) 근로기준법 제30조에 정한 노동위원회의 사용자에 대한 구제명령은 사용자에게 이에 복종하여야 할 공법상의 의무를 부담시킬 뿐, 직접 노사간의 사법상의 법률관계를 발생 또는 변경시키는 것은 아니므로, 구제명령이 확정되었다는 사정만으로 원고가 근로자의 지위를 회복하는 것은 아니고, 원고가 종국적으로 사용자의 해고 등 부당행위에 대하여 사법상의 지위의 확보, 권리의 구제를 받기 위하여는 사용자를 상대로 해고 무효의 확인 또는 임금상당액의 지급청구 등의 민사소송을 별도로 법원에 청구할 수밖에 없다(대법원 1994. 6. 28. 선고 93다33173 판결 등 참조).

2) 고용보험법 제17조, 같은 법 시행령 제11조 제1항, 같은 법 시행규칙 제12조에 의하면, 근로자가 피보험자격상실 확인청구를 하는 경우 고용보험 피보험자격확인 청구서와 이를 증명할 수 있는 서류를 제출하도록 규정하고 있다. 비록 해고가 정당한 사유 없이 한 것으로서 무효인 경우 누구든지 해고의 효력을 부인할 수 있지만, 원고와 소외회사 사이에 해고의 무효를 둘러싸고 다툼이 있는 이 사건에서, 피고가 이 사건 확인처분을 할 당시까지 이 사건 해고의 사법상 효력을 명백하게 부인할 수 있는 확정적인 민사판결 등과 같은 자료가 없는 이상, 단지 위와 같은 자료만으로 피고가 이 사건 해고를 무효로 판단하지 않았다고 하여 위법하다고 볼 수 없다.

3) 이 사건에서, 소외 회사가 폐업하였다고 하더라도, 소외 회사에 원고에 대한 임금상당액의 지급의무가 남아 있는 이상, 원고는 청산의 범위 내에서 당사자 능력이 인정되는 소외 회사를 상대로 임금상당액의 지급을 구하는 소를 제기할 수 있고, 만약 원고가 이와 같은 소송에서 승소하여 그 판결이 확정된다면, 위 판결에서 해고가 무효라는 점이 확정된 것이라 할 것이어서, 원고는 이를 토대로 피고에 대하여 피보험자격상실 확인청구를 구할 방법이 있다(대법원 1994. 6. 28. 선고 93다33173 판결 취지 참조).

13. 학교환경 위생정화구역내 금지행위 및 시설해제신청

(1) 교육환경보호에관한법률의 제정취지 등

(가) 제정취지 등

이 법은 학교의 보건관리에 필요한 사항을 규정하여 학생과 교직원의 건강을 보호·증진함을 목적으로 한다(교육환경법법 제1조).

이 법에서 사용하는 "학교"란「유아교육법」제2조 제2호,「초·중등교육법」제2조 및「고등교육법」제2조에 따른 각 학교를 말하며, "학교설립예정지"란 1)「국토의 계획 및 이용에 관한 법률」제30조에 따라 도시관리계획으로 결정되어 고시된 학교용지, 2)「유아교육법」제2조 제2호에 따른 유치원을 설립하려는 자가 확보한 유치원 용지[사립유치원을 설립하는 경우에는 특별시·광역시·특별자치시·도 또는 특별자치도 교육감의 설립인가를 받은 용지를 말한다], 3)「초·중등교육법」제2조제4호에 따른 특수학교를 설립하려는 자가 확보한 특수학교 용지(사립특수학교를 설립하는 경우에는 교육감의 설립인가를 받은 용지를 말한다) 등에 해당하는 용지를 말한다(같은 법 제2조).

설정범위

- 절대보호구역 : 학교출입문으로부터 직선거리로 50미터까지인 지역(학교설립예정지의 경우 학교경계로부터 직선거리 50미터까지인 지역)

- 상대보호구역: 학교경계등으로부터 직선거리로 200미터까지인 지역 중 절대보호구역을 제외한 지역

(나) 설정 대상

구분	대상
학교	「유아교육법」 제2조제2호에 따른 유치원
	「초.중등교육법」 제2조에 따른 초등학교, 중학교, 고등학교, 특수학교, 각종학교, 고등기술학교, 공민학교, 고등공민학교
	「고등교육법」 제2조에 따른 대학, 산업대학, 교육대학, 전문대학, 기술대학, 각종학교, 원격대학(방송대학, 통신대학, 방송통신대학, 사이버대학)
학교설립 예정지	「국토의 계획 및 이용에 관한 법률」 제30조에 따라 도시·군관리계획으로 결정되어 고시된 학교용지
	「유아교육법」 제2조제2호에 따른 유치원을 설립하려는 자가 확보한 유치원 용지[사립유치원을 설립하는 경우에는 특별시·광역시·특별자치시·도 또는 특별자치도 교육감의 설립인가를 받은 용지]
	「초·중등교육법」 제2조제4호에 따른 특수학교를 설립하려는 자가 확보한 특수학교 용지(사립특수학교를 설립하는 경우에는 교육감의 설립인가를 받은 용지)
	「초·중등교육법」 제60조의3에 따른 대안학교를 설립하려는 자가 확보한 대안학교 용지(사립대안학교를 설립하는 경우에는 교육감의 설립인가를 받은 용지)

(2) 학교환경위생 정화구역의 설정

학교의 보건·위생 및 학습 환경을 보호하기 위하여 교육감은 학교환경위생 정화구역을 설정·고시하여야 하며, 이에 따라 시·도의 교육감이 학교환경위생 정화구역을 설정할 때에는 절대정화구역과 상대정화구역으로 구분하여 설정하되, 절대정화구역은 학교출입문72)으로부터 직선거리로 50미터까지인 지역으로 하고, 상대정화구역은 학교경계선 또는 학교설립예정지경계선으로부터 직선거리로 200미터까지인 지역 중 절대정화구역을 제외한 지역으로 한다. 이 경우 학교환경위생 정화구역은 학교 경계선이나 학교설립예정지 경계선으로부터 200미터를 넘을 수 없다(교육환경보호에 관한 법률 제8조조).

이에 따라 설정·고시된 학교환경위생 정화구역이 1) 학교가 폐교되거나 이전(移轉)하게 된 때, 2) 학교설립예정지에 대한 도시관리계획결정의 효력이 상실된 때, 3) 유치원이나 특수학교의 설립계획이 취소되었거나 설립인가가 취소된 때의 어느 하나에 해당하게 된 때에는 그 효력을 상실한다.

(3) 학교환경위생 정화구역에서의 금지행위 등

가. 금지행위

누구든지 학생의 보건·위생, 안전, 학습과 교육환경 보호를 위하여 교육환경보호구역에서는 다음 각 호의 어느 하나에 해당하는 행위 및 시설을 하여서는 아니 된다. 다만, 상대보호구역에서는 제14호부터 제27호까지 및 제29호에 규정된 행위 및 시설 중 교육감이나 교육감이 위임한 자가 지역위원회의 심의를 거쳐 학습과 교육환경에 나쁜 영향을 주지 아니한다고 인정하는 행위 및 시설은 제외한다(교육환경법 제9조).

1) 「대기환경보전법」 제16조제1항에 따른 배출허용기준을 초과하여 대기오염물질을 배출하는 시설

2) 「물환경보전법」 제32조제1항에 따른 배출허용기준을 초과하여 수질오염물질을 배출하는 시설과 제48조에 따른 폐수종말처리시설

3) 「가축분뇨의 관리 및 이용에 관한 법률」 제11조에 따른 배출시설, 제12조에 따른 처리시설 및 제24조에 따른 공공처리시설

4) 「하수도법」 제2조제11호에 따른 분뇨처리시설

5) 「악취방지법」 제7조에 따른 배출허용기준을 초과하여 악취를 배출하는 시설

6) 「소음·진동관리법」 제7조 및 제21조에 따른 배출허용기준을 초과하여 소음·진동을 배출하는 시설

7) 「폐기물관리법」 제2조제8호에 따른 폐기물처리시설(규모, 용도, 기간 및 학습과 학교보건위생에 대한 영향 등을 고려하여 대통령령으로 정하는 시설은 제외한다)

8) 「가축전염병 예방법」 제11조제1항·제20조제1항에 따른 가축 사체, 제23조제1항에 따른 오염물건

---

72) 학교설립예정지의 경우에는 설립될 학교의 출입문 설치 예정 위치를 말한다.

및 제33조제1항에 따른 수입금지 물건의 소각·매몰지

9) 「장사 등에 관한 법률」 제2조제8호에 따른 화장시설·제9호에 따른 봉안시설 및 제13호에 따른 자연장지(같은 법 제16조제1항제1호에 따른 개인·가족자연장지와 제2호에 따른 종중·문중자연장지는 제외한다)

10) 「축산물 위생관리법」 제21조제1항제1호에 따른 도축업 시설

11) 「축산법」 제34조제1항에 따른 가축시장

12) 「영화 및 비디오물의 진흥에 관한 법률」 제2조제11호의 제한상영관

13) 「청소년 보호법」 제2조제5호가목7)에 해당하는 업소와 같은 호 가목8), 가목9) 및 나목7)에 따라 여성가족부장관이 고시한 영업에 해당하는 업소

14) 「고압가스 안전관리법」 제2조에 따른 고압가스, 「도시가스사업법」 제2조제1호에 따른 도시가스 또는 「액화석유가스의 안전관리 및 사업법」 제2조제1호에 따른 액화석유가스의 제조, 충전 및 저장하는 시설(관계 법령에서 정한 허가 또는 신고 이하의 시설이라 하더라도 동일 건축물 내에 설치되는 각각의 시설용량의 총량이 허가 또는 신고 규모 이상이 되는 시설은 포함하되, 규모, 용도 및 학습과 학교보건위생에 대한 영향 등을 고려하여 대통령령으로 정하는 시설의 전부 또는 일부는 제외한다)

15) 「폐기물관리법」 제2조제1호에 따른 폐기물을 수집·보관·처분하는 장소(규모, 용도, 기간 및 학습과 학교보건위생에 대한 영향 등을 고려하여 대통령령으로 정하는 장소는 제외한다)

16) 「총포·도검·화약류 등의 안전관리에 관한 법률」 제2조에 따른 총포 또는 화약류의 제조소 및 저장소

17. 「감염병의 예방 및 관리에 관한 법률」 제37조제1항제2호에 따른 격리소·요양소 또는 진료소

18. 「담배사업법」에 의한 지정소매인, 그 밖에 담배를 판매하는 자가 설치하는 담배자동판매기(「유아교육법」 제2조제2호에 따른 유치원 및 「고등교육법」 제2조 각 호에 따른 학교의 교육환경보호구역은 제외한다)

19) 「게임산업진흥에 관한 법률」 제2조제6호, 제7호 또는 제8호에 따른 게임제공업, 인터넷컴퓨터게임시설제공업 및 복합유통게임제공업(「유아교육법」 제2조제2호에 따른 유치원 및 「고등교육법」 제2조 각 호에 따른 학교의 교육환경보호구역은 제외한다)

20) 「게임산업진흥에 관한 법률」 제2조제6호다목에 따라 제공되는 게임물 시설(「고등교육법」 제2조 각 호에 따른 학교의 교육환경보호구역은 제외한다)

21) 「체육시설의 설치·이용에 관한 법률」 제3조에 따른 체육시설 중 무도학원 및 무도장(「유아교육법」 제2조제2호에 따른 유치원, 「초·중등교육법」 제2조제1호에 따른 초등학교, 같은 법 제60조의3에 따라 초등학교 과정만을 운영하는 대안학교 및 「고등교육법」 제2조 각 호에 따른 학교의 교육환경보호구역은 제외한다)

22) 「한국마사회법」 제4조에 따른 경마장 및 제6조제2항에 따른 장외발매소, 「경륜·경정법」 제5조에 따른 경주장 및 제9조제2항에 따른 장외매장

23) 「사행행위 등 규제 및 처벌 특례법」 제2조제1항제2호에 따른 사행행위영업

24) 「음악산업진흥에 관한 법률」 제2조제13호에 따른 노래연습장업(「유아교육법」 제2조제2호에 따른 유치원 및 「고등교육법」 제2조 각 호에 따른 학교의 교육환경보호구역은 제외한다)

25) 「영화 및 비디오물의 진흥에 관한 법률」 제2조제16호가목 및 라목에 해당하는 비디오물감상실업 및 복합영상물제공업의 시설(「유아교육법」 제2조제2호에 따른 유치원 및 「고등교육법」 제2조 각 호에 따른 학교의 교육환경보호구역은 제외한다)

26) 「식품위생법」 제36조제1항제3호에 따른 식품접객업 중 단란주점영업 및 유흥주점영업

27) 「공중위생관리법」 제2조제1항제2호에 따른 숙박업 및 「관광진흥법」 제3조제1항제2호에 따른 관광숙박업(「국제회의산업 육성에 관한 법률」 제2조제3호에 따른 국제회의시설에 부속된 숙박시설과 규모, 용도, 기간 및 학습과 학교보건위생에 대한 영향 등을 고려하여 대통령령으로 정하는 숙박업 또는 관광숙박업은 제외한다)

28) 「화학물질관리법」 제39조에 따른 사고대비물질의 취급시설 중 대통령령으로 정하는 수량 이상으로 취급하는 시설

【판시사항】
학교보건법 제6조 제1항에 의하여 학교환경위생 정화구역에서 금지되는 행위는 같은 항 각 호에 열거 규정된 시설에서 영업행위를 하는 것인지 여부(대법원 2013.10.11. 선고, 2012도13948, 판결)

【판결요지】
학교보건법 제6조 제1항은 누구든지 학교환경위생 정화구역에서는 다음 각 호의 어느 하나에 해당하는 행위 및 시설을 하여서는 아니 된다고 하면서, 제1호에서는 대기환경보전법 등에 따른 기준을 초과하여 학습과 학교보건위생에 지장을 주는 행위 및 시설이라고 규정하고 있고, 제2호 내지 제19호에서는 축산폐수배출시설(제7호), 호텔, 사행행위장 등 시설 이름만을 열거 규정하고 있는데, 학교보건법 제6조 제1항에 의하여 금지되는 것은 그 문언 및 입법 취지에 비추어 볼 때 각 호에 열거 규정된 각 시설에서 각 영업행위를 하는 것이라고 보아야 한다.

나. 공사의 중지, 제한 등
특별시장·광역시장·특별지치시장·도지사·특별자치도지사 및 시장·군수·구청장 또는 관계 행정기관의 장은 제1항에 따른 행위와 시설을 방지하기 위하여 공사의 중지·제한, 영업의 정지, 허가(인가·등록·신고를 포함한다)의 거부·취소 등의 조치를 하여야 하며, 필요하면 시설 철거를 명할 수 있다

(4) 학교환경위생정화구역 내 금지하는 영업시설에 속하는지 여부의 판단 기준

학교보건법 제6조 제1항 제15호 및 학교보건법 시행령(2006. 10. 26. 대통령령 제19714호로 개정되기 전의 것) 제4조의2 제1호가 학교환경위생정화구역 내에서 금지하고 있는 '멀티미디어문화컨텐츠 설비 제공업 시설에서 영업행위를 하는 것'에 해당하는지 여부는 위 시설의 범위나 영업행위와의 실질적인 관련성에 대한 검토 아래 판단해야 한다.

특히, 건물 중 일부에서 영업행위가 이루어지고 있는 경우에는 건물의 부속시설 전부가 금지되는 시설에 포함된다고 만연히 보아서는 아니 되고, 그 영업행위의 종류나 규모, 학교에서의 거리와 위치, 학교의 종류와 학생 수, 전체 건물의 이용 현황 등을 종합적으로 비교함으로써 금지되는 영업시설에 속하는 범위를 신중하게 판단하여야 한다.

예컨대 당해 영업이 직접적으로 이루어지는 공간이나 그에 이르는 통로 및 출입구 등 객관적으로 볼 때 영업행위에 반드시 수반되어야 하는 부분이 이에 해당함은 당연하고, 그 외 영업행위자가 주관적으로 고객들이 영업장소에 접근할 수 있는 가능성과 그 용이성을 높이고자 일반적인 용도를 넘어서 가공하여 이용하는 부분도 이에 포함된다고 보아야 하나, 만연히 건물 전체의 시설 전부를 위 범위에 포함시켜서는 아니된다.[73]

---

73) 청주지법 2007.8.30. 선고, 2006고정1457, 판결 : 항소.

소 장

원고　　　　김 길 동(주민등록번호)
　　　　　　서울시 구로구 온수동 ○○번지
　　　　　　(전화 000-000, 팩스 000-000)
피고　　　　서울특별시 남부교육청 교육장

학교환경위생정화구역내금지행위및시설해제신청거부취소

청구취지

1. 피고가 2009. 12. 8. 원고에 대하여 한 학교환경위생정화구역 내 금지행위 및 시설해제 거부처분을 취소한다.

2. 소송비용은 피고의 부담으로 한다.

라는 판결을 구합니다.

청구원인

1. 처분의 경위

(1) 원고는 2009. 11. 30. 학교보건법에서 정한 오정초등학교, 유한공업고등학교, 성 베드로학교의 학교환경위생정화구역(이하 '이 사건 정화구역'이라 한다) 내에 위치한 서울 구로구 온수동 00에 있는 지하 1층, 지상 3층 건물의 지상 2층 116㎡(이하 '이 사건 영업장'이라 한다)에서 당구장 영업을 할 목적으로 피고에게 학교보건법 제6조 제1항 단서 규정에 의하여 학교환경위생정화구역 내 금지행위 및 시설의 해제를 신청(이하 '이 사건 해제신청'이라 한다)을 하였습니다.

(2) 이에 피고는 학교보건법 제6조 제1항 단서에 의하여 학교환경위생정화위원회로 하여금 이 사건 해제신청을 심의하도록 하였고, 위 위원회가 이 사건 해제신청을 부결하자, 2009. 12. 8. 원고에게 정화구역 내 금지행위 및 시설 해제 거부처분(이하 '이 사건 처분'이라 한다)을 하였습니다.

2. 처분의 위법성

(1) 피고는 이 사건 처분을 함에 있어서 행정절차법 제23조 제1항에서 정한 처분의 근거와 이유를 제시하지 않았으므로, 이 사건 처분은 절차적 위법이 있습니다.

(2) 이 사건 영업장 앞 도로는 오정초등학교, 유한공업고등학교, 성베드로학교 학생들의 주통학로라고 보기 어려운 점, 위 학교장들은 이 사건 영업장에서 당구장 영업을 하더라도 학생들의 학생과 보건위생에 지장을 주지 않는다는 의견을 제시한 점, 이 사건 영업장보다 위 학교들과 더 가까운 곳에 있는 건물에서는 이미 당구장 영업이 이루어지고 있고, 이 사건 영업장 인근에 있는 교회 안에는 당구장이 설치되어 있어 누구나 이를 이용할 수 있는 점, 당구는 청소년들이 적성에 따라 능력을 개발할 수 있는 운동 종목으로 인식이 변화되어 왔고, 당구장은 체육시설로서 학교교육에 유해한 시설이 볼 수 없는 점, 이 사건 처분으로 인하여 원고의 직업선택의 자유, 재산권의 행사가 과도하게 제한되는 점 등에 비추어볼 때, 피고의 이 사건 처분은 재량권을 일탈·남용한 것으로서 위법합니다.

3. 결론

이상과 같이 피고의 이 사건 처분은 절차적·실체적으로 위법하므로 이의 취소를 구하는 행정소송을 제기하기에 이르렀습니다.

입증방법

    1. 갑 제1호증
    2. 갑 제2호증
    3. 갑 제4호증
    4. 갑 제5호증
    5. 갑 제6호증
    6. 갑 제7호증

첨부서류

    1. 위 각 입증방법   각 1부
    2. 송달료 납부서
    3. 소장부본

20 ．　．　．

위 원고 (날인 또는 서명)

서울행정법원 귀중

[서식] 학교환경위생정화구역내금지행위및시설해제신청거부취소청구
－ 피고경정 신청서

피고경정 신청서

원 고   김 길 동(주민등록번호)
                    서울시 구로구 온수동 ○번지
피 고   서울특별시 남부교육청 교육장
                    대표자 이사장 ○ ○ ○

위 사건에 관하여 원고는 피고를 잘못 지정하여 행정소송법 제14조 제1항에 의하여 다음과 같이 피고경정을 신청하오니 허가하여 주시기 바랍니다.

다 음
경정 전 피고

성명 : 서울특별시 남부교육청 교육장

주소 : 서울시 ○○구 ○○동 ○번지

경정 후 피고

성명 : 서울특별시 동부교육청 교육장

주소 : 서울시 ○○구 ∪∪동 ○번지

20 ． ． ．

위 신청인 (날인 또는 서명)

휴대전화를 통한 정보수신 신청

위 사건에 관한 재판의 종국내역(인용, 기각, 각하, 일부인용, 이송)에 관한 정보를 예납의무자가 납부한 송달료 잔액 범위 내에서 아래 휴대전화를 통하여 알려주실 것을 신청합니다.

▣ 휴대전화 번호 :

20 . . .

신청인   (날인 또는 서명)

※ 재판의 종국내역(인용, 기각, 각하, 일부인용, 이송)이 법원재판사무시스템에 입력되는
　　당일 위 휴대전화로 문자메시지가 발송됩니다.
※ 문자메시지 서비스 이용금액은 메시지 1건당 17원씩 납부된 송달료에서 지급됩니다(송
　　달료가 부족하면 문자메시지가 발송되지 않습니다).
※ 추후 서비스 대상 정보, 이용금액 등이 변동될 수 있습니다.

서울행정법원 제   부(단독) 귀중

답 변 서

사건   2010구합 450 학교환경위생정화구역내금지행위및시설해제신청거부 취소청구
원고   김 길 동
          서울시 구로구 온수동 ○○번지
          (전화 000-000, 팩스 000-000)
피고   서울특별시 동부교육청 교육장

위 사건에 대해 피고는 다음과 같이 답변합니다.

청구취지에 대한 답변

1. 원고의 청구를 기각한다.
2. 소송비용은 피고의 부담으로 한다.
라는 판결을 구합니다.

청구원인에 대한 답변

1. 처분의 경위

(1) 2009. 11. 30. 학교보건법에서 정한 오정초등학교, 유한공업고등학교, 성 베드로학교의 학교환경위생정화구역(이하 '이 사건 정화구역'이라 한다) 내에 위치한 서울 구로구 온수동 00에 있는 지하 1층, 지상 3층 건물의 지상 2층 116㎡(이하 '이 사건 영업장'이라 한다)에서 당구장 영업을 할 목적으로 피고에게 학교보건법 제6조 제1항 단서 규정에 의하여 학교환경위생정화구역 내 금지행위 및 시설의 해제를 신청한 것은 사실입니다.

(2) 이 사건 영업장은 직선거리로 오정초등학교의 출입문으로부터 41m, 경계선으로부터 39m, 유한공업고등학교의 출입문으로부터 133m, 경계선으로부터 87m, 성베드로학교의 출입문 및 경계선으로부터 각 135m 떨어진 지상 3층 건물의 2층에 위치하고 있다.

(3) 또한 이 사건 영업장은 오정초등학교와 성베드로학교에서는 보이지 아니하고, 유한 공업고등학교에서는 그 내부는 보이지 아니하나 그 출입문은 보이며, 위 학교들과는 6차선 도로로 이격되어 있다.

(4) 오정초등학교장, 유한공업고등학교장, 성베드로학교장에 대한 의견조사결과는 다음과 같습니다.

가) 위 학교장들은 오정초등학교 재학생 620명 중 20명이 일반 통학로로, 유한공업고등학교 재학생 684명 중 200명이 주통학로로, 성베드로학교 재학생 180명 중 150명(통학버스 포함)이 일반통학로로 이 사건 영업장 앞 도로를 사용한다는 의견을 제시하였습니다.

나) 또한, 유한공업고등학교장과 성베드로학교장은 이 사건 영업장에서 당구장을 운영하더라도 학생들의 학습 및 학교보건위생에 지장을 주지 않는다는 의견을 제시하였으나, 오정초등학교장은 학생들의 학습 및 학교보건위생에 지장을 주지 않지만, 상급학교 학생들의 출입이 잦아지는 경우 교육환경에 간접적인 영향이 우려된다는 의견을 제시하였습니다.

다) 유한공업고등학교는 대부분의 학생이 등하교시 버스 또는 지하철(온수역)을 이용하고 있는데, 위 학교에서 버스정류소 또는 지하철역에서 이르는 통학로에 이 사건 영업장이 인접해 있다(2010. 3. 17.자 피고의 조사결과에 의하면, 유한공업고등학교 학생 684명 중 190명이 위 버스정류소에서 하차하여 통학하고 있고, 220명이 위 지하 철역을 이용하고 있으며, 실제로 이 사건 영업장 앞을 거쳐 등교하는 학생도 22명이었다).

(5) 피고 산하의 학교환경위생정화위원회는 2009. 12. 8. 오정초등학교장, 유한공업고등학교장, 성베드로학교장에 대한 의견조사결과 등을 토대로 이 사건 해제신청에 대한 심의를 한 결과, 위원 14명 중 12명의 부결의견에 따라 이 사건 해제신청을 부결하였습니다.

(6) 이에 본 피고는 2009. 12. 8. 원고에게 정화구역 내 금지행위 및 시설 해제 거부처분(이하 '이 사건 처분'이라 한다)을 하였습니다.

2. 피고의 정보공개거부처분의 적법성

피고의 처분은 다음과 같은 사유로 적법한 처분입니다.

(1) 의견조사 결과 오정초등학교장은 위와 같은 의견에 덧붙여 상급학교 학생들의 출입이 잦아지는 경우 교육환경에 간접적인 영향을 줄 우려가 있다는 의견을 제시하고 있습니다.

(2) 학교환경위생정화구역 내에서의 당구장 영업의 경우에는 학생들이 내기 당구, 게임비 부담 등으로 인한 금품갈취, 흡연 등의 비교육적 환경에 노출될 수 있고, 게임 몰두 등으로 인한

학습저해 요인으로 작용할 개연성도 있는 등 학생들의 학습 및 학교보건위생에 나쁜 영향을 줄 요소가 적지 않습니다.

(3) 이 사건 영업장의 맞은 편에 위치한 '대학 당구클럽' 당구장도 3회에 걸쳐 금지행위 및 시설의 해제신청을 하였음에도 이 사건과 같은 이유로 거부된 바 있습니다.

3. 결론

이와 같은 이유로 피고의 본건 처분은 적법한 절차와 내용에 따른 적법한 처분이므로 원고의 본건 취소소송은 기각되어야 마땅합니다.

입증방법

1. 을 제1호증의 1
2. 을 제1호증의 2
3. 을 제1호증의 3
4. 을 제2호증

20 . . .

위 피고   (날인 또는 서명)

서울행정법원   귀중

증거자료

사건   2010구합 450 학교환경위생정화구역내금지행위및시설해제신청거부취소청구

원고   김 길 동

                서울시 구로구 온수동 ○○번지

                (전화 000-000, 팩스 000-000)

피고   서울특별시 동부교육청 교육장

첨 부 서 류

1. 위 사건 영업장의 건축도면   1부.
2. 의견진술서(오정초등학교장, 유한공업고등학교장, 성베드로학교장) 1부.
3. 피고 산하의 학교환경위생정화위원회 심의의결서   1부.

20 . . .

위 피고 :   (날인 또는 서명)

(연락처)

서울행정법원   귀중

소 장

원고   김 길 동(주민등록번호)
         서울시 중구 신당동 ○번지
피고   서울특별시 중부교육청 교육장
신청거부처분취소

청구취지

1. 피고가 2008. 5. 26. 원고에 대하여 한 학교환경위생정화구역 내 금지행위 및 시설 해제신청 거부처분을 취소한다.

2. 소송비용은 피고의 부담으로 한다.

라는 판결을 구합니다.

청구원인

1. 처분의 경위

(1) 원고는 2008. 5. 14. 피고에게 서울 중구 신당2동 ○○○에 있는 지하 1층, 지상 5층 건물(이하 '이 사건 건물'이라 한다) 중 3층 179.36㎡에서 '○○○ 당구장'(이하 '이 사건 당구장'이라 한다)이라는 상호로 당구장 영업을 하고자 학교보건법(이하 '법'이라 한다) 제6조 제1항 단서 규정에 의하여 학교환경위생정화구역 내 금지행위 시설에 대한 해제심의신청을 하였습니다.

(2) 피고는 2008. 5. 26. 원고에게 학교환경위생정화위원회에서 심의한 결과 인근 ○○중학교 학생들의 학습환경 및 학교보건위생에 좋지 않은 영향을 미칠 것으로 판단되어 부결되었다는 이유로 위 신청을 거부하였습니다(이하, '이 사건 처분'이라 한다).

2. 처분의 위법성

당구장업은 체육시설의 설치·이용에 관한 법률에 근거하여 국민의 건강증진과 여가 선용에 이바지함을 목적으로 하는 체육시설업이고, 청소년보호법 소정의 청소년유해업소에도 해당하지 않는 등 학생들의 학습환경 및 학교보건위생에 나쁜 영향을 준다고 보기 어려운 점, 이 사건 당구장은 왕복 4차로의 약수역 8번 출구 옆에 위치하고 있고, ○○ 중·고등학교에서부터 직선거리가 약 170m 정도가 될 뿐 실질적인 체감 거리는 약 500m 가량에 이르고, 도보로 10분 정도 소요되는 점 등에 비추어 보면 이 사건 처분은 재량권을 남용, 일탈한 위법이 있습니다.

3. 결론

위와 같이 피고의 처분은 위법하므로 이의 취소를 구하는 본 건 행정소송에 이르게 되었습니다.

입증방법

1. 갑 제1호증
2. 갑 제2호증

첨부서류

1. 위 각 입증방법   각 1부
2. 송달료 납부서
3. 소장부본

20 . . .

위 원고   (날인 또는 서명)

서울행정법원   귀중

당해판례

2009구합 706

(1) 법 제6조 제1항 단서의 규정에 의하여 교육감 또는 교육감이 위임한 자가 학교환경위생정화구역 안에서의 금지행위 및 시설의 해제신청에 대하여 그 행위 및 시설이 학습과 학교보건위생에 나쁜 영향을 주지 않는 것인지의 여부를 결정하여 그 금지행위 및 시설을 해제하거나 계속하여 금지(해제거부)하는 조치는 교육감 또는 교육감이 위임한 자의 재량행위에 속하는 것으로서, 그것이 재량권을 일탈·남용하여 위법하다고 하기 위해서는 그 행위 및 시설의 종

류나 규모, 학교에서의 거리와 위치는 물론이고, 학교의 종류와 학생 수, 학교주변의 환경, 그리고 위 행위 및 시설이 주변의 다른 행위나 시설 등과 합하여 학습과 학교보건위생 등에 미칠 영향 등의 사정과 그 행위나 시설이 금지됨으로 인하여 상대방이 입게 될 재산권 침해를 비롯한 불이익 등의 사정 등 여러 가지 사항들을 합리적으로 비교·교량하여 신중하게 판단하여야 한다. 한편, 위와 같은 판단을 함에 있어서 성장기에 있는 중고등학생들을 위하여 학교주변에 학습이나 학교 보건위생에 유해한 영업행위나 시설물들이 가능한 한 발붙이지 못하도록 하여 학생 및 교직원의 건강을 보호·증진하게 함으로써 학교교육의 능률화를 기하고자 하는 위 학교보건법의 입법취지에 비추어 교육당국이 학교보건법 등 관계 법령이 정하는 바에 따라 내린 판단은 특별한 다른 사정이 없는 한 이를 최대한 존중하여야 한다(대법원 1996. 10. 29. 선고 96누8253 판결 등 참조).

(2) 이 사건에 관하여 보건대, ① 당구장이 체육시설의 설치, 이용에 관한 법률에 근거한 체육시설로서 청소년보호법상 청소년위해업소에 해당하지 않는다고 하더라도 법 제 6조 제1항 제14호에 정한 학교환경위생정화구역 내에서 금지되는 시설인 이상 학교의 보건위생 및 학습환경을 보호하고자 하는 학교환경위생정화구역설정 목적에 비추어서 그 금지 및 해제여부를 판단하여야 한다는 점, ② 중, 고등학생들은 육체적으로나 정신적으로 미성숙할 뿐 아니라 모든 사물에 대하여 호기심이 많고 감수성이 예민하며 자제력이 약하고 충동적인 특성을 지니고 있고 그렇게 아직 미성숙한 학생들이 부모나 보호자의 관리, 감독을 벗어나 유해시설의 유흥이나 놀이 또는 게임에 몰두함으로써 건전한 자기계발과 학업에 소홀하게 되는 것을 막기 위해서는 주변에 그러한 접촉이 가능한 시설을 적극적으로 금지할 필요가 있는 점 ③ 이 사건 건물은 ○○ 중·고등학교 학생들의 주된 통학로 옆에 있으므로 학생들의 접근이 쉽고 따라서 그들에게 나쁜 영향을 줄 위험이 큰 점, ④ 지금까지 ○○ 중.고등학교의 학교환경위생정화구역에서 금지행위 및 시설해제된 당구장 시설은 한 건도 없는 점, ⑤ ○○중학교 학교장은 학생들의 학습환경에 저해된다는 이유로 이 사건 당구장 영업을 반대한 점, ⑥ 통상 당구장은 청소년과 성인의 구분 없이 이용가능하고, 흡연구역과 금연구역의 차단이 이루어져 있지 아니하여 청소년들이 당구장을 이용할 경우 흡연에 노출될 우려가 높은 점, ⑦ 이 사건 당구장을 허용하게 되면 향후 동종 및 유사업종의 확산을 방지하기 어려울 뿐 아니라 학교보건법의 입법목적의 달성을 위해 교육당국인 피고가 내린 판단은 관계 법령에 반하지 않는 이상 최대한 존중하여 주는 것이 바람직한 점 등을 종합하여 볼 때, 원고가 주장하는 모든 사정을 감안한다고 하더라도, 이 사건 처분이 지나치게 과중하여 재량권의 범위를 일탈, 남용한 것이라 볼 수는 없다. 따라서 이 사건 처분은 적법하다.

소 장

원고   김 길 동(주민등록번호)
          서울시 동대문구 ○동 ○○번지
          (전화 000-000, 팩스 000-000)
피고   서울특별시 동부교육청 교육장
학교환경위생정화구역내금지행위및시설해제신청 거부처분취소

청구취지

1. 피고가 2006. 6. 21. 원고에 대하여 한 학교환경위생정화구역 내 금지행위 및 시설 해제신청 거부처분을 취소한다.
2. 소송비용은 피고가 부담한다.
라는 판결을 구합니다.

청구원인

1. 처분의 경위

(1) 원고는 2006. 5. 29. 학교보건법상의 학교환경위생정화구역(상대정화구역) 안에 있는 '이 사건 건물'에서 노래연습장을 운영하기 위하여 피고에게 학교환경위생정화구역 내 금지행위 및 시설해제를 신청하였습니다.

(2) 피고는 2006. 6. 21. 학교환경위생정화위원회의 심의를 거쳐 '위 노래연습장이 학습과 학교보건위생에 나쁜 영향을 준다'는 이유로 원고의 신청을 거부하는 내용의 이 사건 처분을 하였습니다.

2. 처분의 위법성

(1) 이 사건 건물은 A초등학교의 출입문으로부터 210m, 그 경계선으로부터 161m(상가 건물 전체와의 거리이고, XXXXXX설계공사에서 산출한 이 사건 건물과의 이격거리는 193.78m이다) 떨어져 있고, 그 사이의 C 아파트에 의하여 차단되어 학교에서 보이지 않으며, 학생들의 주 통학로에 위치하고 있지도 않으므로 A초등학교 학생들의 학습환경이 저해될 가능성이 희박합니다.
가사 이 사건 노래연습장의 개설로 인하여 A초등학교 학생들의 학습환경이 일부 저해될 가능성이 있다 하더라도 이 사건 건물로부터 A초등학교까지의 거리, 이 사건 처분으로 인하여 그동안 노래방 영업을 준비해 온 원고가 입게 될 헤아릴 수 없는 금전적 손해 등을 종합하면

이 사건 처분은 재량권을 일탈·남용하여 위법합니다.

(2) 행정절차법 제23조 제1항은 '행정청은 처분을 하는 때에는 신청내용을 모두 그대로 인정하는 처분인 경우 등을 제외하고는 당사자에게 그 근거와 이유를 제시하여야 한다'고 규정함으로써 일정한 사유가 있는 경우를 제외하고는 처분사유를 제시하여야 함을 원칙으로 하고 있음에도, 피고는 이 사건 처분을 하면서 어떠한 사유로 그와 같은 처분을 하게 되었는지에 대하여 일언반구도 밝히고 있지 아니하므로 이 사건 처분은 행정절차법 제23조 제1항을 위반하여 위법합니다.

3. 결론

이와 같이 피고의 이 사건 처분에 위와 같은 실체적·절차적 하자가 있어 위법하므로 그 취소를 구합니다.

입증방법

    1. 갑 제1호증
    2. 갑 제2호증
    3. 갑 제3호증
    4. 갑 제4호증
    5. 갑 제5호증

첨부서류

    1. 위 각 입증방법   각 1부
    2. 송달료 납부서
    3. 소장부본

20 . . .

위 원고   (날인 또는 서명)

서울행정법원   귀중

당해판례

2006구합 34142

(1) 학교보건법 제6조 제1항 단서의 규정에 의하여 교육감 또는 교육감이 위임하는 자가 학교환경위생정화구역 안에서의 금지행위 및 시설의 해제신청에 대하여 그 행위 및 시설이 학습과 학교보건에 나쁜 영향을 주지 않는 것인지의 여부를 결정하여 그 금지행위 및 시설을 해제하거나 계속하여 금지(해제거부)하는 조치는 교육감 또는 교육감이 위임하는 자의 재량행위에 속하는 것으로서, 그것이 재량권의 범위를 일탈·남용하여 위법하다고 하기 위해서는 그 행위 및 시설의 종류나 규모, 학교에서의 거리와 위치는 물론이고, 학교의 종류와 학생수, 학교 주변의 환경, 그리고 위 행위 및 시설이 주변의 다른 행위나 시설 등과 합하여 학습과 학교보건위생 등에 미칠 영향 등의 사정과 그 행위나 시설이 금지됨으로 인하여 상대방이 입게 될 재산권 침해를 비롯한 불이익 등의 사정 등 여러 가지 사항들을 합리적으로 비교·교량하여 신중하게 판단하여야 한다(대법원 2004. 4. 23. 선고 2004두206 판결 등 참조).

(2) 이 사건에 관하여 보건대, 위 인정사실에 나타난 다음과 같은 사정, 즉 ① 이 사건 건물은 A 초등학교 학생들의 주 통학로에 놓여 있지 않은 점, ② 위 학교에서는 이 사건 건물이 전혀 보이지 않을 뿐만 아니라 노래연습장 영업으로 인한 소음 등이 학교에까지 미치지 않을 것으로 보이는 점, ③ 음반·비디오물 및 게임물에 관한 법률(2006. 4. 28. 법률 제7943호로 폐지되기 전의 것) 제32조 제6, 8호 및 같은 법 시행령(2006. 10. 27. 대통령령 제19717호로 폐지되기 전의 것) 제13조 제1, 2항 [별표 4] 제4호에 의하면, 18세 미만의 청소년도 오전 9시부터 오후 10시까지는 자유로이 노래연습장을 출입할 수 있는 점 및 노래연습장은 청소년들에게 중독성이 강하지 않은 점 등에 비추어 노래연습장은 청소년들에 대한 유해성의 정도가 그다지 큰 시설이라고 볼 수 없는 점, ④ 노래연습장 내에서 음주나 흡연 등 불건전한 행동은 그에 대한 행정규제나 형사처벌 등을 통해 별도로 방지하여야 할 것인 점, ⑤ 이 사건 건물은 위 학교에서 지하철 6호선 B역 쪽으로 내려오다가 오른쪽으로 꺾어진 도로의 건너편 상가 안쪽에 있어(일반도로로부터는 상가의 돌출부분 및 지하주차장 출입구로 인하여 상당한 거리가 떨어져 있다) 그 위치상 노래연습장 영업에 따라 위 학교에 미치는 영향이 제한적일 것으로 보이는 점 등 제반 사정을 종합하면, 이 사건 건물에서 원고가 노래연습장을 운영하더라도 A초등학교의 학습과 학교보건위생에 나쁜 영향을 줄 우려는 그다지 크지 않은 반면, 이 사건 처분에 의하여 원고가 입게 될 불이익은 그에 비해 상당히 크다 할 것이다.

따라서 피고는 이 사건 처분을 함에 있어 원고의 노래연습장 운영이 A초등학교에 미칠 영향과 원고의 불이익을 제대로 형량하지 못함으로써 재량권의 범위를 일탈·남용한 위법이 있다.

소　장

원고　　　　김 길 동(주민등록번호)
　　　　　　서울시 구로구 온수동 ○○번지
　　　　　　(전화 000-000, 팩스 000-000)
피고　　　　서울특별시 남부교육청 교육장
학교환경위생정화구역내금지행위및시설해제신청거부취소

청구취지

1. 피고가 2009. 12. 8. 원고에 대하여 한 학교환경위생정화구역 내 금지행위 및 시설해제 거부
   처분을 취소한다.
2. 소송비용은 피고의 부담으로 한다.
라는 판결을 구합니다.

청구원인

1. 처분의 경위

(1) 원고는 2009. 11. 30. 학교보건법에서 정한 오정초등학교, 유한공업고등학교, 성 베드로학
　　교의 학교환경위생정화구역(이하 '이 사건 정화구역'이라 한다) 내에 위치한 서울 구로구 온
　　수동 00에 있는 지하 1층, 지상 3층 건물의 지상 2층 116㎡(이하 '이 사건 영업장'이라 한다)
　　에서 당구장 영업을 할 목적으로 피고에게 학교보건법 제6조 제1항 단서 규정에 의하여 학교
　　환경위생정화구역 내 금지행위 및 시설의 해제를 신청(이하 '이 사건 해제신청'이라 한다)을
　　하였습니다.

(2) 이에 피고는 학교보건법 제6조 제1항 단서에 의하여 학교환경위생정화위원회로 하여금 이
　　사건 해제신청을 심의하도록 하였고, 위 위원회가 이 사건 해제신청을 부결하자, 2009. 12.
　　8. 원고에게 정화구역 내 금지행위 및 시설 해제 거부처분(이하 '이 사건 처분'이라 한다)을
　　하였습니다.

2. 처분의 위법성

(1) 피고는 이 사건 처분을 함에 있어서 행정절차법 제23조 제1항에서 정한 처분의 근거와 이유
　　를 제시하지 않았으므로, 이 사건 처분은 절차적 위법이 있습니다.

(2) 이 사건 영업장 앞 도로는 오정초등학교, 유한공업고등학교, 성베드로학교 학생들의 주통학
로라고 보기 어려운 점, 위 학교장들은 이 사건 영업장에서 당구장 영업을 하더라도 학생들
의 학생과 보건위생에 지장을 주지 않는다는 의견을 제시한 점, 이 사건 영업장보다 위 학교
들과 더 가까운 곳에 있는 건물에서는 이미 당구장 영업이 이루어지고 있고, 이 사건 영업장
인근에 있는 교회 안에는 당구장이 설치되어 있어 누구나 이를 이용할 수 있는 점, 당구는
청소년들이 적성에 따라 능력을 개발할 수 있는 운동 종목으로 인식이 변화되어 왔고, 당구
장은 체육시설로서 학교교육에 유해한 시설이 볼 수 없는 점, 이 사건 처분으로 인하여 원고
의 직업선택의 자유, 재산권의 행사가 과도하게 제한되는 점 등에 비추어볼 때, 피고의 이
사건 처분은 재량권을 일탈·남용한 것으로서 위법합니다.

3. 결론

이상과 같이 피고의 이 사건 처분은 절차적·실체적으로 위법하므로 이의 취소를 구하는 행정소
송을 제기하기에 이르렀습니다.

입증방법

1. 갑 제1호증
2. 갑 제2호증
3. 갑 제4호증

첨부서류

1. 위 각 입증방법   각 1부
2. 송달료 납부서
3. 소장부본

20 .   .   .

위 원고   (날인 또는 서명)

서울행정법원   귀중

당해판례

2010구합 450

1) 첫 번째 주장에 대하여

행정절차법 제23조 제1항은 행정청은 처분을 하는 때에는 당사자에게 그 근거와 이유를 제시하여야 한다고 규정하고 있는바, 일반적으로 당사자가 근거규정 등을 명시하여 신청하는 허가 등을 거부하는 처분을 함에 있어 당해 처분의 근거 및 이유를 구체적인 내용까지 명시하지 않더라도 그 근거조항을 적시함으로써 당사자가 그 거부처분의 근거와 이유를 알 수 있었다면 그 처분이 위법한 것이 된다고 할 수 없다.

그런데 갑 제1호증, 을 제1호증의 각 기재에 의하면, 원고가 근거규정을 명시하여 이 사건 해제신청을 하였고, 이에 대하여 피고가 학교보건법 제6조 제1항 단서의 규정에 의하여 학교환경위생정화위원회의 심의를 거쳐 이 사건 신청을 거부한다고 하면서 이 사건 처분을 한 사실을 인정할 수 있는바, 위와 같은 인정사실에 비추어 보면, 원고로서는 자신의 신청이 학교보건법 제6조 제1항 단서에 따라 정화구역 내의 학생들의 학습 및 학교보건위생에 나쁜 영향을 주지 않는 행위 및 시설에 해당하지 않는다는 이유로 위원회의 심의를 거쳐 거부된 것임을 알 수 있었다고 봄이 상당하다.

따라서 이 사건 처분은 그 근거와 이유를 알 수 있을 정도로 상당한 이유가 제시된 것으로 볼 수 있어, 이 사건 처분에 행정절차법 제23조를 위반하여 근거와 이유를 제기하지 아니한 하자가 있다고 할 수 없다.

2) 두 번째 주장에 대하여

위 인정사실에 비추어 보건대, 이 사건 영업장은 오정초등학교의 출입문으로부터 41m, 경계선으로부터 39m 정도 밖에 떨어져 있지 않고, 유한공업고등학교나 성베드로 학교의 출입문이나 경계선으로부터도 87m 내지 135m 정도 밖에 떨어져 있지 않은 건물의 2층에 위치하고 있고, 그 앞 도로를 오정초등학교 20명, 유한공업고등학교 200명, 성베드로학교 150명 등 적지 않은 학생들이 주통학로 또는 일반통학로로 이용하고 있는 점, 이 사건 영업장에서의 당구장 영업을 하더라도 학생들의 학습과 학교보건위생에 지장을 주지 않는다는 의견만을 제시한 유한공업고등학교장이나 성베드로학교장과는 달리 오정초등학교장은 위와 같은 의견에 덧붙여 상급학교 학생들의 출입이 잦아지는 경우 교육환경에 간접적인 영향을 줄 우려가 있다는 의견을 제시하고 있는 점, 학교환경위생정화구역 내에서의 당구장 영업의 경우에는 학생들이

내기 당구, 게임비 부담 등으로 인한 금품갈취, 흡연 등의 비교육적 환경에 노출될 수 있고, 게임 몰두 등으로 인한 학습저해 요인으로 작용할 개연성도 있는 등 학생들의 학습 및 학교보건위생에 나쁜 영향을 줄 요소가 적지 아니한 점, 이 사건 영업장의 맞은 편에 위치한 '대학당구클럽' 당구장도 3회에 걸쳐 금지행위 및 시설의 해제신청을 하였음에도 이 사건과 같은 이유로 거부된 바 있는 점, 교사의 지도로 당구를 특별활동으로 가르치거나 교회에서 선교목적으로 하는 당구장을 운영하는 것은 앞서 본 학교환경위생정화구역 내에서 당구장 영업을 하는 것과는 달리 학생들의 학습 및 학교보건위생에 나쁜 영향을 미친다고 보기 어려운 점 등을 종합하여 보면, 원고가 주장하는 여러 사정을 고려한다 하더라도, 이 사건 영업장에서 당구장 영업을 목적으로 한 이 사건 신청을 거부한 피고의 이 사건 처분이 재량권을 일탈·남용한 위법한 처분이라고 보기는 어렵다.

소　장

원고　　김 길 동(주민등록번호)
　　　　서울시 ○○구 ○○동 ○번지
피고　　서울특별시 중부교육청 교육장
거부처분취소

청구취지

1. 피고가 2008. 7. 17. 원고에 대하여 한 학교환경위생정화구역 내의 금지행위 및 시설 해제신청에 대한 거부처분을 취소한다.

2. 소송비용은 피고의 부담으로 한다.

라는 판결을 구합니다.

청구원인

1. 처분의 경위

(1) 원고는 2008. 7. 10. 피고에게 서울 ○○구 ○○동 ○○○ 외 4필지 지상 건물의 2층에서 ○○○ ○○○점이라는 상호로 인터넷컴퓨터게임시설제공업을 영위하기 위하여 학교보건법 제6조 제1항 단서의 규정에 의하여 학교환경위생정화구역(이하 "정화구역"이라 한다) 내 금지행위 및 시설에 대한 해제신청을 하였습니다.

(2) 피고는 2008. 7. 17. 원고에 대하여 학교환경위생정화위원회의 심의를 거쳐 ○‚○○ 중학교 및 고등학교(이하 "○○중고교"라고 한다)의 학습과 학교보건위생에 나쁜 영향을 줄 우려가 있다는 이유로 신청을 거부하는 처분을 하였습니다.

2. 처분의 위법성

(1) 처분의 근거가 된 학교보건법 제6조 제1항 제16호(이하 "이 사건 법률조항"이라 한다)는 헌법상 보장된 재산권과 직업선택의 자유를 침해하는 것으로서 헌법에 위반됩니다. 또 피고가 한 처분으로 인하여 원고의 재산권, 직업수행의 자유가 헌법 제37조 제2항이 정한 과잉금지의 원칙에 반하여 전면적으로 침해당하고 있고, 원고의 피씨방과 유사한 거리에 있는 서울 ○○구 ○○동 20에 있는 다른 피씨방에 관한 해제신청은 받아들인 점 등에 비추어 보면, 피고가 한 처분이 원고의 헌법상 보장된 행복추구권 및 평등권을 침해하였습니다.

(2) 위 법조항상 인터넷컴퓨터게임시설제공업의 행위 및 시설, 즉 피씨(PC)방이 정화구역 내에 있는지 여부는 피씨방의 출입구를 기준으로 삼아야 하는바, 원고의 피씨방 출입구는 ○○중고교의 경계선으로부터 203m 떨어져 있으므로, 원고의 피씨방 영업 및 시설은 정화구역 내에 있지 않습니다.

(3) 원고가 2007. 12. 14. 학교보건법의 개정으로 게임시설이 금지시설에 포함되기 전부터 오랫동안 피씨방을 운영하여 왔고, 원고의 피씨방이 ○○중고교 학생들의 3% 이하만 통학로로 이용하는 상가지역에 위치하고 있는 점 등에 비추어 보면, 피고가 한 처분은 재량권을 일탈·남용하였습니다.

3. 결론

이상과 같은 이유로 피고의 지급을 구하는 본 건 행정소송에 이르게 되었습니다.

입증방법

    1. 갑 제1호증
    2. 갑 제2호증

첨부서류

    1. 위 각 입증방법   각 1부
    2. 송달료 납부서
    3. 소장부본

20 . . .

위 원고   (날인 또는 서명)

서울행정법원   **귀중**

당해판례

(1) 제1 주장에 대하여

(가) 이 사건 법률조항에 의한 재산권이나 직업수행의 자유라는 기본권의 제한이 헌법 제37조 제2항이 정한 기본권제한의 입법적 한계를 준수하고 있는지 여부에 관하여 본다.

학교보건법 제1조, 제5조, 제6조, 구 학교보건법 시행령(2008. 8. 4. 대통령령 제20949호로 전문개정되기 전의 것) 제3조, 제4조의 각 규정과 이 사건 법률조항을 종합하여 보면, 이 사건 법률조항은 변별력과 의지력이 미약한 청소년 학생들이 게임 등 컴퓨터를 이용한 각종 오락에 빠져 학습을 소홀히 하는 것을 방지하고, 출입과 이용에 아무런 제한이 없는 피씨방을 이용함으로써 접하게 되는 유해한 정보 등을 차단함으로써 학교교육의 능률화를 기하려는 데 그 취지가 있다. 따라서 정화구역 안에서 피씨방 시설을 하지 못하게 하여 피씨방의 유해환경으로부터 학생들을 차단, 보호할 필요가 있으므로, 이 사건 법률조항에 의한 기본권제한의 입법목적은 정당하다. 이러한 목적을 달성하기 위하여 학교보건법은 정화구역을 설정하여 관리하는 한편, 그 구역 안에서는 누구라도 당연히 학습과 학교보건위생에 지장을 주는 것으로 유형화된 학교보건법 제6조 제1항 각 호가 정한 행위 및 시설을 하지 못하되, 다만 정화구역을 절대정화구역과 상대정화구역으로 나누어 그 중에서 학교에서 좀더 떨어진 상대정화구역에 한하여 그것도 학교환경위생정화위원회의 심의를 거쳐 학습과 학교보건위생에 나쁜 영향을 주지않는다고 인정될 때만 예외적으로 그 금지의 일부를 해제하도록 규정하고 있다. 즉, 이 사건 법률조항은 학교경계선으로부터 200미터 이내의 정화구역 안에서만 게임시설을 금지하는 것에 불과하므로 기본권제한의 정도가 그다지 크지 않은 데 비하여, 학생들이 자주 출입하고 학교에서 바라보이는 정화구역 안에서 피씨방 시설을 금지하면 변별력과 의지력이 미약한 위 각 학교의 학생들을 게임시설이 갖는 오락적인 유혹으로부터 차단하는 효과가 상당히 크다.

따라서 위 법조항에 의한 기본권제한이 입법목적달성을 위하여 필요한 정도를 넘어 과도하게 재산권이나 직업수행의 자유를 침해하는 것이라고 할 수 없다(헌법재판소 1997. 3. 27. 선고 94헌마196.225, 97헌마83 결정, 대법원 1998. 3. 27. 선고 97누 19540 판결, 대법원 2005. 9. 29. 선고 2005두2582 판결 등 참조).

(나) 나아가, 원고 주장의 다른 피씨방에 관한 해제신청이 받아들여졌다고 볼 아무런 증거가 없고, 가사 피고가 다른 피씨방에 관한 금지의 해제를 허용한 바 있다 하더라도 그러한 사정만으로 피고의 처분이 합리성이 결여된 차별로서 평등권을 침해한다고 볼 수 없다. 또 피고

가 한 처분이 헌법에 합치하는 학교보건법이 정한 범위 내에서 행하여진 이상 그로 인하여 헌법이 보장하는 재산권과 직업선택의 자유, 행복추구권을 침해하였다고 볼 수 없다.

(2) 제2 주장에 대하여

(가) 학교보건법 제5조 제1항, 같은 법 시행령 제3조 제1항이 정하는 정화구역은 학교보건법 제6조 제1항 각 호의 행위 및 시설로부터 학교의 보건·위생 및 학습환경을 보호함으로써 궁극적으로 학교교육의 능률화를 기하려는 데 그 취지가 있다. 그리고 학교교육은 실질적으로 그 교사와 운동장 및 강당 등 학교의 시설 내에서 이루어지고, 피씨방 영업 또한 특별한 사정이 없는 한 게임산업진흥에 관한 법률 제26조 제2항이 정한 시설 내에서 이루어지므로, 위 법령에서 정화구역의 범위를 설정하는 기준으로 삼고 있는 학교 경계선이나 행위 및 시설은 지적공부상 학교용지나 시설이 위치한 대지의 경계선이 아니라, 실질적으로 학교교육이 이루어지거나 피씨방 영업이 이루어지는 공간, 즉 영업장의 경계선이라고 보아야 한다 (대법원 2008. 6. 12. 선고 2008도 2152 판결 등 참조). 원고의 주장과 같이 피씨방의 출입구를 행위 및 시설의 기준으로 삼는 것은 같은 곳에 위치하더라도 출입구의 위치에 따라 정화구역 내인지 여부가 달라지게 되어 합리적인 해석이라고 볼 수 없다.

(나) 이러한 법리에 비추어 이 사건에 관하여 보건대, 갑3호증, 갑4호증(이하 가지번호 포함), 을6호증, 을8호증, 을9호증, 을10호증의 각 기재 및 이 법원의 감정결과에 변론 전체의 취지를 더하여 보면, ○○중고교의 학교교육이 실질적으로 이루어지는 공간의 경계선, 즉 담장과 피씨방의 영업이 이루어지는 영업장의 경계선, 즉 외벽까지의 거리는 199.31m인 사실을 인정할 수 있다. 위 인정사실에 의하면, 원고의 피씨방 영업이나 시설은 정화구역 안에서 금지되는 행위 및 시설로 보아야 한다.

(3) 제3 주장에 대하여

(가) 학교보건법 제6조 제1항 단서의 규정에 의하여 시.도교육위원회 교육감 또는 교육감이 지정하는 자가 학교환경위생정화구역 안에서의 금지행위 및 시설의 해제 신청에 대하여 그 행위 및 시설이 학습과 학교보건에 나쁜 영향을 주지 않는 것인지의 여부를 결정하여 그 금지행위 및 시설을 해제하거나 계속하여 금지(해제거부)하는 조치는 시·도교육위원회 교육감 또는 교육감이 지정하는 자의 재량행위에 속하는 것으로서, 그것이 재량권을 일탈·남용하여 위법하다고 하기 위하여는 그 행위 및 시설의 종류나 규모, 학교에서의 거리와 위치는 물론이고, 학교의 종류와 학생수, 학교주변의 환경, 그리고 위 행위 및 시설이 주변의 다른 행위나 시설 등과 합하여 학습과 학교보건위생 등에 미칠 영향 등의 사정과 위 행위나 시설이

금지됨으로 인하여 상대방이 입게 될 재산권 침해를 비롯한 불이익 등의 사정 등 여러 가지 사항들을 합리적으로 비교.교량하여 신중하게 판단하여야 한다(대법원 1996. 10. 29. 선고 96누8253 판결, 대법원 2007. 12. 27. 선고 2007두20706 판결 등 참조).

(나) 앞서 든 증거와 갑1호증, 갑2호증, 갑4호증, 을3호증, 을4호증, 을5호증의 각 기재 또는 영상 및 변론 전체의 취지를 더하여 인정할 수 있는 다음과 같은 사정에 비추어 보면, 피고가 한 처분이 비례의 원칙에 반하거나 재량권을 남용하거나 재량권의 한계를 일탈하였다고 볼 수 없다.

1) 학교교육에 있어서 학교주변환경은 학습이나 학교보건위생 등에 커다란 영향을 끼치고 특히 원고가 하려고 하는 피씨방 영업은 아직 나이가 어려 호기심과 충동심이 강한 중.고등학생들의 학습과 학교보건위생에 유해하다고 볼 수 밖에 없다.

2) 원고가 피씨방 영업을 하려는 서울 ○○구 ○○동 ○○○ 외 4필지는 그 한 면이 ○○중.고교로 이어지는 도로에 바로 접하고 있을 뿐만 아니라, 그 도로는 ○○중의 경우 재적학생 612명 중 258명, ○○고의 경우 재적학생 1,050명 중 약 800명의 주통학로로 이용되고 있다. 피씨방의 규모 또한 185㎡로서 상당하다.

3) 게임산업진흥에 관한 법률이 2007. 1. 19. 법률 제8247호로 개정됨에 따라 인터넷컴퓨터게임시설제공업을 영위하기 위하여는 같은 법 제26조 제2항에 의하여 등록을 요하게 된 것은 사실이나, 그 이전에도 피씨방 영업을 하기 위하여는 그와 무관하게 구 학교보건법(2007. 8. 3. 법률 제8578호로 개정되기 전의 것) 제6조 제1항, 구 학교보건법 시행령(2008. 8. 4. 대통령령 제20949호로 전문개정되기 전의 것) 제4조의2 제1호에서 정한 바에 따라 금지 행위 및 시설에 대한 해제를 받았어야 한다.

4) 학교 주변에 학습이나 학교보건위생에 유해한 영업행위나 시설물이 가급적 들어서지 못하도록 하려는 취지에서 제정된 학교보건법의 목적을 달성하기 위하여 교육당국이 학교보건법 등 관계법령이 정하는 바에 따라 내린 판단은 최대한 존중함이 바람직하다.

5) 학생들의 면학분위기 조성과 보건위생에 악영향을 미칠 수 있는 시설의 금지로 청소년들에 대하여 유해한 환경을 차단하고 건전한 사회인으로 성장할 수 있는 환경을 조성하는 등 피고의 처분으로 달성하고자 하는 공익보다 피씨방 영업을 하지 못함으로 인하여 원고가 입게 되는 재산상 불이익 등이 현저히 크다고 할 수도 없다.

(4) 소결
따라서 원고의 위 각 주장은 모두 이유 없고, 피고가 같은 취지에서 한 처분은 적법하다.

제2편 행정소송의 기초서식

신청서류
입증자료
집행정지
정보공개

소송등인지의 과오납금 반환신청서

사건번호 및 사건명	2013구합(구단)○○○○○, 요양급여불승인처분취소
납부인 성명	김 길 동(주민등록번호)(주민등록번호)
주민등록번호	○○○○○○ - ○○○○○○○
주　　소	서울시 은평구 불광동 ○번지
납 부 일 자	2013. ○○. ○○
수 납 은 행	□ 현금납부(　　은행　　지점) □ 인지첩부
납 부 금 액	원
반환청구금액	원
반환받을 예금계좌	

예금 계좌	금융기관명	점포명	예금종류	계좌번호	예금주성명

위 납부인이 인지액으로 납부한 금액 중 아래와 같은 사유로 과오납금이 있으므로 이의 반환을 청구합니다.

사　　유 : 소가의 계산착오

첨부서류 :　　　① 소송등인지의 과오납확인서 1부

　　　　　　　② 소송등인지의 현금영수증 또는 현금영수필확인서 사본 1부.

　　　　　　　③ 납부자 명의의 계좌입금 가능한 통장 사본 1부

　　　　　　　④ 주민등록증 앞·뒷면 사본 1부

20　.　.　.

청구인　　　(날인 또는 서명)

서울행정법원　　　귀중

※ 대리인이 신청할 경우에는 납부인의 위임장 및 인감증명서와 대리인의 주민등록증 앞뒷면 사본을 제출하여야 하며, 법인인 경우에는 법인등기부등본, 위임장 및 법인인감증명서, 사업자등록증 사본, 청구인의 주민등록증 앞뒷면 사본 등을 추가로 제출하여 주시기 바랍니다.

※ 인지를 첨부한 경우에는 납부일자란에 소 또는 상소제기 일자를 기재하고, 첨부서류 중 해당되지 않는 것은 줄을 그어 삭제하고 날인하십시오.

소송등인지의 환급청구서

사건번호 및 사건명   2013구합(구단)○○○○○, 요양급여불승인처분취소
납부인 성명   김 길 동(주민등록번호)(주민등록번호)
주민등록번호   ○○○○○○ - ○○○○○○○
주　　　소   서울시 은평구 불광동 ○번지
납 부 일 자   2013. ○○. ○○
수 납 은 행   □ 현금납부(　　은행　　지점) □ 인지첨부
납 부 금 액   　　　　　　원
반환청구금액   　　　　　　원
반환받을 예금계좌

예금 계좌	금융기관명	점포명	예금종류	계좌번호	예금주성명

위 납부인이 인지액으로 납부한 금액 중 아래와 같은 사유로 환급금이 있으므로 이의 반환을 청구합니다.

▶사　　유 : 소취하, 조정성립, 각하등

▶첨부서류 :　① 소송등인지의 환급확인서 1부.(반드시 원본)

　　　　　　　② 소송등인지의 현금영수증 또는 현금영수필확인서 사본 1부

　　　　　　　③ 납부자 명의의 계좌입금 가능한 통장 사본 1부

　　　　　　　④ 주민등록증 앞면 사본 1부

　　　　　　20 　．　　．　　．

　　　　　　청구인　　　(날인 또는 서명)

　　　　　　(연락가능한 전화번호 :　　　　　　)

서울행정법원　　　귀중

※ 대리인이 신청할 경우에는 납부인의 위임장 및 인감승낭서와 내리인의 주민등록증 앞뒷면 사본을 제출하여야 하며, 법인인 경우에는 법인등기부등본, 위임장 및 법인인감증명서, 사업자등록증 사본, 청구인의 주민등록증 앞뒷면 사본 등을 추가로 제출하여 주시기 바랍니다.

※ 인지를 첨부한 경우에는 납부일자란에 소 또는 상소제기 일자를 기재하고, 첨부서류 중 해당되지 않는 것은 줄을 그어 삭제하고 날인하십시오.

간 접 강 제 신 청

신청인   김 길 동(주민등록번호)
                   서울시 은평구 불광동 ○번지
                   전화(000-000) 팩스(000-000)
피신청인   서울특별시 종로구청장

신청취지

피신청인은 이 결정정본을 받은 날로부터 ○○일 이내에 신청인에 대하여 이 법원 20 구합 토지형질변경행위허가신청반려처분취소 청구사건의 확정판결의 취지에 따른 처분을 하지 않을 때에는 신청인에 대하여 위 기간이 마치는 다음날부터 그 이행 처분시까지 1일 금 ○○원의 비율에 의한 금원을 지급하라.
라는 결정을 구합니다.

신청이유

생략(신청취지와 같은 신청을 하는 이유를 구체적으로 기재)

소명방법

1. 소갑 제 1호증 토지형질변경행위허가신청반려처분취소 판결의 정본

첨 부 서 류

     1. 위 각 소명방법   각 1부.
     1. 신청서부본   1부.
     1. 송달료 납부서   1부.

20 . . .

위 신청인   (날인 또는 서명)

서울행정법원   귀중

소송비용액확정결정신청

신 청 인 　　　이 ○ ○ 외 1
　　　　　　　신청인들의 주소 : ○○시 ○○구 ○○로 ○○(○○동)
　　　　　　　신청인의 대리인 법무법인 ○○
　　　　　　　○○시 ○○구 ○○로 ○○(○○동)
　　　　　　　(전화 : 　　　　, 팩스 : 　　　　　)

피신청인 　　　남원○○남원조랑공파 ○○종중회
　　　　　　　○○도 ○○군 ○○면 ○○로 ○○
　　　　　　　대표자 ○ ○ ○

신 청 취 지

○○지방법원 20○○나 ○○○○호 소유권보존등기말소 등 청구사건의 판결에 의하여 피신청인이 상환하여야 할 소송비용액이 금 14,421,800원임을 확정한다.

신 청 이 유

　위 당사자 사이의 ○○지방법원 20○○나 ○○○○호 소유권보존등기 등 청구사건에 관하여 신청인의 승소판결이 선고되었고, 이는 이미 확정되었으므로, 패소자인 피신청인이 부담하여야 할 소송비용액을 확정받고자 이 사건 신청에 이른 것입니다.

첨 부 서 류

　　1. 판결정본사본　　　　　　　　　　　　　1통
　　1. 소송비용계산서　　　　　　　　　　　　1통
　　1. 영수증　　　　　　　　　　　　　　　　1통
　　1. 약정서　　　　　　　　　　　　　　　　1통
　　1. 소송위임장　　　　　　　　　　　　　　1통

　　　　　　　　　　20○○. ○. ○.
　　　　　　　　　　신청인의 대리인　법무법인 ○○
　　　　　　　　　　담당변호사　○ ○ ○ 　(인)

○○지방법원　귀중

[별지] 소송비용계산서

비용항목		비용액	참고사항
제1심	인지대	원	
	송달료	원	
	변호사보수	착수금 : 원	
		사례금 : 원	
	소송출석여비(교통비,식대,일당)	원	
	감정료	원	
	증인여비	원	
		원	
		원	
		원	
		원	
		원	
제2심	인지대	원	
	송달료	원	
	변호사보수	착수금 : 원	
		사례금 : 원	
		원	
		원	
		원	
제3심	인지대	원	
	송달료	원	
	변호사보수	착수금 : 원	
		사례금 : 원	
		원	
소송비용액확정신청 인지대		원	
위 신청서 송달료		원	
		원	
합계금		원	

[서식] 당사자 선정서

당사자 선정서

사 건	2013구합(구단) ○○○○○
원 고	김 길 동(주민등록번호)
	서울시 은평구 불광동 ○번지
피 고	근로복지공단
	대표자 이사장 ○○○

위 사건에 관하여 아래 사람을 원(피)고들을 위한 선정당사자로 선정합니다.

아 래

■ 선정당사자　　　이 름　　　(날인 또는 서명)
　　　　　　　　　주 소
　　　　　　　　　연락처

20 .   .   .

　선정자　　　이 름　　　(날인 또는 서명)
　　　　　　　주 소
　　　　　　　연락처
　선정자　　　이 름　　　(날인 또는 서명)
　　　　　　　주 소
　　　　　　　연락처

서울행정법원　　　귀중

◇유의사항◇
1. 선정자가 원고인 경우에는 '원'에, 피고인 경우에는 '(피)'에 ○표를 하기 바랍니다.
2. 선정자가 많을 경우에는 선정사 목록을 별지로 작성하시기 바랍니다.
3. 선정당사자는 공동의 이해관계에 있는 당사자들 중의 한 사람(또는 여러 사람)만이 될 수 있으므로 제3자는 선정당사자가 될 수 없습니다.

변론재개 신청서

사 건   2013구합(구단) ○○○○○

원 고   김 길 동(주민등록번호)

피 고   근로복지공단

위 사건에 관하여 20 . . . 변론을 종결하고 20 . . . :   로 판결선고기일을 지정하였으나 원고는 다음과 같은 사유로 변론의 재개를 신청합니다.

다 음

1. 변론종결 후 다음과 같은 새로운 증거를 발견하였으므로 이를 제출하고자 합니다.

새로운 증거 목록

1. 피고 공단 실무자 녹취록

                    20 .   .   .
                    위 원고   (날인 또는 서명)

서울행정법원   귀중

◇유의사항◇
연락처란에는 언제든지 연락 가능한 전화번호나 휴대전화번호를 기재하고, 그 밖에 팩스번호, 이메일 주소 등이 있으면 함께 기재하기 바랍니다.

소송고지 신청서

사　건　2013구합(구단) ○○○○○
원　고　김 길 동(주민등록번호)
　　　　서울시 은평구 불광동 ○번지
피　고　근로복지공단
　　　　대표자 이사장 ○○○

위 사건에 관하여 원고는 다음과 같이 소송의 고지를 신청합니다.

다　음

고지인(원고)　： 김 길 동
피고지인　성 명 ： 주식회사 ○○(대표 ○○○)
　　　　　주 소 ： 서울시 은평구 대조동 ○번지

1. 고지할 소송의 표시
　사　건　2013구합(구단) ○○○○○
　원　고　김 길 동
　피　고　근로복지공단(대표자 이사장 ○○○)

2. 고지 이유
피고지인은 원고가 근무하는 회사로서 원고가 제기한 본 건 소송의 기초사실이 되는 징계처분을
하였습니다. 이에 소송고지를 신청합니다.

첨부서류

　1. 재직증명서　　　　　　　　　　　　　1부

　　　　　　　　　　20 　.　　.　　.
　　　　　　　　　위 신청인　　（날인 또는 서명）

서울행정법원　　　귀중

보조참가 신청서

사 건   2013구합(구단)○○○○○
원 고   김 길 동(주민등록번호)
                        서울시 은평구 불광동 ○번지
피 고   근로복지공단
                        대표자 이사장 ○○○
피고보조참가인   주식회사 ○○(대표 ○○○)
                        서울시 은평구 대조동 ○번지

위 당사자간 귀원   구합(단)   호   청구사건에 관하여 피고를 보조하기 위하여 위 소송에 참가하고자 하오니 허가하여 주시기 바랍니다.

참가이유

위 피고보조참가인은 원고가 근무하는 회사로서, 원고의 본 건 소송에 법률적 이해관계가 있으므로 위 소송에 피고를 보조하여 참가하고자 합니다.

20 .   .   .

위 피고보조참가인   (날인 또는 서명)

(연락처 :   )

서울행정법원   귀중

◇유의사항◇
연락처란에는 언제든지 연락 가능한 전화번호나 휴대전화번호를 기재하고, 그 밖에 팩스번호, 이메일 주소 등이 있으면 함께 기재하기 바랍니다.

소송대리허가신청 및 소송위임장

사 건 20 구단	(담당재판부 : 제 단독)

원 고

피 고

위 사건에 관하여 아래와 같이 소송대리허가신청 및 위임을 합니다.

1. 소송대리허가신청

가. 소송대리할 사람의   이 름   재 허 부
                       주 소   판
                       연락처   장
                       [팩스번호 : ( ) -   이메일 주소 :   ]

나. 신청이유(해당란에 ✔ 해 주시기 바랍니다)

□ 당사자의 배우자 또는 4촌 안의 친족으로서 밀접한 생활관계를 맺고 있음

□ 당사자와 고용 등의 계약관계를 맺고 그 사건에 관한 일반사무를 처리·보조하여 왔음

[첨부서류]

2. 소송위임할 사항

가. 일체의 소송행위, 반소의 제기 및 응소

나. 재판상 및 재판 외의 화해

다. 소의 취하

라. 청구의 포기·인낙 또는 독립당사자참가소송에서의 소송탈퇴

마. 상소의 제기 또는 취하

바. 복대리인의 선임

사. 목적물의 수령, 공탁물의 납부, 공탁물 및 이자의 반환청구와 수령

아. 담보권행사, 권리행사최고신청, 담보취소신청, 담보취소신청에 대한 동의, 담보취소 결정정
   본의 수령, 담보취소결정에 대한 항고권의 포기

자. 기타(특정사항 기재요)

20 . . .

신청인 및 위임인 이름 : 원(피)고   (날인 또는 서명)

서울행정법원   귀중

[유의사항]

1. 사건번호와 담당재판부는 법원으로부터 수령한 소송서류 등으로 확인하여 정확하게 기재하기 바랍니다.

2. 소송대리할 사람의 연락처에는 언제든지 연락 가능한 전화번호나 휴대전화번호를 기재하고, 그 밖에 팩스번호,
   이메일 주소 등이 있으면 함께 기재하기 바랍니다.

3. 소송대리허가신청은 단독사건(구단)에서 신청할 수 있으며, 합의사건(구합)에는 적용되지 않습니다.(민사소송법
   제88조 1항, 2항)

소송절차수계 신청서

사 건   2013구합(구단) ○○○○○
원 고   김 길 동(주민등록번호)
           서울시 은평구 불광동 ○번지
신청인   김 걱 정
           서울시 은평구 불광동 ○번지
           ○○○ - ○○○○
피 고   근로복지공단
           대표자 이사장 ○○○

위 당사자간 귀원   구합(단)   호   사건에 200 . . . 원고의 사망으로 소송절차가 중단되었으나, 신청인 ○○○은 독자로서 원고의 유산을 단독 상속하였으므로 본 소송절차를 수계하기 위하여 이에 신청합니다.

첨부자료

1. 호적등본   1부.

20 . . .

위 신청인   (날인 또는 서명)

(연락처 :   )

서울행정법원   귀중

◇유의사항◇
연락처란에는 언제든지 연락 가능한 전화번호나 휴대전화번호를 기재하고, 그 밖에 팩스번호, 이메일 주소 등이 있으면 함께 기재하기 바랍니다.

소취하서

사　건　　　　　2013구합(구단) ○ ○ ○ ○ ○
원　고　　　　　김 길 동(주민등록번호)
　　　　　　　　서울시 은평구 불광동 ○번지
피　고　　　　　근로복지공단
　　　　　　　　대표자 이사장 ○ ○ ○

위 사건에 관하여 원고는 소를 전부 취하합니다.

20 　．　　．　　．
위 원고　　　(날인 또는 서명)

서울행정법원 제　　부(단독) 귀중

송달장소와 송달영수인 선정신고

사　건　　　2013구합(구단)○○○○○
원　고　　　김 길 동(주민등록번호)
　　　　　　서울시 은평구 불광동 ○번지
피　고　　　근로복지공단
　　　　　　대표자 이사장 ○○○

위 사건에 관하여 ＿＿＿＿＿＿는 다음과 같이 송달 받을 장소와 송달영수인을 정하였으므로 신고합니다.

다　음

1. 송달 받을 장소 :

2. 송달 영수인 :
　(연 락 처) :

　　　　　　　　　　　20　 .　 .　 .
　　　　　　　　　　　위 신청인　　(날인 또는 서명)
　　　　　　　　　　　(연락처 :　　　　　　)

서울행정법원 제　　부(단독) 귀중

(제출) 위임장

원 고   김 길 동(주민등록번호)
          서울시 은평구 불광동 ○번지
피 고   근로복지공단
          대표자 이사장 ○○○

위 당사자간 귀원 2013   구합(구단)   사건에 관하여

성명 :

주소 :

에게 다음의 서류를 제출할 것을 위임합니다.

다 음

1. 준비서면   2. 증거신청   3. 답변서   4. 보정서
5. 소   장   6. 항소장   7. 기타(   )

                    20 .   .   .
                    위 신청인   (날인 또는 서명)

서울행정법원 제   부(단독) 귀중

[서식] 위임장

위임장

사 건   2013구합(구단) ○○○○○
원 고   김 길 동(주민등록번호)
        서울시 은평구 불광동 ○번지
피 고   근로복지공단
        대표자 이사장 ○○○

위 사건에 관하여 다음 사람에게 아래 내용을 모두 위임합니다.

다 음

1. 위임을 받는 사람
 성   명 :
 주민등록번호 :
 연 락 처 :

2. 위임한 내용 :
소송의 취하, 화해, 인락 등 소송의 종결에 관한 권한 일체

              20 .   .   .
              위임인 성명 :   (날인 또는 서명)
              (연락처)

서울행정법원   귀중

◇유의사항◇
1. 연락처에는 언제든지 연락 가능한 전화번호나 휴대전화번호를 기재하고, 그 밖에 팩스번호, 이메일 주소 등이 있으면 함께 기재하기 바랍니다.
2. 양식 하단의 성명란에 원고의 경우에는 '원'에, 피고의 경우에는 '(피)'에 ○표를 하기 바랍니다.

[서식] 피고경정 신청서

피고경정 신청서

원 고 김 길 동(주민등록번호)
     서울시 은평구 불광동 ○번지

피 고 근로복지공단
     대표자 이사장 ○○○

위 사건에 관하여 원고는 피고를 잘못 지정하여 행정소송법 제14조 제1항에 의하여 다음과 같이 피고경정을 신청하오니 허가하여 주시기 바랍니다.

다 음

경정 전 피고

  성명 : 근로복지공단 대표자 이사장 ○○○

  주소 : 서울시 ○○구 ○○동 ○번지

경정 후 피고

  성명 : 공무원연금관리공단 대표자 이사장 ○○○

  주소 : 서울시 ○○구 ○○동 ○번지

20 . . .

위 신청인 (날인 또는 서명)

휴대전화를 통한 정보수신 신청

위 사건에 관한 재판의 종국내역(인용, 기각, 각하, 일부인용, 이송)에 관한 정보를 예납의무자가 납부한 송달료 잔액 범위 내에서 아래 휴대전화를 통하여 알려주실 것을 신청합니다.

▣ 휴대전화 번호 :

20 . . .

신청인   (날인 또는 서명)

※ 재판의 종국내역(인용, 기각, 각하, 일부인용, 이송)이 법원재판사무시스템에 입력되는 당일 위 휴대전화로 문자메시지가 발송됩니다.
※ 문자메시지 서비스 이용금액은 메시지 1건당 17원씩 납부된 송달료에서 지급됩니다(송달료가 부족하면 문자메시지가 발송되지 않습니다).
※ 추후 서비스 대상 정보, 이용금액 등이 변동될 수 있습니다.

서울행정법원 제 부(단독) 귀중

청구취지 및 원인변경 신청서

사 건   2013구합(구단) ○○○○○
원 고   김 길 동(주민등록번호)
         서울시 은평구 불광동 ○번지
피 고   은평 세무서장
         대표자 이사장 ○○○

위 사건에 관하여 원고는 다음과 같이 청구취지 및 원인을 변경합니다.

변경된 청구취지

1. 피고가 2005. 2. 12. 원고에게 한 증여세 금988,000,000원의 부과처분은 이를 취소한다.
2. 소송비용은 피고의 부담으로 한다.
라는 판결을 구합니다.

변경된 청구원인

(1) 원고의 조부인 M은 2006. 2. 28. 소외 회사에게 이 사건 부동산을 증여하고, 2006. 3. 3. 소외 회사 명의로 이 사건 부동산에 관한 소유권이전등기를 마쳤습니다.

(2) 소외 회사는 이 사건 부동산을 증여받은 데 대하여 자산수증이익 6,379,127,750원을 익금에 산입하여 2006 사업연도 법인세 1,567,990,230원을 신고·납부하였습니다.

(3) 서울지방국세청장은 2011년 4월경 소외 회사에 대한 주식변동조사를 실시하여 이 사건 주식의 양도에 관하여 특수관계자 사이의 비상장주식 저가양도에 따른 부당행위계산부인 규정을 적용하여 양도인인 원고에게 양도소득세를 과세하고, 이 사건 양도가액과 소외 회사 주식을 보충적 평가방법에 의해 평가한 가액과의 차액을 저가양도에 따른 증여이익으로 보아 양수인인 A 등에게 증여세를 과세하며, 소외 회사가 이 사건 부동산을 증여받음에 따른 원고의 주식 가치 증가분에 대하여 원고가 이를 M으로부터 증여받은 것으로 보아 원고에게 증여세 등을 과세하도록 피고에게 과세자료를 통보하였습니다.

(4) 이에 피고는 2011. 7. 1. 원고에게 이 사건 주식 양도와 관련하여 2006년 귀속양도소득세 1

01,141,290원(이하 '이 사건 양도소득세 부과처분'이라 한다) 및 지방소득세 10,114,120원(이하 '이 사건 지방소득세 부과처분'이라 한다), 2006년 2월분 증권거래세 5,897,410원(이하 '이 사건 증권거래세 부과처분'이라 한다), 이 사건 부동산 증여관련하여 증여세 144,964,290원(이하 '이 사건 증여세 부과처분'이라 하고, 이 사건 양도소득세·증권거래세·증여세 부과처분을 모두 합쳐서 '이 사건 처분'이라 한다)을 각 결정·고지하였습니다.

(5) 원고는 2011. 9. 23. 이 사건 처분에 불복하여 조세심판원에 심판청구를 하였으나 2011. 11. 24. 기각결정을 받았습니다.

20 .   .   .

위 원고   (날인 또는 서명)

서울행정법원 제   부(단독) 귀중

◇유의사항◇
1. 이 서면을 제출하실 때에는 상대방 수만큼의 부본을 첨부하여야 합니다.
2. 청구취지의 추가나 청구금액의 증가가 있을 경우에는 추가나 증가된 부분에 대한 인지를 추가로 납부하여야 합니다.

[서식] 재판기록 열람 · 복사 신청서

재판기록 열람 · 복사 신청서				허	부

신 청 인	성 명		전화 번호	
			담당사무원	
	자 격		소명자료	

신 청 구 분	☐ 열람 ☐ 복사		

대 상 기 록	사건번호	사 건 명	재 판 부

복사할 부분	☐ 복사대상
	〔☐ 복사매수 매〕

복 사 방 법	☐ 법원 복사기 ☐ 변호사단체 복사기 ☐ 신청인 복사설비 ☐ 필사

이와 같이 신청하고 신청인은 열람·복사에 관련된 준수사항을 준수하고
열람·복사의 결과물을 법령상 정당한 용도 이외로 사용하는 경우
민사상, 형사상 모든 책임을 지겠습니다.
20   년   월   일
신청인 ○ ○ ○   (서명 또는 날인)

비 고 (재판장 지정사항 등)	

영 수 일 시	20 . . . :	영 수 인	

신청수수료	☐ 500 원 ☐ 면 제	(수 입 인 지 첩 부 란)
복 사 비 용	원(매×50)	

※ 작성요령
1. 신청인·영수인란은 서명 또는 날인하고, 소송대리인·변호인의 사무원이 열람·복사하는 경우에는 담당사무원란에 그 사무원의 성명을 기재함
2. 신청수수료는 1건당 500원(수입인지로 납부). 다만, 사건의 당사자 및 그 법정대리인 · 소송대리인 · 변호인(사무원 포함) · 보조인 등이 그 사건의 계속 중에 열람 · 복사하는 때에는 면제함
3. 법원복사기로 복사하는 경우에는 1장당 50원의 복사비용을 수입인지로 납부. 다만, 수수료 중 100원 단위 미만 금액은 계산하지 아니함
4. 복사할 부분 란에 복사대상(기록의 일부를 복사하는 경우에는 복사대상을 열거하여 특정하여야 함) 및 복사매수를 정확하게 기재하여야 함
5. 열람 · 복사 담당 법원공무원의 처분에 대하여 불복하는 경우에는 이의신청을 할 수 있음

[서식] 증명원

① 신 청 서	신청인은 – 로 표시된 부분을 기재합니다.

– 사　　　건	○○법원 20　가　　호 (사건 명)
–　원고(채권자, 신청인)	
–　피고(채무자, 피신청인)	

위 사건에(판결, 결정, 명령, 화해조서, 인낙조서, 조정조서,

기타 :　　　　) 에 대한 아래의 신청에 따른 제증명을 발급하여 주시기 바랍니다.

20 . . .

　전화번호 :

– 신청인 : (원)고 (소송대리인)... (날인 또는 서명)

신청할 제증명 사항을 신청번호에 ○표하시고,

필요한 통수와 발급 대상자의 성명을 기재 합니다.

신청번호	발급통수	신청의 종류	발급 대상자의 성명 (※주) 재판서의 당사자 모두에 대하여 신청할 경우에는 기재하지 아니함)	인지 붙이는 곳
1		집행문 부여		수수료: 각 1통당 500원 (단 , 재판서·조서의 정본·등본·초본은 1통당 1,000원)
2		송 달 증 명		
3		확 정 증 명		
4		승계송달증명		사무실 내에 위치한 신한은행에서 구입
5		재판서·조서의 정본·등본·초본		

○○법원　　　귀중

위 증명 문서를 틀림없이 수령 하였습니다.	20 . . .	– 수령인 성명:.................(날인 또는 서명)

[유의사항]

1. 집행문부여를 신청할 경우에는 법원에서 교부받은 재판서(판결, 결정 등) 정본을 첨부하여야 합니다. 만일, 분실하였거나 여러 통을 신청할 경우에는 재도·수통부여 신청서에 기재하여 신청하시기 바랍니다.
2. 발급 대상자의 성명은 집행문부여 신청의 경우 집행대상 당사자를, 송달·확정증명의 경우 상대방의 성명을 각 기재하시기 바랍니다. 만일, 재판서의 당사자 모두에 대하여 신청할 경우에는 기재하지 아니하여도 됩니다.

항 고 장

항고인   김 길 동(주민등록번호)
              서울시 종로구 ○○동 ○○번지
              (전화 000-000, 팩스 000-000)

서울행정법원 2008 구합 26254 사건에 관하여 동 법원이 2009 . 9 . 9 . 기각(각하)결정을 하였으나
이에 불복하므로 항고를 제기합니다.

원결정의 표시

1. 원고의 청구를 기각한다.
2. 소송비용은 원고의 부담으로 한다.
원고는 위 판결정본을 2009 . 9 . 12 .에 송달받았습니다.

항고취지

1. 원심결정을 파기하고 다시 상당한 결정을 구합니다.
2. 소송비용은 피고의 부담으로 한다.
라는 판결을 구합니다.

항고이유

추후 제출하겠습니다.

20 .   .   .
항고인   (날인 또는 서명)

서울고등법원   귀중

◇ 유의사항 ◇
항고인은 연락처란에 언제든지 연락 가능한 전화번호나 휴대전화번호(팩스번호, 이메일 주소 등도 포함)를 기재하
기 바랍니다.

[서식] 항소장

항 소 장

항소인(원, 피고)	김 길 동(주민등록번호) 서울시 종로구 ○○동 ○○번지 (전화 000-000, 팩스 000-000)
피항소인(원, 피고)	근로복지공단 서울시 영등포구 버드나루로2길 8

위 당사자 사이의 서울행정법원 20 구 호 사건에 관하여 원(피)고는 귀원이 20 . . . 선고한 판결을 20 . . . 송달받고 이에 불복하므로 항소를 제기합니다.

원결정의 표시

1. 원고의 청구를 기각한다.
2. 소송비용은 원고의 부담으로 한다.
원고는 위 판결정본을 2009 . 9 . 12 .에 송달받았습니다.

항소취지

1. 원심결정을 파기하고 다시 상당한 판결을 구합니다.
2. 소송비용은 피고의 부담으로 한다.
라는 판결을 구합니다.

항소이유

별지와 같음

첨부서류

1. 납부서
2. 항소장 부본

20 . . .

항소인 (날인 또는 서명)

서울고등법원 귀중

* 이 신청서를 접수할 때에는 1심의 1.5배에 해당하는 인지와 10회분의 송달료(61,200원)를 송달료 수납은행에 납부하여야 합니다.

위헌법률심판 제청신청서

신청인　　　　　김 길 동(주민등록번호)
　　　　　　　　충청남도 연기군 금남면 ○○번지
　　　　　　　　전화(000-000) 팩스(000-000)
피신청인　　　　건설교통부장관

신청취지

행정도시특별법 제11조 제2항, 제20조 제9항, 제24조 제3항은 헌법 제11조 제1항(평등의 원칙), 제23조 제1항(재산권의 보장), 제37조 제1항, 제2(과잉금지의 원칙)에 위배될 소지가 있으므로 위헌제청을 한다.
라는 결정을 구합니다.

신청이유

1. 처분의 경위

(1) 정부는 2003. 4. 청와대 산하에 신행정수도건설추진기획단을, 건설교통부 산하에 신행정수도 건설추진지원단을 각 발족하여 이들로 하여금 신행정수도 건설에 관한 정책 입안, 후보지역 조사 등의 업무를 수행하게 하는 등으로 신행정수도건설사업을 추진하였습니다.

(2) 정부가 2003. 12. 29. "신행정수도의 건설을 위한 특별조치법안"을 제안하였고, 2004. 1. 16. 국회본회의에서「신행정수도의 건설을 위한 특별조치법」이 통과되어 법률 제7062호(이하 이 법률을 '신행정수도법'이라 한다)로 공포되었으며, 이 법에 따라 2004. 5. 21. 발족한 신행정수도건설추진위원회는 2004. 7. 21. 제5차 회의에서 주요 국가기관 중 중앙행정기관 18부 4처 3청(73개 기관)을 신행정수도로 이전하고, 국회 등 헌법기관은 자체적인 이전 요청이 있을 때 국회의 동의를 구하기로 심의·의결하였으며, 한편 2004. 8. 11. 제6차 회의에서「연기-공주지역」(충청남도 연기군 남면, 금남면, 동면, 공주시 장기면 일원 약 2,160만평)을 신행정수도 입지로 확정하였습니다.

(3) 그런데 헌법재판소가 2004. 10. 21. 신행정수도법 전부에 대하여 위헌결정을 선고하자, 정부는 그 후속대책을 마련하기 위해 '신행정수도후속대책위원회'를 구성하였고 국회 역시 '신행정수도 후속대책 및 지역균형발전 특별위원회'를 구성하여 후속대책을 논의하였습니다. 그 후 국회의원 151명은 2005. 2. 5. '신행정수도 후속대책을 위한 연기·공주지역 행정도시건설 특별법

안'을 발의하였고, 이 법안은 국회건설교통위원회에서 법명이「신행정수도 후속대책을 위한 연기·공주지역 행정중심복합도시건설 특별법」으로 변경되는 등 일부 수정·의결을 거쳐 2005. 3. 2. 국회본회의에서 통과되어 같은 달 18. 법률 제7391호(이하 '행정도시특별법'이라 한다)로 공포되었습니다.

(4) 피고는 행정도시특별법에 따라 2005. 5. 24. 건설교통부고시 제2005-123호로 충남 연기군 금남면, 남면, 동면의 각 일부 지역 및 공주시 장기면, 반포면의 각 일부 지역 소재 토지 73.14㎢를 행정중심복합도시의 예정지역으로, 연기군 금남면, 남면, 동면, 서면의 각 일부 지역 및 공주시 장기면, 반포면, 의당면의 각 일부 지역, 청원군 강내 면, 부용면의 각 일부 지역 소재 토지 223.77㎢를 행정중심복합도시의 주변지역으로 각각 지정·고시하였습니다(이하 '이 사건 처분'이라 한다).

(5) 원고(선정당사자)들 및 선정자들(이하 원고들과 선정자들을 '원고 등'이라 한다)은 이 사건 처분에서 지정·고시된 행정중심복합도시 예정지역 및 주변지역(이하 '예정지역 등'이라 한다)에 포함된 토지의 소유자로서 예정지역 등에 거주하거나 다른 지역 등에 거주하면서 본인 또는 가족이 농업에 종사하고 있습니다.

(6) 한편, 정부는 행정중심복합도시건설사업을 추진하기 위하여 대통령 소속하에 관련 중요정책을 심의하기 위한 행정중심복합도시건설 추진위원회(이하 '추진위원회'라 한다)를 두고, 위 추진위원회의 사무를 효율적으로 처리하기 위하여 그 아래 행정중심 복합도시건설추진단을 설치하였으며, 위 사업의 효율적인 지원을 위하여 건설교통부에 행정중심복합도시건설지원단을 두었다가, 2006. 1. 1. 건설교통부장관 소속하에 피고보조참가인 행정중심복합도시건설청장을 장으로 하는 행정중심복합도시건설청(이하 '참가인 건설청'이라 한다)을 설치하여 추진단의 업무를 승계하도록 하였습니다. 참가인 건설청은 행정중심복합도시건설사업과 관련한 각종 계획들을 수립하는 등 위 사업을 총괄하고 있습니다.

(7) 피고는 행정중심복합도시건설을 위한 사업시행자로서 피고보조참가인 한국토지 공사를 선정하여 2005. 5. 24. 지정·고시하였습니다.

2. 행정도시특별법의 위헌성

이 사건 처분의 근거법률인 행정도시특별법은 다음과 같은 이유로 헌법에 위반될 수 있습니다.

(1) 행정도시특별법은 헌법재판소가 2004. 10. 21. 이미 위헌결정한 신행정수도법과 그 입법목적, 예정지역 및 추진방법 등이 모두 같아 헌법개정에 관한 국민투표권을 침해하므로 역시 위헌이고, 위 위헌결정의 취지를 잠탈하는 대체입법이어서 법적 정당성이 없으며, 법치주의 및 탈법행위 금지의 법리에 반합니다.

(2) 행정도시특별법 제11조 제2항은 행정중심복합도시 예정지역을 충남 연기군 및 공주시 지역으로 미리 지정하고 있는바, 이는 이미 위헌결정된 신행정수도법의 입지 확정을 그대로 따른 것으로

위헌결정 취지에 반하고, 법적 정당성이 없으며, 처분적 법률로서 권력분립원칙에 위배되고, 같은 법상의 예정지역 지정 등에 대한 절차조항인 제10조의 기초조사에 관한 규정, 제11조 제4항의 공청회개최 및 의견청취 등에 관한 규정과 모순되어 위와 같은 절차를 원천 봉쇄 또는 배제하여 특정지역 주민인 원고 등의 권리를 과도하게 침해하므로 평등의 원칙에 반합니다.

(3) 행정도시특별법 제24조 제2항은 예정지역의 지정 및 고시로써 사업인정 및 사업인정 고시를 의제하고 재결신청을 행정중심복합도시건설사업의 시행기간 이내로 하여 사업인정과정에서 있을 수 있는 열람 및 의견청취 등과 같은 원고 등의 청문권을 과도하게 침해하고, 앞으로 30년 이상 소요될 행정중심복합도시 건설사업의 시행시간 이내에 언제라도 수용을 위한 재결을 할 수 있도록 하여 원고 등의 재산권을 과도하게 침해합니다.

(4) 사전환경성검토협의 및 환경영향평가는 사업의 초기 단계에서 이루어져야 함에도 행정도시특별법이 환경영향평가를 이 사건 예정지역 등의 고시 이후로서 사업의 마지막 단계인 실시계획의 승인단계에서 행해지도록 하고 있는 것은 입법의 불비로서 헌법 제35조 제1항에 위반되고, 행정도시특별법 제20조 제9항 역시 사전환경성검토협의를 이 사건 예정지역 등이 지정·고시된 이후로 정하고 있으므로 헌법 제35조 제1항에 위반됩니다.

(5) 이 사건 예정지역 등은 한국 최고(最古)의 씨족마을이 소재하여 문화재가 많은 지역인데 이와 같이 역사적·문화적 가치가 높은 지역을 예정지역 등으로 지정·고시한 것은 문화재 보호에 관한 헌법 제9조에 위반됩니다.

(6) 행정도시특별법이 위헌결정된 신행정수도법과 입법목적이나 내용, 예정지역 및 추진방법 등에서 모두 같은 것이고, 이 사건 처분이 위헌결정된 신행정수도법에 의한 입지선정이나 기초조사 결과를 토대로 지정되었다면 피고 측이 추진하고 있는 행정중심 복합도시건설사업은 결국 수도의 분할이나 해체를 하는 사실상의 신행정수도건설사업이어서 헌법재판소의 2005. 11. 24.자 합헌결정 이후 그 결정의 논리적 내지 현실적 근거가 된 사실에 근본적인 변화가 있는 등의 사정변경이 있는 경우에 해당하므로 행정도시특별법은 헌법 제72조, 제130조에서 보장하는 중요정책이나 헌법개정에 관한 국민투표권을 침해한 것입니다.

20 . . .

위 신청인   (날인 또는 서명)

서울행정법원 귀중

감정신청서

사　건　　2013구합(구단) ○○○○○
원　고　　김 길 동(주민등록번호)
　　　　　서울시 은평구 불광동 ○번지
피　고　　근로복지공단
　　　　　대표자 이사장 ○○○

위 사건에 관하여 원(피)고는 주장사실을 입증하기 위하여 아래와 같이 감정촉탁을 신청합니다.

1. 감정의 목적 :

2. 감정 목적물 :

3. 감정할 사항 : 별지기재와 같음(별지로 작성한 후 "별지" 2부를 추가로 제출)

　　　　　　　　　　　　20 　 . 　 . 　 .

　　　　　　　　　　　위 원(피)고 : 　　　　　　　(날인 또는 서명)

　　　　　　　　　　　(연락처)

서울행정법원　　　귀중

◇유의사항◇
1. 양식의 이름란에 원고의 경우에는 '원'에, 피고의 경우에는 '(피)'에 ○표를 하기 바랍니다.
2. 연락처에는 언제든지 연락 가능한 전화번호나 휴대전화번호를 기재하고, 그 밖에 팩스번호, 이메일 주소 등이 있으면 함께 기재하기 바랍니다.

검증 · 감정신청서

사 건   2013구합(구단) ○○○○○
원 고   김 길 동(주민등록번호)
         서울시 은평구 불광동 ○번지
피 고   근로복지공단
         대표자 이사장 ○○○

위 사건에 관하여 원고는 주장사실을 입증하기 위하여 아래와 같이 현장 검증 및 감정을 신청합니다.

아 래

1. 검증장소 및 목적물

   가. 검증장소

   나. 검증목적물

2. 감정목적 및 감정사항

20 . . .

위 원고 :   (날인 또는 서명)

서울행정법원 제   부(단독) 귀중

◇유의사항◇
1. 양식의 이름란에 원고의 경우에는 '원'에, 피고의 경우에는 '(피)'에 ○표를 하기 바랍니다.
2. 연락처에는 언제든지 연락 가능한 전화번호나 휴대전화번호를 기재하고, 그 밖에 팩스번호, 이메일 주소 등이 있으면 함께 기재하기 바랍니다.

문서송부촉탁 신청서

사　건　　2013구합(구단) ○○○○○
원　고　　김 길 동(주민등록번호)
　　　　　서울시 은평구 불광동 ○번지
피　고　　근로복지공단
　　　　　대표자 이사장 ○○○

위 사건에 관하여 원(피)고는 주장사실을 입증하기 위하여 아래와 같이 문서송부촉탁을 신청합니다.

　　1. 기록의 보관처

　　2. 송부촉탁할 기록

　　3. 증명하고자 하는 사실

20 ．　 ．　 ．

위 원(피)고 :　　　　　　　　　(날인 또는 서명)

서울행정법원　　귀중

◇유의사항◇
1. 양식의 이름란에 원고의 경우는 '원'에, 피고의 경우에는 '(피)'에 ○표를 하기 바랍니다.
2. 연락처에는 언제든지 연락 가능한 전화번호나 휴대전화번호를 기재하고, 그 밖에 팩스번호, 이메일 주소 등이 있으면 함께 기재하기 바랍니다.

문서제출명령 신청서

사 건   2013구합(구단) ○○○○○
원 고   김 길 동(주민등록번호)
          서울시 은평구 불광동 ○번지
피 고   근로복지공단
          대표자 이사장 ○○○

위 사건에 관하여 원(피)고는 주장사실을 입증하기 위하여 아래와 같이 문서의 제출명령을 신청합니다.

1. 문서의 표시

2. 문서의 취지

3. 증명할 사실

4. 문서의 소지자

5. 문서제출의무

6. 문서소지근거

20 .   .   .

위 원(피)고 :   (날인 또는 서명)

서울행정법원   귀중

◇유의사항◇
1. 양식의 이름란에 원고의 경우에는 '원'에, 피고의 경우에는 '(피)'에 ○표를 하기 바랍니다.
2. 연락처에는 언제든지 연락 가능한 전화번호나 휴대전화번호를 기재하고, 그 밖에 팩스번호, 이메일 주소 등이 있으면 함께 기재하기 바랍니다.

[서식] 사실조회 신청서

사실조회 신청서

사 건   2013구합(구단) ○○○○○
원 고   김 길 동(주민등록번호)
         서울시 은평구 불광동 ○번지
피 고   근로복지공단
         대표자 이사장 ○○○

위 사건에 관하여 원(피)고는 주장사실을 입증하기 위하여 아래와 같이 사실조회를 신청합니다.

1. 사실조회의 목적 :

2. 사실조회 할 기관 :

3. 사실조회 사항 : 별지기재와 같음(별지로 작성한 후 "별지" 2부를 추가로 제출)

첨 부 자 료

1. 외래 확인증

                    20 .   .   .

                    위 원(피)고 :   (날인 또는 서명)

서울행정법원   귀중

◇유의사항◇
1. 양식의 이름란에 원고의 경우에는 '원'에, 피고의 경우에는 '(피)'에 ○표를 하기 바랍니다.
2. 연락처에는 언제든지 연락 가능한 전화번호나 휴대전화번호를 기재하고, 그 밖에 팩스번호, 이메일 주소 등
   이 있으면 함께 기재하기 바랍니다.

신체감정 신청서

사 건   2013구합(구단) ○ ○ ○ ○ ○
원 고   김 길 동(주민등록번호)
        서울시 은평구 불광동 ○번지
피 고   근로복지공단
        대표자 이사장 ○ ○ ○

위 사건에 관하여 원(피)고는 주장사실을 입증하기 위하여 아래와 같이 신체감정촉탁을 신청합니다.

1. 피감정인의 인적사항

    성   명 : ○ ○ ○ (전화번호 ○ ○ ○ - ○ ○ ○ ○)

    생년월일 :

    주   소 :

2. 감정할 사항 : 별지 기재와 같음 (별지로 작성한 후 "별지" 2부를 추가로 제출)

3. 감정희망 병원

첨 부 자 료

    1. 진단서 사본   2부.
    2. 입·퇴원 기록지   1부.

            20 . . .

            위 원(피)고 :   (날인 또는 서명)

            (연락처)

서울행정법원   귀중

◇유의사항◇
1. 양식의 이름란에 원고의 경우에는 '원'에, 피고의 경우에는 '(피)'에 ○표를 하기 바랍니다.
2. 연락처에는 언제든지 연락 가능한 전화번호나 휴대전화번호를 기재하고, 그 밖에 팩스번호, 이메일 주소 등이 있으면 함께 기재하기 바랍니다.

필름감정촉탁 신청서

    사 건   2013구합(구단) ○○○○○
    원 고   김 길 동(주민등록번호)
               서울시 은평구 불광동 ○번지
    피 고   근로복지공단
               대표자 이사장 ○○○

 위 사건에 관하여 원(피)고는 주장사실을 입증하기 위하여 아래와 같이 필름감정촉탁을 신청합니다.

1. 감정 목적 :

2. 감정대상 필름 :

3. 감정촉탁 병원 :

4. 감정촉탁사항 : 별지기재와 같음(별지로 작성한 후 "별지" 2부를 추가로 제출)

20 . . .

위 원(피)고 :   (날인 또는 서명)

서울행정법원   귀중

◇유의사항◇
1. 양식의 이름란에 원고의 경우에는 '원'에, 피고의 경우에는 '(피)'에 ○표를 하기 바랍니다.
2. 연락처에는 언제든지 연락 가능한 전화번호나 휴대전화번호를 기재하고, 그 밖에 팩스번호, 이메일 주소 등이 있으면 함께 기재하기 바랍니다.

증거자료

사 건   2013구합(구단) ○○○○○
원 고   김 길 동(주민등록번호)
         서울시 은평구 불광동 ○번지
피 고   근로복지공단
         대표자 이사장 ○○○

첨 부 서 류

1. 재직증명서   1부
2. 급여대장   1부
3. 진단서   1부
4. 입·퇴원 기록지   1부

20   .   .   .

위 신청인 :   (날인 또는 서명)

(연락처)

서울행정법원   귀중

보정서

사 건   2013구합(구단) ○○○○○
원 고   김 길 동(주민등록번호)
             서울시 은평구 불광동 ○번지
피 고   근로복지공단
             대표자 이사장 ○○○

귀원의 보정명령에 따라 아래와 같이 인지(송달료)를 보정합니다.

인 지 :   원

송달료 :   원

20 . . .

위 원(피)고 :   (날인 또는 서명)

서울행정법원 제   부(단독) 귀중

[서식] 증인신청서

증인신청서

1. 사 건 번 호   2013구합(구단) ○○○○○
2. 증인의 표시

이 름	김 길 동(주민등록번호)				
생년월일	1964. 1. 1.				
주 소	서울 ○○구 ○○동 123 4통 5반				
전화번호	자택	(02)555 - 777×	사무실	(02)777 - 999×	휴대폰	(015)123-456×
원피고 와의 관계	원고의 직장동료				

3. 증인이 이 사건에 관여하거나 그 내용을 알게 된 경위

    이 사건 회식장소에 원고와 함께 있었음.

4. 신문할 사항의 개요

    ① 이 사건 회식 당시의 정황

    ② 회식 후 이 사건 발생당시의 정황

    ③

5. 희망하는 증인신문방식(해당란에 "v" 표시하고 희망하는 이유를 간략히 기재)

        ☑ 증인진술서 제출방식   □ 증인신문사항 제출방식   □ 서면에 의한 증언방식

    이유 : 원고측과 연락이 쉽게 되고 증인진술서 작성 의사를 밝혔음

6. 그 밖에 필요한 사항

20   .   .   .

원고 소송대리인   ○○○ ㉑

서울행정법원 제○부 앞

---

1. 증인이 이 사건에 관여하거나 그 내용을 알게 된 경위는 구체적이고 자세하게 적어야 합니다.
2. 여러 명의 증인을 신청할 때에는 증인마다 증인신청서를 따로 작성하여야 합니다.
3. 신청한 증인이 채택된 경우에는 법원이 명하는 바에 따라 증인진술서나 증인신문사항을 미리 제출하여야 하고, 지정된 신문기일에 증인이 틀림없이 출석할 수 있도록 필요한 조치를 취하시기 바랍니다.

행정처분 효력정지신청

신청인   김 길 동(주민등록번호)
(원고)   서울시 은평구 불광동 ○번지
            전화(000-000) 팩스(000-000)
피신청인   한국자산관리공사
(피고)   대표자 사장 ○○○

신청취지

신청외 강남세무서장이 200 . ○. ○. 한 증여세부과처분에 기하여 서울 서초구 서초동 1701 대 1100㎡에 대하여 피신청인이 진행 중인 공매절차는 이 법원 200○구합12345호 증여세부과처분 취소 사건의 판결 선고시까지 그 속행을 정지한다.

라는 결정을 구합니다.

신청이유

생략(신청취지와 같은 신청을 하는 이유를 구체적으로 기재)

소명방법

1. 소갑 제 1호증 공매처분통지서

휴대전화를 통한 정보수신 신청

위 사건에 관한 재판의 종국내역(인용, 기각, 각하, 일부인용, 이송)에 관한 정보를 예납의무자가 납부한 송달료 잔액 범위 내에서 아래 휴대전화를 통하여 알려주실 것을 신청합니다.
▣ 휴대전화 번호 :

20 . . .
신청인   (날인 또는 서명)

※ 재판의 종국내역(인용, 기각, 각하, 일부인용, 이송)이 법원재판사무시스템에 입력되는 당일 위

휴대전화로 문자메시지가 발송됩니다.

※ 문자메시지 서비스 이용금액은 메시지 1건당 17원씩 납부된 송달료에서 지급됩니다(송달료가 부족하면 문자메시지가 발송되지 않습니다).

※ 추후 서비스 대상 정보, 이용금액 등이 변동될 수 있습니다.

첨부서류

1. 위 각 소명방법   각 1부.
1. 송달료 납부서   1부.
1. 신청서 부본   1부.

20 .   .   .

위 신청인   (날인 또는 서명)

서울행정법원   귀중

행정처분 효력정지신청

신청인 (원고)	김 길 동(주민등록번호) 서울시 은평구 불광동 ○번지 전화(000-000) 팩스(000-000)
피신청인 (피고)	국회사무총장

첨부할인지액	2,000원
송 달 료	14,800원

신청취지

피신청인이 2005. ○. ○○. 신청인에 대하여 한 입찰참가자격제한처분은 이 법원 2005구합123
45호 입찰참가자격제한처분취소 청구사건의 판결 선고시까지 그 효력을 정지한다.

라는 결정을 구합니다.

신청이유

생략(신청취지와 같은 신청을 하는 이유를 구체적으로 기재)

소명방법

1. 소갑 제 1호증 입찰참가신청서

휴대전화를 통한 정보수신 신청

위 사건에 관한 재판의 종국내역(인용, 기각, 각하, 일부인용, 이송)에 관한 정보를 예납의무자가
납부한 송달료 잔액 범위 내에서 아래 휴대전화를 통하여 알려주실 것을 신청합니다.
▣ 휴대전화 번호 :

---

20   .   .   .
　　　　　　　신청인　　　　　　　　　　　　(날인 또는 서명)

※ 재판의 종국내역(인용, 기각, 각하, 일부인용, 이송)이 법원재판사무시스템에 입력되는 당일 위 휴대전화로 문자메시지가 발송됩니다.

※ 문자메시지 서비스 이용금액은 메시지 1건당 17원씩 납부된 송달료에서 지급됩니다(송달료가 부족하면 문자메시지가 발송되지 않습니다).

※ 추후 서비스 대상 정보, 이용금액 등이 변동될 수 있습니다.

첨부서류

1. 위 각 소명방법	각 1부.
1. 송달료 납부서	1부.
1. 신청서 부본	1부.

20   .   .   .
　　　　　　　위 신청인　　　(날인 또는 서명)

서울행정법원　　　귀중

행정처분 집행정지신청

신청인   김 길 동(주민등록번호)
(원고)   서울시 은평구 불광동 ○번지
            전화(000-000) 팩스(000-000)
피신청인   서울특별시 은평구청장
(피고)

신청취지

피신청인이 200 . ○. ○○. 신청인에 대하여 한 영업정지처분은 이 법원 200 구합 ○○호 영업정지처분취소 청구사건의 판결 선고 시까지 그 집행을 정지한다.

라는 결정을 구합니다.

신청이유

생략(신청취지와 같은 신청을 하는 이유를 구체적으로 기재)

소명방법 및 첨부서류

휴대전화를 통한 정보수신 신청

위 사건에 관한 재판의 종국내역(인용, 기각, 각하, 일부인용, 이송)에 관한 정보를 예납의무자가 납부한 송달료 잔액 범위 내에서 아래 휴대전화를 통하여 알려주실 것을 신청합니다.

◾ 휴대전화 번호 :

20 . . .
신청인   (날인 또는 서명)

※ 재판의 종국내역(인용, 기각, 각하, 일부인용, 이송)이 법원재판사무시스템에 입력되는 당일 위 휴대전화로 문자메시지가 발송됩니다.

※ 문자메시지 서비스 이용금액은 메시지 1건당 17원씩 납부된 송달료에서 지급됩니다(송달료가 부족하면 문자메시지가 발송되지 않습니다).

※ 추후 서비스 대상 정보, 이용금액 등이 변동될 수 있습니다.

1. 소갑 제 1호증   행정처분명령서
1. 소갑 제 2호증   영업허가증
1. 소갑 제 3호증   사업자등록증
1. 송달료 납부서   1부.
1. 신청서 부본   1부.

20 .   .   .

위 신청인   (날인 또는 서명)

서울행정법원   귀중

행정처분 집행정지신청

신청인	김 길 동(주민등록번호)
(원고)	서울시 은평구 불광동 ○번지
	전화(000-000) 팩스(000-000)
피신청인	서울특별시지방경찰청장
(피고)	

신청취지

피신청인이 2005. ○. ○○. 신청인에 대하여 한 자동차운전면허취소처분은 귀원 2005구단123
호 자동차운전면허취소처분취소 청구사건의 판결 선고시까지 그 집행을 정지한다.

라는 결정을 구합니다.

신청이유

생략(신청취지와 같은 신청을 하는 이유를 구체적으로 기재)

휴대전화를 통한 정보수신 신청

위 사건에 관한 재판의 종국내역(인용, 기각, 각하, 일부인용, 이송)에 관한 정보를 예납의무자가 납
부한 송달료 잔액 범위 내에서 아래 휴대전화를 통하여 알려주실 것을 신청합니다.

▣ 휴대전화 번호 :

20 . . .

신청인   (날인 또는 서명)

※ 재판의 종국내역(인용, 기각, 각하, 일부인용, 이송)이 법원재판사무시스템에 입력되는 당일 위
  휴대전화로 문자메시지가 발송됩니다.
※ 문자메시지 서비스 이용금액은 메시지 1건당 17원씩 납부된 송달료에서 지급됩니다(송달료가 부
  족하면 문자메시지가 발송되지 않습니다).
※ 추후 서비스 대상 정보, 이용금액 등이 변동될 수 있습니다.

소명방법 및 첨부서류

1. 소갑 제 1호증   자동차운전면허취소통지서
1. 소갑 제 2호증   운전경력증명서
1. 송달료 납부서   1부.
1. 신청서 부본   1부.

20 .   .   .

위 신청인   (날인 또는 서명)

서울행정법원   귀중

[서식] 정보공개청구서

※ 접수일자·접수번호는 청구인이 기재하지 않습니다.

※ 접 수 일 자			※ 접 수 번 호	
청 구 인	이 름 (법 인 명 등 및 대 표 자)		주민등록(여권·외국 인등록)번호	
			사업자(법인·단체) 등 록 번 호	
	주 소 (소 재 지)		전 화 번 호 (모 사 전 송 번 호)	
			전 자 우 편 주 소	
정 보 내 용				
공 개 형 태		□ 열람·시청 □ 사본·출력물 □ 전자파일 □ 복제·인화물 □ 기타( )		
수 령 방 법		□ 직접방문 □ 우편 □ 모사전송 □ 전자우편 □ 기타( )		
수 수 료 감 면	해 당 여 부	□ 해당 □ 해당없음		
	감 면 사 유	※법원정보공개규칙 제17조제3항의 규정에 의하여 수수료 감면대상에 해당하는 경우 기재하며, 감면사유를 증명할 수 있는 서류를 첨부하시기 바랍니다.		

공공기관의정보공개에관한법률 제10조제1항 및 법원정보공개규칙 제4조의 규정에 의하여 위와 같이 정보의 공개를 청구합니다.

년 월 일

청 구 인 (서명 또는 인)

(접수기관의 장) 귀 하

접 수 증

접 수 번 호		청 구 인 이 름	
접 수 자	직 급	이 름	(서명 또는 인)

귀하의 청구서는 위와 같이 접수되었습니다.

년 월 일

(접 수 기 관)

※정보공개의 처리와 관련하여 문의사항이 있으면 (담당부서 및 전화번호)로 문의하여 주시기 바랍니다.

[서식] 제3자 의견서(비공개요청서)

제 3 자	이 름		주 소	
	연락처	전 화 번 호 : 모 사 전 송 번 호 : 전 자 우 편 주 소 :		

접 수 일 자			접수번호	
청 구 인	이 름		주 소	
정 보 내 용				

공개청구된 정보에 대한 의견(내용이 많을 경우 별지사용 가능)

종 합 의 견	□ 정보공개 허용 □ 비공개요청

공공기관의정보공개에관한법률 제11조제3항 및 법원정보공개규칙 제8조 또는 동법 제21조제1항의 규정에 의하여 귀 기관에 공개청구된 정보에 대한 의견서[비공개요청서]를 제출합니다.

년   월   일

의견 제출자   (서명 또는 인)

기관의 장   귀하

[서식] 정보공개 위임장

청구인 (위임인)	이 름 (법인명등 및 대표자)		주민등록번호 (사업자등록번호 등)	
	주 소 (소 재 지)			
수 임 인	이 름		주민등록번호등	
	주 소			
	위임인과의 관 계			
정 보 내 용				

법원정보공개규칙 제15조제2항제3호의 규정에 의하여 위와 같이 정보공개에 응할 것을 위임합니다.

년   월   일

위임인   (서명 또는 인)

※ 유의사항
청구인으로부터 위임을 받은 사람은 본 위임장과 청구인 및 수임인의 신원을 확인할 수 있는 신분증명서를 제시하여야 합니다.

[서식] 정보공개(비공개)결정 이의신청서

접 수 일 자			접 수 번 호	
이 의 신 청 인	이 름 (법인명등 및 대표자)		주 민 등 록 번 호 (사업자등록번호등)	
	주 소 (소 재 지)		전 화 번 호 (모 사 전 송 번 호)	
			전 자 우 편 주 소	
공개 또는 비공개내용				
통지서 수령유무	☐ 정보(공개·부분공개·비공개) 결정통지서를 년 월 일에 받았음. ☐ 정보(공개·부분공개·비공개) 결정통지서를 받지 못했음(법 제11조제5항의 규정에 의하여 비공개의 결정이 있는 것으로 보는 날은 년 월 일임).			
이의신청의 취지 및 이유				

공공기관의정보공개에관한법률 제18조제1항 또는 제21조제2항의 규정과 법원정보공개규칙 제18조의 규정에 의하여 귀기관의 정보공개(비공개)결정에 대하여 위와 같이 이의신청서를 제출합니다.

년   월   일

이의신청인   (서명 또는 인)

(접 수 기 관)   귀하

[서식] 정보공개청구 취하서

※ 접수일자·접수번호는 청구인이 기재하지 않습니다. 청구사건번호는 접수증의 접수번호를 기재하시기 바랍니다.

※ 접 수 일 자		※ 접 수 번 호	
청구사건번호			
청 구 인	이 름 (법 인 명 등 및 대 표 자)	주민등록(여권·외국인 등록)번호	
		사업자(법인·단체) 등 록 번 호	
	주 소 (소재지)	)	(전화번호:
취하대상		□ 전 부 □ 일 부	
	일부취하시 취하하는 부분		

청구인은 위와 같이 이 사건 정보공개청구(□전부 □일부)를 취하합니다.

년   월   일

청 구 인   (서명 또는 인)

(접수기관의 장) 귀 하

※ 일부취하시 취하부분을 청구서 기재에 대비하여 구체적으로 특정하시기 바랍니다. 불분명한 경우 취하로 간주될 수 있습니다.

[서식] 판결문 검색·열람 신청서

※ 접수일자·접수번호는 신청인이 기재하지 않습니다.

※접수일자		※접수번호	

	이 름		생년월일	
신청인	주 소		직 업	
	소 속 기관단체		직 위	
	전화번호		핸드폰(H·P)	
	전자우편		FAX번호	

열람대상	
신청이유	
검색열람 희망일시	년 월 일 :

대법원내규 제346호(판결문 검색열람을 위한 특별창구의 설치 및 이용에 관한 내규) 제4조의 규정에 의하여 위와 같이 판결문 검색열람을 신청합니다.

년   월   일

신청인   (날인 또는 서명)

법원도서관장 귀하

법 원 도서관장	승 인	불승인

※대법원 내규 제3조 제1항 제1호에 해당하는 검사, 검찰공무원, 변호사, 법무사, 사법연수생 및 대학교수는 법원도서관장의 승인이 필요 없음

[서식] 판결문제공 신청서

※ 접수일자·접수번호는 신청인이 기재하지 않습니다.

※ 접 수 일 자			※ 접 수 번 호	
신청인	이 름 (법 인 명 등 및 대 표 자)		주민등록(여권· 외국인등록)번호	
			사업자(법안·단체) 등 록 번 호	
	주 소 (소 재 지)		전 자 우 편 주 소	
			전 화 번 호 (휴대폰번호)	
			모 사 전 송 번 호	
신 청 인 구 분		□당사자 또는 그 대리인 □이해관계 있는 제3자 □이해관계 없는 제3자		
사 건 번 호				
수 령 방 법		□전자우편 □직접방문 □우편 □모사전송		

「전자우편 등을 통한 판결문 제공에 관한 예규」제4조제1항 규정에 의하여 위와 같이 판결문 제공을 신청합니다.

년   월   일

신 청 인   (서명 또는 인)

(접수기관의 장)귀하

인지첩부란

제3편
행정소송의
유형별 소장사례

제1장 조세관련 소송

Ⅰ. 의의

조세소송이란 조세법률관계에 관한 쟁송을 심리·판단하는 재판절차로서, 넓게는 조세행정소송, 조세민사소송, 조세헌법소송 등 모든 조세관련 소송을 말한다. 이러한 조세관련 소송은 조세법원이 따로 설치되지 아니한 우리 법제 하에서는 일반 행정소송과 함께 행정법원에 의하여 처리되고 있다. 그러나 조세법은 일반 행정법 원리와 다른 특성이 있고, 조세소송 또한 일반 행정소송절차와는 다른 절차법적 특징이 있음에 유의하여야 한다. 즉, 조세의 부과 및 징수에서는 조세법률주의의 원칙상 과세관청의 재량행위가 인정되지 않으므로, 오직 그 처분의 적법성 여부만이 문제되고, 일반 행정소송에서와 같이 재량권 일탈·남용 여부는 판단의 대상이 되지 않는다.

Ⅱ. 조세쟁송의 심급구조

국세기본법 또는 세법에 따른 처분으로서 위법 또는 부당한 처분을 받거나 필요한 처분을 받지 못함으로 인하여 권리나 이익을 침해당한 자는 그 처분의 취소 또는 변경을 청구하거나 필요한 처분을 청구할 수 있다. 다만, 이에 따른 처분이 국세청장이 조사·결정 또는 처리하거나 하였어야 할 것인 경우를 제외하고는 그 처분에 대하여 심사청구 또는 심판청구에 앞서 이의신청을 할 수 있다(국세기본법 제55조 제1,3항). 그러나 동일한 처분에 대해서는 심사청구와 심판청구를 중복하여 제기할 수 없다(같은 조 제9항).

불법청구인은 행정소송법의 규정에도 불구하고 심사청구 또는 심판청구에 대한 결정의 통지를 받은 날부터 90일 이내에 제기하여야 하며, 위 기간은 불변기간(不變期間)이다(법 제56조).

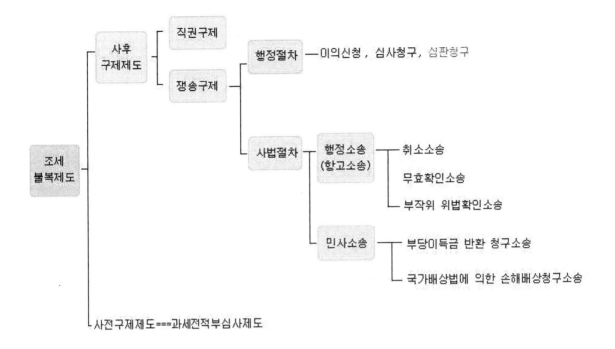

Ⅲ 유형별 주의사항 및 소송수행요령

1. 소득세 관련 소송

구 분	입 증
자경농지로 인한 비과세가 문제되는 경우	• 원고가 실제 자경하였음을 입증할 만한 자료를 제출 • 원고가 실제 농지로부터 20킬로미터 이내에서 농지를 자경하였는지를 주거지와 농지사이의 거리를 직접 측정해 보거나 측량도를 사용하여 측정 • 농지 소재지의 주민들로부터 원고가 직접 자경을 하였는지에 대하여 확인서를 받는 등의 방법으로 입증
실지거래가액이 문제되는 경우	• 양수인과의 실제 거래 가액 입증 : 매매계약서, 검인계약서 서증 제출
부동산의 양도시기에 다툼이 있는 경우	• 제척기간 도과 입증 : 5년, 매매계약서상 작성일 기준 전후로 인감증명서 발급 여부 입증

2. 상속세, 증여세, 부가가치세, 법인세 관련 소송

구 분	입 증
상속세	• 피상속인의 채무공제 : 채무와 관련된 서증(금전대차계약서, 지불보관증, 영수증 등) 제출 • 피상속인의 연대보증채무나 물상보증채무의 공제 : 상속개시 당시 주채무자의 무자력에 관한 증거를 통해 입증
증여세	• 명의신탁의 주장 • 증여계약의 합의해제 주장
부가가치세	• 실제 사업자 여부에 대한 주장, 입증 및 공동 사업자에 대한 주장
법인세	• 부당행위 계산의 부인 • 합리적 거래 행위 주장 • 조세회피 목적이 없음을 주장, 입증

IV. 행정심판전치주의 원칙 및 예외

1. 원칙

국세기본법 또는 세법에 따른 처분 중 위법한 처분에 대한 행정소송은 행정소송법 규정에도불구하고 이 법에 따른 심사청구 또는 심판청구와 그에 대한 결정을 거치지 아니하면 제기할 수 없다(법 제56조 제2항).

2. 예외

다만 2개 이상의 같은 목적의 행정처분이 단계적, 발전적 과정에서 이루어진 것으로서 서로 내용상 관련이 있다든지, 세무소송 계속중에 그 대상인 과세처분을 과세관청이 변경하였는데 위법사유가 공통된다든지, 동일한 행정처분에 의하여 수인이 동일한 의무를 부담하게 되는 경우에 선행처분에 대하여, 또는 그 납세의무자들 중 1인이 적법한 전심절차를 거친 때와 같이, 국세청장과 국세심판소로 하여금 기본적 사실관계와 법률문제에 대하여 다시 판단할 수 있는 기회를 부여하였을 뿐더러 납세의무자로 하여금 굳이 또 전심절차를 거치게 하는 것이 가혹하다고 보이는 등 정당한 사유가 있는 때에는 납세의무자가 전심절차를 거치지 아니하고도 과세처분의 취소를 청구하는 행정소송을 제기할 수 있다고 보아야 한다.[74]

---

74) 대법원 2000.09.26. 선고 99두1557 판결.

Q 행정소송을 제기하기 위하여는 반드시 행정심판을 거쳐야 하는지요?

A 종전에는 행정소송을 제기하려면 반드시 먼저 행정심판을 거치도록 되어 있었으나(필요적 전치주의) 1998년 3월 1일부터(개정 1994.7.27.)는 개정된 행정소송법에 따라 원칙적으로 당해 법률에 다른 규정이 있는 경우를 제외하고는 행정심판제기의 유·무 및 그 전·후에 관계없이 행정소송을 제기할 수 있습니다(행정소송법 제18조 제1항 : 임의적 전치주의).

그러므로 당사자의 선택에 따라 행정심판을 청구한 후에 그 결과를 보고 행정소송을 제기하거나 또는 행정심판과 행정소송을 동시에 청구할 수 있으며, 아니면 처음부터 아예 행정심판을 거치지 않고 바로 행정소송을 제기할 수도 있습니다.

또한, 필요적으로 행정심판을 거치도록 되어 있는 종류의 소송이라도 변론종결 시까지 전치의 요건을 충족하면 그 하자는 치유됩니다.

여기서 말하는 행정심판은 실정법상 행정심판, 이의신청, 심사청구, 심판청구 등으로 불리는 모든 경우를 포괄하는 개념입니다.

임의적 전치주의 하에서 군이 행정심판을 거칠 실익이 있는지 의문을 가질 수도 있으나, 행정심판에서는 행정처분의 위법뿐만 아니라 부당을 주장할 수도 있고, 그 절차가 비교적 간편하며 설사 행정심판으로 권리의 구제를 받지 못하더라도 이후 소송에서 행정심판기록 제출명령제도를 이용하여 간편하게 소송자료를 얻을 수 있는 장점이 있습니다.

현행법상 반드시 선행적으로 행정심판을 거쳐야 하는 대표적인 경우로는 크게 네 가지 경우가 있습니다. 다만 이 경우에도 취소소송 및 부작위위법확인소송이 아닌 무효확인소송이나 당사자소송의 경우에는 애당초 전치절차를 거칠 필요가 없습니다.

첫째, 「국세기본법」, 「관세법」은 '행정소송법' 제18조 제1항 본문의 적용을 배제하고 행정소송의 제기에 앞서 필요적으로 각 해당 법률이 정한 특별행정심판절차를 거칠 것을 요구하고 있습니다(국세기본법 제56조 제2항, 관세법 제120조 제2항).

이에는 세가지 방법이 있는바, 임의적 이의신청절차를 거쳐 세무서장(세관장)을 거쳐 국세청장(관세청장)에게 심사청구를 하거나, 국세심판원장에게 심판청구를 하여 결정을 받거나, 또는 별도로 「감사원법」 제3장에 규정된 심사청구절차를 이용할 수 있습니다. 다만, 이와 같은 행정심판 절차는 중복적으로 진행할 수는 없습니다.

둘째, 공무원에 대한 징계 기타 불이익처분의 경우가 있는바, 일반 공무원의 경우 30일 이내에 소청심사위원회에 심사청구를 하여 이를 거친 후 90일 이내에 행정소송을 제기할 수 있고(국가공무원법 제16조 제1항, 지방공무원법 제20조의2), 교원인 공무원의 경우는 30일 이내에 교원징계재심위원회에 재심청구를 하여 이를 거친 후 90일 이내에 행정소송을 제기할 수 있습니다(교육공무원법 제53조 제1항, 제57조 제1항).

셋째, 노동위원회의 결정에 대한 불복의 경우가 있는바, 이 경우는 10일 이내에 중앙노동위원회에 재심신청을 거친 후 15일 이내에 행정소송을 제기할 수 있습니다(노동위원회법 제26조, 제27조, 노동조합및노동관계조정법 제85조).

넷째, 도로교통법상의 처분(운전면허정지, 운전면허의 취소 등)에 대한 불복으로서 행정소송을 제기하기 위해서는 행정심판재결을 거치지 아니하면 이를 제기할 수 없습니다(도로교통법 제142조).

3. 행정심판의 종류

국세의 부과, 징수에 관한 처분에 대한 행정심판으로는 이의신청, 심판청구, 심사청구 세 가지 종류가 인정되고 있다. 이 세기 행정심판의 구별기준은 누가 행정심판을 담당하느냐이다. 다시말해, 이의신청에 대하여는 처분청이, 심사청구에 대하여는 구세청장이, 심판청구에 대하여는 국세심판원이 가각 결정한다. 국세기본법, 관세법은 이렇게 3가지 종류의 행정심판을 인정하면서도 세가지 행정심판 전부를 거치는 것이 번잡하다는 이유로 이의신청에 대하여는 거칠수도 거치지 아니할 수는 있는 임의적 절차로 정하면서 심사청구, 심판청구에 대하여는 그 중 하나를 반드시 거쳐야 한다고 정하고 있다.

V. 불복대상에서 제외되는 처분

다음 각 호의 처분은 제1항의 처분에 포함되지 아니한다(같은 조 제5항).

1) 이의신청·심사청구 또는 심판청구에 대한 처분(당초 처분의 적법성에 관하여 재조사하여 그 결과에 따라 과세표준과 세액을 경정하거나 당초 처분을 유지하는 등의 처분을 하도록 하는 결정에 따른 처분을 포함한다. 이하 이 항에서 같다). 다만, 이의신청에 대한 처분에 대하여 심사청구 또는 심판청구를 하는 경우는 제외한다.

2) 「조세범 처벌절차법」에 따른 통고처분

3) 「감사원법」에 따라 심사청구를 한 처분이나 그 심사청구에 대한 처분. 동일 사건에 대한 결정의 통일성을 기하고 불복업무의 경제적 측면을 고려하여 중복제기를 못하게 하기 위함이다.

VI. 불복청구

1. 불복청구인

국세기본법 또는 세법에 따른 처분에 의하여 권리나 이익을 침해당하게 될 이해관계인으로서 다음의 어느 하나에 해당하는 자는 위법 또는 부당한 처분을 받은 자의 처분에 대하여 그 처분의 취소 또는 변경을 청구하거나 그 밖에 필요한 처분을 청구할 수 있다(법 제55조 제2항).

1) 제2차 납세의무자로서 납부통지서를 받은 자, 2) 물적납세 의무를 지는 자로서 납부통지서를 받은 자, 3) 보증인, 4) 그 밖에 대통령령으로 정하는 자

2. 대리인

이의신청인, 심사청구인 또는 심판청구인과 처분청은 변호사, 세무사 또는 공인회계사를 대리인으로 선임할 수 있다. 다만, 이의신청인, 심사청구인 또는 심판청구인은 신청 또는 청구의 대상이 3천만원(지방세는 1천만원)인 경우에는 그 배우자, 4촌 이내의 혈족 또는 그 배우자의 4촌 이내의 혈족을 대리인으로 선임할 수 있다. 이 경우 대리인의 권한은 서면으로 증명하여야 하며, 대리인은 본인을 위하여 그 신청 또는 청구에 관한 모든 행위를 할 수 있다. 다만, 그 신청 또는 청구의 취하는 특별한 위임을 받은 경우에만 할 수 있다. 대리인을 해임하였을 때에는 그 사실을 서면으로 해당 재결청에 신고하여야 한다(법 제59조).

3. 국선대리인

이의신청인 또는 심사청구인은 재결청에 다음의 요건을 모두 갖추어 대통령령으로 정하는 바에 따라 변호사, 세무사 또는 공인회계사를 대리인(이하 "국선대리인"이라 한다)으로 선정하여 줄 것을 신청할 수 있다. 재결청은 이에 따른 신청이 요건을 모두 충족하는 경우 지체 없이 국선대리인을 선정하고, 신청을 받은 날부터 5일 이내에 그 결과를 이의신청인등과 국선대리인에게 각각 통지하여야 한다(법 제59조의 2).

1) 이의신청인등의 「소득세법」 제14조제2항에 따른 종합소득금액과 소유 재산의 가액이 각각 대통령령으로 정하는 금액 이하일 것
2) 이의신청인등이 법인이 아닐 것
3) 1천만원 이하인 신청 또는 청구일 것
4) 상속세, 증여세 및 종합부동산세가 아닌 세목에 대한 신청 또는 청구일 것

Ⅶ. 불복청구기간

1. 처분이 있음을 안날부터 90일 이내

심사청구는 해당 처분이 있음을 안 날(처분의 통지를 받은 때에는 그 받은 날)부터 90일 이내에 제기하여야 한다. 여기서 '당해 처분이 있은 것을 안 날'이라 함은 통지, 공고, 기타의 방법에 의하여 당해 처분이 있었다는 사실을 현실적으로 안 날을 의미하나, 이는 처분의 상대방이나 법령에 의하여 처분의 통지를

받도록 규정된 자 이외의 자가 이의신청 또는 심사청구를 하는 경우의 그 기간에 관한 규정이고, 과세처분의 상대방인 경우에는 처분의 통지를 받은 날을 기준으로 기간을 계산하여야 한다.[75]

Q 저는 얼마 전 행정처분을 받았으나 부당하다고 생각하므로 이에 불복하여 행정심판을 청구하고자 합니다. 그 청구기간 및 청구방법은 어떻게 되는지요?

A 행정심판의 청구는 처분이 있음을 알게 된 날부터 90일 이내에, 처분이 있었던 날부터 180일 이내에 제기하여야 하며 두 기간 중 어느 하나라도 경과하면 심판청구를 제기하지 못함이 원칙입니다(행정심판법 제27조 제1항 및 제3항).

위 규정상 '처분이 있음을 알게 된 날'이라 함은 통지·고지 기타의 방법에 의하여 당해 행정처분이 있은 것을 현실적으로 안 날을 말하며, '처분이 있었던 날'이라 함은 당해 처분이 처분으로서 효력이 발생한 날을 가리킵니다.

이와 관련하여 판례는 "행정심판법 제18조 제1항 소정의 심판청구기간 기산점인 '처분이 있음을 안 날'이라 함은 당사자가 통지·공고 기타의 방법에 의하여 당해 처분이 있었다는 사실을 현실적으로 안 날을 의미하고 추상적으로 알 수 있었던 날을 의미하는 것은 아니라 할 것이며, 다만 처분을 기재한 서류가 당사자의 주소에 송달되는 등으로 사회통념상 처분이 있음을 당사자가 알 수 있는 상태에 놓여진 때에는 반증이 없는 한 그 처분이 있음을 알았다고 추정할 수는 있다."라고 하였습니다(대법원 2002. 8. 27. 선고 2002두3850 판결).

다만, 위 제기기간에 대한 예외로서 청구인이 천재지변·전쟁·사변 그밖에 불가항력으로 90일의 제기기간 내에 심판청구를 할 수 없을 때에는 그 사유가 소멸한 날로부터 14일(국외에서는 30일) 이내에 심판청구를 제기할 수 있고, 처분이 있은 날부터 180일 이내에 심판청구를 하지 못할 정당한 사유가 있는 경우에는 180일이 경과하게 되더라도 심판청구를 제기할 수 있습니다(행정심판법 제27조 제2항, 제3항 단서).

여기서 '정당한 사유'에 관하여 판례는 "행정소송법 제20조 제2항 소정의 '정당한 사유'란 불확정 개념으로서 그 존부는 사안에 따라 개별적·구체적으로 판단하여야 하나 민사소송법 제160조(현행 민사소송법 제173조)의 '당사자가 그 책임을 질 수 없는 사유'나 행정심판법 제27조 제2항 소정의 '천재지변, 전쟁, 사변 그밖에 불가항력적인 사유'보다는 넓은 개념이라고 풀이되므로, 제소기간도과의 원인 등 여러 사정을 종합하여 지연된 제소를 허용하는 것이 사회통념상 상당하다고 할 수 있는가에 의하여 판단하여야 한다."라고 하였

75) 대법원 2000.07.04. 선고 2000두1164 판결.

습니다(대법원 1991. 6. 28. 선고 90누6521 판결).

그리고 「행정심판법」제27조 제7항에 의하면 위 행정심판 제기기간의 제한규정은 무효 등 확인심판청구와 부작위에 대한 의무이행심판청구에는 적용되지 않고, 취소심판 즉, 행정청의 위법 또는 부당한 처분의 취소 또는 변경을 하는 심판에는 적용됩니다.

또한, 행정심판의 청구는 행정심판청구서 및 행정처분의 위법, 부당성을 설명하는 자료를 작성하여 위원회와 피청구인인 행정청 중 하나를 선택하여 서면으로 제출하여야 합니다(같은 법 제28조 제1항, 제23조 1항 1문).

피청구인이 제23조제1항·제2항 또는 제26조제1항에 따라 심판청구서를 접수하거나 송부받으면 10일 이내에 심판청구서(제23조제1항·제2항의 경우만 해당된다)와 답변서를 위원회에 보내야 합니다(같은 법 24조 1항 본문). 그러나 제23조제1항·제2항 또는 제26조제1항에 따라 심판청구서를 받은 피청구인은 그 심판청구가 이유 있다고 인정하면 심판청구의 취지에 따라 직권으로 처분을 취소·변경하거나 확인을 하거나 신청에 따른 처분(이하 이 조에서 "직권취소등"이라 한다)을 할 수 있으며, 이 경우 서면으로 청구인에게 알려야 한다(같은 법 25조 1항).

위원회는 제23조제1항에 따라 심판청구서를 받으면 지체 없이 피청구인에게 심판청구서 부본을 보내야 한다합니다(같은 법 26조 1항). 그리고 위원회는 제24조제1항 본문에 따라 피청구인으로부터 답변서가 제출되면 답변서 부본을 청구인에게 송달하여야 한다(같은 법 26조 2항).

만약 제3자 심판청구의 경우에는 지체 없이 처분의 상대방에게 통지를 하여야 합니다(같은 법 24조 2항).

한편, 행정심판의 남용을 막고, 행정목적의 원활한 수행을 저해하지 않으려는 입법 정책적 고려에서 행정심판의 청구는 처분의 효력, 집행 또는 절차의 속행에 영향을 주지 않음이 원칙입니다(같은 법 제30조 제1항).

그러나 예외적으로 집행정지의 대상인 처분이 존재하고, 심판청구가 계속됨을 전제로 회복하기 어려운 손해예방에 필요하고, 집행정지의 필요성이 절박하여 재결을 기다릴 여유가 없는 경우에는 집행정지를 인정하고 있습니다(같은 법 제30조 제2항 본문). 다만, 집행정지로 인하여 공공복리에 중대한 영향을 미칠 우려가 있는 경우에는 집행정지를 할 수 없습니다(같은 법 제30조 제3항).

청구인 또는 참가인은 재결이 있을 때까지 서면으로 각각 심판청구 또는 참가신청을 취하할 수 있습니다.

2. 이의신청을 거친 경우

이의신청을 거친 후 심사청구를 하려면 이의신청에 대한 결정의 통지를 받은 날부터 90일 이내에 제기하여야 한다. 다만, 결정기간 내에 결정의 통지를 받지 못한 경우에는 결정의 통지를 받기 전이라도 그 결정기간이 지난 날부터 심사청구를 할 수 있다(법 제61조 제2항).

3. 우편제출

불복청구기한까지 우편으로 제출(제5조의2에서 정한 날을 기준으로 한다)한 심사청구서가 청구기간을 지나서 도달한 경우에는 그 기간의 만료일에 적법한 청구를 한 것으로 본다(같은 조 제3항).

4. 청구기한 연장

심사청구인이 기한연장 사유(신고, 신청, 청구, 그 밖에 서류의 제출, 통지에 관한 기한연장의 사유만 해당한다)로 불복청구 기간에 심사청구를 할 수 없을 때에는 그 사유가 소멸한 날부터 14일 이내에 심사청구를 할 수 있다. 이 경우 심사청구인은 그 기간에 심사청구를 할 수 없었던 사유, 그 사유가 발생한 날과 소멸한 날, 그 밖에 필요한 사항을 기재한 문서를 함께 제출하여야 한다(같은 조 제4항).

Ⅷ. 불복 방법의 통지

이의신청, 심사청구 또는 심판청구의 재결청은 결정서에 그 결정서를 받은 날부터 90일 이내에 이의신청인은 심사청구 또는 심판청구를, 심사청구인 또는 심판청구인은 행정소송을 제기할 수 있다는 내용을 적어야 하며, 이의신청, 심사청구 또는 심판청구의 재결청은 그 신청 또는 청구에 대한 결정기간이 지나도 결정을 하지 못하였을 때에는 이의신청인은 심사청구 또는 심판청구를, 심사청구인 또는 심판청구인은 행정소송 제기를 결정의 통지를 받기 전이라도 그 결정기간이 지난 날부터 할 수 있다는 내용을 서면으로 지체 없이 그 신청인 또는 청구인에게 통지하여야 한다(법 제60조).

Ⅸ. 불복방법

1. 이의신청

이의신청은 해당 처분이 있음을 안날부터 90일 이내에 제기하여야 한다(법 제61조 제1항).

(1) 소관기관

이의신청은 불복의 사유를 갖추어 해당 처분을 하였거나 하였어야 할 세무서장에게 하거나 세무서장을 거쳐 관할 지방국세청장에게 하여야 한다. 다만, 다음의 경우에는 관할 지방국세청장(제2의 경우 과세처분한 세무서장의 관할 지방국세청장)에게 하여야 하며, 세무서장에게 한 이의신청은 관할 지방국세청장에게 한 것으로 본다(법 제66조).

1) 지방국세청장의 조사에 따라 과세처분을 한 경우
2) 조사한 세무서장과 과세처분한 세무서장이 서로 다른 경우
3) 세무서장에게 제81조의15에 따른 과세전적부심사를 청구한 경우

(2) 의견서 송부

세무서장은 이의신청의 대상이 된 처분이 지방국세청장이 조사·결정 또는 처리하였거나 하였어야 할 것인 경우에는 이의신청을 받은 날부터 7일 이내에 해당 신청서에 의견서를 첨부하여 해당 지방국세청장에게 송부하고 그 사실을 이의신청인에게 통지하여야 한다(같은 조 제2항). 그리고 지방국세청장에게 하는 이의신청을 받은 세무서장은 이의신청을 받은 날부터 7일 이내에 해당 신청서에 의견서를 첨부하여 지방국세청장에게 송부하여야 한다.

(3) 결정기관 및 기간

이의신청을 받은 세무서장과 지방국세청장은 각각 국세심사위원회의 심의를 거쳐 결정하여야 한다(같은 조 제4항). 이의신청에 관하여는 신청을 받은 날부터 30일 이내에 그 결정을 하여야 한다.

(5) 처분의견서 송부

신청서를 받은 세무서장 또는 신청서 또는 의견서를 받은 지방국세청장은 지체 없이 이의신청의 대상이 된 처분에 대한 의견서를 이의신청인에게 송부하여야 한다. 이 경우 의견서에는 처분의 근거·이유, 처분의 이유가 된 사실 등이 구체적으로 기재되어야 한다.

2. 심사청구

(1) 청구기간

심사청구는 해당 처분이 있음을 안 날(처분의 통지를 받은 때에는 그 받은 날)부터 90일 이내에 제기하여야 한다. 이의신청을 거친 후 심사청구를 하려면 이의신청에 대한 결정의 통지를 받은 날부터 90일 이내에 제기하여야 한다. 다만, 결정기간 내에 결정의 통지를 받지 못한 경우에는 결정의 통지를 받기 전이라도 그 결정기간이 지난 날부터 심사청구를 할 수 있다(법 제61조).

(2) 소관기관

심사청구는 불복의 사유를 갖추어 해당 처분을 하였거나 하였어야 할 세무서장을 거쳐 국세청장에게 하여야 하며, 심사청구기간을 계산할 때에는 세무서장에게 해당 청구서가 제출된 때에 심사청구를 한 것으로 한다. 해당 청구서가 세무서장 외의 세무서장, 지방국세청장 또는 국세청장에게 제출된 때에도 또한 같다(법 제62조).

(3) 의견서의 송부

해당 청구서를 받은 세무서장은 이를 받은 날부터 7일 이내에 그 청구서에 처분의 근거·이유, 처분의 이유가 된 사실 등이 구체적으로 기재된 의견서를 첨부하여 국세청장에게 송부하여야 한다. 다만, 다음 각 호의 어느 하나에 해당하는 심사 청구의 경우에는 그 지방국세청장의 의견서를 첨부하여야 한다. 의견서가 제출되면 국세청장은 지체 없이 해당 의견서를 심사청구인에게 송부하여야 한다(법 제62조).

1) 해당 심사청구의 대상이 된 처분이 지방국세청장이 조사·결정 또는 처리하였거나 하였어야 할 것인 경우

2) 지방국세청장에게 이의신청을 한 자가 이의신청에 대한 결정에 이의가 있거나 그 결정을 받지 못한 경우

(4) 결정

심사청구에 대한 결정은 심사청구를 받은 날부터 90일 이내에 하여야 한다(법 제65조 제2항).

3. 심판청구

(1) 청구기간

심판청구는 해당 처분이 있음을 안 날(처분의 통지를 받은 때에는 그 받은 날)부터 90일 이내에 제기하여야 한다. 다만 이의신청을 거친 후 심판청구를 하는 경우의 청구기간에 관하여는 이의신청에 대한 결정이 통지를 받은 날부터 90일 이내에 제기하여야 한다(법 제68조).

(2) 청구기관

심판청구는 불복의 사유를 갖추어 그 처분을 하였거나 하였어야 할 세무서장을 거쳐 조세심판원장에게 하여야 한다. 이에 따른 심판청구기간을 계산할 때에는 처분을 한 세무서장에게 해당 청구서가 제출된 때에 심판청구를 한 것으로 한다. 해당 청구서가 세무서장 외의 세무서장, 지방국세청장, 국세청장 또는 조세심판원장에게 제출된 경우에도 또한 같다(법 제69조).

Q 저는 작은 점포를 임차하여 레스토랑을 경영하고 있는데, 세무서로부터 지난 해 소득세로 600만원을 납부하라는 납세고지서를 받았습니다. 작년의 경우 영업이 부진하였는데도 600만원을 내라고 하니 납득이 가지 않습니다. 어떻게 하면 구제받을 수 있는지요?

A 귀하에게 부과된 소득세는 국세인바, 국세의 과세처분이나 징수처분 등과 관련하여 납세자의 불복에 대한 권리구제제도로는 '사전적 권리구제제도'인 과세전적부심사제와 '사후적 권리구제제도'인 이의신청, 심사청구, 심판청구 등의 행정심판과 행정소송이 있습니다.

과세전적부심사제도는 세무조사결과에 대한 서면통지, 과세예고통지 등을 받은 자는 그 통지를 받은 날로부터 30일 이내에 통지를 한 세무서장이나 지방국세청장에게 통지 내용의 적법성에 관한 심사(과세전적부심사)를 청구할 수 있습니다.(국세기본법 제81조의15)

행정심판제도는 과세처분 등이 있는 경우에 그 처분에 불복이 있는 자가 처분행정청에 대해서 그 처분을 취소하거나 변경을 구하는 제도로서, 과세처분을 한 해당세무서나 관할 지방국세청에 제기하는 경우를 이의신청이라 하고(국세기본법 제66조), 국세청에 제기하는 경우를 심사청구라 하며(국세기본법 제62조), 조세심판원에 제기하는 경우를 심판청구라 합니다(국세기본법 제69조). 납세자는 이의신청을 거쳐 심사청구 또는 심판청구를 하거나, 이의신청을 거치지 않고 바로 심사청구 또는 심판청구를 할 수 있습니다. 한편, 이러한 불복절차를 거치지 않고 감사원에 심사청구를 바로 제기할 수도 있습니다(감사원법 제43조).

이와 같은 행정심판에 불복이 있을 경우 소송을 제기할 수 있도록 하고 있으며, 국세에 관한 소송은 행정심판의 절차를 거친 후가 아니면 제기할 수 없도록 하고 있습니다(국세기본법 제56조 제2항, 감사원법 제46조의2). 이는 국세에 관한 처분은 대량으로 발생할 뿐 아니라 전문성을 요하는 등의 특수성을 갖고 있기 때문입니다.

이의신청 또는 심사청구는 당해 처분이 있은 것을 안 날(처분의 통지를 받은 때에는 그 받은 날)로부터 90일 이내에 제기하지 않으면 안 됩니다(국세기본법 제61조 제1항, 제66조 제6항). 납세자가 이의신청을 할 것인지 심사청구 또는 심판청구를 할 것인지는 납세자의 선택에 따르며, 납세자가 이의신청을 거친 후 심사청구 또는 심판청구를 하고자 할 때에는 이의신청에 대한 결정의 통지를 받은 날로부터 90일 이내에 하여야 합니다. 다만, 관할세무서장은 납세자의 이의신청에 대하여 30일 이내에 결정을 하여야 하는데(국세기본법 제66조 제6항 후단) 만약 이 기간 내에 결정의 통지를 받지 못한 경우에는 그 통지를 받기 전이라도 그 결정기간이 경과한 날로부터 90일 이내에 심사청구 또는 심판청구를 할 수 있으며(국세기본법 제61조 제2항), 이 기간 동인 그 대상이 되고 있는 처분의 효력을 잃지 않습니다(국세기본법 제57조).

국세의 부과징수의 취소를 요구하는 소송은 이의·심사·심판 등 행정심판의 절차를 거친 후가 아니면 제기할 수 없도록 되어 있고, 행정심판(심사청구, 심판청구, 감사원심사청구)에 대한 결정통지를 받은 날로부터 90일 이내에 행정법원에 제기하여야 하고, 만약 결정기간 내에 결정의 통지를 받지 못한 경우에는 그 결정기간이 경과한 날로부터 소송을 제기할 수 있습니다(국세기본법 제56조 제2항, 제3항).

또한, 소송이 제기된 경우에는 그 대상이 되어 있는 처분의 효력은 잃지 않고 원칙적으로 처분의 집행은 정지되지 않습니다(행정소송법 제23조 제1항).

그러므로 이러한 전심절차에서의 기간산정이 잘못되어 억울하게 각하 당하는 경우가 없도록 유의하시고, 조세쟁송절차는 복잡하기 때문에 조세전문가의 조력을 받는 것이 바람직할 것입니다.

(3) 결정절차 및 기간

1) 소관기관

조세심판원장이 심판청구를 받았을 때에는 조세심판관회의가 심리를 거쳐 결정한다. 다만, 심판청구의 대상이 국세의 경우 3,000만원에 미치지 못하는 소액이거나 경미한 것인 경우나 청구기간이 지난 후에 심판청구를 받은 경우에는 조세심판관회의의 심리를 거치지 아니하고 주심조세심판관이 심리하여 결정할 수 있다(법 제78조). 이 경우 조세심판관회의에서 종전에 조세심판원에서 한 세법의 해석·적용을 변경하는 의결을 하거나 그 밖에 법소정의 사유에 해당할 때에는 조세심판관합동회의가 심리를 거쳐 결정한다.

2) 결정기간

심판청구는 조세심판원장이 청구를 받은 날부터 조세심판위원회가 그 심리를 거쳐 90일 이내에 결정하여야 한다.

> **Q** 甲은 2005년 11월 8일 종로세무서로부터 양도소득세 2억 원의 부과처분을 받은 후 이에 불복하여 심사청구를 거쳐 심판청구를 하였는데, 국세심판원은 2006년 3월 30일 위 처분 중 일부가 위법하다면서 감액하여 그 과세표준과 세액을 경정결정 하였습니다. 이에 종로세무서는 위 국세심판원의 심판결정에 따라 2006년 4월 25일 당초처분인 2억 원의 양도소득세부과처분을 1억원으로 감액경정 결정하여 甲에게 통지하였습니다. 그러나 甲은 위 경정처분 또한 위법하다면서 이에 불복절차를 밟으려 하는데, 이 경우 어떤 처분을 기준

으로 하여야 하는지요?

A 행정청이 일정한 처분을 한 뒤에 그 처분을 감축(감액) 또는 확장(증액)하는 경우가 있습니다. 이는 과세처분 등 각종 부담금부과처분의 경우에 자주 볼 수 있으나 그 외 징계처분이나 영업정지처분 등 제재처분에서도 찾아 볼 수 있습니다.

이러한 경우 처음의 처분을 당초처분, 뒤의 처분을 경정처분이라 하는데, 어느 것을 전심절차나 행정소송의 대상으로 하여야 하는지 문제됩니다.

판례는 확장(증액)경정처분과 감축(감액)경정처분을 나누어 달리 취급하고 있는데, 확장경정처분을 한 경우 확장경정처분은 종전의 처분이 후의 확장경정처분에 흡수되므로 후의 경정처분만이 전심절차나 행정소송의 대상이 되며(대법원 1992. 8. 14. 선고 91누13229 판결, 2000. 9. 8. 선고 98두16149 판결, 2000. 9. 22. 선고 98두18510 판결), 감축경정처분은 당초처분의 일부취소에 해당하므로 일부 취소된 당초처분을 대상으로 그 전심절차나 제소기간 준수여부를 정하여야 한다고 하였습니다(대법원 2009. 5. 8. 선고 2006두16403 판결).

위 사안은 감축(감액)경정처분의 경우로 당초처분의 일부의 효력을 취소하는 처분이기 때문에 감축경정처분으로 감액되고 남은 당초의 처분이 전심절차나 행정소송의 대상이 됩니다.

즉, 위 사안에서 종로세무서가 2005년 11월 8일 甲에 대해서 한 2억 원의 양도소득세부과처분이 일부 취소되어 1억 원으로 감축된 것이므로 2005년 11월 8일을 기준으로 전심절차(심사청구 및 심판청구)나 행정소송의 기간준수 여부를 판단하여야 합니다.

따라서 위 사안의 경우 2005년 11월 8일을 기준으로 90일 이내에 처분청(종로세무서)에 심사청구를 하고, 이에 불복할 경우 심사결정서 송달일 이후 90일 이내에 국세심판원에 심판청구를 하고, 이 심판결정에 불복이 있는 경우 심판결정의 재결서 송달일 이후 90일 이내에 행정소송을 제기하여야 합니다.

만약, 甲이 감축(감액)경정처분을 새로운 처분으로 보고 전심절차나 제소기간을 정하게 되면 이는 부적법한 것이 되어 각하되는 것을 면하지 못할 것입니다.

참고로 수차의 경정처분이 있는 경우도 위의 이론이 그대로 적용됩니다. 예를 들면 2005년 5월 1일자로 800만원의 당초 과세처분을 하였다가, 2005년 6월 15일자로 1,000만원으로 증액하는 처분을 하고, 다시 같은 해 7월 20일자로 900만원으로 감액하는 과세처분을 하였을 경우 전심절차나 행정소송의 대상이 되는 것은 6월 15일자의 처분이나 그 대상인 과세처분의 내용은 900만원으로 감액된 것입니다. 즉, 6월 15일자 1,000만원의 과세처분이 전심절차나 행정소송의 대상이 되는 것입니다(대법원 1996. 7. 30. 선고 95누6328 판결, 1998. 5. 26. 선고 98두3211 판결).

한편 「국세기본법」 제22조의2은 당초처분과 경정처분의 관계에 대하여 규정하고 있는데, 그 제1항은 "세법에 따라 당초 확정된 세액을 증가시키는 경정(更正)은 당초 확정된 세액

에 관한 이 법 또는 세법에서 규정하는 권리·의무관계에 영향을 미치지 아니한다." 제2
항은 "세법에 따라 당초 확정된 세액을 감소시키는 경정은 그 경정으로 감소되는 세액 외
의 세액에 관한 이 법 또는 세법에서 규정하는 권리·의무관계에 영향을 미치지 아니한
다." 라고 규정하고 있습니다.

위 제2항의 내용은 감액경정처분에 대한 기존의 대법원판결의 입장을 재확인한 것에 불과
하므로 사안의 경우 위 규정에 따르더라도 여전히 2005년 11월 8일의 당초처분을 기준으
로 전심절차나 행정소송의 기간준수 여부를 판단하여야 합니다.

다만, 증액경정처분에 관한 위 제1항의 해석에 대해서는 견해의 대립이 있는데 아직 이에
대한 대법원 판례는 없는 것으로 보입니다.

[서식] 종합소득세부과처분취소 청구의 소

소　　장

원고　　김 길 동(주민등록번호)
　　　　서울 송파구 ○○동 ○-○
　　　　(전화 000-000, 팩스 000-000)
피고　　송파세무서장
종합소득세부과처분취소

청구취지

1. 피고가 2005. 1. 1. 원고에 대하여 한 1995년도 귀속 종합소득세 4,578,769,210원의 부과처분을 취소한다.
2. 소송비용은 피고가 부담한다.

라는 판결을 구합니다.

청구원인

1. 처분의 경위

(1) 피고는 원고에 대한 세무조사결과, 원고가 1992.경 이 사건 종중 등 43인으로부터 환매권 관련 소송을 수임하였는바, 위 소송이 1995. 10. 12. 화해로 종결되면서 위 소송의 수임료로 7,934,060,200원을 수령하였음에도, 당초 성공보수로 이 사건 종중 등이 국가로부터 받게 되는 경제적 이익의 40%를 받기로 한 약정서 이외에 성공보수를 1억원으로 정한 허위 약정서를 작성하는 등의 방법으로 1억원만 위 소송사건의 수임료로 신고하고 나머지 7,834,060,200원은 신고누락한 것으로 보아, 위 수임료를 신고누락한 것은 사기 기타 부정한 행위로써 국세를 포탈한 경우에 해당된다고 보고 10년의 부과제척기간을 적용하여 2005. 1. 1. 원고에 대하여 위 신고누락금액에 관한 1995년도 귀속 종합소득세 4,578,769,210원을 경정, 고지하였습니다(이하 '이 사건 부과처분'이라 한다).

(2) 원고가 2005. 3. 29. 국세심판원장에게 심판청구를 하였으나, 국세심판원장은 2006. 1. 4. 위 심판청구를 기각하였습니다.

2. 처분의 위법성

이 사건 부과처분은 1995년 귀속분으로 부과처분 당시 이미 국세부과의 제척기간인 5년이 경과함으로써 납세의무가 소멸하였고, 가사 그렇지 않다 하더라도 원고가 이 사건 환매권 관련 소송을 수임하면서 일부 의뢰인은 무료로, 일부 의뢰인들에게서는 10-30%의 수임료를 받기로 하는 등 의뢰인들마다 각각 다른 수임료 약정을 하였으며, 또 일부 의뢰인들과는 10%의 수임료 추가 약정을 체결하지 못한데다가 약정된 수임료를 제대로 받지 못한 경우도 있었고, 원고가 실제로 받은 수임료에서도 환매대금 등을 모집하면서 약정한 투자금의 300% 상당액을 투자자들에게 지급할 수밖에 없었기 때문에 원고의 소득은 이 사건 부과처분에서 인정한 소득과 다르므로 이 사건 부과처분은 위법합니다.

3. 결론

이와 같이 피고의 처분은 위법한 행정처분이 아닐 수 없으므로, 상기와 같이 원고의 행정처분의 취소를 구하는 행정소송에 이르게 되었습니다.

입증방법

1. 갑 제1호증
2. 갑 제2호증

첨부서류

1. 위 각 입증방법   각 1부
2. 송달료 납부서
3. 소장부본

20 . . .

위 원고   (날인 또는 서명)

서울행정법원   귀중

당해판례

2006구합 11750

국세기본법 제26조의2 제1항은 국세부과의 제척기간을 규정하면서, 납세자가 사기 기타 부정한 행위로써 국세를 포탈하거나 환급, 공제받는 경우에는 당해 국세를 부과할 수 있는 날부터 10년간(제1호), 납세자가 법정신고기한 내에 과세표준신고서를 제출하지 아니한 경우에는 당해 국세를 부과할 수 있는 날부터 7년간(제2호), 제1호 및 제2호에 해당하지 아니하는 경우에는 당해 국세를 부과할 수 있는 날부터 5년간(제3호)으로 각 규정하고 있다.

국세기본법 제26조의2 제1항 제1호의 '사기 기타 부정한 행위'는 조세범처벌법 제9조의 '사기 기타 부정한 행위'와 동일한 의미로 해석할 수 있는바, 조세범처벌법 제9조에서 말하는 '사기 기타 부정한 행위'라 함은 조세포탈의 의도를 가지고, 그 수단으로서 조세의 부과징수를 불능 또는 현저하게 곤란하게 하는 위계 기타 부정한 적극적인 행위가 있음을 의미하는 것이고, 이러한 행위가 수반됨이 없이 단순히 세법상의 신고를 하지 아니하거나 과세표준을 과소신고하여 이에 대한 조세를 납부하지 아니한 사실은 부정행위에 해당되지 아니한다(대법원 2005. 3. 25. 선고 2005도370 판결 등 참조).

따라서 국세기본법 제26조의2 제1항 제1호의 '사기 기타 부정한 행위'에 해당하기 위해서는 ① 조세포탈의 의도를 가지고, ② 그 수단으로서 조세의 부과징수를 불능 또는 현저히 곤란하게 하는 위계 기타 부정한 적극적인 행위가 있었으며, ③ 그로 인하여 조세의 부과징수가 불능 또는 현저하게 곤란하게 되는 인과관계가 인정되어야 할 것이다.

원고가 1996. 5. 31.경 1995년 귀속분에 대한 종합소득세를 신고, 납부할 때까지 1995년 귀속분 종합소득세와 관련하여 실제로 한 행위는 이 사건 종중 등으로부터 받은 성공보수 및 그 금액에 관하여 과세관청에의 신고를 누락하였거나 과소신고한 사실만이 있었을 것으로 보일 뿐, 별도로 원고가 성공보수를 1억원으로 기재한 허위의 증빙자료를 작성하여 이를 과세관청에 제출하는 등 위계 기타 부정한 적극적인 행위로써 과세관청의 조세 부과 및 징수를 불능 또는 현저하게 곤란하게 한 사실을 인정할 증거가 없으므로(위 (2)의 (가) ⑥항 기재 약정서는 1991. 1. 20.부터 1997. 2. 2.까지 이 사건 종중의 대표자를 역임했던 이XX의 후임인 이OO이 작성한 것으로 미루어 그 작성 시기는 적어도 1997. 2. 3. 이후인 것으로 보이므로 그 무렵 원고가 위 허위 약정서에 기하여 1995년 귀속분 종합소득세의 세무신고를 하였다거나 위 약정서를 과세관청에 제출하였음을 인정할 아무런 자료가 없는 이상, 위 (2)의 (가) ⑥항 기재 약정서는 당초 1995년 귀속분 종합소득세의 신고, 납부와 관련이 있다고 보기 어렵다고 할 것이다. 위 인정사실만으로 원고가 이 사건 종합소득세를 포탈하기 위하여 사기 기타 부정한 행위를 하였다고 볼 수 없다.

따라서 원고에 대한 1995년 귀속분 종합소득세의 부과제척기간은 5년이라 할 것이므로 이와 달리 부과제척기간을 10년으로 보고 행한 이 사건 부과처분은 국세부과의 제척기간을 도과한 것이어서 위법하다.

[서식] 종합소득세경정청구일부거부처분취소 청구의 소

소　장

원고　　김 길 동(주민등록번호)
　　　　서울시 강남구 삼성동 ○○번지
　　　　(전화 000-000, 팩스 000-000)
피고　　삼성세무서장
종합소득세경정청구일부거부처분취소

청구취지

1. 피고가 2010. 7. 23. 원고에 대하여 한 종합소득세 경정청구 거부처분을 취소한다.
2. 소송비용은 피고가 부담한다.
라는 판결을 구합니다.

청구원인

1. 처분의 경위

(1) 원고는 소외 주식회사(이하 소외 '증권회사'라 한다)를 통하여 외국회사가 운용하는 일본펀드인 'A' 펀드상품(이하 '이 사건 펀드상품'이라 한다)에 2007. 6. 22. 1억원, 2007. 7. 10. 1억원 및 2007. 8. 3. 3,000만 원 합계 2억 3,000만 원을 투자하여 이를 매수하였습니다(이하 '이 사건 투자신탁'이라 한다).

(2) 원고는 2008. 12. 2. 이 사건 펀드상품을 환매하였고, 소외 증권회사는 환매금액 185,518,8

44원 중 환차익에 해당하는 157,846,781원을 배당소득으로 보아 배당소득세 24,308,370원을 원천징수하여 피고에게 납부한 후 나머지 161,210,474원을 원고에게 환매대금으로 지급하였습니다.

이에 원고는 2009. 12. 21. 피고에 대하여 이 사건 펀드상품의 환매금액이 185,518,844원에 불과하여 투자원금 합계 2억 3,000만 원에 미치지 못함에도 불구하고 위 환매금액 중 환차익에 해당하는 157,846,781원만을 분리하여 배당소득으로 과세하는 것은 실질과세의 원칙 등에 반하여 위법하고, 환차익을 산정함에 있어 이 사건 펀드상품의 환매시의 주가가 아닌 취득시의 주가를 기준으로 한 위법이 있다고 주장하면서 원천징수한 24,308,370원을 환급하여 줄 것을 구하는 종합소득세 경정청구를 하였습니다.

(3) 기획재정부는 2009. 7. 7. 해외펀드의 환차익 계산방법을 취득시 기준 주가에서 환매시 기준 주가로 변경하여 산정하는 내용의 유권해석을 하였고, 이에 피고는 2010. 7. 23. 위 환매금액 중 환차익 상당 부분은 구 소득세법(2008. 12. 26. 법률 제9270호로 개정되기 전의 것, 이하 '구 소득세법'이라 한다) 제17조 제1항 제5호에서 정한 투자신탁의 이익에 해당하여 배당소득으로 과세함이 타당하고, 다만 위 유권해석에 따른 환차익 산정방법에 따라 이 사건 펀드상품의 환매시 발생한 환차익을 재산정(그와 같이 재산정한 환차익을 이하 '이 사건 환차익'이라 한다)하고 그에 따라 배당소득이 감액됨에 따라 위 원천징수한 24,308,370원 중 과다 원천징수된 10,880,796원을 환급하면서 나머지 금원에 대한 환급을 거부하였습니다 (이하 원고의 위 경정청구에 대한 위 환급금 거부부분을 '이 사건 처분'이라 한다).

(4) 원고는 이 사건 처분에 불복하여 2010. 10. 8. 조세심판원에 심판청구를 제기하였으나 2011. 5. 16. 기각결정을 받았습니다.

2. 처분의 위법성

(1) 이 사건 펀드상품의 환매금액 중 이 사건 환차익 부분만을 구분하여 배당소득세 과세대상인 구 소득세법 제17조 제1항 제5호의 '국내 또는 국외에서 받는 대통령령이 정하는 투자신탁의 이익'에 해당한다고 볼 수는 없으므로, 이와 다른 전제에서 이루어진 이 사건 처분은 위법합니다.

(2) 이 사건 환차익 부분은 주식가격의 변동에 따른 손익과 동시에 발생한 것으로서 구 조세특례제한법 시행령(2010. 2. 18. 대통령령 제22037호로 개정되기 전의 것, 이하 '구 조특법 시행령'이라 한다) 제92조의2 제3항 단서에서 정한 '주식가격의 변동에 따른 손익'에 포함된다고 봄이 상당하고, 따라서 이 사건 환차익 부분은 구 조세특례제한법(2010. 1. 1. 법률 제9921

호로 개정되기 전의 것, 이하 '구 조특법'이라 한다) 제91조의2 제2항이 정한 비과세 대상에 해당된다고 보아야 하므로, 이와 다른 전제에서 이루어진 이 사건 처분은 위법합니다.

(3) 하나의 펀드상품 속에 일체를 이루고 있는 주식매매손익 부분과 환율변동손익 부분을 전체로서 고려하여 이익 여부를 판단하고 그에 대하여 비과세 규정을 적용하여야 함에도 불구하고, 구 조특법 시행령 제92조의 제3항 단서 규정이 환율 변동에따른 손익 부분만을 비과세 대상에서 제외한 것은 모법인 구 조특법 제91조의2 제2항의 위임범위를 벗어나 납세의무자에게 불리한 규정으로서 조세법률주의 원칙에 반하여 무효이므로 이에 근거한 이 사건 처분은 위법합니다.

(4) 설령 이 사건 환차익 부분이 구 조특법 제91조의2 제2항에서 정한 비과세대상에 포함되지 않는다고 하더라도, 이 사건 펀드상품의 전체 환매금액이 투자원금에 미치지 못함에도 그 중 환차익 부분만을 구분하여 과세하는 것은 실질과세의 원칙에 반하여 위법합니다.

3. 결론
이와 같이 피고의 이 사건 처분은 위법하므로 그 취소를 구하는 행정소송을 제기하게 되었습니다.

입증방법

1. 갑 제1호증
2. 갑 제2호증
3. 갑 제3호증

첨부서류

1. 위 각 입증방법   각 1부
2. 송달료 납부서
3. 소장부본

20 .　.　.

위 원고 　　　 (날인 또는 서명)

서울행정법원 　　**귀중**

당해판례

2011구합 17257

구 소득세법 제17조 제1항 제5호, 같은 법 시행령(2009. 2. 4. 대통령령 제21301호로 개정되기 전의 것, 이하 '구 소득세법 시행령'이라 한다) 제23조 제1항, 제2항에 의하면, 간접투자자산운용업법에 의하여 설정된 투자신탁(국외에서 설정된 신탁 포함)으로부터 매년 1회 이상 금전으로 환급받는 투자신탁 이익을 배당소득의 하나로 보아 과세하도록 하고 있고, 한편 구 조특법 제91조의2 제2항, 구 조특법 시행령 제92조의2제3항에 의하면, 거주자가 자본시장과 금융투자업에 관한 법률에 따른 집합투자기구등으로부터 받는 배당소득금액에는 구 소득세법 제17조 제1항에도 불구하고 해당 집합투자기구 등이 직접 또는 집합투자증권만의 투자를 통하여 취득하는 주식으로서 국외에서 발행 · 거래되는 주식의 매매 또는 평가로 인하여 2009. 12. 31.까지 발생한 손익을 포함하지 아니하고, 다만 위 손익에는 주식가격의 변동에 따른 손익만을 포함하되, 주식가격의 변동에 따른 손익과 환율 변동에 따른 손익이 동시에 발생하는 경우에는 환율 변동에 따른 손익을 주식가격의 변동에 따른 손익으로 보아 계산하도록 하고 있다.

위 각 규정내용에 의하면, 구 조특법 제91조의2 제2항 및 구 조특법 시행령 제92조의2 제3항의 배당소득에 대한 과세특례 규정은 거주자가 집합투자기구 등으로부터 받는 배당소득금액이 구 소득세법 제17조 제1항에서 정하고 있는 '배당소득'에 해당하여 과세대상이 됨을 전제로, 그러한 경우에도 구 조특법 제91조의2 제2항, 구 조특법 시행령 제92조의2 제3항의 요건을 충족하는 경우에 한하여는 구 소득세법 제17조 제1항의 '배당소득'에서 제외하여 비과세한다는것으로 해석된다. 따라서 거주자가 집합투자기구 등으로부터 받는 배당소득금액이 소득세 과세의 근거규정인 구 소득세법 제17조 제1항의 '배당소득' 자체에 해당하지 않는다면 그에 대한 과세특례 규정인 구 조특법 제 91조의2 제2항 및 구 조특법 시행령 제92조의2 제3항이 정한 비과세대상에 해당하는지 여부와 관계없이 소득세 과세대상으로 삼을 수 없다고 할 것이다.

이 사건의 경우 피고는 이 사건 투자신탁, 즉 이 사건 펀드상품의 환매로 인하여 원고에게 구 소득세법 제17조 제1항 제5호의 '국외 또는 국내에서 받는 대통령령이 정하는 투자신탁의 이익'에 해당하는 배당소득이 발생하였고, 다만 그 배당소득금액 중 환율 변동에 따른 이익에 해당하는 이 사건 환차익 부분은 구 조특법 제91조의2 제2항, 같은 법 시행령 제92조의2 제3항이 정한 비과세대상인 '주식가격의 변동에 따른 손익'에 해당하지 아니하여 소득세 과세대상이 된다고 보아 이 사건 처분에 이른 것으로 보인다.

따라서 앞서 본 법리에 비추어 볼 때, 이 사건 환차익이 구 조특법 제91조의2 제2항, 같은 법

시행령 제92조의2 제3항이 정한 비과세대상인 '주식가격의 변동에 따른손익'에 포함되는지 여부에 관하여 판단하기에 앞서, 먼저 앞서 본 바와 같이 이 사건투자신탁으로 인하여 이 사건 펀드상품의 환매금액이 투자원금에도 미치지 못하는 손실을 입은 원고에게 환매금액 중 환율 변동에 따른 이 사건 환차익 부분만을 구분하여 이를 구 소득세법 제17조 제1항 제5호의 '투자신탁의 이익'에 해당하는 배당소득이 발생하였다고 볼 수 있는지가 문제되므로 이에 관하여 보기로 한다.

살피건대, ① 구 소득세법 제17조 제1항 및 구 소득세법 시행령 제23조의 각 규정내용에 의하면, 주식가격의 변동에 따른 손익과 환율 변동에 따른 손익을 구분하여 구소득세법 제17조 제1항 제5호의 배당소득인 '투자신탁의 이익'의 발생 여부를 산정하도록 하고 있지는 아니하고, 위 투자신탁의 이익에 대한 과세표준 계산방식에 관하여는 기획재정부장관이 정하여 고시하는 바에 따른다고 규정하고 있으나(구 소득세법 시행령 제23조 제10항) 현재까지 위 고시가 제정·공포되지 아니한 것으로 보이는 점, ② 이 사건과 같은 해외 펀드상품의 경우 주식가격의 변동에 따른 손익과 환율 변동에 따른 손익을 구분하여 각각 별도로 과세하도록 하는 근거법령이 존재하고 있는 것으로도 보이지 않는 점, ③ 피고의 과세실무 또한 배당소득에 대한 과세특례 규정인 구 조특법 제91조의2 제2항이 적용되지 않는 경우 구 소득세법 제17조 제1항 제5호의 배당 소득금액은 주식가격의 변동에 따른 손익과 환율 변동에 의한 손익을 합산하여 산정하고 있으므로 원고와 같이 주식가격의 변동에 따른 손실이 환율변동에 의한 이익을 초과하는 경우에는 배당소득금액은 0원으로 산정되어 소득세 과세대상인 구 소득세법 제17조 제1항의 배당소득이 존재하지 않는 것으로 보고 있는 점(피고의 2011. 11. 11.자준비서면 참조) 등을 종합해 보면, 구 소득세법 제17조 제1항 제5호의 '투자신탁의 이익'인 배당소득은 주식가격의 변동에 따른 손익과 환율 변동에 의한 손익을 합산하여 산정함이 타당하고, 따라서 이 사건과 같이 투자신탁으로 인한 손실이 발생한 경우에는 비록 환율 변동에 따른 이익이 존재한다고 하더라도 그 환차익만을 구분하여 소득세 과세대상인 구 소득세법 제17조 제1항 제5호가 정한 '투자신탁의 이익', 즉 배당소득이 발생한 것으로 볼 수는 없다고 할 것이다. 따라서 이 사건 환차익 부분이 구 조특법 제91조의2 제2항 및 구 조특법 시행령 제92조의2 제3항에서 비과세대상으로 정한 '주식가격의 변동에 따른 손익'에 해당하는지 여부에 관계없이, 이 사건 환차익 부분을 구 소득세법 제17조 제1항 제5호의 '투자신탁의 이익'에 해당하는 배당소득이 발생한 것으로 볼 수는 없으므로, 이와 다른 전제에서 이루어진 이 사건 처분은 원고의 나머지 주장들에 관하여 더 나아가 살필 필요 없이 위법하다.

소 장

원고   김 길 동(주민등록번호)
             서울시 영등포구 ○○동 ○번지
             (전화 000-000, 팩스 000-000)
피고   영등포세무서장
종합소득세부과처분취소

청구취지

1. 피고가 2009. 4. 2. 원고에게 한 2007년 귀속 종합소득세 738,210원의 부과처분을 취소한다.
2. 소송비용은 피고의 부담으로 한다.

라는 판결을 구합니다.

청구원인

1. 처분의 경위

(1) 원고는 서울 영등포구 당산동2가 00에서 1990.부터 세무사업을 영위하고 있는데, 2007. 6. 30. 현재 현금영수증가맹점에 가입하지 않았습니다.

(2) 피고는 2009. 4. 2. 원고의 사업장이 소비자상대업종의 사업장에 해당하고 직전 과세기간(2006년)의 수입금액이 370,238,248원이어서 현금영수증가맹점에 가입하여야 함에도 불구하고 2007. 6. 30.까지 현금영수증가맹점에 가입하지 않았다는 이유로 과세 기간 총수입금액의 5/1,000에 상당하는 가산세 738,214원을 2007년 귀속 종합소득세로 부과하였습니다(이하 '이 사건 처분'이라고 한다).

2. 처분의 위법성

(1) 원고의 사업장은 사업자들을 상대로 기장대리용역을 제공하고 세금계산서를 발행하므로 현금영수증가맹점 가입대상인 소비자상대업종 외의 업종(도매업)에 해당한다. 따라서 세무사업종

을 소비자상대업종으로 규정한 구 소득세법 시행령(2010. 2. 18. 대통령령 제22034호로 개정되기 전의 것, 이하 '법 시행령'이라고만 한다) 제210조의3, [별표 3의2]는 실질과세원칙에 위배됩니다.

(2) 원고가 제공하는 용역에 대하여는 부가가치세법상 세금계산서교부의무가 부과되어 있어 미교부시 가산세가 부과되는데 여기에 현금영수증가맹점 미가입가산세를 부과한다면 가산세를 이중으로 부과하는 것이 됩니다.

(3) 원고의 업종이 소비자상대업종이 맞더라도 현금영수증가맹점 미가입가산세는 소비자들에게 공급한 대가에 대하여만 5/1,000의 가산세율을 적용하여 산출되어야 합니다.

3. 결론
이상과 같이 피고의 이 사건 처분은 위법하므로 이의 취소를 구하는 행정소송을 제기하기에 이르렀습니다.

입증방법

    1. 갑 제1호증
    2. 갑 제2호증

첨부서류

    1. 위 각 입증방법   각 1부
    2. 송달료 납부서
    3. 소장부본

20 . . .
위 원고   (날인 또는 서명)

서울행정법원　　귀중

당해판례

2010구합 6519

(1) 원고의 첫째 주장에 대하여

소득세법 제162조의3(현금영수증가맹점 가입·발급의무 등)은 업종 및 규모 등을 고려하여 대통령령이 정하는 요건에 해당되는 사업자로 하여금 현금영수증가맹점에 의무적으로 가입하도록 함으로써 현금영수증 사용을 확대하고 세원의 투명성을 확보하기 위하여 2006. 12. 30. 신설되어 2007. 7. 1.부터 시행되었다. 한편, 세무사업의 경우 사업자를 상대로 한 기장대리용역을 통한 수입뿐 아니라 사업자가 아닌 자를 상대로 한 세무대리용역이나 자문, 상담 등을 통한 수입 역시 대부분 수반하고 있다고 봄이 상당하다. 위와 같은 입법목적과 거래현실 등을 고려하여 볼 때, 설령 원고의 경우에는 사업자를 상대로 한 기장대리용역만을 주로 제공한다고 하더라도 그러한 사정만으로 세무사업을 소비자상대업종으로 규정한 법 시행령 제210조의3, [별표 3의2]가 실질과세 원칙에 위배된다고 볼 수는 없다.

(2) 원고의 둘째 주장에 대하여

세금계산서 미교부가산세와 현금영수증가맹점 미가입가산세는 그 근거법령, 적용대상 등을 달리하는 것이다. 따라서 현금영수증가맹점에 가입하지 아니한 사업자에 대하여 그에 따른 가산세를 부과한다고 하더라도 이는 세금계산서의 미교부에 따른 가산세와는 별개의 것이므로 이를 가산세의 이중부과라고 할 수는 없다.

(3) 원고의 셋째 주장에 대하여

만일 원고가 소비자상대업종인 세무사업과 함께 다른 업종을 겸영한다면 현금영수증 가맹점 가입대상인 업종의 수입금액만을 가산세 산정의 기초로 삼아야 할 것이지만, 이 사건의 경우 피고는 원고가 과세기간 동안 세무사업을 통하여 얻은 총수입금액을 기초로 하여 가산세를 산출하였으므로, 여기에 어떠한 잘못이 있다고 할 수 없다.

소　장

원고　　1. 김 길 동(주민등록번호)
　　　　서울시 강남구 신사동 ○○번지
　　　　(전화 000-000, 팩스 000-000)
　　　　2. 박 길 자(주민등록번호)
　　　　서울시 강남구 신사동 ○○번지
　　　　(전화 000-000, 팩스 000-000)
피고　　반포세무서장
종합소득세부과처분취소

청구취지

1. 피고가 2009. 5. 13. 원고 1에 대하여 한 2006년도 귀속 종합소득세 67,776,800원, 원고 2에 대하여 한 2006년도 귀속 종합소득세 88,102,720원의 부과처분을 각 취소한다.

2. 소송비용은 피고의 부담으로 한다.

라는 판결을 구합니다.

청구원인

1. 처분의 경위

(1) 원고들은 유명 탤런트들로서 2006. 1. 15. 연예매니지먼트 사업을 영위하는 주식회사 0000(이하 '소외 회사'라고 한다)와 사이에 2006. 1. 5.부터 2008. 11. 4.까지 34개월 동안의 연예활동에 관한 독점적이고 포괄적인 전속계약(이하 '이 사건 전속계약'이라고 한다)을 체결하면서, 전속계약금으로 원고 1은 200,000,000원, 원고 2는 260,000,000원(이하 '이 사건 전속계약금'이라고 한다)을 각 지급받았습니다.

(2) 원고들은 2007. 5. 31. 이 사건 전속계약금이 구 소득세법 제21조 제1항 제18호 사건 해제신청을 심의하도록 하였고, 위 위원회가 이 사건 해제신청을 부결(2006. 12. 30. 법률 제8144호로 개정되기 전의 것, 이하 '구 소득세법'이라고 한다) 소정의 기타소득에 해당된다고 보고 필요경비 80%를 적용하여 2006년 귀속 종합소득세 확정신고를 하였습니다.

(3) 그러나 피고는 2009. 5. 13. 이 사건 전속계약금을 사업소득으로 보아 원고 1에게 67,776,800 원, 원고 2에게 88,102,720원의 2006년 귀속 종합소득세를 각 경정·고지하였습니다(이하 '이 사건 처분'이라고 한다).

2. 처분의 위법성

전속계약금은 구 소득세법 제21조 제1항 제18호에서 기타소득의 하나로 열거되어 있습니다. 그리고 원고들이 지급받은 이 사건 전속계약금도 한 회사에 전속되어 있는 대가로 받게 되는 일시적이고 우발적인 소득일뿐 계속적·반복적으로 행하여지는 사업활동에 대한 대가가 아닙니다. 또한, 국세청에서는 수차례 예규 또는 유권해석을 통하여 한 회사에 일신전속하면서 받게 되는 전속계약금이 기타소득에 해당한다는 견해를 표명하였으므로 이에 대한 원고들의 신뢰는 보호되어야 마땅합니다.

3. 결론

이상과 같이 피고의 이 사건 처분은 절차적·실체적으로 위법하므로 이의 취소를 구하는 행정소송을 제기하기에 이르렀습니다.

입증방법

    1. 갑 제1호증
    2. 갑 제2호증

첨부서류

    1. 위 각 입증방법   각 1부
    2. 송달료 납부서
    3. 소장부본

20   .   .   .

위 원고   (날인 또는 서명)

서울행정법원   **귀중**

당해판례

2010구합 6472

(1) 이 사건 전속계약금이 사업소득인지 여부

구 소득세법 제21조 제1항 제18호에서 기타소득으로 정한 "전속계약금"은 사업소득 이외의 일시적·우발적 소득에 해당하는 경우만을 의미하는 것으로서 취득한 소득의 명칭이 "전속계약금"이라고 하더라도 그것에 사업성이 인정되는 한 이를 사업소득으로 보아야 하고, 탤런트 등 연예인이 독립된 자격에서 용역을 제공하고 받는 소득이 사업소득에 해당하는지 또는 일시소득인 기타소득에 해당하는지 여부는 당사자 사이에 맺은 거래의 형식·명칭 및 외관에 구애될 것이 아니라 그 실질에 따라 평가한 다음, 그 거래의 한쪽 당사자인 당해 납세자의 직업 활동의 내용, 그 활동 기간, 횟수, 태양, 상대방 등에 비추어 그 활동이 수익을 목적으로 하고 있는지 여부와 사업활동으로 볼 수 있을 정도의 계속성과 반복성이 있는지 여부 등을 고려하여 사회통념에 따라 판단하여야 하며, 그 판단을 함에 있어서도 소득을 올린 당해 활동에 대한 것 뿐만 아니라 그 전후를 통한 모든 사정을 참작하여 결정하여야 할 것이다(대법원 2001. 4. 24. 선고 2000두5203 판결 등 참조).

이 사건의 경우, 원고들이 소외 회사와 체결한 전속계약서에 의하면(갑제1호증의 1, 2 참조), 원고들이 연기자로서 행하는 모든 연예활동에 관하여 소속사가 독점적이고 포괄적으로 관리하는 권한을 행사하고, 원고들은 소속사의 사전 승낙없이 출연교섭을 하거나 연예활동을 할 수 없으며 계약기간 중 소속사의 허락없이 연예활동을 중지하거나 은퇴할 수도 없고, 연예활동에서 발생하는 모든 수입은 원고들의 공과금, 대행수수료를 제외하고 소속사와 원고들이 2:8의 비율로 분배(다만 원고들의 TV출연료는 1:9의 비율로 분배하는 것으로 2006. 4. 21. 계약이 변경되었다)하는 것으로 약정되어 있음을 알 수 있는바, 연기자로서의 원고들의 모든 연예활동 그 자체가 수익을 올릴 목적으로 이루어져 온 것인 데다가 이 사건 전속계약의 기간, 전속계약금의 규모 및 기타 계약의 내용 등에 비추어 보면 사회통념상 하나의 독립적인 사업활동으로 볼 수 있을 정도의 계속성과 반복성도 갖추고 있다고 봄이 상당하다.

그러므로 원고들의 이 사건 전속계약금 소득은 그 실질상 사업소득에 해당한다.

(2) 신뢰보호원칙 위반 여부

일반적으로 조세 법률관계에서 과세관청의 행위에 대하여 신뢰보호의 원칙이 적용되기 위하여는 과세관청이 납세자에게 신뢰의 대상이 되는 공적인 견해표명을 하여야 하고, 또한 국세기본법 제18조 제3항에서 말하는 비과세 관행이 성립하려면 상당한 기간에 걸쳐 과세를 하지 아니한 객관적

사실이 존재할 뿐만 아니라 과세관청 자신이 그 사항에 관하여 과세할 수 있음을 알면서도 어떤 특별한 사정 때문에 과세하지 않는다는 의사가 있어야 하며 위와 같은 공적 견해나 의사는 명시적 또는 묵시적으로 표시되어야 하지만, 묵시적 표시가 있다고 하기 위하여는 단순한 과세 누락과는 달리 과세관청이 상당기간 불과세 상태에 대하여 과세하지 않겠다는 의사표시를 한 것으로 볼 수 있는 사정이 있어야 하고, 이 경우 특히 과세관청의 의사표시가 일반론적인 견해표명에 불과한 경우에는 위 원칙의 적용을 부정하여야 할 것이다(대법원 2000. 1. 21. 선고 97누11065 판결 등 참조).

살피건대, 원고들이 들고 있는 국세청의 2000. 2. 21.자 예규〈소득 46011-254〉 등은 연예인이 오로지 한 회사나 단체 또는 1거주자 등에만 일신전속하는 계약을 체결하고 '일시적' 소득의 성격으로 지급받는 전속계약금은 기타소득에 해당한다는 일반적인 견해를 표명한 것에 불과하고(갑 제6호증의 1, 2 참조), 또한 전속계약금은 어느 경우에나 기타소득으로만 과세한다는 관행이 일반적으로 성립하였다고 볼 수도 없으므로, 이 사건 처분이 신뢰보호의 원칙에 위배되어 위법하다는 원고들의 주장은 이유 없다.

[서식] 종합소득세부과처분취소 청구의 소

소　　장

원고　　1. 김 ○ ○(주민등록번호)
　　　　서울시 강서구 ○○동 ○번지
　　　　2. 박 ○ ○(주민등록번호)
　　　　서울시 강서구 ○○동 ○번지
피고　　강서세무서장
종합소득세부과처분취소

청구취지

1. 피고가 2008. 3. 20. 원고 김○○에 대하여 한 2002년 귀속 종합소득세 28,871,580원의 부과처분과 2008. 6. 14. 원고 박○○에 대하여 한 2002년 귀속 종합소득세 28,414,040의 부과처분을 각 취소한다.
2. 소송비용은 피고의 부담으로 한다.

라는 판결을 구합니다.

청구원인

1. 처분의 경위

(1) 원고 김○○은 1988. 8. 3.부터 서울 ○○구 ○○동 ○○○ 외 3필지 지상 상가 1층 7호를, 원고 박○○는 1993. 6. 22.부터 같은 상가 1층 4호를 각 소유하였는데, 원고들은 위 각 구분소유부분을 타에 임대하여 부동산임대업을 영위하였습니다.

(2) 그러던 중, 원고들은 2002. 9. 16. 위 지역 일대에 대하여 재건축사업을 시행하던 ○○○정비사업조합(이하 '소외 조합'이라 한다)과 사이에, 원고들이 소외 조합에 위 상가를 재건축하게 하도록 각 구분소유부분을 제공하되, 소외 조합으로부터 기존 상가보다 1평이 증가된 재건축상가의 구분소유부분과 재건축 추진으로 인한 피해 및 영업손실보상금으로 각 1억 2,000만 원을 지급받기로 하는 계약을 체결하였고, 원고들은 그 무렵 소외 조합에 위 구분소유부분을 신탁한 후, 2002. 9. 19. 소외 조합으로부터 각 1억 2,000만 원(이하 '쟁점 금액'이라 한다)을 지급받았습니다.

(3) 피고는 2007. 8.경 소외 조합에 대한 법인세부분을 조사한 후, 원고들이 2002년 위와 같은 영업손실보상금을 지급받았음에도 이를 사업소득으로 신고하지 않았다는 이유로, 원고들에 대하여 가산세를 포함한 청구취지 기재의 각 처분(이하 '이 사건 각 처분'이라 한다)을 하였습니다.

2. 처분의 위법성

(1) 원고들이 소외 조합으로부터 지급받은 1억 2,000만 원은 원고들이 소유한 종전 상가 토지지분이 평균 9평 정도 감소되는 것에 대한 보상과 재건축기간 동안의 영업손실에 대한 보상으로 지급받은 것으로 소득세법에 정한 사업소득에 해당하지 않습니다.

(2) 피고가 재건축·재개발사업지구 내에서 조합원들의 토지지분 감소로 인한 보상에 대하여 과세한 사례가 없음에도 원고들에 대하여만 과세하는 것은 국세기본법상 세법 해석의 기준과 소급과세금지의 원칙에 반합니다.

(3) 2002년 당시 쟁점 금액을 과세소득으로 한다는 세법상의 명문규정이나 해석이 없으므로 원고들

에 대하여 가산세를 부과하는 것은 신의칙의 원칙에 반합니다.

3. 결론

위와 같이 피고의 처분은 위법하므로 이의 취소를 구하는 본 건 행정소송에 이르게 되었습니다.

입증방법

1. 갑 제1호증
2. 갑 제2호증
3. 갑 제3호증

첨부서류

1. 위 각 입증방법   각 1부
2. 송달료 납부서
3. 소장부본

20 .   .   .

위 원고   (날인 또는 서명)

서울행정법원   귀중

당해판례

2009구합 683
1. 원고들이 위 상가의 각 구분소유부분을 타인에게 임대하여 오다가 위 상가의 재건축에 따른
신탁등기 무렵인 2002. 9. 19. 재건축된 상가의 구분소유부분과는 별도로 위 임대사업을 폐지함
에 따른 영업손실보상 명목으로 쟁점 금액을 수령한 점, 이와 같은 원고들의 사업운영내용, 기간,
규모 및 쟁점 금액의 지급경위와 그 지급시기 등에 비추어 보면, 쟁점 금액은 위 상가의 구분소유
부분의 임대사업과 관련하여 발생한 손실에 대한 보상금으로 지급된 것이므로, 양도소득이 아니
라 총수입금액에 산입되는 사업소득에 해당한다고 할 것이고, 갑 2, 3호증(가지번호 포함)의

각 기재만으로 쟁점 금액이 기존 상가의 각 구분소유부분에 비하여 재건축상가의 각 구분소유부분이 평균 9평 정도 감소한 것에 대한 보상이라고 인정할 수 없다.

2. 피고가 재건축·재개발사업지구 내에서 조합원들의 토지지분 감소로 인한 보상에 대하여는 과세하지 않아 왔고 세법을 해석하였다는 점을 인정할 만한 아무런 증거가 없다(게다가 앞서 본 바와 같이 쟁점 금액은 위 상가의 구분소유부분에 관련된 영업손실에 대한 보상금으로 지급된 것이라 할 것이다).

3. 앞서 본 바와 같이 쟁점 금액은 2002년 당시 소득세법에 의하더라도 사업소득에 해당한다고 할 것이고, 세법상 가산세의 경우 납세자의 고의·과실은 고려되지 아니하고 법령의 부지·착오 등은 그 의무위반을 탓할 수 없는 정당한 사유에 해당하지 아니하므로(대법원 2007. 4. 26. 선고 2005두10545 판결 등 참조), 원고들이 이 사건 각 처분 전에 쟁점 금액이 사업소득에 해당하는지를 알 수 없었다거나 피고로부터 이를 통지받지 못하였다고 하더라도, 이 사건 각 처분이 신의칙에 반한다고 볼 수 없다.

[서식] 근로소득세부과처분취소 청구의 소

소   장

원고   ○○○ 주식회사
          서울시 동작구 ○○동 ○번지
피고   동작세무서장
근로소득세부과처분취소

청구취지

1. 피고가 2008. 3. 3. 원고에 대하여 한 2003년도 귀속 근로소득세 965,433,480원, 2004년도 귀속 근로소득세 569,856,000원, 2005년도 귀속 근로소득세 4,920,160원의 각 부과처분을 모두 취소한다.

2. 소송비용은 피고의 부담으로 한다.

라는 판결을 구합니다.

청구원인

1. 처분의 경위

(1) 원고는 ○○○ 민자역사의 건설과 운영에 관한 사업 등을 영위할 목적으로 2003. 3. 26. 설립된 회사로서 한국철도공사가 발행주식 중 25%의 지분을 소유하고 있다.

(2) 김○○은 2003. 1.경부터 2005. 1. 6. 사이에 원고 회사의 대표이사로 근무하면서 분양계약 자 등으로부터 점포 사전분양계약금 및 분양대행보증금 명목으로 합계 4,273,649,000원을 교부받아 법인계좌에 입금하지 않고 임의 사용하여 이를 횡령하였습니다. 이로 인하여 김○○ 은 2005. 7. 28. 서울중앙지방법원(2005고합○○○호)에서 특정경제범죄가중처벌등에관 한법률위반(횡령) 등의 범죄사실로 징역 2년 6월에 집행유예 4년의 형을 선고받았는데, 그 후 항소를 취하함에 따라 위 판결이 확정되었습니다.

(3) 이에 피고는 김○○의 횡령액을 익금산입하고 상여로 소득처분하여 2007. 5. 26. 원고에게 소득금액 변동통지를 하였으나, 원고가 근로소득세를 원천징수 및 납부하지 않아 2008. 3. 3. 원고에 대하여 2003년도 귀속 근로소득세 965,433,480원, 2004년도 귀속 근로소득 세 569,856,000원, 2005년도 귀속 근로소득세 4,920,160원을 각 부과하였습니다(이하 '이 사건 처분'이라 한다).

2. 처분의 위법성

이 사건 처분은 원고 회사의 대표이사이던 김○○이 원고 회사의 자산을 횡령한 사실에 관하여 그 횡령액이 원고 회사에서 '사외유출'되어 대표이사 김○○에게 귀속되었음을 전제로 하고 있습니 다. 그러나 ① 원고 회사의 피해가 그 후 모두 회복되었으므로 상여로 소득처분할 수 없을 뿐만 아니라, 원고의 법인세 신고내용에 오류나 탈루가 없어 처분할 소득이 없음에도 원고에 대하여 소득처분을 한 것은 부당하며 실질과세의 원칙에도 반합니다. ② 회사의 임직원이 회사의 자산을 횡령한 경우 피해자인 회사는 횡령을 한 자에 대하여 부당이득반환청구권 또는 손해배상청구권 등의 권리를 가지게 되므로 원칙적으로 회사의 자산은 형태를 달리하여 사내에 유보되어 있다고 보아야 하고, 예외적으로 사실상 피용자의 지위에 있는 자가 횡령행위를 한 것을 회사가 사전 또는 사후에 묵인하거나 채권회수를 포기하는 등 그에 대한 손해배상채권을 회수하지 않겠다는 의사를 객관적으로 나타낸 것으로 볼 수 있는 등의 사정이 있는 경우에만 사외유출로 보아 이를 그 자에 대한 상여로서 소득처분할 수 있다 할 것인데, 이 사건의 경우 원고 회사의 특수성 및 지분 비율 등에 비추어 볼 때 김○○은 사실상 원고 회사의 피용자의 지위에 있는 것에 불과하고 원고 회사가 김○○의 횡령행위를 묵인하거나 추인한 바 없으므로 그 횡령액을 상여로서 소득처분하여 행한 이 사건 처분은 위법합니다.

3. 결론

이상과 같이 이 사건 처분은 위법하므로 이의 취소를 구하는 본 건 소송에 이르게 되었습니다.

입증방법

1. 갑 제1호증
2. 갑 제2호증

첨부서류

1. 위 각 입증방법   각 1부
2. 송달료 납부서
3. 소장부본

20   .   .   .

위 원고   (날인 또는 서명)

서울행정법원   귀중

당해판례

2008구합 40677

1. 원고 회사의 피해가 회복되었으므로 상여처분할 수 없다는 주장에 대하여

법인의 대표이사 등이 그의 지위를 이용하여 법인의 수익을 사외에 유출시켜 자신에게 귀속시킨 금원 중 법인의 사업을 위하여 사용된 것이 분명하지 아니한 것은 특별한 사정이 없는 한 상여 내지 임시적 급여로서 근로소득에 해당한다 할 것이고, 그 사외유출금 중 대표이사 등에게 귀속된 부분에 관하여 일단 소득세 납세의무가 성립하면 사후에 그 귀속자가 소득금액을 법인에게 환원시켰다고 하더라도 이미 발생한 납세의무에 영향을 미칠 수는 없다(대법원 2001. 9. 14. 선고 99두3324 판결 등 참조).

따라서 이 사건의 경우 김○○이 횡령의 피해자인 원고에 대한 피해를 전액 회복하였다고 하더라도 일단 발생한 근로소득세 납세의무에 영향을 미칠 수는 없으므로, 원고의 이 부분 주장은 더 나아가

살필 필요 없이 이유 없다.

2. 실질과세의 원칙 등 위반 여부

법인세법 제67조는 같은 법 제66조의 규정에 의하여 법인세의 과세표준을 결정 또는 경정함에 있어서 익금 산입한 금액은 그 귀속자에 따라 상여·배당·기타 사외유출·사내유보 등 대통령령이 정하는 바에 따라 처분하도록 규정하고 있으며, 한편 법인세법상 대표자 인정상여 제도는 그 대표자에게 그러한 소득이 발생한 사실에 바탕을 두는 것이 아니라, 법인에 의한 세법상의 부당행위를 방지하기 위하여 그러한 행위로 인정될 수 있는 일정한 사실에 대하여 그 실질에 관계없이 무조건 대표자에 대한 상여로 간주하도록 하는데 그 취지가 있다고 할 것인바(대법원 2008. 1. 18. 선고 2005두8030 판결 등 참조), 결국 이는 법인세 신고내용의 오류 또는 탈루와 무관한 것이어서 이를 전제로 하는 원고의 이 부분 주장은 이유 없다(또한 원고는, 법인세법 시행령 제103조 제3항에 의하여 피고는 원고의 법인세 신고기한일로부터 1년 내에 경정결정을 완료하여야 함에도 원고는 2003~2005 사업연도 신고기한으로부터 1년이 지난 2007. 5. 26.에야 비로소 소득금액 변동통지를 하고 이 사건 처분을 한 위법이 있다고 주장하나, 위 시행령 제103조 제3항은 법인세 신고를 하지 않은 자에 대한 규정이므로, 법인세 신고기한내에 신고를 마친 원고에 대하여서는 위 규정이 적용될 여지가 없다).

3. 원고 회사 자산의 사외유출이 있었는지 여부

법인의 대표이사 또는 실질적 경영자 등이 법인의 자금을 유용하는 행위는 특별한 사정이 없는 한 애당초 회수를 전제로 하여 이루어진 것이 아니어서 그 금액에 대한 지출 자체로서 이미 사외유출에 해당한다고 할 것이고(대법원 1999. 12. 24. 선고 98두7350 판결, 대법원 2001. 9. 14. 선고 99두3324 판결 등 참조), 여기서 '회수를 전제하지 않은 것으로 볼 수 없는 특별한 사정'에 관하여는 횡령의 주체인 대표이사 등의 법인 내에서의 실질적인 지위 및 법인에 대한 지배 정도, 횡령행위에 이르게 된 경위 및 횡령 이후의 법인의 조치 등을 통하여 그 대표이사 등의 의사를 법인의 의사와 동일시하거나 대표이사 등과 법인의 경제적 이해관계가 사실상 일치하는 것으로 보기 어려운 경우인지 여부 등 제반 사정을 종합하여 개별적·구체적으로 판단하여야 하며, 이러한 특별한 사정은 이를 주장하는 법인이 입증하여야 한다(대법원 2008. 11. 13. 선고 2007두23323 판결 참조). 먼저, 김○○이 원고 주장과 같이 원고 회사의 사실상 피용사에 불과한지 여부에 관하여 살피건대, 앞서 본 바와 같이 김○○은 ○○○ 민자역사 추진사업에 초기부터 주도적으로 참여하였을 뿐만 아니라 원고 회사의 주식발행총수의 10%를 소유하면서 자금조달업무를 담당하는 등 대표이사로서의 권한을 일정 부분 실제로 행사한 점에 비추어 경영에 실질적으로 관여하였다고 봄이 상당하고,

공기업인 한국철도공사가 원고 회사의 주식 25%를 보유한 특수성이 있고 다른 유력 주주가 있다는 점을 감안하더라도 김ㅇㅇ을 단순한 명목상의 대표자 또는 사실상 피용자로만 보기는 어려우므로, 일단 원고 회사의 대표이사인 김ㅇㅇ의 횡령은 특별한 사정이 없는 한 그 금액에 대한 지출 자체로서 이미 사외유출에 해당한다.

그런데, 위에서 인정한 사실들에 의하여 인정되는 다음과 같은 사정들, 즉 ① 김ㅇㅇ이 원고 회사 발행주식의 10%를 보유한 주주이자 대표이사이지만, 공기업인 한국철도공사와 ㅇㅇ기업이 각각 25%의 주식을 보유하고 있고, 한국철도공사와 ㅇㅇ기업에 의하여 원고 회사 이사회의 구성 및 상근감사의 지명이 이루어지므로, 김ㅇㅇ의 의사를 원고 회사의 의사와 동일시하거나 원고 회사와 김ㅇㅇ의 경제적 이해관계가 사실상 일치하는 것으로 보기는 어려운 점, ② 또한 김ㅇㅇ이 원고 회사 설립 이전부터 금원을 횡령하여 구속되기까지 원고 회사의 자산 42억여 원을 횡령하였으며, 제1심 형사재판을 받는 과정에서 허위의 입금확인서가 제출되어 마치 원고 회사의 피해가 모두 회복된 것처럼 법원을 기망하였고, 결국 원고 회사의 민자역사 사업추진에 막대한 지장을 주었는바 위와 같이 김ㅇㅇ이 일련의 횡령행위에 이르게 된 경위와 그 결과, ③ 이러한 횡령사실을 알게 된 원고는 비록 제1심 형사판결 선고 이후이지만 김ㅇㅇ을 형사고발한 후 형사항소심에서 김ㅇㅇ에 대하여 횡령금액 상당의 배상명령을 신청한 바 있고, 2006. 11. 24.에는 김ㅇㅇ을 대표이사의 직에서 해임한 점 등에 비추어 보면, 원고 회사가 김ㅇㅇ의 횡령을 묵인하였다거나 추인하였다고 볼 수 없고 여전히 김ㅇㅇ에 대하여 위 횡령으로 인한 손해배상채권을 보유하고 있다고 봄이 상당하므로, 김ㅇㅇ의 위 횡령행위가 그 당시 곧바로 회수를 전제로 하지 않은 것으로서 횡령금 상당액의 자산의 사외유출에 해당한다고 볼 수는 없다.

소 장

원고   김 길 동(주민등록번호)
         서울시 용산구 ○○동 ○번지
피고   용산세무서장
양도소득세부과처분취소

청구취지

1. 피고가 2008. 8. 5.자로 원고에 대하여 한 양도소득세 43,402,480원의 감액경정청구거부처분을 취소한다.

2. 소송비용은 피고가 부담한다.

라는 판결을 구합니다.

청구원인

1. 처분의 경위

(1) 원고는 경기 ○○군 ○○읍 ○○리 ○○○ ○○아파트 ○○동 ○○호(이하 '이 사건 주택'이라 한다)를 2000. 8. 10. 취득하여 보유하고 있는 상태에서 2006. 8. 10. 주택 2채를 보유하고 있는 소외인과 혼인하였습니다.

(2) 원고는 2006. 10. 20. 최○○에게 이 사건 주택을 양도하고, 그후 1세대 3주택에 적용되는 세율을 적용하여 피고에게 양도소득세 43,402,480원을 자진 신고·납부하였습니다.

(3) 그후 원고는 이 사건 주택의 양도와 관련하여 소득세법 시행령 제155조 제5항 소정의 혼인으로 인한 일시적 1세대 2주택 비과세 특례규정이 적용되어 위 양도소득세는 면제되어야 한다고 주장하면서, 피고에 대하여 양도소득세감액경정청구를 하였으나, 피고는, 원고의 경우는 위 특례조항이 적용될 수 없다는 이유로 2008. 8. 5. 원고에 대하여 위 감액경정청구를 거부하는 이 사건 처분을 하였습니다.

2. 처분의 위법성

원고는, 1주택 보유 중 2 주택을 보유한 배우자와 혼인함으로 인하여 부득이 1세대 3주택에 해당하게 되었다가 그 중 1주택을 양도한 경우이고, 이와 같은 경우 1주택 보유자가 1주택 보유자와 혼인한 것과 달리 취급할 마땅한 이유가 없으므로, 이 경우에도 혼인으로 인한 일시적 1세대 2주택 비과세 특례조항인 소득세법 시행령 제155조 제5항이 적용되어야 하고, 이와 달리 이러한 경우 위 조항이 적용되지 않는다고 해석하면, 위 조항 자체가 인간의 존엄과 가치를 규정한 헌법 제10조, 혼인의 자유 보장을 규정한 헌법 제36조 제1항에 위배된다고 보아야 하므로, 피고가 소득세법 시행령 제155조 제5항이 이 사건 주택의 양도와 관련하여서는 적용될 수 없다는 점을 전제로 하여 한 이 사건 처분은 위법합니다.

3. 결론

위와 같이 피고의 처분은 위법하므로 이의 취소를 구하는 본 건 행정소송에 이르게 되었습니다.

입증방법

1. 갑 제1호증
2. 갑 제2호증
3. 갑 제3호증
4. 갑 제4호증

첨부서류

1. 위 각 입증방법   각 1부
2. 송달료 납부서
3. 소장부본

20   .   .   .

위 원고   (날인 또는 서명)

서울행정법원   귀중

당해판례

2009구단 2613

소득세법 시행령(2009. 2. 4. 대통령령 제21301호로 개정되기 전의 것) 제155조 제5항이 '1주택을 보유하는 자가 1주택을 보유하는 자와 혼인함으로써 1세대가 2주택을 보유하게 되는 경우 그 혼인한 날부터 2년 이내에 먼저 양도하는 주택은 이를 1세대 1주택으로 보아 제154조제1항의 규정을 적용한다.'고 규정하고 있으나, 1주택 보유자가 2주택 보유자와 혼인한 경우에 관하여는 이와 유사한 조항을 두고 있지 않다.

조세법률주의의 원칙상 과세요건이거나 비과세요건 또는 조세감면요건을 막론하고 조세법규의 해석은 특별한 사정이 없는 한 법문대로 해석할 것이고, 합리적 이유 없이 확장해석하거나 유추해석 하는 것은 허용되지 아니하고, 특히 감면요건 규정 가운데에 명백히 특혜규정이라고 볼 수 있는 것은 엄격하게 해석하는 것이 조세공평의 원칙에도 부합하는 것이므로(대법원 2004. 5. 28. 선고 2003두7392 판결 등 참조), 위 규정 내용과 달리 1주택 보유자인 원고가 2주택 보유자인 소외인과 혼인한 경우에는 위 규정을 적용할 수 없다고 봄이 상당하다.

그리고, 1세대 다주택 보유자에 대하여 양도소득세 중과 규정을 둔 이유는 주택이라는 한정된 재화가 일부 사람들에게 소유가 집중되는 것을 막아 다수 국민의 주거생활의 안정을 이룩하고, 부동산 투기로 발생한 소득을 세금으로 환수하는 방법으로 이를 억제함으로써, 국가경제 전체의 건전한 발전을 도모하자는 것으로서 이로 인하여 일부 다주택자들이 양도소득세를 더 부담하게 되더라도 이를 들어 합리적 이유 없는 차별이라고 보기는 어렵고, 이러한 규정 취지에 비추어 보면, 본인의 주거 생활에 반드시 필요한 1주택을 가진 사람들에 대하여만 특례 규정을 두어 일정 경우 양도소득세 중과를 피할 수 있게 하고, 그 이상의 주택을 가진 배우자와 혼인한 원고와 같은 경우에 대하여는 양도소득세 중과를 피할 수 있는 특례 규정을 두지 않았다고 하여 이를 합리적인 이유 없는 차별이라고 보기는 어렵다.

또한, 결혼은 근본적으로 애정과 신뢰를 기초하여 남녀가 결합하는 것이라는 점에 비추어 결혼으로 인하여 1주택 보유자가 3주택 보유자처럼 취급되어 양도소득세가 더 많이 부과된다는 사유가 혼인 의사의 결정에 영향을 미친다고 보기도 어려울 뿐만 아니라 설령 다소 영향을 미친다 하더라도 이는 위 양도소득세 중과 규정을 둔 입법목적을 달성하기 위한 필요에서 나온 것으로서 달성하고자 하는 공익과 침해되는 사익 사이에 적정한 균형관계가 인정되는 것으로서 합리적 이유 있는 제한이라고 보여, 소득세법 시행령 제155조 제5항이 인간의 존엄과 가치 및 행복추구권을 규정한 헌법 제10조, 혼인의 자유 보장을 규정한 헌법 제36조 제1항을 위반한 것이라고 볼 수는 없다.

따라서 원고의 주장은 이유 없고, 이 사건 처분은 적법하다.

소   장

원고   김 길 동(주민등록번호)
          서울시 서초구 ○○동 ○-○번지
          (전화 000-000, 팩스 000-000)
피고   서초세무서장
양도소득세부과처분취소

청구취지

1. 피고가 2011. 7. 18. 원고에게 한 2010년도 양도소득세 및 가산세 90,796,264원, 지방소득세 9,079,620원의 부과처분을 취소한다.

2. 소송비용은 피고가 부담한다.

라는 판결을 구합니다.

청구원인

1. 처분의 경위

(1) 원고는 남양주시 ○○면 ○○리 188-2 대 20㎡, 같은 리 188-6 대 3㎡, 같은 리188-8 대 689㎡, 같은 리 194-1 답 35㎡를 양도하면서 2010. 10. 31. 양도소득금액180,639,560원(양도가액 189,233,559원, 취득가액 8,474,587원)에 일반세율 35%를 적용하여 양도소득세 38,157,600원을 신고 · 납부했습니다.

(2) 피고는 위 188-2, 188-6, 188-8의 토지(이하 '이 사건 토지')의 부동산등기부상 소유자가 원고가 아닌 정○○로 이 사건 토지가 미등기양도됐다고 보아 중과세율 70%을 적용하여 원고에게 2010년도 양도소득세 및 가산세 90,796,264원, 지방소득세 9,079,620원을 부과하는 이 사건 처분을 했습니다.

(3) 원고는 전심절차(조세심판청구)를 거쳤습니다.

2. 처분의 위법성

(1) 원고가 민사소송 중 이 사건 토지에 대해 점유취득시효완성을 원인으로 한 등기청구권 행사를

포기하는 대가로 정○○로부터 지급받은 금원은 일종의 합의금이므로 구 소득세법(2010. 5. 31. 법률 제10337호로 개정되기 전의 것, 이하 같다) 제4조 제1항 제3호, 제88조 제1항에서 정하고 있는 자산의 양도로 발생한 양도소득이 아니어서 양도소득세의 과세대상이 되지 않습니다.

(2) 원고에게는 투기목적이 없고 자산의 취득에 관한 등기를 하지 않은 책임을 원고에게 추궁하는 것이 가혹한 경우 즉 부득이한 사정이 인정되므로 구 소득세법상 양도소득세가 중과되는 미등기 양도자산에서 제외됩니다.

3. 결론

이와 같은 이유로 원고에게 양도소득세를 부과한 피고의 처분은 위법한 행정처분이 아닐 수 없으므로, 상기와 같이 원고의 행정처분의 취소를 구하는 행정소송에 이르게 되었습니다.

입증방법

   1. 갑 제1호증
   2. 갑 제2호증
   3. 갑 제3호증

첨부서류

   1. 위 각 입증방법   각 1부
   2. 송달료 납부서
   3. 소장부본

20 .   .   .

위 원고   (날인 또는 서명)

서울행정법원   귀중

2012구단 4534

구 소득세법 제104조 제3항, 제1항 제10호에서 미등기양도자산에 대하여 양도소득세를 중과한다고 한 취지는 자산을 취득한 자가 양도당시 그 취득에 관한 등기를 하지 아니하고 이를 양도함으로써, 양도소득세 등의 각종 조세를 포탈하거나 양도차익만을 노려 잔대금 등의 지급 없이 전매하는 부동산투기 등을 억제, 방지하려는데 있다고 할 것이므로, 애당초 그 자산의 취득에 있어서 양도자에게 자산의 미등기양도를 통한 조세회피목적이나 전매이득취득 등 투기목적이 없다고 인정되고, 양도 당시 그 자산의 취득에 관한 등기를 하지 아니한 책임을 양도자에게 추궁하는 것이 가혹하다고 판단되는 경우 즉 부득이한 사정이 인정되는 경우에는 구 소득세법 제 조 제 항 , 104 3 단서, 구 소득세법 시행령(2010. 9. 20. 대통령령 제22391호로 개정되기 전의 것, 이하 같다) 제168조 각 호의 경우에 준하여 양도소득세가 중과되는 미등기양도자산에서 제외된다.

위 인정사실에 의해 나타난 사정, 즉 원고가 위 188-8 토지의 점유를 취득하게 된 경위, 위 188-2 토지 및 188-6 토지는 원고와 정○○의 경계다툼에서 정○○의 소유명의이나 원고가 점유하고 있다고 확인된 점, 원고와 정○○ 간의 민사소송 과정에서 이 사건 조정에 이르게 된 점, 이 사건 조정을 통해 원고가 정○○ 명의로 된 이 사건 토지에 대해 정○○을 상대로 소유권이전등기를 구하지 않기로 한 점, 미등기양도자산 중과의 입법취지 등을 종합해 볼 때, 원고에게 이 사건 토지의 취득에 있어서 자산의 미등기양도를 통한 조세회피목적이나 전매이득취득 등 투기목적이 없다고 인정되고, 양도 당시 그 자산의 취득에 관한 등기를 하지 아니한 책임을 원고에게 추궁하는 것이 가혹하다고 판단되는 경우에 해당하므로, 구 소득세법 제104조 제3항 단서, 구 소득세법 시행령 제168호 각 호의 경우에 준하여 이 사건 토지는 양도소득세가 중과되는 미등기양도자산에서 제외된다.

따라서 이 사건 토지가 미등기양도자산에 해당됨을 전제로 한 피고의 이 사건 처분은 위법하고 원고의 위 주장은 이유 있다.

[서식] 양도소득세부과처분취소 청구의 소

소   장

원고   주식회사 A
                             서울 종로구 ○○동 ○-○
                             (전화 000-000, 팩스 000-000)
피고   종로세무서장
양도소득세부과처분취소

청구취지

1. 피고가 2005. 4. 1. 원고에 대하여 한 2001년도 귀속 양도소득세 8,611,032,210원의 부과처분을 취소한다.

2. 소송비용은 피고가 부담한다.

라는 판결을 구합니다.

청구원인

1. 처분의 경위

(1) 주권상장법인 또는 코스닥상장법인이 아니던 주식회사 A(이하 'A'이라 한다)은 2000. 3. 7. 이사회를 개최하여 상법 제516조의2 제2항 제4호에 따라 신주인수권만을 양도할 수 있는 신주인수권부사채 90억원을 발행하기로 결의하고, 2000. 3. 7. 상법 제516조의5 제1항에 의하여 채권(債券)과 함께 신주인수권증권을 발행하였습니다. 사채의 권종별 금액은 10억원권, 1억원권, 1천만원권, 1백만원권의 4종이고, 이율은 연 15.335%, 연단위 복할인식으로 사채의 액면금액을 이율에 의한 연복리로 만기까지 10년을 할인하여 현가로 발생함으로써 이자의 지급에 갈음하기로 하며, 각 신주인수권증권의 권면액의 100%를 행사가격으로 나눈 주식수를 발행주식수로 하였습니다.

(2) 2000. 3. 9. 원고는 7,602,000,000원 상당의, 소외 X는 1,398,000,000원 상당의 신주인수권부사채{사채(社債)와 신주인수권}를 인수하였습니다.

(3) 원고는 2001. 3. 12.부터 2001. 7. 13.까지 사이에 A로부터 취득한 위 신주인수권부사채 중 아래와 같이 액면합계금 16억원 상당의 신주인수권부사채(사채와 그에 따른 신주인수권을 함께

지칭하는 것으로 이하, '이 사건 신주인권부사채'라고 하고, 그 중 사채만을 지칭할 때는 '이 사건 사채'라고, 신주인수권만을 지칭할 때는 '이 사건 신주인수권'이라고 한다)를 B 외 3인에게 합계금 330억원에 양도하였습니다. 한편, 이 사건 신주인수권부사채의 할인발행가액은 3억 8,4000만원이었습니다.

	거래일	매수(액면가액)	양도금액
B	2001. 3. 12.	1억원권 2 장(2억원)	31억원
(주)○○○	2001. 3. 31.	1억원권 1 장(1억원)	12억원
(주)○○○	2001. 5. 28.	1억원권 2 장(2억원)	24억원
○○○	2001. 7. 13.	10 억원권 1 장 , 1억원권 1 장(11억원)	263 억원
합계		7장(16억원)	330 억원

(4) 그 후 피고는 소득세법 제94조 제3호 (다)목에서 양도소득세가 부과되는 대상으로 규정한 '신주 인수권'에 신주인수권부사채의 신주인수권도 포함되는 것을 전제로 이 사건 신주인수권의 양도 차익에 대하여 양도소득세를 부과할 수 있다고 보고, 이 사건 신주인수권의 양도가액을 330억원 으로, 취득가액을 16억원으로, 양도비용을 1억 6500만원으로 보고 양도차익을 31,235,000,00 0원으로 산정한 후 2004. 11. 1. 양도소득세 8,233,054,220원을 결정, 고지하였습니다(이하, '이 사건 당초처분'이라고 함).

(5) 그 후 피고는 이 사건 당초처분시에 이 사건 신주인수권의 취득가액으로 인정하였던 16억원을 부인하여 2005. 4. 1. 양도소득세 531,041,930원을 증액경정, 고지하였다(이하, '이 사건 증액 경정처분'이라고 함).

(6) 원고가 이 사건 당초처분에 불복하여 2005. 1. 27. 심판청구를 하였으나 국세심판원은 2006. 6. 22. 원고의 청구를 기각하는 결정을 하였습니다. 원고가 이 사건 증액경정처분에 불복하여 2005. 6. 28. 심판청구를 하였다. 국세심판원은 2006. 6. 22. 이 사건 신주인수권부사채의 양도금액에서 이 사건 사채의 양도금액을 뺀 금액을 이 사건 신주 인수권의 양도금액으로 보아야 함을 전제로, 만기에 받을 이 사건 사채의 액면금액 16억원에서 연 15.335%의 이자율을 적용하 여 양도시점을 기준으로 할인된 가액인 4억5,900만원을 이 사건 사채의 양도금액으로 산정한 후 이 사건 신주인수권부사채의 양도가액 330억원에서 이 사건 사채의 양도가액 4억 5,900만원 을 차감한 325억 4,100만원을 이 사건 신주인수권의 양도가액으로 하여 과세표준과 세액을 경정하여야 한다는 결정을 하였습니다.

그에 따라 피고는 2006. 7. 14. 금 153,063,940원을 감액경정, 고지하였습니다.

{최종적으로 원고에게 부과된 이 사건 신주인수권에 대한 양도소득세 8,611,032,210원(= 8,233,05
4,220원 + 531,041,930원 −153,063,940원)의 부과처분을 '이 사건 처분'이라고 함).

	취득가액(양도비용)	양도가액	양도차익	양도소득세
당초처분	취득가액 16억원 (양도비용 1억 6,500만원)	330억원	312억 3,500 만원	8,233,054,220원
증액경정 처분	취득가액 0원 (양도비용 1억 6,500만원)	330억원	328억 3,500 만원	531,041,930원 증액경정
감액경정 처분	취득가액 0원 (양도비용 1억 6,500만원)	325억 4,100만원	323억 7,600 만원	153,063,940원 감액경정

2. 처분의 위법성

(1) 소득세법 제94조 제1항 제3호에서는 주식 또는 출자지분과 함께 신주인수권도 양도소득세가
부과되는 대상으로 규율하면서 '주식, 출자지분 또는 신주인수권'이라고 나란히 규정하지 않고
'주식 또는 출자지분(신주인수권을 포함한다)'이라고 규정하고 있는 바 그 규정의 형식상 소득세
법 제94조 제1항 제3호에서 규정하고 있는 신주인수권은 그 법적 또는 경제적 성질에 있어서
'주식 또는 출자지분'에 '포함'될 수 있는 것이라고 해석하여야 합니다. 그런데, 상법에서 규정하
고 있는 신주인수권에는 주주권의 한 내용을 이루는 주주에게 인정되는 신주인수권과 신주인수
권부사채의 신주인수권이 있는데, 전자는 원칙적으로 주주가 종래 가지고 있던 주식의 수에
비례하여 우선적으로 신주의 배정을 받는 권리로서 발행 및 유통시점에서 이미 주식발행여부가
확실하고, 주식발행조건도 확정되어 있는 등 주식과 근접하고 있어 '주식 또는 출자지분'에 포함
된다고 할 수 있지만, 후자는 회사가 사채를 발행하면서 그에 부수하여 법률이나 정관의 규정에
의하여 주주 아닌 제3자에게 부여되는 것일 뿐 주주의 권리로서 당연히 인정되는 것이 아니고
발행 및 유통시점에서 주식발행여부가 불확실하고 주식발행의 구체적인 조건이 확정되지 않은
등 주식과 근접하지 않아 '주식 또는 출자지분'에 포함된다고 볼 수 없습니다. 따라서, 주주의
신주인수권은 소득세법 제94조 제1항 제3호에서 규정하고 있는 신주인수권에 해당되지만 신주
인수권부사채의 신주인수권은 여기에 해당되지 않습니다.

(2) 결합형 신주인수권부사채나 분리형 신주인수권부사채에서 사채와 신주인수권증권을 함께 양
도하는 경우 신주인수권에 양도소득세를 부과하기 위해서는 신주인수권부사채 전체 취득가액
과 양도가액에서 사채를 제외한 신주인수권만의 취득가액과 양도가액을 가려내야 하나 이에
관하여 소득세법은 아무런 규정을 두고 있지 않습니다.
그리하여 신주인수권부사채의 신주인수권에 양도소득세를 부과한다고 할 경우에는 과세관청
이 자의적인 기준에 따라 과세할 수밖에 없어 조세법률주의에 반하는 결과를 초래합니다. 따라

서, 법률의 합헌적인 해석의 원칙상 신주인수권부사채의 신주인수권은 양도소득세의 과세대상으로 삼고 있지 않다고 보아야 합니다.

또한, 피고는 이 사건 사채의 액면금액 16억원에서 연 15.335%의 이자율을 적용하여 양도시점을 기준으로 할인된 가액인 4억 5,900만원을 이 사건 사채의 양도가액으로 산정한 후 이 사건 신주인수권부사채의 양도금액 330억원에서 이 사건 사채의 양도가액 4억 5,900만원을 차감한 325억 4,100만원을 이 사건 신주인수권의 양도가액으로 보아 이 사건 처분을 하였습니다. 그러나, 사채와 신주인수권의 양도가액의 구분방법은 조세법상 규정이 없고 피고의 구분방법도 근거가 없이 한 자의적인 것으로서 위법합니다.

(3) 소득세법시행령 제157조 제4항 제1호에서 "법인의 주식 또는 출자지분(신주인수권을 포함하며, 이하 이 장에서 "주식등"이라 한다)을 소유하고 있는..."이라고 규정하고 있는데, 여기의 '신주인수권'은 주주에게 인정되는 신주인수권만을 의미하는 것이 명백하므로 동일한 규정형식을 취하고 있는 소득세법 제94조 제1항 제3호의 '신주인수권'도 같은 해석을 하는 것이 전체 법령의 통일적 해석, 납세자의 법적안정성 보호라는 측면에서 타당합니다.

(4) 신주인수권부사채의 신주인수권에 대한 과세는 아래와 같은 이유로 조세정의 및 조세형평의 관점에서도 불합리합니다.

① 전환사채에 내재된 신주인수권에는 과세하지 않으면서 신주인수권부사채의 신주인수권을 과세의 대상으로 하는 것은 불합리하다.

② 주식에 대한 Call Warrant는 일정한 시점에 또는 일정한 기간 동안에 일정한 가격에 주식을 취득할 수 있는 권리라는 점에서 신주인수권부사채의 신주인수권과 그 명칭과 거래시장만 다를 뿐 경제적 성격은 동일하다. 그런데, 주식에 대한 Call Warrant 거래로부터 발생하는 개인의 소득은 과세대상으로 삼고 있지 않고 있는데 신주인수권부사채의 신주인수권을 과세의 대상으로 하는 것은 불합리하다.

③ 결합형 신주인수권부사채의 경우 보유기간 동안의 이자소득만을 과세하는데 분리형 신주인수권 부사채의 신주인수권만을 양도소득세 과세대상으로 삼는 것은 불합리하다.

결국, 신주인사권부사채에 따른 이 사건 신주인수권은 소득세법 제94조 제1항 제3호의 신주인수권에 해당되지 않으므로 이 사건 신주인수권의 양도로 인한 소득에 대하여는 양도소득세를 과세할 수 없음에도, 이와 달리 보고 한 피고의 이 사건 처분은 위법합니다.

3. 결론

이와 같이 피고의 처분은 위법한 행정처분이 아닐 수 없으므로, 상기와 같이 원고의 행정처분의 취소를 구하는 행정소송에 이르게 되었습니다.

입증방법

1. 갑 제1호증
2. 갑 제2호증

첨부서류

1. 위 각 입증방법   각 1부
2. 송달료 납부서
3. 소장부본

20 .   .   .

위 원고   (날인 또는 서명)

서울행정법원   귀중

당해판례

2006구단 9095
(1) 소득세법 제3조는 소득세는 거주자에 있어서는 이 법에 규정하는 모든 소득에 대하여 부과한다고 규정하여 과세대상소득의 범위를 법률로 정하도록 조세법률주의 원칙을 확인함과 아울러 소득을 종류에 따라 구분하여 과세대상으로 규정하여 이른바 열거주의 방식을 택하였기 때문에 소득세법에서 규정하고 있는 종류 이외의 양도소득은 과세대상에서 제외된다(대법원 1988. 12. 13. 선고 86누331 판결). 그런데, 소득세법(2000. 12. 29. 법률 제6292호로 개정된 후 2002. 12. 18. 법률 제6781호로 개정되기 전의 것. 이하, '소득세법'이라고 한다) 제94조에서는, "① 양도소득은 당해연도에 발생한 다음 각호의 소득으로 한다. 3. 다음 각목의 1에 해당하는 주식 또는 출자지분(신주인수권을 포함한다. 이하 이 장에서 "주식등"이라 한다)의 양도로 인하여 발생하는 소득"이라고 규정하고 있는바, 이 사건 신주인수권과 같은 신주인수권부사채의 신주인수권이 소득세법 제94조 제1항 제3호(이하, '이 사건 조항'이라고 한다)에서 규정한 '신주인수권'에 포함된 것으로 보아 과세대상으

로 삼을 수 있는지가 문제된다. 납세의무자의 법적안정성과 예측가능성을 위하여 조세법규의 내용은 일의적으로 명확하게 규정되어야 하고, 같은 취지에서 조세법규의 해석에 있어서도 과세요건이나 비과세요건 또는 조세감면요건을 막론하고 특별한 사정이 없는 한 법문대로 해석하여야 하며 합리적 이유 없이 확장해석하거나 유추해석하는 것은 허용되지 않다(대법원 1988. 12. 13. 선고 86누331 판결, 대법원 1994. 2. 22. 선고 92누18603 판결 등). 이 사건 조항에서는 '신주인수권'을 양도소득세의 과세대상으로 명확하게 규정하고 있으므로 법문대로 해석하는 경우 '주주의 신주인수권' 뿐만 아니라 '신주인수권부사채의 신주인수권'도 여기에 포함된다고 해야 한다. 그런데, 원고는 법문대로 해석할 수 없는 '특별한 사정'을 내세우면서 '신주인수권부사채의 신주인수권'은 이 사건 조항에서 규정하고 있는 '신주인수권'에 포함되지 않는다고 주장한다. 그러므로, 원고가 내세우고 있는 '특별한 사정'에 대하여 살펴본다.

(2) 원고의 첫 번째 주장에 대하여
조세법규정에는 'A(B를 포함한다)'라는 식의 표현이 많이 있다. 예컨대, 소득세법 제96조 제4항에서는 "...「공익사업을 위한 토지 등의 취득 및 보상에 관한 법률」 그 밖의 법률에 의한 수용(협의매수를 포함한다)...", 소득세법 제97조 제4항에서는 "거주자가 양도일부터 소급하여 5년 이내에 그 배우자(양도 당시 혼인관계가 소멸된 경우를 포함한다. 이하 이 항에서 같다)로부터..."이라고 규정하고 있다. 이 경우 B는 A와 같은 것은 아니나 조세법규정상 동일한 것으로 취급할 필요가 있는 경우에 그와 같은 형식으로 규율하고 있을 뿐이고 반드시 B가 A에 포함되어야 하는 것은 아니다. 앞서 본 예에서도 '협의매수'가 '수용'에 포함되지 않고, 혼인관계가 해소된 과거의 배우자는 '배우자'에 포함되지 않는다. 따라서, 이 사건 조항에서 "주식 또는 출자지분(신주인수권을 포함한다)" 이라고 규정하고 있다고 하여 위 조항에 규정된 신주인수권이 그 법적 또는 경제적 성질에 있어서 '주식 또는 출자지분'에 포함된 것이라고 해석해야 한다는 원고의 주장은 받아들일 수 없다.
한편, 신주인수권에는 신주를 발행하는 경우의 신주인수권과 신주인수권부사채를 발행하는 경우의 신주인수권이 있다. 전자와 후자는 권리자, 권리의 행사기간, 방법 등에 있어서 다소간의 차이가 있으나 기본적인 성질은 권리행사가 되면 주식 또는 출자지분으로 변한다는 점에서는 동일하고 그와 같은 기본적인 성질이 주식 또는 출자지분에 유사하여 주식 또는 출자지분과 함께 양도세 과세대상으로 삼을 필요성이 크며, 양도소득세의 과세대상으로 삼을지에 대하여 전자와 후자를 달리 취급할 합리적인 이유도 발견하기 어렵다. 또한, 전자는 원칙적으로 주주에게 인정되나 정관에 규정이 있는 경우에는 주주 이외의 자에게도 배정되고 후자는 신주인수권부사채권자에게 부여하는 것이나 주주가 신주인수권부사채를 인수할 수도 있어(상법 제418조 제1항, 제2항, 제516조의2 제2항 제7호) 전자가 주주에게만 인정되는 권리이고 후자는 주주에게 인정되지 않는 권리라고 단정할 수도 없다. 따라서, 주주의 신주인수권과 신주인수권부사채의 신주인수권 사이에 본질적인 차이가 있어 양도소득세의 과세대상으로 삼을지 여부에 있어 달리 취급해야 한다는 원고의 주장도 이유 없다.

(3) 원고의 두 번째 주장에 대하여

소득세법은 신주인수권의 양도가액과 취득가액은 실지거래가액에 의한다고 규정하고 있고(소득세법 제96조 제2항, 제97조 제1항 제1호 나목), 또한 대통령령이 정하는 사유로 장부 기타 증빙서류에 의하여 당해 자산의 양도당시 또는 취득 당시의 실지거래가액을 인정 또는 확인할 수 없는 경우에는 대통령령이 정하는 바에 따라 매매사례가액, 감정가액, 환산가액 또는 기준시가 등에 의하여 추계조사하여 결정 또는 경정할 수 있다고 규정하고 있으며(소득세법 제114조 제5항), 소득세법 시행령(2005. 2. 19. 대통령령 제18705호로 개정되기 전의 것) 제165조 제7항과 상속세 및 증여세법시행령(2008. 2. 22. 대통령령 제20621호로 개정되기 전의 것) 제58조의2 제2항은 신주인수권의 기준시가의 산정방법을 자세하게 규정하고 있다. 위 규정은 신주인수권뿐만 아니라 양도소득세의 과세대상이 되는 다른 자산에도 공통적으로 적용되는 것이고, 다른 자산의 경우와 마찬가지로 신주인수권도 위 규정을 적용하여 취득가액과 양도가액을 산정할 수 있다. 다만, 신주인수권을 사채와 함께 취득하거나 양도하는 경우 사채의 가액과 신주인수권의 가액을 구분하여 산정하는 방법을 제시하는 별도의 규정은 없다. 그러나 양도소득세의 과세대상이 되는 자산을 종류가 다른 자산과 함께 취득하거나 양도하는 경우 자산의 종류별로 가액을 구분하여 산정하여야 하는 문제는 비단 신주인수권의 경우에만 발생하는 것이 아닌데, 모든 자산의 종류별로 가액의 구분 및 산정방법을 별도로 규정하는 것은 입법기술상 불가능하고, 실제 소득세법 등에서도 토지와 건물을 함께 취득하거나 양도하는 경우 등 예외적인 몇 가지 경우에 대해서만 그 가액의 구분방법을 규정하였을 뿐이다. 또한, 앞서 본 양도가액과 취득가액의 산정방법에 규정에 의해 가액을 산정을 하는데 무리가 없다고 보인다. 이와 같은 점에 비추어 보면, 소득세법에 신주인수권을 사채와 함께 취득하거나 양도하는 경우 신주인수권의 가액과 사채의 가액의 구분방법에 관한 규정을 별도로 두지 않았다고 하여 사채의 신주인수권이 양도소득세의 과세대상이 아니라거나 사채의 신주인수권에 대한 과세가 위법이라고 할 수는 없다.

이 사건에서 원고가 A로부터 이 사건 사채의 액면가액 16억원을 이자율에 의하여 할인한 가액인 3억 8,400만원에 이 사건 신수인사권부사채를 인수하였는바, 그 인수가액의 산정방법에 비추어 보면 3억 8,400만원은 이 사건 사채의 취득가액이라고 해야 하고, 이 사건 신주인수권의 취득가액은 0원이 된다. 피고가 인수가액의 산정방법과 같은 방법으로 이 사건 사채의 양도금액을 4억 5,900만원으로 산정한 것은 합리적인 방법으로서 수긍할 수 있다. 피고가 이 사건 신주인수권부사채의 양도가액 330억원에서 이 사건 사채의 양도가액 4억 5,900만원을 차감하여 이 사건 신주인수권의 양도가액을 산정한 것도 합리적인 방법으로 수긍할 수 있다. 따라서, 원고의 이 부분 주장도 이유 없다.

(4) 원고의 세 번째 주장에 대하여

소득세법시행령 제157조는 신주인수권을 포함하여 법인의 주식 또는 출자지분을 일정 지분 이상 가진 자인 '대주주'의 범위를 정하는 규정이고 양도소득세의 과세대상을 정하는 규정이 아니다. 원고의 주장과 같이 제157조 제4항 제1호에서 규정하고 있는 '신주인수권'은 주주에게 인정되는 신주인수권만을 의미하는 것이라고 하더라도 이는 대주주의 범위를 정하는 위 규정의 취지와 내용에 따른 해석 또는 적용의 결과일 뿐이고, 양도소득세의 과세대상으로서의 신주인수권을 해석하여 그 범위를 정하는 문제와는 다른 차원의 문제이다. 따라서, 원고의 이 부분 주장도 이유 없다.

(5) 원고의 네 번째 주장에 대하여

결합형 신주인수권부사채의 신주인수권도 분리형 신주인수권부사채의 신주인수권과 달리 볼 아무런 이유가 없으므로 결합형 신주인수권부사채의 신주인수권도 이 사건 조항에 따라 양도소득세의 과세대상이 된다고 해야 한다. 또한, 조세 법률에 있어서 그 과세요건과 대상을 규정하는 것은 그 규정이 현저히 불합리하지 아니하는 한 입법자의 입법재량에 속하는 것인데 신주인수권을 양도소득세의 과세대상으로 삼고 있으면서 전환사채와 주식에 대한 Call Warrant는 양도소득세의 과세대상으로 삼지 않고 있다고 하더라도 이는 현저히 불합리한 것으로 입법재량을 일탈한 위법이 있다고 볼 수 없다.

소 장

원고　　　　　　　　　　김 길 동(주민등록번호)
　　　　　　　　　　　　서울 송파구 ㅇㅇ동 ㅇ-ㅇ
　　　　　　　　　　　　(전화 000-000, 팩스 000-000)
피고　　　　　　　　　　송파세무서장
양도소득세부과처분취소

청구취지

1. 피고가 2005. 12. 1. 원고에 대하여 한 2002년 귀속 양도소득세 120,378,390원의 부과처분을 취소한다.
2. 소송비용은 피고가 부담한다.

라는 판결을 구합니다.

청구원인

1. 처분의 경위

(1) 원고는 1987. 3. 3. 이 사건 아파트를 분양받아 이를 취득하여 거주하다가 2002. 12. 30. 아들인 소외 A에게 이 사건 아파트를 8억원(이하 '이 사건 양도가격'이라 한다)에 양도하고, 2003. 2. 28. 양도가액을 실거래가인 8억원, 취득가격을 분양당시의 기준시가인 135,223,478원으로 계산하여 양도소득세 26,016,430원을 자진하여 신고, 납부하였고, 또한 이 사건 아파트의 양도 당시의 시가인 1,170,000,000원과 실거래가격인 8억원과의 차액인 3억7,000만원 부분에 대하여는 매수인인 A이 이를 특수 관계자간 저가매수에 의한 증여의제로 계산하여 2003. 1. 29. 증여세 34,200,000원을 자진하여 신고, 납부하였습니다.

(2) 이에 피고는 2005. 12. 1. 원고의 이 사건 아파트의 양도에 대하여 구 소득세법 제101조 제1항 및 구 소득세법시행령 제167조 제3항 규정을 적용하여 이 사건 양도가격을 시가로 볼 수 없고, 구 상속세 및 증여세법(2002. 12. 18. 법률 제6780호로 개정되기 전의 것) 제60조 내지 제64소에 의하여 평가된 시가인 1,170,000,000원을 이 사건 아파트에 대한 시가로 보아 부당행위계산 부인규정을 적용하여, 이 사건 아파트의 위와 같이 평가된 시가인 1,170,000,000원을 양도가액으로, 취득가액을 197,988,239원으로 하여 계산한 2002년 귀속 양도소득세 120,378,394

원(신고불성실가산세 6,890,713원과 납부불성실가산세 36,390,071원이 포함되어 있다)을 결정하여 원고에게 부과하는 이 사건 처분을 하였습니다.

2. 처분의 위법성

(1) 구 소득세법 제101조 제1항 및 구 소득세법시행령 제167조 제3항에 의하여 부당행위계산부인 규정을 적용하기 위하여는 특수 관계에 있는 자에게 시가보다 낮은 가격으로 자산을 양도하여 조세부담을 부당하게 회피하거나 경감시켰다고 인정되어야 하는데, 이러한 특수 관계자와의 거래에 있어 단순히 특수 관계자가 아닌 자와의 거래행태에서는 통상 행하여지지 아니하는 거래 행태라 하여 곧바로 부당행위계산부인 규정의 적용대상이 되는 것으로 볼 것이 아니라, 그러한 거래의 행태가 경제적 합리성을 무시하였다고 인정되는 경우에 한하여 적용대상이 되는 것이라 할 것인바, 원고가 이 사건 아파트를 분양받아 남편과 함께 살아오다 1990년 남편이 사망한 이후 장남의 부양을 받아 오던 중 장남이 원고를 양로원에 모시려는 계획을 세우게 되자 원고가 이에 반대하면서 이 사건 아파트에 계속 거주하기를 희망하였는데, 당시 원고에게는 이 사건 아파트 이외에는 현금 등 유동자산이 없었기에 현금을 확보하면서도 동시에 이 사건 아파트에 계속 거주할 수 있는 방법을 모색하던 중 때마침 캐나다로 이민 가기 위하여 기존주택을 매도하여 현금 8억원을 보유하고 있던 셋째 아들인 A에게 월 임료(당시 이 사건 아파트와 같은 평수의 월 임료는 330만원 내지 360만원 이었다) 등을 내지 않고 이 사건 아파트에 계속 거주하면서 A이 경제적인 부양도 성실하게 하겠다는 조건으로 시가보다 저가로 매도하였던 것이고 또한 이 사건 아파트를 매도하기 전 A이 국세청 웹사이트의 세무상담 코너에 실명으로 이 사건 아파트 의 양도에 대하여 문의한 다음 양도한 것이기에 이 사건 아파트의 양도는 비록 특수 관계자에 있는 자에게 시가보다 저렴한 가격으로 양도하였지만 경제적 합리성을 무시한 양도가 아니고 나아가 조세를 회피할 의도도 없었다고 할 것이기에 이 사건 아파트의 양도는 부당행위계산부인 규정의 적용대상이 아님에도 이를 적용하여 부과한 이 사건 처분은 위법합니다.

(2) 가사 이 사건 아파트의 양도가 부당행위계산부인 대상이 된다고 하더라도 이 사건 아파트를 양도함에 있어 원고의 아들이자 매수인인 A이 국세청 웹사이트 세무상담 코너에 실명으로 이 사건 양도 당사자와 양도 대상인 이 사건 아파트 시가, 거래대금 등을 특정하여 부과될 양도소득 세의 내역에 대하여 질의를 한 결과, 국세청으로 부터 대가를 지급한 것이 확실하다면 양도소득 세는 실제 수령한 금액으로 계산하여 납부하는 것이고 시가와 실제 수령한 금액의 차액은 증여세 납부대상이라는 답변을 듣고, 이를 신뢰하여 위와 같이 원고와 A이 양도소득세와 증여세를 자진 신고, 납부하게 된 것이므로, 이러한 신뢰를 가진 원고에게 부당행위계산부인 규정을 적용 하여 한 피고의 이 사건 부과처분은 결국 신뢰보호 원칙에 위배되어 위법하므로 취소되어야

합니다.

(3) 피고는 이 사건 처분을 하면서 가산세도 부과하였으나, 가산세는 납세의무자가 그 의무를 알지 못한 것이 무리가 아니었다고 할 수 있어 그를 정당시 할 수 있는 사정이 있거나 그 의무의 이행을 탓할 수 없는 정당한 사유가 있다고 할 경우에는 이를 부과할 수 있다고 할 것인데, 원고가 위와 같이 국세청에 실명으로 이 사건 아파트의 양도에 대하여 문의하여 그 답변에 따라 위와 같이 자진하여 양도소득세와 증여세를 신고, 납부하였는바, 이러한 사정은 납세의무자인 원고가 그 의무를 알지 못한 것이 무리가 아니었다고 할 수 있어 그를 정당시 할 수 있는 사정이 있거나 그 의무의 이행을 탓할 수 없는 정당한 사유에 해당한다고 할 것이므로, 이 사건 부과처분 중 가산세 부과처분 부분은 위법하여 취소되어야 합니다.

3. 결론

이와 같이 피고의 처분은 위법한 행정처분이 아닐 수 없으므로, 상기와 같이 원고의 행정처분의 취소를 구하는 행정소송에 이르게 되었습니다.

입증방법

1. 갑 제1호증
2. 갑 제2호증
3. 갑 제3호증
4. 갑 제4호증

첨부서류

1. 위 각 입증방법   각 1부
2. 송달료 납부서
3. 소장부본

20 .   .   .

위 원고   (날인 또는 서명)

서울행정법원   귀중

당해판례

2006구단 10231

(1) 부당행위계산부인 적용대상 여부

살피건대, 구 소득세법상 부당행위계산부인 규정은 거주자의 행위 또는 계산이 객관적인 사실에 합치되고 법률상 유효·적법한 것이라 하더라도 그 행위나 계산이 구 소득세법시행령 소정의 특수 관계자 사이의 조세의 부담을 부당하게 감소시키는 거래유형에 해당되는 경우에는 과세권자가 객관적으로 타당하다고 인정되는 소득이 있었던 것으로 의제하여 과세함으로써 실질과세원칙을 보충하여 공평과세를 실현하고자 하는 것이므로, 부당행위계산은 일정한 특수 관계자 사이의 일정한 거래가 사회통념이나 관습에 비추어 볼 때 합리적인 경제인이 취할 정상적인 거래로 볼 수 없어 조세의 부담을 부당하게 감소시킨 것으로 인정되면 족한 것이지 당사자에게 조세회피의 목적이 있거나 경제적 손실이 있어야 하는 것은 아니다(대법원 2002. 1. 11. 선고 2000두1799 판결 참조).

돌아와 이 사건에 관하여 보건대, 위 인정사실에 의하면 원고는 자신과 특수 관계에 있는 자에게 부동산중개시장을 거치지 않고 8억원이라는 이 사건 양도가격으로 이 사건 아파트를 양도하였는바, 위 관련법령의 규정에 의하면 구 소득세법 제101조 제4항의 위임에 따라 부당행위계산에 관하여 필요한 사항을 정한 구 소득세법 시행령 제167조 제5항은, 특수관계 있는 자에게 시가보다 낮은 가격으로 자산을 양도하는 등으로 조세의 부담을 부당히 감소시킨 것으로 인정되는 때 등에 있어서 적용되는 "시가"를 구 상속세 및 증여세법 제60조 내지 제64조의 규정을 준용하여 평가한 가액을 시가로 본다고 규정하여 위와 같이 평가한 가액을 "특수관계 있는 자에게 시가보다 낮은 가격으로 자산을 양도하는 등으로 조세의 부담을 부당히 감소시킨 것으로 인정되는 때" 등에 있어서 적용되는 "시가"로 의제하고 있고, 또한 "조세의 부담을 부당하게 감소시킨 것으로 인정되는 때"라 함은 "특수관계 있는 자에게 시가보다 낮은 가격으로 자산을 양도한" 경우라고 규정되어 있다.

그렇다면, 원고가 자신과 특수관계에 있는 자인 A에게 구 상속세 및 증여세법 제60조 내지 제64조의 규정을 준용하여 평가한 가액인 이 사건 아파트의 시가 1,170,000,000 원보다 낮은 가격인 이 사건 양도가격에 이 사건 아파트를 양도한 것은 특수 관계에 있는 자에게 부동산을 시가보다 낮은 가격으로 양도하여 조세의 부담을 부당하게 감소시킨 것에 해당된다고 할 것이다.

나아가 이 사건 아파트의 양도에 대하여 원고가 경제적 합리성이 있는 거래에 해당한다면서 주장한 사유가 있었는지에 대하여 갑11, 14호증의 각 기재만으로 이를 인정하기에 부족할 뿐만 아니라 특수 관계자에게의 저가 양도에 대하여 부당행위계산부인 규정의 적용을 배제하기 위한 경제적 합리성이 있는 거래란 특수관계에 있는 자에게 정상가격보다 저가로 양도할 수밖에 없는 부득이한 사유가 존재하여 그것이 사회통념상 타당하다고 인정 될 경우의 양도를 의미한다고 할 것인데, 가사 원고가 이 사건 아파트의 양도에 경제적인 합리성이 있다는 사유로서 주장하는 위와 같은 사유가 있다고 하여도 그와 같은 사유만 가지고 이 사건 아파트의 양도에 있어 특수관계의 자에게 정상가격보다 저가로 양도할 수밖에 없는 부득이한 사유가 존재하여 그것이 사회통념상 타당하다고 인정되는 경제적 합리성이 있는 양도라고 보기 어려울 뿐만 아니라, 이와 같이 저가로 특수 관계자에게 양도하여 조세의 부담을 부당하게 감소시킨 것으로 인정된 이상 원고가 주장하는 위와 같은 사유를 두고 경제적인 합리성이 있다고 할 수도 없다 할 것이다.

따라서 이 사건 아파트의 양도에 대하여 피고가 부당행위계산부인 규정을 적용하여 계산한 이 사건 부과처분에 어떠한 위법사항이 있다고 할 수도 없다.

(2) 신뢰보호원칙 위배여부

일반적으로 조세 법률관계에서 과세관청의 행위에 대하여 신의성실의 원칙이 적용되기 위하여는 첫째, 과세관청이 납세자에게 신뢰의 대상이 되는 공적인 견해를 표명하여야 하고, 둘째, 납세자가 과세관청의 견해표명이 정당하다고 신뢰한 데 대하여 납세자에게 귀책사유가 없어야 하며, 셋째, 납세자가 그 견해표명을 신뢰하고 이에 따라 무엇인가 행위를 하여야 하고, 넷째, 과세관청이 위 견해표명에 반하는 처분을 함으로써 납세자의 이익이 침해되는 결과가 초래되어야 하고, 과세관청의 공적인 견해표명은 원칙적으로 일정한 책임 있는 지위에 있는 세무공무원에 의하여 이루어짐을 요한다.

또한 신의성실의 원칙에 위배된다는 이유로 그 권리의 행사를 부정하기 위하여는 상대방에게 신의를 주었다거나 객관적으로 보아 상대방이 그러한 신의를 가짐이 정당한 상태에 이르러야 하고, 이와 같은 상대방의 신의에 반하여 권리를 행사하는 것이 정의관념에 비추어 용인될 수 없는 정도의 상태에 이르러야 하고, 일반 행정법률관계에서 관청의 행위에 대하여 신의칙이 적용되기 위해서는 합법성의 원칙을 희생하여서라도 처분의 상대방의 신뢰를 보호함이 정의의 관념에 부합하는 것으로 인정되는 특별한 사정이 있을 경우에 한하여 예외적으로 적용된다(대법원 2004. 7. 22. 선고 2002두11233 판결 참조).

이 사건에 대하여 보건대, 위 인정사실에 의하면 원고가 이 사건 아파트의 양도에 대하여 양도소득세 및 증여세와 관련한 상담을 하고 국세종합상담센터의 상담원의 답변을 받은 사실은 인정할 수 있으나, 위와 같은 국세종합상담원의 답변은 상담직원들이 주로 근로소득자나 소규모 사업자 등을 대상으로 전문지식과 경험을 토대로 하여 1일 수천 건을 상담하는 단순한 상담 내지 안내수준인 행정서비스의 한 방법일 뿐 이를 행정청의 공적인 견해 표명이라고 보기 어렵다 할 것이고 나아가 국세청종합상담센터이 첫 화면에 '납세자 담당관실', '전문상담관'이라 기재되어 있어 그 답변이 납세자 담당관 내지는 전문상담관이 한다는 것으로 상담자가 받아 들였다고 하더라도 이를 두고 행정청의 공적인 견해표명이라 할 수 없을 뿐만 아니라 이를 국세청장의 공적인 견해 표명이라고도 할 수 없다. 그렇다면, 신뢰의 대상인 행정청의 공적인 견해 표명이 없는 이 사건의 원고에게 신뢰 보호의 원칙을 적용할 수는 없다 할 것이다.

(3) 가산세 부분에 관하여 정당한 사유가 있는지 여부

세법상 가산세는 과세권의 행사 및 조세채권의 실현을 용이하게 하기 위하여 납세자가 정당한 이유 없이 법에 규정된 신고·납세의무 등을 위반한 경우에 법이 정하는 바에 의하여 부과하는 행정상의 제재로서, 납세의무자가 그 의무를 알지 못한 것이 무리가 아니었다고 할 수 있어서 그를 정당시할 수 있는 사정이 있거나 그 의무의 이행을 당사자에게 기대하는 것이 무리라고 하는 사정이 있는 등 그 의무해태를 탓할 수 없는 정당한 사유가 있는 경우에는 부과될 수 없는 것이라 할 것이다. 이 사건에 관하여 보건대, 위 인정 사실에 의하면 원고의 아들인 A이 실명으로 자신의 어머니가 양도대상인 이 사건 아파트의 실명을 기재하여 시가보다는 저가인 이 사건 양도가격으로 양도함에 대하여 양도소득세 및 증여세 등의 조세부과여부에 대하여 문의하고 그 답변에 따라 위와 같이 자진하여 양도소득세와 시가와 차액에 해당하는 금액에 대한 증여세를 납부한 사정을 알 수 있는바, 위와 같은 사정이 있다면 이 사건 아파트 양도당시 75세의 고령인 원고가 이 사건 아파트의 양도에 대하여 부당행위계산 부인 규정이 적용되어 실거래가가 아닌 시가에 의하여 계산된 양도소득세 납세의무가 있음을 알지 못한 것이 무리가 아니었다고 볼 정당한 사유가 있는 경우라고 봄이 상당하다.

그렇다면 이 사건 부과처분 중 신고불성실가산세와 납부불성실가산세의 부과처분은 위법하여 취소되어야 할 것이다.

(4) 결론

그렇다면, 피고가 2005. 12. 1. 원고에 대하여 한 2002년 귀속 양도소득세 120,378,390원의 부과처분 중 77,097,606원{120,378,390원-(신고불성실가산세 6,890,713원)-(납부불성실가산세 36,390,071원)}을 초과하는 부분은 위법하여 이를 취소하여야 할 것이므로, 원고의 이 사건 청구는 위 인정범위 내에서 이유 있어 이를 인용하고, 나머지 청구는 이유 없어 이를 기각하기로 하여 주문과 같이 판결한다.

소　장

원고　　김 길 동(주민등록번호)
　　　　서울시 서초구 ○○동 ○-○번지
　　　　(전화 000-000, 팩스 000-000)
피고　　역삼세무서장
종합부동산세등과세처분취소

청구취지

1. 피고가 2006. 2. 7. 원고에 대하여 한 종합부동산세 1,113,750원 및 농어촌특별세 222,750원의 각 부과처분을 취소한다.
2. 소송비용은 피고가 부담한다.
라는 판결을 구합니다.

청구원인

1. 처분의 경위

(1) 원고는 서울 강남구 도곡동에 있는 아파트(이하 '이 사건 주택'이라 한다)의 소유자로서 2005. 6. 1. 당시 주택분 재산세의 납세의무자이고, 이 사건 주택에 대한 재산세 과세표준이 4억 5천만 원을 초과하여 구 종합부동산세법(2005. 12. 31. 법률 제7836호로 개정되기 전의 것, 이하 '구 종부세법'이라고 한다)에 따라 종합부동산세를 납부할 의무가 있습니다.

(2) 원고가 2005. 12. 15.까지 종합부동산세를 신고. 납부하지 않자 피고는 2006. 2. 7. 원고에게 2005년도 종합부동산세 1,113,750원 및 농어촌특별세 222,750원을 부과하는 "이 사건 처분"을 하였습니다.

(3) 원고는 2006. 4. 19. 이 사건 처분에 불복하여 국세심판원에 심판청구를 하였으나 국세심판원은 2006. 12. 19. 원고의 심판청구를 기각하였습니다.

2. 처분의 위법성

(1) 조세특례제한법 위반

종합부동산세는 지방세인 재산세와 동일한 과세객체에 대하여 국세인 종합부동산세로 중과세하는 조세특례입니다. 그러나 현행 조세특례제한법 제3조 제1항에 의하면, 조세특례제한법, 국세기본법 및 조약과 조세특례제한법 제3조 제1항 각 호로 열거된 법률에 의하지 아니하고는 조세특례를 정할 수 없고, 구 종부세법은 조세특례제한법 제3조 제1항 각 호에서 열거되어 있는 법률이 아니므로 구 종부세법상의 종합부동산세는 조세특례제한법에 위반됩니다.

(2) 평등의 원칙 위반

① 일반 국민은 각자의 순저축분을 헌법상 자유롭고 정당하게 예금 · 주식 · 부동산의 형태로 소유하는데 그 중에서 현금이나 주식은 아무리 거액을 소유하고 있다고 하더라도 원본으로부터 발생된 소득이 아닌 "원본 자체"에 대해서는 중과세하지 않으면서 유독 이른바 "고액 부동산"에 대해서만 원본으로부터 발생된 소득이 아니라 원본 자체에 중과세하는 것은 평등의 원칙에 위반되고, ② 순수하게 자기 자본으로 부동산을 취득하여 보유하는 경우와 타인 자본으로 부동산을 취득하여 보유하는 경우 사이에는 담세력에 차이가 있는데도 이를 전혀 고려하지 않고 과세하는 것은 합리성 없는 차별에 해당하여 평등의 원칙에 위반됩니다.

(3) 재산권 보장의 원칙 위반

구 종부세법상의 종합부동산세는 부동산의 원본 내지는 자본을 잠식할 뿐만 아니라 그 세율이 지나치게 높아서 무상으로 사유재산을 수용하는 결과를 초래하여 헌법상의 재산권보장 원칙에 위반됩니다.

(4) 소급입법에 의한 재산권 박탈 금지 원칙 위반

구 종부세법이 시행되기 이전에 취득한 1가구 1주택인 아파트가 부동산 시세의 변동에 따라 이른바 고액 아파트가 되었다고 해서 갑자기 사후에 제정된 구 종부세법으로 중과세를 하는 것은 헌법이 보장하는 소급입법에 의한 재산권 박탈 금지의 원칙에 위반됩니다.

(5) 신뢰보호의 원칙 위반

구 종부세법상의 종합부동산세는 헌법상의 재산권보장 규정, 경제활동의 자유권과 행복추구권, 거주이전의 자유권을 신뢰하여 특정지역에 있는 아파트를 구 종부세법이 시행되기 이전에 취득한 원고의 신뢰이익을 침해하는 것으로 이는 헌법상의 신뢰보호원칙에 위반됩니다.

(6) 거주·이전의 자유권 침해

원고는 종합부동산세를 내기 위해 살고 있는 이 사건 주택을 팔고 다른 곳으로 이사를 하고 싶어도 이 사건 주택을 판 돈으로 높은 양도소득세를 징수당하고 나면 다른 곳으로 이사해서 같은 평수의 아파트를 살 형편이 못되므로 이 사건 주택을 계속 보유할 수밖에 없는 실정에 처해 있어 구 종부세법상의 종합부동산세는 헌법이 보장하는 거주이전의 자유를 침해합니다.

(7) 비례의 원칙 위반

① 부동산가액 상승에 원인을 제공하지 않은 1가구 1주택 소유자에 대하여 단지 고액 부동산을 소유하고 있다는 이유만으로 종합부동산세를 중과세하는 것은 부동산 가격을 안정시키겠다는 정책 목적과 정책 수단간에 비례의 원칙에 맞지 않고, ② 특정 수준(9억 원 또는 6억 원) 이상 또는 이하에 해당되는 부동산 소유자 사이에 균형과 비례의 원칙에 맞지 않으며, ③ 차입 자금으로 고액 부동산을 취득한 사람과 자기 자금으로 취득한 사람 사이에는 담세력에 큰 차이가 있는데 "순자산 가치"가 아닌 "총자산의 외형가치"를 과세표준으로 해 누진세율을 적용해 종합부동산세를 중과세하는 것은 담세능력과 과세처분간의 비례의 원칙에 반하는 것입니다.

(8) 경제활동의 자유권, 사적자치의 원칙, 행복추구권의 침해

국민이 순저축분으로 예금.주식.부동산 중 어느 형태의 자산을 선택할 것인가는 각자가 자유로이 선택할 수 있고, 이는 헌법상 경제활동의 자유권으로 보장된다. 따라서 구 종부세법상의 종합부동산세로 고액 부동산에 대하여 중과세하는 것은 순저축분으로 부동산의 보유를 선택하고자 하는 경제활동의 자유권, 자유민주주의의 법질서의 보편 원리인 사적자치의 원칙과 행복추구권을 침해하는 것입니다.

(9) 미실현 이득에 대한 과세의 위헌성

이 사건 주택의 시세가 상승했다고 하더라도 이는 변동 중인 시세일 뿐이고, 실제 매매된 일이 없어서 아직 양도차익이 발생. 실현된 일이 없는데도 국가가 마치 현실로 실현된 소득이 있는 것으로 의제하여 매년 종합부동산세를 부과·징수하는 것은 결국 재산의 원본 일부씩을 점진적으로 무상몰수하겠다는 것으로 이는 원고의 재산권을 침해하는 것이고, 더군다나 공시가격이 하락할 경우 그 구제수단이 없어 위법합니다.

(10) 헌법 제119조 제2항에 의하면, 국가는 균형있는 국민경제의 성장 및 안정과 적정한 소득의 분배를 유지하고, 시장의 지배와 경제력의 남용을 방지하며, 경제주체간의 조화를 통한 경제의

민주화를 위해 규제와 조정을 할 수 있으나, 구 종부세법은 헌법상 허용된 "소득의 분배"라는 한계를 넘어 "자산의 분배(국민의 순저축분=예금·주식·부동산이라는 '원본 자체의 분배')"를 하기 위한 규제와 조정이므로 헌법 제119조 제2항에 위반됩니다.

(11) 재정자치권의 침해
개별기초자치단체가 행해온 재산세 과세 징수·처분권을 국가가 개입해 국세로 중과세하는 구 종부세법은 각 지방자치단체의 재정자치권을 침해합니다.

(12) 권력분립의 원칙 등 위반
국민에 대한 중과세를 견제하는 기능을 수행해야 할 국회가 자신을 선출해 준 납세자·국민을 배신하고 의원입법 형식으로 구 종부세법을 입법한 것은 권력분립의 원칙에 위반되고, 조세법안은 의원입법 방식으로 제정하지 않는다는 확립된 헌정관행에 위반되며, 조세특례제한법에 위반되는 중과세 특례법으로서 구 종부세법을 제정한 것은 입법재량권을 남용한 것입니다.

(13) 구 종부세법은 확립된 재정원리 등에 어긋나 위헌이다.
현대 자유민주주의 국가에서 보편적 이론으로 확립된 조세원리에 의하면, 조세는 소득세, 소비세, 유통세와 같이 재화의 흐름(flow)에 대해서 과세하는 것이 원칙이고, 재화의 스톡(stock)에 대한 과세는 극히 예외적으로 지방자치단체가 실시해 왔습니다.
국민의 순저축분의 대체물인 자산 원본 중에서 유독 부동산에 대해서만 차별적으로 종합부동산세로 중과세하는 것은 확립된 재정원리, 국민경제성장이론, 세액배양이론에 어긋날 뿐만 아니라 감가상각에 의해 자산의 원본을 유지해 주어야 한다는 보편적인 회계원리에도 반하는 것입니다.

3. 결론
이와 같이 피고의 처분은 위법한 행정처분이 아닐 수 없으므로, 상기와 같이 원고의 행정처분의 취소를 구하는 행정소송에 이르게 되었습니다.

입증방법

1. 갑 제1호증
2. 갑 제2호증

첨부서류

1. 위 각 입증방법   각 1부
2. 송달료 납부서
3. 소장부본

20 . . .

위 원고   (날인 또는 서명)

서울행정법원   귀중

당해판례

2006구합 30546

(1) 구 종부세법이 조세특례제한법에 위반되는지 여부

(가) 조세특례제한법 제2조 제1항 제8호에 의하면, "조세특례"라 함은 일정한 요건에 해당하는 경우의 특례세율의 적용, 조세감면, 세액공제, 소득공제, 준비금의 손금불산입 등의 조세감면과 특정 목적을 위한 익금산입, 손금불산입 등의 중과세를 말하고, 조세특례제한법 제3조 제1항에 의하면, 조세특례제한법, 국세기본법 및 조약과 조세특례제한법 제3조 제1항 각 호로 열거된 법률에 의하지 아니하고는 조세특례를 정할 수 없으며, 조세특례제한법 제3조 제1항 각 호에서 열거하고 있는 법률에 구 종부세법이 포함되어 있지는 않다.

(나) 그러나 구 종부세법에서 규정하고 있는 종합부동산세는 단순히 지방세법이 정하고 있는 재산세에 대한 특례세율이 아니라 조세부담의 형평성을 제고하고, 부동산의 가격 안정을 도모함으로써 지방재정의 균형발전과 국민경제의 건전한 발전에 이바지함을 목적으로 하여 부과되는 국세로 지방세인 재산세와는 세목이 다를 뿐만 아니라 그 입법 목적, 과세대상도 다르므로 종합부동산세를 재산세에 대한 중과세(조세특례제한법 제2조 제1항 제8호가 규정한 조세특례)로 볼 수 없다. 따라서 구 종부세법상의 종합부동산세가 재산세에 대한 조세특례임을 전제로 하는 원고의 이 부분 주장은 받아들이기 어렵다.

(2) 평등의 원칙 위반 여부

(가) 조세평등주의는 헌법 제11조 제1항에 의한 평등의 원칙 또는 차별금지의 원칙의 조세법적 표현이라고 할 수 있다. 그리하여 조세평등주의는 정의의 이념에 따라 '평등한 것은 평등하게', 그리고 '불평등한 것은 불평등하게' 취급함으로써 조세법의 입법과정이나 집행과정에서 조세정의를 실현하려는 원칙이라고 할 수 있다. 다만, 조세평등주의는 국민에 대하여 절대적인 평등을 보장하는 것이 아니라, 합리적인 이유 없이 차별하는 것을 금지하는 취지이므로, 규율하고자 하는 대상의 본질적 차이에 상응하여 법적으로 차별하는 것은 그 차별이 합리성을 가지는 한 조세평등주의에 위반된다고 볼 수 없다. 또한 오늘날 조세는 국가의 재정수요를 충족시킨다고 하는 본래의 기능 외에도 소득의 재분배, 자원의 적정배분, 경기의 조정 등 여러 가지 기능을 가지고 있으므로, 국민의 조세부담을 정함에 있어서 재정·경제·사회정책 등 국정전반에 걸친 종합적인 정책판단을 필요로 할 뿐만 아니라, 과세요건을 정함에 있어서 극히 전문기술적인 판단을 필요로 한다. 따라서 조세법규를 어떠한 내용으로 규정할 것인지에 관하여는 입법자가 국가재정, 사회경제, 국민소득, 국민생활 등의 실태에 관하여 정확한 자료를 기초로 하여 정책적, 기술적인 판단에 의하여 정하여야 하는 문제이므로, 이는 입법자의 입법형성적 재량에 기초한 정책적·기술적 판단에 맡겨져 있다고 할 수 있다(헌법재판소 2007. 1. 17. 선고 2005헌바75, 2006헌바7, 8(병합) 결정 등 참조).

(나) 구 종부세법에 의한 종합부동산세는 이른바 고액부동산을 보유하고 있는 자에 대하여 부과하는 세금으로 동일한 가액의 주식이나 예금 등 다른 재산권을 보유하고 있는 자와 법률상 차별하고 있다. 그런데 구 종부세법에 따른 종합부동산세의 부과대상인 주택과 토지는 주식이나 예금 등 다른 재산권의 대상과 달리 ① 토지의 경우는 원칙적으로 생산이나 대체가 불가능하여 공급이 제한되어 있고, ② 우리나라 주택문제의 심각성과 토지 및 주택에 있어서 수요·공급의 심각한 불균형으로 인해 토지 및 주택 가격의 상승과 투기현상이 예금이나 주식 등 다른 재산권의 대상에 비해 현저하였으며, ③ 토지나 주택의 문제는 인간다운 생활을 할 권리에 관한 문제로까지 이어지고, 일반 국민의 토지나 주택에 대한 의존도 또한 예금이나 주식 등 다른 재산권의 대상에 비하여 현저하게 크므로 토지나 주택의 사회성·공공성이 더욱 강조되지 않을 수 없는 등의 본질적인 차이가 있다.
위와 같은 본질적인 차이점에 착안하여 입법자가 재량에 기초해 조세부담의 형평성을 제고하고, 부동산의 가격 안정을 도모함으로써 지방재정의 균형발전과 국민경제의 건전한 발전에 이바지하고자 하는 조세정책적인 필요에 의해 주택 및 토지를 예금이나 주식 등 다른 재산권의 대상과 특별히 구별하여 종합부동산세법으로 규율하였다. 그러므로 구 종부세법이 토지나 주택만을 그 규율대상으로 하였다 하여도 이는 합리적인 사유에 의한 차별로서 평등의 원칙에 위반되지 않는다.

또한 구 종부세법상의 종합부동산세는 보유세인데 과세표준(부동산의 가액)을 산정함에 있어서 부채를 공제할 것인지 여부는 원칙적으로 당해 조세의 과세목적에 따라 입법정책적으로 결정할 사안으로 보유세인 재산세의 경우에도 부채를 공제하지 않고 있을 뿐만 아니라 부채를 공제할 경우 부동산의 가격 안정이라는 구 종부세법의 입법목적 달성에 어려움이 예상되는 점 등에 비추어 볼 때, 과세표준(부동산 가액)에서 부채를 공제하지 않은 것이 자기 자본으로 부동산을 취득한 자와 타인 자본으로 부동산을 취득한 자 사이에 합리성 없는 차별이라고 보기도 어렵다.

(3) 재산권 보장의 원칙 위반 여부

(가) 일반적으로 조세와 재산권의 관계에 있어서 조세의 부과 징수는 국민의 납세의무에 기초하는 것으로서 원칙으로 재산권의 침해가 되지 않는다. 다만 그로 인하여 납세의무자의 사유재산에 관한 이용, 수익, 처분권이 중대한 제한을 받게 되는 등 재산권의 본질적 내용을 침해하는 경우에는 재산권의 침해가 될 수 있고(헌법재판소 1997. 12. 24. 선고 96헌가19 결정, 헌법재판소 2001. 2. 22. 선고 99헌바3,46(병합) 결정, 헌법재판소 2003. 11. 27. 2003헌바2 결정 등 취지 참조), 사유재산제도의 전면적인 부정, 재산권의 무상몰수, 소급입법에 의한 재산권박탈 등이 재산권의 본질적인 침해가 된다는 데 대하여서는 이론의 여지가 없다(헌법재판소 1989. 12. 22. 선고 88헌가13 결정 등 참조).

따라서 국가가 공익 실현을 위해 조세를 부과, 징수함에 있어서는 재산권의 본질적 내용인 사적 유용성과 처분권이 납세자에게 남아있을 한도 내에서만 조세부담을 지울 수 있으며, 짧은 기간에 사실상 토지가액 전부를 조세의 명목으로 징수하는 셈이 되어 토지재산권을 무상으로 몰수하는 효과를 초래해서는 아니된다(헌법재판소 2001. 2. 22. 선고 99헌바3,46(병합) 결정 등 참조).

(나) 원본잠식이 재산권의 본질적 내용을 침해하는 것인지 여부

1) 헌법재판소는 토지초과이득세는 그 계측의 객관성 보장이 심히 어려운 미실현 이득을 과세대상으로 삼고 있는 관계로 토지초과이득세 세율을 50% 상당의 높은 세율로 하는 경우 자칫 가공이득에 대한 과세가 되어 원본잠식으로 인한 재산권 침해의 우려가 있고(헌법재판소 1994. 7. 29. 선고 92헌바49,52(병합) 결정), 실제의 매입가액이 그 객관적 진실성이 있음에도 불구하고 이에 의하여 적징하고 현실적인 개발이익을 계측할 수 있는 길을 봉쇄함으로서 가공의 미실현 이득에 대하여 부담금을 부과하여 원본잠식의 우려가 있는 상태에서 50%의 부담률로 개발부담금을 부과하는 것은 토지초과이득세와 마찬가지로 재산권보장 규정에 위반(헌법재판소 1998. 6. 25. 선고 95헌바35 결정)된다고 보았으나, 이는 보유세에 대한 것이 아니라 토지초과"이득"세, 개발"이익"에 대한 부담금에 관한 것이다.

2) 종합부동산세가 보유세인지 수익세인지에 관하여는 견해의 대립이 있으나, 일정한 가액 이상의 부동산을 보유하는 데에 그 담세력을 인정하여 부과하는 조세이고, 부동산 가액을 과세표준으로 하고 있어 그 본질은 부동산의 소유 자체를 과세요건으로 하는 것이므로 그 기본적인 성격은 재산세와 마찬가지로 보유세이고(대법원 1998. 12. 22. 선고 97누1563 판결, 2001. 4. 24. 선고 99두110 판결 등 참조), 보유세의 성격상 종합부동산세의 부과와 징수로 인해 원본의 일부 침해가 발생된다. 그러나 조세제도를 규정함에 있어 보유세 제도를 도입할 것인지 여부, 세율체계를 단일비례제로 할 것인지 누진세로 할 것인지의 여부 또는 세율을 어느 정도로 할 것인지의 여부는 위 (2)의 (가)항에서 본 바와 같이 원칙적으로 당해 조세의 과세목적에 따라 입법정책적으로 결정할 사항으로 원본의 일부 침해가 발생되는 보유세로 종합부동산세를 규정한 자체가 헌법이 보장하는 재산권의 본질적 내용의 침해라고 보기는 어렵다.

(다) 재산권의 본질적 내용을 침해하는지 여부

1) 위에서 본 바와 같이 원본에 대한 과세가 이루어진다고 해서 그것이 바로 재산권의 본질적인 내용을 침해하여 위헌이 되는 것은 아니며, 비례의 원칙, 과잉금지의 원칙 등에 비추어 볼 때 짧은 기간 내에 사실상 부동산가액 전부를 조세의 명목으로 징수하는 셈이 되어 재산권을 무상으로 몰수하는 효과를 초래하는지 여부에 따라 재산권의 본질적인 내용이 침해되는지 여부가 판단되어야 할 것이다.

2) 이와 관련해서 헌법재판소는, ⅰ) 구 지방세법(1990. 4. 7. 법률 제4225호로 개정된 것, 이하 '구 지방세법'이라고 한다) 제234조의16 제1항에 규정된 토지의 종합합산과세의 세율이 지나치게 높아 재산권을 침해하는 정도에 이르는지에 관한 사건에서 ① 종합합산과세의 경우 9등급으로 구분된 과세표준별로 과세표준액의 1000분의 2에서부터 1000분의 50까지 초과누진세율을 적용하도록 되어 있는데, 전국 평균 과세 표준현실화율이 약 32.2%에 그치고 있어 과세표준액 자체가 매우 저평가되고 있기 때문에 실제 세부담율은 이보다 훨씬 낮고, ② 종합합산과세 대상자의 대부분은 2천만원 이하의 과세표준에 해당하여 낮은 세율을 적용받고 있으며, 최고세율 1000분의 50 이나 그 아랫단계인 100분의 30 혹은 2000분의 20의 세율이 적용되는 대상자의 비율은 극히 미미하고, ③ 종합토지세의 누진구조는 토지에 대한 투기적 수요억제나 소득에 대한 재분배 효과가 매우 미미하므로 세율과 누진구조를 더욱 강화할 필요가 있는 등 구 지방세법 제234조의16 제1항은 종합토지세의 정책목적, 세액단계별 납세자의 분포, 과세표준액의 평가방식, 실제 조세부담율 등을 종합해 볼 때, 재산권의 본질적 내용인 사적 유용성과 원칙적인

처분 권한을 여전히 토지소유자에게 남겨 놓는 한도 내에서의 재산권 제한이고, 현재와 같이 과세표준화 현실화율이 낮은 상태에서는 매년 종합토지세를 부과한다고 하더라도 짧은 기간 내에 사실상 토지가액 전부를 조세 명목으로 징수함으로써 토지재산권을 무상으로 몰수하는 효과를 가져오는 것도 아니므로 이로 인해서 재산권의 본질적인 내용이 침해된다거나 국민의 재산권을 비례의 원칙에 위반하여 과도하게 침해하는 것이라고 할 수 없다(헌법재판소 2001. 2. 22. 선고 99헌바3,46(병합) 결정]고 본 반면에, ⅱ) 사회적으로 바람직하지 않은 과다한 토지 소유에 대한 행정제재로서 토지재산의 원본 자체에 대하여 어느 정도까지 재산적 부담을 부과할 수 있는가 하는 한계를 구체적 수치로 표현하는 것은 어려우나, 구 택지소유상한에 관한법률(1998. 9. 19. 법률 제5571호로 폐지되기 전의 것, 이하 '구 택지소유상한법'이라고 한다) 제24조 제1항은 연 4%에서 연 11%에 이르는 높은 부과율을 규정하면서 부과기간의 제한을 두고 있지 않기 때문에, 연 11%의 부과율이 적용되는 경우 다른 조세 부담을 고려하지 않더라도 약 10년이 지나면 그 부과율이 100%에 이르게 되어 결국 10년이란 짧은 기간에 사실상 토지가액 전부를 부담금의 명목으로 징수하는 셈이 되는 바, 구 택지소유상한법의 입법목적을 시급하게 그리고 효율적으로 달성할 필요가 있고, 그렇게 하기 위해서는 부담금이 재산원본에 대하여 부과되는 금전적 징계로서의 성격을 가질 수밖에 없기 때문에 처음부터 재산원본에 대한 침해가 불가피하다는 점을 감안하더라도, 아무런 기간의 제한 없이 위와 같이 높은 부과율에 의한 부담금을 부과함으로 말미암아 짧은 기간 내에 토지재산권을 무상으로 몰수하는 효과를 가져오는 것은, 재산권에 내재하는 사회적 제약에 의하여 허용되는 침해의 한계를 넘는 것[헌법재판소 1999. 4. 29. 선고 94헌바37외66건(병합) 결정]으로 보았다.

3) 이 사건에 관하여 살펴보면, ① 토지재산권에 대한 광범위한 입법형성권을 부여하고 있는 헌법 제122조와 국가에게 주택개발정책 등을 통해 모든 국민이 쾌적한 주거생활을 할 수 있도록 노력해야 할 의무를 부과하고 있는 헌법 제35조 제3항의 규정 취지, ② 고액의 부동산 보유자에 대하여 종합부동산세를 부과하여 부동산보유에 대한 조세부담의 형평성을 제고하고, 부동산의 가격안정을 도모함으로써 지방재정의 균형발전과 국민경제의 건전한 발전에 이바지함을 목적으로 하는 구 종부세법의 입법목적, ③ 토지는 원칙적으로 생산이나 대체가 불가능하여 공급이 제한되어 있고, 우리나라의 가용토지 면적 또한 인구에 비하여 절대적으로 부족하며, 주택 역시 위와 같은 토지 없이는 건축될 수 없다는 점 등에 비추어 보면, 토지나 주택은 그 사회적 기능이나 국민경제의 측면에서 다른 재산권과 같게 다룰 수 있는 성질의 것이 아니며, 공동체의 이익이 더 강하게 관철될 것이 요구된다는 점(헌법재판소 1989. 12. 22. 선고 88 헌가13 결정, 헌법재판소 1998. 12. 24. 선고 89헌마214 결정 등 참조), ④ 공시가격의 현실화율(부동산가격공시법에 따른 공시

가격이 시가를 어느 정도 반영하는지를 나타내는 비율)이 공동주택의 경우 약 80~90% 수준 정도이고, 토지 및 단독 주택의 경우에는 그보다 낮게 맞춰지고 있는 사정, ⑤ 구 종부세법상 과표적용률은 공시가격의 50%에 불과한 점, ⑥ 구 종부세법상 종합부동산세율은 주택의 경우(이 사건 처분은 주택에 대한 것이므로 주택에 대한 종합부동산세율만 봄) 과세표준의 1~3%이므로 최고세율인 3%를 기준으로 하더라도 원본을 모두 잠식하기 위하여는 66.7년{≒1(공시가격) ÷ (과세표준 적용율 50/100 × 세율 30/1,000), 주택의 공시가격 현실화율이 시가에 미치지 못하는 현실을 감안하면 그 기간은 이에 상응하는 만큼 길어질 것으로 예상된다}의 기간이 소요되는 점, ⑦ 주택의 경우 종합부동산세 대상자의 대부분은 구 종부세법상 과세표준 5억 5천만 원 이하이고, 이 경우 세율은 과세표준의 1%인 점, ⑧ 우리나라에 있어서 종합부동산세 등 보유세의 세율과 총 조세에서 차지하는 비중이 미국·일본·독일·프랑스·영국 등 주요 국가에서의 그것과 비교하여 낮거나 비슷한 점(갑 4, 7호증의 각 1, 2) 등을 종합해 보면, 구 종부세법상 주택에 대한 종합부동산세가 사유재산권 자체를 전면적으로 부정하거나 짧은 기간 내에 재산을 무상으로 몰수하는 정도로 과도하여 재산권의 본질적인 내용을 침해한다고 보기 어렵다.

(4) 소급입법에 의한 재산권 박탈 금지 원칙 위반 여부
(가) 헌법 제13조 제2항은 "모든 국민은 소급입법에 의하여……재산권을 박탈당하지 아니한다"고 규정하고 있으므로 새로운 입법으로 과거에 소급하여 과세하거나 또는 납세의무가 존재하는 경우에도 소급하여 중과세하는 것은 위 헌법조항에 위반된다(헌법재판소 2002. 2. 28. 선고 99헌바4 결정 등 참조).

(나) 그런데 구 종부세법상 주택에 대한 종합부동산세는 2005. 1. 5. 법률 제7328호로 종합부동산세법이 제정되면서 신설된 것으로 그 부칙 제2조는 종합부동산세법 시행 후 최초로 납세의무가 성립하는 종합부동산세에 대하여 적용하는 것으로 규정하고 있다. 이와 같이 종합부동산세는 구 종부세법 시행 이후에 최초로 납세의무가 성립하는 경우에 대하여만 적용될 뿐, 구 종부세법으로 과거에 소급하여 과세하거나 또는 중과세하는 것이 아니므로 이를 가리켜 재산권을 박탈하는 소급입법이라고 할 수 없다.

(5) 신뢰보호원칙 위반 여부
(가) 신뢰보호의 원칙은 헌법상 법치국가원리로부터 파생되는 것으로서, 법률의 제정이나 개정시 구법질서에 대한 당사자의 신뢰가 합리적이고도 정당하며 법률의 제정이나 개정으로 야기되는 당사자의 손해가 극심하여 새로운 입법으로 달성하고자 하는 공익적 목적이 그러한 당사자의 신뢰

의 파괴를 정당화할 수 없다면, 그러한 새 입법은 신뢰보호의 원칙상 허용될 수 없다. 그러나 국민이 가지는 모든 기대 내지 신뢰가 헌법상 권리로서 보호될 것은 아니고, 신뢰의 근거 및 종류, 상실된 이익의 중요성, 침해의 방법 등에 의하여 개정된 법규·제도의 존속에 대한 개인의 신뢰가 합리적이어서 이를 보호할 필요성이 인정되어야 하고, 특히 조세법의 영역에 있어서는 국가가 조세·재정정책을 탄력적·합리적으로 운용할 필요성이 매우 큰 만큼, 조세에 관한 법규·제도는 신축적으로 변할 수밖에 없다는 점에서 납세의무자로서는 구법질서에 의거한 신뢰를 바탕으로 적극적으로 새로운 법률관계를 형성하였다든지 하는 특별한 사정이 없는 한 원칙적으로 현재의 세법이 변함없이 유지되리라고 기대하거나 신뢰할 수는 없다(헌법재판소 2002. 2. 28. 선고 99헌바4 결정, 헌법재판소 2003. 4. 24. 선고 2002헌바 9 결정 등 참조).

(나) 이 사건의 경우에 구 종부세법 시행 이전에는 원고가 이 사건 주택으로 인해 재산세만을 납부하면 되었고, 종합부동산세를 납부할 의무는 없었다. 그러나 원고는 이를 바탕으로 하여 어떠한 새로운 법률관계를 형성한 것이 아니라 이미 취득하여 보유하고 있던 이 사건 주택을 계속 보유한 것에 불과하고, 달리 원고의 신뢰를 새로운 입법의 시행에 우선하여 보호하여야 할 특별한 사정을 찾아볼 수 없다. 그러므로 비록 원고가 향후에도 그러한 세법이 그대로 유지되어 위와 같은 과세상 불이익을 받지 않으리라고 신뢰하였다고 하더라도 이러한 신뢰는 단순한 기대에 불과할 뿐이지, 헌법상 권리로서 보호하여야 할 신뢰라고 보기는 어렵다. 나아가 신뢰보호원칙 위반 여부는 한편으로는 침해받은 신뢰이익의 보호가치, 침해의 중한 정도, 신뢰침해의 방법 등과 다른 한편으로는 새 입법을 통하여 실현하고자 하는 공익목적을 종합적으로 비교형량하여 판단하여야 하는바(헌법재판소 2002. 2. 28. 선고 99헌바4 결정 참조), 설령 원고의 신뢰에 대하여 보호할 필요성이 인정된다고 하더라도, 구 종부세법상의 주택에 대한 종합부동산세가 재산권의 본질적인 내용을 침해하거나 평등의 원칙에 반하지 않는 점, 구 종부세법의 입법목적 등에 비추어 볼 때, 구 종부세법의 공익목적에 우선하여 보호되어야 할 합리적 이유를 인정하기 어렵다.

(6) 거주·이전의 자유권 침해 여부
위에서 살핀 여러 가지 사정 등에 의하면, 구 종부세법상의 주택에 대한 종합부동산세율이 지나치게 높다거나 종합부동산세를 내기 위하여 살던 집을 팔아야 할 정도라고도 보이지 아니하며, 오히려 ⅓종부세법은 불필요한 부동산 보유를 억제함으로써 주택 가격을 안정시켜 국민 다수에게 쾌적한 주거공간을 제공하고, 결국 국민 대다수의 생존권 또는 인간다운 생활을 할 권리를 보장하게 될 것이다. 종합부동산세가 사실상 일부 납세자에게 부과대상 부동산의 처분을 강요하는 결과가 되어 그들의 거주이전의 자유 등이 사실상 제한당할 여지가 있다 하더라도, 이는 거주이전의 자유 등 국민의 기본권에 대한 직접적인 침해가 아니라 토지 및 주택 재산권에 대한 제한이 수반하는 반사적 불이익에 불과하고(헌법재판소 1999. 4. 29. 선고 94헌바37외66건(병합) 결정 취지 참조), 기본권의 침해가 있다고 하더라도 구 종부세법의 입법목적과 헌법 제35조 제3항 등의 규정 등에 비추어 볼 때 그 규제의 합리성 또한 인정되므로, 구 종부세법상의 주택에 대한 종합부동산세가 거주이전의 자유를 침해한다고도 보이지 아니한다.

(7) 비례의 원칙 위반 여부

위에서 본 여러 가지 사정에 비추어 보면, 구 종부세법상의 종합부동산세가 입법 목적과 그 수단 사이에 비례의 원칙에 맞지 않는다고 보기 어렵고, 조세법규를 어떠한 내용으로 규정할 것인지에 관하여는 입법자가 국가재정, 사회경제, 국민소득, 국민생활 등의 실태에 관하여 정확한 자료를 기초로 하여 정책적, 기술적인 판단에 의하여 정하여야 하는 문제로서 이는 입법자의 입법형성적 재량에 기초한 정책적·기술적 판단에 맡겨져 있는 것으로 차입 자금으로 부동산을 취득한 사람과 자기자금만으로 부동산을 취득한 사람간의 담세력의 차이를 고려하지 않고 "일정한 가액(9억 원, 구 종부세법상의 주택)" 이상의 부동산 보유자에 대하여 종합부동산세를 납부하도록 한 것이 부동산 소유자 사이에 균형과 비례의 원칙에 맞지 않는다거나 담세능력과 과세처분간의 비례의 원칙에 맞지 않는다고 보기도 어렵다.

(8) 경제활동의 자유권, 사적자치의 원칙, 행복추구권의 침해 여부

(가) 헌법 제119조는 제1항에서 "대한민국의 경제질서는 개인과 기업의 경제상의 자유와 창의를 존중함을 기본으로 한다."고 규정하여 사유재산제도, 사적 자치의 원칙, 과실책임의 원칙을 기초로 하는 자유시장 경제질서를 기본으로 하고 있음을 선언하면서, 한편 제2항에서 "국가는 균형있는 국민경제의 성장 및 안정과 적정한 소득의 분배를 유지하고, 시장의 지배와 경제력의 남용을 방지하며, 경제주체간의 조화를 통한 경제의 민주화를 위하여 경제에 관한 규제와 조정을 할 수 있다."고 규정함으로써 경제에 관한 국가의 광범위한 규제와 조정을 인정하고 있다. 또한 헌법 제122조는 "국가는 국민 모두의 생산 및 생활의 기반이 되는 국토의 효율적이고 균형있는 이용·개발과 보전을 위하여 법률이 정하는 바에 의하여 그에 관한 필요한 제한과 의무를 과할 수 있다."라고 규정하고 있다. 즉 우리 헌법상의 경제질서는 사유재산제를 바탕으로 하고 자유경쟁을 존중하는 자유시장 경제질서를 기본으로 하면서도 이에 수반되는 갖가지 모순을 제거하고 사회복지·사회정의를 실현하기 위하여 국가적 규제와 조정을 용인하는 사회적 시장경제질서로서의 성격을 띠고 있다(헌법재판소 2005. 12. 22. 선고 2003 헌바88 결정 등 참조)

(나) 이러한 우리 헌법의 경제질서 원칙에 위에서 본 여러 가지 사정을 종합해보면, 구 종부세법상의 종합부동산세가 경제활동의 자유권과 자유민주주의의 법질서의 보편 원리인 사적자치의 원칙, 행복추구권을 침해한다고 보기 어렵고, 오히려 불필요한 부동산 보유를 억제함으로써 주택 가격을 안정시켜 국민 다수에게 쾌적한 주거 공간을 제공하고, 결국 국민 대다수의 생존권 또는 인간다운 생활을 할 권리를 보장하게 됨으로써 우리 헌법이 추구하는 사회적 시장경제질서에 부합한다고 할 것이다.

(9) 미실현 이득에 대한 과세의 위헌 여부
(가) 미실현 이득이란 자산의 증가는 있으나 아직 실현되지 않은 이득을 말하나, 종합부동산세의 기본적인 성격은 재산세와 마찬가지로 보유세로서 과세대상 부동산의 미실현 이득{가격상승분(자산의 증가분)}에 대하여 과세하는 것이 아니라 당해 부동산의 가액 전체 중 일정가액을 초과하는 부분에 대하여 과세하는 것으로 미실현 이득{가격상승분(자산의 증가분)}이 없거나 오히려 가격이 하락하더라도 일정가액을 초과하는 경우 계속 부과된다. 따라서 종합부동산세를 미실현 이득에 대한 과세임을 전제로 하는 원고의 위 주장은 받아들일 수 없다.

(나) 종합부동산세의 성격을 위에서 본 것과 달리 미실현 이득에 대한 과세라고 하더라도 과세대상인 자본이득의 범위를 실현된 소득에 국한할 것인가 혹은 미실현 이득을 포함시킬 것인가의 여부는, 과세목적·과세소득의 특성·과세기술상의 문제 등을 고려하여 판단할 입법정책의 문제일 뿐 헌법상의 조세개념에 저촉되거나 그와 양립할 수 없는 모순이 있는 것으로 볼 수는 없으므로{헌법재판소 1994. 7. 29. 선고 92헌바4 9.52(병합) 결정 참조}, 미실현 이득에 대한 과세 자체가 위헌이라고 보기도 어렵다.

(10) 종합부동산세가 헌법 제119조 제2항에 위반되는지 여부
위에서 본 여러 가지 사정{특히, 위 (8)의 (가)항}을 종합해 보면, 구 종부세법에 의한 주택에 대한 종합부동산세가 헌법 제119조에 의해 허용되는 "소득의 분배"를 넘어 "자산의 분배"를 위한 규제와 조정으로 보기 어렵다.

(11) 재정지치권의 침해 여부
(가) 헌법 제117조 제1항은 "지방자치단체는 주민의 복리에 관한 사무를 처리하고 재산을 관리하며, 법령의 범위 안에서 자치에 관한 규정을 제정할 수 있다"고 규정하여 지방자치제도의 보장과 지방자치단체의 자치권을 규정하고 있고, 지방자치단체의 자치권은 자치입법권·자치행정권·자치재정

권으로 나눌 수 있으며, 자치재정권은 지방자치단체가 재산을 관리하며, 재산을 형성하고 유지할 권한을 의미한다. 그러나 이러한 헌법상의 자치권의 범위는 법령에 의하여 형성되고 제한되며, 다만 지방자치단체의 자치권은 헌법상 보장을 받고 있으므로 비록 법령에 의하여 이를 제한하는 것이 가능하다고 하더라도 그 제한이 불합리하여 자치권의 본질을 훼손하는 정도에 이른다면 이는 헌법에 위반된다고 보아야 할 것이다(헌법재판소 2006. 2. 23. 선고 2004헌바50 결정 등 참조)

(나) 종합부동산세를 국세로 할 것인지 아니면 지방세로 할 것인지 여부는 당해 조세의 과세목적에 따라 입법정책적으로 판단할 성질의 것이므로 종합부동산세를 반드시 지방세로 해야 할 이유는 없으며, 기존의 지방세인 재산세는 그대로 둔 채 일정한 가액을 초과하는 부분에 대해서 별도로 세목을 신설한 것이고, 구 종부세법의 입법 목적 등에 비추어 볼 때, 구 종부세법이 불합리하고 자치권의 본질을 훼손하여 헌법이 보장하는 지방자치단체의 재정자치권을 침해한다고 보기 어렵다.

(12) 권력분립의 원칙 등 위반 여부
세입예산안의 재원확보를 위한 조세법안은 행정부 제안 입법방식으로 제정해야 하고, 의원입법 방식으로 제정하지 않는 것이 확립된 헌정관행이라고 보기 어렵고, 의원입법 방식으로 구 종부세법 이 제정된 것을 두고 권력분립의 원칙에 반한다고 보기 어려우며, 위에서 살펴본 바와 같이 구 종부세 법상 주택에 대한 종합부동산세가 조세 특례제한법에 위반되지 않고, 평등의 원칙, 재산권보장 등에 위반되지도 않으므로 입법재량권을 남용한 자의적인 입법이라고 보기도 어렵다.

(13) 구 종부세법이 확립된 재정원리 등에 어긋나 위헌인지 여부
위에서 본 여러 가지 사정을 종합해보면, 구 종부세법상의 종합부동산세가 확립된 재정원리, 국민경 제성장이론, 세액배양이론에 어긋난다거나 감가상각에 의해 자산의 원본을 유지해 주어야 한다는 보편적인 회계원리에 반한다고 보기 어렵다.

(14) 결론
그렇다면, 피고의 이 사건 처분은 적법하고, 그 취소를 구하는 원고의 청구는 이유 없으므로 이를 기각하기로 하여 주문과 같이 판결한다.

소　　장

원고　　김 길 동(주민등록번호)
　　　　서울시 성동구 ○○동 ○번지
피고　　성동세무서장

상속세부과처분경정청구

청구취지

1. 피고가 2006. 2. 2. 원고에 대하여 한 경정청구 거부처분을 취소한다.
2. 소송비용은 피고의 부담으로 한다.

라는 판결을 구합니다.

청구원인

1. 처분의 경위

(1) '피상속인'은 2004. 5. 7. 사망하였는데, 사망 당시 상속인으로는 처인 A과 자녀들인 원고, B, C, D이 있었습니다(원고를 제외한 나머지 자녀들과 A를 합하여 이하 '다른 상속인들'이라 한다).

(2) 원고는 2004. 6. 14. 상속재산 중 서울 광진구 소재 대지 및 그 지상의 지하 1층 지상 3층의 건물(이하 '이 사건 부동산'이라 한다)에 관하여 유증을 원인으로 단독으로 소유권이전등기를 마쳤습니다.

(3) 다른 상속인들이 2004. 7. 23. 원고를 상대로 상속회복청구 및 유류분반환청구의 소를 제기한 상태에서, 원고는 2004. 10. 31. 배우자 상속공제액으로 5억 원을 적용하여 상속세 신고를 하였습니다.

(4) 위 상속회복청구 등의 소가 진행되던 중, 원고는 2005. 5. 30. A에게 2005. 8. 31.까지 1,087,000,000원을 지급하는 내용으로 재판상 화해를 하였습니다. 화해된 내용의 구체적인 이행과 관련하여, 원고는 2005. 9. 13. A에게 1억 원을 지급하면서 나머지 987,000,000원은 2006. 5. 31.까지 이 사건 부동산을 매각하여 지급하는 내용의 합의서를 작성해 준 후, 2006. 6. 12. 나머지 987,000,000원을 지급하였습니다.

(5) 원고는 2005. 11. 29. 피고에게 배우자 상속공제액을 화해조서에서 A이 지급받기로 한 1,087,000,000원으로 적용하여 기납부한 상속세와의 차액 293,500,000원의 환급을 구하는 경정청구를

하였으나, 피고는 2006. 2. 2. 경정이 불가하다는 취지의 고지를 하였습니다(이하 '이 사건 처분'이라 한다).

2. 처분의 위법성

법 제79조 제1항 및 상속세 및 증여세법 시행령(이하 '시행령'이라고만 한다) 제81조 제2항에 의하면 상속회복청구소송의 확정판결이 있는 경우 그로부터 6월 이내에 경정을 청구할 수 있는 바, 확정판결과 같은 효력이 있는 재판상 화해로부터 6월 이내에 한 원고의 경정청구는 위 기한 내의 것이고, 원고는 상속재산의 분할에 갈음하여 A에게 1,087,000,000원을 지급하기로 한 후 실제로 그 돈을 모두 지급하였으므로 상속재산이 분할된 것과 같으므로, 이 사건 처분은 위법합니다.

3. 결론

이상과 같이 피고의 이 사건 처분은 위법하므로 이의 취소를 구하는 본 건 소송에 이르게 되었습니다.

입증방법

1. 갑 제1호증
2. 갑 제2호증
3. 갑 제3호증
4. 갑 제4호증
5. 갑 제5호증 - 1
6. 갑 제5호증 - 2

첨부서류

1. 위 각 입증방법   각 1부
2. 송달료 납부서
3. 소장부본

20   .   .   .
위 원고   (날인 또는 서명)

서울행정법원   귀중

당해판례

2006구합 45777

1. 국세기본법상 경정청구제도의 의의(헌법재판소 2000. 2. 24. 선고 97헌마13, 245 결정 등 참조)

국세기본법 제45조의2는 경정청구제도를 두고 있는데, 경정청구제도는 통상적 경정청구제도와 후발적 사유에 의한 경정청구제도로 구분된다. 전자는 과세표준신고서를 법정신고 기한 내에 제출한 자가 그 신고서에 기재된 과세표준 및 세액이 세법에 의하여 신고하여야 할 과세표준 및 세액을 초과하거나 신고서에 기재된 결손금액 또는 환급금액이 세법에 의하여 신고하여야 할 세액에 미달하는 때에 법정신고기한경과 후 3년 이내에 최초에 신고한 국세의 과세표준 및 세액의 결정 또는 경정을 청구하는 것을 말하고(국세기본법 제45조의2 제1항), 후자는 과세표준신고서를 법정신고 기한 내에 제출한 자 또는 국세의 과세표준 및 세액의 결정을 받은 자가 그 계산근거가 된 거래 또는 행위 등이 판결에 의하여 다른 것으로 확정된 때 등의 후발적 사유가 있는 경우에 그 사유가 발생한 날로부터 2월 이내에 결정 또는 경정을 청구하는 것을 말한다(같은 조 제2항).

이러한 경정청구제도는 객관적으로 존재하는 진실한 세액을 초과하여 착오 등으로 과다신고·납부한 경우에 이를 시정하거나, 일정한 후발적 사유의 발생으로 말미암아 과세표준 및 세액 등의 산정기초에 변동이 생긴 경우에 납세자의 이익을 위하여 그러한 사정을 반영하여 시정케 하는 법적 장치이다. 그런데 후발적 사유의 발생에 기초한 납세자의 이러한 경정청구권은 법률상 명문의 규정이 있는지의 여부에 따라 좌우되는 것이 아니라, 조세법률주의 및 재산권을 보장하고 있는 헌법의 정신에 비추어 볼 때 조리상 당연히 인정되는 것이다. 국세기본법이 수정신고제도만을 두고 있다가 제45조의2를 신설하여 후발적 사유에 의한 경정제도를 신설한 것은 위와 같은 조리상의 법리를 확인한 것이라 할 것이다. 국세기본법상의 후발적 사유에 의한 경정청구제도는 납세자에게 경정청구권을 창설적으로 부여하는 것이 아니라 조리상 당연히 인정되는 권리에 관하여 그 요건과 내용, 절차 등을 보다 분명히 규정함으로써 경정청구권의 행사를 용이하게 보장하기 위한 것으로 보아야 한다. 다만, 후발적 사유에 의한 조리상의 경정청구권의 청구권자, 청구의 사유, 경정청구권의 행사기간 등에 관하여는 법률상 명문의 준거가 없으므로 일률적으로 말할 수 없고, 매 사안마다 조세법률주의와 재산권을 보장하는 헌법의 정신, 법적 안정성의 요청 등 여러 요소를 종합하여 합리적으로 결정할 수밖에 없을 것이나, 국세기본법 제45조의2 제2항에 규정된 후발적 사유에 의한 경정청구제도의 내용을 하나의 중요한 준거로 삼을 수 있을 것이고, 이 경우 국세기본법상의 경정청구의 내용보다 지나치게 확장하는 것은 조리의 보충적 법원성(法源性)에 비추어 허용되지 않는다 할 것이다.

2. 법 제19조 제2항과 제79조 제1항의 관계(이 법원의 판단)

법 제79조 제1항에서는 일정한 사유가 발생한 경우 그 사유가 발생한 날부터 6월 이내에 경정을 청구할 수 있도록 하고 있는바, 이는 앞서 본 후발적 사유에 의한 경정청구권 중 일정한 경우를 명문으로 규정한 것이다.

한편, 경정청구제도는 그것이 통상적인 것이든 후발적 사유에 의한 것이든간에, 착오 등으로 과다신고·납부한 경우 또는 일정한 후발적 사유의 발생으로 말미암아 과세표준 및 세액 등의 산정기초에 변동이 생긴 경우에, 최초에 신고한(또는 결정된) 과세표준 및 세액이 (판결 등에 의하여 확정된) 진정한 법률관계에 따라 '세법'에 의하여 신고하여야(또는 결정되어야) 할 과세표준 및 세액을 초과하는 때에 납세자의 이익을 위하여 그러한 사정을 반영하여 시정케 하는 법적 장치이다. 따라서, 납세자의 이익을 위한 '경정'의 범위는 '세법'에서 규정하고 있는 내용을 초과할 수는 없는 것이다.

그런데, 법은 제19조에서 배우자 상속공제를 규정하면서 제1항에서 배우자가 실제 상속받은 금액은 일정한 한도 내에서 상속세과세가액에서 공제하도록 하면서도, 그러한 상속공제를 언제나 인정하는 것이 아니라, 제2항에서 배우자상속재산분할기한(상속세과세표준신고기한의 다음날부터 6월이 되는 날)까지 상속재산을 분할(한편, "등기 등을 요하는 경우에는 그 등기 등이 된 것에 한한다"고 규정함으로써 기한 내에 그 분할의 '이행'까지 있을 것을 요하고 있다)하여 신고한 경우에 한하여 적용하도록 하면서, 대통령령이 정하는 부득이한 사유(상속인등이 상속재산에 대하여 상속회복청구의 소를 제기한 경우 등)가 있는 경우에도 '배우자상속재산분할기한의 다음날부터 6월이 되는 날'까지 상속재산을 분할하여 신고하는 경우에만 배우자상속재산분할기한 이내에 신고한 것으로 보도록 규정하고 있다. 또한 제3항에서는 제2항의 규정에 불구하고 기본적으로 5억 원의 공제를 인정하고 있다.

일반적으로 세법상 경정청구의 대상인 과세표준과 세액이 일정한 법률관계 그 자체에 의하여 결정되는 것과 달리, 법 제19조는 위와 같이 국세기본법에서 규정하는 대표적인 후발적 경정사유인 상속인등에 의하여 상속회복청구의 소가 제기된 경우까지도 명시적으로 규정하면서 배우자 상속공제를 일정한 기한 내에 일정한 요건이 갖춰진 경우에만 인정하도록 하고 있다.

그렇다면, 그 사정이 납세자의 착오 등에 의한 것이든 일정한 후발적 사유에 의한 것이든 간에, 법 제19조에서 정한 기한과 요건을 갖추지 못한 경우라면, 그 배우자 상속공제를 받지 못한 것이 경정청구의 대상이 되는 '세법에 의하여 신고하여야 할' 과세표준을 초과하는 때에 해당한다고 볼 수는 없을 것이다. 따라서, 법 제19조 제2항에서 정한 기한내에 그 요건을 충족하지 못한 경우에는 '경정청구'의 대상이 될 수 없으므로, 법 제79조 제1항에 의한 경정청구는 허용되지 아니한다고 봄이 마땅하다.

소 장

원고   박 길 자(주민등록번호)
            서울시 강남구 역삼동 ○번지
피고   역삼세무서장

상속세부과처분취소

청구취지

1. 피고가 2005. 9. 16. 원고에 대하여 한 상속세 금 198,810,406원의 부과처분 중 상속세 금 77,395,261원을 초과하는 부분은 이를 취소한다.

2. 소송비용은 피고의 부담으로 한다.

라는 판결을 구합니다.

청구원인

1. 처분의 경위

(1) 가. '망인'은 2001. X. XX. 사망하였고, 그에 따라 망인의 처인 원고와 망인의 자녀들인 '소외인들'이 망인의 재산을 상속하였습니다.

(2) 원고 및 소외인들(이하 '원고 등'이라고 한다)은 2001. 9. 22. 피고에게 상속세 83, 065,223원으로 상속세신고를 한 후 2001. 9. 22. 및 2001. 11. 5. 위 신고상속세액을 납부하였습니다.

(3) 피고는 2005. 8.경 상속세조사를 실시하여 원고 등이 상속세 과세가액 중 예금 등 금융자산 78,989,167원, 콘도미니엄회원권 20,000,000원, 망인 명의의 계좌에서 1998. 5. 30. 인출된 694,468,107원 중 원고 명의익 계좌로 입금된 사전증여재산 400,000,000원을 신고누락한 것으로 보아 이를 상속세 과세가액에 포함하고, 원고 등이 신고한 장례비계싱액 10,282,850원 중 49재 비용 5,000,000원을 장례비용으로 보지 아니하여 장례비 한도 10,000,000원 중 인정된 장례비 5,282,850원을 제외한 나머지 4,717,150원을 공제금액에서 제외함으로써, 2005. 9. 16. 상속세 281,875,629원을 결정한 후 원고 등에게 위 상속세에서 원고 등이 자진납부한 세액 83,065,223원

을 제외한 198,810,406원을 납부할 것을 고지(이하 '이 사건 과세처분'이라고 한다)하였다.

(4) 이에 대하여 원고는 2005. 11. 14. 국세심판원에, 피고가 망인 명의의 계좌에서 1998. 5. 30. 인출된 694,468,107원 중 원고 명의의 계좌로 입금된 400,000,000원을 망인이 원고에게 증여한 사전증여재산으로 본 것과 49재비용 5,000,000원을 장례비용으로 보지 아니한 것이 부당하다는 이유로 심판청구를 하였으나 2006. 9. 4. 기각당하자, 2006. 11. 29. 이 사건 소를 제기하였다.

2. 처분의 위법성

(1) 망인 명의의 계좌에서 1998. 5. 30. 인출된 694,468,107원 중 원고 명의의 계좌로 입금된 400,000,000원은 상속개시일로부터 2년을 경과하였을 뿐만 아니라 그 금액도 500,000,000원 미만으로 구 상속세및증여세법(2002. 12. 18. 법률 제6780호로 개정되기 전의 것, 이하 '법'이라고 한다) 제15조 제1항 제1호, 구 법시행령(2001. 12. 31. 대통령령 제17459호로 개정되기 전의 것, 이하 '법시행령'이라고 한다) 제11조의 상속재산추정규정이 적용될 수 없고, 망인 명의의 위 예금은 망인과 원고가 공유하고 있는 상가에서 나온 상가임대료가 입금된 것으로 망인과 원고의 공유재산이므로 그 절반은 원고의 소유에 속하여 증여의 대상이 될 수 없다. 따라서, 위 금 400,000,000원은 망인이 원고에게 증여한 것이 아니므로 상속세 과세가액에서 제외되어야 하므로 이 사건 과세처분은 위법합니다.

(2) 위 49재비용 5,000,000원은 법 제14조 제1항 제2호, 법시행령 제9조 제2항, 법 기본통칙 14-9…2 소정의 장례비용에 해당하여 공제금액에 포함되어야 함에도, 이를 장례비용으로 보지 아니하여 공제금액에서 제외한 이 사건 과세처분은 위법합니다.

3. 결론

이상과 같이 피고의 이 사건 처분은 위법하므로 이의 취소를 구하는 본 건 소송에 이르게 되었습니다.

입증방법

   1. 갑 제1호증
   2. 갑 제2호증
   3. 갑 제3호증

첨부서류

1. 위 각 입증방법   각 1부
2. 송달료 납부서
3. 소장부본

                        20 . . .
                    위 원고   (날인 또는 서명)

서울행정법원   귀중

당해판례

2006구합 43672

1. 증여세부과처분 취소소송에서, 과세관청에 의하여 증여자로 인정된 자 명의의 예금이 인출되어 납세자 명의의 예금계좌 등으로 예치된 사실이 밝혀진 이상 그 예금은 납세자에게 증여된 것으로 추정된다. 따라서, 그와 같은 예금의 인출과 납세자 명의로의 예금 등이 증여가 아닌 다른 목적으로 행하여진 것이라는 등 특별한 사정이 있다면 이에 대한 입증의 필요는 납세자에게 있다(대법원 2001. 11. 13. 선고 99두4082 판결, 대법원 2001. 7. 24. 선고 99두8312 판결 등 참조). 돌이켜 이 사건에 관하여 보건대, 1998. 5. 30. 금 711,681,521원이 망인 명의의 조흥은행 계좌(369-XX-XXXXXX)에서 인출되어 그중 금 400,000,000원이 원고 명의의 시티은행 계좌(011XXXXX-XX)로 입금되어 원고가 위 금원을 관리한 사실은 앞서 본 바와 같은바, 이에 의하면, 위 금 400,000,000원은 망인이 원고에게 증여한 것으로 추정된다.

원고는 망인 명의의 위 예금은 망인과 원고가 공유하고 있는 상가에서 나온 상가임대료가 입금된 것으로 망인과 원고의 공유재산이므로 그 절반은 원고의 소유에 속하여 증여의 대상이 될 수 없다고 주장하나, 달리 이를 인정할 증거가 없으며, 오히려 망인, 원고 및 소외 L는 1980. 11. 22. 대구시 토지 및 그 지상 상가 건물을 각 1/3 지분의 비율로 공유하고 있고, 위 상가의 임대료는 망인과 원고 명의의 계좌에 분신 입금되어 각각 관리되고 있으며, 위 상가 임대료 소득 이외에 원고는 별다른 소득이 없음에 비하여 망인은 다른 상가의 임대료 소득 및 학원 영업소득 등이 있었음은 앞서 본 바와 같다.

따라서, 위 금 400,000,000원이 망인이 원고에게 증여한 것이 아님을 전제로 상속세 과세가액에서 제외되어야 한다는 원고의 위 주장은 이유 없다.

2. 법 제14조 제1항 제2호, 법시행령 제9조 제1항은 거주자의 사망으로 인하여 상속이 개시되는 경우에는 상속개시일 현재 피상속인에 관련된 장례비용은 상속재산의 가액에서 차감하고, 위 장례비용은 피상속인의 사망일부터 장례일까지 장례에 직접 소요된 금액으로 하되 그 금액이 5,000,000원미만인 경우에는 5,000,000원으로 하고 그 금액이 10,000,000원을 초과하는 경우에는 10,000,000원으로 한다고 규정하고 있다(법기본통칙 14-9…2에는 장례비용의 범위의 예로 시신의 발굴 및 안치에 직접 소요되는 비용과 묘지구입비(공원묘지 사용료를 포함한다), 비석, 상석 등 장례에 직접 소요된 제반비용을 포함하는 것으로 기재되어 있다).

조세법률주의의 원칙에서 파생되는 엄격해석의 원칙은 과세요건에 해당하는 경우에는 물론이고 비과세 및 조세감면요건에 해당하는 경우에도 적용되는 것으로서, 납세자에게 유리하다고 하여 비과세요건이나 조세감면요건을 합리적 이유 없이 확장해석하거나 유추해석하는 것은 조세법의 기본이념인 조세공평주의에 반하는 결과를 초래하게 되므로 허용되어서는 아니 된다 할 것인바(대법원 2006.5.25. 선고 2005다19163 판결 등 참조), 앞서 본 규정들의 해석상 상속 재산 가액에서 차감되는 장례비용은 피상속인의 사망일부터 장례일까지 장례에 직접 소요된 금액으로 한정하여야 할 것이다.

그런데, 원고가 주장하는 49재 비용 5,000,000원은 사람이 죽은 뒤 49일째에 치르는 불교식 제사의례인 49재와 관련하여 소요된 비용으로서 망인의 장례와 관계없다고는 할 수 없으나 앞서 본 바와 같이 망인의 사망일인 2001. 3. 23.부터 장례일인 2001. 3. 25.까지 장례기간 후에 지급된 비용임은 명백하므로 장례에 직접 소요된 금액으로 볼 수 없다 할 것이다.

[서식] 증여세등부과처분취소 청구의 소

소 장

원고   이 ○ ○
          서울시 강남구 ○○동 ○-○번지
          (전화 000-000, 팩스 000-000)
피고   강남세무서장
증여세등부과처분취소

청구취지

1. 피고가 2011. 7. 1. 원고에 대하여 한 증여세 144,964,290원의 부과처분을 취소한다.

2. 피고가 2011. 7. 1. 원고에 대하여 한 양도소득세 101,141,290원의 부과처분, 증권거래세 5,897,410원의 부과처분, 지방소득세 10,114,120원의 부과처분을 모두 취소한다.

3. 소송비용은 피고가 부담한다.

라는 판결을 구합니다.

청구원인

1. 처분의 경위

(1) 원고는 2006년 1월경 당시 비상장법인인 H 주식회사의 발행주식 5,000주(발행주식 총수의 100%)를 보유하고 있었습니다.

(2) 원고는 2006. 2. 27. 아래 표와 같이 특수관계자인 A 등 8인(이하 'A 등'이라 한다)에게 소외 회사 주식 합계 4,182주(발행주식 총수의 83.64%, 이하 '이 사건 주식'이라 한다)를 액면가인 주당 10,000원에 양도(이하 '이 사건 양도'라 한다)하였습니다.

성명	관계	양도주식수(주)	양도가액(원)	지분율(%)
A	누나	817	8,170,000	16.34
	외사촌	548	5,480,000	10.96
	〃	548	5,480,000	10.96
	〃	391	3,910,000	7.82
	〃	391	3,910,000	7.82
	〃	391	3,910,000	7.82
	〃	548	5,480,000	10.96
	〃	548	5,480,000	10.96
합계		4,182	41,820,000	83.64

(3) 원고의 조부인 M은 2006. 2. 28. 소외 회사에게 이 사건 부동산을 증여하고, 2006. 3. 3. 소외 회사 명의로 이 사건 부동산에 관한 소유권이전등기를 마쳤습니다.

(4) 소외 회사는 이 사건 부동산을 증여받은 데 대하여 자산수증이익 6,379,127,750원을 익금에 산입하여 2006 사업연도 법인세 1,567,990,230원을 신고·납부하였습니다.

(5) 서울지방국세청장은 2011년 4월경 소외 회사에 대한 주식변동조사를 실시하여 이 사건 주식의 양도에 관하여 특수관계자 사이의 비상장주식 저가양도에 따른 부당행위계산부인 규정을 적용하여 양도인인 원고에게 양도소득세를 과세하고, 이 사건 양도가액과 소외 회사 주식을 보충적 평가방법에 의해 평가한 가액과의 차액을 저가양도에 따른 증여이익으로 보아 양수인인 A 등에게 증여세를 과세하며, 소외 회사가 이 사건 부동산을 증여받음에 따른 원고의 주식 가치 증가분에 대하여 원고가

이를 M으로부터 증여받은 것으로 보아 원고에게 증여세 등을 과세하도록 피고에게 과세자료를 통보하였습니다.

(6) 이에 피고는 2011. 7. 1. 원고에게 이 사건 주식 양도와 관련하여 2006년 귀속양도소득세 101,141,290원(이하 '이 사건 양도소득세 부과처분'이라 한다) 및 지방소득세 10,114,120원(이하 '이 사건 지방소득세 부과처분'이라 한다), 2006년 2월분 증권거래세 5,897,410원(이하 '이 사건 증권거래세 부과처분'이라 한다), 이 사건 부동산 증여관련하여 증여세 144,964,290원(이하 '이 사건 증여세 부과처분'이라 하고, 이 사건 양도소득세·증권거래세·증여세 부과처분을 모두 합쳐서 '이 사건 처분'이라 한다)을 각 결정·고지하였습니다.

(7) 원고는 2011. 9. 23. 이 사건 처분에 불복하여 조세심판원에 심판청구를 하였으나 2011. 11. 24. 기각결정을 받았습니다.

2. 처분의 위법성

(1) 이 사건 증여세 부과처분

이 사건 증여세 부과처분은 다음과 같은 이유로 위법합니다.

1) M의 원고에 대한 증여 사실의 부존재

M은 이 사건 부동산을 소외 회사에 증여하였을 뿐인데 이로 인하여 원고가 보유한 소외 회사 주식의 가치가 상승하였다 하더라도, 이는 M의 소외 회사에 대한 부동산 증여에 따른 부수적 효과에 불과한 것이어서, M의 원고에 대한 어떠한 증여사실이 존재한다고 볼 수 없습니다.

2) 증여재산 가액 계산방법의 위법

설령 M의 원고에 대한 증여사실이 존재한다 하더라도, 피고는 구 상속세 및 증여세법(2006. 12. 30. 법률 제8139호로 개정되기 전의 것, 이하 '상증세법'이라 한다) 제2조 제3항, 제42조 제1항 제3호에 근거하여 이 사건 증여세 부과처분을 하였는바, 상증세법 제2조 제3항은 증여재산 가액의 계산방법에 관하여 전혀 규정하고 있지 않을 뿐만 아니라 증여재산 가액의 계산에 관한 상증세법 제42조 제1항 제3호의 적용 대상은 이 사건 부동산의 증여와는 그 거래유형이 전혀 다르므로 상증세법 제42조 제1항 제3호를 적용하여 증여재산의 가액을 산정한 것은 위법합니다.

3) 미실현 이득에 대한 과세

이 사건 증여세 부과처분은 주식가치 상승분이라는 미실현 이득에 대하여 이루어진 것인데, 미실현 이득에 대하여 과세하기 위해서는 과세대상 이득의 공정하고 정확한 계측 문제, 자산가치 하락에 대한 보충규정 설정 문제 등의 해결이 전제되어야 한다. 그런데도 피고가 이러한 선결문제가 해결되지 않은 상태에서 만연히 미실현 이득인 주식가치 상승분을 과세대상 이득으로 보아 증여세를 부과한 것은 헌법상 과잉금지원칙에 위배됩니다.

4) 법인세와 증여세의 이중과세

소외 회사가 이 사건 부동산을 증여받은 데 대하여 법인세를 이미 납부하였음에도 피고가 이 사건 부동산의 증여 행위에 대하여 다시 원고에게 증여세를 부과하는 것은 동일한 과세대상에 대하여 이중과세를 금지한 상증세법 제2조 제2항에 위배됩니다.

5) 가산세 부과처분의 위법처분

설령 이 사건 증여세 부과처분(본세 부분)이 적법하다고 하더라도, 피고는 2006년 3월경까지 수차례 이 사건 부동산의 증여와 유사한 사안에 대하여 증여세를 과세하지 않는다는 취지로 유권해석을 하였는바, 원고는 이 사건 부동산의 증여가 이루어진 2006년 3월경 당시 이를 신뢰하고 증여세를 신고·납부하지 않았으므로, 원고의 증여세 신고의무 위반에 정당한 사유가 있는 경우에 해당합니다. 따라서 이 사건 증여세 부과처분 중 가산세 부분은 위법합니다.

(2) 이 사건 양도소득세 부과처분

피고는 이 사건 주식 거래와 관련하여 이 사건 주식의 양도가액과 피고가 보충적 평가방법에 의하여 산정한 평가액과의 차액에 대하여 주식양도인인 원고에게는 양도소득세를 부과하면서, 주식양수인인 A 등에게는 증여로 보아 증여세를 부과하였는바, 이는 시가(평가액)와 실제 거래가액(양도가액)과의 차액 상당액에 대한 이중과세에 해당하므로 실질과세원칙에 반하는 것으로서 위법합니다.

(3) 이 사건 증권거래세 부과처분

원고는 액면가로 주식을 양도하였음에도 불구하고 피고는 시가를 다시 평가한 후 위 평가금액을 기준으로 이 사건 증권거래세 부과처분을 하였는바, 이는 증권거래세 과세표준 산정방법에 잘못이 있어 위법합니다.

3. 결론

이와 같은 이유로 원고에게 양도소득세등을 부과한 피고의 처분은 위법한 행정처분이 아닐 수 없으므로, 상기와 같이 원고의 행정처분의 취소를 구하는 행정소송에 이르게 되었습니다.

입증방법

1. 갑 제1호증
2. 갑 제2호증
3. 갑 제3호증

4. 갑 제4호증

5. 갑 제5호증

6. 갑 제6호증

첨부서류

1. 위 각 입증방법   각 1부

2. 송달료 납부서

3. 소장부본

20 . . .

위 원고   (날인 또는 서명)

서울행정법원   귀중

당해판례

2012구합 4722

1. M의 원고에 대한 증여세 과세대상인 '증여'의 존재 여부

가) 상증세법 제2조 제3항을 적용하여 과세할 수 있는지 여부

(1) 증여세 완전포괄주의 도입과 취지

구 상속세 및 증여세법(2003. 12. 30. 법률 제7010호로 개정되기 전의 것, 이하 '구상증세법'이라한다)에는 증여의 개념에 관한 정의 규정이 없었고 민법상 증여의 개념을 차용하였는데, 이러한 증여의 차용 개념만으로는 민법상 증여의 형식에 의하지 않은 부의 무상이전, 즉 변칙적인 증여를통한 증여세 회피를 막을 방법이 없으므로, 과세당국은 여러 증여의제규정(구 상증세법 제32조내지 제42조)을 두어 이에 대처해왔다. 그러나 이러한 개별 증여의제 규정만으로는 신종 파생금융상품이나 금융기법, 다양한 자본거래 등에 따른 새로운 유형의 변칙 증여에 미리 대처할 수 없는문제점이 지적되었고, 이에 이러한 다양한 형태의 부의 무상이전에 대한 증여세 과세의 법적 근거를마련하여 공평과세를 구현하기 위하여 2003. 12. 30. 법률 제7010호로 상증세법을 개정하여 종전의 민법에서 차용하여 오던 증여개념을 탈피하여 민법상 증여와는 다른 세법 고유의 포괄적인 증여개념(상증세법 제2조 제3항)을 입법함과 동시에 종전의 열거방식의 개별 증여의제 규정(구 상증세

법 제32조 내지 제42조)을 예시규정(상증세법 제33조 내지 제42조)으로 바꾸는 이른바 '증여세 완전포괄주의'를 도입하였다.

(2) 증여세 완전포괄주의의 내용

2003. 12. 30. 법률 제7010호로 개정된 상증세법은 제2조 제1항에서 타인의 증여로 인한 증여재산을 증여세 과세대상으로 규정하면서, 제2조 제3항에서 "이 법에서 '증여'라 함은 그 행위 또는 거래의 명칭·형식·목적 등에 불구하고 경제적 가치를 계산할 수 있는 유형·무형의 재산을 타인에게 직접 또는 간접적인 방법에 의하여 무상으로 이전(현저히 저렴한 대가로 이전하는 경우를 포함한다)하는 것 또는 기여에 의하여 타인의 재산가치를 증가시키는 것을 말한다"고 규정하여 민법상 증여와는 구별되는 증여의 개념을 별도로 마련하였고, 제33조 내지 제42조에서 종전의 증여의제 규정의 내용을 보완하여 증여재산 가액의 계산에 관한 예시규정으로 전환하였다.

(3) 상증세법 제2조 제3항을 적용하여 과세할 수 있는지 여부

가) 앞서 본 바와 같이 미처 예측하지 못한 다양한 형태의 재산의 무상이전이나 재산가치 증가분에 대하여도 증여세를 과세하기 위하여 상증세법 제2조 제3항에서 완전포괄주의에 의한 증여개념을 도입하게 된 점, 기존의 증여의제 규정이 증여재산 가액의 계산규정으로 바뀌는 등 다른 조문과의 체계에 비추어 보더라도 상증세법 제2조 제3항을 단순히 확인적·선언적 규정으로 해석하기는 어려운 점(상증세법 제2조 제3항을 단순히 확인적·선언적 규정으로 볼 경우 기존 증여의제에 해당하는 사안에 대한 과세 근거가 사라지는 문제가 있다) 등 상증세법 제2조 제3항의 도입 배경, 입법 취지, 다른 조문과의 체계 등에 비추어 보면, 상증세법 제2조 제3항에 근거한 증여세의 과세는 가능하다고 봄이 타당하다(대법원 2011. 4. 28. 선고 2008두17882 판결 참조).

나) 상증세법 제2조 제3항의 '증여'에 해당하는지 여부

M은 원고와 특수관계에 있는 자로서 소외 회사에 이 사건 부동산을 증여하는 방법을 통하여 원고의 주식 지분 비율의 범위 내에서 이 사건 부동산 증여 후의 소외 회사주식 가치와 이 사건 부동산 증여 전의 소외 회사 주식 가치와의 차액 상당의 이익을 무상으로 이전하거나 기여에 의하여 원고 소유의 소외 회사 주식 가치를 증가시켰다고 할 것이므로, 증여세 과세대상인 상증세법 제2조 제3항의 '증여'에 해당한다.

다) 소결

따라서 M은 소외 회사에 이 사건 부동산을 증여하는 방법을 통하여 원고에게 원고소유의 소외 회사 주식 가치 증가분 상당의 이익을 증여(이하 '이 사건 증여'라 한다)하였다고 할 것이므로, 원고의 이 부분 주장은 이유 없다.

2. 증여재산 가액 산정의 위법 여부

가) 증여재산 가액의 계산방법 관련 규정

상증세법 제2조 제3항은 '증여세 완전포괄주의'가 적용되는 과세대상을 규정하고 있을 뿐 그 증여를 통하여 얻은 증여재산 가액의 계산방법에 관하여는 직접 규정하고 있지 않다. 이는 민법상 증여의 형식에 의하지 않은 다양하고 새로운 유형의 변칙 증여에 대하여 상증세법 제2조 제3항에서 증여재산 가액의 계산방법에 관하여 직접 일일이 규정하는 것은 '증여세 완전포괄주의' 입법 형식상 불가능하기 때문인 것으로 보인다.

이에 입법자는 앞서 본 바와 같이 증여세 완전포괄주의를 도입하여 증여세의 과세범위를 확대시키는 한편, 증여재산 가액(이를 기초로 과세표준이 산정된다)의 계산에 관하여는 상증세법 제3장 제2절의 '증여재산 가액의 계산'이라는 제목 아래에 기존의 개별 증여의제 규정(구 상증세법 제32조 내지 제42조)을 증여재산 가액의 계산에 관한 예시규정으로 전환하여 제33조 내지 제42조 규정을 두었다.

증여세 완전포괄주의의 도입 배경, 입법 취지 등에 비추어 이와 같은 입법형식을 두고 과세요건 법정주의에 반한다고 할 수는 없으나, 과세요건 법정주의와 관련한 납세자의 예측가능성의 측면을 고려할 때, 상증세법 제2조 제3항에 의한 증여세 과세의 경우 증여재산 가액을 산정함에 있어서는 상증세법 제33조 내지 제42조의 예시규정 중 그 과세요건이나 거래유형, 경제적 실질 등이 같거나 유사한 것을 준용하여 객관적이고 합리적인 방법으로 그 가액을 산정하여야 한다고 봄이 타당하다.

나) 이 사건 증여재산 가액 산정의 적법 여부

피고는 이 사건 증여에 대한 증여재산 가액을 계산함에 있어서 상증세법 제42조 제1항 제3호를 준용하여 이 사건 부동산의 증여 전후의 소외 회사의 주식가액 차액 상당액을 증여재산 가액으로 산정하였는바, 다음과 같은 사정을 종합해보면 피고가 상증세법 제42조 제1항 제3호를 준용하여 이 사건 증여에 대한 증여재산 가액을 계산한 것이 객관적이고 합리적인 방법에 의한 것이라고 볼 수 없을 뿐만 아니라 납세자의 예측가능성이나 과세형평에도 반하여 위법하다. 그렇다면 원고의 이 부분 주장은 이유있으므로, 원고의 나머지 주장에 대하여 더 나아가 살펴볼 필요 없이 이 사건 증여세부과처분은 위법하다.

소　　장

원고　　　　김 길 동(주민등록번호)
　　　　　　서울시 서대문구 ○○동 ○번지
　　　　　　(전화 000-000, 팩스 000-000)
피고　　　　서대문세무서장
증여세부과처분취소

청구취지

1. 피고가 2004. 10. 26. 원고에 대하여 한 2000년도 귀속분 증여세 3,920,646,440원 및 같은 연도 귀속분 증여세 4,102,934,290원의 각 부과처분을 취소한다.
2. 소송비용은 피고가 부담한다.

라는 판결을 구합니다.

청구원인

1. 처분의 경위 등

(1) 피고는, 원고가 2000. 12. 말경 외조부인 A으로부터 시가 11,979,642,500원 상당(액면가 16,705,000,000원)의 국민주택 채권 2,771장(이하 '이 사건 채권'이라고 한다)을 교부받았음을 전제로 이 중 시가 6,537,294,500원 상당(액면가 7,355,000,000원)의 채권 1,013장(이하 '이 사건 1채권'이라고 한다)은 그 매입자금 출처 조사결과 실제 취득자로 밝혀진 아버지 B으로부터 증여받은 것으로 보고, 그 매입자금 출처가 불분명한 시가 5,442,348,000원의 상당(액면가 9,350,000,000원)의 채권 1,758장(이하 '이 사건 2채권'이라고 한다)은 A으로부터 증여받은 것으로 보아, 2004. 10. 26. 원고에 대하여 2000년도 귀속분 증여세 3,920,646,440원(B으로부터 증여받은 부분에 관한 것) 및 같은 연도 귀속분 증여세 4,102,934,290원(A으로부터 증여받은 부분에 관한 것, 특히 이 금액에는 상속세 및 증여세법 제57조에 따라 직계비속에 대한 증여의 할증과세의 가산액이 포함되어 있다)을 부과·고지하였습니다.

(2) 원고는 이 사건 처분에 불복하여 2005. 1. 25. 국세심판원에 심판청구를 하였으나, 2006. 6. 28. 기각결정을 받았습니다.

2. 처분의 위법성

원고가 2000. 12. 말경 A으로부터 이 사건 채권을 교부받은 것은 사실이지만, 이는 원고가 부친이나 외조부로부터 증여받은 것은 아니라, 1988. 1. 초순경 원고 소유의 결혼축의금 20억 원에 대한 관리를 외조부에게 부탁하였는데, 외조부가 그 이후 13년 동안에 걸쳐서 위 금원을 관리하면서 증식하여 2000. 12. 말경에 이르러 원고에게 이를 채권의 형태로 돌려준 것에 불과할 뿐만 아니라, 특히 대법원 2006. 12. 22. 선고 2004도 7232 판결과 그에 따른 파기환송심인 서울고등법원 2007. 6. 15. 선고 2007노33 판결에 의하면, 이 사건 1채권에 대해서는 원고가 B으로부터 증여받은 것이 인정되었으나, 이 사건 2채권에 대해서는 그 매입자금 출처가 밝혀지지 않아 원고가 B 또는 A으로부터 증여받았음이 인정되지 아니하였으므로(이처럼 A으로부터 증여사실이 인정되지 아니하는 이상 직계비속에 대한 증여의 할증과세는 그 적용을 위한 근거가 결여되어 있다) 결국 이 사건 각 채권은 증여재산에 해당하지 아니함에도 불구하고 이와 달리 보고 한 피고의 이 사건 부과처분은 위법합니다.

3. 결론

위와 같이 피고의 처분은 위법한 행정처분에 해당하므로 이의 취소를 구하는 본 건 행정소송에 이르게 되었습니다.

입증방법

1. 갑 제1호증
2. 갑 제2호증
3. 갑 제3호증
4. 갑 제4호증
5. 갑 제5호증
6. 갑 제6호증
7. 갑 제7호증

첨부서류

1. 위 각 입증방법   각 1부
2. 송달료 납부서
3. 소장부본

당해판례

2006구합 34739

(1) 피고는 이 사건 2처분의 적법성을 유지하기 위하여 원고가 B으로부터 이 사건 2채권을 증여받았다는 취지로 처분사유를 변경하고 있는바, 먼저 위와 같은 처분사유의 변경이 허용되는지 살펴보기로 한다.

과세관청이 당초의 부과처분 당시 인정한 사실의 일부에 착오나 오류가 있다 하여도 그 후 인정된 사실이 당초의 과세원인사실과 동일한 사실의 범위 내로서 과세의 기초 사실이 달라지는 것이 아니라면 처분의 동일성은 유지되는 것인데, 과세관청이 증여자로 인정한 자가 실제 증여자의 자금관리자에 불과하더라도 처분의 동일성이 유지되어 당초의 증여세 과세처분은 적법하다고 볼 것인바(대법원 1997. 2. 11. 선고 96누3272 판결), 이 사건에 있어서도 변경된 처분사유가 당초 증여자로 인정한 A이 B의 자금관리자로서 실제의 증여자는 B이라는 취지이므로 당초의 과세요건사실과 변경된 과세요건사실은 동일한 사실의 범위 내라고 할 것이므로 위와 같은 처분사유의 변경은 허용된다고 할 것이다.

다만, 피고는 이외에도 이 사건 2처분이 상속세 및 증여세법 제45조에 의한 증여추정의 규정에 의한 처분으로서 적법하다는 취지로 처분사유를 추가하고 있으나, 당초의 과세요건사실은 이 사건 2채권의 증여행위 자체를 그 대상으로 하는 것임에 반하여, 추가된 과세요건사실은 ① 이 사건 2채권의 취득행위와 ② 수증자의 소득금액 등의 취득가액 미달을 그 대상으로 하는 것으로서 그 기본적 사실관계가 동일성이 있다고 보기 어려우므로 위와 같은 처분사유의 추가는 허용되지 아니한다.

(2) 한편, 형사재판에 있어서 공소된 범죄사실에 대한 거증책임은 검사에게 있는 것이고 유죄의 인정은 법관으로 하여금 합리적인 의심을 할 여지가 없을 정도로 공소사실이 진실한 것이라는 확신을 가지게 하는 증명력을 가진 증거에 의하여야 하므로, 그와 같은 증거가 없다면 설령 피고인에게 유죄의 의심이 간다 하더라도 피고인의 이익으로 판단할 수밖에 없으나(대법원 1996. 3. 8. 선고

95도3081 판결), 조세소송에서는 현실적으로 조세의 납부와 관련하여 국민들 사이에 조세회피의 심리가 만연되어 있고, 과세요건사실을 뒷받침해주는 과세자료들이 모두 납세자가 직접 지배하는 생활영역 내에 있어 과세관청이 납세자의 협력 없이 과세자료를 찾아낸다는 것이 극히 어려운 상황에서 조세소송에 있어서도 형사소송에서 요구되는 정도의 입증을 요구한다면 이는 과세관청에게 사실상 불가능한 입증을 요구하는 결과가 되어 조세법률관계의 특수성을 무시하는 불합리하고 부당한 결론이 도출될 위험이 크게 될 수 있다.

따라서, 일반적으로 세금부과처분 취소소송에 있어서 과세요건사실에 관한 입증책임은 과세권자인 피고에게 있다 할 것이나, 구체적인 소송과정에서 경험칙에 비추어 과세요건사실이 추정되는 사실이 밝혀지면, 상대방이 문제로 된 당해 사실이 경험칙 적용의 대상적격이 되지 못하는 사정을 입증하지 않는 한, 당해 과세처분을 과세요건을 충족시키지 못한 위법한 처분이라고 단정할 수 없다(대법원 2002. 11. 13. 선고 2002두6392 판결 참조).

(3) 살피건대, 위 인정사실에서 나타난 다음의 사정들, 즉 ① 비록 이 사건 2채권의 자금출처는 밝혀지지 아니하였지만, 이 사건 1채권의 자금출처는 B인 것으로 밝혀진 점, ② 특히 A은 B의 부탁을 받아 B의 자금으로 이 사건 1채권을 취득하여 원고에게 교부하는 등 평소 B의 재산관리인의 역할을 맡았던 것으로 보이는 점, ③ 비록 이 사건 2채권의 매입자금 출처가 밝혀지지 않았지만, 이는 B이 일종의 자금세탁 과정을 거쳐 자금출처를 은닉하였던 탓일 뿐, 이 사건 2채권의 매입자금의 출처 역시 이 사건 1채권과 같이 B의 비자금일 개연성이 매우 높은 점, ④ 그 외 이 사건 2채권의 매입자금 중 일부에 원고의 결혼식 축의금 자금 등이 일부 혼재되어 있거나 B이 아닌 제3자로부터 증여받았거나 또는 증여 이외의 다른 원인에 의해 취득한 자금이 존재할 가능성을 완전히 배제할 수 있는 것은 아니지만, 뒤에서 보는 바와 같이 원고가 결혼식 축의금으로 매입자금을 조성하였다는 주장은 설득력이 없을 뿐만 아니라, 제3자가 당시 유학 중으로서 학생 신분에 불과한 원고에게 거액의 자금을 증여하였거나 또는 원고가 증여 이외의 다른 원인으로 이를 취득하였을 가능성도 매우 낮아 보이는 점, ⑤ 반면, B은 대통령으로 재직하는 동안 각종 이권 등에 개입하며 상당한 규모의 비자금을 조성한 것으로 보여 이 사건 채권을 취득하여 아들인 원고에게 증여할 만한 충분한 재력이 있었던 점, ⑥ 원고는 약 55억 원에 달하는 거액의 이 사건 2채권을 A에게서 교부받은 것이 분명함에도 불구하고 단지 그 매입자금 출처가 밝혀지지 않았음을 기화로 결혼식 축의금을 증식하여 그 매입자금으로 충당하였다는 등의 상식에 반하는 주장만을 내세울 뿐, 그 축의금의 조성 및 증식 경위 등에 대한 객관적인 증거자료를 전혀 제출하지 아니한 채 과세관청에게 그 입증책임을 미루고 있는 점 등에 비추어 보면, B가 원고에게 이 사건 2채권을 증여하였음을 추정할 수 있는 사실은 충분히 밝혀졌다고 할 것이어서 이 사건 2처분의 과세요건사실은 인정된다고 봄이 상당하다.

(4) 이에 대하여 원고는 이 사건 채권의 매입자금은 원고가 B 등으로부터 증여받은 것은 아니라, 원고 소유의 결혼축의금 20억 원에 대한 관리를 외조부에게 부탁하여 증식된 자금을 채권의 형태로 돌려받은 것이라는 취지로 주장하나, 결혼축의금의 조성, 증식 경위 및 내역에 관한 객관적인 증거자료가 전혀 없는 점, 일반 거래관념에 의할 때 20억 원의 자금을 13년 만에 200억 원으로 증식하였다고 납득하기 어려운 점 등에 비추어 보면 원고의 주장에 부합하는 갑3호증의 1 내지 32, 갑4호증의 1, 2의 각 기재와 증인 OOO, OOO, OOO의 각 증언은 믿지 아니하고, 갑5호증의 1 내지 9호증의 각 기재만으로는 원고의 위 주장사실을 인정하기에 부족하며 달리 이를 인정할 증거가 없다.

(5) 그런데, 원고가 이 사건 채권을 모두 B으로부터 증여받았음을 전제로 그 정당한 증여세액을 계산해보면 별지 계산내역 기재와 같이 그 세액은 7,720,749,750원으로서 이 사건 처분의 총 세액 8,023,580,730원(= 3,920,646,440원 + 4,102,934,290원)보다 302,830,980원(= 8,023,580,730원 −7,720,749,750원, 누진세율이 적용되어 본세는 많아지게 되나, 세대생략 가산액이 인정되지 아니하므로 총 결정세액은 적게 된다)이 적게 되므로 당초부터 B을 증여자로 보고 한 이 사건 1처분은 그대로 유지하되, A을 증여자로 보고 한 이 사건 2처분의 세액에서 위 차액만큼을 감액하는 것이 상당하다.
따라서, 이 사건 2처분 중 증여세 3,800,103,310원(= 4,102,934,290원 − 302,830,980원)을 초과하는 부분은 취소되어야 한다.

(6) 결론
그렇다면, 원고의 이 사건 청구는 위 인정범위 내에서 이유 있으므로 이를 인용하고 나머지 청구는 이유 없으므로 이를 기각하기로 하여 주문과 같이 판결한다.

소　장

원고　　　　　　불광동진성아파트재건축정비사업조합
　　　　　　　　대표자 조합장 김철성
　　　　　　　　서울 은평구 불광동 90-33
　　　　　　　　(전화 000-000, 팩스 000-000)
피고　　　　　　서울특별시 은평구청장
취득세등부과 처분 취소

청구취지

1. 피고가 2004. 7. 29. 원고에 대하여 한 취득세 111,393,800원, 농어촌특별세 312,170원의 부과
　처분을 각 취소한다.
2. 소송비용은 피고가 부담한다.
라는 판결을 구합니다.

청구원인

1. 처분의 경위

(1) 원고는 서울 은평구 불광동 71-10 대 8,633㎡(이하 이 사건 구토지라 한다) 지상에 건립된
진성아파트의 재건축을 목적으로 결성된 재건축조합으로서, 1995. 6.경 피고로부터 설립인가를
받았습니다(당시 원고의 명칭은 불광동진성아파트재건축조합이었음). 원고는 2003. 7. 28. 도시
및 주거환경정비법에 따라 현재의 명칭으로 법인설립 등기를 마쳤습니다.

(2) 원고는 2001. 8. 3. 피고로부터 이 사건 구토지 지상에 연면적 38,243.494㎡의 아파트 3개동
246세대 및 부대복리시설을 건축하는 사업계획승인을 받아, 2001. 11. 14.부터 2004. 6. 2.까지
사이에 조합원들로부터 이 사건 구토지의 각 공유지분을 신탁받아 원고 명의로 신탁을 원인으로
한 소유권이전등기를 마쳤습니다.

(3) 조합원들이 원고에게 자신의 지분을 신탁하는 과정에서 일부 조합원의 변동이 있었는데 그
경위는 다음과 같습니다.
1) 장유주는 원고에게 이 사건 구토지 중 자신의 지분에 관하여 신탁을 원인으로 한 소유권이전등기
를 경료하여 주었다가, 2003. 9. 7. 황규연에게 자신의 지분을 매매하고는 2003. 9. 17. 원고로부터

위 지분에 관하여 2003. 9. 9.자 신탁재산의 귀속을 원인으로 한 소유권이전등기(신탁등기는 신탁 재산 귀속을 원인으로 말소등기)를 경료받아 다시 같은 날 황규연에게 2003. 9. 7.자 매매를 원인으로 한 소유권이전등기를 경료하여 주었습니다.

2) 황규연은 2003. 10. 17. 원고에게 위 지분에 관하여 2003. 10. 17.자 신탁을 원인으로 한 소유권이전등기를 경료하여 주었습니다.

3) 장유주와 같이 자신의 지분을 매매 등을 원인으로 양도하고 원고 조합원에서 탈퇴하고 양수자들이 새로운 조합원으로 가입하는 경우가 상당수 있었고 그 등기절차는 위 장유주의 경우와 동일하였습니다.

(4) 원고는 2004. 6. 17. 이 사건 구토지 지상에 연면적 36,959.57㎡의 아파트 3개 동 256세대 및 부대복리시설(이하 이 사건 아파트라 한다)을 완공하여 사용검사를 신청하였습니다. 그런데 원고가 이 사건 아파트의 부지에 대하여 확정측량을 실시한 결과 대지 면적이 52.7㎡ 감소한 8,580.3㎡로 밝혀지자 2004. 6. 29. 대지 면적을 위와 같이 변경하여 사용검사변경신청을 하였고, 2004. 6. 30. 피고로부터 사용검사를 받았습니다.

(5) 피고는 원고로부터 사업완료신고가 접수되자 2004. 7. 5. 확정측량결과에 의하여 밝혀진 8,580.3㎡에 대하여 지적을 정리하고자 지적법령에 정하여진 절차에 따라 이 사건 구토지의 지적공부를 폐쇄하고 이 사건 아파트의 대지인 8,580.3㎡에 새로운 지번을 부여하여 같은 동 71-16 대 8,580.3㎡(이하 이 사건 신토지라 한다)로 지적공부를 작성하고 이를 공고함으로써 지적정리를 완료하였습니다.

(6) 원고는 2004. 8. 20.부터 2004. 10. 4.까지 사이에 조합원들에게 이 사건 아파트 중 각 조합원에게 분양된 아파트(이하 조합원분 아파트라 한다)의 대지 지분에 해당하는 이 사건 신토지 중 합계 4,805.312/8,580.3 지분에 관하여 신탁재산의 귀속을 원인으로 각 소유권이전등기와 동시에 대지권 등기를 경료하여 주었습니다.

(7) 원고는 2004. 8. 20. 이 사건 아파트 중 일반인에게 분양된 아파트(이하 일반분양분 아파트라 한다)에 대하여 소유권보존등기를 경료하면서 일반분양분 아파트의 대지 지분 합계 3,416.988/8,580.3 지분에 관하여 각 대지권 등기를 마쳤다.

(8) 원고는 그 무렵 일반분양분 아파트에 관하여 각 수분양자 앞으로 소유권이전등기를 경료하여

주면서, 대지권 등기가 경료된 토지 지분에 있던 신탁등기는 '신탁재산의 처분'을 원인으로 말소하여 주었습니다.

(9) 또한 원고는 2004. 7. 29. 피고에게 이 사건 신토지 중 일반분양분 아파트의 대지 지분에 해당하는 면적 3,416.988㎡를 사용검사일인 2004. 6. 30.에 취득한 것으로 보아 취득세 과세표준을 위 토지의 2004년 개별공시지가에 의한 시가표준액 5,569,690,440원으로 계산하여 취득세 111,393,800원, 농어촌특별세 312,170원(이하 이 사건 취득세 등이라 한다)을 신고하였고(이하 이 사건 과세처분이라 한다), 다음날 이를 납부하였습니다.

2. 처분의 위법성

(1) 지방세법상 취득세는 실질과세원칙상 부동산의 실질적인 소유권 취득만을 과세 대상으로 하기 때문에 지방세법 제110조 제1호는 주의적 규정에 불과하고 신탁재산의 취득은 지방세법 제104조 제8호에서 규정하고 있는 취득에 해당하지 않습니다. 따라서, 원고가 조합원으로부터 신탁법에 의한 신탁으로서 이 사건 구토지에 대한 소유권을 이전받은 것은 부동산의 가치지배권을 제외한 재산관리권만을 이전받은 것으로서 형식적인 소유권만을 이전받은 것이므로 취득세 과세객체가 아니다. 따라서 이 사건 과세처분은 과세대상이 아닌 취득에 취득세 등을 부과한 것으로 위법합니다.

(2) 가사 지방세법상 취득세의 과세객체에 형식적인 소유권의 취득도 포함되어 지방세법 제110조가 창설적 규정이라면, 지방세법 제110조 제1호 단서에서 원고와 같은 주택조합과 조합원 사이의 신탁재산 취득을 비과세대상에서 제외한 것은 헌법상 평등권 및 재산권 보호 규정에 위배되어 위 규정은 위헌 무효이므로, 이 사건 과세처분은 위헌 무효인 지방세법 제110조 제1호 단서를 적용하여 취득세 등을 과세한 것으로 위법합니다.

(3) 한편, 이 사건 과세처분이 원고가 이 사건 아파트의 사용검사일인 2004. 6. 30.에 일반분양분 아파트의 대지 지분에 해당하는 이 사건 신토지 중 합계 3,416.988/8,580.3 지분을 취득한 것이라고 보아 이를 과세객체로 한 것이라면, 이 사건 아파트의 사용검사일에 원고의 위 토지에 대한 새로운 취득행위 즉 과세객체가 존재하지 아니하므로, 이 사건 과세처분은 존재하지 아니하는 취득행위에 대한 것으로 위법합니다.

(4) 또한, 이 사건 과세처분이 이 사건 신토지 중 합계 3,416.988/8,580.3 지분에 관하여 경료된 대지권등기를 새로운 취득으로 보아 이를 과세객체로 한 것이라면, 위 대지권등기는 이 사건 구토지에 관한 원고 명의의 신탁등기가 신축한 집합건물에 관한 소유권보존등기를 경료하는 과정에서 그대로 건물등기부에 등재된 것에 불과하여 별도의 취득이라고 볼 수 없으므로, 이 사건 과세처분은

존재하지 아니하는 취득행위에 대한 것이어서 위법합니다.

입증방법

1. 갑 제1호증
2. 갑 제2호증
3. 갑 제3호증
4. 갑 제4호증
5. 갑 제5호증

첨부서류

1. 위 각 입증방법   각 1부
2. 송달료 납부서
3. 소장부본

20 .   .   .

위 원고   (날인 또는 서명)

서울행정법원   귀중

당해판례

2004구합 32135

(1) 이 사건 취득세 등의 과세객체

취득세는 취득세 과세물건을 취득하는 때에 성립하고, 취득세는 신고납부방식에 의하여 징수하는 지방세로서 납세의무자가 과세표준과 세액을 지방자치단체에 신고한 때에 신고한 대로 확정되며, 이렇게 신고에 의하여 확정된 취득세에 대하여 위법 사유가 있다는 이유로 취소를 구하고자 하는 경우에는 신고한 때 지방자치단체의 과세처분이 있는 것으로 보아 그 취소를 구할 수 있다. 한편, 취득세는 취득세 과세물건을 취득한 납세의무자가 그 취득한 날부터 30일 이내에 그 과세표준액에 세율을 적용하여 산출한 세액을 과세물건 소재지를 관할하는 시장.군수에게 '취득신고 및 자진납부 세액계산서'에 취득물건 · 취득일자 및 용도 등을 기재하여 신고하고 납부하여야 한다. 따라서 신고

에 의하여 확정된 취득세에 대한 불복절차에서 그 과세객체는 납세의무자가 신고하면서 제출한 취득신고 및 자진납부세액계산서에 기재된 취득물건·취득일자 및 용도 등에 의하여 확정된다 할 것이다.

이 사건의 경우 앞서 인정한 사실관계에서 본 바와 같이 이 사건 취득세 등의 과세객체는 원고가 이 사건 취득세 등을 신고하면서 제출한 '취득신고 및 자진납부세액계산서(을 제3호증의 2)'에 기재된 대로 원고가 2004. 6. 30. 토지 3,416.988㎡를 취득한 행위라 할 것이다. 따라서 이 사건 과세처분의 위법 여부는 원고가 2004. 6. 30. 토지 3,416.988㎡를 취득한 행위가 존재하는지, 존재한다면 그러한 취득행위가 지방세법상 취득세 등의 과세객체가 되는지 여부라 할 것이다.

그렇다면, 원고가 2002. 3. 20.부터 2004. 6. 2.까지 사이에 조합원들로부터 신탁법에 따라 신탁받아 이 사건 구토지에 관하여 소유권이전등기 및 신탁등기를 경료한 것이 이 사건 취득세 등의 과세객체임을 전제로 한 원고의 주장은 나아가 살펴 볼 필요 없이 이유 없다.

(2) 2004. 6. 30. 토지 취득행위 존부

(가) 현물출자로 인한 실질적 토지 취득이 있었는지 여부

신탁등기는 실무상 조합원 상호간의 권리를 보호하고 재건축사업의 원활한 추진을 위하여 조합원이 조합에 하는 것으로 재건축사업에서 반드시 하여야 하는 것은 아니고 신탁등기 없이도 재건축사업이 가능한 점, 재건축조합의 정관 및 규약상 일반적으로 조합원의 토지를 재건축사업의 재원으로 규정하고 있지만 조합원의 의무규정으로 부담금 등 청산금 지급의무만을 규정하고 있을 뿐 토지의 현물출자의무를 규정하고 있지 않아 조합원에 대하여 현물출자의무로 조합원 소유의 토지에 대하여 소유권이전등기를 바로 구할 수는 없고 단지 재건축사업의 원활한 추진을 위하여 신탁법에 따른 신탁을 원인으로 한 소유권이전등기만을 구할 수 있는 점(대법원 1997. 5. 30. 선고 96다23887 판결 참조), 조합원들이 원고에게 토지를 신탁한 이후에도 제한적이지만 신탁한 토지를 처분할 수 있는 점, 일반적으로 재건축조합과 조합원 사이의 신탁계약서 및 신탁원부에 의하면, 사용검사가 이루어짐으로써 신탁기간이 도래하여 신탁이 종료하게 되면 현물로 남은 신탁재산인 조합원분 아파트와 그 부속토지(일반분양분 아파트와 그 부속토지는 이미 분양계약체결로 금전 신탁재산인 분양수익금으로 변화되었다 할 것이다)는 수익자인 분양받은 각 조합원에게 귀속되고 부동산 이외의 금전 신탁재산 또한 수익자인 조합원들에게 각 지분에 따라 귀속하게 되는 점 등을 종합하여 보면, 원고가 조합원과 구별된 독자적인 사업자성을 지니고 있고, 조합원들이 원고에게 이 사건 구토지를 신탁을 원인으로 소유권이전등기를 경료한 것만으로 실질적으로 이 사건 구토지의 소유권을 현물출자한 것이라고 보기는 어렵고, 조합원의 현물출자의무는 재건축사업의 원활한 추진을 위하여 신탁법에 따른 신탁을 원인으로 한 소유권이전등기절차의 이행 또는 기존 건물의 철거 및 아파트 신축을 용인하고 재건축사업을 위한 처분을 용인할 의무 정도이다.

그런데 취득세는 취득자가 실질적으로 완전한 내용의 소유권을 취득하는가의 여부에 관계없이 사실상의 취득행위 자체를 과세객체로 한다는 것이므로(대법원 1995. 1. 24. 선고 94누10627 판결, 2004. 11. 25. 선고 2003두13342 판결 등 참조), 이 사건과 같이 조합원들이 원고에게 재건축사업의 원활한 추진을 위하여 신탁법에 따른 신탁을 원인으로 한 소유권이전등기절차의 이행한 경우에도 취득세의 과세객체가 되는 취득행위는 일응 존재한다 할 것이나, 그 취득시기는 아래에서 보는 바와 같이 어디까지나 조합원으로부터 원고 명의로 소유권이전등기 및 신탁등기가 이루어진 시점으로 보아야 할 것이고, 취득세 납세의무자에 대한 규정인 지방세법 제105조 제10항의 규정을 근거로 사용검사 시점에 그 취득이 완성된다고 볼 수는 없다.

따라서 원고가 조합원들의 이 사건 구토지의 현물출자로 인하여 2004. 6. 30. 실질적 토지 취득이 있었음을 전제로 한 이 사건 과세처분은 위법하다.

(나) 환지로 인한 실질적 토지 취득이 존재하는지 여부

재건축조합이 주택건설사업계획의 승인을 받은 경우 주택건설촉진법(2002. 12. 30. 법률 제6852호로 개정되기 전의 것) 제33조 제4항에 의하여 도시개발사업의 시행자 지정 및 실시계획의 인가를 받은 것으로 의제되고, 주택건설사업계획을 승인받기 위하여 주택이 건설될 지역을 관할하는 시장 등을 거쳐 제출하는 주택건설사업 계획에 주택건설촉진법 시행령(2003. 6. 30. 대통령령 제18046호로 개정되기 전의 것) 제32조 제2항 제8호에서 재건축조합에 한하여 환지처분계획을 제출하도록 하고 있으므로 재건축사업의 대지조성사업을 환지방식에 의한 도시개발사업으로 할 수도 있다. 그러나 이 사건 재건축사업에서는 사용검사와 지적정리 이후 환지처분계획에 따른 도시개발법상 환지처분과 그 공고를 한 사실이 없고, 지적정리와 관련된 절차에서 특별히 환지처분공고를 의제하는 규정도 없으므로, 이 사건 재건축사업은 환지방식에 의한 도시개발사업에 해당하지 않는다. 그리고 지적정리 결과 새로운 지적공부가 작성된 것만으로 환지처분이 존재한다 할 수 없다(대법원 1992. 10. 27. 선고 91누9329 판결 참조).

그렇다면, 원고가 이 사건 재건축사업을 시행하는 과정에서 이 사건 구토지의 지목이 사실상 변경됨으로 인하여 그 가치가 증가되었다면 그 부분을 과세객체로 삼아 별도의 취득세를 부과하는 것은 별론으로 하고, 환지처분이 존재함을 전제로 원고가 원시적으로 일반분양분 아파트 대지 지분에 해당하는 토지를 취득하였다는 피고의 주장은 이유 없다.

(다) 형식적 토지 취득

취득세는 취득자가 실질적으로 완전한 내용의 소유권을 취득하는가의 여부에 관계없이 사실상의 취득행위 자체를 과세객체로 하는 것이므로, 이 사건에서 사용검사 시점에 사실상의 취득행위 즉 소유권이전의 형식에 의한 이 사건 일반분양분 아파트의 대지 지분에 해당하는 토지의 취득이 존재하는지에 관하여 본다.

이 사건 재건축사업에 있어서 사용검사 시점에 이 사건 구토지에 대한 지적정리와 함께 새로운 지번의 이 사건 신토지에 대한 토지대장이 작성되고, 이 사건 신토지에 대한 등기부(일반적으로

기존 토지 중 하나의 등기부에 표제부 기재 사항을 주말하고 이 사건 신토지의 내용을 기재하는 방식으로 신토지에 대한 등기부가 편제되고, 이 사건의 경우에도 이 사건 구토지의 등기부가 그대로 이용되었다)에 이 사건 구토지의 등기부에 있던 등기사항을 표제부 내용을 제외하고 그대로 이기할 뿐 당해 토지에 관하여 소유권이전등기가 경료되지는 않았다. 한편, 사용검사 이후에 이 사건 신토지에 관하여 대지권 등기가 이루어졌으나 대지권등기는 토지상에 집합건물이 존재하고 구분소유자가 당해 토지를 사용할 수 있는 권리가 있으면서 건물과 분리하여 처분할 수 없다는 일체 불가분성을 갖추게 되면 토지 소유권 등이 대지권으로서 성립하는 것이기 때문에 대지권등기만으로는 사실상의 취득행위가 있다고 볼 수 없다.

그렇다면, 사용검사 시점에 원고의 사실상의 토지 취득행위는 존재하지 아니한다.

이에 대하여 피고는, 조합원의 신탁으로 인한 원고의 토지 취득행위가 당해 토지 중 지방세법 1) 제105조 제10항에서 규정하고 있는 조합원용에 해당하는 부분이 1) 뒤에서 보는 바와 같이 피고가 취득세 납세의무가 성립하였다고 주장하는 시점인 사용검사가 이루어진 시점에 시행되던 지방세법 (2005. 1. 5. 법률 제7332호로 개정되기 전의 것) 제105조 제10항은 '주택법 제32조의 규정에 의한 주택조합'만을 규정하고 있어 원고와 같이 주택건설촉진법 또는 도시 및 주거환경정비법상 주택재건축조합은 해당되지 않는다. 추측건대 피고는 위와 같이 지방세법이 개정되기 전의 지방세법(2003. 5. 29. 법률 제6916호로 개정되기 전의 것) 제105조 제10항의 "주택건설촉진법 제44조의 규정에 의한 주택조합이 당해 조합원용으로 취득하는 조합주택용 부동산(공동주택과 부대.복리시설 및 그 부속토지를 말한다)은 그 조합원이 취득한 것으로 본다"라는 규정을 전제로 주장하고 있는 것으로 보이나, 조세에 있어서 법률은 납세의무 성립시점의 법률이 적용되어야 하고 취득세는 지방세법 제29조 제1항 제1호에 의하여 과세물건을 취득한 때에 성립하므로 피고의 주장대로 한다 면 사용검사가 이루어진 시점의 지방세법이 적용되어야 함에도 신탁시점(그것도 일부 조합원의 경우에는 지방세법이 개정된 이후에 신탁이 이루어졌다)의 지방세법을 전제로 주장하는 것은 논리 적으로 맞지 않는다. 다만, 이 단락에서는 일단 2003. 5. 29. 법률 제6916호로 개정되기 전의 지방세법을 전제로 논의를 전개하기로 한다.

피고는 사용검사 시점에 확정됨으로써 사용검사 시점에야 취득이 완성된다고 주장한다.

그런데 지방세법 제105조 제10항은 주택조합이 조합주택용 부동산을 취득하였음을 전제로 하여 이로 인하여 성립한 취득세 납세의무자를 조합원으로 의제하는 규정일 뿐 취득시기에 관한 규정이 아닌 점, 조합원들로부터 기존 집합건물의 각 구분소유권에 관하여 소유권이전등기 및 신탁등기를 경료함으로써 건물과 그 대지권 일체를 취득하였으면서 토지 부분만 구분하여 사용검사 시점에 취득하였다고 볼 수 없는 점, 신탁등기 이후 사용검사 시점까지 사이에 조합원의 변동이 있는 경우에 는 원고로부터 구조합원에게 신탁재산 귀속을 원인으로 하여 당해 조합원의 지분에 관하여 소유권 이전등기가 경료된 다음 구조합원이 제3자에게 자신의 지분에 관하여 소유권이전등기를 경료하여 주게 되고 다시 제3자가 신조합원으로서 원고에게 소유권이전등기 및 신탁등기를 경료하게 되는데,

사용검사 시점에 취득이 있는 것으로 볼 경우 구조합원의 당초 소유권이전등기 및 신탁등기가 있었음에도 취득이 없었던 것으로 되는 점, 원고가 조합원들로부터 신탁으로 취득한 이 사건 구토지 중 지적정리하는 과정에서 감소된 52.7㎡에 대하여는 취득세 납세의무가 성립하지 않게 되는 것과 같이 사용검사 시점까지 재건축조합이 조합원으로부터 취득한 전체 토지 중 국가 또는 지방자치단체에 기부채납하는 토지 등 사용검사 이전에 매도하는 토지에 대하여는 취득세 납세의무가 성립하지 않게 되는 점, 재건축조합이 매도청구권행사 등을 이유로 조합원 외의 제3자로부터 취득한 토지는 조합주택용 부동산임에도 조합원으로부터 토지를 신탁받는 경우와 달리 조합원분과 일반분양분 구분없이 일반적인 부동산 취득 시점과 동일하게 소유권이전등기 시점에서 취득이 있었던 것으로 보고 있는 것에 비추어 보면 조합원으로부터 토지를 신탁받은 경우만 아무런 법적 근거 없이 취득시기를 일반적인 취득세 납세의무 성립시기보다 현저하게 뒤로 이연시키는 결과가 되어 불합리하게 되는 점, 취득한 부동산 등이 장래에 실제적으로 어떻게 쓰였느냐는 일반적으로 감면된 취득세에 대한 추징의 과세요건이지 취득세의 과세요건으로는 규정하고 있지 아니한 점 등을 종합하여 보면, 원고가 조합원으로부터 신탁받은 토지의 취득이 혹 취득세의 과세객체가 된다 하더라도 그 시점은 어디까지나 조합원으로부터 원고 명의로 소유권이전등기 및 신탁등기가 이루어진 시점으로 보아야 할 것이고, 취득세 납세의무자에 대한 규정인 지방세법 제105조 제10항의 규정을 근거로 사용검사 시점에 그 취득이 완성된다고 볼 수는 없다. 따라서 조합원으로부터 신탁받은 토지의 취득이 사용검사 시점에 완성된다는 피고의 주장은 이유 없다.

(3) 가사 이 사건 아파트에 관하여 사용검사가 이루어진 2004. 6. 30. 신탁을 원인으로 한 원고의 토지 취득행위가 존재한다 하더라도, 원고는 그 당시 시행되던 지방세법(2005. 1. 5. 법률 제7332호로 개정되기 전의 것, 이하 같다) 제105조 제10항, 제110조 제1호 단서에서 규정하고 있는 '주택법 제32조의 규정에 의한 주택조합'에 해당하지 아니하기 때문에 지방세법 제110조 제1호 단서가 아니라 본문이 적용되어야 하고, 원고의 위 토지 취득행위는 같은 호 (가)목의 '위탁자로부터 수탁자에게 신탁재산을 이전하는 경우의 취득'에 해당되어 취득한 토지 전체에 대하여 취득세가 비과세 된다.

[서식] 취득세등부과처분취소 청구의 소

소 장

원고   재단법인 서울교회유지재단
             서울시 서초구 ○○동 ○번지
피고   서울특별시 동대문구청장
취득세등부과처분취소

청구취지

1. 피고가 2006. 9. 12. 원고에 대하여 한 취득세 11,094,720원, 농어촌특별세 915,200원, 등록세 13,403,520원, 지방교육세 2,481,020원의 부과처분을 각 취소한다.
2. 소송비용은 피고의 부담으로 한다.

라는 판결을 구합니다.

청구원인

1. 처분의 경위

(1) 원고는 2005. 5. 23. 서울특별시장으로부터 설립허가를 받고 2005. 6. 10. 설립등기를 마친 재단법인입니다.

(2) 원고는 2005. 5. 23. 서울교회로부터 별지 부동산 목록 기재 부동산(이하 '이 사건 각 부동산'이라 한다)을 포함한 부동산들을 출연받아 2005. 6. 21. 출연을 원인으로 한 소유권이전등기를 마치고, 2005. 6. 20. 피고에게 취득신고를 하면서 취득세 및 등록세 등을 지방세법 제107조, 127조의 규정에 의하여 비과세신고를 하였습니다.

(3) 그러나 피고는 출연 부동산들에 대한 사용현황을 조사한 후, 2006. 9. 12. 이 사건 각 부동산이 종교용만이 아닌 학생 등의 주거용으로 사용되고 있는 이상 비과세대상으로 볼 수 없고 나아가 등록세의 경우 구 지방세법(2005. 12. 31. 법률 제7843호로 개정되기 전의 것, 이하 '지방세법'이라 한다) 제138조 제1항 제3호에 해당되어 중과세 대상이라는 이유로 원고에게 취득세 11,094,720원, 농어촌특별세 915,200원, 등록세 13,403,520원, 지방교육세 2,481,020원의 각 부과처분(각 가산세 포함, 이하 '이 사건 각 처분'이라 한다)을 하였습니다.

2. 처분의 위법성

원고는 종교단체로서 이 사건 각 부동산을 신도들을 위한 집회장소, 대학생들을 위한 학생센터 등으로 사용하고 있고 이는 원고 설립 당시에 예정하고 있던 본래의 종교 목적사업(특히 선교활동)에 직접 사용하는 경우로서 지방세법 제107조 제1호, 제127조 제1항 제1호에 따라 취득세, 등록세 등의 비과세대상에 해당되므로, 이 사건 각 처분은 위법합니다.

3. 결론

이상과 같이 피고의 이 사건 처분은 위법하므로 이의 취소를 구하는 본 건 소송에 이르게 되었습니다.

입증방법

1. 갑 제1호증
2. 갑 제2호증
3. 갑 제3호증
4. 갑 제4호증
5. 갑 제5호증 − 1
6. 갑 제5호증 − 2

첨부서류

1. 위 각 입증방법   각 1부
2. 송달료 납부서
3. 소장부본

20 . . .

위 원고   (날인 또는 서명)

서울행정법원   귀중

당해판례

2006구합 45456

1. 지방세법 제107조 제1호, 제127조 제1항 제1호는 종교 등 공익사업을 목적으로 하는 비영리사업자가 그 사업에 사용하기 위한 부동산의 취득등기 등을 하는 경우 취득세·등록세 등을 부과하지 않는다고 규정하고 있는바, 위 각 규정에서 비영리사업자가 당해 부동산을 '그 사업에 사용'한다고 함은 현실적으로 당해 부동산의 사용용도가 비영리사업 자체에 직접 사용되는 것을 뜻하고, '그 사업에 사용'의 범위는 당해 비영리사업자의 사업목적과 취득목적을 고려하여 그 실제의 사용관계를 기준으로 객관적으로 판단되어야 한다(대법원 2002. 10. 11. 선고 2001두878 판결 참조). 특히 종교단체가 '그 사업에 사용'한다 함은 종교의식, 종교교육, 선교활동 등에 사용하거나 종교활동을 위해 반드시 있어야만 하는 필요불가결한 중추적인 지위에 있는 사람의 주거용으로 사용하는 등 종교목적으로 직접 사용하는 경우를 의미한다고 보아야 하며, 만일 위와 같이 해석하지 않고 부동산의 취득·등기가 종교활동에 관련된 경우에는 모두 취득세나 등록세 등이 비과세된다고 하면 그 범위가 지나치게 넓어져, 부동산의 취득·등기 중 종교단체가 그 사업에 사용하기 위한 것에 예외적으로 취득세나 등록세를 비과세하도록 하면서 만약 종교단체가 정당한 사유 없이 그 부동산을 그 용도에 직접 사용하지 않는 경우 등에는 취득세나 등록세 등을 부과하도록 규정한 지방세법 제107조 제1호, 제127조 제1항 제1호의 규정의 입법취지에 어긋나기 때문이다.

2. 이 사건에 관하여 보건대, 원고의 목적사업에 대학생들을 위한 학생센터 설립 및 운영지원사업이 포함되어 있고 원고가 이 사건 각 부동산에 기독교 대학생들을 입주시켜 엄격한 종교적 규율 아래 아침, 저녁으로 기도회, 성경공부, 모임, 연장자인 신도들을 통한 신앙지도 및 상담 등의 활동을 한다고 하더라도, 이 사건 각 부동산은 원고의 종교단체로서의 본질적 활동인 종교의식, 종교교육, 선교활동 등에 직접적으로 또는 일상적으로 사용하기 위한 교육훈련장소라기보다는 입주해 있는 대학생들이 그들의 주된 일과이자 본분인 학교에서의 수업 및 공부를 마치고 돌아와 휴식을 취하는 쉼터이자 기와침식(起臥寢食)을 위한 주거로서 주로 사용되고 다만 부수적으로 종교적 활동을 위한 공간으로 사용되고 있다고 봄이 상당하고, 또 그곳에 입주한 대학생들이 원고의 종교활동을 위해 반드시 있어야만 하는 필요불가결한 중추적인 지위에 있는 사람이라고 보여지지 않는다.

3. 따라서 원고가 이 사건 각 부동산을 종교사업에 직접 사용하기 위하여 취득·등기한 경우에 해당한다고 할 수 없어 지방세법 제107조 제1호, 제127조 제1항 제1호에 의한 취득세와 등록세 등의 비과세 대상에 해당하지 않으므로 이 사건 처분은 적법하다.

소　　장

원고　　　한국교육방송공사
　　　　　서울 서초구 우면동 92-6
　　　　　(전화 000-000, 팩스 000-000)
피고　　　서울특별시 강남구청장
취득세등부과처분취소

청구취지

1. 피고가 2006. 5. 10. 원고에 대하여 한 별지 1. 기재 각 조세부과처분을 모두 취소한다.
2. 소송비용은 피고가 부담한다.
라는 판결을 구합니다.

청구원인

1. 처분의 경위

(1) 원고는 2001. 8. 30. 서울 강남구 도곡동 463 대 3526.8㎡, 같은 동 464-3 대 41.7㎡ 및 위 양지상 지하 3층, 지상 7층 건물(이 토지들과 건물을 합하여 '이 사건 부동산'이라 한다)을 매수하여 2002. 4. 15. 소유권이전등기를 경료하였습니다.

(2) 원고가 이 사건 부동산을 취득할 당시 지방세법 제107조, 제127조 등에 의하여 취득세와 등록세 및 이에 연계된 농어촌특별세, 지방교육세가 비과세되었고, 이후 지방세법 제186조, 구 지방세법(2005. 1. 5. 법률 제7332호로 개정되기 전의 것, 이하 같다) 제234조의12 등에 의하여 재산세와 종합토지세 및 이에 연계된 도시계획세, 공동시설세, 지방교육세, 농어촌특별세도 비과세되었습니다.

(3) 그런데 피고는 원고가 이 사건 부동산 중 건물 2층 부분을 제외한 나머지 부분을 수익사업에 사용하고 있다는 이유로 2006. 5. 10. 원고에 대하여 별지 1. 기재 각 조세를 부과하는 처분(이하 '이 사건 처분'이라 한다)을 하였습니다.

2. 처분의 위법성

지방세법, 구 지방세법, 농어촌특별세법에서 별지 1. 기재 각 조세는 제사·종교·자선·학술·기예 기타 공익사업을 목적으로 하는 대통령령으로 정하는 비영리사업자가 그 사업에 사용하기 위한 부동산 또는 그 사업에 직접 사용하는 부동산에 대하여는 부과하지 아니하도록 하고, 위 각 법률에 근거한 대통령령에서 비영리사업자의 하나로 평생교육법에 의한 교육시설을 운영하는 평생교육단체를 규정하고 있는바, 원고는 평생교육법 제2조 제2호에서 정한 평생교육단체에 해당하므로 원고가 그 설립 목적인 공익사업을 위하여 사용하고 있는 이 사건 부동산에 대하여 별지 1. 기재 각 조세를 부과할 수 없습니다.

또한 지방세법, 구 지방세법, 농어촌특별세법에서 위와 같은 비과세에 대한 예외로서 부동산을 대통령령이 정하는 수익사업에 사용하는 경우에는 그 해당 부분에 대하여 과세하도록 하고, 위 각 법률에 근거한 대통령령에서 수익사업이라 함은 통계청장이 고시하는 한국표준산업분류에 의한 각 사업 중 수익이 발생하는 사업을 말한다고 규정하고 있으나, 원고는 이 사건 부동산을 원고의 설립 목적인 교육방송사업을 영위하는데 직접 관련된 용도로만 사용하고 있을 뿐 수익사업에는 사용하고 있지 않으므로 비과세의 예외 요건에 해당하지도 않습니다.

3. 결론

이와 같이 피고의 처분은 위법한 행정처분이 아닐 수 없으므로, 상기와 같이 원고의 행정처분의 취소를 구하는 행정소송에 이르게 되었습니다.

입증방법

1. 갑 제1호증
2. 갑 제2호증
3. 갑 제3호증
4. 갑 제4호증
5. 갑 제5호증

첨부서류

1. 위 각 입증방법   각 1부
2. 송달료 납부서
3. 소장부본

20 .   .   .

위 원고   (날인 또는 서명)

서울행정법원   귀중

당해판례

2006구합 26073

(1) 원고의 평생교육단체 여부에 관한 판단

원고의 설립근거 법률인 한국교육방송공사법은 교육방송을 효율적으로 실시함으로써 학교교육을 보완하고 국민의 평생교육과 민주적 교육발전에 이바지함을 목적으로 하고(제1조), 평생교육법상 "평생교육"이라 함은 학교교육을 제외한 모든 형태의 조직적인 교육활동을, "평생교육단체"라 함은 평생교육을 주된 목적으로 하는 법인·단체를, "평생교육시설"이라 함은 이 법에 의하여 인가·등록·신고된 시설과 학원 등 다른 법령에 의한 시설로서 평생교육을 주된 목적으로 하는 시설을 말한다고 정의되어 있으며(제2조), 같은 법에 의한 인가·등록·신고를 요하는 평생교육시설에는 학교형태의 평생교육시설, 사내대학형태의 평생교육시설, 원격대학형태의 평생교육시설, 사업장부설 평생교육시설, 시민사회단체부설 평생교육시설, 학교부설 평생교육시설, 언론기관부설 평생교육시설, 지식·인력개발사업관련 평생교육시설의 8종이 있고(제20~27조), 이러한 평생교육시설 중에는 일정요건을 갖춘 경우 학교교육을 이수한 것과 동등한 학력 또는 학위를 인정받을 수 있는 것들이 있다(제20~22조).

이와 같이 한국교육방송공사법이 원고의 주된 설립 목적으로 평생교육을 거시하고 있는 점, 평생교육시설에는 평생교육법에 의하여 인가·등록·신고된 시설 뿐 아니라 다른 법령에 의한 시설로서 평생교육을 주된 목적으로 하는 시설도 포함되는 점, 법률상 평생교육의 내용에 관하여는 별다른 제한이 없이 단지 학교교육을 제외한 모든 형태의 조직적인 교육활동이라고 포괄적으로 규정하고 있으므로 학교 외의 영역에서 이루어지는 교육활동이라면 그 내용이 학교교육과 동일한 것이거나 학교교육을 보완하는 것이라고 하여 평생교육에서 제외된다고 할 수 없는 점, 오히려 법률상 학교교육과 동등한 학력·학위를 인정받을 수 있는 평생교육시설이 인정되는 것으로 보아 평생교육은 학교교육을 마친 사람들에게 졸업 후에도 배움의 기회를 제공하는 기능은 물론이고 여러 가지 사정으로 배움의 길을 중도에서 포기할 수밖에 없었던 사람들로 하여금 사회생활과 병행하면서 학교교육에서의 학습과 유사한 성과를 거두게 함으로써 평생교육시설 자체에서 또는 그 배움을 기초로 검정고시 등을 통하여 학교교육과 동등한 학력을 인정받을 수 있는 기회를 부여하는 것도 중요한 기능으로 볼 수 있는 점, 학력이나 학위가 인정되는 기관만이 평생교육단체에 해당하는 것은 아니라는 점 등에 비추어 볼 때, 원고는 평생교육법에서 정한 "평생교육단체"이자 "평생교육시설"에 해당한다고 할 것이고, 원고가 행하는 교육방송의 상당부분이 수능에 대비한 과외수업과 같이 학교교육을 보완하는 내용이고, 원격대학형태의 평생교육시설로서 이 사건 부동산 중 건물 2층 부분만을 소관청에 신고하였으며 방송광고와 수능방송교재판매 등으로 막대한 수익을 올리고 이렇게 번 돈을 고유 목적사업과 무관한 직원들의 인건비, 특별상여금 등으로 방만하게 지출하고 있다는 등의 사유가 있다 하더라도, 이로써 원고의 평생교육단체로서의 성질이 변하는 것은 아니라고 할 것이다.

(2) 원고가 이 사건 부동산에서 수익사업을 영위하고 있는지 여부에 관한 판단

한국교육방송공사법 제7조가 정하고 있는 원고의 업무에는 ①텔레비전 교육방송의 실시, ②라디오 교육방송의 실시, ③위성 교육방송의 실시, ④방송시설의 설치·운영 및 관리, ⑤프로그램 제작 및 공급사업, ⑥교육관련행사 등의 주관 및 국제교류, ⑦ 교육방송에 관한 조사, 연구, ⑧이상의 업무에 부대되는 사업이 있다. 이 중 ① 내지 ⑦은 원고의 설립 목적을 달성하기 위한 비영리·공익사업에 해당하는 것이고 ⑧에는 광고사업이나 방송교재출판사업과 같이 주된 사업에 부대되는 수익사업이 포함되는 것으로 해석된다.

원고가 사업을 위하여 사용하고 있는 부동산은 이 사건 부동산과 다명빌딩 3·4층, 한방빌딩 2층인데, 그 중 이 사건 부동산은 원고가 사옥으로 사용하기 위하여 취득한 주된 부동산으로서 주차장, 스튜디오, 방송시설, 임직원 사무실 등 ① 내지 ⑦의 업무를 수행하기 위하여 직접 필요한 시설들이 들어서 있고, 나머지 건물에는 출판사업팀, 광고사업팀, 문화사업팀, 뉴미디어팀 등 주로 수익사업을 수행하는 부서들이 들어서 있는바, 각 부동산들이 별개의 독립한 부동산인 점, 공익사업에 대한 비과세의 예외로 수익사업에 사용되는 부동산이라 함은 수익사업에 직접 사용되는 부동산만을 의미하는 것이지 수익사업과 관련된 업무가 수행되는 모든 부동산을 의미하는 것은 아니라는 점(만일 이와 같이 해석하지 않는다면 수익사업을 일부 영위하는 비영리사업자의 부동산은 대부분 비과세의 예외가 될 것이다), 재무구조에서 수익사업의 수입 비중이 크다고 하여 실제로 그 수익사업에 사용되지 않는 건물부분도 전부 그 수익사업에 사용되는 것으로 볼 수는 없는 점 및 이 사건 부동산의 규모와 사용용도에 비추어 볼 때 이 사건 부동산은 지방세법의 관련 조항에서 정하고 있는 "기타 공익사업을 목적으로 하는 대통령령으로 정하는 비영리사업자가 그 사업에 사용하기 위한 부동산"에 해당한다고 봄이 타당하고, 원고의 비영리사업부문 뿐 아니라 수익사업의 경영자이기도 한 임원들이 이 사건 부동산에 사무실을 가지고 업무를 보고 있다는 사유만으로 이 사건 부동산이 모두 원고의 수익사업에 사용되는 부동산이라고 할 수는 없다.

3. 결론

그렇다면 원고는 이 사건 부동산에 관하여 취득세, 등록세, 재산세, 종합토지세 및 이들 각 조세에 수반하여 부과되는 농어촌특별세, 지방교육세, 도시계획세, 공동시설세를 납부할 의무가 없으므로, 원고에 대하여 별지 1. 기재 각 조세를 부과·고지한 이 사건 처분은 위법하고 이를 이유로 그 취소를 구하는 이 사건 청구는 정당하므로 이를 인용하기로 하여 주문과 같이 판결한다.

소 장

원고   김 길 동(주민등록번호)
           서울시 종로구 ○○동 ○-○번지
           (전화 000-000, 팩스 000-000)
피고   종로세무서장
           강남세무서장
등록세등부과처분취소

청구취지

1. 피고들이 원고에 대하여 한 별지 부과내역 기재 부과처분을 모두 취소한다.
2. 소송비용은 피고가 부담한다.
라는 판결을 구합니다.

청구원인

1. 처분의 경위

(1) 원고의 설립 등기

원고는 1996. 1. 9. '주식회사 ○○○○○○○○'이라는 상호로, 자본금 5,000만원, 본점 서울 서초구, 목적사업 원단, 텐트부품 및 플라스틱류의 제조 및 판매업으로 하여 설립등기를 마친 후, 1996. 1. 11. 관할세무서장에게 사업자등록을 마쳤습니다.

(2) 원고의 폐업

원고는 1996. 5. 29. 본점을 서울 서초구 XX동 XXX으로 이전하는 내용의 변경등기를 마치고, 1996. 7. 15. 폐업하였는바, 그 무렵부터는 일반적인 사업실적이 없는 상태로 남아 있었습니다.

(3) 원고 주식의 매매 등

원고는 2001. 4. 10. 본점을 서울 중구 XX동으로 이전하는 내용의, 2001. 6. 1. 본점을 서울 영등포구 XXX동으로 이전하는 내용의 각 변경등기를 마친 후, 2001. 6. 4. 관할세무서장에게 사업자등록을 하고, 2001. 6. 7. 목적사업에 부동산개발업을 추가하면서 자본금을 2억원으로 증자하는 내용의 증자등기 마쳤다. 그런데 원고의 기존 주주 전부는 2001. 6. 15. 원고에 대한 보유 지분 전부를 벨지움법인 D에 매각하였고, 원고는 같은 날 상호를 '주식회사 ○○○○'(한편 원고는 2006. 8. 8. 현재의 상호로 변경등기를 마쳤다)로 변경하는 내용의 변경등기를 마쳤으며, 기존 이사와 감사가 전부 사임하고, 새로운 이사와 감사가 취임하였습니다.

(4) 원고의 증자등기 경료

원고는 2001. 6. 20. 본점을 서울 종로구 XX동 XX으로 이전하는 내용의 변경등기를 마친 다음, 2001. 6. 21. 목적사업 중 부동산개발업을 삭제하고, 부동산 개발, 임대 및 관리업을 추가하는 내용의 등기를 하고, 같은 날 자본금을 5,368,750,000원으로 증자하고 이에 대한 증자등기(이하 이 사건 증자등기라 한다)를 마쳤습니다.

(5) 원고의 토지 및 건물등기 경료

원고는 2001. 6. 18. E로부터 서울 강남구 XXX XXX 소재 토지 및 그 지상에 신축중인 건물을 매수한 다음, 위 토지에 관하여 서울중앙지방법원 강남등기소 2001. 6. 21. 접수 제XXXXX호로 소유권이전등기(이하 이 사건 토지등기라 한다)를 마치고, 건물이 완공되자 그에 관하여 같은 등기소 2001. 8. 16. 접수 제XXXXX호로 그에 관한 소유권보존등기(이하 이 사건 건물등기라 한다)를 마쳤습니다.

(6) 원고의 등록세, 지방교육세 신고 · 납부

원고는 이 사건 증자등기 당시 일반세율을 적용한 등록세와 지방교육세 등을 신고 · 납부하였고, 이 사건 토지에 대한 이전등기(취득과표 : 187,500,000,000) 당시 일반세율을 적용한 등록세와 지방교육세 등을 신고.납부하였고, 이 사건 건물에 대한 보존등기(취득과표 : 408,113,000,000) 당시에도 일반세율을 적용한 등록세와 지방교육세 등을 신고 · 납부하였습니다.

(7) 피고들의 부과처분

피고들은, 폐업 후 사업실적이 없는 상태로 남아 있던 기존 법인의 주식을 전부 매수한 후 법인등록번호와 법인설립연월일을 제외한 다른 모든 사항을 변경한 경우에는 기존 법인과 변경 후 법인 사이에는 동일성이 없어 이 사건 주식매매가 이루어진 2001.6. 15.
원고가 새로운 법인으로 설립된 것으로 보아, 2006. 5. 29. 원고에게, 이 사건 증자등기는 구 지방세법(2001. 12. 29. 법률 제6549호로 개정되기 전의 것, 이하 같다) 제138조 제1항 제1호가 정한 대도시 안에서의 법인의 설립 후 5년 이내에 자본을 증가하는 경우이고, 이 사건 토지.건물 등기는 구 지방세법 제138조 제1항 제3호 및 구 지방세법 시행령(2001. 6. 30. 대통령령 제17267호로 개정되기 전의 것, 이하 같다) 제102조 제2항이 정한 법인의 설립 이후의 5년 이내에 취득하는 부동산 등기이므로 각각 등록세 중과대상에 해당한다는 이유로, 이미 신고.납부 받은 세액을 공제하고 청구취지 기재와 같은 등록세와 지방교육세를 부과하는 이 사건 각 부과처분을 하였습니다.

2. 처분의 위법성

조세법률주의의 원칙에 따른 엄격해석의 원칙에 비추어 볼 때, 지방세법 제138조 제1항 제1호, 제3호가 규정하고 있는 법인의 설립은 회사의 경우 설립등기일을 의미하는 것인데, 이 사건 증자등기, 토지등기, 건물등기는 모두 원고의 설립등기일로부터 5년이 경과한 후에 이루어졌으므로 위 법 소정의 중과대상에 해당하지 아니한다 할 것이고, 따라서 이 사건 각 부과처분은 위법한 처분이 아닐 수 없습니다.

3. 결론

이와 같이 피고의 처분은 위법한 행정처분이 아닐 수 없으므로, 상기와 같이 원고의 행정처분의 취소를 구하는 행정소송에 이르게 되었습니다.

입증방법

1. 갑 제1호증
2. 갑 제2호증
3. 갑 제3호증
4. 갑 제4호증
5. 갑 제5호증
6. 갑 제6호증
7. 갑 제7호증
8. 갑 제8호증

첨부서류

1. 위 각 입증방법   각 1부
2. 송달료 납부서
3. 소장부본

20 . . .

위 원고   (날인 또는 서명)

서울행정법원 귀중

〈별지〉

피고	일자	세목	세액
종로구청장	2006.5.29	등록세(증자등기)	49,620,000원
		지방교육세(증자등기)	9,097,000원
		등록세(토지등기)	13,500,000,000원
강남구청장	2006.5.29	지방교육세(토지등기)	2,475,000,000원
		등록세(건물등기)	7,835,780,120원
		지방교육세(건물등기)	1,436,559,680원

당해판례

2006구합 30683

(1) 이 사건 쟁점에 대한 판단

이 사건의 쟁점은 설립등기를 마친 후 폐업을 하여 사업실적이 없는 상태에 있는 법인의 주식 전부를 제3자가 매수한 다음, 법인의 임원, 자본, 상호, 목적 사업을 변경한 경우가 구 지방세법 제138조 제1항 제1호, 제3호에서 규정하고 있는 법인의 설립 또는 본점의 설치에 해당하는지 여부이다.

(가) 먼저 법인이 설립등기를 마친 후 영업활동을 하고 있지 아니한 경우 영업을 하지 아니한 기간을 구 지방세법 제138조 제1항에서 규정한 5년의 범위에서 제외할 것인지, 그리고 폐업한 법인이 다시 영업을 재개하여 활동하는 경우 그 활동하는 시기에 새로이 설립되었다거나 본점을 사실상 새로이 설치하였다고 볼 것인지에 관하여 본다.

주식회사의 설립은 기본적으로 설립행위와 설립등기를 필요로 하고, 주식회사는 그 설립등기를 마침으로써 성립하며(상법 제172조), 이로써 회사로서의 법인격을 취득한다(상법 제171조 제1항). 회사의 설립등기는 법인격의 취득에 관한 것이므로 설립등기의 효력에 관한 상법 제172조는 지점 등의 경우에 적용되는 상업등기의 일반적 효력에 관한 상법 제37조와 다른 강행규정이다.

이러한 점 등에 비추어, 법인이 영업활동을 하지 아니하였다고 하더라도 이러한 경우에 관하여 법률에서 아무런 규정을 하고 있지 않으므로 당해 법인의 법인격 자체가 소멸하지 않는 한 당해 법인의 설립일은 당초 설립등기일이고, 폐업한 법인이 다시 영업을 재개하여 활동하는 경우에도 그 활동하는 시기에 새로이 법인이 설립되었다거나 본점을 사실상 새로이 설치하였다고 볼 수는 없으며(사실상 본점의 설치라는 것은 법률상 본점의 설치가 없음에도 이것이 있는 것으로 확장하는 것이고, 법률상 이미 설치가 있는 경우에 다시 사실상 설치가 있는지 여부를 논의할 수는 없다), 세법이라 하여 이를 달리 볼 것은 아니다. 한편, 구 지방세법 제150조의2 제2항 및 그 시행령 제104조의2 제2항 제1호 가목은 그 규정내용에 비추어 부동산취득등기 이후 법인의 설립이 이루어진 경우에 있어 사후적으로 중과요건이 충족된 이후의 신고기일의 기산점에 관한 규정에 불과한데, 이 사건의 경우에는 부동산취득등기 이후 법인의 설립이 이루어 진 경우에 해당한다고 볼 수 없다. 그리고 구 지방세법 시행규칙 제55조의2는 구 지방세법 시행령 제102조 제2항 규정에 의하면 지점 등에 관하여 적용되는 것일 뿐 법인 설립에 관한 것이 아니다.

따라서 법인이 설립등기를 마친 후 폐업상태에 있었다 하더라도 당초 설립등기일을 기준으로 등록세의 중과세 여부를 판단하여야 함이 지방세법 제138조 제1항의 올바른 해석이라 할 것이다.

(나) 다음으로, 주식회사의 주주, 임원, 명칭, 본점, 법인의 목적, 자본금의 액수 등 인적, 물적 요소가 전면적으로 변경된 경우 회사의 동일성이 상실되어 변경시점에 회사가 새로이 설립된 것으로 볼 것인지에 관하여 본다.

주식회사는 주식의 양도·양수가 자유로이 허용되고, 주주총회 등을 통하여 회사의 정관, 목적사업, 자본금 등의 변경이 가능하며, 임원이나 본점은 임기만료나 필요에 따라 상시적으로 변경되는 것이므로, 이러한 인적, 물적 변경이 법률의 규정에 따라 이루어진 이상 이로 인하여 회사의 동일성이 상실된다고 볼 수는 없고, 회사가 법인격을 상실하는 경우에 관하여 상법에 따로 규정을 두어 일정한 요건을 갖출 것을 요구하고 있다.

그리고 납세의무자가 경제활동을 함에 있어서는 동일한 경제적 목적을 달성하기 위해서도 여러 가지의 법률관계 중 하나를 선택할 수 있는 것이고, 과세관청으로서는 특별한 사정이 없는 한 당사자들이 선택한 법률관계를 존중하여야 할 것이다(대법원 2001. 8. 21. 선고 2000두963 판결 참조). 따라서 법인 또는 개인이 새로이 사업 활동을 개시하기 위하여 새로이 회사를 설립할 것인지, 아니면 사업목적이 유사한 기존에 설립되어 있던 회사 자체에 대한 지배권을 취득할 수 있는 주식을 양수하는 방식을 취할 것인지는, 그 목적 달성의 효율성, 조세 등 관련비용의 부담 정도 등을 고려하여 스스로 선택할 사항이라고 할 것이고, 그들이 어느 한 가지 방식을 선택하여 상법상 법률관계를 형성하였다면, 그로 인한 조세의 내용이나 범위는 그 법률관계에 맞추어 개별적으로 결정된다 할 것이며, 주식매매의 궁극적 목적이 새로운 사업 활동 개시에 있다 하여 그 법적 형식의 차이에도 불구하고 그 실질이 같다고 하거나 조세법상 동일한 취급을 받는 것이라고 보기는 어렵다.

또한 세법상 법인의 동일성이 상실되는 정도로 법인의 실질이 변경되는 경우를 상정할 수 있다 하더라도, 어느 정도의 변경이 있어야 이 경우에 해당하는지에 관한 아무런 규정이 없고, 실제로 법인의 동일성이 상실되는 기준을 설정하기도 쉽지 않으며, 그 실질의 변경이 여러 차례에 걸쳐 이루어진 경우 어느 시기에 동일성이 상실되었다고 볼 것인지도 문제된다. 이는 조세법률주의 원칙의 내용인 과세요건법정주의와 과세요건명확주의에 어긋난다고 하지 않을 수 없다.

(다) 그러면 위의 두 가지 경우를 모두 갖춘 경우, 즉 장기간 폐업상태에 있던 주식회사가 새로운 자본의 유입에 따라 인적, 물적 요소를 전면적으로 변경하여 영업활동을 하는 경우에는 종전의 회사와 인적, 물적 요소가 변경된 회사 사이에 동일성을 상실하여 새로이 영업활동을 한 시점에 회사가 새로이 설립된 것으로 보거나 본점을 새로이 설치한 것으로 볼 수 있는지 문제될 수 있으나, 이러한 경우에도 위에서 본 바와 같은 이유로 회사의 설립 또는 본점의 설치가 있는 것으로 볼 것은 아니라고 할 것이다.

다만, 구 지방세법 제138조 제1항은, 법인의 경우 조직과 규모에 있어 강한 확장성을 가지고 활동의 영역과 효과가 넓고 다양하여 인구와 경제력의 집중효과가 자연인의 경우에 비하여 훨씬 더 강하게 나타나고, 동시에 대도시가 가지는 고도의 집적의 이익을 향유함으로써 대도시외의 법인에 비하여 훨씬 더 큰 활동상의 편의와 경제적 이득을 얻을 수 있으므로, 법인이 대도시내에서 하는 등기에 대하여 자연인이나 대도시외의 법인이 하는 등기에 비하여 상대적으로 높은 세율의 등록세를 부과하기 위한 규정이다(헌법재판소 1996. 3. 28. 선고 94헌바42 결정). 따라서 이러한 등록세 중과를 회피하기 위하여 대도시에서 법인을 새로이 설립하는 대신 폐업중인 법인을 인수한 후 이를 이용하는 경우 이는 기업윤리에 어긋나고 조세정의에도 반하는 것으로서 이러한 행위에 대하여 규율할 필요성이 있다고 생각할 수도 있다.

그러나 헌법 제38조는 "모든 국민은 법률이 정하는 바에 의하여 납세의 의무를 진다"고 규정하고, 제59조는 "조세의 종목과 세율은 법률로 정한다"고 규정함으로써 조세법률주의를 채택하고 있는 바, 이러한 조세법률주의 원칙은 과세요건 등은 국민의 대표기관인 국회가 제정한 법률로써 규정하여야 하고, 그 법률의 집행에 있어서도 이를 엄격하게 해석·적용하여야 하는 것으로서, 행정편의적인 확장해석이나 유추적용은 허용되지 않는다(대법원 2000. 3. 16. 선고 98두11731 등 참조). 이러한 조세법률주의 원칙상 당사자의 거래행위를 그 형식에도 불구하고 행위의 실질에 따라 조세회피행위라고 하여 그 행위의 효력을 부인하기 위해서는 법률에 개별적이고 구체적인 부인규정이 마련되어 있어야 하는 것이므로(대법원 1999. 11. 9. 선고 98두14082 판결 등 참조), 위와 같은 행위에 대하여 과세를 하기 위해서는 이에 관한 개별적이고 구체적인 법률규정을 두어야 할 것이다.

(2) 그 밖의 주장 등에 대한 판단

(가) 피고들은 실질과세 원칙 및 신의성실의 원칙에 따른 법인격부인의 법리를 들어 이 사건 각 부과처분이 적법하다는 취지로 주장하나, 법인격부인의 법리는 회사가 외형상으로는 법인의 형식을 갖추고 있지만 이는 법인의 형태를 빌리고 있는 것에 지나지 아니하고 그 실질에 있어서는 완전히

그 법인격의 배후에 있는 타인의 개인기업에 불과하거나 그것이 배후자에 대한 법률적용을 회피하기 위한 수단으로 함부로 쓰이는 경우에는, 비록 외견상으로는 회사의 행위라 할지라도 회사와 그 배후자가 별개의 인격체임을 내세워 회사에게만 그로 인한 법적 효과가 귀속됨을 주장하면서 배후자의 책임을 부정하는 것은 신의성실의 원칙에 위반되는 법인격의 남용으로서 심히 정의와 형평에 반하여 허용될 수 없고, 따라서 회사는 물론 그 배후자인 타인에 대하여도 회사의 행위에 관한 책임을 물을 수 있다는 것인바(대법원 2001. 1. 19. 선고 97다21604 판결 참조), 이는 당해 법인과 그 배후에 있는 자(개인 또는 다른 법인)를 동일시하여, 사안의 형평성 있는 해결을 도모하기 위한 것으로서 당해법인에 부과처분을 하고 있는 이 사건에 원용하기에 적절하다고 할 수 없으므로, 위 주장은 받아들일 수 없다.

(나) 행정자치부는 2003. 10. 16. 법인설립 후 휴면법인 상태로 있다가 법인을 이전하고 설립등기일로부터 5년이 경과한 후에 사업용 부동산을 취득한 경우 지방세법 제138조 제1항 제1호, 제3호에서의 법인의 설립시기는 법인의 설립등기일을 의미하며 휴면법인이라고 하여 당해 법인의 법인격이 소멸된 것도 아니어서 등록세 중과세 대상에 해당하지 않는다는 질의회신을 한 바 있고, 대도시내에서 설립한지 5년이 경과된 휴면 법인을 제3자가 승계한 후 동 법인이 부동산을 취득등기 하는 경우(세정-3783, 2005.11.16), 도시 내에 설립한 법인이 경영악화에 따라 해산한 후 청산법인이라 하더라도 소멸되지 아니하고 휴면법인인 상태에서 5년이 경과하여 취득하는 부동산의 경우(세정-2485, 2005.09.05) 모두 등록세의 중과세 대상이 되지 아니한다는 입장을 유지하여 오다가, 이 사건의 경우에 관하여는 종래의 입장과는 달리 변경 전후의 회사 사이에 동일성이 인정되지 않는다는 이유로 2006. 5. 23. 휴면법인의 인수일을 변경법인의 실질적인 법인신설일로 보아 등록세를 중과하는 것이 타당하다는 내용의 질의회신을 하였다(갑 제4호증, 을 제1호증의 1, 2의 각 기재).

그러나 법인의 동일성 상실 여부에 관하여는 그 기준과 관련하여 여러 가지 문제가 제기될 수 있음은 앞에서 본 바와 같다. 그리고 우리의 법체계에 따르면 국내자본과 해외자본을 합리적 이유 없이 차별할 수 없게 되어 있고, 나아가 세계화의 진행과 더불어 그에 따른 국제자본의 유동성이 급속히 확대되고 국내 자본의 역외 수출 역시 비약적으로 증가하여 국제적 거래기준이 중요시되는 오늘날의 상황 하에서, 과세를 하여야 할 공익적 필요성이 있다 하여 행정편의적인 법률해석에 따라 납세의무자가 예측하기 어려운 일관성 없는 법 집행을 하는 것은 조세법률주의의 원칙에 어긋날 뿐만 아니라 법적 안정성과 거래의 안전을 해치는 것으로서 허용될 수 없다고 할 것이다.

소　장

원고　　　김 길 동(주민등록번호)
　　　　　서울시 강동구 ○○동 ○번지
피고　　　서울특별시 강동구청장
조세심판원각하결정무효확인

청구취지

1. 피고가 원고에 대하여 한 1995. 7. 10.자 취득세 납부고지 및 2007. 10. 29.자 공매대행통지가 각 무효임을 확인한다.

2. 소송비용은 피고의 부담으로 한다.

라는 판결을 구합니다.

청구원인

1. 기초사실

(1) 원고는 199○. ○. ○. 서울 강동구 ○○동 ○○○ 지상 다세대주택 ○○○호(이하 '이 사건 주택'이라 한다)에 관하여 199○. ○. ○.자 매매를 원인으로 한 소유권이전등기를 마친 다음, 피고에게 이 사건 주택에 대한 과세표준과 세액을 정하여 신고하였습니다.

(2) 원고가 신고대로 취득세를 납부하지 아니하자, 피고는 199○. ○. ○. 원고에게 이 사건 주택에 대한 취득세(가산세 포함) 504,000원(이하 원고의 신고로 확정된 취득세 및 이에 대한 가산세를 '이 사건 취득세'라 한다)을 납부할 것을 고지하였습니다(이하 위 납부고지를 '이 사건 처분'이라 한다).

(3) 피고는 199○. ○. ○. 이 사건 취득세의 체납을 이유로 이 사건 주택에 관하여 압류등기를 마쳤고, 200○. ○. ○.자 임의경매개시결정에 따른 이 사건 주택의 임의경매절차에서 211,700원을 배당받아서, 당시까지의 이 사건 취득세의 체납액 1,109,800원의 일부로 충당하였습니다.

(4) 피고는 200○. ○. ○. 당시까지의 이 사건 취득세 체납액 891,600원의 체납을 이유로 원고 소유의 ○○시 ○○면 ○○리 ○○○ 답 1,412㎡(이하 '이 사건 토지'라 한다)에 관하여 압류등기를 마쳤습니다.

(5) 피고로부터 이 사건 토지에 관한 공매대행을 의뢰받은 소외 한국자산관리공사는 200○. ○. ○. 원고에게 한국자산관리공사가 피고로부터 이 사건 토지에 관한 공매대행을 의뢰받았음과 아울러 체납된 세금을 납부하면 공매진행을 중지하겠다는 내용을 통지하였습니다(이하 '이 사건 공매대행통지'라 한다).

2. 처분의 위법성

(1) 피고가 2002. 3.경 이 사건 주택의 임의경매절차에서 배당받은 돈이 당시의 이 사건 취득세의 체납액에 부족하자 이 사건 취득세에 대해 결손처분을 하였음에도 그로부터 상당한 기간이 지난 2005. 1. 6.에 이르러 이 사건 토지를 압류하고 한국자산 관리공사에 의뢰하여 이를 공매하겠다고 통지한 것은 위법하고, 그 위법이 중대·명백하므로 무효입니다.

(2) 이 사건 취득세의 세액에 계산상의 오류가 있고, 또한 원고가 지방세법에 의한 취득세 감면대상 자이므로, 이 사건 처분은 위법합니다.

3. 결론

이상과 같은 이유로 피고의 위 처분은 위법하므로 이의 무효를 구하는 본 건 행정소송에 이르게 되었습니다.

입증방법

1. 갑 제1호증
2. 갑 제2호증
3. 갑 제3호증

첨부서류

1. 위 각 입증방법   각 1부
2. 송달료 납부서
3. 소장부본

20 . .   .

위 원고   (날인 또는 서명)

서울행정법원   귀중

당해판례

2008구합 50254

1. 한국자산관리공사가 세무서장의 위임에 따라 한 공매대행통지는 공매의 요건이 아니고 공매대행 사실 자체를 체납자에게 알려주는데 불과한 것으로서, 통지의 상대방의 법적 지위나 권리의무에 직접 영향을 주는 것이 아니므로(대법원 2007. 7. 27. 선고 2006두8464 판결 등 참조), 이 사건 공매대행통지는 항고소송의 대상이 되는 행정처분이라고 볼 수 없는 만큼, 이 부분 소는 부적법하다.

2. 취득세는 신고납부방식의 조세로서 이러한 유형의 조세에 있어서는 원칙적으로 납세의무자가 스스로 과세표준과 세액을 정하여 신고하는 행위에 의하여 납세 의무가 구체적으로 확정되고, 지방 자치단체가 납세의무자에게 확정된 조세에 가산세를 함께 납부고지하는 것은 납세의무자의 신고로 확정된 조세의 징수와 그 조세에 대한 가산세의 확정을 위한 것인바, 이러한 지방자치단체의 납부고 지가 당연무효라고 하기 위해서는 그 기초가 된 납세의무자의 신고행위에 중대하고 명백한 하자가 있어야 함이 원칙이다. 그리고 여기에서 신고행위의 하자가 중대하고 명백하여 당연무효에 해당하 는지의 여부에 대하여는 신고행위의 근거가 되는 법규의 목적, 의미, 기능 및 하자 있는 신고행위에 대한 법적 구제수단 등을 목적론적으로 고찰함과 동시에 신고행위에 이르게 된 구체적 사정을 개별 적으로 파악하여 합리적으로 판단하여야 한다(대법원 2009. 2. 12. 선고 2008두11716 판결 참조).

3. 이 사건에서, 이 사건 취득세의 세액은 원고의 신고를 근거로 구 지방세법(1997. 1. 13. 법률 제5291호로 개정되기 전의 것) 제104조, 제111조, 제112조에 따라 산정된 것으로 그 산정에 있어 위법이 있다고 볼 수 없고, 나아가 원고의 신고행위에 중대하고 명백한 하자가 있다거나 원고가 구 지방세법에 의한 취득세 감면대상자에 해당한다는 점을 입증할 만한 아무런 증거가 없으므로, 원고의 주장은 이유 없다.

[서식] 법인세경정청구거부처분취소 청구의 소

소　장

원고　　　○○은행
　　　　　서울시 강남구 ○○동 ○○번지
　　　　　(전화 000-000, 팩스 000-000)
피고　　　강남세무서장
법인세 경정청구 거부처분 취소

청구취지

1. 피고가 2010. 6. 18. 원고에 대하여 한 2006 사업연도 귀속 법인세 4,008,075,095원에 대한 경정청구거부처분을 취소한다.
2. 소송비용은 피고의 부담으로 한다.
라는 판결을 구합니다.

청구원인

1. 처분의 경위

(1) 원고는 년 법인세 정기세무조사시 . 2005 만기일 및 최종거래일로부터 5년이 경과된 예금 중 회계상 익금으로 처리되지 않은 금액에 대하여 법인세가 추징됨에 따라 2007. 3. 31. 2006년 귀속분 법인세 신고시 만기일 및 최종거래일로부터 5년이 경과된 예금 16,032,300,380원(별단예금 1,914,170,470원, 외화예금 4,491,627,188원, 유동성 예금 8,447,659,569원, 정기성 예금 1,178,843,153원, 이하 '이 사건 휴면예금'이라 한다)을 익금에 산입하여 법인세를 신고·납부하였습니다.

(2) 원고는 2010. 3. 31. 피고에게 익금에 산입하였던 이 사건 휴면예금에 대한 법인세 상당액인 4,008,075,095원의 환급을 구하는 취지의 감액경정청구를 하였으나, 피고는 2010. 6. 18. 원고에 대하여 감액경정을 거부하는 처분을 하였습니다.

(3) 원고는 2010. 9. 13. 조세심판원에 이 사건 처분에 대한 심판청구를 하였으나 같은 해 12. 30. 기각결정을 받았습니다.

2. 처분의 위법성

다음과 같은 이유로 원고에게 이 사건 휴면예금 상당의 수익이 발생한다고 보아 원고의 감액경정신청을 거부한 이 사건 처분은 위법합니다.

(1) 원고의 이자지급행위는 예금주의 이 사건 휴면예금채권의 존재를 인식하고 있다는 것을 전제로 한 것이어서 묵시적인 채무의 승인에 해당하고, 예금주는 이 사건 휴면예금의 잔액조회를 통하여 이자지급사실을 확인할 수 있어 원고의 채무승인 의사표시는 예금주에게 도달하였다고 할 것이므로, 이 사건 휴면예금 채무에 대한 시효는 중단되었습니다.

(2) 소멸시효가 중단되지 아니하고 완성되었다고 하더라도, 법인세법상 권리의무 확정주의에 의하여 수익을 계상할 수 있기 위하여는 납세의무자가 현실적으로 수익을 지급받은 것이 있어야 하는 것은 아니지만 그것을 지급받을 수 있는 가능성이 상당히 높은 정도로 성숙·확정되어 있어야 하는데, 원고는 만기일 및 최종거래일로부터 5년이 지난 예금에 대하여 예금주가 언제라도 인터넷뱅킹, 텔레뱅킹 등을 통하여 잔액을 조회하고 거래할 수 있도록 하였으며, 금융감독원의 2003. 8. 28.자 지시에 따라 '휴면예금 찾아주기 운동'을 실시하면서 각 영업장 등에 안내문을 게시하고 언론기관에 보도자료를 배포하는 등 시효완성 예금을 지급하겠다는 의사를 예금주에게 표시하였으므로, 이 사건 휴면예금은 비록 5년의 소멸시효 기간이 경과하였다고 하더라도 소멸시효가 완성된 때에 수익으로 인식할 만큼 그 실현가능성이 성숙·확정된 것으로 볼 수 없습니다.

(3) 2006 사업연도 법인세 신고시 익금으로 산입하여야 할 만기일 및 최종거래일로부터 5년이 경과된 예금이 실제로는 별단예금 608,329,885원, 외화예금 4,491,627,188원, 유동성 예금 9,185,539,647원, 정기성 예금 1,163,543,153원 합계 15,449,039,873원에 불과하므로, 이 사건 휴면예금 16,032,300,380원 중 583,260,507원은 만기일 및 최종거래일로부터 5년이 경과된 예금이 아닙니다.

3. 결론

이상과 같이 피고의 이 사건 처분은 위법하므로 이의 취소를 구하는 행정소송을 제기하기에 이르렀습니다.

입증방법

1. 갑 제1호증
2. 갑 제2호증

첨부서류

1. 위 각 입증방법   각 1부
2. 송달료 납부서
3. 소장부본

20 .   .   .
위 원고   (날인 또는 서명)

서울행정법원   귀중

당해판례

2011구합 10782

1) 첫 번째 주장에 대하여

가) 시효중단사유로서의 승인이란 시효의 이익을 받을 자가 시효에 의하여 권리를 잃게 될 자에 대하여 그 권리의 존재를 인식하고 있다는 것을 표시하는 행위로서 관념의 통지이고, 그 방법은 권리의 존재를 인식한다는 것을 상대방에게 표시함으로써 족하고 아무런 형식이 요구되지 않으며, 명시적 승인뿐만 아니라 묵시적인 승인도 가능하고, 승인으로 인한 시효중단의 효력은 그 승인의 통지가 상대방에게 도달하는 때에 발생하나 관념의 통지와 같은 준법률행위의, 도달은 의사표시와 마찬가지로 사회관념상 상대방이 통지의 내용을 알 수 있는 객관적 상태에 놓였을 때를 지칭하고, 그 통지를 상대방이 현실적으로 수령하였거나 그 통지의 내용을 알았을 것까지는 필요하지 않으며 (대법원 1983. 8. 23. 선고 82다가439 판결 참조), 승인으로 인하여 시효가 중단되면 다시 새로이 시효가 진행하게 된다.

나) 이 사건에 돌아와 보건대, 앞에서 본 바와 같이 원고는 만기일 또는 최종거래일로부터 5년이

경과하기 전의 예금에 대하여 정기적으로 이자를 그 예금계좌에 예금결산이자 명목으로 지급하는 것으로 전산처리하였는데, 위와 같은 원고의 행위는 원고가 예금주의 예금채권의 존재를 인식하고 있다는 것을 전제로 한 것이어서 채무의 승인에 해당한다고 할 것이고, 예금주는 영업소를 방문하거나 인터넷뱅킹, 통장정리 등을 통한 잔액조회를 함으로써 이자의 지급처리사실을 확인할 수 있으며, 지급 처리된 이자는 원칙적으로 예금주 이외에 누구도 인출할 수 없어 예금주가 그 처분권을 취득하게 되므로, 설령 상대방인 예금주가 이자의 지급처리사실을 알지 못하였다고 하더라도, 이로써 원고가 예금채권의 존재를 인식하고 있다는 통지의 내용은 예금주가 객관적으로 알 수 있는 상태에 놓였다고 할 것이어서 채무 승인의 통지는 예금주에게 도달하였다고 할 것이다.

따라서 이 사건 휴면예금 채무에 대한 소멸시효는 원고의 채무승인으로 인하여 중단되었다 할 것이므로, 원고의 위 주장은 이유 있다.

2) 두 번째 주장에 대하여

가) 법인세법상 과세대상 소득이 발생하였다고 하기 위하여는 소득이 현실적으로 실현되었을 것까지는 필요 없다 하더라도 소득이 발생할 권리가 그 실현의 가능성에 있어 상당히 높은 정도로 성숙·확정되어야 하고, 그 권리가 이런 정도에 이르지 아니하고 단지 성립한 것에 불과한 단계로는 소득이 발생하였다고 할 수 없다. 소득이 발생할 권리가 성숙·확정되었는지 여부는 일률적으로 말할 수 없고 개개의 구체적인 권리의 성질과 내용 및 법률상·사실상의 여러 사항을 종합적으로 고려하여 결정하여야 한다(대법원 2003. 12. 26. 선고 2001두7176 판결 등 참조).

나) 이 사건에 돌아와 보건대, 위 인정사실에서 알 수 있는 다음과 같은 사정, 즉, ① 원고가 이자를 계속 지급처리하면서 예금주의 청구가 있으면 언제든지 시효완성예금을 지급하고 인터넷뱅킹 등을 통하여 예금주로 하여금 그 권리를 확인할 수 있는 상태에 두고 있는 점, ② 원고는 만기일 또는 최종거래일로부터 5년이 경과하여 예금채권의 소멸시효가 완성되었다고 하더라도 예금채무가 소멸하는 것은 아니라는 내용을 언론이나 영업장 등을 통하여 홍보하는 한편, 휴면예금 찾아주기 운동을 실시하고 있고, 원고의 감독기관인 금융감독원은 휴면예금에 대하여 소멸시효 완성을 이유로 이를 잡익에 편입하는 것을 지양하고 예금주에게 돌려줄 것을 요구하고 있으며, 실제로도 원고는 휴면예금에 대하여 예금주의 청구가 있으면 언제든지 이를 지급하고 있어 예금주로서도 자신의 예금을 지급받을 수 있다는 신뢰를 어느 정도 가진 것으로 보이는 점, ③ 휴면예금이 2007. 8. 3. 이후 관련 법률에 따라 활동계좌 및 휴면예금관리재단에 이체 또는 출연된 점 등을 종합하여 보면, 설령 이 사건 휴면예금 채무의 소멸시효가 완성된 것으로 본다고 하더라도, 원고가 실질적으로 위 휴면예금 채무를 계속 부담하고 있는 이상 소멸시효가 완성된 때에 이를 수익으로 인식할 만큼

그 실현가능성이 상당히 높은 정도로 성숙·확정되었다고 볼 수 없다고 봄이 상당하므로, 원고의 위 주장도 이유 있다.

3) 소결
따라서 이 사건 휴면예금이 익금 산입됨을 전제로 한 피고의 이 사건 처분은 결국 나머지 점에 관하여 살필 필요 없이 위법하다.

[서식] 법인세등부과처분취소 청구의 소

소 　 장

　　원고　　　○○ 은행
　　　　　　　서울시 종로구 ○○동 ○○번지
　　　　　　　(전화 000-000, 팩스 000-000)
　　피고　　　종로세무서장
　　법인세등부과처분취소

청구취지

1. 피고가 원고에 대하여 한 별지(1) 처분 목록 기재 각 과세처분을 취소한다.

2. 소송비용은 피고의 부담으로 한다.

라는 판결을 구합니다.

청구원인

1. 처분의 경위

(1) 원고는 금융업 등을 경영하는 내국법인인데, 2003. 9. 30. 원고가 74%의 지분을 보유하고 있던 ○○신용카드 주식회사(이하 '○○카드'라 한다)를 흡수합병(이하 '이 사건 합병'이라 한다)하였다. ○○카드는 금융감독위원회의 여신전문금융업감독규정에 따라 자신이 보유한 채권에 대하여 그 자산건전성에 따라 일정한 비율의 대손충당금을 설정하여야 하는데, ○○카드가 이 사건 합병 당시 보유한 채권(이하 '이 사건 채권'이라 한다)에 대하여 위 규정에 따라 적립하여야 하는

대손충당금은 1,266,405,343,264원 이었습니다. 또한 위 대손충당금 액수 중 423,599,396,074원은 자산건전성 분류 기준상 추정손실 등급의 채권(이하 '이 사건 추정손실채권'이라 하고, 이 사건 채권 중 이 사건 추정손실채권을 제외한 나머지 채권을 '이 사건 일반채권'이라 한다)에 관한 것인데, ○○카드는 이 사건 합병일까지 위 423,599,396,074원 중 상당부분에 관하여 금융감독원 장으로부터 대손금 처리 승인을 받은 상태였습니다.

그런데 ○○카드는 이 사건 합병에 따른 의제사업연도(2003. 1. 1.부터 2003. 9. 30.까지)에 대한 결산을 함에 있어 이 사건 채권에 관한 대손충당금 또는 대손금을 모두 회계장부에 계상하지 않았고, 그와 같은 상태에서 이 사건 합병이 이루어졌으며, 원고는 이 사건 채권을 장부가액대로 승계하였습니다. 한편, 이 사건 합병대가는 관련법령에 따라 2003. 5. 29. 및 그로부터 1주일, 1개 월 전의 주가를 기준으로 하여 산정되었습니다.

(2) 원고는 이 사건 합병 후 2003 사업연도에 대한 결산을 함에 있어 이 사건 채권 중 이 사건 합병 후 매각되거나 회수된 채권 등 대손충당금 설정 대상이 아닌 채권을 제외한 나머지 채권에 관하여 대손충당금 932,001,169,515원을 회계장부에 계상(이하에서는 ○○카드가 전항 기재와 같이 이 사건 합병 전에 이 사건 채권에 관한 대손충당금 또는 대손금을 회계장부상 설정하지 않은 것과 원고가 이 사건 합병 후에 이 사건 채권에 관한 대손충당금을 설정한 것을 아울러 '이 사건 회계처리'라 한다)하였고 이를 손금에 산입(이하 '이 사건 손금산입'이라 한다)하여 2003년 법인세 신고를 하였습니다.

(3) 피고는 원고가 ○○카드로부터 이 사건 채권을 위와 같이 승계한 것과 관련하여, 이 사건 추정손실 채권승계의 경우 법인세법 시행령(2003. 12. 30. 대통령령 제18174호로 개정되기 전의 것, 이하 같다) 제88조 제1항 제4호의 불량채권의 양수에, 이 사건 일반채권승계의 경우 같은 항 제1호의 자산의 고가 매입에 각 해당된다는 이유로 이 사건 채권의 승계를 특수관계에 있는 자와의 거래로 인하여 원고의 소득에 대한 조세의 부담을 부당하게 감소시킨 것으로 인정하였습니다.

이에 따라 피고는 ○○카드가 이 사건 채권에 관하여 설정하여야 하거나 설정할 수 있었던 대손충당 금 1,266,405,343,264원을 손금불산입하고, 그 중 원고가 대손충당금으로 계상하지 않은 334,404,173,749원을 손금산입하였습니다(이하 피고의 이 부분 소득금액 재계산을 '이 사건 부당행위계산부인'이라 한다).

또한 피고는 당초 2004 사업연도 법인세 계산시 소득에서 공제하였던 이월결손금 190,561,725,176원을 2003 사업연도의 소득계산시 반영하는 대신 이를 2004 사업연도 소득계산에서는 제외하고, 원고의 △△△자산운용에 대한 과다 운용수수료 지급에 관하여 부당행위계산부인을 하는 등으로 원고의 2003 사업연도 및 2004 사업연도의 소득금액을 다시 계산하였습니다. 그 결과 피고는 2003 사업연도 법인세로 2007. 5. 18. 70,867,126,100원을, 같은 해 7. 13. 264,121,123,760원을, 2009. 1. 6. 62,438,420원을 각 부과하였고, 2007. 7. 13. 2003 사업연도 농어촌특별세 263,270,290원을 부과하였으며, 2004 사업연도 법인세로 2007. 5. 18. 87,740,957,950원을, 같은 해 7. 13. 1,400,367,570원을, 2010. 1. 8. 60,387,470원을, 2010. 4. 14. 13,573,529,650원을 각 부과하였습니다.

(4) 원고는 전항 기재 과세처분 중 2007. 5. 18. 및 같은 해 7. 13.자 2003 사업연도 및 2004 사업연도 법인세 부과처분과 2007. 7. 13.자 농어촌특별세 부과처분에 불복하여 조세심판원에 심판청구를 하였는데, 조세심판원은 2010. 3. 25. 이 사건 부당행위계 산부인에 의한 과세 부분을 제외한 나머지 중 일부가 위법하다는 이유로 과세표준과 세액을 경정하라는 취지의 결정을 하였다.

(5) 원고는 전항 기재 조세심판원 결정에서 심판청구가 기각된 부분에 대하여 불복하여 이 사건 소를 제기하였다가 이 사건 부당행위계산부인에 의한 과세처분을 제외한 나머지 부분에 관하여는 소를 취하하였다. 결국 원고가 이 사건 소를 통하여 취소를 구하는 과세처분은 이 사건 부당행위계산 부인에 의한 부분에 한정되고, 그 구체적 액수는 별지(1) 기재와 같이 2003 사업연도 법인세 330,725,522,575원, 농어촌특별세 263,270,290원, 2004 사업연도 법인세 81,189,552,661원이 된다 [이하에서는 위 다항 기재 각 과세처분 중 별지(1) 기재와 같이 원고가 취소를 구하는 부분을 '이 사건 과세처분'이라 한다].

2. 처분의 위법성
위 피고인의 처분은 다음과 같은 이유로 위법합니다.

(1) 이 사건 손금산입의 본질은 ○○카드가 비용으로 계상하지 않은 대손충당금을 원고가 계상한 것일 뿐 피고가 주장하는 바와 같이 원고가 ○○카드로부터 이 사건 채권을 그 실질가치와 무관하게 액면가로 인수한 것이 아닙니다.

(2) 대손충당금의 비용계상은 세법상 결산조정사항으로서 원고는 세법상 허용된 위 내에서 납세지에게 유리한 선택을 한 것이므로, 이는 납세자의 선택권 행사에 불과하고 납세자 간의 사적 거래에 해당되지 않습니다.

(3) 이 사건 회계처리는 기업회계기준 위반일 수 있으나 기업회계기준 위반 여부는 세법상 손금산입의 적법 여부와는 무관합니다.

(4) 이 사건 합병은 관계법령에 따라 산정된 합병비율에 따라 이루어졌으므로 그 대가가 공정하여 자산의 고가매입이나 불량채권의 양수 문제는 발생하지 않으므로, 경제적 합리성이 있습니다.

(5) 합병에 관한 부당행위계산은 법인세법 시행령 제88조 제1항 제8호에 규정되어 있는데, 이 사건 손금산입은 위 조항에 해당되지 않습니다.

3. 결론

이상과 같이 피고의 이 사건 처분은 위법하므로 이의 취소를 구하는 행정소송을 제기하기에 이르렀습니다.

입증방법

1. 갑 제1호증
2. 갑 제2호증

첨부서류

1. 위 각 입증방법   각 1부
2. 송달료 납부서
3. 소장부본

20 .   .   .

위 원고   (날인 또는 서명)

서울행정법원   귀중

별지 1 - 처분 목록

사업연도	세목	고지일자	세액
2003	법인세	2009. 1. 6.	330,725,522, 575원
	농어촌특별세	2007. 7. 13.	263,270,290원
2004	법인세	2010. 4. 14.	81,189,552, 661원

당해판례

2010구합 26056

1) 원고가 이 사건 채권을 승계 받은 행위와 그에 관한 경제적 가치 부여가 경제적 합리성을 결하여 비정상적인지 여부

이 사건 채권 승계는 이 사건 합병에 의한 것이므로, 이 사건 합병의 법적 성질에 관하여 먼저 살펴본다. 이 사건 합병은 특히 흡수합병인데, 흡수합병이란 합병으로 인하여 소멸하는 회사는 청산절차 없이 소멸하고 합병 후에 존속하는 회사가 소멸하는 회사의 모든 권리와 의무를 포괄적으로 승계하고 사원(社員)을 수용하는 회사법상의 법률사실로서, 그 본질은 소멸하는 회사와 존속하는 회사가 기존에 가지고 있던 법인격의 경계를 허물어 존속회사라는 하나의 법인격이 되는 것이다. 또한 권리·의무의 포괄승계라는 합병의 효과는 법률의 규정에 의하여 발생하는 것으로서 포괄승계라는 합병의 법적 성질 및 법인격 합일이라는 합병의 본질상 존속회사가 승계하는 소멸회사의 권리·의무의 목적물은 합병에 의하여 그 귀속 주체가 변경될 뿐 그 목적물 자체는 합병 전후에 아무런 변화가 없다. 그러나 이와 달리, 합병의 또 다른 효과인 사원의 수용의 경우, 소멸회사의 사원의 지위[이 사건 합병과 같이 합병당사자가 주식회사인 경우 이는 곧 주식(株式)으로 표창된다]는 합병 전에는 존속회사의 사원의 지위와는 별개로서 그 가치 또한 서로 다른 것인데, 합병 후에는 존속회사의 사원의 지위와 동일하게 취급되므로 소멸하는 회사의 사원의 지위는 합병으로 인하여 그 가치에 변동이 생긴다. 따라서 합병 후에는 합병 전의 양 회사의 사원의 지위의 경제적 가치를 서로 비교하여 소멸하는 회사의 사원의 지위를 적절한 비율로 환산하여 조정하여야 할 필요가 있고, 그 구체적 조정비율은 합병당사자간의 합병계약에 의하여 정해지는데, 그것이 곧 합병대가에 해당된다.

위와 같은 합병의 법리에 비추어 이 사건에 관하여 살피건대, 이 사건 채권 승계는 이 사건 합병에 따른 것으로서 ○○카드와 원고 사이의 계약에 의한 특정승계가 아니라, 상법 제530조 제2항, 제235조에 따라 그 효과가 발생하는 포괄승계이다. 또한 원고는 ○○카드에게 이 사건 채권의 승계에 관하여 별도로 대가를 지불하지 않고 이를 장부가액 그대로 승계하였는데, 합병 당사자 사이의 이와 같은 채권 승계는 앞서 본 바와 같은 합병의 법적 성질과 본질에 비추어 당연한 것으로서 특수관계에 있는 자 사이의 합병뿐 아니라 모든 종류의 합병에서 마찬가지이며, 합병으로 인하여 채권의 가치에 변동이 생기는 것도 아니므로, 원고의 이 사건 채권 승계(=법인세법 제52조 제1항 소정의 '행위')와 그에 관한 경제적 가치의 부여(=법인세법 제52조 제1항 소정 의 '소득금액의 계산')는 사회통념 및 상관행과 시가에 비추어 이상한 거래형식을 택하였다거나 부당한 경제적 가치를 부여한 것이라고 볼 수 없으므로, 이는 경제적 합리성을 결한 것으로 인정되지 않는다.

더구나 피고의 과세근거인 법인세법 시행령 제88조 제1항 제1호 및 제4호는 재산의 특정승계나 현물출자를 전제로 하는 규정이므로 합병에 의한 포괄승계인 이 사건 채권 승계를 부당행위로 인정하는 데에는 적용할 수 없는 것으로 봄이 상당하다.

따라서 이 사건 과세처분은 법인세법 제52조 소정의 요건을 갖추지 못하였으므로 위법하다. 다만, 피고는 원고가 이 사건 회계처리를 거쳐 이 사건 채권을 승계한 것이 부당한 행위 또는 소득금액의 계산(이하 '부당행위계산'이라 한다)에 해당된다고 주장하므로 이에 관하여 살펴본다.

2) 원고가 이 사건 회계처리를 거쳐 이 사건 채권을 승계한 것이 부당행위계산에 해당하는지 여부

법인세법 제52조 제1항 소정의 부당행위계산은 행위 또는 소득금액의 계산이 경제적 합리성을 결하여 부당하게 조세를 감소시킨 경우를 의미하는데, 전항에서 살펴본 바와 같이 이 사건 채권의 승계는 포괄승계로서 그 승계 행위 및 그에 관한 소득금액의 계산이 경제적 합리성을 결하였다고 보기 어렵고, 이 사건 채권의 회계장부상 기재에 따라 이 사건 채권의 경제적 가치가 달라지는 것도 아니므로 이 사건 회계처리를 거쳤다고 하여 이 사건 채권의 포괄승계 및 그에 관한 경제적 가치부여가 경제적 합리성을 잃는 것은 아니다.

또한 이 사건 채권은 이 사건 합병에 의하여 승계된 것일 뿐이므로, 이 사건 회계처리 자체는 이 사건 채권의 포괄승계라는 재화의 이동에 해당되지 않는다. 나아가 이 사건 채권의 실질 가치는 합병으로 인하여 소멸되는 회사나 합병 후 존속하는 회사의 대손충당금 설정과 같은 회계처리에 따라 달라지는 것이 아니므로, 비록 이 사건 회계처리에 의하여 원고에게 조세 부담감소의 효과가 발생한다 하더라도, 이 사건 회계처리는 이 사건 채권의 포괄승계라는 재화의 이동에 대한 경제적 가치 부여와도 아무런 관련이 없다. 따라서 이 사건 회계처리 자체는 부당행위계산 부인의 대상인 '거래'의 두 가지 구성요소인 '재화나 용역의 이동(=행위)'이나 '재화나 용역의 이동에 대한 경제적 가치 부여(=소득금액의 계산)'의 어느 것에도 해당되지 않는다.

따라서 원고와 ○○카드가 이 사건 회계처리를 거쳐 이 사건 채권을 승계한 것은 행위 또는 소득금액의 계산에 해당되지만 경제적 합리성을 결하였다고 볼 수 없으므로 부당행위계산에는 해당되지 않고, 이 사건 회계처리 자체는 부당행위계산 부인의 대상이 되는 행위 또는 소득금액의 계산에 해당되지 않으므로 이에 대하여 부당행위계 산부인 규정을 적용할 수는 없다.

설령, 이 사건 회계처리만을 부당행위계산 부인의 대상이 되는 행위 또는 소득금액의 계산의 일종으로 볼 수 있다 하더라도 대손충당금, 대손금에 관한 법인세법의 규정 및 위 인정사실에 의하여 알 수 있는 다음과 같은 사정을 종합하면 ○○카드가 이 사건 채권 승계에 있어 금융감독위원회의 여신전문금융업감독규정에 따라 설정하여야 할 대손충당금을 설정하지 않는 부적절한 회계처리를 하였고, 그 후 원고가 이 사건 합병 후 이 사건 채권에 대하여 대손충당금을 설정하는 방법으로 이 사건 손금산입을 하였다 하더라도 이 사건 회계처리를 법인세법 제52조 제1항 소정의 부당행위계산으로 인정하기는 어렵다.

○ ○○카드는 이 사건 합병 전에 이 사건 채권에 관한 대손충당금을 설정하지 않았으므로 위와 같은 회계처리는 자산의 과대평가로 볼 여지가 있으나, 그러한 자산의 과대평가는 이 사건 합병 후 원고의 대손충당금 정상 설정을 예상한 일시적인 회계처리에 불과한 점, 원고는 이 사건 합병 후에 위 대손충당금을 정상적으로 설정한 점, 이 사건 회계처리와 이 사건 채권의 실질가치는 무관한 점을 고려하면, 이 사건 회계처리는 전체적으로 보아 부당행위계산부인의 요건인 '경제적 합리성'을 결한 것으로 보기 어렵다.

○ 개별 채권의 가치는 채권이 소멸하지 않은 이상 보통 그 액면가에 상응하는 금액이지만 채권의 통상적인 회수율을 고려하면 통계적으로 보아 그 실질가치는 액면가 이하가 될 수 있는데, 대손충당금이란 그와 같은 채권의 통계적 추정가치를 반영하기 위한 값이므로 추정치라는 본질적인 한계가 있다. 또한 채권의 액면가를 평가절하하여 채권의 실질가치를 나타내는 회계처리 방법 중 하나인 대손충당금의 설정은 당해 채권이 실제로 대손 확정되기 전에 미리 대손충당금 상당액을 회계상 비용으로 인식하여 당해 사업연도의 회계상 소득을 감소시키게 되므로, 이를 소득계산에 있어서 손금에 산입할 수 있도록 하는 것은 결국 채권에 관한 대손 확정이라는 실질적인 소득감소가 발생하기 전에 회계상으로 존재하는 소득 감소를 법인세의 과세표준 계산에 반영할 수 있도록 하여 조세 부담 경감을 허용한다는 점에서 납세자에 대한 혜택의 성격이 있다. 대손충당금의 위와 같은 속성을 고려하여 법인세법 제34조 제1항은 대손충당금을 납세자가 손금으로 계상한 경우에 비로소 손금에 산입하는 것으로 규정하여 납세자에게 대손충당금의 손금 산입 여부에 관한 선택권을 부여하고 있다.

○ 한편 대손금의 경우에는 이를 손금으로 계상하여야 하는데, 소멸시효의 완성 등의 사유로 청구권이 법적으로 소멸한 경우에는 법인의 회계처리에 불구하고 그 청구권이 소멸된 날이 속하는 사업연도의 손금에 산입되지만(대법원 1990. 3. 13. 선고 88누3123 판결 등 참조), 이 사건 추정손실 채권과 같이 자산건전성의 관점에서 회수가 불가능하다는 회계적 인식을 한 경우의 대손금에 대하여는 손금으로 계상한 날이 속하는 사업연도의 손금으로 하도록 규정되어 있으므

로(법인세법 제34조 제2항, 같은 법 시행령 제62조 제3항 제2호), 납세자로서는 손금계상일을 선택할 수 있다.

○ 원고와 ○○카드가 이 사건 합병당시 법인세법 제45조 제1항 제2호 소정의 이월결손금 승계 요건인 '피합병법인의 주주등이 합병법인으로부터 받은 주식등이 합병법인의 합병등기일 현재 발행주식총수 또는 출자총액의 100분의 10 이상일 것'을 충족하지 못하였던 사실은 당사자 사이에 다툼이 없으나, 위와 같이 이월결손금의 승계를 제한하는 위 법인세법 조항은 법인격의 합일이라는 합병의 본질에 반하는 측면이 있고, 대손충당금 등의 승계를 허용하고 있는 다른 법인세법 조항들과 모순인 면도 있을 뿐 아니라, 결국 2009. 12. 31. 법률 제9898호로 개정된 법인세법에 의하여 폐지되었다.

○ ○○카드가 관련규정에 따라 일정한 비율의 대손충당금을 설정하지 않아도 채권의 실질 가치에는 아무런 변동이 없고, 이 사건 합병의 대가 산정일인 2003. 5. 29.보다 훨씬 뒤에 이루어진 이 사건 회계처리가 합병대가의 산정에 어떠한 영향을 주었다고 보기도 어려우며, 이 사건 합병 후 원고가 이 사건 채권에 관하여 대손충당금을 설정한 이상 위와 같은 부적절한 회계처리가 채권의 실질 가치 반영을 통한 재산가치의 충실한 공시라는 대손충당금 회계의 목적에 크게 위반되는 것으로 보기는 어렵다.

○ 부당행위계산에 해당되려면 이익분여가 있어야 하는데(대법원 2005. 4. 29. 선고 2003두15249 판결 등 참조), 이 사건 채권 승계로 인하여 이익을 분여 받은 특수 관계자가 있다고 볼 증거가 부족하다.

3) 결론
따라서 이 사건 과세처분은 위법하다.

소 장

원고   김 길 동(주민등록번호)
         서울시 성북구 ○○동 ○번지
피고   성북세무서장
법인세부과처분취소

청구취지

1. 피고가 2007. 10. 1. 원고에 대하여 한 2003 사업연도 법인세 795,700,540원의 부과처분을 취소한다.

2. 소송비용은 피고의 부담으로 한다.

라는 판결을 구합니다.

청구원인

1. 처분의 경위

(1) 원고는 1999. 10. 20. 한국전력공사와 사이에 분할전 서울 성북구 ○○○ 등 3필지 토지 4,544.58㎡ 지상의 건물을 증축하여 그 부지 중 651.89㎡ 부분과 지상 건물 중 4,677.12㎡ 부분(변전소 용도)을 한국전력공사에 매도하는 내용의 매매계약을 체결 하였는데(분할전 서울 성북구 ○○○ 대 4,518.6㎡ 중 2,313.1㎡ 부분이 2002. 11. 12.경 분할되어 ○○○ 토지로 되었고, 매매대상토지 651.89㎡ 부분은 위와 같이 분할된 토지의 일부이다), 당시 매매대상토지 1㎡당 매매대금을 4,745,000원으로 정하였습니다(그 후 2003. 4. 12.경 매매대상토지의 면적이 631.53㎡로 변경되었다).

(2) 원고는 2003. 12. 2. 법인세법상 특수관계자인 ○○○ 주식회사(이하 '소외회사' 이라 한다)와 사이에 분할 후 서울 성북구 ○○○ 대 2,205.5㎡(이하 '이 사건 토지'라 한다) 및 지상 건물, 같은 동 ○○○ 대 50㎡ 및 지상 건물, 같은 동 ○○○ 대 50㎡, 같은 동 ○○○ 대 50㎡ 및 지상 건물, 같은 동 ○○○ 대 34.2㎡를 소외회사에 매매 대금(부가가치세 포함) 합계 8,164,464,425원으로 정하여 매도하는 내용의 매매계약을 체결하였는데, 당시 매매대상토지의 매매대금을 정함에 있어서 이 사건 토지, 서울 성북구 ○○○ 토지, 같은 동 ○○○ 토지, 같은 동 ○○○ 토지의 대금은

그 전에 실시된 프라임감정평가법인 및 아세아감정평가법인의 감정가액의 평균액(이 사건 토지의 경우 1㎡당 3,425,000원으로서 2003. 1. 1. 기준 1㎡당 개별공시지가 4,270,000원보다 낮은 금액이고, 나머지 3필지 토지의 경우 2003. 1. 1. 기준 1㎡당 개별공시지가보다 높은 금액이다)으로 정하고, 서울 성북구 ○○○ 토지의 대금은 2003. 1. 1. 기준 1㎡ 당 개별공시지가를 적용한 금액(감정가액의 평균액보다 높은 금액이다)으로 정하였습니다(그 결과 매매대상토지 중 이 사건 토지의 경우 감정가액의 평균액과 2003. 1. 1. 기준 개별공시지가 중 낮은 금액이 매매대금으로 정하여지고, 나머지 4필지 토지의 경우 감정가액의 평균액과 2003. 1. 1. 기준 개별공시지가 중 높은 금액이 매매대금으로 정하여졌다).

(3) 원고는 2004. 3. 31.경 피고에게 원고와 소외회사 간의 매매계약상의 매매대금을 익금에 산입하여 2003 사업연도(2003. 1. 1. ~ 2003. 12. 31.) 법인세 신고를 하였는데, 피고는 2007. 4. 17.경 원고에게 원고와 소외회사 간의 매매계약상의 매매대상토지 중 이 사건 토지의 1㎡당 시가를 그 전에 이루어진 원고와 한국전력공사 간의 서울 성북구 ○○○ 토지 중 631.53㎡ 부분에 관한 매매계약상의 1㎡당 매매대금 상당액인 4,745,000원으로 보는 한편 원고와 소외회사 간의 매매계약 중 이 사건 토지에 관한 부분이 그 시가에 비하여 지나치게 낮은 금액으로 이루어져 법인세법상 특수관계자 간의 자산 저가양도에 해당하는 것으로 보아 그 차액인 2,911,260,000원{1,320,000원 (4,745,000원 −3,425,000원) × 2,205.5㎡}을 부당행위계산부인으로 익금에 가산하여 2003 사업연도 법인세 1,214,625,930원을 부과할 예정임을 통지하였습니다.

(4) 원고는 2007. 5. 14. 국세청장에게 과세전적부심사청구를 하였고, 국세청장은 2007. 8. 31. 원고와 한국전력공사 간의 매매계약상 매매대금은 이 사건 토지 매매 시점으로부터 4년 전의 매매에 따른 것이어서 이 사건 토지의 시가로 볼 수 없고 또 원고가 이 사건 토지의 시가로 주장하는 프라임감정평가법인 및 아세아감정평가법인의 이 사건 토지에 관한 감정가액도 부적정한 감정평가에 기한 것이어서 이 사건 토지의 시가로 볼 수 없다는 이유로 구 법인세법 시행령(2003. 12. 30. 대통령령 제18174호로 개정되기 전의 것, 이하 같다) 제89조 제2항에 의하여 이 사건 토지의 2003. 1. 1. 기준 개별공시지가를 이 사건 토지의 시가로 적용하여 부당행위계산부인을 한다는 내용의 결정을 하였습니다.

(5) 이에 따라 피고는 2007. 10. 1. 원고에 대하여 2003. 1. 1. 기준 개별공시지가를 적용한 이 사건 토지 가액과 원고가 당초 신고한 이 사건 토지 매매대금의 차액인 1,863,647,500원{845,000원(4,270,000원 − 3,425,000원) × 2,205.5㎡}을 익금에 가산하여 2003 사업연도 법인세 795,7

00,540원(가산세 292,515,722원 포함)을 부과하는 이 사 건 처분을 하였습니다.

2. 처분의 위법성

원고와 소외회사 간의 이 사건 토지 매매 당시 그 시가가 불분명한 상태에서 이 사건 토지에 관한 감정평가기관의 감정가액이 존재하고 있었으므로, 원고와 소외회사 간의 이 사건 토지 매매가 법인세법상 특수관계자 간의 자산 저가양도에 해당하는지를 판단함에 있어서는 개별공시지가가 아닌 감정평가기관의 감정가액을 이 사건 토지의 시가로 보아야 할 것인데도, 이 사건 처분은 개별공시지가를 이 사건 토지의 시가로 보아 이루어진 것이어서 위법합니다.

3. 결론

이상과 같이 이 사건 각 처분은 위법하므로 이의 취소를 구하는 본 건 행정소송에 이르게 되었습니다.

입증방법

    1. 갑 제1호증
    2. 갑 제2호증
    3. 갑 제3호증
    4. 갑 제4호증
    5. 갑 제5호증

첨부서류

    1. 위 각 입증방법   각 1부
    2. 송달료 납부서
    3. 소장부본

20 . . .

위 원고   (날인 또는 서명)

서울행정법원   귀중

당해판례

2008구합 41335

1. 토지의 가액을 감정평가함에 있어서는 모든 가격산정요인들을 구체적·종합적으로 참작하여 그 각 요인들이 빠짐없이 반영된 적정가격을 산출하여야 하고, 이 경우 감정평가서에는 모든 가격산정요인의 세세한 부분까지 일일이 설시하거나 그 요소가 평가에 미치는 영향을 수치상으로 표현할 수는 없다고 하더라도 적어도 그 가격산정요인들을 특정 명시하고 그 요인들이 어떻게 참작되었는지를 알아볼 수 있는 정도로 기술하여야 하며, 감정평가가 비교표준지와의 개별요인 등의 품등비교를 함에 있어서 그 격차율의 적정함을 인정할 만한 구체적인 이유 설시를 하여야 함에도 단순히 격차율을 나열하거나 구체적인 이유 설시를 하지 아니하였다면 그 감정평가는 그 기재 내용의 진실성과 정당성을 담보할 수 있을 정도의 합리적인 이유 설시가 없는 것이어서 위법하다(대법원 1998. 1. 23. 선고 97누17711 판결 등 참조).

2. 이 사건의 경우, 위 인정사실에 의하여 인정되는 다음과 같은 사정, 즉 이 사건 토지에 관한 프라임감정평가법인 및 아세아감정평가법인의 감정평가는 그 감정평가서(갑 제4호증의 1, 2)에 비교표준지의 공시지가를 기준으로 가격시점까지의 지가변동률과 획지의 형태 및 규모, 가로조건, 접근조건, 이용상황 등 제반 가격형성요인 및 인근 유사토지의 가격수준 등을 종합적으로 참작하여 이 사건 토지의 가액을 평가하였다는 취지만이 기재되어 있을 뿐, 이 사건 토지와 비교표준지 간의 지역요인, 개별요인 등의 구체적인 품등비교 내역이나 그 격차율 등의 기재가 전혀 없는 등으로 여러 가격산정요인이 이 사건 토지 가액의 평가에 어떻게 참작되었는지를 알 수 있는 구체적인 내용이 전혀 기재되어 있지 않고, 그 감정평가의 목적도 금융기관에 대한 담보제공을 위한 것인 점에 비추어 보면, 이 사건 토지에 관한 프라임감정평가법인 및 아세아감정평가법인의 감정가액은 이 사건 토지의 적정한 교환가치를 객관적이고 합리적인 방법으로 평가·반영한 시가로 볼 수 없다.

소   장

원고　　　김 길 동(주민등록번호)
　　　　　서울시 강남구 역삼동 ○번지
피고　　　역삼세무서장
법인세경정거부처분취소

청구취지

1. 피고가 2008. 5. 19. 원고에 대하여 한 2005 사업연도분 법인세 61,853,175원의 경정거부처분을 취소한다.

2. 소송비용은 피고가 부담한다.

라는 판결을 구합니다.

청구원인

1. 처분의 경위

(1) 원고 회사는 2000. 3. 17.경 원고 회사의 임원인 ○○○, ○○○에게 각 원고 회사의 기명식 보통주 30,000주에 관한 주식매수선택권을 부여하기로 하고 그들과 사이에 이에 관한 계약을 체결하면서, 행사가격은 주당 6,300원, 행사시기는 2003. 3. 17.부터 2010. 3. 16.까지로 하되, ○○○과 ○○○가 주식매수선택권을 행사할 경우 원고 회사는 신주를 발행하거나 기존에 취득한 자기주식을 교부하기로 약정하였습니다(이하 '이 사건 계약'이라 한다).

(2) 이 사건 계약에 따라, ○○○은 2005. 9. 7. 10,000주에 관하여, ○○○는 2005. 11. 4. 20,000주에 관하여 각 주당 6,300원에 주식매수선택권을 행사하였고, 이에 원고 회사는 2005. 5.경 취득하여 놓은 원고 회사의 자기주식 10,000주를 ○○○에게, 20,000주를 ○○○에게 각 교부하였습니다.

(3) ○○○, ○○○가 각 주식매수선택권을 행사한 날 원고 회사 주식의 시가는 각 19,800원, 24,500원이었는데, 원고 회사는 ○○○, ○○○에게 교부한 주식의 시가와 행사가의 차액에 행사주식수를 곱하여 산정한 499,000,000원을 자기주식처분손실로 회계처리하였습니다.

(4) 원고 회사는 2006. 3.경 2005 사업연도분 법인세를 신고 · 납부하기 위하여 세무조정을 하면서, ○○○과 ○○○의 각 주식매수선택권 행사에 따른 원고 회사의 손실 중 1인당 행사가액 각 5,000만 원을 초과하는 부분에 해당하는 합계금액 247,412,699원(이하 '이 사건 손금불산입액'이라 한다)을 부당행위계산 부인되는 것으로 보아 손금불산입 처리한 다음, 이에 상응하는 법인세 61,853,175원을 나머지 2005 사업연도분 법인세와 함께 신고 · 납부하였습니다.

(5) 원고 회사는 2008. 4. 30.경 피고에게 위 손금불산입액은 부당행위계산부인에 의하여 손금불산입 처리될 것이 아님에도 이를 착오하였다는 이유로 2005 사업연도분 법인세 중 위 금액에 상응하는 법인세 61,853,175원을 감액하여 달라는 취지의 경정청구를 하였으나, 피고는 2008. 5. 19.경 조세제한특례법 제15조 제1항을 근거로 원고 회사의 이 사건 자기주식처분은 부당행위에 해당한다고 판단하여 원고 회사의 경정청구를 거부하는 결정을 하고, 원고 회사에게 이를 고지하였습니다(이하 '이 사건 거부처분'이라 한다).

(6) 이에 원고 회사는 2008. 6. 19. 조세심판원에 이 사건 거부처분의 취소를 구하는 심판청구를 제기하였으나, 조세심판원은 2008. 11. 28. 원고 회사의 심판청구를 기각하는 결정을 하였습니다.

2. 처분의 위법성
이 사건 거부처분은 다음과 같은 사유로 위법하므로 취소되어야 합니다.

(1) 피고가 이 사건 거부처분의 사유로 삼은 조세특례제한법(2000. 12. 29. 법률 제6297호로 개정되기 전의 것, 이하 같다) 제15조 제1항은 그 규정에 정한 요건을 갖춘 임직원의 주식매수선택권 행사 결과 임직원이 얻은 소득에 대하여 비과세의 특례를 부여하면서 이에 대하여는 법인세법에 의한 부당행위계산 부인규정을 적용하지 아니한다는 것을 명시한 것에 불과하고, 그 규정에 정한 특례한도액을 초과하는 부분에 대하여 법인세법에 의한 부당행위계산 부인규정의 요건을 완화한 취지는 아니므로, 위특례한도액을 초과하는 부분에 대하여 부당행위계산 부인의 개별적 요건을 모두 갖추었는지에 관한 판단 없이 이를 부당행위로 간주할 수 없고,

(2) 나아가 이 사건 계약 당시를 기준으로 판단할 때, ○○○과 ○○○가 2005 사업 연도에 이 사건 계약에서 정한 가격으로 주식매수선택권을 행사함으로써 원고 회사가 손실을 입게 되었다 하더라도, 이 사건 계약과 그에 따른 이행행위가 경제적 합리성을 결여한 부당행위라고 볼 수 없으므

로, 이 사건 손금불산입액은 손금에 산입되어야 합니다.

3. 결론

위와 같이 피고의 처분은 위법하므로 이의 취소를 구하는 본 건 행정소송에 이르게 되었습니다.

입증방법

1. 갑 제1호증
2. 갑 제2호증

첨부서류

1. 위 각 입증방법   각 1부
2. 송달료 납부서
3. 소장부본

20 . . .

위 원고   (날인 또는 서명)

서울행정법원   귀중

당해판례

2009구합 7134
법인세법 제52조에 정한 부당행위계산부인이란 법인이 특수관계에 있는 자와의 거래에 있어 정상적인 경제인의 합리적인 방법에 의하지 아니하고 법인세법 시행령 제88조 제1항 각호에 열거된 여러 거래형태를 빙자하여 남용함으로써 조세부담을 부당하게 회피하거나 경감시켰다고 하는 경우에 과세권자가 이를 부인하고 법령에 정하는 방법에 의하여 객관적이고 타당하다고 보이는 소득이 있는 것으로 의제하는 제도로서, 경제인의 입장에서 볼 때 부자연스럽고 불합리한 행위계산을 함으로 인하여 경제적 합리성을 무시하였다고 인정되는 경우에 한하여 적용되는 것이고, 경제적 합리성의 유무에 대한 판단은 거래행위의 여러 사정을 구체적으로 고려하여 과연 그 거래행위가 건전한 사회통념이나 상관행에 비추어 경제적 합리성을 결한 비정상적인 것인지의 여부에 따라 판단하여야 할 것이다.

소 장

원고   유한회사 ○○○
        서울시 성동구 ○○동 ○번지
피고   성동세무서장

법인세등경정거부처분취소

청구취지

1. 피고가 2007. 3. 26. 원고에 대하여 한 경정거부처분을 취소한다.
2. 소송비용은 피고의 부담으로 한다.

라는 판결을 구합니다.

청구원인

1. 처분의 경위

(1) 원고는 건축관련 시행업을 영위하는 법인으로서 2000. 1. 5. 소외 유한회사 ○○○(이하 '소외 회사'라 한다)과 사이에 소외 회사가 서울 성동구 성수2가 ○○○ 지상 상가건물(이하 '이 사건 상가건물'이라 한다)을 신축하는 내용의 공사도급계약을 체결하였습니다(이하 위 공사를 '이 사건 공사'라 한다).

(2) 소외 회사가 2001. 6.경 이 사건 상가건물을 완공하자 원고는 위 상가건물의 점포를 분양한 후 2001년 2기 부가가치세를 신고 · 납부함에 있어 원고가 소외 회사에 2007. 7. 1. 공사대금 56억 원(부가가치세 포함)을 지급하였다는 전제 아래 2001. 7. 1자 소외 회사가 발행한 공급가액 5,090,9 09,090원, 세액 509,090,910원 합계 56억 원의 세금계산서(갑 제12호증, 이하 '이 사건 세금계산서'라 한다)를 근거로 위 세금계산서의 세액을 매입세액으로 공제하여 2001년 2기 부가가치세로 1,221,011,211원을 신고 · 납부하였습니다.

(3) 피고는 원고가 2002. 9. 30.경 당좌거래정지처분을 받음에 따라 2002. 10. 17. 원고에 대해 세무조사를 실시한 다음, 2003. 2. 1. '원고가 2001. 7. 1. 소외 회사에 공사 대금 56억 원(부가가치세 포함)을 실제로 지급한 사실이 없음에도 마치 지급한 것처럼 허위로 이 사건 세금계산서가 작성되었다'는 이유로 위 세금계산서에 따른 부가가치세의 매입세액 공제 및 법인세의 손금산입을 부인하고, 원고에 대하여

2001년 2기 부가가치세를 1,894,748,960원으로 경정부과하고, 2001사업년도 법인세로 817,106,00
0원을 수시부과하였습니다(이하 위 부과처분들을 '2003. 2. 1.자 부과처분'이라 한다).

(4) 이후 원고는 2006. 4. 17. 소외 회사를 상대로 서울동부지방법원 2006가합○○○ 호로 부당이
득금 반환청구의 소를 제기하면서 소장을 통해 소외 회사가 원고로부터 이 사건 공사와 관련한
부가가치세 509,090,910원을 지급받고도 세무관서에 납부하지 아니하였으므로 위 금원의 반환을
구한다고 주장하였다가 이후 변론 종결일에 이르러 위 주장에는 소외 회사가 공사대금을 초과하여
지급받았으므로 청구취지 기재 금원의 반환을 구하는 취지도 포함되어 있다고 주장하였고, 위
소송이 소외 회사에 대하여 공시송달로 소송서류가 송달되고 변론이 진행된 결과 위 법원은 원고
가 변론 종결일에 한 주장을 받아들여 2006. 11. 23. 원고 승소판결을 선고하였으며(인용금액
509,090,910원 및 이에 대한 지연손해금), 위 판결은 2006. 12. 14. 확정되었습니다(이하 '관련
사건 판결'이라 한다). 한편, 원고는 2006. 12. 4. 위 판결문을 송달받았습니다.

(5) 원고는 2007. 2. 5. 피고가 이 사건 세금계산서를 허위세금계산서로 보고, 원고가 200. 7.
1. 소외 회사에 공사대금 56억 원을 지급한 사실이 없는 것으로 인정하여 위 세금계산서에 따른
부가가치세의 매입세액 공제 및 법인세의 손금산입을 부인하여 2003. 2. 1.자 부과처분을 하였으
나, 관련사건 판결의 확정에 따라 원고가 2001. 7. 1. 소외 회사에 공사대금 56억 원을 지급한
사실이 확정되었으므로 이 사건 세금계산서에 따른 부가가치세의 매입세액 공제 및 법인세의 손금
산입을 인정하여 2001년 2기 부가가치세를 1,221,011,211원으로, 2001사업년도 법인세를 670,97
8,424원으로 각 감액해야 한다고 주장하면서, 피고에게 국세기본법 제45조의2 제2항 제1호에
따른 경정청구를 하였습니다.

(6) 피고는 2007. 3. 26. 관련사건 판결문 및 원고가 제출한 자료만으로는 국세기본법 제45조의2
제2항 제1호 소정의 후발적 경정사유가 발생하였다고 볼 수 없다는 등의 이유로 원고의 경정청구를
거부하였습니다(이하 '이 사건 처분'이라 한다).

(7) 원고는 이 사건 처분에 불복하여 2007. 11. 2. 조세심판원에 심판청구를 제기하였으나, 조세심판
원은 2008. 6. 30. 원고의 심판청구를 각하하는 결정을 하였습니다.

2. 처분의 위법성

원고는 관련사건 판결에서 2003. 2. 1.자 부과처분의 각 과세표준 및 세액의 계산근거가 된 행위(원
고가 소외 회사에 공사대금 56억 원을 지급하지 않았다는 사실)와 양립할 수 없는 반대사실(원고가
소외 회사에 공사대금 56억 원을 지급하였다는 사실)이 확정되었고, 국세기본법 제45조의2 제2항

제1호 소정의 판결에서 공시송달에 의한 판결을 배제하고 있지 아니한 이상, 이는 후발적 경정청구 사유에 해당하므로, 원고의 후발적 경정청구를 거부한 피고의 이 사건 처분은 위법합니다.

3. 결론

이상과 같이 이 사건 처분은 위법하므로 이의 취소를 구하는 본 건 소송에 이르게 되었습니다.

입증방법

1. 갑 제1호증
2. 갑 제2호증

첨부서류

1. 위 각 입증방법   각 1부
2. 송달료 납부서
3. 소장부본

20 . . .

위 원고   (날인 또는 서명)

서울행정법원   귀중

당해판례

2008구합 39059

국세기본법 제45조의2 제2항의 규정내용과 취지, 실질과세의 원칙과 기간과세의 원칙, 권리의무확정주의, 기타 세법상의 제원칙을 종합할 때, 국세기본법 제45조의2 제2항 제1호 '과세표준 및 세액의 계산근거가 된 거래 또는 행위 등이 그에 관한 소송에서 판결 등에 의하여 다른 것으로 확정된 때'라 함은 과세표준 및 세액의 계산근거가 된 거래 또는 행위 등이 재판과정에서 투명하게 다투어졌고 그것이 판결의 주문과 이유에 의하여 객관적으로 확인되는 경우이거나, 그 이외에 의제자백에 의한 판결이나 임의조정, 강제조정, 재판상 화해 등과 같이 판결이나 결정문 자체로는 거래 또는 행위에 대한 판단을 알 수 없더라도 거래 또는 행위 등이 재판과정에서 투명하게 다투어졌고 그 결론에 이르게 된 경위가 조서 등에 의하여 쉽게 확정할 수 있고, 조세회피의 목적이 없다고 인정되는 경우만을 한정한다고 해석함이 상당하다.

[서식] 법인세부과처분취소 청구의 소

소   장

원고   주식회사 ○○
       서울시 ○○구 ○○동 ○번지
피고   남대문세무서장

법인세부과처분취소

청구취지

1. 피고가 2004. 6. 1. 원고에 대하여 한 1999 사업연도 귀속 법인세 268,736,663원, 2000 사업연도 귀속 법인세 623,039,252원, 2001 사업연도 귀속 법인세 919,099,380원, 2002 사업연도 귀속 법인세 503,272,680원, 2003 사업연도 귀속 법인세 383,781,620원, 2004 사업연도 귀속 법인세 100,972,520원의 각 부과처분을 모두 취소한다.

2. 소송비용은 피고의 부담으로 한다.

라는 판결을 구합니다.

청구원인

1. 기초사실

(1) 원고는 무역업에 종사하는 종합무역상사로서, 1999 사업연도부터 2004 사업연도까지 사이에 아래에서 보는 바와 같이 국내에 고정사업장이 없는 외국법인(이하 '해외 수출자'라고 한다)으로부터 구리(copper), 금(gold), 백금(platinum), 콩(soybean), 아연(zinc) 등 재화를 매입하여 이를 제3국에 거주하는 외국법인(이하 '해외수입자'라고 한다)에게 판매하는 중계무역 형식의 거래(이하 '이 사건 거래'라고 한다)를 하였습니다(이 사건 거래의 거래형태, 거래기간별 품목 및 금액은 〈표 1〉 및 〈표 2〉와 같고, 거래의 구체적 내역은 별지 '추징명세서' 기재와 같다).

〈표 1〉

구분	거래내용
1. 유형(금)	해외수출자 ⇒ 원고 : $205/ton(180일 Shipper's Usance)
	원고 ⇒ 해외수입자 : $200/ton(T/T방식)

2. 유형 (백금)	해외수출자 ⇒ 원고 : $205/ton(180일 Shipper's Usance)	
	원고 ⇒ 해외수입자 : $200/ton(T/T방식)	
3. 유형 (구리)	해외수출자 ⇒ 원고 : $205/ton(180일 Shipper's Usance)	
	원고 ⇒ 해외수입자 : $200/ton(T/T방식)	
4. 유형 (콩)	해외수출자 ⇒ 원고 : $205/ton(180일 Shipper's Usance)	
	원고 ⇒ 해외수입자1 : $210/ton(190일 Shipper's Usance)	
	원고 ⇒ 해외수입자2 : 해외수입자1 채권을 $200/ton에 할인	
5. 유형 (아연)	해외수출자 ⇒ 원고 : $205/ton(180일 Shipper's Usance)	
	원고 ⇒ 해외수입자 : $200/ton(일람불 Shipper's Usance)	

※ Shipper's Usance : 판매자 신용공여 연지급이자

※ T/T (Telegraphic Transfer) 방식

수출자가 재화를 인도하기 전에, 인도한 후 또는 인도와 동시에 수입자가 수출자에게 대금을 송금하여 결제하는 방식

〈표 2〉

'(단위 : %, 천원)

품목	구리(60.8)	백금(7.7)	콩(25.6)	아연(3.7)	금(2)
일자	1999.8.17.~ 2001.12.31.	1999.4.3.~ 2000.4.8.	2002.2.22.~ 2004.4.10.	2003.7.24.~ 2004.4.19.	2000.1.4.~ 2000.2.14.
금액	15,706,746	2,000,644	6,618,455	958,214	557,471

(2) 원고는 앞서 본 바와 같이 해외수출자로부터 매입할 때는 Shipper's Usance(공급자가 신용을 공여하여 원금과 이자를 후불로 받는 방식) 180일 결제조건으로 매입하였고, 해외수출자에게 매도할 때에는 T/T 방식, 190일 Shipper's Usance 방식, 일람불 Shipper's Usance 방식으로 매도한 다음, T/T 방식의 경우 수출대금을 곧바로 지급받았고, Shipper's Usance 방식의 경우 Shipper's Usance 조건의 신용장에 의한 추심방식으로 수출한 후 인수 서류 및 해외수입자 개설 신용장을 근거로 환어음을 발행 및 네고(매입)받는 등의 방법으로 위 매도에 따른 대금을 회수하였고, 위 매입에 관한 Shipper's Usance 만기 시점에 자신이 신용장을 개설한 개설은행에 어음금액을 결제하여 위 매입에 따른 채무를 상환하였습니다.

(3) 서울지방국세청장이 원고에 대한 세무조사를 실시하여, "원고가 해외수출자로부터 180일의 Shipper's Usance 조건으로 재화를 매입하여 해외수출자에게 위 매입에 따른 대금을 지급할 때까지의 이자를 가산한 금액을 매입대금으로 지급하는 반면, 해외 수입자로부터 T/T 방식 등에 따라

위 매도에 따른 대금을 지급받아 원고가 해외수출자에게 대금을 지급하는 Shipper's Usance 기간 (180일) 동안 사실상 자금차입효과를 얻었으므로, 별지 추징명세서 기재와 같이 원고가 해외수출자에게 지급한 Shipper's Usance 이자 25,841,532,306원을 원천징수분 이자소득세의 세율로 Gross-Up * 하여 계산한 금액인 28,842,579,027원이 원고가 원천징수하여야 하는 과세표준인 이자소득에 해당된다"는 내용의 과세자료를 피고에게 통보하였습니다.

 * Gross-Up 방식 : 'gross up'은 '공제하기 전의 액수로 늘리다'를 의미하는 말로, 여기서는 해외수출자의 국내원천이자소득 과세표준을 산정하는 한 방식으로 계산방식은 다음과 같다.
국내원천이자소득 과세표준=Shipper's Usance 이자÷(1-원천징수세율 10%).

(4) 피고는 위 통보된 과세자료에 따라 2004. 5. 6. 및 2004. 6. 1. 원고에게 원천징수분 이자소득에 대한 법인세 1999 사업연도분 28,603,380원(이하 세액과 관련하여 '원단위 이하'는 원칙적으로 버림, 다만 아래에서 감액되어 변경되는 부분은 제외되는 경우가 있다)과 336,301,960원, 2000 사업연도분 749,164,190원, 2001 사업연도분 919,099,380원, 2002 사업연도분 503,272,680원, 2003 사업연도분 383,781,620원, 2004 사업연도분 100,972,520원 합계 3,021,195,730원을 결정.고지(이하 '이 사건 당초처분'이라고 한다)하였습니다.

(5) 원고는 2004. 7. 15. 이 사건 당초처분에 대하여 국세심판원에 심판청구를 제기하였고, 국세심판원은 2006. 9. 15. 이 사건 거래 중 백금 부분은 정상적 무역거래로 인정하여 이 사건 당초처분 중 1999 사업연도분 28,603,380원과 67,565,297원, 2000 사업연도분 126,124,946원을 감액.경정하는 내용의 결정을 함에 따라, 이 사건 당초 처분은 1999 사업연도분 268,736,663원, 2000 사업연도분 623,039,252원, 2001 사업연도분 919,099,380원, 2002 사업연도분 503,272,680원, 2003 사업연도분 383,781,620원, 2004 사업연도분 100,972,520원 합계 2,798,902,115원으로 변경(이하 이 사건 당초처분 중 감액되어 변경된 부분만을 '이 사건 처분'이라고 한다)되었습니다.

2. 처분의 위법성

(1) 이 사건 거래는 전형적인 중계무역거래입니다. 즉, 거래에 있어서의 대금조건은 당사자의 상황에 따라 결정할 문제이고, 각각의 거래는 원고와 특수관계 없는 자들과의 거래였으며, 대외무역법 등 관계법령에 의하면 국내 통관이 없는 것은 '중계무역'의 본질에 해당하므로 물품이 국내에 통관하지 않았다고 하여 어떠한 하자가 있다고 할 수 없고, 국내 통관 사실만으로 일부 거래만을 구제한 것은 모순입니다.

(2) 이 사건 처분에는 실질과세원칙을 남용한 위법이 있다. 즉, 실질과세의 원칙을 적용하기 위해서는 조세법률주의상 개별적인 법률에 의한 부당행위계산부인규정에 해당하여야 하는데, 법인세법 제52조 및 법인세법 시행령 제87조 내지 제90조에 해당하려면 거래당사자인 원고와 이 사건 거래와 관련된 기업들 간에 특수관계가 있어야 하는바, 원고와 해외수출자 또는 해외수입자 간에는 어떠한 특수관계도 있지 않습니다.

또한, Shipper's Usance 조건 자체가 이미 자금조달의 효과가 전제되어 있고, 근본적으로 자금조달을 위한 내심의 의사를 실현하기 위하여 어떤 거래방식을 선택하면 그 형식에 따른 취급을 해야할 뿐이다. 더구나, 이 사건 각 거래의 경우 위험과 효익이 원고에게 있고 그에 따라 원고로서는 보험 및 환헷지 약정까지 해야 했으므로 피고가 의제한 바와는 '경제적 실질'도 동일하다 할 수 없습니다.

(3) Shipper's Usancs 이자는 물품대금의 일부로서, 이에 대한 이자소득세가 부과될 수 없습니다. 즉, 법인세법은 은행의 신용장방식(Banker's Usance) 중 지급이자로 계상한 금액에 한하여 취득가액에 포함하지 않을 뿐, Shipper's Usance 등 나머지 Usance 이자는 물품가액의 일부로 취급하고 있습니다. 또한 법인세법 제93조는 소득세법 제16조 제1항이 정한 이자만을 이자소득으로 규정하는 바, 소득세법기본통칙 16-1 제3항에서도 물품을 판매하고 대금의 결제방법에 따라 추가로 지급받는 금액을 이자소득으로 보지 아니한다고 해석하고 있습니다.

(4) 원고는 신용장 개설은행에 환어음 금액을 지급하였을 뿐이므로, 원천징수의무가 발생할 여지가 없다. 즉, 원고는 해외수출자가 아닌, 신용장 개설은행인 신한은행에 어음만기일에 어음금을 지급한 것이므로, 해외수출자의 소득의 성격을 어떻게 보든 그와 관계없는 원고의 지급에 있어서는 원천징수의무 자체가 발생할 수 없습니다.

(5) 피고의 이자소득 산정과 관련하여 그 계산에 있어서도 오류가 명백합니다. 즉 피고는 해외수출자의 국내원천이자소득에 대한 원천징수세액을 계산함에 있어서 그 과세표준을 Shipper's Usance 이자에 Gross-Up 방식으로 가산하여 산정하였는바, ① 이자는 차입금과 변제금의 차액이 되어야 할 것인데 이 사건 거래의 경우 Shipper's Usance 이자와 위 차액이 일치하지 않으므로 이 사건 처분은 위법하고, ② 가사 피고의 주장대로 이 사건 거래에 따른 이자를 Shipper's Usance 이자로 본다 하더라도 위와 같이 국내원천이자소득의 과세표준을 Gross-Up 방식으로 계산할 아무런 근거가 없습니다.

3. 결론

이상과 같은 이유로 피고의 이 사건 처분은 위법하므로 이의 취소를 구하는 본건 소송에 이르게 되었습니다.

입증방법

1. 갑 제1호증
2. 갑 제2호증
3. 갑 제3호증
4. 갑 제4호증
5. 갑 제5호증

첨부서류

1. 위 각 입증방법   각 1부
2. 송달료 납부서
3. 소장부본

20 .   .   .

위 원고   (날인 또는 서명)

서울행정법원   귀중

당해판례

2006구합 46534

(1) 이 사건 거래가 정상적인 중계무역에 해당하는지, 형식상 중계무역의 외관을 띤 자금차입행위에 불과한지 여부 : 원고의 위 (1) 내지 (4) 주장에 관한 판단

앞의 인정사실에서 본 바와 같이, ① 원고가 IMF 구제금융기에 원고 소속 그룹의 자금부족을 충당하기 위하여 자금을 차입할 목적으로 이 사건 거래를 한 점, ② 이 사건 거래는 다국적 회사인 해외수출자 측에서 거래의 모든 조건을 일괄 제안하여 이루어지기 시작한 점, ③ 이 사건 거래에 원고가 개입하기 이전에 해외수출자로부터 해외 수입자로의 매매, 거래대금 등이 이미 정해져 있었던 점, ④ 이 사건 거래는 정상적인 중계무역과 달리 대금지급기간이 180일이나 되는 장기간으로서 이자부담

이 많고, 무역업자인 원고가 거래시마다 이자상당액의 손실을 본다는 점, ⑤ 원고 및 이 사건 거래를 담당한 원고의 직원들이 수사기관에서 위와 같은 내용의 진술을 하였을 뿐만 아니라 실제로는 수입 거래 및 수출거래가 없었음에도 허위선적서류를 이용하여 수입대금 명목으로 외화를 불법으로 지급하였다거나 수출대금 명목으로 외화를 불법으로 국내로 차입하였다는 이유로 외국환관리법과 외국환거래법 위반한 혐의로 형사처벌된 점 등의 사정을 종합하여 보면, 이 사건 거래는 해외수출자가 해외수입자에게 재화를 매도하고 해외수입자로부터 매도대금을 지급받는 것이 이미 정하여져 있는 상태에서 해외수출자로부터 자금을 차입하려는 원고가 외관상 중계무역자인 것처럼 가장하여 위 거래에 개입하여 해외수입자로부터 위 매도대금을 지급받는 형식으로 해외수출자로부터 위 매도 대금 상당액의 자금을 차입하고 해외수출자에게 재화의 매입에 따른 매입대금 및 Shipper's Usance 이자를 지급하는 형식으로 위 차입금에 대한 원금 및 이자를 변제하는 거래인바, 이 사건 거래는 정상적인 중계무역이라 보기 어렵고, 형식상 중계무역의 외관을 띤 자금차입거래행위에 불과하다고 봄이 상당하다.

따라서 이 사건 거래가 정상적인 중계무역임 전제로 한 원고의 위 (1) 내지 (4) 주장은 모두 받아들일 수 없다.

(2) 이자소득 산정에 있어 오류가 있는지 여부 : 원고의 위 (5) 주장에 관한 판단

(가) 앞서 본 바와 같이 이 사건 거래는 형식상 중계무역의 외관을 띤 자금차입 거래행위에 불과한바, 원고는 이 사건 거래를 통하여 해외수입자에게 매도하여 대금을 받는 형식으로 위 매도대금액 상당의 자금을 차입하고, 이를 Shipper's Usance 기간 동안 사용한 후, 해외수출자에게 매입한 대금에 Shipper's Usance 이자를 추가하여 지급하는 형식으로 위 차입금 및 차입금 사용대가인 이자를 변제한 것이므로, '원고가 해외수입자로부터 지급받는 위 매도대금액 상당의 차입금'과 '원고가 해외수출자에게 지급하는 위 매입대금 및 Shipper's Usance 이자의 합산액' 사이의 차액이 위 차입금의 사용대가인 이자라 할 것이다.

그런데, 앞의 '1. 처분의 경위'에서 본 바와 같이 원고가 해외수입자로부터 지급받는 위 매도대금은 원고가 해외수출자에게 지급하는 위 매입대금보다 적은 금액인바, 위 차입금의 사용대가인 이자(즉, '위 매도대금액 상당의 차입금'과 '위 매입대금 및 Shipper's Usance 이자의 합산액' 사이의 차액)는 Shipper's Usance 이자보다 큰 금액이므로, 피고가 위 차입금의 사용대가인 이자를 Shipper's Usance 이자로 보았다 하더라도 위법하다 할 수 없다(오히려, 이는 원고에게 유리한 것이다). 따라서 위 2. 가. (5) ①에서 본 바와 같은 원고의 주장은 받아들일 수 없다.

(나) 피고가 해외수출자의 국내원천이자소득에 대하여 원고가 원천징수하여야 할 세액을 계산함에

있어서 그 과세표준을 Shipper's Usance 이자에 Gross-Up 방식으로 산정하였음은 앞서 본 바와 같은바, 이러한 산정방식이 적법한지 여부는 원고가 해외 수출자에게 이 사건 거래에 따른 이자인 Shipper's Usance 이자를 지급하면서 그 원천징수액을 공제하고 지급하였는지 여부에 달려 있다. 즉 원고가 해외수출자에게 이 사건 거래에 따른 이자인 Shipper's Usance 이자를 지급하면서 그 원천징수액을 공제하고 지급하였다면 해외수출자의 국내원천이자소득을 계산하기 위해서는 Shipper's Usance 이자에 공제된 금액을 가산하여야 하므로 Gross-Up 방식이 요구되지만, 그렇지 않을 경우 원고가 해외수출자에게 지급한 Shipper's Usance 이자가 바로 해외수출자의 국내원천이자소득의 과세표준이 된다 할 것이다.

그런데 이 사건에 있어서, 앞에서 인정증거로 제시된 증거들만으로는 원고가 해외수출자에게 이 사건 거래에 따른 이자인 Shipper's Usance 이자를 지급하면서 그 원천징수액을 공제하고 지급하였다는 점을 인정하기에 부족하고, 달리 이를 인정할 증거가 없다.

오히려, 앞서 본 바와 같이 이 사건 거래는 형식상 중계무역의 외관을 띤 자금 차입거래행위에 불과한 것인바, 이와 같은 거래는 자금차입거래행위에 따른 이자소득세를 회피하기 위한 행위이므로, 이 사건 거래를 하면서 원고가 해외수출자에게 이 사건 거래에 따른 이자인 Shipper's Usance 이자를 지급하면서 그 원천징수액을 공제하고 지급하였다고 보기 어렵다 할 것이다. [법인세법 기본통칙 98-0 … 2도 '국내원천소득을 지급하는 경우의 과세표준 계산'이라는 제목 하에 '국내사업장이 없는 외국법인에게 법인세법 제93조에 규정하는 국내원천소득을 지급하는 경우에 계약조건이 "국내 세법에 의한 제세를 공제한 금액을 지급하도록" 약정되어 있는 때의 법인세법 제91조 제2항 규정에 의한 과세표준금액은 Gross-Up 방식으로 계산한다'고 기재되어 있는바, 계약조건이 "국내 세법에 의한 제세 를 공제한 금액을 지급하도록" 약정되어 있음을 전제로 하고 있다].

따라서 위 2. 가. (5) ②에서 본 바와 같은 원고의 주장은 이유 있다.

(3) 적법한 세액

원고가 해외수출자에게 지급한 Shipper's Usance 이자를 해외수출자의 국내원천 이자소득의 과세표준으로 하여 원고가 납부하여야 할 원천징수분 이자소득에 대한 법인세를 계산하면 별지 '수정추징명세서' 기재와 같이 1999 사업연도분 241,862,930원, 2000 사업연도분 557,117,150원, 2001 사업연도분 827,189,440원, 2002 사업연도분 441,714,370원, 2003 사업연도분 332,703,090원, 2004 사업연도분 90,875,270원 합계 2,491,462,250원이 된다. 따라서 이 사건 처분 중 위 각 법인세액을 초과하는 부분은 위법하다.

소 장

원고　　　　　　김 길 동(주민등록번호)
　　　　　　　　서울 종로구 ○○동 ○-○
　　　　　　　　(전화 000-000, 팩스 000-000)
피고　　　　　　종로세무서장
법인세등부과처분취소

청구취지

1. 피고가 2004. 10. 15. 원고에 대하여 한 별지 부과처분명세표 기재 각 법인세 및 부가가치세의 부과처분을 모두 취소한다.
2. 소송비용은 피고가 부담한다.
라는 판결을 구합니다.

청구원인

1. 처분의 경위

(1) 원고는 미합중국에 주된 사무소를 둔 파트너쉽 형태의 회사로서 전 세계 고객들을 대상으로 금융정보 데이터베이스에 대한 접근허용, 금융상품의 평가를 위한 분석자료 및 종합적인 뉴스의 제공 등 금융정보서비스(이하 '이 사건 서비스'라 한다)를 전자적 방식에 의하여 판매, 제공하는 서비스업을 영위하고 있고, B 유한회사(이하 'B'이라 한다)는 서울 소재 사무실을 본점 주소지로 하여 데이터베이스업, 별정통신사업 등을 목적으로 원고가 100%출자하여 설립한 한국내 자회사로서 원고와 사이에 용역계약을 체결하고 원고에게 한국내 금융정보수집 및 정보전달장치에 관한 설치, 유지, 보수 등의 용역을 제공하고 있습니다.

(2) 원고는 국내에 "대한민국과 미합중국간의 소득에 관한 조세의 이중과세 회피와 탈세방지 및 국제무역과 투자의 증진을 위한 협약"(이한 '한미조세협약'이라 약칭함) 제8조에 따른 고정사업장이 존재하지 아니한다고 하여 고객으로부터 받은 용역대가에 대하여 별도의 법인세 신고를 하지 아니하였고, 마찬가지로 부가가치세 역시 징수, 납부하지 않았으며, 원고의 국내고객은 원고가 부가가치세법상의 국내사업장이 없는 것으로 보아 부가가치세법 제34조의 규정에 의하여 원고에게 용역대가를 지급하면서 부가가치세를 징수하여 대리납부하였습니다.

(3) 서울지방국세청은 2002. 7. 22.부터 같은 해 9. 16.까지 B에 대한 정기세무조사를 실시한 결과, B이 원고와의 용역계약에 따라 정보수집 및 정보전달장비에 대한 용역을 제공하고 원고로부

터 지급받은 그 용역대가에 대하여 원고가 외국 법인으로서 국내에 고정사업장을 가지고 있지 않다는 이유로 부가가치세법 제11조 제1항 제4호에 의하여 영세율을 적용하여 부가가치세를 신고, 납부하였으나 원고의 사업활동에 대하여 조사한 결과 원고가 국내에서 자회사인 B 등의 인적, 물적시설 등을 이용하여 원고 사업의 본질적이고 중요한 활동을 해오는 등 국내에 고정사업장을 두고 사업을 해온 것으로 보여지므로 원고가 국내에서 행한 사업활동으로 인하여 취득한 소득 등에 대하여 법인세 등을 납부할 의무가 있다고 판단한 다음, 2002. 12. 11. 이러한 세무조사결과를 피고에게 통지하였고, 피고는 위 통지에 따라 B의 본점 소재지를 원고의 사업장 주소지로 하여 원고 명의의 사업자등록을 직권으로 행하고, 아울러 원고가 국내에서 취득한 총 수입금액에 원고의 본점 영업이익율을 적용하여 산출한 총 영업이익금액의 50%를 원고의 국내 고정사업장에 귀속되는 소득으로 보고 2004. 10. 15. 별지 부과처분명세표 각 기재와 같은 법인세 및 부가가치세를 부과하였습니다.

(4) 원고는 이 사건 부과처분에 불복하여 2005. 1. 11. 국세심판원에 심판청구를 하였으나 국세심판원은 2005. 9. 23. 원고의 심판청구를 기각하였습니다.

2. 처분의 위법성

(1) 원고가 이 사건 서비스를 국내고객에게 제공하기 위하여 사용하고 있는 노드 장비와 AAAA 수신기는 B의 소유로서, 원고는 B과의 용역계약을 통하여 이를 원고의 사업활동에 이용하고 있을 뿐이어서 원고에게 위 장비들에 대한 배타적인 처분권 또는 사용권한이 없는 것이고, 위 노드 장비와 AAAA 수신기는 정보전달장비에 불과하여 위 장비들을 통한 정보의 전달 행위는 원고 사업의 본질적이고 중요한 행위가 아닌 보조적이고 예비적인 활동에 불과하므로 이와 같은 노드 장비와 AAAA 수신기 소재지에 원고의 국내 고정사업장이 존재한다고 볼 수 없습니다.

(2) 원고의 홍콩지점 영업직원들이 간헐적으로 국내를 방문하여 고객 사무실, B 사무실 등에서 이 사건 서비스에 대한 판촉 및 홍보활동, 고객에 대한 교육활동 등을 수행하고 있지만 이와 같은 행위가 원고 사업의 본질적이고 중요한 사업활동에 해당한다고 볼 수 없을 뿐만 아니라 이러한 행위가 간헐적으로 이루어지는 고객 사무실, B 사무실 등에 대하여 원고의 영속적이고 배타적인 처분권 또는 사용권한이 있다고 볼 수도 없으므로 위와 같은 고객 사무실, B 사무실 등에 원고의 고정사업장이 존재한다고 할 수 없습니다.

(3) 위와 같은 노드 장비와 AAAA 수신기, 교육장소 등을 통한 사업활동을 모두 결합하여 보더라도 그 합산된 행위 또한 이 사건 서비스를 제공하기 위한 본질적이고 중요한 행위로 볼 수 없으므로 원고의 국내 고정사업장이 존재한다고 할 수 없습니다.
이와 같이 원고의 국내 고정사업장이 존재하지 않음에도 피고가 이와 반대의 전제에서 한 이 사건 부과처분은 위법한 처분입니다.

(4) 가사 원고의 국내 고정사업장이 존재한다고 하더라도, 피고는 한미조세협약 제8조 제2항에 따라 원고의 고정사업장과 원고의 본사를 독립한 사업체로 보고 유사한 거래상황 아래에서 각 업체 간에 배분되어야 할 귀속소득에 대한 입증을 통하여 원고의 고정사업장에 귀속될 소득을 산정하여야 함에도 이에 대한 아무런 입증도 없이 이익분할법에 의하여 귀속소득을 계산하였고, 가사 이러한 이익분할법에 의한 귀속소득 산정이 적법하다 하더라도 이 사건 서비스의 정보전달활동의 일부만을 담당하고 있는 원고의 고정사업장에 국내 고객으로부터 취득한 소득의 50%를 귀속시키는 것은 소득창출 능력에 관한 경험칙에 정면으로 배치되므로 위와 같이 산출된 귀속소득을 전제로 하는 이 사건 부과처분은 위법합니다.

(5) 또한 원고의 국내고객은 원고가 부가가치세법상 국내사업장이 없으므로 부가가치세법 제34조 의 규정에 의하여 원고에게 용역대가를 지급하면서 부가가치세를 징수하여 대리납부하였음에도 재차 이 사건 부가가치세를 부과하는 것은 이중과세에 해당하는 것으로서 위법합니다.

3. 결론

이와 같이 피고의 처분은 위법한 행정처분이 아닐 수 없으므로, 상기와 같이 원고의 행정처분의 취소를 구하는 행정소송에 이르게 되었습니다.

입증방법

    1. 갑 제1호증
    2. 갑 제2호증

첨부서류

    1. 위 각 입증방법 각 1부
    2. 송달료 납부서
    3. 소장부본

20 . . .

위 원고   (날인 또는 서명)

서울행정법원   귀중

당해판례

2005구합 41105

(1) 한미조세협약 제9조 (1)항은 '고정사업장'에 대하여, 어느 체약국의 거주자가 산업상 또는 상업상의 활동에 종사하는 사업상의 고정된 장소를 의미한다고 정의하고, 제2항은 그와 같은 '사업상의 고정된 장소'에 해당하는 예시로서 ⓐ 지점, ⓑ 사무소, ⓒ 공장, ⓓ 작업장, ⓔ 창고, ⓕ 상점 또는 기타 판매소, ⓖ 광산, 채석장 또는 기타 자연자원의 채취장, ⓗ 6개월을 초과하여 존속하는 건축공사 또는 건설 또는 설비공사를 규정하고 있으며, (3)항은 그와 같은 '사업상의 고정된 장소'에 해당하지 않는 예시로서 ⓐ 거주자에 속하는 재화 또는 상품의 보관·전시 또는 인도를 위한 시설의 사용, ⓑ 저장·전시 또는 인도목적상 거주자에 속하는 재화 또는 상품의 재고보유, ⓒ 타인에 의한 가공목적상 거주자에 속하는 재화 또는 상품의 재고보유, ⓓ 거주자를 위한 물품 또는 상품의 구입목적상 또는 정보수집을 위한 사업상의 고정된 장소의 보유, ⓔ 거주자를 위한 광고, 정보의 제공, 과학적 조사 또는 예비적 또는 보조적 성격을 가지는 유사한 활동을 위한 사업상의 고정된 장소의 보유, ⓕ 6개월을 초과하여 존속하지 아니하는 건축공사 또는 건설 또는 설비공사의 보유를 각 규정하고 있는바, 이 사건에 있어서 원고의 국내 고정사업장의 존재여부를 판단함에 있어서는 이러한 한미조세협약상의 고정사업장에 관한 정의나 예시규정이 우선적으로 적용되어야 한다고 할 것이고, 위 각 규정들에 비추어 보면, 외국 법인의 국내 고정사업장이 존재한다고 하기 위하여는, ① 국내에 외국 법인의 사업활동을 수행하기 위하여 사용되는 건물, 시설 또는 장치 등의 '고정된 사업장소가 존재'하여야 하고, ② 외국 법인이 그 사업장소에 대하여 '처분권한 또는 사용권한'을 가지고 있어야 하며, ③ 외국 법인의 직원 또는 그 지시를 받는 자가 그 고정된 사업장소를 통하여 예비적·보조적 활동이 아닌 '본질적이고 중요한 사업활동이 수행'될 것 등이 요구된다고 할 것이다.

따라서 이하에서는 위 요건에 따라 이 사건 사업활동과 관련하여 원고의 국내 고정 사업장이 존재한다고 볼 것인지 여부를 살펴본다.

(2) 노드 장비 및 AAAA 수신기 소재지에 원고의 고정사업장이 존재하는지 여부

(가) 앞에서 인정한 바와 같이, B은 원고와 체결한 용역계약에 따라 원고 및 제3자로부터 노드 장비와 AAAA 수신기를 구입하여 노드 장비는 원고가 지정하는 C 사무실에 직접 설치하고 AAAA 수신기는 C와의 하도급계약을 통하여 C로 하여금 고객들의 사무실에 설치하게 한 후 이를 유지, 보수, 관리해 오도록 하고 있고, 그와 같은 용역제공의 대가로 원고로부터 직원들 급여를 비롯하여 C에게 지급하는 용역수수료 등 발생경비의 110% 상당액과 노드 장비 및 AAAA 수신기 등에 대한 미국의 기업회계기준에 따른 감가상각비용의 110% 상당액 등을 지급받고 있는 점, C는 B 및 원고와

사이에 각 노드 장비 및 AAAA 수신기에 관한 설치, 유지·보수에 관한 용역계약을 체결하고 이에 따라 C 사무실에 노드 장비를 설치하게 하고 AAAA 수신기를 수입하여 적정 재고를 유지하면서 원고 홍콩지점 또는 B로부터 작업지시를 실시간으로 받아 원고의 고객 사무실에 AAAA 수신기를 설치하고 그 보수, 유지, 관리작업을 수행해 오고 있으며, 원고 및 B로부터 위와 같은 용역제공에 대한 대가를 지급받아 오고 있는 점, B은 원고가 100%출자한 국내 자회사로서 원고의 사업수행을 위하여 설립되었을 뿐 아니라 원고에 대한 정보수집 및 노드 장비와 AAAA 수신기에 관한 설치, 보수 등의 용역제공을 주된 사업으로 하고 있는 점 등을 종합하여 보면, 이 사건 노드 장비와 AAAA 수신기는 오로지 원고의 이 사건 사업을 위하여 원고와 B, C와의 용역계약에 따라 설치되고 고객들에게 제공된 것으로서 고정된 사업장소로서의 징표를 가질 뿐만 아니라 원고가 그에 대한 사실상 배타적인 지배권한 또는 사용권한을 가지고 있는 것으로 볼 것이다.

(나) 다음으로 이 사건 노드 장비와 AAAA 수신기를 통한 사업활동에 관하여 보면, 앞에서 본 바와 같이, 원고의 사업활동은 전세계 각국의 정보수집요원들이 각국의 금융정보 등을 수집하여 원고의 미국 본사에게 송부하는 정보의 수집단계와 원고의 미국본사가 송부받은 정보의 정확성을 검증하고 분석하여 이를 미국에 소재하는 주컴퓨터에 입력하는 정보의 가공, 분석단계를 거쳐 주컴퓨터에 입력된 정보를 노드 장비와 AAAA 수신기 등을 통하여 고객에게 제공하는 정보의 전달의 3단계로 이루어지는데, 그 중 노드 장비는 미국의 주컴퓨터로부터 가공, 수정된 정보를 수신하여 단순히 고객들에게 중간에서 매개하여 전달하는 장치로서 정보를 가공, 수정하는 기능은 없다는 점, AAAA 수신기는 그 자체내 소프트웨어를 내장하고 있어 개인용컴퓨터로서의 기능도 수행하기는 하지만 주된 기능은 원고로부터 송부된 정보를 수신하는 장비라는 점, 원고로부터 이 사건 서비스를 제공받는 방법은 노드장비와 AAAA 수신기를 통한 전용회선을 이용하지 않고 일반 인터넷망을 이용할 수도 있고, 전용회선을 이용하는 경우에도 AAAA 수신기가 아닌 개인용 컴퓨터에 관련 소프트웨어를 설치하여 이용할 수도 있는 점 등에 비추어 보면, 원고의 사업활동의 가장 본질적인 부분은 정보의 수집하여 이를 가공, 분석하여 그 부가가치를 극대화하는 부분과 이를 판매(고객의 확보)하는 영역이라고 할 것인데, 이 사건 노드장비와 AAAA 수신기는 이와 같이 확보된 고객들에게 가공, 분석하여 가치가 있는 정보를 단순히 전달하는 장비에 불과하여[한미조세협약 제9조 (3)항에서 규정하고 있는 사업상 고정된 장소에 해당하지 않는 예시로서 ⓐ 재화 또는 상품의 인도를 위한 시설에 유사하다 할 것이다] 이러한 장비를 국내에 두고 자회사인 B이나 C의 직원들로 하여금 장비의 설치, 보관, 보수 유지등의 관련업무를 수행하고 있다고 하여 원고의 핵심적이고 본질적인 사업활동을 수행하고 있다고 볼 수는 없다.

이에 대하여 피고는, 원고가 고객들에게 제공하는 서비스의 내용은 정보제공 뿐만이 아니라 장비임대, 소프트웨어의 사용허여, AAAA 네트워크를 이용한 통신기능의 제공을 포함하고 있고 그에 대하여 포괄적인 대가를 수취하고 있으므로, 원고가 고객들에게 제공한 AAAA수신기는 이러한 이윤창출에 필수적인 장비이므로 고정사업장으로서 본질적인 사업활동을 수행하는 것이라고 주장한다.

살피건대, 원고가 이 사건 서비스에 관한 계약을 체결함에 있어 통상 고객들에게 원활한 서비스의 전달을 위하여 AAAA 수신기를 제공하고 있고 그 사용료를 이 사건 서비스 대가에 포함하여 수령하여 왔음을 당사자 간에 다툼이 없으나, AAAA 수신기는 그 주된 용도가 원고가 제공하는 정보를 수취하는 것이고 원고가 고객들에게 AAAA 수신기를 제공하는 외에 소프트웨어의 사용이나 AAAA 네트워크를 이용한 통신기능을 제공하고 있더라도 이는 이 사건 서비스에 부수적으로 수반되는 것에 불과할 뿐만 아니라 원고가 이러한 장비나 서비스에 대한 사용료를 이 사건 서비스 대가에 포함하여 수령하여왔더라도 그 장비등에 대한 사용료 상당의 이윤의 수취부분에 관한한 AAAA 수신기는 그 임대사업의 대상물품에 해당할 뿐이어서 이를 사업상의 이윤을 취득하기 위한 고정사업장으로 볼 수는 없는 것이니 이 점에 관한 피고의 주장은 이유 없다.

㈐ 따라서 비록 노드 장비 및 AAAA 수신기가 고정된 사업장소에 해당하고 B이나 C의 직원이 원고와의 용역계약에 따라 이를 설치, 유지, 관리업무를 수행함으로써 일정부분 원고의 사업활동을 수행하였더라도 그 사업활동은 원고의 사업활동의 내용등에 비추어 볼 때 부수적이고 보조적인 활동에 불과하여 이로써 한미조세협약상의 원고의 국내 고정사업장이 존재한다고 볼 수는 없다.

(3) 원고의 홍콩지점 영업직원들의 활동장소에 고정사업장이 존재하는지 여부
살피건대, 원고 홍콩지점의 한국담당 직원들은 한국을 방문하여 고객의 사무실 등에서 이 사건 서비스에 대한 광고, 선전 등과 같은 판촉활동을 하고 잠재 고객들에게 정보이용료 등의 계약조건을 안내해 주며 B의 사무실에서 고객에 대하여 장비사용법 등에 관한 교육훈련을 실시하고 있는 사실은 앞에서 본 바와 같으나, 위와 같은 행위를 원고 사업의 본질적이고 중요한 사업활동으로 볼 수 없을 뿐 아니라 원고가 위와 같은 사업활동이 수행되는 고객의 사무실, B의 사무실에 대하여 어느 정도 계속되는 배타적인 지배권한 또는 사용권한을 가지고 위와 같은 사업활동을 수행하였다는 점을 인정할 증거가 없으므로, 원고의 홍콩지점의 직원들의 사업활동이 수행되는 고객의 사무실, B사무실 등에 원고의 국내 고정사업장이 있다고 볼 수 없다.

(4) 노드장비, AAAA 수신기, 교육장소 등을 결합하여 고정사업장이 존재하는지 여부
노드 장비를 통하여 수행되는 단순한 정보의 전달이라는 사업활동과 위와 같은 고객의 사무실, B의 사무실 등에서 이루어지는 판촉, 교육활동 등을 결합하여 보더라도 그 합산된 행위를 원고

사업의 본질적이고 중요한 사업활동으로 볼 수는 없으므로 위와 같은 활동이 수행되는 장소의 소재지에 원고의 국내 고정사업장이 존재한다고 볼 수 없다.

(5) 소결론

따라서 원고가 이 사건 사업을 수행하면서 수취한 이윤이 국내에 원천이 있다고 하더라도 한미조세협약 제8조 (1)항에 의한 국내 고정사업장이 있다고 볼 수 없으므로, 원고의 국내 고정사업장이 존재함을 전제로 하는 이 사건 부과처분은 나머지 점에 대하여 더 나아가 살펴볼 필요 없이 위법하다.

[서식] 법인세등부과처분 취소청구의 소

소　장

원고　　　○○○ 주식회사
　　　　　서울 종로구 가회동 1-33
　　　　　(전화 000-000, 팩스 000-000)
피고　　　종로세무서장
법인세등부과처분 취소

청구취지

1. 피고가 2004.3.20. 원고에 대하여 한 1989 사업연도 귀속 법인세 74,753,234,322원 및 방위세 18,633,816,822원의 부과처분을 취소한다.

2. 소송비용은 피고가 부담한다.

라는 판결을 구합니다.

청구원인

1. 처분의 경위

(1) 가. 원고는 ○○○업을 영위하는 비상장법인으로서, 1989 사업연도(1989. 4. 1.부터 1990. 3. 31.까지)에 구 조세감면규제법(1990. 12. 31. 법률 제4285호로 개정되기 전의 것, 이하 '구 조감법'이라고 한다) 제56조의2 제1항에 따라 「1989. 4. 1.」을 재평가일로 하여 자산재평가법에 의한 재평가(이하 '이 사건 자산재평가'라고 한다)를 실시한 후, 이 사건 자산재평가로 인한 재평가차액 226,524,952,489원(이하 '이 사건 재평가차액' 이라고 한다)을 재평가적립금으로 적립하고 과세

관청에 이 사건 재평가차액에 대한 재평가세 약 68억 원을 납부하였으며, 구 법인세법(1994. 12. 22. 법률 제4803호로 개정되기 전의 것. 이하 '구 법인세법'이라 한다) 제15조 제1항 제5호에 따라 이 사건 재평가차액을 1989 사업연도의 익금에 산입하지 아니한 채 법인세를 신고·납부하였다.

(2) 그 후, 원고는 조세특례제한법 시행령(2001. 12. 31. 대통령령 제17458호로 개정된 것) 제138조가 정한 상장시한인 2003. 12. 31.까지 한국증권거래소에 주식을 상장하지 아니하였습니다.

(3) 그러자 피고는 "원고가 대통령령이 정한 상장시한 내에 주식을 상장하지 아니하였다"는 이유로 구 조감법 부칙 제23조 제1항(이하 '이 사건 부칙규정'이라고 한다)에 따라 이 사건 재평가를 자산재평가법에 의한 재평가가 아닌 임의재평가로, 이 사건 재평가차액을 임의평가익으로 각 간주하고 원고의 1989 사업연도의 익금에 이 사건 재평가차액을 산입하여, 2004. 3. 20. 원고에 대하여 1989 사업연도 귀속 법인세 213,634,056,630원(본세 74,753,234,322원, 과소신고가산세 22,422,933,005원 및 미납부 가산세 116,457,889,306원 포함; 10원 미만 버림) 및 방위세 22,363,535,720원(본세 18,633,816,822원 및 미납부가산세 3,729,718,904원 포함; 10원 미만 버림)을 부과하였다.

(4) 이에 원고는 2004. 3. 23. 위 부과처분에 대하여 국세심판원에 국세심판을 청구하였던바, 국세심판원은 2005. 1. 31. 「위 부과처분은 과소신고가산세와 미납부가산세를 과세하지 아니하는 것으로 하여 그 세액을 경정한」는 취지의 결정을 하였고, 이에 따라 위 부과처분의 법인세는 74,753,234,322원, 방위세는 18,633,816,822원으로 각 감액경정되었습니다.

2. 처분의 위법성

(1) 이 사건 재평가차액이 1989 사업연도의 익금에 산입됨을 전제로 한 법인세 등 납부의무는 "대통령령이 정하는 기간 이내의 상장미이행"이라는 조건이 성취된 날(즉, 과세요건이 완성된 날)인 2004. 1. 1. 성립하였다. 그런데 법인세법상 재평가차액을 비롯한 임의평가익에 대한 과세제도는 1994. 12. 22.자 법인세법 개정으로 이미 원칙적으로 폐지되었고, 방위세법도 1990. 12. 31.자로 폐지되었으므로, 이 사건 처분은 그 근거 법령이 없는 것으로서 위법합니다.

(2) 이 사건 부칙규정은 구 조세감면규제법이 1993. 12. 31. 전문개정되어 1994. 1.1. 시행됨에 따라 실효되었고, 이에 따라 이 사건 부칙규정상의 상장시한에 관한 대통령령 규정도 모법의 위임이 없어 실효되었다. 따라서 피고로서는 이 사건 부칙규정상의 상장시한에 관한 대통령 규정들 중 위와

같이 실효되지 아니한 마지막 규정인 구조세감면규제법 시행령(1990. 12. 31. 대통령령 제13202호로 개정된 것) 제66조의 상장시한(재평가일로부터 5년)이 경과함으로써 과세요건이 완성된 1994. 4. 1. 이 사건 처분과 같은 부과처분을 할 수 있었다고 할 것인데, 2004년에 이르러서야 이 사건 처분을 하였으므로 이 사건 처분은 5년의 부과제척기간을 도과하여 위법합니다.

(3) 구 조감법 제56조의2 제1항 단서(및 이 사건 부칙규정)는 기업의 상장을 유도하기 위하여 자산재평가법에 따른 재평가를 허용하는 대신, 상장기한 내에 상장을 하지 않는 경우에는 거액의 법인세를 추징한다는 측면에서 징벌적 성격을 가지는 조항이라 할 것이므로, 위 규정은 "재평가를 한 법인이 그 책임 있는 사유로 인하여 상장시한 내주식을 상장하지 아니한 경우"에만 이미 행한 재평가를 자산재평가법에 의한 재평가로 보지 아니한다는 취지로 제한하여 해석하여여 하는바, 원고는 자신에게 책임을 돌릴 수 없는 사유로 인하여 상장시한 내에 주식을 상장하지 아니한 것이므로, 단순히 "원고가 상장시한 내에 주식을 상장하지 아니하였음"을 이유로 한 이 사건 처분은 위법합니다.

3. 결론

이와 같이 피고의 처분은 위법한 행정처분이 아닐 수 없으므로, 상기와 같이 원고의 행정처분의 취소를 구하는 행정소송에 이르게 되었습니다.

입증방법

1. 갑 제1호증
2. 갑 제2호증

첨부서류

1. 위 각 입증방법 각 1부
2. 송달료 납부서
3. 소장부본

20 .   .   .

위 원고   (날인 또는 서명)

서울행정법원   귀중

당해판례

2005구합 10330

1) 이 사건 법인세 등 납부의무의 성립시기 및 근거 법령

가) 구 국세기본법(1990. 12. 31. 법률 제4277호로 개정되기 전의 것) 제21조 제1항 제1호에 의하면 법인세의 납부의무는 과세기간, 즉 그것이 귀속되는 사업연도의 종료 당시에 객관적·추상적으로 성립한다고 봄이 상당한바, 이 사건 재평가차액이 1989 사업연도의 익금에 산입됨을 전제로 한 법인세 등 납부의무는 위 사업연도가 종료하는 날인 1990. 3. 31. 성립하였다고 할 것이고, 따라서 이 사건 처분의 근거 법령은 1990. 3. 31. 당시에 시행되고 있던 구 법인세법 및 구 방위세법(1990. 12. 31. 법률 제4280호로 폐지되기 전의 것, 이하 '구 방위세법'이라 한다)이라고 할 것이다.

나) 이에 대하여 원고는 "상장시한 내의 상장미이행이라는 과세요건의 완성일"에 납세의무가 성립함을 근거로 들어 위 법인세 등 납부의무가 2004. 1. 1. 성립하였다는 취지로 주장하나, 위 주장은 구 조감법 제56조의2 제1항 단서의 규정형식에 착안하여 '상장미이행'이 「재평가차액에 대한 과세의 적극적 요건사실」이라고 보는 견지에 선 것인바, 재평가차액을 비롯한 자산의 임의평가익에 대하여 원칙적으로 법인세를 부과하되 '자산재평가법에 의한 재평가차액'에 대하여 특별히 비과세혜택을 주고 있던 1989 사업연도 종료 당시의 법인세제도 및 "자산재평가법상의 요건에 부합하지 아니하더라도 자산재평가법에 의한 재평가를 할 수 있는 특례"를 규정한 구 조감법 제56조의 2 전체의 입법취지에 비추어 보면, 오히려 '상장이행'이 「재평가차액에 대한 과세의 소극적 요건사실」이고 '상장미이행'은 과세요건의 완성이 아니라 상장시한까지 과세를 유예시키던 사정의 소멸에 불과하다고 봄이 상당하므로, 이와 다른 견지에 서 있는 위 주장은 받아들일 수 없다.

2) 부과제척기간의 기산일(이 사건 처분이 부과제척기간을 도과하였는지 여부)

가) 이 사건 부칙규정이 1993. 12. 31.자 전문개정으로 실효되었는지 여부

ㄱ) 기업공시의 재평가특례 제도와 관련된 감면규정의 개정경과

① 구 조감법 제56조의2는 "처음으로 주식을 상장하고자 하는 법인은 자산재평가법상 요건에 불구하고 매월 1일을 재평가일로 하여 자산재평가법에 의한 재평가를 할 수 있으나, 재평가를 한 법인이 재평가일로부터 2년 이내에 주식을 상장하지 아니하는 경우에 이미 행한 재평가는 자산재평가법에 의한 재평가로 보지 아니한다"고 규정하여 '기업공시의 재평가특례 제도'를 도입하였다.

② 그런데 구 조감법이 1990. 12. 31. 구 조세감면규제법(법률 제4285호)으로 개정되면서 위 제56조의2는 삭제되어 '기업공시의 재평가특례 제도'가 폐지되었고, 이미 위 규정에 따라 실시된 자산재평가(아래에서는 '특례재평가'라고 한다)를 규율하기 위하여 "구 조감법 제56조의2 제1항 본문의

규정에 의하여 재평가를 한 법인에 대하여는 같은 항 단서의 규정에 불구하고 재평가일부터 대통령령이 정하는 기간 내에 주식을 상장하지 아니하는 경우에 한하여 이미 행한 재평가를 자산재평가법에 의한 재평가로 보지 아니한다"는 이 사건 부칙규정이 신설되었다.

③ 이 사건 부칙규정을 위임규정으로 하여, 1990. 12. 31. 개정된 조세감면규제법 시행령(대통령령 제13202호)은 제66조를 신설하여 이 사건 부칙규정상의 '대통령령이 정하는 기간'을 '5년'으로 정하였고, 그 후 1993. 12. 31. 개정된 조세감면규제법 시행령(대통령령 제14084호) 제109조는 이를 '8년'으로, 1996. 12. 31. 개정된 조세감면규제법 시행령(대통령령 제15197호) 제109조는 이를 '10년'으로, 1998. 12. 31. (구 조세감면규제법이 '조세특례제한법'으로 법명을 변경하여 전문개정됨에 따라) 전문개정된 조세특례제한법 시행령(대통령령 제15976호) 제138조는 이를 '11년'으로, 2000. 1. 10. 개정된 조세특례제한법 시행령(대통령령 제16693호) 제138조는 이를 '13년'으로, 2001. 12. 31. 개정된 조세특례제한법 시행령(대통령령 제17458호) 제138조는 이를 '2003. 12. 31.까지'로 각 연장하였다.

④ 한편, 구 조세감면규제법은 1993. 12. 31. 법률 제4666호로 전문개정되어 1994. 1. 1.부터 시행되었는데, 위와 같이 전문개정된 법은 부칙 제2조에서 "이 법 중 소득세 및 법인세에 관한 개정규정은 이 법 시행 후 최초로 개시하는 과세연도분부터 적용한다"고 규정하였으나, 이 사건 부칙규정과 같은 "기업공개시의 재평가특례에 관한 경과조치" 규정은 따로 두지 아니하였다.

ㄴ) 법률의 전문개정시 종전 법률상 부칙규정의 효력에 관한 법리

개정 법률이 전문개정인 경우에는 기존 법률을 폐지하고 새로운 법률을 제정하는 것과 마찬가지여서 종전의 본칙은 물론 부칙 규정도 모두 소멸하는 것으로 보아야 할 것이므로, 종전의 법률 부칙의 경과규정도 실효된다고 보는 것이 원칙이지만, 특별한 사정이 있는 경우에는 그 효력이 상실되지 않는다고 보아야 할 것인바, 여기에서 말하는 '특별한 사정'이라 함은 전문 개정된 법률에서 종전의 법률 부칙의 경과규정에 관하여 계속 적용한다는 별도의 규정을 둔 경우뿐만 아니라 그러한 규정을 두지 않았다고 하더라도 종전의 경과규정이 실효되지 않고 계속 적용된다고 보아야 할 만한 예외적인 특별한 사정이 있는 경우도 포함된다고 할 것이고, 이 경우 예외적인 '특별한 사정'이 있는지 여부를 판단함에 있어서는 종전 경과규정의 입법 경위 및 취지, 전문 개정된 법령의 입법 취지 및 전반적 체계, 종전의 경과규정이 실효된다고 볼 경우 법률상 공백상태가 발생하는지 여부, 기타 제반 사정 등을 종합적으로 고려하여 개별적·구체적으로 판단하여야 한다(대법원 2008. 11. 27. 선고 2006두19419 판결 등 참조).

ㄷ) 이 사건 부칙규정의 효력 존속에 관한 '특별한 사정'의 존부

그런데, ① 이 사건 부칙규정은 자산재평가 특례제도 규정인 종전의 제56조의 2가 삭제되면서 위 규정에 의하여 이미 자산재평가를 실시한 법인만을 사후적으로 규율하기 위하여 당해 법인의 상장기한 및 미상장시 기존의 자산재평가의 효력(제1항), 법인이 자산재평가를 취소한 경우의 효력(제2항) 등을 정하는 한편, 그 상장기한에 대하여만 대통령령에 구체적으로 위임하였으므로, 전문개정된 조세감면규제법에서 이 사건 부칙규정을 계속하여 적용한다는 내용의 경과규정 등을 두지 않더라도 이미 폐지된 자산재평가 특례제도와 관련된 사항을 충분히 규율할 수 있다고 보아 전문개정된 조세감면규제법은 이에 대한 별도의 경과규정을 두지 않은 것으로 보이는 점, ② 전문개정된 조세감면규제법의 시행으로 인하여 이 사건 부칙규정의 효력이 1994. 1. 1.자로 상실되는 것으로 본다면 종전의 제56조의2에 따라 자산재평가를 실시한 법인에 대하여는 사후관리가 불가능하게 되는 법률상 공백상태에 이르게 되는 점, ③ 이에 따라 상장기한 내에 상장을 하지 않은 법인에 대하여는 이미 실시한 자산재평가를 자산재평가법에 의한 재평가로 보지 않게 됨에도 불구하고, 그 재평가차액을 당해 재평가일이 속하는 사업연도의 소득금액계산상 익금에 산입하지 못하거나(이 사건 부칙규정 제1항의 실효) 재평가를 취소한 법인에 대하여는 재평가된 자산가액을 기초로 계상한 감가상각비나 양도차익 등을 재계산하지 못한다면(이 사건 부칙규정 제2항의 실효), 이는 종전의 제56조의2에 따른 자산재평가를 실시하지 아니한 채 원가주의에 입각하여 법인세 등을 신고 · 납부하여 온 법인이나 상장기한 내에 상장을 실시한 법인에 비하여 합리적인 이유 없이 우대하는 결과가 되어 조세공평주의 이념에 반하게 되는 점, ④ 반면에 종전의 제56조의2에 의하여 이미 자산재평가를 한 법인에 대하여 이 사건 부칙규정을 적용하여 과세를 하더라도 이를 두고 그 법인에게 예측하지 못한 부담을 지우는 것으로서 법적 안정성을 해친다고 보기는 어려운 점 등에 비추어 보면, 이 사건 부칙규정은 위 전문개정에도 불구하고 여전히 실효되지 아니할 '특별한 사정'이 있다고 봄이 상당하다.

ㄹ) 소결론
따라서, 이 사건 부칙규정은 위 전문개정에도 불구하고 실효되지 아니하였다고 할 것이다.

나) 부과제척기간의 기산일
ㄱ) 국세기본법 제26조의2는 '국세부과의 제척기간'이라는 제목으로 그 제1항에서 상속세 및 증여세를 제외한 국세의 부과제척기간은 원칙적으로 국세를 '부과할 수 있는 날'부터 5년간으로 규정하고 있다.
구 법인세법 제9조 제2항, 구 법인세법 시행령(1994. 12. 31. 대통령령 제14468호로 개정되기 전의 것) 제12조 제1항 제5호에 의하면 자산재평가법에 의하지 아니한 자산의 임의평가차익은 당해 법인의 소득을 계산함에 있어 익금에 산입되는 반면, 자산재평가법에 의한 재평가차액은 구 법인세법 제15조 제1항 제5호에 의하여 익금에 산입되지 않으나 종전의 제56조의2에 따라 자산재평가를 한 법인이 이 사건 부칙 규정 제1항 소정의 '대통령령이 정하는 기간'인 2003. 12. 31.까지 주식을 상장하지 아니한 경우에는 이 사건 부칙규정 제1항에 의하여 그 자산재평가를 자산재평가법에 의한 재평가로 보지 않게 됨에 따라 비로소 그 재평가차액이 익금에 산입되어야 하는 점, 따라서 과세관청으로서는 위 기간이 도래하기 전까지는 당해 법인이 주식을 상장하지 않고 있다고 하더라도 그 재평가차액을 재평가일이 속하는 사업연도의 소득금액계산상 익금에 산입하여 당해 사업연도의 법인세를 부과할 수는 없었던 점 등에 비추어 보면, 이 사건 부칙규정 제1항에 따른 법인세(부가세인 방위세를 포함한다)를 부과 할 수 있는 날은 2004. 1. 1.로 보아야 한다.

ㄴ) 따라서 2004. 3. 20.에 이루어진 이 사건 부과처분은 제척기간의 기산일인 2004. 1. 1.로부터 5년 내에 이루어진 것이 역수상 명백하므로, 이에 반하는 원고의 주장은 이유 없다.

3) 원고에게 상장미이행에 대한 귀책사유가 없어 이 사건 처분이 위법한지 여부
가) 이 사건 부칙규정은 "… 재평가일로부터 대통령령이 정하는 기간 이내에 한 국증권거래소에 주식을 상장하지 아니하는 경우에 한하여 이미 행한 재평가를 자산재평가법에 의한 재평가로 보지 아니한다."라고만 규정하고 있을 뿐, 주식을 상장하지 아니하는 경우의 전제요건으로 '납세자의 귀책사유가 있을 것'을 규정하고 있지 아니하므로, 이에 반하는 원고의 주장은 이유 없다.
나) 설령 납세자의 귀책사유로 인하여 상장을 하지 아니한 경우에 한하여 자산재평가법에 의한 평가로 보지 아니한다고 위 규정을 한정·해석한다 하더라도, 앞서 본 바와 같이 자산재평가특례제도가 기업에 상당한 이익을 주는 특혜로서 "상장미이행"은 과세요건의 완성이 아니라 과세를 유예시키던 사정의 소멸에 불과한 점, 이 사건 부칙규정은 이 사건 자산재평가 당시의 상장의 시한을 연장하는 것으로서 납세자에게 유리한 내용인 점 등에 비추어 보면, "상장시한 내에 주식을 상장하지 않은 데에 대한 정당한 사유"의 입증책임은 과세관청이 아니라 납세자에게 있다고 할 것인바, 이에 관하여 살펴본다.
원고가 최종상장시한인 2003. 12. 31.까지 주식을 상장하지 못한 데에는 ㉠ 정부가 1990년대에 증시안정을 주된 목적으로 하여 신규기업공개를 제한한 것, ㉡ 시민단체들이 ㅇㅇㅇ 부채처리와 관련하여 원고 등 생명보험회사들에게 "주식배당 방식에 의한 보험계약자에 대한 상장이익 배분"을 요구한 것, ㉢ 정부가 시민단체들의 위와 같은 요구를 적극적으로 차단하거나 생명보험회사들이 수용할 만한 새로운 상장안을 제시하지 아니한 것, ㉣ 원고 이외의 생명보험회사들이 상장자문위원회나 시민단체가 제시한 상장이익의 계약자배분안에 대하여 반대입장을 고수한 것, ㉤ 정부가 보험

계약자에 대한 상장이익 배분이나 주식배당의 근거 법령을 마련하는 등 근본적인 해결책을 강구하지 아니한 채 사실상 원고의 주식상장을 불허하다가 상장시한의 추가연장을 거부한 것 등 원고 이외의 주체의 행위들도 복합적 원인으로 작용하였다고 할 것인바, 이러한 사정에 주식회사인 원고가 보험계약자에게 상장이익 을 배분하여야 할 법적 근거가 명확하지 아니한 점, 특히 보험계약자에게 주식배당 방식으로 상장이익을 배분하는 것은 주주의 신주인수권과 충돌을 야기하며 기존 주주의 경영권을 위협할 가능성이 있을 뿐만 아니라 보험계약자의 수를 감안할 때 현실적으로 어렵기도 한 점, 원고의 대주주들이 상장자문위원회의 활동에 적극 참여하고 시민단체 등의 요구에 응하여 사재출연 의사를 밝히기도 한 점, 원고가 상장시한 경과시까지 상장을 통한 자본확충의 필요성 때문에 다른 생명보험회사들에 비하여 상장에 적극적이었던 점 등 이 사건 변론에 나타난 제반사정을 더하여 보면, 원고의 상장미이행에 관하여는 원고 이외의 자에게도 귀책사유가 일부 있다고 할 것이다.

그러나, ① 정부는 1993년경까지 및 1996년경에만 명시적으로 원고 등 생명보험회사의 주식상장 불허방침을 밝혔던바, 갑 제9, 13호증의 각 기재만 가지고는 원고가 1994년경 이후 지속적·적극적으로 주식상장을 시도하였음을 인정하기에 부족하고 달리 이를 인정할 만한 증거가 없는 점, ② 원고는 정부의 방침에 따라 이 사건 재평가차액 중 40%를 보험계약자 몫으로 적립하는 등 애초에는 보험계약자에 대한 상장이익 배분에 대하여 별다른 이견이 없다가 1999년경에 이르러서야 이에 반대하기 시작한 것으로 보이는바, 원고의 위와 같은 태도변경도 상장미이행의 한 원인이 되었던 점, ③ 원고가 상장이익의 일부를 보험계약자에게 배분하는 것이 반드시 원고나 그 경영진의 손해배상책임이나 형사책임을 발생시킬 사유라고 보기는 어려운 점, ④ 원고가 1999년경 이후 다른 생명보험회사들과 같은 입장을 취하지 아니하고 보험계약자에 대한 상장이익 배분을 전제로 독자적으로 상장을 추진하는 것이 전혀 불가능하지는 아니 하였을 것으로 보이는바, 원고가 그와 같이 하지 아니한 데에는 상장시기를 저울질하는 한편 상장이행시 자본확충으로 얻게 될 제반이득과 상장이익 배분으로 입게 될 제반손실, 경영여건의 변화 등을 비교형량한 끝에 비록 순전히 자발적인 것은 아니라 할지라도 스스로 주식을 상장하지 아니하기로 선택한 측면이 있는 것으로 보이는 점(원고는 이 사건 변론종결일까지도 주식을 상장하지 않고 있다) 등 이 사건 변론에 나타난 제반사정을 종합하면, 앞에서 본 사정만 가지고 원고가 그 책임 없는 정당한 사유로 인하여 상장시한 내에 주식을 상장하지 아니하였다고 단정하기는 어렵고, 달리 이를 인정할 만한 증거가 없다.

소　　장

원고　　1. 김 길 동(주민등록번호)
　　　　　서울시 강동구 ○○동 ○번지
　　　　2. 박 길 자(주민등록번호)
　　　　　서울시 강동구 ○○동 ○번지
피고　　강동세무서장
부가가치세부과처분취소

청구취지

1. 피고가 2007. 4. 2. 원고들에 대하여 한 부가가치세 2003년 2기분 3,536,050원(가산세 포함, 이하 같다), 2004년 1기분 22,194,890원, 2004년 2기분 106,843,140원, 2005년 1기분 161,247,690원, 2005년 2기분 147,524,060원, 2006년 1기분 17,079,220원의 각 부과처분을 취소한다.

2. 소송비용은 피고의 부담으로 한다.

라는 판결을 구합니다.

청구원인

1. 처분의 경위

(1) 원고들은 2003. 11.부터 2006. 1.까지의 이 사건 과세기간 동안 서울 강동구 ○○동 ○○○ 지상 건물 2층에서 '○○○'라는 상호로 간이과세자 사업자등록을 한 후(다만 사업자 명의는 원고 1 단독으로 함), 주식회사 ○○○(이하 '소외회사'라 한다)이 제공하는 온라인 한게임서비스를 이용하기 위하여 온라인상에서 필요한 사이버 화폐인 이 사건 게임머니를 소외회사 또는 게임이용자로부터 매수하였다가 이를 필요로 하는 다른 이용자에게 매도하는 거래를 하면서, 이 사건 과세기간 중 2003. 11.부터 2005. 12.까지 43,992,000원을 과세표준으로 하고 간이과세자로서 2%의 세율을 적용한 부가가치세를 신고·납부하였습니다.

(2) 피고는 이 사건 과세기간 동안 원고들이 판매한 게임머니 공급가액 합계 4,629,059,303원을

과세표준으로 보고, 또한 간이과세자가 아닌 일반과세자로서의 세율을 적용하여 전항의 과세표준 신고액과의 차액에 대하여 청구취지 기재와 같이 부가가치세를 경정·고지(이하 '이 사건 처분'이라 한다)하였습니다.

2. 처분의 위법성

(1) 이 사건 게임머니는 소외회사 소유로서 현금으로 교환되거나 온라인 거래의 거래수단으로 사용될 수 없고 단순히 게임에 참가할 수 있도록 기능하는 재산적 가치가 없는 단순한 컴퓨터 코드일 뿐이므로 부가가치세법상 재화에 해당하지 않는다. 따라서 원고들은 부가가치세법상 사업자가 아닙니다.

(2) 이 사건 게임머니를 부가가치세법상 재화로 보는 경우 그 매출금액에서 매입금액을 공제한 금액만을 과세표준으로 보아야 하고, 부가가치세법 제17조 제2항 제1의 2호는 부가가치세 제도의 본질, 조세평등의 원칙 및 실질과세의 원칙에 반하여 재산권을 과도하게 침해하는 것이므로 국민의 재산권 보장에 관한 헌법 제23조에 위배됩니다.

(3) 원고들의 이 사건 게임머니 매매 사업은 부가가치세법 시행령 제74조의3 제4항 제1호 소정의 소매업으로서 2005년 2기 과세기간까지는 간이과세자에 해당하고, 2006년 1기의 경우에도 피고로부터 일반과세자로 전환된다는 통지를 받지 못하였기 때문에 부가가치세법 시행령 제74조의2 제2항, 제4항에 의하여 간이과세자에 해당합니다. 따라서 부가가치세법 제26조 제1항, 제2항, 부가가치세법 시행령 제74조의3 제1항, 제4항에 의하여 2%의 세율이 적용되어야 합니다.

3. 결론

이상과 같은 이유로 피고의 위 처분은 절차적·실체적으로 위법하므로 이의 취소를 구하는 본 건 행정소송에 이르게 되었습니다.

입증방법

　　1. 갑 제1호증
　　2. 갑 제2호증
　　3. 갑 제3호증

첨부서류

　　1. 위 각 입증방법　　　　　　　　　　각 1부

        2. 송달료 납부서

        3. 소장부본

                          20 . . .

                          위 원고   (날인 또는 서명)

  서울행정법원   귀중

당해판례

당해판례

부가가치세부과처분취소 청구의 소

2009구합 4418

(1) 위 가. (1)항 주장에 대한 판단

부가가치세법 제1조 제1항 제1호, 제2항 및 부가가치세법 시행령 제1조 제1항, 제2항에 의하면, 부가가치세가 부과되는 거래의 대상인 '재화'에는 재산적 가치가 있는 유체물 뿐만 아니라, '동력. 열 기타 관리할 수 있는 자연력 및 권리 등으로서 재산적 가치가 있는 유체물 이외의 모든 무체물'도 포함되는바, 이 사건 게임머니는 원고가 이를 유상으로 매수하였다가 이윤을 남기고 매도한 바와 같이 엄연히 재산적 가치가 있는 거래의 객체로서, 소외회사가 제공하는 온라인 한게임서비스 상의 게임 등을 이용 할 수 있는 권리 내지 기타 재산적 가치가 있는 무체물의 일종인 부가가치세법상의 '재화'에 해당한다 할 것이다. 따라서 이와 다른 전제에서 나온 원고의 이 부분 주장은 이유 없다.

(2) 위 가. (2)항 주장에 대한 판단

부가가치세법 제13조 제1항 제1호, 제17조 제1항 제1호, 제2항 제1호, 제1의2호에 의하면, 부가가치세는 매출 시에 금전으로 받은 대가 등을 과세표준으로 하여 그에 대한 '매출세액'에서 매입 시에 징수당한 '매입세액'을 공제한 금액을 '납부세액'으로 하도록 규정하는 한편(원고가 주장하는 바와 같이 매출금액에서 매입금액을 공제한 금액을 과세표준으로 하는 것이 아니므로, 원고의 이 부분 주장은 그 주장 자체로 이유가 없다), 매입세액 공제를 받기 위해서는 예외적인 경우가 아닌 한 그 공급하는 자로부터 필요적 기재사항이 제대로 기재된 매입 세금계산서를 교부받고, 과세기관에 기재사항이 제대로 기재한 매입처별세금계산서합계표를 제출하도록 규정하고 있다. 따라서 피고 가 이 사건 처분을 함에 있어 이 사건 과세기간 동안 원고들이 판매한 게임머니 공급가액 합계 4,629, 059,303원을 과세표준으로 하여 매출세액을 계산한 것은 옳고, 그에 대하여 원고들이 매입세액을 공제받기 위해서는 거래 징수당한 매입세액이 있고 그에 관한 세금계산서를 교부받아 피고에게 매입처별세금계산서합계표 등을 제출하여야 하는데, 원고들이 이 사건 게임머니를 매수함에 있어 거래 징수당한 매입세액이 있다고 볼 증거도 없으므로, 이와 다른 전제에서 나온 원고들의 이 부분 주장도 이유 없다.

(3) 위 가.(3)항 주장에 대한 판단

부가가치세법 제25조 제1항 및 부가가치세법 시행령 제74조 제1항은, 직전 1력년의 재화와 용역의 공급에 대한 대가가 4,800만 원에 미달하는 개인사업자를 간이과세자로 규정하고 있는바, 을 1호증의 1 내지 6의 각 기재에 의하면, 원고들의 경우 이 사건 과세기간 동안의 위 공급대가가 위 기준금액을 넘는 사실을 인정할 수 있어, 원고들이 간이과세자로 사업자등록을 하였는지에 관계없이 간이과세자에 해당하지 않는다 할 것이다. 또한 부가가치세법 시행령 제74조의2 제2항, 제4항은 납세의무자가 성실하게 부가가치세 신고를 하였을 경우에만 적용될 뿐, 이 사건의 경우와 같이 간이과세자로 적용받기 위해 매출액을 누락하여 신고하는 등의 불성실한 납세의무자에 대해서까지 적용되는 것이라 할 수 없다. 따라서 원고들의 이 부분 주장도 이유 없다.

[서식] 부가가치세부과처분취소 청구의 소

소　　장

　　원고　　　김 길 동(주민등록번호)
　　　　　　　서울시 동대문구 ○○동 ○번지
　　피고　　　동대문세무서장
　　부가가치세부과처분취소

청구취지

1. 피고가 2007. 11. 6. 원고에 대하여 한 2003년 2기 부가가치세 1,821,880원의 부과 처분, 2007. 11. 1. 원고에 대하여 한 2005년 1기 부가가치세 3,636,370원의 부과처분, 2007. 11. 6. 원고에 대하여 한 2005년 2기 부가가치세 139,683,980원의 부과처분을 모두 취소한다.

2. 소송비용은 피고의 부담으로 한다.

라는 판결을 구합니다.

청구원인

1. 처분의 경위

(1) 원고는 2001. 7. 30.경부터 'ㅇㅇ물산'이라는 상호로 의류부자재 도.소매업을 영위하다가 2006. 7. 31. 폐업하였는데, 2003. 7. 31. ㅇㅇㅇ에게 공급가액 11,075,500원의 세금계산서(이하 '제1세금계산서'라 한다)를 교부하고, 2005. 1. 31.부터 2005. 6. 30.까지 사이에 ㅇㅇㅇ로부터 공급가액 합계 24,946,550원의 세금계산서(이하 '제2세금 계산서'라 한다)를 교부받고, 2005. 7. 6.부터 2005. 10. 12.까지 사이에 ㅇㅇㅇ으로부터 공급가액 합계 928,249,200원의 세금계산서 (이하 '제3세금계산서'라 한다)를 교부받는 한편, 2005. 7. 6.부터 2005. 10. 13.까지 사이에 주식회사 ㅇㅇㅇ에 공급가액 합계 949,707,024원의 영세율 세금계산서(이하 '제4세금계산서'라 한다)를 교부하였고, 위 각 세금계산서에 기하여 2003년 2기, 2005년 1기, 2005년 2기의 각 부가가치세를 신고하였습니다(2005년 2기에 부가가치세 약 94,423,000원이 원고에게 환급되었다).

(2) 피고는 위 각 세금계산서가 실물거래 없이 수수된 허위의 세금계산서인 것으로 보아 제1세금계산서와 관련하여 공급가액 11,075,500원을 매출누락으로 처리하여 2003년 2기 부가가치세 과세표준에 산입하고, 제2세금계산서와 관련하여 2005년 1기 부가가치세 산정에 있어서 매입세액 2,494,600원의 공제를 부인하고, 제3세금계산서와 관련하여 2005년 2기 부가가치세 산정에 있어서 매입세액 92,824,900원의 공제를 부인하는 한편 제4세금계산서와 관련하여 공급가액 949,707,024원을 가공매출로 처리하여 2005년 2기 부가가치세 과세표준에서 차감하는 등으로 부가가치세액을 산정한 다음, 원고에 대하여 2007. 11. 6. 2003년 2기 부가가치세 1,821,880원(가산세 714,386원 포함)을, 2007. 11. 1. 2005년 1기 부가가치세 3,636,370원(가산세 1,141,778원 포함)을, 2007. 11. 6. 2005년 2기 부가가치세 139,683,980원(가산세 46,859,082원 포함)을 부과하는 이 사건 각 처분을 하였습니다.

2. 처분의 위법성

제1세금계산서는 원고가 ㅇㅇㅇ과 사이에 의류부자재를 납품하는 거래를 하여 오던 중 ㅇㅇㅇ로부터 자재대금을 지급받지 못함에 따라 그 지급에 갈음하여 ㅇㅇㅇ이 보관 중이던 원고 납품의 자재 11,075,500원 상당을 회수하면서 ㅇㅇㅇ에게 반품 세금계산서로 교부한 것이고, 제2, 3, 4세금계산서는 원고가 ㅇㅇㅇ로부터 원단 등 의류부자재 주문을 받은 다음 ㅇㅇㅇ으로부터 의류부자재를 매수하여 ㅇㅇㅇ에 공급하고 ㅇㅇㅇ로 부터 받는 자재대금의 2~3% 상당액의 이익을 취하는 거래를 하여 오면서 ㅇㅇㅇ 및 ㅇㅇㅇ과 사이에 수수한 세금계산서인바, 위 각 세금계산서가 실물거래

없이 수수된 허위의 세금계산서인 것으로 보아 이루어진 이 사건 각 처분은 위법합니다.

3. 결론

위와 같은 이유로 피고의 이 사건 처분은 위법하므로 이의 취소를 구하는 본 건 행정소송에 이르게 되었습니다.

입증방법

1. 갑 제1호증
2. 갑 제2호증

첨부서류

1. 위 각 입증방법   각 1부
2. 송달료 납부서
3. 소장부본

20 . . .

위 원고   (날인 또는 서명)

서울행정법원   귀중

부가가치세부과처분취소 청구의 소

2008구합 45399

변론 전체의 취지를 종합하여 인정되는 다음과 같은 사정들, 즉 ① 원고가 ○○○에 대한 제1세금계산서의 교부 경위에 관한 주장을 뒷받침하기 위하여 제1세금계산서 교부시점 이전의 원고와 ○○○ 간의 의류부자재 거래에 관한 세금계산서(갑 제3호증의 1 내지 8)를 제출하였고, ○○○이 원고와 사이에 수수된 세금계산서와 관련하여 수사기관의 수사 등을 통하여 자료상으로 인정되었음을 인정할 만한 자료가 없는 점, ② 원고가 ○○○과의 제2, 3세금계산서상 거래에 관한 주장을 뒷받침하기 위하여 거래장부를 제출하였고, 피고가 ○○○을 자료상 혐의로 수사기관에 고발하는 과정에서 제2, 3 세금계산서가 실제 거래 없이 교부된 것인지에 관하여 ○○○으로부터 이를 직접 확인 받은 바가 없으며, 원고와 ○○○(원고의 남편으로 ○○물산을 운영하였다)이 피고의 고발에 따라 서울북부지방검찰청에서 조세범처벌법위반 혐의로 수사를 받은 결과 혐의 없음의 불기소처분을 받았고,

○○○이 제2, 3세금계산서와 관련하여 수사기관의 수사 등을 통하여 자료상으로 인정되었음을 인정할 만한 자료가 없는 점, ③ 원고가 ○○○과의 제4세금계산서상 거래에 관한 주장을 뒷받침하기 위하여 개설신청인을 ○○○으로, 수혜자를 ○○○으로 하여 금융기관이 발행한 취소불능내국신용장, ○○○의 2005. 7. 5.부터 2005. 10. 14.까지 사이의 수출품 선적현황에 관한 자료 및 ○○○과 ○○○관세사무소 간의 수출품 통관업무대행에 관한 거래명세표, 원고와 ○○○ 간의 거래 내역이 기재된 거래장부 등을 제출한 점, ④ ○○○이 원고의 예금계좌로 송금한 금원이 다시 ○○○에게 반환되었다거나 원고가 ○○○의 예금계좌로 송금한 금원이 다시 원고에게 반환되었음을 인정할 만한 자료가 없는 점 등에 비추어 보면, 위와 같이 인정되는 사정만으로 위 각 세금계산서가 실물거래를 동반하지 않은 허위의 세금계산서라고 단정하기에는 부족하고, 달리 이를 인정할 만한 증거가 없으므로, 위 각 세금계산서가 실물거래를 동반하지 않은 허위의 세금계산서인 것으로 보아 이루어진 이 사건 각 처분은 위법하다.

[서식] 부가가치세등부과처분취소 청구의 소

소　　장

원고　　○○ 주식회사
　　　　　서울시 종로구 ○○동 ○번지
피고　　종로세무서장
부가가치세등부과처분취소

청구취지

1. 피고가 2005. 8. 1. 원고에 대하여 한 2004년 2기 부가가치세 가산세 26,509,200원, 2004년도 법인세 26,509,200원의 각 부과처분과 2005. 8. 17. 원고에 대하여 한 2004년 2기 부가가치세의 세액을 132,546,000원만큼 증액한 경정처분을 각 취소한다.
2. 소송비용은 피고의 부담으로 한다.
라는 판결을 구합니다.

청구원인

1. 처분의 경위

(1) 원고는 2004. 11. 12. 금지금(金地金)의 도소매 및 수출입업 등을 목적으로 설립된 법인입니다.

(2) 원고는 2004년 2기에 아래와 같이 주식회사 A(이하 'A'라 한다)로부터 3차례에 걸쳐 공급가액 합계 1,325,460,000원의 금지금 매입에 관한 세금계산서(이하 '이 사건 각 세금계산서'라 하고, 각각의 세금계산서는 거래일자순으로 '이 사건 제1세금계산서', '이 사건 제2세금계산서', '이 사건 제3세금계산서'라 한다)를 수취한 후 각 거래에 관한 매입세액을 매출세액에서 공제하여 피고에게 부가가치세를 신고하였습니다.

거래일자	수량(g)	단가(원)	공급가액(원)	부가가치세액(원)
2004. 12. 8.	20,000	14,933	298,660,000	29,866,000
2004. 12. 10.	50,000	14,680	734,000,000	73,400,000
2004. 12. 14.	20,000	14,640	292,800,000	29,280,000
총합계			1,325,460,000	132,546,000

(3) 서울지방국세청장은 원고에 대하여 세무조사를 실시한 결과, 이 사건 각 세금계산서가 위장매입에 의한 허위세금계산서라고 판단하여 이를 피고에게 통보하였습니다.

(4) 피고는 서울지방국세청장의 통보에 따라 이 사건 각 세금계산서에 관한 매입세액을 공제하지 않기로 함에 따라 2005. 8. 17. 원고에게 아래와 같이 2004년 2기 부가가치세액을 원고가 신고한 -132,901,855원에서 132,546,000원만큼 증액하여 -355,855원으로 경정·고지하고(이하 '이 사건 경정처분'이라 한다), 2005. 8. 1. 부가가치세법(2006. 12. 30. 법률 제8142호로 개정되기 전의 것, 이하 같다) 제22조 제4항, 제5항에 의거 허위세금계산서상 공급가액 합계액의 100분의 1에 해당하는 13,254,600원의 세금계산서합계표미제출등가산세와 허위세금계산서에 의하여 과다하게 신고한 매입세액의 100분의 10에 해당하는 13,254,600원의 신고불성실가산세를 부과하면서 위 두 개의 가산세 합계액 26,509,200원에서 환급세액 355,855원을 공제한 금액을 납부할 세액으로 기재한 납입고지서를 원고에게 교부하였습니다(이하 '이 사건 부가가치세 가산세 부과처분'이라 한다).

구분		신고	경정	증감액
과세표준		1,337,126,068	1,337,126,068	0
납부(환급)세액	매출세액 계	0	0	0
	매입세액 계	132,901,855	355,855	−132,546,000
	차가감 계	−132,901,855	−355,855	132,546,000
가산세			26,509,200	26,509,200
차감고지세액			26,153,345	26,153,345

(5) 또한 피고는 2005. 8. 1. 원고에게 허위세금계산서를 수취하였음을 이유로 법인세법 제76조 제5항에 의거 허위세금계산서상 공급가액 합계액의 100분의 2에 해당하는 26,509,200원의 증빙미수취가산세를 2004년도 법인세로 부과하였습니다(이하 '이 사건 법인세 부과처분'이라 한다).

2. 처분의 위법성

원고는 A으로부터 실제 금지금을 매수하고 그 대금까지 모두 지급한 다음 이 사건 각 세금계산서를 교부받은 것이므로, 이 사건 각 세금계산서가 위장매입에 의한 허위세금계산서라는 전제에서 한 청구취지 기재 각 처분(이하 '이 사건 각 처분'이라 한다)은 위법합니다.

3. 결론

이상과 같이 이 사건 각 처분은 위법하므로 이의 취소를 구하는 본 건 행정소송에 이르게 되었습니다.

입증방법

   1. 갑 제1호증
   2. 갑 제2호증

첨부서류

   1. 위 각 입증방법   각 1부
   2. 송달료 납부서
   3. 소장부본

20 .   .   .

위 원고   (날인 또는 서명)

서울행정법원   귀중

당해판례

2006구합 43245

1. 앞서 본 바와 같이 원고의 대표이사 B은 D 주식회사에서 10개월 정도 근무한 것 외에는 금지금 수출입업에 관하여 특별한 경험이나 지식이 없었던 점, 3차례의 이 사건 거래 모두 A으로부터 매입한 금지금을 그대로 수출하고 오로지 부가가치세를 환급받음으로써 이득을 취하려 한 것인 점, 당시 이른바 '폭탄영업'은 금지금 도매업계에 널리 알려져 있었기 때문에 원고의 대표이사인 B 역시 원고의 거래 형태가 폭탄영업의 일부인 사실을 잘 알 수 있었다고 보이는 점, 이 사건 제1금지금 및 제3금지금은 수입에서 수출까지 단 하루만에 여러 단계의 업체들을 거쳐 유통되면서도 실물의 이동경로가 불분명하고, 아무런 가공 없이 여러 차례 수입과 수출이 반복되고 있었는 바, 이는 거래업체들 사이에 밀접한 협력관계가 없이는 불가능할 것으로 보이는 점, 이 사건 제1금지금 및 제3금지금의 수출가격은 수입가격보다 낮았을 뿐만 아니라 국내시세 및 국제시세와 비교하여도 상당히 저렴하였는바, 원고가 금지금을 국내에 유통시킬 경우 훨씬 더 많은 이익을 취득할 수 있었음에도 굳이 수출을 반복한 것은 오로지 부가가치세 환급을 위한 목적 이외에는 달리 설명이 불가능한 점, 원고를 비롯한 거래당사자들이 금지금을 수출하면서 관세를 환급받기 위하여 필요한 분할증명서를 전혀 수수하지 않은 것은 정상적인 실물거래에 있어서는 발생하기 어려운 점 등에 비추어 보면, 이 사건 제1금지금 및 제3금지금의 거래과정에서 폭탄업체와 그 전후 거래업체 사이에서 이루어진 거래는 오로지 면세거래를 과세거래로 전환하기 위하여 세금계산서만을 발행하여 수수하는 명목상의 거래로 보인다.

또한 그 후 원고에 이르기까지의 거래에 관여한 과세도매업체들 역시 단지 원고로부터 받은 대금을 그 매입처에 송금하여 전달하고 세금계산서를 수수한 다음 이러한 개입의 대가로 장차 포탈할 부가가치세액의 일정 부분을 매출가액과 매입가액의 차액이라는 형태로 취득하는 사업자들로서, 이들과 원고 사이에서 금지금이 인도되고 대금이 지급되는 등의 매매가 이루어지는 외형을 갖추었다고 하더라도 이는 실제거래로 위장하기 위한 명목이라고 봄이 상당하다.

따라서 이 사건 제1세금계산서 및 제3세금계산서는 그에 의한 매입세액 공제가 부인되어야 할 허위세금계산서에 해당한다.

2. 이 사건 제2세금계산서의 허위성 여부

피고는 이 사건 제2세금계산서도 위장매입에 의한 허위세금계산서에 해당한다고 하여 당해 매입세액의 공제를 부인하고 있다.

그러므로 살피건대, 갑 제8호증, 제9호증의 2, 제10호증, 제13호증의 2, 3, 제23호증의 2, 을 제15호증의 1~4의 각 기재에 의하면, 원고는 2004. 12. 10. A으로부터 이 사건 제2세금계산서에 기재된 금지금 50kg(이하 '이 사건 제2금지금'이라 한다)을 734,000,000원에 매입하여 같은 날 운송업체인 유한회사 ○○○○○○을 통하여 홍콩의 P 업체에 743,478,791원에 수출한 사실, 위 금지금의 수출대금은 2004. 12. 13. P로부터 전신환에 의하여 원고의 외화예금계좌에 입금된 사실, 원고는 결제받은 수출대금으로 같은 날 A에 위 금지금 매입대금을 결제한 사실은 인정되나, 나아가 이 사건 제2금지금이 언제, 누구에 의하여 수입되어 어떤 유통경로를 거쳐 수출되었는지, 유통에 관여한 업체들 사이에서 금지금 실물의 이동과 대금의 결제는 어떻게 이루어졌는지를 구체적으로 밝힐 수 있는 아무런 증거가 없다.

그렇다면 원고와 A 사이의 다른 2건의 금지금 거래가 위장된 명목상의 거래라는 점, 이 사건 제2금지금의 수출가격이 국내시세 또는 국제시세보다 낮았다는 점, A에 대한 대금 결제가 금지금 매입일보다 후에 이루어진 외상거래였다는 점 등의 간접사실들만으로는 이 사건 제2금지금의 거래가 수입에서부터 수출에 이르기까지 유통에 관여한 업체들 사이에 암묵적인 공모관계 하에 부가가치세의 포탈을 통한 이득을 취할 목적으로 명목상으로만 이루어진 위장거래라고 인정하기에 부족하고 달리 이를 인정할 증거가 없다.

3. 정당한 세액의 계산

(1) 부가가치세 부분

(가) 본세

원고가 당초 신고한 공제받아야 할 매입세액 132,901,855원 중 사실과 다른 세금계산서에 근거한 것이어서 부인되어야 할 부분은 이 사건 제1세금계산서 및 제3세금계산서상 매입세액 합계액인 59,146,000원이고 당해 과세기간 중의 매출세액은 0원이므로, 원고가 납부할 부가가치세액은 −73,755,855원이 된다. 따라서 원고가 당초 신고한 세액을 132,546,000원 증액하여 한 이 사건 경정처분은 59,146,000원을 증액한 한도에서 적법하고 이를 초과한 부분은 위법하다.

(나) 가산세

세금계산서합계표미제출등가산세는 사실과 다른 세금계산서인 이 사건 제1세금계산서 및 제3세금계산서상 공급가액 합계액 591,460,000원의 100분의 1에 해당하는 5,914,600원이 되고, 신고불성실가산세는 위 각 세금계산서상의 매입세액 합계액 59,146,000원의 100분의 10에 해당하는 5,914,600원이 되므로, 이 사건 부가가치세 가산세 부과처분 중 위 두 개의 가산세 합계액 11,829,200원을 초과하는 부분은 위법하다.

(2) 법인세 부분

법인세법 제76조 제5항이 재화나 용역을 공급받은 법인으로 하여금 정규지출증빙서류를 수취하지 않은 경우 가산세를 부담하도록 하는 것은 법인의 경비지출내용의 투명성을 제고함과 아울러 거래상대방 사업자의 과세표준 양성화를 유도하기 위한 것으로서, 과세표준 양성화 대상이 되는 거래상대방 사업자에게 성실신고의무를 부과하는 것만으로는 이러한 입법목적 달성에 어려움이 있으므로, 재화나 용역을 공급받는 법인에게 정규지출증빙서류를 수취하도록 하고 그 의무위반에 대하여 그 수취하지 않은 금액의 일정 비율에 상당한 금액을 추가하여 납부하도록 제재하는 것이므로(헌법재판소 2005. 11. 24.자 2004헌가7 결정, 2007. 5. 31.자 2006헌바88 결정 참조), 위 규정에 의한 가산세는 실제의 거래가 있음에도 그 지출증빙서류를 수취하지 않은 경우에 적용되어야 하고, 이 사건 제1세금계산서 및 제3세금계산서와 같이 실제 거래가 없음에도 거래가 있는 것으로 위장하고 증빙서류를 수수한 행위에 대하여는 적용할 수 없으며, 이 사건 제2세금계산서가 허위로 작성된 세금계산서임을 인정할 증거가 없음은 앞서 본 바와 같으므로 이에 대한 가산세 역시 부과할 수 없다. 따라서 이 사건 법인세 부과처분은 위법하다.

4. 결론

그렇다면, 이 사건 부가가치세 가산세 부과처분 중 11,829,200원을 초과하는 부분, 이 사건 법인세 부과처분, 이 사건 경정처분 중 59,146,000원을 초과하여 세액을 증액한 부분은 위법하여 취소되어야 할 것이므로, 원고의 이 사건 청구는 위 인정 범위 내에서 인용하고, 나머지 청구는 기각하기로 하여 주문과 같이 판결한다.

[서식] 부가가치세등부과처분취소 청구의 소

소 장

원고   학교법인 A
        서울시 서초구 반포동 ○번지
피고   반포세무서장
부가가치세등부과처분취소

청구취지

1. 피고가 2005. 7. 1. 원고에 대하여 한 2002년 제2기분 부가가치세 118,116,800원, 2003년 제1기분 부가가치세 316,479,890원, 2003년 제2기분 부가가치세 221,717,160원, 2004년 제1

기분 부가가치세 198,019,430원, 2002년 귀속 종합소득세 28,286,710원, 2003년 귀속 종합소득세 125,269,610원 및 2004년 귀속 종합소득세 69,829,930원의 각 부과처분을 취소한다.
2. 소송비용은 피고의 부담으로 한다.
라는 판결을 구합니다.

청구원인

1. 처분의 경위

(1) 원고는 2002년경부터 2004년경까지 서울 서초구 소재 A동 11세대, B동 9세대(아래에서는 A동 11세대를 통틀어 'A동'이라고 하고, B동 9세대를 통틀어 'B동'이라고 하며, A동과 B동을 통틀어 '이 사건 주택'이라고 한다)의 신축을 주도하였는데, 이와 관련하여 부가가치세 및 종합소득세를 신고·납부하지 아니하였습니다.

(2) 피고는 2005. 7. 1. 원고가 이 사건 주택을 신축·분양하여 주택신축판매업을 영위하였음을 전제로 원고에 대하여 2002년 제2기분 부가가치세 118,116,800원, 2003년 제1기분 부가가치세 316,479,890원, 2003년 제2기분 부가가치세 221,717,160원, 2004년 제1기분 부가가치세 198,019,430원, 2002년 귀속 종합소득세 28,286,710원, 2003년 귀속 종합소득세 125,269,610원 및 2004년 귀속 종합소득세 69,829,930원을 각 부과하였습니다(아래에서는 '이 사건 처분'이라고 한다).

(3) 원고는 이 사건 처분에 대하여 이의신청절차를 거쳐 2006. 2. 9. 국세심판원에 심판을 청구하였으나 국세심판원은 2006. 9. 6. 원고의 위 심판청구를 기각하였습니다.

2. 처분의 위법성

이 사건 주택은 동호회원들의 출자로 시공된 '동호인 주택'이고, 자신은 위 동호회원들의 위임에 따라 동호회의 관리책임자로서 이 사건 주택의 신축에 관여하였을 뿐이므로, 원고가 이 사건 주택을 신축·분양하여 주택신축판매업을 영위하였음을 전제로 한 이 사건 처분은 위법합니다.

3. 결론

이상과 같이 피고의 이 사건 처분은 위법하므로 이의 취소를 구하는 본 건 소송에 이르게 되었습니다.

입증방법

1. 갑 제1호증
2. 갑 제2호증
3. 갑 제3호증

당해판례

2006구합 44811

일반적으로 '동호인 주택'이라 함은 각 개인이 단독으로 주택을 신축할 경우의 불편 및 부담을 피하고 건축원가절감 및 친밀한 이웃관계의 조성 등과 같은 편익을 도모할 목적으로 일군의 사람들이 인적 유대관계를 기초로 동호회를 구성하여 부지의 선정·구매에서 인·허가 및 신고절차, 건축공사에 이르는 주택신축사업을 공동으로 수행한 후 정산절차를 거쳐 실수요자로서 입주하는 형태의 주택을 말하는바, 어떤 주택이 동호인 주택에 해당하는지 여부는 동호회원의 수 및 그들 사이의 인적관계, 건축절차와 동호회 결성 사이의 시간적 선후관계, 주택신축사업에 관한 동호회의 의사결정방법, 주택부지의 매수인이나 건축주 또는 건축공사도급인의 명의, 건축비용의 지급방법과 건축에 따른 손익의 정산방법, 주택부지 및 주택의 소유관계, 건축 후의 이용상황 등과 같은 제반사정을 종합하여 그것이 민법상 조합으로서의 성격을 가진 동호회에 의하여 건축된 것인지를 기준으로 판단하여야 할 것이고, 동호인 주택의 본질상 이와 같은 판단에 있어서는 특히 동호회원들이 해당 주택의 완공을 전후하여 각자가 이미 부담한 건축비용과 건축에 실제로 소요된 제반비용의 차액에 해당하는 '손익'을 합리적인 기준에 따라 산정하고 분배하는 정산절차를 거쳤는지 여부가 중요하게 참작될 것이다.

2. 이 사건에 관하여 보건대, 위 인정사실 및 변론 전체의 취지에 의하여 추단되는 다음의 각 사정, 즉 ① 이 사건 주택의 동호회원들은 유사한 주택수요를 가졌다는 것 외에는 별다른 공통점이나 인적관계가 없었고, 이 사건 주택의 부지가 확보된 뒤에야 비로소 그 구성이 확정된 점, ② 위 동호회원들은 원고의 처를 제외하면 총 19명으로서, 일반적으로 소위 조합주택으로 간주되는 세대수의 기준을 초과하지 아니하는 한도에서 최대한의 수인 점, ③ 이 사건 주택의 동호회는 그 회칙에 따라 의결을 하였던 적이 없고, 이 사건 주택의 신축·분양에 관한 제반사항은 동호회원들의 합의에 의하여 결정된 것이 아니라 원고가 일률적·일방적으로 정한 바를 동호회원들이 받아들임으로써

결정된 것으로 보이는 점, ④ 이 사건 주택의 동호회 간부는 회장과 총무 각 1인 뿐인데 원고 및 원고의 처가 이를 모두 맡은 점, ⑤ 원고가 위 동호회원들에게 건축비용의 사용내역을 구체적으로 공개하지 아니한 점, ⑥ 위 동호회원들이 공사대금을 일반적인 주택분양계약에서와 유사한 방식으로 분할하여 지급한 점, ⑦ 위 동호회원들은 공사대금을 정액으로 부담하였을 뿐 이 사건 주택의 완공을 전후하여 손익에 대한 정산절차를 전혀 거치지 아니하였던 점(원고는 위 동호회원들이 위 시공품평회에서 각자 납입금액에 상응한 건축마감자재를 선정하는 것으로써 정산절차에 갈음하기로 합의하였다고 주장하나, 이를 인정할 만한 증거가 없을 뿐더러, 위 시공품평회가 A동 동호회원들만을 대상으로 하여 그 건축초기에 개최된 점, 위와 같은 건축마감자재선정은 일반적인 공동주택 분양계약에서의 사양선택과 별반 다르지 아니한 것으로 보이는 점 등에 비추어 보면 위 절차를 '건축에 따른 손익을 분배하는 정산절차'로 볼 수는 없다), ⑧ 이 사건 주택의 동호회의 당초 가입신청자와 이 사건 주택 완공 후의 취득자가 일부 상이하고, 위 동호회원들 중 일부는 입주 후 단기간 내에 다른 곳으로 이사한 점 등을 종합하면, 이 사건 주택은 민법상 조합으로서의 성격을 가진 동호회에 의하여 건축되었다고 보기 어렵고, 이에 대하여 원고가 주장하는 사정들(이 사건 주택의 동호회원들이 공동명의로 부지를 구입하고 각자 자신의 명의로 소유권이전등기를 마쳤으며 공동명의로 건축허가를 얻고 마감재 등을 공동선정한 점, 위 동호회원들이 각자 자신소유의 부지 지분을 공사자금의 대출을 위한 공동담보로 제공한 점, 원고가 수시로 위 동호회원들에게 이 사건 주택의 건축진행 상황을 보고한 점, 위 동호회원들이 정산절차의 결여에 대하여 불만이 없는 점, 이 사건 주택이 비교적 저렴하게 공급된 점 등)만 가지고는 위 판단을 뒤집기에 부족하다.

3. 따라서 이 사건 주택은 동호인 주택에 해당한다고 보기 어렵고, 위에서 인정한 바와 같이 이 사건 주택 중 원고 이외의 자들에게 분양된 세대가 19세대에 이르는 점, 이 사건 주택의 신축·분양이 원고의 주도로 이루어졌고 그에 따른 손익이 결국 원고에게 귀속된 점 등에 비추어 보면, 이 사건 주택의 신축·분양은 전체적으로 보아 원고의 주택신축판매사업의 일환으로 볼 수 있는 정도의 계속성과 반복성이 있다고 봄이 상당하고, 원고가 사무실 등 사업시설을 갖추거나 사업자등록을 하지 아니하였고 이 사건 주택 이외의 다른 주택 건축에 관여하지 아니하였으며 이 사건 주택의 공사비용을 사업비용으로 계상하지 아니하였고, 위 동호회원들이 이 사건 주택의 공사대금에 대한 부가가치세를 부담하지 아니하였다고 하여 그 사업성이 부정되는 것은 아니다.

따라서, 이 사건 주택의 신축·분양이 원고의 주택신축판매업으로서 행하여졌음을 전제로 한 이 사건 처분은 적법하고, 여기에 원고가 주장하는 바와 같은 위법이 있다.

소　　장

원고　　　　　(주) 월드 일렉트로닉
　　　　　　　서울 종로구 ○○동 ○-○
　　　　　　　(전화 000-000, 팩스 000-000)
피고　　　　　종로세무서장
부가가치세부과처분 취소

청구취지

1. 피고가 별지 부과처분 명세표 기재 각 부과처분일에 원고에 대하여 한 별지 부과처분 명세표 기재 각 부가가치세 부과처분을 모두 취소한다.

2. 소송비용중 70%는 원고가 부담하고, 나머지 30%는 피고가 부담한다.

라는 판결을 구합니다.

청구원인

1. 처분의 경위

(1) 원고는 전기통신사업법상의 별정통신사업, 부가통신사업 등을 목적으로 하는 회사로서 미합중국에 주된 사무소를 둔 'B'이 100% 출자하여 설립한 한국 내 자회사입니다.

(2) 원고는 1996. 3. 1. B와 용역계약을 체결한 후 B에게 B의 미국 내 데이터 베이스에 포함될 한국 내 자본시장 및 주요 기업들의 경제 및 기타 정보를 수집하여 전달하는 용역(이하 '이 사건 정보수집용역'이라고 한다)과 B의 한국 내 고객이 B가 제공하는 서비스를 공급받는 데 필요한 플랫패널, 개인용 컴퓨터와 같은 장비, 노드와 라이터의 수입, 설치 및 유지, 보수(이하 '이 사건 장비설치 용역'이라고 한다) 등의 용역을 제공하고 있습니다. 다만, 이 사건 장비설치 용역은 원고가 B에게 직접 제공하지 않고 'C'와 용역계약을 체결하여 C로 하여금 수행하도록 하고 있습니다.

(3) 원고는 1997 사업연도부터 2002 사업연도까지 사이에 B로부터 이 사건 정보수집 용역과 이 사건 장비설치 용역(이하, 이 사건 정보수집 용역과 이 사건 장비설치 용역을 통칭하여 "이 사건 용역"이라고 한다)의 공급대가로 용역수행 과정에서 발생한 경비의 110%에 상당하는 금액을 외국환은행을 통하여 원화로 수취하였습니다. 원고는 이 사건 용역 공급이 부가가치세법 제11조 제1항 제4호, 부가가치세법 시행령 제26조 제1항 제1호에서 규정한 외화획득용역에 해당된다고 보아

영세율 매출분으로 부가가치세 과세표준 및 세액을 신고하였습니다.

(4) 서울지방국세청은 2002. 7. 22.부터 같은 해 9. 16.까지 원고에 대한 정기세무조사를 실시한 결과, B는 국내에서 자회사인 원고 등의 인적, 물적시설 등을 이용하여 B 사업의 본질적이고 중요한 활동을 해오는 등 국내에 고정사업장을 두고 사업을 해왔고, 이 사건 용역은 B의 국내사업장에 제공된 용역이므로 부가가치세법 제11조 제1항 제4호가 규정한 외화획득용역에 해당하지 않아 영세율 매출에 해당하지 않는다고 판단한 다음, 2002. 12. 11. 이러한 세무조사결과를 피고에게 통지하였습니다.

(5) 피고는 위 통지에 따라 원고의 본점 소재지를 B의 사업장 주소지로 하여 B 명의의 사업자등록을 직권으로 하였고, 원고가 영세율로 신고한 이 사건 용역에 대한 매출을 일반매출(부가가치세가 10% 적용되는 매출)로 전환하여 별지 부과처분 명세표 기재 각 부과처분일에 별지 부과처분 명세표 기재 각 부가가치세를 부과하였습니다.

(6) 원고는 이 사건 각 부과처분에 불복하여, 피고의 2003. 1. 15.자 부과처분에 대하여는 2003. 4. 15., 2004. 1. 19.자 부과처분에 대하여는 2004. 4. 12. 각 국세심판청구를 하였으나, 2005. 7. 5. 모두 기각되었고, 피고의 2004. 6. 16.자 부과처분에 대하여는 2004. 9. 17., 2004. 10. 15.자 부과처분에 대하여는 2005. 1. 11. 각 국세심판청구를 하였으나, 2005. 9. 23. 모두 기각되었습니다.

2. 처분의 위법 · 부당성

(1) 피고는 B의 국내 고정사업장에 이 사건 용역을 공급하였다고 보아 이 사건 각 부과처분을 하였으나 아래에서 보는 바와 같이 국내에 B의 고정사업장이 존재하지 않는다. 따라서 이 사건 용역은 부가가치세법 제11조 제1항 제4호, 부가가치세법 시행령 제26조 제1항 제1호에서 규정한 국내사업 장이 없는 비거주자 등에 대한 외화획득 용역으로서 영세율의 적용대상이 됩니다.

1) 원고와 C의 활동은 기본적으로 B의 사업 활동이 아니고 원고와 C 자신의 사업 활동입니다. 노드 장비와 수신기의 소유자는 원고이고, B는 원고와 용역계약에 의해 위 장비들의 설치, 유지, 보수만 을 요구할 수 있는 계약상의 권리만 가지고 있을 뿐 노드 장비와 수신기에 대한 배타적인 처분권 또는 사용권한을 가지고 있지 않습니다. 또한 노드 장비와 수신기는 단순한 정보전달 장비로서 위 장비들을 통한 정보의 전달 행위는 B 사업의 본질적이고 중요한 행위가 아닌 예비적이고, 보조적 인 활동에 불과하며, B는 국내 고객을 상대로 노드 장비와 수신기에 대한 임대 사업을 한 사실이 없습니다.
따라서 노드 장비와 그 수신기가 B의 국내 고정사업장의 구성요소가 될 수 없다.

2) B의 홍콩지점 영업직원들이 간헐적으로 국내를 방문하여 고객 사무실에서 판촉 및 홍보활동,

원고 사무실에서 고객에 대한 교육활동 등을 수행하고 있지만 이와 같은 행위가 B 사업의 본질적이고 중요한 사업 활동에 해당한다고 볼 수 없을 뿐만 아니라 이러한 행위가 간헐적으로 이루어지는 고객 사무실, 원고 사무실 등에 대하여 B의 영속적이고 배타적인 처분권 또는 사용권한이 있다고 볼 수도 없습니다.

따라서 위와 같은 고객 사무실, 원고 사무실 등에 B의 고정사업장이 존재한다고 볼 수 없습니다.

3) 노드 장비와 그 수신기, 원고의 사무실(교육장소) 등을 통한 사업 활동을 모두 결합하여 보더라도 그 합산된 행위 또한 B가 국내 고객들에게 금융정보서비스를 제공하기 위한 본질적이고 중요한 행위로 볼 수 없으므로, B의 국내 고정사업장이 존재한다고 볼 수 없습니다.

(2) 설령 국내에 B의 고정사업장이 존재한다고 하더라도 이 사건 용역은 B 본사와 직접계약에 의해 공급되는 용역으로 고정사업장을 통해 공급된 것으로 볼 수 없으며, 특히 이 사건 정보수집용역은 B 본사의 정보수집 및 분석기능과 관련되고 그 정보가 B 본사의 서버에 저장되는 것이므로 국내 고정사업장에 공급될 여지가 없습니다.

따라서 국내에 B의 고정사업장이 존재한다고 하더라도 이 사건 용역은 부가가치세법 시행령 제26조 제1항 제1의2호에서 규정한 국내사업장이 있는 비거주자 등에 대한 외화 획득용역으로서 역시 영세율의 적용대상이 되는 것입니다.

3. 결론

이와 같이 피고의 처분은 위법한 행정처분이 아닐 수 없으므로, 상기와 같이 원고의 행정처분의 취소를 구하는 행정소송에 이르게 되었습니다.

입증방법

　　1. 갑 제1호증
　　2. 갑 제2호증

첨부서류

　　1. 위 각 입증방법　　　　　　　　　　각 1부
　　2. 송달료 납부서
　　3. 소장부본

　　　　　　　　20 　.　　.　　.

　　　　　　　　위 원고　　　(날인 또는 서명)

서울행정법원　　귀중

당해판례

2005구합 30068

(1) 부가가치세법 제11조 제1항 제4호는 외화를 획득하는 재화 또는 용역으로서 대통령령이 정하는 것의 공급에 대하여 영의 세율을 적용한다고 규정하고 있고, 구 부가가치세법 시행령(이 사건 각 부과처분에 관련된 각 시행령 중 공통되는 부분을 요약한 것임, 이하 같음) 제26조 제1항 제1호는 국내에서 국내사업장이 없는 비거주자 또는 외국법인에게 공급되는 용역으로서 그 대금을 외국환은행에서 원화로 받는 경우에는 영의 세율을 적용한다고 규정하고 있으며, 제1의2호는 비거주자 또는 외국법인의 국내사업장이 있는 경우에 국내에서 국외의 비거주자 또는 외국법인과 직접계약에 의하여 공급되는 재화 또는 용역으로서 그 대금을 당해 국외의 비거주자 또는 외국법인으로부터 외국환은행을 통하여 원화로 받는 경우에도 영의 세율이 적용된다고 규정하고 있다.

그리고 위 시행령 제26조 제1항 제1의2호의 규정 취지는 비거주자 또는 외국법인의 국내사업장이 있는 경우에도 국내에서 국외의 비거주자 또는 외국법인과 직접계약에 의하여 그 국내사업장을 거치지 않고 공급되는 재화 또는 용역에 대하여 영의 세율을 적용하고자 함에 있다(대법원 1986. 1. 28. 선고 85누539 판결 등 취지 참조).

이 사건에 관하여 살피건대, 위 인정사실에서 본 바와 같이 원고는 미국법인인 B와 사이에 직접 용역계약을 체결하고 이 사건 용역을 공급한 후 그 대금을 B로부터 외국환은행을 통해 원화로 받은 사실은 당사자 사이에 다툼이 없을 뿐만 아니라 이 사건 용역 중 정보수집용역은 B의 국내 고정사업장이 존재한다고 하더라도 고정사업장을 거치지 않고 직접 B에 제공되었음은 당사자 사이에 다툼이 없다.

따라서 이 사건의 쟁점은 B의 국내 고정사업장이 있는지 여부와 B의 국내 고정사업장이 있다면 이 사건 용역 중 장비설치 용역이 국내 고정사업장을 통해 B에게 제공되었는지 여부라 할 것이다.

(2) B의 국내 고정사업장 존재 여부

B의 국내 고정사업장의 존재여부를 판단함에 있어서는 "대한민국과 미합중국 간의 소득에 관한 조세의 이중과세 회피와 탈세방지 및 국제무역과 투자의 증진을 위한 협약(이하 '한미조세협약'이라고 한다)상의 고정사업장에 관한 정의나 예시규정이 OECD 모델조약보다 우선적으로 적용되어야 한다. 또한 국내에 한미조세협약 제9조 (4)항이 규정하고 있는 B의 종속대리인(계약체결대리인 또는 재고보유대리인)이 없을 뿐만 아니라 피고도 B가 국내에 한미조세협약 제9조 (4)항이 규정하고 있는 간주고정 사업장이 아닌 일반 고정사업장을 가지고 있다는 것이므로 아래에서는 일반 고정사업장의 존재 여부에 한정해서 살펴본다.

(가) 한미조세협약 제9조 (1)항은 '고정사업장'에 대하여, 어느 체약국의 거주자가 산업상 또는 상업상의 활동에 종사하는 사업상의 고정된 장소를 의미한다고 정의하고, (2)항은 그와 같은 '사업상의 고정된 장소'에 해당하는 예시로서 (a) 지점, (b) 사무소, (c) 공장, (d) 작업장, (e) 창고, (f) 상점 또는 기타 판매소, (g) 광산·채석장 또는 기타 자연자원의 채취장, (h) 6개월을 초과하여 존속하는 건축공사 또는 건설 또는 설비공사를 규정하고 있으며, (3)항은 그와 같은 '사업상의 고정된 장소'에 해당하지 않는 예시로서 (a) 거주자에 속하는 재화 또는 상품의 보관·전시 또는 인도를 위한 시설의 사용, (b) 저장·전시 또는 인도목적상 거주자에 속하는 재화 또는 상품의 재고보유, (c) 타인에 의한 가공목적상 거주자에 속하는 재화 또는 상품의 재고보유, (d) 거주자를 위한 물품 또는 상품의 구입목적상 또는 정보수집을 위한 사업상의 고정된 장소의 보유, (e) 거주자를 위한 광고, 정보의 제공, 과학적 조사 또는 예비적 또는 보조적 성격을 가지는 유사한 활동을 위한 사업상의 고정된 장소의 보유, (f) 6개월을 초과하여 존속하지 아니하는 건축공사 또는 건설 또는 설비공사의 보유를 각 규정하고 있다.

위 각 규정들에 비추어 보면, 외국법인의 국내 고정사업장이 존재한다고 하기 위해서는, ① 국내에 외국법인의 사업 활동을 수행하기 위하여 사용되는 건물, 시설 또는 장치 등의 '고정된 사업장소가 존재'하여야 하고, ② 외국법인이 그 사업 장소에 대하여 '처분권한 또는 사용권한'을 가지고 있어야 하며, ③ 외국법인의 직원 또는 그 지시를 받는 자가 그 고정된 사업장소를 통하여 예비적·보조적 활동이 아닌 '본질적이고 중요한 사업 활동을 수행'할 것 등이 요구된다고 할 것이다. 아래에서는 위 ①, ②, ③항에 관하여 차례대로 살펴본다.

(나) B의 고정된 사업장소가 국내에 존재하는지 여부(위 ①, ②항 관련)

1) 노드 장비와 XXXX 수신기의 소유권이 원고에게 있고, B가 교육장소로 사용한 원고 사무실의 임차인은 B가 아니라 원고이며, 원고가 이 사건 장비설치 용역을 수행한 것은 원고 자신의 사업 활동인 점을 감안하더라도 위 인정사실에서 본 다음과 같은 점 즉, ① B는 국내 고객들과 체결한 계약에 따라 국내 고객들에게 XXXX 수신기를 제공할 의무가 있고, 제공된 장비를 유지, 보수할 의무가 있는 점, ② 원고는 B와 체결한 용역계약에 따라 B 및 제3자로부터 노드 장비와 XXXX 수신기를 구입하여 노드 장비는 B가 지정하는 C 사무실에 직접 설치하였고, XXXX 수신기는 C와의 하도급계약을 통하여 C로 하여금 고객들의 사무실에 설치하게 한 후 이를 유지, 보수, 관리해 오도록 하고 있으며, 그와 같은 용역제공의 대가로 B로부터 직원들 급여를 비롯하여 C에게 지급하는 용역수수료 등 발생 경비의 110% 상당액과 노드 장비 및 XXXX 수신기 등에 대한 미국의 기업회계기준에 따른 감가상각비용의 110% 상당액 등을 지급받고 있는 점, ③ C는 원고 및 B와 사이에 각 노드

장비 및 XXXX 수신기에 관한 설치, 유지·보수에 관한 용역계약을 체결하고 이에 따라 C 사무실에 노드 장비를 설치하게 하고 XXXX 수신기를 수입하여 적정 재고를 유지하면서 B 홍콩지점 또는 원고로부터 작업지시를 실시간으로 받아 B의 고객 사무실에 XXXX 수신기를 설치하고 그 보수, 유지, 관리 작업을 수행해 오고 있으며, 원고 및 B로부터 위와 같은 용역제공에 대한 대가를 지급받아 오고 있는 점, ④ 원고는 B로부터 수수한 수수료가 이 사건 용역에 대한 대가라고 주장하나 B가 원고에게 지급한 용역 수수료에는 사무실 임대 및 관련경비의 110%와 가구, 사무실 집기 비품에 대한 연간 감가상각비용의 110%가 포함되어 있고, 그 중에는 이 사건 용역 제공과는 무관한 교육장소 제공과 관련된 경비 등이 포함되어 있는 점, ⑤ 원고는 B가 100% 출자한 국내 자회사로서 B의 사업수행을 위하여 설립되었을 뿐 아니라 B에게 이 사건 용역제공을 하는 것이 주된 사업인 점 등을 종합하여 보면, 이 사건 노드 장비와 XXXX 수신기는 오로지 B가 국내 고객들에게 XXXX 프로페셔널 서비스를 제공하기 위하여 원고와 B, C와의 용역계약에 따라 설치되고 고객들에게 제공된 것이고, 원고 사무실의 교육장소 또한 B의 국내 고객들에게 XXXX 프로페셔널 서비스 이용 방법에 관한 교육을 위해 제공된 것으로 고정된 사업장소로서의 징표를 가질 뿐만 아니라 B가 그에 대한 사실상 배타적인 지배권한 또는 사용권한을 가지고 있다고 할 것이므로 노드장비와 XXXX 수신기 및 원고 사무실의 교육 장소는 B의 "고정된 사업장소"를 구성한다.

2) 원고는 웹사이트와 서버를 이용한 전자 상거래에 있어서는 서버의 운용장소가 고정사업장을 구성하고 노드 장비와 XXXX 수신기와 같은 고객 수신 장비는 고정사업장을 구성하지 않는다고 주장하므로 살피건대, OECD 모델조약 제5조의 주석서 42.9에 의하면, 인터넷 서비스 공급자(Internet Service Provider, ..ISP..)가 고객에게 서비스를 제공하기 위해 그들 자신의 서버를 운용하는 행위는 본질적이고 중요한 사업활동이 되므로 그 서버의 운용 장소가 고정사업장을 구성하게 되지만 서버를 운용하지 않는 장소에서는 본질적이고 중요한 사업 활동을 한다고 할 수 없으므로 고정사업장이 생기지 않는다고 해석하고 있으나, 이는 서버 이외에 다른 인적·물적 시설이 없는 경우에도 서버가 있는 곳이 고정사업장을 구성한다고 보는 것일 뿐이고, 이 사건과 같이 고정사업장을 구성하는 노드 장비와 XXXX 수신기 등이 존재하는 경우에는 그 물적 설비를 통해 본질적이고, 중요한 사업이 이루어지고 있는지 여부에 의해 국내 고정사업장이 존재하는지 여부를 판단하여야지 서버의 존재 장소를 가지고 판단할 수는 없으므로 원고의 이 부분 주장은 받아들일 수 없다.
(다) B가 고정된 사업장소(노드 장비와 XXXX 수신기, 원고의 사무실)를 통해 "본질적이고, 중요한 사업 활동을 수행"하였는지 여부(위 ③항 관련)
1) 피고는, B가 국내에서 단순히 금융정보의 판매업만을 한 것이 아니라 정보 전달 장비(노드 장비 및 XXXX 수신기) 등의 임대업, 소프트웨어 사용허여, XXXX 네트워크를 이용한 통신기능의 제공

업도 하였으므로 B는 국내에서 본질적이고, 중요한 사업 활동을 수행하였다고 주장한다.

그러나 B가 XXXX 프로페셔널 서비스에 관한 계약을 체결함에 있어 통상 고객들에게 원활한 서비스의 전달을 위하여 노드 장비를 국내에 설치하고, XXXX 수신기를 제공하고 있으며, 그 사용료를 XXXX 프로페셔널 서비스 대가에 포함하여 수령하여 왔음은 당사자 간에 다툼이 없으나, 노드 장비나 XXXX 수신기는 B가 제공하는 정보를 수취하는 데 필요한 것이고, B가 고객들에게 XXXX 수신기를 제공하는 외에 소프트웨어의 사용이나 XXXX 네트워크를 이용한 통신기능을 제공하고 있더라도 이는 XXXX 프로페셔널 서비스에 부수적으로 수반되는 것에 불과하며, B가 노드 장비나 XXXX 수신기에 대한 사용료를 XXXX 프로페셔널 서비스 대가에 포함하여 수령하였더라도 이는 B가 원고와 C에 지급한 이 사건 장비설치 용역에 대한 금원을 보전받기 위한 것에 불과하다 할 것이므로 이를 두고 B가 국내에서 XXXX 프로페셔널 서비스 제공업 이외에 정보전달 장비의 임대업 등도 수행하였다고 보기는 어렵다.

2) 피고는, 원고가 B에게 제공한 용역은 이 사건 용역 이외에 B의 국내 고객에 대한 정보제공 사업의 운영을 위해 B의 전용 네트워크를 이용하여 유기적으로 연결하고 B의 지시를 받아 사업을 실질적으로 관리하는 Coordinating 용역, 한국 내에서의 판매촉진 서비스 용역을 제공하였으므로 B의 본질적이고 중요한 사업이 국내에서 이루어졌다고 주장하나, 을 5 내지 6호증, 을 9, 11, 12, 14호증, 을 20호증의 1, 2, 을 21 호증의 각 기재만으로는 원고가 이 사건 용역 이외에 위 용역을 B에게 제공하였음을 인정하기에 부족하고, 달리 이를 인정할 만한 증거가 없다.

3) B의 고정된 사업장소(노드 장비와 XXXX 수신기, 원고의 사무실)를 통한 사업 활동 내역

B의 사업 활동은 전 세계 각국의 정보수집요원들이 각국의 금융정보 등을 수집하여 B의 미국 본사에 송부하는 정보의 수집단계와 B의 미국 본사가 송부 받은 정보의 정확성을 검증하고 분석하여 이를 미국에 소재하는 주컴퓨터에 입력하는 정보의 가공, 분석단계를 거쳐 주컴퓨터에 입력된 정보를 고객들에게 전달하는 3단계의 과정과 고객들에게 XXXX 프로페셔널 서비스를 판매하고, 지속적으로 신속하고 안정적인 양질의 XXXX 프로페셔널 서비스를 제공함으로써 이미 확보된 고객이 계속하여 XXXX 프로페셔널 서비스를 이용하도록 하는 고객관리 활동으로 이루어진다.

원고는 노드 장비와 XXXX 수신기는 B가 국내 고객들에게 정보를 전달하는 장치에 불과하므로 설령 노드 장비와 XXXX 수신기가 고정된 사업장소를 구성하는 요소가 된다고 하더라도 이러한 장비를 통한 국내에서의 사업 활동은 B의 예비적이고 부수적인 사업 활동에 불과하다고 주장한다. 그러나 노드 장비는 정보를 전달하는 장치로서 정보를 가공, 수정하는 기능은 없고, XXXX 수신기는 개인용 컴퓨터로서의 기능도 수행하기는 하지만 주된 기능은 B로부터 송부된 정보를 수신하는 장비이며, 국내 고객들이 XXXX 프로페셔널 서비스를 이용하기 위해서 반드시 노드 장비와 XXXX

수신기를 이용하여야 하는 것은 아닌 점 등을 감안하더라도, 위에서 본 다음과 같은 점 즉, ① XXXX 프로페셔널 서비스는 24시간 전 세계의 정보를 실시간으로 제공하는 서비스로서 국내에 있는 금융 및 증권회사들이 주된 고객들인데 그들은 B만이 갖고 있는 노하우인 정보의 수집, 분석, 가공 능력을 신속하고도 안정적으로 공급받고자 B와 계약을 체결하였다고 봄이 상당하고, 따라서 정확한 정보의 제공은 물론 신속하고도 안정적인 정보의 제공이 중요한 점, ② B가 노드 장비 없이 국내 고객들에게 XXXX 프로페셔널 서비스를 제공할 경우 적체 현상이 발생하여 정보 이용의 속도가 느려질 수 있고, 해킹 등으로 보안성에 문제가 발생할 우려가 있을 뿐만 아니라 사용 중에 오류가 발생하였을 경우 오류가 발생된 고객을 확인하기 어려우므로 실시간으로 신속하고 안정적인 정보 제공을 원하는 국내 고객들의 수요를 충족하기 어려우며, 이는 XXXX 프로페셔널 서비스의 판매와 고객관리의 측면에서 많은 어려움을 초래할 수 있는 점, ③ 재화를 판매한 경우에 A/S 부문은 판매사업의 중요하고도 본질적인 사업 활동으로 보는데 이 사건의 경우 XXXX 프로페셔널 서비스의 제공을 재화의 판매와 동일시 할 수는 없지만 계속적으로 신속하고도 안정적인 정보의 제공을 원하는 국내 고객들에게 노드 장비와 XXXX 수신기의 유지, 보수를 해 주는 작업은 A/S 작업과 못지않게 중요한 작업인 점, ④ B 홍콩 직원들이 원고 사무실에서 XXXX 프로페셔널 서비스 이용 방법에 관하여 국내 고객들을 상대로 교육하는 것만을 떼어내어 보면 단순한 정보의 제공(한미조세협약 제9조 (3)항 (e) 참조)으로 볼 여지도 있지만 위에서 본 여러 가지 사정과 종합하여 본질적이고 중요한 사업이 수행되고 있는지 여부를 판단하여야 하는 점, ⑤ 원고가 B에 제공하는 이 사건 정보수집 용역 중 일부는 정보의 분석, 가공의 단계를 거치지 않고 즉시 실시간으로 전 세계의 고객들이 이용할 수 있도록 미국에 있는 주컴퓨터에 입력되어지는 점 등을 종합하여 보면, 이 사건 노드장비와 XXXX 수신기 및 원고 사무실의 교육 장소는 이미 확보된 고객들에게 단순히 정보를 전달하는 장비에 불과하거나 XXXX 프로페셔널 서비스 이용 방법에 관한 정보를 제공하는 장소에 불과한 것이 아니라 XXXX 프로페셔널 서비스 이용 고객들을 새로이 확보하고, 확보한 고객들이 계속적으로 XXXX 프로페셔널 서비스를 이용하도록 하는 데 중요한 역할을 수행하는 고정된 사업장소로 봄이 상당하다. 그리고 B의 사업 활동 중에서 새로운 고객의 확보와 확보된 고객의 관리는 본질적이고도 중요한 사업 활동이라고 볼 수 있고, 따라서 노드 장비와 XXXX 수신기, XXXX 프로페셔널 서비스 이용 방법에 관한 교육 장소에서 이루어진 B의 사업 활동은 B 사업 활동에 있어서 본질적이고도 중요한 사업 활동이라고 봄이 상당하다.

제2장 허가·특허·신고 등 관련소송

Ⅰ. 개설

1. 의의

허가(許可)란, 일정한 위험의 방지를 위해 법령으로 개인의 자유를 일반적으로 제한하고 있는 경우에 그 제한을 해제하여 자유를 회복하여 주는 행정행위를 말하며, 특허(特許)란 특정인에 대하여 포괄적인 법률관계를 설정하는 행정행위이다. 허가와 특허는 원칙적으로 행정청의 재량에 속하는지 여부에 따라 구별되는데, 특허는 허가와는 달리 발급여부가 원칙적으로 행정청의 재량에 속한다는 점에서 구별 실익이 있다. 이러한 허가에 속하는 행정행위에는 운전면허의 발급 등이 대표적이며, 특허에는 개인택시 운송사업면허, 의사·약사 등의 자격면허 등이 대표적이다.

한편, 신고는 개인이 법령에 따라 일정한 사실을 행정청에 알리기만 하면 일반적 금지가 해제된다는 점에서 허가와 구별된다.

2. 검토

허가에 의하여 단순히 금지된 해위를 할 수 있게 되는 것이 아니라 헌법상 금지된 행위를 할 수 있게 되는 것이 아니라 헌법상 직업의 자유나 재산권과 같은 기본권의 행사가 가능하게 되는 경우 특허와 유사한 형성적 행위의 성질도 가진다. 그러나 허가와 특허의 구별의 상대화에도 불구하고 기본적인 차이는 있다. 허가, 특허 등은 실무상에서 개념과는 상관없이 혼용되고 있으므로, 행정행위의 성질을 정확히 파악하여 어느 것에 해당하는지 밝혀내야 한다.

Ⅱ. 허가·특허의 이동

1. 허가와 특허의 공통점

(1) 성질

법률행위적 행정행위이고, 수익적 행정행위이며, 신청에 의한 행위라는 점에서 공통점을 갖는다.

(2) 형식

양자 모두 불요식행위가 원칙이라는 점에서 공통된다.

2. 허가와 특허의 차이점

1) 허가는 명령적 행위인에 반하여 특허는 형성적 행위라는 데에서 차이가 있으나, 근래 양자의 구분은 상대화되는 경향이 있다.

2) 형식

허가는 처분의 형식으로만 하는데 반하여 특허는 처분 또는 법령의 형식으로도 가능하다는 점에서 다르고, 허가는 불특정다수인을 대상으로 하는데 반하여 특허는 특정인을 대상으로 한다는 점에서 다르다.

3) 출원과의 관계

출원은 양자 모두 필요요건이나, 허가는 출원없는 허가와 수정허가가 모두 가능하다는 점엣 다르다.

4) 법규의 구속정도

허가의 경우 요건을 갖추어 신청을 해 온다면 반드시 허가를 해 주어야 하므로 기속행위인데 반하여, 특허의 경우는 요건을 갖추어 신청하더라도 반드시 특허를 해주어야 할 의무는 없는 것이므로 자유재량 행위이다.

5) 효과

허가는 일반적 금지를 해제하는 것인데 반하여 특허는 권리와 능력등 법률상의 힘을 설정하는 효력을 갖는다. 또한 허가는 대상이 되는 행위나 허가에 의해 설정되는 권리나 능력이 공법적인 것뿐인데 반하여, 특허는 공법적인 것과 사법적인 것이 있다는 점에도 차이가 있다.

Ⅲ. 주요 쟁점 및 소송수행 요령

허가·특허 등과 관련한 사건들은 ① 그 발급 신청에 대한 행정청의 거부처분을 다투는 소송과, ② 일정한 위반행위에 대한 제재로서 이미 발급된 허가 등을 취소하거나 일정기간 동안 정지하는 처분을 다투는 소송으로 구별할 수 있으며 이와 관련한 과징금부과처분의 취소를 구하는 소송도 자주 제기되고 있다.

구　분	주요 쟁점
병원·약국 및 의사·약사에 대한 제재처분 관련 소송	• 제재처분 사유 − 병원이나 약국에서 국민건강보험공단에 요양급여를 사위 기타 부당한 방법으로 과다하게 청구 − 법정된 본인부담금 이외의 금액을 환자 등에게 징수하는 경우 − 본인 부담금 면제 등의 방법으로 환자를 유인하는 경우 • 제재처분 − 요양기관업무정지처분(국민건강보험법 제85조 제1항 등), − 의사·약사에 대하여는 면허정지 처분(의료법 제64조 제1항, 약사법 제76조 제1항 등) • 주장 및 입증 사항 − 병원 직원의 단독 사무 처리 − 영업정지 및 자격정지 기간의 과도한 양정 주장
식품접객업 및 노래연습장업 관련 소송	• 제재처분 사유 − 식품접객영업자의 청소년 주류제공 행위 − 일반음식점 또는 단란주점 영업자의 유흥접객행위 − 노래연습장업자의 주류판매 및 접대부 고용·알선 행위 등 • 제재처분 − 영업허가 또는 등록의 취소 − 영업장폐쇄, 영업정지 또는 영업정지 처분에 갈음하여 과징금 부과 • 주장 및 입증사항 − 재량권의 일탈·남용을 적극 주장 − 집행정지 신청을 통한 영업 계속 여부가 하나의 관건이 됨 − 재판부의 조정권고가 많은 사안이므로, 처분감경사유에 대한 적극적 소명 필요 및 이의 수용여부에 대한 원고의 입장이 신속히 정리되어야 함
개인택시운송사업면허 관련 소송	• 소송의 사유 − 일반택시 운전경력자에게만 개인택시운송사업 면허가 발급되는 경우가 많은 관계로, 버스 등 운전경력자에 대한 차별을 이유로 발급거부처분의 취소를 구하는 소송 • 주장 및 입증사항 − 개인택시운송사업면허 발급 기준에 관한 행정청의 지침 및 이에 따른 처분의 차종별 차별성 강조 − 개인택시운송사업면허 발급 기준에 관한 지침은 다수의 면허발급 신청자에 대하여 재량권을 통일적으로 공평하게 행사하기 위한 것으로서 대외적인 효력이 있는 것은 아님. 따라서 지침에 따랐다는 이유만으로 적법한 처분이 되는 것은 아니라는 것을 부각시킴

1. 진료비관련 소송

(1) 국민건강보험법의 제정 목적

국민건강기본법은 국민의 질병ㆍ부상에 대한 예방ㆍ진단ㆍ치료ㆍ재활과 출산ㆍ사망 및 건강증진에 대하여 보험급여를 실시함으로써 국민보건 향상과 사회보장 증진에 이바지함을 목적으로 한다(법 제1조).

(2) 적용 대상 등

1) 적용대상

국내에 거주하는 국민은 건강보험의 가입자 또는 피부양자가 된다. 다만, 다음 각 호의 어느 하나에 해당하는 사람은 제외한다(법 제5조).

(가) 「의료급여법」에 따라 의료급여를 받는 사람(이하 "수급권자"라 한다)

(나) 「독립유공자예우에 관한 법률」및 「국가유공자 등 예우 및 지원에 관한 법률」에 따라 의료보호를 받는 사람(이하 "유공자등 의료보호대상자"라 한다). 다만, 다음의 어느 하나에 해당하는 사람은 가입자 또는 피부양자가 된다.

가) 유공자등 의료보호대상자 중 건강보험의 적용을 보험자에게 신청한 사람

나) 건강보험을 적용받고 있던 사람이 유공자등 의료보호대상자로 되었으나 건강보험의 적용배제신청을 보험자에게 하지 아니한 사람

2) 피부양자의 범위

피부양자는 다음의 어느 하나에 해당하는 사람 중 직장가입자에게 주로 생계를 의존하는 사람으로서 보수나 소득이 없는 사람을 말한다.

가) 직장가입자의 배우자

나) 직장가입자의 직계존속(배우자의 직계존속을 포함한다)

다) 직장가입자의 직계비속(배우자의 직계비속을 포함한다)과 그 배우자

라) 직장가입자의 형제ㆍ자매

(3) 가입자의 종류

가입자는 직장가입자와 지역가입자로 구분하며, 모든 사업장의 근로자 및 사용자와 공무원 및 교직원은 직장가입자가 된다. 다만, 다음 각 호의 어느 하나에 해당하는 사람은 제외한다(법 제6조).

1) 고용 기간이 1개월 미만인 일용근로자

2) 「병역법」에 따른 현역병(지원에 의하지 아니하고 임용된 하사를 포함한다), 전환복무된 사람 및 군간부후보생

3) 선거에 당선되어 취임하는 공무원으로서 매월 보수 또는 보수에 준하는 급료를 받지 아니하는 사람

4) 그 밖에 사업장의 특성, 고용 형태 및 사업의 종류 등을 고려하여 대통령령으로 정하는 사업장의 근로자 및 사용자와 공무원 및 교직원

(4) 요양급여

1) 요양급여 대상

가입자와 피부양자의 질병, 부상, 출산 등에 대하여 다음의 요양급여를 실시한다(법 제41조).

(가) 진찰·검사

(나) 약제(藥劑)·치료재료의 지급

(다) 처치·수술 및 그 밖의 치료

(라) 예방·재활

(마) 입원

(바) 간호

(사) 이송(移送)

2) 요양급여대상인 가정간호의 규정 취지 및 가정간호가 이루어지는 적합한 장소의 범위

구 의료법(2010. 1. 18. 법률 제9932호로 개정되기 전의 것) 제33조 제1항 제4호, 구 의료법 시행규칙(2010. 3. 19. 보건복지부령 제1호로 개정되기 전의 것) 제24조, 구 국민건강보험 요양급여의 기준에 관한 규칙(2010. 3. 19. 보건복지부령 제1호로 개정되기 전의 것) 제5조 제1항 [별표 1] 제7호 등의 내용을 종합해 보면, 국민건강보험의 요양급여대상인 가정간호는 의료기관에서 입원진료를 받았거나 입원이 요구되는 환자 중 의료법이 규정한 '가정간호'가 필요하고 그 진료행위 정도로 환자의 건강을 보호하고 증진하는 데 충분하다는 의사나 한의사의 판단을 전제로, 해당 환자들에 대하여 입원진료 대신 가정간호를 실시함으로써 당사자의 불필요한 비용 부담이나 수고를 덜게 하고 의료자원의 효율적인 이용을 도모하기 위한 것임을 알 수 있다. 이러한 입법 취지를 고려하면, 국민건강보험의 요양급여대상으로서 가정간호가 이루어지는 적합한 장소에는 환자의 자택만 아니라 환자가 일상생활을 영위하여 실질적으로 그의 자택으로 볼 수 있는 곳도 포함된다.[76]

(5) 요양기관

요양급여(간호와 이송은 제외한다)는 다음의 요양기관에서 실시한다. 이 경우 보건복지부장관은 공익이나 국가정책에 비추어 요양기관으로 적합하지 아니한 대통령령으로 정하는 의료기관 등은 요양기관

---

76) 대법원 2014. 5. 16. 선고 2011두16841 판결.

에서 제외할 수 있다(법 제42조).

1) 「의료법」에 따라 개설된 의료기관

2) 「약사법」에 따라 등록된 약국

3) 「약사법」 제91조에 따라 설립된 한국희귀의약품센터

4) 「지역보건법」에 따른 보건소·보건의료원 및 보건지소

5) 「농어촌 등 보건의료를 위한 특별조치법」에 따라 설치된 보건진료소

(6) 비용의 일부부담

요양급여를 받는 자는 법률이 정하는 바에 따라 비용의 일부를 본인이 부담한다. 이 경우 선별급여에 대해서는 다른 요양급여에 비하여 본인일부부담금을 상향 조정할 수 있다. 이에 따라 본인이 연간 부담하는 본인일부부담금의 총액이 "본인부담상한액"을 초과한 경우에는 공단이 그 초과 금액을 부담하여야 한다(법 제44조).

(7) 요양급여비용의 산정 등

요양급여비용은 공단의 이사장과 대통령령으로 정하는 의약계를 대표하는 사람들의 계약으로 정한다. 이 경우 계약기간은 1년으로 하며, 이에 따라 계약이 체결되면 그 계약은 공단과 각 요양기관 사이에 체결된 것으로 본다.

또한 이에 따른 계약은 그 직전 계약기간 만료일이 속하는 연도의 5월 31일까지 체결하여야 하며, 그 기한까지 계약이 체결되지 아니하는 경우 보건복지부장관이 그 직전 계약기간 만료일이 속하는 연도의 6월 30일까지 심의위원회의 의결을 거쳐 요양급여비용을 정한다.

(8) 요양급여비용의 청구와 지급 등

1) 요양급여비용의 청구 및 지급

요양기관은 공단에 요양급여비용의 지급을 청구할 수 있다. 이 경우 요양급여비용에 대한 심사청구는 공단에 대한 요양급여비용의 청구로 본다(법 제47조). 이에 따라 요양급여비용을 청구하려는 요양기관은 심사평가원에 요양급여비용의 심사청구를 하여야 하며, 심사청구를 받은 심사평가원은 이를 심사한 후 지체 없이 그 내용을 공단과 요양기관에 알려야 하며, 심사 내용을 통보받은 공단은 지체 없이 그 내용에 따라 요양급여비용을 요양기관에 지급한다. 이 경우 이미 낸 본인일부부담금이 제2항에 따라 통보된 금액보다 더 많으면 요양기관에 지급할 금액에서 더 많이 낸 금액을 공제하여 해당 가입자에게 지급하여야 한다.

2) 보험료 등과의 상계

공단은 가입자에게 지급하여야 하는 금액을 그 가입자가 내야 하는 보험료와 그 밖에 이 법에 따른 징수금(이하 "보험료등"이라 한다)과 상계(相計)할 수 있다.

3) 요양급여비용의 조정

공단은 심사평가원이 요양급여의 적정성을 평가하여 공단에 통보하면 그 평가 결과에 따라 요양급여비용을 가산하거나 감액 조정하여 지급한다. 이 경우 평가 결과에 따라 요양급여비용을 가산하거나 감액하여 지급하는 기준은 보건복지부령으로 정한다.

4) 심사청구의 대행

요양기관은 심사청구를 다음의 단체가 대행하게 할 수 있다.

가) 「의료법」 제28조제1항에 따른 의사회 · 치과의사회 · 한의사회 · 조산사회 또는 같은 조 제6항에
     따라 신고한 각각의 지부 및 분회
나) 「의료법」 제52조에 따른 의료기관 단체
다) 「약사법」 제11조에 따른 약사회 또는 같은 법 제14조에 따라 신고한 지부 및 분회

(9) 요양급여 대상 여부의 확인 등

가입자나 피부양자는 본인일부부담금 외에 자신이 부담한 비용이 요양급여 대상에서 제외되는 비용인지 여부에 대하여 심사평가원에 확인을 요청할 수 있으며(법 제48조), 확인 요청을 받은 심사평가원은 그 결과를 요청한 사람에게 알려야 한다. 이 경우 확인을 요청한 비용이 요양급여 대상에 해당되는 비용으로 확인되면 그 내용을 공단 및 관련 요양기관에 알려야 한다. 이에 따라 통보받은 요양기관은 받아야 할 금액보다 더 많이 징수한 금액(이하 "과다본인부담금"이라 한다)을 지체 없이 확인을 요청한 사람에게 지급하여야 한다. 다만, 공단은 해당 요양기관이 과다본인부담금을 지급하지 아니하면 해당 요양기관에 지급할 요양급여비용에서 과다본인부담금을 공제하여 확인을 요청한 사람에게 지급할 수 있다.

(10) 요양비

공단은 가입자나 피부양자가 보건복지부령으로 정하는 긴급하거나 그 밖의 부득이한 사유로 요양기관과 비슷한 기능을 하는 기관으로서 보건복지부령으로 정하는 기관에서 질병 · 부상 · 출산 등에 대하여 요양을 받거나 요양기관이 아닌 장소에서 출산한 경우에는 그 요양급여에 상당하는 금액을 보건복지부령으로 정하는 바에 따라 가입자나 피부양자에게 요양비로 지급한다(법 제49조). 이에 따라 요양을

실시한 기관은 보건복지부장관이 정하는 요양비 명세서나 요양 명세를 적은 영수증을 요양을 받은 사람에게 내주어야 하며, 요양을 받은 사람은 그 명세서나 영수증을 공단에 제출하여야 한다.

(11) 급여의 제한

1) 급여의 제한공단은 보험급여를 받을 수 있는 사람이 다음의 어느 하나에 해당하면 보험급여를 하지 아니한다(법 제53조).

가) 고의 또는 중대한 과실로 인한 범죄행위에 그 원인이 있거나 고의로 사고를 일으킨 경우

나) 고의 또는 중대한 과실로 공단이나 요양기관의 요양에 관한 지시에 따르지 아니한 경우

다) 고의 또는 중대한 과실로 제55조에 따른 문서와 그 밖의 물건의 제출을 거부하거나 질문 또는 진단을 기피한 경우

라) 업무 또는 공무로 생긴 질병·부상·재해로 다른 법령에 따른 보험급여나 보상(報償) 또는 보상(補償)을 받게 되는 경우

2) 다른 법령 등에 따른 급여수급자

공단은 보험급여를 받을 수 있는 사람이 다른 법령에 따라 국가나 지방자치단체로부터 보험급여에 상당하는 급여를 받거나 보험급여에 상당하는 비용을 지급받게 되는 경우에는 그 한도에서 보험급여를 하지 아니한다.

3) 보험료 체납자

공단은 가입자가 대통령령으로 정하는 기간 이상 다음의 보험료를 체납한 경우 그 체납한 보험료를 완납할 때까지 그 가입자 및 피부양자에 대하여 보험급여를 실시하지 아니할 수 있다. 다만, 보험료의 체납기간에 관계없이 월별 보험료의 총체납횟수(이미 납부된 체납보험료는 총체납횟수에서 제외한다)가 대통령령으로 정하는 횟수 미만인 경우에는 그러하지 아니하다.

가) 제69조제4항제2호에 따른 소득월액보험료

나) 제69조제5항에 따른 세대단위의 보험료

4) 납부의무자의 보수월액보험료 체납

공단은 납부의무를 부담하는 사용자가 보수월액보험료를 체납한 경우에는 그 체납에 대하여 직장가입자 본인에게 귀책사유가 있는 경우에 한하여 위 3)항의 내용을 적용한다. 이 경우 당해 직장가입자의 피부양자에게도 위 3)의 내용을 적용한다.

5) 예외

가) 분할납부 승인된 보험료 납부

위3) 및 4)의 내용에도 불구하고 공단으로부터 분할납부 승인을 받고 그 승인된 보험료를 1회 이상 낸 경우에는 보험급여를 할 수 있다. 다만, 분할납부 승인을 받은 사람이 정당한 사유 없이 2회 이상 그 승인된 보험료를 내지 아니한 경우에는 그러하지 아니하다.

나) 보험급여 인정범위

급여제한기간에 받은 보험급여는 다음의 어느 하나에 해당하는 경우에만 보험급여로 인정한다.

① 공단이 급여제한기간에 보험급여를 받은 사실이 있음을 가입자에게 통지한 날부터 2개월이 지난 날이 속한 달의 납부기한 이내에 체납된 보험료를 완납한 경우

② 공단이 급여제한기간에 보험급여를 받은 사실이 있음을 가입자에게 통지한 날부터 2개월이 지난 날이 속한 달의 납부기한 이내에 분할납부 승인을 받은 체납보험료를 1회 이상 낸 경우. 다만, 분할납부 승인을 받은 사람이 정당한 사유 없이 2회 이상 그 승인된 보험료를 내지 아니한 경우에는 그러하지 아니하다.

(12) 급여의 정지

보험급여를 받을 수 있는 사람이 다음의 어느 하나에 해당하면 그 기간에는 보험급여를 하지 아니한다. 다만, 제3 및 제4의 경우에는 요양급여를 실시한다(법 제54조).

1) 국외에 여행 중인 경우

2) 국외에서 업무에 종사하고 있는 경우

3) 제6조제2항제2호에 해당하게 된 경우

4) 교도소, 그 밖에 이에 준하는 시설에 수용되어 있는

(13) 부당이득의 징수

1) 부당이득의 징수

공단은 속임수나 그 밖의 부당한 방법으로 보험급여를 받은 사람이나 보험급여 비용을 받은 요양기관에 대하여 그 보험급여나 보험급여 비용에 상당하는 금액의 전부 또는 일부를 징수한다(법 제57조).

2) 요양기관과 연대하여 징수

속임수나 그 밖의 부당한 방법으로 보험급여 비용을 받은 요양기관이 다음의 어느 하나에 해당하는 경우에는 해당 요양기관을 개설한 자에게 그 요양기관과 연대하여 같은 항에 따른 징수금을 납부하게

할 수 있다.

가) 「의료법」제33조제2항을 위반하여 의료기관을 개설할 수 없는 자가 의료인의 면허나 의료법인 등의 명의를 대여받아 개설·운영하는 의료기관

나) 「약사법」제20조제1항을 위반하여 약국을 개설할 수 없는 자가 약사 등의 면허를 대여받아 개설·운영하는 약국

3) 보험급여를 받은 자와 연대하여 징수

사용자나 가입자의 거짓 보고나 거짓 증명 또는 요양기관의 거짓 진단에 따라 보험급여가 실시된 경우 공단은 이들에게 보험급여를 받은 사람과 연대하여 제1항에 따른 징수금을 내게 할 수 있다.

4) 같은 세대에 속하는 가입자와 연대하여 징수

공단은 속임수나 그 밖의 부당한 방법으로 보험급여를 받은 사람과 같은 세대에 속한 가입자(속임수나 그 밖의 부당한 방법으로 보험급여를 받은 사람이 피부양자인 경우에는 그 직장가입자를 말한다)에게 속임수나 그 밖의 부당한 방법으로 보험급여를 받은 사람과 연대하여 제1항에 따른 징수금을 내게 할 수 있다.

5) 보험료등과 상계

요양기관이 가입자나 피부양자로부터 속임수나 그 밖의 부당한 방법으로 요양급여비용을 받은 경우 공단은 해당 요양기관으로부터 이를 징수하여 가입자나 피부양자에게 지체 없이 지급하여야 한다. 이 경우 공단은 가입자나 피부양자에게 지급하여야 하는 금액을 그 가입자 및 피부양자가 내야 하는 보험료등과 상계할 수 있다.

[별표 5] 업무정지처분 및 과징금부과의 기준 (제70조 제1항 관련)

1. 업무정지처분기준

  가. 요양기관이 법 제98조제1항제1호 또는 제3호에 해당하는 경우의 업무정지기간은 다음 표와 같다.

업무정지 처분 및 과징금 부과의 기준(제70조제1항 관련)

(단위: 일)

월평균 부당금액	부당비율				
	0.5% 이상 1% 미만	1% 이상 2% 미만	2% 이상 3% 미만	3% 이상 4% 미만	4% 이상 5% 미만
20만원 이상 ~ 25만원 미만			10	20	30
25만원 이상 ~ 40만원 미만		10	20	30	40
40만원 이상 ~ 80만원 미만	10	20	30	40	50
80만원 이상 ~ 160만원 미만	15	25	35	45	55
160만원 이상 ~ 320만원 미만	20	30	40	50	60
320만원 이상 ~ 640만원 미만	25	35	45	55	65
640만원 이상 ~ 1,000만원 미만	30	40	50	60	70
1,000만원 이상 ~ 2,000만원 미만	35	45	55	65	75
2,000만원 이상 ~ 3,000만원 미만	40	50	60	70	80
3,000만원 이상 ~ 4,000만원 미만	45	55	65	75	85
4,000만원 이상 ~ 5,000만원 미만	50	60	70	80	90
5,000만원 이상 ~ 1억원 미만	55	65	75	85	95
1억원 이상	60	70	80	90	100

비고

1. 월평균 부당금액은 조사대상 기간(요양기관이 속임수나 그 밖의 부당한 방법으로 요양급여비용을 청구하였는지 확인하기 위하여 6개월부터 36개월까지의 범위에서 보건복지부장관이 정하는 기간을 말한다. 이하 같다) 동안 요양기관이 속임수나 그 밖의 부당한 방법으로 공단에 요양급여비용을 부담하게 한 금액과 가입자 또는 피부양자에게 본인부담액을 부담하게 한 금액을 합산한 금액(이하 "총부당금액"이라 한다)을 조사대상 기간의 개월 수로 나눈 금액으로 한다.
2. 부당비율은 (총부당금액/요양급여비용 총액 + 요양급여비용 총액에 포함되지 않은 부당금액) × 100으로 산출한다.

3. "요양급여비용 총액"이란 조사대상 기간에 해당되는 심사결정된 요양급여비용(법 제47조제2항에 따라 심사 청구된 요양급여비용에 대하여 심사평가원이 심사결정한 요양급여비용을 말한다)을 합산한 금액을 말한다.

4. "요양급여비용 총액에 포함되지 않은 부당금액"이란 조사대상 기간 동안 해당 요양기관의 요양급여비용 총액에는 포함되지 않으나 속임수나 그 밖의 부당한 방법으로 공단에 요양급여비용을 부담하게 한 금액과 가입자 또는 피부양자에게 본인부담액을 부담하게 한 금액을 말한다.

5. 부당비율이 5% 이상인 경우에는 초과 1%마다 업무정지기간을 3일씩 가산하되, 소수점 이하의 부당비율은 올림한다.

6. 월평균 부당금액이 40만원 미만인 경우에 위 표에 따라 계산한 업무정지기간이 50일을 초과하는 경우 50일로 보며, 위 표에 따라 계산한 업무정지기간이 365일을 초과하는 경우 365일로 본다.

    가. 요양기관이 법 제97조제2항에 따른 관계 서류(컴퓨터 등 전산기록장치로 저장·보존하는 경우에는 그 전산기록을 포함한다. 이하 같다)의 제출명령을 위반하거나 거짓 보고를 하거나 거짓 서류를 제출하거나, 관계 공무원의 검사 또는 질문을 거부·방해 또는 기피하였을 때에는 업무정지기간을 1년으로 한다. 다만, 관계 서류 중 진료기록부, 투약기록, 진료비계산서 및 본인부담액 수납대장을 제외한 서류의 전부 또는 일부의 제출명령에 위반한 경우에는 업무정지기간을 180일로 한다.

    나. 가목과 나목 모두에 해당되는 요양기관의 업무정지기간은 해당 기간을 합한 기간으로 한다. 다만, 업무정지기간을 합하는 경우에도 법 제98조제1항에 따른 기간을 넘을 수 없다.

2. 과징금 부과기준

    가. 과징금은 업무정지기간이 10일인 경우에는 총부당금액의 2배, 업무정지기간이 10일을 초과하여 30일까지에 해당하는 경우에는 총부당금액의 3배, 30일을 초과하여 50일까지에 해당하는 경우에는 총부당금액의 4배, 업무정지기간이 50일을 초과하는 경우에는 총부당금액의 5배로 한다.

    나. 요양기관이 과징금의 분할납부를 신청하는 경우 보건복지부장관은 12개월의 범위에서 과징금의 분할납부를 허용할 수 있다.

3. 가중처분

    가. 요양기관이 법 제98조제1항·제5항 및 제99조제1항·제9항에 따른 업무정지 또는 과징금 처분을 받은 이후 5년 이내에 법 제98조제1항 각 호의 위반행위를 하였을 경우에는 해당 위반행위에 대한 업무정지기간 또는 과징금(같은 항 제2호의 위반행위를 한 경우는 제외한다. 이하 이 목에서 같다)의 2배에 해당하는 처분을 할 수 있다. 이 경우 업무정지기간은 1년을 넘을 수 없으며 과징금은 총부당금액의 5배를 넘을 수 없다.

    나. 가목에 따른 5년 이내의 기간 산정은 위반사실이 확인된 날부터 그 직전에 업무정지 또는 과징금 처분서를 송달받은 날까지로 한다.

4. 감면처분

    다음 각 목의 어느 하나에 해당하는 경우에는 업무정지기간 또는 과징금 금액을 2분의 1의 범위에서 줄이거나 면제할 수 있다. 다만, 속임수를 사용하여 공단·가입자 및 피부양자에게 요양급여비용을 부담하게 하였을 때에는 그러하지 아니하다.

    가. 요양급여비용을 부당청구한 요양기관이 그 부당청구 사실이 적발되기 전에 보건복지부장관 등의 감독관청에 부당청구 사실을 자진하여 신고한 경우

    나. 요양기관의 대표자가 인지할 수 없었던 불가항력적인 사유로 요양급여비용 부당청구가 발생한 사실이 객관적으로 증명된 경우

    다. 그 밖에 위반행위의 동기·목적·정도 및 위반횟수 등을 고려하여 보건복지부장관이 정하여 고시하는 감면기준에 해당하는 경우

(14) 이의신청 및 심판청구 등

1) 이의신청

가) 이의신청 기관

가입자 및 피부양자의 자격, 보험료등, 보험급여, 보험급여 비용에 관한 공단의 처분에 이의가 있는 자는 공단에 이의신청을 할 수 있으며(법 제87조), 요양급여비용 및 요양급여의 적정성 평가 등에 관한 심사평가원의 처분에 이의가 있는 공단, 요양기관 또는 그 밖의 자는 심사평가원에 이의신청을 할 수 있다.

나) 이의신청 기간

이의신청은 처분이 있음을 안 날부터 90일 이내에 문서(전자문서를 포함한다)로 하여야 하며 처분이 있은 날부터 180일을 지나면 제기하지 못한다. 다만, 정당한 사유로 그 기간에 이의신청을 할 수 없었음을 소명한 경우에는 그러하지 아니하다. 다만, 이에도 불구하고 요양기관이 심사평가원의 확인에 대하여 이의신청을 하려면 통보받은 날부터 30일 이내에 하여야 한다.

2) 심판청구

가) 심판청구기관

이의신청에 대한 결정에 불복하는 자는 건강보험분쟁조정위원회에 심판청구를 할 수 있다(법 제88조).

나) 심판청구의 제기기간

심판청구는 처분이 있음을 안 날부터 90일 이내에 문서(전자문서를 포함한다)로 하여야 하며 처분이 있은 날부터 180일을 지나면 제기하지 못한다.

다) 심판청구 제기방법

심판청구를 하려는 자는 심판청구서를 처분을 한 공단 또는 심사평가원에 제출하거나 건강보험분쟁조정위원회에 제출하여야 한다.

3) 행정소송

공단 또는 심사평가원의 처분에 이의가 있는 자와 제87조에 따른 이의신청 또는 제88조에 따른 심판청구에 대한 결정에 불복하는 자는 「행정소송법」에서 정하는 바에 따라 행정소송을 제기할 수 있다(법 제90조).

(15) 시효

1) 시효

다음의 권리는 3년 동안 행사하지 아니하면 소멸시효가 완성된다(법 제91조). 이에 따른 소멸시효기간에 관하여 이 법에서 정한 사항 외에는 「민법」에 따른다.

가) 보험료, 연체금 및 가산금을 징수할 권리

나) 보험료, 연체금 및 가산금으로 과오납부한 금액을 환급받을 권리

다) 보험급여를 받을 권리

라) 보험급여 비용을 받을 권리

마) 과다납부된 본인일부부담금을 돌려받을 권리

바) 제61조에 따른 근로복지공단의 권리

2) 시효중단 사유

시효는 다음의 어느 하나의 사유로 중단된다. 이에 따른 시효중단에 관하여 이 법에서 정한 사항 외에는 「민법」에 따른다.

가) 보험료의 고지 또는 독촉

나) 보험급여 또는 보험급여 비용의 청구

3) 시효의 중단

휴직자등의 보수월액보험료를 징수할 권리의 소멸시효는 고지가 유예된 경우 휴직 등의 사유가 끝날 때까지 진행하지 아니한다. 이에 따른 시효중단에 관하여 이 법에서 정한 사항 외에는 「민법」에 따른다.

[서식] 진료비삭감처분등 취소청구의 소

소 장

원고   서울대학교병원
                서울 종로구 ○○동 ○-○
                (전화 000-000, 팩스 000-000)
피고   건강보험심사평가원
진료비삭감처분등 취소

청구취지

1. 피고가 2004. 4. 17. 원고에 대하여 한 이○○에 관한 진료비용 50,893,461원의 환불처분을 취소한다.
2. 소송비용은 피고가 부담한다.

라는 판결을 구합니다.

청구원인

1. 처분의 경위

(1) 원고는 고등교육법에 의한 의학·간호학 및 약학 등에 관한 교육·연구와 진료를 통하여 의학발전을 도모하고 국민보건향상에 기여하게 함을 목적으로 서울대학교병원 설치법(법률 제3056호)에 의하여 1978. 7. 15. 설립된 국민건강보험법 제40조 제1항 제2호 소정의 요양기관이고, 피고는 요양급여비용을 심사하고 요양급여의 적정성을 평가하기 위하여 국민건강보험법 제55조에 의하여 2000. 6. 29. 설립된 법인입니다.

(2) 이○○(1999. 3. 30.생)는 선천성 기관지 기형 상병으로 별지 도표 입원기간란 기재와 같이 모두 11차례에 걸쳐 원고 병원에 입원하여, 원고 병원 의사 성○○ 등으로부터 기도 폐색(閉塞) 치료를 위한 의료행위(이○○는 1999. 10.경 쌕쌕거림과 청색증이 심하여 소아 중환자실에 입원하여 CT 등의 검사상 기관용골하부의 폐동맥슬링, 2개의 상행대정맥, 식도중앙부위의낭성병변 등이 진단되었고, 1999. 11. 12. 전신마취하에 주폐동맥에 대한 문합술과 기관확장시술 및 개방성 동맥관 절단봉합수술 등이 시행되었으며, 1999. 12. 30. 기관지 내시경 소견상 기관확대수술부위에 협착이 발견되어 보강수술이, 2000. 1. 11. 기관종격동류폐쇄수술이 각 시행되었고, 그후 여러 차례에 걸쳐 기관협착부위에 stent를 삽입하거나 육아조직을 제거하는 시술이 거듭되어 합계 102회의 수술을 받았음)·약제·치료재료·검사 등을 받았으나, 2003. 8. 9. 사망하였습니다.

(3) 원고는 이○○에 대한 진료에 관하여 그의 가족으로부터 합계 79,118,101원을 징수하였는데, 이○○의 어머니 권○○는 2003. 10. 9. 피고에게 요양급여대상여부확인 신청을 하였고, 피고는 2004. 4. 17. 원고에게 원고가 징수한 위 금액 중 정당하게 징수한 것으로 판정한 28,224,640원을 제외한 나머지 50,893,461원(구체적인 항목과 액수는 별지 도표의 기재 참조)을 이○○의 가족에게 환불하도록 통보하였습니다.

(4) 원고는 이에 불복하여 2004. 7. 9. 피고에게 이의신청을 하였으나, 피고는 2004. 8. 10. 원고의 이의신청을 기각하였고, 원고는 이에 불복하여 2004. 11. 8. 보건복지부장관에게 제04-심-2379호로 보험급여비용삭감처분취소에 관한 심사청구를 하였으나, 보건복지부장관은 2005. 5. 24. 위 청구를 기각하였습니다.

2. 처분의 위법·부당성

(1) 미결정비급여항목(별지 도표 ①항 관련)에 관하여

원고는 2000. 1. 1.부터 국민건강보험법에 의한 건강보험제도가 시행된 이후 기존의 의료보험제도와 달라진 부분을 반영하여 더 이상 임의비급여로 인정이 되지 않는 항목에 대하여 임의비급여항목의 수가 코드를 삭제하면서 환자들에게 의료보험제도가 시행되던 항목에 대한 진료비 지급 요구를 중지하였으나, 매우 많은 임의비급여 항목이 있었고 임의비급여 항목들이 모두 비급여로 인정될지 여부가 불분명한 상황속에서 보건복지부의 행정지도에 따라 이○○에 대한 진료 내역의 비급여 항목들에 대하여 미결정행위지정신청이나 신기술의료행위지정신청을 하였습니다. 이에 대하여 보건복지부는 이러한 원고의 신청에 대하여 아무런 답변도 하지 않다가 2000-73호(2000. 12. 30.) 고시로 기결정되어 있는 내용이므로 요양급여로 인정할 수 없다고 하였는 바, 이러한 원고의 미결정 또는 신기술의료행위 신청은 보건복지부의 결정전까지는 비급여대상으로서 이○○의 가족의 동의하에 원고가 진료비를 징수한 것은 정당함에도, 이를 삭감한 피고의 처분은 원고의 재산권과 진료권 등을 침해한 것이어서 위법합니다.

(2) 별도산정불가(별지 도표 ②항 관련), 불인정(별지 도표 ③항 관련) 항목에 관하여 원고 병원의 경우 대한민국에서 가장 중환자를 많이 치료하는 곳이고, 원고 병원의 의료진이 아니었다면 생명연장조차도 불가능했을 이○○에 대하여 의료진이 학회 참석일정이나 세미나 일정까지 조정해 가면서 환자에 대하여 최선의 처치를 하고 그 결과 환자를 살려내고 상당기간을 살 수 있게 하였음에도 불구하고, 피고가 요양급여 기준에서 정한 기준을 넘어 의료행위를 시행했다는 이유로 진료비를 삭감한다면, 병원입장에서는 진료를 하면 당연히 손실이 발생하고, 진료하지 아니할 경우 진료를 했다면 사람을 살릴 수 있었음에도 불구하고 진료하지 아니하여 사람을 사망에 이르게 하였다는 이유로 민·형사상 책임을 부담하게 되는바, 피고는 원고 병원의 진료의 적절성을 고려하여 그에 상응하는 처분을 하여야 함에도 단순히 민원이 들어오고 국민건강보험법에서 확인행위를 할 수 있는 권한을 위탁받았다는 이유만으로 원고 병원이 징수한 진료비를 삭감하는 것은 위법합니다.

(3) 이중병실사용(별지 도표 ④항 관련)에 관하여

보건복지부 고시 2000-73호에 의하면 이중병실을 사용하는 경우 환자가 병실료차액을 지급하게

되어 있고, 2000. 10. 15. ~ 2002. 4. 25. 사이의 입원비용 중 원고가 권○○ 등으로부터 수령한 1,523,000원은 환자가 중환자실에 있을 때 보호자가 일반병실을 사용한 경우에 해당함에도, 피고가 이를 삭감한 것은 위법합니다.

(4) infusion pump set(별지 도표 ⑤항 관련)에 관하여

2002. 7. 27. ~ 2003. 8. 9. 사이에 원고가 사용한 infusion pump set는 호흡곤란이 심하여 대수술을 3번이나 받은 6kg 영아인 이○○에게 정확한 양의 약물을 투여하여 중환자의 생명을 유지하기 위한 기본적인 장비이고, 이에 따른 세트의 사용은 당연한 것임에도 피고가 infusion pump set 비용 228,800원을 삭감한 것은 부당합니다.

(5) 요양급여(별지 도표 ⑦항 관련)에 관하여

이 부분 해당항목은 원고 병원 의료진의 의학적 소견에 의하여 진료를 시행하고, 권○○ 등과 합의한 후 권○○ 등에게 징수한 것이므로 적정한 진료비의 징수입니다.

(6) 소멸시효(별지 도표 연번 1, 2, 3항 기재 관련) 주장

환자가 요양급여대상여부확인신청을 통하여 권리구제를 받는 부분은 과다하게 징수된 환자본인부담금을 돌려 받는 것이어서 국민건강보험법 제79조 제1항 제4호 소정의 3년의 소멸시효대상이므로, 권○○가 피고에게 요양급여대상여부확인신청을 한 날로부터 3년 전에 징수한 별지 도표 연번 1, 2, 3항 기재 금액의 반환청구권은 소멸시효가 완성되었다고 보아야 합니다.

(7) 재량권 일탈·남용의 주장

원고 병원은 이○○에게 의학적으로 필요한 치료를 하고 그에 상응하는 치료비를 받았으며 이로 인하여 원고가 부당하게 이득을 취한 것이 없는 점, 원고 병원이 허위로 진료비를 청구하지 않고 진료한 내용 그대로 청구한 점, 원고의 치료로 이○○의 건강상태가 호전되어 생명을 연장할 수 있었으므로 환자와 그 가족에게 피해가 발생하지 아니한 점, 요양급여기준 등에 기초한 이 사건 관련 고시는 일반적인 질환을 예상 한 것으로 이○○와 같은 중증의 환자에게 그대로 적용할 경우 환자의 생명을 유지하는 것 자체가 불가능할 정도였으므로 원고 병원의 의료진이 위 고시의 내용대로 처치하는 것 자체가 불가능한 점, 피고에 의해 삭감된 급여와 피고가 권○○에게 지급한 금액이 상계처리되면 권○○는 원고로부터 해당금액에 대한 진료를 전부 받고서도 진료비를 돌려받게 되어 부당이득을 취하게 되는 점 등에 비추어 보면, 이 사건 처분은 구체적 타당성을 전혀 고려하지 않고 요양급여기준만을 기계적으로 적용한 것이어서 재량권을 일탈·남용한 것입니다.

3. 결론

이와 같이 피고의 처분은 위법·부당한 행정처분이 아닐 수 없으므로, 상기와 같이 원고의 행정처분의 취소를 구하는 행정소송에 이르게 되었습니다.

입증방법

1. 갑 제1호증 - 진단서
2. 갑 제2호증 - 수술동의서

첨부서류

1. 위 각 입증방법   각 1부
2. 송달료 납부서
3. 소장부본

20 . . .

위 원고   (날인 또는 서명)

서울행정법원   귀중

당해판례

2005구합 27925

(1) 미결정비급여에 관하여

국민건강보험요양급여의 기준에 관한 규칙(보건복지부령 제158호, 2000. 6. 30., 이하 '158호 규칙'이라고 한다) 제10조, 제11조, 부칙 제5조, 제6조에 의하면, 요양기관 등은 요양급여대상 또는 비급여대상으로 결정되지 아니한 새로운 치료재료에 대하여 식약청장으로부터 품목허가를 받거나 신고를 한 날로부터 30일 이내에 결정신청을 하여야 하고 결정신청을 받은 보건복지부장관은 안전성·유효성 등을 확인한 후 건강보험심의조정위원회의 심의를 거쳐 결정신청일로부터 90일 이내에 급여 여부 및 상한금액을 결정·고시하고 그 적용은 식약청장으로부터 품목허가 또는 신고한 날까지 소급하여 적용하고, 위 규칙 시행 당시 식약청장의 품목허가를 받거나 품목신고를 한 치료재료로서 보험급여적용 여부가 결정되지 아니한 것과 종전의 요양급여기준에 의하여 보험급여적용신청을 한 치료재료로서 보험적용 여부가 결정되지 아니한 것은 본 규정에 의하여 결정이 신청된 것으로 보고 결정기한도 2000. 12. 31.까지로 하여 예외를 인정하였으며, 부칙 제6조 제2항은 2000. 7. 1. 이후 식약청장으로부터 품목허가를 받거나 품목신고를 하여 2000. 12. 31.까지 결정신청된 치료재료에 대하여 보험적용일에 관하여 소급적용하지 아니하고 종전의 요양급여기준(고시 제2000-13호, 2000. 4. 1.)에 의하도록 하여 보험급여여부를 결정하기 이전까지의 해당비용은

비급여로 적용하도록 예외를 인정하고 있다.

이 사건에서 원고는 2000. 6. 27. 치료재료에 대하여 결정신청을 하였고 따라서 158호 규칙 부칙 제6조 제2항에 의거 결정 신청된 치료재료에 대하여 보험급여 여부에 대한 결정이 있기 전까지 비급여로 징수한 것은 정당하다 주장하나, 원고가 결정신청한 치료재료는 의료보험진료수가 및 약제비산정기준(보건복지부 고시 제1999-32호, 1999. 11. 15.)과 건강보험요양급여행위 및 그 상대가치점수(보건복지부 고시 제2000-67호, 2000. 12. 8.)에 이미 규정되어 있던 재료로서 새로운 치료재료가 아닌 이상 158호 규칙 부칙 제6조 제2항의 적용대상이 되지 아니한다.

또한 '의료보험진료수가 및 약제비산정기준'(보건복지부 고시 제1999-32호, 1999. 11. 15.)은 Ⅳ. 진료용 재료대의 산정 "진료용 재료대는 제2부 제1장 내지 제15장에서 별도로 산정할 수 있도록 규정한 경우와 장관이 불가피하다고 인정하는 경우를 제외하고는 소정 진료수가에 포함되므로 별도 산정하지 아니한다"고 규정하고 있고, 약제 및 치료재료의 구입금액에 대한 산정기준(보건복지부 고시 제2000-39호, 2000. 7. 18.) 제3조(구입 치료재료대의 산정)는 "구입 치료재료대는 요양급여기준 제8조 제2항의 규정에 의한 상대가치점수표 중에서 별도로 산정할 수 있도록 규정한 경우와 장관이 불가피하다고 인정하는 경우를 제외하고는 소정 행위수가에 포함되므로 별도로 산정하지 아니한다"고 규정하고 있는바, 위 규정에 의하면 원고가 결정신청한 치료재료는 별도산정이 불가한 품목에 해당한다.

따라서 원고의 주장은 이유 없다.

(2) 별도 산정 불가 항목 및 infusion pump set에 관하여
건강보험법 관계법령과 판례(대법원 2005. 10. 28. 선고 2003두13434 판결 등)의 태도에 따르면, 요양기관이 진료행위에 대한 비용과 별도로 산정할 수 없는 치료재료 비용을 환자에게 별도로 지급받는 행위는 환자측의 동의 여부를 불문하고 건강보험법 제52조 제1항의 규정에 의한 '사위 기타 부당한 방법'에 의하여 요양급여비용을 받은 경우에 해당하여 정당하다고 할 수 없다. 위 판례의 취지는 건강보험법 관계법령에 의하여 인정되지 아니한 치료재료대의 무분별한 사용으로 인하여 환자나 건강보험재정에 대하여 발생할 수 있는 피해를 사전에 예방하기 위하여, 당해 법령이 제정될 당시 예상되었던 통상적인 질병의 치료에 필요한 일체의 진료행위와 관련하여 지출한 치료재료비용은 별도로 산정할 수 없다는 것이므로, 위와 같은 법리가 모든 경우에 일체의 예외 없이 적용되어야 한다고는 할 수 없고, 통상적인 질병의 치료 범위를 넘어서는 아주 특별한 사정이 인정되는 경우에는 위 질병의 진료행위와 관련하여 합리적인 범위내에서 지출한 특수한 비용은 환자측의 사전동의를 받았거나 사전동의를 받지 못했더라도 환자측에게 사전에 동의 여부를 문의하였다면 동의를 하였을 것으로 보이는 경우

에는 비급여대상으로서 별도로 산정할 수 있다고 봄이 상당하다.

이 사건에서 ① 이○○의 상태는 매우 위급하여 입원 및 수술을 반복하는 희귀한 사례로서 원고 병원의 의료진이 이○○를 위독한 상태에서 건강을 회복하기 위하여 치료에 필수적인 BACTERIA FILTER(BACTOGARD), BREATHING CIRCUIT SET, DISPO SABLE HAND CONTROL, EXTENSION TUBE 100㎝, MINIVOLUME EXTENSION TUBE 75㎝, EXTENSION TUBE3 0:SYRING PUMP용, MINIBOLUME EXTENSION TUBE 30㎝, FEEDING TUBE(ARGYLE) 5FR, FACE MASK, HYDROSCOPIC CONDENSER HUMIDIF, HUMID BACTERIAL FILTE R(성인/소아), MECHANICAL COLD NEB. (SET), MECHANICAL COLD NEB. (SET), NELL COR OXISENSOR(D-20), OPAQUE TUBE(150㎝), LEVIN TUBE SILICON 12FE, SILASC ON I.V FILTER, STERIO-DRAPE 40×90㎝, STOPCOK(TWO ONE-WAY) 50㎝, THREE WAY MANIFOLD, STERI-DRAPE(3m):IOBAN 90, SYRINGE FOR SYRINGE PUMP 50cc, T-PORT EXTENSION TUBE(471954), VITAL TEMP ESOPHAGEAL STETHOSCOPE, inf usion pump set 등을 사용한 경우에는 원래 건강보험관련 규정이 예정하고 있는 통상의 치료범위를 초과한 것으로 보이는 점, ② 요양급여비용의 지급제도는 한편으로는 요양급여를 시행한 의료기관에 대한 대가지급이라는 측면에서 사적 성격을 가지고 있으나, 한편으로는 요양기관의 업무량과 투여자원 및 위험도 등을 고려하여 각 요양급여별로 공평하게 산정·지급되어야 할 뿐 아니라 보험재정의 상태와 국민의 부담규모도 고려되어야 하는 측면에서 공익적 성격도 가지고 있으므로, 이 사건과 같이 통상의 질병치료 범위를 초과하는 특수한 경우에는 환자 측이 그 범위를 넘어서는 치료비를 부담하는 것이 수익자부담원칙 및 요양급여제도의 공익성에 부합하는 점, ③ 원고가 위와 같은 치료재료를 사용하는 것이 치료에 불가피하였고 위 치료재료를 대체할 수 있는 다른 저가의 치료재료가 존재한다고 보기 어려운 점, ④ 원고는 이○○의 보호자들로부터 사전에 위 비용의 지출에 관한 동의를 받지는 않았으나 만약 동의 여부를 문의하였다면 동의를 하였을 것으로 보이는 점 등을 종합적으로 고려하면, 피고가 별도산정 불가 항목으로 평가하여 원고에게 환불을 명한 2,468,828원 부분과 infusion pump set에 관한 228,800원 부분은 위법하다고 보아야 할 것이다. 만약 이러한 경우에까지 위 법리가 예외 없이 적용된다고 본다면, 원고로서는 보험자인 국민건강보험공단이나 환자측으로부터 아무런 보전도 받지 못한 채 위와 같은 특수한 비용을 지출하여 치료를 하거나(앞에서 본 바와 같은 요양급여비용 지급제도의 성격에 비추어 볼 때, 위와 같은 특수한 비용은 국민건강보험공단에 그 지급을 청구할 수 없을 것이고, 그 점에 관하여는 원고와 피고 사이에 다툼이 없다), 위와 같은 특수한 비용은 지출하지 않은 채 통상적인 방법에 의한 치료를 할 수밖에 없을 것인데, 원고에게 전자의 방법을 강요한다면 이는 원고의 재산권의 본질적인 부분을 침해하는 것으로서 헌법에 위반될 가능성이 높고, 원고에게 후자의 방법을 허용한다면 이는 환자의 그 무엇과도 바꿀 수 없는 귀중한 생명에 대한 권리를 침해하는 것으로서 역시 헌법에 위반될 가능성이 높다는 점에서, 위와 같은 경우에는 위 법리 적용의 예외를 인정하여야 할 것이다.

따라서 원고의 위 주장은 이유 있다.

(3) 불인정 부분에 관하여

약제의 경우에는 식품의약품안전청의 허가범위내에서 필요, 적절하게 사용하는 경우 요양급여로 인정하는 것이 원칙이고, 구연산펜타닐의 식약청 허가사항(효능, 효과)을 살펴보면, 구연산펜타닐은 마취, 마취전투약, 마취유도, 마취유지 및 수술직후(회복실)의 단시간 진통, 전신 또는 국소마취시 마약성 진통보조, Dreperidol과 같은 신경이완제와 병용하여 마취유도 국소 및 전신마취시 마취유지를 위한 마취전 투약제, 개심술, 복잡한 신경계 및 정형외과 수술과 같은 선택된 고위험환자군에서 산소와 병행하여 마취제로 사용한다고 되어 있다.

그런데 원고 병원의 의료진은 이○○에게 기도내 삽관을 하면서 이○○에게 통증방지 및 일시적 수면을 위하거나 혈역학적인 안정 상태를 위한 수면을 유도하기 위하여 구연산펜타닐을 사용하였는 바, 이는 원고가 특이한 상태에 있었던 중환자 이○○에 대한 고난이도의 시술에 필요하여 위 약제를 사용한 이상 보건복지부 고시의 허가범위를 초과한 경우에도 요양급여로 인정되어야 할 것이다(별지 도표 ⑤항 기재 228,800원).

따라서 원고의 위 주장은 이유 있다.

(4) 급여에 관하여

치료행위 등은 전문적인 지식과 기술을 갖춘 요양기관이 질병 등에 대하여 전문지식이 없는데다가 질병 등으로 곤궁한 상태에 있는 불특정 다수인인 환자를 상대로 베푸는 행위로서, 치료행위 등의 내용이나 그 비용 부담 등에 관하여는 당사자의 계약에 의하여 정하게 할 수는 없는 것이므로, 요양기관이 치료행위를 하고, 그 비용을 징수함에 있어서는 요양급여기준과 진료수가기준에서 정한 기준과 절차에 따라야 하고, 급여대상에 대하여 임의로 비급여대상으로 진료행위를 하고 환자 본인과 사이에 보험비급여로 하기로 상호 합의하여 그 진료비용 등을 환자 본인으로부터 지급받는 행위를 허용할 수는 없다.

급여 부분 항목에 관하여 피고가 원고 병원의 의료진이 이○○에 대하여 시행한 시술이 의학적으로 적정하였다는 점을 인정하고 있는 이상, 원고로서는 요양급여로 처리하여 권○○ 등이 20%의 비용을 부담하고 건강보험공단이 80%의 비용을 부담하도록 하였어야 할 것임에도, 권○○와 사이에 비급여로 처리하기로 합의한 후 그 진료비용을 권○○ 등에게 청구하는 것은 부당하다.

따라서 원고의 위 주장은 받아들이지 아니한다.

(5) 이중병실사용에 관하여

원고는 이○○가 중환자실에 있을 때 그의 보호자가 일반병실을 사용하였다는 점을 입증하지 못하고 있는 이상, 피고가 이를 삭감한 것은 적법하므로, 이에 대한 원고의 주장은 받아들이지 아니한다.

(6) 소멸시효에 관하여

요양급여대상여부에 대한 확인신청과 이와 관련된 과다징수금액환불청구권은 국민건강보험법 제43조 제3항이 아니라 제43조의2에 터잡은 것이어서 국민건강보험법 제79조 제1항 소정의 권리에 포함되지 아니하고, 그 법적 성질은 부당이득반환 청구라 할 것이어서, 위 법 제79조 제3항, 민법 제162조 제1항에 따라 10년간 행사하지 아니하면 소멸시효가 완성된다고 할 것이니, 이와 다른 전제에 선 원고의 위 주장은 이유 없다.

(7) 재량권 일탈·남용에 관하여

국민건강보험법 제43조의2 제1항은 "가입자 또는 피부양자는 본인일부부담금 외에 부담한 비용이 제39조 제3항의 규정에 의하여 요양급여의 대상에서 제외되는 것인지에 대하여 제55조의 규정에 의한 건강보험심사평가원에 확인을 요청할 수 있다"고 규정하고 있고, 제2항은 "제1항의 규정에 의한 확인요청을 받은 건강보험심사평가원은 그 결과를 확인요청한 자에게 통보하여야 한다. 이 경우 확인요청한 비용이 요양급여의 대상에 대한 비용에 해당하는 것으로 확인된 때에는 그 내용을 공단 및 관련 요양기관에 통보하여야 한다"고 규정하고 있으며, 위 확인업무의 기준이 되는 것은 국민건강보험법 제39조 제2항, 제3항, 42조, 국민건강보험법 시행령 제24조, 국민건강보험요양급여 기준에 관한 규칙 제8조, 제9조, 제11조, 제13조, 치료재료급여·비급여목록 및 급여상한금액표, 약제급여·비급여목록 및 급여상한금액표, 건강보험요양급여행위 및 그 상대 가치점수, 건강보험요양급여비용의 내역, 신의료기술 등의 결정 및 조정기준 등이고, 피고는 위 기준에 따라 원고가 행한 의료행위·약제 및 치료재료의 지급이 급여대상인지 비급여대상인지만을 확인하는 것이므로, 피고의 요양급여대상 여부에 대한 확인 및 환불처분은 기속행위로 보아야 할 것이다.

따라서 피고의 이 사건 처분이 재량행위임을 전제로 한 원고의 위 주장은 이유 없다.

소　장

원고　　A 주식회사
　　　　서울시 강남구 ○○동 ○-○번지
　　　　(전화 000-000, 팩스 000-000)
피고　　보건복지부장관
보험약가인하처분취소

청구취지

1. 피고가 고시한 2012. 2. 29. 보건복지부 고시 제2012-27호 '약제급여목록 및 급여 상한금액표
　중 개정' 중 별지 목록 기재 각 의약품에 대하여 그 상한금액을 같은 목록 '상한금액'란 기재 금액으
　로 인하한 부분을 취소한다.
2. 소송비용은 피고의 부담으로 한다.
라는 판결을 구합니다.

청구원인

1. 처분의 경위

(1) 원고는 A라는 상호로 국민건강보험법상 요양급여 대상이 되는 별지 목록 기재의약품(이하 '이
사건 의약품')의 수입업을 영위하는 자입니다.

(2) 피고는 국민건강보험법 시행령(2012. 8. 31. 대통령령 제24077호로 개정되기 전의 것, 이하
같다) 제24조 제3항과 국민건강보험 요양급여의 기준에 관한 규칙(2011. 12. 30. 보건복지부령
제99호로 개정된 것, 이하 '요양급여규칙'이라 하고, 위와 같이 개정되기 전 규칙을 '구 요양급여
규칙'이라 한다) 제13조 제4항 제4호의 규정에 의한 '약제 급여 목록 및 급여 상한 금액표'를 2012.
2. 29. 보건복지부 고시 제2012-27호로 개정하면서 이 사건 의약품의 상한금액을 인하하였습니
다(이하 위 고시 중 별지 목록 기재의약품에 관한 부분을 '이 사건 처분'이라 한다).

(3) 이 사건 처분은 피고가 2011. 8. 12. 발표한 '약가제도 개편 및 제약산업 선진화방안'을 추진하기

위하여 2012. 1. 1.부터 시행한 약가제도 개편에 따른 후속조치로 이루어진 것으로서, 종래 복제의약품에 관한 계단식 약가 방식을 폐지하고 동일 성분 의약품에 대하여 동일한 상한 금액을 부여하면서 상한금액을 특허만료 전 신약 상한금액의 68~80%에서 53.55%로 낮추고, 이를 기존에 요양급여목록에 등재된 의약품들(이하 '기등재 의약품')에도 적용하여 위 약품의 상한금액을 기준금액의 53.55%로 일괄하여 인하하는 것을 내용으로 하고 있습니다.

(4) 피고는 위와 같은 정책을 추진하기 위하여 요양급여규칙 제13조 제4항 제4호 및 및 약제의 결정 및 조정 기준(2012. 1. 18. 보건복지부 고시 제2012-6호로 개정된 것, 이하 '약제조정기준'이라 하고, 위와 같이 개정되기 전 고시를 '구 약제조정기준'이라 한다) 제8조 제2항 제5호에 의하여 신규로 요양급여목록에 등재된 의약품의 상한금액을 평가하기 위한 [별표 1] '약제 상한금액의 산정, 조정 및 가산기준'(이하 '[별표 1]')과 기등재 의약품에 대한 재평가 및 상한금액을 정하기 위한 [별표 2] '재평가 대상 약제 상한금액 조정기준'(이하 '[별표 2]')을 각 개정하였다. 한편, 피고는 2012. 1. 1. 위 각 개정 규정에 따라 약제상한금액 재평가 계획을 공고하고, 2012. 1. 4.부터 2012. 2.6.까지 위 계획에 대한 이의신청 접수를 받은 다음, 2012. 2. 23. 건강보험심사평가원 약제급여평가위원회의 심의, 같은 달 27. 건강보험정책심의위원회의 심의를 각 경유하여 이 사건 처분에 이르게 되었습니다.

2. 처분의 위법성
다음과 같은 이유로 이 사건 처분의 근거가 되는 요양급여규칙 제13조 제4항 제4호 및 약제조정기준 [별표 2], [별표 1]은 위헌·위법하거나, 이 사건 처분 자체에 위법성이 있습니다.

(1) 신요양급여규칙 제13조 제4항 제4호의 위헌·위법성
1) 국민건강보험법 제42조 제1항 위반
국민건강보험법(2011. 12. 31. 법률 제11141호로 전면개정되기 전의 것, 이하 같다) 제39조 제1항 제2호, 제42조 제1항에서 약제 및 치료재료에 대하여 계약제의 적용을 배제하고 있지 아니한 점, 비록 약제의 상한금액은 실제 구입가격 자체는 아니지만 구입가격에 직접 영향을 미치는 점 등에 비추어 약제의 요양급여비용 결정에 있어서도 국민건강보험법 제42조 제1항의 요양급여비용 계약제의 취지는 존중되어야 합니다.
그런데 요양급여규칙 제13조 제4항 제4호는 피고가 임의로 변경할 수 있는 약제조정기준상의 약제 상한금액 결정·조정기준에 따라 제조업자 등과의 협상 절차나 전문가들의 검증절차를 거칠 필요도 없이 자의적으로 상한금액을 조정할 수 있게 되므로(반면, 요양급여규칙 제13조 제4항에서 제4호를

제외한 나머지 직권조정사유들은 그 조정의 명확한 기준과 절차를 규정하고 있다), 요양급여비용 계약제를 규정한 상위법령인 국민건강보험법 제42조 제1항의 취지에 반합니다.

2) 포괄위임금지 원칙 위반
요양급여규칙 제13조 제4항 제4호는 하위법령인 약제조정기준(비록 고시의 형태이나 법령보충적 행정규칙으로서 법규명령의 성격을 가지고 있다)이 변경된 후에야 상위법령인 요양급여규칙에 규정된 직권조정사유가 인정되는 형태로 규정되어 있는바, 기등재 의약품의 상한금액 재조정 사유 및 그 기준 등에 관하여 요양급여규칙에 그 대강이라도 예측할 수 있도록 규정하지 아니한 채, 하위법령인 약제조정기준에 포괄적으로 백지위임하고 있는 것은 헌법 제75조의 규정에 의한 포괄위임금지 원칙에 위반됩니다.

3) 과잉금지원칙 위반
건강보험재정 안정화를 통한 약품비 감소라는 입법목적 달성을 위해서는 가격요인인 상한금액에 대한 통제보다는 사용량에 대한 통제를 강화하는 것이 보다 적절한 수단인 점(방법의 적정성 위반), 약제의 상한금액은 약제 제조업자의 영업의 자유를 보장할 수 있도록 설정하되 실거래가를 낮추는 방법으로도 입법목적을 달성할 수 있고, 실제로 국민건강보험법 시행령 제24조 제3항 제3호 나.목에서 이른바 '시장형 실거래가 상환제[1]'를 채택한 바 있음에도, 위 제도의 시행을 2013. 2. 1. 이후로 유예하고 이보다 침해적인 수단인 약제의 상한금액을 인하하는 조치를 취하고 있는 점(최소침해원칙 위반), 약제의 상한금액 인하로 얻게 되는 공익은 크지 않은 반면, 이로 인하여 원고를 포함한 약제 제조업자들은 매출액 손실 및 회사의 재정 상태 악화, 연구개발비용감소에 따른 국제경쟁령 감소 등 막대한 피해를 입게되는 점(법익의 균형성 원칙 위반) 등의 제반 사정에 비추어, 요양급여규칙 제14조 제4항 제4호는 헌법상의 과잉금지원칙에 위반됩니다.

(2) 약제조정기준 제8조 제2항 제5호 [별표 2], [별표 1]의 위법성
약제조정기준 제8조 제2항 제5호 [별표 2]는 기등재 의약품의 상한금액 조정 기준과 관련하여 그 시기(제1호) 및 평가대상(제2호)을 피고가 일방적으로 결정할 수 있도록 되어 있어 국민건강보험법 제42조 제1항의 건강보험계약제의 취지에 반하고, 예측가능성이 없어 명확성의 원칙에 반하는 점, 요양급여규칙 제13조 제4항은 직권 조정에 따른 절차로서 제11조의 2 제1항을 준용함으로써 약제급여평가위원회의 심의 절차를 규정하고 있는데, 약제조정기준 제8조 제2항 제5호 [별표 2] 제3호 가.목 (1)에서 [별표 1] 제3호 가.목이 정한 기준 금액(동일 제제 최고가의 53.55%)을 준용함에 따라 약제급여평가위원회의 심의를 통하여 개별 약제의 경제성, 상한금액의 적정한 인하율 등에

대한 실질적 심사를 요구하고 있는 약제조정기준 제7조 제1항, 제2항의 취지에 부합하지 못하고 형해화되는 점 등에 비추어, 위 규정들은 국민건강보험법 제42조 제1항 및 요양급여규칙 제13조 제4항 등 상위 법령에 위반됩니다.

(3) 이 사건 처분 자체의 위법성

1) 절차적 위법성

이 사건 처분의 전제가 되는 약제급여평가위원회의 심의절차는 매우 짧은 기간동안 피고의 정책을 통과시키기 위한 요식절차로서만 기능한 것에 불과하고, 피고가 위 심의절차를 실질적으로 경유한 것으로 볼 수 없는 절차상 하자가 있습니다.

2) 이 사건 처분은 아래와 같이 재량권을 일탈·남용하였습니다.

① 개별 약제의 특성을 고려하지 아니한 채, 객관적 근거도 없이 설정된 53.55%의 획일적인 조정기준에 따라 처분이 이루어졌습니다.

② 이 사건 처분 당시 2012. 1. 1. 기준 약제급여목록 및 급여상한금액표(이하 '이 사건 급여목록')에는 원고, 주식회사 J(이하 'J'), 한국H제약 주식회사(이하 'H'), I, 주식회사 Y제약(이하 'Y상사')의 5개 회사가 동일제제를 생산 내지 수입하는 것으로 등재되어 있었으나, 이미 2011. 12. 말경 H와 Y상사는 동일 제제로 등재된 의약품의 수입품목허가를 자진 취하한 상황이므로 실질적으로 3개의 동일 제제만이 존재하고 있었다. 따라서 [별표 2] 제3호 나.목에 의하여 준용되는 [별표 1] 제4호에 따라 조정된 상한금액에 일정 비율이 가산되어야 함에도, 피고는 이 사건 급여목록만을 형식적으로 판정하여 5개의 동일제제가 존재하는 것으로 사실을 오인하였습니다.

③ 원고가 생산하는 이 사건 의약품은 100% 젤라틴으로 구성된 스폰지 형태의 지혈제로서 신체 내부 수술 후 체내에 부착한 채로 봉합할 수 있는 제품이지만, 체내에 삽입할 수 없고 신체 외부에 반창고로 붙이는 형태인 J의 바이오로지컬드레싱스폰지(이하 'J 의약품')나 치과용으로만 사용되는 I의 헤모스폰(이하 'I 의약품')과 용법, 투여경로, 함량, 규격 등이 달라 상호간 대체가능성이 없으므로 이 사건 의약품과 동일제제라고 볼 수 없습니다.

따라서 이 사건 의약품은 단독등재 의약품에 해당하여 약제 상한금액 재평가 계획 공고(2012. 1. 1. 보건복지부 공고 제2012 - 1호)에 의하여 재평가대상에서 제외되어야 합니다.

3. 결론

위와 같은 이유로 피고인의 위법한 행정처분을 취소해 달라는 행정소송을 제기하게 된 것입니다.

입증방법

1. 갑 제1호증
2. 갑 제2호증

첨부서류

1. 위 각 입증방법   각 1부
2. 송달료 납부서
3. 소장부본

20 . . .

위 원고   (날인 또는 서명)

서울행정법원   귀중

당해판례

2012구합 9932
1. 과잉금지원칙 위반 여부

① 목적의 정당성

종래 계단식 약가제도는 국내 제약 산업의 기술력이 낮았던 시기에 복제약품의 개발 및 시장진입을 촉진하기 위하여 도입되었으나, 250여개 의약품 제조사들이 활동하고 다수의 복제약이 등재되는 현재의 제약산업 실태와 맞지 아니한 점, 등재 순서에서 우위를 점하여 고가의 복제약품을 판매하는 제약회사가 매출을 유지하기 위하여 리베이트 제공 등 음성적 영업활동에 주력하게 하는 풍토를 조장하는 점 등의 제반 사정에 비추어 현 단계에서 바람직한 정책으로 보기는 어렵고, 동일한 효능의 약에 동일한 가격을 인정하는 것이 합리적이다. 또한 이를 기등재 의약품에까지 확대하는 것이 신규 등재 의약품과 사이에 형평성과 경쟁의 중립성을 확보할 수 있다고 할 것이다.

한편, 현재의 고령화 추세 및 국민의료비 중 약제비의 비중에 비추어 건강보험재정의 건전성이 문제되는데, 피고의 약가인하 조치로 인하여 건강보험지출에서 약품비가 차지하는 비중이 상당히 낮아질 것으로 기대된다.

② 방법의 적정성

처방절감 인센티브제도, 약제사용 적정성평가, 올바른 약제사용에 대한 국민홍보 등 사용량 통제를 위한 각종 조치들이 있을 수 있으나, 그 효과는 제한적이어서 위와 같은 조치들만으로 건강보험

재정 안정화라는 공익을 효과적으로 달성할 수 있다고 보기는 어렵다. 따라서 사용량의 통제와 함께 상한금액의 조정의 필요하다고 할 것이므로, 방법의 적정성이 인정된다.

③ 침해의 최소성
원고가 주장하는 시장형 실거래가 상환제를 실시한다고 하여 비합리적 약가제도의 문제점이 사라진다고 볼 수 없고, 실거래가 자체를 통제하는 것은 오히려 상한금액 인하보다 직접적이고 강력한 수단으로 보인다. 따라서 침해의 최소성 또한 인정된다.

④ 법익의 균형성
국내 제약사의 평균영업이익률이 다른 제조사보다 높은 점, 판매관리비의 비중이 높고 연구개발비용 투자비중이 낮은 국내 제약회사의 기존 영업형태에 비추어 보호가치가 높다고 보기 어려운 점, 개별 제약회사나 수입업자가 수지불균형 등 구체적인 경영상 어려움이 발생한다면 약제조정기준 제3조에 의한 사후적 조정신청이 가능한 점 등에 비추어, 피고의 약가인하조치로 인하여 제약회사들의 매출이익이 침해되는 측면이 있다고 해도, 합리적 약가제도를 실시하여 국민후생 증진(본인부담금 감소분 연간 6,000억원 예상)과 건강보험재정 건실화라는 공익보다 우월하다고 보기는 어렵다.

라) 소결론
따라서, 요양급여규칙 제13조 제4항 제4호가 위헌·위법하다는 원고의 주장은 이유 없다.

2. 이 사건 처분자체의 위법여부
가) 절차상 하자 여부
약제급여평가위원회의 심의절차가 형해화된 것으로 볼 수 없음은 앞서 본 바와 같다. 또한 피고는 이 사건 처분의 전제가 되는 약제 상한금액 직권조정에 대하여 구체적인 목록을 제약사들로 하여금 2011. 12. 20. 사전열람하도록 하였고, 약제 상한금액 재평가계획이 2012. 1. 1. 공고되면서 같은 달 2. 재평가 적용대상 목록이 건강보험심사평가원 홈페이지를 통하여 공지된 사실, 같은 달 4. 2012년 제1차 약제급여평가위원회가 개최되어 약제 상한금액 재평가계획이 심의되었고, 기등재의 약품 총 13,814개 중 6,542개가 인하품목으로 정하여진 후 2012. 1. 4.부터 2012. 2. 6.까지 제약사들로부터 총 703개 의약품에 대한 이의신청이 있어 같은 달 23. 2012년 제2차 약제급여평가위원회를 개최하여 90여개 의약품에 대한 이의신청을 인용한 사실을 인정할 수 있다(피고 2012. 7. 11.자 준비서면 31쪽 참조). 위와 같은 사실관계에 의할 때, 약제급여평가위원회의 심의절차가 정상적으로 준수된 것으로 볼 수 있으므로, 이 사건 처분에 절차상 하자를 인정할 수 없다.

나) 재량권의 일탈·남용 여부

○ 일률적 조정기준에 대하여

14) [별표 2]에 따른 기등재약품의 직권조정절차에서 약제급여평가위원회의 평가결과에 대하여 이의를 신청한 703개 품목 중 90개 품목에 대하여 이의신청이 받아들여진 바 있다.

살피건대 현재의 약가제도뿐만, ① 아니라 종전의 계단식 약가제도에서도 신규등재 복제의약품은 개별 약제의 특성이 아니라 이미 등재된 신약의 가격을 기준으로 일정한 비율에 의하여 정해져온 점, ② 개별적인 복제 의약품의 경제성을 새로이 평가하여 상한금액을 결정하는 '기등재목록정비사업'을 시범적으로 시행하여 보았으나, 지나치게 장기간이 소요되어 현재의 약가인하제도를 대체하기는 어려운 것으로 보이는 점, ③ 기존의 계단식 약가제도는 동일 효능 의약품의 상한금액이 등재 순서에 따라 달라지게 되어, 시장원리에 따른 가격 경쟁이 아니라 리베이트 등 공정하지 못한 방법에 의하여 약가가 결정되는 문제가 있었고, 동일 효능을 가진 의약품에 대하여는 동일한 상한금액을 부여하는 것이 합리적인 이상, 신규등재 의약품뿐만 아니라 기등재 의약품에도 위와 같은 원칙을 관철할 필요가 있는 점, ④ [별표 1]은 동일 효능 의약품의 동일 상한금액 원칙에 대한 다양한 예외를 부여하고 있고16), 사전적인 재평가신청 제도 및 사후적 조정신청 제도 및 원가보전 신청 제도를 갖추고 있는 점, ⑤ 아래 도표에서 보는 바와 같이 외국의 사례에 비하여 위 조정기준에 의한 약가 인하 비율이 높다고 보기는 어려운 점 등에 비추어, 약제조정기준 [별표 2], [별표 1]에서 일률적인 조정기준을 설정하고 있고, 이 사건 처분이 이에 따르고 있다고 하여도 재량권을 적정하게 행사하지 않은 것으로 볼 수 없다.

○ 2식약청 허가 관련

원고가 주장하는 바와 같이 이 사건 급여목록에 동일제제로 등재된 H와 Y상사의 의약품이 2011. 12. 말경 식약청의 허가가 취하되었고, 이들 제품은 2012년 2월 ~ 3월 중 약제급여목록표에서 삭제된 사실은 인정된다. 그러나 ① 약제급여목록표는 매월 다수의 건수들이 변동하고 있으므로17) 일정한 시점을 기준으로 약제급여목록표에

등재된 약품의 현황에 따라 획일적으로 약가인하 제도를 적용하는 것이 불가피한 점, ② 식약청 허가대상에서 제외된 것만으로 약제급여목록이 자동적으로 변경되지는 않는 점, ③ 기준 시점 이후 사후적인 변동 사항이 발생할 경우 요양급여규칙 제12조에 의한 조성신청이 가능한 점 등에 비추어, 2012. 1. 1. 기준으로 약제급여목록표에 등재된 위 의약품들을 이 사건 의약품과 동일제제로 판정한 조치에 하자가 있다고 볼 수 없다.

○ J 및 I 의약품과 이 사건 의약품의 동일제제 여부

살피건대, ① 식약청의 허가는 의약품의 안정성, 효능·효과, 성분, 용법과 관련된 사항이고, 동일제제의 판정은 동일 성분, 제형, 투여경로 등의 기준에 의하여 판정하는 것이므로, 해당 분야의 전문기관인 식약청의 허가사항에 의존할 수밖에 없는 기등재의약품이 13,000건을 넘고, 이들이 매달 수십건에서 수백건 신설·변경·삭제된 것으로 보인다(피고 2012. 7. 11.자 준비서면 35쪽 참조). ② J I 의약품 모두 모두 성분이 동일하고 성상이 스폰지 형태의 지혈제이며, 투여경로 또한 '외용제'로 단일한 점, ③ [별표 1] 제2호 나.목 (2)에 의하면 함량만 다른 의약품이 등재될 때에는 개별적, 구체적 평가 없이 함량배수 산식에 의하여 가격을 결정하고 있고, [별표 1] 제3호 가.목에서도 동일제제의 기준으로 '함량'을 언급하고 있지 아니한 사정에 비추어, 규격이나 함량은 동일제제 여부를 판정함에 있어서 고려대상 기준이 아닌 점 등을 종합하여 보면, J 및 I 의약품과 이 사건 의약품을 동일제제로 본 이 사건 처분에 하자가 있다고 보기 어렵다.

다) 소결론

따라서, 이 사건 처분 자체가 위법하다는 원고의 주장 또한 받아들이지 아니한다.

[서식] 부당이득금환수고지처분취소 청구의 소

소　장

원고	김 길 동(주민등록번호) 서울시 동작구 ○○동 ○-○번지 (전화 000-000, 팩스 000-000) 김 기 리 서울시 동작구 ○○동 ○-○번지 (전화 000-000, 팩스 000-000)
피고	국민건강보험공단

부당이득금환수고지처분취소

청구취지

1. 피고가 2011. 5. 6. 원고들에 대하여 한 부당이득금 39,247,280원의 환수고지처분을 취소한다.

2. 소송비용은 피고가 부담한다.

라는 판결을 구합니다.

청구원인

1. 처분의 경위

(1) 원고 김길동은 원고 김기리의 아버지로 국민건강보험의 가입자이고, 원고 김기리는 2010. 7. 30. 당시 중학교 3학년 학생으로 국민건강보험상 원고 김기리의 피부양자입니다.

(2) 원고 B은 2010. 7. 30. 충남 태안군 소원면 모항리에 있는 만리포해수욕장에서 '버팔로 4륜바이크'라는 상호로 위 해수욕장 관광객들을 상대로 바이크 대여업을 하는 C으로부터 원동기장치자전거면허 없이 레저용 4륜바이크 1대(이하 '이 사건 바이크'라 한다.)를 빌려 친구 1명을 태우고 같은 리 소재 서울여자수련원 앞 도로(이하 '이 사건도로'라 한다.)를 모래비 방면에서 해변 방면으로 내리막 경사를 따라 진행하다가 도로끝 부분과 해수욕장 경계에 설치된 방호울타리(이하 '이 사건 방호울타리'라 한다.)에 충돌한 후 이 사건 바이크와 함께 이 사건 방호울타리를 넘어 해수욕장 쪽으로 추락하였고, 연이은 이 사건 바이크의 폭발(이하 '이 사건 사고'라 한다.)로 인하여 얼굴 및 양쪽 팔과 다리 등에 화염화상 60%(심부2도 : 20%, 심부3도 : 40%)의 상해를 입었습니다.

(3) 원고 B은 2010. 7. 30.부터 2010. 12. 6.까지 이 사건 사고 인한 치료를 받는 과정에서 피고로부터 합계 39,247,280원의 치료비를 지급받았는데, 피고는 2011. 5. 6. 원고들에 대하여 '이 사건 사고는 원고 B이 운전자로서 지켜야 할「도로교통법」제43조(무면허운전금지) 및 같은 법 제48조(안전운전 의무)를 위반한 중대한 과실에 기인하여 발생한 사고에 해당한다.'는 이유로「국민건강보험법」제48조 제1항 제1호, 제52조 제1항 등 규정에 의하여 이미 지급된 위 치료비 상당액 39,247,280원을 부당이득금으로 환수하는 처분(이하 '이 사건 처분'이라 한다.)을 하였습니다.

(4) 원고는 이에 불복하여 이의신청을 거쳐 건강보험분쟁조정위원회에 심판 청구를 하였으나 건강보험분쟁조정위원회는 , 2012. 3. 20. 원고의 청구를 기각하였습니다.

2. 처분의 위법성

C은 자동차대여업 등록 및 보유 바이크에 대한 등록을 하지 않았고 구입한 4륜바이크의 안전기준 적합 여부도 확인하지 않은 상태에서 4륜바이크 대여업을 하면서 나이 및 원동기장치자전거면허 보유 여부도 확인하지 않은 채 원고 B에게 이 사건 바이크를 대여하였고, 결과적으로 이 사건 바이크 의 브레이크 결함이 주요한 원인이 되어 이 사건 사고가 발생한 점, 태안군도 이 사건 도로 및 이 사건 방호울타리의 설치관리자로서 경사면을 따라 전방에 수직으로 방향이 전환되는 T자형 교차로

에서 추락 등의 사고를 방지하기 위하여 그 구조 및 기능상 요구되는 강도와 내구성을 갖춘 방호울타리를 설치·유지하여야 함에도 이러한 안전성을 갖추지 못한 부실하고 녹이 슬은 이 사건 방호울타리를 그대로 방치함으로써 이 사건 사고의 발생에 기여한 영조물 설치·관리상의 책임이 있는 점, 이 사건 사고 발생 당시 15세에 불과한 원고 B으로서는 이 사건 바이크를 대여하여 운전하는 데에 면허가 필요한지 여부를 알 수 없었을 것이므로 이 사건 사고는 대여자인 C의 과실과 태안군의 영조물 설치·관리상의 책임 등 다른 사유가 주된 원인으로 개입되어 발생한 것이라고 봄이 상당한 점 등에 비추어 보면, 이 사건 사고는「국민건강보험법」제48조 제1항 제1호 소정의 급여제한 사유인 '고의 또는 중대한 과실로 인한 범죄행위'에 기인하여 발생한 사고에 해당한다고 볼 수 없다. 따라서 원고들은 같은 법 제52조 제1항 소정의 '사위 기타 부당한 방법으로 보험급여를 받은 자'에 해당하지 않으므로, 이와 달리 판단한 이 사건 처분은 위법합니다.

3. 결론
이와 같이 피고의 처분은 위법한 행정처분이 아닐 수 없으므로, 상기와 같이 원고의 행정처분의 취소를 구하는 행정소송에 이르게 되었습니다.

입증방법

　　1. 갑 제1호증
　　2. 갑 제2호증

첨부서류

　　1. 위 각 입증방법　　　　　　　　　　　　각 1부
　　2. 송달료 납부서
　　3. 소장부본

20 ．　　．　　．
위 원고　　　　(날인 또는 서명)

서울행정법원　　　귀중

당해판례

2012구합 18394

(1)「국민건강보험법」제48조 제1항은 '공단은 보험급여를 받을 수 있는 자가 다음 각 호의 1에 해당하는 때에는 보험급여를 하지 아니한다.'고 급여 제한에 대하여 규정하고, 제1호에서 '고의 또는 중대한 과실로 인한 범죄행위에 기인하거나 고의로 사고를 발생시킨 때'를 들고 있는데, 이는 피보험자의 비난가능한 행위에 대한 징벌로서의 의미 그리고 나아가 건강보험도 본질상 보험에 속하므로 가입자의 정직성을 전제하지 않고서는 존립하기 어려운 이상 부당한 이득을 배제하여 보험재정의 건실성과 보험의 사회성 및 도덕성을 유지하는 것이 필요하기 때문이며, 특히 '고의'의 경우에는 우연성의 결여로 보험사고성이 상실된다는 점에서 그 취지를 찾을 수 있다.

그런데 '중대한 과실'의 경우 보험사고의 우연성이 없다고는 볼 수 없고 단지 징벌적·보험정책적 의미만 있을 뿐이므로, 국민보건의 향상 및 사회보장 증진이라는 국민건강보험의 목적 등에 비추어 보험급여 제한 사유인 '중대한 과실'은 되도록 엄격하게 해석하여야 하며(대법원 2003. 2. 28. 선고 2002두12175 판결 참조), 더구나 치료를 받는 것과 보상금 등 금전적 이득을 직접 수령하는 행위에는 실제적 차이가 있는 점, 보험재정의 건전성과 관련하여 급여제한 범위에 관한 입법재량이 인정되더라도 그 재량은 우연한 사고로 인한 위험으로부터 다수의 국민을 보호하기 위한 사회보장 제도인 의료보험제도의 본질을 침해할 수는 없는 점 등을 고려한다면 이는 더욱 그러하다고 할 것이다.

따라서 '중대한 과실로 인한 범죄행위에 기인한 경우'라 함은 '오로지 또는 주로 자기의 범죄행위로 인하여 보험사고가 발생한 경우로서 사실상 고의와 동일시할 수 있을 정도로 비난가능성이 큰 경우'를 뜻한다고 해석함이 상당하다.

(2) 살피건대, 앞선 든 증거들과 인정사실 및 변론 전체의 취지를 종합하여 알 수 있는 다음의 사정 즉, ① C은「자동차관리법」,「여객자동차운수사업법」등 관련 법령에 따라 자신이 구입한 4륜바이크를 태안군수에 신고하여 이륜자동차번호판을 부착·봉인하여야 하고, 충청남도지사에게 자동차대여사업 등록을 하여야 하며, 바이크의 구조 및 장치와 브레이크 등 바이크 부품이 법령으로 정하는 자동차안전기준 및 부품안전기준에 적합한지 여부, 더 나아가 바이크를 운행하는 데 안전상 문제는 없는지 등에 관하여 면밀히 확인하여야 하고, 바이크를 대여할 때 임차하는 사람이 원동기장치자전거면허를 보유하고 있는지 여부에 관하여 신분증의 제시를 요구하는 등의 방법으로 확인하고, 안전한 운행코스를 안내하여야 할 의무가 있었음에도, 이를 모두 게을리 한 채 무단으로 바이크 대여업을 하다가 15세에 불과한 원고 B에게 나이 및 원동기장치자전거면허의 보유 여부 등에 관한 아무런

확인도 하지 아니하고 이 사건 바이크를 대여하였고, 경사진 구조 및 안전시설의 미비로 사고의 위험성이 있는 이 사건 도로를 포함한 해안도로 및 이면도로를 운행코스로 정하여 알려 주었던 점, ② 이 사건 도로는 폭이 좁고 모래비 방면에서 해변 방면으로 내리막 경사가 상당하며 위 도로 경사면의 끝부분은 수직으로 방향이 전환되는 T자형 교차로가 설치되어 있어 추락 등의 사고를 방지하기 위하여 방호울타리 및 안전표지판의 설치가 필요한 상황이었는데, 이 사건 사고 당시 이곳에는 어떠한 안전표지판도 없었고, 그 지점에 설치되어 있던 이 사건 방호울타리는 이를 도로에 고정하는 연결못 부분이 심하게 부식되어 구조 및 기능상 요청되는 만큼 외부의 충격을 흡수하거나 이를 견디어내지 못하는 상태였던 것으로 보이는바, 이 사건 도로 및 방호울타리는 본래의 기능 및 용도에 따라 통상 갖추어야 할 안정성을 결여하고 있었으므로, 그 설치·관리자인 태안군에게도 이 사건 사고의 발생에 기여한 영조물 설치·관리상의 책임이 인정되는 점, ③ 이 사건 사고 당시 15세에 불과한 원고 B으로서는, 여름철 영업이 한창인 해수욕장에 놀러가 해수욕장 내에서 영업 중이던 4륜바이크 대여소에서 이 사건 바이크를 대여함에 있어 대여의 기준이나 자격에 대한 아무런 안내나 고지도 받지 못하고 연령이나 원동기장치자전거면허의 보유여부 등에 관한 확인절차도 거치지 않았으므로 이 사건 바이크를 운전하는데 원동기장치자전거면허가 필요하다는 사실을 알 수 없었을 것으로 보일 뿐만 아니라, 위 원고에게 이러한 행위의 위험성을 인지하여 이를 회피하는 것을 기대할 수도 없는 상황이었다고 할 것인 점, ④ 또한 가사 이 사건 사고의 발생에 원고 B의 조작 및 운전 미숙이 한 원인이 되었다고 하더라도, 전항과 같이 원고 B이 이 사건 바이크의 운전으로 나아간 행위를 크게 탓할 수 없다고 할 것인 이상 이는 보험급여의 제한사유로서 원고 B의 중과실 여부를 판단하는데 특별한 고려사항이 된다고 볼 수 없는 점, ⑤ 4륜바이크 대여업자인 C의 과실 및 태안군의 영조물 설치관리상 과실과 원고 B의 무면허운전금지 및 안전운전의무 위반의 과실을 각자의 과실의 내용, 정도, 위험이나 위반행위의 회피가능성 등의 견지에서 비교하여 볼 때, 15세의 어린 소년에게 아무런 안전 배려없이 이 사건 바이크를 운전하게 한 C의 과실과 적정한 수준의 안정성을 확보하도록 이 사건 도로 및 방호울타리를 설치관리하여야 할 공적 의무를 해태한 태안군의 과실이 훨씬 더 크다고 할 것임에도, 공적 보험의 영역에서 이 사건 사고 발생의 책임을 원고들에게 돌리려는 피고의 태도는 국민의 보건 향상과 사회보장의 증진을 목적으로 하는「국민건강보험법」의 취지에 반하고, 이러한 사회보장제도를 통하여 이룩하려는 성숙된 사회의 모습과도 배치되는 점 등에 비추어 보면, 단지 원고 B에게 이 사건 사고 발생 당시 이 사건 바이크를 운전함에 있어「도로교통법」제43조(무면허운전금지) 및 같은 법 제48조(안전운전의무)를 위반한 과실이 인정된다는 사실만으로 위 원고에게 이 사건 사고를 유발한 '중대한 과실'이 있었다고 볼 수는 없으므로, 이를 전제로 한 이 사건 처분은 위법하다.

소   장

원고   김 길 동(주민등록번호)
            경기도 의정부시 ○○동 ○번지
피고   보건복지가족부장관
요양기관업무정지처분취소

청구취지

1. 피고가 원고에 대하여 2009. 1. 9.에 한 요양기관 업무정지 50일의 처분(정지기간 : 2009. 2. 16.부터 2009. 4. 6.까지)을 취소한다.
2. 소송비용은 피고의 부담으로 한다.

라는 판결을 구합니다.

청구원인

1. 처분의 경위

(1) 원고는 산부인과 전문의로서 2002. 10. 17.부터 2007. 7. 30.까지 경기도 의정부시 ○○○에서 국민건강보험법상 요양기관인 ○○○병원(이하 '이 사건 병원'이라 한다)을 소외인과 공동으로 운영하였고, 2007. 8. 6. 이 사건 병원을 폐업한 후 2007. 10. 15.부터 경기도 의정부시 ○○○에서 국민건강보험법상 요양기관인 '○○○ 산부인과의원'을 개설하여 운영하고 있습니다.

(2) 피고는 2007. 1. 29.부터 2007. 2. 2.까지 이 사건 의료기관에 대하여 조사대상기간을 2005. 1.부터 2006. 12.까지로 정하여 건강보험요양급여 전반에 관한 현지조사를 실시하였고, 그 결과 원고가 요실금수술 치료재료 T-Sling의 구입가격을 실거래보다 높여 국민건강보험공단에게 요양급여를 청구하고, 요실금수술 치료재료 TVT Obturator, Safyre-Sling, T-Sling의 구입가격을 실거래보다 높여 본인부담금을 과다청구하는 등의 방법으로 요양급여비용 합계 68,172,920원을 부당하게 지급받은 사실을 적발하였습니다.

(3) 이에 피고는 국민건강보험법(이하 '법'이라 한다) 제85조 제1항 제1호, 법 시행령 제61조 제1항

[별표 5] 제1호 가목에 따라 2009. 1. 9. 원고에 대하여 2009. 2. 16.부터 2009. 4. 6.까지 50일간(월 평균 부당금액 2,840,538원이고 부당비율 3.74%) 요양기관 업무정지처분(이하 '이 사건 처분'이라 한다)을 하였다.

2. 처분의 위법성

(1) 처분사유의 부존재

법 제85조 제1항의 해석상 위 조항 각 호의 위법을 저지른 당해 요양기관에 대하여만 업무정지를 명할 수 있는 것인데, 이 사건 처분은 위법을 저지른 이 사건 병원이 폐업하여 이미 존재하지 않음에도 위 병원과 동일성이 인정되지 않는 ○○○산부인과에 대하여 업무정지를 명하였으므로, 이는 법률의 근거가 없는 위법한 처분입니다.

(2) 재량권 일탈·남용

원고는 소외인과 공동으로 이 사건 병원을 운영하기는 하였으나, 원고가 피부과 및 성형외과 진료를 담당하고, 소외인이 산부인과 진료를 담당해왔기 때문에, 산부인과 진료 영역인 요실금 시술은 대부분 소외인에 의하여 이루어졌고, 원고가 관여한 부분은 전체 시술건수 557건 중 16건에 불과할 뿐 아니라 위 16건도 소외인이 자리를 비운경우 불가피하게 시술된 점, 원고는 이 사건 요양급여 부당청구로 인하여 재산상 이익을 취한 바 없고, 대부분 재산상 이익은 소외인에게 돌아간 점, 원고는 이 사건 처분으로 인하여 사실상 ○○○ 산부인과를 폐업해야 할 상황에 처하였고, 간호사 등 직원들도 일자리를 잃게 되는 점 등을 참작할 때, 이 사건 처분은 재량권의 한계를 일탈하였다거나 그 행사를 남용한 것으로 위법합니다.

3. 결론

위와 같이 피고의 처분은 위법하므로 이의 취소를 구하는 본 건 행정소송에 이르게 되었습니다.

입증방법

    1. 갑 제1호증
    2. 갑 제2호증

첨부서류

    1. 위 각 입증방법   각 1부
    2. 송달료 납부서
    3. 소장부본

20 . . .

위 원고 　　　　(날인 또는 서명)

서울행정법원　　　귀중

당해판례

2009구합 3095

(1) 이 사건 처분의 대상

법은 제85조에서 보건복지가족부장관의 요양기관의 업무정지처분권한을 부여하고(제1항), 이러한 업무정지처분을 받은 자는 해당 업무정지기간 중에는 요양급여를 행하지 못하도록 규정하고 있으며(제2항), 또한 이러한 업무정지처분의 효과는 양수인 또는 합병 후 존속하는 법인이 그 처분 또는 위반사실을 알지 못하였음을 증명하는 때를 제외하고는 그 처분이 확정된 요양기관을 양수한 자 또는 합병 후 존속하는 법인에 승계되고, 업무정지처분의 절차가 진행 중인 때에는 양수인 또는 합병 후 존속하는 법인에 대하여 그 절차를 계속 진행할 수 있도록 규정하고 있다.(제3항).

한편, 법은 일정한 경우 대통령령이 정하는 의료기관등을 요양기관에서 제외할 수 있도록 규정하고 있는데(제40조 제1항 단서), 법 시행령 제21조 제1항 제4호는 '법 제85조의 규정에 의한 업무정지처분의 절차가 진행 중이거나 업무정지처분을 받은 요양 기관의 개설자가 개설한 의료기관'을 요양기관에서 제외할 수 있는 의료기관으로 규정하고 있고, 이 경우 의료기관 등이 요양기관에서 제외되는 기간은 '업무정지처분기간이 끝나는 날까지'로 규정하고 있다(제21조 제3항)

이러한 법 및 시행령의 각 규정에 비추어 보면, 특정 요양기관에 대한 업무정지처분은 당해 요양기관을 양수한 자나 합병 후 존속하는 법인에 대하여 그 효력을 미친다는 점에서 대물적 처분임과 동시에 업무정지처분을 받은 요양기관의 개설자가 새로 개설한 의료기관에 대하여도 그 효력을 미친다는 점에서 대인적 처분으로서의 성질을 아울러 갖는다고 볼 것인바, 앞서 본 바와 같이 원고는 이 사건 업무정지처분 절차가 진행 중이던 2007. 8. 6. 이 사건 병원을 폐업하고 같은 해 10. 15.부터 ○○○ 산부인과의원을 새로이 개설하여 운영하고 있고, 피고는 2009. 1. 9. 에야 비로소 이 사건 처분을 하였으므로 이 사건 처분은 원고가 개설하였던 요양기관인 이 사건 병원과 관련하여 그 개설자인 원고에 대하여 이루어진 처분이라 할 것이고, 그 처분의 효과로서 법 시행령 21조 제1항 제4호, 제3항의 규정에 따라 원고가 새로이 개설한 의료기관인 ○○○ 산부인과의원이 그 업무정지처분기간이 끝나는 날까지 요양기관에서 제외되는 것이다(다만 피고가 이 사건 처분을 함에 있어서 처분대상 요양기관명을 '○○○산부인과의원'으로 표시하고 있어 적절치 않다고 할 것이나, 그 요양기관명 다음에 '구 하나병원'을 표시하고 있고 대표자로 원고의 이름을 적시하고 있을 뿐만 아니라 결국 법 시행령 제21조 제1항 제4호, 제3항의 규정에 따라 요양기관에서 제외되는 의료기관은 원고가 개설한 〇〇〇산부인과의원이 되는 것이므로 이를 위법하다고 보기는 어렵다). 따라서 원고의 이 부분 주장은 이유 없다.

(2) 재량권 일탈·남용

제재적 행정처분이 사회통념상 재량권의 범위를 일탈하였거나 남용하였는지 여부는 처분사유로 된 위반행위의 내용과 당해 처분행위에 의하여 달성하려는 공익목적 및 이에 따르는 제반 사정 등을 객관적으로 심리하여 공익침해의 정도와 그 처분으로 인하여 개인이 입게 될 불이익을 비교·교량하여 판단하여야 할 것인바, 원고는 주로 피부과, 성형외과만을 진료하였고, 문제된 요실금 시술은 산부인과 담당이기 때문에 총 557건의 요실금 시술 중 원고가 담당한 시술은 16건에 불과하다고 주장하나 이를 인정할 아무런 증거가 없을 뿐 아니라 원고가 산부인과 전문의로서 현재도 산부인과 병원을 운영하고 있는 점에 비추어 위 주장은 선뜻 믿기 어려우며, 가사 그러한 주장이 사실이라고 하더라도 이 사건 처분은 요양기관에서 발생한 위반행위에 대하여 요양기관의 개설자인 원고에게 행정적 제재를 가하는 것으로, 위반행위 중 실제로 원고가 가담한 부분이 어느 정도 되는지는 그리 중요하지 않은 점, 요양급여 또는 의료급여 비용의 허위청구 또는 본인부담금의 과다징수 등은 국민건강보험 및 의료급여 체계의 근간을 흔드는 행위이어서 이를 방지하여야 할 공익적 목적이 매우 큰 점 등을 고려하면, 원고가 주장하는 사정들을 감안하더라도 피고가 관계법령의 기준에 따라 원고에게 50일의 요양기관 업무정지를 명한 이 사건 처분이 그로 인하여 달성하려는 공익목적에 비하여 지나치게 가혹한 것으로 재량권을 일탈·남용하였다고 볼 수 없다. 따라서 원고의 이 부분 주장 역시 이유 없다.

[서식] 요양기관업무정지처분취소 청구의소

소　장

원고　　　　　김 길 동(주민등록번호)
　　　　　　　서울시 강남구 개포동 〇번지
　　　　　　　(전화 000-000, 팩스 000-000)
피고　　　　　보건복지부장관
요양기관업무정지처분취소

청구취지

1. 피고가 2008. 10. 15. 원고에 대하여 한 1년(2008. 11. 10.부터 2009. 11. 9.)의 요양기관 업무정지처분을 취소한다.

2. 소송비용은 피고가 부담한다.

라는 판결을 구합니다.

청구원인

1. 처분의 경위

(1) 원고는 2006. 7. 10. 인천 ○○구 ○○동 ○○○에 국민건강보험법상 요양기관인 '○○○의원'을 개설하여 관리의사로 ○○○을 두고 위 요양기관을 운영하다가, 2007. 12. 27.경 위 요양기관의 명칭을 '○○○의원'으로 변경하였습니다(이하 위 요양기관을 '이 사건 요양기관'이라 한다).

(2) 피고는 2007. 12. 3.부터 같은 달 6.까지 조사대상기간을 2006. 7. 1.부터 2007. 10. 31.까지로 하여 이 사건 요양기관의 건강보험 요양급여에 관한 현지조사를 실시하면서 원고에게 조사대상기간 동안의 본인부담금 수납대장을 제출하라고 요구하였습니다.

(3) 원고는 피고에게 2007. 8. 1.부터 2007. 10. 31.까지의 본인부담금 수납대장(일계표)은 제출하였으나 2006. 7. 10.부터 2007. 7. 31.까지의 본인부담금 수납대장은 제출 하지 않았다.

(4) 이에 피고는 2008. 10. 15. 국민건강보험법 제84조 제2항에서 정한 보험급여 서류의 제출명령을 위반하였다는 이유로 동법 제85조 제1항 제2호, 동법 시행령 제61조 제1항 [별표5] 제1호 나목을 적용하여 원고에게 1년(2008. 11. 10.부터 2009. 11. 9.)의 요양기관 업무정지처분을 하였다(이하 '이 사건 처분'이라 한다).

2. 처분의 위법성

(1) 처분사유의 부존재

원고는 이 사건 요양기관에 근무하던 ○○○가 2007. 7. 31. 이 사건 요양기관을 퇴사하면서 자신이 관리하던 2006. 7. 10.부터 2007. 7. 31.까지의 본인부담금 수납대장을 절취하여 가는 바람에 피고의 제출명령에도 불구하고 이를 제출하지 못하였습니다.

이는 원고의 본인부담금 수납대장 제출명령위반에 대하여 원고의 의무해태를 탓할 수 없는 정당한 사유에 해당하므로, 원고에게 이 사건 처분을 부과할 수 없습니다.

(2) 재량권의 일탈 · 남용

원고가 본인부담금 수납대장을 제출하지 못한 것은 ○○○의 절취행위로 인한 것으로 원고의 탓만으로 돌릴 수 없는 특별한 사정이 인정되는 점, 요양기관 업무정지 1년으로 사실상 의료업을 폐업하지 않을 수 없어 원고가 입을 재산적 피해가 크고 이 사건 요양기관에서 치료를 받고 있는 환자들과 인근의 주민들도 정상적인 진료를 받을 수 없게 되는 점 등에 비추어 보면, 이 사건 처분은 비례원칙에 반하여 재량권을 일탈 · 남용한 위법한 처분입니다.

3. 결론

위와 같이 피고의 처분은 위법한 행정처분에 해당하므로 이의 취소를 구하는 본 건 행정소송에 이르게 되었습니다.

입증방법

    1. 갑 제1호증
    2. 갑 제2호증
    3. 갑 제3호증

첨부서류

    1. 위 각 입증방법   각 1부
    2. 송달료 납부서
    3. 소장부본

20 . . .

위 원고   (날인 또는 서명)

서울행정법원   귀중

당해판례

2009구합 14651

무릇 처분사유 중 일부가 적법하지 않다고 하더라도 나머지 처분사유로서 그 처분의 정당성이 인정되면, 그 처분을 위법하다고 할 수 없는데(2002. 2. 5. 선고 2001두 7138 판결 등 참조), 원고가 피고에게 2006. 7. 10.부터 2007. 1. 31.까지와 2007. 5. 1. 부터 2007. 7. 31.까지의 본인부담금 수납대장을 제출하지 못한 것만으로도 이 사건 처분의 처분사유로 삼기에 충분하여 이 사건 처분의 정당성이 인정되는 만큼, 이 사건 처분은 위법하다고 할 수 없으므로, 원고의 위 주장은 결국 이유 없다.

이 사건 현지조사 당시 이 사건 요양기관에서 요양급여비용 등을 허위로 청구한 사실이 확인되었는데, 원고가 본인부담금 수납대장을 제대로 제출하지 않아 추가적인 부당청구금액 등이 있었는지 여부를 확인할 수 없었던 사실이 인정되는 점에다가 본인부담금 수납대장을 제출하지 않는 경우 요양 급여 비용의 청구 및 본인부담금 징수가 정확한지 여부를 전혀 알 수 없어 실제 부당 청구금액을 확인할 수 없고 이러한 이유로 국민건강보험법 시행령 등의 관계규정에서 본인부담금 수납대장과 같은 중요서류의 제출명령을 위반한 경우 업무정지 기간을 1년으로 정하여 다른 부당청구 또는 제출명령위반의 경우보다 무겁게 처분하도록 규정하고 있고, 요양급여 비용의 허위청구 또는 본인 부담금의 과다징수 등은 국민건강보험 체계의 근간을 흔드는 행위이어서 이를 방지하여야 할 공익 적 목적이 매우 큰 점을 더하여 보면, 원고에 대하여 1년의 요양기관 업무정지를 명한 이 사건 처분이 그로 인하여 달성하려는 공익 목적에 비하여 지나치게 과도하여 재량권을 일탈·남용한 것이라고 볼 수는 없으므로, 원고의 위 주장도 이유 없다.

소　장

원고　　김 길 동(주민등록번호)
　　　　서울시 서초구 서초2동 ○○번지
　　　　(전화 000-000, 팩스 000-000)
피고　　보건복지부장관
의사면허자격정지처분취소

청구취지

1. 피고가 2009. 7. 14. 원고에 대하여 한 의사면허자격정지처분을 취소한다.

2. 소송비용은 피고의 부담으로 한다.

라는 판결을 구합니다.

청구원인

1. 처분의 경위

(1) 원고는 2007. 3.경부터 서울 ○○구 ○○동 ○○에 위치한 ○○병원에서 산부인과 레지던트로 근무하고 있는 의사입니다.

(2) 피고는 2009. 7. 14. 원고에 대하여, 원고가 의료법 제22조를 위반하여 환자 ○○○의 초음파사진을 보존하지 아니하였다고 하여 의료법 제66조 제1항 제8호(행정처분서상의 '제3호'는 오기로 보인다) 및 의료관계행정처분규칙 제4조 [별표] 행정처분기준 1. 공통기준 라. (1), 2. 개별기준 가. (15)의 규정을 적용하여 2009. 8. 1.부터 2009. 8. 15.까지 15일간 원고의 의사면허를 정지하는 처분을 하였습니다(이하 '이 사건 처분'이라 한다).

2. 처분의 위법성

(1) 초음파 검사 사진은 의료법 제22조 제2항 및 의료법 시행규칙 제15조 제1항에서 보존의무를 지우고 있는 진료기록부 등에 해당하지 않으므로, 초음파 검사 사진이 위 규정상의 진료기록부 등에 해당하여 보존의무가 있음을 전제로 한 이 사건 처분은 위법합니다.

(2) 원고는 2008. 12. 8. 원고가 근무하는 ○○병원 분만실에 내원한 ○○○에 대하여 분만 전

태아의 상태를 확인하는 과정에서 당시 산모가 극심한 고통을 호소하고 있었기 때문에 병원 중앙컴퓨터시스템에 연결되어 검사 결과가 자동으로 저장되는 외래 진료실 초음파기기 대신에 검사 결과가 저장되지 않는 분만실 이동식 초음파기기를 사용하여 초음파 검사를 실시하고 대신 검사 결과를 기록해 두었던 바(갑제3호증의 1, 2), 이와 같이 초음파사진 보존을 위해 분만이 임박한 산모를 외래진료실로 데리고 가검사를 하여야한다는 것은 부당한 점, 이동식 초음파기기까지 모두 병원 중앙컴퓨터시스템에 연결하는 것은 현실적으로 거의 불가능한 점 등에 비추어 보면, 이 사건 처분은 재량권을 일탈·남용한 것으로서 위법합니다.

3. 결론

이상과 같이 피고의 처분은 위법한 행정처분이므로, 이의 취소를 구하는 행정소송에 이르게 되었습니다.

입증방법

1. 갑 제1호증
2. 갑 제2호증

첨부서류

1. 위 각 입증방법   각 1부
2. 송달료 납부서
3. 소장부본

20 . . .

위 원고   (날인 또는 서명)

서울행정법원   귀중

당해판례

2009구합 28766

의료법 제22조 제1항은 "의료인은 각각 진료기록부 그 밖의 진료에 관한 기록(이하 '진료기록부등'이라 한다)을 갖추어 두고 그 의료행위에 관한 사항과 의견을 상세히 기록하고 서명하여야 한다"라고, 같은 조 제2항은 "의료인이나 의료기관 개설자는 진료기록부등을 보건복지가족부령으로 정하는 바에 따라 보존하여야 한다"라고 각 규정하고 있으며, 의료법 시행규칙 제15조 제1항은 의료법

제22조 제2항의 위임에 따라 제1호 내지 제9호에서 의료행위에 관한 사항과 소견을 의사 등이 직접 기록한 장부 자체를 뜻하는 협의의 진료기록부(의료법 시행규칙 제15조 제1항 제2호의 진료기록부는 이러한 협의의 진료기록부를 규정하고 있는 것으로 보인다)를 비롯하여 그 밖에 진료에 관한 기록으로서 보존하여야 할 것들을 구체적으로 특정하고 개별 진료에 관한 기록별로 보존연한을 정하여 보존의무를 규정하고 있다. 한편, 의료법은 의료법 제22조 제2항에 위반하여 진료기록부 등을 보존하지 않은 의료인에 대하여 자격정지(의료법 제66조), 형벌(의료법 제90조) 등의 제재를 가할 수 있도록 규정하고 있다.

이처럼 의료법 제22조에서 진료기록부 등의 작성, 보존의무를 규정하고 있는 취지는 진료를 담당하는 의사 자신으로 하여금 환자의 상태와 치료의 경과에 관한 정보를 빠뜨리지 않고 정확하게 기록, 보존하여 이를 그 이후 계속되는 환자치료에 이용하도록 함과 아울러 다른 의료관련 종사자들에게도 그 정보를 제공하여 환자로 하여금 적정한 의료를 제공받을 수 있도록 하고, 의료행위가 종료된 이후에는 그 의료행위의 적정성을 판단하는 자료로 사용할 수 있도록 하고자 함에 있다 할 것이다(대법원 1998. 1. 23. 선고 97도2124 판결 참조).

살피건대, 의료법 제22조 제2항은 의료인 등이 보존하여야 한 진료기록부등의 범위 및 보존연한에 관하여 시행규칙에 위임하고, 그에 따라 의료법 시행규칙 제15조 제1항에서 제1호에서 제9호까지 보존하여야 할 진료에 관한 기록을 구체적으로 특정하여 규정하고 있는 위 각 규정의 규정형식과 그 밖에 수범자인 의료인의 입장에서 광범한 진료에 관한 기록 중 보존의무를 부담하는 진료기록의 범위를 예측할 수 있도록 하여야 한 필요성이 매우 큰 점, 더욱이 앞서 본 바와 같이 의료법은 의료법 제22조 제2항에 위반하여 진료기록부등을 보존하지 않은 의료인에 대하여 행정적 제재뿐만 아니라 형사처벌까지 가능하도록 하고 있는 점 등을 감안하면, 의료법 시행규칙 제15조 제1항 각 호의 규정은 한정적, 열거적인 것이라고 보아야 할 것이다.

또한, 초음파 검사는 방사선 검사와 그 기능, 원리 및 작용방식 등이 상이하다 할 것이어서, 앞서 의료법 제22조 규정의 취지와 함께 환자 및 태아의 상태에 관한 객관적 정보를 담은 것으로서 초음파 검사 사진이 가지는 의미와 보존의 필요성이 매우 크다는 사정만으로 피고가 주장하는 바와 같이 초음파 검사 사진이 의료법 시행규칙 제15조 제1항 제6호 소정의 방사선사진에 준용된다고 볼 수도 없다.

따라서 의료법 시행규칙 제15조 제1항에서 초음파 검사 사진을 보존하여야 할 진료에 관한 기록의 하나로 명시하지 아니한 이상 원고가 초음파 사진을 보존하지 아니하였다고 하여 의료법 제22조 제2항에 따른 보존의무를 위반하였다고 볼 수 없고, 이를 전제로 한 이 사건 처분은 위법하다.

소　　장

원고　　　김 길 동(주민등록번호)
　　　　　부사광역시 ○○구 ○동 ○번지
피고　　　국민건강보험공단
요양급여비용환수처분취소

청구취지

1. 피고가 2009. 2. 4. 원고에 대하여 한 요양급여비용 환수처분을 취소한다.

2. 소송비용은 피고가 부담한다.

라는 판결을 구합니다.

청구원인

1. 처분의 경위

(1) 원고는 한의사 면허를 취득한 자로서, 한의사 면허가 없어 한의원을 개설할 자격이 없는 소외인과 사이에, 부산 ○○구 ○○동 ○○○에 있는 소외인 소유의 한의원에서 환자의 진료는 원고가, 실질적인 경영은 소외인이 하고, 원고는 그 대가로 소외인으로부터 급여를 지급받기로 하는 약정을 하고 2002. 9. 18. 위 장소에서 원고 명의로 '○○한의원'을 개설했습니다.

(2) 원고는 그 무렵부터 2006. 4. 24.까지 소외인으로부터 월 500만 원 정도의 보수를 받으면서 그곳에서 진료를 하였고, 이와 관련하여 국민건강보험법상의 요양급여비용을 원고 이름으로 지급받았다.

(3) 이에 피고는 2009. 2. 4. 원고에 대하여 위와 같이 요양기관을 개설할 수 없는 자에게 고용되어 진료를 하고 요양급여비용을 부당하게 청구하여 지급받은 사실이 확인되었다면서, 국민건강보험법 제52조 제1항에 따라 411,531,660원 상당의 요양급여비용 환수 결정을 하는 이 사건 처분을 하였습니다.

2. 처분의 위법성

(1) 사실오인

원고의 위와 같은 진료행위가 의료법에 위반된다고 하더라도 의료법에 따라 형사처벌이나 행정처분을 받는 것은 별론으로 하고 원고가 행한 진료행위 자체는 한의사 면허가 있는 원고에 의하여 정상적으로 행하여 졌으므로, 그로 인한 진료비 청구는 구 국민건강보험법(2006. 10. 4. 법률 제8034호로 개정되기 전의 것, 이하 '국민건강보험 법'이라 한다) 제52조 제1항에서 규정하고 있는 사위 기타 부당한 방법으로 보험급여 비용을 받은 경우에 해당되지 아니합니다. 설령 원고가 부당한 방법으로 보험급여비용을 받은 경우에 해당한다고 하더라도 환수될 금원은 환자들에게 교부된 한약재 등 진료에 소요된 실제 비용을 공제한 나머지 이익금에 한정되어야 할 것입니다.

(2) 재량권 일탈 · 남용
국민건강보협법 제52조 제1항은 부당이득징수 처분시 요양급여비용에 상당하는 금액의 전부 또는 일부를 징수하도록 규정하고 있는바, 원고의 청구는 허위청구가 아니라 부당청구에 불과한 점 등에 비추어 보면 지급된 요양급여비용 일부가 아닌 전부의 환수를 명한 이 사건 처분에는 재량권 일탈 · 남용의 위법이 있습니다.

3. 결론
위와 같이 피고의 처분은 위법하므로 이의 취소를 구하는 본 건 행정소송에 이르게 되었습니다.

입증방법

    1. 갑 제1호증
    2. 갑 제2호증
    3. 갑 제3호증
    4. 갑 제4호증
    5. 갑 제5호증

첨부서류

    1. 위 각 입증방법   각 1부
    2. 송달료 납부서
    3. 소장부본

20   .   .   .

위 원고   (날인 또는 서명)

서울행정법원   **귀중**

당해판례

2009구합 8816

1. 국민건강보험법 제52조 제1항에서 '사위 기타 부당한 방법으로 보험급여비용을 받은 경우'란 요양기관이 요양급여 비용을 받기 위하여 허위의 자료를 제출하거나 사실을 적극적으로 은폐할 것을 요하는 것은 아니고, 관련 법령에 의하여 요양급여 비용으로 지급받을 수 없는 비용임에도 불구하고 이를 청구하여 지급받는 행위를 모두 포함하는 것이다(대법원 2008. 7. 10. 선고 2008두3975 판결 참조).

2. 국민건강보험법 제40조 제1항 제1호는 요양급여기관 중 하나인 의료기관을 의료법에 의하여 개설된 의료기관으로 한정하고 있는데, 구 의료법(2007. 4. 11. 법률 제8366호로 전부개정되기 전의 것, 이하 '의료법'이라 한다) 제30조 제2항, 제53조 제1항 제2호는 의료기관 개설자의 자격을 의사 등으로 한정하고 있으며, 의료기관을 개설할 수 없는 자에 고용되어 의료행위를 할 수 없도록 하고 있는 점, 의료기관을 개설할 수 있는 자의 자격을 일정한 범위에서 제한하고 있는 의료법 규정의 취지는 의료기관 개설 자격을 의료전문성을 가진 의료인이나 공적인 성격을 가진 법인, 기관 등으로 엄격히 제한하여 그 이외의 자가 의료기관을 개설하는 행위를 금지함으로써 의료의 적정을 기하여 국민의 건강을 보호 증진하려는 데 있는 것인 점 등에 비추어 보면, 이 사건과 같이 원고가 의료법에 위반하여 의료기관의 개설자가 될 수 없는 자에게 고용되어 의료행위를 실시한 경우에는 국민건강보험법상 요양급여비용을 청구할 수 없음이 명백하고, 그럼에도 불구하고 원고가 해당 환자들을 진찰한 다음 피고에게 요양급여비용 등을 청구하여 지급받은 행위는 국민건강보험법 제52조 제1항의 "사위 기타 부당한 방법으로 요양급여비용을 받은 경우"에 해당한다고 할 것이다.

3. 또한 이 사건 처분은 원고에게 부당하게 발생한 이득을 환수하는 처분이 아니라 관련 법령에 의하여 요양급여비용으로 지급될 수 없는 비용임에도 불구하고 그것이 지급된 경우 이를 원상회복시키는 처분이므로 원고가 부당하게 지급받은 일체의 요양급여비용이 환수대상인 부당금액에 해당한다 할 것이며 원고에게 실제로 이득이 발생했는지 여부는 고려할 사항이 아니다.

소 장

원고   김 길 동(주민등록번호)
　　　　서울시 강남구 신사동 ○번지
피고   보건복지부장관
업무정지처분취소

청구취지

1. 피고가 2009. 2. 20. 원고에 대하여 한 ○○○일의 요양기관 업무정지처분을 취소한다.
2. 소송비용은 피고가 부담한다.
라는 판결을 구합니다.

청구원인

1. 처분의 경위

(1) 원고의 영업 : 서울 ○○구 ○○동에서 2006. 2. 13.부터 2008. 2.경까지 국민건강보험법이 정한 요양기관인 ○○○의원(이하 '이 사건 의원')을 개설 · 운영

(2) 피고의 이 사건 의원에 대한 현지조사
1) 조사기간 : 2007. 7. 20. ~ 2007. 7. 25.
2) 조사대상 기간 : 2006. 12. 1. ~ 2007. 5. 31.
3) 조사내용 : 국민건강보험 요양급여(국민건강보험법 제84조 제2항)

(3) 피고의 요양기관 업무정치 처분(2009. 2. 20., 이하 '이 사건 처분')
1) 사유 : 아래 부당청구 내역 기재와 같이 관계 법령 등을 위반하여 부당한 방법
으로 보험자 · 가입자, 피부양자에게 요양급여비용 합계 ○○○원을 부담하게 함

2) 근거 : 국민건강보험법 제85조 제1항 제1호, 같은 법 시행령 제61조 제1항 및 [별표 5] 제1호 가목

3) 내용 : 아래 업무정지일수 산출근거에 따라 요양기관 업무정지 ○○○일

(4) 부당청구 내역 : 부당금액 합계 ○○○원

1) 타 요양기관의 의료인 진료 후 요양급여비용 청구 및 처방전 발행

(가) 서울 ○○구 ○○동에서 김○○안과의원을 운영하는 안과의사 김○○가 주 3일(화요일, 목요일(오후만), 금요일) 이 사건 의원에서 원고의 환자들을 진료(이하 '이 사건 협진의료'). 원고 명의로 원외처방전 발행 및 요양급여비용 청구 : 의료법 제33조 제1항 및 제17조 제1항 위반

(나) 요양급여청구액 ○○○원. 약국약제비 청구액 ○○○원

2) 비급여대상 진료 후 요양급여비용 청구 및 원외처방전 발행(원고 다투지 않음)

(가) 비급여대상인 시력교정을 위한 라섹수술 등을 실시하고 비급여 징수 후 진찰료 및 검사료 등 ○○○원을 별도로 요양급여비용으로 청구

(나) 이로 인한 원외처방전을 발행. 약국약제비 ○○○원을 청구

3) 업무정지일수 산출근거

	조사대상기간 심사결정요양급여 비용 총액	총 부당 금액	월 평균 부당금액	부당비율	업무정지 기간
요양기관 업무정지처분	○○○원	○○○원	○○○원	○○○%	○○○일

(5) 기타사항

1) 이 사건 협진의료 방법

(가) 김○○와 원고가 이 사건 의원에 백내장 수술을 위한 클린룸 수술실을 공동으로 설치하여 함께 각자 구분하여 사용하면서 각자의 환자를 진료

(나) 김○○안과의원의 진료 공백을 메우기 위해 원고가 김○○안과의원에서 교차진료를 함

2) 원고 : 2008. 8. 21. 서울동부지방검찰청에서 위 사건으로 인한 의료법위반죄에 대한 수사결과 무혐의처분을 받음

2. 처분의 위법성 - 처분사유의 부존재

(1) 이 사건 협진의료는 의료법 제39조가 정한 시설 등의 공동이용에 해당하므로 의료법 제33조 제1항 위반이 아닙니다.

(2) 원고 명의의 처방전은 비의료인이 진료하고 발행한 것이 아니므로 의료법 제17조 제1항 위반이 아닙니다.

3. 결론
위와 같이 피고의 처분은 위법하므로 이의 취소를 구하는 본 건 행정소송에 이르게 되었습니다.

입증방법

    1. 갑 제1호증
    2. 갑 제2호증

첨부서류

    1. 위 각 입증방법   각 1부
    2. 송달료 납부서
    3. 소장부본

20 . .   .

위 원고   (날인 또는 서명)

서울행정법원   **귀중**

당해판례

2009구합 10215

1. 의료법 제39조가 정한 '시설 등의 공동 이용'의 의미는 예외적으로 부득이한 경우에 한하여 일시적으로 다른 의료기관에 소속된 의료인으로 하여금 진료를 하게 할 수 있다는 것을 말하는 것이지, 이 사건에 있어서와 같이 계속적·주기적으로 다른 의료기관에 소속된 의료인으로 하여금 진료를 하게 할 수 있는 것을 말하는 것은 아니라고 봄이 상당하다.

2. 원고가 부득이한 사유가 없음에도 불구하고 의료법을 위반하여 김ㅇㅇ안과 의원을 운영하는 김ㅇㅇ로 하여금 이 사건 의원에서 계속적·주기적으로 수술 등을 실시하게 하고, 이와 관련된 요양급여비용을 청구하거나 원고 명의로 처방전을 발급하게 한 이상, 이는 사위 기타 부당한 방법으로 보험자 등에게 요양급여비용을 부담하게 한 때에 해당한다고 할 것이다.

소　　장

원고　　　김 길 동(주민등록번호)
　　　　　서울시 강남구 ○○동 ○번지
피고　　　1. 보건복지부장관
　　　　　2. 국민건강보험공단
과징금등부과처분취소

청구취지

1. 피고 보건복지부장관이 2006. 9. 1. 원고에 대하여 한 과징금 46,879,150원의 부과 처분을 취소한다.

2. 피고 국민건강보험공단이 2006. 9. 20. 원고에 대하여 한 9,375,830원의 요양급여비용환수처분을 취소한다.

3. 소송비용 중 원고와 피고 보건복지부장관 사이에 생긴 부분은 위 피고가 부담하고, 원고와 피고 국민건강보험공단 사이에 생긴 부분은 위 피고가 각 부담한다.

라는 판결을 구합니다.

청구원인

1. 처분의 경위

⑴ 원고는 2000. 3. 21. 서울 강남구 XX동 XXX-XX XX빌딩 3층에 국민건강보험법상의 요양기관인 이 사건 의원을 개설하여 라식수술, 백내장수술, 녹내장수술 등의 진료행위를 하여 오고 있습니다.

⑵ 피고 보건복지부장관은 2005. 1. 20.부터 2005. 1. 22.까지 이 사건 의원에 대하여 국민건강보험 현지조사를 한 결과, '원고가 2004. 6.부터 2004. 11.까지의 진료기간 동안 시력교정술을 위해 내원한 수진자에게 라식수술과 관련하여 전.후 검사비용은 비급여 대상임에도 그 비용을 요양급여 비용으로 청구하였다'는 이유로, 2006. 9. 1. 구 국민건강보험법(2006. 12. 30. 법률 제8153호로 개정되기 전의 것, 이하 '법'이라 한다) 제85조 제1항 제1호, 제2항, 법 시행령(2006. 12. 30. 대통령령 제19818호로 개정되기 이전의 것, 이하 '법 시행령'이라 한다) 제61조 제1항 [별표 5] 제1호, 제2호에 따라 156일간의 업무정지 처분(아래 '행정처분 산출내역' 참조)에 갈음하여 과징금 46,879,150원을 부과하는 처분(이하 '이 사건 과징금부과처분'이라 한다)을 하였습니다.

〈행정처분 산출내역〉

조사대상기간 심사결정요양 급여비용 총액 (2004. 6. ~ 2004. 11.)	총부당금액	월평균부당금액	부당비율	업무정지기간	과징금
93,464,890원	9,375,830원	1,562,638원	10.03%	156일 (78일의 2배)	46,879,150원

(3) 피고 국민건강보험공단(이하 '공단'이라 한다)은 위 사실을 통보받고 2006. 9. 20. 원고에 대하여 총부당금액으로 조사된 9,375,830원의 환수처분(이하 '이 사건 환수 처분'이라 한다)을 하였습니다.

2. 처분의 위법성

(1) 이 사건 각 처분의 공통된 위법사유

1) 현행 건강보험 제도하에서 요양급여 대상인지의 여부는 비급여로 명시되지 않은 것은 기본적으로 모두 급여적용을 하는 것을 원칙으로 하고 있습니다.

그런데 원고는 라식수술 후 검사 및 진찰을 함에 있어 약 1개월 이내에 급성기 치료가 종결된다고 보아 라식수술 후 1개월 이내의 검사 및 진찰에 대하여는 비급여대상이므로 요양급여비용을 청구하지 않았고, 라식수술 후 1개월 이후의 검사 및 진찰에 대해서만 요양급여대상으로 보고 요양급여비용을 청구하였습니다.

또한 근시는 안과의 제일 기본질환으로서 건강보험 대상 진료에 근시진료가 명시되어 있고, 라식수술 가능 여부를 판정받기 위해서는 사전에 망막 주변부 검사를 포함한 근시에 대한 자세한 진료가 꼭 필요한데 근시검사 이후 라식수술을 하기로 결정하면 근시에 관한 검사가 비급여항목으로 분류되고, 안경이나 콘텍트렌즈를 착용하면 급여항목으로 분류된다는 것은 받아들일 수 없으므로 라식수술 전 수술과 별도로 이루어지는 근시검사는 당연히 요양급여대상으로 보아야 합니다.

2) 설령 라식수술 전후의 검사 및 진찰이 모두 비급여항목이라 하더라도 원고는 환자에 대한 진료가 비급여항목임에도 급여항목인 것으로 잘못 알고서 그 진료 후 환자로부터 환자부담비율에 따른 비용만을 받고 나머지를 공단에 청구한 것으로 단지 착오청구를 한 것일 뿐이므로 이는 법 제85조 제1항 제1호 소정의 부당청구에 해당되지 아니합니다.

3) 따라서 원고가 조사대상기간 동안 환자들에 대하여 라식수술 전후의 진찰 행위를 한 것은 요양급여를 실시한 것으로 보아야 할 것임에도 이와 달리 보고 한 이 사건 과징금부과처분 및 환수처분은 모두 위법합니다.

(2) 이 사건 과징금부과처분의 재량권 일탈·남용

원고는 단지 착오청구를 하였을 뿐이고 부당한 이익을 취하기 위하여 이중청구 등의 부당청구를 한 것이 아님에도 법에서 정한 가장 많은 금액의 이 사건 과징금 처분을 한 것은 재량권을 일탈·남용한 것이어서 부당합니다.

3. 결론
이상과 같이 이 사건 각 처분은 위법하므로 이의 취소를 구하는 본 건 행정소송에 이르게 되었습니다.

입증방법

1. 갑 제1호증
2. 갑 제2호증
3. 갑 제3호증

첨부서류

1. 위 각 입증방법   각 1부
2. 송달료 납부서
3. 소장부본

20   .   .   .

위 원고   (날인 또는 서명)

서울행정법원   귀중

당해판례

2006구합 43108

(가) 이 사건 과징금부과처분에 대하여

앞에서 본 바와 같이 라식수술 전 검사 및 진찰은 라식수술 후 검사 및 진찰과는 달리 요양급여대상으로 보아야 할 것이어서 이를 부당청구로 볼 수는 없으므로 이는 그 처분사유가 인정되지 않는다. 따라서 원고의 주장은 이러한 범위 내에서 이유 있으나, 한편 이 사건 과징금부과처분에 관하여는 행정청에게 일정 범위 내의 재량이 부여되어 있고, 이 사건 과징금부과처분 중 라식수술 전 검사

및 진찰 관련 부분이 처분사유가 인정되지 아니하여 위법한 경우 법원으로서는 그 전부를 취소하여 행정청으로 하여금 다시 재량권범위 내의 적정한 처분을 할 수 있도록 하여야 하므로, 이 사건 과징금 부과처분에 관한 원고의 나머지 주장에 관하여 더 나아가 살펴 볼 것 없이 그 전부를 취소하기로 한다.

(나) 이 사건 환수처분에 대하여

앞에서 본 바와 같이 이 사건 총부당금액 중 라식수술 전 검사 및 진찰관련 부분은 요양급여대상이어서 부당청구로 볼 수 없고, 한편 갑 제16호증의 2, 을가 제7, 10호증의 각 기재에 변론 전체의 취지를 종합하면, 라식수술 전 검사 및 진찰 관련 부분에 관한 요양급여비용 청구액은 별지 목록 기재와 같이 합계 5,053,330원인 사실을 인정할 수 있으므로 원고의 주장은 위 인정범위 내에서 이유 있다. 따라서 이 사건 환수처분 중 4,322,500원(=9,375,830원-5,053,330원)을 초과하는 부분은 위법하므로 이 부분에 한하여 취소하기로 한다.

[서식] 과징금부과처분취소 청구의 소

소 장

원고   김 길 동(주민등록번호)
        충청남도 연기군 ○○리 ○번지
피고   보건복지가족부장관

과징금부과처분취소

청구취지

1. 피고가 2007. ○. ○. 원고에 대하여 한 과징금 29,222,000원의 부과처분을 취소한다.
2. 소송비용은 피고의 부담으로 한다.
라는 판결을 구합니다.

청구원인

1. 처분의 경위

(1) 원고는 충남 연기군에서 ○○의원을 개설하여 운영하는 의사이고, ○○의원(이하 '이 사건 의료기관'이라 한다)은 국민건강보험법상의 요양기관입니다.

(2) 피고는 2004. ○. ○.부터 같은 달 ○.까지 조사대상기간을 2004. ○. ○. ~ ○. ○.(이하 '이 사건 대상기간'이라 한다) 동안으로 하여 이 사건 의료기관에 대하여 건강 보험요양급여 전반에 관한 현지조사를 실시하였습니다.

(3) 피고는 현지조사 결과 물리치료사 1인당 1일 물리치료 실시 가능인원이 30명까지로 규정되어 있으므로 물리치료사 4명이 상근하는 이 사건 의료기관의 경우 1일 120명(다만, 2004. ○. ○. ~ ○. ○. 동안은 물리치료사가 3인이었으므로 1일 한도는 90명)의 한도 내에서 요양급여비용을 청구하여야 함에도 원고가 1일 물리치료 실시 가능 인원을 최소 3명 내지 77명까지 초과하여 요양급여비용을 청구하여 국민건강보험공단으로부터 14,611,130원을 부당하게 지급받은 사실을 확인하였습니다.

(4) 이에 피고는 2006. ○. ○. 원고에게 국민건강보험법 제85조 제1항 제1호에서 정한 사위 기타 부당한 방법으로 보험자에게 요양급여비용 14,611,130원을 부담하게 하였음을 이유로 국민건강보험법 제85조 제2항, 같은 법 시행령(2007. 7. 25. 대통령령 제20190호로 개정되기 전의 것, 이하 같다) 제61조 제1항 [별표 5] 제1호, 제2호에 따라 업무정지기간 50일(월평균 부당금액 2,435,188원, 부당비율 3.77%)에 갈음하여 총부당금액의 4배로 산출한 과징금 58,444,520원(총부당금액 14,611,130원×4배)을 부과하였습니다(이하 '종전 처분'이라 한다).

(5) 원고는 종전 처분에 불복하여 서울행정법원 2007구합○○○호로 종전 처분의 취소를 구하는 소를 제기하였고, 위 법원은 2007. ○. ○. 제반 사정에 비추어 볼 때 국민건강보험법령에서 정한 최고액수로 과징금을 부과한 종전 처분은 그로 인하여 피고가 도모하고자 하는 공익 목적을 고려하더라도 원고에게 지나치게 가혹하여 재량권을 일탈·남용한 위법하다는 이유로 종전 처분을 취소하였고, 위 판결은 그 무렵 확정되었습니다.

(6) 피고는 2007. ○. ○. 원고에 대하여 위 다.항의 위반사항에 관하여 위 확정판결의 취지에 따라 종전 처분의 과징금 부과금액을 1/2 감축하여 총부당금액의 2배 상당으로 산출한 과징금 29,222,000원(총부당금액 14,611,130원×2배)을 부과하였습니다(이하 '이 사건 부과처분'이라 한다).

(7) 원고는 이 사건 부과처분에 불복하여 2008. ○. ○. 국무총리행정심판위원회에 심판청구를 하였으나, 2008. ○. ○. 기각되었습니다.

2. 처분의 위법성

(1) 원고가 보건복지부 고시 제2002-80호 '요양급여의 적용기준 및 방법에 관한 세부사항'(이하 '이 사건 고시'라 한다)에 정한 기준에 따르지 않고 물리치료사 1인당 1일 물리치료 실시 가능인원 30명을 초과하여 요양급여비용을 지급받은 것은 사실이나, 원고는 건강보험심사평가원(이하 '심사평가원'이라 한다)의 행정지도에 따라 진료내역에 관한 자료를 월 단위로 심사평가원에 송부하는 방법으로 요양급여비용을 청구하였고, 심사평가원 역시 월간 총 진료건수를 기준으로 심사를 하여 요양급여비용을 확정한 다음 국민건강보험공단에 통보하고, 원고는 단지 국민건강보험공단이 인정한 요양급여비용을 지급받았을 뿐이므로(나아가 이 사건 고시가 반드시 1일 1인 기준으로 산정하여야 한다는 취지로만 해석하여야 할 필연적, 논리적 근거가 될 수 없다), 사위 기타 부당한 방법으로 요양급여비용을 부담하게 한 경우에 해당하지 아니함에도 이와 다른 전제에서 한 이 사건 부과처분은 위법합니다.

(2) 원고는 심사평가원의 업무처리 관행 내지 행정지도에 따라 요양급여비용에 대한 요양급여를 지급받았을 뿐이고, 허위로 청구하거나 매일의 치료건수를 맞추기 위하여 치료건수를 조작한 사실이 없는 점, 이 사건 고시는 2008. 4. 29. 보건복지가족부고시 제2008-31호로 종래 심사평가원이 관행적으로 인정하고 있던 업무처리 기준이자 현실적으로 요양급여 청구가 이루어지던 방식에 따라 물리치료사 1인당 일단위가 아닌 월.주단위로 변경된 점, 심사평가원은 원고가 한 요양급여비용의 청구가 이 사건 고시에서 정한 산정기준에 위배한다면 그에 맞추어 삭감을 할 수 있는 심사권이 있음에도 자신들의 업무처리 기준에 따라 심사평가를 하여 지급된 요양급여비용 등에 대하여 사후에 과징금을 물리는 것은 부당한 점 등을 고려하면 이 사건 부과처분은 재량권을 일탈·남용하여 위법합니다.

3. 결론

이상과 같이 이 사건 처분은 위법하므로 이의 취소를 구하는 본 건 소송에 이르게 되었습니다.

입증방법

    1. 갑 제1호증
    2. 갑 제2호증
    3. 갑 제3호증
    4. 갑 제4호증

첨부서류

    1. 위 각 입증방법   각 1부

2. 송달료 납부서

　　　3. 소장부본

　　　　　　　　　　20 ．　　．　　．

　　　　　　　　위 원고　　　　（날인 또는 서명）

서울행정법원　　　귀중

2008구합 43805

1. 국민건강보험법 제85조 제2항, 같은 법 시행령 제61조 제1항 [별표 5] 제1호, 제2호의 업무정지처분 및 과징금부과의 기준은 법규명령이기는 하나 모법의 위임규정의 내용과 취지 및 헌법상의 과잉금지의 원칙과 평등의 원칙 등에 비추어 같은 유형의 위반행위라 하더라도 그 규모나 기간·사회적 비난 정도·위반행위로 인하여 다른 법률에 의하여 처벌받은 다른 사정·행위자의 개인적 사정 및 위반행위로 얻은 불법이익의 규모 등 여러 요소를 종합적으로 고려하여 사안에 따라 적정한 업무정지의 기간 및 과징금의 금액을 정하여야 할 것이므로 그 기간 내지 금액은 확정적인 것이 아니라 최고한도라고 할 것이며(대법원 2006. 2. 9. 선고 2005두11982 판결 참조), 또한 제재적 행정처분이 사회통념상 재량권의 범위를 일탈하였거나 남용하였는지 여부는 처분사유로 된 위반행위의 내용과 당해 처분행위에 의하여 달성하려는 공익 목적 및 이에 따르는 제반 사정 등을 객관적으로 심리하여 공익 침해의 정도와 그 처분으로 인하여 개인이 입게 될 불이익을 비교·교량하여 판단하여야 한다 (대법원 2003. 12. 12. 선고 2001두 11083 판결 등 참조).

2. 이 사건에 관하여 보건대, 앞에서 든 증거 및 갑3, 4호증, 갑제5, 6호증의 각 1, 2의 각 기재 및 변론 전체의 취지에 의하여 인정되는 다음과 같은 사정들, 즉① 이 사건 의료기관은 이 사건 고시에서 정한 물리치료사 1인당 1일 물리치료 실시 가능인원을 초과하여 요양급여비용을 지급받았으나 1개월 단위로 계산하는 경우에는 원고가 지급받은 요양급여비용은 물리치료사 1인당 1개월간 물리치료 실시 가능인원의 범위 내인 점, ② 심사평가원은 요양기관의 요양급여청구 내역에 대하여 월단위로 심사하여 요양급여액을 결정하여 왔고, 월단위로 물리치료사 1인당 물리치료 실시 가능인원 범위 내인 경우 이를 요양급여비용으로 인정하여 오는 관행이 있었던 것으로 보이는 점, ③ 원고는 위와 같은 심사평가원의 관행에 쫓아 월단위로 계산한 물리치료 실시 가능 인원의 범위 내에서

제3편 행정소송의 유형별 소장사례 | 585

요양급여비용을 지급받아왔고, 이는 무자격 물리치료사에 의한 치료 또는 적극적으로 기망행위에 의한 허위 청구의 경우와 동일하게 볼 수는 없는 점, ④ 원고의 이 사건과 관련된 민원에 대하여 국무조정실장은 2005. 3. 28. 의료기관 현지조사 등에 의하지 않고 물리치료사 1인당 1일 30명 기준을 초과한 보험급여의 청구 및 급여가 이루어졌음이 밝혀진 경우 이에 대한 환수처분은 이루어지나 그 자체만으로 과징금은 부과되지 않는다고 원고에게 회신한 점, ⑤ 이 사건 의료기관과 같이 인구가 많지 않은 소도시 또는 농촌지역에 위치한 의료기관의 경우 장날 등과 같은 특정일에 환자가 몰리는 현상이 있어 그러한 특정일만을 대비하여 상근하는 물리치료사를 추가로 고용한다는 것은 현실적으로 어려움이 있는 점, ⑥ 이 사건 고시는 2008. 4. 29. 보건복지가족부 고시 제2008-31호로 종전 심사평가원 관행과 동일하게 월평균(또는 주평균) 1일 30명 기준으로 요양급여비용을 청구할 수 있도록 하는 내용으로 개정된 점 등의 제반 사정에 비추어 볼 때, 비록 피고가 국민건강보험법령에서 정한 최고액수에서 1/2 감축한 금액의 과징금을 부과하는 것으로 재처분하였다 할지라도 이 사건 부과처분은 여전히 그로 인하여 피고가 도모하고자 하는 공익 목적을 고려하더라도 원고에게 지나치게 가혹하여 재량권을 일탈·남용한 위법한 처분이라 봄이 상당하다. 원고의 이 부분에 관한 주장은 이유 있다.

[서식] 과징금부과처분취소 청구의 소

소　　장

원고　　○○○
　　　　서울시 ○○구 ○○동 ○번지
피고　　보건복지부장관

과징금부과처분취소

청구취지

1. 피고가 2006. 9. 22. 원고에 대하여 한 과징금 50,351,200원의 부과처분을 취소한다.
2. 소송비용은 피고의 부담으로 한다.

라는 판결을 구합니다.

청구원인

1. 처분의 경위

(1) 원고는 2000. 7. 24.부터 건강보험요양기관인 '이 사건 의원'을 개설하여 운영해 오고 있습니다.

(2) 피고는 국민건강보험법(2006. 10. 4. 법률 제8034호로 개정되기 전의 것, 이하 '법'이라 한다) 제84조 제2항에 근거하여 2004. 12. 9.부터 2004. 12. 13.까지 이 사건 의원에 대하여 요양급여 전반에 관한 현지조사를 실시하였다. 그 결과 원고가 ① 비급여대상인 예방목적의 척추측만증 2차 검진을 실시하였음에도 진찰료 및 방사선촬영료 등을 보험자인 국민건강보험공단(이하 '공단'이라 한다)에 청구하여 2,817,258원을 지급받았고(이하 '2차 검진 부분'이라 한다), ② 도수치료는 행위 급여·비급여목록표 및 상대가치점수(보건복지부 고시 제2003-81호, 2003. 12. 23., 이하 '이 사건 고시'라 한다) II 제7장, 제2절 도수치료 부분의 주 1에서 "제2절 단순재활치료료 '주1'의 규정에 불구하고, Chiropractic, Osteopathic manipulation 등의 도수치료(이하 '도수치료'라 한다)는 재활의학과, 정형외과, 신경외과 전문의가 직접 실시한 경우에 산정한다"고 규정하고 있음에도 간호조무사가 도수치료를 실시하고 그에 대한 비용 9,770,800원을 수진자로부터 징수받는 방법으로(이하 '도수치료 부분'이라 한다), 2003. 9. 1.부터 2004. 9. 30.까지 12,587,800원[합계는 12,588,058원(2,817,258원+9,770,800원)이나 국고금단수처리과정에서 차액이 발생함]을 부당하게 공단 및 수진자에게 부담하게 한 사실을 밝혀냈습니다.

(3) 피고는 2006. 9. 22. 원고에게 위 각 위반사항을 이유로 하여 법 제85조 제2항, 법 시행령 제61조 제1항 [별표 5] 제1호, 제2호에 따라 40일간의 업무정지 처분(아래 '행정처분 산출내역' 참조)에 갈음하여 총부담금액의 4배로 산출한 과징금 50,351,200원을 부과하였습니다(이하 '이 사건 부과처분'이라 한다).

〈행정처분 산출내역〉

조사대상기간심사결정요양급여비용 총액 (2003. 9. ~ 2004. 9.)	총부당금액	월평균부당금액	부당비율	업무정지기간	과징금
476,981,260원	12,587,800원	968,2 92원	2.63%	40일	50,351,200원

2. 처분의 위법성

(1) 사실오인

1) 2차 검진 부분

① 2차 검진은 치료목적의 진찰행위로서 비급여 대상인 예방진료로서의 건강검진으로 볼 수 없습니다.

② 2차 검진시 요양급여비용 중 본인부담금만을 면제하기로 한 것이었고, 공단에 청구하는 요양급여비용까지 무료로 하기로 한 것은 아니었으며, 2차 검진자에게 방사선촬영 등을 실시하기 위하여

는 장비와 인력을 동원하여 1인당 진료비가 15,000원 정도 소요되는바, 검진자 1인당 ○○○○○○○ 협회 대전.충남지회(이하 'B'이라 한다)에서 지급하는 3,000원의 비용만을 받기로 하였다는 것은 경험칙에 반합니다.

2) 도수치료 부분

도수치료 행위는 A가 하였는바, A의 도수치료 행위는 원고와 무관한 사항이고, 이는 수진자들과 A와 사이의 계약에 따라 이루어진 것으로 원고가 이로 인하여 얻은 이익이 없으므로, 법상 '사위 기타 부당한 방법으로 요양급여비용을 부담하게 한 경우' 에 해당한다고 할 수 없습니다.

3) 따라서 이 사건 부과처분은 사실오인에 기초한 것으로서 위법합니다.

(2) 재량권 일탈 · 남용

원고는 B에 진료비 청구가 가능한지 여부를 확인하고 공단에 청구하였고, 관련법규를 잘못 이해한 상태에서 착오에 기하여 비급여대상을 청구하게 되었습니다. 또한 A의 도수치료행위에 관하여 전혀 이익을 취한 바 없습니다. 이러한 점 등을 고려하면 이 사건 부과처분은 사익과 공익 사이의 비교형량 등 비례의 원칙을 위배한 것으로 재량권을 일탈 · 남용한 위법이 있습니다.

3. 결론

이상과 같이 이 사건 처분은 위법하므로 이의 취소를 구하는 본 건 소송에 이르게 되었습니다.

입증방법

1. 갑 제1호증
2. 갑 제2호증

첨부서류

1. 위 각 입증방법   각 1부
2. 송달료 납부서
3. 소장부본

20   .   .   .

위 원고   (날인 또는 서명)

서울행정법원   귀중

당해판례

2006구합 43504

(1) 사실오인 여부

(가) 2차 검진 부분

① 법 제39조는 진찰, 검사, 간호 등에 대하여 요양급여를 실시하는데, 요양급여의 방법·절차·범위·상한 등 요양급여의 기준을 보건복지부령으로 정하고, 요양급여의 기준을 정함에 있어 업무 또는 일상생활에 지장이 없는 질환 기타 보건복지부령이 정하는 사항을 요양급여의 대상에서 제외할 수 있다고 규정하고 있다. 이에 근거하여 이 사건 규칙 제8조 제1항은 요양급여대상은 법 제39조 제1항 각호의 규정에 의한 요양급여 중 제9조의 규정에 의한 비급여대상을 제외한 일체의 사항으로 한다고 규정하고 있으며, 제9조 제1항 [별표 2] 제3호는 본인의 희망에 의한 건강검진 등 예방진료로서 질병·부상의 진료를 직접 목적으로 하지 아니하는 경우에 실시 또는 사용되는 행위·약제 및 치료재료를 비급여대상으로 규정하고 있는바, 이러한 규정의 취지에 비추어 보면, 요양기관에서 본인의 희망에 의한 건강검진으로서 질병·부상의 진료를 직접 목적으로 하지 아니하는 경우 그 실시되는 행위·약제 및 치료재료에 대하여 비급여로 처리하여야 하고, 비급여대상은 보험자인 공단에 청구할 수 없다고 할 것이다.

② 이 사건에 있어, 2차 검진이 '예방진료로서 질병·부상의 진료를 직접 목적으로 하지 아니하는 경우'에 해당하는지 여부에 관하여 살피건대, 위 인정사실에 나타난 다음의 사정들 즉, ㉮ 1차 검진의 내용은 의사가 아닌 간호사 등이 레이저 검사만 실시하는 것이고, 그 소견에서도 '이상소견이 보이므로 지정한 정형외과에 내원하여 2차 검사를 받을 것'을 권유하고 있는바, 1차 검진은 이상소견 의심자를 구분하는 정도이고, 의료기관에 내원하여 의사의 진찰 및 방사선 촬영 등을 거치는 2차 검진을 통하여 비로소 척추측만증 여부를 확진하는 구조인 점, ㉯ 1차 검진 후 작성한 척추측만증 검진결과표에 의사의 서명·날인이 없어 척추측만증을 확진하였다고 볼 수 없고, 의사가 실시하는 2차 검진에서 척추측만증을 확진하게 되므로 2차 검진을 척추측만증 환자에 대한 치료행위라고 볼 수 없는 점, ㉰ B은 2004. 5. 6.자 간담회에서 2차 검진시 정상인 사람의 경우는 X-ray 검사를 하였더라도 본인부담금 외 공단에 비용청구가 불가능하다는 통보를 하였던 점, ㉱ 2차 검진 결과 척추측만증이 진단된 수신자들이 대부분은 이 사건 외원에서 지속적인 치료를 받은 점, ㉲ 원고 스스로 위법행위를 인정하는 확인서를 작성한 점 등의 사정을 종합하여 고려하면, 2차 검진은 비급여대상인 예방진료로서의 건강검진에 해당한다고 봄이 상당하고, 위 인정에 반하는 증인 ○○○의 일부 증언은 선뜻 믿기 어렵다.

③ 따라서 원고가 수진자에게 2차 검진을 실시하고, 그 비용(3,000원)을 B으로부터 지급받았음에도 불구하고, 비급여대상 비용을 추가로 공단에 청구하여 지급받은 것은 법 제85조 제1항 제1호에서 정한 '사위 기타 부당한 방법으로 보험자에게 요양급여 비용을 부담하게 한 때'에 해당한다고 할 것이다.

(나) 도수치료 부분
① 이 사건 센터가 이 사건 의원의 물리치료실과 별도의 공간에 위치하고 있고, A가 원고와 사이에 임대차계약을 체결한 사실은 있으나, 위 인정사실에서 나타난 다음의 사정들 즉, ㉮ 원고는 A가 실시한 도수치료의 실시일자, 횟수, 수납 내역 등을 상세히 알고 있는 점, ㉯ 이 사건 의원 소속 물리치료사들이 이 사건 센터에 상주하면서 물리치료를 실시한 점, ㉰ A는 이 사건 의원에서 이루어진 요양급여에 대한 비용 및 그에 따른 본인부담금을 징수하였던 점, ㉱ A는 이 사건 의원에 내원한 환자 중 원고가 진찰 후 척추교정이 필요하다고 판단하여 안내한 환자들에게 도수치료를 실시한 점, ㉲ 원고가 수진자들에게 교부하여 준 외래진료비 계산서, 영수증등에는 이 사건 센터에서 실시된 도수치료비용이 포함되어 있고, 이 사건 의원의 본인부담금수납대장에 이 사건 센터에서 수납한 금액이 기재되어 있는 점, ㉳ 원고 스스로 위법행위를 인정하는 확인서를 작성한 점 등을 종합하여 고려하면, 형식적으로는 이 사건 센터가 이 사건 의원과 별개이지만 실질적으로는 이 사건 센터에서의 도수치료 행위는 이 사건 의원에서의 행위와 동일하다고 봄이 상당하다. 즉 이 사건 의원을 찾는 환자의 입장에서는 이 사건 의원에서 행하는 물리치료와 이 사건 센터에서 행하는 도수치료를 구분하지 못하고, 비용도 함께 지불하게 되는바, 이 사건 의원과 센터가 사후적으로 환자가 지불하는 비용을 구분하여 정산한다 하여도 이는 내부적인 정산일 뿐이다. 결국 원고는 전문의가 직접 실시하여야 하는 도수치료를 A로 하여금 실시하게 함으로써 탈법적으로 이 사건 고시를 위반하였다고 봄이 상당하고, 이에 반하는 증인 OOO의 일부 증언은 선뜻 믿기 어렵다.

② 따라서 원고가 위와 같은 도수치료 행위로 진료비를 징수한 것은 법 제85조 제1항 제1호에서 정한 '사위 기타 부당한 방법으로 가입자에게 요양급여비용을 부담하게 한때'에 해당한다고 할 것이다.

(다) 소결
그러므로, 이 사건 부과처분에 사실오인이 있음을 전제로 하는 원고의 주장은 이유 없다.

(2) 재량권 일탈·남용 여부

① 2차 검진 부분

먼저 위 인정사실에 나타난 바와 같이, 2차 검진 부분은 13개월이라는 비교적 장기간에 걸쳐 이루어졌고, 증인 ○○○의 일부 증언만으로는 원고가 B에 진료비청구가능 여부를 확인하고 공단에 청구하였다고 인정하기에 부족하며, 오히려 앞서 본 바와 같이 B이 2차 검진과 관련하여 공단에 청구하지 말 것을 요청하였음에도 원고는 계속하여 요양급여비용으로 청구한 점 등에 비추어 보면, 2차 검진 부분에 대한 이 사건 부과처분은 재량권을 일탈.남용하였다고 볼 수 없다.

② 도수치료 부분

다음으로 도수치료 부분에 있어, 위 인정사실에 나타난 다음의 사정들 즉, ㉮ 이 사건 의원의 물리치료실과 이 사건 센터는 별도의 공간에 위치하고 있었던 점, ㉯ A는 자신이 고용한 사람을 통하여 비용을 수납하고, 이 사건 의원에 해당하는 부분을 정산하여 주는 등 이 사건 의원과 이 사건 센터는 별도의 운영체계를 가지고 있었다고 보이는 점, ㉰ 특히 A의 도수치료 행위를 통하여 원고가 얻은 금전적인 이익이 없었다고 보이는 점, ㉱ 그럼에도 불구하고 A가 도수치료 행위를 통하여 얻은 이익 모두를 원고의 이익으로 간주하여 원고에 대한 부당이득액으로 산정한 것은 공익과 사익을 비교·형량함에 있어 비례의 원칙을 위배한 면이 있는 점 등을 종합적으로 고려하면, 이 사건 부과처분 중 도수치료 부분에 대한 과징금의 최고액으로 원고에 대한 과징금의 액수를 정한 것은 재량권을 일탈·남용한 것으로 위법하다고 할 것이다.

따라서 이 부분 원고의 주장은 이러한 범위 내에서 이유 있으나, 한편, 이 사건 부과처분과 같은 재량처분은 행정청에게 일정 범위 내의 재량이 부여되어 있고, 이 사건 부과처분 중 도수치료 부분이 재량권의 범위를 일탈·남용하여 위법한 경우 법원으로서는 그 전부를 취소하여 행정청으로 하여금 다시 재량권 범위 내의 적정한 처분을 할 수 있도록 하여야 하므로, 이 사건 부과처분의 전부를 취소하기로 한다.

소　장

원고　　○○ 주식회사
　　　　서울시 강남구 ○○동 ○○번지
　　　　(전화 000-000, 팩스 000-000)
피고　　서울특별시 강남구청장
과징금부과처분취소

청구취지

1. 피고가 2010. 12. 27. 원고에 대하여 한, 과징금 62,400,000원의 부과처분을 취소한다.
2. 소송비용은 피고의 부담으로 한다.
라는 판결을 구합니다.

청구원인

1. 처분의 경위

(1) 원고는 다단계판매조직을 . 통하여 건강기능식품 등을 판매하는 회사입니다.

(2) 원고는 인터넷 홈페이지(http://www.nbizmall.com)를 통하여 소속 다단계판매원들과 일반소비자에게 상품 정보를 제공하고 있는데, 인터넷 홈페이지에 정보가 게시된 각 상품의 사진 밑에는 "상세설명", "이용후기", "묻고 답하기", "배송/교환/반품"의 네 가지의 탭이 있고, 각 탭을 클릭하면 그 탭에 해당하는 내용으로 들어가게 되어 있다.

(3) 원고의 다단계판매원들 중 일부는 위 인터넷 홈페이지에 정보가 게시된 상품인 "★★★"의 "이용후기"란에 아래와 같은 상품평을 올렸습니다(이하 통틀어 '이 사건 이용후기'라 한다).

> ○ 어린 시절 원기소를 연상케 합니다. 센트리아 효모를 복용 후 피곤함이 조금은 덜한 것같습니다. 앞으로 꾸준히 복용하고 더 나은 결과를 얻을 수 있기를 바랍니다.
> ○ 구입 후 15일 정도 꾸준히 먹고 있는 효모~ 에너지가 넘치네요~ 활기차지고~ 먹을 때 거부감도 없고~ 알레르기 비염이 있어 콧물 때문에 고생했는데 점차 개선되어지고 있네

요~
- 할머니께서 지금 3년째 꾸준하게 먹고 계시는데... 먹고 난 후로 3년 동안 감기 한 번 안 하시고 잘지내십니다... 저도 한번씩 감기몸살 오려고 할 때 자기 전에 좀 섭취하고 나면 오던 감기도 달아나더라구요... 면역이 업되는 제품이라서 그런지... 효과만점입니다...
- 면역력만을 강조하다 보면 감기가 잘 안걸리던 저로선 효과를 잘 못느꼈지만 변이 둥둥뜨는 것과 체중이 감소된 것을 보면 신진대사개선이 이루어졌다는 느낌을 받습니다.
- 연로하신 어머니께서 섭취하신 후, 2년여 동안 감기몸살로 고생하신 적이 없습니다. 저와 주위분들도 섭취 후 감기로 고생하지 않아 주변의 많은 분들에게도 적극 권해 드리고 있습니다.
- 센트리아 효모 복용 후 2년 동안 감기로 앓지 않았어요. 몸살 기운이 느껴지면 조금만 휴식을 취해도 정상으로 회복이 빠릅니다. 참고로 예전에는 한 겨울에 2~3번은 감기를 앓았고 한 번에 2주 정도 고생을 했습니다.

(4) 피고는 이 사건 이용후기가 '소비자를 기만하거나 오인·혼동시킬 우려가 있는 표시광고'에 해당하여 「건강기능식품에 관한 법률」(이하 '법'이라 하고, 그 시행규칙은 '시행규칙'이라 한다) 제18조(처분서에는 제18조만 기재하였고, 2010. 10. 29.자 처분사전통지서에는 제18조 제1항 제1호를 적시하였다)에 위반된다고 판단하고, 법 제32조 제1항을 적용하여 영업정지 1월에 해당한다고 하면서, 법 제37조 제1항에 따라 영업정지 1월에 갈음한 과징금 6,240만 원을 부과하는 처분(이하 '이 사건 처분'이라 한다)을 하였다.

2. 처분의 위법성

(1) 이 사건 이용후기는 다단계판매원들이 올린 것인데, 그들은 원고의 직원이 아니고 원고로부터 상품을 구입한 후 직접 사용하면서 회사로부터 후원수당을 취득하거나 이를 소비자에게 다시 판매하여 소매이익을 취득하는 소비자이자 판매원의 지위에 있는 사람들이다. 따라서 다단계판매원들이 이용후기를 게재한 것을 원고의 광고 행위로 간주할 수 없습니다.

(2) 이 사건 이용후기는 감기에 좋다는 정도의 내용으로서 의약품으로 혼동·오인하게 할 만한 표현은 없습니다.

(3) 원고는 건강기능식품 판매 외에도 이동통신가입자 유치 수수료, 화장품, 생활용품 판매로 인한 매출을 얻고 있는데, 건강기능식품 판매로 인한 연간매출액이 아니라 전체 연간매출액을 근거로 과징금을 산정한 것은 부당합니다.

3. 결론

이상과 같이 피고의 이 사건 처분은 위법하므로 이의 취소를 구하는 행정소송을 제기하기에 이르렀습니다.

입증방법

1. 갑 제1호증
2. 갑 제2호증

첨부서류

1. 위 각 입증방법   각 1부
2. 송달료 납부서
3. 소장부본

20 . . .

위 원고   (날인 또는 서명)

서울행정법원   귀중

당해판례

2011구합 2934

(1) 앞서 본 바와 같이 이 사건 처분의 근거법령이 법 "제18조"로만 적혀 있어, 그것이 법 제18조 제1항 각호 중 어디에 해당하는 것인지 명확하지 않다. 원고는 처분사전통지서의 '처분의 원인이 되는 사실'란에 이 사건 이용후기가 법 제18조 제1항 제1호(질병의 예방 및 치료에 효능 효과가 있거나 의약품으로 오인 혼동할 우려가 있는 내용의 표시 광고)에 해당한다는 취지의 기재가 있음을 들어 이 사건 처분의 근거법령이 법 제18조 제1항 제1호라 주장하나, 이 사건 처분의 처분서는 그

'위반사항'란에 위반내용을 "소비자를 기만하거나 오인 혼동시킬 우려가 있는 표시 광고"라고 명확히 기재하고 있고, 이는 같은 항 제3호의 법문과 토씨 하나 틀림없이 정확히 일치하므로, 이 사건 처분의 근거법령은 법 제18조 제1항 제3호로 보아야 한다(처분의 사전통지시 이 사건 처분과는 달리 법 제18조 제1항 제1호를 법령상 근거로 언급한 것이 과연 행정절차법 제21조 제1항에 따른 침익적 처분의 사전통지로서 적법한지는 그와는 별도로 따져보아야 할 문제이다).

(2) 그러나 다음의 사정들을 고려하면, 이 사건 이용후기는 원고가 영업자로서 한 광고로 볼 수 없다.

(가) 법 제18조 제1항은 침익적 행정행위의 근거조항이 되므로 행위주체 등 구성요건을 함부로 확대 해석하여서는 안 될 것인데, 이 사건 이용후기를 게재한 것은 앞서 본 바와 같이 원고의 판매조직에 가입한 다단계판매원들이고, 원고가 이를 지시하거나 이에 공모 공동하였다고 볼 아무런 증거가 없고, 그렇다고 이 사건 이용후기를 다른 곳에 전재(轉載)하거나 홈페이지 주(主)화면의 눈에 잘 띄는 곳에 배치하는 등의 이를 이용하여 판매 촉진을 위한 별개의 행위를 하지도 않은 이상 이를 삭제하지 않고 그대로 방치한 것만으로 원고가 독자적인 광고행위를 하였다고 보기도 어렵다.

(나) 법 제10조 제1항 제5호, 제47조 제1항 제4호, 시행규칙 제12조 [별표 4]에 의하면, 다단계판매업자는 다단계판매원이 판매하려는 건강기능식품에 대하여 질병의 예방 및 치료에 효능 효과가 있거나 의약품으로 오인 혼동할 우려가 있는 내용의 허위 과대의 표시 광고 행위를 하지 아니하도록 관리하여야 하며, 이를 지키지 아니한 경우 300만 원 이하의 과태료에 처하도록 되어 있는바, 그렇다면 다단계판매업자가 그의 다단계판매조직에 가입한 다단계판매원에게 위와 같은 표시 광고 행위를 지시하거나 이에 공모 공동하는 등 그 스스로 그러한 행위의 주체가 되었다고 볼 만한 특별한 사정이 없는 이상, 과태료 부과 대상이 됨은 별론, 법 제18조 제1항 제1호, 제32조 제1항 제3호에 따른 영업정지 등의 제재를 가할 수 없음이 명백하고, 법 제18조 제1항 제3호에 관하여도 그와 달리 볼 이유가 없다.

(다) 「방문판매 등에 관한 법률」은 제2조 제5호에서 다단계판매업자와 다단계판매원을 각각 별개의 다단계판매자로 규정한 후, 제23조 제1항 각호에서 다단계판매자에게 금지되는 행위를 열거하고(그 위반행위는 제52조 제1항 제2호 및 제2항, 제53조 제1항 세7호 및 제2항, 제55조 제1항 제7호, 제58조 제1항 제2, 3호 등에 따라 형벌이나 과태료로 제재한다), 같은 조 제3항에서 다단계판매업자는 다단계판매원으로 하여금 위와 같은 금지행위를 하도록 교사 방조하여서는 아니 됨을 규정하고 있으며(이에 대하여는 따로 처벌조항을 두지 않고 있어 형법에 따라 방문판매 등에 관한 법률위반죄

의 교사범 종범으로 처벌할 수밖에 없다), 제27조에서 다단계판매업자에게 다단계판매원이 그의 하위판매원을 모집하거나 다단계판매업자의 재화 등을 소비자에게 판매함에 있어서 당해 다단계판매원이 제 조의 23 금지행위에 관한 규정을 위반하지 아니하도록 당해 규정의 내용을 서면이나 전자우편으로 고지할 의무를 부과하면서 이를 게을리 한 경우 제23조의 금지행위에 관한 규정을 위반한 다단계판매원의 행위에 의하여 다른 다단계판매원 또는 소비자에게 가한 재산상 손해를 대통령령으로 정한 기준에 따라 배상할 책임을 지우고 있는바, 위 조항들의 취지를 전반적으로 살펴보면 「방문판매 등에 관한 법률」은 다단계판매원을 다단계판매업자의 사용인이나 종업원이 아니라 그에게서 제품을 구입하여 팔거나 스스로 사용하는 소비자 겸 영업자로 보아 다단계판매업자의 행위와 다단계판매원의 행위를 엄밀히 구분하고 그에 따른 책임이나 제재도 분리하여 따로 부과하고 있음을 알 수 있다.

(3) 가사 이 사건 이용후기를 원고의 광고행위로 보아도, 법 제18조 제2항은 제1항에 의한 허위 과대 광고의 범위 등에 관하여 필요한 사항을 보건복지부령으로 정하도록 위임하고 있고, 그에 따라 제정된 시행규칙 제21조 [별표 5] "허위 과대의 표시광고의 범위"에서는 소비자를 기만하거나 오인혼동시킬 우려가 있는 표시광고에 당하는 경우(법 제18조 제1항 제3호)를 ① 각종 감사장 또는 체험기 등을 이용하거나 "주문쇄도", "단체추천" 또는 이와 유사한 내용을 표현하는 광고, ② 의사, 치과의사, 한의사, 수의사, 약사, 한약사, 대학교수 또는 그 밖의 자가 제품의 기능성을 보증하거나, 제품을 지정 공인 추천 지도 또는 사용하고 있다는 내용 등의 표시 광고(해당제품의 연구 개발에 직접 참여한 사실을 표시 광고하는 경우를 제외), ③ 외국어의 사용 등으로 외국제품으로 혼동할 우려가 있는 표시 광고 또는 외국과 기술 제휴한 것으로 혼동할 우려가 있는 내용의 표시 광고, ④ 해당 제품의 제조방법 품질 영양소 원재료 성분 또는 효과와 직접 관련이 적은 내용을 강조함으로써 다른 업소의 제품을 간접적으로 다르게 인식되게 하는 광고, ⑤ 비교표시 광고의 경우 그 비교대상 및 비교기준이 명확하지 아니하거나 비교내용 및 비교방법이 적정하지 아니한 내용의 표시 광고로 규정하고 있는데, 이 사건 이용후기의 내용은 위 ①에서 ⑤중 어디에도 해당하지 않으므로, 이를 법 제18조 제1항 제3호의 허위 과대 광고로 보기도 어렵다.

(4) 그렇다면 이 사건 이용후기의 게시가 원고가 행한 허위 과대의 광고임을 전제로 한 이 사건 처분은 원고의 나머지 주장의 당부를 살필 필요 없이 위법하다. (이 사건 처분의 근거법령을 법 제18조 제1항 제1호로 보아도 결론은 같다.)

2. 건설산업기본법 위반으로 인한 과징금

(1) 건설산업기본법의 목적 등

1) 목적

건설산업기본법은 건설공사의 조사, 설계, 시공, 감리, 유지관리, 기술관리 등에 관한 기본적인 사항과 건설업의 등록 및 건설공사의 도급 등에 필요한 사항을 정함으로써 건설공사의 적정한 시공과 건설산업의 건전한 발전을 도모함을 목적으로 한다(법 제1조).

2) 용어정의

이 법에서 사용하는 용어의 뜻은 다음과 같다(제2조).

"발주자"란 건설공사를 건설업자에게 도급하는 자를 말하며, 수급인으로서 도급받은 건설공사를 하도급하는 자는 제외한다. 또한, "도급"이란 원도급, 하도급, 위탁 등 명칭에 관계없이 건설공사를 완성할 것을 약정하고, 상대방이 그 공사의 결과에 대하여 대가를 지급할 것을 약정하는 계약을 말하고, "하도급"이란 도급받은 건설공사의 전부 또는 일부를 다시 도급하기 위하여 수급인이 제3자와 체결하는 계약을 말하며, "수급인"이란 발주자로부터 건설공사를 도급받은 건설업자를 말하고, 하도급의 경우 하도급하는 건설업자를 포함한다. 그 외 "하수급인"이란 수급인으로부터 건설공사를 하도급받은 자를 말한다.

(2) 건설업 등록 등

건설업을 하려는 자는 대통령령으로 정하는 업종별로 국토교통부장관에게 등록을 하여야 한다. 다만, 대통령령으로 정하는 경미한 건설공사를 업으로 하려는 경우에는 등록을 하지 아니하고 건설업을 할 수 있다(법 제9조). 이에 따라 건설업의 등록을 하려는 자는 국토교통부령으로 정하는 바에 따라 국토교통부장관에게 신청하여야 한다.

그러나 국가나 지방자치단체가 자본금의 100분의 50 이상을 출자한 법인이나 영리를 목적으로 하지 아니하는 법인은 다른 법률에 특별한 규정이 있는 경우를 제외하고는 건설업 등록을 신청할 수 없다.

(3) 건설공사의 시공자격

1) 종합공사

종합공사를 도급받으려는 자는 해당 종합공사를 시공하는 업종을 등록하여야 한다. 다만, 다음의 어느 하나에 해당하는 경우에는 해당 종합공사를 시공하는 업종을 등록하지 아니하고도 도급받을 수 있다(법 제16조).

가) 전문공사를 시공하는 업종을 등록한 건설업자가 전문공사에 해당하는 부분을 시공하는 조건으로

종합공사를 시공하는 업종을 등록한 건설업자가 종합적인 계획, 관리 및 조정을 하는 공사를 공동으로 도급받는 경우

나) 전문공사를 시공하는 업종을 등록한 건설업자가 2개 이상의 전문공사로 구성되나 종합적인 계획, 관리 및 조정 역할이 필요하지 아니한 소규모 공사로서 국토교통부령으로 정하는 공사를 도급받는 경우

다) 전문공사를 시공하는 업종을 등록한 건설업자가 전문공사와 그 부대공사를 함께 도급받는 경우

라) 2개 업종 이상의 전문공사를 시공하는 업종을 등록한 건설업자가 그 업종에 해당하는 전문공사로 구성된 복합공사를 하도급받는 경우

마) 발주자가 공사품질이나 시공상 능률을 높이기 위하여 필요하다고 인정한 경우로서 기술적 난이도, 공사를 구성하는 전문공사 사이의 연계 정도 등을 고려하여 대통령령으로 정하는 경우

2) 전문공사

전문공사를 도급받으려는 자는 해당 전문공사를 시공하는 업종을 등록하여야 한다. 다만, 다음의 어느 하나에 해당하는 경우에는 해당 전문공사를 시공하는 업종을 등록하지 아니하고도 도급받을 수 있다.

가) 종합공사를 시공하는 업종을 등록한 건설업자가 이미 도급받아 시공하였거나 시공 중인 건설공사의 부대공사로서 전문공사에 해당하는 공사를 도급받는 경우

나) 발주자가 공사의 품질이나 시공의 능률을 높이기 위하여 필요하다고 인정한 경우로서 기술적 난이도, 해당 공사의 내용 등을 고려하여 대통령령으로 정하는 경우

(4) 건설업 등록증 등의 대여 및 알선 금지

1) 건설업 등록증 등의 대여 및 알선 금지

건설업자는 다른 사람에게 자기의 성명이나 상호를 사용하여 건설공사를 수급 또는 시공하게 하거나 건설업 등록증 또는 건설업 등록수첩을 빌려주어서는 아니 되며, 누구든지 전설한 금지된 행위를 알선하여서는 아니 된다(법 제21조).

예를 들어, 정당하게 수급한 건설공사를 다른 사람에게 자기의 상호등을 사용하여 시공만하게 한 경우에도 건설업 명의대여에 해당하며,[77] 건설업자가 수급자격에 관한 법령상 제한을 피하기 위하여 자신의 명의로 수급계약을 체결하려는 사람에게 그러한 사정을 알면서도 명의를 빌려준 경우, 구 건설산업기본법 제21조에서 금지하는 '명의대여'에 해당한다.[78]

---

77) 대법원 2010. 5. 27. 선고 2009도10778 판결.
78) 대법원 2008. 5. 8. 선고 2006도4284 결정.

2) 명의대여의 의미 및 건설업 명의 대여 여부의 판단기준

건설공사의 적정한 시공과 건설산업의 건전한 발전을 도모함을 목적으로 하는 건설산업기본법(이하 '법'이라 한다)의 입법 취지와, 이러한 목적을 달성하기 위하여 건설업의 면허·등록 기준을 엄격하게 규정하는 한편, 면허를 받거나 등록한 건설업자가 아니면 건설업을 영위할 수 없음을 그 본질적·핵심적 내용으로 하는 위 법의 관계 규정 등에 비추어 보면, 법 제21조가 금지하고 있는 "다른 사람에게 자기의 성명 또는 상호를 사용하여 건설공사를 수급 또는 시공하게 하는 행위"(이하 '명의 대여'라 한다)란, 타인이 자신의 상호나 이름을 사용하여 자격을 갖춘 건설업자로 행세하면서 건설공사를 수급·시공하리라는 것을 알면서도 그와 같은 목적에 자신의 상호나 이름을 사용하도록 승낙 내지 양해한 경우를 의미한다고 해석함이 상당하므로, 어떤 건설업자의 명의로 하도급된 건설공사 전부 또는 대부분을 다른 사람(이하 '시공자'라 한다)이 맡아서 시공하였다 하더라도, 그 건설업자 자신이 그 건설공사에 실질적으로 관여할 의사로 수급하였고, 또 그 시공 과정에 실질적으로 관여하여 왔다면, 이를 명의 대여로 볼 수는 없다.

나아가, 건설업자가 건설공사의 수급과 시공에 실질적으로 관여하였는지 여부는, 건설공사의 수급·시공의 경위와 대가의 약속 및 수수 여부, 대가의 내용 및 수수 방법, 시공과 관련된 건설업자와 시공자 간의 약정 내용, 시공 과정에서 건설업자가 관여하였는지 여부, 관여하였다면 그 정도와 범위, 공사 자금의 조달·관리 및 기성금의 수령 방법, 시공에 따른 책임과 손익의 귀속 여하 등 드러난 사실 관계에 비추어 객관적으로 판단하여야 할 것이고, 그 건설업자나 시공자, 기타 관련자가 수사기관이나 법정에서 진술하면서 명의 대여 기타 그와 유사한 표현을 사용한 적이 있다 하여 그것만으로 가벼이 명의 대여 사실을 인정하여서는 아니된다(대법원 2003. 5. 13. 선고 2002도7425 판결 등 참조).[79]

(5) 건설공사의 하도급 제한

1) 하도급 제한

건설업자는 도급받은 건설공사의 전부 또는 주요 부분의 대부분을 다른 건설업자에게 하도급할 수 없다. 다만, 건설업자가 도급받은 공사를 대통령령으로 정하는 바에 따라 계획, 관리 및 조정하는 경우로서 대통령령으로 정하는 바에 따라 2인 이상에게 분할하여 하도급하는 경우에는 예외로 한다(법 제29조 제1항).

또한, 수급인은 그가 도급받은 건설공사의 일부를 동일한 업종에 해당하는 건설업자에게 하도급할 수 없다. 다만, 발주자가 공사품질이나 시공상 능률을 높이기 위하여 필요하다고 인정하여 서면으로 승낙한 경우나 공사의 품질이나 시공상의 능률을 높이기 위하여 필요한 경우로서 대통령령으로 정하는 요건에 해당하는(종합공사를 시공하는 업종을 등록한 건설사업자가 전문공사를 도급받은 경우에 한정

---

79) 대법원 2007.05.11. 선고 2005도6668 판결.

한다) 경우에는 예외로 한다(같은 조 제2항).

2) 하수급인의 재하도급 제한

하수급인은 하도급받은 건설공사를 다른 사람에게 다시 하도급할 수 없다. 다만, 다음의 어느 하나에 해당하는 경우에는 하도급할 수 있다(같은 조 제3항).

가) 제2항 단서에 따라 종합공사를 시공하는 업종을 등록한 건설업자가 하도급받은 경우로서 그가 하도급받은 건설공사 중 전문공사에 해당하는 건설공사를 그 전문공사를 시공하는 업종을 등록한 건설업자에게 다시 하도급하는 경우

나) 전문공사를 시공하는 업종을 등록한 건설업자가 하도급받은 경우로서 공사의 품질이나 시공상의 능률을 높이기 위하여 필요한 경우로서 국토교통부령으로 정하는 요건에 해당할 것, 수급인의 서면 승낙을 받을 것 등의 요건을 모두 충족하여 하도급받은 전문공사의 일부를 그 전문공사를 시공하는 업종을 등록한 건설업자에게 다시 하도급하는 경우

3) 일부하도급

도급받은 공사의 일부를 하도급(제3항 단서에 따라 다시 하도급하는 것을 포함한다)한 건설업자와 다시 하도급하는 것을 승낙한 자는 라 발주자에게 통보를 하여야 한다. 다만, 다음의 어느 하나에 해당하는 경우에는 그러하지 아니하다(같은 조 제4항).

가) 발주자가 하도급을 서면으로 승낙한 경우

나) 하도급을 하려는 부분이 그 공사의 주요 부분에 해당하는 경우로서 발주자가 품질관리상 필요하여 도급계약의 조건으로 사전승인을 받도록 요구한 경우

(6) 하수급인 등의 지위

하수급인은 하도급받은 건설공사의 시공에 관하여는 발주자에 대하여 수급인과 같은 의무를 진다(법 제32조). 따라서 하수급인은 수급인이 위 3)에 따른 통보를 게을리하거나 일부를 누락하여 통보한 경우에는 발주자 또는 수급인에게 자신이 시공한 공사의 종류와 공사기간 등을 직접 통보할 수 있다.

(7) 하도급대금의 지급 등

1) 대금의 지급

수급인은 도급받은 건설공사에 대한 준공금 또는 기성금을 받으면 다음의 구분에 따라 해당 금액을 그 준공금 또는 기성금을 받은 날(수급인이 발주자로부터 공사대금을 어음으로 받은 경우에는 그 어음만 기일을 말한다)부터 15일 이내에 하수급인에게 현금으로 지급하여야 한다(법 제34조 제1항).

가) 준공금을 받은 경우: 하도급대금

나) 기성금을 받은 경우: 하수급인이 시공한 부분에 해당하는 금액

2) 보증서의 교부

수급인은 하도급계약을 할 때 하수급인에게 국토교통부령으로 정하는 바에 따라 적정한 하도급대금의 지급을 보증하는 보증서를 주어야 하며(같은 조 제2항), 만일 발주자가 국가, 지방자치단체 또는 공공기관인 경우에는 하도급대금이 보호될 수 있도록 수급인이 하수급인에게 보증서를 교부하였는지 여부를 확인하여야 한다.

이와 관련하여 공제조합 또는 보증업무를 담당할 수 있는 기관은 수급인에게 하도급대금의 지급을 보증하는 보증계약의 보증서를 발급(변경발급을 포함한다)하거나 보증계약을 해지한 경우에는 즉시 발주자 및 하수급인에게 그 내용을 통보하여야 하며(같은 조 제5항), 발주자는 이에 따라 통보받은 하도급대금 지급보증내용을 확인하여야 하고, 확인 결과 보증내용이 적정하지 아니할 경우에는 수급인에게 시정을 요구할 수 있다.

3) 선급금 지급

수급인이 발주자로부터 선급금을 받은 때에는 하수급인이 자재를 구입하거나 현장노동자를 고용하는 등 하도급공사를 시작할 수 있도록 수급인이 받은 선급금의 내용과 비율에 따라 선급금을 받은 날(하도급계약을 체결하기 전에 선급금을 지급받은 경우에는 하도급계약을 체결한 날)부터 15일 이내에 하수급인에게 선급금을 지급하여야 한다. 이 경우 수급인은 하수급인이 선급금을 반환하여야 할 경우에 대비하여 하수급인에게 보증을 요구할 수 있다(같은 조 제4항).

(8) 하도급계약 이행보증 등

수급인은 하도급대금 지급보증서를 교부하는 경우 하수급인에게 하도급금액의 100분의 10에 해당하는 금액의 하도급계약 이행보증서의 교부를 요구할 수 있으며(법 제34조의2), 수급인이 다음의 어느 하나에 해당하는 사유로 하도급계약을 일방적으로 해제 또는 해지한 경우 수급인은 전설한 하도급계약 이행보증서를 발행한 기관에 대하여 하도급계약 이행보증금의 지급을 요청할 수 없다. 다만, 하수급인의 귀책사유가 있는 경우는 제외한다.

1) 수급인이 하도급대금을 도급계약이나 관계 법령에서 정한 기일 내에 지급히지 아니하여 공사기간이 지연된 경우

2) 제36조의2제1항에 따른 추가 · 변경공사 등의 정산에 관한 합의의 지연으로 인하여 하도급계약 불이행이 발생한 경우

(9) 하도급대금의 직접 지급

1) 발주자는 다음의 어느 하나에 해당하는 경우에는 하수급인이 시공한 부분에 해당하는 하도급대금을 하수급인에게 직접 지급할 수 있다. 이 경우 발주자의 수급인에 대한 대금 지급채무는 하수급인에게 지급한 한도에서 소멸한 것으로 본다(법 제34조).

(가) 국가, 지방자치단체 또는 대통령령으로 정하는 공공기관이 발주한 건설공사가 다음 각 목의 어느 하나에 해당하는 경우로서 발주자가 하수급인을 보호하기 위하여 필요하다고 인정하는 경우

    가) 수급인이 제34조제1항에 따른 하도급대금 지급을 1회 이상 지체한 경우

나) 공사 예정가격에 대비하여 국토교통부령으로 정하는 비율에 미달하는 금액으로 도급계약을 체결한 경우

(나) 수급인의 파산 등 수급인이 하도급대금을 지급할 수 없는 명백한 사유가 있다고 발주자가 인정하는 경우

2) 발주자는 다음의 어느 하나에 해당하는 경우에는 하수급인이 시공한 부분에 해당하는 하도급대금을 하수급인에게 직접 지급하여야 한다. 이에 따라 발주자가 하수급인에게 하도급대금을 직접 지급한 경우에는 발주자의 수급인에 대한 대금 지급채무와 수급인의 하수급인에 대한 하도급대금 지급채무는 그 범위에서 소멸한 것으로 본다.

가) 발주자가 하도급대금을 직접 하수급인에게 지급하기로 발주자와 수급인 간 또는 발주자 · 수급인 및 하수급인이 그 뜻과 지급의 방법 · 절차를 명백하게 하여 합의한 경우

나) 하수급인이 시공한 부분에 대한 하도급 대금지급을 명하는 확정판결을 받은 경우

다) 수급인이 제34조제1항에 따른 하도급대금 지급을 2회 이상 지체한 경우로서 하수급인이 발주자에게 하도급대금의 직접 지급을 요청한 경우

라) 수급인의 지급정지, 파산, 그 밖에 이와 유사한 사유가 있거나 건설업 등록 등이 취소되어 수급인이 하도급대금을 지급할 수 없게 된 경우로서 하수급인이 발주자에게 하도급대금의 직접 지급을 요청한 경우

마) 수급인이 하수급인에게 정당한 사유 없이 제34조제2항에 따른 하도급대금 지급보증서를 주지 아니한 경우로서 발주자가 그 사실을 확인하거나 하수급인이 발주자에게 하도급대금의 직접 지급을 요청한 경우

바) 국가, 지방자치단체 또는 대통령령으로 정하는 공공기관이 발주한 건설공사에 대하여 공사 예정가격에 대비하여 국토교통부령으로 정하는 비율에 미달하는 금액으로 도급계약을 체결한 경우로서 하수급인이 발주자에게 하도급대금의 직접 지급을 요청한 경우

(10) 영업정지등

국토교통부장관은 건설업자가 다음 각 호의 어느 하나에 해당하면 1년 이내의 기간을 정하여 그 건설업자(제5의 경우 중 하도급인 경우에는 그 건설업자와 수급인을, 다시 하도급한 경우에는 그 건설업자와 다시 하도급한 자를 말한다)의 영업정지를 명하거나 영업정지를 갈음하여 그 위반한 공사의 도급금액(제3의 경우에는 하도급금액을 말한다)의 100분의 30에 상당하는 금액(제5호의 경우에는 5억원) 이하의 과징금을 부과할 수 있다(법 제82조 제2항).

1) 제16조를 위반하여 건설공사를 도급 또는 하도급받은 경우

2) 제28조의2제1항을 위반하여 건설공사를 직접 시공하지 아니한 경우

3) 제25조제2항 및 제29조제1항부터 제3항까지의 규정에 따른 하도급 제한을 위반한 경우

4) 제47조제2항에 따른 공사금액의 하한에 미달하는 공사를 도급받은 경우

5) 고의나 과실로 건설공사를 부실하게 시공한 경우

(11) 영업정지 또는 과징금부과기준 등

법 제84조의 규정에 의한 위반행위의 종별과 정도에 따른 영업정지의 기간 또는 과징금의 금액은 별표 6과 같다. 다만, 건설교통부장관 또는 시·도지사는 위반행위의 동기·내용 및 횟수 등을 참작하여 위 규정에 의한 영업정지의 기간 또는 과징금의 금액의 2분의 1의 범위 안에서 이를 가중 또는 감경할 수 있다. 이 경우 가중하는 때에도 영업정지의 총기간 또는 과징금의 총액은 법 제82조 및 법 제83조의 규정에 의한 기간 및 금액을 초과할 수 없다(법 시행령 제80조).

[별표6] 영업정지 및 과징금의 부과기준(제80조 제1항 관련)

나. 법 제82조 제2항 제1호 내지 제4호의 규정에 의한 위반행위별 영업정지의 기간 또는 과징금의 금액

위반행위	해당 법조문	영업정지 기간	과징금의 비율(%)			
			5천만원까지	1억원	5억원	30억원 이상
6. 재하도급금지규정에 위반하였으나 해당업종의 건설업자에게 재하도급한 때	법 제82조 제2항 제2호	6월	16	18	12	6

〈비고〉

1. 과징금의 비율을 산정하는 경우에 각 구역 사이의 도급금액 등 해당 과징금의 비율은 직선보간(두 값을 기초로 그 값들 사이의 함수값을 구하는 근사계산법)의 방법으로 산정하되, 소수점 이하 셋째 자리까지로 하고, 해당 과징금의 비율을 적용하여 산정한 과징금 중 1,000원 미만의 금액은 버린다.
2. 직선보간의 방법으로 산정된 각 구역 사이의 과징금이 해당 구역의 도급금액 중 최고 금액에 해당하는 과징금보다 큰 경우에는 해당 구역의 도급금액 중 최고 금액에 해당하는 과징금으로 한다.

소　장

원고　　주식회사 ○○○
　　　　서울시 동대문구 ○○동 ○번지
피고　　서울특별시 동대문구청장

과징금부과처분취소

청구취지

1. 피고가 2008. 4. 10. 원고에 대하여 한 13,759,000원의 과징금 부과처분을 취소한다.
2. 소송비용은 피고의 부담으로 한다.

라는 판결을 구합니다.

청구원인

1. 처분의 경위

(1) 실내건축공사업 및 금속구조물·창호공사업을 영위하는 전문건설업자인 원고는 2005. 9. 21. ○○건설 주식회사(이하 ○○건설이라 한다)와 충북 청원군 ○○○ 아파트(이하 이 사건 아파트라 한다) 신축공사 중 내장목공사(이하 이 사건 공사라 한다)에 관하여 공사기간을 2005. 9. 21.부터 2006. 11. 20.까지, 계약금액을 1,987,666,000원으로 하는 도급계약(이후 공사기간은 2006. 12. 20.까지로, 계약금액은 2,048,230,100원으로 변경됨, 이하 이 사건 제1계약이라 한다)을 체결하였습니다.

(2) 원고는 2006. 3. 20. ○○석재 주식회사(이하 ○○석재라 한다)와 이 사건 공사 중 석공사(천연대리석 및 접합타일 설치)에 관하여 공사기간을 2006. 3. 25.부터 2006. 6. 30.까지, 계약금액을 266,200,000원으로 하는 도급계약(이하 이 사건 제2계약이라 한다)을 체결하였습니다.

(3) 피고는 2008. 4. 10. 원고에 대하여, 이 사건 제2계약이 재하도급계약에 해당한다는 이유로 건설산업기본법(2007. 5. 17. 법률 제8477호로 개정되기 전의 것, 이하 같다) 제29조 제4항, 제82

조 제2항 제2호, 같은 법 시행령(2007. 12. 28. 대통령령 제20488호로 개정되기 전의 것, 이하 같다) 제80조 제1항, 제2항에 따라 13,759,000원의 과징금부과처분(이하 이 사건 처분이라 한다)을 하였습니다.

(4) 원고는 이 사건 처분에 불복하여 행정심판을 청구하였으나, 서울특별시 행정심판위원회는 2008. 7. 21. 이를 기각하였습니다.

(5) 한편, 이 사건 아파트의 신축공사는 ㅇㅇ건설이 2004. 7. 22. 주식회사 ㅇㅇㅇ앤씨(이하 ㅇㅇㅇ앤씨라 한다)로부터 공사기간을 착공일로부터 28개월, 계약금액을 171,915,912,000원으로 하여 도급받은 것이었습니다.

2. 처분의 위법성

(1) 정당한 면책사유의 존재

이 사건 제1계약의 계약서에는 발주자와 수급인이 모두 ㅇㅇ건설로 되어 있었고, ㅇㅇ건설은 이 사건 공사의 현장설명회 및 이 사건 제1계약을 체결하면서 이 사건 공사의 시행사가 별도로 존재한다는 사실을 전혀 고지하지 않았다. 또한, ㅇㅇ건설의 인터넷 홈페이지에는 ㅇㅇ건설이 직접 이 사건 아파트를 분양하는 것처럼 소개되어 있고 이 사건 아파트는 ㅇㅇ건설의 고유한 아파트 명칭인 'ㅇㅇㅇ'를 사용하고 있다. 위와 같은 사정에 비추어 보면 원고는 이 사건 제1계약이 하도급계약이라는 사실을 전혀 알 수 없었으므로, 원고가 이 사건 공사를 ㅇㅇ건설의 자체 건설공사로 판단하여 이 사건 제2계약을 체결하였다 해도 그 책임을 물을 수는 없습니다.

(2) 재량권의 일탈·남용

원고는 지난 15년 동안 단 한 차례도 법규위반으로 제재를 받은 적이 없고, 이 사건 재하도급행위로 인해 재산적인 손실을 본 사람도 전혀 없다. 건설업체들은 제재처분을 받은 전력이 없는 업체를 협력업체 모집의 자격요건으로 삼고 있으므로 원고는 이 사건 처분으로 협력업체 응모시에 결격사유를 갖게 되었고, 공사수주에도 상당한 지장을 받아 경영상 압박을 받게 되었습니다. 따라서, 이 사건 처분은 원고에게 지나치게 가혹하여 재량권을 일탈·남용한 것으로 위법합니다.

3. 결론

이상과 같이 이 사건 처분은 위법하므로 이의 취소를 구하는 본 건 소송에 이르게 되었습니다.

1. 갑 제1호증
2. 갑 제2호증

첨부서류

1. 위 각 입증방법   각 1부
2. 송달료 납부서
3. 소장부본

20 .   .   .

위 원고   (날인 또는 서명)

서울행정법원   귀중

당해판례

2008구합 43720

1. 행정법규 위반에 대하여 가하는 제재조치는 행정목적의 달성을 위하여 행정법규 위반이라는 객관적 사실에 착안하여 가하는 제재이므로 위반자가 그 의무를 알지 못하는 것이 무리가 아니었다고 할 수 있어 그것을 정당시할 수 있는 사정이 있을 때 또는 의무자의 의무 해태를 탓할 수 없는 정당한 사유가 있는 등의 특별한 사정이 없는 한 위반자에게 고의나 과실이 없다고 하더라도 부과될 수 있다(대법원 2000. 5. 26. 선고 98두5972 판결, 2003. 9. 2. 선고 2002두5177 판결 등 참조).

2. 건설산업기본법 제29조 제4항이 건설공사의 재하도급을 원칙적으로 금지하고 있으므로 건설공사를 도급받고자 하는 건설업자는 기본적으로 그 계약이 도급계약인지 하도급계약인지를 제대로 파악해야 하는 점, 더욱이 원고는 실내건축공사업 및 금속구조물·창호공사업자로서 석공사업을 도급받는 경우 전문건설업자에게 하도급하게 될 것이 명백하였으므로 이 사건 제1계약의 실질을 명확히 확인하여야 할 주의의무가 있었으며, 이는 ㅇㅇ건설에 대한 간단한 확인절차만으로도 가능했을 것으로 보이는 점, 이 사건 제1계약에 사용된 계약서의 명칭이나 그 전체적인 내용은 하도급계약을 전제로 한 것이었으며 이 사건 제1계약이 체결되기 1년 1월 이상 전부터 이 사건 공사 현장에는 발주자가 ㅇㅇㅇ앤씨라고 기재된 게시판이 게시되어 있었던 점, 원고는 이 사건 제1계약 체결 당시 약 12년 동안 전문건설업을 영위해 온 점 등을 종합하면, 원고가 주장하는 사정만으로는 원고의 의무 해태를 탓할 수 없는 정당한 사유가 있다고 할 수 없다.

3. 건설산업기본법 제29조 제4항은 책임소재를 분명히 하고 건실한 건설공사를 담보하기 위하여 재하도급을 금지하고 있고, 건축물의 부실시공은 국민의 생명·신체에 중대한 위협이 될 수 있기 때문에 피고로서는 건설업자의 법 위반행위에 대해 일률적으로 대응할 필요가 있는 점, 이 사건 처분의 과징금액은 원고가 최근 3년 이내에 제재처분을 받은 사실이 없고, 정상에 참작할 사정이 있으며 당해 위반행위로 인적 피해나 1억 원 이상의 물적 피해를 입힌 사실이 없다는 점 등을 고려하여 건설산업기본법 시행령 제80조 제2항에 따라 이미 1/2로 감경된 것인 점 등에 비추어 보면, 원고가 주장하는 사정을 모두 감안하더라도 이 사건 처분이 원고에게 지나치게 가혹한 것으로서 재량권을 일탈·남용한 것이라고 보기 어렵다.

3. 명의신탁관련 과징금부과처분취소 소송

(1) 명의신탁의 개념

신탁자가 소유권을 보류하여 관리·수익하면서 공부상의 소유명의만을 수탁자로 하여두는 것을 의미한다.

(2) 실권리자명의등기의무

누구든지 부동산에 관한 물권을 명의신탁약정에 의하여 명의수탁자의 명의로 등기하여서는 아니되며(부동산실권자명의 등기에 관한 법률 제3조), 만일 채무의 변제를 위하여 채권자가 부동산에 관한 물권을 이전받는 경우에는 채무자, 채권금액 및 채무변제를 위한 담보라는 뜻이 적힌 서면을 등기신청서와 함께 제출하여야 한다.

(3) 명의신탁약정의 효력

명의신탁약정은 무효이며, 명의신탁약정에 따라 행하여진 등기에 의한 부동산에 관한 물권변동은 무효로 한다. 다만, 부동산에 관한 물권을 취득하기 위한 계약에서 명의수탁자가 그 일방당사자가 되고 그 타방당사자는 명의신탁약정이 있다는 사실을 알지 못한 경우에는 그러하지 아니하다.
또한, 명의신탁약정의 무효는 선악불문하고 제3자에게 대항하지 못한다(법 제4조).

(4) 과징금

1) 과징금부과 대상자

다음의 어느 하나에 해당하는 자에게는 해당 부동산 가액(價額)의 100분의 30에 해당하는 금액의 범위에서 과징금을 부과한다(법 제5조 제1항).

가) 제3조제1항을 위반한 명의신탁자

나) 제3조제2항을 위반한 채권자 및 같은 항에 따른 서면에 채무자를 거짓으로 적어 제출하게 한 실채무
자(實債務者)

2) 과징금부과액 산정방법

위 1)의 부동산 가액은 과징금을 부과하는 날 현재의 다음의 가액에 따른다. 다만, 실권리자명의 등기의
무 등을 위반한 자가 과징금을 부과받은 날 이미 명의신탁관계를 종료하였거나 실명등기를 하였을
때에는 명의신탁관계 종료 시점 또는 실명등기 시점의 부동산 가액으로 한다.

가) 소유권의 경우에는 「소득세법」 제99조에 따른 기준시가

나) 소유권 외의 물권의 경우에는 「상속세 및 증여세법」 제61조제5항 및 제66조에 따라 대통령령으로
정하는 방법으로 평가한 금액

3) 과징금부과기준

과징금의 부과기준은 부동산 가액, 위반한 기간, 조세를 포탈하거나 법령에 따른 제한을 회피할 목적으
로 위반하였는지 여부 등을 고려하여 정하며, 이에 따른 과징금 부과기준은 별표와 같다. 다만, 조세를
포탈하거나 법령에 의한 제한을 회피할 목적이 아닌 경우에는 100분의 50을 감경할 수 있다(법 시행령
제3조의2).

[별표] 과징금 부과기준(제3조의2 · 제4조의2 및 제8조 관련)

과징금의 금액은 제1호와 제2호의 과징금 부과율을 합한 과징금 부과율에 그 부동산평가액을 곱하여
산정한다.

1. 부동산평가액을 기준으로 하는 과징금 부과율

부동산 평가액	과징금 부과율
5 억원 이하	5%
5억원 초과 30억원 이하	10%
30 억원 초과	15%

2. 의무위반 경과기간을 기준으로 하는 과징금 부과율

의무위반 경과기간	과징금 부과율
1년 이하	5%
1년 초과 2년 이하	10%
2년 초과	15%

4) 과징금의 물납

과징금이 대통령령으로 정하는 금액을 초과하는 경우에는 그 초과하는 부분은 대통령령으로 정하는 바에 따라 물납(物納)할 수 있다.

(5) 기존 명의신탁약정에 따른 등기의 실명등기 등

법률 제4944호 부동산실권리자명의등기에관한법률 시행 전에 명의신탁약정에 따라 부동산에 관한 물권을 명의수탁자의 명의로 등기하거나 등기하도록 한 명의신탁자는 법률 제4944호 부동산실권리자명의등기에관한법률 시행일부터 1년의 기간 이내에 실명등기하여야 한다. 다만, 공용징수, 판결, 경매 또는 그 밖에 법률에 따라 명의수탁자로부터 제3자에게 부동산에 관한 물권이 이전된 경우(상속에 의한 이전은 제외한다)와 종교단체, 향교 등이 조세 포탈, 강제집행의 면탈을 목적으로 하지 아니하고 명의신탁한 부동산으로서 대통령령으로 정하는 경우는 그러하지 아니하다(법 제11조).

다만, 다음 각 호의 어느 하나에 해당하는 경우에는 실명등기를 한 것으로 본다.

1) 기존 명의신탁자가 해당 부동산에 관한 물권에 대하여 매매나 그 밖의 처분행위를 하고 유예기간 이내에 그 처분행위로 인한 취득자에게 직접 등기를 이전한 경우

2) 기존 명의신탁자가 유예기간 이내에 다른 법률에 따라 해당 부동산의 소재지를 관할하는 특별자치도지사·특별자치시장·시장·군수 또는 구청장에게 매각을 위탁하거나 대통령령으로 정하는 바에 따라 「금융회사부실자산 등의 효율적 처리 및 한국자산관리공사의 설립에 관한 법률」에 따라 설립된 한국자산관리공사에 매각을 의뢰한 경우. 다만, 매각위탁 또는 매각의뢰를 철회한 경우에는 그러하지 아니하다.

또한, 실권리자의 귀책사유 없이 다른 법률에 따라 실명등기 또는 매각처분 등을 할 수 없는 경우에는 그 사유가 소멸한 때부터 1년 이내에 실명등기 또는 매각처분 등을 하여야 한다.

(6) 실명등기의무 위반의 효력 등

법 제11조에 규정된 기간 이내에 실명등기 또는 매각처분 등을 하지 아니한 경우 그 기간이 지난 날 이후의 명의신탁약정 등의 효력에 관하여는 제4조를 적용하며(법 제12조), 법 제11조를 위반한 자에

대하여는 제3조제1항을 위반한 자에 준하여 제5조, 제5조의2 및 제6조를 적용한다. 다만, 법률 제4944호 부동산실권리자명의등기에관한법률 시행 전에 명의신탁약정에 따른 등기를 한 사실이 없는 자가 제11조에 따른 실명등기를 가장하여 등기한 경우에는 5년 이하의 징역 또는 2억원 이하의 벌금에 처한다.

[서식] 과징금부과처분취소 청구의 소

소　　장

원고　　김 길 동(주민등록번호)
　　　　서울시 서초구 ○○동 ○번지
피고　　서울특별시 서초구청장

과징금부과처분취소

청구취지

1. 피고가 2008. 7. 22. 원고에 대하여 한 과징금 915,589,410원의 부과처분을 취소한다.
2. 소송비용은 피고의 부담으로 한다.

라는 판결을 구합니다.

청구원인

1. 처분의 경위

(1) 원고는 1997. 12. 10. 서울 서초구 방배동 ○○○ 대 2,751㎡(이하 이 사건 토지라 한다)를 매수하였으나 1998. 1. 24. 그 중 각 지분 1/3에 관하여는 동생인 ○○○, ○○○ 명의로 소유권이전등기를 경료하였습니다.

(2) 원고는 이 사건 토지 지상에 철근콘크리트조 및 철골조 평슬래브지붕 2층 자동 차관련시설 지층~2층 각 474.21㎡, 부속 경량철골조 평슬래브지붕 1층 경비실(이하 이 사건 건물이라 한다)을 신축하여 1999. 2. 23. 소유권보존등기를 하였는데, 그 중 각 지분 1/3에 관하여는 ○○○, ○○○ 명의로 등기를 경료하였습니다.

(3) 원고는 ○○○, ○○○을 상대로 부동산 실권리자명의 등기에 관한 법률(이하 실명법이라 한다) 제4조에 따라 이 사건 토지 중 각 지분 1/3, 이 사건 건물 중 각 지분 1/3에 관한 ○○○, ○○○ 명의의 등기가 무효임을 이유로 부당이득반환을 원인으로 한 소유권이전등기절차의 이행을 구하는 소(서울중앙지방법원 2006가합96049호)를 제기하였고, 2007. 3. 27. ○○○, ○○○과의 사이에 '○○○, ○○○은 원고에게 이 사건 토지 중 각 지분 1/3, 이 사건 건물 중 각 지분 1/3에 관하여 임의조정을 원인으로 한 소유권이전등기절차를 이행한다'는 내용이 포함된 임의조정이 성립되었습니다.

(4) 원고는 위 임의조정에 기하여 2008. 7. 10. 이 사건 토지 및 건물 중 각 지분 2/3에 관하여 원고 명의의 소유권이전등기를 경료하였습니다.

(5) 피고는 2008. 7. 22. 원고가 이 사건 토지 및 건물 중 각 지분 2/3(이하 이 사건 지분이라 한다)에 관하여 명의신탁을 하였다는 이유로 실명법 제5조 제1항에 따라 이 사건 지분 가액의 30%(부동산 평가액 30억 원 이상에 해당하는 15%와 의무위반 경과 기간 2년 초과분에 해당하는 15%를 합한 부과율)에 해당하는 과징금 915,589,410원 [={1,500,000원(이 사건 토지의 2008년 공시지가)× 2,751㎡×2/3+451,447,080원(이 사건 건물의 기준시가)×2/3}×30%(부과율=부동산 평가액 30억 원 이상 15%+의무위반 경과 기간 2년 초과 15%), 십 원 미만 버림]의 부과처분(이하 이 사건 처분이라 한다)을 하였습니다.

2. 처분의 위법성
이 사건 처분은 다음과 같은 사유로 위법하여 취소되어야 합니다.

(1) 피고는 이 사건 지분에 관한 명의신탁관계가 종료된 날을 원고 명의의 등기가 경료된 날인 2008. 7. 10.로 보아 이를 기준으로 이 사건 지분의 가액을 평가하였으나, 이 사건 지분에 관한 명의신탁관계가 종료된 날은 원고와 ○○○, ○○○ 사이에 임의조정이 성립된 2007. 3. 27.로 보아야 합니다.

(2) 피고는 이 사건 건물 중 지분 1/3의 과세표준을 97,109,900원으로 하여 ○○○, ○○○에게 각 2008년도 재산세를 부과하였으므로 이 사건 건물 중 지분 2/3의 가액은 194,219,800원(=위 97,109,900원×2)입니다. 따라서 이 사건 지분의 가액은 30억 원에 미달함이 계산상 명백하므로(위 194,219,800원+피고가 주장하는 이 사건 토지 중 지분 2/3의 가액 2,751,000,000원), 부동산 평가액을 기준으로 하는 과징금 부과율은 10%가 적용되어야 합니다.

(3) 원고는 1976. 경부터 ○○○ 주식회사를 운영해오던 중 위 회사의 차고지로 사용하기 위해 이 사건 토지를 매수한 후 이 사건 건물을 신축하였다. 원고의 어머니는 형제간의 우애를 유난히 강조하셨고, 원고는 이 사건 지분을 동생들에게 증여한 것 처럼 하여 단지 어머니를 기쁘게 해드릴 목적으로 이 사건 지분을 명의신탁하게 된 것입니다. 또한, 원고는 위 회사를 양도한 후 1998. 4. 14. ○○○, ○○○과 공동사업자로 사업자등록을 하여 이 사건 토지 및 건물의 임대수입에 대한 세금을 성실히 납부해왔습니다. 위와 같은 경위에 비추어 보면 원고에게는 명의신탁 당시 조세포탈 또는 법령에 의한 제한을 회피할 목적이 없었으므로, 피고는 법 시행령 제3조의2 단서 조항에 따라 이 사건 처분의 과징금 중 100분의 50을 감경해 주어야 합니다.

3. 결론
이상과 같이 이 사건 처분은 위법하므로 이의 취소를 구하는 본 건 소송에 이르게 되었습니다.

입증방법

　　1. 갑　제1호증
　　2. 갑　제2호증
　　3. 갑　제3호증
　　4. 갑　제4호증

첨부서류

　　1. 위 각 입증방법　　　　　　　　　　　각 1부
　　2. 송달료 납부서
　　3. 소장부본

20 ． ． ．

위 원고　　　　(날인 또는 서명)

서울행정법원　　　귀중

당해판례

2008구합 40905

1. 살피건대, 구 부동산 실권리자명의 등기에 관한 법률(2007. 5. 11. 법률 제8418호로 개정되기 전의 것) 제5조 제2항은 명의신탁 위반행위자에 대해 과징금 부과시점의 부동산가액을 기준으로 과징금을 부과하도록 정하고 있었으나, 과징금 부과 당시 이미 명의신탁관계를 종료한 법 위반자에게도 위 조항을 적용하는 것은 ① 명의신탁관계가 종료된 시점 이후의 부동산가액 상승 등의 경제적 부담을 지우는 것이고, ② 여전히 명의신탁등기를 유지하고 있어 과징금 부과시까지 실명법위반행위를 계속하고 있는 법 위반자와 본질적으로 다름에도 합리적인 사유 없이 동일하게 취급하는 것으로서 과징금 부과 당시 이미 명의신탁관계를 종료한 법 위반자의 재산권과 평등권을 침해한다는 이유로 헌법재판소가 2006. 5. 25. 헌법불합치 결정(2005헌가17, 2006헌바17 (병합))을 선고함에 따라 실명법 제5조 제2항 단서가 신설된 점, 실명법 제5조에서 정한 과징금은 행정청이 명의신탁행위로 인한 불법적인 이익을 박탈하거나 위 법률에 따른 실명등기의무의 이행을 강제하기 위하여 의무자에게 부과·징수하는 제재인 점 등에 비추어 보면, 실명법 제5조 제2항 단서에서 정한 '명의신탁관계 종료시점'은 단순히 명의신탁약정이 해지된 때가 아니라 실권리자 명의의 물권 등기가 마쳐진 때라고 봄이 상당하다.

따라서, 원고와 ○○○, ○○○ 사이에 임의조정이 성립된 2007. 3. 27.을 이 사건 지분에 관한 명의신탁관계 종료일로 보아야 한다는 위 주장은 이유 없다.

2. 지방세법(2009. 2. 6. 법률 제9422호로 개정되기 전의 것) 제187조, 제111조 제2항은 주택 이외의 건축물에 관한 재산세의 과세표준을 '거래가격, 수입가격, 신축·건조·제조가격 등을 참작하여 정한 기준가격에 종류·구조·용도·경과연수 등 과세대상별 특성을 감안하여 대통령령이 정하는 기준에 따라 지방자치단체의 장이 결정한 가액'으로 정하여 실명법 위반자에 대한 과징금 부과기준인 부동산가액 산정방법(실명법 제5조 제2항 제1호, 소득세법 제99조 제1항 나호)과는 전혀 다른 내용을 정하고 있다.

따라서, 이 사건 건물에 관한 2008년도 재산세 과세표준을 기준으로 하여 이 사건 건물 중 지분 2/3에 관한 가액을 산정하여야 한다는 전제에서 한 위 주장 역시 이유 없다.

3. 실명법 시행령 제3조의2 단서의 과징금 감경요건인 조세를 포탈하거나 법령에 의한 제한을 회피할 목적이 아닌 경우에 해당한다는 점은 이를 주장하는 자가 입증하여야 하고, 위 규정은 임의적 감경규정임이 명백하므로 위 규정에서 정한 감경사유가 존재하더라도 과징금 부과관청이 감경사유

까지 고려하고서도 과징금을 감경하지 않은 채 과징금 전액을 부과하는 처분을 하였다면, 그 과정에서 이익형량을 전혀 하지 아니하거나 이익형량의 고려대상에 마땅히 포함하여야 할 사항을 누락한 경우 또는 이익형량을 하였으나 정당성, 객관성이 결여된 경우 등 특별한 사정이 없는 한 이를 그 자체로 위법하거나 재량권을 일탈·남용하여 위법하다고 할 수 없다(대법원 2005. 9. 15. 선고 2005두3257 판결, 2007. 7. 12. 선고 2006두4554 판결 참조).

그런데 원고가 주장하는 사정 및 제출한 증거만으로는 이 사건 지분을 명의신탁함에 있어 조세를 포탈하거나 법령에 의한 제한을 회피할 목적이 전혀 없었다고 인정하기에 부족하고 달리 이를 인정할 증거가 없다. 나아가 원고의 주장사실이 과징금 감경요건에 해당한다고 해도 피고가 과징금 감경에 관한 재량권을 행사하지 않은 것이 부당하다고 볼 특별한 사정도 인정되지 않는다.

따라서 이 사건 처분이 재량권을 일탈·남용하였다는 취지의 위 주장 역시 이유 없다.

[서식] 과징금부과처분취소 청구의소

소　　장

원고　　　김 길 동(주민등록번호)
　　　　　서울시 양천구 ○○동 ○○번지
　　　　　(전화 000-000, 팩스 000-000)
피고　　　서울특별시 양천구청장
과징금부과처분취소

청구취지

1. 피고가 2009. 3. 31. 원고에 대하여 한 과징금 12,800,000원의 부과처분을 취소한다.
2. 소송비용은 피고가 부담한다.
라는 판결을 구합니다.

청구원인

1. 처분의 경위 등

(1) 원고는 1967. 5. 8. 최○○과 혼인하여 슬하에 두 아들을 두고 혼인생활을 하다가 1980. 2. 19. 협의이혼에 이르렀으나 수개월만에 재결합하여 최○○이 1998년경 가출할 때까지 사실혼관계를 유지하였습니다.

(2) 원고는 1992. 12. 24. ○○○구역주택개량재개발조합과 사이에 서울 ○○구 ○○동 ○○○ ○○아파트 제○○동 제○○호(이하 '이 사건 아파트'라고 한다)에 관하여 최○○을 매수인으로 하여 분양계약을 체결한 후 2000. 2. 24. 최○○ 명의의 소유권이전등기를 마쳤습니다.

(3) 그런데 최○○은 2001. 2. 22. 원고 모르게 ○○○와 혼인신고를 함으로써 원고와의 사실혼관계를 파기하였고, 이에 원고는 2001. 8. 11. 최○○을 상대로 하여 이 사건 아파트를 최○○에게 명의신탁하였음을 전제로 이 사건 아파트에 관한 소유권이전 등기의 이행을 구하는 소를 제기하였는데, 이 사건 아파트가 원고와 최○○의 공동소유이고 그 1/2 지분에 관하여만 최○○에게 명의신탁되어 있음을 이유로 위 지분을 부당이득으로써 원고에게 반환하라는 내용의 판결(서울고등법원 2004. 2. 25. 선고 2002 나○○ 판결)을 선고받았고 그 판결은 그 무렵 확정되었습니다. 또한 원고는 2003. 11. 19. 최○○을 상대로 사실혼의 부당파기로 인한 위자료청구 및 이 사건 아파트의 1/2 지분에 관한 재산분할청구를 하였는데, 위자료청구 부분은 3,000만 원이 인용되었으나 재산분할청구 부분은 제척기간의 도과로 각하되었습니다(의정부지방법원 2005. 2. 17. 선고 2003드단○○ 판결).

(4) 피고는 2009. 3. 31. 위 서울고등법원의 판결에 의거하여 원고가 이 사건 아파트의 1/2 지분을 최○○에게 명의신탁(이하 '이 사건 명의신탁'이라고 한다)하였음을 이유로 원고에 대하여 부동산 실권리자명의 등기에 관한 법률(이하 '부동산실명법'이라고 한다) 제5조에 따라 과징금 12,800,000원을 부과하였습니다(이하 '이 사건 처분'이라고 한다).

(5) 한편, 이 사건 명의신탁 당시 원고는 인천 ○○구 ○○동 ○○○ 지상 주택과 ○○시 ○○동 ○○○ ○○타운 제○○동 제○○호의 1/10 지분을 소유하고 있었고, 최○○은 서울 ○○구 ○○동 ○○ 지상 주택 및 같은 동 ○○ 지상 주택의 각 24/46 지분을 소유하고 있었습니다.

2. 처분의 위법성
(1) 이 사건 명의신탁은 원고와 최○○이 사실혼관계를 유지하고 있을 당시에 이루어진 것으로서 이 사건 아파트를 사실혼 종료에 의한 재산분할의 형식으로 반환받는 경우에는 과징금의 대상이

되지 않는 점, 종중 및 배우자에 대한 특례를 규정하고 있는 부동산실명법 제8조 제2호 소정의 '배우자'를 법률상의 배우자로 한정할 경우 사실혼관계에 있는 배우자를 이유 없이 차별하여 헌법상 보장된 인간의 존엄, 행복추구권, 평등권 및 재산권을 침해하게 되는 점 등에 비추어 부동산실명법 제8조의 부부간 특례 조항은 사실혼관계에도 적용되어야 한다.

(2) 설령 이 사건 명의신탁이 과징금의 부과대상이 된다고 하더라도, 원고에게 조세회피의 목적이 없었으므로 부동산실명법 시행령 제3조의2 단서에 따라 과징금의 50%를 감경하여야 함에도 불구하고, 과징금의 감경 없이 이 사건 처분을 한 것은 재량권을 일탈·남용한 것이어서 위법합니다.

3. 결론

위와 같이 피고의 처분은 위법한 행정처분에 해당하므로 이의 취소를 구하는 본 건 행정소송에 이르게 되었습니다.

입증방법

1. 갑 제1호증
2. 갑 제2호증

첨부서류

1. 위 각 입증방법   각 1부
2. 송달료 납부서
3. 소장부본

20 . . .

위 원고   (날인 또는 서명)

서울행정법원   귀중

당해판례

2009구합 23983

(1) 부동산실명법 제8조 제2호의 '배우자'에 사실혼 관계에 있는 배우자가 포함되는지 여부와 위 조항의 위헌성 여부

부동산실명법 제8조 제2호는 배우자의 명의로 부동산에 관한 물권을 등기한 경우로서 조세포탈, 강제집행의 면탈 또는 법령상 제한의 회피를 목적으로 하지 아니하는 경우에는 법 제5조의 규정에 의한 과징금을 부과하지 아니한다고 규정하고 있는바, 위 조항의 '배우자'에는 사실혼관계에 있는 배우자는 포함되지 아니한다(대법원 1999. 5. 14. 선고 99두35 판결 참조).

그리고 위 조항은 부부 사이의 재산이 누구의 것인지를 구별하기가 곤란하고 명의신탁을 허용하더라도 법의 제정취지에 크게 반하지 않을 것으로 판단되기 때문에 법률상 배우자의 명의로 부동산의 물권을 등기한 경우 법의 적용을 배제한 것으로서 사실혼관계에 대하여도 이를 허용할 때에는 입법취지가 크게 훼손될 우려가 있는 점, 경제적 약자의 지위에 있는 사실혼 관계에 있는 배우자를 보호할 필요성이 있음을 부인할 수는 없으나 다른 한편, 사실혼 관계에 있는 배우자를 법률혼과 완전히 동등하게 취급하는 것은 오히려 법률혼 제도를 지나치게 약화시킬 우려가 있는 점, 사실혼 당사자들이 그 의사에 따라 법률혼을 선택하지 않았다는 점과 법률관계의 명확성을 위하여는 법률혼 제도의 우선적인 보호가 불가피한 점 등을 고려하면, 위 조항에서 사실혼 관계에 있는 배우자를 부동산실명법의 주요 조항을 적용하지 아니하는 대상으로 규정하고 있지 아니한 것이 불합리한 것으로서 비례원칙에 위배된다거나 사실혼 관계에 있는 배우자의 헌법상 보장된 인간의 존엄, 행복추구권, 평등권 또는 재산권 등을 과도하게 침해하여 위헌이라고 볼 수는 없다.

(2) 과징금 감경사유의 존부

부동산실명법 제5조 제3항, 부동산실명법 시행령 제3조의2 단서의 규정에 의하면, 명의신탁자에 대한 과징금 부과기준과 관련하여 조세를 포탈하거나 법령에 의한 제한을 회피할 목적이 아닌 경우에는 과징금의 100분의 50을 감경할 수 있도록 하고 있으나, 조세를 포탈하거나 법령에 의한 제한을 회피할 목적이 아닌 경우에 해당한다는 점은 이를 주장하는 자가 입증하여야 하고, 이는 임의적 감경규정이므로 감경사유가 존재하는 경우에 부과관청이 이를 고려하고도 감경하지 아니한 채 과징금 전액을 부과하였더라도 이로써 바로 위법하다고 단정할 수 없다(대법원 2005. 9. 15. 선고 2005두3257 판결 등 참조).

이 사건의 경우, 원고는 앞서 본 바와 같이 이 사건 명의신탁 당시 소유하고 있던 주택 외에 이 사건 아파트를 추가로 소유하게 될 경우 1세대 2주택자가 되어 1세대 1 주택 양도소득세 비과세

조항(소득세법 제89조 제1항 제3호)을 적용받을 수 없게 됨으로 인하여 부담하게 되는 양도소득세액 상당을 포탈할 목적이 있었다고 봄이 상당하고 (을 2호증의 2 참조, 그리고 원고의 주장처럼 이 사건 명의신탁 당시 최○○ 역시 상속받은 2주택의 지분을 소유하고 있었다고 하더라도 그러한 사정만으로 원고에게 조세 포탈의 목적이 없었다고 단정하기는 어렵다), 설령 원고에게 원고가 주장하는 바와 같은 과징금 감경사유가 있다고 하더라도, 부동산에 관한 권리를 실체적 권리관계에 부합하도록 등기하게 함으로써 투기.탈세.탈법행위 등을 방지하고 부동산 거래의 정상화와 부동산 가격의 안정을 도모하고자 하는 부동산실명법의 취지와 이 사건 명의신탁 사실의 적발경위, 명의신탁 재산의 가액 등에 비추어 볼 때, 피고가 과징금 감경에 관한 재량권을 행사하지 않은 것이 위법하다고도 보이지 않으므로, 결국 원고의 주장은 이유 없다.

[서식] 과징금부과처분취소 청구의 소

소   장

원고   1. ○ ○ ○(주민등록번호)
　　　　　서울시 강남구 역삼동 ○번지
　　　　2. ○ ○ ○(주민등록번호)
　　　　　서울시 종로구 역삼동 ○번지
피고   1. 서울특별시 강남구청장
　　　　2. 서울특별시 종로구청장
과징금부과처분취소

청구취지

1. 피고 1이 2008. 12. 17. 원고 1에 대하여 한 과징금 203,287,500원의 부과처분과 피고 2가 2008. 12. 2. 원고 2에 대하여 한 과징금 248,341,500원의 부과처분을 각 취소한다.

2. 소송비용은 피고가 부담한다.

라는 판결을 구합니다.

청구원인

1. 처분의 경위

(1) 이 사건 토지의 취득

1) 원고 1은 1993. 9. 22. 서울○○지방법원 93가합○○호로 '원고 1에게, 원고 2, ○○○은 서울 ○○구 ○○동 2가 ○○○ 대 313.9㎡와 같은 동 2가 ○○○ 대 14.2㎡(이하 '이 사건 제1토지'라 한다) 중 각 2/10지분에 관하여, ○○○, ○○○, ○○○, ○○○은 이 사건 제1토지 중 각 1/10지분에 관하여 각 명의신탁해지를 원인으로 한 소유권이전등기절차를 이행하라'라는 내용의 판결을 선고받은 다음, 2005. 9. 28. 위 판결(1993. 11. 13. 확정)에 따라 원고 2, ○○○, ○○○, ○○○으로부터 이 사건 제1토지의 위 각 해당 지분에 관하여 명의신탁해지를 원인으로 소유권이전등기를 경료하였습니다(원고 1은 ○○○의 1/10지분에 관하여는 ○○○의 상속인들인 ○○○ 외 3인으로부터 1999. 11. 17., ○○○의 2/10지분에 관하여는 2003. 6. 10. 각 소유권이전등기를 경료함).

2) 원고 2는 1993. 10. 7. 같은 법원 93가합○○○호로 '원고 2에게, 원고 1, ○○○은 서울 ○○구 ○○동 ○○○ 대 192.9㎡ 및 같은 동 ○○○ 대 506.6㎡(이하 '이 사건 제2토지'라 한다) 중 각 2/10지분에 관하여, ○○○, ○○○, ○○○, ○○○은 이 사건 제2토지 중 각 1/10지분에 관하여 각 명의신탁해지를 원인으로 한 소유권이전등기절차를 이행하라'라는 내용의 판결을 선고받은 다음, 2005. 11. 7. 위 판결(1993. 11. 23. 확정)에 따라 원고 1, ○○○, ○○○, ○○○으로부터 이 사건 제2토지의 위 각 해당지분에 관하여 명의신탁해지를 원인으로 소유권이전등기를 경료받았습니다(원고 2는 ○○○의 2/10지분에 관하여는 2003. 6. 10., ○○○의 1/10지분에 관하여는 ○○○의 상속인들인 ○○○ 외 3인으로부터 2003. 6. 28. 각 소유권이전등기를 경료함).

(2) 이 사건 각 처분

아래와 같은 이유로, 피고 1은 2008. 12. 17. 원고 1에 대하여 과징금 203,287,500원의 부과처분(이하, '이 사건 제1처분'이라고 한다)을, 피고 2는 2008. 12. 2. 원고 2에 대하여 과징금 248,341,500원의 부과처분(이하, '이 사건 제1처분'이라고 한다)을 각 하하였습니다.

– 아래 –

원고 1은 원고 2, ○○○, ○○○, ○○○에게 이 사건 제1토지 중 각 해당 지분을, 원고 2는 원고 1, ○○○, ○○○, ○○○에게 이 사건 제2토지 중 각 해당 지분을 각 명의신탁하였음에도, 부동산 실권리자명의 등기에 관한 법률(이하 '법'이라고 한다)이 정한 유예기간 내에 실명등기를 하지 않아 법 제11조 제1항, 제12조 제2항, 제3조 제1항을 위반하였다.

2. 처분의 위법성

(1) 첫째, 원고들은 1968. 6. 20. 망 백○○으로부터 이 사건 각 토지를 ○○○, ○○○, ○○○, ○○○, ○○○과 공동으로 상속하여, 1987. 8.경 원고 1이 이 사건 제1토지를, 원고 2가 이 사건 제2토지를 각 단독 소유하는 것으로 상속재산분할협의를 하고, 다만 등기방법에 관하여 차후에 논의하기로 하여 국세체납으로 경료된 상속등기를 그대로 두었을 뿐, 원고들이 ○○○, ○○○, ○○○ 등에게 이 사건 각 토지 중 각 해당 지분을 명의신탁하지 않았습니다.

(2) 둘째, 가사 원고들이 명의신탁약정을 하였다고 하더라도, 원고들이 명의신탁해지를 원인으로 한 소를 제기하여 판결을 받았으므로, 위 명의신탁약정은 그 무렵 해지되었다고 할 것이므로, 그로부터 15년이 경과하여 이루어진 이 사건 각 처분은 위법합니다.

(3) 셋째, 가사 원고들이 명의신탁약정을 하였다고 하더라도, 원고들은 망 백○○으로부터 ○○○, ○○○, ○○○, ○○○, ○○○과 함께 이 사건 각 토지를 비롯하여 수 필지의 토지를 공동으로 상속받아, 원고들과 위 공동상속인들이 위 수 필지의 상속 토지를 각각 개별적으로 독립적, 배타적으로 소유하기로 상속재산분할협의를 하되, 위 수 필지의 토지를 모두 원고들과 위 공동상속인들이 상속비율에 따라 공유로 등기하였으므로, 이러한 명의신탁관계는 위 법 제2조 제1호 나목에서 정한 구분소유적 공유관계로서 법에서 금지한 명의신탁약정을 한 것이 아닙니다.

(4) 넷째, 원고들에게는 조세를 포탈하거나 법령에 의한 제한을 회피할 목적이 없었으므로, 이 사건 각 처분의 과징금은 그 50/100씩 감경되어야 합니다.

3. 결론

위와 같이 피고의 처분은 위법하므로 이의 취소를 구하는 본 건 행정소송에 이르게 되었습니다.

입증방법

1. 갑 제1호증
2. 갑 제2호증
3. 갑 제3호증
4. 갑 제4호증
5. 갑 제5호증

첨부서류

1. 위 각 입증방법   각 1부

2. 송달료 납부서

3. 소장부본

　　　　　　　　　　　　　　20 .   .   .

　　　　　　　　　　　　　위 원고　　　　(날인 또는 서명)

서울행정법원　　　귀중

당해판례

2009구합 7561

1) 첫째 주장에 관하여

① 원고들이 1968. 6. 20. 백○○으로부터 ○○○, ○○○, ○○○, ○○○, ○○○과 공동으로 이 사건 각 토지를 상속받은 사실, ② 대한민국은 1969. 9. 18. 국세체납금을 보전하기 위하여 상속등기를 대위 신청하여, 이 사건 각 토지에 관하여 각 상속등기(원고 들, ○○○ 각 2/10지분, ○○○, ○○○, ○○○, ○○○ 각 1/10지분)가 경료된 사실, ③ 원고들과 ○○○, ○○○, ○○○, ○○○, ○○○은 1987. 8. 초순경 이 사건 제1토지를 원고 1에게, 이 사건 제2토지를 원고 2에게 귀속시키기로 하는 상속재산분할협의를 하였는데, 위 ②항 기재 상속등기만은 종전 그대로 남겨 두는 것으로 약정한 사실은 당사자 사이에 다툼이 없거나, 갑 6, 7호증의 각 1, 을가 1호증의 1, 을나 1호증의 1, 을나 5호증의 1, 2의 각 기재에 변론 전체의 취지를 종합하면, 이를 인정할 수 있다.

위 인정 사실에, 원고들이 1987. 8. 초순경 상속재산분할협의에 따라 그 무렵 이 사건 각 토지에 관하여 각자 단독 명의로 등기를 경료할 수 있었음에도, 1993. 11.경 명의신탁 해지를 원인으로 한 확정판결을 받았고, 또한 위 확정판결을 근거로 그 무렵 단독 명의의 등기를 경료할 수 있었음에도, 12년이 경과한 2005.경에 이르러 등기를 경료한 점, 상속 재산분할협의를 함과 동시에 기존의 상속등기를 유용하기로 하는 명의신탁약정을 하는 것이 불가능한 것이 아니고, 명의신탁약정 또한 명시적 또는 묵시적으로 가능한 점 등을 종합하면, 원고들은 1987. 8. 초순경 이미 경료되어 있던 상속등기를 유용하여 상속재산 분할협의에 따라 상속개시 당시로 소급하여 원고들의 각자 소유가 된 이 사건 각 토지 중 위 1의 가, 나.항에서 본 것과 같은 각 해당지분을 각 공동상속인들에게 명의신탁하였다고 할 것이다. 따라서 원고들의 첫째 주장은 이유 없다.

2) 둘째 주장에 관하여

위 법 제5조 제2항 단서에서 정한 것과 같은 '명의신탁관계 종료시점'은 단지 명의신탁자와 명의수탁자 사이에 대내적으로 명의신탁을 해지한 시점이 아니라, 대외적으로도 명의신탁관계가 종료되어 부동산실명법 위반상태가 해소된 시점인, 실명등기를 할 필요가 없거나 실명등기를 한 것으로 볼 수 있는 시점으로 보아야 할 것이므로, 명의신탁자가 명의수탁자를 상대로 명의신탁의 해지를 원인으로 하여 소를 제기하였다거나 그 소송에서의 승소판결이 확정되었다는 사정만으로는 그때 부동산실명법상 명의신탁관계가 종료되었다고 할 수 없다(대법원 2008. 1. 17. 선고 2007두21563 판결 등 참조). 그리고 법 시행전에 이미 명의수탁자를 상대로 명의신탁해지를 원인으로 한 소유권이전등기 확정판결을 받았으나 그에 따른 실명등기를 하지 아니한 명의신탁자도 법 제11조의 실명등기의무가 있는 기존명의신탁자에 해당하고, 법 제11조 제3항, 제4항의 유예기간이 적용되는 자 임이 입증되지 아니하는 한 제1항이 적용되어 법 시행일로부터 1년의 기간 내에 실명등기를 하여야 하며, 이에 위반한 경우에는 과징금 부과대상이 된다고 할 것이다(대법원 2000. 12. 22. 선고 99두11929 판결 등 참조). 따라서 원고들의 둘째 주장도 이유 없다.

3) 셋째 주장에 관하여

법 제2조 제1호 나목은 "부동산의 위치와 면적을 특정하여 2인 이상이 구분소유하기로 하는 약정을 하고 그 구분소유자의 공유로 등기하는 경우", 즉 '구분소유적 공유관계'에 관하여 법에 정한 명의신탁약정에서 제외하는 것으로 규정하고 있다. 이러한 '구분소유적 공유관계'는 어떤 토지에 관하여 그 위치와 면적을 특정하여 여러 사람이 구분소유하기로 하는 약정이 있어야만 적법하게 성립할 수 있고, 공유자들 사이에서 어떤 토지의 특정 부분을 각각의 공유자들에게 배타적으로 귀속시키려는 의사의 합치가 이루어지지 아니한 경우에는 이러한 관계가 성립할 여지가 없다 할 것이다(대법원 2009. 3. 26. 선고 2008다44313 판결 등 참조). 그런데 이 사건에서는, 이 사건 제1토지에 관하여는 원고 1을 제외한 나머지 공동상속인들이, 이 사건 제2토지에 관하여는 원고 2를 제외한 나머지 공동상속인들이 위치와 면적을 특정하여 배타적으로 귀속시키려는 의사의 합치가 있었다거나 실제로 구분소유하고 있었다고 볼 만한 아무런 증거가 없다. 따라서 이 사건 각 토지에 관한 상속등기에 관한 명의신탁관계가 법 제2조 제1호 나목에 정한 구분소유적 공유관계에 있다는 것을 전제로 한 원고들의 셋째 주장은 이유 없다.

4) 넷째 주장에 관하여

법 제5조 제3항, 법 시행령 제3조의2 단서의 규정에 의하면, 명의신탁자에 대한 과징금 부과기준과 관련하여 조세를 포탈하거나 법령에 의한 제한을 회피할 목적이 아닌 경우에는 과징금의 100분의 50을 감경할 수 있도록 되어 있다. 위 '조세를 포탈하거나 법령에 의한 제한을 회피할 목적이 아닌 경우'에 해당한다는 점은 이를 주장하는 자가 입증하여야 한다. 그리고 이는 임의적 감경규정이므로 감경사유가 존재하는 경우에 부과관청이 이를 고려하고도 감경하지 아니한 채 과징금 전액을 부과하였더라도 이로써 바로 위법하다고 단정할 수는 없다(대법원 2005. 9. 15. 선고 2005두3257 판결 참조).

이 사건에서, 비록 원고들이 각자 이 사건 각 토지에 관하여 종합토지세와 재산세 등의 세금을 모두 납부하여 왔고, 또한 양도소득세를 모두 납부하였다고 하더라도, 원고들이 이 사건 각 토지에 관하여 1987. 8.경 상속재산분할협의와 1993. 11.경 확정판결을 통하여 2차례에 걸쳐 원고들의 단독 명의로 등기를 경료할 수 있었음에도, 이를 하지 않고 그로부터 10여 년이 경과한 2005.경에 이르러서야 등기를 경료한 점에, 법령에서 명의신탁을 금지하고 명의신탁의 기간에 따라 과징금의 비율을 차등하고 있는 입법취지 등을 종합하면, 피고가 이 사건 과징금의 100분의 50을 감경하지 않았다고 하여 이를 위법하다고 단정할 수 없다. 따라서 원고들의 넷째 주장도 이유 없다.

4. 국적취득관련 소송

(1) 국적취득의 유형

1) 출생에 의한 국적 취득

(가) 다음의 어느 하나에 해당하는 자는 출생과 동시에 대한민국 국적(國籍)을 취득한다(국적법 제2조).

가) 출생 당시에 부(父)또는 모(母)가 대한민국의 국민인 자

나) 출생하기 전에 부가 사망한 경우에는 그 사망 당시에 부가 대한민국의 국민이었던 자

다) 부모가 모두 분명하지 아니한 경우나 국적이 없는 경우에는 대한민국에서 출생한 자

(나) 대한민국에서 발견된 기아(棄兒)는 대한민국에서 출생한 것으로 추정한다.

2) 인지에 의한 국적 취득

대한민국의 국민이 아닌 자(이하 "외국인"이라 한다)로서 대한민국의 국민인 부 또는 모에 의하여 인지(認知)된 자가 다음호의 요건을 모두 갖추면 법무부장관에게 신고함으로써 대한민국 국적을 취득할 수 있다(법 제3조).

(가) 대한민국의 「민법」상 미성년일 것

(나) 출생 당시에 부 또는 모가 대한민국의 국민이었을 것

3) 귀화에 의한 국적 취득

① 대한민국 국적을 취득한 사실이 없는 외국인은 법무부장관의 귀화허가(歸化許可)를 받아 대한민국 국적을 취득할 수 있으며(법 제4조), 법무부장관은 귀화허가 신청을 받으면 귀화 요건을 갖추었는지를

심사한 후 그 요건을 갖춘 자에게만 귀화를 허가한다. 이 경우 귀화허가를 받은 자는 법무부장관이
그 허가를 한 때에 대한민국 국적을 취득한다.

(2) 국적취득의 요건

1) 일반귀화 요건

외국인이 귀화허가를 받기 위하여서는 제6조나 제7조에 해당하는 경우 외에는 다음의 요건을 갖추어야
한다(법 제5조).

(가) 5년 이상 계속하여 대한민국에 주소가 있을 것

(나) 대한민국의「민법」상 성년일 것

(다) 품행이 단정할 것

(라) 자신의 자산(資産)이나 기능(技能)에 의하거나 생계를 같이하는 가족에 의존하여 생계를 유지할
능력이 있을 것

(마) 국어능력과 대한민국의 풍습에 대한 이해 등 대한민국 국민으로서의 기본 소양(素養)을 갖추고
있을 것

2) 간이귀화 요건

(가) 다음의 어느 하나에 해당하는 외국인으로서 대한민국에 3년 이상 계속하여 주소가 있는 자는
제5조제1호의 요건을 갖추지 아니하여도 귀화허가를 받을 수 있다(법 제6조).

　가) 부 또는 모가 대한민국의 국민이었던 자

　나) 대한민국에서 출생한 자로서 부 또는 모가 대한민국에서 출생한 자

　다) 대한민국 국민의 양자(養子)로서 입양 당시 대한민국의「민법」상 성년이었던 자

(나) 배우자가 대한민국의 국민인 외국인으로서 다음의 어느 하나에 해당하는 자는 제5조제1호의 요건
을 갖추지 아니하여도 귀화허가를 받을 수 있다.

　가) 그 배우자와 혼인한 상태로 대한민국에 2년 이상 계속하여 주소가 있는 자

　나) 그 배우자와 혼인한 후 3년이 지나고 혼인한 상태로 대한민국에 1년 이상 계속하여 주소가
　　있는 자

　다) 위 가), 나)의 기간을 채우지 못하였으나, 그 배우자와 혼인한 상태로 대한민국에 주소를 두고
　　있던 중 그 배우자의 사망이나 실종 또는 그 밖에 자신에게 책임이 없는 사유로 정상적인 혼인
　　생활을 할 수 없었던 자로서 제1호나 제2호의 잔여기간을 채웠고 법무부장관이 상당(相當)하다
　　고 인정하는 자

라) 위 가), 나)의 요건을 충족하지 못하였으나, 그 배우자와의 혼인에 따라 출생한 미성년의 자(子)를 양육하고 있거나 양육하여야 할 자로서 위 가), 나)의 기간을 채웠고 법무부장관이 상당하다고 인정하는 자

3) 특별귀화 요건

다음의 어느 하나에 해당하는 외국인으로서 대한민국에 주소가 있는 자는 제5조제1호 · 제2호 또는 제4호의 요건을 갖추지 아니하여도 귀화허가를 받을 수 있다(법 제7조).

(가) 부 또는 모가 대한민국의 국민인 자. 다만, 양자로서 대한민국의「민법」상 성년이 된 후에 입양된 자는 제외한다.

(나) 대한민국에 특별한 공로가 있는 자, 여기서 "대한민국에 특별한 공로가 있는 자"란 다음 각 호의 어느 하나에 해당하는 사람을 말한다(법 시행령 제6조). [개정 2014.6.17.]

　　가). 본인 또는 그 배우자나 직계존비속이 다음 각 목의 어느 하나에 해당하는 사람

　　　　① 「독립유공자예우에 관한 법률」 제4조에 따른 독립유공자

　　　　② 「국가유공자 등 예우 및 지원에 관한 법률」 제4조에 따른 국가유공자로서 국가유공으로 관계 법률에 따라 대한민국 정부로부터 훈장 · 포장 또는 표창을 받은 사람

　　나) 국가안보 · 사회 · 경제 · 교육 또는 문화 등 여러 분야에서 대한민국의 국익에 기여한 공로가 있는 사람

　　다) 그 밖에 (가) 및 (나)에 준하는 공로가 있다고 법무부장관이 인정하는 사람[80]

(다) 과학 · 경제 · 문화 · 체육 등 특정 분야에서 매우 우수한 능력을 보유한 자로서 대한민국의 국익에 기여할 것으로 인정되는 자

(3) 국적취득 신고의 절차 등

1) 인지에 의한 국적취득 신고의 절차 등

인지에 의한 대한민국 국적을 취득하려면 법무부령으로 정하는 국적취득 신고서를 작성하여 법무부장관에게 제출하여야 하며(법 시행령 제2조), 법무부장관은 국적취득 신고를 수리(受理)하면 그 사실을 지체 없이 본인과「가족관계의 등록 등에 관한 법률」에 따른 등록기준지(이하 "등록기준지"라 한다) 가족관계등록관서의 장에게 통보하고, 관보에 고시하여야 한다.

---

80) ② 법 제7조제1항제3호에 해당하는 사람은 다음 각 호의 어느 하나에 해당하는 사람 중에서 제28조에 따른 국적심의위원회의 심의를 거쳐 법무부장관이 정하는 사람으로 한다.
　1. 국회사무총장, 법원행정처장, 헌법재판소사무처장 또는 중앙행정기관의 장 등이 추천한 사람
　2. 재외공관의 장, 지방자치단체(특별시 · 광역시 · 도 및 특별자치도를 말한다)의 장, 4년제 대학의 총장, 그 밖에 법무부장관이 정하는 기관 · 단체의 장이 추천하는 사람으로서 법무부장관이 심의에 부친 사람
　3. 과학 · 경제 · 문화 · 체육 등의 분야에서 수상, 연구실적, 경력 등으로 국제적 권위를 인정받고 있는 사람으로서 법무부장관이 심의에 부친 사람

2) 귀화허가의 신청

귀화허가를 받으려면 법무부령으로 정하는 귀화허가 신청서를 작성하여 출입국관리사무소장 또는 출입국관리사무소 출장소장(이하 "사무소장등"이라 한다)에게 제출하여야 하며(법 시행령 제3조), 사무소장등은 신청서를 제출받은 때에는 지체 없이 법무부장관에게 송부하여야 한다. 다만, 법무부장관이 정하는 바에 따른 조회·조사 및 확인 등을 해야 할 경우에는 그 절차를 마치고 의견을 붙여 송부하여야 한다.

3) 귀화허가 신청에 대한 심사

(가) 관계기관의 의뢰 및 의견청취

법무부장관은 귀화허가 신청자에 대한 귀화 요건을 심사할 때 관계 기관의 장에게 귀화허가 신청자에 대한 신원조회, 범죄경력조회 및 체류동향조사를 의뢰하거나 그 밖에 필요한 사항에 관하여 의견을 구할 수 있다(법 시행령 제4조).

(나) 귀화요건의 확인

법무부장관은 귀화 요건에 관한 다음 각 호의 구분에 따른 사항을 심사하기 위해 법무부령으로 정하는 증명서류를 제출하게 하거나 거주지를 현지조사하는 등 적절한 방법으로 귀화 요건을 갖추었는지를 확인하여야 한다.

> 가) 법 제6조제2항제1호·제2호에 해당하는 사람: 배우자와 정상적인 혼인관계를 유지하고 있는지 여부
>
> 나) 법 제6조제2항제3호에 해당하는 사람: 정상적인 혼인생활을 유지할 수 없었던 사유
>
> 다) 법 제6조제2항제4호에 해당하는 사람: 자녀의 양육에 관한 사항

(다) 필기시험 등 실시

> 가) 원칙
>
> 법무부장관은 귀화허가 신청자에 대하여 필기시험과 면접심사를 실시한다. 다만, 법무부령으로 정하는 사람에 대해서는 필기시험 또는 면접심사를 면제할 수 있다.
>
> 나) 예외
>
> 다만, 신원조회, 범죄경력조회 및 체류동향조사 결과 및 귀화허가 신청 시 제출 서류 등의 심사 결과 귀화 요건을 갖추지 못한 것으로 인정되는 신청자에 대해서는 필기시험과 면접심사를 실시하지 아니할 수 있다.

(라) 귀화허가 불허사유

법무부장관은 귀화허가 신청자가 다음의 어느 하나에 해당하는 경우에는 귀화허가를 해서는 아니 된다.

가) 필기시험이나 면접심사의 실시 · 면제 여부를 불문하고, 조회 · 조사 · 확인 결과 및 귀화허가 신청 시 제출 서류 등의 심사 결과 귀화 요건을 갖추지 못한 것으로 인정되는 경우

나) 필기시험에서 100점을 만점으로 하여 60점 미만을 득점하거나, 면접심사에서 부적합평가를 받은 경우

(마) 귀화허가의 통보 등

법무부장관은 귀화를 허가하였을 때에는 그 사실을 지체 없이 본인과 등록기준지 가족관계등록관서의 장에게 통보하고, 관보에 고시하여야 한다(법 시행령 제5조).

(4) 수반 취득

1) 수반취득

외국인의 자(子)로서 대한민국의 「민법」 상 미성년인 자는 부 또는 모가 귀화허가를 신청할 때 함께 국적 취득을 신청할 수 있으며(법 제8조), 이에 따라 국적 취득을 신청한 자는 법무부장관이 부 또는 모에게 귀화를 허가한 때에 함께 대한민국 국적을 취득한다.

2) 수반취득의 신청절차 등

"수반취득"을 하려면 그 아버지 또는 어머니가 사무소장등에게 제출하는 귀화허가 신청서에 수반취득 하려는 뜻을 표시하여야 한다(법 시행령 제7조). 다만, 부모가 이혼한 수반취득 신청자는 그 아버지나 어머니가 수반취득을 신청한 사람에 대하여 친권 또는 양육권을 가지고 있다는 것을 서면으로 증명하여야 한다.

(5) 국적회복에 의한 국적 취득

대한민국의 국민이었던 외국인은 법무부장관의 국적회복허가(國籍回復許可)를 받아 대한민국 국적을 취득할 수 있다(법 제9조).[81] 법무부장관은 국적회복허가 신청을 받으면 심사한 후 다음의 어느 하나에

---

81) 국적법 시행령 제8조 (국적회복허가의 신청)
　① 법 제9조제1항에 따라 국적회복허가를 받으려면 법무부령으로 정하는 국적회복허가 신청서를 작성하여 사무소장등에게 제출하여야 한다.
　② 사무소장등은 제1항에 따라 신청서를 제출받은 때에는 지체 없이 법무부장관에게 송부하여야 한다. 다만, 법무부장관이 정하는 바에 따른 조회 · 조사 및 확인 등을 해야 할 경우에는 그 절차를 마치고 의견을 붙여 송부하여야 한다.
국적법 시행령 제9조 (국적회복허가 신청에 대한 심사)
　① 법무부장관은 법 제9조제2항에 따라 국적회복허가 신청자에 대한 국적회복 요건을 심사할 때 관계 기관의 장에게 국적회복허가 신청자에 대한 신원조회, 범죄경력조회, 병적조회 또는 체류동향조사를 의뢰하거나 그 밖에 필요한 사항에 관하여 의견을 구할 수 있다.
　② 법무부장관은 필요하면 국적회복허가 신청자에 대하여 의견을 진술하게 하거나 보완자료 제출을 요구할 수 있다.

해당하는 자에게는 국적회복을 허가하지 아니한다.

1) 국가나 사회에 위해(危害)를 끼친 사실이 있는 자

2) 품행이 단정하지 못한 자

3) 병역을 기피할 목적으로 대한민국 국적을 상실하였거나 이탈하였던 자

4) 국가안전보장 · 질서유지 또는 공공복리를 위하여 법무부장관이 국적회복을 허가하는 것이 적당하지 아니하다고 인정하는 자

(6) 국적의 재취득

대한민국 국적을 상실한 자가 그 후 1년 내에 그 외국 국적을 포기하면 법무부장관에게 신고함으로써 대한민국 국적을 재취득할 수 있다(법 제11조). 이 경우 신고자는 그 신고를 한 때에 대한민국 국적을 취득한다.

(7) 외국 국적 취득에 따른 국적 상실

대한민국의 국민으로서 자진하여 외국 국적을 취득한 자는 그 외국 국적을 취득한 때에 대한민국 국적을 상실한다(법 제15조). 또한, 대한민국의 국민으로서 다음 각 호의 어느 하나에 해당하는 자는 그 외국 국적을 취득한 때부터 6개월 내에 법무부장관에게 대한민국 국적을 보유할 의사가 있다는 뜻을 신고하지 아니하면 그 외국 국적을 취득한 때로 소급(遡及)하여 대한민국 국적을 상실한 것으로 본다.

1) 외국인과의 혼인으로 그 배우자의 국적을 취득하게 된 자

2) 외국인에게 입양되어 그 양부 또는 양모의 국적을 취득하게 된 자

3) 외국인인 부 또는 모에게 인지되어 그 부 또는 모의 국적을 취득하게 된 자

4) 외국 국적을 취득하여 대한민국 국적을 상실하게 된 자의 배우자나 미성년의 자(子)로서 그 외국의 법률에 따라 함께 그 외국 국적을 취득하게 된 자

(8) 국적상실자의 처리

대한민국 국적을 상실한 자(제14조에 따른 국적이탈의 신고를 한 자는 제외한다)는 법무부장관에게 국적상실신고를 하여야 하며(법 제16조), 공무원이 그 직무상 대한민국 국적을 상실한 자를 발견하면 지체 없이 법무부장관에게 그 사실을 통보하여야 한다. 한편, 법무부장관은 그 직무상 대한민국 국적을 상실한 자를 발견하거나 국적상실의 신고나 통보를 받으면 가족관계등록 관서와 주민등록 관서에 통보하여야 한다.

소　　장

원고　　　　　　　　주 걸 륜
　　　　　　　　　　인천시 ○○동 ○○번지
　　　　　　　　　　(전화 000-000, 팩스 000-000)
피고　　　　　　　　법무부장관
국적취득신청불허가처분취소

청구취지

1. 피고가 2009. 4. 23. 원고에 대하여 한 국적취득신청불허가처분을 취소한다.

2. 소송비용은 피고가 부담한다.

라는 판결을 구합니다.

청구원인

1. 처분의 경위

(1) 원고는 부(父)가 대한민국 국민이었던 중화인민공화국국적자로서, 2005. 11. 26. 방문동거(F-1) 체류자격으로 대한민국에 입국한 후, 2006. 5. 10. 비전문취업(E-9) 체류자격으로, 2007. 4. 16. 방문취업(H-2) 체류자격으로 변경하여 체류하다가, 2008. 11. 28.부터는 기타(G-1) 체류자격으로 국내에 체류하고 있습니다.

(2) 원고는 2008. 11. 17. 피고에 대하여 원고의 부가 대한민국의 국민이었고 대한민국에 3년 이상 주소를 두고 있음을 이유로 국적법 제6조 제1항 제1호에서 정한 간이귀화신청을 하였으나, 피고는 2009. 4. 22. "기타(G-1) 체류자격은 대한민국에 입국한 외국인이 입국 후 발생한 불가피한 사유(소송, 질병발생 등)로 국내에 임시적으로 체류할 필요성이 인정될 때 부여되는 잠정적인 체류자격인바, 대한민국 정부가 원고에게 인도적 차원에서 부여한 기타(G-1) 체류자격을 이용하여 귀화신청을 하는 것은 기타 (G-1) 체류자격 존재 이유 및 국적제도의 일반적 취지에 부합하지 않는다."는 이유로 원고의 위 간이귀화신청을 불허가하였습니다(이하 '이 사건 처분'이라고 한다).

2. 처분의 위법성

원고는 부가 대한민국의 국민이었고 대한민국에 3년 이상 주소를 두고 있어 국적법 제6조 제1항이 정한 간이귀화의 요건을 모두 충족하였다. 그럼에도 원고의 체류기간 중 기타(G-1) 자격으로 체류한 기간이 포함되어 있다는 사정만으로 원고의 귀화신청을 거부한 이 사건 처분은 재량권을 일탈·남용하여 위법합니다.

3. 결론

위와 같이 피고의 처분은 위법한 행정처분에 해당하므로 이의 취소를 구하는 본 건 행정소송에 이르게 되었습니다.

입증방법

1. 갑 제1호증
2. 갑 제2호증

첨부서류

1. 위 각 입증방법   각 1부
2. 송달료 납부서
3. 소장부본

20 .   .   .

위 원고   (날인 또는 서명)

서울행정법원   귀중

당해판례

2009구합 19779

(1) 국적법 제4조 제2항에서는 "법무부장관은 귀화허가를 신청한 자에 대하여 동법 제5조 내지 제7조의 규정에 의한 귀화요건을 갖추었는지 여부를 심사한 후 그 요건을 갖춘 자에 한하여 귀화를 허가한다."고 규정하고 있는바, 귀화허가 신청자가 국적법 제5조 내지 제7조의 규정에서 정한 귀화 요건을 일응 갖춘 것으로 판단되는 경우에도 법무부장관이 다른 사정을 들어 그 신청을 거부할 수 있는 것인지, 즉 귀화허가 관련 집행의 영역에서도 법무부장관의 재량이 인정될 수 있는지에 관하여 상반된 견해가 존재할 여지가 있다.

우선 귀화제도는 선천적 국적취득과 관계없이 국내법에서 정한 요건을 충족하는 외국인 또는 무국적자(이하 '외국인 등'이라고 한다)에 대하여 대한민국 국민으로서의 자격을 부여하는 제도로서, 귀화의 요건을 정하는 것은 국가의 배타적인 관할권에 속하는 영역으로 국가 정책을 충분히 반영할 수 있도록 입법자의 재량에 맡겨져 있다고 할 수 있으나, 일단 그 요건이 법으로 규정된 이상 대한민국 국민으로서의 자격이 부여되는지 여부에 따라 그 사람의 권리·의무에 미치는 영향이 매우 크기 때문에 법이 정한 귀화의 요건은 반드시 명확하고 엄격하게 해석·적용되어야 할 것이고, 만약 법이 정한 요건을 모두 충족하는 외국인 등에 대하여는 국적법 제4조의 규정 취지상 법무부장관은 귀화를 허가하여야 하고, 달리 불허가할 수 있는 재량의 여지가 없다는 견해가 있을 수 있다(서울고등법원 2009. 10. 6. 선고 2009누11135 판결 참조). 이 견해에 따를 경우, 대한민국의 국적을 취득하려는 외국인 등에게 세계인권선언 제15조가 규정하는 국적취득권(right to a nationality)을 매우 두텁게 보호하는 결과를 낳을 것이라는 점은 분명하다.

그러나 국적을 부여할 것인지 여부는 국가의 주권자의 범위를 확정하는 고도의 정치적 속성을 갖는 문제라는 점, 더구나 귀화에 의한 국적취득의 경우 출생이나 인지, 국적회복 등에 의한 국적취득에 비하여 상대적으로 대한민국과 관련성이 적은 외국인 등에 대하여 국적을 부여하는 제도이므로, 대한민국의 기존 사회질서 및 사회성원과 동화·통합이 가능할 것인지 등의 사정에 관하여 보다 엄격한 심사를 하여야 할 필요성이 인정되는 점, 그런데 이에 관한 판단은 그 국가의 역사적 사정, 전통, 환경 등의 요인에 의하여 크게 좌우되는 것으로서 법령에 그 요건을 일의적으로 규정하기 어려운 점 등에 비추어 보면, 귀화를 허가하기 위한 요건, 허가를 구하는 신청의 방식, 허가될 경우의 효과 등을 규정하는 입법의 영역에 대하여는 물론, 법령으로 정한 요건이나 방식이 일응 구비된 경우에 이를 허가할지 여부에 관한 집행의 영역에서도 당해 국가의 광범위한 재량권이 인정되어야 할 것이다. 국적법 제4조 제2항도 위와 같은 사정을 반영하여 제5조부터 제7조까지의 요건을 귀화허가를 위한 최소한의 필요요건으로 규정하고 있을 뿐 충분조건으로 규정하지는 않은 것으로 보인다. 따라서 법무부장관은 일응 국적법 제5조 내지 제7조에서 정한 요건을 구비한 외국인 등에 대하여도 여전히 그 외국인 등의 일체의 행동이나 태도, 국내의 정치 · 경제 · 사회적 사정, 국제정세, 외교관계 등의 제반사정을 종합적으로 고려하여 그 귀화를 허가할지 여부에 대하여 결정하는 것이 가능하다고 해석함이 상당하다.

(2) 이 사건에 관하여 보건대, 을 1~4호증(각 가지번호 포함)의 각 기재에 변론 전체의 취지를 종합하여 인정되는 아래와 같은 사정을 종합하면 피고가 이 사건 처분을 함에 있어 재량권의 범위를 일탈 · 남용하였다고 볼 수 없다.

(가) 기타(G-1) 체류자격은 외교(A-1)부터 영주(F-5)까지 및 관광취업(H-1) · 방문취업 (H-2) 자격에 해당하지 않는 사람으로 법무부장관이 인정하는 사람에 대하여 부여되는 보충적인 체류자격으로서, 피고는 외국인이 국내에 입국한 후 산업재해, 질병, 소송, 난민신청 등으로 국내에 체류할 필요성이 있음을 소명하는 경우 인도적인 차원에서 별다른 심사 없이 기타(G-1) 체류자격을 부여하여 주고 있다. 따라서 기타(G-1) 체류자격으로 체류한 기간을 포함하여 국적법 제6조에서 정한 간이귀화를 신청하는 경우, 피고로서는 그 귀화허가 여부를 판단함에 있어 다른 체류자격으로 체류한 자에 비하여 보다 광범위한 재량권이 인정된다고 봄이 상당하다. 이와 달리 해석한다면, 기타(G-1) 체류 자격을 부여할 것인지에 관하여 귀화요건과 관련한 보다 엄격한 심사가 이루어져 위 체류자격을 둔 입법취지에 반할 우려가 있다.

(나) 원고는 2005. 11. 26. 방문동거(F-1) 체류자격으로 입국한 후 이 사건 처분 당시까지 약 3년 5개월 동안 국내에 체류하였는데, 그 중 2년 이상의 기간 동안 방문취업(H-2) 체류자격 및 기타(G-1) 체류자격으로 체류하였다.

(다) 방문취업(H-2) 체류자격은 2007. 3. 4.부터 외국국적동포의 취업기회를 확대하기 위하여 취업절차와 고용절차 등을 간소화하는 방문취업제도가 실시됨에 따라 신설된 것으로서, 귀화신청 등으로 위 체류자격이 악용되는 것을 막기 위하여 입국 후 1회 체류기간의 상한을 3년으로 규정하였고, 위 제도를 최초로 시행할 당시 비전문취업(E-9) 및 방문동거(F-1) 체류자격으로 체류하고 있던 동포에 대하여는 방문취업(H-2) 체류자격으로 체류자격변경을 허가하여 주되, 이 경우에도 최초 입국일로부터 3년까지만 체류를 허용하도록 하였다.

(라) 원고는 체류기간이 만료되기 직전인 2008. 11. 24. 서울행정법원 2008구합ㅇㅇ호로 귀화허가 신청접수거부처분취소의 소를 제기하였다는 이유로 기타(G-1) 체류자격으로 체류자격변경 허가를 신청하였고, 이에 피고는 그와 같은 소를 제기하였음에 관한 소명자료만을 검토한 후 별다른 심사 없이 원고에게 기타(G-1) 체류자격을 부여하였다. 또한 원고는 2009. 4. 22. 이 사건 처분을 받고 2009. 5. 25. 이 사건 소를 제기한 후 그와 같은 소가 계속 중이라는 사유로 체류자격 연장을 신청하였고 피고는 그 기간을 연장하여 주었다.

(마) 원고는 체류자격의 부여 및 갱신 과정에서 방문취업(H-2) 체류자격의 상한이 3년이고, 기타(G

－1) 체류자격은 보충적·예외적 체류자격이라는 점을 비롯하여 외국인체류자격제도의 주요 내용을 잘 알고 있었던 것으로 보인다.

(바) 이 사건 처분이 원고의 인종, 성별, 민족 등의 불합리한 사유를 이유로 한 차별에 해당한다고 의심할 만한 아무런 자료가 없다.

[서식] 국적취득신청불허가처분취소 청구의 소

소　　장

원고　　주 길 자
　　　　서울시 광진구 ○○동 ○번지
피고　　법무부장관
국적취득신청불허가처분취소

청구취지

1. 피고가 2008. 11. 17. 원고에 대하여 한 귀화신청 불허처분을 취소한다.
2. 소송비용은 피고가 부담한다.
라는 판결을 구합니다.

청구원인

1. 처분의 경위

(1) 원고는 중화인민공화국(이하 '중국'이라 한다) 국적의 조선족 동포로서 2003. 9. 25. 대한민국 국민인 김○○과 혼인신고를 하고 2004. 1. 9. 대한민국에 입국하였습니다(그 후 김○○은 2007. 8. 23. 사망하였음).

(2) 원고는 2006. 2. 16. 피고에게 국적법(이하 '법'이라 한다) 제6조 제2항에 의한 간이귀화신청을 하였으나, 피고는 2008. 11. 17. 원고에게 원고가 법상 귀화요건인 '품행이 단정'한 자에 해당하지 않는다는 등의 이유로 위 신청을 불허하였습니다(이하 '이 사건 처분'이라 한다).

2. 처분의 위법성

원고는 외국환거래법위반죄로 벌금 1,000만 원의 형사처벌을 받은바 있지만, 원고는 위 범행 이전에 조선족으로 대한민국에 10년간 거주하면서 그 어떠한 형사처벌도 받은 사실이 없이 성실하게 생활해 왔으나 어려운 가정형편으로 인하여 생활비라도 벌어 볼 생각으로 큰 죄가 되는 줄 모르고 위 범행에 나아가게 된 사정 등을 감안하면, 피고가 법상 범죄경력이 있는 자는 대한민국 국적을 취득할 수 없다는 명문규정이 없음에도 원고에 대하여 위 범죄경력만을 근거로 이 사건 처분을 한 것은 혼인귀화요건 중 '품행이 단정할 것' 요건을 지나치게 광범위하게 해석하여 재량권을 일탈 · 남용한 것으로서 위법합니다.

3. 결론

위와 같이 피고의 처분은 위법하므로 이의 취소를 구하는 본 건 행정소송에 이르게 되었습니다.

입증방법

1. 갑 제1호증
2. 갑 제2호증
3. 갑 제3호증

첨부서류

1. 위 각 입증방법   각 1부
2. 송달료 납부서
3. 소장부본

20   .   .   .

위 원고   (날인 또는 서명)

서울행정법원   귀중

당해판례

2009구합 5473

(1) 귀화는 국가공동체가 본래 그에 속하지 않는 개인을 새로이 공동체의 구성원으로 인정하여 국적을 부여하는 제도로서, 그 허가는 국가에 대한 주권자의 범위 및 국가가 가지는 속인적 통치권의 범위를 한정하는 고도의 정책적 판단을 수반하므로, 귀화의 허가권자인 피고는 귀화요건이 충족되었는지 여부를 판단함에 있어서 광범위한 재량권을 가진다.

(2) 법 제5조는 일반귀화요건으로서 '5년 이상 계속하여 대한민국에 주소가 있을 것'(제1호) 등 제1호 내지 제5호에 그 요건을 규정하고 있고, 법 제6조 제2항은 '배우자가 대한민국의 국민인 외국인에 대하여는 일정한 요건을 갖춘 경우에는 법 제5조 제1호 소정의 5년 이상 계속하여 대한민국에 주소가 있지 아니하여도 귀화허가를 받을 수 있도록 규정하고 있는바, 간이귀화도 귀화의 한 형태이고 간이귀화 요건을 규정한 법 제6조가 일반귀화에 관한 법 제5조의 규정을 특별히 배제하고 있지 아니한 이상 간이귀화허가를 받기 위해서는 법 제5조의 일반귀화요건 중 5년 이상 계속하여 대한민국에 주소가 있어야 하는 제1호 요건을 제외하고는 제2호 내지 제5호에 규정한 요건을 여전히 갖추어야 한다고 보아야 할 것이다.

한편, 이 사건에 있어서 피고는 원고의 범죄경력 등을 이유로 법 제5조 제3호에 규정한 품행이 단정하지 못하다고 보아 이 사건 처분을 하였는바, 법 제5조 제3호의 '품행이 단정'하다는 의미는 성별, 연령, 직업, 가족, 경력, 전과관계 등 여러 가지 사정을 종합적으로 고려하여 볼 때 장차 우리 사회의 구성원으로 되는 데에 지장이 없다고 할 만한 품성과 행동을 보이는 것을 의미한다고 할 것인데, 갑제6, 7호증, 을제1호증의 각 기재 및 변론 전체의 취지를 종합하면, 원고는 소외인들과 공모하여 재정경제부장관에게 등록하지 아니하고, 원고는 중국으로 송금을 희망하는 사람들로부터 금원을 모집하고, 소외인들은 위 금원을 송금하여 줄 송금명의자도 모집하여, 2007. 1. 31.부터 2007. 3. 9.까지 22회에 걸쳐 위 송금명의자들 명의로 10억 원 상당을 중국에 외환송금함으로써 대한민국과 외국간 지급·추심 및 영수에 관한 외국환업무를 영위하였음을 이유로 2007. ○. ○. ○○지방법원에서 외국환관리법위반죄로 벌금 1,000만 원을 선고받았고, 2007. ○. ○. 같은 법원에서 원고의 항소가 기각되어 위 판결은 그 무렵 확정된 사실을 인정할 수 있는바, 이와 같이 원고가 수회에 걸쳐 외환관리법을 위반한 범법행위를 저질렀다는 사정은 그 범행의 내용 및 횟수 등에 비추어 볼 때 그 자체만으로도 원고가 장차 우리 사회의 구성원으로 되는 데에 지장이 없는 품성과 행동을 갖추고 있다고 보기 어려우므로, 원고는 법 제5조 제3호 소정의 요건(품행이 단정할 것)을 갖추지 못한 자라 할 것이다.

한편, 원고는 횟수나 시기 등의 제한 없이 다시 피고에게 귀화허가를 신청할 수 있으므로, 위 범죄 이후 상당한 시간 동안 다른 문제를 일으키지 아니함으로써 자신의 품행이 단정함을 입증한 뒤에 다시 귀화허가를 신청하여 귀화하는 것이 가능한 점과 원고가 이 사건 처분으로 인하여 곧바로 경제생활에 타격을 받거나 중국으로 송환되는 등의 피해를 입을 것이라고 인정할 만한 자료가 없다는 사정 등을 종합하여 보면, 원고가 내세우는 사정들을 모두 고려하더라도 피고가 이 사건 처분을 함에 있어 재량권을 일탈·남용하였다고 볼 수도 없다.

따라서 이 사건 처분은 적법하다.

소　　장

원고　　　김 길 동(주민등록번호)
　　　　　서울시 ○○구 ○동 ○번지
피고　　　법무부장관
국적신청불허가처분취소

청구취지

1. 피고가 2009. 2. 17. 원고에 대하여 한 국적신청불허가처분을 취소한다.
2. 소송비용은 피고가 부담한다.

라는 판결을 구합니다.

청구원인

1. 처분의 경위

(1) 원고는 1973. 10. 10. 중화인민공화국 랴오닝성(..省) 출생으로, 1949. 10. 1. 우리나라 국적을 상실하였다가 2005. 11. 16. 국적을 회복한 원고의 아버지인 김○○으로부터 초청받고, 2006. 3. 25. 우리나라에 입국을 하여, 2006. 6.경 국적신청을 하였습니다.

(2) 피고는, 원고가 2006. 3. 29. 21:10경 서울 ○○구 ○○동 ○○ 앞 도로에서 자동차 운전면허를 받지 않고 혈중알콜농도 0.1%를 초과한 상태로 오토바이를 운전하다가 서울 ○○자○○ 택시의 뒷문을 충격한 범죄사실로 벌금 100만 원의 형을 선고받아 국적법(이하 '법'이라 한다) 제5조 제3호에 정한 '품행이 단정할 것'이라는 요건을 구비하지 못하였다는 이유로, 2009. 2. 17. 원고에 대하여 국적신청불허가처분(이하 '이 사건 처분'이라 한다)을 하였습니다.

2. 처분의 위법성

(1) 법 제7조 제1항 제1호에 정한 특별귀화허가는 기속행위 또는 기속재량행위이므로, 피고는 대한민국의 국민인 김○○의 아들인 원고에 대하여 특별귀화허가를 하여야 합니다.

(2) 설령, 위와 같은 특별귀화허가가 재량행위라고 하더라도, 원고의 범죄경력의 경중, 귀화 필기시험의 합격, 중화요리점 운영, 국내생활 등을 고려하면, 이 사건 처분은 그 재량권의 한계를 일탈하였

습니다.

3. 결론

위와 같이 피고의 처분은 위법하므로 이의 취소를 구하는 본 건 행정소송에 이르게 되었습니다.

입증방법

    1. 갑 제1호증
    2. 갑 제2호증
    3. 갑 제3호증

첨부서류

    1. 위 각 입증방법   각 1부
    2. 송달료 납부서
    3. 소장부본

20 . . .

위 원고   (날인 또는 서명)

서울행정법원   귀중

당해판례

2009구합 10123

1) 원고의 첫 번째 주장에 관하여

법 제7조 제1항에서 '특별귀화'의 요건으로 일반귀화의 요건을 규정하고 있는 법 제5조 중 제3호(품행이 단정할 것), 제5호(국어능력과 대한민국의 풍습에 대한 이해 등 대한민국 국민으로서의 기본소양을 갖추고 있을 것)를 제외하지 않은 이상, 불확정적인 개념인 법 제5조 제3호와 제5호의 요건은 법 제7조 제1항에 정한 특별귀화의 요건에 해당한다고 할 것인 점, '귀화허가'라는 제도가 본래 그 국가에 속하지 않는 개인을 새로이 공동체의 구성원으로 인정하여 국적을 부여하는 제도로서, 국가에 대한 주권자의 범위 및 국가가 가지는 속인적 통치권의 범위를 한정하는 고도의 정책적 판단을 수반한다는 점 등을 종합하면, 귀화의 허가권자인 피고는 귀화요건이 충족되었는지 여부를 판단함에 있어서 광범위한 재량권을 가진다. 따라서 이 사건 처분이 기속행위임을 전제로 한 원고의 주장은 이유 없다.

2) 원고의 두 번째 주장에 관하여

가) 법 제5조 제3호에서 정한 '품행이 단정할 것'이라는 의미는 성별, 연령, 직업, 가족, 경력, 전과관계 등 여러 가지 사정을 종합적으로 고려하여 볼 때 장차 우리 사회의 구성원으로 되는 데에 지장이 없다고 할 만한 품성과 행동을 보이는 것을 의미한다.

나) 이 사건에서, 아래와 같은 사정을 종합하여 보면, 원고가 내세우는 사정들을 모두 고려하더라도, 이 사건 처분이 그 재량권의 한계를 일탈하였다거나 그 행사를 남용한 것이라고 볼 수 없다.

(1) 위 1)항에서 본 바와 같이 '귀화허가'는 국가에 대한 주권자의 범위 및 국가가 가지는 속인적 통치권의 범위를 한정하는 고도의 정책적 판단을 수반하는 것으로, 피고에게는 귀화요건을 판단함에 있어서 광범위한 재량권이 인정된다.

(2) 원고는 우리나라에 입국한 지 약 4일 만에 음주·무면허의 상태로 오토바이를 운전하고 교통사고를 내는 등 범죄를 저질렀다. 비록 원고가 대인피해를 입히지 않고 이에 관하여 상대적으로 가벼운 벌금형을 선고받았다고 하더라도, 음주·무면허운전은 그 교통사고의 위험성과 공공의 안녕과 질서에 대한 위해로 인하여 국내·외를 불문하고 금지되는 행위이고, 특히 우리나라는 경제협력개발기구(OECD)에 속한 국가 중 교통사고 발생 1위의 불명예를 안고 있는데, 그 원인으로 '음주운전'이 가장 많은 비중을 차지하고 있어, 음주운전 금지 캠페인을 펼치고 삼진아웃제도 등을 도입하는 등 음주운전을 금지하기 위하여 다각적인 노력을 하고 있다. 한 국가에 귀화하기 위하여는 그 공동체의 구성원과 동화되기 위하여 그 국가의 법질서를 존중하고 그 국가의 사회적 관심사에 귀를 기울여 그 국가의 법질서에 위반하지 않도록 노력하여야 한다. 그럼에도, 원고는 입국한 지 약 4일 만에 음주·무면허 운전을 하여 위와 같은 교통사고를 야기하였는바, 원고의 이러한 태도는 우리나라의 법질서 내지 이에 관한 사회적 관심을 무시 내지 경시하는 것으로 평가된다.

(3) 비록 원고가 2008. 10. 25. 실시된 귀화 필기시험에 합격하였다고 하더라도, 이는 법 제5조 제5호에 정한 '국어능력과 대한민국의 풍습에 대한 이해 등 대한민국 국민으로서의 기본 소양에 관한 것으로, 이러한 사정이 원고가 품행이 단정하지 않다는 요건에 영향을 주지 않는다.

(4) 설령 원고가 2008. 11. 15.경 서울 ○○구 ○○동 ○○ 소재 '○○'이라는 상호의 중식당을 원고의 사촌동생인 ○○○의 이름으로 임차하여 이를 운영하고 있다고 하더라도, 원고는 우리나라 사회에 적응한 지 얼마 되지 않았고, 특히 이 사건 범죄행위를 저지른 때로부터 3년밖에 경과하지 않았다.

(5) 귀화신청은 그 횟수나 시기 등의 제한 없이 할 수 있으므로, 원고는 위 범죄 이후 상당한 시간 다른 문제를 일으키지 아니하여 자신의 품행이 단정함을 입증함으로써, 우리나라에 귀화하는 것이 가능하다.

(6) 원고가 이 사건 처분으로 인하여 곧바로 경제생활에 타격을 받거나 중국으로 송환되는 등의 피해를 볼 것이라고 인정할 만한 자료가 없다

5. 외국인강제퇴거관련 소송

(1) 입국의 금지 등

법무부장관은 다음의 어느 하나에 해당하는 외국인에 대하여는 입국을 금지할 수 있다(출입국관리법 제11조).

1) 감염병환자, 마약류중독자, 그 밖에 공중위생상 위해를 끼칠 염려가 있다고 인정되는 사람

2) 「총포·도검·화약류 등의 안전관리에 관한 법률」에서 정하는 총포·도검·화약류 등을 위법하게 가지고 입국하려는 사람

3) 대한민국의 이익이나 공공의 안전을 해치는 행동을 할 염려가 있다고 인정할 만한 상당한 이유가 있는 사람

4) 경제질서 또는 사회질서를 해치거나 선량한 풍속을 해치는 행동을 할 염려가 있다고 인정할 만한 상당한 이유가 있는 사람

5) 사리 분별력이 없고 국내에서 체류활동을 보조할 사람이 없는 정신장애인, 국내체류비용을 부담할 능력이 없는 사람, 그 밖에 구호(救護)가 필요한 사람

6) 강제퇴거명령을 받고 출국한 후 5년이 지나지 아니한 사람

7) 1910년 8월 29일부터 1945년 8월 15일까지 사이에 다음 각 목의 어느 하나에 해당하는 정부의 지시를 받거나 그 정부와 연계하여 인종, 민족, 종교, 국적, 정치적 견해 등을 이유로 사람을 학살·학대하는 일에 관여한 사람

　가) 일본 정부

　나) 일본 정부와 동맹 관계에 있던 정부

　다) 일본 정부의 우월한 힘이 미치던 정부

8) 제1.부터 제7.까지의 규정에 준하는 사람으로서 법무부장관이 그 입국이 적당하지 아니하다고 인정하는 사람

(2) 외국인의 체류 및 활동범위

외국인은 그 체류자격과 체류기간의 범위에서 대한민국에 체류할 수 있으며(법 제17조), 대한민국에 체류하는 외국인은 출입국관리법 또는 다른 법률에서 정하는 경우를 제외하고는 정치활동을 하여서는 아니 된다. 만일 대한민국에 체류하는 외국인이 정치활동을 하였을 때에는 법무부장관은 그 외국인에게 서면으로 그 활동의 중지명령이나 그 밖에 필요한 명령을 할 수 있다.

(3) 강제퇴거의 대상자

지방출입국·외국인관서의 장은 이 장에 규정된 절차에 따라 다음의 어느 하나에 해당하는 외국인을 대한민국 밖으로 강제퇴거시킬 수 있다(법 제46조).

1) 제7조를 위반한 사람

2) 제7조의2를 위반한 외국인 또는 같은 조에 규정된 허위초청 등의 행위로 입국한 외국인

3) 제11조제1항 각 호의 어느 하나에 해당하는 입국금지 사유가 입국 후에 발견되거나 발생한 사람

4) 제12조제1항·제2항 또는 제12조의3을 위반한 사람

5) 제13조제2항에 따라 지방출입국·외국인관서의 장이 붙인 허가조건을 위반한 사람

6) 제14조제1항, 제14조의2제1항, 제15조제1항, 제16조제1항 또는 제16조의2제1항에 따른 허가를 받지 아니하고 상륙한 사람

7) 제14조제3항(제14조의2제3항에 따라 준용되는 경우를 포함한다), 제15조제2항, 제16조제2항 또는 제16조의2제2항에 따라 지방출입국·외국인관서의 장 또는 출입국관리공무원이 붙인 허가조건을 위반한 사람

8) 제17조제1항·제2항(외국인이 체류 및 활동범위), 제18조(외국인의 고용제한), 제20조(체류자격 외 활동), 제23조(체류자격의 부여), 제24조(체류자격 변경허가) 또는 제25조(체류자격 연장허가)를 위반한 사람

9) 제21조제1항 본문을 위반하여 허가를 받지 아니하고 근무처를 변경·추가하거나 같은 조 제2항을 위반하여 외국인을 고용·알선한 사람

10) 제22조에 따라 법무부장관이 정한 거소 또는 활동범위의 제한이나 그 밖의 준수사항을 위반한 사람

10의2) 제26조를 위반한 외국인

11) 제28조제1항 및 제2항을 위반하여 출국하려고 한 사람

12) 제31조에 따른 외국인등록 의무를 위반한 사람

12의2) 제33조의2를 위반한 외국인

13) 금고 이상의 형을 선고받고 석방된 사람

14) 그 밖에 제1호부터 제10호까지, 제10호의2, 제11호, 제12호, 제12호의2 또는 제13호에 준하는 사람으로서 법무부령으로 정하는 사람

(4) 출국권고

지방출입국·외국인관서의 장은 대한민국에 체류하는 외국인이 다음의 어느 하나에 해당하면 그 외국인에게 자진하여 출국할 것을 권고할 수 있으며(법 제67조). 이에 따라 출국권고를 할 때에는 출국권고서를 발급하여야 한다. 출국권고서를 발급하는 경우 발급한 날부터 5일의 범위에서 출국기한을 정할 수 있다.

1) 제17조(외국인의 체류 및 활동범위)와 제20조(체류자격 외 활동)를 위반한 사람으로서 그 위반 정도가 가벼운 경우

2) 1)에서 규정한 경우 외에 이 법 또는 이 법에 따른 명령을 위반한 사람으로서 법무부장관이 그 출국을 권고할 필요가 있다고 인정하는 경우

(5) 출국명령

 지방출입국·외국인관서의 장은 다음의 어느 하나에 해당하는 외국인에게는 출국명령을 할 수 있다 (법 제68조). 이에 따라 출국명령을 할 때에는 출국명령서를 발급하여야 하며, 출국명령서를 발급할 때에는 법무부령으로 정하는 바에 따라 출국기한을 정하고 주거의 제한이나 그 밖에 필요한 조건을 붙일 수 있다. 만일, 출국명령을 받고도 지정한 기한까지 출국하지 아니하거나 조건을 위반한 사람에게는 지체 없이 강제퇴거명령서를 발급하여야 한다.

1) 제46조제1항 각 호의 어느 하나에 해당한다고 인정되나 자기비용으로 자진하여 출국하려는 사람

2) 제67조에 따른 출국권고를 받고도 이행하지 아니한 사람

3) 제89조에 따라 각종 허가 등이 취소된 사람

4) 제100조제1항부터 제3항까지의 규정에 따른 과태료 처분 후 출국조치하는 것이 타당하다고 인정되는 사람

5) 제102조제1항에 따른 통고처분(通告處分) 후 출국조치하는 것이 타당하다고 인정되는 사람

[서식] 강제퇴거명령취소 청구의 소

소 장

원고   압둘라 ○○○
         서울시 ○○구 ○○동 ○○번지
         (전화 000-000, 팩스 000-000)
피고   서울출입국관리소장
강제퇴거명령취소

청구취지

1. 피고가 2009. 10. 8. 원고에 대하여 한 강제퇴거명령을 취소한다.
2. 소송비용은 피고의 부담으로 한다.

라는 판결을 구합니다.

청구원인

1. 처분의 경위

(1) 원고는 1992. 2. 22. 체류자격 B-2(관광통과, 체류기간 15일)의 사증을 발급받아 대한민국에 입국한 네팔 국적의 외국인입니다.

(2) 원고는 위 체류기간이 만료한 이후 체류기간연장을 허가받지 않은 채 대한민국에 거주해오던 중 2009. 10. 8. 서울출입국관리사무소 조사과에 의하여 단속되었습니다.

(3) 피고는 2009. 10. 8. 원고에 대하여 출입국관리법 제17조 제1항을 위반하여 불법 체류하였다는 이유로 출입국관리법 제46조 제1항 제7호에 따라 강제퇴거명령을 하였고(이하 '이 사건 처분'이라 한다), 이에 따라 원고는 2009. 10. 23. 대한민국을 출국하였습니다.

2. 처분의 위법성

(1) 원고는 1992. 한국에 입국하여 당시 한국에 입국한 많은 1세대 이주민들과 마찬가지로 식당, 가스밸브공장, 공제공장 등에서 일하며 한국말과 한국문화를 배웠고, 음악적 재능이 뛰어났을 뿐만 아니라 한국가요를 좋아했기에 외국인을 대상으로 개최된 음악회에 나가 대상을 수상하고 이주민밴드를 결성하여 점차 이주민과 한국사회를 소통시키는 가교 역할을 하면서 음악예술 활동 및 미디어 활동을 하게 되었으며, 특히 많은 국가기관들로부터 정부가 지향하는 다문화사회를 홍보하기 위한 행사에 초청받아 공연과 강의를 하기도 하였던 바, 이러한 원고의 역할과 활동은 이주민과 화합하는 다문화사회를 준비하는 한국 정부와 한국 사회에 매우 큰 보탬이 되었습니다.

(2) 그동안 이러한 원고의 활동과 역할에 대하여 묵인하여 왔던 피고가 2009. 10. 8. 원고를 단속하

자마자, 출국권고 또는 출국명령을 통해 불법체류자인 원고를 본국으로 송환하더라도 불법체류자를 단속하여 체류질서를 확립하고자 하는 행정목적을 충분히 달성할 수 있었음에도, 그 당일 자신의 청년기인 20, 30대를 대한민국에서 보내면서 약18년간 삶의 터전이 된 곳을 떠나야만 하는 원고에게 한국에서의 신변과 활동을 정리할 최소한의 시간도 주지 아니한 채 강제퇴거명령인 이 사건 처분을 한 것은 향후 5년 간 재입국이 금지된다는 사정까지 더하여 볼 때, 비례의 원칙을 위반하여 재량권을 일탈·남용한 위법한 처분이라 할 것이므로, 취소되어야 합니다.

3. 결론

이상과 같이 피고의 처분은 위법한 행정처분이므로, 이의 취소를 구하는 행정소송에 이르게 되었습니다.

입증방법

    1. 갑 제1호증
    2. 갑 제2호증
    3. 갑 제4호증
    4. 갑 제5호증
    5. 갑 제6호증
    6. 갑 제7호증

첨부서류

    1. 위 각 입증방법   각 1부
    2. 송달료 납부서
    3. 소장부본

20 . . .

위 원고   (날인 또는 서명)

서울행정법원 귀중

당해판례

2009구합 44898

(1) 국가가 자국에 바람직하지 못하다고 판단하는 외국인을 추방할 수 있는 권리는 국제법상 확립된 권리로서 어떠한 외국인을 바람직하지 않다고 판단하여 추방할 것인 지에 대하여는 국가가 자유로이 결정할 수 있다고 봄이 상당하다. 이에 근거하여 출입국관리법 제46조 제1항은 각 호에서 강제퇴거 대상자를 정하면서 피고로 하여금 강제퇴거 대상자에 대해 강제퇴거를 명할 수 있도록 정하여 피고로 하여금 공익의 관점에서 강제퇴거를 명할지 여부에 관하여 판단할 수 있는 재량의 여지를 주고 있다.

한편, 출입국관리행정은 내·외국인의 출입국과 외국인의 체류를 적절하게 통제·조정함으로써 국가의 이익과 안전을 도모하고자 하는 국가행정작용으로, 특히 외국인의 출입국에 관한 사항은 주권국가로서의 기능을 수행하는 데 필수적인 것으로서 엄격히 관리되어야 한다는 점 등을 고려할 때, 외국인의 강제퇴거 여부 등을 결정함에 있어서는 그로 인하여 입게 될 당사자의 불이익보다는 국가의 이익과 안전을 도모하여야 하는 공익적 측면이 더욱 강조되어야 할 것이다.

(2) 이 사건에 관하여 살피건대, 원고는 출입국관리법 제46조 제1항 제7호, 제17조 제1항에서 정한 강제퇴거 대상자에 해당하며 그 불법체류기간이 17년 이상으로 장기간인 점, 원고는 불법체류 중인 2000. 2. 6. 불법취업활동으로 적발되어 2000. 2. 10. 강제퇴거명령을 받았다가, 그 후 2000. 3. 30. 보호 일시해제를 받은 후 도주한 전력이 있는 점(을제1, 2호증), 외국인은 출입국관리법에 따라 허가된 범위 내에서만 체류하고 활동할 수 있으므로 피고로서는 불법체류 외국인에 대해 엄격히 관리하여 국가의 안정과 질서유지를 도모할 공익상의 필요성이 큰 점 등 비추어 보면, 원고가 주장하는 제반 사정을 감안하더라도 관계법령에 따라 원고에게 강제퇴거명령을 한 이 사건 처분이 그 달성하고자 하는 공익에 비하여 지나치게 무거운 것으로서 원고에게 가혹하여 재량권을 일탈·남용하였다고 보기 어렵다.

따라서 이 사건 처분이 재량권을 일탈·남용하여 위법하다는 취지의 원고의 주장은 이유 없다.

6. 출국금지연장신청관련 소송

(1) 출국의 금지

1) 6개월 출국금지

법무부장관은 다음의 어느 하나에 해당하는 국민에 대하여는 6개월 이내의 기간을 정하여 출국을 금지할 수 있다(출입국관리법 제4조).

가) 형사재판에 계속(係屬) 중인 사람

나) 징역형이나 금고형의 집행이 끝나지 아니한 사람

다) 대통령령으로 정하는 금액 이상의 벌금이나 추징금을 내지 아니한 사람

라) 대통령령으로 정하는 금액 이상의 국세·관세 또는 지방세를 정당한 사유 없이 그 납부기한까지 내지 아니한 사람

마) 「양육비 이행확보 및 지원에 관한 법률」 제21조의4제1항에 따른 양육비 채무자 중 양육비이행심의위원회의 심의·의결을 거친 사람

바) 그 밖에 가)호부터 마)까지의 규정에 준하는 사람으로서 대한민국의 이익이나 공공의 안전 또는 경제질서를 해칠 우려가 있어 그 출국이 적당하지 아니하다고 법무부령으로 정하는 사람

2) 1개월 출국금지

법무부장관은 범죄 수사를 위하여 출국이 적당하지 아니하다고 인정되는 사람에 대하여는 1개월 이내의 기간을 정하여 출국을 금지할 수 있다. 다만, 다음에 해당하는 사람은 그 호에서 정한 기간으로 한다.

가) 소재를 알 수 없어 기소중지결정이 된 사람 또는 도주 등 특별한 사유가 있어 수사진행이 어려운 사람: 3개월 이내

나) 기소중지결정이 된 경우로서 체포영장 또는 구속영장이 발부된 사람: 영장 유효기간 이내

3) 출국금지요청 등

중앙행정기관의 장 및 법무부장관이 정하는 관계 기관의 장은 소관 업무와 관련하여 1), 2)항의 어느 하나에 해당하는 사람이 있다고 인정할 때에는 법무부장관에게 출국금지를 요청할 수 있으며, 출입국관리공무원은 출국심사를 할 때에 1), 2)항에 따라 출국이 금지된 사람을 출국시켜서는 아니 된다.

(2) 출국금지기간의 연장

법무부장관은 출국금지기간을 초과하여 계속 출국을 금지할 필요가 있다고 인정하는 경우에는 그 기간을 연장할 수 있으며(법 제4조의2), 출국금지를 요청한 기관의 장은 출국금지기간을 초과하여 계속

출국을 금지할 필요가 있을 때에는 출국금지기간이 끝나기 3일 전까지 법무부장관에게 출국금지기간을 연장하여 줄 것을 요청하여야 한다.

(3) 출국금지의 해제

법무부장관은 출국금지 사유가 없어졌거나 출국을 금지할 필요가 없다고 인정할 때에는 즉시 출국금지를 해제하여야 하며(법 제4조의3), 출국금지를 요청한 기관의 장 또한 출국금지 사유가 없어졌을 때에는 즉시 법무부장관에게 출국금지의 해제를 요청하여야 한다.

(4) 출국금지결정 등의 통지

1) 원칙

법무부장관은 출국을 금지하거나 출국금지기간을 연장하였을 때에는 즉시 당사자에게 그 사유와 기간 등을 밝혀 서면으로 통지하여야 하며(법 제4조의4), 출국금지를 해제하였을 때에는 이를 즉시 당사자에게 통지하여야 한다.

2) 예외

법무부장관은 1)에도 불구하고 다음 각 호의 어느 하나에 해당하는 경우에는 1)의 통지를 하지 아니할 수 있다.

가) 대한민국의 안전 또는 공공의 이익에 중대하고 명백한 위해(危害)를 끼칠 우려가 있다고 인정되는 경우

나) 범죄수사에 중대하고 명백한 장애가 생길 우려가 있다고 인정되는 경우. 다만, 연장기간을 포함한 총 출국금지기간이 3개월을 넘는 때에는 당사자에게 통지하여야 한다.

다) 출국이 금지된 사람이 있는 곳을 알 수 없는 경우

(5) 출국금지결정 등에 대한 이의신청

1) 이의신청 기간

출국이 금지되거나 출국금지기간이 연장된 사람은 출국금지결정이나 출국금지기간 연장의 통지를 받은 날 또는 그 사실을 안 날부터 10일 이내에 법무부장관에게 출국금지결정이나 출국금지기간 연장결정에 대한 이의를 신청할 수 있다(법 제4조의5).

2) 처리기간

법무부장관은 이의신청을 받으면 그 날부터 15일 이내에 이의신청의 타당성 여부를 결정하여야 한다.

다만, 부득이한 사유가 있으면 15일의 범위에서 한 차례만 그 기간을 연장할 수 있다.

3) 출국금지 해제 및 통보

법무부장관은 이의신청이 이유 있다고 판단하면 즉시 출국금지를 해제하거나 출국금지기간의 연장을 철회하여야 하고, 그 이의신청이 이유 없다고 판단하면 이를 기각하고 당사자에게 그 사유를 서면에 적어 통보하여야 한다.

소　　장

원고　　　김 길 동(주민등록번호)
　　　　　서울시 강남구 역삼동 ○번지
피고　　　법무부장관
출국금지연장기간처분취소

청구취지

1. 피고가 2009. 3. 20. 원고에 대하여 한 2009. 3. 1.부터 2009. 8. 11.까지의 출국금지 기간 연장 처분을 취소한다.
2. 소송비용은 피고가 부담한다.

라는 판결을 구합니다.

청구원인

1. 처분의 경위

피고는 원고에 대하여, 2007. 8. 31. 사건수사를 이유로 출입국관리법 제4조 제1항 및 동법 시행령 제3조에 기하여 2007. 8. 30.부터 2008. 2. 29.까지 출국금지처분을 한 이래 같은 사유에 기하여 출국금지 기간연장 처분을 하여 오다가 2009. 3. 20.에 이르러 지방세 체납을 이유로 같은 해 3. 1.부터 같은 해 8. 11.까지 출국금지 기간연장 처분(이하 '이 사건 처분'이라 한다)을 하였습니다.

2. 처분의 위법성

출입국관리법 제4조 제1항 제5호에서 규정하고 있는 "지방세 미납을 이유로 한 출국금지"의 취지는 그 지방세 체납자가 소유한 재산을 해외로 빼돌릴 가능성이 있는 경우 납세채권의 확보를 위해 출국을 금지할 수 있다는 취지이고, 그와 같은 가능성이 없는 경우까지 출국을 금지할 수 있다는 것은 아니라고 할 것인데, 원고의 유일한 재산은 가처분 등기와 압류 등기가 되어 있어 출국을 이용한 재산의 해외도피 가능성이 전혀 없으므로, 피고의 이 사건 처분은 위법하여 취소되어야 한다.

3. 결론

위와 같이 피고의 처분은 위법하므로 이의 취소를 구하는 본 건 행정소송에 이르게 되었습니다.

1. 갑 제1호증
2. 갑 제2호증

첨부서류

1. 위 각 입증방법   각 1부
2. 송달료 납부서
3. 소장부본

20 . . .

위 원고   (날인 또는 서명)

서울행정법원   귀중

당해판례

2009구합 7370

다음과 같은 사정들, 즉 ① 원고의 지방세 미납 내역은 거의 10년 기간 동안 30회에 걸쳐 납세의무가 발생한 소득할 주민세를 납부하지 아니한 것으로, 원고는 초기의 주민세 미납 이후 여러 차례에 걸쳐 부동산양도에 의한 소득을 얻었음에도 주민세를 거의 납부하지 아니한 점, ② 원고는 위와 같이 취득한 양도소득의 액수가 상당함에도 그 사용처를 명확히 밝히지 못하고 있고, 잔여 재산 가치가 거의 없는 부동산 이외에는 자신의 명의로 재산을 보유하고 있지 아니하는 점, ③ 원고의 처와 자녀는 상당한 액수의 재산을 원고로부터 증여받아 소유하고 있고, 원고는 자신 명의의 유일한 재산에 대한 부산광역시 등의 압류가 이루어지고 신용불량자로 등록된 이후에도 수십 차례에 걸쳐 외국에 출입국을 반복한 바 있는데, 그 소요자금이 상당할 것임에도 그 출처를 명확히 밝히지 못하고 있는 점, ④ 원고는 2000. 11. 이후 빈번하게 상용 목적으로 중국으로의 출입국을 반복한 바 있고, 특히 2003. 9. 및 같은 해 10. 약 40일 동안의 기간 중 상용 목적으로 중국으로 3회 출국하여 약 26일 동안 체류하는 등의 사정에 비추어 원고가 중국에 별도의 사업체 내지 생활의 근거지를 두고 있을 가능성이 높다고 보이는 점, ④ 원고는 이 사건 처분의 취소를 구하면서도 출국 목적에 관하여 구체적인 소명을 하고 있지 아니한 점 등을 종합하여 보면, 원고가 출국을 이용하여 재산을 해외로 도피할 가능성이 없다고 단정할 수 없고, 이 사건 처분으로 인하여 원고가 입는 불이익이 그로 인하여 달성하려는 공익에 비하여 지나치게 가혹하다고 보기도 어렵다.

소 장

원고　　　　　　김 길 동(주민등록번호)
　　　　　　　　서울시 은평구 갈현동 ○○번지
　　　　　　　　(전화 000-000, 팩스 000-000)
피고　　　　　　법무부장관
출국금지처분취소

청구취지

1. 피고가 2009. 6. 9. 원고에 대하여 한 출국금지처분을 취소한다.

2. 소송비용은 피고가 부담한다.

라는 판결을 구합니다.

청구원인

1. 처분의 경위

(1) 원고는 1998. 5. 16.부터 2002. 4. 1.까지 ○○○를 운영하였습니다.

(2) ○○세무서장은 2004년경 원고가 ○○○를 운영하는 동안 ○○○으로부터 수취한 매입세금계
산서 2건(2000년 1기 117,850,000원, 2000년 2기 56,920,000원 등 합계174,770,000원 상
당)이 허위 세금계산서라는 이유로 위 매입세액 상당을 불공제하여 2000년 수시 1기분 부가가치
세 23,564,000원, 2000년 수시 2기분 부가가치세 10,857,000원을 경정 결정하고, 원고의
주소지를 관할하는 ○○세무서장은 2005년경 원고에 대한 2000년 귀속 수시분 종합소득세
121,876,100원(본세, 118,326,320원, 가산금 3,549,780원)을 경정하고, 그에 대한 고지서를
2005. 5. 4. 원고의 주소지인 ○○○로 등기우편으로 발송하여, 원고에게 송달되었습니다.

(3) 원고는 2009. 6. 1. 기준으로 ○○세무서장으로부터 부과된 2000년 종합소득세 191,451,650
원(중가산금 69,575,590원 포함)을 체납한 상태입니다.

(4) 피고는 2009. 6. 9. 원고에 대하여, 원고가 위와 같이 종합소득세를 정당한 사유없이 그 납부기한
까지 납부하지 않았다는 이유로 출입국관리법 제4조에 따라 2009. 6.8.부터 2009. 12. 7.까지
출국금지를 명하는 처분을 하였습니다(이하 '이 사건 처분'이라 한다).

2. 처분의 위법성

(1) 원고는 도매업체 내지 중간 상인으로부터 운동화용 원단을 공급받아 이를 인도네시아의 거래처에 공급하는 무역업을 하였는데, 중간상인으로부터 원단을 공급받으면서 교부받은 매입세금계산서 중에 ○○○의 세금계산서가 포함되어 있기에 이를 신고하였던 것일 뿐, 실물거래 없이 부당하게 수취하였던 것은 아닙니다. 또한, 2000년 수시분 종합소득세 고지서를 송달받은 바 없다. 이와 같이 위 종합소득세 과세처분은 절차적, 실체적 하자가 중대, 명백하여 무효이고, 그러한 무효인 과세처분에 근거하여 이루어진 이 사건 출국금지 처분 역시 위법합니다.

(2) 원고는 사업실패로 아무런 재산없이 부채만 남아 있는 상태이기 때문에 국외로 도피할 재산이 없고, 원고에게 있어 해외출장은 유일한 생계수단이라는 점을 감안할 때, 이 사건 출국금지 처분은 출입국관리법 관련 규정에 위반되거나, 비례의 원칙에 반하여 위법합니다.

3. 결론
이에 상기 청구취지와 같이 이건 행정소송을 제기하는 바입니다.

입증방법

1. 갑 제1호증
2. 갑 제2호증
3. 갑 제3호증
4. 갑 제4호증

첨부서류

1. 위 각 입증방법   각 1부
2. 송달료 납부서
3. 소장부본

20 .   .   .

위 원고   (날인 또는 서명)

서울행정법원   **귀중**

당해판례

2009구합 35634

(1) 먼저, 이 사건 처분은 원고가 5,000만원 이상의 종합소득세를 정당한 사유 없이 체납하였음을 이유로 이루어진 것이므로, 그 전제로서 종합소득세 과세처분의 적법 여부를 살피건대, 을 2호증의 1, 2, 3의 각 기재에 의하면 ○○○은 세무조사 결과 자료상으로 판정되어 조세범처벌법위반으로 고발, 기소되었고, 그 과정에서 원고 운영의 ○○○와의 거래 역시 가공거래로 판단된 점, 원고는 위 종합소득세 과세처분에 대하여 불복기간 내에 불복절차를 취한 바 없고, 이 사건 변론 과정에서도 허위 세금계산서가 아니라는 주장만 할 뿐 실물거래를 입증할 만한 어떠한 자료도 제출한 바 없는 점 등을 인정할 수 있고, ○○세무서장은 2005. 5. 4. 위 종합소득세 납부고지서를 원고의 주소지인 ○○○로 적법하게 송달하였음은 앞서 본 바와 같으므로, 이 사건 종합소득세 과세처분은 적법하고, 이 부분 원고의 주장은 이유 없다.

(2) 한편, 출입국관리법(2008. 12. 19. 법률 제9142호로 개정되기 전의 것) 제4조 제1항 제5호, 출국금지업무처리규칙(2009. 6. 22. 법무부령 제670호로 개정되기 전의 것) 제2조, 제3조 제3항, 제9조 등을 종합하면, 5,000만 원 이상의 국세 등 미납을 이유로 한 출국금지는 그 지방세 등 미납자가 단순히 출국을 기화로 국외로 도피하여 외국에 체재하는 것을 방지하는 등 신병을 확보하기 위함에 있는 것이 아니고, 그 지방세 등 미납자가 출국을 이용하여 재산을 국외로 도피하는 등으로 강제집행을 곤란하게 하는 것을 방지함에 주된 목적이 있는 것이다. 이때 '재산의 국외도피 우려 여부'는 미납한 지방세 등의 내역, 지방세 등 미납자의 성별·연령·학력·직업·성행이나 사회적 신분, 지방세 등 미납자의 경제적 활동과 그로 인한 수입의 정도·재산상태와 그간의 지방세 등 납부의 방법이나 수액의 정도, 그간의 지방세 등 징수처분의 집행과정과 그 실효성 여부, 그간의 출국 여부와 그 목적·기간·행선지·국외에서의 활동 내용·소요 자금의 수액과 출처 등은 물론 가족관계나 가족의 생활 정도·재산상태·직업·경제활동 등을 종합하여 판단하여야 한다(대법원 2001. 7. 27. 선고 2001두3365 판결 참조).

위 법리에 비추어 원고가 출국을 이용하여 재산을 국외로 도피할 우려가 있는지 여부를 살피건대, 갑 2호증의 1, 2, 갑 3호증, 갑 4호증, 갑 5호증의 1, 2, 3, 갑 6호증의 1, 2, 갑 8호증, 갑 9호증의 1 내지 6, 갑 10호증의 각 기재에 의하여 인정되는 다음과 같은 사정, 즉 관할 세무서장이 체납된 국세에 관하여 결손처분을 하더라도 소멸시효가 완성하기 전까지는 조세채무가 소멸하지 않는바, 이 사건 변론 종결일 현재 아직 소멸시효가 완성하지 않은 원고의 체납국세 합계액이 1억 9천여만원에 이르므로 출국금지처분을 하기 위한 체납액 기준을 충족하고 있으며, 이것만으로도 상당히 큰 금액에 해당하는 점, 원고는 1998년경부터 2002. 4.경까지 ○○○라는 무역업체를 운영하면서 주로 인도네시아 등 외국 거래처와 거래를 해왔고, 2004년경부터 현재에 이르기까지 주식회사 ○○○으로부터 의뢰받아 해외출장업무를 수행해오는 등 국외에 금융재산을 도피시킬 수 있는 금융계좌가 존재할 가능성이 다분한 점, 더구나 원고는 꾸준히 소득활동을 해오고 있음에도 불구하고 2005년경부터 2008년경까지 국세청 전산내역상으로는 소득신고나 보유재산이 전혀 없는 것으로 나타나는 점, 원고는 이 사건 이전에 이미 2000년 수시분 부가가치세 역시 체납한 상태였는데 2007. 6. 20. 출국금지처분을 받게 되자 그제서야 2007. 6. 25. 과세액 4,700여 만원(가산세 포함)을 일시에 납부하고 출국하는 등 상당한 재력이 있는 것으로 보이는 점(원고는 주식회사 ○○○의 영업주인 ○○○가 이를 대납해준 것이라고 주장하나, 아무런 재산이 없는 신용불량 상태의 직원을 위하여 영업주가 선뜻 거액의 체납액을 대납해준다는 것은 선뜻 이를 믿기 어렵다), 원고는 2004년경 26회, 2005년경 21회, 2006년경 23회, 2007년경 24회, 2008년경 19회, 2009년경 2회 등 총 136회에 걸쳐 일본, 중국 등지로 출국하는 등 해외 출입국이 매우 잦았던 점, 원고는 2001. 4. 10.경 배우자와 협의이혼하고, 두 아들과도 떨어져 혼자 지내는 등 국내에 별다른 연고가 없는 점 등 원고의 체납전력, 체납경위, 재산 상태와 국세 징수처분의 집행과정과 그 실효성 여부, 그 동안의 출국 횟수, 기간, 행선지 등을 고려하여 볼 때, 원고가 출국을 이용하여 재산을 국외로 도피할 가능성이 없다고 단정할 수 없고, 이 사건 처분으로 인하여 원고가 입는 불이익이 그로 인하여 달성하려는 공익에 비하여 지나치게 가혹하다고 보기도 어렵다. 이 부분 원고의 주장 역시 이유 없다.

7. 옥외집회금지통고처분관련 소송

(1) 집회 및 시위에 관한 법률 제정목적 등

이 법은 적법한 집회(集會) 및 시위(示威)를 최대한 보장하고 위법한 시위로부터 국민을 보호함으로써 집회 및 시위의 권리 보장과 공공의 안녕질서가 적절히 조화를 이루도록 하는 것을 목적으로 한다. 이 법에서 사용하는 "옥외집회"란 천장이 없거나 사방이 폐쇄되지 아니한 장소에서 여는 집회를 말하며, "시위"란 여러 사람이 공동의 목적을 가지고 도로, 광장, 공원 등 일반인이 자유로이 통행할 수 있는 장소를 행진하거나 위력(威力) 또는 기세(氣勢)를 보여, 불특정한 여러 사람의 의견에 영향을 주거나 제압(制壓)을 가하는 행위를 말한다.

(2) 집회허용범위

집회 및 시위에 관한 법률에 의하여 보장 및 규제의 대상이 되는 집회란 '특정 또는 불특정 다수인이 공동의 의견을 형성하여 이를 대외적으로 표명할 목적 아래 일시적으로 일정한 장소에 모이는 것'을 말하며, 천장이 없거나 사방이 폐쇄되지 아니한 장소에서의 집회는 설사 그곳이 공중이 자유로이 통행할 수 있는 장소가 아닐지라도 그 장소의 위치와 넓이, 형태 및 참가인원의 수, 집회의 목적과 성격 및 방법 등에 따라서는 공공의 안녕질서에 해를 끼칠 우려가 있다는 점에서 이 또한 집시법에 의하여 보장 및 규제의 대상이 되는 집회에 포함된다.

다만 헌법이 집회의 자유를 보장하는 근본이념과 집시법 제2조 제1호, 제6조 제1항, 제22조 제2항의 내용 및 입법 취지 등을 종합하여 볼 때, 집회의 목적, 방법 및 형태, 참가자의 인원 및 구성, 집회 장소의 개방성 및 접근성, 주변 환경 등에 비추어 집회 과정에서 불특정 다수나 일반 공중 등 외부와 접촉하여 제3자의 법익과 충돌하거나 공공의 안녕질서에 해를 끼칠 수 있는 상황에 대한 예견가능성조차 없거나 일반적인 사회생활질서의 범위 안에 있는 것으로 볼 수 있는 경우에는 설령 외형상 천장이 없거나 사방이 폐쇄되지 아니한 장소에서 개최되는 집회라고 하더라도 이를 집시법상 미신고 옥외집회의 개최행위로 보아 처벌하여서는 아니 된다.[82]

---

82) 대법원 2014. 11. 13. 선고 2011도2871 판결.

[별표 1]

주요 도시의 주요 도로(제12조제1항 관련)

1. 일반도로

주요 도시명	주요 도로명	시점	경유지	종점
서울특별시	① 세종대로−한강대로	종로구 자하문로 219 (자하문터널 북단)	효자동−광화문−남대문−서울역−삼각지−한강대교	한강대교 남단
	② 경인로−여의대로−마포대로−종로−왕산로−망우로	구로구 경인로 90 (동부제강 입구)	오류동−영등포역−여의도−광화문 사거리−종로−청량리−상봉동−망우리	망우로 구리시 경계지점
	③ 하늘길−공항대로−성산로−율곡로−장충단로	강서구 하늘길 76 (공항 내 이마트)	양화교−성산대교−연세대−금화터널−광화문−동대문	중구 퇴계로 320 (광희교차로)
	④ 청계천로−천호대로	종로구 청계천로 1 (동아일보)	청계천로 1가 ~ 7가−군자교−천호대교−길동−상일동	강동구 천호대로 1477 (서울상일초교)
	⑤ 경인고속도로−선유로−양화로−을지로−광나루로	양천구 지양로 140 (일미식품)	경인고속도로입구−양화대교−동교동−을지로 1가 ~ 6가−성동교−광장동	광진구 천호대로 813 (광장 사거리)
	⑥ 퇴계로	중구 세종대로 10-2 (연세빌딩 뒤)	퇴계로 1가 ~ 6가	중구 을지로 299 (한양공고 삼거리)
	⑦ 통일로−청파로−원효로−여의대방로−시흥대로	은평구 통일로 1190 (은평차고지)	홍은동−독립문−청파동−원효대교−대림동−시흥동	금천구 시흥대로 6 (석수역 1번 출구)
	⑧ 남대문로	중구 칠패로 16 (염천교 입구)	남대문 4가−남대문로 1가−삼성타워	종로구 율곡로 33 (안국빌딩)
	⑨ 삼일대로	종로구 율곡로 64 (일본문화원)	낙원동−삼일빌딩	남산 1호터널 입구 북단
	⑩ 돈화문로	종로구 돈화문로 98 (돈화문)	종로 3가−을지로 3가−퇴계로 3가	중구 충무로 2 (매일경제)
	⑪ 창경궁로−동소문로−솔샘로−도봉로	중구 퇴계로 97 (대연각빌딩)	동국대입구−을지로 4가−종로 4가−성대 입구−한성대 입구−송중동−수유동−도봉동	도봉구 도봉로 983 (청화자원)
	⑫ 대학로−동호로−장충단로−한남대로−경부고속도로입구	종로구 창경궁로 270 (우리은행 혜화점)	이화동−장충동−타워호텔−단국대 입구−한남대교	한남대교 남단
	⑬ 서초대로−반포대로	중구 소공로 51 (우리은행 본점)	남산3호터널−녹사평대로−반포대교−예술의전당 앞 삼거리	서초구 남부 순환로 2406 (예술의 전당)
	⑭ 안암로−종암로	동대문구 안암로 6 (대광고교)	안암오거리−고려대역−종암서−미아 사거리	성북구 종암로 214-3 (미아 사거리)

	⑮ 정릉로–세검정로–연희로	동소문로 215 (길음교 하단)	국민대–상명대–연희 교차로 입구	서대문구 연희로 78 (연희입체 교차로)
	⑯ 테헤란로	강남구 테헤란로 629 (강남소방서)	포스코 사거리–선릉역 사거리–역삼역 사거리	강남구 테헤란로 101 (시계탑빌딩)
부산광역시	① 구덕로	서구 망양로 57 (구덕운동장)	자갈치 역	중구 중앙대로 2 (롯데 광복점)
	② 중앙대로–자성로–범일로	중구 중앙대로 2 (롯데광복점)	자성대 교차로–서면 교차로–양정 교차로–시청–연산 교차로–내성 교차로	금정구 중앙대로 1819 (금정경찰서)
	③ 중앙대로	금정구 중앙대로 1819 (금정경찰서)	남산역	금정구 중앙대로 2238 (노포동역)
	④ 가야대로	진구 중앙대로 730 (서면교차로)	주례 교차로–서부산낙동강교	강서구 남해2지선 고속도로 17 (한국도로공사 서부산영업소)
	⑤ 수영로	남구 전포대로 5 (문현 교차로)	대남 교차로–수영 교차로	수영구 수영로 741번길 20 (수영1호교 사거리)
	⑥ 충장대로	중구 중앙대로 80 (중앙역)	부산세관–중앙부두–5부두	남구 전포대로 5 (문현교차로)
	⑦ 황령대로	수영구 황령대로 473번길 15 (대남 교차로)	대남 교차로–새누리당 부산시당–광안대교 입구(메가마트)	수영구 황령대로 521 (광안대교 입구)
	⑧ 새싹로	진구 중앙대로 730 (서면교차로)	서면 교차로–부산진구청 사거리–부암 교차로	진구 동평로 197 (마제스타워 서면)
	⑨ 낙동대로	서구 대영로 1 (서대신 교차로)	괴정 교차로–당리주민 센터 사거리– 하단 교차로	사하구 낙동대로 581 (하단강변 삼거리)
	⑩ 충렬대로	동래구 충렬대로 84 (미남 교차로)	내성 교차로–안락 교차로–원동교–해운대서–삼호가든 교차로	해운대구 해운대로 396 (올림픽 교차로)
대구광역시	① 중앙대로	북구 연암로 40 (경북도청)	중앙 네거리	남구 중앙대로 138 (영대 네거리)
	② 국채보상로	서구 달서로 108 (비산 네거리)	중앙 네거리	수성구 동대구로 405 (MBC 네거리)
	③ 태평로	중구 태평로 25 (달성 네거리)	대구역 네거리	중구 국채보상로 703-7 (동인 네거리)
	④ 달구벌대로	서구 달구벌대로 1903 (반고개 네거리)	반월당 네거리	수성구 동대구로 311 (범어 네거리)
	⑤ 동대구로	동구 아양로 99 (파티마 삼거리)	MBC 네거리	수성구 동대구로 311 (범어 네거리)
	⑥ 명덕로	달서구 명덕로 23 (내당 네거리)	명덕 네거리	중구 명덕로 333 (대봉교)
	⑦ 공평로–대봉로	중구 태평로 218 (교동 네거리)	봉산 육거리 (유신학원)	남구 중앙대로 22길 273 (중동교)
	⑧ 달성로–현충로	중구 태평로 25 (달성 네거리)	신남 네거리–삼각지 네거리	남구 현충로 87-1 (앞산 네거리)

	⑨ 아양로-신암로-동덕로	동구 아양로 99 (파티마 삼거리)	공고 네거리-동인 네거리	중구 달구벌대로 2191 (삼덕 네거리)
인천광역시	① 우현로	중구 참외전로 121 (동인천역 남측)	경동 사거리	중구 우현로 25 (답동 사거리)
	② 제물량로	동구 제물량로 437-1 (화수 사거리)	답동 사거리	남동구 남동대로 940 (간석 오거리)
	③ 참외전로	중구 제물량로 317 (남경 포브 아파트 삼거리)	유동 삼거리	참외전로 288 (숭의시장 사거리)
	④ 부평대로	부평구 광장로 4 (코아빌딩)	산곡입구 삼거리	계양구 아나지로 282 (경인고속도로 부평IC 서울방향)
	⑤ 인주대로	남동구 인주대로 604 (시청 삼거리)	승기 사거리	남구 인주대로 384 (신기 사거리)
	⑥ 남동대로	남동구 남동대로 940 (간석 오거리)	석천 사거리	남동구 정각로 29 (시청)
	⑦ 주안로	남구 주안로 7 (도화초교사거리)	석암 지하차도	남동구 주안로 271 (주원 삼거리)
	⑧ 예술로	남동구 예술로 118 (터미널 사거리)	롯데백화점 인천점 삼거리	남동구 예술로 174 (문예회관 사거리)
	⑨ 경원대로	남구 경원대로 754 (승기사거리)	선학역 사거리	연수구 송도 1교 고가밑 (외암도 사거리)
광주광역시	① 금남로	동구 문화전당로 26번길 7 (아시아문화전당)	유동 사거리	북구 서림로 5 (무등경기장)
	② 충장로	동구 세봉로 1 (남광주 사거리)	전남의대 오거리-충장로 입구	북구 경열로 190 (유동 사거리)
	③ 광주천변도로	남구 천변좌로 338번길 7 (빛고을시민문화관)	천변좌로-서석교	동구 문화전당로 26번길 7 (아시아문화전당)
	④ 중앙로	동구 중앙로 302 (광주고)	계림오거리-중앙대교	남구 독립로 169 (월산 사거리)
	⑤ 독립로	북구 무등로 236 (광주역)	대인광장-광남 사거리	남구 중앙로 41 (대성초교 사거리)
	⑥ 제봉로	동구 제봉로 41 (전남대의대 오거리)	동구청 사거리	동구 제봉로 106 -1 (아시아문화전당)
대전광역시	① 중앙로	동구 중앙로 215 (대전역)	중앙로 네거리-중구청 네거리	중구 중앙로 8 (서대전 네거리)
	② 대전로	동구 대전로 691 (인동 네거리)	원동 네거리-대전역 네거리	동구 대전로 882 (삼성 네거리)
	③ 한밭대로	서구 월평로 13번길 84 (갑천대교 네거리)	누리 네거리-샘머리 네거리	서구 문정로 271 (재뜰 네거리)
	④ 대덕대로	서구 대덕대로 178 (큰마을 네거리)	KT 충청본부-만년 네거리	서구 둔산대로 117번길 128 (대덕대교 네거리)
울산	① 삼산로	남구 삼산로 3번길 2 (공업탑로타리)	번영 사거리	남구 산업로 654 (태화강역)

광 역 시	② 중앙로	남구 삼산로 74 (달동 사거리)	울산시청	남구 중앙로 313 (태화 로타리)
수 원 시	① 매산로	팔달구 덕영대로 924 (육 교 사거리)	교동 사거리	팔달구 정조로 910 (장 안문)
	② 도청로	팔달구 매산로 75 (도청 오거리)		팔달구 효원로 1 (도청 정문)
	③ 경수산업도로	권선구 경수대로 270 (터 미널 사거리)	동수원 사거리	장안구 경수대로 1150 (경기도인재개발원)
	④ 원천로	장안구 중부대로 2 (중동 사거리)	동수원 사거리	영통구 중부대로 486 (삼성 삼거리)
성 남 시	① 성남대로	수정구 성남대로 1543 (복정역)	태평역 사거리	분당구 성남대로 55 (오리역)
	② 수정로	수정구 성남대로 1233 (태평역 사거리)	성남시민회관 입구 삼거리	수정구 수정로 233 (성 남초교 사거리)
	③ 중앙로	수정구 산성대로 91 (모 란 사거리)	신흥 사거리	수정구 산성대로 365 (단대 오거리)
안 양 시	① 경수산업도로(1번국도)	만안구 경수대로 1429 (연현치안센터)	비산 사거리	동안구 경수대로 426 (가구단지 입구)
	② 관악로	만안구 안양로 233 (서안 양우체국 사거리)	운동장 사거리	동안구 흥인대로 530 (인덕원 사거리)
부 천 시	① 길주로	원미구 소사로 482 (종합 운동장 사거리)	부천시청	원미구 송내대로 236 (무지개고가 사거리)
춘 천 시	① 중앙로	중앙로 1 (강원도청)	중앙로터리	중앙로 176 (근화 사거 리)
	② 금강로	명동길 2 (중앙로터리)	춘천KT지사	금강로 1 (구 캠프 페이 지 사거리)
	③ 금강로	명동길 2 (중앙로타리)	신한은행 강원영업부	금강로 110 (운교 사거 리)
청 주 시	① 상당로-청남로	상당구 상당로314 (내덕 칠 거리)	청주교육대학	흥덕구 청남로 1853 (이마트청주점)
	② 가로수로-사직대로	흥덕구 가로수로 1174 (터미널 사거리)	산업단지 육거리	상당구 사직대로 379 (상당공원)
전 주 시	① 팔달로-기린대로	태조로 51 (풍남문 교차 로)	한국은행 전북본부	덕진광장로 1-1 (덕진 광장)
	② 충경로	관선3길 14 (지방병무청 오거리)	인터스포츠	전주천동로 224 (다가 교)
	③ 전라감영로	전라감영로 4 (완산교)	전북개발공사	팔달로 154 (전라북도 공예협동조합)
목 포 시	① 영산로	영산로 98 (목포역)	1호광장-2호광장-3호광 장	영산로 525 (시외버스 터미널)
광 양	① 국도2호선 (산업도로)	백운로 1103 (컨테이너 부두 사거리)	금호대교-제철1문 사거리 -태인교-태인대교	진월면 백운 1로 518 (진월 TG 삼거리)

시				
포항시	① 중앙로-동해안로	북구 삼호로 31 (포항중앙도서관)	육거리-오거리-고속버스터미널-형산 교차로-신항만 삼거리	남구 신항로 10 (청림동 주민센터)
창원시	① 창원대로	의창구 창원대로 1 (창원대로 입구)	내동상가	성산구 창원대로 1086 (7호광장)
	② 중앙대로-창이대로	성산구 창원대로 754 (공단본부 삼거리)	창원광장-도청 앞 교차로	성산구 창이대로 681 (창원지방법원)
	③ 원이대로	의창구 원이대로 450 (종합운동장 사거리)	창원용지주공 1단지	의창구 원이대로 608 (시청 사거리)
	④ 3.15대로	마산합포구 3.15대로 295 (3.15기념탑)	마산중부경찰서	마산합포구 3.15대로 6 (월영광장 교차로)
	⑤ 남성로-창동거리길-북성로	마산합포구 3.15대로 295 (3.15기념탑)	창동치안센터	마산합포구 북성로 53 (舊 신태양극장 사거리)
	⑥ 합포로-허당로	마산합포구 3.15대로 295 (3.15기념탑)	서성광장 교차로-오동동다리	마산합포구 허당로 84 (자유지역교 남단)
	⑦ 3.15대로	마산합포구 3.15대로 457 (6호광장)	석전 삼거리-마산시외버스터미널	의창구 의창대로 41 (소계광장 교차로)
진주시	① 진주대로	향교로 3 (평안광장 교차로)	광미 사거리-진주교-고려병원	진주대로 594 (개양 오거리)
	② 진양호로	진양호로 395 (신안광장 교차로)	인사광장 교차로-중앙광장 교차로	진양호로 577(舊 부산교통 사거리)
제주시	① 중앙로	남광북5길 3 (제주지방법원)	광양사가로-남문사가로-중앙사가로	중앙로 20 (탑동 사거리)
	② 산지로-관덕로-서문로	임항로 51 (용진교)	동문로터리-관덕정-서문사가로-용담사가로	용문로 157 (용담새마을금고 제1분소)

(3) 집회 및 시위에 대한 방해금지

1) 방해금지

누구든지 폭행, 협박, 그 밖의 방법으로 평화적인 집회 또는 시위를 방해하거나 질서를 문란하게 하여서는 아니 된다(법 제3조). 또한, 누구든지 폭행, 협박, 그 밖의 방법으로 집회 또는 시위의 주최자나 질서유지인의 이 법의 규정에 따른 임무 수행을 방해하여서는 아니 된다.

2) 보호요청

집회 또는 시위의 주최자는 평화적인 집회 또는 시위가 방해받을 염려가 있다고 인정되면 관할 경찰관서에 그 사실을 알려 보호를 요청할 수 있다. 이 경우 관할 경찰관서의 징은 정당한 사유 없이 보호 요청을 거절하여서는 안 된다.

3) 벌칙

위 1) 을 위반한 자는 3년 이하의 징역 또는 300만원 이하의 벌금에 처한다. 다만, 군인 · 검사 또는 경찰관이 이를 위반한 경우에는 5년 이하의 징역에 처한다(법 제22조 제1항).

(4) 옥외집회 및 시위의 신고 등
1) 신고서 제출시기
옥외집회나 시위를 주최하려는 자는 그에 관한 다음의 사항 모두를 적은 신고서를 옥외집회나 시위를 시작하기 720시간 전부터 48시간 전에 관할 경찰서장에게 제출하여야 한다. 다만, 옥외집회 또는 시위 장소가 두 곳 이상의 경찰서의 관할에 속하는 경우에는 관할 지방경찰청장에게 제출하여야 하고, 두 곳 이상의 지방경찰청 관할에 속하는 경우에는 주최지를 관할하는 지방경찰청장에게 제출하여야 한다(법 제6조).

가) 목적

나) 일시(필요한 시간을 포함한다)

다) 장소,

라) 주최자(단체인 경우에는 그 대표자를 포함한다), 연락책임자, 질서유지인에 관한 주소, 성명, 직업,
　　 연락처 등의 사항

마) 참가 예정인 단체와 인원

바) 시위의 경우 그 방법(진로와 약도를 포함한다)

2) 접수증 교부 및 철회시고서 제출
관할 경찰서장 또는 지방경찰청장(이하 "관할경찰관서장"이라 한다)은 신고서를 접수하면 신고자에게 접수 일시를 적은 접수증을 즉시 내주어야 한다. 다만, 주최자가 신고한 옥외집회 또는 시위를 하지 아니하게 된 경우에는 신고서에 적힌 집회 일시 24시간 전에 그 철회사유 등을 적은 철회신고서를 관할경찰관서장에게 제출하여야 한다.

3) 금지통고자에 대한 통지
철회신고서를 받은 관할경찰관서장은 금지 통고를 한 집회나 시위가 있는 경우에는 그 금지 통고를 받은 주최자에게 그 사실을 즉시 알려야 하며, 이에 따라 통지를 받은 주최자는 그 금지 통고된 집회 또는 시위를 최초에 신고한 대로 개최할 수 있다. 다만, 금지 통고 등으로 시기를 놓친 경우에는 일시를 새로 정하여 집회 또는 시위를 시작하기 24시간 전에 관할경찰관서장에게 신고서를 제출하고 집회 또는 시위를 개최할 수 있다.

(5) 신고서의 보완 등

관할경찰관서장은 신고서의 기재 사항에 미비한 점을 발견하면 접수증을 교부한 때부터 12시간 이내에 주최자에게 24시간을 기한으로 그 기재 사항을 보완할 것을 통고할 수 있으며, 이에 따른 보완 통고는 보완할 사항을 분명히 밝혀 서면으로 주최자 또는 연락책임자에게 송달하여야 한다.

(6) 집회 및 시위의 금지 또는 제한 통고

1) 금지통고

신고서를 접수한 관할경찰관서장은 신고된 옥외집회 또는 시위가 다음의 어느 하나에 해당하는 때에는 신고서를 접수한 때부터 48시간 이내에 집회 또는 시위를 금지할 것을 주최자에게 통고할 수 있다. 다만, 집회 또는 시위가 집단적인 폭행, 협박, 손괴, 방화 등으로 공공의 안녕 질서에 직접적인 위험을 초래한 경우에는 남은 기간의 해당 집회 또는 시위에 대하여 신고서를 접수한 때부터 48시간이 지난 경우에도 금지 통고를 할 수 있다. 이 경우 그 이유를 분명하게 밝혀 서면으로 주최자 또는 연락책임자에게 송달하여야 한다.

가) 제5조제1항, 제10조 본문 또는 제11조에 위반된다고 인정될 때

나) 제7조제1항에 따른 신고서 기재 사항을 보완하지 아니한 때

다) 제12조에 따라 금지할 집회 또는 시위라고 인정될 때

2) 분할개최 권유 등

가) 분할개최 권유 및 금지 통고

관할경찰관서장은 집회 또는 시위의 시간과 장소가 중복되는 2개 이상의 신고가 있는 경우 그 목적으로 보아 서로 상반되거나 방해가 된다고 인정되면 각 옥외집회 또는 시위 간에 시간을 나누거나 장소를 분할하여 개최하도록 권유하는 등 각 옥외집회 또는 시위가 서로 방해되지 아니하고 평화적으로 개최·진행될 수 있도록 노력하여야 한다. 만일, 권유가 받아들여지지 아니하면 관할경찰관서장은 뒤에 접수된 옥외집회 또는 시위에 대하여 그 집회 또는 시위의 금지를 통고할 수 있다.

3) 분할개최시 개최사실 통지

뒤에 접수된 옥외집회 또는 시위가 금지 통고된 경우 먼저 신고를 접수하여 옥외집회 또는 시위를 개최할 수 있는 자는 집회 시작 1시간 전에 관할경찰관서장에게 집회 개최 사실을 통지하여야 한다.

(7) 시설 등의 보호를 위한 금지 통고 등

다음의 어느 하나에 해당하는 경우로서 그 거주자나 관리자가 시설이나 장소의 보호를 요청하는 경우에

는 집회나 시위의 금지 또는 제한을 통고할 수 있다.

1) 제6조제1항의 신고서에 적힌 장소(이하 이 항에서 "신고장소"라 한다)가 다른 사람의 주거지역이나 이와 유사한 장소로서 집회나 시위로 재산 또는 시설에 심각한 피해가 발생하거나 사생활의 평온(平穩)을 뚜렷하게 해칠 우려가 있는 경우

2) 신고장소가「초·중등교육법」제2조에 따른 학교의 주변 지역으로서 집회 또는 시위로 학습권을 뚜렷이 침해할 우려가 있는 경우

3) 신고장소가「군사기지 및 군사시설 보호법」제2조제2호에 따른 군사시설의 주변 지역으로서 집회 또는 시위로 시설이나 군 작전의 수행에 심각한 피해가 발생할 우려가 있는 경우

(8) 집회 및 시위의 금지 통고에 대한 이의 신청 등

1) 이의신청 기간

집회 또는 시위의 주최자는 금지 통고를 받은 날부터 10일 이내에 해당 경찰관서의 바로 위의 상급경찰관서의 장에게 이의를 신청할 수 있다(법 제9조). 이의 신청을 받은 경찰관서의 장은 접수 일시를 적은 접수증을 이의 신청인에게 즉시 내주고 접수한 때부터 24시간 이내에 재결(裁決)을 하여야 한다. 이 경우 접수한 때부터 24시간 이내에 재결서를 발송하지 아니하면 관할경찰관서장의 금지 통고는 소급하여 그 효력을 잃는다.

2) 이의 신청의 통지 및 답변서 제출

이의 신청을 받은 경찰관서장은 즉시 집회 또는 시위의 금지를 통고한 경찰관서장에게 이의 신청의 취지와 이유(이의 신청시 증거서류나 증거물을 제출한 경우에는 그 요지를 포함한다)를 알리고, 답변서의 제출을 명하여야 하며(법 시행령 제8조), 답변서에는 금지 통고의 근거와 이유를 구체적으로 밝히고 이의 신청에 대한 답변을 적되 필요한 증거서류나 증거물이 있으면 함께 제출하여야 한다.

3) 금지통고 위법시 효력

이의 신청인은 금지 통고가 위법하거나 부당한 것으로 재결되거나 그 효력을 잃게 된 경우 처음 신고한 대로 집회 또는 시위를 개최할 수 있다. 다만, 금지 통고 등으로 시기를 놓친 경우에는 일시를 새로 정하여 집회 또는 시위를 시작하기 24시간 전에 관할경찰관서장에게 신고함으로써 집회 또는 시위를 개최할 수 있다.

(9) 옥외집회와 시위의 금지 시간

누구든지 해가 뜨기 전이나 해가 진 후에는 옥외집회 또는 시위를 하여서는 아니 된다. 다만, 집회의

성격상 부득이하여 주최자가 질서유지인을 두고 미리 신고한 경우에는 관할경찰관서장은 질서 유지를 위한 조건을 붙여 해가 뜨기 전이나 해가 진 후에도 옥외집회를 허용할 수 있다(법 제10조).

(10) 옥외집회와 시위의 금지 장소

누구든지 다음의 어느 하나에 해당하는 청사 또는 저택의 경계 지점으로부터 100 미터 이내의 장소에서는 옥외집회 또는 시위를 하여서는 아니 된다(법 제10조).

1) 국회의사당, 각급 법원, 헌법재판소

2) 대통령 관저(官邸), 국회의장 공관, 대법원장 공관, 헌법재판소장 공관

3) 국무총리 공관. 다만, 행진의 경우에는 해당하지 아니한다.

4) 국내 주재 외국의 외교기관이나 외교사절의 숙소. 다만, 다음 각 목의 어느 하나에 해당하는 경우로서 외교기관 또는 외교사절 숙소의 기능이나 안녕을 침해할 우려가 없다고 인정되는 때에는 해당하지 아니한다.

　가) 해당 외교기관 또는 외교사절의 숙소를 대상으로 하지 아니하는 경우

　나) 대규모 집회 또는 시위로 확산될 우려가 없는 경우

　다) 외교기관의 업무가 없는 휴일에 개최하는 경우

(11) 교통 소통을 위한 제한

관할경찰관서장은 대통령령으로 정하는 주요 도시의 주요 도로에서의 집회 또는 시위에 대하여 교통 소통을 위하여 필요하다고 인정하면 이를 금지하거나 교통질서 유지를 위한 조건을 붙여 제한할 수 있다(법 제11조). 그러나 집회 또는 시위의 주최자가 질서유지인을 두고 도로를 행진하는 경우에는 금지를 할 수 없다.

다만, 해당 도로와 주변 도로의 교통 소통에 장애를 발생시켜 심각한 교통 불편을 줄 우려가 있으면 금지를 할 수 있다.

(12) 벌칙

제10조 본문 또는 제11조를 위반한 자, 제12조에 따른 금지를 위반한 자는 다음 각 호의 구분에 따라 처벌한다(법 제23조).

1) 주최자는 1년 이하의 싱역 또는 100만원 이하의 벌금

2) 질서유지인은 6개월 이하의 징역 또는 50만원 이하의 벌금·구류 또는 과료

3) 그 사실을 알면서 참가한 자는 50만원 이하의 벌금·구류 또는 과료

소 장

원고 ○○○
　　　서울시 동대문구 ○○동 ○-○
　　　(전화 000-000, 팩스 000-000)
피고 종로경찰서장
옥외집회금지통고처분취소

청구취지

1. 피고가 원고에 대하여 한 2006. 6. 30.자 별지 목록 1기재 옥외집회금지통고처분과 2006. 7. 1.자 별지 목록 2기재 옥외집회금지통고처분을 각 취소한다.

2. 소송비용은 피고가 부담한다.

라는 판결을 구합니다.

청구원인

1. 처분의 경위

(1) 원고는 한미FTA의 졸속 추진을 저지한다는 목적으로 약 300여 개의 단체로 구성되어 2006. X. XX. 출범한 단체입니다.

(2) 원고는 피고에게 ① 2006. 6. 29. 16:00경 참가인원을 각 1,000명으로, 개최목적을 '한미FTA저지'로 하여 별지 목록 1 기재와 같은 집회 및 행진신고(종로경찰서 접수번호 제23XX호, 제23XX호, 이하 '1차 집회신고'라 한다)를 하였고, ② 2006. 6. 30. 14:45경 각 참가인원을 30명으로 하고 3명씩의 질서유지인을 두는 것으로, 개최목적을 '공공성 파괴/양극화 심화하는 한미FTA저지'로 하여 별지 목록 2 기재의 각 장소 및 삼청동사무소 앞 등 13곳에 대하여 각 13건의 옥외집회신고(종로경찰서 접수번호 제23XX호 ~ 제23XX호, 이하 '2차 집회신고'라 한다)를 하였습니다.

(3) 피고는 ① 1차 집회신고에 대하여는 2006. 6. 30. 원고가 신고한 집회장소인 청운동사무소 앞 인도가 청와대와 100m 이내의 장소에 위치하고 있고, 나아가 경복궁 앞 인도상 광화문 로터리(R) 도로는 대통령령에 의하여 주요도로에 해당한다면서 집회 및 시위에 관한 법률(이하 '집시법'이라 한다) 제8조 제1항, 제11조 제2호, 제12조의 규정에 의하여 옥외집회금지통고처분(이하 '1차 금지처

분'이라 한다)을 하였고, ② 2차 집회신고에 대하여는 2006. 7. 1. 원고가 신고한 집회장소 중 경복궁 앞(율곡로), 경복궁역 3번 출구 앞(사직로), 경복궁 서문(효자로) 등 3개 장소는 대통령령에 의하여 주요도로에 해당하고, 또한 원고가 배포한 유인물에 2006. 7. 12. 17:00부터 청와대 인간띠잇기를 개최한다는 문구가 명시적으로 포함되어 있어 집회 개최시 명백히 현행법을 위반하여 공공질서에 위험을 가하는 행위를 할 것이 우려된다는 이유를 들어 집시법 제5조 제1항, 제11조, 제12조의 규정에 의하여 옥외집회금지통고처분(이하 '2차 금지처분'이라 하다)을 하였습니다.

2. 처분의 위법성

원고의 2차 집회신고는 1차 집회신고가 금지되자 다시 낸 집회신고로서 1차 집회신고와 2차 집회신고는 실질적으로 하나의 집회를 위한 것이고, 원고가 신고한 집회는 헌법 제21조 제1항에서 보장하고 있는 집회의 자유에 근거한 것이므로, 민주사회에서 집회의 자유가 표현의 자유의 실질적 보장, 대의민주주의의 보완, 국정에 대한 공개적 비판을 가능하게 함으로써 사회갈등을 해소하는 등의 기능을 하는 점과 헌법 제21조 제2항에 규정된 집회의 사전허가제금지의 원칙 및 헌법 제37조 제2항에 규정된 기본권제한의 일반원칙 등에 비추어 집시법상의 금지통고 요건은 엄격하게 제한적으로 해석·적용되어야 할 것인바, 피고가 한 이 사건 각 처분은 다음과 같이 그 요건을 갖추지 못하였거나 과도하게 사전적으로 집회를 금지하는 내용의 처분을 함으로써 경찰재량을 일탈·남용 또는 과잉금지원칙을 위반하여 위법하므로 취소되어야 합니다.

(1) 1차 금지처분에 대하여

1) 연무관은 대통령관저와 아무런 관계가 없다고 할 것이어서 청운동사무소는 대통령관저인 청와대 로부터 100m를 훨씬 넘은 거리에 있음에도 피고가 연무관을 대통령 관저로 보고 청운동사무소가 청와대로부터 100m 이내의 거리에 있다고 본 것은 잘못입니다.
2) 원고는 도로상에서의 집회나 행진을 신고한 것이 아니라 인도를 이용한 행진 및 집회를 신고하였 는바, 인도는 집시법상 도로에 포함된다고 볼 수 없을 뿐 아니라 원고가 신고한 집회는 인도상을 행진하는 평화적인 집회이므로 교통소통에 장애를 초래되는 것은 아니고, 이 사건 집회로 인해 당해 장소와 주변 도로의 교통 소통에 장애를 발생시켜 심각한 교통 불편을 줄 때에 비로소 이 사건 처분이 정당화되는 것이며, 할 위험이 있다고 할 수 없습니다. 가사 다소 교통소통에 장애를 초래하는 불편이 있다 하더라도 이는 인원이나 시간을 제한하거나 질서 유지선 설정 등을 통하여 그 목적을 달성하는 것이 충분하다고 할 것입니다.

(2) 2차 금지처분에 대하여

1) 피고는 경복궁 서문, 경복궁 앞, 경복궁역 3번 출구 앞 등이 주요도로라는 이유로 2차 금지처분을 하였으나 원고가 개최하는 집회는 도로가 아닌 인도를 이용한 것으로 인도는 집시법상 도로에 포함된다고 볼 수 없습니다.

2) 가사 원고가 집회신고한 장소가 주요도로에 해당된다고 하여도 2차 집회신고한 집회로 인하여 당해 도로와 주변도로의 교통소통에 장애를 초래할 위험이 없습니다.

3) 원고 및 원고 구성단체가 개최한 일부 집회가 과거 폭력시위로 변질된 적이 있었다고 하여 2차 집회신고한 집회 내지 원고의 청와대 인간띠잇기가 집시법 제5조 제2항에 규정된 공공의 안녕질서에 직접적인 위협을 가할 것이 명백한 집회에 해당된다고 단정할 수 없습니다.

3. 결론

이와 같이 피고의 처분은 위법한 행정처분이 아닐 수 없으므로, 상기와 같이 원고의 행정처분의 취소를 구하는 행정소송에 이르게 되었습니다.

입증방법

1. 갑 제1호증
2. 갑 제2호증

첨부서류

1. 위 각 입증방법   각 1부
2. 송달료 납부서
3. 소장부본

20 .   .   .
위 원고   (날인 또는 서명)

서울행정법원   귀중

당해판례

2006구합 24787

(1) 청운동사무소가 대통령관저로부터 100m 이내에 있는지 여부

(가) 집시법 제11조는 '누구든지 다음 각호에 규정된 청사 또는 저택의 경계지점으로부터 1백미터 이내의 장소에서는 옥외집회 또는 시위를 하여서는 아니된다'고 규정하면서 제1호에서 국회의 사당, 각급법원, 헌법재판소를, 제2호에서 대통령관저, 국회의장공관, 대법원장공관, 헌법재 판소장공관 등을 들고 있다.

(나) 연무관은 청와대 담장 밖에 위치한 지상 3층 지하 2층의 독립된 건물로서 대통령경호실에서 일상적인 관리를 하면서 주로 경호원의 훈련장, 체력단련장으로 사용되고 있고, 대통령이 200 5년 3회, 2006년 1회 회의를 개최하기도 하였는데 연무관과 청운동사무소와의 거리는 약 98.7 4m 정도이고, 청운동사무소와 청와대 본관 또는 담장과의 거리는 100m 이상 떨어져 있는 사실을 인정할 수 있다.

(다) 살피건대, 집시법 제11조는 각호에 규정된 청사 또는 저택이 여러 공공기관 및 공무원 중에서도 특별히 중요한 기능을 수행하는 공공기관 및 공무원의 청사 또는 저택으로서 그 질서와 평온의 유지, 외부의 집단적 위협으로부터 안전이 그 공공기관 및 공무원의 기능수행에 필수적인 요소 라는 점을 고려하여 그러한 장소의 경계지점으로부터 100m 이내의 장소에서는 옥외집회 또는 시위를 금지하고 있는 것으로서 위와 같은 집회 및 시위에 있어서의 거리제한 설정은 보호의 이유 및 필요성과 함께 이로 인해 제한받는 기본권의 범위를 적정히 형량한 것으로 헌법에 합치되는 것이기는 하지만, 헌법 제21조 제1항에서 국민의 기본권의 하나로 보장된 집회의 자유가 갖는 헌법적 의의와 민주사회에서의 기능 및 기본권제한의 일반원칙 등에 비추어 보면 집회 또는 시위 등의 절대금지장소인 위 규정은 엄격하게 해석하여야 한다.

(라) 따라서 집시법 제11조 제2호에 규정된 대통령관저는 그 문언상 대통령이 주로 직무를 행하는 장소와 주거로 사용하는 장소, 대통령을 보좌하거나 경호하는 사람들이 사용하는 필수적 부속 건물 및 그 부지, 즉 일반적으로 청와대라고 불리워지는 담장 안에 있는 일단의 건물 및 그 부지만을 의미한다고 봄이 타당하고, 만일 이와 달리 그 담장 밖에 있으면서 대통령이 연 2 ~ 3회 방문하여 일시적으로 회의를 주재하거나 시찰하는 장소까지 모두 대통령관저에 포함한다면 광화문과 과천에 있는 각 정부종합청사 및 세종문화회관 등도 모두 대통령관저로 보아야 한다 는 납득할 수 없는 결론에 이르게 되어 부당하므로 연무관은 앞에서 본 바와 같은 위치와 성격에 비추어 대통령관서라 할 수 없다.

(2) 인도가 집시법상의 도로에 해당하는지 여부

(가) 집시법 제12조 제1항은 '관할 경찰관서장은 대통령령이 정하는 주요도시의 주요도로에서의

집회 또는 시위에 대하여 교통소통을 위하여 필요하다고 인정할 때에는 이를 금지하거나 교통질서유지를 위한 조건을 붙여 제한할 수 있다'고 규정하고 있고, 집시법 시행령 제8조 제1항 [별표 1] 주요도시의 주요도로 1. 일반도로는 '서울특별시의 ① 서대문구 부암동 260(자하문 앞)을 시점으로 효자동-광화문-남대문-서울역삼각지-한강대교를 경유하여 종점인 한강대교 남단에 이르는 세종로, 태평로, 한강로를, ② 구로구 오류동 산 17-29를 시점으로 오류동-영등포역-여의도-광화문사거리-종로-청량리-상봉동-망우리를 경유하여 종점인 중랑구 망우동 52-4에 이르는 경인로-마포로-종로-왕산로-망우로를, ③ 강서구 과해동 316(공항 내 E마트 앞)을 시점으로 양화교-성산대교-연세대 앞-금화터널-광화문-동대문을 경유하여 종점인 중구 광희동 2가 319(광희로터리)에 이르는 공항로-성산로-율곡로-흥인문로 등'을 주요도로로 규정하고 있다.

(나) 그리고 주요도로에 인도가 포함되는지 여부와 관련하여 집시법 및 그 시행령 등에서는 따로 규정을 두고 있지는 아니하지만, 도로교통법 제2조 제1호는 '도로라 함은 도로법에 의한 도로(가목), 유료도로법에 의한 유료도로(나목), 그 밖에 현실적으로 불특정 다수의 사람 또는 차마의 교통을 위하여 공개된 장소로서 안전하고 원활한 교통을 확보할 필요가 있는 장소(다목)를 말한다'고 규정하고 있고, 같은 조 제4호는 '차도라 함은 연석선(차도와 보도를 구분하는 돌 등으로 이어진 선을 말한다. 이하 같다), 안전표지나 그와 비슷한 공작물로써 경계를 표시하여 모든 차의 교통에 사용하도록 된 도로의 부분을 말한다'고 규정하고 있으며, 같은 조 제9호는 '보도라 함은 연석선, 안전표지나 그와 비슷한 공작물로써 경계를 표시하여 보행자의 통행에 사용하도록 된 도로의 부분을 말한다'라고 규정함으로써 보도(인도)가 도로의 일부임을 명확히 규정하고 있다.

(다) 따라서 위와 같은 규정을 종합하면, 집시법 제12조 제1항에 규정된 주요 도로는 인도를 포함하는 것으로 봄이 타당하므로 경복궁 앞 인도상 광화문 로터리와 경복궁 앞(율곡로), 경복궁역 3번 출구 앞(사직로), 경복궁 서문(효자로) 등의 장소는 주요도로에 해당한다.

(3) 교통소통을 위한 제한의 필요성이 있는지 여부

(가) 집시법 제12조는 제1항에서 '관할 경찰관서장은 대통령령이 정하는 주요 도시의 주요도로에서의 집회 또는 시위에 대하여 교통소통을 위하여 필요하다고 인정할 때에는 이를 금지하거나 교통질서유지를 위한 조건을 붙여 제한할 수 있다'고 규정하고 있고, 제2항에서 '집회 또는 시위의 주최자가 질서유지인을 두고 도로를 행진하는 경우에는 제1항의 규정에 의한 금지를 할 수 없고, 다만 당해 도로와 주변도로의 교통소통에 장애를 발생시켜 심각한 교통불편을 줄 우려가 있는 경우에는 그러하지 아니하다'고 규정하고 있다.

(나) 그런데 을 제24호증의 기재와 변론 전체의 취지를 종합하면, 이 사건 각 집회신고 장소 중 하나인 경복궁역은 1일 평균 약 45,000명의 일반 시민이, 경복궁은 평일에만도 약 7,000명

내지 8,000명의 관람객이 각 이용하는 장소일 뿐 아니라 원고의 주요 구성 단체인 민주노총의 대외협력국장 김장호는 '범국본 선전홍보물'로 배포된 유인물인 'FTA 저지와 민주노총 7월 투쟁계획'에서 2006. 7. 12. 총파업에 돌입하여 서울로 집중해서 3만 명 이상의 상경으로 위력적인 국민대회를 개최하는 등 투쟁을 벌이기로 계획하고, 그 투쟁방침 및 총파업지침 2호로 민주노총 소속 전 조합원은 2006. 7. 12. 10:00경부터 전국총파업투쟁에 돌입하며, 같은 날 14:00경 서울 광화문에서 개최하는 민주노총 파업집회와 같은 날 16:00경 개최하는 한미FTA 저지 국민 총궐기 투쟁에 전원 참가한다는 계획을 밝힌 사실을 인정할 수 있다.

(다) 그렇다면, 이 사건 각 집회의 주최자, 일시, 개최 목적이 동일하고 개최장소가 근접하여 있는 점에 비추어 이 사건 각 집회는 실질적으로는 하나의 집회로 보아야 할 것이고, 원고의 구성 단체 중의 하나인 민주노총 소속의 예상 집회참가 인원만으로도 당초 원고가 집회신고서에 기재한 인원의 총 합계인 약 2,400명과는 크게 차이가 난다고 할 것인데(2차 집회신고가 1차 집회신고의 대체적 성격을 가진 것이라면 2차 집회신고시 참가예정인원은 합계 약 400명이므로 그 차이는 더욱 커진다), 만일 수만 명의 집회참가자가 집회개최장소인 광화문 일대에서 일시에 집회를 개최한다면 가사 질서유지인을 둔다 할지라도 일부 집회신고서에 기재된 것과 달리 인도뿐 아니라 차도까지 집회참가인들에 의하여 점거되거나 그렇지 않다고 하더라도 일반인들의 그 일대의 인도 통행이 불가능하거나 현저히 곤란하게 됨으로써 광화문 일대의 주요도로와 그 주변도로의 교통소통에 장애를 발생시켜 심각한 교통불편을 줄 우려가 충분히 있다 할 것이므로 집시법 제12조에 의하여 그 집회를 전부 금지할 필요성이 인정된다고 할 것이다.

(4) 소결론

그러므로 피고가 1차 금지처분을 하면서 그 처분사유 중의 하나로 청운동사무소가 대통령관저로부터 100m 이내에 있다고 본 것은 잘못이지만, 원고가 각 신고한 집회는 집회참가인원이나 규모, 집회의 목적과 행사내용으로 보아 앞서 본 바와 같이 주요도로와 그 주변도로의 일반 행인들의 통행 및 차량의 교통소통에 장애를 초래하여 심각한 교통불편을 줄 우려가 있을 것이 명백하므로, 결국 이를 사유로 한 피고의 이 사건 각 금지처분은 정당한 요건을 갖추었다 할 것이고, 나아가 경찰재량을 일탈·남용 또는 과잉금지원칙을 위반하였다고 할 수는 없으므로 원고의 주장은 나머지 점에 관하여 더 나아가 살펴 볼 것 없이 이유 없다.

[서식] 옥외집회금지통고처분취소 청구의 소

소 장

원고   ○○○ 노조 합법화 공대위
        서울시 서대문구 ○○동 ○-○
        (전화 000-000, 팩스 000-000)
피고   중앙노동위원회 위원장
옥외집회금지통고처분취소

청구취지

1. 피고가 2006. 4. 6. 원고에 대하여 한 옥외집회금지 통고처분을 취소한다.

2. 소송비용은 피고가 부담한다.

라는 판결을 구합니다.

청구원인

1. 처분의 경위

(1) 원고는 공무원 노동조합, 교수 노동조합의 합법화와 노동기본권을 확보하는 것을 목적으로 민주노총, 민주사회를 위한 변호사 모임 등 여러 단체가 모여 결성한 단체입니다.

(2) 원고는 2006. 4. 4. 13:45경 종로경찰서에 참가인원을 '50~100명', 개최목적을 '공무원 노조 탄압 행정자치부 규탄대회', 개최일시를 '2006. 4. 12. 12:00~15:00', 개최장소를 '정부종합청사 앞 인도'로 하는 옥외집회 신고를 하였습니다(종로경찰서 접수번호 제1139호, 이하 '이 사건 집회신고'라고 한다).

(3) 피고는 2006. 4. 6. "원고가 신고한 집회 장소는 대통령령이 정하는 주요 도시의 주요 도로에 해당되고, 해당 도로와 주변 도로의 교통 소통에 장애를 발생시켜 심각한 교통 불편을 줄 우려가 있다."는 이유로 구 집회 및 시위에 관한 법률(2007. 5. 11. 법률 제8424호로 전문개정되기 전의 것, 이하 '집시법'이라고만 한다) 제12조 제2항, 제8조 제1항에 의해 옥외집회금지 통고처분(이하 '이 사건 처분'이라고 한다)을 하였습니다.

(4) 원고는 이 사건 처분에 불복하여 2006. 4. 10. 15:00경 서울지방경찰청장에게 이의신청을 하였으나, 서울지방경찰청장은 2006. 4. 11. 원고의 이의신청을 기각하였습니다.

2. 처분의 위법성

원고가 신고한 집회는 헌법 제21조 제1항에서 보장하고 있는 집회의 자유에 근거한 것으로 민주사회에서 집회의 자유는 표현의 자유의 실질적 보장, 대의민주주의의 보완, 불만과 비판 등을 공개적으로 표출함으로써 사회적 갈등을 해소하는 기능을 하는 점, 집회가 국가권력에 의해 세인의 주목을 받지 못하는 장소나 집회에서 표명되는 의견에 대하여 아무도 귀 기울이지 않는 장소로 추방된다면 집회의 자유에 대한 보호가 사실상 그 효력을 잃게 되는 점, 헌법 제21조 제2항은 집회의 사전허가금지를 규정하고 있는 점 등에 비추어 볼 때, 이 사건 처분은 아래에서 보는 바와 같이 그 요건을 갖추지 못하였거나 과도하게 사전적으로 집회를 금지하는 것으로써 경찰재량을 일탈·남용 또는 과잉금지원칙에 위반되어 취소되어야 합니다.

가. 이 사건 집회신고의 장소는 정부종합청사 앞 "인도"로 집시법 제12조에서 정한 집회의 금지 또는 제한의 대상이 되는 장소인 '주요 도로'에 해당하지 않는다.

나. 정부종합청사 앞 "인도"가 집시법이 정한 '주요 도로'에 해당한다고 하더라도, 집시법 시행령 제8조 제1항 [별표1]상의 '주요 도로'에는 서울시내에서 집회가 이루어 질만한 대부분의 도로가 포함됨으로써 실질적으로는 집회와 시위가 금지되는 결과가 초래되었을 뿐만 아니라 법률로만 집회와 시위를 금지 또는 제한할 수 있고, 법률에 의해 대통령령으로 위임할 때에는 위임의 구체적인 범위를 정하여야 하는데도 불구하고, 구체적으로 범위를 정하여 위임하지 않은 채 "주요 도시의 주요 도로"를 대통령령으로 정하도록 위임한 집시법 제12조는 헌법 제37조 제2항에 위반되며, 죄형법정주의에도 위반된다.

다. 이 사건 집회장소가 주요 도로에 해당한다는 사유만으로 이 사건 처분이 정당화되는 것은 아니고, 이 사건 집회로 인해 당해 장소와 주변 도로의 교통 소통에 장애를 발생시켜 심각한 교통 불편을 줄 때에 비로소 이 사건 처분이 정당화되는 것이며, 교통 소통을 위해 집회. 시위에 대한 금지 또는 제한이 필요하더라도 집회·시위의 시간과 방법, 시위참가자의 수, 당해 도로의 교통 상태 등을 종합적으로 고려하여 집회·시위의 자유를 보다 적게 제한하는 다른 수단 즉, 시위 참가자수의 제한, 시위 대상과의 거리 제한, 시위방법, 시기, 소요시간의 제한 등의 방법만으로는 교통 소통의 장애를 해소할 수 없을 경우에 비로소 금지를 할 수 있는 점 등에 비추어 볼 때, 이 사건 집회 자체를 금지한 이 사건 처분은 재량권을 일탈, 남용하였거나 과잉금지원칙에 위반되어 위법하다.

3. 결론

이와 같이 피고의 처분은 위법한 행정처분이 아닐 수 없으므로, 상기와 같이 원고의 행정처분의 취소를 구하는 행정소송에 이르게 되었습니다.

입증방법

1. 갑 제1호증
2. 갑 제2호증

첨부서류

1. 위 각 입증방법   각 1부
2. 송달료 납부서
3. 소장부본

20　.　.　.

위 원고　　　(날인 또는 서명)

서울행정법원　　귀중

당해판례

2006구합 24411

(1) 이 사건 집회장소(정부종합청사 앞 "인도")가 집시법상의 주요 도로에 해당하는지 여부

(가) 집시법 제12조 제1항은 '관할 경찰관서장은 대통령령이 정하는 주요 도시의 주요 도로에서의 집회 또는 시위에 대하여 교통 소통을 위하여 필요하다고 인정할 때에는 이를 금지하거나 교통 질서유지를 위한 조건을 붙여 제한할 수 있다'고 규정하고 있고, 집시법 시행령 제8조 제1항 [별표1] 주요 도시의 주요 도로 1. 일반도로는 '서울특별시의 ① 서대문구 부암동 260(자하문 앞)을 시점으로 효자동—광화문—남대문—서울역—삼각지—한강대교를 경유하여 종점인 한강

대교 남단에 이르는 세종로, 태평로, 한강로'를 주요 도로로 규정하고 있다.

(나) 그리고 주요 도로에 인도가 포함되는지 여부와 관련하여 집시법 및 그 시행령 등에서는 따로 규정을 두고 있지는 않지만, 도로교통법 제2조 제1호는 '도로라 함은 도로법에 의한 도로(가목), 유료도로법에 의한 유료도로(나목), 그 밖에 현실적으로 불특정 다수의 사람 또는 차마의 교통을 위하여 공개된 장소로서 안전하고 원활한 교통을 확보할 필요가 있는 장소(다목)를 말한다'고 규정하고 있고, 같은 조 제4호는 '차도라 함은 연석선(차도와 보도를 구분하는 돌 등으로 이어진 선을 말한다. 이하 같다), 안전표지나 그와 비슷한 공작물로써 경계를 표시하여 모든 차의 교통에 사용하도록 된 도로의 부분을 말한다'고 규정하고 있으며, 같은 조 제9호는 '보도라 함은 연석선, 안전표지나 그와 비슷한 공작물로써 경계를 표시하여 보행자의 통행에 사용하도록 된 도로의 부분을 말한다'라고 규정함으로써 보도(인도)가 도로의 일부임을 명확히 규정하고 있다.

(다) 따라서 위와 같은 규정을 종합하면, 집시법 제12조 제1항에 규정된 주요도로는 인도를 포함하는 것으로 봄이 타당하고, 따라서 이 사건 집회장소인 "정부종합청사 앞 인도"는 주요도로(세종로)에 해당한다.

(2) 헌법 제37조 제2항 및 죄형법정주의 위반 등 여부

(가) 집시법 시행령 제8조 제1항 [별표1]상의 '주요 도로'에 서울시내에서 집회가 이루어질만한 대부분의 도로가 포함되었다고 하더라도 집시법 제12조에 의하면, 주요 도로에서 일체의 집회 및 시위가 금지 또는 제한되는 것이 아니라 교통 소통을 위해 필요하다고 인정할 때에 한하여 금지하거나 교통질서 유지를 위한 조건을 붙여 제한할 수 있도록 관할경찰서장 등에게 재량권을 주었을 뿐이고, 집회 및 시위의 자유가 헌법상의 기본권이기는 하나 질서유지 또는 공공복리를 위해 법률로써 제한할 수 있는 것인 점 등에 비추어 볼 때, 집시법 제12조, 그 시행령 제8조 제1항 [별표1]에 의해 헌법상의 집회의 자유가 실질적으로는 금지되는 결과가 초래된다고 보기 어렵다.

(나) 집회 및 시위의 자유는 헌법상의 기본권으로 국가안전보장·질서유지 또는 공공복리를 위하여 필요한 경우에 한하여 법률로써 제한할 수 있더라도 그 본질적인 내용을 침해할 수 없고(헌법 제37조 제2항), 포괄위임은 금지되나(헌법 제75조), 집시법 제12조 제1항은 대통령령으로 정할 사항을 "주요 도시의 주요 도로"라고 규정함으로써 대통령령에 규정될 범위의 기본사항은 이미 구체적이고 명확하게 규정하였다고 보아야 하고, '"주요" 도시의 "주요" 도로'라는 다소 추상적인 문구를 사용하였더라도 그 위임의 구체성·명확성의 요구 정도는 그 규정대상의 종류와 성격에 따라 일정한 경우에는 완화될 수밖에 없으므로 이를 두고 포괄위임금지의 원칙에 반한다고 볼 수는 없으며, 일반 다중이 통행하는 주요 도시의 주요 도로에서 교통 소통을

위해 필요하다고 인정할 때에 집회 및 시위를 금지 또는 제한하는 것이 집회 및 시위에 관한 자유의 본질적인 침해라고 보기도 어려우므로, 집시법 제12조가 헌법 제37조 제2항에 위반되지 않는다.

(다) 집시법 제12조, 집시법 시행령 제8조 제1항 [별표1]에 의하면, 집회 및 시위가 금지 또는 제한되는 주요 도시의 주요 도로에 관하여 명확하게 규정하고 있으므로, 위 규정이 헌법상의 죄형법정주의에 반한다고 보기도 어렵다.

(3) 재량권 일탈·남용, 과잉금지원칙 위반 여부

(가) 집회의 자유를 제한하는 대표적인 공권력의 행위는 집시법에서 규정하는 집회의 금지, 해산과 조건부 허용이다. 집회의 자유에 대한 제한은 다른 중요한 법익의 보호를 위하여 반드시 필요한 경우에 한하여 정당화되는 것이며, 특히 집회의 금지와 해산은 원칙적으로 공공의 안녕질서에 대한 직접적인 위협이 명백하게 존재하는 경우에 한하여 허용될 수 있다. 집회의 금지와 해산은 집회의 자유를 보다 적게 제한하는 다른 수단, 즉 조건을 붙여 집회를 허용하는 가능성을 모두 소진한 후에 비로소 고려될 수 있는 최종적인 수단이다(헌법재판소 2003. 10. 30. 선고 2000헌바67, 83호(병합) 전원재판부 결정 요지 참조).

(나) 이 사건에 관하여 살펴보면, 원고가 계획하고 있는 집회의 장소는 정부종합 청사 앞 인도이고, 집회 참가인원은 50~100명이며, 집회시간은 2006. 4. 12. 12:00부터 15:00까지임은 앞에서 본 바와 같고, 을 1 내지 9호증, 을 10호증의 1, 2의 각 기재와 증인 정영섭의 증언에 변론 전체의 취지를 종합하면, 이 사건 집회 장소는 정부종합청사 앞 정문의 차량 진·출입로가 아니라 정부종합청사 정문을 바라보는 위치에서 볼 때 정부종합청사 정문의 왼편에 있는 인도이고, 원고는 이 사건 집회의 행사준비물을 '앰프, 방송차, 마이크 일체'로 신고하였으며, 원고가 2006. 4. 12. 이 사건 처분에 항의하는 집회를 할 당시 방송용 차량을 차도에 주차하여 교통소통에 장애를 주었고, 2006. 4. 3.부터 2006. 4. 7.까지 5일간 12:00경부터 15:00경까지 방문증을 패용하고 정부종합청사를 출입한 자는 1일 평균 430명 정도이며, 이 사건 집회 당일에 외교통상부 내에서 대통령 경호·경비행사가 예정되어 있었고, 정부종합청사 후문을 집회장소로 하여 집회 신고한 총 118건(2005. 1. 6.부터 2006. 4. 7.까지) 중 금지 통고된 건은 없으며, 세종로 소공원 및 교보생명 소공원을 집회장소로 하여 집회 신고한 총 127건 중 2~3%만이 금지 통고된 사실이 인정된다.

위 인정사실에 의해 인정되는 다음과 같은 점 즉, 이 사건 집회 장소가 정부종합청사 앞 정문의 차량 진·출입로가 아니라 정부종합청사 정문의 왼편에 있는 인도이므로 정부종합청사 정문을 통해 정부종합청사에 출입하고자 하는 사람들의 통행을 직접적으로 방해하지는 않는 점, 집회

참가인원이 50~100명으로 비교적 소규모인 점, 집회 시간이 12:00부터 15:00까지로 극심한 교통 혼잡이 있는 시간대는 아닌 점, 이 사건 집회 당일에 외교통상부에 대통령이 참석하는 행사가 예정되어 있었으나 외교통상부는 정부종합청사 내에 위치하고 있는 것이 아니라 정부종합청사의 옆 건물에 위치하고 있는 점에 이 사건 변론과정에서 나타난 제반 정상을 종합해 보면, 이 사건 집회로 인해 교통 소통에 일부 장애가 초래될 수는 있어도 집회 자체를 금지해야 할 정도의 장애가 초래된다고 보기는 어렵고, 집회의 금지는 원칙적으로 공공의 안녕질서에 대한 직접적인 위험이 명백하게 존재하는 경우에 한하여 허용되며, 집회의 자유를 보다 적게 제한하는 다른 수단, 즉 조건을 붙여 집회를 허용하는 가능성을 모두 소진한 후에 비로소 고려될 수 있는 최종적인 수단인데, 이 사건 집회로 인해 초래되는 교통 소통의 일부 장애는 참가인원 및 집회시간, 방송용 차량의 대수 제한 등의 적절한 조건을 부과하는 것으로 어느 정도 그 목적을 달성할 수 있다 할 것이다. 따라서 단순히 교통 소통에 지장을 초래할 우려가 있다는 이유만으로 이 사건 집회 자체를 원천적으로 금지한 이 사건 처분은 헌법이 보장하고 있는 집회의 자유에 대한 과도한 제한으로서 재량권의 한계를 넘은 위법한 처분이라 할 것이다.

(4) 피고는 정부종합청사는 집시법 제11조에서 옥외집회와 시위의 금지 장소로 규정한 국회의사당, 각급 법원 등과 같은 정도의 중요한 국가 주요 시설로서 집시법의 제 규정을 보다 엄격히 적용할 필요성이 있다는 취지로 주장하므로 살펴보면, 정부종합청사가 국회의사당, 각급 법원 등과 같은 정도의 중요한 국가 주요 시설에 해당한다고 하더라도 집회의 자유는 헌법이 보장하는 기본권으로 이를 제한하기 위해서는 법률에 그 근거가 있어야 하는데, 집시법 제11조가 규정하고 있는 옥외집회의 시위와 금지장소에 정부종합청사가 포함되어 있지 않은 이상 피고의 위 주장을 받아들이기는 어렵다.

[서식] 옥외집회금지통고처분취소 청구의 소

소　장

　원고　　　임차인 채권자연합회
　　　　　　서울시 중구 ○○동 ○○번지
　　　　　　(전화 000-000, 팩스 000-000)
　피고　　　서울수서경찰서장
옥외집회금지통고처분취소

청구취지

1. 피고가 2011. 10. 7. 원고에 대하여 한 옥외집회금지통고처분을 취소한다.
2. 소송비용은 피고의 부담으로 한다.
라는 판결을 구합니다.

청구원인

1. 처분의 경위

(1) 서울 중구 을지로 소재 상가(이하 '이 사건 상가'라 한다)의 임차인들을 구성원으로 한 단체인 원고는 2011. 10. 7. 피고에게 명칭을 '임차인 2,661명 임차보증금(1,250억) 반환 촉구집회'로, 개최일시를 '2011. 10. 20.부터 2011. 11. 6.까지, 09:00~19:00'로, 개최장소를 '강남구 선원 출입구 우측(구룡사 삼거리 방향) 인도상'으로, 신고인원을 '300명'으로, 질서유지인을 '30명'으로 각 정하여 옥외집회신고서를 제출하였습니다(이하 '이 사건 집회신고'라 한다).

(2) 피고는 같은 날 원고에게, '기왕에 신고된 집회와 시간, 장소가 경합되어 서로 방해가 된다고 인정된다'는 이유로「집회 및 시위에 관한 법률(이하 '집시법'이라 한다)」제8조 제2항에 의하여 나중에 접수된 원고의 이 사건 집회신고에 대하여 집회금지를 통고하였습니다(이하 '이 사건 처분'이라 한다).

2. 처분의 위법성

이 사건 선행집회가 한 번도 개최된 적이 없는 유령 집회인 점, 양 집회의 개최목적이 서로 상반되지 않는 점, 집회 공간이 집회 신고 인원을 수용하기에 충분하고, 집회 신고 인원의 10%에 해당하는 30명의 질서유지인이 있어 양 집회 참가자들 사이의 충돌을 방지하기에 충분한 점 등에 비추어 볼 때, 이 사건 집회와 이 사건 선행집회가 동일한 일시, 장소에서 개최된다고 하더라도 그 목적을 달성할 수 없을 정도로 방해가 된다고 볼 수 없는바, 이와 다른 전제에서 한 이 사건 처분은 위법합니다.

3. 결론
이와 같이 피고의 이 사건 처분은 위법하므로 그 취소를 구하는 행정소송을 제기하게 되었습니다.

입증방법

1. 갑 제1호증
2. 갑 제2호증

첨부서류

1. 위 각 입증방법   각 1부
2. 송달료 납부서
3. 소장부본

20 .   .   .

위 원고   (날인 또는 서명)

서울행정법원   귀중

별지 1 - 〈집회 신고서〉

○ 집회명칭 : 행사
○ 개최목적 : 행사
○ 개최일시 : 2011. 10. 20.부터 2011. 10. 20.까지, 00:01부터 23:59까지
○ 개최장소 : 서울 강남구 선원 앞 인도상 집회
○ 주최자 및 주관자 : 모임
○ 질서유지인 : 30명
○ 참가예정단체 :
○ 참가예정인 : 약 300명
○ 시위(행진) 방법 : 4열종대로 약 30분간 간격으로 육교 앞에서 구룡터널 사거리까지 순환행진
○ 시위(행진) 진로 : 육교 삼거리부터 구룡터널 사거리까지 순환 계속 행진

당해판례

2011구합 34122

(1) 처분사유의 확정

피고와 참가인은, 이 사건 집회신고에 앞서 원고의 대표자 등이 포함된 300여명의 원고 측 임차인들이 2011. 9. 17. 22:00경부터 2011. 9. 18. 11:00경까지 아무런 신고 없이 선원 앞 인도를 점거하는 등의 방법으로 불법집회를 강행하였고 이를 관리하기 위하여 여 명의 경찰병력이 1,000 동원되었던 사정 등에 비추어 보면, 이 사건 집회신고는 '집단적인 폭행 등으로 공공의 안녕 질서에 직접적인 위협을 끼칠 것이 명백한 경우'에 해당하므로 집시법 제8조 제1항 제1호, 제5조 제1항 제2호에 따라 금지되어야 한다는 취지로 주장하나, 이는 이 사건 처분 당시 피고가 처분의 근거로 삼은 사유, 즉 '기왕에 신고된 집회와 시간, 장소가 경합되어 서로 방해가 된다고 인정된다'는 것과 기본적 사실관계에 동일성이 없는 별개의 사유라 할 것이므로, 위와 같은 사유가 새삼 이 사건 처분의 사유가 된다고 할 수 없다.

(2) 판단

(가) 집회 및 시위의 자유는 표현의 자유의 집단적인 형태로서 집단적인 의사표현을 통하여 공동의 이익을 추구하고 자유민주국가에 있어서 국민의 정치적·사회적 의사형성과정에 효과적인 역할을 하는 것이므로 민주정치의 실현에 매우 중요한 기본권이다(헌법재판소 1994. 4. 28. 선고 91헌바14 결정 참조). 따라서 집회 및 시위의 자유에 대한 제한은 다른 중요한 법익의 보호를 위하여 반드시 필요한 경우에 한하여 정당화되는 것이며, 특히 집회의 금지는 원칙적으로 공공의 안녕질서에 대한 직접적인 위협이 명백하게 존재하는 경우에 한하여 허용될 수 있다. 집회의 금지는 집회의 자유를 보다 적게 제한하는 다른 수단 즉 조건을 붙여 집회를 허용하는 가능성을 모두 소진한 후에 비로소 고려될 수 있는 최종적인 수단이라 할 것이다(헌법재판소 2003. 10. 30. 선고 2000헌바67, 83 결정 참조).

(나) 앞서 본 사실 및 증거들에 변론 전체의 취지를 종합하여 인정되는 다음과 같은 사정, 즉 ① 이 사건 상가의 임차인들을 구성원으로 하는 원고가 임차인들이 돌려받지 못한 임대차보증금 반환 문제의 해결을 촉구할 목적으로 주최하는 이 사건 집회의 목적과 참가인 산하 단체 등이 참가할 것으로 예상되는 행사의 집회 목적에 비추어 보면 그 자체로 위 양 집회가, 서로 상반된다거나 방해가 된다고 단정하기 어려운 점, ② 모임은 이 사건 집회의 예정 개최일시를 전후하여 선원 인근 인도상을 시위장소로 하여 이 사건 선행집회신고를 하였으나, 실제로는 신고된 내용과 같은 집회가 개최되지 아니한 것으로 보이고, 실제 이루어졌다는 집회도 이 사건 집회신고 이후에 이루어졌으며 그 참가자도 신고된 참석예정인원 약 300명에 현저히 미치지 못하는 것으로 보이는 점(을나 제1 내지 8호증의 각 영상), 또한 위 모임이 집시법상 집회신고 가능시간

에 맞추어 매일 반복적으로 동일한 집회신고를 한 점(을가 제1호증의 8의 기재에 의하면, 2011. 9. 20. 집회신고 접수시간은 자정을 갓 넘긴 00:06으로서 이를 통상적인 집회신고로 보기 어렵다), 이 사건 선행집회의 집회장소 및 방법에 있어서도 선원 인근 왕복 1.6㎞에 이르는 인도상의 구간에서 집회 및 행진을 실시하겠다는 것이고, 집회시간 역시 매일 00:01부터 23:59까지로서 거의 하루 24시간 전체를 그 대상으로 하고 있는 점 등에 비추어 보면, 모임은 이 사건 집회신고 장소인 '선원 출입구 우측인도'를 포함하여 선원 인근 구역에 대하여 제3자의 집회를 사실상 어렵게 할 목적으로 형식적으로 집회신고를 반복하여 오고 있는 것으로 보이는 점, ③ 피고 또한 이러한 이 사건 선행집회신고의 경위를 알고 있었던 것으로 보이는 점, ④ 사정이 이와 같다면, 이 사건 집회와 이 사건 선행집회가 중복된 시간, 장소에서 개최되어 상호 충돌의 가능성은 사실상 미미하다고 할 것인 점, ⑤ 설령 이 사건 집회와 이 사건 선행집회가 중복되어 열리는 경우 그 성격상 상호 충돌의 여지를 완전히 배제할 수는 없다고 하더라도, 앞서 본 바와 같이 이 사건 선행집회가 형식적으로 신고된 것에 불과한 상황에서 헌법이 보장하는 집회 및 시위의 자유를 최대한 보장하기 위해서는 집시법 등 관련법령에서 허용된 경찰력을 동원하여 평화로운 집회가 이루어지도록 예방하는 수단 등을 먼저 강구하여야 것인데 만연히, 이 사건 집회신고가 뒤에 접수되었다는 이유만으로 곧바로 이를 전면적으로 불허하는 것은 합리적인 이유 없이 국민의 기본권을 제한하는 것에 해당하는 점 등에 비추어 보면, 이 사건 집회신고와 이 사건 선행집회가 서로 상반된다거나 이 사건 집회가 이 사건 선행집회를 방해하는 것이라고는 볼 수 없고, 달리 이를 인정할 증거가 없다. 따라서 이와 다른 전제에 선 이 사건 처분은 위법하다.

8. 하천점용허가관련 소송

(1) 하천법의 목적 등

이 법은 하천사용의 이익을 증진하고 하천을 자연친화적으로 정비·보전하며 하천의 유수(流水)로 인한 피해를 예방하기 위하여 하천의 지정·관리·사용 및 보전 등에 관한 사항을 규정함으로써 하천을 적정하게 관리하고 공공복리의 증진에 이바지함을 목적으로 한다. 이 법에서 "하천"이라 함은 지표면에 내린 빗물 등이 모여 흐르는 물길로서 공공의 이해에 밀접한 관계가 있어 국가하천 또는 지방하천으로 지정된 것을 말하며, 하천구역과 하천시설을 포함한다.

(2) 관리청

국가하천은 국토교통부장관이, 지방하천은 그 관할 구역의 시·도지사가 이를 관리한다(법 제12조).

(3) 하천의 점용허가 등

1) 점용허가

하천구역 안에서 다음의 어느 하나에 해당하는 행위를 하려는 자는 대통령령으로 정하는 바에 따라 하천관리청의 허가를 받아야 한다. 허가받은 사항 중 대통령령으로 정하는 중요한 사항을 변경하려는 경우에도 또한 같다(법 제33조).

가) 토지의 점용, 나) 하천시설의 점용, 다) 공작물의 신축·개축·변경, 라) 토지의 굴착·성토·절토, 그 밖의 토지의 형질변경, 마) 토석·모래·자갈의 채취, 바) 그 밖에 하천의 보전·관리에 장애가 될 수 있는 행위로서 대통령령으로 정하는 행위[83]

2) 점용허가에 따른 부관

"하천점용허가"에는 하천의 오염으로 인한 공해, 그 밖의 보건위생상 위해를 방지함에 필요한 부관을 붙일 수 있다.

3) 점용허가시 고려사항

하천관리청이 하천점용허가를 하고자 할 경우에는 다음의 사항을 고려하여야 한다.

가) 제13조에 따른 하천의 구조·시설 기준에의 적합 여부

나) 하천기본계획에의 적합 여부

다) 공작물의 설치로 인근 지대에 침수가 발생하지 아니하도록 하는 배수시설의 설치 여부

라) 하천수 사용 및 공작물 설치 등으로 수문조사시설 등 하천시설에 미치는 영향

4) 허가금지사항

하천관리청은 하천점용허가를 함에 있어서 다음의 어느 하나에 해당하는 행위를 하기 위한 경우에는 이를 허가하여서는 아니 된다.

가) 대통령령으로 정하는 농약 또는 비료를 사용하여 농작물을 경작하는 행위[84]

---

83) 제35조 (하천의 점용행위 등)
   ① 법 제33조제1항제6호에서 "대통령령으로 정하는 행위"란 다음 각 호의 행위를 말한다.
  1. 죽목·갈대·목초 또는 수초 등을 채취하는 행위
  2. 식물을 식재하는 행위
  3. 선박을 운항하는 행위
  4. 스케이트장, 유선장·도선장 및 계류장(유선장·도선장 및 계류장은 부유식인 경우로 한정한다)을 설치하는 행위
  5. 「수상레저안전법」에 따른 수상레저기구를 이용한 수상레저사업 목적의 물놀이 행위
  6. 하천관리청이 아닌 자가 하천을 점용하는 물건에 새로 하천의 보전에 영향을 미칠 수 있는 물건을 추가하는 행위
84) 제36조 (하천점용허가의 금지)

나) 대통령령으로 정하는 골재채취 등 하천 및 하천시설을 훼손하거나 훼손할 우려가 있는 행위[85]

다) 가축을 방목하거나 사육하는 행위

라) 콘크리트 등의 재료를 사용하여 고정구조물을 설치하는 행위. 다만, 하천의 관리에 지장을 주지 아니하는 경우로서 대통령령으로 정하는 행위는 그러하지 아니하다.[86]

마) 그 밖에 하천의 보전 및 관리에 지장을 주는 행위로서 대통령령으로 정하는 행위[87]

(4) 권한의 위임·위탁 등

1) 시·도지사 등에 위임 및 재위임

국토교통부장관의 권한은 그 일부를 시·도지사 또는 소속 기관의 장에게 위임할 수 있으며(법 제92조), 시·도지사는 위임받은 권한의 일부를 국토교통부장관의 승인을 얻어 시장·군수·구청장에게 재위임할 수 있다.

2) 기관 또는 단체 위탁

국토교통부장관의 업무 중 다음의 업무는 대통령령으로 정하는 바에 따라 하천과 관련된 기관 또는 단체에 위탁할 수 있다.

가) 제16조에 따른 유역조사 업무

---

① 법 제33조제4항제1호에서 "대통령령으로 정하는 농약 또는 비료"란 다음 각 호의 어느 하나에 해당하는 것을 말한다.
1.「농약관리법 시행령」별표 1 제1호 중 급성독성의 정도가 Ⅰ급(맹독성) 또는 Ⅱ급(고독성)인 농약과 같은 표 제2호가목 중 미꾸라지에 대한 어독성이 Ⅰ급 또는 Ⅱs급인 농약
2.「비료관리법 시행령」별표 1에 따른 중금속의 위해성기준을 초과하는 비료
3.「비료관리법」제4조에 따라 고시된 비료의 공정규격에 퇴비의 원료로 사용하지 못하도록 규정되어 있는 물질을 사용하여 제조한 비료
85) ② 법 제33조제4항제2호에서 "대통령령으로 정하는 골재채취 등 하천 및 하천관리시설을 훼손하거나 훼손할 우려가 있는 행위"란 다음 각 호의 어느 하나에 해당하는 행위를 말한다.
  1. 퇴적구간을 우선 채취하여야 한다는 원칙에 위배되는 채취 행위
  2. 하천 상류측에서 하류측으로 채취하거나 하천 양쪽 기슭[양안]에서 중심으로 채취하는 행위
  3. 하천구역에 골재를 쌓아 두는 행위. 다만, 해당 하천관리청이 하천관리상 지장이 없다고 인정하여 허용한 범위에서는 채취한 골재를 쌓아 두거나 선별 또는 세척할 수 있다.
  4. 평탄하게 골고루 채취하지 아니하여 웅덩이가 생기도록 채취하는 행위
  5. 골재채취 후 하천 바닥에 남아 있는 토석을 정리하지 아니하고 방치하는 행위
86) ③ 법 제33조제4항제4호 단서에서 "대통령령으로 정하는 행위"란 구조물의 구조 강도를 유지하기 위하여 불가피한 고정구조물을 설치하는 행위를 말한다.
87) ④ 법 제33조제4항제5호에서 "대통령령으로 정하는 행위"란 다음 각 호의 행위를 말한다. [개정 2009.11.16]
  1. 하천의 비탈면 및 바닥을 훼손할 우려가 있는 죽목·갈대·목초 또는 수초 등 식물을 채취는 행위
  2. 선박사고가 자주 발생하는 지역 또는 선박운항 구간이 중복되는 지역에서의 선박운항 행위 또는 물놀이 행위
  3. 하천으로 통행하기 어렵게 하는 공작물을 설치하는 행위
  4. 온실(비닐하우스를 포함한다) 및 이와 유사한 시설을 설치하는 행위

나) 제17조에 따른 수문조사 업무

다) 제18조에 따른 수문조사의 표준화 업무, 수문조사 종사자에 대한 교육훈련 업무 및 수문조사시설의 유지·관리

라) 제19조에 따른 수문조사기기의 검정 및 검정수수료 징수 업무

마) 제21조에 따른 홍수위험지도 작성 업무

바) 제22조에 따른 수자원 자료의 정보화 업무

사) 제27조제5항에 따라 국토교통부장관이 시행하는 국가하천 시설 및 구간의 유지·보수 업무

아) 제40조에 따른 댐등에서의 수문조사 업무(댐 하류구역의 수문조사는 댐 운영에 필요한 주요지점에 한한다)

(5) 복합허가사항의 일괄처리 등

법 제30조제1항(하천관리청이 아닌 자의 하천공사), 법 제33조제1항(하천의 점용허가) 또는 법 제50조 제1항(하천수의 사용허가 등)에 따른 허가사항이 2개 이상 서로 중복되거나 관련되는 경우로서, 별표 2의 구분에 따른 주된 허가사항과 그와 중복 또는 관련되는 허가사항에 관한 권한이 해당 하천관리청에 속하는 경우에는 주된 허가사항에 그와 중복 또는 관련되는 허가사항을 포함하여 허가할 수 있다(법 시행령 제32조).

또한, 별표 2의 구분에 따른 주된 허가사항에 관한 권한과 그와 중복 또는 관련되는 허가사항에 관한 권한이 제105조(권한의 위임)에 따라 서로 다른 기관에 속하게 된 경우에는 제105조에도 불구하고 주된 허가사항에 관한 권한을 가진 기관이 주된 허가사항에 그와 중복 또는 관련되는 허가사항을 포함하여 허가할 수 있다. 이 경우 주된 허가사항에 관한 권한을 가진 기관의 장은 그와 중복 또는 관련되는 허가사항에 관한 권한을 가진 기관의 장과 미리 협의하여야 한다.

[별표 2] 〈개정 2016. 6. 28.〉 복합허가사항(제32조 관련)

주된 허가사항	중복 또는 관련되는 허가사항
1. 법 제30조에 따른 관리청이 아닌 자의 하천공사의 시행 및 유지·보수	가. 법 제33조제1항제1호에 따른 토지의 점용 나. 법 제33조제1항제2호에 따른 하천시설(댐은 제외한다)의 점용 다. 법 제33조제1항제3호에 따른 공작물(댐 및 하구둑은 제외한다)의 신축·개축·변경 라. 법 제33조제1항제4호에 따른 토지의 굴착·성토·절토, 그 밖의 토지의 형질변경 마. 법 제33조제1항제5호에 따른 토석·모래·자갈의 채취
2. 법 제33조제1항제2호에 따른 하천시설(댐 및 하구둑은 제외한다)	가. 법 제33조제1항제1호에 따른 토지의 점용 나. 법 제33조제1항제4호에 따른 토지의 굴착·성토·절토, 그 밖의 토지의 형질변경

의 점용	
3. 법 제33조제1항제3호에 따른 공작물(댐 및 하구둑은 제외한다)의 신축·개축·변경	가. 법 제33조제1항제1호에 따른 토지의 점용 나. 법 제33조제1항제2호에 따른 **하천시설**(댐은 제외한다)의 점용 다. 법 제33조제1항제4호에 따른 토지의 굴착·성토·절토, 그 밖의 토지의 형질변경 라. 법 제33조제1항제5호에 따른 토석·모래·자갈의 채취 마. 법 제50조제1항에 따른 하천수의 사용
4. 법 제50조제1항에 따른 하천수(하천바닥에 스며들어 흐르는 물을 포함한다)의 사용	가. 법 제33조제1항제1호에 따른 토지의 점용 나. 법 제33조제1항제2호에 따른 **하천시설**(댐은 제외한다)의 점용 다. 법 제33조제1항제3호에 따른 공작물(댐 및 하구둑은 제외한다)의 신축·개축·변경 라. 법 제33조제1항제4호에 따른 토지의 굴착·성토·절토, 그 밖의 토지의 형질변경
5. 법 제33조제1항제4호에 따른 토지의 굴착·성토·절토, 그 밖의 토지의 형질변경	가. 법 제33조제1항제1호에 따른 토지의 점용 나. 법 제33조제1항제6호에 따른 식물의 식재 다. 법 제50조제1항에 따른 하천수의 사용
6. 법 제33조제1항제5호에 따른 토석·모래·자갈의 채취	가. 법 제33조제1항제1호에 따른 토지의 점용 나. 법 제33조제1항제2호에 따른 하천시설(댐은 제외한다)의 점용 다. 법 제33조제1항제3호에 따른 공작물(댐 및 하구둑은 제외한다)의 신축·개축·변경 라. 법 제33조제1항제4호에 따른 토지의 굴착·성토·절토, 그 밖의 토지의 형질변경
7. 법 제33조제1항제6호 및 이 영 제35조제1항제2호에 따른 식물의 식재	가. 법 제33조제1항제1호에 따른 토지의 점용 나. 법 제33조제1항제4호에 따른 토지의 굴착·성토·절토, 그 밖의 토지의 형질변경
8. 법 제33조제1항제6호 및 이 영 제35제1항제4호에 따른 스케이트장, 유선장·도선장 및 계류장(유선장·도선장 및 계류장은 부유식인 경우로 한정한다. 이하 이 호에서 같다)의 설치를 위한 하천점용	가. 법 제33조제1항제1호에 따른 토지의 점용 나. 법 제33조제1항제3호에 따른 공작물(스케이트장, 유선장·도선장 및 계류장에만 해당한다)의 신축·개축 또는 변경을 위한 하천점용 다. 법 제33조제1항제4호에 따른 토지의 굴착·성토·절토, 그 밖의 토지의 형질변경
9. 법 제33조제1항제6호에 따른 선박의 운항	가. 법 제33조제1항제3호에 따른 공작물(선박을 접안하거나 계류하는 시설만 해당한다)의 신축·개축 또는 변경 나. 법 제33조제1항제4호에 따른 토지의 굴착·성토·절토, 그 밖의 토지의 형질변경(선박을 접안하거나 계류하는 시설만 해당한다)

※ 비고
주된 허가사항은 법 제33조제1항에 따라 하천점용허가를 받으려는 주된 목적을 기준으로 정한다.

소　장

원고　　주식회사 ○○
　　　　서울시 금천구 ○○동 ○-○번지
　　　　(전화 000-000, 팩스 000-000)
피고　　1. 서울지방국토관리청장
　　　　2. 서울특별시장
하천점용허가신청반려처분취소

청구취지

1. 피고 서울특별시장이 2005. 5. 2. 원고에게 한 전기사업허가신청 불허가처분과 피고 서울지방국토관리청장이 2005. 5. 12. 원고에게 한 하천점용허가신청 반려처분을 각 취소한다.

2. 소송비용은 피고가 부담한다.

라는 판결을 구합니다.

청구원인

1. 처분의 경위

(1) 원고는 2003. 12. 15. 대중골프장 운영업 등을 목적사업으로 하여 설립된 이후 2004. 11. 9. 전력 생산업 및 판매업을 목적에 추가하였고, 원고의 주식 70%를 인수한 주식회사 ○○수력은 강원 정선군 ○○읍 ○○2리 산○○에서 발전설비용량 2,600kw의 ○○소수력발전소를 운영하고 있습니다.

(2) 위 주식회사 ○○수력은 2004. 9. 7. 한강홍수통제소장(건설교통부 산하기관)에게 소수력발전소 건설을 위한 유수인용허가 가능여부에 관하여, 피고 서울지방국토관리청장에게 하천점용허가 가능여부에 관하여 각 질의를 하였습니다.

(3) 한강홍수통제소장은 2004. 9. 14. 유입.유출수로에 취수.방류량을 확인할 수 있는 유량계가 설치되고 하류 및 인근 기득수리권에 영향이 없다면 유수사용은 가능할 것이나 하천정비기본계획, 토지이용계획, 주변의 하천상황 등 제반 여건을 감안하여 하천관리청의 종합적인 검토가 이루어져야 할 것이라고 회신하였습니다.

(4) 피고 서울지방국토관리청장은 2004. 9. 13. 한강시민공원사업소장(서울특별시 산하기관, 변경 후 명칭 한강사업본부)에게 위 하천점용허가 가능여부에 관한 질의에 대한 의견을 조회하였고, 한강시민공원사업소장은 다시 피고 서울특별시장 및 서울특별시 소속기관의 장들에게 의견을 조회한 후 회신된 의견을 종합하여 2004. 10. 27. 피고 서울지방국토관리청장에게 회신하였습니다. 그리하여 피고 서울지방국토관리청장은 2004. 11. 5. 주식회사 ○○수력에게 하천구역에 설치예정인 시설물에 대한 상세도면이 첨부되어 있지 않아 하천유지관리 및 잠실수중보에 미치는 구조적인 영향에 대한 검토가 불가능한 실정이며, 또한 추후 하천점용허가를 신청할 경우에는 한강시민공원사업소장으로부터 받은 회신과 같은 아래 사항을 보완하여 신청서를 작성.제출하여야 하천점용허가 여부를 검토할 수 있다고 회신하였습니다(괄호안의 내용은 위 각 의견조회 및 회신의 과정에서 당해 사항을 최초로 요구한 부서를 표시한 것으로서, 한강시민공원사업소장의 피고 서울지방국토관리청장에 대한 회신 및 위 피고의 주식회사 ○○수력에 대한 회신에는 표시되어 있지 않음).

1) 하천법 제33조 규정에 의한 구비서류 및 시설물 설치에 따른 잠실수중보의 구조적 안정에 대한 검토서를 첨부할 것(피고 서울지방국토관리청장)

2) 당해 지역은 상수원보호구역이므로 보호구역 안에서의 공사에 따른 행위허가서류를 첨부하여야 함(서울특별시 하천과장)

3) 이·치수기능, 환경관리의 기본정비 방향에 저촉되지 않도록 하여야 하고 상수원 취수 등 용수이용, 하천유지 유량에 영향이 없도록 하여야 함(서울특별시 취수과장)

4) 갈수기에도 수돗물 원수 취수에 영향을 미치지 않도록 팔당댐 방류량이 150cm 이상일 때에만 발전기를 가동하도록 계획하여야 함(서울특별시 상수도사업본부장)

5) 잠실수중보 북측에 발전소를 건설할 경우 맞은편 풍납취수장의 안정적인 원수 취수 및 수질에 미칠 영향에 대한 전문가 분석자료를 첨부하여야 함(서울특별시 상수도사업본부장)

6) 기존교량 구조물의 안전성 및 유지관리 등에 문제가 없도록 발전소 구조물은 기존의 구조물에서 충분한 이격거리를 확보하고 세굴이 발생하지 않도록 하여야 함(서울특별시 건설안전본부장)

7) 협의 지역은 생태계복원을 위하여 향후 어도를 설치할 계획이 있는 지역이므로 소수력 발전소건립으로 어도건설에 지장이 없도록 하여야 함(한강시민공원사업소장)

(5) 원고는 2004. 11.경 수력발전소건설사업 기본 및 실시설계 용역계약을 체결한 후, 이와 같이 피고의 처분은 위법한 행정처분이 아닐 수 없으므로, 싱기와 같이 원고의 행징처분의 취소를 구하는 행정소송에 이르게 되었습니다.

서울 광진구 자양동 704-7 제방(소유자 서울특별시) 및 서울 광진구 자양동 571 하천(소유자 국) 소재 잠실대교 아래 수중보의 강북 지역 인근의 제방 및 하천(이하 '이 사건 사업부지'라 한다)에 발전설비용량 2,480kw(248kw×10대)의 소수력발전소(이하 '이 사건 발전소'라 한다)를 설치하기로 하고, 2004. 12. 20. 피고 서울지방국토관리청장에게 한강수력 개발공사에 따른 공작물 설치를 목적으로 하는 하천점허가를, 2004. 12. 23. 피고 서울특별시장에게 전기사업(발전설비용량 3,000kw 이하의 발전사업)허가를 각 신청하였습니다.

(6) 하천점용허가를 신청받은 피고 서울지방국토관리청장은 2004. 12. 29. 피고 서울특별시장에게 잠실수중보 및 한강의 유지관리측면에서의 지장 여부 등에 관한 의견조회를 요청하였습니다. 한편, 전기사업허가를 신청받은 피고 서울특별시장은 2005. 1. 11. 한국수자원공사, 한국수력원자력 주식회사, 광진구 등 관련기관에 의견을 조회한 후 2005. 3. 8. 및 2005. 3. 29. 2회에 걸쳐 원고에게 발전사업의 경제적.기술적 타당성 검토 및 공익장애 저촉 여부 등을 종합적으로 검토하고 있어 전기사업허가의 최종결정이 늦어지고 있으며, 재무능력 판단자료와 기술능력 세부계획서 내용을 보완.제출하여 달라는 취지의 중간회신 및 보완요청을 하였습니다. 이후 피고 서울특별시장은 2005. 3. 11. 제1차 자문회의(건설기획국 치수과 주관, 향후 종합적인 검토를 거쳐 허가 여부를 결정한 후 하천점용허가여부에 대한 검토의견을 피고 서울지방국토관리청장에게 회신하기로 함), 2005. 3. 21. 제2차 자문회의(산업국소비자보호과 주관, 한강주운계획에 의거 확보된 갑거설치 예정부지인 이 사건 사업부지의 장래 이용계획 및 서울특별시의 발전소 사업 직접 추진시의 장.단점 등을 토의한 후, 종합적인 판단을 위하여 정책회의에 상정하기로 함), 2005. 4. 29. 정책회의(산업국 소비자보호과 주관, 이 사건 사업부지는 한강주운계획에 의거하여 조성된 부지로서 발전소 설치시 장래 갑거설치 등 공익목적에 위반되므로 사업허가가 곤란한 것으로 결정함)를 거쳐 2005. 5. 2. "이 사건 사업부지는 한강종합개발계획(주운계획)에 따라 조성된 갑거설치 예정부지로서 반영구적인 발전시설을 설치하게 되면 향후 갑거설치 등 공익목적으로 활용이 불가하다"는 이유로 원고의 전기사업허가신청에 대하여 불허가처분(이하 '이 사건 불허가처분'이라 한다)을 하는 한편, 2005. 5. 9. 피고 서울지방국 토관리청장에게 위 불허가처분과 같은 내용의 검토의견을 회신하였습니다. 이에 피고 서울지방국토관리청장은 2005. 5. 12. 관련기관인 피고 서울특별시장으로 부터 통보받은 의견과 같은 이유로 원고의 하천점용허가신청을 반려하였습니다(이하 '이 사건 반려처분'이라 함).

2. 처분의 위법성

(1) 한강종합개발계획(주운계획, 이하 '한강주운계획'이라 한다)의 부존재

이 사건 각 처분은 한강주운계획과 그에 따른 갑거설치계획을 그 이유로 하고 있으나, 한강주운계획은 ① 1982년경 제2차 국토종합개발계획 및 1984년경 한강종합개발 계획의 수립 당시에만 거론되었을 뿐 아니라 당시에도 한강주운계획의 구체적인 방안도 없었고, 그 한강주운계획의 실현을 위한

갑거설치계획도 수립만 되었을 뿐 착공된 바 없으며, 건설교통부와 서울특별시의 담당자도 구체적인 계획이 없다고 답변한 바 있어 이를 구체적인 행정계획이라 할 수 없고, ② 잠실수중보 상류지역은 상수원보호 구역으로 지정되어 수도법 등 관계법령에 의하여 화물선의 통항이 금지되고, 잠실수중보 상류의 암사동습지 및 고덕동 한강고수부지는 생태계보전지역으로 지정되어 자연환경보전법에 의하여 위 지역의 하천 준설행위가 불가능하고, 한강개발로 인해 영월댐, 단양댐, 팔당댐, 충주댐 등이 건설되어 한강 상·하류간 수상운송계획이 사실상 실현 불가능하며, 팔당댐까지 올림픽대로와 강변북로 및 자유로가 연결되어 있는 상황에서 갑거통과에만 약 15분 이상이 걸리는 수상운송은 경제적으로도 타당하지 않아, 결국 그 목적 달성이 불가능하고, ③ 서울특별시는 2000년경 새서울 우리한강기본계획을 수립하여 이 사건 부지상의 갑거설치계획을 어도설치계획으로 변경하였고, 2004년경 생태계복원을 위한 '한강르네상스 프로젝트'에 따라 잠실수중보의 남·북측에 각 어도설치계획을 수립하여 남측에는 이미 어도설치를 마쳤고 북측에는 76억 원 상당의 예산을 편성하여 어도설치를 계획하는 등 한강주운계획과 전혀 양립할 수 없는 계획을 수립함으로써 이를 폐기한 것이므로, 한강주운계획에 따른 갑거설치계획을 이유로 한 이 사건 처분은 위법합니다.

(2) 전기사업허가의 기속성(이 사건 불허가처분에 관하여)

전기사업허가는 관계법상의 요건을 충족하는 경우 행정청이 이를 반드시 허가하여야 하는 기속행위이므로, 행정청은 관계법규에서 정하는 제한사유 이외의 사유를 들어 허가신청을 거부할 수 없는데, 관계법상의 요건을 모두 충족한 원고의 허가신청에 대하여 관계법규와 전혀 관련없는 한강주운계획을 이유로 불허가처분한 피고 서울특별시장의 이 사건 불허가처분은 위법합니다.

(3) 비례의 원칙 위반

피고가 이 사건 각 처분을 통해 추구하는 공익목적은 앞서 주장한 바와 같이 사실상 존재하지도 않고 법적·경제적으로 실현이 불가능하며 이미 폐기되기까지 한 한강주운계획을 실현한다는 것으로서 그 공익목적의 가치가 미미함에 반하여, 이 사건 각 처분으로 인하여 침해되는 이익은 원고가 이 사건 발전소의 설계 등을 위해 들인 막대한 비용과 노력 뿐 아니라 친환경적인 에너지원의 개발을 통한 지역개발의 촉진과 그로 인한 경제적 파급효과 및 관련 기술의 수출산업화 등 공·사익에 걸친 중요한 법익이므로, 이 사건 각 처분이 추구하는 목적과 그로 인하여 침해되는 이익 사이에는 현저한 불균형이 존재하여 비례관계에서 벗어난 것이 분명하므로, 이 사건 각 처분은 위법합니다.

(4) 신뢰보호의 원칙 위반

원고는 2004. 5.경 이 사건 사업부지 주변에 대하여 1억 5천만 원을 들여 환경조사를 시행한 후 피고 서울국토관리청장 및 한강홍수통제소에 이 사건 발전소의 설립을 위한 하천점용허가 및 유수 인용허가 등에 관한 질의를 하여, 일정한 조건을 충족시키는 경우에는 하천점용허가 및 발전소설치가 가능하다는 의사표명을 받았고, 나아가 피고 서울국토관리청장과 피고 서울특별시장 및 한강시민공원사업소장 등은 이 사건 발전소 사업의 법적 타당성을 검토하면서 서로간의 의견회신을 통하여 공사 시공에 따른 환경 및 주변여건에 대한 세부적인 조치만 완료되면 허가가 가능하다는 취지의 견해를 표명하였고, 원고는 위와 같은 피고들의 공적 견해표명 및 협의과정에서의 긍정적인 의견들을 신뢰하여 발전소건설의 설계용역, 수리영향검토용역, 홍보관 설계용역 등에 총 8억여 원을 지출하였던바, 이 사건 각 처분으로 인하여 피고들의 공적 견해표명을 신뢰한 원고의 보호가치 있는 이익이 침해되었으므로, 이 사건 각 처분은 신뢰보호의 원칙에 위배되어 위법합니다.

3. 결론

이와 같이 피고의 처분은 위법한 행정처분이 아닐 수 없으므로, 상기와 같이 원고의 행정처분의 취소를 구하는 행정소송에 이르게 되었습니다.

입증방법

   1. 갑 제1호증
   2. 갑 제2호증
   3. 갑 제3호증
   4. 갑 제4호증

첨부서류

   1. 위 각 입증방법   각 1부
   2. 송달료 납부서
   3. 소장부본

20 . . .
위 원고   (날인 또는 서명)

서울행정법원   귀중

당해판례

2006구합 28260

1. 하천점용허가신청에 대한 이 사건 반려처분의 적법 여부에 관한 판단

가. 판단의 기본 원칙

하천법령의 규정취지에 비추어 볼 때, 이 사건과 같은 하천점용에 관한 허가 여부는 관리청의 자유재량에 속하는 것으로서 관리청은 그 허가 여부를 결정할 시점을 기준으로 신청내용에 따라 개별적으로 허가기준에의 부합 여부나 공공의 안전과 이익에 미치는 영향 등을 심사하는 것이므로, 관리청의 판단이 객관적이고 합리적이 아니라거나 타당하지 않다고 볼 만한 특별한 사정이 없는 이상 행정청의 의사는 가능한 한 존중되어야 할 것이다.

또한 하천법 시행령 제57조 제1항에 의하여 이 사건 사업부지에서의 토지의 점용에 관한 하천점용의 허가권한은 피고 서울특별시장에게 위임되어 있고, 같은 령 제21조에 의하여 피고 서울지방국토관리청장이 위 권한을 대신 행사하는 경우에도 피고 서울특별시장과 협의를 하도록 규정되어 있는바, 이러한 규정의 취지는 피고 서울지방국토관리청장이 공작물 신축행위를 위한 하천점용의 허가여부를 판단함에 있어 토지의 점용의 허가권자인 피고 서울특별시장의 법적 · 정책적 판단을 존중하여야 한다는 것이므로, 결국 이 사건 반려처분에서도 피고 서울특별시장의 판단은 객관적 · 합리적이 아니라거나 타당하지 않다고 볼 만한 특별한 사정이 없는 한 존중되어야 한다.

나. 한강주운계획에 따른 갑거설치계획을 처분의 사유로 삼을 수 있는지 여부

(1) 계획의 존재 및 구체성

위 인정사실들에 의하면, 이 사건 반려처분 당시나 그 이후 현재에 이르기까지 건설교통부나 서울특별시에서 이 사건 사업부지에 갑거설치공사의 구체적인 실시계획을 수립하여 예산을 배정하는 등의 행위에 이르지는 않고 있음을 알 수 있다.

그러나 앞서 인정한 바와 같이, ① 한강주운계획은 1982년경 제2차 국토종합개발계획에서 처음 수립된 이래 현재에 이르기까지 제3차 및 제4차 국토종합개발계획에서 그 내용이 확인되고 있는바, 국토의 균형있는 개발과 이용을 위한 국토종합계획은 다른 법령에 의하여 수립되는 국토에 관한 계획에 우선하며 그 기본이 되고, 국가 및 지방자치단체가 수립하는 각종 계획은 국토종합계획과 조화를 이루어야 한다는 관세법령의 취지에 비추어 보면, 그 존재 자체로 이 사건 반려처분의 이유가 될 수 있다고 봄이 상당할 뿐 아니라, 나아가 ② 건설교통부에서도 제4차 국토종합계획의 세부추진 계획의 일환으로 2001. 7.경 수자원장기종합계획을 수립하여 경인운하사업을 추진하면서 장래 한강주운과의 연계개발을 도모하는 등 내륙주운개발 기본조사를 실시하여 하천의 다목적 활용사업

추진을 계획하였고, 2004. 3.경 한국수자원공사 사장에게 경인운하사업 재검토 용역 추진을 지시하여 그에 따라 한국수자원공사 사장은 2004. 8. 27. DHV컨소시엄과 경인운하사업의 타당성 및 사업계획 검토에 관한 용역 도급계약을 체결하기도 한 점, ③ 서울특별시가 1983년경 이후 한강종합개발계획 관련 각종 보고서 등을 통해 한강주운에 관한 계획을 검토 · 추진해 온 점, ④ 무엇보다도 서울특별시가 1986년 잠실수중보와 이 사건 사업부지에 선박통행에 대비하여 정동형 옹벽 형태의 갑문외벽(길이 142.50m, 높이 11.50m)을 건설하였고, 그 이후에도 갑거설치를 위한 실시설계 등을 하면서 수차례에 걸쳐 갑문의 규모 및 용도, 한강주운을 위한 현행법령상의 저해요인 등을 검토해 온 결과, 실제 갑문공사는 중단되었지만 현재까지도 갑문외벽 및 철제빔이 그대로 남아있는 점 등에 비추어 보면, 한강주운계획과 그에 따른 갑거설치계획은 어느 정도 구체화된 것이고 다만 예산배정의 시기 및 효율성 등을 감안한 세부적인 이

용형태 등의 문제만이 확정되지 않았을 뿐인 것으로서 이 사건 반려처분의 사유가 될 수 있다고 봄이 상당하다.

(2) 목적달성의 가능성

원고는 한강주운계획 자체가 수도법, 자연환경보전법 등 현행 법령에 위배되고, 기술적 가능성, 경제성, 효율성 등의 면에서도 그 목적달성이 불가능하다고 주장한다. 그러나 ① 상수원보호구역 내에서의 통항의 문제는 현행법령상 상수원을 오염시킬 명백한 위험이 있는 행위로서 '뱃놀이' 및 동력선을 이용한 '어로행위'만이 금지되고 있을 뿐이어서 바지선 등을 이용한 화물운송이 완전히 금지되어 있는 것은 아닐 뿐 아니라, 이는 화물선의 하수처리와 상수도의 취수 및 정화에 관한 제도정비 및 기술개량 등의 방법을 통해 충분히 해결할 수 있는 문제이고, ② 자연환경보전법상 생태보전지역으로 지정된 곳은 현행법령상 '하천의 구조를 변경하거나 수위 또는 수량에 증감을 가져오는 행위'만이 금지되어 있는바, 선박운송을 위하여 현재 생태보전지역으로 지정된 곳에 위와 같은 행위가 필요함을 인정할 자료가 없을 뿐 아니라, 위와 같은 금지행위도 당해 지역의 보전에 지장이 없거나 환경부장관과 협의할 경우에는 허용되는 것이 므로 한강주운계획이 현행법령에 저촉된다고 볼 수 없으며, ③ 기술적 가능성, 경제성 및 효율성의 문제에 관하여 보더라도, 그 판단에 관한 사항은 고도의 정치적 성격을 띠거나 국가적 이익과 관련되는 행위로서 그것이 객관적이고 합리적이지 않음이 명백할 경우에만 이를 위법사유로 삼을 수 있을 것인바, 앞서 본 인정사실들 및 이 사건 변론에 현출된 모든 자료들과 "대륙과 해양을 잇는 국토의 지리적 특성이 최대한 발휘되도록 하여야 한다"고 규정한 국토기본법의 취지를 고려하면, 한강주운계획이 기술적 으로는 소규모 댐 및 갑거설치로 인한 수위극복 · 굴착기술의 발달 등의 측면에서, 경제적으로는 골재 채취로 인한 비용절감 · 물류이동 비용의 절감, 고용창출 등의 측면에 서, 효율적으로는 내륙지역에 집중된 국토

의 균형발전·수자원 확보·미래 레저산업의 기반·내륙지역에 육상운송으로는 불가능한 규모의 직접수송 등의 측면에서 충분히 타당한 것으로 판단한 피고 서울특별시장의 판단이 합리적이지 않다고 볼 수 없으므로, 한강주운계획은 그 목적 달성이 불가능하다고 볼 수 없다.

(3) 한강주운계획의 폐기 여부

위 인정사실들에 의하면, 서울특별시가 이 사건 사업부지 및 잠실수중보 강남지역에 어도설치를 위한 계획을 검토하면서 한강주운계획의 문제점 등을 검토한 사실은 인정할 수 있지만, 앞서 본 바와 같이 한강주운계획은 국토종합계획으로서 현재까지도 여전히 존재하고 있고, 국토종합계획은 다른 법령에 의하여 수립되는 국토에 관한 계획에 우선하며 그 기본이 되고 국가 및 지방자치단체가 수립하는 각종 계획은 국토종합계획과 조화를 이루어야 한다는 관계법령의 취지에 비추어 보면, 어도설치를 계획했다거나 한강주운계획의 문제점을 내부적으로 검토했다는 등의 사정들만으로 한강주운계획과 그에 따른 갑거설치계획이 폐기되었다고 볼 수는 없다.

다. 비례의 원칙 위반 여부

앞서 살핀 바와 같은 한강주운계획의 성격.구체성 및 실현가능성 등과 함께 위 인정사실들에 의하여 인정되는 바와 같은, ① 피고 서울특별시장은 약 132억 원의 예산으로 잠실수중보를 건설하면서 남한강주운계획 등과 연계한 경제적 개발을 촉진하고 한강의 다목적 이용에 기여하며, 한강 상.하류 간 선박의 주운을 연결하기 위하여 이 사건 사업부지를 갑거설치 예정부지로 확보한 점, ② 피고 서울특별시장도 1989년경 이미 잠실수중보를 이용한 소수력발전소의 경제적 타당성이 있는 것으로 검토하였으나 한강주운을 위한 갑거설치를 위하여 이를 한강주운계획에 포함시키지는 아니했던 점, ③ 이 사건 사업부지에 한강주운을 위하여 갑거를 설치하는 대신 소수력발전소를 설치하여야만 하는 특별한 사정이 존재하는 것도 아닌 점 등을 종합하면, 이 사건 반려처분은 한강주운을 위한 갑거설치 예정부지를 계속 확보하기 위한 공익상의 필요에 기한 것으로서 그 행정목적에 적합하고 상당성을 가진 것이라고 인정할 수 있고, 그로 인하여 침해될 우려가 있는 원고의 사익 등을 고려한다고 하더라도 이 사건 반려처분에 재량권 일탈 내지 남용의 위법이 있다고 할 수 없다.

라. 신뢰보호의 원칙 위반 여부

일반적으로 행정상의 법률관계에 있어서 행정청의 행위에 대하여 신뢰보호의 원칙이 적용되기 위하여는, 첫째 행정청이 개인에 대하여 신뢰의 대상이 되는 공적인 견해표명을 하여야 하고, 둘째 행정청의 견해표명이 정당하다고 신뢰한 데에 대하여 그 개인에게 귀책사유가 없어야 하며, 셋째 그 개인이 그 견해표명을 신뢰하고 이에 상응하는 어떠한 행위를 하였어야 하고, 넷째 행정청이 위 견해표명에 반하는 처분을 함으로써 그 견해표명을 신뢰한 개인의 이익이 침해되는 결과가 초래되어야 하며, 마지막으로 위 견해표명에 따른 행정처분을 할 경우 이로 인하여 공익 또는 제3자의 정당한 이익을 현저히 해할 우려가 있는 경우가 아니어야 할 것이다(대법원 2001. 9. 28. 선고 2000두8684 판결 등 참조).

그런데, 위 인정사실들에 의하면, 피고 서울특별시장 및 그 소속기관들이 역시 피고 서울특별시장의 소속기관인 한강시민공원사업소장에게 한 회신이나, 위 한강시민공원 사업소장이 피고 서울지방국토관리청장에게 한 회신은, 각 소관분야의 업무를 담당하는 부서의 입장에서 일반적으로 하천점용허가를 신청함에 있어서 보완되어야 할 사항을 내부적으로 안내한 것에 불과하고, 이를 토대로 하여 피고 서울지방국토관리청장이 원고에게 통보한 것 또한 원고가 일반적으로 보완되어야 할 위 사항들을 보완하여 하천점용허가를 신청하는 경우에 하천점용허가 여부에 대하여 다시 검토하겠다는 취지의 내용에 불과할 뿐이어서, 원고의 하천점용허가신청이 있는 경우 그 허가를 해주겠다는 등의 공식적인 견해표명이 있었다고 보기는 어려우므로, 이 부분 원고의 주장도 더 살필 필요 없이 받아들이지 아니한다.

마. 소결

따라서, 피고 서울지방국토관리청장의 이 사건 반려처분은 적법하다.

2. 전기사업허가신청에 대한 이 사건 불허가처분의 적법 여부에 관한 판단

전기사업법은 제7조 제5항에서 허가의 기준을 규정하면서 제2호에서 '전기사업이 계획대로 수행될 수 있을 것'을 요구하고 있고, 같은 조 제6항에서 허가의 세부기준과 절차에 관하여는 산업자원부령으로 정하도록 하고 있으며, 전기사업법 시행규칙은 제4조 제1항 제10호에서 이 사건과 같은 발전설비용량 3,000kw 이하의 발전사업의 허가를 받고자 하는 자는 하천점용허가 등의 허가사실을 증명할 수 있는 허가서의 사본 또는 허가신청 중인 경우에는 그 신청서의 사본을 제출하도록 하고 있고, 제7조에서 허가심사의 기준으로 재무능력과 기술능력의 심사기준에 관하여는 구체적으로 규정하고 있으나, '전기사업이 계획대로 수행될 수 있을 것'에 관하여는 구체적인 심사기준을 규정하지 않고 있다.

위와 같은 관련법령을 유기적으로 해석하면, 전기사업용 수력발전소를 설치하는 경우에 하천점용허가는 '전기사업이 계획대로 수행될 수 있을 것'의 핵심적인 사항의 하나로서, 전기사업법 시행규칙 제4조 제1항 제10호에서 '허가신청 중인 경우에는 그 신청서의 사본'을 제출하도록 하고 있더라도, 이는 단순히 형식적으로 그 신청서를 요구하는 취지가 아니라, 전기사업이 계획대로 수행될 수 있다고 판단하기 위해서는 하천 점용허가를 얻을 것을 필요로 하되, 다만 하천점용허가절차와 전기사업허가절차를 동시에 진행할 수 있도록 위와 같이 규정한 것으로 봄이 상당하다. 따라서 수력발전소 설치를 위한 하천점용허가신청이 반려되고, 그 반려처분이 취소되지 않고 있는 한, 피고 서울특별시장이 원고의 전기사업허가신청에 대하여 불허가처분을 한 것은 전기사업허가가 재량행위인지 여부를 떠나 적법하다고 할 것이고, 적어도 위 '전기사업이 계획대로 수행될 수 있을 것'에 대한 판단행위 자체는 재량행위라 봄이 상당하고 하천점용허가신청이 반려된 이상 위 요건이 충족되지 않았다고 본 피고 서울특별시장의 판단이 객관적이거나 합리적이지 않다고 볼 수 없으므로, 피고 서울특별시장의 불허가처분이 위법하다는 원고의 주장은 더 살필 필요 없이 받아들이지 아니한다.

9. 담배제조업허가신청거부

(1) 담배사업법의 목적 등

담배사업법은 담배의 제조 및 판매 등에 관한 사항을 정함으로써 담배 산업의 건전한 발전을 도모하고 국민경제에 이바지하게 함을 목적으로 한다. 이 법에서 "담배"란 연초(煙草)의 잎을 원료의 전부 또는 일부로 하여 피우거나, 빨거나, 증기로 흡입하거나, 씹거나, 냄새 맡기에 적합한 상태로 제조한 것을 말하며, "저발화성담배"란 담배에 불을 붙인 후 피우지 아니하고 일정시간 이상 방치할 경우 저절로 불이 꺼지는 기능을 가진 담배로서 제11조의5제2항에 따른 인증을 받은 담배를 말한다.

(2) 담배제조업의 허가 등

1) 허가 및 변경신청

담배제조업을 하려는 자는 대통령령으로 정하는 바에 따라 기획재정부장관의 허가를 받아야 한다.[88] 허가받은 사항 중 대통령령으로 정하는 중요한 사항을 변경할 때에도 또한 같다.[89] 기획재정부장관은

---

88) 법 시행령 제2조 (담배제조업허가)

　①담배사업법(이하 "법"이라 한다) 제11조제1항 전단의 규정에 의하여 담배제조업의 허가(이하 "담배제조업허가"라 한다)를 받고자 하는 자는 다음 각호의 사항을 기재한 담배제조업허가신청서에 기획재정부령이 정하는 서류를 첨부하여 기획재정부장관에게 제출하여야 한다.

　1. 신청인의 인적사항
　2. 주된 사무소 및 제조장의 소재지
　3. 자본금
　4. 제조할 담배의 종류
　5. 연간 생산규모

　②제1항의 규정에 의하여 담배제조업허가신청을 받은 기획재정부장관은 담배제조업허가신청자가 제4조제1항제1호의 규정에 의한 자본금을 갖춘 경우에는 3년 이내에 동항제2호 내지 제4호의 규정에 의한 제조시설·기술인력·실험설비 등을 갖출 것을 조건으로 하여 담배제조업허가를 할 수 있다. 다만, 기획재정부장관은 부득이한 사유가 있다고 인정되는 때에는 1년의 범위안에서 그 기간을 연장할 수 있다.

89) 제3조 (허가사항의 변경)

이에 따라 담배제조업의 허가를 받으려는 자가 대통령령으로 정하는 자본금, 시설, 기술인력, 담배 제조 기술의 연구 · 개발 및 국민건강 보호를 위한 품질관리 등에 관한 기준을 충족한 경우에는 허가를 하여야 한다(법 제11조).

2) 담배제조업허가의 기준

자본금 · 시설기준 · 기술인력 · 담배제조 기술의 연구 · 개발 및 국민건강 보호를 위한 품질관리등에 관한 기준은 다음과 같다(법 시행령 제4조).

가) 자본금 : 300억원 이상일 것

나) 시설기준 : 연간 50억개비(1일 16시간 작업 기준) 이상의 담배를 제조할 수 있는 시설로서 원료가공 부터 궐련제조 및 제품포장에 이르는 일관공정을 갖춘 제조시설을 갖출 것. 다만, 연간 100억개비 미만의 담배를 제조할 때까지는 원료가공시설을 설치하지 아니할 수 있다.

다) 기술인력 : 담배제조 및 품질관리 분야에서 3년 이상의 경력을 가진 5인 이상의 전문기술인력을 보유할 것

라) 담배제조 기술의 연구 · 개발 및 국민건강 보호를 위한 품질관리 : 제품성능 및 품질분석이 가능한 실험설비(항온항습설비 · 연기성분측정장치 · 공기희석률측정기 · 흡인저항측정기)를 구비하 고, 품질관리기준 및 이에 관한 품질관리지침서를 마련할 것

3) 담배제조업허가의 결격사유

다음의 어느 하나에 해당하는 자는 담배제조업허가를 받을 수 없다(법 제11조의2).

가) 미성년자 또는 피성년후견인 · 피한정후견인

나) 파산선고를 받고 복권되지 아니한 자

다) 이 법을 위반하여 징역의 실형을 선고받고 그 집행이 끝나거나(집행이 끝난 것으로 보는 경우를 포함한다) 집행이 면제된 날부터 1년이 지나지 아니한 사람

라) 이 법을 위반하여 징역형의 집행유예를 선고받고 그 유예기간 중에 있는 사람

마) 제11조의4에 따라 담배제조업허가가 취소된 후 2년이 지나지 아니한 자

---

①법 제11조제1항 후단에서 "허가받은 사항중 대통령령이 정하는 중요한 사항"이라 함은 제2조제1항제3호 및 제5호에 규정된 사항의 변경(제4조제1항제2호 단서의 규정에 해당되지 아니하게 되어 원료가공시설을 추가로 설치하여야 하는 경우를 포함한다)을 말한다.
②법 제11조제1항 후단의 규정에 의하여 변경허가를 받고자 하는 자는 담배제조업변경허가신청서에 기획재 정부령이 정하는 서류를 첨부하여 기획재정부장관에게 제출하여야 한다. 이 경우 제4조제1항제2호 단서의 규정에 해당되지 아니하게 되어 원료가공시설을 추가로 설치하고자 하는 경우에는 동규정에 해당되지 아니 하게 된 날부터 6월 이내에 동신청서를 제출하여야 한다.
③제2항 후단의 규정에 의하여 담배제조업변경허가를 받은 자는 변경허가를 받은 날부터 3년 이내에 원료 가공시설을 설치하여야 한다. 다만, 기획재정부장관은 부득이한 사유가 있다고 인정되는 때에는 1년의 범위 안에서 그 기간을 연장할 수 있다.

바) 대표자가 제1호부터 제5호까지의 어느 하나에 해당하는 법인

(3) 담배제조업허가의 취소 등

기획재정부장관은 제조업자가 다음의 어느 하나에 해당하는 경우에는 담배제조업허가를 취소하거나 기획재정부령으로 정하는 바에 따라 1년 이내의 기간을 정하여 그 영업의 정지를 명할 수 있다. 다만, 제1호, 제3호 또는 제4호에 해당하는 경우에는 그 허가를 취소하여야 한다(법 제11조의4).

1) 부정한 방법으로 담배제조업허가를 받은 경우

2) 제11조제2항에 따른 담배제조업허가의 기준을 충족하지 못하게 된 경우

3) 제11조의2 각 호의 결격사유 중 어느 하나에 해당하게 된 경우. 다만, 법인의 대표자가 그 사유에 해당하게 된 경우로서 6개월 이내에 그 대표자를 바꾸어 임명한 경우는 제외한다.

4) 제11조의5제3항에 따른 화재방지성능인증서를 제출하지 아니한 담배를 제조하여 판매한 경우

5) 제12조제3항을 위반하여 담배를 판매한 경우

6) 제25조 또는 제25조의2를 위반한 경우

7) 그 밖에 이 법 또는 이 법에 따른 명령을 위반한 경우

(4) 벌칙

담배제조업허가를 받지 아니하고 담배를 제조한 자 3년 이하의 징역 또는 3천만원 이하의 벌금에 처한다(법 제27조).

[서식] 담배제조업허가신청거부처분취소 청구의 소

소 장

원고   한국담배 주식회사(대표:이민로)
                 충북 음성군 생극면 오생리 38-1
                 (전화 000-000, 팩스 000-000)
피고   재정경제부장관
담배제조업허가신청거부처분취소

청구취지

1. 피고가 2005. 6. 28. 원고에 대하여 한 담배제조업허가신청 거부처분을 취소한다.

2. 소송비용은 피고가 부담한다.

라는 판결을 구합니다.

청구원인

1. 처분의 경위

(1) 원고는 2001. 8. 17. 담배 및 담배관련제품 제조판매업을 목적으로 설립된 법인으로서 2005. 6. 1. 피고에게 담배제조업허가신청을 하였습니다.

(2) 피고는 2005. 6. 28. 원고의 자본금이 약 35억원(자본전입절차따라 약 74억원의 무상증자가 이루어질 경우 자본금은 약 109억원)으로서 담배사업법 제11조 및 같은 법 시행령 제4조 제1항에서 정한 허가기준 중 '300억원 이상의 자본금' 요건을 충족하지 못하였다는 이유로 담배제조업허가신청을 거부하는 처분(이하 '이 사건 처분'이라고 한다)을 하였습니다.

2. 처분의 위법성

원고는 피고가 이 사건 처분의 근거로 내세우는 담배사업법 시행령 제4조 제1항 제1호(이하 '이 사건 시행령 조항'이라고 한다)의 '300억원 이상의 자본금' 기준은, ① 그 기준이 지나치게 높아 새로이 담배제조업을 하고자 하는 자에게 일종의 진입장벽으로 작용한다는 점에서 헌법 제15조에서 규정하고 있는 직업선택의 자유를 침해할 우려가 있고, ② 자본금이 300억원 미만인 중소기업의 담배제조업을 아무런 합리적 근거도 없이 제한한다는 점에서 헌법 제11조에서 규정하고 있는 평등의 원칙에 위반되며, ③ 나아가 중소기업의 경제활동을 본질적으로 침해함으로써 중소기업 보호 · 육성에 관한 헌법 제123조에 반하므로 이 사건 시행령 조항은 위헌적인 법령이라고 할 것이고, 나아가 자본금을 지나치게 높게 규정하여 중소민간기업의 시장진입을 애초부터 불가능하게 함으로써 담배제조시장에 독점권을 폐지하고 자유로운 경쟁체제를 도입하고자 하는 담배사업법의 취지에 반하므로 수권법률인 담배사업법의 내용상 한계를 일탈한 무효인 규정이라고 할 것입니다.

따라서 위와 같은 위헌, 위법적인 법령에 근거한 이 사건 처분은 당연히 취소되어야 합니다.

3. 결론

이와 같이 피고의 처분은 위법한 행정처분이 아닐 수 없으므로, 상기와 같이 원고의 행정처분의 취소를 구하는 행정소송에 이르게 되었습니다.

입증방법

1. 갑 제1호증
2. 갑 제2호증
3. 갑 제3호증
4. 갑 제4호증
5. 갑 제5호증

첨부서류

1. 위 각 입증방법   각 1부
2. 송달료 납부서
3. 소장부본

20 . . .

위 원고   (날인 또는 서명)

서울행정법원 귀중

당해판례

2006구합 27014

(1) 직업선택의 자유 침해 여부

(가) 직업선택의 자유의 의미와 성격

헌법 제15조가 규정하는 직업선택의 자유는 자신이 원하는 직업을 자유로이 선택하고 이에 종사하는 등 직업에 관한 종합적이고 포괄적인 자유를 말하고, 직업결정의 자유, 직업수행의 자유, 영업의 자유, 기업의 자유 등을 포함하고 있어 이러한 영업 및 기업의 자유를 근거로 원칙적으로 누구나가 자유롭게 경쟁에 참여할 수 있으며, 경쟁의 자유는 기본권의 주체가 직업의 자유를 실제로 행사하는 데에서 나오는 결과이므로 당연히 직업의 자유에 의하여 보장되고 다른 기업과의 경쟁에서 국가의 간섭이나 방해를 받지 않고 기업활동을 할 수 있는 자유를 의미한다(헌법재판소 1996. 12. 26. 선고 96헌가18 결정 참조).

(나) 직업선택의 자유의 제한과 한계

직업선택의 자유는 헌법 제37조 2항에 의하여 법률로써 제한할 수 있으나 그와 같이 제한하는 경우에도 그 제한이 공익상의 충분한 이유로 정당화되고, 입법자가 선택한 수단이 의도하는 입법목적을 달성하기에 적정해야 하며, 입법목적을 달성하기 위하여 똑같이 효율적인 수단 중에서 기본권을 되도록 적게 침해하는 수단을 사용하여야 하고, 침해의 정도와 공익의 비중을 전반적으로 비교형량하여 양자사이에 적정한 비례관계가 이루어져야 한다(헌법재판소 1996. 12. 26. 선고 96헌가18 결정 참조).

이 사건에 관하여 보면, 이 사건 시행령 조항은 담배제조를 하고자 하는 자에게 최저자본금 300억원의 요건을 갖출 것을 요구함으로써 직업선택의 자유 중 직업결정의 자유, 기업의 자유, 경쟁의 자유를 제한하고 있고, 그 침해의 정도가 단순한 직업수행의 자유보다 크다고 할 수 있으므로, 보다 엄격한 과잉금지원칙이 적용되어야 할 것이다.

(다) 과잉금지원칙의 위배 여부

① 목적의 정당성

이 사건 시행령 조항의 입법 목적은 담배산업이 국민건강과 직결되는 것으로서 군소생산업체의 난립을 방지하여 담배소비의 증가를 억제하고 국민건강을 저해하는 제품생산을 예방하기 위한 것이고, 담배가격의 대부분이 세금인 점, 최근 급증하고 있는 담배관련소송을 고려하여 재무적 안정을 기할 수 있는 적정규모의 자본금을 설정하기 위한 것이므로, 그 입법목적 자체는 정당하다고 보여진다.

② 방법의 적절성

국가가 어떠한 목적을 달성함에 있어서는 어떠한 조치나 수단 하나만으로서 가능하다고 판단할 경우도 있고 다른 여러 가지의 조치나 수단을 병과하여야 가능하다고 판단하는 경우도 있을 수 있으므로 목적달성에 필요한 유일의 수단선택을 요건으로 하는 것이라고 할 수는 없다. 그러나 그렇다고 하더라도 기본권을 제한하는 방법은 최소한 그 목적의 달성을 위하여 효과적이고 적절하여야 한다(헌법재판소 2002. 4. 25. 선고 2001헌마614 결정 참조).

이 사건에 관하여 보건대, ㉮ 먼저 이 사건 시행령 조항의 입법 목적 중 "군소생산 업체의 난립을 방지하여 담배소비의 증가를 억제하고 국민건강을 저해하는 제품생산을 예방하기 위한 것"이라는 관점에서 보면, 여러 기업들이 시장에 진입하면 기업간 경쟁의 심화, 판촉활동의 강화, 가격.비가격 경쟁이 촉발될 가능성이 높고, 불법·탈법적인 판촉방법을 동원하여 개인들의 담배소비에 영향을 미쳐 담배소비가 증가될 수는 있으나, 위와 같은 목적은 담배에 대한 광고규제, 청소년 흡연의 규제, 간접흡연 규제, 건강경고문구의 삽입 및 성분.첨가물에 대한 규제 등을 통하여 보다 효과적으로 달성될 것으로 보여지고, ㉯ "세금징수, 급증하고 있는 담배관련소송 등에 필요한 재무적 안정을 기하기 위한 것"이라는 관점에서 보면, 이는 이 사건 시행령 조항과 같은 최저자본금 규정에 의하여 궁극적으로 해결될 수는 없고 미국의 보증금제도 등과 같은 제도를 통하여 해결하는 것이 더 효과적이라고 보여지며, 나아가 다른 여러나라에서도 위와 같은 목적을 달성하기 위하여 담배산업에 대한 여러 규제를 하고 있지만 자본금 규모를 통하여 규제하는 입법례를 거의 찾아 볼 수가 없으므로, 위와 같은 목적을 달성하기 위하여 담배제조업체의 최저자본금을 설정하는 것은 적절한 수단이라고 보여지지 아니한다.

③ 피해의 최소성

이 사건 시행령 조항의 입법목적을 달성하기 위하여 담배제조업체의 최저자본금을 통하여 규제하는 것이 적절한 수단이 아니라는 점은 앞서 본 바와 같고, 이 사건 시행령 조항에 의하여 위와 같은 입법목적을 달성할 수 있다고 하더라도 자본금 300억 원 이상을 요구하는 규정은 지나치게 과대하여 민간중소기업들이 이 사건 시행령 조항의 시행 이래 오랫동안 담배제조업 허가를 받지 못하다가 최근에 이르러서야 1곳이 허가를 받을 정도로 담배제조업의 진출을 거의 원천적으로 봉쇄되고 있으므로, 기본권침해의 최소성 원칙에도 어긋나는 방법이라고 할 것이다.

④ 법익의 균형성

앞서 본 바와 같이 이 사건 시행령 조항으로 달성하고자 하는 목적인 공익은 다른 수단들에 의하여 더 효과적으로 달성할 수 있는 반면에, 자본금 요건을 정한 이 사건 시행령 조항으로 인하여 민간중소 기업의 담배제조업 진출이 거의 원천적으로 봉쇄되고 있으므로 직업선택의 자유 중 직업결정의 자유, 기업의 자유, 경쟁의 자유에 대한 침해의 정도가 크다고 할 수 있고, 따라서 이 사건 시행령 조항으로 보호하려고 하는 공익과 기본권의 침해 사이에 현저한 불균형이 있다고 할 것이다.

(라) 소결론
따라서 이 사건 시행령 조항은 과잉금지원칙을 위배하여 직업선택의 자유의 본질적인 내용을 침해한다고 할 것이다.

(2) 평등의 원칙 및 중소기업 보호·육성의무 위반 여부

(가) 헌법 제11조 제1항은 모든 국민은 법 앞에서 평등하다고 규정하여 평등권을 보장하고 있는데 이는 일체의 차별적 대우를 부정하는 절대적 평등을 의미하는 것이 아니라 법을 입법하고 적용함에 있어서 불합리한 차별대우를 하여서는 아니된다는 것이므로 그 차별이 합리적인 근거를 갖는 것이라면 허용되는 것이고(헌법재판소 1997. 3. 27. 선고 93헌마159결정 참조), 헌법 제123조 제3항은 중소기업의 보호를 국가경제의 정책적 목표로 명문화하고 있고 이는 대기업과의 경쟁에서 불리한 위치에 있는 중소기업의 지원을 통하여 경쟁에서의 불리함을 조정하고 가능하면 균등한 경쟁조건을 형성함으로써 대기업과의 경쟁을 가능하게 해야 할 국가의 과제를 담고 있으며, 여기서의 중소기업의 보호는 넓은 의미의 경쟁정책의 한 측면을 의미하므로 중소기업의 보호는 원칙적으로 경쟁질서의 범주내에서 경쟁질서의 확립을 통하여 이루어져야 하고 중소기업의 보호란 공익이 자유경쟁질서 안에서 발생하는 불리함을 국가의 지원으로 보완하여 경쟁을 유지하고 촉진시키려는데 그 목적이 있다고 할 것이다(헌법재판소 1996. 12. 26. 선고 96헌가18 결정 참조).

(나) 이 사건에 관하여 보건대, 이 사건 시행령 조항으로 인하여 담배제조업에 진입하고자 하는 민간중소기업들이 이 사건 시행령 조항의 시행 이래 담배제조업의 진출을 거의 원천적으로 봉쇄당하고 있어 이로 인하여 과거 국산담배제조를 독점하여 온 KT&G에게 기존의 독점권과 비슷한 특혜를 계속 부여하거나 외국의 거대 담배회사들만이 시장에 진입할 수 있게 되었으므로, 이는 민간중소기업들을 대기업인 KT&G나 국내에 진출하여 있는 외국담배회사인 B.A.T., Phillip Morris, JT 등에 비하여 담배제조업 진입에 있어서 지나치게 차별하고 있다고 할 것이고, 위와 같은 차별적 취급으로 인하여 앞서 본 바와 같이 직업선택의 자유에 대한 중대한 제한을 초래하게 되는 점, KT&G를 민영화하고 담배제조의 독점을 해소하여 신규진입을 통한 경쟁여건을 조성하고 이를 통하여 국제경쟁력의 향상, 민간부분의 사업참여기회확대, 민간기업간의 경쟁을 통한 담배의 품질향상을 도모함에 담배제조업허가제를 도입한 취지가 있는 점 등에 비추어 보면, 이러한 차별은 정당화할 합리적인 근거가 없다고 할 것이므로 헌법상 평등의 원칙에 위반된다고 할 것이고, 나아가 대기업과의 경쟁에서 불리한 위치에 있는 중소기업의 지원을 통하여 경쟁에서의 불리함을 조정하고 가능하

면 균등한 경쟁조건을 형성함으로써 대기업과의 경쟁을 가능하게 해야 할 과제가 있음에도 불구하고 중소기업의 시장진입을 과도하게 규제함으로써 오히려 독과점을 초래하고 자유경쟁질서를 후퇴시킨다는 점에서 헌법 제123조 제3항에서 규정하고 있는 중소기업의 보호·육성의무에 위반된다고 할 것이다.

(3) 이 사건 시행령 조항이 담배사업법의 내용상 한계를 일탈하였는지 여부

(가) 헌법 제75조는 대통령은 법률에서 구체적으로 범위를 정하여 위임받은 사항과 법률을 집행하기 위하여 필요한 사항에 관하여 대통령령을 발할 수 있다고 규정하고 있으므로, 위임명령은 법률이나 상위명령에서 구체적으로 범위를 정한 개별적인 위임이 있을 때에 가능하고, 여기에서 구체적인 위임의 범위는 규제하고자 하는 대상의 종류와 성격에 따라 달라지는 것이어서 일률적 기준을 정할 수는 없지만, 적어도 위임명령에 규정될 내용 및 범위의 기본사항이 구체적으로 규정되어 있어서 누구라도 당해 법률이나 상위명령으로부터 위임명령에 규정될 내용의 대강을 예측할 수 있어야 하나, 이 경우 그 예측가능성의 유무는 당해 위임조항 하나만을 가지고 판단할 것이 아니라 그 위임조항이 속한 법률이나 상위명령의 전반적인 체계와 취지, 목적, 당해 위임조항의 규정형식과 내용 및 관련 법규를 유기적, 체계적으로 종합 판단하여야 하고, 나아가 각 규제 대상의 성질에 따라 구체적 개별적으로 검토함을 요한다(대법원 2002. 8. 23. 선고 2001두5651 판결 등 참조)

(나) 이 사건에 관하여 보건대, 이 사건 시행령 조항은 담배제조업 허가기준의 하나로서 자본금 300억원 이상을 요구하고 있는데, 그 입법 목적이 군소생산업체의 난립을 방지하여 담배소비의 증가를 억제하고 국민건강을 저해하는 제품생산을 예방하기 위한 것이고, 담배가격의 대부분이 세금인 점, 최근 급증하고 있는 담배관련소송을 고려하여 재무적 안정을 기할 수 있는 적정규모의 자본금을 설정하기 위한 것인 점, 위와 같은 입법 목적을 살리기 위한 자본금의 대강을 수권법률인 담배사업법에 미리 예측하여 규정하기 어려운 점, 담배는 이를 과도하게 소비하면 소비자의 건강을 해침은 물론 제3자에게도 피해를 줄 뿐만 아니라 의료비용 등 사회적 비용을 증가시키므로 먼저 국민보건이라는 공익을 위하여, 그리고 국가의 재정확보를 위한 목적으로 이를 규제할 필요가 있고 세계 각국에서도 담배산업에 대하여 국민보건 및 재정확보를 위하여 규제를 하는데 특히 국민보건 측면에서 광고를 통하여 담배소비를 조장하는 효과를 제한·방지하기 위한 광고의 규제, 청소년의 흡연 규제, 간접흡연규제, 허가 또는 면허제의 시행 등 다양한 규제를 하고 있는 것과 같이 폭넓은 입법형성의 자유를 가지고 있는 점, 담배사업법 및 그 시행령의 전반적인 규정체계를 고려하여 보면 위임조항인 담배사업법 제11조의 내재적인 위임의 범위나 한계를 확정할 수 있을 뿐만 아니라, 담배제조업의 허가는 금지된 영업의 자유를 회복시켜 주는 것으로서 그 허가기준을 미리 법률로 상세하게 정하기는 입법기술상 매우 어렵고 전문적 능력이 요구되는 점 등을 종합하여 보면 수권법률인 담배사업법 제11조에 더 구체적인 허가기준을 정하지 아니하였다고 하더라도 포괄적 위임에

해당한다고 할 수는 없다.

그런데 담배사업법 제11조의 위임에 따라 그 시행령에 담배제조업의 허가기준을 정함에 있어서 담배제조의 독점을 해소하여 신규진입을 통한 경쟁여건을 조성하고, 이를 통하여 국제경쟁력 향상, 민간부분의 사업참여기회 확대, 민간기업간의 경쟁을 통한 담배의 품질 향상을 도모한다는 허가제의 도입 취지를 벗어나서는 아니된다고 하는 내재적인 한계가 있으므로 담배제조업의 허가기준으로서 최저자본금 규모를 정함에 있어서 충분한 자료를 수집하고 연구를 거쳐 구체적이고 합리적인 근거를 제시하여야 할 것인 바, 이 사건 시행령 조항의 시행으로 인하여 다른 나라들의 입법례나 진입규제를 위하여 자본금 규정을 두고 있는 다른 산업관계법령에 비하여 지나치게 과대하여 민간 중소 기업들의 담배제조업 진출이 거의 원천적으로 봉쇄되고 있다고 할 것이고 이로 인하여 과거 국산담배제조를 독점하여 온 KT&G에게 기존의 독점권과 비슷한 특혜를 계속 부여하는 불합리한 결과를 초래하고 있는 점, 앞서 본 경영전략연구소의 보고서나 KT&G의 의견서는 담배제조업의 허가기준으로서 최저자본금 500억원 이상의 의견을 제시하고 있으나 최저자본금 500억원의 산출 근거를 왜 KT&G의 영주 신공장의 추정 투자비용으로 하여야 하는지 대한 합리적이고 타당한 설명이 없을 뿐만 아니라 구체적 내역에 대한 근거가 추상적이며(예를 들어 왜 부지는 80,000평, 공장시설은 600,000㎡, 자동화 창고시설은 4,600㎡, 관리후생시설은 5,700㎡가 필요하고 제조시설의 설치에 약 687억원이 드는지 등에 대한 설명이 부족하다). 피고의 자본금 산출근거(을5호증) 및 산업연구원 산업경쟁력실의 연구보고서(을6호증)도 최저자본금 300억원을 산출하게 된 구체적인 내역에 대한 근거가 매우 빈약한 점, 반면에 세계 각국의 입법례에서 보듯이 독점제를 채택하고 있는 일본을 제외하고 최저자본금의 규정에 의하여 신규진입을 규제하는 예는 거의 없고, 담배제조업 허가제의 도입 취지는 최저자본금 등에 의한 규제보다는 미국의 보증금제도, 광고의 규제, 청소년의 흡연 규제, 간접흡연규제 등에 의하여 보다 효과적으로 달성될 것으로 보이는 점 등에 비추어 보면, 이 사건 시행령 조항은 담배제조의 독점을 해소하여 신규진입을 통한 경쟁여건을 조성하고, 국제경쟁력 향상시키며, 담배의 품질을 향상시킨다는 담배제조업 허가제 도입의 취지에 반하여 그 수권법률인 담배사업법 제11조의 내재적인 한계를 일탈하였다고 할 것이다.

(4) 소결론

따라서 합리적이고 타당한 입법근거를 결여한 이 사건 시행령 조항은 헌법상 직업선택의 자유의 본질적 내용을 침해하고 평등의 원칙 및 국가의 중소기업보호 · 육성의무에 위반하였을 뿐만 아니라, 수권법률인 담배사업법 제11조의 내재적인 한계를 일탈하였으므로 무효라고 할 것이고, 위와 같은 위헌 · 위법한 위임명령에 근거한 이 사건 처분은 위법하다고 할 것이다. 그러므로 이 사건 처분은 취소되어야 할 것이다.

10. 행위허가불가처분관련 소송

(1) 개발제한구역의 지정 목적

개발제한구역의 지정 및 관리에 관한 특별조치법은「국토의 계획 및 이용에 관한 법률」제38조에 따른 개발제한구역의 지정과 개발제한구역에서의 행위 제한, 주민에 대한 지원, 토지 매수, 그 밖에 개발제한구역을 효율적으로 관리하는 데에 필요한 사항을 정함으로써 도시의 무질서한 확산을 방지하고 도시 주변의 자연환경을 보전하여 도시민의 건전한 생활환경을 확보하는 것을 목적으로 한다(법 제1조).

(2) 개발제한구역의 지정 등

국토교통부장관은 도시의 무질서한 확산을 방지하고 도시 주변의 자연환경을 보전하여 도시민의 건전한 생활환경을 확보하기 위하여 도시의 개발을 제한할 필요가 있거나 국방부장관의 요청으로 보안상 도시의 개발을 제한할 필요가 있다고 인정되면 개발제한구역의 지정 및 해제를 도시 · 군관리계획으로 결정할 수 있으며, 개발제한구역의 지정 및 해제의 기준은 대상 도시의 인구 · 산업 · 교통 및 토지이용 등 경제적 · 사회적 여건과 도시 확산 추세, 그 밖의 지형 등 자연환경 여건을 종합적으로 고려하여 대통령령으로 정한다(법 제3조).

(3) 개발제한구역에서의 행위제한

1) 행위제한

개발제한구역에서는 건축물의 건축 및 용도변경, 공작물의 설치, 토지의 형질변경, 죽목(죽목)의 벌채, 토지의 분할, 물건을 쌓아놓는 행위 또는 「국토의 계획 및 이용에 관한 법률」 제2조 제11호에 따른 도시계획사업(이하 "도시계획사업"이라 한다)의 시행을 할 수 없다. 다만, 다음 각 호의 어느 하나에 해당하는 행위를 하려는 자는 특별자치도지사 · 시장 · 군수 또는 구청장(이하 "시장 · 군수 · 구청장" 이라 한다)의 허가를 받아 그 행위를 할 수 있다.[90]

---

90) 제12조 (개발제한구역에서의 행위제한)
   ① 개발제한구역에서는 건축물의 건축 및 용도변경, 공작물의 설치, 토지의 형질변경, 죽목(竹木)의 벌채, 토지의 분할, 물건을 쌓아놓는 행위 또는 「국토의 계획 및 이용에 관한 법률」 제2조제11호에 따른 도시 · 군계획사업(이하 "도시 · 군계획사업"이라 한다)의 시행을 할 수 없다. 다만, 다음 각 호의 어느 하나에 해당하는 행위를 하려는 자는 특별자치시장 · 특별자치도지사 · 시장 · 군수 또는 구청장(이하 "시장 · 군수 · 구청장"이라 한다)의 허가를 받아 그 행위를 할 수 있다.
   1. 다음 각 목의 어느 하나에 해당하는 건축물이나 공작물로서 대통령령으로 정하는 건축물의 건축 또는 공작물의 설치와 이에 따르는 토지의 형질변경
   가. 공원, 녹지, 실외체육시설, 시장 · 군수 · 구청장이 설치하는 노인의 여가활용을 위한 소규모 실내 생활체육시설 등 개발제한구역의 존치 및 보전관리에 도움이 될 수 있는 시설
   나. 도로, 철도 등 개발제한구역을 통과하는 선형(線形)시설과 이에 필수적으로 수반되는 시설
   다. 개발제한구역이 아닌 지역에 입지가 곤란하여 개발제한구역 내에 입지하여야만 그 기능과 목적이 달성되는 시설
   라. 국방 · 군사에 관한 시설 및 교정시설

7. 모래 · 자갈 · 토석 등 대통령령으로 정하는 물건을 대통령령으로 정하는 기간까지 쌓아 놓는 행위

2) 물건의 적치

법 제12조 제1항 제7호에서 "대통령령으로 정하는 물건"이란 모래, 자갈, 토석, 석재, 목재, 철재, 폴리비닐클로라이드(PVC), 컨테이너, 콘크리트제품, 드럼통, 병, 그 밖에 「폐기물관리법」 제2조 제1호에 따른 폐기물이 아닌 물건으로서 물건의 중량이 50톤을 초과하거나 부피가 50세제곱미터를 초과하는 것을 말하며, "대통령령으로 정하는 기간"이란 1개월 이상 12개월 이하를 말한다(법 시행령 제17조).

(4) 폐기물관리의 기본원칙

1) 폐기물의 의미

"폐기물"이란 쓰레기, 연소재(연소재), 오니(오니), 폐유(폐유), 폐산(폐산), 폐알칼리 및 동물의 사체(사체) 등으로서 사람의 생활이나 사업활동에 필요하지 아니하게 된 물질을 말하며, "처리"란 폐기물의 소각(소각) · 중화(중화) · 파쇄(파쇄) · 고형화(고형화) 등의 중간처리와 매립하거나 해역(해역)으로 배출하는 등의 최종처리를 말한다. 또한, "재활용"이란 폐기물을 재사용 · 재생이용하거나 재사용 · 재생이용할 수 있는 상태로 만드는 활동 또는 환경부령으로 정하는 기준에 따라 폐기물로부터 「에너지기본법」 제2조제1호에 따른 에너지를 회수하는 활동을 말하고, "폐기물처리시설"이란 폐기물의 중간처리시설과 최종처리시설로서 대통령령으로 정하는 시설을 말한다.

2) 폐기물처리의 기본원칙

마. 개발제한구역 주민의 주거 · 생활편익 · 생업을 위한 시설

1의2. 도시공원, 물류창고 등 정비사업을 위하여 필요한 시설로서 대통령령으로 정하는 시설을 정비사업 구역에 설치하는 행위와 이에 따르는 토지의 형질변경

2. 개발제한구역의 건축물로서 제15조에 따라 지정된 취락지구로의 이축(移築)

3. 「공익사업을 위한 토지 등의 취득 및 보상에 관한 법률」 제4조에 따른 공익사업(개발제한구역에서 시행하는 공익사업만 해당한다. 이하 이 항에서 같다)의 시행에 따라 철거된 건축물을 이축하기 위한 이주단지의 조성

3의2. 「공익사업을 위한 토지 등의 취득 및 보상에 관한 법률」 제4조에 따른 공익사업의 시행에 따라 철거되는 건축물 중 취락지구로 이축이 곤란한 건축물로서 개발제한구역 지정 당시부터 있던 주택, 공장 또는 종교시설을 취락지구가 아닌 지역으로 이축하는 행위 [[시행일 2012.3.17.]]

4. 건축물의 건축을 수반하지 아니하는 토지의 형질변경으로서 영농을 위한 경우 등 대통령령으로 정하는 토지의 형질변경

5. 벌채 면적 및 수량(樹量), 그 밖에 대통령령으로 정하는 규모 이상의 죽목(竹木) 벌채

6. 대통령령으로 정하는 범위의 토지 분할

7. 모래 · 자갈 · 토석 등 대통령령으로 정하는 물건을 대통령령으로 정하는 기간까지 쌓아 놓는 행위

8. 제1호 또는 제13조에 따른 건축물 중 대통령령으로 정하는 건축물을 근린생활시설 등 대통령령으로 정하는 용도로 용도변경하는 행위

9. 개발제한구역 지정 당시 지목(地目)이 대(垈)인 토지가 개발제한구역 지정 이후 지목이 변경된 경우로서 제1호마목의 시설 중 대통령령으로 정하는 건축물의 건축과 이에 따르는 토지의 형질변경

사업자는 제품의 생산방식 등을 개선하여 폐기물의 발생을 최대한 억제하고, 발생한 폐기물을 스스로 재활용함으로써 폐기물의 배출을 최소화하여야 하며(폐기물관리법 제3조의2), 누구든지 폐기물을 배출하는 경우에는 주변 환경이나 주민의 건강에 위해를 끼치지 아니하도록 사전에 적절한 조치를 하여야 한다. 또한, 폐기물은 그 처리과정에서 양과 유해성(有害性)을 줄이도록 하는 등 환경보전과 국민건강보호에 적합하게 처리되어야 하고, 폐기물로 인하여 환경오염을 일으킨 자는 오염된 환경을 복원할 책임을 지며, 오염으로 인한 피해의 구제에 드는 비용을 부담하여야 한다. 그 외에도 국내에서 발생한 폐기물은 가능하면 국내에서 처리되어야 하고, 폐기물의 수입은 되도록 억제되어야 하며, 폐기물은 소각, 매립 등의 처분을 하기보다는 우선적으로 재활용함으로써 자원생산성의 향상에 이바지하도록 하여야 한다.

[서식] 행위허가불가처분취소 청구의 소

소　　장

　　원고　　　○○ 주식회사
　　　　　　　서울시 ○○구 ○○동 ○번지
　　피고　　　서울특별시 ○○구청장
　　행위허가불가처분취소

청구취지

1. 피고가 2009. 5. 6. 원고에 대하여 한 행위허가(물건의 적치) 불가처분을 취소한다.
2. 소송비용은 피고가 부담한다.

라는 판결을 구합니다.

청구원인

1. 처분의 경위

(1) 원고는 일명 '고지'{날짜가 지난 신문용지 등 본래의 용도를 다한 종이(폐지)로서 제지원료로 사용되며, '고철'에 대응되는 표현으로 보임}를 중간수집상들로부터 매입하여 수요처인 제지회사에 납품하는 회사입니다.

(2) 원고는 2008. 5. 20. 피고로부터 개발제한구역인 서울 ○○구 ○○동 ○○ 잡종지 3,756㎡(이하

'이 사건 적치장'이라 한다)에 중간수집상으로부터 매입한 고지에 대한 물건적치허가를 받아 고지를 적치하여 왔는데, 그 허가 내용은 다음과 같습니다.

1) 적치 중량 : 500톤(평균 적치량은 350톤)

2) 허가목적 : 물건적치(제지원료 : 고지), 가설건축물 등

3) 사업기간(허가기간) : 2008. 6. 1.부터 2009. 5. 31.까지 12개월

4) 허가조건 : 폐기물관리법 제2조 제1호의 규정에 의한 폐기물이 아니어야 할 것(제1항), 관리실이 필요할 경우 물건의 단순관리를 위한 가설건축물(20㎡)은 가능하나 별도 허가를 득하여야 함(제5항) 등

(3) 피고는 2008. 6. 12. 이 사건 적치장 내 원고의 가설건축물 축조 신고에 대한 신고필증을 발급하여 주었는데, 그 내용은 다음과 같습니다.

1) 규모, 용도 : 관리사무소(지상 1층, 연면적 19.8㎡)

2) 구조 : 경량철골조

3) 존치기간 : 2009. 5. 31.한

4) 조건 : 신고처리된 규모 및 용도대로 유지관리할 것, 신고내용과 다르게 사용하고자 할 경우에는 변경신고를 득하여야 하고, 존치기간 만료시 자진철거할 것 등

(4) 피고는 2008. 10. 22. 원고에게 이 사건 적치장 내에 설치된 컨베이어벨트(압축기, 이하 '이 사건 압축기'라 한다)에 대하여 같은 해 11. 23.까지 자진 정비를 요청하며, 기한 내에 시정되지 않을 경우 처벌 및 허가가 취소될 수 있음을 고지하였고, 원고가 이 사건 압축기를 계속하여 운영함에 따라 2008. 12. 5. 다시 같은 달 23.까지 자진 정비를 요청하였으나, 원고는 계속하여 이 사건 압축기를 운영하였습니다.

(5) 피고는 2008. 12. 5. 서울특별시장에 대하여 재생용지 납품 원료로 사용하는 폐지의 경우 폐기물관리법 제2조 제1호에 의한 폐기물에 해당하는지 여부에 관하여 질의 하였고, 서울특별시장의 환경부에 대한 질의회신 이첩에 따라 2008. 12. 29. 서울특별시를 통하여 폐지를 수거한 경우 그 용도(재생용지 원료 등)와 관계없이 폐기물에 해당한다는 환경부 회신을 받았습니다.

(6) 원고는 위 나항 기재 허가 만료 기간이 도래함에 따라 같은 내용의 행위허가(물건의 적치) 신청 및 위 적치에 부수하는 가설건축물 존치기간 연장신청을 하였으나, 2009. 5. 6. 피고로부터 "① 제지원료(고지=폐지)는 폐기물관리법 제2조 제1호 규정에 의한 폐기물에 해당하여 적치할 수 없고

(이하 '이 사건 제1 처분사유'라 한다), ② 물건의 적치(행위허가)는 물건의 단순적치(물건을 쌓아놓는 행위)만을 할 수 있는 것으로, 압축기 시설(공작물)의 설치 및 작업행위는 허용대상이 아니다(이하 '이 사건 제2 처분 사유'라 한다)"는 이유로 행위허가(물건의 적치) 불가 처분을 받았고(이하 '이 사건 처분'이라 한다), 2009. 5. 11. 피고로부터 가설건축물존치기간 연장신청이 반려되었습니다.

2. 처분의 위법성

(1) 이 사건 제1 처분사유에 대하여

이 사건 적치장에 적치된 고지는 전량 신문용지, 골판용지 및 화장지 등의 원자재로 사용되는 재생펄프로서 폐기물관리법 제2조 제1호에 규정된 폐기물이 아닙니다.

(2) 이 사건 제2 처분사유에 대하여

① 중간수집상들로부터 수집된 고지를 그대로 적치하는 경우에는 바람에 날려 주변 지역에 비산할 수 있고, ② 압축되지 않은 상태에서는 부피가 커서 보관이나 운반이 사실상 불가능하므로, 이 사건 압축기를 사용하여 고지를 압축하여 일정 규격으로 묶지 않을 수 없다. 이 사건 압축기는 폐기물관리법에서 규정된 폐기물 처리(파쇄, 고형화, 분류, 추출)를 위한 설비가 아니라 고지를 일정규격으로 묶는 포장기능을 목적으로 한 설비입니다.

국토해양부에서도 개발제한구역 내의 적치물 처리를 위하여 기계 및 차량을 이용하는 것은 적법하다고 회신하였습니다.

(3) 재량권 남용

원고는 피고 소속 담당자로부터 고지의 적치가 가능하다는 견해를 사전에 듣고 이 사건 적치장 토지를 50억 원에 매입하고, 피고의 허가 조건에 따라 차폐림 시설 등의 부대공사비, 세금, 운영비 등으로 30억 원을 투자하였습니다.

만일 이 사건 처분이 취소되지 아니하면 원고에게는 80억 원의 손해를 보게 되어 도산에 처하는 엄청난 경제적 손실이 야기될 것이나, 이 사건 적치장에서의 고지의 적치와 적치를 위한 압축기의 사용은 개발제한구역 내에서 최소한의 토지이용을 하는 것으로 개발제한 구역의 설치목적을 해하지 않으므로, 이 사건 처분은 재량권을 일탈·남용한 위법한 처분입니다.

3. 결론

위와 같이 피고의 처분은 위법하므로 이의 취소를 구하는 본 건 행정소송에 이르게 되었습니다.

입증방법

1. 갑 제1호증
2. 갑 제2호증

첨부서류

1. 위 각 입증방법   각 1부
2. 송달료 납부서
3. 소장부본

20 .   .   .

위 원고   (날인 또는 서명)

서울행정법원   귀중

당해판례

2009구합 18561

1) 이 사건 제1 처분사유에 대한 판단

폐기물관리법 제2조 제1호, 제7호, 제8호, 제46조 제1항 제5호, 같은 법 시행규칙 제66조 제2항 제1호의 규정을 종합하여 보면, 사람의 생활이나 사업활동에 필요하지 않게 된 종이는 비록 재활용을 위하여 선별, 수집되었다고 하더라도 폐기물관리법상 폐기물에 해당한다고 할 것이다. 따라서 이 사건 제1 처분사유에 관한 원고의 주장은 이유 없다.

2) 이사건 제2 처분사유에 대한 판단

갑 제4호증의 1, 2의 각 기재에 의하면, 원고는 이 사건 적치장에 관한 행위허가 신청 당시 첨부한 사업계획서에 시설내용으로 물건관리 사무실(가설건축물 :20㎡)과 함께 적치물운반 컨베이어(이동식 압축기)를 기재한 사실을 인정할 수 있으나, 앞서 본 이 사건 처분의 경위에서 알 수 있는 다음과 같은 사정, 즉 피고는 이 사건 처분서에 허가목적으로 "물건적치(제지원료 : 고지), 가설건축

물 등"이라고 기재하고, 허가 조건으로 관리실이 필요한 경우 물건의 단순관리를 위한 가설건축물(20㎡)은 가능하나 별도 허가를 받을 것을 부가하면서도 압축기의 허가 여부에 관하여는 전혀 언급하지 않은 점, 피고는 허가 기간 중인 2008. 10. 22. 원고에게 이 사건 압축기에 대한 자진정비를 요청하였던 점, 이 사건 압축기는 아래에서 보는 바와 같이 별도의 허가 대상인 점 등에 비추어 볼 때 피고가 이 사건 처분 당시 이 사건 압축기의 설치를 허용하였다고 보기는 어렵다.

이 사건 압축기의 설치가 별도의 허가 대상인지에 관하여 보건대, 갑 제7호증의 1, 을 제3, 4호증, 을 제9호증의 1 내지 8의 각 영상에 변론 전체의 취지를 종합하면 이 사건 압축기는 비록 토지에 고정되어 이동이 불가능한 '건축물'에 해당하는 것은 아니라고 할 것이나, 컨베이어 벨트로 이루어진 종이 투입부와 압축 및 포장을 하는 탑 모양의 기계장치 부분으로 이루어진 철제 구조물로서 그 크기와 중량이 상당하여 보통의 방법으로는 이동할 수 없고, 실제로 1년 동안 이 사건 적치장에 고정적으로 설치되어 고지의 압축 및 포장 작업에 이용되었으므로, 이 사건 적치장에 정착된 공작물로서 개발제한구역법상 허가의 대상이라고 봄이 상당하다.

따라서 원고가 이 사건 적치장에 대한 허가를 받았다고 하더라도 이 사건 압축기는 별도의 설치허가를 받아야 한다고 할 것인데, 원고가 허가 없이 이 사건 압축기를 개발제한구역 내인 이 사건 적치장에 설치하고 작업을 한 것은 개발제한구역법을 위반한 행위이고, 원고가 피고의 자진정비 요청에도 불구하고 그와 같은 위법행위를 계속 하여온 것은 이 사건 처분의 사유로 충분히 인정된다고 할 것이다.

3) 재량권 남용 등 여부에 관한 판단

개발제한구역법 제12조에 의하면 개발제한구역에서의 건축물의 건축, 공작물의 설치, 토지의 형질 변경, 물건적치 행위 등의 개발행위는 원칙적으로 금지되고, 다만 구체적인 경우에 위와 같은 구역 지정의 목적에 위배되지 아니할 경우 예외적으로 허가에 의하여 그러한 행위를 할 수 있게 되는 한편 개발제한구역 내에서의 개발행위의 예외적 허가는 그 상대방에게 수익적인 것으로서 재량행위에 속하는 것이라고 할 것이므로 그에 관한 행정청의 판단이 사실오인, 비례·평등의 원칙 위배, 목적위반 등에 해당하지 아니하는 이상 재량권의 일탈·남용에 해당한다고 할 수 없다(대법원 2004. 7. 22. 선고 2003두7606 판결 등 참조).

살피건대, 갑 제2호증의 1 내지 4, 갑 제3호증의 1 내지 10의 각 기재에 변론 전체의 취지를 종합하여 인정되거나 앞서 본 이 사건 처분의 경위에 비추어 알 수 있는 다음과 같은 사정 즉, ① 원고가 적치한 고지는 폐기물관리법상 폐기물에 해당하여 개발제한구역법에 의하여 개발제한구역 내에서 적치가 허용되지 않는 것인 점, ② 원고가 허가 없이 이 사건 압축기를 이 사건 적치장에 설치하고, 2008. 10. 22.과 같은 해 12. 5. 피고로부터 이에 대한 자진정비를 요청받았음에도 시정하지 아니하고 계속하여 이 사건 압축기를 사용하여 온 점, ③ 원고는 당초부터 1년을 기한으로 이 사건 적치장에 관한 허가를 받고 이 사건 적치장에 원고 주장의 비용을 투입하였을 뿐이며, 설사 원고의 주장과 같이 원고가 피고로부터 3년간 추가로 적치허가 연장을 확약받았다고 하더라도 이는 원고가 허가의 조건에 위반하거나 그밖의 위법행위를 하지 않을 것을 전제로 하였다고 할 것인데, 원고가 별도의 허가 없이 이 사건 압축기를 설치하여 운영하는 위법행위를 하였고, 이러한 위법행위에 대한 피고의 시정명령에 응하지 아니한 채 위와 같은 위법행위를 계속하여 온 이상 그와 같은 확약의 효력을 더 이상 인정할 수는 없을 것인 점, ④ 원고는 이 사건 적치장을 지난 1년 동안 운영하며 ○○○ 주식회사에 117억 7,200만 원 상당의 고지를, ○○○ 유한회사에 25,159톤의 고지를 각 공급하고, 그밖에도 주식회사 ○○○, ○○○ 주식회사, 주식회사 ○○○ 등 여러 업체들에 대한 매출을 포함하여 상당한 액수의 매출 실적(2008년분 매출이 총 299억 7,000만원)을 올리며 상당한 수익을 얻었을 것으로 보이는 점, ⑤ 원고는 이 사건 적치장을 매각하거나 다른 용도로 사용할 수 있을 것이므로 이 사건 처분으로 원고가 입게 되는 손해가 원고 주장처럼 거액에 이를 것으로 보이지는 않는 점, ⑥ 원고 주장의 ○○구 ○○동 ○○○ 지상 폐기물처리업체는 원고와 행위허가신청의 내용이 동일하지 않아 동일선상에서 비교할 수 없는 점 등에 비추어 볼 때, 이 사건 처분이 신뢰보호의 원칙 내지 비례원칙에 반하거나, 원고를 합리적 이유 없이 차별함으로써 재량권을 일탈·남용하여 위법하다고 볼 수 없다.

소 장

원고   사단법인 ○○협회
           서울시 강남구 ○○동 ○번지
피고   서울특별시 남산공원관리사업소장
공원시설사용허가증서교부처분무효확인

청구취지

1. 주위적으로, 피고가 2008. 12. 31. 사단법인 ○○협회에 대하여 한 공원시설 사용수익허가처분이 무효임을 확인한다.

2. 예비적으로, 피고가 2008. 12. 31. 사단법인 ○○협회에 대하여 한 공원시설 사용수익허가처분을 취소한다.

2. 소송비용은 피고의 부담으로 한다.

라는 판결을 구합니다.

청구원인

1. 처분의 경위

1) 원고는 ○○협회에 등록되어 있는 전통국궁 동호인단체이고, 피고는 서울특별시로부터 남산공원에 관한 관리권을 위임받은 관리청입니다.

(2) 원고는 1972. 3. 6.경부터 피고로부터 서울 ○○구 ○○동 ○○○ 소재 대지 1,016.53㎡, 건물 133.88㎡, 화장실 37.44㎡(이하 통칭하여 '이 사건 부동산'이라 한다)을 무상으로 위탁받아 관리하였는데, 매년 1년씩 그 위탁기간을 연장하여 왔고, 2008년에도 2008. 1. 1.부터 같은 해 12. 31.까지로 기간을 정하여 이 사건 부동산을 관리하도록 위탁기간연장 승인을 받았습니다.

(3) 피고는 원고 소속 회원들이 주로 이 사건 부동산을 이용하고 일반 시민은 자유롭게 이용할 수 없는 운영상의 문제점이 지적됨에 따라 이 사건 부동산에 대한 관리방식을 변경하기로 하고, 2008. 11. 6.부터 시설보강공사를 시작하여 같은 달 24. 사용수익허가 입찰공고와 2008. 11. 25.부터 같은 해 12. 4.까지 사업제안서 제출, 같은 해 12. 11.부터 같은 달 12.까지 가격입찰서 제출 등의 절차(이하 '이 사건 입찰절차'라 한다)를 거쳐 2008. 12. 15. 사단법인 ○○협회(이하 '소외 법인'이라 한다)를 이 사건 부동산의 사용수익자로 지정하였고, 2008. 12. 31. 소외 법인에 대하여 이 사건

부동산의 사용수익을 허가하는 처분(이하 '이 사건 처분'이라 한다)을 하였습니다.

(4) 원고는 위 다.항 기재 입찰절차에 참가하는 신청서(을 제9호증)를 제출하였다가 가격입찰서의 제출 단계에 이르러 가격입찰서를 제출하지 아니함으로써 위 입찰절차에서 스스로 탈퇴하였고, 이에 따라 소외 법인만이 유효입찰자로 남은 채 나머지 입찰절차가 진행되었습니다.

2. 처분의 위법성
이 사건 처분의 전체가 된 입찰절차가 2인 이상의 경쟁입찰방식에 위배될 뿐만 아니라 상호 통모 등 부정한 방법이 동원됨과 아울러 입찰자격이 없는 제3자가 참가하였고 사업제안서 심사평가가 제대로 시행되지 않아 위법입니다.

3. 결론
위와 같은 사유로 피고가 행한 이 사건 처분은 중대하고 명백한 하자가 존재하므로 무효에 해당합니다. 이에 본 건 행정소송에 이르게 되었습니다.

입증방법

1. 갑 제1호증
2. 갑 제2호증
3. 갑 제3호증
4. 갑 제4호증
5. 갑 제5호증
6. 갑 제6호증

첨부서류

1. 위 각 입증방법 각 1부
2. 송달료 납부서
3. 소장부본

20 . . .

위 원고   (날인 또는 서명)

서울행정법원   귀중

당해판례

2009구합 4593

1. 행정처분의 직접 상대방이 아닌 제3자라도 당해 행정처분의 무효확인 내지 취소를 구할 법률상의 이익이 있는 경우에는 원고적격이 인정되는데, 여기서 말하는 법률상의 이익은 당해 처분의 근거 법률에 의하여 보호되는 직접적이고 구체적인 이익이 있는 경우를 말하고, 다만 공익보호의 결과로 국민 일반이 공통적으로 가지는 추상적, 평균적, 일반적인 이익과 같이 간접적이거나 사실적, 경제적 이해관계를 가지는 데 불과한 경우는 여기에 포함되지 않는다(대법원 1995. 2. 28. 선고 94누3964 판결, 1995. 9. 26. 선고 94누14544 판결 등 참조). 그리고 수익적 행정처분에 있어서 면허, 인·허가 등의 수익적 행정처분을 신청한 수인이 서로 경쟁관계에 있어서 일방에 대한 허가 등의 행정처분이 타방에 대한 불면허·불인가·불허가 등으로 귀결될 수 밖에 없는 경우{이른바 경원관계(競願關係)에 있는 경우로서 동일대상지역에 대한 공유수면매립면허나 도로점용허가 혹은 일정지역에 있어서의 영업허가 등에 관하여 거리제한규정이나 업소개수제한규정 등이 있는 경우를 그 예로 들 수 있다}에 면허나 인·허가 등의 행정처분을 받지 못한 사람 등은 비록 경원자에 대하여 이루어진 허가 등 처분의 상대방이 아니라 하더라도 당해 처분의 취소를 구할 당사자적격이 있다 할 것이고, 다만 구체적인 경우에서 그 처분이 무효로 확인되거나 취소된다고 하더라도 허가 등의 처분을 받지 못한 불이익이 회복된다고 볼 수 없는 때에는 당해 처분의 무효확인 내지 취소를 구할 정당한 이익이 없다고 할 것이다(대법원 1992. 5. 8. 선고 91누13274 판결 등 참조).

2. 이 사건에 관하여 보건대, 앞서 본 바에 의하면 원고는 1972. 경부터 피고로부터 이 사건 부동산을 위탁받아 관리해오다가 2008. 12. 31. 자로 위탁관리기간이 도과함으로써 이 사건 부동산을 점유할 권원을 상실하게 되었고, 당초 이 사건 입찰절차에 참여하였다가 가격입찰서 제출단계에 이르러 그 입찰절차에서 임의로 탈퇴함으로써 처음부터 이 사건 입찰절차에 참가하지 아니하였던 자와 동일한 지위에 놓이게 되었다고 할 것인바, 결국 원고는 소외 법인과 경쟁적으로 이 사건 부동산에 관한 사용수익허가신청을 한 바 없는 셈이 되어 이 사건 처분의 상대방인 소외 법인과 경원 관계에 있다고 할 수 없고, 달리 원고에게 이 사건 처분의 근거 법률에 의하여 보호되는 이익이 있음을 찾아 볼 수도 없으므로, 비록 원고가 이 사건 처분으로 말미암아 어떠한 불이익을 입게 되었다 하더라도 이는 사실적, 경제적 이해관계에 불과할 뿐 그 처분의 무효확인 내지 취소에 관하여 법률상으로 보호받아야 할 이해관계에 있는 것은 아니다.

[서식] 정관변경허가처분무효등확인의 소

소 장

원고　　재단법인 ○○○
　　　　서울시 동작구 ○○동 ○번지
피고　　서울특별시 동작구청장
정관변경허가처분무효등확인

청구취지

1. 주위적으로, 피고가 2008. ○. ○. 원고에 대하여 한 정관변경허가처분 중 "향후 예치금 사용시 반드시 우리구의 사전승인을 득한 후"라는 부분은 무효임을 확인한다. 2. 예비적으로, 피고가 2008. ○. ○. 원고에 대하여 한 정관변경허가처분 중 "향후 예치금 사용시 반드시 우리구의 사전승인을 득한 후"라는 부분을 취소한다.

2. 소송비용은 피고의 부담으로 한다.

라는 판결을 구합니다.

청구원인

1. 기초사실

(1) 원고는 ○○○의 유덕을 현창하기 위하여 유적 보존, 향사제전, 재산관리, 후손의 준재 장학과 종중의 돈독을 목적으로 하여 1970. ○. ○. 주무관청의 설립허가를 받아 설립된 재단법인인바, 2008. ○. ○. 이사회를 통해 원고의 기본재산인 아래 각 부동산(이하 '이 사건 부동산'이라 한다. 생략함)을 처분하기로 결의하였습니다.

(2) 원고는 2008. ○. ○. 주무관청인 피고에 대하여 기본재산처분에 따른 정관의 변경허가를 신청하였고, 이에 피고는 2008. ○. ○. 이 사건 부동산을 원고의 정관 중 기본재산 목록에서 삭제하는 한편, 아래의 허가조건 및 결과보고를 붙여 정관변경허가를 하였습니다(이하 '이 사건 허가'라 한다).

714 | 사건유형별 행정소송 이론 및 실무

◆ 허가조건

① 이 사건 부동산을 해당부지와 이해관계가 있는 원매자에게 공정한 가격에 처분할 것

② 처분대금은 이 사건 부동산의 처분에 따른 실 소요경비(감정료, 제세공과금)를 제외하고 전액 금융기관에 예치하시기 바라며 향후 예치금 사용시 반드시 우리구의 사전승인을 득한 후 원고 정관상 목적사업에 사용하시기 바람.

◆ 결과보고

① 이 사건 부동산의 처분에 따른 소유권이전등기를 이 허가일로부터 3개월 이내 완료하고 즉시 그 등기부등본 각 1부씩 결과보고할 것

② 이 사건 부동산의 처분에 따른 매매계약서 사본 및 금융기관 예치금 통장사본을 첨부하여 3개월 이내에 결과보고할 것

③ 이 사건 부동산의 처분에 따른 감정료, 각종 제세공과금 영수증 사본 각 1부씩을 매매계약일로 부터 3개월 이내에 결과보고할 것
(만약 허가조건 및 동 기한 내 결과보고 사항을 이행치 아니하거나 신청서류에 허위가 있을 시는 이 사건 허가의 효력은 상실됨)

2. 처분의 위법성

피고는 이 사건 부동산의 처분에 관하여 정관변경허가를 함에 있어 위 부동산의 처분대금인 예치금을 향후 사용할 시 반드시 피고로부터 사전승인을 득하도록 허가조건(이하 '이 사건 허가조건'이라 한다)을 부가하였는바, 비록 이 사건 부동산이 본래 원고 의 기본재산에 속하였다 할지라도 피고가 정관변경을 허가하기로 한 이상 이를 처분한 대가로 원고가 수령하는 대금은 기본재산이 아닌 원고의 보통재산에 불과할 뿐만 아니라, 원고로서는 목적사업을 수행하기 위해 이 사건 부동산의 매각대금을 수시로 사용 할 필요가 있는 점, 원고의 정관 제26조에 의하더라도 원고 이사회 재적이사 3분의 2 이상의 결의만으로 기본재산을 처분한 대가를 사용할 수 있되, 다만 이를 주무관청에 대하여 보고하도록 규정하고 있는 점 등에 비추어 보면, 피고가 정관변경을 허가함에 있어 원고로 하여금 이 사건 부동산을 처분한 대가를 사용하기 전에 일일이 피고의 승인을 구하도록 부담을 붙인 것은 원고의 자율성 내지 헌법상 보장되는 재산권행사의 자유를 심각히 침해하는 것으로서 위법합니다.

3. 결론

이상과 같이 피고의 이 사건 처분은 위법하므로, 주위적으로 그 무효확인을, 예비적으로 그 취소를 구하는 본 건 소송에 이르게 되었습니다.

입증방법

1. 갑 제1호증
2. 갑 제2호증

첨부서류

1. 위 각 입증방법   각 1부
2. 송달료 납부서
3. 소장부본

20 .   .   .

위 원고   (날인 또는 서명)

서울행정법원   귀중

당해판례

2008구합 42451

피고는 이 사건 허가를 함에 있어 원고로 하여금 이 사건 부동산의 처분대가를 예치한 금원을 사용할 시 반드시 피고로부터 사전승인을 득하도록 하면서 만약 원고가 이를 불이행하는 경우에는 이 사건 허가의 효력이 상실된다고 명시하고 있는바, 이로써 피고는 이 사건 허가조건이 불이행되는 경우 원고에 대하여 별도로 위 허가조건의 이행을 강제하거나 이를 이행하기 위한 기한을 설정하는 등의 절차를 거칠 필요 없이 곧바로 이 사건 허가를 철회할 수 있다 할 것인데, 이 사건 허가조건의 내용은 정관변경허가의 효력이 발생하여 기본재산인 이 사건 부동산의 처분행위가 유효하게 이루어진 이후에 이행될 수 있는 성질의 것으로서 이 사건 허가가 이루어질 당시에는 위 허가조건과 관련된 하자가 존재할 여지가 없었음을 염두에 두면, 피고가 이 사건 허가를 함에 있어 위와 같은 철회사유를 허가조건으로 부가하면서 비록 철회권 유보라고 명시하지 아니한 채 이 사건 허가조건을 불이행시 허가의 효력이 상실된다고 기재하였다 하더라도 이 사건 허가 조건의 전체적 의미는 이 사건 허가에 대한 철회권을 유보한 것으로 봄이 상당하고, 따라서 부담이 아닌 철회권 유보로서의 성격을 갖는 이 사건 허가조건에 대하여는 앞서 본 법리에 비추어 독립하여 행정소송의 대상으로 삼을 수 없다고 할 것이다.

11. 건축관련 소송

(1) 건축신고

건축물을 건축하거나 대수선하려는 자는 특별자치시장·특별자치도지사 또는 시장·군수·구청장의 허가를 받아야 한다. 다만, 21층 이상의 건축물 등 대통령령으로 정하는 용도 및 규모의 건축물을 특별시나 광역시에 건축하려면 특별시장이나 광역시장의 허가를 받아야 한다(건축법 제11조).

(2) 행정청의 건축신고 반려행위 또는 수리거부행위가 항고소송의 대상이 되는지 여부

구 건축법(2008. 3. 21. 법률 제8974호로 전부 개정되기 전의 것) 관련 규정의 내용 및 취지에 의하면, 행정청은 건축신고로써 건축허가가 의제되는 건축물의 경우에도 그 신고 없이 건축이 개시될 경우 건축주 등에 대하여 공사 중지·철거·사용금지 등의 시정명령을 할 수 있고(제69조 제1항), 그 시정명령을 받고 이행하지 않은 건축물에 대하여는 당해 건축물을 사용하여 행할 다른 법령에 의한 영업 기타 행위의 허가를 하지 않도록 요청할 수 있으며(제69조 제2항), 그 요청을 받은 자는 특별한 이유가 없는 한 이에 응하여야 하고(제69조 제3항), 나아가 행정청은 그 시정명령의 이행을 하지 아니한 건축주 등에 대하여는 이행강제금을 부과할 수 있으며(제69조의2 제1항 제1호), 또한 건축신고를 하지 않은 자는 200만 원 이하의 벌금에 처해질 수 있다(제80조 제1호, 제9조).

이와 같이 건축주 등은 신고제하에서도 건축신고가 반려될 경우 당해 건축물의 건축을 개시하면 시정명령, 이행강제금, 벌금의 대상이 되거나 당해 건축물을 사용하여 행할 행위의 허가가 거부될 우려가 있어 불안정한 지위에 놓이게 된다. 따라서 건축신고 반려행위가 이루어진 단계에서 당사자로 하여금 반려행위의 적법성을 다투어 그 법적 불안을 해소한 다음 건축행위에 나아가도록 함으로써 장차 있을지도 모르는 위험에서 미리 벗어날 수 있도록 길을 열어 주고, 위법한 건축물의 양산과 그 철거를 둘러싼 분쟁을 조기에 근본적으로 해결할 수 있게 하는 것이 법치행정의 원리에 부합한다. 그러므로 건축신고 반려행위는 항고소송의 대상이 된다고 보는 것이 옳다.[91]

(3) 건축허가의 재량범위

1) 건축허가의 기속성

건축허가권자는 건축허가신청이 건축법 등 관계 법규에서 정하는 어떠한 제한에 배치되지 않는 이상 당연히 같은 법조에서 정하는 건축허가를 하여야 하고, 중대한 공익상의 필요가 없는데도 관계 법령에서 정하는 제한사유 이외의 사유를 들어 요건을 갖춘 자에 대한 허가를 거부할 수는 없다.[92] 다만, 대법원은 "심사결과 그 신청이 법정요건에 합치하는 경우에는 특별한 사정이 없는 한 이를 허가하여야

---

91) 대법원 2010.11.18. 선고 2008두167 전원합의체 판결.
92) 대법원 2003. 4. 25. 선고 2002두3201 판결, 대법원 2006. 11. 9. 선고 2006두1227 판결.

하며, 공익상 필요가 없음에도 불구하고 요건을 갖춘 자에 대한 허가를 관계법령에서 정하는 제한사유 이외의 사유를 들어 거부할 수는 없다."고 판시하여 공익상의 필요에 의하여 건축허가가 제한될 수 있는 여지를 두었고,[93] 실제 이에 따라 건축허가불거하처분의 적법성을 인정한 판시가 있다. 대법원은 "피고가 조성하여 일반상업용지로 분양한 토지로서 숙박시설을 건축함에 있어 관계법령상 특별한 제한이 없고 이미 인근에 다수의 숙박시설이 위치하고 있다고 하더라도, 현재의 상태에서 더 이상의 숙박시설건축물을 허가할 경우 일반상업지역에는 숙박시설 이외의 상가건물 등이 신축이 어렵게 되거나 퇴출괴어 일반상업지역 전체의 향락단지화가 충분히 예상되고, 장차 인근의 아파트들이 완공되어 주민들이 입주하게 되면, 입주할 주거환경에도 나쁜 영향을 미칠 것이 분명하며, 이는 위 지구에 관한 도시계획 전체적 취지에도 반하므로, 이 사건 건축허가 신청을 불허할 만한 현저한 공익상의 필요가 인정된다는 이유로 원고의 건축허가 신청을 반려한 처분은 적법하다고 판단한 사례가 있다.[94]

> **【판시사항】**
>
> 관계 법규에서 정하는 제한사유 이외의 사유로 건축허가신청을 거부할 수 있는지 여부(소극)[부산고법 1996. 11. 21., 선고, 96구1405, 판결 : 확정]
>
> **【판결요지】**
>
> 건축법 제8조 제1항의 규정에 의한 건축허가권자는 건축허가신청이 건축법, 도시계획법 등 관계 법규에서 정하는 어떠한 제한에 배치되지 아니하는 이상 당연히 그 법조가 규정하고 있는 건축허가를 하여야 하고 공익상 특별한 필요가 없음에도 불구하고 그 관계 법규에서 정하는 제한사유 이외의 사유를 들어 그 허가신청을 거부할 수는 없다.

2) 건축허가의 재량성

대법원은 국토의계획및이용에관한법률에서 정한 도시지역 안에서 토지의 형질변경행위를 수반하는 건축허가는 건축법 제8조 제1항의 규정에 의한 건축허가와 국토의계획및이용에관한법률 제56조 제1항 제2호의 규정에 의한 토지의 형질변경허가의 성질을 아울러 갖는 것으로 보아야 할 것이고, 같은 법 제58조 제1항 제4호, 제3항, 같은법시행령 제56조 제1항 [별표 1] 제1호 (가)목 (3), (라)목 (1), (마)목 (1)의 각 규정을 종합하면, 같은 법 제56조 제1항 제2호의 규정에 의한 토지의 형질변경허가는 그 금지요건이 불확정개념으로 규정되어 있어 그 금지요건에 해당하는지 여부를 판단함에 있어서 행정청에게 재량권이 부여되어 있다고 할 것이므로, 같은 법에 의하여 지정된 도시지역 안에서 토지의 형질변경행위를 수반하는 건축허가는 결국 재량행위에 속한다고 판시하였다.[95]

---

93) 대법원 1992.12.11. 선고 92누3038 판결.
94) 대법원 2002. 12. 10. 선고 2002두7043 판결.
95) 대법원 2005. 7. 14. 선고 2004두6181 판결.

Q 저희 집은 북쪽으로 경사진 곳의 중턱에 위치하고 있어 일조상태가 별로 좋지 않습니다. 그런데 저희 집 바로 위쪽에 乙의 3층 주택 건축공사가 시작된 상태인바, 만일 그 주택이 완공되면 저희 집은 일조권을 완전히 상실하게 될 것 같은데, 이 경우 건축허가취소소송 등 행정쟁송을 할 수 있는지요?

A 행정행위의 상대방에 대하여는 수익적 효과가 발생하고 일정한 제3자에 대한 관계에서는 부담적 효과를 수반하는 경우 즉, 귀하의 경우와 같이 귀하의 이웃에 대한 건축허가는 귀하의 이웃에게는 수익적 효과가 발생하지만 귀하에게는 침익적 효과(일조권의 침해 등)가 발생되는 행정행위를 행정법학에서는 '복효적 행정행위'라고 합니다.

「행정심판법」제13조 및 「행정소송법」제12조는 처분 등의 취소를 구할 법률상 이익이 있는 자가 제기할 수 있다고 규정하고 있는데, 여기서 제3자도 '법률상 이익이 있는 자'에 해당될 수 있는지에 관하여 판례는 "행정처분의 상대방이 아닌 제3자라도 당해 행정처분의 취소를 구할 법률상의 이익이 있는 경우에는 그 처분의 취소를 구할 수 있으나, 이 경우 법률상의 이익이란 당해 처분의 근거 법률에 의하여 직접 보호되는 구체적인 이익을 말하므로 제3자가 단지 간접적인 사실상·경제적인 이해관계를 가지는 경우에는 그 처분의 취소를 구할 원고적격이 없다."라고 하였으며(대법원 2000. 4. 25. 선고 98두7923 판결, 2000. 10. 10.자 2000무17 결정), "처분의 취소나 효력유무의 확인을 구할 법률상 이익의 유무는 그 처분의 성립시나 소제기시가 아니라 '사실심의 변론종결시'를 기준으로 판단하여야 하는 것이다."라고 하였습니다(대법원 1992. 10. 27. 선고 91누9329 판결).

그리고 판례는 "위법한 행정처분의 취소를 구하는 소는 위법한 처분에 의하여 발생한 위법상태를 배제하여 원상으로 회복시키고 그 처분으로 침해되거나 방해받은 권리와 이익을 보호·구제하고자 하는 소송이므로, 비록 그 위법한 처분을 취소한다 하더라도 원상회복이 불가능한 경우에는 그 취소를 구할 이익이 없다. 건축허가가 건축법 소정의 이격거리를 두지 아니하고 건축물을 건축하도록 되어 있어 위법하다 하더라도 그 건축허가에 기하여 건축공사가 완료되었다면 그 건축허가를 받은 대지와 접한 대지의 소유자인 원고가 위 건축허가처분의 취소를 받아 이격거리를 확보할 단계는 지났으며, 민사소송으로 그 건축물 등의 철거를 구하는데 있어서도 위 처분의 취소가 필요한 것이 아니므로 원고로서는 위 처분의 취소를 구할 법률상의 이익이 없다."라고 하였으며(대법원 1992. 4. 24. 선고 91누11131 판결, 1994. 1. 14. 선고 93누20481 판결), "건축관련법령에서 건축물의 용적률을 제한하고 있는 것은 적당한 도시공간을 확보하여 과밀화를 방지함으로써 도시기능의 조화를 도모하는데 그 주된 목적이 있는 것이고 이로써 직접 인섭지 거주자 등의 개별적인 이익을 보호하려는 것은 아니므로, 이 사건 건물의 부지와 인접한 토지에 주택을 소유하고 있을 뿐인 원고로서는 가사 위 건물의 용적률이 법에서 허용하는 한도를 벗어났다고 하더라도 그러한 이유만으로 위 건물에 대한 건축허가의 취소를 구할 법률상의 이익이 있다고 할 수 없다."라고 하였습니다(대법원 2002. 6. 11. 선고 2002두1656 판결). 또한,

"건물사용검사처분(준공처분)은 건축허가를 받아 건축된 건물이 건축허가사항대로 건축행정목적에 적합한가 여부를 확인하고 사용검사필증을 교부하여 줌으로써 허가받은 자로 하여금 건축한 건물을 사용·수익할 수 있게 하는 법률효과를 발생시키는 것에 불과하고, 건축한 건물이 인접주택 소유자의 권리를 침해하는 경우 사용검사처분이 그러한 침해까지 정당화하는 것은 아닐 뿐만 아니라, 당해 건축물을 건축하는 과정에서 인접주택 소유자가 자신의 주택에 대하여 손해를 입었다 하더라도 그러한 손해는 금전적인 배상으로 회복될 수 있고, 일조권의 침해 등 생활환경상 이익침해는 실제로 그 건물의 전부 또는 일부가 철거됨으로써 회복되거나 보호받을 수 있는 것인데, 건물에 대한 사용검사처분의 취소를 받는다 하더라도 그로 인하여 건축주는 건물을 적법하게 사용할 수 없게 되어 사용검사 이전의 상태로 돌아가게 되는 것에 그칠 뿐이고, 위반건물에 대한 시정명령을 할 것인지 여부, 그 시기 및 명령의 내용 등은 행정청의 합리적 판단에 의하여 결정되는 것이므로, 건물이 이격거리를 유지하지 못하고 있고 건축과정에서 인접주택 소유자에게 피해를 입혔다 하더라도, 인접주택의 소유자로서는 건물에 대한 사용검사처분의 취소를 구할 법률상 이익이 있다고 볼 수 없다."라고도 하였습니다(대법원 1993. 11. 9. 선고 93누13988 판결, 1996. 11. 29. 선고 96누9768 판결).

또한 행정법원의 판례로서, "환경권에 관한 헌법 제35조의 규정이 개개의 국민에게 직접으로 구체적인 사법상의 권리를 부여한 것이라고 보기는 어려울 뿐만 아니라 환경권은 명문의 법률규정이나 관계 법령의 규정 취지 및 조리에 비추어 권리의 주체, 대상, 내용, 행사 방법 등이 구체적으로 정립될 수 있어야만 인정되는 것이므로, 환경영향평가대상지역이 아닌 지역에서 환경권을 인정하는 명문의 규정이 없는데도 인근 주민들에게 환경권에 기하여 제3자에 대한 건축허가처분의 취소를 구할 원고적격이 있다고 단정할 수 없고, 행정처분의 취소를 구하는 소는 위법한 처분으로 인하여 발생한 위법상태를 배제하여 원상으로 회복시키고 그 처분으로 침해되거나 방해받은 권리와 이익을 보호 구제하고자 하는 소송으로 사인간의 권리의무에 관한 분쟁인 민사소송과는 그 제도의 취지나 목적이 서로 다른 것이므로 인근 주민들에게 민사상의 권리가 있다고 하더라도 그 이유만으로 행정소송을 제기할 원고적격이 있는 것은 아니다(만일 인근 주민들에게 종전부터 향유하고 있던 경관이나 조망, 일조권 등 하나의 생활이익으로서의 가치가 있다고 객관적으로 인정된다면 법적인 보호의 대상이 될 수 있는 것이고, 이러한 경우에 인접 대지에 건물을 신축함으로써 그와 같은 생활이익이 침해되고 그 침해가 사회통념상 일반적으로 수인할 정도를 넘어선다고 인정되는 경우에는 인근 주민들이 소유권에 기하여 방해의 제거나 예방을 위하여 필요한 청구를 할 수 있고, 이와 같은 청구를 하기 위한 요건으로서 반드시 그 건물이 건축법 등의 관계 규정에 위반하여 건축될 것을 요하는 것은 아니므로 인근 주민들이 이러한 사법상의 권리에 따른 청구를 하는 것은 건축허가처분의 취소를 구하는 것과는 별개의 문제이다)."라고 한 것도 있습니다(서울행정법원 1999.05.27. 선고 98구10249 판결).

따라서 위 판례의 태도를 종합해 볼 때 사안의 경우 귀하도 乙의 3층 주택 건축허가신청의 취소를 구하기는 어려울 듯합니다.

다만, 위법한 연탄공장건축허가로 고통을 받는 이웃사람들이 제기한 그 연탄공장건축허가 처분취소청구소송에서 "주거지역내에서의 연탄공장건축으로 주거생활상 불이익을 받는 제3자는 연탄공장건축허가처분의 취소를 구할 법률상 이익이 있다."라고 한 사례는 있습 니다(대법원 1975. 5. 13. 선고 73누96, 97 판결, 1976. 5. 25. 선고 75누238 판결, 대법 원 2006.3.16. 선고 2006두330 전원합의체 판결).

(4) 건축허가의 효과

1) 건축법상의 효과

건축허가는 행정관청이 건축행정상 목적을 수행하기 위하여 수허가자에게 일반적으로 행정관청의 허가 없이는 건축행위를 하여서는 안된다는 상대적 금지를 관계 법규에 적합한 일정한 경우에 해제하여 줌으로써 일정한 건축행위를 하여도 좋다는 자유를 회복시켜 주는 행정처분이다 따라서 수허가자에게 어떤 새로운 권리나 능력을 부여하는 것이 아니고, 건축허가서는 허가된 건물에 관한 실체적 권리의 득실변경의 공시방법이 아니며 추정력도 없으므로 건축허가서에 건축주로 기재된 자가 건물의 소유권 을 취득하는 것은 아니므로, 자기 비용과 노력으로 건물을 신축한 자는 그 건축허가가 타인의 명의로 된 여부에 관계없이 그 소유권을 원시취득한다 .

Q 저는 지상 5층 건물의 신축허가를 받아 지상 4층까지 공사를 완료하였으나 아직 관할구청 으로부터 사용검사를 받지 못하였습니다. 위 건물은 이미 지상 4층까지 완성되어 사용에 는 아무런 지장이 없는데, 사용검사 이전에 사용할 수 있는 방법이 있는지요?

A 「건축법」제22조 제1항에 의하면 건축주는 허가를 받았거나 신고를 한 건축물의 건축공사 를 완료(하나의 대지에 2이상의 건축물을 건축하는 경우 동별공사(棟別工事)를 완료한 경 우를 포함)한 후 그 건축물을 사용하고자 하는 경우에는 공사감리자가 작성한 감리완료보 고서(제25조 제1항의 규정에 의한 공사감리자를 지정한 경우에 한함) 및 국토교통부령이 정하는 공사완료도서를 첨부하여 허가권자에게 사용승인을 신청하여야 합니다.

건축주는 사용승인을 얻은 후가 아니면 그 건축물을 사용하거나 사용하게 할 수 없고 다 만, 허가권자가 사용승인신청서를 접수한 날로부터 7일 이내에 사용승인서를 교부하지 아 니하거나 기간을 정하여 임시로 사용의 승인을 한 경우에는 건축물을 사용할 수 있습니다. 사용승인서를 교부받기 전에 공사가 완료된 부분에 대한 임시사용의 승인을 얻고자 하는 경우에는 임시사용승인신청서를 허가권자에게 제출하여야 하고, 허가권자는 이 신청서를 접수한 경우에는 건축물 및 대지가 국토교통부령이 정하는 기준에 적합한 경우에 한하여 임시사용을 승인할 수 있으며, 식수 등 조경에 필요한 조치를 하기에 부적합한 시기에 건축공사가 완료된 건축물에 대하여는 허가권자가 지정하는 시기까지 식수 등 조경에 필요한 조치를 할 것을 조건으로 하여 임시사용을 승인할 수 있습니다(건축법 제22조 제3항, 같은 법 시행령 제17조 제2항 및 제3항).

따라서 귀하는 이미 공사가 완료된 부분인 지상 4층까지의 임시사용승인신청서를 관할구청장에게 제출하여야 하며, 구청장은 위 건축물 및 대지가 국토교통부령이 정하는 기준에 적합한 경우에 한하여 임시사용승인을 할 수 있고, 건축물의 일부가 법령 등에 위반하여 건축된 경우에는 임시사용승인을 하지 않습니다(같은 법 시행령 제17조 제2항 및 제3항, 같은 법 시행규칙 제17조 제2항).

그리고 임시사용승인의 기간은 2년 이내로 함이 원칙이며, 예외적으로 대형건축물 또는 암반공사 등으로 공사기간이 장기간인 건축물에 대하여는 그 기간을 연장할 수 있을 뿐입니다(같은 법 시행령 제17조 제4항).

2) 타 법률에 의한 인·허가 의제

(가) 건축허가에 의해 의제되는 인·허가

가) 인·허가의제 제도

건축물을 건축하기 위해서는 다른 법률에 규정된 각종 인·허가를 필요로 하는 경우가 많다 이로 인해 건축물을 건축하기 위해서는 그 전제로 다른 법률에 의한 각종 인·허가를 받아야 하고 그로 인하여 많은 시간과 비용이 소요되어 제때에 건축행위를 하지 못하거나 아예 건축이 불가능한 경우도 적지 아니하다 이러한 불합리한 절차를 개선하여 효율적인 건축행위가 가능케 하기 위하여 건축법에서는 건축허가를 받으면 다른 법률에 의한 인·허가 등을 받거나 신고한 것으로 간주하는 내용을 규정하였다 이는 건축사업을 시행하면서 받아야 하는 각종 허가나 승인 등을 일일이 담당행정기관에 신청하여 받아야 하는 번거로움을 없애주고 원스톱 행정을 통하여 신청인의 편의를 도모하기 위하여 도입된 규정이다

나) 인·허가 의제사항

건축물을 건축하거나 대수선하려는 자가 특별자치시장·특별자치도지사 또는 시장·군수·구청장의 건축허가를 받으면 다음 각 호의 허가 등을 받거나 신고를 한 것으로 보며,(법 제11조 제5항)

제1호 제20조제3항에 따른 공사용 가설건축물의 축조신고

제2호 제83조에 따른 공작물의 축조신고

제3호 「국토계획법」 제56조에 따른 개발행위허가

제4호 「국토계획법」 제86조제5항에 따른 시행자의 지정과 같은 법 제88조제2항에 따른 실시계획의
　　　인가

제5호 「산지관리법」 제14조와 제15조에 따른 산지전용허가와 산지전용신고, 같은 법 제15조의2에
　　　따른 산지일시사용허가 · 신고 다만, 보전산지인 경우에는 도시지역만 해당된다

제6호 「사도법」 제4조에 따른 사도(私道)개설허가

제7호 「농지법」 제34조, 제35조 및 제43조에 따른 농지전용허가 · 신고 및 협의

제8호 「도로법」 제36조에 따른 도로관리청이 아닌 자에 대한 도로공사 시행의 허가, 같은 법 제52조제1
　　　항에 따른 도로와 다른 시설의 연결 허가

제9호 「도로법」 제61조에 따른 도로의 점용 허가

제10호 「하천법」 제33조에 따른 하천점용 등의 허가

제11호 「하수도법」 제27조에 따른 배수설비(配水設備)의 설치신고

제12호 「하수도법」 제34조제2항에 따른 개인하수처리시설의 설치신고

제13호 「수도법」 제38조에 따라 수도사업자가 지방자치단체인 경우 그 지방자치단체가 정한 조례에
　　　따른 상수도 공급신청

제14호 「전기사업법」 제62조에 따른 자가용전기설비 공사계획의 인가 또는 신고

제15호 「수질 및 수생태계 보전에 관한 법률」 제33조에 따른 수질오염물질 배출시설 설치의 허가나
　　　신고

제16호 「대기환경보전법」 제23조에 따른 대기오염물질 배출시설설치의 허가나 신고

제17호 「소음 · 진동관리법」 제8조에 따른 소음 · 진동 배출시설 설치의 허가나 신고

제18호 「가축분뇨의 관리 및 이용에 관한 법률」 제11조에 따른 배출시설 설치허가나 신고

제19호 「자연공원법」 제23조에 따른 행위허가

제20호 「도시공원 및 녹지 등에 관한 법률」 제24조에 따른 도시공원의 점용허가

제21호 「토양환경보전법」 제12조에 따른 특정토양오염관리대상시설의 신고

(나) 공장건축물에 대한 특례

가) 공장설립등의 승인

① 시장 · 군수 또는 구청장의 승인 등

공장건축면적이 500제곱미터 이상인 공장의 신설 · 증설 또는 업종변경을 하려는 자는 대통령령으로

정하는 바에 따라 시장·군수 또는 구청장의 승인을 받아야 하며, 승인을 받은 사항을 변경하려는 경우에도 또한 같다 다만, 승인을 받은 사항 중 산업통상자원부령으로 정하는 경미한 사항을 변경하려는 경우에는 시장·군수 또는 구청장에게 신고하여야 한다(산업집적활성화 및 공장설립에 관한 법률 제13조 제1항) 또한, 공장건축면적이 500제곱미터 미만인 경우에도 제13조의2에 따른 허가·신고·면허·승인·해제 또는 용도폐지 등의 의제(擬制)를 받으려는 자는 제1항에 따른 공장설립등의 승인을 받을 수 있다(같은 조 제3항)

② 공장설립등의 승인의제
다음 각 호의 어느 하나에 해당하는 경우에는 제1항에 따른 공장설립등의 승인을 받은 것으로 본다(같은 조 제2항)
제1호 제20조제2항에 따른 승인을 받은 경우
제2호 제38조제1항 본문 및 제2항에 따른 입주계약 및 변경계약을 체결한 경우
제3호 대통령령으로 정하는 다른 법률에 따라 그 공장설립에 관한 허가·인가·면허 등을 받은 경우

③ 처리기한
시장·군수 또는 구청장은 제7조의2제3항에 따라 지원센터의 장으로부터 공장설립등에 관한 서류를 송부받은 때에는 서류를 송부받은 날부터 20일(관계 법령에 인·허가 및 승인 사항이 따로 정하여진 경우에는 그 기간) 이내에 승인 여부 또는 승인 처리 지연 사유를 지원센터의 장에게 통보하여야 한다 이 경우 그 기한 내에 승인 여부 또는 승인 처리 지연 사유를 통보하지 아니한 경우에는 그 기한이 지난 날의 다음날에 승인한 것으로 본다(같은 조 제4항) 이때 시장·군수 또는 구청장은 위 제4항에 따라 승인 처리 지연 사유를 통보하는 경우에는 그 처리 기간을 10일 이내에서 연장할 수 있다(같은 조 제5항)

④ 불승인 통보
시장·군수 또는 구청장은 위 제4항에 따라 불승인을 통보하는 경우에는 그 사유를 분명히 밝혀야 하며, 지원센터의 장은 그 사유와 관련된 서류를 열람할 수 있다(같은 조 제6항) 또한 시장·군수·구청장 또는 관리기관은 공장설립대장을 비치하여 필요한 사항을 적고 이를 관리하여야 한다(같은 조 제7항)

나) 인가·허가 등의 의제
산업집적활성화 및 공장설립에 관한 법률 제13조제1항에 따른 공장설립등의 승인을 할 때 해당 공장 및 진입로 부지에 대한 다음 각 호의 허가·신고·면허·승인·해제 또는 용도폐지 등(이하 "인·허가

등"이라 한다)에 관하여 해당 시장·군수 또는 구청장이 제5항 본문에 따라 관계 행정기관의 장과 협의한 사항(제5항 단서에 따라 협의가 생략되는 경우를 포함한다)에 대하여는 해당 인·허가등을 받은 것으로 본다(산업집적활성화 및 공장설립에 관한 법률 제13조의2 제1항)

제1호 「농지법」 제34조제1항에 따른 농지전용의 허가, 같은 법 제35조제1항·제43조에 따른 농지전용의 신고 및 같은 법 제40조제1항에 따른 용도변경의 승인

제2호 「산지관리법」 제14조·제15조에 따른 산지전용허가 및 산지전용신고, 같은 법 제15조의2에 따른 산지일시사용허가·신고, 같은 법 제21조에 따른 산지 전용된 토지의 용도변경 승인 및 「산림자원의 조성 및 관리에 관한 법률」 제36조제1항·제4항에 따른 입목벌채등의 허가·신고

제3호 「초지법」 제23조제1항에 따른 초지전용의 허가

제4호 「사방사업법」 제14조제1항 본문에 따른 사방지(砂防地)의 죽목의 벌채 등의 허가 및 같은 법 제20조제1항에 따른 사방지 지정의 해제

제5호 「국토계획법」 제56조제1항에 따른 개발행위(토지의 형질 변경 또는 토지 분할만 해당한다)의 허가, 같은 법 제86조에 따른 도시·군계획시설사업의 시행자의 지정, 같은 법 제88조에 따른 실시계획의 인가 및 같은 법 제118조에 따른 토지거래계약의 허가

제6호 「하천법」 제30조제1항 본문에 따른 하천공사시행의 허가 및 같은 법 제33조제1항 각 호에 따른 하천점용의 허가

제7호 「공유수면 관리 및 매립에 관한 법률」 제8조에 따른 공유수면의 점용·사용허가, 같은 법 제17조에 따른 실시계획의 승인 또는 신고 및 같은 법 제28조에 따른 공유수면의 매립면허

제8호 「장사 등에 관한 법률」 제27조제1항에 따른 분묘 개장의 허가

제9호 「사도법」 제4조에 따른 사도(私道) 개설 등의 허가

제10호 「도로법」 제61조제1항에 따른 도로점용의 허가

제11호 삭제 [2010415 제10272호(공유수면 관리 및 매립에 관한 법률)] [[시행일 20101016]]

제12호 「농어촌정비법」 제23조제1항 본문에 따른 농업생산기반시설의 목적 외 사용의 승인

제13호 「국유재산법」 제30조에 따른 국유재산의 사용허가 및 같은 법 제40조제1항에 따른 도로·하천·구거 및 제방의 용도폐지

제14호 「공유재산 및 물품 관리법」 제11조에 따른 행정재산의 용도의 변경 또는 폐지 및 같은 법 제20조제1항에 따른 행정재산의 사용·수익허가

제15호 「건축법」 제11조제1항에 따른 건축허가, 같은 법 제14조제1항에 따른 건축신고, 같은 법 제19조제2항에 따른 건축물의 용도변경의 허가나 신고, 같은 조 제3항에 따른 기재내용의 변경, 같은 법 제20조제1항·제3항에 따른 가설건축물 건축의 허가 또는 신고 및 같은 법 제83조제1항에 따른 공작물 축조의 신고

제16호 「환경영향평가법」 제44조에 따른 소규모 환경영향평가에 대한 협의

제17호 「자연재해대책법」 제4조에 따른 사전재해영향성 검토협의

그 외 산업집적활성화 및 공장설립에 관한 법률 제13조제1항에 따라 공장설립등의 승인을 받은 자(제1항제9호에 따라 공장설립등의 승인 시에 사도개설 등의 허가의 의제를 받은 자는 제외한다)에게 「사도법」 제4조에 따른 사도개설 등의 허가를 할 때 그 공장진입로 부지에 대한 제1항 각 호(같은 항 제9호는 제외한다)의 인ㆍ허가등에 관하여 해당 시장ㆍ군수 또는 구청장이 제5항에 따라 관계 행정기관의 장과 협의한 사항에 대하여는 해당 인ㆍ허가등을 받은 것으로 보며(같은 조 제2항), 제13조제1항에 따른 공장설립등의 승인을 할 때 그 공장에서 운영하려는 사업에 대한 다음 각 호의 허가 또는 신고에 관하여 시장ㆍ군수 또는 구청장이 제5항에 따라 관계 행정기관의 장과 협의한 사항에 대하여는 해당 허가를 받거나 신고를 한 것으로 본다(같은 조 제3항)

제1호 「액화석유가스의 안전관리 및 사업법」 제3조에 따른 가스용품 제조사업의 허가

제2호 「고압가스 안전관리법」 제4조에 따른 고압가스 제조허가, 같은 법 제5조에 따른 용기등의 제조등록 및 같은 법 제20조에 따른 특정고압가스 사용의 신고

제3호 「먹는물관리법」 제23조제1항에 따른 먹는샘물등의 제조업의 조건부허가

(다) 공장의 건축허가

산업집적활성화 및 공장설립에 관한 법률 제13조제1항에 따라 공장설립등의 승인을 받은 자(같은 조 제2항에 따라 공장설립등의 승인을 받은 것으로 의제되는 자를 포함한다 이하 같다)에게 「건축법」 제11조에 따른 건축허가를 하거나 같은 법 제14조에 따른 신고를 수리(제13조의2제1항제15호에 따라 공장설립등의 승인 시에 건축허가 및 건축신고가 의제되는 경우를 포함한다)할 때 해당 시장ㆍ군수 또는 구청장이 다음 각 호의 허가ㆍ인가ㆍ승인ㆍ동의ㆍ심사 또는 신고(이하 "허가등"이라 한다)에 관하여 제3항에 따라 관계 행정기관의 장과 협의한 사항에 대하여는 해당 허가등을 받은 것으로 본다(산업집적활성화 및 공장설립에 관한 법률 제14조)

제1호 「도로법」 제61조제1항에 따른 도로점용의 허가

제2호 「하수도법」 제24조에 따른 시설 또는 공작물 설치의 허가, 같은 법 제27조제3항에 따른 배수설비 설치의 신고 및 같은 법 제34조제2항에 따른 개인하수처리시설의 설치 신고

제3호 「수도법」 제52조제1항에 따른 전용상수도 설치의 인가

제4호 「전기사업법」 제62조제1항 및 제2항에 따른 자가용전기설비 공사계획의 인가 및 신고

제5호 「소방시설 설치ㆍ유지 및 안전관리에 관한 법률」 제7조제1항에 따른 건축허가등의 동의, 「소방시설공사업법」 제13조제1항에 따른 소방시설공사의 신고 및 「위험물안전관리법」 제6조제1항에

따른 제조소등의 설치허가

제6호 「국토계획법」 제56조제1항에 따른 개발행위(건축물의 건축 또는 공작물의 설치만 해당한다)의 허가, 같은 법 제86조에 따른 도시·군계획시설사업의 시행자의 지정 및 같은 법 제88조에 따른 실시계획의 인가

제7호 「건축법」 제20조제1항·제3항에 따른 가설건축물 건축의 허가 또는 신고 및 같은 법 제83조에 따른 공작물축조의 신고

제8호 「폐기물관리법」 제29조제2항에 따른 폐기물처리시설의 설치승인 또는 신고

제9호 「가축분뇨의 관리 및 이용에 관한 법률」 제11조에 따른 배출시설의 설치 허가 또는 신고

제10호 「대기환경보전법」 제23조제1항, 「수질 및 수생태계 보전에 관한 법률」 제33조제1항, 「소음·진동관리법」 제8조제1항에 따른 배출시설설치의 허가 또는 신고

제11호 「토양환경보전법」 제12조에 따른 특정토양오염관리대상시설 설치의 신고

제12호 「총포·도검·화약류 등 단속법」 제25조제1항에 따른 화약류간이저장소 설치의 허가

제13호 「액화석유가스의 안전관리 및 사업법」 제6조제1항에 따른 액화석유가스저장소 설치의 허가

제14호 「고압가스 안전관리법」 제4조제3항에 따른 고압가스저장소 설치의 허가

제15호 「산업안전보건법」 제48조제4항에 따른 유해·위험방지계획서의 심사, 같은 법 제49조의2제3항에 따른 공정안전보고서의 심사

3) 관계 행정기관의 장과의 협의

건축법은 건축행위에 따른 민원의 편의 및 절차의 효율을 위하여 건축허가에 의하여 의제되는 인허가의 제 제도를 도입하면서도 그에 관한 실체적 요건을 제대로 갖추었는지에 여부를 검토하기 위하여 허가권자로 하여금 사전에 관계 행정기관의 장과의 협의를 하도록 규정하고 있다

가) 관계행정기관의 장과의 협의 및 의견제출

허가권자는 건축허가에 의하여 의제되는 인·허가가 다른 행정기관의 권한에 속하면 그 행정기관의 장과 미리 협의하여야 하며, 협의 요청을 받은 관계 행정기관의 장은 요청을 받은 날부터 15일 이내에 의견을 제출하여야 한다 만일 협의 요청을 받은 관계 행정기관의 장이 그에 대한 인허가 불가의 의사를 회신하여 온 경우 허가권자는 그 허가를 할 수 없다[96]

나) 허가권자의 일방적인 인·허가

인·허가 의제대상에 대하여 허가관청이 반대의견을 표명하였음에도 불구하고 허가권자가 주된 인·허가

---

96) 대법원 1992922 선고 91누8876 판결

를 발한 경우 그 인·허가가 문제될 수 있는데, 의제대상 안허가 허가관청과의 협의는 그 실체적 요건을 갖추었는지 여부를 검토하기 위한 것이므로, 이는 단순히 안허가 허가관청의 의견을 듣는 것이 아니라, 의제대상 안허가관청의 동의를 구하는 것으로서 사실상 '합의'를 뜻한다고 할 것이다[97] 따라서 의제대상 안허가관청의 동의를 얻지 못한 경우에는 주된 안허가를 할 수 없으며, 만일 이에도 불구하고 허가권자가 일방적으로 주된 안허가를 할 경우 이는 협의절차를 제대로 이행치 아니한 하자있는 행정행위가 되어 그 정도에 따라 취소사유가 될 수 있다 다만, 단지 협의절차의 불이행을 이유로 주된 인·하기까지 무효로 한다면 주된 안·허가를 신뢰하고 그에 따른 건축행위를 위해 실제 비용을 지출한 신청인에게 불의칙의 피해를 줄 우려가 있기 때문에 이를 당연무효라고 보기는 어려울 것이다.

4) 인·허가의제의 효과

안허가의제의 효과는 신청인이 건축허가권자로부터 건축허가를 받게 되면 다른 법률에 의하여 안허가가 의제되는 각각의 사유에 대하여만 안·허가를 받는 것으로 보는 것에 그치고, 더 나아가 그 안·허가를 전제로 하는 다른 법률 법령에 의한 각종 제한까지 의제되는 것은 아니다 예를 들어, 구 건축법 제8조 제4항에 따른 건축허가를 받아 새로이 공공시설을 설치하였다고 하더라도 그 공공시설의 귀속에 관하여 구 도시계획법 제83조 제2항이 적용되지는 않는 것이다[98]

Q 저는 「건축법」위반으로 과태료처분을 받았습니다. 그런데 위 과태료처분은 5년 전에 있었던 위반사실에 대하여 부과된 것입니다. 이 경우 과태료처분에 대하여는 공소시효나 형의 시효 및 「국가재정법」제96조 소정의 소멸시효규정이 적용 또는 준용되지 않는지요?

A 공소시효의 기간에 관하여 「형사소송법」제249조 제1항은 "공소시효는 다음 기간의 경과로 완성한다. 1. 사형에 해당하는 범죄에는 25년, 2. 무기징역 또는 무기금고에 해당하는 범죄에는 15년, 3. 장기10년이상의 징역 또는 금고에 해당하는 범죄에는 10년, 4. 장기10년미만의 징역 또는 금고에 해당하는 범죄에는 7년, 5. 장기5년미만의 징역 또는 금고, 장기10년이상의 자격정지 또는 벌금에 해당하는 범죄에는 5년, 6. 장기5년이상의 자격정지에 해당하는 범죄에는 3년, 7. 장기5년미만의 자격정지, 구류, 과료 또는 몰수에 해당하는 범죄에는 1년."라고 규정하고 있고, 또한 같은 법 제249조 제2항은 "공소가 제기된 범죄는 판결의 확정이 없이 공소를 제기한 때로부터 25년을 경과하면 공소시효가 완성한 것으로 간주한다."라고 규정하고 있습니다. 그리고 형의 시효에 관하여는 「형법」제78조에서 "시효

---

97) 김재광, "행정법상 집중효제도의 검토", 토지공법연구 제9호(2000 2), 한국토지공법학회, 75면
98) 대법원 2004 7 22 선고 2004다19715 판결

는 형을 선고하는 재판이 확정된 후 그 집행을 받음이 없이 ①사형은 30년, ②무기의 징역 또는 금고는 20년, ③10년 이상의 징역 또는 금고는 15년, ④3년 이상의 징역이나 금고 또는 10년 이상의 자격정지는 10년, ⑤3년 미만의 징역이나 금고 또 는 5년 이상의 자격 정지는 5년, ⑥5년 미만의 자격정지, 벌금, 몰수 또는 추징은 3년, ⑦구류 또는 과료는 1년을 경과함으로 인하여 완성된다."라고 규정하고 있습니다.

한편,「국가재정법」제96조는 "①금전의 급부를 목적으로 하는 국가의 권리로서 시효에 관하여 다른 법률에 규정이 없는 것은 5년 동안 행사하지 아니하면 시효로 인하여 소멸한다. ②국가에 대한 권리로서 금전의 급부를 목적으로 하는 것도 또한 제1항과 같다."라고 규정하고 있습니다.

그러므로 과태료의 처벌에 있어 공소시효나 형의 시효 및「국가재정법」제96조 소정의 국가의 금전채권에 관한 소멸시효의 규정이 적용 내지 준용되는지 문제될 수 있습니다.

이에 관하여 판례는 "과태료의 제재는 범죄에 대한 형벌이 아니므로, 그 성질상 처음부터 공소시효(형사소송법 제249조)나 형의 시효(형법 제78조)에 상당하는 것은 있을 수 없고, 이에 상당하는 규정도 없으므로 일단 한번 과태료에 처해질 위반행위를 한 자는 그 처벌을 면할 수 없는 것이며, 예산회계법(현행 국가재정법) 제96조 제1항은 '금전의 급부를 목적으로 하는 국가의 권리로서 시효에 관하여 다른 법률에 규정이 없는 것은 5년간 행사하지 아니할 때에는 시효로 인하여 소멸한다.'라고 규정하고 있으므로 과태료결정 후 징수의 시효, 즉 과태료 재판의 효력이 소멸하는 시효에 관하여는 국가의 금전채권으로서 예산회계법(현행 국가재정법)에 의하여 그 기간은 5년이라고 할 것이지만, 위반행위자에 대한 과태료의 처벌권을 국가의 금전채권과 동일하게 볼 수는 없으므로, 예산회계법(현행 국가재정법) 제96조에서 정해진 국가의 금전채권에 관한 소멸시효의 규정이 과태료의 처벌권에 적용되거나 준용되지는 않는다."라고 하였습니다(대법원 2000. 8. 24.자 2000마1350 결정).

따라서 위 사안에서도 귀하에 대하여「건축법」위반사실이 있은 후 5년이 지나서 과태료부과처분을 하였다고 하여도 그 처분은 유효하고, 다만 과태료부과처분 후 시효중단의 조치 없이 5년이 경과된다면 그 징수에 관하여는「국가재정법」제96조 소정의 소멸시효기간이 완성된다고 할 것으로 보입니다.

소　　　장

원고　　　김 길 동(주민등록번호)
　　　　　서울시 광진구 ○○동 ○번지
피고　　　서울특별시 광진구청장
건축허가신청서처리불가처분취소

청구취지

1. 피고가 2008. 8. 14. 원고에 대하여 한 건축허가신청에 대한 거부처분을 취소한다.
2. 소송비용은 피고의 부담으로 한다.

라는 판결을 구합니다.

청구원인

1. 처분의 경위

(1) 원고는 서울 광진구 ○○○(이하 '이 사건 토지'라고 한다)의 소유자로서 2008. 7. 31. 피고에게 이 사건 토지 지상에 공동주택(다세대주택)을 신축하기 위하여 건축허가신청(이하 '이 사건 신청'이라고 한다)을 하였습니다.

(2) 피고는 2008. 8. 14. '이 사건 토지는 지구단위계획 신청(입안)된 구역으로 주택 건설사업지임을 감안하여 개별 건축행위는 도시관리계획상 부합되지 아니한 것으로 사료된다'는 이유로 이 사건 신청을 거부하였습니다(이하 '이 사건 처분'이라고 한다).

2. 처분의 위법성

특정 부동산시행업체가 이 사건 토지에 대하여 지구단위계획신청을 하였을 뿐, 위 시행업체의 부도로 인해 지구단위계획이 입안된 바 없고 향후 계속하여 재개발사업을 추진할 가능성도 전혀 없는 반면, 이 사건 토지 지상의 기존 건축물이 노후하여 주민들의 안전에 문제가 발생할 가능성이 농후한 실정임에도 불구하고 원고의 재산상 권리와 인근 주민들의 안전상 문제를 해결해야 하는 당위성보다 공익을 우선한다는 취지로 한 이 사건 신청은 비례의 원칙에 반한 것으로서 위법합니다.

3. 결론

위와 같은 이유로 피고의 이 사건 처분은 위법하므로 이의 취소를 구하는 본 건 행정소송에 이르게 되었습니다.

입증방법

1. 갑 제1호증
2. 갑 제2호증
3. 갑 제3호증

첨부서류

1. 위 각 입증방법   각 1부
2. 송달료 납부서
3. 소장부본

20   .   .   .

위 원고   (날인 또는 서명)

서울행정법원   귀중

당해판례

2008구합 44877

건축허가권자는 건축허가신청이 건축법, 도시계획법 등 관계 법규에서 정하는 어떠한 제한에 배치되지 않는 이상 당연히 같은 법조에서 정하는 건축허가를 하여야 하고, 중대한 공익상의 필요가 없음에도 불구하고, 요건을 갖춘 자에 대한 허가를 관계 법령에서 정하는 제한 사유 이외의 사유를 들어 거부할 수는 없는바(대법원 2003. 4. 25. 선고 2002두3201 판결, 2006. 11. 9. 선고 2006두1227 판결 등 참조), 지구단위계획신청의 대상이 된 토지에 대하여 건축허가를 제한하는 법령상의 근거는 없으므로 이 사건 신청을 거부하는 것에 대한 중대한 공익상의 필요가 있는지 여부를 살펴보기로 한다.

2) 그런데, 갑제2호증의 1 내지 10, 갑제4호증, 을제1, 4, 8호증의 각 기재와 영상 및 변론 전체의 취지에 의하여 인정되는 다음과 같은 사정, 즉, ① 주식회사 ○○○의 대표 ○○○가 2005. 12. 경 주택재개발사업을 목적으로 이 사건 토지를 포함한 서울 광진구 ○○○ 일대 부지에 대한 지구단위

계획신청을 하여, 2006. 6. 16. 서울 광진구 도시계획위원회에서 조건부 동의의 심의결과를 낸바 있으나, 위 업체의 부도로 인하여 현재 주택재개발사업의 진행에 별다른 진척이 없는 점, ② 이에 따라 피고 역시 위 ○○○ 일대 부지에 대한 지구단위계획을 수립하지 아니하고 있는 점, ③ 원고는 이 사건 토지에 3세대의 다세대주택을 건축하고자 하며 각 세대의 대지지분이 55.3㎡에 달하는데, 이는 피고가 내부적으로 정한 재건축후보지역에 대한 강화된 건축허가기준인 세대별 대지지분 50㎡를 초과하는 점, ④ 이 사건 토지 지상에 건립되어 있는 기존 건축물이 상당히 노후하여 원고의 재산권 행사에 지장이 있을 것으로 보이는 점, ⑤ 위 ○○○ 일대 부지 소유자들의 사업계획 동의 의사가 철회된 것은 아니나, 그렇다고 조속한 시일 내에 위 ○○○ 일대 부지에 대한 주택재개발 사업이 추진될 것인지 여부는 불투명한 것으로 보이는 점 등에 비추어 볼 때, 피고가 주장하는 모든 사정을 감안 하더라도 피고가 이 사건 신청을 거부한 것에 중대한 공익상의 필요가 있다고 보기 어렵고 달리 이를 인정할 증거가 없다.

[서식] 건축신고서반려처분취소 청구의 소

소 장

원고　　김 길 동(주민등록번호)
　　　　서울시 강남구 ○○동 ○번지
피고　　서울특별시 강남구청장
건축신고서반려처분취소

청구취지

1. 피고가 2008. 12. 24. 원고에 대하여 한 건축신고서 반려처분을 취소한다.
2. 소송비용은 피고의 부담으로 한다.

라는 판결을 구합니다.

청구원인

1. 처분의 경위

(1) 원고는 2008. 11. 10. 경매절차를 통해 서울 강남구 역삼동 ○○○ 대 102.3㎡(이하 '이 사건 토지'라 한다)의 소유권을 취득한 다음, 2008. 12. 3. 피고에게 이 사건 대지 위에 건축연면적 43.2㎡

의 단층건축물을 신축하는 내용의 건축신고를 하였습니다.

(2) 피고는 2008. 12. 24. 이 사건 토지 및 그에 접하고 있는 서울 강남구 역삼동 ○○○ 토지는 1982. 4. 26.경 당시 소유자들이 자신들의 토지의 편익을 위하여 스스로 설치한 이래 현재까지 인근주민들의 통행로로 사용하고 있으므로 통행로를 폐쇄하는 것을 전제로 하는 원고의 건축물 신축행위는 허용될 수 없다는 이유로 원고의 건축신고를 반려하였습니다(이하 '이 사건 처분'이라 한다).

2. 처분의 위법성
건축법상의 건축신고는 건축법 기타 관계법령에서 정한 제한 사유에 해당하지 않는 한 당연히 이를 수리해야 함에도 이 사건 토지의 현황이 사실상의 도로라는 이유만으로 원고의 건축신고를 거부한 것은 재량권을 일탈·남용한 것으로 위법합니다.

3. 결론
위와 같이 피고의 처분은 위법하므로 이의 취소를 구하는 본 건 행정소송에 이르게 되었습니다.

입증방법

1. 갑 제1호증
2. 갑 제2호증

첨부서류

1. 위 각 입증방법   각 1부
2. 송달료 납부서
3. 소장부본

20   .   .   .

위 원고   (날인 또는 서명)

서울행정법원   귀중

당해판례

2009구합 1693

1. 건축법 제14조 제1항, 제11조 제5항, 국토의 계획 및 이용에 관한 법률 제56조 제1항, 제58조 제1항 제4호 등에 의하면 건축허가권자는 건축물을 건축하거나 토지의 형질을 변경하는 것이 주변지역의 토지이용실태 등 주변환경이나 경관과 조화를 이룰 경우에 한하여 건축허가 또는 건축신고수리를 하여야 하고, 또 관계법령이 정한 제한 사유에 해당하지 않는다고 하더라도 공익상의 필요가 인정되는 특별한 경우에는 법규상 명문의 근거가 없어도 건축허가를 하지 아니하거나 건축신고수리를 거부할 수도 있다(대법원 1995. 10. 13. 선고 94누14247 판결 참조).

2. 이 사건에서, ① 이 사건 토지와 ○○○ 토지는 1982. 4. 26.경 당시 소유자들이 자신들의 토지의 편익을 위하여 스스로 설치한 폭 6m의 도로로서 수십년 이상 일반 공중의 교통 또는 통행에 제공되고 있는 점, ② 원고가 법률상 소유권을 행사하여 이 사건 토지에 대한 타인의 통행을 제한할 수 없거나 사실상 그 통행을 제한하는 것이 현저히 곤란하다고 인정되는 점, ③ 원고는 이 사건 토지가 사실상의 도로로 사용되고 있어 소유권행사에 제약이 따를 수 있다는 사정을 알고 경매절차를 통해 이 사건을 취득한 것으로 보이는 점, ④ 이 사건 토지에 대한 건축신고를 수리할 경우 ○○○, ○○○ 토지 지상의 각 주택은 이 사건 토지를 향해 설치된 유일한 대문 또는 지하주차장 출입구를 폐쇄하고 다른 쪽의 담을 허물어 설치해야 하고, 나아가 이 사건 토지와 동일하게 사실상의 도로로 이용되고 있는 ○○○ 토지에 대한 건축신고를 거부할 이유가 없어 위 토지들을 통행로로 이용할 수 없게 됨은 물론 ○○○, ○○○ 토지는 맹지가 되어버리는 점 등을 종합하여 보면, 이 사건 건축신고로 지어질 건축물은 주변지역 및 이 사건 토지의 이용실태 등 주변환경과 조화를 이룬다고 보기 어렵고, 비록 이 사건 도로가 도로법에 의한 도로지정이나 사도법에 의한 개설허가를 받은 도로가 아니라고 하더라도, 이 사건 토지가 사실상의 도로로 상당한 기간 사용되어 도로로의 이용상황이 고착화된 이상 그 지상에 건물이 신설됨으로써 통행을 막지 않도록 하여야 할 공익상의 필요도 있다고 인정되는 만큼, 피고가 위와 같은 이유로 원고의 건축신고를 반려한 것에 재량권을 일탈·남용한 위법이 없다고 판단되므로, 원고의 청구는 이유 없다.

12. 과징금부과(식품위생법 위반)처분관련 소송

(1) 영업의 종류 및 유흥종사자의 범위

법 제36조제2항에 따른 영업의 세부 종류와 그 범위는 다음 각 호와 같다(식품위생법 시행령 제21조 제1항).

1) 식품접객업(식품위생법 시행령 제21조 제1항 제8호)

가) 휴게음식점영업: 주로 다류(茶類), 아이스크림류 등을 조리 · 판매하거나 패스트푸드점, 분식점 형태의 영업 등 음식류를 조리 · 판매하는 영업으로서 음주행위가 허용되지 아니하는 영업. 다만, 편의점, 슈퍼마켓, 휴게소, 그 밖에 음식류를 판매하는 장소(만화가게 및 「게임산업진흥에 관한 법률」 제2조제7호에 따른 인터넷컴퓨터게임시설제공업을 하는 영업소 등 음식류를 부수적으로 판매하는 장소를 포함한다)에서 컵라면, 일회용 다류 또는 그 밖의 음식류에 물을 부어 주는 경우는 제외한다.

나) 일반음식점영업: 음식류를 조리 · 판매하는 영업으로서 식사와 함께 부수적으로 음주행위가 허용되는 영업

다) 단란주점영업: 주로 주류를 조리 · 판매하는 영업으로서 손님이 노래를 부르는 행위가 허용되는 영업

라) 유흥주점영업: 주로 주류를 조리 · 판매하는 영업으로서 유흥종사자를 두거나 유흥시설을 설치할 수 있고 손님이 노래를 부르거나 춤을 추는 행위가 허용되는 영업

마) 위탁급식영업: 집단급식소를 설치 · 운영하는 자와의 계약에 따라 그 집단급식소에서 음식류를 조리하여 제공하는 영업

바) 제과점영업: 주로 빵, 떡, 과자 등을 제조 · 판매하는 영업으로서 음주행위가 허용되지 아니하는 영업

2) 유흥종사자의 범위

제21조 제8호 라목에서 "유흥종사자"란 손님과 함께 술을 마시거나 노래 또는 춤으로 손님의 유흥을 돋우는 부녀자인 유흥접객원을 말하며, "유흥시설"이란 유흥종사자 또는 손님이 춤을 출 수 있도록 설치한 무도장을 말한다(법 시행령 제22조).

(2) 시설기준

다음의 영업을 하려는 자는 총리령으로 정하는 시설기준에 맞는 시설을 갖추어야 하며(식품위생법 제36조), 이에 따른 영업의 세부 종류와 그 범위는 대통령령으로 정한다.

1) 식품 또는 식품첨가물의 제조업, 가공업, 운반업, 판매업 및 보존업

2) 기구 또는 용기·포장의 제조업

3) 식품접객업

(3) 영업자등의 준수사항

1) 준수사항

식품접객영업자등 대통령령이 정하는 영업자 및 그 종업원은 영업의 위생적 관리 및 질서유지와 국민보건위생의 증진을 위하여 다음의 사항을 지켜야 한다(법 제31조 제1항).

가)「축산물 위생관리법」제12조에 따른 검사를 받지 아니한 축산물 또는 실험 등의 용도로 사용한 동물은 운반·보관·진열·판매하거나 식품의 제조·가공에 사용하지 말 것

나)「야생생물 보호 및 관리에 관한 법률」을 위반하여 포획·채취한 야생생물은 이를 식품의 제조·가공에 사용하거나 판매하지 말 것

다) 유통기한이 경과된 제품·식품 또는 그 원재료를 조리·판매의 목적으로 소분·운반·진열·보관하거나 이를 판매 또는 식품의 제조·가공에 사용하지 말 것

라) 수돗물이 아닌 지하수 등을 먹는 물 또는 식품의 조리·세척 등에 사용하는 경우에는「먹는물관리법」제43조에 따른 먹는물 수질검사기관에서 총리령으로 정하는 바에 따라 검사를 받아 마시기에 적합하다고 인정된 물을 사용할 것. 다만, 둘 이상의 업소가 같은 건물에서 같은 수원(水源)을 사용하는 경우에는 하나의 업소에 대한 시험결과로 나머지 업소에 대한 검사를 갈음할 수 있다.

마) 제15조제2항에 따라 위해평가가 완료되기 전까지 일시적으로 금지된 식품등을 제조·가공·판매·수입·사용 및 운반하지 말 것

바) 식중독 발생 시 보관 또는 사용 중인 식품은 역학조사가 완료될 때까지 폐기하거나 소독 등으로 현장을 훼손하여서는 아니 되고 원상태로 보존하여야 하며, 식중독 원인규명을 위한 행위를 방해하지 말 것

사) 손님을 꾀어서 끌어들이는 행위를 하지 말 것

아) 그 밖에 영업의 원료관리, 제조공정 및 위생관리와 질서유지, 국민의 보건위생 증진 등을 위하여 총리령으로 정하는 사항

2) 유흥 및 접객행위, 알선행위금지 등

누구든지 영리를 목적으로 제36조 제1항 제3호의 식품접객업을 행하는 장소(유흥종사자를 둘 수 있도록 대통령령으로 정하는 영업을 하는 장소는 제외한다)에서 손님과 함께 술을 마시거나 노래 또는 춤으로 손님의 유흥을 돋우는 접객행위(공연을 목적으로 하는 가수·악사·댄서·무용수 등에 의하여

이루어지는 행위를 제외한다)를 하거나 다른 사람에게 그 행위를 알선하여서는 아니 되며(같은 조 제3항), 이에 따른 식품접객영업자는 유흥종사자를 고용·알선하거나 호객행위를 하여서는 아니 된다 (같은 조 제4항).

(4) 허가의 취소 등
식품의약품안전처장 또는 특별자치시장·특별자치도지사·시장·군수·구청장은 영업자가 다음에 해당하는 행위를 한 경우에는 대통령령으로 정하는 바에 따라 영업허가 또는 등록을 취소하거나 6개월 이내의 기간을 정하여 그 영업의 전부 또는 일부를 정지하거나 영업소 폐쇄(제37조제4항에 따라 신고한 영업만 해당한다.)를 명할 수 있다(법 제75조).
1) 「성매매알선 등 행위의 처벌에 관한 법률」 제4조에 따른 금지행위를 한 경우

(5) 영업정지 등의 처분에 갈음하여 부과하는 과징금 처분
식품의약품안전처장, 시·도지사 또는 시장·군수·구청장은 영업자가 제75조제1항 각 호 또는 제76 조제1항 각 호의 어느 하나에 해당하는 경우에는 대통령령으로 정하는 바에 따라 영업정지, 품목 제조정지 또는 품목류 제조정지 처분을 갈음하여 10억원 이하의 과징금을 부과할 수 있다. 다만, 제6조를 위반하여 제75조제1항에 해당하는 경우와 제4조, 제5조, 제7조, 제10조, 제12조의2, 제13조, 제37조, 제43조 및 제44조를 위반하여 제75조제1항 또는 제76조제1항에 해당하는 중대한 사항으로서 총리령 으로 정하는 경우는 제외하며(법 제87조), 이에 따른 과징금을 부과하는 위반 행위의 종류·정도 등에 따른 과징금의 금액과 그 밖에 필요한 사항은 대통령령으로 정한다.

(6) 영업정지 등의 처분에 갈음하여 부과하는 과징금의 산정기준
법 제82조제1항 본문에 따라 부과하는 과징금의 금액은 위반행위의 종류와 위반 정도 등을 고려하여 총리령으로 정하는 영업정지, 품목·품목류 제조정지 처분기준에 따라 별표 1의 기준을 적용하여 산정 한다(법 시행령 제53조).

【판시사항】
식품위생법상 영업정지에 갈음하는 과징금 금액의 산정 기준[부산고법 2005. 4. 22., 선고, 2004누3 908, 판결: 상고]

【판결요지】
식품위생법상 영업정지에 갈음하는 과징금의 금액은 식품위생법 제58조 제1항, 제4항, 제59조 제1항, 제65조 제2항, 같은법시행령 제38조 [별표 1] 등 관계 법령에 나타나 있는 바와 같이 위반행위의 종 별·정도 등에 비례하는 상당한 것이어야 한다.

[별표 1] 과징금 산정기준(제53조 관련)

1. 일반기준

   가. 영업정지 1개월은 30일을 기준으로 한다.

   나. 영업정지에 갈음한 과징금부과의 기준이 되는 매출금액은 처분일이 속한 연도의 전년도의 1년간 총매출금액을 기준으로 한다. 다만, 신규사업 · 휴업 등으로 인하여 1년간의 총매출금액을 산출할 수 없는 경우에는 분기별 · 월별 또는 일별 매출금액을 기준으로 연간 총매출금액으로 환산하여 산출한다.

2. 과징금 기준

[별표 1] 〈개정 2016. 7. 26.〉

영업정지 등의 처분에 갈음하여 부과하는 과징금 산정기준(제53조 관련)

1. 일반기준

   가. 영업정지 1개월은 30일을 기준으로 한다.

   나. 영업정지에 갈음한 과징금부과의 기준이 되는 매출금액은 처분일이 속한 연도의 전년도의 1년간 총매출금액을 기준으로 한다. 다만, 신규사업 · 휴업 등으로 인하여 1년간의 총매출금액을 산출할 수 없는 경우에는 분기별 · 월별 또는 일별 매출금액을 기준으로 연간 총매출금액으로 환산하여 산출한다.

   다. 품목류 제조정지에 갈음한 과징금부과의 기준이 되는 매출금액은 품목류에 해당하는 품목들의 처분일이 속한 연도의 전년도의 1년간 총매출금액을 기준으로 한다. 다만, 신규제조 · 휴업 등으로 인하여 품목류에 해당하는 품목들의 1년간의 총매출금액을 산출할 수 없는 경우에는 분기별 · 월별 또는 일별 매출금액을 기준으로 연간 총매출금액으로 환산하여 산출한다.

   라. 품목 제조정지에 갈음한 과징금부과의 기준이 되는 매출금액은 처분일이 속하는 달로부터 소급하여 직전 3개월간 해당 품목의 총 매출금액에 4를 곱하여 산출한다. 다만, 신규제조 또는 휴업 등으로 3개월의 총 매출금액을 산출할 수 없는 경우에는 전월(전월의 실적을 알 수 없는 경우에는 당월을 말한다)의 1일 평균매출액에 365를 곱하여 산출한다.

   마. 나목부터 라목까지의 규정에도 불구하고 과징금 산정금액이 10억원을 초과하는 경우에는 10억원으로 한다.

2. 과징금 기준

가. 식품 및 식품첨가물 제조업·가공업 외의 영업

등급 \ 업종	연간매출액(단위: 백만원)	영업정지 1일에 해당하는 과징금의 금액 (단위: 만원)
1	20 이하	5
2	20 초과 30 이하	8
3	30 초과 50 이하	10
4	50 초과 100 이하	13
5	100 초과 150 이하	16
6	150 초과 210 이하	23
7	210 초과 270 이하	31
8	270 초과 330 이하	39
9	330 초과 400 이하	47
10	400 초과 470 이하	56
11	470 초과 550 이하	66
12	550 초과 650 이하	78
13	650 초과 750 이하	88
14	750 초과 850 이하	94
15	850 초과 1,000 이하	100
16	1,000 초과 1,200 이하	106
17	1,200 초과 1,500 이하	112
18	1,500 초과 2,000 이하	118
19	2,000 초과 2,500 이하	124
20	2,500 초과 3,000 이하	130
21	3,000 초과 4,000 이하	136
22	4,000 초과 5,000 이하	165
23	5,000 초과 6,500 이하	211
24	6,500 초과 8,000 이하	266
25	8,000 초과 10,000 이하	330
26	10,000 초과	367

나. 식품 및 식품첨가물 제조업·가공업의 영업

등급 \ 업종	연간매출액(단위: 백만원)	영업정지 1일에 해당하는 과징금의 금액 (단위: 만원)
1	100 이하	12
2	100 초과 200 이하	14
3	200 초과 310 이하	17
4	310 초과 430 이하	20
5	430 초과 560 이하	27
6	560 초과 700 이하	34
7	700 초과 860 이하	42
8	860 초과 1,040 이하	51
9	1,040 초과 1,240 이하	62
10	1,240 초과 1,460 이하	73
11	1,460 초과 1,710 이하	86
12	1,710 초과 2,000 이하	94
13	2,000 초과 2,300 이하	100
14	2,300 초과 2,600 이하	106
15	2,600 초과 3,000 이하	112
16	3,000 초과 3,400 이하	118
17	3,400 초과 3,800 이하	124
18	3,800 초과 4,300 이하	140
19	4,300 초과 4,800 이하	157
20	4,800 초과 5,400 이하	176
21	5,400 초과 6,000 이하	197
22	6,000 초과 6,700 이하	219
23	6,700 초과 7,500 이하	245
24	7,500 초과 8,600 이하	278
25	8,600 초과 10,000 이하	321
26	10,000 초과 12,000 이하	380
27	12,000 초과 15,000 이하	466
28	15,000 초과 20,000 이하	604
29	20,000 초과 25,000 이하	777
30	25,000 초과 30,000 이하	949
31	30,000 초과 35,000 이하	1,122

| 32 | 35,000 초과 40,000 이하 | 1,295 |
| 33 | 40,000 초과 | 1,381 |

다. 품목 또는 품목류 제조

등급＼업종	연간매출액(단위: 백만원)	제조정지 1일에 해당하는 과징금의 금액 (단위: 만원)
1	100 이하	12
2	100 초과 200 이하	14
3	200 초과 300 이하	16
4	300 초과 400 이하	19
5	400 초과 500 이하	24
6	500 초과 650 이하	31
7	650 초과 800 이하	39
8	800 초과 950 이하	47
9	950 초과 1,100 이하	55
10	1,100 초과 1,300 이하	65
11	1,300 초과 1,500 이하	76
12	1,500 초과 1,700 이하	86
13	1,700 초과 2,000 이하	100
14	2,000 초과 2,300 이하	106
15	2,300 초과 2,700 이하	112
16	2,700 초과 3,100 이하	118
17	3,100 초과 3,600 이하	124
18	3,600 초과 4,100 이하	142
19	4,100 초과 4,700 이하	163
20	4,700 초과 5,300 이하	185
21	5,300 초과 6,000 이하	209
22	6,000 초과 6,700 이하	235
23	6,700 초과 7,400 이하	261
24	7,400 초과 8,200 이하	289
25	8,200 초과 9,000 이하	318
26	9,000 초과 10,000 이하	351
27	10,000 초과 11,000 이하	388
28	11,000 초과 12,000 이하	425

29	12,000 초과 13,000 이하	462
30	13,000 초과 15,000 이하	518
31	15,000 초과 17,000 이하	592
32	17,000 초과 20,000 이하	684
33	20,000 초과	740

[서식] 과징금부과처분취소 청구의 소

소　　장

원고　　　김 길 동(주민등록번호)
　　　　　서울시 강남구 ○○동 ○번지
피고　　　서울특별시 강남구청장

과징금부과처분취소

청구취지

1. 피고가 2008. 9. 18. 원고에 대하여 한 과징금 63,600,000원의 부과처분을 취소한다.
2. 소송비용은 피고의 부담으로 한다.

라는 판결을 구합니다.

청구원인

1. 처분의 경위

(1) 원고는 2005. 12. 29.부터 서울 강남구 삼성동에서 ○○○라는 상호로 유흥주점(이하 '이 사건 영업장'이라 한다)을 운영하고 있습니다.

(2) 서울○○경찰서장은 2008. 6. 27. 피고에게 '이 사건 영업장의 종업원인 ○○○를 비롯한 강남구 일대의 유흥주점의 종업원들이 2008. 2.경부터 같은 해 3.경까지 사이에 각 자신이 근무하는 유흥주점을 찾은 손님들을 성매매알선업자인 ○○○ 등에게 소개하여 주고 1인당 5만원씩의 성매매알선비를 수수하는 등으로 성매매알선 등 행위의 처벌에 관한 법률을 위반하였다'는 취지의 수사결과를 통보하면서 이 사건 영업장을 운영하는 원고 등에 대한 행정처분을 의뢰하였습니다.

(3) 이에 피고는 처분사전통지 및 청문절차를 거쳐 2008. 9. 18. 원고에게 ○○○의 위와 같은 성매매알선행위(이하 '이 사건 성매매알선행위'라 한다)와 관련하여 '종업원이 영업장을 벗어나 시간적 소요의 대가로 금품을 수수하거나, 종업원의 이러한 행위를 조장하거나 묵인하는 행위(윤락행위 알선)'를 하였음을 이유로 구 식품위생법(2007. 12. 21. 법률 제8779호로 개정되기 전의 것, 이하 '구법'이라 한다) 제31조 제1항, 제58조 제1항 제1호, 제65조 제1항, 구법 시행규칙 제42조 관련 [별표 13] 제5호 타목 (5) 등을 적용하여 영업정지 2월에 갈음하는 과징금 63,600,000원을 부과하였습니다(이하 '이 사건 처분'이라 한다).

2. 처분의 위법성

이 사건 성매매알선행위는 구법 시행규칙 제42조 관련 [별표 13] 제5호 타목 (5) 소정의 '식품접객업자의 영업자 또는 종업원이 영업장을 벗어나 시간적 소요의 대가로 금품을 수수한 행위'에 해당한다고 볼 수 없고, 가사 이 사건 성매매알선행위가 위 규정 소정의 행위에 해당한다고 하더라도, 원고가 종업원인 ○○○의 그와 같은 행위를 조장하거나 묵인한 바가 없으므로, 피고가 위 규정을 적용하여 한 이 사건 처분은 위법합니다.

3. 결론

이상과 같이 이 사건 처분은 위법하므로 이의 취소를 구하는 본 건 소송에 이르게 되었습니다.

입증방법

1. 갑 제1호증
2. 갑 제2호증

첨부서류

1. 위 각 입증방법   각 1부
2. 송달료 납부서
3. 소장부본

20 .   .   .

위 원고   (날인 또는 서명)

서울행정법원   귀중

14. 감차처분관련 소송

(1) 여객자동차 운수사업의 개념

"여객자동차 운수사업"이란 여객자동차운송사업, 자동차대여사업, 여객자동차터미널사업 및 여객자동차운송가맹사업을 말한다(여객자동차 운수사업법 제2조 2호).

(2) 여객자동차운송사업의 종류

여객자동차운송사업의 종류는 다음과 같다(법 제3조).

1) 노선(路線) 여객자동차운송사업: 자동차를 정기적으로 운행하려는 구간(이하 "노선"이라 한다)을 정하여 여객을 운송하는 사업

2) 구역(區域) 여객자동차운송사업: 사업구역을 정하여 그 사업 구역 안에서 여객을 운송하는 사업

3) 수요응답형 여객자동차운송사업:「농업·농촌 및 식품산업 기본법」제3조제5호에 따른 농촌과「수산업·어촌 발전 기본법」제3조제6호에 따른 어촌을 기점 또는 종점으로 하고, 운행계통·운행시간·운행횟수를 여객의 요청에 따라 탄력적으로 운영하여 여객을 운송하는 사업

【판시사항】

관할 행정청이 여객자동차운송사업자에 대한 면허 발급 이후 운송사업자의 동의하에 운송사업자가 준수할 의무를 정하고 이를 위반할 경우 감차명령을 할 수 있다는 내용의 면허 조건을 붙일 수 있는지 여부(적극) 및 조건을 위반한 경우 여객자동차 운수사업법 제85조 제1항 제38호에 따라 감차명령을 할 수 있는지 여부(적극) / 이때 감차명령이 항고소송의 대상이 되는 처분에 해당하는지 여부(적극)[대법원 2016. 11. 24., 선고, 2016두45028, 판결]

【판결요지】

여객자동차 운수사업법(이하 '여객자동차법'이라 한다) 제85조 제1항 제38호에 의하면, 운송사업자에 대한 면허에 붙인 조건을 위반한 경우 감차 등이 따르는 사업계획변경명령(이하 '감차명령'이라 한다)을 할 수 있는데, 감차명령의 사유가 되는 '면허에 붙인 조건을 위반한 경우'에서 '조건'에는 운송사업자가 준수할 일정한 의무를 정하고 이를 위반할 경우 감차명령을 할 수 있다는 내용의 '부관'도 포함된다. 그리고 부관은 면허 발급 당시에 붙이는 것뿐만 아니라 면허 발급 이후에 붙이는 것도 법률에 명문의 규정이 있거나 변경이 미리 유보되어 있는 경우 또는 상대방의 동의가 있는 경우 등에는 특별한 사정이 없는 한 허용된다. 따라서 관할 행정청은 면허 발급 이후에도 운송사업자의 동의하에 여객자동차운송사업의 질서 확립을 위하여 운송사업자가 준수할 의무를 정하고 이를 위반할 경우 감차명령을 할 수 있다는 내용의 면허 조건을 붙일 수 있고, 운송사업자가 조건을 위반하였다면 여객자동차법 제85조 제1항 제38호에 따라 감차명령을 할 수 있으며, 감차명령은 행정소송법 제2조 제1항 제1호가 정한 처분으로서 항고소송의 대상이 된다.

(3) 면허 등의 기준

1) 여객자동차운송사업의 면허기준은 다음r과 같다(법 제5조).

가) 사업계획이 해당 노선이나 사업구역의 수송 수요와 수송력 공급에 적합할 것

나) 최저 면허기준 대수(臺數), 보유 차고 면적, 부대시설, 그 밖에 국토교통부령으로 정하는 기준에
　　적합할 것

다) 대통령령으로 정하는 여객자동차운송사업인 경우에는 운전 경력, 교통사고 유무, 거주지 등 국토교
　　통부령으로 정하는 기준에 적합할 것

2) 수송력 공급 산정기준 통보 및 보고

국토교통부장관은 1) 의 가)의 수송력 공급에 관한 산정기준(대통령령으로 정하는 여객자동차운송사업
의 경우로 한정한다)을 정하여 시 · 도지사에게 통보할 수 있으며, 이에 따라 수송력 공급에 관한 산정기
준을 통보받은 시 · 도지사는 5년마다 수송력 공급계획을 수립 · 공고하고, 이를 국토교통부장관에게
보고하여야 한다.

3) 수송력 공급계획의 변경

시 · 도지사는 「택시운송사업의 발전에 관한 법률」 제9조에 따라 사업구역별 택시 총량의 산정 또는
재산정이 있거나 수송 수요의 급격한 변화 등 국토교통부령으로 정하는 사유로 수송력 공급계획을
변경할 필요가 있는 경우에는 국토교통부장관의 승인을 받아 이를 변경할 수 있다. 다만, 사업구역별
택시 총량의 재산정으로 인하여 공급계획을 변경하는 경우에는 국토교통부장관의 승인을 받지 아니하
고 수송력 공급계획을 변경할 수 있다.

4) 등록기준

여객자동차운송사업의 등록기준이 되는 최저 등록기준 대수, 보유 차고 면적, 부대시설, 수송력 공급계
획의 수립 · 공고, 그 밖에 필요한 사항은 국토교통부령으로 정한다.

(4) 명의이용 금지 등

1) 다른 운송사업자나 운송사업자가 아닌 자

운송사업자는 다른 운송사업자나 운송사업자가 아닌 자로 하여금 유상이나 무상으로 그 사업용 자동차
의 전부 또는 일부를 사용하여 여객자동차운송사업을 경영하게 할 수 없다. 이 경우 운송사업자가
다른 운송사업자나 운송사업자가 아닌 자에게 그 사업과 관련되는 지시를 하는 경우에도 또한 같다(법
제12조).

2) 자기나 다른 사람의 명의(名義)

운송사업자는 자기나 다른 사람의 명의(名義)로 다른 운송사업자의 사업용 자동차의 전부 또는 일부를 사용하여 여객자동차운송사업을 경영할 수 없다. 이 경우 운송사업자가 다른 운송사업자로부터 그 사업과 관련되는 지시를 받는 경우에도 또한 같다.

3) 운송사업자가 아닌 자

운송사업자가 아닌 자는 자기나 다른 사람의 명의로 운송사업자의 사업용 자동차의 전부 또는 일부를 사용하여 여객자동차운송사업을 경영할 수 없다. 이 경우 운송사업자가 아닌 자가 운송사업자로부터 그 사업과 관련된 지시를 받는 경우에도 또한 같다.

■ 여객자동차 운수사업법 시행규칙 [별표 2] 〈개정 2019. 12. 26.〉

여객자동차운송사업의 면허기준(제14조제1항 관련)

1. 면허기준 대수

업종	지역별 자동차 면허기준 대수			
	특별시	광역시	시	군
가. 시내버스운송사업	40대 이상	40대 이상	30대 이상	-
나. 농어촌버스운송사업	-	-	-	10대 이상
다. 시외버스운송사업	-	-	30대 이상	30대 이상
라. 일반택시운송사업	50대 이상	30대 이상 (부산광역시의 경우 50대 이상)	30대 이상	10대 이상

비고
1. 노선버스운송사업자는 상용자동차의 고장·검사·점검 등이나 교통체증으로 인하여 대체운행이 필요하거나 일시적인 수송수요의 증가에 대응할 수 있도록 하기 위하여 상용자동차 대수의 30퍼센트 범위에서 예비자동차를 확보할 수 있다.
2. 시외버스운송사업의 경우에는 제15조에 따라 산출한 대수 이상으로 해야 한다.
3. 시내버스운송사업 또는 농어촌버스운송사업을 같이 경영하는 시외버스운송사업자가 자신이 보유하고 있는 시외버스의 30퍼센트를 초과하지 아니하는 범위에서 해당 시외버스를 시내버스 또는 농어촌버스로 전환하는 사업계획의 변경인가를 받은 경우에는 위 표에 따른 시외버스 면허기준 대수를 적용하지 아니할 수 있다.
4. 시내버스운송사업의 경우 「환경친화적 자동차의 개발 및 보급 촉진에 관한 법률」 제2조제6호에 따른 수소전기자동차(이하 "수소전기자동차"라 한다)에 대해서는 보유한 수소전기자동차 대수에 1.3을 곱하여 산출한 값(소수점 이하는 반올림한다)을 보유 자동차 대수로 본다.
5. 농어촌버스운송사업 및 시외버스운송사업의 경우 「환경친화적 자동차의 개발 및 보급 촉진에 관한 법률」 제2조제7호에 따른 천연가스자동차(이하 "천연가스자동차"라 한다)에 대해서는 보유한 천연가스자동차 대수에 1.3을 곱하여 산출한 값(소수점 이하는 반올림한다)을 보유 자동차 대수로 본다.
6. 일반택시운송사업자가 「택시운송사업의 발전에 관한 법률」 제11조제1항 각 호 외의 부분 전단에 따른 감차계

획에 따라 택시를 감차한 경우에는 감차한 대수만큼의 택시를 계속 보유하고 있는 것으로 본다.

2. 보유 차고의 면적기준

업종	대당 면적(최저)
가. 시내버스운송사업, 농어촌버스운송사업 및 시외버스운송사업 　1) 대형 　2) 중형 　3) 소형	 36㎡ ~ 40㎡ 23㎡ ~ 26㎡ 15㎡ ~ 18㎡
나. 택시운송사업 　1) 일반택시 　2) 개인택시	 13㎡ ~ 15㎡ 10㎡ ~ 13㎡(다만, 관할관청은 해당 지역의 교통상황과 주차 여건 등을 고려하여 해당 지방자치단체의 조례로 정하는 바에 따라 개인택시에 대하여는 보유 차고의 면적기준을 적용하지 아니할 수 있다)

비고
1. 차고는 자기 소유일 것. 다만, 다음 각 목의 어느 하나에 해당하는 경우 전용으로 사용하는 부분은 자기 소유로 본다.
  가. 운송사업자가 터미널의 주차장소를 차고로 사용하는 계약을 체결하거나, 주차장의 일부를 2년 이상 사용하는 계약을 체결한 경우
  나. 운송사업자가 국가, 지방자치단체, 정부투자기관 또는 정부출연기관이 관리·운영하는 토지를 사용허가 등을 받아 차고지로 사용하는 경우
  다. 타인이 소유한 토지(차고지를 포함한다)를 2년 이상 임대하여 차고로 사용하는 경우
2. 차고부대시설의 면적은 차고면적에 포함하지 않는다. 다만, 자동차정비업을 겸영(兼營)하고 있는 경우에는 그 정비업에 지장이 없는 범위에서 정비업에 사용되는 차고시설을 위 표의 차고 기준면적으로 인정할 수 있다.
3. 개인택시운송사업자가 자기 소유 외의 주차장·차고시설 등을 6개월 이상(노상주차장의 경우에는 1개월 이상) 전용으로 사용하는 계약을 체결한 경우에는 위 기준에 맞는 것으로 본다.
4. 한정면허를 받은 운송사업자가 자기 소유 외의 주차장·차고시설 등을 한정면허기간이 끝날 때까지 전용으로 사용하는 계약을 체결한 경우에는 위 기준에 맞는 것으로 본다.
5. 차고면적기준은 면허 또는 인가를 받은 자동차 외에 예비자동차에도 적용한다.
6. 「주차장법 시행규칙」 제2조에 따른 자주식 주차장 및 기계식 주차장과 건축법령에 따른 용도가 주차장인 건축물을 택시운송사업의 차고로 사용하려 할 때에는 개별주차구획 및 그 연면적을 기준으로 하여 보유 차고의 최저 면적기준을 적용한다. 이 경우 차고로 사용하는 주차장은 「주차장법」 제19조의6부터 제19조의10까지의 규정에 따른 안전도인정·사용검사 및 정기검사를 받아야 한다.
7. 일반택시운송사업에 필요한 차고면적은 시·도지사가 인정하는 경우에는 보유 차고의 최저 면적기준의 40퍼센트 범위에서 이를 경감하여 적용할 수 있다.
8. 보유 차고의 면적기준은 차고의 위치, 보유한 자동차의 종류, 자동차의 원활한 출입 여부 등을 고려하여 위 표에 따른 대당 면적기준의 범위에서 관할관청이 정한다.

3. 운송 부대시설

구분	시설기준
가. 사무실 및 영업소	1) 수입금 및 배차의 관리 등 여객자동차운송사업의 수행에 필요한 사무설비 및 통신수단을 갖출 것 2) 운행계통의 기점·종점 및 운행경로 등 여객자동차운송사업의 경영상 필요한 장소에 설치할 것
나. 정류소	정류소는 여객의 이용에 편리한 장소에 설치하되, 매표시설 및 표지 등을 설치할 것
다. 차고설비 및 차고부대시설	1) 차고는 포장을 할 것 2) 차고에는 일상의 점검·정비 및 세차를 할 수 있는 시설을 갖출 것. 다만, 차고부지 외의 지역에 점검·정비시설 또는 세차시설을 설치하거나 임차사용하는 경우에는 자동차의 안전·배차, 그 밖에 운송사업에 지장이 없다고 인정되는 경우에만 기준에 맞는 것으로 본다
라. 휴게실 및 대기실	운송종사자가 대기하거나 휴식을 하기 위해 필요한 규모의 설비를 갖출 것
마. 교육훈련시설	안전운행과 서비스의 향상 등 운수종사자에 대한 교육을 수시로 할 수 있는 교육시설을 갖출 것

비고
1. 운수종사자가 5명 이하인 경우에는 가목 중 사무실과 다목의 차고설비 및 차고 부대시설의 시설기준에만 적용한다.
2. 일반택시운송사업자에 대해서는 위 표의 기준 중 정류소의 기준을 적용하지 않으며, 한정면허를 받은 운송사업자나 개인택시운송사업자에 대하여는 위 표의 기준을 적용하지 않는다. 다만, 관할관청이 필요하다고 인정하는 경우에는 부대시설의 기준을 따로 정할 수 있다.

(5) 여객자동차운송가맹사업의 면허취소 등

국토교통부장관, 시·도지사(터미널사업·자동차대여사업 및 대통령령으로 정하는 여객자동차운송사업에 한정한다) 또는 시장·군수·구청장(터미널사업에 한정한다)은 여객자동차 운수사업자가 다음 각 호의 어느 하나에 해당하면 면허·허가·인가 또는 등록을 취소하거나 6개월 이내의 기간을 정하여 사업의 전부 또는 일부를 정지하도록 명하거나 노선폐지 또는 감차 등이 따르는 사업계획 변경을 명할 수 있다. 다만, 제5호·제8호·제39호 및 제41호의 경우에는 면허, 허가 또는 등록을 취소하여야 한다(법 제85조).

제85조(면허취소 등)

① 국토교통부장관, 시·도지사(터미널사업·자동차대여사업 및 대통령령으로 정하는 여객자동차운송사업에 한정한다) 또는 시장·군수·구청장(터미널사업에 한정한다)은 여객자동차 운수사업자가 다음 각 호의 어느 하나에 해당하면 면허·허가·인가 또는 등록을 취소하거나 6개월 이내의 기간을 정하여 사업의 전부 또는 일부를 정지하도록 명하거나 노선폐지 또는 감차 등이 따르는 사업계획 변경을 명할 수 있다. 다만, 제5호·제8호·제39호 및 제41호의 경우에는 면허, 허가 또는 등록을 취소하여야 한다.

1. 면허·허가 또는 인가를 받거나 등록한 사항을 정당한 사유 없이 실시하지 아니한 경우

2. 사업경영의 불확실, 자산상태의 현저한 불량, 그 밖의 사유로 사업을 계속하는 것이 적합하지 아니하여 국민의 교통편의를 해치는 경우

3. 중대한 교통사고 또는 빈번한 교통사고로 많은 사람을 죽거나 다치게 한 경우

4. 제4조에 따른 면허를 받거나 등록한 여객자동차운송사업용 자동차 또는 제49조의3에 따라 허가를 받은 플랫폼운송사업용 자동차를 타인에게 대여한 경우

5. 거짓이나 그 밖의 부정한 방법으로 제4조·제28조·제36조·제49조의3 또는 제49조의18에 따른 여객자동차운송사업·자동차대여사업·터미널사업·플랫폼운송사업 또는 플랫폼중개사업의 면허(변경면허를 포함한다) 또는 허가를 받거나 등록을 한 경우

6. 제4조·제28조·제36조 또는 제49조의3에 따라 면허 또는 허가를 받거나 등록한 업종의 범위·노선·운행계통·사업구역·업무범위 및 면허·허가기간(여객자동차운송사업 한정 면허와 플랫폼운송사업 허가의 경우에만 해당한다) 등을 위반하여 사업을 한 경우

7. 제5조·제29조·제37조·제49조의3 또는 제49조의18에 따른 여객자동차운송사업·자동차대여사업·터미널사업·플랫폼운송사업 또는 플랫폼중개사업의 면허 또는 허가기준이나 등록기준을 충족하지 못하게 된 경우. 다만, 3개월 이내에 그 기준을 충족시킨 경우에는 그러하지 아니하다.

8. 운송사업자·자동차대여사업자·터미널사업자·플랫폼운송사업자 또는 플랫폼중개사업자가 제6조 각 호의 어느 하나에 해당하게 된 경우. 다만, 법인의 임원 중 그 사유에 해당하는 자가 있는 경우로서 3개월 이내에 그 임원을 개임(改任)한 경우와 피상속인이 사망한 날부터 60일 이내에 상속인이 여객자동차 운수사업을 다른 사람에게 양도한 경우(플랫폼운송사업 및 플랫폼중개사업은 제외한다)에는 그러하지 아니하다.

9. 제7조를 위반하여 국토교통부장관 또는 시·도지사가 지정한 기일 또는 기간 내에 운송을 시작하지 아니한 경우

10. 제8조, 제49조의6 또는 제49조의13을 위반하여 운임·요금의 신고 또는 변경신고를 하지 아니하거나 부당한 요금을 받은 경우 또는 1년에 3회 이상 6세 미만인 아이의 무상운송을 거절한 경우

11. 제9조(제49조의9에서 준용하는 경우를 포함한다) 또는 제31조를 위반하여 운송약관·대여약관 또는 플랫폼운송약관의 신고 또는 변경신고를 하지 아니하거나 신고한 약관을 이행하지 아니한 경우

12. 제10조(제35조에서 준용하는 경우를 포함한다) 또는 제49조의3제6항을 위반하여 인가·등록 또는 신고를 하지 아니하고 사업계획을 변경한 경우

13. 제12조(제35조 및 제49조의9에서 준용하는 경우를 포함한다)에 따른 명의이용 금지를 위반한 경우

14. 제13조를 위반하여 신고하지 아니하고 여객자동차운송사업을 관리위탁하거나 운송사업자가 아닌 자에게 관리위탁한 경우

15. 제14조(제35조·제48조 및 제49조의9에서 준용하는 경우를 포함한다)를 위반하여 인가를 받지 아니하거나 신고를 하지 아니하고 여객자동차운송사업을 양도·양수하거나 법인을 합병한 경우

16. 제16조(제35조·제48조 및 제49조의9에서 준용하는 경우를 포함한다)를 위반하여 허가를 받지 아니하거나 신고를 하지 아니하고 여객자동차운송사업을 휴업 또는 폐업하거나 휴업기간이 지난 후에도 사업을 재개(再開)하지 아니한 경우

17. 제17조를 위반하여 1년에 3회 이상 사업용자동차의 표시를 하지 아니한 경우

18. 제18조제1항 및 제2항에 따라 운송할 수 있는 소화물이 아닌 소화물을 운송하거나, 같은 조 제3항에 따른 소화물 운송의 금지명령을 따르지 아니한 자

19. 제21조제1항에 따른 준수 사항을 위반하여 과태료 처분을 받은 날부터 1년 이내에 다시 3회 이상 위반한 경우

20. 제21조제2항(제49조의9에서 준용하는 경우를 포함한다)을 위반하여 운수종사자의 자격요건을 갖추지 아니한 자를 운전업무에 종사하게 한 경우

20의2. 삭제

20의3. 삭제

20의4. 제21조제8항(제49조의9에서 준용하는 경우를 포함한다)을 위반하여 자동차의 운전석 및 그 옆 좌석에 에어백을 설치하지 아니한 경우

20의5. 제21조제10항을 위반하여 운행정보를 신고하지 아니하거나 운행기록증을 붙이지 아니

하고 사업용 자동차를 운행한 경우

20의6. 제21조제11항을 위반하여 휴식시간을 보장하지 아니한 경우

20의7. 제21조제12항 전단(제49조의9에서 준용하는 경우를 포함한다)을 위반하여 운수종사자
의 음주 여부를 확인하지 아니한 경우

20의8. 제21조제12항 후단(제49조의9에서 준용하는 경우를 포함한다)을 위반하여 운수종사자
가 음주로 안전한 운전을 할 수 없다고 판단됨에도 사업용 자동차를 운행하게 한 경우

21. 제21조제13항(제49조의9에서 준용하는 경우를 포함한다)에 따른 준수 사항을 위반한 경우

22. 제23조ㆍ제33조ㆍ제44조 또는 제49조의7에 따른 개선명령 또는 운행명령을 이행하지 아니
한 경우

23. 제25조제2항(제49조의9에서 준용하는 경우를 포함한다)에 따른 운수종사자의 교육에 필요
한 조치를 하지 아니한 경우

23의2. 제27조의3제1항을 위반하여 영상기록장치를 설치하지 않은 경우

23의3. 제27조의3제7항을 위반하여 영상기록장치의 운영ㆍ관리 지침을 마련하지 않은 경우

24. 제28조에 따른 등록 시 부여한 유예기간 내에 제29조에 따른 등록기준을 충족하지 아니하거
나 사업을 시작하지 아니한 경우

25. 제32조를 위반하여 관리위탁 허가를 받지 아니하고 자동차대여사업을 관리위탁하거나 자동
차대여사업자가 아닌 자에게 관리위탁한 경우

26. 제34조제3항을 위반하여 자동차대여사업자가 사업용자동차를 사용하여 유상으로 여객을
운송하거나 이를 알선한 경우

26의2. 제34조의2제2항을 위반하여 같은 항 각 호의 어느 하나에 해당하는 운전자에게 자동차를
대여한 경우

27. 제38조제1항에 따른 공사시행의 인가(변경인가를 포함한다)를 받지 아니하고 터미널 시설에
관한 공사를 하거나 지정된 기간까지 공사를 마치지 아니한 경우

28. 제39조를 위반하여 제38조제4항에 따른 시설확인을 받지 아니하고 터미널의 사용을 시작한
경우

29. 정당한 사유 없이 제39조를 위반하여 시ㆍ도지사가 정한 기간 내에 터미널의 사용을 시작하
지 아니한 경우

30. 제40조를 위반하여 신고 또는 변경신고를 하지 아니하고 터미널사용약관을 시행한 경우

31. 제42조제1항에 따른 터미널사업자의 준수 사항을 위반한 경우 또는 같은 조 제3항에 따른
중지명령이나 시정명령을 이행하지 아니한 경우

32. 제43조에 따른 변경인가를 받지 아니하고 터미널의 위치·규모 또는 구조·설비를 변경한 경우

32의2. 제49조의3제2항에 따른 조건을 이행하지 아니한 경우

32의3. 제49조의6제4항 또는 제49조의13제6항을 위반하여 운송플랫폼을 통해 여객과 운송계약을 체결할 때 여객에게 받을 운임이나 요금을 고지하지 아니한 경우

32의4. 제49조의11제2항을 위반하여 동일한 차량으로 둘 이상의 운송가맹점으로 가입한 경우

32의5. 제49조의11제3항을 위반하여 상호를 변경하지 아니하거나 상호변경 신고를 하지 아니한 경우

32의6. 제50조에 따른 보조금 또는 융자금을 보조 또는 융자받는 목적 외의 용도로 사용한 경우

33. 1년에 3회 이상 제79조제1항에 따른 보고나 서류제출을 하지 아니하거나 거짓으로 한 경우

34. 제79조제2항에 따른 검사를 거부·방해 또는 기피하거나 질문에 응하지 아니하거나 거짓으로 진술을 한 경우

35. 제83조에 따른 자가용자동차의 사용제한 또는 사용금지를 위반한 경우

36. 제84조에 따른 차령 또는 운행거리를 초과하여 운행한 경우. 다만, 같은 조 제3항에 따라 차령을 초과하여 운행하는 경우는 제외한다.

37. 대통령령으로 정하는 여객자동차운송사업의 경우 운수종사자의 운전면허가 취소되거나 제87조제1항제2호 또는 제3호에 해당되어 운수종사자의 자격이 취소된 경우

38. 이 법에 따른 면허·허가 또는 인가 등에 붙인 조건을 위반한 경우

39. 이 조에 따른 사업정지명령을 위반하여 사업정지기간 중에 사업을 경영한 경우

40. 이 조에 따른 노선폐지·감차 등을 수반하는 사업계획의 변경명령을 이행하지 아니한 경우

41. 운송사업자(자동차 1대로 운송사업자가 직접 운전하는 여객자동차운송사업으로 한정한다)가 교통사고와 관련하여 거짓이나 그 밖의 부정한 방법으로 보험금을 청구하여 금고 이상의 형을 선고받고 그 형이 확정된 경우

② 제1항제3호에 따른 중대한 교통사고는 1건의 교통사고로 대통령령으로 정하는 수 이상의 사상자가 발생한 경우를 말하고, 빈번한 교통사고는 사상자가 발생한 교통사고가 대통령령으로 정하는 교통사고건수 또는 교통사고지수(교통사고건수를 여객자동차 운수사업자가 소유한 자동차의 대수로 나눈 비율을 말한다)에 해당하게 된 경우를 말한다.

③ 제1항에 따른 처분의 기준 및 절차, 그 밖에 필요한 사항은 대통령령으로 정한다.

④ 시·도지사는 대통령령으로 정하는 운송사업자가 다음 각 호의 어느 하나에 해당하는 경우 대통령령으로 정하는 바에 따라 그 위반의 내용 및 정도 등에 따라 벌점을 부과할 수 있으며,

그 벌점이 대통령령으로 정하는 기간 동안 일정한 점수를 초과하는 경우에는 대통령령으로 정하는 바에 따라 면허를 취소하거나 감차 등을 수반하는 사업계획의 변경을 명할 수 있다.

1. 제21조를 위반하여 이 법에 따른 처분을 받은 경우

2. 1대의 자동차를 본인이 직접 운전하는 운송사업자가 제26조를 위반하여 이 법에 따른 처분을 받은 경우

3. 운송사업자가 채용한 운수종사자가 제26조를 위반하여 이 법에 따른 처분을 받은 경우

[서식] 감차처분취소 청구의소

소　　장

　　원고　　　　　　주식회사 ○○○○
　　　　　　　　　　서울시 강남구 ○○동 ○○번지
　　　　　　　　　　(전화 000-000, 팩스 000-000)
　　피고　　　　　　서울특별시장
　　감차처분취소청구의 소

청구취지

1. 피고가 2008. 5. 13. 원고에 대하여 한 별지 차량목록 기재 차량에 관한 감차명령을 취소한다.

2. 소송비용은 피고가 부담한다.

라는 판결을 구합니다.

청구원인

1. 처분의 경위 등

(1) 원고는 서울 ○○구 ○○동 ○○에서 약 100대의 택시를 보유하면서 택시운송사업을 영위하고 있는 여객자동차운송사업자입니다.

(2) 피고는 2009. 5. 13. 원고가 여객자동차 운수사업법(2009. 2. 6. 법률 제9432호로 개정되기

전의 것, 이하 '법'이라고 한다) 제12조 제1항에서 정한 명의이용금지에 위배하여, 정○○ 외 14명의 택시기사(이하 '정○○ 등 택시기사들'이라 한다)에게 원고 명의를 대여하고, 별지 차량목록 기재 14대의 택시('이 사건 택시들'라 한다)를 사용하여 여객운송사업을 경영하도록 하였다는 이유로, 원고에게 법 제85조 제1항 제13호 및 법 제89조 제1항 제3호에 의하여 2009. 6. 12.까지 관할구청에 이 사건 택시들의 자동차등록증과 자동차등록번호판을 자진반납하고, 자동차관리법 제13조 제1항 제4호에 의하여 말소등록을 하라는 내용의 감차명령을 내렸습니다(이하 '이 사건 처분'이라 한다).

2. 처분의 위법성
이 사건 처분은 아래와 같은 사유로 위법하므로 취소되어야 합니다.

(1) 처분사유 부존재
원고는 2007. 11. 정○○ 등 택시기사들에게 원고 명의를 대여하고 이 사건 택시들을 이용하여 여객운송사업을 경영하도록 한 사실이 없음에도, 이 사건 처분은 처분의 전제되는 사실을 잘못 인정하였습니다.

(2) 신뢰보호원칙 위배 및 재량권 일탈·남용
피고는 종래 여객자동차운송사업자가 법 제21조 제1항 소정의 전액관리제를 위반한 경우 법 제23조에 의한 사업개선명령을 하고 이를 위반할 경우 법 제85조 제1항 제22호, 제88조 제1항에 따라 사업일부정지명령 또는 과징금부과처분을 하여 오다가 돌연 이 사건 처분을 하였는바, 이 사건 처분은 ① 종전의 관행을 신뢰한 원고의 이익을 크게 해하여 신뢰보호의 원칙에 위배되고, ② 그로 인하여 원고가 입는 손해가 너무 커 재량권을 일탈·남용하였습니다.

3. 결론
위와 같이 피고의 처분은 위법한 행정처분에 해당하므로 이의 취소를 구하는 본 건 행정소송에 이르게 되었습니다.

입증방법

    1. 갑 제1호증
    2. 갑 제2호증
    3. 갑 제3호증
    4. 갑 제4호증

첨부서류

1. 위 각 입증방법   각 1부
2. 송달료 납부서
3. 소장부본

20   .   .   .

위 원고   (날인 또는 서명)

서울행정법원   **귀중**

당해판례

2009구합 20786

(1) 명의이용금지 규정의 입법취지 및 판단기준

법 제12조 제1항은 '운송사업자는 다른 운송사업자 또는 운송사업자가 아닌 자로 하여금 유상 또는 무상으로 그 사업용자동차의 전부 또는 일부를 사용하여 여객자동차 운송사업을 경영하게 할 수 없다'고 규정하고 있는데, 위 규정의 입법취지는, 여객자동차 운송사업면허를 받은 자가 타인으로 하여금 유상 또는 무상으로 그 사업용자동차를 사용하여 여객자동차운송사업을 경영하게 한다면 그 타인은 여객자동차운수사업법이 여객자동차운송사업의 공공성을 고려하여 규정한 면허요건을 갖추지 아니하고도 사실상 여객자동차운송사업을 할 수 있게 되어, 일정한 요건을 갖춘 자에 한하여 면허를 받을 수 있도록 하고, 여객자동차운송사업의 위탁을 제한하고 일정한 사업을 양도할 경우에 관할관청의 인가를 받도록 정하고 있는 법률의 규정을 무력화시킴으로써 여객자동차 운송사업의 질서를 문란케 할 우려가 있기 때문에 이를 금지하고자 하는 데 있다 할 것이다(대법원 2004. 10. 15. 선고 2004도4249 판결 등 참조).

따라서, 위 규정 및 입법취지에 비추어 볼 때, 여객자동차운수사업법상의 명의이용행위에 해당하기 위해서는, 운송사업자 아닌 자가 운송사업자의 명의를 이용하여 그 운송사업자를 배제한 채 독립적으로 여객자동차운송사업을 경영하였음이 인정되어야 하고, 운송사업자의 일반적인 지휘·감독 아래 개별 차량을 운행하게 한 것에 불과하다면, 위 명의이용행위에 해당하지 아니한다(대법원 2007. 7. 26. 선고 2007도1643 판결 참조).

(2) 이 사건 처분의 적법 여부에 관한 판단

(가) 위 인정사실 및 앞서 든 각 증거에 의하여 인정되는 다음과 같은 사정, 즉 이 사건 택시들을 운행한 택시기사 대부분은 자신들이 유류비를 직접 부담하고, 원고에게 사납금 기준입금액만 입금하기만 하면 나머지 수입은 모두 운전자 개인의 수입으로 한 점, 원고의 급여대장에 등재되어 있지 아니하고 별도 월 급여를 지급받지 않은 점, 입사 당시부터 4대보험에 가입되지 않고 뒤늦게 소급하여 가입되었으며, 택시운송조합에 취업보고도 되지 않은 점 등에 비추어 보면, 이 사건 택시들을 운전한 정○○ 등 택시기사들이 원고에 대한 근로자의 지위에 있었는지 여부에 관하여 의심할만한 사정이 있다.

(나) 그러나 다른 한편, 위 인정사실 및 앞서 든 각 증거에 의하여 인정되는 다음과 같은 사정, 즉 ① 원고는 정○○ 등 택시기사들로부터 이력서, 택시운전자격증사본 등 입사 관련 서류를 제출받은 다음 정식으로 근로계약서를 작성하고 이 사건 택시들을 운전하게 하였던 점, ② 원고들이 이 사건 택시들의 배차를 전적으로 담당하였고, 위 택시기사들은 배차된 대로 이를 운행하였는바, 위 택시기사들은 독립적으로 택시를 양도·양수할 수 없었을 뿐 아니라 제3자를 고용하여 대신 택시를 운행하게 할 수 있는 권한도 없었던 점, ③ 원고는 회사 차고지에서 이 사건 택시들의 점검·정비·수리 및 유지 업무를 담당하였던 점 등 이 사건 택시들을 이용한 영업에 따른 수익과 비용의 귀속, 그 운행·영업에 있어 원고의 지휘·감독이 미치는 정도, 이 사건 택시들에 대한 관리 및 유지의무의 부담관계 등을 종합하여 살펴보면, 위 (가)의 사정들을 고려한다고 해도 이 사건 택시들을 운전한 정○○ 등 택시기사들이 원고의 여객자동차운송사업자 명의를 이용하여 원고를 배제한 채 독립적으로 여객자동차운송사업을 '경영'하였다고까지 보기는 어렵다 할 것이다.

(다) 따라서, 원고가 정○○ 등 택시기사들에게 원고 명의를 대여하고 이 사건 택시들을 이용하여 여객운송사업을 경영하도록 하였다는 전제에서 행한 이 사건 처분은 위법하고, 이 점을 지적하는 원고의 주장은 이유 있다.

15. 이주대책신청거부관련 소송

(1) 이주대책의 수립 등

사업시행자는 공익사업의 시행으로 인하여 주거용 건축물을 제공함에 따라 생활의 근거를 상실하게 되는 자를 위하여 이주대책을 수립·실시하거나 이주정착금을 지급하여야 한다(공익사업을 위한 토지 등의 취득 및 보상에 관한 법률 제78조)고 규정하고 있다. 이는 협의매수의 경우는 물론 수용의 경우에도 적용된다고 할 것이다. 이러한 이주대책이나 이주정착금은 대체로 전통적인 의미의 재산권 보상과는 별개로 생활의 재건을 위하여 이루어지는 생활보상의 일종으로 사회복지국가의 이념에 따른 국가의 정책적인 배려의 산물로 이해하고 있다.[99]

【판시사항】

[1] 행정청의 행위가 항고소송의 대상이 될 수 있는지 결정하는 방법 및 행정청의 행위가 '처분'에 해당하는지 불분명한 경우, 이를 판단하는 방법

[2] 수익적 행정처분을 구하는 신청에 대한 거부처분이 있은 후 당사자가 새로운 신청을 하는 취지로 다시 신청을 하였으나 행정청이 이를 다시 거절한 경우, 새로운 거부처분인지 여부(적극)[대법원 2021. 1. 14., 선고, 2020두50324, 판결]

【판결요지】

[1] 항고소송의 대상인 '처분'이란 "행정청이 행하는 구체적 사실에 관한 법집행으로서의 공권력의 행사 또는 그 거부와 그 밖에 이에 준하는 행정작용"(행정소송법 제2조 제1항 제1호)을 말한다. 행정청의 행위가 항고소송의 대상이 될 수 있는지는 추상적·일반적으로 결정할 수 없고, 구체적인 경우에 관련 법령의 내용과 취지, 그 행위의 주체·내용·형식·절차, 그 행위와 상대방 등 이해관계인이 입는 불이익 사이의 실질적 견련성, 법치행정의 원리와 그 행위에 관련된 행정청이나 이해관계인의 태도 등을 고려하여 개별적으로 결정하여야 한다. 행정청의 행위가 '처분'에 해당하는지 불분명한 경우에는 그에 대한 불복방법 선택에 중대한 이해관계를 가지는 상대방의 인식가능성과 예측가능성을 중요하게 고려하여 규범적으로 판단하여야 한다.

[2] 수익적 행정처분을 구하는 신청에 대한 거부처분은 당사자의 신청에 대하여 관할 행정청이 이를 거절하는 의사를 대외적으로 명백히 표시함으로써 성립된다. 거부처분이 있은 후 당사자가 다시 신청을 한 경우에는 신청의 제목 여하에 불구하고 그 내용이 새로운 신청을 하는 취지라면 관할 행정청이 이를 다시 거절하는 것은 새로운 거부처분이라고 보아야 한다. 관계 법령이나 행정청이 사전에 공표한 처분기준에 신청기간을 제한하는 특별한 규정이 없는 이상 재신청을 불허할 법적 근거가 없으며, 설령 신청기간을 제한하는 특별한 규정이 있더라도 재신청이 신청기간을 도과하였는지는 본안에서 재신청에 대한 거부처분이 적법한가를 판단하는 단계에서 고려할 요소이지, 소송요건 심사단계에서 고려할 요소가 아니다.

---

99) 대법원 1994. 5. 24. 선고 92다35783 판결.

(2) 이주대책의 수립 · 실시 의무

사업시행자는 이주대책대상자 중 이주정착지에 이주를 희망하는 자가 10호 이상이면 공익사업시행지구의 인근에 택지 조성에 적합한 토지가 없는 경우나, 이주대책에 필요한 비용이 당해 공익사업의 본래 목적을 위한 소요비용을 초과하는 등 이주대책의 수립 · 실시로 인하여 당해 공익사업의 시행이 사실상 곤란한 경우가 아닌 한 이주대책을 수립 · 실시하여야 한다.

[이주자 택지공급]

대상자	이주대책기준일 (통상 예정지구지정공람공고일) 이전부터 최초 보상개시일까지 당해 사업지구 내에 허가 가옥을 소유하면서 계속 거주한 자로서 손실보상을 받고 본 사업시행으로 이주하시는 분. 단, 수도권의 경우 기준일 1년전부터 허가 가옥을 소유하면서 거주하신 분에 한함.
공급기준	1세대 1필지 사업유형별로 당해 법률에서 협의양도인에게 공급할 수 있는 단독주택용지의 최대면적범위내 ※ 생계를 같이하는 동일세대가 2이상의 가옥을 소유한 때에도 1필지 공급
공급가격	조성원가에서 토지보상법 제78조 제4항에서 정하는 생활기본시설 설치비를 공제한 금액 기준. 단, 기준면적을 초과하는 면적에 대하여는 감정가격 * 생활기본시설 : 도로, 급수시설, 배수시설, 그 밖의 공공시설 등
공급시기	단독주택건설용지 일반 공급시
기타	− 공급계약체결이후 1회에 한하여 명의변경 가능 − 택지개발사업지구내 단독주택용지가 조성될 경우에 한하여 공급

[주택공급]

대상자	① 기준일 현재 당해 사업지구내 가옥을 소유 및 거주하면서 손실보상을 받고 본 사업시행으로 이주하시는 분 ② 이주자택지 분양권을 포기하고 분양아파트 공급을 요청하시는 분
공급가격 및공급시기	토지보상법 제78조 제4항에 따라 일반분양가에서 생활기본시설 설치비를 공제한 금액 기준, 분양아파트 입주자모집시
공급면적	전용면적 85㎡ 이하

[이주정착금]

이주대책대상자는 이주자택지, 분양아파트, 국민임대아파트, 이주정착금 중 1가지만 선택하실 수 있다

대상자	이주대책대상자 중 이주자택지나 분양주택·국민임대주택 공급권리를 포기하고 이주 정착금의 지급을 요청하시는 분
지급금액	주거용 건축물에 대한 평가액의 30퍼센트에 해당하는 금액으로 하되, 그 금액이 1천2백만원 미만인 경우에는 1천2백만원으로 하고, 2천4백만원을 초과하는 경우에는 2천4백만원으로 함
지급시기	사업지구밖으로 이주하고 주민등록이전 확인 후 지급

[주거이전비]

대상자	주거용 건축물('89. 1.25 이후 무허가건축물 제외)을 소유하고 실제 이주하시는 분
지급금액	가구원수에 따라 산정한 2월분의 주거이전비를 지급 (통계청이 조사·발표하는 가계 조사통계 도시근로자 가구의 가구원수별 월평균 가계 지출비를 기준으로 산정)
지급시기	사업지구밖으로 이주하고 주민등록 이전 확인 후 지급

[이사비]

대상자	당해 사업지구내 주거용 건축물에 거주하는 자로서 당해 사업시행으로 인하여 사업지구 밖으로 이주하시는 분
지급금액	가재도구 등 동산의 운반에 필요한 실비로 하되 주택건평 (점유면적) 기준에 의하여 지급
지급시기	사업지구밖으로 이주하고 주민등록 이전 확인 후 지급

(3) 이주대책 대상 및 권리

1) 이주대책 대상

(가) 대상

이주대책의 대상자는 주거용 건축물의 소유자이다. 주거용 건축물인지 판단하는 기준시점은 이주대책 기준일이다. 따라서 기준일 이후에 주거용으로 불법용도변경한 경우에는 수용재결이나 협의계약 체결 당시 주거용으로 사용한 건물이라도 이주대책 대상이 되는 주거용 건축물이 아니다.[100]

(나) 제외

다음의 어느 하나에 해당하는 자는 이주대책대상자에서 제외한다(같은 법 시행령 제40조 제3항).
가) 허가를 받거나 신고를 하고 건축 또는 용도변경을 하여야 하는 건축물을 허가를 받지 아니하거나

---

100) 대법원 2009. 2. 26. 선고 2008두5124 판결.

신고를 하지 아니하고 건축 또는 용도변경을 한 건축물의 소유자

나) 해당 건축물에 공익사업을 위한 관계 법령에 따른 고시 등이 있은 날부터 계약체결일 또는 수용재결일까지 계속하여 거주하고 있지 아니한 건축물의 소유자. 다만, 다음 각 목의 어느 하나에 해당하는 사유로 거주하고 있지 아니한 경우에는 그러하지 아니하다.

① 질병으로 인한 요양

② 징집으로 인한 입영

③ 공무

④ 취학

⑤ 해당 공익사업지구 내 타인이 소유하고 있는 건축물에의 거주

⑥ 그 밖에 가목부터 라목까지에 준하는 부득이한 사유

다) 타인이 소유하고 있는 건축물에 거주하는 세입자. 다만, 해당 공익사업지구에 주거용 건축물을 소유한 자로서 타인이 소유하고 있는 건축물에 거주하는 세입자는 제외한다.

2) 이주대책대상자의 권리

이주대책대상자는 사업시행자가 수립하는 이주대책 택지분양권이나 아파트 입주권 등을 받을 수 있는 구체적인 권리(수분양권)를 취득하게 되는데, 수분양권의 취득시기와 관련하여 대법원은 이주자가 사업시행자에게 이주대책대상자 선정신청을 하고 사업시행자가 이를 받아들여 이주대책대상자로 확인·결하여야만 비로소 구체적인 수분양권(공법상의 권리)이 발생한다고 본다.

(4) 이주정착금 지급 등

1) 이주정착금 지급

사업시행자는 다음의 어느 하나에 해당하는 경우에는 이주대책대상자에게 국토교통부령으로 정하는 바에 따라 이주정착금을 지급하여야 한다(동법 시행령 제41조).

가) 이주대책을 수립·실시하지 아니하는 경우

나) 이주대책대상자가 이주정착지가 아닌 다른 지역으로 이주하려는 경우

2) 규모

이주정착금은 보상대상인 주거용 건축물에 대한 평가액의 30퍼센트에 해당하는 금액으로 하되, 그 금액이 1천2백만원 미만인 경우에는 1천2백만원으로 하고, 2천4백만원을 초과하는 경우에는 2천4백만원으로 한다(동법 시행규칙 제53조 제2항).

(5) 소송형태 등

1) 피고적격

항고소송은 행정청의 처분 등이나 부작위에 대하여 처분 등을 행한 행정청을 상대로 이를 제기할 수 있고 행정청에는 처분 등을 할 수 있는 권한이 있는 국가 또는 지방자치단체와 같은 행정기관뿐만 아니라 법령에 의하여 행정권한의 위임 또는 위탁을 받은 행정기관, 공공단체 및 그 기관 또는 사인이 포함되는바 특별한 법률에 근거를 두고 행정주체로서의 국가 또는 지방자치단체로부터 독립하여 특수한 존립목적을 부여받은 특수한 행정주체로서 국가의 특별한 감독 하에 그 존립목적인 특정한 공공사무를 행하는 공법인인 특수행정조직 등이 이에 해당한다. 따라서 대한주택공사의 설립목적, 취급업무의 성질, 권한과 의무 및 택지개발사업의 성질과 내용 등에 비추어 같은 공사가 관계법령에 따른 사업을 시행하는 경우 법률상 부여받은 행정작용권한을 행사하는 것으로 보아야 할 것이므로 같은 공사가 시행한 택지개발사업 및 이에 따른 이주대책에 관한 처분은 항고소송의 대상이 된다.[101]

2) 소송형태

사업시행자가 하는 이주대책대상자 확인·결정은 구체적인 이주대상의 수분양권를 취득하기 위한 요건이 되는 행정작용으로서의 처분으로 보아야 하므로, 이주대책대상자선정신청에 대하여 사업시행자가 이를 제외시키거나 거부한 경우에는 사업시행자를 상대로 항고소송에 의하여 거부처분의 취소를 구할 수 있고, 이주대책대상자 선정신청 및 이에 따른 확인·결정 등 절차를 밟지 아니하여 구체적인 수분양권을 아직 취득하지도 못한 상태에서 곧바로 사업시행자를 상대로 민사소송이나 공법상 당사자소송으로 이주대책상의 수분양권의 확인 등을 구하는 것은 허용될 수 없다.

[서식] 이주대책신청거부처분취소 청구의 소

소 장

원고   김 길 동(주민등록번호)
          서울시 ○○구 ○○동 ○번지
피고   에스에이치공사
이주대책신청기부치분취소

청구취지

---

101) 대법원 1992.11.27. 선고 92누3618 판결.

1. 피고가 2008. 10. 28. 원고에 대하여 한 이주대책신청 거부처분을 취소한다.

2. 소송비용은 피고의 부담으로 한다.

라는 판결을 구합니다.

청구원인

1. 처분의 경위

(1) 원고는 2003. 8. 30. 서○○으로부터 1982. 4. 8. 이전에 건립된 서울 ○○구 ○○동 ○○○ 소재 무허가건물 중 별지 도면 표시 ① 건물(이하 '이 사건 건물'이라 한다)을 대금 1억 원(기존의 임대차보증금을 공제한 금액)에 매수하였고, 2003. 11.경 이 사건 건물은 서울특별시 ○○구청장 (이하 '○○구청장'이라고만 한다)이 작성, 관리하는 무허가건물관리대장에 원고가 소유자로 등재 되었습니다.

(2) 이 사건 건물 바로 옆에는 소외 손○○가 소유하고 있던 별지 도면 표시 ② 건물(이하 '이 사건 인접건물'이라 한다)이 붙어 있었는데, ○○구청장은 2003. 11. 13.경 이 사건 건물 등에 관하여 서울특별시장에게 항공사진판독을 의뢰하면서 도면상에 이 사건 건물의 건축주를 손○○로, 이 사건 인접건물의 건축주를 원고로 잘못 기재한 항공사진판독조서를 첨부하여 보냈고, 서울특별시 장은 '1981. 11.경 및 2003. 5.경의 판독 자료에 의하면 이 사건 건물 및 이 사건 인접건물이 당시 모두 존재하고 있었다'는 취지의 회신을 해주었습니다.

(3) 한편, 위 항공사진판독신청 당시 작성된 복명서에는 통장, 반장, 전세입자, 이웃 주민의 확인을 통해 원고가 이 사건 건물의 소유자인 것으로 확인되었다는 취지로 기재되어 있습니다.

(4) 피고는 2004. 12. 3. 건설교통부 고시 제2004-365호로 고시된 ○○지구 택지개발예정지구를 사업구역으로 하는 택지개발사업을 추진하기로 하여 2005. 9. 5. 건설교통부 고시 제2005-274호 로 택지개발계획승인을 받았고, 2005. 11. 2.경 이 사건 건물 및 인접건물의 현장조사를 하여 이 사건 건물이 이 사건 인접건물과 별개의 출입구, 부엌, 화장실, 수도 및 전기시설 등을 갖춘 독립한 건물임을 확인한 후, 이 사건 건물의 벽에는 '51-1', 이 사건 인접건물의 벽에는 '51-2'라고 표시하여 두었고, 이 사건 건물에 대해 조사번호를 '05101', 거주자를 '○○○, ○○○' 등 임차인들로 기재한 물건 기본조사서를 작성하였습니다.

(5) 피고는 2006. 2. 13. 서울 ○○지구 택지개발사업 보상계획 및 이주대책에 관하여, 「2004.

3. 2. 이전부터 협의계약체결일 또는 수용재결일까지 계속하여 위 사업지 구내 무허가건물관리대장에 주거용으로 등재된 주택을 소유하고 거주한 자에게 피고가 장차 건축할 전용면적 60㎡ 이하의 분양아파트 입주권을 부여하되, 협의계약체결하고 자진이주한 자에게는 전용면적 85㎡ 이하 분양아파트 입주권을 부여한다」는 내용을 공고하였습니다(이하 '이 사건 이주대책 공고'라 한다).

(6) 피고는 2006. 6. 21. 원고와 사이에 이 사건 건물의 손실보상금을 15,116,300원으로 하는 내용의 협의계약(이하 '이 사건 계약'이라 한다)을 체결하였는데, 위 계약 제4조 1항에는 "원고가 책임져야 할 사유로 인하여 위 건물에 관한 손실보상계약을 체결할 수 없는 것으로 인정되는 때, 공부 등의 등재 잘못 등으로 인하여 피고가 착오로 계약을 체결하였을 때 등의 경우 피고는 이 사건 계약을 해제할 수 있다"는 취지로 규정되어 있습니다.

(7) 피고는 2006. 10. 31. 위 무허가건물관리대장상의 소유자 표시와 항공사진판독조서상의 소유자 표시가 일치하지 않아 이 사건 건물에 대한 소유권 확인이 불가능하다는 이유로 이 사건 계약 제4조 제1항에 따라 위 계약을 해제하겠다는 의사를 원고에게 통지하였고, ○○구청장은 2007. 3. 22. 이 사건 건물을 무허가건물관리대장에서 삭제 처리하고 그 사실을 원고에게 통보하였습니다.

(8) 원고는 2008. 7. 25. 피고에게 이 사건 이주대책공고에 따라 ○○지구 택지사업 지역 내에 피고가 건축할 전용면적 85㎡ 이하 분양아파트 입주권을 부여할 것을 신청하였으나, 피고는 2008. 10. 28. 원고가 이 사건 이주대책공고에 따른 이주대책 심사대상자에 해당되지 않음을 이유로 이를 거부하는 뜻을 원고에게 통지하였습니다(이하 이 사건 거부처분이라 한다).

2. 처분의 위법성
이 사건 이주대책공고에 의하면, 당해 무허가건물이 기준일 이전부터 협의계약 체결일까지 무허가건물관리대장에 등재되어 있는 무허가건물의 소유자는 자진이주 여부에 따라 전용면적 85㎡ 또는 60㎡ 이하의 분양아파트 입주권을 부여받을 수 있는 것이므로, 이와 다른 전제에서 행한 피고의 이 사건 거부처분은 위법합니다.

3. 결론
위와 같이 피고의 처분은 위법하므로 이의 취소를 구하는 본 건 행정소송에 이르게 되었습니다.

입증방법

1. 갑 제1호증
2. 갑 제2호증

첨부서류

1. 위 각 입증방법   각 1부
2. 송달료 납부서
3. 소장부본

20 .   .   .

위 원고   (날인 또는 서명)

서울행정법원   귀중

당해판례

2009구합 2023

1. 이 사건 이주대책공고는 무허가관리대장 등재 여부에 따라 무허가건물 소유자에 대한 이주대책을 달리 정하고 있기는 하나, 당해 무허가건물이 기준일 이전부터 협의계약체결일 또는 수용재결일까지 무허가건물관리대장에 등재되어 있기만 하면 등재 무허가건물 소유자로서 분양아파트 입주권을 부여받을 수 있고, 그 이후에도 계속하여 무허가건물관리대장에 등재되어 있을 것을 요구하고 있지 아니하므로, 이 사건 무허가건물이 지장물 이전 및 철거와 관련한 협의계약을 체결할 당시까지 무허가건물관리대장에 등재되어 있었다가 그 이후 무허가건물관리대장에서 삭제되었다고 하여 위 이주대책에서 정한 무허가건물소유자의 법률상 지위에 어떠한 영향을 미친다고 볼 수 없다(대법원 2009. 3. 12. 선고 2008두11525 판결 참조).

2. 원고가 기준일인 2004. 3. 2. 이전부터 협의계약체결일인 2006. 6. 22.까지 이 사건 건물의 소유자였고, 이 사건 건물은 위 기간 동안 무허가건물관리대장에 등재되어 있다가 원고의 협의계약체결일 이후인 2007. 3. 22. 삭제되었음은 앞서 인정한 바와 같으므로, 원고는 이 사건 이주대책에 의하여 피고로부터 피고가 건축할 분양아파트 입주권을 부여받을 수 있다 할 것이고, 따라서, 원고가 이주대책 심사대상자에 해당되지 않아 분양아파트 입주권을 부여받을 수 없음을 전제로 한 이 사건 거부처분은 위법하다.

소　　장

원고　　　김 길 동(주민등록번호)
　　　　　서울시 은평구 구산동 ○○번지
　　　　　(전화 000-000, 팩스 000-000)
피고　　　국립공원관리공단
이주대책부적격처분취소

청구취지

1. 피고가 2009. 8. 18. 원고에 대하여 한 이주대책대상자 제외처분을 취소한다.
2. 소송비용은 피고가 부담한다.
라는 판결을 구합니다.

청구원인

1. 처분의 경위

(1) 환경부장관은 2005. 6. 15. 자연공원법(2005. 8. 4. 법률 제7678호로 개정되기 전의 것) 제15조에 근거하여 환경부 고시 제2005-79호로 ○○시 ○○구 ○○동 ○○산성 지구에 산재한 기존 건축물 중 55가구 145동 등을 철거하고 이를 집단시설지구내 이 주단지 조성지로 이전할 것을 내용으로 하는 ○○산국립공원계획 변경을 결정·고시(철거대상인 기존 건축물의 세목도 함께 고시)한 후, 2008. 1. 28. 자연공원법(2008. 3. 21. 법률 제8950호로 개정되기 전의 것) 제19조 제2항에 근거하여 환경부고시 제2008-14 호로 ○○시 ○○구 ○○동 ○○○ 일대 64,139㎡에서 위와 같이 철거·정비사업(이하 '이 사건 사업'이라 한다)을 시행하겠다는 내용의 ○○산국립공원 공원사업시행계획을 결정·고시하였습니다.

(2) 피고는 2008. 4. 18. 이 사건 사업구역에 편입되어 철거될 건축물 등에 대하여 공익사업을 위한 토지 등의 취득 및 보상에 관한 법률(2009. 4. 1. 법률 제9595호로 개정되기 전의 것, 이하 같고, '공익사업법'이라 한다)이 정하는 절차와 방법에 의하여 보상할 계획임을 공고한 후, 2008. 12. 11. 이 사건 사업구역 내에 있는 건물을 2005. 6. 15. 이전부터 계속하여 소유하고 있는 사람을 이주대책 대상자로 선정하여 이주대책을 실시하겠다는 내용의 1차 이주대책 공고를 하였고, 2009. 3. 10. 이 사건 사업구역 내에 있는 건물을 2005. 6. 15. 이후 상속한 사람을 이주대책 대상자로 포함하는 것 외에는 위 1차 이주대책 공고와 동일한 내용의 2차 이주대책 공고를 하였습니다(이하 위 1, 2 차 이주대책 공고를 통틀어 '이 사건 이주대책공고'라 한다).

(3) 원고는 2006. 4. 4. ○○○로부터 이 사건 사업구역에 편입된 ○○시 ○○구 ○○동 ○○○ 지상 1층 기와주택 53.8㎡(이하 '이 사건 건물'이라 한다)를 매수하고 건축 물대장상 소유자명의를 변경한 다음, 피고에게 2009. 1. 2.경 1차로, 2009. 3. 12.경 2차로 각 이주대책 대상자로 지정하여 줄 것을 신청하였는데, 피고는 2009. 8. 18.경 원고의 1, 2차 신청에 대하여, 원고가 이 사건 이주대 책기준일 이후에 이 사건 건물의 소유권을 취득하였다는 이유로 이주대책대상자에서 제외하는 결정을 하고, 이를 원고에게 통지하였습니다(이하 '이 사건 처분'이라 한다).

2. 처분의 위법성
이 사건 이주대책공고는 이주대책기준일에 관한 근거법령인 공익사업법 시행령 (2009. 4. 21. 대통령령 제21445호로 개정되기 전의 것, 이하 같다) 제40조 제3항 제2호에 정한 '공익사업을 위한 관계법령에 의한 고시 등이 있은 날'에 해당하지 않는 ○○산국립공원계획변경 결정·고시일을 이주대책기준일로 정하고 있는 점에서 무효이고, 무효인 위 공고에 기초하여 행하여진 이 사건 처분은 위법하므로 취소되어야 합니다.

3. 결론
이에 상기 청구취지와 같이 이건 행정소송을 제기하는 바입니다.

입증방법

　1. 갑 제1호증
　2. 갑 제2호증

첨부서류

　1. 위 각 입증방법　　　　　　　　　　각 1부
　2. 송달료 납부서
　3. 소장부본

20 .　.　.

위 원고　　　　(날인 또는 서명)

서울행정법원　　　귀중

당해판례

2009구합 35849

(1) 공익사업법 제78조 제1항에 의하면, 사업시행자는 공익사업의 시행으로 인하여 주거용 건축물을 제공함에 따라 생활의 근거를 상실하게 되는 자(이하 '이주대책대상자'라 한다)를 위하여 공익사업법 시행령이 정하는 바에 따라 이주대책을 수립·실시하거나 이주정착금을 지급하도록 규정되어 있고, 또한 공익사업법 시행령 제40조 제3항 제2호에서는, 당해 건축물에 '공익사업을 위한 관계 법령에 의한 고시 등이 있은 날부터 계약체결일 또는 수용재결일까지 계속하여 거주하고 있지 아니한 건축물의 소유자는 원칙적으로 이주대책대상자에서 제외하도록 되어 있는데, 이주대책기준일이 되는 위 공익사업법 시행령 제40조 제3항 제2호의 '공익사업을 위한 관계 법령에 의한 고시 등이 있은 날'에는 토지수용 절차에 공익사업법을 준용하도록 한 관계 법률에서 사업인정의 고시 외에 주민 등에 대한 공람공고 등을 예정하고 있는 경우에는 사업인정의 고시일 뿐만 아니라 공람공고일 등도 포함될 수 있다 할 것이다(대법원 2009. 2. 26. 선고 2007두13340 판결 참조).

(2) 이 사건에 관하여 보건대, 이 사건 사업의 근거법령인 자연공원법(2008. 3. 21. 법률 제8950호로 개정되기 전의 것)에 의하면, 공원관리청이 공원사업을 하기 위하여 공원사업 시행계획을 결정·고시한 때에는 공익사업법에 따른 사업인정 및 사업인정의 고시를 한 것으로 보고 있으나(제19조 제2항, 제22조 제2항), 공원사업 시행계획의 결정·고시에 앞서 공원기본계획의 수립(제11조), 공원계획의 결정·고시(제12조 내지 제14조), 공원계획의 변경·고시(제15조) 등도 예정하고 있을 뿐 아니라, 위 인정사실 및 앞서 인정한 증거에 의하여 인정되는 다음과 같은 사정 즉, ① 공익사업법상 이주대책은 공익사업에 필요한 토지 등을 제공함으로써 생활의 근거를 상실하게 되는 이주자들을 위하여 종전 생활 상태를 원상으로 회복시키면서 동시에 인간다운 생활을 보장하여 주기 위한 생활보상의 일환으로 국가의 적극적이고 정책적 배려에 의하여 마련된 제도인 점, ② 피고가 ○○산 국립공원계획 변경결정·고시로써 이미 이 사건 건물을 포함하여 이 사건 사업의 시행으로 인하여 철거될 건축물의 세목을 구체적으로 공고하여 장차 그 건축물이 보상대상이 될 것임을 알린 점, ② 따라서 국립공원계획 변경결정·고시일 이후에 그러한 사정을 알고서 주택을 취득하고 거주한 사람들의 경우 이주대책 대상자로 지정되기 위하여 이 사건 사업구역 내로 위장전입하거나 부동산투기 등이 벌어지는 것을 방지할 필요가 있는 점에서 공원사업 시행계획 결정·고시일과 달리 볼 이유가 없는 점 등을 종합하여 보면, 이 사건 공원사업 시행계획 결정·고시일 뿐만 아니라 공원계획의 변경·고시일도 공익사업법 시행령 제40조 제3항 제2호의 '공익사업을 위한 관계 법령에 의한 고시 등이 있은 날'에 포함된다 할 것이므로, 피고가 ○○산국립공원계획변경 결정·고시일을 이주대책기준일로 정하여 이 사건 이주대책공고를 한 것은 적법하다.

(3) 따라서, 원고가 이 사건 이주대책기준일 이후에 이 사건 건물을 취득하였음을 이유로 원고를 이주대책대상자에서 제외한 이 사건 처분은 적법하다.

16. 정비사업 사업시행인가관련 소송

(1) 사업시행인가

사업시행인가는 조합 등 사업시행자가 추진하고 있는 정비사업에 관한 일체의 내용을 시장·군수가 최종적으로 확정하여 인가하는 행정절차를 말한다(도시및주거환경정비법 제28조). 사업시행인가 후 정비사업은 구체적인 사업시행계획에 따라 추진되는데, 여기서 사업시행계획이란 정비구역 안에서 정비사업을 위해 필요한 행위·절차 등에 대한 기본적인 계획을 말하며, 토지이용계획, 정비기반시설 및 공동이용시설의 설치계획, 주민이주대책, 세입자의 주거대책, 임대주택의 건설계획, 건축계획 등 정비사업을 위한 포괄적이고 구체적인 계획들로 구성된 정비구역 내의 정비사업 시행과 관련된 마스터 플랜이라 할 수 있다.[102]

(2) 사업시행인가 절차

정비사업조합(이하 조합)이 설립되면 정비계획의 범위 내에서 구체적인 사업시행계획을 수립하여 사업을 진행하게 되는데, 조합은 토지이용계획, 정비기반시설 등의 설치계획, 이주대책, 범죄예방대책, 임대주택 또는 소형주택 건설계획, 건축계획(건축물의 높이 및 용적률 등) 등을 포함한 사업시행계획서를 작성하여 건축위원회의 심의를 거쳐야 하며, 심의를 거친 사업시행계획에 대하여 조합원총회 의결을 거쳐 확정[시행계획 수립 절차] 후 국토교통부령이 정하는 서류를 첨부하여 관할관청의 인가[시행인가 절차]를 받아야 한다.

(3) 법적성격 및 쟁송방법

대법원은 "재건축 사업시행인가는 상대방에게 권리나 이익을 부여하는 효과를 가진 이른바 수익적 행정처분으로서 법령에 행정처분의 요건에 관하여 일의적으로 규정되어 있지 아니한 이상 행정청의 재량행위에 속하므로, 피고로서는 법령상 제한에 근거한 것이 아니라 하더라도 공익상 필요 등에 의하여 필요한 범위 내에서 여러 조건(부담)을 부과할 수 있다 할 것이다"고 하여 재량행위로 판시하였는데, 일단 이 점에서는 기속행위인 보충적 행정행위와 상충될 여지가 있다. 그리고 대법원은 조합의 사업시행계획 수립 행위의 법적 성격에 관하여 "행정주체인 재건축 조합을 상대로 사업시행계획 결의의 효력 등을 다투는 소송은 행정처분에 이르는 절차적 요건의 존부나 효력 유무에 관한 소송으로서 그 소송 결과에 따라 행정처분의 위법 여부에 직접 영향을 미치는 공법상 법률관계에 관한 것이므로 이는「행정소송법」상의 당사자소송에 해당한다"고 하였고, 나아가 "조합이 수립한 사업시행계획이 인가·고시를 통해 확정되면 구속적 행정계획으로서 독립된 행정처분에 해당하고 총회 결의는 그 행정처분에 이르는 절차적 요건 중 하나에 불과해서 항고소송(행정청의 위법한 처분 등을 취소 또는 변경하는 소송)의

---

102) 이범상, 건설관련소송실무-건설관련소송의 쟁점 및 재건축·재개발, 법률문화원, 2004, 469면.

방법으로 계획의 취소 또는 무효 확인을 구할 수 있을 뿐, 절차적 요건에 불과한 총회 결의 유·무효를 다투는 확인의 소를 제기하는 것 허용되지 아니한다"고 하여 '공법행위설'을 취하고 있다.[103] 나아가 대법원은 관할관청의 사업시행인가 처분의 법적 성격에 관하여는 "조합이 사업시행계획을 재건축 결의에서 결정된 내용과 달리 작성한 경우 이러한 하자는 기본행위인 사업시행계획 작성 행위의 하자라고 할 것이고, 이에 대한 보충행위인 행정청의 인가 처분이 그 근거 조항인「도시 및 주거환경정비법」제28조의 적법 요건을 갖추고 있는 이상은 그 인가 처분 자체에 하자가 있는 것이라 할 수 없다"고 하여 보충적 행정행위라는 입장이다.[104]

판례를 종합하면, 대법원은 조합의 사업시행계획 수립 행위는 공법행위에 해당하고 사업시행인가 처분의 기본행위에 해당하는 조합의 사업시행계획 수립에 하자가 있을 때에는 공히 조합을 상대로 인가 처분 전에는 결의의 효력을 공법상 당사자소송(행정청의 처분 등을 원인으로 하는 법률관계의 소송 또는 공법상 법률관계에 관한 소송으로서 그 법률관계의 한쪽 당사자를 피고로 하는 소송)으로 다투고 인가 처분 후에는 항고소송으로 다투어야 하며, 사업시행인가 처분은 보충적 행정행위로서 그 자체에 고유한 하자가 있을 때에만 인가 행정청을 상대로 항고소송으로 다툴 수 있다.

(4) 사업시행인가의 효과

사업시행자가 사업시행인가를 받은 경우에는「주택법」에 따른 사업계획의 승인,「건축법」에 따른 건축 허가, 건축협의 등 관련 법률에 따른 인·허가 등이 있는 것으로 보며, 사업시행인가의 고시가 있은 경우에는 관계 법률에 의한 인·허가 등의 고시·공고 등이 있는 것으로 본다(법 제32조).

[서식] 사업시행인가처분일부취소 청구의 소

소   장

원고   ○○○ 정비사업조합
　　　　　서울시 ○○구 ○○동 ○번지
피고   서울특별시 ○○구청장
사업시행인가처분일부취소

청구취지

---

103) 댑버원 2009. 11. 2. 선고 2009마569 결정.
104) 대법원 2008. 1. 10. 선고 2007두16691 판결, 대법원 2010. 12. 9. 선고 2009두4913 판결.

1. 피고가 2009. 3. 12. 원고에 대하여 한 주택재개발정비사업시행인가처분에 부가한 인가조건 중 '관계부서인 건설관리과 검토의견 부분(용도폐지 대상 28필지 토지 중 14필지만을 무상양도 대상으로 함) 및 관련 부분'과 일반조건 사항의 하나로 '사업시행자에게 무상양도 되지 않는 구역 내 국공 유지는 사업시행인가 후 매입하고 관리처분인가 신청 시 관련서류를 제출할 것'이라고 한 부분을 취소한다.

2. 소송비용은 피고가 부담한다.

라는 판결을 구합니다.

청구원인

1. 처분의 경위

(1) 2007. 10. 4. 원고조합 설립인가

(2) 2009. 3. 12. 사업시행인가(같은 날 ○○구 고시 제2009-20호로 고시함)

1) 사업구분 : 주택재개발사업

2) 정비구역 : 서울 ○○구 ○○동 ○○ 일대 294필지 28,584㎡

3) 사업시행계획 중 정비기반시설

- 용도폐지 정비기반시설 : 도로 등 28필지 합계 2,885㎡

- 새로 설치할 정비기반시설(설치 후 무상귀속) : 도로 1,290㎡, 공공공지 747㎡, 소공원 1,809㎡

  4) 인가조건 중 일부(이하 '이 사건 처분'이라 한다)

- 1. 일반조건 사항, 마. 사업시행자에게 무상양도 되지 않는 구역 내 국공유지는 사업시행인가 후 매입하고 관리처분인가 신청 시 관련서류를 제출할 것

- 3. 관련기관(부서) 협의에 따른 사업시행인가 조건 및 안내사항(건설관리과) : 위 용도폐지 정비기 반시설 중 14필지 합계 1,357㎡ 무상양도

(3) 용도폐지 정비기반시설(28필지) 현황 : 지목은 구거, 도로, 임야 또는 전으로 되어 있으나 실제 이용현황은 모두 현황도로일 뿐 도로법상 노선이 인정된 도로는 없다.

피고는 그 중 14필지 합계 1,357㎡만을 무상양도 대상으로 하고 나머지 14필지 합계 1,528㎡에 대하여는 유상 매입할 것을 조건으로 사업시행 인가하였습니다.

2. 처분의 위법성

주민생활에 필요한 현황도로도 「도시 및 주거환경정비법(이하 '도정법'이라 한다」 제65조 제2항 후단 소정의 '정비기반시설'로 보아야 하고, 이 사건 정비사업으로 용도가 폐지되는 정비기반시

설 28필지의 평가금액이 새로 설치할 정비기반시설의 설치비용 보다 적으므로, 결국 위 28필지 모두를 무상양도 대상으로 보아야 함에도, 그 중 14필지를 유상 매입할 것을 인가조건으로 한 이 사건 사업시행인가처분은 위법합니다.

3. 결론
위와 같이 피고의 처분은 위법하므로 이의 취소를 구하는 본 건 행정소송에 이르게 되었습니다.

입증방법

1. 갑 제1호증
2. 갑 제2호증
3. 갑 제3호증
4. 갑 제4호증
5. 갑 제5호증

첨부서류

1. 위 각 입증방법   각 1부
2. 송달료 납부서
3. 소장부본

20 . . .

위 원고   (날인 또는 서명)

서울행정법원   귀중

당해판례

2009구합 17711
도정법 제65조 제2항은 '시장 등이 아닌 사업시행자가 정비사업의 시행으로 새로이 설치한 정비기 반시설은 그 시설을 관리할 국가 등에 무상으로 귀속되고, 정비사업의 시행으로 인하여 용도가 폐지되는 국가 등 소유의 정비기반시설은 그가 새로이 설치한 정비기반시설의 설치비용에 상당하는 범위 안에서 사업시행자에게 무상으로 양도된다'고 규정하고 있는바, 여기서 국가 등 소유로서 사업시행자에게 무상 양도되는 용도가 폐지되는 '정비기반시설'의 의미가 문제된다.

도정법 제2조 제4호, 「국토의 계획 및 이용에 관한 법률(이하 '국토계획법'이라 한다)」 제2조 제4호 라목, 제6호 가목, 제7호 및 같은 법 시행령 제2조 제1항 제1호, 제2항 제1호, 도로법 제2조 제1항 제1호, 제8조, 제11조 내지 15조, 제17조, 제24조, 제25조 제1항 제7호 등의 관계 규정 등을 종합하여 보면, 도정법은 '정비기반시설'에 관한 정의규정을 두고 정비기반시설의 하나로 '도로'를 규정하면 서도 달리 '도로'에 관한 정의 규정을 두고 있지 않으므로 여기서의 '도로'의 의미는 그에 관한 일반법 인 도로법에 따라 판단함이 상당하고, 도로법상 도로는 당해 도로의 관리청 등에 의하여 노선이 인정(지정) · 공고된 도로를 가리키므로, 결국 이러한 노선 인정(지정) · 공고에 의하지 않은 현황도 로는 도로법상 도로에 해당하지 않음은 물론 도정법상 정비기반시설의 일종인 '도로'에도 해당하지 않는다 할 것이며, 이는 도정법 제65조 제2항의 입법취지가 민간 사업시행자에 의하여 새로 설치된 정비기반시설이 관리청에 무상으로 귀속됨으로 인하여 야기되는 사업시행자의 재산상 손실을 고려 하여 그 대가적 관계에 있는 용도가 폐지되는 국가 등 소유의 정비기반시설을 그 사업시행자에게 무상으로 양도되도록 하여 합리적인 범위 안에서 사업시행자의 재산상 손실을 보전해 주고자 하는 데 있는 것이어서, 도로법상 도로가 아닌 단지 현황만이 도로에 불과한 것을 새로 설치된 정비기반시 설과 대가적 관계에 있다고 보기 어려운 점에 비추어 보더라도 그러하다.

다만 도정법상 정비사업에 관한 계획이 국토계획법상 도시관리계획의 일종이어서 도정법상 '정비 기반시설'의 의미를 국토계획법상 '기반시설'의 의미와 대동소이한 것으로 볼 수 있으나, 국토계획 법상 '도시계획시설'은 기반시설 중 도시관리계획으로 결정된 시설만을 말하는 것으로, 도정법상 '정비기반시설'을 국토계획법상 '도시계획시설'로 한정하여 해석할 이유는 없다. 예컨대, '도로'의 경우, 도로법상 도로는 그 관리청 등에 의하여 노선이 인정(지정) · 공고된 것으로 그에 따른 필요적 절차로서 도로구역 결정 · 고시가 뒤따르게 되어 국토계획법상 도시관리계획 결정 · 고시로 의제되 는데, 도정법상 '정비기반시설'의 일종인 '도로'는 도로법상 노선이 인정(지정) · 공고된 도로면 족하 다 할 것이고, 나아가 노선 인정(지정) · 공고 후 도로구역 결정 · 고시가 이루어지기 전의 상태라 하여 아직 도시계획시설로 볼 수 없다는 이유로 도정법상 '정비기반시설'이 아니라고 할 수는 없다. 따라서 도로법상 노선이 인정(지정) · 공고된 바 없이 현황이 도로일 뿐인 14필지에 대하여 유상으로 매입할 것을 인가조건으로 한 이 사건 사업시행인가처분에 어떠한 위법이 있다 할 수 없고, 이와 다른 전제에서 나온 원고의 주장은 이유 없다.

17. 관리처분계획 및 인가처분관련 소송

(1) 관리처분계획의 개념

도시 및 주거환경정비법에 의해 정비사업을 시행하는 경우 주거환경개선사업을 제외한 나머지 재개발 재건축 및 도시환경정비사업의 경우에 사업 시행 후 조합원들에게 분양되는 대지나 건축시설에 대한 배분 계획이 반드시 수립되어야 하며 이를 관리처분계획이라 한다. 도시개발사업의 시행 방법의 하나인 환지처분의 경우 평면적인 토지를 기준으로 한 환지계획을 수립하는 반면 정비사업의 경우에는 건물의 개념까지 포함해야 하므로 조합원에 대한 분양처분 등을 포함하는 관리처분계획의 수립 인가가 필요하다.

(2) 관리처분인가의 법적성격 및 쟁송방법

1) 법적성격

관리처분계획의 법적성격에 관하여, 대법원은 '도시 및 주거환경정비법상의 재건축조합은 관할 행정청의 감독 아래 도시정비법상의 주택재건축사업을 시행하는 공법인으로서, 그 목적 범위 내에서 법령이 정하는 바에 따라 일정한 행정작용을 행하는 행정주체의 지위를 갖는다. 그리고 재건축조합이 행정주체의 지위에서 도시정비법 제48조에 따라 수립하는 관리처분계획은 정비사업의 시행결과 조성되는 대지 또는 건축물의 권리귀속에 관한 사항과 조합원의 비용 분담에 관한 사항 등을 정함으로써 조합원의 재산상 권리·의무 등에 구체적이고 직접적인 영향을 미치게 되므로, 이는 구속적 행정계획으로서 재건축조합이 행하는 독립된 행정처분에 해당한다'고 판시하였다.[105]

2) 쟁송방법

관리처분계획은 재건축조합이 조합원의 분양신청 현황을 기초로 관리처분계획안을 마련하여 그에 대한 조합 총회결의와 토지 등 소유자의 공람절차를 거친 후 관할 행정청의 인가·고시를 통해 비로소 그 효력이 발생하므로, 관리처분계획안에 대한 조합 총회결의는 관리처분계획이라는 행정처분에 이르는 절차적 요건 중 하나로, 그것이 위법하여 효력이 없다면 관리처분계획은 하자가 있는 것이므로 행정주체인 재건축조합을 상대로 관리처분계획안에 대한 조합 총회결의의 효력 등을 다투는 소송은 행정처분에 이르는 절차적 요건의 존부나 효력유무에 관한 소송으로서 그 소송결과에 따라 행정처분의 위법 여부에 직접 영향을 미치는 공법상 법률관계에 관한 것이므로, 이는 행정소송법 상의 당사자소송에 해당한다.[106]

이러한 소송은 관리추분계획이 인가·고시되기 전이라면 위법한 총회결의에 대한 무효확인 판결을 받아 이를 관할 행정청에 자료로 제출하거나 재건축조합으로 하여금 새로이 적법한 관리처분계획안을

---

105) 대법원 1996. 2. 15. 선고 94다31235 판결, 대법원 2007. 9. 6. 선고 2005두11951 판결.
106) 대법원 2009. 9. 17. 선고 2007다2428 판결.

마련하여 다시 총회결의를 거치도록 함으로써 하자 있는 관리처분계획이 인가·고시되어 행정처분으로서 효력이 발생하는 단계에까지 나아가지 못하도록 저지할 수 있고, 또 총회결의에 대한 무효확인판결에 불구하고 관리처분계획이 인가·고시되는 경우에도 관리처분계획의 효력을 다투는 항고소송에서 총회결의 무효확인소송의 판결과 증거들을 소송자료 활용함으로써 신속하게 분쟁을 해결할 수 있으므로, 관리처분계획에 대한 인가·고시가 있기 전에는 허용할 필요가 있다고 판시하였다.[107] 그러나 나아가 판리처분계획에 대한 관할 행정청의 인가·고시까지 있게 되면 관리처분계획은 행정처분으로서 효력이 발생하게 되므로, 총회결의의 하자를 이유로 행정처분의 효력을 다투는 항고소송의 방법으로 관리처분계쇡의 취소 또는 무효확인을 구하여야 하고, 그와 별도로 행정처분에 이르는 절차적 요건 중의 하나에 불과한 총회결의 부분만을 따로 떼어내어 효력 유무를 다투는 확인의 소를 제기하는 것은 특별한 사정이 없는 한 허용되지 않는다고 보아야 한다.

(3) 관리처분계획인가변경시 기존 관리처분계획인가의 효력

도시정비법 관련 규정의 내용, 형식 및 취지 등에 비추어 보면, 당초 관리처분계획의 경미한 사항을 변경하는 경우와 달리 관리처분계획의 주요 부분을 실질적으로 변경하는 내용으로 새로운 관리처분계획을 수립하여 시장·군수의 인가를 받은 경우에는 당초 관리처분계획은 달리 특별한 사정이 없는 한 그 효력을 상실한다.[108]

(4) 청산금

1) 의의

정비사업의 시행자는 대지 또는 건축물을 분양받은 자가 종전에 소유하고 있던 토지 또는 건축물의 가격과 분양받은 대지 또는 건축물의 가격사이에 차이가 있는 경우에는 이전의 고시가 있은 후에 그 차액에 상당하는 금액을 분양받은 자로부터 징수하거나 분양받은 자에게 지급하여야 한다. 다만, 정관 등에서 분할징수 및 분할지급에 대하여 정하고 있거나 총회의 의결을 거쳐 따로 정한 경우에는 관리처분계획인가후부터 이전의 고시일까지 일정기간별로 분할징수하거나 분할지급할 수 있다(법 제57조).

2) 대상자

현금청산대상자는 분양신청을 하지 아니한 자, 분양신청기간 종료 이전에 분양신청을 철회한 자 또는 인가된 관리처분계획에 따라 분양대상에서 제외된 자 등이다(법 제47조).

3) 청산방법 및 청산금액 산정방법

---

107) 대법원 2009. 9. 17. 선고 2007다2428 판결.
108) 대법원 2012. 3. 22. 선고 2011두6400 판결.

사업시행자는 위 2)항의 현금청산대상자에 대하여 관리처분계획 인가를 받은 날의 다음날부터 90일 이내에 토지·건축물 또는 그 밖의 권리에 대하여 현금으로 청산하여야 하며, 이때 청산금액은 사업시행자와 토지등소유자가 협의하여 산정한다(법 제47조). 이 경우 시장·군수가 추천하는 감정평가업자 2 이상이 평가한 금액을 산술평균하여 산정한 금액을 기준으로 협의할 수 있다(법 시행령 제48조).

4) 청산금 산정의 평가 기준시점

구 도시정비법 제47조 제1, 2호의 규정에 따라 사업시행자는 토지 등 소유자가 분양신청을 하지 아니하거나 분양신청을 철회하는 경우에 '그 해당하게 된 날'부터 150일 이내에 대통령령이 정하는 절차에 따라 토지·건축물 또는 그 밖의 권리에 대하여 현금으로 청산하여야 하는데, 여기에서 분양신청을 하지 아니하거나 분양신청기간의 종료 이전에 분양신청을 철회한 토지 등 소유자에 대하여 청산금 지급의무가 발생하는 시기는 도시 및 주거환경정비법 제46조의 규정에 따라 사업시행자가 정한 '분양신청기간의 종료일 다음날'이라고 보아야 하므로(대법원 2008. 10. 9. 선고 2008다37780 판결 참조), 현금청산의 목적물인 토지·건축물 또는 그 밖의 권리의 가액을 평가하는 기준시점은 청산금 지급의무가 발생하는 시기인 '분양신청기간의 종료일 다음날'로 봄이 상당하다.[109]

[서식] 관리처분계획및인가처분무효확인의 소

소 장

원고   1. 임 ○ ○
            서울시 동대문구 ○동 ○번지
            2. 한 ○ ○
            서울시 동대문구 ○동 ○번지
피고   1. ○○주택재개발정비사업조합
            2. 서울시 동대문구청장
관리처분계획및인가처분무효확인

청구취지

1. 피고 ○○주택재개발정비사업조합이 2007. 10. 13. 조합원 총회에서 수립한 관리처분계획은 무효임을 확인한다.

2. 피고 서울특별시 동대문구청장이 2008. 5. 22. 피고 ○○주택재개발정비사업조합에 대하여

---

109) 대법원 2009. 9. 10. 선고 2009다32850, 32867 판결.

한 관리처분계획 인가처분은 무효임을 확인한다.

3. 피고 ○○주택재개발정비사업조합이 2009. 3. 19. 조합원 총회에서 수립한 관리처분 계획 및 이에 대하여 피고 서울특별시 동대문구청장이 2009. 7. 17. 한 인가처분을 각 취소한다.

4. 소송비용은 피고가 부담한다.

라는 판결을 구합니다.

청구원인

1. 처분의 경위

(1) 피고 ○○주택재개발정비사업조합(이하 '피고 조합'이라 한다)은 서울 동대문구 ○○동 ○○ 일대에 대한 주택재개발사업(이하 '이 사건 사업'이라 한다)을 시행할 목적으로 2006. 10. 2. 피고 서울특별시 동대문구청장(이하 '피고 동대문구청장'이라 한다)으로부터 조합설립인가를 받고, 2007. 6. 29. 사업시행인가를 받은 주택재개발정비 사업조합이고, 원고들은 이 사건 사업구역 내에 주택을 소유하고 있는 피고 조합의 조합원들입니다.

(2) 피고 조합은 총수입 추산액을 959,907,188,436원, 공통소요비용 추산액을 562,456,029,887원, 분양대상 토지 등의 소유자 종전 총평가액을 391,513,811,012원으로 하여 추정비례율을 101.516%{(총수입−공통소요비용)/분양대상 토지등의 소유자 종전 총평가액 X 100}로 하고, 분양예정의 대지 또는 건축시설의 면적산정 · 기재 오류, 분양 가격 기재오류, 기타 계산착오, 오기, 누락 등이 있을 경우 관리처분계획은 정정 또는 변경될 수 있다는 내용 등이 포함된 관리처분계획안(이하 '제1차 관리처분계획안'이라 한다)을 수립하였습니다.

(3) 피고 조합은 2007. 10. 13. 조합원총회(이하 '이 사건 총회'라 한다)를 개최하여 이 사건 관리처분계획안을 의결하고, 그와 별도로 이 사건 사업의 신속하고 효율적인 추진을 위하여 관리처분계획에 대한 공람의견 반영, 착오, 누락 등에 따라 관리처분계획 수정사항 발생시 대의원회에 위임하여 대의원회에서 심의, 의결할 수 있도록 하는 안건을 의결하였습니다.

(4) 피고 조합은 2007. 10. 26.부터 같은 해 11. 24.까지 관리처분계획인가를 위한 공람 · 공고절차를 거쳐 감정평가 오류에 따른 감정평가액 상향조정(24건), 분양대상 조합원 수집계 착오 정정(54건), 청산대상자 구제(3건) 평형배정 하향조정(8건), 평형배정 상향조정(9건) 등을 관리처분계획에 반영하고, 그에 따라 조합 총수입추산액을 956,828,083,585원으로, 공통소요비용 추산액을 562,616,622,667원으로, 분양대상 토지 등의 소유자 종전총평가액을 389,883,353,559원으로 각 변

경함으로써 추정비례율이 101.110%로 변경된 내용의 관리처분계획에 대하여 2007. 11. 27. 대의원 회를 개최하여 의결하였습니다(이와 같이 변경된 관리처분계획을 '제1차 관리처분계획'이라 한다).

(5) 피고 조합은 2007. 11. 30. 피고 동대문구청장에게 위와 같이 추정비례율 등이 변경된 관리처분 계획에 대한 인가신청을 하였고, 이에 피고 동대문구청장은 2008. 5. 22. 이 사건 관리처분계획을 인가하였습니다(이하 '제1차 인가'라 한다).

(6) 제1차 관리처분계획 및 인가는 2008. 12. 23. 이에 대한 항고소송(서울행정법원 2008구합3061 8 사건)에서 조합원총회의 의결을 거치지 않고 추정비례율이 변경된 하자로 위법하여 취소한다는 판결이 선고되었고, 현재 항소심 계속중입니다.

(7) 피고 조합은 2009. 3. 19. 조합원 정기총회를 개최하고 '관리처분계획 변경' 안건을 상정하여, 제1차 관리처분계획에 ① 조합원 중 분양대상자와 현금청산자의 구성 일부 변경, ② 공사감독원 등 인력에 대한 예산 증가, ③ 매출부가세와 보존등기비용 추계액 감소, ④ 예비비 조정, 보류분 세대의 일반분양분으로의 전환 등 변경사항 등을 반영하고, 그에 따라 조합 총수입추산액을 956,89 1,483,585원으로, 공통소요비용 추산액을 562,956,086,994원으로, 분양대상 토지등의 소유자 종전총평가액을 388,052,518,861원으로 각 변경함으로써 추정비례율이 101.516%로 변경된 내용의 새로운 관리처분계획(이하 '제2차 관리처분계획'이라 한다)을 의결하였습니다.

(8) 피고 조합은 그 무렵 피고 동대문구청장에게 제2차 관리처분계획에 대한 인가신청을 하였고, 피고 동대문구청장은 2009. 7. 17. 제2차 관리처분계획을 인가하였습니다(이하 '제2차 인가'라 한다).

2. 처분의 위법성
제2차 관리처분계획에는 상가 부분에 대하여 관리처분계획을 수립하지 않은 하자가 있고, 제2차 인가는 ① 피고 동대문구청장이 제2차 관리처분계획에 상가부분에 대한 관리처분계획이 수립되지 않은 하자가 있음을 통고받았음에도 이를 그대로 인가한 하자와, ② 제1차 인가가 이미 행정법원에 서 취소되었음에도 이를 근거로 '변경'인가를 함으로써 제1차 인가의 적법성을 인정한 하자가 있으므 로 위법합니다.

3. 결론

위와 같이 피고의 처분은 위법하므로 이의 무효를 확인하고 동시에 취소를 구하는 본 건 행정소송에 이르게 되었습니다.

입증방법

1. 갑 제1호증
2. 갑 제2호증
3. 갑 제3호증
4. 갑 제4호증
5. 갑 제5호증

첨부서류

1. 위 각 입증방법   각 1부
2. 송달료 납부서
3. 소장부본

20 . . .

위 원고   (날인 또는 서명)

서울행정법원   귀중

당해판례

2009구합 10185

1. 앞서 본 제1차 관리처분계획과 제2차 관리처분계획에 대한 의결의 경위와 내용을 종합하여 인정되는 다음과 같은 사정, 즉 ① 제2차 관리처분계획은 비록 제1차 관리처분계획과 비례율은 같으나 비례율 계산의 전제가 되는 조합 총수입추산액, 소요비용 추산액 등이 제1차 관리처분계획과 상이한 점, ② 조합원 중 분양대상자와 현금청산자의 구성이 일부 변경된 점, ③ 제1차 관리처분계획을 의결한 2007. 10. 13.자 조합원총회와 제2차 관리처분계획을 의결한 2009. 3. 19.자 조합원총회 사이의 시간적 간격이 상당히 긴 점, ④ 위와 같은 변경을 도정법 제48조 단서, 동법 시행령 제49조 소정의 경미한 변경이라고 보기도 어려운 점 등을 고려할 때, 제2차 관리처분계획은

제1차 관리처분계획과 동일성이 인정된다고 보기는 어렵고, 제1차 관리처분계획과는 별개의 새로운 관리처분계획이라고 할 것이다.

따라서 제2차 관리처분계획이 총회의 의결을 거쳐 수립된 이상 제1차 관리처분계획 및 인가의 취소를 구한다 하여 원고들이 침해받은 권리와 이익을 보호, 구제받는다거나 위법이 없는 상태로 원상회복되는 것도 아니므로, 결국 이 사건 소 중 제1차 관리 처분계획 및 인가에 관한 부분은 그 무효확인을 구할 법률상의 이익이 없어 부적법하다.

2. 제2차 관리처분계획에서는 상가부분의 대지지분면적, 건축연면적, 분양예정 대지 및 건축시설의 총 평가액과 그에 관한 수입금 및 건축 등에 소요되는 총 비용의 평가액을 정하고, 이를 토대로 전체 비례율을 산정하면서도, 상가에 관하여 ① 분양 순위 결정의 기준을 정하되, ② 분양가격 산정기준은 분양예정 대지 또는 건축시설의 추산액 산정방법에 의하여 산출된 총액 범위 내에서 별도로 수립할 상가 등 부대복리시설의 관리처분계획에 따르기로 하고, ③ 조합원분양에 관하여는 분양하는 당해 시설의 위치, 면적 등 세부 내역을 추후 상가 등에 대한 분양시 세부적인 분양설계에 맞게 그 구체적인 내역을 정하기로 하였으며, ④ 일반분양에 관하여는 제2차 관리처분계획에서 정한 분양가격을 최소가격으로 하여 공개경쟁 입찰에 의한 최고가격응찰자에게 공개분양하기로 하는 등, 구체적인 관리처분계획을 정하지 아니한 사실을 각 인정할 수 있다.

비록 위와 같이 상가에 관한 총평가액 등이 정하여지기는 하였으나 이는 구체적인 분양설계 없이 이루어진 단순한 추정액일 뿐이라고 할 것인데, 제2차 관리처분계획에서 예정한 바와 같이 새로이 상가와 관련한 관리처분계획을 수립할 경우 새로운 분양설계에 따라 건설될 상가의 평가액과 건설에 소요 비용이 충분히 달라질 수 있을 뿐만 아니라 조합원에 대한 분양과 일반인에 대한 분양 수입의 규모 등도 확정되지 않은 상태이므로, 결국 원고들을 포함한 공동주택 분양대상 조합원들에 대한 비례율도 피고 조합이 현재 추산액으로 정하여놓은 수치와 달라질 것으로 보인다.

그렇다면, 제2차 관리처분계획 중 상가에 관하여 구체적인 관리처분계획을 정하지 아니한 위와 같은 하자는 원고들의 권리 · 의무에도 영향을 미친다고 할 것이므로 원고들은 제2차 관리처분계획 및 인가의 취소를 구할 법률상 이익이 인정된다고 할 것이다(피고 조합은 제2차 관리처분계획 및 인가의 취소청구를 추가하는 내용의 2009. 8. 18. 자 청구취지변경신청이 청구의 기초에 동일성이 없어 부적법하다는 취지로 주장하나, 이는 행정청이 소송의 대상인 처분을 소가 제기된 후 변경함에 따른 것이므로 이유 없다).

3. 도시정비법 제48조 제1항은 총회의 의결을 거쳐 수립되어야 할 관리처분계획에는 분양신청의 현황을 기초로 한 분양설계, 분양대상자의 주소 및 성명, 분양대상자별 분양예정인 대지 또는

건축물의 추산액, 분양대상자별 종전의 토지 또는 건축물의 명세 및 사업시행인가의 고시가 있은 날을 기준으로 한 가격, 정비사업비의 추산액 및 그에 따른 조합원 부담규모 및 부담시기 등의 내용이 포함되도록 규정하고 있고, 관리 처분계획이라는 것은 그 인가·고시에 따라 토지 등 소유자의 종전 권리를 분양받을 권리 또는 청산금지급청구권으로 변환시키고 이전고시에 따라 그 정한 대로 권리관계가 실현되는 등 조합원의 권리의무에 막대한 영향을 미치는 처분인 점을 아울러 고려해 볼 때, 관리처분계획에는 위와 같은 분양신청의 현황을 기초로 한 위 각 사항들이 반드시 그 내용에 포함되어 있어야 하고 이러한 내용이 누락된 경우에는 그에 관한 적법한 관리처분계획이 수립된 것으로 볼 수 없다 할 것이다.

앞서 본 바와 같이 제2차 관리처분계획 중 상가에 관하여 분양예정 대지 및 건축시설의 총 평가액 등 총액에 관한 사항 및 분양순위의 결정기준 등은 정하여졌으나 상가 분양대상 조합원들이 분양받게 될 구체적인 대상 및 평가액, 분담금 등 구체적인 사항에 관하여는 정하여지지 아니하였다고 할 것이고, 피고 조합이 산출한 조합원들의 권리가액 산출의 기준이 되는 비례율은 추후 상가에 관한 별도의 관리처분계획이 수립됨에 따라 변경이 예정된 단순한 추정액을 기준으로 한 것이므로 공동주택 분양대상 조합원들의 분담금도 제대로 산정되었다고 볼 수 없을 것이다. 위와 같은 사정에 비추어 볼 때, 제2차 관리처분계획 중 상가에 관하여는 도시정비법 제48조 제1항 소정의 내용이 포함되어 있지 않아 제대로 된 관리처분계획이 수립된 바 없다 할 것이고, 새로이 상가와 관련한 관리처분계획을 수립할 경우 공동주택 분양대상 조합원들에 대한 권리가액비율 및 분담금액도 일부 변경되어야 할 것으로 보여 위와 같은 하자는 이 사건 관리처분계획 전체에 그 영향을 미친다 할 것이므로, 이 사건 관리처분계획은 그 전부가 위법하다고 보아야 할 것이다.

또한, 제2차 인가는 위와 같이 도시정비법 제48조 제1항을 위반한 제2차 관리처분계획의 위법을 간과하고 이루어진 것으로서 역시 위법하다고 할 것이다.

[서식] 관리처분계획취소 청구의 소

소　장

원고　　1. ○○○
　　　　서울시 ○○구 ○○동 ○번지
　　　　2. ○○○
　　　　서울시 ○○구 ○○동 ○번지
　　　　3. ○○○
　　　　서울시 ○○구 ○○동 ○번지
피고　　○○○구역주택재개발정비사업조합
관리처분계획취소

청구취지

1. 피고가 2008. 7. 31. 서울특별시 ○○구청장으로부터 인가받은 관리처분계획 중 원고들을 공동
　분양대상자로 정한 부분을 취소한다.
2. 소송비용은 피고의 부담으로 한다.

라는 판결을 구합니다.

청구원인

1. 기초사실

(1) 서울특별시장은 2005. 8. 4. 서울특별시 고시 제○○○호로 서울특별시 고시 제○○○호로
지구단위계획 결정·고시된 ○○○ 제1종 지구단위계획 내 특별계획구역Ⅱ (○○○ 일대, 이하
'이 사건 정비구역'이라 한다)에 대하여 도시 및 주거환경정비법(이하 '도정법'라 한다)에 따라 ○○
○구역 정비구역으로 지정.고시하였고, 피고는 2006. 5. 18. 서울특별시 ○○구청장으로부터 주택
재개발조합 설립인가를 받아 이 사건 정비구역을 사업시행구역으로 한 주택재개발사업(이하 '이
사건 주택재개발사업'이라 한다)의 시행을 목적으로 법인설립등기를 마친 사업시행자입니다.

(2) 원고 2는 1990. 6. 13. 서울특별시 ○○구청장으로부터 건축허가를 받아 이 사건 정비구역
내인 서울 ○○구 ○○○동 소재 토지(이하 '이 사건 토지'라 한다) 지상에 벽돌조 슬래브지붕 2층
다가구주택(지층, 1층, 2층 각 80.88㎡, 이하 '이 사건 건물'이라 한다)을 신축하여 일반건축물대장
에 등재하고 1991. 1. 28. 다가구주택으로 그 소유권보존등기를 경료하였다. 원고 1은 2002. 10.
20. 원고 2로부터 이 사건 토지 및 건물 각 1/3 지분을 매수하고, 원고 3은 2002. 10. 26. 원고

2로부터 이 사건 토지 및 건물 각 1/3 지분을 증여받아, 그에 따라 각 공유지분등기를 경료하였습니다.

(3) 원고들은 공유지분등기에 터잡아 서울지방법원 동부지원 ○○○호 공유물분할사건으로 제소전 화해를 신청하였고, 이에 따라 위 법원에서 2003. 3. 17. 다음과 같은 내용의 화해조서가 작성되었다(2003. 5. 16. 결정경정된 내용까지 포함한다).
1) 이 사건 건물을 1층 80.88㎡는 원고 3의 소유로, 2층 80.88㎡는 원고 2의 소유로, 지층 80.88㎡는 원고 1의 소유로, 각 층별로 구분한다.
2) 원고 2는 이 사건 건물 중 1층 80.88㎡에 관하여 원고 3 앞으로, 지층 80.88㎡에 관하여 원고 1 앞으로, 각 2003. 3. 17.자 제소전 화해를 원인으로 한 소유권이전등기절차를 이행한다.
3) 원고 2는 원고 1, 3에게 이 사건 토지 중 각 1/3 지분에 관하여 2003. 3. 17.자 제소전 화해를 원인으로 한 소유권이전등기절차를 이행한다.

(4) 원고들은 2003. 7. 31. 위 화해조서에 기하여 이 사건 건물에 관하여 집합건물로서 각 층별로 구분한 다음, 제1층은 원고 3이, 제2층은 원고 2가, 지층은 원고 1이 각 층별로 소유하는 것으로 구분등기를 경료하였습니다.

(5) 원고들은 분양신청기간인 2007. 7. 24.부터 같은 해 9. 1.까지 사이에 피고에게 '이 사건 건물은 각 층별로 구분등기를 경료한 다세대주택에 해당하므로, 세대별로 각각 단독분양을 하여 달라'는 취지로 분양신청을 하였는데, 이에 대하여 피고는 '건축물 대장 및 부동산등기부상 기재가 상이하기 때문에, 원고들은 관계 규정에 따라 1인의 분양대상자로 보아야 한다'는 이유로 원고들을 1인의 조합원으로서 아파트 공동분양대상자로 정하는 내용을 포함한 관리처분계획을 수립하였고, 서울특별시 ○○구청장은 2008. 7. 22. 위 관리처분계획을 인가하였습니다(위 관리처분계획 중 원고들에 해당하는 부분을 '이 사건 처분'이라 한다).

2. 처분의 위법성

분양신청자가 소유자에 해당하는지 여부는 서울특별시 도시 및 주거환경정비조례 제23조 제4호에서 보는 바와 같이 관리처분계획기준일 현재 부동산등기부를 기준으로 하여야 한다 할 것이므로, 비록 이 사건 건물이 건축물대장상 다세대주택으로 전환되지 않았다 할지라도, 부동산등기부상 각 층별로 구분등기가 경료된 이상, 이 사건 건물은 하나의 주택으로 볼 수 없으며, 특히 위 조례 부칙 제5조는 문언상 명백하게 2003. 12. 30. 이전에 다가구주택을 다세대주택으로 전환하여 '구분

등기를 완료'하기만 하면 세대별로 분양권을 부여하겠다고 규정하고 있으므로, 건축물대장과 부동산등기부상 기재가 일치할 것까지 요구하는 피고 주장은 아무런 근거가 없다. 따라서 원고들은 부동산등기부상 구분등기된 이 사건 건물에 관하여 각 층별로 소유권이전등기를 경료한 소유권자로서 각각 분양권이 주어져야 한다 할 것이므로, 원고들을 공동분양대상자로 결정한 이 사건 처분은 위법합니다.

3. 결론

이상과 같이 이 사건 처분은 위법하므로 이의 취소를 구하는 본 건 소송에 이르게 되었습니다.

입증방법

1. 갑 제1호증
2. 갑 제2호증
3. 갑 제3호증

첨부서류

1. 위 각 입증방법   각 1부
2. 송달료 납부서
3. 소장부본

20 . . .

위 원고   (날인 또는 서명)

서울행정법원   귀중

당해판례

2008구합 42765

(1) 도정법 제2조 제9호 가목 및 제19조 제1항 각 규정에 의하면 정비사업의 조합원은 정비구역 안에 소재한 토지 또는 건축물의 소유자 또는 그 지상권자로 하되, 토지 또는 건축물의 소유권과 지상권이 수인의 공유에 속하는 때에는 그 수인을 대표하는 1인을 조합원으로 보도록 되어 있다. 그리고 서울특별시 도시 및 주거환경정비조례(2007. 7. 30. 조례 제4550호로 개정되기 전의 것, 이하 '이 사건 조례'라 한다) 제24조 제1항 제1호는 주택재개발사업으로 건립되는 공동주택의 분양대상자를 분양신청자 중 관리처분계획 기준일인 분양신청기간이 만료하는 날 현재 종전의

건축물 중 주택(기존무허가건축물 및 사실상 주거용으로 사용되고 있는 건축물)을 소유한 자로, 같은 조 제2항 제1호는 다가구주택이 건축물준공 이후 다세대주택으로 전환된 경우에는 수인의 분양신청자를 1인의 분양대상자로 본다고 각 규정하고, 부칙(2003. 12. 30. 조례 제4167호) 제5조(이하 '이 사건 부칙 규정'이라 한다)는 위 제24조 제2항 제1호의 규정에 불구하고 2003. 12. 30. 전에 단독 또는 다가구주택을 다세대주택으로 전환하여 구분등기를 완료한 주택에 대하여는 전용면적 60㎡ 이하의 주택을 공급하거나 정비구역안의 임대주택을 공급할 수 있으며, 다세대주택의 주거전용총면적이 60㎡를 초과하는 경우에는 종전 관련조례의 규정에 의하도록 규정하고 있다.

(2) 살피건대, 원고들이 2003. 4. 31. 하나의 부동산인 이 사건 건물을 화해조서에 기하여 각 층별로 구분하여 구분등기를 마쳤지만, 건축물대장상으로는 공동주택인 다세대주택으로 전환되지 아니하고 여전히 하나의 주택으로서 일반건축물대장에 등재되어 있는 사실은 앞서 본 바와 같은바(원고들이 이 사건 각 건물에 관하여 집합건축물 대장에 등재하기 위해서는 건축법 및 건축물대장의 기재 및 관리 등에 관한 규칙 각 규정에 따라 서울특별시 ○○구청장에게 건축물대장전환신청을 하고 그 허가를 받아야 한다), 이와 같이 등기부상의 표시와 대장상의 표시가 불일치하는 경우에 권리관계 이외의 사실적 사항에 관하여는 원칙적으로 대장의 기재가 우선하게 된다 할 것이지만(지적법상 분필절차를 거치지 않은 채 이루어진 분필등기의 효력에 관한 대법원 1995. 6. 16. 선고 94다4615 판결 등 참조), 이 사건 부칙 규정의 취지는, 이 사건 조례 제24조 제2항 제1호에 의하여 단독 또는 다가구주택을 준공 이후 다세대주택으로 전환하는 경우(이른바 지분 쪼개기) 수인의 분양신청자를 1인의 분양대상자로 보도록 하지만, 이 사건 조례가 시행되는 2003. 12. 30. 이전에 그와 같이 준공 이후 다세대주택으로 전환하여 구분등기를 마친 경우에는 예외를 두겠다는 것이므로, 이 경우 '다세대주택으로의 전환'의 의미는 단독 또는 다가구주택이 실질적으로 구분되어 등기부상 구분등기가 이루어져 각 세대별로 구분소유권을 취득하였는지 여부에 따라 판단할 것이지 형식적으로 건축물대장의 표시에 의하여만 판단할 것은 아니라 할 것이다.

따라서 원고들이 2003. 12. 30. 이전에 이 사건 건물을 각 층별로 구분하여 구분등기를 마친 이상 건축물대장상 다가구주택이 다세대주택으로 전환되지 않았음을 이유로 원고들을 공동분양대상자로 한 이 사건 처분은 위법하다.

18. 조합설립추진위원회승인무효관련 소송

(1) 조합설립추진위원회 구성

특별시장·광역시장·도지사 또는 인구 50만 이상의 대도시의 시장이 주택재개발 정비구역지정고시를 한 후에 위원장, 감사 등을 추진위원회 위원으로 하여 추진위원회를 구성하여야 하며, 구성된 추진위원회는 운영규정을 작성하고, 그 내용에 대해 토지등소유자의 동의를 받은 후 시장·군수 또는 자치구의 구청장의 승인을 받아야 한다. 이러한 승인은 권리창설적(설권적) 처분의 성격이 강하고 순수한 강학상 인가로 보기는 어렵다.

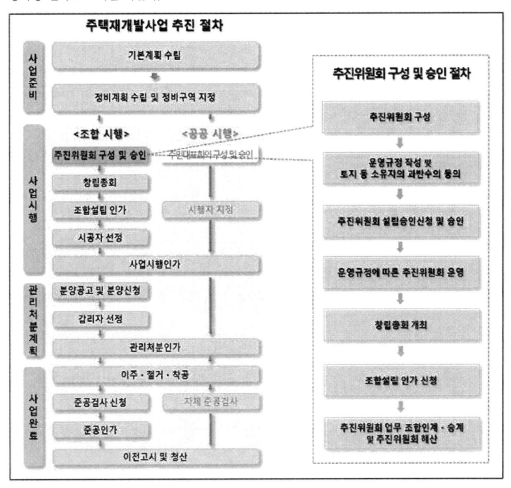

(2) 추진위원회 구성 시기

시장·군수 또는 자치구의 구청장 또는 토지주택공사 등이 아닌 자가 정비사업을 추진하려는 경우에는 주택재개발 정비구역 안에 소재한 토지 또는 건축물의 소유자 또는 그 지상권자(이하 '토지등소유자'라 함)로 구성된 주택재개발사업조합(이하 '조합'이라 함)을 설립해야 하며, 조합을 설립하기 위해서는 그 전단계로 주택재개발사업 조합설립추진위원회(이하 '추진위원회'라 함)를 구성해야 합니다(도시및 주거환경정비법 제13조 제1항, 제2항).

(3) 대상사업 및 업무

1) 대상사업

추진위원회는 특별시장·광역시장·도지사(이하 '시·도지사'라 함), 지정개발자 또는 인구 50만 이상의 대도시의 시장이 주택재개발 정비구역지정고시를 한 후에 구성합니다(법 제13조 제2항). 다만, 정비사업에 대해「도시 및 주거환경정비법」제77조의4에 따른 공공지원을 하려는 경우에는 추진위원회를 구성하지 않을 수 있습니다(법 제13조 제6항).

2) 업무

설립승인을 받은 추진위원회는 정비사업전문관리업자의 선정, 설계자의 선정 및 변경, 개략적인 정비사업 시행계획서의 작성, 조합의 설립인가를 받기 위한 준비업무, 그 밖에 조합설립의 추진을 위하여 필요한 업무로서 대통령령으로 정하는 업무를 할 수 있다.

(4) 추진위원회 조직

추진위원회는 위원장 및 감사 각 1명을 포함한 5명 이상의 위원으로 구성하며, 부위원장을 둘 수 있다. 위원의 수는 토지등소유자 1/10 이상으로 하고, 5명 이하인 경우에는 5명으로 하며, 100명을 초과하는 경우에는 토지등소유자의 1/10의 범위에서 100명 이상으로 할 수 있다.

(5) 추진위원 결격사유

다음 어느 하나에 해당하는 자는 추진위원회의 위원이 될 수 없습니다(법 제13조제5항, 제23조1항부터 제3항까지 및 정비사업 조합설립추진위원회 운영규정 제2조 제3항).

1) 미성년자, 금치산자 및 한정치산자
2) 파산자로서 복권되지 않은 자
3) 금고 이상의 실형을 선고받고 그 집행이 종료(종료된 것으로 보는 경우를 포함)되거나 집행이 면제된 날부터 2년이 경과되지 않은 자
4) 금고 이상의 형의 집행유예를 받고 그 유예기간 중에 있는 자
5)「도시 및 주거환경정비법」을 위반하여 벌금 100만원 이상의 형을 선고받고 5년이 지나지 않은 자

(6) 주민 총회

(1) 주민총회 의결사항

주민 총회는 토지등소유자 전원으로 구성되며, 다음 사항을 의결한다(정비사업 조합설립추진위원회 운영규정 별표 제20조 제1항 및 제21조).

1) 위원장 및 감사의 선임·변경·보궐선임·연임
2) 운영규정 변경
3) 정비사업전문관리업자 및 설계자의 선정 및 변경
4) 개략적인 사업시행계획서 변경
5) 감사인 선정
6) 조합설립 추진과 관련하여 추진위원회에서 주민 총회의 의결이 필요하다고 결정하는 사항

(2) 개의 및 의결정족수

주민 총회는 특별한 경우를 제외하고 추진위원회 구성에 동의한 토지등소유자 과반수 출석으로 개의(開議)하고, 출석한 토지등소유자(동의하지 않은 토지등소유자 포함)의 과반수 찬성으로 의결한다(정비사업 조합설립추진위원회 운영규정 별표 제22조 제1항).

(7) 추진위원회 승인신청을 위한 동의자수 산정방법

추진위원회 승인 신청을 위한 동의자 수는 다음 방법에 따라 산출합니다(법 제17조제3항 및법 시행령」 제28조 제1항).

1) 1필지의 토지 또는 하나의 건축물을 여러 명이 공동으로 소유한 경우에는 그 여러 명의 소유자를 대표하는 1명을 토지등소유자로 산정한다.
2) 토지에 지상권이 설정되어 있는 경우에는 토지소유자와 해당 토지의 지상권자를 대표하는 1명을 토지등소유자로 산정한다.
3) 1명이 여러 필지의 토지 또는 여러 건축물을 소유하고 있는 경우에는 필지나 건축물의 수에 관계없이 토지등소유자를 1명으로 산정한다.

(8) 토지등소유자 2/3 이상의 동의를 요하는 사항

추진위원회가 수행하는 업무의 내용이 토지등소유자의 비용부담을 수반하는 것이거나 권리와 의무에 변동을 발생시키는 경우로서 주택재개발사업의 시행범위를 확대 또는 축소하려는 경우에는 그 업무를 수행하기 전에 토지등소유자 과반수 또는 추진위원회 구성에 동의한 토지등소유자의 2/3 이상의 동의를 받아야 한다(법 제14조 제4항 및 법 시행령 제23조 제1항).

(9) 추진위원회 승인 신청

추진위원회 승인신청을 하려면 다음 서류를 시장·군수에게 제출(전자문서에 따른 제출을 포함)해야
합니다(법 제13조 제2항 및 법 시행규칙 제6조 제1항).

1) 조합설립추진위원회 승인신청서(「도시 및 주거환경정비법 시행규칙」 별지 제2호서식)

2) 토지등소유자별 추진위원회 설립동의서[도장은 인감도장을 사용하고 인감증명서(외국인인 경우에
   는 외국인등록사실증명서)를 첨부]

3) 토지등소유자의 명부

4) 추진위원회의 위원장 및 위원의 주소와 성명

5) 위원 선정을 증명하는 서류

(10) 추진위원회의 승인 취소

시장·군수는 정비예정구역 또는 정비구역의 지정이 해제되는 경우에는 추진위원회 승인을 취소해야
하며(법 제16조의2 제1항), 추진위원회의 승인이 취소된 경우에는 시장·군수는 지체없이 그 내용을
해당 지방자치단체의 공보에 고시해야 한다(법 제16조의2 제5항).

[서식] 조합설립추진위원회승인무효 확인의 소

소 장

원고	선정당사자 김길동(주민등록번호)
	서울시 동작구 동 ○○번지
	(전화 000-000, 팩스 000-000)
피고	서울특별시 동작구청장
보조	
참가인	상도7구역 주택재개발정비사업조합 설립추진위원회

조합설립추진위원회승인무효

청구취지

1. 피고가 2004. 11. 22. 피고보조참가인에 대하여 한 재개발정비사업조합 추진위원회 설립승인처
   분이 무효임을 확인한다.

2. 소송비용중 피고로 인한 부분은 피고가, 피고보조참가로 인한 부분은 보조참가인이 부담한다.
   라는 판결을 구합니다.

청구원인

1. 처분의 경위

(1) 서울특별시장은 2004. 6. 25. 서울특별시 고시 제2004-204호로 서울 동작구 상도동 159-1 일대 47,924㎡(4.9ha, 이하 '이 사건 정비예정구역'이라 한다)를 주택재개발예정구역으로 지정하는 내용의 서울특별시 도시·주거환경정비기본계획(주택재개발서업 및 주거환경개선사업부문)을 수립·고시하였습니다.

(2) 피고보조참가인은 2004. 11. 10. 피고에게 이 사건 정비예정구역에서 주택재개발정비사업을 시행하기 위한 조합설립추진위원회(이하 '추진위원회'라 한다)의 설립승인신청을 하였고, 피고는 2004. 11. 22. 피고보조참가인에 대하여 이 사건 예정구역 내 토지나 건물의 소유자 또는 지상권자 중 과반수(총 363명 중 228명, 동의율 62.81%)의 동의를 얻었음을 이유로 구 도시 및 주거환경정비법(2005. 3. 18. 법률 제7392호로 개정되기 전의 것, 이하 '구 도시정비법'이라 한다) 제13조 제2항, 구 도시정비법 시행규칙 제6조에 의하여 추진위원회 설립승인처분(이하 '이 사건 처분'이라 한다)을 하였습니다.

(3) 서울특별시장은 2006. 2. 16. 서울특별시 고시 제2006-52호로 주택재개발정비사업 구역지정(안)에 대한 공람·공고 기간 중 제출된 주민 의견을 반영하고 인근 도시계획사업과의 연계성 등을 고려하여 일부 필지를 사업구역에 추가로 편입하여 정비예정구역 면적을 4.9ha에서 5.4ha로 확대하기로 하는 내용의 서울특별시 도시·주거환경정비기본계획(주택재개발서업 및 주거환경개선사업부문) 변경고시를 한 다음, 2006. 8. 24. 서울 특별시 고시 제2006-291호로 서울 동작구 상도동 159 일대 55,618㎡(이하 '이 사건 정비 구역'이라 한다)를 주택재개발정비사업구역으로 지정·고시하였습니다.

(4) 한편, 피고보조참가인은 위와 같이 확대된 구역 내 토지나 건물의 소유자 또는 지상권자 90명 중 68명으로부터 추진위원회에 대한 설립동의서를 제출받았습니다.

(5) 원고(선정당사자)를 비롯한 선정자들은 이 사건 정비예정구역 내의 토지 등을 소유한 자들입니다.

2. 처분의 위법성

주택재개발정비사업조합 추진위원회가 구성되려면 그 전제로 토지등소유자의 범위가 확정되어야 하는데 토지등소유자의 범위는 주택재개발정비사업구역이 지정·고시된 이후에 확정되므로, 추진위원회 설립승인처분은 주택재개발정비사업구역이 지정. 고시된 이후에야 가능함이 명백합니다. 이와 달리 주택재개발정비사업구역이 지정·고시되기 전에 추진위원회 설립승인처분을 할 수 있다고 한다면, 정비사업에 관한 제반 법률관계가 불명확·불안정하게 되어 정비사업이 전반적으로 분쟁 및 혼란에 빠지고 그 구역 안에 토지 등을 소유한 사람의 법적 지위가 부당한 영향을 받을 현저한 우려가 있으므로, 정비구역의 지정·고시 없이 행하여지는 추진위원회 설립승인처분은 허용될 수 없고, 그와 같은 하자는 중대할 뿐만 아니라 명백합니다. 그렇다면, 피고가 피고보조 참가인에 대하여 한 이 사건 처분은 주택재개발정비사업구역이 지정·고시되기 전에 한 주택재개발 조합설립 추진위원회 설립승인처분으로서 무효라 할 것입니다.

3. 결론

이상과 같이 피고의 처분은 위법한 행정처분이므로, 이의 취소를 구하는 행정소송에 이르게 되었습니다.

입증방법

1. 갑 제1호증
2. 갑 제2호증

첨부서류

1. 위 각 입증방법   각 1부
2. 송달료 납부서
3. 소장부본

20 . . .

위 원고   (날인 또는 서명)

서울행정법원   귀중

구 도시 및 주거환경정비법(2005. 3. 18. 법률 제7392호로 개정되기 전의 것)

제2조 (용어의 정의)

9. "토지등소유자"라 함은 다음 각 목의 자를 말한다.

가. 주거환경개선사업 .주택재개발사업 또는 도시환경정비사업의 경우에는 정비구역 안에 소재한 토지 또는 건축물의 소유자 또는 그 지상권자

제3조 (도시 · 주거환경정비기본계획의 수립)

① 특별시장 · 광역시장 또는 시장은 다음 각호의 사항이 포함된 도시 · 주거환경정비기본계획 (이하 "기본계획"이라 한다)을 10년 단위로 수립하여야 한다. 다만, 대통령령이 정하는 소규모 시의 경우에는 기본계획을 수립하지 아니할 수 있다.

8. 제4조의 규정에 의하여 정비구역으로 지정할 예정인 구역의 개략적 범위

③ 특별시장 · 광역시장 또는 시장은 제1항의 규정에 의한 기본계획을 수립 또는 변경하고자 하는 때에는 14일 이상 주민에게 공람하고 지방의회의 의견을 들은 후 국토의계획및이용에관한법률 제113조제1항 및 제2항의 규정에 의한 지방도시계획위원회(이하 "지방도시계획위원회"라 한다)의 심의를 거쳐야 한다. 다만, 대통령령이 정하는 경미한 사항을 변경하는 경우에는 그러하지 아니하다.

제4조 (정비계획의 수립 및 정비구역의 지정)

① 시장 · 군수는 기본계획에 적합한 범위 안에서 노후 · 불량건축물이 밀집하는 등 대통령령이 정하는 요건에 해당하는 구역에 대하여 다음 각호의 사항이 포함된 정비계획을 수립하여 14일 이상 주민에게 공람하고 지방의회의 의견을 들은 후 이를 첨부하여 시 · 도지사에게 정 비구역지정을 신청하여야 하며, 정비계획의 내용을 변경할 필요가 있을 때에는 같은 절차를 거쳐 변경지정을 신청하여야 한다. 다만, 대통령령이 정하는 경미한 사항을 변경하는 경우에는 그러하지 아니하다.

2. 정비구역 및 그 면적

② 시 · 도지사는 정비구역을 지정 또는 변경지정하고자 하는 경우에는 지방도시계획위원회의 심의를 거쳐 지정 또는 변경지정하여야 한다.

③ 시 · 도지사는 제2항의 규정에 의하여 정비구역을 지정 또는 변경지정한 경우에는 당해 정비계획을 포함한 지정 또는 변경지정 내용을 당해 지방자치단체의 공보에 고시하고 주민설명회를 거친 후 건설교통부령이 정하는 방법 및 절차에 따라 건설교통부장관에게 그 지정내용 또는 변경지정내용을 보고하여

야 한다.

④ 제3항의 규정에 의하여 정비구역의 지정 또는 변경지정에 대한 고시가 있는 경우 당해 정비구역 및 정비계획중 국토의계획및이용에관한법률 제52조 제1항 각호의 1에 해당하는 사항은 동법 제49조 및 제51조의 규정에 의한 제1종지구단위계획 및 제1종지구단위계획구역으로 결정·고시된 것으로 본다.

제13조 (조합의 설립 및 추진위원회의 구성)

① 시장·군수 또는 주택공사 등이 아닌 자가 정비사업을 시행하고자 하는 경우에는 토지등소유자로 구성된 조합을 설립하여야 한다. 다만, 제8조 제3항의 규정에 의하여 토지등소유자가 도시환경정비사업을 단독으로 시행하고자 하는 경우에는 그러하지 아니하다.

② 제1항의 규정에 의한 조합을 설립하고자 하는 경우에는 토지등소유자 과반수의 동의를 얻어 위원장을 포함한 5인 이상의 위원으로 조합설립추진위원회(이하 '추진위원회'라 한다)를 구성하여 국토해양부령이 정하는 방법 및 절차에 따라서 시장·군수의 승인을 얻어야
한다.

제14조 (추진위원회의 기능)

① 추진위원회는 다음 각 호의 업무를 수행한다.
  3. 개략적인 정비사업 시행계획서의 작성
  4. 조합의 설립인가를 받기 위한 준비업무

구 도시 및 주거환경정비법(2009.02.06. 법률 제9444호로 개정된 것)

제4조(정비계획의 수립 및 정비구역의 지정)

① 시장·군수는 기본계획에 적합한 범위안에서 노후·불량건축물이 밀집하는 등 대통령령이 정하는 요건에 해당하는 구역에 대하여 다음 각호의 사항이 포함된 정비계획을 수립하여 주민설명회 및 30일 이상 주민에게 공람하고 지방의회의 의견을 들은 후(이 경우 지방의회 는 시장·군수가 정비계획을 통지한 날부터 60일 이내에 의견을 제시하여야 하며, 의견제 시 없이 60일이 도과한 경우 이의가 없는 것으로 본다) 이를 첨부하여 시·도지사에게 정비구역지정을 신청하여야 하며, 정비계획의 내용을 변경할 필요가 있을 때에는 같은 절차 를 거쳐 변경지정을 신청하여야 한다. 다만, 대통령령이 정하는 경미한 사항을 변경하는 경우에는 주민설명회·주민공람 및 지방의회의 의견청취절차를 거치지 아니할 수 있다.

2. 정비구역 및 그 면적

③ 토지등소유자는 다음 각 호의 어느 하나에 해당하는 경우에 시장·군수에게 제1항에 따른 정비계획의 입안을 제안할 수 있으며, 이 경우 정비계획의 제안을 위한 토지등소유자의 동의, 제안서의 처리 등에 관하여 필요한 사항은 대통령령으로 정한다.

1. 제3조제1항제9호에 따른 단계별 정비사업추진계획상 정비계획의 수립시기가 1년(시·도 조례가 그 이상의 연수로 정하는 경우에는 그 연수로 한다) 이상 경과하였음에도 불구하고 정비계획이 수립되지 아니한 경우

2. 토지등소유자가 제8조제4항에 따라 주택공사등을 사업시행자로 요청하고자 하는 경우

3. 대도시가 아닌 시 또는 군으로서 시·도 조례로 정하는 경우

제13조(조합의 설립 및 추진위원회의 구성)

① 시장·군수 또는 주택공사등이 아닌 자가 정비사업을 시행하고자 하는 경우에는 토지등소유자로 구성된 조합을 설립하여야 한다. 다만, 제8조제3항에 따라 도시환경정비사업을 토지등 소유자가 시행하고자 하는 경우에는 그러하지 아니하다.

② 제1항에 따라 조합을 설립하고자 하는 경우에는 제4조에 따른 정비구역지정 고시(정비구역이 아닌 구역에서의 주택재건축사업의 경우에는 제12조제5항에 따른 주택재건축사업의 시행결정을 말한다) 후 위원장을 포함한 5인 이상의 위원 및 제15조제2항에 따른 운영규정에 대한 토지등소유자 과반수의 동의를 얻어 조합설립을 위한 추진위원회를 구성하여 국토해양부령으로 정하는 방법과 절차에 따라 시장·군수의 승인을 얻어야 한다.

부칙 〈제9444호, 2009. 2. 6〉

제1조(시행일) 이 법은 공포한 날부터 시행한다. 다만, 제4조제3항·제11항, 제5조제7항, 제8조제4항 각 호외의 부분, 제11조제3항, 제12조, 제13조, 제14조제2항·제3항, 제19조제1항, 제26조, 제28조, 제40조제1항의 개정규정은 공포 후 6개월이 경과한 날부터 시행한다.

제3조(추진위원회 승인에 관한 적용례) 제13조제2항의 개정규정은 이 법 시행 후 최초로 추진위원회 구성 승인을 신청한 분부터 적용한다. 다만, 종전의 규정에 따른 토지등소유자의 동의를 얻어 이 법 시행일부터 3개월 이내에 추진위원회 구성 승인을 신청을 하는 경우 이 법에 따른 적법한 추진위원회 구성 승인 신청으로 본다.

구 도시 및 주거환경정비법 시행령(2008. 7. 29. 대통령령 제20947호로 개정되기 전의 것)

제9조(기본계획의 수립을 위한 공람 등)

① 특별시장 · 광역시장 또는 시장은 법 제3조 제3항 본문의 규정에 의하여 기본계획을 주민에게 공람하고자 하는 때에는 미리 공람의 요지 및 장소를 당해 지방자치단체의 공보 및 인터넷 (이하 "공보등"이라 한다)에 공고하고, 공람장소에 관계서류를 비치하여야 한다.

② 법 제31조제2항 및 제3항의 규정은 제1항의 규정에 의한 공람에 관하여 이를 준용한다. 이 경우 "토지등소유자 또는 조합원 그 밖에 정비사업과 관련하여 이해관계를 가지는 자"는 "주민"으로, "시장 · 군수"는 "특별시장 · 광역시장 또는 시장"으로 본다.

제7조(기본계획을 수립하지 아니할 수 있는 시의 범위)

법 제3조 제1항 각호 외의 부분 단서에서 "대통령령이 정하는 소규모 시"라 함은 인구 50만명 미만의 시를 말한다. 다만, 도지사가 법 제3조 제1항의 규정에 의한 도시 · 주거환경정비기본계획(이하 "기본계획"이라 한다)의 수립이 필요하다고 인정하여 지정하는 시를 제외한다.

구 도시 및 주거환경정비법 시행규칙(2008. 12. 17. 국토해양부령 제79호로 개정되기 전의 것)

제6조 (추진위원회의 설립승인신청 등)

법 제2조 제2호의 규정에 의한 정비사업(이하 '정비사업'이라 한다)을 시행하고자 하는 자로서 법 제13조 제2항의 규정에 의한 조합설립추진위원회(이하'추진위원회'라 한다)의 설립 승인을 얻고자 하는 자는 별지 제2호 서식의 조합설립추진위원회승인신청서에 다음 각호의 서류를 첨부하여 시장 · 군수에게 제출하여야 한다.

　2. 토지등소유자의 동의서

구 서울특별시 도시 및 주거환경 정비 조례(2006. 1. 1. 조례 제4359호로 개정되기 전의것)

제6조(정비구역지정의 입안을 위한 주민제안)

① 구청장이 주민요구에 의하여 정비구역의 지정을 입안하고자 하는 경우 제5조 제7호의 규정에 의한 동의는 토지등소유자의 3분의 2 이상의 동의를 얻어야 한다.

② 제1항의 규정에 의한 동의자 수의 산정방법 및 절차 등에 관하여는 영 제28조의 규정을 준용한다.

제6조(정비구역지정의 입안을 위한 주민제안)

① 「도시 및 주거환경 정비법」제13조의 규정에 의하여 승인받은 조합설립추진위원회는 관할 구청장에게 정비구역지정에 대한 입안을 제안할 수 있다.

② 제1항의 규정에 불구하고 토지등소유자의 경우에도 관할 구청장에게 정비구역지정에 대한 입안을 제안할 수 있다. 이 경우 당해지역 토지등소유자의 3분의 2 이상의 동의를 얻어야 한다.

③ 제2항의 규정에 의한 동의자수의 산정방법 및 절차 등에 관하여는 영 제28조의 규정을 준용하되, 법 제13조제2항의 규정에 의하여 조합설립추진위원회의 구성에 동의한 자는 정비구역지정의 입안제안에 동의한 것으로 본다.

당해판례

2009구합 56655

(1) 행정처분이 당연무효라고 하기 위하여는 처분에 위법사유가 있다는 것만으로는 부족하고 그 하자가 법규의 중요한 부분을 위반한 중대한 것으로서 객관적으로 명백한 것이어야 한다.

(2) 중대한 하자의 존재 여부

구 도시 및 주거환경 정비법(2009. 2. 6. 법률 제9444호로 개정되기 전의 것) 제13조 제1항, 제2항은 "시장.군수 또는 주택공사 등이 아닌 자가 정비사업을 시행하고자 하는 경우에는 토지 등 소유자로 구성된 조합을 설립하여야 하고, 위 조합을 설립하고자 하는 경우에는 토지 등 소유자 과반수의 동의를 얻어 조합설립추진위원회를 구성하여 시장·군수의 승인을 얻어야 한다"고 정하고, 동법 제2조 제9호 가목은 "정비사업에 있어서 '토지 등 소유자'라 함은 정비구역 안에 소재한 토지 또는 건축물의 소유자 또는 그 지상권자를 말한다"고 정하고 있으며, 동법 제4조 제1항, 제2항은 "시장·군수는 정비구역 및 그 면적 등이 포함된 정비계획을 수립하여 시·도지사에게 정비구역지정을 신청하고, 시·도지사가 정비구역을 지정하여 고시한다"고 정하고 있다.

이들 법규정을 종합하면, 주택재개발사업 등 도시정비법상의 각종 정비사업에 관하여 그 조합설립추진위원회가 구성되려면 그 전제로 '토지 등 소유자'의 범위가 확정될 필요가 있고, 또 '토지 등 소유자'의 범위를 확정하기 위해서는 특별시장·광역시장 또는 도지사에 의한 정비구역의 지정 및 고시가 신행되어야 한다고 해석함이 상당하므로, 정비예정구역이 지정되어 있더라도 정비구역의 지정·고시가 있기 전에 하는 추진위원회 설립승인처분은 위법하다고 할 것이다.

이에 대하여 피고는, 2009. 2. 6. 법률 제9444호로 개정된 도시정비법 제13조 제2항에서 추진위원회의 구성시기를 정비구역 지정·고시 이후로 명문화하면서 그 부칙 제3조에서 '이 법 시행 후 최초로 추진위원회 구성 승인을 신청한 분부터' 위 규정을 적용한다고 한 부분과 건설교통부 작성의 2003. 12. 28.자 정비사업조합 설립추진위원회 업무처리기준. 구 서울특별시 도시 및 주거환경 정비 조례 제6조의 규정을 들어 정비구역지정 전에도 추진위원회 설립승인을 할 수 있다고 주장하나, 앞서 본 바와 같이 개정 전의 관계규정을 종합하여 볼 때 정비구역의 지정·고시가 추진위원회 설립승인에 선행되어야 한다고 해석되는 이상, 그 이후에 도시정비법이 개정되면서 위와 같이 추진위원회의 구성시기를 정비구역의 지정·고시 이후로 명문화하고 부칙에 그 적용시기를 위와 같이 한정하였다고 하여 개정 전의 관계규정을 달리 해석할 것은 아니며, 행정청 내부의 사무처리준칙에 불과한 건설교통부 작성의 업무처리기준이나 하위법령인 서울특별시 조례에 정비구역지정 전에도 추진위원회 설립승인을 할 수 있다거나 이를 전제로 한 듯한 규정이 있다고 하여 이와 달리 해석할 것도 아니다.

그런데 앞서 본 바와 같이 피고는 이 사건 정비예정구역만이 지정·고시되어 있었을 뿐 이 사건 정비구역이 지정.고시되기 전이던 2004. 11. 22. 피고보조참가인에 대하여 이 사건 처분을 하였으므로, 이 사건 처분에 정비구역이 지정·고시되기 전에 추진위원회 설립승인이 행하여진 중대한 하자는 있다고 할 것이다.

(3) 객관적으로 명백한 하자인지 여부

한편, 위와 같이 정비예정구역은 지정·고시되었으나 정비구역이 지정·고시되기 전에 행하여진 이 사건 처분의 하자가 중대. 명백한 것인지에 관하여 보건대, ① 구 도시정비법 제13조 제2항은 추진위원회의 구성시기를 명문으로 규정하지 아니하여 구 도시정비법 제2조 제9호 가목 및 제13조 제1항, 제2항 등 관련규정의 해석상 조합설립추진위원회가 구성되려면 정비구역의 지정·.고시가 선행되어야 한다는 것일 뿐, 그 법률해석이 일의적으로 명확하지는 아니하였던 점(그렇기 때문에, 2009. 2. 6. 도시정비법을 개정하면서 제13조 제2항에서 조합설립추진위원회의 구성시기를 명문화하였고, 부칙 제3조에서 위 개정법률 시행 후 최초로 추진위원회 구성 승인을 신청한 분부터 적용하기로 한 것으로 보인다), ② 조합설립추진위원회의 설립에 관한 사무를 처리하기 위하여 작성된 사무처리준칙인 건설교통부 작성의 2003. 12. 28.자 정비사업조합설립추진위원회 업무처리기준에는 도시·주거환경정비기본계획이 수립되어 있지 아니한 경우 및 도시·주거환경정비기본계획 수립대상이 아닌 시의 경우에는 정비구역 지정 후 추진위원회에 대한 승인이 가능하다고 정하고 있었던 반면, 도시·주거환경정비 기본계획이 수립되어 있는 경우에는 기본계획에 반영된 후 추진위원회에 대한 승인이 가능하다고 정하고 있었던 점, ③ 구 서울특별시 도시 및 주거환경 정비 조례(2006. 1.1. 조례 제4359호로 개정되기 전의 것) 제6조 제1항은 '구청장이 주민요구에 의하여 정비구역의 지정을 입안하고자 하는 경우 토지등소유자의 3분의 2 이상의 동의를 얻어야 한다'(2006. 1. 1. 조례 제4359호로 개정된 같은 조례 제6조 제1항은 '도시 및 주거환경정비법 제13조의 규정에 의하여 승인받은 조합설립추진위원회는 관할 구청장에게 정비구역지정에 대한 입안을 제안할 수 있다'라고 바뀌었다)라고 규정하고 있는바, 이 또한 정비구역 지정·고시되기 전에도 정비예정구역을 기준으로 토지등소유자의 범위를 확정할 수 있어서 정비구역지정 전에라도 추진위원회에 대한 승인이 가능하다고 해석할 여지도 있는 규정인 점, ④ 구 도시정비법 제3조, 제4조 등 관계규정을 종합해 보면, 광역시장이 도시·주거환경정비기본계획을 수립하면 시장·군수 또는 자치구의 구청장이 그 기본계획에 적합한 범위 안에서 정비계획을 수립하도록 되어 있고, 기본계획에는 정비구역으로 지정할 예정인 구역의 개략적인 범위가 포함되어 있고 위와 같은 기본계획이 수립·고시된 경우에는 다른 사정이 없는 한 기본계획에서 정한 정비예정구역에 대하여 정비구역이 지정되는 것이 보통이므로, 정비예정구역을 기준으로 구성된 추진위원회가 시장·군수의 승인을 얻어 설립된다고 하더라도, 정비사업에 관한 법률관계가 불명확·불안정하게 되어 정비사업의 추진이 전반적으로 혼란에 빠지거나 그 구역 안에 토지 등을 소유하는 사람의 법적 지위가 부당하게 영향을 받을 우려가 그리 크다고 할 수 없는 점, ⑤ 정비예정구역이 지정·고시된 다음 추진위원회에 대하여 승인을 한 후 정비구역이 정비예정구역과 다소 차이가 나도록 지정·고시되는 경우에는 이로 인하여 토지등소유자의 법적 지위 등이 다소 불안정할 수 있으나, 이와 같은 문제는 정비구역이 지정.고시되고 추진위원회에 대한 설립승인이 있은 후 정비구역이 변경·고시되는 경우에도 충분히 발생할 수 있는 문제로 보이는 점(나아가 이 사건의 경우에도 앞서 본 인정사실과 같이 정비구역은 이 사건 정비예정구역에 비하여 면적이 47,924㎡에서 55,618㎡로 7,694㎡가 확대되고, 토지등소유자의 수가 363명에서 453명으로 90명이 증가하였지만, 이는 주민 공람 의견 등을 반영하여 일부 필지를 사업구역에 추가로 편입하기로 결정함에 따른 것이고, 증가된 토지등소유자 90명 중 68명이 추진위원회의 설립에 동의하였으며, 이로 인하여 정비사업의 추진이 전반적으로 혼란에 빠지거나 그 구역 안에 토지등소유자의 지위가 부당한 영향을 받았다고 보이지는 아니한다) 등을 종합하여 보면, 2009. 2. 6. 도시정비법이 개정되어 추진위원회의 구성시기가 명문으로 정하여지기 이전에는 정비예정구역이 지정·고시되어 있더라도 정비구역이 지정·고시되기 이전에는 추진위원회의 설립승인을 할 수 없다는 법률해석이 객관적으로 명백하였다고 할 수는 없다고 할 것이다.

(4) 소결
따라서 이 사건 처분에는 정비예정구역은 지정·고시되었으나 정비구역이 지정·고시되기 전에 추진위원회 설립승인이 행하여진 하자가 있기는 하지만, 그 하자가 객관적으로 명백하다고 할 수는 없으므로, 이 사건 처분이 당연무효라는 원고(선정당사자)의 주장은 받아들이지 아니한다.

19. 국방 · 군사시설사업실시계획관련 소송

(1) 국방 · 군사시설사업의 시행자

국방 · 군사시설사업을 시행할 수 있는 자는 국방부장관 · 국방부소속기관장(국방부 직할부대장을 포함한다) · 육군참모총장 · 해군참모총장 및 공군참모총장과 다른 법률의 규정에 의하여 국방 · 군사시설사업을 행하는 자 및 지방자치단체, 공공기관의 운영에 관한 법률에 따른 공공기관, 지방공기업에 따른 지방공기업법, 공익사업을 위한 토지 등의 취득 및 보상에 관한 법률 제4조에 따른 공익사업을 위한 사업시행자, 그 밖에 국방 · 군사시설사업의 원활한 수행을 위하여 필요하다고 인정되는 자 등이다(국방 · 군사시설에 사업에 관한 법률 제3조).

(2) 실시계획의 승인

사업시행자가 토지등의 소유자가 50인 이상인 사업, 사업 시행면적이 33만 제곱미터 이상인 사업, 그 밖에 국방부장관이나 사업시행자가 국민의 재산권 보호, 국방 및 군사 목적의 달성을 위하여 필요하다고 인정하는 사업국을 시행하고자 하는 경우에는 그 실시 계획을 작성하여 국방부장관의 승인을 얻어야 한다. 실시계획을 변경하거나 폐지하고자 하는 경우에도 또한 같다. 국방부장관은 이를 사업계획을 승인하려는 경우에는 대통령령으로 정하는 바에 따라 사업계획을 공고하여 사업예정지역의 토지소유자 및 이해관계인의 의견을 듣고, 관계 중앙행정기관의 장 및 지방자치단체의 장과 협의하여야 한다(법 제4조).

(3) 실시계획승인 신청 등

국방 · 군사시설사업계획의 승인을 받으려는 경우에는 국방부령으로 정하는 사업계획 승인신청서에는 다음의 사항을 포함한 사업계획서를 첨부하여 국방부장관에게 제출하여야 한다(법 시행규칙 제3조).

1) 사업의 개요, 규모 및 범위
2) 사업예정지역의 위치 및 면적
3) 제5조에 따라 토지등을 수용 또는 사용하려는 경우에는 수용 또는 사용할 토지등의 소재지, 지번 및 지목, 면적, 소유권 및 소유권 외의 권리의 명세와 그 소유자 및 권리자의 성명 · 주소
4) 사업시행자
5) 사업의 시행 시기 및 기간
6) 사업비용에 관한 사항
7) 토지이용에 관한 사항
8) 주요 기반시설의 설치계획
9) 사업예정지역 안에 건물이나 주요 시설이 있는 경우 그에 대한 물건조서

10) 사업예정지역 안에「공익사업을 위한 토지 등의 취득 및 보상에 관한 법률」에 따라 수용 또는 사용되고 있는 토지가 있는 경우에는 그 토지에 관한 조서·도면 및 해당 토지관리자의 의견서

11) 그 밖에 사업의 시행방법 등 대통령령으로 정하는 사항

(4) 수용 및 사용

토지등의 수용 또는 사용에 관한 내용을 포함하는 사업계획을 승인받은 사업시행자는 사업계획 고시구역에서 국방·군사시설사업에 필요한 토지등을 수용하거나 사용할 수 있으며(법 제5조 제1항), 이에 따른 수용 또는 사용에 관하여 이 법에 특별한 규정이 있는 경우를 제외하고는「공익사업을 위한 토지 등의 취득 및 보상에 관한 법률」을 적용한다(같은 조 제2항). 제2항의 규정에 의하여「공익사업을 위한 토지 등의 취득 및 보상에 관한 법률」을 적용함에 있어서 이 법의 규정에 의한 실시계획의 승인은 이를 동법 제20조 제1항의 규정에 의한 사업인정으로 보고, 이 법의 규정에 의한 고시는 동법 제22조 제1항 및 제2항의 규정에 의한 고시로 보며, 재결신청은 동법 제23조 제1항 및 동법 제28조 제1항의 규정에 불구하고 실시계획에 정한 시행기간 내에 하여야 한다(같은 조 제3항).

[서식] 국방·군사시설사업실시계획승인처분무효확인등의 소

소 장

원고	김 길 동(주민등록번호)
	경기도 인천시 ○○동 ○번지
	박 길 자(주민등록번호)
	서울시 은평구 대조동 ○번지
피고	국방부장관
보조참가인	1. ○○ 주식회사
	2. ○○산업 주식회사

국방·군사시설사업실시계획승인처분무효확인등

청구취지

1. 주위적으로 피고가 2009. 1. 21. 세주해군기지 건설사업 실시계획에 대하여 한 국방·군사시설사업 실시계획 승인처분은 무효임을 확인한다.

2. 예비적으로 피고가 2009. 1. 21. 제주해군기지 건설사업 실시계획에 대하여 한 국방·군사시설사업 실시계획 승인처분을 취소한다.

---

3. 주위적으로 피고가 2010. 3. 15. 제주해군기지 건설사업 실시계획에 대하여 한 국방·군사시설사업 실시계획 변경승인처분에 대하여 무효임을 확인한다.

4. 예비적으로 피고가 2010. 3. 15. 제주해군기지 건설사업 실시계획에 대하여 한 국방.군사시설사업 실시계획 변경승인처분을 취소한다.

5. 소송비용은 피고가 부담한다.

라는 판결을 구합니다.

청구원인

1. 처분의 경위

(1) 국방부는 제주남방해역과 해상교통로에 대한 효율적인 감시와 보호활동을 위하여 제주도에 기동전단 전력수용을 위한 부두와 지휘·지원시설을 건설하기로 하고 1993. 12.경 국방부 156차 합동참모회의에서 제주해군기지 신규소유결정을 하고 1995. 12.경 '1997~2001 국방사업계획'에 제주해군기지 사업계획을 반영하였다. 국방부는 이후 제주도내 사업부지를 물색하였으나 제주도민들의 거센 반대에 부딪혀 사업을 잠정 중단하였다가 2005. 4.경 제주해군기지 추진기획단을 구성하고, 국방부 산하 기관인 방위사업청을 통하여 2006. 5. 제주해군기지 건설방침을 발표하였습니다.

(2) 제주특별자치도지사(이하 '제주도지사'라 한다)는 2006. 6.경 해군기지 실무팀(T/F)을 구성하여 제주도 내 여러 해안지역을 후보지로 선정하여 2006년말 제주해군 기지가 지역사회에 미치는 영향에 대하여 분석을 실시하고, 2007. 1.부터 같은 해 4.까지 제주도민대토론회, 사업설명회(3회), 찬반협의체 회의를 개최하였습니다.

(3) 서귀포시 대천동 강정마을 주민들로 구성된 강정마을회장은 2007. 4. 24. 제주도 지사에게 해군기지 유치건의를 하였고, 제주도지사는 이를 받아들여 2007. 5. 14. 최종적으로 서귀포시 대천동 강정마을 해안(이하 '강정마을'이라 한다)을 제주 해군기지 건설사업지로 발표하였습니다.

(4) 국방부는 2007. 6. 8. 제주도지사에게 강정마을 일대 48만㎡(매립 201,231㎡, 매입 282,842㎡)를 사업부지(이하 '이 사건 사업부지'라 한다)로 하여 항만시설을 건설하는 내용의 사업계획(이하 '이 사건 사업'이라 한다)을 통보하였고, 사업시행자인 해군참모총장(해군본부)은 2007. 8.부터 2008. 3.까지 4차에 걸쳐 사전환경성검토(환경질, 육상동물상, 식생 및 해양동·식물상)에 착수하였으며, 2008. 4.경 사전환경성검토 초안에 대하여 주민공람을, 같은 해 4. 18. 주민설명회를 각 개최한 후 사전환경성검토서를 피고에게 제출하였습니다.

(5) 피고는 2008. 6.경 환경부장관에게 사전환경성검토서에 대한 협의요청을 하였고, 그 협의결과를 반영한 후 2008. 12. 26. 항만공사 설계에 대한 입찰공고를 하고 2009. 1. 21. 국방.군사시설사업에 관한 법률(이하 '국방사업법'이라 한다) 제4조에 따라 국방 .군사시설 실시계획 승인(이하 '이 사건 승인처분'이라 한다)을 하였으며, 같은 날 국방부고시 제2009-1호로 아래 내용을 고시하였습니다.

---

1. 사업시행자 : 해군참모총장
2. 사업의 명칭 : 국방.군사시설 사업
3. 사업의 개요 : 제주해군기지 건설사업
4. 시행기간 : 2008. 11. 1. ~2010. 12. 30.
5. 사업의 집행부대와 그 주소 : (생략)
6. 사업용지로 수용 또는 사용할 토지의 세목 : 제주특별자치도 서귀포시 강정동 2694번지 외 200필지 284,217㎡

---

(6) 피고는 이 사건 승인 처분 직후부터 사업 부지 확보를 위한 협의매수 절차를 진행하여 약 45%의 토지를 협의취득하였고, 어업보상 대상 가구 중 90%에 대하여 보상 절차를 완료한 상태이다. 한편, 피고 산하 해군중앙경리단은 일괄입찰방식으로 강정마을 일원에 방파제와 부대공 등을 설치하는 공사의 수급인을 선정하였는데, 피고 보조 참가인 삼성물산 주식회사는 제주해군기지 부두건설 1공구에, 피고 보조참가인 대림산업 주식회사는 제주해군기지 부두건설 2공구에 각 시공사로 선정되었습니다(이하 '피고 보조참가인들'이라 한다).

(7) 해군본부는 2008. 11.부터 2009. 3.까지 이 사건 사업시행을 반대하는 주민측과 해군측에서 각각 선정한 환경영향평가업체들로 하여금 공동으로 생태계 조사를 시행하도록 하였고, 이와는 별도로 2009년 상반기 이 사건 사업부지에 대하여 환경영향평가법에 따른 환경영향평가를 실시하고 2009. 4. 7. 피고, 제주도지사, 서귀포시장에게 환경영향평가서 초안을 각 제출하고 2009. 4. 24. 환경영향평가서 초안에 대한 주민공람과 주민설명회를 개최하였으며, 2009. 6. 24. 주민 공청회를 개최하였습니다.

(8) 해군본부는 환경영향평가서 초안 의견수렴과정에서 제시된 현황조사 관련 의견{해양생태계 추가 조사, 흑비둘기 서식지(번식)조사, 부지기상조사, 토양환경질조사, 해수유동특성파악 등}을 반영하여 보완.작성한 환경영향평가서를 2009. 7. 7. 피고에게 제출하였고, 피고는 제주특별자치도 설치 및 국제자유도시 조성을 위한 특별법 제299조에 따라 2009. 7. 8. 제주도지사에게 제주해군 기지사업에 대한 환경영향평가 협의요청을 하였습니다.

(9) 제주도지사는 피고의 협의요청에 대하여 2009. 12. 21. 대기질, 수질, 해양환경, 토양, 지형·지질, 동·식물상, 친환경적자원순환, 경관, 산업 등 9개 항목의 미비점에 대한 보완 요청을 하였고, 피고는 제주도지사와의 협의내용을 반영하여 환경 영향평가서를 보완·작성한 후, 시공사인 피고보조참가인들로 하여금 실시설계에 환경영향평가서의 내용을 반영하도록 하였습니다.

(10) 해군참모총장은 2009. 12.말경 환경영향평가 협의절차가 종료되자 ① 환경영향평가결과와 환경영향평가를 반영한 항만공사설계관련사항을 실시계획의 내용으로 추가하고, ② 사업시행 만료시점을 연장하며, ③ 보상대상 권리를 변경, 추가하는 내용으로 2010. 1. 27. 피고에게 이 사건 실시계획의 변경승인을 신청하였고, 피고는 2010. 3. 15. 이 사건 실시계획에 대한 변경승인(이하 '이 사건 변경승인 처분'이라 한다)을 하고, 같은 달 17. 국방부고시 제 2010-10호로 아래 내용을 고시하였습니다.

---

4. 변경내용
가. 환경영향평가 협의결과를 설계도면에 반영
나. 사업시행기간의 변경
* 당초 : 2008. 11. 1.~2010. 12. 30. => 변경 : 2008. 11. 1.~2014. 12. 30.
다. 해군기지편입지역 토지세목조서 및 물건조서 변경, 면허·허가 어업물건조서

---

2. 처분의 위법성

(1) 이 사건 승인처분의 위법성

1) 이 사건 사업은 환경영향평가법상의 환경영향평가 대상사업에 해당함에도 불구하고, 피고는 사전환경성검토서만 제출되었을 뿐 환경영향평가서가 제출되지 않았고 제주도지사와 협의가 이루어지지 않은 상태에서 이 사건 승인처분을 하였습니다.

2) 피고는 이 사건 승인처분을 하는 과정에서 이 사건 사업에 관하여 중대한 이해관계를 가지고 있는 강정마을 주민들의 충분한 의견수렴절차를 거치지 않았을 뿐만 아니라, 제주특별자치도 설치 및 국제자유도시 조성을 위한 특별법(이하 '제주특별자치도 특별법'이라 한다) 제299조 제1항에 따른 제주도지사와의 협의절차를 형식적으로 이행함으로써, 국방사업법 제4조 제2항에서 규정하고 있는 '사업의 공익성, 위치의 적정성 및 실시계획의 타당성'을 제대로 고려하지 않는 등 재량권을 일탈, 남용하였습니다.

3) 사전환경성검토서에 필수적으로 포함되어야 할 대안선정 및 이에 대한 환경 검토결과, 입지타당성, 계획적정성에 대한 내용이 누락되어 있는 등 사전환경검토절차를 부실하게 이행하였습니다.

4) 이 사건 사업의 대상지역인 강정마을은 제주특별자치도 특별법 제292조에 의하여 절대보전지

역으로 지정되어 있기 때문에 같은 조 제3항 각호의 예외사유에 해당하지 않는 한 위 지역에서의 건축물의 건축 등의 행위가 제한되어 있음에도 불구하고, 피고는 이 사건 강정마을 해역에 대한 절대보전지역 지정 해제가 이루어지기도 전에 이 사건 승인처분을 하였으므로, 이는 위법합니다.

(2) 이 사건 변경승인처분의 위법성
이 사건 승인처분의 위 각 하자는 이 사건 변경승인 처분에 그대로 승계되고, 따라서 이 사건 변경승인 처분 역시 같은 이유로 위법합니다.

3. 결론
위와 같이 피고의 처분은 위법한 행정처분에 해당하므로 이의 취소를 구하는 본 건 행정소송에 이르게 되었습니다.

입증방법

1. 갑 제1호증

첨부서류

1. 위 각 입증방법   각 1부
2. 송달료 납부서
3. 소장부본

20 ． ． ．

위 원고   (날인 또는 서명)

서울행정법원   **귀중**

당해판례

2009구합 15258

(1) 하자의 승계 여부

원고들은 이 사건 승인처분에 존재하는 하자가 이 사건 변경승인처분에 승계됨을 전제로 이 사건 변경승인처분의 위법성을 다투고 있으나, 행정상의 법률관계는 가능한 한 조속히 확정되고 안정되어야 하는 것으로 행정처분의 하자는 원칙적으로 각각 독립적으로 판단되어야 하며, 행정처분 상호간의 하자의 승계는 인정되지 않음이 원칙이고, 다만 동일한 행정목적을 달성하기 위하여 단계적인

일련의 절차로 연속하여 행하여지는 선행처분과 후행처분이 서로 결합하여 하나의 법률효과를 발생시키는 경우, 선행처분이 하자가 있는 위법한 처분이라면, 비록 하자가 중대하고도 명백한 것이 아니어서 선행처분을 당연무효의 처분이라고 볼 수 없고 행정쟁송으로 효력이 다투어지지도 아니하여 이미 불가쟁력이 생겼으며 후행처분 자체에는 아무런 하자가 없다고 하더라도, 선행처분을 전제로 하여 행하여진 후행처분도 선행처분과 같은 하자가 있는 위법한 처분으로 보아 항고소송으로 취소를 청구할 수 있을 뿐이다(대법원 1993. 2. 9. 선고 92 누4567 판결).

살피건대, 이 사건 변경승인처분은 이 사건 승인 처분에 존재하는 하자를 보완하고, 피고가 행한 기존의 일련의 절차를 유효하게 존속시킨다는 전제 아래 이 사건 승인 처분의 내용을 일부 변경하여 새롭게 행하여진 처분으로써 이 사건 승인처분과는 별개의 독립된 처분이므로, 이 사건 승인처분의 하자가 이 사건 변경승인처분에 승계된다고 볼 수는 없다.

다만, 원고들의 주장은 이 사건 승인처분이 무효인 이상 그 내용의 일부를 변경한 것에 불과한 이 사건 변경승인처분에도 이 사건 승인처분과 동일한 하자가 존재한다는 취지로 선해할 수 있으므로, 아래에서는 그에 관하여 판단하기로 한다.

(2) 환경영향평가 미실시의 하자

살피건대, 위 인정사실에 의하면 사업시행자인 해군본부는 이 사건 승인 처분 직후 이 사건 사업부지에 대하여 환경영향평가를 시작하여 환경영향평가서 초안에 대한 주민공람과 주민설명회 등을 개최한 후 의견수렴과정에서 제시된 의견을 반영한 환경영향평가서를 피고에게 제출하였고, 피고는 이를 토대로 제주도지사와 환경영향평가협의절차를 완료한 후 이 사건 변경승인처분을 하기에 이르렀음은 앞서 본 바와 같으므로, 사정이 이와 같다면 이 사건 변경승인처분에는 환경영향평가 미실시의 하자가 존재한다고 볼 수 없다. 이 부분 원고들의 주장은 이유 없다.

(3) 제주도지사와 협의절차 및 주민의견수렴절차에 있어서의 하자

원고들은 피고가 제주도지사와의 협의절차, 주민의견수렴절차를 형식적으로 거친 결과 이 사건 사업의 공익성, 위치의 적정성 및 실시계획의 타당성 등을 제대로 고려하지 못하는 등 재량권을 일탈, 남용하였다는 취지로 주장한다.

살피건대, 피고는 해군본부로부터 환경영향평가서가 제출되자 2009. 7. 8. 제주도지사에게 제주특별자치도 특별법 제299조에 근거하여 이 사건 사업에 대한 환경영향평가 협의요청을 하였고, 제주도지사는 피고의 협의요청에 대하여 2009. 12. 21. 대기질, 수질 등 9개 항목의 미비점을 지적하고 주요 환경영향저감대책 보완 등을 요청하였으며(을 24호증), 피고는 이러한 협의내용을 반영하여 환경영향평가서를 수차례에 걸쳐 심의·보완한 끝에 2009. 12. 말 환경영향평가서에 대한 협의절차를 완료한 사실, 한편 해군참모총장은 2008. 4.경 사전환경성검토 초안을 주민공람하고 같은

해 4. 18. 주민설명회를 개최하였으며, 2009. 4. 7. 환경영향평가서 초안을 주민공람하고 주민설명
회를 개최하고, 같은 해 6. 24. 주민 공청회를 개최하였고, 주민의견수렴과정에서 제시된 현황조사
관련의견을 반영하여 환경영향평가서를 심의 · 보완하여 작성한 사실은 앞서 본 바와 같은바, 이와
같이 피고가 관련 규정에 따른 협의절차 및 주민의견수렴절차를 거친 이상 제주도지사와의 협의절
차 기간이 단기간이라거나 반대주민들의 여론에 반하는 처분을 하였다고 하여 재량권을 일탈, 남용
하였다고 볼 수는 없다. 이 부분 원고들의 주장은 이유 없다.

(4) 환경영향평가의 부실의 하자

원고들은 이 사건 환경영향평가는 사전환경검토서에 필수적으로 포함되어야 할 대안선정 및 이에
대한 환경검토결과, 입지타당성, 계획적정성에 대한 내용이 누락되어 있고, 환경영향평가 초안에
는 검토되지 않았던 붉은발말똥게 등 멸종위기종이 사업지역내에서 확인되었으며, 반대주민들의
여론을 무시한 채 주민의견수렴절차가 진행되는 등 전반적으로 부실하게 이행되었으므로 이를
기초로 한 이 사건 변경승인처분은 위법하다는 취지로 주장한다.

환경영향평가법령에서 정한 환경영향평가를 거쳐야 할 대상사업에 대하여 그러한 환경영향평가를
거치지 아니하였음에도 승인 등 처분을 하였다면 그 처분은 위법하다 할 것이나, 그러한 절차를
거쳤다면, 비록 그 환경영향평가의 내용이 다소 부실하다 하더라도, 그 부실의 정도가 환경영향평가
제도를 둔 입법 취지를 달성할 수 없을 정도이어서 환경영향평가를 하지 아니한 것과 다를 바 없는
정도의 것이 아닌 이상, 그 부실은 당해 승인 등 처분에 재량권 일탈 · 남용의 위법이 있는지 여부를
판단하는 하나의 요소로 됨에 그칠 뿐, 그 부실로 인하여 당연히 당해 승인 등 처분이 위법하게
되는 것이 아니라 할 것이다(2006. 3. 16. 선고 2006두330 전원합의체 판결 참조).

이 사건에 관하여 살피건대, 해군본부가 이 사건 사업에 관한 환경영향평가를 실시하여, 환경영향평
가서 초안에 대하여 주민들의 의견을 수렴하고 그 중 일부를 반영하여 환경영향평가서를 작성한
후 피고에게 제출하였으며, 위 평가서에 관한 피고의 협의요청에 대하여 제주도지사는 지형 · 지질
등 9개 항목의 미비점에 대한 보완을 요청하였고, 해군본부가 그에 따라 보완된 평가서를 제출하자,
피고는 그에 따라 제주도지사와 협의를 마친 후 이 사건 사업의 실시계획을 승인하는 이 사건 변경승
인 처분을 한 사실은 앞서 본 바와 같고, 을 18호증의 2, 3, 4, 을 23호증의 각 기재 및 변론 전체의
취지에 의하면 사전환경성검토서는 제주도 내 3개 후보지(서귀포시 남원읍 위미리, 서귀포시 대천
동(강정), 서귀포시 안덕면 화순리(화순항)를 대상으로 입지적 대안을 간략히 비교, 검토하고 있는
반면, 보완된 환경영향평가서(을 18호증의 2, 1197~1203쪽)는 사업입지 대안에 관하여 제주도내
8개 후보지(서귀포시 남원읍 위미리, 서귀포시 대천동(강정), 서귀포시 월평동, 서귀포시 안덕면
화순리(화순항), 제주시 한경면 고산리, 제주시 애월읍 고내/신엄리, 서귀포시 성산읍 온평리, 서귀
포시 표선면 토산리)를 대상으로 항만으로서의 입지, 배후여건, 어업권 및 문화재현황 등 제약조건

을 구체적으로 비교·검토하고 있고, 보완된 평가서(을 18호증의 3, 620쪽)는 기차바위지역과 강정등대의 연산호 서식처의 생태학적 의미와 현황에 대한 조사결과를 명시하고 있는 사실, 환경영향평가서 작성과정에서 수행한 현장조사시에 붉은발말똥게의 서식에 대하여 파악되지 못하였다가 그 후 2009. 9. 하순경 비로소 그 존재 여부가 밝혀진 것은 사실이나, 이후 제주도 환경영향평가심의위원회는 당초 2009. 9. 24.로 예정되어 있었던 환경영향평가서 심의를 보류하고 위 붉은발말똥게의 서식에 대한 보완자료를 요구하였고, 2009. 9. 26. 재심의기일에서 붉은발말똥게의 서식지에 대한 정밀조사 후 '서식지 보존 또는 대체서식지를 조성할 것' 등을 조건으로 보완동의 의결을 한 사실, 그 후 해군본부는 2009. 10. 붉은발말똥게 서식지 보존대책 등 위 심의의결에서 보완요구된 사항을 보완하여 보완된 환경영향평가서(을 18호증의 4, 43~44쪽)를 제주도지사에게 제출한 사실을 각 인정할 수 있는바, 사실관계가 이와 같다면 비록 사전 환경성검토 단계에서 사업입지 관련 대안을 자세히 검토하지 않았고, 계획적정성에 대한 내용이 누락되었으며, 환경영향평가단계에서 멸종위기종의 존재를 누락하는 등 위 환경영향평가가 다소 미흡한 부분이 있었다고 하더라도 그 부실의 정도가 환경영향평가제도를 둔 입법 취지를 달성할 수 없을 정도이어서 환경영향평가를 하지 아니한 것과 다를 바 없는 정도의 것이라고 할 수는 없다 할 것이다. 이 부분 원고들의 주장역시 이유 없다.

(5) 절대보전지역 지정 해제

살피건대, 을 25호증의 기재 및 변론 전체의 취지에 의하면 제주 서귀포시 강정동 826,194㎡은 제주특별자치도 특별법 제292조의 규정에 따라 절대보전지역으로 지정되어 있었고, 그 중 하천변과 해안변지역 105,295㎡은 이 사건 사업부지에 속해 있었던 사실, 이에 해군참모총장은 이 사건 사업 시행을 위하여 제주도지사에게 절대보전지역의 해제를 요청하였고, 제주도지사는 제주도의회의 동의를 얻어 이 사건 사업부지에 포함되어 있던 위 105,295㎡를 절대보전지역에서 해제하는 것으로 절대보전지역변경 결정을 하였고 2009. 12. 23. 제주특별자치도 고시 제2009-157호로 이를 고시한 사실, 그 후 피고는 이 사건 변경승인 처분을 하기에 이른 사실을 인정할 수 있는바, 사실관계가 이와 같다면 이 사건 변경승인처분에는 절대보전지역 지정과 관련한 하자가 존재한다고 볼 수 없다. 이 부분 원고들의 주장은 이유 없다.

(6) 소결론

따라서 이 사건 변경승인처분은 적법하다.

(7) 결론

그렇다면, 원고들의 이 사건 승인처분에 대한 주위적 청구는 이유 있어 이를 인용하고, 이 사건 변경승인처분에 대한 주위적, 예비적 청구는 모두 이유 없어 이를 기각하기로 하여, 주문과 같이 판결한다.

20. 주유소용지공급신청관련 소송

주유소용지란 다음 각 목의 토지. 다만, 자동차 · 선박 · 기차 등의 제작 또는 정비공장 안에 설치된 급유 · 송유시설 등의 부지는 제외한다.

가. 석유 · 석유제품 또는 액화석유가스 등의 판매를 위하여 일정한 설비를 갖춘 시설물의 부지

나. 저유소 및 원유저장소의 부지와 이에 접속된 부속시설물의 부지

【판시사항】

도시개발사업구역 내 주유소 부지 및 시설의 임차인과 소유자가 공동으로 도시개발사업에 따른 이주대책상의 주유소용지 공급대상자 1인으로 선정해 달라는 내용의 신청을 한 사안에서, 주유소 영업자와 주유소 부지 등 소유자가 동일인이 아닌 경우에도 두 사람을 주유소용지 공급대상자 1인에 해당하는 것으로 보아야 한다고 한 사례[서울행법 2009. 5. 7., 선고, 2008구합41755, 판결 : 항소]

【판결요지】

도시개발사업구역 내 주유소 부지 및 시설의 임차인과 소유자가 공동으로 도시개발사업에 따른 이주대책상의 주유소용지 공급대상자 1인으로 선정해 달라는 내용의 신청을 하였으나 사업시행자가 이주대책에 정한 주유소용지 공급대상자 요건에 해당하지 않는다고 이를 거부한 사안에서, 주유소 영업자와 주유소 부지 등 소유자가 동일인이 아니라는 사정은 동일인인 경우와 비교하여 보상계약 체결 과정에서 다소 불편한 것 외에는 도시개발사업의 원활한 시행에 특별한 지장을 주는 것이 아니고, 사업구역 내 토지 및 시설과 관련하여 종전 생활상태로 원상회복하기 위한 배려조치에서 차등을 둘 만한 사유로 보이지 않는 점 등에 비추어, 주유소 영업자와 주유소 부지 등 소유자가 동일인이 아닌 경우에도 두 사람을 주유소용지 공급대상자 1인에 해당하는 것으로 보아야 한다고 한 사례.

소   장

원고   1. 주식회사 ○○주유소
             서울시 은평구 ○○동 ○번지
             2. ○○○
             서울시 은평구 ○○동 ○번지
피고   에스에이치공사
주유소용지공급신청거부처분취소

청구취지

1. 피고가 2008. 9. 22. 원고들에 대하여 한 주유소용지 공급대상자 선정신청 거부처분을 취소한다.
2. 소송비용은 피고의 부담으로 한다.
라는 판결을 구합니다.

청구원인

1. 처분의 경위

(1) 서울특별시장은 2004. 2. 25. 서울특별시 고시 제2004-58호로 서울 은평구 진관내·외동, 구파발동 일대 토지 중 3,495,248㎡를 사업구역으로, 피고를 사업시행자로 하는 내용의 은평뉴타운 도시개발구역지정 및 개발계획승인을 고시하였습니다(이하 '이 사건 사업'이라 하고, 위 사업구역을 '이 사건 사업구역'이라 한다).

(2) 피고는 2004. 10. 19. 이 사건 사업의 시행으로 인하여 생활근거 등을 상실하는 주민 등을 위한 '은평뉴타운 도시개발구역 이주대책'을 공고하였는데{이주대책 기준일 2002. 11. 20.(세입자의 경우 2002. 8. 20.)}, 그 중 '주민 생업기반 조성을 위한 토지특별공급'의 하나인 주유소용지 특별공급에 관한 기준(이하 '이 사건 대책'이라 한다)은 다음과 같습니다.

〈주민 생업기반 조성을 위한 토지 특별공급〉
ㅇ 은평뉴타운사업의 시행으로 조성된 시장용지, 화훼용지, 주유소용지, 근린생활시설용지의 일부는 주민의 생업기반 조성을 위하여 도시개발법 등 토지공급 관련규정 및 아래의 기준에 따라 별도의 공급계획에 의거 특별 공급할 수 있다. 단, 별도의 생활대책을 받은 자는 제외한다.

구분	공급대상자 및 공급기준
주유소용지	기준일 이전부터 협의계약 체결일까지 사업구역에서 주유소 영업을 계속하고 당해 주유소 토지를 포함한 소유 토지 전부를 협의 양도한 주유소 영업자로서 영업손실보상을 받고 보상에 협의하여 자진이주한 주유소 영업자에게 토지이용계획에 계획된 주유소용지 중 800㎡ 이하를 제한경쟁으로 공급한다.

(3) 원고 주식회사 ○○주유소(이하 '원고 회사'라 한다)의 대표자인 ○○○는 2001. 12. 1.경 ○○○으로부터 이 사건 사업구역 내에 위치한 서울 은평구 진관내동 565 대 470㎡와 같은 동 566-2 대 38㎡(이하 '이 사건 토지'라 한다) 및 지상 건물 1동 등 주유소 시설(이하 '이 사건 시설'이라 한다)을 임차하여 그 무렵부터 '○○주유소'라는 상호로 주유소 영업을 하여 오던 중, 원고 2가 이 사건 토지 및 시설을 낙찰받음에 따라 2002. 8. 29. 원고 2로부터 이 사건 토지 및 시설을 다시 임차하여 주유소 영업을 계속 하였고, 2004. 1. 13. 사업자 명의를 원고 회사로 변경하여 그 영업을 계속하였습니다(이하 '이 사건 영업'이라 한다).

(4) 원고 2는 2006. 12. 18. 피고와 사이에 이 사건 사업구역에 편입된 이 사건 토지를 비롯한 4필지의 토지 및 이 사건 시설에 관한 손실보상금을 3,594,209,831원(그 중 이 사건 토지 및 시설에 관한 손실보상금은 2,128,354,831원이다)으로 정하는 내용의 보상계약을 체결하였고, 한편 원고 회사는 2007. 2. 1. 피고와 사이에 이 사건 영업의 이전에 따른 손실보상금을 61,946,666원으로 정하는 내용의 보상계약을 체결하고, 2007. 5.경 집기, 유류 등 이 사건 영업시설 등을 자진 이전하였습니다.

(5) 원고들은 피고에게 이 사건 대책상의 주유소용지 공급대상자 1인으로 선정하여 달라는 내용의 신청을 공동으로 하였는데, 피고는 2008. 9. 22. 원고들에게 이 사건 대책상의 주유소용지 공급대상자에 해당하기 위하여는 이 사건 사업구역 내에 주유소 부지를 소유하면서 기준일 전부터 보상계약 체결일까지 주유소 영업을 계속하여 온 주유소 영업자로서 주유소 부지를 포함한 이 사건 사업구역 내의 소유토지 전부에 관한 보상계약을 체결함과 아울러 주유소 영업에 관한 보상계약을 체결하고 자진 이전한 영업자이어야 하는데, 원고 회사는 주유소 부지인 이 사건 토지를 임차하여 주유되었습니다.

소 영업을 하였을 뿐 이 사건 토지의 소유자가 아니고, 원고 2는 이 사건 토지의 소유자일 뿐 주유소 영업자가 아니므로, 원고들은 이 사건 대책상의 주유소용지 공급대상자 1인에 해당하지 않는다는 내용의 통보를 하였다(이하 '이 사건 처분'이라 한다).

바. 한편, 한국토지공사는 판교지구 택지개발사업에 따른 이주대책을 시행함에 있어서 사업구역 내의 주유소 영업자가 주유소 부지 등을 임차하여 영업함에 따라 주유소 영업자와 주유소 부지 등 소유자가 동일인이 아닌 경우에도 주유소 영업자와 주유소 부지 등 소유자가 공동으로 주유소용 지 공급대상자 1인에 해당하는 것으로 보아 주유소용지 특별공급에 관한 업무를 처리하였습니다.

2. 처분의 위법성

(1) 이 사건 사업구역 내에서 이주대책 기준일 전부터 이 사건 영업이 계속 행하여져 왔고, 원고들이 피고와 사이에 이 사건 토지 및 시설과 이 사건 영업 이전에 관한 보상계약을 체결하고 그 시설 등을 자진 이전한 이상, 원고들은 이 사건 대책상의 주유소용지 공급대상자 1인에 해당하는 것으로 보아야 할 것이므로, 피고의 이 사건 처분은 위법합니다.

(2) 설령 이 사건 대책이 주유소 영업자와 주유소 부지 등 소유자가 동일인일 것을 요건으로 정하였다 고 하더라도, 이는 주유소 영업자와 주유소 부지 등 소유자가 동일인인 경우와 동일인이 아닌 경우를 합리적인 이유 없이 차별취급하는 것이어서 형평의 원칙 등에 위배되는 등으로 위법하므로, 이에 기한 피고의 이 사건 처분은 위법합니다.

3. 결론

이상과 같이 이 사건 각 처분은 위법하므로 이의 취소를 구하는 본 건 행정소송에 이르게 되었습니다.

입증방법

    1. 갑 제1호증
    2. 갑 제2호증
    3. 갑 제3호증
    4. 갑 제4호증
    5. 갑 제5호증

첨부서류

    1. 위 각 입증방법   각 1부
    2. 송달료 납부서

3. 소장부본

20　.　.　.

위 원고　　　　（날인 또는 서명）

서울행정법원　　　귀중

당해판례

2008구합 41755

이 사건 대책은 공익사업의 원활한 시행을 목적으로 당해 공익사업의 시행으로 인하여 생활근거 등을 상실하게 되는 자를 위하여 상업용지 등을 특별히 공급하려는 생활 대책으로서의 성격을 가지는 점, 이 사건 대책은 이 사건 사업구역 내에서 그 기준일 전부터 계속적으로 행하여진 주유소 영업으로서 주유소 부지 및 시설에 관한 보상계약이 체결되어 자진 이전이 이루어진 영업의 경우에는 이 사건 사업 시행을 통하여 조성되는 일정한 규모의 주유소용지를 특별공급 받을 기회를 부여함으로써 이 사건 사업의 원활한 시행을 도모함과 아울러 주유소 부지 및 시설과 관련한 종전의 생활상태로 원상회복시키는 데에 주안점이 있는 것으로 보이는 점, 원고들이 피고와 사이에 이 사건 토지 및 시설과 이 사건 영업 이전에 관한 보상계약을 체결하고 그 시설 등을 자진 이전한 이상, 비록 이 사건 토지 및 시설의 임차영업자인 원고 회사와 그 소유자인 원고 2가 동일인이 아니라고 하더라도 그러한 사정은 주유소 영업자와 주유소 부지 등 소유자가 동일인인 경우와 비교하여 피고의 보상계약체결 과정에서의 다소의 불편 외에는 이 사건 사업의 원활한 시행이라는 측면에서 특별한 지장을 초래하는 것이 아니고 또 이 사건 토지 및 시설과 관련한 종전 생활상태로의 원상회복을 위한 배려조치에 있어서 차등을 둘 만한 사유로는 보이지 않는 점, 이 사건 영업은 이 사건 대책의 기준일 전부터 보상계약 체결일까지 이 사건 사업구역 내에서 계속적으로 행하여졌고, 원고 2는 이 사건 토지를 비롯한 이 사건 사업구역 내의 소유토지 전부에 관하여 피고와 사이에 보상계약을 체결한 점 등을 종합하여 보면, 원고들은 이 사건 대책상의 주유소용지 공급대상자 1인에 해당하는 것으로 봄이 상당하므로, 원고들이 이 사건 대책상의 주유소용지 공급대상자에 해당하지 않는다고 보아 이루어진 피고의 이 사건 처분은 원고들의 나머지 주장에 관하여 나아가 살펴 볼 필요 없이 위법하다.

21. 노동조합설립신고서반려관련 소송

(1) 노동조합의 조직 · 가입 등

1) 노동조합의 조직 · 가입

근로자는 자유로이 노동조합을 조직하거나 이에 가입할 수 있다. 다만, 공무원과 교원에 대하여는 따로 법률로 정하며(노동조합 및 노동관계조정법 제5조), 노동조합의 조합원은 어떠한 경우에도 인종, 종교, 성별, 연령, 신체적 조건, 고용형태, 정당 또는 신분에 의하여 차별대우를 받지 아니한다(법 제9조).

2) 노동조합 가입이 금지되는 공무원의 범위

다른 공무원에 대하여 지휘 · 감독권을 행사하거나 다른 공무원의 업무를 총괄하는 업무에 종사하는 공무원으로서 다음의 어느 하나에 해당하는 공무원(법 시행령 제3조 제1호)은 노종조합 가입이 금지된다.
가) 법령 · 조례 또는 규칙에 따라 다른 공무원을 지휘 · 감독하며 그 복무를 관리할 권한과 책임을 부여받은 공무원(직무 대리자를 포함한다)
나) 훈령 또는 사무 분장 등에 따라 부서장을 보조하여 부서 내 다른 공무원의 업무 수행을 지휘 · 감독하거나 총괄하는 업무에 주로 종사하는 공무원

3) 노동조합 활동의 보장 및 한계

이 법에 따른 공무원의 노동조합(이하 "노동조합"이라 한다)의 조직, 가입 및 노동조합과 관련된 정당한 활동에 대하여는「국가공무원법」제66조제1항 본문 및「지방공무원법」제58조제1항 본문을 적용하지 아니한다(법 제3조). 또한 공무원은 노동조합 활동을 할 때 다른 법령에서 규정하는 공무원의 의무에 반하는 행위를 하여서는 아니 된다(공무원의 노동조합설립 운영에 관한 법률 제3조).

(2) 법인격의 취득

노동조합은 그 규약이 정하는 바에 의하여 법인으로 할 수 있으며, 이 경우 등기를 하여야 한다. 법인인 노동조합에 대하여는 이 법에 규정된 것을 제외하고는 민법중 사단법인에 관한 규정을 적용한다(법 제6조).

(3) 노동조합의 보호요건

이 법에 의하여 설립된 노동조합이 아니면 노동위원회에 노동쟁의의 조정 및 부당노동행위의 구제를 신청할 수 없으며, 노동조합이라는 명칭을 사용할 수 없다(법 제7조).

(4) 조세의 면제

노동조합에 대하여는 그 사업체를 제외하고는 세법이 정하는 바에 따라 조세를 부과하지 아니한다(법 제8조).

(5) 설립의 신고

노동조합을 설립하고자 하는 자는 다음의 사항을 기재한 신고서에 제11조의 규정에 의한 규약을 첨부하여 연합단체인 노동조합과 2 이상의 특별시·광역시·특별자치시·도·특별자치도에 걸치는 단위노동조합은 고용노동부장관에게, 2 이상의 시·군·구(자치구를 말한다)에 걸치는 단위노동조합은 특별시장·광역시장·도지사에게, 그 외의 노동조합은 특별자치시장·특별자치도지사·시장·군수·구청장(자치구의 구청장을 말한다. 이하 제12조제1항에서 같다)에게 제출하여야 한다(법 제10조). 1) 명칭, 2) 주된 사무소의 소재지, 3) 조합원수, 4) 임원의 성명과 주소, 5) 소속된 연합단체가 있는 경우에는 그 명칭, 6) 연합단체인 노동조합에 있어서는 그 구성노동단체의 명칭, 조합원수, 주된 사무소의 소재지 및 임원의 성명·주소

(6) 규약

노동조합은 그 조직의 자주적·민주적 운영을 보장하기 위하여 당해 노동조합의 규약에 다음의 사항을 기재하여야 한다(법 제11조).
1) 명칭, 2) 목적과 사업, 3) 주된 사무소의 소재지, 4) 조합원에 관한 사항(연합단체인 노동조합에 있어서는 그 구성단체에 관한 사항), 5) 소속된 연합단체가 있는 경우에는 그 명칭, 6) 대의원회를 두는 경우에는 대의원회에 관한 사항, 7) 회의에 관한 사항, 8) 대표자와 임원에 관한 사항, 9) 조합비 기타 회계에 관한 사항, 10) 규약변경에 관한 사항, 11) 해산에 관한 사항, 12) 쟁의행위와 관련된 찬반투표 결과의 공개, 투표자 명부 및 투표용지 등의 보존·열람에 관한 사항, 13) 대표자와 임원의 규약위반에 대한 탄핵에 관한 사항, 14) 임원 및 대의원의 선거절차에 관한 사항, 15) 규율과 통제에 관한 사항

(7) 신고증의 교부

1) 설립신고증 교부

고용노동부장관, 특별시장·광역시장·특별자치시장·도지사·특별자치도지사 또는 시장·군수·구청장은 설립신고서를 접수한 때에는 3일 이내에 신고증을 교부하여야 한다(법 제12조).

2) 보완요구

행정관청은 설립신고서 또는 규약이 기재사항의 누락등으로 보완이 필요한 경우에는 대통령령이 정하

는 바에 따라 20일 이내의 기간을 정하여 보완을 요구하여야 한다. 이 경우 보완된 설립신고서 또는 규약을 접수한 때에는 3일 이내에 신고증을 교부하여야 한다.

3) 설립신고서 반려

행정관청은 설립하고자 하는 노동조합이 다음의 어느 하나에 해당하는 경우에는 설립신고서를 반려하여야 한다.

가) 제2조제4호 각목의 1에 해당하는 경우, 나) 제2항의 규정에 의하여 보완을 요구하였음에도 불구하고 그 기간 내에 보완을 하지 아니하는 경우

4) 설립간주

노동조합이 신고증을 교부받은 경우에는 설립신고서가 접수된 때에 설립된 것으로 본다.

(8) 변경사항의 신고 등

1) 변경사항 신고

노동조합은 제10조제1항의 규정에 의하여 설립신고된 사항중 다음의 어느 하나에 해당하는 사항에 변경이 있는 때에는 그 날부터 30일 이내에 행정관청에게 변경신고를 하여야 한다(법 제13조).

가) 명칭, 나) 주된 사무소의 소재지, 다) 대표자의 성명, 라) 소속된 연합단체의 명칭

2) 변경사항 통보

동조합은 매년 1월 31일까지 다음의 사항을 행정관청에게 통보하여야 한다. 다만, 위 1)의 규정에 의하여 전년도에 변경신고된 사항은 그러하지 아니하다.

가) 전년도에 규약의 변경이 있는 경우에는 변경된 규약내용, 나) 전년도에 임원의 변경이 있는 경우에는 변경된 임원의 성명, 3) 전년도 12월 31일 현재의 조합원수(연합단체인 노동조합에 있어서는 구성단체별 조합원수)

[서식] 노동조합설립신고서반려처분취소 청구의 소

소   장

원고   ○○○○ 주식회사
　　　　 서울시 강동구 ○○동 ○번지
피고   서울특별시 강동구청장

노동조합설립신고서반려처분취소

청구취지

1. 피고가 2009. 2. 25. 원고에 대하여 한 노동조합설립신고서 반려처분을 취소한다.
2. 소송비용은 피고가 부담한다.
라는 판결을 구합니다.

청구원인

1. 처분의 경위

(1) 원고는 소외 ○○○ 주식회사(구 ○○○ 주식회사, 이하 통칭하여 '소외 회사'라 한다) 소속 택시운전기사들을 조직대상으로 한 노동조합으로서 2008. 1. 29. 설립총회를 거친 후 그 무렵 피고에게 노동조합설립신고서를 제출하였습니다.

(2) 이에 대하여 피고는 2009. 2. 25. 소외 회사에는 이미 산별노조인 ○○○노동조합 ○○본부 ○○○분회(이하 '○○○분회'라고 한다)가 조직되어 있고 그 소속근로자 이 ○○ 등이 ○○○분회에 가입되어 잔류된 상태이므로, 원고의 노동조합설립신고는 노동조합 및 노동관계조정법 부칙 제5조 제1항(1997. 3. 13. 법률 제5310호로 제정되고, 2006. 12. 30. 법률 제8158호로 개정된 것, 이하 '부칙 제5조 제1항'이라 한다)에 위반된다는 이유로 그 신고서를 반려하는 처분(이하 '이 사건 처분'이라 한다)을 하였습니다.

2. 처분의 위법성

부칙 제5조 제1항에서 정한 '하나의 사업 또는 사업장에 노동조합이 조직되어 있는 경우'란, 하나의 사업 또는 사업장에 기업별 단위노동조합 또는 이에 준하는 형태의 노동조합이 조직되어 있는 경우를 의미하는데, 이○○ 등이 가입된 ○○분회는 초기업적인 산업별 노동조합의 분회에 불과하며 독자적인 단체교섭권이나 협약체결권이 없어 기업별 단위노동조합에 준하는 단체라고 볼 수 없으므로 위 조항이 적용될 여지가 없습니다.

3. 결론

위와 같이 피고의 처분은 위법하므로 이의 취소를 구하는 본 건 행정소송에 이르게 되었습니다.

입증방법

1. 갑 제1호증

첨부서류

1. 위 각 입증방법   각 1부
2. 송달료 납부서
3. 소장부본

20   .   .   .

위 원고   (날인 또는 서명)

서울행정법원   귀중

당해판례

대판 2002. 7. 26. 2001두5361

노동조합 및 노동관계조정법 제5조에서 "근로자는 자유로이 노동조합을 조직하거나 이에 가입할 수 있다"고 규정하여 복수노조의 설립을 전면적으로 허용하면서, 그 부칙 제5조 제1항에서 "하나의 사업 또는 사업장에 노동조합이 조직되어 있는 경우에는 제5조의 규정에도 불구하고 2009. 12. 31.까지는 그 노동조합과 조직 대상을 같이하는 새로운 노동조합을 설립할 수 없다"고 규정한 것은 사업 또는 사업장 단위의 기업별 단위노동조합이 주축이 된 우리나라 산업현장에서 복수노조의 설립을 즉시 허용할 경우 야기될 수 있는 단체교섭상의 혼란, 노노(勞勞)간의 갈등 등의 문제를 예상하여 교섭창구의 단일화를 위한 방법과 절차 등 필요한 사항이 강구될 때까지 한시적으로 이를

금지하려는 것이므로, 부칙 제5조 제1항의 '하나의 사업 또는 사업장에 노동조합이 조직되어 있는 경우'는 기업별 단위노동조합이 설립되어 있는 경우를 가리키는 것이다. 다만, 위와 같은 입법취지에 비추어, 기존에 조직되어 있던 노동조합이, 독립한 근로조건의 결정권이 있는 하나의 사업 또는 사업장 소속 근로자를 조직대상으로 한, 초기업적인 산업별·직종별·지역별 단위노동조합의 지부 또는 분회로서, 독자적인 규약 및 집행기관을 가지고 독립한 단체로서 활동을 하면서, 소속 단위노동조합의 위임에 의하지 아니한 독립한 단체교섭 및 단체협약체결 능력을 가지고 있는 경우라면, 이 역시 기업별 단위노동조합이 설립되어 있는 경우에 준하여 부칙 제5조 제1항의 적용을 받게 된다.

2009구합 15999

○○○분회는 전국 규모의 산업별 단위노동조합인 ○○○노동조합의 하부 업종본부인 ○○○본부의 분회로서 기업별 단위노동조합에 해당하지 아니함이 명백하다. 또한 ○○○노동조합 ○○○본부 규약에 의하면, 조합의 모든 단체교섭 권한은 위원장에게 있고(위원장은 필요하다고 인정될 때 지부장 등을 지명하여 교섭권을 위임할 수 있을 뿐이다), 교섭위원이 단체협약체결시 위원장의 승인을 얻게 되어 있으며, 분회가 조정신청, 쟁의행위 등을 하고자 할 때에도 위원장이 이를 하거나, 위원장의 승인을 얻도록 되어 있는 점, 전국운수산업노동조합과 소외 회사 사이의 2008년도 임금협정 및 단체협정 갱신을 위한 단체교섭 과정에서 ○○○분회의 조합원은 교섭위원에 포함되어 있지도 않은 점 등에 비추어 보면, ○○○분회는 ○○○노동조합의 위임이나 승인없이 독립하여 단체교섭을 하거나 및 단체협약을 체결할 능력이 없다고 할 것이고, 따라서 ○○○분회가 기업별 단위노동조합에 준한다고 할 수도 없다.

[서식] 노동조합설립신고반려처분취소 청구의 소

소 장

원고   전국공무원노동조합
　　　　　서울시 ○○구 ○○동 ○○번지
　　　　　(전화 000-000, 팩스 000-000)
피고　　　고용노동부장관
노동조합설립신고반려처분취소

청구취지

1. 피고가 2010. 3. 3. 원고에게 한 노동조합설립신고서반려처분을 취소한다.

2. 소송비용은 피고의 부담으로 한다.

라는 판결을 구합니다.

청구원인

1. 처분의 경위

(1) 원고는 구 전국공무원노동조합, 전국민주공무원노동조합, 법원공무원노동조합의 합병에 따라 결성된 공무원노동조합인데, 2010. 2. 25. 피고에게 노동조합설립신고를 하였습니다.

(2) 피고는 2010. 3. 3. 전항 기재 노동조합설립신고서를 반려하였는데(이하 '이 사건 반려처분'이라 한다), 그 이유는 다음과 같습니다.

> 1) 구 전국공무원노동조합에는 공무원노동조합의 조합원 자격이 없는 해직자 82명이 가입되어 있었는데, 이들이 원고의 조합원에 그대로 포함되어 있는 것으로 판단된다.
> 2) 원고의 산하조직 대표자 중 8명이 공무원의 노동조합 설립 및 운영에 관한 법률(이하 '공무원노조법'이라 한다) 제6조 제2항 제1호 및 같은 법 시행령 제3조 제1호 제1목 규정에 따라 노동조합의 가입이 금지되는 부서 내 다른 공무원의 업무수행을 지휘·감독하거나 총괄하는 업무에 주로 종사하는 공무원(이하 '업무총괄자'라 한다)에 해당되는 것으로 확인되었고, 상당수의 업무총괄자가 원고의 조합원에 포함되어 있는 것으로 판단된다.

2. 처분의 위법성

(1) 헌법상 보장된 근로자의 단결권, 노동조합에 관하여 신고주의를 채택한 노동조합 및 노동관계조정법(이하, '노조법'이라 한다)의 취지상, 피고는 노동조합설립신고에 대하여 설립신고서와 규약만을 기준으로 형식적인 심사만 하여야 하고, 실질적인 심사를 하여서는 아니 됩니다.

(2) 원고의 규약상 해직자는 조합원이 될 수 없으므로 피고가 주장하는 해직자들은 원고의 조합원이 아니라 규약상 희생자의 지위에 있을 뿐이고, 노동조합 전임자가 없는 상황에서 그 공백을 메우기 위하여 원고의 위원장으로부터 업무집행 권한만을 부여받은 것입니다.

(3) 6급 공무원 중 사용자를 보조 또는 보좌하는 업무가 주된 업무인 자만 업무총괄자에 해당되는데, 피고가 주장하는 업무총괄자 8명이 이에 해당된다는 증거가 없습니다.

3. 결론
이상과 같이 피고의 이 사건 처분은 위법하므로 이의 취소를 구하는 행정소송을 제기하기에 이르렀습니다.

입증방법

1. 갑 제1호증
2. 갑 제2호증

첨부서류

1. 위 각 입증방법   각 1부
2. 송달료 납부서
3. 소장부본

20   .   .   .

위 원고   (날인 또는 서명)

서울행정법원   귀중

당해판례

2010구합 11276

1) 피고의 노동조합설립신고서 심사방법에 하자가 있는지 여부

노조법 제10조 제1항의 규정에 의하면 노동조합을 설립하고자 할 때에는 동 조항 각호의 사항을 기재한 신고서에 규약을 첨부하여 소관 행정관청에 제출하여야 하고, 같은 법 제12조 제1항의 규정

에 의하면 설립신고서를 접수한 행정관청은 같은 조 제2항, 제3항의 경우를 제외하고는 신고증을 교부하여야 하는데, 같은 조 제3항에 의하면 설립신고서를 접수한 행정관청은 노동조합이 같은 법 제2조 제4호 각목의 1에 해당하는 경우에는 설립신고서를 반려하도록 되어 있으므로 이 경우에 설립신고서를 접수한 행정관청은 당해 노동조합이 같은 법 제2조 제4호 각목의 1에 해당하는지의 여부를 인정하여야 할 것인바, 그 인정절차에 대하여는 법령상 규정된 바가 없으므로 행정관청은 당해 관청에게 일반적으로 기대할 수 있는 적절한 방법에 의한 합리적인 판단으로서 그 해당여부를 결정하여야 할 것이다(대법원 1979. 12. 11. 선고 76누189 판결).

또한 헌법 제33조 제2항, 노조법 제5조 단서, 공무원노조법 제17조 제2항을 체계적으로 해석하면, 공무원노조법은 노조법의 특별법이라 할 것인데, 특히 공무원노동조합의 가입범위를 정하고 있는 공무원노조법 제6조는 노조법 제2조 제4호의 라목의 특별규정이라 할 것이고, 따라서 피고는 공무원을 조합원으로 하는 노동조합의 설립신고서의 수리 여부를 판단함에 있어서는 공무원노조법 제6조의 규정에 위반되는 자가 조합원으로 가입되어 있는지 여부를 심사할 수 있다. 나아가 그 심사방법에 관하여는 앞서 설시한 법리가 마찬가지로 적용되어, 피고에게 일반적으로 기대할 수 있는 적절한 방법에 의한 합리적인 판단으로서 그 해당여부를 결정하여야 한다.

이 사건에 관하여 보건대, 갑 제2호증, 을 제2 내지 8호증의 기재에 의하면 피고는 원고의 노동조합설립신고서를 심사함에 있어 원고가 제출한 설립신고서와 규약 외에 피고가 이 사건 반려처분 이전에 이미 파악하고 있던 해직자에 관한 정보와 이 사건 반려처분에 즈음하여 조사한 업무총괄자에 대한 정보를 기초로 하여 이 사건 반려처분을 한 사실을 인정할 수 있고, 행정청이 처분을 함에 있어 법률요건 해당여부를 판단하기 위하여 자신이 수집한 정보를 활용하는 것은 그 정보 수집 방법이 위법하다는 등 특별한 사정이 없는 한 일반적이고 예측가능한 의사결정과정의 일환이라 할 것이므로 이는 당해 관청에게 일반적으로 기대할 수 있는 적절한 방법이라 할 것이고, 이러한 이치는 당해 처분이 노동조합설립신고의 수리 또는 반려라 하여 달리 볼 이유가 없다.

따라서 피고가 이 사건 반려처분의 기초가 되는 정보를 수집함에 있어 위법한 수단을 사용하였음을 인정할 아무런 증거가 없는 이상 피고가 이 사건 반려처분을 함에 있어 원고가 제출한 신청서, 규약 이외에 피고가 파악한 정보를 토대로 하였다고 하여 노동조합설립신고서 심사방법에 어떠한 하자가 있다고 할 수 없다.

2) 해직자가 원고의 조합원인지 여부

노조법 제2조 제4호 제라목에서 말하는 '근로자'에는 특정한 사용자에게 고용되어 현실적으로 취업하고 있는 자 뿐만 아니라, 일시적으로 실업 상태에 있는 자나 구직중인 자도 노동3권을 보장할 필요성이 있는 한 그 범위에 포함된다(대법원 2004. 2. 27. 선고 2001두8568 판결 참조). 그러나 노조법의 특별법인 공무원노조법은 제1조에서 공무원의 노동기본권을 보장하는 것을 입법 목적으로 한다고 규정하고, 같은 법 제2조 본문에서 이 법에서 말하는 공무원이란 국가공무원법 제2조 및 지방공무원법 제2조에서 규정하고 있는 공무원을 말한다고 규정하는 한편, 같은 법 제6조에서는 공무원이 면직·파면 또는 해임되어 노조법 제82조 제1항에 따라 노동위원회에 부당노동행위의 구제신청을 한 경우를 제외하고는 6급 이하의 일반직공무원 등 공무원노조법 제6조 제1항 각호에서 열거한 공무원으로 공무원 노동조합에의 가입범위를 엄격히 제한하고 있다. 위와 같은 공무원노조법의 조항들과 노조법 제2조 제4호 제라목의 규정을 '공무원인 근로자는 법률이 정하는 자에 한하여 단결권을 가진다'고 규정한 헌법 제33조 제2항 및 노조법의 특별법으로서의 공무원노조법의 지위에 비추어 합리적으로 해석하면, 노조법 제2조 제4호 라목의 '근로자'는 공무원노동조합과 관련하여서는 국가공무원법 제2조나 지방공무원법 제2조에 따른 공무원자격을 유지하고 있는 자에 한정되는 것으로 해석함이 타당하다.

또한 노조법 제2조 제4호 제라목에서 '근로자가 아닌 자의 가입을 허용하는 근로자의 단체는 노동조합으로 보지 아니한다'고 규정하는 취지는 노동조합의 핵심적인 가치인 자주성 혹은 주체성을 보호하기 위한 것이라 할 것이고, 자주성이나 주체성을 해친다는 점에서는 근로자가 아닌 자가 형식적으로 노동조합에 가입된 경우나 형식상 노동조합에 가입되어 있지는 않으나 실질상 노동조합의 조합원으로 활동하는 경우나 마찬가지이므로, 노조법 제2조 제4호 제라목에 해당되는지 여부를 판단함에 있어서는 근로자가 아닌 자가 형식적으로 노동조합에 가입되어 있는지 여부뿐 아니라 근로자가 아닌 자가 실질적으로 조합원으로서의 활동을 하는지 여부까지 고려하여야 한다.

위와 같은 법리에 비추어 이 사건에 관하여 보건대, 구 전국공무원노동조합에 가입되어 있던 해직자 82명 중 윤00, 장00, 표00, 김00, 신00 등이 각각 원고의 대변인, 조직실장, 기획실장, 교섭실장, 통일위원장, 희생자원상회복투쟁위원장이라는 주요 직위를 맡고 있는 사실은 당사자 사이에 다툼이 없고, 이에 더하여 갑 제3호증에 의하면 상설·특별위원회의 위원장과 사무처의 각 실장은 상임집행위원회의 위원이 되고 상임집행위원회는 전국대의원대회, 중앙위원회, 중앙집행위원회의 수임사항을 집행하거나 이에 제출할 안건을 심의하는 등의 권한을 가지는 사실, 상설·특별위원회의 위원장은 중앙집행위원회의 위원이 되고, 중앙집행위원회는 전국대의원대회·중앙위원회의 결의사항을 집행하고, 정책을 입안하며, 결산을 심사하고 기타 조합운영에 관한 중요사항을 심의하는 권한 등을 가지는 사실, 중앙집행위원은 중앙위원회의 당연직 위원이 되고 중앙위원회는 상설위원회·특별위원회의 설치 및 폐지, 조합원의 징계, 예산 심의 등의 권한을 가지는 사실을 각 인정할 수 있고, 이에 더하여 대변인의 경우 외부적으로 단체를 사실상 대표하는 역할을 하는 점, 조합의 주요직위를 담당하는 자는 그 지위가 매우 기술적, 전문적인 분야여서 조합원 이외의 전문적 소양을 갖춘 자가 담당하여야만 하는 등의 특별한 사정이 없는 한 형식상 노동조합의 조합원이 아니라 하더라도 실질적으로는 조합원으로 활동하는 것으로 봄이 상당한 점 등을 고려하면, 위 윤00 등은 공무원이 아님에도 불구하고 원고의 주체성, 자주성과 직결되는 주요 직위를 담당하고 있는 자들로서 실질적으로 원고의 조합원으로 봄이 마땅하고, 원고가 위 윤00 등을 형식상 조합원이 아닌 희생자로 인정한다거나 원고에게 노동조합 전임자가 없어 업무처리의 어려움이 있다는 등의 사정은 근로자 아닌 자의 노동조합 가입여부의 실질적 판단에 있어 특별히 고려할 만한 사정이 아니다.

따라서 원고는 근로자 아닌 자의 가입을 허용한 공무원노동조합이라 할 것이므로 이를 이유로 한 이 사건 반려처분은 적법하다.

3) 결론

피고의 이 사건 노동조합설립신고서 심사방법에 아무런 하자가 없고, 해직자가 원고의 주요직위자로 활동하는 것은 노조법 제2조 제4호 제라목에 해당되므로, 피고의 이 사건 반려처분은 적법하다(피고는 노조법 제12조 제3항 제1호에 의하여 노조법 제2조 제4호 각목의 1에 해당하는 사유가 있는 경우 노동조합설립신고서를 반려하여야 하므로, 업무총괄자 부분에 관한 원고의 주장이 이유 있다 하더라도 이 사건 반려처분이 위법하게 되는 것은 아니다. 다만, 부가적으로 업무총괄자 부분에 관한 원고의 주장에 관하여 살피건대, 갑 제1호증, 을 제16 내지 23호증에 변론 전체의 취지를 종합하면, 공무원노조법 제6조 제2항, 제4항, 같은 법 시행령 제3조 제1호에 의하여 노동조합의 가입이 금지되는 업무총괄자 중 일부가 원고의 조합원으로 가입하여 지부장의 직책을 담당하고 있는 사실, 피고는 이 사건 처분 당시 원고가 제출한 산하조직 대표자 명부에 기초하여 그 중 업무총괄자에 해당하는 자가 누구인지 구체적으로 파악하고 있었던 사실을 각 인정할 수 있는바, 조합가입이 금지된 공무원이 조합원으로 가입되어 있음이 확인된 이상 이는 노조법 제2조 제4호 제가목 또는 제라목에 준하는 사유라 할 것이고, 따라서 이를 들어 조합설립신고서를 반려하는 것은 적법하다 할 것이어서 원고의 위 주장도 이유 없다).

소 장

원고　　　전국공무원노동조합
　　　　　서울시 ○○구 ○○동 ○○번지
　　　　　(전화 000-000, 팩스 000-000)
피고　　　노동부장관
통보처분취소

청구취지

1. 피고가 원고에게 2009. 10. 20. 시정요구 불이행에 따른 '법상 노동조합으로 보지 아니함' 통보처분을 취소한다.

2. 소송비용은 피고의 부담으로 한다.

라는 판결을 구합니다.

청구원인

1. 처분의 경위

(1) 원고는 2002. 3. 24. 조직되어 "공무원의 노동조합 및 운영 등에 관한 법률(이하 '공무원노조법'이라 한다)"에 따라 2007. 10. 17. 피고에게 설립신고하고 2007. 11. 8. 피고로부터 설립신고증을 교부받은 공무원노동조합입니다.

(2) 피고는 2009. 8. 28. 원고에게 "2008. 8. 28. 귀 노조의 규약 중 해직자의 조합원 자격을 인정한 위법한 내용에 대해 시정명령 등 조치를 취한 바 있으나, 귀 노조에는 아직 공무원 신분을 상실(법원에서 파면·해임 확정)하여 조합원이 될 수 없는 자가 노동조합 간부 등으로 활동하고 있는 것으로 나타나고 있습니다. 이와 관련하여 구체적인 사실관계를 확인하고자 붙임과 같이 자료 제출 및 소명을 요구하오니 2009. 9. 8. 까지 제출하여 주시기 바랍니다. 만일 위 기일까지 관련 자료를 제출하지 않거나, 허위 자료 제출 또는 사실과 다르게 소명한 경우에는 부득이 직권으로 조사하여 조사결과에 따라 관련법에 의한 불이익을 받을 수 있음을 알려드리오니 양지하시기 바랍니다. 붙임 : 1. ○○○ 등 90명의 명단에 대한 조합원 가입.탈퇴 관련 자료 일제, 2. 노농조합 임원 및 산하기구(본부.지부 등) 임원 선출 관련 서류 일체 등" 등의 내용으로 자료제출을 요구하였습니다.

(3) 이에 원고는 2009. 9. 8. 피고에게, 피고의 "'요구사항 1'과 '해직자가 임원이 아닌 간부(상설위원

회 위원장 등 중앙 및 상임집행위원, 사무처 각 부서장)로 활동하는 사항'을 제외하고 귀 부의 제출 요구에 맞추어 노조의 자주성을 침해하지 않는 자료를 제출할 예정이오니, 현재 타 노동조합과 통합을 추진하고 있는 등 당면 현안을 고려하여 귀 부의 자료제출 요구 기한을 연장할 것을 요청하는 바입니다." 등의 내용으로 답변하였습니다.

(4) 피고는 2009. 9. 11. 원고에게 "귀 노조에는 공무원 신분을 상실하여 조합원이 될 수 없는 자가 노조간부 등으로 활동하고 있는 것으로 나타나 이에 대한 구체적인 사실 관계를 확인하기 위해 관련 자료의 제출을 요구하였으나 이를 거부하였고, 근로감독관의 사실관계 확인에 대해서도 불응한 바 있습니다. 그러나 귀 노조의 경우 규약에 따라 조합원 자격 유지가 필요한 임원 및 지역본부장, 지부장에 파면, 해임 등으로 공무원 신분을 상실한 자가 활동을 하고 있는 사실이 객관적으로 확인되어 다음과 같이 시정할 것을 지도하오니 2009. 9. 17.까지 시정하고 그 결과를 관련 증빙자료를 첨부하여 제출하여 주시기 바랍니다. – 노조 임원 중 공무원이 아닌 수석부위원장(정00), 부위원장(이00), 회계감사원장(신00)과 충북지역본부장(장00), 울산지역본부장(이00), 고령군 지부장(이00)을 노동조합 조합원에서 배제할 것, 만일 위 기일까지 시정하지 않을 경우에는 관계 법규에 따라 적법한 노동조합으로서의 자격을 상실하여 단체교섭 등 권리행사가 제한될 수 있음을 알려드리니 유념하시기 바랍니다." 등의 내용으로 시정지도를 하였습니다.

(5) 원고는 2009. 9. 14. 피고에게 "정00, 이00는 2007. 10. 17. 우리 조합의 설립신고서 접수시 관련 서류를 기 제출하였고, 이00는 해직자이며 현재 고령군지부의 대표가 아님을 조합이 확인하였습니다. 나머지 인원들에 대해서 조합 내부의 사실관계를 확인하는 과정에 있으나 공무원노동조합의 통합 추진 등 당면 현안 때문에 현장 상황 및 해당 인원에 대한 확인이 당장 어렵습니다. 따라서 우리 조합은 귀 부에서 시정 지도 한 사안에 대하여 구체적인 사실관계를 확인 후 조치를 취하고 그 증빙자료를 제출할 예정이오니, 현재 우리 노조의 당면 현안을 고려하여 귀 부의 시정결과 통보 요구 기한 연장을 요청하는 바입니다."라는 등의 내용으로 답변하였습니다.

(6) 피고는 2009. 9. 18. 원고에게 "귀 노조의 홈페이지 및 그간의 노조활동 관련 자료 등을 확인한 결과 정00(수석부위원장), 이00(부위원장), 신00(회계감사위원장)의 경우 노조 임원으로 활동하고 있음이 객관적으로 확인되고, 귀 노조가 제출한 노동조합 현황 정기통보서 및 우리부의 조사결과 이00(울산지역본부장), 장00(충북지역본부장), 이00(고령군 지부장)의 경우 조합원 자격이 필요한 노조 산하조직 대표자로 활동하고 있음이 확인되었습니다. 이와 관련 '귀 노동조합의 조합원 중 정00(수석부위원장), 이 00(부위원장), 신00(회계감사위원장), 이00(울산지역본부장), 장00

(충북지역본부장), 이 00(고령군지부장)는 공무원이 아닌 자로 공무원노조법에 의한 조합원 자격이 없는 자에 해당하므로 귀 노동조합에서 배제하시기 바람'과 같이 시정을 요구하오니 2009. 10. 19.까지 시정결과를 입증자료를 첨부하여 제출하시기 바랍니다. 만약 위 기한까지 시정 요구를 이행하지 아니하는 경우에는 공무원노조법에 의한 노동조합으로 보지 아니함을 통보할 것임을 알려드리니 유념하시기 바랍니다."라는 등의 내용으로 시정요구를 하였습니다.

(7) 한편, 원고는 2009. 9. 23.경 전국민주공무원노동조합 및 법원공무원노동조합과 합병을 결의하고, 전국통합공무원노동조합을 설립하였습니다.

(8) 피고는 2009. 9. 28. 원고에게, 원고가 '공무원 신분을 상실하여 조합원이 될 수 없는 자가 노동조합간부 등으로 활동하고 있는 것으로 나타나 구체적인 사실관계 확인을 위해 자료제출을 요구하였으나 보고를 하지 않음'을 사유로 하여 '과태료 부과 예정금액 2,000,000원, 자진납부 과태료 금액 1,600,000원'의 과태료 처분에 대한 의견진술 (의견제출기한 2009. 10. 9.) 안내문을 보냈습니다.

(9) 피고는 2009. 9. 29. 원고에게 "귀 노조의 경우 우리부에서 시정요구한 정00(수석부위원장) 등 6명의 임원 및 산하조직 대표자 이외에도 다수의 해직자가 노조 간부 등 조합원으로 활동하고 있는 것으로 나타나고 있습니다. 이와 관련, 해직자의 노조활동에 대한 명확한 사실관계 확인을 위해 000 등 84명 명단에 대한 조합원 여부 및 직책에 대해 구체적으로 소명할 것을 재차 요구하오니 2009. 10. 8.까지 관련 자료를 제출하여 주시기 바랍니다. 만약 위 기일까지 소명하지 않을 경우에는 위 명단의 해직자가 귀 노조의 조합원으로 활동하고 있는 것으로 간주하여 관계 법령에 따라 법적 조치를 취할 것임을 알려드리오니 유념하시기 바랍니다."라는 등의 내용으로 소명 촉구를 하였습니다.

(10) 이에 원고는 2009. 10. 8. 피고에게 "조합 규약 및 규정상 조합원이 아닌 해직자 및 상근 직원의 간부 활동에 대한 제한은 없으며 관련 법령에도 제한사항이 없음. 해직이 확정된 조합원 지위는 관련 법령 및 규약에 따르면 될 것임. 귀 부에서 시정 요구한 정00, 이00의 경우 이미 조합이 사퇴서 및 조합 탈퇴서를 제출한 바, 지난 2. 4. 조합의 노조 정기현황 통보시 단순 기입 오류로 지부 대표자로 등재됨을 확인하였고, 이00 또한 울산본부 비상대책위원회 대표로서 이미 비대위 대표를 사퇴한 바, 해당자들은 산하조직 임원 및 조합의 조합원이 아님을 확인함. 신00, 장00 또한 조합 및 산하조직 임원이 아니며 조합원도 아님을 확인하는 바임."이라는 등의 내용으로 시정요구, 과태료 처분 의견진술 및 관련 소명 촉구 등에 대하여 회신하였습니다.

(11) 피고는 2009. 10. 16. 원고에게 "귀 노동조합 조합원 중 OOO 등 76명 명단의 공무원이 아닌 자는 공무원노조법에 의한 조합원 자격이 없는 자에 해당하므로 귀 노동조합 조합원에서 배제하시기 바람. 만약 2009. 11. 16.까지 시정요구를 이행하지 아니하는 경우에는 공무원노조법에 의한 노동조합으로 보지 아니함을 통보할 예정이오니 유념하시기 바랍니다."라는 내용으로 시정요구를 하였습니다.

(12) 원고는 2009. 10. 19. 피고에게 "귀 부에서 시정 요구한 정OO, 이OO의 경우 이미 조합이 사퇴서 및 조합 탈퇴서를 제출한 바, 다시 한 번 조합의 조합원이 아님을 확인함. 이OO은 조합 해직자로서 지난 2. 4. 조합의 정기현황 통보시 단순 기입 오류로 지부 대표자로 등재됨을 확인하였고, 이OO 또한 울산본부 비상대책위원회 대표로서 이미 비대위 대표를 사퇴한 바, 해당자들은 산하조직 임원 및 조합의 조합원이 아님을 확인함. 신OO, 장OO 또한 조합 및 산하조직 임원이 아니며 조합원도 아님을 확인."이라는 등의 내용으로 시정결과를 보고하였습니다.

(13) 이에 피고는 2009. 10. 20. 원고에게 "우리 부는 공무원노조법 제17조 제2항 및 같은 법 시행령 제14조 제1항, 「노동조합 및 노동관계조정법(이하 '노조법'이라 한다.)」 제12조 제3항 제1호 및 같은 법 시행령 제9조 제2항의 규정에 의거 귀 노동조합 조합원 중 정OO, 이OO, 신OO, 이OO, 장OO, 이OO(이상 6명)를 조합원에서 배제하도록 시정요구하였습니다. 이에 대해 귀 노조가 2009. 9. 19. 시정결과보고서 및 관련 자료를 제출하여 검토한 결과, 시정요구 대상자 중 정OO(수석부위원장), 이OO(부위원장), 신OO(회계감사원장), 장OO(충북지역본부장)의 경우 조합원탈퇴서를 제출한 이후에도 해당 직위를 계속 유지한 채 수차에 걸쳐 노조활동을 한 사실이 확인되는 등 귀 노조의 시정결과 보고는 허위임이 확인되었습니다. 따라서, 귀 노조는 시정기한 내에 시정요구 사항을 적법하게 이행하지 아니하였으므로 위 관계법령에 따라 공무원노조법에 의한 노동조합으로 보지 아니함을 통보합니다."라는 내용의 통보(이하 '이 사건 통보'라 한다)를 하였습니다.

(14) 한편, 전국통합공무원노동조합은 2009. 11. 28. 대의원대회에서 그 명칭을 '전국공무원노동조합'으로 개칭하였습니다(이하 '통합된 전국공무원노동조합'이라 한다).

(15) 원고는 2009. 12. 1. 피고에게 해산일자를 '2009. 9. 26.', 해산사유를 '전국공무원 노동조합으로 신설합병에 따른 해산'으로 기재한 노동조합해산신고서 제출하였고, 통합된 전국공무원노동조합도 같은 날 피고에게 노동조합설립신고서를 제출하였으나 수리되지 않았습니다.

2. 처분의 위법성

(1) 행정처분 해당여부

이 사건 통보는 단순히 노동조합이 소극적 요건을 결여하였다는 사실을 고지하는 것을 의미하는 것이 아니라, 그로 인하여 설립신고증 수리처분을 철회한다는 것을 의미하는 통보이므로 행정처분에 해당합니다.

(2) 당사자적격 내지 소의 이익 여부

전국민주공무원노동조합 및 법원 공무원노동조합과 합병결의를 하였으나 합병은 해산사유일 뿐 합병 결의로 인하여 바로 소멸하는 것은 아니고, 합병절차가 종료되어 합병등기를 경료한 때에 원고는 해산된다고 보아야 하므로 아직 당사자 적격 및 소의 이익이 있습니다.

3. 결론

이상과 같이 피고의 통보처분은 원고의 권리·의무에 직접적으로 영향을 미치는 행정처분이며, 이러한 피고의 통보처분은 아직 해산하지 않은 원고의 지위를 불안정하게 하는 위법한 처분이므로 그 취소를 구하는 행정소송에 이르게 되었습니다.

입증방법

    1. 갑 제1호증
    2. 갑 제2호증

첨부서류

    1. 위 각 입증방법   각 1부
    2. 송달료 납부서
    3. 소장부본

20 . . .

위 원고   (날인 또는 서명)

서울행정법원 귀중

당해판례

2009구합 44690

(1) 행정처분인지 여부

항고소송의 대상이 되는 행정처분이라 함은 행정청의 공법상의 행위로서 특정사항에 대하여 법규에 의한 권리의 설정 또는 의무의 부담을 명하거나 기타 법률상 효과를 발생하게 하는 등 국민의 구체적인 권리.의무에 직접 영향을 미치는 행위를 말한다.

그런데, 이 사건 통보는 공무원노조법 제17조 제2항, 그 시행령 제14조 제1항에 의하여 준용되는 노조법 제12조 제3항, 그 시행령 제9조 제2항에 근거하여, 노조법에 의하여 설립된 노동조합에 '근로자가 아닌 자의 가입을 허용하는 경우' 등과 같이 노동조합으로 보지 아니하는 사유가 발생하였다고 판단되는 경우 그 사유에 대한 시정요구를 거쳐 당해 노동조합이 노조법 제2조 제4호 단서의 노동조합으로 보지 아니하는 경우에 해당하니 노동조합으로 보지 않겠다는 취지의 통보를 하는 것에 불과하지만, 피고로부터 위와 같은 취지의 통보를 받게 되면, 당해 노동조합은 노동위원회에 노동쟁의 조정 및 부당노동행위의 구제를 신청할 수 있고(노조법 제7조 제1항), 노동조합의 명칭을 사용할 수 있으며(노조법 제7조 제3항), 공무원노동조합의 경우 노동조합의 조직 및 가입과 노동조합과 관련된 정당한 활동에 대하여는 공무원의 집단행위 금지규정인 국가공무원법 제66조 제1항 본문과 지방공무원법 제58조 제1항 본문의 규정을 적용받지 않게 되고(공무원노조법 제3조 제1항), 정부교섭단체와 단체교섭 및 단체협약을 체결할 수 있게 되는 등 노조법 및 공무원노조법에 의하여 설립된 노동조합에게 인정되는 지위와 권한을 실질적으로 인정받지 못하게 되는 불이익을 받을 수밖에 없고, 이러한 통보를 처분으로 보아 행정소송으로 다투게 하는 외에 달리 이를 해결할 마땅한 쟁송방법도 없는바, 이러한 여러 사정을 종합해 보면, 이 사건 통보는 피고의 원고에 대한 설립신고증 교부처분이 철회되었음을 알리는 단순한 사실의 통지 또는 관념의 통지에 불과한 것이 아니라 원고가 노동조합의 지위에서 가지는 권리 · 의무에 직접 영향을 미치는 행위로서 행정처분에 해당하여 항고소송의 대상이 된다고 보아야 할 것이다. 따라서, 피고의 위 본안전 항변은 이유 없다.

(2) 당사자 적격 내지 소의 이익 유무

노동조합은 그 해산사유의 하나로 합병으로 소멸한 경우를 들고 있고(노조법 제28조 제1항, 제2항), 합병에 따라 해산 · 소멸되는 노동조합의 조합원은 합병결의에 의하여 개별적 가입절차 없이 자동적으로 신설합병된 노동조합의 조합원의 자격을 갖게 되는 점, 합병에 따라 해산.소멸되는 노동조합에서는 해산에 따른 청산절차를 거칠 필요가 없이 그 재산관계 및 지위가 그대로 신설합병된 노동조합에 승계되는 점, 신설합병된 노동조합이 비록 그 설립신고가 수리되지 않아 법인등기를 갖추고 있지 못하고 있다 하더라도 이미 노동조합으로서의 실질적 성립요건을 갖추고 있다면 '노조법상의 노동조합이 아닌 노동조합'으로 성립되는 점 등을 종합하면, 원고는 앞서 본 바와 같이 이미 전국민주공무원노동조합 및 법원공무원노동조합과 합병결의를 하였고, 이에 따라 통합된 전국공무원노동조합이 설립되었으며 원고 스스로 그 해산신고까지 한 이상, 그 조합원들은 통합된 전국공무원노동조합의 조합원이 되고 원고는 더 이상 공무원노동조합으로서의 실체를 갖추지 못하게 되었다고 할 것이며, 통합된 전국공무원노동조합의 설립신고가 수리되지 않았다고 해서 달리 볼 것도 아닌바, 그렇다면 원고에게 공무원노동조합으로서의 실체가 없는 이상 이 사건 통보가 취소된다고 하여 원고가 실질적으로 인정받지 못하던 공무원노조법상 노동조합으로서의 지위를 다시 인정받게 되는 것도 아니고, 달리 원고에게 이 사건 통보의 취소를 구할 법률상 이익이 있다고 보기도 어렵다.

(3) 결론

그렇다면, 이 사건 통보의 취소를 구하는 이 사건 소는 그 취소를 구할 법률상 이익이 없어 부적법하므로, 이를 각하하기로 하여 주문과 같이 판결한다.

22. 문화재지정해제신청거부관련 소송

(1) 문화재보호법의 목적 등

문화재보호법은 문화재를 보존하여 민족문화를 계승하고, 이를 활용할 수 있도록 함으로써 국민의 문화적 향상을 도모함과 아울러 인류문화의 발전에 기여함을 목적으로 하며(문화재보호법 제1조), 이 법에서 "문화재"란 인위적이거나 자연적으로 형성된 국가적 · 민족적 · 세계적 유산으로서 역사적 · 예술적 · 학술적 · 경관적 가치가 큰 유형문화재(건조물, 전적(典籍), 서적(書跡), 고문서, 회화, 조각, 공예품 등 유형의 문화적 소산으로서 역사적 · 예술적 또는 학술적 가치가 큰 것과 이에 준하는 고고자료(考古資料)} 및 무형문화재[110), 기념물[111), 지정문화재(문화재청장이 제5조부터 제8조까지의 규정에

---

110) 무형문화재: 여러 세대에 걸쳐 전승되어 온 무형의 문화적 유산 중 다음 각 목의 어느 하나에 해당하는 것을 말한다.
　　가. 전통적 공연 · 예술
　　나. 공예, 미술 등에 관한 전통기술
　　다. 한의약, 농경 · 어로 등에 관한 전통지식
　　라. 구전 전통 및 표현
　　마. 의식주 등 전통적 생활관습
　　바. 민간신앙 등 사회적 의식(儀式)
　　사. 전통적 놀이 · 축제 및 기예 · 무예

따라 지정한 문화재) 등을 말한다(법 제2조).

(2) 사적, 명승, 천연기념물의 지정

문화재청장은 문화재위원회의 심의를 거쳐 기념물 중 중요한 것을 사적, 명승 또는 천연기념물로 지정할 수 있다(법 제25조).

(3) 지정의 고시 및 통지

문화재청장이 제23조, 제25조부터 제27조까지의 규정에 따라 국가지정문화재(보호물과 보호구역을 포함한다)를 지정하면 그 취지를 관보에 고시하고, 지체 없이 해당 문화재의 소유자에게 알려야 한다. 다만, 그 문화재의 소유자가 없거나 분명하지 아니하면 그 점유자 또는 관리자에게 이를 알려야 한다(법 제10조).

(4) 지정서 등의 교부

문화재청장은 제23조나 제26조에 따라 국보, 보물 또는 중요민속문화재를 지정하면 그 소유자에게 해당 문화재의 지정서를 내주어야 한다(법 제29조).

(5) 지정의 해제

1) 지정의 해제

문화재청장은 지정된 문화재가 국가지정문화재로서의 가치를 상실하거나 가치평가를 통하여 지정을 해제할 필요가 있을 때에는 문화재위원회의 심의를 거쳐 그 지정을 해제할 수 있으며, 이에 따른 문화재 지정의 해제에 관한 고시 및 통지와 그 효력 발생시기에 관하여는 제28조(지정고시의 통지)및 제30조 (지정의 효력 발생 시기)를 준용한다(법 제31조).

2) 지정 및 해제 등의 고시

문화재청장은 국가지정문화재를 지정하거나 그 지정을 해제하는 경우에는 다음의 사항을 고시하여야 한다(법 시행령 제16조).]

가) 국가지정문화재의 종류, 지정번호, 명칭, 수량, 소재지 또는 보관 장소

---

111) 기념물: 다음 각 목에서 정하는 것
가. 절터, 옛무덤, 조개무덤, 성터, 궁터, 가마터, 유물포함층 등의 사적지(史蹟地)와 특별히 기념이 될 만한 시설물로서 역사적·학술적 가치가 큰 것
나. 경치 좋은 곳으로서 예술적 가치가 크고 경관이 뛰어난 것
다. 동물(그 서식지, 번식지, 도래지를 포함한다), 식물(그 자생지를 포함한다), 지형, 지질, 광물, 동굴, 생물학적 생성물 또는 특별한 자연현상으로서 역사적·경관적 또는 학술적 가치가 큰 것

나) 국가지정문화재의 보호물 또는 보호구역의 명칭, 수량 및 소재지

다) 국가지정문화재와 그 보호물 또는 보호구역의 소유자 또는 점유자의 성명과 주소

라) 삭제 [2015.10.6] [[시행일 2016.3.28.]]

마) 지정의 이유 또는 지정 해제의 이유

(6) 허가사항

국가지정문화재(국가무형문화재는 제외한다.)에 대하여 다음의 어느 하나에 해당하는 행위를 하려는 자는 문화재청장의 허가를 받아야 하며, 허가사항을 변경하려는 경우에도 문화재청장의 허가를 받아야 한다. 다만, 국가지정문화재 보호구역에 안내판 및 경고판을 설치하는 행위 등 경미한 행위에 대해서는 특별자치시장, 특별자치도지사, 시장ㆍ군수 또는 구청장의 허가(변경허가를 포함한다)를 받아야 한다 (법 제35조).

1) 국가지정문화재(보호물ㆍ보호구역과 천연기념물 중 죽은 것을 포함한다)의 현상을 변경[천연기념물을 표본(標本)하거나 박제(剝製)하는 행위를 포함한다]하는 행위로서 대통령령으로 정하는 행위

2) 국가지정문화재(동산에 속하는 문화재는 제외한다)의 보존에 영향을 미칠 우려가 있는 행위로서 대통령령으로 정하는 행위

3) 국가지정문화재를 탁본 또는 영인(影印)하거나 그 보존에 영향을 미칠 우려가 있는 촬영을 하는 행위

4) 명승이나 천연기념물로 지정되거나 가지정된 구역 또는 그 보호구역에서 동물, 식물, 광물을 포획(捕獲)ㆍ채취(採取)하거나 이를 그 구역 밖으로 반출하는 행위

(7) 수출 등의 금지

국보, 보물, 천연기념물 또는 중요민속문화재는 국외로 수출하거나 반출할 수 없다. 다만, 문화재의 국외 전시 등 국제적 문화교류를 목적으로 반출하되, 그 반출한 날부터 2년 이내에 다시 반입할 것을 조건으로 문화재청장의 허가를 받으면 그러하지 아니하다(법 제39조).

(8) 행정명령

1) 행정명령 사항

문화재청장이나 지방자치단체의 장은 국가지정문화재(보호물과 보호구역을 포함한다.)와 그 역사문화환경 보존지역의 관리ㆍ보호를 위하여 필요하다고 인정하면 다음의 사항을 명할 수 있다(법 제42조).

가) 국가지정문화재의 관리 상황이 그 문화재의 보존상 적당하지 아니하거나 특히 필요하다고 인정되는 경우 그 소유자, 관리자 또는 관리단체에 대한 일정한 행위의 금지나 제한

나) 국가지정문화재의 소유자, 관리자 또는 관리단체에 대한 수리, 그 밖에 필요한 시설의 설치나 장애
　　물의 제거

다) 국가지정문화재의 소유자, 관리자 또는 관리단체에 대한 문화재 보존에 필요한 긴급한 조치

라) 제35조제1항 각 호에 따른 허가를 받지 아니하고 국가지정문화재의 현상을 변경하거나 보존에
　　영향을 미칠 우려가 있는 행위 등을 한 자에 대한 행위의 중지 또는 원상회복 조치

2) 명령불이행에 따른 조치

문화재청장 또는 지방자치단체의 장은 국가지정문화재의 소유자, 관리자 또는 관리단체가 위 1)항의
가)~다)까지의 규정에 따른 명령을 이행하지 아니하거나 그 소유자, 관리자, 관리단체에 1)항의 가)~
다)까지의 조치를 하게 하는 것이 적당하지 아니하다고 인정되면 국가의 부담으로 직접 1)항의 가)~다)
까지의 조치를 할 수 있다.

3) 명령불이행자에 대한 대집행 등

문화재청장 또는 지방자치단체의 장은 1)항의 라)에 따른 명령을 받은 자가 명령을 이행하지 아니하는
경우 「행정대집행법」에서 정하는 바에 따라 대집행하고, 그 비용을 명령 위반자로부터 징수할 수 있다.

(9) 신고 사항

국가지정문화재(보호물과 보호구역을 포함한다.)의 소유자, 관리자 또는 관리단체는 해당 문화재에
다음의 어느 하나에 해당하는 사유가 발생하면 그 사실과 경위를 문화재청장에게 신고하여야 한다.
다만, 허가를 받고 그 행위를 착수하거나 완료한 경우에는 특별자치시장, 특별자치도지사, 시장·군수
또는 구청장에게 신고하여야 한다(법 제40조).

1) 관리자를 선임하거나 해임한 경우
2) 국가지정문화재의 소유자가 변경된 경우
3) 소유자 또는 관리자의 성명이나 주소가 변경된 경우
4) 국가지정문화재의 소재지의 지명, 지번, 지목(地目), 면적 등이 변경된 경우
5) 보관 장소가 변경된 경우
6) 국가지정문화재의 전부 또는 일부가 멸실, 유실, 도난 또는 훼손된 경우
7) 제35조제1항제1호에 따라 허가(변경허가를 포함한다)를 받고 그 문화재의 현상변경을 착수하거나
　　완료한 경우
8) 제35조제1항제4호 또는 제39조제1항에 따라 허가받은 문화재를 반출한 후 이를 다시 반입한 경우
9) 동식물의 종(種)이 천연기념물로 지정되는 경우 그 지정일 이전에 표본이나 박제를 소유하고 있는

경우

(10) 정기조사

문화재청장은 국가지정문화재의 현상, 관리, 수리, 그 밖의 환경보전상황 등에 관하여 정기적으로 조사하여야 하며, 조사의 결과를 다음의 국가지정문화재의 관리에 반영하여야 한다(법 제44조).

1) 문화재의 지정과 그 해제

2) 보호물 또는 보호구역의 지정과 그 해제

3) 삭제 [2015.3.27] [[시행일 2016.3.28.]]

4) 문화재의 수리 및 복구

5) 문화재 보존을 위한 행위의 제한ㆍ금지 또는 시설의 설치ㆍ제거 및 이전

6) 그 밖에 관리에 필요한 사항

(11) 직권에 의한 조사

문화재청장은 필요하다고 인정하면 그 소속 공무원에게 국가지정문화재의 현상, 관리, 수리, 그 밖의 환경보전상황에 관하여 조사하게 할 수 있다(법 제45조).

(12) 현상변경 등의 허가 기준 및 절차

1) 현상변경 등의 허가 기준 및 절차

현상변경의 허가를 받거나 허가사항을 변경하려는 자는 해당 등록문화재의 등록번호, 명칭, 수량 및 소재지를 적은 허가신청서를 관할 특별자치시장, 특별자치도지사, 시장ㆍ군수ㆍ구청장을 거쳐 문화재청장에게 제출하여야 한다. 이 경우 시장ㆍ군수ㆍ구청장은 관할 시ㆍ도지사에게 허가신청 사항 등을 알려야 한다. 문화재청장은 이에 따른 허가신청을 받으면 그 허가신청 대상 행위가 등록문화재의 기본적인 양식, 구조 및 특성에 영향을 미치지 아니한 경우에만 허가하여야 하며, 허가하려면 신청인의 성명, 대상 문화재, 허가사항, 허가기간 및 허가조건 등을 적은 허가서(변경허가서를 포함한다)를 관할 특별자치시장, 특별자치도지사, 시장ㆍ군수ㆍ구청장을 거쳐 신청인에게 내주어야 한다. 이 경우 문화재청장은 관할 시ㆍ도지사(특별자치시장과 특별자치도지사는 제외한다)에게 허가사항 등을 알려야 한다(법 시행령 제34조).

2) 허가신청서

법 제35조제1항제1호ㆍ제2호 및 영 제21조에 따른 국가지정문화재 또는 그 보호물이나 보호구역의 현상변경 등의 허가신청서는 별지 제19호서식에 따르며, 법 제35조제1항 제3호 및 영 제21조에 따른

국가지정문화재의 탁본, 영인 또는 촬영 허가신청서는 별지 제20호서식에 따르고, 법 제35조제1항 제4호 및 영 제21조에 따른 동물, 식물, 광물의 포획 · 채취 · 반출 허가신청서는 별지 제21호서식에 따른다. 또한, 법 제35조 및 영 제21조에 따른 허가사항의 변경허가신청서는 별지 제22호서식에 따른다 (법 시행규칙 제14조).

[서식] 문화재지정해제신청거부처분취소 청구의 소

소　　장

원고　　　　　　주식회사 ○○○○
　　　　　　　　서울시 종로구 가회동 ○○번지
　　　　　　　　(전화 000-000, 팩스 000-000)
피고　　　　　　문화재청장
문화재지정해제신청거부처분취소

청구취지

1. 피고가 2009. 2. 25. 원고에 대하여 한 문화재지정해제신청거부처분을 취소한다.
2. 소송비용은 피고가 부담한다.
라는 판결을 구합니다.

청구원인

1. 처분의 경위

(1) 피고는 2002. 3. 9. 서울 노원구 월계동 산 8-3 일원 335,556㎡(다만, 2002. 10. 10. 265,978㎡로 변경지정 되었다) 초안산조선시대분묘군(楚安山朝鮮時代墳墓群)을 "조선시대 전시기의 여러 계층의 분묘가 집중적으로 분포되어 있어 조선시대 장묘문화연구에 귀중한 자료가 되고, 특히 내시의 분묘가 많을 뿐만 아니라 연대(1694년)가 명기된 내시 승극철 부부의 묘가 있어 내시생활사 연구의 기초자료를 제공하고 있다"라는 이유로 문화재보호법(이하, '법'이라고 한다) 제7조, 제10조, 제16조에 따라 국가지정문화재(사적) 제440호(이하, '이 사건 문화재'라고 한다)로 지정하고 노원구와 도봉구를 관리단체로 지정하는 한편, 그 취지를 문화재청고시 제2002-14호로 관보에 고시하였습니다.

(2) 원고는 이 사건 문화재 내의 서울 노원구 월계동 00 임야(이하, '이 사건 토지'라 고 한다) 중 7/32의 지분권자인데, 2009. 2. 19. 피고에게 이 사건 토지에는 유물이 거의 존재하지 아니하고, 존재하는 유물도 그 진위가 불분명하여 문화재로서의 보존가치가 없다는 이유로 위 토지에 대한

문화재지정해제신청을 하였습니다.

(3) 피고는 2009. 2. 25. 원고에 대하여, "문화재지정해제는 문화재로서 가치를 상실하거나 그 밖에 특별한 사유가 있을 경우에만 가능한데, 이 사건 토지는 그 경우에 해당하지 아니한다"라는 이유로 원고의 위 신청을 거부하는 내용의 회신(이하, '이 사건 회신'이라고 한다)을 하였습니다.

2. 처분의 위법성

(1) 원고의 문화재지정해제신청을 거부한 피고의 이 사건 회신이 항고소송의 대상이 되는 행정처분이 된다고 하기 위하여는 원고에게 그 신청에 따른 행정행위를 하여 줄 것을 요구할 수 있는 법규상·조리상 신청권이 있어야 할 것인데, 이 사건에 있어서는 아래에서 보는 바와 같이 원고에게 문화재지정해제를 요구할 수 있는 법규상·조리상 신청권이 있다고 봄이 상당합니다.

(2) 문화재보호법은 문화재를 보존하여 민족문화를 계승하고, 이를 활용할 수 있도록 함으로써 국민의 문화적 향상을 도모함과 아울러 인류문화의 발전에 기여함을 목적으로 하면서도(법 제1조), 문화재지정에 따른 개인의 재산권행사의 제한을 줄이기 위하여, 행정청에게 문화재지정을 한 경우 일정한 기간마다 문화재의 현상, 관리, 수리, 전승의 실태, 그 밖의 환경보전상황 등에 관하여 정기적으로 조사할 의무를 부과하고(법 제45조 제1항, 제46조 제1항), 행정청은 그 조사의 결과를 문화재의 지정과 그 해제에 반영하여야 하며(법 제45조 제8항), 지정된 문화재가 문화재로서의 가치를 상실하거나 '그 밖에 특별한 사유가 있으면' 문화재위원회의 심의를 거쳐 그 지정을 해제할 수 있고(법 제13조 제1항), 문화재지정 및 해제시 해당 문화재의 소유자 등의 인적사항을 고시하고 지체 없이 그 사실을 해당 문화재의 소유자 등에게 알려야 한다고 규정하고 있어(법 제13조 제5항, 제10조, 법 시행령 제2조 제2항 제3호), 문화재지정해제사유를 판단함에 있어 문화재의 보존이라는 공익뿐만 아니라 문화재지정으로 인한 개인의 불이익 등을 고려할 수 있는 여지를 두고 있습니다. 한편, 자신의 소유 물건, 토지 등이 문화재로 지정되면, 소유자로서는 일정한 행위를 함에 있어 행정청의 허가를 받아야 하고 (법 제34조), 이를 국외로 수출하거나 반출할 수 없으며(법 제35조), 일정한 경우에 행정청에 대한 신고의무를 부담할 뿐만 아니라 (법 제38조), 문화재의 관리·보호를 위하여 필요하다고 인정될 경우 행정청이 명하는 행위의 금지나 제한에 따라야 하는 등(법 제37조, 제75조) 권리·의무에 지대한 영향을 받게 됩니다.

그러나 문화재지정처분에 당초부터 하자가 있어 그 취소를 구하는 것이 아니라 당초에는 적법했던 문화재지정처분이 그 후의 사정변경에 의하여 부적법한 것으로 밝혀진 경우 현행법상 그 문화재의 소유자가 문화재지정처분을 다툴 수 있는 구제수단이 전혀 없고(통상 취소소송의 제소기간이 도과된 경우가 많을 것이고, 처분 당시 그 하자가 객관적으로 명백하다고 할 수 없어 무효사유인 하자에는 해당되지 아니할 가능성이 있다), 문화재의 소유자는 법 제34조, 법 시행령 제23조에 따라 행정청에 현상변경허가신청 등을 하고 이에 대한 불허 처분의 취소 등을 구하거나, 문화재에 미치는 영향을 이유로 한 개개의 건축불허가 등 처분에 대한 취소 등을 구할 수 있으나 이는 우회적인 구제수단일 뿐 문화재 소유자의 근본적인 권리침해를 해결할 수 있는 방법은 아니다. 또한, 문화재보호구역 내에 있는 토지소유자 등에게 보호구역의 지정해제를 요구할 수 있는 법규상 또는 조리상 신청권이 인정되고 있는 점(대법원 2004. 4. 27. 선고 2003두8821 판결 참조)과 모든 국민의 재산권을 보장하는 것이 헌법상의 대원칙임을 종합하여 보면, 문화재로 지정된 물건, 토지 등의 소유자로서는 문화재의 지정해제를 요구할 수 있는 법규상 또는 조리상 신청권이 있다고 할 것이고, 이러한 신청에 대한 거부행위는 항고소송의 대상이 되는 행정처분에 해당한다고 할 것이다.

3. 결론

위와 같이 피고의 처분은 위법한 행정처분에 해당하므로 이의 취소를 구하는 본 건 행정소송에 이르게 되었습니다.

입증방법

1. 갑 제1호증
2. 갑 제2호증
3. 갑 제3호증
4. 갑 제4호증
5. 갑 제5호증
6. 갑 제6호증
7. 갑 제7호증
8. 갑 제8호증

첨부서류

1. 위 각 입증방법   각 1부
2. 송달료 납부서
3. 소장부본

20 .   .   .

위 원고   (날인 또는 서명)

서울행정법원   귀중

당해판례

2009구합 19755

1) 살피건대, 행정청이 법 제13조 제1항의 규정에 의하여 당해 문화재가 국가지정문화재로서의 가치를 상실하거나 그 밖에 특별한 사유가 있는지를 판단하여 문화재지정을 해제하거나 해제하지 아니하는 것은 당해 행정청의 재량에 속하는 것이므로, 행정청은 문화재지정해제신청이 된 문화재의 역사적 의의와 현상, 주변의 문화적 상황, 신청인의 재산권에 미치는 영향 등을 고려하여 역사적으로 보존되어 온 문화재의 현상이 파괴되어 다시는 회복할 수 없게 되거나 관련한 역사문화자료가 멸실되는 것을 방지하고 그 원형을 보존하기 위한 공익상의 필요에 비하여 그로 인한 개인의 재산권 침해 등의 불이익이 훨씬 크다고 여겨지는 경우가 아닌 한 문화재지정을 해제하지 아니할 수 있다고 할 것이고, 행정청이 이와 같은 목표를 추구하기 위하여 문화재보호법 등 관련법령이 정하는 바에 따라 내린 전문적·기술적 판단은 그 판단이 객관적으로 합리적이 아니라거나 타당하지 아니하다고 볼만한 다른 특별한 사정이 없다면 최대한 존중되어야 할 것이다.

2) 이와 같은 법리를 전제로 이 사건에 관하여 보건대, 위에서 인정한 사실 및 이 법원의 현장검증결과에 변론 전체의 취지를 더하여 알 수 있는 다음과 같은 사정들, 즉 ① 이 사건 문화재에는 분묘 701기 등 도합 1,638점의 유물이 분포되어 있고, 이 사건 토지에는 분묘 6기 등 도합 19점의 유물이 분포되어 있으므로 위 토지에 유물이 거의 존재하지 아니하는 것으로 볼 수 없는 점, ② 이 사건 토지에 존재하고 있는 이 사건 분묘는 발견 당시 상태 등에 비추어 조선시대 내시 승극철 부부의 묘로 추정되고 있고, 위와 같은 추정이 명백히 잘못된 것으로 보이지 아니할 뿐만 아니라 이 사건 문화재 내의 분묘 중 유일하게 그 설치시기가 명시되어 있는 등 그 역사적 가치가 큰 점(원고는 이 사건 분묘가 승극철 부부의 묘가 아니라고 주장하나, 이 사건 문화재 인근 주민이 1990.경 위 문화재 내에 있는 내시 묘들을 이장하는 것을 목격하였다는 등의 진술만으로는 위 분묘가 승극철 부부의 묘가 아니라는 사실이 명백하게 밝혀졌다고 볼 수 없을 뿐만 아니라, 오히려 을 제6호증의 기재, 증인 박상진, 정재훈의 각 증언에 변론 전체의 취지를 종합하면, 관련 전문가들은 이 사건 분묘를 승극철 부부의 묘로 보는 것이 합당하다는 견해를 피력하고 있고, 연양군파의 14대손인 유충현도 승극철 부부의 묘임을 전제로 2001. 4. 18. 위 분묘에 참배한 사실을 인정할 수 있을 뿐이다), ③ 이 사건 문화재가 제대로 관리되고 있지 아니한 상황은 피고가 위 문화재의 보존·관리에 진력하여야 할 사유는 될지언정 위 문화재를 더 이상 보존할 필요가 없다는 사유는 될 수 없는 점, ④ 또한 이 사건 토지 내에 유물이 존재하는 부분과 존재하지 아니하는 부분이 명확하게 구별되지 아니할 뿐만 아니라 위 토지를 이 사건 문화재와 별도로 취급하여 문화재지정

을 해제할 경우 위 문화재의 경관이 전체적으로 훼손되고, 아직 발견되지 아니한 유물이 멸실될 우려가 있는 등 중대한 공익상 위해가 예상되는 반면, 원고로서는 이 사건 토지에 대한 재산권 행사가 전면적으로 금지되는 것은 아니고 일정한 경우 행정청의 허가를 얻어 위 토지를 사용·수익할 수 있으며, 이것이 헌법상 재산권 행사의 공공복리 적합의무를 넘어 원고에게 수인한도를 초과하는 불이익 을 주는 것으로 보이지는 아니하는 점, ⑤ 법 제3조는 '문화재의 보존·관리 및 활용은 원형 유지를 기본 원칙으로 한다'고 규정하고 있으므로 이 사건 토지 내에 있는 상석 등을 박물관으로 옮겨 보존할 수 있음에도 피고가 이를 이행하지 아니하고 있다고 하더라도 그 판단이 객관적으로 합리적이 아니라거나 타당하지 아니하다고 볼 수 없는 점 등을 종합하면, 이 사건 회신에 어떠한 재량권의 일탈 또는 남용의 위법이 있다고 할 수 없다.

23. 의사자인정거부처분관련 소송

(1) 의사상자 등 예우 및 지원에 관한 법률의 목적

이 법은 직무 외의 행위로 위해(危害)에 처한 다른 사람의 생명·신체 또는 재산을 구하다가 사망하거나 부상을 입은 사람과 그 유족 또는 가족에 대하여 그 희생과 피해의 정도 등에 알맞은 예우와 지원을 함으로써 의사상자의 숭고한 뜻을 기리고 사회정의를 실현하는 데에 이바지하는 것을 목적으로 하며(의사상자 등 예우 및 지원에 관한 법률 제1조), 이 법에서 사용하는 "구조행위"란 자신의 생명 또는 신체상의 위험을 무릅쓰고 급박한 위해에 처한 다른 사람의 생명·신체 또는 재산을 구하기 위한 직접적·적극적 행위를 말하며, "의사자(義死者)"란 직무 외의 행위로서 구조행위를 하다가 사망(의상자가 그 부상으로 인하여 사망한 경우를 포함한다)하여 보건복지부장관이 이 법에 따라 의사자로 인정한 사람을 말하고, "의사자유족"이란 의사자의 배우자(사실상의 혼인관계에 있는 자를 포함한다. 이하 같다), 자녀, 부모, 조부모 또는 형제자매를 말한다(법 제2조).

(2) 의사상자 적용범위

1) 적용범위

이 법은 다음 각 호의 어느 하나에 해당하는 때에 적용한다(법 제3조 제1항).

가) 강도·절도·폭행·납치 등의 범죄행위를 제지하거나 그 범인을 체포하다가 사망하거나 부상을 입는 구조행위를 한 때

나) 자동차·열차, 그 밖의 운송수단의 사고로 위해에 처한 다른 사람의 생명·신체 또는 재산을 구하다가 사망하거나 부상을 입는 구조행위를 한 때

다) 천재지변, 수난(水難), 화재, 건물·축대·제방의 붕괴 등으로 위해에 처한 다른 사람의 생명·신체 또는 재산을 구하다가 사망하거나 부상을 입는 구조행위를 한 때

라) 천재지변, 수난, 화재, 건물·축대·제방의 붕괴 등으로 일어날 수 있는 불특정 다수인의 위해를 방지하기 위하여 긴급한 조치를 하다가 사망하거나 부상을 입는 구조행위를 한 때

마) 야생동물 또는 광견 등의 공격으로 위해에 처한 다른 사람의 생명·신체 또는 재산을 구하다가 사망하거나 부상을 입는 구조행위를 한 때

바) 해수욕장·하천·계곡, 그 밖의 장소에서 물놀이 등을 하다가 위해에 처한 다른 사람의 생명 또는 신체를 구하다가 사망하거나 부상을 입는 구조행위를 한 때

사) 국가 또는 지방자치단체의 요청에 따라 구조행위를 위하여 대통령령으로 정하는 통상적인 경로와 방법으로 이동하던 중에 사망하거나 부상을 입은 때

아) 그 밖에 가)부터 아)까지와 유사한 형태의 위해에 처한 다른 사람의 생명·신체 또는 재산을 구하다가 사망하거나 부상을 입는 구조행위를 한 때

2) 적용배제

다음 각 호의 어느 하나에 해당하는 사람에 대하여는 이 법을 적용하지 아니한다(같은 조 제2항).

가) 자신의 행위로 인하여 위해에 처한 사람에 대하여 구조행위를 하다가 망하거나 부상을 입은 사람

나) 구조행위 또는 그와 밀접한 행위와 관련 없는 자신의 중대한 과실이 직접적인 원인이 되어 사망하거나 부상을 입은 사람

(3) 인정신청 등

1) 인정신청

이 법의 적용을 받으려는 사람은 대통령령으로 정하는 바에 따라 그 주소지 또는 구조행위지를 관할하는 시장(「제주특별자치도 설치 및 국제자유도시 조성을 위한 특별법」에 따른 행정시장을 포함한다. 이하 같다)·군수·구청장(자치구의 구청장에 한한다. 이하 같다)에게 의사상자 인정신청을 하여야 한다(법 제5조).

2) 신청에 의한 인정여부 결정청구

시장·군수·구청장은 인정신청을 받은 때에는 지체 없이 특별시장·광역시장·도지사 또는 특별자치도지사를 거쳐 보건복지부장관에게 의사상자 인정 여부의 결정을 청구하여야 한다.

3) 직권에 의한 인정여부 결정청구

시장·군수·구청장은 제1항 및 제2항에도 불구하고 관할 구역 안에서 구조행위가 있었다는 사실을 알게 된 때에는 직권으로 시·도지사를 거쳐 보건복지부장관에게 의사상자 인정 여부의 결정을 청구할 수 있다.

4) 결정기간

보건복지부장관은 청구를 받은 때에는 위원회의 심사·의결을 거쳐 60일 이내에 의사상자 인정 여부를 결정하여야 한다. 다만, 구조행위의 사실 여부 확인 등 부득이한 사유가 있는 때에는 30일의 범위 내에서 그 기간을 연장할 수 있다

(4) 이의신청 및 행정심판

1) 이의신청

보건복지부장관의 결정에 이의(異議)가 있는 사람은 결정을 통보받은 날부터 30일 이내에 보건복지부령으로 정하는 바에 따라 보건복지부장관에게 이의를 신청할 수 있으며(법 제6조의2), 보건복지부장관은 이의신청에 대하여 위원회의 심사·의결을 거쳐 60일 이내에 결정하고, 그 결과를 이의신청을 한 사람에게 통보하여야 한다. 다만, 그 기간 내에 결정할 수 없는 부득이한 사유가 있는 때에는 30일의 범위에서 기간을 연장할 수 있다.

2) 행정심판

이의신청을 한 사람은 그 이의신청과 관계없이「행정심판법」에 따른 행정심판을 청구할 수 있다.

[서식] 의사자인정거부처분취소 청구의 소

소　　장

원고　　김 ○ ○
　　　　경기도 광주시 곤지암읍 ○-○
　　　　(전화 000-000, 팩스 000-000)
　　　　박 ○ ○
　　　　경기도 광주시 곤지암읍 ○-○
　　　　(전화 000-000, 팩스 000-000)
피고　　서울특별시 지방경찰청장

의사자인정거부처분취소

청구취지

1. 피고가 2011. 11. 2.자로 한, 망 올즈보이 오○○ 및 망 다○에 대한 각 의사자 인정거부 처분을 취소한다.
2. 소송비용은 피고가 부담한다.
라는 판결을 구합니다.

청구원인

1. 처분의 경위

(1) 망 올즈보이 오○○(1993. 3. 15.생, 이하 '망 오○○'라 한다)는 원고 김○○의 딸이고, 망 다○(1979. 1. 30.생, 이하 '망 다○'라 하고, 망 오○○와 통칭할 때는 '망인들'이라 한다)는 원고 박○○의 아내이며, 망 오○○는 망 다○의 조카입니다.

(2) 나. 망인들은 2011. 7. 27. 망 오○○의 이웃에 거주하는 정■■(당시 79세)의 부탁을 받고 폭우가 내리는 중에 배수구를 막고 있는 장판을 제거하기 위하여 함께 나갔다가, 배수구로부터 약 수백 미터 떨어진 다리 부근에서 변사체로 발견되었습니다다(이하 '이 사건사고'라 한다).

(3) 망 다○의 시신을 검안한 의사 김■■은 망 다○의 사망진단서에 사인으로 익사에 의한 심폐기능정지를 기재하였습니다.

(4) 원고들은 피고에게 망인들이 정■■의 요청을 받고 구조행위에 나아갔다가 사망하게 되었다며 의사자인정 신청을 하였으나, 피고는 의사상자 심사위원회의 심사 결정을 거쳐 2011. 11. 2. 망인들이 구 「의사상자 예우 및 지원에 관한 법률」(2011. 8. (5) 법률 제11006호로 개정되기 전의 것, 이하 '의사상자법'이라 하고, 특정조문을 인용할 때는 '법'이라 한다) 소정의 의사자에 해당하지 않는다며 의사자 인정거부 처분(이하 '이 사건 처분'이라 한다)을 하였습니다.

(5) 원고들은 이 사건 처분에 불복하여 2012. 1. 11. 행정심판을 청구하였으나, 중앙행정심판위원회는 2012. 7. 3. 이를 모두 기각하였습니다.

2. 처분의 위법성

망인들이 정■■을 돕기 위하여 폭우가 내리는 위험한 상황에서도 배수구를 막고 있는 장판을 제거하려고 한 행위는 구조행위라 할 것이고, 망인들은 그 구조행위 과정에서 사망하였으므로 의사상자법 소정의 의사자에 해당합니다.

따라서 피고가 망 올즈보이 오○○ 및 망 다○에 대한 각 의사자 인정거부 처분을 한 행위는 위법합니다.

3. 결론

이와 같이 피고의 처분은 위법한 행정처분이 아닐 수 없으므로, 상기와 같이 원고의 행정처분의 취소를 구하는 행정소송에 이르게 되었습니다.

입증방법

1. 갑 제1호증
2. 갑 제2호증
3. 갑 제3호증
4. 갑 제4호증
5. 갑 제5호증

첨부서류

1. 위 각 입증방법   각 1부
2. 송달료 납부서
3. 소장부본

20 .   .   .

위 원고   (날인 또는 서명)

서울행정법원   귀중

당해판례

2012구합 32598

(1) 법 제2조는 '구조행위'를 자신의 생명 또는 신체상의 위험을 무릅쓰고 급박한 위해에 처한 다른 사람의 생명·신체 또는 재산을 구하기 위한 직접적·적극적 행위로 규정하고(제1호), '의사자'를 직무 외의 행위로서 구조행위를 하다가 사망하여 보건복지부장관이 법에 따라 의사자로 인정한 사람으로 규정하고 있다(제2호).

여기서 구조행위를 하다가 사망하였는지 판단함에 있어, 직무 외의 행위로 위해에 처한 다른 사람의 생명·신체 또는 재산을 구하다가 사망하거나 부상을 입은 사람과 그 유족 또는 가족에 대하여 그 희생과 피해의 정도 등에 알맞은 예우와 지원을 함으로써 의사상자의 숭고한 뜻을 기리고 사회정의를 실현하는 데에 이바지하고자 하는 의사상자법의 입법 목적(법 제1조)에 비추어 볼 때, 구조행위에 나선 사람이 그와 관련하여 사망하였다면, 자신의 행위로 인하여 위해에 처한 사람에 대하여 구조행위를 하다가 사망하거나, 구조행위 또는 그와 밀접한 행위와 관련 없는 자신의 중대한 과실이 직접적인 원인이 되어 사망한 경우(법 제3조 제2항)와 같이 해당 구조행위의 실질적 내용이나 사망에 이른 경위가 사회적 귀감으로 삼기에 미흡한 경우가 아니라면, 넓게 보아 구조행위를 하다가 사망하였다고 보아야 할 것이다.

(2) 이 사건에 관하여 보건대, 위에서 인정한 사실들에 드러난 다음의 사정들, 즉, 당시 폭우로 산사태와 침수피해가 발생한 정황에 비추어 볼 때 정■■의 재산 뿐만 아니라 신체에도 급박한 위해가 있었던 것으로 보이는 점, 이에 정■■은 이웃주민들에게 도움을 요청하였으나 3차례나 거절당하고 마지막으로 망인들의 도움을 받게 되었던 점, 위와 같이 긴급한 상황에서 망인들은 배수구의 장판을 제거함으로써 정■■이나 그 소유의 재산에 대한 위해뿐만 아니라, 침수로 인한 산사태의 발생과 같은 중대한 2차적 위험을 방지하려 하였던 것으로 보이는 점, 정■■은 최초 진술 시 망인들이 다시 장판을 제거하러 가는 것을 목격하였다는 취지로 진술하였다가, 이후에는 이를 목격하지 못하였다는 취지로 진술을 변경하였으나, 자신에게 책임이 따를 것을 염려하여 진술을 변경하였을 가능성이 높은 점(망 오○○의 이웃에 거주하던 증인 서은원은 우리 법정에서, 망인들의 사체가 발견되었다는 소식을 듣고 사고 현장을 찾아갔다가 정■■의 집 마당에서 망 다○의 운동화가 가지런히 놓여 있는 것을 보았는데, 나중에 정■■을 찾아가 이를 이야기하였더니 정■■이 나가라고 하면서 욕설과 삿대질을 하였고, 정■■의 아들은 자신들에게 법적 책임이 있는지 묻기도 하였다고 증언한 바 있다), 특히 고령의 정■■이 폭우로 마당까지 물이 찬 상황에서 일부러 부른 망인들과 떨어져서 각자의 집으로 귀가하였다는 진술은

쉽사리 믿기 어렵고, 오히려 망인들과 함께 이동하면서 망인들의 이후 행적, 특히 급류에 휩쓸려가는 과정을 목격하였을 개연성이 커 보이는 점, 망인들이 장판을 제거하려는 시도를 포기하고 돌아오는 길에 급류에 휩쓸렸다고 하더라도 이 또한 구조행위에 필수적으로 수반된 과정에서 일어난 사고로 볼 수 있는 점, 급류에 휩쓸린 데 망인들의 부주의나 과실이 다소간 있었다고 하더라도 당시 폭우가 내린 상황, 망인들의 성별과 나이, 출신 등을 감안할 때 그 과실이 구조행위와 밀접한 관련이 없는 중대한 과실에 해당한다고 보기는 어려운 점 등에 비추어 보면, 비록 망인들의 사망 과정이 정확하게 밝혀지지 않은 부분이 일부 있다 하더라도, 망인들은 구조행위를 하다가 사망한 의사자에 해당한다고 할 것이다. 따라서 이와 달리 본 이 사건 처분은 위법하고, 이와 같은 취지의 원고들 주장은 이유 있다.

24. 군인사망보상금지급거부처분관련 소송

(1) 국인연금법 제정목적

이 법은 군인이 상당한 기간을 성실히 복무하고 퇴직하거나 심신의 장애로 인하여 퇴직하거나 사망한 경우 또는 공무(公務)상의 질병·부상으로 요양하는 경우에 본인이나 그 유족에게 적절한 급여를 지급함으로써 본인 및 그 유족의 생활 안정과 복리 향상에 이바지함을 목적으로 한다(국인연금법 제1조).

(2) 적용 범위

이 법은 현역 또는 소집되어 군에 복무하는 군인에게 적용한다. 다만, 다음 각 호의 어느 하나에 해당하는 사람에게는 제31조와 제32조만 적용한다(법 제2조).

1) 지원에 의하지 아니하고 임용된 부사관
2) 병(兵)
3) 무관후보생. 다만, 준사관 또는 부사관(제1호의 부사관은 제외한다)으로 복무 중에 무관후보생에 지원한 사람(이하 "복무 중 지원 무관후보생"이라 한다)은 제외한다.

(3) 사망보상금

1) 대상

군인이 공무를 수행하다가 사망한 경우에는 그 유족에게 사망보상금을 지급한다(군인연금법 제31조).

2) 지급액 구분

사망보상금의 지급액은 다음의 구분에 따른다. 다만, 가), 나)에 따른 금액이 다에 따른 금액보다 적을 경우에는 그 지급액은 다)에 따른 금액으로 한다.

가) 전사: 공무원 전체의 기준소득월액 평균액의 10분의 577에 상당하는 금액

나) 특수직무 순직: 공무원 전체의 기준소득월액 평균액의 10분의 442에 상당하는 금액

다) 제1호 및 제2호 외의 제26조제1항제3호에 해당하는 사망: 기준소득월액의 10분의 234에 상당하는 금액

3) 산정기준

가) 국내근무

제18조 제1항 제4호에도 불구하고 제2항 제3호에 해당하는 사유로 사망한 군인의 기준소득월액이 공무원 전체의 기준소득월액 평균액의 1천분의 1,042보다 적은 경우에는 공무원 전체의 기준소득월액 평균액의 1천분의 1,042에 해당하는 금액을 기준소득월액으로 보아 사망보상금을 산정한다.

나) 외국근무

외국 근무(대통령령으로 정하는 해외 파견기간 중의 근무를 말한다. 이하 같다) 중 사망한 경우에는 대통령령으로 정하는 금액을 가산하여 지급한다.

(4) 보상금신청시 제출서류

민원인이 제출해야 하는 서류는 아래와 같다.

1) 사망한 전 청구인의 사망사실을 증명하는 서류(사망보상금청구를 한 자가 사망보상금을 받기 전에 사망하였으나 사망정리가 되지 아니한 경우에 한함) 1부 (예: 사망진단서 등)

2) 사망한 군인의 사망확인증

3) 가족관계 기록사항에 관한 증명서

Q 저는 군대에서 행정병으로 근무하던 중 제대를 1개월 정도 앞둔 휴식시간에 부대내 재활용 분리수거장에 있던 원통형 물체를 이용하여 전역기념품을 만들기 위해 라이터로 열을 가하던 중 이것이 폭발하여 손가락 3개가 절단되어 국군병원에서 치료를 받고 전역하였습니다. 이 경우에도 국가유공자로 인정받을 수 있는지요?

A 관련 판례를 보면 "군인이 직무 전반에 당연히 또는 통상 수반되는 범위 내의 행위도중에 발생한 사고로 부상한 경우 국가유공자등예우및지원에관한법률 제4조 제1항 제6호에서 규정한 공상군경의 요건인 '군인의 직무 수행중의 상이'에 해당하지만, 그 범위 내의 행위가 아니라 직무수행으로 볼 수 없는 사적 행위가 원인이 되어 발생한 상이는 직무 수행중의 상이라고 볼 수 없어 공상군경의 기준에서 제외되고, 그 '상이(傷痍)'가 당해 군인이 수행하던 직무에 내재하거나 이에 통상 수반하는 위험의 현실화라고 볼 수 있는 사정이 있어야 위 '직무 수행중의 상이'에 해당한다."라고 하였습니다(대법원 1992. 11. 27. 선고 92누4444 판결).

또한, 「국가유공자 등 예우 및 지원에 관한 법률」 제4조 제6항 제3호에서도 '장난, 싸움 등 직무수행으로 볼 수 없는 사적 행위가 원인이 되어 발생한 사망 또는 상이'를 국가유공자의 선정대상에서 배제하고 있습니다.

여기서 장난이나 싸움은 사적 행위의 하나로 예시한 것이지 사적 행위를 장난, 싸움에 한정하고 있는 것은 아니므로, 사적 행위는 직무수행과의 관련성을 인정할 수 없는 사적 행위 전반을 지칭하는 것이지, 장난, 싸움 등과 같이 남에게 피해를 주는 부류의 행위만을 의미하는 것이 아니라는 것이 판례의 태도입니다(대법원 1999. 7. 27. 선고 99두2079 판결).

따라서 귀하가 제대를 앞두고 기념품을 만들다가 부상을 당한 것이 위에서 설명한 군인의 직무상 관련이 있는 '직무 수행중의 상이'로 보기는 어렵고, 사적 행위에 해당한다고 할 것이므로 귀하는 국가유공자에 해당하지 않는다고 보아야 할 것입니다.

소 장

원고　　　김 길 동(주민등록번호)
　　　　　서울시 강동구 명일동 ○-○번지
　　　　　(전화 000-000, 팩스 000-000)
피고　　　서울지방보훈처장
군인사망보상금지급거부처분취소

청구취지

1. 피고가 2012. 1. 12. 원고에 대하여 한 군인사망보상금지급거부 처분을 취소한다.
2. 소송비용은 피고가 부담한다.
라는 판결을 구합니다.

청구원인

1. 처분의 경위

(1) 원고의 아버지인 망 김**(이하 '망인'이라 한다)은 애국청년운동단체인 대한청년단의 황해도단 소속 대원으로서 한국전쟁 중인 1950. 12. 18. 단장 김○○(제헌 국회의원)의 명령에 따라 대원 약 15명과 함께 당시 해주시 용당포에 주둔하고 있던 해군 503함의 함장 장근섭 중위의 지휘를 받게 되었는바, 같은 달 20일 장근섭의 명령을 받고 해군과 함께 황해도 신천군 구월산 지역 공비정찰작전에 참여하였다가 적군과의 교전 과정에서 해군 6명, 청년단원 3명과 함께 전사하였습니다.

(2) 원고는 1989. 12. 19. 해군참모총장으로부터 망인이 위와 같은 사유로 전사하였으니 국가유공자에 해당한다는 취지의 사실확인서(이하 '이 사건 확인서'라 한다)를 발급받고, 같은 달 29일 피고에게 국가유공자 및 유족등록 신청을 하였습니다.

(3) 피고는 위 신청에 따라 1990. 2. 27. 보훈심사위원회의 심의의결을 거쳐 망인을 국가유공자(전몰군경)로, 피고를 그 유족으로 각 결정하였습니다.

(4) 원고는 2011. 12. 14. 피고에게 망인의 전사를 이유로 사망급여금의 지급을 청구하였으나, 피고는 2012. 1. 12. 원고가 이 사건 확인서를 발급받은 날로부터 5년이 경과하여 사망급여금 청구권이 시효로 소멸하였다면서 지급을 거절하였습니다(이하 '이 사건 처분'이라 함).

2. 처분의 위법성

(1) 망인이 해군과 함께 작전을 수행하던 중에 전사하였는데, 정식 군인은 아니었으므로 피고는 구 군인사망급여금규정 부칙(1953. 11. 10. 대통령령 제831호, 이하 '1953년 부칙'이라 하고 그 본칙들을 통틀어 '1953년 규정'이라 한다) 제2문에서 정한 '징용자 및 노무자'의 예에 따라 망인의 유족인 원고에게 사망급여금을 지급할 의무가 있습니다.

(2) 한편, 군인사망급여금규정은 1974. 6. 19. 구 군인재해보상규정(1974. 6. 19. 대통령령 제7181호)의 시행으로 폐지되었고, 군인재해보상규정 역시 1980. 7. 1. 구 「군인연금법 시행령」(1980. 7. 11. 대통령령 제9963호)의 시행으로 폐지되었는데, 그 과정에서 1953년 부칙의 '징용자 및 노무자'에 관한 규정이 승계되지 않았기 때문에 원고로서는 사망급여금을 청구함에 있어서 근거 규정을 찾을 수 없는 법률상의 장애사유가 있었습니다.

(3) 따라서 원고의 사망급여금 청구권이 이 사건 확인서를 발급받은 날인 1989. 12. 19.부터 5년이 경과하여 시효로 소멸하였음을 전제로 한 피고의 이 사건 처분은 위법합니다.

3. 결론

이와 같이 피고의 처분은 위법한 행정처분이 아닐 수 없으므로, 상기와 같이 원고의 행정처분의 취소를 구하는 행정소송에 이르게 되었습니다.

입증방법

1. 갑 제1호증
2. 갑 제2호증
3. 갑 제3호증

첨부서류

1. 위 각 입증방법   각 1부
2. 송달료 납부서
3. 소장부본

20 . . .
위 원고   (날인 또는 서명)

서울행정법원   귀중

당해판례

2012구합 33799

(1) 원고에게 사망급여금 청구권이 발생하였는지에 관한 판단

(가) 구 군인사망급여금규정(1951. 5. 2. 대통령령 제493호로 개정되기 전의 것, 이하 '제정 규정'이라 한다)은 제1조에서 육해군의 군인사관후보생 및 군속이 전사한 때에는 그 유족에게 사망급여금을 지급하도록 규정하면서, 동 부칙에서 단기 4283년 11월 20일(서기 1950년 11월 20일) 이후 사망한 자부터 제정 규정을 적용한다고 정하고 있었다. 한편, 1953년 부칙은 1953년 규정의 시행시기를 단기 4283년 6월 25일(서기 1950년 6월 25일)로 앞당기면서, 징용자 및 노무자에게도 이를 확대 적용하되 그 급여는 사병과 같이 한다고 규정하였다. 이처럼 군인사망급여금규정이 한국전쟁이라는 급박한 위기상황에서 국가를 위하여 군무를 수행하다가 사망한 군인 등의 유족을 금전으로나마 위자하기 위하여 제정되었고(대법원 1968. 6. 18. 선고 68다602 판결 등 참조), 점차 그 적용시기와 대상을 확대하는 방향으로 개정된 점, 1953년 부칙이 징용자와 노무자를 사망급여금의 지급대상으로 삼으면서도, 그보다 더 가벼운 희생을 하였다고는 결코 볼 수 없는, 자발적으로 전투에 참가하여 교전 중 사망한 사람들을 단지 그들이 병적에 정식으로 편입된 군인이 아니라는 이유로 사망급여금의 지급에서 배제하고자 하는 의도로 만들어졌다고 보기는 어려운 점, 국군조직법이 1948. 11. 30. 제정되었으나 '군인'의 개념에 대하여 명시적인 정의 규정을 두지 않고 있다가(망인의 사망이후인 1953. 12. 14. 제정된 정규군인신분령 제2조가 군인은 장교, 준사관 및 하사관으로 한다고 규정하였을 뿐이다), 1963. 5. 20. 개정되면서 비로소 제4조에서 군인이라함은 전시와 평시를 막론하고 군에 복무하는 자를 말한다고 규정하였고, 군인에게 적용할 인사행정의 기준을 정하는 군인사법 역시 1962. 1. 20. 이 되어서야 제정되었는바, 이처럼 망인이 사망할 당시 법령상 군인의 의미와 범주가 명확하였다고 보기는 어려운 점 등에 비추어 보면, 정식으로 병적에 편입되어 군인으로서 계급을 부여받고 군무를 수행한 사람이 아니더라도 사실상 군의 지휘체계에 편입되어 군인들과 함께 군사작전을 수행하다가 전사한 사람이라면 적어도 군인에 준하는 사람으로서 1953년 규정 제1조 제1항 및 1953년 부칙에 따라 그 유족에게 사망급여금을 지급하여야 할 것이다.

(나) 돌이켜 이 사건에 관하여 보건대, 갑 제1호증의 기재에 변론 전체의 취지를 종합하면, 망인은 대한청년단장 김○○의 출동 명령을 받고 1950. 12. 5.경 대한청년단원 약 30명과 함께 해주시에 집결한 사실, 당시 망인은 포로를 감시하는 등 주로 보초, 경비 정찰임무를 맡고 있다가, 같은 달 18일 장근섭 해군 중위의 지휘를 받아 청년단원 약 15명 및 해군과 함께 개인화기로 무장하고 공비정찰작전에 참여한 사실, 망인은 정찰을 마치고 다시 해주시로 귀환하다가 황해도 신천군 미덕

거리 부근에서 적군과 교전 중 사망한 사실을 인정할 수 있고, 이에 의하면 망인은 정식으로 병적에 편입된 군인은 아니지만 전시의 급박한 상황에서 군의 지휘체계에 편입되어 군인들과 함께 군무를 수행하다가 사망한 사람으로서 최소한 군인에 준하는 지위에 있는 사람이라고 할 것이므로, 원고는 그 유족으로서 1953년 규정 및 부칙에 따라 사망급여금 청구권을 취득하였다고 할 것이다.

따라서 원고는 망인이 사망한 날인 1950. 12. 20. 사망급여금 청구권을 취득하였고, 군인사망급여금규정이 1974. 6. 19. 폐지되었다고 하더라도 이미 발생한 청구권에 영향을 미치는 것은 아니므로, 그에 불구하고 사망급여금 청구권을 계속 보유하고 있었다고 보아야 한다.

(2) 사망급여금 청구권이 시효완성으로 소멸하였는지에 관한 판단

(가) 소멸시효의 기산일 등

1953년 규정 제2조는 사망급여금은 그 지급사유가 발생한 날로부터 5년 이내에 청구하지 아니한 경우에는 지급하지 아니한다고 규정하고 있는데, 이는 사망급여금 청구권의 소멸시효를 규정한 것이라 할 것이다. 한편, 구 군인사망급여금규정(1974. 9. 19. 대통령령 제7187호로 폐지되기 전의 것, 이하 '1955년 규정'이라 한다) 제2조는 사망급여금은 사망통지서를 받은 날로부터 5년 이내에 청구하지 아니한 경우에는 지급하지 아니한다고 규정하고 있었는바, 그 부칙(1955. 9. 2. 대통령령 제1086호)은 1955년 규정을 공포한 날부터 시행한다고 규정하고 있었다. 이들 규정을 종합하여 볼 때, 망인은 사망하였으므로 1950. 12. 20. 우선은 1953년 규정에 의하여 그 지급사유가 발생한 날인 전사 당일부터 사망급여금 청구권의 소멸시효가 진행하나, 그 시효기간이 완성되기 전인 1955. 9. 2.에 1955년 규정이 시행됨으로써 소멸시효의 기산일도 사망통지서를 받은 날로 변경되었다고 할 것이다. 그런데 원고가 1989. 12. 19. 해군참모총장으로부터 망인의 전사 경위를 확인한 이 사건 확인서를 발급받은 사실은 앞서 본 바와 같으므로, 원고의 사망급여금 청구권은 1989. 12. 19.부터 소멸시효가 진행하여 특별한 사정이 없는 한 그로부터 5년이 지난 1994. 12. 20. 시효완성으로 소멸하게 된다.

(나) 소멸시효 항변의 제한

채무자의 소멸시효에 기한 항변권의 행사도 신의성실의 원칙과 권리남용금지의 원칙의 지배를 받는 것이어서, 채무자가 시효완성 전에 채권자의 권리행사나 시효중단을 불가능 또는 현저히 곤란하게 하였거나, 그러한 조치가 불필요하다고 믿게 하는 행동을 하였거나, 객관적으로 채권자가 권리를 행사할 수 없는 장애사유가 있었거나, 또는 일단 시효완성 후에 채무자가 시효를 원용하지 아니할 것 같은 태도를 보여 권리자로 하여금 그와 같이 신뢰하게 하였거나, 채권자 보호의 필요성이 크고, 같은 조건의 다른 채권자가 채무의 변제를 수령하는 등의 사정이 있어 채무이행의 거절을 인정함이 현저히 부당하거나 불공평하게 되는 등의 특별한 사정이 있는 경우에는 채무자가 소멸시효의 완성을 주장하는 것이 신의성실의 원칙에 반하여 권리남용으로서 허용될 수 없다(대법원 2011. 1. 13. 선고 2010다53419 판결 등 참조).

이 사건에서 보건대, 앞서 본 바와 같이 망인이 사망할 무렵에는 법령상 군인의 정의가 명확하지 않았고 1953년 부칙에서 사망급여금의 지급대상을 징용자와 노무자에게까지 확대하고 있기는 하였으나, 자발적 전투요원인 망인이 징용자나 노무자에 해당한다고 보기도 어려웠으며 더구나, 원고가 이 사건 확인서를 발급받을 무렵에는 그러한 적용확장규정조차 삭제된 반면(군인사망급여금규정을 대체하여 시행된 구 군인재해보상규정은 1953년 부칙 제2문의 규정을 승계하지 않으면서 그 적용대상을 군인사법 제2조 규정된 군인으로 한정하였고, 구 군인재해보상규정을 대체한 구「군인연금법 시행령」역시 사망보상금의 지급대상을 군인과 무관후보생으로 한정하였다). 국군조직법, 군인사법, 군인연금법의 적용대상이 되는 군인의 의미는 법령상 명확하게 규정되기에 이른 점, 따라서 원고와 같은 일반인으로서는 이 사건 확인서를 발급받은 후에도 정식으로 병적에 편입된 군인이 아니었던 망인이 사망급여금의 지급 대상이 된다고 판단하기는 결코 쉽지 않았을 것으로 보이는 점, 피고는 국가유공자 및 그 유족에 대한 보훈, 제대군인의 보상보호 및 보훈선양에 관한 사무를 관장하기 위하여 국무총리 산하에 설치된 국가기관인 국가보훈처의 소속기관으로서(정부조직법 제24조 및「국가보훈처와 그 소속기관 직제」제2조 제2항) 국가를 위하여 희생하거나 공헌한 국가유공자와 그 유족을 적극적으로 보호하고 배려할 공법상의 의무를 지고 있음에도, 망인에 대한 국가유공자 등록 당시 원고에게 사망급여금의 지급대상에 해당한다는 점 및 그 청구 절차 등에 관하여 적극적으로 안내하지 아니한 것으로 보이는 점(안내가 있었다면 그 당시 원고가 사망급여금의 청구를 하지 않았을 리 없다), 나아가 이 사건 확인서가 발급될 당시로 돌아가서 보더라도 당시의 관계 법령 상태에 비추어 원고가 사망급여금의 지급을 청구하거나 그 수급 가능성을 문의하였을 때 피고의 담당 공무원이 이를 받아들이거나 긍정적으로 답변하였으리라고도 보기 어려운 점 등의 사정에 비추어 보면, 원고에게는 이 사건 확인서의 수령에도 불구하고 사망급여금 청구권을 행사할 것을 기대하기 어려운 객관적인 사정이 있었다고 할 것이어서 그를 구제할 필요성은 큰 반면 피고는 국가유공자의 유족인, 원고를 적극적으로 보호·지원하고 관련 법령을 정비하여 보상절차를 명확히 할 의무를 게을리함으로써 원고의 권리행사를 곤란하게 한 셈이므로, 피고가 이제 와서 소멸시효를 들어 사망급여금의 지급을 거절하는 것은 신의성실의 원칙에 반하는 권리의 남용으로서 허용될 수 없다. 따라서 원고의 사망급여금 청구권이 시효의 완성으로 소멸하였음을 전제로 한 이 사건 처분은 위법하다.

25. 국립묘지안장거부관련 소송

(1) 국립묘지의 설치 및 운영에 관한 법률의 제정목적

이 법은 국립묘지의 설치와 운영에 관한 사항을 규정함으로써 국가나 사회를 위하여 희생·공헌한 사람이 사망한 후 그를 안장하고 그 충의와 위훈의 정신을 기리며 선양하는 것을 목적으로 한다(국립묘지의 설치 및 운영에 관한 법률 제1조).

(2) 국립묘지별 안장 대상자[112]

---

112) 제5조 국립묘지별 안장 대상자 ① 국립묘지에는 다음 각 호의 구분에 따른 사람의 유골이나 시신을 안장한다. 다만, 유족이 국립묘지 안장을 원하지 아니하는 경우에는 그러하지 아니하다.
  1. 국립서울현충원 및 국립대전현충원 [[시행일 2008.9.29]]
    가. 대통령·국회의장·대법원장 또는 헌법재판소장의 직에 있었던 사람과 「국가장법」 제2조에 따라 국가장으로 장례된 사람
    나. 「독립유공자예우에 관한 법률」 제4조에 따른 순국선열과 애국지사로서 사망한 사람
    다. 현역군인(「병역법」 제2조제1항제4호 및 제7호의 군간부후보생과 전환복무자를 포함한다)과 소집 중인 군인 및 군무원(「국가유공자 등 예우 및 지원에 관한 법률」 제74조제1항 각 호의 어느 하나에 해당하는 자를 포함한다)으로서 사망한 사람 또는 「국가유공자 등 예우 및 지원에 관한 법률」 제4조제1항제3호나목과 제5호나목에 해당하는 사람
    라. 「상훈법」 제13조에 따른 무공훈장을 수여받은 사람으로서 사망한 사람
    마. 장관급(將官級) 장교 또는 20년 이상 군에 복무(복무기간 계산은 「군인연금법」 제16조를 준용하되, 사관학교 등 군 양성교육기간을 포함한다)한 사람 중 전역·퇴역 또는 면역된 후 사망한 사람
    바. 전투에 참가하여 전사하였거나 임무 수행 중 순직한 예비군대원 또는 경찰관
    사. 군인·군무원 또는 경찰관으로 전투나 공무 수행 중 「국가유공자 등 예우 및 지원에 관한 법률」 제4조제1항제4호, 제6호 또는 제12호에 따른 상이(傷痍)를 입고 전역·퇴역·면역 또는 퇴직한 사람 [「국가유공자 등 예우 및 지원에 관한 법률」 제74조에 따라 전상군경(戰傷軍警) 또는 공상군경(公傷軍警)으로 보아 보상을 받게 되는 사람을 포함한다]으로서 사망한 사람
    아. 화재 진압, 인명 구조, 재난·재해 구조, 구급 업무의 수행 또는 그 현장 상황을 가상한 실습훈련 및 「소방기본법」 제16조의2제1항제1호부터 제5호까지의 소방지원활동 중 순직한 소방공무원과 상이를 입고 「국가유공자 등 예우 및 지원에 관한 법률」 제6조의4에 따른 상이등급을 받은 소방공무원으로서 사망한 사람
    자. 「국가유공자 등 예우 및 지원에 관한 법률」 제4조제1항제9호에 따른 6·25참전재일학도의용군인으로서 사망한 사람
    차. 「의사상자 등 예우 및 지원에 관한 법률」 제2조제2호 및 제3호에 따른 의사자(義死者) 및 의상자(義傷者)로서 사망한 사람 중 대통령령으로 정하는 요건을 갖춘 사람
    카. 산불진화·교정업무 등 위험한 직무를 수행하는 공무원으로서 대통령령으로 정하는 요건에 해당하는 직무 수행 중 사망하여 관계 기관의 장이 순직공무원으로 안장을 요청한 사람
    타. 「국가유공자 등 예우 및 지원에 관한 법률」 제4조제1항제13호 및 제14호에 따른 순직공무원과 공상공무원(「국가유공자 등 예우 및 지원에 관한 법률」 제6조의4제1항에 따라 상이등급 1급·2급·3급에 해당하는 부상을 입은 공상공무원에 한한다)으로서 카목의 대통령령으로 정하는 요건의 직무에 준하는 위험한 직무수행 중 사망 또는 부상하였다고 인정하여 제10조에 따른 안장대상심의위원회가 안장 대상자로 결정한 사람
    파. 국가나 사회에 현저하게 공헌한 사람(외국인을 포함한다) 중 사망한 사람으로서 대통령령으로 정하는 요건을 갖춘 사람
    하. 「독도의용수비대 지원법」 제2조제1호에 따른 독도의용수비대의 대원으로서 사망한 사람
  2. 국립4·19민주묘지 및 국립3·15민주묘지: 「국가유공자 등 예우 및 지원에 관한 법률」 제4조제1항제10호부터 제12호까지의 규정에 따른 4·19혁명사망자와 4·19혁명부상자 또는 4·19혁명공로자로서 사망한 사람
  3. 국립5·18민주묘지: 「5·18민주유공자예우에 관한 법률」 제4조제1호부터 제3호까지의 규정에 따른 5·18민주화

1) 국립묘지에는 다음 각 호의 구분에 따른 사람의 유골이나 시신을 안장한다. 다만, 유족이 국립묘지 안장을 원하지 아니하는 경우에는 그러하지 아니하다(제5조 제1항).

가) 국립서울현충원 및 국립대전현충원(제5조 제1호)

군인·군무원 또는 경찰관으로 전투나 공무 수행 중 「국가유공자 등 예우 및 지원에 관한 법률」 제4조 제1항 제4호, 제6호 또는 제12호에 따른 상이를 입고 전역·퇴역·면역 또는 퇴직한 사람[「국가유공자 등 예우 및 지원에 관한 법률」 제74조에 따라 전상군경 또는 공상군경으로 보아 보상을 받게 되는 사람을 포함한다]으로서 사망한 사람(제5조 제1호 사목)

2) 안장 배제대상자

1)항에도 불구하고 다음의 어느 하나에 해당하는 사람은 국립묘지에 안장될 수 없다(제5조 제4항).

가) 대한민국 국적을 상실한 사람. 다만, 제1항 제1호 나목 및 자목에 해당하는 사람은 제외한다.

운동사망자와 5·18민주화운동부상자 또는 그 밖의 5·18민주화운동희생자로서 사망한 사람

　4. 국립호국원

　　가. 「국가유공자 등 예우 및 지원에 관한 법률」 제4조제1항제3호 또는 제5호에 해당하는 사람과 같은 항 제4호·제6호 또는 제7호에 해당하는 사람으로서 사망한 사람

　　나. 「참전유공자 예우 및 단체설립에 관한 법률」 제2조제2호에 따른 참전유공자로서 사망한 사람

　　다. 「제대군인지원에 관한 법률」 제2조제1항제2호에 따른 장기복무 제대군인으로서 사망한 사람

② 제1항 본문에도 불구하고 제주특별자치도에 설치하는 국립호국원에는 제1항제1호부터 제4호까지의 어느 하나에 해당하는 사람의 유골이나 시신을 안장한다. 다만, 유족이 국립묘지 안장을 원하지 아니하는 경우에는 그러하지 아니하다. [신설 2011.8.4] [[시행일 2011.11.5]]

③ 제1항에 따라 국립묘지에 안장된 사람의 배우자는 본인이나 유족의 희망에 따라 합장할 수 있으며, 배우자의 요건은 다음 각 호와 같다. 다만, 제6조제2항에 따라 영정(影幀)이나 위패로 봉안된 사람의 배우자는 그와 함께 위패로 봉안할 수 있다. [개정 2011.8.4] [[시행일 2011.11.5]]

　1. 안장 대상자의 사망 당시의 배우자. 다만, 배우자가 사망한 후에 안장 대상자가 재혼한 경우에는 종전의 배우자도 포함하고, 안장 대상자가 사망한 후에 다른 사람과 혼인한 배우자는 제외한다.

　2. 안장 대상자와 사망 당시에 사실혼 관계에 있던 사람. 이 경우 합장은 제10조에 따른 안장대상심의위원회의 결정에 따른다.

④ 제1항에도 불구하고 다음 각 호의 어느 하나에 해당하는 사람은 국립묘지에 안장될 수 없다. [개정 2011.8.4, 2012.2.17, 2015.5.18 제13289호(민주화운동 관련자 명예회복 및 보상 등에 관한 법률)]

　1. 대한민국 국적을 상실한 사람. 다만, 제1항제1호나목 및 자목에 해당하는 사람은 제외한다.

　2. 제1항제1호다목의 사람(「국가유공자 등 예우 및 지원에 관한 법률」 제4조제1항제3호나목과 같은 항 제5호나목에 해당하는 사람은 제외한다)으로서 복무 중 전사 또는 순직 외의 사유로 사망한 사람

　3. 「국가유공자 등 예우 및 지원에 관한 법률」 제79조제1항제1호부터 제4호까지의 어느 하나에 해당하는 사람. 다만, 수형 사실 자체가 「민주화운동 관련자 명예회복 및 보상 등에 관한 법률」 제2조제2호에 해당하는 사람으로서의 공적(功績)이 되는 경우에는 국립묘지에 안장할 수 있다.

　4. 탄핵이나 징계처분에 따라 파면 또는 해임된 사람

　5. 그 밖에 제10조에 따른 안장대상심의위원회가 국립묘지의 영예성(榮譽性)을 훼손한다고 인정한 사람

⑤ 제1항제1호나목, 제1항제2호 또는 제1항제3호의 안장 대상자가 안장 제외 대상에 해당하더라도, 수형 사실 자체가 독립유공자, 국가유공자, 5·18민주유공자로서의 공적이 되는 경우에는 국립묘지에 안장할 수 있다. [개정 2011.8.4] [[시행일 2011.11.5]]

⑥ 제4항제1호 본문에도 불구하고 대한민국 국적을 가지지 아니한 사람은 대통령령으로 정하는 기준에 따라 제10조에 따른 안장대상심의위원회의 심의·결정으로 국립묘지에 안장할 수 있다.

나) 제1항 제1호 다목의 사람(「국가유공자 등 예우 및 지원에 관한 법률」 제4조 제1항 제3호 나목과 같은 항 제5호 나목에 해당하는 사람은 제외한다)으로서 복무 중 전사 또는 순직 외의 사유로 사망한 사람

다) 「국가유공자 등 예우 및 지원에 관한 법률」 제79조 제1항 제1호 또는 제3호에 해당하는 사람. 다만, 수형 사실 자체가 「민주화운동관련자 명예회복 및 보상 등에 관한 법률」 제2조 제2호에 해당하는 사람으로서의 공적이 되는 경우에는 국립묘지에 안장할 수 있다.

라) 탄핵이나 징계처분에 따라 파면 또는 해임된 사람

마) 그 밖에 제10조에 따른 안장대상심의위원회가 국립묘지의 영예성을 훼손한다고 인정한 사람

(3) 안장대상심의위원회의 설치 등

1) 안장대상심의위원회 설치

다음의 사항을 심의하기 위하여 국가보훈처에 안장대상심의위원회(이하 "심의위원회"라 한다)를 둔다 (법 제10조).

가) 제5조제1항제1호차목, 타목 및 파목에 해당하는 사람의 안장 대상 해당 여부

나) 제5조제3항제2호에 따른 사실혼 관계에 있던 사람의 안장 대상 해당 여부

다) 제5조제4항제5호에 따른 국립묘지의 영예성 훼손 여부

라) 제5조제6항에 해당하는 사람의 안장 대상 해당 여부

마) 제12조제2항에 따른 묘의 면적 결정사항

바) 제15조에 따른 60년이 지난 후의 영구안장 또는 위패봉안 여부

사) 그 밖에 안장 대상의 선정과 관련된 사항

2) 심의기간

안장 대상자의 선정에 관한 심의위원회의 심의는 접수 후 30일 이내에 끝내야 한다.

3) 관계인 출석 및 자료제출 요구 등

심의위원회는 심의에 필요한 때에는 관계인을 출석시키거나 조사할 수 있으며, 국가ㆍ지방자치단체, 그 밖의 공공기관에 관계 사항의 보고나 자료 제출을 요구할 수 있다.

4) 위원회 구성

심의위원회는 위원장 1명을 포함한 20명 이내의 민ㆍ관 위원으로 구성하며, 심의위원회의 위원장은 국가보훈처 차장이 되고, 위원은 관련 중앙행정기관의 장의 추천을 받은 사람으로 한다.

(4) 심의위원회의 심의

국립묘지 안장등(국립묘지로부터 국립묘지 외의 장소로 이장하는 경우는 제외한다)의 신청을 받은 국가보훈처장 또는 국방부장관은 안장등의 대상으로 신청된 사람이 다음에 해당하는 경우에는 심의위원회에 심의를 의뢰하고, 그 사실을 안장등을 신청한 유족 또는 관계기관의 장에게 통보하여야 한다(법 시행령 제13조).

1) 법 제5조제1항제1호가목 중 대통령 외의 사람 및 같은 호 파목에 해당하는 사람으로서 묘의 면적 결정이 필요한 경우

2) 법 제5조제3항제2호에 해당하는 경우(「국가유공자 등 예우 및 지원에 관한 법률」 제74조의5에 따른 보훈심사위원회에서 심의 · 의결한 사실혼 배우자는 제외한다) [[시행일 2011.10.26: 국가유공자 등 예우 및 지원에 관한 법률에 대한 부분]]

3) 법 제5조제6항에 따른 기준에 해당하는 경우

4) 금고 1년 이상의 실형을 선고받은 경우와 국가보훈처장과 국방부장관이 협의하여 정하는 바에 따라 법 제5조제4항제5호에 해당하는지 여부에 대한 판단이 필요하다고 인정하는 경우

(5) 안장 신청 등

1) 신청

안장(영정봉안을 포함한다), 합장 또는 이장은 유족이나 관계 기관의 장이 국가보훈처장이나 국방부장관에게 신청하여야 하며(법 제11조).

2) 신청방법

가) 안장신청서 제출

안장대상자(법 제5조제1항제1호차목 · 타목 및 파목에 해당하는 안장대상자는 제외한다)를 국립묘지에 안장, 합장, 영정 · 위패봉안 또는 이장(이하 "안장등"이라 한다)하려는 유족 또는 관계기관의 장[안장대상자의 유족이 없거나 유족을 알 수 없는 경우(법 제5조제1항제1호카목의 경우는 제외한다)만 해당한다]은 총리령으로 정하는 바에 따라 안장등의 신청서(전자문서에 의한 신청서를 포함한다. 이하 같다)를 국가보훈처장 또는 국방부장관(국립서울현충원에 안장하려는 경우만 해당한다. 이하 같다)에게 제출하여야 한다. 다만, 관계기관의 장이 법 제5조제1항제1호카목에 해당하는 안장대상자의 안장등을 신청할 경우에는 순직공무원이 소속하였던 중앙행정기관의 장을 거쳐야 한다(법 시행령 제12 제1항).

3) 자료의 송달 요구

안장등(국립묘지로부터 국립묘지 외의 장소로 이장하는 경우는 제외한다)의 신청서를 받은 국가보훈처장 또는 국방부장관은 관계 중앙행정기관의 장(육·해·공군 참모총장을 포함한다), 국회사무총장 또는 법원행정처장에게 안장등의 대상으로 신청된 사람이 국립묘지 안장대상에 해당하는지 여부를 확인할 수 있는 자료(국회의장이었거나 대법원장이었던 사람의 경우 공적 자료를 포함한다)의 송부를 요청할 수 있다.

4) 결과 통보

국가보훈처장 또는 국방부장관은 국립묘지 안장등의 대상으로 신청된 사람의 국립묘지 안장 여부를 결정하고 그 사실을 안장등을 신청한 유족 또는 관계기관의 장에게 통보하여야 한다. 이 경우 안장등의 대상으로 신청된 사람을 국립묘지에 안장하기로 결정하였을 때에는 그 결과를 국립묘지관리소장에게도 통보하여야 한다.

[서식] 국립묘지안장거부처분취소 청구의 소

소　　장

원고　　김 길 동(주민등록번호)
　　　　서울시 서초구 서초3동 ○○번지
　　　　(전화 000-000, 팩스 000-000)
피고　　국가보훈처장
국립묘지안장거부처분취소

청구취지

1. 피고가 2009. 2. 16. 원고에 대하여 한 국립묘지안장거부처분을 취소한다.
2. 소송비용은 피고가 부담한다.
라는 판결을 구합니다.

청구원인

1. 처분의 경위

(1) 원고의 아버지인 망 김○○(이하 '망인'이라 한다)은 1967. 10. 26. 입대하여 월남 전에 참전하였다가 1970. 8. 29. 전역한 자로, 2008. 8. 27. 전상군경 3급의 국가유공자로 등록되었는데, 2009.

1. 4. 사망하였습니다.

(2) 원고는 2009. 1. 5. 피고에게 망인을 국립묘지인 국립대전현충원에 안장하여 달라고 신청하였습니다.

(3) 피고는, 망인이 2001. 1. 19. 대전지방법원 2000고단000 사건에서 폭력행위등처벌에관한법률위반, 상습도박으로 징역 1년에 집행유예 2년을 선고받아 그 판결이 확정되고, 2008. 9. 25. 같은 법원 2008고단000 사건에서 무고, 사기로 징역 6월에 집행유예 2년을 선고받아 그 판결이 확정된 사실을 발견하고, 안장대상심의위원회에 망인에 의하여 국립묘지의 설치 및 운영에 관한 법률(이하 '국립묘지법'이라 한다) 제5조 제3항 제5호(이하 '이 사건 법률조항'이라 한다)에 따른 국립묘지의 영예성이 훼손되는지 여부에 대한 심의를 의뢰하였습니다.
안장대상심의위원회는 심의 결과 2009. 2. 12. 망인이 국립묘지의 영예성을 훼손하는 자에 해당한다고 의결하였고, 피고는 2009. 2. 16. 원고에 대하여 위 심의 결과에 따라 원고의 위 신청을 거부하는 통지(이하 '이 사건 처분'이라 한다)를 하였습니다.

2. 처분의 위법성
(1) 이 사건 법률조항은, 안장대상심의위원회가 어떠한 기준으로 심의할 것인지에 대하여 구체적인 기준을 정하지 않아 불명확하므로 입법재량권(헌법 제40조)을 일탈하고, 포괄위임입법금지원칙(헌법 제75조, 제95조)에 어긋나며, 입법취지가 유사한 국가 유공자 등 예우 및 지원에 관한 법률(이하 '국가유공자법'이라 한다) 제79조 제1항이나 형사처벌에 관련된 조항인 국립묘지법 제5조 제3항 제3호의 내용에 비추어 국가유공자 법상 결격사유에 해당하지 않는 국가유공자라면 국립묘지에 안장되어야 함에도, 합리적인 이유 없이 국가유공자에게 전과가 있다는 이유만으로 국립묘지의 영예성을 훼손할 수 있도록 규정되어 있어 평등권(헌법 제11조)을 침해하고 과잉금지원칙(헌법 제37조 제2항)에 어긋나는 등 헌법규정에 위반되는 위헌법률이므로, 이 사건 법률조항을 적용한 이 사건 처분은 위법합니다.

(2) 가사 이 사건 법률조항이 위헌법률이 아니라 하더라도, 입법취지가 유사한 국가유공자법 제79조 제1항, 동법 시행령 제98조 제1항 및 형사처벌에 관련된 조항인 국립묘지법 제5조 제3항 제3호의 내용, 모든 전과자를 안장대상심의위원회의 심의 대상으로 하여 원칙적으로 국립묘지안장대상자에서 제외할 경우 입법자의 입법의도를 해치게 될 것인 점, 국가유공자법상 결격사유에 해당하지 않는 국가유공자임에도 국립묘지에 안장할 수 없다는 것은 일반인의 관념에도 어긋나는 점 등에

비추어 볼 때, 금고 1년 이상의 실형을 선고받아 확정된 자에 한하여 이 사건 법률조항에 따른 국립묘지의 영예성을 훼손하는 것으로 해석하여야 한다. 따라서 망인의 전과가 국가유공자법 제79조 제1항이나 국립묘지법 제5조 제3항 제3호에서 정한 범죄에 해당하지 않는 집행유예 전과에 불과한 이상, 망인이 국립묘지의 영예성을 훼손하였다고 할 수 없음에도 달리 본 이 사건 처분은 위법합니다.

(3) 가사 이 사건 법률조항을 위와 같이 해석하지 않는다 하더라도, 망인의 전과가 국가유공자법 제79조 제1항이나 국립묘지법 제5조 제3항 제3호에서 정한 범죄에 해당하지 않고, 집행유예 전과에 불과한 점, 각 범행에 대한 유리한 양형사유가 있었던 점 등에 비추어 볼 때, 이 사건 처분은 재량권을 일탈·남용한 것으로 위법합니다.

3. 결론
이상과 같이 피고의 처분은 위법한 행정처분이므로, 이의 취소를 구하는 행정소송에 이르게 되었습니다.

입증방법

    1. 갑 제1호증
    2. 갑 제2호증
    3. 갑 제4호증
    4. 갑 제5호증

첨부서류

    1. 위 각 입증방법　　　　　　　　　　　각 1부
    2. 송달료 납부서
    3. 소장부본

20　．　．　．

위 원고　　　（날인 또는 서명）

서울행정법원　　귀중

2009구합 5650

1) 이 사건 법률조항의 위헌 여부

가) 입법재량권 일탈, 포괄위임입법금지원칙 위배 여부

국가나 사회를 위하여 희생·공헌한 망자를 국립묘지에 안장함으로써 그의 정신을 기리며 선양하기 위한 국립묘지법의 입법목적에 비추어 국가기관은 국가나 사회를 위하여 희생·공헌한 망자에 대하여 그의 정신을 기리며 선양할 정도에 이르렀는지 여부를 판단할 필요가 있는 점, 그런데 이를 판단함에 있어서는 망자의 국가나 사회에 대한 공헌도를 비롯하여 인품, 그에 대한 역사적인 평가, 여론, 그가 끼친 악영향 등의 다양한 요소를 종합적으로 평가하여야 할 것이므로 영예성을 훼손하는 경우를 법령에 모두 기술하는 것은 입법기술상 불가능하거나 곤란해 보이는 점, 앞서 본 국립묘지법의 입법목적 및 국립묘지에 안장될 수 없는 자를 정하고 있는 국립묘지법 제5조 제3항 제1 내지 4호의 내용 등에 비추어 국립묘지의 영예성을 훼손하는지 여부를 판단할 수 있는 대강의 기준이 제시되고 있다고 할 것인 점 등을 종합하면, 이 사건 법률조항이 입법재량권을 일탈하였다거나 포괄위임입법금지원칙에 위반된다고 할 수 없다.

따라서 원고의 위 주장은 이유 없다.

나) 평등권 침해, 과잉금지원칙 위배 여부

국가유공자법은 국가유공자와 그 유족의 생활안정과 복지향상 도모에 중점을 둔 것으로 국립묘지법과 서로 입법취지가 다른 점, 앞서 본 국립묘지법의 입법목적이나 국립묘지의 현실적인 수용능력에 한계가 있는 점에 비추어 보면 국가유공자법상 결격사유에 해당하는지 여부와 무관하게 국립묘지의 영예성을 훼손하였는지에 따라 국립묘지안장을 제한하는 데에는 합리적인 이유가 있다 할 것인 점, 이 사건 법률조항으로 인하여 국립묘지 안장을 제한받는다 하더라도 이는 애국정신 함양 등의 공공복리를 위한 불가피한 기본권 제한에 해당한다 할 것인 점 등을 종합하여 보면, 이 사건 법률조항이 평등권을 침해하였다거나 과잉금지원칙에 어긋난다고 할 수 없다.

따라서 원고의 위 주장도 이유 없다.

2) 이 사건 법률조항의 해석

이 사건 법률조항의 객관적인 문언 내용 및 국립묘지법과 국가유공자법의 입법취지가 서로 다른 점, 국립묘지 안장 대상자인지를 판단함에 있어 앞서 본 비와 같은 다양한 요소를 종합적으로 평가하여야 할 것이므로 금고 1년 이상의 실형보다 가벼운 형사 처벌의 경우에 일률적으로 국립묘지의 영예성이 훼손되지 않는다고 단정할 수 없는 점 등을 종합하여 보면, 이 사건 법률조항을 원고의 주장과 같이 금고 1년 이상의 실형을 선고받아 확정된 자에 한하여 국립묘지의 영예성을 훼손하는 것으로 해석할 수 없다.

따라서 원고의 위 주장도 이유 없다.

3) 재량권 일탈·남용 여부

을 제3, 4호증의 각 기재에 변론 전체의 취지를 종합하면, 망인이 위 2000고단000사건에서 상습으로 수회에 걸쳐 고스톱 도박을 하고, 도박자금으로 빌려준 100만 원을 변제받기 위해 다른 사람들과 공동하여 피해자를 협박하여 갈취하려 하다가 미수에 그쳤다는 범죄사실로 기소되어 징역 1년에 집행유예 2년을 선고받은 사실, 위 2008고단 000 사건에서는 편취당한 사실이 없음에도 2회에 걸쳐 피해자를 무고하고, 대여금을 대부분 변제받았음에도 법원 공무원을 기망하여 채권압류 및 전부명령 인용결정을 받았다는 범죄사실로 기소되어 징역 6월에 집행유예 2년을 선고받은 사실을 인정할 수 있다.

위 인정사실에 나타난 망인이 저지른 범행의 내용, 위 각 범행은 고의로 저지른 계획적인 범행으로 비난가능성이 작지 않은 점, 특히 위 무고 범행은 국가의 사법기능에 위해를 가하는 것이고, 위 사기 범행 역시 국가기관을 기망한 것으로 그 위법성이 결코 작다 할 수 없는 점, 그 밖에 앞서 본 국립묘지법의 입법목적 및 이 사건 법률조항의 입법취지 등을 종합하여 보면, 원고가 주장하는 사정을 감안하더라도, 이 사건 처분이 재량권을 일탈·남용한 것으로 위법하다고 할 수 없다.

[서식] 국립묘지안장비대상결정처분취소 청구의 소

소　　장

　　원고　　　김 길 동(주민등록번호)
　　　　　　　서울시 강남구 ○○동 ○번지
　　피고　　　국가보훈처장
　　국립묘지안장비대상결정처분취소

청구취지

1. 피고가 2008. 7. 9. 원고에 대하여 한 A의 국립묘지안장비대상결정처분을 취소한다.

2. 소송비용은 피고의 부담으로 한다.

라는 판결을 구합니다.

청구원인

1. 처분의 경위

(1) 원고의 아버지인 A(1929. ○○. ○. 생)은 1950. 8. 20. 군에 입대하여 6.25.전쟁에 위생병으로 참전하였습니다.

(2) A은 "의사면허가 없음에도 불구하고, 1967. 11. 24.경 강원 XX읍 XX리 소재 자신의 집에서 ○○○로부터 임신 2개월의 태아의 낙태수술을 의뢰받고 질경구에 '부지'를 넣고 주사기를 사용하여 '리바노루' 20cc를 주입하고 치료비조로 금 1,000원을 교부받아 의료업을 하였다"는 범죄사실(이하 '이 사건 범죄'라 한다)로 춘천지방법원 강릉지원 67고XXXX호로 기소되어 1968. 2. 23. 같은 법원에서 징역 6월에 집행유예 2년의 형을 선고받았고, 그 무렵 위 판결이 확정되었습니다.

(3) 그런데 A이 2007. 3. 21. 사망하자, 원고는 피고에게 A에 대한 국립묘지인 국립 이천호국원의 안장을 신청을 하였으나, 국립묘지 안장대상심의위원회(이하 '심의위원회'라 한다)는 A에 대한 수형기록 등을 종합적으로 확인하여 국립묘지의 영예성(榮譽性)을 훼손한다고 심의·의결하였고, 피고는 이에 따라 2008. 7. 9. '국립묘지 안장대상 여부는 국립묘지의 설치 및 운영에 관한 법률(이하 '국립묘지법'이라 한다) 제5조 및 같은 법 시행령 제13조 등에 의거하여 관련부처 및 민간전문위원 등으로 구성된 심의위원회에서 고인의 병적사항과 생전의 수형기록 등을 종합적으로 확인하여 심의·결정하고 있는데, A에 대해서도 이러한 절차에 따라 심의위원회에서 심의한 결과, 국립묘지 안장 비대상으로 의결되었으므로 이를 결정·통보한다'는 취지의 통지(이하 '이 사건 처분'이라 한다)를 하였습니다.

2. 처분의 위법성

A은 참전유공자예우에 관한 법률(이하 '참전유공자법'이라 한다)에 따라 참전유공자로 결정되었고, 참전유공자법 제3조 제2항 각 호의 결격사유에 해당하지 아니하므로 같은 법 제9조에 따라 국립묘지에 안장될 수 있는 권리를 취득하였다고 할 것이고, 국립묘지법상 국립묘지 안장의 결격사유로서 '영예성을 훼손한다고 인정한 사람'을 추가로 규정하고 있으나 참전유공자법 규정의 취지 등에 비추어 가급적 축소하여 해석되어야 하며, '영예성'에 대한 판단을 포괄적으로 심의위원회에 위임한 규정도 헌법에 위반된다고 할 것이며, A의 의료법위반행위는 국립묘지법이 규정한 영예성을 훼손하는 행위라고 볼 수 없습니다.

3. 결론

이상과 같이 이 사건 처분은 위법하므로 이의 취소를 구하는 본 건 소송에 이르게 되었습니다.

입증방법

1. 갑 제1호증
2. 갑 제2호증
3. 갑 제3호증
4. 갑 제4호증
5. 갑 제5호증

첨부서류

1. 위 각 입증방법　　　　　　　　　　각 1부
2. 송달료 납부서
3. 소장부본

20 ．　．　．

위 원고　　　（날인 또는 서명）

서울행정법원　　　귀중

당해판례

2008구합 40332

국립묘지는 국가나 사회를 위하여 희생·공헌한 사람이 사망한 후 그를 안장하고 그 충의와 위훈을 정신을 기리는 신성하고 영예로운 곳인데 국립묘지의 영예성을 훼손한 자를 국립묘지에 안장하게 되면 국립묘지 설치의 본래 취지에 반하게 되므로 영예성을 훼손한 자를 국립묘지 안장의 결격사유로 한 것이 국가유공자의 권리를 침해하는 것이라고 볼 수는 없으며, '영예성'이라는 개념이 판단의 여지가 있는 추상적이고 포괄적인 개념이기는 하지만 이를 법령에 구체적으로 모두 기술하는 것은 입법기술상 불가능하거나 곤란해보이므로 국가기관이 국립묘지 설치의 취지를 살려 해석하고 판단하도록 하는 것이 헌법에 위반된다고 보이지도 않는다.

나아가 국립묘지법의 입법목적에 비추어 볼 때 안장대상자로 신청된 자가 상당히 무거운 범죄경력이 있는 경우에 그 정당성과 객관성이 상당히 결여되어 있다고 볼 만한 특별한 사정이 없는 이상, 국립묘지안장 비대상자 결정처분은 위법한 것이라고 할 수 없는바, 앞서 본 바와 같은 A의 의료법위반 행위는 그 불법에 대한 비난가능성이 적지않을 뿐만 아니라 국립묘지법의 입법취지와 국립묘지

안장은 국가유공자와 그 유족에 대한 응분의 예우만이 아니라 국민들의 애국정신 함양에도 중점을 두고 있는 점 등을 고려하여 보면, A을 국립묘지에 안장하는 것은 국립묘지의 영예성(榮譽性)을 훼손한다고 보아 망인을 국립묘지안장비대상자로 결정한 피고의 이 사건 처분이 그 정당성과 객관성을 상당히 결여하여 위법하다고 볼 수 없다.

[서식] 국가유공자등록거부처분취소 청구의 소

소　　장

원고　　　김 길 동(주민등록번호)
　　　　　서울시 ○○구 ○○동 ○번지
피고　　　서울북부보훈지청장
국가유공자등록거부처분취소

청구취지

1. 피고가 2006. 4. 24. 원고에 대하여 한 국가유공자등록거부처분을 취소한다.
2. 소송비용은 피고의 부담으로 한다.
라는 판결을 구합니다.

청구원인

1. 처분의 경위

(1) 원고는 6.25 전쟁 당시인 1952. 2. 1. 육군에 입대하여 복무하다가 북한군에 의하여 체포되어 북한에서 생활하였고, 2004. XX.경 북한을 탈출하여 대한민국에 입국하였는데, 이후 국군포로 귀환자 후속조치 육인(부사관) XXX호(2005. 8. 5. 시행)에 의하여 1955. 3. 1.자로 하사로 임관되고 2005. 8. 12.자로 만기전역 처리되었습니다.

(2) 원고는 2005. 11. 22. 피고에게 6.25 전쟁 중인 1955.경 금화지구전투에서 우측 수부 제3수지 원위지골 관절절단 상해를 입었고, 이후 국군포로로서 북한 아오지탄광에서 채탄작업을 하다가 1981.경 좌측 수부 제2수지 근위지골관절 절단, 좌측 수부 제4수지 관절구축 등의 상해를, 1983.경

우측 족부 중족 족관절 절단(이하 모두 '이 사건 상이'라고 한다)의 상해를 입었다고 하면서 국가유공자 등 예우 및 지원에 관한 법률(이하 '국가유공자법'이라고 한다) 제4조 제1항 제4호 소정의 국가유공자등록신청을 하였습니다.

(3) 피고는 2006. 4. 24. 원고에 대하여 입원기록 및 병상일지 등 관련 기록이 없어 발병경위 등을 확인할 수 없고, 달리 원고의 진술 이외에 이 사건 상이를 입었다는 점을 입증할 구체적이고 객관적인 자료가 없다는 이유로, 원고가 국가유공자법 제4조 제1항 제4호 소정의 '전상군경'에 해당하지 않는다는 결정을 하였습니다(이하 '이 사건 처분'이라고 한다).

(4) 이에 원고는 2006. 7. 12. 국가보훈처에 행정심판을 청구하였으나, 국가보훈처는 2006. 10. 11. 국무총리 행정심판위원회의 의결에 따라 원고의 청구를 기각하는 재결을 하였습니다.

2. 처분의 위법성
원고는 6.25 전쟁 중에 육군에 입대하여 금화지구전투에 참가하여 우측 제3수지 절단상을 입고 국군야전병원에서 치료를 받다가 다시 전투에 투입되었으나 휴전 직전 북한군의 포로가 되었고, 이후 1985.까지 포로수용소인 함경북도 아오지탄광(오봉탄광)에서 강제노역을 하였는데, 강제노역 중이던 1980.경 석탄채굴기에 좌측 제2수지가 절단되고 좌측 제4수지 관절구축상태가 되는 상해를 입었고, 1982.경에는 석탄운반차에 치여 우측 족부 중족 족관절 절단상을 입었습니다.
이와 같이 원고는 군복무 또는 국군 포로로서 북한에서 30여년간 강제노역을 당하던 중 이 사건 상이를 입었는바, 원고는 국가유공자법 제4조 제4호 소정의 '전상군경'에 해당한다. 이와 달리 판단하고 있는 이 사건 처분은 위법합니다.

3. 결론
이상과 같이 피고의 이 사건 처분은 위법하므로 이의 취소를 구하는 본 건 소송에 이르게 되었습니다.

입증방법
    1. 갑 제1호증
    2. 갑 제2호증
    3. 갑 제3호증

첨부서류

1. 위 각 입증방법　　　　　　　　　　　각 1부
2. 송달료 납부서
3. 소장부본

20 ． ． ．

위 원고　　　　　(날인 또는 서명)

서울행정법원　　　귀중

당해판례

2006구합 46169

살피건대, 국가유공자법 제4조 제1항 제4호(전상군경)에서 말하는 '전투 또는 이에 준하는 직무수행 중 상이'에 해당하기 위하여는 전투 또는 이에 준하는 직무수행 중 그로 인하여 부상하거나 질병에 걸리는 것을 뜻하고, 그 전투 등과 부상 등 사이의 상당인과관계에 관하여는 이를 주장하는 측에서 입증하여야 한다.

먼저 이 사건 상이 중 우측 수부 제3수지 원위지골 관절절단 상이에 관하여 보건대, 원고는 위 상이가 1955. 금화지구전투에서 입은 상이라고 주장하나 원고의 진술 이외에 이를 인정할 만한 아무런 객관적인 증거가 없어 위 상이가 전투 중 또는 이에 준하는 직무수행 중 입은 상이라고 선뜻 인정하기 어렵다. 다음으로 이 사건 상이 중 나머지 상이에 관하여 보건대, 비록 원고가 위 상이를 입은 시기에 관하여 정부합동신문소에서는 1950. 대 말 및 1975.이라고 진술하였고, 이 사건 국가유공자등록신청시에는 1981. 및 1983.이라고 하였으며, 이 법원에서는 1980. 및 1983.이라고 주장하고 있으나, 앞에서 본 바와 같이 일반적으로 국군포로는 북한에서 탄광에서 근무하였고, 원고가 탄광에서 근무하다가 입은 상해라고 일관적으로 진술하고 있으며, 그 외 다른 경위로 인하여 입은 상해라고 보여지지 아니하는 점에 비추어 볼 때, 그 상이 시기에 대해서는 확정할 수는 없으나 원고의 위 상이는 북한 오봉탄광에서 근무할 당시 입었던 부상으로 인한 것이라고 판단된다. 그러나 국가유공자법 제4조 제1항 제4호 소정의 '전상군경'은 '전투 또는 이에 준하는 직무수행 중 입은 상이'를 입은 자 이어야 하는데, 앞에서 인정한 바와 같이 6.25 선생은 1953. 6.27. 휴전협정체결로 정전되었고, 북한은 1956. 6. 25. 제423호 내각명령으로 국군포로들을 전원 제대조치한 다음 북한 공민으로 편입하였던 점, '국군포로의 송환 및 대우 등에 관한 법률'에 의하면 귀환포로 중 억류기간 중 생존을 위하여 억류국 등의 공공 조직에 가입하여 협조하는 등 대한민국에 간접적 적대행위를 한 사람의 경우

3등급을 부여하는데 원고의 경우 3등급을 부여받은 점에 비추어 볼 때, 원고는 포로수용소에서 석방되어 포로의 신분이 아닌 상태에서 오봉탄광에서 근무하다가 위 부상을 입었다고 할 것인바, 비록 원고가 대한민국에서는 국군의 신분을 유지하고 있었고, 북한에 강제로 체포되어 위와 같이 근무할 수 밖에 사정을 감안한다고 하더라도 위 상이가 '전투 또는 이에 준하는 직무수행 중 입은 상이'라고 보기 어렵다.

따라서 이 사건 상이가 전투 또는 이에 준하는 직무수행 중 입은 부상으로 인한 것임을 인정할 증거가 없어 국가유공자등록요건에 해당하지 아니한다는 이유로 한 이 사건 처분은 적법하다 할 것이다.

26. 전입신고수리거부관련 소송

(1) 주민등록법제정 목적

주민등록법은 시(특별시·광역시는 제외하고 특별자치도는 포함)·군 또는 구(자치구를 말함)의 주민을 등록하게 함으로써 주민의 거주관계 등 인구의 동태를 항상 명확하게 파악하여 주민생활의 편익을 증진시키고 행정사무를 적정하게 처리하도록 하는 것을 목적으로 한다(주민등록법 제1조).

(2) 사무의 관장

주민등록에 관한 사무는 시장(특별시장·광역시장은 제외, 특별자치도지사는 포함)·군수 또는 구청장(자치구의 구청장을 말함)이 관장하며, 시장·군수 또는 구청장은 이에 따른 해당 권한의 일부를 그 지방자치단체의 조례로 정하는 바에 따라 구청장(자치구가 아닌 구의 구청장만 해당한다)·읍·면·동장 또는 출장소장에게 위임할 수 있다(법 제2조).

【판시사항】

[1] 시장·군수 또는 구청장의 주민등록전입신고 수리 여부에 관한 심사의 범위와 대상

[2] 무허가 건축물을 실제 생활의 근거지로 삼아 10년 이상 거주해 온 사람의 주민등록전입신고를 거부한 사안에서, 투기나 이주대책 요구 등을 방지할 목적으로 주민등록전입신고를 거부하는 것은 주민등록법의 입법 목적과 취지 등에 비추어 허용될 수 없다고 한 사례[대법원 2009. 6. 18., 선고, 2008두10997, 전원합의체 판결]

【판결요지】

[1] 주민들의 거주지 이동에 따른 주민등록전입신고에 대하여 행정청이 이를 심사하여 그 수리를 거

부할 수는 있다고 하더라도, 그러한 행위는 자칫 헌법상 보장된 국민의 거주·이전의 자유를 침해하는 결과를 가져올 수도 있으므로, 시장·군수 또는 구청장의 주민등록전입신고 수리 여부에 대한 심사는 주민등록법의 입법 목적의 범위 내에서 제한적으로 이루어져야 한다. 한편, 주민등록법의 입법 목적에 관한 제1조 및 주민등록 대상자에 관한 제6조의 규정을 고려해 보면, 전입신고를 받은 시장·군수 또는 구청장의 심사 대상은 전입신고자가 30일 이상 생활의 근거로 거주할 목적으로 거주지를 옮기는지 여부만으로 제한된다고 보아야 한다. 따라서 전입신고자가 거주의 목적 이외에 다른 이해관계에 관한 의도를 가지고 있는지 여부, 무허가 건축물의 관리, 전입신고를 수리함으로써 당해 지방자치단체에 미치는 영향 등과 같은 사유는 주민등록법이 아닌 다른 법률에 의하여 규율되어야 하고, 주민등록전입신고의 수리 여부를 심사하는 단계에서는 고려 대상이 될 수 없다.

[2] 무허가 건축물을 실제 생활의 근거지로 삼아 10년 이상 거주해 온 사람의 주민등록 전입신고를 거부한 사안에서, 부동산투기나 이주대책 요구 등을 방지할 목적으로 주민등록전입신고를 거부하는 것은 주민등록법의 입법 목적과 취지 등에 비추어 허용될 수 없다고 한 사례.

(3) 주민등록대상자

시장·군수 또는 구청장은 30일 이상 거주할 목적으로 그 관할 구역에 주소나 거소(이하 "거주지"라 한다)를 가진 자(이하 "주민"이라 한다)를 이 법의 규정에 따라 등록하여야 한다. 다만, 외국인은 예외로 한다(법 제3조).

(4) 신고의무자 및 신고사항

1) 신고의무자

신고는 세대주가 신고사유가 발생한 날부터 14일 이내에 하여야 한다. 다만, 세대주가 신고할 수 없으면 그를 대신하여 다음 각 호의 어느 하나에 해당하는 자가 할 수 있다(법 제11조).

가) 세대를 관리하는 자, 나) 본인, 3) 세대주의 위임을 받은 자(세대주의 배우자, 세대주의 직계혈족, 세대주의 배우자의 직계혈족, 세대주의 직계혈족의 배우자)

2) 신고사항

주민은 다음의 사항을 해당 거주지를 관할하는 시장·군수 또는 구청장에게 신고하여야 하며(법 제10조), 누구든지 이의 신고를 이중으로 할 수 없다.

가) 성명, 나) 성별, 다) 생년월일, 라) 세대주와의 관계, 마) 합숙하는 곳은 관리책임자, 바) 「가족관계의 등록 등에 관한 법률」 제10조제1항에 따른 등록기준지, 사) 주소, 아) 가족관계등록이 되어 있지 아니한 자 또는 가족관계등록의 여부가 분명하지 아니한 자는 그 사유, 자) 대한민국의 국적을 가지지 아니한 자는 그 국적명이나 국적의 유무, 차) 거주지를 이동하는 경우에는 전입 전의 주소 또는 전입지와 해당 연월일

3) 전입신고

하나의 세대에 속하는 자의 전원 또는 그 일부가 거주지를 이동하면 제11조나 제12조에 따른 신고의무자가 신거주지에 전입한 날부터 14일 이내에 신거주지의 시장·군수 또는 구청장에게 전입신고(轉入申告)를 하여야 한다(법 제16조 제1항).

(5) 사실조사와 직권조치

1) 사실조사

시장·군수 또는 구청장은 신고의무자가 다음 각 호의 어느 하나에 해당하면 그 사실을 조사할 수 있다(법 제20조).

가) 제10조 및 제10조의2에 규정된 사항을 이 법에 규정된 기간 내에 신고하지 아니한 때

나) 제10조 및 제10조의2에 규정된 사항을 부실하게 신고한 때

다) 제10조 및 제10조의2에 규정된 사항의 신고된 내용이 사실과 다르다고 인정할 만한 상당한 이유가 있는 때

[판시사항]

주민등록지가 전입자의 실제 거주지와 일치하여야 하는지 여부(적극)[대법원 2009. 7. 9., 선고, 2008두19048, 판결]

[판결요지]

주민등록지는 각종 공법관계에서 주소로 되고 주민등록전입신고를 한 때에는 병역법, 「민방위기본법」, 「인감증명법」, 「국민기초생활 보장법」, 「국민건강보험법」 및 「장애인복지법」에 의한 거주지 이동의 전출신고와 전입신고를 한 것으로 간주되어 주민등록지는 공법관계뿐만 아니라 주민의 일상생활에도 중요한 영향을 미치므로 주민등록지는 전입신고자의 실제 거주지와 일치되어야 할 필요성이 있다.

그리고 주민들의 거주지 이동에 따른 주민등록전입신고에 대하여 행정청이 이를 심사하여 그 수리를 거부할 수 있으나 그러한 행위는 자칫 헌법상 보장된 국민의 거주·이전의 자유를 침해하는 결과를 초래할 수도 있으므로, 시장 등의 주민등록전입신고 수리 여부에 대한 심사는 주민등록법의 입법 목적의 범위 내에서 제한적으로 이루어져야 하는바, 그 전입신고자가 30일 이상 생활의 근거로서 거주할 목적으로 거주지를 옮기는지 여부가 심사 대상으로 되어야 한다.

2) 최고 및 공고

가) 최고

시장·군수 또는 구청장은 제1항에 따른 사실조사 등을 통하여 신고의무자가 신고할 사항을 신고하지 아니하였거나 신고된 내용이 사실과 다른 것을 확인하면 일정한 기간을 정하여 신고의무자에게 사실대

로 신고할 것을 최고하여야 한다. 제15조 제2항에 따라 통보를 받은 때에도 또한 같다.

나) 공고

시장·군수 또는 구청장은 신고의무자에게 최고할 수 없으면 일정한 기간을 정하여 신고할 것을 공고하여야 한다.

3) 등록사항의 정정 또는 말소

최고 또는 공고를 할 때에는 정해진 기간에 신고하지 아니하면 시장·군수 또는 구청장이 주민등록을 하거나 등록사항을 정정 또는 말소할 수 있다는 내용을 포함하여야 하며, 이에 따라 정하여진 기간에 신고하지 아니하면 사실조사, 공부상의 근거 또는 통장·이장의 확인에 따라 주민등록을 하거나 등록사항을 정정 또는 말소하여야 한다.

[서식] 전입신고수리거부처분취소 청구의 소

소 장

원고   김 길 동(주민등록번호)
          서울시 강남구 ○○동 ○○번지
          (전화 000-000, 팩스 000-000)
피고   서울특별시 강남구청장
전입신고수리거부처분취소

청구취지

1. 피고가 2009. 11. 4. 원고에 대하여 한 주민등록전입신고수리거부처분을 취소한다.
2. 소송비용은 피고의 부담으로 한다.

라는 판결을 구합니다.

청구원인

1. 처분의 경위

(1) 원고는 2002. 8.경 서울 강남구 개포동에 위치한 속칭 구룡마을(이하 '구룡마을') 제3지구 00동 0호(이하 '이 사건 거주지')로 이사하여 그 무렵부터 현재까지 위 거주지에서 거주하고 있습니다.

(2) 원고와 구룡마을 주민인 김○○, 강○○(이하 '원고 등')은 2009. 10. 26. 국민권익위원회에 "주민등록 등재에 관한 호소문"이라는 제목으로, 원고 등이 이 사건 거주지에 살고 있는데 주민등록 등재가

되어 있지 않아 도움을 받고자 한다며 고충민원을 제기하였고, 그 민원이 피고에게 이첩되었습니다.

(3) 이에 대하여 피고는 2009. 11. 4. 원고 등에게 "구룡마을은 전체 면적의 대부분(95% 이상)이 사유지로 400여 개의 필지로 구성되어 있습니다. 전입신고의 정확한 주소지 등재를 위하여는 사전적 조치로 지적측량(토지소유주 등 이해관계인이 의뢰. 동의)이 필요하여 주민등록 등재가 어려움을 알려드립니다"라는 내용의 회신(이하 '이 사건 회신')을 하였습니다.

2. 처분의 위법성
원고는 이 사건 거주지에 실제 거주하고 있고, 위 거주지에 30일 이상 거주할 목적으로 주민등록 전입신고를 한 이상 피고는 이를 수리할 의무가 있음에도 전입신고 수리와 아무런 관련이 없는 "주소로 표기될 수 없다"는 등의 사정을 들어 이를 거부하는 것은 위법합니다.

3. 결론
이상과 같이 피고의 이 사건 처분은 위법하므로 이의 취소를 구하는 행정소송을 제기하기에 이르렀습니다.

입증방법

    1. 갑 제1호증
    2. 갑 제2호증
    3. 갑 제4호증

첨부서류

    1. 위 각 입증방법   각 1부
    2. 송달료 납부서
    3. 소장부본

20 . . .
위 원고   (날인 또는 서명)

서울행정법원   귀중

당해판례

2010구합 641

1) 당초의 처분사유에 대하여

아래의 여러 사정과 주민등록법의 입법 목적과 취지 등을 종합하면, 원고가 2002. 8.경부터 이 사건 거주지에서 장기간 실제로 거주하고 있는 이상, 피고는 주민등록법의 관련 규정에 따라 원고의 전입신고를 수리하여야 할 의무가 있다 할 것이고, 당초의 처분사유와 같은 사유를 들어 이를 거부할 수는 없다 할 것이므로, 당초의 처분사유를 원인으로 한 피고의 이 사건 회신은 위법하다.

가) 주민등록법은 주민의 거주관계 등 인구의 동태를 항상 명확하게 파악하여 주민생활의 편익을 증진시키고 행정사무를 적정하게 처리하는 것을 목적으로 하는 것이므로, 이와는 무관한 사유로 주민등록 전입신고를 거부하는 것은 주민등록법의 입법목적과 취지 등에 비추어 허용될 수 없다.

나) 이 사건 회신으로 인하여 원고는 주민등록 전입신고를 할 수 없어 주민등록에 따라 부여되는 여러 공법상의 이익들을 향유할 수 없게 되거나 공법관계에 의한 법률효과를 부여받지 못하게 되는 관계로 부득이하게 주민등록법을 위반하여 실제 거주하지도 아니하는 곳에 주민등록 전입신고를 할 수밖에 없다는 사정 등에 비추어 보면, 이 사건 회신과 같이 주민등록 전입신고의 수리를 거부하는 것은 피고를 비롯한 행정관청이 주민들에게 주민등록 위장 전입과 같은 불법을 조장하고 주민들을 복지의 사각지대에 방치하는 결과를 야기할 수 있으므로, 극히 예외적으로 신중하게 행사되어야 한다.

다) 주소 등 주민등록 전입신고에 관한 신고사항이 제대로 신고되지 아니한 경우에는 관할 행정청이 이를 조사하여 바로잡도록 할 수 있으나, 원고가 이 사건 거주지에서 장기간 실제로 거주하고 있는 이상, 사유지에 대한 지적측량이 필요하여 구룡마을에 관한 정확한 주소지 등재가 어렵다는 포괄적인 이유로 주민등록 전입신고를 수리하지 아니하는 것은 정당한 신고 수리 거부 사유가 될 수 없다.

2) 추가 처분사유에 대하여

피고는 이 사건 소송 도중 이 사건 거주지가 원고의 "실질적인 의미에서의 거주지"가 아니고, 원고의 소유가 아니며, 건축법상 거주지로서의 기본적인 요건을 갖추지 못하고 있는 점, 원고의 주민등록 전입신고를 수리할 경우 화재 등 사고 위험과 각종 투기꾼들의 투기 위험 등이 발생할 수 있는 점을 이 사건 회신의 처분사유로 추가하여 주장하고 있다.

그러나 행정처분의 취소를 구하는 항고소송에 있어서는 실질적 법치주의와 행정처분의 상대방인 국민에 대한 신뢰보호라는 견지에서 처분청은 당초 처분의 근거로 삼은 사유와 기본적 사실관계가 동일하다고 인정되는 한도 내에서만 다른 사유를 추가하거나 변경할 수 있을 뿐, 기본적 사실관계와 동일성이 인정되지 않는 별개의 사실을 들어 처분사유로 주장함은 허용되지 아니하는데, 피고가 새로이 추가하는 위 처분사유는 당초 처분사유와 기본적 사실관계의 동일성이 인정되지 않으므로, 위 처분사유의 추가를 허용하지 아니한다.

제3장 산업재해보상관련 소송

Ⅰ. 의의

산업재해보상제도란 근로자가 업무상 부상을 입거나 질병에 걸리거나 사망한 경우 그 해당 근로자 또는 유족을 보호하기 위하여 재해발생경위에 사업자의 과실이 없더라도 그에 대한 적절한 보상을 하여 주는 제도를 말한다. 이러한 산업재해보상과 관련해서는 일반근로자의 경우 근로기준법 및 산업 재해보상보험법이 적용되고, 공무원과 사립학교 교원은 공무원연금법 및 사립학교교직원연금법이, 선원의 재해보상에 관하여는 선원법 및 선원보험법이 각각 규정하고 있다.

Ⅱ. 유형별 쟁점사항 및 소송수행요령

업무상 재해로 인한 요양급여 또는 유족급여신청거부처분의 취소를 구하는 소송이 대부분을 차지하고 있으므로, '업무상 재해'로 인정될 수 있는지가 소송의 쟁점이 된다.

1. 사업장 내 휴게시간에 재해를 입은 경우

근로자가 휴게시간 중에 사업장 내 시설을 이용하여 어떠한 행위를 하다가 부상을 입은 경우에 그 부상이 업무상 재해로 인정되기 위하여는 그 행위가 당해 근로자의 본래의 업무행위 또는 그 업무의 준비행위 내지 정리행위, 사회 통념상 그에 수반되는 것으로 인정되는 생리적 행위 또는 합리적, 필요적 행위이거나, 사업주의 지시나 주최에 의하여 이루어지는 행사라는 등 그 행위과정이 사업주의 지배, 관리하에 있다고 볼 수 있는 경우, 또는 그 이용하는 시설의 하자로 인하여 당해 부상을 입은 경우이어야 한다(대판 1996.8.23., 95누14633).

2. 출장 등 사업장 외에서 재해를 입은 경우

노동자가 사업장을 떠나 출장중일 경우에는 특별한 사정이 없는 한 일단 출장과정 전반에 대하여 사업주의 지배하에 있다고 말할 수 있고 따라서 그 업무수행성을 인정할 수 있을 것이나 출장중의 행위나 출장중의 행위가 출장에 당연 또는 통상 수반하는 범위 내의 행위가 아닌 자의적 행위나 사적 행위일 경우에는 업무수행성을 인정할 수 없고 그와 같은 행위에 즈음하여 발생한 재해는 업무기인성을 인정할 여지가 없게 되어 업무상 재해로 볼 수 없다(대판 1996.8.23., 95누14633).

3. 상당인과관계에 대한 판례의 태도

과로와 사망간의 인과관계를 인정한 판례	과로와 사망간의 인과관계를 부정한 판례
- 폐결핵과 순환기질환의 의심이 있고 고혈압이 있는 동장이 직무상 과로로 피로한 상태에 있다가 사망 당일 술을 마시고 협심증 등으로 사망한 경우(대판 1990.5.22. 90누1274) - 외무부 사무관이 B형 간염에 감염된 상태에서 계속 직무수행중 과로로 인한 간암으로 사망한 경우(대판 1988.2.23. 87누81) - 전라남도 내무국 기획예산계장이 간질환 의심판정을 받고도 계속 직무수행 중 식도정맥류출혈로 사망한 경우(대판 1990.2.9. 89누4376) - 직무상 과로로 인하여 신체의 저항기능이 저하되어 패혈증에 걸린 경우(대판 1992.7. 24 92누5355)	- 세관 입국검사장에서 여행자 휴대품 검사업무를 담당하던 공무원이 폐암으로 인하여 뇌종양으로 사망한 경우(대판 1994.3.22 94누408) - 초등학교 교원이 위암으로 사망한 경우(대판 1990.5.25 90누295) - 경찰서에서 학원진압요원으로 근무하던 경찰관이 백혈병으로 사망한 경우(대판 1989.9.26. 89누2004) - 경찰관이 위암 및 전이성 췌장암으로 사망한 경우(서울고법 1995.2.14 94구6163) - 평소 고혈압 지병이 있던 공무원이 연장근무 후 귀가하여 찬물로 샤워하다가 사망한 경우(대판 1985.8.13. 85누178)

Ⅲ. 산업재해사고와 손해배상

산업재해사고로 피해를 입은 근로자는 근로복지공단으로부터 산업재해보상보험법에 따른 보험급여를 받을 수 있다. 그러나 산업재해보상보험법에 의한 보험급여는 실제 손해를 기준으로 보상하여 주는 것이 아니기 때문에,[113] 실제 손해가 근로복지공단으로부터 받을 수 있는 보험급여를 초과하는 경우에는 가해자를 상대로 하여 민사상 손해배상청구를 하게 된다.[114] 산업재해사고로 인한 손해배상청구소송도 일반적인 채무불이행이나 불법행위 소송의 한 형태이기 때문에 원칙적으로 민법의 규정이 적용되나, 산업재해사고의 특성상 일반적인 손해배상청구 소송과는 다른 모습을 띠게 된다.

1. 주의의무의 발생 근거

불법행위 또는 채무불이행책임이 성립되기 위해서는 가해자에게 고의 또는 과실이 있어야 한다. 여기서 과실은 사회생활상 부과되는 주의의무의 위반이라고 할 수 있다.[115] 이 때 주의의무는 법령, 계약 또는 사회상규나 신의성실의 원칙 등에 의하여 발생된다.

---

113) 특히 산업재해보상보험법은 정신적 손해에 따른 보상을 규정하고 있지 않기 때문에 위자료를 받기 위해서는 민사상 손해배상청구를 할 수밖에 없다.
114) 치료가 끝나 근로복지공단으로부터 장해등급 판정을 받기 전에는 신체감정절차를 진행 할 수 없는 경우가 대부분이기 때문에, 치료 후 증상이 고정되어 근로복지공단으로부터 장해등급 판정을 받아 근로복지공단으로부터 받을 수 있는 보험 급여가 확정된 이후에야 소송을 진행할 수 있게 된다. 따라서 대부분의 경우 장해등급 판정 이전에 소송이 제기되었다 하더라도 장해등급 판정을 기다려 근로복지공단으로부터 받을 수 있는 보험급여가 확정된 후 이를 초과하는 부분을 청구하는 형태를 띠게 된다.
115) 이은영, "채권각론"(2000), 785면

가. 법령에 의한 주의의무

산업재해사고와 관련한 법령 중 가장 중요한 법령은 산업안전보건법이다. 산업안전보건법은 근로자의 안전과 보건을 목적[116]으로 하여 제정된 법률이기 때문에 사용자가 산업안전보건법에 정해진 사항을 위반하였을 때에는 바로 산업재해사고와 인과관계에 있는 과실이 있음을 인정할 수 있고, 산업안전보건법은 근로자에게도 일정한 의무[117]를 부과하고 있기 때문에 피해 근로자에게 위와 같은 의무를 위반한 것이 있다면 이를 과실상계의 사유로 삼을 수 있을 것이다. 사업주[118]가 산업안전보건법에 의하여 부과된 의무를 이행하지 않았을 경우에는 피해 근로자가 사업주가 고용한 자가 아니라 사업주의 수급인이 고용한 자라고 하더라도 바로 사업주를 상대로 하여 일반불법행위책임을 물을 수 있을 것이다.[119] 산업안전보건법은 사업주에게 안전보건관리책임자, 관리감독자, 안전담당자, 안전관리자, 보건관리자, 산업보건의, 안전보건총괄책임자 등을 두도록 하고 있는바,[120] 피해 근로자는 안전보건관리책임자 등이 산업안전보건법에서 정하는 사항을 위반한 것이 있을 때에는 이들에게 직접 일반불법행위책임을 물을 수도 있고, 안전보건관리책임자 등을 둔 사업주를 상대로 하여 사용자책임을 물을 수도 있을 것이다.

특히 도급인과 관련해서, 산업안전보건법은 도급인에게 안전총괄책임자를 두도록 하고 있는바,[121] 안전총괄책임자에게 과실이 있을 경우에는 수급인의 피용자로서 산업재해사고를 당한 근로자는 안전총괄책임자의 일반불법행위 책임을 근거로 도급인을 상대로 하여 사용자책임을 물을 수 있을 것이다. 그리고 산업안전보건법은 도급인에게 안전·보건조치를 취할 의무[122] 등을 부과하고 있는바, 도급인

---

116) 산업안전보건겁 제1조[목적] 이 법은 산업안전·보건에 관한 기준을 확립하고 그 책임의 소재를 명확하게 하여 산업재해를 예방하고 쾌적한 작업환경을 조성함으로써 근로자의 안전과 보건을 유지·증진함을 목적으로 한다.

117) 산업안전보건법 제6조[근로자의 의무] 근로자는 이 법과 이 법에 의한 명령에서 정하는 산업재해예방을 위한 기준을 준수하여야 하며, 사업주 기타 관련단체에서 실시하는 산업재해의 방지에 관한 조치에 따라야 한다.

118) 대법원 2003. 11. 14. 선고 2003다33196 판결 "(산업안전보건법)법 제2조 제3호는 "사업주라 함은 근로자를 사용하여 사업을 행하는 자를 말한다."고 규정하고 있고, (산업안전보건)법 제3조 제1항은 "이 법은 모든 사업 또는 사업장에 적용한다."고 규정하고 있으므로, 건축주가 건물 신축공사를 시행함에 있어 건축공사 전부를 건축업자에게 도급주어 시공하지 아니하고, 직접 근로자를 고용하여 시공하거나 부분별로 일부 공사는 도급을 주어 시공하고 일부 공사는 직접 근로자를 고용하여 시공할 경우에는 건축주는 법상의 사업주에 해당하여 (산업안전보건)법 제23조 제3항 또는 (산업안전보건)법 제29조에 따른 안전 조치의무를 부담한다 할 것이다."

119) 대법원 1996. 7. 26. 선고 95다45156 판결 "직접 주택신축공사를 시공하는 건축주로부터 목수공사 부분을 도급받은 자와 그에게 고용된 4명의 인부가 작업을 하고 있던 사업장은 구 산업안전보건법시행령(1995. 10. 19. 대통령령 제14787호로 개정되기 전의 것) 제3조 제11항의 '상시 근로자 5인 미만을 사용하는 사업'에 해당하지 않으므로 그 사업장의 사업주에 해당하는 건축주는 산업안전보건법 제23조 소정의 안전조치의무를 부담하며, 한편 4층 건물 내부에서 천정거푸집 해체작업을 하다가 몸의 균형을 잃는 경우에는 창틀을 통하여 추락할 수도 있으므로, 건축주로서는 그와 같은 추락을 방지할 만한 조치를 취할 의무가 있음에도 이를 위반하였다고 하여, 손해배상책임을 인정한 사례"

120) 산업안전보건법 제2장 안전·보건관리체제(제13조~제19조) 참조.

121) 산업안전보건법 제18조

122) 산업안전보건법 제29조

이 위와 같은 의무를 이행하지 않았을 경우에는 바로 도급인을 상대로 하여 일반불법행위책임을 물을 수 있을 것이다. 그러나 위와 같은 도급인의 의무는 수급인에게 고용된 근로자에 대한 것이지 수급인에 대한 것은 아니다.123)

나. 계약, 사회상규, 신의성실의 원칙에 의한 주의의무(안전배려의무)

(1) 의 의

종래 고용계약의 효력으로 사용자의 보호의무가 논의되어 왔고, 그 내용은 노무급부를 위한 장소, 설비, 기구, 재료 등을 사용자가 공급하는 경우에는 노무자(근로자)가 근로를 제공하는 과정에서, 생명, 신체, 건강을 해치는 일이 없도록 사용자는 물적 환경을 정비하고 필요한 조치를 강구할 의무가 있다는 것이 통설인바, 이와 같은 보호의무는 안전배려의무라는 용어로 설명되고 있다.124)

(2) 안전배려의무위반의 효과

안전배려의무를 위반을 이유로 하는 배상책임의 본질은 위에서 본 바와 같이 채무불이행을 이유로 하는 배상책임이므로, 그 손해배상책임은 채무불이행책임에 의하여 규율되어야 한다는 것이 통설이다.125) 이에 대하여 대법원126)은 채무불이행책임과 불법행위책임이 동시에 성립한다는 견해이다.

안전배려의무위반에 대해 채무불이행책임을 원인으로 청구를 하는 경우에는 소멸시효는 10년이고, 계약관계 또는 이에 준하는 관계에 있는 피해 근로자를 제외한 사람들은 사용자에 대하여 위자료 청구를 할 수 없으며, 중간 관리자나 동료 근로자에게 과실이 있는 경우에도 중간 관리자나 동료 근로자는 사용자의 이행보조자에 해당하므로127) 사용자에 대하여 채무불이행 책임을 물을 수 있을 것이다.

---

123) 대법원 2001. 11. 27. 선고 2001다57532 판결 "산업안전보건법에서 사업주에게 위와 같은 의무를 지도록 하는 목적은 '산업재해를 예방하고 쾌적한 작업환경을 조성함으로써 근로자의 안전과 보건을 유지·증진'하기 위한 것이라는 점에 비추어, 사업주가 위와 같은 의무를 부담하는 상대방은 사업주 자신이 사용하는 근로자와 그의 수급인이 사용하는 근로자라고 할 것이므로, 그의 수급인에 대하여는 위와 같은 안전·보건에 관한 조치의무를 부담하지 않는다고 보아야 할 것이다"

124) 윤경, "건설기계관리법상 사업신고자는 연명신고자가 고용한 조종사에 대하여 안전배려의무가 있는지 여부", 대법원판례해설 42호, 458면

125) 윤경, "건설기계관리법상 사업신고자는 연명신고자가 고용한 조종사에 대하여 안전배려 의무가 있는지 여부", 대법원 판례해설 42호, 461면

126) 대법원 1997. 4. 25. 선고 96다53086 판결 " 도급인은 수급인이 노무를 제공하는 과정에서 생명·신체·건강을 해치는 일이 없도록 물적 환경을 정비하고 필요한 조치를 강구할 보호의무를 부담하며, 이러한 보호의무는 실질적인 고용계약의 특수성을 고려하여 신의칙상 인정되는 부수적 의무로서 구 산업안전보건법 시행령(1995. 10. 19. 대통령령 제14787호로 개정되기 전의 것) 제3조 제1항에 의하여 사업주의 안전상 조치의무를 규정한 산업안전보건법 제23조가 적용되지 아니하는 사용자일지라도 마찬가지로 인정된다고 할 것이고, 만일 실질적인 사용관계에 있는 노무도급인이 고의 또는 과실로 이러한 보호의무를 위반함으로써 노무수급인의 생명·신체·건강을 침해하여 손해를 입힌 경우 노무도급인은 노무도급계약상의 채무불이행책임과 경합하여 불법행위로 인한 손해배상책임을 부담한다."

127) 이행보조자에 해당하는지 여부는 사용자책임의 성립 여부에 대해서 보는 바와 같이 사용관계가 인정되는 경우와 유사하게 판단할 수 있을 것이다.

그러나 불법행위책임을 원인으로 청구를 하는 경우에는 3년의 단기소멸시효가 적용되고, 피해 근로자 이외에 피해 근로자와 가족관계에 있는 사람들도 사용자에 대하여 위자료 청구를 할 수 있을 것이다. 안전배려의무위반을 이유로 사용자에게 손해배상책임을 인정하기 위해서는 그 사고가 피용자의 업무와 고나련성이 있을 뿐 아니라 또한 그 사고가 통상 발생할 수 있다고 하는 것이 예측되거나 예측할 수 있는 경우라야 할 것이고, 그 예측가능성은 사고가 발생한 때와 장소, 가해자의 분별능력, 가해자의 성행, 가해자와 피해자의 관계 기타 여러 사정을 고려하여 판단하여야 한다.[128] 이와 같은 안전배려의 무위반에 대해서는 근로자가 주장·입증책임을 진다.[129]

2. 사용자책임과 관련된 문제

피용자가 사무집행에 관하여 제3자에게 손해를 가한 경우에 피용자를 사용하여 사무에 종사하게 한 사용자는 이를 배상할 책임이 있다.[130][131] 산업재해사고와 관련해서는 피해 근로자가 입은 부상 또는 사망과 관련하여 과실이 있는 자와 사용자 사이에 사용관계가 있는가 하는 점이 주로 문제가 된다. 그리고 가해행위와 사무집행의 관련성, 가해행위가 일반불법행위의 요건을 갖추어야 하는가 역시 문제가 된다.

가. 사용관계

(1) 사용자책임이 성립하기 위해서는 가해행위를 한 자와 사용자 사이에 사용관계가 있어야 한다. '사용관계'는 고용계약에 기초한 고용관계나 근로 계약관계보다 넓은 개념이다. 위임·조합[132]·도급 등에 의하여도 사용관계가 생긴다. 또한, 부수의 유무나 기간의 장단에 관계없이 사용관계가 생기고,[133] 사용관계의 기초가 된 계약이 반드시 유효하게 존재할 필요는 없다.[134]

(2) 실무상 주로 문제가 되는 경우

① 도급관계

건설관계에 있어서 보통 여러 차례에 걸쳐 하도급이 이루어지고, 하도급업자에게 고용된 근로자가

---

128) 대법원 2001. 7. 27. 선고 99다56734 판결
129) 대법원 2000. 3. 10. 선고 99다60115 판결
130) 민법 제756조 단서에 의하면, 사용자가 피용자의 선임 및 그 사무감독에 상당한 주의를 한 때 또는 상당한 주의를 하여도 손해가 있을 경우에는 사용자책임이 면책되나, 이러한 면책은 사용자책임의 무과실책임화 경향에 따라 학설·판례에 의해 엄격히 제한되어 왔다(이은영, "채권각론(2000), 860면).
131) 민법 제756조 제2항에 의하면, 사용자에 갈음하여 그 사무를 감독하는 자도 사용자책임을 지도록 규정하고 있고, 이와 같은 대리감독자는 사용자와 부진정연대채무를 부담할 것이나, 실무상 대리감독자를 상대로 청구하는 경우는 거의 없는 것으로 보인다.
132) 대법원 1999. 4. 27. 선고 98다36238 판결
133) 대법원 1977. 6. 7. 선고 76다1869 판결
134) 이은영, "채권각론"(2000), 854면

직접 계약관계에 있는 하도급업자 또는 하도급업자의 고용인의 과실에 의하여 산업재해사고를 당한 경우, 하도급업자의 자력이 충분치 않아 도급인을 하도급업자의 사용자라고 주장하면서 도급인을 상대로 사용자책임을 묻는 경우가 많다.

이와 같은 경우 대법원[135]은 하도급업자와 도급인과의 관계를 도급계약서를 기준으로 형식적으로 사용관계 여부를 판단하는 것이 아니라, 실질적으로 도급인이 하도급업자를 지휘·감독하고 있는가 여부를 살펴 사용자책임의 성립 여부를 판단하고 있다.

건축공사의 일부분을 하도급받은 자가 구체적인 지휘·감독권을 유보한 채, 재료와 설비는 자신이 공급하면서 시공 부분만을 시공기술자에게 재하도급하는 경우와 같은 노무도급의 경우에는 그 노무도급의 도급인과 수급인은 실질적으로 사용자와 피용자의 관계에 있다.[136] 이와 같은 노무도급이 아니라고 하더라도, 건설공사의 경우에 현장에서 구체적인 공사의 운영 및 시행을 직접 지시 지도하고 감시 독려함으로써 시공 자체를 관리하는 경우에는 사용자책임이 인정된다.[137] 단순히 공사의 운영 및 시공의 정도가 설계도 또는 시방서대로 시행되고 있는가를 확인하여 공정을 감독하는 데에 불과한 이른바 감리의 경우에는 사용자책임이 인정되지 않는다.[138]

여기에서 감독이라 함은 시공관리라고 불리는 것으로서 원칙적으로 항상 현장에 상주하여 시공에 관한 구체적인 사항을 사전에 승인 또는 금지하고 공사의 운영시공이 계약대로 실시되고 있는지 여부를 직접 상세하게 감시, 지도, 독려, 감사하고 필요가 있으면 시정조치를 강제하는 것이라고 한다. 한편, 감리라 함은 필요에 응하여 또 필요의 정도에 따라 공사의 운영, 시공의 ス어도가 설계도면대로 실시되고 있는 지의 여부를 감리자의 책임 하에 확인하는 업무로서 그 목적은 전적으로 품질, 공정의 관리에 있다고 하고 감리가 행하여져도 감독이 행하여지지 않는 경우에는 전형적인 도급으로서 수급인은 독립된 입장에 서서 그 판단에 따라 계약내용대로 공사의 완성을 도모하는 것이므로 원칙적으로 도급인은 수급인의 불법행위에 관하여 책임을 지지 않는다고 한다.[139]

이 때 불법행위자의 사용자로 복수의 사용자가 인정될 수 있고,[140] 이와 같은 경우 복수의 사용자들은

---

135) 대법원 1993. 5. 27. 선고 92다48109 판결 "도급인은 도급 또는 지시에 관하여 중대한 과실이 없는 한 수급인이 그 일에 관하여 제3자에게 가한 손해를 배상할 책임이 없으나 도급인이 수급인의 일의 진행 및 방법에 관하여 구체적인 지휘 감독권을 유보한 경우에는 도급인과 수급인의 관계를 실질적으로 사용자 및 피용자의 관계에 다를 바 없으므로 수급인이 고용한 제3자의 불법행위로 인한 손해에 대하여 도급인은 민법 제756조에 의한 사용자책임을 면할 수 없고, 이러한 이치는 하도급의 경우에도 마찬가지이다" 등

136) 대법원 1997. 4. 25. 선고 96다53086 판결

137) 대법원 1992. 6. 23. 선고 92다2615 판결

138) 대법원 2001. 11. 27. 선고 2001다57532 판결

139) 교통·산재손해배상실무연구회, "교통·산재손해배상소송실무"(2000), 480면.

140) 대법원 1990. 10. 30. 선고 90다카23592 판결 "피고가 빌딩신축공사 중 미장공사부분을 甲에게 도급주면서 미장에 필요한 건축자재를 직접 공급하고, 그 공사장에 乙을 현장소장으로 상주시켜 전반적인 작업의 시행에 관하여 작업원들을 구체적으로 지휘·감독하였고, 甲은 그 미장공사 중 옥상으로의 모래운반작업을 丙에게 노무하도급 주어 丙이 원고와 윈치공 丁을 일당으로 고용하여 작업을 하던 중 丁의 업무집행상의 과실로 원고가 상해를 입은 경우 피고는 그의 현장소장인 乙을 통하여 노무하도급 받은 丙 및 그 작업원들을 직접 지시, 감독하는 관계에 있었으므로 이들에 대한 사용자로서 丁의 업무집행상의 과실로 인하여 원고

부진정연대채무를 부담하게 된다.[141] 한편, 공사도급계약을 체결하면서 그 공사 중 발생한 인명피해에 대한 책임은 수급인이 부담하기로 약정한 경우에 그 약정은 도급인과 수급인 사이에서만 효력에 발생할 뿐 제3자에 대한 관계에서는 효력이 없다.[142]

② 명의대여(지입차량)[143]

지입차량의 경우 비록 지입차주가 지입차량의 실질적인 소유자로서 직접 이를 실제로 운영하여 왔다고 할지라도 지입회사는 지입차량의 운행사업에 있어서의 명의대여자로서 제3자에 대하여 그 지입차량이 자기의 사업에 속하는 것임을 표시하였다고 볼 수 있을 뿐만 아니라 객관적으로 지입차주를 지휘·감독하는 사용자의 지위에 있는 것으로 볼 수 있으므로, 지입차주가 고용한 사람이 산업재해사고를 당하였을 경우에 지입차주의 과실을 근거로 지입회사를 상대로 사용자책임을 물을 수 있다.[144][145] 지입관계가 아니라 하더라도 건설기계관리법에 의한 사업신고대표자(대여회사)는 연명신고자가 고용한 조종사에 대하여 사용자의 지위를 갖는다.[146]

그러나 이는 어디까지나 지입차주가 고용한 근로자에 대한 관계에서 지입차주와 지입회사 사이에 사용관계가 인정된다는 것이지, 지입차주에 대한 관계에서도 지입회사가 사용자가 된다는 것은 아니다.[147]

③ 대여차량

주로 문제가 되는 경우는 차량을 소속 운전사와 함께 임차하였을 경우이다. 이 때 임차인이 운전사를 실질적으로 지휘·감독하여 운전사로 하여금 작업을 하게 하였다면 임차인과 운전사 사이에 사용관계가 인정되어 운전사의 과실로 제3자가 손해를 입었을 경우 제3자는 임차인을 상대로 사용자책임을 물을 수 있다.[148] 이 때 임대인 역시 운전사에 대하여 사용자의 지위를 계속 유지하고 있으므로, 제3자는

가 입은 손해를 배상할 책임이 있다."

141) 대법원 1994. 12. 27. 선고 94다4974 판결 참조.

142) 대법원 1981. 1. 13. 선고 80다2140 판결.

143) 일반 명의대여에 대한 사용자책임의 성립과 관련하여 대법원 2001. 8. 21. 선고 2001다3658 판결은 다음과 같이 판시하고 있다. "타인에게 어떤 사업에 관하여 자기의 명의를 사용할 것을 허용한 경우에 그 사업이 내부관계에 있어서는 타인의 사업이고 명의자의 고용인이 아니라 하더라도 외부에 대한 관계에 있어서는 그 사업이 명의자의 사업이고 또 그 타인은 명의자의 종업원임을 표명한 것과 다름이 없으므로, 명의사용을 허용받은 사람이 업무수행을 함에 있어 고의 또는 과실로 다른 사람에게 손해를 끼쳤다면 명의사용을 허용한 사람은 민법 제756조에 의하여 그 손해를 배상할 책임이 있다."

144) 대법원 1998. 1. 23. 선고 97다44676 판결 참조.

145) 지입차주에 대해서도 일반불법행위책임 또는 채무불이행책임을 물을 수 있고, 지입차주와 지입회사는 부진정연대채무를 부담한다고 보아야 할 것이다.

146) 대법원 2002. 11. 26. 선고 2000다7301 판결. 자세한 내용은 윤경, "건설기계관리법상 사업신고자는 연명신고자가 고용한 조종사에 대하여 안전배려의무가 있는지 여부", 대법원판례해설 42호 참조.

147) 대법원 1985. 5. 8. 선고 98다6084 판결 "지입차주가 중기를 지입회사 명의로 구입하여 지입회사와 형식상의 관리계약 하에 차주 겸 운전사로서 중기임대업에 종사하여 온 경우, 그 지입차주는 지입회사나 중기의 임차인으로부터 임금을 받을 것을 목적으로 근로를 제공하는 자라고 할 수 없으므로 근로기준법 소정의 근로자나 산업재해보상보험법 소정의 근로자에 해당하지 않는다."

임대인에 대하여도 역시 사용자책임을 물을 수 있다.[149]

나. 사무집행관련성

사용자책임이 성립하려면 피용자가 사무집행에 관하여 제3자에게 손해를 가하여야 한다. 이 때 '사무집행에 관하여'의 의미에 대하여는 내적관련설, 외형이론, 제한외형이론의 대립이 있다.[150] 내적관련설은 사무집행관련성을 '피용자가 사용자로부터 위임받은 사무의 집행행위 및 그와 일체 불가분의 관계에 있는 행위'로 해석하는 입장이다. 외형이론은 사무집행관련성을 앞의 경우 외에 '피용자의 행위가 사무집행의 외형을 갖는 경우'에도 인정하는 견해이다. 제한외형이론은 사용자책임의 발생은 '사무집행의 외형'자체를 매개로 할 것이 아니라 '사무집행의 외형을 만들었다는 점'을 매개로 하여야 한다는 견해이다.

대법원[151]은 사무집행의 외형을 갖는 경우에 사용자에게 손해발생에 대한 위험창출과 방지조치 결여의 책임 정도와 피해자의 과실 정도를 고려하여 사용자책임의 성립 여부를 판단하고 있는바, 제한외형이론을 취하고 있는 것으로 보인다.

3. 산업재해사고와 과실상계

가. 일반론

책임의 성립이나 배상액을 정함에 있어서 피해자의 손해관여도를 참작하여 책임을 부정하거나 배상액

---

148) 대법원 1992. 3. 31. 선고 91다39849 판결 "차량을 임차한 자로서는 그 임차기간 중 운전수를 지휘·감독하여 화물운송에 종사케 한 이상 비록 일시차용이라고 하여도 피해자에 대한 관계에서는 사용자로서의 배상책임을 면할 수 없다."

149) 대법원 1995. 4. 7. 선고 94다3872 판결 "지입중기회사 명의로 등록된 중기를 그 사실상의 소유자로부터 그 운전기사와 함께 일시임차하여 공사현장에 사용하였다면 특별한 사정이 없는 한 위 지입중기회사와 사실상 소유자의 위 운전기사에 대한 사용자로서의 지위는 위와 같은 일시대여 상태에서도 유지된다고 보아야 할 것이므로, 공사현장에서의 작업중 위 운전기사의 과실로 인하여 망인과 그 유족들이 입은 손해에 대하여 위 지입중기회사와 사실상의 소유자는 사용자로서의 배상책임을 면할 수 없다."

150) 아래에서 보는 각 학설의 내용은 이은영, "채권각론"(2000), 857~856면을 참조함.

151) 대법원 1999. 1. 26. 선고 98다39930 판결 "민법 제756조에 규정된 사용자책임의 요건인 '사무집행에 관하여'라는 뜻은 피용자의 불법행위가 외형상 객관적으로 사용자의 사업활동 내지 사무집행행위 또는 그와 관련된 것이라고 보여질 때에는 행위자의 주관적 사정을 고려함이 없이 이를 사무집행에 관하여 한 행위로 본다는 것이고, 외형상 객관적으로 사용자의 사무집행에[관련된 것인지 여부는 피용자의 본래 직무와 불법행위와의 관련 정도 및 사용자에게 손해발생에 대한 위험창출과 방지조치 결여의 책임이 어느 정도 있는지를 고려하여 판단하여야 한다. 피용자의 불법행위가 외관상 사무집행의 범위 내에 속하는 것으로 보이는 경우에 있어서도 피용자의 행위가 사용자나 사용자에 갈음하여 그 사무를 감독하는 자의 사무집행행위에 해당하지 않음을 피해자 자신이 알았거나 중대한 과실로 인하여 알지 못한 경우에는 사용자책임을 물을 수 없다고 할 것인바, 이 경우 중대한 과실이라 함은 거래의 상대방이 조금만 주의를 기울였더라면 피용자의 행위가 그 직무권한 내에서 적법하게 행하여진 것이 아니라는 사정을 알 수 있었음에도 만연히 이를 직무권한 내의 행위라고 믿음으로써 일반인에게 요구되는 주의의무에 현저히 위반하는 것으로 거의 고의에 가까운 정도의 주의를 결여하고, 공평의 관점에서 상대방을 구태여 보호할 필요가 없다고 봄이 상당하다고 인정되는 상태를 말한다."

을 경감하는 것을 과실상계라고 한다. 채무불이행이나 불법행위에 있어서 채권자나 피해자에게도 과실이 있는 경우에 법원은 손해배상의 책임 및 그 금액을 정할 때 그를 참작하여야 한다.[152]

위와 같이 채무불이행책임이나 불법행위책임에 의한 손해배상의 범위를 정함에 있어 피해자의 과실을 참작하여야 하므로, 산업재해사고에 대해서도 피해 근로자에게 과실이 있는 경우 손해배상의 범위를 정함에 있어 이를 반드시 참작하여야 한다.

근로자에게 자기안전의무가 있는바,[153] 산업재해사고는 대부분 사용자의 안전배려의무를 소홀히 한 과실과 근로자의 자기안전의무를 소홀이 한 과실이 경합하여 발생한다. 그런데 산업재해사고는 사고발생 유형이 다양하고, 많은 원인이 복합적으로 관련되며, 동일한 현장에서 발생한 사고라 하더라도 그 발생원인과 피해 근로자의 지위, 업무숙련도 등에 따라 각각의 과실의 사고발생에 대한 기여도가 각각 다르기 때문에 과실비율을 정형화한다는 것은 거의 불가능하다. 교통사고의 경우에는 가해자와 피해자 사이에 특별한 인적 관계가 없는 경우가 대부분이어서 객관적인 상황만을 고려하여 사고의 기여도를 정할 수 있기 때문에 상황에 따른 과실비율의 정형화가 어느 정도 가능하다. 그러나 산업재해 사고의 경우에는 가해자와 피해자 사이에 인적 관계가 있고, 이와 같은 인적 관계를 통하여 알게 된 주관적인 사정까지 고려하여[154] 과실비율을 정하여야 하기 때문에 더욱 과실비율을 정형화하기 곤란하다.

나. 과실비율을 정함에 있어 참작하여야 할 사유

(1) 불가항력이 사유가 기여한 경우

산업재해사고의 발생에 사용자나 피해 근로자의 과실이 아닌 제3의 사유, 예컨대 불가항력의 요소가 기여한 경우 이를 어떻게 고려할 것인가에 대해서는 가해자위법성설, 절대설, 상대설의 3가지 학설[155]이 있다.

가해자위법성설은 과실책임주의의 입장을 관철하여 가해자의 과실 비율이 전손해의 발생에 관하여 기여한 비율에 의하여 손해를 부담하여야 한다는 견해로서 이 설에 의하면 불가항력의 기여분은 배상으로부터 제외되는 것으로 된다. 절대설은 피해자의 과실만에 착안하여 전손해 가운데 피해자의 과실분만이 피해자부담으로 공제되고 잔여의 손해분은 가해자부담으로 된다고 하는 설이다. 이 설에 의하면

---

152) 이은영, "채권총론"(2001), 326면
153) 대법원(대법원 1997. 12. 9. 선고 97다43086 판결 등)은 과실상계에 있어서의 과실의 의미에 대하여 다음과 판시하고 있다. "불법행위에 있어서 피해자의 과실을 따지는 과실상계에서의 과실은 가해자의 과실과 달리 사회통념이나 신의성실의 원칙에 따라 공동생활에 있어 요구되는 약한 의미의 부주의를 가리키는 것으로 보아야 한다."
　　과실을 이와 같이 이해할 경우 근로자에게 부과되는 자기안전의무는 신의칙상 인정되는 의무로 불법행위의 성립에 요구되는 엄격한 의미의 주의의무가 아닌 것으로 보아야 할 것이다.
154) 사용자는 피고용인의 능력, 업무숙련도, 건강상태 등을 알고 고용계약을 맺게 되고, 피고용인은 자신이 행하게 될 업무의 내용, 위험성 등에 대해 충분히 알고 업무에 임하게 되기 때문이다.
155) 교통·산재손해배상실무연구회, "교통·산재손해배상소송실무"(2000), 487~488면

불가항력의 기여분은 가해자의 부담으로 된다. 상대설은 피해자, 가해자 쌍방의 과실의 대비에 의하여 과실상계율을 정한다고 하는 설로서 불가항력의 요소가 있는 경우에는 이를 제외하고 쌍방의 과실비율만을 고려하자는 견해이다. 이 설에 의하면 불가항력의 기여부분은 쌍방의 과실비율에 따라 안분하는 것으로 된다.

고용관계를 통하여 사용자나 근로자 일방만이 이익을 얻는 것이 아니라 쌍방 모두 이익을 얻게 된다. 따라서 이와 같은 고용관계에서 불가항력의 요소가 개입되었을 때 이를 일방이 전적으로 부담하는 것은 부당하므로 쌍방 모두에게 일정부분씩 부담시키는 상대설이 타당한 것으로 생각된다.

대법원[156]은 일반불법행위의 경우 가해자위법성설의 입장을 취하고 있는 것으로 보인다.

(2) 사용자가 제공한 작업장, 기구, 장비 등의 하자로 인한 경우

사용자는 근로자에게 노무 제공에 적합한 작업환경, 기구, 장비 등을 지급할 의무가 있고, 이와 같은 기구 등이 노무 제공에 적합한 성능을 가지고 있지 않아 산업재해사고가 일어나는 경우가 있다. 예를 들면 법면에서 작업하는 ㄱ노로자에게 사용자가 안전로프를 지급하였는데, 안전로프가 낡아 안전로프가 끊어져 추락한 경우나, 기반이 약한 건물에서 작업을 하게 하였는데 건물이 붕괴된 경우 등이다.

이와 같은 경우에 피해 근로자의 과실은 적다 할 것이고,[157] 일반적인 근로자의 입장에서 사용자가 제공한 재료 등의 하자를 발견할 수 없었던 경우에는 과실이 없다고 하여야 할 것이다. 그러나 근로자에

---

156) 대법원 2003. 6. 27. 선고 2001다734 판결 "[1] 불법행위에 기한 손해배상 사건에 있어서 피해자가 입은 손해가 자연력과 가해자의 과실행위가 경합되어 발생된 경우 가해자의 배상범위는 손해의 공평한 부담이라는 견지에서 손해발생에 대하여 자연력이 기여하였다고 인정되는 부분을 공제한 나머지 부분으로 제한하여야 함이 상당하고, 다만 피해자가 입은 손해가 통상의 손해와는 달리 특수한 자연적 조건 아래 발생한 것이라 하더라도 가해자가 그와 같은 자연적 조건이나 그에 따른 위험의 정도를 미리 예상할 수 있었고 또 과도한 노력이나 비용을 들이지 아니하고도 적절한 조치를 취하여 자연적 조건에 따른 위험의 발생을 사전에 예방할 수 있었다면, 그러한 사고방지 조치를 소홀히 하여 발생한 사고로 인한 손해배상의 범위를 정함에 있어서 자연력의 기여분을 인정하여 가해자의 배상범위를 제한할 것은 아니다. [2] 원자력발전소의 온배수 배출행위와 해수온도의 상승이라는 자연력이 복합적으로 작용하여 온배수배출구 인근 양식장에서 어류가 집단폐사한 경우, 손해배상 범위 결정시 자연력의 기여도를 고려하는 것이 타당하다고 판단한 사례."
산업재해사고에 대해서는 대법원 1995. 2. 8. 선고 94다31334 판결 "건설공사현장의 사고로 인한 손해가 통상의 손해와는 달리 강풍 등의 특수한 자연적 조건 아래 발생한 것이라 하더라도, 그 공사현장의 안전관리자가 그와 같은 자연적 조건이나 그에 따른 위험의 정도를 미리 예상할 수 있었고 또 과도한 노력이나 비용을 들이지 아니하고도 적절한 조치를 취하여 자연적 조건에 따른 위험의 발생을 사전에 방지할 수 있었다면, 그러한 사고방지조치를 소홀히 하여 발생한 사고로 인한 손해배상의 범위를 정함에 있어 불가항력적인 자연력의 기여분을 인정하여 가해자의 배상범위를 제한할 것은 아니라고 할 것이다."

157) 대법원 1992. 3. 31. 선고 91다37263 판결 "회사의 작업반장이 일용잡부로 입사한 피해자에게 프레스기 계작업에 관한 기술교육이나 안전교육 등 제반 기초사항을 알려 준 바도 없고 프레스기의 수리요청을 ㅂ다고서도 수리를 하여 주지 아니하였으며 프레스기에 부착되어 있는 전자감응식 안전장치마저 고장난 상태여서 애당초 위 프레스기로 작업하도록 지시하여서는 아니 됨에도 불구하고 이를 무시한 채 피해자에게 계속 작업할 것을 지시한 과실로 사고가 발생하였다면, 프레스기로 작업을 함에 있어서 작업상의 주의의무를 소홀이 한 정도의 피해자의 과실만을 가지고 그 비율을 35%로 평가한 것은 회사측의 과실내용에 비추어 볼 때 지나치게 무겁게 평가한 것으로서 형평의 원칙에 현저히 반하는 것이라고 하여 원심판결을 파기한 사례."

게도 사용자가 제공한 재료 등의 적합성 여부를 살필 주의의무가 있다고 할 것이고, 재료 등이 하자를 쉽게 발견할 수 있었음에도 불구하고 근로자가 이를 발견하지 못한 경우나 근로자의 부적절한 업무수행으로 인하여 재료 등의 하자가 가중되어 결국 사고가 일어난 경우 등에는 근로자에게도 적지 않은 과실이 있다고 평가되어야 할 것이다.

(3) 안전장비를 착용하지 않은 경우

안전을 위하여 필요한 경우에는 근로자에게 안전장비를 착용할 주의의무가 있다고 할 것이다. 이와 같은 안전장비를 착용하지 않아 산업재해사고가 발생하였거나 손해가 확대된 경우가 있다 .예를 들면 배전활선전공이 절연장갑을 착용하지 않아 감전이 되었거나, 건설현장의 작업자가 안전모를 쓰지 않아 낙하물에 의한 머리 부분의 부상이 커진 경우 등이다.

 이와 같은 경우 피해 근로자가 사용자가 안전장비를 지급하였음에도 불구하고 작업의 편의 또는 부주의로 안전장비를 착용하지 않았을 때에는 피해 근로자의 과실이 크다고 평가되어야 할 것이다.158) 그러나 사용자가 안전장비를 지급하지 않았고159) 피해근로자가 안전장비의 지급을 요구하였다면 사용자가 바로 지급하였을 것이라는 등의 사정이 없는 한 이와 같은 경우 안전장비를 착용하지 아니한 것을 피해 근로자의 과실로 평가할 수는 없을 것이다.160)

(4) 근로자에게 내재된 사유에 의한 경우

피해 근로자에게 지병이 있었고, 이와 같은 지병에 의하여 산업재해사고가 발생할 수 있다. 예를 들면 피해 근로자에게 고혈압 등의 지병이 있었는데, 연속된 연장근로로 인하여 고혈압이 악화되어 결국

---

158) 대법원 1994. 4. 26. 선고 94다2848 판결은 피해 근로자가 사용자가 비치해둔 지주받침대를 가지고 가지 않고, 신설 각주를 적합한 방법으로 지지해 놓지 않아 신설 각주가 넘어져 발생한 사고에 대해서 사용자에게는 과실이 없다고 판시하고 있다.

159) 대법원 2002. 10. 11. 선고 2002다38064 판결은 잣종자 채취작업을 하던 사람이 높은 나무위에 올라가 작업을 하다 떨어졌고, 사용자에게는 높은 곳에 올라가는 등의 위험한 작업은 하지 말라고 당부하기만 하였을 뿐 나아가 추락을 방지하기 위한 안전띠나 안전모, 안전화 등의 안전장비와 추락사고에 대비한 안전망 등의 보호시설 및 구급약이나 들것 등의 구급장비를 제공 또는 비치하지 아니한 과실이, 피해 근로자에게는 높은 나무 위에 올라가 잣종자 채취작업을 함에 있어서는 나뭇가지가 튼튼한지 여부를 잘 살피는 등으로 스스로의 안전을 도모하여야 할 것임에도 이를 게을리 한 과실이 있는 사안에서, 피해근로자가 안전장구의 지급을 요구하지 아니한 잘못을 감안한다 하더라도 사용자측의 과실이 피해 근로자보다 더 크거나 비슷하다고 볼 수 있을지언정, 피해 근로자의 과실이 사용자측 과실보다 현저히 크다고 할 수 없다고 하면서, 피해 근로자의 과실을 70%로 인정한 원심을 파기하였다.

160) 대법원 1984. 7. 10. 선고 84다카365 판결 "원고가 공사장에서 착용하여야 할 안전모가 원고 스스로 마련할 의무 있는 장비가 아니라 건축주인 피고 회사가 준비하여 각 작업인부들에게 공급할 성질의 장비이고 피고가 그와 같은 장비공급을 한 바 없어 원고가 착용할 수 없었던 것이라면 원고가 작업장에서 안전모를 쓰지 않은 것을 원고의 과실로 돌릴 수 없다 할 것이므로 위와 같은 경우에 원고가 안전모를 쓰지 않고 작업하다 상해를 입었다 하더라도 과실상계를 인정할 수 없다."
위 판결은 대법원 1987. 5. 26. 선고 86다카1876 판결에 의하여 변경되었으나, 변경된 부분은 소송촉진등에 관한 특례법에 관한 부분 만이다.

사망한 경우 등을 예로 들 수 있다.

근로자에게는 자신의 몸 상태를 평소에 잘 살펴 노무 제공에 적합하지 않게 되었거나 그럴 우려가 있을 때에는 이를 사용자에게 알릴 의무가 있다고 할 것이고, 사용자에게 이를 알리지 않아 사용자가 특별한 조치를 취할 수 없었던 경우에는 근로자의 과실이 크다고 평가되고, 경우에 따라서는 사용자에게 전혀 과실이 없다고 평가되는 경우도 있을 것이다.[161] 다만, 사용자에게는 근로자의 몸상태를 수시로 점검할 주의의무가 있다 할 것이고, 근로자가 근무 중 특이한 상태를 보였거나 평소보다 과중한 업무를 연속적으로 시켜 몸에 무리가 갈 정도였다는 사정이 있을 경우에는 사용자에게도 적지 않은 과실이 있다고 평가되어야 할 것이다.

(5) 업무수행능력이 부족하였던 경우

경우에 따라 근로자에게 일정 수준 이상의 업무수행능력이 요구되는 경우가 있고, 근로자가 이와 같은 업무수행능력을 갖추지 못하여 산업재해사고가 발생하는 경우가 있다. 예를 들면 굴삭기를 조정하기 위해서는 면허가 필요한데, 굴삭지 조정면허도 없는 근로자가 굴삭기를 조정하다 추락한 경우를 들 수 있다.

근로자에게는 자신의 능력으로는 수행할 수 없는 작업을 거부할 의무가 있다고 할 것이고, 그럼에도 불구하고 감당할 수 없는 일을 하다가 산업재해사고가 일어난 경우에는 근로자의 과실이 크다고 평가될 것이다. 피해 근로자가 능력이 없음에도 불구하고 충분히 그와 같은 작업을 감당할 수 있다고 사용자를 속이고 고용되어 작업을 하게 되었거나, 자발적으로 작업을 한 경우[162] 등을 예로 들 수 있다. 그러나 사용자가 피해 근로자에게 작업을 감당할 수 있는 능력이 없음을 알고 있으면서도 그와 같은 작업을 하게 하였거나, 피해 근로자가 거부하였음에도 불구하고 강제로 작업을 하게 하였다면 피해 근로자의 과실은 적다고 평가될 것이다. 나아가 사용자가 피해근로자의 의사결정의 자유가 침해될 정도로 작업을 하도록 강요하였다면 피해 근로자에게는 과실이 없다고 평가되어야 할 것이다.[163]

(6) 피해 근로자가 안전관리자 등의 지위에 있는 경우

피해 근로자 자신이 현장 책임자 등으로서 안전관리의무를 지고 있는 경우도 있다. 공사를 시행하고 있는 甲 회사로부터 일부분을 하도급받은 乙 회사가 피해 근로자를 乙 회사측 근로자들의 현장 책임자로

---

161) 대법원 2004. 7. 22. 선고 2003다20183 판결 : 대법원 2002. 6. 25. 선고 2000다14873 판결 : 대법원 1994. 10. 28. 선고 94다33491 판결 참조.

162) 대법원 1991. 7. 23. 선고 91다12325 판결 "회사직원의 지시에 따라 음료수상자 배달작업을 하던 피해자가 혼자 무리하게 상자 3개를 한꺼번에 들어올려 놓으려다가 요추손상을 입은 사고에 대하여 회사의 사용자책임을 인정한 후 피해자에게도 자기 힘에 맞는 양의 상자를 안전한 자세로 들어올려 놓지 아니한 과실이 있다 하여 그 과실비율을 70퍼센트로 본 원심의 조치를 수긍한 사례."

163) 의사결정의 자유가 침해되었는가 여부를 판단함에 있어서는 사용자가 근로자보다는 우월한 지위에 있음을 충분히 고려하여야 할 것이다.

하여 甲 회사의 지휘 · 감독 아래 작업을 하게 하였는데, 피해 근로자가 산업재해사고를 당한 경우를 예로 들 수 있다.

이와 같이 사용자로부터 안전관리의무의 일부를 위임받은 자가 산업재해사고를 당하였을 경우에는 안전관리의무를 지고 있지 않은 일반 근로자가 산업재해사고를 당한 경우보다는 피해 근로자의 과실이 더 크다고 할 것이다. 이 때 사용자의 과실은 피해 근로자가 안전관리를 제대로 하고 있는지 여부를 제대로 관리하지 않은 정도의 과실밖에는 없기 때문이다. 그런데 위에서 예로 든 것과 같은 경우에 피해 근로자의 甲 회사에 대한 과실비율과 乙 회사에 대한 과실비율을 달리 평가할 수도 있을 것이다.[164] 공사현장 전체에 대한 안전관리의무를 부담하고 있는 甲 회사는 공사현장 전체의 안전관리를 담당하고 있는 직원을 두어야 할 것이고, 그 직원은 현장에서 피해 근로자가 안전관리를 제대로 하고 있는지 여부에 대하여 지휘 · 감독하여야 할 주의의무가 있다고 보아야 하기 때문이다.

(7) 위험요인이 상존하고 있는 경우

피해 근로자의 업무가 위험요인이 상존하고 있는 업무이고, 그와 같이 위험한 업무에 종사하고 있기 때문에 다른 근로자들에 비해 높은 임금을 받고 있는 경우에 위와 같은 업무에 종사하는 근로자들은 일반적은 업무에 종사하는 사람들에 비하여 더욱 높은 자기안전의무를 부담하고 있다고 하여야 할 것이다.[165]

배전활선전공은 일반 전공들에 비하여 특히 높은 임금을 받고 있는바,[166] 이는 전기가 흐르는 상태에서 작업을 하여야 하기 때문에 항시 감전의 위험에 노출되어 있는 작업의 위험성을 반영한 것으로 보아야 할 것이다. 따라서 배전활선전공은 감전을 방지하기 위하여 일반 전공들보다 더욱 높은 주의의무가 요구된다.

IV. 산업재해사고와 보상

산업재해사고에 대한 보상의 제도로는 근로기준법에 의한 재해보상과 산업재해보상보험법에 의한 보험급여가 있다.[167] 피해근로자는 가해자에 대한 손해배상청구권과 함께 위와 같은 보상청구권이 있으므로, 위와 같은 보상청구권과 손해배상청구권의 관계가 어떻게 되는지에 대하여 여러 가지 문제

---

164) 대법원 1995. 3. 10. 선고 94다5731 판결은 사용자책임에 있어 공동불법행위자 사이에 과실상계비율이 달라질 수 있음을 전제로 하고 있다.
165) 사법연수원, "손해배상소송"(2004), 249면 참조.
166) 2004. 5. 개별노임단가에서 배전전공은 노임이 173,271원임에 비하여, 배전활선전공은 255,412원이다.
167) 일반 근로자의 재해보상에 대해서는 근로기준법과 산업재해보상보험법이, 선원의 재해보상에 관해서는 선원법과 선원보험법이, 공무원과 사립학교교원의 재해보상에 관해서는 공무원연금법과 사립학교교직원연금법이 각각 규정하고 있다. 아래에서는 주로 많이 적용되는 산업재해보상보험법에 대해 보기로 한다.

가 있다.

그런데 산업재해보상보험법은 근로기준법의 재해보상과 거의 동일한 내용을 규정하고 있고, 나아가 대부분 산업재해보상보험법에 의한 보험급여가 근로기준법에 의한 재해보상보다 다액일 뿐만 아니라, 산업재해보상보험법에는 근로기준법과는 달리 근로자의 중대한 과실로 인한 경우의 면책 조항[168]이 없고, 산업재해보상보험법의 적용대상은 원칙적으로 모든 사업장이어서[169] 현실적으로는 근로기준법의 재해보상이 적용되는 경우는 드물다.

아래에서는 먼저 산업재해사고에 대하여 근로복지공단[170]이 지급하게 되는 보험급여의 내용에 대하여 살펴보고, 이와 같은 보험급여와 손해배상청구권과의 관계가 구상관계에 대하여 보기로 한다.

1. 산업재해보상보험법에 의한 보험급여

산업재해보상보험법이란 산업재해에 관하여 국가(근로복지공단)가 보험자로서 재해보상을 져야 할 각 사업주·사용자들을 보험가입자로서 하고 재해보상청구권자인 피해 근로자를 수급권자로 하여 산업재해 발생시 사업주 등이 낸 보험료로 피해 근로자를 신속·확실하게 재해보상을 실시하는 보험제도의 일종이며, 이로써 근로자보호에 충실을 기함과 동시에 사업주가 부담할 배상의 위험을 분산·감경시키려는 목적을 갖고 있다. 그 중 사업주의 위험분산의 측면을 중시하면 산재보험은 재해보상에 대한 책임보험에 그치고 말지만 산업재해를 사회적인 측면에서 파악하고 재해 전체에 대한 기업 전체의 책임을 산업재해보상보험이라고 보면 이는 단순한 책임보험에서 벗어나 사회보장에 가까운 사회보험의 성격을 갖게 된다.[171]

산재보험의 보험급여[172]로는 요양급여, 휴업급여, 장해급여, 간병급여, 유족급여, 상병보상연금, 장의비가 있다.

가. 요양급여

근로자가 업무상의 사유에 의하여 부상을 당하거나 질병에 걸린 경우에 당해 근로자에게 요양급여를

---

168) 근로기준법 제84조는 "근로자가 중대한 과실로 인하여 업무상 부상 또는 질병에 걸리고 또한 사용자가 그 과실에 대하여 노동위원회의 인정을 받은 경우에는 휴업보상 또는 장해보상을 행하지 아니하여도 된다"라고 규정하고 있다.

169) 다만, 산업재해보상보험법 제5조 단서에 의하여 산업재해보상보험법시행령 제3조 제1항 각호에서 정하고 있는 1. 공무원연금법 또는 군인연금법에 의하여 재해보상이 행하여지는 사업, 2. 선원법·어선원및어선재해보상보험법 또는 사립학교교직원연금법에 의하여 재해보상이 행하여지는 사업, 3. 건설공사중 총공사금액이 2천만원 미만인 공사와 주택법에 의한 주택사업자 또는 건설산업기본법에 의한 건설업자가 아닌 자가 시공하는 공사로서 연면적이 330제곱미터 이하인 건축물의 건축 또는 대수선에 관한 공사는 적용이 되지 않는다.

170) 근로복지공단은 산업재해보상보험법 제13조에 의하여 설립된 법인으로서 국가로부터 위탁받아 보험급여의 결정 및 지급(산업재해보상보험법 제14조 제3호) 등을 그 업무로 하고 있다.

171) 교통·산재손해배상실무연구회, "교통·산재손해배상소송실무"(2000), 428~429면

172) 산업재해보상보험법 제38조 제1항 각호 참조.

지급하고, 요양급여는 요양비 전액으로 하되, 공단이 설치한 보험시설 또는 공단이 지정한 의료기관에서 요양을 하게 하나 다만, 부득이한 경우에는 요양에 갈음하여 요양비를 지급할 수 있다.[173] 그러나 요양중인 근로자의 상병을 계속 치료하더라도 의학적인 효과를 기대할 수 없게 되고, 그 증상이 고정된 상태에 이른 경우에는 요양급여를 더 이상 지급하지 않는다.[174]

요양급여의 범위는 진찰, 약제 또는 진료재료와 의지(義肢)[175] 기타 보철구의 지급, 처치·수술 기타의 치료, 의료시설에서의 수용, 간병,[176] 이송, 기타 노동부령이 정하는 사항이고, 요양급여의 범위·비용 등 요양급여의 산정기준은 노동부령으로 정하도록 되어 있다.[177]

화상으로 심한 추상(醜相)이 생겼거나 기타 흉터로 인하여 신체기능에 장애가 생긴 경우에 이를 치료하기 위한 성형수술 역시 요양급여에 포함된다고 할 것이다. 그러나 단지 미용의 목적만을 위한 성형수술[178]은 부상 또는 질병의 취유를 위한 것이 아니므로, 요양급여에는 속하지 않는다고 할 것이다.

나. 휴업급여

업무상 사유에 의하여 부상을 당하거나 질병에 걸린 근로자가 요양으로 인하여 취업하지 못한 기간에 대하여 휴업급여를 지급하고, 1일당 지급액은 평균임금의 70%[179]이다. 다만, 이와 같이 산정한 휴업급여가 최저임금법 제5조의 규정에 의한 최저임금액에 미달하는 경우에는 그 최저임금액을 지급한다.[180]

여기서 "근로자가 요양으로 인하여 취업하지 못한 기간"은 근로자가 병원에서 치료를 받은 기간에 한정

---

173) 산업재해보상보험법 제40조 제1항, 제2항

174) 산업재해보상보험법시행규칙 제16조 제1항 "공단은 요양중인 근로자의 상병이 계속 치료를 하더라도 의학적인 효과를 기대할 수 없게 되고, 그 증상이 고정된 상태에 이른 경우에는 당해 근로자의 치료를 종결시켜야 한다. 이 경우 공단은 근로자의 치료종결 여부를 결정할 때에는 제3항의 규정에 의한 자문의사협의회의 심의를 거쳐야 한다."

175) 의수와 의족을 말한다.

176) 여기서 간병은 실무상 개호비에 대응하는 급여인데, 요양기간 중에는 2종 요양비로 요양급여의 일부로 지급이 되나, 요양기간에는 종료된 이후에도 개호가 필요한 경우로서 아래에서 보는 바와 같이 일정한 경우에는 간병급여가 지급된다.

177) 산업재해보상보험법 제40조 제4항, 제5항 참조. 이의 위임을 받은 산업재해보상보험법시행규칙 제17조(요양급여의 범위 및 비용)는 다음과 같이 규정하고 있다. "① 법 제40조 제5항의 규정에 의하여 요양급여의 범위 및 요양에 소요된 비용의 산정기준은 국민건강보험요양급여의기준에관한규칙과 국민건강보험법 제42조 제4항의 규정에 의하여 보건복지부장관이 고시하는 요양급여의 비용의 내역에 의한다. 다만, 요양급여의 범위 및 요양에 소요된 비용 중 동기준에서 정한 사항이 근로자 보호를 위하여 적당하지 아니하다고 인정되는 경우, 동 기준에서 정하고 있지 아니한 사항의 경우 또는 보험재정에 상당한 부담을 초래하여 보험재정의 건전성을 해할 우려가 있다고 인정되는 경우에는 노동부장관이 법 제6조의 규정에 의한 산업재해보상보험심의위원회의 심의를 거쳐 고시하는 산업재해보상보험요양비산정기준에 의한다. ② 공단은 법 제78조 제1항 제1호의 규정에 의한 보험시설에서 행하는 요양에 대한 요양급여의 범위·비용 등에 대하여는 노동부장관의 승인을 얻어 제1항 본문 또는 단서의 기준을 조정하여 적용할 수 있다."

178) 예를 들면, 산업재해사고로 인한 부상을 치료하기 위하여 수술을 하였고, 이와 같은 수술로 경미한 반흔이 남았는데, 이를 교정하기 위한 성형수술과 같은 경우이다.

179) 근로기준법 제82조는 휴업급여액을 평균임금의 60%로 규정하고 있다.

180) 산업재해보상보험법 제41조 제1항, 제3항

되는 것이 아니라, 자가에서 요양을 하였더라도 이로 인하여 실제로 취업을 하지 못한 기간을 말한다.[181]

일반적인 손해배상소송에서 휴업손해라 함은 상해로 인하여 노동능력의 100%를 상실한 기간을 말하고 있고, 실무상 병원에 입원한 기간 동안을 휴업손해 기간으로 인정하고 있다. 그러나 위에서 본 바와 같이 휴업급여의 대상이 되는 기간은 치료의 종결 여부가 판단 기준이 되므로, 위와 같은 휴업손해와는 그 개념이 다르고, 따라서 인정되는 기간 역시 다르다. 대부분의 경우 휴업급여 기간이 휴업손해 기간보다 길어지게 된다.

다. 장해급여

근로자가 업무상의 사유에 의하여 부상을 당하거나 질병에 걸려 치유 후[182] 신체 등에 장해가 있는 경우 장해급여를 지급하고, 장해급여는 장해등급[183]에 따라 장해보상연금 또는 장해보상일시금으로 지급한다. 장해보상연금 또는 장해보상일시금은 수급권자의 선택에 따라 이를 지급하되, 대통령령이 정하는 노동력을 완전히 상실한 장해등급[184]의 근로자에 대하여는 장해보상연금을 지급한다. 다만, 장해급여를 연금의 형태로 지급하는 것이 곤란한 경우로서 대통령령이 정하는 경우에는 장해보상일시금을 지급한다.[185]

라. 간병급여

요양급여를 받은 자가 치유 후[186] 의학적으로 상시 또는 수시로 간병이 필요하여 실제로 간병을 받는

---

181) 대법원 1989. 6. 27. 선고 88누2205 판결 "산업재해보상보험법 제9조의4(현재 제40조) 소정의 '요양으로 인하여 취업하지 못한 기간'이라 함은 근로자가 업무상 부상으로 요양을 하느라고 근로를 제공할 수 없었기 때문에 임금을 받지 못한 기간을 의미하므로, 근로자가 의료기관에서 업무상 부상을 치료받은 기간뿐만 아니라 자기 집에서 요양을 하느라고 실제로 취업하지 못하였기 때문에 임금을 받지 못한 기간도 포함된다."

182) 대법원 1999. 6. 22. 선고 98두5149 판결 "(산업재해보상보험)법시행규칙 제2조 제5호는 '치유'라 함은 부상 또는 질병이 완치되거나 부상 또는 질병에 대한 치료의 효과를 더 이상 기대할 수 없게 되고 그 증상이 고정된 상태에 이르게 된 것을 말한다고 규정하고, (산업재해보상보험)법시행규칙 제16조 제1항은 공단은 요양중인 근로자의 상병이 계속 치료를 하더라도 의학적인 효과를 기대할 수 없게 되고, 그 증상이 고정된 상태에 이른 경우에는 당해 근로자의 치료를 종결시켜야 한다고 규정하고, (산업재해보상보험)법시행규칙 제40조 제10항 본문은 장해등급의 판정은 요양이 종료된 때에 증상이 고정된 상태에서 행한다고 규정하고 있는바, 이에 의하더라도 법에 의한 장해급여는 원칙적으로 '근로자가 업무상 부상 또는 질병에 걸려 완치 후 신체에 장해가 있는 경우', 즉 부상 또는 질병이 완치되거나 부상 또는 질병에 대한 치료의 효과를 더 이상 기대할 수 없게 되고 그 증상이 고정된 상태에 이르게 된 때에 지급할 수 있는 것으로 해석된다."

183) 장해등급은 산업재해보상보험법시행령 제31조 제1항 별표2에 규정되어 있고, 같은 조 제2항은 신체장해가 2 이상인 경우의 장해등급의 조정에 대하여, 같은 조 제4항은 기존에 신체장해가 있었던 경우의 조정에 대하여 규정하고 있다.

184) 장해등급 제1급 내지 제3급을 말한다(산업재해보상보험법시행령 제31조 제5항).

185) 산업재해보상보험법 제42조 제1항, 제2항, 제3항, 제4항

186) 치료 기간 중에 간병이 필요하였던 경우에는 위에서 본 밥와 같이 요양급여에 간병비가 포함되어 있기 때문에, 요양급여의 일종으로 간병비를 받게 된다.

자에게 간병급여를 지급한다.[187)

마. 유족급여

근로자가 업무상의 사유에 의하여 사망한 경우에는 유족에게 유족급여를 지급하고, 유족급여는 유족보상연금으로 지급하되, 다만 연금의 형태로 지급하는 것이 곤란한 경우로서 대통령령이 정하는 경우[188)에 한하여 유족보상일시금을 지급한다. 그러나 유족보상연금의 수급권자가 원하는 경우에는 유족보상일시금의 50%를 일시금으로 지급하고, 유족보상연금은 50%를 감액하여 지급한다.[189) 수급권자인 유족의 순위는 '1. 피부양 배우자(사실혼관계 포함, 이하 같다) 2. 피부양 자녀 3. 피부양 부모 4. 피부양 손 5. 피부양 조부모 6. 배우자 7. 자녀 8. 부모 9. 손 10. 조부모 11. 피부양 형제자매 12. 형제자매'로서[190) 배우자에 사실혼관계까지 포함되어 있고, 근로자가 사망할 당시 그에 의하여 실제로 부양받고 있던 자가 선순위라는 점 등에서 민법상 상속의 순위와는 다르다.

바. 상병보상연금

요양급여를 받는 근로자가 요양개시 후 2년이 경과한 날 이후에 '당해 부상 또는 질병이 치유되지 아니한 상태에 있고, 그 부상 또는 질병에 의한 폐질의 정도가 대통령령이 정하는 폐질등급기준에 해당하는 상태가 계속 되는 경우에는 휴업급여 대신 상병보상연금을 지급한다.[191) 휴업급여만 지급이 정지되기 때문에 요양급여는 계속 지급된다.

상병보상연금이 지급되는 경우에는 장해급여는 지급되지 않고, 장해보상연금을 지급받고 있던 사람도 재요양[192)을 받게 되면 그 지급이 정지되는데,[193) 장해보상연금을 받고 있던 사람 중 노동능력을 완전히 상실한 사람은 재요양을 받게 되면 상병보상연금을 지급받게 된다.[194) 그리고 산업재해보상보험법은 상병보상연금이 장해급여로 바뀌는 경우에 대해서는 규정하지 않고 있다.[195)

---

187) 산업재해보상보험법 제42조의3 제1항.
188) 산업재해보상보험법시행령 제32조 참조.
189) 산업재해보상보험법 제43조 제1항, 제2항, 제3항.
190) 산업재해보상보험법 제43조의2, 제43조의 4 참조. 다만, 근로자가 특히 유언으로써 보험급여를 받을 유족을 지정한 경우에는 그 지정에 따른다(산업재해보상보험법 제43조의4 제4항).
191) 산업재해보상보험법 제44조 제1항
192) 산업재해보상보험법 제40조의2[재요양] 제1항 "제40조의 규정에 의한 요양급여를 받은 자가 치유 후 요양의 대상이 되었던 업무부상의 부상 또는 질병이 재발하거나 치유 당시보다 상태가 악화되어 이를 치유하기 위한 적극적인 치유가 필요하다는 의학적 소견이 있는 경우에는 제40조의 규정에 의한 요양을 받을 수 있다."
193) 산업재해보상보험법 제40조의2 제3항.
194) 산업재해보상보험법 제44조 제1항 참조.
195) 다만, 산업재해보상보험법시행령 제38조 제2항, 제3항은 폐질등급의 변동에 따른 상병보상연금액의 조정에 대해서 규정하고 있다.

사. 장의비

근로자가 업무상의 사유에 의하여 사망한 경우에는 장제를 행하는 자에게 장의비를 지급하고, 노동부장관이 고시하는 최고금액과 최저금액의 사이에서 평균임금의 120일분에 상당하는 금액을 지급한다.[196]

아. 과실상계의 방법

재해보상 또는 산업재해보상보험급여의 공제와 과실상계가 함께 이루어지는 경우 그 순서에 관하여는 손해배상액에서 과실상계를 한 후 공제를 하여야 한다는 상계 후 공제설과 보상액 또는 보험급여액을 먼저 공제 한 후 과실상계를 하여야 한다는 공제 후 상계설이 있다. 전자의 입장은 손해의 전보라는 측면을 중시하고 후자의 입장은 산업재해보상보험급여에 있어서 사회보장이라는 측면을 중시하여 보험급여액을 과실상계의 대상에서 제외한다.[197] 상계 후 공제설에 의하면, 재해보상 또는 보험급여액 전액이 공제될 것이나, 공제 후 상계설에 의하면, 재해보상 또는 보험급여액 중 피해 근로자의 과실 부분은 공제되지 않게 된다. 위와 같이 공제 후 상계설에 의하면 재해보상 또는 보험급여액 중 피해 근로자의 과실 부분이 공제되지 아니함으로써 결국 피해 근로자는 정당한 손해배상액보다 많은 금액의 배상을 받게 되어 부당하므로, 상계 후 공제설이 타당한 것으로 생각된다. 대법원도 상계 후 공제설[198]을 취하고 있다.

2. 재해보상과 산업재해보상보험급여의 관계

피해근로자가 산업재해보상보험법에 의하여 보험급여를 받았거나 받을 수 있는 경우에는 보험가입자는 동일한 사유에 대하여 근로기준법에 의한 재해보상책임이 면제된다.[199] 이는 산업재해보상보험이 근로기준법에 의한 재해보상책임에 대한 책임보험의 성격도 갖고 있기 때문이다.[200]

---

196) 산업재해보상보험법 제45조
197) 교통·산재손해배상실무연구회, "교통·산재손해배상소송실무"(2000), 450면
198) 대법원 1996. 1. 23. 선고 95다24340 판결 등
199) 산업재해보상보험법 제48조 제1항. 근로기준법 제90조는 보상을 받게 될 자가 동일한 사유에 대하여 민법 기타 법령에 의하여 이 법의 재해보상에 상당한 금품을 받을 경우에는 그 가액의 한도 내에서 사용자는 보상의 책임을 면한다고 규정하고 있어, 실제로 받았을 경우에만 그 책임이 면제된다고 해석될 수도 있으나, 산업재해보상보험법은 명문으로 실제로 받은 경우만이 아니라 받을 수 있는 경우까지 재해보상책임이 면제된다고 규정하고 있다.
200) 대법원 1994. 5. 24. 선고 93다38826 판결 "산업재해보상보험법에 의한 보험급여는 사용자가 근로기준법에 의하여 보상하여야 할 근로자의 업무상 재해로 인한 손해를 국가가 보험자의 입장에서 근로자에게 직접 전보하는 성질을 가지고 있는 것으로서, 보험급여의 사유와 종료, 급여액의 산정기준이 재해보상과 동일하거나 유사하고, 손실전보라는 기능의 동일성을 근거로 하여 상호조정규정을 두고 있는 점에 있어서 근로자의 생활보장적성격 외에 근로기준법에 따른 사용자의 재해보상에 대하여는 책임보험의 성질도 가지고 책임보험적 기능도 수행하고 있다고 보는 것이 상당하며, 사업주와 국가와의 관계에 있어서는 국가가 궁극적으로 보상책임을 져야 한다고 해석할 것이고, 따라서 산업재해보상보험법이 1993. 12. 27. 개정되기 전에 있어서는 산재보험급여가 재해보상 전에 행하여진 경우에 사용자는 동일한 사유에 대하여 일체의 재해보상 책임이 면책되고, 국가는 당연히 사용자에 대하여 구상할 수 없으나, 근로자가 사용자로부터 먼저 재해보상을 받은 경우에는 국가는 그 금액 범위 안에서 근로자에게 보험급여의 지급의무가 없고, 사업주(사용자)는

3. 재해보상 또는 산업재해보상보험급여와 손해배상의 관계

수급권자가 동일한 사유에 대하여 산업재해보상보험법에 의한 보험급여를 받은 경우에는 보험가입자는 그 금액의 한도 안에서 민법 기타 법령에 의한 손해배상의 책임이 면제된다.[201] 또한, 보험가입자가 아닌 제3자에 의하여 산업재해사고가 일어났을 경우에는 그 급여액의 한도 안에서 급여를 받은 자의 제3자에 대한 손해배상청구권을 대위하므로,[202] 공단이 대위하게 되는 부분[203]을 피해 근로자는 제3자에 대하여 청구할 수 없게 된다.

4. 산업재해보상보험과 구상관계

산업재해사고가 보험가입자 이외의 제3자에 의하여 발생하였을 경우에 대하여 산업재해보상보험법 제54조 제1항은 "공단은 제3자의 행위에 의한 재해로 인하여 보험급여를 지급한 경우에는 그 급여액의 한도 안에서 급여를 받은 자의 제3자데 대한 손해배상청구권을 대위한다"라고 규정하고 있다.[204]

Q 평소 아무런 지병이 없었던 초등학교 교사가 갑자기 한밤중에 집에서 심폐기능부전으로 사망하여 공무상 사망으로 유족보상금지급청구를 하였으나 유족보상금 부지급 처분을 받았습니다. 이 유족보상금 부지급 처분에 대하여 행정소송을 제기하려고 하는데 제소기간에 제한이 없는지요?

A 행정소송제도는 행정청 또는 소속기관의 위법한 행정처분에 의하여 권리침해를 받는 자의 권익을 구제하기 위하여 그 위법처분의 취소 또는 변경에 관한 소송절차를 마련한 제도로서 결국 행정소송은 위법한 행정처분의 시정에 의한 권익보호에 그 목적이 있다고 볼 수 있습니다.

「행정소송법」 제18조는 "취소소송은 법령의 규정에 의하여 당해 처분에 대한 행정심판을 제기할 수 있는 경우에도 이를 거치지 않고 제기할 수 있다. 다만 다른 법률에 당해 처분에 대한 행정심판의 재결을 거치지 아니하면 취소소송을 제기할 수 없다는 규정이 있는

산재보험급여의 요건이 가주어진 경우에 그 금액의 범위 안에서 국가에 대하여 구상할 수 있다고 보아야 한다."

201) 산업재해보상보험법 제48조 제2항
202) 산업재해보상보험법 제54조 제1항
203) 공단이 대위하는 부분에 대해서는 항을 바꾸어 따로 보기로 한다.
204) 이 조항의 입법취지는 다음과 같이 설명되고 있다(박순영, "산업재해보상보험법상 국가의 구상권과 그 범위", 실무연구자료 2권(대전지방법원, 1998)). 첫째 보험급여의 수급권자가 동일한 손해에 관하여 보험급여와 손해배상의 쌍방에 의하여 중복하여 전보를 받는 것은 타당하지 않고, 둘째 사고의 진정한 원인자가 최종적으로 그 사고에 의하여 생긴 손해의 전보책임을 부담하는 것이 정의에 합당하며, 셋째 국가의 구상권을 인정하는 것에 의하여 유책 제3자의 책임면탈을 방지하고 보험재정의 확보를 꾀하는데 있다.

때에는 그러하지 아니하다."라고 규정하고 있습니다.

그런데 「공무원연금법」 제80조는 급여에 관한 결정, 기여금의 징수 그 밖에 이 법에 의한 급여(위험직무순직유족급여는 제외한다)에 관하여 이의가 있는 자는 대통령령이 정하는 바에 의하여 공무원연금급여재심위원회에 그 심사를 청구할 수 있고(같은 조 1항), 심사의 청구는 급여에 관한 결정 등이 있은 날로부터 180일, 그 사실을 안 날로부터 90일 이내에 하여야 하나, 다만 그 기간 내에 정당한 사유가 있어 심사의 청구를 할 수 없었던 것을 증명한 때에는 예외로 하며(같은 조 2항), 행정심판법에 의한 행정심판은 청구할 수 없다고 함으로써 급여에 관한 결정에 대하여 심사의 청구를 할 수 있도록 규정하고 있으나(같은 조 4항), 그 심사청구를 거치지 아니하면 취소소송을 제기할 수 없다는 규정은 없습니다(임의적 전치주의).

한편, 같은 법 제20조에 의하면 취소소송의 제소기간은 ①처분 등이 있음을 안 날로부터 90일 이내에 하여야 하고, ②정당한 사유가 있는 경우를 제외하고는 처분 등이 있은 날로부터 1년이 경과하면 취소소송을 제기하지 못합니다. 여기서 '처분이 있음을 안 날'이란 당해 행정처분이 존재함을 현실적으로 안 날을 말하는 것이지 그 처분의 위법여부를 판단한 날을 말하는 것이 아니며, '처분이 있은 날'은 당해 행정처분이 효력을 발생한 날을 말합니다.

결국 위 사안의 경우 위와 같이 제소기간이 존재하며, 위와 같은 제소기간 내에 행정심판 절차로써 「공무원연금법」 소정의 심사청구를 거치지 않고도 유족보상금 부지급 처분에 대한 취소소송을 제기할 수 있을 것입니다. 그러나 만약 공무원연금급여재심위원회의 행정심판을 거친 경우라면 행정심판 재결서의 정본을 송달받은 날로부터 90일 이내에 제기하여야 합니다(행정소송법 20조 1항 단서).

[서식] 요양급여불승인처분취소 청구의 소

소　　장

　원고　　　김 길 동(주민등록번호)
　　　　　　경기도 인천시 ○○동 ○-○
　　　　　　(전화 000-000, 팩스 000-000)
　피고　　　근로복지공단
　요양급여불승인처분취소

청구취지

1. 피고가 2006. 9. 21. 망 김○○에게 한 요양불승인처분을 취소한다.

2. 소송비용은 피고가 부담한다.

라는 판결을 구합니다.

청구원인

1. 처분의 경위

(1) 원고의 아들인 망 김○○(이하 '망인'이라 한다)은 2006. 8. 23. A이 운영하는 인천 서구 XX동 XXX -XXX 소재 유사석유제품 제조 공장(이하 '이 사건 사업장'이라 한다)에 입사하여 유사석유제품을 만들다가 2006. 8. 26. 공장 내부에서 발생한 화재로 인하여 신체전반에 "화염화상 59%(얼굴, 양상지, 양하지 등)"(이하 '이 사건 상병'이라 한다)의 상병을 입는 재해를 당하였습니다.

(2) 망인은 피고에게 2006. 8. 30. 이 사건 상병이 업무상 재해에 해당한다고 주장하며 요양신청을 하였으나, 피고는 2006. 9. 20. 망인에 대하여, 망인의 재해발생 사업장은 석유 및 석유대체연료사업법 제29조(유사석유제품의 제조 등의 금지) 및 제44조에 의한 중대한 불법행위 등으로 산업재해보상보험법에 의한 사업 또는 사업장으로 볼 수 없어 적용제외 사업에 해당된다는 이유로, 위 요양신청을 불승인하는 이 사건 처분을 하였습니다.

(3) 한편, 망인은 2006. 9. 16. 사망하여 아버지인 원고가 산업재해보상보험법상 보험급여수급권자의 지위를 승계하였습니다.

2. 처분의 위법성

산업재해보상보험법은 근로자를 사용하는 모든 사업 또는 사업장에 적용되며 불법 사업장에는 그 적용을 제한한다는 아무런 규정도 없을 뿐만 아니라, 망인이 근무한 사업장은 유사석유제품을 제조한 것이 아니라 솔벤트를 구입하여 이를 플라스틱통에 나누어 담아 지방이나 인근의 세탁소 등을 상대로 판매하는 사업을 해왔을 뿐이며, 가사 망인이 근무한 사업장이 불법적인 유사석유제품을 제조하는 곳이라고 하더라도 망인은 이 사건 사업장에서 근무한 기간이 불과 4일에 불과하여 이 사건 사업장이 불법적인 유사석유제품을 만드는 곳이라는 점을 인식하지 못하였으므로, 이 사건 사업장에서 발생한 재해로 인한 이 사건 상병은 업무상 재해에 해당함에도 이 사건 사업장을 산업재해보상보험법상 적용제외 사업으로 보아 요양을 불승인한 이 사건 처분은 위법하여 취소되어야 한다.

3. 결론

이와 같이 피고의 처분은 위법한 행정처분이 아닐 수 없으므로, 상기와 같이 원고의 행정처분의 취소를 구하는 행정소송에 이르게 되었습니다.

입증방법

    1. 갑 제1호증
    2. 갑 제2호증

첨부서류

    1. 위 각 입증방법   각 1부
    2. 송달료 납부서
    3. 소장부본

20 . . .
위 원고   (날인 또는 서명)

서울행정법원   귀중

[서식] 요양불승인처분취소 청구의 소

소 장

원고   김 길 동(주민등록번호)
          서울시 ○○구 ○○동 ○번지
피고   근로복지공단
요양불승인처분취소

청구취지

1. 피고가 2008. 9. 29. 원고에 대하여 한 요양불승인처분을 취소한다.

2. 소송비용은 피고가 부담한다.

라는 판결을 구합니다.

청구원인

1. 처분의 경위

(1) 원고는 주식회사 ○○○(이하 '소외 회사'라 한다) 소속 근로자로서 2005. 5. 31. 부터 소외 회사의 필리핀 ○○○ 공사현장(이하, '이 사건 공사현장'이리 한다)에 발령받아 근무하였습니다.

(2) 원고는 2007. 5. 9. 21:00경 야간 작업 도중 속이 더부룩하면서 두통을 느꼈고 이후 좌측 반신마비 증세가 발생하여 2007. 5. 20. 귀국 후 병원에서 진찰 결과 '뇌출혈'(이하 '이 사건 상병'이라

한다) 진단을 받았고, 이후 2008. 8. 27. 피고에 대하여 이 사건 상병에 대한 요양승인신청을 하였습니다.

(3) 이에 대하여 피고는, 산재보험법은 그 공법적 성격과 법률의 속지적 효력에 의하여 해외에 소재하는 사업장 또는 사업 등에 대하여는 적용할 수 없는 것이 원칙이고 해외파견자에 대한 적용 특례 또한 '파견 지역에서 행하는 사업이 기간의 정함이 없는 사업일 것' 등의 적용 요건이 규정되어 있는바, 원고가 근무한 해외건설공사현장은 기간의 정함이 있는 사업으로 상기 특례 규정에 해당하지 않는다는 이유로 2008. 9. 29. 원고의 위 요양승인신청을 불승인하는 이 사건 처분을 하였습니다.

2. 처분의 위법성
이 사건 공사현장에서 이루어지는 모든 일들이 국내에 있는 소외 회사 본사로부터의 지휘·감독을 받아 왔고, 원고의 급여지급 및 인사관리 모두가 국내 본사에 의하여 이루어진 점 등 여러 사정을 참작하면, 원고는 해외파견자가 아니라 해외출장자로서 산업재해보상보험법의 당연 적용 대상이 되는 것임에도 불구하고 피고가 이와 달리 보고 이 사건 처분을 하였으니 이 사건 처분은 위법합니다.

3. 결론
위와 같이 피고의 처분은 위법하므로 이의 취소를 구하는 본 건 행정소송에 이르게 되었습니다.

입증방법

    1. 갑 제1호증
    2. 갑 제2호증
    3. 갑 제3호증

첨부서류

    1. 위 각 입증방법   각 1부
    2. 송달료 납부서
    3. 소장부본

20 .   .   .

위 원고   (날인 또는 서명)

서울행정법원   귀중

2009구단 6417

이 사건 공사 현장은 소외 회사가 해외에서 별도 법인의 설립 없이 직접 시공한 곳으로서 소외 회사는 그 현장에 근무하는 소외 회사 소속 직원들에 대하여 퇴직, 전출, 업무 변경 등 인사 관리 업무를 직접 수행하면서, 국내에 근무하는 소속 직원들과 동일한 방법으로 임금을 지급하고 근로소득세 원천징수 등을 하였는바, 이와 같은 원고의 근로 형태를 참작하면, 원고의 이 사건 공사현장에서의 근무는 단순히 근로의 장소가 국외에 있는 것에 불과하고, 실질적으로는 국내의 사업에 소속하여 당해 사업의 사용자의 지휘에 따라 근무하는 경우라고 봄이 상당하므로, 원고는 사전 승인절차를 거쳐야만 산업재해보상보험법의 적용을 받게 되는 해외파견근무 자가 아니라, 산업재해보상보험 법의 적용을 받는 해외출장근무자에 해당한다고 봄이 상당하고, 이와 같은 판단은 원고의 해외 근무 기간이 약 2년 정도로 비교적 길다는 이유로 달리 볼 것은 아니고, 원고가 근무한 공사현장에 적용되는 산재보험요율이 소외 회사의 본사 소속 근로자에게 적용되는 산재보험요율과 다르다는 사정은 산재보험료 징수와 관련된 사항으로서 원고가 산업재해보상보험법의 적용을 받은 해외출장 근로자인지 여부의 판단과는 관련이 없는 사항이어서, 이와 같은 점을 들어 원고가 해외출장근무자 에 해당할 수 없다는 취지의 피고의 주장은 이유 없다.

[서식] 요양불승인처분취소 청구의 소

소　　　장

원고　　　1. 김 길 동(주민등록번호)
　　　　　　서울시 ○○구 ○○동 ○번지
　　　　　　2. 임 ○ ○
　　　　　　경기도 인천시 ○○동 ○번지
피고　　　근로복지공단
요양불승인처분취소

청구취지

1. 피고가 2009. 4. 28. 원고들에 대하여 한 각 요양불승인처분을 취소한다.

2. 소송비용은 피고가 부담한다.

라는 판결을 구합니다.

청구원인

1. 처분의 경위

(1) 원고들은 충남 ○○군 ○○마을 조성공사(이하 '이 사건 공사'라 한다)의 시공사인 ○○○ 주식회사로부터 이 사건 공사를 하도급 받은 ○○○ 주식회사(이하, '소외 회사'라 한다) 소속 근로자로 근무하던 중, 2009. 3. 20. 21:44경 이 사건 공사 관련 업무를 마치고 저녁식사를 한 후 충남 ○○군 ○○면 ○○리 ○○ 소재 농가 주택 중 사랑채(이하, '이 사건 숙소'라 한다)에서 잠을 자다가 이 사건 숙소에서 발생한 화재로 인하여 각기 전신에 2~3도 화상을 입었습니다(이하, '이 사건 화재'라 한다).

(2) 원고들은 이 사건 화재가 업무상 재해에 해당한다고 주장하면서 피고에게 요양 승인신청을 하였으나, 피고는 2009. 4. 28. 원고들에게 사업주인 소외 회사가 현장 근로자들의 숙소로 제공하기 위하여 이 사건 숙소에 관하여 건물주와 임대차계약을 체결하고 그 임대료 및 전기세를 부담하여 위 숙소가 사업주의 지배·관리 하에 있는 시설물로 볼 여지가 있으나, 위 숙소 내부에 있던 휴대용 가스레인지, 전기장판, 텔레비전 등의 물품은 사업주가 제공한 것이 아니라 근로자들인 원고들이 생활의 편의를 위하여 임의로 가져와 사용한 것으로서 위 물품의 관리, 사용권이 사업주인 소외 회사의 지배·관리 하에 있지 아니하였으므로, 위 물품의 사용 중에 발생한 것으로 추정되는 이 사건 화재는 사업주가 제공한 시설물의 하자나 관리 소홀로 인하여 발생한 것으로 보기 어려워 업무상 재해에 해당하지 않는다는 이유로 원고들의 요양신청을 불승인 하는 이 사건 처분을 하였습니다.

2. 처분의 위법성

원고들은 소외 회사가 제공한 이 사건 숙소에서 잠을 자던 중 누전 등으로 발생한 이 사건 화재로 인하여 화상을 입었으므로 위와 같은 화재는 사업주가 관리하고 있는 시설의 결함 또는 사업주의 시설관리 소홀로 인한 것으로서 업무상 재해에 해당함에도 이와 달리 보고 한 이 사건 처분은 위법합니다.

3. 결론

위와 같이 피고의 처분은 위법하므로 이의 취소를 구하는 본 건 행정소송에 이르게 되었습니다.

입증방법

1. 갑 제1호증
2. 갑 제2호증

첨부서류

1. 위 각 입증방법   각 1부
2. 송달료 납부서
3. 소장부본

20 . . .

위 원고   (날인 또는 서명)

서울행정법원 귀중

당해판례

2009구단 7458

소외 회사는 이 사건 공사의 원활한 시공과 배관공인 원고들의 출퇴근 편의를 위하여 이 사건 숙소를 임차해 원고들에게 제공하였다고 보이는 점, 원고들은 화재가 발생할 때까지 이 사건 숙소에서 2개월 이상 거주하였고, 그 기간 동안 거주에 필요한 차임, 전기요금 등 일체의 비용을 소외 회사로부터 지원받으면서 이 사건 공사 중 배관 공사를 담당한 점 등의 제반 사정에 비추어 보면, 이 사건 숙소는 소외 회사가 임차하여 소속 근로자인 원고들에게 숙소로 제공한 것으로서 위 회사의 지배·관리 하에 있는 시설에 해당한다고 봄이 상당하다.

나아가, 숙소로 사용되는 시설의 결함이나 사업주의 시설관리 소홀 및 재해 사이에 상당인과관계가 인정되는지 여부를 살피건대, 사업주가 근로자에게 시설물을 제공하는 경우라면, 비록 이를 임차하여 제공하는 것이어서 그에게 공작물 설치·보존 등의 책임이 없는 경우라고 하더라도, 사업주로서는 해당 시설물을 미리 점검하여 그것이 안전성을 갖추지 못한 상태에 있을 경우 시설물의 관리주체에게 그 시정을 요구하고, 만일 그 시설물의 관리주체가 이에 응하지 아니할 경우에는 안전한 다른 시설을 마련하여 근로자에게 제공할 의무가 있으므로 사업주가 이러한 주의의무를 게을리 하였다면 '사업주가 관리하고 있는 시설의 결함 또는 사업주의 시설관리 소홀'에 해당하는 것으로 해석하여야 하는바, 위 인정사실 및 이 사건 변론에 나타난 다음과 같은 사정들 즉, 이 사건 숙소의 화재 원인은 정확하게 확인하기 어려우나, ○○소방서의 화재 현장조사서의 기재 및 목격자인 ○○○ 등의 진술 등에 의하면, 원고들은 야식 등을 조리하기 위하여 이 사건 숙소 옆에 엘피 가스통을 비치해 사용하고 있었는데, 위 화재 발생 당시 펑하는 소리와 함께 위 숙소에서 화재가 발생하였고, 당시 숙소 바깥에 있던 엘피 가스통 호스에 불이 붙어 화염방사기처럼 위 숙소를 향해 불을 뿜었으며, 잠시 후 안에서 잠을 자던 원고들이 뛰쳐나왔다는 사실, 화재 현장에서 발견된 휴대용 가스레인지에 장착된 부탄가스통이 파열된 채 발견되었으나, 이는 직접 부탄가스통에서 가스가 누출되어 폭발할 수도 있지만 주위의 화재에 의하여 가스통이 가열되어 폭발할 수도 있고, 실제 원고 ○○○는 사고 후 관련 형사사건에서 화재가 난 숙소에서 빠져나온 후에 부탄가스통이 펑, 펑하고 터지는 소리를 들었다고 진술하였으며, ○○경찰서의 의뢰에 따라 현장을 감식한 국립과학수사연구소는 부탄가스통 폭발에서 화재 원인을 찾기 어렵고 화재 현장의 소훼가 심하여 다른 화재 원인도 밝히기 어렵다고 감정하였다는 사실 등을 종합하여 보면, 원고들이 이 사건 숙소에서 사용하고 있던 엘피 가스통 호스에서 가스가 누출된 후 발화되어 폭발하면서 화재가 발생하였거나 커졌다 하더라도 이 사건 숙소의 화재로 인하여 원고들이 화상을 입은 것은 사업주가 숙소 인근에 엘피 가스통을 시설하고 야식 등의 조리에 사용하는 근로자들의 위험한 행위를 제지하지 아니하고 소방시설 설치 및 안전관리를 철저히 하지 않은 시설의 결함 내지 시설관리의 소홀과 함께 위와 같은 원고들의 부주의가 결합하여 재해가 발생한 경우에 해당한다고 봄이 상당하다.

[서식] 요양불승인처분취소 청구의 소

소　　　　장

원고　　김 길 동(주민등록번호)
　　　　서울시 ○○구 ○○동 ○번지
피고　　근로복지공단
요양불승인처분취소

청구취지

1. 피고가 2009. 3. 25. 원고에 대하여 한 요양불승인처분을 취소한다.
2. 소송비용은 피고가 부담한다.

라는 판결을 구합니다.

청구원인

1. 처분의 경위

(1) 원고는 소외 주식회사 00(이하, 소외 회사라 한다)에서 서울 강남팀 영업팀장으로 근무하던 중, 2008. 11. 17. 19:00경 업무를 마치고 자가용 승용차를 운전해 퇴근하다가 두통으로 의식을 잃고 쓰러진 후 22:09경 119 구조대에 의하여 인근 분당차병원으로 후송되어 '우측 대뇌출혈, 뇌실질내출혈'(이하, '이 사건 상병'이라 한다) 진단을 받고 피고에게 요양을 신청하였습니다.

(2) 피고는 2009. 3. 25. 원고에게 발병 이전에 뇌출혈을 일으킬 만한 업무상 과로나 스트레스가 인정되지 아니하고, 기존질환이 있었던 점 등에 비추어 이 사건 상병과 업무 사이에 상당인과관계를 인정하기 어렵다는 이유로 이 사건 상병에 대한 요양을 불승인하는 이 사건 처분을 하였습니다.

2. 처분의 위법성

원고는 소외 회사에서 의약품 영업업무를 수행하면서 평일, 주말을 불문하고 각종 행사, 경조사 참석 등으로 연장근무, 휴일근무를 하여 업무상 과로를 하고, 영업목표를 달성하기 위해 정신적 스트레스에 시달리면서 기존질환인 당뇨, 고혈압이 자연경과 이상으로 급격히 악화되어 이 사건 상병이 발병하게 된 것이다. 따라서 이 사건 상병은 업무상 재해에 해당함에도 원고의 요양신청을 불승인한 이 사건 처분은 위법합니다.

3. 결론

위와 같이 피고의 처분은 위법하므로 이의 취소를 구하는 본 건 행정소송에 이르게 되었습니다.

입증방법

1. 갑 제1호증
2. 갑 제2호증

첨부서류

1. 위 각 입증방법   각 1부
2. 송달료 납부서
3. 소장부본

<pre>
                        20 .   .   .
                        위 원고   (날인 또는 서명)

서울행정법원   귀중
</pre>

당해판례

2009구단 8024

(1) 그런데, 위 인정사실에 의하여 알 수 있는 다음과 같은 사정들 즉, ① 원고는 이 사건 상병의 발병 당시 만 46세가 넘은 남성으로서 2006. 1. 1.부터 소외 회사의 서울 강남팀 영업팀장으로 서울 강남지역의 병, 의원에 대한 의약품 판매에 관한 영업책임을 담당하면서 팀원들의 영업지원 및 영업목표관리 등의 업무를 수행하는 외에 직접 팀원들과 함께 하루 7~8곳 정도의 병원을 방문하여 의사 등에게 약품 소개, 주문량 확인, 경쟁사 활동 조사 등의 외근 업무를 한 후 사무실에 돌아와 영업 관리에 필요한 서류작성 등의 내근 업무를 하고, 그 이외에 다양한 행사 참석, 세미나 참여, 경조사 참석 등을 하느라 연장근로나 휴일근무를 하는 경우가 많았고, 실제 이 사건 상병 발병 전 3개월 동안에는 2008년 9월 12회, 같은 해 10월 16회, 같은 해 11월 3회 정도 연장근로를 하고, 2008년 9월 2회, 같은 해 10월 2회, 같은 해 11월 3회 정도 휴일근로를 하였으며, 구체적으로 2008. 10. 3.(금) 및 4.(토) 경주 감포에서 열린 내분비 패널토의를 준비하고, 2008. 10. 31.(금) 및 같은 해 11. 1.(토) 서울 그랜드 호텔에서 열린 대한당뇨병 학회 추계 학술대회, 2008. 11. 8.(토) 및 9.(일) 제주 라마다 호텔에서 열린 대한내분비학회 추계 학술대회, 같은 달 15.(토) 서울 경희대학교 동서신의학 병원 내외에서 개최된 당뇨걷기대회 등에 소외 회사 대표로 다른 영업직원들과 함께 참석하여 주요 고객 면담 및 접대 등을 하느라 연장근로, 휴일근로를 하고, 그 이외에 2008. 10. 24. 개최된 소외 회사 체육대회 준비와 진행까지 담당하느라 이 사건 상병 발병 무렵 장기간 육체적 피로가 누적되어 왔다고 보이는 점, ② 소외 회사의 영업사원은 실적에 따라 다양한 비율의 인센티브를 받게 되는데, 원고가 속한 강남팀은 소외 회사의 2008년 1분기 영업실적에서 1위를 하였으나, 이후 2분기에는 6위, 3분기에는 5위, 4분기에는 7위를 하는 등으로 영업실적이 악화되었고, 이에 따라 원고는 2008. 11. 15.경 소외 회사로부터 실적 부진에 따른 분발과 함께 2008. 11. 6. 개최된 전국 확대 팀장 회의에서 결정된 2008년 11월, 12월 매출 증대 전략을 달성하도록 독촉하는 메일을 받기도 하였으며, 특히 소외 회사가 영업본부장(NSM) 직위가 승진으로 공석이 됨에 따라 각 영업팀

장 중에서 영업본부장을 선발하기로 하고 2008. 9.부터 지원자인 원고 및 다른 영업팀장을 대상으로 심사를 하였으나 심사결과 발표가 예상보다 늦어지면서 이 사건 상병 발병 무렵에는 원고가 승진과 관련한 영업실적 등에 더욱 신경을 쓰게 되었고, 이에 따라 원고는 이 사건 상병 발병 무렵 영업실적 하락, 승진심사 지연 등에 따른 부담감으로 인해 정신적 스트레스와 육체적 피로를 동료에게 호소하기도 하였다는 점, ③ 이 사건 상병은 원고가 업무를 마치고 퇴근을 하다가 두통을 호소한 직후 발생하여 업무수행성을 인정할 수 있다고 보이는 점, ④ 원고는 고혈압, 당뇨 등의 기존질병을 가지고 있었으나, 2004. 9. 21.경 이후로 계속적으로 치료를 받아 왔고, 업무상 접대를 위하여 마시는 술을 제외하고 담배를 거의 하지 않았다는 점, ⑤ 소외 회사에서 영업 사원으로 근무하던 소외 노승철이 업무상 과로로 뇌실질내 출혈을 일으켜 요양승인을 받은 적이 있다는 점 등을 고려하면, 원고는 그의 건강과 신체조건에 비추어 볼 때 과중한 육체적 업무로 과로하거나 스트레스를 받았다고 볼 여지가 충분히 있고, 한편 계속적인 과로와 스트레스는 당뇨병, 고혈압 등과 함께 뇌출혈의 발병원인이 될 수 있을 뿐 아니라 당뇨, 고혈압을 악화시켜 뇌출혈을 일으킬 수 있다는 것이 일반적인 의학적 소견이므로, 사정이 그러하다면 원고의 기존질병인 당뇨, 고혈압은 업무와 관련이 없다 하더라도 이 사건 상병의 발병 무렵 업무의 과중, 매출감소, 승진심사 지연 등에 따른 만성적인 과로와 스트레스가 당뇨, 고혈압을 자연적인 진행 속도 이상으로 악화시켜 뇌출혈을 유발하였거나 기존질병인 당뇨, 고혈압에 겹쳐 뇌출혈을 유발한 것이라고 추단된다 할 것이다.

(2) 따라서, 원고의 이 사건 상병은 업무와 인과관계를 인정할 수 있어 업무상 재해에 해당한다고 할 것이므로, 이와 결론을 달리 한 피고의 이 사건 처분은 위법하다.

소　장

원고　　김 길 동(주민등록번호)
　　　　경기도 화성시 ○○동 ○-○번지
　　　　(전화 000-000, 팩스 000-000)
피고　　근로복지공단
요양불승인처분취소

청구취지

1. 피고가 2010. 1. 29. 원고에 대하여 한 요양불승인처분 중 '신경영양장애-아래 다리'를 제외한 부분을 취소한다.
2. 소송비용은 피고의 부담으로 한다.
라는 판결을 구합니다.

청구원인

1. 처분의 경위

(1) 원고는 00자동차(주)(이하 '소외 회사'라 한다) 화성공장의 근로자로 일해 오던 중 '수면-각성장애, 수면성 무호흡, 기타 호흡장애, 신경영양장애-아래 다리, 전신 불안장애'의 진단을 받고, 2009. 11. 18. 피고에게 요양신청을 하였습니다.

(2) 이에 대하여 피고는 2010. 1. 29. 원고에게 업무상 과로, 스트레스가 인정되지 않고 신청 상병 또한 업무와 관련 없는 개인적 소인에 의한 질병이라는 이유로 원고의 신청을 불승인하는 이 사건 처분을 하였습니다.

2. 처분의 위법성

원고는 소외 회사에 입사한 이후 노동조합 파견근무기간 등의 일부 기간을 제외하고 주·야 교대근무를 하였는데, 그로 인하여 수면장애 등의 상병이 발병하였으므로, 이와 달리 보고 한 이 사건 처분은 위법합니다.

3. 결론

이상과 같이 피고의 이 사건 처분은 위법하므로 이의 취소를 구하는 행정소송을 제기하기에 이르렀습니다.

입증방법

1. 갑 제1호증
2. 갑 제2호증

첨부서류

1. 위 각 입증방법   각 1부
2. 송달료 납부서
3. 소장부본

20 . . .

위 원고   (날인 또는 서명)

서울행정법원   귀중

당해판례

2010구단 4400

(1) 먼저, 원고의 수면-각성장애가 주·야간 교대근무로 인하여 발병한 것이지 여부에 관하여 살피건대, 앞서 본 원고 주치의들 및 이 법원의 진료기록감정의의 의학적 견해들에 의할 때 이를 인정할 수 있고, 피고 자문의들의 의학적 견해는 주·야간 교대근무와 위 상병 사이의 관련성에 대한 구체적인 검토가 없어 위 인정에 방해가 되지 아니하고, 달리 반증이 없다.

(2) 다음으로, 수면성 무호흡, 기타 호흡장애에 대하여 살피건대, 원고가 제출한 모든 증거에 의하더라도 위 각 상병이 원고의 업무와 연관하여 발병하였다고 인정하기에 부족하고, 오히려 앞서 본 이 법원의 진료기록감정의의 의학적 견해에 의할 때 위 각 상병이 주·야간 교대근무제와 연관성이 있다는 근거는 없는 것으로 인정된다.

(3) 마지막으로, 전신 불안장애에 대하여 살피건대, 앞서 인정한 사실에 나타난 다음과 같은 사정들, 즉 ① 전신 불안장애의 원인이 다양하고 복합적이며, 주·야간 교대 근무가 직접 전신 불안장애를 발생시킨다고 볼 의학적 근거는 없는 점, ② 주·야간 교대근무가 원고의 수면-각성장애를 야기하고, 수면-각성장애가 전신 불안장애를 야기하였을 가능성을 완전히 배제할 수는 없지만, 그럴

가능성은 낮고 이런 낮은 가능성만을 근거로 원고의 주·야간 교대근무와 전신 불안장애 사이에 상당인과관계가 있다고 보기는 어려운 점 등을 종합적으로 고려하면, 갑 제4 내지 9호증의 각 기재 및 이 법원의 한양대학교 서울병원장에 대한 진료기록감정촉탁결과만으로는 원고의 전신 불안장애 가 원고의 업무와 상당인과관계가 있다고 인정하기에 부족하고, 달리 이를 인정할 증거가 없다.

(4) 그러므로, 이 사건 처분 중 '수면-각성장애'가 업무상 재해에 해당하지 아니함을 전제로 요양을 불승인한 부분은 위법하고, 나머지 각 상병에 대하여 요양을 불승인한 부분은 적법하다.

(5) 결론
그렇다면, 이 사건 처분 중 '수면-각성장애' 부분은 취소되어야 할 것이므로, 원고의 이 사건 청구는 위 인정범위 내에서 이유 있어 이를 인용하고, 나머지 청구는 이유 없어 이를 기각하기로 하여 주문과 같이 판결한다.

[서식] 요양결정취소처분 등 취소 청구의 소

소   장

원고	1. 서 ○ ○
	경기도 여주시 ○○군 ○번지
	2. 정 ○ ○ 외 4인
피고	근로복지공단
보조참가인	한국농어촌공사

요양결정취소처분등취소

청구취지

1. 피고가
가. 2009. 5. 22. 원고들에 대하여 한 요양결정취소처분을 취소하고,
나. 2009. 5. 22. 원고 서00에 대하여 한 부당이득금 32,777,830원 및 원고 정00, 정00, 정00, 정00, 정00에 대하여 한 각 부당이득금 9,554,910원의 각 징수결정처분을 각 취소한다.

2. 소송비용은 보조참가로 인한 부분은 피고보조참가인이, 그 나머지 부분은 피고가 각 부담한다. 라는 판결을 구합니다.

청구원인

1. 처분의 경위

(1) 원고 서00은 망 정00(이하, '망인'이라고 한다)의 처이고, 원고 정00, 정00, 정00, 정00, 정00는 망인의 자녀들입니다.

(2) 망인은 피고보조참가인(원래 '농업기반공사'였다가 2006. 1. 1. '한국농촌공사'로, 2009. 1. 6. 다시 '한국농어촌공사'로 명칭이 변경되었다. 이하 '참가인'이라고만 한다)
여주·이천지사의 수리시설관리원으로 위촉되어 2004. 6. 16. 용수로의 오물을 줍다가 발을 헛디뎌 미끄러지는 사고를 당하여 피고로부터 2004. 11. 13.까지 요양승인을 받고 휴업급여 및 요양급여 5,591,500원을 지급받았고, 2005. 3. 24. 농업용수의 공급을 위해 큐비클 조작작업을 하던 중 감전사고로 요양하던 중 2006. 1. 4. 사망시까지 휴업급여 및 요양급여 56,515,440원 및 유족연금과 장의비 18,445,440원 등 총 80,552,380원을 지급받았습니다.

(3) 피고는 2009. 5. 22. 망인이 참가인과 사용종속관계에서 임금을 목적으로 근로를 제공하는 근로자가 아니라는 이유로 위 요양승인을 취소하는 한편 원고 서00에 대하여 유족연금 및 장의비를, 원고들에 대하여 각 상속지분별로 기지급한 보험급여를 각 부당이득 징수하는 내용의 이 사건 처분을 하였습니다.

2. 처분의 위법성

망인은 종속적인 관계에서 사용자인 참가인에게 노무를 제공하고 그 대가로 임금을 받아 생활하는 근로자로 봄이 상당함에도 이와 달리 보고 한 피고의 이 사건 처분은 위법합니다.

3. 결론

위와 같이 피고의 처분은 위법하므로 이의 취소를 구하는 본 건 행정소송에 이르게 되었습니다.

입증방법

   1. 갑 제1호증

2. 갑 제2호증

첨부서류

1. 위 각 입증방법   각 1부
2. 송달료 납부서
3. 소장부본

20 .   .   .

위 원고   (날인 또는 서명)

서울행정법원   귀중

당해판례

대판 2004. 3. 26, 2003두13939

산업재해보상보험법 소정의 보험급여는 '업무상 재해'가 발생하였을 경우 지급되는데, 이때 '업무상 재해'란 근로기준법 소정의 근로자가 업무상 사유로 부상하거나 질병 또는 신체장해를 얻거나 사망하는 것을 말한다. 그리고 근로기준법상의 근로자에 해당하는지 여부를 판단함에 있어서는 그 계약의 형식이 민법상의 고용계약인지 또는 도급계약인지에 관계없이 그 실질에 있어 근로자가 사업 또는 사업장에 임금을 목적으로 종속적인 관계에서 사용자에게 근로를 제공하였는지 여부에 따라 판단하여야 할 것이고, 위에서 말하는 종속적인 관계가 있는지 여부를 판단함에 있어서는, 업무의 내용이 사용자에 의하여 정하여지고 취업규칙 또는 복무(인사)규정 등의 적용을 받으며 업무수행과정에 있어서도 사용자로부터 구체적, 개별적인 지휘.감독을 받는지 여부, 사용자에 의하여 근무시간과 근무장소가 지정되고 이에 구속을 받는지 여부, 근로자가 스스로 제3자를 고용하여 업무를 대행케 하는 등 업무의 대체성 유무, 비품·원자재나 작업도구 등의 소유관계, 보수의 성격이 근로 자체의 대상적 성격이 있는지 여부와 기본급이나 고정급이 정하여져 있는지 여부 및 근로소득세의 원천징수 여부 등 보수에 관한 사항, 근로제공관계의 계속성과 사용자에의 전속성의 유무와 정도, 사회보장제도에 관한 법령 등 다른 법령에 의하여 근로자로서의 지위를 인정받는지 여부, 양 당사자의 경제·사회적 조건 등을 종합적으로 고려하여야 하고, 이러한 사용종속성의 판단에 있어서는 노동관계법에 의한 보호필요성도 고려하여야 하며, 전체적으로 보아 임금
을 목적으로 종속적 관계에서 사용자에게 근로를 제공하였다고 인정되는 이상, 근로자에 관한 여러 징표 중 근로조건에 관한 일부의 사정이 결여되었다고 하여 그러한 사유만으로 근로기준법상의 근로자가 아니라고 할 수는 없다.

망인을 비롯한 수리시설관리원들은 정식의 '고용계약'이 아닌 '위촉'의 형태로 근무하였고, 업무 해태시 해촉 이외에는 다른 징계수단이 없었으며, 벼농사 기간인 매년 4월부터 9월까지만 계절직으로 근무하는 등의 사정이 있으나, 그러한 사정만으로 망인을 근로자가 아니라고 단정하기 어렵고, 오히려 망인을 비롯한 수리시설관리원들은 담당직원으로부터 각자 근무할 장소를 지정받아 근무 여부, 근무 상황 등에 관하여 관리·감독을 받았으며, 필요한 경우 업무에 대한 구체적인 지시를 받았고, 각자 실제 근무한 일수에 대응하는 보수를 받아온 점 등에 비추어 보면, 망인은 참가인에 종속되어 실질적으로 임금을 목적으로 근로를 제공한 근로자였다고 봄이 상당하다.

[서식] 요양불승인처분취소 청구의 소

소　　장

원고　　　망 지○○의 소송수계인
　　　　　1. 김 길 동(주민등록번호)
　　　　　강원도 속초시 조양동 ○번지
　　　　　2. 김 ○ ○
피고　　　근로복지공단
요양불승인처분취소

청구취지

1. 피고가 2008. 12. 2. 망 지○○에 대하여 한 요양불승인처분을 취소한다.

2. 소송비용은 피고가 부담한다.

라는 판결을 구합니다.

청구원인

1. 처분의 경위

(1) 망 지○○(이하 '망인'이라 한다)은 2008. 7. 1.부터 전○○ 경영의 ○○물산(이하 '이 사건 사업장'이라 한다) 소속 근로자로 명태가공업무를 수행하던 자인바, 2008. 10. 29.(수) 08:26경 명태내장 제거 작업을 하던 중 어지럼증을 호소하며 갑자기 의식을 잃어 병원으로 후송되었는데, "자발성

소뇌실질내 출혈, 뇌동맥류 의증"으로 진단받고, 개두술 및 혈종제거술을 시행받은 후 2008. 11. 6. 피고에 대하여 "자발성 소뇌실질내 출혈(이하 '이 사건 상병'이라 한다)"에 관하여 요양신청을 하였습니다.

(2) 이에 대하여 피고는 2008. 12. 2. 발병 전 급격한 업무환경의 변화로 생리적 변화를 초래하거나 업무량의 증가에 따른 과로 및 스트레스가 유발되었다고 보여지지 않는 등 업무와 이 사건 상병 간에 상당인과관계를 인정할 수 없다는 이유로 이 사건 상병에 대한 요양을 불승인하는 이 사건 처분을 하였습니다.

(3) 한편 망인은 2009. 11. 21. 유족으로 자녀들인 원고들을 남겨놓고 사망하였습니다.

2. 처분의 위법성
이 사건 상병은 업무상 과로와 스트레스로 인하여 유발 또는 발현된 것으로 업무상 재해에 해당하므로 피고의 이 사건 처분은 위법합니다.

3. 결론
위와 같이 피고의 처분은 위법하므로 이의 취소를 구하는 본 건 행정소송에 이르게 되었습니다.

입증방법

1. 갑 제1호증
2. 갑 제2호증

첨부서류

1. 위 각 입증방법   각 1부
2. 송달료 납부서
3. 소장부본

20 .   .   .

위 원고   (날인 또는 서명)

서울행정법원   귀중

당해판례

2009구단 2903

1) 관련 법리

산업재해보상보험법 제5조 제1호 소정의 업무상의 재해라 함은 근로자의 업무수행 중 그 업무에 기인하여 발생한 질병을 의미하는 것이므로, 업무와 질병 사이에 인과관계가 있어야 하지만, 질병의 주된 발생 원인이 업무수행과 직접적인 관계가 없더라도 적어도 업무상의 과로나 스트레스가 질병의 주된 발생 원인에 겹쳐서 질병을 유발 또는 악화시켰다면 그 사이에 인과관계가 있다고 보아야 할 것이고, 그 인과관계는 반드시 의학적·자연과학적으로 명백히 입증하여야 하는 것은 아니고, 제반 사정을 고려할 때 업무와 질병 사이에 상당인과관계가 있다고 추단되는 경우에도 그 입증이 있다고 보아야 하며, 또한 평소에 정상적인 근무가 가능한 기초질병이나 기존질병이 직무의 과중 등이 원인이 되어 자연적인 진행속도 이상으로 급격하게 악화된 때에도 그 입증이 있는 경우에 포함되는 것이고, 업무와 질병과의 인과관계의 유무는 보통평균인이 아니라 당해 근로자의 건강과 신체조건을 기준으로 판단하여야 한다(대법원 2006. 9. 22. 선고 2006두7140 판결, 대법원 2001. 7. 27. 선고 2000두4538 판결, 대법원 2006. 3. 9. 선고 2005두13841 판결, 대법원 1995. 3. 14. 선고 94누7935 판결, 대법원 1993. 10. 12. 선고 93누9408 판결 등 참조).

2) 이 사건의 경우

갑 제3, 4, 6 내지 9, 을 제2, 4 내지 8호증(이상 각 가지번호 포함)의 각 기재 및 영상, 이 법원의 삼성서울병원장, 고려대학교 안산병원장, 한양대학교병원장에 대한 각 진료기록감정촉탁결과, 이 법원의 속초병원, 강릉아산병원, ○○물산에 대한 각 사실조회결과에 의하여 알 수 있는 아래의 각 사정들 즉, 가) 망인의 업무환경과 업무내용, 나) 망인의 건강상태, 다) 의학적 견해 등을 종합하면, 망인은 고혈압이나 당뇨병 등 기타 노인성 또는 혈관성 질환 없이 비교적 건강한 상태에 있었으나 적절한 휴게시간의 보장 없이 야간·연장근무가 상시화 되어 있던 이 사건 사업장에서 근로하던 중 재해발생 7일 전부터 시작된 홈쇼핑업체 납품에 따른 과중한 업무와 스트레스에 시달렸고, 재해발생 전날에 있었던 동료 직원과의 언쟁 및 그에 따른 사업주의 해고에 관한 경고로 그 스트레스는 더욱 가중되었으며, 이러한 과로 및 스트레스로 인하여 이 사건 상병이 업무수행 중 발현된 것으로 추단함이 타당하다. 따라서 이 사건 상병은 업무와 상당인과관계에 있어 업무상 재해에 해당한다.

[서식] 요양급여불승인처분취소 청구의 소

소   장

원고   김 길 동(주민등록번호)
            서울시 영등포구 ○○동 ○-○
            (전화 000-000, 팩스 000-000)
피고   근로복지공단
요양급여불승인처분취소

청구취지

1. 피고가 2006. 3. 8. 원고에 대하여 한 요양신청서반려처분을 취소한다.
2. 소송비용은 피고가 부담한다.
라는 판결을 구합니다.

청구원인

1. 처분의 경위

(1) 원고는 퀵서비스배달업체인 소외 업체에서 배송기사 업무를 수행하던 중, 2006. 1. 26. 13:25경 물품을 배달하기 위해 원고 소유의 오토바이를 타고 서울 영등포구 대림동 소재 대림삼거리에서 좌회전하다 좌석버스에 충격당하는 사고를 당하여 '두개저 골절, 기뇌증, 뇌경막외 출혈, 좌측 대퇴골 골절, 좌측 경골 및 비골간부 개방성 골절'의 상해를 입고, 피고에게 요양신청을 하였습니다.

(2) 피고는 2006. 3. 8. 원고에게, 소외 업체는 상시근로자가 1인 미만이어서 구 산업재해보상보험법(2007. 4. 11. 법률 제8373호로 전문개정되기 전의 것) 제5조 단서, 위법 시행령 제3조 제1항 제5호 소정의 산업재해보상보험 적용제외 사업장에 해당한다는 이유로, 원고의 위 요양신청서를 반려하는 이 사건 처분을 하였습니다.

2. 처분의 위법성

원고는 소외 업체의 배송기사로 근무하면서 사업주 A의 지시에 따라 08:30경 다른 배송기사들보다 먼저 사무실에 출근하여 주문전화를 받거나 주요거래처의 배송의뢰 물품을 수거하는 업무를 수행한 뒤 A의 개별적인 결정에 의하여 구체적인 배송물품을 할당받아 이를 배송하고 수시로 그 배송상황을 보고하는 등 A으로부터 상시적인 지시 감독을 받았으며, A 또한 배송기사들에게 사번(社番)을 부여하여 그 출퇴근 여부 및 배송관련 내용을 전산 관리하고 악천후에도 불구하고 배송기사들에게 강제적으로 배송을 지시하는가 하면 배송기사들이 무단결근 또는 지각을 하여 배송에 차질이 생기거나 자신의 지시를 어기는 경우 퇴직처리를 하거나 배송할당을 하지 않는 등의 방법으로 배송기사들을 통제해 온 점, 원고 등 배송기사들은 배송업무를 수행하고 받은 배송료 중에서 출근 여부와 상관없이 '일비'라는 명목하에 하루당 1만 원을 공제당하였기 때문에 출퇴근이 자유롭지 못하였고, 배송기사들이 위 배송료 중 위 일비 등 명목으로 공제되는 금액을 제외하고 지급받는 나머지 금액은 위와 같은 배송업무에 대한 보수로서 임금의 성질을 갖는 것인 점 등에 비추어 보면, 원고 등 배송기사들은 소외 업체에 임금을 목적으로 종속적인 관계에서 근로를 제공한 '근로자'에 해당한다 할 것이고, 더욱이 이 사건 사고 당시 소외 업체에는 원고 등 배송기사뿐 아니라 경리직원인 B가 임금을 지급받고 근무하고 있었으므로 소외 업체는 상시근로자가 1인 미만인 상태도 아니었습니다.

따라서 원고가 근로기준법상의 근로자에 해당하지 아니함을 전제로 한 이 사건 처분은 위법하여 취소되어야 합니다.

3. 결론
이와 같이 피고의 처분은 위법한 행정처분이 아닐 수 없으므로, 상기와 같이 원고의 행정처분의 취소를 구하는 행정소송에 이르게 되었습니다.

입증방법

1. 갑 제1호증
2. 갑 제2호증
3. 갑 제3호증
4. 갑 제4호증
5. 갑 제5호증

첨부서류

1. 위 각 입증방법   각 1부
2. 송달료 납부서
3. 소장부본

20 . . .

위 원고   (날인 또는 서명)

서울행정법원   귀중

당해판례

2006구단 10552

(1) 원고의 근로자성 여부

근로기준법상의 근로자에 해당하는지 여부는 근로자가 사업 또는 사업장에 임금을 목적으로 종속적인 관계에서 사용자에게 근로를 제공하였는지 여부에 따라 판단하여야 하는바, 여기서의 종속적인 관계가 있는지 여부를 판단함에 있어서는, 업무의 내용이 사용자에 의하여 정하여지고 취업규칙, 복무(인사)규정 등의 적용을 받으며 업무수행과정에 있어서도 사용자로부터 구체적·개별적인 지휘·감독을 받는지 여부, 사용자에 의하여 근무시간과 근무장소가 지정되고 이에 구속을 받는지 여부, 근로자 스스로가 제3자를 고용하여 업무를 대행케 하는 등 업무의 대체성 유무, 비품·원자재나 작업도구 등의 소유관계, 보수의 성격이 근로 자체의 대상적 성격이 있는지 여부와 기본급이나 고정급이 정하여져 있는지 여부 및 근로소득세의 원천징수 여부 등 보수에 관한 사항, 근로제공관계의 계속성과 사용자에의 전속성의 유무와 정도, 사회보장제도에 관한 법령 등 다른 법령에 의하여 근로자로서의 지위를 인정받는지 여부, 양 당사자의 경제·사회적 조건 등을 종합적으로 고려하여야 하고, 이러한 사용종속성의 판단에 있어서는 노동관계법에 의한 보호필요성도 고려하여야 하며, 전체적으로 보아 임금을 목적으로 종속적 관계에서 사용자에게 근로를 제공하였다고 인정되는 이상, 근로자에 관한 여러 징표 중 근로조건에 관한 일부의 사정이 결여되었다고 하여 그러한 사유만으로 근로기준법상의 근로자가 아니라고 할 수는 없다(대법원 2004. 3. 26. 선고 2003두 13939 판결 등).

위 인정사실에 의하면 ① 원고가 수행한 오토바이 배송업무는 그 배송지와 배송물량 등 구체적인 업무의 내용이 A에 의하여 결정되고, 원고는 위 업무내용을 자율적으로 정하여 수행하거나 A의 위 배송지시를 사실상 거부할 수 있는 위치에 있지 아니하였던 점, ② 원고는 근무시간과 근무일이 특별히 정해져 있지는 않으나, A의 지시하에 C와 함께 하루씩 번갈아가며 08:30까지 출근하거나 특정요일별로 19:00까지 남아 고정거래업체의 물품을 수거 또는 배송하는 등의 업무를 수행하고 토요일에도 A의 지시 등에 의하여 격주로 근무하였으며, 특히 2006. 1. 15.부터는 A의 일방적인 결정에 의하여 그 출근 여부와 관계없이 배송료 중에서 1주당 6만 원을 일비 명목으로 지급 또는 공제하여야 하는 등 그 근무시간과 장소가 사실상 A에 의하여 정해지는 면이 많았고, 또 거기에 구속된 상태로 2006. 1. 3.부터 이 사건 사고 당시까지 소외 업체에서 고정적·계속적으로 근무한 것으로 보여 그 범위 내에서 A에게 전속되어 있었다고 볼 수 있는 점, ③ 원고는 A으로부터 직접적으로 보수를 지급받지 않았지만, 물품배송업무를 수행하고 받은 배송료 중 수수료 또는 일비, 쿠폰비 명목으로 공제된 나머지 금액을 자신의 수입으로 할 수 있으므로, 위 수입금은 사실상 원고의 근무에 대한 보수로서 일종의 성과급 또는 능률급적인 성격을 갖는 것으로 볼 수 있는 점, ④ 한편 원고는 배송업무에 사용하는 오토바이를 자신이 직접 소유하면서 자신의 비용만으로 유지·관리하였고, A과 근로계약서 등을 작성한 바 없어 출근하지 않거나 배송지시 등을 따르지 않을 경우에도 정해진 제재수단이 없었으며, 근로소득세를 납부한 바도 없고 산업재해보상보험을 비롯한 이른바 4대 보험에도 가입되지 아니한 상태였기는 하나, 이러한 점들은 A이 소규모 사업체를 운영함에 있어 그에 소요되는 비용을 절감하기 위한 목적에서 비롯된 것이거나 굳이 근로계약서 등을 작성할 필요를 느끼지 못한 데에서 기인한 것이라고 보이므로, 위와 같은 사정만으로 원고가 근로자가 아니라고 단정하기는 어려운 점 등을 종합하면, 원고는 전체적으로 보아 물품배송료 중 수수료 또는 일비 등을 공제한 금액에 상당하는 임금을 받는 것을 목적으로 하여 A에게 종속적인 관계에서 오토바이 배송업무라는 근로를 제공함으로써 노동관계법에 의한 보호를 받을 필요성이 있는 근로자에 해당한다고 봄이 상당하다.

(2) 소외 업체가 상시근로자 1인 이상의 사업장에 해당하는지 여부

위 구 산업재해보상보험법 제5조 단서, 위 법 시행령 제3조 제1항 제5호는 '상시근로자 수가 1인 이상이 되지 아니하는 사업'을 산업재해보상보험법의 적용이 배제되는 사업으로 규정하고 있는바, 여기서의 '상시'라고 함은 '상태'라는 의미라 할 것이므로 근로자의 수가 때때로 1인 미만이 되는 경우가 있어도 상태적으로 보아 1인 이상이 되는 경우에는 위 법의 적용이 배제되지 아니하며, 또한 어느 사업이 상시 1인 미만의 근로자를 사용하는 사업에 해당하는지 여부는 사회통념에 의하여 객관적으로 판단하여야 하는 것이지, 근로자 수가 최초로 1인 이상이 된 날부터 기산하여 30일 동안에 사용한 연인원을 30으로 나누어 산출한 1일 평균 사용 근로자 수가 1인 미만이 되는지의 여부에 따라 계량적으로 결정되어야 하는 것은 아니다(대법원 2000. 3. 23. 선고 99다58433 판결 참조. 즉, 위와 같은 계량적인 방법으로 상시근로자 수를 결정하도록 정한 위 법 시행규칙 제3조의 규정은 행정기관 내부의 사무처리준칙에 불과하다).

위에서 인정한 바와 같이 원고는 2006. 1. 3.부터 이 사건 사고 당시까지 소외 업체에서 계속적으로 근무하였을 뿐 아니라, 그 밖의 배송기사들 중 적어도 C는 원고와 동일한 지위에서 소외 업체와 근로관계를 맺고 있었던 것으로 보이므로, 소외 업체는 상시근로자 수가 1인 이상이 되는 사업장으로서 산업재해보상보험법의 당연적용대상에 해당한다고 할 것이다.

(3) 그렇다면, 원고가 근로자에 해당하지 않는다는 전제하에 소외 업체를 상시근로자 1인 미만의 산업재해보상보험 적용제외 사업장으로 본 이 사건 처분은 위법하다.

소　　장

　원고　　김 길 동(주민등록번호)
　　　　　경기도 과천시 ○○동 ○번지
　피고　　근로복지공단
　추가상병불승인처분취소

청구취지

1. 피고가 2008. 12. 26. 원고에 대하여 한 추가상병불승인처분을 취소한다.
2. 소송비용은 피고의 부담으로 한다.
라는 판결을 구합니다.

청구원인

1. 처분의 경위

(1) 원고는 1970. 8. 14.경 소외 ○○건설 주식회사(이하 '소외 회사'라 한다) 소속 발파공으로 근무하면서 화약발파작업을 하다가 오른 손바닥 위의 다이너마이트가 폭발하는 업무상 재해(이하 '이 사건 재해'라 한다)를 당하여 '우측 전박부 절단상, 무안구증(좌안), 누소세관 폐쇄(우안), 전두부 함몰, 좌측 안면부 함몰반흔' 등으로 요양 내지 재요양을 하다가 2006. 11. 30.경 치료를 종결하고 장해등급 3급으로 결정받았습니다.

(2) 원고는 2007. 12. 26.경 피고로부터 다시 재요양승인을 받아 요양을 하는 과정에서 '양측 감각신경성 난청'(이하 '이 사건 상병'이라 한다)으로 진단받고서, 2008. 12. 15.경 피고에게 이 사건 상병에 대하여 추가상병신청을 하였습니다.

(3) 이에 피고는 2008. 12. 26.경 원고에게, 감각신경성 난청의 발병원인이 다양하고, 원고가 이 사건 재해 발생 후 약 38년이 경과한 후에 증상을 호소한 점 등을 고려할 때, 원고의 이 사건 상병과 이 사건 재해 내지 요양승인된 상병 사이에 상당인과관계를 인정할 수 없다는 이유로 위 추가상병신청을 불승인하는 이 사건 처분을 하였습니다.

2. 처분의 위법성

원고는 이 사건 재해 당시 폭발음으로 고막이 손상되어 다른 사람들과 의사소통을 제대로 할 수 없는 상태였지만 그보다 더 중한 상병에 대하여 치료를 받아야 하는 긴박한 상황에서 고막 파열에 대한 치료를 받지 못하였는바, 이 사건 재해 내용 내지 그 당시의 원고의 증상 등에 비추어 보면, 이 사건 재해 당시의 폭발음에 의한 고막 파열로 인한 원고의 청력 손상이 세월이 경과하면서 이 사건 상병으로 진행하였다고 할 수 있다. 따라서 원고의 이 사건 상병은 이 사건 재해와 사이에 상당인과관계가 있다고 할 수 있으므로, 피고가 이와 달리 보고 한 이 사건 처분은 위법합니다.

3. 결론

위와 같이 피고의 처분은 위법하므로 이의 취소를 구하는 본 건 행정소송에 이르게 되었습니다.

입증방법

1. 갑 제1호증
2. 갑 제2호증

첨부서류

1. 위 각 입증방법 각 1부
2. 송달료 납부서
3. 소장부본

20 . . .

위 원고   (날인 또는 서명)

서울행정법원   귀중

당해판례

2009구단 13064

1. 산업재해보상보험법상의 추가상병은 업무상의 재해로 요양 중인 근로자에게 그 업무상의 재해로 이미 발생한 부상이나 질병이 추가로 발견된 경우 또는 그 업무상의 재해로 발생한 부상이나 질병이 원인이 되어 새로이 발생한 질병을 말하므로, 추가 상병과 업무상 재해 사이에 상당인과관계가 있어야 하고, 그 인과관계에 관하여는 이를 주장하는 측에서 입증하여야 한다.

2. 위 인정사실에 의하여 알 수 있는 여러 사정, 즉 원고는 업무상 재해인 이 사건 재해 당시 원고의

신체 일부에서 발생한 다이너마이트 폭발에 의한 소음으로 양측 고막이 파열되는 상병을 입었지만, 그 당시 우측 팔이 절단되고 좌안이 실명되는 등의 중한 상병을 입어 그 치료를 우선적으로 받아야 하는 상황에서 고막파열에 대한 치료를 받지 못한 것으로 보이는 점, 비록 감각신경성 난청의 발병원인으로 급박한 큰소리에의 노출 외에도 유전적 소인, 노화, 소음에 장기간 노출 등 여러 가지 원인이 있을 수 있고, 원고가 이 사건 재해 이후 2008. 9. 이전에 난청 등 청력문제로 치료를 받았음을 알 수 있는 자료가 없으며, 원고가 이 사건 재해로부터 약 38여 년이 지난 2008년경에 비로소 감각신경성 난청으로 진단을 받았다고 하더라도, 이 사건 재해 직후부터 원고에게 고막파열에 의한 청력장애가 지속된 것으로 보이는 점 등을 고려하면, 이 사건 재해 내지 그 후유증으로 원고의 이 사건 상병이 발생하였거나 자연경과 이상으로 증상이 악화되었다고 추단할 수 있다.

3. 따라서 원고의 이 사건 상병은 이 사건 재해와 상당인과관계 있는 업무상 재해에 해당한다고 할 수 있으므로, 피고가 이와 달리 보고 한 이 사건 처분은 위법하다.

[서식] 산업재해보상보험료 등 부과처분취소 청구의 소

소　장

원고　　　　김 길 동(주민등록번호)
　　　　　　서울 서초구 서초1동 123
　　　　　　(전화 000-000, 팩스 000-000)
피고　　　　근로복지공단
산업재해보상보험료등부과처분취소

청구취지

1. 피고가 2001. 3. 2. 원고에 대하여 한 1999년도분 고용보험료 부과처분 중 58,383,195원을 초과하는 부분(25,115,165원)을 취소한다.

2. 피고가 2001. 3. 2. 원고에 대하여 한 1999년도분 산업재해보상보험료 부과처분 중 554,910,410원을 초과하는 부분(196,707,190원) 및 임금채권부담금 부과처분 중 3,082,830원을 초과하는 부분(1,092,820원)을 각 취소한다.

3. 소송비용은 피고부담으로 한다.

라는 판결을 구합니다.

청구원인

1. 처분의 경위

(1) 원고는 건설업을 주된 영업목적으로 하는 법인으로서, 2000. 3. 피고에게 별지1 '1999년도 산재보험료 등 확정신고 및 확정정산 내역' 및 별지2 '1999년도 산재보험료 등 납부 현황'의 각 기재와 같이 1999년도분 산업재해보상보험료(이하 '산재보험료'라 고 한다), 임금채권부담금 및 고용보험료를 신고·납부함에 있어 기초가 되는 임금총액을 '직영노무비 + (외주비 × 노무비율)'의 방식으로 계산한 후 해당 보험료율을 적용하여 산재보험료 합계 638,983,510원, 임금채권부담금 합계 3,549,900원 및 고용보험료 합계 23,473,600원을 각 신고·납부하였습니다.

(2) 피고는 별지 1호 서식과 같이 '총 공사금액 × 노무비율'에 따라 임금총액을 산출하여 이를 기초로 확정보험료를 결정한 다음, 2차에 걸쳐 정산 후 증액경정하여, 이미 원고가 확정보험료로 신고한 금액을 초과하는 사업장에 대하여는 추가로 확정보험료를 부과·고지하는 확정보험료를 통지하였습니다.

2. 처분의 위법성

(1) 그러나 노동부장관이 고용보험법 제56조 제4항에 근거하여 고용보험료 산정에 기초가 되는 임금의 총액을 계산하는데 적용할 노무비율을 고시한 사실이 없음에도 피고는 아무런 근거 없이 산재보상법에 근거하여 노동부장관이 고시한 이 사건 고시를 적용하여 이 사건 고용보험료 부과처분을 하였으므로, 이 사건 고용보험료 부과처분은 위법한 처분이라 아니할 수 없습니다.

(2) 또한 이 사건 산재보험료 및 임금채권부담금 부과처분과 관련하여, 피고의 1998. 2. 3.자 '96~97년도 건설업 확정정산 추가·보완지침'(갑26호증)에 의하면, 총공사금액은 당해 연도 기성액을 기준으로 결정하는 것을 원칙으로 하되, 위 기성액에서 보험료가 이 중으로 납부될 수 있거나 그 특성상 공사금액에 포함될 수 없는 부분들 즉, 중장비 등 의 임차료, 설계, 감리 등의 용역비, 생산제품의 설치공사비, 자체공사의 경우 용지비, 대지비, 기타 비용 중 총공사금액에 포함되는 것이 현저히 부당하다고 판단되는 비용을 제외하여 총공사비용을 산정하도록 하고 있으나, 피고는 이 사건 산재보험료 및 임금채권부담금 부과처분을 할 당시 위 지침에 위반하여 필요적 공제항목을 누락하거나 잘못 공제하여 임금총액을 결정하고 그에 따라 산재보험료 및 임금채권부담금을 산정하

였으므로, 이 사건 산재보험료 및 임금채권부담금 부과처분은 위법합니다.

3. 결론

이에 상기 청구취지와 같이 이건 행정소송을 제기하는 바입니다.

입증방법

    1. 갑 제1호증
    2. 갑 제2호증

첨부서류

    1. 위 각 입증방법   각 1부
    2. 송달료 납부서
    3. 소장부본

20 . . .

위 원고   (날인 또는 서명)

서울행정법원   **귀중**

당해판례

2001구 20581

(1) 이 사건 고용보험료 부과처분에 관한 판단

(가) 고용보험법은 실업의 예방, 고용의 촉진 및 근로자의 직업능력의 개발·향상을 도모하고, 국가의 직업지도,직업소개기능을 강화하며, 근로자가 실업한 경우에 생활에 필요한 급여를 실시함으로써, 근로자의 생활의 안정과 구직활동을 촉진하여 경제·사회발전에 이바지함을 목적으로 제정되었고, 그 보험사업에 소요되는 비용에 충당하기 위하여 고용보험법 제56조에 기하여 피보험자인 근로자로부터 자기의 임금의 총액에 실업급여의 보험요율의 2분의 1을 곱한 금액을 보험료로, 사업주로부터 당해 사업에 종사하는 피보험자인 근로자의 임금의 총액에 고용안정사업의 보험요율을 곱한 금액, 직업능력개발사업의 보험요율을 곱한 금액, 실업급여의 보험요율의 2분의 1을 곱한 금액의 합계를 보험료로 각 징수하도록 규정하고 있다.

(나) 고용보험법 제56조 제4항은 동법 제60조 제1항 및 제61조 제1항의 규정에 의한 임금의 총액의

추정액 또는 임금의 총액을 결정하기 곤란한 경우에는 노동부장관이 정하여 고시하는 노무비율에 의하여 임금의 총액의 추정액 또는 임금의 총액을 결정할 수 있도록 규정하고 있는바, 원고가 노동부장관이 위 제56조 제4항을 근거로 하여 고용보험료 산정의 기초가 되는 임금총액을 결정하기 위한 1999년도 노무비율을 고시한 바 없다고 주장함에 대하여 피고는 변론에서 이를 명백히 다투지 아니하므로 피고는 위 사실을 자백한 것으로 볼 수 있다.

(다) 고용보험법 제56조 제4항에 고용보험료의 산정의 기초가 되는 임금의 총액을 결정하기 곤란한 경우에 노동부장관이 정하여 고시하는 노무비율에 의하여 임금의 총액을 결정할 수 있도록 규정하고 있기는 하나, 원고에 대한 1999년도 확정 고용보험료 산출의 기초가 되는 임금총액을 산정함에 있어 위에서 본 바와 같이 위 조항에 근거한 노동부장관의 고시가 없고, 달리 고용보험법상 산재보상법 제62조 제2항을 준용할 수 있다는 명문의 규정이 존재하지 않는 상황에서 아무런 근거 없이 동 조항에 기하여 노동부장관이 고시한 이 사건 고시를 적용하였으므로, 그와 같이 산정된 임금총액을 기초로 한 이 사건 고용보험료 부과처분은 위법하다 할 것이다(이 사건 고시는 산재보험에 적용되는 고시로서 산재보험에는 적용되나, 고용보험의 적용대상에서는 제외되는 근로자의 임금총액이 공제되어 있지 않은 점 등에 비추어, 이 사건 고시를 원고에 대한 1999년도 확정 고용보험료 산정에 적용할 수 없다).

(라) 따라서, 원고의 이 부분 주장은 이유 있다.

(2) 이 사건 산재보험료 및 임금채권부담금 부과처분에 관한 판단

을10호증의 1, 2, 3, 을11호증의 1 내지 6, 을12호증의 1, 2, 을13호증의 1 내지 6, 을14호증의 1 내지 17, 을18, 19호증의 각 1, 2, 을23, 24호증, 을25호증의 1 내지 38의 각 기재에 변론 전체의 취지를 종합하면, 피고는 이 사건 산재보험료 및 임금채권부담금을 산정할 당시 피고의 1998. 2. 3.자 "96~97년도 건설업 확정정산 추가 · 보완지침"에 의거하여 1997년도 기성액에서 보험료가 이중으로 납부될 수 있거나 그 특성상 공사금액에 포함될 수 없는 부분들을 공제하여 임금총액을 결정하고 그에 따라 산재보험료를 산정한 사실을 인정할 수 있고, 갑30호증의 기재만으로는 이를 뒤집기에 부족하며, 달리 반증이 없으므로, 원고의 이 부분 주장은 이유 없다.

(3) 결론

그렇다면, 원고의 이 사건 청구는 위 인정범위 내에서 이유 있어 이를 인용하고, 나머지 청구는 이유 없어 이를 기각하기로 하여 주문과 같이 판결한다.

소　　장

원고　　　김 길 동(주민등록번호)
　　　　　서울시 ○○구 ○○동 ○○번지
　　　　　(전화 000-000, 팩스 000-000)
피고　　　근로복지공단
유족급여및장의비부지급처분취소

청구취지

1. 피고가 원고에 대하여 2010. 12. 2. 한 유족급여 및 장의비 부지급 처분을 취소한다.
2. 소송비용은 피고의 부담으로 한다.

라는 판결을 구합니다.

청구원인

1. 처분의 경위

(1) 망 ○○○ (이하 '망인'이라고 한다)는 2010. 8. 2. 원장 ○○○ 이 운영하는 ○○○한의원에 원무부장으로 입사하였다. 망인은 2010. 8. 4. 위 한의원 근처 신토불이 오리식당에서 열린 직원 전체 회식에 참가한 후 같은 날 22:50경 2차 회식장소인 서울동대문구 장안동 소재 ○○○나이트클럽(이하 '이 사건 나이트클럽'이라고 한다)으로 이동하였는데, 이 사건 나이트클럽 입구에서 총지배인 ○○○과 자리배정 문제로 말다툼을 하다가 안면부를 구타당하였고, 그 충격으로 쓰러지면서 바닥에 머리를 부딪혀 병원으로 옮겨졌으나 2010. 8. 7.경 '직접사인 뇌간마비, 중간사인 중증 뇌부종, 선행사인 급성경막하뇌출혈'로 사망하였습니다(이하 '이 사건 사고'라고 한다).

(2) 망인의 배우자인 원고는 피고에게 이 사건 사고가 산업재해보상보험법 제37조에서 정한 업무상의 재해에 해당한다고 주장하면서 유족급여 및 장의비의 지급을 청구하였습니다.
그러나 피고는 2010. 12. 2. 원고에 대하여 "이 사건 사고는 통상적인 회식과정에서 발생할 수 있는 업무연장선을 넘는 사적 행동에서 비롯된 것으로서 업무상 재해로 볼 수 없다"라는 이유로 유족급여 및 장의비 부지급 처분을 하였습니다(이하 '이 사건 처분'이라고 한다).

2. 처분의 위법성

망인은 이 사건 사고 당시 원장 ○○○의 지시에 따라 2차 회식장소로 이동하게 되었는데, 입사한

지 얼마 되지 않은 상태이었으므로 2차 회식에의 참석을 거절하기 어려운 지위에 있었던 점, 2차 회식비용은 원장 ○○○이 미리 부담한 점, 망인은 상사○○○의 지시에 따라 2차 회식장소에 적합한 자리를 확보하는 과정에서 ○○○ 나이트클럽 총지배인과 다툼이 생겨 사망에 이르게 된 점 등을 종합하면, 망인이 참가하려던 2차 회식은 사용자의 지배 또는 관리 아래에 있었을 뿐만 아니라 이 사건 사고는 업무의 연장선에서 발생한 것으로서 업무와 상당인과관계가 인정되므로, 망인의 사망은 업무상 재해에 해당합니다.

3. 결론

이상과 같이 피고의 이 사건 처분은 위법하므로 이의 취소를 구하는 행정소송을 제기하기에 이르렀습니다.

입증방법

1. 갑 제1호증
2. 갑 제2호증

첨부서류

1. 위 각 입증방법 각 1부
2. 송달료 납부서
3. 소장부본

20   .   .   .

위 원고   (날인 또는 서명)

서울행정법원   귀중

당해판례

2011구합 38032

(1) 산업재해보상보험법 제62조에 의한 유족급여의 지급요건인 업무상의 사유로 인한 사망이라 함은 업무수행과 관련하여 발생한 업무상 재해를 의미한다. 따라서 근로자가 회사 밖의 행사나 모임에 참가하던 중 재해를 당한 경우, 그 행사나 모임의 주최자, 목적, 내용, 참가인원과 그 강제성 여부, 운영방법, 비용부담 등의 사정들에 비추어, 사회통념상 그 행사나 모임의 전반적인 과정이 사용자의 지배나 관리를 받는 상태에 있는 경우에 업무상 재해로 인정할 수 있다(대법원 1997. 8. 29. 선고 97누7271 판결 등 참조).

먼저 이 사건 나이트클럽에서의 2차 회식이 사용자의 지배나 관리를 받는 상태에 있었는지 여부에 관하여 살피건대, 1차 회식이 끝난 직후 원장 ○○○이 ○○○에게 2차 회식비 명목으로 50만 원을 지급한 사실은 앞서 본 바와 같으나, 을1, 2, 4 내지 7호증의 각 기재에 변론 전체의 취지를 보태어 인정할 수 있는 다음의 사정, 즉 ① 사용자인 원장 ○○○은 2차 회식에 참석하지 않은 채 귀가하였고, 다른 직원들도 자유롭게 차 회식에의 참석여부를 결정할 2 수 있었던 것으로 보일 뿐 2차 회식에의 참석에 강제성이 있었다고 보기 어려운 점, ② 원장 ○○○은 자신이 1차 회식비용을 지불할 계획이었으나 망인이 먼저 이를 계산하자 ○○○에게 2차 회식비 명목으로 50만 원을 지급한 것으로 볼 수 있는 점, ③ 2차 회식장소는 1차 회식이 끝날 무렵 정해진 것으로 보이고, 이 사건 나이트클럽에서의 2차 회식은 업무의 연장에서 이루어진 것이라기보다는 직원들의 사적인 친교를 위한 모임으로 보이는 점 등을 모두 종합하면, 망인이 참가하려던 2차 회식은 사회통념상 전반적인 과정이 사용자의 지배나 관리를 받는 상태에 있었다고 보기 어렵다.

(2) 설령 2차 회식이 사용자의 지배나 관리를 받는 상태에 있었다고 보는 경우에도, 근로자가 타인의 폭력에 의하여 재해를 입은 경우, 그것이 직장 안의 인간관계 또는 직무에 내재하거나 통상 수반하는 위험의 현실화로서 업무와 상당인과관계가 있으면 업무상 재해로 인정되나, 가해자와 피해자 사이의 사적인 관계에 기인한 경우 또는 피해자가 직무의 한도를 넘어 상대방을 자극하거나 도발한 경우에는 업무기인성을 인정할 수 없어 업무상 재해로 볼 수 없다(대법원 1995. 1. 24. 선고 94누8587 판결 참조).

그런데 앞서 본 사실에 의하면, 이 사건 사고는 망인이 2차 회식에서의 자리배정 문제로 ○○○과 말다툼을 벌이던 중 ○○○에게 욕을 하고 손바닥으로 ○○○의 뒤통수를 때린 것이 발단이 되어 발생한 것으로서 자리배정 문제로 행한 망인의 욕설이나 폭력이 업무와 관련이 있다고 볼 수 없고, 망인의 자극적인 행동에 의하여 촉발된 ○○○의 우발적인 범죄행위로 인한 것일 뿐이며, 나아가 이 사건 사고가 회식과정에서 통상 수반하는 위험의 범위 내에 있는 것으로 보기도 어려우므로, 결국 망인의 사망과 업무 사이에 상당인과관계가 있다고 할 수 없다.

따라서 망인의 사망과 업무사이에 (3) 상당인과관계가 없다는 전제에서 원고의 유족급여 및 장의비 지급청구에 대하여 부지급 결정을 한 이 사건 처분은 적법하다.

그렇다면 원고의 이 사건 청구는 이유 없으므로 이를 기각하기로 하여 주문과 같이 판결한다.

소   장

원고   1. 김 길 동(주민등록번호)
　　　　　서울시 서초구 ○○동 ○○번지
　　　　　(전화 000-000, 팩스 000-000)
　　　　　2. 박 말 자
　　　　　서울시 강남구 ○○동 ○○번지
　　　　　(전화 000-000, 팩스 000-000)
피고   근로복지공단
유족급여및장의비부지급처분취소

청구취지

1. 피고가 2010. 12. 6. 원고들에 대하여 한 유족급여 및 장의비 부지급 처분을 취소한다.

2. 소송비용은 피고의 부담으로 한다.

라는 판결을 구합니다.

청구원인

1. 처분의 경위

(1) 원고들의 아들인 망 김○○(이하 '망인'이라고 한다)은 2009. 3. 5.부터 2010. 3.31. 까지 □□생명보험 주식회사(이하 '□□생명'이라고 한다)의 사이버지점에서 보험설계사로 근무하다가 2010. 4. 1.경부터 □□생명과 사이에 위탁계약을 체결한 주식회사▨▨▨홈쇼핑(이하 '▨▨홈쇼핑'이라고 한다) 대리점 소속 모집사용인으로 근무하던 중, 2010. 6. 11. □□생명에서 주최한 '2010년 TM부분 연도 대상' 포상 여행에 참여하여 필리핀 공화국으로 떠나 2010. 6. 13. 필리핀의 아클란 지방 말레이시 마녹마녹 지역에서 스노클링(snorkelling, 숨대롱 등 간단한 장비를 착용한 채 바다에 들어가 수중관광을 즐기는 레저스포츠)을 하다가 물속에서 움직이지 아니한 것이 발견되어 병원으로 옮겨졌으나 같은 날 간접사인 '심근경색증', 직접사인 '심장성지(심장마비)'로 사망하였습니다.

(2) 원고들은 2010. 10.경 피고에 대하여 망인의 사망이 산업재해보상보험법 제37조에 의한 업무상의 재해에 해당한다고 주장하면서 산업재해보상보험법(이하 '산재법'이라고 한다) 제62조 및 제71

조에 의한 유족급여 및 장의비의 지급을 청구하였으나, 피고는 2010. 12. 6. 원고들에 대하여 ① 망인은 산재법 제125조 제1항, 구 산업재해보상보험법 시행령(2011. 1. 24. 대통령령 제22637호로 개정되기 전의 것, 이하 '구 산재법시행령'이라고 한다) 제125조 제1호 나목에 의한 특수형태근로종사자로서 원칙적으로 산재법의 적용대상자에 해당하나 사망일 이전인 2010. 5. 31.자로 산재법 제125조 제4항 등에 의한 적용제외 신청을 하였으므로 사망 당시에는 더 이상 산재법 적용대상자에 해당하지 아니하고, ② 산재법 제37조 제1항 제2호, 구 산재법 시행령 제34조 제3항 [별표 3]에서 규정하는 업무상 질병에 의한 사망에 해당하지 아니한다는 이유로 유족급여 및 장의비 부지급 처분을 하였습니다.

2. 처분의 위법성

(1) 산재법 적용대상자에 해당한다.

망인은 산재법 제125조 제1항, 구 산재법 시행령 제125조 제1호 나목에 의한 특수형태근로종사자로서 사망일 이전인 2010. 5. 31. 산재법 제125조 제4항에 의한 적용제외신청서를 작성하여 이를 ▨▨▨홈쇼핑에 제출하기는 하였으나, 위 신청서는 망인이 사망한 이후인 2010. 6. 15.에야 비로소 피고에게 제출되었으므로 망인은 사망할 당시 여전히 산재법 적용대상자에 해당합니다.

(2) 망인의 사망은 업무상 사고로 인한 것으로서 업무상의 재해에 해당한다.

망인은 산재법 제37조 제1항 제1호 라목에서 규정하는 '사업주가 주관하거나 사업주의 지시에 따라 참여한 행사나 행사준비 중에 발생한 사고'로 인하여 사망하였으므로 망인의 사망은 업무상의 재해에 해당합니다.

3. 결론

이상과 같이 피고의 이 사건 처분은 위법하므로 이의 취소를 구하는 행정소송을 제기하기에 이르렀습니다.

입증방법

    1. 갑 제1호증
    2. 갑 제2호증

첨부서류

    1. 위 각 입증방법　　　　　　　　　　각 1부
    2. 송달료 납부서
    3. 소장부본

당해판례

2011구합 4084

(1) 산재법 적용대상자인지 여부

특수형태근로종사자는 산재법의 적용을 원하지 아니하는 경우 산재법 제125조 제4항에 의하여 고용보험 및 산업재해보상보험의 보험료징수 등에 관한 법률(이하 '보험료징수법'이라고 한다) 제49조의3 제5항, 보험료징수법 시행규칙 제44조의5 제1항에 따라 피고(공단)에게 산재법 적용제외 신청서를 제출할 수 있고, 피고는 특수형태근로종사자로부터 위 신청서를 받으면 위 시행규칙 제44조의5 제2항에 의하여 사업주와 특수형태근로자에게 적용제외 확인통지를 하여야 하며, 이 경우 산재법 제125조 제5항에 의하여 적용제외를 신청한 다음날부터 산재법을 적용하지 아니하게 된다. 살피건대, 앞서 본 바와 같이 망인이 2010. 5. 31. 산재법 적용제외 신청서를 작성하여 그 무렵 이를 ▨▨▨홈쇼핑에 제출하였으나, ▨▨▨홈쇼핑은 망인이 사망한 이후인 2010. 6. 15. 피고에게 위 신청서를 팩스로 송부한 사실을 각 인정할 수 있는데, 비록 망인이 사망일 이전에 산재법의 적용제외를 받을 의사로 적용제외 신청서를 작성하여 이를 ▨▨▨홈쇼핑에 제출하였더라도 피고에게 위 신청서가 도달되지 아니한 이상 ▨▨▨홈쇼핑에 제출한 것으로써 망인이 산재법 적용대상자에서 제외된다고 할 수 없고, 망인이 작성한 위 신청서가 산재법 및 보험료징수법령에 따라 피고에게 제출된 날 다음 날인 2010. 6. 16.부터 망인은 산재법 적용대상에서 제외될 수 있다고 보는 것이 옳다. 따라서 원고들의 위 주장은 이유 있다.

(2) 망인의 사망은 업무상 사고로 인한 것으로서 업무상 재해에 해당한다.

산재법 제37조 제1항 제1호 라목은 사업주가 주관하거나 사업주의 지시에 따라 참여한 행사나 행사준비 중에 발생한 사고로 인하여 사망한 경우 업무상의 재해로 간주한다고 규정하고 구 산재법 시행령 제30조 제1호 내지 제4호는 운동경기, 야유회, 등산대회 등 각종 행사에 근로자가 참가하는 것이 사회통념상 노무관리 또는 사업운영상 필요하다고 인정하는 경우로서 ① 사업주가 행사에 참가한 근로자에 대하여 행사에 참가한 시간을 근무한 시간으로 인정하는 경우(제1호), ② 사업주가 그 근로자에게 행사에 참가하도록 지시한 경우(제2호), ③ 사전에 사업주의 승인을 받아 행사에 참가한 경우(제3호), ④ 그 밖에 제1호부터 제3호까지의 규정에 준하는 경우(제4호)로서 사업주가 그 근로자의 행사 참가를 통상적 · 관례적으로 인정한 경우 중 어느 하나에 해당하면 위 산재법 조항에 따른 업무상 사고로 간주한다고 규정하고 있다. 위 인정사실 및 위 증거에 의하여 인정되는 아래의 사정을 종합하면, 망인은 사업주인 ○○생명이 주관하거나 ○○생명의 지시에 따라 참여한 행사 중에 발생한 사고로 인하여 사망하였고 이러한 재해와 업무 사이에는 상당인과관계가 있다고 보는 것이 옳다. 따라서 원고들의 위 주장은 이유 있다.

(가) 망인은 사망 당시 ▨▨홈쇼핑 대리점 소속의 모집사용인으로 근무하면서 ▨▨홈쇼핑으로부터 수당 상당액을 지급받은 것은 사실이다. 그러나 앞서 본 바와 같이 망인은 ▨▨홈쇼핑 대리점의 모집사용인으로 자리를 옮긴 다음에도 여전히 ○○생명의 보험상품만을 판매하는 등 ○○생명을 위하여 보험계약의 체결을 중개하는 업무를 담당하였고, ○○생명으로부터 출 · 퇴근 등 근태나 상벌사항 등 관리를 받아왔다. 그리고 망인에 대한 수당은 ○○생명에서 ▨▨홈쇼핑 대리점에게 지급하는 수수료에서 지급되었고 근무장소나 책상 등 비품 역시 ○○생명이 지급한 것으로 보이며, ○○생명에서도 망인이 '당사(○○생명)의 모집사용인'이라고 밝히고 포탈 시스템에도 망인을 ○○생명의 'NS지점' 소속으로 등재한 사실이 있다(갑 4, 21호증 참조). 이러한 사정에 비추어 보면 망인의 , 산재법상의 사업주는 ○○생명이라고 보는 것이 옳다.

(나) 한편, ○○생명이나 ▨▨홈쇼핑에서는 "▨▨홈쇼핑이 보험대리점으로서 ○○생명 이외에 여러 보험회사와 보험대리점 계약을 체결하고 ▨▨홈쇼핑 고객에게 여러 보험회사의 보험상품 을 안내 및 판매하고 있다."라고 밝히고 있으나(이 법원의 ○○생명, ▨▨홈쇼핑에 대한 각 사실조회 결과 참조), 이 사건 계약의 부속 약정서(갑 14호증)에는 법인대리점(▨▨홈쇼핑 대리점)은 회사(○○생명)가 승인한 상품에 한하여 판매한다고 규정되어 있을 뿐만 아니라(제 8조 참조), 망인 등 위 대리점 소속 모집사용인들은 ○○생명의 보험상품만을 판매하고 있다.

(다) '2010 TM 부문 연도대상' 및 포상여행은 ○○생명이 2008년부터 매년 실적이 우수한 보험설계 사 또는 보험대리점 소속 모집사용인을 대상으로 실시하던 행사로서 그 비용을 모두 ○○생명 이 부담하였고, 그 출근대장에 망인이 위 포상여행에 참여한 기간 동안 '연수'를 간 것으로 기재 한 것을 보면, 망인이 참여한 위 포상여행은 산재법 제37조 제1항 제1호 라목, 구 산재법 시행령 제30조에서 규정하는 '사업주가 주관하는 행사'에 해당한다고 보아야 하고, 일부 보험설계사나 모집사용인이 개인 사정으로 위 포상여행에 참여하지 아니하였다고 하여 달리 볼 수 없다.

(라) 스노클링은 간단한 보호장구만을 갖춘 채 바다에 들어가 잠수하면서 수중관광을 즐기는 레저스 포츠로서 급작스러운 온도 변화 등으로 인하여 심장질환을 야기할 수 있는 위험이 내재되어 있는데, 망인이 급성심근경색이나 심장마비를 야기할 수 있는 위험인자에 해당하는 질환을

앓았거나 망인에게 그와 유사한 체질적 요인이 있었던 것으로 보이지 아니하는 이상(갑 16호증 참조), 위 포상여행 행사의 일환으로 마련된 스노클링 도중 원고가 심장마비로 사망한 것은 '사업주가 주관하는 행사 중에 발생한 사고(事故)'에 해당한다고 보는 것이 옳다.

[서식] 유족급여등부지급처분취소 청구의 소

소　　장

　원고　　　김 길 동(주민등록번호)
　　　　　　서울시 동작구 ○○동 ○-○번지
　　　　　　(전화 000-000, 팩스 000-000)
　피고　　　근로복지공단
유족급여등부지급처분취소

청구취지

1. 피고가 2012. 3. 28. 원고들에 대하여 한 유족급여 및 장의비 부지급처분을 취소한다.

2. 소송비용은 피고가 부담한다.

라는 판결을 구합니다.

청구원인

1. 처분의 경위

(1) 원고들의 자녀인 망인은 2005. 4. 1. 주식회사 N(이하 'N'이라고 한다)에 입사하여 산관리팀장으로 근무하던 사람이고, 성○○는 2009. 2. 7부터 같은 해 5. 7.까지 3개월 간 N에서 수습사원으로 근무하였던 사람입니다.

나. 성○○는 2012. 2. 15. 09:40경 02더XXXX호 무쏘 차량을 운전하여 서산시 수석동에 있는 N 제1공장 정문 앞마당에 정차한 후 조수석 창문을 내리고 미리 준비한 엽총(BENELI, NOVA, 신탄식 12구경)으로 위 앞마당에서 직장 동료 임○○과 함께 제품 출하작업 중이넌 망인을 향하여 10여 차례 실탄을 발사하였습니다. 그로 인하여 망인은 총 28개소에 총상을 입고 그 자리에서 사망하였고, 함께 있던 임○○은 흉부 관통상을 입었습니다(이하 '이 사건 사고'라고 한다).

(2) 원고들의 유족급여 및 장의비 지급신청에 대하여 피고는 2012. 3. 28. '망인의 사망은 사적인 원한관계에 기인한 것으로 업무와의 상당인과관계를 인정할 수 없다'는 이유로 부지급처분을 하였습니다(갑 제1호증 참조, 이하 '이 사건 처분'이라고 한다). 반면에 피고는 같은 해 4. 3. 임○○에 대하여는 요양급여를 지급하는 결정을 하였습니다.

2. 처분의 위법성

망인은 이 사건 사고가 나기 약 3년 전 직장 상사로 3개월간 성○○와 함께 근무한 것 이외에 성○○와 사적인 관계를 맺은 적이 없을 뿐만 아니라 성○○와 함께 근무하는 동안에도 성○○에게 상급자로서의 정당한 업무 지시를 하였을 뿐 원한을 살만한 부당한 대우를 한 적이 없습니다. 따라서 성○○가 정신착란을 일으켜 개인적인 원한관계 없는 망인을 살해한 이 사건 사고는 직장 안의 인간관계 또는 직무에 내재하거나 통상 수반하는 위험이 현실화된 것으로서 업무와 상당인과관계가 있습니다. 뿐만 아니라 피고는 망인과 함께 작업을 하다가 이 사건 사고로 상해를 입은 임○○에 대하여는 요양급여 지급결정을 하였는바, 이 사건 처분은 위 요양급여 지급결정과도 상반된 것으로 형평의 원칙에도 반합니다.

따라서 이와 다른 전제에서 이루어진 이 사건 처분은 위법합니다.

3. 결론

이와 같이 피고의 처분은 위법한 행정처분이 아닐 수 없으므로, 상기와 같이 원고의 행정처분의 취소를 구하는 행정소송에 이르게 되었습니다.

입증방법

1. 갑 제1호증
2. 갑 제2호증
3. 갑 제3호증
4. 갑 제4호증
5. 갑 제5호증
6. 갑 제6호증
7. 갑 제7호증

첨부서류

1. 위 각 입증방법　　　　　　　　　　　　각 1부
2. 송달료 납부서

3. 소장부본

20 . . .
위 원고　　　　(날인 또는 서명)

서울행정법원　　귀중

당해판례

2012구합18226

1. 산업재해보상보험법상의 업무상의 재해라 함은 업무수행 중 그 업무에 기인하여 발생한 재해를 말하므로, 근로자가 타인의 폭력에 의하여 재해를 입은 경우라고 하더라도 그것이 직장안의 인간관계 또는 직무에 내재하거나 통상 수반하는 위험이 현실화되어 발생한 것으로서 업무와 사이에 상당인과관계가 있으면 업무상 재해로 인정하여야 할 것이고, 따라서 가해자의 폭력행위가 직장안의 인간관계와 관련된 것인 이상 피해자가 직무의 한도를 넘어 상대방을 자극하거나 도발함으로써 발생한 경우가 아닌 한 업무와 사이에 상당인과관계가 있다 할 것이다(대판 2008.8.21, 2008두7953)

2. 위와 같은 법리를 토대로 이 사건에 관하여 보건대, 위 인정 사실에 변론 전체의 취지를 더하여 알 수 있는 다음과 같은 사정, 즉 ① 망인이 N 내에서 근무시간중 작업을 하다가 사망하기는 하였으나 특별한 사정이 없으면 생산직 관리라는 망인의 업무 자체에 직장동료나 부하직원으로 하여금 불만이나 원한을 품게 하거나 그로 인한 제3자의 가해행위의 위험성이 내재되어 있다고 보기 어려운 점, ② 성OO가 N을 퇴사한 지 3년이 지난 후에 갑자기 망인의 행방을 탐문하고 사전에 범행도구를 준비한 뒤 망인을 향하여 10여 차례 실탄을 발사하여 범행을 실행하고 스스로 목숨을 끊은 것에 비추어 볼 때 성OO는 N에서 수습사원으로 근무하는 동안 어떤 이유에서인지는 분명하지 않으나 망인에 대하여 개인적인 불만이나 앙심을 품고 있었던 것으로 보이는 점, ③ 망인과 성OO 사이의 관계가 원만하지 못하였더라도 이 사건 사고의 발생 시점이 성OO가 N을 퇴사한 때로부터 3년이 경과한 후이어서 이 사건 사고를 직장 안의 인간관계에 통상 수반되거나 예상할 수 있는 위험의 범주에 포함된다고 보기 어려운 점, ④ 이 사건 사고는 대인관계 등 사회적인 유대가 결핍되어 과대망상과 우울증 증상이 있던 성OO의 개인적인 정신질환의 악화 때문에 일어난 것으로 보이는 점 등에 비추어 볼 때 이 사건 사고가 직장 안의 인간관계 또는 직무에

내재하거나 통상 수반하는, 위험이 현실화되어 발생한 것이라고 보기는 어렵다. 따라서 망인의 업무와 이 사건 사고사이에 상당인과관계가 있다고 볼 수 없으므로 이와 같은 전제에서 이루어진 이 사건처분은 적법하고, 원고들의 위 주장은 이유 없다.

[서식] 유족급여및장의비부지급처분취소 청구의 소

소　장

　　원고　　　김 길 동(주민등록번호)
　　　　　　　서울시 은평구 ○○동 ○○번지
　　　　　　　(전화 000-000, 팩스 000-000)
　　피고　　　근로복지공단
　　유족급여및장의비부지급처분취소

청구취지

1. 피고가 2010. 12. 24. 원고에 대하여 한 유족급여 및 장의비 부지급 처분을 취소한다.
2. 소송비용은 피고의 부담으로 한다.
라는 판결을 구합니다.

청구원인

1. 처분의 경위

(1) 망 정■■(이하 '망인' 이라 한다.)은 주상복합아파트인 벽산그랜드코아(이하 '이 사건 건물'이라 한다) 입주자대표회의에 고용되어 이 사건 건물의 청소원으로 근무하던 중 2009. 4. 13. 비소세포 폐암의 일종인 선암 진단을 받고 피고에게 요양 승인 신청을 하였으나 불승인되었습니다.

(2) 망인은 위 불승인 처분에 불복하여 피고에게 심사청구를 하였으나, 피고는 2010. 3. 17. 원고의 심사청구를 기각하였다. 이에 망인은 산업재해보상보험재심사위원회에 재심사청구를 하였으나, 위 위원회는 망인이 위 재심사청구 심사기간 중인 2010. 8.19. 선행사인 폐암, 중간선행사인 패혈증, 직접사인 심정지로 사망하자 2010. 9. 30. 망인의 재심사청구를 각하하였습니다.

(3) 그 후 망인의 남편인 원고는 피고에게 망인의 사망이 업무상 재해에 해당한다고 주장하면서 유족급여 및 장의비의 지급을 청구하였으나, 피고는 2010. 12. 24. 원고에게 망인의 사망과 업무 사이에 상당인과관계가 인정되지 않는다는 이유로 그 지급을 거부(이하 '이 사건 처분'이라 한다)하였습니다.

2. 처분의 위법성

망인은 이 사건 건물의 청소원으로 근무하면서 이 사건 건물의 지하 주차장에서 청소업무를 수행하고 휴식을 취하는 등의 과정에서 자동차의 매연, 라돈, 석면 등 유독물질에 장기간 노출된 끝에 폐암이 발병됨으로써 사망에 이르게 되었습니다.

따라서 망인의 사망과 업무 사이에는 상당인과관계가 인정되므로, 망인의 사망이 업무상 재해에 해당하지 않는다고 본 피고의 이 사건 처분은 위법합니다.

3. 결론

이상과 같이 피고의 이 사건 처분은 위법하므로 이의 취소를 구하는 행정소송을 제기하기에 이르렀습니다.

입증방법

1. 갑 제1호증
2. 갑 제2호증

첨부서류

1. 위 각 입증방법   각 1부
2. 송달료 납부서
3. 소장부본

20 . . .

위 원고   (날인 또는 서명)

서울행정법원   귀중

당해판례

2011구합 8642

1) 산업재해보상보험법 제5조 제1호에서 말하는 '업무상의 재해'라 함은 근로자가 업무수행 중 그 업무에 기인하여 발생한 재해를 말하므로, 업무와 재해 발생 사이에 상당인과관계가 있어야 하고 이 경우 근로자의 업무와 질병 사이의 인과관계에 관하여는 이를 주장하는 측에서 입증하여야 하지만, 그 인과관계는 반드시 의학적, 자연과학적으로 명백히 입증하여야만 하는 것은 아니고, 여러 사정을 고려할 때 업무와 질병사이에 상당인과관계가 있다고 추단되는 경우에도 입증이 있다고 보아야 한다(대법원 1997. 2. 28. 선고 96누14883 판결, 대법원 2005. 11. 10. 선고 2005두8009 판결, 대법원 2006. 3. 9. 선고 2005두13841 판결 등 참조).

2) 이 사건을 위 법리에 비추어 보건대, 위 인정사실 및 변론 전체의 취지를 통하여 알 수 있는 다음과 같은 사정, 즉 ① 망인은 약 7년 4개월이라는 장기간 동안 이 사건 건물의 청소원으로 근무하면서 지속적으로 하루에 수 시간 이상 지하 주차장 내에서 청소업무를 수행하거나 지하 3층 주차장 내 휴게실 또는 이 사건 휴게실에서 점심식사 및 휴식(망인의 업무 과정 및 이 사건 휴게실의 내부 구조 등에 비추어 망인은 청소업무를 수행하는 중간 중간에 약 30분씩 휴식을 취함에 있어 지정된 위 휴게실을 이용하는 외에 다른 선택의 여지가 없었을 것으로 보인다)을 취하는 등의 과정에서 폐암을 유발하거나 유발할 가능성이 있는 발암물질인 라돈과 디젤배출물질 등(자동차의 브레이크 라이닝에 함유된 석면도 발암물질이다)에 노출되어 기도의 자극을 계속해서 받아 온 점, ② 망인이 이 사건 건물의 청소원으로 근무하기 전에는 특별한 건강상의 문제가 없었을 뿐만 아니라 폐암을 유발할 만한 물질에 노출되었거나 흡연력이나 폐암의 가족력이 있었다는 등의 사정도 없었는데 이 사건 건물의 청소원으로 근무하는 기간 중 폐암이 발병된 점 이 사건, ③ 휴게실에 대한 작업환경 측정결과, 디젤배출물질과 라돈의 수치가 유해물질노출 기준에는 다소 미달하는 수준이나(한편, 미국 국립산업안전보건연구원은 디젤배출물질에 대하여 '가능한 가장 낮은 농도'를 권고기준으로 제시하고 있다) 약 7년 4개월간 근무하면서 장기간 노출될 경우에는 건강상 장해를 초래할 수 있는 점, ④ 한편, 위 작업환경 측정은 망인이 생전에 앞서 본 요양 불승인에 대하여 불복하여 한 심사청구 과정에서 이루어졌고, 측정 당시 이 사건 건물의 지하 주차장 내에 있는 환풍기가 가동되고 있었으며, 단 1회 측정이 실시되었다는 점에서 망인이 평소 근무하였을 때보다 낮은 수치로 측정되었을 가능성도 상당한 것으로 보이는 점, ⑤ 개인마다 체질적 요인이나 업무환경이 상이하므로 폐암의 잠복기가 최소 10년이라고 일률적으로 단정지을 수 없다는 의학적 소견이 있는 점 등을 종합하여 보면, 비록 망인이 폐암에 이르게

된 의학적 경로가 정확하게 밝혀지지 않았고 폐암이 위 각 유해물질 외에 다른 원인들에 의하여 유발될 수 있다고 하더라도, 망인의 폐암은 작업중 노출된 위 유해물질들에 의하여 유발되었거나 자연적인 진행경과 이상으로 악화되었다고 추단된다.

3) 따라서 망인의 사망과 업무 사이에 상당인과관계가 인정되므로, 망인의 사망이 업무상 재해에 해당하지 않는다고 본 피고의 이 사건 처분은 위법하다.

[서식] 유족급여등부지급처분취소 청구의 소

소　　장

원고　　김 길 동(주민등록번호)
　　　　서울시 종로구 ○○동 ○○번지
　　　　(전화 000-000, 팩스 000-000)
피고　　근로복지공단
유족급여등부지급처분취소

청구취지

1. 피고가 2010. 1. 12. 원고에 대하여 한 유족급여 및 장의비 부지급처분을 취소한다.
2. 소송비용은 피고의 부담으로 한다.
라는 판결을 구합니다.

청구원인

1. 처분의 경위

(1) 오00(1967. 1. 30.생)는 2002. 7.경 한식당과 일식당을 운영하는 신우성타운에 입사하여 총괄 책임자로 근무하던 자이고, 유00은 2009. 4. 8. 신우성타운에 입사하여 일식당 운전기사로 근무하던 자입니다.

(2) 김00은 2009. 4. 20. 02:32경 서귀포시 색달동 2822-2에 있는 신우성타운 건물 3층에 있는

직원숙소(이하 '이 사건 숙소'라 한다) 복도에서 가위로 오00(이하 '망인'이라 한다)의 가슴 부위, 머리 부위 등을 수회 찔러 망인으로 하여금 그 자리에서 좌2 늑골 골절, 폐동맥 관통, 심장 우심실 관통, 대동맥 자창 등에 의한 실혈로 사망하게 하였다(이하 '이 사건 사고'라 한다).

(3) 이에 망인의 부(父)인 원고가 2009. 12. 23. 피고에게 유족보상금 및 장의비지급 청구를 하였으나, 피고는 2010. 1. 12. 원고에게 유00이 망인을 업무와 관련하여 살해할 만한 사유를 확인할 수 없어 이 사건 사고를 사업주의 지배관리 하에 업무와 관련하여 발생한 재해라고 볼 수 없다는 이유로 유족급여 및 장의비 부지급처분을 하였습니다(이하 '이 사건 처분'이라 한다).

(4) 원고는 2010. 3. 16. 피고에게 이 사건 처분에 대한 심사청구를 하였으나 같은 해 5. 24. 기각결정을 받았습니다.

2. 처분의 위법성

신우성타운의 총괄책임자인 망인은 이 사건 숙소에서 거주하면서 위 숙소에 거주하는 직원들에 대한 관리업무도 담당하고 있었는데 이 사건 사고 당일 유00 등이 위 숙소에서 새벽까지 술을 마시자 직원관리차원에서 술자리를 끝내라고 지시하는 과정에서 평소 일을 많이 시킨다는 이유로 망인에게 불만을 가지고 있는 유00로부터 가위에 찔려 사망하였기 때문에 이 사건 사고는 직장 안의 인간관계 또는 직무에 내재하거나 통상 수반하는 위험이 현실화된 것이어서 업무와 상당인과관계가 있음에도 이와 달리 보고 한 피고의 이 사건 처분은 위법하므로 취소되어야 합니다.

3. 결론

이상과 같이 피고의 이 사건 처분은 위법하므로 이의 취소를 구하는 행정소송을 제기하기에 이르렀습니다.

입증방법

1. 갑 제1호증
2. 갑 제2호증
3. 갑 제3호증
4. 갑 제4호증
5. 갑 제5호증
6. 갑 제6호증

7. 갑 제7호증

첨부서류

1. 위 각 입증방법   각 1부
2. 송달료 납부서
3. 소장부본

20 .   .   .

위 원고   (날인 또는 서명)

서울행정법원   귀중

당해판례

2010구합 33092

1) 산업재해보상보험법상의 업무상의 재해라 함은 업무수행 중 그 업무에 기인하여 발생한 재해를 말하므로, 근로자가 타인의 폭력에 의하여 재해를 입은 경우라고 하더라도 그것이 직장안의 인간 관계 또는 직무에 내재하거나 통상 수반하는 위험이 현실화되어 발생한 것으로서 업무와 사이에 상당인과관계가 있으면 업무상재해로 인정하여야 할 것이고, 따라서 가해자의 폭력행위가 직장 안의 인간관계와 관련된 것인 이상 피해자가 직무의 한도를 넘어 상대방을 자극하거나 도발함으로써 발생한 경우가 아닌 한 업무와 사이에 상당인과관계가 있다 할 것이다(대법원 1995. 1. 24. 선고 94누8587 판결, 2008. 8. 21. 선고 2008두7953 판결 등 참조).

2) 이 사건에 돌아와 보건대, 위 인정사실에서 알 수 있는 다음과 같은 사정, 즉, ① 망인은 신우성타운의 총괄책임자로서 이 사건 숙소에 거주하면서 위 숙소에 거주하는 직원들의 관리업무도 담당하고 있었던 점, ② 일식당 운전기사인 유00은 망인이 자신에게 일식당 일 외에 한식당 일까지 시킨다는 이유로 망인과 말다툼을 하고 망인에게 새벽에 전화를 걸어 욕설을 하는 등 평소 망인에 대하여 좋지 않은 감정을 가지고 있었던 점, ③ 한00 등이 이 사건 숙소 505호에서 새벽까지 술을 마시자 망인이 평소처럼 한00 등에게 일찍 술자리를 마치고 자라고 지시하는 과정에서 이 사건 사고가 발생한 점, ④ 망인이 일찍 술자리를 마치고 자라고 지시하는 과정에서 유00에게 다소 거친 표현을 사용하였으나 그것이 직무의 한도를 넘은 것이어서 그로 인하여 유00이 망인을

살해하게 되었다고 볼 정도는 아닌 것으로 보이는 점, ⑤ 유○○은 신우성타운에 입사하여 망인을 알게 되었고 망인과 업무와 관련 없는 개인적인 접촉은 하지 않았던 점 등에 비추어 보면, 망인은 신우성타운의 총괄책임자로서 직원들에게 업무를 지시하였기 때문에 망인이 담당하고 있던 업무는 직원들에 대한 업무지시 과정에서 불만을 품은 직원에 의한 가해행위의 위험이 내재되어 있었다고 할 것이고, 유○○은 망인이 자신에게 일식당 일 외에 한식당 일까지 시킨다는 이유로 망인에게 불만을 품고 있던 중 일찍 술자리를 마치라고 지시하는 망인을 살해함으로써 망인의 업무에 내재되어 있던 위와 같은 위험이 현실화된 것이라고 봄이 상당하다 할 것이므로, 망인의 업무와 사용자의 지배·관리 하에 발생한 이 사건 사고 사이에는 상당인과관계가 있다 할 것이다.

3) 따라서, 이와 달리 보고 한 이 사건 처분은 위법하므로, 원고의 위 주장은 결국 이유 있다.

[서식] 유족급여및장의비부지급처분취소 청구의 소

소　장

원고　　김 길 동(주민등록번호)
　　　　서울시 종로구 ○○동 ○○번지
　　　　(전화 000-000, 팩스 000-000)
피고　　근로복지공단
유족급여및장의비부지급처분취소

청구취지

1. 피고가 2010. 7. 14. 원고에게 한 유족급여 및 장의비 부지급 처분은 이를 취소한다.
2. 소송비용은 피고의 부담으로 한다.
라는 판결을 구합니다.

청구원인

1. 처분의 경위

(1) 원고의 아들인 망 김○○(이하 '망인'이라 한다)은 미역 채취·가공업체인 제일산업 주식회사의 직원으로서, 2008. 9. 4. 지게차를 운전하여 건미역 상자를 옮기는 작업을 하던 중 후진으로 내리막

길을 내려오다 지게차가 전복되는 바람에 그 밑에 깔리는 사고(이하 '이 사건 사고'라 한다)를 당하였고, 그로 인해 요추1번방출성골절, 골반의골절 탈구, 골반하지골절 등의 중상을 입게 되어, 피고로부터 2008. 9. 4.부터 2010. 5. 1.까지의 요양승인을 받았습니다.

(2) 망인은 이 사건 사고로 인해 하반신이 마비되어 2008. 9. 8.부터 서울 세브란스 신촌병원에서, 2008. 11. 29.부터는 재활전문병원인 00재활병원에서 각 재활치료를 받아오다가 2010. 2. 27. 병원을 빠져나와 병원 인근 구리시 소재 00 모텔 303호에 투숙한 후 다음날인 2008. 2. 28. 16:00경 위 303호실 안에서 커터 날로 자신의 하복부를 수회 갈라 하복부 및 회음부 자절창에 의한 과다출혈로 사망하였습니다.

(3) 원고는 2010. 6. 1. 피고에게 망인의 사망이 업무상 재해로 인한 것이라면서 유족보상금 및 장의비의 지급을 청구하였으나, 피고는 2010. 7. 14. 망인의 사망이 산업재해보상보험법 제37조 제1항 제2호의 나목 및 같은 법 시행령 제36조 제2호에 규정된 "업무상의 재해로 요양 중인 사람이 그 업무상의 재해로 인한 정신적 이상 상태에서 자해행위를 한 경우"에 해당하지 아니하여 업무상 재해로 볼 수 없다는 이유로 그 청구를 기각하였다(이하 '이 사건 처분'이라 한다).

2. 처분의 위법성

망인은 이 사건 사고로 인해 척추가 골절되는 등 큰 상해를 입어 그로 인해 하반신이 마비되었으나, 수개월에 걸친 재활치료에도 증상이 개선되지 않음에 따른 절망감, 팔순의 노모인 원고에게 간병의 부담을 주고 있다는 죄책감 등으로 인해 자신의 배를 칼로 수회 가르는 등의 엽기적인 방법으로 자살에 이를 정도의 정신분열 내지 극도의 정신적 공황상태에서 자살을 결행하게 된 것이므로, 이는 산업재해보상보험법 제37조 제2항 및 같은 법 시행령 제36조 제2호에서 정한 "업무상의 재해로 요양 중인 사람이 그 업무상의 재해로 인한 정신적 이상 상태에서 자해행위를 한 경우"에 해당하여, 망인의 사망은 업무상 재해로 보아야 한다.

따라서 이와 다른 전제에 선 이 사건 처분은 위법하여 취소되어야 합니다.

3. 결론

이상과 같이 피고의 이 사건 처분은 위법하므로 이의 취소를 구하는 행정소송을 제기하기에 이르렀습니다.

입증방법

1. 갑 제1호증
2. 갑 제2호증
3. 갑 제3호증
4. 갑 제4호증
5. 갑 제5호증
6. 갑 제6호증
7. 갑 제7호증

첨부서류

1. 위 각 입증방법   각 1부
2. 송달료 납부서
3. 소장부본

20   .   .   .

위 원고   (날인 또는 서명)

서울행정법원   귀중

당해판례

2010구합 33337

⑴ 근로자의 사망이 업무상 질병으로 요양 중 자살함으로써 이루어진 경우 당초의 업무상 재해인 질병에 기인하여 심신상실 내지 정신착란의 상태 또는 정상적인 인식능력이나 행위선택능력, 정신적 억제력이 현저히 저하된 정신장애 상태에 빠져 그 상태에서 자살이 이루어진 것인 한 사망과 업무와의 사이에 상당인과관계가 있다고 할 것이고, 이 경우 근로자의 업무와 위 질병 또는 질병에 따르는 사망 간의 인과관계에 관하여는 이를 주장하는 측에서 입증하여야 하되, 그 인과관계 유무는 반드시 의학적, 자연과학적으로 명백히 증명되어야 하는 것이 아니라 규범적 관점에서 상당인과관계의 유무로써 판단하여야 할 것이며, 이 경우 자살자의 질병 내지 후유증상의 정도, 그 질병의 일반적 증상, 요양기간, 회복가능성 유무, 연령, 신체적 심리적 상황, 자살자를 에워싸고 있는 주위상황, 자살에 이르게 된 경위 등을 종합적으로 고려하여야 한다(대법원 1993. 12. 14. 선고 93누9392 판결, 1993. 10. 22. 선고 93누13797 판결 등 참조).

(2) 그리고, 교통사고나 산업현장에서의 사고, 폭행, 지진 등 생명을 위협하는 재난이나 사고를 경험한 경우에는 그로 인한 심리적 충격, 장기간 지속되는 질환, 신체적 고통, 회복가능성에 대한 의구심, 미래에 대한 불안감, 희망의 상실 등이 겹쳐 우울증, 정신분열, 외상 후 스트레스장애 등 정신장애에 이르는 경우가 많고, 결국 극심한 감정 변화 및 현실생활의 좌절과 불행에 지친 나머지 스스로 고통에서 벗어나기 위해 자살을 감행할 가능성이 높다. 여기에 위 인정사실 및 변론 전체의 취지에서 나타난 다음과 같은 사정, 즉 망인이 이 사건 사고로 인해 40대 초반에 불과한 나이에 하반신 마비가 되어 걷지도 못하게 된 것은 물론 대.소변도 못 가릴 지경이 되어 80세에 이른 노모의 간병에 의존하게 된 처지에 놓이는 등 인간으로서의 존엄을 유지할 최소한의 기본적 신체기능마저 유지하기 어려운 장애를 안게 되었고, 향후 그러한 장애가 회복될 가능성도 거의 없는 점, 망인이 인지능력이 부족한 자라고 하더라도 혼자서 지게차를 운전하거나 이발소나 DVD방에 가기도 하는 등 일상생활에서 특별히 문제가 없었던 것으로 보이는 점에 비추어 자신의 이처럼 비참한 상태 및 그러한 상태가 회복이 불가능하다는 절망감 내지 좌절감, 노모에 대한 죄책감 등을 자각하기에 충분한 것으로 보이는 점, 비록 망인이 자신의 간병인이나 담당간호사 등 주변사람들에게 자신의 그러한 절망감이나 좌절감 등을 직접적으로 표현하거나 이를 알 수 있는 외부적 증상을 나타내지는 아니하였다고 하더라도, 망인에 대한 심리검사 결과 우울증 판단지수가 25에 이르러 비교적 무거운 상태를 나타내고 있고, 항우울증제를 9개월 가까이 복용해 온 점, 이 사건 사고 이후 과거와 달리 간병하던 원고에게 자주 짜증을 냈고, 두통, 무기력감 또는 증상의 호전이 없다는 답답함 등을 호소하였던 점, 망인의 자살방법이 일반적인 자살의 방법과는 달리 보통사람으로서는 도저히 상상하기 어려운 참혹하고 자학적인 방법으로 이루어진 점 등을 더하여 보면, 이 사건 사고로 인해 비참한 처지에 놓인 망인의 절망감과 좌절감, 노모에 대한 죄책감 등이 우울증으로 볼 만한 상태로 발전한 끝에 정신적 억제력이 현저히 떨어진 나머지 망인으로 하여금 자살이라는 극단적인 방법에 이르도록 하게 된 것이라고 추단할 수 있어, 망인의 자살과 이 사건 사고로 인한 망인의 업무상 상해와 상당인과관계가 있다고 할 것이므로, 망인의 사망은 산업재해보상보험법 제37조 제2항 및 같은 법 시행령 제36조 제2호에서 정한 업무상 재해에 해당한다고 할 것이다.

소 장

원고   박 길 자(주민등록번호)
           경상북고 ○○군 ○○읍
           (전화 000-000, 팩스 000-000)
피고   공무원연금공단
유족보상금부지급결정취소

청구취지

1. 피고가 2010. 7. 16. 원고에 대하여 한 유족보상금 부지급 결정을 취소한다.
2. 소송비용은 피고의 부담으로 한다.
라는 판결을 구합니다.

청구원인

1. 처분의 경위

(1) 원고의 남편이었던 망 이△△(1953. 6. 10.생, 이하 '망인'이라 한다)은 1974. 1. 1. 경북 ☆☆군 면사무소 지방행정서기보로 임용된 후 2009. 1. 1.부터 ☆☆군청 총무 과장으로, 2010. 1. 1.부터는 ☆☆군청 총무과장 겸 회계과장으로 근무하다가 2010. 6. 3. 02:50경 구미시 소재 자택에서 의식을 잃고 쓰러졌습니다.

(2) 망인은 같은 날 03:10경 순천향대학교 구미병원으로 이송되어 '뇌간부전, 소뇌의 뇌실질내출혈'로 진단을 받고 치료 중, 같은 달 20. 사망하였습니다.

(3) 원고는 2010. 6. 24. 피고에게 공무원연금법이 정한 유족보상금의 지급을 청구하였으나, 피고는 2010. 7. 16. 원고에게 '망인의 사망은 공무 또는 공무상 과로에서 비롯되었다기 보다는 망인의 체질적 요인과 공무와 무관한 고혈압 등에 의하여 그 질병이 발병되어 사망에 이르게 된 것으로 보인다'는 이유로 유족보상금 부지급 결정(이하 '이 사건 처분'이라 한다)을 하였습니다.

2. 처분의 위법성

망인은 2010. 1. 1.부터 ☆☆군청 총무과장과 회계과장의 업무를 겸임하여 왔고, 특히 2010. 2. 19.부터는 6.2 지방선거 ☆☆군청 총괄반장으로서 선거관리업무까지 담당하는 등 과다한 공무를 수행하여 상당한 과로나 스트레스에 시달리다가 지방선거 가 끝난 직후인 2010. 6. 3. 02:00경 뇌실질내 출혈이 발병하여 사망하였으므로, 망인 의 공무상 과로 및 스트레스와 뇌실질내 출혈로 인한 사망 사이에 인과관계가 있고, 따라서 이 사건 처분은 위법합니다.

3. 결론

이상과 같이 피고의 이 사건 처분은 위법하므로 이의 취소를 구하는 행정소송을 제기하기에 이르렀습니다.

입증방법

1. 갑 제1호증
2. 갑 제2호증

첨부서류

1. 위 각 입증방법   각 1부
2. 송달료 납부서
3. 소장부본

20   .   .   .
위 원고   (날인 또는 서명)

서울행정법원   귀중

당해판례

2010구합 38981
공무원연금법 제61조 제1항 소정의 유족보상금 지급의 요건이 되는 공무상 질병이라 함은 공무원이 공무집행 중 이로 인하여 발생한 질병으로 공무와 질병 사이에 인과관계가 있어야 할 것이나, 이 경우 질병의 주된 발생원인이 공무와 직접 연관이 없다고 하더라도 직무상의 과로 등이 질병의 주된 발생원인과 겹쳐서 질병을 유발시켰다면 그 인과관계가 있다고 보아야 할 것이고, 또한 과로로 인한 질병에는 평소에 정상 적인 근무가 가능한 기초질병이나 기존질병이 직무의 과중으로 인하여

자연적인 진행 속도 이상으로 급격히 악화된 경우까지 포함된다고 보아야 할 것이며, 공무상 질병 또는 이로 인한 사망에 해당하는지의 여부를 판단함에 있어 그 질병 또는 사망과 공무수행 사이의 상당인과관계의 유무는 보통 평균인이 아니라 당해 공무원의 건강과 신체조건을 기준으로 판단하여야 한다(대법원 1997. 7. 11. 선고 97누6209 판결 참조). 나아가 과로나 스트레스의 내용이 통상인이 감내하기 곤란한 정도이고 본인에게 그로 인하여 사망에 이를 위험이 있는 질병이나 체질적 요인이 있었던 것으로 밝혀진 경우에는 과로나 스트레스 이외에 달리 사망의 유인이 되었다고 볼 특별한 사정이 드러나지 아니하는 한 공무상 과로와 신체적 요인으로 사망한 것으로 추정함이 경험칙과 논리칙에 부합한다 할 것이다(대법원 2009. 3. 26. 선고 2009두164 판결 참조).

돌이켜 이 사건에 관하여 보건대, 앞서 인정한 사실 및 변론 전체의 취지를 종합하여 인정할 수 있는 다음과 같은 사정들, 즉, 망인은 2010. 1. 1.부터 총무과장의 업무에 더하여 회계과장의 업무를 수행하였고, 같은 해 2.경부터는 지원상황실 상황반장으로서 각종 선거관련 업무를 수행함에 따라 담당하는 업무량이 급격하게 증가한 점, 망인의 ☆☆군청 총무과장 및 회계과장으로서의 각 업무는 군청의 인사, 의전 및 금전과 관련된 군청의 핵심적인 업무로 대.내외적으로 이해당사자가 많아 그 업무강도 또한 매우 높은 것으로 보이는 점, 망인이 2010. 2.경부터 담당한 지원상황실 상황반장으로서의 업무 또한 그 범위가 광범위할 뿐만 아니라, 6.2 지방선거 당시 ☆☆군수 후보자로 ☆☆군청 기획감사실장이 여당공천을 받아 후보로 나온 반면 현직군수는 여당공천에서 탈락하여 무소속으로 나오는 등 후보자들 사이에 이해관계가 극명하게 대립하여 그 업무 수행과정에서 상당한 스트레스를 받은 것으로 보이는 점, 망인은 평소 비교적 건강한 상태였고 2008. 2. 26. 건강검진 당시 혈압이 다소 높게 나오기는 하였으나 정상범위의 한계 부근에 있었으며, 사망 약 3달 전에 받은 건강검진 결과 혈압에는 아무런 문제가 없었던 점, 망인은 선거관리업무를 마치고 귀가한 직후 의식을 잃고 쓰러졌는데 쓰러지기 약 1시간 전인 새벽 02:00경까지 선거관리업무를 처리하면서 과로하였을 뿐만 아니라, 개표결과가 게재되지 않았다는 항의전화로 인하여 심한 스트레스를 받은 것으로 보이는 점, 일반적으로 과로나 이로 인한 스트레스는 뇌혈압 상승을 초래할 가능성이 있고, 밤샘근무의 강도가 매우 심할 경우 교감신경에 영향을 주어 일시적으로 혈압이 상승할 가능성이 있다는 의학적 견해가 있는 점 등에 비추어 보면, 공무상 과로 및 스트레스로 인한 급격한 뇌혈압의 상승이 겉으로 드러나지 않았던 망인의 동맥 박리 등의 질환을 자연경과 이상으로 급격히 악화시켜 사망의 원인인 뇌실질내 출혈을 유발한 것으로 추단함이 상당하다.

따라서, 망인은 공무상 과로 및 업무상 스트레스로 인하여 사망하였다고 할 것이므로, 피고의 이 사건 처분은 위법하다.

소　　장

원고　　　박 길 자(주민등록번호)
　　　　　경기도 광주시 ○○동 ○번지
피고　　　근로복지공단
유족급여및장의비부지급처분취소

청구취지

1. 피고가 2008. 5. 19. 원고에 대하여 한 유족급여 및 장의비 부지급처분을 취소한다.

2. 소송비용은 피고의 부담으로 한다.

라는 판결을 구합니다.

청구원인

1. 처분의 경위

(1) ○○○(남, 1961. 5. 10.생)은 광주시 ○○○ 소재 ○○○ 주식회사(이하 '소외 회사'라고 한다)에서 골프연습장 업무를 총괄, 관리하는 관리부장으로 재직하던 중, 2007. 12. 20. 23:00경까지 1, 2차 송년회식을 마치고 대리기사를 불러 소외 회사에 차량을 주차시킨 후 행방불명되었는데 다음날인 21. 10:15경 소외 회사로부터 약 2km 정도 떨어진 농수로에서 익사한 채 발견되었습니다.

(2) 망 ○○○(이하 '망인'이라고 한다)의 사체를 부검한 ○○○대학교 의과대학 법의학교실 소속 감정인 ○○○, ○○○은 망인의 사인을 저체온사로 판정하였습니다.

(3) 망인의 처인 원고는 2008. 3. 7. 피고에게 망인의 사망이 업무상 재해에 해당한다고 주장하면서 유족보상 및 징의비의 지급을 청구하였으나, 피고는 2008. 5. 19. '망인은 송년회식을 마치고 사업주 지배관리를 벗어나 귀가하던 중 발생한 사고로 사망하였다'는 이유로 유족보상 및 장의비 부지급처분(이하 '이 사건 처분'이라고 한다)을 하였습니다.

2. 처분의 위법성

이 사건의 발단이 된 송년회식은 직원들을 위로하고 사기를 진작하기 위한 목적 하에 사업주인

대표이사의 지시에 의해 사전에 계획되어 그 주관 하에 이루어졌고, 비록 망인이 자신의 주량을 가늠하여 음주를 자제하지 못한 결과로 사고를 당하게 되었다고 하더라도 그 사고는 업무관련행위인 송년회 회식자리에서의 음주행위 및 그로 인한 취한 상태가 주된 원인으로 작용하여 발생한 것이므로 망인의 사망은 업무상 재해로 볼 것임에도 불구하고 이와 달리 보고 한 이 사건 처분은 위법합니다.

3. 결론
위와 같이 피고의 처분은 위법하므로 이의 취소를 구하는 본 건 행정소송에 이르게 되었습니다.

입증방법

1. 갑 제1호증
2. 갑 제2호증

첨부서류

1. 위 각 입증방법   각 1부
2. 송달료 납부서
3. 소장부본

20 .   .   .

위 원고   (날인 또는 서명)

서울행정법원   귀중

당해판례

2009구합 1303

1. 근로자가 근로계약에 의하여 통상 종사할 의무가 있는 업무로 규정되어 있지 아니한 회사 외의 행사나 모임에 참가하던 중 재해를 당한 경우, 이를 업무상 재해로 인정하려면, 우선 그 행사나 모임의 주최자, 목적, 내용, 참가인원과 그 강제성 여부, 운영방법, 비용부담 등의 사정들에 비추어, 사회통념상 그 행사나 모임의 전반적인 과정이 사용자의 지배나 관리를 받는 상태에 있어야

하고, 또한 근로자가 그와 같은 행사나 모임의 순리적인 경로를 일탈하지 아니한 상태에 있어야 하며, 나아가 사업주 지배·관리하의 회식 과정에서 근로자가 주량을 초과하여 음주를 한 나머지 정상적인 거동이나 판단능력에 장애가 있는 상태에 이르렀고 그것이 주된 원인이 되어 부상·질병·신체장해 또는 사망 등의 재해를 입게 되었다면, 위 과음행위가 사업주의 만류 또는 제지에도 불구하고, 근로자 자신의 독자적이고 자발적인 결단에 의하여 이루어졌다거나 위 회식 또는 과음으로 인한 심신장애와 무관한 다른 비정상적인 경로를 거쳐 재해가 발생하였다고 하는 등의 특별한 사정이 없는 한 위 회식 중의 음주로 인한 재해는 산업재해보상보험법에서 정한 업무상 재해로 볼 수 있다 할 것이다(대법원 2008. 10. 9. 선고 2008두9812 판결).

2. 살피건대, 위 인정사실에 드러나는 다음과 같은 사실, 즉, ① 1차 회식은 소외 회사의 대표이사인 ○○○의 주관 하에 소속 직원들의 사기 진작과 단합 도모를 목적으로 이루어졌고 그 회식비용 또한 소외 회사의 비용으로 계산되었던 점, ② 2차 회식은 ○○○ 등 일부 인원이 불참하기는 하였으나, 대표이사가 관리부장인 망인에게 불참하는 자기 대신 2차 회식을 주관하여 달라는 취지의 부탁을 하였고 그 회식비용 또한 소외 회사의 비용으로 처리되었던 점, ③ 따라서 1차 및 2차 회식은 그 전반적인 과정이 사업주의 지배.관리 하에 있었던 것으로 볼 수 있는 점, ④ 부검결과 망인의 혈중알코올농도가 0.19%에 달할 정도로 망인은 위 각 회식 당시 상당한 정도의 음주를 하였던 것으로 보이고, 이러한 과음행위로 인해 정상적인 거동이나 판단능력에 장애가 있는 상태가 초래되어 그것이 주된 원인이 되어 농수로에 추락하는 사고를 당한 것으로 보이는 점, ⑤ 망인의 이러한 과음행위가 사업주의 만류 또는 제지에도 불구하고 망인 자신의 독자적이고 자발적인 결단에 의하여 이루어졌다거나 위 과음으로 인한 심신장애와 무관한 다른 비정상적인 경로를 거쳐 재해가 발생하였다고 하는 등의 특별한 사정을 인정할 증거가 없는 점(오히려 사업주인 ○○○은 1차 회식을 파한 후 망인에게 2차 회식을 주관하여 줄 것을 부탁하였다) 등에 비추어 보면, 망인이 위 각 회식에서의 과음으로 말미암아 정상적인 거동이나 판단능력에 장애가 있는 상태에 이르러 위와 같이 사고가 발생하여 사망한 것은 업무상 재해에 해당한다고 봄이 상당하다.

3. 따라서 이와 달리 보고 한 피고의 이 사건 처분은 위법하다.

소   장

원고   박 길 자(주민등록번호)
         서울시 관악구 ○○동 ○번지
피고   근로복지공단
유족급여및장의비부지급처분취소

청구취지

1. 피고가 2008. 11. 6. 원고에 대하여 한 유족보상 및 장의비 부지급처분을 취소한다.

2. 소송비용은 피고의 부담으로 한다.

라는 판결을 구합니다.

청구원인

1. 처분의 경위

(1) 재해자 : 원고의 남편 ○○○ (1963. 7. 24.생, 이하 '망인')

1) 재해경위

가) 1987. 11. 1. ○○공단(이하 '소외 공단'이라고 한다)에 입사하여 2007. 2. 12.부터 본사 ○○실로
전보되어 근무

나) 2007. 5. 3. ○○실장인 ○○○이 주도한 회식에 참석한 후 술에 취하여 귀가하던 중 망인의
자택 현관 앞 2층 계단에서 추락하는 사고를 당하여 '두피좌상, 두개 골절 등의 상해를 입고
입원치료를 받던 중 2008. 9. 11. 사망

(2) 피고의 유족보상금 등 부지급처분(2008. 11. 6., 이하 '이 사건 처분')

부지급사유 : 망인이 입은 재해로 요양승인신청을 하였으나 피고로부터 요양불승인 처분을 받았고,
위 요양불승인처분의 취소를 구하는 소가 계속 중에 있어 그 소송결과가 확정된 후 소송결과에
의거하여 유족보상 등 지급청구에 대한 결정을 할 수 있음

2. 처분의 위법성

망인이 참여한 회식은 그 전반적인 과정이 사용자의 지배·관리 하에 있었다고 할 것이어서 망인의

회식 참석행위는 업무수반행위에 수반되는 통상적인 활동과정이라고 할 것이고, 회식장소에서의 만취 결과 귀가 도중 넘어져 사고를 당하였다고 하더라도 업무상 재해에 해당한다고 할 것이므로 이와 달리 보고 한 피고의 이 사건 처분은 위법합니다.

3. 결론

위와 같은 이유로 피고의 이 사건 처분은 위법하므로 이의 취소를 구하는 본 건 행정소송에 이르게 되었습니다.

입증방법

1. 갑 제1호증
2. 갑 제2호증

첨부서류

1. 위 각 입증방법　　　　　　　　　　　　각 1부
2. 송달료 납부서
3. 소장부본

20　　.　　.　　.

위 원고　　　　(날인 또는 서명)

서울행정법원　　　귀중

당해판례

2008구합 50230

1. 근로자가 근로계약에 의하여 통상 종사할 의무가 있는 업무로 규정되어 있지 아니한 회사 외의 행사나 모임에 참가하던 중 재해를 당한 경우, 이를 업무상 재해로 인정하려면, 우선 그 행사나 모임의 주최자, 목적, 내용, 참가인원과 그 강제성 여부, 운영방법, 비용부담 등의 사정들에 비추어, 사회통념상 그 행사나 모임의 전반적인 과정이 사용자의 지배나 관리를 받는 상태에 있어야 하고, 또한 근로자가 그와 같은 행사나 모임의 순리적인 경로를 일탈하지 아니한 상태에 있어야 하며, 나아가 사업주 지배·관리하의 회식 과정에서 근로자가 주량을 초과하여 음주를 한 나머지 정상적인 거동이나 판단능력에 장애가 있는 상태에 이르렀고 그것이 주된 원인이 되어 부상·질

병·신체장해 또는 사망 등의 재해를 입게 되었다면, 위 과음행위가 사업주의 만류 또는 제지에도 불구하고, 근로자 자신의 독자적이고 자발적인 결단에 의하여 이루어졌다거나 위 회식 또는 과음으로 인한 심신장애와 무관한 다른 비정상적인 경로를 거쳐 재해가 발생하였다고 하는 등의 특별한 사정이 없는 한 위 회식 중의 음주로 인한 재해는 산업재해보상보험법에서 정한 업무상 재해로 볼 수 있다 할 것이다(대법원 2008. 10. 9. 선고 2008두9812 판결).

특히, 당초 사용자의 전반적 지배·관리 하에 개최된 회사 밖의 행사나 모임이 종료되었는지 여부가 문제될 때에는 일부 단편적인 사정만을 들어 그로써 위 공식적인 행사나 모임의 성격이 업무와 무관한 사적·임의적 성격으로 바뀌었다고 속단하여서는 아니될 것이고, 위에서 든 여러 사정들을 종합하여 근로자의 업무상 재해를 공정하게 보상하여 근로자보호에 이바지한다고 하는 산업재해보상보험법의 목적에 맞게 합리적으로 판단하여야 한다(대법원 2008. 10. 9. 선고 2008두8475 판결 참조).

2. 위 인정사실에 의하여 드러나는 다음과 같은 사정, 즉, ① 망인이 참석한 1차 회식은 망인이 소속되었던 ○○실의 실장이 주도하여 ○○실 차장협의회 구성 및 공단 현안에 대한 의견 교환 등의 목적으로 개최된 것으로서 불참자에 대하여는 불참사유서를 받는 등으로 참여가 어느 정도 강제되었고 그 비용도 소외 공단에서 별도로 책정한 업무추진비로 지출되었던 점, ② 1차 회식에서 하던 이야기를 마무리하기 위하여 ○○ 실장을 포함한 1차 회식 참석자 전원이 바로 옆 장소로 옮겨 1시간 남짓 2차 회식을 가졌고 그 모임 내용 역시 소외 공단에 제출한 보고서에 포함되어 있었던 점, ③ 2차 회식의 비용을 참석자 중 ○○○이 개인 명의의 카드로 결제하였다고 하더라도, 그 비용이 비교적 소액일 뿐만 아니라, 그에게 지급되는 업무추진비로 부담한 것이라고도 볼 수 있으므로, 단순히 2차 회식의 비용이 1차 회식과는 달리 별도로 책정한 업무추진비로 결제되지 않았다는 등의 사정만으로 공식적인 회식으로서의 성격이 업무와 무관한 사적·임의적 성격으로 바뀌었다고 단정짓기는 어려운 점, ④ 망인을 비롯한 참석자들은 소주와 맥주를 섞은 폭탄주를 12잔 이상 마실 정도로 다소 지나칠 정도로 음주를 하였고, 망인은 이처럼 주량을 초과하여 음주를 한 나머지 몸을 제대로 못 가누는 지경이었음에도 불구하고 그 모임의 주재자인 ○○실장 등의 만류나 제지가 있었던 것으로 보이지 아니하는 점, ⑤ 망인은 위와 같이 만취하여 집에 돌아가던 중 과음에 따른 균형감각의 상실 등으로 인하여 발을 헛딛는 등으로 자택 현관 앞 2층 계단에서 추락한 것으로 보이고, 과음으로 인한 심신장애와 무관한 다른 비정상적인 경로를 거쳐 재해가 발생하였다고 볼만한 아무런 사정도 없는 점 등에 비추어 보면, 망인이 참석한 1, 2차 회식은 그 전반적인 과정이 사용자의 지배·관리 하에 있었던 것으로 볼 수 있고, 망인은 위 각 회식에서의 과음으로 말미암아 정상적인 거동이나 판단능력에 장애가 있는 상태에

이르러 위와 같이 사고가 발생하여 사망하였다고 봄이 상당하므로 망인의 사망은 업무상 재해에 해당한다고 봄이 상당하다.

[서식] 평균임금정정신청불승인처분취소 청구의 소

소 장

원고   박 길 자(주민등록번호)
　　　　　서울시 노원구 중계동 ○번지
피고   근로복지공단
평균임금정정신청불승인처분취소

청구취지

1. 피고가 2009. 2. 27. 원고에 대하여 한 평균임금 정정신청 불승인처분을 취소한다.
2. 소송비용은 피고가 부담한다.

라는 판결을 구합니다.

청구원인

1. 처분의 경위

(1) 원고의 남편 망 ○○○(이하 '망인'이라 한다)은 주식회사 ○○○(이하 '소외회사'라고 한다)에 2001. 12. 1. 입사하여 근무하던 중인 2006. 1. 14. 01:43경 집에서 자고 있던 중 관상동맥경화로 인한 급성심장사로 사망하였습니다.

(2) 원고는 피고를 상대로 산업재해보상보험법상의 유족급여 및 장의비 지급을 청구하였으나 피고는 망인의 업무와 사인 사이에 상당인과관계가 인정되지 않는다는 이유로 2006. 8. 28. 부지급처분을 하였습니다.

(3) 원고는 피고의 위 부지급 처분의 취소를 구하는 소를 제기하여 승소하였습니다.

(4) 원고는 피고로부터 망인의 평균임금이 55,597원 82전 내지 63,243원 84전임을 전제로 산정된 유족급여 및 장의비를 지급받았으나, 망인의 평균임금이 68,478원 45전 이라고

주장하며 평균임금 정정신청을 하였다.

(5) 피고는 망인이 사망 당시 소외회사로부터 지급받은 월 2,100,000원의 금원 중 퇴직금 195,000원과 자가운전보조금 200,000원은 근로기준법상 임금이 아니므로 이를 제외하고 망인의 평균임금을 산정하여야 하고, 그와 같이 산정한 망인의 평균임금은 55,597원 82전이라는 이유로 2009. 2. 27. 원고의 위 평균임금 정정신청을 불승인하는 처분을 하였습니다(이하 '이 사건 처분'이라 한다).

2. 처분의 위법성

망인은 2003. 12.부터 2004. 8.까지 소외회사로부터 매월 급여 2,100,000원을 지급받았는데, ① 급여의 항목은 회사의 필요에 따라서 수시로 변경된 것으로서 중요하지 않고, ② 급여의 항목 중 퇴직금과 자가운전보조금은 그 명칭에 관계없이 근로의 대가로 매월 정기적, 일률적으로 지급받은 돈으로서 임금에 해당됩니다. 따라서 망인의 퇴직금과 자가운전보조금을 평균임금으로 인정하지 않은 이 사건 처분은 위법합니다.

3. 결론

위와 같이 피고의 처분은 위법하므로 이의 취소를 구하는 본 건 행정소송에 이르게 되었습니다.

입증방법

1. 갑 제1호증
2. 갑 제2호증
3. 갑 제3호증
4. 갑 제4호증

첨부서류

1. 위 각 입증방법   각 1부
2. 송달료 납부서
3. 소장부본

20 .   .   .

위 원고   (날인 또는 서명)

서울행정법원   귀중

당해판례

2009구합 18622

1) 소외회사가 원고의 2005년 총 급여를 20,460,000원으로 하여 근로소득세를 원천징수를 한 바 있고, 회사의 자금사정으로 인하여 월급을 각 해당월에 전액 지급하지 못하고 수개월 지난 후 지급하거나 분할하여 지급하기도 하였으나, 적어도 2003. 12.분부터는 급여 및 제수당 명목으로 매월 2,100,000원의 고정급을 지급한 사실이 인정된다.

2) 망인이 소외회사로부터 지급받은 급여 중 퇴직금을 평균임금으로 포함하여 산정할 수 있는지 여부에 관하여 본다.

가) 퇴직금지급청구권은 퇴직이라는 근로관계의 종료를 요건으로 하여 비로소 발생하는 것으로 근로계약이 존속하는 한 퇴직금 지급의무는 발생할 여지가 없으므로 매월 지급받은 월급이나 매일 지급받는 일당 속에 퇴직금이란 명목으로 일정한 금원을 지급하였다고 하여도 그것은 근로기준법 제34조에서 정하는 퇴직금의 지급으로서의 효력은 없을 뿐만 아니라, 그와 같이 매월의 월급이나 매일의 일당 속에 퇴직금을 포함시켜 지급받기로 하는 약정은 최종 퇴직시 발생하는 퇴직금청구권을 사전에 포기하는 것으로서 강행법규인 근로기준법 제34조에 위반되어 무효이다(대법원 2007. 8. 23. 선고 2007도4171 판결, 1998. 3. 24. 선고 96다24699 판결 등 참조).

다만 근로자퇴직급여보장법 제8조 제2항에 의하면, '사용자는 근로자의 요구가 있는 경우에는 근로자가 퇴직하기 전에 당해 근로자가 계속 근로한 기간에 대한 퇴직금을 미리 정산하여 지급할 수 있다'고 규정하고 있는바, 이에 기하여 연봉제계약에 따라 퇴직금 중간정산을 실시하여 유효하게 퇴직금을 지급하기 위해서는 다음의 요건을 구비하여야 할 것이다.

첫째, 중간정산을 요구하는 근로자의 요구는 명시적이어야 한다.

둘째, 근로기준법은 '계속 근로한 기간'에 대한 퇴직금에 한하여 중간정산을 허용하고 있으므로, 중간정산의 대상이 되는 근로기간은 중간정산을 요구하는 시점을 기준으로 중간정산 요구 이전의 과거의 근로기간만이 포함되고, 근로자가 장래에 계속 근로할 것을 전제로 중간정산 요구 이후의 장래의 근로기간에 대하여 사전에 중간정산을 하는 것은 허용되지 아니한다.

셋째, 근로기준법 제17조에서 근로계약 체결시 근로조건을 명시하도록 요구하고 있는 점에 비추어 연봉제계약 체결시에 연봉 중에 포함되는 퇴직금의 액수가 명확하게 제시되어 있어야 한다.

나) 나아가, 퇴직금과 관련된 근로기준법 및 근로자퇴직급여보장법의 강행규정성 및 그 목적, 후불적 임금이라는 퇴직금의 성격 등에 비추어 보면, 퇴직금 명목으로 매월 급여와 함께 지급한

금원은 위와 같이 근로자퇴직급여보장법 제8조 제2항의 규정에 따라 유효한 퇴직금 중간정산으로 인정되지 아니하는 한, 그 명칭 여하에 불구하고 근로자가 이를 법률상 원인 없이 이득을 취한 것이라고 볼 수는 없고, 근로제공에 대한 대가의 성격을 가진 것으로서 평균임금 또는 통상임금에 해당한다고 봄이 상당하다.

다) 이 사건에 관하여 살피건대, 갑 제2호증의 기재에 변론 전체의 취지를 종합하면, 망인의 사망 당시 소외회사가 망인에게 지급한 금원 중 195,000원은 퇴직금 명목으로 지급된 사실을 인정할 수 있으나 ① 위 퇴직금 명목의 금원이 월급과 함께 매월 정기적으로 지급된 점, ② 퇴직금의 액수는 통상 1년에 대하여 약 30일분의 평균임금으로 정하여진다고 할 것인데, 소외회사가 망인의 임금으로 신고한 20,460,000원을 토대로 산정한 퇴직금은 월 140,136원(= 20,460,000원 ÷ 365일 × 30일 ÷ 12개월)에 불과하여, 망인이 지급받은 월 195,000원과 상당한 차이가 있을 뿐만 아니라, 퇴직금 이외의 지급금과의 합계액이 2,100,000원으로서 100,000원 이하의 단수가 없어, 총지급금액을 먼저 정한 후 세부내역으로 퇴직금액을 임의로 설정하였다고 볼 여지가 있는 점, ③ 망인이 소외회사에 대하여 퇴직금의 중간정산을 명시적으로 요구하였다고 인정할 만한 자료가 없는 점에 비추어 볼 때 망인과 소외회사 사이에 유효한 퇴직금 중간정산이 있었다고 볼 수 없고, 소외회사가 망인에게 급여에 포함시켜 퇴직금 명목으로 지급한 월 195,000원은 망인의 근로소득세의 부담을 줄이기 위한 목적에서 그 명칭을 '퇴직금'으로 정하였을 뿐, 실질적으로는 근로자들의 근로제공의 대가로 정기적·계속적으로 지급하는 금원으로서 평균임금 또는 통상임금이라고 할 것이다.

3) 다음으로, 망인이 소외회사로부터 지급받은 급여 중 자가운전보조금을 평균임금으로 포함하여 산정할 수 있는지 여부에 관하여 본다.

가) 평균임금 산정의 기초가 되는 임금총액에는 사용자가 근로의 대상으로 근로자에게 지급하는 일체의 금품으로서, 근로자에게 계속적·정기적으로 지급되고 그 지급에 관하여 단체협약, 취업규칙 등에 의하여 사용자에게 지급의무가 지워져 있으면 그 명칭 여하를 불문하고 모두 포함되는 것이다(대법원 2005. 9. 9. 선고 2004다41217 판결 참조).

나) 갑 제2호증의 기재에 변론 전체의 취지를 종합하면 소외회사는 2004. 8.까지는 자가운전보조금을 직원들 모두에게 일률적으로 지급하지 않았고 동일한 직급의 직원들에 대해서도 자가운전보조금의 지급 여부를 달리하였으나(망인에 대해서는 계속적으로 지급하였다), 그 이후부터는 전 직원에 대해서 직급에 따라 일률적으로(대리 이하의 직급에 대해서는 월 150,000원, 부장 이상의 직급에 대해서는 월 200,000원) 자가운전보조금을 지급한 사실이 인정되는바, 위와 같은 지급경위에 비추어 망인이 사망 무렵 지급받았던 자가운전보조금은 당사자들의 약정 등에

따른 것으로서 근로자들의 근로소득세 부담을 줄이기 위한 목적에서 그 명칭을 '운전보조금'으로 정하였을 뿐, 실질적으로는 근로자들의 근로제공의 대가로 정기적·계속적으로 지급하는 금원으로서 평균임금에 해당한다고 봄이 상당하다.

4) 소결론

소외회사가 망인에게 지급한 퇴직금과 자가운전보조금은 보험급여 산정의 기초가 되는 평균임금에 포함되는바, 이와 다른 전제의 이 사건 처분은 위법하다.

[서식] 평균임금정정및보험급여차액부지급처분취소 청구의 소

소　장

원고　　김 길 동(주민등록번호)
　　　　강원도 태백시 ○○동
　　　　(전화 000-000, 팩스 000-000)
피고　　근로복지공단
평균임금정정및보험급여차액부지급처분취소

청구취지

1. 피고가 2010. 4. 22. 원고에 대하여 한 평균임금정정 불승인 및 보험급여차액 부지급처분을 모두 취소한다.
2. 소송비용은 피고의 부담으로 한다.

라는 판결을 구합니다.

청구원인

1. 처분의 경위

⑴ 원고의 남편 김○○은 한일탄광에서 근무하던 중, 1982. 1. 14. 업무상 재해를 입고 그때부터 1983. 1. 31.경까지 피고의 승인 아래 요양을 하였다. 김원준은 1983. 3.경위 회사를 퇴직하였고, 1990. 5. 30.경 진폐증 진단을 받았으며, 2009. 6. 16.경 사망하였다. 한편, 1982. 1. 14. 업무상 재해로 인한 요양 당시 김○○의 평균임금은 10,199.82원이었습니다.

(2) 피고는 2003. 11.경, 망 김OO(이하 '망인'이라 한다)의 진폐증으로 인한 평균임금을 산정함에 있어 망인의 퇴직 당시인 1983. 3.경 당시의 평균임금을 확인할 수 없다는 이유로, 구 산업재해보상보험법(2007. 4. 11. 법률 제8373호로 개정되기 전의 것, 이하 같다) 제38조 제5항, 구 산업재해보상보험법 시행령(2007. 6. 29. 대통령령 제20142호로 개정되기 전의 것, 이하 같다) 제26조 제2항, 구 산업재해보상보험법 시행규칙(2006. 8. 31. 노동부령 제258호로 개정되기 전의 것, 이하 같다) 제12조 제2항이 정한 특례평균임금에 따라 진폐증 진단일인 1990. 5. 30.을 기준으로 하여 망인의 최초 평균 임금을 15,253.28원으로 결정하였습니다.

(3) 이에 원고는 망인의 퇴직 당시의 평균임금을 확인할 수 없으나 업무상 재해인 1982. 1. 14.경 평균임금이 10,199.82원임이 확인되므로 위 금액을 퇴직 당시의 평균임금으로 하여 진폐증 진단일까지 증감한 금액으로 하여야 하고, 위 증감금액은 위와 같이 산정한 특례평균임금보다 높다고 주장하며, 피고에게 평균임금정정 및 보험급여차액지급청구를 하였습니다.

(4) 이에 피고는 2010. 4. 22. 원고에 대한 위와 같은 특례평균임금결정은 적법하다는 이유로 원고의 청구를 거부하는 이 사건 처분을 하였습니다.

2. 처분의 위법성
망인이 퇴직한 1983. 3.을 기준으로 하여 평균임금 산정기간 중 요양기간의 평균임금으로 확인되는 10,199.82원을 진폐증 진단일까지 증감한 금액을 망인의 진폐증으로 인한 최초 평균임금으로 결정하여야 하는데도, 피고가 위와 같이 증감한 금액보다 적은 1990. 5. 30.을 기준으로 산정한 특례평균임금을 전제로 한 이 사건 처분은 위법합니다.

3. 결론
이상과 같이 피고의 이 사건 처분은 위법하므로 이의 취소를 구하는 행정소송을 제기하기에 이르렀습니다.

입증방법

    1. 갑 제1호증
    2. 갑 제2호증

첨부서류

    1. 위 각 입증방법   각 1부

2. 송달료 납부서

3. 소장부본

20 .　.　.

위 원고　　　(날인 또는 서명)

서울행정법원　　귀중

당해판례

2010구단 12579

(1) 구 산업재해보상보험법 제38조 제5항, 같은 법 시행령 제26조 제2항 및 같은 법 시행규칙 제12조 제2항에 규정된 직업병 이환 근로자에 대한 평균임금 산정 특례규정의 취지는, 진폐증 등 일정 직업병의 경우 그 진단이 쉽지 않아 근로자가 업무로 말미암아 진폐증 등 질병에 걸렸음에도 이를 확인하지 못하고 업무를 계속 수행하는 때가 있는데 그 직업병 때문에 근로 제공을 제대로 하지 못하고 임금을 제대로 받지 못함에도 그 임금액에 터잡아 평균임금을 산정하는 것은 근로자의 보호에 적당하지 않아, 이러한 경우 그 평균임금 대신 동종 직종 근로자의 노동통계조사보고서상의 임금액을 그 근로자의 평균임금으로 하여 산업재해보상보험법상의 보험급여를 산정하기 위한 것이다(대법원 2007. 4. 26. 선고 2005두2810 판결 참조).

한편, 통상 생활임금을 사실적으로 반영하려는 평균임금 제도의 취지와 업무상 질병 등의 평균임금 산정사유가 근로관계 존속 중 수행하였던 업무가 원인이 되어 발생한 것이라는 점 등을 고려하면, 퇴직한 근로자에게 직업병 진단이 확정되어 그 직업병 진단 확정일을 평균임금 산정 사유 발생일로 하여 평균임금을 산정하고 이에 따라 산업재해보상보험법상 보험급여를 지급하는 경우, 그 근로자의 퇴직일 이후 평균임금 산정 사유 발생일, 즉 진단 확정일까지 기간 역시 평균임금 산정 기간에서 제외하여야 한다. 또한, 구 근로기준법(2007. 4. 11. 법률 제8372호로 개정되기 전의 것, 이하 같다) 제19조 및 구 근로기준법 시행령(2005. 4. 27. 대통령령 제18805호로 개정되기 전의 것, 이하 같다) 제2조 제1항 제4호는, 평균임금 산정기간에 업무수행으로 인한 부상 또는 질병의 요양을 위하여 휴업한 기간이 포함되어 있는 경우 그 기간을 평균임금 산정기간 및 그 기간 중에 지불된 임금의 총액에서 각각 공제하는 것으로 규정하고 있는 바, 이러한 기간들을 평균임금 산정기간에서 제외하는 취지 역시 평균임금이 근로자의 통상의 생활임금을 사실대로 산정하는 것을 그 기본원리로 하는 것으로서 평균임금의 계산에 산입되는 '그 사유가 발생한 날 이전 3월간에 그 근로자에 대하여 지급된 임금의 총액'이 특별한 사유로 인하여 통상의 경우보다 현저하게 적은 금액으로 되는 것을 배제하기 위한 것이라고 봄이 상당하다.

따라서 퇴직한 때로부터 3개월 이후에 직업병 진단이 확정된 근로자에 대하여는 앞서 본 바와 같이 산정되는 평균임금, 즉 퇴직일 이전 3월간 받은 임금액을 기초로 산정한 평균임금에 평균임금 증감을 거친 금액과 직업병 진단일 기준 노동통계조사보고서상 동종 직종 근로자 임금액(특례평균임금)에 평균임금 증감을 거친 금액을 비교하여 큰 금액을 그 근로자의 평균임금으로 하여야 할 것이고, 구 근로기준법에 의한 평균임금 산정기간의 임금이 불명확하여 퇴직일 이전 3월간 받은 임금액을 기초로 평균임금을 산정할 수 없는 경우에는 특례평균임금을 기준으로 그 근로자의 평균임금으로 산정하여야 할 것이다.

(2) 위에서 본 각 규정의 내용 및 그 취지에 비추어 이 사건에 관하여 본다.

위에서 본 바에 의하면, 망인이 퇴직한 때로부터 3개월 이후에 직업병 진단이 확정되었으므로, 망인이 퇴직한 날의 이전 3월간 망인에게 지급된 평균임금을 산정하여야 한다. 다만, 망인의 퇴직시기가 1983. 3.이지만 그 구체적인 날짜를 알 수 있는 자료가 없음은 위에서 본 바와 같다. 그러나 위에서 본 바에 의하면, 설사 망인이 1983. 3. 31.에 퇴직한 것으로 보더라도, 망인이 1983. 1. 31. 요양을 종결한 이상 그 이전 3월(1982. 12. 31.~1983. 3. 30.) 중 1982. 12. 31.부터 1983. 1. 31.까지는 망인이 업무상 재해로 요양을 받긴 하였으나 그 기간의 평균임금이 10,199.82원으로 확인되고, 나머지 기간(1983. 2. 1. ~ 1983. 3. 30.)에 망인에게 지급된 임금총액은 확인할 수 없으며, 위에서 본 증거들에 의하면, 망인의 퇴직일을 1983. 3. 31.로 보아 이를 기준으로 망인의 위 요양기간 동안의 평균임금을 기초로 증감을 거친 금액이 특례평균임금에 증감을 거친 금액보다 큰 사실을 인정할 수 있다.

이에 의하면, 평균임금을 산정함에 있어 망인의 퇴직일을 1983. 3. 31.로 보고 이를 기준으로 망인이 업무상 재해로 요양을 받은 기간인 1982. 12. 31.부터 1983. 1. 31.까지 망인이 받은 임금액에 터잡아 평균임금을 산정하는 것이 망인의 유족인 원고 에게 오히려 유리하고 달리 통상의 경우보다 현저하게 많은 경우라고 보이지도 않음에도, 단지 요양기간이라는 이유만으로 평균임금 산정기간에서 제외하고, 나머지 기간에는 망인에게 지급된 임금총액이 확인되지 않는다는 이유로 원고 등에게 오히려 불리한 특례평균임금에 의하여 평균임금을 산정한 이 사건 처분은 위법하다고 할 것이다.

소　　장

원고　　박 길 자(주민등록번호)
　　　　　서울시 ○○구 ○○동 ○번지
피고　　공무원연금관리공단
유족보상금부지급처분취소

청구취지

1. 피고가 2008. 5. 14. 원고에 대하여 한 유족보상금부지급처분을 취소한다.
2. 소송비용은 피고의 부담으로 한다.

라는 판결을 구합니다.

청구원인

1. 처분의 경위

(1) 원고의 남편인 망 ○○○(이하 '망인'이라 한다)는 육군본부 제○○보병사단 ○○예비군중대에서 5급 군무원인 예비군 지휘관으로 근무하던 중, 2007. 12. 24. 18:00경에 퇴근한 후 강원 ○○군 ○○면 ○○리 소재 ○○역 부근 ○○식당에서 열린 '서해안 기름유출 피해복구 자원봉사 토의모임'(이하 '이 사건 모임'이라 한다)에 참석하여 저녁식사를 마치고 20:40경에 자신의 승용차를 운전하여 강원 ○○군 ○○면 소재 자택으로 귀가하다가(귀가 후 다시 자택 부근의 천주교 공소에서 열리는 성탄절 전야 미사에 참석할 예정이었다), ○○면 ○○리 소재 ○○ 지방도로에 이르러 우측 도로변을 이탈하여 이정표 철기둥을 충격한 뒤 18m의 언덕 아래로 추락하여 사망하였습니다(이하 '이 사건 사고'라 한다).

(2) 이에 원고는 피고에게 망인이 공무수행 중 사망하게 되었다면서 공무원연금법 소정의 유족보상금 지급청구를 하였으나, 피고는 2008. 5. 14. 원고에 대하여 망인이 이 사건 사고 당일 퇴근 후 자원봉사모임 등과 같은 강제되지 아니한 활동 내지는 사적 행위를 위하여 이동하던 중에 사망한 것을 통상적인 경로와 방법에 따른 퇴근 중에 발생한 재해로 볼 수 없어 망인의 사망은 공무상 재해에 해당하지 않는다는 이유로 그 지급을 거부하는 내용의 처분(이하 '이 사건 처분'이라 한다)을 하였습니다.

2. 처분의 위법성

이 사건 모임은 ○○면 면장, 예비군 면대장, 파출소장, 우체국장, 학교장 등 ○○면 내의 기관장들이 매월 1회 정기적으로 만나 지역현안을 논의하는 자리로서 망인이 위 모임에 참석한 것은 공무수행의 연장이므로, 망인이 이를 마치고 귀가하던 중 교통사고로 사망한 것은 공무원이 공무수행을 마치고 통상적인 경로와 방법에 의하여 퇴근중 사망한 것으로서 공무상 재해에 해당한다고 보아야 함에도 이와 달리 보고 한 피고의 이 사건 처분은 위법합니다.

3. 결론

위와 같은 이유로 피고의 이 사건 처분은 위법하므로 이의 취소를 구하는 본 건 행정소송에 이르게 되었습니다.

입증방법

1. 갑 제1호증
2. 갑 제2호증

첨부서류

1. 위 각 입증방법   각 1부
2. 송달료 납부서
3. 소장부본

20 .   .   .

위 원고   (날인 또는 서명)

서울행정법원   귀중

당해판례

대판 1996. 9. 6, 95누11085
공무원이 통상 종사할 의무가 있는 업무로 규정되어 있지 아니한 업무 외의 행사나 모임에 참가하던

중 재해를 당한 경우, 이를 공무상 재해로 인정하려면, 우선 그 행사나 모임의 주최자, 목적, 내용, 참가인원과 그 강제성 여부, 비용부담 등의 사정들에 비추어 사회통념상 그 행사나 모임의 전반적인 과정이 공무수행의 연장으로서의 성질을 가져야 한다. 그리고 퇴근 중 교통사고로 인한 사망을 공무상 재해로 보기 위해서는 그 사고가 근무장소와 주거지 사이를 순리적인 경로와 방법으로 퇴근을 하던 중에 발생한 것이어야 하고, 이를 벗어나 사적인 행위 중에 발생한 사고로 사망한 경우까지 공무상 재해에 해당한다고 볼 수는 없다.

[서식] 공무상요양불승인처분취소 청구의 소

소　장

원고　　김 길 동(주민등록번호)
　　　　서울시 ○○구 ○○동 ○번지
피고　　공무원연금관리공단
공무상요양불승인처분취소

청구취지

1. 피고가 2009. 1. 30. 원고에 대하여 한 공무상 요양불승인처분을 취소한다.
2. 소송비용은 피고가 부담한다.
라는 판결을 구합니다.

청구원인

1. 처분의 경위

(1) 원고는 제○○기 ○○연수생으로서 ○○연수원에서 실무 수습을 받던 중 200○. ○. ○.(금요일) 16:30경 ○○종합운동장 옆 축구경기장에서 200○. ○. ○. 실시 예정이던 제○○기 ○○연수생 춘계체육대회 중 축구경기 예선전을 대비할 목적으로 ○○연수원 ○반 연수생들과 연습경기(이하 이 사건 '축구경기'라 한다)를 하던 도중 17:00경 공을 몰고 달려가다가 상대 수비수와 몸싸움 도중 넘어져 팔목골절(이하 '이 사건 상병'이라 한다)의 부상을 입고, 2009. 1. 19. 피고에 대하여 공무상 요양승인신청을 하였습니다.

(2) 이에 대하여 피고는, 예선경기를 위한 연습경기는 춘계체육대회계획서 추진일정에 포함되어 있지 않아 그 연습경기를 소속 기관장의 지배·관리 하에 있었던 체육행사라고 볼 수 없으므로, 이 사건 상병은 공무와 상당인과관계가 있다고 보기는 어렵다는 이유로 2009. 1. 30. 원고의 위 공무상 요양승인신청을 불승인하는 이 사건 처분을 하였습니다.

2. 처분의 위법성

이 사건 축구경기는 ○○연수원의 교육과정에 포함된 ○○연수생 춘계체육대회의 축구 예선 경기를 준비하기 위하여 반드시 필요한 것으로서 위 체육대회와 밀접 불가분의 관계에 있는 것으로서 사회 통념상 그 전반적인 과정이 소속 기관장의 지배나 관리를 받는 상태에 있었다고 할 것이어서, 이 사건 축구경기 과정에서 발생한 이 사건 상병 또한 공무인 원고의 업무와 상당인과관계가 있다고 보아야 함에도 불구하고, 피고가 이와 달리 보고 한 이 사건 처분은 위법합니다.

3. 결론

위와 같이 피고의 처분은 위법하므로 이의 취소를 구하는 본 건 행정소송에 이르게 되었습니다.

입증방법

1. 갑 제1호증
2. 갑 제2호증

첨부서류

1. 위 각 입증방법   각 1부
2. 송달료 납부서
3. 소장부본

20 .   .   .

위 원고   (날인 또는 서명)

서울행정법원   귀중

2009구단 5667

공무원연금법 제35조 제1항 소정의 '공무상 질병 또는 부상'이란 공무원의 공무집행과 관련하여 발생한 질병 또는 부상을 말하는바, 위와 같은 공무수행과 관련한 부상에는 소속기관의 회식·회합 등 공적인 행사를 하다가 발생한 사고도 포함되지만, 공무원 상호간의 사적인 친목행사 또는 취미활동으로 인하여 발생한 사고는 포함되지 않으며, 어떠한 행사가 공적인 행사인지는 그 행사의 주최자, 목적, 내용, 참가인원과 그 강제성 여부, 운영방법, 비용부담 등 제반사정에 비추어 사회통념상 그 행사의 전반적인 과정이 당해 공무원이 소속된 기관의 지배나 관리를 받는 상태에 있는지 여부에 따라 판단하여야 할 것이다.

그런데 위 인정사실에서 의하여 인정되는 다음과 같은 점 즉, 이 사건 축구경기가 ○○연수생 춘계체육대회의 행사계획에 포함된 정식 일정이 아니었으며, ○○연수원에 보고된 행사도 아니었던 점, 이 사건 축구경기 당시 ○○연수원의 공식 일정은 학회활동으로서 축구 연습과 관련이 없는 것이었고, 이 사건 축구대회가 당초부터 계

획되어 있었던 것이 아니라 축구 연습 장소에서 우연히 ○반 연수생들을 만나 즉흥적으로 실시된 점 등 제반 사정을 참작하면, 이 사건 축구경기는 원고 등 연수생들이 사적인 합의에 따라 실시한 것으로서 그 행사의 전반적인 과정이 원고의 소속기관인 ○○연수원의 지배나 관리를 받은 상태였다고 인정하기 어렵다.

따라서, 원고가 이 사건 축구경기 도중 입은 이 사건 상병은 공무와 상당인과관계가 있다고 보기 어렵고, 이와 같은 이유로 원고의 위 공무상 요양승인신청을 불승인한 이 사건 처분은 적법하다.

[서식] 공무상요양불승인처분취소 청구의 소

소　　장

　　원고　　　김 길 동(주민등록번호)
　　　　　　　서울시 ○○구 ○○동 ○번지
　　피고　　　공무원연금관리공단
　　공무상요양불승인처분취소

청구취지

1. 피고가 2008. 12. 29. 원고에 대하여 한 공무상요양불승인처분을 취소한다.
2. 소송비용은 피고가 부담한다.

라는 판결을 구합니다.

청구원인

1. 처분의 경위

(1) 원고는 ○○시청 산하 ○○관리사업소에서 근무하던 중, 2008. 11. 2. ○○ 월드컵경기장에서 개최된 '○○컵 제10회 생활체육 직장인 체육대회 전국결선'(이하 '이 사건 축구대회'라 한다)에 ○○시청팀 선수로 참가하여 축구경기를 하던 도중에 상대팀 선수의 공격을 받아 넘어지는 사고로 '좌 발목관절 염좌, 좌 발목관절 내과하 부골, 좌발목관절 전방충돌 증후군, 좌 발목관절 인대손상 및 불안정성'(이하 '이 사건 상병'이라 한다)의 부상을 입고, 2008. 12. 15.경 피고에게 공무상 요양신청을 하였습니다.

(2) 피고는 2008. 12. 29. 원고에게, 이 사건 축구대회는 그 참가대상을 원고 소속기관의 공무원에 한정하지 않고 전국 직장 축구클럽으로 하였으며, 그 개최일이 휴무일로 그 참가의 강제성이 없는 점 등을 고려하면 소속기관장의 지배관리 아래에 있었던 공식적인 체육행사라고 볼 수 없어 이 사건 상병과 공무 사이에 상당인과관계가 있다고 보기 어렵다는 이유로 위 공무상요양신청을 불승인하는 이 사건 처분을 하였습니다.

2. 처분의 위법성

원고는 ○○시장의 출장지시에 의하여 출장여비 등을 지급받고 ○○시청팀 선수로 이 사건 축구대회에 참여하게 된 것이므로, 원고가 이 사건 축구대회에 참여한 것은 전반적으로 ○○시장의 지배관리 하에 이루어진 것이어서 이 사건 상병은 공무상 부상에 해당하고, 피고가 이와 달리 보고 한 이 사건 처분은 위법합니다.

3. 결론

위와 같이 피고의 처분은 위법하므로 이의 취소를 구하는 본 건 행정소송에 이르게 되었습니다.

입증방법

1. 갑 제1호증

2. 갑 제2호증

첨부서류

1. 위 각 입증방법   각 1부
2. 송달료 납부서
3. 소장부본

20 .   .   .

위 원고   (날인 또는 서명)

서울행정법원   귀중

당해판례

2009구단 9980

공무원이 근무지를 떠나 출장 중인 경우에는 그 용무의 이행 여부나 방법 등에 있어 포괄적으로 소속 기관장에게 책임을 지고 있다 할 것이어서 출장 중의 행위는 출장에 당연히 또는 통상 수반하는 범위 내의 행위가 아닌 자의적 행위이거나 사적 행위라는 등의 특별한 사정이 없는 한 출장과정의 전반에 대하여 소속 기관장의 지배하에 있다고 말할 수 있으므로 그 공무수행성을 인정할 수 있다고 할 것이다(대법원 2006. 3. 24. 선고 2005두5185 판결 등 참조).

위 인정사실에서 의하면, 이 사건 축구대회는 민간단체에 의하여 주최되었지만, ○○시장이 ○○시의 홍보, 다른 지방자치단체와의 상호교류 등을 목적으로 지방자치단체 등에 소속된 공무원들로 구성된 8개의 지역 대표팀 사이의 경기인 이 사건 축구대회의 스페셜리그에 ○○시청팀을 출전시키로 하고서 원고 등을 그 출전선수로 선발한 다음 그 출전에 대비하여 연습장소 및 연습시간 등을 배려함은 물론 그 개최 기간 동안 원고 등이 출전할 수 있도록 출장조치를 하고 출장여비와 그 소요경비를 지원하였다고 할 수 있으므로, 원고가 이 사건 축구대회의 축구경기에 참여한 것은 전체적으로 원고 소속 기관장인 ○○시장의 지배하에 있는 출장 중의 행위로서 출장에 당연히 또는 통상 수반하는 범위 내의 행위라 할 것이어서 그 공무수행성을 인정할 수 있다.

따라서 원고가 이 사건 축구대회에 출전하여 축구경기를 하다가 입은 이 사건 상병은 공무상 재해에 해당한다고 함이 상당하므로, 피고가 이와 달리 보고 한 이 사건 처분은 위법하다.

소 　 장

원고　　　　　박 길 자(주민등록번호)
　　　　　　　서울시 구로구 ○○동 ○○번지
　　　　　　　(전화 000-000, 팩스 000-000)
피고　　　　　국민연금공단
유족연금미해당결정처분취소

청구취지

1. 피고가 2009. 3. 20. 원고에 대하여 한 유족연금 수급권 미해당 결정처분을 취소한다.
2. 소송비용은 피고가 부담한다.

라는 판결을 구합니다.

청구원인

1. 처분의 경위 등

(1) 박○○는 1993. 7. 14.부터 1993. 8. 31.까지, 1994. 6. 1.부터 1994. 7. 1.까지, 1996. 11. 1.부터 1997. 5. 3.까지 총 8개월간은 국민연금 사업장가입자로, 1999. 4. 1. 부터 사망시까지는 국민연금 지역가입자 납부예외자로 각 자격을 유지하다가 2000. 9. 11. 사망하였는데 사망진단서 상 사인은 '병사(알코올중독증) 추정(직접사인), 미상(중간선행사인 및 선행사인)'입니다.

(2) 피고의 2009. 3. 20.자 이 사건 처분
1) 처분내용 : 망 박00(이하, '망인'이라고 한다)의 처인 원고에 대한 유족연금 수급권 미해당 결정
2) 사유 : 망인의 사망은 국민연금 가입 중에 발생한 질병이나 부상으로 인한 것이 아니다.

2. 처분의 위법성

망인의 직접적인 사인은 사망시점으로부터 수 주 이내의 음주이므로, 망인이 20년 전부터 매일 소주 2병씩을 마셨고, 1999. 9.경 알코올성 간질환으로 치료받았다는 사실만으로는 망인이 국민연금 가입 중 발생한 질병으로 사망한 것이 아니라고 할 수 없습니다.
따라서 이러한 전제에서 내려진 피고의 처분은 위법합니다.

3. 결론

위와 같이 피고의 처분은 위법한 행정처분에 해당하므로 이의 취소를 구하는 본 건 행정소송에 이르게 되었습니다.

입증방법

1. 갑 제1호증
2. 갑 제2호증

첨부서류

1. 위 각 입증방법   각 1부
2. 송달료 납부서
3. 소장부본

20 .   .   .

위 원고   (날인 또는 서명)

서울행정법원   귀중

당해판례

2009구합 21819

1. 입증책임

① 국민연금법 제72조 제1항 본문 제3호는 '가입자가 사망하면 그 유족에게 유족연금을 지급한다'라고 규정하면서 같은 항 단서에서 '다만 가입기간이 1년 미만인 가입자가 질병이나 부상으로 사망하면 가입 중에 생긴 질병이나 부상으로 사망한 경우에만 유족연금을 지급한다'라고 규정하고 있는바, 위 규정의 형식상 가입기간이 1년 미만인 가입자의 경우 가입 중에 생긴 질병이나 부상으로 인하여 사망하였을 것이 유족연금 수급권의 발생요건으로 보이는 점, ② 가입자의 질병 내지 부상에 관한 자료는 통상적으로 청구권자인 유족의 지배영역 내에 있을 것으로 보이는 점, ③ 처분청에게 입증책임을 돌릴 경우 처분청은 가입자가 가입중의 질병 내지 부상으로 사망하지 아니하였다는 소극적 사실에 대한 입증을 하여야 하는 셈이 되어 사실상 입증이 어려운 점 등을 종합하여 보면, 국민연금 가입기간이 1년 미만인 자라는 사실에 관하여 다툼이 없는 망인의 경우 청구권자인 원고에게 망인이 국민연금 가입 중 생긴 질병이나 부상으로 사망하였다는 점에 관한 입증책임이 있다고 봄이 상당하다.

2. 망인이 국민연금 가입 중 생긴 질병으로 사망하였는지 여부

① 국민연금법 제72조 제1항 단서 소정의 '가입 중에 발생한 질병이나 부상'의 의미는 사망의 직접적인 원인이 된 질병 또는 부상이 의학적·객관적으로 판단할 때 국민연금가입 중에 발생하여야 한다는 뜻으로 보아야 하고, 간접적으로 사인에 영향을 미칠 수 있는 질병 또는 부상에까지 그 범위를 확대할 것은 아니다. 만약 그와 같이 보지 아니한다면, 사망의 원인이 된 질병 또는 부상의 발생시기가 무한히 소급될 수 있어 그 판단기준이 불명확해질 뿐만 아니라 어떠한 질병이 발생할 유전적 소인이 있는 가입자의 경우 국민연금에 의한 보호를 거부하는 결과를 초래할 수 있기 때문이다.

② 망인의 직접적인 사인은 사망 수주 전의 과음으로 인한 알코올성 케토산 혈증에 따른 다발성 장기 손상이나 심부정맥 또는 의식이 저하된 상태에서 구토물이 기도로 흡입되면서 유발된 질식으로 추정함이 상당하고, 따라서 망인은 국민연금 지역가입자로 자격을 유지하던 중에 생긴 질병으로 인하여 사망하였다고 할 것이며, 망인에게 20여 년간의 과음으로 인한 알코올성 간질환이 있었고 이와 같은 알코올성 간질환이 망인으로 하여금 지속적으로 음주를 하게 하여 알코올성 합병증을 좀 더 강하고 빠르게 유발하는데 기여하였을 가능성이 있다고 하더라도 이와 같은 것은 망인의 사망에 간접적인 영향을 미쳤을 뿐이므로 달리 볼 수 없다.

[서식] 유족비대상처분취소 청구의 소

소　　장

원고　　　　박 길 자(주민등록번호)
　　　　　　서울시 강남구 ○○동 ○○번지
　　　　　　(전화 000-000, 팩스 000-000)
피고　　　　공무원연금관리공단
유족비대상처분취소

청구취지

1. 피고가 2009. 7. 9. 원고에 대하여 한 유족 비대상 결정 처분을 취소한다.

2. 소송비용은 피고가 부담한다.

라는 판결을 구합니다.

청구원인

1. 처분의 경위

(1) 박○○(이하 '망인'이라 한다)은 1957. 0. 00.생으로 2002년경 서울지방노동청 서울동부지청에서 근무하다가 퇴직하여 퇴직연금을 지급받아 오던 중 2009. 4. 15. 교통사고로 사망하였습니다.

(2) 원고는 1988. 11. 29. 망인과 혼인신고를 마친 뒤 슬하에 아들 박○○(1989. 4. 19. 생)를 두고 함께 생활하다가 2006. 4. 6. 협의이혼 신고를 하였습니다.

(3) 원고는 2009. 5. 26. 피고에게, 자신이 공무원연금법 제3조 제1항 제2호 가목에서 정한 망인과 사실상 혼인관계에 있는 배우자에 해당한다고 주장하며 같은 법 제56조 제1항 제1호에서 정한 유족연금의 지급을 청구하는 유족연금승계신청을 하였다. 이에 대하여 피고는 2009. 7. 9. 원고에게, '원고는 망인과 이혼을 한 뒤 주민등록표상의 주소지가 달리 되어 있고, 사실혼 관계를 인정할 만한 근거자료가 없어 공무원연금법상의 유족으로 인정할 수 없다'는 이유로 유족연금의 지급을 거부하는 유족 비대상 통보(이하 '이 사건 처분'이라 한다)를 하였습니다.

2. 처분의 위법성

원고는 망인의 채무 문제로 인하여 2006. 4. 6. 형식상 협의이혼을 하였으나, 그에 상관없이 계속 동거하면서 사실상 혼인관계를 유지하였습니다. 따라서 원고는 망인과 사실상 혼인관계에 있는 배우자로서 공무원연금법에서 정한 유족연금 수급대상자에 해당하므로, 이와 다른 전제에서 이루어진 피고의 이 사건 처분은 위법합니다.

3. 결론

따라서 이 사건 게시글이 정보통신망 이용촉진 및 정보보호 등에 관한 법률 제44조의7 제1항 제2호의 불법정보에 해당함을 전제로 한 이 사건 시정요구는 위법하므로 이의 취소를 구하는 본 건 행정소송에 이르게 되었습니다.

입증방법

    1. 갑 제1호증
    2. 갑 제2호증

첨부서류

    1. 위 각 입증방법   각 1부
    2. 송달료 납부서

3. 소장부본

20 . . .

위 원고   (날인 또는 서명)

서울행정법원   **귀중**

당해판례

2009구합 40391

(1) 공무원연금법 제3조 제1항 제2호 가목은 유족연금을 받을 수 있는 '유족'으로서의 '배우자'에 '재직 당시에 혼인관계에 있던 자'에 한하되 사실상 혼인관계에 있던 배우자를 포함하는 것으로 규정하고 있는바, 이는 사실상 혼인생활을 하여 혼인의 실체는 갖추고 있으면서도 단지 혼인신고가 없기 때문에 법률상 혼인으로 인정되지 아니하는 경우에 그 사실상 배우자를 보호하려는 데에 그 취지가 있다 할 것이다(대법원 1993. 7. 27. 선고 93누1497 판결 참조). 따라서 당사자 사이에 주관적으로 '혼인의사의 합치'가 있고 객관적으로 '부부공동생활이라고 인정할 만한 혼인생활의 실체'를 갖추고 있음이 증명되면 '사실상 혼인관계에 있던 자'에 해당된다고 보아야 할 것이다.

(2) 앞서 인정한 사실 및 이 사건 변론에 나타난 다음과 같은 사정들을 종합하여 보면, 원고는 망인의 사망 당시 망인과 사실상 혼인관계에 있던 배우자에 해당한다 할 것이다. 따라서 원고가 공무원연금 법상 망인의 유족에 해당하지 아니함을 전제로 한 피고의 이 사건 처분은 위법하다.

① 망인은 채권자들로부터 이 사건 아파트가 강제집행을 당할 것을 염려하여 그 소유의 이 사건 아파트를 원고 앞으로 이전해 놓았고, 그 이후 채권자들의 의심을 피하기 위하여 형식적으로 원고와 협의이혼까지 하였으나, 이후에도 별거하거나 생계를 달리한 바 없이 이 사건 아파트에서 부부로서 함께 생활한 것으로 보인다.

② 위와 같은 사정은 망인이 협의이혼 신고 한 달 전에 종래의 주거지인 이 사건 아파트에서 다른 주소지로 전출한 이후 새 주소지의 주민등록이 무단전출로 직권말소 된 점, 망인이 00간호학원에 서 수령한 급여의 거의 전부를 원고에게 송금한 점에서도 알 수 있다(망인의 송금액을 이혼 후 미성년 아들의 양육비로 지급한 것으로 보기에는 급여액에 비추어 과다하고, 함께 사는 원고에게 생활비로 지급하였던 것으로 보인다).

소　　장

원고　　　　　　　박 길 자(주민등록번호)
　　　　　　　　　서울시 서대문구 ○○동 ○번지
　　　　　　　　　(전화 000-000, 팩스 000-000)
피고　　　　　　　국방부장관
유족연금부지급처분취소

청구취지

1. 피고가 2009. 3. 19. 원고에 대하여 한 유족연금 부지급처분을 취소한다.

2. 소송비용은 피고가 부담한다.

라는 판결을 구합니다.

청구원인

1. 처분의 경위

(1) 재해자 : 원고의 남편인 망 ○○○(1936. 10. 7.생, 이하 '망인')

(2) 근무관계 : 육군 중령으로 복무하던 중 198○. ○. ○. 전역, 퇴역연금을 지급받아 오던 중 2008. 6. 30. 사망

(3) 피고의 유족연금 부지급처분(이하 '이 사건 처분')

　　1) 처분일 : 2009. 3. 19.

　　2) 처분사유

　　　　(가) 원고는 망인이 퇴직하고 61세 이후에 혼인한 배우자이다.

　　　　(나) 원고는 망인과 사실상 혼인관계에 있던 자에 해당하지 않는다.

2. 처분의 위법성

(1) 원고는 망인이 61세가 되기 훨씬 전인 1979. 4.경부터 망인과 사실상 혼인관계를 맺어온 배우자로서 망인의 사망 당시 그로부터 부양을 받고 있었다.

(2) 반면에 망인과 전처인 임○○ 사이의 법률혼은 1979년 이전부터 이혼신고만 하지 않았을 뿐

사실상 혼인관계가 해소된 상태였다.

(3) 원고와 망인의 사실혼은 법률상 보호를 받아야 하고, 원고는 군인연금법이 정한 유족연금 수급대상자이다. 따라서 이와 다른 전제에서 한 이 사건 처분은 위법하다.

3. 결론

위와 같이 피고의 처분은 위법한 행정처분에 해당하므로 이의 취소를 구하는 본 건 행정소송에 이르게 되었습니다.

입증방법

1. 갑 제1호증
2. 갑 제2호증

첨부서류

1. 위 각 입증방법 각 1부
2. 송달료 납부서
3. 소장부본

20 . . .

위 원고   (날인 또는 서명)

서울행정법원   귀중

당해판례

2009구합 13801

(1) 원고와 망인의 사실혼 관계

(가) 군인연금법 제3조 제1항 제4호 가목은, 유족연금을 받을 수 있는 '유족'으로서의 '배우자'에 '사실상 혼인관계에 있던 자'를 포함하되, '군인이 퇴직 후 61세 이후에 혼인한 배우자'는 제외하는 것으로 한정하고 있다. 여기서 '사실상 혼인관계에 있던 자'는 당사자 사이에 주관적으로 '혼인의사의 합치'가 있고 객관적으로 '부부공동생활이라고 인정할 만한 혼인생활의 실체'를 갖추고 있는 경우를 말한다.

(나) 앞서의 인정사실에 의하면, 원고는 1979년경부터 망인과 교분을 갖다가 1980년경 이후부터 둘 사이에 두 아들을 출산하고 태권도도장을 함께 운영하면서 동거하는 등으로 부부관계를 유지해 온 것으로 보이므로, 늦어도 망인이 61세(1997. 10. 7.)가 되기 전에 이미 망인과 사실상 혼인관계를 맺어 그가 사망할 때까지 이를 유지하였다고 할 것이다.

(2) 중혼적 사실혼 관계

○ 군인연금법이 '사실상 혼인관계에 있던 배우자'도 유족의 범위에 포함시키는 취지는 사실상 혼인 생활을 하여 혼인의 실체는 갖추고 있으면서도 단지 혼인신고가 없기 때문에 법률상 혼인으로 인정되지 않는 경우에 그 사실상 배우자를 보호하려는 취지이다.

○ 그러나 만약 사실상 배우자 외에 법률상 배우자가 따로 있는 경우에는, 법률상 배우자와 사이에 이혼의사가 합치되어 법률혼은 형식적으로만 존재하고 사실상 혼인관계가 해소되어 법률상 이혼이 있었던 것과 마찬가지로 볼 수 있는 등의 특별한 사정이 없는 한, 법률상의 배우자가 유족으로서 연금수급권을 가지고, 사실상 배우자는 위 법률에 의한 유족으로 보호받을 수는 없다(대법원 1993. 7. 27. 선고 93누1497 판결 참조).

○ 여기서 말하는 '특별한 사정'이란「법률혼이 사실상 이혼상태임」을 말하는 것인데, 신고에 의하여 혼인과 이혼이 성립되는 이른바 '법률혼주의'를 취하고 있는 우리나라 법제하에서 '사실상 이혼' 이라고 하기 위해서는 객관적으로 부부공동생활의 실체가 없을 것 외에도 '배우자 사이에 이혼의 합의(이혼신고를 하려는 합의를 포함한다)'가 있으면서도 다만 이혼신고를 하지 않은 상태일 것을 요한다.

○ 법률상 배우자가 상대방 배우자의 사실혼 관계를 알고도 그에 대하여 명시적으로 이의를 제기(사실혼을 종료할 것을 요구)하거나 법률상 혼인관계의 종료(이혼)를 요구하지 않는 바람에 상당한 기간 법률혼 관계와 사실혼 관계가 병존하고 있는 상태라고 할지라도, 아직 법률혼 배우자 사이에 그 법률혼을 해소하려는 이혼의 합의가 명시적·묵시적으로 있다고 인정되지 않는 이상, 그 법률혼 관계를 쉽사리 사실상 이혼상태라고 단정하여서는 안 될 것이다. 만약 그와 같이 보지 않는다면, 법률혼 관계와 사실혼 관계가 병존하는 이른바 '중혼적 사실혼'이 있는 경우, '법률혼주의' 및 '중혼금지' 원칙 아래에서 예외적으로 보호받아야 할 사실혼이 자칫 법률혼을 '사실상 이혼상태'로 만들어 무력화함으로써 그보다 우월한 지위를 얻게 되는 부당한 결과를 초래하기 때문이다.

소　장

원고　　　　박 길 자(주민등록번호)
　　　　　　서울시 종로구 부암동 ○○번지
　　　　　　(전화 000-000, 팩스 000-000)
피고　　　　근로복지공단
유족급여및장의비부지급처분취소

청구취지

1. 피고가 2009. 9. 2. 원고에 대하여 한 유족급여 및 장의비 부지급처분을 취소한다.

2. 소송비용은 피고가 부담한다.

라는 판결을 구합니다.

청구원인

1. 처분의 경위

(1) 원고의 남편인 망 김○○(1950. 9. 25.생, 이하 '망인'이라 한다)은 한국철도공사 부산지사 부산기관차승무사무소 소속 기관사로 근무하다가 2007. 12. 17. 부산기관차승무사업소 휴게실에서 갑자기 쓰러져(이하 '이 사건 재해'라 한다) 병원에서 치료를 받던 중 '대뇌경색, 소뇌경색, 신경인성방광, 연하장해, 신경인성 장애'(이하 '이 사건 상병'이라 한다) 진단을 받았습니다.

(2) 망인은 2008. 5. 19. 업무상 사유에 의해 이 사건 상병이 유발되었다고 주장하며 피고에게 요양신청을 하였으나, 피고는 2008. 6. 19. 망인에 대하여, '발병 전 작업환경이나 작업량의 급격한 변화가 관찰되지 않는 점, 기존질환으로 고혈압이 있고 건강검진상 당뇨 및 고지혈증이 의심되는 점 등에 비추어 볼 때, 기존질환이 자연적인 경과로 악화되어 이 사건 상병이 발병된 것으로 판단되므로 이 사건 상병과 업무 사이에 상당인과관계가 없다'는 취지로 요양불승인 결정을 하였다. 이에 불복하여 망인은 피고에게 심사청구를 하였으나, 피고는 2008. 12. 12. 망인의 심사청구를 기각하였습니다.

(3) 한국요양병원에서 요양 중이던 망인이 2008. 8. 17. 사망한 후, 원고는 피고에게 망인의 사망이

업무상 재해에 해당한다고 주장하며 유족급여 및 장의비의 지급을 청구하였으나, 피고는 2009. 9. 2. 위 요양불승인 결정과 같은 이유에서 망인의 사망과 업무 사이에 상당인과관계가 없다는 취지로 원고에게 그 지급을 거부하는 이 사건 처분을 하였습니다.

2. 처분의 위법성

망인은 오랫동안 기관사로 근무해 오면서 교번근무제로 인한 불규칙한 근무시간 및 열악한 근무조건으로 인하여 과로와 스트레스가 누적되었습니다. 위와 같은 과로와 스트레스가 망인에게 뇌경색을 유발하였거나 고혈압 등 기존질환에 겹쳐 망인을 사망에 이르게 하였습니다. 망인의 사망은 업무상 재해에 해당하므로, 이와 다른 전제에서 이루어진 피고의 이 사건 처분은 위법합니다.

3. 결론

상기와 같이 피고의 처분은 위법하므로 이의 취소를 구하는 본 건 행정소송에 이르게 되었습니다.

입증방법

1. 갑 제1호증
2. 갑 제2호증
3. 갑 제3호증
4. 갑 제4호증
5. 갑 제5호증
6. 갑 제6호증

첨부서류

1. 위 각 입증방법   각 1부
2. 송달료 납부서
3. 소장부본

20 . . .

위 원고   (날인 또는 서명)

서울행정법원   귀중

2009구합 44430

위 인정사실 및 변론 전체의 취지를 통하여 알 수 있는 다음과 같은 사정, 즉, 망인은 열차 기관사로서 장기간에 걸쳐 교번근무제에 따라 불규칙한 업무를 수행하면서 상당한 육체적 과로를 하고 스트레스를 받았을 것으로 보이는 점, 위와 같은 과로와 스트레스는 고혈압 등 망인의 기존질환에 좋지 않은 영향을 미쳤을 것이고 특히 이 사건 재해 직전에 고라니 충격사고로 인하여 망인이 급격한 스트레스를 받은 것으로 보이는 점, 고라니 충격사고 순간 놀람과 흥분으로 인해 망인의 혈압이 급격히 상승했을 것으로 보이고 이러한 급격한 혈압 상승은 뇌경색을 유발할 수 있는 점, 망인은 고라니 충격사고 직후 두통과 구토 증세를 보였고 뇌 MRI 검사상 급성 뇌경색 병변의 소견도 관찰된 점, 만성적인 과로와 스트레스는 뇌경색 등 뇌혈관계 질환의 유발요인이 될 수 있고 특히 고혈압 등 뇌졸중의 위험요인을 가지고 있는 상황에서 갑작스런 스트레스는 자율신경계의 항진을 초래하여 사망에 이를 수 있는 심한 뇌경색의 발병을 촉발할 수 있다는 의학적 소견이 있는 점, 망인이 고혈압이나 당뇨 등의 증세를 보이고 있었지만 이 사건 재해 무렵 다른 요인 없이 독자적으로 뇌경색을 유발할 정도로 심각하였다고 단정할 수 없는 점, 업무와 사망 사이의 인과관계 유무는 보통 평균인이 아니라 당해 근로자의 건강과 신체조건을 기준으로 판단하여야 하는 점 등을 종합하면, 위와 같은 만성적인 과로 및 스트레스 상황과 고라니 충격사고로 초래된 급격한 스트레스가 망인의 기존질환에 겹쳐 망인에게 뇌경색을 유발하였다고 추단할 수 있으므로, 망인의 사망과 업무 사이에 상당인과관계가 인정된다 할 것이다(피고는 고라니 충격사고 이전인 2007. 12. 11. 우측 신체에 감각이 없는 뇌경색의 전조증상이 망인에게 있었으므로 망인의 뇌경색은 고라니 충격사고 이전에 발병하였다고 주장하나, 을 2호증의 기재, 이 법원의 부산대학교병원장에 대한 사실조회결과 및 변론 전체의 취지를 종합하면, 망인은 2007. 12. 17. 춘해병원에 입원한 이틀 뒤 우측 팔다리에 감각이 어둔한 듯하다고 호소한 사실을 알 수 있는바, 피고가 지적하는 부산대학교병원의 환자사정기록지에 기재된 화요일은 2007. 12. 11.이 아니라 2007. 12. 18.로 보인다).

따라서 망인의 사망은 업무상 재해에 해당하고, 이와 다른 전제에서 이루어진 피고의 이 사건 처분은 위법하다.

제4장 부당해고 · 징계 등
신분 관련 소송

Ⅰ. 의의

부당해고 · 징계 등 신분관련 소송은 일반 근로자의 부당해고와 공무원 등의 징계관련 관련한 소송을 말한다. 이 중 근로자의 부당해고에 대한 소송은 기업체의 부당해고에 불복절차를 거친 후 중앙노동위원회의 재심판정에 다시 불복할 경우, 이의 취소를 구하는 형태를 구하는 취소소송이 대부분을 이룬다. 한편, 공무원의 징계 등 신분관련 소송은 국가공무원법상 규정된 공무원의 징계처분인 파면, 해임, 정직, 감봉, 견책 등의 규정에 따라 공무원의 비위행위에 대한 징계처분이 내려진 경우, 해당 공무원이 징계사유의 부존재 또는 징계양정의 부당 등을 주장하며 징계처분의 취소를 구하는 소송을 제기하는 사건이 전형적인 유형이다.

Ⅱ. 주요 쟁점 사항 및 소송수행요령

1. 부당해고 관련 소송

근로기준법상 또는 해당 회사의 취업규칙 등에 규정된 징계 등 해고 사유에 해당하는지의 여부와 그 징계 양정이 적절했는지가 주요 쟁점이 된다. 따라서 해당 회사의 취업규칙이나 단체 협약 등을 관계 규정으로서 소장에 기재 또는 별지로 제출하여 그 해당 여부와 적절성에 대해 다투어야 한다.

또한 이러한 취업규칙에 규정된 징계절차 등에 의해 이루어지지 않는 징계의 경우, 그 절차의 하자를 이유로 취소를 구할 수도 있음을 주의해야 한다. 물론 중앙노동위원회에서 부당해고구제재심결정을 통해 근로자를 구제한 경우, 회사측에서 이의 취소를 구하는 행정소송을 제기할 수도 있는데 이 경우에도 다툴 수 있는 쟁점사항은 동일하다.

2. 공무원 신분관련 소송

공무원의 징계 등 신분관련 소송 또한 다음의 3가지를 중심으로 쟁점사항을 정리할 수 있다.

구 분	주 장
징계사유의 부존재를 주장	징계사유의 존재에 관한 입증책임은 피고 행정청에게 있으므로, 해당 처분이 내려지게 된 사유가 부존재함을 주장하여 피고 행정청에게 입증책임을 지워야 한다.
징계절차의 위법을 주장	공무원에 대한 징계처분은 반드시 징계위원회의 의결을 거쳐야 하므로(국가공무원법 제82조), 해당 징계절차가 적법하게 준수되지 않았음을 주장하여 피고 행정청의 입증을 다툴 수 있다.
징계 양정의 부당을 주장	대부분 징계취소소송의 대부분을 이루고 있는 주장 사유 징계사유에는 해당하나, 그 사유에 비해 징계의 양정이 부당함을 주장
판 례	공무원인 피징계자에게 징계사유가 있어서 징계처분을 하는 경우 어떠한 처분을 할 것인가는 징계권자의 재량에 맡겨진 것이고, 다만 징계권자가 재량권의 행사로서 한 징계처분이 사회통념상 현저하게 타당성을 잃어 징계권자에게 맡겨진 재량권을 남용한 것이라고 인정되는 경우에 한하여 그 처분을 위법하다고 할 수 있다(대판 2007.5.11, 2006두19211).

Ⅲ. 부당해고 등 구제심판정 취소소송

1. 의의

부당해고등 구제재심판정 취소소송이란 개별적 근로관계에 있어서 근로자가 권리를 침해받은 경우 그 근로자에 대한 권리를 구제하기 위하여 제기하는 소송이다. 부당해고 신고를 위해서는 근로자가 부당해고를 당한 날로부터 3개월 이내에 노동위원회에 부당해고 구제신청을 할 수 있다. 기각될 경우 행정소송을 제기할 수도 있다. 노동위원회 판례를 거쳐 승소할 경우 근무했던 곳으로 복직할 수 있으며, 만약 복직을 원하지 않는다면 해고를 당한 시점부터 부당해고 판정을 받은 날까지의 급여를 신청해받을 수도 있다. 단, 부당해고구제는 상시근로자 5인 이상인 사업장에 적용되므로, 5인 미만인 경우에는 해고무료확인 민사소송을 진행해야 한다.

2. 구제신청권자

구제신청소송을 제기할 수 있는 자는 근로기준법상의 근로자이다.

부당해고 구제신청은

접수 → 조사 → 심문 → 판정 → (재심) → (행정소송) → 확정 → 종료 순서에 따라 3개월 가량 절차가 진행된다.

① 접수
- 구제신청에 입증할만한 제반 자료가 있다면 함께 첨부한다.
- 최초 신청서를 작성할 때 제출하지 않아도 추후 조사관에게 제출 가능하다.

② 조사
- 근로자는 구제신청 인용을 위해 해고가 부당한 이유에 대해서 서술한 '이유서'를 제출한다
- 사용자는 구제신청 각하·기각을 위해 근로자의 이유서에 대해서 답변한 '답변서'를 제출한다.

③ 심문
- 노동위원회는 접수 60일 이내에 심문회의를 개최하고 판정을 하게 된다.
- 심문회의는 3명의 공익위원과 각 1명의 근로자/사용자 위원 총 5명의 위원으로 구성되어 있다.
- 이때 구제신청의 인용 여부는 공익위원이 판단하게 되며, 근로자/사용자 위원은 공익위원에게 의견을 제시한다.

④ 판정
- 판정서는 심문회의 종료 후 30일 이내에 송부된다.
- 당사자는 재심을 신청할 수 있다. 재심 신청은 판정서를 송부 받은 날로부터 10일 이내에 해야 한다.

⑤ 확정 및 종료

(1) 근로자의 개념

근로기준법 제2조 제1항 1호는 근로자를 직업의 종류와 관계없이 임금을 목적으로 사업이나 사업장에 근로를 제공하는 자를 말한다고 규정하고 있고, 판례는 근로기준법상 근로자인지의 여부의 판단기준에 대하여 '근로자가 그 보수를 정액의 월급이 아니라 자기가 제공한 근로의 양에 따라 수입의 일정비율을 수당의 형식으로 지급받았다고 하더라도, 그 근로형태가 사용자와의 사이에 있어서 사용종속관계를 유지하면서 특정한 근로를 제공하는 것이라면 근로기준법 제14조 소정의 근로자에 해당한다.'고 보았다.[205]

---

205) 대법원 1992.06.26. 선고 92도674 판결.

(2) 사용종속관계의 판단기준

근로기준법상의 근로자에 해당하는지 여부는 계약의 형식이 고용계약인지 도급계약인지보다 그 실질에 있어 근로자가 사업 또는 사업장에 임금을 목적으로 종속적인 관계에서 사용자에게 근로를 제공하였는지 여부에 따라 판단하여야 하고, 여기에서 종속적인 관계가 있는지 여부는 업무 내용을 사용자가 정하고 취업규칙 또는 복무(인사)규정 등의 적용을 받으며 업무 수행 과정에서 사용자가 상당한 지휘·감독을 하는지, 사용자가 근무시간과 근무장소를 지정하고 근로자가 이에 구속을 받는지, 노무제공자가 스스로 비품·원자재나 작업도구 등을 소유하거나 제3자를 고용하여 업무를 대행케 하는 등 독립하여 자신의 계산으로 사업을 영위할 수 있는지, 노무 제공을 통한 이윤의 창출과 손실의 초래 등 위험을 스스로 안고 있는지, 보수의 성격이 근로 자체의 대상적 성격인지, 기본급이나 고정급이 정하여졌는지 및 근로소득세의 원천징수 여부 등 보수에 관한 사항, 근로 제공 관계의 계속성과 사용자에 대한 전속성의 유무와 그 정도, 사회보장제도에 관한 법령에서 근로자로서 지위를 인정받는지 등의 경제적·사회적 여러 조건을 종합하여 판단하여야 한다. 다만, 기본급이나 고정급이 정하여졌는지, 근로소득세를 원천징수하였는지, 사회보장제도에 관하여 근로자로 인정받는지 등의 사정은 사용자가 경제적으로 우월한 지위를 이용하여 임의로 정할 여지가 크기 때문에, 그러한 점들이 인정되지 않는다는 것만으로 근로자성을 쉽게 부정하여서는 안 된다.[206]

3. 근로관계 종료와 관련된 분쟁

(1) 개요

근로관계의 종료사유는 크게 당연퇴직과 징계해고로 구분된다. 그러나 근로자의 의사나 동의에 의하여 이루어지는 당연퇴직의 경우라도 사실상은 징계해고와 다를바 없는 경우가 많아서 근로자의 구제를 위하여는 그 명칭과 상관없이 그 실제를 살펴보아야 할 것이다.

(2) 해고 이외의 사유로 인한 근로관계의 종료

1) 사용자의 의원면직처분이 해고에 해당하는지 여부의 판단 기준

사용자가 사직의 의사 없는 근로자로 하여금 어쩔 수 없이 사직서를 작성·제출하게 한 후 이를 수리하는 이른바 의원면직의 형식을 취하여 근로계약관계를 종료시키는 경우처럼 근로자의 사직서 제출이 진의 아닌 의사표시에 해당하는 등으로 무효이어서 사용자의 그 수리행위를 실질적으로 사용자의 일방적 의사에 의하여 근로계약관계를 종료시키는 해고라고 볼 수 있는 경우가 아닌 한, 사용자가 사직서 제출에 따른 사직의 의사표시를 수락함으로써 사용자와 근로자 사이의 근로계약관계는 합의해지에 의하여 종료되는 것이므로 사용자의 의원면직처분을 해고라고 볼 수 없다.[207] 다만, 그렇지 않은 경우

---

206) 대법원 2006.12.07. 선고 2004다29736 판결.

에는 사용자가 사직서 제출에 따른 사직의 의사표시를 수락함으로써 사용자와 근로자 사이의 근로계약관계는 합의해지에 의하여 종료되는 것이므로 사용자의 의원면직처분을 해고라고 볼 수 없다.[208]

2) 계약기간만료

근로계약기간을 정하여 임용된 근로자는 원칙적으로 그 기간이 만료됨으로써 근로자로서의 신분관계는 당연히 종료되므로, 근로계약기간이 만료된 근로자에 대한 해임통지는 근로계약기간 만료의 통지에 불과할 뿐 당해 근로자를 부당하게 해고한 것이라고 할 수는 없다.[209] 다만, 기간을 정하여 채용된 근로자라 할지라도 장기간에 걸쳐서 그 기간의 갱신이 반복되어 그 정한 기간이 단지 형식에 불과하게 된 경우에는 사실상 기간이 정함이 없는 근로자와 다를 바가 없다고 하여 그 경우에 사용자가 정당한 이유없이 갱신계약의 체결을 거절하는 것은 해고와 마찬가지로 무효이다.[210]

3) 해고

(가) 종류

해고란 사용자가 근로자의 의사에 반하여 근로관계를 종료시키는 것으로서, 해고의 종류에는 통상해고, 징계해고, 경영상해고로 나누어 볼 수 있다. 통상해고는 근로자의 개인적인 질병 등으로 근로제공이 어려운 경우 근로관계를 종료하는 것을 말하며, 징계해고는 기업질서에 반하는 근로자의 귀책사유로 근로관계를 종료하는 것을 말하며, 경영상해고는 사용자가 경영상 이유로 긴박한 경영한 필요성이 있을 때 일정한 요건을 충족하는 경우 정당한 해고로 인정하고 있다.[211] 현행 근로기준법 제23조에서는 사용자는 근로자에게 정당한 이유없이 해고, 휴직, 정직, 전직, 감봉 등 징계처분을 하지 못한다고 규정하고 있다. 한편, 부당해고란 근로자의 의사에 반하여 근로관계가 단절되는 해고뿐 아니라 정당성을 상실한 휴직, 정직, 전직, 감봉 등 징계절차를 모두 포함하고 있는 의미이다.

(나) 당연퇴직 및 면직

근로계약의 종료사유는 근로자의 의사나 동의에 의하여 이루어지는 퇴직, 근로자의 의사에 반하여 사용자의 일방적 의사에 의하여 이루어지는 해고, 근로자나 사용자의 의사와는 관계없이 이루어지는 자동소멸 등으로 나눌 수 있으며 근로기준법 제27조에서 말하는 해고란 실제 사업장에서 불리우는 명칭이나 그 절차에 관계없이 위의 두번째에 해당하는 모든 근로계약관계의 종료를 의미한다. 따라서 회사가 어떠한 사유의 발생을 당연퇴식사유로 규정하고 그 절차를 통상의 해고나 징계해고와는 달리

---

208) 대법원 1997.08.29. 선고 97다12006 판결.
209) 대법원 1997.08.29. 선고 97다12006 판결.
210) 대법원 1998. 1. 23. 선고 97다42498 판결.
211) 대법원 2003. 4. 25. 선고 2003다7005 판결.

하였더라도 근로자의 의사와 관계없이 사용자측에서 일방적으로 근로관계를 종료시키는 것이면 성질상 이는 해고로서 근로기준법에 의한 제한을 받는다고 보아야 할 것이므로 근로자에 대한 퇴직조처가 단체협약이나 취업규칙에서 당연퇴직으로 규정되었다 하더라도 위 퇴직조처가 유효하기 위하여는 근로기준법 제27조 제1항이 규정하는 바의 정당한 이유가 있어야 하고, 이와 같은 정당한 이유가 없는 경우에는 퇴직처분무효확인의 소를 제기할 수 있다.[212]

(다) 해고의 정당성과 관련된 문제

가) 정당성 판단기준

근로기준법 제27조 제1항 소정의 "정당한 이유"라 함은 사회통념상 고용계약을 계속시킬 수 없을 정도로 근로자에게 책임있는 사유가 있다던가 부득이한 경영상의 필요가 있는 경우를 말하는 것이므로 근로계약이나 취업 규칙등에 해고에 관한 규정이 있는 경우 그것이 위의 근로기준법에 위배되어 무효가 아닌 이상 그에 따른 해고는 정당한 이유가 있는 해고이다.[213] 이러한 해고처분은 사회통념상 고용관계를 계속할 수 없을 정도로 근로자에게 책임 있는 사유가 있는 경우에 행하여져야 그 정당성이 인정되는 것이고, 사회통념상 당해 근로자와의 고용관계를 계속할 수 없을 정도인지의 여부는 당해 사용자의 사업의 목적과 성격, 사업장의 여건, 당해 근로자의 지위 및 담당직무의 내용, 비위행위의 동기와 경위, 이로 인하여 기업의 위계질서가 문란하게 될 위험성 등 기업질서에 미칠 영향, 과거의 근무태도 등 여러 가지 사정을 종합적으로 검토하여 판단하여야 한다.[214]

나) 해고사유에 관한 단체협약과 취업규칙의 효력관계

노동조합법 제36조 제1항은 단체협약에 정한 근로조건 기타 근로자의 대우에 관한 기준에 위반하는 취업규칙 또는 근로계약의 부분은 무효라고 규정하고 있으므로, 단체협약에 징계사유를 규정하면서 그 단체협약의 규정에 의하지 아니하고는 징계할 수 없다고 규정하고 있다면, 취업규칙에서 새로이 정한 징계사유는 위 단체협약에 반하는 것으로서 그 사유로는 징계할 수 없다고 할 것인바, 단체협약에서 "회사는 조합원이 다음 각호의 1에 해당하는 경우를 제외하고는 징계할 수 없다"고 규정하고 있다면, 단체협약에 규정된 사유 이외에 새로운 징계사유를 규정한 회사의 취업규칙은 무효이다.[215]

212) 대법원 1993.10.26. 선고 92다54210 판결.
213) 대법원 1987.04.14. 선고 86다카1875 판결.
214) 대법원 2002.05.28. 선고 2001두10455 판결.
215) 대법원 1994.06.14. 선고 93다62126 판결.

Ⅳ. 기타의 쟁송

1. 중재재정취소소송

노동조합이나 사용자는 지방노동위원회 또는 특별노동위원희 중재재정에 위법·월권의 불복사유가 있다고 인정하는 경우에는 그 중재재정서의 송달을 받은 날부터 10일 이내네 중앙노동위원회에 그 재심을 신청할 수 있다. 또한 중앙노동위원회가 지방노동위원회 또는 특별노동위원회의 중재신청에 대하여 행한 재심판정이 위법하거나 월권에 의한 것이라고 인정하는 경우에는 그 재심판정서의 송달을 받는 날부터 15일 이내에 행정소송을 제기할 수 있다. 다만, 중앙노동위원회가 직접 내린 중재재정에 대하여는 다른 재결절차를 거치지 아니하고 곧바로 그 중재재정서의 송달을 받은 날로부터 15이 이내에 그 중재재정의 취소를 구하는 행정소송을 제기할 수 있다.

1) 당사자

중앙노동위원회의 중재재정이나 중재재심판정에 대하여 그 취소를 구하는 행정소송을 제기할 수 있는 원고적격을 가지는 관계당사자는 당해 중재절차나 중재재심절차의 당사자로 되었던 노동조합과 사용자라라고 할 것이다. 여기서 노동조합이라 함은 노동조합 및 노동관계조정법에 의해 설립된 노동조합이 아니면 노동위원회에 노동재의조정을 신청할 수 없으므로, 이른바 법내 노조만을 의미한다. 노동조합이나 사용자가 중재재정이나 중재재심판정의 취소를 구하는 행정소송은 중앙노동위원회 위원장을 피고로 제기할 수 있다.

2) 대상

중재절차는 원칙적으로 노동쟁의가 발생한 경우에 노동쟁의의 대상이 된 사항에 대하여 행하여지는 것이고, 노동쟁의조정법 제2조에서는 노동쟁의를 "임금·근로시간·후생·해고 기타 대우 등 근로조건에 관한 노동관계 당사자 간의 주장의 불일치로 인한 분쟁상태"라고 규정하고 있으며, 근로조건은 사용자와 근로자 사이의 근로계약관계에 있어서 근로자의 대우에 관하여 정한 조건을 말하고, 구체적으로는 근로기준법에 정하여진 임금·근로시간·후생·해고뿐만 아니고 같은 법 제94조 제1호 내지 제11호, 같은법시행령 제7조 제1호, 제3호 소정의 사항이 포함될 것인바, 따라서 이러한 근로조건 이외의 사항에 관한 노동관계 당사자 사이의 주장의 불일치로 인한 분쟁상태는 근로조건에 관한 분쟁이 아니어서 현행법싱의 노동쟁의라고 할 수 없고, 특별한 사정이 없는 한 이러한 사항은 중재재정의 대상으로 할 수 없다.[216)]

---

216) 대법원 1996.02.23. 선고 94누9177 판결.

3) 불복사유

중재재정에 대한 불복은 중재재정이 위법이거나 월권에 의한 것이라고 인정되는 경우에 한하므로 중재재정이 단순히 노사 어느 일방에게 불리하여 부당하거나 불합리한 내용이라는 사유만으로는 불복이 허용되지 아니한다.[217] 따라서 휴직 및 해고자의 복직요구와 같은 권리분쟁은 노동위원회의 중재에 의한 해결방법으로는 적절하지 아니하므로 위 분쟁사항에 대하여 노동위원회가 사법적 절차에 의하여 해결하라는 취지의 재정을 할 수 있으나, 중재재정에 대한 불복은 중재재정이 위법이거나 월권에 의한 것이라고 인정되는 경우에 한하므로 중재재정이 단순히 노사 어느 일방에게 불리하여 부당하거나 불합리한 내용이라는 사유만으로는 불복이 허용되지 아니한다.

2. 단체협약 등의 해석 · 이행방법에 관한 쟁송

1) 개념

단체협약이란 노사쌍방의 합의이므로 단체협약의 해석이란 어느 일방의 입장에 따른 해석이 아니라 노사쌍방에 모두 적용될 수 있는 객관적 · 규범적 의미를 밝히는 해석을 말한다. 따라서 단체협약의 해석 또는 이행방법에 관하여 관계 당사자간에 의견의 불일치가 있는 때에는 당사자 쌍방 또는 단체협약에 정하는 바에 의하여 어느 일방이 노동위원회에 그 해석 또는 이행방법에 관한 견해의 제시를 요청할 수 있으며, 노동위원회가 이에 의한 요청을 받은 때에는 그 날부터 30일 이내에 명확한 견해를 제시하여야 하고, 노동위원회가 제시한 해석 또는 이행방법에 관한 견해는 중재재정과 동일한 효력을 가진다(노동조합 및 노동관계조정법 제34조).

2) 불복사유

노동조합 및 노동관계조정법 제34조 제3항은 단체협약의 해석 또는 이행방법에 관하여 단체협약 당사자의 견해 제시의 요청에 응하여 노동위원회가 제시한 견해는 중재재정과 동일한 효력을 가진다고 정하고 있으므로, 단체협약의 해석 또는 이행방법에 관한 노동위원회의 제시 견해의 효력을 다투고자 할 때에는 노동위원회가 행한 중재재정의 효력을 다투는 절차를 정한 위 법 제69조에 의하여야 할 것이고, 노동위원회가 단체협약의 의미를 오해하여 그 해석 또는 이행방법에 관하여 잘못된 견해를 제시하였다면 이는 법률행위인 단체협약의 해석에 관한 법리를 오해한 위법을 범한 것으로 위 법 제69조에서 정한 불복사유인 위법 사유가 있는 경우에 해당된다.[218]

3) 단체협약의 해석방법

---

217) 대법원 1994.01.11. 선고 93누11883 판결.
218) 대법원 2005.09.09. 선고 2003두896 판결.

단체협약서와 같은 처분문서는 진정성립이 인정되는 이상 그 기재 내용을 부정할 만한 분명하고도 수긍할 수 있는 반증이 없는 한 그 기재 내용에 의하여 그 문서에 표시된 의사표시의 존재 및 내용을 인정하여야 하고, 단체협약은 근로자의 근로조건을 유지 개선하고 복지를 증진하여 그 경제적 · 사회적 지위를 향상시킬 목적으로 노동자의 자주적 단체인 노동조합이 사용자와 사이에 근로조건에 관하여 단체교섭을 통하여 이루어지는 것이므로 그 명문의 규정을 근로자에게 불리하게 해석할 수는 없다.[219)

[서식] 부당해고구제재심판정취소 청구의 소

소 장

원고	유한회사 ○ ○ ○
	서울시 강남구 ○ ○ 동 ○ ○ 번지
	(전화 000-000, 팩스 000-000)
피고	중앙노동위원회위원장
	1. 김 ○ ○
피고보조참가인	경기도 과천시 ○ ○ 동
	2. 양 ○ ○
	서울시 은평구 ○ ○ 동

부당해고구제재심판정취소

청구취지

1. 중앙노동위원회가 2011. 7. 22. 원고와 피고보조참가인들 사이의 중앙2011부해450, 457호 부당해고구제 재심신청 사건에 관하여 한 재심판정을 취소한다.
2. 소송비용 중 보조참가로 인한 부분은 피고보조참가인들이, 나머지는 피고가 각 부담 한다.

라는 판결을 구합니다.

청구원인

1. 재심판정의 경위

⑴ 원고는 위 소재지에서 상시 390여 명의 근로자를 사용하여 여객운송업을 하는 법인이다. 피고보조참가인(이하 '참가인'이라 한다) 김○○는 2003. 4. 2.에, 참가인 양□□는 2006. 12. 2.에 각 원고에 입사하여 운전기사로 근무하다가 참가인 김○○는 운송수입금 2,900원을, 참가인 양□□

---

219) 대법원 1996.09.20. 선고 95다20454 판결.

는 5,200원을 각 착복하였다는 이유로 2010. 10. 29. 징계해고(이하 '이 사건 각 징계해고'라 한다)된 사람들입니다.

(2) 참가인들은 이 사건 각 징계해고가 부당하다고 주장하면서 2011. 1. 27. 전북지방노동위원회에 구제신청을 하였다. 위 노동위원회는 이 사건 각 징계해고의 징계사유는 인정되나 참가인 김○○에 대한 해고는 징계양정이 과하다고 보아 부당해고로, 참가인 양□□에 대한 해고는 징계양정이 적정하다고 보아 정당해고로 판정하였습니다.

(3) 원고와 참가인 양□□는 전항 기재 초심판정 중 자신에게 불리한 부분에 관하여 중앙노동위원회에 각 재심을 신청하였고, 중앙노동위원회는 2011. 7. 22. 다음과 같은 사유를 들어 이 사건 각 징계해고를 모두 부당해고로 보아 원고의 재심신청은 기각하고 양□□의 재심신청은 인용하였습니다.

> 참가인들이 원고에게 납부하지 아니한 운송수입금은 현금 탑승 승객으로부터 받은 현금 요금 중 잔돈이어서 그 금액이 소액이라는 점, 참가인들이 현금 요금 중 잔돈을 회사에 납부하지 아니한 것은 이를 묵인되는 관행으로 오인하였다고 볼 여지가 있는 점, 참가인들이 제출한 운행일보에 현금 승차금액과 현금 수입금액이 다르게 기재되어 있어 현금 요금 잔돈을 납부하지 아니한 행위가 고의적이거나 계획적이었다고 보이지 않는 점, 원고가 동일한 유형의 운송수입금 잔돈 미납을 이유로 징계를 한 전례가 없는 점, 원고는 단체협약 및 취업규칙 등에 운송수입금 착복시 중징계한다는 규정을 두는 한편 CCTV를 시외버스에 설치하였으나 그외 현금 요금 잔돈 미납에 관하여 근로자들을 대상으로 교육을 실시하거나 특별히 지시 및 당부를 하였다고 볼 자료가 없는 점, 참가인들이 수년간 승무사원으로 재직해 오는 동안 징계처분을 받은 전력이 없어 이를 참작할 필요가 있다고 보이는 점 등을 종합해 보면, 참가인들이 운송수입금 잔돈 일부를 미납한 비위행위는 사회통념상 근로계약관계를 계속 유지하기 어려울 정도의 중대한 귀책사유에 해당한다고 보기는 어렵다.

2. 재심판정의 적법여부

운송수입금 중 잔돈을 납부하지 않는 관행은 없고, 참가인들의 운송수입금 횡령은 노사간의 신뢰를 근원적으로 훼손하는 행위로서 버스요금은 요금 자체가 원래 소액이라 횡령액 또한 소액일 수밖에 없으므로 횡령액의 다과를 불문하고 해임이 가능합니다. 특히 참가인들은 2회씩 운송수입금을 횡령하여 비위의 정도가 중하고, 노사합의서, 참가인들이 입사당시 작성한 각서, 단체협약, 종업원 징계규정상 징계처분기준에 비추어 보면 이 사건 각 징계해고는 양정이 적정한 것입니다.

3. 결론

이와 같이 피고의 이 사건 재심판정은 위법하므로 그 취소를 구하는 행정소송을 제기하게 되었습니다.

입증방법

1. 갑 제1호증
2. 갑 제2호증
3. 갑 제3호증
4. 갑 제4호증

첨부서류

1. 위 각 입증방법   각 1부
2. 송달료 납부서
3. 소장부본

20 . . .

위 원고   (날인 또는 서명)

서울행정법원   귀중

당해판례

2011구합 25876

1) 이 사건 각 징계해고사유의 존부

참가인들이 운송수입금 중 일부를 횡령한 사실은 위에서 인정한 바와 같다. 이에 대하여 참가인들은 운송수입금 중 잔돈 부분에 관하여는 운전기사가 임의로 처분하는 관행이 있다고 주장하나, 위 주장에 부합하는 듯 한 을 제3 내지 5호증, 증인 김현철의 증언은 갑 제 호증 및 증인 9 장선규의 증언에 비추어 모두 믿기 어렵고, 을 제2호증만으로는 위 주장과 같은 관행이 있음을 인정하기에 부족하다. 또한 앞서 인정한 바와 같이 단체협약 제42조 제1호, 취업규칙 제56조 제5호, 제71조 제6호, 종업원징계규정 제13조 별표 제21호는 회사재산의 횡령 또는 운전원의 운송수입금 착복을 해고사유로 정하고 있으므로 운송수입금 횡령이라는 이 사건 각 징계해고사유는 정당한 징계사유가 된다. 다만, 원고는 이 사건 각 징계해고 당시 참가인 김○○가 2010. 9. 28.에 2,500원을 횡령한

것으로 인정하고 위 참가인을 징계해고 하였으나, 이는 앞서 인정한 바와 같이 곡성에서 전주로 가는 현금 지불 손님이 곡성-남원 구간은 승차권을 주고 나머지 남원-전주 구간에 상응하는 요금만을 현금으로 납부한 것을 원고의 CCTV 판독직원이 미처 발견하지 못하고 곡성-전주 전 구간을 현금으로 요금을 낸 것으로 오인한 데에 기인한 것이고, 위 참가인의 위 일시의 횡령금은 위에서 인정한 바와 같이 400원이므로 참가인 김○○에 대한 이 사건 각 징계해고사유 중 2010. 9. 28.의 2,500원 횡령은 400원의 범위 내에서만 징계사유로 인정된다.

2) 이 사건 각 징계해고의 양정이 적정한지 여부

해고는 사회통념상 고용관계를 계속할 수 없을 정도로 근로자에게 책임 있는 사유가 있는 경우에 행하여져야 그 정당성이 인정되는 것이고, 사회통념상 당해 근로자와의 고용관계를 계속할 수 없을 정도인지의 여부는 당해 사용자의 사업의 목적과 성격, 사업장의 여건, 당해 근로자의 지위 및 담당직무의 내용, 비위행위의 동기와 경위, 이로 인하여 기업의 위계질서가 문란하게 될 위험성 등 기업질서에 미칠 영향, 과거의 근무태도 등 여러 가지 사정을 종합적으로 검토하여 판단하여야 하며(대법원 2003. 7. 선고 두 판결 참조 근로자에게 8. 2001 8018), 징계사유가 있어 징계처분을 하는 경우 어떠한 처분을 할 것인가는 원칙적으로 징계권자의 재량에 맡겨져 있는 것이므로, 그 징계처분이 위법하다고 하기 위하여서는 징계권자가 재량권을 행사하여 한 징계처분이 사회통념상 현저하게 타당성을 잃어 징계권자에게 맡겨진 재량권을 남용한 것이라고 인정되는 경우에 한하고, 그 징계처분이 사회통념상 현저하게 타당성을 잃은 처분이라고 하려면 구체적인 사례에 따라 직무의 특성, 징계의 사유가 된 비위사실의 내용과 성질 및 징계에 의하여 달하려는 목적과 그에 수반되는 제반 사정을 참작하여 객관적으로 명백히 부당하다고 인정되는 경우라야 한다(대법원 2000. 10. 13. 선고 98두8858 판결, 대법원 2002. 9. 24. 선고 2002두4860 판결 참조).

위 인정사실에 갑 제3, 4, 6호증의 각 기재와 증인 장선규의 증언 및 변론 전체의 취지를 더하여 알 수 있는 다음과 같은 사정들, 즉 ① 원고는 승객들이 내는 요금외에 별다른 수입원이 없으므로 운전기사들이 받은 수익금을 전액 회사에 납부하리라는 신뢰는 원고의 운전기사에 대한 신뢰의 기본을 이룰 것으로 보이는 점, ② 원고는 노사합의로 버스에 CCTV를 설치하고 판독담당직원까지 채용하는 등 상당한 비용을 들여 운전기사들의 운송수입금 횡령을 막으려고 한 점, ③ 원고의 순수익률은 요금의 약 7% 수준인데, 참가인들이 횡령한 운송수입금 승객 1인당 400원은 운송요금의 6.25%(=400÷6,400×100)에 이르므로 원고의 해당 승객에 대한 수익 중 거의 대부분에 이르는 점, ④ 단체협약, 노사합의서, 종업원징계규정 소정의 징계처분기준을 종합하여 보면 운전기사의 운송수입금 횡령은 해임 외에 다른 징계처분의 여지가 없는 것으로 보이는 점[특히 노사합의서(2006. 5. 1.자)에는 '운전원의 수입금 착복이 적발되었을 시는 그 금액의 다소를 불문하고 해임을 원칙으로 한다'고 규정되어 있고, 종업원징계규정 제13조 별표 제21호는 같은 제20호에서 회사의 공금을 유용 착복하거나배임한 때에 해고하도록 규정하고 있음에도 별도로 운전원의 운송수입금 착복을 해고 사유로 정하고 있다], ⑤ 위와 같이 운전기사의 운송수입금 횡령에 대하여 엄격한 징계양정을 규정한 것은 운전기사의 경우 다른 직원들과 달리 버스라는 격리된 공간에서 다른 직원들의 시선 없이 혼자서 일하는데다가 버스기사가 받는 운송수입금이 버스회사의 주된 수입원이므로 운전기사의 운송수입금 횡령으로 인한 신뢰 손상의 정도가 다른 직원들의 유사한 비위에 비하여 더욱 큰 것임을 반영한 것으로 보이고 이는 합리성이 있는 점, ⑥ 참가인들이 운행일보에 정해진 요금보다 적은 금액을 운송수입으로 기재한 사례가 더러 있다는 사정은 잔돈 미납부 관행이 있다는 증거라기 보다는 운전기사가 잔돈을 거슬러줄 수 없는 경우 운송요금에 미달하는 금액을 받을 수밖에 없는 상황(예컨대, 운송요금이 6,400원인데 손님이 7,000원을 낼 경우 운전기사가 잔돈이 없다면 6,000원만 받을 수밖에 없는 상황을 말한다)이 발생할 수 있음을 보여주는 것일 뿐이고, 반면에 참가인들의 이 사건 행위는 잔돈 착복의 관행에 의한 것이라기보다는 고의적인 횡령으로 보이는 점, ⑦ 원고의 수익률이 운송요금의 7% 정도에 불과한 이상 그 금액은 버스요금 중 잔돈 부분 정도에 불과한 경우가 많고 따라서 잔돈을 횡령하지 않아야 한다는 것은 당연한 이치이므로 비록 원고가 운송수입금 전체의 횡령과 별도로 잔돈 횡령에 관하여 특별히 지시나 교육을 하지 않았다고 하여 참가인들의 비위의 정도를 가벼운 것으로 평가하기 어려운 점, ⑧ 참가인 김○○는 2명의 승객의 요금 일부를, 참가인 양□□는 13명의 승객의 요금 일부를 각 횡령하였으므로 그와 같은 횡령행위를 단지 일회성에 그친 것으로 평가하기 어려운 점, ⑨ 참가인들은 입사 당시 운송수입금 횡령시 어떠한 처벌을 받더라도 이의를 제기하지 않겠다고 서약한 점 등을 종합하면 비록 참가인들이 징계처분을 , 받은 전력이 없고, 그 횡령금액이 적으며, 참가인의 운송수입 중 승차권에 비하여 현금의 비중이 낮다 하더라도 참가인들의 운송수입금 횡령은 사회통념상 근로계약관계를 계속 유지하기 어려울 정도의 귀책사유에 해당하는 것으로 판단된다.

3) 결론
따라서 이 사건 각 징계해고는 적법하고, 이와 달리 판단한 이 사건 재심판정은 위법하다.

소　장

원고	김 길 동(주민등록번호)
	경상남도 울산광역시 ○○동
	(전화 000-000, 팩스 000-000)
피고	중앙노동위원회위원장
	○○○ 주식회사
보조참가인	

부당해고구제재심판정취소

청구취지

1. 중앙노동위원회가 2010. 5. 27. 원고와 피고보조참가인(이하 '참가인') 사이의 2010부해 239호, 2010부노70(병합) 부당해고 및 부당노동행위구제 재심 신청사건에 관하여 한 재심판정을 취소한다.

2. 소송비용은 피고의 부담으로 한다.

라는 판결을 구합니다.

청구원인

1. 처분의 경위

(1) 참가인은 1995. 2. 17. 설립되어 울산광역시에서 상시 근로자 15명을 사용하여 생활폐기물 수집운반업을 영위하는 자이고, 원고는 1994. 7.경 참가인 회사에 입사하여 환경미화원으로 근무하였던 자입니다.

(2) 원고는 2009. 12. 29. 참가인으로부터 ① 사원면담카드의 희망보직란에 '사장'이 라고 작성하는 등 불성실한 태도를 보여 참가인이 이에 관한 경위서 제출을 지시하였으나, 이에 불응한 사실(이하 '이 사건 징계 ①사유'), ② 회사의 작업지시를 거부하였고, 이에 대하여 경고를 받고도 부실한 경위서를 제출한 사실(이하 '이 사건 징계 ②사유'), ③ 원고의 근로계약기간이 만료되어 동일한 조건의 근로계약서의 작성을 지시하였음에도 정당한 사유 없이 이에 불응한 사실(이하

'이 사건 징계 ③사유'), ④ 참가인이 건설폐기물을 불법으로 처리하였다는 허위 사실을 언론사를 통하여 알리고, 나아가 3회에 걸쳐서 울산광역시 구청 앞에서 '참가인의 불법비리, 노조탄압 등을 중단하라'는 취지로 피켓을 들고 시위함으로써 참가인의 명예를 훼손한 사실(이하 '이 사건 징계 ④사유'), ⑤ 참가인 소속 직원 3인에게 '회사에 인원감축이 이루어지면 비노조원은 그만두어야 한다'는 취지의 허위사실을 유포한 사실(이하 '이 사건 징계 ⑤사유') 등을 이유로 해고의 징계(이하 '이 사건 징계')를 받았습니다.

(3) 원고는 2010. 1. 14. 부산지방노동위원회에 이 사건 징계가 부당해고 및 부당노동행위라고 주장하며 구제신청을 하였습니다. 부산지방노동위원회는 2010. 3. 11. 이 사건 징계처분은 정당하고 부당노동행위에 해당하지 않는다는 이유로 구제신청을 기각하였고, 원고는 이에 불복하여 중앙노동위원회에 재심을 신청하였으나, 중앙노동위원회는 2010. 5. 27. 같은 이유로 위 재심신청을 기각하였습니다.

2. 처분의 위법성

(1) 이 사건 징계 ①사유와 관련하여, 단순히 희망사항을 적은 것이고 참가인에 대한 조롱의 의도는 없었으며 참가인의 요구에 의하여 경위서를 제출하였으므로 이를 징계사유로 삼은 것은 부당합니다.

(2) 이 사건 징계 ②사유와 관련하여, 참가인이 원고에게 다른 직원에 비해 과중한 양을 배정한 것이 부당하여 업무지시를 따르지 않은 것이었고, 작업지시에 불응한 것도 단 하루에 그쳤으므로, 이를 징계사유로 삼은 것은 부당합니다.

(3) 이 사건 징계 ③사유와 관련하여, 근로조건에 대하여 상호 합의가 되지 않아 근로계약서에 서명하지 않은 것을 징계사유로 삼은 것은 부당합니다.

(4) 이 사건 징계 ④사유와 관련하여, 울산지역 연대노동조합(이하 '연대노조')의 조합장 안◇◇의 기자회견에 연대노조의 △△△△지부장(이하 '춘산지부장')인 원고가 참여한 사실이 있고, 이와 관련하여 울산 구청 앞에서 1인 시위를 한 사실은 인정하나, 원고는 위 안◇◇의 주도 하에 단순히 동참하는 정도의 수준이었고, 기자회견의 내용은 일부 과장이 있을지언정 객관적 사실에 근거한 것이었으므로, 이를 징계사유로 삼은 것은 부당합니다.

(5) 이 사건 징계 ⑤사유와 관련하여, 전 춘산지부장 이ㅁㅁ이 동료들에게 '울산 구청과의 대행계약이 해지되면 비조합원은 노동조합에서 보호해줄 수 없다'는 취지로 말한 사실은 있으나,

원고가 위와 같은 말을 한 사실은 없으므로, 이를 징계사유로 삼은 것은 부당합니다.

(6) 이 사건 징계절차와 관련하여, 징계위원회 소집이 확정되면 징계당사자에게 사전에 징계사유를 통보하여야 함에도, 참가인은 원고에게 징계사유를 통보하면서 징계근거 규정만을 제시하고 구체적 징계사실에 대하여는 통보를 누락하였으므로, 이 사건 징계는 절차상 중대한 하자가 있습니다.

(7) 이 사건 징계사유들이 모두 인정된다고 해도, 해고에 이를 정도의 중한 사유는 되지 아니하고, 이 사건 징계는 원고가 정당한 노조활동의 일환으로서 참가인의 폐기물관리법위반 등을 지적하는 기자회견을 한 것과 1인 시위를 한 것을 실질적 이유로 하고 있으므로, 부당해고인 동시에 부당노동행위에 해당합니다.

3. 결론
이상과 같이 피고의 이 사건 처분은 위법하므로 이의 취소를 구하는 행정소송을 제기하기에 이르렀습니다.

입증방법

    1. 갑 제1호증
    2. 갑 제2호증

첨부서류

    1. 위 각 입증방법   각 1부
    2. 송달료 납부서
    3. 소장부본

20 . . .
위 원고   (날인 또는 서명)

서울행정법원   귀중

당해판례

2010구합 25282

1) 각 징계사유의 해당 여부

가) 이 사건 징계사유 ①, ②, ③은 모두 취업규칙 제14조 제1항, 제66조 제7항 소정의 '정당한 사유 없이 업무상 명령에 불복한 경우'에 해당되는지 여부와 관련하여 문제된다. 먼저 징계사유 ①과 관련하여, 참가인이 사원면담카드의 작성을 요구한 것은 순환보직을 위하여 직원들의 생활여건, 희망근무지역 등을 안배하기 위한 것으로서 정당한 업무상의 지시에 해당한다고 할 것이고, 원고가 이에 대하여 희망보직란에 '사장'이라고 기재하고, 그에 대한 경위서의 제출을 거부한 것은 정당한 사유 없이 업무상의 명령을 준수하지 않은 것으로 인정된다. 또한 이 사건 징계사유 ②와 관련하여, 참가인이 원고에게 추가 작업을 지시함으로써 원고에게 다소 과중한 업무를 부여하였다고 하더라도, 이에 대한 합리적인 해결책을 제시하거나 정당한 절차를 거쳐 문제를 시정하려는 노력을 등한시한 채, 작업지시 자체의 수용을 거부한 원고의 행위에 정당한 사유가 있다고 보기 어렵고, 그에 대한 참가인의 경위서 제출 요구에 대하여, 경위서를 통하여 오히려 참가인에게 상차 지시의 근거를 반문하는 원고의 행위는 피용자로서 사용자의 업무상 지시를 성실히 준수한 것이라 보기도 어렵다. 따라서 이 부분에 관한 원고의 주장은 이유 없다.

한편, 이 사건 징계사유 ③과 관련하여, 비록 참가인이 원고의 서명을 요구한 근로계약서는 종전과 동일한 내용으로서 특별히 원고에게 불리한 것으로 보이지 아니하나, 근로조건에 대하여 근로자와 사용자 사이에 상호 합의가 이루어지지 않아 근로자가 계약서에 서명하지 않은 행위에 대하여 그에 따른 계약의 효력 유무는 별론으로 하되, 원고에게 계약서의 작성 여부에 관하여 참가인의 지시를 따라야 할 의무가 있다고 보기는 어렵다. 따라서 이 부분을 징계사유로 인정한 이 사건 재심판정은 부당하다(다만, 나머지 징계사유들만으로 이 사건 징계가 정당한지 여부는 여전히 문제된다).

나) 이 사건 징계사유 ④와 관련하여 살펴본다. 구 폐기물관리법(2009. 6. 9. 법률 제9770호로 개정되기 전의 것) 제2조 제3호, 구 폐기물관리법 시행령(2009. 7. 7. 대통령령 제21626호로 개정되기 전의 것) 제2조 제8호, 구 건설폐기물의 재활용촉진에 관한 법률(2009. 6. 9. 법률 제9769호로 개정되기 전의 것, 이하 '건설폐기물법') 제2조 제1호에 의하면, 생활폐기물과 달리 구분하여 별도로 처리되어야 할 건설폐기물에 대하여 하나의 건설공사현장에서 발행하는 건설폐기물의 총량이 5톤 이상이 되어야 건설폐기물로서 규제되는 것으로 정하고 있고, 구 건설폐기

물의 재활용촉진에 관한 법률 시행령(2009. 6. 30. 대통령령 제21590호로 개정되기 전의 것) 제2조 별표 1에 의하면 구체적인 건설폐기물의 종류를 열거하고 있다. 위 인정사실에 의하면, 참가인은 5톤 미만의 건설폐기물을 처리하였으므로, 건설폐기물법에 의한 건설폐기물로 의율할 수 없고, 참가인이 20톤 가량의 건설폐기물을 불법적으로 처리하였다는 원고의 기자회견 내용은 객관적으로 허위의 사실을 적시한 것으로 보아야 한다. 다만, 원고나 안◇◇은 직접 폐기물을 운반하였던 기사 백◎◎의 진술과 혼합건설폐기물의 물량이 23톤으로 기재되어 있었던 기자회견내용에 상당한 근거가 있음을 신뢰하였던 것으로 보인다. 그러나 백◎◎의 진술은 '(구) 강북교육청에서 처리한 폐기물은 석고, 타이어, 시멘트 블록, 콘크리트 폐기물, 나무, 가구 등으로 차량대수, 적재량 등에 비추어 대략 20톤으로 추정된다'는 취지인바(갑 제10호증의 2 참조), 위 백◎◎의 진술 자체에 의하더라도 당시 처리된 폐기물이 모두 건설폐기물임을 단정할 수 없고, 처리된 분량에 있어서도 추측에 불과한 것으로 판단된다. 따라서 안◇◇이나 원고가 이에 대한 충분한 사실적, 법률적 검토나 수사기관의 조사절차 등이 없는 상태에서 곧바로 강력한 파급력을 갖는 언론 공표로 나아간 것은 적절하다고 보기 어려울 뿐만 아니라, 나아가 참가인 대표가 위 혐의에 대하여 불기소처분을 받음으로써 언론에 대한 공표내용이 진실에 반한다는 사정이 객관화되었음에도, 원고는 계속하여 3회에 걸쳐 1인 시위를 하였고, 그로 인하여 참가인에게 지속적으로 명예나 신용을 훼손하는 결과를 초래한 사정에 비추어 원고의 행위가 정당화된다고 보기는 어렵다. 따라서 이 사건 징계사유 ④는 취업규칙 제66조 제12항의 해고사유에 해당하므로, 이 부분에 관한 원고의 주장은 이유 없다.

다) 이 사건 징계 ⑤사유와 관련하여, 원고가 별다른 근거 없이 위와 같은 발언을 하여 동료 근로자들 사이의 화합을 저해하고, 불안감을 조성한 것은 취업규칙 제66조 제8항, 제23항 소정의 해고사유에 해당하므로, 이 부분에 관한 원고의 주장은 이유 없다.

2) 징계절차의 하자 유무 단체협약이나 취업규칙 등에서 조합원의 징계 시에 사전통지와 진술권 부여를 의무조항으로 규정하고 있다면 이는 징계의 객관성과 공정성을 확보하기 위한 것으로서 징계의 유효요건이라고 할 것이다(대법원 1992. 7. 28. 선고 92다14786 판결). 위 인정사실에 의하면 참가인이 원고에게 징계절차를 사전에 통보하면서 구체적인 징계사실에 대한 내용 없이 징계근거규정만을 나열한 것은 참가인 회사의 취업규칙 제64조 제3항에 부합하는 적절한 사전통보라고 보기는 어렵다. 다만, 을 제13, 14호증의 각 기재에 의하면, 참가인은 이 사건 징계절차 이전인 2009. 11. 17. 사실관계조사라는 형식으로 이 사건 각 징계사유 대부분을 원고와 질의 응답하였고, 이 사건 징계절차에서 원고에게 각 징계사유의 세부내용을 담은 징계사유서를 교부해주면서 원고에

게 소명기회를 부여한 사실을 인정할 수 있는바, 이에 의할 때 원고는 이 사건 징계절차에서 자신에 대한 징계사유를 사전에 충분히 인지하고 있어 방어에 지장이 없었던 것으로 보이므로 이 사건 징계를 무효로 볼만한 절차적 하자가 있다고 단정하기 어렵다. 가사, 그와 같은 하자가 인정된다고 하더라도, 원고가 위 징계절차에 출석하여 위와 같은 통지절차에 이의를 제기하지 아니하고 충분한 소명을 한 경우에 해당하므로, 위와 같은 절차적 하자는 치유된다고 볼 것이다(대법원 1999. 3. 26. 선고 98두4672 판결 참조).

3) 징계양정의 적정성에 대하여

근로자에게 징계사유가 있어 징계처분을 하는 경우 어떠한 처분을 할 것인가는 원칙적으로 징계권자의 재량에 맡겨져 있는 것이지만, 징계권자가 재량권을 행사하여 한 징계처분이 사회통념상 현저하게 타당성을 잃어 징계권자에게 맡겨진 재량권을 남용한 것이라고 인정되는 경우에는 그 징계처분은 위법하다 할 것이고, 징계처분이 사회통념상 현저하게 타당성을 잃은 처분인지 여부는 구체적인 사례에 따라 직무의 특성, 징계의 사유가 된 비위사실의 내용과 성질 및 징계에 의하여 달성하려는 목적과 그에 수반되는 제반 사정을 참작하여 사회통념상 객관적으로 명백히 부당한지 여부에 의하여 가려야 한다(대법원 2000. 10. 13. 선고 98두8858 판결, 대법원 2002. 9. 24. 선고 2002두4860 판결 참조). 이 사건으로 돌아와 살펴보면, 원고는 기자회견과 검찰 무혐의처분 이후 계속된 1인 시위로 참가인의 명예와 신용에 상당한 피해를 가한 것으로 보이는 점, 여러 차례 참가인의 지시에 위반하고 허위의 사실을 유포하면서 동료 근로자들 사의 단결과 화합을 저해해온 점 등을 종합하면, 원고에 대한 이 사건 징계가 사회통념상 객관적으로 명백히 부당하여 징계양정에 관한 재량권을 일탈.남용한 것이라고 할 수 없으므로, 원고의 이 부분 주장은 받아들이지 아니한다.

4) 부당노동행위에 해당한다는 주장에 대하여

근로자에 대한 불이익처분에 정당한 이유가 있다고 인정되는 경우 이와 같은 불이익처분이 부당노동행위에 해당한다고 할 수 없으므로(대법원 1996. 4. 23. 선고 95누6151 판결 등 참조), 위와 같이 이 사건 징계가 정당하다고 보는 이상 위 처분이 부당노동행위에 해당한다는 취지의 원고의 주장도 이유 없다.

5) 결론

비록 일부 징계사유의 인정 여부에 있어 다소 상이한 점은 있으나, 결론에 있어서 이 사건 징계가 정당하다고 본 중앙노동위원회의 재심판정에 원고의 주장과 같은 위법이 있다고 할 수 없다.

소　장

원고　　　　　　○○○○ 주식회사
　　　　　　　　경상남도 울산광역시시 ○○동
피고　　　　　　중앙노동위원회위원장
　　　　　　　　○ ○ ○(주민등록번호)
보조참가인

부당해고구제재심판정취소등

청구취지

1. 중앙노동위원회가 2009. 3. 18. 원고와 피고 보조참가인(이하 '참가인'이라 한다) 사이의 2009부해○○호 부당해고구제 재심신청사건에 관하여 한 재심판정을 취소한다.
2. 소송비용은 피고가 부담한다.
라는 판결을 구합니다.

청구원인

1. 재심판정의 경위

(1) 원고는 상시근로자 140여 명을 고용하여 ○○업을 영위하는 회사이고, 참가인은 1988. 4. 18. 원고에 입사하여 ○○○과장(2급)으로 근무하다가 2004. 8. 1. 부장(1급)으로 승진하여 2008. 8. 1. 직급정년 연임기간이 만료되었다는 이유로 면직처분된 사람입니다(이하 '이 사건 면직'이라 한다).

(2) 불복절차
1) 경기지방노동위원회(2008부해○○) : 2008. 12. 19. 부당해고 구제신청 인용
○ 사유 : 원고가 참가인에 대한 직급정년 연임기간을 3년에서 1년으로 단축, 변경한 것은 이미 확정된 연임기간에 대하여 절차를 무시하고 임의로 변경한 것이어서 적법하지 않다.

(2) 중앙노동위원회(2009부해○○) : 2009. 3. 18. 초심판정과 같은 취지로 사용자의 재심신청 기각(이하 '이 사건 재심판정'이라 한다)

2. 재심판정의 적법여부

(1) 이참가인은 인사명령 당시에는 아무런 구제신청을 하지 않고 있다가 연임기간 종료로 면직되고 난 이후인 2008. 10. 28.에 이르러서야 비로소 경기지방노동위원회에 부당해고 구제신청을 하였던 바, 이는 구제신청 기간을 도과하여 부적법합니다.

(2) 참가인은 연임기간 축소에 대하여 묵시적으로 동의하고 정상적으로 근무해왔음에도 불구하고 지금에 와서 위 연임기간의 축소에 관한 인사명령이 부당하다고 다투는 것은 신의칙에 위배됩니다.

(3) ① 원고의 대표이사는 참가인을 3년간 연임시키기로 결정한 직후 노동조합위원장으로부터 참가인의 연임에 반발하여 직원들이 연판장을 돌리는 등 집단행동을 준비 중이라는 보고를 받고, 참가인의 업무수행 및 조직관리능력에 상당한 문제가 있다고 판단하여 연임기간을 3년에서 1년으로 단축하게 된 것이므로, 여기에는 정당한 사유가 존재하는 점, ② 참가인의 3년 연임결정에 관한 인사발령문이 사내게시판 및 전산망에 공고된지 불과 10여분만에 삭제되었기 때문에, 인사발령의 번복으로 참가인이 입게 되는 불이익은 극히 미미한 반면, 참가인의 3년 연임이 그대로 확정되었다면, 원고로서는 직원들의 반발로 업무 협조가 이루어지지 않아 극심한 재산상 손해가 예상되었던 점, ③ 인사규정상 직급정년 연임기간의 최종 결정권자는 원고의 대표이사이기 때문에, 인사발령을 번복함에 있어서 인사위원회의 심의를 거치지 않고 참가인으로 하여금 의견 제시의 기회를 부여하지 않았다고 하더라도 이를 두고 적법절차를 준수하지 않았다고 볼 수 없는 점 등을 감안할 때, 연임기간을 3년에서 1년으로 단축하여 재차 인사발령을 한 것은 유효하고, 그에 기한 이 사건 면직처분은 정당합니다.

3. 결론

위와 같은 사유로 인해 본 건 행정소송에 이르게 되었습니다.

입증방법

1. 갑 제1호증
2. 갑 제2호증

첨부서류

1. 위 각 입증방법　　　　　　　　　각 1부

2. 송달료 납부서

3. 소장부본

20 . . .

위 원고   (날인 또는 서명)

서울행정법원   귀중

당해판례

2009구합 15302

(1) 참가인의 구제신청이 구제신청 기간을 도과하였는지 여부

근로기준법 제28조 제1항, 제2항에 의하면, 사용자의 근로자에 대한 부당해고 등에 대한 구제신청은 부당해고 등이 있었던 날부터 3개월 이내에 행하도록 규정하고 있는 바, 부당해고 구제신청기간의 기산일이 되는 "부당해고 등이 있은 날"은 2차 인사명령 발령일자가 아니라 근로자의 해고가 실제로 효력을 발생한 날을 의미한다고 볼 것이므로, 참가인이 2008. 8. 1. 원고로부터 면직통보를 받고, 그때로부터 3월 이내에 구제신청을 제기한 이상 위 구제신청은 적법하다고 할 것이어서, 원고의 이 부분 주장은 이유 없다.

(2) 참가인의 구제신청이 신의칙에 위반되는지 여부

갑 8호증의 기재 및 변론 전체의 취지에 의하면 참가인이 이 사건 2차 인사명령 직후 원고의 전무이사인 ○○○에게 찾아와 연임기간 변경에 대하여 불만을 표시하였을 뿐 정식으로 회사에 이의제기를 취한 바 없고, 이 사건 면직통보를 받기 전까지 이전과 마찬가지로 근무를 계속해온 사실이 인정된다. 그러나, 참가인이 이와 같이 연임기간의 단축에 대하여 이의제기 등 적극적인 조치를 취한 바 없다는 사정만으로 연임기간의 단축 및 이에 터잡은 면직처분에 대하여 이를 정당한 것으로 인정하고 승복하였다고 볼 수 없고, 또 그에 대한 구제신청이 신의칙에 위배된다고 볼 수도 없다. 이 부분 원고의 주장 역시 이유 없다.

(3) 이 사건 면직처분이 정당한지 여부

(가) 정년직급제 도입의 유효성 여부(인사규정 제23조 제1항 제1호 규정)

취업규칙의 작성 · 변경에 관한 권한은 원칙적으로 사용자에게 있으므로 사용자는 그 의사에 따라 취업규칙을 작성, 변경할 수 있으나, 다만 그것이 근로조건을 근로자에게 불이익하게 변경하는 것일 때에는 종전 근로조건 또는 취업규칙의 적용을 받고 있던 근로자의 집단적 의사결정방법에 의한 동의를 요하고, 이러한 동의를 얻지 못한 취업 규칙의 변경은 사회통념상 합리성이 있다고 인정될 만한 것이 아닌 한 효력이 없다고 할 것이다(대법원 1994. 5. 24. 선고 93다14493 판결 참조). 이 사건에 관하여 보건대, 인사규정에 '직급정년제'를 도입하는 것은 사실상 연령정년에 도달하지 않은 근로자의 정년을 앞당기는 효과가 동반되므로 이는 근로조건의 내용을 일방적으로 근로자에게 불이익하게 변경하는 것에 해당하여 종전 취업규칙의 적용을 받던 근로자 집단의 집단 의사결정방법에 의한 동의를 요한다 할 것이다.

앞서 인정한 사실에 의하면 원고는 1996. 2. 1. 직급정년제를 최초로 도입함에 있어서는 당시 1급으로 재직하고 있는 직원 1명의 동의를 받았을 뿐이지만, 그 후 2001. 7. 31. 위 직급정년제의 연임기한을 5년에서 3년으로 개정함에 있어서는 근로자 과반수로 구성된 노동조합의 의견을 청취하고 동의를 받는 과정을 거쳤음을 알 수 있고, 사실관계가 위와 같다면 위 직급정년제는 결과적으로 적법한 절차를 거쳐 도입된 것으로 봄이 상당하다. 참가인은 직급정년제의 적용을 받지 않는 3급 이하의 근로자들(총 43명의 근로자 중 22명)로만 구성되어 있는 노동조합의 의견을 청취하는 것만으로는 적법한 절차를 거쳤다고 볼 수 없고, 직급정년제의 직접적인 적용을 받는 1급 이상의 근로자들의 의견을 청취하고 이들의 동의를 얻어야 한다는 것이나, 3급 이하의 직원들이라도 누구나 1급 이상으로의 승진기회가 부여되어 있고 이와 같이 승진한 직원들은 직급정년제의 적용을 받는 것이므로, 직급정년제 관련 인사규정은 1급 이상에만 관련되는 것이 아니라 직원 전부에게 직접적 또는 간접적, 잠재적으로 관련된다는 점에서 전체 직원들이 동의주체가 된다고 봄이 상당하다. 따라서 직급정년제 도입 내지 직급정년제 관련 인사 규정의 개정에 있어서 근로자 과반수로 구성된 노동조합의 의견을 청취하여 동의를 거쳤다면 이는 근로자의 집단적 의사결정방법에 의한 동의가 있다고 봄이 상당하다.

(나) 이 사건 2차 인사명령이 유효한지 여부

앞서 본 바와 같이 원고의 대표이사가 인사위원회의 의결에 따라 참가인을 3년간 연임시키기로 결정하고 같은 취지의 인사명령문을 대내외적으로 공고까지 한 상황이라면 3년 연임의 인사발령은 이미 그 효력을 발생하였다고 할 것이므로, 그 이후에 대표이사가 일방적으로 인사명령의 내용을 번복하여 연임기간을 3년에서 1년으로 단축시켰다면 이는 근로계약상 중대한 근로조건인 계약기간을 사용자 임의로 변경한 것에 해당하여 근로자인 참가인의 사전 동의가 없는 한 무효라고 봄이 상당하고, 직원들이 참가인의 장기연임을 반대하여 집단행동을 하려는 움직임이 있었다든지 1차 인사명령과 2차 인사명령 사이의 시간 간격이 불과 10여분에 불과하였다는 등의 사정은 위 2차 인사명령을 정당화하는 사유로 보기 어렵다.

이와 같이 이 사건 2차 인사명령이 무효인 이상, 위 인사명령이 유효함을 전제로 이루어진 이 사건 면직처분은 사용자의 일방적인 의사에 의하여 근로계약관계를 종료시키는 해고에 해당한다고 할 것인데, 원고 제출의 증거만으로는 참가인을 해고시킬 만한 정당한 사유가 인정되지 아니하므로, 참가인에 대한 해고는 부당해고라 할 것이다.

(4) 소결론

따라서 같은 취지의 이 사건 재심판정은 적법하다.

[서식] 부당해고구제재심판정취소 청구의 소

소   장

원고	○○○○ 주식회사
	경상남도 울산광역시시 ○○동
피고	중앙노동위원회위원장
보조참가인	○ ○ ○(주민등록번호)

부당해고구제재심판정취소

청구취지

1. 중앙노동위원회가 2009. 3. 18. 원고와 피고보조참가인 사이의 2009부해○○, 2009부 노○○ 부당정직 및 부당노동행위구제 재심신청 사건에 관하여 한 재심판정 중 부당 정직에 관한 부분을 취소한다.

2. 소송비용 중 보조참가로 인한 부분은 피고보조참가인이, 나머지는 피고가 각 부담한다.

라는 판결을 구합니다.

청구원인

1. 재심판정의 경위

원 고	사업의 내용	상시 근로자 230여 명을 고용하여 ○○업 등을 영위
참 가 인	입사일	1995. 8. 25.
	회사 내 직위	○○팀 ○○
	징계처분일·내용	2008. 9. 18. 정직 30일(이하 '이 사건 정직'이라 고 한다)
	징계사유	① 2008. 8. 8. 관리직 직원 및 경비원들 폭행, 동료직원 인

		신공격
		② 2008. 8. 11. 현장촬영하는 상급자 폭행 및 카메라 손괴
		③ 2008. 9. 10. 작업장 이탈
	징계근거	취업규칙 제24조 제1항, 제6항, 제10항, 제65조 제5항, 제67조 제15항, 제20항
초심판정 (경기지방 노동위원회)	사건번호	2008부해○○, 2008부노○○
	판정내용	참가인의 부당정직 및 부당노동행위 구제신청 기각
재심판정	사건번호	2009부해○○, 2009부노○○
	판정내용	참가인의 부당정직 구제신청 인용{정직과 관련하여 단체협약에는 '30일 이하의 정직'이, 취업규칙에는 '15일 이하의 출근정지'가 각 규정되어 있는바, 이 사건 징계사유가 취업규칙에 근거한 이상 취업규칙에서 정하고 있는 정직(출근정지)의 한도를 초과한 것이어서 징계권 남용이라는 이유}

2. 재심판정의 적법여부

개정된 단체협약에는 취업규칙상의 유리한 조건의 적용을 배제하고 개정된 단체협약이 우선적으로 적용된다는 내용의 합의가 포함된 것이므로, 원고가 단체협약상의 징계의 종류로서 정직을 선택하여 참가인을 징계한 것은 정당합니다.

3. 결론

따라서 위와 같은 이유로 인해 본 건 행정소송에 이르게 되었습니다.

입증방법

1. 갑 제1호증
2. 갑 제2호증

첨부서류

1. 위 각 입증방법   각 1부
2. 송달료 납부서
3. 소장부본

20　.　.　.

위 원고　　　 (날인 또는 서명)

서울행정법원　　　 귀중

당해판례

2009구합 16787

(1) 징계사유의 존부 및 징계종류 선택의 정당성 여부

(가) 앞서 본 바와 같이 참가인이 ① 2008. 8. 8. 관리직 직원 및 경비원을 폭행하고 동료직원을 모욕한 사실, ② 2008. 8. 11. 상급자를 폭행하고 회사 물품(카메라)을 손괴한 사실, ③ 2008. 9. 10. 작업장을 무단 이탈함으로써 업무지시를 불이행한 사실이 인정되고, 위 각 행위는 취업규칙 제24조 제1항, 제6항, 제10항, 제65조 제5항, 제67조 제15항에서 정한 징계사유에 해당한다. 참가인이 조합활동을 하던 중 우발적으로 발생한 행위가 있다고 하더라도 그 사정만으로 징계사유 해당성을 부정할 수는 없다.

(나) 나아가, 원고가 참가인을 징계함에 있어 위 취업규칙의 징계사유를 들어 정직 30일의 징계를 한 것이 정당한지 여부에 관하여 살펴본다.

협약자치의 원칙상 노동조합은 사용자와 사이에 근로조건을 유리하게 변경하는 내용의 단체협약뿐만 아니라 근로조건을 불리하게 변경하는 내용의 단체협약도 체결할 수 있으므로, 근로조건을 불리하게 변경하는 내용의 단체협약이 현저히 합리성을 결하여 노동조합의 목적을 벗어난 것으로 볼 수 있는 것과 같은 특별한 사정이 없는 한 그러한 노사간의 합의를 무효라고 볼 수는 없고, 단체협약의 개정에도 불구하고 종전의 단체협약과 동일한 내용의 취업규칙이 그대로 적용된다면 단체협약의 개정은 그 목적을 달성할 수 없으므로 개정된 단체협약에는 당연히 취업규칙상의 유리한 조건의 적용을 배제하고 개정된 단체협약이 우선적으로 적용된다는 내용의 합의가 포함된 것이라고 봄이 당사자의 의사에 합치한다고 할 것이다(대법원 2002. 12. 27. 선고 2002두9063 판결 등 참조). 이러한 법리에 비추어 원고 회사의 취업규칙과 단체협약상의 '징계사유'와 '징계의 종류'에 관련된 조항을 비교하여 보면, 취업규칙과 단체협약상의 징계사유 및 종류가 상호 저촉되는 것이 아닐 뿐만 아니라 이 사건 노동조합과 원고로서도 단체협약을 체결함에 있어 취업규칙상의 징계사유 및 종류를 배제하기로 하는 별도의 합의가 있었다고 보기 어려운 이상, 근로자에 대한 징계사유를 단체협약에서 제한적으로 열거하고 있는 것이 아니라 취업규칙에서 정한 징계사유 외에 다른 징계사유를 추가하여 단체협약 제12조에서 규정하고 있는 것으로 보아야 하고, 따라서 앞서 본 취업규칙상의 징계사유는 참가인에 대한 징계의 근거규정이 될 수 있고, 또한 단체협약에 정하여진 징계의 종류 중 하나인 30일의 정직을 선택하여 징계하는 것도 가능하다고 봄이 상당하다(앞서 본 바와 같이 해고 사유에 해당하는 징계사유의 존재가 인정되는 이상, 처벌 수위를 낮추어 그보다 경미한 정직 등의 징계를 하는 것이 원고 회사의 단체협약 및 취업규칙에 위배된다고 볼 수도 없다).

(2) 징계절차의 정당성 여부

(가) 다만, 징계위원회의 구성 방식 및 의결정족수 등 징계의 절차 문제에 있어서는 취업규칙과 단체협약의 규정이 서로 양립하는 것이 불가능하고 택일적으로 적용될 수 밖에 없을 뿐더러 그에 관한 단체협약의 내용이 현저히 합리성을 결하여 노동조합의 목적을 벗어난 것으로 볼 수 있는 것과 같은 특별한 사정도 없는 점, 원고는 단체협약 체결 이후 단체협약상의 징계절차에 따라 근로자를 징계하여 왔고 이에 대하여 이 사건 노동조합이나 근로자들로부터 아무런 이의가 없었던 것으로 보이는 점, 이 사건 소가 제기되기 전까지 참가인이나 징계위원회에 위원으로 참여한 이 사건 노동조합 분회장(○○○)이 단체협약에 따른 이 사건 징계절차에 대하여 아무런 이의를 제기하지 아니한 점 등을 종합하여 볼 때, 원고가 단체협약에 따라 징계위원회를 구성한 다음 징계위원 과반수의 참석과 그 과반수의 찬성으로 참가인에 대하여 이 사건 정직 처분을 한 것은 절차상 적법하다.

(나) 또한 살피건대, 위와 같이 재심 징계위원회가 다소 늦게 개최된 것은 이 사건 노동조합 분회장인 ○○○을 비롯한 징계위원들의 일정상의 이유로 노사 합의하에 이루어진 것으로 보이고, 참가인은 재심 징계위원회에 참석하여 자신의 입장을 소명할 기회를 부여받았으며(갑 20, 21호증 참조), 참가인과 위 ○○○은 이 사건 소가 제기되기 전까지 재심 징계위원회가 단체협약상의 기간보다 늦게 개최된 것에 대하여 아무런 이의를 제기하지 아니한 점에 비추어 보면, 재심청구일로부터 7일이 지나 재심 징계위원회가 개최되는 데에 대하여 참가인의 동의가 있었던 것으로 봄이 상당하므로, 여기에 참가인의 주장과 같은 절차상의 하자가 있다고 보기 어렵다.

(3) 징계양정의 합리성 여부

참가인이 이 사건 정직 처분을 받기 3개월 이전에도 이 사건 징계사유와 유사한 사유로 정직 7일의 징계를 받은 전력이 있는 점, 참가인에 대한 징계사유의 내용과 그 정도가 결코 가볍다고 할 수 없는 점 등에 비추어 보면, 이 사건 정직 처분이 참가인에게 너무나 과도하여 징계재량권을 일탈·남용하였다고 보기는 어렵다.

[서식] 부당해고구제재심판정취소 청구의 소

소　장

원고　　　　　　김 길 동(주민등록번호)
　　　　　　　　경기도 ○○시 ○○동 ○번지
피고　　　　　　중앙노동위원회위원장
보조참가인　　　○ ○ ○(주민등록번호)
부당해고구제재심판정취소

청구취지

1. 중앙노동위원회가 2008. 11. 28. 원고와 피고보조참가인 사이의 2008부해732호 부당해고구제
　재심신청사건에 관하여 한 재심판정을 취소한다.

2. 소송비용 중 보조참가로 인한 부분은 피고보조참가인이, 나머지는 피고가 각 부담한다.

라는 판결을 구합니다.

청구원인

1. 재심판정의 경위

(1) 원고는 상시 근로자 180여 명을 사용하여 ○○여객 자동차 운수사업 등을 영위 하는 회사이고,
피고보조참가인(이하 '참가인'이라고 한다)은 2002. 11. 27. 원고 회사에 입사하여 ○○영업소에서
시내버스 운전기사로 근무하던 중 2008. 4. 1.자로 사직처리된 사람입니다.

(2) 참가인은 원고로부터 부당해고를 당하였다고 주장하면서 2008. 6. 27. 경기지방노동위원회에
부당해고 구제신청(2008부해568)을 하였으나, 경기지방노동위원회는 2008. 8. 21. 참가인의 사
직서 제출이 자발적인 의사표시에 따라 이루어진 것이고 원고가 이를 수리함으로써 근로계약관계가
종료된 것으로 판단하여 참가인의 구제신청을 기각하였습니다.

참가인은 이에 불복하여 2008. 10. 2. 중앙노동위원회에 재심신청(2008부해732)을 하였는데,
중앙노동위원회는 2008. 11. 28. 참가인의 사직서 제출을 진의 아닌 의사표시에 해당하는 것으로
보아 초심판정을 취소하는 판정을 하였습니다(이하 '이 사건 재심판정'이라고 한다).

2. 재심판정의 위법성

참가인은 2008. 4. 1.자로 직접 작성한 사직서를 자신의 형인 ○○○을 통하여 2008. 4. 7. 원고에게 제출하였고, 같은 날 원고 회사의 노무팀장인 ○○○이 참가인에게 전화를 걸어 사직의사를 확인하고 이를 수리하였는바, 원고와 참가인간의 근로계약관계는 참가인의 사직서 제출에 따른 사직의 의사표시를 사용자인 원고가 수락함으로써 합의해지에 의하여 종료되었다고 할 것입니다.

3. 결론
위와 같이 피고의 재심판정은 위법하므로 이의 취소를 구하는 본 건 행정소송에 이르게 되었습니다.

입증방법

1. 갑 제1호증
2. 갑 제2호증

첨부서류

1. 위 각 입증방법   각 1부
2. 송달료 납부서
3. 소장부본

20 .   .   .
위 원고   (날인 또는 서명)

서울행정법원   귀중

당해판례

2009구합 1075
1. 사용자가 사직의 의사 없는 근로자로 하여금 어쩔 수 없이 사직서를 작성·제출하게 한 후 이를 수리하는 이른바 의원면직의 형식을 취하여 근로계약관계를 종료시키는 경우처럼 근로자의 사직서 제출이 진의 아닌 의사표시에 해당하는 등으로 무효이어서 사용자의 그 수리행위를 실질적으로 사용자의 일방적 의사에 의하여 근로계약관계를 종료시키는 해고라고 볼 수 있는 경우가 아닌 한, 사용자가 사직서 제출에 따른 사직의 의사표시를 수락함으로써 사용자와 근로자 사이의 근로계약관계는 합의해지에 의하여 종료되는 것이므로, 이와 같은 경우 사용자의 근로자에 대한 근로계약관계의 소멸통지는 관념의 통지에 불과하여 이를 근로기준법상의 해고라고 할 수 없다(대법원 1996.

7. 30. 선고 95누7765 판결 등 참조). 그리고 진의 아닌 의사표시에 있어서의 진의란 특정한 내용의 의사표시를 하고자 하는 표의자의 생각을 말하는 것이지 표의자가 진정으로 마음속에서 바라는 사항을 뜻하는 것은 아니므로, 표의자가 의사표시의 내용을 진정으로 마음속에서 바라지는 아니하였다고 하더라도 당시의 상황에서는 그것을 최선이라고 판단하여 그 의사표시를 하였을 경우에는 이를 내심의 효과의사가 결여된 진의 아닌 의사표시라고 할 수 없다(대법원 1996. 12. 20. 선고 95누16059 판결 등 참조).

2. 이 사건의 경우 앞서 본 인정사실에 의하여 알 수 있는 다음과 같은 사정을 종합하여 보면, 참가인의 사직서 작성은 진의 아닌 의사표시가 아닌 자발적인 의사표시에 따라 이루어진 것이며, ㅇㅇㅇ에 의한 사직서 제출 역시 참가인이 이를 사전에 동의한 것으로 볼 수 있어 원고와 참가인 사이의 근로계약관계는 합의해지에 의하여 종료된 것으로 판단된다.

1) 참가인의 주장에 의하면 단지 보관하고 있으라는 취지로 형인 ㅇㅇㅇ에게 사직서를 작성하여 교부하였다는 것인데, 참가인은 원고 회사의 노무팀장으로부터 ㅇㅇㅇ에 의하여 참가인의 사직서가 제출되었다는 전화연락을 받고도 사직서를 반환받는 등의 적극적인 조치를 전혀 취하지 않았다.

2) 위 사직서가 ㅇㅇㅇ의 강요에 의하여 작성되었다는 사실에 부합하는 증인 ㅇㅇㅇ, ㅇㅇㅇ의 각 증언은 믿기 어렵고 달리 이를 인정할 만한 증거가 없으며, 안내방송용 마이크(핀 마이크)를 사용하지 않아 대표이사와 면담을 한 9명 중 4명만이 사직하고 나머지는 원고 회사에서 계속 근무하여 온 점에 비추어 보면, 참가인이 회사측의 강요에 의하여 사직서를 제출하지 않으면 안될 상황이었다고 볼 수도 없다(추후 사직서를 제출한 ㅇㅇㅇ에 대하여도 회사에서 사직을 강요하기 위한 부당한 대우는 없었다).

3) 사직서가 제출되어 수리된 후 참가인은 다른 일자리를 알아보면서 원고 회사에서 퇴직한 것으로 기재된 이력서를 작성하고 다른 버스 회사에 입사하여 근무한 사실이 있을 뿐만 아니라 원고로부터 퇴직금을 별다른 이의 없이 수령하였으며, 노동조합으로부터 전별금을 수령하기 위하여 몇 차례에 걸쳐 노동조합 사무실을 방문하고 내용증명우편으로 이를 독촉한 끝에 전별금을 수령하였다.

3. 따라서 원고가 참가인의 사직서를 수리한 것을 부당해고로 본 이 사건 재심판정은 위법하다.

소 장

원고　　　　　　　　김 길 동(주민등록번호)
　　　　　　　　　　경기도 인천시 ○○동 ○번지
피고　　　　　　　　중앙노동위원회위원장
보조참가인　　　　　○ ○ ○(주민등록번호)
부당해고및부당노동행위구제재심판정취소

청구취지

1. 중앙노동위원회가 2009. 3. 20. 원고와 피고보조참가인(이하 '참가인'이라 한다) 사이의 2009부
   해91, 부노20 부당해고 및 부당노동행위구제 재심신청 사건에 관하여 한 재심판정을 취소한다.
2. 소송비용은 피고가 부담한다.

라는 판결을 구합니다.

청구원인

1. 재심판정의 경위

(1) 당사자의 지위

1) 원고는 2008. 2. 11.부터 참가인이 운영하는 '○○기업'에 입사하여 생산직 사원으로 근무하던
   근로자입니다.

2) 참가인은 위 주소지에서 상시근로자 70여 명을 고용하여 자동차 조립·생산업을 하는 사용자입
   니다.

(2) 이 사건 징계해고의 경위

1) 참가인은, 원고가 1998년경 ○○대학교에 입학하여 2003. 8.경 위 학교를 졸업하였음에도,
   입사할 당시 이력서의 하려 및 경력사항란에 '1998년경부터 2000년경까지 대학입시를 준비하고
   2001. 1.경부터 2003. 12.경까지 ○○○ 방송국 야간송출실에서 근무하였다.'라는 내용의 허위
   사실을 기재하였다는 이유로, 2008. 9. 12. 징계위원회를 개최하여 원고에 대하여 징계해고(이
   하 '이 사건 징계해고'라 한다)를 하였습니다.

2) 원고는 참가인에 대하여 재심을 신청하였으나, 참가인은 2008. 10. 2. 재심징계위원회를 개최하

여 이 사건 징계해고를 확인하였습니다.

(3) 초심판정과 재심판정

1) 충남지방노동위원회의 2009. 1. 6.자 2008부해409, 부노59 초심판정 : 원고의 구제신청 기각.

2) 중앙노동위원회의 2009. 3. 20.자 2009부해91, 부노20 재심판정: 원고의 재심신청 기각.

2. 재심판정의 적법여부

(1) 이 사건 징계해고는 원고가 참가인과 사이의 근로계약을 체결하기 전의 사유로 징계를 한 것으로 그 정당한 징계사유가 없거나, 원고의 평소 근무태도, 원고의 행위로 인한 ○○기업에의 영향 등에 비추어 그 징계양정이 위법합니다.

(2) 이 사건 징계해고의 징계사유는 표면적인 구실에 불과하고, 원고가 참가인의 거래처인 ○○○ 주식회사에 대한 유인물을 배포한 것을 이유로 한 것으로, 이는 노동조합 및 노동관계조정법 제81조 제1호에 정한 불이익 취급의 부당노동행위에 해당합니다.

3. 결론

위와 같은 사유로 인해 본 건 행정소송에 이르게 되었습니다.

입증방법

1. 갑 제1호증

2. 갑 제2호증

3. 갑 제3호증

첨부서류

1. 위 각 입증방법 각 1부

2. 송달료 납부서

3. 소장부본

20 . . .

위 원고   (날인 또는 서명)

서울행정법원   귀중

당해판례

2009구합 15098

1) 징계사유 해당 여부

근로자의 채용시의 허위경력기재행위 내지 경력은폐행위를 징계사유로 규정하는 취업규칙 등은 허위사항의 기재가 작성자의 착오로 인한 것이거나 그 내용이 극히 사소하여 그것을 징계사유로 삼는 것이 사회통념상 타당하지 않다는 등의 특별한 사정이 있는 경우까지에도 적용되지 않는 한, 정당한 징계사유를 규정한 것으로 유효하다(대법원 2000. 6. 23. 선고 98다54960 판결 등 참조). 이 사건에서, 원고가 이력서에 학력을 허위로 기재한 것이 원고의 착오에 의한 것이라거나 그 내용이 사소한 것이라고 볼 만한 아무런 사정이 없으므로, 원고의 위와 같은 학력 허위 기재 사실은 취업규칙 제6조 제1호, 제2호, 제65조 제1항에 정한 정당한 징계사유가 된다.

2) 징계양정의 적법 여부

아래와 같은 사정을 모두 종합하면, 비록 참가인 회사가 원고를 채용할 당시 명시적으로 고졸 이하의 학력을 채용조건으로 요구하지 않았고, 실제로도 학력이 원고의 업무수행에 별다른 영향을 미치지 않았으며, 원고가 입사 이후 동료에게 위화감을 조성하거나 동료와 갈등을 유발함이 없이 근무하여 왔다고 하더라도, 원고가 입사 당시 이력서에 대학졸업 사실을 기재하지 않은 것은 정당한 해고사유 에 해당한다.

가) 원고가 대학 졸업자임에도 입사 당시 이력서에 대학졸업 사실을 기재하지 않고 이를 은폐하기 위하여 대학입시준비 등과 같은 경력을 기재한 것은 그 자체로 신의와 성실을 바탕으로 한 근로계 약에 있어서 원고의 정직성에 대한 중요한 부정적인 요소가 될 뿐만 아니라 참가인의 원고에 대한 전인격적인 판단을 그르치게 하는 행위에 해당한다.

나) ○○기업의 취업규칙(을 15호증) 제7조 제2호, 제66조 제10호는 경력 또는 학력의 허위기재 행위를 채용취소 사유 또는 해고사유로 규정하고 있다.

다) 최근에 대학졸업자의 하향취업 경향이 있고, 헌법과 법률에서 근로자에게 근로 3권과 사회적 신분을 이유로 차별적 처우를 받지 않을 권리를 인정하고 있다는 사정만으로 원고의 위와 같은 학력에 관한 허위기재 행위가 정당화될 수는 없다.

라) 참가인이 4년제 대학 졸업자를 생산직 사원으로 채용하지 않아 왔으므로, 참가인이 채용 당시 원고의 4년제 대학 졸업 사실을 알았더라면, 원고를 채용하지 않았을 것으로 보인다.

3) 부당노동행위 여부

사용자의 행위가 노동조합 및 노동관계조정법에 정한 부당노동행위에 해당하는지 여부는 사용자의 부당노동행위 의사의 존재 여부를 추정할 수 있는 모든 사정을 전체적으로 심리 검토하여 종합적으로 판단하여야 하고, 부당노동행위에 대한 증명책임은 이를 주장하는 근로자 또는 노동조합에 있으므로, 필요한 심리를 다하였어도 사용자에게 부당노동행위 의사가 존재하였는지 여부가 분명하지 아니하여 그 존재 여부를 확정할 수 없는 경우에는 그로 인한 위험이나 불이익은 그것을 주장한 근로자 또는 노동조합이 부담할 수밖에 없다. 이와 관련하여 사용자가 근로자에게 징계나 해고 등 기타 불이익한 처분을 하였지만 그에 관하여 심리한 결과 그 처분을 할 만한 정당한 사유가 있는 것으로 밝혀졌다면 사용자의 그와 같은 불이익한 처분이 부당노동행위 의사에 기인하여 이루어진 것이라고 섣불리 단정할 수 없다(대법원 2007. 11. 15. 선고 2005두4120 판결 등 참조).

이 사건에 관하여 보건대, 참가인이 정당한 해고사유에 기하여 적법하게 원고를 해고하였음은 앞서 살펴본 바와 같고, 갑 5 내지 8호증의 각 기재만으로는 이 사건 해고가 참가인의 부당노동행위 의사에 기인하여 이루어진 것임을 인정하기에 부족하며, 달리 이를 인정할 만한 증거가 없다.

4) 소결론
따라서 이 사건 재심판정은 적법하고, 이와 반대의 견해를 전제로 한 원고의 주장은 모두 이유 없다.

[서식] 부당해고구제재심판정취소 청구의소

소　장

원고	김 길 동(주민등록번호) 서울시 동대문구 ○○동 ○번지 (전화 000-000, 팩스 000-000)
피고	중앙노동위원회위원장

부당해고구제재심판정취소

청구취지

1. 중앙노동위원회가 2009. 3. 11. 원고와 피고보조참가인(이하 '참가인'이라 한다) 사이의 2009부해○○ 부당해고구제 재심신청 사건에 관하여 한 재심판정을 취소한다.
2. 소송비용은 피고가 부담한다.

라는 판결을 구합니다.

청구원인

1. 재심의 경위

(1) 당사자의 지위

1) 원고는 위 주소지에서 상시근로자 240여 명을 고용하여 'ㅇㅇㅇ' 등 전통문화예술보급 및 체험시설 운영 등의 사업을 하는 사용자입니다.

2) 참가인은 1988. 3. 1. 원고에 입사하여 'ㅇㅇㅇ' 민속예술단(이하 '이 사건 예술단'이라 한다)의 무용단원으로 근무하던 근로자입니다.

(2) 근로관계 종료의 경위

1) 원고는 참가인을 비롯한 이 사건 예술단의 무용단원과 사이에 기간의 정함이 없는 근로계약을 체결하여 오던 중, 2000. 1. 1.부터 기존의 '전속단원 관리규정'을 개정하여 위 무용단원과 사이에 기간의 정함이 있는 근로계약을 체결하기로 하는 'ㅇㅇㅇ 민속예술단 운영내규'(이하 '운영내규'라 한다)를 제정하기로 하고, 1999. 12.경 참가인을 비롯한 이 사건 예술단의 무용단원들로부터 "원고 재단에서 추진하는 공연단 운영제도 개선에 따라 1999년 말로 퇴직금을 정산하고 2000년부터 연봉제 계약제로 전환하는 데 이의 없이 동의한다."라는 내용의 동의서를 받았습니다.

2) 그 후 원고는 2000. 4.경 무용단원의 연령을 종전 '전속단원 관리규정' 상의 '만 18세 이상 만 45세 이하인 자'에서 '만 18세 이상 35세 이하인 자'로 제한하는 내용의 운영내규(안)을 작성하였다가, 2000. 6. 21. 위 무용단원의 연령을 '만 18세 이상 40세 이하인 자'로 정한 운영내규 제13조 제3호가 포함된 운영내규(위와 같이 무용단원과 사이의 근로계약을 매년 예능도 심사에 따라 재계약을 체결하기로 하는 연봉제 계약제로 전환하는 내용이 포함되어 있다)를 제정하여 2000. 1. 1.자로 소급하여 시행하되, 위 조항만을 2001. 7. 1.부터 시행하였습니다.

3) 원고는 2001. 1. 1.부터 2007. 6. 30.까지 참가인과 사이에 기간의 정함이 있는 근로계약을 갱신하여 체결하여 오다가, 직원들 보수인상률 결정을 위한 2007년 상반기 경영실적 분석 및 정부의 예산승인 일정이 2007. 8.경까지 지연되어 참가인과 사이에 근로 계약을 재계약하지 못하고 있던 중, 참가인과 사이에 2007. 7. 1.자로 재계약을 체결하였다면 만 40세 미만으로 재계약이 가능하였다는 것을 전제로, 2007. 9. 30.경 참가인과 사이에 2008. 9. 30.까지의 근로계약을 체결하였습니다.

4) 그 후 원고는 2008. 8. 29. 참가인에 대하여, 참가인이 만 40세를 초과하여 무용단원의 자격이

없다는 이유로 2008. 9. 30.자로 근로계약 기간이 만료되면 면직된다는 내용의 통지를 하였습니다.

(3) 초심판정과 재심판정

1) 서울지방노동위원회의 2008. 12. 1.자 2008부해○○ 초심판정 : 참가인의 구제신청 인용.

2) 중앙노동위원회의 2009. 3. 11.자 2009부해○○ 재심판정 : 원고의 재심신청 기각(원고와 참가인 사이의 근로계약은 기한의 정함이 없는 근로계약이라 할 것인데, 원고는 무용단원의 동의 없이 불이익하게 개정되어 무효인 운영내규(2000. 1. 1.) 제13조 제3호를 적용하여 참가인과 사이의 근로계약의 재계약을 거절하였으므로, 이는 부당해고에 해당한다).

2. 처분의 위법성

(1) 원고와 참가인 사이의 근로계약은 기간의 정함이 있는 근로계약이므로 이 사건 근로관계 종료를 원고의 일방적인 의사표시에 의한 해고로 볼 수 없습니다.

(2) 설령 위 근로계약이 기간의 정함이 없는 근로계약이라 하더라도, 운영내규상 연령제한 규정은 1999. 12.경 이 사건 예술단의 무용단원으로부터 동의를 받아 작성된 것이거나 이 사건 예술단의 무용단원을 제외한 원고의 나머지 근로자 중 과반수로부터 2009. 6. 26.경 소급하여 위 규정에 동의받아 유효하고, 설령 위와 같은 동의가 없었다고 하더라도, 통상적인 무용가의 공연가능 연령, 원고의 공연의 특성인 군무(群舞) 등을 고려하면 위 연령제한 규정은 합리적인 이유가 있는 규정이어서 유효하다고 할 것이므로, 이러한 규정에 따라 원고가 참가인과 사이의 근로계약의 재계약 체결을 거부한 것은 정당합니다.

3. 결론

위와 같이 피고의 처분은 위법한 행정처분에 해당하므로 이의 취소를 구하는 본 건 행정소송에 이르게 되었습니다.

입증방법

    1. 갑 제1호증
    2. 갑 제2호증

첨부서류

1. 위 각 입증방법　　　　　　　　　　　각 1부
2. 송달료 납부서
3. 소장부본

20　.　.　.

위 원고　　　　(날인 또는 서명)

서울행정법원　　　귀중

당해판례

2009구합 12785

1) 기간의 정함이 있는 근로계약을 체결하였는지 여부

근로계약기간을 정한 근로계약서를 작성한 경우 처분문서인 근로계약서의 문언에 따라 특별한 사정이 없는 한 근로자와 사용자 사이에는 기간의 정함이 있는 근로계약을 맺었다고 보아야 하고, 이 경우 근로계약기간이 끝나면 그 근로관계는 사용자의 해고 등 별도의 조처를 기다릴 것 없이 당연히 종료됨이 원칙이다. 다만, 기간을 정한 근로계약서를 작성한 경우에도, 예컨대 단기의 근로계약이 장기간에 걸쳐서 반복하여 갱신됨으로써 그 정한 기간이 단지 형식에 불과하게 된 경우 등 계약서의 내용과 근로계약이 이루어지게 된 동기 및 경위, 기간을 정한 목적과 채용 당시 계속근로의사 등 당사자의 진정한 의사, 근무기간의 장단 및 갱신 횟수, 동종의 근로계약 체결방식에 관한 관행 그리고 근로자보호법규 등을 종합적으로 고려하여 그 기간의 정함이 단지 형식에 불과하다는 사정이 인정되는 경우에는 계약서의 문언에도 사실상 기간의 정함이 없는 근로계약을 맺었다고 볼것이다(대법원 2007. 9. 7. 선고 2005두16901 판결 등 참조).

이 사건에서, 위 처분의 경위 및 처분의 경위에서 알 수 있는 아래와 같은 사정, 즉 ① 참가인은 1988. 3. 1. 원고에 입사하여 1999. 12. 31.까지 기간의 정함이 없는 근로자로서 근무를 하였고, 또한 2000. 1. 1.부터 2007. 6. 30.까지 여러 차례에 걸쳐 근로계약을 갱신

하여 온 점, ② 원고는 2007. 9. 30.경 참가인이 만 40세를 초과하여 근로계약 재계약을 거절할 수 있었음에도 2008. 9. 30.까지의 재계약을 체결한 점, ③ 원고와 참가인 사이의 갱신되는 근로계약에 정하여진 근로조건이나 계약조건에 관하여는 재계약 체결될 때마다 별다른 논의나 변화없이 동일하게 체결되어 온 것으로 보이는 점, ④ 원고와 참가인 사이의 매년 근로계약을 갱신함에 있어

예능도 심사를 거쳐 근로계약 재계약 체결 여부를 결정하도록 규정(운영내규 제20조)하고 있는데, 이와 같은 예능도 심사에 의하여 근로계약이 갱신되지 않은 근로자가 전혀 없어 참가인을 비롯한 이 사건 예술단의 무용단원들에게는 근로계약이 계속 갱신될 것으로 기대하고 있었던 점 등을 종합하면, 원고와 참가인 사이에 체결된 근로계약에서 정한 기간은 단지 형식에 불과하여 참가인은 사실상 기간의 정함이 없는 근로자의 지위에 있었고, 원고의 참가인에 대한 이 사건 근로계약기간 만료 통지는 실질적으로 해고에 해당한다고 할 것이다.

2) 재계약 거절의 정당한 이유 여부

원고가 참가인과 사이에 근로계약의 재계약을 체결하지 않은 것은 운영내규 제13조 제3호에 정한 무용단원의 연령제한규정에 의한 것이다. 위 규정은 2000. 1. 1. 운영내규 개정으로 기존의 연령제한을 '만 18세 이상 만 45세 이하'에서 '만 18세 이상 만 40세 이하'로 정한 것으로, 참가인을 비롯한 이 사건 예술단의 무용단원에게 불이익한 취업규칙의 변경이라 할 것이다. 따라서 이에 관하여는 운영내규 개정 당시 시행중인 구 근로기준법(2007. 4. 11. 법률 제8372호로 전부 개정되기 전의 것) 제97조 제1항 단서에 따라 노동조합 또는 근로자 과반수의 동의를 얻어야 할 것이다. 그러나 갑 6, 7, 8, 10, 11, 12호증(이상 가지번호 포함)의 각 기재와 증인 ○○○, ○○○의 각 증언만으로 참가인을 비롯한 이 사건 예술단의 무용단원들이 1999. 12.경 운영내규에 정하여진 연령제한규정의 변경에 관하여 동의를 하였다는 점을 인정하기에 부족하다(원고는 1999. 12.경 원고를 비롯한 이 사건 예술단의 무용단원으로부터 연령제한을 만 45세 이하에서 만 40세 이하로 변경하는 운영내규 개정에 동의서를 받았다고 주장하나, 원고 스스로 2000. 4.경 연령제한 규정을 만 45세 이하에서 만 35세 이하로 정하는 운영내규 개정안을 기획하였다가 2000. 6. 21.에서야 만 40세 이하로 변경하는 운영내규를 작성한 것으로 보아 1999. 12. 경 원고가 참가인을 비롯한 무용단원에게 연령제한규정의 개정 내용에 관하여 설명하고 이에 관한 동의를 받았다고 볼 수 없다). 또한, 취업규칙의 불이익한 변경에 있어서는 불이익한 취업규칙의 적용을 받는 근로자의 과반수의 동의를 얻어야 하는 것이므로, 원고가 이 사건 예술단의 무용단원들이 아닌 원고의 다른 근로자들로부터 2009. 6. 26.경 운영내규에 관하여 소급적으로 동의를 받았다고 하더라도, 이러한 동의는 위 구 근로기준법에 정한 동의요건을 충족한 것으로 볼 수 없고, 갑 9호증의 1, 44의 각 기재에 변론 전체의 취지를 종합하면, 이 사건 예술단의 무용단원들 24명 중 과반수가 아닌 4명만이 동의한 사실이 인정될 뿐이다. 또한, 이 법원의 ○○○ 무용단장, ○○○극장장에 대한 사실조회결과에 비추어 보면, 갑 10호증의 기재와 증인 ○○○의 증언만으로 위와 같은 연령제한규정에 근로자의 과반수의 동의를 얻지 않아도 될 정도의 합리적인 이유가 있다고 볼 수 없다. 따라서 원고가 참가인에 대하여 재계약 체결을 거절한 것은 정당한 이유가 없다고 할 것이다.

3) 결론

따라서 이 사건 근로관계 종료는 기간의 정함이 없는 근로계약에 있어서 정당한 이유없이 참가인을 해고한 것이라 할 것이라 할 것이므로, 이와 같이 본 이 사건 재심판정은 적법하고, 이와 반대의 견해를 전제로 한 원고의 주장은 이유 없다.

[서식] 부당해고구제재심판정취소 청구의 소

소 장

원고	○○ 주식회사
	충청남도 대전시 ○○동 ○번지
피고	중앙노동위원회위원장
보조참가인	○ ○ ○(주민등록번호)

부당해고구제재심판정취소

청구취지

1. 중앙노동위원회가 2008. 9. 29. 원고와 피고보조참가인 사이의 2008부해○○○ 부당 전보구제 재심신청 사건에 관하여 한 재심판정을 취소한다.

2. 소송비용 중 보조참가로 인한 부분은 피고보조참가인이, 그 나머지 부분은 피고가 각 부담한다.

라는 판결을 구합니다.

청구원인

1. 재심판정의 경위

(1) 원고(이하 '원고 회사'라 한다)는 상시 근로자 약 4,600명을 고용하여 ○○○ 제조. 판매업을 영위하는 법인이고, 피고보조참가인(이하 '참가인'이라 한다)은 1993. ○. ○. 원고 회사에 생산직 사원으로 입사하여 대전공장 제조 1부 성형3과에 근무하다가 1995. 5. 18. 같은 공장 내에 큐에이서 브팀(QA SUB)으로 전환배치되어 피씨알(PCR) 검사공정 업무를 수행하던 중 2008. 2. 5. 대전공장 인사위원회에 의하여 정직 3월의 징계의결이 이루어졌다가 원고 회사 내 평가보상위원회(구 중앙인사위원회, 인사위원회 운영규정 제2조의 Global 위원회를 지칭하는데 원고 회사 내에서

평가보상위원회로 지칭되고 있다, 이하 같다)에 의하여 위 징계처분이 취소되고 한국지역본부 내수물류팀 산하 대전물류센터로 전보하는 내용의 결정이 내려져 원고 회사에 의하여 2008. 5. 15. 자로 위 대전물류센터로 전보(이하 '이 사건 전보'라 한다)된 사람입니다.

(2) 참가인은 2008. 4. 7. 충남지방노동위원회에 2008부해○○○호로 위 가항의 정직 3월의 징계처분에 대하여 부당정직구제신청을 하였다가 원고 회사가 정직 3월의 징계처분을 취소하고 이 사건 전보발령을 하자 위 전보 역시 부당하다며 부당전보 구제신청으로 신청취지를 변경하였는데, 충남지방노동위원회는 2008. 6. 30. '이 사건 전보는 경영상의 필요나 업무수행에 합리적인 이유에 기인한 것이라기보다는 이 사건 근로자의 비위행위에 대한 징벌성 조치라고 보여지는 한편, 이 사건 근로자의 생활상의 불이익 또한 크다고 할 것이므로 인사에 관한 재량권을 남용한 부당한 처분이다'라는 취지로 이 사건 전보가 부당전보임을 인정하고 참가인을 원직에 복직시키라는 취지의 판정을 하였고, 원고 회사가 2008. 7. 18. 중앙노동위원회에 2008부해○○○호로 재심을 신청하였으나 중앙노동위원회는 2008. 9. 29. '이 사건 전보는 직장질서 회복 차원에서 업무상 필요성이 존재한다고 보이나, 이 사건 전보로 인하여 참가인이 겪게 되는 불이익의 정도가 통상 감수하여야 할 정도를 벗어나므로 인사재량권을 남용한 부당한 처분이다'라는 취지로 위 재심신청을 기각하였다(이하 '이 사건 재심판정'이라 한다).

2. 재심판정의 위법성
원고 회사는 ① 참가인이 원고 회사의 징계와 법원의 유죄판결에도 아랑곳 않고 근거 없이 지속적으로 원고 회사를 비방하고, 상사의 정당한 직무상 명령을 거부함은 물론 상급자 및 동료직원들과 끊임없이 충돌을 야기해온 것에 대하여 회사의 질서와 근로자간 의 인화를 확보하고자 하는 업무상 필요성에 의하여 이 사건 전보를 결정하였고, ② 전보에 따른 출퇴근 거리, 급여, 업무내용, 직무의 연관성 등에 있어서 참가인의 생활상의 불이익이 최소화되도록 조치하였으며, ③ 이 사건 전보에 앞서 참가인과 협의를 위하여 최선을 다하였으나, 참가인이 전보에 관한 논의자체를 거절하면서 더 이상의 협의를 거부하였던 것이므로 이 사건 전보는 원고 회사의 정당한 인사권의 행사에 해당함에도 이와 달리 판단한 이 사건 재심판정은 위법합니다.

3. 결론
위와 같이 피고의 이 사건 처분은 위법하므로 이의 취소를 구하는 본 건 행정소송에 이르게 되었습니다.

입증방법

1. 갑 제1호증
2. 갑 제2호증

첨부서류

1. 위 각 입증방법   각 1부
2. 송달료 납부서
3. 소장부본

20 .　.　.

위 원고   (날인 또는 서명)

서울행정법원   **귀중**

당해판례

2008구합 46514

(1) 근로자에 대한 전보나 전직의 정당성에 관한 법리

근로자에 대한 전보나 전직은 원칙적으로 인사권자인 사용자의 권한에 속하므로 업무상 필요한 범위 내에서 사용자는 상당한 재량을 가지며 그것이 근로기준법 등에 위반되거나 권리남용에 해당되는 등의 특별한 사정이 없는 한 무효라고 할 수 없고, 전보처분 등이 권리남용에 해당하는지의 여부는 전보처분 등의 업무상의 필요성과 전보 등에 따른 근로자의 생활상의 불이익을 비교·교량하고 근로자 측과의 협의 등 그 전보처분 등의 과정에서 신의칙상 요구되는 절차를 거쳤는지 여부를 종합적으로 고려하여 결정하여야 한다(대법원 2000. 4. 11. 선고 99두2963 판결 참조). 직장질서의 유지나 회복, 또는 근로자간의 인화를 위한 전보도 업무상 필요성이 있다고 인정되므로 정당한 이유가 있는 경우에는 허용된다고 할 것인데, 이 경우 비록 전보에 당해 근로자에 대한 제재적인 의미가 내포되어 있다고 하더라도 그 자체가 단체협약이나 취업규칙 등에 정한 징계절차를 요하는 징계로서 규정되지 아니한 이상 그러한 징계절차를 거치지 않았다고 하더라도 효력에 영향이 없다(대법원 1998. 12. 22. 선고 97누5435 판결 참조).

(2) 이 사건 전보에 업무상 필요성이 있었는지 여부

위 인정사실에 의하면, 참가인은 별다른 근거도 없이 '회사의 노사협력팀에서 정보원을 심어놓고 현장을 감시한다', '회사측의 반장과 주임들이 노동조합 선거에 관여하였다'는 등의 허위 내용이 기재된 인쇄물을 대전공장 정문 앞에서 수차례 유포하거나 기자회견을 하고 선전전을 벌였으며, 개인 홈페이지에 위와 같은 허위 내용을 수십차례 게시하였다. 또한 참가인은 자신이 소속된 QA sub팀 내의 주임 중에 정보원이 존재한다는 취지의 글을 개인 홈페이지에 게시하고, 위 글에 대해 항의하는 자신의 팀내 상사인 주임을 상대로 형사고소를 하고 회사 내 인터넷에 위 상사를 비방하는 글을 게시하고 인사위원회에 징계를 요청하였으며, 분임조 활동과 같은 회사정책을 비난하면서 팀내에서 유일하게 분임조에서 탈퇴하고 동료 근로자들에게도 불참할 것을 권유하였다. 참가인의 이러한 행동으로 인하여 QA sub 팀내의 인화가 깨어지고 근무분위기가 악화되었을 뿐 아니라 대전공장 내 전체 근로자들이 서로에 대하여 회사측 정보원이 아닐까하는 의심을 품게 되고 상사이자 동료 근로자이기도 한 회사의 반장, 주임에 대하여 불신을 갖게 됨으로써 원고 회사에 대한 반감으로 근로의욕이 저하될 우려가 커져 참가인이 QA sub 팀 뿐 아니라 대전공장 내 근로자들과 계속 같이 근무하는 것이 어려운 상황에 이르렀다고 보인다. 그러한 상황에서 원고 회사가 참가인이 더 이상 근로자들에 대한 파급효과가 큰 대전공장에서 근무하는 것은 부적합하다는 판단 하에, 마침 근거리에 위치하고 있고 기존에 참가인이 담당하는 타이어 외관검사업무와 다소나마 연관성이 있는(타이어를 출고차량에 상차하면서 최종적으로 타이어의 외관상 하자를 발견해 낼 수 있다) 대전물류센터 타이어상하차업무 담당으로 참가인을 전보한 것은 직장질서의 유지나 회복, 근로자 간의 인화를 위한 업무상 필요에 따라 한 것으로 봄이 상당하다.

(3) 이 사건 전보로 인하여 참가인이 생활상 불이익을 입었는지 여부

위 인정사실에 의하면, 통근거리는 불과 10여분 남짓 차이 날 뿐이고, 근무방법의 변경에 따라 어쩔 수 없이 발생하는 임금부족분은 원고 회사가 노사 화합 차원에서 계속적으로 보전해주기로 결정한 점, 원고 회사의 직무등급표에 의하면, 참가인이 새로 담당하게 된 타이어 입출고업무는 기존에 담당해온 타이어 외관검사업무보다 오히려 기능요소는 더 강조되는 반면 근무강도(부하요소)는 더 낮고, 근무환경(환경요소, 안전요소)은 더 좋은 것으로 나타나 있어 이 사건 전보로 단순 노무직으로 전락하였다는 참가인의 주장은 설득력이 떨어지는 점, 종래와 마찬가지로 노동조합 활동(노동조합 사무실에의 출입 포함) 및 정당활동에 어떠한 제약도 두지 않았으며, 상호 신뢰 회복 및 고충 처리를 위하여 월 1회 근무시간 중 인재경영팀장과의 면담을 정기적으로 실시하기로 한 점 등을 알 수 있는바, 이에 의하면 이 사건 전보로 인하여 참가인의 생활에 별다른 불이익이 미친다고 보이지 않고, 가사 불이익이 미친다고 하더라도 그 정도는 근로자가 통상 감수하여야 할 정도를 현저하게 벗어났다고 보기 어렵다.

(4) 원고 회사가 신의칙상 요구되는 절차를 거쳤는지 여부

나아가 살피건대, 원고 회사 취업규칙 제32조 1호는 원고 회사는 업무 수행상 필요가 있을 때에는 사원에 대하여 근무장소의 변경, 근무부서의 변경, 직무의 변경 등을 명할 수 있다고 규정하고 있으며, 앞서 본 이 사건 전보를 하게 된 경위, 원고 회사의 취업규칙 및 인사규정, 대전공장 인사위원회 위원장은 이 사건 전보 발령 이전에 참가인을 출석시켜 이전의 정직 3월의 징계처분을 철회하는 대신 해외지사 업무, 국내 타영업점으로의 전보, 대전물류센터로의 전보 등의 방안을 제시하면서 의견을 구하였으나, 참가인이 강하게 반발하면서 더 이상의 협의를 거부한 점 등을 종합하여 보면 원고 회사는 신의칙상 요구되는 절차를 거쳤다고 봄이 상당하고, 원고 회사가 참가인의 동의 없이 4조 3교대 근무에서 주간근무로 근무방법이 바뀌는 이 사건 전보를 하였다고 하여 곧 신의성실의 원칙에 어긋난다고 할 수는 없다.

(5) 참가인은 이 사건 전보로 인하여 임금이 삭감되어 감급처분의 효과가 발생하였으므로 이 사건 전보는 그 실질이 징계라 할 것인데, 이미 동일한 사유로 정직 3월을 징계처분하였다가 원고 회사 스스로 위 징계처분을 취소한 바 있음에도 불구하고 또 다시 이 사건 전보로 징계를 한 것은 이중처벌의 금지에 반한다고 주장하나, 앞서 본 바와 같이 이 사건 전보는 4조 3교대 근무에서 주간근무로 근무방법이 변경됨으로써 야간, 휴일근로 수당이 빠져 임금부족분이 발생한 것일 뿐 징계의 일종인 감급처분에 해당하는 것은 아니므로, 이 사건 전보가 그 실질이 징계임을 전제로 한 참가인의 위 주장은 더 나아가 살펴볼 필요 없이 이유 없다.

(6) 소결론

따라서 원고 회사가 참가인에 대하여 한 이 사건 전보는 사용자의 정당한 인사권 내에서 이루어졌다 할 것이므로, 이와 결론을 달리한 이 사건 재심판정은 위법하다.

소 장

원고	○○○ 주식회사
	서울시 강북구 ○○동 ○번지
피고	중앙노동위원회위원장
보조참가인	○○○

부당해고구제재심판정취소

청구취지

1. 피고가 2008. 9. 18. 원고와 피고보조참가인 사이의 2008부해○○○호 부당징계 구제 재심신청 사건에 관하여 한 재심판정을 취소한다.

2. 소송비용은 피고의 부담으로 한다.

라는 판결을 구합니다.

청구원인

1. 재심판정의 경위

(1) 원고는 상시근로자 100여 명을 고용하여 택시운송사업을 영위하는 회사이고, 피고보조참가인 (이하 '참가인'이라 한다)은 2003. 7. 11. 원고회사에 입사하여 택시기사로 근무하던 중 2008. 4. 10. 원고로부터 '단체협약 및 임금협정 부정, 배차지시 위반, 무단 승무 거부' 등을 이유로 승무중지 15일의 징계처분(이하 '이 사건 징계'라 한다)을 받은 사람입니다.

(2) 원고는 2008. 4. 15. 부산지방노동위원회에 이 사건 징계가 부당하다며 부당징계 구제신청을 하였고, 부산지방노동위원회는 2008. 6. 11. 참가인의 구제신청을 받아들여 원고로 하여금 참가인을 원직에 복직시키고 참가인이 정상적으로 근로하였다면 받을 수 있었던 임금상당액을 지급하라는 내용의 구제명령을 발하였습니다.

(3) 이에 불복하여 원고는 2008. 7. 10. 중앙노동위원회에 2008부해○○○호로 초심 판정의 취소를 구하는 재심신청을 하였는데, 중앙노동위원회는 2008. 9. 18. 원고의 재심신청을 기각(이하

'이 사건 재심판정'이라 한다)하였습니다.

2. 재심판정의 위법성

참가인에 대하여 한 배차지시 및 근무시간 준수 요구는 단체협약 및 임금 협정에 따른 것이고, 그간 2인 1차제로 운행하는 근로자들에 대하여 단체협약에서 정한 근무시간을 넘어선 초과운행에 따른 수입을 묵인해 왔다고 하더라도, 이는 원고의 묵인에 따른 반사적 이익에 불과한 것이지 근로자의 권리에 속하는 것이 아니며, 참가인의 경우 단체협약 위반을 이유로 원고를 고소한 전력이 있어 추가 고소를 예방하기 위한 자구책으로 단체협약 등에 정해진 대로 배차지시를 할 수밖에 없는 사정이 있었으므로 이 사건 징계는 적법한 것입니다. 그럼에도 불구하고 원고의 적법한 징계에 대한 재심을 기각한 판정은 위법합니다.

3. 결론

이상과 같이 이 사건 처분은 위법하므로 이의 취소를 구하는 본 건 소송에 이르게 되었습니다.

입증방법

1. 갑 제1호증
2. 갑 제2호증

첨부서류

1. 위 각 입증방법 각 1부
2. 송달료 납부서
3. 소장부본

20 . . .
위 원고   (날인 또는 서명)

서울행정법원   귀중

당해판례

2008구합 40585

이 사건 배차지시가 정당한 것인지 살펴건대, 근로기준법 제50조는 휴게시간을 제외하고 1주간의 근로시간은 40시간, 1일의 근로시간은 8시간을 각 초과할 수 없도록 규정하고 있고, 단체협약 제26조 제1호는 2인 1차제의 경우 근로시간을 1일 7시간 20분(기본 6시간 40분에 연장근로 40분 포함, 휴게시간 불포함)으로, 임금협정 제5조 제3항 단서는 2인 1차제의 영업시간을 06:00부터 익일 02:00까지로 각 규정하고 있음을 알 수 있으나, 한편 임금협정 제8조 제4항 나호는 "임금산정기준표에 명시된 연장 및 야간근로 외의 시간은 근로자의 임의사용시간으로 간주하며 연장 및 야간근로 수당을 청구할 수 없다"고 규정하여 근로자가 단체협약상의 근로시간을 초과하여 배차된 차량을 임의 사용하는 것을 상정하고 있음에 비추어 보면, 단체협약상의 근무시간은 운송 수입금 전액관리제 및 완전월급제의 시행에 따라 정액급여의 산정을 위한 일응의 기준으로 보이고, 근로자들로 하여금 1일 배차시간을 초과하여 근무하는 것을 절대적으로 금지하는 취지라고 볼 것은 아닌 점, 원고도 그간 근로자들이 근무시간을 초과하여 1일 12시간까지 임의로 차량을 사용하여 추가 수입을 얻는 것을 묵인해 왔고 이를 문제

삼아 징계에 나아간 바 없는 점, 원고가 다른 근로자들에 대하여는 단체협약 등에 따른 근무시간 준수를 요구하지 않으면서 유독 참가인에 대하여만 이 사건 배차지시를 한 것은 그 시기에 비추어 참가인의 고발에 따른 보복적 차원에서 이루어진 것으로 보일 뿐 이 사안과는 무관하여 다른 합리적 이유를 찾기 어려운 점 등 여러 사정에 비추어 볼 때, 다른 2인 1차제 근로자들에 대하여는 근무시간을 초과하여 1일 12시간까지 임의로 차량을 사용하여 추가 운행수입을 얻도록 허용하면서 원고에 대하여만 근무시간을 단체협약상의 1일 8시간 20분으로 엄격히 통제하여 이 사건 배차지시를 한 것은 부당한 차별대우라 할 것이어서 그 정당성을 인정하기 어렵다.

따라서 부당한 이 사건 배차지시 위반을 징계사유로 한 이 사건 징계 또한 부당징계라 할 것이고, 이를 지적하여 나온 이 사건 재심판정은 적법하므로, 결국 원고의 주장은 이유 없다.

소　장

원고　　　　김 길 동(주민등록번호)
　　　　　　서울시 서대문구 ○○동 ○-○
　　　　　　(전화 000-000, 팩스 000-000)
　　　　　　임 격 정
　　　　　　경기도 인천시 ○○동 ○-○
　　　　　　전화 000-000, 팩스 000-000)
피고　　　　중앙노동위원회 위원장
부당해고및부당노동행위구제재심판정취소

청구취지

1. 중앙노동위원회가 2006. 5. 16. 원고들과 피고보조참가인(이하 '참가인'이라 한다) 사이의 2005
   부해XXX, 부노XXX 부당해고 및 부당노동행위 구제 재심신청사건에 관하여 한 재심판정을
   취소한다.
2. 소송비용은 피고가 부담한다.
라는 판결을 구합니다.

청구원인

1. 재심판정의 경위

(1) 참가인은 상시근로자 14명 가량을 고용하여 마을버스 운수업을 영위하는 회사입니다.

(2) 원고 김길동은 2002. 4. 23., 원고 임격정은 2003. 4. 18. 각 참가인 회사에 1년의 단기근로계약
을 체결하고 운전기사로 입사하여 근로계약을 갱신하여가며 근무하던 중 원고 김길동은 2005.
4. 22.자로, 원고 임격정은 2005. 4. 25.자로 각 근로계약 갱신이 거절(이하 '이 사건 근로계약
갱신거절'이라 한다)된 사람들로 2005. 3. 24. 전국민주버스노동조합 ○○ 지부에 가입한 조합원들
입니다.

(3) 원고들이 2005. 6. 15. 서울지방노동위원회에 이 사건 근로계약 갱신거절이 부당하다고 주장하
면서 부당해고 및 부당노동행위 구제신청을 하자, 서울지방노동위원회는 2005. 8. 17. 원고들의

구제신청을 기각하였다. 원고들이 이에 불복하여 2005. 9. 26. 중앙노동위원회에 재심신청을 하였으나, 중앙노동위원회도 2006. 5. 16. 원고들의 재심신청을 기각하는 이 사건 재심판정을 하였습니다.

2. 재심판정의 위법성

(1) 부당해고에 관하여

1) 참가인의 버스운수사업은 그 공공적 성격상 안정적이고 상시적인 사업운영이 필수적 요소라 할 것이므로 참가인 회사의 존립기반이라고 할 수 있는 버스운전 기사들의 근로계약기간을 1년으로 정할 합리성이 없고, 근로계약서 제4조 제1항에서 '갱신은 본인의 징계 및 근무성적 등을 고려하여 결정한다'고 규정하고 있으므로 근로자에게 재계약을 통한 계속 고용의 정당한 기대권을 부여하고 있으며, 참가인 회사의 모든 근로자들이 근로계약을 갱신하여 체결해 왔고, 단지 계약기간이 만료되었다는 이유로 근로자를 퇴직시킨 적이 없으므로 원고들과 참가인 사이의 근로계약에 있어 그 기간은 형식에 불과하거나 운전기사의 작업능력이나 업무적성 등을 파악하기 위한 시용기간이라 할 것이어서 2년 또는 3년째 근무하고 있는 원고들과 참가인 사이에는 기간의 정함이 없는 정식 근로계약이 체결된 것으로 보아야 합니다.

2) 따라서 이 사건 근로계약 갱신거절은 해고라 할 것인데, 참가인이 원고 A에 대하여 재계약 거부의 사유로 삼은 사고 관련 부분은 다른 동료 근로자의 경우에는 이를 특별히 문제 삼지 않았던 것과 비교할 때 형평의 원칙에 반하고, 시말서 제출은 정당한 해고 사유로 볼 수 없으며, 또한 원고 B에 대하여 재계약 거부의 사유는 어느 것이나 정당한 해고 사유로 삼을 수 없고, 위에서 본 바와 같이 형평의 원칙에도 반한다 할 것이므로 이 사건 근로계약 갱신거절은 결국 부당해고에 해당합니다.

(2) 부당노동행위에 관하여

참가인 회사와 C 주식회사 소속 근로자들이 전국민주버스노동조합 CC지부를 결성하고 참가인에 대하여 단체교섭을 요구하자, 참가인은 근로자들에게 노동조합에 가입하지 말 것과 탈퇴할 것 등을 종용하였다가 원고들이 노동조합에 가입한 사실을 알고는 이에 대한 불이익 조치 및 탄압의 일환으로 이 사건 근로계약 갱신거절을 하게 된 것으로 참가인이 내세우고 있는 재계약 거부 사유는 표면적인 구실에 불과하다 할 것이므로 이 사건 근로계약 갱신거절은 부당노동행위에 해당합니다.

3. 결론

이와 같이 피고의 처분은 위법한 행정처분이 아닐 수 없으므로, 상기와 같이 원고의 행정처분의 취소를 구하는 행정소송에 이르게 되었습니다.

입증방법

1. 갑 제1호증
2. 갑 제2호증

첨부서류

1. 위 각 입증방법   각 1부
2. 송달료 납부서
3. 소장부본

20 . . .

위 원고   (날인 또는 서명)

서울행정법원   귀중

당해판례

2006구합 22088

(1) 부당해고 부분

(가) 근로기준법 제23조는 근로계약의 기간에 대한 제한을 두고 있을 뿐 기간을 정한 근로계약의 체결 자체를 제한하고 있지는 않으므로 근로계약의 당사자는 계약기간이 1년을 초과하지 않는 한 자유롭게 기간을 정한 근로계약을 체결할 수 있고, 인력수요가 일시적인 경우에 한하여 기간을 정한 근로계약을 체결할 수 있는 것은 아니다.

그리고 고용기간을 정한 근로계약을 체결한 경우 근로계약 당사자 사이의 근로관계는 특별한 사정이 없는 한 그 기간이 만료함에 따라 사용자의 해고 등 별도의 조치를 기다릴 것 없이 당연히 종료되는 것이 원칙이다(대법원 1998. 1. 23. 선고 97다 42489 판결 등 참조).

(나) 그러나 대다수의 근로자들에게 있어서 근로는 생존을 위한 유일한 또는 주요한 경제적 수단임과

아울러 인격실현을 위한 중요한 장이어서(이에 헌법 제32조 제1항은 '모든 국민은 근로의 권리를 가진다'고 하고 있다) 사용자는 정당한 이유가 있는 경우에 한하여 근로자를 해고할 수 있는 점(민법 제660조 제1항이 '고용기간의 약정이 없는 때에는 당사자는 언제든지 계약해지의 통고를 할 수 있다'고 함에 반하여, 근로기준법 제30조는 '사용자는 근로자에 대하여 정당한 이유 없이 해고를 하지 못한다'고 하고 있다)에 비추어 보면, 이러한 해고제한의 규정을 잠탈하기 위한 목적만을 가지고 고용기간을 정한 근로계약을 체결하는 것은 권리남용으로 허용되지 않는다고 할 것이어서, 고용기간을 정한 근로계약을 체결한 경우 (단기의 근로계약이 장기간에 걸쳐서 반복하여 갱신됨으로써 그 정한 기간이 단지 형식에 불과하게 된 경우가 아니라고 하더라도) 고용기간이 만료되었다고 하여 사용자는 언제든지 아무런 제약 없이 근로계약의 갱신을 거절할 수 있는 것은 아니라 할 것이므로, 기간을 정한 근로계약이 연쇄적으로 계속하여 체결될 것이 예상되어 기간제 근로자에게 기간만료 후 계속 고용에 대한 합리적인 기대를 갖게 하는 특별한 사정이 있는 경우에는 사용자가 계약갱신을 거부하기 위하여는 합리적인 갱신거절의 사유가 존재하여야 할 것이고, 다만 그와 같은 경우라도 근로계약의 갱신거절이 바로 통상적인 의미에 있어서의 해고 자체는 아니므로 갱신거절의 사유는 해고사유보다는 다소 넓게 인정된다고 할 것이다.

(다) 이 사건에 관하여 보건대, 앞서 본 바에 의하면, 참가인과 원고들 사이에 1년의 기간을 정한 근로계약이 체결되었으나, 참가인은 회사의 모든 운전기사들과 사이에 기간을 1년으로 정하여 계약직 근로계약서를 작성하여 왔고, 운전기사들은 참가인 회사의 존립 기반을 이루는 중추적인 근로자 집단이고 당해 사업이 존속하는 이상 인력수요에 변동이 그다지 없을 것임에도 그 전부를 1년 단위로 재고용하겠다는 것은 비정상적인 구조이므로 당연히 소속 운전기사들은 1년의 근로계약기간이 지나면 근로계약이 대부분 갱신될 것이라는 합리적 기대를 가지게 된다고 할 것이며, 실제에 있어서도 참가인 소속 운전기사들은 대개 근로계약 갱신이 이루어져 왔으므로 이 사건 근로계약 갱신거절이 정당한 것으로 인정되기 위하여는 갱신거절에 있어 합리적인 사유가 존재하여야 할 것이다. 그런데 위 인정사실에 의하면, 각 1년의 근로계약기간 동안 원고 A은 3회의 교통사고를 일으켜 그 피해액만도 약 1,200여만 원에 달하고, 불친절로 인한 민원야기와 배차시간 미준수로 2회에 걸쳐 시말서를 제출하였으며, 원고 B은 중과실인 횡단보도 사고를 일으켜 그 피해액이 138만 원에 달하고, 배차위반, 차량추돌, 운전 중 흡연 등으로 4회에 걸쳐 시말서 등을 제출하였는바, 위와 같은 사유는 참가인이 원고들과의 기간을 정한 근로계약을 갱신체결함에 있어 그 갱신을 거절할 수 있는 합리적인 사유라고 보이므로 결국 이 사건 근로계약 갱신거절을 부당해고로 볼 수는 없다.

(2) 부당노동행위 부분

사용자가 근로자를 해고함에 있어서 표면상의 해고이유와는 달리 실질적으로 근로자가 노동조합 활동을 한 것을 이유로 해고한 것임이 인정되는 경우에는 이를 부당노동행위라고 보아야 할 것이고, 그 여부는 사용자측이 내세우는 해고사유와 해고의 경위, 사용자와 노동조합과의 관계, 기타 부당노동행위 의사의 존재를 추정할 수 있는 제반 사정을 비교 검토하여 종합적으로 판단하여야 하고 정당한 해고사유가 있어 해고한 이상 사용자가 근로자의 노동조합활동을 못마땅하게 여긴 흔적이 있다 하여 그 사유만으로 해고가 해고권 남용에 의한 부당노동행위에 해당한다고 단정할 것도 아니다(대법원 1994. 12. 23. 선고 94누3001 판결 등 참조). 그러므로 위와 같은 법리에 비추어 보건대, 원고들과 참가인 사이의 근로계약관계가 합리적인 사유에 기하여 갱신거절됨으로써 적법하게 종료되었음은 앞서 본 바와 같으므로, 가사 참가인이 이 사건 근로계약 갱신거절을 함에 있어 원고들의 노동조합 활동을 못마땅하게 여긴 흔적이 있다 하더라도 그러한 사정만으로 이 사건 근로계약 갱신거절이 부당노동행위에 해당한다고 할 수는 없다.

[서식] 부당해고구제재심판정취소 청구의 소

소　　　장

원고　　　　　　김 길 동(주민등록번호)
　　　　　　　　서울 서초구 서초1동 123
　　　　　　　　(전화 000-000, 팩스 000-000)
피고　　　　　　중앙노동위원회위원장
부당해고구제 재심판정 취소

청구취지

1. 중앙노동위원회가 2004. 6. 29. 원고들과 피고보조참가인 사이의 2003부해454호 부당해고구제 재심신청 사건에 관하여 한 재심판정을 취소한다.
2. 소송비용 중 보조참가로 인한 부분은 피고보조참가인이 부담하고, 나머지는 피고가 부담한다. 라는 판결을 구합니다.

청구원인

1. 처분의 경위

(1) 피고보조참가인(이하 '참가인'이라 한다)은 상시 근로자 3,800여 명을 고용하여 선박건조수리

업을 영위하는 회사이고, 원고들은 각기 1977년경부터 1987년경까지 사이에(단, 원고 ○○○은 200 1. 7. 1.) 피고의 협력업체들 중 하나인 A을 운영하는 AA과 사이에 근로계약을 체결한 뒤 A에서 근무하여 왔습니다.

(2) A는 2003. 1. 31.자로 폐업하였고, 이에 따라 원고들과 A 사이의 근로관계는 모두 종료되었습니다(이하 '이 사건 근로관계종료'라 함).

(3) 원고들은 2003. 4. 15. 참가인을 상대로 이 사건 근로관계종료에 관하여 부산지방노동위원회에 2003부해68호로 부당해고 구제신청을 하였던바, 부산지방노동위원회는 2003. 6. 4. 참가인이 원고들에 대한 사용자가 아니라는 이유로 원고들의 구제신청을 각하하는 취지의 결정을 하였습니다.

2. 처분의 위법성
(1) 그러나 다음과 같은 사유로 상기의 처분은 위법하다 아니할 수 없습니다.
① 원고들이 참가인의 인사관리방침에 따라 A에 채용되고 퇴직처리된 점,
② 참가인이 노사간에 체결된 임금 및 단체협약을 원고들에게 그대로 적용하는 방식으로 원고들의 임금을 사실상 결정한 점,
③ 참가인이 원고들에 대한 인사 · 평정 · 징계 · 승진 등의 실질적인 인사관리를 하고, 산재보험 등 각종 보험의 보험료를 직접 지급한 점,
④ 참가인이 원고들의 출퇴근 및 근무시간, 생산 등 작업내용 등을 지배 · 관리하는 한편 원고들의 작업에 필요한 제반장비 및 시설을 제공한 점,
⑤ A이 원고들의 작업실적이나 근무태도 등의 형식적이고 일상적인 사항만을 관리하여 참가인에게 보고하는 역할을 수행한 점
등에 비추어 보면, 원고들은 실질적으로 참가인에게 종속되어 근로의 지휘 · 감독을 받았고, 원고들과 A 또는 AA 사이의 근로관계는 형식적 · 명목적인 것에 불과하며, 원고들과 참가인 사이에는 묵시적인 근로계약관계가 성립되었습니다.

(2) 설령 원고들과 참가인 사이에 직접적인 고용관계가 인정되지 않는다고 하더라도, 참가인과 A의 형식적 업무도급계약은 이른바 위장도급에 해당하고, A은 실질적으로 참가인과 사이에 구 파견근로자 보호 등에 관한 법률(2006. 12. 21 법률 제8076호로 개정되기 전의 것; 이하 '근로자파견법'이라 한다) 제2조 제6호에 의한 근로자파견계약을 체결하여 참가인에게 원고들을 근로자로 파견

하였으므로, 원고들은 근로자파견법이 시행된 1998. 7. 1.부터 2년의 기간이 만료된 다음날인 200 0. 7. 1.부터 근로자파견법 제6조 제3항에 의하여 참가인에게 고용된 것으로 의제된다고 할 수 있습니다.

3. 결론

이에 원고들은 2003. 7. 14. 위 각하결정에 관하여 중앙노동위원회에 2003부해 454호로 재심신청을 하였던 바, 중앙노동위원회는 2004. 6. 29. 위 각하결정과 같은 이유로 원고들의 재심신청을 기각하는 취지의 재심판정(이하 '이 사건 재심판정'이라 한다)을 하였으며, 이의 위법성을 다투며 상기 청구취지와 같이 이건 행정소송을 제기하는 바입니다.

입증방법

1. 갑 제1호증
2. 갑 제2호증

첨부서류

1. 위 각 입증방법   각 1부
2. 송달료 납부서
3. 소장부본

20   .   .   .

위 원고   (날인 또는 서명)

서울행정법원   귀중

당해판례

대판 2003. 9. 23. 선고 2003두3420 판결
1. 원심은 그 채용 증거를 종합하여, 피고보조참가인 회사(이하 '참가인'이라고 한다)는 1997. 8.경 부터 주식회사 인사이트코리아(이하 '인사이트코리아'라고 한다)와 업무도급계약을 체결한 이래 그 도급계약을 갱신체결하면서, 원고들을 비롯한 140여 명의 인사이트코리아 소속 근로자들을 전국에 소재한 참가인의 11개 물류센터에서 근무하게 하였는데, 위 업무도급계약상 인사이트코

리아는 자신이 고용하는 종업원을 관리하고 직접 지휘·감독하기 위하여 현장대리인을 선임하여야 하고, 참가인은 계약의 이행에 관한 지시를 현장대리인이 아닌 종업원에게는 직접 행하지 아니하도록 되어 있음에도 불구하고, 참가인은 원고들을 포함한 인사이트코리아 소속 근로자에 대하여 현장대리인을 경유하지 아니하고 업무지시, 직무교육실시, 표창, 휴가사용승인 등 제반 인사관리를 직접 행하여 온 사실, 인사이트코리아는 참가인의 자회사인 주식회사 인플러스가 그 주식의 100%를 소유하고 있는 회사로서, 역대 대표이사는 참가인의 전임 임원이 선임되었고 거의 전적으로 참가인의 업무만을 도급받아 오는 등 형식상으로는 독립 법인으로 운영되어 왔지만 실질적으로는 모자(모자)회사의 관계로서 사실상의 결정권을 참가인이 행사해 온 사실을 인정한 다음, 참가인과 인사이트코리아 사이에 체결된 업무도급계약은 진정한 의미의 업무도급이 아닌 '위장도급'에 해당한다고 판단하였다.

기록에 비추어 살펴보면 원심의 위와 같은 사실인정 및 판단은 정당하고, 거기에 참가인이 상고이유에서 주장하는 바와 같은 채증법칙 위배 또는 심리미진으로 인한 사실오인이나 도급계약에 관한 법리오해의 위법이 있다 할 수 없다.

2. 원심이 적법하게 확정한 사실과 기록에 의하면, 인사이트코리아는 참가인의 자회사로서 형식상으로는 독립된 법인으로 운영되어 왔으나 실질적으로는 참가인 회사의 한 부서와 같이 사실상 경영에 관한 결정권을 참가인이 행사하여 왔고, 참가인이 물류센터에서 근로할 인원이 필요한 때에는 채용광고 등의 방법으로 대상자를 모집한 뒤 그 면접과정에서부터 참가인의 물류센터 소장과 관리과장 등이 인사이트코리아의 이사와 함께 참석한 가운데 실시하였으며, 원고들을 비롯한 인사이트코리아가 보낸 근로자들에 대하여 참가인의 정식 직원과 구별하지 않고 업무지시, 직무교육실시, 표창, 휴가사용 승인 등 제반 인사관리를 참가인이 직접 시행하고, 조직도나 안전환경점검팀 구성표 등의 편성과 경조회의 운영에 있어서 아무런 차이를 두지 아니하였으며, 그 근로자들의 업무수행능력을 참가인이 직접 평가하고 임금인상 수준도 참가인의 정식 직원들에 대한 임금인상과 연동하여 결정하였음을 알 수 있는바, 이러한 사정을 종합하여 보면 참가인은 '위장도급'의 형식으로 근로자를 사용하기 위하여 인사이트코리아라는 법인격을 이용한 것에 불과하고, 실질적으로는 참가인이 원고들을 비롯한 근로자들을 직접 채용한 것과 마찬가지로서 참가인과 원고들 사이에 근로계약관계가 존재한다고 보아야 할 것이다.

그렇다면 참가인이 2000. 11. 1. 원고들을 계약직 근로자의 형식으로 신규채용하겠다고 제의한 데 대하여 원고들이 동의하지 아니한다는 이유로 참가인이 원고들의 근로제공을 수령하기를 거부한 것은 부당해고에 해당한다 할 것이다.

3. 원심은, 참가인과 인사이트코리아 사이에 파견근로자보호등에관한법률(이하 '파견근로자법'이라고 한다) 제2조 소정의 근로자파견계약이 성립된 것임을 전제로 하여, 참가인은 파견근로자법이 시행된 1998. 7. 1. 이후 2년을 초과하여 원고들을 파견근로자로서 사용하였으므로 파견근로자법 제6조 제3항에 의하여 원고들을 고용한 것으로 의제되고, 위와 같은 해석은 원고들이 담당한 업무가 파견근로자법 제5조 제1항 소정의 파견허용업무에 해당하는지 여부에 따라 달라지지 않는다고 판단하였는바, 파견근로자법은 제2조 제1호에서 파견근로자법이 적용되는 '근로자파견'이라 함은 파견사업주가 근로자를 고용한 후 그 고용관계를 유지하면서 근로자파견계약의 내용에 따라 사용사업주의 지휘·명령을 받아 사용사업주를 위한 근로에 종사하게 하는 것을 말한다고 규정하고 있어서, 참가인과 원고들 사이에 바로 실질적인 근로계약관계가 존재한다고 보아야 할 이 사건에 파견근로자법상의 근로자파견계약이 성립되었음을 전제로 그 제6조 제3항의 고용의제규정이 적용된 결과로서 비로소 그와 같은 고용관계가 성립된 것이라고 본 원심의 판단은 적절하지 아니하지만, 참가인과 원고들 사이에 고용관계가 성립되었다고 보고 참가인이 원고들의 근로제공 수령을 거부한 것은 부당해고에 해당한다고 판단한 원심의 결론은 정당하여 위와 같은 잘못이 판결결과에 아무런 영향이 없다 할 것이므로, 결국 원심판결에 파견근로자법 소정의 고용의제규정에 관한 법리오해가 있다는 등의 피고와 참가인의 상고이유에서의 주장은 받아들이지 아니한다.

당해판례

2004구합 25397

1) 원고용주에게 고용되어 제3자의 사업장에서 제3자의 업무에 종사하는 자를 제3자의 근로자라고 할 수 있으려면, 원고용주는 사업주로서의 독자성이 없거나 독립성을 결하여 제3자의 노무대행 기관과 동일시 할 수 있는 등 그 존재가 형식적, 명목적인 것에 지나지 아니하고, 사실상 당해 피고용인은 제3자와 종속적인 관계에 있으며, 실질적으로 임금을 지급하는 자도 제3자이고, 또 근로제공의 상대방도 제3자이어서 당해 피고용인과 제3자 간에 묵시적 근로계약관계가 성립되어 있다고 평가될 수 있어야 한다(대법원 1979. 7. 10. 선고 78다1530 판결, 1999. 7. 12.자 99마628 결정, 1999. 11. 12. 선고 97누19946 판결, 2003. 9. 23. 선고 2003두3420 판결 등 참조).

2) 그런데 위 인정사실 및 변론 전체의 취지에 의하면 다음과 같은 사실관계들을 알 수 있다.

① 참가인은 A이 모집해 온 근로자에 대하여 참가인이 요구하는 기능시험을 실시한 다음 그 채용 여부를 결정하였고, 그 시험합격자에게만 참가인이 직접 지급하는 수당을 수령할 자격을 부여하였으며, 경우에 따라 A 소속의 근로자들에 대하여 징계를 요구하거나 A으로 하여금 참가인 근로자들에게 적용되는 인사기준에 따라 그 승진대상자를 결정하도록 하는 등, A 소속 근로자들의 채용, 승진, 징계에 관하여 실질적인 권한을 행사하였다.

② 참가인은 A의 점검결과를 통하여 원고들의 출근, 조퇴, 휴가, 연장근무, 근로시간, 근무태도 등을 자세하게 파악하였고, 그 주도 하에 원고들이 수행할 작업량과 작업 방법, 작업 순서, 업무 협력 방안을 결정함으로써 원고들을 실질적으로 직접 지휘하거나 또는 A 소속 책임자를 통하여 원고들에게 구체적인 작업 지시를 하였으며, A이 당초 수급한 업무 외에도 원고들로 하여금 참가인 소속 부서의 업무를 수행하게 하거나, A의 작업물량이 없을 때에는 교육, 사업장 정리, 타 부서 업무지원 등의 명목으로 사실상 원고들에게 매월 일정 수준 이상의 소득을 보장하는 등, 사실상 직접적으로 원고들에 대한 지휘감독권을 행사하였다.

③ A은 원칙적으로 수급한 물량에 대하여 시간단위의 작업량 단가로 산정된 금액을 참가인으로부터 수령하였지만, 참가인은 A 소속 근로자들이 선박 수리와 직접적인 관련이 없는 참가인의 다른 부서 업무지원, 안전교육 및 직무교육 등에 종사하는 경우에도 이에 대한 보수를 그 지급액에 포함시켰을 뿐만 아니라, 원고들에게 상여금, 퇴직금 등의 수당을 실질적으로 직접 지급하였다. 한편, A에 대한 작업량 단가는 참가인 소속 근로자(이른바 직영근로자)로 조직된 현대미포조선 노동조합과 참가인 사이에 체결된 임금협약 결과를 참고하여 결정되는 등, 참가인이 원고들의 임금 등 제반 근로조건에 대하여 실질적인 영향력을 행사하였다.

④ A은 사업자등록 명의를 가지고 소속 근로자들에 대한 근로소득세 원천징수, 소득신고, 회계장부 기장 등의 사무를 처리하였으나, 이러한 사무는 참가인이 제공하는 사무실에서 이루어졌을 뿐만 아니라, A은 독자적인 장비를 보유하지 않았으며 소속 근로자의 교육 및 훈련 등에 필요한 사업경영상 독립적인 물적 시설도 갖추지 못하였다.

3) 위와 같은 사정을 앞서 본 법리에 비추어 살펴보면, A는 형식적으로는 참가인과 사이에 도급계약을 체결하고 소속 근로자들인 원고들로부터 노무를 제공받아 자신의 사업을 수행한 것과 같은 외관을 갖추었다고 하더라도, 실질적으로는 업무수행의 독자성이나 사업경영의 독립성을 갖추지 못한 채 참가인의 일개 사업부서로서 기능하거나 노무대행기관의 역할을 수행하였을 뿐이고, 오히려 참가인이 원고들로부터 종속적인 관계에서 근로를 제공받고 임금을 포함한 제반 근로조건을 정하였다고 보이므로, 원고들과 참가인 사이에는 직접 참가인이 원고들을 채용한 것과 같은 묵시적인 근로계약관계가 성립되어 있었다고 판단된다.

4) 따라서 참가인은 원고들에 대한 사용자이고, 이와 다른 전제에 선 이 사건 재심판정은 원고들의 다른 주장에 관하여 나아가 살필 필요 없이 위법하다.

[서식] 부당해고구제재심판정취소 청구의 소

소　　장

원고　　　김 길 동(주민등록번호)
　　　　　경상남도 울산시 울주군 ㅇ번지
피고　　　중앙노동위원회위원장
부당해고구제재심판정취소

청구취지

1. 중앙노동위원회가 2006. 11. 27. 원고에 대하여 한 부당해고구제 재심판정을 취소한다.
2. 소송비용은 피고의 부담으로 한다.

라는 판결을 구합니다.

청구원인

1. 재심판정의 경위

(1) 김ㅇㅇ은 울산 울주군에서 ㅇㅇ산업사라는 상호로 상시근로자 50여 명을 고용하여 유압실린더, 과차단기 제조 등의 제조업을 영위하는 개인사업자(이하 사용자인 김ㅇㅇ을 가리키는 의미에서 'ㅇㅇ산업사'라는 명칭도 쓰기로 한다)이고, 원고는 2003. 10. 6. ㅇㅇ 산업사에 생산직 사원으로 입사하여 근무하던 사람입니다.

(2) ㅇㅇ산업사는 2006. 5. 2. 작업지시 불이행, 무단조퇴 및 무단결근, 상사에 대한 폭언 및 지시사항 불이행 등을 징계사유로 하여 원고를 해고(이하 '이 사건 해고'라 한다)하였습니다.

(3) 원고가 2006. 5. 8. 이 사건 해고가 부당해고라고 주장하며 부산지방노동위원회에 2006부해1
11로 부당해고 구제신청을 하자, 부산지방노동위원회는 2006. 6. 30. 원고의 구제신청을 기각하는
결정을 하였습니다.

(4) 원고가 이에 불복하여 2006. 8. 1. 중앙노동위원회에 2006부해697로 재심신청을 하였으나, 중앙
노동위원회도 2006. 11. 27. 원고의 재심신청을 기각하는 이 사건 재심판정을 하였습니다.

2. 처분의 위법성

(1) 징계사유에 관하여

1) 원고는 2006. 4. 26. 연차사용 근태처리원을 제출하였으나 OO산업사가 이를 무시하고 무단결근으
로 처리하였는바, 이는 근로기준법 제59조를 위반한 것이므로 무단결근은 원고에 대한 징계사유로
삼을 수 없습니다.

2) 원고는 2005. 8. 25. OO산업사로부터 해고되었다가 이에 대하여 부당해고구제신청을 하여
부산지방노동위원회로부터 원직복직의 구제명령을 받았으나, OO산업사는 이를 이행하지 아니
하고, 그동안 OO산업사에 존재하지도 않던 장소인 경비실을 만들어 원고를 그곳에 대기발령하
였습니다. 따라서 원고는 위 구제명령에 따라 OO산업사에 대하여 원직복직을 이행하여 달라고
항변하였던 것이므로 이를 들어 지시사항을 불이행하였다고 보아 원고에 대한 징계사유로 삼을
수 없습니다.

(2) 징계절차에 관하여

1) OO산업사는 2006. 5. 2. 원고를 징계위원회에 참석만 시키고 소명기회를 부여하지 않았습니다.

2) OO산업사 취업규칙(이하 '취업규칙'이라 한다) 제79조는 '징계사유가 발생하였을 시에는 3일
이내 징계위원회를 소집하여 징계를 징계위원회 위원의 과반수 이상의 동의를 얻어 집행하고,
징계위원회의 구성은 대표자, 전무, 공장장, 노사협의회 근로자 대표 4명으로 한다'고 규정하고
있으므로 징계위원회는 대표자, 전무, 공장장, 노사협의회 근로자 대표 4명 등 7명의 징계위원이
참석한 징계위원회에서 과반수 이상의 동의를 얻어 징계를 집행하여야 함에도 OO산업사는 근로
자 대표가 아니어서 징계위원으로서의 자격을 갖추지 못한 서옥문이 징계위원으로 참석하는
등 4명의 징계위원만으로 구성된 징계위원회에서 징계위원들의 찬반 의사를 묻지 않고 징계위원
들의 참석을 동의로 간주하여 원고에 대한 징계해고를 하였습니다.

3) 따라서 이 사건 해고에는 위와 같은 징계절차상의 흠이 있습니다.

3. 결론

이상과 같이 피고의 이 사건 처분은 위법하므로 이의 취소를 구하는 본 건 소송에 이르게 되었습니다.

입증방법

1. 갑 제1호증

첨부서류

1. 위 각 입증방법   각 1부
2. 송달료 납부서
3. 소장부본

20 . . .

위 원고   (날인 또는 서명)

서울행정법원   **귀중**

당해판례

2006구합 45852

1. 징계사유에 관한 주장에 대하여

1) 무단결근을 하지 않았다는 주장

근로기준법(2007. 4. 11. 법률 제8372호로 전문개정되기 전의 것, 이하 같다) 제59조 제1항은 '사용자는 1년간 8할 이상 출근한 근로자에 대하여는 15일의 유급휴가를 주어야 한다'고 규정하고 있는바, 연차휴가는 근로자에 대해 휴일 외에도 매년 일정 일수의 휴가를 유급으로 보장하고자 하는 제도임에 비추어 사용자의 귀책사유에 의하여 근로자가 출근하지 못한 기간에 대하여 출근율을 계산함에 있어서 근로자에 대하여 불리하게 고려할 수는 없으므로 사용자의 부당해고로 인하여 근로자가 출근하지 못한 기간은 전체 근로일 및 출근일에 모두 산입되는 것으로 보아야 할 것이다. 그런데 앞서 인정한 바에 의하면, ○○산업사는 연차휴가의 계산기간을 매년 1월 1일부터 12월 31일까지로 하고 있고(취업규칙 제32조 제1항), 원고는 2005. 8. 25. 해고되었다가 부산지방노동위원회의 부당해고 구제명령에 의하여 2005. 11. 30. 복직되었는바, 따라서 위 해고가 부당해고로 인정된 이상 원고에 대한 2006년 연차휴가일을 산정함에 있어서는 위 해고 후 복직되기 전까지의 기간을

2005년의 전체 근로일 및 출근일에 모두 산입하여야 할 것이고, 그와 같이 계산하면 원고는 2005년에 8할 이상 출근한 것이 되어 2006년에 연차휴가권이 발생하는 것으로 보인다.

그렇다면, 원고가 제출한 근태처리원은 정당한 연차휴가 신청이라고 할 것이어서 근로기준법 제59조 제5항에 의하여 OO산업사는 원고가 청구한 시기에 휴가를 주는 것이 사업에 막대한 지장이 있어 그 시기를 변경하는 경우를 제외하고는 원고의 청구가 있는 시기에 휴가를 주어야 할 의무가 있다고 할 것임에도 OO산업사는 이러한 사유에 관하여 별다른 이유도 제시하지 아니한 채 원고가 신청한 연차휴가를 허가하지 않았으므로 원고가 근태처리원에 기재한 기간 동안 조퇴하거나 출근하지 않은 것을 무단조퇴 또는 무단결근과 같이 볼 수는 없다고 할 것이어서 이를 해고사유로 삼을 수 없다는 원고의 위 주장은 이유 있다.

2) 지시사항을 불이행하지 않았다는 주장

앞서 인정한 바에 의하면, OO산업사가 2005. 11. 30. 원고를 복직시킨 후 2006. 3. 27. 경비실의 경비원으로 발령한 것은 원고와 함께 근무하던 도금실 직원들뿐 아니라 타생산부서의 직원들마저 업무처리에 비협조적인 원고와는 같이 근무할 수 없다고 함에 따라 부득이 취한 조치로 보인다. 따라서 원고가 그 후 2006. 4. 18.부터 2006. 5. 2.까지 10회에 걸쳐 작업지시사항을 불이행하고, 2006. 4. 17. 09:30경 경비실에서 대표자인 김OO에게 폭언을 하며 지시사항을 이행하지 않은 것이 정당화될 수는 없다고 할 것이어서 원고의 위와 같은 행위는 취업규칙 제61조 제1호, 제13호에 정한 해고사유에 해당한다고 할 것이므로 원고의 위 주장은 이유 없다.

2. 징계절차에 관한 주장에 대하여

1) 소명기회 미부여 주장

살피건대, 앞서 인정한 바에 의하면 원고가 징계위원회에 참석한 이상 스스로 징계사유에 대하여 소명진술할 기회가 있었다 할 것이므로 원고에게 소명기회가 부여되지 않았다는 원고의 위 주장은 이유 없다.

2) 징계위원회 구성 및 동의 등에 흠이 있다는 주장

취업규칙 제79조의 문언 및 규정 내용, 특히 징계위원회를 원고의 주장과 같이 대표자, 전무, 공장장과 근로자 대표 4명 등 7명으로 구성하게 되면 사용자측 위원은 3명인 반면, 근로자측 위원은 4명이 되어 원칙적으로 사용자의 인사권의 범위에 속하는 징계권의 행사가 오히려 근로자측의 의사에 따라 좌우되는 불합리한 결과가 발생하게 되므로 징계위원회는 대표자, 전무, 공장장과 근로자 대표 1명 등 4명으로 구성되는 것이라고 봄이 올바른 해석이라고 할 것인바, 앞서 인정한 바에 의하면 OO산업사 징계위원회에는 대표자인 김OO, 전무 안OO, 공장장 김OO 및 근로자대표 서OO 등 4명이 참석하여 원고에 대하여 징계해고하기로 의결하였으므로 이와 다른 전제에서 하는 원고의 위 주장도 모두 이유 없다.

3. 징계양정의 적정 여부

비록 무단결근이나 무단조퇴를 원고에 대한 해고사유로 삼을 수는 없다고 하더라도, 원고는 직장동료나 상사의 신뢰를 상실하여 아무도 원고와 함께 근무하기를 원하지 아니하여 OO산업사에서 특별히 원고에게 직책을 부여하였음에도 원고는 원직 복직만을 고집하면서 10여 회에 걸쳐 작업지시를 불이행하고, 상사에 대하여 폭언과 지시사항을 불이행하였는바, 이와 같은 징계사유의 내용과 정도, 징계 전후의 사정 등이 사건 변론에 나타난 제반사정을 종합하면, 원고와 OO산업사 사이의 근로관계는 원고의 귀책사유로 더 이상 그 존속을 기대하기 어려울 정도로 파탄에 이르렀다고 봄이 상당하므로 이 사건 해고는 그 양정에 있어서 적정하다고 할 것이다.

[서식] 부당호봉승급누락구제재심판정취소 청구의 소

소　　장

원고	김 길 동(주민등록번호) 경상남도 울산시 OO동 O번지
피고	중앙노동위원회위원장
보조참가인	OOO (선정당사자)

부당호봉승급누락구제재심판정취소

청구취지

1. 중앙노동위원회가 2008. O. O. 원고와 피고보조참가인(선정당사자) 및 선정자 OOO 사이의 2008부해OOO 부당호봉승급누락구제 재심신청사건에 관하여 한 재심 판정을 취소한다.

2. 소송비용 중 보조참가로 인한 부분은 피고보조참가인(선정당사자)이, 그 나머지 부분은 피고가 각 부담한다.

라는 판결을 구합니다.

청구원인

1. 재심판정의 경위

(1) 원고는 울산 ○○○에서 상시근로자 ○○○여 명을 고용하여 화학섬유 관련 제조 및 판매업을 영위하는 회사이고, 참가인(선정당사자, 이하 '참가인'이라고만 한다)은 1995. ○. ○.에, 선정자 ○○○은 1987. ○. ○.에 각 원고 회사에 입사하여 ○○공장 공장관리팀 소속으로 근무하던 중 2008년 하반기 호봉승급이 보류(이하 '이 사건 호봉승급 보류'라 한다)된 사람들입니다.

(2) 참가인 및 선정자 ○○○(이하 '참가인 등'이라 한다)과 ○○○은 2008. ○. ○. 자신들에 대한 호봉승급보류가 부당하다며 부산지방노동위원회에 2008부해○○○로 구제신청을 하였고, 위 지방노동위원회는 같은 해 ○. ○. 참가인 등과 ○○○의 구제신청을 모두 기각하였습니다.

(3) 이에 참가인 등은 2008. ○. ○. 위 지방노동위원회의 결정에 불복하여 중앙노동위원회에 2008부해○○○로 재심신청을 하였고, 중앙노동위원회는 같은 해 ○. ○. 참가인 등의 재심신청을 받아들여 원고 회사가 참가인 등에 대하여 한 이 사건 호봉승급 보류는 부당호봉승급보류임을 인정하고, 원고 회사는 이 판정서를 송달받은 날로부터 30일 이내에 참가인 등의 호봉을 승급시키고, 호봉승급이 보류된 기간 동안 승급된 호봉에 따라 임금을 지급하라는 구제명령을 발하였습니다(이하 '이 사건 재심판정'이라 한다).

2. 재심판정의 위법성

이 사건 호봉승급보류는 근로기준법 제23조 제1항 소정의 '부당해고 등'에 해당하지 아니하여 노동위원회의 구제명령 대상이 될 수 없을 뿐만 아니라, 가사 구제 명령의 대상이 된다 하더라도 단체협약 및 취업규칙에서 정한 기준에 따른 것으로서 원고 회사의 정당한 인사권의 범위 내에 있고, 형평의 원칙에도 반하지 아니하므로 적법한 호봉승급보류라 할 것임에도 중앙노동위원회가 이와 달리 보고 한 이 사건 재심판정은 위법합니다.

3. 결론

이상과 같이 이 사건 처분은 위법하므로 이의 취소를 구하는 본 건 소송에 이르게 되었습니다.

입증방법

1. 갑 제1호증
2. 갑 제2호증
3. 갑 제3호증
4. 갑 제4호증
5. 갑 제5호증
6. 갑 제6호증

첨부서류

1. 위 각 입증방법   각 1부
2. 송달료 납부서
3. 소장부본

20 .   .   .
위 원고   (날인 또는 서명)

서울행정법원   귀중

당해판례

2008구합 41168

1. 해고 등 제한 규정과 근로자의 노동위원회에 대한 구제신청권은 근로기준법이 제정된 이래 내용의 변경없이 그 조문의 위치만 변경되어 계속 유지되어 오고 있는데, 종래의 근로기준법(2007. 1. 26. 법률 제8293호로 개정되기 전의 것)은 사용자의 부당해고 등에 대한 처벌규정을 두고 있었으나(제110조), 법률 제8293호로 개정된 근로기준법은 부당해고 등에 대한 처벌규정을 삭제하는 대신 부당해고 등에 대한 구제명령 불이행자에 대하여 이행강제금 및 벌칙규정을 신설하였고(제33조의 6, 제110조, 제113조의 2), 위 각 규정은 조문의 위치만 변경한 채 현재에 이르고 있다.

2. 이처럼 근로기준법이 제정될 당시부터 '정당한 이유 없는 해고, 휴직, 정직, 전직, 감봉, 그 밖의 (기타) 징벌'을 노동위원회에 대한 구제신청대상으로 규정하고 있고 그 규정내용이 변경되지 아니한 점과 당초 이러한 사용자의 부당해고 등에 대하여는 처벌규정을 두고 있어서 죄형법정주의의 원칙상 그 해석을 엄격히 해왔는데 조문내용 자체는 아무런 변경이 없고 단지 처벌규정만이 삭제되었다고 하여 그 해석을 달리해야 할 필요성이 있다고 보이지 않는 점과 원칙적으로 사적자치가 지배하는 사용자와 근로자 사이의 근로계약관계에서 일어날 수 있는 모든 불이익한 처분을 그 구제신청의 대상으로 삼는 것은 행정의 과도한 관여가 될 수 있다는 점 등에 비추어 보면, 근로기준법이 구제신청의 대상으로 삼고 있는 부당해고 등은 열거적 한정적 규정으로서 엄격하게 해석함이 상당하다.

이 사건에 대하여 보면, 이 사건 호봉승급 보류가 해고, 휴직, 정직, 전직이나 감봉에 해당하지 아니함은 그 문언의 해석상 명백하므로, '그 밖의 징벌'에 해당하는지 여부가 문제되는바, 여기서 '그 밖의 징벌'이라 함은 그 문언 자체의 뜻과 앞서 본 해석원칙에 비추어 보면, 해고, 휴직, 정직, 전직, 감봉을 제외한 처분으로서 사용자가 당해 근로자에게 제재로서 가하는 불이익한 처분만을 의미하고, 근로계약관계에서 일반적으로 일어날 수 있는 모든 불이익한 처분을 의미하는 것은 아니라 할 것이다.

앞에서 본 바와 같이 원고 회사는 1년 이상 근속한 일급제사원에 대하여 연 2회 승급을 하되, 1회는 근무연한에 따라 1호봉을 당연 승급하고, 1회는 인사고과에 따른 근무평정에 의하여 평정대상인원의 상위 10%(A 등급)에 대하여는 2호봉(특별승급)을, 하위 5%(C 등급)에 대하여는 승급보류, 나머지 85%(C 등급)는 1호봉을 승급하도록 하고 있는데, 특별승급 기준은 공장장 또는 팀장 명의의 수상자, 근면성실하고, 솔선수범하고 책임감이 투철한 자, 품질사고 예방에 공이 많은 자, 업무능력이 탁월하며 업무개발 및 개선에 공이 많은 자, 기타 인정할 만한 공이 있는 자에 해당하는지 여부이고, 승급 보류 기준은 근태불량, 근무태도 불량, 품질사고 유발, 품행이 불량한 자로 정하고 있는바, 이와 같이 원고 회사는 인사고과에 따라 근로자별로 달리 이루어지는 이사건 승급(1월)외에도 근무연한에 따라 모든 근로자가 근무연한에 따라 일괄하여 자동승급하는 (7월) 규정을 두고 있는 점, 평정에 따라 이루어지는 승급(1월)에 있어서 특별승급은 주로 근면성실하고 업무수행능력이 우수한 자에 대하여 이루어지는 반면, 승급보류는 주로 업무를 태만히 하거나 문제를 일으킨 자에 대하여 이루어진다는 점, 특별승급인원이 승급보류 인원보다 많아 전체적으로 볼 때 평균 1호봉 이상의 승급이 이루어지는 점, 승급이 되지 않았다고 하여 상대적으로 승급에 따른 일당 급여지급기준이 인상되지 않는 외에는 특별히 인사상의 불이익은 없다는 점 등 제반사정에 비추어 보면, 근무평정에 의하여 이루어지는 원고 회사의 1월의 호봉승급은 근로자의 근로의욕을 고취하고 생산성을 향상시키기 위하여 성과에 따라 그 처우를 달리하는 상여로서의 성질을 가진다고 할 것이어서, 비록 이 사건 호봉승급보류로 인하여 참가인 등이 호봉승급된 근로자들에 비하여 상대적으로 불이익한 처우를 받게 되었다고 하더라도 이를 제재로서의 성질을 가진 것으로서 노동위원회의 구제신청 대상이 되는 근로기준법 제23조 제1항의 '그 밖의 징벌'에 해당한다고 볼 수 없다.

3. 이 사건 호봉승급보류가 근로기준법 제23조 제1항의 '그 밖의 징벌'에 해당하여 구제신청의 대상 적격이 있다고 하더라도, 앞서 본 바와 같이 참가인 등이 상당시간 지정된 작업현장을 무단이탈하여 휴게실에서 커피를 마시는 등 게으름을 피우다 관리팀 과장인 ○○○에게 적발된 후 ○○○으로부터 수차례에 걸쳐 경위서 제출을 요구받았음에도 이를 제출하지 아니하였고, 이로 인하여 원고 회사로부터 근무불성실, 근무지 이탈, 지시불응을 이유로 경고장을 받은 점, 이와 같은 참가인 등의 행위는 승급보류기준 중 하나인 '업무상 상사의 정당한 지시에 불응하거나 이행하지 않는 자'에 해당하는 점, 참가인 등 뿐만 아니라 ○○○, ○○○도 작업지시 불이행, 근무태만을 이유로 C등급을 받아 호봉승급이 보류된 점 등에 비추어 보면, 이 사건 호봉승급보류가 합리적인 이유가 없다거나 다른 근로자들과의 형평에 반하여 재량권을 일탈한 것으로서 인사권 남용에 해당한다고 볼 수도 없다.

Ⅴ. 교원소청심사관련 소송

1. 사립학교 교원에 대한 불이익처분과 행정소송

(1) 소청의 개념

소청이란 공무원이 신분에 관한 불이익한 처분을 받았을 경우, 이를 다툴 수 있는 특별한 행정심판제도이다. 또 이러한 행정심판절차를 거쳐야만 행정소송을 제기할 수 있다. 다시말해, 사립학교 교원 등에 대한 불이익한 처분에 대하여는 행정심판(소청)을 거쳐야 행정소송을 제기할 있다고 규정하고 있다.

[교원소청심사 개관]

순번	절차	내용
1	소청심사청구	– 청구인의 성명 · 주민등록번호 · 주소 및 전화번호, 소속학교명 또는 전 소속학교명과 직위 또는 전 직위, 피청구인, 소청심사청구의 대상이 되는 처분의 내용, 처분이 있음을 안 날, 청구의 취지, 청구 이유 및 입증방법을 기재한 소청심사청구서 제출 – 파면 또는 해임이나 면직처분에 대하여 교원소청심사 청구가 있는 경우 처분권자는 위원회의 최종 결정이 있을 때까지 후임자의 보충발령을 하지 못함(다만, 소청심사 청구 기간이 경과한 후에는 보충발령이 가능함). – 청구인은 심사위원회의 결정이 있을 때까지는 청구의 일부 또는 전부를 취하 가능
2	소청심사청구 접수	– 심사위원회는 소청심사청구서에 흠이 있다고 인정할 때에는 접수한 날로부터 7일 이내에 상당한 기간을 정하여 청구인에게 보정요구를 할 수 있으며, 경미한 때에는 직권으로 보정 가능 – 보정이 있는 경우 처음부터 적법한 소청심사청구가 제기된 것으로 봄.
3	소청심사청구서 접수 통지 및 답변서 제출 요구	– 심사위원회는 소청심사청구서 부본 1부를 피청구인에게 송부하고 필요한 경우 답변서 제출을 요구할 수 있음 – 피청구인 지정된 기일 내에 소청심사청구의 취지와 이유에 대한 답변 및 이에 대한 입증자료가 포함된 답변서와 청구인의 수에 따른 부본을 심사위원회에 제출하여야 함.
4	답변서 접수 및 검토	피청구인의 답변서가 접수되면 그 부본을 청구인에게 송부하고 필요할 경우 현지 등을 방문하여 사실 조사함.
5	심사기일 지정 · 통지	– 심사위원회가 소청심사청구사건을 심사할 때에는 청구인과 피청구인이 심사위원회에 출석할 수 있도록 심사개최 7일전까지 당사자에게 심사기일 및 장소를 통지. – 이 경우 심사기일 등의 통지를 받은 자가 정당한 사유로 출석할 수 없는

		때에는 심사위원회에 심사연기를 요청할 수 있고, 심사위원회는 다시 심사일시 및 장소를 정하여 당사자가 출석할 수 있도록 하여야 함.
6	심사	– 위원회는 소청심사청구의 원인이 된 사실 외의 사실에 대해서는 심사하지 못함. – 소청제기기간, 청구인 적격, 청구대상 등의 대한 요건심사, 징계 등 불이익처분 절차, 사실관계, 법령적용, 징계양정 등이 제대로 이루어졌는지를 검토 – 위원회는 전문적인 지식과 경험을 갖춘 자에게 검정·감정을 의뢰하거나 소속 직원으로 하여금 사실조사 실시 가능 – 소청사건과 관련된 증인을 불러 질문하거나 관계기관 등에 필요한 서류제출 요구 가능 – 위원회는 청구인에게 진술의 기회를 부여하여야 함. 다만, 소청심사청구 기간의 경과 등 소청심사의 청구가 부적법하여 각하결정을 하는 때와 소청심사청구의 대상이 되는 처분의 절차상 하자가 명백하여 그 처분의 취소를 결정을 하는 때는 당사자의 서면진술만으로 결정할 수 있음
7	결정	– 접수일로부터 60일 이내(30일 연장 가능)에 결정하되 결정의 유형에는 각하, 기각, 취소, 변경, 효력유무 등 확인, 의무이행명령 등이 있음.
8	결정서 작성 및 송부	– 결정서는 결정일로부터 15일 이내에 결정 주문과 이유 등을 명시하여 작성하고 청구인과 피청구인에게 송부함.

(2) 교원의 신분보장 등

교원은 형(刑)의 선고, 징계처분 또는 법률로 정하는 사유에 의하지 아니하고는 그 의사에 반하여 휴직·강임(降任) 또는 면직을 당하지 아니하며, 해당 학교의 운영과 관련하여 발생한 부패행위나 이에 준하는 행위 및 비리 사실 등을 관계 행정기관 또는 수사기관 등에 신고하거나 고발하는 행위로 인하여 정당한 사유 없이 징계조치 등 어떠한 신분상의 불이익이나 근무조건상의 차별을 받지 아니한다(교원의 지위 향상 및 교육활동 보호를 위한 특별법 제6조).

(3) 교원에 대한 징계와 구제절차

1) 교원소청심사위원회의 설치

각급학교 교원의 징계처분과 그 밖에 그 의사에 반하는 불리한 처분(「교육공무원법」 제11조의4제4항 및「사립학교법」 제53조의2제6항에 따른 교원에 대한 재임용 거부처분을 포함.)에 대한 소청심사(訴請審査)를 하기 위하여 교육부에 교원소청심사위원회(이하 "심사위원회"라 한다)를 둔다(법 제7조).

2) 불이익처분의 성질

사립학교 교원에 대한 불이익처분은 임용권자에게 재량이 허용되는 재량행위이다.[220] 따라서 사립학교 교원에 대한 징계처분에 대하여는 징계사유의 유무, 징계절차 위반 여부, 당해 징계처분이 사회통념상 현저하게 타당성을 잃어 재량권을 남용하였는지가 주된 심사대상이 된다.

3) 소청심사의 청구 등

교원이 징계처분과 그 밖에 그 의사에 반하는 불리한 처분에 대하여 불복할 때에는 그 처분이 있었던 것을 안 날부터 30일 이내에 심사위원회에 소청심사를 청구할 수 있다. 이 경우에 심사청구인은 변호사를 대리인으로 선임(選任)할 수 있다. 또한, 본인의 의사에 반하여 파면·해임·면직처분을 하였을 때에는 그 처분에 대한 심사위원회의 최종 결정이 있을 때까지 후임자를 보충 발령하지 못한다. 다만, 전항의 기간 내에 소청심사청구를 하지 아니한 경우에는 그 기간이 지난 후에 후임자를 보충 발령할 수 있다(법 제9조).

4) 소청심사 기간

심사위원회는 소청심사청구를 접수한 날부터 60일 이내에 이에 대한 결정을 하여야 한다. 다만, 심사위원회가 불가피하다고 인정하면 그 의결로 30일을 연장할 수 있으며, 심사위원회의 결정은 처분권자를 기속한다.

5) 기속력

위원회가 교원의 심사청구를 인용하거나 원 징계처분을 변경하는 처분을 한 때에는 처분권자는 이에 기속된다. 위원회의 결정은 처분청에 대하여 기속력을 가지고 이는 그 결정의 주문에 포함된 사항뿐만 아니라 그 전제가 된 요건사실의 인정과 판단, 즉 처분 등의 구체적 위법사유에 관한 판단에까지 미친다. 따라서 위원회가 사립학교 교원의 소청심사청구를 인용하여 징계처분을 취소한 데 대하여 행정소송이 제기되지 않으면 위원회의 결정의 주문과 그 전제가 되는 이유에 관한 판단은 처분청을 기속한다.

(3) 행정소송에 의한 구제

심사위원회의 결정에 대하여 교원, 「사립학교법」 제2조에 따른 학교법인 또는 사립학교 경영자 등 당사자는 그 결정서를 송달받은 날부터 90일 이내에 「행정소송법」으로 정하는 바에 따라 소송을 제기할 수 있다.

---

220) 대법원 2008. 2. 1. 2007두20997 판결.

1) 심판의 대상

학교법인 등의 징계처분은 행정처분성이 없고 그에 대한 소청심사청구에 따라 위원회가 한 결정이 행정처분이 된다. 따라서 교원이나 학교법인 모두가 결정에 대하여 행정소송으로 다툴 수 있고, 심판대상은 학교법인 등의 원징계처분이 아니라 위원회의 결정이 된다.

2) 판결의 내용

위원회가 징계사유 자체가 인정되지 않는다는 이유로 징계양정이 당부에 대한 판단없이 징계처분취소결정을 한 경우, 그에 대하여 학교법인 등이 제기한 행정소송 절차에서 법원이 징계사유 중 일부사유는 인정된다고 판단했다면 법원은 위원회의 결정을 취소하여야 한다. 또한 법원이 인정한 징계사유를 기준으로 하더라도 징계처분을 취소한 위원회 결정이 결론에 있어 타당하더라도 위원회의 결정을 취소하여야 한다.

3) 취소판결의 효력

법원이 위원회의 결정을 취소한 판결이 확정되더라도 위원회가 다시 그 소청심사청구사건을 재심사하게 될 뿐 학교법인 등이 곧바로 위 판결의 취지에 다라 재징계 등을 하여야 할 의무는 없다.

(4) 민사소송을 통한 구제

사립학교 교원은 학교법인 또는 사립학교 경영자에 의하여 임면되는 것으로서 사법행위의 성질을 띠고 있다. 따라서 학교법인을 상대로 한 불복은 민사소송절차에 의하여 권리구제를 받을 수 있다.[221] 이 경우 피고는 징계처분을 한 학교법인이 된다.

(5) 사립대학 교원에 대한 재임용거부결정의 절차적 하자를 이유로 그 효력을 부정할 수 있는 경우 및 그 하자의 정도

사립대학 교원에 대한 재임용거부결정의 절차와 관련하여 2005. 1. 27. 법률 제7352호로 개정된 사립학교법이 적용 내지 소급적용되는 경우에는 학교법인이 개정 사립학교법 제53조의2 제4항 내지 제7항에 규정된 사전절차를 준수하지 아니함으로써 재임용 여부에 관하여 합리적인 기준에 의한 공정한 심사를 요구할 권리가 실질적으로 침해되었다고 평가될 정도에 이르면 그 재임용거부결정은 그와 같은 절차적 흠만으로도 효력이 부정될 수 있다.[222]

---

221) 대법원 1993.02.12. 선고 92누13707 판결.
222) 대법원 2010.07.29. 선고 2007다42433 판결.

2. 국·공립학교 교원에 대한 불이익처분과 행정소송

(1) 의의

국공립학교 교원에 대한 불이익처분은 그 자체가 행정처분이므로 그 불이익처분에 대한 소송송태는 행정소송뿐이다. 다만 그 소송의 형태는 소송의 대상 및 당사자, 심리 내용 등에 따라 달라진다.

(2) 징계절차

1) 심판의 대상

국공립학교 교원에 대한 징계처분은 그 자체가 행정처분이므로 심판대상은 교육감 등에 의한 원징계처분이 되는 것이 원칙이며, 다만 위원회의 심사절차에 위법사유가 있다는 등 고유의 위법이 있는 경우에 한하여 위원회의 결정이 소송에서의 심판의 대상이 된다.

[징계유형]

중징계	파면	5년간 임용 불가 / 퇴직연금 1/2 삭감
	해임	3년간 임용 불가 / 사유에 따라 퇴직연금 삭감
경징계	강등	동종의 직무 내에서 하위의 직위에 임명 / 신분유지, 3개월간 직무종사 불가 / 보수 전액 삭감 * 다만, 「고등교육법」 제14조에 해당하는 교원 및 조교에 대하여는 강등을 적용하지 아니함
	정직	1개월이상 3개월 이하 / 신분유지, 직무종사 불가 / 보수 전액 삭감
	감봉	1개월이상 3개월 이하 / 보수의 1/3 삭감
	견책	전과에 대하여 훈계, 회계

(3) 소송대상 및 당사자

1) 취소소송

교원의 불이익처분에 대한 행정소송은 행정심판전치의 적용을 받는다. 따라서 행정소송을 제기하기 위해서는 필요적으로 그 처분이 있음을 안 날로부터 30일 이내에 교원소청심사위원회에 심사청구를 하여야 하고, 그 결정에 불복이 있을 경우 그 결정서 송달일부터 90일 이내에 취소소송을 제기하여야 한다. 이에 대한 소송은 원칙적으로 교육감 등 원처분청의 불이익처분 자체가 행정소송의 대상이 되지만, 교원소청심사위원회의 심사결정 자체에 주체, 절차, 형식 또는 내용상 고유한 위법이 있는 경우 이를 이유로 삼아 교원소청심사위원회를 상대로 심사결정의 취소를 구하는 소송을 제기할 수 있음은 일반

행정심판의 경우와 같다.[223]

2) 심리범위 및 판결내용

법원은 원처분의 위법 여부가 판단대상이 된다. 따라서 위원회의 결정의 결론과 상관없이 원처분에 적법한 처분사유 존부, 징계양정의 적정 여부를 판단하며, 거기에 위법사유가 있다고 인정되면 징계처분을 취소한다.

3) 취소판결의 기판력

원 징계처분을 한 처분청은 판결의 기속력에 따라 징계를 하지 않거나 재징계를 하여야 한다.

4) 무효확인소송

국공립학교 교원은 재임용거부를 포함하여 그 의사에 반하는 불이익한 처분에 대하여 그 하자가 중대·명백함을 이유로 무효확인을 구하는 행정소송을 제기할 수 있다. 이 경우 소송의 대상은 불이익처분 자체이고 피고는 원처분청이다.

---

223) 대법원 2013. 7. 25. 선고 2012두12297 판결.

소 장

원고　　　　　　김 길 동(주민등록번호)
　　　　　　　　서울시 ○○구 ○○동 ○번지
피고　　　　　　교원소청심사위원회
보조참가인　　　○○○
교원소청심사위원회결정취소

청구취지

1. 피고가 2008. ○. ○. 원고와 피고 보조참가인 사이의 2008-○○○ 승진 및 재임용탈락 처분 취소청구에 관하여 한 결정을 취소한다.
2. 소송비용은 피고의 부담으로 한다.

라는 판결을 구합니다.

청구원인

1. 결정의 경위

(1) 피고 보조참가인(이하 "참가인"이라 한다)은 199○. ○. ○. 원고가 설립·운영하는 ○○대학교의 ○○대학원 조교수로 임용되었다가 199○. ○. ○.부터 부교수로 승진하여 근무하던 중, 2008. 5. 13. 원고로부터 교원인사위원회의 심의를 거쳐 총장의 제청으로 이사회에서 2008. 5. 1. 종합 심의한 결과 "교수자질 등 승진자격요건이 미비(이하 '원고의 처분사유'라고 한다)"한 것으로 판단하여 정관 제43조의4 제1항에 의하여 교수 승진 및 재임용에서 탈락시키기로 결정함에 따라 2008. 2. 29. 임용기간 만료로 해임 처리하여야 하나, 사정에 의하여 2009. 8. 31.까지 특별임용기간을 부여하고 2009. 8. 31. 임용기간 만료로 해임 처리하게 된다는 통지(이하 "원고의 처분"이라 한다)를 받았습니다.

(2) 참가인은 피고에게 원고의 처분의 취소를 구하는 소청심사를 청구하였고, 피고는 2008. 9. 8. 그 중 승진탈락처분의 취소를 구하는 부분은 승진탈락처분이 소청심사 청구대상인 처분에 해당하지 않아 부적법하다는 이유로 각하하고, 나머지 부분에 관하여는 먼저 원고의 처분사유의 내용에 구체적이고 명확한 사실(평가결과 등 객관적인 사유)의 적시가 없어 사립학교법 제53조의2 제6항을 위반한 절차상 중대하고 명백한 하자가 있고, 다음으로 교원인사위원회가 학생교육, 학문연구, 학생지도에 관한 사항에 관한 평가 등 객관적인 사유로서 학칙이 정하는 사유에 근거하여 합리적이고 공정한 심사를 하였다고 볼 수 없어 위법·부당하다는 이유로 청구를 인용하여 재임용탈락처분을

취소하는 청구취지 기재 결정(이하 "이 사건 결정"이라 한다)을 하였다.

2. 결정의 위법성

피고의 결정은 아래와 같은 사유로 인해 위법합니다.

(1) 원고는 참가인에 대한 심사를 거쳐 교수 승진 및 (승진된 지위로의) 재임용에서 탈락시켰을 뿐 종전의 지위, 즉 부교수 재임용 여부에 관하여는 아무런 처분을 한 바 없고, 참가인 또한 이러한 성격의 교수 승진 및 재임용 탈락처분에 관하여 소청심사를 청구하였을 뿐인데, 피고는 부교수 재임용탈락처분의 적법 여부에 관하여 판단함으로써 심판범위를 넘어 원고의 방어권을 침해하였습니다.

(2) 원고의 처분사유는 그 자체로 구체적이고 명확한 사실의 적시이고, 가사 그렇지 않다하더라도 참가인이 교원인사위원회 심사 당시 소명자료를 제출하는 등으로 원고의 처분사유가 구체적으로 참가인의 임용기간 중 발생한 ○○○ 사건 등을 의미한다는 사실을 알고 있었으므로, 원고의 처분은 처분사유가 명시되었다고 보아야 합니다.

(3) 원고의 교원인사위원회에서는 참가인의 임용기간 중 발생한 ○○○ 사건 등에 관하여 객관적이고 합리적인 기준에 따라 심의를 하여 참가인의 교수자질이 부족하다고 판단하였습다.

3. 결론

이상과 같이 이 사건 결정은 위법하므로 이의 취소를 구하는 본 건 소송에 이르게 되었습니다.

입증방법

   1. 갑 제1호증
   2. 갑 제2호증

첨부서류

   1. 위 각 입증방법   각 1부
   2. 송달료 납부서
   3. 소장부본

20 .   .   .

위 원고   (날인 또는 서명)

서울행정법원   **귀중**

당해판례

2008구합 44037

(1) 이 사건 소 중 승진탈락처분에 관한 부분의 적법 여부에 관한 판단

원고는 청구취지에서 이 사건 결정 전부의 취소를 구하고 있으나, 그 중 승진탈락처분 부분에 대하여는 소장의 청구원인 제3의 가항에서 원고의 불복사항과 관련되지 않는다고 간접적으로 밝히고 있기도 하려니와 청구원인에 해당하는 구체적 위법사유의 주장이 없고, 또 청구원인이 피고가 승진탈락처분취소 청구부분을 기각하여야 할 경우임에도 각하한 위법이 있다는 취지라 하여도, 원고는 그로 인하여 불이익을 받은 것이 없어 그 부분의 취소를 구할 소의 이익이 없다. 따라서 이 사건 소 중 승진탈락처분에 관한 부분은 부적법하다.

(2) 본안에 관한 판단

(가) 제1 주장에 대하여

원고의 교원인사규정은 승진과 재임용을 구별하여 각 그 자격요건과 심사 방법 및 절차에 관하여 독립적으로 규정하지 않고 이를 일괄적으로 규정하는바(위 규정 제15조, 제16조, 제18조), 그 자격요건을 구비한 교원은 승진·재임용 신청권(승진 또는 재임용을 선택하여 신청하는 것이 아니라, 여기서의 재임용은 승진에 따른 재임용을 의미하므로 결국 승진과 동어반복에 불과하다)이 있고 원고 또한 승진·재임용심사 및 결과통지 의무를 부담하고 있으며, 위 규정 제19조는 당해 교원이 임용기간 만료 시까지 승진·재임용되지 아니하면 종전의 직위에서도 해임된 것으로 보도록 규정함으로써 일종의 계급정년제를 채택하고 있다. 이 경우 원고 대학에 기간제로 임용되어 정상적으로 임용기간이 만료되는 교원에 대한 승진과 교원으로서의 재임용은 불가분적 일체로 결합되어 있다고 봄이 옳고, 따라서 원고의 이러한 승진·재임용탈락처분은 필연적으로 교원 지위 재임용거부처분을 수반하게 된다.

피고가 이 사건 결정에 이른 경위를 보면, 참가인이 당초 피고에게 승진 및 재임용 탈락처분에 관하여 소청심사를 청구한 데 대하여, 피고는 참가인과 원고 쌍방의 공방 하에 원고가 그와 같은 처분(위 규정에 따른 승진·재임용탈락처분)에 이르게 된 구체적 경위를 살핀 다음, 승진탈락처분이 처분에 해당하지 아니한다는 법리적인 이유를 들어 그 중 승진탈락처분의 취소를 구하는 부분이 부적법하다고 보아 각하하면서, 앞서 본 바와 같은 이유를 들어 그와 불가분적 일체로 결합되어 있는 나머지 부분, 즉 교원으로서의 재임용탈락처분이 위법하다고 판단한 것일 뿐임(원고가 위 승진·재임용탈락처분과 별개로 부교수로의 재임용탈락처분도 하였음을 전제로 판단한 것이 아니다)은 앞서 본 바와 같으나, 앞서 든 증거에 변론 전체의 취지를 더하여 인정할 수 있다.

그렇다면, 이 사건 결정에 원고가 주장하는 바와 같이 참가인의 청구에 의하여 한정된 심판범위를 넘어 원고의 방어권을 침해한 위법이 있다고 볼 수 없다.

(나) 제2 주장에 대하여

원고의 교원인사규정 제18조 제6호는 사립학교법 제53조의2 제6항의 규정에 터 잡아 교원인사위원회에서 당해 교원을 승진.재임용하지 아니하기로 결정한 때에는 승진.재임용 거부사유를 명시하여 통지하여야 한다고 규정하고 있는바, 승진 · 재임용 거부가 인사권자의 직권에 의하여 행하여지는 교원에 대한 불이익처분이라는 점에 비추어 보면, 승진 · 재임용 거부사유 통보에 관한 위 규정의 취지는 본인에게 승진 · 재임용 거부를 당하게 된 경위를 알리도록 하여 그에 대한 불복의 기회를 보장함과 아울러, 인사권자로 하여금 거부사유의 존부를 신중하고 합리적으로 판단하게 하여 그 자의를 배제하도록 함으로써 승진 · 재임용 거부에 관한 권한행사의 적정을 기하려는 데 있다. 그리고 당해 교원이 승진 · 재임용 거부 당시의 전후 사정에 의하여 스스로에 대한 승진 · 재임용 거부사유를 알고 있다고 볼만한 특별한 사정이 없는 한 그 사유는 사실관계의 동일성을 판별할 수 있을 정도로 통지하여야 한다고 봄이 상당하다(대법원 1992. 7. 28. 선고 91다30729 판결 참조).

위 법리에 비추어 이 사건에 관하여 보건대, 원고의 교원인사규정 제16조 제1항, 제2항, 제5항, 제18조 제6호에 의하면, 교원인사위원회는 학부교원인사위원회가 한 교육업적, 연구업적 평가와 학과교수회의가 한 수업이행 상태, 과제부여 및 성적평가의 공정성, 학회 및 연구활동, 학생지도에 대한 관심과 열의도, 학교발전에의 기여 및 협조 등 교육자적 자질에 대한 평가결과 외에도 교수자질, 연구능력 및 실적, 강의능력 및 실적, 학생지도 및 실적, 봉사활동, 근무내용, 관계 법령 준수 등 여러 심사평정기준사항을 종합적으로 심의하여 승진 · 재임용 여부를 심사하도록 규정되어 있고, 실제 교원인사위원회는 학부교원인사위원회나 학장으로부터 참가인에 대하여 심사평정기준사항의 대부분을 평가한 종합적 평가결과를 제출받아 심의하였는데, 그 중 원고의 처분사유, 즉 교수자질 등 승진자격요건이라고만 하면 구체적으로 무엇을 지칭하고 의미하는지 특정할 수 없고, 또 참가인의 ○○○ 관련 전력이 원고의 구체적 처분사유에 해당한다고 볼 명백한 자료도 없는 점 등의 사정을 종합하여 보면, 원고가 참가인에게 교원인사위원회의 의결에 따른 승진 및 재임용 탈락사유, 즉 교수자질 등 승진자격요건이 미비하다고 통지한 것만으로는 사실관계의 동일성을 판별할 수 있을 정도로 승진 · 재임용 거부사유를 통지하였다고 볼 수 없다. 그리고 참가인이 교원인사위원회에 제출한 서약서에 참가인의 ○○○ 관련 전력에 관한 사죄 취지의 언급이 있고 교원인사위원회에서 양성평등 사건에 대한 질의응답의 소명기회 등을 가졌다고 하더라도, 그러한 사정만으로 바로 참가인이 승진 및 재임용 탈락 당시 그 사유를 알고 있었다고 볼 수는 없다.

(다) 제3 주장에 대하여

사립학교법 제53조의2는 앞서 본 바와 같이 임면권자의 재임용심의 신청 여부의 사전 통지의무 및 당해 교원의 재임용심의 신청권, 임면권자의 재임용거부사실 및 거부사유의 사전 통지의무, 객관적 기준에 의한 재임용심의와 당해 교원의 재임용심의 절차에서의 의견진술 및 제출권, 재임용 거부시 이에 대한 불복방법 등을 명문으로 규정하고 있는바, 이와 같은 사립학교법의 규정에 비추어 보면, 기간제로 임용되어 정상적으로 임용기간이 만료되는 사립학교의 교원은 임면권자에게 재임 용 여부에 관하여 학생교육, 학문연구, 학생지도에 관한 사항에 대한 평가 등 객관적인 사유로서 학칙이 정하는 사유에 근거하여 사립학교법이 정하는 절차에 따라 합리적이고 공정한 심사를 하여 줄 것을 요구할 법률상의 신청권을 가진다고 보아야 한다(대법원 2006. 3. 24. 선고 2005다37024 판결, 대법원 2006. 7. 6. 선고 2005다16041 판결 등 참조).

위 법리에 비추어 이 사건에 관하여 보건대, 앞서 본 바와 같이 원고의 교원인사규정에서 승진·재임 용의 심사평정기준으로 정하고 있는 교육업적, 연구업적과 교육자적 자질, 그리고 교수자질, 연구 능력 및 실적, 강의능력 및 실적, 학생지도 및 실적, 봉사활동, 근무내용, 관계 법령 준수 등 여러 사항은 사립학교법이 정한 재임용 심사사유인 학생교육, 학문연구, 학생지도에 관한 사항을 포함하 고 있으므로, 원고가 교원인사규정에서 정한 심사평정기준사항에 기초하여 원고의 승진·재임용 을 심사하는 것은 정당하다.

그러나 교원인사위원회가 찬반 투표로써 참가인의 교수자질 등 자격요건의 미비를 의결하면서 그 근거로 내세운 종합 심의라는 것은 그 대상이 문언상 앞서 본 교원인사규정에서 정한 심사평정기 준사항의 일부에 지나지 않는 연구업적, 교수자질, 징계기록 등에 한정될 뿐이고, 그 외 교원인사규 정에서 정한 모든 심사평정기준사항을 포함하였다고 볼 자료가 없다. 더구나 학부교원인사위원회 나 학장으로부터 교원인사규정에서 정한 심사평정기준사항의 대부분에 관하여 합격 취지의 종합적 평가결과를 제출받았음에도, 교원인사위원회가 단순히 찬반 투표를 통하여 그와 반대로 교수자질 등 승진자격요건의 미비로 의결하고, 이어 원고의 이사회 또한 이를 원용하여 같은 취지로 의결함에 따른 원고의 처분은 특별한 사정이 없는 한 경위나 과정 그 자체만으로도 객관적인 사유로서 학칙이 정하는 사유에 근거하여 합리적이고 공정한 심사를 받을 참가인의 권리를 침해하였다고 볼 소지가 다분하다. 이러한 결론은 비록 원고의 주장대로 교원인사위원회의 심사가 교원인사규정이 정한 바에 따라 참가인의 교육자적 자질에 대하여 평가한 결과 불합격의 평가를 한 취지로 보고, 또 교육자 적 자질에 대한 평가가 그 성격상 주관적, 추상적일 수밖에 없다는 사정을 감안하더라도, 그러한 심사의 객관성이나 합리성, 공정성을 담보할 만한 아무런 자료가 없는 이상 마찬가지다.

[서식] 재임용거부처분취소결정취소 청구의 소

소　장

원고　　　　　　학교법인 ○○
　　　　　　　　서울시 동작구 동 ○○번지
　　　　　　　　(전화 000-000, 팩스 000-000)
피고　　　　　　교육과학기술부 교원소청심사위원회
보조참가인　　　○ ○ ○(주민등록번호)
재임용거부처분취소결정취소

청구취지

1. 피고가 2009. 4. 6. 원고와 피고보조참가인(이하 '참가인'이라고 한다) 사이의 2009-○호 재임용거부처분취소청구사건에 관하여 한 재임용거부처분취소결정을 취소한다.

2. 소송비용중 피고로 인한 부분은 피고가, 피고보조참가로 인한 부분은 보조참가인이 부담한다.

라는 판결을 구합니다.

청구원인

1. 결정의 경위

(1) 참가인은 원고 법인이 운영하고 있는 ○○대학 ○○과 전임교원으로 1996. 3. 1. 신규 임용되어 1999. 10. 1. 조교수로 승진한 후 2002. 9. 1.자로 계약제 교원으로 근무하여 왔습니다.

(2) 참가인은 2009. 2. 28. 임용기간 만료를 앞두고 원고에게 재임용신청을 하였으나, 원고는 교원인사위원회의 심의를 거쳐 '참가인이 교원임용계약서 제5조 제4항(교원 업적평가점수 312점 이상일 경우 재임용한다)에 정한 재임용 기준에 미달하였다'는 이유로 2008. 12. 30. 참가인을 2009. 3. 1.자로 재임용하지 아니하기로 하는 처분(이(이하 '이 사건 재임용거부처분'이라고 한다)을 하였습니다.

(3) 참가인은 2009. 1. 22. 피고에게 이 사건 재임용거부처분의 취소를 구하는 소청 심사청구를 하였고, 피고는 2009. 4. 6. '원고와 참가인 사이의 계약에 의해 재임용 기준점수를 정하고 이러한 기준도 합의로 변경할 수 있도록 한 후 참가인의 점수가 이에 미달하였다는 이유로 이 사건 재임용거부처분을 함으로써 합리적이고 객관적인 재임용 기준을 학칙 등에 정하여 그에 따라 심의하도록

한 사립학교법 제53조의2 제7항의 규정을 위반하였다'는 이유로 이 사건 재임용거부처분을 취소하는 결정(이하 '이 사건 결정'이라고 한다)을 하였습니다.

2. 처분의 위법성

사립학교법 제53조의2 제3항은 학교법인 교원과의 임용계약을 체결함에 있어서 개별적인 계약조건을 정할 수 있도록 명시적으로 허용하고 있고 원고 법인은 참가인으로 부터 성취가 가능한 조건으로 변경하여 달라는 요청을 받고 이를 적극적으로 수용하여 계약조건을 변경해주기까지 하였음에도 불구하고 피고가 이러한 계약의 효력을 부인하여 단순히 재임용 세부평가기준이 학칙 등에 마련되어 있지 아니하다는 이유로 이 사건 재임용거부처분을 취소한 이 사건 결정은 위법합니다.

3. 결론

이상과 같이 피고의 처분은 위법한 행정처분이므로, 이의 취소를 구하는 행정소송에 이르게 되었습니다.

입증방법

1. 갑 제1호증
2. 갑 제2호증
3. 갑 제4호증
4. 갑 제5호증

첨부서류

1. 위 각 입증방법   각 1부
2. 송달료 납부서
3. 소장부본

20 ． ． ．

위 원고   (날인 또는 서명)

서울행정법원   귀중

당해판례

2009구합 27442

1) 대학교수의 재임용 여부는 임용권자가 교육 관계 법령상 대학교수에게 요구되는 고도의 전문적인 학식과 교수능력 및 인격 등의 사정을 고려하여 합목적적으로 판단할 자유재량의 범위 내에 속하는 것이나, 임용권자의 재임용거부가 합리적인 기준에 의한 공정한 심사를 거치지 않는 등의 사유로 사회통념상 현저히 타당성을 잃었다고 볼 만한 특별한 사정이 있는 경우에는 재량권을 남용 또는 일탈하였다고 볼 것인바, 특히 교원인사위원회가 사립학교법 제53조의2 제6항의 규정에 의하여 당해 교원에 대한 재임용 여부를 심의함에 있어서는 같은 조 제7항의 취지에 따라 학칙, 교원인사관리규정, 교원업적평가규정 등에 마련된 객관적인 기준에 근거하여 할 것이다. 한편, 같은 법 제53조의2 제3항은 대학교육기관의 교원은 정관이 정하는 바에 따라 근무기간, 급여, 근무조건, 업적 및 성과약정 등 계약조건을 정하여 임용할 수 있다고 규정하고 있으나, 이는 사립학교법인이 교원을 임용함에 있어 급여 · 근무조건 등과 관련한 사항을 상호간의 합의에 의하여 정할 수 있다는 취지일 뿐, 교원의 신분보장과 직결되는 재임용기준 등의 사항에 관하여 학칙 등의 규정에 마련된 객관적인 기준과 달리 또는 그러한 객관적 기준을 전혀 마련하지 아니한 채 양 당사자 사이의 합의에 의하여 정할 수 있다는 취지는 아니라 할 것이다.

2) 이 사건에 관하여 보건대, 위 인정사실에서 드러나는 다음과 같은 사정, 즉, ① 원고 법인이 교원업적평가규정에 교원업적평가의 세부항목과 배점기준 등에 대하여 정하여 둔 것으로 인정되나, 참가인의 재임용 여부에 관하여는 이 사건 계약 당시 참가인과 사이에 교원업적평가와는 다른 평가항목 및 배점기준 등을 개별적으로 합의하였고, 실제로 참가인에 대한 교원업적평가 역시도 이와 같이 합의된 기준에 따라 이루어 진 것으로 보여 사립학교법 제53조의2 제7항의 규정에 위배되는 점, ② 사립학교법이 교원 재임용 심의를 합리적이고 객관적인 기준에 의하도록 한 취지가 교원의 재임용 여부를 임용권자의 주관적 자의에 맡김으로써 교원의 독립성이 침해되는 것을 방지함과 아울러, 또 반대로 지나치게 낮은 기준이나 특정 재임용 대상자에게 편파적일 징도로 호의적인 기준에 의하여 재임용 심의가 이루어짐으로써 우수한 교원의 확보가 어려워지는 것을 예방하고자 하는 데에도 있으므로 설령 위와 같은 개별 합의가 참가인에게 유리한 내용의 변경이었다고 하더라도 위 법조항의 규정 취지에 위배됨은 마찬가지인 점, ③ 특히 재임용 심의에 있어 가장 결정적인 기준이 되는 최저 교원업적평가점수(이 사건 계약에서는 교원업적평가점수 312점을 그 기준으로 하였다)를 학칙, 교원업적평가규정 등에 전혀 정하여 두지 아니하고(즉, 개별항목의 평가를 종합하여 적격 여부를 판정하기 위한 어떠한 일응의 기준도 제시되어 있지

않다) 단지 이 사건 계약에만 정하여 두었고, 교원인사위원회에서 단순히 이러한 최저 평가점수를 기준으로 참가인이 위 점수에 미달하였다고 하여 참가인에 대하여 재임용을 거부하였는데, 이러한 재임용 평정이 위 법조항의 취지에 따라 객관적인 기준에 의하여 이루어진 것이라고는 도저히 보기 어려운 점, ④ 이처럼 객관적인 재임용 평정기준이 제대로 마련되어 있지 않은 상태에서 학교법인과 교원 사이의 합의 등에 의하여 재임용 기준을 따로 정하는 것을 허용하는 것은 오히려 교원의 신분의 독립성을 부당하게 침해하거나 우수한 교원의 충원을 저해하여 대학사회의 건전한 발전과 학문의 자유를 저해할 우려가 있는 점 등을 고려할 때, 원고의 이 사건 재임용거부처분은 재임용심사에 있어 주관과 자의를 방지할 수 있는 객관적인 기준에 근거하지 아니하고 이루어진 것으로서 위 법조항의 취지에 위배되어 위법하다고 할 것이다.

3) 따라서 위와 같은 취지로 이 사건 재임용거부처분의 취소를 명한 피고의 이 사건 결정은 적법하다.

[서식] 재임용재심사인용결정취소 청구의 소

소　장

원고	학교법인 A 서울시 강남구 역삼동 ○번지
피고	교육인적자원부 교원소청심사특 별위원회
보조참가인	B

재임용재심사인용결정취소

청구취지

1. 피고가 2006. 8. 30. 원고와 피고보조참가인 사이의 2006-XX호 재임용탈락처분취소청구에 관하여 한 재임용거부처분취소결정을 취소한다.
2. 소송비용은 피고의 부담으로 한다.

라는 판결을 구합니다.

청구원인

1. 결정의 경위

(1) 원고는 대한민국의 교육이념에 입각하여 유아교육과 중등교육 및 중견 직업인 양성을 위한 고등교육을 실시함을 목적으로 설립된 학교법인이고, 피고보조참가인(이하 '참가인'이라고 한다)은 2001. 3. 1. 원고 산하 XX대학(이하 '원고 대학'이라고 한다) 관광서비스계열 전임강사로 신규임용되어 2003. 2. 28.까지 근무하였습니다.

(2) 원고는 2003. 2. 28. 참가인에 대하여 재임용 심사 결과 재임용평정기준에 미달됨을 이유로 참가인을 재임용하지 아니하기로 하는 처분을 하였습니다(이하 '이 사건 재임용거부처분'이라고 한다).

(3) 참가인은 기간임용제가 도입된 이후 위법·부당하게 재임용에서 탈락된 대학교원에 대한 재임용 탈락결정이 정당한 기준에 의해서 이루어졌는지 여부에 대하여 재심사기회를 부여하기 위한 '대학교원 기간임용제 탈락자 구제를 위한 특별법'이 2005. 7. 13. 법률 제7583호로 제정되어 같은 해 10. 14.부터 시행되자, 2006. 3. 14. 피고에게 이 사건 재임용거부처분의 취소를 구하는 청구를 하였고, 이에 피고는 2006. 8. 30. 원고의 전임교원 재임용 평정 산정의 기준이 객관화되거나 구체적이지 못하여 평가자의 자의가 개입될 소지가 있고, 참가인에 대한 일부 평정이 부당하다는 이유로 (구체적으로는 아래 〈전임교원 재임용 평정표〉 상의 피고 조정 점수란 참조) 참가인의 청구를 받아들여 원고가 2003. 2. 28.자로 참가인에게 한 재임용거부처분을 취소한다는 결정을 하였다(이하 '이 사건 결정처분'이라고 한다).

(4) 한편, 이 사건 법률 제9조 제1항은 피고의 결정에 대하여 학교법인의 제소금지를 규정하고 있었는데, 헌법재판소는 2006. 4. 27. 위 조항에 대하여 헌법 제27조 제1항의 재판청구권을 침해하는 규정으로서 헌법 제11조의 평등원칙, 일체의 법률적 쟁송에 대한 재판권능을 법원에 부여한 헌법 제101조 제1항에 위배된다는 등의 이유로 위헌결정을 하였다(헌법재판소 2006. 4. 27.자 2005헌마1119 결정).

2. 처분의 위법성

원고 대학은 재임용평정기준과 관련하여 교원(재)임용 평정시행지침을 마련하고 그 세부시행계획으로 '교수(강의) 영역', '교육영역', '학생지도 능력과 실적', '근무상황', '기타' 등 5개 평가영역으로 구분한 후 평가영역별로 각각 4개씩 평가항목을 나누어 세부적인 기준(각 평가항목별로 0~8점씩

배정, 150점 만점, 재임용 심사기준 90점 이상)을 자체적으로 마련한 다음 학사지원처장과 관련계열 교수 등 7명이 평가자가 되어 재임용 대상자가 작성·제출한 교원업적보고서 등을 토대로 공정하게 재임용평정을 하였습니다. 그런데 참가인의 경우 '교육' 영역 중 '국내외 학술활동' 항목에서, '학생지도 능력과 실적' 영역 중 '분담(개인 및 집단) 지도 실적' 항목에서, '근무상황' 영역 중 '타 대학 출강상황' 항목에서, '기타' 영역 중 '대학, 전공계열의 발전에 대한 기여도' 항목에 서 낮은 평점을 받는 등 총평점 87.4.점을 받아 재임용 심사기준 90점에 2.6점 미달할 뿐만 아니라, 교수학습개발센터장으로 근무하면서 그 업무를 소홀히하여 원고 대학으로부터 경고장을 받았고, 학생들에 대한 지도력과 취업에 관한 인식부족과 동료교수 간의 원만하지 못한 관계 및 대학행정에의 비협조도 문제가 되었다. 따라서 이 사건 재임용거부처분은 합리적인 기준에 따라 공정한 심사를 거친 것이고, 이에 반하는 이 사건 결정처분은 위법합니다.

3. 결론

이상과 같이 피고의 이 사건 재심결정처분은 위법하므로 이의 취소를 구하는 본 건 소송에 이르게 되었습니다.

입증방법

1. 갑 제1호증
2. 갑 제2호증

첨부서류

1. 위 각 입증방법   각 1부
2. 송달료 납부서
3. 소장부본

20 .   .   .

위 원고   (날인 또는 서명)

서울행정법원   귀중

당해판례

2006구합 44286

1. 대학교수의 재임용 여부는 임용권자가 교육 관계 법령상 대학교수에게 요구되는 고도의 전문적인 학식과 교수능력 및 인격 등의 사정을 고려하여 합목적적으로 판단할 자유재량의 범위 내에 속하는 것이나, 임용권자의 재임용거부가 합리적인 기준에 의한 공정한 심사를 거치지 않는 등의 사유로 사회통념상 현저히 타당성을 잃었다고 볼 만한 특별한 사정이 있는 경우에는 재량권을 남용 또는 일탈하였다고 볼 것이다.

2. 그런데 앞서 본 바와 같이 ① 원고 법인의 위 교원임용평정시행지침 4. 세부시행계획에 따른 평가항목별 평점기준은 위 〈전임교원 재임용 평정표〉 기재와 같이 평정영역 및 항목, 등급 및 점수를 분류하고 있기는 하나, 탁월함, 우수함, 보통임, 부족함, 매우 부족함 등과 같이 되어 있을 뿐 등급 산정의 구체적인 세부기준 및 방법에 관하여는 달리 정하고 있지 아니하여 객관적 평정 준거가 미약하고 평가자의 주관과 자의성이 개입될 소지가 크므로, 이러한 심사기준에 의할 경우 대학 교원의 무사안일을 타파하고 연구분위기를 제고하는 등의 교수 재임용제도 본연의 목적을 달성하기보다는 사학재단에 비판적인 교원을 배제하거나 기타 임면권자 개인의 주관적 목적을 위하여 악용될 위험성이 있는 점, ② 특히 참가인에 대한 평정항목 중 '학생지도 능력과 실적' 평가영역의 평가항목 전부와 '근무상황' 평가영역 중 '근무자세' 평가항목 및 '기타' 평가영역의 평가항목 전부는 합리적이고 객관적인 기준설정이 어려운 항목들이라는 점, ③ 학생지원처장이 혼자서 전체 점수의 70% 정도를 차지하는 평정을 하게 되어 있어 임용권자가 위 심사기준을 통하여 주관과 자의를 개입시킬 수 있는 위험성을 내포하고 있다는 점 등을 고려할 때, 이 사건 재임용 심사기준은 불합리한 평가영역과 평가항목 및 평가기준으로 이루어진 것으로서 사회통념상 공정한 심사를 기대할 수 없는 것이라고 할 것이다.

소 장

원고 　　　　김 길 동(주민등록번호)
　　　　　　　서울시 은평구 ○○동 ○-○
　　　　　　　(전화 000-000, 팩스 000-000)
피고 　　　　서울특별시 교육감
교사임용시험불합격처분취소

청구취지

1. 피고가 2006. 1. 27. 원고에 대하여 한 2006학년도 서울특별시 공립중등학교교사 임용 후보자 선정경쟁시험 불합격처분을 취소한다.
2. 소송비용은 피고가 부담한다.
라는 판결을 구합니다.

청구원인

1. 처분의 경위

(1) 원고는 0000대학교 수학과를 졸업하여 중등학교 2급 정교사(수학) 자격을 취득하고 2005. 12. 4.부터 2006. 1. 19.까지 실시한 피고의 2006학년도 서울특별시 공립 중등교사 임용후보자 선정경쟁시험("이 사건 임용시험")의 수학과에 응시하였습니다.

(2) 피고는 이 사건 임용시험과 관련하여 2005. 11. 3.에 2006학년도 서울특별시 공립 중등학교교사(특수 · 보건 및 사서교사 포함) 임용후보자 선정경쟁시험 시행요강을 공고하였는데, 그 내용은 다음과 같습니다.

1) 전형방법
이 사건 임용시험은 제1차 시험과 제2차 시험의 두 단계로 나누어 실시되는데, 제1차 시험은 교육학(또는 특수교육학)과 전공의 2과목에 대한 필기시험으로 치러지고, 제1차 시험 합격자에 한해 논술시험, 면접시험, 수업실기능력평가 등으로 구성된 제2차 시험이 치러진다.

2) 가산점

지역가산점 : 서울특별시 소재 사범계대학 졸업자로서 교원경력이 없는 자 및 2006. 2월 졸업
예정자와 서울특별시 소재 고등학교 졸업자 또는 서울특별시에서 고졸 검정고시에 합격한
자 중 한국교원대 졸업자로서 교원경력이 없는 자 및 2006. 2월 졸업예정자에 대해서 가산점
2점을 부여

3) 합격자의 결정

제1차 시험 합격자는 제1차 필기시험(교육학 및 전공)에서 각각 배점의 40% 이상을 득점한
자 중 과목별 모집인원수의 각각 1.3배수 범위 내에서 제1차 필기시험 점수, 대학 성적(또는
제1차 시험 성적 환산점수), 가산점을 모두 합산한 점수의 고득점자순으로 결정한다.

제2차 시험 합격자는 논술시험, 면접시험, 수업실기능력평가 과목별로 배점의 40% 이상을
득점한 자로서 제1차 필기시험 성적, 가산점, 대학성적(또는 제1차 시험성적) 환산점수 및
제2차 시험 성적을 합산한 점수의 고득점자 순으로 결정한다.

(3) 피고는 원고의 점수가 이 사건 임용시험의 수학과 제2차 시험 합격자 중 최저 점수인 152.93
에 0.9점 미달(원고의 점수는 152.03)한다는 이유로, 2006. 1. 27. 이 사건 임용시험 제2차
합격자발표 공고시 원고를 제외함으로써 불합격처분("이 사건 처분")을 하였습니다.

(4) 지역가산점을 제외하고 이 사건 임용시험에 수학과로 응시한 사람들에 대한 시험성적을
계산할 경우에 원고의 성적은 제1차 시험과 제2차 시험에 모두 합격할 수 있었습니다.

2. 처분의 위법성

이 사건 지역가산점 조항은 당해 지역 사범계대학 출신자와 타 지역 사범계대학 출신자 사이,
사범계대학 출신자와 비 사범계대학 출신자 사이, 교원경력자와 비경력자 사이를 합리적 이유
없이 차별함으로써 헌법상의 평등권, 공무담임권, 직업선택의 자유, 행복추구권 등을 침해하
는 위헌적인 조항으로 이에 기초한 피고의 이 사건 처분은 취소되어야 합니다.

3. 결론

이와 같이 피고의 처분은 위법한 행정처분이 아닐 수 없으므로, 상기와 같이 원고의 행정처분의
취소를 구하는 행정소송에 이르게 되었습니다.

입증방법

1. 갑 제1호증
2. 갑 제2호증

첨부서류

1. 위 각 입증방법　　　　　　　　　　　각 1부
2. 송달료 납부서
3. 소장부본

20 ．　　．　　．

위 원고　　　　(날인 또는 서명)

서울행정법원　　　귀중

당해판례

2006구합 12722

(1) 평등의 원칙 위반 여부

헌법 제11조 제1항이 규정하는 평등의 원칙은 일체의 차별적 대우를 부정하는 절대적 평등을 의미하는 것이 아니므로 합리적 근거 없이 차별하는 경우에 한하여 평등의 원칙에 위반된다. 따라서 이 사건 지역가산점 조항이 합리적 근거 없이 차별하는 조항인지에 관하여 살펴본다.

1) 지역 사범대학 출신자와 다른 지역 사범대학 출신자의 차별

헌법 제31조 제1항은 "모든 국민은 능력에 따라 균등하게 교육을 받을 권리를 가진다."고 규정하고 있고, 따라서 모든 국민은 지역에 따른 차별이 없이 균등한 양질의 교육을 받을 권리를 가지며, 국가는 이러한 균등한 양질의 교육에 필요한 제도를 마련해야 할 의무가 있다. 이 사건 지역가산점 조항은 우수한 인력이 지방 사범대에 입학하여 지방 중등학교의 교사로 임용될 수 있도록 함으로써 지방 교육의 발전에 기여할 수 있도록 하고, 지방 사범대를 보호·육성함으로써 궁극적으로 헌법 제31조 제1항이 정하고 있는 모든 국민이 능력에 따라 균등하게 교육을 받을 권리를 보장하기 위한 제도로 그 차별에 합리적인 이유가 있다.

2) 사범대학 출신자와 비사범대학 출신자의 차별

교사양성에서 사범대학의 교육과정이 비사범대학의 교육과정보다는 더 전문화된 측면이 있고, 교사양성을 고유한 설립 목적으로 하는 사범대학에 우수한 인재를 유치할 필요가 있으며, 우수한 인재를 유치하는 데 가산점은 현실적으로 매우 효율적인 제도이고, 대학 입학 당시부터 사범대학과 비사범대학의 경우에는 지역가산점 제도에서 차별이 있었으며, 그에 따라 사범대학을 지원하는 사람들과 비사범대학을 지원하는 사람들 사이에는 교직에 대한 희망과 그 진출 가능성에 대한 기대의 점에서 차이가 있었던 점 등에 비추어 볼 때, 그 차별에 합리적인 이유가 있다.

3) 따라서 이 사건 지역가산점 조항은 평등의 원칙에 위반되지 않는다.

(2) 공무담임권 · 직업선택의 자유 · 행복추구권의 침해 여부

(가) 공무담임권, 직업선택의 자유, 행복추구권 제한

헌법 제25조는 '모든 국민은 법률이 정하는 바에 의하여 공무담임권을 가진다'라고 규정하여, 모든 국민에게 선거직공무원을 비롯한 모든 국가기관 및 지방자치단체의 공직에 취임할 수 있는 권리를 내용으로 하는 공무담임권을 보장하고 있고, 공립중등학교 교사는 교육공무원의 신분을 갖는데, 이 사건 지역가산점 조항은 사범대학 출신자에게만 가산점을 부여하도록 함으로써 그와 경쟁관계에 있는 원고를 포함한 그밖의 응시자들의 공직취임 기회를 상대적으로 제한하고 있고, 실제로 원고는 지역가산점을 받지 못하여 이 사건 임용시험에서 불합격되었으므로 이는 공무담임권의 제한에 해당하고, 또한 헌법 제15조가 정한 직업선택의 자유와 제10조가 행복추구권의 제한에 해당한다.

(나) 과잉금지원칙의 위반 여부

법상 공무담임권과 직업선택의 자유, 행복추구권이 보장된다고 하더라도 그 본질적 내용을 침해하지 않는 한 국가의 안전보장 · 질서유지 또는 공공복리를 위하여 법률로서 제한할 수 있으나, 법률로서 제한하더라도 기본권을 제한하는 입법은 입법목적의 정당성과 그 목적달성을 위한 수단의 적정성, 입법으로 인한 피해의 최소성, 그리고 입법에 의해 보호하려는 공익과 사익의 균형성을 갖추어야 한다.

1) 입법 목적의 정당성

이 사건 지역가산점 조항은 위에서 보았듯이 헌법재판소가 1990. 10. 8. 구 교육공무원법 제11조 제1항에 대하여 위헌결정을 내림으로써 종래 우수한 인력이 서울소재 명문대를 가는 대신에 지방 사범대에 입학하여 지방 중등교사로 선발되어 지방교육의 질을 향상시키는 데 많은 기여를 해 오던 현상이 사라지고, 서울 등 대도시로만 몰리거나, 일반 대학의 다른 학과에 진학하여 교직과정만을 이수하고 임용시험준비를 하거나, 사범대학 내에서도 교과과정에 충실하기보다는 오히려 임용시험학원 등에서 시험준비에만 몰두하는 바람직하지 않은 사태가 발생하게 되자, 이를 방지하고자 신설한 것으로 그 입법목적의 정당성은 인정된다.

2) 수단의 적정성
위와 같은 입법 목적을 달성하는 방법은 여러 가지가 있겠지만, 이 사건 지역가산점이 현실적으로 매우 효율적인 제도이므로 수단의 적정성도 갖추었다고 볼 수 있다. 입법 목적과 입법 수단간의 인과관계가 명확하고 입법 목적을 달성할 수 있는 법률의 효과 또한 확실하다고 볼 수 있기 때문이다.

3) 침해의 최소성
이 사건 지역가산점 조항으로 인해 원고와 같은 비사범대학 출신자의 공무담임권과 직업선택의 자유, 행복추구권이 일부 제한되고 있지만, 이 사건 지역가산점 조항에 따른 지역가산점은 2점으로 정보처리/사무분야 국가기술자격증 가산점(1점 내지 2점), 복수전공 가산점(2점), 부전공 가산점(1점) 등에 비추어 볼 때 과도한 가산점으로 보기 어렵고, 이 사건 지역가산점 조항으로 인해 비사범대학 출신 교사 자격증 취득자들이 교직에 진출하는 것이 현실적으로 불가능할 정도로 과도한 것이라 보기도 어려우며, 이 사건 지역가산점 조항보다 덜 제한적인 다른 입법 수단을 강구하는 것이 쉽지 않다는 점 등을 고려하면, 이 사건 지역가산점 조항에 의한 공무담임권, 직업선택의 자유, 행복추구권에 대한 침해의 정도가 과도하여 침해의 최소성의 원칙에 위반된다고 볼 수 없다.

4) 법익의 균형성
이 사건 지역가산점 조항에 의해 달성하고자 하는 지방 사범대학의 육성을 통한 지방 교육의 질 향상과 일반 대학의 다른 학과에 진학하여 교직과정만을 이수하고 임용시험준비를 하는 폐단의 방지, 사범대학 내에서도 교과과정에 충실하기 보다는 오히려 임용시험학원 등에서 시험준비에만 몰두하는 바람직하지 않는 사태를 방지하여 지역 간에 차이가 없는 균등한 양질의 교육 보장을 꾀한다는 가치의 중요성을 고려하면, 이로 인하여 공무담임권, 직업선택의 자유, 행복추구권이 어느 정도 제한된다고 하더라도 이는 부득이한 것으로서 법익균형성의 원칙에 위반된다고 볼 수 없다. 따라서 이 사건 지역가산점 조항은 과잉금지의 원칙에 위반되지 않는다.

[서식] 교사임용시험불합격처분취소 청구의 소

소　장

원고　　　　　김 길 동(주민등록번호)
　　　　　　　서울시 노원구 ○○동 ○-○
　　　　　　　(전화 000-000, 팩스 000-000)
피고　　　　　서울특별시 교육감
교사임용시험불합격처분취소

청구취지

1. 피고가 2006. 1. 27. 원고에 대하여 한 2006학년도 서울특별시 공립중등학교 교사임용후보자
   선정경쟁시험 불합격처분을 취소한다.
2. 소송비용은 피고가 부담한다.

라는 판결을 구합니다.

청구원인

1. 처분의 경위

(1) 원고는 ○○대학교 ○○대학원 ○○○○○과 영어전공을 졸업하여 중등학교 2급 정교사 외국어(영어) 자격을 취득하고 2005. 12. 4.부터 2006. 1. 19.까지 실시한 피고의 2006학년도 서울특별시 공립 중등학교교사 임용후보자 선정경쟁시험(이하 '이 사건 임용시험'이라 한다)의 영어과에 응시하였습니다.

(2) 피고는 이 사건 임용시험과 관련하여 2005. 11. 3.에 2006학년도 서울특별시 공립 중등학교교사(특수·보건 및 사서교사 포함) 임용후보자 선정경쟁시험 시행요강을 공고하였는데, 그 내용은 다음과 같습니다.

1) 전형방법
이 사건 임용시험은 제1차 시험과 제2차 시험이 두 단계로 나누어 실시되는데, 제1차 시험은 교육학(또는 특수교육학)과 전공의 2과목에 대한 필기시험으로 치러지고(각 배점은 20점, 80점으로 합계 100점 만점이다), 제1차 시험 합격자에 한해 논술시험, 면접시험, 수업실기능력평가 등으로 구성된 제2차 시험이 치러진다.

2) 가산점

영어과의 경우 다음과 같이 TSE 취득점수 및 PELT(2차 1급) 취득점수에 따라 가산점을 최대 30점까지 부여받을 수 있고, 그밖에 지역가산점, 정보처리/사무분야 국가기술자격증 가산점, PELT, TOEFL, TEPS, TOEIC 가산점 각 최대 2점까지 부여받을 수 있다.

구분	TSE 점수				PELT(2차 1급) 성적			
취득점수	45	50	55	60	120–139	140–159	160–179	180 이상
부여점수	1	2	3	4	1	2	3	4

3) 합격자의 결정

제1차 시험 합격자는 제1차 필기시험(교육학 및 전공)에서 각각 해당 배점의 40% 이상을 득점한 자 중 과목별 모집인원수의 각각 1.3배수 범위 내에서 제1차 필기시험 점수, 대학 성적(또는 제1차 시험 성적 환산점수), 가산점을 모두 합산한 점수의 고득점자순으로 결정한다.

제2차 시험 합격자는 논술시험, 면접시험, 수업실기능력평가 과목별로 배점의 40% 이상을 득점한 자로서 제1차 필기시험 성적, 가산점, 대학성적(또는 제1차 시험 성적) 환산점수 및 제2차 시험 성적을 합산한 점수의 고득점자 순으로 결정한다.

(3) 피고는 원고의 점수가 이 사건 임용시험의 영어과 제2차 시험 합격자 중 최저점수인 182.92에 0.62점 미달(원고의 점수는 182.30)한다는 이유로, 2006. 1. 27. 이 사건 임용시험 제2차 합격자발표 공고시 원고를 제외함으로써 불합격처분(이하 '이 사건 불합격처분'이라 한다)을 하였습니다.

(4) 한편, 피고는 2007년도 서울특별시 공립 중등학교교사 임용후보자 선정경쟁시험에도 이 사건 임용시험과 마찬가지로 최대 30점까지 TSE 및 PELT(2차 1급) 취득점수에 따른 가산점을 부여하였고, 2008년도 서울특별시 공립 중등학교교사 임용후보자 선정경쟁시험에서도 마찬가지로 최대 30점까지 가산점을 부여하는 것으로 공고하였다가 '교육공무원법 제11조의2 규정 준수'를 변경 사유로 하여 다음과 같이 최대 4점까지 가산점을 부여하는 것으로 변경하여 다시 공고한 바 있습니다.

(5) 1차 시험성적 만점의 100분의 10 이내의 범위에서 가산점을 부여할 수 있도록 규정한 교육공무원법 제11조의2에 따라 10%를 초과하는 가산점을 부여하지 않고 이 사건 임용시험에 영어과로 응시한 사람들에 대한 시험성적을 재산정할 경우에 원고의 성적은 제1차 시험과 제2차 시험에 모두 합격할 수 있었습니다.

2. 처분의 위법성

(1) 교육공무원법 제11조의2는 제1차 시험성적 만점의 100분의 10 이내의 범위에서 가산점을 부여할 수 있도록 규정하고 있으므로, 이 사건 임용시험의 1차 시험성적 만점인 100점의 100분의 10, 즉 10점 이내의 범위에서 가산점이 허용된다 할 것임에도, 피고가 이 사건 임용시험의 영어과 시험에서 가산점을 최대 36점까지 부여한 것은 위 법률의 위임 범위를 벗어난 것으로서 위법합니다.

(2) 또한, 피고가 이 사건 임용시험의 영어과 시험에서 위와 같이 위법한 가산점을 부여하지 않았다면 원고는 합격권 내에 포함될 수 있었다 할 것이므로, 이 사건 불합격처분은 위법합니다.

3. 결론

이와 같이 피고의 처분은 위법한 행정처분이 아닐 수 없으므로, 상기와 같이 원고의 행정처분의 취소를 구하는 행정소송에 이르게 되었습니다.

입증방법

1. 갑 제1호증
2. 갑 제2호증

첨부서류

1. 위 각 입증방법   각 1부
2. 송달료 납부서
3. 소장부본

20 .   .   .

위 원고   (날인 또는 서명)

서울행정법원   귀중

2006구합 13534

살피건대, 위에서 본 관계법령에 의하면, 교사의 신규채용시험의 가산점에 관하여 규정한 교육공무원법 제11조의2가 제1차 시험성적 만점의 100분의 10 이내의 범위에서 가산점을 부여할 수 있다고 규정하고 있음에도 불구하고, 피고는 그 위임범위를 벗어나 영어과 응시자의 경우 TSE 취득점수 및 PELT(2차 1급) 취득점수에 따른 가산점 최대 30점, 지역가산점, 정보처리/사무분야 국가기술자격증 가산점, PELT, TOEFL, TEPS, TOEIC 가산점 각 최대 2점, 합계 최대 36점까지 가산점을 부여할 수 있도록 하는 가산점 규정을 이 사건 임용시험 시행요강의 일부로서 공고하고 이에 따라 이 사건 임용시험의 합격자를 결정함으로써 원고가 불합격하게 되었다 할 것인바, 그렇다면 이 사건 임용시험의 시행요강 중 TSE 취득점수 및 PELT(2차 1급) 취득점수에 따른 가산점을 비롯한 가산점 부분은 적법한 법률의 위임 없이 헌법 제25조가 규정한 공무담임권을 제한하는 규정을 둔 것으로서 모법에 위반되어 무효라 할 것이다.

한편, 위와 같은 가산점을 10점 이내로 한정하여 이 사건 임용시험에 영어과로 응시한 사람들에 대한 시험성적을 재산정할 경우 원고가 합격할 수 있었음을 앞서 본 바와 같으므로, 위와 같이 무효인 가산점 규정에 따라 원고에 대하여 이 사건 임용시험의 불합격 결정을 한 피고의 이 사건 불합격처분은 위법하다 할 것이다.

이에 대하여 피고는 이 사건 임용시험은 서울시 교육청이 우수한 영어교사의 선발이라는 목적을 달성하기 위한 것으로서 가산점 부여의 근거 법령인 교육공무원법 제11조의2 규정을 일부 위반한 사실이 있다 하더라도, 그동안의 이 사건 임용시험의 시행목적 및 경위, 이 사건 임용시험 응시자들의 형평성, 기회균등, 예측가능성을 감안하여 사정판결을 할 필요성이 있다는 것이나, 피고가 교육공무원법 위 규정에 어긋나게 일정한 영어 시험성적을 과도하게 가산점을 부여한 것이 우수한 영어교사의 선발을 위한 목적에서 이루어진 것이었다고 하더라도, 피고 주장과 같은 사유만으로는 사정판결을 할 사정이 될 수는 없다 할 것이므로, 피고의 주장은 이유 없다.

[서식] 불합격처분취소등 청구의 소

소 　 장

　원고　　　김 길 동(주민등록번호)
　　　　　　서울시 ○○구 ○○동 ○번지
　피고　　　서울특별시 교육감
　불합격처분취소등

청구취지

1. 주위적으로, 피고가 2008. 1. 31. 원고에 대하여 한 2008학년도 서울특별시 공립 중등 학교교사 임용후보자 선정경쟁시험 불합격처분을 취소한다.

2. 예비적으로, 피고가 2008. 1. 31. 원고에 대하여 한 2008학년도 서울특별시 공립 중등학교교사 임용후보자 선정경쟁시험 불합격처분이 무효임을 확인한다.

3. 소송비용은 피고의 부담으로 한다.

라는 판결을 구합니다.

청구원인

1. 처분의 경위와 기초사실

(1) 피고는 2007. 10. 31. 아래와 같이 2008학년도 서울특별시 공립 중등학교교사 등 임용후보자 선정경쟁시험(이하 '이 사건 시험'이라 한다) 시행계획을 공고하였습니다.

1) 선발과목 및 모집인원 : 미술과목의 경우 9명 모집(일반 8명, 장애인 1명)

2) 시험별 일정 : ① 1차 시험 : 2007. 12. 2., ② 2차 시험 : 2008. 1. 17.(논술 및 면접시험) 및 2008. 1. 19.(실기시험), 단 2차 시험계획 및 장소는 2008. 1. 7. 공고

3) 배점 : ① 1차 시험 100점(교육학 20점, 전공 80점), ② 2차 시험 100점(논술 20점, 면접 30점, 실기 50점)

4) 2차 시험 합격자결정 원칙 : 논술시험, 면접시험, 실기시험 시험과목별로 배점의 40% 이상을 득점한 자로서 1차 필기시험 성적, 가산점, 대학성적 및 2차 시험 성적을 합산한 점수의 다득점자 순으로 결정한다.

5) 시험시행의 일반원칙

– 공고된 사항의 불이행 등으로 인하여 발생된 불이익은 응시자의 귀책사유이며, 그에 따른 결과 처리는 서울특별시 교육청의 결정에 따라야 합니다.

– 부정행위로 처분을 받은 경우 당사자의 시험을 무효로 하며, 교육공무원 임용령 제11조의4의 규정에 의거 그 처분이 있는 날로부터 2년간 응시를 제한합니다.

6) 최종합격의 취소 : 최종합격자로 결정된 자라도 다음 각 호의 1에 해당하는 경우에는 최종합격을 취소합니다(나. 부정행위자, 나머지 호 생략).

7) 부정행위자 처리 지침 : 다음 사항에 해당하는 자는 부정행위자로 처리되오니 각별히 유의하시기 바랍니다. (가. 시험장 내에서 수정액, 전자계산기, 전자수첩, 휴대폰, 무선호출기, 이어폰, 녹음기 등 시험에 불필요한 물품을 사용하는 경우, 나항 이하 생략)

(2) 피고는 2008. 1. 7. 아래와 같이 2008학년도 서울특별시 공립 중등교사 등 임용후 보자 선정경쟁시험 2차 시험 시행계획, 장소 및 유의사항을 공고하였다.

1) 시험 일자 및 과목 : ① 2008. 1. 17. 논술 및 면접, ② 2008. 1. 19. 실기시험 2) 실기시험 영역 및 배점 : ① 실기Ⅰ : 과제명 인체소묘, 배점 25점, 소요시간 09:00 ~ 12:30, ② 실기Ⅱ : 과제명 주제가 있는 다양한 표현, 배점 25점, 소요시간 13:30 ~ 17:00

3) 실기Ⅱ 수험생 준비물(예시 품목 중 선택) : ① 기본용구 : 연필, 지우개, 붓, 파레트, ② 선택용구 : 수채물감, 아크릴물감, 먹, 포스터 칼라, 색연필, 콩테, 지점토 중에서 자유롭게 선택(2007학년도 임용시험에서는 '파스텔'도 선택용구 중 하나로 지정되었는데, 금번 시험에서 제외되었다)

(3) 원고는 2007. 12. 2. 위 1차 시험에 합격한 후, 2008. 1. 17., 2008. 1. 19. 실시된 2차 시험에 응시하여 아래와 같은 성적으로 상위 9등(장애인 구분모집자 1명을 포함) 안에 들지 못하였고, 이에 피고는 2008. 1. 31. 원고에 대하여 불합격처분(이하 '이 사건 처분'이라 한다)을 하였습니다.

1차 시험	교육학 16점	전공 65점	내신성적 20점	가산점 2점	총점 103점
2차 시험	논술 16점	면접 26.33점	실기 20점 (실기Ⅰ 9.67 + 실기Ⅱ 10.33)		총점 62.33점
합계					165.33점

(4) 한편, 실기Ⅱ 시험의 평가는 25점 만점 중 ① 주제표현과 발상 10점, ② 재료의수를 모두 0점으로 처리한 경우, 원고는 상위 8등으로 합격 처리되어야 할 점수에 있다.

특성을 살린 표현효과 5점, ③ 형태와 색채의 조화 및 조형 원리 5점, ④ 화면구성 및 완성도 5점의 4개 영역으로 구분하여 평가되었습니다.

1차 시험 합격자 18명 중 7명이 선택용구로 지정 · 공고되지 아니한 '파스텔'을 사용하여 작품을 완성한 사실이 뒤늦게 드러나 문제가 되자, 피고는 이를 부정행위로 처리하지 않고 3점을 감점하는 것으로 최종합격자를 선정하였습니다.

(5) 실기Ⅱ 시험에서 파스텔을 사용한 응시자는 7명으로, 이들을 불합격 처리하거나 실기Ⅱ 시험 점수를 모두 0점으로 처리한 경우, 원고는 상위 8등으로 합격 처리되어야 할 점수에 있습니다.

2. 처분의 위법성

(1) 주위적 청구

피고는 이 사건 실기 II 시험의 재료사용에 관한 처리지침을 위반하여 선택용구가 아닌 파스텔을 사용한 응시자들을 부정행위자로 불합격 처리하여야 함에도, 이들을 불합격 처리하지 않음으로써 위와 같은 재료사용에 관한 처리지침을 준수한 원고를 불합격 처리하였습니다. 따라서 이 사건 처분은 피고가 재량권의 한계를 일탈하거나 그 행사를 남용한 것으로서 위법합니다.

(2) 예비적 청구

위와 같은 이유로 피고의 이 사건 처분은 그 재량권의 한계를 넘어선 것으로 그 하자가 중대 · 명백하여 무효입니다.

3. 결론

위와 같이 피고의 이 사건 처분은 위법하므로 그 취소를 구함과 동시에 그 하자의 중대 · 명백함을 이유로 무효임을 확인하고자 합니다.

입증방법

1. 갑 제1호증
2. 갑 제2호증
3. 갑 제3호증
4. 갑 제4호증

첨부서류

1. 위 각 입증방법   각 1부
2. 송달료 납부서
3. 소장부본

20 . . .

위 원고   (날인 또는 서명)

서울행정법원   귀중

당해판례

2008구합 47166

1. 가) 행정소송법 제20조 제2항에 정한 제소기간의 기산점인 "처분이 있음을 안 날"이란 통지, 공고 기타의 방법에 의하여 당해 처분이 있었다는 사실을 현실적으로 안 날을 의미하고 구체적으로 그 행정처분의 위법 여부를 판단한 날을 가리키는 것은 아니다.

   나) 피고는 2008. 1. 31. 원고에 대하여 이 사건 처분을 하였으므로, 피고는 그 무렵 이 사건 처분이 있음을 알았다고 할 것이고, 설령 원고가 주장하는 바와 같이 이 사건 시험에서 파스텔을 사용한 응시자 중 5명이 단지 3점 감점된 후 합격처리되었음을 2008. 11. 14.경 동료응시자가 제소한 불합격처분 취소사건의 판결문을 보고 이를 알게 되었다고 하더라도, 이 사건 주위적 소는 원고가 이 사건 처분이 있음을 안 날로부터 90일이 경과하여 제기된 것은 명백하므로, 이 사건 주위적 소는 제소기간을 경과하여 제기된 소로서 부적법하다.

2. 이 사건 실기Ⅱ 시험에서 선택용구로 지정·공고되지 아니한 파스텔을 사용하여 시험에 응한 것은 명백한 부정행위에 해당한다고 할 것이고, 피고로서는 자신이 공고한 부정행위자 처리지침에 따라 이 사건 실기Ⅱ 시험 에 응시한 18명 중 파스텔을 사용한 7명(원고보다 성적이 낮은 1명 포함)을 불합격 처리하거나 적어도 당해 실기Ⅱ 시험성적을 무효로 처리할 의무가 있다고 할 것인데, 그럼에도, 피고가 위 7명을 불합격 처리하지 않고 그 중 5명을 합격 처리함으로써 결과적으로 원고를 불합격자로 처리한 이 사건 처분은 합격의 당락을 좌우할 수 있는 실기Ⅱ 시험의 부정행위자 처리지침을 위반한 것으로 그 하자가 중대하고, 또한 이 사건 시험 전에 미리 공고된 부정행위자 처리지침을 위반한 위 하자는 그 자체로 객관적으로 명백하다고 할 것이므로, 이 사건 처분은 무효이다.

소 장

원고   김 ○ ○
              전라남도 광주시 ○○동 ○번지
              (전화 000-000, 팩스 000-000)
피고   교육과학기술부장관
              전라남도 · 경상남도 교육감
유치원 임용고사 수정공고 처분취소등

청구취지

1. 2012. 11. 16.자 '누리과정 3-4 세 확대 대비 공립유치원 신·증설에 따른 2013학년도 유치원 교사 추가 선발 협조' 요청을 취소한다.

2. 원고 김 ○○에 대한 피고 전라남도교육감의 2012. 11. 17.자 '2013학년도 전라남도 공립유치원 초등학교 특수학교 ·(초등)교사 임용후보자 선정경쟁시험 시행계획 변경공고'와 피고 경상남도 교육감의 2012. 11. 17.자 '2013학년도 경상남도 공립유치원· 초등학교·특수학교(유치원·초등)교사 임용후보자 선정경쟁시험 시행계획 변경공고'를 취소한다.

3. 소송비용은 피고가 부담한다.

라는 판결을 구합니다.

청구원인

1. 처분의 경위

(1) 각 시·도교육감은 2012. 10. 5. 아래와 같이 2013학년도 공립유치원 교사 임용후보자 선정경쟁시험 시행계획을 공고하였습니다. 원고는 각 시·도별 선발예정인원에 따른 경쟁률을 고려하여 지역을 선택하고 응시하였습니다.

○ 선발예정인원: 아래 표의 '당초선발예정인원'란 기재와 같다.

○ 중복지원 금지: 1개 시·도교육청에만 원서접수 후 응시가능함

○ 시험일정

– 제1차 시험: 2012. 11. 24.

– 제2차 시험: 2013. 1. 8. ~ 2013. 1. 11.

○ 합격자발표

- 제1차 시험합격자: 2012. 12. 24.
- 최종합격자: 2013. 1. 29.

(2) 피고 교육과학기술부장관은 2012. 11. 16. 각 시·도교육감에게 "아래 표의 '추가 배정인원'란 기재와 같이 선발예정인원을 증원하여 달라"는 '누리과정 3-4 세 확대 대비 공립유치원 산증설에 따른 2013학년도 유치원 교사 추가 선발 협조' 요청(이하 '이 사건 요청'이라 한다)을 하였습니다.

(3) 피고 전라남도교육감과 경상남도교육감을 제외한 나머지 각 시·도교육감은 2012. 11. 16., 위 피고들은 2012. 11. 17. '공립유치원 교사 임용후보자 선정경쟁시험시행계획 변경공고'(이하 '이 사건 각 변경공고'라 한다)를 하였습니다.

(4) 각 시·도지역에서 2012. 11. 24. 제1차 시험이 실시되었고, 그 시험문제는 동일함과 동시에 피고 전라남도교육감과, 경상남도교육감에 대한 이 사건 각 변경공고취소를 구하는 청구를 하였으므로, 그 후에 이루어진 2012. 12. 14.자 및 2013. 1. 9.자 청구취지 변경신청은 적법합니다.

2. 처분의 위법성

(1) 시험규칙 제9조 제2항에 의하면, 공립유치원 교사 임용후보자 선정경쟁시험계획공고를 변경할 경우 시험 7일전까지 변경내용을 공고하여야 하는데도, 이 사건 각 변경공고는 시험 6일전에 이루어 졌으므로, 위법·무효입니다.

(2) 위 피고들이 당초 공고에서 정한 선발예정인원을 믿고 경쟁률을 고려하여 응시지역을 선택하였고, 이 사건 각 변경공고로 경쟁률이 변경되었는데도, 기응시 철회 및 재응시 기회를 부여하고 있지 않은 이 사건 각 변경공고는 신뢰보호원칙에 위반되어 위법·무효입니다.

(3) 이 사건 각 변경공고는 증원인원을 달리하여 전라남도 지역 응시자와 경상남도 지역 응시자를 합리적 이유 없이 차별하고, 2013학년도 특수학교교사 임용후보자 선정경쟁시험에서 증원된 인원에게 추가시험기회를 부여하였는데도 공립유치원 교사 임용후보자에게는 이러한 기회를 부여하지 아니하여 특수학교교사 임용후보자와 공립유치원교사 임용후보자를 합리적 이유 없이 차별하므로, 평등원칙에 위반되어 위법·무효입니다.

(4) 위 원고의 권리침해를 정당화할 만한 공익이 존재하지 않는 점, 증원된 인원을 기존 응시자

중에서 선발하지 않더라도 누리과정 확대정책을 시행할 수 있는 대안(이 사건 각 변경공고일로부터 며칠 간 추가응시기회를 부여하고, 그 기간만큼 제1차 시험을 늦추는 방법, 증원된 인원에 관하여 별개의 공개전형을 실시하고 누리과정 확대정책 시행일 전에 선발하는 방법, 누리과정 확대정책 시행일까지 증원된 인원을 선발할 수 없을 경우 증원된 인원을 선발할 때까지 기간제 교사를 활용하는 방법)이 있는 점 등을 고려할 때, 이 사건 각 변경공고는 비례원칙에 위반됩니다.

(5) 이 사건 각 변경공고일로부터 거의 두 달 동안 추가전형을 위한 아무런 노력을 하지 않았고, 이 사건 각 변경공고에 관한 속행정지일로부터 추가전형을 실시하였다면 증원된 인원을 선발할 수 있었는데도, 추가전형으로 증원된 인원을 선발할 수 없다는 위 피고들의 주장은 신의칙에 위반됩니다.

3. 결론
이와 같이 피고의 처분은 위법한 행정처분이 아닐 수 없으므로, 상기와 같이 원고의 행정처분의 취소를 구하는 행정소송에 이르게 되었습니다.

입증방법

  1. 갑 제1호증
  2. 갑 제2호증

첨부서류

  1. 위 각 입증방법 각 1부
  2. 송달료 납부서
  3. 소장부본

20 . . .
위 원고   (날인 또는 서명)

서울행정법원   귀중

당해판례

2012구합 39391

(1) 공고절차상 위법에 관하여

시험규칙 제9조 제2항에 의하면, 공립유치원 교사 임용후보자 선정경쟁시험계획공고를 변경할 경우 시험 7일전까지 변경내용을 공고하여야 하는데도, 이 사건 각 변경공고가 시험 6일전에 이루어진 점은 인정된다. 그러나 시험규칙은 비록 법규명령의 형식을 취하고 있지만 그 실질은 행정조직 내부에 있어서의 행정명령에 지나지 않는 것이므로, 이 사건 각 변경공고가 시험규칙에서 정한 기한을 지키지 않았다고 하여 곧바로 그것이 위법하다고 볼 수 없다. 설령 시험규칙이 법규명령의 효력을 갖는다 하더라도, 시험규칙에서 정한 기한을 불과하루 위반한 하자만으로는 자체를 위법하다고 보아 이를 취소할 사유에 해당한다고 보기 어려우므로, 위 원고의 위 주장은 이유 없다.

(2) 신뢰보호원칙위반에 관하여

(가) 일반적으로 국민이 어떤 제도가 장래에도 그대로 존속될 것이라는 합리적인 신뢰를 바탕으로 하여 일정한 법적 지위를 형성한 경우, 국가는 그와 같은 법적 지위와 관련된 제도의 개폐에 있어서 법치국가의 원칙에 따라 국민의 신뢰를 최대한 보호하여 법적 안정성을 도모하여야 한다(헌법재판소 2001. 9. 27. 선고 2000헌마152 결정 참조). 따라서 제도 개폐시 구제도에 대한 당사자의 신뢰가 합리적이고도 정당하며 제도 개폐로 야기되는 당사자의 손해가 극심하여 새로운 제도로 달성하고자 하는 공익적 목적이 그러한 당사자의 신뢰의 파괴를 정당화할 수 없다면, 그러한 새로운 제도는 허용될 수 없다(헌법재판소 2002. 11. 28. 선고 2002헌바45 결정 참조). 그런데 사회환경이나 경제여건의 변화에 따른 필요성에 의하여 제도는 신축적으로 변할 수밖에 없고, 변경된 새로운 제도와 기존의 제도 사이에는 이해관계의 상충이 불가피하다. 따라서 국민이 가지는 모든 기대 내지 신뢰가 헌법상 권리로서 보호될 것은 아니고, 신뢰의 근거 및 종류, 상실된 이익의 중요성, 침해의 방법 등에 의하여 개폐된 제도의 존속에 대한 개인의 신뢰가 합리적이어서 권리로서 보호할 필요성이 인정되어야 한다(헌법재판소 2002. 2. 28. 선고 99헌바4 결정 참조). 그러므로 신뢰보호 원칙의 위반 여부는 한편으로는 침해받은 신뢰이익의 보호가치, 침해의 중한 정도, 신뢰침해의 방법 등과 다른 한편으로는 새 제도를 통해 실현코자 하는 공익목적을 종합적으로 비교형량하여 판단하여야 한다(헌법재판소 1995. 10. 26. 선고 94헌바12 결정 참조). 나아가 개인의 신뢰이익에 대한 보호가치는 ① 제도에 따른 개인의 행위가 국가에 의하여 일정방향으로 유인된 신뢰의 행사인지, ② 아니면 단지 제도가 부여한 기회를 활용한 것으로서 원칙적으로 사적 위험부담의 범위에 속하는 것인지 여부에 따라 달라진다. 만일 제도에 따른 개인의 행위가 단지 제도가 반사적으로

부여하는 기회의 활용을 넘어서 국가에 의하여 일정 방향으로 유인된 것이라면 특별히 보호가치가 있는 신뢰이익이 인정될 수 있고 원칙적으로 개인의 신뢰보호가, 국가의 제도개폐이익에 우선된다고 볼 여지가 있다(헌법재판소 2002. 11. 28. 선고 2002헌바45 결정 참조).

(나) 이 사건으로 돌아와 보건대, ① 신뢰이익의 보호가치; 각 시도교육감은 지방교육의 균형있는 발전을 위하여 당초 시험계획공고에서 타지역 복수지원을 금지하고 선발예정인원을 정함으로써, 응시자들로 하여금 선발예정인원에 따른 경쟁률을 고려하여 지역을 선택하도록 유인하였으므로, 위 원고가 위 피고들의 당초 시험계획공고에서 정한 선발예정인원을 신뢰하고 경쟁률을 고려하여 경남지역에 응시한 행위는 위 피고들에 의하여 유인된 신뢰의 행사로서 보호가치가 있는 점, ② 침해의 정도; 각시·도지역의 선발예정인원 변경에 따라 합격가능성이 크게 달라졌음에도 위 원고에게 다른 지역에 응시할 수 있는 기회를 부여하지 아니한 점, 제1차 시험에 합격하지 않으면 제2차 시험에 응시할 수 없는 점(시험규칙 제6조 제1항) 등을 고려할 때, 위 원고의 신뢰이익이 침해된 정도가 극심한 점, ③ 침해의 방법 및 공익목적; 각 시·도지역의 제1차 시험이 같은 날(2012. 11. 13.) 시행되었고, 시험문제가 동일하므로, 수험생들에게 애초의 응시를 철회하고 다른 지역을 선택할 수 있는 기회를 부여한 다음 최종 선발예정인원(= 당초 선발예정인원 + 증원된 선발예정인원)의 1.5배수를 제1차 시험합격자로 선발한 후 나머지 공개전형일정을 진행하였다면 이 사건 각 변경공고로 거두려는 목적을 충분히 달성할 수 있었는데도, 위 피고들은 수험생들의 신뢰이익을 배제한 채 만연히 당초 공고에 따른 응시자들 중에서 증원된 인원을 선발하려 하였으므로, 이 사건 각 변경공고로 인한 위 원고의 신뢰이익 침해는 이 사건 각 변경공고로 달성하려는 공익적 목적을 고려하더라도 정당화될 수 없을 정도로 과도한 점, ④ 위법한 부분; 이 사건 각 변경공고는 선발예정인원 증원 부분과 '증원된 인원에 대한 재응시 금지' 부분으로 이루어져 있고, 선발예정인원 증원 부분은 위법사유가 없는 점 등을 고려할 때, 이 사건 각 변경공고 중 '증원된 인원에 대한 재응시 금지' 부분은 신뢰보호원칙에 위반된다.

(3) 당연무효에 관하여

(가) 행정처분이 당연무효라고 하기 위하여는 처분에 위법사유가 있다는 것만으로는 부족하고 그 하자가 법규의 중요한 부분을 위반한 중대한 것으로서 객관적으로 명백한 것이어야 하며, 하자가 중대하고 명백한 것인지 여부를 판별함에 있어서는 그 법규의 목적, 의미, 기능 등을 목적론적으로 고찰함과 동시에 구체적 사안 자체의 특수성에 관하여도 합리적으로 고찰함을 요한다(대법원 2008. 1. 10. 선고 2007두11979 판결 참조).

(나) 이 사건으로 돌아와 보건대, 원고의 신뢰이익 침해 정도, 방법 등에 비추어 이 사건 각 변경공고 중 '증원된 인원에 대한 재응시 금지' 부분의 위법성은 중대하나, 이는 공립유치원 교사 선발에 관한 재량권 행사의 일환으로 이루어진 것이므로, 그 위법성이 명백하다고 보기 어렵다 할 것이니, 당연무효는 아니다.

(4) 취소의 범위

(가) 외형상 하나의 행정처분이라 하더라도 가분성이 있거나, 그 처분대상의 일부가 특정될 수 있다면, 일부만의 취소도 가능하고, 그 일부의 취소는 당해 취소부분에 관하여만 효력이 생긴다(대법원 2000. 12. 12. 선고 99두12243 판결 참조).

(나) 이 사건으로 돌아와 보건대, ① 선발예정인원 증원 부분은 적법하고, 그 자체로 독립적이고, 잔존가치가 있고, ② 위 피고들은 '증원에 인원에 대한 재응시 금지' 부분이 없더라도 선발예정인원 증원 부분을 발할 수 있는 권한이 있고, ③ 누리과정확대정책 시행에 따른 공립유치원 교사 확보가 절실한 점, 2012학년도까지 공립유치원 교사 선발시험계획공고에서 "2013학년도부터 중복지원이 금지되나 사정에 따라 변동될 수 있다"고 예고한 점(을가 제11호증의2) 등을 고려할 때, 위 피고들에게 '증원된 인원에 대한 재응시 금지' 부분이 없더라도 선발예정인원 증원 부분을 발하려는 의사가 있었다고 볼 여지가 있으므로, 선발예정인원 증원 부분과 '증원된 인원에 대한 재응시 금지' 부분은 가분성이 있다 할 것이니, 이 사건 각 변경공고 중 '증원된 인원에 대한 재응시 금지' 부분만을 취소한다.

(5) 결론

그렇다면 나머지 원고들의 피고 교육과학기술부장관에 대한 소를 각하하고, 원고 김 某의 피고 전라남도교육감과 경상남도교육감에 대한 예비적 청구는 위 인정범위 내에서 이유 있으므로 이를 인용하고, 원고 김 某의 피고 전라남도교육감과 경상남도교육감에 대한 주위적 청구 및 나머지 예비적 청구는 이유 없으므로 이를 각 기각하고, 나머지 원고들의 2012. 12. 14.자 및 2013. 1. 9.자 청구취지 변경신청을 각 기각하기로 하여, 주문과 같이 판결한다.

소 장

원고   김 길 동(주민등록번호)
           서울시 서초구 서초3동 ○○번지
           (전화 000-000, 팩스 000-000)
피고   1. 금융위원회
           대표자 위원장 김○○
           2. 금융감독원장
제재처분취소

청구취지

1. 피고 금융위원회가 2009. 10. 1. 원고에 대하여 한 업무집행 전부정지 3개월 상당의 제재처분을 취소한다.

2. 피고 금융감독원장이 2009. 10. 1. 원고에 대하여 한 업무집행 전부정지 3개월 상당의 제재처분을 취소한다.

3. 소송비용 중 원고와 피고 금융위원회 사이에 생긴 부분은 피고 금융위원회가, 원고와 피고 금융감독원장 사이에 생긴 부분은 피고 금융감독원장이 각 부담한다.

라는 판결을 구합니다.

청구원인

1. 처분의 경위

(1) 원고는 2004. 3. 25.부터 주식회사 ○○은행의 대표이사 은행장으로 재직하다가 2007. 3. 26. 임기만료로 퇴임한 후, 2008. 9. 29.부터 2009. 9. 29.까지 △△금융지주의 회장직을 수행하였습니다.

(2) 피고 금융감독원장은 2009. 6. 8.부터 같은 해 7. 8.까지 ○○은행에 대한 종합검사를 실시하였고, 그 결과 원고가 2005.경부터 퇴임시까지 CDO, CDS 등 구조화상품 투자를 확대하기 위하여 이사회의 경영목표를 무시하였고, 리스크심의절차를 폐지하였으며, 독립적인 리스크관리시스템을 구축하지 아니하였는데, 위와 같은 원고의 행위가 은행법 및 은행업감독규정을 고의로 위반하고, 금융기관의 건전한 경영을 크게 해치는 행위에 해당한다는 이유로 2009. 9. 3. 제12차

제재심의위원회의 심의를 거쳐 피고 금융위원회에 원고에 대한 제재조치를 건의하였습니다.

(3) 피고 금융위원회는 2009. 9. 9. 제16차 금융위원회에서 원고가 ○○은행의 은행장으로 재임하던 당시 금융관련 법규를 위반하고 금융질서를 문란하게 하였다는 '위법 · 부당행위'를 이유로 원고에 대하여 업무집행 전부정지 3개월 상당으로 통보할 것을 의결하였는바, '위법 · 부당행위'의 주요 내용은 아래와 같습니다.

위법 · 부당행위
(가) 과도한 목표 부여 및 고위험상품 투자 지시로 거액손실 초래
가. IB부문에 CDO, CDS 투자확대를 사실상 지시
- 경영목표에 관한 사항이 이사회의 권한임을 규정한 은행법 제23조에 위반하여 2005년, 2006년 사업본부별 목표설정계약을 체결하면서 이사회가 정한 목표보다 높은 자산증대목표를 부여
- 경영의 건전성 확보를 규정한 은행법 제45조에 위반하여 2005년, 2006년 IB본부와 목표설정계약을 체결하면서 유동성 및 안정성이 취약한 CDO 등 고위험 구조화상품에 대한 투자확대를 포함시킴

나. CDO,CDS의 상품특성을 간과한 무모한 투자로 거액손실 초래
- 거래과정에서 발생할 수 있는 각종 리스크를 평가 · 관리하여야 함을 규정한 은행업감독규정 제30조 제3항에 위반하여 위와 같은 시스템을 갖추지 아니한 채 신용등급에만 의존하여 투자함에 따라 거액의 손실(2009. 6. 8. 현재 귀책금액 1조 1,861억 원)이 발생함
- 2007. 2. 7.경 HSBC가 서브프라임 부실악화로 인한 실적악화 예상을 발표하는 등 이상징후가 발생하였음에도 CDO, CDS에 대한 투자를 계속함

다. CDO, CDS 투자관련 리스크관리 및 내부통제 불철저
- 신용파생금융상품 및 비정형거래시 자체 위험관리기구의 결의를 거쳐 취급하도록 예시한 은행법 제23조의3, 은행업감독업무시행세칙 제41조 등에 위반하여 리스크관리심의회가 합성CDO, CDS의 투자와 관련하여 사전심의절차를 폐지하고, IB본부장의 전결로 투자가 가능하도록 결정하였는데(특히 CDS에 대하여는 총투자한도도 설정되지 아니함), 원고는 이를 보고받고도 확인 없이 수용함
- 거래상 발생할 수 있는 리스크를 인식 · 평가 · 감시 · 통제하는 관리체제의 수립과 직무분리를 규정한 은행업감독규정 제30조 제1항, 금융기관의 파생상품거래에 관한 모범규준에 위반하여

적정가격 산출시스템 등을 구축하지 않는 등 리스크관리 및 내부통제시스템을 철저히 운영하지 않았고, 거래실행부문과 리스크관리부문의 직무분리도 미이행

라. CDO, CDS 투자에 대한 감사조직 등의 내부경고 간과
CDO, CDS 투자와 관련하여 예상되는 유동성 문제, 위험성 관리, 투자시스템상의 미비점 등을 지적한 2005. 6. 21.자 상근감사위원의 의견제시, 2007. 2. 26.자 감사위원회의 의견보고, 2007. 3. 23. 여신감리팀의 보고 등에도 불구하고 적절한 조치가 이행되지 아니함

(나) 감독소홀로 신탁부문에 대한 타금융회사 브릿지론에 부당한 지급보증(양수약정)이 취급되어 거액손실 초래
브릿지론 취급 금융기관과 대출채권을 양수한다는 업무약정서 또는 프로젝트금융 업무협약서를 체결함에 있어 대출채권 양수약정금액은 지급보증 성격이므로 은행업감독규정 제32조, 은행업회계준칙에 따라 은행계정 대차대조표상 주석사항으로 반영하였어야 함에도 이를 누락하여 2006년 말 결산 시 대손충당금 35억 원을 적립하지 아니하였고 ○○은행 내규인 여신업무지침에 위반하여 여신협의회 등이 아닌 신탁사업단장의 전결로 처리하였음

이에 따라 피고 금융감독원장은 2009. 10. 1.경 ○○은행장에게 원고에 대한 퇴임 임원 위법부당행위 통보장을 첨부하여 그 검사결과를 통보함과 아울러 임직원문책, 경고장 본인 전달 및 인사기록카드의 기록유지 등의 조치를 요구하였으며(이하 '이 사건 통보조치'라고 한다), 원고는 그 무렵 ○○은행장으로부터 피고 금융감독원장 명의의 위법부당행위 통보장(갑 제1호증, 이하 '이 사건 통보장'이라 한다)을 전달받았는데, 위 통보장의 기재 내용은 다음과 같습니다.

> 전 은행장 황○○ 귀하
> 1. 귀하가 재임 중 별첨과 같이 금융관련 법규를 위반하고 금융질서를 문란하게 한 사실이 있어 이에 대하여 금융위원회는 2009. 9. 9. 제16차 금융위원회에서 귀하에게 업무집행 전부정지 3개월 상당으로 통보할것을 의결하였습니다. 이에 동 사실을 귀하에게 통보합니다.
> 2. 아울러 금융위원회의 조치에 대하여 불복이 있는 경우 「금융기관검사및제재에관한규정」 제37조에 따라 동 조치의 고지를 받은 날로부터 1월 이내에 금융위원회 또는 금융감독원에 이의신청을 하거나, 행정심판 및 행정소송 대상 처분에 대하여는 관련법에 따라 동 처분이 있음을 안 날로부터 90일 이내에 행정심판(금융위원회 또는 국무총리행정심판위원회) 또는 행정소송을 제기할 수 있음을 알려드립니다.

2. 처분의 위법성

(1) 통보의 처분성

1) 개정 은행법 제54조의2 제1항, 제2항은 "금융위원회는 금융기관의 퇴임한 임원 또는 퇴직한 직원이 재임 중이었거나 재직 중이었더라면 제54조 제1항 또는 제2항에 해당하는 조치를 받았을 것으로 인정되는 경우에는 그 받았을 것으로 인정되는 조치의 내용을 금융감독원장으로 하여금 해당 금융기관의 장에게 통보하도록 할 수 있고, 위 통보를 받은 금융기관의 장은 이를 해당 임직원에게 통보하고 기록·유지하여야 한다."고 규정하고 있고, 여신전문금융업법 제50조의3 제10호, 제11호, 같은 법 시행령 제6조 제1호, 제19조의7 제4항 제1호, 제5항은 "은행법에 따라 재임 중이었거나 재직 중이었더라면 금융위원회로부터 정직, 업무집행정지 이상의 제재조치 요구를 받았을 것으로 통보된 퇴임한 임원 또는 퇴직한 직원으로서 그 통보된 날로부터 3년(그 기간이 퇴임하거나 퇴직한 날로부터 6년을 넘긴 경우에는 퇴임하거나 퇴직한 날로부터 6년)이 지나지 아니한 자는 여신전문금융회사의 임원(이사, 감사 또는 사실상 이와 동등한 지위에 있는 자로서 대통령령으로 정하는 자를 말한다)이 될 수 없다."고 규정하고 있으며, 위 법 부칙(제9459호, 2009. 2. 6) 제3조는 "위 법 제50조의3 제10호, 제11호의 개정규정은 이 법 시행 후 최초로 여신전문금융회사의 임원이 되는 자부터 적용 한다."고 규정하고 있습니다.

2) 위와 같은 은행법, 여신전문금융업법, 여신전문금융업법 시행령의 규정에 의하면, 이 사건 통보 조치는 ○○은행에 대하여는 퇴임한 원고가 ○○은행에 재직 중 이었더라면 업무집행 전부정지 3개월에 해당하는 조치를 받았을 것이라는 내용을 통보함과 동시에 이를 인사기록부에 기록·유지하도록 하는 의무를 부과하고, 원고에 대하여는 앞서 본 법령이 정하는 기간이 경과되기 이전에는 여신전문금융회사의 임원이 될 수 없도록 하는 법률상 불이익을 가하는 행정처분이라고 할 것입니다.

(2) 피고적격

이 사건 통보조치에 관한 권한의 소재, 피고 금융위원회와 피고 금융감독원장 사이의 상호관계, 이 사건 통보조치의 결정 및 통지과정과 관련된 제반정황을 고려하면, 피고 금융위원회가 이 사건 통보조치를 한 행정청으로서 이 사건 소송의 적법한 피고가 된다고 할 것이고, 가사 그렇지 않다고 하더라도 피고 금융감독원장이 이 사건 소송의 피고가 되어야 합니다.

(3) 주위적 피고 처분의 위법성

1) 법률불소급의 원칙 또는 행정법규불소급의 원칙 위반

구 은행법(2008. 3. 14. 법률 제8905호로 개정되기 전의 것, 이하 '구 은행법' 이라 한다)은 재임

또는 재직 중인 임 · 직원들을 상대로 한 제재에 관한 규정(제54조)만 을 두었다가, 구 은행법이 2008. 3. 14. 법률 제8905호로 개정되면서 비로소 이 사건 통보조치의 근거가 된 개정 은행법 제54조의2가 신설되었습니다.

그런데, 위 피고는 2009. 9. 9.에 이르러 위 개정 은행법 제54조의2가 신설되기 전에 ○○은행의 은행장으로 재임하다가 퇴임한 원고에게 그 재임 중의 위법행위를 이유로 위 개정법률을 소급 적용하여 이 사건 통보조치를 하였는바, 이는 침익적 제재처분으로서 헌법상 법치주의의 기본원리에 반하는 법률의 소급적용, 소급처벌금지의 원칙에 반하여 위법합니다.

2) 실체상의 위법성

원고는 IB부문에 CDO, CDS 투자확대를 지시한 사실이 없고, IB사업단이 CDO, CDS의 상품특성을 무시하고 투자를 실행한 것도 아니며, 원고가 이와 관련한 리스크관리 및 내부통제를 게을리하였거나, 어떠한 내부경고에도 적절히 대응하지 못한 사실 등이 없으므로, 원고에게는 개정 은행법 제54조 제1항이 규정한 제재사유, 즉 '은행법 또는 은행법에 의한 규정 · 명령 또는 지시를 위반한 행위'(이하 '이 사건 법규위반 행위'이라 한다)를 하였다거나 '금융기관의 건전한 운영을 크게 해치는 행위'(이하 '이 사건 불건전운영행위'라고 한다)를 하였다는 사유가 존재하지 않습니다.

3) 절차상의 위법성

이 사건 통보조치와 관련하여 피고 금융감독원장은 2009. 9. 3.경 피고 금융위원회에게 원고에 대한 제재조치를 건의하였고, 위 건의에 따라 피고 금융위원회는 2009. 9. 8. 원고에게 불과 하루 뒤인 2009. 9. 9. 14:00를 의견제출기한으로 정하여 위 제재조치를 사전통지한 다음 2009. 9. 9. 이 사건 통보조치를 의결하였는바, 이는 행정절차법 제21조 제3항에 규정된 절차를 위반한 것입니다.

3. 결론

이상과 같이 피고의 처분은 위법한 행정처분이므로, 이의 취소를 구하는 행정소송에 이르게 되었습니다.

입증방법

1. 갑 제1호증
2. 갑 제2호증

1. 위 각 입증방법   각 1부
2. 송달료 납부서
3. 소장부본

                    20 . . .
                    위 원고   000   (날인 또는 서명)

서울행정법원   귀중

당해판례

2009구합 54499

주위적 피고에 대한 판단

살피건대, 재임 또는 재직 중인 임·직원에 대한 제재에 관한 규정인 구 은행법 제54조의 제재요건을 그대로 받아들여 퇴임 또는 퇴직한 임·직원에 대한 통보조치를 가능하게 한 개정 은행법 제54조의2에 근거한 이 사건 통보조치는 위에서 본 바와 같이 원고에게 여신전문금융업법 및 같은 법 시행령에 의한 여신전문금융회사의 임원자격제한의 법률상 불이익을 가한다는 점에서 특수한 형태의 제재처분에 해당한다고 할 것이고, 비록 위와 같은 자격제한이 형사처벌과는 구별된다고 하더라도 실질적으로는 원고에게 신분상 불이익의 제재를 가하는 점 등을 고려하면, 처분의 근거가 되는 법률 규정이 처분의 사유로 삼고 있는 사유의 충족 당시 시행되던 법률의 규정이 적용되어야 한다.

그런데, 개정 은행법 제54조의2는 조치의 사유로서 금융기관의 퇴임한 임원일 것과 금융기관의 퇴임한 임원이 재임 중이었더라면 같은 법 제54조 제1항에 해당하는 조치를 받았을 것으로 인정되는 경우를 규정하고 있는 점은 앞서 본 바와 같고, 위 피고의 주장에 의하더라도 원고가 2004. 3.부터 ○○은행의 은행장으로 재임 중 이 사건 법규위반행위 및 불건전운영행위를 저지르고 퇴임한 시기는 2007. 3. 26.인바, 따라서 퇴임한 임원의 위반행위를 이유로 하는 이 사건 통보조치를 하려면 그 위반행위를 저지르고 퇴임할 당시에 시행되던 구 은행법에 따라야 할 것인데, 원고의 퇴임 당시에는 재임 중인 임원에 대해서 제재조치를 할 수 있는 규정만이 있었을 뿐, 이미 퇴임한 임원에 대하여 은행법상 제재조치를 할 수 있는 별다른 근거가 없었고, 나아가 원고가 퇴임한

이후 개정 은행법 제54조의2가 신설됨으로써 그 조치대상의 범위를 주관적으로 확장하여 비로소 퇴임한 임원에게도 제54조 1항이 정한 위법·부당행위에 따라 인정되는 조치의 내용을 통보할 수 있는 법률상 근거가 마련된 점, 위 제54조의2를 신설한 개정 은행법(제8905호) 부칙 제1항은 '이 법은 공포한 날부터 시행한다.'라고 규정하고 있을 뿐만 아니라 부칙 제2항에서도 '변경된 임원 자격요건의 적용과 관련하여 이 법 시행 후 최초로 발생한 사유로 인하여 임원 결격사유에 해당하게 되는 자부터 적용한다.'고 규정하여 임원의 자격제한에 관한 개정조항이 장래에 향하여 그 효력이 있음을 명백히 하고 있는 점, 퇴임 또는 퇴직한 임직원에 대한 통보조치를 가능하게 한 개정 은행법 제54조의2가 은행법상 임원 결격사유 규정의 실효성을 높이기 위하여 도입된 것인 점을 감안하면, 위 조항은 위 개정법률의 시행일부터 적용된다고 봄이 상당하다.

따라서 원고가 ○○은행의 은행장으로 재직하다 퇴직한 당시에 시행되던 구 은행법을 적용하지 아니하고 그 후 개정되어 신설된 개정 은행법 제54조의2를 소급 적용하여 위 피고가 한 이 사건 통보조치는 원고의 나머지 주장에 관하여 나아가 살펴볼 필요 없이 위법하다.

[서식] 해임처분취소결정취소 청구의 소

소　장

원고	○○ 학교 법인
	서울시 종로구 ○○동 ○○번지
	(전화 000-000, 팩스 000-000)
피고	교원소청심사위원회
보조	1. 유 ○○
참가인	2. 한 ▽▽

해임처분취소결정취소

청구취지

1. 피고가 2010. 10. 11. 원고와 유○○ 사이의 2010-246호, 원고와 한▽▽ 사이의 2010-247호 각 해임처분취소청구 사건에 대하여 한 각 결정을 취소한다.
2. 소송비용은 피고의 부담으로 한다.

라는 판결을 구합니다.

청구원인

1. 처분의 경위

(1) 피고보조참가인(이하 '보조참가인'이라고 한다) 유○○은 2005. 3. 1. 교수로 임용되어, 2010. 6. 현재 의과대학 의학과(내과)에 재직중인자로서, 2005. 6. 1.부터 2009. 7. 31.까지 병원 심장혈관센터소장을 재임하였습니다.

보조참가인 한▽▽는 2005. 3. 1. 조교수로 임용되어 2010. 6. 현재 의과대학 의학과(내과) 부교수로 재직하고 있는 자로서, 2008. 3. 1.부터 2009. 7. 31.까지 병원 심장혈관내과 분과장으로 재임하였습니다.

(2) 송명근 교수는 서울아산병원에서 재직하다 1997. 심장판막 수술에 링을 사용한 카바(CARVAR, Comprehensive Aortic Root and Valve Repair)수술(종합적 대동맥 근부 및 판막성형술, 이하 '카바수술'이라고 한다)법을 개발하였고, 서울아산병원 임상연구윤리위원회는 2004. 2. 카바수술에 대하여 조건부 승인을 하였으며, 식품의약품안전청(이하 '식약청'이라고 한다)은 2006. 11. 21. 카바수술에 사용된 윤상성형용고리에 대하여 '불완전 심장 판막을 재건하기 위하여 승모판, 삼첨판 주위에 임플란트되는 경성 또는 연성의 고리모양의 기구'로 사용목적을 정하여 의료기기 제조품목으로 허가하였습니다.

송명근 교수는 2007. 10. 근무지를 서울아산병원에서 병원(이하 '이 사건 병원'이라고 한다)으로 옮겼다.

(3) 보조참가인 유○○을 제외한 심장혈관내과 교수 보조참가인 한▽▽ 등 5인은 2008. 5. 14. 연명으로 병원장, 진료부원장 및 진료심의위원회에게 카바수술 후 발생한치명적 관상동맥 합병증(환자 7명)에 관한 조사 요구를 촉구하면서 공식적인 조사 결과가 보고될 때까지 카바수술을 중지할 것을 요청하였고(이하 '제1차 심의요청'이라고한다), 이에 대하여 심혈관외과 교수 송명근은 2008. 7. 3. 병원장에게 기존 시술법의 단점, 카바수술법의 개발과정 및 효과, 2007. 7. 1. ~ 2008. 6. 30.까지의 수술 성적, 수술결과 분석 등을 내용으로 하는 2008 CARVAR 성적보고서를 제출하였습니다.

(4) 그 후에도 보조참가인들은 2008. 10. 유럽흉부외과 학회지에 카바수술 부작용을 지적한 논문을 투고하였고, 보조참가인들을 포함한 6명의 심장혈관내과 교수들은 2008. 12. 16. 병원장, 진료부원장, 진료심의위원회에게 합병증 환자 14명의 사례를 추가하여 재차 카바수술에 대한 조사와 잠정적인 수술중단을 요청하였습니다(이하 '제2차 심의요청'이라고 한다). 또한 보조참가인들은 2008.

12. 10. 및 같은 달 26. 식약청에 송명근 교수의 카바수술 환자 20명에 대한 부작용에 대하여 보고서를 제출하였습니다.

(5) 이에 대하여 식약청의 의료기기위원회는 2009. 3. 25. 카바수술 부작용 여부에 관한 안건은 직접적으로 위 수술에 사용된 의료기기에 기인한 것으로 판단하기에는 객관성이 부족하므로 의료기기에 의한 부작용으로 볼 수 없으며, 장기적인 관찰이 필요하다고 판단된다는 내용의 결정을 하였다.

(6) 보조참가인들은 2009. 4. 15., 같은 해 5. 11., 같은 달 18. 3회에 걸쳐 국민신문고에 의료기기위원회의 재심의를 요구하는 민원을 제기하였습니다.
이에 대하여 식약청은 2009. 5. 27. 원고에게 의료기기 부작용 보고 관련 조사 및 보고를 요청하였고, 카바수술 결과에 대한 철저한 조사를 실시하여 의료기기에 기인한 부작용 여부를 의료기관개설자명으로 보고하도록 요청하였습니다. 이에 이 사건 병원 원장은 2009. 6. 30. 식약청에 카바수술에 사용되는 의료기기로 인하여 부작용이 발생한 사례가 없다고 보고하였습니다.

(7) 이 사건 병원 흉부외과는 2008. 3. 8.부터 2009. 10. 24.까지 사이에 총 6회에 걸쳐 이 사건 병원 내에서 카바수술 세미나, 내부토론회 등을 개최하였으나, 이는 대체로 송명근 교수의 입장에서 카바수술을 설명 또는 홍보하는 형태의 세미나 등으로 보이고, 앞서 본 카바수술의 안전성 등이 논의된 것으로 보이지 않습니다.

(8) 동아일보는 2009. 2. 4. '송명근 교수 개발 심장 카바수술 안전성 논란'이라는 제목으로, 같은 해 6. 1. '송명근 교수 개발 심장 카바수술 엇갈린 평가 – 유럽학회, 부작용 가능성 인정, 식약청에선 문제없다 결론'을 제목으로 하는 기사를 게재하였습니다. 또한 매일경제, 파이낸셜뉴스 등은 2010. 9. 10. '송명근 교수 카바수술 긴급 기자회견 열어', '카바수술 논란 재점화' 등의 제목으로 한국보건의료연구원이 보건복지부에 카바수술을 중단해야 한다는 최종보고서를 제출하였음을 보도하였습니다.

(9) 보건복지부장관은 2009. 5. 29. 카바수술에 대하여 건강보험행위 비급여로 개정하였습니다.

(10) 유럽흉부외과학회는 2009. 6. 송명근 교수의 카바수술 부작용을 지적한 보조참가인들의 논문을 학회지에 기재하였습니다.

(11) 유럽연합은 2010. 3. 카바수술에 대하여 특허결정을 하였습니다.

(12) 원고는 2010. 1. 15. 보조참가인들을 해임하였으나(이하 '당초 해임처분'이라고 한다), 보조참가인들은 2010. 1. 18. 피고를 상대로 교원소청심사를 청구하였고, 이에 피고는 2010. 4. 5. 위 해임처분은 중대한 절차상 하자(기피신청대상 징계위원이 기피의결에 참여)가 있어 취소한다는 결정을 하였다.

(13) 피고가 당초 해임처분을 취소하자, 원고는 2010. 6. 15. 절차적 하자를 보완하여 다음과 같은 사유로 보조참가인들을 사립학교법 제61조 제1항 제3호에 의거하여 해임하였습니다. 그 사유는 보조참가인들은 ① 2008. 5.14. 병원장에게 '송명근 교수(건국대학교병원 흉부외과)의 카바수술에 대한 조사 및 수술금지 요청서'를 제출하였고, ② 이에 대하여 이 사건 병원은 병원 내부의 문제를 외부로 유출하지 말라고 지시를 하였음에도 불구하고, 2008. 12. 10. 및 2008. 12. 26. 2회에 걸쳐 식품의약품안전청(이하 '식약청'이라고 한다)에 '송명근 교수의 카바수술 환자 20명에 대한 부작용'을 골자로 탄원서를 제출하였으며, ③ 식약청으로부터 '의료기기에 의한 부작용으로 볼 수 없다'는 답변을 받은 이후에도 2009. 4. 15., 같은 해 5.11., 같은 달 18. 3회에 걸쳐 국민신문고에 민원을 제기하였고, ④ 이와 같은 사실이 2009. 2. 4., 같은 해 6. 1. 2회에 걸쳐 동아일보에 보도됨으로써 이 사건 병원의 대외적 신뢰도를 실추시키는 행위를 하였다는 것입니다.

(14) 이에 대하여 보조참가인들은 2010. 7. 9. 피고에게 소청심사 청구를 하였고, 피고는 2010. 10. 11. ① 원고가 보조참가인들에게 병원 내부의 문제를 외부에 유출하지 말라는 지시를 하였다고 보기 어렵고, ② 의료인으로서 카바수술 부작용에 대한 사항을 식약청에 보고하고 민원을 제기한 행위가 위법하다고 할 수 없으며, ③ 사실상 병원내에서 해결이 어려워지자 부득이하게 식약청에 보고한 것이므로 절차상으로도 부당하다고 볼 수 없고, ④ 보조참가인들의 주장으로 인한 이 사건 병원의 대외적 신뢰도 실추는 징계사유로 볼 수 없다는 이유로, 보조참가인들에 대한 해임처분을 취소하는 결정을 하였습니다(이하 '이 사건 취소결정'이라고 한다).

2. 처분의 위법성

이 사건 병원의 원장은 보조참가인들에게 명확히 밝혀진 바 없는 카바수술의 부작용과 관련된 정보를 외부로 유출하지 말 것을 지시했음에도 불구하고 보조참가인들은 이를 위반하여 카바수술의 부작용을 식약청에 보고하고, 국민신문고에 민원을 제기하여 위와 같은 사항이 언론에 보도되게 함으로써 피고와 이 사건 병원의 명예를 훼손함과 동시에 중대한 손해를 입혔다. 또한 보조참가인들은 카바수술의 부작용을 알리는 과정에서 '연구윤리진실성 확보를 위한 지침'에 위배된 부정한 논문을 작성하여 유럽학회지에 발표하였고, 병원내부에서 조사절차가 진행될 뿐 아니라 의료기기가 카바수술의 부작용과는 관련이 없다는 식약청의 결정에도 불구하고 국민신문고를 통해 왜곡된 정보를 게재하여 교원의 품위에 반하는 행위를 하였습니다. 따라서 원고의 제2차 해임처분은 정당하고, 이 사건 취소결정은 위법하다고 할 것입니다.

3. 결론

이상과 같이 피고의 이 사건 처분은 위법하므로 이의 취소를 구하는 행정소송을 제기하기에 이르렀습니다.

입증방법

1. 갑 제1호증
2. 갑 제2호증

첨부서류

1. 위 각 입증방법 각 1부
2. 송달료 납부서
3. 소장부본

20   .   .   .

위 원고   (날인 또는 서명)

서울행정법원   귀중

당해판례

2010구합 44290

앞서 인정한 사실관계에 비추어 알 수 있는 다음과 같은 사정을 종합하면, 보조참가인들을 해임한 이 사건 해임처분은 그 해임사유를 인정할 수 없어 위법하므로, 같은 이유로 위 해임처분을 취소한 이 사건 취소결정에 어떠한 잘못이 있다고 할 수 없다.

따라서 원고의 주장은 이유 없다.

(1) 카바수술의 효과 및 그 부작용에 관하여는 기록에 나타난 자료만으로 정확히 알 수는 없으나, 앞서 든 한국보건의료연구원의 최종보고서, 대한흉부외과학회의 의견, 보건복지부장관의 2011. 5. 30.자 고시(카바수술 실시의 대폭제한) 등에 비추어 볼 때 적어도 기존의 대동맥판막치환술과 비교하여 안전성이 충분히 확보되는지, 부작용이 더 많이 발생하는 것은 아닌지 등에 관하여 의문을

품지 않을 수 없고, 유럽연합에서 위 수술에 관하여 특허결정을 받은 바 있다고 하여 그 안전성이 충분히 확보되었다거나 송명근 교수의 의견과 같이 모든 대동맥판막 환자를 부작용 없이 완치시킬 수 있는 수술이라고 보기도 어렵다. 따라서 보조참가인들이 카바수술의 안전성에 대하여 가진 의심은 나름대로 합리적인 근거를 가진 것이라고 볼 수밖에 없고, 부당한 것이라고 단정할 것은 아니다.

(2) 의과대학의 교수나 병원의 의사가 위와 같은 카바수술의 안전성에 관하여 나름대로 합리적인 의심을 가지게 되었다면, 먼저 당해 병원의 내부적인 절차를 통해 그 안전성에 대한 문제를 제기하고, 그 병원에서 수술받은 환자들에 대한 연구 등을 통하여 카바수술의 안전성에 관한 의문을 해소하고 안전성이 확보되도록 하는 등의 방법으로 문제를 해결하는 것이 원칙적인 방법일 것이다. 그러나 이 사건 병원은 보조참가인들이 2회에 걸친 카바수술 중지요청 및 심의요청을 하였음에도 진료심의위원회를 개최하여 이를 논의하고 연구하는 등의 조치를 취하지 아니하고, 다만, 송명근 교수의 입장을 설명할 수 있는 세미나 및 토론회 등을 개최하였을 뿐 위 세미나 등에서 카바수술의 문제점이 논의된 것으로 보이지는 아니며, 보조참가인들의 의견을 면밀히 검토하거나 자체적으로 카바수술의 부작용 등을 연구하는 등 위 문제를 병원 내부에서 해결하기 위한 노력을 제대로 하였다고 보이지는 않는다.

따라서 보조참가인들로서는 이 사건 병원의 내부적인 절차를 통하여 위 카바수술의 안전성에 관한 문제를 해결할 수 있는 방법을 찾기는 어려웠다고 볼 수밖에 없다.

(3) 또한, 원고는 보조참가인들에게 카바수술의 부작용과 관련된 정보를 외부에 유출하지 말라는 지시가 있었다고 주장하나, 이에 부합하는 듯한 갑 제5, 23호증의 각 기재 및 증인 이홍기의 일부 증언은 보조참가인들에게 해임처분이 이루어진 후 작성된 확인서에 불과하고 증인 이홍기가, 이 사건 해임처분 당시 병원장이었다는 점 등에 비추어 이를 그대로 믿기 어렵고, 달리 이와 같은 지시가 있었음을 인정할 아무런 자료가 없으므로, 위와 같이 지시가 있었다고 볼 수 없다.

(4) 가사 위 (3)항과 같은 지시가 있었다고 하더라도, 카바수술의 안전성에 관련된 문제는 환자들의 생명과 직결되는 심각하고 중대한 문제인바, 보조참가인과 같은 의과대학교수가 위와 같은 문제를 병원 내부에서 해결할 적절한 방법을 찾지 못하게 되자 이를 해결하기 위하여 외부기관에 그 문제를 제기하였고, 그 외부기관이 이 문제를 해결할 수 있는 적절한 기관이며, 그 문제제기방식에 특별한 문제가 없다면, 외부기관에 위와 같은 문제를 제기한 행위가 교원으로서의 품위에 반하는 징계사유에 해당한다고 볼 수는 없다.

그런데, 보조참가인들은 앞서 본 바와 같이 병원 내부에서 이 문제를 해결할 수 있는 적절한 방법을 찾지 못하자, 의약품 등의 안전성 및 유효성 검토를 담당하는 식약청에 그 부작용을 보고하고, 관련 학회지에 이에 관한 논문을 게재하며, 국민신문고에 의료기기위원회의 재심의를 요구하는 민원을 제기한 것이므로, 그 외부기관의 선정이나 문제제기방식이 잘못되었다고 보기 어려우며, 보조참가인들의 위와 같은 문제제기가 그들의 송명근 교수에 대한 개인적인 감정에 기인한 것이라고 볼만한 증거도 없다.

또한, 이러한 문제제기의 과정에서 그 내용이 언론기관에 의하여 보도됨으로써 이 사건 병원의 대외적 신뢰도가 다소 실추되었다고 하여 이를 들어 보조참가인들에게 그 귀책사유가 있다고 할 수도 없다.

Ⅵ. 징계관련 소송

1. 개설

항고소송의 대상은 행정처분이다. 따라서 공법상 법률관계에 있는 공무원 등에 대한 징계는 당연히 처분이 되고, 이는 항고소송으로 그 효력을 다툴 수 있다.

2. 공무원에 대한 징계

(1) 공무원의 구분

국가공무원은 경력직공무원과 특수경력직공무원으로 구분하며, "경력직공무원"이란 실적과 자격에 따라 임용되고 그 신분이 보장되며 평생 동안(근무기간을 정하여 임용하는 공무원의 경우에는 그 기간 동안을 말한다) 공무원으로 근무할 것이 예정되는 공무원[224]을 말하며, "특수경력직공무원"이란 경력 직공무원 외의 공무원[225]을 말한다.

---

224) 그 종류는 다음 각 호와 같다.
　　1. 일반직공무원: 기술·연구 또는 행정 일반에 대한 업무를 담당하는 공무원
　　2. 특정직공무원: 법관, 검사, 외무공무원, 경찰공무원, 소방공무원, 교육공무원, 군인, 군무원, 헌법재판소 헌법연구
　　　관, 국가정보원의 직원과 특수 분야의 업무를 담당하는 공무원으로서 다른 법률에서 특정직공무원으로 지정하는
　　　공무원
225) 그 종류는 다음 각 호와 같다.
　　1. 정무직공무원
　　　가. 선거로 취임하거나 임명할 때 국회의 동의가 필요한 공무원
　　　나. 고도의 정책결정 업무를 담당하거나 이러한 업무를 보조하는 공무원으로서 법률이나 대통령령(대통
　　　　령비서실 및 국가안보실의 조직에 관한 대통령령만 해당한다)에서 정무직으로 지정하는 공무원
　　2. 별정직공무원: 비서관·비서 등 보좌업무 등을 수행하거나 특정한 업무 수행을 위하여 법령에서 별정직으로
　　　지정하는 공무원

(2) 징계권자

1) 징계권자

공무원의 징계처분등은 징계위원회의 의결을 거쳐 징계위원회가 설치된 소속 기관의 장이 하되, 국무총리 소속으로 설치된 징계위원회(국회·법원·헌법재판소·선거관리위원회에 있어서는 해당 중앙인사관장기관에 설치된 상급 징계위원회를 말한다. 이하 같다)에서 한 징계의결 등에 대하여는 중앙행정기관의 장이 한다. 다만, 파면과 해임은 징계위원회의 의결을 거쳐 각 임용권자 또는 임용권을 위임한 상급 감독기관의 장이 한다(국가공무원법 제81조).

2) 심사나 재심사

징계의결등을 요구한 기관의 장은 징계위원회의 의결이 가볍다고 인정하면 그 처분을 하기 전에 직근 상급기관에 설치된 징계위원회(직근 상급기관이 없는 징계위원회의 의결에 대하여는 그 징계위원회)에 심사나 재심사를 청구할 수 있다. 이 경우 소속 공무원을 대리인으로 지정할 수 있다.

(3) 징계사유 등

1) 징계사유

공무원이 다음 각 호의 어느 하나에 해당하면 징계 의결을 요구하여야 하고 그 징계 의결의 결과에 따라 징계처분을 하여야 한다.

가) 이 법 및 이 법에 따른 명령을 위반한 경우

나) 직무상의 의무(다른 법령에서 공무원의 신분으로 인하여 부과된 의무를 포함한다)를 위반하거나 직무를 태만히 한 때

다) 직무의 내외를 불문하고 그 체면 또는 위신을 손상하는 행위를 한 때

2) 시효 및 기산점

가) 징계결의등 요구기간

징계의결등의 요구는 징계 등의 사유가 발생한 날부터 3년(제78조의2제1항 각 호의 어느 하나에 해당하는 경우에는 5년)이 지나면 하지 못한다(법 제83조의2 제1항).

나) 감사원의 조사 등으로 인한 기간도과 등

법 제83조(감사원의 조사와의 관계 등)제1항 및 제2항[226]에 따라 징계 절차를 진행하지 못하여 제1항의

---

226) 제83조 (감사원의 조사와의 관계 등)
　① 감사원에서 조사 중인 사건에 대하여는 제3항에 따른 조사개시 통보를 받은 날부터 징계 의결의 요구나 그 밖의 징계 절차를 진행하지 못한다.

기간이 지나거나 그 남은 기간이 1개월 미만인 경우에는 제1항의 기간은 제83조제3항에 따른 조사나 수사의 종료 통보를 받은 날부터 1개월이 지난 날에 끝나는 것으로 본다.

다) 절차상 흠결 등의 이유시

징계위원회의 구성·징계의결등, 그 밖에 절차상의 흠이나 징계양정 및 징계부가금의 과다(過多)를 이유로 소청심사위원회 또는 법원에서 징계처분등의 무효 또는 취소의 결정이나 판결을 한 경우에는 가)의 기간이 지나거나 그 남은 기간이 3개월 미만인 경우에도 그 결정 또는 판결이 확정된 날부터 3개월 이내에는 다시 징계의결등을 요구할 수 있다.

(4) 징계사유

공무원은 법령 또는 명령위반, 직무상의 의무위반 또는 직무태만, 체면이나 위신손상행위 등의 사유가 있는 경우, 파면·해임·정직·감봉·견책 등의 징계를 받게 된다. 공무원이 공무원관계법상의 의무를 위반한 경우 공무원관계의 질서를 유지하기 위해 과하는 제재를 징계라고 한다. 그러나 공무원의 행위가 의무위반에 그치지 않고 사회법익을 침해하거나 타인에게 손해를 발생시킨 경우엔 징계에 그치지 않고 형사상·민사상 책임도 지게 된다.

공무원이 징계를 받게 되는 사유로는 ①국가공무원법 및 동법에 의한 명령에 위반한 경우, ②직무상의 의무에 위반하거나 직무에 태만한 경우, ③체면이나 위신을 손상하는 행위를 한 경우가 있다. 이런 사유가 있으면 징계권자는 반드시 징계의결을 요구해야 하고 징계의결결과에 따라 반드시 징계처분을 해야 한다(국가공무원법 제78조).

1) 징계사유

공무원의 징계로서 파면, 해임, 정직, 감봉, 견책 종류가 있다.

가) 파면

파면이란 공무원의 신분을 박탈하여 공무원관계를 소멸시키는 것으로 퇴직급여와 퇴직수당이 감액되고 파면받은 후 5년이 경과하지 않으면 다시 공무원에 임명될 수 없다.

나) 해임

해임은 공무원 신분은 박탈되나, 퇴직급여의 감액이 없고 3년간 공무원에 임용될 수 없고, 정직은 공무원 신분은 보유하나 1월 이상 3월 이하의 정직기간동안 직무에 종사하지 못하고 보수의 3분의 2가 감해지는 징계벌이다.

---

② 검찰·경찰, 그 밖의 수사기관에서 수사 중인 사건에 대하여는 제3항에 따른 수사개시 통보를 받은 날부터 징계 의결의 요구나 그 밖의 징계 절차를 진행하지 아니할 수 있다.
③ 감사원과 검찰·경찰, 그 밖의 수사기관은 조사나 수사를 시작한 때와 이를 마친 때에는 10일 내에 소속 기관의 장에게 그 사실을 통보하여야 한다.

다) 감봉

감봉은 1월 이상 3월 이하의 기간 동안 보수의 3분의 1을 감하는 징계벌입니다. 감봉기간이 종료한 후에는 12개월까지 보수에 있어서 승급이 제한되고, 견책은 전과에 대해 징계하고 회개하게 하는 징계벌로서 그 후 6개월까지 보수에 있어서 승급이 제한되는 불이익을 받게 된다(국가공무원법 제79조; 제80조, 공무원보수규정 제14조).

라) 견책

의무위반 사유가 경미하여 훈계하고, 회개하게 하는 처분을 말한다.

2) 직위해제

가) 의의

직위해제란 공무원의 신분은 보유하나 직위를 계속 유지시킬 수 없는 사유가 있어 직위를 부여하지 않는 것을 말한다.

[징계 또는 징계부과금의 기준]

① 징계위원회는 징계 또는 「국가공무원법」 제78조의2에 따른 징계부과금(이하 "징계부과금"이라 한다) 혐의자의 비위(非違)의 유형, 비위의 정도 및 과실의 경중과 평소의 행실, 근무성적, 공적(功績), 규제개혁 및 국정과제 등 관련 업무 처리의 적극성, 뉘우치는 정도 또는 그 밖의 정상 등을 참작하여 별표 1의 징계기준, 별표 1의2의 청렴의 의무 위반 징계기준, 별표 1의3의 음주운전 징계기준 및 별표 1의4의 징계부과금 부과기준에 따라 징계 또는 징계부과금(이하 "징계등"이라 한다) 사건을 의결하여야 한다.

■ 공무원 징계령 시행규칙 [별표 1] 〈개정 2021. 8. 27.〉

징계기준(제2조제1항 관련)

비위의 유형 \ 비위의 정도 및 과실 여부	비위의 정도가 심하고 고의가 있는 경우	비위의 정도가 심하고 중과실이거나, 비위의 정도가 약하고 고의가 있는 경우	비위의 정도가 심하고 경과실이거나, 비위의 정도가 약하고 중과실인 경우	비위의 정도가 약하고 경과실인 경우
1. 성실 의무 위반 가. 「국가공무원법」 제78조의2제1항제2호에 해당하는	파면	파면-해임	해임-강등	정직-감봉

비위(자목에 따른 비위는 제외한다)				
나. 직권남용으로 타인 권리 침해	파면	해임	강등-정직	감봉
다. 부작위 · 직무태만(라목에 따른 소극행정은 제외한다) 또는 회계질서 문란	파면	해임	강등-정직	감봉-견책
라. 「적극행정 운영규정」제2조제2호에 따른 소극행정	파면	파면-해임	강등-정직	감봉-견책
마. 「국가공무원법」제78조의2제1항 각 호의 어느 하나에 해당하는 비위를 신고하지 않거나 고발하지 않은 행위	파면-해임	강등-정직	정직-감봉	감봉-견책
바. 「부정청탁 및 금품등 수수의 금지에 관한 법률」제5조에 따른 부정청탁	파면	해임-강등	정직-감봉	견책
사. 「부정청탁 및 금품등 수수의 금지에 관한 법률」제6조에 따른 부정청탁에 따른 직무수행	파면	파면-해임	강등-정직	감봉-견책
아. 「공무원수당 등에 관한 규정」제7조의2제10항에 따른 성과상여금을 거짓이나 부정한 방법으로 지급받은 경우	파면-해임	강등-정직	정직-감봉	감봉-견책
자. 「공무원수당 등에 관한 규정」제15조부터 제17조까지의 규정에 따른 수당 또는 「공무원 여비 규정」에 따른 여비를 거짓이나 부정한 방법으로 지급받은 경우	별표 1의2와 같음			
차. 「공무원 행동강령」제13조의3에 따른 부당한 행위	파면	파면-해임	강등-정직	감봉
카. 성 관련 비위 또는 「공무원	파면	파면-해임	강등-정직	감봉-견책

행동강령」 제13조의3에 따른 부당한 행위를 은폐하거나 필요한 조치를 하지 않은 경우				
타. 성 관련 비위 피해자 등에게 2차 피해를 입힌 경우	파면	파면-해임	강등-정직	감봉-견책
파. 직무상 비밀 또는 미공개 정보를 이용한 부당행위	파면	파면-해임	강등-정직	정직-감봉
하. 기타	파면-해임	강등-정직	감봉	견책
2. 복종의 의무 위반				
가. 지시사항 불이행으로 업무추진에 중대한 차질을 준 경우	파면	해임	강등-정직	감봉-견책
나. 기타	파면-해임	강등-정직	감봉	견책
3. 직장 이탈 금지 위반				
가. 집단행위를 위한 직장 이탈	파면	해임	강등-정직	감봉-견책
나. 무단결근	파면	해임-강등	정직-감봉	견책
다. 기타	파면-해임	강등-정직	감봉	견책
4. 친절·공정의 의무 위반	파면-해임	강등-정직	감봉	견책
5. 비밀 엄수의 의무 위반				
가. 비밀의 누설·유출	파면	파면-해임	강등-정직	감봉-견책
나. 개인정보 부정이용 및 무단유출	파면-해임	해임-강등	정직	감봉-견책
다. 비밀 분실 또는 해킹 등에 의한 비밀 침해 및 비밀유기 또는 무단방치	파면-해임	강등-정직	정직-감봉	감봉-견책
라. 개인정보 무단조회·열람 및 관리 소홀 등	파면-해임	강등-정직	감봉	견책
마. 그 밖의 보안관계 법령 위반	파면-해임	강등-정직	감봉	견책
6. 청렴의 의무 위반	별표 1의3과 같음			
7. 품위 유지의 의무 위반 가. 성 관련 비위 나. 음주운전	별표 1의4와 같음 별표 1의5와 같음			

다. 기타	파면-해임	강등-정직	감봉	견책
8. 영리 업무 및 겸직 금지 의무 위반	파면-해임	강등-정직	감봉	견책
9. 정치 운동의 금지 위반	파면	해임	강등-정직	감봉-견책
10. 집단 행위의 금지 위반	파면	해임	강등-정직	감봉-견책

※ 비고

1. 제1호가목의 비위와 같은 호 자목의 비위가 경합하는 경우에는 제1호가목의 징계기준을 적용한다.
2. 제1호다목에서 "부작위"란 공무원이 상당한 기간 내에 이행해야 할 직무상 의무가 있는데도 이를 이행하지 아니하는 것을 말한다.
3. 제1호타목에서 "피해자 등"이란 성 관련 비위 피해자와 그 배우자, 직계친족, 형제자매 및 해당 피해 발생 사실을 신고한 사람을 말하고, "2차 피해"란 「여성폭력방지기본법」 제3조제3호가목·나목에 따른 피해(피해자가 남성인 경우를 포함한다) 및 「성희롱·성폭력 근절을 위한 공무원 인사관리규정」 제7조 각 호의 불이익 조치를 말하며, 2차 피해가 성 관련 비위에 해당하는 경우에는 제7호가목을 적용한다.
4. 제1호파목에서 "직무상 비밀 또는 미공개정보를 이용한 부당행위"란 다음 각 목의 행위를 말한다.
   가. 직무수행 중 알게 된 비밀 또는 소속된 기관의 미공개정보(재물 또는 재산상 이익의 취득 여부의 판단에 중대한 영향을 미칠 수 있는 정보로서 불특정 다수인이 알 수 있도록 공개되기 전의 것을 말한다. 이하 같다)를 이용하여 재물 또는 재산상의 이익을 취득하거나 제3자로 하여금 재물 또는 재산상의 이익을 취득하게 하는 행위
   나. 다른 공무원으로부터 직무상 비밀 또는 소속된 기관의 미공개정보임을 알면서도 제공받거나 부정한 방법으로 취득한 공무원이 이를 이용하여 재물 또는 재산상의 이익을 취득하는 행위
   다. 직무수행 중 알게 된 비밀 또는 소속된 기관의 미공개정보를 사적 이익을 위하여 이용하거나 제3자로 하여금 이용하게 하는 행위

나) 사유

임원권자는 식무수행능력의 부족, 근무성적이 극히 나쁜 자, 파면·해임·가등 또는 정직에 해당하는 징계의결이 요구 중인자, 고위공무원단에 속하는 일반공무원으로서 제70조의2 제1항 제2호 및 제3호의 사유로 적격심사를 요구받은 자에게는 직위를 부여하지 아니할 수 있다.

다) 성질

임용권자는 직위해제사유의 어느 하나에 해당하는 사유에 해당하는 자에게는 직위를 부여하지 아니할 수 있다. 즉 직위해제여부는 임용권자의 재량에 속한다.

라) 직위해제의 효력

직위해제중인 공무원은 일정기간 직무에 종사하지 못하며, 임용권자는 직무수행능력이 부족하거나 근무성적이 극히 나쁜자에 대하여 3개월의 범위에서 대기를 명하고, 대기명령을 받은 자에게 능력회복이나 근무성적이 향상을 위한 교육훈련 또는 특별한 연구과제의 부여 등 필요한 조치를 하여야 한다.

마) 직위해제 후 직권면직이나 해임처분

직위해는 징계벌과는 그 성질을 달리하므로 일사부재리의 원칙이나 이중처벌금지원칙이 적용되지 않는다. 직권면직처분과 이보다 앞서 행하여진 직위해제처분은 그 목적을 달리한 별개의 독립된 처분이라 할 것이므로 본건 직권면직처분에 직위해제처분을 사유로 하였다 하더라도 일사부재리원칙에 위배되지 않는다.

바) 직위해제기간만료 후의 소의이익

직위해제기간이 만료된 후 그 효력을 다툴 수 있느냐의 여부에 관한 판례는 소의 이익을 부정하고 있다.[227]

3) 직권면직

가) 의의

직권면직이란 본인의 의사와는 관계없이 임용권자가 일방적인 의사에 의하여 공무원의 신분을 박탈하는 단독행위이다.

나) 사유

직권면직사유는, 직제와 정원의 개폐 또는 예산의 감소 등에 따라 폐직(廢職) 또는 과원(過員)이 되었을 때, 휴직 기간이 끝나거나 휴직 사유가 소멸된 후에도 직무에 복귀하지 아니하거나 직무를 감당할 수 없을 때, 제73조의3제3항에 따라 대기 명령을 받은 자가 그 기간에 능력 또는 근무성적의 향상을 기대하기 어렵다고 인정된 때, 전직시험에서 세 번 이상 불합격한 자로서 직무수행 능력이 부족하다고 인정된 때, 병역판정검사·입영 또는 소집의 명령을 받고 정당한 사유 없이 이를 기피하거나 군복무를

---

227) 대법원 1993. 9. 10. 선고 93다10743 판결.

위하여 휴직 중에 있는 자가 군복무 중 군무(軍務)를 이탈하였을 때, 해당 직급·직위에서 직무를 수행하는데 필요한 자격증의 효력이 없어지거나 면허가 취소되어 담당 직무를 수행할 수 없게 된 때, 고위공무원단에 속하는 공무원이 제70조의2에 따른 적격심사 결과 부적격 결정을 받은 때 등이다(법 제70조).

다) 절차

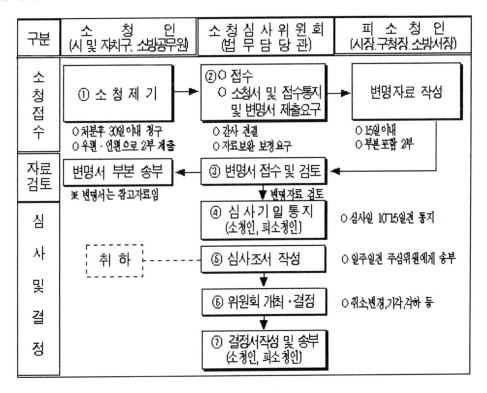

① 징계위원회의 의견청취, 동의
직권면직을 시킬 경우에는 고위공무원단에 속하는 공무원이 제70조의2에 따른 적격심사결과 부적격 결정을 받은 때를 제외하고는 미리 관할 징계위원회의 의견을 들어야 한다. 다만, 대기명령을 받은 자가 그 기간에 능력 또는 근무성적의 향상을 기대하기 어렵다고 인정되는 때에 해당되어 면직시킬 경우에는 징계위원회의 동의를 받아야 한다.

② 처분사유설명서교부
임용권자는 직권면직을 할 때에는 해당 공무원에게 소정의 처분사유설명서를 교부하여야 한다(법 제75조).

라) 면직처분의 효력발생

공무원이 면직되면 공무원관계가 소멸되나, 징계에 의한 파면, 해임과는 달리 공무원 임용제한과 퇴직연금제한과 같은 효력은 없다.

4) 강임

임용권자는 직제 또는 정원의 변경이나 예산의 감소 등으로 직위가 폐직되거나 하위의 직위로 변경되어 과원이 된 경우 또는 본인이 동의한 경우에는 소속 공무원을 강임할 수 있다(법 제73조의4). 이에 따라 강임된 공무원은 상위 직급 또는 고위공무원단 직위에 결원이 생기면 제40조·제40조의2·제40조의4 및 제41조에도 불구하고 우선 임용된다. 다만, 본인이 동의하여 강임된 공무원은 본인의 경력과 해당 기관의 인력 사정 등을 고려하여 우선 임용될 수 있다.

(5) 소청심사 전치주의

소청이란 소속공무원이 징계처분 기타 그 의사에 반하는 불리한 처분이나 부작위에 대하여 불복이 있는 경우에 관한 소청심사위원회에 그 심사·결정을 청구하는 제도이다. 국가공무원법은 공무원의 징계처분 등에 대한 소청을 심사결정하기 위하여 안전행정부에 소청심사위원회를 두고, 공무원에 대한 징계처분 시에는 원칙적으로 소청심사위원회의 심사결정을 거쳐야만 행정소송을 제기할 수 있도록 하였다.

[관할]

구분	소청심사기관		
행정부	국가공무원	일반직	인사혁신청 소청심사위원회
		교원	교원소청심사위원회
	지방공무원	일반직	교육소청심사위원회

(6) 행정소송

소청을 제기한 자가 소청심사위원회의 결정에 대하여 불복이 있는 때에는 위법한 경우에 한하여 항고소송을 제기할 수 있다. 이 때 항고소송은 반드시 소청심사위원회의 심사결정을 거친 후여야 가능하며, 이 경우의 항고소송의 대상은 원처분이며 소청심사위원회의 결정이 아니다. 따라서 항고소송의 피고는 원칙적으로 원처분청이 된다. 그러나 소청심사위원회 결정자체에 고유한 위법이 있을 때에는 위원회의 결정이 행정소송의 대상이 된다.

Q 저는 지방공무원 5급으로 12년간의 공직생활근무 중 甲 면사무소에서의 근무는 생활여건 상 불편한 점이 많아 직원 전출희망을 자주 신청하였습니다. 그래서인지 저는 근무미숙자 로 직위해제를 당하였는데 어떻게 구제받을 수 있는지요?

A 지방공무원에 대한 징계처분 기타 그 의사에 반하는 불이익한 처분에 대한 구제방법으로 는 '소청(所請)'과 '소송(訴訟)'이 있습니다.

소청이란 징계처분 기타 그의 의사에 반하는 불이익처분을 받은 자가 그 처분에 불복이 있는 경우에 관할소청심사위원회에 심사청구 하는 행정심판을 말합니다.

「지방공무원법」제67조 제1항은 "임용권자가 공무원에 대하여 징계처분을 할 때와 강임ㆍ 휴직ㆍ직위해제 또는 면직처분을 할 때에는 그 공무원에게 처분의 사유를 적은 설명서를 교부하여야 한다."라고 규정하고 있고, 같은 법 제2항은 "제1항에 따른 설명서를 받은 공 무원이 그 처분에 불복할 때에는 설명서를 받은 날부터 30일 이내 또는 공무원이 제1항에 서 정한 처분 외에 본인의 의사에 반하는 불이익처분을 받았을 때에는 그 처분이 있는 것 을 안 날부터 30일 이내에 심사위원회에 그 처분에 대한 심사를 청구할 수 있다. 이 경우 변호사를 대리인으로 선임할 수 있다."라고 규정하고 있습니다.

이와 같이 「지방공무원법」이 「행정심판법」에 의한 행정심판에 대한 특례로 소청제도를 마 련한 것은 공무원 신분을 보다 강하게 보장하려는데 있습니다.

따라서 귀하는 직위해제에 대한 처분사유설명서를 교부받은 때 또는 처분사유설명서를 받 지 않은 경우에는 그 처분이 있음을 안 날로부터 30일 이내에 관할 지방공무원 소청심사 위원회에 소청을 제기할 수 있으며, 소청심사위원회는 소청사건을 심사한 후 원칙적으로 접수 후 60일 이내에 결정을 하여야 합니다. 다만, 불가피하다고 인정되면 심사위원회의 의결로 30일을 연장할 수 있습니다(지방공무원법 제67조 제6항).

또한, 같은 법 제20조의2(행정소송과의 관계)에서는 "제67조에 따른 처분, 그 밖에 본인 의 의사에 반한 불리한 처분이나 부작위에 관한 행정소송은 심사위원회의 심사ㆍ결정을 거치지 아니하면 제기할 수 없다."라고 규정하고 있으므로(필요적 전치주의) 귀하는 소청 심사위원회에 소청을 제기하지 않고 곧바로 직위해제처분취소의 행정소송을 제기할 수는 없습니다.

소 장

원고   김 길 동(주민등록번호)
           서울시 은평구 ○○동 ○번지
피고   서울특별시지방경찰청장
해임처분취소

청구취지

1. 피고가 2008. 5. 27. 원고에 대하여 한 해임처분을 취소한다.

2. 소송비용은 피고의 부담으로 한다.

라는 판결을 구합니다.

청구원인

1. 처분의 경위

(1) 원고는 1989. 순경으로 임용된 후, 1995. 경장으로, 2000. 경사로, 2006. 경위로 각 승진된 이후 2008. ○. ○.부터 서울 ○○경찰서에서 근무하던 자입니다.

(2) 피고는 '서울 ○○○경찰서에서 풍속업무를 담당하던 원고가 2006. 경부터 2007. 경까지 4회에 걸쳐 서울 ○○○동에서 유흥주점을 운영하는 ○○○에게 ○○○호텔인수자금 명목으로 금 160,000,000원을 투자한 후 이자 및 수익금 배당 명목으로 합계 금 12,500,000원을 수수함으로써 구 국가공무원법(2008. 12. 31. 법률 제9296호로 개정되기 전의 것) 제56조, 제61조, 제63조를 위반하였다'는 사유로 같은 법 제78조 제1항 제 1, 2, 3호를 적용하여 2008. 5. 27. 원고에 대하여 해임처분을 하였습니다(이하 '이 사건 처분'이라 한다).

(3) 원고는 이 사건 처분에 불복하여 행정안전부 소청심사위원회에 소청심사를 청구 하였으나, 2008. 10. 8. 기각결정을 받았습니다.

2. 처분의 위법성
(1) 처분사유의 부존재
○○○는 '경찰공무원 채권·채무·보증행위에 관한 처리지침'상의 직무관련 대상업소 업주가 아

닙니다. 또한 원고가 ○○○에게 금 160,000,000원을 빌려준 후 12,500,000원을 수수한 것은 사실이나, 원고는 ○○○와 고교동창 사이로, 친구인 ○○○가 급전이 필요하다고 하여 금원을 대여한 것일 뿐, 높은 이자수익을 목적으로 금원을 대여한 것도 아닙니다.

(2) 재량권의 일탈 · 남용

원고가 이 사건과 동일한 내용의 뇌물수수 피의사건에 관하여 서울중앙지방검찰청에서 혐의없음(증거불충분) 처분을 받은 점, 원고가 18년 9개월의 근무 기간 동안 경찰청장 표창 등 총 25회의 표창을 수상할 정도로 모범적인 근무를 해 온 점, ○○○에게 금전을 대여하고 이자를 수수했다는 이유로 함께 징계절차에 회부되어 해임처분을 받은 다른 경찰관들과 비교해보면 원고는 금전 대여의 경위, 수령한 이자액수 등에 비추어 비위내용이 훨씬 경미하다고 할 것임에도 이들과 동일한 해임 처분을 받은 점 등에 비추어 볼 때, 이 사건 처분은 지나치게 과중하여 징계재량권을 일탈 · 남용하였으므로 위법합니다.

3. 결론

이상과 같이 피고의 이 사건 처분은 위법하므로 이의 취소를 제기하는 본 건 소송에 이르게 되었습니다.

입증방법

1. 갑 제1호증
2. 갑 제2호증
3. 갑 제3호증
4. 갑 제4호증
5. 갑 제5호증

첨부서류

1. 위 각 입증방법   각 1부
2. 송달료 납부서
3. 소장부본

20 .   .   .

위 원고   (날인 또는 서명)

서울행정법원   귀중

당해판례

2008구합 42178

(1) 처분사유 존부에 관한 판단

○○○는 ○○○라는 유흥주점이 딸린 ○○○호텔의 운영자일 뿐만 아니라 서울 중구에서 다수의 유흥주점을 운영하고 있으므로 이 사건 지침 상의 직무관련 대상자가 아니라는 취지의 원고의 주장은 이유 없다[원고 역시 ○○○가 이 사건 지침 상의 직무관련 대상자임을 알고 있었고 금전대여를 이유로 징계처분을 받을 것을 우려하여 ○○○에게 위와 같은 사정을 말하며 대여 금원의 반환을 요구하기도 하였다(갑 5호증)].

또한 경찰공무원은 범죄의 수사, 치안의 확보 등을 고유한 업무로 하는 공무원인 점, 이 사건 지침이 사행성 오락실.성매매 업소 등 불법 영업을 하는 업소뿐만 아니라 허가받은 유흥업소를 포함하여 모든 경찰 대상업소를 직무관련업소로 정하고 있는 점, 원고가 유흥업소 내의 성매매나 불법영업을 단속하는 일을 맡고 있는 생활안전과 소속이었던 점 등을 고려하면 비록 원고가 이 사건 금품 수수 당시에는 유흥업소가 아닌 게임장 단속 업무를 주로 담당하고 있었다거나 원고와 ○○○가 오랜 친구 사이라고 하더라도 그러한 사정을 들어 원고와 ○○○ 사이의 금전 거래를 친구 사이의 단순한 금전대차행위라고 볼 수는 없다(이 사건 지침 역시 직무관련 대상업소 업주에 대한 금전대여 행위를 공동투자로 간주하는 규정을 두고 있다). 원고의 행위가 단순한 금전거래 행위에 불과하다는 취지의 원고의 주장 역시 받아들일 수 없다.

(2) 재량권 일탈·남용 여부에 관한 판단

(가) 공무원인 피징계자에게 징계사유가 있어서 징계처분을 하는 경우 어떠한 처분을 할 것인가는 징계권자의 재량에 맡겨져 있으므로, 징계권자가 재량권의 행사로서 한 징계처분이 사회통념상 현저하게 타당성을 잃어 징계권자에게 맡겨진 재량권을 남용하였다고 인정되는 경우에 한하여 그 처분을 위법하다고 할 수 있다. 그리고 공무원에 대한 징계처분이 사회통념상 현저하게 타당성을 잃었는지 여부는 구체적인 사례에 따라 직무의 특성, 징계의 원인이 된 비위사실의 내용과 성질, 징계에 의하여 달성하려고 하는 행정목적, 징계 양정의 기준, 특히 금품수수의 경우는 수수액수, 수수경위, 수수시기, 수수 이후 직무에 영향을 미쳤는지 여부 등 여러 요소를 종합하여 판단할 때 그 징계내용이 객관적으로 명백히 부당하다고 인정할 수 있는 경우라야 한다(대법원 2008. 6. 26. 선고 2008두6387 판결 등 참조).

(나) 경찰공무원은 범죄의 수사, 치안의 확보 등을 고유한 업무로 하는 공무원으로서 수사를 담당하는 업무의 특성상 고도의 청렴성과 공정성이 요구된다.

그런데 원고의 이 사건 비위행위는 경찰의 집중적인 단속대상업소인 유흥업소 운영자인 ○○○에게 사업자금 명목으로 160,000,000원이라는 다액을 대여하고 이자 명목의 금원을 수령한 것으로서 이러한 금품수수행위에 대하여 엄한 징계를 가하지 않을 경우 경찰공무원들이 단속대상업소의 위법행위에 대하여 공평하고 엄정한 단속을 할 것을 기대하기 어렵게 되고, 단속에 형평성 시비를 불러일으킬 수 있으며, 더 나아가 단속대상업소의 업주들이나 주민은 물론이고 당해 경찰관 자신 또는 함께 근무하는 경찰관들에게조차 법적용의 공평성과 경찰공무원의 청렴의무에 대한 불신을 배양하게 될 뿐만 아니라, 법적용 자체의 공정성에 대한 국민일반의 불신과 냉소적인 태도를 배양하는 토양이 될 수 있다. 또한 공무원 징계양정에 관한 규칙 제2조(징계양정의 기준) 제1항 [별표 1] '징계양정기준'에 의하면, 청렴의무위반으로서 '비위의 도가 중하고 고의가 있는 경우'에는 파면을 의결하도록 되어 있고, 같은 규칙 제4조(징계의 감경) 제1항 단서 후문은 '국가공무원법 제83조의 2 제1항의 규정에 의한 징계사유의 시효가 3년인 비위(금품 및 향응수수, 공금의 횡령.유용의 경우) 및 중점정화대상비위에 대하여는 징계를 감경할 수 없다'고 규정하고 있다. 이러한 점과 앞서 인정한 바와 같은 ○○○의 직업, 금품수수의 액수, 횟수, 방법 등 여러 사정들을 종합하여 보면, 원고가 경찰공무원으로 임용된 후 여러 차례에 걸쳐 표창을 받고, 이 사건에 대해 깊이 반성하고 있는 점 등을 감안하더라도, 이 사건 징계처분이 객관적으로 명백히 부당하여 사회통념상 현저하게 타당성을 잃었다고는 볼 수 없다.

[서식] 징계영창처분취소 청구의 소

소 장

원고   김 ○ ○
            서울시 구로구 ○○동 ○-○번지
            (전화 000-000, 팩스 000-000)
            강 ○ ○
            서울시 강서구 ○○동 ○-○번지
            (전화 000-000, 팩스 000-000)
피고   서울지방경찰청 2기동단장
징계영창처분취소

청구취지

1. 피고가 원고들에 2012. 9. 7. 대하여 한 각 징계 영창 5일의 처분을 취소한다.

2. 소송비용은 피고가 부담한다.

라는 판결을 구합니다.

청구원인

1. 처분의 경위

(1) 원고 김○은 2011. 8. 4., 원고 강○○는 2011. 3. 31., 원고 지○○은 2011. 7. 14. 각 전투경찰대 설치법 (이하 '전투경찰대법'이라 한다) 제2조의3 제2항에 따라 치안업무의 보조를 임무로 하는 전투경찰순경(이하 '전경'이라 한다)으로 서울지방경찰청2기동단 소속 의무경찰로 입대하여 복무 중이었습니다.

(2) 서울지방경찰청은 전경이 부대 내로 반입하는 휴대전화 등 인터넷 접속 가능한 정보통신 장비의 경우 회수 후 부대에서 보관하였다가 영외활동 시 내어 주고 복귀 시 다시 회수하도록 하고, 무단사용 적발 시에는 '주요 복무규율 위반'으로 조치하도록 하고 있습니다.
그런데 원고 김○○은 2012. 7. 28., 원고 강○○는 2012. 7. 10. 허가 없이 휴대전화를 부대로 반입하여 이를 계속 소지·사용하다가 2012. 8. 21. 적발되었습니다.

(3) 서울지방경찰청 2기동단 경찰공무원 보통징계위원회는 2012. 9. 7. '원고들이 허가받지 않은 휴대전화를 부대로 반입하여 사용하던 중 2012. 8. 20. 정보통신장비 일제점검 기간을 통해 자진 신고하도록 지시하였으나 이에 응하지 않고 2012. 8. 21.까지 휴대전화를 소지·사용하였고(이하 '이 사건 비위행위'라 한다), 이는 전투경찰순경 등 관리규칙 (이하 '관리규칙'이라 한다) 제94조 제1호(법령 위반), 제5호(명령 불복종), 제12호(기타 복무규율 위반)에 해당한다.'는 이유로 원고들에 대하여 각 영창 5일의 징계를 의결하였고 그에 따라 피고는, 원고들에게 각 영창 5일의 징계 처분(이하 '이 사건 처분'이라 한다)을 하였습니다.

2. 처분의 위법성

(1) 전투경찰대법 제5조, 제6조(이하 통틀어 '이 사건 법률조항'이라 한다)에서 정하는 징계 영창 제도 및 소청 제도는 헌법 제12조 제1항의 적법절차원칙, 제3항의 영장주의, 제6항의 법원에 의한 적부심사 규정에 위배되고, 전투경찰대법 제5조는 전경에 대한 징계의 종류를 "영창 및 근신"의 2가지로만 정하고 징계의 종류를 세분화하지 않아 징계권자의 징계 재량을 과도하게 제한하면서, 영창 처분사유를 전혀 제한하지 않고 있으므로 헌법 제37조 제2항에서 정한 비례의 원칙에 위배된다. 따라서 위헌인 이 사건 법률조항에 근거하여 이루어진 이 사건 처분은 취소되어야 합니다.

(2) 피고는 이 사건 처분의 사유로 관리규칙 제94조 제1호(법령 위반), 제5호(명령불복종), 제12호(기타 복무규율 위반)를 제시하고 있으나, 휴대전화 소지행위는 어떠한 법령 위반에도 해당되지

아니하므로, 위 관리규칙 제94조 제1호는 적법한 징계사유가 될 수 없습니다.

또한, 위 규칙 제84조 및 별표 12는 복무규율 위반과 관련하여 명령 불복종을 주요 복무규율 위반유형으로 규정하고 주요 복무규율 위반자에 대하여는 징계 또는 기율교육대 입교를 규정하고 있는데, 원고들의 각 휴대전화 보관사용이 최초 1회 위반인점 이 사건 처분 전에 징계처분이나, 주의경고 등을 받은 사실이 없고 성실하게 복무하였던 점, 원고들이 근무시간에 휴대전화를 사용하거나 보안 정보를 유출하는 등의 행위를 하지 아니한 점, 결국 원고들의 경우 휴대전화의 부대 반입 자체가 금지되지는 않는 상황에서 부대에 보관한 후 영외활동 시 반출해가도록 하는 규정을 어긴 것에 불과한 점, 원고들의 의무위반행위에 대하여는 신체의 자유를 제한하는 징계 영창처분이 아니라 '근신'의 처분과 영외활동 2개월 정지와 같은 복무규율상의 공적 제재를 부과하는 것으로도 책임에 비례할 뿐만 아니라 징계처분에 의하여 달성하려는 제재 효과나 교육 개선 효과를 충분히 달성할 수 있는 점 등을 고려하면, 이 사건 처분은 사회 통념상 현저하게 타당성을 잃은 것으로서 재량의 범위를 일탈하였거나 재량권을 남용한 것으로서 취소되어야 합니다.

3. 결론

이와 같이 피고의 처분은 위법한 행정처분이 아닐 수 없으므로, 상기와 같이 원고의 행정처분의 취소를 구하는 행정소송에 이르게 되었습니다.

입증방법

1. 갑 제1호증
2. 갑 제2호증

첨부서류

1. 위 각 입증방법　　　　　　　　　　각 1부
2. 송달료 납부서
3. 소장부본

20　.　.　.

위 원고　　　(날인 또는 서명)

서울행정법원　　귀중

당해판례

2012구합 33713

(1) 이 사건 법률조항의 위헌 여부

(가) 헌법 제12조 제1항의 적법절차 원칙 또는 과잉금지 원칙, 같은 조 제3항의 영장주의 위배 여부

헌법은 제12조 제1항 제1문에서 신체의 자유 일반을 선언한 다음, 같은 항 제2문에서 신체의 자유의 실체적·절차적 보장을 규정함으로써 죄형법정주의와 체포·구속 등의 법률주의와 적법절차를 규정하고, 제3항 본문에서 "체포·구속압수 또는 수색을 할 때에는 적법한 절차에 따라 검사의 신청에 의하여 법관이 발부한 영장을 제시하여야 한다."라고 하여 영장제도와 적법절차를 규정하고 있다. 이와 같은 적법절차 원칙은 단순히 입법권의 유보제한이라는 한정적인 의미에 그치는 것이 아니라 모든 국가작용을 지배하는 독자적인 헌법의 기본원리로서 해석되어야 할 원칙이라는 점에서 입법권의 유보적 한계를 선언하는 과잉입법금지의 원칙과는 구별된다(헌법재판소 1992. 12. 24. 선고 92헌가8 결정 참조). 한편 적법절차 원칙에서 도출할 수 있는 중요한 절차적 요청으로는 당사자에게 적절한 고지를 행할 것, 당사자에게 의견 및 자료제출의 기회를 부여할 것 등을 들 수 있겠으나, 이 원칙이 구체적으로 어떠한 절차를 어느 정도로 요구하는지는 규율되는 사항의 성질, 관련 당사자의 사익, 절차의 이행으로 제고될 가치, 국가작용의 효율성, 절차에 소요되는 비용, 불복의 기회 등 다양한 요소들을 형량하여 개별적으로 판단할 수밖에 없다(헌법재판소 2003. 7. 24. 선고 2001헌가25 결정, 헌법재판소 2007. 10. 4. 선고 2006헌바91 결정, 헌법재판소 2011. 10. 25. 선고 2009헌마691 결정 등 참조).

이러한 법리에 비추어 이 사건에 관하여 보건대, 이 사건 법률조항이 영창 처분과 그에 대한 소청 절차를 규정하면서 군인사법처럼 영창 처분의 사유를 제한하는 명시적 규정이나 군법무관의 적법성 심사 절차를 두고 있지 않고, 소청 절차에는 집행부정지의 원칙을 명시하고 있으며, 법원에 의하여 영창 처분의 적법성을 심사받을 수 있는 절차에 관한 명문의 규정을 두고 있지 않음은 원고들 주장과 같다.

그러나 전투경찰대법 및 그 시행령은 별지 관계 법령에서 보는 것처럼 영창 처분에 앞서 징계의결 요구, 징계위원회 구성, 처분대상자에 대한 징계위원회 출석 및 진술기회 부여, 징계위원회 의결 및 그에 따른 처분, 처분에 대한 소청의 절차를 보장하고 있다. 또한, 소청에 의하여 영창 처분의 집행이 정지되지 아니하기는 하나 아래 (나)항에서 보는 바와 같이 인신보호법 에 따라 인신구속에 대한 적부의 심사를 법원에 청구할 수 있고, 임시 해제도 신청할 수 있을 뿐만 아니라, 이 사건에서 보는 것처럼 원고들은 해당 영창 처분의 위법사유를 주장하면서 법원에 행정소송법 제23조에 규정된 집행정지를 구할 수도 있다(실제로 이 사건 원고들 역시 집행정지 결정을 받았고, 그에 따라

원고들에 대한 영창 처분이 아직 집행되지 않고 있다).

따라서 군인사법 규정 방식처럼, 해당 법률에 보다 직접적이고 명시적인 절차를 모아 놓지는 않았다고 하더라도, 헌법을 정점으로 하는 각종 관계 법령의 내용을 유기적, 통합적, 체계적으로 고찰하여 보면, 군대와 전투경찰대 사이의 일정한 차이를 굳이 거론하는 단계에까지 나아갈 필요 없이도 군인사법에 규정된 규정 내용과 비교할 때, 영창 처분 대상자의 방어권 기타 사익이 중대하게 제한된다고 보기는 어렵다. 또한, 영창 처분의 사유에 대하여 명시적 제한 규정이 없다 하더라도 아래 (다)항에서 보는 바와 같이 전투경찰대법 및 그 시행령, 관리규칙에 따라 징계권자는 비위행위의 경중에 따라 경고, 기율교육대 입교, 근신, 영창의 징계를 선택할 수 있으므로, 그 때문에 원고들 주장처럼 비위행위 대부분에 대하여 특별한 제한 없이 영창 처분이 남용될 위험성이 있다고 단정하기도 어려워 보인다.

이러한 여러 사정에 전투경찰대법상 영창 제도는 행정상 징계처분의 일종으로서 형사소송절차와 완전히 동일한 절차, 특히 "검사의 신청에 의하여 법관이 발부한 영장"이 그대로 요구된다고 보기는 어려운 점을 보태어 보면, 이 사건 법률조항은 군인사법과 비교할 때 미흡하기는 하나 나름대로의 정당성을 갖추고 있으며, 인신보호법상의 여러 제도, 행정소송법상의 집행정지 제도 등과 함께 헌법에서 요구하는 수준의 절차적 보장 기준을 충족하고 있다고 평가할 수 있어 헌법 제12조 제1항의 적법절차 원칙 또는 과잉금지 원칙, 같은 조 제3항의 영장주의에 위배된 것이라고 할 수 없다(즉 헌법을 정점으로 해서 유기적, 통합적, 체계적으로 구성된 여러 관계 법령의 내용을 거시적으로 보지 아니한 채 특정조항만을 들어 바로 위헌이라고 보기는 어렵다. 다만 원고들이 주장하는 것처럼 국민의 기본권 보장 차원에서 군인사법과 같은 규정 방식이 입법적으로 훨씬 더 비교우위에 있는 것은 분명하므로 그와 같은 내용으로 입법 개선이 이루어질 필요가 있음을 지적해 둔다).

(나) 전투경찰대법 제5조의 헌법 제12조 제6항 위배 여부

전투경찰대법이 영창 처분에 대하여 법원에 그 적부의 심사를 청구할 수 있는 규정을 두고 있지 않음은 원고들 주장과 같다.

헌법 제12조 제6항은 누구든지 "체포 또는 구속을 당한 때에는 적부의 심사를 법원에 청구할 권리를 가진다."라고 규정하고 있는데, 위 규정은 '체포구속을 당한 때'라고 하는 매우 구체적인 상황과 관련하여 헌법적 차원에서 '적부의 심사를 법원에 청구할 권리'라는 구체적인 절차적 권리를 보장하고 있지만, 입법자의 형성적 법률이 존재하지 아니하는 경우 현실적으로 법원에서 당사자의 '체포구속적부심사 청구권'에 대하여 심리할 방법이 없기 때문에, 입법자가 법률로써 구체적인 내용을 형성하여야만 권리주체가 실질적으로 이를 행사할 수 있는 경우에 해당하는 것으로서, 이른바 '헌법의 개별규정에 의한 헌법위임'이 존재하는 경우라고 볼 수 있다.

그런데 2007. 12. 21. 법률 제8724호로 제정되어 현재 시행 중인 인신보호법은 위와 같은 헌법위임에 근거하여 체포·구속적부심사 청구권을 일반적으로 규정하고 있는데, 인신보호법은 위법한 행정처분 또는 사인(私人)에 의한 시설에의 수용으로 인하여 부당하게 인신의 자유를 제한당하고 있는 개인의 구제절차를 마련함으로써 헌법이 보장하고 있는 국민의 기본권을 보호하는 것을 목적으로 하면서, 자유로운 의사에 반하여 국가, 지방자치단체, 공법인 또는 개인, 민간단체 등이 운영하는 의료시설·복지시설·수용시설·보호시설에 수용·보호 또는 감금되어 있는 자 등은 그에 대한 수용이 위법하게 개시된 경우 등에 인신보호법이 정한 절차에 따라 법원에 구제를 청구할 수 있다고 규정하고 있다(제2조, 제3조). 다만 인신보호법은 형사절차에 따라 체포·구속 된 자, 수형자 및 출입국관리법 에 따라 보호된 자는 이 법의 적용에서 제외된다(제2조 단서)고 규정함으로써 일정한 예외를 형성하고 있으나, 헌법상 보장된 기본권 보호차원 뿐만 아니라, 법령해석의 기본원칙인 문언 해석의 원칙에 비추어 보더라도, 위 예외의 범위는 엄격하게 해석하여야 할 것이다.

살피건대 이 사건 원고들이 위 , 법의 적용 제외자에 해당하지 않음은 명백할 뿐만 아니라, 다른 법률에 따른 구제절차도 없으므로(영창 처분의 취소를 구하는 행정소송이나 그를 전제로 하는 집행정지는 결과적으로 수용에 대한 구제책으로 활용될 수 있기는 하지만, 수용 자체에 대한 구제절차가 아니라 수용의 원인관계에 대한 소송으로서 인신보호법상의 구제절차에 대응하지 않을 뿐만 아니라 신속한 구제절차로 보기 어려우므로 인신보호법 제3조 단서에 규정된 요건에 저촉된다고 볼 수 없으며, 이렇게 새기는 것이 헌법상 보장된 기본권 보호 차원에서도 마땅하다), 인신보호법에 따라 법원에 구제를 청구할 수 있다.

따라서 전경에 대한 영창 제도에 있어서 구속적부심사제도의 부존재로 인한 헌법위반이 있다고 보기도 어렵다.

(다) 전투경찰대법 제5조의 비례원칙 위배 여부

전경에 대하여 유효한 징계의 종류가 사실상 근신, 영창으로 제한되어 있고, 군인사법처럼 외박제한 등의 선택이 불가능하다 하더라도, 전경에 대하여도 '근신'의 처분과 함께 일정 기간 영외활동을 정지하는 것과 같은 복무 규율상의 공적 제재를 부과함으로써 동일한 효과를 볼 수 있다(원고들 스스로 이 사건에서 영창 처분 대신 위와 같은 제재를 가하여 줄 것을 구하고 있다). 또한, 전투경찰대법 및 그 시행령의 위임에 따라 제정된 관리규칙 제84조, 별표 12 등은 복무규율 위반을 경중에 따라 주요 복무규율 위반, 일반 복무규율 위반, 기타 복무규율 위반으로 세분하고, 복무규율을 위반한 전경이라도 곧바로 징계하지 않고 복무규율 위반 정도에 따라 경고나 훈계, 기율교육대 입교 등의 조치를 취할 수 있도록 규정하고 있다. 이러한 사정에 관리규칙 제98조가 전경의 징계에 관하여 경찰공무원 징계령 을, 징계양정기준에 관하여 경찰공무원징계양정 등에 관한 규칙 을 각 준용하도록 하고 있는 점 등을 보태어 보면, 전투경찰대법 제5조가 징계 종류를 다양화하지 아니하고 영창 처분의 제한사유를 직접 규정하지 아니하였다는 사유만으로 징계권자의 징계 재량을 과도히 제한한다거나 비례원칙에 어긋난다고 보기도 어렵다(다만 앞서 본 바와 같이, 군인사법과 같은 규정 방식이 이 부분에 있어서도 입법적으로 더 비교우위에 있는 것은 분명하므로 그와 같은 내용으로 입법 개선이 이루어질 필요가 있음을 아울러 지적해 둔다).

(2) 이 사건 처분의 재량 일탈·남용 여부

피징계자에게 징계사유가 있어서 징계처분을 하는 경우 어떠한 처분을 할 것인가는 징계권자의 재량에 맡겨진 것이고, 다만 징계권자가 재량권의 행사로서 한 징계처분이 사회 통념상 현저하게 타당성을 잃어 징계권자에게 맡겨진 재량권을 남용한 것이라고 인정되는 경우에 한하여 그 처분을 위법하다고 할 수 있다. 그리고 징계처분이 사회 통념상 현저하게 타당성을 잃었다고 하려면 구체적인 사례에 따라 징계의 원인이 된 비위사실의 내용과 성질, 징계에 의하여 달성하려고 하는 행정목적, 징계 양정의 기준 등 여러 요소를 종합하여 판단할 때에 그 징계 내용이 객관적으로 명백히 부당하다고 인정할 수 있는 경우라야 한다(대법원 1999. 11. 26. 선고 98두6951 판결, 대법원 2012. 10. 11. 선고 2012두13245 판결 등 참조).

이러한 법리에 터 잡아 이 사건을 보건대, 앞서 인정한 사실들을 통하여 알 수 있는 다음과 같은 여러 사정, 즉 원고들이 수차례 중대장으로부터 휴대전화 사용에 관한 교육을 받고 자진반납을 지시받았으나 이에 따르지 아니하였고, 관물함을 점검한 후 전 대원이 강당에 집합하여 기동버스를 수색하는 동안에도 끝까지 자진반납 지시에 응하지 않았던 점, 원고들 주장대로 휴대전화 사용 관련 복무규율 위반이 1회에 그친다 하더라도 그러나 실제로 (적발된 것이 1회일 뿐 복무규율 위반은 2012년 7~8월경부터 적발된 때까지 계속된 것이다) 이처럼 수차례 계속된 지휘관의 지시에 따르지 아니한 명령 불복종은 그 정도가 가볍다고 할 수 없는 점을 비롯하여 지휘관이 위와 같은 명령을 내리게 된 목적, 경위 및 과정, 이 사건 징계에 의하여 달성하려고 하는 행정목적, 징계 양정의 기준, 다른 피징계자와의 형평 등 여러 요소를 종합하면, 원고들이 주장한 여러 가지 유리한 정상을 충분히 참작하더라도, 이 사건 처분이 객관적으로 명백히 부당하고 사회 통념상 현저하게 타당성을 잃어 재량권의 범위를 일탈하거나 재량권을 남용하여 위법하다고까지 보기는 어렵다.

소 장

원고   김 길 동(주민등록번호)
         서울시 은평구 ○○동 ○번지
피고   서울특별시지방경찰청장

정직처분취소

청구취지

1. 피고가 2008. 4. 28. 원고에 대하여 한 정직 3월의 처분을 취소한다.
2. 소송비용은 피고의 부담으로 한다.

라는 판결을 구합니다.

청구원인

1. 처분의 경위

(1) 가. 원고는 19○○. ○. ○. 순경으로 임용된 이후 19○○. ○. ○. 경위로 승진하여 20○○. ○. ○.부터 서울○○경찰서 수사과에서 근무해 왔습니다.

(2) 피고는 서울특별시지방경찰청 경찰공무원 보통징계위원회의 의결을 거쳐 2008. 4. 28. 원고에 대하여 아래와 같은 징계사유로 국가공무원법 제56조, 제78조 제1항 각 호를 적용하여 파면에 처하였습니다.

> 징계사유
> 경찰공무원으로 제반 법령을 준수하여 성실하게 근무해야 할 직무상 의무가 있음에도 불구하고 2008. 2. 28. 12:50경 총선에 서울 ○○구 선거구 ○○○당 후보로 출마한 ○○○으로부터 본인의 범죄경력자료 조회를 의뢰받고 공직선거법상 범죄경력에 해당하는 사기, 뇌물공여 등 금고 이상의 형 4건을 발견하고도 범죄경력조회 회부시에는 '해당사실 없음'으로 허위기재하여 전과기록을 누락하고, 팀장(과장)의 사전 결재도 득하지 않고 회보서를 발급하는 등 직무를 태만히 하였다.

(3) 원고는 이에 불복하여 행정안전부 소청심사위원회에 소청심사를 청구하였고, 위 소청심사위원회는 2008. 7. 11. 전항의 징계사유를 인정하면서 징계양정이 과중하다는 이유로 정직 3월로 변경 ·

결정하였습니다(이하 이와 같이 감경된 정직 3월의 처분을 '이 사건 처분'이라 한다).

2. 처분의 위법성

원고가 이 사건 범죄경력조회서의 내용을 허위로 발급한 것은 ○○○에게 일반 범죄 경력·수사경력조회 회보서도 함께 발급하는 과정에서 업무착오에 따른 단순 과실에 기한 것임에도 고의에 기한 것으로 잘못 판단하여 이 사건 처분에 이르게 된 점, 이 사건 처분은 공직선거 범죄경력조회 회보서 관련하여 이루어진 다른 징계와 비교하여 볼 때 형평에 어긋나는 점, 원고는 28년간 청렴하게 경찰 생활을 하여 온 점 등을 고려할 때, 이 사건 처분은 지나치게 가혹하여 재량권을 남용하거나 그 한계를 일탈한 위법한 처분이므로 취소되어야 합니다.

3. 결론

이상과 같이 이 사건 처분은 위법하므로 이의 취소를 구하는 본 건 소송에 이르게 되었습니다.

입증방법

　1. 갑 제1호증
　2. 갑 제2호증

첨부서류

　1. 위 각 입증방법　　　　　　　　　　각 1부
　2. 송달료 납부서
　3. 소장부본

20 ．　　．　　．

위 원고　　　　(날인 또는 서명)

서울행정법원　　귀중

당해판례

2008구합 41014

1. 공직선거법 제49조 제4항 제5호에 의하면, 공직선거에 후보자 등록을 신청하는 자는 금고 이상의 형(실효된 형을 포함)의 범죄경력에 관한 증명서류를 제출할 것을 규정하고 있고, 같은 법 제10항은 후보자가 되고자 하는 자의 신청이 있는 경우 관할 경찰관서의 장은 지체없이 실효된 형을 포함한 금고 이상의 형의 범죄경력을 회보하도록 규정하고 있다.

앞서 본 사실관계에 의하면, 원고는 공직선거법 제49조 제10항의 규정에 따라 실효된 형을 포함한 금고 이상의 형의 범죄경력조회 신청에 대하여, 전산조회결과 금고 이상의 형이 있음을 확인하고도 해당사실이 없다는 내용의 이 사건 회보서를 발급하였고, 그 발급과정에 있어서도 서울○○경찰서 내부규정에 따른 결재를 받지 않고 임의로 상급자의 도장을 날인하여 처리하였다는 것이므로, 이는 공무원이 그 직무를 수행함에 있어 지켜야 될 법령 준수의무 및 성실의무를 위반한 것으로서 징계사유가 된다고 할 것이다.

2. 공무원인 피징계자에게 징계사유가 있어서 징계처분을 하는 경우 어떠한 처분을 할 것인가는 징계권자의 재량에 맡겨져 있으므로 징계권자가 재량권의 행사로서 한 징계처분이 사회통념상 현저하게 타당성을 잃어 징계권자에게 맡겨진 재량권을 남용하였다고 인정되는 경우에 한하여 그 처분을 위법하다고 할 수 있고, 공무원에 대한 징계처분이 사회통념상 현저하게 타당성을 잃었는지 여부는 구체적인 사례에 따라 직무의 특성, 징계의 원인이 된 비위사실의 내용과 성질, 징계에 의하여 달성하려고 하는 행정목적, 징계 양정의 기준 등 여러 요소를 종합하여 판단할 때 그 징계내용이 객관적으로 명백히 부당하다고 인정할 수 있는 경우라야 한다(대법원 2008. 6. 26. 선고 2008두6387 판결 등 참조).

[서식] 정직처분취소 청구의 소

소 장

원고　　　김 길 동(주민등록번호)
　　　　　서울시 강남구 역삼동 ○번지
피고　　　교원소청심사위원회
정직처분취소

청구취지

1. 피고가 2009. 1. 19. 원고에 대하여 한 1월의 정직처분결정을 취소한다.

2. 소송비용은 피고가 부담한다.

라는 판결을 구합니다.

청구원인

1. 처분의 경위

(1) 원고는 19○○. 3. 1. ○○○대학교 조교수로 신규 임용되어 20○○. 4. 1. 교수로 승진하여 근무하던 중, 2008학년도 1학기 교양과목인 '○○○'를 강의하면서 위 강의를 듣는 피해 여학생에게 지극히 사적인 느낌을 불러일으키는 문자메세지를 보내어 심리적 부담감과 불쾌감을 주었다는 등의 사유로 2008. 9. 1. ○○○대학교 총장으로부터 정직 3월의 처분을 받았습니다.

(2) 이에 원고가 2008. 9. 29. 교원지위향상을 위한 특별법 제9조 제1항에 의하여 피고에게 위 정직 3월 처분의 취소를 구하는 소청심사를 청구하자, 피고는 2009. 1. 19. 징계사유 중 일부가 인정되지 않을 뿐만 아니라 정상에 참작할 점이 있다는 이유로 위 정직 3월의 처분을 정직 1월로 변경하는 내용의 소청심사결정(이하 '이 사건 결정'이라 한다)을 하였습니다.

2. 처분의 위법성

원고는 교육적 이유와 목적에 따라 학생들에게 수업참여를 독려하였을 뿐, 학생들에게 성희롱을 하거나 사적인 감정을 가지고 부적절한 언행을 한 바가 전혀 없으므로, 이와 달리 징계처분의 사유가 존재함을 전제로 한 피고의 이 사건 결정은 위법합니다. 가사 피고의 사실인정 및 징계처분사유에 대한 판단이 옳다 하더라도 피고가 원고에 대하여 정직 1월의 처분결정을 한 것은 지나치게 무거워

재량권을 일탈, 남용하였다 할 것이므로, 이 사건 결정은 취소되어야 합니다.

3. 결론

위와 같이 피고의 처분은 위법하므로 이의 취소를 구하는 본 건 행정소송에 이르게 되었습니다.

입증방법

1. 갑 제1호증
2. 갑 제2호증

첨부서류

1. 위 각 입증방법   각 1부
2. 송달료 납부서
3. 소장부본

20   .   .   .

위 원고   (날인 또는 서명)

서울행정법원   귀중

당해판례

2009구합 7424

1. 행정소송법 제19조는 "취소소송은 처분 등을 대상으로 한다. 다만, 재결취소소송의 경우에는 재결 자체에 고유한 위법이 있음을 이유로 하는 경우에 한한다"고 규정하고 있고, 교원지위향상을 위한 특별법은 각급학교 교원의 징계처분 기타 그 의사에 반하는 불리한 처분에 대한 재심을 하게 하기 위하여 교육과학기술부에 교원소청심사위원회를 두고(제7조 제1항), 교원이 징계처분과 그 밖에 그 의사에 반하는 불리한 처분에 대하여 불복이 있을 때에는 그 처분이 있은 것을 안 날부터 30일 이내에 교원소청심사 위원회에 소청심사를 청구할 수 있으며(제9조 제1항), 교원은 교원소청심사위원회의 소청심사 결정에 대하여 그 결정서의 송달을 받은 날부터 90일 이내에 행정소송법이 정하는 바에 따라 소송을 제기할 수 있다(제10조 제3항)고 규정하고 있다.

2. 위 각 규정에 의하면 항고소송은 원칙적으로 당해 처분을 대상으로 하며, 행정처분이 정당한 것으로 인정되어 행정심판청구를 기각한 재결에 대한 항고소송은 원처분의 하자를 이유로 주장할 수 없고, 그 재결 자체에 고유한 주체, 절차, 형식 또는 내용상의 위법이 있는 경우, 즉 원처분에는 없고 재결에만 있는 재결청의 권한 또는 구성의 위법, 재결의 절차나 형식의 위법, 내용의 위법 등이 존재하는 때에 한하며, 행정심판청구를 일부 인용하거나 수정한 경우에도 이와 마찬가지로 재결 자체에 고유한 하자가 있지 아니하는 이상 재결은 소송의 대상이 되지 못하고, 재결에 의하여 일부 취소되고 남은 원처분이나 수정된 원처분이 원칙적으로 소송의 대상이 된다고 해석된다(대법원 1994. 2. 8. 선고 93누17874 판결, 1993. 8. 24. 선고 93누5673 판결 등 참조).

3. 국공립학교 교원에 대한 징계 등 불리한 처분은 행정처분이므로 국공립학교 교원이 징계 등 불리한 처분에 대하여 불복이 있으면 교원소청심사위원회에 소청심사를 청구하고 위 심사위원회의 소청심사 결정에 불복이 있으면 항고소송으로 이를 다퉈야 할 것인데, 이 경우 그 소송의 대상이 되는 처분은 원칙적으로 원처분의 처분이고, 소청심사결과 원처분을 일부 감경하는 내용으로 변경한 재결에 대한 항고소송 역시 원처분의 하자를 이유로 주장할 수는 없으며, 그 재결 자체에 고유한 주체 · 절차 · 형식 또는 내용상의 위법이 있는 경우에 한한다고 할 것인데, ○○○ 대학교 총장의 원고에 대한 정직 3월의 징계처분을 정직 1월로 변경한 피고의 이 사건 결정에 사실오인의 위법이 있다거나 재량권의 남용 또는 그 범위를 일탈한 것으로서 위법하다는 사유는 그 자체로 이 사건 결정 자체에 고유한 위법을 주장하는 것으로 볼 수 없어 이는 이 사건 결정의 취소사유가 될 수 없다.

[서식] 직권면직처분무효 확인의 소

소　장

원고　　　　김 길 동(주민등록번호)
　　　　　　서울시 강남구 ○○동 ○○번지
　　　　　　(전화 000-000, 팩스 000-000)
피고　　　　서울 북부지법원장
직권면직처분무효

청구취지

1. 피고가 2009. 7. 17. 원고에 대하여 한 직권면직처분은 무효임을 확인한다.

2. 소송비용은 피고가 부담한다.

라는 판결을 구합니다.

청구원인

1. 처분의 경위

(1) 원고는 2003. 3. 16. 실시된 법원서기보 공개경쟁채용시험에서 합격하여 2004. 2. 18. ○○지방법원 법원서기보로 임용된 후, 2004. 10. 1. ~ 2006. 9. 10. 학업을 위한 연수휴직, 2007. 3. 1. ~ 2009. 2. 28. 사법연수원 수료를 위한 연수휴직, 2009. 3. 1.부터 1년간 대학학업을 위한 연수휴직을 신청하여 연수휴직 중이던 2009. 4. 1. 육군법무관으로 임용되었습니다.

(2) 피고는 2009. 7. 17. 원고에 대하여 국가공무원법 제70조 제1항 제4호의 규정에 의하여 휴직사유가 2009. 4. 1. 소멸하고, 휴직사유가 소멸한 후 30일 이내에 직무에 복귀하지 아니하였다는 이유로 직권면직 처분을 하였습니다(이하, 이 사건 처분이라 한다).

(3) 한편, 원고는 육군법무관으로 임용되기 이전에 현역병으로 입대하여 만기제대한 사실이 있습니다.

2. 처분의 위법성

이 사건 처분은 다음과 같은 사유로 위법하고, 그 하자가 중대·명백하므로 무효입니다.

(1) 원고는 2009. 4. 1. 육군법무관으로 임용되었으므로, 국가공무원법 제71조 제2항 제3호의 '병역법에 따른 병역복무를 마치기 위하여 징집 또는 소집된 때'에 해당하거나 같은 항 제5호의 '그 밖에 법률의 규정에 따른 의무를 수행하기 위하여 직무를 이탈하게 된 때'에 해당하게 되어 필요적 휴직사유가 발생한 것입니다. 따라서 휴직사유가 소멸되어 복귀하지 않았음을 전제로 하는 이 사건 처분은 위법합니다.

(2) 원고의 군법무관 복무는 병역의무 이행에 해당하므로, 이를 이유로 한 면직처분은 헌법 제39조에 반하여 위법합니다.

(3) 원고는 2009. 5. 6. 피고에게 고충심사를 청구하였음에도 이에 대한 판단을 하지 않은 채 이 사건 처분을 한 것은 재량권을 일탈·남용하여 위법합니다.

3. 결론
상기와 같이 피고의 처분은 위법하며 그 하자가 중대하고 명백함에 따라 무효임을 확인하고자 합니다.

입증방법

  1. 갑 제1호증
  2. 갑 제2호증
  3. 갑 제3호증
  4. 갑 제4호증

첨부서류

  1. 위 각 입증방법   각 1부
  2. 송달료 납부서
  3. 소장부본

20 . . .

위 원고   (날인 또는 서명)

서울행정법원   **귀중**

당해판례

2009구합 42816

(1) 새로운 휴직사유 발생 주장에 관하여

위 인정사실에 의하면, 원고가 그 연수휴직사유 소멸 후 법원서기보의 직무에 복귀하지 않은 것은 국가공무원법 제70조 제1항 제4호의 직권면직사유에 해당함이 명백하다.

국가공무원법 제71조 제2항 제3호는 '병역법에 따른 병역복무를 마치기 위하여 징집 또는 소집된 때' 또는 같은 항 제5호는 '그 밖에 법률의 규정에 따른 의무를 수행하기 위하여 직무를 이탈하게 된 때'를 필요적 휴직사유로 규정하고 있으나, 위 사유는 공무원 복무의무과 양립할 수 없는 병역법 등 법령상의 의무가 발생한 경우에 한하는 것으로서 이 경우 '병역법에 따른 병역복무'란 병역법 제13조에 따른 병역의무의 이행으로 병역법에 따라 징집 또는 소집되어 복무의무를 이행하는 경우를 의미하는 것이다. 따라서 이미 현역병으로 입대하여 병역의무를 이행한 원고가 지원에 의하여 육군법무관으로 임관하여 복무를 하는 것은 '병역법에 따른 병역복무를 마치기 위하여 징집 또는 소집된 경우'라거나 '법률의 규정에 따른 의무를 수행'하는 경우에 해당한다고 할 수 없을 것이므로, 이는 필요적 휴직사유가 발생한 것이라고 할 수 없다.

(2) 헌법위반 주장에 관하여

헌법 제39조 제2항의 '불이익한 처우 금지' 대상으로서 병역의무는 법률이 정하는 바에 따른 국방의무 이행으로서의 병역의무를 의미하는 것이므로, 병역법 제3조에 의한 의무복무가 아닌 본인의 지원에 의하여 군법무관으로 근무하는 원고에 대하여 국가공무원법 규정에 따라 한 직권면직이 위 헌법규정에 위반된다고 볼 수도 없다.

(3) 재량권의 일탈·남용 주장에 관하여

위 인정사실에 비추어 보면, 원고가 이 사건 처분 이전에 피고에게 고충심사를 청구하였고 피고가 이에 대한 판단을 하지 않고 이 사건 처분을 내렸다는 사정만으로 이 사건 처분이 재량권을 일탈하거나 남용하였다고 볼 수 없을 뿐만 아니라, 그러한 사정으로 이 사건 처분에 중대하고 명백한 하자가 있다고 볼 수도 없다.

(4) 결론

따라서 원고의 주장은 이유 없다.

소　장

　　원고　　　김 길 동(주민등록번호)
　　　　　　　서울시 강동구 ○○동 ○번지
　　피고　　　○○○부장관
　　면직처분무효확인

청구취지

1. 주위적으로, 피고가 2008. 11. 25. 원고에 대하여 한 면직처분은 무효임을 확인한다.

2. 예비적으로, 피고가 2008. 11. 25. 원고에 대하여 한 면직처분을 취소한다.

3. 소송비용은 피고의 부담으로 한다.

라는 판결을 구합니다.

청구원인

1. 처분의 경위

(1) 원고는 언론직에 종사하다가 200○. ○.경 구 국정홍보처 별정직공무원(○급 상당)으로 임용된 후 승진하여 국정홍보처 소속 ○○팀장(4급 상당)으로 근무해왔는데, 정부조직 개편으로 2008. 3. 6. 국정홍보처가 폐지되고 그 소관업무가 문화체육관광부 홍보지원국으로 이관됨에 따라 같은 달 12. 문화체육관광부 소속 ○○과장으로 발령받아 근무해왔습니다.

(2) 종래 ○○과장은 문화체육관광부와 그 소속기관 직제 시행규칙에 따라 부이사관 · 서기관 · 4급상당 별정직공무원 또는 행정사무관으로 보하였는데, 동 규칙이 2008. 11. 25. 문화체육관광부령 제20호로 개정되면서 부이사관 · 서기관 또는 행정사무관 등 일반직 공무원으로만 보하도록 변경되었고(제14조 제2항), 이에 따라 피고는 2008. 11. 25. 원고를 직권으로 면직하였습니다(이하 '이 사건 면직처분'이라 한다).

2. 처분의 위법성

원고는 구 국정홍보처 시절 ○○팀장으로 근무하다가 조직개편 이후에는 문화체육관광부 ○○과장으로 근무해왔는데, ○○○과는 기존 구 국정홍보처 ○○팀과 ○○팀의 업무가 이관된 부서로써 직접 대국민 정책홍보를 수행하고 있는 곳이므로 행정관리능력보다는 광고기획과 같은 전문성이 요구되고, 그러한 필요성 때문에 구 국정홍보처 시절부터 ○○팀장을 별정직 공무원으로 보하여 왔음에도 불구하고, 피고는 오로지 새정부의 공무원 정원 10% 감축 지시에 따르기 위하여 기존에 별정직 공무원으로 보하여 오던 ○○과장을 일반직 공무원에 한하여 보하도록 직제 시행규칙을 개정하여 객관적, 합리적 근거없이 별정직 공무원인 원고를 직권면직 하였던 바, 이 사건 면직처분은 재량권을 일탈 또는 남용한 것으로서 위법한 처분입니다.

3. 결론

이상과 같은 이유로 피고의 위 처분은 위법하므로 이의 무효를 구하는 본 건 행정소송에 이르게 되었습니다.

입증방법

1. 갑 제1호증
2. 갑 제2호증

첨부서류

1. 위 각 입증방법   각 1부
2. 송달료 납부서
3. 소장부본

20 .   .   .

위 원고   (날인 또는 서명)

서울행정법원   귀중

당해판례

대판 2007.8.24., 2005두16598
임용권자가 별정직 공무원을 직권면직함에 있어서도 자의는 허용되지 않고 객관적이고도 합리적인 근거를 갖추어야 할 것이지만(대법원 2002. 5. 17. 선고 2001두8902 판결 등 참조), 별정직 공무원은 특정한 업무를 담당하기 위하여 경력직 공무원과는 별도의 자격 기준에 의하여 임용되는 공무원으로 지방공무원법 제7장의 '신분보장', 제8장의 '권익의 보장'의 규정이 적용되지 아니한 점에 비추

어 보면, 별정직 공무원을 직권 면직함에 있어 객관적이고도 합리적인 근거를 갖추었는지의 여부는 당해 직무를 별정직 공무원에게 담당하게 한 제도의 취지, 직무의 내용과 성격, 당해 별정직 공무원을 임용하게 된 임용조건과 임용과정, 직권면직에 이르게 된 사정 등을 종합적으로 고려해서 판단하여야 할 것이다.

[서식] 명예퇴직수당지급제외처분취소 청구의 소

소 장

원고   박 길 자(주민등록번호)
              서울시 강북구 ○○동 ○번지
피고   서울특별시장
명예퇴직수당지급제외처분취소

청구취지

1. 피고가 2008. 8. 26. 망 ○○○에 대하여 한 명예퇴직수당지급제외처분을 취소한다.
2. 소송비용은 피고의 부담으로 한다.

라는 판결을 구합니다.

청구원인

1. 처분의 경위

(1) 원고의 남편인 망 ○○○은 1981. 10. 6. 서울특별시 공무원으로 임용된 후 2007. 4. 24.경부터 서울특별시 ○○○부에서 근무하던 중 2008. 2. 21. 간암 판정을 받았고, 2008. 5. 16. 중국으로 출국하여 치료를 받기 위하여 당시 치료를 받던 병원에서 퇴원하면서, 같은 부에서 근무하던 ○○○ 등에게 냉예퇴직원과 명예퇴직수당지급 신청서 등 명예퇴직수당의 지급신청에 필요한 서류(이하 "명예퇴직 등 신청서"라고 한다)를 작성, 교부함과 아울러, 중국에서의 치료 경과에 따라 명예퇴직을 원할 경우 명예퇴직 등 신청서를 ○○○부에 대신 제출하여 달라고 부탁한 다음, 2008. 5. 19. 중국으로 출국하였습니다.

(2) 원고는 2008. 5. 25. 09:34경 ○○○부에 근무하던 ○○○에게 전화로 명예퇴직을 신청하고자 하는 ○○○의 의사를 전달한 다음, 같은 날 15:00경 아들인 ○○○를 통하여 ○○○에게 명예퇴직 등 신청서를 제출하여 달라고 요청하였고, 그에 따라 2008. 5. 26. 15:43경 명예퇴직예정일을 2008. 6. 30.로 한 ○○○의 명예퇴직 등 신청서가 제출되었습니다.

(3) ○○○은 2008. 5. 26. 18:00경 사망하였고, 피고는 2008. 8. 26. ○○○에 대한 명예퇴직수당 지급제외처분(이하 "이 사건 처분"이라 한다)을 하였습니다.

2. 처분의 위법성

○○○이 사망사실을 예견하여서가 아니라 스스로의 의사에 따라 명예퇴직 등 신청을 하였고, 한편 ○○○의 사망을 이유로 한 이 사건 처분은 명예퇴직수당 지급신청자가 사망한 경우 명예퇴직수당 수령권을 유족이 승계하도록 규정한 서울특별시 지방공무원 명예퇴직수당 등 지급에 관한 규칙의 취지에 부합하지 않으므로, 이 사건 처분은 위법합니다.

3. 결론

이상과 같이 피고의 이 사건 처분은 위법하므로 이의 취소를 제기하는 본 건 소송에 이르게 되었습니다.

입증방법

1. 갑 제1호증
2. 갑 제2호증

첨부서류

1. 위 각 입증방법   각 1부
2. 송달료 납부서
3. 소장부본

20 .   .   .

위 원고   (날인 또는 서명)

서울행정법원   귀중

당해판례

2008구합 42185

(1) 명예퇴직 등 의사표시의 존부

앞서 든 증거에 의하여 인정할 수 있는 바와 같이, ○○○이 치료 목적으로 중국으로 출국하기 전에 이미 ○○○ 등에게 명예퇴직 등 신청서를 직접 작성, 교부하면서 치료 경과에 따른 조건부의 제출 위임을 하였고, 공무원으로서의 신분관계를 종료시키기 위한 명예퇴직신청이 수리되면 임의로 철회하기 어려움에도, 원고가 병실에서 ○○○을 병간호하면서 ○○○의 휴대폰으로 당초 위임한 바 있는 ○○○은 물론 ○○○부까지 전화하여 ○○○에게 명예퇴직신청의 의사를 통지하였던 점 등에 비추어 보면, 원고가 ○○○ 등에게 전달한 ○○○의 명예퇴직신청의 의사는 원고가 자의적으로 한 것이 아니라 ○○○ 본인의 진의에 의한 진정한 것이라고 봄이 상당하다.

(2) 명예퇴직제도의 취지에의 부합 여부

공무원 수의 감축에 의한 인사적체를 해소한다는 등의 차원에서 정년이 보장됨에도 공무원 신분을 종료하는 자에 대하여 엄격한 요건 하에 공무원의 특별한 책임과 의무를 성실히 수행한 데 대하여 생활보장의 일환으로 명예퇴직수당을 지급하고 미리 퇴직하도록 유도하는 것이 명예퇴직제도의 취지인바(대법원 2007. 9. 6. 선고 2005다 39167 판결 등 참조), 명예퇴직수당의 지급대상에 관하여 지방공무원법 제66조의2 제1항은 공무원으로 20년 이상 근속한 사람이 정년 전에 스스로 퇴직하는 경우로, 지방공무원 명예퇴직수당 등 지급규정 제3조 제1항은 공무원으로 20년 이상 근속한 자로서 정년퇴직일 전 1년 이상의 기간 중 자진하여 퇴직하는 경력직공무원으로만 각 규정하고 있을 뿐이고 법이나 지급규정 어디에서도 퇴직하는 이유나 동기 등을 제한하고 있지 아니하다. 그리고 서울특별시 지방공무원 명예퇴직수당 등 지급에 관한 규칙 제6조 제2항에 따르면 명예퇴직 수당지급신청자가 명예퇴직수당지급결정 전에 사망할 경우에도 명예퇴직수당의 지급 여부에 관한 심사대상에 포함하되, 근속기간, 정년잔여기간 등의 계산은 사망익일을 기준으로 한다고 규정하고 있는바, 명예퇴직수당지급신청자가 명예퇴직예정일 후에 사망하더라도 관계 법령상 위 각 기간 등의 계산은 명예퇴직예정일을 기준으로 하여야 하지 이미 명예퇴직예정일을 경과하여 퇴직된 후의 날짜인 사망익일을 기준으로 할 수는 없는 노릇이고 보면, 위 규정은 결국 명예퇴직수당지급신 청자가 명예퇴직예정일 이전에 사망한 경우에도 심사대상에 포함됨을 전제로 그 경우 위 각 기간 등의 계산 기준일에 관하여 정한 것으로 보아야 한다.

이러한 명예퇴직 제도의 취지와 관계 법령의 규정이나 그 취지 등을 종합하여 보면, ○○○이 어떠한 이유나 동기로든 스스로 또는 자진하여 명예퇴직을 신청한 이상, 그가 명예퇴직예정일 이전에 사망과 같이 책임 없는 사유로 퇴직하였다고 하더라도, 피고로서는 명예퇴직수당을 지급하여야 한다고 봄이 옳다.

(3) 소결론

따라서 이 사건 처분은 위법하다.

소 장

원고   1. 지 ○ ○
              2. 박 ○ ○
              3. 한 ○ ○
              4. 신 ○ ○
              5. 이 ○ ○
              6. 신 - -
피고   1. 육군참모총장
              2. 국방부장관
              3. 국방시설본부장

파면처분등취소

청구취지

1. 원고 지○○에 대하여, 피고 육군참모총장이 2009. 3. 18. 한 파면처분 및 피고 국방부장관이 2009. 3. 20. 한 제적처분을 각 취소한다.

2. 원고 지○○에 대하여, 피고 국방부장관이 2009. 3. 20. 한 보충역편입 명령과 피고 육군참모총장이 2009. 3. 20. 한 교육기간 변경 및 원복 명령, 2009. 3. 24. 한 제적 및 보충역편입 명령을 각 취소한다.

3. 피고 육군참모총장이 2009. 3. 18. 원고 박○○에 대하여 한 파면, 원고 한○○에 대하여 한 감봉 1월, 원고 이○○에 대하여 한 근신 5일, 원고 신- - 에 대하여 한 견책의 징계유예의 각 처분 및 피고 국방시설본부장이 2009. 3. 19. 원고 신○○에 대하여 한 근신 5일의 처분을 모두 취소한다.

4. 소송비용은 피고가 부담한다.

라는 판결을 구합니다.

청구원인

1. 처분의 경위

(1) 피고 국방부장관(이하 '피고 장관'이라고만 한다)은 2008. 7. 22. '북한의 우리식 문화' 등 23종의 도서를 장병들의 정신전력에 부정적인 영향을 줄 수 있다는 이유로 '불온서적'으로 지정하고, 위

도서의 부대 내 반입을 금지하도록 하는 「군내 불온서적 차단대책 강구지시」(이하 '이 사건 지시'라 한다)를 각급 부대에 하달하였습니다.

(2) 이 사건 지시가 내려질 당시 원고 지○○은 소령으로 육군본부 법무실, 원고 박00은 대위로 육군본부 군사법원, 원고 신00은 대위로 국방시설본부, 원고 신△△은 소령 진급예정자로 육군종합행정학교, 원고 한○○은 대위로 육군 교육사령부, 원고 이00은 중위로 육군 특수전사령부에서 각 군법무관으로 근무하고 있었는데, 원고들은 2008. 10. 22. "이 사건 지시와 그 근거법령인 군인사법(2008. 12. 31. 법률 제9293호로 개정 되기 전의 것, 이하 같다) 제47조의2, 군인복무규율(2009. 9. 29. 대통령령 21750호로 개정되기 전의 것, 이하 같다) 제16조의2가 원고들의 기본권을 침해하여 위헌이다"라는 이유로, 원고들을 공동청구인으로 하여 헌법소원을 제기하였습니다(이하 '이 사건 헌법 소원'이라 한다).

(3) 피고 육군참모총장(이하 '피고 총장'이라고만 한다)은 2009. 3. 18. 원고 지○○에 대하여 아래 징계혐의사실 ① 내지 ④를, 원고 박○○에 대하여 아래 징계혐의사실 ① 내지 ⑤를 각 징계사유로 하여 군인사법 제56조 제1, 2, 3호, 제57조 제1항, 제58조 제 3항에 따라 피고 장관의 승인을 얻어 각 파면처분을, 같은 날 원고 한○○, 이○○, 신－－에 대하여 각 아래 징계혐의사실 ①, ②를 징계사유로 하여 군인사법 제56조 제3호, 제57조 제1항에 의하여 원고 한00에게 감봉 1월, 원고 이00에게 근신 5일, 원고 신－－에게 견책의 징계유예 처분을 하였고, 피고 국방시설본부장은 2009. 3. 19. 원고 신 00에 대하여 아래 징계혐의사실 ①, ②를 징계사유로 하여 군인사법 제56조 제3호, 제57조 제1항에 의하여 근신 5일의 처분을 하였습니다(이하 원고들에 대한 각 징계처분을 '이 사건 각 징계처분'이라 한다).

[징계혐의사실]
① 원고들은 피고 장관의 이 사건 지시를 따르지 않을 의사로 지휘계통을 통한 건의절차를 경유하지 않고 곧바로 헌법소원을 제기하였다.
② 원고들은 이 사건 지시에 불복종할 목적으로 전화, 인터넷, 이메일 및 직접 접촉을 통하여 동참자를 모아 집단으로 헌법소원을 청구하였다.
③ 원고 지○○, 빅○○은 피고 장관의 허가를 받지 아니하고 직접 또는 대리인을 통하여 언론매체에 이 사건 지시를 폄하하는 의견을 발표하였고, 군 수뇌부를 비방·모욕하거나 자신의 의견·주장을 군 외부에 공표하였다.
④ 원고 박○○은 국선변호자료수집 명목의 허위 출장을 신청하여 헌법소원심판청구를 대리 할 변호사를 만나고 인사소청서를 접수하는 등 사적인 용무를 수행하였고, 원고 지○○은 원고 박○○에게 이를 지시하였다.

⑤ 원고 박○○은 신문기자를 직접 접촉하거나 법무병과 홈페이지에 글을 올려 이 사건 지시를 비방하는 등 피고 장관의 명예를 훼손하고 특정 정당 소속 국회의원의 발언을 비난하는 글을 게재하였다.

(4) 피고 장관은 2009. 3. 20. 피고 총장의 파면처분에 따라 원고 지○○에 대하여 2009. 3. 18.자로 제적 및 보충역편입을 명하였고, 피고 총장은 같은 날 위 원고에 대하여 육군정보학교에서의 교육기간을 '2008. 10. 2.부터 2009. 5. 31.까지'에서 '2008. 10. 2.부터 2009. 3. 16.까지'로 변경함과 동시에 2009. 3. 17.자로 원복을 명하는 한편, 같은 달 24. 피고 장관의 위 원고에 대한 제적 및 보충역편입 명령을 확인하는 인사명령을 하였습니다.

2. 처분의 위법성

이 사건 각 징계처분과 원고 지○○에 대한 피고 장관의 제적 처분은 다음과 같은 사유로 위법하므로 전부 취소되어야 합니다.

(1) 징계사유의 부존재
① 징계혐의사실 : 원고들은 이 사건 지시가 원고들의 기본권을 침해하였다고 판단 하여 이 사건 헌법소원을 제기함으로써 헌법상 기본권인 재판청구권을 행사한 것인데, 이는 지휘계통에 있는 상관에게 건의할 사항이 아닐 뿐 아니라 건의하여야 할 의무도 없고, 그로써 군인의 법규·명령에 대한 준수·복종의무를 위반한 것이라 볼 수 없으므로, 이 부분 사실은 군인사법 제56조 제3호의 징계사유에 해당하지 않습니다.
② 징계혐의사실 : 원고들은 단지 공동명의로 이 사건 헌법소원을 제기하였을 뿐 집단으로 헌법소원을 제기하기 위해 회합을 가진 일이 없고, 공익에 반하는 목적을 하여 군무외의 일을 위한 집단행위를 한 바 없으므로, 이 부분 사실은 군인사법 제56조 제3호의 징계사유에 해당하지 않습니다.
③ 징계혐의사실 : 원고들의 헌법소원을 대리한 소송대리인이 언론매체와 직접 인터뷰하거나 방송에 출연하였을 뿐 원고 지○○, 박○○은 이 사건 지시에 관하여 언론매체와 직접 인터뷰하거나 방송에 출연한 바 없고, 군 외부에 이 사건 지시를 폄하하는 의견·주장을 발표하거나 군 수뇌부를 비방·모욕한 바 없어, 법령에 정한 명령·의무를 위반하거나 군의 위신 또는 군인으로서의 명예·품위를 손상하지 아니하였다 할 것이므로, 이 부분 사실은 군인사법 제56조 제2, 3호의 징계사유에 해당하지 않습니다.
④ 징계혐의사실 : 원고 박○○은 업무상 필요에 의하여 적법한 허가를 받아 출장을 다녀왔을 뿐 허위로 출장명령을 신청하여 헌법소원 제기를 위한 소송대리인을 만나고 인사소청서를 접수하는 등 사적인 용무를 본 것이 아니고, 원고 지○○은 원고 박○○에게 허위의 출장명령을

지시하여 사적인 용무를 보도록 한 바 없으므로, 성실의무를 위반한 것이 아니어서 이 부분 사실은 군인사법 제56조 제3호의 징계사유에 해당하지 않습니다.

⑤ 징계혐의사실 : 원고 박00이 육군 내부통신망 법무병과 홈페이지(JAGC-NET)에 이 사건 지시 및 피고 장관의 방침을 비판하거나 특정 정당 소속 국회의원들의 발언을 비판하는 내용의 글을 게재한 것은 명예훼손, 품위유지의무 내지 복종의무 위반, 특정 정당 반대행위 금지의무위반에 해당하지 않으므로, 이 부분 사실은 군인사법 제56조 제2, 3호의 징계사유에 해당하지 않는다. 따라서, 원고들에 대한 징계사유는 존재하지 않습니다.

(2) 징계절차 위법

① 원고 지○○, 박○○, 한○○, 이○○, 신－－에 대한 징계심의를 위해 개최된 육군본부 중앙징계위원회에 군법무관이 아닌 군인이 징계간사로 참여하였고,

② 원고 박00은 위 징계위원회에 출석하여 진술할 수 있는 기회를 박탈당하였을 뿐 아니라 징계위원회 개최 전에 제출한 소명자료가 위 징계위원회 심의과정에 현출되지 않는 등 징계절차에 위법이 있습니다.

(3) 재량권 일탈 · 남용

원고들이 이 사건 헌법소원을 제기한 목적이 이 사건 지시를 무력화하거나 피고 장관을 비하하기 위함에 있지 아니하고 이 사건 지시와 그 근거법령의 위헌 여부에 대한 법률적 판단을 받아보고자 함에 있는 점, 원고들은 군법무관으로서 직무를 성실히 수행하여 온 점 등에 비추어 원고들에 대한 이 사건 각 징계처분은 지나치게 가혹합니다.

3. 결론

위와 같이 피고의 처분은 위법한 행정처분에 해당하므로 이의 취소를 구하는 본 건 행정소송에 이르게 되었습니다.

입증방법

1. 갑 제1호증
2. 갑 제2호증
3. 갑 제3호증

첨부서류

        1. 위 각 입증방법   각 1부
        2. 송달료 납부서
        3. 소장부본

                              20 . . .
                              위 원고   (날인 또는 서명)

서울행정법원   귀중

당해판례

2009구합 14781

(1) 징계사유의 존부에 관한 판단

(가) ① 징계혐의사실

1) 국가공무원법 제57조, 군인사법 제47조의2, 군인복무규율 제4조에 의하면, 공무원으로서의 군인은 상관의 명령에 복종할 의무가 있는바, 이 부분 혐의사실에 나타난 원고들의 이 사건 헌법소원 제기가 이 사건 지시에 대한 복종의무를 위반한 것이라 볼 수 있는지에 관하여 본다.

2) 헌법 제111조 제1항은 헌법재판소의 권한으로 제1호에서「법원의 위헌제청에 의한 법률의 위헌여부 심판」을, 제5호에서「법률이 정하는 헌법소원에 관한 심판」을 규정하고 있으며, 이에 따라 헌법재판소법 제41조 제1항, 제68조 제2항은 처분 등의 취소 등을 구하는 소송에서 법률이 헌법에 위반되는 여부가 재판의 전제가 된 때에는 당해 사건을 담당하는 법원에 대하여 당해 법률의 위헌 여부에 대한 심판을 헌법재판소에 제청할 것을 신청할 수 있고, 그 신청이 법원에 의하여 기각되는 경우 당해 법률의 위헌 여부에 관하여 헌법소원심판을 청구할 수 있으며, 헌법재판소법 제68조 제1항은 법률·명령·처분 등에 의하여 헌법상 보장된 기본권을 직접 침해받은 사람은 헌법재판소에 헌법소원심판을 청구할 수 있다고 규정하고 있으므로, 모든 국민은 법률·명령 또는 처분 등에 의하여 헌법상 기본권을 침해당한 경우 헌법소원을 제기할 수 있는 권리를 가진다. 따라서 아무리 군인이라 할지라도 그 권리침해가 특수신분관계에서의 것이라는 이유로 위와 같은 헌법소원권 행사에 대하여 법령에 의한 제한 이외의 제한이 가해져서는 안 되나, 헌법소원권은 법률이 정하는 바에 의하여 보장되는 권리이므로 일반적인 기본권과 마찬가지로 국가의 안전보장·질서유지 또는 공공복리를 위하여 법률로 제한될 수 있을 뿐 아니라 그 내재적인 한계를

가진다.

3) 헌법 제5조 제2항은 "국군은 국가의 안전보장과 국토방위의 신성한 의무를 수행함을 사명으로 하고, 그 정치적 중립성을 지켜야 한다"고 규정하여 국군의 사명과 그 지위를 헌법에 명시하고 있고, 이와 같은 국군의 헌법상 임무 수행을 뒷받침하기 위하여 국가공무원법, 군인사법과 이에 근거한 군인복무규율 등은 국군 조직의 특수성을 인정하고 그 소속 군인에게 상관의 명령에 복종할 의무를 부여하고 있다. 즉 군인복무규율 제4조 4호는 군인강령의 하나로 "군의 지휘체계를 확립하고 질서를 유지하며 일정한 방침에 일률적으로 따르게 하여 전투력을 보존·발휘하기 위하여 군대는 항상 엄정한 군기를 세워야 하며, 군인은 정성을 다하여 상관에게 복종하고 법규와 명령을 지키는 습성을 길러야 한다"고 규정하고, 제6조에서는 "군인은 국군의 이념과 사명을 자각하여 정치적 중립을 엄정히 지키며 맡은 바 임무를 완수하여 국가와 국민에게 충성을 다하여야 한다"고 규정하고 있다. 이와 같은 군인의 엄중하고 특별한 명령복종의무는 국가의 안전과 국토방위의 임무수행을 위하여 전쟁이라는 비인간적이고 비이성적인 최악의 상황에서 최대·최적의 전투력 보존·발휘가 필요하고 이를 위하여는 군대조직에 강력한 지휘·통솔체계 유지가 필수적이기 때문이라고 할 것이다. 한편 군장교들은 헌법상의 국방의무를 수행한다는 동일한 법적 근거에서 군복무를 하고 있고, 전투력의 확보와 이를 통한 국토방위라는 공통의 목표를 달성하기 위하여 횡으로는 분업적으로 협력하고 종으로는 계급적으로 지휘통솔하는 특수한 집단이고, 군법무관은 이러한 특수집단의 한 구성요소이다.

결국 군법무관도 헌법과 법률이 보장하는 헌법소원권을 가짐은 의문의 여지가 없지만, 이는 그 행사에 있어서 내재적인 한계가 있음은 물론이고, 위와 같은 국군조직의 특수한 권력관계상 군법무관을 포함한 모든 군인이 국방부장관을 비롯한 상관의 지시나 명령에 복종해야 할 의무에 따른 제한도 있다. 따라서 군의 지휘관 등 상관의 지시나 명령이 군인에 대한 기본권의 제약을 그 내용으로 하는 경우에도 그 지시나 명령이 법령에 근거한 것이라면 특별한 사정이 없는 한 군장교로서는 그 지시·명령권자의 의사를 존중하여야 하고 이를 함부로 거부할 수 없으며, 만약 이러한 지시·명령이 기본권을 침해하였다는 이유로 이에 대하여 헌법소원을 제기한다면 그 자체로 법령에 근거하여 군내부의 특수한 권력관계 유지를 위하여 인정되는 지휘관의 지휘권 행사에 지장을 초래하거나 외관상 하급자가 상관의 명령에 불복하는 모양을 띠게 될 여지가 있으므로, 이런 점을 참작하여 상관의 지시·명령에 대한 헌법소원권의 행사는 상관의 지시가 객관적으로 기본권침해에 해당하는지 여부는 물론이고 그 행사자에 대한 기본권침해의 정도와 긴박성 등도 고려하여야 하고(헌법소원권이 절차적 권리이므로 지휘권자의 지시나 명령이 명백히 기본권침해가 인정되는 경우에까지 이를 필요는 없는 것이지만 객관적으로 헌법과 법령에 위반한 기본권침해라고 의심해 볼 수 있는 정도에 이르러야 할 것이다), 헌법소원 자체는 추상적 규범인 법령의 헌법위반 여부나 국가 공권력의 기본권침해에 대한 권리구제 제도라는 본질적인 성격상 이로 인하여 정치적 논쟁이 야기되거나 그 논쟁을 심화시켜 군의 정치적 중립성을 훼손할 여지도 있으므로, 이와 관련하여 그 구체적인 권리구제 방식과 절차로서 헌법소원을 선택함에 있어서도 그 지시·명령권자의 의사를 최대한 존중하여 군내부의 지휘체계 유지에 지장이 없도록 함과 동시에 군의 정치적 중립성이 훼손되지 않도록 신중을 기하여야 할 것이다.

4) 이 사건에 관하여 보건대, 이 사건 지시가 헌법이 보장한 영내 거주 군인의 기본권을 침해하는 것인지 여부와 그 근거가 되는 군인사법 제47조의2, 군인복무규율 제16조의2 등 관계법령이 헌법에 위반되는지 여부 등은 헌법재판소 등 이에 관한 심판권한을 가진 기관이 최종적으로 판단하여야 할 것이고, 원고들이 그 판단을 받기 위하여 헌법소원을 제기하는 것 자체가 위법하다고 할 수는 없으나, 원고들의 이 사건 헌법소원 제기는 다음과 같은 점에서 볼 때 상관의 지시·명령에 대한 복종의무를 다하지 않은 것으로 볼 수 있다.

① 군인사법 제47조의2의 위임에 따른 군인복무규율 제16조의2는 군인의 불온유인물 등의 소지나 취득을 금하고 있는바, 위 인정사실에 의하면, 피고 장관의 이 사건 지시는, 북한의 활동을 선전하거나 이에 동조하는 내용의 서적들을 포함(그 중 3종의 도서는 법원에 의하여 이적표현물로 확인되었다)하여 국방부 내부의 전문가들로 구성된 심의위원회의 심의를 거친 도서들의 영내 반입을 금지한 국군 최고책임자의 지시·명령으로서 위 관계법령에 근거한 것이므로, 그의 지휘권 내에 있는 모든 군인들은 일응 이 사건 지시를 존중하고 이에 따라야 할 것이다. 따라서 원고들이 이를 헌법과 법률에 위반한 기본권침해로 간주하고 헌법소원을 제기함에 있어서는 그 지휘권자의 의사를 최대한 존중하여 신중하게 하였어야 할 것이다. 그런데 뒤에서 보는 바와 같이 원고들은 이 사건 지시가 헌법에 위반된다고 단정하고 군 내부에서 집단의 힘에 기대어 이 사건 헌법소원을 제기하였을 뿐 아니라 그 과정에서 불필요한 논쟁을 야기하고, 이로 인하여 정치적인 논란의 빌미를 제공하는 등 그 헌법소원 제기 과정이 적절치 못하였다.

② 앞서 본 바와 같이 법률·명령 등에 의하여 헌법상 기본권을 직접 침해당할 경우 당해 법률·명령 등에 대하여 헌법소원을 제기할 수 있으므로, 원고들은 군인사법 제47조의2, 군인복무규율 제16조의2에 관하여 추상적인 규범의 위헌성 판단을 구하는 헌법소원을 제기할 수 있으나, 다른 한편으로 관계법령에 근거한 구체적인 집행행위에 의하여 헌법상 기본권을 침해당할 경우 그 집행행위에 대하여 법원에 취소 등을 구하는 소송을 제기하고, 그 재판에서 근거되는 명령·규칙

의 위헌·위법여부를 주장하여 법원으로부터 그 위헌·위법 여부의 심사를 받거나 근거법률의 위헌 여부에 대한 심판을 헌법재판소에 제청할 것을 신청하고 그 신청이 법원에 의하여 기각되는 경우 당해 법률의 위헌 여부에 관하여 헌법소원심판을 청구할 수 있으므로, 이 사건 지시가 원고들을 포함한 영내 거주 군인들에 대한 기본권을 침해할 소지가 있다고 주장하는 원고들은 이 사건 지시를 행정소송법상의 처분이라고 보아 법원에 그 취소 등을 구하는 행정소송을 제기하고 그 재판에서 군인사법 제47조의2의 위헌제청신청, 군인복무규율 제16조의2의 위헌주장을 하여 위 법령과 이 사건 지시의 위헌여부에 관하여 법원 또는 헌법재판소의 판단을 구할 수도 있다. 법률에 정통한 전문가인 군법무관인 동시에 피고 장관의 지시·명령에 복종하여야 할 일반적이고 추상적인 의무를 부담하고 있는 원고들로서는 지휘권자의 의사를 최대한 존중하고, 이 사건 지시에 불복하는 모양을 띠지 않으며, 불필요한 논쟁과 정치적인 논란의 빌미를 제공하지 않는 방법으로 사안의 중대성과 정치적 파장을 고려하여 신중하고 적절한 권리구제방법을 선택하였어야 함에도 충분하고 신중한 검토 없이 곧바로 이 사건 헌법소원을 제기하였는바, 이 점에 있어서도 이 사건 헌법소원 제기는 적절치 못한 것이라고 할 수 있다.

③ 군인복무규율 제24조 제1항에 의하면, 군에 유익하거나 정당한 의견이 있는 경우 지휘계통에 따라 단독으로 상관에게 건의할 수 있되, 이 경우 상관이 자기와 의견을 달리하는 결정을 하더라도 항상 상관의 의도를 존중하고 기꺼이 이에 복종하여야 한다고 규정하고 있는바, 이 규정이 하급자에게 상관의 명령이 적법한지 여부를 불문하고 무조건적인 복종의무를 부과하고 있는 것은 아니라고 하더라도 상관의 명령이 일응 법령에 근거한 것일 경우에는 최대한 그 의사를 존중하고 비록 그것이 잘못된 것이어서 이를 시정하려고 할 경우에도 적절한 내부적인 절차를 거쳐 그 지휘통솔체계에 지장이 없도록 하여야 한다는 취지이다. 그러나 위 인정사실에 의하면, 원고들이 피고 장관의 이 사건 지시·명령을 시정하려고 함에 있어서 그러한 노력을 다하였다고 할 수 없다.

5) 이와 같은 점들과 함께 그 밖에 뒤에서 보는 원고들에 대한 이 사건 징계사유를 모두 종합하여 보면, 결국 원고들이 이 사건 헌법소원을 제기한 것 자체가 법령에 반하는 것이라고 볼 수는 없다고 하더라도 원고들은 이 사건 지시의 기본권침해 여부나 그 전제가 되는 군인사법령의 위헌 여부에 관한 순수한 헌법적 판단을 받겠다는 것에서 나아가 군 내부의 특수한 권력관계상 요구되는 상관의 법령에 근거한 지시·명령을 무력화할 의도로 지휘권자의 의사를 존중하지 않고, 사안의 중대성과 정치적 파장을 고려하여 적절한 권리구제방법에 대하여 검토함이 없이 이 사건 헌법소원에 나아간 것이므로, 이는 군인으로서 군 최고 지휘권자인 피고 장관의 지시·명

령에 대한 복종의무를 다하지 않은 것으로 볼 수 있다.

6) 따라서, 이 부분 혐의사실은 이 점에서 징계사유에 해당한다고 할 것이다.

(나) ② 징계혐의사실

1) 국군은 국가의 안전보장과 국토방위의 의무를 수행하여 국민의 생명과 재산을 보호해야 할 막중한 임무를 부여받은 조직이므로, 어떠한 상황에서라도 군대로서의 기능을 수행하기 위하여 군 조직원 간의 강력한 결속이 요구되고, 임무수행에 필요한 강력한 지휘·통솔체계를 유지해야 한다. 따라서 군의 지휘통솔을 불가능하게 하고 나아가 군의 존립자체에 대한 중대한 위협이 될 수 있는 행위는 군의 통수권 확립과 군 내부에서의 절대적인 상명하복관계의 유지를 위하여 그에 대한 엄격한 제재를 가할 필요도 있다. 따라서 군인이 누릴 수 있는 기본권에 대한 제한은 헌법 또는 법률의 형식으로써만 가능하고 그 경우에도 기본권의 본질적인 내용은 제한할 수 없다 하더라도, 이러한 군의 특수성에 비추어 일반 국민의 기본권에 대한 제한과는 다른 특징을 나타낼 수 밖에 없다.

2) 이러한 취지에서 헌법은 제110조 제3항 등의 규정을 두어 군인의 기본권을 직접 제한하고 있고, 국가공무원법 제56조 내지 제66조에서 공무원으로서의 군인에 대하여 성실의무 등을 부과하고 있으며, 나아가 군인은 군인사법과 군인복무규율 등에 의하여 기본권에 대한 규제를 받게 되는바, 군인사법 제47조의2의 위임을 받은 군인복무규율 제13조 제1항은 군인은 군무 외의 일을 위한 집단행위를 하여서는 아니된다고 규정하여 군인의 기본권을 제한하고 있다.

3) '군무 외의 일을 위한 집단행위'라고 함은 군인으로서 군복무에 관한 기강을 저해하거나 기타 그 본분에 배치되는 등 군무의 본질을 해치는 특정목적을 위한 다수인의 행위로서 '단체'의 결성단계에는 이르지 아니한 상태에서의 행위를 말하고, 그와 같은 행위가 계속적일 필요도 없고, 또 통솔형태를 갖출 정도로 조직화된 행위일 필요도 없는바(대법원 1991. 4. 23. 선고 90누4839 판결 참조), 앞서 살펴 본 군 조직의 특수성에 따른 군의 지휘체계 확립과 군 내부에서의 상명하복 관계의 유지의 필요성, 그로 인한 군인의 기본권 제한의 특수한 필요성에 비추어 보면, 상관의 명령이 정당한 것인지 또는 부당한 것인지 여부가 불분명한 경우에 부하 군인들이 명령에 불복종할 목적으로 일방적으로 상관의 명령의 부당함을 주장하면서 군에서 정한 절차에 따라 군내부에서 해결하려는 노력 없이 곧바로 그 명령의 위법·부당성 여부의 심사를 구하는 소송을 공동으로 제기하는 행위는 그 상관의 명령 내용이 무엇인지, 그 소송에 이르게 된동기나 경위, 그 과정에서

상관의 의사에 대한 존중 등 참작 정도에 따라 군의 지휘체계와 군 내부에서의 상명하복관계를 무시하여 군복무에 관한 기강을 저해하는 다수인의 행위로서 위 규정상 금지되는 '군무 외의 일을 위한 집단행위'가 될 수 있다고 할 것이다.

4) 위 인정사실 및 그로부터 인정되는 다음과 같은 사정들 즉, ① 이 사건 지시를 통하여 부대 내 반입금지 도서로 지정된 책들 중에는 북한을 일방적으로 찬양하는 내용을 담고 있는 서적들도 포함되어 있어, 피고 장관이 국가안보와 자유민주주의의 수호, 군 내부에서의 이념적 갈등으로 인한 혼란의 방지 등을 위하여 그러한 책들을 군부대 내에 반입되지 않도록 조치할 필요성이 있다고 판단한 것에 정당하고 상당한 이유가 있다고 할 것이므로, 이 사건 지시가 명백히 잘못된 것이라고 단정하기 어려운 점, ② 원고들은 육군 법무실장, 육군 군사법원장, 국방부 법무관리관 등 원고들의 직속상관에게 정해진 절차에 따라 이 사건 지시의 시정 등을 건의한 바 없는 점, ③ 원고들은 이 사건 지시와 이 사건 지시의 근거법령에 대한 헌법소원을 제기하는 것이 원고들의 직무와 관련된 일이 아니라 개인적인 권리구제 차원의 소송행위라고 인식하고 행동하였던 점, ④ 그 과정에서 원고들이 이 사건 지시를 내린 피고 장관을 비난하는 언행을 하여 이 사건 지시에 불복종하려는 의도를 보인 점, ⑤ 원고들은 공동으로 헌법소원을 제기하기 위하여 서로 의견을 교환하였고, 원고 박OO은 인터넷에 글을 게재하여 동참자를 모집하였으며, 그 결과 원고들이 공동으로 헌법소원심판을 청구하기에 이른 점 등을 종합하여 보면, 이 부분 징계혐의사실은 군인으로서 군복무에 관한 기강을 저해하는 특정목적을 위한 다수인의 행위로서 '군무 외의 일을 위한 집단행위'에 해당한다 할 것이다.

5) 따라서, 이 부분 혐의사실은 징계사유에 해당한다.

(다) ③ 징계혐의사실

1) 군인복무규율 제17조 제1항, 국방홍보훈령(2009. 8. 4. 국방부훈령 제1092호로 개정되기 전의 것) 제22조 제1항, 제3항에 의하면, 군인은 국방부장관의 허가를 받지 아니하고 국방 및 군사에 관한 사항을 군외부에 발표하거나 군인의 신분으로 대외활동을 하여서는 아니되고, 언론으로부터 국방정책 등 주요사안에 대하여 인터뷰 요청을 받은 경우에는 홍보담당부서를 경유하도록 안내하여야 하며, 인터뷰에 응할 경우에는 관련부서장에게 인터뷰 내용을 사전에 검토받아야 한다고 규정하고 있는바, 위 규정들은 국방정책 등 주요사항에 관하여 군을 대표하지 못하는 군인이 개인자격으로 무분별하게 군외부에 직접 자신의 의견을 발표하거나 언론의 인터뷰에 응함으로 인하여 발생할 수 있는 혼란을 방지하려는 데에 그 목적이 있다.

위 인정사실에 의하면, 원고 지ㅇㅇ, 박ㅇㅇ이 이 사건 지시에 관하여 직접 자신의 의견을 군외부에 발표하거나 언론과 인터뷰를 하였다고 단정하기는 어렵다.

2) 그러나, 군인사법 제56조 제2호, 군인복무규율 제9조에 의하면, 군인은 군의 위신과 군인으로서의 명예를 손상시키는 행동을 하여서는 아니되고, 군인이 직무의 내외를 불문하고 품위를 손상하는 행위를 한 경우를 징계사유의 하나로 규정하고 있는바, 징계는 특수한 신분관계에 있어 그 내부질서를 유지하기 위하여 질서문란자의 비행행위에 대하여 질서문란자의 고의가 없더라도 과할 수 있는 제재벌이고, 군대는 앞서 본 바와 같이 일반인과는 구별되는 특수한 신분 · 권력관계가 인정되는 조직이므로 비록 사회에서 허용되는 표현 · 행위 또는 방법이라 하더라도 군에 대한 품위 · 신뢰를 손상시키고 선동적 · 모욕적이며 무절제 · 무례한 언행을 하거나 상관의 명령에 반발하는 듯한 언행을 하여 군의 위신을 손상시키거나 군의 지휘체계를 문란하게 하는 것은 위 규정상 의 징계사유에 해당하는 것이다.

3) 위 인정사실에 의하면, ① 원고 박ㅇㅇ이 이 사건 지시에 대한 헌법소원심판 청구를 결심한 이후 개인적인 친분이 있는 유력 일간신문 기자를 만나 이 사건 지시를 비판 · 폄하하고 그것이 헌법에 위반되었다고 단정적으로 말한 점, ② 이후 위 기자가 소속된 신문에 원고 박ㅇㅇ이 이 사건 지시의 부당함을 주장하고 이를 비난하면서 군 수뇌부에 대한 불신을 표현하였다는 기사가 보도된 점, ③ 원고 지ㅇㅇ, 박ㅇㅇ이 그 헌법소원 대리할 변호사와 만나 원고들이 언론과 접촉할 경우 문제가 있다는 점과 변호사가 청구인들의 입장을 대변하여 언론 접촉을 담당할 것 등에 관하여 논의를 하였고, 이후 원고들을 대리한 변호사가 헌법소원 제기 이후 언론과의 인터뷰에서 이 사건 지시에 대한 원고 지ㅇㅇ, 박ㅇㅇ의 비판적인 의견이나 주장을 그대로 발표함에 있어서 위 원고들이 아무런 제지를 하지 않았고 이를 묵인한 점, ④ 원고들의 이 사건 지시 등에 관한 헌법소원 등 대응의 내용이 전 언론매체에 보도된 점, ⑤ 그 밖에 위 인정사실에 나타난 원고들이 이 사건 헌법소원에 이르게 된 전 과정 등을 종합하여 보면, 원고 지ㅇㅇ, 박ㅇㅇ이 이 사건 지시에 관하여 자신의 의견을 군외부에 직접 발표하거나 언론과 인터뷰를 하였다고 할 수는 없지만, 결과적으로 위 원고들이 직접 군외부에 이 사건 지시를 비판하고 군수뇌부에 대한 불신을 발표한 것과 같은 상황을 조성하였으며, 그로써 이 사건 지시의 정당성 여부를 정치쟁점화하고 일반국민은 물론 군장병들에게 이 사건 지시가 명백히 헌법에 위반되는 것처럼 오인하게 할 여지를 제공하였으므로, 이는 군의 위신과 정치적 중립을 지켜야 할 의무가 있는 군인으로서의 품위를 손상시키는 행위에 해당한다.

4) 따라서, 이 부분 혐의사실은 위와 같은 인정범위 내에서 징계사유에 해당한다고 할 것이다.

(라) ④ 징계혐의사실

군인사법 제47조, 군인복무규율 제7조 제1항에 규정된 성실의무는 공무원인 군인에게 부과된 가장 기본적인 중요한 의무로서 최대한으로 공공의 이익을 도모하고 그 불이익을 방지하기 위하여 전인격과 양심을 바쳐서 성실히 직무를 수행하여야 하는 것을 그 내용으로 하는바(대법원 1985. 5. 14. 선고 84누575 판결 등 참조), 위 인정사실과 그로부터 인정되는 다음과 같은 사정 즉, ① 원고 지00이 원고 박00보다 계급은 높지만 업무적·비업무적으로 지시할 위치에 있지는 않았던 점, ② 원고 박00이 국방부 출장신청을 한 주된 목적이 한·미 법무관 세미나에서 발표할 국선변호제도 관련 자료를 수집하려는 데에 있었고, 출장 중에 실제로 필요한 자료를 수집하였던 점, ③ 원고 박00의 국방부 출입기록상 원고 박00이 출장기간 동안 사적인 용무를 본 시간은 적은 것으로 추정되는 점, ④ 원고 박00이 출장기간 동안 일과시간에 최강욱 변호사를 만나 헌법소원 제기에 관하여 의논하였다고 볼만한 자료가 없는 점 등을 종합하여 보면, 이 부분 징계혐의사실은 사실을 오인한 것으로서 원고 박00, 지00이 군인으로서 성실의무를 위반한 행위를 하였다고 단정할 수 없다. 따라서, 이 부분 혐의사실은 징계사유에 해당하지 아니한다.

(마) ⑤ 징계혐의사실

위 인정사실에 의하면, 이 부분 혐의사실 중 원고 박00이 신문기자를 만나거나 법무병과 홈페이지에 글을 올려 이 사건 지시 또는 피고 장관의 발언을 비난하고, 한나라당 소속 국회의원들의 발언을 비판한 사실을 인정할 수 있는바, 원고 박00의 그러한 행위가 상관의 명예를 훼손하거나 특정 정당 또는 정치단체를 반대하는 행위라고 평가하기는 어려우나, 피고 장관은 국무위원으로서 국정에 관하여 대통령을 보좌하며, 국군 통수권자인 대통령의 명을 받아 군사에 관한 사항을 관장하고, 각군을 지휘·감독하는 각군 참모총장을 지휘·감독할 권한이 있는데, 원고 박00의 위 행위는 국방·군사에 관한 지휘권자인 피고 장관의 법령상 권한행사를 함부로 비난한 것으로서 이는 군대의 생명과 같은 군기를 훼손하고 그 결과 군의 신뢰를 실추시킨 것으로 평가될 수 있고, 또한 국회의원의 발언에 대하여 군인으로서 불필요한 논쟁을 함으로써 군의 정치적 중립성을 훼손한 것이라 평가될 수 있으므로, 이는 군인사법 제56조 제2호에 정한 '군인이 그 품위를 손상하는 행위'에 해당한다 할 것이다.

따라서, 이 부분 혐의사실은 징계사유에 해당한다.

(바) 소결론

원고들의 이 부분 주장은 ③ 징계혐의사실 중 일부와 ④ 징계혐의사실이 징계사유에 해당하지 않는다는 점에서 이유 있으므로, 피고 총장과 피고 국방시설본부장이 위 징계혐의사실 전부를 원고들에 대한 징계사유로 삼은 것은 잘못이나, 여러 개의 징계 사유 중 일부가 인정되지 않으나 인정되는 다른 일부 징계사유만으로도 당해 징계처분의 타당성을 인정하기에 충분한 경우에는 그 징계처분을 그대로 유지하여도 위법하지 아니하다고 할 것이므로(대법원 2004. 6. 25. 선고 2002다51555 판결 등 참조), 이 사건 각 징계처분이 적정한 것인지에 관하여는 뒤에서 살펴보기로 한다.

(2) 징계절차의 위법 여부에 관한 판단

(가) 군인징계령 제6조에 의하면, 징계간사는 징계위원회가 설치된 부대 또는 기관에 소속된 군법무관이 있을 경우 군법무관 중에서 위원장이 임명하도록 규정하고 있으나, 그 간사의 수를 정하고 있지는 않는바, 위 인정사실에 의하면, 원고 신OO을 제외한 나머지 원고들에 대한 육군본부 중앙징계위원회 위원장은 군법무관인 이철호, 박혁을 징계간사로 임명하여 위원회를 운영하였으므로, 그에 어떠한 위법이 있다고 할 수 없다.

(나) 군인징계령 제9, 10조에 의하면, 징계심의대상자는 징계위원회에 출석하여 진술하거나 서면에 의하여 진술할 수 있고, 서면이나 구술로 이익되는 사실을 진술하거나 증거를 제출할 수 있으며, 징계위원회는 징계심의대상자가 출석을 할 수 없는 정당한 이유 없이 출석하지 아니한 때에는 서면 심사에 따라 징계결정을 할 수 있다고 규정하고 있는바, 위 인정사실에 의하면, 원고 박OO은 육군본부 중앙징계위원회 개최일이 2군단 사령부로 전입되는 날과 겹쳐 위원회에 출석하지 않았고, 위 위원회 개최 당일 송부한 소명자료가 위원회에 제출되지 아니하였음은 인정되나, 위 사유만으로는 징계위원회에 출석할 수 없는 정당한 이유가 있다고 보기 어렵고, 위 원고의 징계위원회에서의 진술에 갈음하는 진술서가 위원회에 제출되어 그 징계사유에 관한 심리에 반영된 이상 징계간사가 육군본부 중앙징계위원회 개최일에 위원회 개최 시간을 불과 3시간 앞두고 이메일로 송부받은 소명자료를 위원회에 제출하지 아니하였다는 등의 사정만으로는 원고 박OO의 징계위원회 출석권, 진술권 또는 증거제출권이 박탈된 것이라고 할 수 없다.

(다) 따라서, 원고들의 이 부분 주장은 이유 없다.

(3) 재량권 일탈·남용 여부에 관한 판단

(가) 공무원인 피징계자에게 징계사유가 있어 징계처분을 하는 경우 어떠한 처분을 할 것인지는 징계권자의 재량에 맡겨진 것이고, 징계처분에서 징계사유로 삼지 아니한 비위행위라고 하더라도 징계종류 선택의 자료로서 피징계자의 평소의 소행과 근무성적, 당해 징계처분 사유 전후에 저지른

비위행위 사실 등은 징계양정에 있어서의 참작 자료로 삼을 수 있으며(대법원 2002. 5. 28. 선고 2001두10455 판결 등 참조), 다만 징계권자가 그 재량권의 행사로서 한 징계처분이 사회통념상 현저하게 타당성을 잃어 징계권자에게 맡겨진 재량권을 남용한 것이라고 인정되는 경우에 한하여 그 처분을 위법한 것이라 할 것이고, 공무원에 대한 징계처분이 사회통념상 현저하게 타당성을 잃었다고 하려면 구체적인 사례에 따라 직무의 특성, 징계의 원인이 된 비위사실의 내용과 성질, 징계에 의하여 달성하려고 하는 행정목적, 징계 양정의 기준 등 여러 요소를 종합하여 판단할 때에 그 징계 내용이 객관적으로 명백히 부당하다고 인정되는 경우라야 한다(대법원 2004. 11. 12. 선고 2002두11813 판결 등 참조).

(나) 원고 지OO

앞서 든 증거들 및 갑 제16호증의 기재에 의하면, 원고 지OO은 2000년도 군법무관 시험에 합격하여 2001. 3. 군법무관으로 임용된 이후 군에 대한 긍정적인 시각을 갖고 매사에 열정적으로 일하면서 사단 법무참모, 군사법원 군판사, 법무실 송무장교 등 맡은 직무를 성실히 수행하여 군에 기여하여 온 점, 2005년에는 1군사령관 표창, 2006년에는 육군참모총장 표창을 수상한 바 있고, 2009년에는 미국 육군법무관학교 위탁교육장교로도 선발된 점, 원고 지OO은 원고 박OO에 비하여 이 사건 지시에 대한 헌법적 판단을 받고자 하는 의도가 강하였고, 징계사유로 인정되는 비위행위를 주도하였다고 보기에는 부족한 점 등이 인정되고, 위 사정들과 함께 위 원고가 파면의 징계처분을 받아 확정되면 변호사 자격을 취득할 수 없는데, 그렇게 된다면, 군법무관시험에 합격하여 8년 가까이 군법무관으로서 군을 위해 기여한 위 원고의 기득권을 송두리째 빼앗는 결과가 되어 위 원고에게 지나치게 가혹한 결과가 된다는 점 등을 종합하면, 원고 지OO에게 인정된 징계사유에 대하여 군인사법에 정한 징계의 종류 중 가장 중한 징계인 파면을 택한 것은, 위 원고가 군인이라는 신분의 특수성과 징계권자의 권위, 징계로서 달성하려고 하는 목적을 감안하더라도, 위 원고에게 인정되는 징계사유에 비추어 지나치게 무겁다고 할 것이다.

결국, 피고 총장의 원고 지OO에 대한 파면처분은 징계재량권의 범위를 넘는 것으로서 위법하다고 할 것이다.

(다) 원고 박OO

앞서 든 증거들 및 갑 제16호증, 을 제25, 26호증의 각 기재에 의하면, 원고 박OO은 2005년도 사법시험에 합격하여 2008. 4. 군법무관으로 임용된 이후 국선변호장교로서 부여된 직무를 성실하게 수행하여 온 점은 인정되는 반면, 원고 박OO은 원고 지OO에 비하여 이 사건 지시의 위헌 여부에 대한 예단을 강하게 가지고 이 사건 징계사유로 인정되는 비위행위를 주도하였고, 그로 인하여 군의 위신에 심각한 손상을 초래한 점, 육군본부 중앙징계위원회와 국방부 군인징계 항고심사위원회에 제출한 진술서, 그 밖의 언론매체를 통하여 군에 대한 반감·분노를 노골적으로 표현하고 더 이상 군에 복무할 의사가 없음을 표명한 점 등 위 원고가 이 사건 비행을 저지르게 된 동기, 경위 및 결과 등 제반사정을 참작하여 보면, 피고 총장이 위 원고의 이 사건 비행의 정도가 결코 가볍지 않다고 보아 이에 대한 징계로서 파면을 택한 것이 객관적으로 명백히 부당하여 재량권을 일탈·남용한 것이라 볼 수 없다.

(라) 원고 한OO, 이OO, 신OO, 신△△

앞서 인정한 위 원고들에 대한 징계사유에 비추어 보면, 피고 총장의 원고 한OO, 이 OO, 신△△에 대한, 피고 국방시설본부장의 원고 신OO에 대한 이 사건 각 징계처분이 객관적으로 명백히 부당하여 징계재량권을 일탈·남용한 것이라 볼 수 없다.

(4) 소결론

따라서, 원고 지OO에 대한 피고 총장의 파면처분 및 위 파면처분이 적법함을 전제로 한 피고 장관의 제적처분은 각 위법하고, 원고 박OO, 한OO, 이OO, 신OO, 신△△에 대한 이 사건 각 징계처분은 적법하다.

(5) 결론

그렇다면, 이 사건 소 중 원고 지OO에 대한 피고 장관의 보충역편입 명령과 피고 총장의 제적 및 보충역편입 명령, 교육기간 변경 및 원복 명령의 각 취소를 구하는 부분은 부적법하여 각하하고, 원고 지OO의 청구 중 원고 지OO에 대한 피고 총장의 파면처분 및 피고 장관의 제적처분의 취소를 구하는 부분은 이유 있어 인용하고, 원고 박OO, 한OO, 이OO, 신OO, 신△△의 청구는 각 이유 없어 각 기각한다.

소　　장

원고　　김 길 동(주민등록번호)(선정당사자)
　　　　　서울시 ○○구 ○○동 ○번지
피고　　공무원연금관리공단
퇴직수당청구

청구취지

1. 피고는 원고(선정당사자, 이하 원고라 한다) 및 별지 선정자목록 기재 선정자들에게 각 20,000원과 위 각 돈에 대한 이 사건 소장부본 송달 다음날부터 다 갚는 날까지 연 20%의 비율에 의한 돈을 각 지급하라.
2. 소송비용은 피고의 부담으로 한다.

라는 판결을 구합니다.

청구원인

1. 기초사실

(1) 원고 및 별지 선정자목록 기재 선정자들은 국가공무원으로 임용되어 철도청, 한국고속철도건설공단 등에서 국가공무원 신분으로 근무하다가, 철도청 산하의 건설본부와 한국고속철도건설공단이 통합되어 2004. 1. 1. 한국철도시설공단이 출범하고 철도청의 잔여 부분이 2005. 1. 1. 한국철도공사로 전환되면서, 2004. 1. 1. 및 2005. 1. 1.자로 각각 국가공무원의 신분에서 퇴직하였습니다.

(2) 원고 및 별지 선정자목록 기재 선정자들은 피고에게 각각 퇴직당시의 소속기관장의 확인을 얻어 퇴직수당을 신청하였고, 피고는 원고 및 별지 선정자목록 기재 선정자들을 공무원연금법 제61조의2 제1항에 의한 퇴직수당의 수급권자로 결정한 다음 공무원연금법 제61조의2 제2항, 같은 법 시행령 제52조의3에 따라 계산한 퇴직수당을 지급하였습니다.

2. 피고의 지급의무 존재

(1) 피고가 퇴직수당액 산정의 근거로 삼은 공무원연금법 제61조의2 제2항 중 '대통령령이 정하는 비율을 곱한 금액' 부분(이하 '이 사건 법률조항'이라 한다)은 그 산정비율에 대하여 구체적인 내용을 정하지 아니한 채 대통령령으로 위임하고 있고, 그에 따라 공무원연금법 시행령 제52조의3은 퇴직

수당의 비율을 10% 내지 60%로 정하고 있는바, 이 사건 법률조항과 공무원연금법 시행령 제52조의3의 규정은 헌법 제75조에서 정한 포괄위임금지의 원칙에 위배되는 규정이고, 결과적으로 퇴직수당의 40%를 감액하고 60%만을 지급하게 함으로써 헌법상 비례의 원칙 및 명확성의 원칙에 반하고 재산권인 후불임금 청구권의 본질적인 내용을 침해하여 헌법 제37조 제2항에 위반되며, 헌법 제11조에 정한 평등의 원칙에 위반되는 규정입니다.

(2) 또한 공무원연금법 시행령 제52조의3 중 '재직연수는 33년을 초과하지 못한다'는 부분은 어떠한 법률의 위임도 없는 것으로서 헌법 제75조와 공무원연금법 제61조의 2 제2항 및 같은 법 부칙(제4334호, 1991. 1. 14.) 제3항을 위반하는 것으로서 무효입니다.

(3) 한편, 이 사건 법률조항에 대하여는 이미 전직 공무원인 제3자가 위헌법률심판제청을 하여 둔 상태이므로, 헌법재판소에서 이에 대한 위헌결정을 내릴 경우 원고 및 별지 선정자목록 기재 선정자들은 합헌적인 공무원연금법에 따른 정당한 퇴직수당에서 이미 지급받은 퇴직수당과의 차액을 정산받을 것이므로, 피고는 원고 및 별지 선정자 목록 기재 선정자들에게 정산받을 퇴직수당 중의 일부로서 각 20,000원과 그에 대한 지연손해금을 우선 지급할 의무가 있습니다.

3. 결론
이상과 같이 피고의 이 사건 처분은 위법하므로 이의 취소를 구하는 본 건 소송에 이르게 되었습니다.

입증방법
    1. 갑 제1호증
    2. 갑 제2호증

첨부서류
    1. 위 각 입증방법   각 1부
    2. 송달료 납부서
    3. 소장부본

           20 .   .   .
           위 원고   (날인 또는 서명)

서울행정법원   **귀중**

당해판례

2006구합 46480

1. 이 사건 법률조항의 위헌 여부

(가) 포괄위임금지원칙 위반 여부

① 퇴직수당의 법적 성격

살피건대, 공무원연금제도는 공무원이 퇴직하거나 사망한 때에 공무원 및 그 유족의 생활안정과 복리향상에 기여하기 위한 사회보험제도의 일종으로서 공무원연금법상 퇴직급여나 유족급여는 기본적으로 사회보장적 급여로서의 성격을 가지면서 공무원이 납부한 기여금을 그 재원의 일부로 한다는 점에서 후불임금과 같은 성격도 함께 가진다.

특히 퇴직급여 중 본인이 납부한 기여금에 해당하는 부분은 재직중 근무의 대가로 지급하였어야 할 임금의 후불적 성격이 강하고, 국가 또는 지방자치단체의 부담금에 해당하는 부분은 은혜적 급여 또는 사회보장적 급여의 성격이 강하다고 할 것인바(헌법재판소 2003. 9. 25. 선고 2000헌바9 4, 2000헌가21(병합) 결정 등 참조), 퇴직수당의 경우 공무원연금법 제65조 제3항에서 국가 또는 지방자치단체가 비용을 부담하도록 규정하고 있으므로 은혜적 급여 또는 사회보장적 급여의 성격이 강하다고 할 것이다.

또한, 퇴직수당은 일반근로자의 퇴직금에 해당하는 금액을 당연히 지급하는 것이 아니라 퇴직급여 등에 추가하여 은혜적, 사회보장적 목적으로 일부 금액을 지급하는 것이므로, 이 사건 법률조항이 포함된 공무원연금법 제61조의2 제2항은 같은 조 제1항과 함께 법 규정의 형식상 일반근로자의 퇴직금에 해당하는 금액을 지급할 의무가 존재함을 전제로 이를 제한하는 규정이 아니라 새로운 급여를 창설하는 규정이라 할 것이다.

② 위임입법의 필요성과 그 한계

현대 사회복지국가에 있어서는 사회현상이 복잡·다기해지고 전문적, 기술적 행정기능이 요구됨에 따라 그때그때의 사회경제적 상황의 변화에 대하여 신속하고 적절히 대응할 필요성이 커지는 반면, 국회의 기술적·전문적 능력이나 시간적 적응능력에는 한계가 있기 때문에 국민의 권리·의무에 관한 것이라 하여 모든 사항을 국회에서 제정한 법률만으로 규정하는 것은 불가능하므로, 일정한 사항에 관하여는 행정부에 입법권을 위임하는 것이 불가피하다.

그러나 입법권의 위임은 반드시 한정적으로 행해져야 하는바, 만일 일반적이고 포괄적인 위임을 한다면 이는 사실상 입법권을 백지위임하는 것이나 다름없어 의회입법의 원칙이나 법치주의를 부인하는 결과가 되고, 행정권에 의한 자의적인 기본권 침해를 초래할 위험이 있다. 우리 헌법

제75조는 "대통령은 법률에서 구체적으로 범위를 정하여 위임받은 사항 … 에 관하여 대통령령을 발할 수 있다."라고 규정하여 위임입법의 근거와 아울러 위임의 구체성·명확성을 요구하고 있다. 여기에서 위임의 구체성·명확성이라 함은, 법률에 이미 대통령령으로 규정될 내용 및 범위의 기본 사항이 구체적으로 규정되어 있어서 누구라도 당해 법률로부터 대통령령에 규정될 내용의 대강을 예측할 수 있어야 함을 뜻하고, 그러한 예측가능성의 유무를 판단함에 있어서는 당해 특정조항 하나만을 가지고 판단할 것이 아니고 관련 법조항 전체를 유기적·체계적으로 종합하여 판단하여야 하며, 각 대상법률의 성질에 따라 구체적·개별적으로 검토하여야 한다.

특히 국민의 기본권을 직접적으로 제한하거나 침해할 소지가 있는 영역에서는 구체성·명확성의 요구가 강화되어 위임의 요건과 범위가 일반적인 급부행정의 영역에서보다 더 엄격하게 제한적으로 규정되어야 하는 반면에, 수익적 급부행정영역 또는 다양한 사실관계를 규율하거나 사실관계가 수시로 변화될 것이 예상되는 경우에는 위임의 구체성·명확성에 대한 요구가 보다 완화된다 할 것이다(헌법재판소 2004. 11. 25. 선고 2002헌바52 결정 등 참조).

이 사건 법률조항은 은혜적 급여 또는 사회보장적 급여의 성격이 강한 퇴직수당에 관한 규정이므로 이 사건 법률조항이 위임입법으로서 갖추어야 할 구체성, 명확성의 요구는 완화될 수 있다.

한편, 입법권을 위임하는 법률이 충분히 명확한지 여부는 당해 법률조항만이 아니라 그 규범이 위치하는 법률 전체를 포함한 관련법조항의 체계적인 해석을 통하여 판단해야 하는데, 특히 이 경우 수권의 목적으로부터 수권의 내용이 구체화될 수 있고 이로써 수권의 범위가 어느 정도 예측될 수 있기 때문에 수권의 목적, 즉 당해 법률조항의 입법목적은 중요한 의미를 가진다(헌법재판소 2004. 11. 25. 선고 2002헌바52 결정 등 참조).

그런데 퇴직수당제도의 입법목적은 공무원에게는 사회보험원리에 따라 지급되는 퇴직급여 등을 제외하면, 일반근로자에게 지급되는 것과 같은 순수한 사용자 부담의 퇴직금이 없다는 점을 감안하여 민간과의 형평을 도모하고 퇴직할 당시 일시적 자금소요를 충족시켜주기 위한 것이다.

이러한 입법목적에 비추어 보아 퇴직수당의 금액은 퇴직급여 등의 금액과 일반근로자의 퇴직금액을 감안하여 퇴직공무원의 일시적 자금소요에 필요한 금액으로 결정될 것이라는 점을 쉽사리 예측할 수 있다. 특히 공무원의 퇴직급여 등의 금액이 일반근로자의 퇴직금액에 비하여 적지 아니한 점을 감안하면, 퇴직수당의 금액을 결정함에 있어 '민간과의 형평'보다는 '일시적 자금소요 충족'이라는 입법목적이 더욱 중요하게 고려될 것이어서 근속연수가 장기인 퇴직공무원일수록 높은 비율의 퇴직수당이 지급될 것이라는 점 역시 쉽게 예측할 수 있다. 또한, 공무원연금법 제61조의2 제2항은 퇴직수당의 금액을 산정함에 있어 '보수월액'과 '재직기간'이라는 요소는 직접 규정하였고, 이를 기초로 비율 산정만을 이 사건 법률조항에 의해 대통령령에 위임하였으므로, 퇴직수당의 금액이 보수월액과 재직기간에 따라 차등이 있을 것이라는 점도 예측이 가능하다.

결국, 이 사건 법률조항이 포함된 공무원연금법 제61조의2 제2항의 입법목적과 위 조항에서 입법자가 직접 규정한 내용만 가지고서도 대통령령으로 정할 내용의 대강을 충분히 예측할 수 있으므로 이 사건 법률조항은 포괄위임금지원칙에 위반되지 않는다.

따라서 이와 다른 전제에 선 원고의 주장은 이유 없다.

(나) 헌법 제37조 제2항 및 제11조 위반 여부

살피건대, 퇴직수당의 금액이 감액되게 된 것은 이 사건 법률조항 때문이 아니라 이 사건 법률조항의 위임에 따른 공무원연금법 시행령 제52조의3의 규정 때문이므로, 설령 원고의 주장대로 위 시행령 규정에 위헌적 요소가 있다고 가정하더라도 이를 이유로 막바로 이 사건 법률조항이 위헌이라고 할 수는 없다고 할 것이어서, 이 부분 원고의 주장도 이유 없다.

2. 공무원연금법 시행령 제52조의3의 위헌 여부

앞서 살펴본 바와 같이 퇴직수당제도는 이미 퇴직급여 등을 지급받을 수 있는 공무원에게 은혜적, 사회보장적 목적으로 일부 금액을 추가로 지급하고자 하는 제도이어서, 공무원연금법 제61조의2의 규정에 의하여 당연히 공무원인 근로자에게 일반근로자의 퇴직금에 해당하는 금액을 지급받을 권리가 발생하였다고 볼 수는 없다. 결국, 공무원연금법 시행령 제52조의3의 규정은 공무원에게 일반근로자의 퇴직금에 해당하는 금액을 지급받을 권리가 존재함을 전제로 이를 제한하는 규정이 아니라 공무원연금법 제61조의2의 규정에 의하여 창설된 퇴직수당지급청구권을 구체화한 규정이다. 따라서 위 시행령 규정이 헌법상 비례의 원칙 및 명확성의 원칙에 반한다거나 재산권인 후불임금 청구권의 본질적인 내용을 침해하여 헌법 제37조 제2항에 위반된다고 할 수 없다. 이와 다른 전제에 선 원고의 이 부분 주장도 이유 없다.

제5장 정보공개청구관련 소송

Ⅰ. 의의

정보공개청구관련의 소송은 '공공기관의 정보공개에 관한 법률'에 의해 정보공개를 청구하였으나, 피고 공공기관 등이 비공개하였을 경우 이에 대해 그 처분을 취소해 달라는 소송을 말하는 것으로서 동법 제20조에 규정되어 있다. 이러한 정보공개청구권은 헌법상 국민의 기본권인 '알권리'와도 밀접한 관련을 맺고 있으며, 최근 들어 행정의 투명성이 강조되고 있는 것과 비례하여 행정청 및 공공기관에 대해 특정한 정보를 공개해 달라는 정보공개신청이 급증하고 있다. 또한 이러한 신청건수 증가에 비례하여 이를 거부하는 처분을 취소해달라는 행정소송의 유형도 급증하고 있는 상태이다. 특히 시민단체 등이 행정의 감시자로서의 역할을 수행하는 과정에서 소송을 제기하는 사례가 빈번한 것이 특징이라고 할 수 있다.

우선 원고의 정보공개청구의 대상이 피고가 보유하고 있는 정보로서 특정되어야 함은 물론이고, 피고가 비공개결정한 사항이 '공공기관의 정보공개에 관한 법률' 제9조에 규정된 비공개정보대상에 포함되는지 여부가 주요 관건이 된다. 따라서 소송 수행의 주요 쟁점은 첫째, 피고가 해당 정보를 보유하고 있다는 것과 둘째, 비공개결정한 정보가 비공개정보대상에 포함되지 않는다는 것을 입증하는 것이다. 동법에 규정된 비공개 대상정보는 다음과 같다.

> 1. 다른 법률 또는 법률이 위임한 명령(국회규칙 · 대법원규칙 · 헌법재판소규칙 · 중앙선거관리위원회규칙 · 대통령령 및 조례에 한한다)에 의하여 비밀 또는 비공개 사항으로 규정된 정보
> 2. 국가안전보장 · 국방 · 통일 · 외교관계 등에 관한 사항으로서 공개될 경우 국가의 중대한 이익을 현저히 해할 우려가 있다고 인정되는 정보
> 3. 공개될 경우 국민의 생명 · 신체 및 재산의 보호에 현저한 지장을 초래할 우려가 있다고 인정되는 정보
> 4. 진행중인 재판에 관련된 정보와 범죄의 예방, 수사, 공소의 제기 및 유지, 형의 집행, 교정, 보안처분에 관한 사항으로서 공개될 경우 그 직무수행을 현저히 곤란하게 하거나 형사피고인의 공정한 재판을 받을 권리를 침해한다고 인정할 만한 상당한 이유가 있는 정보
> 5. 감사 · 감독 · 검사 · 시험 · 규제 · 입찰계약 · 기술개발 · 인사관리 · 의사결정과정 또는 내부 검토과정에 있는 사항 등으로서 공개될 경우 업무의 공정한 수행이나 연구 · 개발에 현저한 지장

을 초래한다고 인정할 만한 상당한 이유가 있는 정보

6. 당해 정보에 포함되어 있는 이름 · 주민등록번호 등 개인에 관한 사항으로서 공개될 경우 개인의 사생활의 비밀 또는 자유를 침해할 우려가 있다고 인정되는 정보. 다만, 다음에 열거한 개인에 관한 정보는 제외한다.

　가. 법령이 정하는 바에 따라 열람할 수 있는 정보

　나. 공공기관이 공표를 목적으로 작성하거나 취득한 정보로서 개인의 사생활의 비밀과 자유를 부당하게 침해하지 않는 정보

　다. 공공기관이 작성하거나 취득한 정보로서 공개하는 것이 공익 또는 개인의 권리구제를 위하여 필요하다고 인정되는 정보

　라. 직무를 수행한 공무원의 성명 · 직위

　마. 공개하는 것이 공익을 위하여 필요한 경우로써 법령에 의하여 국가 또는 지방자치단체가 업무의 일부를 위탁 또는 위촉한 개인의 성명 · 직업

7. 법인 · 단체 또는 개인(이하 "법인등"이라 한다)의 경영 · 영업상 비밀에 관한 사항으로서 공개될 경우 법인등의 정당한 이익을 현저히 해할 우려가 있다고 인정되는 정보. 다만, 다음에 열거한 정보를 제외한다.

　가. 사업활동에 의하여 발생하는 위해로부터 사람의 생명 · 신체 또는 건강을 보호하기 위하여 공개할 필요가 있는 정보

　나. 위법 · 부당한 사업활동으로부터 국민의 재산 또는 생활을 보호하기 위하여 공개할 필요가 있는 정보

8. 공개될 경우 부동산 투기 · 매점매석 등으로 특정인에게 이익 또는 불이익을 줄 우려가 있다고 인정되는 정보

Ⅱ. 정보공개청구권 행사방법

1. 정보공개청구권

국민의 알 권리, 특히 국가정보에의 접근의 권리는 우리 헌법상 기본적으로 표현의 자유와 관련하여 인정되는 것으로 그 권리의 내용에는 일반 국민 누구나 국가에 대하여 보유 · 관리하고 있는 정보의 공개를 청구할 수 있는 이른바 일반적인 정보공개청구권이 포함되고, 이 청구권은 공공기관의정보공개에관한법률(1996. 12. 31. 법률 제5242호)이 1998. 1. 1. 시행되기 전에는 사무관리규정(1991. 6. 19. 대통령령 제13390호로 제정되어 1997. 10. 21. 대통령령 제15498호로 개정되기 전의 것) 제33조 제2항과 행정정보공개운영지침(1994. 3. 2. 국무총리 훈령 제288호)에서 구체화되어 있었다. 한편

행정정보공개운영지침은 공개대상에서 제외되는 정보의 범위를 규정하고 있으나, 국민의 자유와 권리는 법률로써만 제한할 수 있으므로, 이는 법률에 의하지 아니하고 국민의 기본권을 제한한 것이 되어 대외적으로 구속력이 없다.[228]

[행정정보고개와 행정절차법상 정보공개]

구분	행정정보공개	행정절차법상 정보공개
법적근거	헌법 : 알권리, 제21①	헌법 : 적법절차 조항근거설(12 ①②) 법률 : 행정절차법
공개대상 정보	공공기관이 직무상 작성 또는 취득하여 관리하고 있는 문서, 도면, 사진, 필름, 테이프, 슬라이드, 및 그 밖에 이에 준하는 매체 등에 기록된 사항	당해처분과 관련되는 문서의 열람, 복사
청구권자	모든 국민, 일반적 공개청구권	이해관계인, 당사자에 한정, 개별적정보공개 청구권
시기	정보공개는 처분 전에 한정하지 않으며, 원칙적으로 행정처분이 끝난 후의 정보를 공개	행정처분이 있기전에 행정처분의 근거가 되는 정보를 공개
범위	개개의 공문서	통상적으로 특정 안건에 관한 문서전체

2. 정보공개청구권자

공공기관의 정보공개에 관한 법률 제5조에는 '모든 국민은 정보의 공개를 청구할 권리를 가다고 규정하고 있고, 같은 법 시행령 제3조에서는 외국인이라도 국내에 일정한 주소를 두고 거주하거나 학술외인의 정보공개 청구에 관하여는 대통령령으로 정한다'고 규정하고 있다. 여기에서 말하는 국민에는 자연인은 물론 법인, 권리능력 없는 사단 · 재단도 포함되고, 법인, 권리능력 없는 사단 · 재단 등의 경우에는 설립목적을 불문하며,[229] 해당 정보와 어떤 관련성을 가질 필요도 없고, 공개청구의 목적도 불문한다. 다만 지방자치단체의 경우에는 국민에 대응하는 정보공개의무자로 상정하고 있으므로 정보공개청구권자인 국민에 해당하지 아니한다.[230]

【판시사항】

[1] 정보공개거부처분 취소소송의 원고적격과 관련하여 공공기관의정보공개에관한법률 제18조 제1항의 규정에 의하여 정보공개청구권 외에 별도의 법률상 이익의 침해를 추가로 제소요건으로 요구하는지

---

228) 대법원 1999.09.21. 선고 97누5114 판결, 헌법재판소 1991. 5. 13. 서고 90헌마133 결정.
229) 대법원 2003.12.12. 선고 2003두8050 판결.
230) 서울행정법원 2005. 10. 12. 선고 2005구합10484 판결, 서울행정법원 2005. 11. 17. 선고 2005구합23176 판결(확정).

여부(소극)[울산지법 2001. 5. 23., 선고, 2000구2108, 판결 : 항소]

【판결요지】

국민의 알 권리, 특히 국가정보에의 접근의 권리는 우리 헌법상 기본적으로 표현의 자유와 관련하여 인정되는 것으로 그 권리의 내용에는 자신의 권익보호와 직접 관련이 있는 정보의 공개를 청구할 수 있는 이른바 개별적 정보공개청구권뿐 아니라 일반 국민 누구나 국가에 대하여 보유·관리하고 있는 정보의 공개를 청구할 수 있는 이른바 일반적 정보공개청구권이 포함되고, 일반적 정보공개청구권은 바로 공공기관의정보공개에관한법률에 의하여 구체화되어 있다 할 것인데, 같은 법 제6조 제1항은 모든 국민에게 정보공개청구권이 있음을 명시하고 있고, 또 공공기관에게 같은 법 제7조 제1항 소정의 비공개정보를 제외한 정보를 공개할 법률상 의무를 지우고 있는바, 같은 법에 의하여 보장되고 있는 정보공개청구권이 침해받고 있다면서 정보공개거부처분의 취소청구를 하고 있는 이상 원고적격은 있는 것이고 같은 법 제18조 제1항의 규정이 위와 같은 정보공개청구권 외에 별도의 법률상 이익의 침해를 추가로 제소요건으로 요구하는 규정이라고 할 수는 없다.

3. 정보공개대상기관

정보공개법에서는 정보공개대상기관으로 공공기관을 규정하고 있다. 여기서 말하는 공공기관이란 다음의 기관을 말한다(정보공개법 제2조).

(1) 국가기관

국회, 법원, 헌법재판소, 중앙선거관리위원회, 2) 중앙행정기관(대통령 소속 기관과 국무총리 소속 기관을 포함한다) 및 그 소속 기관, 3)「행정기관 소속 위원회의 설치·운영에 관한 법률」에 따른 위원회

(2) 지방자치단체

(3)「공공기관의 운영에 관한 법률」제2조에 따른 공공기관

(4) 그 밖에 대통령령으로 정하는 기관, "대통령령으로 정하는 기관"이란 다음의 기관 또는 단체를 말한다(정보공개법 시행령 제2조).

1)「유아교육법」,「초·중등교육법」,「고등교육법」에 따른 각급 학교 또는 그 밖의 다른 법률에 따라 설치된 학교

2)「지방공기업법」에 따른 지방공사 및 지방공단

3) 다음 각 목의 어느 하나에 해당하는 기관 중 지방자치단체의 조례로 정하는 기관

　　가) 지방자치단체의 조례에 따라 설립되고 해당 지방자치단체가 출연한 기관

　　나) 지방자치단체의 지원액(조례 또는 규칙에 따라 직접 지방자치단체의 업무를 위탁받거나 독점적 사업권을 부여받은 기관의 경우에는 그 위탁업무나 독점적 사업으로 인한 수입액을 포함한다)이 총수입액의 2분의 1을 초과하는 기관

다) 지방자치단체가 100분의 50 이상의 지분을 가지고 있거나 100분의 30 이상의 지분을 가지고 임원 임명권한 행사 등을 통하여 해당 기관의 정책 결정에 사실상 지배력을 확보하고 있는 기관

라) 지방자치단체와 가목부터 다목까지의 어느 하나에 해당하는 기관이 합하여 100분의 50 이상의 지분을 가지고 있거나 100분의 30 이상의 지분을 가지고 임원 임명권한 행사 등을 통하여 해당 기관의 정책 결정에 사실상 지배력을 확보하고 있는 기관

마) 가목부터 라목까지의 어느 하나에 해당하는 기관이 단독으로 또는 두 개 이상의 기관이 합하여 100분의 50 이상의 지분을 가지고 있거나 100분의 30 이상의 지분을 가지고 임원 임명권한 행사 등을 통하여 해당 기관의 정책 결정에 사실상 지배력을 확보하고 있는 기관

바) 가목부터 라목까지의 어느 하나에 해당하는 기관이 설립하고, 지방자치단체 또는 해당 설립 기관이 출연한 기관

4) 특별법에 따라 설립된 특수법인

5) 「사회복지사업법」 제42조제1항에 따라 국가나 지방자치단체로부터 보조금을 받는 사회복지법인과 사회복지사업을 하는 비영리법인

6) 제5호 외에 「보조금 관리에 관한 법률」 제9조 또는 「지방재정법」 제17조제1항 각 호 외의 부분 단서에 따라 국가나 지방자치단체로부터 연간 5천만원 이상의 보조금을 받는 기관 또는 단체. 다만, 정보공개 대상 정보는 해당 연도에 보조를 받은 사업으로 한정한다.

4. 공개대상정보

> **정보공개법 제2조**
>
> 1. "정보"란 공공기관이 직무상 작성 또는 취득하여 관리하고 있는 문서(전자문서를 포함한다. 이하 같다) · 도면 · 사진 · 필름 · 테이프 · 슬라이드 및 그 밖에 이에 준하는 매체 등에 기록된 사항을 말한다.
> 2. "공개"란 공공기관이 이 법에 따라 정보를 열람하게 하거나 그 사본 · 복제물을 제공하는 것 또는 「전자정부법」 제2조제10호에 따른 정보통신망(이하 "정보통신망"이라 한다)을 통하여 정보를 제공하는 것 등을 말한다.

정보공개의 대상이 되는 정보는 공공기관이 보유, 관리하고 있는 정보이다. 문서는 반드시 원본일 필요는 없고, 사본도 공개대상정보에 해당하며,[231] 정보는 공공기관이 직무상 작성 또는 취득하여 현재 보유, 관리하고 있는 정보에 한한다.[232] 따라서 국민의 청구에 따라 새롭게 정보를 생산하거나

---

231) 대법원 2006. 5. 25 선고 2006두3049 판결.
232) 대법원 2006. 5. 25 선고 2006두3049 판결.

가공하여 제공할 의무는 없다.

5. 비공개 대상 정보

(1) 비공개사유

처분이 적법하다는 증명책임이 처분청에 있다는 일반원칙에 비추어 공공기간에 그 증명책임이 있다. 대상이 된 정보의 내용을 구체적으로 확인검토하여 어느 부분이 어떠한 법익 또는 기본권과 충돌되어 정보공개법 제9조 제1항 몇호에서 정하고 잇는 비공개사유에 해당하는지를 주장입증하지 아니한 채 개괄적인 사유만을 들어 공개를 거부하는 것은 허용되지 아니하고 그 자체로 위법하다.[233]

(2) 비공개대상

공공기관이 보유·관리하는 정보는 공개 대상이 된다. 다만, 다음의 어느 하나에 해당하는 정보는 공개하지 아니할 수 있다(정보공개법 제9조).

1) 다른 법률 또는 법률에서 위임한 명령(국회규칙·대법원규칙·헌법재판소규칙·중앙선거관리위원회규칙·대통령령 및 조례로 한정한다)에 따라 비밀이나 비공개 사항으로 규정된 정보

2) 국가안전보장·국방·통일·외교관계 등에 관한 사항으로서 공개될 경우 국가의 중대한 이익을 현저히 해칠 우려가 있다고 인정되는 정보

3) 공개될 경우 국민의 생명·신체 및 재산의 보호에 현저한 지장을 초래할 우려가 있다고 인정되는 정보

4) 진행 중인 재판에 관련된 정보와 범죄의 예방, 수사, 공소의 제기 및 유지, 형의 집행, 교정(矯正), 보안처분에 관한 사항으로서 공개될 경우 그 직무수행을 현저히 곤란하게 하거나 형사피고인의 공정한 재판을 받을 권리를 침해한다고 인정할 만한 상당한 이유가 있는 정보

5) 감사·감독·검사·시험·규제·입찰계약·기술개발·인사관리에 관한 사항이나 의사결정 과정 또는 내부검토 과정에 있는 사항 등으로서 공개될 경우 업무의 공정한 수행이나 연구·개발에 현저한 지장을 초래한다고 인정할 만한 상당한 이유가 있는 정보. 다만, 의사결정 과정 또는 내부검토 과정을 이유로 비공개할 경우에는 의사결정 과정 및 내부검토 과정이 종료되면 제10조에 따른 청구인에게 이를 통지하여야 한다.

6) 해당 정보에 포함되어 있는 성명·주민등록번호 등 개인에 관한 사항으로서 공개될 경우 사생활의 비밀 또는 자유를 침해할 우려가 있다고 인정되는 정보. 다만, 다음 가 목에 열거한 개인에 관한 정보는 제외한다.

　가) 법령에서 정하는 바에 따라 열람할 수 있는 정보

---

233) 대법원 2005. 11. 25. 선고 2004두3342 판결.

나) 공공기관이 공표를 목적으로 작성하거나 취득한 정보로서 사생활의 비밀 또는 자유를 부당하게 침해하지 아니하는 정보

다) 공공기관이 작성하거나 취득한 정보로서 공개하는 것이 공익이나 개인의 권리 구제를 위하여 필요하다고 인정되는 정보

라. 직무를 수행한 공무원의 성명·직위

마) 공개하는 것이 공익을 위하여 필요한 경우로서 법령에 따라 국가 또는 지방자치단체가 업무의 일부를 위탁 또는 위촉한 개인의 성명·직업

7) 법인·단체 또는 개인(이하 "법인등"이라 한다)의 경영상·영업상 비밀에 관한 사항으로서 공개될 경우 법인등의 정당한 이익을 현저히 해칠 우려가 있다고 인정되는 정보. 다만, 다음 각 목에 열거한 정보는 제외한다.

가) 사업활동에 의하여 발생하는 위해(危害)로부터 사람의 생명·신체 또는 건강을 보호하기 위하여 공개할 필요가 있는 정보

나) 위법·부당한 사업활동으로부터 국민의 재산 또는 생활을 보호하기 위하여 공개할 필요가 있는 정보

8) 공개될 경우 부동산 투기, 매점매석 등으로 특정인에게 이익 또는 불이익을 줄 우려가 있다고 인정되는 정보

6. 정보공개의 청구방법

(1) 정보보유·관리의 증명책임

정보공개제도는 공공기관이 보유·관리하는 정보를 그 상태대로 공개하는 제도로서 공개를 구하는 정보를 공공기관이 보유·관리하고 있을 상당한 개연성이 있다는 점에 대하여 원칙적으로 공개청구자에게 증명책임이 있다고 할 것이지만, 그 개연성이 입증되면 그 정보를 보유·관리하고 있지 않다는 점에 대한 증명책임과 공개를 구하는 정보를 공공기관이 한 때 보유·관리하였으나 후에 그 정보가 담긴 등이 폐기되어 존재하지 않게 된 점에 대한 증명책임은 공공기관에게 있다.[234] 공공기관이 그 정보를 보유·관리하고 있지 아니하다는 이유로 공개거부처분을 하였고 심리한 결과 공공기관이 그 정보를 보유·관리하고 있지 아니하다는 사실이 입증된 경우에 소를 각하하여야 한다.[235]

(2) 청구방법

정보의 공개를 청구하는 자(이하 "청구인"이라 한다)는 해당 정보를 보유하거나 관리하고 있는 공공기

---

234) 대법원 2004. 12. 9. 선고 2003두12707 판결.
235) 대법원 2006. 1. 13. 선고 2003두9459 판결.

관에 다음 각 호의 사항을 적은 정보공개 청구서를 제출하거나 말로써 정보의 공개를 청구할 수 있다. 이에 따라 청구인이 말로써 정보의 공개를 청구할 때에는 담당 공무원 또는 담당 임직원의 앞에서 진술하여야 하고, 담당공무원등은 정보공개 청구조서를 작성하여 이에 청구인과 함께 기명날인하거나 서명하여야 한다(정보공개법 제10조).

1. 청구인의 성명 · 주민등록번호 · 주소 및 연락처(전화번호 · 전자우편주소 등을 말한다)
2. 공개를 청구하는 정보의 내용 및 공개방법

[정보공개처리절차]

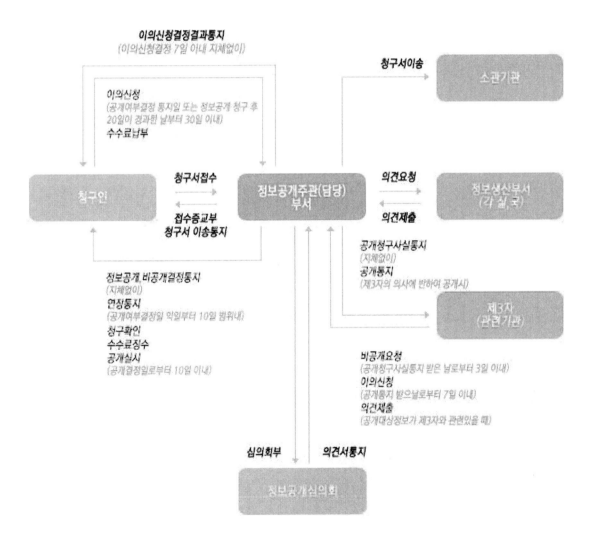

7. 정보공개 여부의 결정 및 통지 등

(1) 정보공개 여부의 결정, 제3자의 의견청취, 이송

공공기관은 정보공개의 청구를 받으면 그 청구를 받은 날부터 10일 이내에 공개 여부를 결정하여야 한다. 만일, 부득이한 사유로 위 기간 이내에 공개 여부를 결정할 수 없을 때에는 그 기간이 끝나는 날의 다음 날부터 기산(起算)하여 10일의 범위에서 공개 여부 결정기간을 연장할 수 있다. 이 경우 공공기관은 연장된 사실과 연장 사유를 청구인에게 지체 없이 문서로 통지하여야 한다.

또한, 공공기관은 공개 청구된 공개 대상 정보의 전부 또는 일부가 제3자와 관련이 있다고 인정할 때에는 그 사실을 제3자에게 지체 없이 통지하여야 하며, 필요한 경우에는 그의 의견을 들을 수 있고, 다른 공공기관이 보유·관리하는 정보의 공개 청구를 받았을 때에는 지체 없이 이를 소관 기관으로 이송하여야 하며, 이송한 후에는 지체 없이 소관 기관 및 이송 사유 등을 분명히 밝혀 청구인에게 문서로 통지하여야 한다(정보공개법 제11조).

(2) 정보공개 여부 결정의 통지

공공기관은 정보의 공개를 결정한 경우에는 공개의 일시 및 장소 등을 분명히 밝혀 청구인에게 통지하여야 하며, 청구인이 사본 또는 복제물의 교부를 원하는 경우에는 이를 교부하여야 한다. 다만, 공개 대상 정보의 양이 너무 많아 정상적인 업무수행에 현저한 지장을 초래할 우려가 있는 경우에는 정보의 사본·복제물을 일정 기간별로 나누어 제공하거나 열람과 병행하여 제공할 수 있다. 이 경우 공공기관은 정보를 공개하는 경우에 그 정보의 원본이 더럽혀지거나 파손될 우려가 있거나 그 밖에 상당한 이유가 있다고 인정할 때에는 그 정보의 사본·복제물을 공개할 수 있다.

만일, 공공기관이 정보의 비공개 결정을 한 경우에는 그 사실을 청구인에게 지체 없이 문서로 통지하여야 한다. 이 경우 비공개 이유와 불복(不服)의 방법 및 절차를 구체적으로 밝혀야 한다(정보공개법 제13조).

8. 정보의 전자적 공개 및 즉시 처리가 가능한 정보의 공개

(1) 정보의 전자적 공개

공공기관은 전자적 형태로 보유·관리하는 정보에 대하여 청구인이 전자적 형태로 공개하여 줄 것을 요청하는 경우에는 그 정보의 성질상 현저히 곤란한 경우를 제외하고는 청구인의 요청에 따라야 한다. 다만, 전자적 형태로 보유·관리하지 아니하는 정보에 대하여 청구인이 전자적 형태로 공개하여 줄 것을 요청한 경우에는 정상적인 업무수행에 현저한 지장을 초래하거나 그 정보의 성질이 훼손될 우려가 없으면 그 정보를 전자적 형태로 변환하여 공개할 수 있다(정보공개법 제15조).

(2) 즉시 처리가 가능한 정보의 공개

다음의 어느 하나에 해당하는 정보로서 즉시 또는 말로 처리가 가능한 정보에 대해서는 제11조에 따른 절차를 거치지 아니하고 공개하여야 한다(정보공개법 제16조).

1) 법령 등에 따라 공개를 목적으로 작성된 정보

2) 일반국민에게 알리기 위하여 작성된 각종 홍보자료

3) 공개하기로 결정된 정보로서 공개에 오랜 시간이 걸리지 아니하는 정보

4) 그 밖에 공공기관의 장이 정하는 정보

9. 비용 부담

정보의 공개 및 우송 등에 드는 비용은 실비(實費)의 범위에서 청구인이 부담한다. 다만, 공개를 청구하는 정보의 사용 목적이 공공복리의 유지·증진을 위하여 필요하다고 인정되는 경우에는 제1항에 따른 비용을 감면할 수 있다(정보공개법 제17조).

10. 불복 구제 절차

(1) 이의신청

청구인이 정보공개와 관련한 공공기관의 비공개 결정 또는 부분 공개 결정에 대하여 불복이 있거나 정보공개 청구 후 20일이 경과하도록 정보공개 결정이 없는 때에는 공공기관으로부터 정보공개 여부의 결정 통지를 받은 날 또는 정보공개 청구 후 20일이 경과한 날부터 30일 이내에 해당 공공기관에 문서로 이의신청을 할 수 있고(정보공개법 제18조). 국가기관등은 이의신청이 있는 경우에는 심의회를 개최하여야 한다.[236] 이 경우 공공기관은 이의신청을 받은 날부터 7일 이내에 그 이의신청에 대하여 결정하고 그 결과를 청구인에게 지체 없이 문서로 통지하여야 한다. 다만, 부득이한 사유로 정하여진 기간 이내에 결정할 수 없을 때에는 그 기간이 끝나는 날의 다음 날부터 기산하여 7일의 범위에서 연장할 수 있으며, 연장 사유를 청구인에게 통지하여야 한다.

그러나 만일, 공공기관이 이의신청을 각하(却下) 또는 기각(棄却)하는 결정을 한 경우에는 청구인에게 행정심판 또는 행정소송을 제기할 수 있다는 사실을 제3항에 따른 결과 통지와 함께 알려야 한다.

(2) 행정심판

청구인이 정보공개와 관련한 공공기관의 결정에 대하여 불복이 있거나 정보공개 청구 후 20일이 경과하도록 정보공개 결정이 없는 때에는 「행정심판법」에서 정하는 바에 따라 행정심판을 청구할 수 있다.

---

236) 다만, 심의회의 심의를 이미 거친 사항, 단순·반복적인 청구, 법령에 따라 비밀로 규정된 정보에 대한 청구중 어느 하나에 해당하는 경우에는 개최하지 아니할 수 있다.

이 경우 국가기관 및 지방자치단체 외의 공공기관의 결정에 대한 감독행정기관은 관계 중앙행정기관의 장 또는 지방자치단체의 장으로 한다. 청구인은 이의신청 절차를 거치지 아니하고 행정심판을 청구할 수 있다(정보공개법 제19조).

(3) 행정소송

1) 원칙

청구인이 정보공개와 관련한 공공기관의 결정에 대하여 불복이 있거나 정보공개 청구 후 20일이 경과하도록 정보공개 결정이 없는 때에는 「행정소송법」에서 정하는 바에 따라 행정소송을 제기할 수 있다. 다만, 재판장은 필요하다고 인정하면 당사자를 참여시키지 아니하고 제출된 공개 청구 정보를 비공개로 열람·심사할 수 있다.

2) 예외

재판장은 행정소송의 대상이 정보 중 국가안전보장·국방 또는 외교관계에 관한 정보의 비공개 또는 부분 공개 결정처분인 경우에 공공기관이 그 정보에 대한 비밀 지정의 절차, 비밀의 등급·종류 및 성질과 이를 비밀로 취급하게 된 실질적인 이유 및 공개를 하지 아니하는 사유 등을 입증하면 해당 정보를 제출하지 아니하게 할 수 있다(정보공개법 제20조).

[서식] 정보공개청구의 소

소　　장

원고　　　○○언론 협의회
　　　　　서울시 서대문구 ○○동 ○-○
　　　　　(전화 000-000, 팩스 000-000)
피고　　　한국방송공사
정보공개청구의 소

청구취지

1. 피고가 2006. 6. 8. 원고에 대하여 한 정보 부분공개 결정 중 아래 정보에 관한 각 비공개 결정을 취소한다.

　가. 2003년, 2004년, 2005년 장르별 제작원가 세부 내역

　나. 2003년, 2004년, 2005년 외주제작 내역(외주처, 제작내역 및 금액)

다. 2003년, 2004년, 2005년 이사회 의사록

2. 소송비용은 피고가 부담한다.

라는 판결을 구합니다.

청구원인

1. 처분의 경위

(1) 원고는 '공영방송이 독립성과 다양성을 바탕으로 공정한 보도를 하고 보편적 공론장의 역할을 다함으로써 국민의 알 권리를 충족시키고 민주시민의 참된 여론 형성에 이바지하는 것'을 목적으로 설립된 법인 아닌 사단입니다.

(2) 원고가 2006. 5. 16. 피고에게 청구취지 기재 정보(이하 '이 사건 각 정보'라 한다)를 포함한 정보를 사본·출력물로 제공하라고 공개를 청구하자, 피고는 2006. 6. 8. 그 중 일부 정보에 대한 공개 결정을 하면서, 이 사건 각 정보에 관하여는 아래와 같은 이유로 비공개 결정을 하는 이 사건 처분을 하였습니다.

1) 2003년, 2004년, 2005년 장르별 제작원가 세부 내역 : 피고가 보유·관리하고 있는 정보가 아니거나, 경영·영업상 비밀에 관한 사항으로서 공개될 경우 법인 등의 정당한 이익을 현저히 해할 우려가 있다고 인정됨.

2) 2003년, 2004년, 2005년 외주제작 내역(외주처, 제작내역 및 금액) : 피고가 보유·관리하고 있는 정보가 아니거나, 경영·영업상 비밀에 관한 사항으로서 공개될 경우 법인 등의 정당한 이익을 현저히 해할 우려가 있다고 인정됨.

3) 2003년, 2004년, 2005년 이사회 의사록 : 특정 개인에 대한 인격 손상이나 사생활 침해의 우려가 있고, 심사과정에 대한 의사록이 공개되어 위원 개개인의 의사 표명이 외부에 공개되면 자유로운 심사 분위기를 해쳐 공정성 확보에 지장을 가져올 수 있음. 다만, 필요한 의사록에 관하여 피고를 방문하여 열람하는 것은 가능함.

2. 처분의 위법성

이 사건 각 정보 중 장르별 제작원가 세부 내역과 외주제작 내역은 피고가 당연히 보유·관리하고 있는 정보에 해당하고, 이 사건 각 정보는 공공기관의 정보공개에 관한 법률(이하 정보공개법이라 한다)상 비공개 대상에 해당하지 아니하므로 피고는 이 사건 각 정보를 공개하여야 할 의무가 있으므로 이를 거부한 처분은 위법합니다.

3. 결론

이와 같이 피고의 처분은 위법한 행정처분이 아닐 수 없으므로, 상기와 같이 원고의 행정처분의 취소를 구하는 행정소송에 이르게 되었습니다.

입증방법

    1. 갑 제1호증

    2. 갑 제2호증

    3. 갑 제3호증

    4. 갑 제4호증

첨부서류

    1. 위 각 입증방법   각 1부

    2. 송달료 납부서

    3. 소장부본

20 .   .   .

위 원고   (날인 또는 서명)

서울행정법원   귀중

당해판례

2006구합 24183

(1) 장르별 제작원가 세부 내역에 관하여

정보공개법 제2조 제1호는 '정보'에 대하여 "공공기관이 직무상 작성 또는 취득하여 관리하고 있는 문서·도면·사진·필름·테이프·슬라이드 및 그 밖에 이에 준하는 매체 등에 기록된 사항"이라고 정의하고 있으므로, 공개청구의 대상이 되는 정보는 공공기관이 직무상 작성 또는 취득하여 현재 관리하고 있는 문서 등 실체가 존재하는 것에 한정된다. 따라서 정보공개청구를 하는 청구인은 당해 정보를 특정할 수 있는 정도의 관련 내용을 제시하여야 하고, 그 거부처분에 대한 소송에서 직접증거에 의하여 당해 정보를 공공기관이 관리하고 있다는 점을 입증할 필요까지는 없다고 하더

라도, 당해 정보의 실체가 존재하고 공공기관이 이를 관리하고 있을 상당한 개연성이 있다는 점을 입증하여야 할 것이다.

그런데, 원고가 청구한 장르별 제작원가 세부 내역에 관하여는, 이른바 장르별 구분방법이 특정되었다고 보기 어려울 뿐 아니라, 위와 같은 정보의 실체가 존재하고 피고가 이를 관리하고 있을 상당한 개연성이 있다는 점을 입증할 아무런 증거가 없고, 오히려 피고의 성격, 운영방식, 규모 등 제반사정을 고려하면 위와 같은 정보의 실체가 존재하기 어렵다고 봄이 상당하다. 따라서 피고의 이 부분 정보에 관한 비공개 결정은 적법하다.

(2) 외주제작 내역(외주처 · 제작 내역 및 금액)에 관하여

(가) 정보의 특정 및 존재 여부

원고는 외주제작 내역으로서 외주처, 제작 내역 및 금액에 관한 정보의 공개를 청구하고 있는바, 그 청구하는 정보의 내용이 특정되어 있다고 봄이 상당하고, 외주처 및 제작 내역에 관한 정보를 보유하고 있음은 피고도 자인하고 있으며, 금액에 관하여는 계약서와 영수증 등의 형태로 정보를 보유하고 있음이 경험칙상 분명하므로, 이 부분 피고의 주장은 받아들이지 아니한다.

(나) 정보공개법 제9조 제1항 제7호의 비공개 대상에 해당하는지 여부

피고의 외주제작 방식이 외주제작업체들간의 입찰에 의하고 있다고 하더라도, 기존의 제작금액이 공개될 경우 외주제작업체들간의 가격담합 등으로 인하여 피고의 정당한 이익이 현저히 침해받는다고 인정할 만한 아무런 근거가 없는 반면, 오히려 피고가 자인하고 있는 바와 같이 피고의 제1TV의 경우 24% 이상, 제2TV의 경우 40% 이상을 외주제작으로 편성하고 있는 상황에서, 자의적이고 방만한 예산집행의 여지를 미리 차단하고 시민들의 감시를 보장함으로써 그 집행의 합법성과 효율성을 확보하기 위하여서라도 그 집행증빙을 공개할 필요성이 크다고 할 것인바, 이러한 사정을 종합하여 보면 위 정보가 법인 등의 영업상 비밀에 관한 정보를 포함하고 있어 정보공개법 제9조 제1항 제7호의 비공개 대상에 해당한다고 볼 수는 없다고 할 것이므로, 피고의 위 주장도 받아들이지 아니한다.

(3) 이사회 의사록에 관하여

(가) 판단의 기준

정보공개법 제9조 제1항 제5호는 "감사 · 감독 · 검사 · 시험 · 규제 · 입찰계약 · 기술개발 · 인사관리 · 의사결정과정 또는 내부검토과정에 있는 사항 등으로서 공개될 경우 업무의 공정한 수행이나 연구 · 개발에 현저한 지장을 초래한다고 인정할 만한 상당한 이유가 있는 정보"를 비공개 대상으로 규정하고 있는 바, 그 규정형식에 비추어 볼 때, 의사결정과정 또는 내부검토과정에 있는 사항뿐만이 아니라 이에 준하는 일반행정 운영정보로서 그것이 공개될 경우 당해 업무의 공정한 수행에 현저한 지장을 초래한다고 인정할 만한 상당한 이유가 있는 정보는 법 제9조 제1항 제5호가 정한 비공개대상 정보에 해당한다고 보아야 할 것이다. 다만, 정보공개법 제3조에 규정된 정보공개의 원칙에 비추어 볼 때 합의제기관 관련 정보는 언제나 공개되어서는 안 된다는 논리는 성립할 수 없고, 피고의 이사회 의사록과 같이 이른바 합의제기관 관련 정보를 비공개로 한다는 명문 규정이 없는 경우에는 결국 일반적인 행정운영정보에 관한 규정을 유추해석하여 적용할 수밖에 없을 것이다. 여기서 합의제기 관 관련 정보가 '의사결정과정 정보'로서 비공개대상에 해당한다고 볼 수 있는가 하는 것은, 결국 정보공개법의 입법 취지, 당해 합의제기관의 성격, 합의제기관이 작성한 정보-예컨대 의사록의 내용과 성격-, 정보공개의 방법 등 여러 가지 사정을 종합하여 그 공개로 인하여 침해되는 이익과 공개로 인하여 얻는 이익을 비교형량하여 구체적으로 판단하여야 할 것이다.

(나) 판단

공영방송의 책임과 사회에서의 역할, 각국의 입법례 등에 비추어, 단순히 향후 이사회의 공정하고 효율적인 운영이 방해될 수 있다는 사정만으로 피고의 이사회 의사록을 일반 국민들에 대하여 완전히 비공개할 수는 없다고 할 것이다. 그러나, 위 인정사실에 나타난 바와 같이 이사회 의사록에는 각종 현안에 대한 이사회에서의 결정 내용 뿐만 아니라 그 결정에 관한 이사회의 최종적인 의사형성에 이르기까지의 자유롭고 활발한 의사표현이 기재되어 있는 바, 이러한 비공개를 전제로 한 발언 중 일부는 공표될 경우 그 의도와는 다른 사회적 갈등이나 이사 개인의 명예훼손 등을 야기할 개연성도 있다고 봄이 상당하므로, 결국 이사회 의사록의 특정 내용을 공개할 지 여부는 헌법상 보장된 국민의 알 권리와 그 공개로 인하여 침해될 이익을 심도 있게 비교형량 할 필요성이 크다고 할 것이다. 위와 같은 사정을 고려하면, 특정한 이사회 의사록을 일반에 공표할 것인지 여부는 공개청구를 받은 피고 스스로가 당해 의사록의 내용을 심도 있게 검토한 후에야만 비로소 공개 여부를 결정할 수 있을 것이고, 한편 정보공개법 제2조 제2호는 '사본의 교부' 등과 함께 '열람'도 공개의 한 방법으로 규정하고 있어 피고가 개개의 이사회 의사록에 대한 접근 및 열람은 이미 허용한 이상 공개 자체를 거부하였다고 보기도 어려우므로, 그 범위를 넘어 원고의 청구와 같이 3년간의 이사회 의사록을 빠짐없이 사본 교부의 형식으로 공개하는 것은 업무의 공정한 수행에 현저한 지장을 초래한다고 인정할 만한 상당한 이유가 있다고 인정되므로 정보공개법 제9조 제1항 제5호 소정의 비공개 대상정보에 해당한다.

따라서 피고의 이 부분 정보에 관한 비공개 결정은 적법하다.

(4) 결론

그렇다면, 피고의 이 사건 처분 중 2003년, 2004년, 2005년 외주제작 내역(외주처, 제작내역 및 금액)에 관한 비공개 결정 부분은 위법하므로 그 취소를 구하는 원고의 청구는 이유 있어 이를 인용하기로 하되, 원고의 나머지 청구는 이유 없어 이를 모두 기각하기로 하여, 주문과 같이 판결한다.

[서식] 정보공개거부처분취소 청구의 소

소　　장

원고　　한겨레신문사
　　　　서울시 ○○구 ○○동 ○○번지
　　　　(전화 000-000, 팩스 000-000)
피고　　국세청장
정보공개거부처분취소

청구취지

1. 피고가 원고에 대하여 2011. 3. 31. 한 정보공개거부처분 중 별지 1 목록 기재 부분에 관한 정보공개 거부처분을 취소한다.

2. 소송비용은 피고의 부담으로 한다.

라는 판결을 구합니다.

청구원인

1. 처분의 경위

(1) 원고의 정보공개청구

원고는 신문사로서 종교의 사회적 책임 및 종교인의 소득세 납부에 관한 언론취재를 통해 공적 여론을 형성하기 위하여 2011. 3. 21. 피고에게 아래 정보에 대한 공개청구를 하였습니다.

① 종교인의 최근 10년간 소득세 납부현황·이름, 교회나 절 등 소속 단체 및 종교법인명, 신고소득, 납부세액, 세율 등의 정보
② 최근 10년간 전국 국세청에서 종교인에게 소득세를 납부할 것을 요구하고 알린 사례, 사례가 있다면 어느 국세청에서 언제 누구에게 최고하였는지에 관한 정보

③ 최근 10년간 국세청이 종교법인에게 소득세를 납부할 것을 요구하고 알린 사례, 사례가 있다면 어느 국세청에서 언제 어느 법인에게 최고하였는지에 관한 정보

④ 최근 10년간 전국 국세청에서 자진하여 소득세를 납부하러 온 종교인의 납부 의사를 거부하고 돌려보낸 사례에 관한 정보

⑤ 최근 10년간 국세청에 소득신고한 종교인 가운데 연소득을 1억 원 이상으로 신고한 종교인이 있는지, 해당 종교인이 있다면 이름, 소속 종교법인, 구체적 소득신고액, 세율, 납부세액의 정보

⑥ ○○ ○○교회 +++ 목사 및 소속 직원과 목사들이 현재 소득세를 신고해 납부하고 있는지 확인을 요청. 만약 납부하고 있다면 신고한 소득액, 납부세액의 정보

⑦ 만약 +++ 목사 및 소속 직원과 목사들이 소득세를 내고 있다면, 최초로 소득세를 납부한 시점이 몇 년 몇 월이고 납부세액이 얼마인지의 정보

(2) 피고의 정보공개거부처분

피고는 2011. 3. 31. 공공기관의 정보공개에 관한 법률(이하 '정보공개법'이라 한다) 제9조 및 국세기본법 제81조의13에서는 납세자가 세법이 정한 납세의무를 이행하기 위하여 제출한 자료나 국세의 부과징수를 목적으로 업무상 취득한 자료 등에 대해 특정인을 식별할 수 있는 개인에 관한 정보 또는 납세자의 과세정보는 타인에게 제공할 수 없도록 엄격히 제한하고 있고, 직무상 작성 또는 취득하여 관리하고 있지 아니한문서는 정보공개법상 정보에 해당하지 않는다는 이유 (구체적으로는 위 ① ~ ⑤ 정보는 비보유정보(이하 '이 사건 비보유정보'라 한다. 단, 이 소송에서 원고는 비보유정보 중 최근 2년치에 대한 것만 취소를 구하고 있다)이고, ⑥, ⑦은 과세정보(이하 '이 사건 과세정보'라 한다)라는 이유이다)를 들어 정보공개거부처분(이하 '이 사건 처분'이라 한다)을 하였습니다.

(3) 전심절차의 경유

한편, 원고는 2011. 4. 20. 중앙행정심판위원회에 이 사건 처분의 취소를 구하는 행정심판을 제기하였으나 2011. 8. 23. 기각되었습니다.

2. 처분의 위법성

(1) 이 사건 비보유정보에 관하여

원고가 취재한 바에 따르면 종교단체 중 카톨릭 10여개 교구, 일부 교회 등에서는 소속 종교인에 대한 근로소득세를 원천징수하여 납부하고 있는 점, 2006. 4.경 피고는 당시 재정경제부에 종교인 소득세 부과에 관한 질의를 보내어 유권해석을 요청하였던 점, 피고는 종교법인(이하 국세기본법 제13조 제1항에서 법인으로 보는 단체를 포함하여 '종교법인'으로 통칭한다)의 비업무용 부동산 현황을 파악하기도 하였던 점, 종교법인은 사업자등록시 업태, 종목, 주업종코드 등을 기재하여야 하고 이 때 한국표준산업분류에 따른 업종코드가 불교(94911), 기독교(94912), 천주교(94913),

민족종교(94914), 기타종교(94919)로 분류되어 있고, 단체 고유번호 부여시에도 구분되는 '89' 코드를 부여받는 점, 고유번호 신청시 단체의 정관이나 법인등기부등본 등 관련서류를 피고에게 제출하여야 하는 점, 피고는 국세통계연보를 발간하면서 지역별로 구체적 업종을 분류하여 통계를 작성하고 있는 점 등에 비추어 볼 때 이 사건 비보유정보는 피고가 보유·관리하고 있을 상당한 개연성이 존재합니다.

(2) 이 사건 과세정보에 관하여 이 사건 과세정보는 과세관청이 직접 작성한 자료로서 국세기본법 제81조의13에서 규정하는 '납세의무를 이행하기 위하여 제출한 자료나 국세의 부과·징수를 위하여 업무상 취득한 자료'에 해당하지 아니하며, 설령 그러한 내용이 포함되어 있다고 하더라도 비공개대상 정보를 제외한 나머지만 공개하는 것이 가능합니다.

3. 결론

이상과 같이 피고의 이 사건 처분은 위법하므로 이의 취소를 구하는 행정소송을 제기하기에 이르렀습니다.

입증방법

1. 갑 제1호증
2. 갑 제2호증

첨부서류

1. 위 각 입증방법   각 1부
2. 송달료 납부서
3. 소장부본

20 . . .

위 원고   (날인 또는 서명)

서울행정법원   귀중

별지 1 - 〈청구취지 대상 정보〉

① 종교인의 최근 2년간 소득세 납부현황·이름(교회나 절 등 소속 단체 및 종교법인명), 신고소득, 납부세액, 세율 등 m에 관한 정보

② 최근 2년간 국세청이 종교인에게 소득세를 납부를 최고한 사례, 사례가 있다면 어느 국세청에서 언제 누구에게 최고하였는지에 관한 정보

③ 최근 2년간 국세청이 종교법인에게 소득세의 납부를 최고한 사례, 사례가 있다면 어느 국세청에서 언제 어느 법인에게 최고하였는지에 관한 정보

④ 최근 2년간 전국 국세청에서 자진하여 소득세를 납부하러 온 종교인의 납부의사를 거부하고 돌려보낸 사례에 관한 정보

⑤ 최근 2년간 국세청에 소득신고한 종교인 가운데 연소득을 1억 원 이상으로 신고한 종교인이 있는지, 해당 종교인이 있다면 이름, 소속 종교법인, 구체적 소득신고액, 세율, 납부세액 등에 관한 정보

⑥ ○○ ○○교회 +++ 목사 및 소속 직원과 목사들이 현재 소득세를 신고해 납부하고 있는지 확인을 요청. 만약 납부하고 있다면 신고한 소득액, 납부세액의 정보

⑦ 만약 +++ 목사 및 소속 직원과 목사들이 소득세를 내고 있다면, 최초로 소득세를 납부한시점이 몇 년 몇 월이고 납부세액이 얼마인지의 정보

당해판례

2011구합 36838

(1) 종교인 소득세 관련 정보 공개의 당부

(가) 과세정보 공개의 원칙과 범위

① 모든 국민은 공공기관이 보유·관리하는 정보에 대한 공개청구권을 가지고 있고, 공공기관으로서는 공개를 구한 당해 정보가 정보공개법 제9조 제1항 각호의 비공개대상정보에 해당하지 않는 이상 정보공개법에 따라 이를 공개할 의무를 진다. 이 사건에서 문제되는 종교인에 대한 소득세 관련 정보는 과세관청인 피고가 보유·관리하는 정보인바, 이 정보가 과세정보로서 정보공개법 제9조 제1항 제1호 및 국세기본법 제81조의13 제1항에 의한 비공개 대상정보에 해당하는지 여부가 문제된다.

② 우선, 국세기본법 제81조의13 제1항은 세무공무원으로 하여금 "납세자가 세법에서 정한 납세의무를 이행하기 위하여 제출한 자료나 국세의 부과징수를 위하여 업무상 취득한 자료 등(이하 '과세정보'라 한다)"을 타인에게 제공 또는 누설하거나 목적 외의 용도로 사용하지 못하도록 규정하면서 단서 각호에서 예외적으로 과세정보를 제공할 수 있는 경우를 한정적으로 열거하고 있고, 제3항은 세무공무원으로 하여금 위 규정에 위반하여 과세정보의 제공을 요구받는 경우에는 이를 거부하도록 하고 있으며, 제4, 5항은 제1항의 규정에 의하여 과세정보를 알게 된 자도 이를 타인에게 제공 또는 누설하

거나 그 목적 외의 용도로 사용하지 못하도록 하는 한편 그가 공무원이 아닐 경우 형법 기타 법률에 의한 벌칙의 적용에 있어서 공무원으로 보도록 규정하고 있다.

이는 세무공무원이 조세의 부과징수를 목적으로 납세자로부터 취득한 과세정보를 과세목적 이외에 다른 용도로 사용하는 것을 엄격히 제한하여 납세자의 프라이버시와 사적 비밀을 최대한 보호하여 줌으로써 납세자들이 안심하고 성실한 납세협력의무를 이행할 수 있도록 하기 위한 것이다 세무공무원은. 개인의 경제활동에 관한 상세하고 광범위한 정보를 수집, 관리할 수 있는 지위에 있으므로 이러한 업무수행 과정에서 얻은 정보를 아무런 제한 없이 외부에 공개하게 되면 납세자의 경제활동에 관한 중요한 정보가 누출되어 자본주의 시장경제체제 하에서 납세자의 경제활동에 미치는 피해가 적지 아니할 뿐 아니라 납세자 개인의 비밀침해 또한 예상된다. 나아가 우리 조세법은 신고납세방식의 경우나 부과과세방식의 경우나 원칙적으로 납세의무자로 하여금 자신의 과세자료를 자발적으로 제출하도록 하여 과세자료를 수집하는 방법을 원칙으로 하고 있는데 과세정보에 대한 비밀이 유지되지 않을 경우 자발적 협력을 근간으로 하는 세무행정체계에 큰 지장이 발생하게 되고, 세무조사를 받는 납세자는 공개로 인하여 생기는 불이익을 피하기 위하여 조사를 거부하려고 할 것이므로 과세권 행사에 필요한 정보를 얻기 어렵게 되는 결과를 초래할 수 있는바, 이러한 과세정보의 누출로 인한 문제점을 방지하기 위하여 과세정보에 대하여는 이를 과세목적의 범위 내에서만 사용하도록 하고 국세기본법 제81조의13 제1항 각호에서 열거한 예외사유에 해당하지 않는 한 이를 타인에게 공개하거나 다른 목적으로 사용할 수 없게 하는 한편, 이를 알게 된 자에 대해서도 비밀유지의무를 부과한 것이다. 이와 같이 국세기본법 제81조의13의 입법취지 및 규정내용 등에 비추어 보면, 위 규정은 단순히 과세정보를 누설한 세무공무원을 처벌하기 위한 근거규정이 아니라 "과세정보" 자체를 비밀로 유지하거나 비공개사항으로 하도록 한 규정이라 할 것이므로, 위 규정은 정보공개법 제9조 제1항 제1호의 "다른 법률"에 해당한다(한편, 국세기본법 제81조의13 제1항 단서 제3호 및 제6호는 "법원의 제출명령 등에 의하여 과세정보를 요구하는 경우"나 "다른 법률의 규정에 따라 과세정보를 요구하는 경우"에 예외적으로 납세자의 과세정보를 제공할 수 있도록 규정하고 있는데, 위 단서 제3호는 법원이 사건의 심리상 과세정보를 제공받을 필요가 있어 제출명령을 하면 이를 제공할 수 있다는 취지의 규정이고, 단서 제6호의 "다른 법률의 규정에 따라 과세정보를 요구하는 경우"라 함은 개별 법률에서 조세의 부과징수 이외의 목적을 위하여 과세정보를 요구할 수 있다는 구체적인 규정을 둔 경우를 의미할 뿐 국민의 일반적 정보공개청구권을 규정한 정보공개법 제5조의 규정이 위 단서 제6호의 "다른 법률의 규정"에 포함된다고 볼 수는 없으므로, 위 단서 제3호나 제6호의 규정을 들어 국세기본법 제81조의13에 규정된 "과세정보"에 대해서는 정보공개법 제9조 제1항 제1호의 적용이 배제되어 정보공개법의 규정에 따라 비공개대상정보에 해당되지 않는 한 이를 공개할 수 있는 근거조항이 된다고 할 수는 없다).

③ 그런데 정보공개법과 국세기본법 규정간의 체계와 관계를 볼 때, 정보공개법 제9조 제1항에 기초하여 모든 국민은 공공기관이 보유·관리하는 정보(이에 과세관청이 보유·관리하는 정보가 포함됨은 당연하다)에 대한 공개청구권을 가지는 것이 원칙이고, 정보공개법 제9조 제1항 단서 제1호에 해당하여 다른 법률에서 비밀로 규정하고 있는 경우 그 정보는 이를 '공개하지 아니할 수 있다'는 예외규정에 따라 비공개정보의 공개의무가 예외적으로 면제된 것이므로, 예외규정의 내용인 국세기본법 제81조의13 제1항을 해석함에 있어서는 정보공개법이 원칙적으로 보장하는 국민의 알권리를 최대한 보장하는 방향에서 상충하는 가치 사이의 조화로운 해석을 통하여 정보공개의 범위를 결정할 필요가 있다.

이러한 관점에서 보건대 국세기본법 , 제81조의13 규정의 취지가 납세자의 프라이버시와 사적 비밀을 최대한 보호하고 납세자들이 안심하고 성실한 납세협력의무를 이행할 수 있도록 하려는 목적이라면 납세자의 프라이버시 및 사적 비밀 침해의 우려가 없고 납세자의 성실한 납세협력의무에 지장도 발생하지 않는 이상 그러한 과세정보가 공개된다고 하더라도 과세정보를 타인에게 임의로 제공·누설하거나 목적 외의 용도로 사용하지 못하도록 하는 위 규정의 취지에 위반된다고 볼 수 없다. 즉, 납세자의 프라이버시 및 사적 비밀 침해의 우려를 없애기 위하여 과세정보로부터 납세자의 신상을 파악하거나 추정할 수 없도록 신상정보 식별불가능 조치를 취하고, 나아가 과세정보의 공개로 납세협력의무에 지장이 발생하기보다 오히려 납세자의 성실한 납세협력의무를 독려하고 권장하며 건전하고 바람직한 조세정책 수립에 기여하는 결과가 예상되는 상황이라면 이러한 과세정보의 공개는 가능하다고 보아야 한다. 후자와 같은 취지로 국세기본법에서는 고액상습체납자 등의 명단 공개(제85조의5), 통계자료의 작성 및 공개(제85조의6) 등의 별도 공개규정을 마련하고 있을 뿐만 아니라, 과세관청에서는 수시로 특정 고소득·전문직종 등에 대한 구체적 세무조사 결과를 국민에게 발표하여 탈세예방 등을 위한 조세정책적 목적으로 활용하고 있기도 하다.

④ 과세관청이 보유·관리하는 과세정보를 비밀로 보호하는 이유는 과세관청의 과세정보 독점, 과세행정상 밀행성 보장, 과세권력의 확대 등을 묵인하기 위해서가 아니라(오히려 과세관청의 지나친 과세정보의 통제는 조세법률주의 및 법치주의 구현에 지장을 가져올 우려가 크며, 건전한 조세정책의 수립과 세무행정의 실현에도 역행하는 결과를 가져올 수 있다) 납세자의 사적 비밀을 보호하고 성실한 납세협력의무를 도모하기 위해서이다 그런즉 과세정보라 하더라도 국세기본법상 과세정보 비밀유지의 목적과 취지에 반하지 않는 범위 내라면 그 정보의 공개청구는 허용되어야 한다.

(나) 종교인 소득세 관련 정보 공개의 원칙과 범위

① 종교인과 종교법인에 대한 과세기준

헌법 제38조에서는 모든 국민은 법률에 정하는 바에 의하여 납세의 의무를 진다고 규정하여 이른바 국민개세주의 및 조세법률주의 원칙을 천명하고 있다. 아울러 소득세법 제2조에서는 국내 거주자 및 비거주자로서 국내원천소득이 있는 개인에 대해서는 소득세를 납부할 의무를 부과하고 있으며 내국법인 등에 대하여 소득세 원천징수의무도 부과하고 있다. 이 때 납세의무자의 직업이 종교인인지 여부에 따라 소득세를 비과세하는 규정은 달리 마련하고 있지 아니하므로 성직자이거나 종교인이라고 하더라도 소득세 납세의무를 부담하는 납세의무자에 해당한다.

우리 조세법 체계에서는 종교인 개인에 대하여 소득세 납세의무를 면제하는 특례규정을 두지는 않고 있음에 비하여, 종교법인을 포함한 비영리 공익법인에 대하여는 일반적으로 국가 또는 공공단체가 자신이 행할 공익적이고 행정적인 업무의 일부를 비영리 공익법인이 대행하는 기능을 수행함으로써 행정보완적이고 공익적인 역할을 담당하므로 국가나 공공단체의 업무를 대신 맡아 분담한다는 측면을 고려하고 그 공익활동을 조성하고 장려하기 위하여 일정 요건 하에서 법인세, 부가가치세, 증여세, 지방세 등을 과세하지 아니하거나 과세특례를 적용하고 있다(법인세법 제24조, 제29조, 제62조, 제62조의2, 조세특례제한법 제104조의13, 부가가치세법 12조, 상속세 및 증여세법 제16조, 제17조, 제48조, 지방세법 제11조, 지방세특례제한법 제38조, 제50조 등).

② 종교인에 대한 소득세 과세 논란에 대하여

소득세법상 종교인에 대한 비과세 규정이 존재하지 아니함에도 불구하고 종래 과세관청에서는 종교인에 대하여 소득세 과세를 하지 아니하여 오면서, 소득세를 강제징수하지는 아니하되 종교인이 자율적으로 소득세를 납부하는 경우에는 이를 납부받는 식의 관행을 형성해 왔다. 이러한 가운데 현재 천주교는 1994년 주교회의 결정으로 국내 전체 교구 중 영세하여 과세표준에 미달되는 교구 및 군종교구를 제외한 10 여개 교구에서 성직자 급여에 대한 원천징수를 실시하고 있으며, 기독교의 경우도 원천징수 및 자진신고방식으로 소득세를 납부하는 목회자들이 상당수 있고, 불교계에서도 소득세자진신고를 해온 승려들이 있는 등 자발적으로 소득세 납부의무를 이행해 온 종교인들도 다수 존재한다. 이와 같은 상황 하에서 사회적으로 종교인에 대하여 소득세를 과세할 것인지 여부에 관하여 아래에서 살펴보는 바와 같이 많은 논란이 일어나고 있는 실정이다(이러한 논란과 관련하여 피고는 2006. 4.경 기획재정부(구 재정경제부)에 종교인에 대한 소득세 과세에 관하여 유권해석을 의뢰하였으나 아직 그 회신은 피고에게 도달하지 아니하고 있다).

종교인에 대한 소득세 과세와 관련하여서는, 종교인의 소득에 대하여는 신자들에게 이미 과세된 기부금과 관련하여 이중으로 종교인에게 소득세를 과세하는 결과가 발생하고, 종교인의 성직업무는 근로가 아니라 봉사로 보아야 하며, 건국이후 지금까지 비과세관행이 성립되어 있는 이상 과세되어서는 아니된다는 의견과, 헌법 제38조에 따른 국민개세주의 및 과세형평의 관점에서 세법적으로 평가(통상 매월 지급받는 보수는 근로소득으로, 일회성 종교집회나 강연, 집필 등을 통한 수익은 기타소득으로, 은퇴시 지급받는 사례금은 퇴직소득으로 볼 수 있다)할 때 종교인이라고 소득세 납부를 면제해 줄 아무런 까닭이 없고, 과세관청이 종교인에 대한 소득세 비과세의 공적 의견을 표시한 바 없는 점 등을 들어 과세해야 한다는 의견이 사회적으로 대립하고 있다.

한편 외국의 예를 보면 미국에서는, 성직자를 소득세 납세의무자로 보고 있으며, 사회보장세(Social Security Tax) 등 연방세와 주세를 부담시키고 있는데, 이러한 납세의무를 부담함으로써 향후 사회보장연금 등을 제공받을 수 있도록 하고 있다. 독일에서는 종교인을 공직자와 유사하게 보고 국가에서 종교인에게 급여를 지급하면서 소득세를 징수하고 있으며, 그 급여의 재원을 위해서는 교회 등에 다니는 국민으로부터 이른바 교회세(Kirchensteuer)를 받아 충당하고 있다. 그 외 일본, 캐나다 등 대부분의 선진적 조세제도를 보유하고 있는 국가들에서도 종교인에 대해서 소득세를 부과하는 것을 원칙으로 삼고 있다.

③ 종교인에 대한 소득세 정보 공개의 필요성 및 범위

앞에서 살펴본 바와 같이 우리 사회에서 종교인에 대한 소득세 과세 관련 논란이 지속적으로 이루어져 왔고 피고가 기획재정부에 유권해석을 의뢰하기도 하였으며 종교법인이나 단체 별로 소득세 납부를 실행하고 있는 경우도 증가하고 있다. 그런데 자발적으로 소득세 납부의무를 이행하는 종교인의 구체적인 숫자와 납부세액 등에 대한 정보가 사회일반에 알려져 있지 아니하고, 일부 종교인은 상당한 정도의 보수와 사택, 가족에 대한 지원금, 활동비 등을 제공받고 있음에도 소득세 납부의무를 전혀 이행하여 사회적 비난이 높아지고 있음에도 정부에서는 건국 이후 현재까지 종교인에 대하여 소득세를 과세를 할 것인지 여부조차도 결정하지 못하고 있는 상황이다. 이에 대한 국민적인 불만과 비판이 증가하고 있으며, 오히려 이 때문에 사회적 모범을 보이고 윤리적·정신적 지도자 역할을 수행해야하는 종교인에 대한 비난이 증가하고 있고 종교계가 부당한 비난과 오해를 받을 우려도 증가되고 있다.

사정이 이러하다면 종교인의 소득세, 납부현황과 관련된 정보를 국민에게 공개함으로써 종교인 과세에 대한 오해와 억측 및 부당한 비난을 불식시키고, 종교인에 대한 바람직한 과세정책을 수립하기 위한 방향을 공론화할 공익적 필요성이 매우 크다고 하지 않을 수 없다. 아울러 종교인의 소득세 납부현황 공개를 통하여 점점 더 거대화, 세속화, 정치화되어가는 일부 종교단체들에 대하여 재정 및 세금에 대한 투명성과 건전성의 제고를 유도함으로써 결과적으로 일반 국민들이 종교인 및 종교계에 대하여 가지는 신뢰와 존경을 회복하는 기회를 제공할 수도 있게 될 것이다.

이상 살펴본 바를 종합할 때, 종교인의 소득세 납부현황에 관련된 정보는 그 과세정보의 공개로 인하여 종교인의 납세협력의무나 소득세 관련 세무행정에 지장이 발생하기보다 오히려 납세의무자인 종교인들의 성실한 납세협력의무를 독려하고 권장하며 건전하고 바람직한 종교 관련 조세정책 수립에 기여하는 결과가 도출될 것이 예상되어 종교인의 개인적 납세정보 보호라는 이익보다 국민에게 공개할 공익적 필요성이 훨씬 더 큰 경우에 해당할 것으로 판단된다 (적어도 종교인의 소득세 납부정보 중 개인이나 개별 종교단체 식별이 가능한 정보(이름, 소속 종교법인 및 종교단체명 등)를 제외한 나머지 사항(소속 종교, 소득신고액, 세율, 납부세액 등)에 대하여는 이를 공개할 여지가 크다고 보인다).

(2) 이 사건 비보유정보에 대한 판단

(가) 이 사건 비보유정보 중 ②, ③, ④ 정보에 대한 판단

정보공개제도는 공공기관이 보유·관리하는 정보를 그 상태대로 공개하는 제도라는 점에 비추어 보면, 정보공개를 구하는 자가 공개를 구하는 정보를 행정기관이 보유·관리하고 있을 상당한 개연성이 있다는 점을 증명하여야 한다(대법원 2006. 1. 13. 선고 두 판결 등 참조 2003 9459). 또한, 정보공개법 제2조 제1호는 '정보'라 함은 공공기관이 직무상 작성 또는 취득하여 관리하고 있는 문서·도면·사진·필름·테이프·슬라이드 및 컴퓨터에 의하여 처리되는 매체 등에 기록된 사항을 말한다고 규정하고, 제2호는 '공개'라 함은 공공기관이 이 법의 규정에 의하여 정보를 열람하게 하거나 그 사본 또는 복제물을 교부하는 것 등을 말한다고 규정하고 있으므로, 정보공개법에서 말하는 공개대상 정보는 정보 그 자체가 아니라 '매체 등에 기록된 사항'을 의미한다(대법원 2004. 3. 12. 선고 2003두11544 판결 참조).

그런데 원고가 공개를 구한 이 사건 비보유정보 중 ②, ③, ④ 정보는 피고가 종교인 및 종교법인에게 소득세 납부를 최고한 사례나 소득세 자진납세를 하러 온 종교인을 돌려보낸 사례가 있는지 여부 즉, 그러한 사례정보의 공개를 구하는 것인바, 피고가 이러한 사례를 수집하여 전자적으로나 문서상 기록으로 보유·관리하고 있을 개연성에 관하여 원고가 별다른 증명을 하고 있지 아니하고, 달리 위 정보를 피고가 보유·관리하고 있다고 인정할만한 증거도 없다.

결국, 위 정보의 존재에 대한 개연성이 입증되지 않는 이상 원고는 위 정보에 대한 공개거부처분의 취소를 구할 법률상 이익이 없다.

(나) 이 사건 비보유정보 중 ①, ⑤ 정보(최근 2년간의 것)에 대한 판단

앞에서 검토한 바에 기초하여 볼 때, 이 사건 비보유정보 중 ①, ⑤ 정보(최근 2년간의 것)는 종교인에 대한 소득세 납부 관련 정보로서 정보공개의 필요성이 인정되는데(개인이나 개별 종교법인 및 종교단체에 대한 식별이 가능한 정보를 제외한 나머지 사항은 공개할 필요성이 크다), 다만 위 정보에 관하여 피고가 이를 보유·관리하고 있지 아니하다고 다투므로 위 정보를 피고가 보유관리하고 있을 상당한 개연성이 있다는 점이 증명되었는지 여부를 살펴본다.

공공기관의 정보공개에 관한 법률에 의한 정보공개제도는 앞에서 본 바와 같이 공공기관이 보유관리하는 정보를 그 상태대로 공개하는 제도이지만, 전자적 형태로 보유관리되는 정보의 경우에는, 그 정보가 청구인이 구하는 대로는 되어 있지 않다고 하더라도, 공개청구를 받은 공공기관이 공개청구대상정보의 기초자료를 전자적 형태로 보유관리하고 있고, 당해 기관에서 통상 사용되는 컴퓨터 하드웨어 및 소프트웨어와 기술적 전문지식을 사용하여 그 기초자료를 검색하여 청구인이 구하는 대로 편집할 수 있으며, 그러한 작업이 당해 기관의 컴퓨터 시스템 운용에 별다른 지장을 초래하지 아니한다면, 그 공공기관이 공개청구대상정보를 보유관리하고 있는 것으로 볼 수 있고, 이러한 경우에 기초자료를 검색·편집하는 것은 새로운 정보의 생산 또는 가공에 해당한다고 할 수 없다(대법원 2010. 2. 11. 선고 2009두6001 판결 참조).

즉, 공공기관이 문서 등 유체물의 형태로 정보를 보유하는 경우와는 달리 전산기기에 개개의 정보를 전산자료로 입력하여 보유관리하는 경우에는 전산기기의 특성상 개개의 정보만 있으면 별도의 통계, 분석 등을 위한 프로그램을 이용하여 손쉽게 입력된 개개의 정보를 종합적으로 분류하고, 위와 같이 분류된 결과를 이용하여 새로운 정보를 작성, 편집, 검색, 삭제할 수 있으므로, 공개대상정보가 개별 정보를 분류한 결과물일 경우에는 그 자체가 독자적인 자료형태로 전산기기 내에 작성, 보관되어 있지 아니하더라도, 이를 생성할 수 있는 개개의 기초 정보자료가 모두 입력되어 있고, 그 정보를 이용한 통계자료나 석차 등의 결과물을 검색, 산출할 수 있는 프로그램을 이미 가지고 있거나 시간적으로나 경제적으로 큰 부담 없이 쉽게 그 프로그램을 만들어 이용할 수 있는 경우에는 개개의 정보를 보유하고 있는 공공기관으로서는 언제든지 전산기기로 이미 보유하고 있는 개개의 정보를 이용하여 공개대상의 정보인 결과물을 작성하고 확인할 수 있으므로 결국 사실상, 공개대상 정보를 보유하고 있는 것과 마찬가지이다. 따라서 공공기관이 위와 같이 보유관리하는 개개의 정보자료를 이용하여 시간적, 경제적인 부담 없이 전산기기로 필요한 정보를 쉽게 생성할 수 있는 경우에는 형식적으로 개개의 정보자료를 이용한 결과를 산출하지 아니하여 당해 정보를 보유하지 않고 있다는 이유로 공개대상정보에 대한 정보공개를 거부할 수 없다고 할 것이다.

이러한 점에 기초하여 살피건대, 갑 제1호증 내지 갑 제10호증, 을 제1호증 내지 을 제6호증의 각 기재, 이 법원의 비공개 정보검증결과에 변론 전체의 취지를 더하여 인정되는 다음과 같은 사실. 즉 ① 피고는 세법 제 규정 및 「과세자료의 제출 및 관리에 관한 법률」, 기타 제반 법령과 행정규칙에 기초하여 광범위하게 과세자료를 수집하고 관리할 권한을 부여받고 있는 점, ② 피고는 국세통합시스템(Tax Integrated System)과 국세정보관리시스템(Tax Information Management System) 등의 전산시스템을 통하여 광범위하게 수집한 납세자에 관한 경제정보들을 총체적으로 관리하고 있는 점(위 전산시스템을 통하여 개인 및 법인의 기본 인적사항, 납세 신고현황, 조사실적은 물론 체납자 성향 등도 체계적으로 관리됨으로써 주민등록번호 등만 입력하면 개인별 소득 및 재산 상황을 손쉽게 파악할 수 있다), ③ 피고는 매년 국세통계연보를 발간하여 공개하고 있는데, 소득세 와 관련하여 소득규모별, 성별별, 지역별, 업태별, 주소지별 소득신고 현황 등 다양한 통계를 제공하고 있는 점(아울러 이러한 통계는 모두 작성, 편집, 검색, 삭제 등이 편이하게 이루어질 수 있는 엑셀 등 컴퓨터 프로그램을 기반으로 작성되어 제공되고 있다), ④ 종교인 소득세 문제가 사회문제로 불거진 이후 천주교 대부분의 교구, 기독교, 불교 등 상당수의 종교단체에서 종교인 개인의 소득세 납부신고를 하고 소득세를 납부하는 행보를 보여온 점, ④ 피고 스스로도 종교인 소득세 과세와 관련하여 2006. 4. 기획재정부에 유권해석을 의뢰하기도 하였던 점, ⑤ 종교단체 등이 피고에게 사업자등록신청을 할 때 피고는 사업자등록번호를 한국표준산업대분류상 '협회 및 단체, 수리 및 기타 개인서비스업'의 산업대분류에 포섭한 후 산업중분류-협회 및 단체(94), 산업소분류-기타 협회 및 단체(949), 산업세분류-종교단체(9491) 코드를 부여하고 산업세세분류로 불교단체(9491 1), 기독교단체(94912), 천주교단체(94913), 민족종교단체(94914), 기타 종교단체(94919)로 구분 하여 관리하고 있는 점, ⑥ 피고는 비법인 종교단체에게 고유번호를 신청하도록 하면서 신청시 첨부 서류로 교단 등 소속확인서, 단체의 정관 또는 협약, 교단 등의 법인등기부등본 등을 요구하고 있고, 종교단체 구분코드로 사업자등록번호 체계상 '89' 코드를 부여하고 있는 점(종교법인의 경우에는 사업자등록번호 체계상 '82' 코드를 부여한다. 한편, 이에 대하여 피고는 실무상 코드가 혼용되고 있어 정확하지 않다는 취지의 주장을 하나, 실제 그러한 혼용상황이 다소 존재한다고 하더라도 종교 법인이나 단체의 경우 별도의 사업자등록코드번호를 부여하도록 되어 있는 이상 위 주장은 받아들이 기 어렵고, 위 각 코드번호에 따라 자료를 추출한 후 종교단체나 법인을 가려내는 것이 어렵거나 시간이 많이 소요되는 작업일 것으로 보이지도 아니한다), ⑦ 원천징수의무자에 관한 정보관리 현황 을 볼 때, 종교인이나 종교단체, 종교법인으로 신고한 대상에 대하여 근로소득 원천징수 관련 정보를 추출하는 작업 또한 가능한 점(이에 대하여 피고는 종교인과 종교법인을 구분하여 추출하기 불가능 하며, 종교법인의 근로소득지급명세서를 보더라도 소득자가 종교인인지 기타 근로자인지 특정할 수 없다는 취지의 주장을 하나, 앞에서 본 바와 같이 피고는 납세자에 관한 상당히 광범위하고 구체적 인 정보를 수집·보유·관리하고 있고 종교법인이나 단체에 관한 협약이나, 정관 및 소속 종단에 관한 정보도 관리하고 있으므로, 피고가 운용하는 전산시스템이 기초하여 최근 2년간 소득세를 납부한 종교인에 대하여 납부현황 등에 관한 자료를 생성하는 것이 불가능하다거나 시간적으로나 경제적으 로 큰 부담이 발생할 정도에 이른다고 볼 수 없다) 등을 종합하면, 피고가 종교인 개개인에 대한 소득세 납부 관련 정보 자체를 독립하여 작성하여 보유·관리하고 있지 아니하더라도 전산시스템을 통하여 이러한 정보를 별도로 추출하여 생성·제공할 수 있을 것으로 보여, 이 사건 비보유정보 중

①, ⑤ 정보(최근 2년간의 것)는 피고가 국세통합시스템 등 전산시스템을 통하여 생성할 수 있는 정보로서 피고가 보유·관리하고 있을 상당한 개연성이 존재한다고 판단된다.

결국, 이 사건 비보유정보 중 ①, ⑤ 정보(최근 2년간의 것)를 보유하고 있지 않다는 이유로 이에 대한 정보공개거부처분을 한 것은 위법하다(앞에서 본 바와 같이, 위 ①, ⑤ 정보 중 개인이나 개별 종교단체 식별이 가능한 정보, 즉 이름, 소속 종교법인 및 종교단체명 등에 대하여는 공개를 거부할 여지가 있다고는 할 것이나, 위 ①, ⑤ 정보에 대한 거부처분의 처분사유가 정보를 보유하고 있지 않다는 것이므로 이 부분을 분리·제외하고 위법하다고 볼 것은 아니다).

(3) 이 사건 과세정보에 대한 판단

이 사건 과세정보는 ○○ ○○교회의 +++ 목사 및 소속 목사들에 대한 소득세 납부자료의 공개를 구하는 것이다. 국세기본법 제81조의13 제1항의 "과세정보"란 "납세자가 세법이 정한 납세의무를 이행하기 위하여 제출한 자료나 국세의 부과 또는 징수를 목적으로 업무상 취득한 자료 등"을 지칭하는바, 위 규정의 입법취지와 그 문언의 표현에 비추어 볼 때 단순히 납세자로부터 제출받은 자료나 세무공무원이 납세자 등으로부터 취득한 자료만을 의미하는 것이 아니라, 세무공무원이 세무 관련 업무를 수행하면서 취득한 개별 납세자에 관한 자료 일체를 의미한다 할 것이므로, 납세자로부터 제출받은 자료뿐만 아니라 이러한 서류를 토대로 자신이 스스로 작성·생산하거나 납세자가 아닌 다른 공무원이나 공공기관 등으로부터 취득·보관하고 있는 서류도 모두 포함하는 것이어서, 이 사건 과세정보는 국세기본법 제81조의13 제1항에서 정한 과세정보에 해당한다.

그런데 위 과세정보는 특정인에 대한 과세정보로서 그 내용이 공개될 경우 개인의 프라이버시와 사적 비밀, 경제생활의 자유에 심각한 침해가 발생할 것이어서 국세기본법 제81조의13 제1항이 보호하는 목적 범위 내의 비밀에 해당한다고 할 것이므로 이 정보에 대한 공개를 구하는 원고의 청구는 이유 없다(특정 개인에 대한 과세정보임이 명백한 이상 공개대상정보와 비공개대상 정보를 구별하는 것도 허용될 수 없다).

결국, 이 사건 과세정보에 관한 원고의 주장은 이유 없다.

(4) 결론

그렇다면, 이 사건 소 중 별지 1 목록 기재 ②, ③, ④항 정보에 관한 부분은 소의 이익이 없으므로 부적법하여 각하하고, 이 사건 처분 중 별지 1 목록 기재 ①, ⑤항 정보에 대한 정보공개거부처분은 위법하므로 이를 취소하고, 원고의 나머지 청구는 이유없으므로 이를 기각하기로 하여 주문과 같이 판결한다.

[서식] 정보비공개처분취소 청구의 소

소　　장

　원고　　　민주사회를 위한 변호사 모임
　　　　　　서울시 서초구 서초동 ○○번지
　　　　　　(전화 000-000, 팩스 000-000)
　피고　　　외교통상부장관
　정보비공개처분취소

청구취지

1. 피고가 2011. 3. 3. 원고에 대하여 한 2007. 6. 한미 FTA 추가 협상에서 한국이 미국으로부터
　받은 전문직 비자 쿼터 서한 정보에 대한 비공개처분을 취소한다.
2. 소송비용은 피고의 부담으로 한다.
라는 판결을 구합니다.

청구원인

1. 처분의 경위

(1) 원고는 변호사들이 기본적 인권의 옹호와 사회정의 실현을 위한 연구 등을 위하여 결성한 단체이
고, 피고는 미국과의 자유무역협정(Free Trade Agreement)의 체결을 위한 협상을 하였던 행정청
입니다.

(2) 피고는 2006. 2. 3. 미국과의 자유무역협정의 체결을 위한 협상개시를 공표한 이래 제8차 협상
까지 교섭을 진행하여 2007. 4. 2. 위 자유무역협정 협상의 타결을 선언하였다가 이후 미국측의
요구로 2007. 6.경 재협상을 진행하여 2007. 6. 30. 협상을 완료하였는데, 피고는 위 최초 협상부터
재협상에 이르기까지 한국에 전문직 비자 쿼터(한국 국적의 의료, 법률 등 분야의 전문인력이 미국
내에서 합법적으로 취업하는 데 필요한 비자의 수 또는 물량)를 배정해 줄 것을 요구하였으나, 이는
미국측으로부터 공식적으로 수용되지는 못하였습니다.

(3) 원고는 위 자유무역협상을 수도한 피고의 통상교섭본부장이던 김현종이 '한미FTA를 말하다'라
는 책을 발간하여 위 자유무역협정의 재협상 과정에서 미국측으로부터 한국의 전문직 비자 쿼터
확보를 위한 서한(이하 '전문직 비자 쿼터 서한'이라고 한다)을 전달받았다는 사실을 밝히자 2011.
2. 10. 피고에게 전문직 비자 쿼터 서한에 관한 정보공개를 청구하였으나, 피고는 2011. 3. 3. 피고가

직무상 취득하여 보유·관리하고 있는 정보가 아니라는 이유로 정보비공개처분(이하 '이 사건 처분' 이라 한다)을 하였고, 원고는 2011. 3. 15. 이의신청을 하였으나, 2011. 3. 29. 기각되었습니다.

2. 처분의 위법성

미국과의 자유무역협정 협상과정, 통상교섭본부장이던 김현종이 발간한 책의 내용과 김현종이 이 사건 재판과정에서 전문직 비자 쿼터 서한을 수령하였던 사실을 일관되게 인정하고 있는 점에 비추어 피고가 전문직 비자 쿼터 서한을 보유하고 있음이 인정되고, 전문직 비자 쿼터 서한의 내용은 한국의 유학생 등이 미국 내에서 취업을 하는 것과 관련이 있는 등 전 국민적 관심사항에 해당하여 그 공개의 필요성이 있으므로 원고의 정보공개청구를 거부한 이 사건 처분은 위법합니다.

3. 결론

이상과 같이 피고의 이 사건 처분은 위법하므로 이의 취소를 구하는 행정소송을 제기하기에 이르렀습니다.

입증방법

    1. 갑 제1호증
    2. 갑 제2호증
    3. 갑 제3호증
    4. 갑 제4호증
    5. 갑 제5호증

첨부서류

    1. 위 각 입증방법   각 1부
    2. 송달료 납부서
    3. 소장부본

20 .   .   .

위 원고   (날인 또는 서명)

서울행정법원   **귀중**

2011구합 15138

전 통상교섭본부장 김현종이 미국과의 자유무역협정 협상과정에서 미국측으로부터 당시 미 국무부 비자담당 부차관보인 Tony Edson 명의의 한국의 전문직 비자 쿼터와 관련된 서한(갑 제9호증의 2)을 받았고, 현재 그 서한이 존재하고 있는 사실은 인정되나, 한편, 위 각 증거와 변론 전체의 취지에 의하여 인정되는 다음과 같은 사정, 즉 ① 피고는 이 사건 재판의 전 과정을 통해 전문직 비자 쿼터 서한을 보유·관리하지 않는다고 밝히고 있는 점, ② 전 통상교섭본부장 김현종이 이 사건 재판과정에서 스스로 미국측으로부터 받았다는 전문직 비자 쿼터 서한이 존재하고 현재 자신이 이를 보유하고 있다고 밝히면서 그 내용을 포함한 서한 전체를 사본하여 재판부에 제출한 점, ③ 이 법원이 비공개로 열람한 한미 FTA 관련 외교문서 수발대장에 전문직 비자 쿼터 서한과 관련된 내용은 없는 것으로 보이는 점 등에 비추어 보면 원고가 문제삼고 있는 전문직 비자 쿼터 서한은 김현종 개인이 보관하고 있는 것일 뿐 그 외 피고가 달리 전문직 비자 쿼터 서한을 보유·관리하고 있다고는 볼 수 없으므로 결국 정보공개거부처분을 취소해 줄 것을 구하는 내용의 이 사건 소는 그 취소를 구할 법률상의 이익이 없어 부적법하다.

[서식] 정보공개청구거부처분취소 청구의 소

소　　장

원고　　　김 길 동(주민등록번호)
　　　　　서울시 동대문구 ○○동 ○번지
　　　　　(전화 000-000, 팩스 000-000)
피고　　　영등포세무서장
정보공개청구거부처분취소

청구취지

1. 피고가 2010. 2. 16. 원고에 대하여 한 별지 목록 세1항 기재 정보에 대한 정보공개거부(불기소사건기록 등사불허가)처분을 취소한다.

2. 소송비용은 피고의 부담으로 한다.

라는 판결을 구합니다.

청구원인

1. 처분의 경위

(1) 원고는 2009. 11.경 정OO, 김OO, 강OO 등 6명을 명예훼손 혐의로 수사기관에 고소하였는데(사건 번호는 서울동부지방검찰청 2010형제0000호), 서울동부지방검찰청 소속 검사는 2010. 1. 29. 위 사건의 피의자들에 대하여 증거불충분으로 인한 혐의없음의 불기소처분을 하였습니다.

(2) 원고는 2010. 2. 16. 피고에게 위 불기소사건 기록 중 별지 목록 제1항 기재 정보(이하 '이 사건 정보'라 한다)에 대한 정보공개청구(불기소사건기록 등사허가신청)를 하였고, 이에 대하여 피고 소속 검사는 같은 날 이 사건 정보를 공개할 경우 검찰보존 사무규칙 제22조 제2호에 정한 "기록의 공개로 인하여 사건관계인의 명예나 사생활의 비밀 또는 생명·신체의 안전이나 생활의 평온을 현저히 해칠 우려가 있다"는 이유로 원고의 정보공개청구를 거부(불기소사건기록 등사불허가)하고 원고에게 이를 통지하였습니다(이하 '이 사건 거부처분'이라 한다).

2. 처분의 위법성

이 사건 정보 중 개인의 인적사항에 관한 정보를 제외한 나머지 정보는 이를 공개하더라도 개인의 명예·사생활의 비밀 또는 자유, 생명·신체의 안전이나 생활의 평온을 침해할 우려가 없으므로, 공공기관의 정보공개에 관한 법률(이하 '정보공개법'이라 한다) 제9조 각호에 정한 비공개 대상 정보가 아닙니다. 그럼에도 이 사건 정보 전체에 관하여 공개를 거부한 피고의 이 사건 거부 처분은 위법하므로 취소되어야 합니다.

3. 결론

이상과 같이 피고의 이 사건 처분은 위법하므로 이의 취소를 구하는 행정소송을 제기하기에 이르렀 습니다.

입증방법

1. 갑 제1호증
2. 갑 제2호증

첨부서류

1. 위 각 입증방법　　　　　　　　　　각 1부
2. 송달료 납부서
3. 소장부본

　　　　　　　　　20 ． ． ．

　　　　　　　　　위 원고　　　　(날인 또는 서명)

서울행정법원　　귀중

별지 목록

1. 피의자신문조서(정OO), 피의자신문조서(김OO), 피의자신문조서(강OO), 피의자신문조서(나O
   O), 피의자신문조서(OOO), 진술조서(참고인 유OOO), 피의자신문조서(황OO), 피의자신문조서
   (대질조서), 영상녹화물(대질)
2. 제1항 기재 정보 중 피의자, 참고인, 조사자의 이름, 주민등록번호, 연령, 직업, 직장, 직위,
   주거, 등록기준지, 집 또는 직장 전화번호, 휴대전화번호, 전과 및 검찰처분관계, 상훈, 연금
   관계, 병역, 교육, 경력, 가족관계, 재산 및 월수입, 종교, 정당 .사회단체 가입내역, 건강상태
   등 인적 사항에 관한 정보(피의자, 참고인의 이름은 제외)

당해판례

2010구합 7703
(1) 정보공개법 제9조 제1항 제1호 해당 여부
피고는, 이 사건 거부처분의 근거로 검찰사무규칙 제22조 제2호를 제시하였고, 이 사건 변론에서는
검찰청법 제11조의 위임을 받아 제정된 법규명령인 검찰보존사무규칙 제22조에 의하여 이 사건
정보의 공개가 제한되므로, 정보공개법 제9조 제1항 제1호에 정한 '다른 법률 또는 법률이 위임한
명령에 의하여 비밀 또는 비공개 사항으로 규정된 정보'에 해당한다는 점을 이 사건 거부처분 사유로
제시하고 있다.
정보공개법 제9조 제1항 제1호는 법률이 위임한 명령을 "국회규칙 · 대법원규칙 · 헌법재판소규
칙 · 중앙선거관리위원회규칙 · 대통령령 및 조례에 한한다"고 규정하고 있는바, 검찰보존사무규
칙은 검찰청법의 위임 없이 제정된 행정기관 내부의 사무처리준칙으로서 행정규칙에 불과하므로,

위 규칙에 의한 열람·등사의 제한을 '다른 법률에 의한 명령'에 의하여 비공개사항으로 규정된 경우에 해당한다고 볼 수 없다(대법원 2006. 5. 25. 선고 2006두3049 판결 등 참조).

(2) 정보공개법 제9조 제1항 제3·6호 해당 여부

(가) 피고가 이 사건 거부처분의 사유로 내세운 검찰보존사무규칙 제22조 제2호의 "기록의 공개로 인하여 사건관계인의 명예나 사생활의 비밀 또는 생명·신체의 안전이나 생활의 평온을 현저히 해칠 우려가 있다"는 규정은 정보공개법 제9조 제1항 제3호, 제6호와 그 근거법규만 달리할 뿐 그 기초가 되는 사회적 사실관계가 동일하므로, 이 사건 정보가 위 각 법규정 소정의 비공개대상정보에 해당하는지 여부에 관하여 원고와 피고의 주장을 함께 보기로 한다.

(나) 정보공개법 제9조 제1항 제3호는 '공개될 경우 국민의 생명·신체 및 재산의 보호에 현저한 지장을 초래할 우려가 있다고 인정되는 정보'를 비공개대상정보로 규정하고 있는바, 그 '현저히 해칠 우려'에 대한 입증책임은 공공기관인 피고에게 있다(대법원 2004. 5. 28. 선고 2001두3358 판결 참조).
그런데, 피고는 이 사건 정보가 공개될 경우 그로 인하여 원고의 고소사건 관계인이 다른 사람들로부터 생명·신체의 위협을 받거나 평온하고 정상적인 생활에 지장을 초래할 가능성이 있다는 점에 관하여 아무런 주장·입증을 하고 있지 아니하고, 달리 국민의 생명·신체 및 재산의 보호에 현저한 지장을 초래할 우려가 있다고 볼 만한 사정도 없으므로, 이를 근거로 이 사건 정보의 공개를 거부할 수는 없다.

(다) 또한 정보공개법 제9조 제1항 제6호는 비공개대상정보의 하나로 '당해 정보에 포함되어 있는 이름·주민등록번호 등에 의하여 특정인을 식별할 수 있는 개인에 관한 정보'를 규정하고 있는바, 이 사건 정보 중에 피의자, 참고인, 조사자의 인적 사항에 관한 정보, 특히 이름, 주민등록번호, 직장, 직위, 주거, 전화번호, 휴대전화번호 등 별지 목록 제2항 기재와 같은 개인정보가 포함되어 있는 사실을 인정할 수 있고, 이러한 개인을 식별할 수 있는 정보는 공개될 경우 개인의 사생활의 비밀 또는 자유를 침해할 우려가 인정되는 정보에 해당하고, 이러한 정보들이 공익이나 개인의 권리구제를 위하여 필요하다고 인정되는 정보 등 정보공개법 제9조 제1항 제6호의 단서에 의하여 공개되어야 할 정보로 볼 수도 없다.
그러나, 이를 제외한 나머지 정보들은 위 개인식별정보와 분리할 수 있을 뿐 아니라 그 분리된 나머지는 개인의 사생활의 비밀이나 자유를 침해할 우려가 있는 정보에 해당한다고 볼 수 없으므로, 위 개인식별이 가능한 부분을 제외한 나머지에 대하여 정보공개법 제9조 제1항 제6호를 근거로 그 공개를 거부할 수 없다.

(3) 정보공개법 제9조 제1항 제4호 해당 여부

행정처분의 취소를 구하는 항고소송에 있어서는 실질적 법치주의와 행정처분의 상대방인 국민에 대한 신뢰보호라는 견지에서 처분청은 당초 처분의 근거로 삼은 사유와 기본적인 사실관계가 동일성이 있다고 인정되는 한도 내에서만 다른 사유를 추가하거나 변경할 수 있을 뿐, 기본적 사실관계와 동일성이 인정되지 않는 별개의 사실을 들어 처분사유로 주장함은 허용되지 아니한다(대법원 200 9. 2. 12. 선고 2007두17359 판결 등 참조).

위 인정사실에 의하면, 당초 이 사건 거부처분의 사유는 '사건관계인의 명예나 사생활의 비밀 또는 생명·신체의 안전이나 생활의 평온을 현저히 해칠 우려가 있다'는 것으로서, 피고가 이 법원에서 새로이 추가한 "범죄의 예방, 수사 등에 관한 사항으로서 공개될 경우 그 직무수행을 현저히 곤란하게 하거나 형사피고인의 공정한 재판을 받을 권리를 침해한다고 인정할 만한 상당한 이유가 있다"는 처분사유는 피고가 당초 이 사건 거부처분의 근거로 삼은 사실과 그 기초가 되는 사회적 사실관계가 기본적인 점에서 같다고 할 수 없으므로, 피고는 이와 같은 추가 처분사유를 이 사건 거부처분의 근거로 주장할 수 없다.

(4) 소결론

따라서, 이 사건 정보 중 별지 목록 제2항 기재 개인식별이 가능한 정보들을 제외한 나머지 사항들은 위 비공개사항들과 분리하여 공개가 가능하므로, 원고의 주장은 위 인정범위 내에서 이유 있다(이와 반대 취지의 피고 주장은 모두 이유 없다).

소　장

원고　　　김 길 동(주민등록번호)
　　　　　서울시 서초구 서초동 ○○번지
　　　　　(전화 000-000, 팩스 000-000)
피고　　　환경부장관
정보공개거부처분취소

청구취지

1. 피고가 2009. 7. 16. 원고에 대하여 한 정보부분공개처분 중 별지 정보목록 기재 제1항 정보에 대한 비공개처분을 취소한다.
2. 소송비용은 피고의 부담으로 한다.
라는 판결을 구합니다.

청구원인

1. 처분의 경위

가. 원고의 정보공개 청구

(1) 청구일 : 2009. 7. 4.

(2) 대상 정보 : 별지 정보목록 기재 정보

나. 피고의 정보부분공개처분(이하 '이 사건 처분')

(1) 처분일 : 2009. 7. 16.

(2) 처분 내용 : 별지 정보목록 기재 제2의 나항 및 제3항 정보만 공개하고, 나머지 제1항 및 제2의 가항 정보(이하 제1항 정보만 '이 사건 정보')는 공개 거부

(3) 비공개사유 : 공공기관의 정보 공개에 관한 법률(이하 '정보공개법') 제9조 제1항 제7호가 규정한 '경영.영업상의 비밀'에 해당된다(이하, 브롬산염이 0.01mg/ℓ 이상 검출된 먹는 샘물을 생산한 업체를 '소외 업체').

2. 처분의 위법성

이 사건 정보는 정보공개법 제9조가 정한 비공개대상정보에 해당하지 않습니다. 따라서 이의 공개

를 거부한 피고의 처분은 위법합니다.

3. 결론

이상과 같이 피고의 처분은 위법한 행정처분이므로, 이의 취소를 구하는 행정소송에 이르게 되었습니다.

입증방법

1. 갑 제1호증
2. 갑 제2호증

첨부서류

1. 위 각 입증방법   각 1부
2. 송달료 납부서
3. 소장부본

20 . . .

위 원고   (날인 또는 서명)

서울행정법원   귀중

[별지]

1. 환경부와 국립환경연구원이 파악한 세계보건기구 수질기준(0.01㎎/ℓ)이 넘는 브롬산염이 검출된 먹는 샘물을 생산한 업체 명단
2. 위 제1항 기재 먹는 샘물 생산업체 명단을,
   가. 비공개하기로 결정한 과정, 회의록 및 최종 결재권자
   나. 비공개하기로 한 근거
3. 2009. 6. 19. 입법예고한 먹는물 수질기준 및 검사 등에 관한 규칙 개정안 전문과 처리 여부.

당해판례

2009구합 52790

(1) 법인 등의 경영·영업상 비밀에 관한 사항에 해당하는지 여부

(가) 법리(대법원 2008. 10. 23. 선고 2007두1798 판결 참조)

정보공개법 제9조 제1항 제7호가 정한 '법인 등의 경영·영업상 비밀'은 '공공연히 알려져 있지 아니하고 독립된 경제적 가치를 가지는 것으로서, 상당한 노력에 의하여 비밀로 유지된 생산방법, 판매방법, 그 밖에 영업활동에 유용한 기술상 또는 경영상의 정보'인 '영업비밀(부정경쟁방지법 제2조 제2호)'에 한하지 않고, '타인에게 알려지지 않음이 유리한 사업 활동에 관한 일체의 정보' 또는 '사업 활동에 관한 일체의 비밀사항'으로 해석함이 상당하다

(나) 판단

이 사건 정보의 내용은 세계보건기구 수질기준(0.01mg/ℓ)이 넘는 브롬산염이 검출된 먹는 샘물을 생산한 업체 명단에 불과하여 소외 업체의 생산품목인 먹는 샘물의 제조방법, 판매방법 및 영업활동에 유용한 기술상 또는 경영상의 정보 등 영업비밀과는 아무런 관련이 없다. 나아가 이 사건 정보가 독립된 경제적 가치를 가지는 정보로서 소외 업체의 유리한 사업 활동에 관한 일체의 비밀사항이라고 할 수도 없다. 따라서 이 사건 정보는 소외 업체의 경영·영업상 비밀에 해당하지 않는다.

(2) 공개될 경우 법인 등의 정당한 이익을 현저히 해할 우려가 있는지 여부

(가) 법리

○ 정보공개법은 공공기관이 보유.관리하는 정보에 대한 국민의 공개청구 및 공공기관의 공개의무에 관하여 필요한 사항을 정함으로써 국민의 알권리를 보장하고 국정에 대한 국민의 참여와 국정운영의 투명성을 확보함을 목적으로 한다.

○ 정보공개법 제9조 제1항 제7호에 의하면 '법인 등의 경영.영업상의 비밀에 관한 사항'이라도 공개를 거부할 만한 정당한 이익이 있는지의 여부에 따라 그 공개 여부가 결정되어야 한다.

○ 그 정당한 이익이 있는지 여부는 앞서 본 정보공개법의 입법 취지에 비추어 이를 엄격하게 해석하여야 한다.

(나) 피고의 주장과 판단

○ 피고는 먼저, 이 사건 처분 당시 적용되던 구'먹는물 수질기준 및 검사 등에 관한 규칙(2009. 9. 4. 환경부령 제347호로 개정되기 전의 것)은 먹는 해양심층수의 경우에만 브롬산염 검출기준

을 규제하였을 뿐이고 먹는 물에 대하여는 별도의 기준이 없었으므로 당시의 법령의 기준을 준수한 소외 업체가 이 사건 정보의 비공개로 얻는 이익은 정당한 이익으로 보아야 한다고 주장한다. 갑 1호증의 2, 갑 3호증의 각 기재 및 변론 전체의 취지를 종합하여 보면, 환경부가 그간 먹는 샘물에 대한 수질기준으로 브롬산염에 대한 기준을 두지 않은 것은 해수와 달리 먹는 물의 제품수로 사용되는 지표수나 지하수의 경우 일반적으로 브롬이온의 농도가 낮고 대개 세계보건기구 잠정권고기준인 $0.01mg/\ell$ 를 초과하지 않는 것으로 알려져 있었기 때문인 사실, 국제기준을 초과한 브롬산염은 음용시 발암 가능성을 유발시키는 물질로 인식되어 온 사실, 소외 업체가 생산한 먹는 샘물에서 검출된 국제기준을 넘는 브롬산염은 수질 자체의 문제가 아니라 제품제조 과정에서 미생물을 제거하기 위하여 도입한 오존살균 공정에서 제품수나 페트병 세척시 과다한 오존을 사용한 결과 그 부산물로 생성된 것인 사실을 인정할 수 있다.

위 인정사실에 의하면, 소외 업체는 먹는 샘물의 경우 브롬산염 규제에 대한 명시적인 국내기준이 없다는 이유로 브롬산염을 발생시킬 수 있는 과다한 오존을 살균공정에서 사용함으로써 소외 업체가 생산한 먹는 물에서 국제기준을 초과한 브롬산염이 검출되도록 한 것으로 이는 그 생산 당시는 법적 규제의 대상이 아니었다고 하더라도 소비자의 신체와 건강에 위해를 줄 수 있는 부당한 영업활동을 한 것이라고 봄이 상당하다. 따라서 그러한 부당한 영업활동을 한 소외 업체가 이 사건 정보의 비공개로 얻는 이익이 정당한 이익이라고 할 수는 없다. 나아가 이 사건 정보를 공개하는 경우 소외 업체들의 정당한 이익을 현저히 해할 우려가 있다는 점을 인정할 아무런 증거도 없다. 피고의 위 주장은 이유 없다.

○ 피고는 다음으로, 소외 업체는 피고의 시정권고에 따라 소외 업체가 생산한 먹는 물을 자진 수거·파기하였는데, 소비자기본법 제49조 제4항이 사업자가 정당한 사유 없이 피고의 시정권고를 따르지 않는 때에는 사업자가 권고를 받은 사실을 공표할 수 있다고 규정하고 있는 점에 비추어 그 반대해석상 피고의 시정권고를 따른 소외 업체의 명단을 공개할 수는 없고, 나아가 위 규정이 적용되는 이 사건 정보는 정보공개 법 제9조 제1항 제1호가 규정한 '다른 법률 또는 다른 법률이 위임한 명령에 의하여 비밀 또는 비공개 사항으로 규정된 정보'에 해당하기도 한다는 취지로 주장한다. 그러나 소비자기본법 제49조 제4항은 시정권고를 받은 사업자가 정당한 사유 없이 권고를 따르지 않는 경우의 제재조치 중 하나로 '시정권고를 받은 사실'을 공표할 수 있음을 규정한 것일 뿐 정보 공개의 예외사유를 다른 법률로 규정하기 위해서 시정권고를 따른 사업자 명단의 공개 금지를 규정한 것이 아니다. 따라서 위 규정이 정보공개법 제9조 제1항 제1호가 정한 비공개 대상정보를 따로 규정한 '다른 법률'에 해당한다고 할 수도 없다. 피고의 이 부분 주장 역시 이유 없다.

(3) 생명·신체 또는 건강과 생활을 보호하기 위하여 공개할 필요가 있는지 여부

갑 3호증에 변론 전체의 취지를 더하여 보면, 소외 업체가 생산한 먹는 물에서 검출된 브롬산염은 국제암연구기관에서 잠재적인 발암물질로 분류되어 있는 사실, 환경부는 국립환경과학원의 분석 결과 세계보건기구의 잠정권고기준이나 국내 먹는 해양 심층수의 수질기준을 초과하는 일부 제품이 시중에 유통되고 있는 것으로 드러나자 최근 먹는 샘물에 대한 수질기준으로 브롬산염에 대한 기준을 도입한 사실이 인정된다.

위 인정사실에 의하면 이 사건 정보는 정보공개법 제9조 제1항 제7호 가목이 비공개대상 정보의 예외사유로 정한 '사업활동에 의하여 발생하는 위해로부터 사람의 생명. 신체 또는 건강을 보호하기 위하여 공개할 필요가 있는 정보'이거나, 위 같은 호 나목이 규정한 '위법·부당한 사업활동으로부터 국민의 재산 또는 생활을 보호하기 위하여 공개할 필요가 있는 정보'에 해당한다고 봄이 상당하다(피고는 이미 브롬산염이 기준을 초과하여 검출된 소외 업체의 제품을 모두 폐기하였으므로 더 이상 소외 업체가 생산한 먹는 물로 인하여 발생하는 위해는 없다는 취지로도 주장하나, 위 가목이 정한 '사업활동에 의하여 발생하는 위해'는 반드시 현실적으로 발생한 위해 뿐만 아니라 장차 발생할 가능성이 있는 위해를 포함하는 것이고 위 가목은 그러한 위해를 미리 예방하기 위하여 비공개대상 정보의 예외사유로 삼은 것이라 할 것이므로 피고의 위 주장은 받아들일 수 없다. 더욱이 위 갑 3호증, 을 1호증의 1 내지 5의 각 기재에 의하면, 소외 업체가 생산한 먹는 물 제품 중 아직 회수되지 못한 일부 제품이 시중에 유통되고 있는 것으로 보인다).

(4) 결론

원고의 이 사건 청구는 이유 있으므로 인용한다.

소 장

원고   김 길 동(주민등록번호)
                      서울 은평구 갈현동 ○-○번지
                      (전화 000-000, 팩스 000-000)
피고   국토해양부장관
                      ○○ 주식회사
제3참가인

정보공개거부처분취소의 소

청구취지

1. 피고가 원고에 대하여 2009. 5. 22. 한 별지 제1 목록 기재 정보에 관한 정보비공개결정, 2009. 8. 5. 한 별지 제2 목록 기재 정보에 관한 정보비공개결정을 각 취소한다.

2. 소송비용 중 참가로 인한 부분은 제3참가인이 부담하고, 그 나머지 부분은 피고가 부담한다.

라는 판결을 구합니다.

청구원인

1. 처분의 경위

(1) 대한민국은 21세기 수도권 항공운송의 수요를 분담하고 동북아시아의 허브공항으로서의 역할을 담당하기 위하여 인천국제공항을 건설하면서, 인천국제공항과 수도권을 잇는 고속도로를 건설하기 위하여 구 사회간접자본시설에 대한 민간자본유치촉진법(1998. 12. 31. 법률 제5624호로 전문개정되기 전의 것)에 따라, 1995. 10. 27. ○○물산 주식회사, 주식회사 ○○ 등 15개 민간기업의 컨소시엄으로 구성된 제3참가인과 사이에, 제3참가인이 인천국제공항고속도로 및 그 유지·보수·관리·운영을 위한 시설과 부속 시설사업을 위한 설계와 건설을 하되, 그 대가로 도로 및 부속시설의 무상사용, 관리운영권을 부여받아 도로의 유지, 보수, 관리, 운영과 통행료의 부과, 징수 및 부속시설사업을 할 수 있도록 하는 내용의 실시협약을 체결하였고, 그에 따라 제3참가인은 1995. 12.경 공사를 시작하여 2000. 11. 인천국제공항고속도로를 개통하였습니다.

(2) 원고는 피고에게, 2009. 5. 21. 인천공항민자도로의 최초 및 변경 실시협약서(이하 '제1 정보'라고 한다)를 사본 교부의 방법으로 공개하여 달라고 청구하였고, 2009. 7. 29. 인천공항민자도로의 최초 및 변경 설계예산서(이하 '제2 정보'라고 한다)를 공개하여 달라고 청구하였습니다. 그러나

피고는 2009. 5. 22. 전자의 청구에 관하여, 2009. 8. 5. 후자의 청구에 관하여 각 공개청구정보가 공공기관의 정보공개에 관한 법률(이하 '정보공개법'이라 한다) 제9조 제1항에서 정한 제3참가인의 경영.영업상 비밀에 관한 사항으로서 공개될 경우 정당한 이익을 현저히 해할 우려가 있는 정보에 해당한다는 등의 이유로 각 정보비공개결정(이하 양자를 통틀어 '이 사건 결정'이라 한다)을 하였습니다.

(3) 제1 정보의 내용과 범위는 피고가 제3참가인과 사이에 인천국제공항고속도로의 민자유치시설사업 또는 민간투자시설사업을 시행할 때 필요한 사항에 관하여 약정 또는 변경 약정한 내용을 담은 실시협약서인 별지 제1 목록 기재 정보로 확정할 수 있는 바, 실시협약서 본문에는 사업시행자의 자격 및 권한과 관리 등 기본약정사항, 실시계획의 승인 등 실시절차에 관한 사항, 공사의 착수, 기간, 감독 등 공사에 관한 사항, 준공검사 및 유지관리 등 관리운영에 관한 사항, 통행료의 산정 및 징수 등 통행료에 관한 사항, 위험의 배분 및 재정지원에 관한 사항, 협약의 종료, 분쟁의 해결에 관한 사항이 포함되어 있고, 부록에는 제3참가인의 출자자 및 지분율, 총 민간사업비, 추정 교통량, 추정 통행료수입, 운영비용, 통행료산정을 위한 현금흐름표 등이 포함되어 있다. 그리고 제2 정보의 내용과 범위는 제3참가인이 인천국제공항고속도로를 건설한 후, 피고로부터 사회간접자본시설에 대한 민간투자법이 정한 준공확인을 받기 위하여 공사준 공보고서에 첨부한 준공조서(준공설계도서 및 준공사진을 포함한다)의 일부인 별지 제2 목록 기재 정보로 확정할 수 있는 바, 거기에는 도로 및 부속시설의 공종별 품명, 규격, 수량, 단가 또는 재료비, 노무비, 경비 등 공사비의 집계 또는 명세에 관한 사항이 포함되어 있습니다.

2. 처분의 위법성

위 각 정보는 제3참가인의 경영 · 영업상 비밀에 해당하지 않을 뿐만 아니라, 공개될 경우 침해될 만한 제3참가인의 정당한 이익이 있거나 제3참가인의 정당한 이익을 현저히 해할 우려가 있다고 볼 수 없어 비공개대상정보에 해당한다고 볼 수 없습니다. 그럼에도 불구하고 피고가 정보비공개결정처분을 한 행위는 위법한 처분에 해당합니다.

3. 결론

이에 상기 청구취지와 같이 이건 행정소송을 제기하는 바입니다.

입증방법

1. 갑 제1호증

2. 갑 제2호증

첨부서류

1. 위 각 입증방법   각 1부

2. 송달료 납부서

3. 소장부본

20 .   .   .

위 원고   (날인 또는 서명)

서울행정법원   귀중

〈별지 1 목록〉

1. 1995. 10. 27. 체결된 수도권신공항고속도로 민자유치시설사업 실시협약

2. 2000. 12. 27. 체결된 인천국제공항고속도로 민간투자시설사업 실시협약

3. 2004. 4. 21. 체결된 인천국제공항고속도로 민간투자시설사업 변경실시협약(2차)

4. 2004. 9. 체결된 인천국제공항고속도로 민간투자시설사업 실시협약 변경합의서(안)

5. 2009. 5. 21. 체결된 인천국제공항고속도로 민간투자시설사업 실시협약 변경합의서

〈별지 제2 목록〉

1. 2000. 9. 작성된 인천국제공항고속도로 민자유치시설사업 설계서 제11차변경(준공)(도로제 1 공구) 중 집계표 부분

2. 2000. 9. 작성된 인천국제공항고속도로 민자유치시설사업 설계서 제12차변경(준공)(도로제 2 공구) 중 집계표 부분

3. 2000. 9. 작성된 인천국제공항고속도로 민자유치시설사업 설계서 제12차변경(준공)(도로제 3 공구) 중 집계표 부분

4. 2000. 9. 작성된 인천국제공항고속도로 민자유치시설사업 설계서 제11차변경(준공)(도로제 4 공구) 중 집계표 부분

5. 2000. 10. 작성된 인천국제공항고속도로 민자유치시설사업 설계서 제11차변경(준공)(연육

교 제2공구) 중 집계표, 민자분 – 집계표(민자), 국고분 – 집계표(국고) 부분

6. 2000. 9. 작성된 인천국제공항고속도로 민자유치시설사업 설계서 제11차변경(준공)(연육교 제 3공구) 중 집계표 부분

7. 2000. 10. 작성된 인천국제공항고속도로 민자유치시설사업 설계서 제3차변경(준공)(조경공 사) 중 집계표 부분

중 략

당해판례

2009구합 34358

(1) 정보공개법은 공공기관이 보유.관리하는 정보에 대한 국민의 공개청구 및 공공기관의 공개의무에 관하여 필요한 사항을 정함으로써 국민의 알권리를 보장하고 국정에 대한 국민의 참여와 국정운영의 투명성을 확보함을 목적으로 공공기관이 보유 · 관리하는 모든 정보를 원칙적 공개대상으로 하고 있는바, 그러한 정보공개법의 입법목적과 취지에 비추어 보면, 공공기관은 자신이 보유.관리하는 정보를 공개함이 원칙이고, 정보공개의 예외로서 비공개사유에 해당하는지 여부는 엄격하게 해석할 필요가 있다(대법원 2007. 6. 1. 선고 2006두20587 판결 등 참조). 한편, 정보공개법은 사업체인 법인 등의 사업활동에 관한 비밀의 유출을 방지하여 정당한 이익을 보호하고자 하는 취지에서 정보공개법 제9조 제1항 제7호로 "법인 · 단체 또는 개인의 경영 · 영업상 비밀로서 공개될 경우 법인 등의 정당한 이익을 현저히 해할 우려가 있다고 인정되는 정보"를 비공개대상정보로 규정하고 있는바, 정보공개법 제9조 제1항 제7호에서 정한 '법인 등의 경영 · 영업상 비밀'은 부정경쟁방지 및 영업비밀보호에 관한 법률 제2조 제2호에서 정한 영업비밀에 한하지 않고, '타인에게 알려지지 아니함이 유리한 사업활동에 관한 일체의 정보' 또는 '사업활동에 관한 일체의 비밀사항'이라고 해석함이 상당하다. 그리고 정보공개법 제9조 제1항 제7호는 '법인 등의 경영.영업상 비밀에 관한 사항'이라도 공개를 거부할 만한 정당한 이익이 있는지의 여부에 따라 그 공개 여부가 결정되어야 한다고 해석되는바, 그 정당한 이익이 있는지 여부는 앞서 본 정보공개법의 입법 취지에 비추어 이를 엄격하게 해석하여야 할 뿐만 아니라 국민에 의한 감시의 필요성이 크고 이를 감수하여야 하는 면이 강한 공익법인에 대하여 다른 법인 등에 대하여 보다 소극적으로 해석할 수밖에 없다(대법원 2008. 10. 23. 선고 2007두1798 판결 등 참조).

---

(2) 이 사건에서 제1, 2 정보는 모두 앞서 본 바와 같이 '타인에게 알려지지 아니함이 유리한 사업활동에 관한 일체의 정보' 또는 '사업활동에 관한 일체의 비밀사항'으로서 제3참가인의 경영·영업상 비밀에 해당한다고 볼 여지가 크다. 그러나 한편, 앞서 본 바와 같이 공공기관은 자신이 보유·관리하는 정보를 공개함이 원칙이고, 정보공개의 예외로서 비공개사유에 해당하는지 여부는 엄격하게 해석할 필요가 있는 점, 피고는 정부기관으로서 정보공개법상 공공기관이고, 제3참가인은 정보공개법상 특별법에 의하여 설립된 특수법인으로서 공공기관에 해당한다고 보기는 어려우나, 사회간접자본시설에 대한 민간투자법 제14조에 따라 인천국제공항고속도로 건설이라는 민간투자사업을 시행할 목적으로 설립된 법인으로서, 같은 조 제4항에 따라 피고가 인정한 사업 외의 다른 사업을 행할 수 없고, 실시협약 사항에 따라 유료도로법에 의한 유료도로관리권자의 지위를 부여받아 준공 후에도 공익목적에 부합하도록 도로를 관리하고, 매년 피고로부터 도로 유지관리계획에 관한 승인을 받아야 하며, 전년도 교통현황 및 수입에 관한 자료를 제출하여야 하고, 피고와 협의하여 통행료를 조정하며, 같은 법 제53조에 따라 보조금 등 재정지원을 받을 수 있는 등 그 목적의 수행을 위하여 일반 사기업과 다른 특수한 지위와 권한을 가지고 있어서 정보공개법상 공공기관에 준하거나 그 유사의 지위에 있다고 볼 수 있으므로, 공개를 거부할 만한 정당한 이익이 있는지 여부에 관하여 보다 소극적으로 해석할 수밖에 없는 점, 피고가 이미 고속도로 및 부속 시설의 건설이라는 사업이 완료된 실시협약서의 내용이나 공사비의 명세 등을 공개한다고 하여 사회간접자본시설에 대한 민간투자법이 정한 특수한 기업으로서의 경쟁력이 현저히 저하된다거나 사업완료 후 고속도로 등의 관리·운영 업무를 추진하는 것이 곤란해진다고 볼 수 없는 점, 피고가 위 각 정보를 공개함으로써 위 사업의 시행에 관한 실시협약서의 내용이나 공사비의 명세 등을 알 수 있게 되어 국민의 알 권리를 충족시키고, 나아가 피고의 사회간접시설 확충·운영에 관한 정책에 대한 국민의 참여와 그 운영의 투명성을 확보할 수 있는 계기가 될 수 있는 점 등 여러 사정을 종합하여 보면, 위 각 정보를 공개함으로써 피고의 정당한 이익을 현저히 해할 우려가 있다고 볼 수 없다.

(3) 따라서 제1, 2 정보는 정보공개법 제9조 제1항 제7호에서 정한 비공개대상정보에 해당하지 않으므로, 피고가 그와 반대의 전제에서 한 이 사건 결정은 위법하다.

소 장

원고   김 길 동(주민등록번호)
      서울시 강동구 ○○동 ○번지
피고   교육과학기술부장관
정보비공개처분취소

청구취지

1. 피고가 2008. 11. 14. 원고에 대하여 한 별지 목록 기재 각 정보에 대한 정보공개거부처분을 취소한다.

2. 소송비용은 피고의 부담으로 한다.

라는 판결을 구합니다.

청구원인

1. 처분의 경위

(1) 피고는 2008. 10.경 2009학년도 고등학교 2, 3학년용 한국 근·현대사 역사교과서의 수정·보완과 관련하여 국방부 등 정부 부처와 교과서 포럼 등 관련 단체로부터 253개 항목의 수정요구안을 받은 후 이를 검토하기 위하여 역사교육을 전공한 일선 교원 등으로 '역사교과전문가협의회'(이하, '이 사건 협의회'라고 한다)를 구성하였습니다.

(2) 피고는 위 수정요구안에 대한 이 사건 협의회의 논의결과를 바탕으로 2008. 10. 30. 55개 항목의 수정권고안을 발표하였습니다.

(3) 이에 원고는 2008. 11. 4. 피고에게 별지 목록 기재 각 정보의 공개를 청구하였으나, 피고는 2008. 11. 14. 위 각 정보는 공공기관의 정보공개에 관한 법률(이하, '정보공개법'이라고 한다) 제9조 제1항 단서 제6호 소정의 비공개정보에 해당한다는 이유로 그 공개를 거부하는 처분을 하였습니다.

2. 처분의 위법성

별지 목록 제1, 2항, 3항 기재 각 정보는 정보공개법 제9조 제1항 단서 제6호 다 내지 마목에 해당하므로 비공개대상정보가 아닙니다. 따라서 이의 공개를 거부한 피고의 처분은 위법합니다.

3. 결론

이상과 같은 이유로 피고의 위 처분은 위법하므로 이의 취소를 구하는 본 건 행정소송에 이르게 되었습니다.

입증방법

1. 갑 제1호증
2. 갑 제2호증

첨부서류

1. 위 각 입증방법   각 1부
2. 송달료 납부서
3. 소장부본

20 .   .   .

위 원고   (날인 또는 서명)

서울행정법원   귀중

〈별지목록〉

피고가 2008. 10. 30. 발표한 고등학교 역사교과서 수정권고와 관련하여,

1. 위 수정권고안 마련에 참여한 역사 교과전문가협의회 위원들의 명단, 소속 및 지위
2. 위 수정권고안을 발표하기까지 진행된 역사 교과전문가협의회 회의 개최 내용
3. 위 수정권고안을 발표하기까지 진행된 역사 교과전문가협의회 회의록 일체. 끝.

당해판례

2009구합 4739

1. 별지 목록 제3항 기재 정보에 대한 정보공개거부처분취소청구 부분의 적법 여부

가) 살피건대, 정보공개제도는 공공기관이 보유·관리하는 정보를 그 상태대로 공개하는 제도라는 점 등에 비추어 보면, 정보공개를 구하는 자가 공개를 구하는 정보를 행정기관이 보유·관리하고 있을 상당한 개연성이 있다는 점을 입증함으로써 족하다 할 것이지만, 공공기관이 그 정보를 보유·관리하고 있지 아니한 경우에는 특별한 사정이 없는 한 정보공개거부처분의 취소를 구할 법률상의 이익이 없다(대법원 2006. 1. 13. 선고 2003두9459 판결 등 참조).

나) 돌이켜 이 사건에 관하여 보건대, 피고가 별지 목록 제3항 기재 정보(별지 목록 제2항 기재 정보와의 관계에 비추어 별지 목록 제3항 기재 정보는 단순히 회의 개최 일시, 장소, 참석자 명단이 아니라 이 사건 협의회 위원들의 개별적인 발언 내용이 기재된 회의록이라고 봄이 상당하다)를 보유·관리하고 있다는 점에 관하여, 이를 인정할 아무런 증거가 없고, 오히려 증인 ○○○의 증언에 변론 전체의 취지를 종합하면, 이 사건 협의회는 '집중작업'이라고 불리는 2박 3일간의 세미나를 통하여 만장일치로 수정 권고안의 토대를 마련하였으나, 위 세미나에 관한 별도의 회의록이 작성되지는 아니한 사실을 인정할 수 있을 뿐이다.

따라서 피고가 실제로 보유.관리하고 있지 아니한 별지 목록 제3항 기재 정보에 대한 이 부분 소는 정보공개거부처분의 취소를 구할 법률상 이익이 없어 부적법하다고 할 것이다.

2. 별지 목록 제1항 기재 정보와 별지 목록 제2항 기재 정보 중 참석자 명단 부분에 대하여

가) 살피건대, 정보공개법 제9조 제1항 단서 제6호는 공공기관이 보유.관리하는 정보는 공개대상이 되는 것이되, 다만 당해 정보에 포함되어 있는 이름·주민등록번호 등 개인에 관한 사항으로 공개될 경우 개인의 사생활의 비밀 또는 자유를 침해할 우려가 있다고 인정되는 정보의 경우에는 공개하지 아니할 수 있다고 규정하고 있는 바, 별지 목록 제1항 기재 정보와 별지 목록 제2항 기재 정보 중 참석자 명단 부분(이하, 이들을 통틀어 '이 사건 정보'라고 한다)은 특정인을 식별할 수 있는 정보로서 공개 될 경우 이 사건 협의회 위원들의 사생활의 비밀 또는 자유를 침해할 우려가 있다고 할 것이므로 일응 비공개대상정보에 해당한다고 할 수 있다.

나) 다음으로 이 사건 정보가 정보공개법 제9조 제1항 단서 제6호 라목(직무를 수행한 공무원의 성명.직위) 또는 마목(공개하는 것이 공익을 위하여 필요한 경우로서 법령에 의하여 국가 또는

지방자치단체가 업무의 일부를 위탁 또는 위촉한 개인의 성명, 직업)에 해당하는지에 관하여 보건대, 증인 ○○○의 증언에 변론 전체의 취지를 종합하면, 이 사건 협의회는 초, 중등교육법령에 직접적인 근거를 둔 조직이 아니고, 초, 중등교육법 제29조 제2항, 같은 법 시행령 제55조에 따라 제정된 교과용 도서에 관한 규정 제26조 제1항에 기한 피고의 수정권 등 행사에 조력하기 위하여 일시적으로 역사교육을 전공한 교원, 연구원 등으로 구성된 조직인 사실을 인정할 수 있는바, 위 인정사실에 의하면, 이 사건 협의회 위원들이 법령에 의하여 피고로부터 업무의 일부를 위탁받았다고 볼 수도 없을 뿐만 아니라, 위 협의회 위원들 중 일부가 교육공무원에 해당한다고 하더라도 위 협의회 위원들의 위촉 경위 및 위 협의회의 운영기간 등에 비추어 볼 때 이들이 교육공무원의 지위에서 그 직무수행의 일환으로 한국 근, 현대사 역사교과서의 수정, 보완 작업에 참여하였다고 보기도 어렵다.

다) 나아가 이 사건 정보가 정보공개법 제9조 제1항 단서 제6호 다목(공공기관이 작성하거나 취득한 정보로서 공개하는 것이 공익 또는 개인의 권리구제를 위하여 필요하다고 인정되는 정보)에 해당하는지에 관하여 본다.

살피건대, 정보공개법 제9조 제1항 단서 제6호 다목 소정의 '공개하는 것이 공익을 위하여 필요하다고 인정되는 정보'에 해당하는지 여부는 비공개에 의하여 보호되는 개인의 사생활 보호 등의 이익과 공개에 의하여 보호되는 국정운영의 투명성 확보 등의 공익을 비교 · 교량하여 구체적 사안에 따라 신중히 판단하여야 한다(대법원 2007. 12. 13. 선고 2005두13117 판결 등 참조).

위 법리를 기초로 하여 이 사건에 관하여 보건대, 한국 근, 현대사 역사교과서는 청소년 역사교육의 중요한 물적 토대이고, 피고의 수정권고안의 토대를 마련한 이 사건 협의회의 설치, 구성 및 운영에 관한 아무런 법률규정이 없어 협의과정의 투명성, 공공성 및 정당성을 확보할 필요성이 있음은 인정된다. 그러나 다른 한편, 위에서 인정한 사실 및 증인 ○○○의 증언에 변론 전체의 취지를 더하여 알 수 있는 다음과 같은 사정들, 즉 ① 이 사건 협의회 위원들은 당초부터 명단 등 신상정보가 공개되지 아니할 것을 전제로 위 협의회에 참여하여 자유로이 의견을 개진하였고, 이러한 신뢰는 가능한한 보호될 필요가 있는 점, ② 초 · 중등교육법령 및 이에 따라 제정된 교과용 도서에 관한 규정은 피고에게 사인이 저작한 도서에 관한 검정권을 부여하면서도 그 행사기준에 관하여는 전혀 규정하고 있지 아니한바, 이 사건 협의회는 피고의 검정권을 통제하기 위한 것이 아니라 피고의 검정권 행사에 조력하기 위한 목적에서 일시적 · 잠정적으로 구성된 조직에 불과하므로, 위 협의회 위원들에게 공무원에 준하는 책임과 부담을 지워 광범위한 여론의 공격에 무방비로 노출되게 하는 것은 타당하지 아니한 점, ③ 이 사건 협의회 위원들은 만장일치에 의하여 55개 수정권고안의 토대를 마련하였으므로 이 사건 정보가 공개될 경우 위 협의회 위원들 개개인의 발언내용이 공개되지 아니한다고 하더라도 실질적으로 위 협의회 위원들의 개인적인 사상 및 역사관이 공개되는 것과 같은 결과를 초래할 수 있으며, 한국 근ㆍ현대사 역사교과서에 관한 각계각층의 의견대립이 치열한 현 상황에서 이들에 대한 여론공격은 단순히 개인적인 차원뿐만 아니라 향후의 교과서 검정 등 공적 업무의 수행에도 차질을 초래할 가능성이 큰 점, ④ 이 사건 정보공개를 통하여 원고가 궁극적으로 목적하는바, 즉 청소년 역사교육의 올바른 물적 토대의 확립은 이 사건 협의회 위원들에 대한 책임추궁의 방식이 아니라, 피고가 발표한 수정권고안에 따르지 아니하여 향후 피고가 교과용 도서에 관한 규정 제38조에 따라 검정합격취소 등의 처분을 하였을 때 그 처분에 관한 민주적ㆍ사법적 통제의 방식으로 이루어지는 것이 적절할 뿐만 아니라 개인의 사생활의 비밀 또는 자유 등 이익침해를 최소화하는 것으로 보이는 점 등을 종합하여 보면, 앞에서 인정한 사실만으로는, 이 사건 정보의 비공개에 의하여 보호되는 이익보다 공개에 의하여 보호되는 이익이 우월하다고 단정하기 어려우므로 이는 '공개하는 것이 공익을 위하여 필요하다고 인정되는 정보'에 해당하지 아니한다고 봄이 상당하다.

3. 별지 목록 제2항 기재 정보 중 참석자 명단을 제외한 부분에 대하여

원고가 별지 목록 기재 각 정보의 공개를 구하는 취지는 이 사건 협의회의 설치, 구성 및 운영에 관한 정보를 취득하여 피고의 수정권고안이 공평하고 권위 있는 전문가들의 심도 있는 검토와 연구에 따라 마련되었는 지 여부에 관한 검증을 하겠다는 것인바, 이와 같은 원고의 정보공개청구의 취지에 비추어, 별지 목록 제2항 기재 정보 중 참석자 명단이 위에서 본 바와 같이 정보공개법 제9조 제1항 단서 제6호 소정의 비공개대상정보에 해당하는 이상, 이를 제외한 회의개최 일시, 장소 등만을 공개하는 것은 특별히 그 공개의 가치가 인정된다고 보기 어렵다고 할 것이므로(원고도 이 사건 변론과정에서 참석자 명단이 가려진 상태에서의 회의 개최 내용 등의 공개는 의미가 없다고 하였다), 위 각 부분이 물리적으로 분리 가능하다고 하더라도 이를 분리하여 부분공개를 명할 필요성은 없다고 할 것이다.

소   장

원고   김 길 동(주민등록번호)
            서울시 ○○구 ○○동 ○번지
피고   서울특별시 ○○구청장
정보공개거부처분취소

청구취지

1. 피고가 2008. 9. 12. 별지 목록 1.항 기재 정보에 관하여, 2008. 9. 17. 별지 목록 2.항 내지 4.항 기재 각 정보에 관하여, 각 원고에 대하여 한 정보공개거부처분을 취소한다.
2. 소송비용은 피고의 부담으로 한다.

라는 판결을 구합니다.

청구원인

1. 처분의 경위

(1) 원고는 2008. 9. 1. 피고에게 별지 목록 1.항 기재 정보(이하 '이 사건 ①정보'라 한다)를 포함한 ○○구 영유아 보육복지 분야 관련 정보의 공개를 청구하였는데, 피고는 2008. 9. 12. 원고에게 아무런 근거 및 이유 제시 없이 이 사건 ①정보의 공개를 거부하였습니다(피고는 원고의 이의신청에 대하여 2008. 9. 29. 기각하면서 비로소 처분근거로 공공기관의 정보공개에 관한 법률(이하 '정보공개법'이라 한다) 제9조 제1항 제5호를 적시하였습니다).

(2) 또한 원고는 2008. 9. 4. 피고에게 별지 목록 2.항 내지 4.항 기재 정보(이하 위 2.항 및 3.항 기재 각 정보를 '이 사건 ②정보'라 하고, 위 4.항 기재 정보를 '이 사건 ③정보'라 한다)를 포함한 ○○구 사회단체보조금 지원사업 현황 관련 정보의 공개를 청구하였습니다.

(3) 이에 피고는 2008. 9. 17. 원고에게 이 사건 ②정보에 대하여는 '정보공개법 제11조 제3항에 의거 제3자의 의견을 청취한 결과 비공개 요청을 받았다'는 이유로, 이 사건 ③정보에 대하여는 '심의시 자유롭고 활발한 의견 개진 등 공정한 업무수행에 지장을 줄 우려가 있다'는 이유로 각 공개를 거부(이하 위 가.항의 정보공개 거부처분과 통틀어 '이 사건 처분'이라 한다)하였습니다.

2. 처분의 위법성

(1) 피고는 이 사건 처분을 함에 있어 이 사건 ①정보에 대하여는 처분이유를 제시하지 않았고, 이 사건 ②, ③정보에 대하여는 개략적으로만 처분이유를 제시하였으므로, 이 사건 처분은 행정절차법 제23조 제1항 소정의 '처분의 이유제시'에 관한 절차를 위배한 위법이 있습니다.

(2) 이 사건 ③정보는 이미 의사가 결정되거나 집행된 사항에 관한 정보로서, 그것이 공개된다 하여 서울특별시 ○○구의 사회단체에 대한 보조금 지원업무의 공정한 수행에 지장을 초래하는 것이 아니므로, 이는 정보공개법 제9조 제1항 제5호 소정의 비공개대상 정보에 해당하지 않습니다.

3. 결론

이상과 같은 이유로 피고의 처분은 위법하므로 이의 취소를 구하는 본 건 행정소송에 이르게 되었습니다.

입증방법

1. 갑 제1호증
2. 갑 제2호증
3. 갑 제3호증
4. 갑 제4호증
5. 갑 제5호증

첨부서류

1. 위 각 입증방법   각 1부
2. 송달료 납부서
3. 소장부본

20 .   .   .

위 원고   (날인 또는 서명)

서울행정법원   귀중

〈별지목록〉

1. 서울특별시 ○○구 보육정책위원회의 2007년, 2008년도 회의록

2. 2005, 2006, 2007 3개년도에 걸쳐 서울특별시 ○○구로부터 사회단체 보조금을 지급받은 각 단체의,

　　가. 그 보조금 지출의 구체적 항목과 액수가 기재된 2005, 2006, 2007 3개년도의 결산보고서와 그 증빙자료

　　나. 2005, 2006, 2007 3개년도의 사업실적보고서

3. 서울특별시 ○○구로부터 사회단체 보조금을 지급받은 각 단체가 제출한 2008년도 사업계획서 내지 그러한 계획이 기재된 문서(다만 ○○구녹색어머니연합회, ○○구 바른선거시민모임, ○○교육청유치원자율장학협의회 이상 3개 단체는 제외)

4. 서울특별시 ○○구 사회단체보조금지원심의위원회의 2008년도 회의록(성명 등 개인 신상정보 제외) 끝.

당해판례

2008구합 46682

1. 행정절차법 제23조 제1항은 행정청이 처분을 하는 때에는 그 근거와 이유를 제시하도록 의무를 지우고 있고, 정보공개법 제13조 제4항도 공공기관이 정보의 비공개 결정을 한 경우 비공개이유를 구체적으로 명시하여 통지하도록 규정하고 있으며, 한편 정보공개법 제1조, 제3조, 제8조, 제9조 제1항 등의 관계규정에 의하면, 국민으로부터 보유·관리하는 정보에 대한 공개를 요구받은 공공기관으로서는 위 제9조 제1항 각 호에서 정하고 있는 비공개사유에 해당하지 않는 한 이를 공개하여야 하고, 이를 거부하는 경우라 할지라도 대상이 된 정보의 내용을 구체적으로 확인·검토하여 어느 부분이 어떠한 법익 또는 기본권과 충돌되어 제9조 제1항 몇 호에서 정하고 있는 비공개사유에 해당하는지를 주장·입증하여야만 하며, 그에 이르지 아니한 채 개괄적인 사유만을 들어 공개를 거부하는 것은 허용되지 아니한다(대법원 2007. 2. 8. 선고 2006두4899 판결 등 참조).

이러한 관계규정 및 법리에 비추어 위 1.항의 사실관계를 보건대, 피고는 이 사건 처분을 함에 있어 이 사건 ①정보에 대하여는 처분의 근거 및 이유를 아예 제시하지 않았고(처분의 근거 및 이유의 제시는 처분 당시에 하여야 하는 것이므로, 원고의 이의신청에 대해 기각하면서 비로소 처분근거를 적시하였다 하여 달리 볼 수 없다), 또한 이 사건 ②정보에 대하여는 정보공개법

제9조 제1항 몇 호에서 정하고 있는 비공개 사유에 해당하는지를 밝히지 아니한 채, 공개 청구된 정보와 관련 있는 제3자에 대한 통지 및 의견청취 절차를 규정한 것으로서 비공개 근거가 될 수 없는 제11조 제3항(공공기관은 그 제3자의 의견을 참고하면 족하고 그에 기속되는 것이 아니다)만을 들어 정보공개를 거부한 것이어서 적법한 처분 근거 및 이유의 제시로 볼 수 없으므로, 결국 이 사건 처분 중 이 사건 ①, ② 정보에 대한 공개거부처분은 처분의 근거 및 이유를 제시하지 않은 절차적 하자가 있어 위법하다 할 것이다.

2. 다만 이 사건 ③정보에 대하여는 처분사유로 '심의시 자유롭고 활발한 의견 개진 등 공정한 업무수행에 지장을 줄 우려가 있다'는 것을 들고 있고, 그 내용에 비추어 정보공개법 제9조 제1항 제5호를 처분근거로 하고 있음을 충분히 알 수 있어, 이에 관하여는 적법한 처분 근거 및 이유의 제시가 있다고 보아야 할 것이므로, 이에 관한 원고의 위 주장은 이유 없다.

3. 정보공개법 제9조 제1항 제5호는, 공공기관이 보유·관리하는 정보는 원칙적으로 공개하여야 하되, 다만 의사결정과정 또는 내부검토과정에 있는 사항 등으로서 공개될 경우 업무의 공정한 수행 등에 현저한 지장을 초래한다고 인정할 만한 상당한 이유가 있는 정보는 예외적으로 공개하지 아니할 수 있다고 규정하고 있는바, 여기서 말하는 '공개될 경우 업무의 공정한 수행에 현저한 지장을 초래한다고 인정할 만한 상당한 이유가 있는 경우'라 함은 그 제1조의 정보공개제도의 목적 및 제9조 제1항 제5호의 규정에 의한 비공개대상정보의 입법 취지에 비추어 볼 때, 공개될 경우 업무의 공정한 수행이 객관적으로 현저하게 지장을 받을 것이라는 고도의 개연성이 존재하는 경우를 의미한다고 할 것이고, 여기에 해당하는지 여부는 비공개에 의하여 보호되는 업무수행의 공정성 등의 이익과 공개에 의하여 보호되는 국민의 알권리의 보장과 국정에 대한 국민의 참여 및 국정운영의 투명성 확보 등의 이익을 비교·교량하여 구체적인 사안에 따라 신중하게 판단되어야 하나(대법원 2003. 8. 22. 선고 2002두12946 판결), 그 입증책임은 정보공개를 거부하는 피고에게 있다 할 것이다.

이러한 관계규정 및 법리에 비추어 보건대, 피고는 이 사건 ③정보의 경우 인적 사항 부분을 제외하더라도 해당 발언을 누가 하였는지 짐작할 수 없다고 단언할 수 없고, 사회단체보조금 심의는 민감한 사항이어서 회의록이 공개될 경우 위원들이 심리적 압박을 받아 자유로운 토의를 할 수 없게 되는 등 다음 연도 심의업무 수행에 지장을 초래한다고 주장하나, 이 사건 ③정보는 이미 의사가 결정되고 집행된 2008년도 보조금 지원 심의에 관한 것으로서 위 제9조 제1항 제5호 소정의 '의사결정과정 또는 내부 검토과정에 있는 정보'가 아니고, 원고가 성명 등 개인신상정보를 제외한 정보에 대하여만 공개를 구하고 있어 회의참석자의 발언내용 중에서도 개인신상정보에 관한 부분이 있으면 이를 삭제하면 될 것이며, 회의과정에서의 발언을 반드시 비공개로 하여야만 업무의 공정한 수행을 기대할 수 있다고 볼 것도 아닌바, 국민의 알권리를 보장하고 국정에 대한 국민의 참여와 국정운영의 투명성을 확보한다는 정보공개법의 입법목적과 취지를 아울러 고려해 볼 때, 피고가 드는 주장 및 증거만으로는 이 사건 ③정보가 공개될 경우 업무의 공정한 수행이 객관적으로 현저하게 지장을 받을 것이라는 고도의 개연성이 존재한다고 단정하기 어렵다. 따라서 이와 달리 보아 이 사건 ③정보의 공개를 거부한 피고의 처분은 위법하다 할 것이다.

[서식] 정보공개거부처분취소 청구의 소

소　장

원고　　○○○○ 시민연대
　　　　서울시 종로구 ○○동 ○-○번지
　　　　(전화 000-000, 팩스 000-000)
피고　　법무부장관
정보공개거부처분취소

청구취지

1. 피고가 2005. 5. 24. 원고에게 한 2005. 4.까지 징계받은 검사들의 구체적인 징계사유에 관한 정보공개거부처분을 취소한다.
2. 소송비용은 피고가 부담한다.
라는 판결을 구합니다.

청구원인

1. 처분의 경위

(1) 원고는 2004. 11. 4. 피고에게 1998.부터 2004. 10.까지 검사의 징계현황 즉, 이름, 직위, 징계사유, 징계내용에 관한 정보공개를 청구하였는데, 피고는 같은 달 9. 위 청구 중 아래와 같이 적발내용 및 처분결과를 표시한 징계현황에 관하여만 공개하고, 해당 검사의 이름, 징계내용, 징계사유에 관하여는 공공기관의 정보공개에 관한 법률(이하 '정보공개법'이라고 한다) 제9조 제1항 제6호 본문 소정의 개인의 사생활의 비밀 또는 자유를 침해할 우려가 있는 정보라는 이유로 비공개결

정을 하였습니다.

〈적발내용〉

	합계	금품·향응수수	직무태만	품위손상	기타
1998	2			2	
1999	2			2	
2000	2				
2001			2		
2002					
2003	9	2	4	3	
2004.10	4		3	1	

〈처분결과〉

	징계 내용						
	계	면직	정직	감봉	중근신	경근신	견책
1998	2	1					1
1999	2	1				1	
2000	2				2		
2001							
2002							
2003	9		1	2	5		1
2004.10	4			1	1	2	

(2) 원고는 다시 2005. 5. 2. 피고에게 '1998. 1999. 관보에 게재된 검사징계 내용' 및 '2004. 10. 이후 검사 징계현황'에 대하여 정보공개청구를 하였는데, 피고는 2005. 5. 3. 공개결정을 하였고, 공개된 내용은 다음과 같습니다.

〈1998. 1999. 관보에 게재된 검사징계 현황〉

연도	성명	적용법조 및 처분내용	처분일	비고
1998	주○○	검사징계법 제2조 제3호 '감봉 3월'	1998. 10. 17.	2003. 8. 15. 특별사면
1999	김○○	검사징계법 제2조 제2호, 제3호 '면직'	1999. 2. 4.	2001. 8. 24. 면직처분취소(대법원 2000두7704)

2004. 10. 이후 검사징계처분 현황 : 해당 없음

(3) 원고는 다시 2005. 5. 20. 피고에게 2005. 4.까지 징계받은 검사들의 개인식별정보를 삭제한 구체적인 징계사유에 관하여 정보공개를 청구하였는데, 피고는 같은 달 24. 원고에게 '이 사건 정보 속에는 해당 검사 및 관련자들을 식별해 낼 수 있는 다양한 정보가 폭넓게 분포되어 있어 개인을 식별할 수 있는 정보와 그렇지 않은 정보를 분리해 낼 수 없을 뿐만 아니라, 특히 유형별 징계사유와 처분결과, 관보에 게재된 징계처분 검사의 인적사항이 공개된 상태에서 구체적인 징계사유 공개시 해당 검사를 쉽게 식별해 낼 수 있으므로, 이 사건 정보는 정보공개법 제9조 제1항 제6호 본문 소정의 개인의 사생활의 비밀 또는 자유를 침해할 우려가 있는 정보에 해당한다'는 이유로 비공개 결정을 하였습니다(이하 '이 사건 처분'이라고 한다).

(4) 원고는 2005. 6. 9. 피고에게 이 사건 처분에 대한 이의신청을 하였는데, 피고는 같은 달 20. 정보공개심의위원회의 심의를 거쳐 이 사건 처분과 같은 이유로 원고의 이의신청을 기각하였습니다.

(5) 원고는 2005. 9. 23. 국무총리 행정심판위원회에 피고가 한 위 정보공개 이의신청 기각결정의 취소를 구하는 행정심판을 청구하였는데(원처분주의에 비추어 볼 때 위 이의신청 기각결정의 취소를 구하는 취지는 그 원처분인 이 사건 처분의 취소를 구한 것이라고 할 것이다), 위 위원회는 2006. 4. 24. 원고의 청구를 기각하였고, 이에 따라 피고는 같은 해 5. 9. 원고의 청구를 기각하는 재결을 하였습니다.

(6) 한편, 피고는 검사징계법 제23조에 따라 검사에 대한 징계처분이 있는 경우 이를 관보에 게재하여 왔는데, 관보에는 구체적인 징계사유에 관하여는 아무런 적시 없이 '징계처분일자, 징계대상자의 현 소속 및 직위, 이름, 근거법령, 징계의 종류'만을 게재하여 왔습니다.

2. 처분의 위법성

검사는 고위 공직자이며 준사법기관으로서 막중한 사명을 띠고 있으므로 이러한 공직자의 도덕성·청렴성이나 그 업무처리가 정당하게 이루어지고 있는지 여부는 항상 국민의 감시와 비판의 대상이 되어야 한다는 점, 검사징계법은 검사의 징계사항을 관보에 게재하도록 규정하고 있는 점을 고려하여 볼 때, 이 사건 정보는 정보공개법 제9조 제1항 제6호 본문 소정의 비공개대상정보에 해당하지

않습니다.

가사 이 사건 정보가 같은 조항 본문 소정의 비공개대상정보에 해당한다 하더라도, 그 제외사유인 같은 호 단서 나.목 소정의 공공기관이 공표를 목적으로 작성하거나 취득한 정보로서 개인의 사생활의 비밀과 자유를 부당하게 침해하지 않는 것이거나, 같은 호 단서 다.목 소정의 공공기관이 작성하거나 취득한 정보로서 공개하는 것이 공익 또는 개인의 권리구제를 위하여 필요하다고 인정되는 경우, 같은 호 단서 라.목 소정의 직무를 수행한 공무원의 성명 · 직위에 해당하므로 역시 비공개대상정보에 해당하지 않습니다.

따라서 이와 달리 판단한 이 사건 처분은 위법합니다.

3. 결론

이와 같이 피고의 처분은 위법한 행정처분이 아닐 수 없으므로, 상기와 같이 원고의 행정처분의 취소를 구하는 행정소송에 이르게 되었습니다.

입증방법

   1. 갑 제1호증
   2. 갑 제2호증
   3. 갑 제3호증

첨부서류

   1. 위 각 입증방법   각 1부
   2. 송달료 납부서
   3. 소장부본

20 . . .
위 원고   (날인 또는 서명)

서울행정법원   귀중

당해판례

2006구합 27298

(1) 정보공개법 제9조 제1항 제6호 본문은 당해 정보에 포함되어 있는 이름·주민등록번호 등 개인에 관한 사항으로서 공개될 경우 개인의 사생활의 비밀 또는 자유를 침해할 우려가 있다고 인정되는 정보를 비공개대상정보로 규정하고 있는바, 먼저 이 사건 정보가 이에 해당하는지에 관하여 살펴본다.

헌법 제17조에서 사생활의 비밀과 자유를 보장하는 취지와 모든 사람이 누구나 자기 스스로의 뜻에 따라 개인의 삶을 영위해가며 개성을 신장시키기를 바라고 사생활에 관하여 외부적 간섭을 원하지 않는 점에 비추어 보면, 정보공개법 제9조 제1항 제6호 본문에서 비공개대상정보로 규정하고 있는 사생활의 비밀 또는 자유와 관련된 개인의 정보는 개인의 신체, 신념, 사회적 지위, 신분 등과 같이 개인의 인격주체성을 특징짓는 사항으로서 그 개인의 동일성을 식별할 수 있게 하는 일체의 정보이고, 반드시 개인의 내밀한 영역이나 사사(私事)의 영역에 속하는 정보에 국한되지 않고 공적 생활에서 형성되었거나 이미 공개된 개인정보까지 포함한다고 할 것이다. 이 사건 정보는 일정 기간 중의 검사들의 구체적인 징계사유로서, 비록 그것이 개인식별정보를 제외한 것이라고 할지라도, 앞서 본 바와 같이 이미 징계처분대상자의 이름, 소속 및 직위, 근거법령, 징계처분의 내용이 관보를 통해 공표되고 있고, 피고가 2004. 11. 9.과 2005. 5. 3. 원고에게 일정한 범위 내에서 정보공개를 하였으므로 이 사건 정보가 공개되는 경우 각 징계사유에 해당하는 대상자를 어렵지 않게 파악할 수 있는 점을 고려하여 볼 때, 피징계자인 해당검사들에 대한 인격 및 사회적 평가에 절대적인 영향을 미치고 그로 인하여 그들의 가정생활, 사회생활 및 업무수행 등 전반적인 영역에 영향을 줄 수 있는 것이라고 할 것이다.

그렇다면 이 사건 정보는 위 조항 소정의 개인에 관한 사항으로서 공개될 경우 개인의 사생활의 비밀 또는 자유를 침해할 우려가 있는 정보에 일응 해당한다. 이와 다른 전제에 서있는 원고의 이 부분 주장은 이유 없다.

(2) 다만 앞서 본 바와 같이 개인의 사생활의 비밀 또는 자유를 침해할 우려가 있는 정보에 해당한다고 하더라도, 정보공개법 제9조 제1항 제6호 단서 다.목 소정의 공공기관이 작성하거나 취득한 정보로서 공개하는 것이 공익 또는 개인의 권리구제를 위하여 필요하다고 인정되는 정보인 경우에는 비공개대상정보에서 제외된다고 할 것이고, 이는 비공개에 의하여 보호되는 개인의 사생활 보호 등의 이익과 공개에 의하여 보호되는 국민의 알권리의 보장과 국정에 대한 국민의 참여 및 국정운영의 투명성 확보 등의 공익을 비교·교량하여 구체적 사안에 따라 개별적으로 판단하여야 한다.

그러므로 이 사건에서 보건대, (가) 정보공개법은 공공기관이 보유·관리하는 정보는 특별히 법에서 비공개대상정보로 규정하고 있지 않는 한 원칙적으로 공개하도록 규정하고 있는 점, (나) 검사는 공익의 대표자로서 범죄수사, 공소제기와 그 유지를 주요 업무로 하고 있고, 그 개개인이 국민 또는 법원에 대하여 행정행위나 소송행위를 할 수 있는 독립관청이며, 기소독점주의와 기소편의주의를 취하고 있는 우리나라 법제 하에서 그 임무의 중요성과 공공성이 매우 높은 점, (다) 이러한 점에서 검찰청법 제4조 제2항은 검사는 그 직무를 수행함에 있어서 국민전체에 대한 봉사자로서 정치적 중립을 지켜야하며 부여된 권한을 남용하여서는 아니된다고 특별히 규정하고 있고, 검사징계법 제23조도 검사의 징계처분이 있는 경우 이를 관보에 게시하도록 규정하고 있는 점, (라) 공직자의 도덕성·청렴성이나 그 업무처리가 정당하게 이루어지고 있는지 여부는 항상 국민의 감시와 비판의 대상이 되어야 한다는 점, (마) 검사에게는 강한 도덕성과 직업윤리의식이 필요하고, 비위사실이 확인된 경우에는 철저하고 공정한 징계가 행하여져야 할 것인바, 정보공개로 인하여 징계권자의 자의적인 징계로부터 해당 검사를 보호할 수 있고, 검사 스스로의 정화활동 및 윤리의식을 제고할 수 있으며, 다른 검사들에게는 행동기준을 제시할 수 있다는 점, (바) 고위 공직자로서의 검사의 신분, 국민의 기본권에 막대한 영향을 끼칠 수 있는 업무의 중요성 등을 고려할 때, 해당 검사가 자 신의 신상과 징계사유가 공개됨으로써 수치심을 느끼고 명예가 훼손된다고 하더라도 그 보장 정도에 있어서 일반인과는 차이를 둘 수 밖에 없는 점, (사) 같은 법조인인 법관의 경우 대법원은 법관징계법에 의하여 법관에 대한 징계를 관보에 게재함에 있어 징계대상자의 소속, 이름, 징계처분의 내용뿐만 아니라 징계사유까지 밝히고 있고, 변호사의 경우에 있어서도 대한변호사협회는 소속 변호사에 대한 징계가 있는 경우 이를 공고하면서 (현재 '인권과 정의'라는 잡지에 공고하고 있다) 징계대상자의 이름, 사무실주소, 생년월일뿐만 아니라 간략하게나마 징계사유의 요지를 밝히고 있다는 점에 비추어 볼 때, 징계처분을 받은 검사의 사생활의 비밀과 자유가 정보공개를 함으로써 얻는 국민의 알권리 보장, 국정에 대한 국민의 참여 및 국정운영의 투명성 확보 등 공익에 비해 크다고 할 수 없고, 따라서 이 사건 정보는 정보공개법 제9조 제1항 제6호 단서 다.목의 제외 사유인 공공기관이 작성하거나 취득한 정보로서 공개하는 것이 공익을 위하여 필요한 경우에 해당한다. 원고의 이 부분 주장은 이유 있다.

(3) 한편, 피고는 이 사건 정보 속에는 해당 검사 뿐만 아니라 관련자들을 식별해낼 수 있는 다양한 정보가 폭넓게 분포되어 있어 이를 모두 삭제한다면 징계사유를 제대로 이해하기 곤란하여 공개의 실익이 없어지고, 삭제하지 않으면 필요 이상으로 관련자들의 사생활의 비밀과 자유를 침해할 우려가 있다고 주장한다. 그러나 원고가 피고에게 공개를 청구하는 것은 징계회의록, 징계결정서 등 징계의 전 과정과 관련자들이 그대로 드러나 있는 작성된 문서 자체에 대한 정보공개를 구하는 것이 아니라 징계처분과정에서 취득한 정보인 징계사유를 밝혀달라는 것에 불과하므로, 피고로서는 얼마든지 관련자들에 대한 구체적인 정보를 제공하지 아니하고도 징계대상자의 징계사유를 밝힐 수 있다고 보여진다. 피고의 위 주장은 이유 없다.

(4) 따라서 이 사건 정보는 정보공개법 제9조 제1항 제6호 단서 다.목 소정의 비공개대상정보의 제외사유에 해당한다고 할 것이므로, 원고의 주장은 나머지 점에 더 나아가 판단할 필요 없이 이유 있고, 이를 거부한 피고의 이 사건 처분은 위법하다.

[서식] 정보비공개결정취소 청구의 소

소　　장

원고　　　김 길 동(주민등록번호) 외 6인
　　　　　서울시 강남구 역삼동 ○번지
피고　　　대한민국상이군경회

정보비공개결정취소

청구취지

1. 피고가 2006. 11. 9. 원고들에게 한 별지 목록 기재 정보에 관한 공개거부처분을 모두 취소한다.
2. 소송비용은 피고의 부담으로 한다.

라는 판결을 구합니다.

청구원인

1. 처분의 경위

(1) 원고들은 국가유공자 등 예우 및 지원에 관한 법률 제4조 제4호에 해당하는 전상군경으로서 피고의 회원들이며, '대한민국상이군경회 개혁참여연대'(이하 '개혁참여연대'라 한다)를 결성하여 그 회원들이기도 합니다.

(2) 원고들은 2006. 10. 19. 피고에 대하여 별지 목록 기재 각 정보(이하 '이 사선 각 정보'라 한다)에 관하여 공공기관의 정보공개에 관한 법률(이하 '정보공개법'이라 한다) 제10조 제1항에 의하여 정보공개청구를 하였으나(이하 '이 사건 정보공개청구'라 한다), 피고는 이 사건 정보공개청구일로부터 20일 이내에 위 각 정보의 공개 여부를 결정하지 아니하였습니다(이와 같이 피고가 공개 여부를

결정하지 아니함에 따라 정보공개법 제11조 5항에 따라 의제되는 피고의 2006. 11. 9.자 비공개 결정을 '이 사건 처분'이라 함)

2. 처분의 위법성

이 사건 각 정보는 정보공개법상 비공개 대상에 해당하지 아니하므로 피고는 이 사건 각 정보를 공개하여야 할 의무가 있습니다. 그럼에도 불구하고 이를 공개하지 않기로 한 피고의 결정은 위법합니다.

3. 결론

이상과 같이 피고의 이 사건 처분은 위법하므로 이의 취소를 구하는 본 건 소송에 이르게 되었습니다.

입증방법

1. 갑 제1호증
2. 갑 제2호증
3. 갑 제3호증

첨부서류

1. 위 각 입증방법   각 1부
2. 송달료 납부서
3. 소장부본

20 .   .   .

위 원고   (날인 또는 서명)

서울행정법원   귀중

〈별지목록〉

1. 피고 본·지부의 아래 사업체와의 대명계약 수익사업 또는 직영하는 아래 사업소의 수익사업에 관한

가. 각 거래업체 또는 각 사업소의 수익사업과 관련한 각 거래계약서(현재 유효한 계약서에 한정)

나. 피고의 회계규정에 의한 본·지부 총계정원장 중 각 거래업체들로부터 지급받은 수익금 내역 또는 각 사업소 수익사업 수익금 내역이 기재된 부분(2005. 1. 1. 이후분)

다. 각 수익사업 관련 각 사업소별 대차대조표, 손익계산서, 이익잉여금처분계산서

2. 피고의 아래 각 수익사업 관련 수익금의 집행내역 현황(2001년~2006년, 본부와 지부로 구분)

3. 2001년~2006년 이사회 및 총회 안건 및 회의록

아래

① 주식회사 ○○○○
② 주식회사 ○○○○
③ 주식회사 ○○○○
④ ○○○○○○○○
⑤ ○○○○○○○○
⑥ ○○○○
⑦ ○○○○○○○○○○○○
⑧ ○○○○○○○○○○○○

당해판례

2006구합 43719

1. 이 사건 각 정보가 피고가 본·지부를 통하여 직접 수익사업을 운영하거나 별도의 회사에 출자하는 방식으로 수익사업을 운영하면서(이른바 '대명' 수익사업) 얻는 수익금 및 그 집행 내역, 수익사업별 대차대조표·손익계산서 등 회계장부, 수익사업과 관련된 피고의 예산·결산 내역 및 이에 관한 총회와 이사회의 논의 내용 등을 포함하는 것이어서 피고의 경영·영업상의 비밀에 해당할 여지가 있는 사정은 인정된다. 그러나 위 인정증거들과 관계법령들에 의하여 알 수 있는 다음과 같은 사정들 즉, ① 국민의 알 권리를 보장하고 국정에 대한 국민의 참여와 국정운영의 투명성을 확보한다는 정보공개법의 입법목적과 취지에 비추어 보면, 공공기관은 자신이 보유·관리하는 정보를 공개하는 것이 원칙이고, 정보공개의 예외로서 비공개사유에 해당하는지 여부는 이를

엄격하게 해석할 필요가 있는 점, ② 피고는 유공자단체법에 의하여 직접 설립된 특수법인으로서 국가유공자의 자활능력을 배양하고 국민의 애국정신을 함양시킴으로써 자유민주주의의 수호 및 조국의 평화적 통일과 국제평화의 유지에 이바지함을 목적으로 하고 국가로부터 보조금 및 수의계약에 참여할 기회 등을 제공받고 있을 뿐 아니라 피고의 건전하고 투명한 운영은 다수의 국민의 이익에 관계되는 것이므로 피고의 운영에 관한 사항은 국민의 알 권리의 대상이 되는 점, ③ 그에 따라 유공자단체법은 피고가 수익사업을 할 수 있게 하는 한편 피고가 위 법에 의한 시정지시 기타 위 법을 위반한 때에는 수익사업의 승인을 취소할 수 있도록 규정하고 있는 점, ④ 국가유공자단체의 수익사업에 관한 규칙도 피고가 수익사업을 한 때에는 당해 사업의 회계연도 종료 후 승인을 받은 사업의 종류별로 손익계산서 및 대차대조표, 사업계획과 그 실적과의 대비표, 수익금 사용내역서를 작성하여 국가보훈처장에게 보고하도록 규정하고 있는 점, ⑤ 공공기관의 운영에 관한 법률은 결산서, 인건비 예산과 집행 현황, 정관·사채원부 및 이사회 회의록 등을 원칙적으로 '공시'하도록 규정하고 있고, 상법도 주주의 청구가 있는 경우 원칙적으로 이사회 의사록의 열람 또는 등사를 허용하도록 규정하고 있는 점, ⑥ 이 사건 각 정보 중 에는 수익사업의 계약이나 수익금의 집행과 관련한 구체적인 내역이나 피고 내부의 의사결정과정이 포함되어 있기는 하나, 피고가 이러한 자료들을 공개한다고 하더라도 그 계약상대방들은 조달청, 방위사업청, 육군군수사 등과 같은 국가기관 또는 한국전력공사, 대한주택공사 등과 같은 공공단체로서 공적인 목적을 위하여 특수한 지위를 갖춘 피고와 수의계약을 체결하는 것이고, 국가유공자단체의 수익사업에 관한 규칙이 단체가 직접 수익사업을 운영하지 아니하는 경우에는 사업승인의 취소를 할 수 있도록 규정하고 있는 것과 같이 피고의 수익사업은 사경제주체를 대상으로 한 경쟁 입찰 등의 과정을 전제로 하는 것이 아니므로 위와 같은 사항이 공개된다고 하여 피고가 수익사업을 운영하는 데 있어 어떤 손해나 불이익을 받거나 정상적인 수익사업을 운영하는 것이 곤란해질 것이라고 단정할 수 없는 점, ⑦ 오히려 피고가 위와 같은 정보를 공개함으로써 공적인 임무를 수행하는 피고 재정의 건전화를 위한 의사결정에 국민이 참여할 수 있는 계기가 될 수 있고 피고의 사업내용의 정당성을 확보할 수 있으며, 나아가 공공기관이 내부적으로 빠지기 쉬운 행정편의주의와 형식주의 및 권한남용으로 인한 폐해를 방지하는데 유효한 수단으로 작용하여 공공기관의 투명성을 확보할 수 있는 계기가 될 수 있는 것으로 보이는 점 등을 종합적으로 고려하면, 이 사건 각 정보가 피고의 영업상 비밀에 관한 정보를 일부 포함하고 있더라도 이를 공개할 경우 피고 법인의 정당한 이익을 현저히 해할 우려가 있다고 인정되지는 않으므로 정보공개법 제9조 제1항 제7호의 비공개 대상에 해당한다고 볼 수는 없다고 할 것이고, 달리 비공개대상에 해당한다고 볼 만한 증거도 없으므로, 피고의 이 부분 주장은 받아들이지 아니한다.

2. 정보공개법의 목적, 규정 내용 및 취지에 비추어 보면 정보공개청구의 목적에 특별한 제한이 있다고 할 수 없으므로, 오로지 피고를 괴롭힐 목적으로 정보공개를 구하고 있다는 등의 특별한

사정이 없는 한 정보공개의 청구가 신의칙에 반하거나 권리남용에 해당한다고 볼 수 없다고 할 것이다. 살피건대, 원고 OOO이 A를 회장으로 선임한 피고의 2005. 4. 5.자 정기총회 등이 무효라고 주장하면서 피고를 상대로 총회결의무효확인의 소(이하 '관련 민사 본안사건'이라 한다)를 제기하는 한편 A를 상대로 직무집행정지가처분의 신청(이하 '관련 민사 신청사건'이라 한다)을 하여, 관련 민사 본안사건은 서울남부지방법원(2006가합1153)에서 2006. 8. 18. 패소 판결을 받고 이에 대한 항소(서울고등법원 2006나88793)와 상고(대법원 2007다58223)가 모두 기각되었으며, 관련 민사 신청사건도 서울남부지방법원(2005카합2502)에서 2005. 11. 15. 기각결정을 받은 사실을 인정할 수 있기는 하나. 위 인정사실만으로는 이 사건 정보공개청구가 오로지 피고를 괴롭힐 목적이라거나 부당한 방법으로 소송 외에서 피고를 압박하기 위한 것이라고 인정하기에 부족하고, 오히려 앞서 본 바와 같이 이 사건 각 정보가 공개됨에 따라 간접적으로 강제될 수 있는 피고의 건전하고 투명한 수익사업의 수행은 국민 전체의 이익에 기여하고 종국적으로 자유민주주의 수호에 이바지하는 요소가 될 것이라는 점까지 고려하면, 이 사건 정보공개청구가 원고들의 권리남용에 해당하므로 공개를 거부한 이 사건 처분이 적법하다는 피고의 주장은 받아들이지 아니한다.

[서식] 정보공개거부처분취소 청구의 소

소 　 장

원고 　 　 김길동(주민등록번호)(선정당사자)
　 　 　 　 서울시 ○○구 ○○동 ○번지
피고 　 　 한국산업인력공단
정보공개거부처분취소

청구취지

1. 피고가 2006. 12. 14. 원고들에 대하여 한 [별지] 정보목록 기재 각 정보에 대한 정보공개 거부처분을 취소한다.

2. 소송비용은 피고의 부담으로 한다.

라는 판결을 구합니다.

청구원인

1. 처분의 경위

(1) 피고는 부동산중개업법(2005. 7. 29. 법률 제7638호 공인중개사의 업무 및 부동산 거래신고에 관한 법률로 전문 개정되기 전의 것) 제8조 제5항, 부동산중개업법 시행령(2005. 2. 19. 대통령령 제18712호로 개정되기 전의 것) 제41조 제3항에 따라 건설교통부장관의 승인을 얻어 제15회 공인중개사자격시험(이하 '이 사건 시험'이라 한다) 시행에 대한 권한을 위임받아 2004. 11. 14. 이 사건 시험을 실시하였습니다.

이 사건 시험의 방식은 객관식 선택형으로 제1차 시험 2과목과 제2차 시험 3과목을 동시에 실시하고, 합격기준은 1차 · 2차 시험에 있어서 매 과목 100점을 만점으로 하여 매 과목 40점 이상, 전과목 평균 60점 이상 득점한 자를 합격자로 결정합니다.

(2) 원고들은 이 사건 시험에 응시하였으나 한 과목 이상에서 40점 이상의 득점을 하지 못하였거나 제1차 또는 제2차 시험과목 평균이 60점 이상의 득점을 하지 못하였습니다. 이에 따라 피고는 2004. 12. 28. 원고들에 대하여 위 합격기준에 미달한다는 이유로 불합격처분을 하였습니다. 원고들의 평균점수는 1차의 경우는 40점∽58.75점, 2차의 경우는 30점∽59.16점 사이에 분포합니다. 원고들은 2005. 3. 28. 이 법원 2005구합9835호로 위 불합격처분의 취소 청구소송을 제기하였으나 2006. 3. 3. 청구가 모두 기각되었고, 서울고등법원 2006누8725호로 항소하였습니다.

(3) 원고들은 2006. 12. 13. 피고에게 [별지 2] 정보 목록 기재 각 정보(이하 '이 사건 정보'라 한다)에 대한 정보공개를 청구하였습니다.

(4) 피고는 2006. 12. 14. 다음과 같은 사유를 들어 원고들의 정보공개청구를 거부하는 이 사건 처분을 하였습니다.

　　 -다음-
- 공인중개사 자격시험의 합격자 결정방법은 시험에 응시한 사람의 순위를 기준으로 하는 상대평가 방식과는 달리 일정한 기준(100점 만점에 60점 이상 득점한 자)을 정하고 그 기준에 도달하였을 경우 합격자로 결정하는 절대평가 방식이므로, 절대평가 방식에 있어서 생산자료(정보)는 응시자 개인의 차수별(1차, 2차).과목별(1차 : 2과목, 2차 : 3과목) 평균득점, 총평균 득점에 관한 자료(정보)만 생산.관리하고 있다.
- 따라서 원고들이 공개를 요청한 이 사건 정보는 공공기관의 정보공개에 관한 법률 (2007. 1. 3. 법률 제8171호로 개정되기 전의 것, 이하 '법'이라 한다) 제1조 및 제2조에 의거 피고가 생산 · 관리하고 있지 않은 자료(정보)이므로 공개가 불가능하다.

(5) 피고가 보유하는 정보는 위와 같이 응시자 개인별로 차수별(1차, 2차),과목별(1차 : 2과목, 2차 : 3과목) 득점, 평균득점, 총평균득점에 관한 자료로 구성되어 있고, 컴퓨터 등 전산기기에 전산자료 형태로 입력되어 보유 · 관리되고 있는데, 현재 피고의 데이터베이스(database)에서 삭제된 채 백업 파일(backup file) 형태로 보유 · 관리되고 있습니다(이하 '원 전자정보'라 한다).

(6) 한편, 제13회, 제14회, 제15회 공인중개사 자격시험 응시자 수 등은 아래 표 기재와 같습니다.

구분	1차 및 2 차시험 대상자	응시자	1차시험 면제, 2차시험 대상자	응시자	계	
					대상자	응시자
13회	262,557	156,485	3,438	3,298	419,042	159,783
14회	247,619	134,452	13,534	13,037	382,071	147,489
15회	222,782	106,721	16,481	15,589	329,503	122,310

2. 처분의 위법성
이 사건 정보는 원 전자정보를 이용하여 시간적 · 경제적인 부담없이 전산기기로 필요한 정보를 쉽게 검색 · 편집 · 작성할 수 있는 것임에도, 원 전자정보를 이용한 결과를 산출하지 아니한 채 단순히 이를 보유 · 관리하지 않고 있다는 이유만으로 원고들의 정보공개 청구를 거부한 피고의 이 사건 처분은 위법합니다.

3. 결론
이상과 같은 이유로 피고의 이 사건 처분은 위법하므로 이의 취소를 구하는 본건 소송에 이르게 되었습니다.

입증방법

1. 갑 제1호증
2. 갑 제2호증

첨부서류

1. 위 각 입증방법　　　　　　　　　　　　각 1부
2. 송달료 납부서
3. 소장부본

　　　　　　　　　　20　．　　．　　．
　　　　　　　　　　위 원고　　　　　（날인 또는 서명）

서울행정법원　　　　귀중

〈별지목록〉

　　　　정보목록

－제15회 공인중개사 시험과 관련하여－

1. 13회(2002년), 14회(2003년), 15회(2004년) 각 년도별 1차 응시자 평균점수 및 2차 응시자 평균점수

2. 13회(2002년), 14회(2003년), 15회(2004년) 각 년도별 응시자 중 각 과목별 40점 이상자가 각 과목별 상위 몇 %에 해당되는지

3. 13회(2002년), 14회(2003년), 15회(2004년) 각 년도별 1차 응시자 중 각 상위 10%, 각 상위 15%, 각 상위 20%, 각 상위 25%, 각 상위 30%인 인원 수

4. 13회(2002년), 14회(2003년), 15회(2004년) 각 년도별 2차 응시자 중 각 상위 10%, 각 상위 15%, 각 상위 20%, 각 상위 25%, 각 상위 30%인 인원 수

5. 위 3, 4항에서 각 상위 10%의 마지막 해당자의 1차, 2차 과목 평균점수, 각 상위 15%의 마지막 해당자의 1차, 2차 과목 평균점수, 각 상위 20%의 마지막 해당자의 1차, 2차 과목 평균점수, 각 상위 25%의 마지막 해당자의 1차, 2차 과목 평균점수, 각 상위 30%의 마지막 해당자의 1차, 2차 과목 평균점수

6. 제15회 시험에서 원고들이 취득한 각 과목별 취득점수가 각 과목별 상위 몇 %에 해당하는지 등의 내용이 포함된 문서 일체. 끝.

당해판례

2006구합 47759

피고는 국가기술자격 검정통합시스템을 운영함에 있어 위와 같이 수험자의 채점자료를 백업한 후 데이터베이스에서 삭제하고 있는데, 응시자별로 점수화되어 있는 자료의 경우 백업파일을 원상 복구할 수 있고, 백업 파일 자체를 가지고도 검색할 수 있으며, 이 사건 정보의 경우 몇 가지 조건을 입력하면 1∞2시간 내의 검색 · 편집 · 작성작업으로 그리 어렵지 않게 자료 산출이 가능하고, 이 사건 정보를 검색 · 편집 · 작성하기 위하여 새로운 프로그램을 개발할 필요가 없는 사실 등을 인정할 수 있다. 이러한 사정에 비추어 보면, 이 사건 정보는 원 전자정보를 이용하여 시간적 · 경제적인 부담 없이 합리적인 노력을 들여 전산기기로 필요한 정보를 쉽게 검색 · 편집 · 작성할 수 있다고 봄이 상당하므로, 이 사건 정보는 피고가 보유 · 관리하고 있는 정보에 해당한다고 할 것이다. 따라서, 원 전자정보를 새롭게 가공생산해야 비로소 이 사건 정보를 생성할 수 있다거나 이 사건 정보를 산출함에 있어 정상적인 업무수행에 현저한 지장을 초래할 정도로 시간적 · 경제적으로 상당한 부담이 된다는 점에 대한 피고 측의 아무런 입증이 없는 이상, 막연히 이 사건 정보를 보유 · 관리하고 있지 않다는 이유에서 한 피고의 이 사건 처분은 위법하다. 이 점을 지적하는 취지의 원고들의 주장은 이유 있다.

제6장 변상금 부과처분
및 기타 관련 소송

Ⅰ. 의의

이 장에서는 변상금 부과처분 및 공공개발에 따른 이주대책, 청소년보호법상의 고시처분에 대한 취소소송 등과 행정청의 각종 거부처분의 취소를 구하는 소송과 함께 부작위위법확인소송, 주민소송, 조례취소소송 등을 다루고 있다. 이 중 특히 변상금 부과처분은 행정청의 사용 및 수익 허가를 받지 아니한 채 국유재산을 사용한 경우 내려지는 처분으로서, 이의 취소를 구하는 취소소송이 늘어나고 있다. 따라서 이를 중심으로 주요 쟁점사항 등을 정리하기로 한다.

Ⅱ. 변상금부과관련 소송

1. 변상금의 정의

국유재산은 누구든지 정당한 사유 없이 임의로 사용 또는 수익하지 못하게 되어있다.(국유재산법 제5조 1항) 따라서 이러한 국유 재산을 법률 등에 의해 대부 또는 사용,수익 허가를 받지 않고 점유하거나 사용하게 되면 국가는 점유자 에게 변상금을 징수한다. 변상금의 금액은 대통령령으로 지정되고 당해 재산의 100분의 120에 상당하는 변상금, 즉 정당한 사용금액에 20%의 과태료를 포함한 금액을 부과한다. 공유지의 경우에는 사용면적에 공시지가를 곱하여 해당재산의 기준금액을 정한 후 사용용도에 따라 주거용의 경우 25/1000, 그 외는 50/1000의 요율을 곱한 금액의 120%를 사용기간에 따라 최대 5년 분까지 부과한다.

2. 변상금 부과처분의 유형

> **– 국유재산법 –**
>
> **제72조(변상금의 징수)** ① 중앙관서의 장등은 무단점유자에 대하여 대통령령으로 정하는 바에 따라 그 재산에 대한 사용료나 대부료의 100분의 120에 상당하는 변상금을 징수한다. 다만, 다음 각 호의 어느 하나에 해당하는 경우에는 변상금을 징수하지 아니한다.

1. 등기사항증명서나 그 밖의 공부(公簿)상의 명의인을 정당한 소유자로 믿고 적절한 대가를 지급하고 권리를 취득한 자(취득자의 상속인이나 승계인을 포함한다)의 재산이 취득 후에 국유재산으로 판명되어 국가에 귀속된 경우

2. 국가나 지방자치단체가 재해대책 등 불가피한 사유로 일정 기간 국유재산을 점유하게 하거나 사용·수익하게 한 경우

② 제1항의 변상금은 무단점유를 하게 된 경위(經緯), 무단점유지의 용도 및 해당 무단점유자의 경제적 사정 등을 고려하여 대통령령으로 정하는 바에 따라 5년의 범위에서 징수를 미루거나 나누어 내게 할 수 있다.

③ 제1항에 따라 변상금을 징수하는 경우에는 제33조에 따른 사용료와 제47조에 따른 대부료의 조정을 하지 아니한다.

― 공유재산 및 물품관리법 ―

제81조(변상금의 징수) ① 지방자치단체의 장은 사용·수익허가나 대부계약 없이 공유재산 또는 물품을 사용·수익하거나 점유(사용·수익허가나 대부계약 기간이 끝난 후 다시 사용·수익허가나 대부계약 없이 공유재산 또는 물품을 계속 사용·수익하거나 점유하는 경우를 포함하며, 이하 "무단점유"라 한다)를 한 자에 대하여 대통령령으로 정하는 바에 따라 공유재산 또는 물품에 대한 사용료 또는 대부료의 100분의 120에 해당하는 금액(이하 "변상금"이라 한다)을 징수한다. 다만, 다음 각 호의 어느 하나에 해당하는 경우에는 변상금을 징수하지 아니한다.

1. 등기부나 그 밖의 공부(公簿)상의 명의인을 정당한 소유자로 믿고 상당한 대가를 지급하고 권리를 취득한 자(취득자의 상속인과 그 포괄승계인을 포함한다)의 재산이 취득 후에 공유재산 또는 물품으로 판명되어 지방자치단체에 귀속된 경우

2. 국가나 지방자치단체가 재해대책 등 불가피한 사유로 일정 기간 공유재산 또는 물품을 점유하게 하거나 사용·수익하게 한 경우

② 지방자치단체의 장은 무단점유를 한 자의 무단점유 경위(經緯) 및 경제적 사정과 무단점유지의 용도 등을 고려하여 대통령령으로 정하는 바에 따라 5년의 범위에서 변상금의 징수를 미루거나 나누어 내게 할 수 있다.

③ 변상금을 징수하는 경우에는 제23조 및 제33조에 따른 사용료 및 대부료의 조정은 하지 아니한다.

구 분	내 용
도로법상 변상금 부과처분	• 도로점용허가를 받지 아니하고 도로를 점용한 경우 • 그 점용기간에 대한 점용료의 100분의 120에 상당하는 금액을 변상금으로 징수(동법 제80 조의2 제1항).
국유재산법상 변상금 부과처분	• 국유재산의 대부 또는 사용·수익허가등을 받지 아니하고 국유재산을 점유하거나 이를 사용·수익한 경우 • 당해 재산에 대한 대부료 또는 사용료의 100분의 120에 상당하는 변상금을 징수(동법 제51조 제1항).
공유재산 및 물품관리법상 변상금 부과처분	• 공유재산의 대부 또는 사용·수익허가 등을 받지 아니하고 공유재산을 점유하거나 이를 사용·수익한 경우 • 당해 재산에 대한 대부료 또는 사용료의 100분의 120에 상당하는 변상금을 징수(동법 제81조 제1항).

3. 변상금의 부과면제

이러한 국유재산 변상금은 허가 받지 않음 점유나 사용에 대해 무조건 부과되는 것은 아니다. 국유재산법 제 51조에 따르면 다음과 같은 경우에는 변상금을 면제한다.

(1) 등기부 기타 공무상의 명의인을 정당한 소유자로 믿고 상당한 대가를 지급하고 권리를 취득한 자(취득자의 상속인 또는 승계인을 포함)의 재산이 취득 후에 국유재산으로 판명되어 국가에 귀속된 경우

(2) 국가 또는 지방자치단체가 재해대책 등 불가피한 사유로 일정기간 국유재산을 점유하게 하거나 사용·수익하게 한 경우

4. 국유재산 변상금의 부과절차

[변상금 부과 절차]

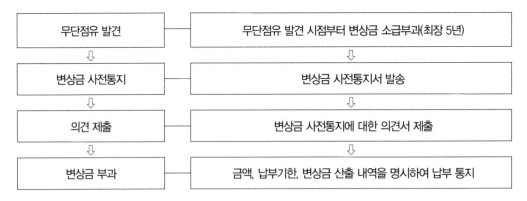

(1) 국유재산 변상금의 부과 절차

1) 무단점유 조사

2) 변상금 사전통지

3) 의견제출

4) 변상금 부과

가장 먼저 점유실태조사를 실시하여 점유자의 인적 사항 및 점유면적과 재산대장과의 일치 여부를 조사하고 점유면적이 불확실할 경우에는 면적 및 경계측량을 한다. 그 후 점유자 에게 변상금을 부과하겠다는 내용의 통보를 한 후 납입고지서를 발급하고 점유자의 이의 제기가 없을 시 변상금을 부과하게 된다. 다만 점유자의 재정상태를 고래하여 변상금이 50만원을 넘을 경우에는 잔액의 연 8%의 이자를 붙여 3년 이내의 기간에 걸쳐 분할 납부 할 수도 있다.(국유재산법시행령 제 56조, 지방재정법시행령 제 105조)

(2) 징수기간 등

1) 징수기간

징수 기간은 "금전의 급부를 목적으로 하는 국가의 권리로서 시효에 관하여 다른 법률에 규정이 없는 것은 5년간 행사하지 아니할 때에는 시효로 인하여 소멸한다."(예산회계법 제 96조 제 1항)는 규정에 의해 5년간 소급하여 부과 징수한다. 국유재산 변상금은 국유재산의 무단 사용에 대한 일종의 징벌적 성격이 강하다.

2) 독촉의 효력과 소멸시효의 관계

2001. 6. 1. 법제처의 독촉에 대한 유권해석이 있기 전까지는 독촉이 시효 중단의 효력이 당연 인정되는 것으로 판단하였으나, 법제처의 유권해석으로 변상금에 대한 독촉의 효력이 최초 1회 독촉에 대해 시효중단의 효력이 있는 것으로 해석된다. 또한 2006. 1. 1. 시행된「공유재산 및 물품 관리법 시행령」제 80조(연체료의 징수)에 '1년에 1회 이상 독촉을 하여야 한다'고 규정하고 있는 바 독촉이 시효중단의 효력이 있는 것으로 판단된다.

(3) 변상금계산

변상금계산방식은 아래와 같다.

변상금 = 재산가액 × 대부료율 × 120% × 무난섬유기간

5. 변상금부과처분의 성격

국유재산법상 변상금부과대상은 원칙적으로 점유개시가 법률상 권원 없이 또는 관리청의 승인 없이 이루어진 경우에 한하여 적용되며, 국·공유재산 무단점유자에 대한 변상금부과처분은 행정소송의 대상이 되는 행정처분이다.[237] 다만, 국유재산 중 일반재산(구 잡종재산)은 사물이므로 일반재산 대부신청을 거부한 것은 항고소송의 대상이 되는 행정처분이 아니다.[238]

또한, 국·공유재산의 무단점유 등에 대한 변상금의 징수는 기속행위이다.[239]

6. 쟁점 및 소송수행 요령

구 분	내 용
납부고지서가 송달되지 않았음을 주장	• 행정청의 사용료 부과처분이 송달되지 않았으므로, 그 처분의 효력이 발생되지 않았음을 주장 • 송달에 대한 입증책임은 피고 행정청이 짐
사용수익을 하지 않았다고 주장	• 원고가 사용수익하지 않았으므로 그 처분의 전제사실이 부존재함을 주장 • 원고가 불법으로 사용수익했다는 입증책임은 피고 행정청이 짐
임차인 등이 무단으로 사용한 것을 주장	• 원고는 모르는 상태에서 임차인 등이 사용수익한 것을 주장 • 임차인 또는 부동산 중개인의 진술서를 서증으로 제출

[서식] 변상금부과처분취소 청구의 소

소   장

원고   김 길 동(주민등록번호)
         서울시 ○○구 ○○동 ○번지
피고   서울특별시 ○○구청장
변상금부과처분취소

청구취지

1. 피고가 2008. 9. 2. 원고에게 한 도로변상금 10,572,700원 및 4,619,200원의 부과처분을 모두

---

237) 대법원 1998. 9. 22. 선고 98두7602 판결.
238) 대법원 1998. 9. 22. 선고 98두7602 판결.
239) 대법원 1998. 9. 22. 선고 98두7602 판결.

취소한다.

2. 소송비용은 피고가 부담한다.

라는 판결을 구합니다.

청구원인

1. 처분의 경위

(1) 원고는 서울 ○○구 ○○동 ○○ 대지 111.2㎡ 및 그 지상의 지하 1층, 지상 4층 건물(연면적 263.76㎡의 근린생활시설, 소매점 및 사무실 건물로서, 이하 '이 사건 건물'이라 한다)을 소유하고 있는데, 이 사건 건물은 1999. 5. 1. 구도(區道)로서 노선인정 공고가 된 소공-5 도로(이하 '이 사건 도로'라 한다)와 접하여 있습니다.

(2) 피고는 원고가 도로점용허가를 받지 않은 채 서울특별시에서 2001. 12.경 걷고싶은 거리 조성사업을 완료한 이 사건 도로의 부지 중 서울 ○○구 ○○동 ○○ 도로 10.3㎡와 같은 구 ○○동 ○○ 도로 3.2㎡(이하 '이 사건 도로부분'이라 한다)를 이 사건 건물의 차량 진출입로로 사용하고 있다는 이유로, 2008. 9. 2. 원고에게 2003. 6. 1.부터 2008. 5. 31.까지의 도로변상금으로 10,572,700원 및 4,619,200원을 부과하는 이 사건 처분을 하였습니다.

2. 처분의 위법성

원고가 이 사건 도로의 일부를 건물의 진출입을 위하여 사용하고 있다고 하더라도 이는 도로의 일반적 사용에 해당할 뿐 도로에 유형적 변경을 가하여 고정적으로 사용하는 특별사용관계로서 도로 점용에 해당한다고 할 수는 없고, 피고도 그와 같은 전제 아래 7년 이상 이에 대하여 점용허가를 요구하거나 변상금을 부과하지 아니하였음에도, 피고가 소급하여 이 사건 부과처분을 한 것은 도로 점용에 관한 법리나 신뢰보호의 원칙에 반하여 위법합니다.

3. 결론

위와 같이 피고의 처분은 위법하므로 이의 취소를 구하는 본 건 행정소송에 이르게 되었습니다.

입증방법

    1. 갑 제1호증
    2. 깁 제2호증

첨부서류

1. 위 각 입증방법   각 1부
2. 송달료 납부서
3. 소장부본

20 .   .   .
위 원고   (날인 또는 서명)

서울행정법원   귀중

당해판례

2009구단 4060

(1) 도로법은 제3조에서 도로를 구성하는 부지, 옹벽 기타의 물건에 대하여서는 원칙적으로 사권을 행사할 수 없다고 규정하는 한편, 제38조에서 도로의 구역 안에서 공작물이나 물건 그 밖의 시설물을 신설·개축·변경 또는 제거하거나 그 밖의 목적으로 도로를 점용하려는 자는 관리청의 허가를 받도록 규정하고 있고, 제94조에서는 이러한 도로 점용허가를 받지 아니하고 도로를 점용한 자에 대하여는 그 점용기간에 대한 점용료의 100분의 120에 상당하는 금액을 변상금으로 징수할 수 있도록 규정하고 있다.

그런데 위 각 규정에서 '도로의 점용'이라 함은 일반공중의 교통에 공용되는 도로에 대하여 이러한 일반사용과는 별도로 도로의 특정 부분을 유형적, 고정적으로 사용하는 이른바 특별사용을 뜻하는 것이고, 다만 그와 같은 도로의 특별사용은 반드시 독점적, 배타적인 것이 아니라 그 사용목적에 따라서는 도로의 일반사용과 병존이 가능한 경우도 있으나(대법원 1999. 5. 14. 선고 98두17906 판결 등 참조), 도로법 제42조 제4호가 도로의 점용이 주택에 출입하기 위하여 통행로로 사용하는 경우로서 영리목적이 아닌 경우에는 점용료를 감면할 수 있도록 하고 있는 등 도로점용료의 부과에 관한 도로법 관련규정을 종합해 보면, 보행자 도로에 인접한 건물의 소유자나 관계인이 그 건물에 속한 주차장이나 건물에 진출입하기 위하여 보행자 도로를 간헐적으로 차량통행로로 사용하는 형태로 보행자 도로를 이용하는 경우에 이러한 도로의 사용을 위와 같은 특별사용으로서 도로의 점용에 해당한다고 볼 것인지 아니면 일반사용으로 볼 것인지는 당해 건물의 규모나 용도, 주차장의 구비 여부나 그 규모 및 형태, 그 소유자가 보행자도로에 차량 진출입을 위한 구조물을 설치했는지 여부, 구조물의 형태나 시설의 정도, 차량의 진출입 횟수, 그로 인한 도로의 일반적인 사용의 방해 정도 등을 종합적으로 고려하여야 할 것이다.

(2) 그런데, 앞서 든 증거들에 갑 제4, 5, 6호증, 을 제6호증의 각 기재나 영상에 변론 전체의 취지를 종합하면, 이 사건 건물은 1992. 7.경 신축된 지하 1층 지상 4층 의 근린생활시설 및 사무실 건물로서 그 대지 면적이 111.2㎡(33.5평)로 협소하여 건물구역 내에 차량 1대 정도가 주차할 수 있는 정도의 마당이 있을 뿐, 별도로 주차장이 마련되어 있지 않고, 마당에 차를 주차하는 경우가 있기는 하나 건물 출입자의 편의를 위하여 건물 관계자들은 주로 인근의 대형주차장을 이용하고 있는 사실, 한편 이 사건 도로는 1999. 5. 1.에 노선인정공고가 되었으나 차도와 보도의 구별이 없이 도로에서 차량이 바로 이 사건 건물로 출입할 수 있도록 되어 있었는데, 서울특별시가 2001. 12. 29.경 이 사건 도로에 대하여 걷고 싶은 녹화거리 조성사업을 하면서 이 사건 도로에 보도와 차도를 구분하기는 하였으나, 보·차도 사이에 높이 차이를 두어 경계석이나 턱을 설치하지 않은 채 보도부분에 유색포장을 하고, 보도에 차가 침범하지 못하도록 일정한 간격으로 원통형 돌을 설치하였고, 한편 이 사건 건물의 진출입로 부분인 이 사건 도로부분(보도부분)에는 차가 출입할 수 있는 형태로 설치하면서 위와 같은 원통형 돌을 설치하지 않았던 사실, 또한 이 사건 도로부분은 차량 1대가 겨우 출입할 수 있는 형태인데, 보도부분 앞의 차도 가장자리에도 위 보도부분을 통하여 이 사건 건물로 차량의 진출입을 허용하는 형태로 노란 실선으로 차선이 그려져 있는 사실을 인정할 수 있고, 반증이 없다. 그러므로 위와 같은 이 사건 건물의 규모나 주차장의 존부나 그 규모, 이 사건 도로의 설치시기나 보도와 차도를 구분하여 설치한 시기 및 그 형태나 그 설치 또는 공사시행자, 이 사건 도로부분을 이용한 차량의 진출입 횟수, 그로 인하여 이 사건 도로의 일반사용이 방해받는 정도 등을 함께 고려하여 보면, 원고가 이 사건 도로부분을 특별사용하였다고 인정하기 어렵고, 달리 이를 인정할 증거가 없다.

(3) 따라서 원고가 이 사건 도로부분을 특별사용하고 있음을 전제로 한 이 사건 처분은 위법하다.

소 장

원고 서울특별시
　　　서울시 ○○구 ○○동 ○번지
피고 국회사무총장
변상금부과처분취소

청구취지

1. 피고가 2009. 3. 6. 원고에 대하여 한 6,964,005,600원의 변상금부과처분을 취소한다.
2. 소송비용은 피고가 부담한다.

라는 판결을 구합니다.

청구원인

1. 처분의 경위

피고는 2009. 3. 6. 국유지로서 피고가 관리하는 서울 영등포구 여의도동 1번지(이하 '이 사건 대지'라 한다) 중 4,916㎡(이하 '이 사건 점용부분'이라 한다)를 원고가 도로로 사용하면서 점용하고 있다는 이유로 원고에게 2004. 1. 1.부터 2008. 12. 31.까지의 변상금 6,964,005,600원을 부과하는 이 사건 처분을 하였습니다.

2. 처분의 위법성

(1) 원고가 30년 이상의 기간 동안 피고의 승낙 혹은 묵시적 동의하에 이 사건 점용부분을 점용해 왔는데 그에 대하여 점용료를 부과한 이 사건 처분은 재량권을 일탈, 남용하고 신의성실 및 금반언의 원칙에 위배되어 위법합니다.

(2) 이 사건 점용부분은 공공의 통행에 제공되고 있어 행정목적의 수행에 필요한 때에 해당되므로 구 국유재산법 시행령(2009. 7. 27. 대통령령 제21641호로 전부개정되기 전의 것, 이하 '시행령'이라 한다) 제26조 제1항 제1호에 의하여 0.025의 요율을 적용하여야 하는데도, 시행령 제26조 제1항 제5호에 의하여 0.05의 요율을 적용한 이 사건 처분은 위법합니다.

(3) 구 국유재산법(2009. 1. 30. 법률 제9401호로 전문개정되기 전의 것, 이하 '법'이라 한다) 제25조의2 제1항은 동일인이 동일한 행정재산등을 1년을 초과하여 계속 점유 하거나 사용 · 수익하는 경우 당해 연도의 연간 사용료가 전년도의 연간 사용료보다 10퍼센트 이상 증가한 때에는 대통령령이

정하는 바에 따라 그 사용료의 증가분을 감액할 수 있다고 규정하고 있고, 시행령 제27조의2에서는 법 제25조의2의 규정에 의하여 조정되는 당해 연도의 사용료는 그 증가율에 따라 별표의 산식에 의하여 산출한 금액으로 한다고 규정하고 있으며, 별표에서는 산출사용료의 증가율이 10퍼센트 이상 20퍼센트 미만인 경우 납부할 사용료를 '전년도사용료+[전년도사용료×{10/100+(증가율─10/100)×300/1,000}]'으로 규정하고 있으므로, 위 산식에 의하여 변상금을 감액하지 않고 단순히 공시지가의 증가에 따라 변상금을 증액시켜 부과한 이 사건 처분은 재량권을 일탈, 남용한 것으로서 위법합니다.

(4) 피고는 국회의사당에 출입하는 사람들을 위하여 이 사건 점용부분을 보도로 조성함으로써 이 사건 점용부분의 배타적 사용수익권을 포기하였다 할 것이고, 원고가 이 사건 점용부분을 도로로 개설하여 사용해 온 사실이 없으므로, 그와 다른 전제에선 이 사건 처분은 위법합니다.

(5) 법에 의하면, 행정재산등의 사용·수익을 허가함에 있어서 행정재산등을 지방자치단체가 직접 공용·공공용 또는 비영리공익사업용으로 사용하고자 하는 때에는 그 사용료를 면제할 수 있는데, 피고가 이 사건 점용부분을 자신의 목적에 따라 사용하면서 관리만 하고 있는 원고에게 사용료를 부과하는 것은 재량권을 일탈, 남용한 것으로서 위법합니다.

3. 결론

위와 같이 피고의 처분은 위법하므로 이의 취소를 구하는 본 건 행정소송에 이르게 되었습니다.

입증방법

1. 갑 제1호증
2. 갑 제2호증

첨부서류

1. 위 각 입증방법   각 1부
2. 송달료 납부서
3. 소장부본

20 . . .

위 원고   (날인 또는 서명)

서울행정법원   **귀중**

당해판례

2009구단 8031

(1) 피고가 원고의 이 사건 점용부분의 사용을 명시적으로 승낙하였다고 인정할 아무런 증거가 없고, 앞서 본 인정사실만으로는 묵시적으로 동의하였다고 인정하기에 부족하고 달리 이를 인정할 증거가 없다.

또한 국유재산의 무단점유 등에 대한 변상금 징수처분은 기속행위로서 재량의 일탈, 남용의 문제가 생길 여지가 없고, 국유재산을 무단 점유·사용하는 자에 대하여 국가나 국가로부터 국유재산의 관리·처분에 관한 사무를 위탁받은 자가 국유재산의 점유·사용을 장기간 방치한 후에 변상금을 부과하더라도 변상금부과처분이 신의성실 및 신뢰보호의 원칙에 위반된다고 할 수 없으므로(대법원 2008. 5. 15. 선고 2005두11463 판결 참조), 원고의 첫 번째 주장은 이유 없다.

(2) 시행령 제24조 제1항 제1호의 '행정목적 또는 보존목적의 수행에 필요한 때'라 함은 당해 국유재산을 관리하는 행정청의 행정목적 또는 보전목적의 수행에 필요한 경우를 말하는 것이지, 이를 점용하는 측의 행정목적 또는 보전목적의 수행에 필요한 경우를 말하는 것이 아님이 법문상 명백하므로, 원고의 두 번째 주장 역시 이유 없다.

(3) 법 제25조의2의 규정에 의한 사용료의 조정은 행정청의 재량에 속하는 것이고, 시행령 제27조의2에서는 '법 제25조의2의 규정에 의하여 조정되는 당해 연도의 사용료는 그 증가율에 따라 별표의 산식에 의하여 산출한 금액으로 한다'고 하면서도 '다만, 법 제27조 제2항에 따라 사용·수익허가기간을 갱신하는 경우에는 제26조 제1항 제3호와 제4호의 용도로 갱신하는 경우에만 사용료를 조정한다'고 규정하고 있는바, 사용·수익허가를 받지 않고 제26조 제1항 제3호, 제4호 이외의 용도로 사용하는 경우에도 사용료를 조정한다면 사용·수익허가를 받은 자가 오히려 불리한 결과가 되므로, 사용·수익허가를 받지 않은 채 제26조 제1항 제5호의 용도로 사용한 원고에게 사용료를 조정하지 않은 채 공시지가에 따라 변상금을 부과한 이 사건 처분에 재량권의 일탈, 남용은 없다고 판단되고, 따라서 원고의 세 번째 주장 또한 이유 없다.

(4) 앞서 인정한 바와 같은 이 사건 도로의 개설경위, 사용 및 관리현황 등을 종합하여 보면, 원고가 이 사건 도로를 개설할 당시 착오 등의 원인으로 이 사건 점용부분을 보도의 일부분에 포함시켰고, 그후에도 이 사건 도로의 일부분으로 관리해 왔다고 인정되며, 원고 주장대로 피고가 자신의

필요를 위하여 이 사건 점용부분에 보도를 개설하였다거나, 혹은 사용·수익권을 포기하고 보도로 제공하였다고 볼 수는 없으므로, 이와 다른 전제에 선 원고의 네 번째 주장도 마찬가지로 이유 없다.

(5) 법 제26조 제1항에서는 행정재산 등의 사용·수익을 허가할 때 지방자치단체가 직접 공용·공 공용 또는 비영리공익사업용으로 사용하고자 하는 때 사용료를 면제할 수 있도록 규정하고 있으나, 이는 행정재산 등의 사용·수익을 허가할 때에 관한 규정일 뿐 원고가 피고의 사용·수 익 허가를 받지 아니하고 이 사건 점용부분을 사용해 왔음을 이유로 변상금을 부과한 이 사건 처분과는 관련이 없으므로, 원고의 마지막 주장 역시 이유 없다.

(6) 따라서 이 사건 처분은 적법하고, 원고의 위 각 주장은 모두 이유 없다.

[서식] 변상금부과처분취소 청구의 소

소　　장

원고　　　김 길 동(주민등록번호)
　　　　　서울시 동대문구 ○○동 ○번지
피고　　　한국자산관리공사
변상금부과처분취소

청구취지

1. 피고가 2008. 7. 3. 원고에 대하여 한 변상금 549,460,142원의 부과처분을 취소한다.
2. 소송비용은 피고의 부담으로 한다.

라는 판결을 구합니다.

청구원인

1. 처분의 경위

(1) 별지 목록 기재 제1, 2토지(이하 '이 사건 각 토지'라고 한다) 및 그 양 지상의 같은 목록 기재 제3건물(이하 '이 사건 건물'이라고 한다)은 원래 박○○의 소유였는데, 박○○이 1998. 6.경 국가에

상속세로 이 사건 각 토지 및 건물을 물납함으로써 그 무렵 국가의 소유가 되었고, 피고는 1998. 11. 3. 재정경제부장관으로부터 이 사건 각 토지 및 건물의 관리·처분에 관한 사무를 위탁받았습니다.

(2) 원고는 1997. 5. 26.부터 이 사건 각 토지 및 건물에 인접한 서울 동대문구 ○○○ 각 토지 및 그 양 지상의 건물에서 자동차정비공장을 운영하여 왔습니다.

(3) 피고는 2001. 12. 5. 원고에게 "원고가 1998. 8. 31.부터 2001. 12. 4.까지 이 사건 각 토지 및 건물을 무단으로 점유·사용하였다"는 이유로 657,692,670원의 변상금을 부과할 것을 사전통지하고 이 사건 각 토지 및 건물을 자진 명도할 것을 요청하였다가, 원고가 이의를 제기하자 이를 받아들여 2002. 4. 29. 원고에게 "원고가 위 기간 중 동절기 동안 이 사건 각 토지 및 건물 중 주차가능대지 917㎡만을 무단으로 점유·사용하였다"고 판단하여 95,620,970원의 변상금을 부과하였습니다.

(4) 그 후 피고는 다시 2002. 10. 10. 원고에게 "원고가 이 사건 각 토지 및 건물 전체를 1998. 11. 18.부터 2002. 4. 17.까지(다만 이 사건 건물 중 건조실 부분 및 그 부지에 대하여는 1998. 11. 18부터 2002. 5. 12.까지) 무단으로 점유·사용한 자료가 추가로 발견되었다"는 이유로 변상금을 690,477,265원으로 산정한 후, 위 변상금에서 위와 같이 2002. 4. 29.자로 부과하여 원고가 납부한 변상금 95,620,970원을 공제한 나머지 594,856,300원(십원 미만 올림으로 계산)을 추가 변상금으로 부과하였습니다.

(5) 원고는 2002. 12. 27. 피고를 상대로 서울행정법원 2002구합○○○호로 위 2002. 10. 10.자 추가 변상금 부과처분의 취소를 구하는 소를 제기하였고, 서울행정법원은 2003. 7. 8. 위 추가 변상금 부과처분을 전부 취소하는 판결을 선고하였으나, 항소심 법원인 서울고등법원은 2003누○○○호 사건에서 2005. 8. 25. 위 추가 변상금 부과처분 중 314,055,082원을 초과하는 부분을 취소하는 판결을 선고하였고, 위 항소심 판결은 2008. 5. 15. 대법원에서 그대로 확정되었습니다.
(6) 그러자 피고는 다시 2008. 7. 3. 원고에게 "위와 같이 판결에 의하여 확정된 추가 변상금 314,055,082원에다가 위 추가 변상금의 납부기일인 2002. 12. 9.부터 2,033일의 연체일수에 해당하는 연체이자 235,405,060원을 가산한 합계 549,460,142원을 납부하라"는 내용의 이 사건 처분을 하였습니다.

2. 처분의 위법성

다음과 같은 사유로 이 사건 처분은 위법하므로 취소되어야 합니다.

⑴ 이 사건 처분은 피고가 원고에게 위 추가 변상금 부과처분을 한 2002. 10. 10.로부터 그 소멸시효 기간인 5년이 이미 경과한 2008. 7. 3.에 이르러서야 비로소 이루어 졌습니다.

⑵ 피고는 원고에게 이 사건 처분을 하는 과정에서 변상금과 연체료의 산출근거를 명시한 바 없습니다.

⑶ 피고의 위 2002. 10. 10.자 추가 변상금 부과처분은 그 금액이 너무 과다하여 정당한 부과처분으로 볼 수 없음에도 불구하고, 피고는 위 추가 변상금 부과처분이 정당한 부과처분이었음을 전제로 위 추가 변상금의 원래 납부기일부터 연체료를 계산하여 원고에게 이 사건 처분을 함으로써 과중한 연체료를 부과하였습니다.

⑷ 국유재산법 시행령 재44조 제3항에 의하면 연체료의 부과대상이 되는 연체기간은 60개월을 초과할 수 없음에도 불구하고, 피고는 이를 초과하는 2,033일의 기간에 해당하는 연체료를 계산하여 원고에게 이 사건 처분을 함으로써 과중한 연체료를 부과 하였습니다.

3. 결론

이상과 같이 이 사건 처분은 위법하므로 이의 취소를 구하는 본 건 소송에 이르게 되었습니다.

입증방법

1. 갑 제1호증
2. 갑 제2호증

첨부서류

1. 위 각 입증방법   각 1부
2. 송달료 납부서
3. 소장부본

20 .   .   .

위 원고   (날인 또는 서명)

서울행정법원   귀중

당해판례

2008구합 39233

1. 국유재산법 시행령 제56조 제5항은 변상금 부과·징수의 주체, 납부고지서에 명시하여야 할 사항, 납부기한 등의 절차적 규정에 관하여 가산금의 부과절차에 관한 위 시행령 제31조 제2항 내지 제4항을 준용하고 있음이 분명하므로, 국유재산 무단 점유자에 대하여 변상금을 부과함에 있어서 그 납부고지서에 일정한 사항을 명시하도록 요구한 위 시행령의 취지와 그 규정의 강행성 등에 비추어 볼 때, 처분청이 변상금 부과처분을 함에 있어서 그 납부고지서 또는 적어도 사전통지서에 그 산출근거를 밝히지 아니하였다면 그 부과처분은 위법하다 할 것이다(대법원 2001. 12. 14. 선고 2000두86 판결 참조).

2. 위 법리에 비추어 이 사건에 관하여 보건대, 앞서 거시한 각 증거에다가 변론 전체의 취지를 보태어 살펴볼 수 있는 다음과 같은 사정들, 즉 ① 이 사건 처분상의 변상금 원금 314,055,082원에 대하여는, 원고가 이미 이 사건 처분 이전에 피고와 사이에 진행되었던 위 서울고등법원 2003 누15340호 사건의 판결을 통하여 그 산출근거를 상세히 알고 있는 상황이었고, 피고가 이 사건 처분을 하는 과정에서 원고에게 위 변상금 원금이 위와 같은 판결에 의하여 확정된 변상금임을 재차 명시한 바 있는 점, ② 그러나 이 사건 처분상의 연체료 235,405,060원에 대하여는, 위 연체료의 액수가 매우 다액임에도 이 사건 처분서(갑 제2호증)에 위 연체료의 산출근거가 되는 요율 및 그 구체적 적용에 관한 기재나 위 연체료의 산정방법에 관한 규정인 국유재산법 시행령 제44조 제3항, 제4항에 관한 언급이 전혀 없고[이 사건 처분서상에는 변상금의 부과내역과 관련하여 "변상금 원금 314,055,082원, 연체이자 235,405,060원, 합계 549,460,142원, 점유기간 (일수) 1998. 11. 18. ~ 2002. 4. 17.(1247일), 기존 납부기일 2002. 12. 9., 연체일수 2,033일" 이라고만 기재되어 있을 뿐이다], 그 외에 피고가 이 사건 처분을 전·후하여 원고에게 그 산출근 거를 명시하였음을 인정할 만한 아무런 자가 없는 점(피고는 이 사건 변론종결일까지도 위 연체료의 계산내역을 밝히지 않고 있다) 등을 종합하여 보면, 피고가 이 사건 처분을 하는 과정에서 원고에게 변상금 원금의 산출근거에 관하여는 이를 명시한 것으로 볼 수 있으나 연체료의 산출근 거에 관하여는 이를 명시하지 않은 것으로 인정되므로, 이 사건 처분 중 변상금 원금에 해당하는 부분은 적법하고 연체료에 해당하는 부분은 위법하다고 할 것이다.

Ⅲ. 주거이전비관련 소송

1. 주거이전비의 개념

공익사업을 위한 토지 등의 취득 및 보상에 관한 법률 제78조 및 동 시행규칙 제54조는 공익사업의 시행으로 인하여 주거용 건축물을 제공함에 따라 생활의 근거를 상실하게 되는 자를 위하여 주거이전에 필요한 비용과 가재도구 등 동산의 운반에 필요한 비용을 산정하여 보상하여야 한다고 규정하고 있다.

2. 주거이전비 보상의 요건

(1) 보상기준

공익사업시행지구에 편입되는 주거용 건축물의 소유자에 대하여는 해당 건축물에 대한 보상을 하는 때에 가구원수에 따라 2개월분의 주거이전비를 보상하여야 한다. 다만, 건축물의 소유자가 해당 건축물 또는 공익사업시행지구 내 타인의 건축물에 실제 거주하고 있지 아니하거나 해당 건축물이 무허가건축물등인 경우에는 그러하지 아니하다(같은 법 시행규칙 제54조 제1항).

(2) 거주기간

공익사업의 시행으로 인하여 이주하게 되는 주거용 건축물의 세입자(법 제78조제1항에 따른 이주대책 대상자인 세입자는 제외한다)로서 사업인정고시일등 당시 또는 공익사업을 위한 관계법령에 의한 고시 등이 있은 당시 해당 공익사업시행지구안에서 3개월 이상 거주한 자에 대하여는 가구원수에 따라 4개월분의 주거이전비를 보상하여야 한다. 다만, 무허가건축물등에 입주한 세입자로서 사업인정고시일등 당시 또는 공익사업을 위한 관계법령에 의한 고시 등이 있은 당시 그 공익사업지구 안에서 1년 이상 거주한 세입자에 대하여는 본문에 따라 주거이전비를 보상하여야 한다(같은 조 제2항).

(3) 주거이전비 산출기준

주거이전비는 「통계법」 제3조제3호에 따른 통계작성기관이 조사·발표하는 가계조사통계의 도시근로자가구의 가구원수별 월평균 명목 가계지출비(이하 이 항에서 "월평균 가계지출비"라 한다)를 기준으로 산정한다. 이 경우 가구원수가 5인인 경우에는 5인 이상 기준의 월평균 가계지출비를 적용하며, 가구원수가 6인 이상인 경우에는 5인 이상 기준의 월평균 가계지출비에 5인을 초과하는 가구원수에 다음의 산식에 의하여 산정한 1인당 평균비용을 곱한 금액을 더한 금액으로 산정한다(같은 조 제3항).

3. 주거이전비 지급청구권 발생시점

(1) 지급청구권 발생시점

공익사업을 위한 토지 등의 취득 및 보상에 관한 법률 제78조 제5항 및 같은 법 시행규칙 제54조 제2항, 제55조 제2항의 각 규정에 의하여 공익사업의 시행에 따라 이주하는 주거용 건축물의 세입자에게 지급하는 주거이전비와 이사비는, 당해 공익사업 시행지구 안에 거주하는 세입자들의 조기이주를 장려하여 사업추진을 원활하게 하려는 정책적인 목적과 주거이전으로 인하여 특별한 어려움을 겪게 될 세입자들을 대상으로 하는 사회보장적인 차원에서 지급하는 금원의 성격을 갖는다 할 것이므로, 같은 법 시행규칙 제54조 제2항에 규정된 '공익사업의 시행으로 인하여 이주하게 되는 주거용 건축물의 세입자로서 사업인정고시일 등 당시 또는 공익사업을 위한 관계 법령에 의한 고시 등이 있은 당시 당해 공익사업 시행지구 안에서 3월 이상 거주한 자'에 해당하는 세입자는 이후의 사업시행자의 주거이 전비 산정통보일 또는 수용개시일까지 계속 거주할 것을 요함이 없이 위 사업인정고시일 등에 바로 같은 법 시행규칙 제54조 제2항의 주거이전비와 같은 법 시행규칙 제55조 제2항의 이사비 청구권을 취득한다고 볼 것이고, 한편 이사비의 경우 실제 이전할 동산의 유무나 다과를 묻지 않고 같은 법 시행규 칙 제55조 제2항 [별표 4]에 규정된 금액을 지급받을 수 있다.[240]

(2) 지연손해금의 기산점

채무자는 이행청구를 받은 다음날부터 이행지체 책임을 진다.

4. 소송형태

구 공익사업을 위한 토지 등의 취득 및 보상에 관한 법률(2007. 10. 17. 법률 제8665호로 개정되기 전의 것) 제2조, 제78조에 의하면, 세입자는 사업시행자가 취득 또는 사용할 토지에 관하여 임대차 등에 의한 권리를 가진 관계인으로서, 같은 법 시행규칙 제54조 제2항 본문에 해당하는 경우에는 주거 이전에 필요한 비용을 보상받을 권리가 있다. 그런데 이러한 주거이전비는 당해 공익사업 시행지구 안에 거주하는 세입자들의 조기이주를 장려하여 사업추진을 원활하게 하려는 정책적인 목적과 주거이 전으로 인하여 특별한 어려움을 겪게 될 세입자들을 대상으로 하는 사회보장적인 차원에서 지급되는 금원의 성격을 가지므로, 적법하게 시행된 공익사업으로 인하여 이주하게 된 주거용 건축물 세입자의 주거이전비 보상청구권은 공법상의 권리이고, 따라서 그 보상을 둘러싼 쟁송은 민사소송이 아니라 공법상의 법률관계를 대상으로 하는 행정소송에 의하여야 한다.[241]

---

240) 대법원 2006.04.27. 선고 2006두2435 판결.
241) 대법원 2008.05.29. 선고 2007다8129 판결.

소　　장

원고　　　박 길 자(주민등록번호)
　　　　　서울시 성동구 ○○동 ○번지
피고　　　○○○구역주택재개발정비사업조합
이주비지급

청구취지

1. 피고는 원고에게 11,271,732원 및 이에 대하여 2008. 9. 27.부터 다 갚는 날까지 연 20%의 비율에 의한 돈을 지급하라.

2. 소송비용은 피고의 부담으로 한다.

3. 제1항은 가집행할 수 있다.

라는 판결을 구합니다.

청구원인

1. 기초사실

(1) 서울특별시 성동구청장(이하 '성동구청장'이라 한다)은 2006. 1. 4. 서울 성동구 ○○○ 일대 51,483.6㎡(이하 '이 사건 사업구역'이라 한다)에 관하여 도시 및 주거환경 정비법(이하 '도시정비법'이라 한다)에 의한 주택재개발사업(이하 '이 사건 사업'이라 한다)을 위하여 정비구역지정(안)에 대한 주민공람 공고를 한 다음 서울특별시장에게 정비구역지정신청을 하였고, 서울특별시장은 2006. 7. 20. 서울특별시 고시 제2006-254호로 이 사건 사업구역을 이 사건 사업의 시행을 위한 정비구역으로 지정.고시하였습니다.

(2) 피고는 이 사건 사업의 시행을 목적으로 설립되어 2006. 10. 31. 성동구청장으로 부터 설립인가를 받은 정비사업조합으로서 성동구청장에게 이 사건 사업에 관한 사업 시행인가신청을 하였고, 성동구청장은 2007. 7. 5. 서울특별시 성동구 고시 제2007-51호로 이 사건 사업에 관한 사업시행인가를 고시하였습니다.

(3) 원고는 2004. 6. 10. ○○○으로부터 이 사건 사업구역 내에 위치한 주거용 건축물인 서울 성동구 ○○○ 지상 다세대주택 201호를 임대차보증금 45,000,000원에 임차하고, 그곳에서 동생

인 ○○○, 조카인 ○○○과 함께 거주하다가 이 사건 사업의 시행으로 인하여 다른 곳으로 이주하였습니다.

(4) 피고는 이 사건 사업에 관한 관리처분계획을 작성하여 성동구청장에게 인가신청을 하였고, 성동구청장은 2008. 7. 3. 서울특별시 성동구 고시 제2008-43호로 이 사건 사업에 관한 관리처분계획을 인가하여 고시하였습니다.

2. 이주비 지급의무의 존재

(1) 구 공익사업을 위한 토지 등의 취득 및 보상에 관한 법률 시행규칙(2007. 4. 12. 건설교통부령 제556호로 개정되기 전의 것, 이하 '개정전 시행규칙'이라 한다) 제54조 제2항이 공익사업의 시행으로 인하여 이주하게 되는 주거용 건축물의 세입자 중 임대주택 입주권을 받지 않은 세입자에 대하여만 가구원수에 따른 3개월분의 주거이전비를 보상하도록 규정하였던 반면에, 공익사업을 위한 토지 등의 취득 및 보상에 관한 법률 시행 규칙(2007. 4. 12. 건설교통부령 제556호로 개정된 것, 이하 '개정후 시행규칙'이라 한다) 제54조 제2항은 공익사업의 시행으로 인하여 이주하게 되는 주거용 건축물의 세입자에 대하여는 임대주택 입주권의 부여 여부와 관계없이 가구원수에 따른 4개월분의 주거이전비를 보상하도록 규정하고 있고, 그 부칙(제556호, 2007. 4. 12., 이하 '이 사건 부칙'이라 한다) 제4조는 개정후 시행규칙의 시행일인 2007. 4. 12. 이후에 공익사업을 위한 토지 등의 취득 및 보상에 관한 법률(이하 '공익사업법'이라 한다) 제15조 등에 따른 보상계획의 공고 및 통지를 한 사업부터 개정후 시행규칙 제54조 제2항을 적용하도록 규정하고 있습니다.

(2) 원고는 이 사건 사업구역 내의 주택을 임차하여 ○○○, ○○○과 함께 거주하다가 이 사건 사업의 시행에 따라 임대주택 입주권을 받기로 하면서 다른 곳으로 이주하게 되었는바, 피고가 이 사건 사업에 관하여 2007. 4. 12. 이전에 공익사업법 제15조에 따른 보상계획의 공고 및 통지를 한 바가 없는 이상, 이 사건 사업에 따른 주거이전비의 보상에 관하여는 개정후 시행규칙 제54조 제2항이 적용되어야 하므로, 피고는 원고에게 임대주택 입주권과는 별도로 도시근로자가구 가구원수 3인의 4개월분 주거이전비를 지급할 의무가 있습니다.

3. 결론

위와 같은 이유로 피고의 이 사건 처분은 위법하므로 이의 취소를 구하는 본 건 행정소송에 이르게 되었습니다.

입증방법

1. 갑 제1호증
2. 갑 제2호증

첨부서류

1. 위 각 입증방법   각 1부
2. 송달료 납부서
3. 소장부본

20 . . .

위 원고   (날인 또는 서명)

서울행정법원   귀중

당해판례

2008구합 44747

(1) 이 사건 사업에 관한 개정후 시행규칙 제54조 제2항의 적용 여부

도시정비법 제38조, 제40조 제1항 본문에 의하면, 정비사업의 시행자는 정비구역 안에서 정비사업을 시행하기 위하여 필요한 경우에는 공익사업법 제3조의 규정에 의한 토지·물건 또는 그 밖의 권리를 수용 또는 사용할 수 있고, 정비구역 안에서 정비사업의 시행을 위한 토지 또는 건축물의 소유권과 그 밖의 권리에 대한 수용 또는 사용에 관하여는 공익사업법을 준용하여야 하는 점, 공익사업법 제2조, 제78조에 의하면, 세입자는 사업시행자가 취득 또는 사용할 토지에 관하여 임대차 등에 의한 권리를 가진 관계인으로서 공익사업법 시행규칙 제54조 제2항 본문에 해당하는 경우에는 주거이전에 필요한 비용을 보상받을 권리가 있는 점(대법원 2008. 5. 29. 선고 2007다8129 판결 참조), 도시정비법에는 위 공익사업법 규정들의 준용을 배제한다는 명시적 규정이나 그 준용이 배제됨을 전제로 한 규정이 없는 점 등에 비추어 보면, 도시정비법에 의한 주택재개발 사업의 시행으로 인하여 이주하게 되는 주거용 건축물의 세입자에 대하여는 공익사업법 제78조 제5항 및 공익사업법 시행규칙 제54조 제2항 본문의 주거이전비 보상에 관한 규정이 준용된다.

한편, 이 사건 부칙 제4조는 개정후 시행규칙의 시행일 이후에 공익사업법 제15조(공익사업법 제26조 제1항에 의하여 준용되는 경우 포함, 이하 같음)에 따른 보상계획을 공고하고 토지소유자 및 관계인에게 보상계획을 통지하는 사업부터는 개정후 시행규칙 제54조 제2항을 적용한다고 규정하

고 있고, 이는 그 문언 및 취지 등에 비추어 주거용 건축물의 세입자에 대한 주거이전비의 보상에 있어서 공익사업법 제15조에 따른 보상계획의 공고 및 통지가 개정후 시행규칙의 시행일인 2007. 4. 12. 이전에 이미 이루어진 사업의 경우에는 개정전 시행규칙 제54조 제2항을 적용하고 그렇지 않은 사업의 경우에는 개정후 시행규칙 제54조 제2항을 적용하도록 하는 의미로 해석되는 점, 공익사업법 제14조 내지 제16조에 의하면, 공익사업의 시행자는 사업시행을 위하여 사업인정 이전에 협의에 의한 토지, 물건 등의 취득 또는 사용이 필요한 때에는 그 토지, 물건 등을 조사하고 그 소재지와 소유자 및 관계인 등을 특정하여 일정한 형식의 토지조서 및 물건조서를 작성한 다음, 사업의 개요. 토지조서 및 물건조서의 내용과 보상의 시기, 방법, 절차 등을 기재한 보상계획을 전국을 보급지역으로 하는 일간신문에 공고하는 한편 소유자 및 관계인에게 개별적으로 통지하고, 그러한 내용을 일반인이 열람할 수 있도록 함으로써 그에 관하여 이의가 있는 소유자 및 관계인 등에게 이의제기의 기회를 부여한 후에, 소유자 및 관계인과 사이에 보상에 관한 협의를 진행하는 일련의 절차를 거쳐야 하는데, 이 사건 부칙 제4조 소정의 공익사업법 제15조에 따른 보상계획의 공고 및 통지가 위와 같은 일련의 절차에서의 보상계획 공고 및 통지와는 다른 의미를 가지는 것으로 볼 수는 없고, 오히려 이 사건 부칙 제4조의 취지는 주거용 건축물의 세입자에 대한 주거이전비 등 개별적인 보상의 기준에 관한 개정전 시행규칙상의 규정이 개정후 시행규칙과 같이 개정되어 시행되는 과정에서 새로운 보상 기준의 적용시점을 개별적인 보상별로 다르게 인정할 경우에 야기될 수 있는 혼란을 방지하면서 신속하고 원활한 공익사업의 진행을 도모하기 위하여 공익사업법 제15조에 따른 보상계획의 공고 및 통지가 2007. 4. 12. 이전에 이루어졌는지 여부에 따라 그 공익사업에 대한 새로운 보상 기준의 적용 여부를 일률적으로 정하도록 한 것으로 보이는 점, 주거용 건축물의 세입자에 대한 주거이전비가 세입자의 조기이주를 장려하여 사업추진을 원활하게 하려는 정책적인 목적과 주거이전으로 인하여 특별한 어려움을 겪게 될 세입자들을 대상으로 하는 사회보장적인 차원에서 지급하는 금원의 성격을 갖는 것인 만큼(대법원 2006. 4. 27. 선고 2006두2435 판결 등 참조), 개정전 시행규칙 제54조 제2항의 존속에 관한 신뢰보호의 필요성이 개정후 시행규칙 제54조 제2항을 통하여 달성하려는 공익보다 크다고 보기는 어려운 점, 도시정비법 제30조 및 서울특별시 도시 및 주거환경 정비조례 제18조 제1항에 의하면, 정비사업의 시행자는 사업시행인가 신청을 함에 있어서 임대주택의 건설계획이 포함된 사업시행계획서와 함께 임대주택 공급대상자 명부를 첨부하도록 되어 있는데, 피고의 이 사건 공고 및 통지는 그 내용 등에 비추어 세입자들의 거주사실확인서 제출 등을 통하여 이 사건 사업구역 내 주거용 건축물의 세입자들을 특정하는 한편 그 세입자들 중 임대주택 공급신청자를 확정함으로써 임대주택 건설계획 및 임대주택공급대상자 명부를 작성하는 데 주된 목적이 있는 것으로 보일 뿐, 이 사건 사업구역 내 주거용 건축물의 세입자들이 이미 특정된 상태에서 그들과의 보상협의를 위하여 주거이전비 보상계획을 공고 및 통지한 것으로 보이지는 않는 점(피고가 2007. 1. 12.경 원고에게 이 사건 통지를 하였음을 인정할 만한 자료도 없다) 등을 종합하여 보면, 피고외 이 사건 공고 및 통지가 이 사건 부칙 제4조 소정의 공익사업법 제15조에 따른 보상계획 공고 및 통지에 준하는 것으로 볼 수는 없고, 사업의 성격상 공익사업법 제15조에 따른 보상계획 공고 및 통지를 예정하고 있는 이 사건 사업에 있어서 2007. 4. 12. 이전에 그러한 보상계획 공고 및 통지가 이루어졌음을 인정할 만한 다른 자료도 없으므로, 이 사건 사업시행 으로 인한 주거이전비의 보상에 관하여는 이 사건 부칙 제4조에 의하여 개정후 시행규칙 제54조 제2항이 적용되어야 한다.

(2) 개정후 시행규칙 제54조 제2항의 위법 여부

공익사업법 제78조 제5항은 주거용 건물의 거주자에 대하여 주거이전에 필요한 비용을 보상하여야 한다고 규정하고 있는바, 개정후 시행규칙 제54조 제2항은 주거용 건축물의 거주자 중 세입자에 대한 주거이전비 보상의 요건과 보상액 산정방법에 관한 규정으로서 앞서 본 바와 같은 주거용 건축물 세입자에 대한 주거이전비 보상의 성격에 비추어 모법인 공익사업법 제78조 제5항에 근거를 두고 그 규정이 예정하고 있는 범위 내에서 주거이전비 보상에 관한 사항을 구체화·명확화한 것으로 볼 수 있으므로(주거용 건축물의 세입자에 대한 임대주택 입주권의 부여는 도시정비법 제50조 제3항, 도시정비법 시행령 제54조 제2항, 서울특별시 도시 및 주거환경 정비조례 제32조에 기한 것으로서 주거이전비 보상과는 법적 근거를 달리하는 것인 만큼, 주거용 건축물의 세입자에 대하여 임대주택 입주권뿐만 아니라 주거이전비 보상까지 이루어진다고 하여 그 주거이전비 보상이 공익사 업법 제78조 제5항이 예정하고 있는 범위를 벗어난 것이라고 할 수는 없다), 개정후 시행규칙 제54조 제2항이 상위법령에 위임의 근거가 없어 위법하다고 할 수는 없다.

(3) 주거이전비의 액수

이 사건 사업의 사업시행인가고시일인 2007. 7. 5. 당시 도시근로자가구의 가구원수 3인 기준 월평균 가계지출비(2007년 3/4분기)가 2,817,933원인 사실은 이 법원에 현저하므로, 피고가 원고 에게 지급하여야 할 주거이전비는 11,271,732원(2,817,933원 × 4개월)이 된다.

(4) 소결론

피고는 원고에게 주거이전비 11,271,732원 및 이에 대하여 소장 송달 다음날인 2008. 9. 27.부터 다 갚는 날까지 소송촉진 등에 관한 특례법이 정한 연 20%의 비율에 의한 지연손해금을 지급할 의무가 있다.

소 장

원고　　　김 길 동(주민등록번호)
　　　　　서울시 성북구 ○○동 ○번지
피고　　　에스에이치공사
국민주택특별공급대상자부적격처분취소

청구취지

1. 피고가 2008. 8. 28. 원고에 대하여 한 이주대책대상자 부적격결정처분을 취소한다.
2. 소송비용은 피고의 부담으로 한다.

라는 판결을 구합니다.

청구원인

1. 처분의 경위

(1) 서울특별시장은 2003. 7. 9. 서울특별시 공고 제2003-835호로 서울 강동구 하일동 360 일대 912,000㎡에 관하여 구 도시개발법(2008. 3. 21. 법률 제8970호로 개정되기 전의 것, 이하 '구 도시개발법'이라 한다)에 따라 도시개발구역(강일도시개발구역) 지정을 위한 공람공고를 하고, 2003. 11. 10. 서울특별시 고시 제2003-341호로 구 도시개발법 제3, 4조에 따라 강일도시개발사업(이하 '이 사건 사업'이라 한다) 구역지정 및 개발계획승인을 고시하면서 피고를 사업시행자로 지정하였습니다. 이에 피고가 2004. 10. 8. 이 사건 사업의 시행에 따른 보상계획을 공고하자, 서울특별시장은 2004. 12. 27. 서울특별시 고시 제2004-429호로 이 사건 사업의 실시계획인가를 고시하였습니다.

(2) 피고는 2005. 1. 14. 이 사건 사업의 시행으로 인하여 생활의 근거를 상실하게 되는 자들을 위하여 구 도시개발법 제23조와 공익사업을 위한 토지 등의 취득 및 보상에 관한 법률(이하 '공익사업법'이라 한다) 제78조, 같은 법 시행령 제40조 등 관련규정에 따라 아래와 같이 강일도시개발구역 이주대책(이하 '이 사건 이주대책'이라 한다)을 공고하였습니다.

○ 이주대책 기준일 : 2003. 7. 9.

구 분	강일도시개발구역 이주대책기준
등 재 무허가 건 물 소유자	① 기준일 이전부터 사업구역 내 무허가건물관리대장에 주거용으로 등재된 무허가건물 소유자로 협의계약체결일 또는 수용재결일 현재까지 당해 주택에 계속 거주한 자에게는 사업구역 내 전용면적 60㎡ 이하의 분양아파트를 공급한다. 단, 협의계약체결하고 자진이주한 자에게는 사업구역내 전용면적 85㎡ 이하의 분양아파트를 공급한다. ② 기준일 이전부터 사업구역 내 무허가건물관리대장에 주거용으로 등재된 무허가건물 소유자로 계속 거주하지 않은 자는 사업지구 내 주택 외에 전세대원이 기준일 이전부터 보상계획공고일 현재까지 무주택자인 경우 제1항을 준용한다.

(3) 원고는 이 사건 이주대책 기준일 이전인 2003. 3. 3. 망 OOO(이하 '망인'이라 한다)이 소유하던 별지 1 목록 기재 건물(이하 '이 사건 주택'이라 한다)을 망인의 아들이자 호주상속인인 A으로부터 매수하였으나, 이 사건 주택에 대한 명의변경을 하지 못하는 동안에 이 사건 사업의 추진으로 위 주택이 철거되자, 원고는 2007. 4. 16. A을 비롯한 망인의 상속인들을 상대로 서울동부지방법원 2007가단XXXXX호로 이 사건 주택의 철거에 따라 공급되는 국민주택에 대한 입주권이 원고에게 있음을 확인하는 소를 제기하고 피고에 대하여 이에 관한 소송고지를 하였는바, 그 후 원고는 2007. 7. 13. 위 법원으로부터 승소판결을 받았고, 위 판결은 2007. 8. 7.자로 확정되었습니다.

(4) 이에 원고는 이 사건 주택이 도시계획사업으로 철거되었다는 이유로 피고에게 이주대책대상자로서 분양아파트 공급을 신청하였으나, 피고는 2008. 8. 28. "원고는 이 사건 주택의 비거주자이며, 원고의 전 남편인 B이 부산 금정구 XX동 XXX-X 소재 NNNN아파트 XXX동 XXXX호를 소유하고 있음"을 부적격사유로 하여 이주대책대상자 부적격결정처분(이하 '이 사건 처분'이라 한다)을 하였습니다.

2. 처분의 위법성

원고는 이 사건 이주대책기준일 이전에 전 남편인 B과의 혼인관계가 사실상 파탄상태에 이르러 B을 상대로 이혼의 소를 제기한 상태였을 뿐만 아니라, 주소지도 B과 다른 곳으로 이전하여 독립하여 생계를 유지하고 있었으므로, 위 이주대책기준일 당시 B이 주택을 소유하고 있었는지 여부와 무관하게 원고를 피고의 이주대책기준상의 무주택세대주로 인정하였어야 할 것임에도, 이와 달리 보고 한 피고의 이 사건 처분은 위법 합니다.

3. 결론

이상과 같이 이 사건 각 처분은 위법하므로 이의 취소를 구하는 본 건 행정소송에 이르게 되었습니다.

입증방법

1. 갑 제1호증
2. 갑 제2호증

첨부서류

1. 위 각 입증방법 각 1부
2. 송달료 납부서
3. 소장부본

20 . . .

위 원고   (날인 또는 서명)

서울행정법원   귀중

〈별지 목록〉

서울 강동구 XX동 산 XXX-X 무허가건물(서울시 조사번호 XXXX000)

주택(블록조 슬레이트 지붕)   28.50㎡

현관(철재 / 비닐)   4.05㎡

세탁실(철재 / 비닐)   10.00㎡

창고(목재 / 천막)   13.05㎡ 끝.

당해판례

2008구합 41588
⑴ 구 도시개발법 제23조는 시행자로 하여금 공익사업법이 정하는 바에 따라 도시개발사업의 시행
에 필요한 토지 등을 제공함으로 인하여 생활의 근거를 상실하게 되는 자에 관한 이주대책 등을
수립·시행하도록 규정하고 있고, 공익사업법 제78조, 같은 법 시행령 제40조 등은 공익사업의
시행자로 하여금 그 사업시행으로 인하여 생활근거를 상실하게 되는 이주자들에 대하여 택지를

조성하여 공급하는 등의 이주대책을 수립·실시하도록 규정하고 있는 한편, 구체적인 이주대책의 내용 등에 관하여는 상세한 규정을 두지 아니한 채 사업시행자의 처분에 맡기고 있다. 이에 따라 도시개발사업의 시행자는 공익사업법 및 같은 법 시행령의 규정에 위배되지 아니하는 한, 구체적인 이주대책을 수립·실시함에 있어 이주대상자의 선정 등에 관하여 재량을 가진다고 할 것이므로, 그와 같이 설정된 기준은 그것이 객관적으로 합리적이 아니라거나 타당하지 않다고 볼 만한 다른 특별한 사정이 없는 한 존중되어야 할 것이다(대법원 1995. 10. 12. 선고 94누11279 판결, 2007. 7. 12. 선고 2007두7222 판결 등 참조).

한편, 주택공급규칙 제2조 제9호는 "무주택세대주"에 대하여 세대주를 포함한 세대원(세대주와 동일한 세대별 주민등록표상에 등재되어 있지 아니한 세대주의 배우자 및 배우자와 동일한 세대를 이루고 있는 세대원을 포함한다) 전원이 주택을 소유하고 있지 아니한 세대의 세대주를 말한다고 규정하고 있으나, 주택공급규칙은 주택법 관련 규정에 따라 주택 및 복리시설의 공급조건·방법 및 절차 등에 관한 사항을 규정함을 목적으로 하여(제1조), 사업주체가 주택법 제16조의 규정에 의하여 사업계획승인을 얻어 건설하는 주택 및 복리시설의 공급에 적용되는(제3조 제1항) 것이므로, 주택공급규칙은 이 사건과 같이 도시개발법에 따른 공익사업의 시행에 따른 이주대책에는 그 적용이 없다고 할 것이고, 따라서 이 사건의 경우에는 도시개발사업의 시행에 필요한 토지 등을 제공함으로 인하여 생활의 근거를 상실하게 되는 자들에게 종전의 생활상태를 원상으로 회복시키면서 이와 동시에 인간다운 생활을 보장하여 준다는 이주대책 제도의 본래 취지 등와 더불어 개별 사실관계에 따른 구체적인 타당성을 참작하여 사업시행자의 이주대책에 관한 처분에 재량권의 일탈·남용이 존재하는지 여부를 판단하여야 할 것이다.

(2) 그러므로 이 사건에 관하여 보건대, 앞서 본 바와 같이 피고가 정한 이 사건 이주대책기준에서는 등재무허가건물의 소유자가 이주대책기준일 이전부터 무허가건물의 소유자로 계속 거주하지 아니한 경우에 이주대책대상자로 인정되기 위해서는 "사업 지구 내 주택 외에 전 세대원이 기준일 이전부터 보상계획공고일 현재까지 무주택자일 것을 요한다"고 규정하고 있고, 여기에서의 세대원에는 배우자가 일응 포함된다고 할 것이나, 다른 한편 일반인에게 있어서 "세대원"이란 통상적으로 '세대주와 동일한 주소 또는 거소에서 생계를 같이하는 가족'을 의미하는 점, 이 사건 이주대책대상자를 '무주택세대주'로 한정한 취지는 생계를 같이 하는 자 중 1인이라도 주택을 소유하고 있다면 굳이 그 세대주에 대하여 이주대책을 시행하여 별도로 주거안정을 도모할 필요가 없다는 데 기인하는 것으로 보이는 점, 이주대책을 통해 무주택자들에 대하여 이주대책을 수립하여 주거생활의 안정을 도모하고자 하는 본래의 취지 등에 비추어 볼 때, 명목상 법률혼 관계에 있는 세대주와 배우자라 할지라도 이러한 혼인관계가 실질적으로 파탄상태에 이르러

세대주와 배우자가 생계를 전혀 달리하는 등 혼인생활의 실체가 부존재하거나 상기 혼인관계를 해소하기 위한 구체적인 절차가 진행 중인 경우에는, 가사 아직 법률상 혼인관계에 있는 배우자가 주택을 소유하고 있다고 하더라도 그 세대주에 대하여는 이주대책에 의하여 실질적으로 주택을 공급하여야 할 필요성을 인정할 수 있고, 따라서 이러한 경우 당해 세대주는 이 사건 이주대책 기준에서의 '무주택세대주'에 해당한다고 봄이 상당하다.

그런데, 앞서 본 바와 같이 원고는 이 사건 이주대책기준일 이전인 2003. 4.말 경에 집을 나와 남편인 B의 주소지와 다른 곳으로 주민등록을 옮긴 뒤 그 후로 줄곧 B과 생계를 달리하였을 뿐만 아니라, 늦어도 그 무렵부터 B과 혼인관계가 사실상 파탄상태에 이른 것으로 보이는 점, 원고는 이 사건 이주대책기준일 이전인 2003. 4. 21. B를 상대로 한 이혼의 소를 제기하여 2004. 5. 13. 승소판결을 선고받았고, 그 후 항소심에서 2004. 7. 20.자로 쌍방 간에 이혼에 관한 화해가 성립함에 따라 원고는 이를 기하여 2004. 11. 24. 이혼신고를 하였던 점, 만일 주택공급규칙을 형식적으로 적용하여 이 사건 이주대책기준일 당시 법률상 배우자인 B이 주택을 소유하고 있다는 사정만으로 원고를 이주대책대상자에서 제외할 경우, 원고는 B의 위 주택에서 함께 살 수 없음이 분명하여 이주자인 원고로서는 종전의 생활상태를 원상으로 회복시킬 수 없게 되는 점 등의 제반 사정을 고려하면, 원고와 B의 혼인관계가 실질적으로 파탄상태에 이르러 혼인관계를 해소하기 위한 구체적인 절차가 진행 중인 상태였음에도 불구하고 B이 주택을 소유하고 있다는 사유만으로 원고를 이주대책 대상자에서 제외한 피고의 이 사건 처분은 앞서 살펴본 이주대책의 본래 취지에 반하는 것으로서 위법하다 할 것이므로 취소되어야 한다. 따라서 이를 지적하는 취지의 원고 주장은 이유 있다.

소　　장

원고　　　박 길 자(주민등록번호)
　　　　　서울시 은평구 ○○동 ○번지
피고　　　에스에이치공사

입주권지위확인

청구취지

1. 피고는 소외인에게 은평뉴타운 제3-2지구 도시개발사업지구내에 건립중인 아파트의 입주권이 있음을 확인한다.
2. 소송비용은 피고의 부담으로 한다.
라는 판결을 구합니다.

청구원인

1. 기초사실

(1) 건설교통부장관은 2003. 12. 30. 서울 은평구 진관내 · 외동, 구파발동 일대 3,593,000㎡ 은평뉴타운 지구(이하 '은평뉴타운'이라고 한다)에 관하여 도시개발구역지정을 승인하였고, 서울특별시장은 2004. 2. 25. 서울특별시 고시 제2004-58호로 은평뉴타운 도시개발구역지정 및 개발계획을 승인하였습니다.

(2) 피고 공사(서울특별시 도시개발공사에서 2004. 3. 17. 현재 명칭으로 변경되었다)는 2002. 11. 25. 서울특별시공고 제2002-1330호로 은평뉴타운 도시개발사업(이하 '이 사건 사업'이라고 한다)과 관련하여 공공용지의 취득 및 손실보상에 관한 특례법(2002. 2. 4. 법률 제6656호로 제정된 공익사업을 위한 토지 등의 취득 및 보상에 관한 법률 부칙 제2조에 의하여 폐지되었음) 제8조의 규정에 따라 이주대책 기준일을 '2002. 11. 20.'로 정하여 공고하였습니다.

(3) 피고는 2004. 10. 19. 이 사건 사업으로 주거 및 생활근거를 상실하는 은평뉴타운 내 주택 등 소유자에 대하여 다음과 같은 내용의 이주대책을 수립하여 공고하였습니다.

[은평뉴타운 이주대책기준]

기준일 이전부터 사업구역내 무허가건축물관리대장에 주거용으로 등재된 무허가주택 소유자 무허가건축물을 소유하고 협의계약체결일(협의자) 또는 수용재결일(미협의자) 까지 당해 주택에 계속 거주한 자에게는 사업구역내 전용면적 60㎡이하 분양아파트 를 공급한다. 단, 보상에 협의하고 자진이주한 자에게는 사업구역내 전용면적 85㎡ 이 하의 분양아파트를 공급한다.

(4) 서울 은평구 진관외동 ○○○ 소재 단독주택(이하, '이 사건 무허가건물'이라고 한다)은 원래 무허가건물로서 망 ○○○의 소유였는데 망 ○○○의 처인 소외인이 2003. 7. 15. 원고에게, 원고는 2004. 5. 13. ○○○에게, ○○○은 2005. 2. 24. ○○○ 에게 순차로 매도하였습니다.

(5) 이에 따라 이 사건 무허가건물에 관한 대장상 소유자명의는 최초등재자 망 ○○○로부터 1987. 4. 15. 소외인 명의로, 2003. 7. 15. 원고 명의로, 2004. 5. 31. ○○○ 명의로, 2005. 2. 24. ○○○ 명의로 각 변경되었습니다.

(6) 그런데 이 사건 무허가건물에 관하여 망 ○○○의 채권자인 ○○○의 가압류신청에 따라 1980. 3. 15. 망 ○○○ 명의로 소유권보존등기와 함께 채권자 ○○○ 명의로 가압류기입등기가 마쳐졌다 가 1980. 4. 4. 위 가압류의 해제로 가압류기입등기가 말소되었으며, 1982. 4. 30. 채권자 ○○○ 명의로 소유권이전청구권가등기가 마쳐졌습니다.

(7) 한편, 이 사건 무허가건물은 이 사건 사업을 위해 2006. 11. 10. 수용되어 재개발사업시행자인 피고 공사는 2006. 12. 20. 수용보상금 31,978,000원을 보상금수령자의 불확지를 이유로 ○○○ 또는 망 ○○○를 피공탁자로 하여 공탁하였고, 현재 위 건물은 철거되었습니다.

(8) 망 ○○○는 1983. 12. 8. 사망하였는데 상속인으로 처인 소외인, 자녀로 ○○○, ○○○, ○○ ○, ○○○, ○○○, ○○○, ○○○, ○○○, ○○○가 있으나 그 중 3명의 상속인들이 미국으로 입양되어 현재 소재불명입니다.

2. 지위확인의 필요성

망 ○○○의 사실상 유일한 상속인인 소외인이 이 사건 무허가건물의 소유자로서 피고가 수립한 위 이주대책에 의하여 피고가 건축하는 아파트 입주권을 취득하였음을 전제로, 원고의 소외인에 대한 입주권지위양도청구권 내지 손해배상청구권을 피보전채권으로 하여 소외인을 대위하여 피고 에 대하여 은평뉴타운 내 건립중인 아파트 입주권의 확인을 구하는 것입니다.

3. 결론

이와 같은 이유로 본 건 소송에 이르게 되었습니다.

입증방법

1. 갑 제1호증
2. 갑 제2호증
3. 갑 제3호증

첨부서류

1. 위 각 입증방법   각 1부
2. 송달료 납부서
3. 소장부본

20 .   .   .

위 원고   (날인 또는 서명)

서울행정법원   귀중

당해판례

대판 1994. 5. 24, 92다35783 전원합의체

수분양권의 취득을 희망하는 이주자가 한 분양신청에 대하여 사업시행자가 그 대상자가 아니라고 하여 위 확인·결정 등의 처분을 하지 않고 이를 제외하거나 또는 원하는 내용의 분양대상자로 결정하지 아니한 경우, 이주자에게 원하는 내용의 구체적 수분양권이 직접 발생한 것이라고 볼 수 없어서, 그 처분이 위법한 것이라면 이주자는 사업 시행자를 상대로 그 처분의 취소를 구하는 항고소송을 제기할 수 있을 뿐, 곧바로 사업시행자를 대상으로 민사소송 또는 공법상 당사자소송으로 수분양권의 확인 등을 청구하는 소송을 제기하는 것은 허용될 수 없다.

소   장

원고   김 길 동(주민등록번호)
          서울시 ○○구 ○○동 ○번지
피고   ○○○주택재개발정비사업조합
주거이전비청구

청구취지

1. 피고는 원고에게 금 14,500,000원 및 이에 대하여 이 사건 소장 부본 송달 다음날부터 다 갚는 날까지 연 20%의 비율에 의한 금원을 지급하라.
2. 소송비용은 피고의 부담으로 한다.

라는 판결을 구합니다.

청구원인

1. 기초사실

(1) 서울특별시 ○○구청장(이하 '○○구청장'이라 한다)은 2003. 6. 18. 서울 ○○구 ○○동 ○○○ 일대 23,907㎡를 주택재개발구역으로 지정하는 내용의 ○○○주택재개발 구역지정(안)을 공람공고하였습니다.

(2) 서울특별시장은 2005. 12. 29. 서울 ○○구 ○○동 ○○○ 일대 54,261.70㎡(이하 '이 사건 정비구역'이라 한다)를 주택재개발사업정비구역으로 지정하였습니다.

(3) 피고는 2006. 5. 12. ○○구청장으로부터 조합설립인가를 받고 2007. 8. 30. 사업시행인가를 받아 위 주택재개발정비사업을 시행하고 있습니다.

(4) 원고는 2003. 6.경 이 사건 정비구역에 속한 서울 ○○구 ○○동 ○○○ 2층 주택의 2층(이하 '이 사건 주택'이라 한다)을 보증금 1,000만 원, 월세 35만 원에 임차하고 원고의 딸 ○○○과 함께 2003. 7. 26. 위 주소지로 전입신고를 마친 후 그 무렵부터 이 사건 주택에서 거주하다가 이 사건 사업의 시행으로 인하여 2008. 8. 12. 서울 ○○구 ○○동 ○○○ 101호로 이주하였습니다.

한편, 원고는 2008. 6. 5. 피고에게 원고 및 ○○○을 가구원으로 하여 주거이전비의 지급을 신청하였습니다.

(5) 소외 ○○○은 2003. 7. 1.경 이 사건 주택의 주소지로 전입신고를 마쳤으나 주민등록상 원고, 원고의 딸 ○○○과는 별도의 세대를 이루고 있다가 2008. 7. 14.에야 원고의 세대에 합가하였습니다.

2. 피고의 지급의무

(원고는 2005. 3.경부터 이 사건 주택을 임차하여 소외 ○○○, ○○○과 함께 거주하다가 2008. 8. 12. 이 사건 재개발사업의 시행으로 인하여 이주하게 된 주택세입자로서, 적어도 이 사건 사업시행인가고시일인 2007. 8. 30. 당시 3월 이상 이 사건 정비 구역에 거주한 자이므로, 피고는 원고에게 공익사업을 위한 토지 등의 취득 및 보상에 관한 법률(이하 '공익사업법'이라 한다) 제78조 제5항, 동법 시행규칙 제54조 제2항에 따라 3인 가구의 주거이전비로서 14,500,000원 및 이에 대한 지연손해금을 지급할 의무가 있습니다.

3. 결론

이상과 같은 이유로 피고의 지급을 구하는 본 건 행정소송에 이르게 되었습니다.

입증방법

1. 갑 제1호증
2. 갑 제2호증

첨부서류

1. 위 각 입증방법 각 1부
2. 송달료 납부서
3. 소장부본

20 . . .

위 원고 　　　 (날인 또는 서명)

서울행정법원　　귀중

당해판례

2008구합 51295

도시정비법상 주택재개발사업에 있어서 주택의 세입자에 대한 주거이전비 지급기준일에 관하여 도시정비법 제40조 제1항, 제2항, 공익사업법 제78조 제5항, 제9항, 공익사업법 시행규칙 제54조 제2항 등 관계규정에 의하면, 사업시행자는 주택재개발사업의 시행으로 인하여 이주하게 되는 주택의 세입자로서 사업인정고시일 등 당시 또는 공익사업을 위한 관계법령에 의한 고시 등이 있은 당시 당해 정비사업구역 안에서 3월 이상 거주한 자에 대하여 주거이전비를 보상하여야 한다고 규정하고 있다.

공익사업의 시행에 따라 이주하는 주거용 건축물의 세입자에게 지급하는 주거이전비는, 당해 공익사업 시행지구 안에 거주하는 세입자들의 조기이주를 장려하여 사업추진을 원활하게 하려는 정책적인 목적과 주거이전으로 인하여 특별한 어려움을 겪게 될 세입자들을 대상으로 하는 사회보장적인 차원에서 지급하는 금원의 성격을 가지므로, 공익사업법 시행규칙 제54조 제2항에 규정된 '공익사업의 시행으로 인하여 이주하게 되는 주거용 건축물의 세입자로서 사업인정고시일 등 당시 또는 공익사업을 위한 관계 법령에 의한 고시 등이 있은 당시 당해 공익사업 시행지구 안에서 3월 이상 거주한 자'에 해당하는 세입자는 이후의 사업시행자의 주거이전비 산정통보일 또는 수용개시일까지 계속 거주할 것을 요함이 없이 위 사업인정고시일 등에 바로 공익사업법 시행규칙 제54조 제2항의 주거이전비 청구권을 취득한다고 볼 것이다(대법원 2006. 4. 27. 선고 2006두2435 판결 등 참조).

공익사업법 시행규칙 제54조 제2항에서 주거이전비의 지급기준일에 관하여 '사업인정고시일 등 당시 또는 공익사업을 위한 관계법령에 의한 고시 등이 있은 당시'라고 규정하고 있으므로, 특별한 사정이 없는 한 '사업인정고시일 등 당시' 또는 '공익사업을 위한 관계법령에 의한 고시 등이 있는 당시'를 모두 포함하는 것으로 해석함이 법문에 충실한 해석이고, 이와 달리 위 조항에서 명시적으로 규정하고 있는 '사업인정 고시일'을 배제하고 '공익사업을 위한 관계법령에 의한 여러 고시 중 초기 단계에서 이루어지는 정비구역 지정을 위한 공람공고일'만이 위 조항 소정의 기준일에 해당한다고 한정하여 해석하는 것은 그 문언의 의미한계를 벗어난 지나친 축소해석이라고 판단된다.

주택세입자의 주거이전비의 지급기준일을 정비구역의 지정을 위한 공람.공고일 이라고 제한하여 해석하면, 세입자들에 대한 사회보장을 도모하고 조기이주를 장려하여 사업추진을 원활하게 하려는 당초의 입법취지가 퇴색될 여지가 있고, 나아가 사업인정고시일 등 전부터 영업을 한 상가세입자에 대하여는 영업보상을 해준다거나(공익사업법 시행규칙 제45조), 공익사업시행지구에 편입되는 주택소유자에 대하여도 거주 기간의 제한 없이 주거이전비를 지급하는 점(공익사업법 시행규칙

제54조 제1항)과 비교해 보더라도 주택세입자에 대하여만 더욱 엄격한 기준을 적용하는 결과가 되고, 특히 기준일로부터 1년 이상 거주할 것을 요하는 무허가건축물의 세입자(공익사업법 제54조 제2항 단서)에 대하여는 주택재개발사업의 시행 여부가 불투명한 시점까지 기준일이 소급되는 것이 아닌가 하는 의문이 남는다.

또한, 정비구역지정을 위한 공람공고 이후에도 정비구역지정고시 단계에서 정비 구역이 일부 확대되거나 축소될 가능성도 있고, 또 해당 정비구역의 토지 등 소유자의 4분의 3 이상의 동의를 얻어 조합설립인가를 받아야 하는 등 주택재개발사업의 시행여부가 확정되는 사업시행인가를 얻기까지 상당한 시간이 소요될 여지가 있는 만큼, 정비구역지정을 위한 공람공고만으로 정비구역이 확정되었다거나 주택재개발사업이 사실상 확정되었다고 단정하기 어려운 측면도 있다.

주거이전비의 법적 성격에 대하여 판시한 위 2006두2435 판결에서도 공람공고일에 준하는 실시계획의 공고열람일에 대한 언급 없이 단순히 사업인정고시일에 해당하는 실시계획인가고시일 당시를 기준으로 3월 이상 거주하고 있던 세입자에 대하여 주거이전비의 지급을 명한 원심의 조치를 정당하다고 설시하고 있다.

위에서 본 바와 같은 주거이전비의 법적 성격과 입법취지, 해당 조항 문언의 의미, 상가세입자 등과의 균형 등을 종합하여 보면, 주택재개발사업의 경우 사업시행인가 고시일 당시 당해 정비구역 안에서 3월 이상 거주한 주택세입자는 주거이전비 지급청구권을 취득한다고 해석함이 상당하다.

Ⅳ. 청소년유해매체물결정통보및고시관련 소송

1. 청소년보호법의 목적

이 법은 청소년에게 유해한 매체물과 약물 등이 청소년에게 유통되는 것과 청소년이 유해한 업소에 출입하는 것 등을 규제하고, 청소년을 청소년폭력ㆍ학대 등 청소년유해행위를 포함한 각종 유해한 환경으로부터 보호ㆍ구제함으로써 청소년이 건전한 인격체로 성장할 수 있도록 함을 목적으로 한다(청소년보호법 제1호).

2. 용어정의

이 법에서 사용하는 "청소년"이라 함은 만 19세 미만의 자를 말한다. 다만, 만 19세에 도달하는 해의 1월 1일을 맞이한 자를 제외한다. 그 외 매체물 등에 관하여 각주와 같다.[242]

242) 이 법에서 사용하는 용어의 뜻은 다음과 같다.

1. "청소년"이란 만 19세 미만인 사람을 말한다. 다만, 만 19세가 되는 해의 1월 1일을 맞이한 사람은 제외한다.
2. "매체물"이란 다음 각 목의 어느 하나에 해당하는 것을 말한다.
가. 「영화 및 비디오물의 진흥에 관한 법률」에 따른 영화 및 비디오물
나. 「게임산업진흥에 관한 법률」에 따른 게임물
다. 「음악산업진흥에 관한 법률」에 따른 음반, 음악파일, 음악영상물 및 음악영상파일
라. 「공연법」에 따른 공연(국악공연은 제외한다)
마. 「전기통신사업법」에 따른 전기통신을 통한 부호·문언·음향 또는 영상정보
바. 「방송법」에 따른 방송프로그램(보도 방송프로그램은 제외한다)
사. 「신문 등의 진흥에 관한 법률」에 따른 일반일간신문(주로 정치·경제·사회에 관한 보도·논평 및 여론을 전파하는 신문은 제외한다), 특수일간신문(경제·산업·과학·종교 분야는 제외한다), 일반주간신문(정치·경제 분야는 제외한다), 특수주간신문(경제·산업·과학·시사·종교 분야는 제외한다), 인터넷신문(주로 정치·경제·사회에 관한 보도·논평 및 여론을 전파하는 신문은 제외한다) 및 인터넷뉴스서비스
아. 「잡지 등 정기간행물의 진흥에 관한 법률」에 따른 잡지(정치·경제·사회·시사·산업·과학·종교 분야는 제외한다), 정보간행물, 전자간행물 및 그 밖의 간행물
자. 「출판문화산업 진흥법」에 따른 간행물, 전자출판물 및 외국간행물(사목 및 아목에 해당하는 매체물은 제외한다)
차. 「옥외광고물 등의 관리와 옥외광고산업 진흥에 관한 법률」에 따른 옥외광고물과 가목부터 자목까지의 매체물에 수록·게재·전시되거나 그 밖의 방법으로 포함된 상업적 광고선전물
카. 그 밖에 청소년의 정신적·신체적 건강을 해칠 우려가 있어 대통령령으로 정하는 매체물
3. "청소년유해매체물"이란 다음 각 목의 어느 하나에 해당하는 것을 말한다.
가. 제7조제1항 본문 및 제11조에 따라 청소년보호위원회가 청소년에게 유해한 것으로 결정하거나 확인하여 여성가족부장관이 고시한 매체물
나. 제7조제1항 단서 및 제11조에 따라 각 심의기관이 청소년에게 유해한 것으로 심의하거나 확인하여 여성가족부장관이 고시한 매체물
4. "청소년유해약물등"이란 청소년에게 유해한 것으로 인정되는 다음 가목의 약물(이하 "청소년유해약물"이라 한다)과 청소년에게 유해한 것으로 인정되는 다음 나목의 물건(이하 "청소년유해물건"이라 한다)을 말한다.
가. 청소년유해약물
1) 「주세법」에 따른 주류
2) 「담배사업법」에 따른 담배
3) 「마약류 관리에 관한 법률」에 따른 마약류
4) 「화학물질관리법」에 따른 환각물질
5) 그 밖에 중추신경에 작용하여 습관성, 중독성, 내성 등을 유발하여 인체에 유해하게 작용할 수 있는 약물 등 청소년의 사용을 제한하지 아니하면 청소년의 심신을 심각하게 손상시킬 우려가 있는 약물로서 대통령령으로 정하는 기준에 따라 관계 기관의 의견을 들어 제36조에 따른 청소년보호위원회(이하 "청소년보호위원회"라 한다)가 결정하고 여성가족부장관이 고시한 것
나. 청소년유해물건
1) 청소년에게 음란한 행위를 조장하는 성기구 등 청소년의 사용을 제한하지 아니하면 청소년의 심신을 심각하게 손상시킬 우려가 있는 성 관련 물건으로서 대통령령으로 정하는 기준에 따라 청소년보호위원회가 결정하고 여성가족부장관이 고시한 것
2) 청소년에게 음란성·포악성·잔인성·사행성 등을 조장하는 완구류 등 청소년의 사용을 제한하지 아니하면 청소년의 심신을 심각하게 손상시킬 우려가 있는 물건으로서 대통령령으로 정하는 기준에 따라 청소년보호위원회가 결정하고 여성가족부장관이 고시한 것
5. "청소년유해업소"란 청소년의 출입과 고용이 청소년에게 유해한 것으로 인정되는 다음 가목의 업소(이하 "청소년 출입·고용금지업소"라 한다)와 청소년의 출입은 가능하나 고용이 청소년에게 유해한 것으로 인정되는 다음 나목의 업소(이하 "청소년고용금지업소"라 한다)를 말한다. 이 경우 업소의 구분은 그 업소가 영업을 할 때 다른 법령에 따라 요구되는 허가·인가·등록·신고 등의 여부와 관계없이 실제로 이루어지고 있는 영업행위를 기준으로 한다.

3. 청소년유해매체물의 심의 · 결정

1) 유해매체물 결정

청소년보호위원회는 매체물이 청소년에게 유해한지를 심의하여 청소년에게 유해하다고 인정되는 매체물을 청소년유해매체물로 결정하여야 한다. 다만, 다른 법령에 따라 해당 매체물의 윤리성 · 건전성을 심의할 수 있는 기관(이하 "각 심의기관"이라 한다)이 있는 경우에는 예외로 한다(법 제7조). 단서에도 불구하고 다음 각 호의 어느 하나에 해당하는 매체물에 대하여는 청소년에게 유해한지를 심의하여 유해하다고 인정하는 경우에는 그 매체물을 청소년유해매체물로 결정할 수 있다.

가) 각 심의기관이 심의를 요청한 매체물

나) 청소년에게 유해한지에 대하여 각 심의기관의 심의를 받지 아니하고 유통되는 매체물

가. 청소년 출입 · 고용금지업소

1) 「게임산업진흥에 관한 법률」에 따른 일반게임제공업 및 복합유통게임제공업 중 대통령령으로 정하는 것
2) 「사행행위 등 규제 및 처벌 특례법」에 따른 사행행위영업
3) 「식품위생법」에 따른 식품접객업 중 대통령령으로 정하는 것
4) 「영화 및 비디오물의 진흥에 관한 법률」 제2조제16호에 따른 비디오물감상실업 · 제한관람가비디오물소극장업 및 복합영상물제공업
5) 「음악산업진흥에 관한 법률」에 따른 노래연습장업 중 대통령령으로 정하는 것
6) 「체육시설의 설치 · 이용에 관한 법률」에 따른 무도학원업 및 무도장업
7) 전기통신설비를 갖추고 불특정한 사람들 사이의 음성대화 또는 화상대화를 매개하는 것을 주된 목적으로 하는 영업. 다만, 「전기통신사업법」등 다른 법률에 따라 통신을 매개하는 영업은 제외한다.
8) 불특정한 사람 사이의 신체적인 접촉 또는 은밀한 부분의 노출 등 성적 행위가 이루어지거나 이와 유사한 행위가 이루어질 우려가 있는 서비스를 제공하는 영업으로서 청소년보호위원회가 결정하고 여성가족부장관이 고시한 것
9) 청소년유해매체물 및 청소년유해약물등을 제작 · 생산 · 유통하는 영업 등 청소년의 출입과 고용이 청소년에게 유해하다고 인정되는 영업으로서 대통령령으로 정하는 기준에 따라 청소년보호위원회가 결정하고 여성가족부장관이 고시한 것
10) 「한국마사회법」 제6조제2항에 따른 장외발매소(경마가 개최되는 날에 한정한다)
11) 「경륜 · 경정법」 제9조제2항에 따른 장외매장(경륜 · 경정이 개최되는 날에 한정한다)

나. 청소년고용금지업소

1) 「게임산업진흥에 관한 법률」에 따른 청소년게임제공업 및 인터넷컴퓨터게임시설제공업
2) 「공중위생관리법」에 따른 숙박업, 목욕장업, 이용업 중 대통령령으로 정하는 것
3) 「식품위생법」에 따른 식품접객업 중 대통령령으로 정하는 것
4) 「영화 및 비디오물의 진흥에 관한 법률」에 따른 비디오물소극장업
5) 「화학물질관리법」에 따른 유해화학물질 영업. 다만, 유해화학물질 사용과 직접 관련이 없는 영업으로서 대통령령으로 정하는 영업은 제외한다.
6) 회비 등을 받거나 유료로 만화를 빌려 주는 만화대여업
7) 청소년유해매체물 및 청소년유해약물등을 제작 · 생산 · 유통하는 영업 등 청소년의 고용이 청소년에게 유해하다고 인정되는 영업으로서 대통령령으로 정하는 기준에 따라 청소년보호위원회가 결정하고 여성가족부장관이 고시한 것

6. "유통"이란 매체물 또는 약물 등을 판매 · 대여 · 배포 · 방송 · 공연 · 상영 · 전시 · 진열 · 광고하거나 시청 또는 이용하도록 제공하는 행위와 이러한 목적으로 매체물 또는 약물 등을 인쇄 · 복제 또는 수입하는 행위를 말한다.
7. "청소년폭력 · 학대"란 폭력이나 학대를 통하여 청소년에게 신체적 · 정신적 피해를 발생하게 하는 행위를 말한다.
8. "청소년유해환경"이란 청소년유해매체물, 청소년유해약물등, 청소년유해업소 및 청소년폭력 · 학대를 말한다.

2) 심의요청

청소년보호위원회는 매체물이 청소년에게 유해한지를 각 심의기관에서 심의하지 아니하는 경우 청소년 보호를 위하여 필요하다고 인정할 때에는 심의를 하도록 요청할 수 있다.

3) 형사처벌 등 요청

청소년보호위원회나 각 심의기관은 매체물 심의 결과 그 매체물의 내용이「형법」등 다른 법령에 따라 유통이 금지되는 내용이라고 판단하는 경우에는 지체 없이 관계 기관에 형사처벌이나 행정처분을 요청하여야 한다. 다만, 각 심의기관별로 해당 법령에 따로 절차가 있는 경우에는 그 절차에 따른다.

4) 유해매체물 대상

청소년보호위원회나 각 심의기관은 다음 각 호의 어느 하나에 해당하는 매체물에 대하여는 신청을 받거나 직권으로 매체물의 종류, 제목, 내용 등을 특정하여 청소년유해매체물로 결정할 수 있다.
가) 제작·발행의 목적 등에 비추어 청소년이 아닌 자를 상대로 제작·발행된 매체물
나) 매체물 각각을 청소년유해매체물로 결정하여서는 청소년에게 유통되는 것을 차단할 수 없는 매체물

4. 청소년유해매체물의 심의기준

1) 심의기준

청소년보호위원회와 각 심의기관은 제7조에 따른 심의를 할 때 해당 매체물이 다음 각 호의 어느 하나에 해당하는 경우에는 청소년유해매체물로 결정하여야 한다(법 제9조).
가) 청소년에게 성적인 욕구를 자극하는 선정적인 것이거나 음란한 것
나) 청소년에게 포악성이나 범죄의 충동을 일으킬 수 있는 것
다) 성폭력을 포함한 각종 형태의 폭력 행위와 약물의 남용을 자극하거나 미화하는 것
라) 도박과 사행심을 조장하는 등 청소년의 건전한 생활을 현저히 해칠 우려가 있는 것
마) 청소년의 건전한 인격과 시민의식의 형성을 저해(沮害)하는 반사회적·비윤리적인 것
바) 그 밖에 청소년의 정신적·신체적 건강에 명백히 해를 끼칠 우려가 있는 것

2) 고려사항

1)에 따른 기준을 구체적으로 적용할 때에는 사회의 일반적인 통념에 따르며 그 매체물이 가지고 있는 문학적·예술적·교육적·의학적·과학적 측면과 그 매체물의 특성을 함께 고려하여야 한다.

5. 청소년유해매체물의 고시

1) 청소년보호위원에 통보

각 심의기관은 청소년유해매체물의 결정, 확인 또는 결정 취소를 한 경우 청소년유해매체물의 목록과 그 사유를 청소년보호위원회에 통보하여야 한다(법 제21조).

2) 유해매체물의 목록 및 그 사유 등의 고시

여성가족부장관은 청소년보호위원회와 각 심의기관이 결정, 확인 또는 결정 취소한 청소년유해매체물의 목록과 그 사유 및 효력 발생 시기를 구체적으로 밝힌 목록표를 고시하여야 한다.

3) 관련단체 등의 통보

여성가족부장관은 청소년유해매체물 목록표를 각 심의기관, 청소년 또는 매체물과 관련이 있는 중앙행정기관, 지방자치단체, 청소년 보호와 관련된 지도 · 단속 기관, 그 밖에 청소년 보호를 위한 관련 단체 등(이하 "관계기관등"이라 한다)에 통보하여야 하고, 필요한 경우 매체물의 유통을 업으로 하는 개인 · 법인 · 단체에 통보할 수 있으며, 친권자등의 요청이 있는 경우 친권자등에게 통지할 수 있다.

6. 청소년보호위원회의 설치

다음 각 호의 사무를 담당하기 위하여 여성가족부장관 소속하에 청소년보호위원회를 둔다(법 제36조).
1) 유해환경으로부터 청소년을 보호하기 위한 청소년유해매체물, 청소년유해약물, 청소년유해물건, 청소년유해업소 등의 심의 · 결정 등에 관한 사항
2) 제49조제1항에 따른 정기간행물 등을 발행하거나 수입한 자에 대한 과징금 부과의 심의 · 결정에 관한 사항
3) 청소년보호를 위하여 여성가족부장관이 필요하다고 심의를 요청한 사항
4) 그 밖에 다른 법률에서 청소년보호위원회가 심의 · 결정하도록 정한 사항 등

7. 청소년유해매체물의 심의기준

법 제9조제3항의 규정에 의한 청소년유해매체물의 심의기준은 별표 2과 같다(법 시행령 제9조).

[별표] 청소년유해매체물의 심의 기준(제9조 관련)

1. 일반 심의 기준

가. 매체물에 관한 심의는 해당 매체물의 전체 또는 부분에 관하여 평가하되, 부분에 대하여 평가하는 경우에는 전반적 맥락을 함께 고려할 것

나. 매체물 중 연속물에 대한 심의는 개별 회분을 대상으로 할 것. 다만, 법 제7조제5항에 해당하는 매체물에 대한 심의는 그러하지 아니하다.

다. 심의위원 중 최소한 2명 이상이 해당 매체물의 전체 내용을 파악한 후 심의할 것

라. 법 제7조제5항에 따라 실제로 제작·발행 또는 수입이 되지 아니한 매체물에 대하여 심의할 때에는 구체적·개별적 매체물을 대상으로 하지 않고 사회통념상 매체물의 종류, 제목, 내용 등을 특정할 수 있는 포괄적인 명칭 등을 사용하여 심의할 것

2. 개별 심의 기준

가. 음란한 자태를 지나치게 묘사한 것

나. 성행위와 관련하여 그 방법·감정·음성 등을 지나치게 묘사한 것

다. 수간을 묘사하거나 혼음(混淫), 근친상간, 가학·피학성 음란증 등 변태 성행위, 성매매 그 밖에 사회 통념상 허용되지 아니한 성관계를 조장하는 것

라. 청소년을 대상으로 하는 성행위를 조장하거나 여성을 성적 대상으로만 기술하는 등 성 윤리를 왜곡시키는 것

마. 존속에 대한 상해·폭행·살인 등 전통적인 가족 윤리를 훼손할 우려가 있는 것

바. 잔인한 살인·폭행·고문 등의 장면을 자극적으로 묘사하거나 조장하는 것

사. 성폭력·자살·자학행위, 그 밖에 육체적·정신적 학대를 미화하거나 조장하는 것

아. 범죄를 미화하거나 범죄방법을 상세히 묘사하여 범죄를 조장하는 것

자. 역사적 사실을 왜곡하거나 국가와 사회 존립의 기본체제를 훼손할 우려가 있는 것

차. 저속한 언어나 대사를 지나치게 남용하는 것

카. 도박과 사행심 조장 등 건전한 생활 태도를 현저하게 해칠 우려가 있는 것

타. 청소년유해약물등의 효능 및 제조방법 등을 구체적으로 기술하여 그 복용·제조 및 사용을 조장하거나 이를 매개하는 것

파. 청소년유해업소에의 청소년 고용과 청소년 출입을 조장하거나 이를 매개하는 것

하. 청소년에게 불건전한 교제를 조장할 우려가 있거나 이를 매개하는 것

8. 청소년유해표시의 종류 · 방법

청소년유해표시 의무자는 청소년유해매체물의 고시가 있으면 지체 없이 별표 4에서 정하는 바에 따라 누구나 쉽게 알아볼 수 있는 방법으로 청소년유해표시를 하여야 한다. 다만, 다른 법령에서 유해표시방법을 정하고 있는 경우에는 그 법령에서 정하는 바에 따른다(법 시행령 제13조). 또한 청소년유해표시가 되지 아니한 청소년유해매체물을 유통의 목적으로 소지하고 있는 자는 제13조의 규정에 의한 청소년유해표시의무자에게 지체없이 청소년유해표시를 하여 줄 것을 요구하거나 직접 청소년유해표시를 하여 유통시킬 수 있다.

9. 청소년유해매체물의 포장

1) 포장하여야할 유해매체물

법 제14조제1항 전단에 따라 포장하여야 할 청소년유해매체물은 다음 각 호의 어느 하나에 해당하는 것으로 한다. 다만, 해당 매체물을 대여하여 반환받는 것에 대해서는 그러하지 아니하다.

가) 법 제2조제2호사목에 해당하는 것(인터넷신문 및 인터넷뉴스서비스는 제외한다)

나) 법 제2조제2호아목에 해당하는 것(전자간행물은 제외한다)

다) 법 제2조제2호자목에 해당하는 것(전자출판물은 제외한다)

2) 포장의무자

청소년유해매체물을 포장하여야 할 의무자는 이를 발행하거나 제작 · 수입한 자로 하며, 포장의무자는 청소년유해매체물의 고시가 있는 경우에는 지체 없이 청소년유해매체물을 포장하여야 한다.

3) 포장의 방법

청소년유해매체물의 포장은 포장에 이용된 용지 등을 뜯거나 훼손하지 아니하고는 그 내용물을 열람할 수 없는 방법으로 하여야 한다. 이 경우 청소년보호위원회 및 각 심의기관이 매체물의 겉표지가 법 제9조에 따른 심의 기준에 따라 청소년에게 유해한 것으로 따로 결정하여 여성가족부장관이 고시하는 매체물에 대해서는 제호를 제외한 겉표지의 내용이 보이지 아니하도록 불투명한 용지를 사용하여 포장하여야 한다.

4) 포장요구

포장이 되어 있지 아니한 청소년유해매체물을 유통의 목적으로 소지하고 있는 자는 제2항에 따른 포장의무자에게 지체 없이 포장을 하여 줄 것을 요구하거나 직접 포장을 하여 유통시킬 수 있다.

소　장

원고　　　김 길 동(주민등록번호)
　　　　　서울시 서초구 ○○동 ○○번지
　　　　　(전화 000-000, 팩스 000-000)
피고　　　여성가족부장관
청소년유해매체물결정통보및고시처분취소

청구취지

1. 피고가 2011. 1. 25. 원고에 대하여 한 청소년유해매체물결정 통보를 취소한다.

2. 피고가 2011. 1. 31. 원고에 대하여 한 청소년유해매체물결정 고시를 취소한다.

3. 소송비용은 피고의 부담으로 한다.

라는 판결을 구합니다.

청구원인

1. 처분의 경위

(1) 원고는 음반 제작 및 연예매니지먼트업 등을 영위하는 회사로서, 소속 연예인인 ①, ②, ③, ④를 ★★★라는 그룹으로 구성하여 2011. 11. 20. '너무 그리워'라는 음반(이하 '이 사건 음반'이라 한다)을 기획·제작하여 출시하였습니다.

(2) 피고 소속 청소년보호위원회는 2011. 1. 18. 회의에서 이 사건 음반에 수록된 5곡 중 '내일은…(Another Day)'이라는 음악파일(이하 '이 사건 음악파일'이라 한다)의 가사에 청소년유해약물과 관련된 표현이 들어가 있다는 이유로 이 사건 음반 및 음악 파일을 청소년유해매체물로 결정(이하 '이 사건 결정'이라 한다)하였습니다.

(3) 피고는 2011. 1. 25. 원고에게 이 사건 결정을 통보하였고, 2011. 1. 31. 여성가족부고시 제2011-3호로 이 사건 결정과 같은 내용을 고시(이하 '이 사건 고시'라 한다)하였습니다.

2. 처분의 위법성

(1) 이 사건 음악파일은 '헤어진 연인에 대한 그리움'을 표현한 노래로 청소년보호법 제10조 및 같은

법 시행령 제7조 [별표1] 소정의 청소년유해매체물 심의기준 중 어느 것에도 해당되지 아니하므로, 이 사건 처분은 위법합니다.

(2) 따라서 결정 통보 및 이 사건 고시가 모두 위법하므로 피고가 원고를 상대로 한 이 사건 고시의 취소뿐만 아니라 이 사건 결정 통보도 취소되어야 합니다.

3. 결론
이상과 같이 피고의 이 사건 처분은 위법하므로 이의 취소를 구하는 행정소송을 제기하기에 이르렀습니다.

입증방법

1. 갑 제1호증
2. 갑 제2호증

첨부서류

1. 위 각 입증방법　　　　　　　　　　　각 1부
2. 송달료 납부서
3. 소장부본

20 .　.　.
위 원고　　　(날인 또는 서명)

서울행정법원　　귀중

별지 1 - 가사

행복해요 이젠 나의 사람 아니죠 걱정 말아요 나는 자신 있어요
시간이 흘러가면 잊혀질 테죠 그대가 더 행복해야죠
영화에서처럼 그댈 떠나 보냈어요 내 삶의 전부를
술에 취해 널 그리지 않게 매일 아침 눈 뜨면 버릇처럼

오늘 하루만 버티자 오늘 하루만 견디자 나를 달래며 살죠 널 보내고

길을 걷다가 기적처럼 그댈 봤어요 당연한 듯이 그대와 또 한 사람

그대는 나를 떠나 행복한가요 그래서 그렇게 웃나요

내 곁을 떠나서 조금만 더 행복하길 그 사람 옆에서

술에 취해 널 그리지 않게 매일 아침 눈 뜨면 버릇처럼

오늘 하루만 버티자 오늘 하루만 견디자 나의 눈물 털어낼 수 있게

솔직하게 내 맘을 고백하면 그대가 불행했으면 좋겠어요

그대도 힘들어서 그대도 괴로워서 내게 돌아오게

술에 취해 널 그리지 않게 매일 아침 눈 뜨면 버릇처럼

오늘 하루만 버티자 오늘 하루만 견디자 나의 눈물 털어낼 수 있게

또 하루를 힘겹게 버텼죠 술에 취해 잠들면 꿈을 꾸죠[내 사랑이 돌아오는 꿈]

오늘 하루만 버티자 오늘 하루만 견디자 너를 그리며 살죠 돌아와요

별지 2 - 작사가의 의견

1. 가사의 전체적인 흐름은 화자가 헤어진 연인에 대한 그리움을 표현하고 있으며, 이러한 곡의 흐름상 힘든 화자의 심경을 표현하기 위해 가장 일반적이고 대중적인 도구인 '술'을 빌려왔다.

2. '술'이란 매개체는 국내외 수백 수천 여 건의 곡을 통해 다양한 소재로 활용되어 왔고, 술을 찬양하거나 술을 먹자라는 의도나 목적이 없으며, 곡 전체 속에서 술에 취하면 감성적으로 인간의 내면이 변화되어 자꾸 그리워진다는 의미일 뿐이다.

3. 이 노래는 감성적인 발라드 곡으로써, 술은 자신의 현재 심경에 있어 전혀 도움이 되지 않는다는 (좋은 것이 아니라는) 가사 내용으로 이루어져 있기에, 단지 가사에 '술'이 들어갔다는 이유만으로 청소년에게 악영향을 끼칠 소지가 있다고 볼 수 없다.

당해판례

2011구합 7793

1. 청소년유해매체물결정 통보 자체의 처분성

항고소송의 대상이 되는 행정처분은 행정청의 공법상의 행위로서 특정 사항에 대하여 법규에 의한 권리의 설정 또는 의무의 부담을 명하거나 기타 법률상의 효과를 직접 발생케 하는 등 국민의 구체적인 권리·의무에 직접 관계가 있는 행위를 말하므로, 국민의 권리 의무와 관계가 없는 결정이나 단순한 관념의 통지 등은 그로써 권리를 부여 또는 제한하거나 의무를 부담시키는 것이 아니어서 항고소송의 대상이 되지 못한다.

이러한 법리에 비추어 이 사건에 관하여 보건대, 청소년보호법 제8조 제1항, 제22조 제1항, 제27조, 같은 법 시행령 제5조에 의하면, 피고 산하에 매체물의 유해 여부를 심의하여 청소년유해매체물로 결정하기 위한 독립적인 심의기관으로 '청소년보호위원회'를 두고, 청소년보호위원회는 청소년유해표시의무자 및 포장의무자에게 청소년유해매체물결정 사실을 통보하고 피고는 청소년보호위원회의 위 결정을 대외적으로 고시하도록 하고 있다.

그런데 청소년유해매체물결정은 피고가 이를 고시하여야만 대외적 효력이 발생하여 국민의 구체적인 권리·의무에 직접 영향을 미친다고 할 것이므로, 피고가 청소년유해매체물결정을 원고에게 통보하였다고 하더라도 이로써 원고의 구체적인 권리·의무에 직접 영향을 미친다고 볼 수는 없다. 따라서 피고의 원고에 대한 이 사건 결정 통보는 그 자체로 국민의 구체적인 권리·의무에 직접 관계가 있는 행위로 볼 수 없고 단순히 청소년보호위원회의 결정을 원고에게 알려주는 일종의 '관념의 통지'에 불과하므로 행정소송의 대상이 되는 처분으로 볼 수는 없다(피고가 행한 청소년유해매체물결정 고시의 처분성이 인정되는 이상, 그와 별개로 청소년유해매체물결정 통보 자체의 처분성을 인정할 만한 별다른 실익이 없고, 만일 청소년유해매체물결정 통보의 처분성을 인정하는 경우 그 자체의 제소기간 도과로 인해 나중에 이루어진 청소년유해매체물결정 고시의 효력을 제대로 다툴 수 없는 경우도 발생할 수 있으므로, 청소년유해매체물결정 통보의 처분성을 인정하는 견해가 반드시 국민의 권리 구제에 유리하다고 보기도 어렵다). 따라서 이 사건 결정 통보의 취소를 구하는 부분의 소는 부적법하다.

2. 청소년유해매체물고시에 대한 판단

(1) 청소년보호법은 청소년에게 유해한 매체물과 약물 등이 청소년에게 유통되는 것과 청소년이 유해한 업소에 출입하는 것 등을 규제하고, 청소년을 청소년폭력·학대 등 청소년유해행위를 포함한 각종 유해한 환경으로부터 보호·구제함으로써 청소년이 건전한 인격체로 성장할 수 있도록 함을 목적으로 하고 있고(청소년보호법 제1조), 이와 같은 청소년보호 목적에 따라 청소년보호법 제2조

제4의 가.호는 청소년유해약물로 주류, 담배, 마약류, 환각물질 등을 규정하고 있고, 나아가 청소년보호법 제10조 제1항 및 같은 법 시행령 제7조 [별표1] 2. 개별 심의기준의 타.호는 유해매체물 심의기준 가운데 하나로 '청소년유해약물 등의 효능 및 제조방법 등을 구체적으로 기술하여 그 복용·제조 및 사용을 조장하거나 이를 매개하는 것'을 제시하고 있다.

(2) 그런데 이 사건의 경우 앞서 인정한 사실관계와 변론 전체의 취지를 종합하여 인정되는 아래와 같은 사정들을 감안해 보면, 이 사건 음반 및 음악파일이 청소년보호법 제10조 제1항 및 같은 법 시행령 제7조 [별표1] 2. 개별 심의기준 타.호에 해당한다는 이유로 청소년유해매체물로 고시한 이 사건 고시는 위법하므로 취소되어야 한다.

① 술(주류)이 청소년유해물질로 정해져 있기는 하지만, 청소년에게 접근이 허용된 시나 소설 등의 문학 작품이나 드라마, 영화 등의 대중 문화예술에서 흔히 슬픈 감정을 달래기 위하여 술을 마시는 내용이나 장면을 쉽게 접할 수 있으며, 또한 청소년은 가정이나 음식점 등에서 성인이 술을 마시는 모습을 자주 목격할 수 있다. 따라서 마약류나 환각물질 등의 다른 청소년유해약물과는 달리 '술' 또는 '술에 취해'라는 문구가 청소년에게 유통되는 음악파일에 포함되어 있다고 하더라도, 그것만으로 보통의 청소년들로 하여금 자신도 술을 마시고 싶다는 강한 호기심을 유발하여 결국 음주를 조장한다고 섣불리 단정할 수는 없다.

② 오히려, 오래전부터 시나 소설 등의 문학 작품은 물론 가요, 드라마, 영화 등의 대중 문화예술에 있어 작가는 '술을 마시는 내용'을 작품에 포함시키는 방법으로 여러 상황에 처한 인간의 복잡한 내면의 감정을 외부에 드러낼 수 있었고, 이로써 작가는 독자나 청취자 시청자에게 작품의 주제를 효과적으로 전달하여 작품의 예술적인 완성도를 높일 수 있었다. 이 사건 음악파일과 같은 대중음악에서도 그 의미를 청취자들에게 보다 효과적으로 전달하기 위하여 '술'과 관련된 표현을 사용할 수 있다고 할 것이고, 이는 대중음악에 있어 창작의 자유를 보장한다는 점에서도 허용되어야 할 것이다(아울러 요즘 우리나라 대중음악이 외국에 많이 알려지고 있고 또한 외국의 대중음악 역시 우리 청소년들이 많이 듣고 있으므로, 외국의 사례 역시 청소년유해매체물을 심의하는 기준으로 참고가 될 수 있다고 할 것인데, 피고는 '술'과 관련된 표현이 있다는 것만으로 대중음악을 청소년에게 유해하다고 결정한 외국의 사례를 제출하지 못하였다).

③ 물론 대중음악의 가사 내용이 술을 심하게 마셔서 자아 파괴에까지 이르게 하거나 또는 술을 마신 후 폭력적이거나 성적인 행위와 관련된 부적절한 행동까지 나아가는 내용을 표현하면서

전체적으로 보아 그와 같은 행동을 정당화하거나 미화하는 것으로 해석될 수 있는 경우라면 이러한 내용은 청소년이 건전한 인격체로 성장함에 지장을 초래할 수 있으므로, 청소년보호법 제10조 제1항 및 같은 법 시행령 제7조 [별표1] 2. 개별 심의기준의 타.호에서 정한 '청소년유해약물의 복용을 조장하는 것'에 해당된다고 볼 여지는 있다.

④ 그런데 이 사건 음악파일의 주된 내용은 헤어진 연인을 그리워하는 내용으로서 술과 관련된 표현은 '술에 취해 널 그리지 않게'가 3번, '술에 취해 잠들면 꿈을 꾸죠'가 1번만 포함되어 있을 뿐이고, 가사의 전체적인 내용에 비추어 볼 때, 위와 같은 내용은 연인과 헤어진 후의 괴로운 감정과 연인을 계속 그리워하는 감정을 효과적으로 전달하기 위한 표현으로 보이고, 또한 '술에 취해'라는 표현 역시 일반적으로 사용되는 관용적인 표현일 뿐 술의 효능이나 제조방법 등을 구체적으로 표현한 것이라거나 또는 술 마시는 것을 권장하는 표현으로 해석하기는 어렵다. 따라서 이 사건 음반 및 ⑤ 음악파일이 청소년보호법 시행령 제7조 [별표1] 2. 개별심의기준의 타.호에서 정한 '술의 효능 및 제조방법 등을 구체적으로 기술하여 그 복용, 제조 및 사용을 조장하거나 이를 매개하는 것'에 해당한다고 볼 수는 없다.

그렇다면, 이 사건 소 중 청소년유해매체물결정 통보의 취소를 구하는 부분은 부적법하여 이를 각하하고, 원고의 이 사건 고시의 취소를 구하는 부분은 이유 있어 이를 인용하기로 하여 주문과 같이 판결한다.

소　장

원고　　　○○ 주식회사
　　　　　서울시 서초구 서초동 ○○번지
　　　　　(전화 000-000, 팩스 000-000)
피고　　　영상물등급위원회
청소년관람불가등급분류결정처분취소

청구취지

1. 피고가 2009. 12. 14. 원고에 대하여 한 '청소년 관람불가' 등급분류결정처분을 취소한다.
2. 소송비용은 피고의 부담으로 한다.
라는 판결을 구합니다.

청구원인

1. 처분의 경위

(1) 원고는 영화 기획 및 제작업 등을 영위하는 회사로서 20대 초반 남성들의 동성애를 다룬 "친구사이?"란 제목의 영화(감독 000, 이하 '이 사건 영화'라고 한다)를 제작하여 2009. 12. 12. 피고에게 '15세 이상 관람가'의 상영등급분류 신청을 하였습니다.

(2) 이에 피고는 2009. 12. 14. 이 사건 영화에 대하여 '영상의 표현에 있어서 신체노출과 성적 접촉 등의 묘사가 구체적이고 직접적이어서 청소년에게 유해하다'라고 판단하고 영화 및 비디오물의 진흥에 관한 법률(이하 '영진법'이라고 한다) 제29조 제2항 제4호 및 영진법 시행령 제10조의2 제1항, [별표 2의2] 제4호 등에 따라 '청소년 관람 불가'의 등급분류결정을 하였습니다(이하 '이 사건 처분'이라고 한다).

2. 처분의 위법성

이 사건 처분의 근거가 되는 영진법 제29조 제2항 제4호 및 영진법 시행령 제10조의2 제1항, [별표 2의2] 제4호의 '청소년 관람불가' 등급규정은 명확성의 원칙, 과잉금지의 원칙 및 피해 최소성의 원칙을 위반하여 표현의 자유 및 청소년의 알 권리를 침해할 위헌의 소지가 있습니다. 그러므로 위 규정들은 헌법에 부합하게 제한적으로 해석·적용되어야 하는 점, 이 사건 영화에서 선정적

장면이 성적인 욕구를 자극할 정도로 지속적이고 구체적으로 나오지 않음에도 불구하고 이 사건 처분에 이른 것은 동성애에 대한 차별적 관점과 편견에서 비롯된 것으로 보이는 점 등에 비추어 보면, 이 사건 처분은 재량권의 범위를 일탈하였거나 이를 남용하여 위법합니다.

3. 결론

이상과 같이 피고의 이 사건 처분은 절차적·실체적으로 위법하므로 이의 취소를 구하는 행정소송을 제기하기에 이르렀습니다.

입증방법

1. 갑 제1호증
2. 갑 제2호증

첨부서류

1. 위 각 입증방법 각 1부
2. 송달료 납부서
3. 소장부본

20 .　.　.

위 원고　　　　(날인 또는 서명)

서울행정법원　　귀중

당해판례

2010구합 5974

(1) 영화의 자유를 포함하는 표현의 자유는 민주체제에 있어 불가결한 본질적 요소이고, 인간이 자신의 생각을 타인과 소통함으로써 스스로 공동사회의 일원으로 포섭되는 동시에 자신의 인격을 발현하는 가장 유효하고도 직접적인 수단이 된다는 점에서 다른 기본권에 비해 우월적 지위를 차지한다고 볼 수 있다. 또한 영화의 제작.상영은 헌법 제22조의 예술의 자유로도 보호된다

할 것인데, 영화는 문학·연기·영상·음악·미술 등이 함께 어우러져 인간의 정신활동을 표현하는 종합예술로서 그 가치와 내용은 '상영과 관람'이라는 방법에 의하여 공표되고 전달되는 것이므로 상영 및 관람의 자유는 영화의 자유의 본질적 요소에 해당한다고 보아야 한다. 한편, 영화의 내용은 관람자의 시청각을 통하여 직접적으로 강렬하게 전달되기 때문에 그 영향력이 매우 크고 일단 상영된 뒤에는 그 효과를 바로잡기 어려우므로, 법률에 위반되거나 청소년의 관람을 제한할 필요가 있는 영화에 대해서는 사전에 상영등급을 분류함으로써 상영과 관람의 방법을 조정하도록 할 필요가 어느 정도는 인정된다. 그렇다고 하더라도 영화의 상영등급분류를 통해 상영 및 관람의 자유가 상대적으로 제한되게 되고, 영화제작자 등이 상영등급분류를 의식하여 영화내용을 스스로 수정·삭제하는 과정에서 표현의 자유가 위축될 여지가 있는 점을 감안하면, 상영등급분류에 관한 규정을 해석함에 있어서는 영화의 자유의 본질적인 부분이 침해되지 않도록 이를 엄격하고 제한적으로 해석함이 상당하다 할 것이다.

(2) 이러한 법리에 비추어 돌이켜 이 사건을 보건대, 앞서 본 사실 및 위 각 증거들에 의하여 알 수 있는 다음과 같은 사정을 종합하여 보면, 이 사건 영화는 영진법 시행령 제10조의2 제1항, [별표 2의2] 제4호 소정의 '청소년 관람불가'로 상영등급분류하여야 할 요건에 해당한다고 보기 어렵다고 할 것이므로, 이 사건 처분은 그 재량권을 일탈·남용한 것으로서 관련 법령의 위헌 여부 등 원고의 나머지 주장에 관하여 더 나아가 살펴볼 필요 없이 위법하다고 할 것이다.

[서식] 청소년유해매체물지정고시취소 청구의 소

소　　장

원고　　　　　주식회사 ○○
　　　　　　　서울시 강남구 ○○동 ○○번지
　　　　　　　(전화 000-000, 팩스 000-000)
피고　　　　　보건복지가족부장관
청소년유해매체물지정고시취소

청구취지

1. 피고 보건복지가족부장관이 2009. 3. 5. 보건복지가족부 고시 제○○○호로 한 청소년 유해매체

물결정 고시를 취소한다.

2. 소송비용은 피고가 부담한다.

라는 판결을 구합니다.

청구원인

1. 처분의 경위 등

(1) 처분의 경위

1) 원고는 "www.○○○.com"이라는 온라인게임의 게임머니, 게임아이템 등의 거래를 중개하는 인터넷 웹사이트를 개설, 운영하고 있다(이하 "원고의 사이트"라 한다).

2) 청소년보호위원회는 매체물의 청소년에 대한 유해 여부를 심의하여 별지 청소년유해매체물목록 표 기재와 같이 유형, 제목, 내용[그 중 점수, 경품, 게임머니, 게임아이템 등 게임물의 이용을 통하여 획득한 유무형의 결과물, 게임 상의 캐릭터, 게임계정(게임ID) 등을 통틀어 "게임아이템" 이라고만 한다]으로 특정된 게임아이템거래중개사이트(이하 "게임아이템중개사이트"라고만 한다)가 청소년보호법 제10조, 청소년보호법 시행령 제7조 [별표 1] 제2호 제카목에서 정한 청소 년유해매체물의 심의기준과 같이 청소년에게 사행심조장 등 건전한 생활태도를 저해할 현저한 우려가 있다는 이유로 2009. 2. 19. 청소년보호법 제8조 제5항에 따라 게임아이템중개사이트를 청소년유해매 체물로 결정하였습니다(이하 "이 사건 결정"이라 한다).

3) 피고는 2009. 3. 5. 청소년보호법 제22조에 따라 보건복지가족부 고시 제2009-24호로 별지 청소년유해매체물목록표 기재와 같이 청소년보호위원회가 결정한 게임아이템중개사이트를 청 소년유해매체물로 고시하였습니다(이하 "이 사건 고시"라 한다).

4) 피고는 2009. 3. 27.과 같은 달 30. 원고에게 이 사건 결정을 통보하였습니다.

(2) 처분 전후의 사정

1) 정보통신윤리위원회는 2003. 4. 16. 원고의 사이트에 대하여 청소년유해매체물로 결정하였습니 다.

2) 국가청소년위원회는 2006. 11. 9.경 원고의 사이트에 대한 청소년유해매체물표시의무를 이행하 지 않았다는 이유로 원고를 청소년유해매체물목록표에 등재하였다. 한편, 그 무렵 원고는 청소년 보호법위반 혐의로 수사기관에 고발당하였습니다.

3) 원고의 사이트와 유사한 게임아이템중개사이트를 개설·운영하는 주식회사 ○○○는 그 회사의 사이트가 청소년유해매체물로 결정되자 이에 불복하여 서울행정법원 2006구합○○호로 청소 년유해매체물결정의 취소를 구하는 소를 제기하였으나, 위 법원으로부터 2008. 3. 11. 패소

판결을 선고받았고, 위 판결은 항소기각판결(서울고등법원 2008. 8. 29. 선고 2008누○○ 판결)과 상고기각판결(대법원 2008. 12. 24. 선고 2008 두○○ 판결)로 그대로 확정되었습니다.

4) 위와 같이 게임아이템거중개사이트를 청소년유해매체물로 보는 판결이 확정된 이후에 청소년보호위원회는 게임아이템중개사이트의 청소년유해매체물에 대한 논란이 일단락된 것으로 보고, 개별적인 URL로 특정된 게임아이템중개사이트를 청소년유해매체물로 결정하는 종전의 방법으로는 해당 게임아이템중개사이트의 사업자가 그 URL의 변경을 통하여 청소년유해매체물결정고시를 회피하는 것을 막을 수 없고, 게임아이템 중개사이트 전체를 청소년유해매체물로 지정하는 것이 곤란하다는 고려에서 일반적인 유형, 제목, 내용으로 특정된 게임아이템중개사이트를 청소년유해매체물로 결정하는 방법으로 이 사건 결정을 내리게 된 것입니다.

5) 원고의 사이트는 이 사건 고시 이전에는 홈페이지 상단 우측에는 '팝니다', '삽니다', '경매' 메뉴를, 상단 좌측에는 '자주찾기', '내자산보기', 'SMS 보내기' 메뉴를, 상단 중앙에는 '마이베이', '물품등록', '고객감동', '이벤트/쿠폰' 메뉴를, 홈페이지 중앙에는 '거래동향', '시세뉴스', '서비스바로가기(거래신고/취소, 마일리지 충전/결제, 마일리지 출금)', '아이템거래가이드(이용안내, 초보자거래가이드, 내 질문 보기, 안전거래 TIP 대공개)' 등의 메뉴를 두는 것으로 구성되어 있었는데, 이 사건 고시 이후에는 홈페이지 상단에는 '아이템 거래(팝니다, 삽니다, 경매)', '마이베이', '게임뉴스', '상품권할인몰', '무료충전소', '플래시게임', '연재만화', '이벤트' 메뉴를, 홈페이지 중앙에는 '서비스바로가기(거래신고/취소, 마일리지 충전/결제, 마일리지 출금)', '아이템거래가이드(이용안내, 초보자거래가이드, 내 질문 보기, 안전거래 TIP 대공개)' 등의 메뉴를 두는 것으로 구성을 다소 변경하였습니다.

2. 처분의 위법성

(1) 절차적 위반

피고는 행정절차법 제21조에서 정한 사전통지, 제22조에서 정한 의견청취, 제23조에서 정한 이유제시(이하 '행정절차법상 의견청취절차 등'이라 한다) 또는 제41조에서 정한 행정상 입법예고(이하 '행정절차법상 입법예고절차'라 한다) 등의 절차를 취하지 않았습니다.

(2) 처분 사유의 부존재

게임아이템중개사이트를 통한 게임아이템의 중개는 우연적 방법으로 결정되는 결과에 따라 재산상 손익을 주는 것을 목적으로 하는 것이 아니므로 사행성이 있다고 할 수 없고, 게임아이템의 거래로 인하여 청소년의 게임 몰입이 심화되고 사행성을 조장한다고 볼 객관적, 실증적 근거도 없으며, 중개사이트는 현실적으로 게임아이템을 거래하려는 수요에 따라 운영되고 있는 것일 뿐이므로,

이 사건 고시에는 처분 사유가 존재하지 않습니다.

(3) 재량권의 일탈·남용

원고의 사이트를 포함한 다수의 게임아이템거래사이트에서는 게임아이템 거래 이외에도 아이템의 유형, 게임의 이용방법 등 단순한 게임정보의 제공을 비롯한 사행성이 없는 메뉴도 제공하고 있는 만큼, 게임아이템거래와 관련된 메뉴만을 청소년유해 매체물을 지정하여 고시를 하는 방법으로 게임아이템중개사이트 사업자의 영업의 자유에 대한 침해를 최소화할 수 있었음에도 게임아이템중개사이트 자체를 청소년유해매체물로 지정하여 고시한 이 사건 고시는 침해의 최소성을 갖추지 못한 것으로 비례의 원칙에 반하여 재량권을 일탈·남용하였다.

3. 결론

위와 같이 피고의 처분은 위법한 행정처분에 해당하므로 이의 취소를 구하는 본 건 행정소송에 이르게 되었습니다.

입증방법

1. 갑 제1호증
2. 갑 제2호증

첨부서류

1. 위 각 입증방법   각 1부
2. 송달료 납부서
3. 소장부본

20   .   .   .

위 원고   (날인 또는 서명)

서울행정법원   귀중

당해판례

2009구합 20564

(1) 절차적 위반 주장에 대하여

(가) 행정절차법상 의견청취절차 등을 거쳐야 한다는 주장에 관하여 행정절차법 제2조 제4호는 행정절차법의 적용대상이 되는 '당사자'라 함은 행정청의 처분에 대하여 직접 그 상대가 되는 당사자라고 규정하고 있는데, 이 사건 고시는 청소년보호법 제22조, 같은 법 시행령 제5조, 같은 법 시행규칙 제2조에 의하여 피고가 청소년보호위원회의 결정에 따라 유형, 제목, 내용으로 특정되는 게임아이템중개사이트를 청소년유해매체물로 정하고, 그 효력발생일을 2009. 3. 19.로 한다는 내용으로서, 개별 URL로 특정되는 한, 두 개 사이트의 운영자만을 상대로 한 것이 아니라 이 사건 고시에서 정한 일반적인 기준에 해당하는 불특정 다수의 사이트 운영자 전부를 상대로 한 것인 점, 이와 같이 불특정 다수인을 상대로 하는 이 사건 고시를 함에 있어서 처분의 상대방을 대상으로 개별적으로 사전에 이 사건 고시의 내용을 통지하고 그 의견을 청취하는 등의 절차를 거친다는 것은 사실상 불가능한 점 등을 종합하여 보면, 이 사건 고시는 행정절차법상 의견청취절차 등을 거쳐야 하는 처분에 해당하지 아니한다.

(나) 행정절차법상 입법예고절차를 거쳐야 한다는 주장에 관하여

한편, 행정절차법 제41조의 규정에 의하여 행정상 입법예고를 하여야 하는 '법령 등'의 범위에 대하여 행정절차법시행령 제23조는 행정상 입법예고에 관하여는 법제업무운영규정이 정하는 바에 따른다고 규정하고 있고, 법제업무운영규정 제2조는 이 영에서 법령이라 함은 법률·대통령령·총리령 및 부령을 말한다고 규정하고 있는 만큼, 이 사건 고시와 같은 고시·훈령·예규 등의 행정규칙은 포함되지 아니한다.

(다) 소결론

따라서, 위와 다른 전제에 선 원고의 위 주장은 이유 없다.

(2) 처분 사유의 부존재 주장에 대하여

아래와 같은 사정을 고려하면, 게임아이템중개사이트가 청소년에게 사행심조장 등 건전한 생활태도를 저해할 현저한 우려가 있는 것에 해당한다고 넉넉히 인정할 수 있다.

① 최근의 온라인게임은 그 주류가 시간제 유료로 운영되어 이용자가 게임에 소비한 시간에 비례하여 이용료를 지급하여야 하는 구조로 되어 있고, 그러한 구조 아래서 이용자가 게임에 더욱 많은 시간을 소비하도록 대부분 게임아이템에 고도로 의존하게 하는 등 여러 가지 시스템을 갖추고

있다. 즉 이용자가 일정한 수준 이상으로 게임을 진행하려면 많은 시간을 들여 게임아이템을 필수적으로 획득하여야 한다.

위와 같은 체계 아래에서 이용자는 게임아이템을 쉽게 획득할 수 있는 방법으로서 현금거래의 유혹을 쉽게 뿌리칠 수 없고, 그에 맞물려 게임아이템은 상당한 정도의 환금성을 갖게 되며, 이용자는 게임 자체를 즐기기보다 게임아이템의 환금성에 집착하여 게임을 하기 때문에 게임 자체가 결국 상당한 사행성을 띨 수밖에 없다.

② 사행성의 원인은 게임사업자에서 출발하나, 한편으로는 게임아이템의 거래를 더 손쉽게 하여 더욱 활성화한 게임아이템중개사이트에도 상당 부분 그 책임이 있다고 볼 수 있는데, 게임아이템 거래가 편리하고 게임아이템의 대가가 높게 형성될수록, 이용자가 많은 시간을 게임에 소비하여 몰입하고 중독되기 쉽기 때문이다. 특히 변별력과 의지력이 미약한 청소년의 경우에는 게임 몰입 또는 중독으로 폐해가 심각할 수 있다.

(3) 재량권의 일탈·남용 주장에 대하여

앞서 본 바와 같은 게임아이템중개사이트가 가지는 사행성에다가 아래와 같은 사정을 더하여 보면, 원고가 주장하는 사정을 참작하더라도, 이 사건 고시가 재량권을 일탈·남용하였다고 볼 수는 없다.

① 청소년보호 등의 목적을 달성하기 위해서는 게임아이템거래가 가능한 게임아이템중개사이트에 대한 청소년의 접근을 전면적으로 금지하는 방법이 불가피하다.

② 이 사건 고시가 내려지기 전과 이 사건 고시가 내려질 당시의 원고의 사이트의 구성에 비추어 원고의 사이트에서 게임아이템 거래에 필요한 서비스를 제외한 다른 서비스를 메뉴 단위로 제공하고 있었다고는 보이지 않을 뿐만 아니라 원고의 사이트가 대체로 게임아이템 거래에 필요한 서비스를 중심으로 한 메뉴를 제공하고 있었다고 보이는 만큼, 게임아이템중개사이트 전체를 청소년유해매체물로 결정한 것이 합리성을 결한 과도한 조치라고 보이지 않는다.

③ 우리 사회의 자율화와 물질만능주의 경향에 따라 날로 심각해지고 있는 청소년 유해매체물의 청소년에 대한 유통 등을 규제함으로써 성장과정에 있는 청소년을 각종 유해한 사회환경으로부터 보호·구제하고 나아가 건전한 인격체로 성장할 수 있도록 하려는 데 청소년보호법의 입법취지가 있고, 관계 법령상의 절차에 따른 청소년보호위원회의 전문적인 심의·결정 내용을 존중할 필요가 있다.

소　장

원고　　주식회사 ○○
　　　　서울시 서초구 ○○동 ○-○번지
　　　　(전화 000-000, 팩스 000-000)
피고　　정보통신윤리위원회
청소년유해매체물결정취소

청구취지

1. 피고가 원고 제공 인터넷정보 www.----------.co.kr에 대하여 한 2003. 4. 30.자 청소년
유해매체물결정처분 및 2006. 6. 28.자 청소년유해매체물결정처분 취소신청 기각결정과 2006.
7. 24. 원고 제공 인터넷정보 www.----------.net에 대하여 한 청소년유해매체물결정처
분을 각 취소한다.
2. 소송비용은 피고가 부담한다.
라는 판결을 구합니다.

청구원인

1. 처분의 경위

(1) 원고는 2002. 11. 5.경 온라인게임 아이템 중개사업 등을 영위하기 위해 설립된 회사로서, www.
----------.co.kr(이하 '제1사이트'라 한다) 및 www.----------.net(이하 '제2사
이트'라 한다)이라는 인터넷사이트(제1사이트와 제2사이트를 통틀어 이하 '----------'
라 한다)를 개설하여 운영하여 왔고, ----------는 온라인게임상의 아이템 거래의 중개,
경매 등을 통하여 그 수수료를 지급받는 것을 주요 내용으로 하고 있다.

(2) 문화관광부장관은 2002. 11. 20. 피고 및 청소년보호위원회에, 아이템 현금거래로 인하여 사기,
폭력, 해킹 등 사이버범죄가 급증하고 있고, 사이버범죄의 피해가 대부분 청소년에게 집중되고
있는 상황에 있으며, 특히 온라인게임상의 아이템을 전문적으로 거래하는 인터넷사이트의 등장
으로 일정한 수입이 없는 청소년들이 아이템 거래와 관련된 각종 범죄 및 사이버범죄를 쉽게
저지를 수 있는 주요한 원인이 되고 있다는 점에서, 사이버범죄의 환경으로부터 청소년을 보호하
기 위하여 아이템 현금거래 인터넷 사이트를 청소년유해매체물로 지정하여 줄 것을 요청하였습
니다.

(3) 이에 따라 피고는 2003. 4. 30. 제49차 제3분과 전문위원회 회의를 개최하여 심의한 결과, 제1사이트에서 제공하는 관련 정보가 사행성 등으로 청소년의 건전한 인격성장과 생활태도에 부정적인 영향을 끼칠 수 있다는 이유로 제1사이트를 청소년유해매체물로 결정하였고(이하 '이 사건 제1결정'이라 한다), 위 결정을 통보받아 청소년보호위원회(청소년보호법이 2005. 3. 24. 법률 제7423호로 개정되어 '청소년위원회'로, 다시 2005. 12. 29. 법률 제7799호로 개정되어 '국가청소년위원회'로 각 명칭개정이 있었지만, 이하 그냥 '청소년보호위원회'라 한다)는 2003. 6. 10. 청소년보호위원회 고시 제2003-xx호로 제1사이트를 청소년유해매체물로, 고시의 효력발생일을 2003. x. x.로 하는 고시를 하였다.

(4) 원고는 2006. 5. 19.경 피고에게 제1사이트에 대한 청소년유해매체물 결정의 취소를 신청하였고, 이에 피고는 2006. 6. 28. 제15차 제4분과 전문위원회 회의를 개최하여 심의한 결과, 제1사이트에서 제공하는 관련 정보가 여전히 사행성 등으로 인하여 청소년의 건전한 인격성장과 생활태도에 부정적인 영향을 끼칠 우려가 높은 정보로 판단되며, 현재 제1사이트가 더 이상 청소년에게 유해하지 아니하다고 인정할만한 사정이 인정되지 않는다는 이유로 원고의 신청을 기각하였다(이하 '이 사건 기각결정'이라 한다).

(5) 피고는 2006. 5.경 위와 같이 아이템 현금거래 인터넷사이트에 대한 청소년유해매체물 결정이 있었음에도 불구하고 유사한 아이템 현금거래 인터넷사이트가 계속하여 운영 중에 있음을 밝혀내고, 이에 따른 조사를 실시하여 원고가 제2사이트를 운영 중인 사실을 확인하였습니다. 이에 피고는 2006. 7. 6.경 원고에 대한 심의사실의 사전통지 및 의견제출 절차 등을 거쳐 2006. 7. 24. 제16차 제4분과 전문위원회 회의를 개최하여 심의한 결과, 제2사이트에서 제공하는 아이템 거래정보를 통하여 게임아이템이 공개 시장적 경제가치를 획득하는 결과가 초래되어 아이템의 환금성으로 인해 그 거래가 적극적인 영리수단이 됨으로써 사행성이 조장되고, 경우에 따라서는 청소년들이 오히려 금전을 취득할 목적으로 아이템을 얻기 위하여 특정 게임에 지나치게 몰입하게 되거나, 청소년의 아이템 현금거래를 둘러싼 사기, 폭력, 해킹 등의 사이버범죄가 유발되는 등 각종 부작용의 발생이 심각하여, 결국 청소년의 건전한 인격성장과 생활태도에 부정적인 영향을 끼칠 수 있다는 이유로 제2사이트를 청소년유해매체물로 결정하였고(이하 '이 사건 제2결정'이라 한다), 위 결정을 통보받아 청소년보호위원회는 2006. 8. 30. 청소년보호위원회 고시 제2006-xx호로 제2사이트를 청소년유해매체물로, 고시의 효력발생일을 2006. x. x. 로 하는 고시를 하였습니다.

2. 처분의 위법성
(1) 절차적 위법

행정절차법 제23조의 규정에 의하면 행정청은 처분을 하는 때에는 당사자에게 그 근거와 이유를 제시하여야 하도록 되어 있는바, 피고는 원고의 권익을 제한하는 이 사건 제2결정을 함에 있어 처분사유를 "이 사건 중개사이트상의 아이템거래정보는 사행성 등으로 인하여 청소년의 건전한 인격성장과 생활태도에 부정적인 영향을 끼칠 우려가 높은 정보로 판단되며"라고만 단순히 기재하였을 뿐, 제2사이트에 대한 조사절차, 조사결과, 판단에 있어 고려된 기준사항, 그리고 이를 기초로 한 법률문제의 판단 등을 전혀 제시하지 않았으므로, 결국 이 사건 제2결정은 실질적으로 행정절차법 제23조에서 정한 이유제시의무를 준수하지 않아 위법합니다.

(2) 재량권의 일탈·남용
① '리니지', '로한' 등과 같은 MMORPG게임 등 온라인게임의 속성과 인기의 반영으로 아이템 획득의 필요성이 부각됨에 따라 게임아이템의 공개 시장적 경제가치가 획득된 것이지, 이를 전적으로 ──────와 같은 아이템 거래를 목적으로 한 인터넷사이트 때문이라고 할 수는 없고, 아이템에 대한 수요 및 가치와 그에 따른 환금성은 자본주의 시장경제에 있어서 무조건적으로 통제되고 금지될 수는 없는 점,
② 현재 온라인 게임 머니 및 아이템의 현금거래로 인하여 일부 사기, 해킹, 명의도용 등의 사이버범죄가 발생하는 것은 사실이지만, 이는 아이템 거래사이트보다는 게임제작.운영사가 개인보안을 철저히 하지 못하고 무책임하게 아이템 현금거래 금지약관을 두는 등의 미온책으로 일관하고 있기 때문이며, 오히려 원고와 같은 아이템 거래사이트에서는 아이템 거래의 안정성 및 보안강화, 해킹 등 범죄방지를 위하여 적극적으로 조치를 취하고 있는 상황인 점,
③ '사행성'이란 '재물을 걸고 요행을 바라는 성질'을 의미하는바, ──────와 같은 아이템 거래사이트는 아이템을 도박이나 기타 사행행위를 통하여 얻은 것이 아니라, 장기간의 시간과 노력을 투자하여 정당하게 획득한 게임아이템을 사회적·경제적 평가에 의하여 형성된 가격에 따라 거래되는 것을 중개하는 역할을 할 뿐이므로 결코 사행성이 있다고 할 수 없는 점,
④ ──────를 통하여 제공되는 아이템 거래정보 역시 오프라인 또는 온라인 쇼핑몰 인터넷사이트를 통하여 청소년이 물품을 구매하는 것과 크게 다르지 않다는 측면에서, 아이템 거래를 통하여 청소년의 건전한 인격성장 및 생활태도에 부정적인 영향을 끼칠 우려가 있다고 볼 수 없는 점 등의 여러 사정을 고려하여 볼 때, ──────에 대하여 청소년의 접근을 원천적으로 금지하는 이 사건 제2결정은 정보통신윤리심의규정 제3조 제1호에서 정한 '최소규제의 원칙'에 위배될 뿐만 아니라 비례원칙에 위배되어 재량권을 일탈·남용한 것으로 위법합니다.

3. 결론

이와 같이 피고의 처분은 위법한 행정처분이 아닐 수 없으므로, 상기와 같이 원고의 행정처분의 취소를 구하는 행정소송에 이르게 되었습니다.

입증방법

1. 갑 제1호증
2. 갑 제2호증

첨부서류

1. 위 각 입증방법   각 1부
2. 송달료 납부서
3. 소장부본

20 .   .   .

위 원고   (날인 또는 서명)

서울행정법원   귀중

당해판례

2006구합 29393

(1) 절차적 위법 여부

행정절차법 제23조 제1항 및 제24조 제1항의 각 규정에 의하면 행정청이 처분을 하는 때에는 신청내용대로 처분하는 경우, 단순·반복적인 처분, 긴급한 경우 등을 제외하고는 원칙적으로 당사자에게 문서로 그 근거와 이유를 제시하여야 하도록 되어 있는바, 이와 같이 처분사유를 명시하도록 한 것은 행정청으로 하여금 신중한 조사와 판단을 하여 정당한 처분을 하게 하고, 그 정당성의 근거를 제시하도록 하며, 처분의 상대방에게 이를 알려 불복신청에 편의를 주고, 나아가 이에 대한 사법심사에 있어서 심리의 범위를 한정함으로써 결국 이해관계인의 신뢰를 보호하고 절차적 권리를 보장하기 위한 것으로서, 이러한 이유제시의무에 위반한 경우 그 내용의 적법성 여부를 떠나 그 자체로 위법하게 될 것이지만, 반면 행정청이 처분을 함에 있어 당사자가 그 근거를 알 수 있을 정도로 상당한 이유를 제시한 경우에는 당해 처분의 근거 및 이유를 구체적 조항 및 내용까지 세세하게

명시하지 않았더라도 그로 말미암아 그 처분이 위법한 것이 된다고 할 수는 없다.

이 사건에서 피고는 2006. 7. 6.경 원고에게 원고 운영의 제2사이트가 청소년유해매체물로 결정될 가능성이 있어 그 결정에 앞서 사전에 의견제출을 할 기회를 부여한다는 취지를 밝히면서, 심의내용을 제2사이트에서 '리니지(라스타바드) 9마법투구, 9인트티 : 400만 원, 뮤11억전지 : 21만 5천 원 등 다수의 게임아이템의 구매·판매 정보와 시세 정보를 제공한 사실'로, 법적근거를 '(i) 전기통신사업법 제53조의2 및 동법 시행령 제16조의2, 제16조의3, 제16조의4, (ii) 법 제7조, 제8조, 제9조, 제10조, 제12조, 제23조 및 법 시행령 제6조, 제7조, (iii) 정보통신윤리심의규정'으로 각 기재한 다음, 2006. 7. 21.까지 원고의 의견을 제출할 것을 통보하는 내용의 '심의사실 통지 및 의견제출 안내문'을 송달한 사실, 피고는 2006. 7. 24. 앞서 인정한 바와 같은 이유로 원고가 운영하는 제2사이트를 청소년유해매체물로 결정한 후, 2006. 8. 4. 원고에게 위 결정에 대한 이의절차 등의 안내를 포함하여 이를 통보한 사실을 인정할 수 있다. 위 인정사실에 의하면 피고는 이 사건 제2결정을 하면서 원고에게 어떠한 사실로 어떤 법적 근거에 의하여 위 결정이 이루어지게 되었는지에 관하여 그 근거와 이유를 제시할 의무를 이행하였다고 봄이 상당하므로, 이와 다른 전제에 선 원고의 이 부분 주장은 이유 없다.

(2) 재량권의 일탈·남용 여부

① 우리 사회의 자율화와 물질만능주의 경향에 따라 날로 심각해지고 있는 음란·폭력성 등이 있는 청소년유해매체물의 청소년에 대한 유통을 규제함으로써, 성장과정에 있는 청소년을 각종 유해한 사회환경으로부터 보호·구제하고 나아가 건전한 인격체로 성장할 수 있도록 하기 위하여 법이 제정되었고, 특히 청소년유해매체물로 심의·결정된 매체물에 대하여는 개별매체물의 특성에 따라 청소년유해표시의무·포장의무·판매금지·구분격리·방송선전제한·광고시간제한 등의 금지·의무사항을 부과함으로써 실질적이고 구체적인 유통규제가 가능하도록 하기 위하여 청소년유해매체물결정 제도를 둔 것이며, 이러한 청소년의 보호라는 공익목적의 중요성이 상당한 점. ② 청소년에게 유해한 매체물을 적시하여 청소년에 대한 판매·대여 등을 제한하고자 하는 경우에는 각 매체물의 내용을 실제로 확인하여 유해성 여부를 판단할 수밖에 없다는 점에서 법 제8조 제1항은 원칙적으로 매체물의 청소년에 대한 유해 여부를 심의하는 일반적 심의기관으로 청소년보호위원회를 두고 있고, 특히 전기통신사업법(2007. 1. 26. 법률 제8289호로 개정되기 전의 것) 제53조의2 제4항 제2호의 규정에 의하면 피고가 전기통신회선을 통하여 일반에게 공개되어 유통되는 정보의 청소년에 대한 유해 여부를 심의하기 위한 업무를 담당하고 있으며, 이러한 청소년보호위원회 및 심의기관인 피고의 전문적인 심의·결정내용은 명백한 위법사유가 존재하지 않는 한 쉽사리 사법심사를 통하여 변경·대체되어서는 안 될 것이고 최대한 존중될 필요성이 있는 점. ③ 최근의

온라인게임은 그 주류가 시간제 유료 게임으로서, 게임을 오래할수록 그에 비례하여 게임이용자가 게임제공 사업자에게 더 많은 이용료를 지급해야 하는 구조로 되어 있고, 이러한 수익구조와 직결되는 게임이용자의 더 많은 이용시간 확보를 위하여 대부분 아이템에 고도로 의존하게 하는 시스템(게임이용자가 온라인게임상 보유하는 캐릭터가 특별한 능력을 부여받은 아이템을 획득하지 못하는 때에는 일정 수준 이상의 게임진행이 불가능하게 됨으로써 유용한 아이템을 획득하는 것이 필수적인 구조)을 갖추고 있으며, 이와 같이 게임의 운영을 위해서는 좋은 아이템을 획득하는 것이 필수적인 상황에서 게임이용자들은 손쉽게 아이템을 획득할 수 있는 방법인 아이템 현금거래의 유혹을 쉽사리 뿌리칠 수가 없게 될 수 있고, 이에 따라 아이템은 상당한 정도의 환금성을 가지게 되어 많은 게임이용자들이 게임 자체를 즐기기 보다는 이러한 아이템의 환금성에 집중하여 게임을 하기 때문에 결국 상당한 사행성을 띨 수밖에 없으며, 이러한 아이템 환금성으로 인한 사행성은 한편으로는 게임제공 사업자가 그 원인제공자라고 할 수 있지만, 다른 한편으로는 그와 같은 아이템의 현금거래를 촉진·활성화하는 원고와 같은 아이템 거래 인터넷사이트의 상당한 역할과 비중을 가볍게 볼 수는 없을 것인 점, ④ 아이템의 환금성으로 인하여 게임 외에서 지불되는 대가가 높게 형성되면 될수록 실제 사회에서는 그러한 이익을 얻기 위하여 보다 많은 게임이용자들이 장시간을 투자하여 게임에 몰입하게 되는 것이며, 특히 성인과 동일한 정도의 절제성을 갖는다고 보기 어려운 청소년의 경우 게임에 몰입함으로 인한 폐해는 더 클 수 있다는 측면에서, 사회통념에 비추어 볼 때 아이템의 현금거래로 인한 청소년의 사이버범죄 등이 증가하고, 위와 같이 게임에 몰입함으로 인하여 청소년의 인격성장 및 생활태도에 부정적인 영향을 끼칠 우려가 적지 않다는 부분에 크게 공감대를 형성해 가고 있는 것으로 보이는 점, ⑤ 위와 같은 청소년 보호의 공익목적을 달성하기 위하여, 아이템 현금거래 등이 가능한 ----------와 같은 인터넷사이트에 대하여 청소년에 한하여 그 접근을 금지하는 방식의 규제는 불가피하다고 할 것이고, 이를 두고 정보통신윤리심의규정 제3조 제1항에서 정한 '최소규제의 원칙'에 위배된다거나 비례원칙에 위배된다고 보기는 어려운 점 등 제반 사정에 비추어 보면, 이 사건 제2결정은 재량권을 일탈·남용하여 위법하다고 볼 수 없고, 따라서 이와 다른 전제에 선 원고의 이 부분 주장도 이유 없다.

(3) 결론

그렇다면 원고의 이 사건 소 중 이 사건 제1결정 및 이 사건 기각결정의 취소청구 부분은 각 부적법하여 이를 각하하고, 나머지 청구는 이유 없어 이를 받아들이지 않기로 하여 주문과 같이 판결한다.

Ⅴ. 포상금지급거부처분관련 소송

1. 불공정거래 신고 및 포상 등에 관한 규정의 제정 목적 등

이 규정은 「자본시장과 금융투자업에 관한 법률」(이하 "법"이라 한다) 제435조 및 같은 법시행령(이하 "영"이라 한다) 제384조·제387조의 규정에 따라 불공정거래행위등의 신고 및 포상금 지급 등에 관하여 필요한 사항을 정함을 목적으로 하며(불공정거래 신고 및 포상 등에 관한 규정 제1조), 이 규정에서 사용하는 "기준금액"이라 함은 포상금 지급액을 산정하는 데 있어 기준이 되는 금액으로서 불공정거래 행위의 중요도에 따라 등급별로 구분한 포상금 지급한도를 말하며, "기여율"이라 함은 신고, 제보 또는 민원(이하 "신고"라 한다)이 불공정거래행위의 적발 또는 그에 따른 조치에 도움이 된 정도를 백분율로 계량화한 수치를 말하고, "신고"라 함은 법 제437조 제1항에 따른 불공정거래행위의 신고 또는 제보를 말하며, "신고자"라 함은 법 제437조 제1항에 따라 불공정거래행위를 신고하거나 제보한 자를 말한다(규정 제2조).

【판시사항】

금융감독원장이 상장법인의 회계관련 부정행위 신고인에 대하여 포상금을 지급하지 않기로 한 처분이 항고소송의 대상이 되는 처분인지 여부(적극)[서울행법 2009. 12. 4., 선고, 2009구합10239, 판결 : 항소]

【판결요지】

구 증권거래법(2007. 8. 3. 법률 제8635호 자본시장과 금융투자업에 관한 법률 부칙 제2조로 폐지) 제188조의6, 같은 법 시행령(2008. 7. 29. 대통령령 제20947호 자본시장과 금융투자업에 관한 법률 시행령 부칙 제2조로 폐지) 제83조의15 제2항, 제3항 등 규정들을 종합해 볼 때, 구 증권거래법 제188조의6, 주식회사의 외부감사에 관한 법률 제15조의3 등 관련 법령 자체만에 의하여 곧바로 신고자에게 구체적인 포상금청구권이 발생한다고 볼 수 없고, 금융감독원장이 위 규정들에 터잡아 금융위원회 고시인 불공정거래 신고 및 포상 등에 관한 규정과 회계관련 부정행위 신고 및 포상 등에 관한 규정에 따라 산정한 포상금을 지급하기로 하는 행정처분을 함으로써 비로소 구체적인 포상금청구권이 발생한다고 할 것이므로, 신고자로서는 금융감독원장을 상대로 포상금 지급신청을 하여 금융감독원장이 포상금을 지급하지 않기로 하는 처분을 하면 그 취소를 구하는 항고소송을 제기할 수 있다.

2. 신고 접수 및 처리

(1) 신고 접수 및 처리

감독원장은 신고사항이 다음 각 호의 1에 해당하는 경우에는 이를 접수하지 아니하거나 이미 접수한 때에는 조사 또는 심사를 하지 아니하고 처리를 종결할 수 있다(규정 제4조).

1) 제3조의 규정에 의한 신고방법에 부합되지 아니한 경우

2) 신고자의 신원을 확인할 수 없거나 소재불명 등으로 연락이 두절된 경우

3) 신고내용이 명백히 허위인 경우

4) 동일한 사항에 대하여 조사가 진행 중이거나 종료된 경우

5) 공시자료, 언론보도 등에 의하여 널리 알려진 사실이나 풍문을 바탕으로 신고한 경우로서 새로운 사실이나 증거가 없는 경우

6) 신고내용이 조사 또는 심사 단서로서의 가치가 없다고 판단되는 경우

7) 기타 신고내용 및 신고자에 대한 확인결과 조사 또는 심사의 실익이 없다고 판단되는 경우

(2) 자료제출 요구

감독원장은 신고내용을 확인하기 위하여 신고자로부터 진술을 듣거나 필요한 자료의 제출을 요구할 수 있다.

3. 처리결과의 통지

(1) 문서에 의한 통지

감독원장은 신고에 대한 처리를 완결한 때에는 그 결과를 신고인에게 문서의 방법으로 통지한다(규정 제3조).

(2) 정보통신망에 의한 통지

(1)의 규정에도 불구하고 다음 각 호의 경우에는 구술 또는 정보통신망을 통하여 통지할 수 있다. 다만, 신고인의 요청이 있는 경우에는 처리결과에 대한 문서를 교부하여야 한다.

1) 구술 또는 인터넷 등 정보통신망을 통해 접수된 경우

2) 신속을 요하거나 사안이 경미한 경우

4. 포상금 지급대상

(1) 포상금 지급대상

포상금은 다음에 해당하는 불공정거래행위를 신고한 자로서 이를 적발 또는 그에 따른 조치에 도움이 되었다고 인정된 자에게 지급한다(규정 제6조).

1) 법 제174조의 규정에 따른 미공개정보이용행위

2) 법 제176조의 규정에 따른 시세조종행위

3) 법 제178조의 규정에 따른 부정거래행위등

4) 법 제173조의2 제2항의 규정에 따른 정보의 누설 등 행위

5) 법 제119조·제122조 또는 제123조에 따른 증권신고서 등에 거짓의 기재 또는 표시를 하거나 중요한 사항을 기재 또는 표시하지 아니한 행위 및 증권신고서 등을 제출하지 아니한 행위

6) 법 제159조제1항·제160조 또는 제161조 제1항에 따른 사업보고서 등에 허위의 기재 또는 표시를 하거나 중요한 사항을 기재 또는 표시하지 아니한 행위

(2) 포상금 계산방법

1인이 2이상의 신고를 한 경우에는 각각의 포상금을 합산(합산한 금액이 1억원을 초과하는 경우에는 1억원으로 한다)하여 지급한다. 다만, 위반행위자 또는 해당 종목이 상당부분 중첩되는 경우에는 동일한 유형의 신고로 간주하여 이를 합산하지 아니하고 가장 큰 금액을 기준으로 포상금을 지급한다. 또한, 2인 이상이 동일한 사건에 대하여 각각 신고한 경우에는 최초의 신고자에 한하여 포상금을 지급하며, 2인 이상이 공동명의로 신고한 경우에는 신고자가 선정한 대표명의인에게 포상금을 지급한다.

5. 포상금 지급대상 제외

(4)항의 규정에 불구하고 다음의 어느 하나에 해당하는 경우에는 포상금을 지급하지 아니한다(규정 제7조).

1) 조사결과 신고내용이 적발된 불공정거래행위와 직접적인 관련이 없거나 법 위반의 정도가 경미한 단순 법규위반에 해당되는 경우(다만, 신고자가 혐의자를 잘못 적시하거나 구체적으로 적시하지 않은 경우라도 당해 신고내용에 따라 불공정거래행위자를 적발한 경우에는 포상금을 지급할 수 있다)

2) 동일한 신고내용(중요부분이 같은 경우를 포함한다)에 대하여 이 규정에 의한 포상금 또는「주식회사의 외부감사에 관한 법률」에 의한 포상금이 이미 지급되었거나 지급예정인 경우(다만, 이 규정에 의한 포상금 지급예정금액이 동법에 의한 포상금액보다 더 큰 경우에는 동법에 의한 포상금을 차감하여 지급할 수 있다)

3) 행정기관 또는 공공단체에 근무하는 자가 그 직무와 관련하여 알게 된 내용을 신고한 경우

4) 신고자가 포상금 수령을 거부하는 경우

5) 조사결과 신고자가 자신이 제보한 당해 불공정거래행위로 조치를 받는 경우(다만, 고발 또는 수사기관 통보 이외의 조치를 받거나 당해 불공정거래행위가 아닌 타 위반행위로 조치를 받는 경우에는 포상금을 지급할 수 있다)

6) 신고자가 신고내용과 관련된 이해관계자로서 포상금 이외의 사적인 이익을 목적으로 신고했음이 명백한 경우(신고자가 신고내용을 취하한 경우를 포함한다)

7) 기타 포상금 지급이 명백히 불합리하다고 인정되는 경우

6. 지급기준

포상금은 불공정거래행위를 중요도에 따라 5등급으로 구분하고, 각 등급별 기준금액에 기여율을 곱하여 산정하며(규정 제8조), 신고자가 제5조 제1항의 규정에 의한 불공정거래행위에 직접적으로 연루되어 조치를 받은 경우에는 법 위반의 정도 등을 감안하여 포상금을 감액 지급할 수 있다. 한편, 포상금 산정기준은 별표와 같다.

7. 포상결정 등

포상은 예산부족 등 특별한 사유가 없는 한 제5조제1항의 규정에 의한 불공정거래행위에 대하여 금융위원회의 조사결과 조치가 확정된 날로부터 4월 이내에 실시한다(규정 제9조). 또한, 감독원장은 특별한 사유가 없는 한 매 분기별 신고내용을 심사하여 포상 대상자를 선정하고 포상을 실시하여야 하며, 매년초 전년도 포상금 지급결과가 확정된 후 지체 없이 증권선물위원회에 보고하여야 한다.

8. 지급방법 및 절차

신고사건 처리담당 부서장은 신고의 접수 . 처리내역, 포상실시 여부를 검토하여 별지2 내지 별지5의 서식에 따라 매분기말 익월 10일까지 조사총괄부서장에 통보하여야 하며(규정 제10조), 통보를 받은 조사총괄부서장은 위의 내용을 심사한 후 포상금의 지급품의를 담당하며, 필요시 신고사건 처리담당 부서장에게 보정을 요구할 수 있다. 이때 포상금은 그 지급대상자의 은행계좌로 이체하여 지급한다. 다만, 부득이한 사유로 계좌입금이 어려운 경우에는 직접 전달할 수 있으며, 이미 지급한 포상금은 검찰, 법원 등의 무혐의 또는 무죄판결 등을 이유로 환수하지 아니한다.

소 장

원고   ㅇ ㅇ ㅇ(주민등록번호)
             서울시 강남구 신사동 ㅇ번지
             ㅇ ㅇ ㅇ(주민등록번호)
             서울시 강남구 신사동 ㅇ번지
피고   금융감독원장
포상금지급거부처분취소

청구취지

1. 피고가 2009. 3. 6. 원고들에게 한 포상금지급거부처분을 취소한다.

2. 소송비용은 피고가 부담한다.

라는 판결을 구합니다.

청구원인

1. 처분의 경위

(1) 원고 ㅇㅇㅇ는 2006년부터 2007년 사이에 처인 원고 ㅇㅇㅇ 명의로 코스닥시장에 상장된 법인 인 주식회사 ㅇㅇㅇ(이하 '이 사건 회사'라고 한다)의 주식 약 26만주를 취득한 소액주주입니다.

(2) 원고들은 2007. 10. 31.경부터 2008. 10.경까지 사이에 피고에게 이 사건 회사의 대표이사 등이 이 사건 회사에 대하여 유가증권신고서와 사업보고서에 허위 기재를 하였다는 내용 등 아래에 기재한 바와 같은 내용을 신고하였고, 2008. 4.경에는 이 사건 회사 직원의 진술을 녹음하여 증거로 제출하였습니다.

(3) 피고는 원고들의 위와 같은 신고에 대하여 이 사건 회사의 보고서, 재무제표 등의 기재, 이 사건 회사의 주장 등을 토대로, ① 자금사용내역이 당초 신고서상 사용목적과 일치하지 않는다는 사실만으로는 신고서 허위기재로 보기 어렵고, ② 원고들이 사실관계를 잘못 이해하고 있는 것으로 보이며, ③ 타법인 주식 취득에 대한 사기.배임.횡령 여부는 사법당국에서 판단할 사항이므로 피고 가 관여하기 어려운 사항이고, ④ 피고가 제보에 의해 감리를 실시하려면 제보자가 회계처리기준 위반혐의를 구체적으로 적시하고 관련 증빙자료를 함께 제출하여야 한다는 등 취지로 답변하며

이 사건 회사에 대하여 별다른 조치를 취하지 아니하였으나, 원고 ○○○로부터 이 사건 회사의 직원 진술 녹취 내용을 제출받고, 원고 ○○○에 대하여 두 차례에 걸쳐 출석 조사를 한 이후인 2008. 5. 15.경부터는 이 사건 회사에 대한 조사에 착수하였습니다.

(4) 피고는 이 사건 회사에 대한 감리·조사 결과 아래 기재와 같은 주식회사 외부감사에 관한 법률(이하 '외감법'이라 한다)과 구 증권거래법(2007. 8. 3. 법률 제8635호로 폐지되기 전의 것, 이하 '증권거래법'이라고만 한다) 위반 사실을 적발하고 증권선물위원회의 2008. 7. 23. 및 같은 해 9. 10.자 의결을 거쳐 같은 해 9. 12. 이 사건 회사에 대하여 증권거래법 제206조의11 제4항에 따라 과징금 7억 7,290만 원을, 이 사건 회사의 전 대표이사 ○○○에 대하여 과징금 2,000만 원을 각 부과하였습니다.

(5) 한편 피고는 2008. 5. 27. 검찰에 관련 자료를 송부하여 이 사건 회사의 전 대표 이사의 출국금지 조치를 요청하였고, 2008. 9. 4. 이 사건 회사의 전 대표이사와 부사장 등의 횡령, 배임 혐의 등에 관하여 수사기관의 강제수사가 필요하다고 판단하여 관련 사실을 검찰에 업무정보로 제공하였습니다.

(6) 원고들은 2009. 2. 24. 피고에 대하여 "원고들이 2007. 10.부터 2008. 6.까지 수 차례에 걸쳐 이 사건 회사의 역분식 결산, 횡령, 배임, 유가증권신고서 및 사업보고서 허위기재 등의 증권범죄를 피고에 신고하여 의법조치를 요구하였고, 이에 피고는 2008. 6.부터 같은 해 8.까지 이 사건 회사에 대하여 회계감리를 실시하면서 원고 ○○○에 대하여 2차례에 걸친 출석 조사를 하였으며, 2008. 9. 10. 피고는 이 사건 회사에 대하여 선급금 과다계상 등으로 과징금 7억 7,290만 원을, 대표이사에 대하여 과징금 2,000만 원을 부과하였으므로, 회계관련 부정행위 신고 및 포상 등에 관한 규정 제3조와 제7조에 따라 포상금을 지급하여 달라"는 취지로 포상금 지급 요청을 하였습니다.

(7) 피고는 원고들의 위 요구에 대하여 2009. 3. 6. "포상금 지급제외 사유에 해당하여 포상금을 지급할 수 없다"는 내용의 통보를 하였습니다(이하 '이 사건 거부처분'이라 한다).

2. 처분의 위법성

피고는 원고들의 신고에도 불구하고 조사에 착수하지 않다가 원고들이 ○○○과 ○○○를 통하여 압력을 행사함에 따라 이 사건 회사에 대한 조사를 하게 되었고 이 사건 회사 직원의 녹취록을 확보하여 조사에 큰 도움을 준 점에 비추어 원고들의 신고는 피고의 이 사건 회사와 ○○○에 대한 조치에 결정적으로 기여하였으므로 포상금 지급 대상이 됩니다. 또한, 원고들은 피고에 대하여 중대한 증권범죄를 신고한 것이고, 여러 차례에 걸친 신고에도 불구하고 피고의 소극적 태도로 조사가 이루어지지 아니함에 따라 피고를 직무유기로 형사고소하였던 것이므로, 법위반의 정도가 단순

법규위반에 해당하며 기타 포상금 지급이 명백히 불합리한 경우로서 지급대상에서 제외된다는 피고의 주장은 잘못된 것으로서 적법한 거부사유에 해당되지 않습니다.

3. 결론
위와 같이 피고의 처분은 위법하므로 이의 취소를 구하는 본 건 행정소송에 이르게 되었습니다.

입증방법

1. 갑 제1호증
2. 갑 제2호증

첨부서류

1. 위 각 입증방법   각 1부
2. 송달료 납부서
3. 소장부본

20   .   .   .
위 원고   (날인 또는 서명)

서울행정법원   귀중

당해판례

2009구합 10239
(1) 원고들이 포상금 지급대상에 해당되는지 여부
앞서 이 사건 처분의 경위에 비추어 인정되는 다음과 같은 사정 즉, ① 피고가 이 사건 회사에 대하여 적발하고 조치한 내용 중 주식회사 ○○○에 관한 선급금 과다계상 부분과 유상증자 공모자금 사용 내역의 미기재에 관한 부분, 위 각 내용에 관한 유가증권신고서 허위기재 부분은 비록 원고들의 신고 내용과 정확히 일치하지는 않는다고 하더라도 원고들의 신고 내용과 상당히 유사한 내용인 점, ② 피고는 원고들의 신고에 따라 이 사건 회사의 사업보고서나 재무제표 등을 검토하였으면서도 이 사건 회사의 증권거래법 및 외감법 위반사실을 적발하지 못하고 있다가 원고들이 이 사건 회사

직원의 진술 녹취록을 제출하는 등 적극적인 조치를 취한 이후에 비로소 본격적인 조사에 착수하게 된 점 등에 비추어 보면 원고들의 신고는 피고가 이 사건 회사의 증권거래법 및 외감법 위반 사실을 적발하고 이에 대한 조치를 취함에 있어 상당한 도움이 되었다고 인정된다. 설사 피고의 주장처럼 원고들이 제출한 이 사건 회사 직원의 녹취록의 기재내용이 사실이 아니어서 피고의 이 사건 회사에 대한 과징금부과에 직접적으로 기여한 바가 없다고 하더라도 이는 원고들의 신고와 피고의 이 사건 회사에 대한 조치 사이의 기여도를 평가함에 있어서 참작할 사유가 됨은 별론, 이를 들어 위와 달리 원고들의 신고가 피고의 적발과 조치에 도움이 되지 아니하였다고 볼 것은 아니다.

또한, 비록 원고들이 신고 당시에 근거로 든 자료들이 이미 공시되거나 보도된 내용이고, 그 밖의 보충자료 등을 제출하지 않았다고 하더라도 이는 피고가 이 사건 제1 포상금 고시 제4조 제2항(이 사건 제2 포상금 고시 제6조 제3항에도 같은 내용이 규정되어 있다)에 따라 신고를 접수하지 않거나 접수한 신고에 대한 조사 또는 심사 없이 처리를 종결할 수 있는 사유에 해당하거나, 원고들의 신고의 기여율을 평가함에 있어 지표로 삼을 수 있는 사항에 해당할 뿐이고(이 사건 제1 포상금 고시 별표 포상금 산정기준 제3항, 이 사건 제2 포상금 고시 별표 포상금 산정기준 제4항 참조), 이미 원고들의 신고에 따라 조사가 이루어지고 앞서 본 바와 같이 원고들의 신고가 이 사건 회사에 대한 적발과 조치에 도움이 되었음이 인정되는 이상 그와 같은 자료 제출에 관한 사유를 들어 원고들의 신고가 포상금 지급대상에 해당하지 않는다고 할 것은 아니다.

(2) 원고들에게 포상금 지급대상 제외 사유가 존재하는지 여부

우선 피고가 드는 사유 중 이 사건 제1 포상금 고시 제7조 제1호의 사유에 관하여 보면, 비록 원고들이 신고한 내용 중 법위반의 정도가 경미한 단순 법규위반에 해당하는 사항이 포함되어 있다고 하더라도 피고가 적발하여 과징금을 부과한 내용들은 중대한 증권거래법 위반 사항에 해당한다고 할 것이고, 앞서 본 바와 같이 원고들의 신고가 위와 같은 적발과 조치에 도움이 된 이상 원고들을 포상금 지급대상에서 제외할 것은 아니므로, 피고의 이 부분 주장은 이유 없다.

다음으로 이 사건 제1 포상금 고시 제7조 제7호의 사유에 관하여 보건대, 갑 제7호증의 4, 갑 제13호증의 1 내지 4, 을 제1호증, 을 제2호증의 1 내지 63의 각 기재에 변론 전체의 취지를 종합하면, 원고들은 자신의 신고에 대하여 조치를 취하지 아니한 피고에 대하여 지속적으로 불만을 표출하고 피고를 직무유기 혐의로 형사 고소하기까지 하였으며, 언론 매체와 인터넷 매체를 통하여 피고와 소속 직원들의 명예를 훼손하는 등 비난받아 마땅한 행위를 한 사실을 인성할 수 있으나, 다음과 같은 사정들을 고려하면 원고들에게 이 사건 제1 포상금 고시 제7조 제7호의 사유가 있다고 보기 어려우므로 피고의 이 부분 주장은 이유 없다.

가) 원고들이 문제를 제기한 이 사건 회사의 증권거래법 위반 사실이 일부 사실로 인정되고, 이 사건 회사의 일부 관련자들에 대하여 특정경제범죄가중처벌등에관한 법률위반(횡령)죄 등으로 공소가 제기되는 등 원고들의 신고는 상당한 근거가 있는 것으로 보인다.

나) 자신의 신고 내용에 대한 확신을 가지고 있었던 원고들의 입장에서는 피고가 원고들의 신고에 따라 곧바로 조사에 착수하는 등 적극적인 조치를 취하였다면 이 사건 회사의 증권거래법 위반 사실을 보다 조기에 적발할 수 있었을 것으로 생각한 것으로 보이고, 원고들은 자신들의 수차례 신고에 대하여 피고와 소속 직원들이 적극적인 조치를 취하지 아니함에 따라 이들에 대하여 오해 내지 불신을 하게 되었을 것으로 보이는 등 원고들의 위와 같은 행위에는 다소 참작할만한 사정이 있다.

다) 증권거래법에서 불공정거래행위 등 위법행위의 신고자에 대한 포상금 지급제도를 마련한 취지는 그와 같은 위법행위의 적발 내지 조치에 기여한 행위에 대하여 보상함으로써 자본시장의 건전한 감시활동을 활성화 하고, 이를 통하여 유가증권의 발행과 매매 기타의 거래를 공정하게 하여 유가증권의 유통을 원활히 하고 투자자를 보호함으로써 국민경제의 발전에 기여하고자 함에 있다고 할 것인바, 원고들은 이 사건 회사의 위법사실에 대한 신고와 그에 따라 이루어진 피고의 위법행위 적발 및 조치를 통해 위와 같은 취지 달성에 기여하였다.

라) 원고들의 명예훼손 행위는 이 사건 회사에 관한 신고와 관련하여 이루어지기는 하였으나 직접적인 관련은 없고, 그에 대하여는 형사고소 내지 민사상 손해배상 청구와 같은 다른 구제수단을 통해 대처하는 것이 적절한 것으로 보인다.
결국, 원고들은 포상금 지급대상에 해당하고, 지급대상 제외사유에 해당한다는 피고의 주장은 이유 없다. 따라서 이와 달리 원고들이 포상금 지급대상 제외사유에 해당함을 전제로 이루어진 이 사건 거부처분은 위법하다.

VI. 개발부담금부과처분관련 소송

1. 개발부담금의 의의 및 성질

개발부담금이란 개발이익 중 개발이익환수법에 따라 국가가 부과·징수하는 금액을 말한다.

개발부담금의 성질에 관하여는 ① 공용부담인 부담금의 일종으로 보는 견해, ② 특정한 공익사업의 수요에 충당하기 위한 것이 아니라 전국토의 균형있는 개발을 위하여 부과되는 것으로서 공용부담의 발전된형태로 보는 견해, ③ 개발행위로 인한 부가가치에 대한 조세라는 견해가 있으나, ④ 개발로인한 우발적증가에 대한 준조세적 성격을 갖는다는 것이 다수의 입장이다. 개발부담금처분이 공적인 금전지급의무를 부담하는 점에서 처분성을 가지며 행정쟁송의 대상이 된다.

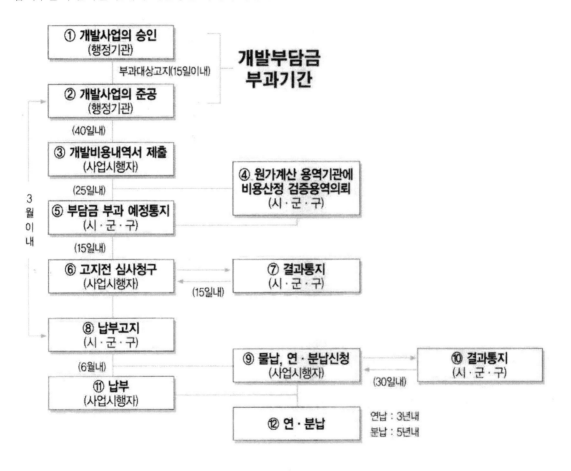

2. 개발부담금의 부과기준과 부담률

(1) 부과기준

개발부담금의 부과기준은 부과종료시점의 부과대상토지의 가액에서 부과개시시점의 부과대상토지의 가액, 부과기간의 정상지가 상승분, ㉯ 제11조에 따른 개발비용을 뺀 금액으로 한다. 부과개시시점은 사업시행자가 국가나 지방자치단체로부터 개발사업의 인가 등을 받은 날로 한다. 판례는 개별공시지가를 기준으로 산정할 것이 아니라 매입가액을 기준으로 부과개시시점지가를 산정해야 한다고 한다.[243] 개발비용의 산정방식에 단위면적당 표준비용을 적용하는 「표준비용」제도를 도입하고, 납부의무자는 표준비용제도와 실비정산방식 중 유리한 것을 선택할 수 있도록 함으로써 개발비용을 투명하고 간편하게 산출할 수 있게 하였다.

(2) 부담률

납부의무자가 납부하여야 할 개발부담금은 제8조에 따라 산정된 개발이익의 100분의 25로 한다. 다만, 국토의 계획·이용법 제38조에 따른 개발제한구역에서 개발사업을 시행하는 경우로서 납부의무자가 개발제한구역으로 지정될 당시부터 토지소유자인 경우에는 100분의 20으로 한다.

[개발부담금 부과, 징수업무 절차도 해설]

---

① 개발사업의 승인(개발부담금 부과개시시점)

　○ 승인권자: 관계 행정청

　○ 부과대상: 시행령 별표1에 열거된 사업(택지개발등 10개종류 30여개사업)

　※ 부과대상의 고지(법제15조, 영제19조, 규칙제13조)

　○ 시장, 군수, 구청장은 개발사업의 승인이 나면 15일내에 납부의무자에게 개발부담금 부과사항을 미리 고지

② 개발사업의 준공(개발부담금 부과종료시점)(법제9조3항)

　○ 준공일: 사용검사일(준공전이라도 건축물의 사용 또는 사업토지의 처분시에는 이를 준공으로 간주)

③ 개발비용명세서 제출(법 제24조2항)

　○ 제 출 자: 사업시행자(납부의무자)

　○ 개발비용: 개발사업의 시행과 관련하여 지출된 순공사비등, 기부채납 비용등

　○ 제출기한: 사업종료 후 40일내

　○ 벌　 칙: 기한 내 비용명세서 미제출시 200만원이하의 과태료 부과

---

243) 대법언 1998. 9 .4. 선고 98두7565 판결.

④ 개발비용산정기관에 비용산정 용역의뢰(영제12조5항)

　○ 의뢰기관: 시장, 군수, 구청장(사업시행자가 제출한 비용명세서의 사실 여부 확인이 필요한
　　경우에 용역의뢰)

　○ 개발비용산정 전문기관: 개발비용산정 전문기관의 자격여건(훈령제12조)을 갖춘 기관

※ 개발부담금 산정(법제8조 내지 제13조, 영제7조 내지 제14조)

　○ 산정기관: 토지소재지 관할 시장, 군수, 구청장

　○ 산정방법: 종료시점지가에 개시시점지가와 개발비용, 사업기간중의 정상지가상승분을 공
　　제하고 남은 개발이익의 25%를 부과

※ 종료시점지가 : 종료시점 당시의 당해 토지와 유사한 표준지의 공시지가를 기준으로 지가공시
　　법에 의한 비교표에 의하여 산정한 금액을 기준으로 부과종료시점까지의 지가상승분의 합
　　(예외적으로 아파트 분양가등 처분가가 제한된 경우에는 그 처분가로 산정)

※ 개시시점지가: 개시시점 당시의 개별공시지가를 기준으로 부과개시시점까지의 지가상승분
　　의 합(예외적으로 국가등 공공기관으로 부터 매입한 경우에 매입가로 산정)

※ 정상지가상승분: 기부채납토지, 부과기간 동안의 정상지가상승분은 평균지가변동율과 정기
　　예금이자율(6%)중 높은 율

⑤ 부담금부과 예정통지(영제15조)

　○ 사업시행자가 개발비용명세서를 제출하면 부과권자는 25일내에 부담금을 산정하여 부과예
　　정통지

⑥ 고지전 심사청구(영제16조1항)

　○ 사업시행자는 부담금 부과예정통지에서 산출한 부담금에 이의가 있는 경우에는 15일내에
　　부과권자에게 고지전 심사청구

⑦ 심사청구에 대한 결과통지(영제16조3항)

　○ 부과권자는 심사청구에 대한 심사를 한 후 15일내에 그 결과를 사업시행자에게 통지

⑧ 납부고지(법제15조, 영제19조)

　○ 부과권자는 사업종료 후 3월내에 개발부담금 납부고지

⑨ 물납, 연*분납신청(법제18조2항*3항, 영제20조)
  ○ 물납신청: 현금대신 토지로 물납(물납토지가액이 부담금부과액을 초과하지 못함)물납토지
    가액은 개별공시지가로 산정
  ○ 연분납신청 : 재해 또는 부도등 사유가 있는 경우에는 3년의 범위내에서 납부연기 또는5년의
    범위 내에서 분납가능

⑩ 물납 또는 연*분납신청 결과통지(법제20조, 영제24조)
  ○ 부과권자는 신청후 30일내에 물납허용여부 및 연, 분납허용여부에 대한 결과통지

⑪ 납부(법제18조1항)
  ○ 사업시행자는 부과고지 후 6월내 부담금 납부

⑫ 연*분납(법제20조)
  ○ 납부연기 : 3년범위내
  ○ 분할납부 : 5년범위내
  ○ 연?분납의 경우에는 부담금에 연 6%의 가산금 징수
  ※ 부담금의 귀속(법제4조)및(개발부담금 부과·징수 업무처리규정 제20조의2)
  ○ 징수한 부담금의 50%는 당해 시, 군, 구에, 나머지 50%는 국가균형발전특별회계(국가)에
    귀속
  ○ 가산금 및 과태료 징수금은 전액 국가균형발전특별회계(국가)에 귀속

3. 환수주체와 징수금 배분

 국가는 개발부담금 부과대상사업이 시행되는 지역에서 발생하는 개발이익을 개발이익환수법이 정하는 바에 따라 개발부담금으로 징수하여야 하며, 징수된 개발부담금의 100분의 50에 해당하는 금액은 개발이익이 발생한 토지가 속하는 지방자치단체에 귀속되고, 이를 제외한 나머지 개발부담금은 따로 법률로 정하는 광역·지역발전특별회계에 귀속된다.

4. 개발부담금의 부과·징수 및 시효

(1) 부담금의 결정·부과

국토교통부장관은 부과종료시점부터 3개월 이내에 개발부담금을 결정·부과하여야 하며, 이를 부과·결정하려면 대통령령으로 정하는 바에 따라 미리 납부의무자에게 그 부과기준과 개발부담금을 알려야 하고, 납부고지서를 발부하여야 한다. 판례는 3개월 이내의 부과기간을 훈시규정으로 보고 있다.[244]

(2) 시 효

개발부담금을 징수할 수 있는 권리와 개발부담금의 과오납을 환급받을 권리는 행사할 수 있는 시점부터 5년간 행사하지 아니하면 소멸시효가 완성된다.

(3) 징 수

개발부담금의 납부의무자는 부과일부터 6개월 이내에 개발부담금을 납부해야 한다. 국토교통부장관은 지정된 기간 내에 그 개발부담금을 납부하지 아니한 때에는 납부기한 경과 후 10일 이내에 독촉장을 발부해야 한다. 독촉장을 받고도 지정된 기한까지 개발부담금 및 가산금 등을 완납하지 않으면 국토교통부장관은 국세체납처분의 예에 따라 징수할 수 있다.

5. 개발부담금 부과에 대한 불복

(1) 심사청구

통지받은 개발부담금에 대하여 이의가 있는 자는 대통령령으로 정하는 바에 따라 심사청구를 할 수 있다.

(2) 행정심판의 특례

개발부담금 등의 부과·징수에 이의가 있는 자는 「공익사업을 위한 토지 등의 취득 및 보상에 관한 법률」에 따른 중앙토지수용위원회에 행정심판을 청구할 수 있다. 위의 행정심판청구에 대하여는 「행정심판법」 제6조에도 불구하고 "토지보상법"에 따른 중앙토지수용위원회가 심리의결하여 재결한다.

(3) 행정소송

행정심판 재결에 불복있는 자는 행정소송을 제기할 수 있다. 개발부담금 감액경정처분에 대한 항고소송시 제소기간은 당초처분을 기준으로 판단해야 한다.[245]

---

244) 대법원 2005. 7. 14. 선고 2003다35635 판결.
245) 대법원 1999. 4. 27. 98두19179 판결.

[권리구제절차(행정심판청구)(법제26조)]

구 분	행 정 심 판	행 정 소 송
청구권자	사업시행자	사업시행자
청구기간	– 납부고지일(처분이 있음을 안날)로부터 90일 이내 ※처분이 있은 날로부터 180일 경과시 청구못함	– 납부고지일(처분이 있음을 안날)로부터 90일 이내 ※처분이 있음을 안 날로부터 1년 경과시 청구 못함
청구기관	중앙토지수용위원회	소재지관할지방법원(행정부)
(재결)기한	– 청구서를 받은 날부터 60일 이내(연장 30일 가능)	– 패소시 항소(상고)여부: 판결문 접수된 날부터 14일이내

[서식] 개발부담금부과처분취소 청구의 소

소　장

원고　　　랜드테크 주식회사
　　　　　서울시 강남구 ○○동 ○-○
　　　　　(전화 000-000, 팩스 000-000)
피고　　　서울특별시 강남구청장
개발부담금부과처분취소

청구취지

1. 피고가 2005. 7. 13. 원고에 대하여 한 개발부담금 8,176,292,630원의 부과처분을 취소한다.

2. 소송비용은 피고가 부담한다.

라는 판결을 구합니다.

청구원인

1. 처분의 경위

(1) 원고는 2000. 8. 4. 피고로부터 주택건설촉진법 제33조에 의하여 민영주택건설사 업계획 승인을 받고, 2000. 12. 31. 서울 강남구 소재 대지 32,259㎡(이하 '이 사건 토지'라 한다) 지상에 건립되어 있던 지하 2층, 지상 16층의 OOO공업 사옥, 주택전시관 등을 철거한 후 공사를 시작하여 지하 4층, 지상 46층 규모의 3개동 449세대의 아파트(이하 '이 사건 아파트'라 한다) 신축공사를 완료하고 2004. 3. 18. 이 사건 아파트에 대한 사용검사를 마쳤습니다.

(2) 피고는 원고가 시행한 이 사건 아파트 건설사업이 개발이익환수에 관한 법률(2005. 12. 7. 법률 제7709호로 개정되기 전의 것, 이하 '법'이라 한다) 제5조 제1항 제1호, 법 시행령(2006. 12. 15. 대통령령 제19752호로 개정되기 전의 것, 이하 '영'이라 한다) 제4조 제1항 [별표 1] 제1호 소정의 개발부담금 부과대상사업이라는 이유로 2005. 7. 13. 원고에게 개발부담금 8,176,292,630원을 부과하는 내용의 이 사건 처분을 하였습니다.

(3) 이에 대하여 원고는 2005. 8. 24. 중앙토지수용위원회에 심사청구를 하였으나, 중앙토지수용위원회는 2006. 3. 22. 원고의 청구를 기각하였습니다.

2. 처분의 위법성
(1) 개발부담금 부과대상사업 여부
영 제4조 제1항 [별표 1] 제1호에서 개발부담금 부과대상사업으로 정한 주택건설촉진법에 의한 '대지조성사업 및 주택건설사업'은 대지조성사업과 주택건설사업이 함께 시행되는 경우를 전제로 한 것이어서 두 사업 중 주택건설사업만을 시행한 경우는 위 규정에 의한 개발부담금 부과대상사업으로 볼 수 없다. 나아가 이 사건 토지는 원고의 주택건설사업 이전에 이미 지목이 대지였기 때문에 원고는 별도의 대지조성공사를 하지 않았다. 따라서 이 사건 토지에 대한 개발부담금 부과는 위법합니다.

(2) 부과종료시점
토지를 개발하여 아파트를 신축.분양하는 사업시행자의 경우에는 아파트 분양 시점에 그 분양가가 이미 성해져 그 이후의 사업시행자에게 귀속될 개발이익이 부존재하게 됨을 고려하여 법 제9조 제3항 단서에서 납부의무자가 개발사업의 목적용도로 사용을 개시하거나 타인에게 분양 등 저분하는 경우로서 대통령령이 정하는 경우에는 이에 해당하게 된 날을 부과종료시점으로 하도록 규정하였으므로, 아파트 건설의 사업시행자가 준공검사를 받기 전에 건설 중인 아파트를 분양한 경우에는 분양완료시를 부과 종료시점으로 하여 개발부담금을 산정하여야 합니다.

(3) 공시지가 현실화로 인한 가공의 이익 포함 여부

피고는 2002년 이후 공시지가를 산정하면서 종전 공시지가와 실제 가격 사이의 차액을 현실화한다는 명목하에 실제 지가상승률에 이른바 현실화율을 더하여 공시지가를 산정함으로써 이 사건 토지의 부과종료시점의 지가에는 공시지가 현실화율 상승분이라는 가공의 개발이익이 포함되어 있으므로, 이 사건 부과처분은 적어도 가공의 개발이익에 대한 개발부담금 부분에 관한 한 위법합니다.

3. 결론

이와 같이 피고의 처분은 위법한 행정처분이 아닐 수 없으므로, 상기와 같이 원고의 행정처분의 취소를 구하는 행정소송에 이르게 되었습니다.

입증방법

    1. 갑 제1호증
    2. 갑 제2호증

첨부서류

    1. 위 각 입증방법   각 1부
    2. 송달료 납부서
    3. 소장부본

20 .   .   .

위 원고　　　(날인 또는 서명)

서울행정법원　　귀중

당해판례

2006구합 21771

가. 대지조성사업을 수반하지 않는 주택건설사업이 개발부담금 부과대상사업에 해당하는지 여부

법 제5조 제1항은 개발부담금의 부과대상사업의 종류를 정하면서 제1호로 '택지 개발사업(주택단지 조성사업을 포함한다)'을 들고 있고, 영 제4조 제1항은 법 제5조의 규정에 의하여 부담금의 부과대상이 되는 개발사업의 범위는 [별표 1]과 같다고 규정하고 있으며, [별표 1]은 제1호에서 개발부담금 부과대상사업으로 주택건설촉진법에 의한 '대지조성사업 및 주택건설사업'을 규정하고 있다.

그런데, 이 사건 아파트 건설 당시 개발부담금 부과대상사업의 하나로 규정된 주택건설촉진법에 의한 '대지조성사업 및 주택건설사업'의 해석과 관련하여 '대지조성사업 및 주택건설사업'은 '대지조성사업 또는 주택건설사업'의 경우와 달리 문리해석상 원칙적으로 대지조성사업과 주택건설사업이 동시에 이루어지는 사업을 의미하는 것으로 해석하는 것이 옳다.

다만 법 제1조는 "이 법은 토지로부터 발생되는 개발이익을 환수하여 이를 적정하게 배분함으로써 토지에 대한 투기를 방지하고 토지의 효율적인 이용을 촉진하여 국민경제의 건전한 발전에 이바지함을 목적으로 한다"고 규정하고 있고, 법 제2조 제1호는 "개발이익"이라 함은 개발사업의 시행 또는 토지이용계획의 변경 기타 사회·경제적 요인에 의하여 정상지가상승분을 초과하여 개발사업을 시행하는 자(이하 "사업시행자"라 한다) 또는 토지소유자에게 귀속되는 토지가액의 증가분을 말한다고 규정하고 있으며, 법 제5조 제1항 제1호는 개발부담금의 부과대상인 개발사업으로 택지개발사업(주택단지조성사업 포함)을 들고 있는바, 이 규정들을 종합하여 보면 법은 기본적으로 토지의 개발로 인한 이익 중 일정 부분을 환수하는 데 그 입법취지가 있다 할 것이므로, 위 문리해석에 불구하고 대지조성사업은 주택건설사업과 함께 시행되지 않더라도 그 자체만으로도 개발부담금 부과대상에 포함된다고 볼 것이나, 대지조성사업이 수반되지 않는 주택건설사업은 법의 입법취지, 규정의 내용, 형식 등에 비추어 그 자체만으로 개발부담금 부과대상사업에 해당한다고 보기 어렵다.

더구나 영 제8조는 개발사업의 준공전 부과종료시점을 규정하고 있는데, 제1항에서 토지만을 개발하는 개발사업의 경우와 주택건설사업등 토지의 개발과 건축물의 건축을 함께 행하는 개발사업의 경우 2가지로 나누어 규정하고 있을 뿐 주택건설사업만 행해지는 경우에 대하여는 규정하고 있지 않다.

결국 ① 대지조성사업, ② 대지조성사업과 함께 시행되는 주택건설사업은 개발 부담금 부과대상사업에 해당한다고 볼 것이지만 대지조성사업 없이 주택건설사업만이 시행되는 경우는 개발부담금 부과대상사업에 해당한다고 보기 어렵다.

따라서 대지조성사업 없이 시행된 주택건설사업도 개발부담금 부과대상에 해당한다는 취지의 피고 주장은 받아들일 수 없다.

나. 이 사건 아파트공사 당시 대지조성공사가 행해졌는지 여부

영 제4조 제1항 [별표 1]에 의한 대지조성이라고 함은 절토, 성토, 정지작업, 매립 등 토지의 형질변경 행위를 통하여 대지가 아닌 토지를 대지화하는 경우는 물론 본래 대지인 토지라도 대지로서의 효용을 높이기 위한 공사를 하는 경우도 이에 포함된다 할 것이나, 주택건설사업이라고 하더라도 대지조성사업을 수반하지 아니하는 경우나 대지조성사업을 수반한다고 하더라도 해당 토지가 이미 건축에 적합한 상태로 대지화되어 있어 별도의 대지조성공사를 요하지 아니하는 경우에는 개발부담금 부과대상이 아니라고 할 것이다(대법원 1994. 3. 22. 선고 93누6256 판결 참조).

이 사건에 대하여 보건대, 위에서 인정한 바와 같이 이 사건 토지는 원고의 이 사건 아파트 건설사업 추진 이전부터 사실상 대지화되어 업무용 건물, 주택전시관 등이 건축되어 있었던 점, 원고가 이 사건 아파트를 신축하면서 대지조성사업에 관하여는 따로 사업계획승인을 받지 아니한 채 주택건설 사업계획 승인만 받은 점, 원고는 이 사건 토지에 이 사건 아파트를 신축하면서 지상건물을 철거한 후 아파트를 건축하는데 부수되는 절토, 성토작업을 하는 외에 대규모의 대지조성공사를 하지 않고, 기존의 지형을 최대한 활용해서 아파트를 배치하여 공사를 진행한 점 등을 종합하여 보면, 이 사건 아파트의 건설과정에서 일부 절토, 성토 등의 행위가 이루어지긴 하였으나, 이는 대지가 아닌 토지를 대지화하기 위한 것이거나 이 사건 토지의 대지로서의 효용을 높이기 위한 공사라기보다는 이 사건 아파트를 건설함에 있어 통상적으로 수반되는 형질 변경행위를 한 것에 불과하므로, 이를 두고 이 사건 아파트 건설과정에서 영 제4조 제1항 [별표 1] 제1호 소정의 대지조성사업이 행해진 것으로 볼 수는 없다(피고는 ○○○ 공업 사옥 부지와 주택전시관 부지 사이의 지반고 차이가 상당하였는데, 이 사건 아파트 건설사업이 종료될 당시에는 각 부지들 사이의 지반고 차이가 없어진 것으로 보아 원고가 최소 0.05m부터 17.64m까지 성토를 하는 등 상당한 규모의 대지조성공사가 행해진 것으로 보인다고 주장하나, 당초 ○○○공업 사옥 부지와 주택전시관 부지 사이의 지반고 차이가 발생한 이유는 ○○○공업이 업무용 건물 건축을 위한 터파기 작업을 하던 중 공사중지가처분으로 인해 그 공사가 중지된 토지 부분 위에 철제기둥을 세워 가설건축물인 주택전시관을 축조하였기 때문임은 앞서 인정한 바와 같으므로, 피고의 위 주장은 받아들일 수 없다).

따라서 이 사건 토지에 대하여 원고가 법 제5조 제1항 제1호, 영 제4조 제1항 [별표 1] 제1호 소정의 주택건설촉진법에 따른 '대지조성사업 및 주택건설사업'을 시행하였음을 전제로 한 이 사건 부과처분은 위법하다.

Ⅶ. 영업시간제한등처분취소관련 소송

1. 유통산업발전법의 제정목적

이 법은 유통산업의 효율적인 진흥과 균형 있는 발전을 꾀하고, 건전한 상거래질서를 세움으로써 소비자를 보호하고 국민경제의 발전에 이바지함을 목적으로 한다(유통산업발전법 제1조).

2. 대규모점포등에 대한 영업시간의 제한 등

(1) 의무휴업 지정

특별자치시장·시장·군수·구청장은 건전한 유통질서 확립, 근로자의 건강권 및 대규모점포등과 중소유통업의 상생발전(相生發展)을 위하여 필요하다고 인정하는 경우 대형마트(대규모점포에 개설된 점포로서 대형마트의 요건을 갖춘 점포를 포함한다)와 준대규모점포에 대하여 다음 각 호의 영업시간 제한을 명하거나 의무휴업일을 지정하여 의무휴업을 명할 수 있다. 다만, 연간 총매출액 중「농수산물 유통 및 가격안정에 관한 법률」에 따른 농수산물의 매출액 비중이 55퍼센트 이상인 대규모점포등으로서 해당 지방자치단체의 조례로 정하는 대규모점포등에 대하여는 그러하지 아니하다(법 제12조의2).

1) 영업시간 제한

2) 의무휴업일 지정

(2) 영업시간 제한

특별자치시장·시장·군수·구청장은 제1항제1호에 따라 오전 0시부터 오전 10시까지의 범위에서 영업시간을 제한할 수 있다.

(3) 의무휴업 지정일

특별자치시장·시장·군수·구청장은 제1항제2호에 따라 매월 이틀을 의무휴업일로 지정하여야 한다. 이 경우 의무휴업일은 공휴일 중에서 지정하되, 이해당사자와 합의를 거쳐 공휴일이 아닌 날을 의무휴업일로 지정할 수 있다.

(4) 영업시간 제산 등 규정

영업시간 세한 및 의무휴업일 지정에 필요한 사항은 해당 지방자치단체의 조례로 정한다.

3. 과태료

(1) 다음의 어느 하나에 해당하는 자에게는 1억원 이하의 과태료를 부과한다(법 제52조).

1) 제12조의2제1항제1호에 따른 명령을 위반하여 영업제한시간에 영업을 한 자

2) 제12조의2제1항제2호에 따른 의무휴업 명령을 위반한 자

(2) 과태료 부과 및 징수권자

과태료는 대통령령으로 정하는 바에 따라 산업통상자원부장관, 중소기업청장 또는 지방자치단체의 장이 부과·징수한다.

[서식] 영업시간제한등처분취소 청구의 소

소 장

원고　　　A 주식회사
　　　　　서울시 송파구 ○○동 ○-○번지
　　　　　(전화 000-000, 팩스 000-000)
　　　　　B 주식회사
　　　　　서울시 송파구 ○○동 ○-○번지
　　　　　(전화 000-000, 팩스 000-000)
피고　　　송파구청장
영업시간제한등처분취소

청구취지

1. 피고가 2012. 4. 3. 원고들에 대하여 한 영업시간 제한 및 의무휴업일 지정처분을 취소한다.
2. 소송비용은 피고가 부담한다.

라는 판결을 구합니다.

청구원인

1. 처분의 경위

(1) 원고들은 서울특별시 송파구 내에서 아래 표와 같이 유통산업발전법에 의한 대규모점포 또는 준대규모점포(이하 이에 대하여 통틀어 '대형마트 등'이라는 표현도 쓰기로 한다)를 운영하는 법인입니다.

(2) 법률 제11175호로 2012. 1. 17. 개정된 유통산업발전법에서 시장·군수·구청장이 대통령령으로 정하는 대규모점포와 준대규모점포에 대하여 오전 0시부터 오전 8시까지의 범위에서의 영업시

간 제한 및 매월 1일 이상 2일 이내의 범위에서의 의무휴업을 명할 수 있도록 하고, 이에 필요한 사항은 해당 지방자치단체의 조례로 정하도록 하는 내용의 규정이 신설되었습니다.

(3) 서울특별시 송파구 의회에서는 위와 같이 개정된 유통산업발전법에 따라 서울특별시 송파구 전통상업보존구역 지정 및 대규모 · 준대규모점포의 등록제한 등에 관한 조례의 개정작업에 착수하였는바, 송파구 의회 재정복지위원회에서 2012. 3. 14. 회의를 개최하여 조례안을 가결하였고, 위 가결된 안은 송파구 의회 본회의에 상정되어 2012.3. 19. 통과되었으며(위 조례안은 피고로 하여금 대형마트 및 준대규모점포에 대하여 오전 0시부터 오전 8시까지 영업시간의 제한 및 매월 두 번째 일요일과 네 번째 일요일 의무휴업을 명하도록 되어 있는바, 이하 위 의결된 조례안을 '이 사건 조례'라 한다), 위와 같이 의결된 조례는 피고에게 이송되었습니다.

(4) 피고는 2012. 4. 3. 송파구 내에 위치한 35개의 대형마트 및 기업형 슈퍼마켓측에 유통산업발전법의 개정에 따라 대형마트와 준대규모점포에 대한 영업시간의 제한과 월 2회의 의무휴업일 제도가 시행이 되며, 이에 따라 마련된 이 사건 조례가 공포 · 시행될 예정이니 이를 준수하라는 내용의 공문을 보냈고(유통산업발전법 제12조의2 및 이 사건 조례에 의하면 구청장인 피고가 대규모점포 등에 대하여 영업시간 제한이나 의무휴업을 명하게 되는 것이고, 유통산업발전법 및 이 사건 조례가 직접 원고들에 대하여 영업시간 제한이나 의무휴업을 해야 할 의무를 부과하고 있지는 않으므로 피고가 최초로 원고들에게 이 사건 조례가 공포 · 시행될 예정이니 이를 준수하라는 내용을 통지한 것은 영업시간 제한이나 의무휴업을 명하는 행위로서 처분성이 인정된다고 할 것인 바, 이하 피고의 위와 같은 행위를 '이 사건 처분'이라 한다), 2012. 4. 9. 이 사건 조례를 공포하였습니다.

2. 처분의 위법성

(1) 유통산업발전법에서는 시장 · 군수 · 구청장에게 영업시간 제한 및 의무휴업일 지정제도의 시행 여부를 결정할 수 있는 재량권과, 영업시간의 제한에 관하여 오전 0시부터 오전 8시까지의 범위에서, 의무휴업일에 관하여 매월 1일 이상 2일 이내의 범위에서 그 구체적인 범위를 결정할 수 있는 재량권을 부여하고 있는데, 이 사건 조례는 피고로 하여금 대형마트 및 준대규모점포에 대하여 오전 0시부터 오전 8시까지 영업시간의 제한 및 매월 두 번째 일요일과 네 번째 일요일 의무휴업을 무조건 명하도록 함으로써 위와 같이 유통산업발전법에서 부여하고 있는 피고의 재량권을 전혀 인정하지 않고 있어 유통산업발전법의 규정에 정면으로 반할 뿐만 아니라, 해당 지방자치단체의 개별 상황에 따라 시장 · 군수 · 구청장으로 하여금 위 조치의 시행 여부 및 그 범위에 관한 정책적 판단을 할 수 있도록 한 유통산업발전법의 취지에도 위반되므로 이 사건조례는 위법하여 효력이

없고, 이 사건 조례를 근거로 이루어진 이 사건 처분 역시 위법합니다.

(2) 권익제한 또는 의무부과적 처분을 하는 경우에는 행정절차법에 의한 예외사유에 해당하지 않는 한 위 법에 따른 행정절차를 거쳐야 하는데, 피고는 이 사건 처분을 하면서 원고들에게 행정심판 및 행정소송 등에 의한 불복가능여부 및 그 방법, 기간을 고지하지 않았고, 이 사건 처분 이전에 사전통지를 하지 않았으며, 원고들에게 의견제출의 기회 또한 주지 않음으로써 행정절차법 제21조, 제22조 및 제26조를 위반하였습니다.

(3) 피고는 이 사건 처분을 함에 있어 재량권을 가진다고 할 것임에도 이 사건 조례에 따라 반드시 이 사건 처분을 해야 하는 것으로 오인하여 재량권을 행사하지 않은 것이 분명하므로 이 사건 처분은 위법합니다.

3. 결론
이와 같이 피고의 처분은 위법한 행정처분이 아닐 수 없으므로, 상기와 같이 원고의 행정처분의 취소를 구하는 행정소송에 이르게 되었습니다.

입증방법

    1. 갑 제1호증
    2. 갑 제2호증

첨부서류

    1. 위 각 입증방법   각 1부
    2. 송달료 납부서
    3. 소장부본

20 . . .
위 원고   (날인 또는 서명)

서울행정법원 귀중

당해판례

2012구합 11966

이 사건 처분은 이 사건 ○○조례를 근거로 이루어진 것이 명백하므로 이 사건조례가 위법한 경우에는 특별한 사정이 없는 한 이 사건 처분 또한 위법하게 된다.

조례는 법령의 범위 안에서 제정되어야 하는데(헌법 제117조 제1항, 지방자치법 제22조 본문), 여기에서 '법령'이란 법률과 법규명령을 의미하고, '법령의 범위 안에서'의 의미는 '법령에 위반되지 아니하는 범위 내에서'라는 뜻이다(대법원 2000. 11. 24. 선고 2000추29 판결 등 참조). 그런데, 개별 법령에서 지방자치단체의 장에게 부여한 판단재량을 박탈하는 내용의 조례는 특별한 사정이 없는 한 개별 법령의 입법취지에 반하게 되는 결과를 가져오는 데다가 지방자치법에서는 지방의회와 지방자치단체의 장에게 각각 권한을 부여하고 상호 견제와 균형을 이루도록 하고 있으므로 법률에 특별한 규정이 없는 한 조례로써 견제의 범위를 넘어 법률에 의해 지방자치단체의 장에게 부여된 권한을 침해하는 규정을 두는 것은 허용될 수 없으므로 위와 같은 조례는 위법하여 무효라고 할 것이다(대법원 1995. 12. 22. 선고 95추32 판결, 대법원 2002. 4. 26. 선고 2002추23 판결 등 참조).

이 사건 조례에 관하여 보건대, 유통산업발전법은 시장·군수·구청장에게 대형마트 등의 영업시간 제한 및 의무휴업을 명함에 있어 그 필요성 판단과 그 시행 여부 및 범위설정에 대한 재량권을 부여하고 있음에도 이 사건 조례는 특별한 부가요건도 없이 피고에게 유통산업발전법에 따른 대형마트 등에 대한 영업시간 제한 및 의무휴업 범위의 최대치를 의무적으로 명하도록 강제하고 있는바, 이는 유통산업발전법이 시장·군수·구청장에게 대형마트 등의 영업시간 제한 및 의무휴업의 시행과 관련한 판단의 여지 내지 재량권을 부여함으로써 공익상의 필요와의 충분한 형량을 할 수 있도록 한 취지에 반하여 위 법률에 따라 부여된 피고의 판단재량을 박탈하는 것이므로 이 사건 조례는 위법하다고 할 것이다.

이에 대해 피고는 이 사건 조례는 적법하고, 그렇지 않다 하더라도 피고는 이 사건 조례가 피고의 권한을 침해하는 것이라고 보지 않으며, 설령 이 사건 조례가 피고에게 재량을 부여하는 형식으로 의결되었다 하더라도 피고는 마땅히 이 사건 처분을 하였을 것이라는 점에서 이 사건 조례의 위법 여부는 이 사건 처분의 위법사유가 될 수 없다는 취지로 주장하나, ① 이 사건 조례가 위법한 이유는 법령에 위반되었기 때문이지, 법령의 근거가 없어서가 아닌바, 위에서 본 바와 같이 유통산업발전법에서 영업시간 제한 및 의무휴업일 지정에 필요한 사항을 해당 지방자치단체의 조례로 정할 수 있도록 한 것은 시장·군수·구청장이 대형마트 등에 대하여 영업시간 제한 및 의무휴업을 명함에 있어 필요한 세부적인 절차와 방법 및 기준에 관하여 정하도록 한 것임에도 이 사건 조례는 이를 넘어 시장·군수·구청장에게 그와 같은 조치를 반드시 취하도록 명령하는 내용으로 규정되어 법령에서 위임받은 범위를 넘었다는 점에서 위법하다는 것이고, ② 이 사건 조례가 위법한 것은 피고의 판단재량권을 박탈하였다는 점에 있는바, 이 사건에서와 같이 피고가 이에 대해 문제삼지 않겠다고 하는 경우에도 여전히 이를 이유로 이 사건 조례를 위법하다고 볼 수 있는지가 문제될 수는 있으나, 위와 같은 피고의 태도는 국가의 행정작용은 반드시 적법절차에 의해 이루어져야 한다는 원칙에 반하고, 그것이 유통산업발전법에 의해 피고에게 부여된 대형마트 등에 대한 영업시간 제한 및 의무휴업의 시행과 관련된 판단재량권을 스스로 포기하는 것에 그치는 것이 아니라 또 다른 측면에서 피고가 공익을 위하여 또는 공익과 사익의 조화를 위하여 마땅히 권한범위 내에서 합당하고 적절한 이익형량을 해야만 한다는 법적의무를 방기하고 있는 것이라고도 평가되는바, 피고의 주관적이고 소극적인 의사에 따라 이 사건 조례의 적법 여부가 결정되는 것은 아니라 할 것이고, 이 사건 조례의 위법이 결국 피고가 유통산업발전법에 의해 부여받은 판단재량권을 스스로 행사하지 않고 이 사건 조례에만 근거해서 이 사건 처분을 하게 되는 결과를 초래함으로써 원고들에게 심대한 영향을 미쳤다고 보이므로 원고들은 피고의 내심의 의사와 관계없이 이 사건 조례의 위법을 독자적으로 주장할 수 있다고 보아야 하며, ③ 피고가 이 사건 조례의 규정에 구애받지 않고 대형마트 등에 대한 영업시간 제한 및 의무휴업을 명할 필요가 있다고 스스로 판단하여 이 사건 처분을 하였을 수도 있으나, 이 사건 처분은 원고들에게 이 사건 조례가 공포·시행될 예정이니 이를 준수하라는 취지의 공문을 보내는 형식으로 이루어져 실제 피고가 유통산업발전법이 예정한 판단재량권을 충분히 행사하였는지가 불분명하고(피고는 이 사건 처분이 단순히 이 사건 조례의 시행을 알려주는 것에 불과하여 그 자체로 처분성이 없다는 취지의 주장도 하고 있다), 그 밖에 피고가 위와 같은 판단재량권을 충분히 행사하여 이 사건 처분을 하였는지에 대한 증거가 없는바, 결국 이 사건 처분은 오로지 위법한 이 사건 조례에 기초하여 이루어진 것이라 할 것이므로 위와 같은 피고의 주장은 모두 이유 없다.

○ 또한 피고는 이 사건 처분을 함에 있어서 행정절차법상의 절차를 모두 거쳤어야 함에도 이를 제대로 지키지 않은 위법이 있다.

이 사건 처분은 원고들에 대하여 영업시간 제한 및 의무휴업을 명함으로써 헌법상 보장된 영업의 자유 등을 제한하는 것으로서 결국 당사자에게 의무를 과하거나 권익을 제한하는 처분인바, 피고는 이 사건 처분을 함에 있어서 행정절차법 제21조 제1항, 제22조 제3항에 의하여 당사자에게 처분의 사전통지를 하고, 의견제출의 기회를 주어야 함에도 이러한 절차를 거치지 않았다.

이에 대해 피고는 이 사건 처분은 행정절차법 제3조 제2항 제1호에서 정한 '국회 또는 지방의회의 의결을 거치거나 동의 또는 승인을 얻어 행하는 사항'에 해당하여 행정절차법이 적용되지 않고, 행정절차법 제21조 제4항 제3호에서 정한 '당해 처분의 성질상 의견청취가 현저히 곤란하거나 명백히 불필요하다고 인정될 만한 상당한 이유가 있는 경우'에 해당하거나 또는 법령상 확정된 의무에 따른 불이익처분에 해당하여 처분의 사전통지를 하거나 의견제출의 기회를 제공할 필요가 없다고 주장하나, 행정절차법 제3조 제2항 제1호에 의하여 행정절차법의 적용이 배제되는 경우란 행정청이 처분·신고·행정상 입법예고 및 행정지도 등을 함에 있어 그의 시행 자체에 관하여 국회 또는 지방의회의 의결·동의·승인을 얻어 행하는 경우를 말하는 것이므로 지방의회가 의결한 조례에 따라서 피고가 향후 개별적인 처분을 함에 있어 행정절차법의 적용이 배제된다고 볼 것은 아니며, 이 사건 처분은 법령상 확정된 의무에 따른 불이익처분이 아니라 피고가 처분을 함으로써 비로소 해당의무가 발생하는 경우라 할 것이고, 처분의 성질상 의견청취가 곤란하거나 불필요한 경우라고 볼 수 없고 오히려 의견청취가 반드시 필요한 경우라고 보이므로 이 사건 처분을 함에 있어 처분의 사전통지를 하거나 의견제출의 기회를 제공할 필요가 없다는 피고의 주장도 이유 없다.

○ 이 사건 처분이 대기업의 대규모점포와 준대규모점포의 지역상권 진출로 피해를 입고 있는 기존 시장상인 등 소상공인의 보호를 위해 개정된 유통산업발전법에 근거하고 있어 그 처분의 취지 등에 있어 정당성이 인정된다고 하더라도 그와 같은 정당성만으로 이 사건 조례의 위법성과 그에 영향을 받아 피고가 판단재량권을 제대로 행사하지 않고, 적정한 행정절차를 거치지 않은 위법성이 치유된다고 볼 수는 없다.

Ⅷ. 담배제조업등록취소관련 소송

1. 담배사업법의 목적 등

이 법은 담배의 제조 및 판매 등에 관한 사항을 정함으로써 담배산업의 건전한 발전을 도모하고 국민경제에 이바지하게 함을 목적으로 하며(담배사업법 제1조), 이 법에서 "담배"라 함은 연초의 잎을 원료의 전부 또는 일부로 하여 피우거나 빨거나 씹거나 또는 냄새맡기에 적합한 상태로 제조한 것을 말한다(법 제2조).

2. 담배제조업의 허가

담배제조업을 하려는 자는 대통령령으로 정하는 바에 따라 기획재정부장관의 허가를 받아야 한다. 허가받은 사항 중 대통령령으로 정하는 중요한 사항을 변경할 때에도 또한 같다. 기획재정부장관은 이에 따른 담배제조업의 허가(이하 "담배제조업허가"라 한다)를 받으려는 자가 대통령령으로 정하는 자본금, 시설, 기술인력, 담배 제조 기술의 연구·개발 및 국민건강 보호를 위한 품질관리 등에 관한 기준을 충족한 경우에는 허가를 하여야 한다(법 제11조).

3. 담배제조업허가의 취소 등

기획재정부장관은 제조업자가 다음 각 호의 어느 하나에 해당하는 경우에는 담배제조업허가를 취소하거나 기획재정부령으로 정하는 바에 따라 1년 이내의 기간을 정하여 그 영업의 정지를 명할 수 있다. 다만, 제1호, 제3호 또는 제4호에 해당하는 경우에는 그 허가를 취소하여야 한다(법 제11조의4).

1) 부정한 방법으로 담배제조업허가를 받은 경우
2) 제11조제2항에 따른 담배제조업허가의 기준을 충족하지 못하게 된 경우
3) 제11조의2 각 호의 결격사유 중 어느 하나에 해당하게 된 경우. 다만, 법인의 대표자가 그 사유에 해당하게 된 경우로서 6개월 이내에 그 대표자를 바꾸어 임명한 경우는 제외한다.
4) 제11조의5제3항에 따른 화재방지성능인증서를 제출하지 아니한 담배를 제조하여 판매한 경우
5) 제12조제3항을 위반하여 담배를 판매한 경우
6) 제25조 또는 제25조의2를 위반한 경우
7) 그 밖에 이 법 또는 이 법에 따른 명령을 위반한 경우

4. 담배판매업의 등록

담배수입판매업을 하려는 자는 그의 본점 또는 주된 사무소의 소재지를 관할하는 특별시장·광역시장·특별자치시장·도지사 또는 특별자치도지사(이하 "시·도지사"라 한다)에게 등록하고, 담배도매

업(제조업자나 수입판매업자로부터 담배를 매입하여 다른 도매업자나 소매인에게 판매하는 영업을 말한다. 이하 같다)을 하려는 자는 그의 본점 또는 주된 사무소의 소재지를 관할하는 특별자치시장·특별자치도지사·시장·군수 또는 구청장(구청장은 자치구의 구청장을 말하며, 이하 "시장·군수·구청장"이라 한다)에게 등록하여야 한다. 등록한 사항 중 기획재정부령으로 정하는 중요사항을 변경할 때에도 또한 같다. 이에 따른 등록을 하려는 자는 대통령령으로 정하는 요건을 갖추어야 하며, 이에 따라 담배수입판매업의 등록업무를 한 시·도지사는 등록한 날부터 7일 이내에 기획재정부장관, 행정자치부장관, 보건복지부장관, 환경부장관, 여성가족부장관, 관세청장 및 다른 시·도지사에게 각각 그 내용을 통보하여야 한다(법 제13조).

5. 담배판매업 등록의 취소 등

시·도지사 또는 시장·군수·구청장은 수입판매업자 또는 도매업자가 다음의 어느 하나에 해당하는 경우에는 그 등록을 취소하여야 한다(법 제15조).

1) 부정한 방법으로 등록을 한 경우
2) 제11조의5제3항에 따른 화재방지성능인증서를 제출하지 아니한 담배를 수입하여 판매한 경우
3) 제14조 각 호의 결격사유 중 어느 하나에 해당하게 된 경우
4) 최근 5년간 2회의 영업정지처분을 받은 사실이 있는 자가 다시 제3항 각 호의 어느 하나에 해당하게 된 경우
5) 영업정지기간 중에 영업을 한 경우
6) 제22조의2제1항에 따른 휴업 또는 폐업 신고를 하지 아니하고 1년 이상 영업을 하지 아니한 경우

6. 담배에 관한 경고문구의 표시 및 광고의 제한

1) 담배에 관한 경고문고 표시

담배 갑(匣)의 포장지 및 대통령령으로 정하는 광고에는 흡연은 건강에 해롭다는 내용이 명확하게 표현된 경고문구를 표시하여야 한다(법 제25조).

2) 광고 금지 및 제한

기획재정부장관은 대통령령으로 정하는 바에 따라 담배에 관한 광고를 금지하거나 제한할 수 있다.

(가) 제한방법
담배에 관한 광고는 법 제25조제2항에 따라 다음 각 호의 방법에 한정하여 할 수 있다(법 시행령 제9조 제1항).

가) 소매인의 영업소 내부에서 기획재정부령이 정하는 광고물을 전시 또는 부착하는 행위. 다만, 영업소 외부에 그 광고내용이 보이게 전시 또는 부착하는 것을 제외한다.

나) 품종군별로 연간 10회 이내(1회당 2쪽 이내)에서 잡지[「잡지 등 정기간행물의 진흥에 관한 법률」에 따라 등록 또는 신고된 주 1회 이하 정기적으로 발행되는 제책된 정기간행물 및 「신문 등의 진흥에 관한 법률」에 따라 등록된 주 1회 이하 정기적으로 발행되는 신문과 「출판문화산업 진흥법」에 따른 외국간행물로서 동일한 제호로 연 1회 이상 정기적으로 발행되는 것(이하 "외국정기간행물"이라 한다)을 말하며, 여성 또는 청소년을 대상으로 하는 것을 제외한다]에 광고를 게재하는 행위. 다만, 기획재정부령이 정하는 판매부수 이하로 국내에서 판매되는 외국정기간행물로서 외국문자로만 쓰여져 있는 잡지인 경우에는 광고게재의 제한을 받지 아니한다.

다) 사회 · 문화 · 음악 · 체육 등의 행사(여성 또는 청소년을 대상으로 하는 행사를 제외한다)를 후원하는 행위. 이 경우 후원하는 자의 명칭을 사용하는 외에 제품광고를 하여서는 아니된다.

라) 국제선의 항공기 및 여객선 그밖에 기획재정부령이 정하는 장소안에서 행하는 광고

(나) 도매업자 등에 의한 광고

제조업자 또는 수입판매업자는 광고를 도매업자 또는 소매인으로 하여금 행하게 할 수 있다. 이 경우 도매업자 또는 소매인이 행한 광고는 제조업자 또는 수입판매업자가 행한 광고로 본다.

(다) 광고의 정도

광고 또는 그에 사용되는 광고물 등은 흡연자에게 담배의 품명 · 종류 및 특징을 알리는 정도를 넘지 아니하는 것이어야 하며, 비흡연자에게 직접 또는 간접적으로 흡연을 권장 또는 유도하거나 여성 또는 청소년의 인물을 묘사하여서는 아니되며, 법 제25조제1항의 규정에 의하여 표시하는 흡연경고문구의 내용 및 취지에 반하는 내용 또는 형태이어서는 아니된다.

(라) 자율적 규제

제조업자 또는 수입판매업자는 담배에 관한 광고가 관련 규정에 위배되지 아니하도록 자율적으로 규제하여야 한다.

(마) 시정요구

기획재정부장관은 문화체육관광부장관에게 흡연경고문구의 표시가 없거나 광고의 금지 또는 제한에 위반된 광고가 게재된 외국정기간행물의 수입업자에 대한 시정조치 등을 할 것을 요청할 수 있다.

3) 위반에 대한 제제

경고문구의 표시가 없거나 광고의 금지 또는 제한 내용을 위반한 경우 기획재정부장관은 제조업자에 대하여, 시·도지사는 수입판매업자에 대하여, 시장·군수·구청장은 도매업자 및 소매인에 대하여 각각 해당 담배의 수입 또는 판매를 제한하거나 광고물의 제거 등 시정에 필요한 명령 또는 조치를 할 수 있다.

4) 경고문구의 표시방법

경고문구는 기획재정부장관이 보건복지부장관 및 여성가족부장관과 협의하여 정한다. 담배의 갑포장지 및 대통령령이 정하는 광고에는 흡연은 건강에 해롭다는 내용이 명확하게 표현된 경고문구를 표시하여야 한다.

[서식] 행정처분취소 청구의 소

소　　장

원고　　주식회사 ○○○
　　　　서울시 서초구 ○○동 ○○번지
　　　　(전화 000-000, 팩스 000-000)
피고　　서울특별시장
행정처분취소

청구취지

1. 피고가 2011. 6. 24. 원고에 대하여 한 담배사업법 시행령 제9조에서 정한 담배에 관한 광고 이외의 광고행위를 금지하는 처분을 취소한다.
2. 소송비용은 피고가 부담한다.

라는 판결을 구합니다.

청구원인

1. 처분의 경위

(1) 원고는 금연보조기계 수입 및 판매업 등을 영위하는 법인으로, 니코틴 농축액으로 만들어진 카트리지를 전자장치를 이용하여 연기가 아닌 수증기로 기화시켜 흡입하는 이른바 전자담배(이하 '이 사건 전자담배'라 한다)를 판매하여 오면서, 인터넷 홈페이지를 통해 연예인을 모델로 기용하여

"깨끗한 흡연문화" 캠페인을 펼치면서 전자담배의 효능을 알리고 아울러 이벤트를 개최하여 홈페이지 방문을 유도하는 방법으로 이사건 전자담배의 판매를 위한 광고를 하였습니다.

(2) 피고는 2011. 6. 24. 원고에 대하여 이 사건 전자담배가 담배사업법 제2조의 '담배'에 해당함을 전제로 하여 '원고가 담배사업법령이 정하는 광고의 범위를 벗어난 담배에 관한 광고행위를 하였다'는 이유로 '담배사업법 시행령 제9조에서 정한 담배에 관한 광고 이외의 광고행위를 금지하라.'는 내용의 처분(이하 '이 사건 처분'이라 한다)을 하였습니다.

2. 처분의 위법성
이 사건 처분은 아래와 같은 사유로 위법하므로 취소되어야 합니다.

(1) 원고가 판매하고 있는 이 사건 전자담배는 액상과 니코틴을 흡입할 수 있는 전자장치로 구성되어 있고 일반담배와 달리 액체로 구성된 카트리지를 연기가 아닌 수증기로 기화시키게 되어 불을 사용하지 않아 태울 때 생기는 유해화학물질인 타르, 일산화탄소 등이 나오지 아니합니다.

(2) 따라서 이 사건 전자담배는 연초의 잎을 원료로 하는 것이 아니고 연기를 흡입하는 것도 아니기 때문에 이를 담배사업법에서 정한 '담배'로 볼 수 없고, 더구나 농축액을 수증기로 기화시켜 흡입할 수 있도록 만든 전자장치는 단순한 전자제품일 뿐 담배사업법에서 정한 '담배'로 볼 수 없습니다.

3. 결론
이와 같이 피고의 이 사건 처분은 위법하므로 그 취소를 구하는 행정소송을 제기하게 되었습니다.

입증방법

1. 갑 제1호증
2. 갑 제2호증
3. 갑 제3호증
4. 갑 제4호증

첨부서류

1. 위 각 입증방법   각 1부

    2. 송달료 납부서
    3. 소장부본

                    20 .   .   .
            위 원고   (날인 또는 서명)

서울행정법원   귀중

당해판례

2011구합 21157

그런데 앞서 든 증거들과 변론 전체의 취지를 종합하여 인정되는 아래와 같은 사정, 즉 ① 오래전부터 연초의 입을 단순 가공, 처리하여 담배를 제조해 왔으나, 최근 과학기술의 발달로 새로운 방법으로 연초의 잎을 가공, 처리하는 기술이 계속 등장하고 있고, 이 사건 전자담배 역시 새로운 과학기술을 이용하여 연초의 잎에서 니코틴 농축액을 추출하여 사용하고 있으므로, 이는 담배사업법 제2조에서 정한 '연초의 잎을 원료로 한 것'에 해당된다고 볼 수 있는 점, ② '빨다'의 의미는 '입을 대고 입속으로 당겨 들어오게 하다'는 의미로서 '흡입'과 같은 의미라고 할 수 있으므로, 전자장치를 이용하여 수증기를 흡입하는 방식으로 연초의 잎에서 추출된 니코틴을 체내에 흡수하는 제품인 이 사건 전자담배 역시 '연초의 잎을 원료로 하여 빨기에 적합한 상태로 제조한 것'에 해당한다고 볼 수 있는 점, ③ 이 사건 전자담배 중 니코틴 농축액을 수증기로 기화시켜 흡입할 수 있도록 만든 전자장치는 그 자체로는 독립한 효용을 가질 수 없기 때문에 니코틴 농축액과 결합하여 하나의 제품으로 보아 담배사업법에서 정한 '담배'에 해당하는지 여부를 판단하여야 하는 점, ④ 청소년을 포함한 국민 전체의 건강을 위하여 담배사업법 제3조 제1항에서 연초의 잎을 원료로 하지 아니한 담배대용품에 대하여도 담배와 유사한 것으로 보아 담배와 같이 비교적 폭넓은 제한(판매업 등록, 판매가격 신고·공고, 경고문구의 표시 및 광고 제한 등)을 가하고 있는 점을 고려할 때, 연초의 잎에서 추출한 니코틴을 원료로 하는 이 사건 전자담배 역시 담배사업법에서 정한 담배로 보아 규율하는 것이 담배사업법의 입법취지에도 부합한다고 보이는 점 등을 종합해 보면, 이 사건 전자담배는 담배사업법 제2조에서 정한 '담배'에 해당된다고 보아야한다.

따라서 원고의 위 주장은 이유 없다.

IX. 디엔에이 강제처분취소

1. 디엔에이신원확인정보의 이용 및 보호에 관한 법률이 제정목적

이 법은 디엔에이신원확인정보의 수집·이용 및 보호에 필요한 사항을 정함으로써 범죄수사 및 범죄예방에 이바지하고 국민의 권익을 보호함을 목적으로 한다(법 제1조). 이법에서 말하는 "DNA"란 생물의 생명현상에 대한 정보가 포함된 화학물질인 디옥시리보 핵산(Deoxyribonucleic acid, DNA)을 말한다.

2. 국가의 책무

국가는 디엔에이감식시료를 채취하고 디엔에이 신원확인정보를 관리하며 이를 이용함에 있어 인간의 존엄성 및 개인의 사생활이 침해되지 아니하도록 필요한 시책을 마련하여야 하며, 데이터베이스에 수록되는 디엔에이신원확인정보에는 개인 식별을 위하여 필요한 사항 외의 정보 또는 인적사항이 포함되어서는 아니 된다(법 제3조).

3. 수형인등으로부터의 디엔에이감식시료 채취

(1) 디엔에이감식시료 채취

검사(군검찰관을 포함한다.)는 다음 각 호의 어느 하나에 해당하는 죄 또는 이와 경합된 죄에 대하여 형의 선고, 「형법」제59조의2에 따른 보호관찰명령, 「치료감호법」에 따른 치료감호선고, 「소년법」제32조제1항제9호 또는 제10호에 해당하는 보호처분결정을 받아 확정된 사람(이하 "수형인등"이라 한다)으로부터 디엔에이감식시료를 채취할 수 있다. 다만, 제6조에 따라 디엔에이감식시료를 채취하여 디엔에이신원확인정보가 이미 수록되어 있는 경우는 제외한다(법 제5조).
제6호 「폭력행위 등 처벌에 관한 법률」제2조(같은 조 제2항의 경우는 제외한다), 제3조부터 제5조까지 및 제6조(제2조제2항의 미수범은 제외한다)의 죄

(2) 위탁

검사는 필요한 경우 교도소·구치소 및 그 지소, 소년원, 치료감호시설 등(이하 "수용기관"이라 한다)의 장에게 디엔에이감식시료의 채취를 위탁할 수 있다.

4. 디엔에이감식시료채취영장

(1) 영장발부

검사는 관할 지방법원 판사(군판사를 포함한다.)에게 청구하여 발부받은 영장에 의하여 제5조 또는

제6조에 따른 디엔에이감식시료의 채취대상자로부터 디엔에이감식시료를 채취할 수 있다(법 제8조).

(2) 사법경찰관의 디엔에이감식시료를 채취

사법경찰관은 검사에게 신청하여 검사의 청구로 관할 지방법원판사가 발부한 영장에 의하여 제6조에 따른 디엔에이감식시료의 채취대상자로부터 디엔에이감식시료를 채취할 수 있다.

(3) 디엔에이감식시료를 채취방법

채취대상자가 동의하는 경우에는 영장 없이 디엔에이감식시료를 채취할 수 있다. 이 경우 미리 채취대상자에게 채취를 거부할 수 있음을 고지하고 서면으로 동의를 받아야 한다.

(4) 영장청구서 기재사항

디엔에이감식시료를 채취하기 위한 영장(이하 "디엔에이감식시료채취영장"이라 한다)을 청구할 때에는 채취대상자의 성명, 주소, 청구이유, 채취할 시료의 종류 및 방법, 채취할 장소 등을 기재한 청구서를 제출하여야 하며, 청구이유에 대한 소명자료를 첨부하여야 한다.

(5) 영장기재 사항

디엔에이감식시료채취영장에는 대상자의 성명, 주소, 채취할 시료의 종류 및 방법, 채취할 장소, 유효기간과 그 기간을 경과하면 집행에 착수하지 못하며 영장을 반환하여야 한다는 취지를 적고 지방법원판사가 서명날인하여야 한다.

(6) 영장의 집행방법

디엔에이감식시료채취영장은 검사의 지휘에 의하여 사법경찰관리가 집행한다. 다만, 수용기관에 수용되어 있는 사람에 대한 디엔에이감식시료채취영장은 검사의 지휘에 의하여 수용기관 소속 공무원이 행할 수 있으며, 필요에 따라 관할구역 밖에서 디엔에이감식시료채취영장의 집행을 직접 지휘하거나 해당 관할구역의 검사에게 집행지휘를 촉탁할 수 있다.

(7) 사전고지

디엔에이감식시료를 채취할 때에는 채취대상자에게 미리 디엔에이감식시료의 채취 이유, 채취할 시료의 종류 및 방법을 고지하여야 한다.

(8) 형사소송법 준용

디엔에이감식시료채취영장에 의한 디엔에이감식시료의 채취에 관하여는「형사소송법」제116조, 제118조, 제124조부터 제126조까지 및 제131조를 준용한다.

5. 디엔에이감식시료의 채취 방법

디엔에이감식시료를 채취할 때에는 구강점막에서의 채취 등 채취대상자의 신체나 명예에 대한 침해를 최소화하는 방법을 사용하여야 한다(법 제9조).

[서식] 디엔에이 강제처분취소 청구의 소

소　　장

원고　　　ㅇ ㅇ ㅇ(주민등록번호)
　　　　　경기도 인천시 ㅇㅇ동
　　　　　(전화 000-000, 팩스 000-000)
피고　　　안동교도소장
디엔에이 강제처분취소

청구취지

1. 피고가 2011. 3. 21. 원고에게 한 디엔에이강제집행처분을 취소하라.
2. 소송비용은 피고의 부담으로 한다.
라는 판결을 구합니다.

청구원인

1. 처분의 경위

(1) 원고는 인천지방법원에서 2009. 2. 11. 폭력행위 등 처벌에 관한 법률 위반죄 등으로 징역 2년 6월을 선고 받고 항소하였으나, 2009. 9. 23. 항소기각되어 그 무렵 그 형이 확정되었으며, 안동교도소에서 복역하다가 2011. 3. 23. 형기종료로 출소하였습니다.

(2) 피고는 2010. 12. 7. 대구지방검찰청 안동지청장으로부터 원고를 비롯한 형기종료 예정자 79명에 대하여 디엔에이신원확인의 이용 및 보호에 관한 법률(이하 '법'이라고한다) 제5조 제2항에 기한 디엔에이감식시료의 채취를 위탁받았습니다.

피고는 2010. 12.11. 원고에게 디엔에이감식시료 임의채취를 위해 시료를 채취하는 이유, 채취할 시료의 종류, 시료를 채취하는 방법과 시료채취를 거부할 수 있음을 고지하였으나, 원고는 디엔에이 임의채취를 거부하였습니다.

(3) 이에 피고는 2011. 3. 21. 원고에게 법 제8조 및 제9조에 따라 디엔에이감식시료의 채취이유, 채취할 시료의 종류 및 방법을 고지하고, 검사가 대구지방법원 안동지원판사로부터 발부받은 디엔에이감식시료 영장을 제시한 다음, 구강상피세포에서 키트에 의한 채취방법에 의해 디엔에이감식시료를 채취하였습니다(이하 '이 사건 처분'이라고 한다).

(4) 구강시료 채취는 대상자의 입안을 물로 가볍게 헹구게 한 후, 스펀지 막대로 대상자의 양쪽 볼 안쪽, 잇몸, 혓바닥을 문질러 타액이 골고루 묻게 하고, 그 후 시료채취 카드의 핑크색 종이를 꺼내어 타액이 묻은 스펀지를 검정색 원 안쪽에 꾹 눌러찍고, 타액이 묻은 부위가 수초 후 핑크색에서 흰색으로 변하는 것을 확인하면 건조시킨 뒤이를 봉인하는 방법으로 이루어집니다.

2. 처분의 위법성

원고는 이 사건 처분으로 인해 신체의 자유, 인간의 존엄 및 행복추구권 등 헌법에서 보장받은 기본권을 침해당하였으므로 이 사건 처분은 위법한 처분입니다.

3. 결론

이상과 같이 피고의 이 사건 처분은 위법하므로 이의 취소를 구하는 행정소송을 제기하기에 이르렀습니다.

입증방법

1. 갑 제1호증
2. 갑 제2호증
3. 갑 제3호증
4. 갑 제4호증
5. 갑 제5호증

첨부서류

1. 위 각 입증방법   각 1부
2. 송달료 납부서
3. 소장부본

20 .   .   .

위 원고   (날인 또는 서명)

서울행정법원   귀중

당해판례

2011구합 11686

앞서 인정한 사실을 종합하면 인정되는 다음과 같은 사정 즉, ① 법은 디엔에이신원 확인정보의 수집·이용 및 보호에 필요한 사항을 정함으로써 범죄수사 및 범죄예방에 이바지하고 국민의 권익을 보호함을 목적으로 하는 것이고(법 제1조), 디엔에이 감식시료를 채취하고 디엔에이 신원확인정보를 관리하여 이를 이용함에 있어 인간의 존엄성 및 개인의 사생활이 침해되지 아니하도록 필요한 시책을 국가에게 마련하도록 하고 있으며, 개인식별을 위하여 필요한 사항 외의 정보 또는 인적사항은 데이터베이스에 수록하지 못하도록 하고 있고(법 제3조), 법에서 정한 일정한 범죄를 저지른 자에 한하여 디엔에이감식시료를 채취할 수 있도록 하여 그 범위를 한정하고 있으며(법 제5조, 원고는 법 제5조 제1항 제6호에 해당한다), 디엔에이감식시료를 채취할 때에는 구강점막에서의 채취 등 채취대상자의 신체나 명예에 대한 침해를 최소화하는 방법을 사용하도록 하고 있는(법 제9조) 등 그 목적이 정당하고, 이를 달성하기 위한 수단 또한 과도해 보이지는 않는 점, ② 피고는 원고가 임의채취를 거부하자 법 제8조에 규정된 대로 영장을 발부받아 이를 강제채취하는 등 법에

정해진 절차를 준수한 것으로 보이는 점, ③ 구강시료를 강제채취하는 방법 자체도 심히 모욕적이거나 인간으로서 존엄성을 지키기 어려운 정도라고 보이지 아니하는 점 등을 종합하면, 원고의 디엔에이감식시료를 강제채취한 이 사건 처분에 어떠한 잘못이 있다고 보이지 아니하므로 원고의 주장은 받아들이지 않는다.

Ⅹ. 기탁금및보전금액반환고지취소관련 소송

1. 공직선거법의 제정목적

이 법은 대통령선거 · 국회의원선거 · 지방의회의원 및 지방자치단체의 장의 선거에 적용한다(법 제2조).

2. 선거관리

중앙선거관리위원회는 이 법에 특별한 규정이 있는 경우를 제외하고는 선거사무를 통할 · 관리하며, 하급선거관리위원회(투표관리관 및 사전투표관리관을 포함한다.) 및 제218조에 따른 재외선거관리위원회와 제218조의2에 따른 재외투표관리관의 위법 · 부당한 처분에 대하여 이를 취소하거나 변경할 수 있다. 또한, 시 · 도선거관리위원회는 지방의회의원 및 지방자치단체의 장의 선거에 관한 하급선거관리위원회의 위법 · 부당한 처분에 대하여 이를 취소하거나 변경할 수 있으며, 구 · 시 · 군선거관리위원회는 당해 선거에 관한 하급선거관리위원회의 위법 · 부당한 처분에 대하여 이를 취소하거나 변경할 수 있다. 이 법에 규정된 구 · 시 · 군선거관리위원회에는 그 성질에 반하지 아니하는 범위에서 세종특별자치시선거관리위원회가 포함된 것으로 본다.

3. 선거구선거관리

(1) 선거관리위원회

선거구선거사무를 행할 선거관리위원회는 다음과 같다(법 제13조).

1) 대통령선거 및 비례대표전국선거구국회의원(이하 "비례대표국회의원"이라 한다)선거의 선거구선거사무는 중앙선거관리위원회

2) 특별시장 · 광역시장 · 특별자치시장 · 도지사(이하 "시 · 도지사"라 한다)선거와 비례대표선거구시 · 도의회의원(이하 "비례대표시 · 도의원"이라 한다)선거의 선거구선거사무는 시 · 도선거관리위원회

3) 지역선거구국회의원(이하 "지역구국회의원"이라 한다)선거, 지역선거구시 · 도의회의원(이하 "지역구시 · 도의원"이라 한다)선거, 지역선거구자치구 · 시 · 군의회의원(이하 "지역구자치구 · 시 · 군의원"이라 한다)선거, 비례대표선거구자치구 · 시 · 군의회의원(이하 "비례대표자치구 · 시 · 군의원"이라 한다)선거 및 자치구의 구청장 · 시장 · 군수(이하 "자치구 · 시 · 군의 장"이라 한다)선거의 선거구선거사무는 그 선거구역을 관할하는 구 · 시 · 군선거관리위원회[제29조(지방의회의원의 증원선거)제3항 또는 「선거관리위원회법」 제2조(設置)제6항의 규정에 의하여 선거구선거사무를 행할 구 · 시 · 군선거관리위원회가 지정된 경우에는 그 지정을 받은 구 · 시 · 군선거관리위원회를 말한다]

(2) 선거관리사무의 정의

"선거구선거사무"라 함은 선거에 관한 사무중 후보자등록 및 당선인결정 등과 같이 당해 선거구를 단위로 행하여야 하는 선거사무를 말한다.

(3) 선거사무의 범위 조정 등

선거구선거관리위원회 또는 직근 상급선거관리위원회는 선거관리를 위하여 특히 필요하다고 인정하는 때에는 중앙선거관리위원회가 정하는 바에 따라 당해 선거에 관하여 관할선거구안의 선거관리위원회가 행할 선거사무의 범위를 조정하거나 하급선거관리위원회 또는 그 위원으로 하여금 선거구선거관리위원회의 직무를 행하게 할 수 있다.

4. 정당의 후보자추천 관련 금품수수금지

1) 후보자추천 관련 금품수수금지

누구든지 정당이 특정인을 후보자로 추천하는 일과 관련하여 금품이나 그 밖의 재산상의 이익 또는 공사의 직을 제공하거나 그 제공의 의사를 표시하거나 그 제공을 약속하는 행위를 하거나, 그 제공을 받거나 그 제공의 의사표시를 승낙할 수 없다. 이 경우 후보자(후보자가 되려는 사람을 포함한다)와 그 배우자(이하 이 항에서 "후보자등"이라 한다), 후보자등의 직계존비속과 형제자매가 선거일 전 150일부터 선거일 후 60일까지 「정치자금법」에 따라 후원금을 기부하거나 당비를 납부하는 외에 정당 또는 국회의원[「정당법」 제37조(활동의 자유)제3항에 따른 국회의원지역구 또는 자치구·시·군의 당원협의회 대표자를 포함하며, 이하 이 항에서 "국회의원등"이라 한다], 국회의원등의 배우자, 국회의원등 또는 그 배우자의 직계존비속과 형제자매에게 채무의 변제, 대여 등 명목여하를 불문하고 금품이나 그 밖의 재산상의 이익을 제공한 때에는 정당이 특정인을 후보자로 추천하는 일과 관련하여 제공한 것으로 본다(법 제47조의2).

2) 지시, 알선 등 금지

누구든지 1)항에 규정된 행위에 관하여 지시·권유 또는 요구하거나 알선하여서는 아니 된다.

5. 후보자등록 등

정당의 당원인 자는 무소속후보자로 등록할 수 없으며, 후보자등록기간중(후보자등록신청시를 포함한다) 당적을 이탈·변경하거나 2 이상의 당적을 가지고 있는 때에는 당해 선거에 후보자로 등록될 수 없다. 소속정당의 해산이나 그 등록의 취소 또는 중앙당의 시·도당창당승인취소로 인하여 당원자격이 상실된 경우에도 또한 같다(법 제49조 제6항).

6. 기탁금의 반환 등

(1) 기탁금 반환사유

관할선거구선거관리위원회는 다음 각 호의 구분에 따른 금액을 선거일 후 30일 이내에 기탁자에게 반환한다. 이 경우 반환하지 아니하는 기탁금은 국가 또는 지방자치단체에 귀속한다(법 제57조).

1) 대통령선거, 지역구국회의원선거, 지역구지방의회의원선거 및 지방자치단체의 장선거

가) 후보자가 당선되거나 사망한 경우와 유효투표총수의 100분의 15 이상을 득표한 경우에는 기탁금 전액

나) 후보자가 유효투표총수의 100분의 10 이상 100분의 15 미만을 득표한 경우에는 기탁금의 100분의 50에 해당하는 금액

다) 예비후보자가 사망하거나 제57조의2제2항 본문에 따라 후보자로 등록될 수 없는 경우에는 제60조 의2제2항에 따라 납부한 기탁금 전액

2) 비례대표국회의원선거 및 비례대표지방의회의원선거

당해 후보자명부에 올라 있는 후보자중 당선인이 있는 때에는 기탁금 전액. 다만, 제189조 및 제190조의 2에 따른 당선인의 결정 전에 사퇴하거나 등록이 무효로 된 후보자의 기탁금은 제외한다.

(2) 기탁금의 공제 및 납부

제56조제3항에 따라 기탁금에서 부담하여야 할 비용은 제1항에 따라 기탁금을 반환하는 때에 공제하되, 그 부담비용이 반환할 기탁금을 넘는 사람은 그 차액을, 기탁금 전액이 국가 또는 지방자치단체에 귀속되는 사람은 그 부담비용 전액을 해당 선거구선거관리위원회의 고지에 따라 그 고지를 받은 날부터 10일 이내에 납부하여야 한다.

(3) 징수 위탁 등

관할선거구선거관리위원회는 납부기한까지 해당자가 그 금액을 납부하지 아니한 때에는 관할세무서장에게 징수를 위탁하고, 관할세무서장은 국세 체납처분의 예에 따라 이를 징수하여 국가 또는 해당 지방자치단체에 납입하여야 한다. 이 경우 제271조에 따른 불법시설물 등에 대한 대집행비용은 우선 해당 선거관리위원회가 지출한 후 관할세무서장에게 그 징수를 위탁할 수 있다.

(4) 기탁금의 반환 등에 필요한 사항

기탁금의 반환 및 귀속 기타 필요한 사항은 중앙선거관리위원회규칙으로 정한다.

7. 선거비용의 보전 등

선거구선거관리위원회는 다음의 규정에 따라 후보자(대통령선거의 정당추천후보자와 비례대표국회의원선거 및 비례대표지방의회의원선거에 있어서는 후보자를 추천한 정당을 말한다. 이하 이 조에서 같다)가 이 법의 규정에 의한 선거운동을 위하여 지출한 선거비용「정치자금법」제40조(회계보고)의 규정에 따라 제출한 회계보고서에 보고된 선거비용으로서 정당하게 지출한 것으로 인정되는 선거비용을 말한다]을 제122조(선거비용제한액의 공고)의 규정에 의하여 공고한 비용의 범위안에서 대통령선거 및 국회의원선거에 있어서는 국가의 부담으로, 지방자치단체의 의회의원 및 장의 선거에 있어서는 당해 지방자치단체의 부담으로 선거일후 보전한다(법 제122조의2).

1) 대통령선거, 지역구국회의원선거, 지역구지방의회의원선거 및 지방자치단체의 장선거

가) 후보자가 당선되거나 사망한 경우 또는 후보자의 득표수가 유효투표총수의 100분의 15 이상인 경우 후보자가 지출한 선거비용의 전액

나) 후보자의 득표수가 유효투표총수의 100분의 10 이상 100분의 15 미만인 경우 후보자가 지출한 선거비용의 100분의 50에 해당하는 금액

2) 비례대표국회의원선거 및 비례대표지방의회의원선거

후보자명부에 올라 있는 후보자중 당선인이 있는 경우에 당해 정당이 지출한 선거비용의 전액

8. 당선인의 선거범죄로 인한 당선무효

당선인이 당해 선거에 있어 이 법에 규정된 죄와「정치자금법」제49조(선거비용관련 위반행위에 관한 벌칙)의 죄를 범함으로 인하여 징역 또는 100만원 이상의 벌금형의 선고를 받은 때에는 그 당선은 무효로 한다.

9. 당선무효된 자 등의 비용반환

1) 반환사유

제263조(선거비용의 초과지출로 인한 당선무효) 내지 제265조(선거사무장등의 선거범죄로 인한 당선무효)의 규정에 의하여 당선이 무효로 된 자(그 기소 후 확정판결 전에 사직한 자를 포함한다)는 제57조(기탁금의 반환 등) 및 제122조의2(선거비용의 보전 등)의 규정에 의하여 반환·보전받은 금액을 반환하여야 한다. 이 경우 대통령선거에 있어서 정당추천후보자의 당선이 무효로 된 때와 비례대표국회의원 선거 및 비례대표지방의회의원선거에 있어서 후보자의 당선이 모두 무효로 된 때에는 그 추천 정당이 반환한다(법 제265조의2).

2) 반환사유 고지 등

관할선거구선거관리위원회는 제1항의 규정에 의한 반환사유가 발생한 때에는 지체없이 당해 정당·후보자에게 반환하여야 할 금액을 고지하여야 하고, 당해 정당·후보자는 그 고지를 받은 날부터 30일 이내에 선거구선거관리위원회에 이를 납부하여야 한다.

3) 납부 징수된 금액의 국각 등 귀속

납부 또는 징수된 금액은 국가 또는 지방자치단체에 귀속된다.

[서식] 기탁금및보전금액반환고지취소 청구의 소

소　장

　　원고　　　김 길 동(주민등록번호)
　　　　　　　서울시 은평구 ○○동 ○번지
　　　　　　　(전화 000-000, 팩스 000-000)
　　피고　　　은평구선거관리위원회
　　기탁금및보전금액반환고지취소

청구취지

1. 피고가 2009. 11. 18. 원고에 대하여 한 기탁금 및 보전금액 반환 고지처분을 취소한다.
2. 소송비용은 피고의 부담으로 한다.

라는 판결을 구합니다.

청구원인

1. 처분의 경위

(1) 원고의 지위

1) 창조한국당 대표로 2008. 4. 9. 실시된 제18대 국회의원선거에서 서울 은평구 을 선거구에 창조한 국당 후보자로 출마하여 당선되었습니다.

2) 원고는 창조한국당이 이○○을 제18대 국회의원선거 비례대표 후보자로 추천하는 일과 관련하여 이○○로 하여금 창조한국당에 당채 매입대금으로 6억 원을 이자 연 1%, 만기 1년 후로 정하여 지급하게 하였다.

3) 원고는 이00로부터 받은 재산상의 이익이 창조한국당에 제공되게 함과 동시에 이를 통하여

정치자금을 기부받음으로써 공직선거법 제230조 제6항, 제47조의 2 제1항 및 정치자금법 제45조 제2항 제5호, 제32조 제1호를 위반하였다는 이유로 기소되어 징역 8월에 집행유예 2년의 형을 선고받아 그 판결이 확정되었습니다(서울중앙지방법원2008. 12. 5. 선고 2008고합1093 판결, 서울고등법원 2009. 7. 23. 선고 2008노3355 판결, 대법원 2009. 10. 22. 선고 2009도7436호 판결, 이하 '이 사건 판결').

(2) 피고의 기탁금 및 보전금액 반환고지 처분(이하 '이 사건 처분')

1) 처분일 : 2009. 11. 18.

2) 처분사유 : 당선무효에 따른 기탁금과 보전금액 반환(공직선거법 제265조의 2)

3) 납부금액 : 기탁금(15,001,191원), 보전금액(87,971,016원) 합계 102,972,207원

2. 처분의 위법성 – 처분사유의 부존재

(1) 공직선거법 제264조에서 "당해 선거"라 함은 당선인이 출마한 해당 지역구 선거만을 의미합니다.

(2) 원고는 서울 은평구을 선거구에 출마하여 당선되었는데, 다만 원고 소속 정당인 창조한국당이 비례대표후보가 되고자 하는 이○○에게 부당한 당채를 발행한 것이 문제가 되어 당 대표의 지위에 있던 원고가 공직선거법 등 위반 혐의로 징역형을 선고 받은 것뿐입니다.

(3) 국회의원은 하나의 독립된 기관으로서 당해 선거란 당해 의원이 출마한 선거구만을 의미한다. 지역구 국회의원 선거와 비례대표 국회의원 선거는 공직선거법 제13조에서 선거사무 관할을 달리 규정하고 있는 등 엄연히 구별되어 있고, 유권자의 별도의 투표에 의해 선출되므로 각 별개의 독립된 선거입니다.

(4) 원고는 지역구 국회의원 선거인 서울 은평구을 선거와는 무관한 비례대표선거에서 공직선거법 등의 죄를 범한 것이므로, 공직선거법 제264조의 요건에 해당되지 않음에도 불구하고 피고가 이를 전제로 하여 이 사건 처분을 한 것은 위법합니다.

3. 결론

이상과 같이 피고의 이 사건 처분은 위법하므로 이의 취소를 구하는 행정소송을 제기하기에 이르렀습니다.

입증방법

1. 갑 제1호증
2. 갑 제2호증

첨부서류

1. 위 각 입증방법   각 1부
2. 송달료 납부서
3. 소장부본

20   .   .   .

위 원고   (날인 또는 서명)

서울행정법원   귀중

당해판례

2010구합 12170

1. 본안판단

원고가 창조한국당 비례대표후보자 추천행위와 관련하여 공직선거법 및 정치자금법을 위반하였다는 이유로 원고를 징역형에 처하는 이 사건 판결을 선고받은 것이 공직선거법 제264조가 규정한 "당해 선거에 있어 이 법에 규정된 죄를 범함으로 인하여 징역형의 선고를 받은 때"에 해당하여 당선이 무효가 되는 것인지 여부에 관하여 본다.

(1) 공직선거법의 입법취지와 이 사건 변론에 나타난 다음과 같은 사정 등을 종합하면, 공직선거법 제264조에서의 "당해 선거"란 당선인이 출마한 특정적·개별적 선거구를 의미하는 것이 아니라 해당년도 국회의원 선거에서 행해진 모든 선거를 포괄하는 개념인 전체로서의 당해 선거를 일컫는다고 봄이 상당하다. 원고의 주장은 이유 없다.

ㅇ 공직선거법은 대통령 선거·국회의원선거·지방의회선거 및 지방자치단체의 장의 선거에 위법을 적용한다고 규정하고 있는바(제2조), '당해 선거'라 함은 원칙적으로 위 네 종류의 선거 중 하나를 일컫는 것이고, 비례대표 국회의원과 지역구 국회의원은 위 국회의원 선거에 있어서 선거구를 전국을 단위로 하느냐 당해 의원의 선거구를 선거구로 하느냐의 차이가 있을 뿐이다.

○ 공직선거법 제13조가 당해 선거구를 단위로 선거사무를 처리하도록 한 것은 후보자등록 및 당선 인결정 등과 같은 선거사무의 성질에 따른 것으로서 선거 관리방법의 문제일 뿐 양자가 별개의 독립된 선거임을 전제로 한 것으로 보이지 않는다.

○ 공직선거법은 구·시·군선거관리위원회는 "당해 선거"에 관한 하급선거관리위원회의 위법·부당한 처분에 대하여 이를 취소하거나 변경할 수 있다거나(제12조 제3항), 선거관리를 위하여 특히 필요하다고 인정하는 때에는 "당해 선거"에 관하여 관할선거구구안의 선거관리위원회가 행할 선거사무의 범위를 조정할 수 있고(제13조 제3항), 정당의 당원인 자는 무소속후보자로 등록할 수 없으며, 후보자등록기간중 당적을 이탈·변경하거나 2 이상의 당적을 가지고 있는 때에는 "당해 선거"에 후보자로 등록될 수 없다(제49조 제6항)고 규정하고 있는바, 위 각 규정의 해석상 그 각 "당해 선거"라 함은 비례대표전국구이든 지역구이든 그 해에 실시되거나 실시될 국회의원 선거 자체를 의미하는 개념이라고 봄이 타당하다.

○ 공직선거법 또는 정치자금법 제45조 및 제49조에 규정된 죄를 범하여 징역형의 선고를 받은 경우 피선거권이 상실되고, 의원직에서 당연퇴직하도록 규정하고 있음에도 불구하고(공직선거법 제19조 제1호, 제18조 제1항 3호, 국회법 제136조) 공직선거법이 별도로 제264조를 둔 것은 공직선거에 있어서 부정 및 부패의 소지를 근원적으로 제거하기 위한 것으로서 해당 의원 본인이 출마한 지역구 이외의 다른 선거구(지역구 또는 비례대표전국구)에서의 활동으로 인하여 공직선거법 또는 정치자금법을 위반한 당선인의 경우에도 그 당선을 무효로 하기 위한 취지라고 보아야 한다.

2. 결론

원고는 당해 선거의 공직선거법 및 정치자금법 위반의 선거범죄행위로 원고를 징역형에 처하는 이 사건 판결이 선고되었으므로 원고의 서울 은평구을 선거구에서의 제18대 국회의원 당선은 공직 선거법 제264조에 따라 무효가 되었다고 봄이 상당하다. 따라서 이를 전제로 한 피고의 이 사건 처분은 적법하다.

소　장

원고　　　　김 길 동(주민등록번호)
　　　　　　서울시 강남구 ○○동 ○○번지
　　　　　　(전화 000-000, 팩스 000-000)
피고　　　　서울특별시선거관리위원회
기탁금및선거비용보전액반환처분무효확인등

청구취지

1. 주위적으로 피고가 2009. 11. 10. 원고에 대하여 한 기탁금 50,005,753원, 선거비용보전액
2,835,153,680원의 반환처분이 무효임을 확인한다. 예비적으로 피고가 한 위 처분을 취소한다.
2. 소송비용은 피고의 부담으로 한다.

라는 판결을 구합니다.

청구원인

1. 처분의 경위

(1) 원고는 2008. 7. 30. 서울특별시 교육감선거에 출마하여 당선되었으나, 2009. 3. 10. 서울중앙지
방법원에서, 2008. 7. 15.경 교육감선거의 후보자로 등록하면서 배우자의 예금계좌를 누락하여 재산
신고를 하여 배우자의 재산에 관하여 허위의 사실을 공표하여 구 지방교육자치에 관한 법률(2010.
2. 26. 법률 제10046호로 개정되기 전의 것, 이하 '구 지방교육자치법'이라 한다) 제22조 제3항(이하
'제1 조항'이라 한다), 구 공직 선거법(2010. 1. 25. 법률 제9974호로 개정되기 전의 것, 이하 '구
법'이라 한다) 제250조 제1항을 위반하였다는 범죄사실로 벌금 1,500,000원에 처하는 판결을 선고받
았고, 그 판결은 2009. 6. 10. 항소가, 2009. 10. 29. 상고가 각 기각됨으로써 확정되었습니다.

(2) 그에 따라 원고의 당선은 법 제264조에 의하여 무효로 되었고, 피고는 2009. 11. 10. 원고에
대하여 제1 조항, 법 제265조의2 제1항 전문, 제2항(이하 '제2 조항'이라 한다)에 의하여 반환된
기탁금 50,005,753원과 보전받은 선거비용 2,835,153,680원을 반환할 것을 고지(이하 '이 사건
처분'이라 한다)하였습니다.

2. 처분의 위법성

(1) 제1 조항의 위헌

제1 조항은 교육감 선거에 관하여 공직선거법의 시·도지사선거에 관한 규정을 준용하도록 규정하고 있는바, 이는 그 준용대상과 범위에 관한 아무런 구체적인 기준 조차 제시하지 않아 헌법상 기본권 제한입법의 경우 준수되어야 할 명확성의 원칙에 반합니다.

(2) 제2 조항의 위헌

1) 참정권, 공무담임권 침해 및 선거비용의 국고부담원칙 위반 제2 조항은 기탁금 제도의 취지나 선거비용 국고부담 취지와 무관하게 당선인이 선거범죄로 징역 또는 100만 원 이상의 벌금형(이하 '당선무효에 해당하는 형'이라 한다)을 선고받아 당선이 무효가 되었다는 우연한 사유로 형벌에 더하여 기탁금과 선거비용까지 반환시키는 것이고 그 반환하여야 하는 기탁금과 선거비용의 액수가 과다하여 공직선거에 입후보하는 것을 제약하게 되므로, 헌법상 참정권과 공무담임권을 과도하게 제한할 뿐 아니라 본질적 내용까지 침해하고, 또 선거비용의 국고부담원칙에도 위배됩니다.

2) 평등의 원칙 위반

제2 조항은 당선인이 당선무효에 해당하는 형을 선고받아 당선무효가 되었을 때 기탁금과 선거비용(이하 '기탁금 등'이라 한다)을 반환하도록 규정하고 있을 뿐 낙선인이 같은 형을 선고받았을 때 기탁금 등을 반환하도록 하는 규정을 두고 있지 않은 바, 이는 공직선거의 당선인과 낙선인을 합리적 이유 없이 차별하는 것으로서 헌법상 평등의 원칙에 위배됩니다.

3. 결론

이상과 같이 피고의 처분은 위법한 행정처분이므로, 이의 취소를 구하는 행정소송에 이르게 되었습니다.

입증방법

    1. 갑 제1호증
    2. 갑 제2호증

첨부서류

    1. 위 각 입증방법   각 1부

2. 송달료 납부서

3. 소장부본

20   .   .   .

위 원고   (날인 또는 서명)

서울행정법원   귀중

2009구합 54079

(1) 제1 주장에 대하여

구 지방교육자치법 제22조는 교육감의 선출과 관련하여 제1항에서 "교육감은 주민의 보통·평등·
직접·비밀선거에 따라 선출한다.", 제2항에서 "정당은 교육감선거에 후보자를 추천할 수 없으며,
교육감후보자는 공직선거법에 따른 선거권자의 추천을 받아 선거일 전 15일부터 2일간 시.도선거관
리위원회에 서면으로 등록신청을 하되, 그 추천 및 등록은 같은 법 제48조 및 제49조의 규정에
따른 무소속후보자의 추천 및 등록에 관한 규정을 준용한다."고 정한 다음, 제3항에서 "교육감
선거에 관하여 이 법에 정한 것을 제외하고는 그 성질에 반하지 않는 범위 안에서 공직선거법의
시·도지사선거에 관한 규정을 준용한다."고 정하고 있다.

원래 구 지방교육자치에 관한 법률(2006. 12. 20. 법률 제8069호로 개정되기 전의 것)은 "제6장
교육위원 및 교육감 선출"에서 교육위원 및 교육감 선출에 관하여 제51조부터 제176조(제140조부
터 제161조는 벌칙 조항)에 이르기까지 방대하고 상세한 조항을 직접 마련하였으나, 위 법률 개정으
로 교육위원 및 교육감 선출을 주민직선제로 전환하면서 그 선출에 관하여 공직선거법과 별도의
규정을 둘 필요가 없다는 판단 아래, 위 제6장을 모두 삭제하고 교육감 선거에 관하여는 제22조
제1, 2항에서 따로 언급하는 외에는 공직선거법 규정을 포괄적으로 준용하도록 정한 것이다. 위와
같은 입법 연혁에 비추어 구 지방교육자치법 제22조 제3항에 의하여 교육감 선거에 관하여는 형벌
조항을 포함하여 공직선거법의 선거에 관한 조항을 원칙적.포괄적으로 준용하고자 하는 입법 의도
를 명백히 인식할 수 있고, 실제 공직선거법의 선거에 관한 조항 중 정당의 추천과 관련된 조항
외에는 교육감 선거에 준용이 불가능하거나 적절하지 않은 조항을 발견하기 어려우므로, 구 지방교
육자치법 제22조 제3항은 결국 공직선거법의 선거에 관한 조항 중 정당의 추천과 관련된 조항 이외

의 조항은 이를 교육감 선거에 그대로 적용한다는 취지로 이해할 수 있을 뿐 아니라, 위와 같은 포괄적 준용 조항을 둔 것은 공직자를 선출하기 위한 선거라는 본질적으로 같은 성질의 절차를 가능한 한 공직선거법이라는 단일한 법률에 의하여 통일적으로 규율하기 위한 것이어서 예측가능성의 면에서는 오히려 바람직한 면도 있다.

따라서 공직선거법의 조항 중 교육감 선거에 준용되는 조항들을 일일이 구체적으로 명시하지 않았다는 이유를 들어 구 지방교육자치법 제22조 제3항이 헌법상 기본권을 제한하는 법규범의 내용은 명확하여야 한다는 명확성의 원칙에 위배된다고 볼 수 없다(대법원 2009. 10. 29.자 2009초기407, 427, 444 결정 참조).

(2) 제2-1 주장에 대하여

(가) 제2 조항은 선거범죄로 당선이 무효로 된 당선인으로 하여금 유효투표총수의 일정 부분 이상을 득표함에 따라 구 법 제57조에 의하여 반환받은 기탁금, 구 법 제122조의2에 의하여 보전받은 선거비용을 반환하도록 규정하고 있다.

(나) 이와 같이 제2 조항은 선거에 입후보할 수 있는 요건이나 선거를 실시한 결과와 무관하게 선거과정에서의 공직선거법위반죄라는 비정상적, 불법적 행위에 대한 제재로서 이미 반환받거나 보전받은 기탁금 등을 반환하도록 하는 규정에 불과하므로, 그 자체로 참정권과 공무담임권을 직접 침해하는 규정이 아님은 명백하다.

(다) 원고의 주장은, 제2 조항이 구 법 제264조의 규정에 의하여 당선무효에 해당하는 형을 선고받아 당선이 무효로 되었을 때 이미 반환받거나 보전받은 거액의 기탁금 등을 반환하여야 하도록 규정하고 있는 이상, 공직선거에 출마하여 상당한 수의 득표를 할 수 있을 것으로 기대하는 입후보예정자라도 그러한 기탁금 등의 반환을 우려하여 입후보를 포기하게 되어 결과적으로 입후보예정자의 참정권과 공무담임권을 침해한다는 취지이다. 가사 원고의 주장대로 입후보예정자가 제2 조항에 따른 기탁금 등의 반환을 우려하여 입후보를 포기할 가능성이 있어 참정권이나 공무담임권의 제약이 초래된다 하더라도, 제2 조항은 선거법을 위반한 당선인에게 강력한 제재수단이 필요하다고 본 입법자가 선택한 결과인바, 일반적으로 선거법을 위반한 공직자가 있을 경우 어떠한 처벌을 받았을 때 어떠한 불이익을 가할 것인지에 관하여는 우리나라의 정치선거 문화와 풍토, 국민경제적 여건, 그리고 국민의 법감정 등 여러 가지 요소를 종합하여 입법자가 정책적으로 결정할 사항으로서 입법자에게 허용된 입법형성권의 범위와 한계 내에서 설정되어 현저하게 불합리하지 않다면 이를 두고 헌법에 위반된다고 할 수 없으므로(헌법재판소 2005. 10. 27. 선고 2004헌바41 결정 등 참조),

입법자가 당선무효 형에 해당하는 형을 선고받아 당선이 무효로 되었다는 사유를 기준으로 기탁금과 선거비용을 반환하도록 규정한 것이 자의적인 입법형성권의 행사라고 볼 수 없다. 그리고 제2 조항이 혼탁해지기 쉬운 교육감선거에서 선거법위반죄를 저질러 선거의 공정성을 해쳐 당선이 무효로 된 자로 하여금 기탁금 등을 반환하도록 경제적 제재를 가함으로써, 공정한 선거에 영향을 미칠 수 있는 금권이나 관권, 폭력 등의 개입을 배제하여 불공정·타락 선거를 방지함으로써 선거의 자유와 공정성을 보장하고 선거의 투명성을 확보하여 선거부정을 예방하고, 직무의 공공성에 상응하는 고도의 윤리성 및 정치적 중립이 요구되는 공무원으로 구성되는 공직의 청렴성과 그에 대한 국민의 신뢰를 제고하고자 하는 중대한 공익을 위한 데 그 규정의 취지가 있는 점, 그 요건을 선거관련 범죄로 당선무효에 해당하는 형을 선고받은 경우에 한정하고 있고, 이 경우에 당선인의 득표는 중대한 선거법위반행위의 결과에 해당하여 그 적법유효성을 인정할 수 없기 때문에 당선을 무효로 하고 있는 것과 동일한 맥락에서, 결과적으로 당선인은 유효투표총수의 100분의 15 이상 득표라는 기탁금의 반환 요건이나 선거비용의 보전 요건을 갖추지 못한 것으로 평가할 수 있어 당초부터 기탁금을 반환하거나 선거비용을 보전해 주었어야 할 때가 아니라고 못 볼 바 아닌 점 등에 비추어 볼 때, 제2 조항은 그 입법목적이 정당하고 방법이 적절하며 법익침해의 최소성과 균형성을 모두 갖추고 있으므로, 참정권이나 공무담임권을 과잉금지의 원칙에 반하여 지나치게 제한하거나 그 본질적 내용을 침해한다고 볼 수 없다.

한편, 헌법 제116조 제2항 자체에서도 법률이 정하는 경우 선거경비의 일부를 후보자에게 부담시킬 수 있는 여지를 두고 있을 뿐 아니라, 교육감선거에 소요되는 일체의 비용을 지방자치단체가 부담하도록 하는 것이 지방자치단체의 주민 조세부담이나 재정형편에 비추어 반드시 적절하다고 할 수 없고, 선거 후 당선인이 당선무효에 해당하는 형을 선고받은 경우 그에 대한 제재로 선거비용을 사후에 반환받는 것은 지방자치단체의 주민 조세부담이나 재정형편에 비추어 부당한 것이라 볼 수 없으므로, 당선이 무효로 된 당선인으로부터 선거비용을 반환받도록 하는 것이 선거비용 국고부담원칙에 어긋나는 것으로서 불합리하다고 할 수 없다.

(라) 따라서 제2 조항이 참정권, 공무담임권을 침해하거나 선거비용 국고부담원칙에 위배된다고 볼 수 없다.

(3) 제2-2 주장에 대하여
(가) 평등 위반에 관한 심사의 척도

헌법 제11조 제1항의 평등의 원칙은 일체의 차별적 대우를 부정하는 절대적 평등을 의미하는 것이 아니라 합리적 근거 없는 차별을 하여서는 아니 된다는 상대적 평등을 뜻하며, 합리적 근거 있는 차별인가의 여부는 그 차별이 인간의 존엄성 존중이라는 헌법원리에 반하지 아니하면서 정당한 입법목적을 달성하기 위하여 필요하고도 적정한 것인가를 기준으로 판단되어야 한다(헌법재판소 1997. 5. 29. 선고 94헌바5 결정 외 다수 참조).

이러한 평등 위반의 여부를 심사함에 있어 엄격한 심사척도에 의할 것인지, 완화된 심사척도에 의할 것인지는 입법자에게 인정되는 입법형성권의 정도에 따라 달라지는데, 헌법이 스스로 차별의 근거로 삼아서는 아니 되는 기준을 제시하거나 차별을 특히 금지하고 있는 영역을 제시하고 있다면 그러한 기준을 근거로 한 차별이나 그러한 영역에서의 차별에 대하여 엄격하게 심사하는 것이 정당화되고, 또 차별적 취급으로 인하여 관련 기본권에 대한 중대한 제한을 초래하게 된다면 입법형성권은 축소되어 보다 엄격한 심사척도가 적용되어야 할 것이다(헌법재판소 1999. 12. 23. 선고 98헌마363 결정, 헌법재판소 2008. 12. 26. 선고 2005헌바34 결정 등 참조).

(나) 심사기준

제2 조항은 주민이 선출한 교육감이 당선무효에 해당하는 형을 선고받음에 따라 자격을 상실함에 수반한 경제적 제재일 뿐, 헌법에서 특별히 평등을 요구하는 경우에 해당하지 않고, 또 참정권이나 공무담임권의 침해에 중대한 제약을 초래한다고 볼 수 없으므로, 그 평등원칙 위반 여부는 입법자의 자의성이 있는지 여부만을 심사하는 것으로 족하다.

자의금지원칙의 위반 여부에 관한 심사요건은, 본질적으로 동일한 것을 다르게 취급하고 있는가 하는 차별취급의 여부와 이러한 차별취급이 자의적인가의 여부라고 할 수 있다. 전자의 기준과 관련하여 두 개의 비교집단이 본질적으로 동일한지의 여부에 대한 판단은 일반적으로 관련 헌법규정 및 당해 법 규정의 의미와 목적에 달려 있다. 그리고 후자의 기준과 관련하여 차별취급의 자의성은 합리적인 이유가 결여된 것을 의미한다(헌법재판소 2004. 12. 16. 선고 2003헌바78 결정 등 참조).

(다) 구체적 판단

앞서 본 바와 같이 선거법을 위반한 공직자에 대하여 어떠한 처벌을 받았을 때 어떠한 불이익을 가할 것인지에 관하여는 입법자가 정책적으로 결정할 사항이고, 제2 조항은 공정한 선거에 영향을 미칠 수 있는 금권이나 관권, 폭력 등의 개입을 배제하여 불공정·타락 선거를 방지함으로써 선거의 자유와 공정성을 보장하고 선거의 투명성을 확보하여 선거부정을 예방하고, 직무의 공공성에 상응하는 고도의 윤리성 및 정치적 중립이 요구되는 공무원으로 구성되는 공직의 청렴성과 그에 대한 국민의 신뢰를 제고하고자 하는 중대한 공익을 위하는데 그 규정의 취지가 있다.

이러한 제2 조항의 규정 취지에 비추어 볼 때, 같은 당선무효에 해당하는 형을 선고 받았다 하더라도 당선인과 당선되지 아니한 사람은 같은 범주에 속하거나 법적인 규율의 면에서 본질적으로 동일하다고 보기는 어렵다.

그리고 교육감 당선인이 선거법을 위반하여 당선무효에 해당하는 형을 선고받아 당선이 무효로 된 경우 당선인은 선거의 자유와 공정성을 훼손하여 당선되었고, 그러한 불법행위로 말미암아 업무 공백을 초래하는 등 교육감직의 계속적이고 원활한 수행에 관한 공공의 이익을 해하고, 보궐선거로 인한 막대한 재정 지출을 감수하여야 할 우려 또한 상당한 점 등에 비추어 볼 때, 당선무효에 해당하는 형을 선고받은 당선인에 대하여만 기탁금과 선거비용을 반환하도록 함으로써 당선되지 아니한 사람과 구별하는 제2 조항은, 입법 정책상 후자에 대하여도 제재할 필요가 있지 않나 하는 점과는 별개로, 나름대로 합리적인 이유가 있는 차별이라고 봄이 상당하다.

따라서 제2 조항이 헌법상의 평등원칙에 위배된다고 할 수 없다.

XI. 학원영업정지 및 수강료조정명령취소 등 관련 소송

1. 학원의 설립 · 운영 및 과외교습에 관한 법률의 제정목적 등

이 법은 학원의 설립과 운영에 관한 사항을 규정하여 학원의 건전한 발전을 도모함으로써 평생교육 진흥에 이바지함과 아울러 과외교습에 관한 사항을 규정함을 목적으로 하며(법 제1조), 이 법에서 "학원"이란 사인(私人)이 대통령령으로 정하는 수 이상의 학습자 또는 불특정다수의 학습자에게 30일 이상의 교습과정(교습과정의 반복으로 교습일수가 30일 이상이 되는 경우를 포함한다.)에 따라 지식 · 기술(기능을 포함한다. 이하 같다) · 예능을 교습(상급학교 진학에 필요한 컨설팅 등 지도를 하는 경우와 정보통신기술 등을 활용하여 원격으로 교습하는 경우를 포함한다.)하거나 30일 이상 학습장소로 제공되는 시설을 말한다.

2. 학원설립 · 운영자 등의 책무

1) 학원설립, 운영자의 책무

학원을 설립 · 운영하는 자(이하 "학원설립 · 운영자"라 한다)는 자율과 창의로 학원을 운영하며, 학습자에 대한 편의제공, 적정한 수강료 징수 등을 통한 부담경감 및 교육기회의 균등한 제공 등을 위하여 노력하는 등 평생교육 담당자로서의 책무를 다하여야 한다(법 제4조).

2) 교습소의 설립, 운영자의 책무

교습소를 설립·운영하는 자(이하 "교습자"라 한다)와 개인과외교습자는 과외교습을 할 때 학습자에 대한 편의제공, 적정한 수강료 징수 등을 통한 부담경감 및 교육기회의 균등한 제공 등을 위하여 노력하는 등 교습을 담당하는 자로서의 책무를 다하여야 한다.

3) 안전조치 의무

학원설립·운영자 및 교습자는 특별시·광역시·도 및 특별자치도(이하 "시·도"라 한다)의 조례로 정하는 바에 따라 학원·교습소의 운영과 관련하여 학원·교습소의 수강생에게 발생한 생명·신체상의 손해를 배상할 것을 내용으로 하는 보험이나 공제사업에 가입하는 등 필요한 안전조치를 취하여야 한다.

3. 교습비 등

1) 수강료 등 징수

학원설립·운영자, 교습자 또는 개인과외교습자는 학습자로부터 교습비등을 받을 수 있으며, 교습비등을 받는 경우 교육부령으로 정하는 바에 따른 영수증을 발급하여야 한다(법 제15조).

2) 교습비등의 산정방법 및 표시

학원설립·운영자, 교습자 또는 개인과외교습자는 교습내용과 교습시간 등을 고려하여 교습비를 정하고, 기타경비는 실비로 정한다. 학원설립·운영자, 교습자 또는 개인과외교습자는 시·도의 교육규칙으로 정하는 바에 따라 교습비등과 그 반환에 관한 사항을 학습자가 보기 쉬운 장소에 게시하여야 하며, 학습자를 모집할 목적으로 인쇄물·인터넷 등을 통하여 광고를 하는 경우에는 교습비등, 등록증명서 또는 신고증명서 내용 중 대통령령으로 정하는 사항을 표시하여야 한다. 이 경우 학습자 또는 학부모의 요구가 있을 때에는 교육부령으로 정하는 바에 따라 게시 또는 표시된 교습비등의 내역을 서면으로 고지하여야 한다.

3) 수강료 등 초과징수 금지

학원설립·운영자, 교습자 또는 개인과외교습자는 교습비등을 거짓으로 표시·게시·고지하거나, 표시·게시·고지한 교습비등 또는 교육감에게 등록·신고한 교습비등을 초과한 금액을 징수하여서는 아니 된다.

■ 학원의 설립·운영 및 과외교습에 관한 법률 시행령 [별표 4] 〈개정 2020. 3. 31.〉

교습비등 반환기준(제18조제3항 관련)

구분			반환사유 발생일	반환금액
1. 제18조제2항제1호의 반환사유에 해당하는 경우			학습자가 학원으로부터 격리된 날	이미 납부한 교습비등 – (이미 납부한 교습비등을 일할계산한 금액 × 교습 시작일 또는 학습장소 제공 시작일부터 학원으로부터 격리된 날의 전날까지의 일수)
2. 제18조제2항제1호의2 및 제2호의 반환사유에 해당하는 경우			학원설립·운영자, 교습자 또는 개인과외교습자가 교습을 할 수 없거나 학습장소를 제공할 수 없게 된 날	이미 납부한 교습비등 – (이미 납부한 교습비등을 일할계산한 금액 × 교습 시작일 또는 학습장소 제공 시작일부터 교습을 할 수 없거나 학습장소를 제공할 수 없게 된 날의 전날까지의 일수)
3. 제18조제2항제3호의 반환사유에 해당하는 경우	가. 교습기간 또는 학습장소 사용기간이 1개월 이내인 경우	1) 독서실을 제외한 학원, 교습소 및 개인과외교습자의 경우	학습자가 본인의 의사로 수강을 포기한 날	교습 시작 전 → 이미 납부한 교습비등의 전액
				교습 시작 후부터 총 교습시간의 1/3 경과 전까지 → 이미 납부한 교습비등의 2/3에 해당하는 금액
				총 교습시간의 1/3 경과 후부터 1/2 경과 전까지 → 이미 납부한 교습비등의 1/2에 해당하는 금액
				총 교습시간의 1/2 경과 후 → 없음
		2) 독서실의 경우	학습자가 본인의 의사로 학습장소 사용을 포기한 날	학습장소 사용 전 → 이미 납부한 교습비등의 전액
				학습장소 사용 후 → 이미 납부한 교습비등 – (법 제15조제3항 전단에 따라 게시된 1일 교습비등 × 학습장소 사용 시작일부터 학습장소 사용을 포기한 날의 전날까지의 일수)
	나. 교습기간 또는 학습장소 사용기간이 1개월을 초과하는 경우		학습자가 본인의 의사로 수강 또는 학습장소 사용을 포기한 날	교습 시작 전 또는 학습장소 사용 전 → 이미 납부한 교습비등의 전액
				교습 시작 후 또는 학습장소 사용 후 → 반환사유가 발생한 해당 월의 반환 대상 교습비등(교습기간 또는 학습장소 사용 기간이 1개월 이내

				인 경우의 기준에 따라 산출한 금액을 말한다)에 나머지 월의 교습비등의 전액을 합산한 금액

비고
1. 총 교습시간은 교습기간 중의 총 교습시간을 말하며, 반환금액의 산정은 반환사유가 발생한 날까지 경과된 교습시간을 기준으로 한다.
2. 원격교습의 경우 반환금액은 교습내용을 실제 수강한 부분(인터넷으로 수강하거나 학습기기로 저장한 것을 말한다)에 해당하는 금액을 뺀 금액으로 한다.

4) 수강료 등의 조정명령

교육감은 학교교과교습학원 또는 교습소의 수강료 등이 과다하다고 인정되면 대통령령으로 정하는 바에 따라 수강료 등의 조정을 명할 수 있다. 위 규정에 의하여 교육감이 수강료 · 이용료 또는 교습료등의 조정을 명하고자 하는 경우에는 수강료조정위원회의 심의를 거쳐야 한다. 한편, 조정위원회는 지역교육청(「지방교육자치에 관한 법률」제34조제1항에 따른 지역교육청을 말한다)별로 설치하되, 구체적인 구성 · 운영 등에 관하여는 교육규칙으로 정한다(법 시행령 제17조).

4. 지도 · 감독 등

1) 교육감의 지도, 감독

교육감은 학원의 건전한 발전과 교습소 및 개인과외교습자가 하는 과외교습의 건전성을 확보하기 위하여 적절한 지도 · 감독을 하여야 한다(법 제16조).

2) 교습시간 규정

교육감은 학교의 수업과 학생의 건강 등에 미치는 영향을 고려하여 시 · 도의 조례로 정하는 범위에서 학교교과교습학원 및 교습소의 교습시간을 정할 수 있다. 이 경우 교육감은 학부모 및 관련 단체 등의 의견을 들어야 한다.

3) 개선명령 등

교육감은 필요하다고 인정하면 학원설립 · 운영자 및 교습사에 대하여 시설 · 설비, 수강료등, 교습에 관한 사항 또는 각종 통계자료를 보고하게 하거나 관계 공무원에게 해당 시설에 출입하여 그 시설 · 설비, 장부, 그 밖의 서류를 검사하게 할 수 있으며, 시설 · 설비의 개선명령이나 그 밖에 필요한 명령을 할 수 있다. 이에 따라 출입 · 검사를 하는 관계 공무원은 그 권한을 표시하는 증표를 지니고 이를 관계인에게 내보여야 한다.

4) 신고사항 확인, 조취 등

교육감은 필요하다고 인정하면 개인과외교습자의 교습료 등 각종 신고사항을 확인하거나 그 밖에 필요한 조치를 취할 수 있다.

5. 권한의 위임 · 위탁

교육감의 권한은 대통령령으로 정하는 바에 따라 그 일부를 교육장에게 위임[246]할 수 있다(법 제21조).

6. 벌칙 및 과태료

가. 벌칙

1) 징역 또는 1천만원 이하의 벌금

다음 각 호의 어느 하나에 해당하는 자는 1년 이하의 징역 또는 1천만원 이하의 벌금에 처한다.

가) 제6조에 따른 등록을 하지 아니하고 학원을 설립 · 운영한 자

나) 거짓이나 그 밖의 부정한 방법으로 제6조에 따른 등록을 한 자

다) 제14조제1항에 따른 신고를 하지 아니하고 교습소를 설립 · 운영하거나, 거짓이나 그 밖의 부정한

---

246) 제20조 (권한의 위임 · 위탁)
① 교육감은 법 제21조제1항에 따라 다음 각 호의 권한을 교육장에게 위임한다.
1. 법 제5조제3항에 따른 관계 행정기관의 장과의 협의
2. 법 제6조에 따른 학원 설립 · 운영의 등록 및 변경등록의 수리
3. 법 제7조에 따른 학원 설립 · 운영의 조건부등록의 수리 및 조건부등록의 말소
4. 법 제10조에 따른 휴원 및 폐원에 관한 신고의 수리
5. 법 제14조에 따른 교습소 설립 · 운영에 관한 신고 및 변경신고의 수리
6. 법 제14조제7항에 따른 교습소의 휴소 및 폐소에 관한 신고의 수리
7. 법 제14조의2에 따른 개인과외교습을 하려는 자의 신고의 수리 및 개인과외교습자의 변경신고의 수리 등
8. 법 제15조제6항에 따른 교습비등에 대한 조정명령
9. 법 제16조제1항 · 제3항 및 제4항에 따른 학원, 교습소 및 개인과외교습자에 대한 지도 · 감독
10. 법 제16조제6항에 따른 포상금의 지급
11. 법 제17조에 따른 학원, 교습소 및 개인과외교습자에 대한 행정처분
12. 법 제19조제1항에 따른 학원 또는 교습소의 폐쇄 등을 위한 조치
13. 법 제20조에 따른 청문
14. 법 제23조에 따른 과태료의 부과 · 징수
15. 제7조제2항에 따른 변경통보의 접수
16. 제17조제3항에 따른 조정위원회 위원의 위촉 또는 임명
17. 제17조의2에 따른 교습비등의 조정기준 설정과 조정명령
② 삭제 [2001 · 6 · 29]
③ 교육감은 법 제21조제3항에 따라 법 제13조제3항에 따른 학원설립 · 운영자 및 강사에 대한 연수 및 연수와 관련된 조사 · 연구 등의 업무의 일부를 사단법인 한국학원총연합회 및 교육감이 지정 · 고시하는 연수기관에 위탁한다. 다만, 연수를 위탁할 경우 교육감은 예산의 범위에서 필요한 예산을 지원할 수 있다.

방법으로 신고하고 교습소를 설립·운영한 자

라) 제14조의2제1항에 따른 신고를 하지 아니하거나 거짓이나 그 밖의 부정한 방법으로 신고하고 과외
교습을 한 자

마) 제3조를 위반하여 과외교습을 한 자는 1년 이하의 금고 또는 1천만원 이하의 벌금에 처한다.

2) 200만원 이하의 벌금

제19조제2항 각 호에 따른 간판이나 그 밖의 표지물의 제거 또는 시설물의 설치를 거부·방해 또는
기피하거나 게시문을 허락받지 아니하고 제거하거나 못쓰게 만든 자는 200만원 이하의 벌금에 처한다.

나. 과태료

다음 각 호의 어느 하나에 해당하는 자에게는 300만원 이하의 과태료를 부과한다.

1) 제4조제3항에 따른 안전조치를 취하지 아니한 자

2) 제6조제4항을 위반하여 등록증명서를 게시하지 아니한 자

3) 제10조제1항 또는 제14조제9항에 따른 신고를 하지 아니한 자

4) 제13조제2항에 따른 강사의 연령·학력·전공과목 및 경력 등에 관한 인적 사항을 게시하지 아니한 자

5) 제13조의2에 따른 검증을 하지 아니하고 외국인강사를 채용한 자

6) 제14조제5항 또는 제14조의2제5항을 위반하여 신고증명서를 게시 또는 제시하지 아니한 자

7) 제14조제6항 또는 제14조의2제6항의 사유가 발생한 날부터 1개월 이내에 신고증명서의 재발급을
신청하지 아니한 자

8) 제15조제1항에 따른 영수증을 발급하지 아니한 자

9) 제14조의2제10항에 따른 표지를 붙이지 아니한 자

  7. 제15조제3항을 위반하여 교습비등과 그 반환에 관한 사항을 표시·게시·고지하지 아니하거나
같은 조 제4항을 위반하여 교습비등을 거짓으로 표시·게시·고지한 자

10) 제15조제4항을 위반하여 교습비등을 징수한 자

11) 제15조제6항에 따른 교습비등의 조정명령을 위반한 자

12) 제15조의3을 위반하여 장부 또는 서류를 비치·관리하지 아니한 자

13) 제16조제3항에 따른 보고를 하지 아니하거나 거짓으로 보고를 한 자

14) 제16조제3항에 따른 관계 공무원의 출입·검사를 거부·방해 또는 기피한 자

15) 제18조에 따른 교습비등을 반환하지 아니한 자

소　장

원고　　김 길 동(주민등록번호)
　　　　서울시 양천구 신정동 ○○번지
　　　　(전화 000-000, 팩스 000-000)
피고　　서울특별시 강서교육청 교육장
수강료조정명령등취소

청구취지

1. 피고가 원고에 대하여 한 2009. 10. 12.자 시정명령 및 2009. 10. 13.자 수강료조정 명령을 각 취소한다.
2. 소송비용은 피고의 부담으로 한다.

라는 판결을 구합니다.

청구원인

1. 처분의 경위

(1) 원고는 학원운영업 등을 영위하는 회사로서 서울 양천구 신정동에서 원어민 강사 등을 채용하여 초·중등학생을 대상으로 영어, 수학을 교육하는 '00보습어학원'(이하 '이 사건 학원'이라고 한다)을 운영하고 있습니다.

(2) 원고는 2009. 7. 15. 다음과 같이 학원수강료를 인상하여 인상된 수강료를 학원에 게시하고 관계법령에 따라 피고에게 이를 통보하였습니다.

교습과목	교습시간	학급정원	월 수강료(원)
초등영어	주 330 시간	12	297,200
중등영어	주 550 시간	18	495,400
중등영어	주 825 시간	18	743,000
중등수학	주 550 시간	18	377,600
중등수학	주 825 시간	18	566,500
중등영어·수학	주 990시간	18	679,000

(3) 피고는 2009. 7. 21. 원고에게 위 수강료가 교습과정별 학원수강료 기준금액(2007. 9. 23. 수강료조정위원회가 심의하여 조정한 금액으로 보인다. 이하 '2007년 수강료 기준금액'이라고 한

다)을 초과하여 수강료 조정의 대상에 해당하고 위 학원의 적정 수강료를 산정하기 위하여 전년도 대차대조표 등 재무관련 서류를 제출하여 줄 것을 통보하였고, 2009. 8. 12. 다시 원고에게 위 재무관련 서류의 제출을 촉구하면서 이를 제출하지 아니할 경우 수강료 조정에 있어 불이익을 받을 수 있음을 통보하였습니다.

(4) 피고는 2009. 9. 15. 서울특별시 강서교육청 학원수강료조정위원회(이하 '이 사건 위원회'라고 한다)를 열어 원고를 포함한 7개 학원에 대한 수강료 인상 여부를 심의하여 종전 결정액으로 동결하기로 결정하고, 2009. 9. 18. 원고에게 이 사건 위원회의 심의결과를 통지하면서 이에 대한 의견서를 2009. 10. 5.까지 제출하도록 하는 처분의 사전통지를 하였습니다. 그러나 이에 대해 원고는 피고에게 아무런 의견제출을 하지 아니하였습니다.

(5) 피고는 2009. 10. 12. 원고에 대하여 학원의 설립·운용 및 과외교습에 관한 법률 (이하 '학원법'이라고 한다) 제16조 등에 의하여 '위반사항 : 수강료 초과징수(50% 미만), 처분내용 : 경고(벌점 30점), 시정사항 : 적정수준으로 수강료 또는 수업시수를 조정하여 운영, 증빙자료로 수강생대장, 초과액환불자료, 조정수업시간안내문, 조정수업시간표, 영수증원부 등 제출'이라는 내용으로 시정명령(이하 '이 사건 시정명령'이라고 한다)을 하였습니다.

(6) 피고는 그 다음날인 2009. 10. 13. 원고에 대하여 "원고가 2008년도 수강료 원가 산출을 위한 회계 관련 증빙자료를 제출하지 아니하여 인상된 수강료의 적정성에 관한 검토가 불가하고, 현재의 대외적인 경제여건과 학부모의 사교육비 부담 완화 등 정부의 시책과 학원법 제4조의 취지에 따라 학습자의 수강료에 대한 부담을 경감시킬 책무가 있다."라는 이유로 학원법 제15조 제4항 등에 의하여 금회 통보된 수강료가 아닌 기존에 통보된 수강료에 의하여 수강료를 징수하도록 하는 내용의 수강료조정명령(이하 '이 사건 조정명령'이라고 한다)을 하였습니다.

2. 처분의 위법성

(1) 절차적 하자

행정절차법 제23조 제1항은 행정청이 처분을 하는 때에는 당사자에게 그 근거와 이유를 제시하여야 한다고 규정하고 있는데, 피고가 이 사건 처분을 하면서 원고에게 위 처분에 대하여 불복신청을 하게 할 수 있을 정도의 이유 제시를 하지 아니하였으므로 그 절차상 위법입니다.

(2) 실체적 하자

1) 헌법 제31조에 의하면, 모든 국민은 능력에 따라 균등하게 교육을 받을 권리를 가지고(제1항), 국가는 평생교육을 진흥하여야 할 의무를 부담한다고 규정되어 있으며(제5항), 이에 따라 학원설

립·운영자 및 교습자는 헌법상 사유재산권 및 영업활동의 자유를 보장받고 있습니다. 또한 학원법은 학원의 설립과 운영에 관한 사항을 규정하여 학원의 건전한 발전을 도모함으로써 평생교육진흥에 이바지함과 아울러 과외교습에 관한 사항을 규정함을 목적으로 한다고 규정하고 있습니다(제1조).

2) 우리의 교육현실에서 사교육은 특히 학교 안에서 이루어지는 공교육이 자율과 경쟁의 원칙을 소홀히 한 채 낡은 평준화 정책의 틀 속에서 만족도 높은 교육서비스를 제공하지 못하는 현실에서 교육소비자인 일반 국민의 학습권을 보장한다는 측면에서 공교육에 못지않은 중요한 역할을 수행하고 있습니다. 따라서 이러한 사교육 시장에 대하여 합리적인 기준도 없이 획일적으로 가격을 통제하는 명령을 내리고 나아가 이에 터잡아 영업정지처분까지 하여 그 영업활동의 자유를 침해하는 것은 위와 같은 헌법과 법률의 기본 원리에 배치되는 것이어서 위법합니다.

3) 또한 수강료 등의 수준에 영향을 미치는 요소는 매우 다양하고, 예를 들자면 학원 등 교습시설의 종류, 규모 및 시설수준, 교습내용과 그 수준, 교습시간, 학습자의 수, 임대료, 강사료 기타 학원 등 교습시설의 운영비용, 교육소비자의 만족도 등의 요소가 수강료 등의 수준에 영향을 미치게 될 터인데, 학원설립·운영자 또는 교습자나 교육수요자에게 헌법상 보장된 기본권을 침해하지 아니하는 선에서 개별 요소를 계량화하여 합리성을 갖춘 산출방식을 도출하는 것이 매우 어려운 일인 만큼 수강료 등은 원칙적으로 교육서비스의 공급자와 수요자 사이에 작동하는 수요·공급의 원칙이라는 시장경제의 원리에 따라 결정되어야 합니다.

4) 따라서 학원설립·운영자 또는 교습자가 정한 수강료 등에 대하여 교육행정권자가 임의로 '과다하다'고 본 다음 그에 갈음할 적정수강료 등의 수액을 정하여 조정명령 등의 제재처분을 하게 된다면, 그 처분은 위와 같은 헌법과 법률의 기본 원리에도 배치되는 것이어서 위법합니다.

3. 결론
이상과 같이 피고의 처분은 위법한 행정처분이므로, 이의 취소를 구하는 행정소송에 이르게 되었습니다.

입증방법

    1. 갑 제1호증
    2. 갑 제2호증

첨부서류

    1. 위 각 입증방법　　　　　　　　　　　각 1부

2. 송달료 납부서

　　3. 소장부본

　　　　　　　　　　　　20　.　.　.

　　　　　　　　　　위 원고　　　　（날인 또는 서명）

서울행정법원　　귀중

2009구합 53779

(1) 절차적 하자의 존부

행정절차법 제23조 제1항은 행정청이 처분을 하는 때에는 당사자에게 그 근거와 이유를 제시하여야 한다고 규정하고 있는데, 이는 행정청으로 하여금 행정처분을 할 때 신중성과 합리성을 담보하여 자의를 억제하고 처분의 상대방에 대하여도 처분의 이유를 알림으로써 불복신청에 편의를 제공하도록 하는 데에 그 입법취지가 있다.

학원법 제15조 제4항, 학원법 시행령 제17조 제1항은 수강료가 과다하다고 인정될 경우 수강료조정위원회의 심의를 거쳐 수강료의 조정을 명할 수 있다고 규정하고 있을 뿐 조정명령을 하면서 수강료가 과다하다고 인정되는 이유까지 구체적으로 기재하여야 한다고 규정하고 있지 않다. 따라서 이 사건 처분이 이유 제시의 흠결로 위법한지 여부는 앞에서 본 바와 같은 입법취지를 고려하여 판단하여야 할 것이다.

앞서 본 2009. 7. 21.자 및 2009. 8. 12.자 통보내용, 2009. 9. 18.자 처분의 사전통지 내용, 이 사건 시정명령 및 조정명령의 각 기재내용(갑 2, 3호증, 을 1~3호증 참조) 등을 종합하여 보면, 피고가 이 사건 처분을 하면서 그 자의를 억제하고 처분의 상대방인 원고에게 위 처분에 대하여 불복신청을 하게 할 수 있을 정도의 이유 제시를 하였다고 봄이 상당하므로, 이유 제시의 흠결로 인한 절차적 하자가 존재한다는 원고의 주장은 이유 없다.

(2) 실체적 하자의 존부

헌법 제31조에 의하면, 모든 국민은 능력에 따라 균등하게 교육을 받을 권리를 가지고(제1항), 국가는 평생교육을 진흥하여야 할 의무를 부담한다(제5항). 아울러 학원설립·운영자 및 교습자는 헌법상 사유재산권 및 영업활동의 자유를 보장받는다는 점에 대하여 의문의 여지가 없다. 이러한 헌법정신을 바탕으로 한 학원법은 학원의 설립과 운영에 관한 사항을 규정하여 학원의 건전한 발전을 도모함으로써 평생교육 진흥에 이바지함과 아울러 과외교습에 관한 사항을 규정함을 목적으로 한다(제1조). 우리의 교육 현실을 보면 학원법에 따라 설립·운영되는 학원이나 교습소에서 학교교육의 보충 또는 특기·적성교육을 위하여 지식·기술·예능을 교습하는 형태의 사교육이 광범위하게 이루어지고 있으며, 이러한 사교육은 특히 학교 안에서 이루어지는 공교육이 자율과 경쟁의 원칙을 소홀히 한 채 낡은 평준화 정책의 틀 속에서 만족도 높은 교육서비스를 제공하지 못하는 현실에서 교육소비자인 일반 국민의 학습권을 보장한다는 측면에서 공교육에 못지않은 중요한 역할을 수행하고 있다. 따라서 이러한 사교육 시장에 대하여 합리적인 기준도 없이 획일적으로 가격을 통제하는 명령을 내리고 나아가 이에 터잡아 영업정지처분까지 하여 그 영업활동의 자유를 침해하는 것은 위와 같은 헌법과 법률의 기본 원리에 배치되는 것이어서, 사교육으로 인한 우리 사회의 경제적 부담이 크다는 사정만으로는 쉽게 정당성을 부여받기 어렵다. 수강료 등의 수준에 영향을 미치는 요소는 매우 다양하고, 예를 들자면 학원 등 교습시설의 종류, 규모 및 시설수준, 교습내용과 그 수준, 교습시간, 학습자의 수, 임대료, 강사료 기타 학원 등 교습시설의 운영비용, 교육소비자의 만족도 등의 요소가 수강료 등의 수준에 영향을 미치게 될 터인데, 학원설립·운영자 또는 교습자나 교육수요자에게 헌법상 보장된 기본권을 침해하지 아니하는 선에서 개별 요소를 계량화하여 합리성을 갖춘 산출방식을 도출하는 것이 매우 어려운 일인 만큼 수강료 등은 원칙적으로 교육서비스의 공급자와 수요자 사이에 작동하는 수요·공급의 원칙이라는 시장경제의 원리에 따라 결정되도록 함이 옳다(갑 22호증의 기재에 변론 전체의 취지를 보태어 보면, 서울시 교육청이 고액 학원비를 통제하겠다면서 2008. 9.경 개발한 이른바 '적정수강료 산출 시스템'을 시험가동하여 본 결과 그 시스템에 의하여 산출된 값이 기존 조정명령에 따른 상한액보다 높아 그 시스템의 도입이 유보되고 논란이 이어지고 있는 것으로 보이는데, 이는 기존의 조정명령이 불합리한 것이었다는 반증일 뿐만 아니라, 이른바 '적정수강료'라는 값을 정밀하게 산출하기가 용이하지 않다는 사실을 분명하게 보여준다고 할 수 있을 것이다). 이러한 관점에서 생각해 보면, 학원법 제15조 제4항이 교육행정권자에게 과다수강료 등에 대한 조정명령권을 부여하였다 할지라도, 위와 같은 제반 요소를 구체적이고도 개별적으로 고려하여 판단하여 볼 때 같은 조 제2항에 따라 학원설립·운영자 또는 교습자가 정한 수강료 등이 사회통념에 비추어 용인할 수 없는 폭리적인 수준이라고 단정할 수 있는 예외적인 경우가 아닌 한 위 수강료 등이 '과다하다'고 보아 쉽게 조정명령권을 발동할 수는 없다고 봄이 상당하다. 만약 이와 달리 학원설립·운영자 또는 교습자가 정한 수강료 등에 대하여 교육행정권자가 임의로 '과다하다'고 본 다음 그에 갈음할 적정수강료 등의 수액을 정하여 조정명령 등의 제재처분을 하게 된다면, 그 처분은 위와 같은 헌법과 법률의 기본 원리에도 배치되는 것이어서 위법하다고 보아야 할 것이다. 그리고 수강료 등이 그와 같은 수준에 미치지 못하는 경우에 있어서는 학원법이 허용하는 다른 간접적인 장치, 즉 수강료 등의 게시 및 표시제(제15조 제2항), 허위표시·게시 및 초과징수에 대한 제재(제15조 제3항) 등을 통하여 고액수강료를 규제하는 것에 그쳐야 할 것이다.

이 사건의 경우, 이 사건 학원에서 정한 수강료 등이 사회통념에 비추어 용인할 수 없는 폭리적인 수준이어서 '과다하다'고 인정할 만한 증거가 없는 반면, 오히려 기록에 의하면 피고는 교습시설의 종류, 규모 및 시설수준, 교습내용과 그 수준, 교습시간, 학습자의 수, 임대료, 강사료 기타 학원 등 교습시설의 운영비용, 교육소비자의 만족도 등을 구체적이고도 개별적으로 고려함이 없이 경기 침체 등으로 서민가계의 학원비 부담을 완화하여야 한다는 취지의 교육과학기술부 및 서울시 교육청의 방침 등을 근거로하여 수강료 상한을 일률적으로 2007년 수강료 기준금액으로 동결하기로 결정한 후 이를 근거로 이 사건 처분을 한 것을 알아볼 수 있을 뿐이어서, 이 사건 처분은 실체적으로 하자가 있어 위법하다고 봄이 상당하다.

[서식] 영업정지처분취소 청구의 소

소　　장

원고　　　김 길 동(주민등록번호)
　　　　　서울시 강남구 ○○동 ○번지
피고　　　서울특별시 강남교육청 교육장
영업정지처분취소

청구취지

1. 피고가 2009. 1. 22. 원고에 대하여 한 14일의 영업정지처분을 취소한다.
2. 소송비용은 피고의 부담으로 한다.
라는 판결을 구합니다.

청구원인

1. 처분의 경위

(1) 원고는 학원경영업 등을 영위하는 회사로서 서울 강남구 ○○동 ○○○ 소재 ○○○에서 원어민 강사를 채용하여 초·중등학생 200여 명을 대상으로 영어를 교육하는 '○○○어학원'(이하 '이 사건 학원'이라고 한다)을 운영하고 있습니다.

(2) 피고는 2007. 12. 20. 서울특별시강남교육청 학원수강료조정위원회(이하 '이 사건 위원회'라고 한다)를 열어 원고를 포함한 246개 학원에 대한 수강료 인상 여부를 심의하여 종전 결정액에서 4.9%를 일괄 인상하기로 결정하였고, 2007. 12. 28. 이 사건 학원에 위와 같은 내용의 학원수강료 개별조정명령(이하 '이 사건 조정명령'이라고 한다)을 통보하였습니다.

(3) 그럼에도 원고는 2008. 10. 9. 위와 같이 조정된 수강료를 100% 초과하는 수강료 통보서를 피고에게 보내 왔는데, 그 내용은 다음과 같습니다.

교습과목	교습시간	학급정원	월 수강료
초등영어	주 4시간	8	350,000 원
초등영어	주 4시간 20 분	10	370,000 원
중등영어	주 4시간 20 분	10	380,000 원
중등영어	주 2시간 10 분	8	200,000 원

(4) 이에 피고는 2008. 10. 17. 현재 개발·시범운영중인 '적정수강료 산출 시스템'에 의한 수강료 과다 여부에 대한 검토가 완료될 때까지 이 사건 조정명령에 따른 수강료 기준액을 준수해 줄 것을 원고에게 요청하였다. 그러나 원고는 이 사건 학원 내에 위 수강료통보서대로 수강료를 게시하고 이 사건 조정명령에 따른 수강료 기준액을 초과한 수강료를 학원생들로부터 받았습니다.

(5) 피고는 2009. 1. 22. 원고에 대하여 원고가 이 사건 조정명령을 위반하여 초과된 수강료를 징수하였다는 이유로 14일의 영업정지처분(정지기간 : 2009. 1. 25.~2009. 2. 7. 이하 '이 사건 처분'이라고 한다)을 하였습니다.

2. 처분의 위법성

(1) 절차적 하자의 존재

피고가, 이 사건 조정명령을 함에 있어 처분의 내용을 사전에 원고에게 알려 그에 대한 의견 제출의 기회를 주었다는 점에 관하여 피고의 입증이 없을 뿐만 아니라, 수강료 조정의 대상이 되는 학원의 수가 많다는 사정만으로는 이 사건 조정명령이 사전통지 및 의견제출 기회부여의 절차를 거치지 않아도 되는 행정절차법 제22조 제4항, 제21조 제4항 제3호의 예외사유에 해당한다고 보기 어려우므로, 결국 이 사건 조정명령은 적법한 의견청취 절차를 결여한 위법한 처분입니다.

(2) 실체적 하자의 존재

1) 사교육은 공교육에 못지않은 중요한 역할을 수행하고 있음에도 합리적인 기준도 없이 획일적으로 가격을 통제하는 명령을 내리고 나아가 이에 터잡아 영업정지처분까지 하여 그 영업활동의 자유를 침해하는 것은 위와 같은 헌법과 법률의 기본 원리에 배치되는 것이어서, 사교육으로 인한 우리 사회의 경제적 부담이 크다는 사정만으로는 쉽게 정당성을 부여받기 어렵다. 수강료 등의 수준에 영향을 미치는 요소는 매우 다양하고, 예를 들자면 학원 등 교습시설의 종류, 규모 및 시설수준, 교습내용과 그 수준, 교습시간, 학습자의 수, 임대료, 강사료 기타 학원 등 교습시설의 운영비용, 교육소비자의 만족도 등의 요소가 수강료 등의 수준에 영향을 미치게 될 터인데, 학원 설립·운영자 또는 교습자나 교육수요자에게 헌법상 보장된 기본권을 침해하지 아니하는 선에서 개별 요소를 계량화하여 합리성을 갖춘 산출방식을 도출하는 것이 매우 어려운 일인 만큼 수강료 등은 원칙적으로 교육서비스의 공급자와 수요자 사이에 작동하는 수요·공급의 원칙이라는 시장경제의 원리에 따라 결정되도록 하는 것이 올바른 길입니다.

2) 따라서 학원법 제15조 제4항이 교육행정권자에게 과다수강료 등에 대한 조정명령권을 부여하였다 할지라도, 위와 같은 제반 요소를 구체적이고도 개별적으로 고려하여 판단하여 볼 때 같은 조 제2항에 따라 학원설립·운영자 또는 교습자가 정한 수강료 등이 사회통념에 비추어 용인할 수 없는 폭리적인 수준이라고 단정할 수 있는 예외적인 경우가 아닌 한 위 수강료 등이 '과다하다'고 보아 쉽게 조정명령권을 발동할 수는 없다고 봄이 상당하며, 만약 이와 달리 학원설립·운영자 또는 교습자가 정한 수강료 등에 대하여 교육행정권자가 임의로 '과다하다'고 본 다음 그에 갈음할 적정수강료 등의 징수액을 정하여 조정명령 등의 제재처분을 하게 된다면, 그 처분은 위와 같은 헌법과 법률의 기본 원리에도 배치되는 것이어서 위법합니다.

3. 결론

이상과 같은 이유로 피고의 위 처분은 절차적·실체적으로 위법하므로 이의 취소를 구하는 본 건 행정소송에 이르게 되었습니다.

입증방법

1. 갑 제1호증
2. 갑 제2호증

첨부서류

1. 위 각 입증방법   각 1부
2. 송달료 납부서
3. 소장부본

20 .   .   .

위 원고   (날인 또는 서명)

서울행정법원   귀중

당해판례

2009구합 3248

(1) 절차적 하자의 존재

(가) 의견청취절차 흠결

살피건대, 학원의 설립·운영 및 과외교습에 관한 법률(이하 '학원법'이라고 한다)에 따르면 학원설립·운영자 및 교습자는 학습자로부터 수강료·이용료 또는 교습료(이하 '수강료 등'이라고 한다)를 받을 수 있고 원칙적으로 그 금액 역시 교습내용과 교습시간 등을 고려하여 해당 학원설립·운영자 또는 교습자가 정하되(제15조 제1항, 제2항), 다만 위와 같이 정한 학교교과교습학원 또는 교습소의 수강료 등이 과다하다고 인정될 경우에는 교육감이 대통령령으로 정하는 바에 따라 수강료 등의 조정을 명할 수 있다(제15조 제4항). 결국 위와 같은 수강료 조정명령은 지나친 사교육비 부담으로 인한 폐해의 방지라는 공익을 위하여 해당 학원설립·운영자 등에게 의무를 부과하고 그의 영업권 및 재산권을 제한하는 침익적 행정처분에 해당한다 할 것이다.

한편 행정절차법 제21조 제1항, 제4항, 제22조 제3항에 의하면, 행정청이 당사자에게 의무를 과하거나 권익을 제한하는 처분을 하는 경우에는 미리 처분하고자 하는 원인이 되는 사실과 처분의 내용 및 법적 근거, 이에 대하여 의견을 제출할 수 있다는 뜻과 의견을 제출하지 아니하는 경우의 처리 방법 등의 사항을 당사자 등에게 통지하여야 하고, 다른 법령 등에서 필요적으로 청문을 실시하거나 공청회를 개최하도록 규정하고 있지 아니한 경우에도 당사자 등에게 의견 제출의 기회를 주어

야 하며, 다만 행정절차법 제21조 제4항에서 정하는 예외사유에 해당하는 경우에 한하여 이를 하지 아니할 수 있도록 규정하고 있는바, 이러한 처분의 사전통지 및 의견제출제도는 행정청이 당사자에게 침익적 행정처분을 함에 있어 그 처분의 사유에 대하여 당사자에게 변명과 유리한 자료를 제출할 기회를 부여함으로써 위법사유의 시정가능성을 고려하고 처분의 신중과 적정을 기하려는 데 그 취지가 있는 것이므로 행정청이 침익적 행정처분을 함에 있어 사전통지 등을 실시하지 않아도 되는 예외적인 경우에 해당하지 않는 한 반드시 위 절차를 거쳐야 하고, 이를 결여한 처분은 위법한 처분으로서 취소대상에 해당한다.

그런데 피고가, 이 사건 조정명령을 함에 있어 처분의 내용을 사전에 원고에게 알려 그에 대한 의견 제출의 기회를 주었다는 점에 관하여 피고의 입증이 없을 뿐만 아니라, 수강료 조정의 대상이 되는 학원의 수가 많다는 사정만으로는 이 사건 조정명령이 사전통지 및 의견제출 기회부여의 절차를 거치지 않아도 되는 행정절차법 제22조 제4항, 제21조 제4항 제3호의 예외사유에 해당한다고 보기 어려우므로, 결국 이 사건 조정명령은 적법한 의견청취 절차를 결여한 위법한 처분이라 할 것이다.

(나) 이 사건 위원회 구성의 위법성

살피건대, 이 사건 위원회가 구성될 당시 시행되던 구 학원법 시행령(2007. 3. 23. 대통령령 제19953호로 개정되기 전의 것)에 따르면, 수강료조정명령을 하기 위하여는 부교육감을 위원장으로 하고, 교육감 소속 공무원, 시·도의 물가에 관한 행정을 담당하는 공무원, 학부모, 학원·교습소의 설립·운영자, 학원·교습소의 관련단체 및 소비자 단체의 관계자로서 학식 및 경험이 있는 자 중에서 교육감이 임명 또는 위촉한 위원들로 이루어진 교육청 산하 수강료조정위원회의 심의를 거쳐야 하도록 되어 있었고(제17조 제3항), 다만 수강료조정위원의 임기와 조정위원회의 운영에 관하여 필요한 사항을 교육규칙에 정하도록 하고 있었는데(제17조 제5항), 을 10호증의 기재에 변론 전체의 취지를 모아 보면 이 사건 위원회는 2006. 4.경 당연직 위원장으로 ○○○, 당연직 위원으로 ○○○ 과 ○○○, 그리고 피고에 의하여 위촉된 위원 6인 등으로 구성되었던 사실을 알 수 있고 이는 당시 시행되던 교육규칙(서울특별시 학원수강료 조정위원회 운영에 관한 규칙, 교육규칙 제679호) 제2 조, 제3조의 규정에 따른 것으로 보인다. 그러나 구 학원법 시행령의 위임 범위를 넘는 내용을 규정하고 있는 위 교육규칙에 따라 설치, 구성된 이 사건 위원회는 구 학원법 시행령 규정에 의하여 설치된 수강료조정위원회라고 볼 수 없으므로 수강료조정명령의 심의 권한이 없다 할 것이고, 한편 학원법 시행령이 2007. 3. 23. 대통령령 제19953호로 개정되면서 학원법 제15조 제4항에 의한 수강료에 관한 조정명령권한이 교육장에게 위임됨에 따라 수강료조정위원회를 지역교육청별로 설치하고, 그 구성과 운영 등에 관한 사항을 교육규칙에 위임하여 이 사건 위원회와 같은 지역교육청별 수강료 조정위원회를 설치할 근거가 마련되기는 하였으나, 달리 학원법 시행령 개정 후 수강료조정위원회 의 구성(위원 재위촉 등)이 적법하게 다시 이루어졌다고 볼 만한 아무런 증거가 없으므로, 결국 이 사건 조정명령은 법령에 따른 수강료조정위원회의 심의를 거치지 아니한 것으로서 위법하다 할 것이다.

(2) 실체적 하자의 존재

헌법 제31조에 의하면, 모든 국민은 능력에 따라 균등하게 교육을 받을 권리를 가지고(제1항), 국가는 평생교육을 진흥하여야 할 의무를 부담한다(제5항). 아울러 학원설립·운영자 및 교습자는 헌법상 사유재산권 및 영업활동의 자유를 보장받는다는 점에 대하여 의문의 여지가 없다. 이러한 헌법정신을 바탕으로 한 학원법은 학원의 설립과 운영에 관한 사항을 규정하여 학원의 건전한 발전을 도모함으로써 평생교육 진흥에 이바지함과 아울러 과외교습에 관한 사항을 규정함을 목적으로 한다(제1조). 우리의 교육 현실을 보면 학원법에 따라 설립·운영되는 학원이나 교습소에서 학교교육의 보충 또는 특기·적성교육을 위하여 지식·기술·예능을 교습하는 형태의 사교육이 광범위하게 이루어지고 있으며, 이러한 사교육은 특히 학교 안에서 이루어지는 공교육이 자율과 경쟁의 원칙을 소홀히 한 채 낡은 평준화 정책의 틀 속에서 만족도 높은 교육서비스를 제공하지 못하는 현실에서 교육소비자인 일반 국민의 학습권을 보장한다는 측면에서 공교육에 못지않은 중요한 역할을 수행하고 있다. 따라서 이러한 사교육 시장에 대하여 합리적인 기준도 없이 획일적으로 가격을 통제하는 명령을 내리고 나아가 이에 터잡아 영업정지처분까지 하여 그 영업활동의 자유를 침해하는 것은 위와 같은 헌법과 법률의 기본 원리에 배치되는 것이어서, 사교육으로 인한 우리 사회의 경제적 부담이 크다는 사정만으로는 쉽게 정당성을 부여받기 어렵다. 수강료 등의 수준에 영향을 미치는 요소는 매우 다양하고, 예를 들자면 학원 등 교습시설의 종류, 규모 및 시설수준, 교습내용과 그 수준, 교습시간, 학습자의 수, 임대료, 강사료 기타 학원 등 교습시설의 운영비용, 교육소비자의 만족도 등의 요소가 수강료 등의 수준에 영향을 미치게 될 터인데, 학원설립·운영자 또는 교습자나 교육수요자에게 헌법상 보장된 기본권을 침해하지 아니하는 선에서 개별 요소를 계량화하여 합리성을 갖춘 산출방식을 도출하는 것이 매우 어려운 일인 만큼 수강료 등은 원칙적으로 교육서비스의 공급자와 수요자 사이에 작동하는 수요.공급의 원칙이라는 시장경제의 원리에 따라 결정되도록 함이 옳다(2009. 6. 18.자 참고자료로 제출된 언론보도자료에 의하면, 서울시교육청이 고액 학원비를 통제하겠다며 2008. 9.경 개발한 이른바 '적정수강료 산출 시스템'을 시험가동하여 본 결과 그 시스템에 의하여 산출된 값이 기존 조정명령에 따른 상한액보다 높아 그 시스템의 도입이 유보되고 논란이 이어지고 있다고 하는데, 이는 기존의 조정명령이 불합리한 것이었다는 반증일 뿐만 아니라, 이른바 '적정수강료'라는 값을 정밀하게 산출하기가 용이하지 않다는 사실을 분명하게 보여준다고 할 수 있을 것이다). 이러한 관점에서 생각해 보면, 학원법 제15조 제4항이 교육행정권자에게 과다수강료 등에 대한 조정명령권을 부여하였다 할지라도, 위와 같은 제반 요소를 구체적이고도 개별적으로 고려하여 판단하여 볼 때 같은 조 제2항에 따라 학원설립·운영자 또는 교습자가 정한 수강료 등이 사회통념에 비추어 용인할 수 없는 폭리적인 수준이라고 단정할 수 는 예외적인 경우가 아닌 한 위 수강료 등이 '과다하다'고 보아 쉽게 조정명령권을 발동할 수는 없다고 봄이 상당하다. 만약 이와 달리 학원설립·운영자 또는 교습자가 정한 수강료 등에 대하여 교육행정권자가 임의로 '과다하다'고 본 다음 그에 갈음할 적정수강료 등의 수액을 정하여 조정명령 등의 제재처분을 하게 된다면, 그 처분은 위와 같은 헌법과 법률의 기본 원리에도 배치되는 것이어서 위법하다고 보아야 할 것이다. 그리고 수강료 등이 그와 같은 수준에 미치지 못하는 경우에 있어서는 학원법이 허용하는 다른 간접적인 장치, 즉 수강료 등의 게시 및 표시제(제15조 제2항), 허위표시·게시 및 초과징수에 대한 제재(제15조 제3항) 등을 통하여 고액수강료를 규제하는 것에 그쳐야 할 것이다.

이 사건의 경우, 이 사건 학원에서 정한 수강료 등이 사회통념에 비추어 용인할 수 없는 폭리적인 수준이어서 '과다하다'고 인정할 만한 증거가 없는 반면, 오히려 기록에 의하면 피고가 이 사건 조정명령을 함에 있어 교습시설의 종류, 규모 및 시설수준, 교습내용과 그 수준, 교습시간, 학습자의 수, 임대료, 강사료 기타 학원 등 교습시설의 운영비용, 교육소비자의 만족도 등을 구체적이고도 개별적으로 고려함이 없이 2007. 11. 경 생활물가지수가 전년 대비 4.9% 상승하였다는 통계청 발표자료만을 근거로 원고를 비롯한 피고 관내의 모든 학원의 수강료를 일률적으로 종전 결정액에서 4.9% 인상하여 결정한 점, 피고가 이 법원의 명령에도 불구하고 2007. 11. 소비자물가동향에 대한 통계청 보도자료(을 11호증) 이외에 원고에 대한 조정명령상의 '적정수강료' 산정시 고려한 요소들이 무엇인지를 확인할 수 있는 기초자료를 전혀 제출하지 못하고 있는 점을 알아볼 수 있을 뿐이어서, 이 사건 조정명령은 실체적으로도 하자가 있어 위법하다고 봄이 상당하다.

(3) 소결론

따라서 이 사건 조정명령이 위법한 이상 원고가 이 사건 조정명령을 위반하였음을 이유로 원고에 대하여 영업정지를 명한 이 사건 처분도 위법하다.

제7장 학교폭력 - 가해자 중심

1. 학교폭력의 개념 및 유형

가. 개념

학교 내·외에서 학생을 대상으로 발생한 상해, 폭행, 감금, 협박, 약취·유인, 명예훼손·모욕, 공갈, 강요·강제적인 심부름 및 성폭력, 따돌림, 사이버 따돌림, 정보통신망을 이용한 음란·폭력 정보 등에 의하여 신체·정신 또는 재산상의 피해를 수반하는 행위를 말한다.

학교폭력 행위의 경중 판단 소요
〈학교폭력예방 및 대책에 관한 법률 제16조의2, 제17조 제2항〉 ■ 피해학생이 장애학생인지 여부 ■ 피해학생이나 신고·고발 학생에 대한 협박 또는 보복행위인지 여부 **〈학교폭력예방 및 대책에 관한 법률 시행령 제19조〉** ■ 가해학생이 행사한 학교폭력의 심각성·지속성·고의성 ■ 가해학생의 반성의 정도 ■ 해당 조치로 인한 가해학생의 선도 가능성 ■ 가해학생 및 보호자와 피해학생 및 보호자 간의 화해의 정도 **〈기타〉** ■ 교사(教唆)행위를 했는지 여부 ■ 2인 이상의 집단 폭력을 행사한 것인지 여부 ■ 위험한 물건을 사용했는지 여부 ■ 폭력행위를 주도했는지 여부 ■ 폭력서클에 속해 있는지 여부 ■ 정신적·신체적으로 심각한 장애를 유발했는지 여부

나. 유형

학교폭력의 유형은 다음 표 예시사항과 같다.

유형	예시 사항
신체폭력	■ 신체를 손, 발로 때리는 등 고통을 가하는 행위(상해, 폭행) ■ 일정한 장소에서 쉽게 나오지 못하도록 하는 행위(감금) ■ 강제(폭행, 협박)로 일정한 장소로 데리고 가는 행위(약취) ■ 상대방을 속이거나 유혹해서 일정한 장소로 데리고 가는 행위(유인)

	■ 장난을 빙자한 꼬집기, 때리기, 힘껏 밀치기 등 상대학생이 폭력으로 인식하는 행위
언어폭력	■ 여러 사람 앞에서 상대방의 명예를 훼손하는 구체적인 말(성격, 능력, 배경 등)을 하거나 그런 내용의 글을 인터넷, SNS 등으로 퍼뜨리는 행위(명예훼손). ※ 내용이 진실이라고 하더라도 범죄이고, 허위인 경우에는 형법상 가중 처벌 대상이 됨. ■ 여러 사람 앞에서 모욕적인 용어(생김새에 대한 놀림, 병신, 바보 등 상대방을 비하하는 내용)를 지속적으로 말하거나 그런 내용의 글을 인터넷, SNS등으로 퍼뜨리는 행위(모욕) ■ 신체 등에 해를 끼칠 듯한 언행("죽을래" 등)과 문자메시지 등으로 겁을 주는 행위(협박)
금품갈취 (공갈)	■ 돌려 줄 생각이 없으면서 돈을 요구하는 행위 ■ 옷, 문구류 등을 빌린다며 되돌려주지 않는 행위 ■ 일부러 물품을 망가뜨리는 행위 ■ 돈을 걷어오라고 하는 행위
따돌림	■ 집단적으로 상대방을 의도적이고, 반복적으로 피하는 행위 ■ 싫어하는 말로 바보 취급 등 놀리기, 빈정거림, 면박주기, 겁주는 행동, 골탕 먹이기, 비웃기 ■ 다른 학생들과 어울리지 못하도록 막는 행위
성폭력	■ 폭행·협박을 하여 성행위를 강제하거나 유사 성행위, 성기에 이물질을 삽입하는 등의 행위 ■ 상대방에게 폭행과 협박을 하면서 성적 모멸감을 느끼도록 신체적 접촉을 하는 행위 ■ 성적인 말과 행동을 함으로써 상대방이 성적 굴욕감, 수치감을 느끼도록 하는 행위 [부록] 성폭력 사안처리 가이드(105쪽 참조)
사이버 폭력	■ 속칭 사이버모욕, 사이버명예훼손, 사이버성희롱, 사이버스토킹, 사이버음란물 유통, 대화명 테러, 인증놀이, 게임부주 강요 등 정보통신기기를 이용하여 괴롭히는 행위 ■ 특정인에 대해 모욕적 언사나 욕설 등을 인터넷 게시판, 채팅, 카페 등에 올리는 행위. 특정인에 대한 저격글이 그 한 형태임 ■ 특정인에 대한 허위 글이나 개인의 사생활에 관한 사실을 인터넷, SNS 등을 통해 불특정 다수에 공개하는 행위 ■ 성적 수치심을 주거나, 위협하는 내용, 조롱하는 글, 그림, 동영상 등을 정보통신망을 통해 유포하는 행위 ■ 공포심이나 불안감을 유발하는 문자, 음향, 영상 등을 휴대폰 등 정보통신망을 통해 반복적으로 보내는 행위

2. 학교폭력 처리절차

가. 학교폭력사건의 사안처리 흐름도

학교폭력사건의 사안처리는 아래 표와 같다.

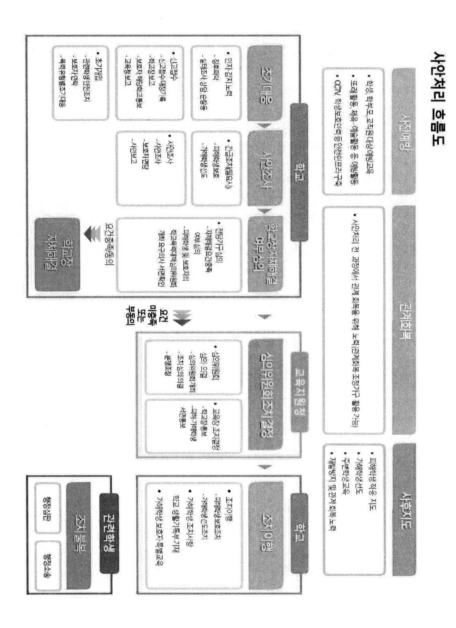

나. 학교폭력 처리과정

(1) 사안조사

(가) 필요조치

학교폭력 발생(접수) 후 학교에서는 사안을 조사하여 필요한 조치를 실시한다.

피해학생 조치	• 피해를 당한 학생의 마음을 안정시키고(심호흡, 안정을 유도하는 말 등) 신변안전이 급선무다. • 가벼운 상처는 학교 보건실에서 1차적으로 치료하고, 상처 정도가 심해 학교 보건실에서 치료할 수 없을 때는 2차적으로 병원으로 신속히 이송한다. • 탈골, 기도 막힘, 기타 위급상황이라고 판단된 경우 자리에서 움직이지 않고 119에 도움을 청한다.
가해학생 조치	• 피해학생의 상태가 위중하거나 외상이 심한 경우, 가해학생 역시 충격을 받아 예측하지 못하는 돌발행동을 할 수 있다. 그러므로 심리적으로 안정될 수 있도록 교사가 계속 주의를 기울이고 빨리 보호자에게 연락을 취한다. • 이후 가해학생에게 지나친 질책 및 감정적 대처를 하지 않도록 유의한다.
보호자 조치	• 보호자에게 사실을 빠르게 알린다. • 연락할 때 보호자들이 지나치게 흥분하거나 놀라지 않도록 연락하고, 학교에 오면 사전에 정해진 장소에 가서 자녀를 만날 수 있도록 안내한다. • 사안의 내용과 학교 측의 대처사항에 대해 보호자에게 정확히 알려준다. • 피해 및 가해학생이 귀가했을 경우, 학생이 가정에서 심리적 안정을 취할 수 있도록 보호자에게 안내한다. 특히 피해학생인 경우, 보호자가 자녀에게 정서적 지지와 지원을 아끼지 말 것을 당부한다.
목격학생 주변학생 주치	• 학교폭력을 목격하거나 폭력 현장에 있음으로 인해 심리적·정서적 충격을 받은 간접 피해자도 유사한 문제 반응이 나타날 수 있다. • 주변학생들의 현장 접근을 통제하고, 특히 초등학교 저학년의 경우 동화책 읽어주기, 종이접기 등 흥미 있는 활동으로 주의를 돌려 심리적 충격을 완화시킨다. • 사안에 관련된 학생 및 목격한 학생들에게 상황을 인식시키고, 차후 유사한 폭력 상황이 벌어지지 않도록 예방교육을 한다. • 사안에 관련된 학생들에 대해 낙인을 찍어 따돌리거나, 사안과 관련하여 사실과 다른 소문을 퍼뜨리지 않도록 주의시킨다.

(나) 사안조사

> **학교폭력예방법제14조(전문상담교사배치및전담기구구성)**
>
> ③ 학교의 장은 교감, 전문상담교사, 보건교사 및 책임교사(학교폭력문제를 담당하는 교사를 말한다), 학부모 등으로 학교폭력문제를 담당하는 전담기구(이하 "전담기구"라 한다)를 구성한다. 이 경우 학부모는 전담기구 구성원의 3분의 1 이상이어야 한다.
>
> ④ 학교의 장은 학교폭력 사태를 인지한 경우 지체 없이 전담기구 또는 소속 교원으로 하여금

가해 및 피해 사실 여부를 확인하도록 하고, 전담기구로 하여금 제13조의2에 따른 학교의 장의 자체해결 부의 여부를 심의하도록 한다.

⑤ 전담기구는 학교폭력에 대한 실태조사(이하 "실태조사"라 한다)와 학교폭력 예방 프로그램을 구성·실시하며, 학교의 장 및 심의위원회의 요구가 있는 때에는 학교폭력에 관련된 조사결과 등 활동결과를 보고하여야 한다.

⑧ 전담기구는 성폭력 등 특수한 학교폭력사건에 대한 실태조사의 전문성을 확보하기 위하여 필요한 경우 전문기관에 그 실태조사를 의뢰할 수 있다. 이 경우 그 의뢰는 심의위원회 위원장의 심의를 거쳐 학교의 장 명의로 하여야 한다.

학교폭력예방법시행령제16조(전담기구운영등)

① 법 제14조제3항에 따른 학교폭력문제를 담당하는 전담기구(이하 "전담기구"라 한다)의 구성원이 되는 학부모는 「초·중등교육법」 제31조에 따른 학교운영위원회에서 추천한 사람 중에서 학교의 장이 위촉한다. 다만, 학교운영위원회가 설치되지 않은 학교의 경우에는 학교의 장이 위촉한다.

② 전담기구는 가해 및 피해 사실 여부에 관하여 확인한 사항을 학교의 장에게 보고해야 한다.

③ 제1항 및 제2항에서 규정한 사항 외에 전담기구의 운영에 필요한 사항은 학교의 장이 정한다.

피해 및 가해사실 여부 확인을 위한 구체적인 사안조사 실시(관련학생의 면담, 주변학생 조사, 설문조사, 객관적인 입증자료 수집 등) 하여야 하며, 이를 위해 피해 및 가해학생 심층면담을 실시한다. 그 후 조사한 결과를 바탕으로 육하원칙에 따라 사안조사 보고서 작성하여야 한다. 이 때 성폭력의 경우, 비밀유지에 특별히 유의하여야 하며, 장애학생, 다문화학생에 대한 사안조사의 경우, 특수교육 전문가 등을 참여시켜 장애학생 및 다문화학생의 진술 기회 확보 및 조력 제공을 받아야 한다. 또한 필요한 경우, 보호자 면담을 통해 각각의 요구사항을 파악하고 사안과 관련하여 조사된 내용을 관련 학생의 보호자가 충분히 이해할 수 있도록 안내하여야 한다.

참고 - 사안조사 시 유의사항
- 서면 조사, 해당학생 및 목격자의 면담 조사, 사안 발생 현장 조사 등을 통해 종합적인 방법으로 신속하게 증거 자료를 확보한다.
- 면담 조사를 하는 경우에는 육하원칙에 근거하여 구체적으로 확인서를 받는다.
- 객관적이고 공정하게 사안조사를 실시한다.

- 관련 학생 간의 주장이 다를 경우, 목격 학생의 확인을 받거나 직·간접 증거자료 확보를 통해 적극적으로 사안조사에 임한다. 피해 및 가해학생이 일관된 진술을 하는지, 증거자료와 진술 내용이 일치하는지 등을 살펴야 한다.
- 전담기구 소속교사는 학생, 보호자, 목격자, 담임교사 등을 면담조사한 후에 확인된 사실을 바탕으로 학교폭력 사안조사 보고서를 작성한다.
- 장애학생에 대한 사안조사의 경우, 특수교육 전문가를 참여시켜 장애학생의 진술 기회를 확보할 수 있도록 지원할 수 있다.
- 한국어 의사소통능력이 부족하거나, 다양한 문화적 배경을 지닌 다문화학생(중도입국·외국인학생 등) 및 탈북학생의 사안조사 시, 통역의 활용 또는 관련 담당교사를 참여시키도록 한다.
- 성 사안의 경우 비밀유지 및 대상자 신변보호, 2차 피해 방지 등에 특별히 유의한다.
- 관련학생의 소속 학교가 서로 다른 경우에는 학교간 사안조사 내용 확인을 위해 긴밀하게 협조한다.

(2) 사안의 처리

사안에 따라 학교폭력 사건은 아래 2가지 경우로 처리된다.

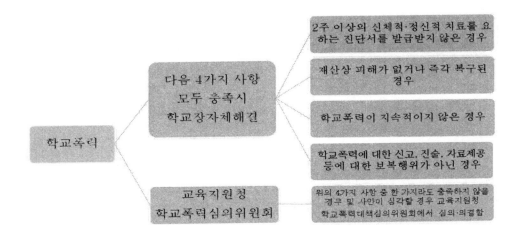

(가) 학교장의 자체해결

학교폭력예방법제 13조2(학교의 장의 자체 해결)

① 제13조제2항제4호 및 제5호에도 불구하고 피해학생 및 그 보호자가 심의위원회의 개최를 원하지 아니하는 다음 각 호에 모두 해당하는 경미한 학교폭력의 경우 학교의 장은 학교폭력사건을 자체적으로 해결할 수 있다. 이 경우 학교의 장은 지체 없이 이를 심의위원회에 보고하여야 한다.

    1. 2주 이상의 신체적·정신적 치료가 필요한 진단서를 발급받지 않은 경우

    2. 재산상 피해가 없거나 즉각 복구된 경우

    3. 학교폭력이 지속적이지 않은 경우

    4. 학교폭력에 대한 신고, 진술, 자료제공 등에 대한 보복행위가 아닌 경우

② 학교의 장은 제1항에 따라 사건을 해결하려는 경우 다음 각 호에 해당하는 절차를 모두 거쳐야 한다.

    1. 피해학생과 그 보호자의 심의위원회 개최 요구 의사의 서면 확인

    2. 학교폭력의 경중에 대한 제14조제3항에 따른 전담기구의 서면 확인 및 심의

③ 그 밖에 학교의 장이 학교폭력을 자체적으로 해결하는 데에 필요한 사항은 대통령령으로 정한다.

학교폭력예방법시행령 제14조의3(학교의 장의 자체 해결)

학교의 장은 법 제13조의2제1항에 따라 학교폭력사건을 자체적으로 해결하는 경우 피해학생과 가해학생 간에 학교폭력이 다시 발생하지 않도록 노력해야 하며, 필요한 경우에는 피해학생·가해학생 및 그 보호자 간의 관계 회복을 위한 프로그램을 운영할 수 있다.

학교장 자체해결 여부 심의는 2주 이내에 결정하여야 하며, 필요한 경우 1주 연장이 가능하다. 자체해결 요건을 충족하기 위해서는 관련학생 측이 심의위원회를 개최하지 않는 것에 동의하여야 하고, 피해상황이 경미 하여야 합니다. 이 때, 경미한 사안이란 ⅰ) 2주 이상의 진단서를 발급받지 않은 경우, ⅱ) 재산상 피해가 없거나 즉각 복구된 경우, ⅲ) 학교폭력이 지속적이지 않은 경우, ⅳ) 학교폭력 보복행위가 아닌 경우 등이다.

다. 교육지원청 학교폭력대책심의위원회 개최

위의 4가지 사항 중 한 가지라도 충족하지 않을 경우 및 사안이 심각할 경우, 피해측이 요구할 경우,

교육지원청 학교폭력대책심의위원회의 심의 · 의결 사안 대상이 된다.

참고 – 학교폭력 아닌 사안의 종결

- **사안조사 결과, 학교폭력이 아닌 사안(예시)**
  - 제3자가 신고한 사안에 대한 조사결과, 오인신고였던 경우
  - 학교폭력 의심사안(담임교사 관찰로 인한 학교폭력 징후 발견 등)에 대한 조사 결과, 학교폭력이 아니었던 경우
  - 피해학생(보호자)이 신고한 사안에서 피해학생(보호자)이 오인신고였음을 스스로 인정하는 경우

- **학교폭력이 아닌 사안의 처리**
  - 학교장이 전담기구 회의를 통해 학교폭력이 아님을 확인한 경우, 교육(지원)청으로 보고한다.
  - ※ 피해학생 및 보호자가 심의위원회 개최를 요청할 경우 반드시 심의위원회를 개최하여 처리해야 함. 단, 심의위원회에서 '학교폭력 아님'으로 결정할 경우 '조치없음'으로 처리할 수 있음.

---

(1) 가해학생에 대한 조치

학교폭력예방법 제17조(가해학생에대한조치)

① 심의위원회는 피해학생의 보호와 가해학생의 선도 · 교육을 위하여 가해학생에 대하여 다음 각 호의 어느 하나에 해당하는 조치(수 개의 조치를 동시에 부과하는 경우를 포함한다)를 할 것을 교육장에게 요청하여야 하며, 각 조치별 적용 기준은 대통령령으로 정한다. 다만, 퇴학처분은 의무교육과정에 있는 가해학생에 대하여는 적용하지 아니한다.

1. 피해학생에 대한 서면사과
2. 피해학생 및 신고 · 고발 학생에 대한 접촉, 협박 및 보복행위의 금지
3. 학교에서의 봉사
4. 사회봉사
5. 학내외 전문가에 의한 특별 교육이수 또는 심리치료
6. 출석정지

---

7. 학급교체

8. 전학

9. 퇴학처분

② 제1항에 따라 심의위원회가 교육장에게 가해학생에 대한 조치를 요청할 때 그 이유가 피해학생이나 신고·고발 학생에 대한 협박 또는 보복 행위일 경우에는 같은 항 각 호의 조치를 동시에 부과하거나 조치 내용을 가중할 수 있다.

③ 제1항제2호부터 제4호까지 및 제6호부터 제8호까지의 처분을 받은 가해학생은 교육감이 정한 기관에서 특별교육을 이수하거나 심리치료를 받아야 하며, 그 기간은 심의위원회에서 정한다.

④ 학교의 장은 가해학생에 대한 선도가 긴급하다고 인정할 경우 우선 제1항제1호부터 제3호까지, 제5호 및 제6호의 조치를 할 수 있으며, 제5호와 제6호의 조치는 동시에 부과할 수 있다. 이 경우 심의위원회에 즉시 보고하여 추인을 받아야 한다.

⑤ 심의위원회는 제1항 또는 제2항에 따른 조치를 요청하기 전에 가해학생 및 보호자에게 의견진술의 기회를 부여하는 등 적정한 절차를 거쳐야 한다.

⑥ 제1항에 따른 요청이 있는 때에는 교육장은 14일 이내에 해당 조치를 하여야 한다.

⑦ 학교의 장이 제4항에 따른 조치를 한 때에는 가해학생과 그 보호자에게 이를 통지하여야 하며, 가해학생이 이를 거부하거나 회피하는 때에는 학교의 장은「초·중등교육법」제18조에 따라 징계하여야 한다.

⑧ 가해학생이 제1항제3호부터 제5호까지의 규정에 따른 조치를 받은 경우 이와 관련된 결석은 학교의 장이 인정하는 때에는 이를 출석일수에 포함하여 계산할 수 있다.

⑨ 심의위원회는 가해학생이 특별교육을 이수할 경우 해당 학생의 보호자도 함께 교육을 받게 하여야 한다.

⑩ 가해학생이 다른 학교로 전학을 간 이후에는 전학 전의 피해학생 소속 학교로 다시 전학올 수 없도록 하여야 한다.

⑪ 제1항제2호부터 제9호까지의 처분을 받은 학생이 해당 조치를 거부하거나 기피하는 경우 심의위원회는 제7항에도 불구하고 대통령령으로 정하는 바에 따라 추가로 다른 조치를 할 것을 교육장에게 요청할 수 있다.

⑫ 가해학생에 대한 조치 및 제11조제6항에 따른 재입학 등에 관하여 필요한 사항은 대통령령으로 정한다.

(가) 피해학생에 대한 사면사과(제1호)

가해학생이 피해학생에게 서면으로 그동안의 폭력행위에 대하여 사과하는 조치이다.

(나) 피해학생 및 신고 · 고발 학생에 대한 접촉, 협박 및 보복행위의 금지(제2호)

피해학생이나 신고 · 고발학생에 대한 가해학생의 접근을 막아 더 이상의 폭력이나 보복을 막기 위한
조치이다.

> - 시간적 범위: 심의위원회에서 제2호 '접촉 등 금지' 조치를 결정할 경우 그 기간을 정하는
>   것이 바람직하다. 만일, 기간을 정하지 않은 경우 해당 학교급의 졸업시점까지 '접촉 등 금지
>   '가 유효하다.
> - '접촉'의 범위: 접촉 금지는 조치를 받은 학생이 의도적으로 피해학생에게 접촉하는 것을
>   금지하는 것으로, 교육활동 및 일상생활 가운데 이루어지는 의도하지 않은 접촉에 대해서
>   모두 금지하는 것은 아니다. 다만, 무의도성을 이유로 빈번하게 접촉이 이루어지거나, 무의
>   도성을 가장해 피해학생에게 접촉할 경우, 법률 제17조제11항에 따라 다른 조치를 추가할
>   수 있다.

(다) 학교에서의 봉사(제3호)

교내에서 봉사활동을 통해 자신의 행동을 반성하는 기회를 주기 위한 조치이다.

> - 단순한 훈육적 차원이 아니라, 봉사의 진정한 의미를 알고 학생 스스로 잘못을 깨달을 수
>   있는 봉사 방법을 선정하여 선도적·교육적 차원에서의 봉사활동을 실시한다.
> - 가해학생에게 학교 내의 화단 정리, 교실의 교구 정리, 화장실 청소, 장애 학생의 등교 도우미
>   지도 등을 실시할 수 있다.
> - 지도교사를 다양하게 구성할 수 있다.
> - 학교에서의 봉사 조치를 부과할 경우 봉사 시간을 명확하게 제시하는 것이 필요하다.

(라) 사회봉사(제4호)

학교 밖 행정 및 공공기관 등 관련기관에서 사회구성원으로서의 책임감을 느끼고, 봉사를 통해 반성하
는 시간을 마련하기 위한 조치이다.

- 사회봉사는 지역 행정기관에서의 봉사(환경미화, 교통안내, 거리질서유지 등), 공공기관에서의 봉사(우편물 분류, 도서관 업무보조 등), 사회복지기관(노인정, 사회복지관 등) 봉사 등의 형태로 진행될 수 있다.
- 학교에서는 사회봉사를 실시하는 기관과 업무협조를 긴밀히 하고, 각종 확인 자료와 담당자 간의 통신을 통하여 사회봉사가 실질적으로 이루어질 수 있도록 한다.

(마) 학내외 전문가에 의한 특별교육이수 또는 심리치료(제5호)

가해학생이 봉사활동 등을 통하여 스스로의 행동을 반성하는 것이 어려워 보이는 경우에 전문가의 도움을 받아 폭력에 대한 인식을 개선하고 스스로의 행동을 반성하게 하는 조치이다.

- 교육감이 정한 기관에서 특별교육을 이수하거나 심리치료를 받아야 하며, 그 기간은 심의위원회에서 정한다.
- 가해학생이 담임교사 및 생활교육 담당교사 등과 나누기 어려운 이야기를 상담 전문가와 나눔으로써 자신의 폭력적인 행동의 원인을 생각해 보고 행동을 개선할 의지가 있는 경우에 교육적 의미를 지닌다.

(바) 출석정지(제6호)

가해학생을 수업에 출석하지 못하게 함으로써 일시적으로 피해학생과 격리시켜 피해학생을 보호하고, 가해학생에게는 반성의 기회를 주기 위한 조치이다. 가해학생에 대한 출석정지 기간은 출석일수에 산입하지 않는다.

- 학교장은 출석정지 기간 동안 가해학생에게 적절한 지도가 이루어질 수 있도록 필요한 교육 방법을 마련해야함.
- 법률 제17조제1항제6호에 따른 출석정지는 미인정결석으로 처리함(학교생활기록부 기재요령).

(사) 학교급체(제7호)

가해학생을 피해학생으로부터 격리하기 위하여 같은 학교 내의 다른 학급으로 옮기는 조치이다.

(아) 전학

가해학생을 피해학생으로부터 격리시키고 피해학생에 대해 더 이상의 폭력행위를 하지 못하도록 하기 위하여 다른 학교로 소속을 옮기도록 하는 조치이다. 가해학생이 다른 학교로 전학을 간 이후에는 전학 전의 피해학생 소속 학교로 다시 전학 올 수 없도록 하여야 한다.

(자) 퇴학처분(제9호)

피해학생을 보호하고 가해학생을 선도·교육할 수 없다고 인정될 때 취하는 조치이다. 다만 의무교육 과정에 있는 가해학생에 대하여는 적용하지 아니한다.

3. 가해학생에 대한 조치사항

가. 기재 및 기재유보

(1) 학교생활기록부 학교폭력 조치사항 기재

가) 조치사항 기재

학교폭력 가해학생에 대한 조치사항의 경우 학교에서 조치결정 통보 공문을 접수한 즉시 학교생활기록부에 기재하며, 구체적인 작성·관리에 관한 사항은 「학교생활기록 작성 및 관리지침」을 따른다. 가해학생 조치사항에 대한 행정심판 및 소송이 청구된 경우에도 기재된 조치사항을 삭제하지 아니하고, 향후 조치가 변경되거나 취소될 경우 이를 수정하며 조치결정 일자는 변경하지 않는다.

나) 기재내용

법률 제17조제1항제1호부터 제3호까지에 따른 조치사항에 관한 내용을 적어야 하는 경우는 다음 각 호의 어느 하나에 해당하는 경우로 한정한다.

- 해당 학생이 법률 제17조제1항제1호부터 제3호까지에 따른 조치사항을 이행하지 않은 경우
- 해당 학생이 법률 제17조제1항제1호부터 제3호까지에 따른 조치를 받은 후 동일 학교급에 재학하는 동안(초등학생인 경우에는 그 조치를 받은 날부터 3년 이내의 범위에서 동일 학교급에 재학하는 동안) 다른 학교폭력사건으로 같은 조 제1항의 조치를 받은 경우로, 그 다른 학교폭력사건으로 받은 법률 제17조제1항제1호부터 제3호까지에 따른 조치사항에 관한 내용도 함께 적어야 한다.

다) 기재내용 유지

심의위원회가 정한 이행 기간 내에 조치사항을 이행하지 않으면 조치사항을 기재하고 이후 조치사항을 이행하여도 기재내용은 유지된다.

나. 조건부 기재유보

학교폭력 가해학생이 법률 제17조제1항 제1호부터 제3호까지의 조치를 받고, 이행 기간 만료 이전에

집행정지(효력정지) 인용결정을 받고 조치를 미이행 했을 경우, 집행정지 기간 동안 조치 이행 의무가 정지된 점을 고려하여 학교생활기록부 기재를 보류한다. 다만, 본안에 대한 심리결과 청구가 기각된 경우 법률 제17조제1항제1호부터 제3호 조치를 집행정지(효력정지) 결정 당시 남은 이행 기간 내에 조치를 이행했는지 여부에 따라, 동 조치사항에 대한 학교생활기록부의 기재 여부를 결정한다.

다. 조치사항 삭제

학교폭력예방법 제17조 제1항 제1호~제3호, 제7호의 조치는 졸업과 동시에, 제4호~제6호, 제8호의 조치는 졸업하기 직전에 전담기구에서 심의를 거쳐 졸업과 동시에 삭제 가능하며 이때 해당 학생의 반성 정도와 긍정적 행동변화 정도 등을 고려해야 한다.

가해학새 조치사항 [학교폭력예방법]	학교생활기록부 영역	삭제시기
제1호(피해학생에 대한 서면사과)	행동특성 및 종합의견	✔ 졸업과 동시(졸업식 이후부터 2월 말 사이 졸업생 학적반영 이전) ✔ 학업중단자는 해당학생이 학적을 유지 했을 경우를 가정하여 졸업할 시점
제2호(피해학생 및 신고·고발 학생에 대한 접촉, 협박 및 보복행위의 금지)		
제3호(학교에서의 봉사)		
제7호(학급교체)		
제4호(사회봉사)	출결상황 특기사항	졸업일로부터 2년 후 ✔ 졸업 직전 전담기구 심의를 거쳐 졸업과 동시 삭제 가능 ✔ 학업중단자는 해당학생이 학적을 유지 하였을 경우를 가정하여 졸업하였을 시점으로부터 2년 후
제5호(학내외 전문가에 의한 특별교육 이수 또는 심리치료)		
제6호(출석정지)		
제8호(전학)	인적·학적사항 특기사항	
제9호(퇴학)		

4. 조치에 대한 불복 방법

가. 행정심판 - 해당 교육청 행정심판위원회

행정심판법 제23조(심판청구서의 제출)

① 행정심판을 청구하려는 자는 제28조에 따라 심판청구서를 작성하여 피청구인이나 위원회에 제출하여야 한다. 이 경우 피청구인의 수만큼 심판청구서 부본을 함께 제출하여야 한다.

② 행정청이 제58조에 따른 고지를 하지 아니하거나 잘못 고지하여 청구인이 심판청구서를 다른 행정기관에 제출한 경우에는 그 행정기관은 그 심판청구서를 지체 없이 정당한 권한이 있는 피청구인에게 보내야 한다.

③ 제2항에 따라 심판청구서를 보낸 행정기관은 지체 없이 그 사실을 청구인에게 알려야 한다.

④ 제27조에 따른 심판청구 기간을 계산할 때에는 제1항에 따른 피청구인이나 위원회 또는 제2항에 따른 행정기관에 심판청구서가 제출되었을 때에 행정심판이 청구된 것으로 본다.

행정심판법 제27조(심판청구의기간)

① 행정심판은 처분이 있음을 알게 된 날부터 90일 이내에 청구하여야 한다.

② 청구인이 천재지변, 전쟁, 사변(事變), 그 밖의 불가항력으로 인하여 제1항에서 정한 기간에 심판청구를 할 수 없었을 때에는 그 사유가 소멸한 날부터 14일 이내에 행정심판을 청구할 수 있다. 다만, 국외에서 행정심판을 청구하는 경우에는 그 기간을 30일로 한다.

③ 행정심판은 처분이 있었던 날부터 180일이 지나면 청구하지 못한다. 다만, 정당한 사유가 있는 경우에는 그러하지 아니하다.

④ 제1항과 제2항의 기간은 불변기간(不變期間)으로 한다.

⑤ 행정청이 심판청구 기간을 제1항에 규정된 기간보다 긴 기간으로 잘못 알린 경우 그 잘못 알린 기간에 심판청구가 있으면 그 행정심판은 제1항에 규정된 기간에 청구된 것으로 본다.

⑥ 행정청이 심판청구 기간을 알리지 아니한 경우에는 제3항에 규정된 기간에 심판청구를 할 수 있다.

⑦ 제1항부터 제6항까지의 규정은 무효등확인심판청구와 부작위에 대한 의무이행심판청구에는 적용하지 아니한다.

행정심판법 제28조(심판청구의 방식)

① 심판청구는 서면으로 하여야 한다.

② 처분에 대한 심판청구의 경우에는 심판청구서에 다음 각 호의 사항이 포함되어야 한다.

1. 청구인의 이름과 주소 또는 사무소(주소 또는 사무소 외의 장소에서 송달받기를 원하면 송달장소를 추가로 적어야 한다)

2. 피청구인과 위원회

3. 심판청구의 대상이 되는 처분의 내용

4. 처분이 있음을 알게 된 날

5. 심판청구의 취지와 이유

6. 피청구인의 행정심판 고지 유무와 그 내용

행정심판법 제30조(집행정지)

① 심판청구는 처분의 효력이나 그 집행 또는 절차의 속행(續行)에 영향을 주지 아니한다.

② 위원회는 처분, 처분의 집행 또는 절차의 속행 때문에 중대한 손해가 생기는 것을 예방할 필요성이 긴급하다고 인정할 때에는 직권으로 또는 당사자의 신청에 의하여 처분의 효력, 처분의 집행 또는 절차의 속행의 전부 또는 일부의 정지(이하 "집행정지"라 한다)를 결정할 수 있다. 다만, 처분의 효력정지는 처분의 집행 또는 절차의 속행을 정지함으로써 그 목적을 달성할 수 있을 때에는 허용되지 아니한다.

③ 집행정지는 공공복리에 중대한 영향을 미칠 우려가 있을 때에는 허용되지 아니한다.

④ 위원회는 집행정지를 결정한 후에 집행정지가 공공복리에 중대한 영향을 미치거나 그 정지사유가 없어진 경우에는 직권으로 또는 당사자의 신청에 의하여 집행정지 결정을 취소할 수 있다.

⑤ 집행정지 신청은 심판청구와 동시에 또는 심판청구에 대한 제7조제6항 또는 제8조제7항에 따른 위원회나 소위원회의 의결이 있기 전까지, 집행정지 결정의 취소신청은 심판청구에 대한 제7조제6항 또는 제8조제7항에 따른 위원회나 소위원회의 의결이 있기 전까지 신청의 취지와 원인을 적은 서면을 위원회에 제출하여야 한다. 다만, 심판청구서를 피청구인에게 제출한 경우로서 심판청구와 동시에 집행정지 신청을 할 때에는 심판청구서 사본과 접수증명서를 함께 제출하여야 한다.

⑥ 제2항과 제4항에도 불구하고 위원회의 심리·결정을 기다릴 경우 중대한 손해가 생길 우려가 있다고 인정되면 위원장은 직권으로 위원회의 심리·결정을 갈음하는 결정을 할 수 있다. 이 경우 위원장은 지체 없이 위원회에 그 사실을 보고하고 추인(追認)을 받아야 하며, 위원회의 추인을 받지 못하면 위원장은 집행정지 또는 집행정지 취소에 관한 결정을 취소하여야 한다.

⑦ 위원회는 집행정지 또는 집행정지의 취소에 관하여 심리·결정하면 지체 없이 당사자에게 결정서 정본을 송달하여야 한다.

1) 행정심판청구

교육장의 조치에 대하여는 처분이 있음을 알게 된 날부터 90일 이내, 처분이 있었던 날부터 180일 이내에 행정심판을 청구할 수 있다. 이 두 기간 중 어느 하나라도 도과하면 행정심판청구를 할 수 없다. 여기서 '처분이 있었던 날'이란 교육장 명의의 조치결정 통보서가 '당사자에게 도달하여 해당 조치가 성립한 날'을 의미한다. 이때 행정심판은 피해학생(또는 보호자)뿐만 아니라 가해학생(또는 보호자)는 교육장의 조치에 대하여 행정심판을 제기할 수 있다.

2) 집행정지신청

행정심판의 청구는 가해학생에 대한 조치사항 처분의 효력이나 그 집행 또는 절차의 속행에 영향을 주지 아니하므로, 만일 그 처분의 효력, 처분의 집행 또는 절차의 속행을 정지한 상태에서 심판을 통하여 처분의 위법 또는 부당성을 다투려고 한다면 행정심판위원회의 집행정지 결정이 있어야 한다. 따라서 조치사항에 불복하여 다투려고 하는 경우에는 학교 측에서 조치사항에 대한 집행 전에 미리 집행정지신청을 한 후 다투는 것이 좋다.

나. 행정소송

1) 행정소송제기

교육장의 조치에 대하여 이의가 있는 경우 행정심판을 거치지 않고 바로 행정소송을 제기 할 수 있다. 제소기간은 처분이 있음을 안 날부터 90일 이내이며, 처분이 있은 날로부터 1년을 경과하면 제기할 수 없다. 이때 당사자는 처분의 취소 또는 무효를 구하는 학생이 원고가 되고(미성년자인 경우에는 법정대리인이 대리하여야 함) 교육장이 피고가 된다.

2) 집행정지신청

가해학생에 대한 조치사항의 취소소송의 제기 또한 조치사항의 효력이나 그 집행 또는 절차의 속행에 영향을 주지 아니하므로 처분의 절차 또는 효력을 정지하기 위해서는 집행정지 결정이 있어야 한다(행정소송법 제23조).

5. 소년사건 수사절차

가. 처벌의 정도

형사법상 가해학생이 만14세 이상, 만19세 미만(범죄소년)이면 형사처벌이나 보호처분이 가능하며, 만12세 이상, 만14세 미만의 청소년(촉법소년)의 경우 보호처분이 가능하다. 가해학생 등 소년범은 불구속 수사가 원칙이지만, 가해학생의 과거 비행 및 폭력 경험, 비행정도, 폭력의 정도, 피해자가 다친 정도, 재범가능성, 보복 여부 등에 따라 처벌이 달라질 수 있다.

[소년보호사건의 심리대상인 소년]

구분	대상소년	대상연령
범죄소년	법률상 죄를 범한 소년	14세 이상 - 행위시 19세 미만 - 보호처분시
촉법소년	형벌 법령에 저촉되는 행위를 한 소년	10세 이상 14세 미만-행위시
우범소년	아래 내용과 같은 우범사유가 있고 그의 성격이나 환경에 비추어 앞으로 형벌 법령에 저촉되는 행위를 할 우려(우범성)가 있는 소년 • 집단으로 몰려다니며 주위 사람에게 불안감을 조성하는 성벽이 있는 것 • 정당한 이유없이 가출하는 것 • 술을 마시고 소란을 피우거나 유해환경에 접하는 성벽이 있는 것	10세 이상 19세 미만인 소년 (보호처분시)

나. 형사절차

소년형사사건도 일반 형사사건과 기본적으로는 같으므로 일반 형사사건의 예에 따라 형사소송법이 적용되지만(소년법 제48조) 소년의 특성을 고려하여 소년법에 특별한 여러 규정이 있다.

1) 수사상의 특칙

가) 구속의 제한

소년에 대한 구속영장은 부득이한 경우가 아니면 발부하지 못하고, 소년을 구속하는 경우에는 특별한 사정이 없으면 다른 피의자나 피고인과 분리하여 수용하여야 한다(소년법 제55조).

나) 검사의 결정 전 조사

검사는 소년 피의사건에 대하여 소년부 송치, 공소제기, 기소유예 등의 처분을 결정하기 위하여 필요하다고 인정하면 피의자의 주거지 또는 검찰청 소재지를 관할하는 보호관찰소의 장, 소년분류심사원장 또는 소년원장에게 피의자의 품행, 경력, 생활환경이나 그 밖에 필요한 사항에 관한 조사를 요구할 수 있다(소년법 제49조의2 제1항). 조사요구를 받은 보호관찰소장 등은 지체없이 이를 조사하여 서면으로 해당 검사에게 통보하여야 하며, 조사를 위하여 필요한 경우에는 소속 보호관찰관, 분류심사관 등에게 피의자 또는 관계인을 출석하게 하여 진술요구를 하는 등의 방법으로 필요한 사항을 조사하게 할 수 있다(동조 제2항). 검사는 보호관찰소장 등으로부터 통보받은 조사 결과를 참고하여 소년피의자를 교화 · 개선하는 데에 가장 적합한 처분을 결정하여야 한다(동조 제4항).

다) 선도조건부 기소유예
검사는 피의사건에 대한 공소를 제기하지 않고 소년인 피의자에 대하여 ① 범죄예방자원봉사위원의 선도, ② 소년의 선도 · 교육과 관련된 단체 · 시설에서의 상담 · 교육 · 활동 등을 받게 할 수 있는데(소년법 제49조의3 전문), 이와 같이 선도를 조건으로 하는 검사의 기소유예 결정을 선도조건부 기소유예라고 한다. 이 경우 소년과 소년의 친권자 · 후견인 등 법정대리인의 동의를 받아야 한다(동조 후문).

라) 공소시효의 정지
검사가 피의사건에 대한 공소를 제기하지 않고 소년부에 송치하여 소년부 판사의 심리개시결정이 있으면 그때로부터 그 사건에 대한 보호처분의 결정이 확정될 때까지 공소시효의 진행이 정지된다(소년법 제54조).

6. 서식례

[서식] 행정심판청구서

■ 행정심판법 시행규칙 [별지 제30호서식] 〈개정 2012.9.20〉

행정심판 청구서 〈학교폭력 외 사건 예시〉

접수번호	접수일		
원고	성명 홍길동		
	주소		
	주민등록번호(외국인등록번호)		
	전화번호		
[ ] 대표자 [ ] 관리인 [ ] 선정대표자 [ ] 대리인	성명 (변호사 등 대리인이 있는 경우 기재)		
	주소		
	주민등록번호(외국인등록번호)		
	전화번호		
피고	인천광역시○○교육지원청교육장 / ○○고등학교장 → 처분을 한 행정청(처분청)을 기재		
소관 행정심판위원회	인천광역시교육청행정심판위원회		
처분 내용 또는 부작위 내용	피고가 2020. 00. 00. 원고에게 한 □□□□처분(예시) → 처분서에 있는 조치결정일, 처분 내용 기입		
처분이 있음을 안 날	2000. 00. 00. → 처분서를 받은 날 기입		
청구 취지 및 청구 이유	**별지로 작성** → 작성방법은 다음장 예시문 참고		
처분청의 불복절차 고지 유무	행정심판청구에 대한 고지(안내)가 있었음 / 없었음 → 처분 시 행정심판청구에 대한 고지(안내)가 있었는지 기재		
처분청의 불복절차 고지 내용	이 사건 처분이 있음을 안 날부터 90일 이내에 행정심판 또는 행정소송을 제기할 수 있습니다.(예시)		

증거 서류	별지로 작성

「행정심판법」제28조 및 같은 법 시행령 제20조에 따라 위와 같이 행정심판을 청구합니다.

년   월   일

원고   홍 길 동   (서명 또는 인)

인천광역시교육청행정심판위원회 귀중

첨부서류	1. 대표자, 관리인, 선정대표자 또는 대리인의 자격을 소명하는 서류(대표자, 관리인,선정대표자 또는 대리인을 선임하는 경우에만 제출합니다.) 2. 주장을 뒷받침하는 증거서류나 증거물	수수료 없음

처리 절차

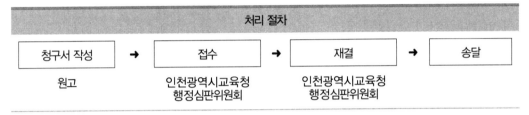

청구서 작성	→	접수	→	재결	→	송달
원고		인천광역시교육청 행정심판위원회		인천광역시교육청 행정심판위원회		

210mm×297mm[백상지 80g/㎡]

청 구 취 지

피고가 2000. 00. 00. 원고에게 한 □□□□처분을 취소한다.

청 구 이 유

1. 사건개요 및 사건발생 경위

가. 원고가 0000. 00. 00. …를 했다는 이유로 피고가 0000. 00. 00. 원고에게 □□□□처분(이하 '이 사건 처분'이라 한다)을 하였다.

나. 원고가 이 사건 당시 …한 이유로 …했는데, 피고는 …라는 이유로 원고에게 이 사건 처분을 하였다.

→ 원고가 피고로부터 이 사건 처분을 받게 된 경위를 육하원칙에 의해 기재

2. 이 사건 처분의 위법 · 부당성

→ 이 사건 처분의 위법 · 부당성과 구제되어야 하는 사유 등을 상대방이 이해할 수 있도록 사실관계, 증거, 관계 법령 등을 활용하여 구체적으로 작성

가. 이 건 처분의 위법성

「0000법률」에 따르면 피고는 …하여야 하나, 피고는 이 사건 당시 ……
하였다.

→ 피고가 이 사건 처분이나 이 사건 처분의 원인이 되는 사실에서 적법한 절차를 준수하였는지 등 적법성에 대하여 기재

나. 이 건 처분의 부당성

원고에게는 …라는 사정이 있어 …했던 것인데, 피고는 이를 전혀 고려하지 않고 ……
하였다.

→ 이 사건 처분으로 인해 원고가 입게 되는 어려움, 피고의 재량권 일탈 · 남용 여부 등 처분의 부당성에 대하여 기재

다. 따라서 피고가 원고에게 한 이 사건 처분은 위법 · 부당하다.

3. 결론

따라서 이 사건 처분은 취소되어야 한다.

증 거 서 류

(원고가 제출하는 증거서류의 목록을 기재하고 뒤에 첨부합니다.)
갑 제1호증   00000
갑 제2호증   00000
갑 제3호증   처분서(필수 첨부)

[서식] 집행정지신청서

■ 행정심판법 시행규칙 [별지 제33호서식] 〈개정 2012.9.20〉

집행정지신청서

접수번호	접수일	

사건명	학교폭력 가해학생 징계처분 집행정지
신청인	성명 ㅇㅇㅇ 법정대리인 ㅇㅇㅇ 주소 서울 양천구 ㅇㅇㅇ
피신청인	강서양천교육지원청 교육장
신청 취지	"피신청인이 2021.00.00. 신청인에 대하여 한 서면사과, 접촉,협박 및 보복행위금지, 출석정지(5일) 및 특별교육이수 (학생 5시간/ 보호자 5시간)에 대한 처분은 관련 행정심판의 재결이 있을 때까지 그 효력을 정지한다" 라는 결정을 구합니다.
신청 원인	별지 첨부
소명 방법	행정심판청구서에 첨부

「행정심판법」 제30조제5항 및 같은 법 시행령 제22조제1항에 따라 위와 같이 집행정지를 신청합니다.

2020년   9월   14일

신청인   ㅇㅇㅇ   법정대리인 ㅇㅇㅇ (서명 또는 인)

서울시교육청행정심판위원회 귀중

첨부서류	1. 신청의 이유를 소명하는 서류 또는 자료 2. 행정심판청구와 동시에 집행정지 신청을 하는 경우에는 심판청구서 사본과 접수 증명서	수수료 없음

처리 절차

신청서 작성 → 접수 → 결정 → 송달

신청인　　　　○○행정심판위원회　　　　○○행정심판위원회

210mm×297mm[백상지 80g/㎡]

〈별지〉

신 청 취 지

"피신청인이 2021년 8월 18일 신청인에게 한 [학교폭력 예방 및 대책에 관한 법률] 제17조 제1항 제1호 서면사과, 제2호 접촉, 협박 및 보복행위의 금지, 제6호 출석정지 5일, 제17조 제3항에 따른 특별교육이수 5시간, 제17조 제9항에 따른 보호자 특별교육이수 5시간에 대한 처분은 관련 행정심판의 재결이 있을 때까지 그 효력을 정지한다" 라는 결정을 구합니다.

신 청 원 인

1. 이 사건 처분의 내용 및 경위

신청인은 서울시 양천구에 소재한 공립학교인 00고등학교 00학년 00반에 재학중인 학생으로서, 2021.08.18.(금)경 같은 반 급우인 정00과 사소한 다툼이 발생하였고 이 때문에 정00이 화해목적 으로 신청인에게 메신저로 연락한 사실이 있으나, 신청인은 다소 시비조로 답장을 한 결과 양자는 메신저 상으로 더 다투게 된 사실이 있습니다. 이에 신청인이 싸운 메신저 내용을 SNS상에 공개적 으로 올리고 비방하는 댓글을 달아 불특정 다수 및 동료학생들에게 사실이 아닌 소문이 퍼져 박00 학생에게 정신적 피해를 입힘을 원인으로하여 「학교폭력 예방 및 대책에 관한 법률」(이하 학폭법으 로 표기) 제 17조 제1항 제1호 서면사과, 제2호 접촉, 협박 및 보복행위 금지, 제6호 출석정지(5일)와 제 17조 제3항 및 제9항에 따른 특별교육이수(학생 5시간 / 보호자 5시간)대한 처분을 하였습니다.

2. 이 사건 처분의 위법·부당성

가. 위법성

1) 편향적인 사안조사

시흥00고등학교 전담기구에서는 피해학생이 신고한 그대로를 신고의 원인으로 삼고 있습니다. 처음에는 피해학생의 원인을 인용하더라도 이후 처분의 원인이나 결정이유에서는 편향적인 시각에서 벗어나 객관적 시선으로 판단하여야한다고 생각됩니다. 학교폭력대책심의위원회 참석안내문을 살펴보자면 신청인과 피해학생간의 사소한 다툼이 있었고 이를 메신저로 사과하려한 피해학생과의 언쟁이 있었지 신청인이 시비적인 태도를 보인적은 없었습니다.

누군가가 사과를 받아들일 입장이나 준비되어 있어야 사과를 받아들이거나 용서할 수 있다는 말을 피해학생 보호자님 또한 회의록에서 발언하고 있습니다. 이렇게 일방적인 사과를 위한 글도 상대방이 아직 준비가 안 되거나 받아들인 마음의 정리가 안된 상태에서 피해학생쪽은 사과를 했지만 시비를 건 태도로 보인다고 신고한 사안은 아주 일방적으로 자신만의 생각을 적시한 신고사안입니다.

당사자 신청인은 그 당시 증거서류에도 있듯이 사과한다는 피해학생간의 감정적으로 정리해야할 무엇인가가 더 있는 것으로 판단하여 당사자 간 사과받고자 하는 부분에 대하여 옥신각신한 부분이 있었지 시비를 건 언행을 한 적은 없습니다.

2) 교우관계의 우월적 지위처럼 비춰져...

신고사안이나 회의록에서도 피해학생과 신청인은 같은 중학교를 나온 동문이며 같은 동네에 사는 입장에서 등하교를 같이하고 여기에 같은 반인 사건전일까지 친한 친구사이였습니다.

피해학생은 함께 다니는데 불편할 수 있으니 먼저 사과한다는 표현을 사용하고 있습니다. 회의록에서조차 피해학생은 대등관계가 아닌 신청인이 교우관계에서 우월적 지위에 있는 것처럼 이야기하고 있습니다.

게시물 캡처본이나 회의록을 살펴보시면 아시다시피 당사자 간의 크고 작은 사소한 장난으로 소독제를 뿌리거나 물을 뿌리거나 하는 일은 학교생활속에서 언제나 일어날 수 있으며 큰 사안으로 번지지않을수 있는, 사과로 마무리할 수 있는 사안들을 서로간에 실행하였던 점을 들어 단순히 한쪽 일방이 신체적이나 교우관계에서 우월적 지위를 이용하여 사과를 먼저 받으려는 의도나 입장이 아니었기에 대등한 교우관계속에서 서로간의 섭섭함과 서운함이 교차되어 잠시 소원해진 사건입니다.

3) 폭력성이 존재하지 않습니다.

신청인은 학폭법 제2조에서 정의하는 피해학생에게 신체·정신 또는 재산상의 피해주기 위한 폭력성이 존재하지 않습니다. 서로간의 언쟁 속에 답답함은 느낀 신청인은 대화내용을 온라인상에 게시하여 주위 친구들에게 사실적 판단과 갈등해소 및 중재를 해주길 원하는 바램이 더욱 커서 발생된 사안입니다. 대화내용을 인위적으로 편집하거나 비난, 비방을 유도한 적이 없으며 신청인의 발언한 내용도 함께 게시된 것으로 객관적 동등한 입장에서 타인의 평가내지 의견을 받고자하는 마음이 앞선 사실행위입니다.

4) 악의적이거나 고의적이지 않습니다.

피해학생의 정신적으로 피해를 유발하기 위해 악의적이거나 고의적으로 온라인상 게시한 것이 아닙니다. 앞선 말씀드린 것처럼 오프라인상에서 친구들이 모여 있는 곳에서 피해학생과 대화나눈 내용처럼 언쟁을 하였다면 누군가가 분쟁해결을 노력하거나 중재, 또는 한쪽을 이해시키는 언행이 있음으로 자연스럽게 해소될 수 있을 정도의 대화내용입니다. 순간적 흥분한 감정상태에서 누군가에게 판단 받고 어느쪽의 이야기가 사실과 부합하는지 주변 친구들에게 위로와 공감, 중재를 받기 위한 짧은 생각으로 행한 행동일 뿐 피해학생에게 어떠한 해악이나 비난, 비방적 글을 유도하여 피해를 주려는 의도는 전혀 없었습니다.

5) 청소년의 심리상태를 이해

신청인을 포함하여 현 비슷한 나이 또래 학생들은 반항적 기질을 다분히 내포하고 있습니다. 세상의 전부가 친구로 시작해서 친구로 끝날 것 같이 생각하는 경우가 큽니다. 특히 여학생일 경우 단짝친구와의 서운한 언행은 심리적으로 큰 상처가 될 수 있습니다. 온라인 게시이후 피해학생이 신청인에게 잘못된 행동을 지적하였지만 그 당시 심리상태는 감정이 아직 격앙된 상태로 짧은 생각으로 올린 게시물이라는 것을 인지하고 바로 29분 이내 삭제처리하였지만 교우관계에서 기싸움이라 할수 있는 반항적 기질로 인해 마음과 전혀 상반되는 "왜 또 올릴까"라는 문장을 무의식적으로 내뱉은 의미 없는 단어일 뿐이며 바로 사과한다는 글을 남겼습니다.

비슷한 시기의 청소년들 심리상태는 어떤 행동을 함에 있어 이유를 물으면 "그냥", "이유 없이", "재미있을 것 같아"등 단순하게 대답합니다. 그러한 행동을 하는 이유는 반항적 기질과 아직 자신의 마음을 밖으로 표출하는 기술이나 대화법을 습득하지 못했거나 미성숙하기 때문에 단답형인 답을 많이들 합니다. 그러나 단순한 대답 속에 우리성인들은 그렇게 대답한 청소년의 현 심리상태를 파악하고 앞뒤 상황과 원인 등을 파악하여 마음속 이야기를 파악해야합니다.

이 사안은 중학교부터 친하게 지낸 친구간에 현재까지 사소하게 쌓여온 감정적 해소를 함에 있어 미성숙하게 대처하고 이를 가까운 친구들에게 판단 받고 싶었던 마음이 커서 발생한 사안으로 피해학생에게 인위적으로 심리적 피해를 발생시킬 의도가 전혀 없었습니다. 만약에 의도가 있었다면 자신의 대화내용을 편집하거나 다른 이들에게 조롱, 비난, 비방하는 댓글을 달도록 유도 및 유인 또는 종용하는 행동을 하여야하지만 신청인은 단순히 대화내용을 캡처하여 게시만하였을뿐 신청인 자신도 다른 이들의 평가나 댓글의 대상이 될 상황을 자초한 일로 보여짐으로 폭력성을 갖춘 게시물이라 보여지기 어렵습니다.

6) 처분이유의 제시하자
판례는 학폭법 조치도 행정절차법 제23조 제1항에 따라 처분의 이유를 명시하도록 하고 있습니다. 비록 학교폭력대책심의위원회에서 징계의 원인되는 사실에 대한 심리가 있었다 하더라도 처분사유의 이유제시가 명확히 이루어졌는지에 대하여 신중한 판단을 요구하고 있습니다. 학교폭력대책심의위원회 심의과정중 가해 학생측에 징계사유에 대한 고지가 충분히 이루어졌는지 여부와 "처분서에 명확한 징계사실이 특정되지 않는 이상 처분사유의 이유제시에 하자가 있다"는 판례 청주지법 2012구합2172판결 및 수원지법 2013구합17207판결 참조해볼 경우와 학폭법 제21조(비밀누설금지 등) 제3항 " 피해학생, 가해학생 또는 그 보호자가 회의록의 열람복사 등 회의록 공개를 신청한 때에는 학생과 그 가족의 성명, 주민등록번호 및 주소, 위원의 성명 등 개인정보에 관한 사항을 제외하고 공개하여야 한다."정함으로 불복절차에 있어 공정하고 투명한 알 권리를 통해 신청인에 대한 판단근거를 명확히 알고자 회의록을 신청하였지만 정당한 근거없이 가장 중요시 되어야할 판단의견사항들이 블라인드처리됨에 따라 승복할 정당한 의견을 알수 없는 상태로 만들었습니다. 이 사건에 대하여 피신청인이 신청인에게 보내온 학교폭력대책심의위원회 조치결정 통보서 조치결정의 이유를 살펴보선대 시비적인 태도를 보인 적이 없으며 신청인이 비방하는 댓글을 달거나 달도록 유도하지 않았으며 사실이 아닌 소문이라는 구체적 사실이 없는 관계를 징계사유로 드는 학교폭력대책심의위원회 조치결정이유는 일부 잘못된 사실 적시로 불완전한 판단의 잣대로 사용됨을 부인할수 없는 관계로 명확성의 위배를 들어 일부 위법하다 말할 수 있습니다.

또한 법률에 의거 개인정보만을 빼고 회의록을 전달해할 피신청인은 임의적으로 판단의견을 블라인드 처리함으로 신청인이 불복절차 진행함에 있어 불이익을 주고 있기에 이 또한 위법하다 말할 수 있습니다.

7) 재량권 남용 및 일탈

위와 같은 사유를 들어 신청인에게 내린 [학폭법] 제 17조 제1항 제1호, 제2호, 제6호와 제 17조 제3항 및 제9항에 따른 특별교육이수 처분은 신청인에게 불이익을 수반하기에 헌법 제37조 기본권을 제한하는 법률은 목적의 정당성, 방법의 적절성, 법익의 균형성, 제한의 최소성 등을 준수해야 한다. 규정하고 있으며 일반적인 판례와 학설에 따라 이를 위배할 경우는 위법으로 간주하고 있습니다. 당해 징계처분으로 인해 목적을 달성하기에 적합한 수단이어야 하고 그러한 수단 중에서도 신청인의 권리를 최소한으로 침해하여야 하며, 최소침해수단이더라도 그로인해 달성하는 공익이 침해되는 사익보다 커야할 것입니다.

그러나 신청인에게 내려진 징계처분은 당사자 간 일어난 1회성사건이라는점, 과거 유사한 전력이 없다는 점, 친한친구사이에 감정을 억누르지 못하고 예기치않게 일어난 사건으로 교우관계의 특수성을 헤아리지 못한점, 선도와 개진 가능성이 크다는 점을 간과한 점등에 대한 판단없이 선도와 교육의 목적이 아닌 징계만을 목적으로 이루어진 처벌로 보이며 특히 신청인의 사안에 대한 심각성, 고의성, 지속성, 반성의 정도, 화해등 기준을 면밀히 살펴보지 않은 채 단지 처벌만을 목적으로 위해 내려진 처분은 신청인에게 너무 가혹한 처분 이기게 피신청인의 처분은 재량권 남용과 일탈로 위법하다 말 할 수 있습니다.

나. 부당성

1) 선도 가능성이 큽니다.

신청인은 사건 당일에도 자신의 잘못을 바로 알고 29분내 게시물을 삭제하였습니다. 자신의 짧은 생각으로 주변 친구들의 판단보다 불특정 다수가 볼수 있고 자신도 판단의 대상이 될수 있다는 생각에 바로 게시물을 삭제하였습니다. 피해학생의 지적에 당시 대립된 관계를 벗어나고 싶지 않은 마음에 무의미한 대답을 하였습니다. 과거 유사전력도 없고 피해학생을 저격한 글도 없습니다. 캡처된 대화를 보더라도 사소하거나 작은언쟁이나 티격태격하는 정도이며 서로간의 과거행동이 일관적으로 사과를 받거나 요구하는 대화일 뿐 서로 비하하거나 비난하는글은 없습니다.

타인과의 사적대화를 동의 없이 온라인에 게시한 행동은 잘못된 행동인 점 인정하고 깊이 반성하고 있습니다. 학교는 교육기관으로 처벌보다는 미성숙한 학생이 올바르고 바르게 자라 건전한 학생상으로 거듭날 수 있도록 지도하는 것이 무엇보다 우선이라 생각되어집니다. 의도치 않게 행한 행동이라도 자신이 무엇을 잘못했고 용서와 사과를 구하고 있다면 무거운 처벌보다는 자신을 반성하고 추후 재발방지와 당사자 간의 교우관계를 지켜나갈수 있도록 개도하여주는 것이 더욱 바람직하다 생각되어집니다.

2) 교우관계를 회복하겠습니다.
사건발생으로 틀어진 교우관계를 바로 잡도록 노력하겠습니다. 중학교 때부터 신청인과 피해학생은 단짝친구입니다. 회의록상 피해학생이 "어쩔 수 없이"라는 말을 하고 있지만 같은 중학교출신에 같은 반에 등하교를 같이하는 친구사이에서 신청인이 온라인 게시만 하지 않았더라면 시간이 조금 걸릴 수는 있었겠지만 충분히 원만한 사이로 돌아갈수 있는 관계라고 말씀드리고 싶습니다.

과거 어울렸던 행적, 주고받은 글, 전달하였던 선물, 서로간의 집을 드나들었던 일들, 함께 놀거나 간식거리를 나눠 먹었던 추억, 주변 친구들의 어울린 추억 등을 공유하는 사이에서 영원히 보지않는 사이로 만들지 않겠습니다.

졸업 때까지 물리적으로 접근금지를 내린 징계처분은 청소년 사회적 관계에서 오늘 소원해졌던 관계가 "언제 싸웠을까?" 할 정도로 변할 수 있는 정서임을 너무 간과한 중한처분이라 사료되어집니다.

피해학생에게 사과하고 바로는 시행하기 어렵겠지만 잠시 흥분과 격앙된 마음이 진정되기를 기다린 후 먼저 손을 내밀어 예전처럼 좋은 관계가 되도록 노력하겠습니다.

3) 징계판단에서
회의록을 살펴보건 데 심각성과 화해정노에서 높은 점수의 판단을 받았습니다. 앞서 말씀드린 것과 같이 피해학생에게 피해를 수반하거나 가해를 목적으로 행동한 행위가 아닙니다.

학교라는 교육기관에서 학생신분으로 어긋난 행동인 점은 인정하고 결과적으로 온라인상 게시한 잘못된 행동이라 하더라도 원인과 상황을 살펴보자며 심각성을 높게 판단할 근거는 미약한 것으로 보이기에 신청인은 다소 부당하게 보여집니다.

또한 화해의 정도에서는 보호자확인서에서도 화해와 사과를 청하고 상대방에서 연락해 주시를 원했으며 회의록을 살펴보면 신청인의 보호자가 연락를 취하기 위해 담임선생님에게 연락처를 전달하였고 피해학생보호자와의 통화를 원하였지만 피해학생보호자는 이를 인지하고 있지만 마음이 내키지 않아 연락하지 않음을 말하고 있는 한 신청인보호자가 할수 일은 없었습니다.

학교폭력행위 판단 시 학교생활을 하는 과정에서 학생들 사이에 크고 작은 갈등이나 분쟁의 발생은 당연히 예상되므로, 일상적인 학교생활 중에 일어난 어떤 행위가 학폭법에서 말하는 '학교폭력'에 해당하는지 여부는 그 발생경위와 상황, 행위의 정도 등을 신중히 살펴 판단하여야 합니다.

학교폭력에 해당 하는지 여부나 그 피해의 정도는 당사자의 주관적인 진술이나 당해 행위 그 자체뿐 아니라 전체적이고 객관적인 상황과 맥락을 종합하여 판단하여야 함에 있어 일부학교폭력으로 비춰질 수 있음을 부정하지 않더라도 신청인에게 내려진 징계처분은 다소 무거운감이 있어 부당하다 말 할 수 있습니다.

4) 처분의 형평성

학교폭력 문제라는 미묘하고도 안타까운 학교현실을 반영하는 사건으로 신청인의 문제된 행위를 단편적이고 외형적인 면만을 보고 도식적으로 판단할 것이 아니라고 사료됩니다.

이 사건 법률의 궁극적 취지는 피해자 보호뿐만 아니라 가해자에 대한 선도, 교육도 포함한다는 점이 있다는 것을 비추어 살펴보건 데 한차례의 선도기회도 없이 징계처분은 부당하다 할 수 있습니다.

"제재적 행정처분이 사회통념상 재량권의 범위를 일탈하였거나 남용하였는지 여부는 처분사유로 된 위반행위의 내용과 당해 처분행위에 의하여 달성하려는 공익목적 및 이에 따르는 제반 사정 등을 객관적으로 심리하여 공익침해의 정도와 그 처분으로 인하여 개인이 입게 될 불이익을 비교·형량 하여 판단하여야 한다"대법원 판례 (98 두11779 판결) 살펴볼 경우 교육전문가인 교육청의 장이 교육목적과 내부 질서 유지를 위하여 징계 조치한 것은 최대한 존중되어야 하지만 징계사유와 징계조치 사이에 사회통념상 허용되는 적절한 균형이 요구되므로 징계조치도 그 한도에서 재량권의 한계가 있는 점, 피신청인은 피해 학생과 가해학생 모두를 지도·교육하는 지위에 있으므로 피해 학생을 보호하여 더 이상의 피해를 보지 않도록 할 의무가 있을 뿐 아니라 가해학생을 선도·교육하여 건전한 사회 구성원으로 육성할 의무가 있어, 심각한 피해를 일으킨 가해학생에 대해서도 인격적으로 성숙해가는 과정에 있는 학생임을 감안하여 최대한 교육적인 방법으로 선도할 책무가 있는 점 등에 비추어 보면, 신청인에 대한 징계의 필요성을 고려하더라도 개전의 기회를 주지 않고 징계조치결과만을 두고 보았을 때 신청인에게만 지나치게 가혹한 것으로 보여 부당하다 할 수 있습니다.

5) 온라인상 대화내용 게시에 대한 사과
신청인은 의도나 목적을 가지고 피해학생에게 가해행위를 하지 않았습니다. 그러나 의도하지 않게 다른 이들의 댓글등으로 인해 피해학생이 보면 상처받을수 있는 부적절한 언어들이 게시된점, 동의없는 게시물을 올린 점 학생신분으로 부적절한 행동을 한점 모두 인정하며 용서를 구하겠습니다.

사안이 벌어진 2020년 7월 10일 이후 진심어린 사과문을 전달하였으며 이후로도 직접 대면하여 사과의 대화를 나눔으로써 부적절한 행동에 대한한 미안함과 용서를 구하였습니다.

또한 주변 친구들의 도움을 통해 적극적으로 관계 개선해 나가도록 노력하겠습니다. 현재 고등학교 1학년인 신청인이 졸업 때까지 피해학생과 서로간에 풀지 못하고 지속되는 것을 방지하고 이 또한 서로간의 불편한 관계로 방치되는 것보다 적극적인 화해와 용서를 통해 예전보다 더욱 돈독한 사이로 탈바꿈하겠음을 약속드립니다.

피해학생이 응할 마음이 없을 때 지속적으로 종용하는 것도 또 하나의 폭력으로 인식될 수 있기에 기회와 시간, 기다림을 가지고 천천히 다가갈 것을 위원님들께 약속드리겠습니다.

3. 결론

이 사건 처분은 명확성에 대한 일부오인을 통한 위법·부당성이 존재하는바 취소될 가능성이 높고 이 사건 처분이 집행될 경우 신청인의 정신적 충격뿐만 아니라 출석정지로 인해 학생으로써 학습권마저 잃게되는 중대한 손해를 막을 긴급한 필요성이 있다는점, 사건 처분을 받음으로써 회복할 수 없는 곤란에 빠질 수 있는 점, 신청인의 처분의 정지를 통해 공공복리에 지대한 영향을 끼칠 우려가 없다는점등 여러 가지 정황을 고려할 때 이 사건 처분으로 보호되는 공익보다 신청인이 입는 손해가 더욱 크다 할 것입니다.

따라서 이 사건 처분이 집행될 경우 생길 중대한 손해를 예방하기 위한 긴급한 필요가 있어, 위 학교폭력에 대한 조치처분 집행을 행정심판위원회의 재결이 있을 때까지 정지하여 주시기를 바랍니다.

2020년 9월 14일

위 신청인 : 000 법정대리인 000 (서명 또는 인)

경기도교육청행정심판위원회 귀중

소 장

원 고 　　　 김○○

　　　　　　 서울 관악구 보라매로 11 000

　　　　　　 미성년자이므로 법정대리인 부 김○○

　　　　　　 (연락처 : 　　　　 팩스 : 　　　　)

피 고 　　　 서울동작관악교육지원청 교육장

"학교폭력 가해학생 징계처분 취소청구의 소"

청 구 취 지

1. 피고가 2020. 8. 18. 원고에게 한 [학교폭력 예방 및 대책에 관한 법률] 제 17조 제1항 제1호 서면사과, 제2호 접촉, 협박 및 보복행위 금지, 제6호 출석정지(5일)와 제 17조 제3항 및 제9항에 따른 특별교육이수(학생 5시간 / 보호자 5시간)대한 처분을 취소한다.

2. 소송비용은 피고의 부담으로 한다.

라는 판결을 구합니다.

청 구 이 유

1. 이 사건의 처분의 경위

가. 피고와의 관계

이 사건 원고(김○○)은 경기도 시흥시 매0로 00에 소재한 공립학교인 00고등학교 1학년에 재학 중인 학생이며, 피고는 위 관할지원교육청의 교육장입니다.

나. 피해학생과 원고의 관계

피해학생(박○○)과 원고(김○○)은 현재 시흥00고등학교 1학년 6반에 재학 중인 재학생입니다.

다. 신고된 사안

2020년 7월 10일 (금) 시흥00고 1학년 박00학생과 1학년 김00학생은 다툼이 있어서 박00학생이 화해하기 위해 김00학생에게 메신저로 연락하였으나 김00학생은 시비적인 태도로 답장을 하여 메신저로 더 싸우게 되었고, 김00학생이 싸운 메신저 내용을 SNS상에 공개적으로 올리고 비방하는 댓글을 달아 불특정 다수에게 사실이 아닌 소문이 퍼져 박00 학생이 정신적 피해를 입었다고 신고된 사안으로 조사를 받게 되었습니다.

라. 처분의 원인

2020.07.10.(금) 시흥00고 1학년 박00학생과 1학년 김00학생은 다툼이 있어서 박00학생이 화해하기 위해 김00학생에게 메신저로 연락하였으나 김00학생은 시비적인 태도로 답장을 하여 메신저로 더 싸우게 되었고, 김00학생이 싸운 메신저 내용을 SNS상에 공개적으로 올리고 비방하는 댓글을 달아 불특정 다수 및 동료학생들에게 사실이 아닌 소문이 퍼져 박00 학생이 정신적 피해를 입힘을 원인으로 하여「학교폭력 예방 및 대책에 관한 법률」(이하 학폭법으로 표기) 제 17조 제1항 제1호 서면사과, 제2호 접촉, 협박 및 보복행위 금지, 제6호 출석정지(5일)와 제 17조 제3항 및 제9항에 따른 특별교육이수(학생 5시간 / 보호자 5시간)대한 처분을 하였습니다.

마. 학교폭력대책심의위원회 조치결정통보서 수령

원고는 피고로부터 2020. 08. 21. 학교폭력대책심의위원회(이하 '학폭위'로 표기) 조치결정 통보서를 등기로 받았습니다.

바. 행정심판청구의 적법성

2020. 08. 21. 학폭위 조치결정통보서를 받았기에 적법한 기간 내 행정심판을 청구합니다.

2. 이 사건 처분의 위법·부당성

가. 위법성

1) 편향적인 사안조사

시흥00고등학교 전담기구에서는 피해학생이 신고한 그대로를 신고의 원인으로 삼고 있습니다. 처음에는 피해학생의 원인을 인용하더라도 이후 처분의 원인이나 결정이유에서는 편향적인 시각에서 벗어나 객관적 시선으로 판단하여야한다고 생각되어집니다.

학교폭력대책심의위원회 참석안내문을 살펴보자면 원고와 피해학생간의 사소한 다툼이 있었고 이를 메신저로 사과하려한 피해학생과의 언쟁이 있었지 원고가 시비적인 태도를 보인적은 없었습니다.

누군가가 사과를 받아들일 입장이나 준비되어 있어야 사과를 받아들이거나 용서할 수 있다는 말을 피해학생 보호자님 또한 회의록에서 발언하고 있습니다. 이렇게 일방적인 사과를 위한 글도 상대방이 아직 준비가 안 되거나 받아들인 마음의 정리가 안된상태에서 피해학생족은 사과를 했지만 시비를 건 태도로 보인다고 신고한 사안은 아주 일방적으로 자신만의 생각을 적시한 신고사안입니다.

당사자 원고는 그 당시 증거서류에도 있듯이 사과한다는 피해학생간의 감정적으로 정리해야할 무엇인가가 더 있는 것으로 판단하여 당사자 간 사과받고자하는 부분에 대하여 옥신각신한 부분이 있었지 시비를 건 언행을 한적은 없습니다.

2) 교우관계의 우월적 지위처럼 비춰져...
신고사안이나 회의록에서도 피해학생과 원고는 같은 중학교를 나온 동문이며 같은 동네에 사는 입장에서 등하교를 같이하고 여기에 같은 반인 사건전일까지 친한 친구사이였습니다.

피해학생은 함께 다니는데 불편할 수 있으니 먼저 사과한다는 표현을 사용하고 있습니다. 회의록에서조차 피해학생은 대등관계가 아닌 원고가 교우관계에서 우월적 지위에 있는 것처럼 이야기하고 있습니다.

게시물 캡처본이나 회의록을 살펴보시면 아시다시피 당사자 간의 크고 작은 사소한 장난으로 소독제를 뿌리거나 물을 뿌리거나 하는 일은 학교생활속에서 언제나 일어날 수 있으며 큰 사안으로 번지지않을수 있는, 사과로 마무리할 수 있는 사안들을 서로간에 실행하였던 점을 들어 단순히 한쪽 일방이 신체적이나 교우관계에서 우월적 지위를 이용하여 사과를 먼저 받으려는 의도나 입장이 아니었기에 대등한 교우관계 속에서 서로간의 섭섭함과 서운함이 교차되어 잠시 소원해진 사건입니다.

3) 폭력성이 존재하지 않습니다.
원고는 학폭법 제2조에서 정의하는 피해학생에게 신체·정신 또는 재산상의 피해주기 위한 폭력성이 존재하지 않습니다.

서로간의 언쟁 속에 답답함을 느낀 원고는 대화내용을 온라인상에 게시하여 주위 친구들에게 사실적 판단과 갈등해소 및 중재를 해주길 원하는 바램이 더욱 커서 발생된 사안입니다.

대화내용을 인위적으로 편집하거나 비난, 비방을 유도한 적이 없으며 원고의 발언한 내용도 함께 게시된 것으로 객관적 동등한 입장에서 타인의 평가내지 의견을 받고자하는 마음이 앞선 사실행위입니다.

4) 악의적이거나 고의적이지 않습니다.
피해학생의 정신적으로 피해를 유발하기 위해 악의적이거나 고의적으로 온라인상 게시한 것이 아닙니다. 앞선 말씀드린 것처럼 오프라인상에서 친구들이 모여 있는 곳에서 피해학생과 대화나눈 내용처럼 언쟁을 하였다면 누군가가 분쟁해결을 노력하거나 중재, 또는 한쪽을 이해시키는 언행이 있음으로 자연스럽게 해소될 수 있을정도의 대화내용입니다.

순간적 흥분한 감정상태에서 누군가에게 판단 받고 어느쪽의 이야기가 사실과 부합하는지 주변 친구들에게 위로와 공감, 중재를 받기 위한 짧은 생각으로 행한 행동일 뿐 피해학생에게 어떠한 해악이나 비난, 비방적 글을 유도하여 피해를 주려는 의도는 전혀 없었습니다.

5) 청소년의 심리상태를 이해
원고를 포함하여 현 비슷한 나이 또래 학생들은 반항적 기질을 다분히 내포하고 있습니다. 세상의 전부가 친구로 시작해서 친구로 끝날 것 같이 생각하는 경우가 큽니다. 특히 여학생일 경우 단짝친구와의 서운한 언행은 심리적으로 큰 상처가 될 수 있습니다.

온라인 게시이후 피해학생이 원고에게 잘못된 행동을 지적하였지만 그 당시 심리상태는 감정이 아직 격앙된 상태로 짧은 생각으로 올린 게시물이라는 것을 인지하고 바로 29분 이내 삭제처리하였지만 교우관계에서 기싸움이라 할수 있는 반항적 기질로 인해 마음과 전혀 상반되는 "왜 또 올릴까"라는 문장을 무의식적으로 내뱉은 의미 없는 단어일 뿐이며 바로 사과한다는 글을 남겼습니다.

비슷한 시기의 청소년들 심리상태는 어떤 행동을 함에 있어 이유를 물으면 "그냥", "이유 없이",

"재미있을 것 같아"등 단순하게 대답합니다. 그러한 행동을 하는 이유는 반항적 기질과 아직 자신의 마음을 밖으로 표출하는 기술이나 대화법을 습득하지 못했거나 미성숙하기 때문에 단답형인 답을 많이들 합니다.

그러나 단순한 대답 속에 우리성인들은 그렇게 대답한 청소년의 현 심리상태를 파악하고 앞뒤 상황과 원인 등을 파악하여 마음속 이야기를 파악해야합니다.

이 사안은 중학교부터 친하게 지낸 친구간에 현재까지 사소하게 쌓여온 감정적 해소를 함에 있어 미성숙하게 대처하고 이를 가까운 친구들에게 판단 받고 싶었던 마음이 커서 발생한 사안으로 피해학생에게 인위적으로 심리적 피해를 발생시킬 의도가 전혀 없었습니다.

만약에 의도가 있었다면 자신의 대화내용을 편집하거나 다른 이들에게 조롱, 비난, 비방하는 댓글을 달도록 유도 및 유인 또는 종용하는 행동을 하여야하지만 원고는 단순히 대화내용을 캡처하여 게시만하였을뿐 원고 자신도 다른 이들의 평가나 댓글의 대상이 될 상황을 자초한 일로 보여짐으로 폭력성을 갖춘 게시물이라 보여지기 어렵습니다.

6) 처분이유의 제시하자
판례는 학폭법 조치도 행정절차법 제23조 제1항에 따라 처분의 이유를 명시하도록 하고 있습니다. 비록 학교폭력대책심의위원회에서 징계의 원인되는 사실에 대한 심리가 있었다 하더라도 처분사유의 이유제시가 명확히 이루어졌는지에 대하여 신중한 판단을 요구하고 있습니다.

학교폭력대책심의위원회 심의과정중 가해 학생측에 징계사유에 대한 고지가 충분히 이루어졌는지 여부와 "처분서에 명확한 징계사실이 특정되지 않는 이상 처분사유의 이유제시에 하자가 있다"는 판례 청주지법2012구합2172판결 및 수원지법 2013구합17207판결 참조해볼 경우와 학폭법 제21조(비밀누설금지 등) 제3항 " 피해학생, 가해학생 또는 그 보호자가 회의록의 열람복사 등 회의록 공개를 신청 한 때에는 학생과 그 가족의 성명, 주민등록번호 및 주소, 위원의 성명 등 개인정보에 관한 사항을 제외하고 공개하여야 한다."정함으로 불복절차에 있어 공정하고 투명한 알 권리를 통해 원고에 대한 판단근거를 명확히 알고자 회의록을 신청하였지만 정당한 근거없이 가장 중요시 되어야할 판단의견사항들이 블라인드처리됨에 따라 승복할 정당한 의견을 알수 없는 상태로 만들었습니다.

이 사건에 대하여 피고가 원고에게 보내온 학교폭력대책심의위원회 조치결정 통보서 조치결정의 이유를 살펴보건대 시비적인 태도를 보인 적이 없으며 원고가 비방하는 댓글을 달거나 달도록 유도하지 않았으며 사실이 아닌 소문이라는 구체적 사실이 없는 관계를 징계사유로 드는 학교폭력 대책심의위원회 조치결정이유는 일부 잘못된 사실 적시로 불완전한 판단의 잣대로 사용됨을 부인 할 수 없는 관계로 명확성의 위배를 들어 일부 위법하다 말할 수 있습니다.

또한 법률에 의거 개인정보만을 빼고 회의록을 전달해할 피고는 임의적으로 판단의견을 블라인드 처리함으로 원고가 불복절차 진행함에 있어 불이익을 주고 있기에 이 또한 위법하다 말할 수 있습니다.

7) 재량권 남용 및 일탈

위와 같은 사유를 들어 원고에게 내린 [학폭법] 제 17조 제1항 제1호, 제2호, 제6호와 제 17조 제3항 및 제9항에 따른 특별교육이수 처분은 원고에게 불이익을 수반하기에 헌법 제37조 기본권을 제한하는 법률은 목적의 정당성, 방법의 적절성, 법익의 균형성, 제한의 최소성 등을 준수해야 한다. 규정하고 있으며 일반적인 판례와 학설에 따라 이를 위배할 경우는 위법으로 간주하고 있습니다.

당해 징계처분으로 인해 목적을 달성하기에 적합한 수단이어야 하고 그러한 수단 중에서도 원고의 권리를 최소한으로 침해하여야 하며, 최소침해수단이더라도 그로인해 달성하는 공익이 침해되는 사익보다 커야할 것입니다.

그러나 원고에게 내려진 징계처분은 당사자 간 일어난 1회성 사건이라는점, 과거 유사한 전력이 없다는 점, 친한 친구사이에 감정을 억누르지 못하고 예기치 않게 일어난 사건으로 교우관계의 특수성을 헤아리지 못한 점, 선도와 개진 가능성이 크다는 점을 간과한 점 등에 대한 판단 없이 선도와 교육의 목적이 아닌 징계만을 목적으로 이루어진 처벌로 보이며 특히 원고의 사안에 대한 심각성, 고의성, 지속성, 반성의 정도, 화해등 기준을 면밀히 살펴보지 않은 채 단지 처벌만을 목적으로 위해 내려진 처분은 원고에게 너무 가혹한 처분 이기게 피고의 처분은 재량권 남용과 일탈로 위법하다 말 할 수 있습니다.

나. 부당성

1) 선도 가능성이 큽니다.

원고는 사건 당일에도 자신의 잘못을 바로 알고 29분내 게시물을 삭제하였습니다. 자신의 짧은 생각으로 주변 친구들의 판단보다 불특정 다수가 볼수 있고 자신도 판단의 대상이 될수 있다는 생각에 바로 게시물을 삭제하였습니다. 피해학생의 지적에 당시 대립된 관계를 벗어나고 싶지 않은 마음에 무의미한 대답을 하였습니다.

과거 유사전력도 없고 피해학생을 저격한 글도 없습니다. 캡처된 대화를 보더라도 사소하거나 작은언쟁이나 티격태격하는 정도이며 서로간의 과거행동이 일관적으로 사과를 받거나 요구하는 대화일 뿐 서로 비하하거나 비난하는글은 없습니다.

타인과의 사적대화를 동의 없이 온라인에 게시한 행동은 잘못된 행동인 점 인정하고 깊이 반성하고 있습니다. 학교는 교육기관으로 처벌보다는 미성숙한 학생이 올바르고 바르게 자라 건전한 학생 상으로 거듭날 수 있도록 지도하는 것이 무엇보다 우선이라 생각되어집니다. 의도치 않게 행한 행동이라도 자신이 무엇을 잘못했고 용서와 사과를 구하고 있다면 무거운 처벌보다는 자신을 반성 하고 추후 재발방지와 당사자 간의 교우관계를 지켜나갈 수 있도록 개도하여주는 것이 더욱 바람직 하다 생각되어집니다.

2) 교우관계를 회복하겠습니다.

사건발생으로 틀어진 교우관계를 바로 잡도록 노력하겠습니다. 중학교 때부터 원고와 피해학생은 단짝친구입니다. 회의록상 피해학생이 "어쩔 수 없이"라는 말을 하고 있지만 같은 중학교출신에 같은 반에 등하교를 같이하는 친구사이에서 원고가 온라인 게시만 하지 않았더라면 시간이 조금 걸릴 수는 있었겠지만 충분히 원만한 사이로 돌아갈수 있는 관계라고 말씀드리고 싶습니다.

과거 어울렸던 행적, 주고받은 글, 전달하였던 선물, 서로간의 집을 드나들었던 일들, 함께 놀거나 간식거리를 나눠 먹었던 추억, 주변 친구들의 어울린 추억 등을 공유하는 사이에서 영원히 보지않 는 사이로 만들지 않겠습니다.

졸업 때까지 물리적으로 접근금지를 내린 징계처분은 청소년 사회적 관계에서 오늘 소원해졌던 관계가 "언제 싸웠을까?" 할 정도로 변할 수 있는 정서임을 너무 간과한 중한처분이라 사료되어집 니다. 피해학생에게 사과하고 바로는 시행하기 어렵겠지만 잠시 흥분과 격앙된 마음이 진정되기를 기다린 후 먼저 손을 내밀어 예전처럼 좋은 관계가 되도록 노력하겠습니다.

3) 징계판단에서
회의록을 살펴보건 데 심각성과 화해정도에서 높은 점수의 판단을 받았습니다. 앞서 말씀드린 것과 같이 피해학생에게 피해를 수반하거나 가해를 목적으로 행동한 행위가 아닙니다.

학교라는 교육기관에서 학생신분으로 어긋난 행동인 점은 인정하고 결과적으로 온라인상 게시한 잘못된 행동이라 하더라도 원인과 상황을 살펴보자며 심각성을 높게 판단할 근거는 미약한 것으로 보이기에 원고는 다소 부당하게 보여집니다.

또한 화해의 정도에서는 보호자확인서에서도 화해와 사과를 청하고 상대방에서 연락해 주시를 원했으며 회의록을 살펴보면 원고의 보호자가 연락를 취하기 위해 담임선생님에게 연락처를 전달하였고 피해학생보호자와의 통화를 원하였지만 피해학생보호자는 이를 인지하고 있지만 마음이 내키지 않아 연락하지 않음을 말하고 있는 한 원고보호자가 할수 일은 없었습니다.

학교폭력행위 판단 시 학교생활을 하는 과정에서 학생들 사이에 크고 작은 갈등이나 분쟁의 발생은 당연히 예상되므로, 일상적인 학교생활 중에 일어난 어떤 행위가 학폭법에서 말하는 '학교폭력'에 해당하는지 여부는 그 발생경위와 상황, 행위의 정도 등을 신중히 살펴 판단하여야 합니다.

학교폭력에 해당 하는지 여부나 그 피해의 정도는 당사자의 주관적인 진술이나 당해 행위 그 자체뿐 아니라 전체적이고 객관적인 상황과 맥락을 종합하여 판단하여야 함에 있어 일부학교폭력으로 비춰질 수 있음을 부정하지 않더라도 원고에게 내려진 징계처분은 다소 무거운감이 있어 부당하다 말 할 수 있습니다.

4) 처분의 형평성
학교폭력 문제라는 미묘하고도 안타까운 학교현실을 반영하는 사건으로 원고의 문제된 행위를 단편적이고 외형적인 면만을 보고 도식적으로 판단할 것이 아니라고 사료됩니다.

이 사건 법률의 궁극적 취지는 피해자 보호뿐만 아니라 가해자에 대한 선도, 교육도 포함한다는 점이 있다는 것을 비추어 살펴보건 데 한차례의 선도기회도 없이 징계처분은 부당하다 할 수 있습니다."제재적 행정처분이 사회통념상 재량권의 범위를 일탈하였거나 남용하였는지 여부는 처분사유로 된 위반행위의 내용과 당해 처분행위에 의하여 달성하려는 공익목적 및 이에 따르는 제반 사정 등을 객관적으로 심리하여 공익침해의 정도와 그 처분으로 인하여 개인이 입게 될 불이익을 비교 · 형량 하여 판단하여야 한다"대법원 판례 (98 두11779 판결) 살펴볼 경우

교육전문가인 교육청의 장이 교육목적과 내부 질서 유지를 위하여 징계 조치한 것은 최대한 존중되어야 하지만 징계사유와 징계조치 사이에 사회통념상 허용되는 적절한 균형이 요구되므로 징계조치도 그 한도에서 재량권의 한계가 있는 점, 피고는 피해 학생과 가해학생 모두를 지도 · 교육하는 지위에 있으므로 피해 학생을 보호하여 더 이상의 피해를 보지 않도록 할 의무가 있을 뿐 아니라 가해학생을 선도 · 교육하여 건전한 사회 구성원으로 육성할 의무가 있어, 심각한 피해를 일으킨 가해학생에 대해서도 인격적으로 성숙해가는 과정에 있는 학생임을 감안하여 최대한 교육적인 방법으로 선도할 책무가 있는 점 등에 비추어 보면, 원고에 대한 징계의 필요성을 고려하더라도 개전의 기회를 주지 않고 징계조치결과만을 두고 보았을 때 원고에게만 지나치게 가혹한 것으로 보여 부당하다 할 수 있습니다.

5) 온라인상 대화내용 게시에 대한 사과
원고는 의도나 목적을 가지고 피해학생에게 가해행위를 하지 않았습니다. 그러나 의도하지 않게 다른 이들의 댓글등으로 인해 피해학생이 보면 상처받을 수 있는 부적절한 언어들이 게시된점, 동의 없는 게시물을 올린 점 학생신분으로 부적절한 행동을 한점 모두 인정하며 용서를 구하겠습니다.

사안이 벌어진 2020년 7월 10일 이후 진심어린 사과문을 전달하였으며 이후로도 직접 대면하여 사과의 대화를 나눔으로써 부적절한 행동에 대한한 미안함과 용서를 구하였습니다.

또한 주변 친구들의 도움을 통해 적극적으로 관계 개선해 나가도록 노력하겠습니다. 현재 고등학교 1학년인 원고가 졸업 때까지 피해학생과 서로 간에 풀지 못하고 지속되는 것을 방지하고 이 또한 서로간의 불편한 관계로 방치되는 것보다 적극적인 화해와 용서를 통해 예전보다 더욱 돈독한 사이로 탈바꿈하겠음을 약속드립니다.

피해학생이 응할 마음이 없을 때 지속적으로 종용하는 것도 또 하나의 폭력으로 인식될 수 있기에 기회와 시간, 기다림을 가지고 천천히 다가갈 것을 위원님들께 약속드리겠습니다.

3. 결어

피고는 학교폭력으로 접수된 신고사안을 일부 편향된 조사와 불완전한 사실을 가지고 판단의 근거를 삼아 심의 의결하여 처분을 결정한 점, 처분의 원인을 명확히 밝히고 있다고 보기 어려워 위법해 보이고 있다는 점, 처분에 있어서 비례원칙에 위배되는 처분을 함에 형평성에 큰 차이를 보이고 있다는 점, 재량권의 남용과 일탈로 인해 현저하게 너무 가혹한 처분을 원고에게 결정하였다는 점, 선도가능성이 높으며 깊이 반성하고 행위자체는 잘못을 인정하고 빠르게 후회하고 있다는 점 등을 볼 때 피고의 징계처벌보다는 사회구성원으로써 육성해감에 따라 이번기회를 타산지석 삼아 선도로써 이루어져야 한다 할수 있으니 건전한 사고를 가지고 사회구성원으로 육성되어질수 있도록 처분만이 능사가 아닌 선도로써 교육의 목적을 달성할 수 있기를 바라옵고 원고에게 내린 처분을 취소하여 주시기 바랍니다.

입 증 방 법

1. 갑 제1호증   가족관계증명서
1. 갑 제2호증   주민등록등본
1. 갑 제3호증   학교폭력대책심의위원회 참석안내문
1. 갑 제4호증   조치결정통보서제1호증 가족관계증명서
1. 갑 제12호증   반성문

2020. 9. 14.

위 원고 김00

법정대리인 김00 (서명 또는 인)

서울행정법원   귀중

제8장 운전면허정지·취소

1. 음주운전 처벌기준

사람의 체질에 따라 주량 및 알콜올 분해 능력에 차이가 있을 수 있지만 개정 도로교통법 시행 전에는 단속기준인 혈중알콜농도 0.05%일 때는 소주 한두잔, 맥주 한두잔 마시고 운전을 하더라도 훈방이 되어 처벌을 받지 아니하는 경우가 많았는데, 음주단속기준이 혈중알콜농도 0.03%로 하향되면서 이제 는 소주 한잔, 맥주 한잔만 마셔도 단속에 적발되어 처벌될 수 있으니 각별한 주의가 필요한 상황이다.

[음주운전 처벌기준]

	종전 혈중알콜농도 (2019년 6월 25일 전)	현재 혈중알콜농도 (2019년 6월 25일)
운전면허취소	0.1 % 이상	0.08% 이상
운전면허정지	0.05% 이상 ~ 0.1% 미만	0.03% 이상 ~ 0.08% 미만
면허정지 수치라도 취소대상 음주횟수	3회(삼진아웃)	2회(투스트라이크 아웃)
	음주운전 횟수는 운전자의 최초 운전면허 취득시 부터의 음주운전전력	

2. 벌금기준

제2 윤창호법 시행 이후 아래 기준에 따라 음주운전으로 적발될 경우 500만원 전후의 벌금형이 선고될 가능성이 매우 높아진 상태이다(도로교통법 제148조의2). 전반적으로 처벌기준이 이전보다 2배 이상 상향되었다고 보면 된다. 따라서 종전에 혈중알콜농도 및 음주전력 등에 따라 벌금형으로 처벌을 받을 수 있었던 경우에도 징역형의 집행유예를, 종전에 집행유예를 받을 수 있었던 사건도 실형을 선고받을 수 있게 되었음에 유의하여야 한다.

그런데 헌법재판소는 2021. 11. 15. 도로교통법 제148조의2 제1항(윤창호)이 위헌 결정되었다.

☐ **사건개요**

○ 청구인들(2019헌바446, 2021헌바77)은 음주운전 금지규정을 2회 이상 위반(각 2019. 8. 17., 2019. 11. 7. 위반)하였다는 공소사실로 기소되어 형사재판 계속 중 도로교통법 제148조의2 세1항, 구 도로교통법 제148조의2 제1항에 대하여 위헌법률심판제청신청을 하였으나 기각되자, 각각 이 사건 헌법소원심판을 청구하였다.

○ 제청법원(2020헌가17)은 2019. 11. 28. 음주운전 금지규정을 2회 이상 위반하였다는 공소사실로 기소된 피고인에 대한 형사재판 계속 중 직권으로 도로교통법 제148조의2 제1항에 대하여 이 사건 위헌법률심판을 제청하였다.

□ 심판대상
○ 이 사건 심판대상은 구 도로교통법(2018. 12. 24. 법률 제16037호로 개정되고, 2020. 6. 9. 법률 제17371호로 개정되기 전의 것) 제148조의2 제1항 중 '제44조 제1항을 2회 이상 위반한 사람'에 관한 부분(이하 '심판대상조항'이라 한다)이 헌법에 위반되는지 여부이다.

[심판대상조항]
구 도로교통법(2018. 12. 24. 법률 제16037호로 개정되고, 2020. 6. 9. 법률 제17371호로 개정되기 전의 것)
제148조의2(벌칙) ① 제44조 제1항 또는 제2항을 2회 이상 위반한 사람(자동차등 또는 노면전차를 운전한 사람으로 한정한다)은 2년 이상 5년 이하의 징역이나 1천만 원 이상 2천만 원 이하의 벌금에 처한다.

[관련조항]
도로교통법(2018. 3. 27. 법률 제15530호로 개정된 것)
제44조(술에 취한 상태에서의 운전 금지) ① 누구든지 술에 취한 상태에서 자동차등(「건설기계관리법」제26조 제1항 단서에 따른 건설기계 외의 건설기계를 포함한다. 이하 이 조, 제45조, 제47조, 제93조 제1항 제1호부터 제4호까지 및 제148조의2에서 같다), 노면전차 또는 자전거를 운전하여서는 아니 된다.

□ 결정주문
○ 구 도로교통법(2018. 12. 24. 법률 제16037호로 개정되고, 2020. 6. 9. 법률 제17371호로 개정되기 전의 것) 제148조의2 제1항 중 '제44조 제1항을 2회 이상 위반한 사람'에 관한 부분은 헌법에 위반된다.

□ 이유의 요지
● 죄형법정주의 명확성원칙 위반 여부

○ 심판대상조항의 문언, 입법목적과 연혁, 관련 규정과의 관계 및 법원의 해석 등을 종합하여 볼 때, 심판대상조항에서 '제44조 제1항을 2회 이상 위반한 사람'이란 '2006. 6. 1. 이후 도로교통법 제44조 제1항을 위반하여 술에 취한 상태에서 운전을 하였던 사실이 인정되는 사람으로서, 다시 같은 조 제1항을 위반하여 술에 취한 상태에서 운전한 사람'을 의미함을 충분히 알 수 있으므로, 심판대상조항은 죄형법정주의의 명확성원칙에 위반된다고 할 수 없다.

● **책임과 형벌 간의 비례원칙 위반 여부**

○ 심판대상조항은 음주운전 금지규정을 반복하여 위반하는 사람에 대한 처벌을 강화하기 위한 규정인데, 그 구성요건을 '제44조 제1항을 2회 이상 위반'한 경우로 정하여 가중요건이 되는 과거 음주운전 금지규정 위반행위와 처벌대상이 되는 재범 음주운전 금지규정 위반행위 사이에 아무런 시간적 제한이 없고, 과거 위반행위가 형의 선고나 유죄의 확정판결을 받은 전과일 것을 요구하지도 않는다.

○ 그런데 과거 위반행위가 예컨대 10년 이상 전에 발생한 것이라면 처벌대상이 되는 재범 음주운전이 준법정신이 현저히 부족한 상태에서 이루어진 반규범적 행위라거나 사회구성원에 대한 생명·신체 등을 '반복적으로' 위협하는 행위라고 평가하기 어려워 이를 일반적 음주운전 금지규정 위반행위와 구별하여 가중처벌할 필요성이 있다고 보기 어렵다. 범죄 전력이 있음에도 다시 범행한 경우 재범인 후범에 대하여 가중된 행위책임을 인정할 수 있다고 하더라도, 전범을 이유로 아무런 시간적 제한 없이 무제한 후범을 가중처벌하는 예는 찾기 어렵고, 공소시효나 형의 실효를 인정하는 취지에도 부합하지 않으므로, 심판대상조항은 예컨대 10년 이상의 세월이 지난 과거 위반행위를 근거로 재범으로 분류되는 음주운전 행위자에 대해서는 책임에 비해 과도한 형벌을 규정하고 있다고 하지 않을 수 없다.

○ 도로교통법 제44조 제1항을 2회 이상 위반한 경우라고 하더라도 죄질을 일률적으로 평가할 수 없고 과거 위반 전력, 혈중알코올농도 수준, 운전한 차량의 종류에 비추어, 교통안전 등 보호법익에 미치는 위험 정도가 비교적 낮은 유형의 재범 음주운전행위가 있다. 그런데 심판대상조항은 법정형의 하한을 징역 2년, 벌금 1천만 원으로 정하여 그와 같이 비난가능성이 상대적으로 낮고 죄질이 비교적 가벼운 행위까지 지나치게 엄히 처벌하도록 하고 있으므로, 책임과 형벌 사이의 비례성을 인정하기 어렵다.

○ 반복적 음주운전에 대한 강한 처벌이 국민일반의 법감정에 부합할 수는 있으나, 결국에는 중벌에 대한 면역성과 무감각이 생기게 되어 법의 권위를 실추시키고 법질서의 안정을 해할 수 있으므로, 재범 음주운전을 예방하기 위한 조치로서 형벌 강화는 최후의 수단이 되어야 한다.

심판대상조항은 음주치료나 음주운전 방지장치 도입과 같은 비형벌적 수단에 대한 충분한 고려 없이 과거 위반 전력 등과 관련하여 아무런 제한도 두지 않고 죄질이 비교적 가벼운 유형의 재범 음주운전 행위에 대해서까지 일률적으로 가중처벌하도록 하고 있으므로 형벌 본래의 기능에 필요한 정도를 현저히 일탈하는 과도한 법정형을 정한 것이다.

○ 그러므로 심판대상조항은 책임과 형벌 간의 비례원칙에 위반된다.

□ 반대의견(재판관 이선애, 재판관 문형배)

● 책임과 형벌 간의 비례원칙 위반 여부

○ 우리나라에서는 매년 음주운전 교통사고로 막대한 인명, 재산 피해가 발생하고 있고, 그 중 40% 가량은 음주운전 단속 경력이 있는 재범에 의한 교통사고로 분류된다. 심판대상조항은 이른바 '윤창호 사건'을 계기로, 재범 음주운전 범죄를 엄히 처벌하고 예방하고자 하는 형사정책적 고려에 따라 입법화된 규정이고, 반복되는 음주운전은 비난가능성이 매우 크므로, 심판대상조항에 의한 재범 음주운전자의 가중처벌은 합리적 이유가 있다.

○ 심판대상조항에 의해 처벌되는 재범 음주운전행위는 과거 음주운전의 횟수와 시간적 간격, 위반행위 당시 혈중알코올농도, 운전한 차량의 종류 등에 따라 불법에 차이가 있다고 하더라도, 모두 반복된 음주운전 금지규정 위반이라는 중요한 행위반가치 지표에 의해 다른 범죄들과 합리적으로 구별되는 동질의 범죄로 볼 수 있다. 그리고 과거 위반 전력이 10년 전의 음주운전행위라도 만취 음주운전으로 사망사고를 유발한 경우와 같이 죄질이 매우 불량한 경우가 있을 수 있고, 그러한 전력을 가진 운전자가 다시 음주운전하여 교통안전을 해하고 무고한 국민 일반의 생명, 신체, 재산을 위협한 경우를 초범 음주운전자와 동일한 기준으로 처벌하는 것은 부당하다는 입법자의 평가가 재량 한계를 벗어난 것이라고 볼 수 없다.

○ 심판대상조항에 의한 처벌대상에 상대적으로 죄질이 가벼운 유형의 재범 음주운전 금지규정 위반행위가 포함될 수 있다고 하더라도, 심판대상조항에는 징역형 외에 벌금형이 선택형으로 규정되어 있고, 구체적 사건에서 양형요소를 고려하여 집행유예를 선고하거나 선고유예를 하는 것도 가능하므로, 심판대상조항의 법정형의 하한을 2년 이상의 징역 또는 1천만 원 이상의 벌금으로 정한 것이 위헌으로 선언될 정도로 비례성을 일탈하고 있다고 할 수 없다.

○ 재범 음주운전을 방지하기 위해 음주치료나 다른 추가적 행정 제재를 도입하는 것이 필요할 수 있으나, 우리 사회에서 음주운전으로 인한 폐해와 재범 음주운전의 실태에 비추어 비형벌적 수단의 도입을 위한 설비와 시스템을 갖추어 가면서 그와 병행하여 형벌강화를 통해 재범 음주운전을 엄격히 차단할 수 있으며, 그러한 제반 사정을 고려하여 형벌의 강화를 선택한 입법자의

결단은 광범위한 입법재량 내지 형성의 자유가 인정되어야 할 분야인 법정형의 결정에 있어서 충분히 존중되어야 한다.

○ 따라서 심판대상조항은 책임과 형벌 간의 비례원칙에 위반되지 아니한다.

● **평등원칙 위반 여부**

○ 고의에 의한 반복 음주운전행위는 비난가능성이 매우 크고 이를 사전에 예방하기 위해 법정형의 하한을 높여 형벌의 경고적 기능을 제고할 수 있으므로, 심판대상조항이 '특정범죄 가중처벌 등에 관한 법률'상 위험운전치상죄보다 법정형의 하한을 높게 정한 것은 수긍할만한 합리적인 이유가 있다. 그리고 심판대상조항의 재범 음주운전죄는 '특정범죄 가중처벌 등에 관한 법률'상 도주치상죄, 도로교통법 제148조 위반죄, 교통사고처리법 위반죄 와는 보호법익, 행위태양, 죄질 등에서 구별되므로, 이러한 범죄들을 동일 선상에 놓고 그 중 한 범죄의 법정형을 기준으로 하여 단순히 평면적인 비교를 함으로써 다른 범죄의 법정형이 과중하다고 판정할 수 없다.

○ 따라서 심판대상조항이 형벌체계 균형성을 상실하였다고 볼 수 없고, 재범 음주운전 예방을 위한 대책마련의 필요성에 비추어 볼 때, 다른 법규위반 재범자와의 관계에서 합리성 없는 차별을 규정하는 것도 아니다.

○ 그러므로 심판대상조항은 평등원칙에도 위반되지 아니한다.

□ **결정의 의의**

○ 이 사건은 반복적인 음주운전 금지규정 위반행위에 대한 가중처벌을 규정하는 도로교통법 조항에 대하여 헌법재판소가 처음으로 위헌 여부를 판단한 사건이다.

○ 헌법재판소는 과거 위반 전력 등과 관련하여 아무런 제한을 두지 않고 죄질이 비교적 가벼운 재범 음주운전행위까지 일률적으로 법정형의 하한인 징역 2년, 벌금 1천만 원을 기준으로 가중처벌하도록 하는 것은 책임과 형벌 사이의 비례성을 인정할 수 없다고 보아 헌법에 위반된다고 판단하였다.

이는 같은 음주운전이라도 과거 위반 전력이나 혈중알코올농도 수준 등에 따라 위험 정도가 다를 수 있는데, 비교적 가벼운 음주운전까지 지나치게 처벌하게 된다는 것과 재범에 대한 시간 기준이 없다는 것 등을 이유로 7대2의 의견으로 위헌으로 결정된 것이다. 이에 따란 관련 법률의 적용으로 처벌받은 음주운전자들은 재심이 가능해졌고 재심을 통해 감경 또는 석방될 가능성도 있게 되었다.

[벌금기준]

혈중알콜농도	벌금
0.03% ~ 0.08%	500만원 이하 벌금 1년 이하의 징역
0.08% ~ 0.2%	500만원 ~ 1,000만원 1년~2년 이하 징역
0.2% 이상	1,000만원 ~ 2,000만원 2년 ~ 5년 이하 징역
2회 이상 위반	1,000만원 ~ 2,000만원 2년 ~ 5년 이하 징역

3. 민사적책임

음주음전 적발 시 10% ~ 20% 보험료 할증되며, 종합보험에 가입되어 있더라도 대인사고의 경우 300만원, 대물사고 100만원의 자기부담금 부담한다.

4. 음주운전 행정처분의 기준

음주운전으로 적발될 경우 그에 따른 행정처분을 받게되는데 음주운전 기준에 따라 면허가 일정기간 정지되거나 면허가 취소되기 한다.

한편, 음주운전으로 적발된 후 음주측정결과 혈중알콜농도가 0.1% 이상일 경우 운전면허 취소처분을 받게되며, 이 경우 2년이 지난 뒤에야 운전면허 시험에 응시할 수 있는데, 만일 위 기간 중 운전을 하다가 단속에 적발될 경우 이는 무면허운전에 해당하니 특별한 주의를 요한다.

따라서 음주운전으로 적발되어 면허가 취소된 경우 당장은 임시운전면허증을 교부받아 40일 간은 종전과 같이 운전을 하면서, 곧바로 이에 불복하는 이의신청 또는 행정심판을 준비하면서 동시에 운전면허취소처분에 대한 집행정지신청을 하여 그 결정을 받은 후 운전면허는 그대로 유지하면서 행정심판 등의 절차를 진행하는 것이 좋다.

구분		단순음주	대물사고	대인사고
1회	0.03~0.08%미만	벌점 100점	벌점 100점 (벌점110점)	면허취소 (결격기간 2년)
	0.08~0.2%미만	면허취소 (결격기간 1년)	면허취소 (결격기간 2년)	
	0.2% 이상			
	음주측정거부			
2회 이상		면허취소 (결격기간 2년)	면허취소 (결격기간 3년)	
음주운전 인사사고 후 도주				면허취소 (결격기간 5년)
사망사고				

한편, 음주운전으로 적발된 운전자는 위와 같은 처분이외에도 도로교통법에 따라 도로교통공단에서 제공하는 특별안전교육을 의무적으로 받아야 한다. 음주운전으로 1회 적발된 경우에는 6시간, 2회 적발된 경우는 8시간, 3회 적발은 16시간이다. 교육은 강의, 시청각, 상담프로그램 등으로 구성되며 적발 횟수에 따라 교육 내용도 달라진다.

5. 생계형 운전자 면허취소 구제기준

가. 개 설

차량이 업무에 밀접한 생계형 운전자의 경우 우선적으로 생계형 운전자가 구제대상인 이의신청제도를 활용해 보는 것이 좋다. 생계형 이의신청이란, 음주운전이나 벌점초과 등으로 인해 운전면허의 취소 또는 정지처분을 받은 사람 중 운전이 생계유지의 중요수단에 해당함을 전제로 하여 취소처분의 경우 110일 정지처분으로, 정지처분의 경우 정지 기간을 최대 절반으로 감경 받는 제도로서, 신청 후 결과가 나기까지는 약 2달 정도의 기간이 소요된다. 이러한 **생계형 이의신청은 현장실사를 거쳐(이의신청접수 → 현지실사 및 사실조사[247] → 심의위원회 의결 → 결과 통보) 매우 엄격하게 이루어지**므로 구제가능성 을 철저히 검토하신 후 진행하여야 한다.

---

247) 실태조사는 이의신청서 접수 후 통상 2주내에 이루어지는 것이 관례이다.

생계형 운전자	– 운전기사(택시, 버스, 화물차기사, 공사차량, 배송기사 등) – 차량을 이용한 노점상 – 배달이 주요 영업수단인 자영업자 – 신문, 생수, 음식 등 배달기사 – a/s 기사, 퀵서비스기사, 대리가가 – 가전, 가구 등 판매업의 배달기사 – 주차장 관리원 – 기타 업무의 성격상 운전면허가 필수적인 자
생계형 운전자 해당 x	– 동거가족에게 충분한 생활능력이 있는 경우 – 월급 및 보유재산 등이 많은 경우

나. 생계형 운전자의 이의신청기간

이때 생계형 운전자 이의신청의 기간은 어느 때나 할 수 있는 것은 아니고 신청기간에 제한이 있다. 따라서 이의신청은 관련규정에 의거하여 운전면허취소처분을 받은 날부터 60일 이내에 관련 처분을 한 지방경찰청에 제출하여야 한다. 접수된 이의신청은 경찰공무원과 위촉된 교통전문가 등으로 구성된 운전면허행정처분심의회에서 심사를 거쳐 구제여부가 판단된다. 그 후 심리결과를 통보 받는 데는 통상 40~60일 소요되며, 만일, 지방경찰청의 심의결과를 통보받고 그에 불복할 경우에는 심의결과 통지를 받은 날로부터 90일 이내에 다시 행정심판을 제기하여 다툴 수 있다.

다. 이의신청서 첨부서류

이의신청시 이의신청서 외에 아래의 서류들을 추가로 제출하여야 하여야 하는데, 첨부서류는 생계형 운전자로 근로자와 사업자에 따라 상의하기 때문에 이의신청자는 자신의 직업에 맞게 유리한 자료를 준비하여 운전의 필요성을 입증하여야 한다.

> • 주민등록등본1통
> • 부동산등기부등본(소유부동산이 없는 경우 전월세 · 임대주택계약서사본)
> • 본인 및 배우자 세목별과세증명서
> • 의료보험증 사본
> • 장애인의 경우 장애인증명서
> • 기타 행정심판청구 신청사유를 증명할 수 있는 서류가 있으면 됩니다.
> – 반성문(자필 작성)
> – 탄원서(가족, 지인, 직장동료, 친구 등 작성)
> – 자동차운전면허취소 · 정지처분 통지서

- 당해 연도 재산세 납부현황
- 부채증명서
- 세목별과세증명원
- 전·월세 계약서
- 본인 또는 가족의 건강과 관련한 서류(진단서 등)
- 신용불량자입증서류(해당 시)·생활보호대상자입증서류(해당 시)
- 생계형 운전자임을 입증할 수 있는 자료(업무관련일지 및 사진 등)
- 상훈자료(표창장 수상경력, 봉사활동 내역 등)

다만, 직장인의 경우,

- 재직증명서(원본)
- 급여증명서(3개월분)또는 근로소득원천징수 영수증이 필요하며 기타 행정심판청구 사유를 증명할 수 있는 서류를 준비하시면 됩니다.
- 기타 급여통장사본, 차량운행일지, 실적부 등 본인에게 유리한 자료
- 운전기사인 경우 운전차량의 자동차등록증 및 보험가입증명서 사본

자영업자인 경우

- 사업자 등록증
- 사업장 임대차계약서
- 소득금액증명(세무서 발행)
- 거래처명부(연락처), 종사자 명부(연락처), 차량사진(앞면, 뒷면, 옆면) 및
- 회사전경사진, 납품실적부 등 기타 본인에게 유리한 자료 첨부

[서식 – 운전면허행정처분 이의신청]

이의신청서는 음주운전을 하게된 동기를 작성한 후 운전면허가 필요한 이유 그리고 경제적 어려움 및 운전면허와 자신의 직업과의 연관성 등을 논리적으로 작성하여야 하며, 이때 자신의 주장을 뒷받침할 수 있는 증거자료를 첨부하면 그만큼 주장에 대한 신뢰도를 높일 수 있고 구제의 가능성 또한 높아진다.

이하에서는 실제 서식례 및 첨부서류 등에 삽입할 것이니 이를 참고하여 작성하면 된다.

운전 면 허 행 정 처 분 이 의 신 청(예시)					
신청인	이름	홍 길 동	생년월일	2000. 1. 1.	
	주소	광주광역시 ○○구 ○○동 ○○○-○○번지			
	송달주소	상동			
	전화번호	자택	062-123-1234	직장	062-123-1234
		휴대폰	010-123-1234	취소당시직업	버스운전
신청취지	자동차 운전면허 행정처분(취소·정지)에 대한 감경을 요청합니다.				

이 의 신 청 이 유(요 약)

○ 음주운전 및 벌점(누산점수)초과 경위 및 운전의 필요성 등을 간단히 작성하고 뒷장에 신청원인 이유에 구체적으로 작성하시면 됩니다.

※ 이의신청이유서 작성 형식이 어렵다면 형식에 구애받지 말고 편지나 일기를 쓰듯이 운전의 필요성을 기재해 주시면 됩니다.

※ 부당하게 감경 결정을 받기 위해 **문서를 위변조**한 경우 관련법령에 따라 **형사처벌**될 수 있음

근거법조	도로교통법 제94조 및 동시행규칙 제95조, 제96조

본인의 주장 및 제출 자료에 대한 진위여부 확인을 위한 경찰관의 현지실사에 동의하며, 위와 같이 자동차 운전면허 행정처분에 대한 이의신청을 합니다.

20 년 월 일

신 청 인   홍 길 동 ㉑

광 주 지 방 경 찰 청 장   귀 하

첨부 서류	취소결정통지서, 가족관계증명서, 주민등록등본, 의료보험카드사본, 세목별과세증명서, 등기부등본, 전(월)세계약서, 차량등록증, 재직증명서, 급여명세서 or 원천징수영수증, 사업자등록증 등 운전이 생계유지의 수단임을 입증할 수 있는 서류	수수료	없음
	※ 증빙자료를 제출하지 않을 경우 심의시 불이익을 받을 수 있음		

이 의 신 청 이 유 서(예시)

1. 단속일시 및 장소(음주운전자만 기재)

ㅇ일 시 : 0000년 0월 0일 00:00분경

ㅇ장 소 : 00시 00구 00동 소재 0000 앞 도로상

ㅇ운전차량(차종, 소유자 명기) : 00 소유의 000 차량 (00바 0000호)

2. 운전면허 취소·정지 사유 :

0000년 0월 0일 00:00에 000와 소주 0잔을 마시고 귀가하기 위해 자동차를 운전하고 가다가 00시 00구 00동 소재 00빌딩앞 도로변에서 음주단속 중이던 경찰관에게 적발되어 혈중알콜농도 0.000%로 0000.00.00일자 운전면허가 취소되었습니다.

3. 운전면허의 필요성(구체적 기재) :

신청인은 00년 0월 0일 000시 00구 00동 소재 00이라는 회사의 버스운전기사로 입사후, 회사소유 00바0000호 00번 시내버스를 운전하여 00에서 00까지 일 0회 왕복하며 승객을 운송하는 운전기사로 근무하며 가족의 생계를 유지하고 있습니다.(운전등이 생계의 수단임을 육하원칙에 의거 구체적 서술)

저의 집은 전세 000로 가족 0명과 월 000의 급여로 생활하고 있으며, 재산은 000입니다.(동거인의 직업 및 월 소득과 보유재산 기재)

※ 그 외 운전이 가족의 생계를 감당하는 수단임을 구체적 서술

라. 이의신청의 대상

아무리 생계형 운전자라고 하여도 아래의 기준 요건을 충족하지 못하거나 이를 초과한 경우에는 구제가 되지 아니함에 유의하여야 한다. 또한, 운전면허 취소, 정지처분의 경우 이의신청을 통해 감경받은 경우라도 교통안전교육은 감경과 관계없이 의무사항이라는 점 유의하여야 한다.

구분	내용
음주운전	취소처분 : 혈중알콜농도 0.100% 이상(교통사고 포함) 정비처분 : 혈중알콜농도 0.050% 이상(교통사고 포함) ※ 인적 피해 사고는 피해자와 합의하여 진단서를 제출하지 않는 하에 가능
벌점초과	1년간 : 121점 이상 2년간 : 201점 이상 3년간 : 271점 이상 ※ 음주운전으로 면허정지 + 벌점으로 누산점수 초과자
적성검사 기간 경과	적성검사(면허증 갱신) 경과 후 유예기간마저 경과한 자
경찰의 부당하고 위법한 행위	경찰의 잘못이 있거나 오해를 받아 억울하게 취소된 경우

마. 이의신청이 불가능한 사유

생계형 운전자라고 하더라도 이의신청을 통하여 구제를 받기 위해서는 법이 정한 아래 표상의 일정한 기준을 충족하여야 한다. 따라서 만일 운전이 생계와 별관계가 없거나, 혈중알콜농도가 과다(0.1% 이상)하거나, 인적피해가 발생한 경우 그리고 운전으로 인한 벌금 등 전략이 많은 경우 등 아래의 예시에 해당하는 경우에는 이의신청제도를 통한 구제는 불가능하며(도로교통법 시행규칙 제91조). 또한, 동거가족에게 충분한 생활능력이 있는 경우 또한 구제가 불가능하다.

[이의신청 불가요건]

구분	내용
음주운전	과거 5년 이내에 3회 이상의 인적피해 교통사고의 전력 혈중알콜농도 0.10% 초과 인적 피해 교통사고 발생 음주 측정 불응 및 도주하거나 경찰관 폭행 과거 5년 이내에 음주운전의 전력 행정처분일로부터 60일을 초과한 경우
벌점초과	과거 5년 이내 음주경력 및 3회 이상 피해 교통사고 전력 과거 5년 이내 행정처분 감경 전력 과거 5년 이내 운전면허 취소 전력 과거 5년 이내에 운전면허행정처분 이의심의위원회의 심의 또는 행정심판, 행정소송을 통하여 행정처분이 감경된 경우
적성검사 기간 도과	– 아래의 불가피한 사유에 해당하지 아니할 것 – 해외 여행을 하거나 재해 또는 재난을 당한 경우 질병이나 부상을 입어 거동하기 어려운 경우 법령의 규정에 의한 신체의 자유를 구속당한 경우 불가피한 사유가 없어진 날로부터 60일을 초과한 경우

바. 감경의 범위

이의신청에 대한 심의에 있어서는 행정심판에서와 같이 혈중알콜농도, 음주운전을 하게 된 경위, 운전을 생업으로 하는 사정 등을 고려해서 판단하게 된다. 만일, 이의신청이 인용될 경우, ⅰ) 운전면허 취소처분일 경우 기준일자(임시운전면허증 종료일)로부터 110일 감경(벌점 110점) 감경되고, ⅱ) 운전면허의 정지처분에 해당하는 경우에는 정지일로부터 집행일수가 2분의 1로 감경 된다.

다만, 면허취소로 구제신청당시 기존 벌점이 11점 이상 누적되어 있을 경우 면허취소가 벌점 110점으로 감경되더라도 기존 벌점 11점 이상을 합산할 경우 면허취소 수치인 1년 121점을 초과하게 결국 벌점초과로 또 다시 면허취소를 받게 되는 상황에 놓이게 되므로 이러한 경우에는 구제가능성이 희박하다.

사. 행정심판청구 및 절차

만일, 생계형 운전자가 지방경찰청의 심의결과를 통보받고 그에 불복할 경우에는 심의결과 통지를 받은 날로부터 90일 이내 그에 불복하여 행정심판청구를 할 수 있다. 행정심판의 접수기관은 처분청(운전면허 취소 처분 지방경찰청) 또는 중앙행정심판위원회이며 인터넷 온라인 행정심판 (http://www.simpan.go.kr/) 에서도 신청이 가능하다. 또한 처분청(운전면허 취소처분 지방경찰청) 민원실로 등기 우편접수도 가능하다.

행정심판 청구인이 운전면허취소를 구하는 행정심판을 청구하면 피청구인(처분청)은 행정심판위원회로 답변서를 제출 하는데, 보통 피청구인은 행정심판청구서를 송달받은 날로부터 10일 이내에 답변서 제출하게 되며, 행정심판위원회는 접수된 답변서를 청구인에게 송부하게 된다[답변서는 청구인의 주장에 대한 피청구인(처분청)의 변론임]. 청구인은 피청구인으로부터 답변서를 수령한 경우 피청구인의 답변서에 대한 반박이나 이전의 주장을 보완하기 위하여 보충서면을 제출할 수 있다.

[서식 - 보충서면]

보 충 서 면

접수번호		접수일	
사건명		사건번호 :	
청구인	성명	(연락처)	
	주소		
피청구인			
구분	보충서면		

제출 내용	

「행정심판법」 제33조제1항에 따라 위와 같이 보충서면을 제출합니다.

년 월 일

제출인 　　　　　 (서명 또는 인)

○○행정심판위원회 귀중

※ 보충서면은 다른 당사자의 수 만큼 부본을 함께 제출하시기 바랍니다.

첨부서류		수수료 없음

처리 절차

보충서면 작성 · 제출	→	접수
제출인		○○행정심판위원회

210mm×297mm[백상지 80g/㎡]

아. 행정심판의 재결기간

행정심판의 재결은 피청구인 또는 행정심판위원회가 행정심판청구서를 받은 날로부터 60일 이내에 하여야 하며, 부득이한 사정이 있는 경우에는 위원장이 직권으로 30일을 연장할 수 있다.

자. 행정심판을 통한 구제의 범위

행정심판위원회에서는 운전자의 혈중알콜농도, 음주운전을 하게 된 경위, 운전을 생업으로 하는 사정 등을 고려해서 판단하게 된다. 만일, 행정심판이 인용될 경우, ⅰ) 운전면허 취소처분이 110일(벌점 110점)의 운전면허정지처분으로 감경되고, ⅱ) 운전면허의 정지처분에 해당하는 경우에는 처분 집행 일수의 2분의 1로 감경 된다.

6. 이진아웃제도

가. 개 념

음주운전 이진아웃제도는 상습적인 음주운전자 예방하고 가중처벌하기 위해 만들어진 제도이다. 2019년 6월 25일부터 기존 삼진아웃제도에서 이진아웃제도로 강화되었다. 음주운전 이진아웃제도는 상습 음주 운전자에 대한 행정처분을 강화하기 위해 만들어진 제도이다. 음주운전으로 운전면허 행정처분 (정지 또는 취소)을 받은 사람이 다시 음주운전(혈중알코올농도 0.03% 이상)으로 적발되면 운전면허를 취소하고 2년간 운전면허 시험에 응시할 자격을 박탈하는 제도이다.

나. 기준시점

도로교통법 개정에 따라 2019. 6. 25. 이후 발생한 음주운전에 대한 행정처분 시 과거의 전력이 포함되기 때문에 2019. 6. 24. 이전 음주운전 전력이 1회 이상이라면 음주운전 2회 이상으로 취소된다. 음주운전으로 취소 시 단순 음주운전 2회째 이상이면 운전면허 취소에 따른 결격기간이 2년이며 음주사고가 2회 이상이면 결격기간이 3년이다. 단순, 음주운전 과거전력은 2001. 7. 24. 이후 발생한 건부터, 음주사고 과거전력은 2001. 6. 30. 이후 발생한 건부터 산정하게 된다.

7. 위드마크 공식

가. 개 념

1930년대 스웨덴 생화학자 위드마크(Widmark)의 제안에 의해 발달된 공식으로 운선사가 사고 당시 마신 술의 종류, 운전자의 체중, 성별 등의 자료에 의해 운전 당시의 혈중알코올농도를 계산하는 방법이다. 음주 후 30분에서 90분 사이에 혈중알코올농도가 최고치에 이른 후 시간당 알코올 분해 값이 개인에 따라 0.008%에서 0.030%에 감소하는데 평균적으로 시간당 0.015%씩 감소한다. 이를 착안하여 음주운전 사고 및 단속 시 실제 음주운전 시간과 실제 단속시간에 차이가 있을 경우 역추산해 운전 당시 음주상태를 추정하게 된다. 우리나라에서는 1986년 음주운전 뺑소니 운전자를 처벌하기 위해 도입되었고 위드마크 공식을 적용할 때에는 음주운전시점보다 음주측정시점이 늦을 경우에는 본인에게 가장 유리한 조건을 인정하게 되므로 90분 후에 최고치에 도달하는 것으로 계산하고 분해 소멸하는 양도 본인에게 유리한 시간당 0.008%로 계산하여 운전시점의 알코올농도를 역추산하고 있다.

[위드마크 방식의 공식]

$$C=A/(P \times R) = mg/10 = \%$$

C= 혈중 알코올농도 최고치(%)

A= 운전자가 섭취한 알코올의 양

  (음주량(ml) × 술의 농도(%) × 0.7894)

P= 사람의 체중(kg)

R= 성별에 대한 계수(남자 0.52~0.86(평균치 0.68),

  여자 0.47~0.64(평균치 0.55))

음주운전 당시 혈중알코올

= 최고혈중알코올농도−(경과시간 × 0.015%)

나. 수정된 위드마크 공식

우리나라에서는 알코올이 체내에 100% 흡수되지 못한다고 보고 체내흡수율이라는 개념을 도입하여 '수정된 위드마크 공식'을 사용하고 있다. 위드마크 공식을 적용할 때는 음주종료시점, 실제 음주운전시점, 30분에서 90분 사이 음주 상승기 시점을 고려하여 계산한다. 위드마크 공식 적용에 있어서 대법원 판례를 살펴보면 위드마크공식에 의한 혈중알코올농도의 추산방법을 원칙적으로 인정하되, 무분별한 적용은 제한하고 있다.

[수정된 위드마크 공식]

C= A×0.7(체내흡수율)/(P×R)-ßt

C= 혈중 알코올농도 최고치(%)

A= 운전자가 섭취한 알코올의 양

  (음주량(ml) × 술의 농도(%) × 0.7894)

P= 사람의 체중(kg)

R= 성별에 대한 계수(남자 0.86, 여자 0.64)

  ※ 대법원 판례에 의해 피고인에게 가장 유리한 최고치 적용

음주운전 당시 혈중알코올

= 최고혈중알코올농도-(경과시간 × 0.015%)

  ※ 대법원 판례에 의해 추산 할때는 0.03%, 역추산할 때는 0.008%으로 적용하는 경우가

      많음. 단, 피고인에게 가장 유리한 수치를 적용.

Q

체중 70kg 남성이 20도 소주 2병(720ml)을 전날 저녁 22:00 까지 마시고 3시간 30분 후인 새벽 01시30분에 음주운전을 하다가 교통사고를 내고 현장을 도주하였다. 이때 교통사고 당시 혈중알코올농도는?

(음주종료시점 22:00, 상승기 90분 이후 시점 23:30, 실제음주운전시간 01:30)

A

혈중알코올농도 최고치를 계산하면,

C = {720ml(음주량) × 0.20(알코올도수) × 0.7894(알코올의비중)× 0.7}

{70kg × 0.86(남자계수) × 10}

    = 0.132%(혈중알코올농도최고치)

교통사고 당시 혈중알코올농도를 계산하면,

  0.132%-(0.03% × 2시간) = 0.072%

    ※ 피고인에게 가장 유리한 수치인 0.03%를 적용

다. 위드마크 확장공식

실제 음주운전시간과 단속시점이 다를 경우, 단속 당시 호흡측정 또는 채혈수치가 있을 경우, 그 당시 혈중알코올농도를 기초로 음주 운전 시까지 시간당 혈중알코올농도 감소치를 가산하여 역추산하는 방식이다. 이러한 경우 시간당 분해량은 대법원 판례에 의해서 피고인에게 가장 유리한 0.008%를 적용한다. 이때 음주상승기 안에 운전했을 경우 음주상승기인 30분에서 90분인 시간을 제외하고 계산한다. 음주 상승기 시간을 제외 할 때는 음주운전시점이 아닌 음주종료시점으로 기준으로 한다.

[위드마크 확장 공식]

혈중알코올농도(Ct) = 측정 혈중알코올농도 + B(시간당 알콜분해량) × T(시간)

Q

술집에서 저녁 23:00 까지 술을 마시고 24:00 에 음주운전 상태로 집에 귀가하였다. 그러나 술집사장의 신고로 새벽 3:30분에 음주운전으로 자택에서 경찰에 적발되어 음주측정수치는 0.03%로 측정되었다. 이때 실제 운전당시 혈중알코올농도는 얼마일까요?(음주종료시간 23:00, 상승기 90분 이후 시점 24:30, 실제음주운전시간 24:00, 음주단속시점 익일 03:30)

A

C= 0.03%(측정 혈중알코올농도) +

(0.008%(시간당 알코올분해량) × 3시간(상승기 제외한 시간))

※ 23시 음주종료시점에서 음주상승기 90분을 제외하고 3시간으로 계산

실제 음주운전 당시 수치를 측정하면

= 0.03% + 0.024 = 0.054%

9. 집행정지신청 활용하기

운전면허취소 행정심판을 청구하여도 당초의 취소처분은 원칙적으로 그 집행이나 효력이 정지되지 않는다. 집행정지제도란 행정심판이 진행되는 동안 청구인의 손해를 예방하기 위해 긴급한 필요가 있는 때에 심판청구의 대상인 처분 또는 후속절차 등의 효력이나 집행을 정지하는 제도이다.

행정처분에 대한 집행정지를 하고자 하는 경우, 청구인은 심판제기와 동시 또는 심판진행 중에 행정심판위원회에 집행정지신청을 하여야 한다. 집행정지의 신청방법은 집행정지신청서를 작성하고, 집행정지신청이 필요한 이유에 대한 소명자료, 심판청구서 사본 및 접수증명서 등을 첨부하여 행정심판위원회에 제출하면 된다.

청구인의 집행정지신청이 있으면, 행정심판위원회는 청구인의 손해예방을 위한 긴급한 필요가 있는지, 집행정지결정이 공공복리에 중대한 영향을 미칠 우려는 없는 지 등을 종합적으로 고려하여 집행정지 여부에 대한 결정을 한다.

행정심판위원회가 집행정지 인용결정을 하면 해당 처분의 효력이나 집행은 재결이 있을 때까지 정지되며, 재결이 있으면 집행정지 결정의 효력은 자동적으로 소멸하게 되며, 또한, 집행정지는 행정심판의 부수적인 절차이므로 행정심판은 청구하지 않고 집행정지만을 신청할 수는 없다.

[판시사항]
행정처분에 대한 집행정지는 본안소송이 제기되어 계속 중일 것을 요건으로 하는지 여부(대법원 2007.6.15. 자 2006무89 결정 집행정지)

[판결요지]
행정소송법 제23조 제2항은 '취소소송이 제기된 경우에 처분 등이나 그 집행 또는 절차의 속행으로 인하여 생길 회복하기 어려운 손해를 예방하기 위하여 긴급할 필요가 있다고 인정할 때에는 본안이 계속되고 있는 법원은 당사자의 신청 또는 직권에 의하여 처분 등의 효력이나 그 집행 또는 절차의 속행의 전부 또는 일부의 정지를 결정할 수 있다'고 규정하고 있고, 이는 같은 법 제38조 제1항의 무효등확인소송의 경우에 준용되고 있으므로, 행정처분에 대한 집행정지는 취소소송 또는 무효확인소송 등 본안소송이 제기되어 계속중에 있음을 그 요건으로 한다고 할 것이다.

10. 행정심판 전치주의

운전면허취소 · 정지처분에 대한 행정소송은 행정심판의 재결을 거치지 아니하면 제기할 수 없다. 행정심판 재결의 존재는 소송요건이므로 행정심판 재결이 있기 전에 소를 제기하면 부적법한 소로서 각하하여야 하지만, 소송요건의 충족여부는 변론종결시를 기준으로 하기 때문에 실무상 바로 소를 각하하지 아니하고 새결이 있을 때까지 기다리는 등 흠의 치유를 기다려 본안판단을 함이 원칙이다.

11. 복수 운전면허취소 · 정지에 관한 기준

운전면허는 제1종 운전면허(대형, 보통, 소형, 특수), 제2종 운전면허(보통, 소형, 원동기장치자전거)

로 구분되고, 각 그 면허의 종류에 따라 운전가능한 차종, 면허의 취득자격이나 요건과 시험의 내용이 다르다.

가. 복수의 운전면허 취소 · 정지 범위

복수의 운전면허의 경우 취소 · 정지할 수 있는 면허의 범위에 관하여는 도로교통법에는 명문의 규정이 없다.

그러나 한 사람이 여러 종류의 자동차운전면허를 취득하는 경우 뿐 아니라, 이를 취소 또는 정지함에 있어서도 서로 별개의 것으로 취급되는 것이 원칙이다.[248] 따라서 복수 운전면허 취득자에게 운전면허 취소 · 정지 사유가 있는 경우 취소 · 정지 사유와 관련되는 운전면허만 취소 · 정지하여야 하고 모든 운전면허를 일괄 취소하여서는 아니된다. 다만, 예외적으로 운전면허의 취소나 정지사유가 특정의 면허에 관한 것이 아니고 다른 면허와 공통된 것이거나 운전면허를 받은 사람에 관한 것일 경우에는 여러 운전면허 전부를 취소 또는 정지할 수 있다.[249]

나. 취소 · 정지사유가 다른 면허 및 공통된 경우의 의미

취소나 정지사유가 다른 면허와 공통된 경우라 함은 구체적으로 ⅰ) 위반행위 당시 운전한 차량을 기준으로 하여 그 차량을 운전할 수 있는 운전면허는 모두 취소할 수 있고, ⅱ) 취소하여야 할 운전면허를 가지고 운전할 수 있는 차량의 범위가 넓어서 다른 운전면허를 가지고 운전할 수 있는 차량이 완전히 포함된 경우에는 다른 운전면허도 취소할 수 있다. 가령 1종 대형, 1종 보통, 2종 보통, 2종 소형 면허를 가진 자가 12인승 승합자동차를 운전하다 운전면허취소 사유가 발생한 경우, 해당 자동차를 운전할 수 있는 1종 대형, 1종 보통 면허도 취소할 수 있고, 1종 대형면허는 2종 보통 면허를 완전히 포함하므로 2종 보통면허도 취소할 수 있으나, 2종 소형 면허는 취소할 수 없다.

12. 운전면허 취소 · 정지처분 기준

■ 도로교통법 시행규칙 [별표 28] 〈개정 2019. 6. 14.〉

운전면허 취소 · 정지처분 기준(제91조제1항관련)

---

248) 대법원 1995. 11. 16. 선고 95누8850 판결.
249) 대법원 2012. 5. 24. 선고 2012두1891 판결.

1. 일반기준

가. 용어의 정의

(1) "벌점"이라 함은, 행정처분의 기초자료로 활용하기 위하여 법규위반 또는 사고야기에 대하여 그 위반의 경중, 피해의 정도 등에 따라 배점되는 점수를 말한다.

(2) "누산점수"라 함은, 위반·사고시의 벌점을 누적하여 합산한 점수에서 상계치(무위반·무사고 기간 경과 시에 부여되는 점수 등)를 뺀 점수를 말한다. 다만, 제3호가목의 7란에 의한 벌점은 누산점수에 이를 산입하지 아니하되, 범칙금 미납 벌점을 받은 날을 기준으로 과거 3년간 2회 이상 범칙금을 납부하지 아니하여 벌점을 받은 사실이 있는 경우에는 누산점수에 산입한다.

　　[누산점수=매 위반·사고 시 벌점의 누적 합산치-상계치]

(3) "처분벌점"이라 함은, 구체적인 법규위반·사고야기에 대하여 앞으로 정지처분기준을 적용하는데 필요한 벌점으로서, 누산점수에서 이미 정지처분이 집행된 벌점의 합계치를 뺀 점수를 말한다.

　　처분벌점 = 누산점수 - 이미 처분이 집행된 벌점의 합계치

　　　　　 = 매 위반·사고 시 벌점의 누적 합산치 - 상계치

　　　　　 - 이미 처분이 집행된 벌점의 합계치

나. 벌점의 종합관리

(1) 누산점수의 관리

　　법규위반 또는 교통사고로 인한 벌점은 행정처분기준을 적용하고자 하는 당해 위반 또는 사고가 있었던 날을 기준으로 하여 과거 3년간의 모든 벌점을 누산하여 관리한다.

(2) 무위반·무사고기간 경과로 인한 벌점 소멸

　　처분벌점이 40점 미만인 경우에, 최종의 위반일 또는 사고일로부터 위반 및 사고 없이 1년이 경과한 때에는 그 처분벌점은 소멸한다.

(3) 벌점 공제

(가) 인적 피해 있는 교통사고를 야기하고 도주한 차량의 운전자를 검거하거나 신고하여 검거하게 한 운전자(교통사고의 피해자가 아닌 경우로 한정한다)에게는 검거 또는 신고할 때마다 40점의 특혜점수를 부여하여 기간에 관계없이 그 운전자가

정지 또는 취소처분을 받게 될 경우 누산점수에서 이를 공제한다. 이 경우 공제되는 점수는 40점 단위로 한다.

(나) 경찰청장이 정하여 고시하는 바에 따라 무위반·무사고 서약을 하고 1년간 이를 실천한 운전자에게는 실천할 때마다 10점의 특혜점수를 부여하여 기간에 관계없이 그 운전자가 정지처분을 받게 될 경우 누산점수에서 이를 공제하되, 공제되는 점수는 10점 단위로 한다. 다만, 교통사고로 사람을 사망에 이르게 하거나 법 제93조제1항제1호·제5호의2 및 제10호의2 중 어느 하나에 해당하는 사유로 정지처분을 받게 될 경우에는 공제할 수 없다.

(4) 개별기준 적용에 있어서의 벌점 합산(법규위반으로 교통사고를 야기한 경우)

법규위반으로 교통사고를 야기한 경우에는 3. 정지처분 개별기준 중 다음의 각 벌점을 모두 합산한다.

① 가. 이 법이나 이 법에 의한 명령을 위반한 때(교통사고의 원인이 된 법규위반이 둘 이상인 경우에는 그 중 가장 중한 것 하나만 적용한다.)

② 나. 교통사고를 일으킨 때 (1) 사고결과에 따른 벌점

③ 다. 교통사고를 일으킨 때 (2) 조치 등 불이행에 따른 벌점

(5) 정지처분 대상자의 임시운전 증명서

경찰서장은 면허 정지처분 대상자가 면허증을 반납한 경우에는 본인이 희망하는 기간을 참작하여 40일 이내의 유효기간을 정하여 별지 제79호서식의 임시운전증명서를 발급하고, 동 증명서의 유효기간 만료일 다음 날부터 소정의 정지처분을 집행하며, 당해 면허 정지처분 대상자가 정지처분을 즉시 받고자 하는 경우에는 임시운전 증명서를 발급하지 않고 즉시 운전면허 정지처분을 집행할 수 있다.

다. 벌점 등 초과로 인한 운전면허의 취소·정지

(1) 벌점·누산점수 초과로 인한 면허 취소

1회의 위반·사고로 인한 벌점 또는 연간 누산점수가 다음 표의 벌점 또는 누산점수에 도달한 때에는 그 운전면허를 취소한다.

기간	벌점 또는 누산점수
1년간	121점 이상
2년간	201점 이상
3년간	271점 이상

(2) 벌점·처분벌점 초과로 인한 면허 정지

운전면허 정지처분은 1회의 위반·사고로 인한 벌점 또는 처분벌점이 40점 이상이 된 때부터 결정하여 집행하되, 원칙적으로 1점을 1일로 계산하여 집행한다.

라. 처분벌점 및 정지처분 집행일수의 감경
(1) 특별교통안전교육에 따른 처분벌점 및 정지처분집행일수의 감경
  (가) 처분벌점이 40점 미만인 사람이 특별교통안전 권장교육 중 벌점감경교육을 마친 경우에는 경찰서장에게 교육필증을 제출한 날부터 처분벌점에서 20점을 감경한다.
  (나) 운전면허 정지처분을 받게 되거나 받은 사람이 특별교통안전 의무교육이나 특별교통안전 권장교육 중 법규준수교육(권장)을 마친 경우에는 경찰서장에게 교육필증을 제출한 날부터 정지처분기간에서 20일을 감경한다. 다만, 해당 위반행위에 대하여 운전면허행정처분 이의심의위원회의 심의를 거치거나 행정심판 또는 행정소송을 통하여 행정처분이 감경된 경우에는 정지처분기간을 추가로 감경하지 아니하고, 정지처분이 감경된 때에 한정하여 누산점수를 20점 감경한다.
  (다) 운전면허 정지처분을 받게 되거나 받은 사람이 특별교통안전 의무교육이나 특별교통안전 권장교육 중 법규준수교육(권장)을 마친 후에 특별교통안전 권장교육 중 현장참여교육을 마친 경우에는 경찰서장에게 교육필증을 제출한 날부터 정지처분기간에서 30일을 추가로 감경한다. 다만, 해당 위반행위에 대하여 운전면허행정처분 이의심의위원회의 심의를 거치거나 행정심판 또는 행정소송을 통하여 행정처분이 감경된 경우에는 그러하지 아니하다.
(2) 모범운전자에 대한 처분집행일수 감경
모범운전자(법 제146조에 따라 무사고운전자 또는 유공운전자의 표시장을 받은 사람으로서 교통안전 봉사활동에 종사하는 사람을 말한다.)에 대하여는 면허 정지처분의 집행기간을 2분의 1로 감경한다. 다만, 처분벌점에 교통사고 야기로 인한 벌점이 포함된 경우에는 감경하지 아니한다.
(3) 정지처분 집행일수의 계산에 있어서 단수의 불산입 등
정지처분 집행일수의 계산에 있어서 단수는 이를 산입하지 아니하며, 본래의 정지처분 기간과 가산일수의 합계는 1년을 초과할 수 없다.

마. 행정처분의 취소

교통사고(법규위반을 포함한다)가 법원의 판결로 무죄확정(혐의가 없거나 죄가 되지
아니하여 불기소처분된 경우를 포함한다. 이하 이 목에서 같다)된 경우에는 즉시 그
운전면허 행정처분을 취소하고 당해 사고 또는 위반으로 인한 벌점을 삭제한다. 다만,
법 제82조제1항제2호 또는 제5호에 따른 사유로 무죄가 확정된 경우에는 그러하지
아니하다.

바. 처분기준의 감경
 (1) 감경사유
  (가) 음주운전으로 운전면허 취소처분 또는 정지처분을 받은 경우
     운전이 가족의 생계를 유지할 중요한 수단이 되거나, 모범운전자로서 처분당시
     3년 이상 교통봉사활동에 종사하고 있거나, 교통사고를 일으키고 도주한 운전자
     를 검거하여 경찰서장 이상의 표창을 받은 사람으로서 다음의 어느 하나에 해당
     되는 경우가 없어야 한다.
    1) 혈중알코올농도가 0.1퍼센트를 초과하여 운전한 경우
    2) 음주운전 중 인적피해 교통사고를 일으킨 경우
    3) 경찰관의 음주측정요구에 불응하거나 도주한 때 또는 단속경찰관을 폭행한
       경우
    4) 과거 5년 이내에 3회 이상의 인적피해 교통사고의 전력이 있는 경우
    5) 과거 5년 이내에 음주운전의 전력이 있는 경우
  (나) 벌점 · 누산점수 초과로 인하여 운전면허 취소처분을 받은 경우
     운전이 가족의 생계를 유지할 중요한 수단이 되거나, 모범운전자로서 처분당시
     3년 이상 교통봉사활동에 종사하고 있거나, 교통사고를 일으키고 도주한 운전자
     를 검거하여 경찰서장 이상의 표창을 받은 사람으로서 다음의 어느 하나에 해당
     되는 경우가 없어야 한다.
    1) 과거 5년 이내에 운전면허 취소처분을 받은 전력이 있는 경우
    2) 과거 5년 이내에 3회 이상 인적피해 교통사고를 일으킨 경우
    3) 과거 5년 이내에 3회 이상 운전면허 정지처분을 받은 전력이 있는 경우

4) 과거 5년 이내에 운전면허행정처분 이의심의위원회의 심의를 거치거나 행정심판 또는 행정소송을 통하여 행정처분이 감경된 경우

(다) 그 밖에 정기 적성검사에 대한 연기신청을 할 수 없었던 불가피한 사유가 있는 등으로 취소처분 개별기준 및 정지처분 개별기준을 적용하는 것이 현저히 불합리하다고 인정되는 경우

(2) 감경기준

위반행위에 대한 처분기준이 운전면허의 취소처분에 해당하는 경우에는 해당 위반행위에 대한 처분벌점을 110점으로 하고, 운전면허의 정지처분에 해당하는 경우에는 처분 집행일수의 2분의 1로 감경한다. 다만, 다목(1)에 따른 벌점·누산점수 초과로 인한 면허취소에 해당하는 경우에는 면허가 취소되기 전의 누산점수 및 처분벌점을 모두 합산하여 처분벌점을 110점으로 한다.

(3) 처리절차

(1)의 감경사유에 해당하는 사람은 행정처분을 받은 날(정기 적성검사를 받지 아니하여 운전면허가 취소된 경우에는 행정처분이 있음을 안 날)부터 60일 이내에 그 행정처분에 관하여 주소지를 관할하는 지방경찰청장에게 이의신청을 하여야 하며, 이의신청을 받은 지방경찰청장은 제96조에 따른 운전면허행정처분 이의심의위원회의 심의·의결을 거쳐 처분을 감경할 수 있다.

13. 구제기준

가. 구제기준

운전면허를 받은 사람이 음주운전을 하다가 적발된 경우 운전면허의 취소 또는 정지여부는 행정청의 재량행위라 할 것인데, 그 기준은 일률적으로 정할 수 없으나 보통 음주운전의 동기, 음주정도, 무사고 운전경력, 음주 후의 운전거리 및 사고 여부, 운전면허의 취소로 입게 될 불이익(생계수단 등)등을 참작하여 판단하고 있습니다. 다만, 위 운전면허행정처분기준은 그 규정의 성질과 내용이 운전면허의 취소처분 등에 관한 행정청 내부의 사무처리기준준칙을 규정한 것에 시나지 아니하여 대외적으로 법원이나 국민을 기속(羈束)하는 효력은 없습니다(대법원 1991. 6. 11. 선고 91누2083 판결).

나. 법원의 감경기준

- 음주운전의 동기
- 음주정도
- 무사고운전경력
- 음주 후의 운전거리
- 사고여부
- 운전면허의 취소로 입게 될 불이익(생계수단 등)
- 운전면허취득연한

[일부 구제된 재결례]

청구인이 혈중알코올농도 0.117%의 술에 취한 상태에서 운전했다는 이유로 피청구인이 청구인의 운전면허를 취소하였다. 이에 청구인은 처분의 취소를 요구하였다. 위원회는 청구인이 최근 9년 이상의 기간 동안 사고 없이 운전한 점, 이 사건 음주운전으로 피해가 발생하지 않은 점 등을 고려할 때 이 사건 처분은 다소 가혹하다고 보아 원래의 처분을 110일의 제1종 보통운전면허 정지처분으로 변경하였다.

14. 관련 서식

가. 청구취지 기재례

피고가 20○○. 2. 13.자로 원고에 대하여 한 제1종 보통 자동차운전면허 및 제1종 대형 자동차운전면허의 취소처분은 이를 취소한다.

피고가 20○○. 2. 4. 원고에 대하여 한 자동차운전면허(경기 제1종 보통 1234-012345-12)의 취소처분은 무효임을 확인한다.

피신청인이 20○○. 3. 9. 신청인에 대하여 한 자동차운전면허취소처분의 효력은 신청인과 피신청인 사이의 20○○행 ○○○호 사건의 본안판결 확정시까지 이를 정지한다.

피청구인이 2021. 2. 5. 청구인에게 한 2021. 2. 25.자 제1종 대형, 제1종 보통 운전면허 취소처분을 110일의 제1종 대형, 제1종 보통 운전면허 정지처분으로 변경한다.

피청구인이 2020. 10. 23. 청구인에게 한 2020. 11. 9.자 제1종 보통운전면허 취소처분을 취소한다.

나. 서식례

[서식] 소장 – 자동차운전면허취소처분취소 청구의 소

소 장

원 고   ○ ○   ○(주민등록번호)
                ○○시 ○○구 ○○길 ○○ (우편번호 ○○○–○○○)

피 고   △△지방경찰청장
                ○○시 ○○구 ○○길 ○○ (우편번호 ○○○–○○○)

자동차운전면허취소처분 취소청구의 소

청 구 취 지

1. 피고가 20○○. ○. ○. 원고에 대하여 한 자동차운전면허(제2종 보통 경기 ○○–○○○○○
   –○○) 취소처분을 취소한다.
2. 소송비용은 피고의 부담으로 한다.
라는 판결을 구합니다.

청 구 원 인

1. 원고는 19○○년 제2종 자동차운전면허(제1종 보통 경기 ○○-○○○○○-○○)를 취득하였습니다.

2. 그런데 원고는 20○○. ○. ○. 01:56 경 ○○시 ○○구 ○○길 ○○호텔 앞에서 음주운전단속을 하고 있던 경찰관으로부터 음주측정요구를 받게 되어 이에 응하게 되었는데 그 결과 원고의 혈중알콜농도가 0.11%가 나왔습니다. 그리하여 피고는 같은 해 ○. ○. 위 운전면허를 취소하는 처분을 하였습니다.

3. 그러나 피고의 위 행정처분은 다음에서 보는 이유와 같이 원고에게 너무나 가혹하여 재량권을 일탈하거나 남용한 처분으로서 위법한 처분입니다.

   가. 원고는 ○○시 ○○구 소재 ☆☆회사에서 경리직원으로 근무하는 직원인바 사건 전날 ○○시 ○○구 소재한 거래처인 ★★회사의 사장의 아버지가 심근경색으로 사망하자 위 ☆☆회사의 사장 김ㅁㅁ이 원고에게 부의금을 주면서 직접 전달하라고 하여 이에 원고는 자신의 소유인 서울 ○○거 ○○○○ 승용차량을 운전하여 20:00경 ○○으로 내려갔습니다.

   그리하여 ○○○에 위치한 ○○○ 부속병원에 21:50 경 도착하여 부조금을 건네주고 문상을 드린 후 잠시 앉아 있자 마침 우연히 ○○에 있던 지사에서 회사동기인 신ㅁㅁ이 문상을 드리러 와서 반가운 마음에 만나서 소주를 1병정도 나누어 먹었습니다. ○○시로 올라와야 했기 때문에 한시간 가량 있은 후 서울로 출발하여 사건 당일 1:30 경 ○○시로 들어 왔습니다. 그리하여 집으로 향하던 중 음주단속에 걸리게 된 것입니다.

   나. 원고가 개인적인 일로서 대전에 간 것이 아니었으며 업무상 상관의 지시로 내려가서 둘이서 소주 1병을 마셨는데 어찌된 연유인지 혈중알콜농도가 0.1%가 넘었던 것입니다. 상가에 문상을 가서 술을 몇 잔 정도 먹었던 것이었으나 원고가 장시간 운전을 하고 피곤한 상태이었기 때문에 알콜이 미쳐 다 분해되지 못하였던 점도 있다고 할 것입니다.

   다. 원고는 이제 30살의 나이로서 직장에 입사한 지 1년 반밖에 되지 아니하며 신입사원으로서 차량을 운전해야 할 일이 많은 관계로 운전면허가 취소된다면 회사에서 퇴직해야 할 수도 있습니다.

4. 원고가 여태까지 아무런 음주와 관련한 전력이 없는데다가 회사의 일로 인하여 어쩔 수 없이 문상을 갔다 오던 중에 본 건 음주운전이 있었던 점 등을 고려하면 피고가 이 사건 운전면허처분취소를 한 것은 재량권을 남용하거나 일탈한 위법한 처분이라고 할 것이어서 이의 취소를

구하기 위하여 본 소송을 제기합니다.

입 증 방 법

1. 갑 제1호증   주취운전자 적발내용
1. 갑 제2호증   자동차운전면허취소결정통지서
1. 갑 제3호증   임시운전증명서
1. 갑 제4호증   사업자등록증
1. 갑 제5호증   재직증명서
1. 갑 제6호증   진술서
1. 갑 제7호증   탄원서
1. 갑 제8호증   주민등록증사본

첨 부 서 류

1. 위 입증방법   각 1부
1. 소장부본   1부
1. 납부서   1부

20○○년 ○월 ○일

원 고 ○ ○ ○ (인)

○ ○ 행 정 법 원 귀 중

관할법원	※ 아래(1)참조	제소기간	※ 아래(2) 참조
청 구 인	피처분자	피청구인	행정처분을 한 행정청
제출부수	소장 1부와 상대방수 만큼의 부본 제출	관련법규	행정소송법 9 ~ 34조
비 용	·인지액 : ○○○원(☞민사접수서류에 붙일 인지액 참조) ·송달료 : ○○○원(☞적용대상사건 및 송달료 예납기준표 참조)		
불복방법 및 기 간	·항소(행정소송법 8조, 민사소송법 390조) ·판결서가 송달된 날로부터 2주일내(행정소송법 8조, 민사소송법 396조)		

※ (1) 관할법원(행정소송법 9조)

1. 취소소송의 제1심 관할법원은 피고의 소재지를 관할하는 행정법원임. 다만, ① 중앙행정기관, 중앙행정기관의 부속기관과 합의제행정기관 또는 그 장 ② 국가의 사무를 위임 또는 위탁받은 공공단체 또는 그 장이 피고인 경우의 관할법원은 대법원 소재지의 행정법원임

2. 토지의 수용 기타 부동산 또는 특정의 장소에 관계되는 처분 등에 대한 취소소송은 그 부동산 또는 장소의 소재지를 관할하는 행정법원에 이를 제기할 수 있음

※ (2) 제소기간(행정소송법 20조)

1. 취소소송은 처분 등이 있음을 안 날부터 90일 이내에 제기하여야 함. 다만, 다른 법률에 당해 처분에 대한 행정심판의 재결을 거치지 아니하면 취소소송을 제기할 수 없다는 규정이 있는 때와 그밖에 행정심판청구를 할 수 있는 경우 또는 행정청이 행정심판청구를 할 수 있다고 잘못 알린 경우에 행정심판 청구가 있은 때의 기간은 재결서의 정본을 송달받은 날부터 기산함.

2. 취소소송은 처분 등이 있은 날부터 1년(제1항 단서의 경우는 재결이 있은 날부터 1년)을 경과하면 이를 제기하지 못함. 다만, 정당한 사유가 있는 때에는 그러하지 아니함

소 장

원 고   ○○○(주민등록번호)

○○시 ○○구 ○○길 ○○(우편번호 ○○○-○○○)

전화·휴대폰번호:

팩스번호, 전자우편(e-mail)주소:

피 고   서울특별시 지방경찰청장

○○시 ○○구 ○○길 ○○(우편번호 ○○○-○○○)

자동차운전면허취소처분 취소청구의 소

청 구 취 지

1. 피고가 20○○. ○. ○. 원고에 대하여 한 자동차운전면허 (서울 제2종보통 ○○○○-○○○ ○○-○○호)의 취소처분을 취소한다.

2. 소송비용은 피고의 부담으로 한다.

라는 판결을 구합니다.

청 구 원 인

1. 원고는 20○○. ○. ○.경 서울 ○○운전면허시험장에서 자동차운전면허(2종보통)를 취득하고 그 뒤 계속해서 원고 소유 승용차를 스스로 운전해 오던 중 20○○. ○. ○. ○○:○○ 경 음주운전을 하였다는 이유로 20○○. ○. ○. 피고에 의하여 운전면허를 취소 당하였습니다.

2. 그러나 피고의 원고에 대한 위 운전면허취소처분은 다음과 같이 가혹하며 적절한 재량권의 범위를 벗어난 위법한 처분이라 할 것입니다.

　(1) 원고는 같은 날 ○○:○○경 원고의 주거지 자택에서 친구인 소외 ◎◎◎외 3인이 만나

서 소주 3홉 정도를 나누어 마셨으며, 약간 취기가 있어서 술을 마신 다음 약 30분 정도 지나서 친구들이 돌아가겠다고 하여서 본인의 승용차에 태우고 집에서 입고 있던 옷 그대로의 상태로 약 300미터 정도 떨어져 있는 올림픽공원 남문 앞 버스정류장까지 태워다주고 돌아오는 길에 검문경찰관에 의하여 음주측정을 당하였습니다.

(2) 음주측정을 하였으나 처음에는 아무런 취한 증상이 나타나지 아니하자, 다시 불으라고 하여서 불었더니, 혈중알콜농도가 0.17%라고 하였는데, 원고는 마신 술의 양, 술을 마신 뒤 상당한 시간이 경과한 점 및 원고가 느낀 주취상태 등에 비추어 믿을 수 없는 수치입니다.

(3) 원고는 운전을 하고 주거지 부근 버스정류장까지 가까운 거리를 운전하였으며 운전하는 동안 아무런 사고도 일으키지 아니하였습니다.

(4) 원고는 부동산소개업 등에 종사하고 있으며 직업상 자동차의 소유 및 운행을 극히 필요로 하고 있습니다. 앞으로 1년 동안 다시 운전면허시험도 볼 수 없으며 1년 동안 운전을 하지 못한다면 생업에 큰 지장을 받을 것입니다

(5) 원고는 앞으로 어떠한 경우에도 음주한 뒤에는 절대로 자동차를 운전하지 않겠다고 굳게 다짐하고 있습니다.

3. 위와 같은 제반 사정에 비추어 볼 때 피고의 원고에 대한 이 사건 운전면허취소처분은 너무 가혹하며 적절한 재량권의 범위를 벗어난 위법한 처분이라 할 것이므로 그 취소를 구하고자 합니다.

입 증 방 법

1. 갑 제1호증   자동차운전면허취소통지서
1. 갑 제2호증   주민등록등본
1. 갑 제3호증   사실확인서

첨 부 서 류

1. 위 입증방법   각 1통
1. 소장부본   1통
1. 송달료납부서   1통

                    20○○. ○. ○.
                    위 원고   ○○○ (서명 또는 날인)

  ○○행정법원 귀중

[서식] 소장 – 자동차운전면허취소처분취소 청구의 소

소   장

원 고   ○   ○   ○ (○○○○○○-○○○○○○○)

              ○○시 ○○구 ○○동 ○○○

              소송대리인 변호사 ○ ○ ○

              ○○시 ○○구 ○○동 ○○○ (우 :   )

              (전화 :   ,팩스 :   )

피 고   ○○지방경찰청장

자동차운전면허취소처분취소 청구의 소

청 구 취 지

1. 피고가 20○○. 2. 13.자로 원고에 대하여 한 제1종 보통 자동차운전면허 및 제1종
   대형 자동차운전면허의 취소처분은 이를 취소한다.
2. 소송비용은 피고의 부담으로 한다.
라는 판결을 구합니다.

청 구 원 인

1. 처분의 경위

원고는 20○○. 7. 30. 제1종 보통자동차운전면허(면허번호 : 경기 12345678)를, 20○○. 4. 24. 제1종 대형 자동차운전면허(면허번호 : 경기 234567890)를 각 취득한 후 20○○. 12. 30. 15:40경 원고 소유의 경기 80도3768호 1톤 화물차량을 운전하여 ○○시 ○○구 ○○동에서 같은 구 ○○동으로 운행하던 중 진행방향 우측 골목길에서 소외 신○용이 운전하던 49cc 오토바이가 갑자기 튀어나와 위 차량의 우측옆 적재함에 부딪쳐 넘어지는 사고가 발생하여 관할 ○○경찰서에 위 사고 신고를 하면서 음주측정을 당한 결과 당시 혈중알콜농도가 0.106%의 주취상태에 있었음이 판명되었습니다. 이에 피고는 원고가 주취운전을 하였다는 이유로 도로교통법 제44조 제1항, 제93조 제1항 제1호 등을 적용하여 20○○. 2. 13. 원고의 위 각 자동차운전면허를 취소하고 원고에게 이를 통지하였습니다.

2. 처분의 위법

그러나 위 처분은 다음과 같은 사정을 종합할 때 지나치게 무거워 위법합니다.

원고는 위 각 운전면허를 취득한 후 이삿짐센타 등의 운전기사로 종사하다가 20○○. 6.경 소외 김○도가 경영하는 ○○시 ○○구 ○○동 소재 ○○음료 ○○대리점에 생수 배달을 위한 운전기사로 취업하여 근무해 왔습니다. 원고는 이 사건 사고 당일 거래처에 배달을 갔다가 맥주 2캔을 사마시게 되었습니다.

위 교통사고는 소외 신○용의 오토바이가 골목길에서 갑자기 튀어나와 직진하던 원고의 화물차량에 부딪쳐 발생한 것이고, 그로 인하여 아무런 인적, 물적 피해가 없었으며, 위 사고 후 ○○경찰서에 사고내용을 자진신고하였고, 그 과정에서 위와 같이 음주측정을 받게 되었던 것입니다. 원고는 이 사건 운전면허의 취득 전인 20○○. 4. 4. 음주운전으로 운전면허가 취소된 전력이 있으나, 이 사건 운전면허의 취득 후에는 교통사고를 일으키거나 교통법규를 위반한 사실이 전혀 없습니다.

원고는 처와 2남은 둔 4인 가족의 가장으로서 위 가족의 생계는 오로지 원고의 수입에 의존하고 있고, 원고의 운전면허가 취소되는 경우 배달업무를 맡고 있는 원고는 위 대리점에서 해고될 수밖에 없는 처지에 있어 원고 및 부양가족의 생계가 막연하게 되는 한편, 위 대리점을 경영하는 소외 김○도는 원고의 운전면허가 유지된다면 원고를 계속 고용할 의사를 표시하고 있습니다.

위와 같이 원고가 이 사건 원고를 음주운전에 이르게 된 경우, 주취정도와 이 사건 처분에 따른 운전면허취소로 인하여 원고가 입게 될 불이익의 정도 등 여러 사정을 종합하면,

비록 원고가 음주 후 혈중알콜농도 0.109%의 주취상태로 운전을 하였더라도 이를 이유로 원고에 대하여 위 자동차운전면허를 취소하기까지 하는 것은 도로교통법에 의하여 달성하고자 하는 공익적 목적의 실현이라는 면을 감안하더라도 너무 무거워서 자동차운전면허취소에 관한 재량권의 범위를 넘은 것이라 아니할 수 없습니다.

따라서 위 처분은 위법한 처분이라고 할 것이므로 원고는 청구취지와 같은 판결을 구하기 위하여 본 소 청구에 이른 것입니다.

입 증 방 법

1. 갑 제1호증   자동차 운전면허취소통지서 사본
1. 갑 제2호증   가족관계증명서
   그 밖의 입증서류는 변론시 수시 제출하겠습니다.

첨 부 서 류

1. 위 입증서류   각 1통
1. 주민등록초본   1통
1. 소장 부본   1통
1. 위임장   1통

20○○. ○. .

위 원고 소송대리인 변호사 ○ ○ ○ (인)

○○행정법원   귀중

소　　장

원　고　　　　　ㅇ　ㅇ　ㅇ(주민등록번호)
　　　　　　　　ㅇㅇ시 ㅇㅇ구 ㅇㅇ길 ㅇㅇ (우편번호 ㅇㅇㅇ-ㅇㅇㅇ)

피　고　　　　　△△시 지방경찰청장
　　　　　　　　ㅇㅇ시 ㅇㅇ구 ㅇㅇ길 ㅇㅇ (우편번호 ㅇㅇㅇ-ㅇㅇㅇ)

자동차운전면허취소처분 취소청구의 소

청 구 취 지

1. 피고가 20ㅇㅇ. ㅇ. ㅇ. 원고에 대하여 한 제1종 보통 자동차 운전면허 취소처분은 이를 취소한다.
2. 소송비용은 피고가 부담한다.
라는 판결을 구합니다.

청 구 원 인

1. 원고는 19ㅇㅇ년 ㅁㅁ지방경찰청장으로부터 면허번호 서울 ㅇㅇ-ㅇㅇㅇㅇㅇ- ㅇㅇ호로 운전면허를 취득하여 22년여 동안 오직 운전만을 하여 왔습니다.
2. 원고는 수십년간 운전을 하면서 타 운전사들의 모범이 되어 왔고 모범 운전사로 선정되어 20ㅇㅇ. ㅇ. ㅇ. ㅇㅇ시장으로부터 개인택시 운송사업면허를 발급 받아 별다른 사고 없이 착실하게 운전업무에 종사하였습니다.
3. 그런데 원고는 19ㅇㅇ년 상처를 하여 재혼하지도 않고 원고가 운전을 하면서 5남매를 키우고 아이들의 교육과 아울러 뒷바라지를 하면서도 남들보다 더 열심히 살아왔으며, 가족들의 생계를 위하여 참고 개인택시를 운전하여 왔습니다.

4. 원고가 음주운전을 하게 된 동기

　　가. 원고는 200○○. ○. ○. 영업을 하다 가까운 친척인 소외 김ㅁㅁ의 장남 결혼식에
　　　　참석한 후 친지들과 위 소외인의 집에서 피로연을 하게되어 원고는 자신의 개인택시를
　　　　운전하여 골목길(차량이 교행을 할 수 없는 길로서 뒷차가 차도로 나가려면 앞차를
　　　　차도까지 빼내야만 나올 수 있는 주택가의 좁은 길임) 집 앞에 주차한 후 오랜만에 만난
　　　　친지들과 어울려 평소에 잘 마시지 않던 술을 마시게 되었습니다.

　　나. 그러던 중 같은 날 17:30경 원고의 차 뒤에 주차해 있던 사람이 차도로 나가기 위하여
　　　　원고의 차를 빼달라고 하여 원고는 비록 술을 마셨지만 차도로 운행하는 것도 아니고
　　　　골목길에서 다른 차의 통행을 위하여 원고의 차를 차도로 빼내는 것인 만큼 설마하는
　　　　생각에 운전하다가 마침 골목길을 지나가던 영업용 택시와 가벼운 접촉사고가 있어
　　　　경찰관들의 단속을 받게 되었고　그 과정에서 음주측정을 하게 되었습니다.

　　다. 원고가 운전한 장소는 차도가 아닌 주택가 좁은 골목길이었고, 원고는 차도로 운행하기
　　　　위하여 운전한 것이 아니고 단지 원고의 차뒤에 주차한 차의 통행을 위하여 차를 빼내기
　　　　위해 운전한 것이었으며, 원고가 음주한 채 운전한 거리는 불과 2미터 정도에 불과하였
　　　　습니다.

5. 원고는 23년여 동안 아무런 사고 없이 모범운전사로 관계기관으로부터 표창　까지 받은
　　사실이 여러 번 있으며 좁은 골목길에서 다른 차의 통행을 위하여 불과 2미터 정도 운전한
　　것이 범법행위를 한 것이라면 벌금은 낼 정도인지는　모르지만 생계 수단인 운전면허가
　　취소되리라고는 상상조차 할 수 없었습니다.

6. 원고는 운전면허증이 취소된다면 23년여 동안 오직 운전만을 하여 오면서 어렵게 취득한
　　개인택시운송사업 면허마저도 취소될 위기에 처해 당장 가족들의 생계마저 위협당할 처지에
　　놓이게 될 것입니다.

7. 이상과 같이 원고는 단지 주차된 원고의 차를 다른 차의 통행을 위하여 다른 장소로 옮기는
　　과정에서 짧은 순간 술을 마신 채 운전하였으며, 운전면허증을 발급받은 이후 지금까지 23년
　　여 동안 아무런 사고 없이 운전하여 왔고, 모범운전사로서 개인택시 운송사업 면허까지 발급
　　받아 개인택시를 운전해 왔습니다.

　　따라서 원고가 술을 마신 채 2미터 정도 운전을 한 것은 사실이나 원고가　그 날 운전하게된
　　동기, 원고의 연령, 원고가 처한 가정환경 등 기타 제반 정상을 참작할 때 이러한 한가지
　　사정만으로 원고의 운전면허를 취소까지 한 것은　피고가 재량권을 남용하거나 일탈한 행위
　　로 여겨집니다.

8. 따라서 원고는 청구취지와 같은 판결을 구하기 위하여 이건 청구에 이른 것입니다.

입 증 방 법

1. 갑 제1호증   행정심판 접수증
1. 갑 제2호증   자동차 운전면허 취소통지서
1. 갑 제3호증   자동차 등록증
1. 갑 제4호증   사업자 등록증
1. 갑 제5호증   청첩장(혼주 ○○○)
1. 갑 제6호증   본인 진술서
1. 갑 제7호증   사실확인서(혼주 및 친지들)
1. 갑 제8호증의 1, 2   주민등록등본
1. 갑 제9호증   제적등본(원고의 처)
                       (2008. 1. 1. 이후 사망한 경우 기본증명서)
1. 갑 제10호증   가족관계증명서
1. 갑 제11호증   표창장(○○택시)
1. 갑 제12호증   표창장(○○시장)
1. 갑 제13호증   개인택시운송사업면허취소에따른청문실시

첨 부 서 류

1. 위 입증서류   각 1통
1. 소장부본   1통
1. 납부서(송달료)   1통

20○○년 ○월 ○일

원 고 ○ ○ ○ (인)

○ ○ 행 정 법 원 귀중

소   장

원 고   ○   ○   ○ (○○○○○○-○○○○○○○)

             ○○시 ○○구 ○○동 ○○○

             소송대리인 변호사 ○ ○ ○

             ○○시 ○○구 ○○동 ○○○ (우 :   )

             (전화 :   ,팩스 :   )

피 고   ○○지방경찰청장

자동차운전면허취소처분취소 청구의 소

청 구 취 지

1. 피고가 20○○. 2. 13.자로 원고에 대하여 한 제1종 보통 자동차운전면허 및 제1종 대형 자동차운전면허의 취소처분은 이를 취소한다.
2. 소송비용은 피고의 부담으로 한다.

라는 판결을 구합니다.

청 구 원 인

1. 처분의 경위

원고는 20○○. 7. 30. 제1종 보통자동차운전면허(면허번호 : 경기 12345678)를, 20○○. 4. 24. 제1종 대형 자동차운전면허(면허번호 : 경기 234567890)를 각 취득한 후 20○○. 12. 30. 15:40경 원고 소유의 경기 80도3768호 1톤 화물차량을 운선하여 ○○시 ○○구 ○○동에서 같은 구 ○○동으로 운행하던 중 진행방향 우측 골목길에서 소외 신○용이 운전하던 49cc 오토바이가 갑자기 튀어나와 위 차량의 우측옆 적재함에 부딪쳐 넘어지는 사고가 발생하여 관할 ○○경찰서에 위 사고 신고를 하면서 음주측정을 당한 결과 당시 혈중알콜농도가 0.106%의 주취상태에 있었음이 판명되었습니다. 이에 피고는 원고가 주취운전을 하였다는 이유로 도로교통법 제44조 제1항, 제93조 제1항 제1호 등을 적용하여 20○○. 2. 13. 원고의 위 각 자동차운전면허를 취소하고 원고에게 이를 통지하였습니다.

2. 처분의 위법

그러나 위 처분은 다음과 같은 사정을 종합할 때 지나치게 무거워 위법합니다.

원고는 위 각 운전면허를 취득한 후 이삿짐센타 등의 운전기사로 종사하다가 20○○. 6.경 소외 김○도가 경영하는 ○○시 ○○구 ○○동 소재 ○○음료 ○○대리점에 생수 배달을 위한 운전기사로 취업하여 근무해 왔습니다. 원고는 이 사건 사고 당일 거래처에 배달을 갔다가 맥주 2캔을 사마시게 되었습니다.

위 교통사고는 소외 신○용의 오토바이가 골목길에서 갑자기 튀어나와 직진하던 원고의 화물차량에 부딪쳐 발생한 것이고, 그로 인하여 아무런 인적, 물적 피해가 없었으며, 위 사고 후 ○○경찰서에 사고내용을 자진신고하였고, 그 과정에서 위와 같이 음주 측정을 받게 되었던 것입니다. 원고는 이 사건 운전면허의 취득 전인 20○○. 4. 4. 음주운전으로 운전면허가 취소된 전력이 있으나, 이 사건 운전면허의 취득 후에는 교통 사고를 일으키거나 교통법규를 위반한 사실이 전혀 없습니다.

원고는 처와 2남은 둔 4인 가족의 가장으로서 위 가족의 생계는 오로지 원고의 수입에 의존하고 있고, 원고의 운전면허가 취소되는 경우 배달업무를 맡고 있는 원고는 위 대리점에서 해고될 수밖에 없는 처지에 있어 원고 및 부양가족의 생계가 막연하게 되는 한편, 위 대리점을 경영하는 소외 김○도는 원고의 운전면허가 유지된다면 원고를 계속 고용할 의사를 표시하고 있습니다.

위와 같이 원고가 이 사건 원고를 음주운전에 이르게 된 경우, 주취정도와 이 사건 처분에 따른 운전면허취소로 인하여 원고가 입게 될 불이익의 정도 등 여러 사정을 종합하면, 비록 원고가 음주 후 혈중알콜농도 0.109%의 주취상태로 운전을 하였더라도 이를 이 유로 원고에 대하여 위 자동차운전면허를 취소하기까지 하는 것은 도로교통법에 의하 여 달성하고자 하는 공익적 목적의 실현이라는 면을 감안하더라도 너무 무거워서 자동 차운전면허취소에 관한 재량권의 범위를 넘은 것이라 아니할 수 없습니다.

따라서 위 처분은 위법한 처분이라고 할 것이므로 원고는 청구취지와 같은 판결을 구하기 위하여 본 소 청구에 이른 것입니다.

입 증 방 법

1. 갑 제1호증   자동차 운전면허취소통지서 사본
1. 갑 제2호증   가족관계증명서
   그 밖의 입증서류는 변론시 수시 제출하겠습니다.

첨 부 서 류

1. 위 입증서류   각1통
1. 주민등록초본   1통
1. 소장 부본   1통
1. 위임장   1통

20○○.   ○.   .

위 원고 소송대리인 변호사   ○ ○ ○ (인)

○○행정법원   귀중

소 장

원 고   ○   ○   ○ (○○○○○○-○○○○○○○)

              ○○시 ○○구 ○○동 ○○○

              소송대리인 변호사 ○ ○ ○

              ○○시 ○○구 ○○동 ○○○ (우 :   )

              (전화 :   ,팩스 :   )

피 고   ○○지방경찰청장

자동차운전면허취소처분무효 청구의 소

청 구 취 지

1. 피고가 20○○. 2. 4. 원고에 대하여 한 자동차운전면허(경기 제1종 보통 1234-012345-12)의 취소처분은 무효임을 확인한다.
2. 소송비용은 피고의 부담으로 한다.

라는 판결을 구합니다.

청 구 원 인

1. 처분의 경위

   가. 원고는 20○○. 8. 7. ○○지방경찰청장으로부터 제1종보통 자동차운 전면허(면허번호 경기 1234-012345-12)를 취득하여 운전을 하다 가 적성검사기간인 20○○. 11. 4.부터 20○○. 2. 3.까지 사이에 적성 검사를 받지 아니하고 1년이 경과하였습니다.

   나. 그러나 피고는 원고가 적성검사기간으로부터 1년이 경과할 때까지 적 성검사를 받지 아니하였다 하여 20○○. 2. 4.에 도로교통법 제93조에 의하여 원고에 대하여 운전면허를 취소하는 처분을 하고, 원고의 종전 주소지인 ○○시 ○○구 ○○동 123로 원고의 운전면허취소통지를 하였으나 원고가 위 주소지에서 이사갔다는 사유로 반송되자 그 주소 지를 관할하는 ○○경찰서 게시판에 10일간 공고함으로써 그 통지에

갈음하였습니다.

2. 처분의 위법

원고는 20○○. 7. 8. 당시에는 ○○시 ○○구 ○○동 123에 거주하고 있었으나 20○○. 5. 1.에 ○○시 ○○구 ○○동 234호 이사를 하였다가 다시 20○○. 11. 18. ○○시 ○○구 ○○동 345로 이사를 한 후 그 때마다 주민등록상 전입신고를 하고 자동차운전면허증의 주소변경신고를 하였습니다. 그런데 피고는 20○○. 2. 4.경 원고의 운전면허를 취소함에 있어서 같은법시행규칙 제93조에 의하여 그 취소사실을 당시 원고의 주소지인 ○○시 ○○구 ○○동 345로 통보하여야 함에도 불구하고 운전면허대장상 주소지가 변경기재되지 아니한 탓으로 원고의 종전 주소지인 ○○시 ○○구 ○○동 123로 통보한 후 반송되자 10일간 공고함으로서 통보에 갈음한 것인 바 이는 위법하다 할 것이고 나아가 그 하자가 중대 명백하여 무효라 할 것입니다.

3. 따라서 위 처분은 무효이브로 그 확인을 구하기 위하여 본 소 청구에 이르렀습니다.

입 증 방 법

1. 갑 제1호증	자동차 운전면허취소통지서 사본
1. 갑 제2호증	재직증명서 사본
1. 갑 제3호증	진술서

첨 부 서 류

1. 위 입증서류	각 1통
1. 주민등록초본	1통
1. 소장 부본	1통
1. 위임장	1통

20○○. ○. .

위 원고 소송대리인 변호사 ○ ○ ○ (인)

○○행정법원   귀중

자동차운전면허 취소처분 효력정지신청

신 청 인 홍 길 동 (000000-0000000)

   ○○시 ○○구 ○○동 ○○○

   신청대리인 변호사 ○ ○ ○

   ○○시 ○○구 ○○동 ○○○　　　　　　(우 :　　　　　)

   (전화 :　　　　　,팩스 :　　　　　)

피신청인　　○○지방경찰청장

자동차운전면허취소처분 효력정지신청

신 청 취 지

피신청인이 20○○. 3. 9. 신청인에 대하여 한 자동차운전면허취소처분의 효력은 신청인과 피신청인 사이의 20○○행 ○○○호 사건의 본안판결 확정시까지 이를 정지한다. 라는 결정을 구합니다.

신 청 원 인

1. 처분의 경위

피신청인은 20○○. 3. 9. 신청인이 같은 해 2. 16. 23:40경 ○○시 ○○구 ○○동 ○○○앞 도로상에서 혈중 알콜농도 0.103의 주취상태에서 신청인 소유의 그랜져승용차를 운전한 사유로 인해 도로교통법 제78조의 규정에 의하여 신청인의 자동차 운전면허(1종 보통 경기 23-1234560-34)를 취소하는 처분을 하였습니다(신청인은 위 처분을 같은 해 3. 19. 수령하였습니다).

2. 처분의 위법성

신청인 위 일자에 음주운전을 한 사실은 인정합니다.

그러나 이 사건 처분은 다음과 같은 점에 비추어 재량권을 일탈하거나 남용한 처분으로서 위법하다 할 것입니다.

먼저 위 음주운전의 경위를 보면 다음과 같습니다.

신청인은 19○○. 5. 14.부터 현재에 이르기까지 소외 ○○산업주식회사의 자재부 기능직 사원(운전원)으로 근무하여 왔는바, 200○. 2. 16. 19:00경 일과를 마치고 직장 동료인 신청외 성○○, 김○○의 권유로 ○○구 ○○동 소재 ○○전자 사무실 옆의 ○○식당에서 함께 식사를 하고 소주 2홉들이 2병을 나누어 마시게 되었습니다. 당시 신청인은 다음 날인 17.이 ○○시 ○○구 ○○동에 거주하는 신청인 모친의 생신이므로 저녁 늦게 승용차로 하향할 계획이 있어 동료들이 권유하는 술잔을 사양하고 소주 두잔 정도만을 마신 다음 같은 날 22:00경 위 식당 부근의 노래방에서 위 동료들과 노래를 부르고 음료수를 마시면서 주기를 없앴고 이미 음주 후 4시간이 경과 되었고 술기운을 느끼지 못할 정도로 평소와 같은 컨디션이어서 같은 날 23:40경 하향키 위하여 운전하기 시작하다가 곧바로 단속 경찰관에게 적발되었습니다. 당시 단속 경찰관도 신청인에게 외형상으로는 언어 및 보행상태가 양호한데 수치측정 상 결과가 나타나니 자신은 어쩔 수 없다고 하면서 신청인을 입건하였습니다.

신청인은 고등학교를 졸업하고 군대를 제대한 이후 얼마간 있다가 위 ○○산업주식회사에 기능직(운전원)사원으로 입사하여 직책은 과장이나 실제 하는 일은 구매한 자재나 납품하는 자재의 운반 등의 업무에 종사하고 있으며 월급으로 130만원을 받아 처와 생후 3개월의 아들을 부양하고 있으며 전세보증금 2,500만원의 전세집에 거주하고 있으며 전주에 거주하는 신청인의 부모님이 야채 행상에 종사하다가 2년 전부터 건강이 좋지 않아 이를 그만 두고 자녀들의 도움으로 생활하고 있어 부모님에게 매월 약 30만원의 생활비를 보조하여 왔습니다.

그런데 이 사건 운전면허 취소처분으로 인하여 신청인은 운전을 할 수 없는 형편에 처하게 되었고, 이로 인하여 회사에서 강제로 퇴직당할 입장에 있어 피신청인의 생계 및 부모님의 부양 자체가 곤란에 처하게 되었으며 자녀가 너무 어려 처 또한 달리 생업에 종사할 수 없는 형편에 있습니다.

비록 신청인이 음주운전을 하였다 하나 음주운전으로 인하여 어떠한 사고도 일으킨 바도 없으며 음주 후 상당시간이 지나 운전하였을 뿐만 아니라 운전한지 얼마 되지 아니하여 적발되었으며 운전면허 취소로 인하여 신청인이 직업을 잃어 가족을 부양하는 것이 극히 곤란하게 된 점 등을 참작할 때 이 사건 처분은 형식적인 음주운전 수치에 의존한 채 지나치게 가혹하여 재량권을 일탈하거나 남용한 처분이라 할 것이므로 위법하여 결국 취소되어야 할 것입니다.

3. 정지의 필요성

신청인은 앞에서 본 바와 같은 사유로 이 사건 처분은 위법하여 취소되어야 할 것으로 보고 이를 다투는 본안소송을 제기하였습니다만 본안 판결시까지는 상당한 기간이 소요될 것이 예상되고 한편 이 사건 운전면허취소의 효력은 유지된다 할 것인 바 신청인이 본안소송에서 승소한다 하더라도 처분의 효력이 그때까지 유지된다면 신청인에게 회복하기 어려운 손해가 생길 염려가 있으므로 그 효력의 정지를 구하기 위하여 이 사건 신청에 이르렀습니다.

소 명 방 법

1. 소갑 제1호증   행정처분
1. 소갑 제2호증   적발보고서
1. 소갑 제3호증   재직증명서
1. 소갑 제4호증   법인등기부등본
1. 소갑 제5호증   전세계약서
1. 소갑 제6호증   확인서
1. 소갑 제7호증   행정심판청구접수증

첨 부 서 류

1. 주민등록초본   1통
1. 위임장   1통

20○○. ○. .

신청인 대리인 변호사 ○ ○ ○ (인)

○○행정법원   귀중

제9장 영업정지 · 취소

Ⅰ 일반음식점

1. 영업정지의 개념 및 일반음식점 영업자의 준수사항 등

가. 영업정지의 개념

영업자가 법규위반행위를 하는 경우 행정청은 법이 정하는 한도 이내의 일정 기간을 정하여 영업의 전부 또는 일부를 금지할 수 있는데, 이를 통상 영업정지라 한다.

나. 일반음식점 영업자 등의 준수사항 - 청소년보호법 중심

호프집, 족발집, 감성주점, 소주방, 삼겹살집, 양꼬치집, 국밥집, 치킨집 등 식품접객영업자는 「청소년보호법」 제2조에 따른 청소년에게[250] 다음의 어느 하나에 해당하는 행위를 하여서는 아니 된다. 한편, 청소년 유해업소에서 주류 등을 판매함에 있어서 그 차림새가 성년자처럼 보인다 하더라도 조금이라도 청소년이라고 의심이 드는 경우에는 주민등록증이나 이에 유사한 정도로 연령에 관한 공적 증명력이 있는 증거에 의하여 연령 확인을 하여야 하고, 공적 증명에 의하여 그 연령이 확인되지 않는다면 주류 판매를 거부하여야 하므로, 청소년이 불러준 허위의 주민등록번호와 이름을 자동응답 서비스를 통하여 확인하는 절차를 거쳤다 하여 청소년에 대한 연령 확인의 책임을 다하였다고 볼 수 없다.[251]

> **식품접객업의 종류(식품위생법시행령 제21조 제8호)**
>
> 가. 휴게음식점영업 : 음식류를 조리·판매하는 영업으로서 음주행위가 허용되지 아니하는 영업(주로 다류를 조리·판매하는 다방 및 주로 빵·떡·과자·아이스크림류를 제조·판매하는 과자점형태의 영업을 포함). 다만, 편의점·슈퍼마켓·휴게소 기타 음식류를 판매하는 장소에서 컵라면, 1회용 다류 기타 음식류에 뜨거운 물을 부어주는 경우를 제외
>
> 나. 일반음식점영업 : 음식류를 조리·판매하는 영업으로서 식사와 함께 부수적으로 음주 행위가 허용되는 영업(대법원 97도2912)
>
> 다. 단란주점영업 : 주로 주류를 조리·판매하는 영업으로서 손님이 노래를 부르는 행위가 허용되는 영업(대법원 98도3964)
>
> 라. 유흥주점영업 : 주로 주류를 조리·판매하는 영업으로서 유흥종사자를 두거나 유흥시설을

---

250) 청소년보호법 제2조 제1호. "청소년"이란 만 19세 미만인 사람을 말한다. 다만, 만 19세가 되는 해의 1월 1일을 맞이한 사람은 제외한다.
251) 청주지방법원 2004. 12. 22. 선고 2004노1054 판결: 상고

> 설치할 수 있고 손님이 노래를 부르거나 춤을 추는 행위가 허용되는 영업(대법원 94누4370)
>
> 마. 위탁급식영업 : 집단급식소를 설치·운영하는 자와의 계약에 따라 그 집단급식소에서 음식류를 조리하여 제공하는 영업
>
> 바. 제과점영업 : 주로 빵, 떡, 과자 등을 제조·판매하는 영업으로서 음주행위가 허용되지 아니하는 영업

(1) 청소년을 유흥접객원으로 고용하여 유흥행위를 하게 하는 행위

【판시사항】

청소년유해업소인 유흥주점의 업주가 종업원을 고용할 때 대상자의 연령을 확인하여야 하는 의무의 내용(대법원 2013. 9. 27. 선고 2013도8385 판결)

【판결요지】

청소년 보호법의 입법목적 등에 비추어 볼 때, 유흥주점과 같은 청소년유해업소의 업주에게는 청소년 보호를 위하여 청소년을 당해 업소에 고용하여서는 아니 될 매우 엄중한 책임이 부여되어 있으므로, 유흥주점의 업주가 당해 유흥업소에 종업원을 고용할 때에는 주민등록증이나 이에 유사한 정도로 연령에 관한 공적 증명력이 있는 증거에 의하여 대상자의 연령을 확인하여야 하고, 만일 대상자가 제시한 주민등록증상의 사진과 실물이 다르다는 의심이 들면 청소년이 자신의 신분과 연령을 감추고 유흥업소 취업을 감행하는 사례가 적지 않은 유흥업계의 취약한 고용실태 등에 비추어 볼 때, 업주로서는 주민등록증상의 사진과 실물을 자세히 대조하거나 주민등록증상의 주소 또는 주민등록번호를 외워보도록 하는 등 추가적인 연령확인조치를 취하여야 할 의무가 있다.

(2) 「청소년 보호법」 제2조제5호가목3)에 따른 청소년출입·고용금지업소에 청소년을 출입시키거나 고용하는 행위

(3) 「청소년 보호법」 제2조제5호나목3)에 따른 청소년고용금지 업소에 청소년을 고용하는 행위

(4) 청소년에게 주류(酒類)를 제공하는 행위

(5) 누구든지 영리를 목적으로 제36조 제1항 제3호의 식품접객업을 하는 장소(유흥종사자를 둘 수 있도록 대통령령으로 정하는 영업을 하는 장소는 제외한다)에서 손님과 함께 술을 마시거나 노래 또는 춤으로 손님의 유흥을 돋우는 접객행위(공연을 목적으로 하는 가수, 악사, 댄서, 무용수 등이 하는 행위는 제외한다)를 하거나 다른 사람에게 그 행위를 알선하여서는 아니 되며, 또한 이에 따른 식품접객영업자는 유흥종사자를 고용·알선하거나 호객행위를 하여서는 아니 된다.

다. 업주의 의무

대법원은, "업주 및 종사자가 이러한 연령확인의무에 위배하여 연령확인을 위한 아무런 조치를 취하지 아니함으로써 청소년이 당해 업소에 출입한 것이라면, 특별한 사정이 없는 한 업주 및 종사자에게 최소한 위 법률 조항 위반으로 인한 청소년보호법위반죄의 미필적 고의는 인정된다고 할 것이다"고 판시한 바 있다(대법원 2007. 11. 16. 선고 2007도7770 판결 참조).

이러한 판례에 따르면, 청소년의 신분증을 확인조차 하지 않았으며, 그 밖의 연령확인 조치를 취하지 않은 행위는 사소한 부주의를 넘어서 미필적 고의가 인정되어 처벌을 받게된다.

또한, 청소년보호법 제50조 제2호, 제24조 제1항은 청소년을 고용한 청소년유해업소의 업주를 3년 이하의 징역이나 2천만 원 이하의 벌금에 처하도록 규정하고 있고, 같은 법 제54조(양벌규정)는 개인의 대리인, 사용인 기타 종업원이 개인의 업무에 관하여 같은 법 제50조 등의 죄를 범한 때에는 행위자를 벌하는 외에 개인에 대하여도 각 해당 조의 벌금형을 과하도록 규정하고 있는바, 위 양벌규정은 벌칙규정의 실효성을 확보하기 위하여 그 행위자와 업주 쌍방을 모두 처벌하려는 데에 그 취지가 있다고 할 것이므로(대법원 1999. 7. 15. 선고 95도2870 전원합의체 판결, 2004. 5. 14. 선고 2004도74 판결 등 참조), 청소년유해업소의 업주로부터 위임을 받은 종업원이 업무와 관련하여 청소년을 고용하였다면 그 종업원과 업주는 모두 청소년보호법 제50조 제2호의 적용대상이 된다.[252]

Q 저는 주점을 경영하면서 미성년자에게 술을 판매하였다는 이유로 1개월간 영업정지처분을 받고 이에 불복하여 집행정지결정을 받았습니다. 그 후 본안소송에서도 위 처분이 위법하다는 이유로 취소되었는데, 위 영업정지처분 후 그 집행정지결정 전에 영업행위를 하였다는 이유로 다시 영업허가취소처분을 받았습니다. 이 경우 영업허가취소처분은 무효가 아닌지요?

A 「행정소송법」제23조는 "①취소소송의 제기는 처분등의 효력이나 그 집행 또는 절차의 속행에 영향을 주지 아니한다. ②취소소송이 제기된 경우에 처분등이나 그 집행 또는 절차의 속행으로 인하여 생길 회복하기 어려운 손해를 예방하기 위하여 긴급한 필요가 있다고 인정할 때에는 본안이 계속되고 있는 법원은 당사자의 신청 또는 직권에 의하여 처분등의 효력이나 그 집행 또는 절차의 속행의 전부 또는 일부의 정지(이하 "집행정지"라 한다)를 결정할 수 있다. 다만, 처분의 효력정지는 처분등의 집행 또는 절차의 속행을 정지함으로써 목적을 달성할 수 있는 경우에는 허용되지 아니한다."라고 규정하고 있습니다.

그리고 행정처분에 대한 집행정지결정의 효력 시한에 관하여 판례는 "행정소송법 제23조에 의한 집행정지결정의 효력은 결정주문에서 정한 시기까지 존속하며 그 시기의 도래와 동시에 효력이 당연히 소멸하는 것이므로, 일정기간 동안 영업을 정지할 것을 명한 행정청의 영업정지처분에 대하여 법원이 집행정지결정을 하면서 주문에서 당해 법원에 계속중인 본안소송의 판결선고시까지 처분의 효력을 정지한다고 선언하였을 경우에는 처분에서 정한 영업정지기간의 진행은 그 때까지 저지되는 것이고 본안소송의 판결선고에 의하여 당해 정지결정의 효력은 소멸하고 이와 동시에 당초의 영업정지처분의 효력이 당연히 부활되어 처분에서 정하였던 정지기간(정지결정 당시 이미 일부 진행되었다면 나머지 기간)은 이 때부터 다시 진행한다."라고 하였습니다(대법원 1999. 2. 23. 선고 98두14471 판결, 2002. 7. 26. 선고 2000두7254 판결).

---

252) 대법원 2005. 11. 25. 선고 2005도6455 판결

그런데 영업정지처분 후 법원의 집행정지결정 전에 행한 영업을 이유로 한 영업허가취소처분의 효력에 관하여 판례는 "영업정지처분을 받고도 법원의 집행정지결정이 있기 전에 영업을 한 이상 그 후 법원에서 집행정지결정이 내려지고 본안소송에서 그 처분이 위법함을 이유로 취소되었다고 하더라도 원래의 영업정지처분이 당연무효의 하자를 가지고 있는 처분이 아닌 한 그 영업정지기간 중에 영업하였음을 사유로 한 영업허가취소처분은 당연무효가 아니다."라고 하였습니다(대법원 1995. 11. 24. 선고 95누9402 판결).

따라서 귀하의 경우에도 원래의 영업정지처분이 당연무효가 아닌 한, 영업정지처분의 집행정지결정 전에 영업행위를 하였음을 사유로 한 영업허가취소처분은 당초의 영업정지처분의 취소 여부와 관계없이 당연무효가 아니라 할 것입니다.

라. 청소년보호법 위반으로 인한 벌금형 등의 처벌

청소년보호법 제59조, "청소년에게 청소년 유해약물 등을 구매하게 하거나, 청소년을 청소년 출입 또는 고용 금지업소에 출입시킨 자는 2년 이하의 징역이나 2,000만 원 이하의 벌금에 처한다"고 규정하고 있다. 여기엔 면책조항이 없다. 따라서 법 위반이 확인되면 식품위생법을 근거로 한 행정처분과 청소년 보호법에 따른 형사처벌이 동시에 진행되는데, 영업정지등 행정처분은 받지 않더라도 형사처벌은 받을 수 있다.

마. 청소년 주류판매 행위의 의미 및 기수시기

청소년보호법 제51조 제8호 소정의 '청소년에게 주류를 판매하는 행위'란 청소년에게 주류를 유상으로 제공하는 행위를 말하고, 청소년에게 주류를 제공하였다고 하려면 청소년이 실제 주류를 마시거나 마실 수 있는 상태에 이르러야 한다. 따라서 유흥주점 운영자가 업소에 들어온 미성년자의 신분을 의심하여 주문받은 술을 들고 룸에 들어가 신분증의 제시를 요구하고 밖으로 데리고 나온 사안에서, 미성년자가 실제 주류를 마시거나 마실 수 있는 상태에 이르지 않았으므로 술값의 선불지급 여부 등과 무관하게 주류판매에 관한 청소년보호법 위반죄가 성립하지 않는다.[253]

2. 허가취소 등

가. 취소권자

식품의약품안전처장 또는 특별자치시장·특별자치도지사·시장·군수·구청장은 영업자가 위 1의 (1), (2), (4)의 어느 하나에 해당하는 경우에는 영업허가 또는 등록을 취소하거나 6개월 이내의 기간을

---

253) 대법원 2008. 7. 24. 선고 2008도3211 판결.

정하여 그 영업의 전부 또는 일부를 정지하거나 영업소 폐쇄(제37조제4항에 따라 신고한 영업만 해당한다.)를 할 수 있다.

나, 세부기준

행정처분의 세부기준은 그 위반 행위의 유형과 위반 정도 등을 고려하여 총리령으로 정한다.

3. 행정처분의 기준

가. 청소년 주류제공 - 행정처분의 기준(제89조 관련)

법 제71조, 법 제72조, 법 제74조부터 법 제76조까지 및 법 제80조에 따른 행정처분의 기준은 별표 23과 같다.

(1) 일반기준[별표 23]

(가) 둘 이상 위반행위 적발

둘 이상의 위반행위가 적발된 경우로서 위반행위가 영업정지에만 해당하는 경우에는 가장 중한 정지처분 기간에 나머지 각각의 정지처분 기간의 2분의 1을 더하여 처분한다.

(나) 같은 행위 반복위반

위반행위에 대하여 행정처분을 하기 위한 절차가 진행되는 기간 중에 반복하여 같은 사항을 위반하는 경우에는 그 위반횟수마다 행정처분 기준의 2분의 1씩 더하여 처분한다.

(다) 기준시점

처분기준의 적용은 같은 위반사항에 대한 행정처분일과 그 처분 후 재적발일을 기준으로 한다.

II. 개별기준(식품접객업)[별표 23]

식품접객영업자가 식품위생법규정에 위반하여 청소년에게 주류를 제공한 경우 아래 표의 행정처분기준에 따라 영업정지처분을 받게 된다.

위반사항	근거법령	행정처분기준		
		1차 위반	2차 위반	3차 위반
11. 법 제44조제2항을 위반한 경우 라. 청소년에게 주류를 제공하는 행위(출입하여 주류를 제공한 경우 포함)를 한 경우	법 제75조	영업정지 2개월	영업정지 3개월	영업허가 취소 또는 영업소폐쇄

(2) 감경기준

「식품위생법」제44조제2항제4호에 의하면 식품접객영업자는 청소년에게 주류를 제공하는 행위를 하여서는 아니 되고, 같은 법 시행규칙 제89조[별표23] Ⅱ. 3. 11호 라목에 의하면 위 법 조항을 위반한 자에게 1차 위반시 영업정지 2월, 2차 위반시 영업정지 3월을 명할 수 있다.

같은 별표 Ⅰ. 15.에 의하면 식품접객업소의 위반사항 중 ⅰ) 그 위반의 정도가 경미하거나 고의성이 없는 사소한 부주의로 인한 것인 때, ⅱ) 해당 위반사항에 관하여 검사로부터 기소유예의 처분을 받거나 법원으로부터 선고유예의 판결을 받은 경우로서 그 위반사항이 고의성이 없거나 국민보건상 인체의 건강을 해할 우려가 없다고 인정되는 경우에는 정지처분 기간의 2분의 1이하의 범위에서 그 처분을 경감할 수 있다.

나. 청소년 유흥접객원 고용

(1) 유흥접객원이 의미

식품위생법 제22조 제1항, 동법 시행령 제7조 제8호 (라)목, 제8조 제1항, 제2항, 동법 시행규칙 제42조 [별표 13] 식품접객영업자 등의 준수사항 5. 타. (1) 등에서 규정하고 있는 '유흥접객원'이란 반드시 고용기간과 임금, 근로시간 등을 명시한 고용계약에 의하여 취업한 여자종업원에 한정된다고는 할 수 없지만, 적어도 하나의 직업으로 특정업소에서 손님과 함께 술을 마시거나 노래 또는 춤으로 손님의 유흥을 돋우어 주고 주인으로부터 보수를 받거나 손님으로부터 팁을 받는 부녀자를 가리킨다고 할 것이다.[254]

(2) 청소년 고용용금지업소가 되는 일반음식점

청소년보호법이 '일반음식점 영업 중 음식류의 조리·판매보다는 주로 주류의 조리·판매를 목적으로 하는 소주방·호프·카페 등의 영업형태로 운영되는 영업'을 청소년고용금지업소의 하나로 규정하고 있는 이유는 그러한 업소에 청소년이 고용되어 근로할 경우 주류에 쉽게 접촉하여 건전한 심신발달에

---

254) 대법원 2009. 3. 12. 선고 2008도9647 판결.

장애를 유발할 우려가 있고 또한 고용청소년에게 유해한 근로행위의 요구를 할 것이 우려되므로 이를 방지하고자는데 있다할 것이고, 한편 식품위생법상 일반음식점 영업은 '음식류를 조리•판매하는 영업으로서 식사와 함께 부수적으로 음주행위가 허용되는 영업'이지만, 청소년보호법 제2조 제5호는 다른 법령이 요구하는 허가•인가•등록•신고 등의 여하를 불문하고 실제로 이루어지고 있는 영업행위를 기준으로 청소년고용금지업소 등 청소년유해업소 해당 여부를 판단하도록 정하고 있으므로, 음식류를 조리, 판매하면서 식사와 함께 부수적으로 음주행위가 허용되는 업소라고 하더라도 실제로는 음식류의 조리, 판매보다는 주로 주류를 조리, 판매하는 영업행위가 이루어지고 있다면 청소년고용금지업소에 해당하며, 나아가 주간에는 주로 음식류를 조리, 판매하더라도 야간에 주로 주류를 조리, 판매하는 업소라면 야간 영업시에는 청소년고용금지업소에 해당한다 할 것이다.[255]

(3) 처분기준
식품위생법 제75조 제1항, 같은 법 시행규칙 제89조 [별표 23] Ⅱ. 3. 제11호 나.목에 규정에 따라, 1차 적발시 3개월의 영업정지처분을, 2차 적발시에는 영업허가•등록취소 또는 영업소폐쇄 등의 처분을 받게 된다.

다. 유통기간 경과제품 보관, 사용

(1) 처벌의 필요성
식품위생법 시행규칙 [별표 17] 제6호 카.목에서는 식품접객영업자의 준수사항으로서 '유통기한이 경과된 원료 또는 완제품을 조리•판매의 목적으로 보관' 하여서는 아니 된다고 규정하고 있다. 이는 음식류를 조리하여 판매하는 영업을 하는 식품접객업자의 지위에서의 준수사항을 규정한 것이므로 여기에서의 '조리'는 식품접객업자의 지위에서 판매 등 영업을 위한 목적에서 이루어지는 음식품의 조리를 의미하고, 단지 영업자 자신의 식사용으로 음식품을 조리하는 등 영업을 위한 목적이 전혀 없는 경우에는 그 원료 또는 완제품이 유통기한을 경과한 사정이 있다고 하더라도 그에 해당하지 아니한다고 봄이 상당한다.

(2) 처분기준
식품위생법 제75조 제4항, 같은 법 시행규칙 제89조 [별표 23] Ⅱ. 3. 제10호 가.목 4)의 규정에 따라. 1차 적발시에는 15일의 영업정지처분을, 2차 적발시에는 1개월의 영입징지처분을, 3차 적발시에는 3개월의 영업정지처분을 받게 된다.

---

255) 대법원 2005. 3. 24. 선고 2005도86 판결, 2004. 2. 12. 선고 2003도6282 판결.

라. 기타 쟁점사항

(1) 양도·합병시 처분기준

「식품위생법」제78조에 의하면 영업자가 영업을 양도하거나 법인이 합병되는 경우에는 제75조 제1항 각 호를 위반한 사유로 종전의 영업자에게 행한 행정 제재처분의 효과는 그 처분기간이 끝난 날부터 1년간 양수인이나 합병 후 존속하는 법인에 승계되며, 행정 제재처분 절차가 진행 중인 경우에는 양수인이나 합병 후 존속하는 법인에 대하여 행정 제재처분 절차를 계속할 수 있다고 되어 있고, 단서 조항으로 양수인이나 합병 후 존속하는 법인이 양수하거나 합병할 때에 그 처분 또는 위반사실을 알지 못하였음을 증명하는 때에는 그러하지 아니하다고 되어 있다.

Q 저는 최근 점포를 얻은 후 단란주점영업을 하려고 관할구청에 영업허가신청을 하였으나 3개월 전 같은 장소에서 같은 업종의 영업허가가 취소되었기 때문에 3개월이 더 지나야 허가가 날 수 있다고 합니다. 저는 영업허가취소를 받은 당사자도 아닌데 바로 허가를 받을 수 없는지요?

A 「식품위생법」제75조 제1항 및 제2항은 "식품의약품안전청장 또는 특별자치도지사·시장·군수·구청장은 영업자가 식품위생법의 일정 규정을 위반한 때에는 대통령령이 정하는 바에 따라 영업허가를 취소하거나 6월 이내의 기간을 정하여 그 영업의 전부 또는 일부를 정지하거나, 영업소의 폐쇄를 명할 수 있고, 영업자가 위 규정에 의한 영업의 정지명령에 위반하여 계속 영업행위를 하는 때에는 그 영업의 허가를 취소하거나 영업소의 폐쇄를 명할 수 있다."고 규정하고 있고, 같은 법 제38조 제1항 제2호는 "제75조제1항 또는 제2항에 따라 영업허가가 취소(제44조제2항제1호를 위반하여 영업허가가 취소된 경우와 제75조 제1항제18호에 따라 영업허가가 취소된 경우는 제외한다)되고 6개월이 지나기 전에 같은 장소에서 같은 종류의 영업을 하려는 경우. 다만, 영업시설 전부를 철거하여 영업허가가 취소된 경우에는 그러하지 아니하다."고 규정하고 있습니다.

따라서 귀하의 경우는 영업시설의 전부를 철거한 경우가 아니므로 위 규정의 단서사항에 속하지 않고, 결국 3개월 전에 영업허가가 취소된 영업과 동일한 장소에서 동종의 영업을 하고자 하는 한 3개월이 더 지나야 허가를 받을 수 있을 것입니다.

참고로 위와 같은 영업허가 취소 등의 대인적 효력을 보면, 「식품위생법」제75조 제1항 또는 제2항에 따라 영업허가가 취소(제4조부터 제6조까지, 제8조 또는 제44조제2항제1호를 위반하여 영업허가가 취소된 경우와 제75조제1항제18호에 따라 영업허가가 취소된 경우는 제외한다)되고 2년이 지나기 전에 같은 자(법인인 경우에는 그 대표자를 포함한다)가

취소된 영업과 같은 종류의 영업을 하고자 하는 때에도 영업허가를 할 수 없습니다(같은 법 제38조 제1항 제3호).

한편, 같은 법 제78조는 "영업자가 영업을 양도하거나 법인이 합병되는 경우에는 제75조 제1항 각 호, 같은 조 제2항 또는 제76조제1항 각 호를 위반한 사유로 종전의 영업자에게 행한 행정 제재처분의 효과는 그 처분기간이 끝난 날부터 1년간 양수인이나 합병 후 존속하는 법인에 승계되며, 행정 제재처분 절차가 진행 중인 경우에는 양수인이나 합병 후 존속하는 법인에 대하여 행정 제재처분 절차를 계속할 수 있다. 다만, 양수인이나 합병 후 존속하는 법인이 양수하거나 합병할 때에 그 처분 또는 위반사실을 알지 못하였음을 증명하는 때에는 그러하지 아니하다."고 규정하고 있습니다.

(2) 과징금전환

(가) 과징금전환

영업정지처분의 경우 처분청에 과징금전환 신청을 하여 영업정지 대신 과징금을 납부[식품위생법 제75조 제1항 각 호 사유 등으로 인한 영업정지 처분에 갈음해서는 2억 원 이하의 과징금을 부과할 수 있다(같은 법 제82조 제1항)]한 후 계속해서 영업을 하는 것도 가능하다. 다만 이때 신중히 고려해야할 부분은 영업정지 및 그 대체로 인한 과징금 납부의 유불리 여부다. 때론 과징금 금액이 너무 과대하여 영업정지처분을 받는 것이 좋다고 말하는 업주도 많기 때문이다.

다만, 과징금 전환이 무조건 가능한 것은 아니며, 청소년(미성년자) 주류제공으로 2개월 이상 영업정지처분을 받은 경우에는 그 전환이 쉽지는 않다. 그러나 청소년 주류제공의 경우라도 과징금 전환이 불가능한 것은 아니고, 수사기관에서 기소유예처분을 받은 경우 과징금 전환도 가능하다. 따라서 영업정지처분으로 적발되어 그에 따른 수사절차가 진행될 때 그 절차를 충분히 활용하여 처음부터 청소년에게 주류를 제공하려는 의사 즉, 고의성이 전혀 없었다는 사실을 충분히 입증하고 나아가 그럼에도 불구하고 일정한 처분을 받게될 경우 회복할 수 없는 손해의 발생이 심대하다는 내용 등의 주장 및 읍소를 통하여 처분으로 인하여 얻는 이익에 비하여 상대방이 입는 피해가 너무 커 부당하다고 여겨질 경우 기소유예처분을 받을 가능성이 높아지며, 특히 초범인 경우에는 위와 같은 사실을 충분히 입증하면 기소유예처분을 받을 가능성이 한층 더 높다.

(나) 과징금전환 제외사유

식품위생법 시행규칙 제89조 [별표 23] Ⅲ. 과징금 제외 대상에서 구체적으로 정하고 있는데, 이에는 유흥접객원 고용·종업원 유흥접객행위, 청소년 유해업소에 청소년을 고용하거나 출입하게 하는 행위, 청소년에게 주류를 제공하는 행위, 성매매알선 등 행위의 처벌에 관한 법률 제4조에 따른 금지행위를 하는 경우 등이다. 다만, 과징금 제외 대상의 경에도 같은 별표Ⅰ. 일반기준의 제15호에 따른 경감대상에 해당하는 경우에는 과징금처분을 할 수 있다고 규정하고 있다.

5. 행정처분절차 - 처분의 사전통지 및 의견청취

가. 사전통지

행정청은 당사자에게 의무를 부과하거나 권익을 제한하는 처분을 하는 경우에는 미리 처분의 제목, 당사자의 성명 또는 명칭과 주소, 처분하려는 원인이 되는 사실과 처분의 내용 및 법적 근거, 이에 대하여 의견을 제출할 수 있다는 뜻과 의견을 제출하지 아니하는 경우의 처리방법, 의견제출기관의 명칭과 주소, 의견제출기한, 그 밖에 필요한 사항을 당사자등에게 통지하여야 한다(행정절차법 제21조).

이에 따라서 행정관청에서는 청소년 주류판매행위 등으로 적발된 업주에게 영업정지 등 행정처분을 하기 위해서는 위 규정에 의거 처분의 사전통지를 하게 된다. 따라서 단속에 적발된 업주들의 경우 위 통지를 받게 된 후 기한 내에 해당 처분의 부당성 등에 대한 의견을 적극적으로 피력하거나 또는 그에 대해 제출할 어떠한 의견이 없을 경우에는 최소한 해당 처분에 대하여 '수사절차 종결시'까지 또는 '행정심판재결시'까지 최대한 유예해달라는 취지라도 기재하는 것이 좋다.

나. 의견청취

행정청이 처분을 할 때 다른 법령등에서 청문을 하도록 규정하고 있는 경우, 행정청이 필요하다고 인정하는 경우 및 인허가 등의 취소, 신분·자격의 박탈, 법인이나 조합 등의 설립허가의 취소시 의견제출기한 내에 당사자등의 신청이 있는 경우 의견청취를 할 수 있다.

6. 영업정지기간 중 영업

만일, 영업의 금지를 명한 영업허가취소처분 자체가 나중에 행정쟁송절차에 의하여 취소되었다면 그 영업허가취소처분은 그 처분시에 소급하여 효력을 잃게 되며 그 영업허가취소처분에 복종할 의무가 원래부터 없었음이 확정되었다고 봄이 타당하고, 영업허가취소처분이 장래에 향하여서만 효력을 잃게 된다고 볼 것은 아니므로 그 영업허가취소처분 이후의 영업행위를 무허가영업이라고 볼 수는 없다. 그러나 반대의 경우에는 식품위생법 제58조 제2항 소정의 영업자가 영업정지명령을 위반하여 계속적으로 영업행위를 한 때에 해당하며, 이 경우 식품위생법 제75조의 규정에 따라 영업허가 또는 등록을 취소하거나 영업소 폐쇄명령을 할 수 있다.

7. 행정심판청구

행정처분사전통지절차가 종료되면 관할 행정청은 경찰서로부터 통보받은 내용에 기초하여 위반 횟수 및 내용에 따라 영업정지 등 행정처분을 하게 되는데, 만일 업주가 이에 대하여 불복하고자 하는 경우에는 행정심판위원회에 행정처분취소신청과 같은 행정심판이나 행정처분취소소송으로 다툴 수 있다. 행정심판청구는 그 처분이 있음을 안날부터 90일, 처분이 있은 날부터 180일 이내에 청구해야 하니 위 기간에 유념하여야 한다. 단, 행정소송의 경우에는 처분이 있음을 안 날로부터 90일, 처분이 있는 날로부터 1년이다.

[행정심판절차 개관]

> ▶ 심판청구서의 제출
> 행정심판을 청구하려는 자는 심판청구서를 작성해 피청구인이나 소관 행정심판위원회에 제출해야 한다. 이 경우 피청구인의 수만큼 심판청구서 부본을 함께 제출해야 한다(행정심판법」제23조제 1항).
>
> ▶ 답변서의 제출
> 청구인의 행정심판청구가 있으면 행정심판의 상대방인 처분청은 청구인의 청구에 대한 반박 자료인 답변서를 심판청구서를 받은 날부터 10일 이내에 작성해 심판청구서와 함께 행정심판위원회에 제출한다(행정심판법 제24조 제1항). 이럴 경우 행정심판위원회는 피청구인의 답변서를 청구인에게 송달해 청구인이 처분청의 주장을 알 수 있도록 한다.
>
> ▶사건회부
> 처분청은 제출된 청구인의 청구서와 답변서를 지체 없이 행정심판위원회에 회부해 행정심판위원회가 심판청구사건을 신속히 심리할 수 있도록 한다.
>
> ▶심리
> 행정심판위원회는 처분청으로부터 회부된 사건에 대해 청구인과 피청구인의 주장을 충분히 검토한 후, 심리기일을 정해 행정처분의 위법·부당여부를 판단하는 심리를 하며, 심리가 이루어지면 행정심판위원회는 심리결과를 처분청 및 청구인에게 송부한다.
>
> ▶ 재결
> 행정심판위원회의 재결은 행정심판청구사건에 대한 판단을 대외적으로 청구인과 피청구인에게 알리는 것으로 재결서를 청구인과 피청구인에게 송달하며, 행정심판의 효력은 재결서가 송달되어야 발생한다.

7. 사후합석 등의 문제

가. 사후합석

판례는 "음식점을 운영하는 사람이 그 음식점에 들어온 사람들에게 술을 내어 놓을 당시에는 성년자들만이 있었고 그들끼리만 술을 마시다가 나중에 청소년이 들어와서 합석하게 된 경우에는, 처음부터 음식점 운영자가 나중에 그렇게 청소년이 합석하리라는 것을 예견할 만한 사정이 있었거나, 청소년이 합석한 이후에 이를 인식하면서 추가로 술을 내어준 경우가 아닌 이상, 나중에 합석한 청소년이 남아있던 술을 일부 마셨다고 하더라도 음식점 운영자가 식품위생법 제31조 제2항 제4호에 규정된 '청소년에게 주류를 제공하는 행위'를 하였다고 볼 수는 없고 이와 같은 법리는 음식점 운영자가 나중에 합석한 청소년에게 술을 따라 마실 술잔을 내주었다 하여 달리 볼 것은 아니다." 라고 하였다.[256)]

나. 청소년을 동반한 성년자에게 술을 판매한 경우

청소년을 포함한 일행이 함께 음식점에 들어와 술을 주문하였고, 청소년도 일행과 함께 술을 마실 것이 예상되는 상황에서 그 일행에게 술을 판매하였으며, 실제로 청소년이 일행과 함께 그 술을 마셨다면, 이는 청소년보호법 제51조 제8호 소정의 '청소년에게 주류를 판매하는 행위'에 해당되며, 이 경우 성년자인 일행이 술을 주문하거나 술값을 계산하였다 하여 달리 볼 것은 아니다.[257)]

따라서 영업주가 처음부터 청소년이 그 술자리에 합석할 것을 예견하였거나 또는 청소년이 그 술자리에 합석한 이후에 이러한 사실을 인식하면서 추가로 술을 더 내어준 경우가 아니라 단순히 사후에 합석한 청소년이 그 술자리에 남아있던 술을 마신 것에 불과하다면 영업허가정지 처분에 대해서 행정심판 등의 절차를 통하여 영업정지처분 취소 및 감경을 충분히 다투어볼 소지가 있는 것이다.

---

256) 대법원 2001. 10. 19. 선고 2001도4069 판결, 2002. 1. 11. 선고 2001도6032 판결, 2005. 5. 27. 선고 2005두2223 판결.
257) 대법원 2004. 9. 24. 선고 2004도3999 판결.

8. 선량한 자영업자 보호법 – 청소년이 신분증을 위조, 변조, 도용

식품위생법 제75조를 보면 식품접객영업자가 청소년에게 주류를 제공했을 경우 1차 적발 시 영업정지 60일, 2차 적발 시 영업정지 180일, 3차 적발 시 영업허가 취소의 행정처분을 받게 되는데, 여기에 면책 조항이 신설된 것이다.

이에 따라 개정 식품위생법에는 "청소년의 신분증 위조·변조 또는 도용으로 식품접객영업자가 청소년인 사실을 알지 못하였거나 폭행 또는 협박으로 청소년임을 확인하지 못한 사정이 인정되는 경우에는 대통령령으로 정하는 바에 따라 해당 행정처분을 면제할 수 있다."라는 문구가 추가되었다. 따라서 법 위반이 확인되면 청소년 보호법에 따른 형사처벌과는 달리[258] 영업정지 등 행정처분은 받지 않는다. 이는 청소년보호법의 형사처벌 조항까지 면책해 주면 업주의 의무나 청소년 보호의 취지가 약해진다는 이유에 기초한다.

그 결과 만일 청소년의 강박이나 신분증 위조, 변조, 도용 등 적극적인 방법으로 인하여 주류판매 등을 한 업주는 선량한 자영업자 보호법으로 통하여 영업정지의 행정처분을 면제받을 수 있다(식품위생법 제75조).

9. 감경기준(행정심판위원회)

청소년에게 주류를 제공한 법위반 사실이 명백한 이상 특별한 사유가 없는 한 영업정지처분이 위법·부당하지 않는다고 판단하는 것이 행정심판위원회의 주된 태도이다. 그럼에도 불구하고 감경이 가능하다면 그 기준을 명확히 인지하고 행정심판 등의 절차를 진행하는 것이 중요한데, 통상의 경우 감경사유는 1. 업소가 소규모이고 해당 영업이 유일한 생계수단인 점, 2. 동종의 처벌 전력이 없는 점, 3. 고의성이 있다고 보여지지 않는 점, 4. 반성하고 있는 점 등을 고려할 때, 다소 가혹하므로 행정처분기준 별표23. Ⅰ. 일반기준 15. 마.에 의하여 처분을 경감하는 것이 공익목적·사익침해 정도에 부합하다는 것이다.

10. 관련서식

가. 청구취지 기재례

> 피고이 20○○. ○. ○. 원고에 대하여 한 20○○. ○. ○.부터 같은 해 ○. ○까지(2개월)의 영업정지처분은 이를 취소한다.
> 라는 새결을 구합니다.

---

258) 소년보호법이 적용되면 형사처벌은 피할 수 없는데, 이는 청소년보호법 제59조, "청소년에게 청소년 유해약물 등을 구매하게 하거나, 청소년을 청소년 출입 또는 고용 금지업소에 출입시킨 자는 2년 이하의 징역이나 2,000만 원 이하의 벌금에 처한다"고만 규정되어 있고, 면책조항이 없기 때문이다.

피고가 2021. 5. 14. 원고에 대하여 한 영업정지 1개월에 갈음하는 2,640만원의 과징금부과처분을 취소한다.

피고가 2021. 4. 29. 원고에 대하여 한 「식품위생법」위반(청소년 주류제공)에 따른 영업정지 2개월 처분(2021. 5. 6. ~ 2021. 7. 4.)은 이를 취소한다.

피고가 2021. 12. 27. 원고에게 한 영업정지 7일 처분을 과징금으로 변경한다.

나. 서식례

제출기관	피청구인 또는 행정심판위원회 (행정심판법 23조)	청구기간	· 처분이 있음을 안 날로부터 90일 · 처분이 있은 날로부터 180일 (행정심판법 27조)
청 구 인	피처분자	피청구인	행정처분을 한 행정청
제출부수	청구서 및 부본 각1부	관련법규	행정심판법
불복방법			

불복방법	· 행정심판 재청구의 금지(행정심판법 51조) 행정심판법상 행정심판의 단계는 단일화되어 있어 재결에 대한 행정심판 재청구는 할 수 없다. 다만, 국세기본법 등의 개별법에서는 다단계의 행정심판을 인정하고 있음 · 재결에 대한 행정소송(행정소송법 19조, 38조) 재결자체에 고유한 위법이 있을 때에는 재결 그 자체에 대한 취소소송 및 무효등확인소송을 제기할 수 있음 · 다만, 청구인은 기각 재결 등 청구인의 주장이 인용되지 아니한 경우에는 원행정처분에 대하여 행정소송으로 다툴 수 있음(행정소송법 18조)

소 장

원 고   홍 길 동 (○○○○○○-○○○○○○○)

　　　　　○○시 ○○구 ○○동 ○○○

　　　　　소송대리인 변호사 ○ ○ ○

　　　　　○○시 ○○구 ○○동 ○○○ (우 :　　　　)

　　　　　(전화 :　　　　　 ,팩스 :　　　　　)

피 고   ○○시 ○○구청장

식품영업허가취소처분취소 청구의 소

청 구 취 지

1. 피고가 2010. 6. 18.자로 원고에 대하여 한 식품영업허가취소처분을 취소한다.
2. 소송비용은 피고의 부담으로 한다.

라는 판결을 구합니다.

청 구 원 인

1. 전심절차

　　본건 처분수령일자 : 2010. 6. 10.

　　행정심판청구 : 2010. 7. 22.

2. 피고는 2009. 10. 31. 원고에 대하여 아래의 식품영업을 허가하였습니다.

아 　 래

　　명 　 칭 : 청수관

　　소 재 지 : ○○시 ○○구 ○○동 ○○○

　　업 종 명 : 대중음식점

3. 원고는 피고에 대하여 2010. 4. 10.부터 같은 해 4. 24.까지 영업정지처분을 받은
　　일이 있습니다(동 영업정지처분은 영업장실내시설이 영업허가조건에 맞지 아니한다는

이유없음).

4. 원고는 위 영업정지처분기간 중에 전혀 영업을 한 일이 없음에도 불구하고 위 영업정지처분기간중인 2010. 4. 22. 23:30경 영업을 하였다는 이유로 2010. 6. 18.자로 위 영업허가를 취소하는 처분을 하였습니다.

그러나 원고는 위 영업정지 기간종안은 말할 것도 없고 위 일시에 영업행위를 한 일이 없습니다.

원고가 위 일시에 영업을 한 일이 없음에도 불구하고 ○○구청 공무원이 영업행위가 있는 것으로 오인하고 그로 이하여 본건 영업허가취소처분이 이루어진 것 것입니다.

5. 원고는 종래 사용하던 음향기기와 조명시설이 노후하여 이를 교체할 필요가 있어서 2010. 4. 7. 음향기기 등 전자제품설치 및 판매업을 경영하는 업체인 삼성전자(대표자 김갑동, ○○시 ○○동 ○○구 ○○○ 소재)에게 음향시설 및 조명시설 설치를 의뢰하였습니다(시설비는 18,240,000원으로 약정되었음).

위 음향시설 및 조명시설은 위 업소의 홀과 룸에 설치하는 것인데 설치 후 위 삼성전자에서 수시로 점검하여 주기로 하였습니다.

위 삼성전자에서는 2010. 4. 7.에 홀 부분의 설치작업을 하고 룸 부분 설치작업은 하지 않고 있던 중, 원고는 위 영업정지기간이 끝나는 다음날인 2010. 4. 25.부터 영업을 다시하기 위하여 룸 부분 설치작업 및 전체적인 테스트를 마쳐줄 것을 요청하였던 바 위 미래전자 측에서는 같은 해 4. 2. 오후 9시 이후에야 시간이 난다고 하였습니다. 그리하여 2010. 4. 22. 오후 9시경 위 삼성전자 대표 김갑동은 기술자 2명을 대동하고 위 업소에서 약 2시간에 걸쳐서 룸 부분 설치작업과 전체적인 테스트를 완료하였습니다.

6. 위 김갑동과 기술자 2명이 위와 같이 오후 11시경 작업을 끝내자, 이 업소를 원고 대신 사실상 경영하는 성춘향이 위 조창현과 기술자 2명이 작업하느라고 수고했으므로, 고맙다는 뜻에서 음료수와 국산양주(○○○○) 1병과 안주 1쟁반을 내어서 동인들을 대접하게 되었고, 동인들도 위 호의를 받아들여 앉아서 위 업소의 홀에 있는 테이블에 기꺼이 내어놓은 음료수와 술을 마시고 있었습니다. 그러던 중 그날 오후 11:30경 ○○구청 직원들이 단속 차 들어와서 위의 광경을 보고 영업행위로 몰아붙였습니다.

위 김갑동외 2인과 위 성춘향은 위와 같은 조창현 외 2인이 대접받게 된 경위를 설명하였으나 구청직원은 이 말을 들어주지 아니하였습니다.

7. 원고의 위 업소는 약 72평의 면적인데 방(룸)이 4개 있고 홀에는 8개의 테이블과 주방이
   있고 종업원은 10명입니다.
   위 영업정지기간 동안에는 영업을 하지 아니하였기 때문에 종업원들은 출근을 하지
   아니하였습니다.
   이러한 사정에 비추어 볼지라도 원고의 업소에서는 위 시간에 영업행위를 하지 아니하
   였음을 알 수 있습니다.

8. 다라서 원고에 대한 영업허가를 취소할 이유가 없으므로 피고의 본건 처분의 취소를
   구하기 위하여 본 소 청구에 이르렀습니다.

입 증 방 법

　　1. 갑 제1호증　　　　　　　행정심판접수증명원
그 밖의 입증서류는 변론에 따라 수시 제출하겠습니다.

첨 부 서 류

　　1. 위 입증서류 사본　　　　　　　　각 1통
　　1. 주민등록초본　　　　　　　　　　　1통
　　1. 소장부본　　　　　　　　　　　　　1통
　　1. 위임장　　　　　　　　　　　　　　1통

　　　　　　　　20○○.　○.　　.
　　　　위 원고 소송대리인 변호사　ㅇ　ㅇ　ㅇ　(인)

○○행정법원　　귀중

소　장

원　고　　　○　　○　　　○ (○○○○○○–○○○○○○○)　　(전화 :　　　　)

　　　　　　○○시 ○○구 ○○동 ○○　　　　　　　　(우 :　　　　)

피　고　　　○○시 ○○구청장

　　　　　　○○시 ○○구 ○○동 ○○　　　　　　　　(우 :　　　　)

영업허가취소처분취소 청구의 소

청　구　취　지

1. 피고가 원고에 대하여 20○○. ○. ○.자로 한 영업허가취소(영업소 폐쇄명령) 처분은 이를 취소한다.
2. 소송비용은 피고의 부담으로 한다.

라는 판결을 원합니다.

청　구　원　인

1. 처분의 경위

　　원고는 20○○. ○. ○. 피고에게 일반음식점 영업신고를 한 후 ○○시 ○○구 ○○동 ○○ 소재 건물 1층에서 "○○"이라는 상호로 일반음식점 영업을 해 왔는데, 피고는 소외 박○○이 위 장소에서 일반음식점 영업을 해 오다가 20○○. ○. ○. 청소년인 소외 김○○에게 주류를 제공하다가 적발되자 폐업을 가장하여 행정처분을 면탈하려는 목적으로 폐업신고를 하였다는 이유로 같은 해 ○. ○. 위 폐업신고의 수리를 철회하고, 원고에 대한 영업허가를 취소한다는 처분을 하였습니다.

2. 처분의 위법

원고는 전영업자인 이○○로부터 위 일반음식점을 양수할 때에 전영업자가 청소년에게 주류 판매한 사실을 전혀 고지 받지 못해 이를 전혀 모르고 있었고, 이 사건 처분은 원고에게 행정제재처분을 면탈할 의사가 없음에도 불구하고 그러한 의사가 있는 것으로 사실을 오인하였을 뿐만 아니라 아무런 법적 근거없는 위법한 처분으로서 취소되어야 할 것입니다.

입 증 방 법

1. 갑 제1호증   영업취소통지서
1. 갑 제2호증   사업자등록증
그 밖의 입증서류는 변론시 수시 제출하겠습니다.

첨 부 서 류

1. 위 입증서류 사본   각 1통
1. 주민등록초본   1통
1. 소장부본   1통

20○○. ○. ○.

위 원고 ○ ○ ○ (인)

○○행정법원   귀중

소 장

원 고   ○   ○   ○ (○○○○○○-○○○○○○○)   (전화 :   )
　　　　　○○시 ○○구 ○○동 ○○   (우 :   )

피 고   ○○시 ○○구청장
　　　　　○○시 ○○구 ○○동 ○○   (우 :   )

영업정지처분취소 청구의 소

청 구 취 지

1. 피고가 20○○. ○. ○. 원고에 대하여 한 영업정지처분은 취소한다.
2. 소송비용은 피고의 부담으로 한다.
라는 판결을 구합니다.

청 구 원 인

1. 원고는 20○○. ○. ○. 피고로부터 일반음식점 허가를 받아 ○○시 ○○구 ○○동 ○○ ○○빌딩 3층에 ○○맥주라는 상호로 경양식 호프음식점업을 경영하여 오던 중 피고는 원고가 20○○. ○. ○. 미성년자에게 주류를 제공하였다는 사유로 같은 해 ○. ○.자로 원고에 대하여 영업정지 2개월을 명하는 처분을 하였습니다.

2. 그러나 위 영업정치처분은 위반행위에 이르게 된 경위 및 원고의 생계에 비추어 보아 너무 가혹하여 재량권의 범위를 일탈 또는 남용한 것으로 위법한 처분이라고 할 것입니다.

3. 관계법령(식품위생법)

제31조 (영업자 등의 준수사항)

② 식품접객영업자는 청소년보호법 제2조의 규정에 의한 청소년(이하 항에서 "청소년"이라 한다)에 대하여 다음 각 호의 행위를 하여서는 아니된다.

4. 청소년유해업소에 청소년을 출입하게 하는 행위

5. 청소년에게 주류를 제공하는 행위

제58조 (허가의 취소 등) ① 식품의약품안전청장, 시·도지사, 시장·군수 또는 구청장은 영업자가 다음 각 호의 (1)에 해당하는 때에는 대통령령이 정하는 바에 따라 영업허가를 취소하거나 6월 이내의 기간을 정하여 그 영업의 전부 또는 일부를 정지하거나, 영업소의 폐쇄(제22조 제5항의 규정에 의하여 신고한 영업에 한한다. 이하 이 조에서 같다)를 명할 수 있다.

(1) 제4조 내지 제6조, 제7조 제4항, 제8조, 제9조 제4항, 제10조 제2항, 제11조, 제15조, 제16조 제1항, 제19조 제1항, 제22조 제1항 후단·제4항·제5항 후단 및 제6항, 제26조 제3항, 제27조 제5항, 제29조, 제31조 또는 제34조의 규정에 위반한 때

6. 이 사건의 경위

원고는 사건 당일 소외 홍○○과 정○○이 다른 남자 1명과 여자 3명이 함께 위 음식점에서 자신들이 대학생인데 신분증을 가져오지 않았다고 하면서 양주 1병과 호프 6잔, 안주 등을 주문하여 마시고는 그 다음날 01:00경 계산을 하지 아니한 채 도망하려고 하자 원고가 그들을 붙잡으려고 하다가 오히려 폭행을 당하게 되어 112로 신고를 하였습니다.

원고는 이 사건 전에 동종의 위반경력이 전혀 없습니다.

7. 결 론

그러므로 원고가 미성년자들이 스스로 속이고 들어왔으며 원고가 112에 신고를 해서 본 건이 문제화되었다는 점 등을 참작하면 피고의 이 사건 영업정지처분은 재량권을

일탈한 위법한 처분으로 취소되어야 할 것입니다.

입 증 방 법

1. 갑 제1호증   영업정지처분서
1. 갑 제2호증   확인서
1. 갑 제3호증   사건발생보고서
1. 갑 제4호증   진술서
1. 갑 제5호증   탄원서
1. 갑 제5호증   주민등록증
1. 갑 제7호증   영업허가증
그 밖의 입증서류는 변론시 수시 제출하겠습니다.

첨 부 서 류

1. 위 입증서류 사본   각 1통
1. 주민등록초본   1통
1. 소장부본   1통

20○○. ○. ○.

위 원고 ○ ○ ○ (인)

○○지방법원   귀중

[서식] 영업정지처분취소 청구의 소

소　　장

원고　　　김 길 동(주민등록번호)
　　　　　　서울시 강동구 ○○동 ○번지
피고　　　서울특별시 강동구청장
영업정지처분취소

청구취지

1. 피고가 2008. 12. 26. 원고에 대하여 한 영업정지처분을 취소한다.

2. 소송비용은 피고의 부담으로 한다.

라는 판결을 구합니다.

청구원인

1. 처분의 경위

(1) 원고는 서울 강동구 ○○○에서 '○○○치킨'이란 상호로 일반음식점(이하 '이 사건 음식점'이라 한다)을 운영하고 있습니다.

(2) 피고는 2008. 10. 14. 이 사건 음식점에 대한 위생점검을 실시한 결과 원고가 위 음식점을 운영하면서, ① 유통기한이 경과된 햄과 소시지를 조리장 내의 냉장고에 보관하였고, ② 영업장 밖에 테이블 및 의자를 설치하여 영업을 한 사실을 적발하였고, 이에 따라 식품위생법 제58조 제1항, 제31조 제1항 및 구 식품위생법 시행규칙(2009. 4. 3. 보건복지가족부령 제102호로 개정되기 전의 것) 제53조 관련 [별표 15] 행정처분 기준 Ⅰ. 일반기준 1호 가목 및 Ⅱ. 개별기준 3. 식품접객업 14호 가목 (4)와 19호의 각 규정을 적용하여 2008. 11. 12. 원고에게 영업정지 18일(2008. 11. 24.부터 2008. 12. 11.까지)의 처분을 하였습니다.

(3) 이에 원고는 2008. 11. 14. 피고를 상대로 위 영업정지처분의 취소를 구하는 이 사건 소를 제기함과 아울러 이 법원 2008아3010호로 위 영업정지처분의 효력정지를 신청하였는바, 이 법원은 2008. 11. 21. 위 신청사건의 심문기일에서 원고 및 피고에게 "1. 피고는 2008. 11. 12. 원고에 대하여 한 영업정지 18일의 처분을 영업정지 7일 및 과징금 80만 원의 처분으로 변경처분한다. 단, 2008.

11. 24.부터 이 법원 2008아3010 집행정지사건에 관한 결정의 효력개시일 전날인 2008. 11. 30.까지 이미 집행된 기간은 위 7일의 영업정지기간에 산입한다. 2. 원고는 제1항의 변경처분 통지를 받으면 이 사건 소를 취하하고, 피고는 이에 동의한다."는 내용으로 분쟁을 해결할 것을 권고하였고, 원고는 위 권고안에 따라 피고가 변경처분을 할 경우 이 사건 소를 취하하는 데 동의하였습니다.

(4) 그 후 피고는 이 법원의 위 권고안을 수용하여 2008. 12. 26.자로 영업정지기간을 7일로 감경함과 아울러 과징금 80만 원을 부과하는 내용의 변경처분을 하였습니다(이하 위와 같이 변경된 내용의 처분을 '이 사건 처분'이라 한다).

2. 처분의 위법성

피고가 2008. 10. 14. 이 사건 음식점에 대한 위생점검을 실시하였을 당시 유통기한이 경과한 채로 발견된 햄과 소시지는 손님들에게 조리하여 판매하기 위한 용도로 보관 중이던 것이 아니라, 이 사건 음식점의 종업원들의 식용 목적으로 보관하였던 것이고, 또한 피고가 영업장 밖에 테이블과 의자를 설치한 것으로 인정한 장소는 건물의 처마 안쪽에 속해 있어 주변 인도 및 차도와 완전히 구분되어 있으므로 엄연히 이 사건 음식점의 일부에 해당한다고 보아야 합니다. 따라서 원고는 식품위생법을 전혀 위반한 바가 없다 할 것이고 이와 다른 전제에서 피고가 행한 이 사건 처분은 처분사유가 불비된 것으로서 위법하므로 취소되어야 합니다.

3. 결론

위와 같은 이유로 피고의 이 사건 처분은 위법하므로 이의 취소를 구하는 본 건 행정소송에 이르게 되었습니다.

입증방법

1. 갑 제1호증
2. 갑 제2호증

첨부서류

1. 위 각 입증방법   각 1부
2. 송달료 납부서
3. 소장부본

서울행정법원   귀중

당해판례

2008구합 45511

앞서 본 바에 의하면 원고는 피고가 이 법원의 권고안에 따라 변경처분을 할 경우 소를 취하하겠다는 의사표시를 하였고 피고가 변경처분을 한 것은 위 권고안을 따른 것이므로, 원고와 피고는 피고가 변경처분을 할 경우 소를 취하하기로 합의한 것으로 보아야 할 것이고, 이와 같이 소송당사자 사이에 소취하의 합의가 존재하는 이상 그 합의는 유효하여 원고에게 권리보호의 이익이 인정되지 아니한다 할 것이므로 (대법원 1982. 3. 9. 선고 81다1312 판결 참조), 결국 원고의 이 사건 소는 부적법하다.

[서식] 영업정지처분취소 청구의소

소   장

원고   김 길 동(주민등록번호)
             서울시 ○○구 ○○동 ○번지
             (전화 000-000, 팩스 000-000)
피고   서울특별시 ○○구청장
영업정지처분취소

청구취지

1. 피고가 2009. 4. 8. 원고에 대하여 한 영업정지 1월의 처분을 취소한다.

2. 소송비용은 피고가 부담한다.

라는 판결을 구합니다.

청구원인

1. 처분의 경위

(1) 원고는 2009. 3.경 서울 ○○구 ○○동 831-46에 있는 '○○○'라는 상호의 일반 음식점(이하 '이 사건 음식점'이라 한다)의 영업을 전 영업자인 윤○○로부터 양수한 다음, 그 무렵 피고에게 이 사건 음식점에 대한 영업자지위승계신고를 하였습니다.

(2) 한편, 윤○○는 2008. 12. 24. 00:30경 여종업원 김○○이 테이블에서 남자손님 3명에게 술을 따라주다가 단속경찰관에 의해 적발되었는바, 이에 피고는 전 영업자 윤○○가 이 사건 음식점에서 유흥접객원을 고용하여 유흥접객행위를 하였다는 이유로, 구 식품위생법(2009. 2. 6. 법률 제9432호로 개정되기 전의 것) 제31조 제1항, 제58조 제1항 제1호, 구 식품위생법 시행규칙(2009. 8. 2. 보건복지가족부령 제132호로 개정되기 전의 것) 제53조 [별표 15] 행정처분기준을 적용하여 2009. 4. 8. 영업자 지위를 승계한 원고에 대하여 영업정지 1월(2009. 4. 24.부터 같은 해 5. 23.까지)의 처분을 하였습니다(이하 '이 사건 처분'이라 한다).

2. 처분의 위법성

종업원 김○○이 손님의 요구에 못 이겨 테이블세팅 후 술을 따라 준 정도의 봉사 행위를 식품위생법상의 유흥접객행위를 한 것으로 볼 수는 없고, 따라서 원고의 업소 운영과 영업형태를 잘못 오해하여 이루어진 이 사건 처분은 그 처분사유가 존재하지 않습니다.

가사 처분사유가 존재한다 할지라도, 위반행위에 이르게 된 경위와 이 사건 음식점은 지금까지 단 한 차례도 행정처분을 받은 전력이 없는 점 등을 감안하면 영업정지 1월의 이 사건 처분은 재량권을 일탈 · 남용한 것입니다.

따라서 이 사건 처분은 위법합니다.

3. 결론

위와 같이 피고의 처분은 위법한 행정처분에 해당하므로 이의 취소를 구하는 본 건 행정소송에 이르게 되었습니다.

입증방법

   1. 갑 제1호증
   2. 갑 제2호증
   3. 갑 제3호증

첨부서류

1. 위 각 입증방법   각 1부
2. 송달료 납부서
3. 소장부본

20 . . .
위 원고   (날인 또는 서명)

서울행정법원   귀중

당해판례

2009구합 14743

식품위생법 및 식품위생법 시행규칙의 관련 규정에 의하면 일반음식영업자가 유흥접객원을 고용하여 유흥접객행위를 하게 하거나 종업원의 이러한 행위를 조장하거나 묵인하는 행위를 금지하고 있고, 유흥접객원은 손님과 함께 술을 마시거나 노래 또는 춤으로 손님의 유흥을 돋구는 부녀자로 규정되어 있는바, 위 규정 등을 종합하면 '유흥접객원'이란 반드시 고용기간과 임금, 근로시간 등을 명시한 고용계약에 의하여 취업한 여자종업원에 한정된다고는 할 수 없지만, 적어도 하나의 직업으로 특정업소에서 손님과 함께 술을 마시거나 노래 또는 춤으로 손님의 유흥을 돋우어 주고 주인으로부터 보수를 받거나 손님으로부터 팁을 받는 부녀자를 가리킨다고 할 것이다(대법원 2005. 9. 28. 선고 2005도5552 판결, 대법원 2008. 11. 13. 선고 2008도7878 판결 등 참조).

갑제3호증의 1 내지 3, 갑제4호증, 을제4, 5호증, 을제7호증의 1, 2의 각 기재, 증인 김○○의 증언 및 변론 전체의 취지에 의하면, 이 사건 음식점의 종업원인 김○○은 2008. 12. 24. 00:30경 9번 테이블에서 남자손님 3명에게 술을 따라준 사실, 이 사건 음식점은 라이브로 음악을 연주하는 업소로서 밀폐되지 않은 13개 정도의 테이블이 있고, 이 사건 무렵에는 테이블세팅이나 식음료를 서빙하기 위하여 정복을 착용한 4명 정도의 여자 종업원이 근무하고 있었던 사실, 김○○은 시급 1만 원을 받으면서 술과 안주를 주문받고 이를 서빙하는 종업원으로 고용되어 근무하여왔는데, 업소 방침에 따라 평소에는 손님에게 술을 따라 주지 않았으나, 이 사건 당시 손님 중 일본인으로부터 술을 따라 줄 것을 요구받아 처음에는 이를 거부하였으나, 라이브 연주로 시끄러운 상태에서 의사소통이 제대로 이루어지지 않아 어쩔 수 없이 선 채로 손님들에게 술을 1잔씩 따라주게 된 사실을

각 인정할 수 있다.

이와 같은 이 사건 음식점의 규모, 형태 및 영업방식과 종업원 김○○이 손님들에게 술을 따라주게 된 경위와 김○○의 채용 형식 및 근무형태 등을 종합적으로 고려하여보면, 단지 손님들에게 술을 따라주었다는 사정만으로 여종업원 김○○을 식품위생관계 법령에서 정한 유흥접객원으로 볼 수 없다고 할 것이고, 달리 윤○○가 그 무렵 이 사건 음식점에서 유흥접객원을 고용하여 유흥접객행위를 하였음을 인정할만한 증거가 없다.

따라서 이 사건 처분은 그 처분사유가 인정되지 않아 위법하다

[서식] 업무정지처분취소 청구의 소

소   장

원고   김 길 동(주민등록번호)
        서울시 강남구 ○○동 ○번지
피고   서울특별시 강남구청장
업무정지처분취소

청구취지

1. 피고가 2006. 11. 10. 원고에 대하여 업무정지처분을 취소한다.

2. 소송비용은 피고의 부담으로 한다.

라는 판결을 구합니다.

청구원인

1. 처분의 경위

(1) 원고는 서울 강남구 논현동에서 A한의원이라는 상호로 한의원을 개설·운영하고 있는 한의사입니다.

(2) 피고는 2006. 11. 10. 원고가 2006. 9. 20.자 동아일보에 기사 형식으로 게재한 한의원의 광고(이하 '이 사건 광고'라 한다) 중 '한·양방 협진시스템'이라고 기재한 부분이 구 의료법(2007. 1. 3. 법률 제8203호로 개정되기 전의 것) 제46조 제1항에서 정한 '의료기관의 과대광고'에 해당한다는

이유로 구 의료법(2007. 4. 11. 법률 제8366호로 전문 개정되기 전의 것) 제51조 제1항 제5호, 제53조의2, 제53조의3, 의료법 시행령 제33조 [별표] 2. 과징금 부과기준 중 12등급, 의료관계 행정처분규칙 제4조 [별표](2007. 4. 9. 보건복지부령 제394호로 개정되기 전의 것) 2. 개별기준 중 나.의.항을 적용하여 원고에 대하여 업무정지 1월에 갈음하는 과징금 13,125,000원을 부과하는 이 사건 처분을 하였습니다.

2. 처분의 위법성

원고는 한의사로서 질병으로 고통받는 환자들의 치료를 효율적으로 하기 위하여 양방과 한방의 장점을 살려 치료하여야겠다는 생각으로 'B이비인후과'와 협진약정을 체결하여 한방만으로 치료가 어려운 환자에 대하여 한.양방 협진으로 치료하였으므로 이 사건 광고 중 '한.양방 협진시스템'이라는 문구가 과대광고에 해당함을 전제로 한 이 사건 처분은 위법하고, 설령 과대광고에 해당한다 하더라도 원고의 경제적 어려움, 그 동안 지역사회에 봉사하여 온 점 등을 감안하면, 이 사건 처분은 과잉금지의 원칙 또는 비례의 원칙에 위배하여 재량권을 일탈·남용한 처분이어서 위법합니다.

3. 결론

이상과 같이 이 사건 각 처분은 위법하므로 이의 취소를 구하는 본 건 행정소송에 이르게 되었습니다.

입증방법

1. 갑 제1호증
2. 갑 제2호증

첨부서류

1. 위 각 입증방법   각 1부
2. 송달료 납부서
3. 소장부본

20 .   .   .

위 원고   (날인 또는 서명)

서울행정법원   귀중

당해판례

2006구합 43184

1. 원고 경영의 A한의원이 부설 병의원을 두고 있는 한방병원 또는 양방병원에 부속된 부설 한방병원처럼 일반적으로 한·양방 협진시스템을 두고 있는 의료기관의 형태와 달리 다른 지역에 위치하는 B이비인후과와 협진약정서를 체결하였을 뿐이고, 그 협진 사례도 소수에 불과하며 그 내용도 다른 지역에 위치한 B이비인후과에 가 알레르기반응검사를 받도록 권유하는 정도에 그쳤음에도, 이 사건 광고에 앞서 인정한 바와 같은 문구를 기재함으로써 의료지식이 부족한 일반인으로 하여금 마치 원고 경영의 A한의원이 일반적으로 한·양방 협진병원을 운영하고 있는 의료기관처럼 하나의 의료기관에서 의사와 한의사의 긴밀하고 유기적인 협조 아래 한방과 양방의 종합적인 검사와 치료를 받을 수 있는 것으로 오인하게 할 우려가 있다.

2. 재량권 일탈·남용 여부

가) 앞에서 본 바와 같이 원고의 광고 내용이 과대광고에 해당하고, 이러한 과대 광고로 인하여 환자의 의료기관 선택에 혼란을 야기하며 의료행위를 대상으로 한 광고의 경우에는 일반 국민의 건강에 직접적인 영향을 미치는 관계로 과대광고를 엄격히 규제하여야 할 공익상의 필요는 매우 크다고 할 것이나, 이 사건에서 과대광고로 문제되고 있는 부분은 장문의 기사형식의 광고 중 '한·양방 협진시스템'이라는 하나의 문구에 한정되어 있고, 의료인의 입장에서 보면 A한의원과 B이비인후과 사이의 협진약정서도 협진의 문언적 의미가 가지는 형태 중 하나로 해석될 여지가 있는 점, 원고는 위 과대광고로 인한 의료법위반사건에 관하여 검찰로부터 혐의없음 결정을 받은 점, 원고가 이 사건 이전에 구 의료법 제46조 제1항에서 금지하고 있는 과대광고로 인하여 처벌받은 전력이 있음을 인정할 자료가 없는 점 등을 종합하여 보면, 이 사건 처분은 그로 인하여 달성하려고 하는 공익목적을 감안하더라도 원고의 위반 정도와 신용상실, 재산적 손해 등의 불이익에 비하여 지나치게 무겁다고 할 것이어서 재량권을 일탈·남용하여 위법하다고 할 것이다.

Ⅱ 모텔 등 숙박업

1. 개 설

모텔 영업정지의 대표적인 사례는 성매매알선 및 장소제공, 청소년이성혼숙, 음란동영상 방영 등이다. 이 중 모텔 등 숙박업소에서 음란물 상영 및 성매매알선 등 행위는 거의 매일같이 뉴스나 신문의 한 면을 장식할 만큼 비일비재하게 발생하는 사건 중 하나인 것 같다. 그 만큼 모텔 등 숙박업을 운영하는 분들의 영업정지처분 또한 많다는 얘기이기도 하다.

이렇듯 모텔에서의 성매매알선 및 장소제공(특히 업소주변에 단란주점 등 속칭 2차를 나가는 업소가 많은 곳) 그리고 음란동영상 방영, 청소년 이성혼숙 등의 문제는 모텔을 운영하는 업주분들이 가장 조심해야할 부분 중의 하나임에 분명하다.

2. 모텔 운영자의 준수사항

가. 청소년 이성혼숙의 의미

청소년보호법 제26조의2 제8호는 누구든지 "청소년에 대하여 이성혼숙을 하게 하는 등 풍기를 문란하게 하는 영업행위를 하거나 그를 목적으로 장소를 제공하는 행위"를 하여서는 아니된다고 규정하고 있는바, 위 법률의 입법 취지가 청소년을 각종 유해행위로부터 보호함으로써 청소년이 건전한 인격체로 성장할 수 있도록 하기 위한 것인 점 등을 감안하면, 위 법문이 규정하는 '이성혼숙'은 남녀 중 일방이 청소년이면 족하고, 반드시 남녀 쌍방이 청소년임을 요하는 것은 아니다.[259]

나. 모텔 운영자의 준수사항

모텔 등 풍속영업을 영위하는 업주들은 ⅰ) 성매매알선등행위(성매매알선 등 행위의 처벌에 관한 법률 제2조 제1항 제2호), ⅱ) 음란행위를 하게 하거나 이를 알선 또는 제공하는 행위, ⅲ) 음란한 문서·도화(圖畵)·영화·음반·비디오물, 그 밖의 음란한 물건에 대한 반포(頒布)·판매·대여하거나 이를 하게 하는 행위, 관람·열람하게 하는 행위, 반포·판매·대여·관람·열람의 목적으로 진열하거나 보관하는 행위 등이 금지되어 있다.

> 【판시사항】
> 이성혼숙을 하려는 자가 청소년이라고 의심할 만한 사정이 있는 경우 여관업주가 취하여야 할 조치
> (대법원 2002. 10. 8. 선고 2002도4282 판결)
>
> 【판결요지】

---

[259] 대법원 2001. 8. 21. 선고 2001도3295 판결.

여관업을 하는 사람으로서는 이성혼숙을 하려는 사람들의 겉모습이나 차림새 등에서 청소년이라고 의심할 만한 사정이 있는 때에는 신분증이나 다른 확실한 방법으로 청소년인지 여부를 확인하고 청소년이 아닌 것으로 확인된 경우에만 이성혼숙을 허용하여야 한다.

다. 성매매 등 알선행위 등에 대한 처벌규정

모텔 등을 운영하는 업주가 위 법률에 위반하여 성매매 알선 및 음란한 영상물을 방영하는 등의 행위를 할 경우 관할 행정기관의 장은 6월 이내의 기간을 정하여 영업의 정지 또는 일부 시설의 사용중지를 명하거나 영업소폐쇄 등을 명령할 수 있다.

[위반시 행정처분기준]

위반사항	관련법규	행정처분기준		
「성매매알선 등 행위의 처벌에 관한 법률」·「풍속영업의 규제에 관한 법률」·「청소년보호법」·「의료법」에 위반하여 관계행정기관의 장의 요청이 있는 때	법 제11조 제1항	1차 위반	2차 위반	3차 위반
업소에서 음란한 문서·도서·영화·음반·비디오물 그 밖에 물건(이하 "음란한 물건"이라 한다)을 반포·판매·대여하거나 이를 하게 하는 행위와 음란한 물건을 관람·열람하게 하는 행위 및 반포·판매·대여·관람·열람의 목적으로 음란한 물건을 진열 또는 보관한 때		영업 정지 2월	영업 정지 3월	영업장 폐쇄

다. 청소년 이성혼숙금지 위반시 처벌규정

청소년보호법, 공중위생관리법 또는 풍속영업의 규제에 관한 법률 위반 등으로 형사처벌로 3년 이하의 징역 또는 3천만원 이하의 벌금형에 처해질 수 있다.

[형사처벌기준]

위반행위 유형	근거 법률	형사처벌의 기준
청소년 이성혼숙	청소년 보호법 (제26조의2 제8호)	3년 이하의 징역 또는 2천만원 이하의 벌금

또한, 공중위생법위반으로 행정처분 1차 위반 2개월 영업정지 등을 동시에 받게 된다.

[행정처분기준(공중위생관리법 시행규칙)]

[행정처분의 기준]

구분	행정처분	감경기준
1회	영업정지 2개월	‖ 기소유예시 : 1/2 범위내 감경 또는 과징금전환 ‖ 선고유예시 : 1/2 범위내 감경 또는 과징금전환 ‖ 벌금형 : 원칙적으로 과징금전환불가, 행정심판을 통한 과징금 　전환 가능 ‖ 무혐의처분 : 행정처분 면제, 그러나 사안에 따라서는 일부 과 　징금이 부과되는 경우도 있음
2회	영업정지 3개월	
3회	영업허가 취소 또는 폐쇄	

따라서 청소년 이성혼숙으로 적발될 경우 최소 2개월의 영업정지처분 및 2,000만원 이하의 벌금형에 처해질 가능성이 매우 높다.

3. 행정청의 처분사전통지에 대한 대응

단속에 적발될 경우 관할경찰에서는 관할행정청에 적발사실 통보를 하게 되며, 관할행정청은 이에 따라 위반업주에게 최종 처분에 앞서 향후 어떠한 처분을 하겠다는 것을 통지하면서 그에 관한 의견이 있으면 제출하라는 통지를 하게 되는데, 이를 행정처분사전통지라 한다.

만일, 기한 내 아무런 의견진술이 없을 경우에는 관할행정청은 당사자가 처분의 내용에 아무런 의견이 없는 것으로 간주하고 사전처분 그대로 행정처분명령을 하기 때문에 이 사건의 경우 업주는 이 단계부터 자신의 억울함을 적극적으로 주장하며 임할 필요가 있다.

이때 의견서에는 최소한 "검찰청의 최종 처분이 있을 때까지 행정처분을 보류하여 주시기 바랍니다."라는 내용을 첨언하여 제출해 주는 것이 좋다.

4. 행정심판청구 등 절차 진행하기

행정처분사전통지절차가 종료되고 최종 처분 전까지 수사절차에서 무혐의처분 등을 받고 사건이 종결되지 못할 경우 관할 행정청에서는 사전통지된 내용에 따라 업주에게 영업정지처분을 하게 될 가능성이 높다.

이럴 경우 업주는 수사절차에 소요되는 시간을 확보하기 위한 차원에서라도 당장 그에 불복하여 행정심판위원회에 영업정지취소신청과 같은 행정심판이나 행정처분취소 소송을 제기하여야 한다. 이때 행정심판청구는 억울하고 부당한 처분이 있다고 하여 아무 때나 청구할 수 있는 것은 아니며, 통상 그 처분이 있음을 안날부터 90일, 처분이 있은 날부터 180일 이내에 청구해야 하니 위 기간에 유념하여야 한다. 단, 행정소송의 경우에는 처분이 있음을 안날로부터 90일, 있는 날로부터 1년이다.

5. 과징금전환

가. 과징금 전환

시장·군수·구청장은 영업정지가 이용자에게 심한 불편을 주거나 그 밖에 공익을 해할 우려가 있는 경우에는 영업정지 처분에 갈음하여 3천만원 이하의 과징금을 부과할 수 있다. 다만, 풍속영업의규제에 관한법률 제3조 각호의 1(「성매매알선 등 행위의 처벌에 관한 법률」 제2조제1항제2호에 따른 성매매알선등행위) 또는 이에 상응하는 위반행위로 인하여 처분을 받게 되는 경우를 제외함에 유의하여 한다. 또한, 수사절차에서 기소유예의 처분을 받을 경우 기왕의 처분은 1/2로 감경되고, 감경된 기간 또한 과징금으로의 전환이 가능하다.

나. 과징금전환 방법

과징금의 금액 등 필요한 사항에 대하여는 공중위생관리법 시행령 제7조의2 제1항 [별표 1]이 정하고 이다. 이 기준에 따르면 전년도의 1년간 총 매출금액을 기준으로 영업정지 1일에 해당하는 과징금 부과기준을 정하고 있다. 공중위생관리법 시행령 제7조의2 제2항에서는 그 금액을 가중 도는 감경할 수 있지만 가중하는 경우에도 그 총액이 3처남 원을 초과할 수 없다고 규정하고 있다.

6. 행정심판 등을 통한 감경의 범위

행정처분권자는 위반사항의 내용으로 보아 그 위반정도가 경미하거나 해당위반사항에 관하여 검사로부터 기소유예의 처분을 받거나 법원으로부터 선고유예의 판결을 받은 때에는 그 처분기준을 다음의 구분에 따라 경감할 수 있다.

가. 영업정지 및 면허정지의 경우에는 그 처분기준 일수의 2분의 1의 범위 안에서 경감할 수 있다.

나. 영업장폐쇄의 경우에는 3월 이상의 영업정지처분으로 경감할 수 있다.

또한, 형사절차에서 검사로부터 불기소처분(무혐의)을 받거나 법원으로부터 무죄판결을 받은 경우 행정처분이 취소될 수도 있다.

7. 감경기준

사건업소에서 청소년 혼숙이나 성매매 장소를 제공한 사실은 인정된다면, 관계법령에 따른 영업정지처분이 위법·부당하다고 할 수는 없다는 것이 행정심판위원회의 주지의 태도입니다. 다만, 위와 같은 행위가 위법하다고 하더라도 업주의 잘못이 아닌 종업원의 잘못인 경우, 청소년 이성혼숙 장소제공의 경위(고의인지 과실인지), 과거 동종전과 전력이 있는지 여부, 평소 청소년들에 대한 주민증 검사는 어떠한 형식으로 해왔는지, 영업기간은 어느 정도 되었는지(길수록 유리), 모텔의 규모 및 수입은 어떠한지(수입 및 월세 등 영세성 부각), 모텔이 가족들의 유일한 생계수단이라는 점 등이 고려될 경우 당초의 행정처분은 감경될 가능성이 높다.

8. 관련서식

가. 청구취지 기재례

> 피고가 20○○. ○. ○. 원고에 대하여 한 20○○. ○. ○.부터 같은 해 ○. ○.까지(2개월)의
> 숙박업영업정지처분은 이를 취소한다.
> 라는 재결을 구합니다.

> 피고가 2010. 5. 7. 원고에 대하여 한 ○○시 ○○구 ○○동 123-10 소재 숙박업소 "다이아모
> 텔"에 대한 영업정지처분은 이를 취소한다.

> 피청구인이 2012. 9. 28. 청구인에 대하여 한 과징금 180만원 부과 처분은 이를 취소한다.

나. 서식례

[서식] 소장 –숙박업영업정지처분

소 장

원 고　　○　　○　　○ (○○○○○○-○○○○○○○)
　　　　　　○○시 ○○구 ○○동 ○○　　　　　　(우 :　　　　)

피 고　　○○시 ○○구청장
　　　　　　○○시 ○○구 ○○동 ○○　　　　　　(우 :　　　　)

영업정지처분취소 청구의 소

청구취지

1. 피고가 20○○. ○. ○. 원고에 대하여 한 숙박업영업정지 2개월의 처분은 이를 취
   소한다.

2. 소송비용은 피고의 부담으로 한다

라는 판결을 구합니다.

청구원인

1. 사건개요

원고는 ○○시 ○○구 ○○길 ○○에서 ◇◇장이라는 상호의 여관(이하 '이 사건 업소'라 합니다)을 운영하는 자로 20○○. ○. ○. 업소에 미성년자를 혼숙하였다는 이유로 20○○. ○. ○.자로 원고에 대하여 2개월(20○○. ○. ○. - 20○○. ○. ○.)간 위 여관의 영업을 정지할 것을 명하는 처분(이하 '이 사건 처분'이라 합니다)을 하였습니다.

2. 원고의 주장

가. 공중위생법상 숙박업자는 '풍기문란의 우려가 있는 미성년 남녀(일부가 성년자인 경우를 포함한다)의 혼숙을 하게 하거나 이를 하도록 내버려 두어서는 아니된다'라고 규정하고 있는 바, 청구인의 업소에는 투숙객이 혼숙한 사실이 없습니다.

나. 이 사건의 경우 김○○자라는 성인 남자와 이○○라는 미성년 여자가 위 여관에 다른 목적을 가지고 잠시 들어 왔을 뿐 그들은 성관계를 갖거나 잠을 잔적이 없으므로 공중위생법 제12조 제2항 제1호 나목에서 정한 '풍기문란의 우려가 있는 미성년 남녀의 혼숙을 하게 하거나 이를 하도록 내버려 둔 경우'에 해당하지 않습니다.

다. 더구나 당시 원고가 위 미성년여자에게 성인인지 여부를 확인하기 위해 주민등록증을 요구하자 위 김○○는 '사람을 그렇게 믿지 못하느냐, 미성년자가 아니니 걱정 말라'고 화를 내었고, 이에 청구인이 '그러면 숙박계라도 기재하라'고 요구하자 '잠시 쉬어 갈 텐데 무슨 숙박계를 쓰냐'면서 화를 내므로 하는 수 없이 안내를 했던 것입니다.

3. 결론

그렇다면 가사 원고의 위 행위가 공중위생법에 위반한 것이라 하더라도 위와 같은 사정에 비추어 청구인을 비난하기 어렵고 이 사건의 실체에 비추어 볼 때 이 사건 처분은 지나치게 형식에만 치우쳐 그 처분으로 달성하려는 원래의 목적에 일탈하는 결과에 이르게 될 것인 바, 그렇다면 이 사건 처분은 청구인에게 과도한 것으로 부당하다고 아니할 수 없어 마땅히 취소를 면키 어렵다고 할 것입니다. 따라서 이 사건 처분은 위법 부당한 행정처분이므로 원고는 청구취지와 같은 판결을 구하고자 이 건 청구에 이른 것입니다.

입 증 방 법

1. 갑제1호증 행정처분통지서
1. 갑제2호증 사업자등록증
1. 갑제3호증 확인서
1. 갑제4호증 진술서

첨 부 서 류

1. 위 입증방법 각 1통
1. 소장부본 1통

20○○년 ○월 ○일

위 원고 ○ ○ ○ (인)

00행정법원 귀중

소 장

원 고 ○ ○ ○ (○○○○○○-○○○○○○○)

　　　　○○시 ○○구 ○○동 ○○　(우:　　)

피 고 ○○시 ○○구청장

　　　　○○시 ○○구 ○○동 ○○　(우:　　)

영업정지처분취소 청구의 소

청구취지

1. 피고가 20○○. ○. ○. 원고에 대하여 한 숙박업영업정지 2개월의 처분은 이를 취소한다.
2. 소송비용은 피고의 부담으로 한다.

라는 판결을 구합니다.

청구원인

1. 사건개요

원고는 2004. 6. 14. ○○시 ○○구 ○○동 123 소재 행운장모텔에 관하여 숙박업허가를 받고 이래 위 모텔을 경영하여 왔습니다. 다만, 원고는 현재 건강이 좋지 않은 관계로 위 모텔을 직접 경영할 수 없어 자기아들인 소외 최○선으로 하여금 경영하게 하고 있습니다. 그런데 피고는 원고가 윤락행위알선 및 장소제공을 하였다는 이유로 2010. 6. 5. 공중위생관리법 제11조 제1항의 규정에 의하여 같은 해 6. 6.부터 2개월간 위 숙박업소에 대한 영업정지처분을 하였습니다.

2. 이 사건 처분의 위법성

가. 피고의 행정처분이나 명령서만으로는 구체적인 위반사항이 무엇인지 확실히는 알 수 없으나 그간 있었던 형사사건 등으로 미루어 볼 때 2009. 3. 말부터 같은 해 6. 초순경 사이에 윤○자와 임○순 사이에 대하여 윤락행위를 알선하였다는 취지인 듯합니다. 그렇게 오래된 일이 어떻게 하여 뒤늦게 문제가 되었는지 모르겠습니다만 청구인은 물론 위 최○선 조차도

그런 일이 있는 줄은 전혀 알지 못했고 지금도 마찬가지입니다.

나. 혹시 만에 하나 당시 있던 종업원이 몰래 그런 짓을 하였는지 모르겠습니다만 가사 그렇다고 하더라도 청구인이 2006. 6.부터 오랫동안 숙박업을 해오면서도 한 번도 법에 어긋나는 짓을 하여 무슨 행정처분을 받은 적이 없는 점, 이미 상당히 오래된 일이라는 점, 알선했다는 사람도 두 사람 뿐인 점, 본건 모텔이 청구인 가족의 유일한 생업인 점 등을 고려할 때 대뜸 2월이나 되는 영업정지 처분을 하는 것은 지나치게 가혹한 처분이라고 생각됩니다.

3. 결 론

그렇다면 가사 원고의 위 행위가 공중위생법에 위반한 것이라 하더라도 위와 같은 사정에 비추어 원고를 비난하기 어렵고 이 사건의 실체에 비추어 볼 때 이 사건 처분은 지나치게 형식에만 치우쳐 그 처분으로 달성하려는 원래의 목적에 일탈하는 결과에 이르게 될 것인 바, 그렇다면 이 사건 처분은 원고에게 과도한 것으로 부당하다고 아니할 수 없어 마땅히 취소를 면키 어렵다고 할 것입니다. 따라서 이 사건 처분은 위법 부당한 행정처분이므로 원고는 청구취지와 같은 판결을 구하고자 이 건 청구에 이른 것입니다.

입 증 방 법

1. 갑제1호증	행정처분통지서
1. 갑제2호증	사업자등록증
1. 갑제3호증	확인서
1. 갑제4호증	진술서

첨 부 서 류

1. 위 입증방법	각 1통
1. 심판청구서부본	1통

20○○년 ○월 ○일

위 청 구 인 ○ ○ ○ (인)

△△시 △△구청장 귀중

[서식] 소장 – 영업정지처분취소 청구의 소(숙박업)

소　장

원　고　　　　성　춘　향 (000000-0000000)

　　　　　　　○○시 ○○구 ○○동 ○○○

　　　　　　　소송대리인 변호사 ○　○　○

　　　　　　　○○시 ○○구 ○○동 ○○○ (우 :　　　　)

　　　　　　　(전화 :　　　　,팩스 :　　　　)

피　고　　　　○○시장

영업정지 처분취소 청구의 소

청　구　취　지

1. 피고가 2010. 5. 7. 원고에 대하여 한 ○○시 ○○구 ○○동 123-10 소재 숙박업소 "다이아모텔"에 대한 영업정지처분은 이를 취소한다.

2. 소송비용은 피고의 부담으로 한다.

라는 판결을 구합니다.

청　구　원　인

1. 처분내용

원고는 청구취지 기재의 지번 소재 건물 5층 건물에서 2006. 9. 8. 숙박업의 허가를 받고 "다이아모텔"이라는 상호로 숙박업을 경영해 오던 중, 2010. 4. 13. 23:40경 소외 안○승이 미성년자인 소외 한○선과 투숙하는 것을 받아들였다는 이유로, 같은 해 5. 7. 피고로부터 영업정지 2개월(정지기간 : 같은 해 5. 15.부터 7. 14.까지)의 행정처분(이하 "이 사건 처분"이라고 한다)을 받았습니다.

2. 이 사건 처분의 위법성

가. 피고는 영업정지 명령서에서, 위 처분의 사유로 삼은 위 사실이 청소년보호법 제26조의2

제8항에 누구든지 "청소년에게 이성혼숙을 하게 하는 등 풍기를 문란하게 하는 영업행위를 하거나 그를 목적으로 장소를 제공하는 행위"를 위반한 것에 해당한다 하여, 동법 제50조 제4항에 따라 이 사건 처분을 행한 것으로 보여집니다.

그러나 위 처분은 아래에서 보는 바와 같이 사실과 법리를 오해하여 한 위법한 처분입니다.

나. 이 사건에서 문제된 소외 안ㅇ승은 2010. 4. 13. 22:50경 위 모텔에 와서 종업원인 소외 고ㅇ명에게 투숙의사를 밝혀 숙박부에 기재하게 한 후 305호실에 투숙하게 하였는바, 투숙 당시 위 고ㅇ명이 동숙자 유무를 물었는데 없다하여 1인 요금만 받은 후 혼자 투숙하게 되었습니다.

그런데 위 안ㅇ승은 투숙 후 30분이 지나 잠시 나갔다오겠다고 하면서 나간 후, 23:40경 만 18세 되었다는 소외 한ㅇ선과 함께 다시 모텔에 돌아와 두 사람이 함께 숙박한 것이 후에 밝혀졌지만, 두 사람이 함께 돌아왔을 때는 위 숙박업소의 업주인 원고나 종업원인 위 고ㅇ명 모두 소외 한ㅇ선은 물론 안ㅇ승이 들어온 것도 보지 못하였습니다.

다. 가사 원고가 이를 알고 있었다고 하더라도 단순히 성년의 남자가 성년에 가까운 성숙한 모습의 여자와 동숙하였는데, 후에 여자의 연령이 만 18세 남짓이라는 것이 밝혀졌다고 하여, 그것이 바로 "풍기문란의 우려가 있는 미성년 남녀의 혼숙"이라고 할 수는 없을 법리일 것이고, 적어도 다수의 사람이 투숙하였는데 그 중 상당수의 투숙자가 미성년자이라든지, 또는 외관상 명백히 미성년자라고 할 수 있을 것입니다. 그렇다면 이 사건에서도 위 한ㅇ선가 법률상 미성년자임이 후에 밝혀졌다고 하여 이를 "풍기문란의 우려가 있는 미성년 남녀의 혼숙"이라고 볼 수 없을 것입니다.

라. 따라서 이 사건 처분은 사실과 법리를 오해한 위법한 처분으로서 취소되어야 할 것입니다.

입 증 방 법

1. 갑 제1호증의 1   행정처분 통보
1. 갑 제1호증의 2   영업정지명령서
1. 갑 제2호증   숙박업허가증
1. 갑 제3호증   사업자등록증

그 밖의 입증서류는 변론에 따라 수시 제출하겠습니다.

첨 부 서 류

1. 위 입증서류 사본   각 1통
1. 주민등록초본   1통
1. 소장부본   1통
1. 위임장   1통

20○○. ○. .
위 원고 소송대리인 변호사 ○ ○ ○ (인)

○○행정법원 귀중

행정처분효력집행정지신청

신 청 인   홍 길 동 (○○○○○○-○○○○○○○)

○○시 ○○구 ○○동 ○○○

신청대리인 변호사 ○ ○ ○

○○시 ○○구 ○○동 ○○○   (우 :   )

(전화 :   , 팩스 :   )

피신청인   ○○구청장

숙박업영업정지처분 집행정지신청

신 청 취 지

피신청인이 2010. 6. 5. 신청인에 대하여 한 ○○시 ○○구 ○○동 123-1 소재 "루비모텔"에 관한 영업정지(2010. 6. 6.부터 2010. 8. 5.까지) 처분은 귀원 2010구 2345호 숙박업 영업정지처분취소 청구사건의 본안판결 확정시까지 그 효력을 정지한다.

라는 결정을 구합니다.

신 청 원 인

1. 신청인은 ○○시 ○○구 ○○동 123-1 소재 루비모텔에 관하여 2007. 1. 20. 자신의 명의로 숙박업허가 명의변경을 하고 이래 위 여관을 경영하여 왔습니다.

   다만 신청인은 현재 건축사로 일하고 있는 관계로 위 모텔을 직접 경영할 수 없어 신청외 김○영으로 하여금 경영하게 하다가 2009. 9. 15.부터는 신청외 문○귀로 하여금 경영하게 하고 있습니다. 그런데 피신청인은 신청인이 윤락행위알선 및 장소제공을 하였다는 이유로 2010. 6. 5. 공중위생관리법 제11조 제1항의 규정에 의하여 같은 해 6. 6.부터 2개월간 위 숙박업소에 대한 영업정지처분을 하였습니다.

2. 피신청인의 행정처분이나 명령서만으로는 구체적인 위반사항이 무엇인지 확실히는 알 수 없으나 그긴 있었던 형사사건 등으로 미루어 볼 때 위 김○영이 경영하고 있을 당시인 2009. 3. 말부터 같은 해 6. 초순경 사이에 정○지와 김○진에 대하여 윤락행위를 알선하였다는 취지인 듯 합니다.

그렇게 오래된 일이 어떻게 하여 뒤늦게 문제로 되었는지 모르겠습니다만, 신청인은 물론 당시 영영자인 위 김○영조차도 그런 일이 있는 줄은 전혀 알지 못했고 지금도 마찬가지입니다.

3. 혹시 만에 하나 당시 있던 종업원이 몰래 그런 짓을 하였는지 모르겠습니다. 가사 그렇다고 하더라도 신청인이 2007. 1.부터 오랫동안 숙박업을 해오면서도 한 번도 법에 어긋나는 짓을 하여 무슨 행정처분을 받은 적이 없는 점, 이미 상당히 오래된 일이라는 점, 알선했다는 사람도 두 사람 뿐인 점 등을 고려할 때 돌연 2개월이나 되는 영업정지 처분을 하는 것은 지나치게 가혹한 처분이라고 생각됩니다.

없는 돈에 여기 저기 끌어 모아 위 모텔을 경영하고 있는 문○귀나 그 종업원들의 입장까지 고려하면 더욱 그러합니다.

위와 같이 본건 처분은 처분의 근거가 없거나 재량권의 일탈 내지는 남용에 의한 것으로 위법부당하다 할 것이어서 마땅히 취소되어야 할 것인바, 만약 위 처분이 그대로 집행된다면 신청인이 후일 본안 소송에서 승소한다고 하더라도 이로 인하여 회복하기 어려운 손해를 입게 될 것임이 명백하므로 그 집행을 정지하여야 할 긴급할 필요가 있다고 사료되어 이 신청에 이른 것입니다.

소 명 방 법

1. 소갑 제1호증의 1	공중위생업소 행정처분
1. 소갑 제1호증의 2	영업정지명령서
1. 소갑 제2호증	숙박업 허가증
1. 소갑 제3호증의 1, 2	각 사업자등록증
1. 소갑 제4호증	행정심판청구접수증

첨 부 서 류

1. 주민등록초본	1통
1. 위임장	1통

20○○. ○.   .

신청인 대리인 변호사 ○ ○ ○ (인)

○○행정법원   귀중

Ⅲ 노래방(노래연습장)

1. 노래연습장업자의 준수사항 등

가. 노래방영업정지 개요

노래연습장업장 업자는 법 제22조 준수사항을 위반할 경우 음악산업진흥에 관한 법률 제27조의 규정에 의거 영업의 폐쇄, 등록취소처분, 6개월 이내의 영업정지명령 등을 받을 수 있다. 그 처분기준은 음악산업진흥에관한법률 제27조 제3항, 같은 법 시행규칙 제15조 제1항 [별표 2]에서 정하고 있다.

나. 노래연습장업자의 준수사항

노래연습장업자는 다음의 사항을 지켜야 한다.

(1) 영업소 안에 화재 또는 안전사고 예방을 위한 조치를 할 것

(2) 해당 영업장소에 대통령령이 정하는 출입시간외에 청소년이 출입하지 아니하도록 할 것. 다만, 부모 등 보호자를 동반하거나 그의 출입동의서를 받은 경우 그 밖에 대통령령이 정하는 경우에는 그러하지 아니하다.

(3) 주류를 판매·제공하지 아니할 것

(4) 접대부(남녀를 불문한다)를 고용·알선하거나 호객행위를 하지 아니할 것

(5) 「성매매알선 등 행위의 처벌에 관한 법률」 제2조제1항의 규정에 따른 성매매 등의 행위를 하게 하거나 이를 알선·제공하는 행위를 하지 아니할 것

(6) 건전한 영업질서의 유지 등에 관하여 대통령령이 정하는 사항을 준수할 것

나. 기타 접대행위

누구든지 영리를 목적으로 노래연습장에서 손님과 함께 술을 마시거나 노래 또는 춤으로 손님의 유흥을 돋우는 접객행위를 하거나 타인에게 그 행위를 알선하여서는 아니 된다.

[별표 1]

노래연습장업자의 준수사항(제9조관련)
1. 법 제20조에 따른 등록증을 출입자가 쉽게 볼 수 있는 곳에 붙여야 한다.
2. 청소년실 외의 객실에 청소년을 출입하게 하여서는 아니 된다. 다만, 부모 등 보호자를 동반하는 경우에는 그러하지 아니하다.
3. 영업소 안에 주류를 보관하거나, 이용자의 주류 반입을 묵인하여서는 아니 된다.

2. 노래방 주류제공 및 도우미 알선시 행정처분

가. 처분의 내용

음산법 제22조 및 제27조에 의하면 노래연습장업자는 손님에게 주류를 제공·판매하거나 접대부(남녀를 불문한다)를 고용·알선하거나 호객행위를 할 수 없다고 규정하고 있다. 그리고 같은 법 시행규칙 제15조 별표2에 따르면 위반사항이 주류를 제공·판매한 때에는 1차 위반일 경우 영업정지 10일, 2차 위반일 경우 영업정지 1개월, 3차 위반일 경우 영업정지 3개월, 4차 위반일 경우 등록취소 및 영업소 폐쇄를 할 수 있도록 규정하고 있다.

또한, 위반사항이 접대부를 고용·알선한 경우에는 1차 위반일 경우 영업정지 1개월, 2차 위반일 경우 영업정지 2개월, 3차 위반일 경우 등록취소 및 영업소 폐쇄를 할 수 있도록 규정하고 있다. 또한 위반행위가 2 이상인 경우로서 그에 해당하는 각각의 처분기준이 다른 경우에는 그 중 무거운 처분기준에 따르며, 둘 이상의 처분기준이 영업정지인 경우에는 6개월의 범위에서 무거운 처분기준의 2분의 1 이내에서 가중할 수 있다고 규정하고 있다.

나. 주류를 판매·제공한 때

위반사항	1차 위반	2차 위반	3차 위반	4차 위반
주류 판매, 제공	영업정지 10일	영업정지 1월	영업정지 3월	등록취소 영업폐쇄

다. 도우미(접대부 - 남녀불문)를 고용, 알선한 때

위반사항	1차 위반	2차 위반	3차 위반	4차 위반
도우미 고용알선	영업정지 1월	영업정지 2월	등록취시 영업폐쇄	

위 행정처분기준을 기초로 만일 업주가 노래방을 운영하면서 고의적이든 손님이나 파파라치의 요구에 따른 것이든 1차 위반 기준 손님들에게 술을 제공(판매)할 경우 영업정지 10일의 행정처분을, 도우미를 알선(고용)한 경우에는 영업정지 30일의 행정처분을 총 40일의 행정처분을 받게 된다(참고로 주류보관 및 반입묵인 등의 경우는 각각 10일의 행정처분을 받게 된다).

라. 형사처벌의 정도

접대부고용과 주류판매로 적발되어 검찰에 고발되는 경우 벌금은 보통 100만에서 300만원이 많다. 이는 일반음식점에서 청소년주류제공으로 청소년보호법위반으로 처분되는 벌금 50만원에서 100만원 사이임을 볼 때 많은 편이다. 노래방 벌금이 더 많은 이유는 노래방에서 도우미고용, 알선과 술판매,

제공 자체는 과실이 아닌, 고의 즉 어떤 이득을 위해 취득하기 위하여 고의로 관련 법률을 위반을 한 것으로 간주되기 때문이다.

3. 파파라치의 신고행위에 대한 감경여부

현행법에는 노래연습장 업주는 단란주점과는 달리 주류를 판매·제공할 수 없고, 누구든지 영리를 목적으로 노래연습장에서 손님과 함께 술을 마시거나 노래 등으로 손님의 유흥을 돋우는 접객행위를 하거나 타인에게 알선하는 경우에는 1년 이하의 징역 또는 300만원 이하의 벌금에 처하도록 하고 있다. 결국 이를 위반한 경우 그것이 상대방의 유도된 행위라고 하더라도 업주만 처벌받는 구도다. 이 때문에 위 사건과 같이 악의적으로 업주에게 도우미와 술 판매 등을 강요한 뒤 이를 빌미삼아 업주를 협박하거나 비용을 지불하지 않고 악용하거나 처음부터 경찰에 신고할 목적으로 고의로 업주의 위반행위를 유도하는 사례가 빈번히 발생해왔다.

문제는 이처럼 '노래방(노래연습장)에 손님으로 온 일행이 처음부터 경찰에 신고할 의도로 일부러 업주로 하여금 위반행위를 하도록 유도한 뒤 실제로 경찰에 신고하였다 하더라도, 제반 사정에 비추어 볼 때 당시 위반행위를 할 의사가 전혀 없는 상태에서 오로지 손님의 유도행위에 의하여 위반행위가 야기되었다고 볼 수 없고, 다만 이들은 상황에 따라 접대부 알선 의사를 가지고 있는 원고에게 접대부 알선 기회를 제공한 것에 불과하므로, 업주는 이런 사유를 들어 위와 같은 위반행위로 인한 행정처분을 면할 수 없다'(대전지방법원 2008. 6. 25. 선고 2008구합1049 판결)고 보는 것이 법원의 입장이다는 것이다.

따라서 신고인 등에게 강박 또는 기망을 당하였다거나 그 밖에 음산법상 노래연습장업자의 준수사항을 위반할 수밖에 없는 불가피한 사정이 있었다고 보여지지 않는 이상, 업주가 위반행위를 하지 않고자 하는 의사가 충분했다면 아무리 고의로 유도된 것이라고 하였더라도 관련 법규를 준수할 수 있었을 것이므로 도우미 알선 등의 행위가 파파라치의 악의적인 요구 및 신고 등의 행위에 기인하였다는 등의 사정이 있다하여 위법성이 가벼워진다거나 이를 달리 볼 것은 아니다.

4. 과징금전환

가. 부과권자

특별자치시장·특별자치도지사·시장·군수·구청장은 노래연습장업자가 시설기준을 갖추지 못한 때 또는 출입시간 외에 청소년 출입, 건전한 영업질서의 유 등에 관하여 대통령령으로 정하는 사항 중 어느 하나에 해당하여 영업정지처분을 하여야 하는 때에는 그 영업정지처분에 갈음하여 3천만원 이하의 과징금을 부과할 수 있다. 이 경우 특별자치시장·특별자치도지사·시장·군수·구청장은 과징금의 부과·징수에 관한 사항을 기록·관리하여야 한다.

다만, 위의 사항 중 출입시간외에 청소년 출입의 경우 부모 등 보호자를 동반하거나 그의 출입동의서를 받은 경우에는 처벌의 대상이 되지 아니하는데, 이때 출입동의서에는 ⅰ) 청소년의 인적사항(성명·생년월일·주소), ⅱ) 출입 사유와 출입 허용 일시, ⅲ) 부모 등 보호자의 인적사항(성명·생년월일·연락전화·청소년과의 관계) 및 서명 등이 기재되어야 한다.

나. 과징금 징수

특별자치시장·특별자치도지사·시장·군수·구청장은 제1항의 규정에 따른 과징금을 납부하여야 할 자가 납부기한까지 이를 납부하지 아니하는 때에는 「지방세외수입금의 징수 등에 관한 법률」에 따라 징수한다.

다. 과징금의 기준 등

(1) 기준

과징금 금액은 보통 영업정지 1일당 5만원으로 책정되며, 이 경우 영업정지 1월에 해당하는 과징금의 금액은 30일로 하여 산정한다. 다만, 시장·군수·구청장은 위반행위의 정도·위반횟수 및 위반행위의 동기와 그 결과 등을 고려하여 이에 따른 과징금의 금액의 2분의 1 범위에서 가중 또는 경감할 수 있다.

(2) 과징금의 상한

과징금을 가중하는 경우에도 과징금의 총액은 3천만원을 넘을 수 없다.

과징금 전환의 가능한 경우

- 노래방 등록위반
- 청소년 출입시간 위반
- 청소년 외 객실 청소년 출입
- <u>업소 내 주류보관·반입 묵인</u>

‖ 과징금 전환이 어려운 경우

- 주류 판매·제공(단, 행정심판위원회나 법원에서 과징금 전환이 가능하다는 재결이나 판결이 있을 시 가능)
- 도우미 알선·고용

라. 과징금의 납부

과징금으로 전환될 경우 노래방 업주는 과징금부과 통지서를 받은 후 20일 이내에 시장·군수·구청장 등이 정하는 수납기관에 납부하면 된다.

마. 과징금납부의 장점

과징금으로 전환될 경우 일정금의 과징금을 납부하여야 된다는 어려움은 있지만, 영업정지 없이 계속해서 영업을 할 수 있다는 장점이 있다.

5. 등록취소 등

가. 등록취소 사유

시·도지사 또는 시장·군수·구청장은 영업을 영위하는 자가 다음의 어느 하나에 해당하는 때에는 그 영업의 폐쇄명령, 등록의 취소처분, 6개월 이내의 영업정지명령, 시정조치 또는 경고조치를 할 수 있다. 다만, (1) 또는 (2)에 해당하는 때에는 영업을 폐쇄하거나 등록을 취소하여야 한다. 위의 규정에 따른 행정처분의 기준 등에 관하여 필요한 사항은 문화체육관광부령으로 정한다.

(1) 거짓 그 밖의 부정한 방법으로 신고 또는 등록을 한 때

(2) 영업의 정지명령을 위반하여 영업을 계속한 때

(3) 시설기준을 위반한 때

(4) 변경신고 또는 변경등록을 하지 아니한 때

(5) 노래연습장업자 준수사항을 위반한 때

(6) 제29조제3항에 해당하는 음반등을 제작·유통 또는 이용에 제공하거나 이를 위하여 진열·보관 또는 전시한 때

나. 등록증반납

영업의 폐쇄명령 또는 등록의 취소처분을 받은 자는 그 처분의 통지를 받은 날부터 7일 이내에 신고증 또는 등록증을 반납하여야 한다.

다. 과태료부과기준

[별표 2] 〈개정 2011.3.30〉

과태료의 부과기준(제17조 관련)

1. 일반기준

가. 위반행위의 횟수에 따른 과태료의 기준은 최근 1년간 같은 행위로 과태료를 받은 경우에 적용한다. 이 경우 위반행위에 대하여 과태료 처분을 한 날과 다시 같은 위반행위를 적발한 날을 각각 기준으로 하여 위반횟수를 계산한다.

나. 부과권자는 다음의 어느 하나에 해당하는 경우에는 제2호에 따른 과태료 금액의 2분의 1의 범위에서 감경할 수 있다. 다만, 과태료를 체납하고 있는 위반행위자의 경우에는 그러하지 아니하다.

  1) 위반행위자가 「질서위반행위규제법 시행령」 제2조의2제1항 각 호의 어느 하나에 해당하는 경우

  2) 위반행위가 사소한 부주의나 오류로 인한 것으로 인정되는 경우

  3) 그 밖에 위반행위의 정도, 위반행위의 동기와 그 결과 등을 고려하여 감경할 필요가 있다고 인정되는 경우

다. 부과권자는 다음의 어느 하나에 해당하는 경우에는 제2호에 따른 과태료 금액의 2분의 1의 범위에서 가중할 수 있다. 다만, 법 제36조제1항에 따른 과태료 금액의 상한을 넘을 수 없다.

  1) 법 위반상태의 기간이 6개월 이상인 경우

  2) 그 밖에 위반행위의 정도, 위반행위의 동기와 그 결과 등을 고려하여 가중할 필요가 있다고 인정되는 경우

2. 개별기준

위반행위	근거 법조문	과태료 금액
1. 노래연습장업자가 법 제11조를 위반하여 교육을 받지 않은 경우	법 제36조 제1항제1호	30만원
2. 법 제21조제1항을 위반하여 변경신고 또는 변경등록을 하지 않은 경우 가. 1차 위반한 경우 나. 2차 위반한 경우 다. 3차 이상 위반한 경우	법 제36조 제1항제2호	30만원 50만원 100만원
3. 법 제25조제1항을 위반하여 상호 등을 표시하지 않은 경우 가. 1차 위반한 경우 나. 2차 위반한 경우 다. 3차 이상 위반한 경우	법 제36조 제1항제3호	100만원 200만원 300만원

6. 행정처분의 기준

■ 음악산업진흥에 관한 법률 시행규칙 [별표 2] 〈개정 2019. 6. 4.〉

행정처분의 기준(제15조 관련)

1. 일반기준

가. 위반행위가 2 이상인 경우로서 그에 해당하는 각각의 처분기준이 다른 경우에는 그 중 무거운 처분기준에 따른다. 다만, 둘 이상의 처분기준이 영업정지인 경우에는 6개월의 범위에서 무거운 처분기준의 2분의 1 이내에서 가중할 수 있다. 이 경우 그 행정처분은 각 위반행위별 처분기준을 합산한 기간을 초과할 수 없다.

나. 어떤 위반행위에 대하여 그 행정처분을 하기 위한 절차가 진행되는 기간 중에 추가로 다른 위반행위를 한 때에도 가목에 따라 처분한다.

다. 어떤 위반행위에 대하여 그 행정처분을 하기 위한 절차가 진행되는 기간 중에 반복하여 같은 위반행위(개별기준의 위반사항이 동일한 경우의 위반행위를 말한다. 이하 같다)를 하는 경우로서 처분기준이 영업정지인 때에는 위반횟수마다 처분기준의 2분의 1씩 더하여 처분한다. 이 경우 처분을 합산한 기간이 6개월을 초과할 수 없다.

라. 위반행위의 횟수에 따른 행정처분의 기준은 최근 1년간 같은 위반행위로 행정처분을 받은 경우에 적용한다. 이 경우 기간의 계산은 위반행위에 대하여 행정처분을 받은 날과 그 처분 후 다시 같은 위반행위를 하여 적발된 날을 기준으로 한다.

마. 라목에 따라 가중된 행정처분을 하는 경우 행정처분의 적용차수는 그 위반행위 전 행정처분 차수(라목에 따른 기간 내에 행정처분이 둘 이상 있었던 경우에는 높은 차수를 말한다)의 다음 차수로 한다.

바. 같은 위반행위로 4차 행정처분까지 받은 후 다시 5차 이상 위반행위를 한 경우 4차 위반 시의 처분기준이 영업정지 1개월인 경우에는 영업정지 3개월, 영업정지 2개월인 경우에는 영업정지 4개월, 영업정지 3개월인 경우에는 영업정지 6개월로 처분한다.

사. 위반사항의 내용으로 보아 그 위반의 정도가 경미하거나 위반행위가 고의·과실이 아닌 사소한 부주의나 오류로 인한 것으로 인정되는 경우에는 그 처분을 감경할 수 있다. 이 경우 그 처분이 영업정지인 경우에는 그 처분기준의 2분의 1의 범위에서 감경할 수 있고, 영업폐쇄 또는 등록취소인 경우(법 제27조제1항제1호 및 제2호에 해당하여 영업폐쇄 또는 등록취소에 해당하는 경우는 제외한다)에는 3개월 이상의

영업정치처분으로 갈음할 수 있다.

아. 영업정지처분기간 1개월은 30일로 보며, 감경처분하려는 경우 그 영업정지기간을 산정할 때 1일 미만은 처분기간에서 제외한다.

2. 개별기준

위반사항	근거 법령	행정처분기준			
		1차위반	2차위반	3차위반	4차위반
가. 거짓 그 밖의 부정한 방법으로 신고 또는 등록을 한 때	법 제27조 제1항제1호	등록취소 영업폐쇄			
나. 영업의 정지명령을 위반하여 영업을 계속한 때	법 제27조 제1항제2호	등록취소 영업폐쇄			
다. 법 제18조에 따른 노래연습장 시설기준을 위반한 때	법 제27조 제1항제3호				
1) 투명유리창 및 마이크 시설이 시설기준을 위반한 때		경고	영업 정지 10일	영업 정지 20일	영업 정지 1개월
2) 그 외의 시설이 시설기준을 위반한 때		영업정지 10일	영업 정지 1개월	영업 정지 3개월	등록 취소
라. 법 제21조에 따른 변경신고 또는 변경등록을 하지 아니한 때	법 제27조 제1항제4호	경고	영업 정지 10일	영업 정지 20일	영업 정지 1월
마. 법 제22조에 따른 노래연습장업자의 준수사항을 위반한 때 1) 영업소 안에 화재 또는 안전사고 예방을 위한 조치를 취하지 아니한 때	법 제27조 제1항제5호	경고	영업 정지 10일	영업 정지 20일	영업 정지 1월
2) 청소년 출입시간 외에 청소년을 출입시킨 때		영업 정지 10일	영업 정지 1월	영업 정지 3월	등록 취소 영업 폐쇄
3) 주류를 판매·제공한 때		영업 정지 10일	영업 정지 1월	영업 정지 3월	등록 취소 영업 폐쇄
4) 접대부(남녀를 불문한다)를 고용·알선한 때		영업 정지 1월	영업 정지 2월	등록 취소 영업 폐쇄	
5) 청소년을 접대부(남녀를 불문한다)로 고		등록취소			

위반행위	근거 법령	1차 위반	2차 위반	3차 위반	4차 위반
용·알선하는 행위를 한 때		영업폐쇄			
6) 호객행위를 한 때		영업 정지 10일	영업 정지 20일	영업 정지 1월	영업 정지 3월
7) 「성매매알선 등 행위의 처 벌에 관한 법률」 제2조제1항에 따른 성매매 등의 행위를 하게 하거나 이를 알선·제공하는 행위를 한 때		등록취소 영업폐쇄			
8) 보호자 동반 없이 청소년실 외의 객실에 청소년을 출입하게 한 때		영업 정지 10일	영업 정지 20일	영업 정지 1월	영업 정지 3월
9) 업소 안에 주류를 보관한 때		영업 정지 10일	영업 정지 20일	영업 정지 1월	영업 정지 3월
10) 이용자의 주류 반입을 묵인한 때		영업 정지 10일	영업 정지 20일	영업 정지 1월	영업 정지 3월
11) 등록증을 출입자가 쉽게 볼 수 있는 곳에 붙이지 아니한 때		경고	영업 정지 10일	영업 정지 20일	영업 정지 1월
바. 법 제29조제3항에 해당하는 음반등을 제작·유통 또는 이용에 제공하거나 이를 위하여 진열·보관 또는 전시한 때	법 제27조 제1항제6호				
1) 법 제29조제3항에 해당하는 음반등을 제작한 때		영업 정지 3월	등록 취소 영업 폐쇄		
2) 법 제29조제3항에 해당하는 음반 등을 유통한 때 가) 적발수량이 5개 미만인 때		경고	영업 정지 10일	영업 정지 20일	영업 정지 1월
나) 적발수량이 20개 미만인 때		영업 정지 10일	영업 정지 1월	영업 정지 3월	등록 취소
다) 적발수량이 20개 이상인 때		영업 정지 1월	영업 정지 3월	등록 취소 영업 폐쇄	영업 폐쇄
3) 법 제29조제3항에 해당하는 음반 등을 이용에 제공한 때		영업 정지	영업 정지	등록 취소	

		1월	3월	영업 폐쇄	
4) 법 제29조제3항에 해당하는 음반 등을 제작·유통 또는 이용에 제공하기 위하여 진열·보관 또는 전시한 때 가) 적발수량이 20개 미만인 때		경고	영업 정지 10일	영업 정지 1월	영업 정지 2월
나) 적발수량이 20개 이상인 때		영업 정지 10일	영업 정지 1월	영업 정지 2월	등록 취소 영업 폐쇄

7. 감경기준

통상 노래방영업정지사건의 재결례를 살펴보면 사건 처분결과 통보서, 손님 진술서 등에 의하면 사건 업소에서 주류를 판매한 사실은 다툼이 없다. 따라서 관계법령에 따라 피청구인이 청구인에게 한 이 사건 처분에 위법부당함은 없다고 판단하면서도 감경을 할 경우 그 감경사유로 언급하는 것들은 청구인이 이 사건에 대하여 깊이 반성하고 있는 점, 초범인 점, 남편과 사별 후 세 명의 자녀와 함께 살면서 어렵게 생계를 이어가고 있는 점 등 청구인의 어려운 가정적·경제적 형편과 이 사건 처분으로 청구인이 입게 될 경제적 불이익 등을 감안해 볼 때 피청구인의 이 사건 처분은 청구인에게 다소 가혹한 처분이라고 여겨질 경우 감경이 된다.

8. 관련 서식

가. 청구취지 기재례

> 피고가 2000. ○. ○. 원고에 대하여 결정 고지한 45일의 영업정지처분은 이를 취소한다.

> 피고가 20○○. ○. ○. 원고에 대하여 한 20○○. ○. ○.부터 같은 해 ○. ○까지(2개월)의 영업정지처분은 이를 취소한다.

> 피청구인이 2013. 7. 22. 청구인에 대하여 한 40일의 영업정지 처분을 취소한다.

나. 서식례

[서식] 소장 - 노래방영업정지취소 청구의 소

소　장

원　고　　　　○○○(주민등록번호)

　　　　　　　　○○시 ○○구 ○○길 ○○(우편번호 ○○○-○○○)

　　　　　　　　전화·휴대폰번호:

　　　　　　　　팩스번호, 전자우편(e-mail)주소:

피　고　　　　서울특별시 ◇◇구청장

　　　　　　　　○○시 ○○구 ○○길 ○○(우편번호 ○○○-○○○)

　　　　　　　　소송수행자 ▢▢▢

영업정지처분 취소청구의 소

청 구 취 지

1. 피고가 20○○. ○. ○. 원고에 대하여 한 영업정지처분을 취소한다.

2. 소송비용은 피고의 부담으로 한다.

라는 판결을 구합니다.

청 구 원 인

1. 처분의 경위

피고는 서울 ○○구 ○○길 ○○○의 ○○ 소재 건물 1층에서 "◎◎노래방"이라는 상호로 노래연습장을 경영하고 있던 원고가 20○○. ○○. ○. 접대부 ◆◆◆, △△△를 고용하였다는 이유로 20○○. ○○. ○. 원고에 대하여 3개월 간(20○○. ○○. ○○.~20○○. ○. ○○) 영업정지처분을 하였습니다.

2. 처분의 위법성

가. ▲▲▲, ▽▽▽는 약 1년 전 서울 ○○구 ○○길 소재 - - 나이트클럽에서 만나 평소 알고 지내던 ◆◆◆, △△△와 20○○. ○○. ○. ○○:○○경 위 - - 나이트클럽 앞에서 만나 ◎◎노래방에 들어갔습니다.

나. ▲▲▲ 일행이 위 ◎◎노래방 ○○호실에 입실하여 약 10분간 저알콜 음료를 마시며 노래를 부르고 있을 때, ○○구 경찰서 ○○길 파출소 소속 단속반 7, 8명이 위 ◎◎노래방에 들어와 ▲▲▲, ▽▽▽, ◆◆◆, △△△를 서로 다른 방으로 데려가 접대부 고용 여부에 관하여 조사를 하였습니다.

다. 당시 ◆◆◆, △△△는 자신들이 접대부가 아니라며 강력히 항의하여 단속반원들이 요구하는 진술서를 작성하지 아니하였으나, ▲▲▲, ▽▽▽는 집으로 전화를 하여 여자들과 함께 있었던 사실을 알리겠다는 단속반원들의 말에 가정불화가 생길 것을 두려워하여, 단속반원들이 미리 작성한 "시간당 1만원씩 주기로 하고 ▲▲▲, ▽▽▽를 불렀다"는 취지의 진술서에 서명을 하였습니다.

라. 피고의 이 사건 처분은 사실을 오인한 처분으로서 위법하다 할 것입니다.

3. 결 론

이에 이 사건 처분을 취소하기 위하여 본 건 소를 제기합니다.

입 증 방 법

1. 갑 제1호증	행정처분통지서
1. 갑 제2호증	노래방등록증
1. 갑 제3호증	사업자등록증
1. 갑 제4호증	사실확인서
1. 갑 제5호증	영업소내부사진

첨 부 서 류

1. 위 입증방법	각 1통
1. 소장부본	1통
1. 송달료납부서	1통

20○○. ○. ○.

위 원고   ○○○   (서명 또는 날인)

○○행정법원 귀중

소 장

원 고   ○ ○ ○(주민등록번호)
              ○○시 ○○구 ○○길 ○○ (우편번호 ○○○ - ○○○)

피고   △△도 지방경찰청장

영업정지처분 취소청구

청구취지

1. 피고가 20○○. ○. ○. 원고에 대하여 결정 고지한 45일의 영업정지처분은 이를 취소한다.
2. 소송비용은 피고의 부담으로 한다.
라는 판결을 구합니다.

청구원인

1. 원고는 ○○시 ○○구 ○○길 ○○ 소재 지하층 30평을 임차하여 '☆☆☆노래방'이라는
   상호로 노래연습장을 경영하고 있습니다.

2. 이 사건 단속경위
   원고는 20○○. ○. ○. ○○:○○경 위 노래연습장의 종업원인 김ㅁㅁ의 친구인 이ㅁㅁ가
   그의 일행 5명을 데리고 왔기에 이들의 주민등록증을 확인하기 위해 주민등록증 제시를
   요구하였으나 위 이ㅁㅁ만 주민등록을 소지하고 있어 그의 주민등록증으로 만 18세가 넘었
   음을 확인하고, 박ㅁㅁ과 최ㅁㅁ에게 나머지 일행들은 모두 친구들이냐고 묻자 그렇다는
   말을 믿고 출입시켰는데, 20분 뒤에 피청구인의 관할인 역전파출소 소속 경찰관 2명으로부
   터 만 18세미만인 박ㅁㅁ 일행을 입장시켰다는 이유로 단속되었습니다.

3. 위 이ㅁㅁ은 주민등록상 분명히 만 18세가 넘는 자이고, 그 일행 중 2명이 18세 미만자라는
   이유로 단속되었는 바, 청구인으로서는 위 이ㅁㅁ 일행이 종업원의 친구라 하고 이ㅁㅁ이

18세 미만자가 아님이 확인되었기에 일행중 일부가 연령미달자라고 의심할 여지가 없었던 점에 비추어 본건 처분은 지나치게 가혹한 것이라 생각됩니다.

4. 또한 원고는 사업 실패 후 은행과 친구들로부터 막대한 돈을 빌려 이 사건 노래연습장을 임차해 내부시설 투자를 하고, 영상가요 반주기를 구입하여 영업을 하면서 생계를 꾸려나가고 있는데, 이 사건 행정처분으로 수입도 얻지 못하게 되어 채무이행은 물론이고 당장 생계유지도 힘든 형편입니다.

5. 따라서 이 사건의 단속경위 등 여러 사정을 참작할 때 피고의 45일간의 영업정지처분은 부당하므로 이를 취소하여 주시기 바랍니다.

입 증 방 법

1. 갑 제1호증   행정처분통지서 사본
1. 갑 제2호증   종업원 진술서
1. 갑 제3호증   탄원서

첨 부 서 류

1. 위 입증방법   각 1통
1. 심판청구서부본   1통

20○○년 ○월 ○일
위 원고 ○ ○ ○ (인)

서울행정법원 귀중

소 장

원 고   ○○○(주민등록번호)

              ○○시 ○○구 ○○길 ○○(우편번호 ○○○-○○○)

피 고   서울특별시 ◇◇구청장

              ○○시 ○○구 ○○길 ○○(우편번호 ○○○-○○○)

영업정지처분 취소청구의 소

청 구 취 지

1. 피고가 20○○. ○. ○. 원고에 대하여 한 3개월 간의 영업정지처분(20○○. ○. ○. ~ 20○○. ○. ○.)을 취소한다.
2. 소송비용은 피고의 부담으로 한다.

라는 판결을 구합니다.

청 구 원 인

1. 처분의 경위

피고는 서울 ○○구 ○○길 ○○ – ○ 소재 건물 1층에서 "◎◎노래방"이라는 상호로 노래연습장업을 경영하고 있던 원고가 20○○. ○. ○. 접대부 임△△, 이▲▲를 고용하였다는 이유로 20○○. ○. ○. 원고에 대하여 3개월 간(20○○. ○. ○. ~ 20○○. ○. ○.) 영업정지처분을 하였습니다.

2. 처분의 위법성

임△△, 이▲▲는 문▽▽, 김▼▼와 함께 노래방에 들어온 손님이지 접대부가 아니었으므로 이 사건 처분은 사실을 오인한 위법한 처분입니다.

3. 결론

위와 같이 피고가 원고에 대하여 한 처분은 위법하므로 이에 본건 소를 제기합니다.

입 증 방 법

1. 갑 제1호증　　　　　영업정지명령서
1. 갑 제2호증　　　　　노래방등록증
1. 갑 제3호증　　　　　사업자등록증
1. 갑 제4호증　　　　　사실확인서

첨 부 서 류

1. 위 입증방법　　　　　각 1통
1. 소장부본　　　　　　1통
1. 송달료납부서　　　　1통

20○○.　○.　○.

위 원고　○○○　(서명 또는 날인)

○○행정법원 귀중

[서식] 소장 – 영업정지처분취소 청구의 소(노래방)

소　　장

원 고　　　　　○　　○　　○ (○○○○○○-○○○○○○○)
　　　　　　　　○○시 ○○구 ○○동 ○○　　(우 :　　　　)

피 고　　　　　○○시 ○○구청장
　　　　　　　　○○시 ○○구 ○○동 ○○　　(우 :　　　　)

영업정지처분취소 청구의 소

청 구 취 지

1. 피고가 20○○. ○. ○. 원고에 대하여 한 20○○. ○. ○.부터 같은 해 ○. ○까지(2개월)의 영업정지처분은 이를 취소한다.
2. 소송비용은 피고의 부담으로 한다.

라는 판결을 구합니다.

청 구 원 인

1. 처분의 경위

원고는 20○○. ○월경 ○○시 ○○구 ○○동 ○○소재 지하실 "○○노래방"이라는 상호의 노래방을 인수하여 영업의 승계인 신고를 하여 피고로부터 갱신등록증을 득한 후 경영해 왔는데, 피고는 원고가 20○○. ○. ○. 21:00경 위 노래방에서 주류를 판매·제공하였다는 이유로 20○○. ○. ○.자로 원고에 대하여 20○○. ○. ○.부터 같은 해 ○. ○까지 2개월 간 위 노래방의 영업을 정지할 것을 명하는 처분을 하였습니다.

2. 처분의 위법성

이 사건 처분은 다음과 같은 점에서 위법하므로 취소되어야 합니다.

가. 영화 및 비디오물의 진흥에 관한 법률상 노래연습장업자의 준수사항으로 "주류를 판매·제공하는 행위"를 금지하고 있는바, 원고의 업소에서는 노래방 이용 손님에게 주류 반입을 묵인하거나 판매·제공한 사실이 없습니다. 이 사건의 경우는 30대 중반 남자 김○○외 4명이 위 노래방에 들어와 1시간동안 노래를 부르고 가겠다고 하여 1시간 대실료 금 15,000원을 받고 노래기기에 음악을 제공한 사실은 있었으나 영화및비디오물의진흥에관한법률 제62조 제3항 가목에 정한 주류를 판매·제공한 행위"에 해당하지 아니한다 할 것입니다.

나. 이 사건 당일 21:00경 위 30대 남자 안○○외 일행 4명이 만취상태에서 노래방에 들어와 1시간만 노래를 부르고 가겠다고 하여 201호를 대실한 사실이 있으나 위 손님 중에 1명이 품속에 캔맥주 5개를 노래방 종사자 모르게 반입하여 5명이 201호 내에서 나누어 마신 후 빈 캔을 휴지통에 버린 것을 피고의 소속 단속공무원이 원고가 주류반입을 묵인한 것으로 오인하여 위 같은 처분한 것으로 사료됩니다.

3. 처분의 부당성

원고는 위와 같다면 노래방 종사자로 내방 손님이 품속에 주류를 숨겨 반입하는 것까지 이를 막을 방법이 없다 할 것입니다. 가사 원고가 주류반입을 알고 있었다고 하더라도 만취한 손님에게 주류반입을 금지할 경우 손님이 이에 응할 손님이 거의 없는 현실에서 단순히 소극적으로 이를 제지하지 아니하였다는 이유로 원고에게 생계수단인 노래방 영업정지처분은 가혹하고 부당하다 할 것입니다. 따라서 위 같은 사정에 비추어 원고를 비난하기 어렵고, 이 사건의 실체에 비추어 볼 때 이 사건처분은 지나치게 형식에만 치우쳐 그 처분으로 달성하려는 원래 목적에서 일탈하는 결과에 이르게 될 것인 바, 그렇다면 이 사건 처분은 원고에게 과도한 것으로 부당하다고 아니할 수 없어 마땅히 취소를 면키 어렵다고 할 것입니다.

입 증 방 법

1. 갑 제1호증　　　　　　　행정처분통지서
1. 갑 제2호증　　　　　　　노래방등록증
1. 갑 제3호증　　　　　　　사업자등록증
1. 갑 제4호증　　　　　　　사실확인서

그 밖의 입증서류는 변론시 수시 제출하겠습니다.

첨 부 서 류

1. 위 입증서류 사본　　　　　　　각 1통
1. 주민등록초본　　　　　　　　　1통
1. 소장부본　　　　　　　　　　　1통

20○○. ○. ○.

위 원고 ○ ○ ○ (인)

○○행정법원　귀중

Ⅳ 편의점

1. 편의점 업주의 의무

유해매체물이나 약물 등이 청소년에게 유통되는 것을 막고, 청소년이 유해업소에 출입하는 것을 규제하는 등 청소년의 건전한 인격체로의 성장을 이끌기 위해 마련된 법률이 청소년보호법이다. 이법에서 청소년은 19세 미만인 자를 말하며, 편의점 등을 운영하는 업주들의 경우 청소년에게 술과 담배 등 유해물을 판매하는 것이 금지되어 있다.

2. 편의점 업주의 청소년에 대한 술, 담배 판매시 처벌기준

가. 형사처벌

청소년에게 담배 및 주류를 판매하였을 경우 청소년 보호법에 따라 2년 이하의 징역 또는 2천만원 이하의 벌금에 처해질 수 있으며, 실무에서는 초범인 경우 대략 500~600만원 정도의 벌금형에 처해지는 경우가 많다.

[관련규정]

> **청소년보호법 제59조(벌칙)**
>
> 다음 각 호의 어느 하나에 해당하는 자는 2년 이하의 징역 또는 2천만원 이하의 벌금에 처한다.
>
> 7의3. 제28조제5항을 위반하여 <u>주류 등의 판매</u> · 대여 · 배포를 금지하는 내용을 표시하지 아니한 자

나. 행정처분

(1) 소매인 지정의 취소

시장 · 군수 · 구청장은 소매인이 다음의 어느 하나에 해당하는 경우에는 그 지정을 취소하여야 한다(담배사업법 제17조).

(가) 부정한 방법으로 소매인의 지정을 받은 경우

(나) 제16조제2항 제1호각 목의 결격사유[260] 중 어느 하나에 해당하게 된 경우. 다만, 법인의 대표자가

---

260) ② 시장 · 군수 · 구청장은 제1항에 따른 소매인의 지정을 받으려는 자가 지정을 신청한 때에는 소매인 지정을 하여야 한다. 다만, 다음 각 호의 어느 하나에 해당하는 경우에는 그러하지 아니하다.
　1. 다음 각 목의 어느 하나에 해당하는 자인 경우
　　가. 미성년자 또는 피성년후견인 · 피한정후견인

그 사유에 해당하게 된 경우로서 6개월 이내에 그 대표자를 바꾸어 임명한 경우에는 그러하지 아니하다.

(다) 최근 5년간 2회의 영업정지처분을 받은 사실이 있는 자가 다시 (2)의 호의 어느 하나에 해당하게 된 경우

(라) 영업정지기간 중에 영업을 한 경우

(마) 폐업신고 또는 휴업신고를 하지 아니하고 60일 이상 영업을 하지 아니한 경우

(바) 정당한 사유 없이 90일 이상 제조업자, 수입판매업자 또는 도매업자로부터 담배를 매입하지 아니한 경우

(사) 소매인으로 지정된 후 제16조제2항제3호에 따라 기획재정부령으로 정하는 지정기준을 충족하지 못하게 된 경우. 다만, 그 소매인에게 책임이 없는 사유로 지정기준을 충족하지 못한 경우는 제외한다.

(2) 영업정지

시장·군수·구청장은 소매인이 다음의 어느 하나에 해당하는 경우에는 1년 이내의 기간을 정하여 그 영업의 정지를 명할 수 있으며, 이에 따른 영업정지처분의 기준 및 절차 등에 관하여 필요한 사항은 기획재정부령으로 정한다.

(가) 제12조 제3항[261])을 위반하여 담배를 판매한 경우

(나) 제18조제5항[262])을 위반하여 담배를 판매한 경우

(다) 제20조(다른 담배 포장지의 사용금지 등)를 위반하여 담배의 포장 및 내용물을 바꾸어 판매한 경우

(라) 제25조 제3항에 따른 광고물의 제거 등 시정에 필요한 명령이나 조치를 이행하지 아니한 경우

나. 파산선고를 받고 복권되지 아니한 자

다. 이 법을 위반하여 징역의 실형을 선고받고 그 집행이 끝나거나(집행이 끝난 것으로 보는 경우를 포함한다) 집행이 면제된 날부터 1년이 지나지 아니한 사람

라. 이 법을 위반하여 징역형의 집행유예를 선고받고 그 유예기간 중에 있는 사람

마. 제17조제1항에 따라 지정이 취소된 날부터 2년이 지나지 아니한 자

바. 대표자가 가목부터 마목까지의 어느 하나에 해당하는 법인

261) ③ 제조업자, 수입판매업자, 도매업자 또는 소매인은 다음 각 호의 담배를 판매해서는 아니 된다.

1. 담배제조업허가를 받지 아니한 자가 제조한 담배

2. 「관세법」 제14조에 따라 부과되는 관세를 내지 아니하거나, 같은 법 제235조에 따라 보호되는 상표권을 침해하거나, 같은 법 제241조에 따른 수입신고를 하지 아니하고 수입된 담배

3. 절취 또는 강취(強取)된 담배

4. 제11조의5제3항을 위반하여 화재방지성능인증서를 제출하지 아니한 담배

262) ④ 제조업자나 수입판매업자는 제1항에 따른 판매가격을 결정하여 신고하였을 때에는 기획재정부령으로 정하는 바에 따라 그 가격을 공고하여야 한다.

⑤ 소매인은 제4항에 따라 공고된 판매가격으로 담배를 판매하여야 한다.

(마) 정당한 사유 없이 기획재정부령으로 정하는 기간 동안 계속하여 담배를 판매하지 아니한 경우

(바) 정당한 사유 없이 60일 이상 제조업자, 수입판매업자 또는 도매업자로부터 담배를 매입하지 아니한 경우

(사) 청소년에게 담배를 판매한 경우

(아) 그 밖에 이 법 또는 이 법에 따른 명령을 위반한 경우

(3) 소매인에 대한 영업정지처분 기준

[별표 3] 〈개정 2018. 12. 7.〉

소매인에 대한 영업정지처분 기준(제11조제4항 관련)

1. 일반기준

가. 위반행위의 동기·내용·기간·횟수 및 위반행위로 인하여 얻은 이익 등 다음에 해당하는 사유를 고려하여 위반행위에 해당하는 처분기준의 2분의 1의 범위에서 감경할 수 있다.

  1) 위반행위가 고의나 중대한 과실이 아닌 사소한 부주의나 단순한 오류로 인한 것으로 인정되는 경우

  2) 위반의 내용·정도 등이 경미하여 담배판매업 등 담배사업에 미치는 피해가 적다고 인정되는 경우

  3) 위반 행위자가 처음 위반 행위를 한 경우로서 5년 이상 담배소매업을 모범적으로 수행한 사실이 인정되는 경우

나. 위반행위가 둘 이상인 경우로서 그에 해당하는 각각의 처분기준이 다른 경우에는 그 중 가장 무거운 처분기준에 따른다. 다만, 각각의 처분기준을 합산한 기간을 넘지 않는 범위에서 무거운 처분기준의 2분의 1의 범위에서 기간을 늘릴 수 있되, 영업정지기간은 1년을 초과할 수 없다.

다. 위반행위의 횟수에 따른 행정처분의 기준은 최근 2년간 같은 위반행위를 한 경우에 적용한다. 이 경우 행정처분 기준의 적용은 같은 위반행위에 대한 행정처분일과 다시 같은 위반행위(처분 후의 위반행위만 해당한다)를 적발한 날을 기준으로 한다.

2. 개별기준

위반사항	근거 법령	영업정지기준	
		1차	2차
가. 법 제12조제3항을 위반하여 담배를 판매한 경우	법 제17조 제2항제1호	3개월	6개월
나. 법 제18조제5항을 위반하여 담배를 판매한 경우	법 제17조 제2항제2호	1개월	3개월
다. 법 제20조를 위반하여 담배의 포장 및 내용물을 바꾸어 판매한 경우	법 제17조 제2항제3호	2개월	4개월
라. 법 제25조제3항에 따른 광고물의 제거 등 시정에 필요한 명령이나 조치를 이행하지 아니한 경우	법 제17조 제2항제4호	3개월	6개월
마. 정당한 사유 없이 30일 이상 계속하여 담배를 판매하지 아니한 경우	법 제17조 제2항제5호	1개월	2개월
바. 정당한 사유 없이 60일 이상 제조업자, 수입판매업자 또는 도매업자로부터 담배를 매입하지 아니한 경우	법 제17조 제2항제6호	1개월	2개월
사. 청소년에게 담배를 판매한 경우	법 제17조 제2항제7호	2개월	3개월
아. 그 밖에 이 법 또는 이법에 따른 명령을 위반한 경우로서 제7조의3제3항 후단을 위반하여 소매인이 담배진열장 또는 담배소매점 표시판을 건물 또는 시설물의 외부에 설치한 경우	법 제17조 제2항제8호	경고	1개월
자. 그 밖에 이 법 또는 이 법에 따른 명령을 위반한 경우로서 제8조를 위반하여 소매인이 승인을 받지 않고 영업소의 위치를 변경한 경우	법 제17조 제2항제8호	15일	1개월

※ 비고: 법 제17조제1항제3호에 따라 최근 5년간 2회의 영업정지처분을 받은 사실이 있는 자가 다시 제2호 개별기준 각 목의 어느 하나에 해당하게 된 경우에는 소매인 지정을 취소해야 한다.

3. 행정심판 등을 통한 감경 정도

가. 담배소매인(청소년에 담배판매)

위반행위의 동기·내용·기간·횟수 및 위반행위로 인하여 얻은 이익 등 다음에 해당하는 사유를 고려하여 위반행위에 해당하는 처분기준의 2분의 1의 범위에서 감경할 수 있다.

(1) 위반행위가 고의나 중대한 과실이 아닌 사소한 부주의나 단순한 오류로 인한 것으로 인정되는 경우

(2) 위반의 내용·정도 등이 경미하여 담배판매업 등 담배사업에 미치는 피해가 적다고 인정되는 경우

(3) 위반 행위자가 처음 위반 행위를 한 경우로서 5년 이상 담배소매업을 모범적으로 수행한 사실이 인정되는 경우

나. 청소년 주류판매

청소년에 주류판매의 경우 행정처분의 기준의 영업정지인 경우 정지처분 규정에 따라 기간의 2분의 1 이하의 범위에서 감경할 수 있다.

다만, 주류를 제공하는 행위를 한 식품접객업자가 청소년의 신분증 위조·변조 또는 도용으로 청소년인 사실을 알지 못하였거나 폭행 또는 협박으로 인하여 청소년임을 확인하지 못한 사정이 인정되어 불기소처분이나 선고유예 판결을 받은 경우 9/10 이하의 범위에서 감경할 수 있으며, 영업허가취소 또는 영업장 폐쇄의 경우에는 영업정지 3개월 이상의 범위에서 그 처분을 감경될 수 있다.

4. 행정청의 사전통지

관할행정청은 편의점 점주가 단속에 적발되었다는 사실을 수사기관으로부터 통지를 받게되면 업주에게 해당 위반행위에 대하여, 어떠한 법적근거로 향후 어떠한 처분을 받게될 것이라는 사전통지를 하게 된다. 이때 행정청은 사전통지에 대한 개인의 의견을 제출할 수 있는 기회를 함께 부여하는데 이는 최종 처분을 하기에 앞서 관할행정청에서 처분에 대한 당사자의 의견을 청취하고자 하는 절차라 생각하면 된다.

청문절차를 통해 실제 구제받을 가능성은 매우 낮다. 그러나 위 기간 내 사전처분에 대한 의견을 제시하지 아니할 경우 사전처분된 내용에 의견이 없는 것으로 간주하고 그 내용 그대로 처분이 되기 때문에 향후 진행될 행정심판 등에 끼칠 영향을 고려하고 또한 혹시 모를 구제가능성을 위해서라도 자신의 억울함을 최대한 호소해 보는 것이 좋다.

5. 행정심판청구 등 절차진행하기

사전통지기간이 도과되면 관할 행정청은 담배사업법의 규정에 의거하여 해당 위반 점주에게 영업정지 등의 처분을 하게 되는데, 만약 점주가 이러한 영업정지 등의 처분에 불복하려는 경우 <u>그 처분이 있음을 안날로 부터 90일 이내, 처분이 있은 날로부터 180일 이내에 행정심판을 청구</u>해야만 된다(다만 행정소송의 경우에는 처분이 있음을 안날로부터 90일, 있는 날로부터 1년임). 만일 그 기간이 도과될 경우에는 제대로 다투어 보지도 못하고 각하 처분될 수 있음에 주의하여야 한다.

집행정지신청은 행정심판청구와 동시에 제기할 수 있음은 다른 불복절차와 같다.

6. 감경기준

대법원에서는 "제재적 행정처분이 사회통념상 재량권의 범위를 일탈하였거나 남용하였는지 여부는 처분사유로 된 위반행위의 내용과 당해 처분행위에 의하여 달성하려는 공익목적 및 이에 따르는 제반 사정 등을 객관적으로 심리하여 공익침해의 정도와 그 처분으로 인하여 개인이 입게 될 불이익을 비교·교량하여 판단하여야 한다.(대법원 2000. 4. 7. 선고 98두11779 판결)"고 판시하고 있다.

이를 기준으로 감경된 사안의 감경사유를 살펴보면, "이 사건인 경우, 청구인이 고용한 민○○이 기소유예 처분을 받은 사실, 사건 당일은 민○○이 편의점 아르바이트를 처음 시작한 날이었고 CCTV영상을 보면 그 이전 손님에 대하여는 신분증 검사를 실시한 사실, 담배를 구입한 청소년의 경우 술에 취한 상태였으며 화장과 의상이 외관상 청소년이 아니라고 볼 여지가 있는 점을 고려하고 최근 코로나19 사태로 인하여 소상공인의 사업 운영에 어려움이 예상되는 점 등 참작할 만한 사정들을 종합적으로 감안해 볼 때, 피청구인이 청구인에게 한 처분은 다소 가혹하다고 볼 수 있으므로 피청구인은 청구인에 대하여 한 1개월의 영업정지 처분을 1/2감경하여 15일로 변경하여도 크게 무리가 없다 할 것이다."라는 것이다. 따라서 행정심판청구시 관련 내용을 반드시 참고하여 진행하여야 할 것이다.

7. 관련서식

가. 청구취지 기재례

> 피고가 2021. 7. 8. 청구인에 대하여 한 영업정지 2월 처분은 이를 취소한다.

> 피고가 2010. 3. 2. 및 2010. 5. 7. 청구인에 대하여 각각 한 과징금 550,000원 부과 처분은 이를 취소한다.

> 피청구인이 2020. 2. 4. 청구인에 대하여 한 담배소매인 영업정지 1개월 처분을 영업정지 15일 처분으로 변경한다.

나. 서식례

[서식] 영업정지처분취소(편의점: 담배판매)

서 장
소 장

원 고   ○   ○   ○ (○○○○○○-○○○○○○○)

                      ○○시 ○○구 ○○동 ○○   (우 :   )

피 고   ○○시 ○○구청장

                      ○○시 ○○구 ○○동 ○○   (우 :   )

담배소매인영업정지처분 취소청구

청 구 취 지

피고가 2021. 7. 8. 청구인에 대하여 한 영업정지 2월 처분은 이를 취소한다.

라는 재결을 구합니다.

청 구 원 인

1. 사건의 개요

원고는 2006. 6. 29. 피고에게 부산광역시 ○○구 ○○동 1가 52-6번지에서 "◇◇"라는 상호의 담배소매인 지정을 받아 업소(이하 "사건업소"라 한다)를 운영하던 중 2007. 10. 30. 03:10경 사건업소에서 청소년에게 담배를 판매하였다는 이유로 부산○○경찰서 소속 경찰관에게 적발되었고, 부산○○경찰서장이 2007. 11. 1. 피청구인에게 위 적발사항을 통보함에 따라 피청구인은 2008. 5. 27. 청구인에게 처분사전통지를 한 후 2008. 6. 11. 청구인으로부터 의견제출서를 받아 2008. 7. 8. 청구인에 대하여 사건업소에서 청소년에게 담배판매 행위를 하였다는 이유로 영업정지 2월 처분(이하 "이 건 처분"이라 한다)을 하였다.

2. 원고의 주장

가. 2007. 10. 30. 03:10경 사건업소에서 경찰관도 신분증 확인 전까지는 성인으로 판단했다고 할 정도로 청소년으로 보기 힘든 복장과 형색의 청소년에게 담배를 판매한 사실이 있다. 담배판매와는 시간적, 공간적으로 직접적인 관련이 없는 남녀혼숙과 관련하여 이를 목격한

시민의 고발에 의하여 경찰관이 출동하여 담배를 구매한 당사자들을 조사하는 과정에서 사건업소가 적발되었다. 청구인은 19세미만 청소년에게 유해물 판매 등을 금지하는 「청소년보호법」제26조제1항과 제51조제8호 위반으로 벌금 처분 및 영업정지 처분을 받았다. 사건업소는 청소년에게 술, 담배의 판매를 금지하는 경고성 문구를 누구나 쉽게 볼 수 있는 계산대 앞에 명시하고 있었고, 편의점 영업을 한 때부터 종업원 교육에 상당한 주의를 기울였으며, 특히 청소년과 미성년자에 대한 술, 담배를 비롯한 유해물품의 판매금지에 관한 지시는 가장 강조하는 점 중의 하나이다. 사건업소에서 이 건 위반사항 적발 전까지 단 한번도 위반사항이 발생한 사실이 없고, 청구인과 당시 종업원은 일평생 단 한번도 위법행위에 연루된 사실이 없이 선량한 주부이자 시민으로 생활하여 왔다.

나. 이 건 위반사항이 청소년의 출입이 드문 시간대인 새벽 3시경에 발생한 점과 19세미만의 청소년에 대한 담배판매 등의 처벌의 취지가 청구인과 같은 경우까지도 포함된다고 한다면, 19세미만 청소년에 대한 식별수단과 정확한 판단은 일반인의 지식과 구속력으로는 대단히 곤란함을 감안해 주기 바란다. 특히 19세미만의 청소년에 대한 유해물품 판매 등에 주의를 기울였음을 소명하였고, 성인으로의 위장, 신분증 도용, 선·후천적으로 성인과 분별이 안 되는 청소년 등 예외적인 경우와 헤아리기 힘든 술수와 상상을 초월하는 방법에 의한 경우에는 생계와 직결되는 영업정지 처분을 한다면, 권리남용이다. 청구인은 현재 적자누적으로 채무에 상당한 부담을 느끼고 있는데, 이 건 처분으로 매출감소가 가중된다면, 생계유지가 막막하다.

3. 결론

원고는 이 사건의 깊은 반성과 재발방지를 위한 각성의 계기로 삼고 청소년 보호에 더욱 힘쓸 것을 다짐하니 이 건 처분을 취소하여 주기 바란다.

입증방법

추후 제출하겠습니다.

2020. 1. 1.

원고 김 0 0 (인)

000행정법원 귀중

소　장

원 고　　　　○　○　○ (○○○○○○-○○○○○○○)
　　　　　　　○○시 ○○구 ○○동 ○○　 (우 :　　)

피 고　　　　○○시 ○○구청장
　　　　　　　○○시 ○○구 ○○동 ○○　 (우 :　　)

청소년보호법위반과 징금부과처분 취소청구

청 구 취 지

피고가 2021. 3. 2.과 2021. 5. 7. 청구인에 대하여 각각 한 과징금 550,000원 부과 처분은 이를 취소한다.

라는 재결을 구합니다.

청 구 원 인

1. 사건의 개요

원고는 부산광역시 ○○구 ○○동1가 20-4번지에 '◇◇'이라는 상호의 편의점 (이하 "사건업소"라 한다)을 운영하던 중, 2021. 2. 7. 18:18경 사건업소에서 청소년에게 술과 담배를 판매한 사실이 부산○○경찰서 소속 경찰관에게 적발되었고, 부산○○경찰서장이 2021. 2. 8. 위 적발 사실을 피청구인에게 통보하자 피고는 2021. 2. 10. 청구인에게 청소년에게 주류 판매를 이유로 과징금 처분을 위한 사전처분통지를 하고 2021. 2. 24. 원고로부터 의견을 제출받아 2021. 3. 2. 원고에게 청소년에게 주류 판매(1차)를 이유로 과징금 550,000원 부과 처분(이하 '이 사건 처분1'이라 한다)을 하였다.

한편, 피고는 2021. 3. 5. 원고에게 청소년에게 담배 판매를 이유로 담배소매인 영업정지 처분을 위한 사전처분통지를 하자 원고는 2010. 3. 24. 피고에게 의견을 제출하였으나 2021. 3. 31. 원고에게 담배소매인 폐업 신고를 하였다. 이에 피청구인은 2021. 5. 3. 청구인에게 청소년에게 담배 판매를 이유로 과징금 처분을 위한 사전처분통지를 하고 2010. 5. 6. 청구인으로부터 의견을 제출받아 2021. 5. 7. 원고에게 청소년에게 담배 판매(1차)를 이유로 과징금 550,000원 부과 처분(이하 '이 사건 처분2'라 한다)을 하였다.

가. 2010. 2. 7. 18:00경 사건업소의 종업원 강ㅇㅇ이 생김새도 비슷한 한살 차이의 신분증을 들고 온 손님에게 담배와 술을 판매하였고, 종업원 강ㅇㅇ이 손님에게 신분증을 보자고 하니까 그냥 주머니에서 꺼내는 것이 아니라 뒷주머니 안의 지갑에 꽂혀 있는 신분증을 제시하여 연도뿐만 아니라 사진까지 확인을 받고 술과 담배를 들고 나갔다. 사건당일 청소년은 신분증이 본인과 아주 비슷하였기에 지갑 속에 넣고 다녔다 할 것이며 경찰도 아닌 일반인이 본인 유무를 확인하는 것은 정말 불가능하다 할 것이다.

나. 사건업소는 편의점으로 담배판매가 매출의 60% 이상을 차지하는데 2개월간 영업정지 처분을 받게 되면 문을 열수도 없고 빚을 내어 사건업소를 운영하고 있어 재산 손실을 감수하더라도 사건업소를 정리·처분하는 것이 나을 것 같아 사건업소를 넘겼다. 청구인은 검찰로부터 혐의 없음 처분도 받고 손님의 신분 확인 등 해야 할 도리를 다 했는데도 영세상인만 이렇게 피해를 받아야 하는 것이 억울하고 부당하므로 피청구인의 이 사건 처분1과 이 사건 처분2를 취소하여 주기 바란다.

입증방법

추후 제출하겠습니다.

2021. 1. 1.

원고 김 ㅇㅇ (인)

○○○행정심판위원회   귀중

제10장 국가유공자등록

1. 개념

국가유공자란 국가를 위해 공헌하거나 희생한 사람을 통칭하는 말로써, 국가유공자와 그 유족에게는 국가가 생활안전과 복지향상을 위해 그 공헌과 희생의 정도에 따라 연금·생활조정수당·간호수당·보철구(補綴具) 수당 및 사망일시금 등을 지급한다. 또한 국가유공자와 유족 등이 건전한 사회인으로 자립할 수 있도록 학자금 지급 등의 교육보호, 취업알선 등의 취업보호, 의료비보조 등의 의료보호 및 양로·양육보호와, 자립 및 생활안정을 위한 농토·주택구입자금의 대부, 생활안정자금의 대부 등을 하고 있다.

[유공자신청절차]

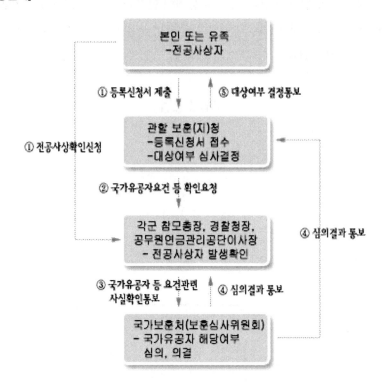

2. 적용대상

다음 각 호의 어느 하나에 해당하는 국가유공자, 그 유족 또는 가족(다른 법률에서 이 법에 규정된 예우 등을 받도록 규정된 사람을 포함한다)은 이 법에 따른 예우를 받는다(국가유공자 등 예우 및 지원에 관한 법률 제4조 1항).

제1호 순국선열: 「독립유공자예우에 관한 법률」 제4조제1호에 따른 순국선열

제2호 애국지사: 「독립유공자예우에 관한 법률」 제4조제2호에 따른 애국지사

제3호 전몰군경(戰歿軍警): 군인이나 경찰공무원으로서 전투 또는 이에 준하는 직무수행 중 사망한 사람(군무원으로서 1959년 12월 31일 이전에 전투 또는 이에 준하는 직무수행 중 사망한 사람을 포함한다)

제4호 전상군경(戰傷軍警): 군인이나 경찰공무원으로서 전투 또는 이에 준하는 직무수행 중 상이를 입고 전역(퇴역·면역 또는 상근예비역 소집해제를 포함한다. 이하 같다)하거나 퇴직(면직을 포함한다. 이하 같다)한 사람(군무원으로서 1959년 12월 31일 이전에 전투 또는 이에 준하는 직무수행 중 상이를 입고 퇴직한 사람을 포함한다)으로서 그 상이정도가 국가보훈처장이 실시하는 신체검사에서 제6조의4에 따른 상이등급(이하 "상이등급"이라 한다)으로 판정된 사람

제5호 순직군경(殉職軍警): 군인이나 경찰·소방 공무원으로서 국가의 수호·안전보장 또는 국민의 생명·재산 보호와 직접적인 관련이 있는 직무수행이나 교육훈련 중 사망한 사람(질병으로 사망한 사람을 포함한다)

제6호 공상군경(公傷軍警): 군인이나 경찰·소방 공무원으로서 국가의 수호·안전보장 또는 국민의 생명·재산 보호와 직접적인 관련이 있는 직무수행이나 교육훈련 중 상이(질병을 포함한다)를 입고 전역하거나 퇴직한 사람으로서 그 상이정도가 국가보훈처장이 실시하는 신체검사에서 상이등급으로 판정된 사람

제7호 무공수훈자(武功受勳者): 무공훈장(武功勳章)을 받은 사람. 다만, 「국가공무원법」 제2조 및 「지방공무원법」 제2조에 따른 공무원과 국가나 지방자치단체에서 일상적으로 공무에 종사하는 대통령령으로 정하는 직원이 무공훈장을 받은 경우에는 전역하거나 퇴직한 사람만 해당한다.

제8호 보국수훈자(保國受勳者): 다음 각 목의 어느 하나에 해당하는 사람

　　가. 군인으로서 보국훈장을 받고 전역한 사람

　　나. 군인 외의 사람으로서 간첩체포, 무기개발 및 그 밖에 대통령령으로 정하는 사유(이하 "간첩체포등의 사유"라 한다)로 보국훈장을 받은 사람. 다만, 「국가공무원법」 제2조 및 「지방공무원법」 제2조에 따른 공무원(군인은 제외한다)과 국가나 지방자치단체에서 일상적으로 공무에 종사하는 대통령령으로 정하는 직원이 간첩체포등의 사유로 보국훈장을 받은 경우에는 퇴직한 사람만 해당한다.

제9호 6·25참전 재일학도의용군인(在日學徒義勇軍人)(이하 "재일학도의용군인"이라 한다): 대한민국 국민으로서 일본에 거주하던 사람으로서 1950년 6월 25일부터 1953년 7월 27일까지의 사이에 국군이나 유엔군에 지원 입대하여 6·25전쟁에 참전하고 제대한 사람(파면된 사람이나 형을

선고받고 제대된 사람은 제외한다)

제10호 참전유공자: 「참전유공자 예우 및 단체설립에 관한 법률」 제2조제2호에 해당하는 사람 중 다음
각 목의 어느 하나에 해당하는 사람

　　가. 「참전유공자 예우 및 단체설립에 관한 법률」 제5조에 따라 등록된 사람

　　나. 「고엽제후유의증 등 환자지원 및 단체설립에 관한 법률」 제4조 또는 제7조에 따라 등록된
사람

제11호 4 · 19혁명사망자: 1960년 4월 19일을 전후한 혁명에 참가하여 사망한 사람

제12호 4 · 19혁명부상자: 1960년 4월 19일을 전후한 혁명에 참가하여 상이를 입은 사람으로서 그
상이정도가 국가보훈처장이 실시하는 신체검사에서 상이등급으로 판정된 사람

제13호 4 · 19혁명공로자: 1960년 4월 19일을 전후한 혁명에 참가한 사람 중 제11호와 제12호에 해당하
지 아니하는 사람으로서 건국포장(建國褒章)을 받은 사람

제14호 순직공무원: 「국가공무원법」 제2조 및 「지방공무원법」 제2조에 따른 공무원(군인과 경찰공무원
은 제외한다)과 국가나 지방자치단체에서 일상적으로 공무에 종사하는 대통령령으로 정하는
직원으로서 국민의 생명 · 재산 보호와 직접적인 관련이 있는 직무수행이나 교육훈련 중 사망한
사람(질병으로 사망한 사람을 포함한다)

제15호 공상공무원: 「국가공무원법」 제2조 및 「지방공무원법」 제2조에 따른 공무원(군인과 경찰공무원
은 제외한다)과 국가나 지방자치단체에서 일상적으로 공무에 종사하는 대통령령으로 정하는
직원으로서 국민의 생명 · 재산 보호와 직접적인 관련이 있는 직무수행이나 교육훈련 중 상이
(질병을 포함한다)를 입고 퇴직한 사람으로서 그 상이정도가 국가보훈처장이 실시하는 신체검
사에서 상이등급으로 판정된 사람

제16호 국가사회발전 특별공로순직자(이하 "특별공로순직자"라 한다): 국가사회발전에 현저한 공이
있는 사람 중 그 공로와 관련되어 순직한 사람으로서 국무회의에서 이 법의 적용 대상자로
의결된 사람

제17호 국가사회발전 특별공로상이자(이하 "특별공로상이자"라 한다): 국가사회발전에 현저한 공이
있는 사람 중 그 공로와 관련되어 상이를 입은 사람으로서 그 상이정도가 국가보훈처장이 실시
하는 신체검사에서 상이등급으로 판정되어 국무회의에서 이 법의 적용 대상자로 의결된 사람

제18호 국가사회발전 특별공로자(이하 "특별공로자"라 한다): 국가사회발전에 현저한 공이 있는 사람
중 제16호와 제17호에 해당하지 아니하는 사람으로서 국무회의에서 이 법의 적용 대상자로
의결된 사람

3. 구체적인 기준과 범위

가. 일반적인 기준

국가유공자의 요건에 해당되는지에 대한 구체적인 기준과 범위는 다음 각 호의 사항 등을 종합적으로 고려하여 대통령령으로 정한다.

제1호 전투 또는 이에 준하는 직무수행의 범위

제2호 직무수행이나 교육훈련과 국가의 수호ㆍ안전보장 또는 국민의 생명ㆍ재산 보호와의 관련 정도

제3호 사망하거나 상이(질병을 포함한다)를 입게 된 경위 및 본인 과실의 유무와 정도

나. 다른 법률에 따른 기준

제4조 제1항 제1호 및 제2호에 따른 순국선열ㆍ애국지사의 예우에 관하여는「독립유공자예우에 관한 법률」에서 정하며, 제1항 제10호 가목에 해당하는 사람의 예우에 관하여는「참전유공자 예우 및 단체설립에 관한 법률」에서 정하고, 제1항 제10호 나목에 해당하는 사람의 지원에 관하여는「고엽제후유의증 등 환자지원 및 단체설립에 관한 법률」에서 정한다.

다. 제외 대상

제4조 제1항 제3호부터 제6호까지, 제14호 또는 제15호에 따른 요건에 해당되는 사람이 다음 각 호의 어느 하나에 해당되는 원인으로 사망하거나 상이(질병을 포함한다)를 입으면 국가유공자, 그 유족 또는 가족에서 제외한다.

제1호 불가피한 사유 없이 본인의 고의 또는 중대한 과실로 인한 것이거나 관련 법령 또는 소속 상관의 명령을 현저히 위반하여 발생한 경우

제2호 공무를 이탈한 상태에서의 사고나 재해로 인한 경우

제3호 장난ㆍ싸움 등 직무수행으로 볼 수 없는 사적(私的)인 행위가 원인이 된 경우

4. 국가유공자요건해당사실 여부 결정방법

국가유공자 등 요건 해당여부는 보훈심사위원회에서 보훈(지)청의 요청에 의하여 각군본부 등 소속기관의 장이 확인하여 통보한 요건관련 사실확인서와 관련 입증서류, 관할 보훈(지)청에 등록신청 시 제출된 관련 입증자료와 행정심판 재결 및 법원 판례, 의학적 연구발표 사례, 복무기간 및 근무환경 등을 종합적으로 검토하여 국가유공자 등 요건해당여부를 심의의결하게 되며, 주소지 관할 보훈(지)청장이 최종 결정하게 된다.

등록 및 결정

1. 등록절차

국가유공자, 그 유족 또는 가족이 되려는 사람(이하 이 조에서 "신청 대상자"라 한다)은 대통령령으로 정하는 바에 따라 국가보훈처장에게 등록을 신청하여야 한다. 다만, 신청 대상자가 다음 각 호의 어느 하나에 해당하는 경우에는 대통령령으로 정하는 바에 따라 국가보훈처 소속 공무원이 신청 대상자의 동의를 받아 등록을 신청할 수 있고, 그 동의를 받은 경우에는 신청 대상자가 등록을 신청한 것으로 본다(국가유공자 등 예우 및 지원에 관한 법률 제6조).

제1호 「국가보훈 기본법」 제23조제1항제3호의2에 따라 발굴된 희생·공헌자의 경우

제2호 전투 또는 이에 준하는 직무수행 중 상이를 입거나 사망한 경우

제3호 그 밖에 대통령령으로 정하는 사유로 직접 등록을 신청할 수 없는 경우

2. 보훈보상대상자 지원에 관한 법률에 따른 특례

「보훈보상대상자 지원에 관한 법률」 따라 등록을 신청하는 사람에 대하여는 그 등록신청을 한 날에 등록을 신청한 것으로 본다. 〈신설 2011.9.15.〉

3. 결정 및 통지 절차

국가보훈처장은 등록신청을 받으면 그 요건을 확인한 후 국가유공자, 그 유족 또는 가족에 해당하는지를 결정한다. 이 경우 제4조제1항제3호부터 제6호까지, 제8호, 제14호 및 제15호의 국가유공자(이하 "전몰군경등"이라 한다)가 되기 위하여 등록을 신청하는 경우에는 그 소속하였던 기관의 장에게 그 요건과 관련된 사실의 확인을 요청하여야 하며, 그 소속하였던 기관의 장은 관련 사실을 조사한 후 대통령령으로 정하는 바에 따라 그 요건과 관련된 사실을 확인하여 국가보훈처장에게 통보하여야 한다.

4. 국가유공자, 그 유족 또는 가족에 해당하는 사람으로 결정

가. 보훈심사위원회의 심의, 의결

국가보훈처장은 국가유공자, 그 유족 또는 가족에 해당하는 사람으로 결정할 때에는 보훈심사위원회의 심의·의결을 거쳐야 한다. 다만, 국가유공자, 그 유족 또는 가족의 요건이 객관적인 사실에 의하여 확인된 경우로서 대통령령으로 정하는 경우에는 보훈심사위원회의 심의·의결을

거치지 아니할 수 있다.

나. 불신청자에 대한 예우 및 관리
국가보훈처장은 제4조 제1항 각 호(제1호, 제2호 및 제10호는 제외한다)의 어느 하나에 해당하는 적용 대상 국가유공자임에도 불구하고 신청 대상자가 없어 등록신청을 할 수 없는 사람에 대해서는 보훈심사위원회의 심의 · 의결을 거쳐 국가유공자로 기록하고 예우 및 관리를 할 수 있다.

5. 국가유공자로 등록신청 후 결정되기까지 소요기간
국가유공자로 등록신청을 하고 결정되기까지의 주요 대상별 소요 기간은 대략 다음과 같다 (사실확인 및 심사기간 제외). 무공수훈자, 보국수훈자 : 20일, 순국선열, 애국지사 : 6개월–1년, 전 · 공상군경, 재해부상군경 : 6개월, 전몰 · 순직군경, 재해사망군경 : 4개월, 순직(공상)공무원, 재해부상(사망)공무원 : 4개월 등이다.

[별지 제2호서식] 〈개정 2021. 4. 7.〉   정부24(www.gov.kr)에서도 신청할 수 있습니다.

국가유공자(유족) 등 등록신청서

※ [ ]에는 해당하는 곳에 √표시를 합니다.   (앞쪽)

접수번호		접수일시	처리기간	20일 (사실확인 및 심사기간 제외, 무공 · 보국수훈자는 14일)
국가 유공자	성명		주민등록번호	–
	군별(소속)			
	군번		계급(직급)	
	입대일(임용일)	년 월 일		
	전공사상 · 포상일		전공사상 · 포상훈격	
	년 월 일		[ ]전상 [ ]공상 [ ]전사	

	[ ]순직 [ ]포상 (훈격:)		
전역일(퇴직일)	년 월 일		

신청인	국가유공자와의 관계	성명	주민등록번호 —
	주소		
	전화번호	휴대전화번호	

유족 및 가족 사항 (신청인 포함)	국가유공자와의 관계	성명	주민등록번호	비고
			—	
			—	
			—	
			—	
			—	

「국가유공자 등 예우 및 지원에 관한 법률」 제6조제1항, 같은 법 시행령 제8조제1항·제16조제1항 및 같은 법 시행규칙 제3조·제7조제1항에 따라 위와 같이 등록을 신청합니다.

년 월 일

신청인 (서명 또는 인)

지방보훈청장
보훈지청장 귀하
제주특별자치도지사

☞ 뒤쪽에 제출 서류 및 동의서가 있습니다.

210mm×297mm[백상지(80g/㎡) 또는 중질지(80g/㎡)]

| 신청인
제출 서류 | 1. 가족관계기록사항에 관한 증명서 1부
2. 제적등본(가족관계기록사항에 관한 증명서를 통해 국가유공자와의 관계를 확인할 수 없는 경우에만 제출합니다) 1부
3. 사진(3.5cm×4.5cm) 1장[전자문서로 신청하는 경우에는 50킬로바이트 이하 디지털사진파일(JPG파일)을 제출하시기 바랍니다]
4. 4·19혁명부상자 및 4·19혁명사망자의 유족: 4·19혁명 당시 혁명참가자가 소속하였던 단체나 학교의 장이 발행한 4·19혁명참가확인서와 4·19혁명으로 인하여 사망하였거나 상이를 입었음을 증명할 수 있는 서류 각 1부
5. 국가유공자와 사실혼 관계에 있는 사람: 그 사실혼 관계를 증명할 수 있는 서류 1부
6. 국가유공자를 주로 부양하거나 양육한 사실이 있는 사람: 그 사실을 증명할 수 있는 서류 1부
7. 같은 순위 유족 간의 협의에 따라 보상금 수급자나 선순위 유족으로 지정된 사람: 별지 제12호서식의 보상금 수급자 지정서 또는 별지 제13호서식의 선순위 유족 지정협의서 1부
8. 군인, 경찰·소방 공무원 등으로서 전역하거나 퇴직한 사람: 전역일자 또는 퇴직일자를 확인할 수 있는 서류 1부
9. 군인, 경찰·소방 공무원 등으로서 6개월 이내에 전역이나 퇴직하려는 사람: 전역예정일자 또는 퇴직예정일자를 확인할 수 있는 서류 1부 | 수수료
없음 |
| 담당 공무원
확인사항 | 1. 주민등록표 등본
2. 무공수훈자, 보국수훈자 및 4·19혁명공로자의 경우 행정안전부장관이 발급하는 상훈수여 증명서
3. 병적증명서(군인으로 전역한 경우에만 제출합니다) | |

행정정보 공동이용 동의서

본인은 이 건 업무처리와 관련하여 담당 공무원이 「전자정부법」 제36조제1항에 따른 행정정보의 공동이용을 통해 담당 공무원 확인사항을 확인하는 것에 동의합니다.
* 동의하지 않는 경우에는 직접 관련 서류를 제출해야 합니다.

* 동의함[ ] 동의하지 않음[ ]   신청인   (서명 또는 인)

개인정보 수집 및 이용 동의서

이 건 업무처리와 관련하여 「한국보훈복지의료공단법」 제7조에 따른 보훈병원으로부터 전자의무기록을 제공받아 상이등급 판정을 위한 신체검사 및 심사 업무에 이용하는 것에 동의합니다.
* 동의하지 않는 경우에는 신청인이 직접 관련 자료를 제출해야 합니다.

* 동의함[ ] 동의하지 않음[ ]   신청인   (서명 또는 인)

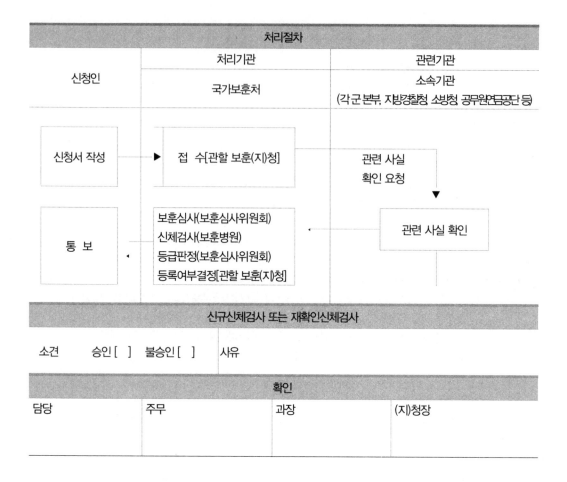

처리절차			
신청인	처리기관		관련기관
	국가보훈처		소속기관 (각군본부, 지방경찰청, 소방청, 공무원연금공단 등)
신청서 작성	접 수[관할 보훈(지)청]		관련 사실 확인 요청
통 보	보훈심사(보훈심사위원회) 신체검사(보훈병원) 등급판정(보훈심사위원회) 등록여부결정[관할 보훈(지)청]		관련 사실 확인

신규신체검사 또는 재확인신체검사
소견   승인 [ ]   불승인 [ ]   사유

확인			
담당	주무	과장	(지)청장

6. 신체검가

가. 방법

국가보훈처장은 제4조제1항제4호·제6호·제12호·제15호 및 제17호에 따라 이 법의 적용 대상자로 될 상이를 입은 사람의 판정과 그가 입은 상이정도 또는 상이처의 변경 등으로 인한 상이등급을 판정하기 위하여 신체검사를 실시한다. 이 경우 대통령령으로 정하는 사유가 있는 사람의 상이등급 판정을 위한 신체검사는 서면심사(書面審査)로 할 수 있다(국가유공자 등 예우 및 지원에 관한 법률 제6조의3).

1. 상이등급 심사

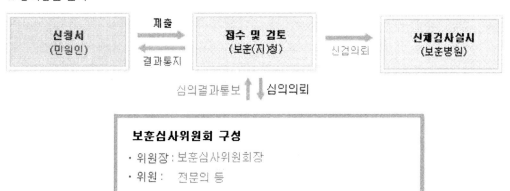

2. 장애등급 심사

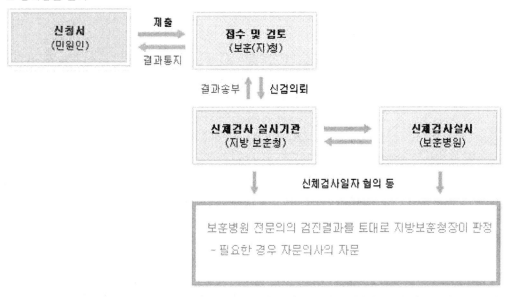

나. 신체검사의 구분

위 1항에 따라 실시하는 신체검사는 다음 각 호의 구분에 따른다.

제1호 신규신체검사: 제6조제1항에 따라 등록을 신청한 사람에 대하여 보훈심사위원회가 심의·의결한 경우에 실시하는 신체검사

제2호 재심신체검사: 신규신체검사의 판정에 이의가 있는 사람에 대하여 실시하는 신체검사

제3호 재확인신체검사: 신규신체검사나 재심신체검사에서 상이등급의 판정을 받지 못한 사람에 대하여 실시하는 신체검사

제4호 재판정(再判定)신체검사: 신규신체검사, 재심신체검사 또는 재확인신체검사에서 상이등급의 판정을 받아 이 법의 적용 대상이 된 사람 중 본인의 신청 또는 국가보훈처장의 직권에 의하여 상이등급을 재판정할 필요가 있다고 인정되는 사람에 대하여 실시하는 신체검사

7. 보상받을 권리의 발생시기 및 소멸시기 등

가. 등록신청을 한 날이 속하는 달

보상을 받을 권리는 제6조제1항에 따른 등록신청을 한 날이 속하는 달부터 발생한다. 다만, 제14조의2제1항, 제22조제4항 및 제63조의2제2항에 따라 생활조정수당 지급, 교육지원 및 보조금 지급을 신청하는 경우에는 그 신청한 날이 속하는 달부터 해당 보상을 받을 권리가 발생한다(국가유공자 등 예우 및 지원에 관한 법률 제9조).

나. 사유가 발생한 날이 속하는 달

국가유공자, 그 유족 또는 가족이 제6조의2제1항제1호부터 제3호까지, 제79조제1항 및 제2항의 어느 하나에 해당하게 되면 그 해당되는 사유가 발생한 날이 속하는 달의 다음 달부터 이 법에 따라 보상을 받을 권리가 소멸된다. 이 경우 국가유공자 본인이 제6조의2제1항제2호 또는 제79조제1항에 해당하게 되는 경우에는 그 가족이 보상을 받을 권리도 함께 소멸된다.

다. 소급 소멸사유

국가유공자, 그 유족 또는 가족이 다음 각 호의 어느 하나에 해당하면 이 법에 따라 보상을 받을 권리가 발생하였던 날로 소급하여 그 권리가 소멸된다. 이 경우 국가유공자 본인이 보상을 받을 권리가 소멸된 경우에는 그의 유족 또는 가족이 보상을 받을 권리도 함께 소멸된다.

제1호 거짓이나 그 밖의 부정한 방법으로 등록결정을 받은 사실이 밝혀진 경우

제2호 제6조제3항 후단에 따라 소속하였던 기관의 장이 통보한 국가유공자 등의 요건 관련 사실에 중대한 흠결(欠缺)이 있어 국가유공자 등의 등록요건에 해당되지 아니하는 것으로 밝혀진 경우

8. 관련 서식

가. 청구취지

[국가유공자유족등록신청기각처분취소 청구]

> 1. 피고가 2010. 10. 12. 원고에 대하여 한 국가유공자유족등록신청 기각처분은 이를 취소한다.
> 2. 소송비용은 피고의 부담으로 한다.

[국가유공자상이사망인정거부처분취소 청구]

> 피고가 2010. 10. 21. 청구인에 대하여 한 국가유공자상이사망인정거부처분은 이를 취소한다.

[국가유공자유족순위변경처분취소 청구]

> 1. 피고가 2010. 9. 14.자로 원고에 대하여 한 애국지사유족순위변경처분은 이를 취소한다.
> 2. 소송비용은 피고의 부담으로 한다.

[광주민주유공자예우에관한법률적용대상배제처분취소 청구]

> 피청구인이 2010. 10. 12. 청구인에 대하여 한 광주민주유공자예우에관한법률적용대상배제처분은 이를 취소한다.

[전공상불인정처분취소 청구의 소]

> 1. 피고가 20○○. ○. ○. 원고에 대하여 한 전공상불인정처분은 이를 취소한다.
> 2. 소송비용은 피고의 부담으로 한다.
> 라는 판결을 구합니다.

나. 서식례

[서식] 국가유공자등록거부처분취소 청구의 소

소　　장

원고　　김 길 동(주민등록번호)

　　　　서울시 ○○구 ○○동 ○번지

피고　　서울북부보훈지청장

국가유공자등록거부처분취소

청구취지

1. 피고가 2006. 4. 24. 원고에 대하여 한 국가유공자등록거부처분을 취소한다.
2. 소송비용은 피고의 부담으로 한다.

라는 판결을 구합니다.

청구원인

1. 처분의 경위

(1) 원고는 6.25 전쟁 당시인 1952. 2. 1. 육군에 입대하여 복무하다가 북한군에 의하여 체포되어 북한에서 생활하였고, 2004. XX.경 북한을 탈출하여 대한민국에 입국하였는데, 이후 국군포로 귀환자 후속조치 육인(부사관) XXX호(2005. 8. 5. 시행)에 의하여 1955. 3. 1.자로 하사로 임관되고 2005. 8. 12.자로 만기전역 처리되었습니다.

(2) 원고는 2005. 11. 22. 피고에게 6.25 전쟁 중인 1955.경 금화지구전투에서 우측 수부 제3수지 원위지골 관절절단 상해를 입었고, 이후 국군포로로서 북한 아오지탄광에서 채탄작업을 하다가 1981.경 좌측 수부 제2수지 근위지골관절 절단, 좌측 수부 제4수지 관절구축 등의 상해를, 1983. 경 우측 족부 중족 족관절 절단(이하 모두 '이 사건 상이'라고 한다)의 상해를 입었다고 하면서 국가유공자 등 예우 및 지원에 관한 법률(이하 '국가유공자법'이라고 한다) 제4조 제1항 제4호

소정의 국가유공자등록신청을 하였습니다.

(3) 피고는 2006. 4. 24. 원고에 대하여 입원기록 및 병상일지 등 관련 기록이 없어 발병경위 등을 확인할 수 없고, 달리 원고의 진술 이외에 이 사건 상이를 입었다는 점을 입증할 구체적이고 객관적인 자료가 없다는 이유로, 원고가 국가유공자법 제4조 제1항 제4호 소정의 '전상군경'에 해당하지 않는다는 결정을 하였습니다(이하 '이 사건 처분'이라고 한다).

(4) 이에 원고는 2006. 7. 12. 국가보훈처에 행정심판을 청구하였으나, 국가보훈처는 2006. 10. 11. 국무총리 행정심판위원회의 의결에 따라 원고의 청구를 기각하는 재결을 하였습니다.

2. 처분의 위법성

원고는 6.25 전쟁 중에 육군에 입대하여 금화지구전투에 참가하여 우측 제3수지 절단상을 입고 국군야전병원에서 치료를 받다가 다시 전투에 투입되었으나 휴전 직전 북한군의 포로가 되었고, 이후 1985.까지 포로수용소인 함경북도 아오지탄광(오봉탄광)에서 강제노역을 하였는데, 강제 노역중이던 1980.경 석탄채굴기에 좌측 제2수지가 절단되고 좌측 제4수지 관절구축상태가 되는 상해를 입었고, 1982.경에는 석탄운반차에 치여 우측 족부 중족 족관절 절단상을 입었습니다. 이와 같이 원고는 군복무 또는 국군 포로로서 북한에서 30여년간 강제노역을 당하던 중 이 사건 상이를 입었는바, 원고는 국가유공자법 제4조 제4호 소정의 '전상군경'에 해당한다. 이와 달리 판단하고 있는 이 사건 처분은 위법합니다.

3. 결론

이상과 같이 피고의 이 사건 처분은 위법하므로 이의 취소를 구하는 본 건 소송에 이르게 되었습니다.

입증방법

1. 갑 제1호증
2. 갑 제2호증
3. 갑 제3호증

첨부서류

1. 위 각 입증방법   각 1부
2. 송달료 납부서
3. 소장부본

20 .   .   .
위 원고   (날인 또는 서명)

서울행정법원 귀중

소　　장

원 고　　　　　○　○　　○ (○○○○○○-○○○○○○○)

　　　　　　　　○○시 ○○구 ○○동 ○○○

　　　　　　　　소송대리인 변호사 ○ ○ ○

　　　　　　　　○○시 ○○구 ○○동 ○○○　　　　　　(우 :　　　)

　　　　　　　　(전화 :　　　,팩스 :　　　)

피 고　　　　　○○보훈지청장

　　　　　　　　○○시 ○○구 ○○동 ○○○　　　　　　(우 :　　　)

국가유공자비해당결정처분취소 청구의 소

청 구 취 지

1. 피고가 20○○. 4. 7.자 원고에 대하여 한 국가유공자비해당결정처분을 취소한다.
2. 소송비용은 피고의 부담으로 한다.

라는 판결을 구합니다.

청 구 원 인

1. 이 사건 처분의 존재 및 경위

가. 원고의 상이 경위

(1) 원고는 19○○. ○. ○. ○○훈련소에 입소하여 훈련을 받는 도중 같은 해 2. 일자불상경 야간훈련 도중 미끄러져 허리를 다치게 되었습니다. 원고는 허리를 다친 이후 요통이 시작되어 약물을 계속 복용하였지만 증상이 더 악화되어 같은 해 4. 7. 국군 ○○병원에 입원을 하여 같은 해 5. 29. 수핵탈출용(L4-5)의 진단을 받고, 같은 해 6. 18. 제4요추 후궁부분절제술 및 수핵제거술을 시행받은 후 같은 해 7. 28. 이등병으로 의가사 제대를 하게 되었습니다.

(2) 그러나 원고는 제대 후에도 계속되는 요통으로 인하여 10분 정도로 서 있기 힘든 상태여서 도저히 생계유지를 위한 활동을 할 수 없는 상태에 있고 20○○. 12. 26. 척추장애 6급 5호의 장애등록을 하였습니다.

나. 피고의 국가유공자 비해당통보

원고는 피고에게 국가유공자 등록신청을 하여 보훈심사위원회에서 19○○. ○. ○.자로 국가유공자
등예우및지원에관한법률 제4조 제1항 제6호 전단의 요건에 해당하는 자로 등외 판정을 받았습니다.
그 이후 피고에게 등급상향조정신청을 하여 20○○. ○. ○. 소외 ○○보훈병원에서 재신체검사를
받았으나 종전과 동일한 등외판정을 박게 되었고, 피고로부터 같은 해 4. 7.자로 이러한 결과를
통보받았습니다.

2. 관련 법령

국가유공자등예우및지원에관한법률 제1조(목적) "이 법은 국가를 위하여 희생하거나 공헌한 국가
유공자와 그 유족에게 합당한 예우를 하고 국가유공자에 준하는 군경 등을 지원함으로써 이들의
생활환경과 복지향상을 도모하고 국민의 애국정신을 기르는 데에 이바지함을 목적으로 한다."라고
규정하고 있고, 같은 법 제4조 제1항 제6호는 "군인이나 경찰·소방공무원으로서 교육훈련 또는
직무수행 중 상이(공무상의 질병을 포함한다)를 입고 전역하거나 퇴직한 자로서 그 상이정도가 국가
보훈처장이 실시하는 신체검사에서 제6조의4에 따른 상이등급에 해당하는 신체의 장애를 입은 것으
로 판정된 자를 공상군경이라 칭하고 이를 국가유공자로 인정하고 있습니다.

3. 이 사건 비해당결정처분의 위법성

가. 직무수행과 상이의 인과관계

위 관련법령을 종합하면, 국가유공자등예우및지원에관한법률 제4조 제1항 제6호 소정의 "군인이나
경찰·소방공무원으로서 교육훈련 또는 직무수행 중 상이를 입은 경우"라 함은 군인 또는 경찰·소
방공무원이 교육훈련 또는 직무수행 중 사고나 재해를 당하여 부상하거나 질병에 걸리는 것을 의미한
다 할 것이고, 이에는 사고나 재해가 공무수행과 직접적인 관련이 있는 경우뿐만 아니라, 기존의
질병이 공무수행 중의 사고나 충격, 과로, 무리 등의 재해로 인하여 재발 또는 악화된 경우도 포함된다
할 것입니다.

나. 원고의 경우

원고는 군에 입대할 당시에는 아무런 질병 없이 입대하였으나 훈련도중 사고로 인하여 위와 같은
수술을 받고 의가사 제대까지 하였으므로 군 복무와 질병과의 사이에는 인과관계가 인정된다고
할 것인 바, 국가유공자등록의무가 있는 피고가 이를 거부한 것은 위법성을 면치 못한다 할 것입니다.

4. 결 어

원고는 허리의 통증으로 10분 이상 걷거나 일을 할 수 없는 상태에 있고, 통증 완화를 위한 약물을 지속적으로 복용하고 있는 상태입니다. 원고는 19○○, 20○○, 20○○.경 세 차례에 걸쳐 등외판정을 번복하여 달라고 신청하였으나 기각당하였고, 20○○.경에는 문답에 의하여 등외판정을 하였을 뿐입니다. 원고는 군입대 전에는 아무런 질병이 없었으나 훈련 중 사고로 인하여 고질적인 요통에 시달리고 있는 바, 원고의 상이와 군복무 사이에 상당인과관계가 인정됨에도 국가유공자등예우및지원에관한법률 제4조 제1항 및 관련법령에 의하여 국가유공자등록의무가 있는 피고가 이를 거부한 것은 위법성을 면치 못한다 할 것입니다.

따라서 피고의 이 사건 처분은 취소되어야 할 것이므로 본 소 청구에 이르렀습니다.

입 증 방 법

1. 갑 제1호증의 1	등록신청서
1. 갑 제1호증의 2	신체검사통지서
1. 갑 제2호증	심의의결서
1. 갑 제3호증	국가유공자 등 요건사실확인서
1. 갑 제4호증의 1	병상일지
1. 갑 제6호증의 2	의무조사보고서
1. 갑 제5호증	의무기록사본증명서
1. 갑 제6호증	신체검사표
1. 갑 제7호증	장애인증명서

그 밖의 입증서류는 변론에 따라 수시 제출하겠습니다.

첨 부 서 류

1. 위 입증서류 사본	각 1통
1. 주민등록초본	1통
1. 소장부본	1통
1. 위임장	1통

20○○. ○. .

위 원고 소송대리인 변호사 ○ ○ ○ (인)

○○행정법원 귀중

소   장

원   고   ○○○(주민등록번호)

　　　　　○○시 ○○구 ○○길 ○○(우편번호 ○○○-○○○)

　　　　　전화？휴대폰번호:

　　　　　팩스번호, 전자우편(e-mail)주소:

피   고   ○○지방보훈청장

　　　　　○○시 ○○구 ○○길 ○○(우편번호 ○○○-○○○)

국가유공자비해당결정처분 취소청구의 소

청 구 취 지

1. 피고가 19○○. ○. ○. 소외 망 ◇◇◇에 대하여 한 국가유공자비해당결정처분을 취소
   한다.
2. 소송비용은 피고의 부담으로 한다.

라는 판결을 구합니다.

청 구 원 인

1. 소외 망 ◇◇◇은 1945년 해방직후부터 ◎◎경찰서 사찰계에서 '경사'직급으로 근무하
   다가, 19○○년경에는 ◆◆경찰서 △△지서장으로 근무하였습니다.

2. 1950년 6. 25사변이 일어난 후, 전북 ○○군 ○○읍을 점령하였던 인민군이 후퇴하면
   서 1950. ○. ○○. ○○군 일대의 사회지도층 인사들을 전북 ○○군 ○○읍 ○○길
   소재 ○○산으로 끌고 가서 모두 총살하였습니다. 망 나ㅁㅁ도 인민군에 체포되어 사회
   지도층 인사들과 같이 위 ○○산으로 끌려가서 총살을 당했습니다.

3. 위 망 나ㅁㅁ의 아들인 원고는 경찰청장의 '국가유공자등록절차 안내'에 따라 20○○. ○. 중순경 ▽▽경찰서장의 '국가유공자등요건관련사실확인서'를 발급 받아 국가보훈처에 국가유공자등록신청을 하였습니다. 그런데 국가보훈처 보훈심사위원회는 위 망 나ㅁㅁ이 경찰관으로 근무한 사실과 1950. ○. ○○. 인민군에 의해 총살되어 순직하였다는 사실을 입증할 자료가 없는 이유로 20○○. ○. ○. 국가유공자등예우및지원에 관한 법률 제4조 제1항 제3호의 요건에 해당되지 아니한다'는 내용의 의결을 하였으며, 피고는 20○○. ○. ○.자로 위 보훈심사위원회의 의결에 따라 위 망 나ㅁㅁ이 국가유공자에 해당하지 아니한다는 결정을 하여 원고에게 송달하였습니다.

4. 국가는 국가공무원에 대한 인사사항, 경력사항 및 상벌사항 등을 기록하는 '인사기록부'를 작성하여 보관 및 보존하여야 할 의무가 있는 것입니다. 위 망 나ㅁㅁ이 소속되어 있던 ◆◆경찰서도 망 나ㅁㅁ이 ◆◆경찰서에서 근무한 사실을 인정하면서도 위 나ㅁ ㅁ에 대한 인사기록부인 '사령원부'를 보관하고 있던 중, 6. 25사변으로 1950. ○. ○. 이후 근무자 들에 대한 기록만 보관하고 있고 이전에 사령원부는 소각하였으므로 위 나ㅁㅁ에 대한 공부상의 기록을 발견할 수 없다는 것입니다.

5. 국가의 인사기록부에 해당하는 '사령원부가 비록 천재지변에 해당하는 6. 25.사변 중에 소실되었다면 그 '사령원부'의 소실에 따르는 불이익은 사령원부의 보관 및 보존의 책임이 있는 국가가 받아야 함이 마땅합니다. 위 망 나ㅁㅁ의 아들인 원고는 위 '사령원부'가 6. 25. 사변 중에 소실되었다는 사실을 확인하고 나ㅁㅁ의 근무사실 및 총살사실을 목격한 사람 및 그 사실을 알고 있는 사람들의 확인서를 수집하여 ▽▽경찰서를 통하여 경찰청에 제출하여 경찰청장 명의의 '국가유공자등요건관련사실확인서'를 발급 받아 국가보훈처에 제출하였습니다. 그럼에도 불구하고, 위 '사령원부' 보관 및 보존의 책임이 있는 국가가 위 '사령원부'를 보관하지 못하였는데 그 '사령원부'가 없음으로 인한 불이익을 국민인 원고에게 돌려 위 망 나ㅁㅁ에 대한 국가유공자비해당결정처분을 하는 것은 위법하다 할 것이므로, 위와 같은 위법처분의 취소를 구하기 위하여 이 건 소송에 이르렀습니다.

6. 원고는 20○○. ○. ○.자 국가유공자(요건)비행당 결정통보를 20○○. ○. ○.경 송달

받았으며, 20○○. ○. ○.자 국가유공자요건 재심의 결과통보를 20○○. ○. ○. 송달받았습니다.

입 증 방 법

1. 갑 제1호증   국가유공자요건 재심의 결과통보
1. 갑 제2호증   국가유공자(요건)비해당 결정통보
1. 갑 제3호증   심의의결서
1. 갑 제4호증   각 사실확인서

첨 부 서 류

1. 위 입증방법   각 1통
1. 소장부본   1통
1. 송달료납부서   1통

20○○. ○. ○.

위 원고 ○○○ (서명 또는 날인)

○○행정법원 귀중

소　　장

원　고　　　○　　○　　○ (○○○○○○-○○○○○○○)

　　　　　　　○○시 ○○구 ○○동 ○○○

　　　　　　　소송대리인 변호사 ○　○　○

　　　　　　　○○시 ○○구 ○○동 ○○○　　　　　　(우 :　　　　)

　　　　　　　(전화 :　　　　　,팩스 :　　　　　)

피　고　　　○○보훈지청장

　　　　　　　○○시 ○○구 ○○동 ○○○　　　　　　(우 :　　　　)

국가유공자비해당결정처분취소 청구의 소

청 구 취 지

1. 피고가 20○○. 4. 7.자 원고에 대하여 한 국가유공자비해당결정처분을 취소한다.
2. 소송비용은 피고의 부담으로 한다.

라는 판결을 구합니다.

청 구 원 인

1. 이 사건 처분의 존재 및 경위

　가. 원고의 상이 경위

　　(1) 원고는 19○○. ○. ○. ○○훈련소에 입소하여 훈련을 받는 도중 같은 해 2.
　　　　일자불상경 야간훈련 도중 미끄러져 허리를 다치게 되었습니다. 원고는 허리를
　　　　다친 이후 요통이 시작되어 약물을 계속 복용하였지만 증상이 더 악화되어 같은
　　　　해 4. 7. 국군 ○○병원에 입원을 하여 같은 해 5. 29. 수핵탈출용(L4-5)의
　　　　진단을 받고, 같은 해 6. 18. 제4요추 후궁부분절제술 및 수핵제거술을 시행받

은 후 같은 해 7. 28. 이등병으로 의가사 제대를 하게 되었습니다.

(2) 그러나 원고는 제대 후에도 계속되는 요통으로 인하여 10분 정도로 서 있기 힘든 상태여서 도저히 생계유지를 위한 활동을 할 수 없는 상태에 있고 200○. 12. 26. 척추장애 6급 5호의 장애등록을 하였습니다.

나. 피고의 국가유공자 비해당통보

원고는 피고에게 국가유공자 등록신청을 하여 보훈심사위원회에서 19○○. ○. ○. 자로 국가유공자등예우및지원에관한법률 제4조 제1항 제6호 전단의 요건에 해당하는 자로 등외 판정을 받았습니다. 그 이후 피고에게 등급상향조정신청을 하여 200 ○. ○. ○. 소외 ○○보훈병원에서 재신체검사를 받았으나 종전과 동일한 등외판정을 받게 되었고, 피고로부터 같은 해 4. 7.자로 이러한 결과를 통보받았습니다.

2. 관련 법령

국가유공자등예우및지원에관한법률 제1조(목적) "이 법은 국가를 위하여 희생하거나 공헌한 국가유공자와 그 유족에게 합당한 예우를 하고 국가유공자에 준하는 군경 등을 지원함으로써 이들의 생활환경과 복지향상을 도모하고 국민의 애국정신을 기르는 데에 이바지함을 목적으로 한다."라고 규정하고 있고, 같은 법 제4조 제1항 제6호는 "군인이나 경찰·소방공무원으로서 교육훈련 또는 직무수행 중 상이(공무상의 질병을 포함한다)를 입고 전역하거나 퇴직한 자로서 그 상이정도가 국가보훈처장이 실시하는 신체검사에서 제6조의4에 따른 상이등급에 해당하는 신체의 장애를 입은 것으로 판정된 자를 공상군경이라 칭하고 이를 국가유공자로 인정하고 있습니다.

3. 이 사건 비해당결정처분의 위법성

가. 직무수행과 상이의 인과관계

위 관련법령을 종합하면, 국가유공자등예우및지원에관한법률 제4조 제1항 제6호 소정의 "군인이나 경찰·소방공무원으로서 교육훈련 또는 직무수행 중 상이를 입은 경우"라 함은 군인 또는 경찰·소방공무원이 교육훈련 또는 직무수행 중 사고나 재해를 당하여 부상하거나 질병에 걸리는 것을 의미한다 할 것이고, 이에는 사고나 재해가 공무수행과 직접적인 관련이 있는 경우뿐만 아니라, 기존의 질병이 공무수행 중의 사고나 충격, 과로, 무리 등의 재해로 인하여 재발 또는 악화된 경우도 포함된다 할 것입니다.

나. 원고의 경우

원고는 군에 입대할 당시에는 아무런 질병 없이 입대하였으나 훈련도중 사고로 인하여 위와 같은 수술을 받고 의가사 제대까지 하였으므로 군 복무와 질병과의 사이에는 인과관계가 인정된다고 할 것인 바, 국가유공자등록의무가 있는 피고가 이를 거부한 것은 위법성을 면치 못한다 할 것입니다.

4. 결 어

원고는 허리의 통증으로 10분 이상 걷거나 일을 할 수 없는 상태에 있고, 통증 완화를 위한 약물을 지속적으로 복용하고 있는 상태입니다. 원고는 19○○, 20○○, 20○○. 경 세 차례에 걸쳐 등외판정을 번복하여 달라고 신청하였으나 기각당하였고, 20○○. 경에는 문답에 의하여 등외판정을 하였을 뿐입니다. 원고는 군입대 전에는 아무런 질병이 없었으나 훈련 중 사고로 인하여 고질적인 요통에 시달리고 있는 바, 원고의 상이와 군복무 사이에 상당인과관계가 인정됨에도 국가유공자등예우및지원에관한법률 제4조 제1항 및 관련법령에 의하여 국가유공자등록의무가 있는 피고가 이를 거부한 것은 위법성을 면치 못한다 할 것입니다.

따라서 피고의 이 사건 처분은 취소되어야 할 것이므로 본 소 청구에 이르렀습니다.

입 증 방 법

1. 갑 제1호증의 1   등록신청서
1. 갑 제1호증의 2   신체검사통지서
1. 갑 제2호증   심의의결서
1. 갑 제3호증   국가유공자 등 요건사실확인서
1. 갑 제4호증의 1   병상일지
1. 갑 제6호증의 2   의무조사보고서
1. 갑 제5호증   의무기록사본증명서
1. 갑 제6호증   신체검사표
1. 갑 제7호증   장애인증명서

그 밖의 입증서류는 변론에 따라 수시 제출하겠습니다.

첨 부 서 류

1. 위 입증서류 사본   각 1통
1. 주민등록초본   1통
1. 소장부본   1통
1. 위임장   1통

20○○. ○. .

위 원고 소송대리인 변호사 ○ ○ ○ (인)

○○행정법원   귀중

소 장

원 고 ○ ○ ○(주민등록번호)

○○시 ○○구 ○○길 ○○ (우편번호 ○○○-○○○)

피 고 △△보훈지청장

○○시 ○○구 ○○길 ○○ (우편번호 ○○○-○○○)

전공상불인정처분 취소청구의 소

청 구 취 지

1. 피고가 20○○. ○. ○. 원고에 대하여 한 전공상불인정처분을 취소한다.
2. 소송비용은 피고의 부담으로 한다.

라는 판결을 구합니다.

청 구 원 인

1. 이 사건의 경위에 대하여

가. 원고는 19○○. ○. ○. 육군에 입대하여 ○○훈련소 ○○연대 ○중대 ○ 소재에 편성되어 6주간의 전투훈련을 하던 중 철조망을 통과하고 통나무를 뛰다가 미끄러져 허리를 부딪혀 허리를 심하게 다쳤습니다.

당시 군대의 군기가 무척 세이서 아프다는 말도 못하고 혼자서 고생을 하면서 훈련을 마치고 수도사단 제○○○○부대에 배치되어 복무하던 중 상급자가 원고의 이러한 상태를 알고서 부대 내 의무대에서 약을 복용하였습니다.

나. 그러나, 원고는 허리부상으로 인한 좌골신경통이 더욱 악화되어 경주 18육군병원으로 후송되어 좌골신경통을 치료하던 중 급성충수염(맹장염)으로 인하여 복막유찰수술까지 받게 되었습니다.

한편 위 좌골신경통도 마저 치료를 하다가 완치가 되지 않은 상태에서 군대를 의가 사제대하였습니다.

다. 원고는 제대한 후에도 수년동안 좌골신경통으로 고통을 받으면서 병원생활을 하였으며, 그러던 중 ○○대부속병원에서 좌골신경통수술을 받았으나 완쾌되지 않고 후유증이 남게 되었으며, 그후에도 여러 병원을 전전하고 많은 약을 복용하였으나 신경통이 여전하였습니다. 원고는 이러한 원인으로 인하여 현재까지 노동에 종사하지 못하고 원고의 처가 일을 하면서 생계를 꾸려오고 있는 형편인 것입니다.

라. 결국 원고는 군대에서 훈련을 받던 중에 다치게 되었고 좌골신경통이 완치되지 않은 상태에서 의병 제대하여 지금까지 장애가 온 것입니다.

마. 이에 원고는 군복무중의 상이를 이유로 20○○. ○. ○. 국가유공자등록신청을 하였으나, 국가보훈처에서는 20○○. ○. ○. 원고의 상이 중 '복막유착'의 상이만 공상으로 인정하고 좌골신경통의 상이는 공상으로 인정하지 않는 전공상불인정처분을 하였던 것입니다.

2. 피고는 원고의 '좌골신경통'에 대해서는 원고가 입대한 후 9개월이 경과한 시점에서 특별한 외상력없이 발병되어 확인이 불가능하므로 군공무와의 관련성 확인이 불가능하다는 이유로 군복무상의 상이로 인정하기 곤란하다고 판단하여 원상병명으로 인정하지 않았습니다.

가. 그러나 당시 육군병원에서는 원고의 병상일지를 보더라도 최종진단란에 '좌골신경통'도 기재되어 있었던 것으로 원고는 군입대 후 18육군병원에 입원할 때까지 한번도 휴가 등을 가지 않았던 바, 이로 보건대, 군대에서 생활하던 중에 위 좌골신경통이 발생되어진 것이 명확한 것입니다.

나. 피고측에서는 입대 후 9개월이 경과되어 발병이 되었다고 판단하였으나, 원고는 당시 신체검사를 받아 갑종으로 판정을 받았으며, 입대하여 신병훈련이 전반기 6주, 후반기 6주의 훈련을 받는 도중에 발병이 되었으나, 당시 군대의 상황에서 원고는 참고 있었던 것이었을 뿐 이미 9개월 경과이전에 발병이 되었던 것입니다.

다. 원고가 치료를 하였던 ○○의원에서 발행한 진단서를 보더라도 '원고가 장기간의 가료 및 관찰이 요구되고 요추부 좌골신경통으로 노동이 불가능한 상태'라고 기재되어 있습니다.

라. 또한 당시 원고와 같이 신병훈련을 받았던 라ㅁㅁ, 천ㅁㅁ 등의 확인서를 보더라도 원고가 당시 야간각개전투훈련 중에 철조망을 통과하는 등의 훈련을 받다가 허리를 다친 것이 인정되는 것입니다.

3. 사실이 이러함에도 불구하고 피고는 특별한 합리적인 이유없이 단지 그 이전에 특별한 외상이 없이 발병되어 확인이 불가능하다는 이유만으로 원고의 좌골신경통을 군복무상의 상이로 인정하지 않았으므로 이러한 전공상불인정처분을 취소되어야 할 것입니다.

4. 따라서 원고는 청구취지와 같은 판결을 받고자 이건 청구에 이르게 된 것입니다.

<h2 style="text-align:center">입 증 방 법</h2>

1. 갑제1호증의 1	국가유공자비해당결정통보
2	신체검사결과통지서
1. 갑제2호증	행정심판청구서
1. 갑제3호증의 1, 2	각 진단서 사본
1. 갑제4호증	심의의결서
1. 갑제5호증의 1	국가유공자등 요건관련 사실확인서
2	병상일지 사본
1. 갑제6호증	제대증사본

1. 갑제7호증　　　　　　재결서
1. 갑제8호증의 1 내지 3　　각 인우보증서

첨 부 서 류

1. 위 입증방법　　　　　　　　　각 1통
1. 소장부본　　　　　　　　　　　1통
1. 납부서　　　　　　　　　　　　1통

20○○.　○.　○.

원　고　○　○　○　(인)

○ ○ 행 정 법 원　　귀 중

소　　장

원　고　　　○　○　　○ (○○○○○○-○○○○○○○)

　　　　　　○○시 ○○구 ○○동 ○○○

　　　　　　소송대리인 변호사 ○　○　○

　　　　　　○○시 ○○구 ○○동 ○○○　　　　　　(우 :　　　　)

　　　　　　(전화 :　　　　　,팩스 :　　　　　)

피　고　　　공무원연금공단

장해등급결정처분취소 청구의 소

청 구 취 지

1. 피고가 20○○. 8. 11. 원고에 대하여 한 폐질등급 제14급을 적용하여 한 장해급여지급 결정처분을 취소한다.
2. 소송비용은 피고의 부담으로 한다.

라는 판결을 구합니다.

청 구 원 인

1. 전심절차

　　원고는 청구취지 기재 처분에 대하여 20○○. 9. 24. 심사청구를 하였으나 20○○. 1. 25. 기각되었습니다.

2. 처분의 경위

　　원고는 19○○. 10. 1. 철도청에 고원 직급으로 채용되어 19○○. 10. 9. 21:30경 전국

체전 참가인단의 열차수송을 위하여 운행되는 열차 내 정리요원으로 근무 중 승객들에 떠밀려 열차에서 추락하는 바람에 우안건부좌창, 우안결막하출혈, 뇌진탕 등의 상해를 입고 공무상요양승인을 받아 치료를 받았는데 20○○. 6. 30. 철도청에서 퇴직한 후, 위 공무상부상의 후유증으로 폐질상태로 되어 퇴직하였다고 하여 공무원연금법 소정의 장해보상금 지급을 청구하지 피고는 20○○. 8. 11. 원고에 대하여 장해보상금지급 결정을 하면서 장해보상금지급액산정의 기준이 되는 원고의 폐질등급이 공무원연금법시행령 제45조 별표2의 제14급 제10호 소정의 국부에 신경증상이 남은 사람에 해당하는 것으로 · 보고 이에 기하여 금액을 산정하여 장해보상금으로 금 17,642,320원을 지급하는 것을 내용으로 하는 장해보상금지급결정처분(이하 "이 사건 처분"이라 한다)을 하였습니다.

3. 처분의 위법

이 사건 처분은 다음과 같은 점에서 위법합니다.

원고는 위 부상의 치료를 위하여 천공술 등 치료를 받았는데 그로 인하여 두개골결손이 남게 되었고 또한 위 부상과 천공술의 후유증으로 두통, 기억력장애 등이 남아 있고, 그로 인하여 철도청에서 더 이상 근무하지 못하고 위에서 본 바와 같이 퇴직하였던 것인바, 원고는 위에서 본 부상을 입은 후 군에 입대하였다가 위 부상의 후유증으로 19○○. 9. 30. 의병제대하였는데 대한민국 상이군경회에서 보훈신체검사규정 5급 21호(국가유공자예우등에관한법률시행령 제14조 별표 3 상이등급구분표상의 제5급 분류번호 21과 같다) 소정의 뇌골부상후유증으로 취업상 상당한 제한을 받는 자로 인정받은 바 있습니다.

또한 의사 최○규, 고○석이 작성한 각 장해진단서에 의하면 원고에게 두 개골 결손증과 후외상성 신경증 또는 외상후 신경증이 있어 그로 인한 노동력상실률이 33% 또는 37%에 이르는 것으로 되어 있고 국가보훈처에서 원고의 상이등급을 제5급 제21호로 인정하고 있는 점 등에 비추어 보면 피고로서는 원고에 대하여 폐질등급을 결정함에 있어서 마땅히 공무원연금법시행령이 정하는 폐질등급 중 보다 상위등급으로 결정하여야 함에도 위 제14급 제10호를 적용하여 한 피고의 이 사건 처분은 위법한 것입니다. 따라서 피고의 원고에 대한 위 처분은 위법이므로 청구취지와 같은 판결을 구하기 위하여 본 소 청구에 이르렀습니다.

입 증 방 법

추후 변론시 제출하겠습니다.

첨 부 서 류

1. 주민등록초본   1통
1. 소장부본   1통
1. 위임장   1통

20○○.   ○.   .

위 원고 소송대리인 변호사   ○ ○ ○ (인)

○○행정법원   귀중

소 장

원고 　　김 길 동(주민등록번호)

　　　　　서울시 강동구 명일동 ○-○번지

　　　　　(전화 000-000, 팩스 000-000)

피고 　　서울지방보훈처장

군인사망보상금지급거부처분취소

청구취지

1. 피고가 2012. 1. 12. 원고에 대하여 한 군인사망보상금지급거부 처분을 취소한다.
2. 소송비용은 피고가 부담한다.

라는 판결을 구합니다.

청구원인

1. 처분의 경위

(1) 원고의 아버지인 망 김**(이하 '망인'이라 한다)은 애국청년운동단체인 대한청년단의 황해 도단 소속 대원으로서 한국전쟁 중인 1950. 12. 18. 단장 김○○(제헌 국회의원)의 명령에 따라 대원 약 15명과 함께 당시 해주시 용당포에 주둔하고 있던 해군 503함의 함장 장근섭 중위의 지휘를 받게 되었는바, 같은 달 20일 장근섭의 명령을 받고 해군과 함께 황해도 신천군 구월산 지역 공비정찰작전에 참여하였다가 적군과의 교전 과정에서 해군 6명, 청년 단원 3명과 함께 전사하였습니다.

(2) 원고는 1989. 12. 19. 해군참모총장으로부터 망인이 위와 같은 사유로 전사하였으니 국가
유공자에 해당한다는 취지의 사실확인서(이하 '이 사건 확인서'라 한다)를 발급받고, 같은
달 29일 피고에게 국가유공자 및 유족등록 신청을 하였습니다.

(3) 피고는 위 신청에 따라 1990. 2. 27. 보훈심사위원회의 심의·의결을 거쳐 망인을 국가유
공자(전몰군경)로, 피고를 그 유족으로 각 결정하였습니다.

(4) 원고는 2011. 12. 14. 피고에게 망인의 전사를 이유로 사망급여금의 지급을 청구하였으나,
피고는 2012. 1. 12. 원고가 이 사건 확인서를 발급받은 날로부터 5년이 경과하여 사망급
여금 청구권이 시효로 소멸하였다면서 지급을 거절하였습니다(이하 '이 사건 처분'이라
함).

2. 처분의 위법성

(1) 망인이 해군과 함께 작전을 수행하던 중에 전사하였는데, 정식 군인은 아니었으므로 피고
는 구 군인사망급여금규정 부칙(1953. 11. 10. 대통령령 제831호, 이하 '1953년 부칙'이라
하고 그 본칙들을 통틀어 '1953년 규정'이라 한다) 제2문에서 정한 '징용자 및 노무자'의
예에 따라 망인의 유족인 원고에게 사망급여금을 지급할 의무가 있습니다.

(2) 한편, 군인사망급여금규정은 1974. 6. 19. 구 군인재해보상규정(1974. 6. 19. 대통령령
제7181호)의 시행으로 폐지되었고, 군인재해보상규정 역시 1980. 7. 1. 구 「군인연금법
시행령」(1980. 7. 11. 대통령령 제9963호)의 시행으로 폐지되었는데, 그 과정에서 1953년
부칙의 '징용자 및 노무자'에 관한 규정이 승계되지 않았기 때문에 원고로서는 사망급여금
을 청구함에 있어서 근거규정을 찾을 수 없는 법률상의 장애사유가 있었습니다.

(3) 따라서 원고의 사망급여금 청구권이 이 사건 확인서를 발급받은 날인 1989. 12. 19.부터
5년이 경과하여 시효로 소멸하였음을 전제로 한 피고의 이 사건 처분은 위법합니다.

3. 결론

이와 같이 피고의 처분은 위법한 행정처분이 아닐 수 없으므로, 상기와 같이 원고의 행정처분의 취소를 구하는 행정소송에 이르게 되었습니다.

입증방법

    1. 갑 제1호증
    2. 갑 제2호증
    3. 갑 제3호증

첨부서류

    1. 위 각 입증방법　　　　　　　　각 1부
    2. 송달료 납부서
    3. 소장부본

20 . . .
위 원고 (날인 또는 서명)

서울행정법원 귀중

소 장

원고   김 길 동(주민등록번호)
　　　　　서울시 서초구 서초3동 ○○번지
　　　　　(전화 000-000, 팩스 000-000)
피고   국가보훈처장

국립묘지안장거부처분취소

청구취지

1. 피고가 2009. 2. 16. 원고에 대하여 한 국립묘지안장거부처분을 취소한다.
2. 소송비용은 피고가 부담한다.
라는 판결을 구합니다.

청구원인

1. 처분의 경위

(1) 원고의 아버지인 망 김○○(이하 '망인'이라 한다)은 1967. 10. 26. 입대하여 월남 전에 참전하였다가 1970. 8. 29. 전역한 자로, 2008. 8. 27. 전상군경 3급의 국가유공자로 등록되었는데, 2009. 1. 4. 사망하였습니다.

(2) 원고는 2009. 1. 5. 피고에게 망인을 국립묘지인 국립대전현충원에 안장하여 달라고 신청하였습니다.

(3) 피고는, 망인이 2001. 1. 19. 대전지방법원 2000고단000 사건에서 폭력행위등처벌에관한법률위반, 상습도박으로 징역 1년에 집행유예 2년을 선고받아 그 판결이 확정되고, 2008.

9. 25. 같은 법원 2008고단000 사건에서 무고, 사기로 징역 6월에 집행유예 2년을 선고받아 그 판결이 확정된 사실을 발견하고, 안장대상심의위원회에 망인에 의하여 국립묘지의 설치 및 운영에 관한 법률(이하 '국립묘지법'이라 한다) 제5조 제3항 제5호(이하 '이 사건 법률조항'이라 한다)에 따른 국립묘지의 영예성이 훼손되는지 여부에 대한 심의를 의뢰하였습니다.

안장대상심의위원회는 심의 결과 2009. 2. 12. 망인이 국립묘지의 영예성을 훼손하는 자에 해당한다고 의결하였고, 피고는 2009. 2. 16. 원고에 대하여 위 심의 결과에 따라 원고의 위 신청을 거부하는 통지(이하 '이 사건 처분'이라 한다)를 하였습니다.

2. 처분의 위법성

(1) 이 사건 법률조항은, 안장대상심의위원회가 어떠한 기준으로 심의할 것인지에 대하여 구체적인 기준을 정하지 않아 불명확하므로 입법재량권(헌법 제40조)을 일탈하고, 포괄위임입법금지원칙(헌법 제75조, 제95조)에 어긋나며, 입법취지가 유사한 국가 유공자 등 예우 및 지원에 관한 법률(이하 '국가유공자법'이라 한다) 제79조 제1항이나 형사처벌에 관련된 조항인 국립묘지법 제5조 제3항 제3호의 내용에 비추어 국가유공자 법상 결격사유에 해당하지 않는 국가유공자라면 국립묘지에 안장되어야 함에도, 합리적인 이유 없이 국가유공자에게 전과가 있다는 이유만으로 국립묘지의 영예성을 훼손할 수 있도록 규정되어 있어 평등권(헌법 제11조)을 침해하고 과잉금지원칙(헌법 제37조 제2항)에 어긋나는 등 헌법규정에 위반되는 위헌법률이므로, 이 사건 법률조항을 적용한 이 사건 처분은 위법합니다.

(2) 가사 이 사건 법률조항이 위헌법률이 아니라 하더라도, 입법취지가 유사한 국가유공자법 제79조 제1항, 동법 시행령 제98조 제1항 및 형사처벌에 관련된 조항인 국립묘지법 제5조 제3항 제3호의 내용, 모든 전과자를 안장대상심의위원회의 심의 대상으로 하여 원칙적으로 국립묘지안장대상자에서 제외할 경우 입법자의 입법의도를 해치게 될 것인 점, 국가유공자법상 결격사유에 해당하지 않는 국가유공자임에도 국립묘지에 안장할 수 없다는 것은 일반인의 관념에도 어긋나는 점 등에 비추어 볼 때, 금고 1년 이상의 실형을 선고받아 확정된 자에 한하여 이 사건 법률조항에 따른 국립묘지의 영예성을 훼손하는 것으로 해석하여야 한다. 따라서 망인의 전과가 국가유공자법 제79조 제1항이나 국립묘지법 제5조 제3항 제3호에서 정한 범죄에 해당하지 않는 집행유예 전과에 불과한 이상, 망인이 국립묘

지의 영예성을 훼손하였다고 할 수 없음에도 달리 본 이 사건 처분은 위법합니다.

(3) 가사 이 사건 법률조항을 위와 같이 해석하지 않는다 하더라도, 망인의 전과가 국가유공자법 제79조 제1항이나 국립묘지법 제5조 제3항 제3호에서 정한 범죄에 해당하지 않고, 집행유예 전과에 불과한 점, 각 범행에 대한 유리한 양형사유가 있었던 점 등에 비추어 볼 때, 이 사건 처분은 재량권을 일탈·남용한 것으로 위법합니다.

3. 결론
이상과 같이 피고의 처분은 위법한 행정처분이므로, 이의 취소를 구하는 행정소송에 이르게 되었습니다.

입증방법

1. 갑 제1호증
2. 갑 제2호증
3. 갑 제4호증
4. 갑 제5호증

첨부서류

1. 위 각 입증방법　　　각 1부
2. 송달료 납부서
3. 소장부본

20 . . .

위 원고 (날인 또는 서명)

서울행정법원 귀중

제11장 기타 행정소송

Ⅰ. 범죄경력자료기재처분취소관련 소송

1. 형의 실효 등에 관한 법률의 제정목적 등

이 법은 전과기록 및 수사경력자료의 관리와 형의 실효에 관한 기준을 정함으로써 전과자의 정상적인 사회복귀를 보장함을 목적으로 하며(형의 실효 등에 관한 법률 제1조), 이 법에서 사용 "수사자료표"라 함은 수사기관이 피의자의 지문을 채취하고 피의자의 인적사항과 죄명 등을 기재한표(전산입력되어 관리되거나 자기테이프, 마이크로필름 그 밖에 이와 유사한 매체에 기록·저장된 표를 포함한다)로서 경찰청에서 관리하는 것을 말하고, "범죄경력자료"란 수사자료표 중 벌금 이상의 형의 선고·면제 및 선고유예, 보호감호, 치료감호, 보호관찰, 선고유예의 실효, 집행유예의 취소, 벌금 이상의 형과 함께 부과된 몰수·추징·사회봉사명령·수강명령 등의 선고 또는 처분 등에 해당하는 사항에 관한 자료를 말한다. 그 외 "전과기록"이라 함은 수형인명부·수형인명표 및 범죄경력자료를 말하며, "범죄 경력조회"라 함은 신원 및 범죄경력에 관하여 수형인명부 또는 전산입력된 범죄경력자료를 열람·대조 확인(정보통신망에 의한 열람·대조확인을 포함한다)하는 방법으로 하는 조회를 말한다.

2. 수사자료표

사법경찰관은 피의자에 대한 수사자료표를 작성하여 경찰청에 송부하여야 한다. 다만, 다음 각 호의 자에 대하여는 그러하지 아니하다(법 제5조).
1) 즉결심판(卽決審判) 대상자
2) 사법경찰관이 수리(受理)한 고소 또는 고발 사건 중 불기소처분 사유에 해당하는 사건의 피의자

3. 수사자료표의 관리 등

경찰청장은 수사자료표의 보존·관리를 위하여 책임자를 지정하여야 하며, 경찰청장은 수사자료표를 범죄경력자료와 수사경력자료로 구분하여 전산입력한 후 관리하여야 한다. 또한, 범죄경력조회 또는 수사경력조회에 대하여 회보할 때에는 그 용도, 작성자·조회자의 성명 및 작성일시, 그 밖에 필요한 사항을 구체적으로 밝혀야 한다(법 제5조의2).

4. 범죄경력조회·수사경력조회 및 회보의 제한 등

(1) 범죄경력조회 등 회보의 제한

수사자료표에 의한 범죄경력조회 및 수사경력조회와 그에 대한 회보는 다음의 어느 하나에 해당하는 경우에 그 전부 또는 일부에 대하여 조회 목적에 필요한 최소한의 범위에서 할 수 있다(법 제6조).

1) 범죄 수사 또는 재판을 위하여 필요한 경우

2) 형의 집행 또는 사회봉사명령, 수강명령의 집행을 위하여 필요한 경우

3) 보호감호, 치료감호, 보호관찰 등 보호처분 또는 보안관찰업무의 수행을 위하여 필요한 경우

4) 수사자료표의 내용을 확인하기 위하여 본인이 신청하거나 외국 입국·체류 허가에 필요하여 본인이 신청하는 경우

5) 「국가정보원법」 제3조제2항에 따른 보안업무에 관한 대통령령에 근거하여 신원조사를 하는 경우

6) 외국인의 귀화·국적회복·체류 허가에 필요한 경우

7) 각군 사관생도의 입학 및 장교의 임용에 필요한 경우

8) 병역의무 부과와 관련하여 현역병 및 사회복무요원의 입영(入營)에 필요한 경우

9) 다른 법령에서 규정하고 있는 공무원 임용, 인가·허가, 서훈(敍勳), 대통령 표창, 국무총리 표창 등의 결격사유, 징계절차가 개시된 공무원의 구체적인 징계 사유(범죄경력조회와 그에 대한 회보에 한정한다) 또는 공무원연금 지급 제한 사유 등을 확인하기 위하여 필요한 경우

10) 그 밖에 다른 법률에서 범죄경력조회 및 수사경력조회와 그에 대한 회보를 하도록 규정되어 있는 경우

(2) 수사자료표 내용 누설금지

수사자료표를 관리하는 사람이나 직무상 수사자료표에 의한 범죄경력조회 또는 수사경력조회를 하는 사람은 그 수사자료표의 내용을 누설하여서는 아니 된다.

5. 수형인명부 및 수형인명표의 정리

다음 각 호의 어느 하나에 해당하는 경우에는 수형인명부의 해당란을 삭제하고 수형인명표를 폐기한다(법 제8조).

1) 제7조 또는 「형법」 제81조에 따라 형이 실효되었을 때

2) 형의 집행유예기간이 경과한 때

3) 자격정지기간이 경과한 때

4) 일반사면이나 형의 선고의 효력을 상실하게 하는 특별사면 또는 복권이 있을 때

6. 수사경력자료의 정리

(1) 삭제

다음 각 호의 어느 하나에 해당하는 경우에는 보존기간이 지나면 전산입력된 수사경력자료의 해당 사항을 삭제한다.

1) 검사의 혐의없음, 공소권없음, 죄가안됨 또는 기소유예의 불기소처분이 있는 경우

2) 법원의 무죄, 면소(免訴) 또는 공소기각의 판결이 확정된 경우

3) 법원의 공소기각 결정이 확정된 경우

(2) 보존기간

수사경력자료의 보존기간은 다음의 구분에 따른다. 이 경우 그 기간은 해당 처분이 있거나 결정 또는 판결이 확정된 날부터 기산(起算)한다.

1) 법정형(法定刑)이 사형, 무기징역, 무기금고, 장기(長期) 10년 이상의 징역·금고에 해당하는 죄: 10년

2) 법정형이 장기 2년 이상의 징역·금고에 해당하는 죄: 5년

3) 법정형이 장기 2년 미만의 징역·금고, 자격상실, 자격정지, 벌금, 구류 또는 과료에 해당하는 죄: 즉시 삭제. 다만, 제1항제1호의 기소유예 처분이나 제1항제2호·제3호의 판결 또는 결정이 있는 경우는 5년간 보존한다.

(3) 소년사건에 대한 수사경력자료 보존기간

처분 당시 또는 판결·결정의 확정 당시 「소년법」 제2조에 따른 소년에 대한 수사경력자료의 보존기간은 다음 각 호의 구분에 따른다.

1) 제1항제1호의 기소유예의 불기소처분: 그 처분일부터 3년

2) 제1항제1호의 혐의없음, 공소권없음, 죄가안됨의 불기소처분: 그 처분 시까지

3) 제1항제2호의 판결 또는 같은 항 제3호의 결정: 그 판결 또는 결정의 확정 시까지

7. 벌칙

(1) 전과기록이나 수사경력자료를 관리하는 사람이 부정한 청탁을 받고 다음의 어느 하나에 해당하는 행위를 하였을 때에는 1년 이상의 유기징역에 처한다(법 제9조).

1) 전과기록 또는 수사경력자료를 손상시키거나 은닉(隱匿)하거나 그 밖의 방법으로 그 효용을 해친 행위

2) 전과기록 또는 수사경력자료의 내용을 거짓으로 기재하거나 정당한 사유 없이 그 내용을 변경한

행위

3) 전과기록 또는 수사경력자료에 의한 증명사항의 내용을 거짓으로 기재한 행위

(2) 전과기록 또는 수사경력자료의 작성에 필요한 서류에 대하여 다음의 어느 하나에 해당하는 행위를
한 사람도 (1)과 같은 형에 처한다.

1) 손상, 은닉 또는 그 밖의 방법으로 그 효용을 해친 행위

2) 그 내용을 거짓으로 기재하거나 변작(變作)한 행위

[서식] 범죄경력자료기재처분취소 청구의 소

소　　장

원고　　　　　김 길 동(주민등록번호)
　　　　　　　서울 은평구 갈현동 ○−○번지
　　　　　　　(전화 000−000, 팩스 000−000)
피고　　　　　경찰청장
범죄경력자료기재처분취소

청구취지

1. 피고가 2008. 11. 4. 원고에 대하여 한 범죄경력자료기재처분을 취소한다.

2. 소송비용은 피고부담으로 한다.

라는 판결을 구합니다.

청구원인

1. 처분의 경위

(1) 원고는 200○. ○. ○. ○○법원에서 ○○죄 및 ○○죄로 벌금 ○○만 원의 선고를 유예한다는
판결을 받고, 이에 불복하여 위 법원에 항소를 제기하였으나 200○. ○. ○. 항소기각판결이 선고된
데 이어, 200○. ○. ○.자로 대법원에서 상고기각판결이 선고됨으로써 위 선고유예판결이 확정되
었습니다.

(2) 이에 피고는 200○. ○. ○. 형의 실효 등에 관한 법률(이하 '법'이라 한다)에 따라 위 확정된
판결내용을 원고의 수사자료표에 기재하여 이를 범죄경력자료로 관리하고 있습니다.

2. 처분의 위법성

형의 실효 등에 관한 법률 제2조 제5호 가목은 수사자료표에 벌금 이상의 형의 선고·면제 및 선고유예에 관한 사항을 범죄경력자료로서 일률적으로 기재, 관리하도록 규정하고 있는 바, 선고유예는 법원이 선고할 수 있는 가장 관대한 판결에 해당함에도 불구하고 즉결심판에 회부되어 벌금형의 실형을 선고받은 자의 경우에는 아무런 전과기록이 남지 않는 반면, 원고와 같이 벌금형의 선고유예 판결을 받은 자는 수사자료표에 범죄경력자료가 평생 남게 되는 것은 도저히 형평에 맞지 아니하는 점 등의 제반 사정을 고려하면, 수사자료표에 선고유예에 관한 사항을 범죄경력자료로 일률적으로 기재·관리하도록 규정한 위 규정은 헌법상 과잉금지의 원칙 및 비례의 원칙에 반하여 위헌이고, 따라서 위 규정에 터잡아 행하여진 피고의 범죄경력자료기재 역시 위법을 면할 수 없으므로 취소되어야 합니다.

3. 결론

이에 상기 청구취지와 같이 이건 행정소송을 제기하는 바입니다.

입증방법

    1. 갑 제1호증
    2. 갑 제2호증

첨부서류

    1. 위 각 입증방법   각 1부
    2. 송달료 납부서
    3. 소장부본

20 .   .   .

위 원고   (날인 또는 서명)

서울행정법원   **귀중**

2009구합 29226

살피건대, 법 제2조 제4, 5호에 의하면 수사자료표는 수사기관이 피의자의 지문을 채취하고 필요한 사항을 기재한 표로서 경찰청에서 관리하는 것을 말하고, 범죄경력자료는 수사자료표 중 벌금 이상의 형의 선고 · 면제 및 선고유예 등에 관한 자료를 의미하는바, 이러한 범죄경력자료의 기재는 수사기관이 내부 정보관리를 위하여 작성하는 것일 뿐 그로 인하여 국민의 권리를 제한하거나 의무를 부담하게 하는 등 어떠한 법률 효과를 발생시키는 것은 아니라고 할 것이어서 행정소송법 제2조 제1호 소정의 처분 등에 해당하지 않는다고 할 것이다.

Ⅱ. 시정요구처분관련 소송

1. 방송통신심의위원회의 설치 및 구성 등

1) 설치

방송 내용의 공공성 및 공정성을 보장하고 정보통신에서의 건전한 문화를 창달하며 정보통신의 올바른 이용환경 조성을 위하여 독립적으로 사무를 수행하는 방송통신심의위원회를 둔다(방송통신위원회의 설치 및 운영에 관한 법률 제18조).

2) 구성

심의위원회는 9인의 위원으로 구성한다. 이 경우 심의위원회 위원장(이하 "심의위원장"이라 한다) 1인, 부위원장 1인을 포함한 3인의 위원을 상임으로 하며, 심의위원회 위원(이하 "심의위원"이라 한다)은 대통령이 위촉한다. 이 경우 3인은 국회의장이 국회 각 교섭단체 대표의원과 협의하여 추천한 자를 위촉하고, 3인은 국회의 소관 상임위원회에서 추천한 자를 위촉한다.

2. 심의위원의 결격사유

다음의 어느 하나에 해당하는 자는 심의위원이 될 수 없다(법 제19조).

1) 「국가공무원법」 제2조 또는 「지방공무원법」 제2조에 따른 국가공무원 또는 지방공무원. 다만, 「교육공무원법」 제2조제1항에 따른 교육공무원이나 「법원조직법」 제4조 또는 제5조에 따른 대법관 또는 판사의 경우를 제외한다.

2) 「정당법」 제22조에 따른 당원

3) 방송·통신 관련 사업에 종사하거나 위원 임명 전 3년 이내에 종사하였던 사람

4) 「국가공무원법」 제33조 각 호의 어느 하나에 해당하는 사람

5) 「공직선거법」 제2조에 따른 선거에 의하여 취임하는 공직에서 퇴직한 날부터 3년이 경과되지 아니한 사람

6) 「대통령직 인수에 관한 법률」 제6조에 따른 대통령직인수위원회 위원의 신분을 상실한 날부터 3년이 경과되지 아니한 사람 국가공무원법 제2조 또는 지방공무원법 제2조에 따른 국가공무원 또는 지방공무원. 다만, 교육 공무원법 제2조제1항에 따른 교육공무원이나 법원조직법 제4조 또는 제5조에 따른 대법관 또는 판사의 경우를 제외한다.

3. 심의위원의 신분보장 등

1) 신분보장

심의위원은 직무를 수행함에 있어 외부의 부당한 지시나 간섭을 받지 아니하며, 심의위원의 신분보장에 관하여는 제8조제1항을 준용한다. 이 경우 동항 제2호 중 "제10조"는 "제19조"로 본다.

2) 겸직금지

심의위원장, 부위원장 등 상임인 위원의 겸직금지 등에 관하여는 제9조를 준용한다(법 제20조).

4. 심의위원회의 직무

심의위원회의 직무는 다음 각 호와 같다(법 제21조).

가. 「방송법」제32조에 규정된 사항의 심의

나. 「방송법」제100조에 따른 제재조치 등에 대한 심의 · 의결

다. 「정보통신망 이용촉진 및 정보보호 등에 관한 법률」제44조의7에 규정된 사항의 심의

라. 전기통신회선을 통하여 일반에게 공개되어 유통되는 정보 중 건전한 통신윤리의 함양을 위하여 필요한 사항으로서 대통령령으로 정하는 정보의 심의 및 시정요구

마. 전기통신회선을 이용하여 유통되는 정보의 건전화에 관한 사항

바. 정보통신의 올바른 이용환경 조성을 위한 국제협력에 관한 사항

사. 심의위원회의 사업계획 · 예산 및 결산에 관한 사항

아. 심의위원회 규칙의 제정 · 개정 및 폐지에 관한 사항

자. 다른 법령에 의하여 심의위원회의 심의사항으로 정한 사항

5. 제재조치 등

가. 제재조치

심의위원회는 방송 또는 정보통신의 내용이 제24조의 심의규정에 위반된다고 판단하는 경우에는 다음 각 호의 어느 하나의 제재조치 등을 정할 수 있다(법 제25조 제1항).

제1호 방송법 제100조제1항에 따른 제재조치 · 권고 또는 의견제시

제2호 정보통신망 이용촉진 및 정보보호 등에 관한 법률 제44조의7에 따른 불법정보 유통에 대한 취급의 거부 · 정지 또는 제한

나. 시정조치의 법적성격

방송통신심의위원회는 대통령이 위촉하는 9인으로 구성되고 위원들은 국가공무원법상 결격사유가

없어야 하고 그 신분이 보장되며, 국가로부터 운영에 필요한 경비를 지급받을 수 있고 그 규칙이 제정·개정·폐지될 경우 관보에 게재·공표되는 등의 사정에 비추어 행정청에 해당하고, 인터넷 포털사이트 등에 대한 방송통신심의위원회의 게시물의 삭제 등의 시정요구는 단순히 비권력적 사실행위인 행정지도에 불과한 것이 아니라 의무의 부담을 명하거나 기타 법률상 효과를 발생하게 하는 것으로서 항고소송의 대상이 되는 행정처분에 해당한다.[263]

다. 정보통신망 이용촉진 및 정보보호 등에 관한 법률 제44조의7 제1항 제2호의 '사람을 비방할 목적'이 부인되는 '적시한 사실이 공공의 이익에 관한 것'인지 여부의 판단 기준

정보통신망 이용촉진 및 정보보호 등에 관한 법률 제44조의7 제1항 제2호의 '사람을 비방할 목적'이란 형법 제309조 제1항의 '사람을 비방할 목적'과 마찬가지로 가해의 의사 내지 목적을 요하는 것으로서 공공의 이익을 위한 것과는 행위자의 주관적 의도의 방향에 있어 서로 상반되는 관계에 있다고 할 것이므로, 적시한 사실이 공공의 이익에 관한 것인 경우에는 특별한 사정이 없는 한 비방할 목적은 부인된다고 봄이 상당하다. 여기에서 '적시한 사실이 공공의 이익에 관한 경우'란 적시된 사실이 객관적으로 볼 때 공공의 이익에 관한 것으로서 행위자도 주관적으로 공공의 이익을 위하여 그 사실을 적시한 것이어야 하는데, 공공의 이익에 관한 것에는 널리 국가·사회 기타 일반 다수인의 이익에 관한 것뿐만 아니라 특정한 사회집단이나 그 구성원 전체의 관심과 이익에 관한 것도 포함한다. 적시한 사실이 공공의 이익에 관한 것인지 여부는 당해 명예훼손적 표현으로 인한 피해자가 공무원 내지 공적 인물과 같은 공인인지 아니면 사인에 불과한지 여부, 그 표현이 객관적으로 국민이 알아야 할 공공성·사회성을 갖춘 공적 관심 사안에 관한 것으로 사회의 여론형성 내지 공개토론에 기여하는 것인지 아니면 순수한 사적인 영역에 속하는 것인지 여부, 피해자가 그와 같은 명예훼손적 표현의 위험을 자초한 것인지 여부, 그리고 그 표현에 의하여 훼손되는 명예의 성격과 그 침해의 정도, 그 표현의 방법과 동기 등 제반 사정을 고려하여 판단하여야 한다.

> 【판시사항】
> 인터넷 포털사이트의 블로그에 재활용 폐기물로 생산된 국내산 시멘트의 유해성에 관한 글을 게시한 것은 공공의 이익을 위한 것으로 거기에 비방의 목적이 있다고 볼 수 없으므로, 이를 불법정보로 보아 게시글의 삭제를 요구한 방송통신심의위원회의 시정요구는 위법하다고 한 사례[서울행법 2010. 2. 11., 선고, 2009구합35924, 판결 : 항소]
>
> 【판결요지】
> 환경운동가로서 재활용 폐기물로 생산된 국내산 시멘트의 유해성을 공론화할 의도로 몇몇 연구소들에 국내외 시멘트 제품에 대한 시험을 의뢰한 후 그 결과를 바탕으로 하여 글을 게시한 점 등에 비

---

263) 서울행법 2010. 2. 11., 선고, 2009구합35924, 판결 : 항소

추어, 인터넷 포털사이트의 블로그에 재활용 폐기물로 생산된 국내산 시멘트의 유해성에 관한 글을 게시한 것은 공공의 이익을 위한 것으로 거기에 비방의 목적이 있다고 볼 수 없으므로, 이를 정보통신망 이용촉진 및 정보보호 등에 관한 법률 제44조의7 제1항 제2호의 불법정보로 보아 게시글의 삭제를 요구한 방송통신심의위원회의 시정요구는 위법하다.

6. 사무처 및 직원의 공무원 의제

심의위원회의 사무를 처리하기 위하여 심의위원회에 사무처를 두며(법 제26조), 심의위원, 사무총장, 그 밖의 사무처 직원은 형법 또는 다른 법률에 따른 벌칙 적용에 있어서는 각 각 공무원으로 본다.

7. 예산

국가는 다음 각 호의 기금 또는 국고에서 심의위원회의 운영 등에 필요한 경비를 지급할 수 있다(법 제28조).

1) 방송법 제36조에 따른 방송발전기금
2) 정보통신산업 진흥법 제41조에 따른 정보통신진흥기금
3) 그 밖에 대통령령으로 정하는 기금

8. 심의위원회 규칙

심의위원회는 제21조 제7호에 따라 심의위원회 규칙을 제정·개정·폐지하려는 때에는 20일 이상의 예고와 심의위원회의 의결을 거쳐야 한다. 이 경우 심의위원회는 이를 관보에 게재·공표하여야 한다(법 제29조).

소　　장

원고　　　　　김 길 동(주민등록번호)
　　　　　　　서울시 강남구 ○○동 ○○번지
　　　　　　　(전화 000-000, 팩스 000-000)
피고　　　　　방송통신심의위원회
시정요구처분취소

청구취지

1. 피고가 2009. 4. 24. 별지 목록 기재 각 게시글에 대하여 한 시정요구(해당정보의 삭제)처분을 취소한다.
2. 소송비용은 피고가 부담한다.

라는 판결을 구합니다.

청구원인

1. 처분의 경위

(1) 원고는 포털사이트인 주식회사 ○○의 블로그(이하 '이 사건 블로그'라고 한다)에 국내산 시멘트에 관하여 별지 게시글의 제목 및 주요 내용란의 기재와 같은 글(이하 '이 사건 게시글'이라고 한다)을 게재하였습니다.

(2) 피고는 한국양회공업협회 등으로부터 이 사건 게시글에 대한 심의신청이 제기됨에 따라 이를 심의한 결과, 이 사건 게시글이 정보통신망 이용촉진 및 정보보호 등에 관한 법률 제44조의7 제1항 제2호 소정의 '불법정보'(비방 목적의 명예훼손 정보)에 해당한다는 이유로 2009. 4. 24. 위 ○○에 대하여 해당정보의 삭제를 요구(이하 '이 사건 시정요구'라고 한다)하였습니다.

(3) 이에 원고는 이의신청을 제기하였는데, 피고는 2009. 6. 23. 이 사건 게시글의 기각이유란의 기재와 같은 이유로 이 사건 게시글에 대한 원고의 이의신청을 기각하였습니다(당초에는 "쓰레기 발암시멘트, 과연 안전한가"라는 제목의 게시글도 함께 위와 같은 시정요구를 받았으나, 위 게시글에 대하여는 피고가 2009. 9. 11. 원고의 이의신청을 받아들여 그 시정요구를 취소하였다).

2. 처분의 위법성

피고의 처분은 다음과 같은 이유로 위법합니다.

(1) 원고는 환경운동가로서 재활용 폐기물로 생산된 국내산 시멘트의 유해성을 공론화할 의도로 몇몇 연구소들에 국내외 시멘트 제품에 대한 시험을 의뢰한 후 그 결과를 바탕으로 하여 이 사건 게시글(특히 2007. 10. 31.에 게시된 별지 목록 게시글 순번 1번)을 게시한 점,

(2) 설령 별지 목록 게시글 순번 3번에 삽입된 사진에 등장하는 특정차량이 시멘트 공장으로 향한 것은 아니라고 하더라도, 위에서 본 바와 같이 현재 폐기물 등이 시멘트의 제조에 사용되고 있는 것은 피고도 인정하는 사실이고, 원고가 사진을 삽입한 이유는 단지 본문의 내용을 좀더 생생하게 전달하기 위한 것으로 보여질 뿐인 점에 비추어 보면, 그 사진으로 인하여 별지 목록 게시글 순번 3번의 내용이 전체적으로 허위라고 단정할 수는 없는 점,

(3) 6가크롬 및 6개 중금속의 함량이 기준치 이내인 것으로 나타난 환경부와 국립환경과학원에 의한 민.관합동조사의 결과가 나온 이후에도 원고는 이 사건 게시글에서 계속하여 '발암시멘트, 쓰레기시멘트'라는 용어를 사용하고 있는데, 단지 다소 과장된 표현일지언정 시멘트의 유해성이라는 공적 관심사에 대하여 주의를 환기시켜 향후 이에 대한 적절한 대책 등을 촉구하고자 하는 것이 위 게시글의 주된 목적이었다고 보이는 점,

(4) 원고의 적극적인 활동이 시멘트의 안전성에 대한 사회의 여론형성 및 대책수립에 일정 부분 기여한 것으로 보이는 점,
등의 제반 사정을 종합하여 볼 때, 원고가 이 사건 게시글을 게재한 것은 공공의 이익을 위하여 한 것으로 봄이 상당하고, 거기에 비방의 목적이 있었다고 볼 수 없습니다.

3. 결론

따라서 이 사건 게시글이 정보통신망 이용촉진 및 정보보호 등에 관한 법률 제44조의7 제1항 제2호의 불법정보에 해당함을 전제로 한 이 사건 시정요구는 위법하므로 이의 취소를 구하는 본 건 행정소송에 이르게 되었습니다.

입증방법

1. 갑 제1호증
2. 갑 제2호증

첨부서류

1. 위 각 입증방법   각 1부
2. 송달료 납부서
3. 소장부본

20   .   .   .

위 원고   (날인 또는 서명)

서울행정법원   귀중

별지 1

순번	제목 (게시일자)	주요 내용	기각 이유
1	중국산보다 발암물질 많은 쓰레기시멘트 (2007.10. 31.)	"국내시멘트에는 발암물질인 6가 크롬이 다량 포함되어 있지만 중국산 시멘트에는 발암물질이 전혀 검출되지 않았습니다. 쓰레기로 만든 발암시멘트의 생산 중단을 위한 서명을 받고 있습니다."	국내 시멘트에서 발암물질인 6가크롬 성분이 검출된다 하더라도 6가크롬 성분이 포함된 시멘트가 암을 유발한다는 구체적인 증거 없이 '발암시멘트'라는 표현을 단정적, 반복적으로 사용하고 있는바, 이는 진실이라고 믿을 만한 상당한 이유가 없거나 허위의 사실로서 신고자의 명예를 훼손하는 내용에 해당함.
2	환경부 장관님 대답해 주세요 (2008.11. 10.)	"쓰레기시멘트로 인한 쓰레기 처리비용 1,740억 원이 우리 아이들의 아토피를 감수하며 발암시멘트를 만들어야 하는 큰 돈일까요? 발암시멘트를 만들어 국민을 질병과 죽음으로 몰고 간 것입니다. 국민들이 쓰레기로 만든 발암시멘트에 갇혀 사는 고통을 겪어야 합니다."	위와 같음
3	폐유독물로 시멘트를 만들려는 환경부 (2008. 7. 15.)	(주)○○화학의 운반차량 정지영상과 함께 "어떤 유독성 지정폐기물을 실은 것일까요? 화학공장에서 나온 알 수도 없는 지정폐기물이 시멘트공장으로 향하고 있습니다. 오늘도 수많은 유독물질이 시멘트 공장으로 들어가고 시멘트로 만들어지고 있습니다."	폐기물 소각장으로 가는 차량을 시멘트 공장으로 향하는 차량이라고 적시하고, 유해성이 큰 폐기물이 시멘트 제조과정에 사용되는 것처럼 적시하고 있는바, 이는 진실이라고 믿을 만한 상당한 이유가 없거나 허위의 사실로서 신고자의 명예를 훼손하는 내용에 해당함.

당해판례

2009구합 35924

1) 정보통신망 이용촉진 및 정보보호 등에 관한 법률 제44조의7 제1항 제2호의 '사람을 비방할 목적'이란 형법 제309조 제1항의 '사람을 비방할 목적'과 마찬가지로 가해의 의사 내지 목적을 요하는 것으로서 공공의 이익을 위한 것과는 행위자의 주관적 의도의 방향에 있어 서로 상반되는 관계에 있다고 할 것이므로, 적시한 사실이 공공의 이익에 관한 것인 경우에는 특별한 사정이 없는 한 비방할 목적은 부인된다고 봄이 상당하고, 여기에서 '적시한 사실이 공공의 이익에 관한 경우'라 함은 적시된 사실이 객관적으로 볼 때 공공의 이익에 관한 것으로서 행위자도 주관적으로 공공의 이익을 위하여 그 사실을 적시한 것이어야 하는데, 공공의 이익에 관한 것에는 널리 국가·사회 기타 일반 다수인의 이익에 관한 것뿐만 아니라 특정한 사회집단이나 그 구성원 전체의 관심과 이익에 관한 것도 포함하는 것이며, 적시한 사실이 공공의 이익에 관한 것인지 여부는 당해 명예훼손적 표현으로 인한 피해자가 공무원 내지 공적 인물과 같은 공인인지 아니면 사인에 불과한지 여부, 그 표현이 객관적으로 국민이 알아야 할 공공성·사회성을 갖춘 공적 관심 사안에 관한 것으로 사회의 여론형성 내지 공개토론에 기여하는 것인지 아니면 순수한 사적인 영역에 속하는 것인지 여부, 피해자가 그와 같은 명예훼손적 표현의 위험을 자초한 것인지 여부, 그리고 그 표현에 의하여 훼손되는 명예의 성격과 그 침해의 정도, 그 표현의 방법과 동기 등 제반 사정을 고려하여 판단하여야 할 것이다(같은 법 제70조 제1항의 '사람을 비방할 목적'의 의미에 관한 대법원 2005. 10. 14. 선고 2005도5068 판결 등 참조).

2) 이 사건의 경우, 앞서 본 사실 및 위 각 증거들에 의하여 알 수 있는 다음과 같은 사정, 즉 ① 원고는 환경운동가로서 재활용 폐기물로 생산된 국내산 시멘트의 유해성을 공론화할 의도로 몇몇 연구소들에 국내외 시멘트 제품에 대한 시험을 의뢰한 후 그 결과를 바탕으로 하여 이 사건 게시글(특히 2007. 10. 31.에 게시된 별지 목록 게시글 순번 1번)을 게시한 점. ② 설령 별지 목록 게시글 순번 3번에 삽입된 사진에 등장하는 특정차량이 시멘트 공장으로 향한 것은 아니라고 하더라도, 위에서 본 바와 같이 현재 폐기물 등이 시멘트의 제조에 사용되고 있는 것은 피고도 인정하는 사실이고, 원고가 사진을 삽입한 이유는 단지 본문의 내용을 좀더 생생하게 전달하기 위한 것으로 보여 질 뿐인 점에 비추어 보면, 그 사진으로 인하여 별지 목록 게시글 순번 3번의 내용이 전체적으로 허위라고 단정할 수는 없는 점. ③ 6가크롬 및 6개 중금속의 함량이 기준치 이내인 것으로 나타난 환경부와 국립환경과학원에 의한 민·관합동조사의 결과가 나온 이후에도 원고는 이 사건 게시글에서 계속하여 '발암시멘트, 쓰레기시멘트'라는 용어를 사용하고 있는

데, 단지 다소 과장된 표현일지언정 시멘트의 유해성이라는 공적 관심사에 대하여 주의를 환기시켜 향후 이에 대한 적절한 대책 등을 촉구하고자 하는 것이 위 게시글의 주된 목적이었다고 보이는 점, ④ 원고의 적극적인 활동이 시멘트의 안전성에 대한 사회의 여론형성 및 대책수립에 일정 부분 기여한 것으로 보이는 점 등 제반 사정을 종합하여 볼 때, 원고가 이 사건 게시글을 게재한 것은 공공의 이익을 위하여 한 것으로 봄이 상당하고, 거기에 비방의 목적이 있었다고 볼 수 없다. 따라서 이 사건 게시글이 정보통신망 이용촉진 및 정보보호 등에 관한 법률 제44조의7 제1항 제2호의 불법정보에 해당함을 전제로 한 이 사건 시정요구는 위법하다.

Ⅲ. 중개사무소등록취소처분관련 소송

1. 자격시험

공인중개사가 되려는 자는 시·도지사가 시행하는 공인중개사자격시험에 합격하여야 한다(공인중개사법 제4조).

2. 중개사무소의 개설등록

중개업을 영위하려는 자는 국토교통부령이 정하는 바에 따라 중개사무소(법인의 경우에는 주된 중개사무소를 말한다)를 두려는 지역을 관할하는 시장(구가 설치되지 아니한 시의 시장과 특별자치도 행정시의 시장을 말한다.)·군수 또는 구청장(이하 "등록관청"이라 한다)에게 중개사무소의 개설등록을 하여야 하며(법 제9조), 공인중개사(소속공인중개사를 제외한다) 또는 법인이 아닌 자는 전항의 규정에 의한 중개사무소의 개설등록을 신청할 수 없다

3. 등록의 결격사유 등

다음 각 호의 어느 하나에 해당하는 자는 중개사무소의 개설등록을 할 수 없다(법 제10조).
1) 미성년자, 2) 금치산자 또는 한정치산자, 3) 파산선고를 받고 복권되지 아니한 자, 4) 금고 이상의 실형의 선고를 받고 그 집행이 종료(집행이 종료된 것으로 보는 경우를 포함한다)되거나 집행이 면제된 날부터 3년이 경과되지 아니한 자, 5) 금고 이상의 형의 집행유예를 받고 그 유예기간 중에 있는 자, 6) 제35조제1항의 규정에 의하여 공인중개사의 자격이 취소된 후 3년이 경과되지 아니한 자, 7) 제36조 제1항의 규정에 의하여 공인중개사의 자격이 정지된 자로서 자격정지기간중에 있는 자, 8) 제38조제1 항제2호·제4호부터 제8호까지, 같은 조 제2항제2호부터 제11호까지에 해당하는 사유로 중개사무소의 개설등록이 취소된 후 3년(제40조제3항의 규정에 의하여 등록이 취소된 경우에는 3년에서 동항제1

호의 규정에 의한 폐업기간을 공제한 기간을 말한다)이 경과되지 아니한 자, 9) 제39조의 규정에 의하여 업무정지처분을 받고 제21조의 규정에 의한 폐업신고를 한 자로서 업무정지기간(폐업에 불구하고 진행되는 것으로 본다)이 경과되지 아니한 자, 10) 제39조의 규정에 의하여 업무정지처분을 받은 개업공인중개사인 법인의 업무정지의 사유가 발생한 당시의 사원 또는 임원이었던 자로서 당해 개업공인중개사에 대한 업무정지기간이 경과되지 아니한 자, 11) 이 법을 위반하여 300만원 이상의 벌금형의 선고를 받고 3년이 경과되지 아니한 자, 12) 사원 또는 임원 중 제1호 내지 제11호의 어느 하나에 해당하는 자가 있는 법인

4. 등록의 취소

등록관청은 개업공인중개사가 다음 각 호의 어느 하나에 해당하는 경우에는 중개사무소의 개설등록을 취소하여야 한다(법 제38조).

1) 개인인 개업공인중개사가 사망하거나 개업공인중개사인 법인이 해산한 경우

2) 거짓 그 밖의 부정한 방법으로 중개사무소의 개설등록을 한 경우

3) 제10조제1항제2호 내지 제6호 · 제11호 · 제12호의 규정에 의한 결격사유에 해당하게 된 경우. 다만, 동항제12호의 규정에 의한 결격사유에 해당하는 경우로서 그 사유가 발생한 날부터 2월 이내에 그 사유를 해소한 경우에는 그러하지 아니하다.

4) 제12조제1항의 규정을 위반하여 이중으로 중개사무소의 개설등록을 한 경우

5) 제12조제2항의 규정을 위반하여 다른 개업공인중개사의 소속공인중개사 · 중개보조원 또는 개업공인중개사인 법인의 사원 · 임원이 된 경우

6) 제19조제1항의 규정을 위반하여 다른 사람에게 자기의 성명 또는 상호를 사용하여 중개업무를 하게 하거나 중개사무소등록증을 양도 또는 대여한 경우

7) 업무정지기간 중에 중개업무를 하거나 자격정지처분을 받은 소속공인중개사로 하여금 자격정지기간 중에 중개업무를 하게 한 경우

8) 최근 1년 이내에 이 법에 의하여 2회 이상 업무정지처분을 받고 다시 업무정지처분에 해당하는 행위를 한 경우

5. 벌칙

다음 각 호의 어느 하나에 해당하는 자는 3년 이하의 징역 또는 3천만원 이하의 벌금에 처한다(법 제48조).

1) 제9조의 규정에 의한 중개사무소의 개설등록을 하지 아니하고 중개업을 한 자

2) 거짓 그 밖의 부정한 방법으로 중개사무소의 개설등록을 한 자

3) 제33조제5호 내지 제7호의 규정을 위반한 자

6. 양벌규정

소속공인중개사·중개보조원 또는 개업공인중개사인 법인의 사원·임원이 중개업무에 관하여 제48조 또는 제49조의 규정에 해당하는 위반행위를 한 때에는 그 행위자를 벌하는 외에 그 개업공인중개사에 대하여도 해당 조에 규정된 벌금형을 과한다. 다만, 그 개업공인중개사가 그 위반행위를 방지하기 위하여 해당 업무에 관하여 상당한 주의와 감독을 게을리하지 아니한 경우에는 그러하지 아니하다(법 제50조).

[서식] 중개사무소등록취소처분취소 청구의소

소　　장

원고　　　　김 길 동(주민등록번호)
　　　　　　서울시 노원구 상계8동 ○○번지
　　　　　　(전화 000-000, 팩스 000-000)
피고　　　　서울특별시 노원구청장
중개사무소등록취소처분취소

청구취지

1. 피고가 2009. 10. 5. 원고에 대하여 한 중개사무소 등록취소처분을 취소한다.
2. 소송비용은 피고가 부담한다.
라는 판결을 구합니다.

청구원인

1. 처분의 경위

(1) 원고는 2008. 4. 4. ○○시 ○○구 ○○동 ○○에서 '○○○ 공인중개사무소' 개설 등록을 마치고 부동산중개업을 영위하던 공인중개사이고, 김○○는 당시 원고가 고용하였던 중개보조원입니다.

(2) 김○○는 위 ○○○ 공인중개사무소에 근무하던 중인 2008. 4. 24. 중개의뢰인 ○○○로부터 ○○시 ○○구 ○○동 ○○ 외 4필지 소재 ○○타워 제○○호를 8,700만 원에 직접 매수한 다음 2008. 8. 22. ○○○에게 1억 500만 원에 매도하고, 2008. 4. 25. 중개의뢰인 ○○○로부터 ○○시

○○구 ○○동 ○○ 외 4필지 소재 ○○타워 제○○호를 7,600만 원에 직접 매수한 다음 2008. 5. 2. ○○○에게 7,800만 원에 매도하는 등 구『공인중개사의 업무 및 부동산거래신고에 관한 법률(2009. 4. 1. 법률 제9596호로 개정되기 전의 것, 이하 '구 법'이라 한다)』제33조 제6호(중개의뢰인과 직접 거래 금지)를 위반하였습니다.

(3) 이러한 김○○의 법 위반사실을 적발한 ○○시 ○○구청장은 2009. 4. 10. 원고와 김○○를 각 주소지 경찰서(원고 : ○○경찰서, 김○○ : ○○경찰서)에 고발하였고, 그 결과 원고는 중개보조원인 김○○의 이러한 위법행위로 인하여 그 사용주로서 구 법 제50조의 양벌규정에 의하여 2009. 6. 10. ○○법원 ○○지원에서 벌금 300만 원의 약식명령을 고지받고, 재차 2009. 7. 31. 서울 ○○검찰청에서 벌금 200만 원의 약식명령을 고지받았습니다.

(4) 원고는 위 '○○○ 공인중개사무소'를 2009. 3. 17.자로 폐업하고 2009. 3. 20. ○ ○구 ○○동 ○○로 옮겨 '○○공인중개사사무소'를 새로이 개설 등록하였었는데, 피고는 원고가 위와 같이 벌금형을 선고받았다는 이유로 구 법 제38조 제1항 제3호, 제48조 제3호, 제10조 제1항 제11호, 제50조를 적용하여 2009. 10. 5. 원고에 대하여 위 ○○공인중개사사무소의 개설등록을 취소하는 처분(이하 '이 사건 처분'이라 한다)을 하였습니다.

2. 처분의 위법성

김○○는 원고 몰래 중개의뢰인들과 단독으로 직접 거래를 하였을 뿐이고, 원고는 김○○의 위법행위를 전혀 몰랐습니다. 원고의 위법행위가 아니라 단지 피고용인인 김○○의 위법행위로 인하여 양벌규정에 따라 벌금형을 선고받은 것만을 이유로 원고에게 공인중개사 자격을 3년간 정지하는 것과 같은 이 사건 처분을 하는 것은 지나치게 가혹하고, 또한 자기책임주의의 원칙에도 정면으로 반하는 것으로서 부당하므로, 이 사건 처분은 위법합니다.

3. 결론

상기와 같이 피고의 처분은 위법하므로 이의 취소를 구하는 본 건 행정소송에 이르게 되었습니다.

입증방법

   1. 갑 제1호증
   2. 갑 제2호증

1. 위 각 입증방법   각 1부
2. 송달료 납부서
3. 소장부본

20 .   .   .

위 원고   (날인 또는 서명)

서울행정법원   귀중

당해판례

2009구합 43819

(1) 관계법령 및 변론 전체의 취지를 종합하여 보면 구 법 제10조 제1항 제11호의 중개사무소 등록결격사유에 해당할 경우 당해 중개업자는 새로이 중개사무소의 개설등록을 할 수 없음은 물론 기존의 중개사무소 개설등록도 취소되고, 다른 중개업자에 소속된 공인중개사도 될 수 없으므로 사실상 공인중개사 자격 자체가 3년간 정지되는 것과 같은 효력이 생기는 점, 구 법 제50조 양벌규정의 취지는 당해 법인이나 개인에게 형사처벌을 부과함으로써 중개보조원 등에 대한 지도의무를 강화하기 위한 것이므로 나아가 이를 중개업자 개인에 대한 행정처분의 근거로 삼겠다는 취지로까지 해석하기는 어려운 점, 구 법 제10조 제1항 제1호 내지 제10호, 제12호의 각 등록결격사유들은 모두 중개업자 본인과 직접 관련된 것이므로 제11호 역시 나머지 등록결격사유와 균형을 맞추어 해석하는 것이 필요한 점, 양벌규정은 형사법상 자기책임주의의 원칙에 대한 예외이므로 그러한 양벌규정을 행정처분의 근거로 규정한 법규를 해석함에 있어서는 그 문언에 맞게 엄격하게 해석할 것이 요구되는 점, 법 제50조는 2009. 4. 1. 법률 제9596호로 개정되었고, 향후로는 해당 중개업자가 그 위반행위를 방지하기 위하여 해당 업무에 관하여 상당한 주의와 감독을 게을리하지 아니한 경우에는 벌금형의 선고자체를 받지 아니하도록 된 점 등이 인정되는바, 위와 같은 제반 사정에 비추어 보면 구 법 제10조 제1항 제11호에 규정된 '이 법을 위반하여 벌금형의 선고를 받고 3년이 경과되지 아니한 자'에는 중개보조인 등의 위법행위로 인하여 그 사용주인 중개업자가 과실 없이 같은 법 제50조의 양벌규정으로 처벌받은 경우는 포함되지 않는다고 해석함이 상당하다(대법원 2008. 5. 29. 선고 2000두26568 판결 참조).

(2) 그런데 위에서 든 증거들에 의하여 보면 원고는 김○○의 위법행위로 인하여 그 사용주로서 구 법 제50조의 양벌규정에 의하여 벌금형을 선고받았던 것으로 보일 뿐 나아가 김○○의 위법행위에 가담하였다거나, 원고가 김○○에 대한 주의·감독의무를 소홀히 하였다고 볼 만한 증거는 특별히 없는 점을 알 수 있는바, 결국 이와 다른 전제에서 원고에 대하여 중개사무소 개설등록을 취소한 이 사건 처분은 위법하다 할 것이다.

IV. 예방접종으로 인한 장애인정 거부처분 취소관련 소송

1. 국가 및 지방자치단체의 책무

(1) 국가 등의 책무

국가 및 지방자치단체는 감염병환자등의 인간으로서의 존엄과 가치를 존중하고 그 기본적 권리를 보호하며, 법률에 따르지 아니하고는 취업 제한 등의 불이익을 주어서는 아니 된다(감염병의 예방 및 관리에 관한 법률 제4조). 여기서 "감염병"이란 제1급감염병, 제2급감염병, 제3급감염병, 제4급감염병, 기생충감염병, 세계보건기구 감시대상 감염병, 생물테러감염병, 성매개감염병, 인수(人獸)공통감염병 및 의료관련감염병을 말한다.

【판시사항】

[1] 구 전염병예방법 제54조의2에 의한 '예방접종으로 인한 장애인정'이 재량행위 내지 자유재량행위인지 여부(소극)

[2] 생후 7개월의 영아 甲이 보건소 의사로부터 예방접종으로 DTaP 등의 백신을 맞은 뒤 복합부분발작 장애 증세를 보여 예방접종 피해보상액으로 진료비와 정액간병비를 지급받았는데, 그 후 발작증세가 재발·악화되어 간질 등 후유장애로 종합장애등급 1급 판정을 받았고, 다시 보건복지부장관에게 예방접종 피해보상액으로 장애일시보상금을 신청하였으나 보건복지부장관의 위임을 받은 질병관리본부장이 난치성 간질과 백신 사이에 인과관계가 없다는 이유로 위 신청을 거부하는 처분을 한 사안에서, 거부처분이 위법한지 여부(서울행법 2011. 5. 18., 선고, 2009구합25101, 판결 : 항소)

【판결요지】

[1] 행정행위가 재량성 유무 및 범위와 관련하여 이른바 기속행위 내지 기속재량행위와 재량행위 내지 자유재량행위로 구분된다고 할 때, 그 구분은 당해 행위의 근거가 된 법규의 체재·형식과 그 문언, 당해 행위가 속하는 행정 분야의 주된 목적과 특성, 당해 행위 자체의 개별적 성질과 유형 등을

모두 고려하여 판단하여야 한다.

구 전염병예방법(2009. 12. 29. 법률 제9847호 감염병의 예방 및 관리에 관한 법률로 전부 개정되기 전의 것) 제54조의2 제1항.

제2항의 규정을 종합하면, 예방접종으로 인한 질병 등 피해 발생 여부가 문제되는 경우 보건복지부 장관에게 그 결정 권한을 부여한 것일 뿐, 실제 예방접종으로 인한 질병 등 피해가 발생하였다고 인 정되는 경우에도 보건복지부장관이 임의로 예방접종으로 인한 피해로 인정하지 않을 수 있는 자유재 량을 부여한 것으로 보이지는 않으므로, '예방접종으로 인한 장애인정'을 재량행위 내지 자유재량행위 라고 볼 수는 없다.

[2] 생후 7개월의 영아 甲이 보건소 의사로부터 예방접종으로 DTaP 등의 백신을 맞은 뒤 복합부분 발작 장애 증세를 보여 예방접종 피해보상액으로 진료비와 정액간병비를 지급받았는데, 그 후 발작 증세가 재발·악화되어 간질 등 후유장애로 종합장애등급 1급 판정을 받았고, 다시 보건복지부장관에 게 예방접종 피해보상액으로 장애일시보상금을 신청하였으나 보건복지부장관의 위임을 받은 질병관 리본부장이 난치성 간질과 백신 사이에 인과관계가 없다는 이유로 위 신청을 거부하는 처분을 한 사 안에서, 甲은 출생 때부터 위 예방접종을 받기 전까지 정상적인 발육과 발달 과정을 보인 건강한 아 이로서 발작을 의심할 만한 증상이나 병력이 전혀 없다가 예방접종 후 바로 복합부분발작 장애 증세 가 나타났고, 이상 증세에 대하여 예방접종 외에 다른 원인이 개재되었다는 구체적인 증거가 전혀 발견되지 않은 점, 질병관리본부장도 甲에게 발병한 복합부분발작 증세가 예방접종 때문인 것으로 판 단하여 예방접종 피해보상액으로 진료비 및 정액간병비를 지급하였던 점, 甲이 여러 의료기관에서 복 합부분발작 장애 증세에 대한 진료를 지속적으로 받았으나 상태가 점점 악화되다가 종합장애등급 1 급(간질장애 2급 및 지적장애 3급)의 후유장애 판정을 받은 점 등을 종합해보면, 위 예방접종으로 인 하여 甲에게 복합부분발작 장애가 발병하였고 그와 같은 장애가 악화되어 결국 간질 등 후유장애가 발병하였다고 충분히 추단할 수 있으므로, 위 예방접종과 甲의 후유장애 사이에는 상당인과관계가 있 어, 거부처분이 위법하다.

(2) 감염병예방을 위한 사업수행

국가 및 지방자치단체는 감염병의 예방 및 관리를 위하여 다음 각 호의 사업을 수행하여야 한다. 1) 감염병의 예방 및 방역대책, 2) 감염병환자등의 진료 및 보호, 3) 감염병 예방을 위한 예방접종계획의 수립 및 시행, 4) 감염병에 관한 교육 및 홍보, 5) 감염병에 관한 정보의 수집·분석 및 제공, 6) 감염병에 관한 조사·연구, 7) 감염병병원체 검사·보존·관리 및 약제내성 감시(약제내성 감시), 8) 감염병 예방을 위한 전문인력의 양성, 9) 감염병 관리정보 교류 등을 위한 국제협력, 10) 감염병의 치료 및 예방을 위한 약품 등의 비축, 11) 감염병 관리사업의 평가, 12) 기후변화, 저출산·고령화 등 인구변동 요인에 따른 감염병 발생조사·연구 및 예방대책 수립, 13) 한센병의 예방 및 진료 업무를 수행하는 법인 또는 단체에 대한 지원, 14) 감염병 예방 및 관리를 위한 정보시스템의 구축 및 운영, 15) 해외 신종감염병의 국내 유입에 대비한 계획 준비, 교육 및 훈련, 16) 해외 신종감염병 발생 동향의 지속적 파악, 위험성 평가 및 관리대상 해외 신종감염병의 지정, 17) 관리대상 해외 신종감염병에 대한 병원체 등 정보 수집, 특성 분석, 연구를 통한 예방과 대응체계 마련, 보고서 발간 및 지침(매뉴얼을 포함한다) 고시

2. 감염병 예방 및 관리 계획의 수립 등

(1) 기본계획수립

보건복지부장관은 감염병의 예방 및 관리에 관한 기본계획을 5년마다 수립 · 시행하여야 한다(법 제7조).

(2) 기본계획에 포함되어야할 사항

기본계획에는 다음 각 호의 사항이 포함되어야 한다.

1) 감염병 예방 · 관리의 기본목표 및 추진방향, 2) 주요 감염병의 예방 · 관리에 관한 사업계획 및 추진 방법, 3) 감염병 전문인력의 양성 방안, 4)「의료법」제3조제2항 각 호에 따른 의료기관 종별 감염병 위기대응역량의 강화 방안, 5) 감염병 통계 및 정보통신기술을 활용한 정보의 관리 방안, 6) 감염병 관련 정보의 의료기관 간 공유 방안, 7) 그 밖에 감염병의 예방 및 관리에 필요한 사항

(3) 기본계획의 시행

특별시장 · 광역시장 · 도지사 · 특별자치도지사(이하 "시 · 도지사"라 한다)와 시장 · 군수 · 구청장 (자치구의 구청장을 말한다. 이하 같다)은 기본계획에 따라 시행계획을 수립 · 시행하여야 한다.

(4) 자료 등의 제출요구

보건복지부장관, 시 · 도지사 또는 시장 · 군수 · 구청장은 기본계획이나 제3항에 따른 시행계획의 수립 · 시행에 필요한 자료의 제공 등을 관계 행정기관 또는 단체에 요청할 수 있으며, 이에 따라 요청받은 관계 행정기관 또는 단체는 특별한 사유가 없으면 이에 따라야 한다.

3. 감염병관리위원회

(1) 감염병관리위원회 설치

감염병의 예방 및 관리에 관한 주요 시책을 심의하기 위하여 질병관리청에 감염병관리위원회(이하 "위원회"라 한다)를 둔다(법 제9조). 위원회는 위원장 1명과 부위원장 1명을 포함하여 30명 이내의 위원으로 구성하며, 위원장은 질병관리청장이 되고, 부위원장은 위원 중에서 위원장이 지명하며, 위원 은 감염병의 예방 또는 관리 업무를 담당하는 공무원, 감염병 또는 감염관리를 전공한 의료인, 감염병과

관련된 전문지식을 소유한 사람, 「지방자치법」 제165조에 따른 시·도지사협의체가 추천하는 사람, 「비영리민간단체 지원법」 제2조에 따른 비영리민간단체가 추천하는 사람, 그 밖에 감염병에 관한 지식과 경험이 풍부한 사람 중에서 위원장이 임명하거나 위촉하는 사람으로 한다.

(2) 심의사항

위원회는 다음 각 호의 사항을 심의한다.

1) 기본계획의 수립, 2) 감염병 관련 의료 제공, 3) 감염병에 관한 조사 및 연구, 4) 감염병의 예방·관리 등에 관한 지식 보급 및 감염병환자등의 인권 증진, 5) 제20조에 따른 해부명령에 관한 사항, 6) 제32조 제2항에 따른 예방접종의 실시기준과 방법에 관한 사항, 7) 제34조에 따른 감염병 위기관리대책의 수립 및 시행, 8) 제40조제1항 및 제2항에 따른 예방·치료 의약품 및 장비 등의 사전 비축, 장기 구매 및 생산에 관한 사항, 9) 제40조의2에 따른 의약품 공급의 우선순위 등 분배기준, 그 밖에 필요한 사항의 결정, 10) 제71조에 따른 예방접종 등으로 인한 피해에 대한 국가보상에 관한 사항, 11) 그 밖에 감염병의 예방 및 관리에 관한 사항으로서 위원장이 위원회의 회의에 부치는 사항

4. 정기예방접종

(1) 정기예방접종

특별자치도지사 또는 시장·군수·구청장은 다음 각 호의 질병에 대하여 관할 보건소를 통하여 정기예방접종을 실시하여야 한다(법 제24조).

1) 디프테리아, 2) 폴리오, 3) 백일해, 4) 홍역, 5) 파상풍, 6) 결핵, 7) B형간염, 8) 유행성이하선염, 9) 풍진

10) 수두, 11) 일본뇌염, 12) b형헤모필루스인플루엔자, 13) 폐렴구균, 14) 그 밖에 보건복지부장관이 감염병의 예방을 위하여 필요하다고 인정하여 지정하는 감염병

(2) 위탁

특별자치도지사 또는 시장·군수·구청장은 제1항에 따른 정기예방접종업무를 대통령령으로 정하는 바에 따라 관할구역 안에 있는 「의료법」에 따른 의료기관에 위탁할 수 있다.

5. 예방접종 등에 따른 피해의 국가보상

(1) 국가보상

국가는 제24조 및 제25조에 따라 예방접종을 받은 사람 또는 제40조제2항에 따라 생산된 예방·치료 의약품을 투여받은 사람이 그 예방접종 또는 예방·치료 의약품으로 인하여 질병에 걸리거나 장애인이

되거나 사망하였을 때에는 대통령령으로 정하는 기준과 절차에 따라 다음 각 호의 구분에 따른 보상을 하여야 한다(법 제71조).

1) 질병으로 진료를 받은 사람: 진료비 전액 및 정액 간병비

2) 장애인이 된 사람: 일시보상금

3) 사망한 사람: 대통령령으로 정하는 유족에 대한 일시보상금 및 장제비

【판시사항】

구 전염병예방법 제54조의2에 따른 국가보상을 받기 위한 전제로서 요구되는 인과관계 증명의 정도 (대법원 2014. 5. 16., 선고, 2014두274, 판결)

【판결요지】

구 전염병예방법(2009. 12. 29. 법률 제9847호 감염병의 예방 및 관리에 관한 법률로 전부 개정되기 전의 것. 이하 '구 전염병예방법'이라 한다) 제54조의2의 규정에 의한 국가의 보상책임은 무과실책임 이기는 하지만, 책임이 있다고 하기 위해서는 질병, 장애 또는 사망(이하 '장애 등'이라 한다)이 당해 예방접종으로 인한 것임을 인정할 수 있어야 한다.

그러나 위와 같은 국가의 보상책임은 예방접종의 실시 과정에서 드물기는 하지만 불가피하게 발생하는 부작용에 대해서, 예방접종의 사회적 유용성과 이에 따른 국가적 차원의 권장 필요성, 예방접종으로 인한 부작용이라는 사회적으로 특별한 의미를 가지는 손해에 대한 상호부조와 손해분담의 공평, 사회보장적 이념 등에 터 잡아 구 전염병예방법이 특별히 인정한 독자적인 피해보상제도인 점, 구 전염병예방법 시행령(2010. 3. 15. 대통령령 제22075호로 개정되기 전의 것) 제19조의2에 예방접종으로 인한 피해에 대한 보상기준이 항목별로 구체적으로 정해져 있는데 액수가 그리 크지 않은 점, 예방접종으로 인한 부작용으로 사망이라는 중대한 결과까지 초래될 가능성이 있는 반면, 장애 등의 발생 기전은 명확히 밝혀져 있지 않고 현재의 의학수준에 의하더라도 부작용을 완전히 방지할 수는 없는 점 등에 비추어, 구 전염병예방법 제54조의2의 규정에 의한 보상을 받기 위한 전제로서 요구되는 인과관계는 반드시 의학적·자연과학적으로 명백히 증명되어야 하는 것은 아니고, 간접적 사실관계 등 제반 사정을 고려할 때 인과관계가 있다고 추단되는 경우에는 증명이 있다고 보아야 한다. 인과 관계를 추단하기 위해서는 특별한 사정이 없는 한 예방접종과 장애 등의 발생 사이에 시간적·공간적 밀접성이 있고, 피해자가 입은 장애 등이 당해 예방접종으로부터 발생하였다고 추론하는 것이 의학이론이나 경험칙상 불가능하지 않으며, 장애 등이 원인불명이거나 당해 예방접종이 아닌 다른 원인에 의해 발생한 것이 아니라는 정도의 증명이 있으면 족하다.

(2) 국가보상 대상

보상받을 수 있는 질병, 장애 또는 사망은 예방접종약품의 이상이나 예방접종 행위자 및 예방·치료 의약품 투여자 등의 과실 유무에 관계없이 해당 예방접종 또는 예방·치료 의약품을 투여받은 것으로

인하여 발생한 피해로서 보건복지부장관이 인정하는 경우로 한다.

(3) 보상절차

보건복지부장관은 보상청구가 있은 날부터 120일 이내에 제2항에 따른 질병, 장애 또는 사망에 해당하는지를 결정하여야 한다. 이 경우 미리 위원회의 의견을 들어야 하며, 이에 따른 보상의 청구, 결정의 방법과 절차 등에 관하여 필요한 사항은 대통령령으로 정한다.

■ 감염병의 예방 및 관리에 관한 법률 시행령 [별표 2의2] 〈개정 2021. 6. 8.〉

손실보상의 대상 및 범위(제28조제1항 관련)

1. 법 제36조 및 제37조에 따른 감염병관리기관의 지정 또는 격리소 등의 설치 · 운영으로 발생한 다음 각 목의 어느 하나에 해당하는 손실
   가. 감염병관리시설의 설치 · 운영으로 발생하는 비용(법 제36조제4항에 따라 감염병관리시설을 설치 · 운영하는 경우는 제외한다)
   나. 감염병환자, 감염병의사환자 등의 치료 · 진료 · 격리로 시설 · 장비 · 인력 등을 원래의 목적대로 사용하지 못하게 되는 경우 발생하는 비용
1의2. 법 제39조의3에 따른 감염병의심자 격리시설(이하 "감염병의심자격리시설"이라 한다)의 설치 · 운영으로 발생한 다음 각 목의 어느 하나에 해당하는 손실
   가. 감염병의심자격리시설의 설치 · 운영으로 발생하는 비용
   나. 감염병의심자격리시설을 설치 · 운영함에 따라 해당 시설 및 장비, 인력 등을 원래의 목적대로 사용하지 못하게 되는 경우 발생하는 비용
2. 법에 따른 조치에 따라 감염병환자, 감염병의사환자 등을 진료한 의료기관의 손실: 해당 의료기관(감염병관리기관인 의료기관은 제외한다)이 감염병환자, 감염병의사환자 등을 진료 · 치료 · 격리함에 따라 발생하는 다음 각 목의 어느 하나에 해당하는 비용
   가. 치료 · 진료 · 격리로 시설 · 장비 · 인력 등을 사용하게 되는 경우 그 소요비용
   나. 치료 · 진료 · 격리로 인해 시설 · 장비 · 인력 등을 원래의 목적대로 사용하지 못하게 되는 경우 발생하는 비용
3. 법에 따른 의료기관의 폐쇄 또는 업무 정지 등으로 의료기관에 발생한 손실: 해당 의료기관이 폐쇄 또는 업무 정지로 시설 · 장비 · 인력 등을 원래의 목적대로 사용하지 못하게 되는 경우 발생하는 비용
4. 법 제47조제1호에 따른 조치로 인하여 발생한 손실: 폐쇄 · 출입금지 · 이동제한 또는 통행차단으로 활용하지 못하게 되는 시설 · 장비 · 인력 비용

---

5. 법 제47조제4호에 따른 조치로 인하여 발생한 손실: 감염병병원체에 오염되었거나 오염되었다고 의심되는 물건을 버리는 행위 또는 태우거나 폐기처분 당시 그 물건의 평가액

6. 법 제47조제5호에 따른 조치로 인하여 발생한 손실: 감염병병원체에 오염된 장소에 대한 소독이나 그 밖에 필요한 조치에 드는 비용

7. 법 제48조제1항에 따른 조치로 인하여 발생한 손실: 감염병환자등이 발생한 장소나 감염병병원체에 오염되었다고 의심되는 장소에 대한 소독이나 그 밖에 필요한 조치에 드는 비용

8. 법 제49조제1항제4호에 따른 조치로 인하여 발생한 손실: 감염병 전파의 위험성이 있어 판매·수령이 금지된 음식물, 폐기된 음식물 또는 그 밖에 필요한 처분의 대상이 된 음식물의 평가액

9. 법 제49조제1항제6호에 따른 조치로 인하여 발생한 손실: 물건의 소지·이동이 제한·금지됨에 따라 발생한 비용 또는 폐기, 소각 또는 그 밖에 필요한 처분의 대상이 된 물건의 평가액

10. 법 제49조제1항제7호에 따른 조치로 인하여 발생한 손실: 배치된 의사의 인건비 및 감염병 예방에 필요한 시설의 설치에 드는 비용

11. 법 제49조제1항제8호에 따른 조치로 인하여 발생한 손실: 공중위생에 관계있는 시설 또는 장소에 대한 소독이나 그 밖에 필요한 조치에 드는 비용

12. 법 제49조제1항제9호에 따른 조치로 인하여 발생한 손실: 쥐, 위생해충 또는 그 밖의 감염병 매개동물의 구제(驅除)에 드는 비용 또는 구제시설의 설치에 드는 비용

13. 법 제49조제1항제10호에 따른 조치로 인하여 발생한 비용: 어로(漁撈)의 사용을 제한하거나 금지하는 경우 제한기간 또는 금지기간 동안 해당 어로를 통하여 얻을 수 있는 매출액

14. 법 제49조제1항제12호에 따른 조치로 인하여 발생한 비용: 동원된 의료인·의료업자 및 그 밖에 필요한 의료관계요원에 대한 인건비

14의2. 법 제49조제1항제12호의2에 따른 조치로 인하여 발생한 비용: 동원된 의료기관 병상, 연수원·숙박시설 등 시설을 원래의 목적대로 사용하지 못하게 되는 경우 발생하는 비용

15. 법 제49조제1항제13호에 따른 조치로 인하여 발생한 비용: 오염된 건물에 대한 소독이나 그 밖에 필요한 조치에 드는 비용

비 고

1. 위 표에 따른 손실보상의 대상 및 범위에 관한 세부사항은 보건복지부장관이 정하여 고시한다.

2. 보건복지부장관은 감염병의 특성에 따라 위 표에 따른 손실보상의 대상 및 범위를 적용하는 것이 곤란하다고 판단하는 경우에는 위 표에도 불구하고 손실보상의 대상 및 범위를 별도로 정하여 고시할 수 있다.

6. 위임 및 위탁

이 법에 따른 보건복지부장관의 권한은 대통령령으로 정하는 바에 따라 그 일부를 질병관리본부장 또는 시·도지사에게 위임할 수 있으며, 보건복지부장관은 이 법에 따른 업무의 일부를 대통령령으로 정하는 바에 따라 관련 기관 또는 관련 단체에 위탁할 수 있다.

소　장

원고　　　　　김 길 동(주민등록번호)
　　　　　　　서울시 노원구 하계동 ○○번지
　　　　　　　(전화 000-000, 팩스 000-000)
피고　　　　　질병관리본부장
예방접종으로인한장애인정거부처분취소

청구취지

1. 피고가 2008. 12. 30. 원고에 대하여 한 예방접종으로 인한 장애인정 거부처분을 취소한다.
2. 소송비용은 피고가 부담한다.

라는 판결을 구합니다.

청구원인

1. 처분의 경위 등

(1) 원고는 1998. 7. 22. 11:00경 파주시 소재 보건지소에서 의사로부터 예방접종으로 주식회사 ㅁㅁ 제조의 DTaP(디프테리아, 백일해, 파상풍의 혼합백신의 영문약자이다) 백신 0.5㎖를 대퇴부에 근육주사로 맞고, ○○제약 주식회사 제조의 경구용 소아마비(Polio) 백신 0.2㎖를 투여받았습니다(이하 '이 사건 예방접종'이라고 한다).

(2) 이 사건 예방접종 다음 날 원고는 10~20초씩 의식을 잃고 온몸의 경련, 안구의 편위증상, 왼팔의 강직 등으로 복합부분발작(complex partial seizure) 장애 증세를 보여 그에 따른 치료를 받은 후 원고의 부 홍△△이 원고를 대리하여 1998. 12.경 보건복지부장관에게 예방접종 피해보상액으로 구 전염병예방법 제54조의2 제1항 제1호 (2009. 12. 29. 법률 제9847호 감염병의 예방 및 관리에 관한 법률로 전문개정되기 전의 것, 이하 같다) 소정의 진료비와 정액간병비 보상을 신청하였고, 보건복지부장관의 위임을 받은 피고가 예방접종피해보상심의위원회 심의를 거쳐 원고의 질병이 이 사건 예방접종으로 인한 피해로 인정함에 따라, 원고는 예방접종 피해보상액으로 진료비 및 정액간병비로 합계 2,422,000원을 지급받았습니다.

(3) 그 후 원고는 다시 발작 증상이 재발되면서 증세가 악화되어 2008. 6. 6.경 종합장애등급 1급(간질장애 2급 및 지적장애 3급, 이하 '이 사건 후유장애'라 한다) 판정을 받았고, 이에 홍△△은 원고를 대리하여 다시 보건복지부장관에게 예방접종 피해보상액으로 구 전염병예방법 제54조의2 제1항 제2호 소정의 장애일시보상금을 신청하였으나, 보건복지부장관의 위임을 받은 피고는 2008. 12. 30. '백신 투여 후 급성으로 경련이 발생할 수는 있으나 현 시점에서는 난치성 간질과 백신과의 인과관계는 없으며 과거 판례 등을 참고해 보았을 때 백신에 의한 가능성이 불명확한 경우라고 보여진다'는 취지의 예방접종피해보상심의위원회 심의결과에 따라 장애일시보상금 신청을 거부하는 처분(이하 '이 사건 처분'이라 한다)을 하였습니다.

(4) 원고는 이 사건 처분에 불복하여 보건복지부장관에게 이의신청을 하였으나, 보건복지부장관의 위임을 받은 피고는 2009. 3. 27. 예방접종피해보상심의위원회 심의결과에 따라 이를 기각하는 결정을 하였습니다.

2. 처분의 위법성

(1) 절차적 위법

행정절차법 제26조에 의하면 행정청이 처분을 하는 때에는 당사자에게 그 처분에 관하여 행정심판 및 행정소송을 제기할 수 있는지 여부, 청구절차 및 청구기간 기타 필요한 사항을 알려야 한다고 규정하고 있음에도, 피고가 이 사건 처분을 하면서 원고에게 위와 같은 사항에 대하여 전혀 알리지 않았으므로, 이 사건 처분은 절차적 위법사유가 존재합니다.

(2) 실체적 위법

이 사건 예방접종으로 인하여 원고의 복합부분발작 증상이 나타났음은 피고도 이미 인정한 바 있고, 주치의 소견이나 관련 의학적 견해 등을 종합해 보면 복합부분 발작 장애 증세가 지속될 경우 원고와 같은 난치성 간질로 충분히 악화될 수 있음이 확인되었음에도, 이 사건 예방접종시 투여한 백신이 간질을 유발한다는 근거가 없다는 일부 의학적 견해만을 기초로 이 사건 예방접종과 간질 등 이 사건 후유장애와의 상당 인과관계를 부정한 이 사건 처분은 실체적으로도 위법사유가 존재한다.

3. 결론

위와 같이 피고의 처분은 위법한 행정처분에 해당하므로 이의 취소를 구하는 본 건 행정소송에 이르게 되었습니다.

입증방법

1. 갑 제1호증
2. 갑 제2호증

첨부서류

1. 위 각 입증방법   각 1부
2. 송달료 납부서
3. 소장부본

20 . . .

위 원고   (날인 또는 서명)

서울행정법원   **귀중**

당해판례

2009구합 21401

1) 절차적 위법사유가 존재한다는 주장에 대하여

가) 살피건대, 행정절차법 제26조는 행정처분에 대한 불복절차를 고지하도록 규정하고 있는바, 위 고지절차에 관한 규정은 행정처분의 상대방이 그 처분에 대한 행정심판 등의 불복 절차를 밟는데 있어 편의를 제공하려는데 있으므로, 처분청이 위 규정에 따른 고지의무를 이행하지 아니하였다고 하더라도 경우에 따라서는 행정심판의 제기기간이 연장될 수 있는 것에 그치고 이로 인하여 심판의 대상이 되는 행정처분에 어떤 하자가 수반된다고 할 수 없다 할 것이다(대법원 1987. 11. 24. 선고 87누529 판결).

나) 따라서 이 사건 처분 당시 피고가 행정절차법 제26조에 따른 고지를 하지 않았다 하더라도 그것만으로 이 사건 처분이 위법하다고 할 수 없으므로, 원고의 이 부분 주장은 고지 여부에 대해 더 나아가 살필 필요 없이 이유 없다.

2) 실체적 위법사유가 존재한다는 주장에 대하여

가) 민사분쟁에 있어서의 인과관계는 의학적·자연과학적 인과관계가 아니라 사회적·법적 인과관계이고, 그 인과관계는 반드시 의학적·자연과학적으로 명백히 입증되어야 하는 것은 아니고 제반 사정을 고려할 때 인과관계가 있다고 추단되는 경우에도 그 입증이 있다고 보아야 하며, 이는 행정분쟁에 있어서도 마찬가지다(대법원 2000. 3. 28. 선고 99다67147 판결, 대법원 1996. 9. 10. 선고 96누6806 판결 등 참조).

나) 위 법리에 비추어 이 사건에 관하여 보건대, 앞서 든 사실 관계에 앞서 든 증거들에 의하여 인정되는 다음과 같은 사정들, 즉 ① DTaP 및 소아마비 백신 접종 후 이상 반응은 24시간 이내에 발생하는 경우가 많은데, 원고는 출생 당시부터 이 사건 예방접종을 받기 전까지 정상적인 발육과 발달 과정을 보인 건강한 아이로서 발작을 의심할 만한 증상이나 병력은 전혀 없다가 이 사건 예방접종으로 DTaP 및 소아마비 백신을 투여받은 후 바로 하루만에 경련, 강직 등 복합부분발작 장애 증세가 나타났고, 당시 위와 같은 이상 증세에 대하여 이 사건 예방접종 이외에 다른 원인이 개재되었다는 구체적인 증거는 전혀 발견되지 않은 점, ② 피고 또한 당시 임상경험, 기타 다른 원인 접종자의 감수성, 병력 및 가족력, 증세발현시기, 검사소견, 임상경과 및 관련 문헌자료 등을 종합적으로 고려하여 원고에게서 위와 같은 복합부분발작 장애 증세를 초래한 원인이 DTaP·소아마비 백신이 아니라는 의학적 근거를 찾을 수 없다고 보고 이를 기초로 원고에게 발병한 복합부분발작 증세가 이 사건 예방접종에 기인한 것으로 판단하여 예방접종 피해보상액으로 원고에게 진료비 및 정액간병비를 지급한 점, ③ 원고는 이후에도 10년 가까이 소화아동병원, 연세대학교 의과대학 세브란스병원, 서울대학교병원 등 여러 의료기관에서 복합부분발작 장애 증세에 대한 진료를 지속적으로 받았으나 2001. 10. 23.경에는 간질뇌파 진단을 받았고, 2003. 3.경에는 정신지체 경도 진단을 받는 등 상태가 점점 악화되다가 2008. 6.경에는 종합장애등급 1급(간질장애 2급 및 지적장애 3급)의 이 사건 후유장애 판정을 받은 점, ④ 한편 DTaP 백신이 열성 경련 등 일시적 이상 증세를 일으킬 수 있다는 의학적 연구결과가 있을 뿐 영구적인 간질 발병과의 관련성에 대해서는 현재 의학적으로 밝혀진 내용은 없는 것으로 보이기는 하나, 단순 열성 경련 환자의 3~5% 정도가 추후 간질 환자로 진행되고 있고, 특히 원고와 같은 복합 열성 경련의 경우에는 그 빈도가 더 높다는 연구결과가 있으며, 원고는 복합 열성 경련 등으로 지속적으로 치료를 받는 과정에서 간질 등 증세가 나타났고, 달리 원고에게 현재까지도 간질 등 증세를 일으킬 만한 다른 요인이 발견되지 않고 있는 점 등을 감안하면, 이 사건의 경우 DTaP 백신과 영구적인 간질 발병과의 관련성이 전혀 없다고 단정하기는 어려운 점, ⑤ 피고 자문의 역시 이 사건 예방접종으로 인하여 원고에게 난치성 간질이 발병하였다고 확신할 수는 없으나, 이 사건 예방접종시 원고에게 투여한 DTaP 백신에는 치매로살 같은 독소물질이 함유되어 있고 그와 같은 독소 물질이 원고에게 치명적으로 작용하여 난치성 간질의 원인을 제공했을 가능성

혹은 원래 원고가 경련 발작을 일으킬 수 있는 뇌를 가지고 있었는데 위와 같은 독소 물질이 이를 더 악화시켰을 가능성이 있다는 의학적 소견을 피력한 점, ⑥ 관련 민사사건에서도 위와 같은 여러 사정이 고려되어 이 사건 예방접종과 원고의 후유장애 사이의 인과관계가 있음이 인정된 점 등을 종합하여 보면, 이 사건 예방접종으로 인하여 원고에게 복합부분발작 장애가 발병하였고 이와 같은 장애가 악화되어 결국 간질 등 이 사건 후유장애가 발병하였다고 충분히 추단할 수 있으므로, 이 사건 예방접종과 원고의 이 사건 후유장애 사이에는 상당인과관계가 있다고 봄이 상당하다.

다) 한편, 피고는 예방접종으로 인한 장애의 인정 여부는 보건복지부장관의 위임을 받은 피고의 권한에 속하는 것이고 이에 대해 전염법예방법 등 관련 법령에 기속행위로 볼 만한 조항도 전혀 발견할 수 없어 피고의 위와 같은 권한은 자유재량 영역에 속한다고 할 것이므로 이 사건 처분이 재량권을 현저히 일탈·남용하였다고 볼 만한 특별한 사정이 없는 이상 피고가 이 사건 예방접종과 원고의 이 사건 후유장애 사이에 인과관계가 없다고 보고 한 이 사건 처분은 위법하다고 볼 수 없다고 주장하나, 행정행위가 그 재량성의 유무 및 범위와 관련하여 이른바 기속행위 내지 기속재량행위와 재량행위 내지 자유재량행위로 구분된다고 할 때, 그 구분은 당해 행위의 근거가 된 법규의 체재·형식과 그 문언, 당해 행위가 속하는 행정 분야의 주된 목적과 특성, 당해 행위 자체의 개별적 성질과 유형 등을 모두 고려하여 판단하여야 할 것인바(대법원 2001. 2. 9. 선고 98두17593 판결 등 참조), 구 전염법예방법 제54조의2 제1항은 '국가는 제10조의2 내지 제12조의 규정에 의하여 예방접종을 받은 자가 그 예방접종으로 인하여 질병에 걸리거나 장애인이 된 때나 사망한 때에는 대통령령이 정하는 기준과 절차에 따라 다음 각호의 보상을 하여야 한다'고 규정하면서, 같은 조 제2항은 '제1항에서 예방접종으로 인한 질병, 장애 또는 사망이라 함은 예방접종약품의 이상이나 예방접종행위자 등의 과실유무에 관계없이 당해 예방접종을 받았기 때문에 발생한 피해로서 보건복지부장관이 인정하는 경우를 말한다'고 규정하고 있는바, 위 각 규정을 종합하면 예방접종으로 인한 질병 등 피해 발생 여부가 문제되는 경우 보건복지부장관에게 그 결정 권한을 부여한 것일 뿐, 실제 예방접종으로 인한 질병 등 피해가 발생하였다고 인정되는 경우에도 보건복지부장관이 임의로 예방접종으로 인한 피해로 인정하지 않을 수 있는 자유재량을 부여한 것으로 보이지는 않으므로, 이 사건 처분행위를 재량행위 내지 자유재량행위라고 볼 수는 없다.

라) 따라서 이 사건 예방접종과 원고의 이 사건 후유장애 사이에 상당인과관계가 없다는 이유를 들어 한 피고의 이 사건 처분은 위법하므로, 원고의 이 부분 주장은 이유 있다.

Ⅴ. 등급분류취소처분취소관련 소송

1. 게임산업진흥에 관한 법률 제정목적 등

이 법은 게임산업의 기반을 조성하고 게임물의 이용에 관한 사항을 정하여 게임산업의 진흥 및 국민의 건전한 게임문화를 확립함으로써 국민경제의 발전과 국민의 문화적 삶의 질 향상에 이바지함을 목적으로 한다(법 제1조), 이 법에서 사용하는 "사행성게임물"이라 함은 베팅이나 배당을 내용으로 하는 게임물, 우연적인 방법으로 결과가 결정되는 게임물, 그 밖에 대통령령이 정하는 게임물로서, 그 결과에 따라 재산상 이익 또는 손실을 주는 것을 말하며, "게임물내용정보"라 함은 게임물의 내용에 대한 폭력성·선정성(선정성) 또는 사행성(사행성)의 여부 또는 그 정도와 그 밖에 게임물의 운영에 관한 정보를 말한다.

2. 등급분류

게임물을 유통시키거나 이용에 제공할 목적으로 게임물을 제작 또는 배급하고자 하는 사람은 당해 게임물을 제작 또는 배급하기 전에 관리위원회로부터 등급분류를 받아야 하며, 동법 제24조의2 및 위원회 등급분류 규정 제4조에 의거하여 전체이용가, 12세이용가, 15세이용가 게임물은 게임콘텐츠등급분류위원회로 부터 등급분류를 받아야 한다.

(1) 등급분류

게임물을 유통시키거나 이용에 제공하게 할 목적으로 게임물을 제작 또는 배급하고자 하는 자는 당해 게임물을 제작 또는 배급하기 전에 위원회 또는 제21조의2제1항에 따라 지정을 받은 사업자로부터 당해 게임물의 내용에 관하여 등급분류를 받아야 한다. 다만, 다음 각 호의 어느 하나에 해당하는 게임물의 경우에는 그러하지 아니하다(법 제21조).

1) 중앙행정기관의 장이 추천하는 게임대회 또는 전시회 등에 이용·전시할 목적으로 제작·배급하는 게임물

2) 교육·학습·종교 또는 공익적 홍보활동 등의 용도로 제작·배급하는 게임물로서 대통령령이 정하는 것

3) 게임물 개발과정에서 성능·안전성·이용자만족도 등을 평가하기 위한 시험용 게임물로서 대통령령이 정하는 대상·기준과 절차 등에 따른 게임물

4) 영리를 목적으로 하지 아니하고 제작·배급하는 게임물로서 대통령령으로 정하는 것. 다만, 제2항 제4호에 따른 청소년이용불가 등급의 기준에 해당하는 내용을 포함하는 게임물은 제외한다.

(2) 등급분류 및 등급분류의 기본원칙

1) 등급분류

게임물의 등급은 다음 각 호와 같다. 다만, 이에도 불구하고 청소년게임제공업과 일반게임제공업에 제공되는 게임물은 전체이용가와 청소년이용불가 게임물로 분류한다.

가) 전체이용가 : 누구나 이용할 수 있는 게임물

나) 12세이용가 : 12세 미만은 이용할 수 없는 게임물

다) 15세이용가 : 15세 미만은 이용할 수 없는 게임물

라) 청소년이용불가 : 청소년은 이용할 수 없는 게임물

2) 등급분류의 기본원칙

가. 콘텐츠 중심성 : 콘텐츠 이외의 부분에 대해서는 등급분류 대상에서 제외

나. 맥락성 : 전체적인 게임물의 맥락, 상황을 보고 등급을 결정

다. 보편성 : 사회적 통념에 부합하는 등급을 결정

라. 국제적 : 통용성 범세계적인 일반성을 갖도록 등급을 결정

마. 일관성 : 동일 게임물은 심의시기, 심의주체가 바뀌어도 동일한 등급결정

3) 등급분류 세부기준

등급분류는 선정성, 폭력성, 범죄 및 약물, 부적절한 언어, 사행성의 5가지 요소 고려하여 결정한다.

구분	전체이용가	12세 이용가	15세 이용가	청소년 이용불가
선정성	선정적 내용없음	성적 욕구를 자극하지 않음	여성의 가슴과 둔부가 묘사되나 선정적이지 않은 경우	선정적인 노출이 직접적이고 구체적 묘사
폭력성	폭력적 요소 없음	폭력을 주제로 하나 표현이 경미한 경우	폭력을 주제로 하여 선혈, 신체훼손이 비사실적	폭력을 주제로 하여 선혈, 신체훼손이 사실적
범죄 및 약물	범죄 및 약물 내용없음	범죄 및 약물 내용이 있으나 표현이 경미	범죄 및 약물 내용이 있으나 표현이 경미	범죄 및 약물 등 행동 조장
언어	저속어, 비속어 없음	저속어, 비속어가 있으나 표현이 경미	저속어, 비속어가 있으나 표현이 경미	언어 표현이 청소년에게 유해하다가 인정되는 경우

사행성	사행적 요소 없음	사행적 요소가 다소 있지만 경미한 경우	사행적 요소가 다소 있지만 경미한 경우	사행성이 높은 행위를 유발하는 경우
공포	공포 요소 없음	공포스러운 요소가 경미한 경우	공포스러운 요소가 과도하지 않은 경우	공포감을 유발하는 요소가 과도한 경우

(3) 사행성여부 검토

위원회는 등급분류를 신청한 게임물에 대하여 사행성게임물 여부를 확인하여야 한다.

【판시사항】
게임물이 '전체이용가' 등급분류결정을 받은 후에 개조·변경됨으로써 사행성게임물에 해당하게 되었다는 이유로 등급분류결정을 취소한 사안에서, 개조·변경된 게임물의 사행성을 이유로 개조·변경 전 게임물의 등급분류결정을 취소할 수 없다고 한 사례(서울행법 2008. 12. 10., 선고, 2008구합22525. 판결 : 항소)

【판결요지】
게임물이 '전체이용가' 등급분류결정을 받은 후에 개조·변경됨으로써 사행성게임물에 해당하게 되었다는 이유로 등급분류결정을 취소한 사안에서, 등급분류신청 당시 사행성게임물에 해당하거나 거짓 그 밖의 부정한 방법으로 등급분류를 신청한 것이 아닌 경우에는 게임산업진흥에 관한 법률 제22조 제4항에 정한 등급분류결정 취소사유에 해당하지 않으므로, 개조·변경된 게임물의 사행성을 이유로 개조·변경 전 게임물의 등급분류결정을 취소할 수 없다고 한 사례.

(4) 등급분류 수정

등급분류를 받은 게임물의 내용을 수정한 경우에는 문화체육관광부령이 정하는 바에 따라 24시간 이내에 이를 위원회에 신고하여야 한다. 이 경우 위원회는 신고된 내용이 등급의 변경을 요할 정도로 수정된 경우에는 신고를 받은 날부터 7일 이내에 등급 재분류 대상임을 통보하여야 하며, 통보받은 게임물은 새로운 게임물로 간주하여 위원회규정이 정하는 절차에 따라 새로이 등급분류를 받도록 조치 하여야 한다.

(5) 등급재분류

등급분류 변경을 요할 정도의 수정에 해당하면서 새로이 등급분류를 받지 아니하거나 등급분류를 받은 내용과 다르게 제공할 경우 위원회에서 직권으로 조사하거나 게임물제공업자 또는 게임물배급업자의 신청에 의하여 등급을 재분류 할 수 있다.

(6) 등급분류 기준 등

등급분류 기준과 사행성 확인 기준 등에 관하여 필요한 사항은 문화체육관광부령으로 정한다.

3. 등급분류 거부 및 통지 등

(1) 자료제출 요구

위원회는 제16조제2항제1호부터 제4호까지의 규정에 따른 업무의 수행을 위하여 필요한 경우에는 등급분류를 신청한 자에게 등급심사에 필요한 자료의 제출을 요구할 수 있다(법 제22조).

(2) 등급분류 거부

위원회는 「사행행위 등 규제 및 처벌특례법」, 「형법」 등 다른 법률의 규정 또는 이 법에 의하여 규제 또는 처벌대상이 되는 행위 또는 기기에 대하여 등급분류를 신청한 자, 정당한 권원을 갖추지 아니하였거나 거짓 그 밖의 부정한 방법으로 등급분류를 신청한 자 또는 사행성게임물에 해당되는 게임물에 대하여 등급분류를 신청한 자에 대하여 등급분류를 거부할 수 있다.

(3) 거부사유 통지

위원회는 등급분류 결정을 한 경우에는 다음 각 호의 서류를 신청인에게 교부하고, 사행성게임물에 해당되어 등급분류를 거부결정한 경우에는 결정의 내용 및 그 이유를 기재한 서류를 지체 없이 신청인에게 교부하여야 한다.
1) 게임물의 해당등급을 기재한 등급분류필증
2) 등급분류에 따른 의무사항을 기재한 서류
3) 게임물내용정보를 기재한 서류

(4) 등급분류 취소

위원회는 등급분류를 받은 게임물이 제2항의 규정에 따른 등급분류 거부 대상인 사실을 알게 된 때에는 지체 없이 등급분류 결정을 취소하여야 한다.

(5) 관련 규정

자료제출요구의 기준ㆍ절차ㆍ방법, 등급분류 결정, 등급분류 거부결정 및 사행성게임물 결정의 절차, 등급분류필증의 교부와 게임물내용정보에 포함될 사항 등에 관하여 필요한 사항은 문화체육관광부령으로 정한다

4. 허가취소 등

시장·군수·구청장은 제25조제1항의 규정에 의하여 게임제작업 또는 게임배급업의 등록을 한 자가 다음 각 호의 어느 하나에 해당하는 때에는 6월 이내의 기간을 정하여 영업정지를 명하거나 영업폐쇄를 명할 수 있다. 다만, 제1 또는 제2에 해당하는 때에는 영업폐쇄를 명하여야 한다(법 제35조).

1) 거짓 그 밖의 부정한 방법으로 등록한 때

2) 영업정지명령을 위반하여 영업을 계속한 때

3) 제25조제2항의 규정을 위반하여 변경등록을 하지 아니한 때

4) 제28조의 규정에 의한 준수사항을 위반한 때

5) 제32조의 규정에 의한 불법게임물 등의 유통금지의무 등을 위반한 때

5. 벌칙

다음 각 호의 어느 하나에 해당하는 자는 2년 이하의 징역 또는 2천만원 이하의 벌금에 처한다(법 제45조).

1) 제12조의3제5항에 따른 문화체육관광부장관의 시정명령을 따르지 아니한 자

2) 제22조제4항의 규정에 의한 정당한 권원을 가지지 아니하거나 거짓 그 밖의 부정한 방법으로 게임물의 등급분류를 받은 자

3) 제21조의8제4항에 따른 문화체육관광부장관의 명령을 이행하지 아니한 자

4) 제25조 또는 제26조제1항·제2항·제3항 본문의 규정을 위반하여 허가를 받지 아니하거나 등록을 하지 아니하고 영업을 한 자

5) 제28조제4호의 규정을 위반하여 청소년이용불가 게임물을 제공한 자

6) 제32조제1항제2호의 규정을 위반하여 등급분류를 받은 게임물과 다른 내용의 게임물을 유통 또는 이용제공 및 전시·보관한 자

7) 제32조제1항제5호의 규정을 위반하여 등급분류증명서를 매매·증여 또는 대여한 자

8) 제32조제1항제11호를 위반하여 게임물의 정상적인 운영을 방해한 자

9) 제32조제2항 각 호의 규정을 위반하여 게임물을 제작 또는 반입한 자

10) 제32조제1항제6호 및 제33조의 규정을 위반하여 표시의무를 이행하지 아니한 게임물을 유통시키거나 이용에 제공한 자

    8. 제35조제1항제1호·제2항제1호 및 제3항제1호의 규정에 의한 거짓 그 밖의 부정한 방법으로 허가를 받거나 등록 또는 신고를 한 자

11) 제35조제2항제2호 및 제3항제2호의 규정에 의한 영업정지명령을 위반하여 영업한 자

12) 제38조제3항제3호 또는 제4호의 규정에 해당하는 게임물 및 게임상품 등을 제작·유통·시청

또는 이용에 제공하거나 그 목적으로 전시 · 보관한 자

6. 양벌규정

법인의 대표자나 법인 또는 개인의 대리인 · 사용인 그 밖의 종업원이 그 법인 또는 개인의 업무에 관하여 제44조 내지 제46조의 규정에 의한 위반행위를 한 때에는 행위자를 벌하는 외에 그 법인 또는 개인에 대하여도 각 해당 조의 벌금형을 과한다. 다만, 법인 또는 개인이 그 위반행위를 방지하기 위하여 해당 업무에 관하여 상당한 주의와 감독을 게을리하지 아니한 경우에는 그러하지 아니하다(법 제47조).

[서식] 등급분류취소처분취소 청구의 소

소　장

　　원고　　　김 길 동(주민등록번호)
　　　　　　　서울시 강남구 ○○동 ○번지
　　피고　　　게임물등급위원회

등급분류취소처분취소

청구취지

1. 피고가 2008. 9. 17. 원고에 대하여 한 "dance with wolf(등급분류번호 AR-0802 29-002) 게임물에 대한 등급분류취소처분을 취소한다.
2. 소송비용은 피고의 부담으로 한다.

라는 판결을 구합니다.

청구원인

1. 처분의 경위

(1) 원고는 2008. 2. 19. 피고에게 원고가 제작한 게임제공업소용 게임물인 "dance with wolf"(이하 '이 사건 게임물'이라 한다)에 관한 등급분류신청을 하였고, 피고는 2008. 2. 29. 이 사건 게임물에 관하여 '전체 이용가'의 등급분류결정(등급분류번호 : AR-080307-001호)을 하였습니다.

(2) 피고는 2008. 9. 17. 원고에 대하여 이 사건 게임물에 연타 기능이 있으며, 우연한 결과에 따라 당첨과 비당첨이 이루어지는 등 사행성 게임물의 성격을 가지는 것임에도 불구하고 게임의 사행적 운영을 목적으로 등급분류 받은 내용과 다르게 게임물을 운영하였고, 게임의 결과가 우연에 따라 결정되고 경품이 배출된다는 사유로 게임산업 진흥에 관한 법률(이하 '법이라 한다) 제22조 제4항에 의하여 이 사건 게임물에 관한 등급분류결정을 취소하였습니다(이하 '이 사건 처분'이라 한다).

2. 처분의 위법성
게임업소에서 사행성으로 사용 중인 게임물은 원고에 의하여 제작·유통된 것이 아니라 중간 도매상 또는 오락장 업주가 개·변조한 것이므로, 제작자인 원고에게 그 책임을 물어 원래 등급분류심사를 받았던 정상적인 제품까지 등급분류를 취소하는 것은 위법합니다.

3. 결론
이상과 같이 이 사건 처분은 위법하므로 이의 취소를 구하는 본 건 소송에 이르게 되었습니다.

입증방법

    1. 갑 제1호증
    2. 갑 제2호증

첨부서류

    1. 위 각 입증방법   각 1부
    2. 송달료 납부서
    3. 소장부본

20 . . .

위 원고   (날인 또는 서명)

서울행정법원   **귀중**

당해판례

2008구합 43133

이 사건 게임물은 원고가 등급분류를 받을 당시에는 사용자의 숙련도에 따라 경품이 당첨되는 내용으로서, 소위 분할보상구간이나 연타기능 등 사용자의 조작과 관계없이 우연적 요소에 의하여 결과가 결정되는 사행적 내용이 없는 것이었으나, 단속된 게임장에서 실제로 사용되고 있는 게임물은 그 외관이나 게임방법, 경품당첨 등은 원고가 등급분류받은 게임물의 내용과 기본적으로 동일하나 분할보상구간이나 연타기능 등 사행적인 내용을 가진 게임물로 개, 변조되어 있었고, 이와 같은 분할보상구간이나 연타기능을 동작하게 하는 프로그램파일의 내용을 확인할 수는 없었으나 data. bin 파일 내에 존재하는 게임진행 정보에 관한 수치들을 조작함으로써 분할보상의 시기, 횟수 등의 설정이 가능하게 되는 것임을 알 수 있는바, 이와 같이 당초 등급분류를 받은 이 사건 게임물의 외관이나 게임방법, 경품당첨 등 기본적인 동작원리에는 전혀 영향을 주지 않은 채 그 프로그램의 내용에 일정한 조작을 통하여(당초 등급분류 받을 당시에는 아무런 내용이 없었던 이 사건 게임물의 프로 그램 중 data. bin 파일을 활성화 하도록 하는 작업을 통하여 이루어진 것으로 추측된다) 분할보상구간이나 연타기능 등 사행성이 있는 게임물로 손쉽게 전환되었다면, 이는 이 사건 게임물의 프로그램 당시부터 이러한 변환을 염두에 두고 게임물을 프로그램한 것이거나 기본적인 작동 프로그램과 분리가 가능하도록 분할보상구간의 설정기능이나 연타기능을 포함하여 프로그램한 다음 분할보상구간 설정기능이나 연타기능에 관한 프로그램 부분을 분리해 둔 것으로 볼 수 밖에 없는 것이고, 이렇듯 사행성 게임물로의 변환 가능성을 갖춘 상태에서 등급분류를 신청하여 전체이용가의 등급분류를 받았고, 실제로도 사후에 이 사건 게임물이 사행성을 있는 내용의 게임물로 변환되었다면, 이는 등급분류 당시부터 게임물의 내용에 대한 정보를 은폐하거나 누락시킨 것으로서 법 제22조 제2항에 규정된 거짓 그 밖의 부정한 방법으로 등급분류를 신청한 것이라 할 것이므로 등급분류 거부사유에 해당한다할 것이고, 원고가 이러한 개·변조에 전혀 관여한 바 없다 하더라도 마찬가지이다.

VI. 침사자격정지처분취소관련 소송

1. 의료법의 제정목적 등

이 법은 모든 국민이 수준 높은 의료 혜택을 받을 수 있도록 국민의료에 필요한 사항을 규정함으로써 국민의 건강을 보호하고 증진하는 데에 목적이 있다(법 제1조). 이 법에서 "의료인"이란 보건복지가족부장관의 면허를 받은 의사 · 치과의사 · 한의사 · 조산사 및 간호사를 말한다.

2. 의료기관 및 의사 등의 면허

"의료기관"이란 의료인이 공중(公衆) 또는 특정 다수인을 위하여 의료 · 조산의 업(이하 "의료업"이라 한다)을 하는 곳을 말하며, 의사 · 치과의사 또는 한의사가 되려는 자는 다음의 어느 하나에 해당하는 자격을 가진 자로서 제9조에 따른 의사 · 치과의사 또는 한의사 국가시험에 합격한 후 보건복지부장관의 면허를 받아야 한다(법 제5조).

1) 의학 · 치의학 또는 한의학을 전공하는 대학을 졸업하고 의학사 · 치의학사 또는 한의학사 학위를 받은 자

2) 의학 · 치의학 또는 한의학을 전공하는 전문대학원을 졸업하고 석사학위 또는 박사학위를 받은 자

3) 보건복지부장관이 인정하는 외국의 제1호나 제2호에 해당하는 학교를 졸업하고 외국의 의사 · 치과의사 또는 한의사 면허를 받은 자로서 제9조에 따른 예비시험에 합격한 자

3. 무면허 의료행위 등 금지

(1) 무면허 의료행위 금지

의료인이 아니면 누구든지 의료행위를 할 수 없으며 의료인도 면허된 것 이외의 의료행위를 할 수 없다. 다만, 다음 각 호의 어느 하나에 해당하는 자는 보건복지부령으로 정하는 범위에서 의료행위를 할 수 있다(법 제27조).

1) 외국의 의료인 면허를 가진 자로서 일정 기간 국내에 체류하는 자

2) 의과대학, 치과대학, 한의과대학, 의학전문대학원, 치의학전문대학원, 한의학전문대학원, 종합병원 또는 외국 의료원조기관의 의료봉사 또는 연구 및 시범사업을 위하여 의료행위를 하는 자

3) 의학 · 치과의학 · 한방의학 또는 간호학을 전공하는 학교의 학생

【판시사항】
구사(灸士)의 자격이 없는 침사(鍼士)가 환자에게 쑥으로 뜸을 놓은 구(灸) 시술행위에 대하여 의료법 위반행위를 이유로 침사 자격정지 1월 15일의 처분을 한 사안에서, 그 처분이 재량권을 일탈하거나 남용한 것으로 볼 수 없다고 한 사례(서울행법 2009. 5. 20., 선고, 2008구합48374, 판결 : 항소)

【판결요지】

구사(灸士)의 자격이 없는 침사(鍼士)가 환자에게 쑥으로 뜸을 놓은 구(灸) 시술행위에 대하여 의료법 위반행위를 이유로 침사 자격정지 1월 15일의 처분을 한 사안에서, 침사가 그 자격 받은 침 시술행위 이외에 구 시술행위를 하는 것은 면허 받은 것 이외의 의료행위를 금지하는 의료법 제27조 제1항에 따라 허용될 수 없다고 보아 그 처분이 재량권의 범위를 일탈하거나 남용한 것으로 볼 수 없다고 한 사례.

(2) 유사명칭 사용금지

의료인이 아니면 의사·치과의사·한의사·조산사 또는 간호사 명칭이나 이와 비슷한 명칭을 사용하지 못한다.

(3) 알선행위 등 금지

누구든지 「국민건강보험법」이나 「의료급여법」에 따른 본인부담금을 면제하거나 할인하는 행위, 금품 등을 제공하거나 불특정 다수인에게 교통편의를 제공하는 행위 등 영리를 목적으로 환자를 의료기관이나 의료인에게 소개·알선·유인하는 행위 및 이를 사주하는 행위를 하여서는 아니 된다. 다만, 다음 각 호의 어느 하나에 해당하는 행위는 할 수 있다.

1) 환자의 경제적 사정 등을 이유로 개별적으로 관할 시장·군수·구청장의 사전승인을 받아 환자를 유치하는 행위

2) 「국민건강보험법」 제109조에 따른 가입자나 피부양자가 아닌 외국인(보건복지부령으로 정하는 바에 따라 국내에 거주하는 외국인은 제외한다)환자를 유치하기 위한 행위

4. 자격정지 등

(1) 자격정지

보건복지부장관은 의료인이 다음의 어느 하나에 해당하면 1년의 범위에서 면허자격을 정지시킬 수 있다. 이 경우 의료기술과 관련한 판단이 필요한 사항에 관하여는 관계 전문가의 의견을 들어 결정할 수 있다(법 제66조)

1) 의료인의 품위를 심하게 손상시키는 행위를 한 때

2) 의료기관 개설자가 될 수 없는 자에게 고용되어 의료행위를 한 때

3) 제4조제6항을 위반한 때

4) 제17조제1항 및 제2항에 따른 진단서·검안서 또는 증명서를 거짓으로 작성하여 내주거나 제22조제1항에 따른 진료기록부등을 거짓으로 작성하거나 고의로 사실과 다르게 추가기재·수정한 때

5) 제20조를 위반한 경우

6) 제27조제1항을 위반하여 의료인이 아닌 자로 하여금 의료행위를 하게 한 때

7) 의료기사가 아닌 자에게 의료기사의 업무를 하게 하거나 의료기사에게 그 업무 범위를 벗어나게 한 때

8) 관련 서류를 위조·변조하거나 속임수 등 부정한 방법으로 진료비를 거짓 청구한 때

9) 제23조의2를 위반하여 경제적 이익등을 제공받은 때

10) 그 밖에 이 법 또는 이 법에 따른 명령을 위반한 때

(2) 정지기간 중 의료행위 금지

의료기관은 그 의료기관 개설자가 제1항제7호에 따라 자격정지 처분을 받은 경우에는 그 자격정지 기간 중 의료업을 할 수 없다.

(3) 면허의 효력 정지

보건복지부장관은 의료인이 제25조에 따른 신고를 하지 아니한 때에는 신고할 때까지 면허의 효력을 정지할 수 있다.

(4) 제척기간

자격정지처분은 그 사유가 발생한 날부터 5년(제1항제5호·제7호에 따른 자격정지처분의 경우에는 7년으로 한다)이 지나면 하지 못한다. 다만, 그 사유에 대하여 「형사소송법」 제246조에 따른 공소가 제기된 경우에는 공소가 제기된 날부터 해당 사건의 재판이 확정된 날까지의 기간은 시효 기간에 산입하지 아니한다.

5. 행정처분의 기준

제63조, 제64조 제1항, 제65조 제1항, 제66조 제1항에 따른 행정처분의 세부적인 기준은 보건복지부령으로 정한다(법 제68조).

6. 의료유사업자

1) 의료유사업의 영위

이 법이 시행되기 전의 규정에 따라 자격을 받은 접골사(接骨士), 침사(鍼士), 구사(灸士)(이하 "의료유사업자"라 한다)는 제27조에도 불구하고 각 해당 시술소에서 시술(施術)을 업(業)으로 할 수 있다(법 제81조).

2) 관련규정 준용

의료유사업자에 대하여는 이 법 중 의료인과 의료기관에 관한 규정을 준용한다. 이 경우 "의료인"은 "의료유사업자"로, "면허"는 "자격"으로, "면허증"은 "자격증"으로, "의료기관"은 "시술소"로 한다.

[서식] 침사자격정지처분취소 청구의 소

소　장

　　원고　　　김 길 동(주민등록번호)
　　　　　　　서울시 ○○구 ○○동 ○번지
　　피고　　　서울특별시장
　　침사자격정지처분취소

청구취지

1. 피고가 2008. 9. 18. 원고에 대하여 한 침사 자격정지 1월 15일(2008. 10. 1.부터 2008. 11. 15.까지)의 처분을 취소한다.
2. 소송비용은 피고의 부담으로 한다.

라는 판결을 구합니다.

청구원인

1. 처분의 경위

(1) 원고는 서울 동대문구 ○○○에서 '○○침시술소'라는 상호로 침(鍼) 시술행위를 하는 침사(鍼士)로, 2008. 6. 18. 위 시술소를 방문한 약 50명의 환자에 대하여 무료로 해당 경혈에 쑥으로 0.3㎝의 뜸을 놓아 구(灸) 시술행위를 하였습니다.

(2) 피고는, 원고가 2008. 7. 28. 서울북부지방검찰청으로부터 "침사가 구사(灸士)의 자격 없이 그 면허된 깃 이외의 의료행위를 하였다."라는 의료법 위반행위에 관하여 기소유예처분을 받자, 위 의료법 위반행위를 이유로, 2008. 9. 18. 원고에 대하여 의료법 제66조 제1항 제4호, 의료관계 행정처분 규칙 제4조 [별표] 행정처분기준에 따라 침사 자격정지 1월 15일(2008. 10. 1.부터 2008. 11. 15.까지)의 처분(이하 '이 사건 처분'이라 한다)을 하였습니다.

2. 처분의 위법성

이 사건 처분은 아래와 같은 이유에서 위법합니다.

(1) 첫째, 침사는 의료법 제2조에 정한 의료인이 아니므로, 의료법 제27조 제1항의 적용을 받지 아니할 뿐만 아니라, 의료법 제81조 제1항은 의료법이 시행되기 전에 이미 그 자격을 취득한 접골사, 침사, 구사는 해당 업무를 하더라도 의료법 위반행위로 보지 않겠다는 조항일 뿐, 접골사, 침사, 구사의 각 업무를 오직 접골사, 침사, 구사에게 전속시키겠다는 규정은 아니므로, 이를 근거로 침사의 구 시술행위를 금지할 수는 없습니다.

(2) 둘째, 의료법 제27조 제1항 후단은 면허된 것 이외의 의료행위라 하더라도 그 치료결과가 성공적인 경우까지 금지하고 있는바, 오랫동안 민간요법으로 검증되어 간단히 행할 수 있는 구 시술행위를 못하게 하므로 원고와 환자의 행복추구권을 침해하여 과잉금지의 원칙에 반하고, 또한 위 규정에 규정된 의료행위의 개념이 불명확하여 법률명확성의 원칙에 반합니다.

(3) 셋째, 침구학을 배우지 아니한 한의사에게 침구 시술행위를 가능하게 점, 침술과 구술과의 상호보완적인 관계, 구술의 비교적 간단한 시술방법과 인체에 대한 위험 정도, 침술과 구술의 동시시술 관행, 간호조무사 및 의료유사업자에 관한 규칙 제2조의 규정이 침사와 구사의 업무 내용만을 규정한 것일 뿐 침사가 구 시술행위를 할 수 없도록 규정한 것이 아닌 점 등에 비추어, 의료법 제27조 제1항은 침사의 경우 침 시술행위뿐만 아니라 구 시술행위도 할 수 있다고 해석되어야 합니다.

(4) 넷째, 원고는 환자들에게 무료로 구 시술행위의 시범만을 보였고, 구 시술행위는 사회상규에 위반한 행위가 아닌 점 등에 비추어, 이 사건 처분은 지나치게 가혹합니다.

3. 결론

위와 같은 이유로 피고의 이 사건 처분은 위법하므로 이의 취소를 구하는 본 건 행정소송에 이르게 되었습니다.

입증방법

    1. 갑 제1호증

    2. 갑 제2호증

    3. 갑 제3호증

4. 갑 제4호증

첨부서류

1. 위 각 입증방법   각 1부
2. 송달료 납부서
3. 소장부본

20 . . .

위 원고   (날인 또는 서명)

서울행정법원   귀중

〈관계법령〉

의료관계 행정처분 규칙

제4조(행정처분기준)

「의료법」 제68조와 「의료기사 등에 관한 법률」 제25조에 따른 행정처분기준은 별표와 같다.

[별표] 행정처분기준(제4조 관련)

1. 공통기준

라. 행정처분기관은 의료관계법령의 위반행위가 다음 각 호의 어느 하나에 해당하면 이 규칙에서 정하는 행정처분기준에도 불구하고 그 사정을 고려하여 해당 처분의 감경기준 범위에서 감경하여 처분할 수 있다.

감경대상	감경기준		
	자격정지 · 업무정지 또는 영업정지	면허 취소	허가취소 · 등록취소 또는 폐쇄
1) 해당 사건에 관하여 검사로부터 기소유예의 처분을 받은 경우	해당 처분기준의 2분의 1의 범위에서 감경, 최대 3개월까지만 감경	4 개월 이상의 자격징지저분	4개월 이상의 업무정지 또는 영업정시 처분

2. 개별기준

가. 의료인이 의료법(이하 이 표에서 "법"이라 한다) 및 의료법 시행령(이하 이 표에서 "영"이라 한다)을 위반한 경우

위반사항	근거법령	행정처분기준
19) 법 제27조 제1항을 위반하여 의료인이 아닌 자에게 의료행위를 하게 하거나 의료인에게 면허받은 사항 외의 의료행위를 하게 하거나 의료인이 면허된 것 외의 의료행위를 한 경우	법 제66조 제1항 제5호 및 제10호	자격정지 3 개월

당해판례

2008구합 48374

의료법 제27조 제1항 후단에서 의료인도 그 면허 받은 것 이외의 의료행위를 금지하는 것은, 의료인이라 하더라도 그 면허 받은 것 이외의 의료행위에 대하여는 의료인 아닌 자에 의한 의료행위와 같이 국가의 검증을 거치지 아니하였다고 할 것이어서, 이러한 자에 의한 의료행위는 그 약간의 부작용도 존엄과 가치를 지닌 인간에게는 회복할 수 없는 치명적인 위해를 가할 수 있기 때문이고, 특히 법에서 의료인에 대하여 국가 검증제도를 둔이상 위와 같은 국가 검증제도와 의료인의 자격을 보호하는 것도 그 목적으로 하고 있는 점, 원고는 침사로서의 자격만 있을 뿐 구사로서의 자격이 없을 뿐만 아니라, 원고가 환자들에게 구 시술행위의 시범만을 보였다고 하더라도, 이는 엄연히 의료행위의 일부인 진단행위에 해당한다고 할 것이어서 이러한 행위가 의료법에 따라 허용된다고 볼 수 없는 점, 구 시술행위는 자칫 잘못하면 화상을 입거나 경혈을 잘못 짚어 인체에 회복할 수 없는 치명적인 위해를 가할 수도 있는 점에 비추어 사회상규에 위반한 행위가 아니라고 할 수 없는 점, 침술과 구술이 전통적으로 내려오는 훌륭한 동양 고유의 의술로서 이를 어떠한 형태로든지 유지하고 발전시키는 노력이 절실히 요구되고, 특히 현재는 침구학이 한방의료행위의 하나로서 한의사 이외에 1962년 이전의 의료법 규정에 따라 침구사 자격증을 소지한 자만 시술할 수 있어 그 발전이 더디게 되었다고 하더라도, 침술과 구술을 한의학과 분리하여 독자적으로 발전시키거나 침사에게 구 시술행위를 허용하거나 그 반대를 허용하는 문제는 관계 의료인들의 협의를 거쳐 국민적 합의에 따라 해결되어야 할 입법정책적인 문제로서, 이러한 문제가 입법적으로 해결되지 아니하는 이상, 침사라 하더라도 구사의 자격이 없는 자의 구 시술행위를 마음대로 허용할 수는 없는 점, 그 밖에 의료관계 행정처분 규칙이 그 자체로 헌법 또는 법률에 합치되지 아니하거나 이 사건 처분이 그 처분사유가 된 위반행위의 내용 및 관계 법령의 규정 내용과 취지에 비추어 현저히 부당하다고 인정할 만한 합리적인 이유가 없는 점 등을 종합하여 보면, 피고가 원고에 대하여 이 사건 구 시술행위에 대하여 관계 법령에 따라 침사 자격정지 1월 15일의 처분을 한 것이 피고에게 주어진 재량권의 범위를 일탈하거나 그 행사를 남용한 것으로 볼 수는 없다.

Ⅶ. 직무관련성인정결정처분취소

1. 공직자윤리법의 제정목적

이 법은 공직자 및 공직후보자의 재산등록·등록재산공개 및 재산형성과정 소명과 주식백지신탁을 제도화하고, 공직을 이용한 재산취득의 규제·공직자의 선물신고·퇴직공직자의 취업제한등을 규정함으로써 공직자의 부정한 재산증식을 방지하고, 공무집행의 공정성을 확보하여 국민에 대한 봉사자로서의 공직자의 윤리를 확립함을 목적으로 한다.

2. 등록의무자

다음 각 호의 어느 하나에 해당하는 공직자(이하 "등록의무자"라 한다)는 이 법에서 정하는 바에 따라 재산을 등록하여야 한다(법 제3조).

1) 대통령·국무총리·국무위원·국회의원 등 국가의 정무직공무원

2) 지방자치단체의 장, 지방의회의원 등 지방자치단체의 정무직공무원

3) 4급 이상의 일반직 국가공무원(고위공무원단에 속하는 일반직공무원을 포함한다) 및 지방공무원과 이에 상당하는 보수를 받는 별정직공무원(고위공무원단에 속하는 별정직공무원을 포함한다)

4) 대통령령으로 정하는 외무공무원과 4급 이상의 국가정보원 직원 및 대통령경호실 경호공무원

5) 법관 및 검사

6) 헌법재판소 헌법연구관

7) 대령 이상의 장교 및 이에 상당하는 군무원

8) 교육공무원 중 총장·부총장·대학원장·학장(대학교의 학장을 포함한다) 및 전문대학의 장과 대학에 준하는 각종 학교의 장, 특별시·광역시·특별자치시·도·특별자치도의 교육감 및 교육장

9) 총경(자치총경을 포함한다) 이상의 경찰공무원과 소방정 및 지방소방정 이상의 소방공무원

10) 제3호부터 제7호까지 및 제9호의 공무원으로 임명할 수 있는 직위 또는 이에 상당하는 직위에 임용된 「국가공무원법」 제26조의5 및 「지방공무원법」 제25조의5에 따른 임기제공무원

11) 「공공기관의 운영에 관한 법률」에 따른 공기업(이하 "공기업" 이라 한다)의 장·부기관장·상임이사 및 상임감사, 한국은행의 총재·부총재·감사 및 금융통화위원회의 추천직 위원, "금융감독원의 원장·부원장·부원장보 및 감사, 농업협동조합중앙회·수산업협동조합중앙회의 회장 및 상임감사

12) 제3조의2에 따른 공직유관단체(이하 "공직유관단체"라 한다)의 임원

13) 그 밖에 국회규칙, 대법원규칙, 헌법재판소규칙, 중앙선거관리위원회규칙 및 대통령령으로 정하는 특정 분야의 공무원과 공직유관단체의 직원

3. 등록대상재산

(1) 등록의무자

등록의무자가 등록할 재산은 다음 각 호의 어느 하나에 해당하는 사람의 재산(소유 명의와 관계없이 사실상 소유하는 재산, 비영리법인에 출연한 재산과 외국에 있는 재산을 포함한다. 이하 같다)으로 한다(법 제4조).

1) 본인

2) 배우자(사실상의 혼인관계에 있는 사람을 포함한다. 이하 같다)

3) 본인의 직계존속·직계비속. 다만, 혼인한 직계비속인 여성과 외증조부모, 외조부모, 외손자녀 및 외증손자녀는 제외한다.

(2) 등록할 재산

1) 부동산에 관한 소유권·지상권 및 전세권

2) 광업권·어업권, 그 밖에 부동산에 관한 규정이 준용되는 권리

3) 다음 각 목의 동산·증권·채권·채무 및 지식재산권(知識財産權)

   가) 소유자별 합계액 1천만원 이상의 현금(수표를 포함한다)

   나) 소유자별 합계액 1천만원 이상의 예금

   다) 소유자별 합계액 1천만원 이상의 주식·국채·공채·회사채 등 증권

   라) 소유자별 합계액 1천만원 이상의 채권

   마) 소유자별 합계액 1천만원 이상의 채무

   바) 소유자별 합계액 500만원 이상의 금 및 백금(금제품 및 백금제품을 포함한다)

   사) 품목당 500만원 이상의 보석류

   아) 품목당 500만원 이상의 골동품 및 예술품

   자) 권당 500만원 이상의 회원권

   차) 소유자별 연간 1천만원 이상의 소득이 있는 지식재산권

   카) 자동차·건설기계·선박 및 항공기

4) 합명회사·합자회사 및 유한회사의 출자지분

5) 주식매수선택권

4. 등록재산의 공개

공직자윤리위원회는 관할 등록의무자 중 다음 각 호의 어느 하나에 해당하는 공직자 본인과 배우자 및 본인의 직계존속·직계비속의 재산에 관한 등록사항과 제6조에 따른 변동사항 신고내용을 등록기

간 또는 신고기간 만료 후 1개월 이내에 관보 또는 공보에 게재하여 공개하여야 한다(법 제10조).

1) 대통령, 국무총리, 국무위원, 국회의원, 국가정보원의 원장 및 차장 등 국가의 정무직공무원

2) 지방자치단체의 장, 지방의회의원 등 지방자치단체의 정무직공무원

3) 일반직 1급 국가공무원(「국가공무원법」제23조에 따라 배정된 직무등급이 가장 높은 등급의 직위에 임용된 고위공무원단에 속하는 일반직공무원을 포함한다) 및 지방공무원과 이에 상응하는 보수를 받는 별정직공무원(고위공무원단에 속하는 별정직공무원을 포함한다)

4) 대통령령으로 정하는 외무공무원과 국가정보원의 기획조정실장

5) 고등법원 부장판사급 이상의 법관과 대검찰청 검사급 이상의 검사

6) 중장 이상의 장관급 장교

7) 교육공무원 중 총장·부총장·학장(대학교의 학장은 제외한다) 및 전문대학의 장과 대학에 준하는 각종 학교의 장, 특별시·광역시·특별자치시·도·특별자치도의 교육감

8) 치안감 이상의 경찰공무원 및 특별시·광역시·특별자치시·도·특별자치도의 지방경찰청장

8) 소방정감 이상의 소방공무원

9) 지방 국세청장 및 3급 공무원 또는 고위공무원단에 속하는 공무원인 세관장

10) 제3호부터 제6호까지, 제8호 및 제9호의 공무원으로 임명할 수 있는 직위 또는 이에 상당하는 직위에 임용된 「국가공무원법」제26조의5 및 「지방공무원법」제25조의5에 따른 임기제공무원. 다만, 제4호·제5호·제8호 및 제9호 중 직위가 지정된 경우에는 그 직위에 임용된 「국가공무원법」제26조의5 및 「지방공무원법」제25조의5에 따른 임기제공무원만 해당된다.

11) 공기업의 장·부기관장 및 상임감사, 한국은행의 총재·부총재·감사 및 금융통화위원회의 추천직 위원, 금융감독원의 원장·부원장·부원장보 및 감사, 농업협동조합중앙회·수산업협동조합중앙회의 회장 및 상임감사

12) 그 밖에 대통령령으로 정하는 정부의 공무원 및 공직유관단체의 임원

13) 제1호부터 제12호까지의 직(職)에서 퇴직한 사람(제6조제2항의 경우에만 공개한다)

5. 주식의 매각 또는 신탁

등록의무자 중 제10조제1항에 따른 공개대상자와 기획재정부 및 금융위원회 소속 공무원 중 대통령령으로 정하는 사람(이하 "공개대상자등"이라 한다)은 본인 및 그 이해관계자(제4조제1항제2호 또는 제3호에 해당하는 사람을 말하되, 제4조제1항제3호의 사람 중 제12조제4항에 따라 재산등록사항의 고지를 거부한 사람은 제외한다.) 모두가 보유한 주식의 총 가액이 1천만원 이상 5천만원 이하의 범위에서 대통령령으로 정하는 금액을 초과할 때에는 초과하게 된 날(공개대상자등이 된 날 또는 제6조의3제1항·제2항에 따른 유예사유가 소멸된 날 현재 주식의 총 가액이 1천만원 이상 5천만원 이하의 범위에서

대통령령으로 정하는 금액을 초과할 때에는 공개대상자등이 된 날 또는 유예사유가 소멸된 날을, 제14조의5제6항에 따라 주식백지신탁 심사위원회에 직무관련성 유무에 관한 심사를 청구할 때에는 직무관련성이 있다는 결정을 통지받은 날을, 제14조의12에 따른 직권 재심사 결과 직무관련성이 있다는 결정을 통지받은 경우에는 그 통지를 받은 날을 말한다)부터 1개월 이내에 다음 각 호의 어느 하나에 해당하는 행위를 직접 하거나 이해관계자로 하여금 하도록 하고 그 행위를 한 사실을 등록기관에 신고하여야 한다. 다만, 제14조의5제7항 또는 제14조의12에 따라 주식백지신탁 심사위원회로부터 직무관련성이 없다는 결정을 통지받은 경우에는 그러하지 아니하다(법 제14조의4).

1) 해당 주식의 매각

2) 다음 각 목의 요건을 갖춘 신탁 또는 투자신탁(이하 "주식백지신탁"이라 한다)에 관한 계약의 체결
   가) 수탁기관은 신탁계약이 체결된 날부터 60일 이내에 처음 신탁된 주식을 처분할 것. 다만, 60일 이내에 주식을 처분하기 어려운 사정이 있는 경우로서 수탁기관이 공직자윤리위원회의 승인을 받은 때에는 주식의 처분시한을 연장할 수 있으며, 이 경우 1회의 연장기간은 30일 이내로 하여야 한다.
   나) 공개대상자등 또는 그 이해관계자는 신탁재산의 관리 · 운용 · 처분에 관여하지 아니할 것
   다) 공개대상자등 또는 그 이해관계자는 신탁재산의 관리 · 운용 · 처분에 관한 정보의 제공을 요구하지 아니하며, 수탁기관은 정보를 제공하지 아니할 것. 다만, 수탁기관은 신탁계약을 체결할 때에 대통령령으로 정하는 범위에서 미리 신탁재산의 기본적인 운용방법을 제시할 수 있다.
   라) 제14조의10제2항 각 호의 어느 하나에 해당하는 사유가 발생하는 경우에는 신탁자가 신탁계약을 해지할 수 있을 것
   마) 수탁기관이 선량한 관리자의 주의의무로써 신탁업무를 수행한 경우에는 이로 인한 일체의 손해에 대하여 책임을 지지 아니할 것
   바) 수탁기관은 신탁업무를 수행하는 기관으로서 「자본시장과 금융투자업에 관한 법률」에 따른 신탁업자 또는 집합투자업자일 것. 다만, 공개대상자등 또는 그 이해관계자가 최근 3년 이내에 임직원으로 재직한 회사는 제외한다.

6. 주식백지신탁심사위원회의 직무관련성 심사

(1) 백지신탁 심사위원회 설치

공개대상자등 및 그 이해관계인이 보유하고 있는 주식의 직무관련성을 심사 · 결정하기 위하여 인사혁신처에 주식백지신탁 심사위원회를 둔다(법 제14조의5).

(2) 직무관련성 유무 심사청구

공개대상자등은 본인 및 그 이해관계자가 보유한 주식이 직무관련성이 없다는 이유로 제14조의4제1항에 따른 주식 매각의무 또는 주식백지신탁 의무를 면제받으려는 경우 또는 전보 등의 사유로 직위가 변경되어 직무관련성 심사를 받으려는 경우에는 본인 및 그 이해관계자 모두가 보유한 주식의 총 가액이 1천만원 이상 5천만원 이하의 범위에서 대통령령으로 정하는 금액을 초과하게 된 날(공개대상자등이 된 날, 제6조의3제1항·제2항에 따른 신고유예 사유가 소멸된 날 또는 공개대상자등의 직위가 변경된 날 현재 주식의 총가액이 1천만원 이상 5천만원 이하의 범위에서 대통령령으로 정하는 금액을 초과할 때에는 공개대상자등이 된 날, 신고유예 사유가 소멸된 날 또는 공개대상자등의 직위가 변경된 날을 말한다)부터 1개월 이내에 주식백지신탁 심사위원회에 보유 주식의 직무관련성 유무에 관한 심사를 청구하여야 한다.

(3) 직무관련성 판단기준

주식의 직무관련성을 판단할 때에는 공개대상자등이 본인이나 그 이해관계자가 보유한 주식을 발행한 기업의 경영 또는 재산상 권리에 관한 상당한 정보를 입수하거나 영향을 미칠 수 있는 직무로서 다음 각 호의 어느 하나에 해당하는 직무에 종사하거나 그 직무를 지휘·감독하는지를 고려하여야 한다(법 시행령 제27조의8).

1) 관련 업종에 관한 정책 또는 법령의 입안·집행 등에 관련되는 직무
2) 각종 수사·조사·감사 및 검사에 관련되는 직무
3) 인가·허가·면허 및 특허 등에 관련되는 직무
4) 조세의 조사·부과 및 징수에 관련되는 직무
5) 법령상 지도·감독에 관련되는 직무
6) 예산의 편성·심의·집행 또는 공사와 물품의 계약에 관련되는 직무
7) 법령상 사건의 심리 또는 심판 등에 관련되는 직무
8) 그 밖에 심사위원회가 직무관련성이 있는 것으로 인정하는 직무

7. 주식백지신탁대상 주식의 하한가액

법 제14조의4제1항 각 호 외의 부분 본문 및 제14조의5제6항에서 "대통령령으로 정하는 금액"과 법률 제7493호 공직자윤리법중개정법률 부칙 제2항에서 "대통령령이 징하는 금액"이란 각각 3전만원을 말한다(법 시행령 제27조의4).

소　장

원고　　김 길 동(주민등록번호)
　　　　서울시 강남구 신사동 ○○번지
피고　　주식백지신탁심사위원회
직무관련성인정결정처분취소

청구취지

1. 피고가 2008. 10. 8. 원고에 대하여 한 별지목록 기재 주식이 원고의 직무와 관련성이 있다고 인정한 심사결정처분을 취소한다.
2. 소송비용은 피고의 부담으로 한다.

라는 판결을 구합니다.

청구원인

1. 처분의 경위

(1) 원고는 2008. 5. 30. 임기를 시작한 제18대 국회 기획재정위원회 소속 국회의원이고, 피고는 공직자윤리법(2009. 2. 3. 법률 제9402호로 개정되기 전의 것, 이하 '법'이라고 한다) 제14조의4에 의하여 주식의 매각 또는 백지신탁 의무가 있는 공개대상자 등(이하 '공개대상자 등'이라고만 한다) 및 그 이해관계인이 보유하고 있는 주식의 직무관련성 여부를 심사결정하기 위하여 행정안전부 내에 설치된 합의제 행정청입니다.

(2) 원고는 자신과 처, 자녀들이 소유하고 있는 별지목록 기재 주식(이하 '이 사건 주식'이라 한다)의 총 가액이 3,000만 원을 초과하는 공개대상자 등으로서, 이를 매각 또는 백지신탁할 의무를 면하기 위해서 2008. 9. 1. 피고에 대하여 이 사건 주식의 직무관련성 여부에 관한 심사를 청구하였습니다.

(3) 피고는 2008. 10. 8. "원고는 기획재정위원회 위원으로서 보유주식 발행기업에 대한 정보 접근 및 영향력 행사의 가능성이 있다"는 이유를 들어 이 사건 주식의 직무관련성을 인정하였습니다(이하 '이 사건 처분'이라 한다).

2. 처분의 위법성

(1) 원고는 기획재정위원회 위원으로서 포괄적·거시적인 의정활동을 할 뿐임에도 피고가 이 사건 주식에 대하여 막연하게 직무관련성이 있다고 판단한 것은 재량권을 일탈, 남용한 것으로서 위법합니다.

(2) 이 사건 처분은 구체적 이유제시가 없으므로 행정절차법 제23조를 위반하여 위법합니다.

3. 결론

위와 같은 사유로 피고의 이 사건처분은 위법하므로, 이의 취소를 구하는 본 건 행정소송에 이르게 되었습니다.

입증방법

1. 갑 제1호증
2. 갑 제2호증

첨부서류

1. 위 각 입증방법 각 1부
2. 송달료 납부서
3. 소장부본

20 . . .

위 원고   (날인 또는 서명)

서울행정법원   귀중

당해판례

2008구합 45306

1) 첫 번째 주장에 대한 판단

가) 법에서 주식 매각 또는 백지신탁을 제도화한 취지는 법에 규정된 공개대상자 등이 직무관련 주식을 보유한 경우 직위 또는 직무상 알게 된 정보를 이용하여 주식거래를 하거나 주가에 영향을 미쳐 부정하게 재산을 증식하는 것을 방지하고 국민에 대한 봉사자로서 직무에 전념하도록 하기 위한 것이다(법 제1조).

직무관련성 판단의 기준으로 법에서는 "직·간접적인 정보의 접근과 영향력 행사의 가능성"을 들고 있고, 법 시행령에서는 이를 구체화하여 "관련 업종에 관한 정책 또는 법령의 입안·집행 등에 관련되는 직무에 종사하는지 여부" 등을 들고 있는데(법 제14조의5 제8항, 법 시행령 제27조의8), 주식 매각 또는 백지신탁으로 공개대상자 등의 재산 처분의 자유가 제한된다는 점에서 직무관련성의 인정은 신중하게 이루어져야 할 것이나, 공개대상자 등의 이익충돌 행위를 사전에 방지하기 위한 제도로서의 기능을 충실히 보장하기 위해서는 지나치게 엄격한 기준에 의하여 직무관련성에 대한 입증을 요구하는 것도 바람직하지 않을 것이다.

이와 같은 요청에 앞서 본 제도의 취지와 공개대상자 등의 이익충돌 행위로 발생할 수 있는 부작용 및 그 심각성 등을 고려하면, 직무 관련 정보를 이용한 주식거래의 가능성이나 직무상 영향력 행사를 통한 주가 변동의 가능성이 있고, 그와 같은 가능성들이 단순히 관념적·추상적인 정도에 머무르는 것이 아니라 건전한 상식과 경험칙에 비추어 합리적인 근거가 있다고 인정될 수 있는 경우에는 직무관련성을 인정할 수 있을 것이며, 그 판단에 있어서는 공개대상자 등이 직무에 관하여 접하게 되는 정보의 내용, 수준과 범위, 공지성과 공개대상자 등의 직무의 내용과 직무상 권한의 범위, 공개대상자가 보유한 주식의 종목·가액 등을 종합적으로 고려해야 할 것이다.

나) 위 법리에 비추어 이 사건에 관하여 보건대, 원고는 국회 기획재정위원회 소속 국회의원으로서 기획재정부와 한국은행 소관에 속하는 경제·재정·금융 전반에 걸친 사항에 관하여 법률안을 포함한 의안과 청원 등의 심사를 직무 내용으로 하고 있고(정부조직법 제23조 제1항, 한국은행법 제47 내지 86조, 국회법 제36조), 안건의 심의 또는 국정감사나 국정조사와 직접 관련된 보고 또는 서류의 제출을 정부·행정기관 등에 대하여 요구할 수 있는 권한이 있는데(국회법 제128조 제1항), 원고가 이러한 직무와 관련하여 접하는 정보는 경제 전반에 걸친 것으로 그 범위가 매우 넓고 수준 또한 높으며, 비공지의 고급 정보를 접할 가능성도 상당하다. 또한, 원고는 경제 전반에 걸친 법률의 입안, 예산의 심의 등 직무 수행과 관련하여 주가에 미칠 수 있는 영향력이 상당히 크고 그 범위

또한 포괄적이다. 이러한 사정에 비추어 보면 원고의 직무 관련 정보를 이용한 주식거래의 가능성과 직무상 영향력 행사를 통한 주가변동의 가능성은 관념적·추상적인 정도를 넘어서 상당한 정도에 이르는 것으로 보이고, 한편 직무관련성이 인정되는 주식의 범위를 미리 한정할 수는 없다고 할 것이다.

그렇다면, 이 사건 주식은 그 종목과 가액이 다양하기는 하나 모두 원고의 직무와 관련성이 있고, 이 사건 주식의 취득시점, 보유목적, 경제상황 등 제반사정을 고려하더라도 마찬가지라고 할 것이다. 또한, 주가가 하락하는 동안 주식을 처분하지 않은 것은 원고가 스스로의 판단에 따른 것으로, 그 책임은 기본적으로 원고에게 있다고 할 것이고, 이 사건 처분을 통해 달성하고자 하는 공익상의 목적이 그로 인하여 원고가 입게 될 불이익보다 결코 가볍다고 볼 수는 없으므로, 이 사건 처분은 재량권의 범위 내에서 정당하게 이루어진 적법한 처분이라고 할 것이다. 따라서 원고의 이 부분 주장은 이유 없다.

2) 두 번째 주장에 대한 판단

가) 행정절차법 제23조 제1항은 행정청은 처분을 하는 때에는 당사자에게 그 근거와 이유를 제시하여야 한다고 규정하고 있는바, 이와 같이 처분사유를 명시하도록 한 것은 행정청으로 하여금 신중한 조사와 판단을 하여 정당한 처분을 하도록 하고 그 정당성의 근거를 제시하도록 하기 위한 것으로서, 처분의 상대방에게 이를 알려 불복신청에 편의를 주고 나아가 이에 대한 사법심사에 있어서 심리의 범위를 한정함으로써 결국 이해관계인의 신뢰를 보호하고 절차적 권리를 보장하기 위한 것이다(대법원 2002. 5. 17. 선고 2000두8912 판결 참조).

나) 위 법리에 비추어 이 사건에 관하여 보건대, 앞서 본 바와 같이 이 사건 주식의 업무관련성이 원고의 직무 자체의 특성에 기인하는 점에 비추어 보면, 이 사건 처분은 원고의 직무 내용을 설시함을 통해 그 근거와 이유를 충분히 제시하였다고 봄이 상당하므로, 원고의 이 부분 주장은 이유 없다.

3) 소 결

따라서 이 사건 처분은 적법하고, 원고의 주장과 같은 위법이 있다고 할 수 없다.

Ⅷ. 행정처분무효확인관련 소송

1. 의의 및 기능

무효등확인소송이란 행정청의 처분 등의 효력 유무 또는 조재 여부를 확이하는 소송이다(행정소송법 제4조 제2호).

이에는 처분등무효확인소송, 처분등유효확인소송, 처분등실효확인소송, 처분등부존재확인소송, 처분등존재확인소송이 포함된다. 그러나 행정청에게 작위, 부작위 의무가 있음의 확인을 구하는 소송은 여기에 포함되지 않는다.

무효 또는 부존재인 행정처분은 처음부터 당연히 법률상 효력이 없거나 부존재하나, 처분 등이 외형상 존재함으로써 행정청이 유효한 처분으로 오인하여 이를 집행할 유려 등이 있다. 이러한 경우 무효 또는 부존재인 처분 등의 상대방이나 이해관계인은 그 무효 또는 부존재임을 공적으로 선언 받을 필요가 적지 아니하다. 여기에 무효등확인소송의 존재 의의가 있다. 반대로, 유효하게 존재하는 처분 등을 관계행정청이 마치 무효 또는 부존재인 것처럼 주장하고, 그러한 주장을 바탕으로 후속 처분을 함으로써 개인의 권익을 침해하게 되는 예도 있을 수 있다. 그러한 경우에는 당해 처분 또는 재결이 유효하게 존재하는 것임을 확인 받을 실익이 있다.

그 소송물은 처분 등의 유효, 무효, 부존재, 존재이고, 청구취지만으로 소송물의 동일성이 특정되므로 당사자가 청구원인에서 무효사유로 내세운 개개의 주장은 공격방어방법에 불과하다.

2. 성질

무효등확인소송의 성질에 관하여는 확인소송설, 항고소송설, 준항고소송설의 대립이 있으나, 적극적으로 처분 등의 효력을 소멸시키거나 부여하는 것이 아니라 처분 등의 존부나 효력의 유무를 확인 선언하는 데 지나지 않는다는 점에서 확인소소에 속한다 할 것이지만, 처분 등의 인한 현재의 법률관계의 확인을 구하는 것이 아니라 처분 등의 존부, 효력자체를 그 대상으로 하는 점에서 항고소송으로서의 성질을 지니고 있다.

3. 소의 이익

무효등확인소송에서도 취소소송에서와 같은 소의 이익이 필요하다. 이와 관련하여 대법원은 최근 대법원 2008. 3. 20. 선고 2007두6342 전원합의체 판결로써, 행정처분의 근거법률에 의하여 보호되는 직접적이고 구체적인 이익이 있으면 행정소송법 제35조에 규정된 무효확인을 구할 법률상의 이익이 있다고 보아야 하고, 이와 별도로 무효확인의 소송의 보충성이 요구되는 것은 아니므로 행정처분의 무효를 전제로 한 이행소송 등과 같은 직접적인 구제수단이 있는지를 따질 필요가 없다고 판시하여, 처분 등 무효확인소송의 보충성을 요구하던 종전 판례를 변경하였다.

4. 원고적격

무효등확인소송은 처분 등의 효력 유무 또는 존재여부의 확인을 구할 법률상의 이익이 있는 자가 제기할 수 있다(행정소송법 제35조)

소　장

원고　　　　　　김 길 동(주민등록번호)
　　　　　　　　서울시 영등포구 ○○동 ○-○
　　　　　　　　(전화 000-000, 팩스 000-000)
피고　　　　　　교육인적자원부장관
행정처분무효확인

청구취지

1. 주위적으로, 피고가 2006. 2. 16. 원고에 대하여 한 2003학년도 수능성적 무효통보처분은 무효
   임을 확인한다. 예비적으로, 피고가 2006. 2. 16. 원고에 대하여 한 2003학년도 수능성적 무효통
   보처분을 취소한다. 피고가 2006. 2. 16. 원고에 대하여 한 2003학년도 수능성적 무효통보처분
   이 존재하지 않음을 확인한다.
2. 소송비용은 피고가 부담한다.

라는 판결을 구합니다.

청구원인

1. 기초사실

(1) 피고는 2005. 10.경 원고에게 원고가 검찰 수사과정에서 2003학년도 수능시험 답안지 비교결과
동일 고교 출신 부정행위자의 답안과 다수의 오답을 포함한 일부 답안이 일치한다는 이유로 2003학
년도 수능성적 무효처분 예고를 하고, 참고사항으로 부정행위 내용이 사실과 달라 수능성적 무효처
리에 대해 이의가 있는 경우 2005. 10. 28.까지 이의를 신청할 것을 통지했습니다.
그리고 참고사항 밑에 '*검찰로부터 기소유예처분을 받은 경우라도 이는 유죄를 인정하는 것으로
무혐의 처분과는 구별되며, 단순히 선처를 바라는 이의신청은 인용불가'라고 기재했다.

(2) 원고는 2005. 10. 26.과 11. 16. 위 예고에 대해 피고가 무효예고한 내용과 같은 부정행위를
하지 않았고, 같은 학교 출신 부정행위자가 누구인지 모르며, 검찰로부터 기소유예처분의 통보를
받지 않았고, 비록 검찰이 기소유예처분을 하는 경우에도 기소유예처분 그 자체를 유죄로 볼 수는
없다는 내용의 이의신청과 이의신청에 대한 보충서를 제출했으나, 피고는 2006. 2. 16. 원고가

2003학년도 수능시험 과정에서 시험시간중 휴대전화를 소지하고, 다른 응시자로부터 답안을 전송받아 이를 답안지에 기재했다는 이유로 구 고등교육법 제34조 제4항(2005. 11. 22. 법률 제7699호로 개정되기 전의 것, 이하 같다.)에 따라 2003학년도 수능시험 성적을 무효로 하고, 이를 원고에게 통보하는 한편, 원고가 재학중인 OO대학교에도 수능시험 성적 무효를 통보했습니다.

2. 무효통보처분의 위법성

(1) 원고는 부정행위를 하지 않았고, 단지 검사가 수없이 반복하여 원고에게 범죄사실을 시인할 것을 강요하여 할 수 없이 시인하는 진술을 하고 자술서를 작성했으며, 법원의 유죄확정판결이 있기까지는 어느 누구나 무죄로 추정되는데, 피고는 원고가 기소유예처분을 받았다고 보아 수능부정행위에 대해 유죄를 인정한 것으로 판단하고, 이를 전제로 무효통보처분("이 사건 처분")을 했으므로, 이 사건 처분은 법에 근거를 두지 않은 것으로 위법하고, 그 하자가 중대하고 명백하여 무효입니다.

(2) 원고는 수능과 고등학교 내신성적으로 OO대학교의 수시전형에 합격했는데, 수능시험성적은 거의 반영받지 않고 합격했을 뿐만 아니라, 현재 4학년에 재학중이며, 합격한 후 열심히 학업에 전념하여 장학금을 받고 엄격한 심사를 거쳐 학군단에 편입되어 훈련에도 열성을 보이고 있고, 원고가 받은 처분은 형사사건으로 입건조차 되지 않은 입건유예처분에 불과한데, 만약 무효통보로 인해 원고가 학업을 포기하게 되고 학군단에서도 축출된다면 원고의 장래에 치명적인 타격을 입어 재기하기 어려울 것으로 예견할 수 있는 등 수능부정행위를 근절시켜야 할 공익보다 이 사건 처분으로 인해 원고가 입게 될 손해가 훨씬 큰 점을 고려할 때 피고의 이 사건 처분은 재량권을 일탈, 남용한 것으로서 위법하므로 취소되어야 합니다.

(3) 행정처분을 할 때 교육인적자원부의 어느 직책에 있는 누가 행정처분을 했는지 명시되어야 하는데, 피고가 원고에게 한 수능성적 무효통보에는 '교육인적자원부'라는 명판만 기재되어 있고 날인도 되어 있지 않았으므로 위 수능성적 무효통보는 행정처분의 형식조차 갖추지 않은 것으로 행정처분 자체가 없었던 것으로 보아야 합니다.

3. 결론

이와 같이 피고의 처분은 위법한 행정처분이 아닐 수 없으므로, 상기와 같이 원고의 행정처분의 취소를 구하는 행정소송에 이르게 되었습니다.

1. 갑 제1호증
2. 갑 제2호증
3. 갑 제3호증
4. 갑 제4호증
5. 갑 제5호증

첨부서류

1. 위 각 입증방법   각 1부
2. 송달료 납부서
3. 소장부본

20   .   .   .

위 원고   (날인 또는 서명)

서울행정법원   귀중

당해판례

2006구합 6437

(1) 먼저 수능부정행위에 대해 원고가 기소유예처분을 받은 것을 유죄로 판단하여 피고가 이 사건
처분을 했음을 인정할 증거가 없다.

그리고 같은 행위에 대한 형벌과 행정처분은 그 주체와 목적, 효력 등을 달리하므로, 수능부정행
위에 대해 유죄확정판결이 있든지 없든지 상관없이 행정청은 당해 행위가 행정처분의 대상이
되는지 별도로 판단하여 행정처분의 대상이 되는 경우 법률의 규정에 따라 행정처분을 할 수
있는데, 을 제3, 4호증의 각 기재에 의하면, 원고가 2교시 수리영역 시험 중에 휴대전화기로
수리영역정답 10개 정도를 전달받아 이를 답안지에 옮겨 적은 사실을 인정할 수 있고, 구 고등교
육법 제34조 제4항에 따르면, 부정행위를 한 사람에 대하여는 당해 시험을 무효로 하도록 규정하
고 있으므로, 피고가 원고의 부정행위에 대해 구 고등교육법 제34조 제4항을 적용하여 이 사건
처분을 한 것은 적법하고, 이 사건 처분이 법에 근거가 없어 무효라는 원고의 주장은 받아들일

수 없다.

(2) 수능시험에서 부정행위가 인정될 경우 피고는 구 고등교육법 제34조 제4항에 기속되어 그 수능시험 성적을 반드시 무효로 해야 할 의무를 부담할 뿐 공익과 사익을 비교하여 그와 다른 처분을 할 수 있는 재량권이 없고, 수능시험은 대학에서 수학할 수 있는 능력을 측정하는 능력인증시험으로서 그 성적은 대학입학전형자료의 하나로 활용되므로 이러한 시험과정에 부정행위가 개입될 경우 인재를 선발하여 양성하고자 하는 대학의 교육 목적을 침해하며, 부정행위를 한 수험생이 합격한 후 그러한 부정행위가 발각되었음에도 장기간 세월이 흘렀다거나 대학입학 이후 우수한 성적을 나타내고 있다는 등의 이유로 구제된다면 경쟁의 원리가 심각하게 왜곡될 뿐만 아니라 부정행위가 만연될 우려가 커 이를 방지할 공익적인 필요가 큰 점 등에 비추어 보면, 비록 이 사건 처분으로 인해 원고가 주장하는 불이익이 크다고 하더라도 이 사건 처분을 취소할 수는 없다. 따라서 이 사건 처분이 재량권을 일탈, 남용한 것으로서 위법하다는 원고의 주장은 받아들일 수 없다.

(3) 갑 1호증의 기재에 의하면, 교육인적자원부 명의로 2003년도 수능성적 무효통보가 있었고 무효통보서에 교육인적자원부의 명판이 날인되어 있지 않은 사실은 인정되나, 객관적으로 보아 행정처분의 주체와 내용을 알 수 있는 경우에는 행정처분의 형식을 갖추었다고 보아야 하는데, 갑 1호증의 기재와 증인 OOO의 증언에 의하면, 수능성적 무효통보서에 처분근거와 사유, 근거법률, 피고인 교육부장관을 상대로 행정심판과 행정소송을 제기할 수 있음을 명시하고 있는 사실, 대학정책국 대학학무과 담당 공무원 OOO은 위 수능성적 무효통보서를 기안하여 과장, 대학정책국장, 차관보 및 장관의 위임전결에 따라 차관까지 결재를 받은 사실, 위 수능성적 무효통보서의 경우 교육인적자원부에서 매우 드물고 처음 있는 일이라 특별히 양식이 정해져 있지 않았기 때문에 OOO은 위와 같이 수능성적 무효통보서에 대해 내부결재를 받아 '교육인적자원부' 명의만 기재하여 이를 등기우편으로 발송한 사실을 인정할 수 있다. 위 인정사실에 의하면 위 수능무효통보는 내부적으로 적법하게 의사가 형성되었고, 외부적으로 수능무효 통보의 내용이 분명하고, 피고를 상대로 행정심판 등을 제기할 수 있다고 명시함으로 써 행정처분의 주체가 누구인지도 명확히 알 수 있으므로, 명판이 날인되어 있지 않은 교육인적자원부 명의로 수능성적 무효통보가 있었다는 사정만을 들어 행정처분 자체가 없었던 것으로 보아야 한다는 원고의 주장은 받아들일 수 없다.

Ⅸ. 부작위위법확인소송

1. 의의

부작위위법확인소송이란 행정청의 부작위가 위법하다는 것을 확인하는 소송이다(행정소송법 제4조 제3호). 행정청이 당사자의 신청에 대하여 상당한 기간 내에 신청을 인용하는 적극적 처분을 하거나 각하 또는 기각 등의 소극적 처분을 하여야 할 법률상의 응답의무가 있음에도 불구하고 이를 하지 아니하는 경우, 부작위가 위법하다는 것을 확인함으로써 행정청의 응답을 신속하게 하여 부작위 또는 무응답이라는 소극적 위법상태를 제거하는 것을 목적으로 하는 소송이다.

> 【판시사항】
> 부작위 위법확인소송의 대상(대법원 1991. 11. 8. 선고 90누9391 판결)
>
> 【판결요지】
> 부작위위법확인소송의 대상이 되는 행정청의 부작위라 함은 행정청이 당사자의 신청에 대하여 상당한 기간 내에 일정한 처분을 할 법률상 의무가 있음에도 불구하고 이를 하지 아니하는 것을 말하고, 이 소송은 처분의 신청을 한 자가 제기하는 것이므로 이를 통하여 원고가 구하는 행정청의 응답행위는 행정소송법 제2조 제1항 제1호 소정의 처분에 관한 것이라야 한다.

2. 기능

행정청의 위법한 부작위에 대한 가장 직접적이고 바람직한 구제수단은 적극적인 의무이행소송일 것이지만 행정소송법은 행정권과 사법권의 조화를 도모하면서 권리 구제의 목 달성을 위하여, 적극적 의무이행소송을 인정하지 않는 대신 우회적인 권리구제 수인으로 부작위위법확인소송을 인정하는 것이다. 부작위위법확인판결이 있음에도 불구하고 행정청이 아무런 처분을 하지 아니할 경우 법원이 당사자의 신청에 의하여 상당한 기간을 정하고 행정청이 그 기간 내에도 처분을 하지 아니할 때에는 그 지연기간에 따라 일정한 배상을 할 것을 명하거나 즉시 손해배상을 할 것을 명할 수 있다는 점에서 일종의 간접강제인 소송형식이라 할 수 있다.

3. 소의이익

부작위위법확인소송에서도 취소소송에서 일반적으로 요구되는 소의 이익이 필요하다. 신청 후 사정변경으로 부작위위법확인을 받아 보았자 침해되거나 방해받은 권리, 이익을 보호, 구제받은 것이 불가능하게 되었다면 소의 이익이 없고, 소제기의 전후를 통하여 판결시까지 행정청이 신청에 대하여 적극 또는 소극의 처분을 함으로써 부작위 상태가 해소된 때에도 소의 이익은 없다.

4. 원고적격

부작위위법확인소송은 처분의 신청을 한 자로부터 부작위의 위법 확인을 구할 법률상의 이익이 있는 자만이 제기할 수 있다. 즉, 처분의 신청은 현실적으로 한 자만이 제기할 수 있고, 처분의 신청을 하지 않는 제3자 등은 제기할 수 없다.

5. 제소기간

대법원은 "부작위위법확인의 소는 부작위상태가 계속되는 한 그 위법의 확인을 구할 이익이 있다고 보아야 하므로 원칙적으로 제소기간의 제한을 받지 않으나, 행정소송법 제38조 제2항이 제소기간을 규정한 같은 법 제20조를 부작위위법확인소송에 준용하고 있는 점에 비추어 보면, 행정심판 등 전심절차를 거친 경우에는 행정소송법 제20조가 정한 제소기간 내에 부작위위법확인의 소를 제기하여야 할 것이다."라고 판시하였다.264) 위 판결에 비추어 볼 때, 부작위위법확인의 소는 부작위상태가 계속되는 한 원칙적으로 제소기간의 제한을 받지 않으나, 전심절차를 거친 경우에는 행정소송법 제20조에 규정된 제소기간 내에 부작위위법확인의 소를 제기하여야 한다.

[서식] 부작위위법확인등의 소

소　　장

원고　　○○○○ 시민연대
　　　　서울시 강남구 ○○동 ○번지
피고　　국회사무총장
부작위위법확인등

청구취지

1. 원고가 2008. 9. 17. 국회의원 ○○○ 외 1인의 소개로 국회에 접수한 "○○○에 관한 청원"을 헌법 제26조 제2항 및 국회청원심사규칙 제7조 제2항에 따라 90일 이내에 심사하여 의결하지 않은 피고의 부작위는 위법임을 확인한다.
2. 소송비용은 피고의 부담으로 한다.
라는 판결을 구합니다.

---

264) 대법원 2009. 7. 23. 선고 2008두10560 판결.

청구원인

1. 기초사실

(1) 원고는 부정부패 추방에 관한 시민의식 고취를 목적으로 설립된 단체입니다.

(2) 원고 상임대표 ○○○이 대표이사로 있었던 ○○○ 주식회사(이하 '○○○'라 한다)는 ○○○가 발행한 어음에 대하여 1991. 2. 26. ○○은행 ○○지점으로부터 ○○○가 자유롭게 인출·사용할 수 있어 어음 결제자금으로 사용할 수 있었던 예금(○○○명의)이 있었음에도 부도 처리되고, 다음 날 거래정지 처분됨으로써, 그 후 공장이 경매되는 결과로까지 이어졌습니다.

(3) 원고는 2008. 9. 17. 국회의원 ○○○ 외 1인의 소개로 '금융감독원이 위와 같은 ○○은행의 불법적인 예금반환거부와 거래정지처분에 대하여 시정명령이나 고발조치를 하지 아니한 것은 직무유기에 해당하므로, 그로 인하여 ○○○ 대표이사 ○○○이 받은 물질적·정신적 피해를 국가에서 조사하여 보상하여 달라'는 내용의 '○○○에 관한 청원'(이하 '이 사건 청원'이라 한다)을 제18대 국회에 제출하였습니다.

(4) 국회의장은 2008. 9. 19. 이 사건 청원을 국회법 제124조 제1항의 규정에 의하여 소관위원회인 국회 정무위원회에 회부하여 심사하게 하였는데, 국회 정무위원장은 이 사건 청원에 대하여 90일 이내에 심사를 마치지 못하고 2008. 12. 29. 국회청원심사규칙 제7조 제2항에 의하여 국회의장에게 중간보고를 하고 심사기간의 연장을 요구하였고 2009. 1. 5. 국회의장으로부터 2009. 3. 19.까지 심사기간 연장 승인을 받았으며, 2009. 3. 초경 같은 절차에 따라 한차례 더 심사기간 연장이 이루어졌습니다.

(5) 한편, 원고는 제15대, 제16대 및 제17대 국회에도 같은 내용의 청원을 제출한바 있으나, 수차례 심사기간 연장이 이루어지다가 각 국회 국회의원 임기 중에 처리되지 못하고 헌법 제51조 단서에 의하여 각 국회의원 임기만료일에 폐기된바 있습니다.

2. 부작위의 위법성

피고는 원고가 2008. 9. 17.자로 접수한 이 사건 청원에 관하여 국회청원심사규칙 제7조 제2항 규정에 기한 심사기간 90일이 도과하였음에도 청원심사소위원회도 구성하지 아니한 채 계속하여 위 청원에 대한 심사·의결을 유기하는 것은, 원고가 구제받아야 할 권리를 침해할 뿐만 아니라, 국민을 위한 입법민원처리라고 볼 수 없으므로 위법함이 명백합니다.

3. 결론

위와 같이 피고의 부작위는 위법하므로, 청구취지와 같은 부작위위법 확인을 구합니다.

입증방법

1. 갑 제1호증
2. 갑 제2호증
3. 갑 제3호증
4. 갑 제4호증

첨부서류

1. 위 각 입증방법   각 1부
2. 송달료 납부서
3. 소장부본

20 . . .

위 원고   (날인 또는 서명)

서울행정법원   귀중

당해판례

2009구합 3279

1. 행정소송법 제4조 제3호가 정하는 부작위위법확인의 소는 행정청이 당사자의 법규상 또는 조리상의 권리에 기한 신청에 대하여 상당한 기간 내에 신청을 인용하는 적극적 처분 또는 각하하거나 기각하는 등의 소극적 처분을 하여야 할 법률상 응답의무가 있음에도 불구하고 이를 하지 아니하는 경우 그 부작위가 위법하다는 것을 확인함으로써 행정청의 응답을 신속하게 하여 부작위 또는 무응답이라고 하는 소극적 위법상태를 제거하는 것을 목적으로 하는 제도이고, 이러한 소송은 처분의 신청을 한 자로서 부작위가 위법하다는 확인을 구할 법률상의 이익이 있는 자만이 제기할 수 있는 것이므로, 당사자가 행정청에 대하여 어떠한 행정처분을 하여 줄 것을 요청할 수 있는 법규상 또는 조리상의 권리를 갖고 있지 아니하거나 부작위의 위법확인을 구할 법률상의

이익이 없는 경우에는 항고소송의 대상이 되는 위법한 부작위가 있다고 볼 수 없거나 원고적격이 없어 그 부작위위법확인의 소는 부적법하다(대법원 2000. 2. 25. 선고 99두11455 판결 참조).

2. 한편, 헌법 제26조 제1항의 규정에 의한 청원권은 국민이 국가기관에 대하여 어떤 사항에 관한 의견이나 희망을 진술할 권리로서 단순히 그 사항에 대한 국가기관의 선처를 촉구하는데 불과한 것이므로 같은 조 제2항에 의하여 국가가 청원에 대하여 심사할 의무를 지고, 청원법 제9조 제2항에 의하여 청원을 관장하는 기관이 그 심사처리결과를 청원인에게 통지할 의무를 지고 있다고 하더라도 청원을 수리한 국가기관은 이를 성실, 공정, 신속히 심사, 처리하여 그 결과를 청원인에 통지하는 이상의 법률상 의무를 지는 것은 아니라고 할 것이고, 따라서 국가기관이 그 수리한 청원을 받아들여 구체적인 조치를 취할 것인지 여부는 국가기관의 자유재량에 속한다고 할 것이어서 그로써 청원인의 권리의무, 그 밖의 법률관계에는 하등의 영향을 미치는 것은 아니다(대법원 1990. 5. 25. 선고 90누1458 판결 참조).

3. 이 사건에 관하여 보건대, 앞서 본 바와 같이 원고가 2008. 9. 17. 이 사건 청원을 국회에 제출하자, 국회의장은 이를 수리하여 2008. 9. 19.자로 정무위원회에서 심사하도록 회부하고 이를 원고에게 통지하였고, 위 위원회에서는 현재 이를 심사 중인 바, 국회가 이 사건 청원에 대하여 상당한 기간 내에 심사를 종료하지 아니하였다 하더라도 그러한 사정만으로 항고소송의 대상이 되는 위법한 부작위가 있다고 할 수 없고, 나아가 청원법 제9조 제2항은 청원에 대하여 90일이라는 처리기한을 규정하면서도 기한연장이 가능하도록 규정하고 있으며, 국회청원심사규칙 제7조 제2항은 국회 내부 사무처리기준에 불과하다 할 것이어서(더욱이 위 규정에서 정한 90일의 심사 기한은 국회의장 승인 등 절차를 통해 연장할 수 있도록 정하고 있고, 원고가 제출한 이 사건 청원에 대하여 국회는 위 절차에 따라 심사기한을 연장하였다), 청원인에게 일정 기한 내에 청원을 처리하도록 요구할 수 있는 구체적인 신청권을 부여한 것이라고 할 수 없어서, 원고에게 국회를 상대로 90일 이내에 원고가 제출한 청원에 대하여 처리할 것을 요구할 수 있는 법규상 신청권이 있다고 할 수 없고, 그 밖에 조리상으로도 그와 같은 신청권이 있다고 보이지 아니하므로, 원고에게 청구취지와 같은 부작위 위법확인을 구할 당사자 적격을 인정할 수 없다.

X. 주민소송

1. 의의

주민소송은 주민이 그가 속한 지방자치단체의 기관이나 직원의 재무회계행위 또는 해태한 사실에 대하여 그 방지 또는 시정, 위법 여부나 존부, 효력 유무의 확인, 손해의 회복 등을 구하는 소송이다.

2. 주민감사청구의 대상

해당 지방자치단체와 그 장의 권한에 속하는 사무의 처리가 법령에 위반되거나 공익을 현저히 해친다고 인정되면 감사를 청구할 수 있다. 다만, 수사나 재판에 관여하게 되는 사항, 개인의 사생활을 침해할 우려가 있는 사항(다른 기관에서 감사하였거나 감사 중인 사항. 다만, 다른 기관에서 감사한 사항이라도 새로운 사항이 발견되거나 중요 사항이 감사에서 누락된 경우와 제17조제1항에 따라 주민소송의 대상이 되는 경우에는 그러하지 아니하다), 동일한 사항에 대하여 제17조제2항 각 호의 어느 하나에 해당하는 소송이 진행 중이거나 그 판결이 확정된 사항은 감사청구의 대상에서 제외한다(주민자치법 제16조).

3. 주민소송의 당사자

(1) 원고적격

지방자치법 제16조에 따라 주민감사청구를 한 19세 이상의 주민만이 원고가 된다. 법인이나 법인격 없는 주민단체는 원고적격을 갖지 못한다. 주민감사청구에 연서한 주민이면 1인이라도 주민소송을 제기할 수 있다. 공동으로 주민소송을 제기한 경우 그 중 일부가 감사청구를 경유하였더라도 감사청구를 경유하지 아니한 다른 사람의 소송은 부적법하다.

> **다음에 관한 사항을 감사청구한 주민은 주민소송을 제기할 자격이 있습니다(「지방자치법」 제17조제1항).**
> - 공금의 지출에 관한 사항
> - 재산의 취득 · 관리 · 처분에 관한 사항
> - 해당 지방자치단체를 당사자로 하는 매매 · 임차 · 도급 계약이나 그 밖의 계약의 체결 · 이행에 관한 사항
> - 지방세 · 사용료 · 수수료 · 과태료 등 공금의 부과 · 징수를 게을리한 사항

(2) 피고적격

해당 지방자치단체의 장이 피고가 된다. 단 해당 사항의 사무처리에 관한 권한을 소속 고관의 장에게 위임한 경우에는 그 소속 기관의 장이 피고로 된다.

> 주민은 다음의 대상을 상대로 주민소송을 제기해야 합니다(「지방자치법」 제17조제1항 및 제17조제2항제4호).
> * 지방자치단체의 장
> * 권한을 위임받은 소속기관의 장
> * 직원
> * 지방의회의원
> * 해당 행위와 관련이 있는 상대방

4. 주민소송의 대상

주민소송은 주민이 지방자치법 제16조 제1항에 따라 감사청구한 사항 중 공금의 지출에 관한 사항, 재산의 취득·관리·처분에 관한 사항, 해당 지방자치단체를 당사자로 하는 매매·임차·도급 계약이나 그 밖의 계약의 체결·이행에 관한 사항 또는 지방세·사용료·수수료·과태료 등 공금의 부과·징수를 게을리한 사항만을 제소대상으로 한다(법 제17조 제1항).

5. 주민소송의 절차

(1) 관할법원

주민소송은 해당 지방자치단체의 사무소 소재지를 관할하는 행정법원(행정법원이 설치되지 아니한 지역에서는 행정법원의 권한에 속하는 사건을 관할하는 지방법원본원을 말한다)의 관할로 한다(법 제17조 제9항).

(2) 제소기간

소송은 다음 각 호의 어느 하나에 해당하는 날부터 90일 이내에 제기하여야 한다(법 제17조 4항).
1) 제1항제1호의 경우 : 해당 60일이 끝난 날(제16조제3항 단서에 따라 감사기간이 연장된 경우에는 연장기간이 끝난 날을 말한다)
2) 제1항제2호의 경우 : 해당 감사결과나 조치요구내용에 대한 통지를 받은 날
3) 제1항제3호의 경우 : 해당 조치를 요구할 때에 지정한 처리기간이 끝난 날
4) 제1항제4호의 경우 : 해당 이행 조치결과에 대한 통지를 받은 날

6. 주민소송의 유형

주민이 제기할 수 있는 소송은 다음 각 호와 같다(법 제17조 2항).

1) 해당 행위를 계속하면 회복하기 곤란한 손해를 발생시킬 우려가 있는 경우에는 그 행위의 전부나 일부를 중지할 것을 요구하는 소송

2) 행정처분인 해당 행위의 취소 또는 변경을 요구하거나 그 행위의 효력 유무 또는 존재 여부의 확인을 요구하는 소송

3) 게을리한 사실의 위법 확인을 요구하는 소송

4) 해당 지방자치단체의 장 및 직원, 지방의회의원, 해당 행위와 관련이 있는 상대방에게 손해배상청구 또는 부당이득반환청구를 할 것을 요구하는 소송. 다만, 그 지방자치단체의 직원이「회계관계직원 등의 책임에 관한 법률」제4조에 따른 변상책임을 져야 하는 경우에는 변상명령을 할 것을 요구하는 소송을 말한다.

소제기사유	소제기기간
주무부장관이나 특별시장·광역시장·특별자치시장·도지사·특별자치도지사(이하 "시·도지사"라 함)가 감사청구를 수리한 날부터 60일(감사기간이 연장된 경우에는 연장기간이 끝난 날)이 지나도 감사를 끝내지 않은 경우	해당 60일이 끝난 날(감사기간이 연장된 경우에는 연장기간이 끝난 날)부터 90일 안에 제기
감사결과 또는 조치요구에 불복하는 경우	해당 감사결과나 조치요구내용에 대한 통지를 받은 날부터 90일 안에 제기
주무부장관이나 시·도지사의 조치요구를 지방자치단체의 장이 이행하지 않은 경우	해당 조치를 요구할 때에 지정한 처리기간이 끝난 날부터 90일 안에 제기
지방자치단체의 장의 이행 조치에 불복하는 경우	해당 이행 조치결과에 대한 통지를 받은 날부터 90일 안에 제기

소　　장

원고　　　　김 길 동(주민등록번호) 외 267명
　　　　　　서울시 ○○구 ○○동 ○번지
피고　　　　서울특별시 ○○구청장
주민소송(부당이득반환)

청구취지

1. 피고는 별지 목록 기재 사람들에 대하여 피고에게 각 17,562,600원 및 2008. 12. 20. 부터 서울특별시 ○○구의회 의원의 의정활동비 등 지급에 관한 조례(2007. 12. 26. 조례 제797호로 개정된 것)가 적법하게 개정되어 그 개정된 조례의 시행 전까지 월 1,596,600원의 비율에 의한 금원을 지급할 것을 청구하라.
2. 소송비용은 피고의 부담으로 한다.

라는 판결을 구합니다.

청구원인

1. 기초사실

(1) 원고를 포함한 서울특별시 ○○구(이하 '○○구'라고 한다)의 주민 267명(이하 '청구인들'이라고 한다)은 피고가 서울특별시 ○○구의회 의원의 의정활동비 등 지급에 관한 조례(2007. 12. 26. 조례 제797호로 개정된 것, 이하 '이 사건 조례'라고 한다)에 따라 ○○구의회 의원들에게 월 3,446,600원의 월정수당을 지급하는 것에 관한 사무의 처리가 법령에 위반되거나 공익을 현저히 해친다는 등의 이유로, 2008. 4. 25. 서울특별시장에게 지방자치법(2009. 4. 1. 법률 제9577호로 개정되기 전의 것, 이하 같다) 제16조 제1항에 정한 주민감사청구(이하 '이 사건 감사청구'라고 한다)를 하였습니다.

(2) 이에 서울특별시장은 2008. 6. 27.부터 2008. 8. 25.까지 사이에 이 사건 감사청구사항에 대한 감사를 실시한 후, 지방자치법 제16조 제3항에 따라 2008. 8. 22. 원고를 포함한 청구인들에게 ① 피고가 의정활동비심의위원회(이하 '심의위원회'라고 한다) 심의위원 선정 및 심의위원회 설명회 개최 등 운영을 적정하게 하지 아니하였고, ② 월정수당 인상은 각종 임금 및 물가상승률, 재정자

립도, 주민소득수준 등을 고려하여 인상액을 결정하여야 함에도 특별한 요인 없이 인상하였으며, ③ 월정수당, 의정활동비(이하 '월정수당 등'이라고 한다) 인상과 관련하여 시행한 주민여론조사절차가 적절하지 아니하였고, ④ 이 사건 조례 심의.의결 절차가 잘못되었으며, ⑤ 의정활동을 위한 업무추진비 집행이 적정하지 아니하였다는 내용의 감사결과(이하 '이 사건 감사결과'라고 한다)를 통보함과 아울러, 1) ① 심의위원회를 재구성하고 설문서 작성 및 여론조사를 재실시하며 월정수당 등 지급기준을 재심의한 후 그 결과에 따라 조례개정안을 제출하고, ② 구의회 위원회 안건심사절차 준수에 철저를 기하며, ③ 의정활동을 위한 업무추진비 집행을 철저히 할 것을 내용으로 하는 행정상 조치와 2) 담당공무원에 대한 경징계, 훈계, 주의 조치를 내용으로 하는 신분상 조치(이하 '이 사건 조치요구'라고 한다)를 피고에게 요구할 것임을 통보하였습니다.

(3) 원고는 이 사건 조치요구가 ○○구의회 의원인 별지 목록 기재 사람들(이하 '이사건 의원들'이라고 한다)에게 이미 지급한 월정수당을 환수하는 실질적 조치를 포함하지 않아 그 재정상 손해를 회복할 수 없다고 보아, 이에 불복하여 지방자치법 제17조 제1항의 규정에 따라 청구취지 기재와 같이 이 사건 소를 제기하였습니다.

(4) 한편, 이 사건 조례는 2008. 12. 30. 조례 제843호로 월정수당 지급액이 월 2,316,660원으로 개정되어 2009. 1. 1.부터 시행되었습니다.

2. 이 사건 조례의 위법성

이 사건 조례는 아래와 같은 이유로 지방자치법 제33조, 같은 법 시행령 제33조 및 제34조의 규정에 정해진 지방의회 의원의 월정수당의 결정기준 및 결정절차에 위반하여 위법·무효라고 할 것이고, 이 사건 조례에 따라 이 사건 의원들이 피고로부터 지급받은 월정수당 중 이 사건 조례로 개정되기 전의 서울특별시 ○○구의회 의원의 의정활동비 지급에 관한 조례(2006. 6. 15. 조례 724호로 개정된 것, 이하 '이 사건 구 조례'라고 한다)에 정하여진 월 1,850,000원의 비율에 의한 월정수당을 초과하는 금액은 법률상 원인 없이 수익한 것으로서 이를 부당이득으로 반환할 의무가 있으므로, 피고는 이 사건 의원들에게 위 금원 상당의 부당이득반환을 청구해야 할 의무가 있습니다.

(1) 심의위원회 구성 및 운영의 위법
피고와 ○○구의회 의장은 지방자치법 등 관련 법령, 행정안전부 지침을 위반하여 심의위원회 심의위원 후보자들에 대하여 복수추천이 아닌 단수추천을 받았고, 적격성 심사 등을 소홀히 하여 심의위원을 선정함으로써 그 구성단계에서부터 공정하고 객관적으로 월정수당 등의 지급기준을 결정할 수 있는 심의위원의 선정 및 위촉이 이루어지지 않았습니다.

더욱이 제4차 심의위원회에서 심의위원 9명 출석에 5명의 찬성(출석과반수)으로 월정수당 등 지급상한액을 연 4천만 원으로 적법하고 타당하게 결정하였으나, 의사. 의결정족수에 대한 담당공무원과 일부 심의위원들의 자의적인 법규해석으로 인해 제5차 심의위원회에서 특별의결정족수(재적과반수)를 충족하지 못하였다는 이유로 제4차 심의위원회에서 결정된 사항을 무효화하고 최종 월정수당 등 지급액 기준을 연 54,560,000원으로 결정하는 등 심의위원회를 부당하게 운영하였습니다.

(2) 지역주민 의견수렴절차상의 위법

월정수당 등의 지급기준 결정에 있어서 지역주민들의 의견수렴절차를 의무적으로 거치도록 규정한 지방자치법 시행령 제34조 제6항의 취지는 공청회, 주민의견 조사 등 지역주민의 의견을 수렴할 수 있는 절차를 필수적으로 거침으로써 월정수당 등 지급기준 결정과정의 적정성과 투명성을 확보하기 위한 것임에도 불구하고 심의위원회는 월정수당 등 인상과 관련한 여론조사를 실시하면서 주민들에게 당시 ○○구의회 의원들에게 지급되는 월정수당 등 액수 및 심의위원회가 잠정적으로 결정한 월정수당 등 지급기준액을 알려주지 아니한 채 여론조사를 실시하였을 뿐만 아니라, 설문조사 문안에 대한 사전검토를 소홀히 하고, 월정수당 등을 인상을 유도하기 위한 내용으로 설문서 문안을 작성하였는바, 이러한 주민의견 수렴절차는 공정성과 객관성을 상실한 것으로서 지방자치법 시행령 제34조 제6항에 반하는 것이다.

(3) 월정수당 지급기준의 위법

지방자치법 시행령 제33조 제1항 제3호는 월정수당 지급기준으로 지역주민의 소득수준, 지방공무원 보수인상률, 물가상승률 및 지방의회 의정활동 실적 등을 종합적으로 고려한 금액으로 하고 그 범위 내에서 해당 지방자치단체의 재정능력 등을 고려하여 그 금액 이내에서 조례로 정하도록 규정하고 있음에도 불구하고 심의위원회는 ○○ 구 주민의 소득수준이 서울지역 25개 자치구 중 8번째에 속하고, 공무원임금상승률은 2007. 2.5%, 물가상승률은 2006. 2.2%, 근로자임금상승률은 2007. 5.4%에 불과하며, ○○구의회 의정활동 실적은 전년도 대비하여 소폭 증가하였고, 재정자립도는 2007. 52.8%에 불과한 점을 전혀 고려하지 아니하고 월정수당을 종전의 월 1,850,000원에서 약 86% 증가한 월 3,446,600원으로 책정하였습니다.

3. 결론

위와 같은 이유로 본 건 행정소송에 이르게 되었습니다.

입증방법

1. 갑 제1호증
2. 갑 제2호증
3. 갑 제3호증

첨부서류

1. 위 각 입증방법 각 1부
2. 송달료 납부서
3. 소장부본

20 .   .   .

위 원고   (날인 또는 서명)

서울행정법원   귀중

〈별지목록〉

> 이 사건 조례에 의하여 2008. 1.부터 월정수당을 지급받은 제5대 서울특별시 ○○구의회 의원
> 18명(생략)

당해판례

2008구합 46149

1) 심의위원회 구성 및 운영의 위법 주장에 관한 판단

가) 지방자치법 시행령(2008. 10. 8. 대통령령 제21075호로 개정되기 전의 것, 이하 같다) 제34조 제1항은 '법 제33조 제3항에 따른 심의위원회는 법 제33조 제1항 각 호에 따른 비용 지급기준의 결정이 필요한 경우에 10명의 위원으로 구성하되, 위원은 지방자치단체의 장 및 지방의회의 의장이 학계, 법조계, 언론계 및 시민단체 등으로부터 추천을 받은 자 중에서 각각 5명씩 선정하고, 지방자치단체의 장이 위촉한다'고만 규정되어 있을 뿐, 학계, 법조계, 언론계 및 시민단체 등으로부터 심의위원 후보자를 복수추천받을 것을 요구하지는 아니하며, 다만 행정안전부가 지방의회 의원의 월정수당 등 지급기준액 결정의 투명성과 신뢰성을 확보하기 위하여 마련한 지방의회의원 유급제 도입운영지침 등에 따르면 2 ~ 3배수의 심의위원 후보자 추천을 받은 후 심의위원을 선정하도록 되어

있는 것으로 보이나, 이러한 지침은 심의위원회 구성과 관련한 단순한 행정지도 차원의 지침에 불과하여 법규로서의 효력이 없는 것이므로 설령 피고가 위 지침을 위반하여 단수추천된 후보자들을 심의위원으로 선정하였다고 하더라도 그 자체만으로 심의위원회의 구성에 어떠한 위법이 있다고 할 수 없다.

나) 한편, 지방자치법 시행령 제34조 제2항은 '심의위원이 될 수 있는 자는 위원회가 구성되는 해의 1월 1일을 기준으로 1년 이전부터 계속하여 당해 지방자치단체의 관할구역에 주민등록이 되어 있는 19세 이상인 자로 한다. 다만, 공직선거법 제18조에 따라 선거권이 없는 자와 그 지방자치단체의 소속 공무원·의회의원·교육위원 및 그 배우자·직계존비속·형제자매는 위원이 될 수 없다'고 규정하여 심의위원의 자격요건을 명시하고 있고 그 외의 별다른 적격요건을 정하여 두고 있지는 아니한바, 을제1, 2호증의 각 기재 및 변론 전체의 취지에 의하면, 피고는 심의위원 추천의뢰를 할 당시 '추천대상자가 위촉 당해 연도 개시일 기준 1년 이전부터 서울특별시 ○○구에 주민등록이 되어 있는 19세 이상의 주민 중 공직선거법상 선거권보유자일 것을 요하고 ○○구 소속 공무원·구의원·교육위원 및 그 배우자·직계존비속·형제자매는 그 자격이 제척된다'는 취지를 명시하였고, 이에 따라 위 적격요건에 부합하는 자들을 추천받아 위 적격요건에 대한 확인을 거쳐 위 사람들을 심의위원들로 위촉한 사실을 인정할 수 있으므로 피고가 적격성 심사를 소홀히 하여 심의위원을 위촉하였다고 볼 수 없다.

다) 또한, 갑제3호증의 2, 을제3호증의 각 기재 및 변론 전체의 취지에 의하면 심의위원회는 2007. 12. 29. 개최한 제4차 심의위원회에서 심의위원 9명이 출석하여 그 중 5명의 찬성으로 월정수당 등의 상한액을 연 4천만 원, 하한액을 연 3천 5백만원으로 의결(이하 '제4차 회의 의결'이라고 한다)하였다가 2007. 12. 31. 개최한 제5차 심위위원회에서 일부 심의위원이 제4차 회의 의결이 재적과 반수를 충족하지 못하여 무효라는 주장이 제기하자 재적 심의위원 중 6명의 찬성으로 월정수당 등 지급기준액을 연 54,560,000원으로 의결(이하 '제5차 회의 의결'이라고 한다)한 사실을 인정할 수 있으나, 한편, 지방자치법 시행령 제34조 제5항에 의하면, '심의위원회는 위원 위촉으로 심의위원회가 구성된 해의 10월 말까지 제33조 제1항에 따른 금액을 결정하고, 그 금액을 해당 지방자치단체의 장과 지방의회의 의장에게 지체 없이 통보하여야 하며, 그 금액은 다음 해부터 적용하되, 이 경우 결정은 위원장을 포함한 재적위원 과반수의 찬성으로 의결한다'는 취지로 규정하고 있어 심의위원회의 의결 중 월정수당 등의 금액결정에 관한 의결은 특별정족수인 재적위원 과반수의 찬성에 의하도록 하고 있는바, 설령 원고의 주장과 같이 제4차 회의 의결이 월정수당 등의 지급금액이 아닌 지급금액 범위에 관한 의결로서 일반정족수를 요할 뿐, 특별정족수를 요하지 아니하여

유효하다고 보더라도 제5차 회의 의결은 그 자체로 지방자치법 시행령 제34조 제5항에 정한 특별정 족수를 충족할 뿐만 아니라, 월정수당 등의 지급금액에 관한 최종적인 의결이어서 그 전의 제4차 회의 의결에서 정한 지급금액 범위에 반드시 구속된다고는 할 수 없으므로 원고 주장의 절차상 하자로 인하여 위법하여 무효라고 할 수 없다.

라) 따라서, 원고의 이 부분 주장은 이유 없다.

2) 지역주민 의견수렴절차상의 위법 주장에 관한 판단

가) 지방자치법 시행령 제34조 제6항은 '심의회는 제5항의 금액을 결정하려는 때에는 그 결정의 적정성과 투명성을 위하여 공청회, 주민의견 조사 등 지역주민의 의견을 수렴할 수 있는 절차를 거쳐야 한다'고 규정하고 있는바, 우리나라의 지방자치제도가 지방자치단체 지역 내의 공동관심사 를 단체의 자치기구에 의해서 스스로의 책임아래 처리함으로써 국가의 과제를 덜어주고 지역주민의 자치역량을 길러 민주정치와 권력분립의 이념을 실현시키고자 하는 자유민주주주의 조직 원리에 기하여 시행되었음을 고려하여 볼 때 위 시행령 조항에서 정한 의견수렴절차는 지역주민이 구의회 의원들의 월정수당 등의 결정절차에 직접 참여함으로써 그 민주적 역량을 기를 수 있는 기회를 제공함과 아울러, 심의위원회가 월정수당 등의 금액을 독단적으로 결정할 수 있는 위험을 방지하여 그 결정의 적정성을 도모하고 월정수당 등의 금액 결정에 지방자치단체의 재정을 뒷받침하는 지역 주민들의 의사가 이러한 의견수렴절차를 거쳐 투명하고 공정하게 반영되도록 하기 위함이다. 따라서, 위 시행령 조항 소정의 '지역주민의 의견을 수렴할 수 있는 절차'라고 함은 단순히 형식적으 로 지역주민들로부터 의견을 듣는 것만을 의미하는 것이 아니라 이를 넘어서, 지역주민들에게 의사 결정에 필요한 충분한 정보가 주어진 상태에서 월정수당 등의 금액에 대한 의견을 합리적으로 형성 하여 민주적 절차에 따라 개진할 수 있도록 하는 일련의 절차와 과정을 포함한다고 할 것이고 특히 지역주민들의 의견이 왜곡되어 반영되지 아니하도록 주민의견 조사가 객관적이고 중립적인 견지에 서 이루어질 것을 요한다고 할 것인바, 결국 위 의견수렴절차가 지방자치제도 및 지방자치법 시행령 의 규정취지에 부합하려면 ① 월정수당 등의 금액 결정과 관련한 다양한 고려요소(지방자치법 시행 령 제33조 소정의 지역주민의 소득수준, 지방공무원 보수 인상률, 물가상승률 및 지방의회의 의정 활동 실적 등의 요소)에 대한 정확하고 충분한 정보를 제공할 것, ② 가능한 한 많은 수의 지역주민들 이 고르게 참여할 수 있는 기회를 부여할 것, ③ 의견조사가 지역주민의 의사를 일정한 방향으로 유도하거나 왜곡하지 아니하도록 공정하고 중립적인 방식으로 이루어질 것 등을 그 전제로 이루어 져야 할 것이다.

나) 위와 같은 법리를 기초로 이 사건에 대하여 보건대, 갑제3호증의 2의 기재 및 변론 전체의 취지에 의하여 인정되는 다음과 같은 사실, 즉, ① 심의위원회는 월정수당 등의 금액 결정과 관련한 제반 고려요소에 대한 별다른 정보를 제공하지 아니한 상태에서 주민여론조사를 실시한 점, ② 당시 주민의견조사 설문서의 문항 중 '구의원 의정활동비의 상향 현실화가 유능한 인사들의 지방의회 진출에 어느 정도 기여할 수 있다고 생각하십니까?'라는 2번 문항은 기존의 의정활동비가 현실적이지 아니함을 은연중에 암시하는 것으로서 다소 편향적인 질문인 것으로 보이고, '2008년도 구의원 의정활동비 지급금액(의정활동비+월정수당)은 어느 범위가 적당하다고 생각하십니까?'는 5번 문항은 그 선택지로서 '1) 5천만 원 이상, 2) 4천 5백만 원 ~ 5천만 원, 3) 4천만원 ~ 4천 5백만 원, 4) 3천 5백만 원 ~ 4천만 원'만을 두어 기존 의정활동비의 인상을 전제로 한 물음인 점, ③ 인터넷 홈페이지를 통한 설문조사는 홍보 부족 등으로 불과 197명밖에 참여하지 않아 설문조사의 결과를 그대로 신뢰하기 어려운 점 등에 비추어 볼 때, 심의위원회가 시행한 지역주민 의견수렴절차는 충분한 정보가 제공되지 아니한 상태에서 주민의 의사를 왜곡하거나 편향되게 할 위험이 있는 방식으로 이루어졌음이 분명하므로 위 시행령 조항에 정한 지역주민 의견수렴절차의 실질적 요건을 충족하지 못한다고 할 것이니, 결국 원고의 이 부분 주장은 이유 있다.

3) 월정수당 지급기준의 위법 주장에 관한 판단

가) 지방자치법 시행령 제33조 제1항 제3호는 월정수당 지급기준으로 지역주민의 소득수준, 지방공무원 보수인상률, 물가상승률 및 지방의회 의정활동 실적 등을 종합적으로 고려한 금액으로 하되 그 범위 내에서 해당 지방자치단체의 재정능력 등을 고려하여 그 금액 이내에서 조례로 정하도록 규정하고 있는바, 결국 위 규정은 월정수당 금액 자체에 대한 구체적이고 실질적인 기준을 제시하고 있는 것은 아니나(2008. 10. 8. 대통령령 제21075호로 개정된 지방자치법 시행령 제33조 제1항 제3호는 이러한 실질적 기준이 없어 발생하는 월정수당 지급기준 과다 인상, 지방자치단체별 지급 기준 편차 등의 문제를 해결하기 위해 일정한 산식에 따라 월정수당 지급기준액을 산정한 후 ±20%의 범위 내에서 지급기준을 결정하도록 규정하였다), 심의위원회가 월정수당 지급기준금액을 결정함에 있어서는 위 시행령 조항 소정의 고려사항에 대한 심도 있고 사려 깊은 심의와 토론을 거쳐야 한다는 절차적 의무를 부과하고 있는 것이므로 결국 심의위원회의 월정수당 지급기준액 결정이 위 시행령 조항을 위반하였는지 여부가 쟁점이 되는 이 사건에서는 심의위원회가 제5차 회의 의결 당시 월정수당 등 지급기준금액을 결정함에 있어 이러한 고려요소에 대한 충분한 숙려와 재량판단을 하였는지, 이러한 숙려와 재량판단이 공개적인 토론과 논의를 거쳐 합리적이고도 납득할만한 방식으로 행하여졌는지 여부 등을 따져 보아야 한다.

나) 위와 같은 점을 염두에 두고 이 사건에 관하여 보건대, 갑제3호증의 2, 갑제5호증, 을제3호증, 을제4호증의 1, 2, 3, 을제7호증의 각 기재 및 변론 전체의 취지에 의하여 인정되는 다음과 같은 사정, 즉, ① ○○구 지역주민의 소득수준은 서울시 25개 자치구 중 6위, ○○구의 재정자립도는 2007년 기준으로 52.8% 정도이고, 근로자 임금 상승률, 공무원봉급인상률, 물가상승률 및 ○○구 예산증가률은 2007년 기준으로 2006년 대비 각 5.4%, 2.5%, 2.2% 및 10.13%이고, 2007년 ○○구의회에서 심의·의결한 조례안, 예산안, 건의안 등의 수가 2006년에 비해 다소 늘기는 하였으나 이러한 실적증가를 단순히 수치화 또는 계량화하기 어려움에도 불구하고 심의위원회는 월정수당을 종전의 월 1,850,000원에서 무려 86% 가량이나 증가된 월 3,446,600원으로 인상한 점, ② 심의위원회는 제4차 회의에서 지방자치법 시행령 제33조 제1항 제3호 소정의 고려사항만을 참작하여 월정수당 등 지급기준액을 결정할 경우 그 최대 인상률이 ○○구 예산증가율인 10% 정도가 된다는 전제 하에 월정수당 등의 지급기준액의 범위를 연 3천 5백만 원부터 4천만 원까지로 정하여 출석 심의위원 9명 중 5명의 찬성으로 의결한 점, ③ 그런데 심의위원회는 제5차 회의에 이르러 지방의회 의원 유급제(지방자치법 제32조가 2005. 8. 4. 법률 제7670호로 개정되면서 회기 중의 활동을 지원하기 위하여 지급하는 회기수당을 지방의회의원의 직무활동에 대하여 지급하는 월정수당으로 대체하면서 비로소 지방의회의원에 대하여 유급제가 도입되게 되었다)의 취지, 타 구청의 월정수당 등의 지급기준액 등을 적극 감안하여 심의위원 중 6명의 찬성으로 월정수당 등 지급기준액을 연 54,560,000원으로 대폭 인상하여 의결한 점, ④ 특히 위 금액은 심의위원회가 실시한 주민 의견조사 중 비교적 신뢰할 만한 ARS 방식(20세 이상 ○○구 거주자 1,505명이 참석하였다)에 의한 조사 결과에서의 다수의견(61.2%)이 선택한 금액범위인 연 3천 5백만 원부터 4천만 원까지보다 많을 뿐만 아니라, 위 금액 중 월정수당 지급기준액은 연 4,136만 원 가량으로서 2008. 10. 8. 대통령령 제21075호로 개정된 지방자치법 시행령 제33조 제1항 제3호 관련 [별표 7] 지방의회 의원 월정수당 지급 기준액 범위에 정한 산식에 따라 산정된 월정수당 지급기준액 연 2,296만 원에 비해 월등히 많은 점, ⑤ 지방의회의 연간 회기 일수는 100일 이내에 불과하고, 지방의회 의원 유급제 도입 이후에도 지방자치법 제35조에 의하여 인정되는 겸직금지 범위가 상당히 좁아 사실상 의원 개인의 영리행위에 거의 제한을 받지 아니하므로 그 적정한 보수 수준을 놓고 지방자치단체의 일반 공무원들의 보수수준과 단순하게 비교할 수 없는 점, ⑥ 우수한 인재들이 지방의회에 진출할 수 있는 기회를 넓히고 충실한 의정활동을 가능하게 한다는 지방의회 유급제의 취지를 잘 살리기 위해서 월정수당 지급기준액을 늘리는 것이 어느 정도 정책적인 타당성을 갖는다고 하더라도 어디까지나 법에 정한 테두리에서 그 절차와 기준을 지켜 행하는 것이 법치주의적 질서의 기본을 이루는 점 등에 비추어 볼 때, 피고가 주장하는 사정을 감안하더라도 심의위원회가 월정수당 지급기준금액을 결정함에 있어서 지방자치법 시행령 제33조 제1항 제3호에 정한 고려사항을 충분히 숙고하여 재량판단을

한 후 결정하였다고 볼 수 없으므로 위와 같은 심의위원회의 결정은 지방자치법 시행령 제33조 제1항을 위반한 것이라 할 것이니 원고의 이 부분 주장 역시 이유 있다.

4) 소결론

이처럼 심의위원회의 월정수당 지급기준액 결정은 지방자치법 시행령 제33조 제1항 제3호, 제34조 제6항의 규정에 위반되어 위법하다고 할 것이고 이를 직접적인 원인으로 하여 ○○구가 제정한 이 사건 조례 역시 위법하여 무효라고 할 것이며, 이와 같이 위법한 이 사건 조례에 따라 이루어진 피고의 월정수당 지급행위는 이 사건 조례의 의결자이자 그 급부를 받게 되는 이 사건 의원들과의 관계에 있어서 그 법률상 원인을 결한 것으로서 무효라고 할 것이다. 따라서, 이 사건 의원들이 이 사건 조례에 따라 2008. 1.부터 2008. 12.까지(앞서 본 바와 같이 이 사건 조례는 2008. 12. 30. 조례 제843호로 월정수당 지급액이 2,316,660원으로 개정되어 2009. 1. 1.부터 적용되고 있는데 위 개정 조례가 위법하여 무효라는 원고의 별다른 주장·입증이 없으므로, 원고가 청구취지에서 구하는 '이 사건 조례가 적법하게 개정되어 그 개정된 조례의 시행 전까지'의 기간은 위 조례 개정 전인 2008. 12.까지의 기간이 된다) 지급받은 월 3,446,600원의 비율에 의한 월정수당 중 이 사건 구 조례에 정하여진 월 1,850,000원의 비율에 의한 월정수당을 초과하는 금액인 총 19,159, 200원 [=1,596,600원(3,446,600원−1,850,000원)×12개월]은 법률상 원인 없이 수익한 것으로 피고에게 이를 부당이득으로 반환할 의무가 있으므로, 피고는 지방자치법 제17조 제2항 제4호의 규정에 따라 이 사건 의원들에게 각 위 금원 상당의 부당이득반환을 청구해야 할 의무가 있다.

XI. 조례무효소송

1. 조례의 성립

지방자치단체의 장은 지방의회가 조례안을 의결하여 5일내에 이송하였을 때에는 20일 이내에 이를 공포하여야 하지만, 그 조례안에 대하여 이의가 있을 때에는 위 기간 내에 이유를 붙여 재의요구를 할 수 있다. 지방자치단체의 장이 위 20일 내에 공포 또는 재의요구를 하지 아니하거나 지방자치단체의 장의 재의요구를 받은 지방의회가 재적의원 과반수의 출석과 출석의원 2/3이상의 찬성으로 재의결을 하면 당채 조례안이 조례로서 확정된다.

2. 소제기절차

지방의회의 의결이 월권 또는 법령에 위반되거나 공익을 현저히 해한다고 인정될 때 당해 지방자치단체의 장은 그 의결사항을 이송받은 날로부터 20일내에 지방의회에 이유를 붙여 재의요구를 할 수 있다. 한편 지방의회의 의결이 법령에 위반되거나 공익을 현저히 해한다고 인정될 때, 주무장관은 시도에 대하여, 시도지사는 시군자치구에 대하여 각 재의를 요구하게 할 수 있고, 그 재의요구지시를 받은 시도,도지사 또는 시장군수자치구청장은 의결사항을 이송받은 날로부터 20일 이내에 당해 지방의회에 이유를 붙여 재의요구를 하여야 한다.

위 각 재의요구를 받은 지방의회가 재적의원 과반수의 출석과 출석의원 2/3 이상의 찬성으로 의결하면 그 의결사항이 확정되지만, 그 재의결된 사항이 법령에 위반된다고 판단되면 재의요구를 하였던 지방자치단체의 장은 재의결일로부터 20일 이내에 지방의회를 상대로 대법원에 소를 제기하고 필요한 경우 그 의결에 대한 집행정치신청을 할 수 있다.

당해 지방자치단체의 장이 위 기간 내에 제소를 하지 아니하는 때에는 그에게 재의요구지시를 하였던 주무부장관 또는 시도지사는 직접 제소 및 집행정지신청을 하거나, 위 20일이 경과한 날부터 7일내에 당해 지방자치단체의 장에게 제소지시를 할 수 있다. 이 경우 제소지시를 받은 당해 지방자치단체의 장은 그 지시를 받은 날부터 7일 내네 직접 제소를 할 수 있다.

또한, 지방의회의 의결이 법령에 위반된다고 판단되어 주무부장관 또는 시도지사로부터 재의요구지시를 받은 지방자치단체의 장이 재의를 요구하지 아니하는 경우 주무부장관 또는 시도지사는 지방자치단체의 재의요구기간이 경과한 날로부터 7일 이내에 대법원에 직접 제소 및 집행정지결정을 신청할 수 있다.

3. 원고적격

결국 위 소송의 원고적격자는 원칙적으로 당해 지방자치단체의 장이고 예외적으로 주무부장관 또는 시 · 도지사이며, 피고적격자는 지방의회이다.

4. 소의대상

확정, 공포되어야 효력이 발생한 조례는 그것이 국민의 권리의무에 관한 사항을 규정하고 있다면 시행령, 시행규칙 등의 법규명령과 마찬가지로 대외적 구속력을 가지는 법규이므로, 법원이 구체적 소송에서 그 조례의 적용을 배제하려면 당해 조례의 규정이 무효임을 판결이유에서 선언하여야 한다. 그런데 지방자치법은 특별히 구체적인 사건과 관계없이 그 조례가 지방의회의 조례안 재의결에 의하여 확정된 경우에는 당해 지방자치단체의 장이나 그 감독관청이 당해 조례안 재의결에 대하여, 당해 지방자치단체장이 감독관청의 재의요구지시에도 불구하고 제의요구를 하지 않는 경우에는 그 감독관청이 당해 조례안 의결에 대하여 그 무효선언을 직접 대법원에 소구할 수 있도록 허용하고 있다.

지방자치법 제107조 3항과 172조 3항, 7항의 규정상, 재의결 또는 의결이 위 소송의 대상이기 때문에 의결 사항이 조례안인 경우에도 소송의 대상은 그 재의결 또는 재의요구기간 경과로 확정되고 공포된 조례나 재의결 또는 의결의 대상의 조례안이 아니라 그 조례안에 대한 재의결 또는 의결이다. 그러나 조례안의 재의결 도는 의결에 대하여 소를 제기한다는 것은 실질적으로 그 소와 관계없이 확정, 공포된 조례에 대한 소송과 다를 바 없고, 위 소송은 구체적인 사건과 관련 없는 기관소송이므로, 결국 위 소송은 조례 등의 법규명령에 대한 구체적 규범통제의 예외적 추상적 규범통제를 인정하는 것이 된다.

[서식] 조례취소 청구의 소

소　　장

　　원고　　　김 길 동(주민등록번호)
　　　　　　　서울시 종로구 ○○동 ○번지
　　피고　　　서울특별시 종로구청장

　　조례취소

청구취지

1. 피고가 2008. 9. 19. 개정 공포한 별지 기재 서울특별시 종로구 동사무소 명칭과 소재지 및
   관할구역에 관한 조례(서울특별시 종로구 조례 제740호)의 별표 중 기존 청운동과 효자동을
   청운·효자동으로 통합하여 동주민센터 명칭을 정한 부분, 청운·효자동의 동주민센터 명칭을
   정한 부분, 청운효자동의 동주민센터 소재지를 궁정동 12–1로 정한 부분 및 청운·효자동의
   법정동 관할을 정한 부분을 취소한다.
2. 소송비용은 피고의 부담으로 한다.
라는 판결을 구합니다.

청구원인

1. 처분의 경위

(1) 피고는 관할 행정 구역 내에 87개의 법정동과 주민센터(구 동사무소, 이하 '동사무소'라고만
한다)가 설치된 19개의 행정동이 있었는데, 행정의 전산화 및 온라인화 등으로 인한 급격한 행정환
경의 변화와 이로 인해 단순 거리 기준으로 기존의 소규모 동사무소를 유지하는 것은 인력 및 예산의
비효율을 초래할 수 있어 2007. 5. 25.경 이를 개선하기 위하여 기존의 동사무소(행정동)를 적정
규모로 통폐합하고 가용 인력을 재배치하기 위한 종로구 동(洞) 통합 기본계획(안)을 수립하였습니
다.

(2) 피고는 그 무렵부터 2008. 8. 1.까지 위 기본계획에 대한 구의회 설명회와 효자동 및 청운동
주민설명회를 거쳐 동 통합 단계별 추진계획을 수립하고 이에 대하여 효자동 및 청운동 통합 추진위
원회 15인과 각 5인 공동대표를 상대로 합동 설명회를 한 후 2008. 8. 1.부터 2008. 8. 28.까지
위 동 통합을 위한 서울특별시 종로구 동사무소 명칭과 소재지 및 관할구역에 관한 조례 일부 개정

(안)을 입법 예고하였습니다.

(3) 피고는 2008. 9. 8. 종로구 의회 본회의에서 위 개정 조례안이 원안대로 가결되자 2008. 9. 19. 별지 기재 서울특별시 종로구 동사무소 명칭과 소재지 및 관할구역에 관한 조례(서울특별시 종로구 조례 제740호, 이하 '이 사건 조례'라 한다)를 공포하였습니다.

(4) 이 사건 조례의 공포로 인해 서울 종로구 궁정동 12-1에 있는 기존의 청운동 동사무소(관할 법정동 : 청운동, 신교동, 궁정동, 세종로 1번지 청와대, 인구수 : 4,680명, 직원수 : 11명)와 위 종로구 옥인동 30에 있는 기존의 효자동 동사무소(관할 법정동 : 효자동, 창성동, 통인동, 누상동, 누하동, 옥인동, 인구수 : 12,094명, 직원수 : 13명)가 통합되어 기존의 청운동 동사무소는 청운·효자동 동사무소로, 기존의 효자동 동사무소는 향후 주민들의 복지센터로 각 변경되었고, 이에 따라 각 동사무소별 관할 법정동도 함께 통합되었으나, 주민들의 기존 법정동에 의한 주소는 변동되지 않았습니다.

(5) 한편, 원고는 기존의 효자동 동사무소의 관할 법정동인 서울 종로구 효자동에서 1960년대 중반경부터 현재까지 40여 년간 거주하고 있는 주민입니다.

2. 처분의 위법성

(1) 이 사건 조례의 개정으로 인해 원고와 같은 기존의 효자동 주민들은 종전의 효자동 동사무소를 이용하지 못하고 멀리 떨어져 있는 통합 청운·효자동 동사무소를 이용할 수밖에 없는 등으로 지방자치법 제13조 제1항이 정한 지방자치단체로부터 균등하게 행정의 혜택을 받을 권리를 침해받았습니다.

(2) 피고가 당초 약속한 효자동 및 청운동 주민 설문조사를 실시하지 않음으로써 행정의 신뢰보호원칙을 위반하였고, 지방자치법 제14조가 정한 주민투표를 실시하지 않음으로써 재량행사에 있어 일탈·남용의 위법이 있으며, 합리적 근거 없이 효자동 주민과 청운동 주민을 차별함으로써 행정의 형평원칙을 위반하였다. 따라서 이 사건 조례의 별표 중 기존 청운동과 효자동을 청운효자동으로 통합하여 동주민센터 명칭을 정한 부분, 청운효자동의 동주민센터 명칭을 정한 부분, 청운효자동의 동주민센터 소재지를 궁정동 12-1로 정한 부분 및 청운효자동의 법정동 관할을 정한 부분(이하 '이 사건 조례 규정'이라 한다)은 위법합니다.

3. 결론

이상과 같이 이 사건 처분은 위법하므로 이의 취소를 구하는 본 건 소송에 이르게 되었습니다.

입증방법

1. 갑 제1호증
2. 갑 제2호증
3. 갑 제3호증

첨부서류

1. 위 각 입증방법   각 1부
2. 송달료 납부서
3. 소장부본

20 . . .

위 원고   (날인 또는 서명)

서울행정법원   귀중

당해판례

2008구합 41328

이 사건 조례 규정으로 인해 원고가 지방자치법 제13조 제1항이 정한 지방자치단체로부터 균등하게 행정의 혜택을 받을 권리를 침해받았다고 할 수 없고 이 사건 조례 규정 자체는 일반적, 추상적인 규정에 불과하여 원고의 구체적인 권리·의무에 직접적인 변동을 초래하지 않으므로 이는 행정처분이 아니다. 그러므로 이 사건 조례규정이 항고소송의 대상이 되는 행정처분임을 전제로 하는 원고의 이 사건 소는 부적법하다.

XII. 토지수용관련 소송

1. 대상

토지수용권이 인정되는 각종의 공익사업에서의 토지수용과 관련하여 제기되는 소송은 대부분은 수용보상금이 지나치게 적다는 이유로 토지나 물건소유자, 영업권자가 보상금의 증액을 목적으로 하는 소송이다.

2. 수용절차

[토지수용절차도]

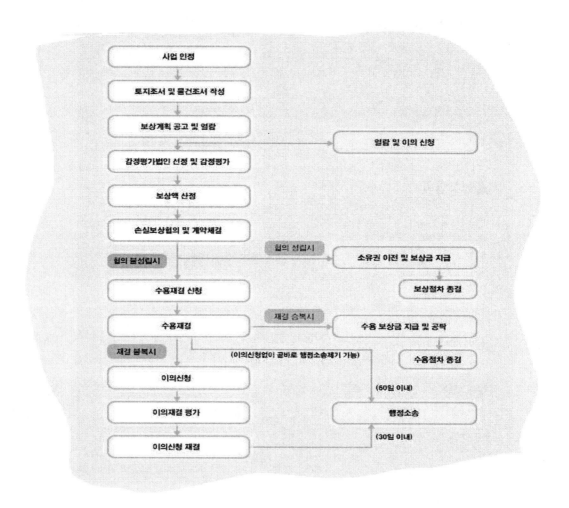

(1) 사전협의

사업인정을 받은 사업시행자는 토지 등에 관한 보상에 관하여 토지소유자 및 관계인과 성실하게 협의하여야 한다. 협의절차를 거치지 않고 재결을 신청할 수는 없다. 협의의 내용은 토지수용위원회의 재결사항 전반에 미친다. 사업인정 이전에 협의절차를 거쳤으나 협의가 성립되지 아니하여 제20조의 규정에 의한 사업인정을 받은 사업으로서 토지조서 및 물건조서의 내용에 변동이 없는 때에는 협의절차를 거치지 아니할 수 있다.

다만, 사업시행자 또는 토지소유자 및 관계인이 협의를 요구하는 때에는 협의하여야 한다. 당사자간의 협의의 법적성격에 관하여 판례는 사법상 법률행위로 보고 있으나, 공법상 계약으로 봄이 타당하다고 본다. 협의가 성립된 때에는 사업시행자는 … 관할 토지수용위원회에 협의 성립의 확인을 신청할 수 있다. 관할토지수용위원회의 협의확인은 이 법에 의한 재결로 보며, 사업시행자·토지소유자 및 관계인은 그 확인 협의의 성립이나 내용을 다툴 수 없다.

(2) 재결신청(수용재결)

협의가 성립되지 아니하거나 협의를 할 수 없는 때에는 사업시행자는 사업인정고시가 있은 날부터 1년 이내에 토지수용위원회 재결을 신청할 수 있다. 재결신청에 따라 최초의 재결을 수용재결이라 한다. 토지수용위원회의 수용재결은 행정심판의 재결이 아니라 원행정행행위의 성질을 가진다. 관할에 관하여 ① 국가 또는 시·도가 사업시행자인 사업, ② 수용 또는 사용할 토지가 2이상의 시·도에 걸쳐있는 사업에 관한 것은 중앙토지수용위원회의 관할에 속하고, 그 외의 사업에 관한 것은 지방토지수용위원회의 관할에 속한다.

(3) 이의 신청(이의재결: 행정심판)

중앙토지수용위원회의 재결에 대하여 이의가 있는 자는 중앙토지수용위원회에 이의를 신청할 수 있고, 지방토지수용위원회의 재결에 대하여 이의가 있는 자는 당해 지방토지수용위원회를 거쳐 중앙토지수용위원회에 이의를 신청할 수 있다. 이의신청은 재결서의 정본을 받은 날부터 30일 이내에 하여야 한다. 이의신청은 임의절차이다. 이의신청에 따라 내려지는 재결을 이의재결이라 한다. 이의신청은 행정심판으로서의 성질을 가진다. 수용재결에 대한 이의신청제기는 사업의 진행 또는 토지수용 또는 사용을 정지시키지 아니한다. 토지수용법 제85조 제1항에 따른 기간 이내에 소송이 제기되지 아니하거나 그 밖의 사유로 이의신청에 대한 재결이 확정된 때에는「민사소송법」상의 확정판결이 있는 것으로 보며, 재결서 정본은 집행력 있는 판결의 정본과 동일한 효력을 가진다.

(4) 행정소송

수용재결 또는 이의재결에 대한 불복에는 수용자체를 다투는 경우와 보상액을 다투는 경우가 있다. 불복이 수용자체를 다투는 것인 때에는 재결에 대하여 취소소송을 제기하고, 보상금의 증감을 청구하는 것인 때에는 보상액의 증감을 청구하는 소송을 제기하여야 한다.

Q

甲은 임야를 소유하고 있던 중 위 임야가 분할되어 다수인에게 이전되었는데 6. 25 전쟁으로 관련공부들이 멸실되었고 이후 임야대장이 복구되었으나 분할에 대한 표시 없이 분할 전의 토지만 표시된 상태로 있던 중 乙지방자치단체에 의하여 그의 소유 토지를 도로부지로 수용하면서 중앙토지수용위원회의 수용재결이 있었고 이에 이의신청하여 보상금액을 증액한 이의재결을 하였습니다. 그런데 甲은 그 소유 토지에 대한 경계 등이 확정되지 않은 상태에서 수용되어 어느 토지가 얼마만큼 수용되는지 알 수 없어 위 토지의 수용에 대하여 다투려고 하는바, 누구를 상대로 어떤 재결을 다투어야 하는지요?

A

토지수용위원회의 재결사항에 관하여 「공익사업을 위한 토지 등의 취득 및 보상에 관한 법률」제50조는 ①수용하거나 사용할 토지의 구역 및 사용방법, ②손실의 보상, ③수용하거나 사용의 개시일과 기간, ④그 밖에 이 법 및 다른 법률에서 규정한 사항 등을 명시하고 있습니다.

그리고 중앙토지수용위원회와 지방토지수용위원회의 관할에 관하여 살펴보면, 중앙토지수용위원회는 ①국가 또는 시·도가 사업시행자인 사업, ②수용하거나 사용할 토지가 둘 이상의 시·도에 걸쳐있는 사업에 관한 것을 관장하고, 지방토지수용위원회는 제1항 각 호 외의 사업의 재결에 관한 사항을 관장하게 됩니다(같은 법 제51조).

같은 법 제85조는 "①사업시행자·토지소유자 또는 관계인은 제34조(토지수용위원회의 재결)에 따른 재결에 불복할 때에는 재결서를 받은 날부터 60일 이내에, 이의신청을 거쳤을 때에는 이의신청에 대한 재결서를 받은 날부터 30일 이내에 각각 행정소송을 제기할 수 있다. 이 경우 사업시행자는 행정소송을 제기하기 전에 제84조(이의신청에 대한 재결)에 따라 늘어난 보상금을 공탁하여야 하며, 보상금을 받을 자는 공탁된 보상금을 소송이 종결될 때까지 수령할 수 없다. ②제1항에 따라 제기하려는 행정소송이 보상금의 증감에 관한 소송인 경우 그 소송을 제기하는 자가 토지소유자 또는 관계인일 때에는 사업시행자를, 사업시행자일 때에는 토지소유자 또는 관계인을 각각 피고로 한다."라고 규정하고 있습니다.

한편 구 「토지수용법」(2003. 1. 1.부터 폐지됨) 수용재결에 대한 이의재결에 대하여 행정소송을 제기하도록 규정하였으나 현행 「공익사업을 위한 토지 등의 취득 및 보상에 관한 법률」하에서는 이의신청의 재결을 거치지 아니하고도 행정소송을 제기할 수 있도록 규정하고 있고, 수용재결에 불복하여 이의신청을 거친 후 취소소송을 제기하는 경우 피고적격 및 소송대상에 대하여 판례는 "공익사업을 위한 토지 등의 취득 및 보상에 관한 법률 제85조 제1항 전문의 문언 내용과 같은 법 제83조, 제85조가 중앙토지수용위원회에 대한 이의신청을 임의적 절차로 규정하고 있는 점, 행정소송법 제19조 단서가 행정심판에 대한 재결은 재결 자체에 고유한 위법이 있음을 이유로 하는 경우에 한하여 취소소송의 대상으로 삼을 수 있도록 규정하고 있는 점 등을 종합하여 보면, 수용재결에 불복하여 취소소송을 제기하는 때에는 이의신청을 거친 경우에도 수용재결을 한 중앙토지수용위원회 또는 지방토지수용위원회를 피고로 하여 수용재결의 취소를 구하여야 하고, 다만 이의신청에 대한 재결 자체에 고유한 위법이 있음을 이유로 하는 경우에는 그 이의재결을 한 중앙토지수용위원회를 피고로 하여 이의재결의 취소를 구할 수 있다고 보아야 한다."라고 하였습니다(대법원 2010.1.28. 선고 2008두1504 판결).

따라서 귀하의 경우 이의신청에 대한 재결자체에 고유한 위법이 있는 경우가 아니라면 수용재결을 한 중앙토지수용위원회를 상대로 수용재결의 취소를 청구할 수 있을 것입니다.

(5) 보상금의 증감을 구하는 소

1) 피고적격

원고가 토지 등 소유자이면 사업시행자가 피고가 되고, 원고가 사업시행자이면 토지 등 소유자가 피고가 된다. 사업시행자는 권리의무의 주체로서 국가, 지방자치단체나 공기업, 공법인 등을 의미하고, 항소송에서 피고적격을 갖는 행정청과 구별하여야 한다.

2) 소송의 형식

보상금 증액소송은 수용재결에서 정하거나 이의재결에서 증액된 보상금과 정당한 보상금의 차액 지급을 구하는 형식으로 제기하되, 청구금액에서 대하여 "수용개시일 다음날" 이후의 지연손해금의 청구가 가능하다. 원고가 가집행 선고도 구할 수 있으나, 국가가 사업시행자로서 피고로 된 경우에는 가집행선고를 구할 수 있음을 유의하여야 한다(행정소송법 제43조).

3) 토지관할

보상금 증액소송의 경우 사업시행자인 피고 소재기 관할 행정법원에 보통재판적이 있다. 국가나 지방자치단체의 소재지란 관계행정청의 소재지를 말하므로, 예컨대 부산국토관리청이 실제 시행하는 공익사업의 경우 부산지방법원에 보통재판적이 있다. 보상금 감액소송의 경우 상대방인 자연인의 주소, 거소, 법인의 주된 사무소 또는 영업소 소재지 관할법원에 보통재판적이 있다.

[서식] 토지수용에 대한 보상금 증액 청구의 소

소 장

원 고   ○○○(주민등록번호)

　　　　○○시 ○○구 ○○길 ○○(우편번호 ○○○-○○○)

　　　　전화·휴대폰번호:

　　　　팩스번호, 전자우편(e-mail)주소:

피 고   서울특별시 ◇◇구

　　　　법률상 대표자 ◇◇구청장

　　　　○○시 ○○구 ○○길 ○○(우편번호 ○○○-○○○)

토지수용에 대한 보상금 증액 청구의 소

청 구 취 지

1. 피고 서울특별시 ◇◇구는 원고에게 금 70,000,000원 및 이에 대한 이 사건 판결선고 다음날부터 완제일까지 연 20%의 비율에 의한 금원을 지급하라.
2. 소송비용은 피고의 부담으로 한다.

라는 판결과 가집행의 선고를 구합니다.

청 구 원 인

1. 원고는 서울 ○○구 ○○동 ○○○의 ○ 대 366㎡ 중 2분의 1 지분 및 같은 동 ○○○의 ○○ 대 72㎡ 중 2분의 1 지분의 소유자입니다.

2. 피고 서울특별시 ◇◇구가 도시계획사업으로 위 토지를 ◎◎광장 조성공사구간에 편입하고, 위 도시계획사업의 시행자로서 원고와 토지수용을 위한 협의를 하였으나, 그 가격이 저렴하여 협의가 성립되지 아니하자 소외 서울특별시 지방토지수용위원회에 그 수용을 위한 재결을 신청하였습니다.

3. 서울특별시 지방토지수용위원회는 20○○. ○. ○○. 이 사건 토지를 수용하고 원고에 대한 손실보상금을 350,855,000원으로 정하는 재결을 하였고, 피고는 위 금원을 공탁하였습니다. 이에 원고는 "이의를 유보하고 보상금의 일부를 수령한다"는 조건을 명시하고 위 공탁금을 수령한 후 중앙토지수용위원회에 이의신청을 하였습니다.

4. 중앙토지수용위원회는 20○○. ○. ○○. 이 사건 토지의 손실보상금을 370,855,000원으로 증액 변경하는 내용의 이의재결을 하였으나, 위 중앙토지수용위원회가 결정한 보상금액은 싯가의 3분의 2도 안되는 금액이므로 이 사건 토지에 관한 손실보상금액은 귀원의 감정결과에 따라 확장하기로 하고 우선 금 70,000,000원만 청구합니다.

입 증 방 법

1. 갑 제 1호증   등기부등본
1. 갑 제 2호증   토지대장 등본
1. 갑 제 3호증   토지가격 확인원

첨 부 서 류

1. 위 입증방법   각 1통
1. 소장부본   1통
1. 송달료납부서   1통

20○○. ○. ○.

위 원고   ○○○ (서명 또는 날인)

○○행성법원 귀중

소 장

원 고   ○ ○ ○(주민등록번호)

                ○○시 ○○구 ○○길 ○○ (우편번호 ○○○-○○○)

피 고   1. △△토지수용위원회

                ○○시 ○○구 ○○길 ○○ (우편번호 ○○○-○○○)

                위원장 △ △ △

            2. △△시 △△구

                법률상 대표자 △△△구청장

                ○○시 ○○구 ○○길 ○○ (우편번호 ○○○-○○○)

토지수용재결처분 취소등청구의 소

청 구 취 지

1. 피고 중앙토지수용위원회가 20○○. ○. ○.자 원고에 대하여 한 별지목록 기재 토지에 대한 이의재결처분 중 보상금증액신청을 기각한 부분을 취소한다.
2. 피고 △△시 △△구는 원고에게 금 50,000,000원을 지급하라.
3. 소송비용은 피고들의 부담으로 한다.

라는 판결을 원합니다.

청 구 원 인

1. 기초사실

가. △△시장은 19○○. ○. ○. 도시계획법 제25조에 따라 도시계획사업인 '○○ - ○○동 도로확장 공사'의 실시계획을 인가 고시함으로써, 원고 소유 별지기재 토지(이하 '이 사건 토지')가 위 도시계획사업지역에 편입되었다.

나. 피고 ○○구는 위 도시계획사업의 시행자로서 이 사건 토지를 취득하기 위하여 원고와 협의를 하였으나 협의가 성립되지 않아 ○○특별시지방토지수용위원회에 이 사건 토지의 수용을 위한 재결을 신청하였고, 동 위원회는 19○○. ○. ○. 위 사업 시행을 위하여 피고 성북구가 이 사건

토지를 수용하되 그 손실보상금을 100,000,000원[총평수(10,000평)×평당단가(10,000원)], 수용시기를 19○○. ○. ○.로 정하여 토지수용재결을 하였습니다.

다. 이에 원고는 보상금을 증액하여 달라는 이의신청을 하였고, 이에 피고 중앙토지수용위원회는 19○○. ○. ○. 원고의 보상금증액신청을 기각하는 이의재결(이하 '이 사건 재결')을 하였습니다.

2. 이 사건 재결의 위법성

가. 피고 중앙토지수용위원회의 위 재결은 토지수용법 제46조 제2항 제1호의 산정방법을 위배한 것으로서 내용상 흠이 있어 위법하므로 취소되어야 할 것입니다.

나. 이 사건 토지는 국토이용관리법이 정한 기준지가 고시대상지역으로 공고는 되었으나 표준지가 가 선정되어 있지 않고, 또한 인접지역에 소재하는 표준지 중에는 이 사건 토지와 동일하거나 유사한 지목의 표준지도 없습니다.

다. 그럼에도 서울특별시지방토지수용위원회 또는 피고 중앙토지수용위원회는, 인접지역의 표준 지의 기준시가를 기준으로 손실보상액을 산정한 소외 토지평가사합동사무소의 판단을 기초로 하여 토지수용재결 및 이 사건 재결을 발하였던 것입니다.

라. 그러나 앞서 본 바와 같이 이 사건 토지에는 표준지가가 선정되어 있지 않을 뿐 아니라, 더 나아가 이 사건 토지와 동일하거나 유사한 지목도 없으므로 결국 토지수용법 제46조 제1항의 일반조항에 의하여 보상액을 산정하였어야 할 것입니다. 만약 이에 의한다면 이 사건 토지에 대한 보상액은 최소한 금 150,000,000원[총평수(10,000평)×평당단가(15,000원)]에 이를 수 있었을 것입니다.

3. 결론

그렇다면 피고 중앙토지수용위원회의 이 사건 재결 중 보상금증액신청을 기각한 부분은 내용상 하자가 있어 위법하여 취소되어야 할 것이며, 피고 ○○시 ○○구는 이미 지급한 보상금과 위 정당한 보상액과의 차액인 금 50,000,000원을 원고에게 추가 지급하여야 할 것입니다.

입 증 방 법

1. 갑 제1호증의 1	재결서정본송부
1. 갑 제1호증의 2	재결서
1. 갑 제2호증	이의신청서
1. 갑 제3호증	도면
1. 갑 제4호증	확인서

첨 부 서 류

1. 위 입증방법	각 1통
1. 소장사본	1통
1. 납 부 서	1통

20○○년 ○월 ○일

원 고 ○ ○ ○ (인)

○ ○ 행 정 법 원 귀중

XIII. 개별공시지가관련 소송

1. 개별공시지가의 개념

공시지가란 「부동산가격공시 및 감정평가에 관한 법률」의 규정에 의한 절차에 따라 조사·평가하여 공시한 토지의 단위면적당 가격을 말하고, 표준지공시지가와 개별공시지가가 있다. 전자는 국토해양부장관이 토지이용상황이나 주변 환경 그 밖의 자연적·사회적 조건이 일반적으로 유사하다고 인정되는 일단의 토지 중에서 선정한 표준지의 단위면적당 가격($^{공시법}_{§3}$)이고, 후자는 시장·군수·구청장이 표준지공시지가를 기준으로 토지가격비준표를 사용하여 지가를 산정하는 개별토지의 단위면적당 가격을 말한다.

2. 지가공시의 법적성격

부동산 가격공시 및 감정평가에 관한 법률에 의한 지가공시의 법적성질에 대하여는 입법행위설, 행정계획설, 사실행위설 및 행정처분설 등의 대립이 있으나, 판례는 개별공시지가 결정은 항고소송의 대상이 되는 처분이라 보고 있다. 그리고 표준공시지가결정도 항고소송의 대상이 되는 처분이라 보고 있다. 여기에는 표준지의 토지소유자가 아닌자가 자신의 토지에 개결토지가격결정을 다투는 경우와 표준지의 토지소유자가 당해표준지의 개별공시지가결정을 다투는 경우 모두를 인정한다.

> [판시사항]
> 개별공시지가 결정이 행정처분인지의 여부(대법원 1996.05.14. 선고 93누10118 판결)

■ 부동산 가격공시에 관한 법률 시행규칙 [별지 제8호서식]

정부24(www.gov.kr)에서도 신청할 수 있습니다.

개별공시지가 이의신청서

접수번호	접수일	처리기간 이의신청 기간이 만료된 날부터 30일

신 청 인	성명(법인명)	생년월일(사업자등록번호)
	주소	
	전화번호	휴대전화번호
	전자우편	소유자와의 관계

대 상 토 지	소재지 및 지번
	지목
	실제이용상황

이의신청 내 용	공시지가 원/㎡	의견가격 원/㎡
	신청사유	

「부동산 가격공시에 관한 법률」 제11조제1항 및 같은 법 시행령 제22조제1항에 따라   년 월 일에 결정·공시한 개별공시지가에 대하여 위와 같이 이의를 신청합니다.

년   월   일

신청인
(서명 또는 인)

시장·군수·구청장 귀하

첨부서류	이의신청 관련 참고자료(참고자료가 있는 경우에만 제출합니다)	수수료 없 음

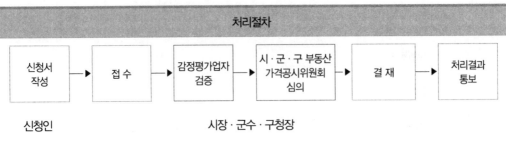

처리절차

신청인 → 시장·군수·구청장

210mm×297mm[백상지 90g/㎡]

【판결요지】

개별공시지가의 결정에 위법이 있는 경우에는 그 자체를 행정소송의 대상이 되는 행정처분으로 보아 그 위법 여부를 다툴 수 있음은 물론 이를 기초로 한 과세처분 등 행정처분의 취소를 구하는 행정소송에서도 선행처분인 개별공시지가결정의 위법을 독립된 불복사유로 주장할 수 있다.

개별공시지가결정을 위하여 산정한 가격에서 어느 자릿수까지 취사할 것인지에 관하여 관계 법령에 아무런 규정을 두고 있지 아니하다면, 소관 행정관청이 취한 방식에 현저한 불합리가 인정되지 않는 한 그 결정방식을 들어 개별공시지가결정이 위법하다고 할 수 없으므로 관할 관청이 건설부의 개별공시지가결정요령에 근거하여 1990년도에는 산정가격의 상위 3자리부터 절사하는 방식을 취하였다가 1991년도에는 그 요령의 변경으로 산정가격의 상위 4자리부터 절사하는 방식을 취하여 각 연도의 개별공시지가를 결정함으로써, 동일한 절사방법을 취한 경우와 비교하여 토지초과이득산정이 납세자에게 불리하게 되었다고 하더라도, 위와 같은 절사방법의 선택이나 그 방법의 변경이 현저히 불합리하다고 볼 수 없는 이상 어느 한 쪽의 개별공시지가가 위법한 것이라고 단정할 수 없다

3. 불복

1) 이의신청

표준지공시지가에 대하여 이의가 있는 자는 표준지공시지가의 공시일부터 30일 이내에 서면으로 국토교통부장관에게 이의를 신청할 수 있다. 국토교통부장관은 이의신청기간이 만료된 날부터 30일 이내에 이의신청을 심사하여 그 결과를 신청인에게 서면으로 통지하여야 한다. 이 경우 국토교통부장관은 이의신청이 내용이 타당하다고 인정될 때에는 제3조 및 제5조의 규정에 따라 당해 표준지공시지가를 조정하여 다시 공시하여야 한다.

2) 행정소송

판례와 같이 표준지공시지가의 처분성을 인정하는 입장에서 보면, 표준지공시지가는 항고소송의 대상이 된다. 따라서 이의신청의 재결에 대하여 불복하는 자는 행정소송을 제기할 수 있다. 이 경우에도 원처분중심주의가 적용된다. 취소소송은 통상 처분 등이 있음을 안 날부터 90일 이내에 제기하여야 한다. 다만, 다른 법률에 당해 처분에 대한 행정심판의 재결을 거치지 아니하면 취소소송을 제기할 수 없다는 규정이 있는 때와 그밖에 행정심판청구를 할 수 있는 경우 또는 행정청이 행정심판청구를 할 수 있다고 잘못 알린 경우에 행정심판 청구가 있는 때의 기간은 재결서의 정본을 송달받은 날부터 기산한다. 또한, 취소소송은 처분 등이 있은 날부터 1년(제1항 단서의 경우는 재결이 있은 날부터 1년)을 경과하면 이를 제기하지 못한다. 다만, 정당한 사유가 있는 때에는 그러하지 아니하다.

[서식] 토지개별가격결정처분 취소청구의 소

소 장

원 고   ○ ○ ○(주민등록번호)
　　　　　○○시 ○○구 ○○길 ○○ (우편번호 ○○○-○○○)

피 고   △ △ 시장
　　　　　○○시 ○○구 ○○길 ○○ (우편번호 ○○○-○○○)

토지개별가격결정처분 취소청구의 소

청 구 취 지

1. 피고가 20○○. ○. ○. 원고에 대하여 한 별지 목록 기재 토지의 20○○년 개별토지가격결정처분을 취소한다.
2. 소송비용은 피고의 부담으로 한다.
라는 판결을 구합니다.

청 구 원 인

1. 원고는 20○○. ○. ○. 소외 정□□로부터 별지목록 기재 토지(이하 '이 사건 토지'라 한다)를

매수하여 200ㅇ. ㅇ. ㅇ. 위 토지에 대한 소유권이전등기를 경료하고, 이를 소유해오고 있습니다.

2. 피고는 200ㅇ. ㅇ. ㅇ. 원고에 대하여 이 사건 토지의 200ㅇ년 개별공시지가를 ㅇㅇ시 ㅇㅇ구 ㅇㅇ동 ㅇㅇ 대 100㎡를 표준지로 하여 ㎡당 금 600,000원으로 결정하는 처분을 하였습니다.

3. 개별공시지가는 부동산가격공시 및 감정평가에 관한 법률 및 개별토지가격합동조사지침 등에 의하여 당해 토지와 가장 유사한 이용가치를 지닌다고 인정되는 표준지를 선정한 다음 건설부장관이 제공하는 토지가격비준표를 활용하여 표준지와 당해 토지의 특성을 조사 비교하고 가격조정률을 결정한 후 이를 표준지의 공시지가에 곱하여 결정되는 가격이므로, 그 가격결정과정에서 표준지의 선정, 토지특성의 조사 비교 및 가격조정률의 적용을 잘못하였다면 그 개별공시지가결정은 위법하다고 할 것입니다. (대법원 1994. 3. 11. 선고 93누159 판결 참조)

또한 개별공시지가를 결정하기 위한 표준지로는 대상토지의 이용 상황과 가장 유사한 표준지즉 용도지역, 지목, 토지용도(실제 용도), 주위 환경, 위치 기타 자연적 사회적 조건(지가형성요인)이 가장 유사한 인근 지역 소재 표준지를 선정하여야 하며, 대상토지에 대한 표준지 선정의 적정 여부를 판단하는 데에는 그 표준지에 의거하여 결정된 개별공시지가가 인근 유사토지들의 개별공시지가와 균형을 유지하고 있는지의 여부도 참작하여야 할 것입니다.(대법원 1995. 7. 11. 선고 95누3442 판결 참조)

4. 그런데 위 표준지인 ㅇㅇ시 ㅇㅇ구 ㅇㅇ동 ㅇㅇ 대 100㎡는 이 사건 토지로부터 직선거리로 약 100m 떨어진 200ㅇ년, 200ㅇ년 공시지가 표준지(200ㅇ년, 200ㅇ년 공시지가 모두 ㎡당 금 800,000원)로서 이 사건 토지와 용도지역(일반주거지역) 및 지목(대)이 동일하지만 토지용도(실제 용도)가 이 사건 토지(아파트부지)와는 달리 주상복합입니다.

반면 이 사건 토지로부터 직선거리로 약 150m 떨어진 같은 동 ㅇㅇ의ㅇ 대 200㎡는 역시 200ㅇ년, 200ㅇ년 공시지가 표준지(200ㅇ년, 200ㅇ년 공시지가 모두 ㎡당 금 400,000원)로서 이 사건 토지와 용도지역 및 지목이 동일함은 물론 토지용도도 아파트부지로 동일한 바, 이 두 표준지는 토지용도를 제외한 나머지 지가형성요인들에서는 이 사건 토지와 상이(相異)정도가 비슷하며, 200ㅇ년의 ㅇㅇ시 토지가격비준표에 의하면 토지용도가 아파트부지인 경우의 가격 배율이 주상복합인 경우에 비하여 0.8 정도로 열세에 놓여있습니다.

그리고 이 사건 토지와 대로를 사이에 두고 마주보고 있는 ㅇㅇ시 ㅇㅇ구 ㅇㅇ동 ㅇㅇ의 ㅁ 대지(ㅇㅇ아파트 부지), 이 사건 토지에 가까운 ㅇㅇ시 ㅇㅇ구 ㅇㅇ동 ㅁㅁ 대지(ㅇㅇ아파트 부지)의 200ㅇ년 개별공시지가는 각 금 300,000원, 금 250,000원으로 결정되었고, 각 부지들의 표준지는 위 ㅇㅇ시 ㅇㅇ구 ㅇㅇ동 ㅇㅇ 대 200㎡로 되어 있습니다.

5. 사정이 이와 같다면 ㅇㅇ시 ㅇㅇ구 ㅇㅇ동 ㅇㅇ 대지가 같은 동 ㅇㅇ 대지에 비하여 이 사건

토지와 이용 상황이 좀더 유사한 표준지이고, 또한 같은 동 ○○ 대지를 표준지로 하여 결정된 이 사건 토지의 20○○년 개별공시지가 인근 유사 토지들의 그것에 비하여 지나치게 높아 균형을 이루지 못하고 있어, 이 사건 토지에 대한 20○○년 개별토지가격결정처분은 표준지 선정을 잘못하였거나 현저하게 불합리한 것이어서 위법하다고 할 것이므로, 이에 그 취소를 구하기위하여 이 사건 소에 이른 것입니다.

입 증 방 법

1. 갑 제1호증   토지등기사항전부증명서
1. 갑 제2호증   20○○년 ○○시 개별공시지가 일람표
1. 갑 제3호증   20○○년 ○○시 토지가격비준표

첨 부 서 류

1. 위 입증방법   1통
1. 소장부본   1통
1. 납 부 서   1통

20○○년 ○월 ○일

원 고 ○ ○ ○   (인)

○ ○ 행 정 법 원 귀 중

[별지]

부 동 산 의 표 시

○○시 ○○구 ○○동 ○○

대 100㎡. 끝.

참고문헌

김남진(I), 김남진, 행정법 I , 법문사, 2000.

김도창(상), 김도창, 일반행정법론(상), 청운사, 1993.

김동희(I), 김동희, 행정법 I , 박영사, 2008.

김철용(I), 김철용, 행정법 I , 박영사, 2009.

류지태 · 박종수(신), 류지태 · 박종수, 행정법신론, 박영사, 2009.

박윤흔(상), 박윤흔, 최신행정법강의(상), 박영사, 2000.

변재옥(I), 변재옥, 행정법강의 I , 박영사, 1991.

석종현 · 송동수(상), 석종현 · 송동수, 일반행정법(상), 삼영사, 2009.

이상규(상), 이상규, 신행정법론(상), 법문사, 1994.

홍준형(구), 홍준형, 행정구제법, 한울아카데미, 1997.

찾아보기

저자 약력

행 정 사
법학박사   김 동 근

숭실대학교 법학과 졸업

숭실대학교 대학원 법학과 졸업(행정법박사)

[대한민국 법률전문도서 최다출간 공식인증 저자 : KRI 한국기록원 인증]

현,   숭실대학교 초빙교수(행정법 강의)

　　　행정법률사무소 청신호 대표행정사

　　　국가전문자격시험 출제위원

　　　대한행정사회 중앙연수교육원 교수(행정심판)

　　　대한행정사회 특별위원회 위원

전,   서울시장법률특보 단장

　　　공인행정사회 법제위원회 위원장

　　　공인행정사회 법제이사

　　　공인행정사회 행정심판전문가과정 전임교수

　　　중앙법률사무교육원 교수

　　　YMCA병설 월남시민문화연구소 연구위원

　　　대한부동산학회 이사

저서, 운전면허취소 · 정지구제 행정심판(법률출판사)

　　　영업정지 · 취소구제 행정심판(법률출판사)

　　　공무원 · 교원소청심사청구(법률출판사)

　　　토지수용 및 손실보상실무(법률출판사)

　　　핵심정리 행정법 원론(법률출판사)

　　　사건유형별 행정심판 이론 및 실무(진원시)

　　　출입국관리법 이론 및 실무(법률출판사) 외 60여 종 출간

공저자 변호사 김 요 한

고려대학교 법학과 졸업
건국대학교 부동산대학원 석사학위 취득
서울대학교 법과대학원 석사과정 수료
서울시립대학교 도시과학대학원 도시계획학 석사학위취득
서울시립대학교 세무대학원 석사과정 수료
건국대학교 일반대학원 부동산학과 박사학위 취득

주요경력
제37회 사법시험 합격
사법연수원 제27기 수료
수원지방법원 판사
서울중앙지방법원 판사
법무법인 세종 기업자문파트너 변호사
현 법무법인 태한 대표변호사

사건유형별
행정소송 이론
및 실무

[개정판]

사건유형별 행정소송 이론 및 실무

2022년 2월 15일 개정판 1쇄 인쇄
2022년 2월 20일 개정판 1쇄 발행

저   자   김 동 근
            김 요 한
발 행 인   김 용 성
발 행 처   법률출판사
            서울시 동대문구 휘경로2길 3, 4층
            ☎ 02) 962-9154   팩스 02) 962-9156
등 록 번 호   제1-1982호
ISBN   978-89-5821-395-6   13360
e-mail：   lawnbook@hanmail.net